한국어 의미 탐구의
현황과 과제

한국문화사 학술 분야별 집대성 시리즈
- 의미론 편 -

한국어 의미 탐구의 현황과 과제

임지룡 외 지음

한국문화사

한국문화사 학술 분야별 집대성 시리즈
– 의미론 편 –

한국어 의미 탐구의 현황과 과제

1판1쇄 발행 2019년 5월 20일

지 은 이 임지룡 외
펴 낸 이 김진수
펴 낸 곳 **한국문화사**
등 록 1991년 11월 9일 제2-1276호
주 소 서울특별시 성동구 광나루로 130 서울숲 IT캐슬 1310호
전 화 02-464-7708
팩 스 02-499-0846
이 메 일 hkm7708@hanmail.net
홈페이지 www.hankookmunhwasa.co.kr

ISBN 978-89-6817-762-0 93710

이 도서의 국립중앙도서관 출판예정도서목록(CIP)은 서지정보유통지원시스템 홈페이지(http://seoji.nl.go.kr)와 국가자료공동목록시스템(http://www.nl.go.kr/kolisnet)에서 이용하실 수 있습니다.(CIP제어번호:CIP2019016923)

| 머리말 |

『한국어 의미 탐구의 현황과 과제』는 한국어 의미학계의 동학 58명이 함께 쓴 책입니다. 이 책이 이루어진 저간의 사정과 책의 내용, 고마움, 그리고 의미 탐구의 제 여정에 대해서 말씀드리려 합니다.

우선 이 책을 구상하게 된 동기입니다. 저는 1983년부터 대학에서 의미론을 탐구하고 가르치는 축복 속에서 살아왔습니다. 문득 2019년 8월 정년 퇴임이 다가옴을 느끼고 저 자신과 한국어 의미학계를 돌아보게 되었습니다. 우리 학계에서 의미론은 1950년대 중・후반에 소개된 이래로 괄목할 만한 성과를 이룩하였습니다. 그럼에도 불구하고, 한국어 의미론은 대내적으로 음운론 및 문법론에 비해 그 짜임새나 정밀도에서 성근 점이 없지 않고, 대외적으로 일반 언어학계와 소통이 원활하지 못하며, 한국어에 나타나는 의미 현상의 풍부함과 매력을 인식시키는 데 충분하지 못한 실정입니다. 의미 탐구의 효용성이나 실용적인 목적에 시선이 미치지 못한 탓인지, 초・중・고등학교 국어과의 '언어' 영역에서 의미에 관한 공간이 매우 좁은 데다가 그 내용도 초라하기 짝이 없으며 대학에서도 의미론 강좌가 그다지 인기 있어 보이지 않습니다. 언어의 궁극적인 목적이 의미의 표현과 이해에 있으며 언어 탐구의 일차적인 목표가 의미의 탐구에 있음을 생각할 때 안타까움을 금할 수 없었습니다.

이에 저는 뜻있는 동학들과 함께 『한국어 의미 탐구의 현황과 과제』를 집필함으로써, 한국어 의미 탐구의 지난 자취를 기릴 뿐만 아니라 오늘을 가늠하고 내일을 기약하며, 특히 학문 후속 세대에게 길잡이별이 될 지형도를 그려 내고 싶었습니다. 주제를 엄선하고 그 주제에 특별히 관심을 기울여 오신 분들께 집필을 의뢰하여 의미 있는 책을 꾸며 보고 싶었습니다. 저는 이 계획을 구상하면서 여러 차례 망설이지 않을 수 없었습니다. 모두들 연구와 강의에 바쁜 데다가 학술지의 논문만이 중시되는 오늘날의 풍토에 이 책의 집필을 제안하는 것이 큰 폐를 끼치지 않을까 염려되었습니다. 그러나 "빨리 가려거든 혼자 가고, 멀리 가려거든 함께 가라."라는 아프리카 속담에 용기를 얻고, 무엇보다도 이 구상을 가슴에만 담아두면 오래 후회할 것 같았습니다. 이 책을 통해 동학들이 함께 모이고 학문 후속 세대와 소통의 계기를 마련하는 것이야말로 지난 37년간 우리 학계로부터 받은 따뜻한 격려와 사랑에 보답하는 저의 책무로 생각하였습니다. 2017년 11월 15일, 의미학계의 동학 여러분께 『한국어 의미 탐구의 현황과 과제』라는 책을 구상하게 된 동기와 개요를 말씀드리고 집필에 참여해 주실 수 있는지 뜻을 여쭙는 메일을 드렸습니다.

보름 동안 동학들께서 보내 주신 답신에 저는 깊은 감동을 받았습니다. 대부분 참여 의사를 밝혀 오셨고, 사정상 참여하지 못하는 분들도 아쉬움과 함께 책의 성공을 기원해 주셨습니다. 글 쓸 내용은 '한국어 의미 탐구의 현황과 과제'에 대한 지정 주제와 집필자 선정 주제, 그리고 자유 주제로 나뉘었으며, 일관성을 위하여 최소한의 기본적인 사항을 공유하기로 하였습니다. 원고가 마무리되는 2018년 9월까지의 시간은 너무 빨리 지나갔습니다. 이 무렵에 원고 집필, 특히 지정 주제를 맡으신 분 가운데 개인적인 사정으로 집필이 어렵다는 메일을 보내와서 눈앞이 캄캄해진 적도 있었습니다. 마감일이 지나가는데도 원고가 몇 편밖에 들어오지 않았습니다.

백석이 '통영'이라는 시에서 동백꽃 피는 철이 언제인지를 걱정스레 자문하며 "옛 장수 모신 낡은 사당의 돌층계에 주저앉아서 나는 이 저녁 울 듯 울 듯 한산도 바다에 뱃사공이 되어 가며 녕 낮은 집 담 낮은 집 마당만 높은 집에서 열나흘 달을 업고 손방아만 찧는 내 사람을 생각한다."라고 했던 심정이 되었습니다. 가을날의 릴케처럼 "주여 때가 되었습니다. 지난여름은 참으로 위대했습니다. ……마지막 과실들을 익게 하시고, 이틀만 더 남국의 햇볕을 주시어, 그들을 완성시켜 마지막 단맛이 짙은 포도주 속에 스미게 하소서."의 간절함으로 기도했습니다. 10월을 넘어 11월의 마지막 날 원고가 많이 들어 왔습니다. 늦은 원고들은 해가 바뀌고 목련이 질 때 도착하기도 했습니다.

『한국어 의미 탐구의 현황과 과제』는 3부 57장으로 이루어집니다.

제1부는 '이론별 탐구의 현황과 과제'로서, 의미론(임지룡), 어휘의미론(최경봉), 문장의미론(임채훈), 발화의미론(구현정), 담화의미론(윤석민), 텍스트의미론(황미향), 형식의미론(김광희), 자연 의미적 메타언어론(이정애), 소통의미론(이찬규), 정보구조의 의미(박철우), 뇌과학과 의미(오충연), 문법화(안주호), 구문문법(정주리 · 정연주)을 탐구한 것입니다.

제2부는 '주제별 탐구의 현황과 과제'로서, 의미 유형(고춘화), 다의어(차준경), 유의어(이광호), 반의어(이민우), 시간 의미와 공간 의미(김정남), 의성의태어의 의미(박동근), 음식조리서 어휘의 의미(송지혜), 향약명 어휘의 의미(이은규), 의미 변화(조남호), 사전의 의미 기술(남길임), 시사만화의 의미(손세모돌), 통신 언어의 의미(이정복), 몸짓언어의 의미(김영순), 어미의 의미(박재연), 용언의 의미(남경완), 부사의 의미(손남익), 단어 형성에서의 의미(구본관), 합성명사의 의미(최지훈), 문법과 의미(목정수), 구문의 의미(조경순), 부사절의 문법적 의미(이관규), 상의 의미(김윤신), 사동의 의미(송창선), 국어 담화표지의 의미(임규홍), 지시성(전영철), 텍스트의 의미(신지연), 의미 교육(이동혁), 어휘 의미 교육(신명선), 문법 교육(최웅환), 한국어교육용 기초 어휘의 의미(강현화), 한국어교육용 보조사의 의미 기능(이소림)을 탐구한 것입니다.

제3부는 '의미 탐구의 지평 확장'으로서, 키워드 네트워크 분석을 통한 의미 연구 현황: 임지룡의 논문을 중심으로(이유미), 의미의 유형과 스펙트럼 분석(이성범), 언어유형론 관점에서의 의미 연구(박진호), 조사 '가, 를, 의'의 특정성, 주제, 초점(한정한), 보조 용언의 의미 확장 양상(김문기), 한국어 대우법의 체계와 그 의미(이정택), 국어 성조의 담화 · 화용적 기능(이문규), 자극화행과 응대화행의 일치 현상(정종수), 독자 배려 표현의 함축 의미와 화행적 기능(김혜정), 카카오톡 대화와 발화의 규정(임칠성), 국어 어원론의 현안(조항범), 2009-2015 개정 국어과 교육과정의 의미 교육 내용(김소연), 한국어 교재의 구문(김정아)을 탐구한 것입니다.

귀한 주제로 옥고를 집필해 주신 동학 여러분께 머리 숙여 감사드립니다.

책이 나오기까지 많은 분들이 도와주셨습니다. 책의 구성과 차례를 살펴주신 송창선, 이문규, 김동환 교수님께 감사드립니다. 크고 작은 일들을 도와주신 경북대학교 인지언어학 및 국어교육 연구실, 특히 책의 완성도를 높이기 위해 피를 말리면서 시간과 싸운 송현주 · 김령환 · 임태성 · 김학훈 선생님께 감사드립니다. 이 책의 출판을 흔쾌히 결심해 주신 한국문화사와 김형원 과장님, 정성을 다해 편집해 주신 이은하 과장님, 힘써 표지를 디자인해 주신 김솔희 대리님께 감사드립니다.

돌아보니, 제 삶은 의미 및 의미론과 함께한 여행이었습니다. 1974년 암울했던 시절, 대학에 다니면서 시를 쓰다가 개종하듯이 의미의 본질을 찾아 길고 먼 여정을 시작하였습니다. 의미의 세계를 여행하면서 조금이나마 그 참뜻을 헤아리고 희열을 맛보기까지는 수많은 시행착오와 방황이 있었습니다. 어둠 속에서 길을 잃고 헤맸으며 타는 목마름에 겨워 제 자리를 맴돈 적도 적지 않았습니다. 그때마다 등불을 켜 주시고 샘물로써 목을 축여 주신 스승님들, 동학들의 가르침과 사랑이 큰 힘이 되었습니다. 의미와 의미론을 탐구하면서 발견의 기쁨에 전율한 적도 한두 번이 아니었습니다. 이제 대학에서 제 여행은 마무리 시점에 와 있습니다. 견딜 만했던 시련, 꿈꿨던 만큼의 고뇌, 그리고 깊은 울림으로 다가온 환희! 인류 지성사의 최고 경지 가운데 하나인 의미론 탐구의 축복 받은 이 여행에 감사드립니다. 제가 못다 한 수많은 과제들을 동학 여러분, 그리고 이 책과 인연을 맺으실 학문 후속 세대 분들께서 풀어 주실 것으로 믿습니다. 고맙습니다.

2019년 4월 15일
복현동 연구실에서
임지룡 올림

차례

제3부 의미 탐구의 지평 확장

제1부

이론별 탐구의 현황과 과제

의미론

임 지 룡*

1. 들머리

이 글은 한국어 의미 탐구의 현황과 과제를 살펴보는 데 목적이 있다. 한국어학계에서 의미론은 1950년대 중・후반에 소개되어 괄목할 만한 발전을 이루었는데, 주요 성과 세 가지를 들면 다음과 같다. 첫째, 한국어 탐구의 내용 체계에서 의미론이 음운론, 문법론과 함께 한 축을 형성하게 되었다. 둘째, 한국어 탐구의 내용 체계로서 의미론이 양적, 질적으로 그 지평이 크게 넓어지고 깊어졌다. 셋째, 한국어 의미 탐구에서 공동의 소통 공간이 구축되었다.

그럼에도 불구하고, 한국어 의미 탐구는 한국어 의미 현상의 풍부함과 매력을 인식시키는 데 충분하지 못하며, 탐구의 효용성 및 실용적인 목적에 관심이 부족하다. 그런 점을 고려해 볼 때 한국어 의미학계에서는 스티브 잡스가 자신을 일깨우기 위해 되뇌었던 "늘 갈망하라, 늘 우직하게 나아가라.(Stay hungry, stay foolish.)"라는 말이 절실한 실정이다.

* 경북대학교 국어교육과 교수, jrlim@knu.ac.kr

이와 관련하여 이 글은 한국어 의미 탐구의 지난 육십여 년간에 걸친 성과의 바탕 위에서 의미 탐구의 현황을 살펴보기 위해 탐구의 흐름을 개관하고 주요 쟁점을 기술하기로 한다. 또한, 의미 탐구의 과제를 기술하기로 한다. 이러한 시도는 이 땅에서 의미를 탐구해 온 지난 자취를 소중히 기리며, 오늘을 제대로 가늠해 알차게 살고, 의미 있는 내일을 기약하기 위해서이다.

2. 의미의 탐구 현황

2.1. 의미 탐구의 흐름

한국어학계에서 의미론은 무에서 유를 창출한 개척사의 과정을 고스란히 밟아 왔다. 1950년대 중·후반의 출발 당시와 비교해 볼 때 연구 영역의 세분화, 연구 방법의 다원화, 연구 성과의 양적 확충 및 질적 심화를 확보하게 되었다. 글자 그대로 황무지에서 옥토를 일구어 값진 결실을 창출한 것이다. 이와 더불어 한국어 의미학계에서는 지난날의 성과를 돌아보고 탐구의 과제와 방향 점검을 지속적으로 수행해 왔다. (1)-(3)의 탐구 성과·과제·전망·방향에 대한 논의들은 그 자체로 하나의 연구사가 되기에 부족함이 없을 정도이다.

(1) 김종택(1982), 양태식(1987), 임지룡(1992b), 전수태(1993), 임지룡(1996), 심재기(1997), 이승명(1998), 임지룡(2002), 임지룡(2005), 김주미(2005), 고혜원(2011)

(2) a. 이인섭(1992), 손남익(1993), 이원직(1996), 남경완(1999), 배도용(2007)

b. 김유정(1993), 손남익(1997), 김광희(1998), 장경희(1998), 최경봉(1998), 최호철(1998), 임지룡(2007), 정주리(2007)

(3) a. 구현정(2000), 최호철(2002), 박영순(2004), 임지룡(2008a), 김진

해(2016)

b. 임지룡(1997a), 박영순(1997), 신현숙(1997)

(1)은 한국어 의미론 전반의 연구사에 대한 논의이며,[1] (2)는 분야별 연구사로서 (2a)는 어휘의미론, (2b)의 김유정(1993)은 어원론, 손남익(1997)은 낱말밭, 김광희(1998)는 형식의미론, 장경희(1998)는 화행의미론, 최호철(1998)은 구조의미론, 최경봉(1998) 및 임지룡(2007b)은 인지의미론, 정주리(2007)는 통사의미론에 대한 논의이다. 또한, (3)은 의미 탐구의 전망 및 방향으로서 (3a)는 의미론 전반, (3b)의 임지룡(1997a)은 어휘의미, 박영순(1997)은 문장의미, 신현숙(1997)은 담화의미에 대한 논의이다.

한국어 의미 탐구의 원년이라 할 수 있는 1956년을 기점으로 연구의 흐름을 10년대 주기로 나누어 그 개략적인 모습을 살펴보기로 한다(임지룡 2002: 384-394 참조).[2]

1950년대는 한국어학계에 '의미론'이라는 학문이 처음으로 소개되고 의미이론이 도입되었으며, 대학에서 의미론 강좌가 개설되었다는 점에서 의미론의 출발기이다. 이숭녕(1956)은 의미론의 존재를 알리고 그 탐구의 필요성을 제창하였으며,[3] 김영준(1957)은 일반의미론의 Hayakawa(1952)를 『의미론』으로 번역하였으며, 천시권은 1959년에 의미론 강좌를 개설하고 이듬해에 『의미론』(유인물)을 내었다.

1960년대는 한국어학계에서 의미론의 정체성이 한층 더 가시화된 시기이다.

---

1 이 밖에도 최경봉(2010)은 <국어학(국어학회)> 의미 연구 50년의 성과와 전망을 논의한 것이다.

2 임지룡(1992b: 509-515, 1996: 308-309)에서는 한국어 의미 탐구의 과정을 다음 네 단계로 파악한 바 있다. 제1기(1956～1969): 의미론의 태동기, 제2기(1970～1979): 어휘 · 통사 의미론 시기, 제3기(1980～1989): 구조 · 생성 · 화행 의미론 시기, 제4기(1990～): 인지 의미론 시기.

3 이숭녕(1956: 236)에서는 "언어학의 한 연구부문으로 의미론이라는 것이 있어 과거부터 여러 학자의 논란이 있어왔다. … 국어학이 새로운 과학을 지향하고 있는 오늘날 이 의미론적 고찰이 있어야 하며 따라서 여기에 대한 언급이 있음직하지마는 아직껏 보지 못한 실정이다."라고 하였다.

최석규(1963)는 역사의미론의 Darmesteter(1887/1946)를 『낱말의 생태』로 번역하였으며, 이을환 · 이용주(1964)는 최초의 의미론 개론서를 간행하였다. 또한, 김종택(1963)은 의미의 추상화 과정, 심재기(1964)는 의미 변화의 구조적 양상, 이승명(1966)은 동음어의 의미 양상에 관한 신진학자의 석사학위논문으로서 학계의 이목을 끌었다.

1970년대는 의미론 분야에 다양한 언어 이론이 소개됨으로써 새로운 탐구 방향의 모색과 혼란이 교차하던 시기이다. 즉, 역사의미론의 대안으로서 구조의미론, 생성의미론, 화용론이 소개되어 의미 분석의 기제가 다양해졌으며, 의미 층위가 어휘, 문장, 발화로 확장되기에 이르렀다. 한편, 생성의미론이 열병처럼 통사론뿐만 아니라 의미론을 휩쓸게 되었는데, 그 실상은 신기루 같은 속성을 띠었다. 이 시기의 주목되는 성과로는 다음과 같다. 첫째, 천시권 · 김종택(1971/1973)은 『국어의미론』을 출간하여 의미 탐구의 저변을 확대하였다. 둘째, 김종택(1977)은 통사의미론 및 화용론의 관점에서 "국어 표현구조에 관한 연구"를, 이승명(1978)은 어휘의미론적 관점에서 "국어 어휘의 의미 구조에 관한 연구"를 박사학위논문으로 제출하였는데, 이 두 편의 신제 학위논문은 후속되는 일련의 학위논문 생산을 자극하는 계기가 되었다.

1980년대는 1970년대에 모색하고 준비해 온 의미 이론과 영역이 활성화된 시기이다. 이 현상은 대학에서 의미론 강좌 및 전문 인력 확장의 당연한 귀결이었다. 이에 따른 가시적 성과는 의미론에 관한 번역서와 단행본, 그리고 박사학위논문이 크게 증가하고, 수많은 논문이 양산되기에 이르렀다. 그 내용도 어휘 · 문장 · 발화 층위를 망라하였다. 어휘 층위에서는 구조의미론에 기초하여 의미장과 의미 관계에 대한 성과가 축적되었으며, 문장 층위에서는 통사의미론에 기초하여 문장 요소의 통사적 제약과 의미기능을 탐구하였으며, 발화 층위에서는 화행이론에 기초하여 의미의 사용 맥락을 탐색하기 시작하였다.

1990년대는 의미론의 폭이 더욱 확장되고 그 깊이가 심화된 시기라 할 수 있다. 이 시기에 특기할 만한 사항으로 다음 네 가지를 들 수 있다. 첫째, 인지

의미론이 도입되어 의미 탐구에 새로운 시각을 제공하였다. 둘째, 1992년부터 국립국어(연구)원의 『국어(학) 연감』을 통하여 의미론 분야의 탐구 동향과 논저 목록을 공유하게 되었다. 셋째, 1997년에 "국어 의미론 탐구에 뜻을 둔 회원 상호간의 학술 정보 교환 및 탐구 활동의 진작"을 목적으로 '한국어 의미학회'가 창립되고 학술지 『한국어 의미학』이 간행되었다. 넷째, 20세기를 마무리하는 측면에서 의미론의 탐구사, 동향, 과제 등에 대한 논의들이 활발히 이루어졌다.

2000년이 시작되면서 탐구 경향에 적지 않은 변화가 일어났다. 탐구 인력의 세대교체 현상이 뚜렷하며, 탐구의 주제도 다양화되었으며, 탐구의 양도 해가 다르게 증가하였다. 또한, 인문학의 위기가 국어학을 포함하여 의미 탐구에도 상당한 변수로 작용하게 되었다. 이 시기에 특기할 만한 사항 가운데 '21세기 세종계획(1998-2007)'을 빼놓을 수 없다. 이 계획의 핵심 사업인 한국어 말뭉치가 개발되면서 다의어, 동의어, 대립어, 관용어뿐만 아니라, 감정 분석 등에서 말뭉치 자료의 용례와 빈도가 활용되어 실증적 탐구를 수행하게 되었다. 또한, 미래에 대한 기대와 불안을 안은 채 새로운 세기에 대한 전망과 과제를 모색하는 노력이 시도되었다.[4]

2010년대는 일상적인 의미 탐구의 수행뿐만 아니라 또 하나의 새로운 과제에 직면하게 되었다. 이른바 인공지능으로 대표되는 '4차 산업혁명'의 시대를 맞이하여, 제대로 된 한국어 사용의 인공지능을 개발하기 위해 '풍부한 부모언어'를 구축할 필요가 생긴 것이다. '국어 거대 자료(빅데이터) 구축'을 위해서는 단어나 문장의 형태 및 구조뿐만 아니라 의미 부문이 한층 더 중요하고도 어려울 수밖에 없다. 따라서 "인공지능이 의미를 어떻게 인식해서 저장하고 검색하는가?"의 현안 과제는 더 이상 의미가 의미학계의, 그리고 언어가

4 그 일환으로 임지룡(2008a)에서 제시된 한국어 의미 탐구의 방향 두 가지를 보면 다음과 같다. 첫째, 한국어 의미 탐구는 언어를 둘러싸고 있는 몸, 마음, 문화적 배경의 관점에서 탐구되어야 한다. 둘째, 한국어 의미 탐구에서 밝혀진 의미 작용의 원리는 언어 및 문화교육, 사전편찬, 언어공학 및 뇌과학 등에 응용되어야 하며, 사람의 본질 규명에 이바지해야 한다.

언어학계의 전유물이 아니라, 심리학계, 컴퓨터공학계, 뇌과학계, 그리고 산업계 등과 학제적 탐구 및 협업이 필수적이게 된 것이다.

2.2. 의미론의 이론 수용

현대 언어학, 특히 '의미론'은 서구로부터 들어온 학문 분야이므로, 한국어 의미학계에서는 의미 이론의 수용에 민감하였다. 지난 60여 년간 한국어 의미론은 일반 언어학계에서 200여 년에 걸쳐 진행되어 온 의미 이론들의 시험장이 되었다.

역사의미론은 1950년대에서 1960년대에 도입되어 한국어의 의미 변화 탐구를 출범시켰다. Darmesteter(1887/1946), Ullmann(1957, 1962) 등이 의미 변화의 방법론으로 활용·번역되었다. 그런데 의미 변화에 대해서는 아직까지 충분히 논의되지 못했으며 미해결 과제가 많이 남아 있는 실정이다(조남호 2004: 461 참조).

구조의미론은 1970년대 중반에서 1990년대에 걸쳐 의미 분석에 적용되었다. Nida(1975), Lyons(1977), Cruse(1986) 등이 구조의미론의 방법론으로 그 흐름을 이끌었으며, 번역본이 출간되었다. 구조의미론은 서구 이론 수용의 성공적인 사례로서 의미의 성분분석, 의미장, 의미 관계의 체계 수립에 기여하였다.

생성의미론은 1970년대에 도입되어 문장의 의미 분석에 적용되었다. 이 경향을 대표하는 Fodor(1977)가 번역되었다. 생성의미론은 통사의미론의 터전을 마련한 의의를 지니지만, 언어 현실에 뿌리를 두지 않은 추상적 이론 추구의 상흔을 남긴 채 이론의 원산지에서와 마찬가지로 몰락하고 말았다.

형식의미론은 1970년대 중후반의 해외 유학파들에 의해 도입, 발전되었으며, 1980년대에서 1990년대에 한국언어정보학회와 학회지 『언어와 정보』를 통해 탐구를 진행해 오고 있다. Chierchia & McConnell-Gient(1991/2000)가 번역되었다. 형식의미론은 지시적 의미관을 비롯하여 의미의 순환성 문제를 극복하는 등 많은 주목을 끌었으나, 복잡한 절차와 도구를 수용해야 하므로 이론적 확산이 쉽지 않고 한국어 탐구의 기여도는 제한적이라 하겠다(전영철 2016: 14-15 참조).

인지의미론은 1990년대에 도입되어 의미 탐구의 새로운 방법론을 제공하였다. Evans & Green(2006), Hamawand(2016) 등의 번역서에서 그 정신이 잘 드러난다. 인지의미론의 주요 성과 네 가지를 들면 다음과 같다. 첫째, 원형이론에 의해 범주화 및 의미작용의 개념화에 대한 새로운 시각을 제공하였다. 둘째, 의미 확장의 일환으로서 다의어, 환유와 은유, 문법화, 의미 변화에 대한 새로운 시각을 제공하였다. 셋째, 언어의 구조와 의미의 동기화에 대한 도상적 원리를 제공하였다. 넷째, '해석'의 원리를 통해서 장면의 의미에 대한 새로운 시각을 제공하였다.

2.3. 의미 탐구의 성과

한국어학계에서 의미 탐구의 중요한 성과를 다섯 가지 측면에서 살펴보기로 한다.

첫째, 의미에 대한 개론서의 출간이다. 개론서는 의미 탐구의 폭을 조감하면서 탐구의 방법론과 방향을 제시한다는 점에서 의의를 갖는다. (4)는 의미론 전반을 다룬 것이다.

(4) 이을환 · 이용주(1964), 천시권 · 김종택(1971/1973), 이용주(1972), 김민수(1981), 박지홍(1984/1987), 심재기 · 이기용 · 이정민(1984), 남성우(1985), 이익환(1984), 이익환(1985), 최창렬 · 심재기 · 성광수(1986), 염선모(1987), 김종택 · 남성우(1988), 이용주 외(1990), 임지룡(1992a), 조항범(1993), 박영순(1994), 박종갑(1996), 이광호(2008), 윤평현(2008), 강범모(2018), 임지룡(2018)

또한, 특정 분야를 다룬 것으로, 일반의미론의 이을환(1980), 구조의미론의 양태식(1984), 인지의미론의 임지룡(1997b/2017b), 형식의미론의 강범모 외(1999), 문장의미론의 박영순(2001), 어휘의미론의 최경봉(2015), 생활의미론의 김미형(2005) 등이 있다.

둘째, 한국어 의미 탐구에서 주목되는 단행본으로, 의미 분석의 방법과 실제에 관한 신현숙(1986), 반복 및 병렬의 어순에 관한 채완(1986), 국어 의미론에 관한 노대규(1988), 대립어에 관한 임지룡(1989), 한국어 현상 및 의미 분석에 관한 신현숙(1991), 연어에 관한 김진해(2000), 화용의미론에 관한 노대규(2002), 유의어 의미의 사적 변천에 관한 홍사만(2003), 공간 개념의 은유적 확장에 관한 임혜원(2004), 동사 · 구문 · 의미에 관한 정주리(2004), 감정 표현에 관한 임지룡(2006), 현대국어 의미론에 관한 김진식(2007), 용언의 의미 분석에 관한 남경완(2008), 국어 의미 분석론에 관한 홍사만(2008), 의미의 인지언어학적 탐색에 관한 임지룡(2008b), 의미 분석론에 관한 이광호(2009), 동사의 의미망에 관한 정병철(2009), 명사의 다의 현상에 관한 차준경(2009), 의미와 의미 분석에 관한 신현숙 · 김영란(2012), 사건 · 발화상황 · 문장의미에 관한 임채훈(2012), 동기화에 관한 송현주(2015), 한국어 의미 특성에 관한 임지룡(2017a) 등이 있다.

셋째, 의미 탐구의 현황을 파악할 수 있는 자료의 출간이다. (5)는 『국어 연감』(국립국어원)의 '의미론' 분야에 대한 기술로서, 1992년-2012년간 21회의 연감이다.[5]

(5) 1992년(이남순), 1993년(안명철), 1994년(조남호), 1995년(문금현), 1996년(김종학), 1997년(임지룡), 1998년(김광해), 1999년(최호철), 2000년(신현숙), 2001년(윤평현), 2002년(양태식), 2003년(문금현),

5 이찬규(2007: 152-158)에서는 2006년 어휘 · 의미론 분야의 연구 성과물을 단행본 29권, 일반논문 295편, 학위논문 118편으로 집계하였다. 한편, 서상준(2014: 101-265)에서는 『국어 연감(2014)』을 통해 2006년-2013년 어휘론 · 의미론 · 화용론 · 사전연구 분야의 연구 성과물을 단행본 197권, 일반논문 1,490편, 학위논문 711편 등 2,467건으로 집계하였다.

2004년(이찬규), 2005년(전영철), 2006년(이선영), 2007년(이찬규), 2008년(도원영), 2009년(박재연), 2010년(박동근), 2011년(김윤신), 2012년(도원영)

또한, 최호철 외(2005)는 1970년대 초에서 2004년까지 제출된 한국어 의미론 분야의 박사학위논문 145편, 석사학위논문 674편을 대상으로 연구사, 논문 목록, 해제를 다룬 것이다.

넷째, '한국어 의미학회'에서는 1997년부터 개최된 학술대회를 통해 <표 1>의 의미론에 관한 공동 주제를 41회에 걸쳐 논의한 바 있는데,[6] 다양한 주제 및 방법론을 망라하고 있다.

〈표 1〉 한국어 의미학회 학술대회

일시	주제	일시	주제
제1차 (1997.6.20.)	21세기 국어 의미 연구의 방향	제25차 (2009.8.21.)	연결 어미와 의미
제2차 (1998.2.19.)	의미 이론 수용 양상과 과제	제26차 (2010.2.18.)	조사와 의미
제4차 (1999.2.19.)	인지의미론 특집	제27차 (2010.8.20.)	사전과 의미
제5차 (1999.8.20.)	전통 의미론에 대한 종합 평가	제28차 (2011.2.16.)	화용과 의미
제8차 (2001.2.16.)	국어 어휘의 품사별 의미 구조	제29차 (2011.8.24.)	화시(deixis)의 범주와 의미
제9차 (2001.8.17.)	어휘사	제30차 (2012.2.16.)	의미론의 기본 개념과 학술 용어
제10차 (2002.2.7.)	한국어 낱말밭의 이론과 실제	제31차 (2012.8.16.)	양화 표현과 의미
제11차 (2002.8.20.)	한국어 어원 연구의 현황과 남은 과제	제32차 (2013.2.14.)	언어 범주와 합성성
제12차 (2003.2.18.)	문장 의미	제33차 (2013.8.22.)	어휘의 의미 관계에 대한 다양한 접근

6 제3, 6, 7차 대회에서는 공동 주제가 제시되지 않았다.

第13차 (2003.8.20.)	관용표현	第34차 (2014.2.13.)	구어의 의미론
第14차 (2004.2.11.)	이름짓기의 현황과 전망	第35차 (2014.8.11.)	동사의 의미론
第15차 (2004.8.18.)	발화의미	第36차 (2015.2.10.)	형용사의 의미론
第16차 (2005.2.17.)	의미 교육의 현황과 전망	第37차 (2015.8.22.)	한국어 감정 표현의 의미론
第17차 (2005.8.26.)	어휘 의미망의 이론과 실제	第38차 (2016.2.20.)	부사의 의미론
第18차 (2006.2.24.)	은유 연구의 회고와 전망	第39차 (2016.8.20.)	한국어 화행론의 이론과 응용
第19차 (2008.8.25.)	의미의 본질에 대한 다양한 관점	第40차 (2017.2.10.)	디지털 시대의 한국어 의미 연구와 방법론
第20차 (2007.2.9.)	한국어 의미 관계의 재인식	第41차 (2017.8.18.)	한국어 언어 단위와 의미론
第21차 (2007.8.18.)	사전에서의 어휘의미 처리와 구축	第42차 (2018.2.2.)	한국어 의미론, 현황과 전망
第22차 (2008.2.16.)	의미와 문법 기술	第43차 (2018.8.17.)	한국어 의미론과 유형론
第23차 (2008.8.14.)	언어 본능 · 습득 그리고 범주화	第44차 (2019.2.15.)	의미론과 대화 분석
第24차 (2009.2.13.)	함의와 함축		

또한, 학회지 『한국어 의미학』을 간행해 오고 있는데, 1997년 10월부터 2019년 2월까지 통권 63호에 걸쳐 의미론 및 의미론 관련 분야의 논문 658편을 게재하고 있다.

다섯째, 의미 탐구의 기념 특집의 발간이다. (6a)는 김민수 선생 정년 기념 논문집의 『국어학연구백년사 II: 의미론 · 국어사』 제5부 '의미론'에 '어휘의미론', '국어화용론'을 비롯하여 10편의 논문이 수록되어 있다. (6b)는 이승명 박사 화갑기념논총으로 '국어 의미론 연구사' 외에 '인지 의미론'을 비롯한 10개 분야를 다룬 것이다. (6c)는 윤평현 선생 정년퇴임 기념논총으로 2000년 이후 15년간의 논문 57편으로 국어의미론의 새로운 인식과 전개 성과를 담고 있다.

(6) a. 고영근 · 성광수 · 심재기 · 홍종선 편(1992)
    b. 이승명 박사 화갑기념논총 간행위원회(1998)
    c. 윤평현 선생 정년퇴임 기념논총 간행위원회(2016)

2.4. 의미 탐구의 쟁점

한국어 의미 탐구에서 주요 주제의 쟁점을 일곱 가지 측면에서 살펴보기로 한다.

2.4.1. 의미의 정의

추상적 속성을 지닌 의미는 의미관에 따라 그 성격 규정이 매우 다른 양상을 띠게 된다. 1980년대 후반을 기점으로 의미 탐구에서 구조의미론, 생성의미론, 형식의미론의 '객관주의'와 '인지의미론'의 관점이 대립되어 왔다.

'의미'[7]의 정의를 포함하여 그 본질을 밝히려는 시도는 의미 탐구에서 일차적인 관심사가 아닐 수 없다. 그런데 언어과학을 주창해 온 기술언어학에서는 의미 탐구를 회피하였으며, 구조의미론과 형식의미론에서는 의미를 직접적으로 다루지 않았다. 즉, 구조의미론에서는 의미 관계를 포착함으로써 간접적으로 의미에 접근하였는데, 한 표현의 의미를 체계 내에서 다른 표현들과 맺는 관계들의 합으로 보았다. 형식의미론은 의미를 진리 조건과 동일시하고 진리 조건을 통해 의미를 탐구함으로써 의미 자체를 다루지는 않았다.

그 반면, 인지의미론에서는 의미의 이해에 대한 발상의 전환을 가져왔다는

7 '의미(意味)'에 대한 토박이말은 '뜻맛'이다. 이에 관한 최초의 문헌은 '月印釋譜(1459) 8:25'의 "**ᄠᅳᆮ마시** 다오미 업슬ᄊᆡ 솟ᄂᆞᆫ ᄉᆡ매 가ᄌᆞᆯ비며"와 '楞嚴經諺解(1462) 6:56'의 "소리ᄂᆞᆫ 오직 일훔과 句왓 마새 븓들여…마ᄉᆞᆫ **ᄠᅳᆮ마시**라 = 聲은 唯局名句味ᄒᆞ야…味ᄂᆞᆫ 意味也ㅣ라"이다.

점에서 주목된다. 즉, 추상적인 의미는 신체화되어 있으며, 언어의 형태와 의미는 동기화되어 있으며, 의미는 역동적이며, 의미는 백과사전적 지식의 문제이며, 의미는 의미를 구성해 가는 동적 과정의 개념화로 본다. 개념화와 관련하여, 언어 표현의 의미는 개념적 내용과 그에 대한 개념화자의 인지적 해석을 망라한 것으로 보고 있다. 또한, 의미는 세상사의 지식과 불가분의 관계를 맺고 있으며, 언어 표현은 의미를 전달하기 위한 실마리이며 언어 표현과 의미 간에는 화자와 청자의 해석이라는 동적인 인지 기제가 작용하고 있다고 본다.

2.4.2. 의미의 무리

2.4.2.1. 의미의 형상화

하나의 단어는 어떻게 이해되고 정의되는가? 이는 '형상화'[8]의 문제로서 사전적 모형에 초점을 맞추는 '어휘장 이론'과 백과사전적 모형을 망라한 '인지 모형 이론'이 대립을 이룬다.

구조의미론의 형상화 기제는 '어휘장 이론'으로서, 어휘장은 하나의 상위어 아래 의미상 밀접하게 연관된 단어들의 무리를 말한다. 곧 하나의 단어는 동일한 장 안에 있는 다른 항목들과의 관계를 통해 의미를 갖는다. 한국어의 '색채어', '형제자매어', '온도어', '착탈어' 장을 살펴보면, 그 형상화 양상이 매우 풍부하고 체계적이다. 어휘장 이론은 의미 체계 수립에 기여한 바가 크지만, 그 전제가 언어 내적인 관계 속에서 자율성을 추구함으로써 한계를 지닌다.

인지의미론의 형상화 기제인 '인지 모형 이론'은 공유되며, 구조화되고, 이상화된 지식의 정신적 모형으로서, 사람들은 이 모형을 통해 의미를 인지하고 소통하게 된다. 곧 한 지시물이나 단어의 의미는 그것과 관련된 배경지식에

---

8 '형상화(configuration)'란 단어들을 하나의 어휘장이나 인지 모형으로 무리 짓는 정신적 행위를 가리킨다(Hamawand 2016: 141 참조).

의해 이해된다는 관점이다. 이 모형에는 '틀', '인지 영역', '이상적 인지 모형' 등이 있다.

어휘장 이론과 인지 모형 이론은 단어의 의미를 이해하는 기제로서, 의미장은 평면적이고 폐쇄적 단위인 반면, 인지 모형은 포괄적이고 개방적인 설명력을 지니고 있다. 장차 어휘장 이론과 인지 모형 이론은 상호 보완적 관계로 발전시킬 필요가 있다.

2.4.2.2. 의미의 변이

단어의 형태와 의미 간의 변이[9]에서 다의어의 경계와 의미 특성에 대한 객관주의와 인지의미론의 관점이 대립되어 왔다.

객관주의 관점에서는 '다의어'와 '동음이의어'를 '의미 핵'의 유무 기준으로 구별해 왔는데, 의미 핵을 공유하는 경우를 다의어라고 하고 그렇지 않은 경우를 동음이의어라고 하며, 의미 핵의 존재 유무를 판별하기 어려운 경우는 동음이의어로 처리하였다. 또한, 다의어의 의미 값은 등가적인 것으로 보았다.

인지의미론에서는 '의미 변이' 현상에 대해 성격을 달리하는 단의어, 다의어, 다면어, 동음이의어의 다음 네 가지 사항에 주목하고 있다. 첫째, 단의어는 하나의 형태가 하나의 의미를 가진 것으로, 다양한 하위어로 이루어진 '새', '과일', '시계'와 같이 모호하고 불확정적인 의미를 갖는다. 둘째, 다면어는 '책'이 '형태'와 '내용'으로 이루어진 것처럼, 하나의 단어가 몇 개의 국면으로 이루어진 것이다. 국면들은 한 단어의 의미에 대하여 상호 보완적인 관계를 맺음으로써 지각상 통일체를 이루며, 명사 부류에 국한되며, 국면들은 자율성을 가지며 상호 구분되는 존재론적 유형을 확보한다는 점에서 독자성을 갖는다. 셋째, 동음이의어는 생성 과정에서 별개의 단어로 출발하였으나 다의어와의 경계가 불명확한 경우가 적지 않으며 이 경우, 다의어일 개연성이 높다.

---

9 '의미 변이(meaning variation)'란 하나의 단어 형태가 둘 이상의 해석을 가질 수 있는 현상을 가리킨다(Murphy 2010: 83 참조).

예를 들어, '목'("목이 긴 여자", "목에서 적을 기다리다."), '턱'("턱에 수염이 나다.", "턱에 걸리다."), 그리고 '먹다'("밥을 먹다.", "귀를 먹다.")를 다의어로 본다. 곧 의미적으로 관련성이 있는 변이 항목들은 기존 형태에 의미를 확장한 다의어로 범주화한다. 넷째, 다의어는 구체적인 중심의미 또는 원형의미를 기준점으로 의미적 망이나 연쇄 구조를 통해 추상적인 의미로 확장되는데, 중심의미는 주변의미에 비해 인지적 · 구조적 · 빈도적 측면에서 우월성을 지닌다.

2.4.3. 의미의 계열관계

2.4.3.1. 동의관계

동의관계에 대해 객관주의 관점에서는 '동의어'라는 용어의 '의미의 동일성'을 지나치게 강조함으로써 동의관계 탐구의 흥미를 잃게 하는 요인으로 작용해 왔으며, 동의어 간의 의미를 대칭적으로 간주하였다.

인지의미론에서는 절대적 동의어가 제한되어 있으며, 대부분 상대적 동의어로서, 문맥상에서 의미나 분포의 차이를 가지며, 언중의 의식 속에 같으면서도 다른 것으로 자리 잡고 있다고 본다. 구체적으로, 동의어에 대한 인식 세 가지를 들면 다음과 같다. 첫째, 동의어의 기능으로서, 상대적 동의어는 지루함을 덜고 변화와 생동감, 풍부함을 더해 주는 문체적 효과를 갖는다. 둘째, 동의어는 개념적 · 빈도적 · 인지적 · 분포적으로 비대칭성을 띠며, 단어 연상 및 혼성을 통해 머릿속 사전에서 긴밀하게 저장되는 것으로 본다. 셋째, 동의어는 하나의 대상 · 상황을 대안적인 방식으로 파악해서 표현하는 화자의 전략, 즉 해석 작용이다.

2.4.3.2. 대립관계

대립관계는 계열관계 가운데 가장 많은 관심을 받아왔다. 구조의미론에서는 이항대립에 초점을 두고 중립지역의 유무에 따라 '반의어'와 '상보어'를 구분하였으며, 대립관계의 단어 쌍이 구조적 · 의미적으로 고정적이고 등가적인 것으로 간주하면서 그 체계를 수립하려 하였으나, 언어내적 체계에 국한되고 그 시각이 제한적이었다.

인지의미론에서는 대립어의 해석에 다음과 같은 변화를 가져왔다. 첫째, 대립어의 자격에는 정도성이 존재한다. 둘째, 대립어 유형의 경계에 대해 반의어와 상보어에 소속시킬 수 없는 불명확한 사례, 즉 등급상보어가 존재한다. 셋째, 대립어 쌍에는 분포와 빈도수에서 비대칭성이 존재한다. 넷째, 대립어에 의한 합성 및 혼성의 어순이 언어 공동체의 인지적 경향성 및 전략과 동기화되어 있다. 다섯째, 대립어는 상황맥락 속에서 언중의 해석 작용을 반영해 준다.

2.4.3.3. 분류관계 · 하의관계 · 부분관계

의미의 계열관계 가운데 분류관계, 하의관계, 부분관계는 단어들을 계층적으로 연관시킨다는 점에서 공통된다. 객관주의 관점에서는 분류관계의 과학적 분류와 하의관계의 논리성에 주목했으나, 인지의미론에서는 분류관계의 민간 분류와 기본층위, 그리고 부분관계에 주목하고 있다. 이들 관계의 주요 쟁점 또는 특성 세 가지를 들면 다음과 같다.

첫째, 과학적 분류는 고안된 분류 체계로서 복잡성 · 엄격성 · 객관성을 특징으로 삼는데, 이 분류법은 사람의 삶, 경향성, 눈높이와 동떨어져 있는 반면, 민간 분류는 우리의 삶에 바탕을 둔 것으로 언어공동체의 경향성, 지혜, 예측력이 집약되어 있다. 민간 분류의 '속 층위'는 기본층위에 해당하는 것으로 인지적, 기능적, 언어적 우월성을 갖는다.

둘째, 하의관계는 의미적 계층에서 한쪽이 다른 쪽에 포함되는 관계로서 상위어는 의미의 외연이 넓고 내포가 좁은 반면, 하위어는 의미의 외연이 좁고 내포가 넓다. 하의관계는 함의의 관점에서 일방적 함의관계가 성립되는 이행적 관계이며, 어휘 항목이 일반적 의미와 특정한 의미 간에 다의관계가 성립되는 자기 하의관계를 갖는다. 또한, 상위어의 의사소통적 기능, 수집 기능, 그리고 하의어의 부각하기 기능을 갖는다.

셋째, 부분관계는 전체에 대한 부분의 관계를 가리키며 그 계층은 분류관계에 비해 체계성의 정도가 균일하지 않다. 부분관계의 합성어는 전체어의 기능이 부각되며, 부분어가 전체어를 포괄하는 자기 부분관계를 갖기도 한다. 부분관계의 '성분－전체 물체', '원소－집합', '부분－덩어리', '재료－물체', '특성－활동', '장소－지역' 등 유형 간의 이행성 정도가 차별적이다.

2.4.4. 의미의 결합관계

의미의 결합관계는 구조의미론에서 일찍이 그 중요성이 포착되었으나, 인지의미론에서 결합관계의 유형과 의미 특성이 한층 더 역동적으로 인식되기에 이르렀다.

첫째, 합성 표현이 대등한 자격으로 결합관계를 이룰 때 그 어순은 시간 표현이나 동작의 변화, 수의 크고 작음, 거리의 원근, 적극적인 요소와 소극적인 요소, 긍정과 부정, 남성과 여성 등에 대한 언중의 인지적 경향성에 따라 결정된다.

둘째, 혼성 표현은 구성 요소의 일부가 결합관계를 이룬 것으로서, 그 유형은 동의적 · 등위적 · 종속적 혼성으로 나뉘며, 그 생성 원인으로 동의적 혼성어는 무의식적이고 수동적인 반면, 등위적 및 종속적 혼성어는 의도적이고 능동적이다. 의미 초점이 동의적 · 등위적 혼성은 앞자리에 놓이는 반면, 종속적 혼성은 뒷자리에 놓인다. 그 용례는 외심 구조의 α형(wz)이 내심 구조의 β형(xy)보다 생산적이다.

셋째, 연어는 두 단어가 결합할 때 한 단어의 범위가 예측 가능한 결합관계로서, 연어적 결합체 A, B 가운데 그 제약이 더 쉽게 규정되고 한정되는 쪽이 선택자이며 그렇지 않은 쪽이 피선택자이다. 연어에 의한 의미 운율은 특정한 의미 집합에 속하는 단어들과 전형적으로 공기하는 단어를 가리키는 것으로, 긍정 및 부정적 운율이 대립을 이룬다.

넷째, 관용 표현은 둘 이상의 구성 요소가 결합체를 이루게 될 때 의미가 특수화되어 있고, 구성 방식이 고정되어 있는 결합관계이다. 최근 들어, 관용

표현의 설명 가능성, 수식 가능성, 용법 및 문화적 특성을 통해 새로운 접근이 이루어지고 있다.

다섯째, 공기 제약은 결합관계에서 단어들 간의 정상적인 결합 조건이다. 그중 선택 제약은 문장의 주어, 목적어, 부사어 등이 상호 충족해야 할 의미 조건이며, 연어 제약은 연어적 의미 조건인데, 선택 제약이 연어 제약보다 그 강도가 더 높다.

여섯째, 변칙성은 단어가 사용된 문맥과 조화를 이루지 못하는 것을 이른다. 그중, 용어법은 한 요소가 잉여적인 변칙성을 가리키며, 의미적 충돌은 공기 제약에 어긋나는 변칙성이며, 액어법은 하나의 표현이 동시에 두 개의 변별적인 의미를 수행을 함으로써 의미 전달이 불투명하거나 어색한 것이다.

2.4.5. 의미의 확장

2.4.5.1. 환유와 은유

단어의 의미를 확장하는 두 가지 주요 기제로 환유와 은유가 있다. 종래에는 환유와 은유를 수사법으로서 시적, 미적, 문체적 효과를 가져 오는 화장술 같이 여겼으며, 생성언어학에서는 선택 제약에 어긋난 비문법적 표현으로 간주하였다.

인지의미론의 경우, 일상 언어에는 환유와 은유가 무수히 나타날 뿐 아니라, 환유와 은유 없이는 제대로 사고하고 표현할 수 없다고 본다. 언어적 비유는 예술 영역을 포함하여 모든 표현 영역의 비유와 일맥상통하며, 환유와 은유는 비문법적인 표현이 아니라 정상적인 문장으로서 의미 확장의 주요 기제로 간주한다. 예를 들어, "온 동네가 슬픔에 잠겼다."에서 '동네'는 '동네 사람'을 가리키는데, 이것은 '동네'와 '동네 사람' 간에 '인접성'의 기제가 작용한 '환유적 확장'이며, '슬픔에 잠기다'는 유사성의 기제에 의해 추상적인 '슬픔'을 구체적 대상인 '그릇 속의 액체'로 간주함으로써 '은유적 확장'으로 파악하게 된 것이다.

개념적 환유는 '부분→전체'의 확대지칭 양상과 '전체→부분'의 축소지칭 양상으로 대별되며, 인지적 도구, 추론의 도구, 경제성 및 유연성, 사실성 및 완곡 효과의 기능을 갖는다. 개념적 은유는 구조적, 존재론적, 방향적 은유로 대별되며, 인지적 도구, 추론의 도구, 의사소통적 기능을 갖는다. 의미 탐구에서 환유와 은유 기제의 도입은 의미 확장의 문제를 비롯하여 경험 세계의 개념화를 이해하는 데 한 걸음 다가서게 해 주었다.

2.4.5.2. 다의적 의미 확장

다의어는 의미 확장의 노다지이다. 종래의 다의적 의미 확장은 의미 핵을 공유하며, 중심의미와 확장의미 간에 의미 차이나 의미 확장의 경로에 주목하지 않았다. 그 반면 인지의미론에서는 다의적 의미 확장에 여러 가지 새로운 시각을 제공하였는데, 두 가지 특징적인 사항을 들면 다음과 같다.

첫째, 의미 확장의 원리이다. 다의어의 의미는 '의미 망' 구조와 '의미 연쇄' 구조에 의해 확장된다. 의미 망 구조는 '죽다'의 경우 "사람이 죽다."의 '원형', "짐승이 죽다."의 '확장', "생명체가 죽다."의 '도식'으로 이루어지는데, '원형'과의 유사성을 통하여 수평적으로 '확장' 관계를 이루며 원형과 확장의 공통성을 추상화하여 수직적으로 '도식' 관계를 이룬다. 한편, 연쇄 구조는 다의관계를 이루는 의미들이 중심의미에서 연쇄적으로 확장되는 구조로서, AB, BC, CD 간에 인접한 용법끼리 의미를 공유하게 된다. 예를 들어, '고락'은 '낙지의 배→그 배 속의 검은 물→그 물이 담긴 주머니'로 의미 연쇄가 일어난다.

둘째, 의미 확장의 경로이다. 다의어의 의미는 구체적인 데서 추상적인 데로 확장된다. 전형적으로, '사람→동물→식물→무생물', '공간 →시간→추상', '물리적 위치→사회적 위치→심리적 위치', '문자성→비유성→관용성', '내용어→기능어'의 다섯 가지 경로가 있다.

2.4.5.3. 의미 변화

의미 변화는 의미의 통시적 확장이다. 구조의미론에서는 언어의 테두리 안에서 의미장의 변화에 관심을 기울였는데, 의미 변화의 다양한 양상을 전통적 범주인 특수화, 일반화, 타락, 향상의 잣대, 그리고 언어 내적인 자율성의 관점만으로 해명하기는 어렵다.

인지의미론에서는 의미 변화를 범주의 전이와 관련하여 원형 이론, 의미 변화의 기제 및 궤도와 관련하여 환유와 은유뿐만 아니라, 문법화의 관점에서 조망을 시도하고 있다. 예를 들어, 의미 변화에는 종래에 눈여겨보지 않았던 원형의 이동과 분열이 있다.

첫째, '원형 이동'은 의미 변화에서 원형이 교체되는 현상이다. 'ᄉᆞ랑ᄒᆞ다'는 후기 중세국어에서 <思・愛・慕>의 뜻을 지니고 있었으며, <思>는 원형 의미의 기능을 수행하였다. 근대국어에서는 <思・愛>의 의미가 공존하는데, 17세기 초부터 <愛>의 의미가 중심적 의미로 쓰이게 되어 원형 이동의 양상을 드러낸다. 현대국어에서는 <愛>가 '사람, 이성, 유정물, 추상 세계' 등 다양한 대상과 존재를 <아끼고 소중히 여기다>라는 뜻으로 사용되는데, <이성을 몹시 그리워하거나 좋아하다>라는 의미로 그 쓰임이 활성화되면서 또 한 번의 원형 이동이 일어났으며, 최근 들어 동성 간에도 사용될 만큼 그 범위를 넓히고 있다.

둘째, '원형 분열'은 의미 변화에서 원형이 분열되어 더 세부적인 의미로 진행되는 현상이다. '양반'의 의미를 보면 고려시대에는 <문반과 무반>을, 조선시대에는 <문반과 무반>뿐만 아니라 <상류 계급의 사람>을 가리켰다. 갑오개혁을 거쳐 현대국어에서는 <점잖은 사람>, <'남편'을 다른 사람에게 높여 부르는 말>, <'남자'를 높이거나 홀하게 부르는 말>, 그리고 <나은 형편>의 네 가지로 분열되었다.

2.4.6. 문장의미론

2.4.6.1. 문법의 의미

문법은 우리의 생각을 표현하기 위해 의미를 가진 문법 단위를 조합하여 문장을 만드는 규칙 또는 원리이다. 이에 대한 언어관의 차이를 들면 다음과 같다.

객관주의 관점은 다음 세 가지 특징을 갖는다. 첫째, 언어 분석에서 과학적 객관성 및 엄밀성을 추구하기 위해 연구 부문을 분화하고 부문 간의 자율성에 초점을 두었다. 둘째, 언어의 구조와 의미 간에 '자의성'을 전제로 하였다. 셋째, 언어를 사용하는 주체로서 사람의 경험이나 그 배경으로서 문화적인 요인을 철저히 배제하였다.

인지의미론에서는 문법을 언어 사용의 주체인 사람의 경험과 사고방식을 개념화하는 매체나 원리로 간주한다. 따라서 문법과 의미가 상호 긴밀히 연관되기 마련이며, 이 세상의 경험과 사고방식이 문법 속에 투영되어 있다고 본다. 이 관점의 주요 내용 네 가지를 들면 다음과 같다. 첫째, 문법은 의미를 표현하기 위해 존재하며, 문장의 구조와 의미는 동기화되어 있다. 둘째, 품사는 단어를 의미나 기능의 동일성에 따라 부류로 묶은 것이다. 내용어는 개방적이며, 기능어는 폐쇄적이다. 동사는 문장에서 가장 중요한 단어 부류이며, 부사는 이질적인 요소의 집합체이다. 셋째, 문장 성분에서 주어는 가장 현저하며, 그 다음이 목적어이다. 서술어는 문장의 중심축이며, 의미 역할은 문장 안에서 서술어에 의해 기술되는 행위나 사태에 대한 명사구의 의미 몫을 가리킨다. 주어는 '행위자', '경험자'와 같은 역할에 잘 어울리며, 목적어는 '수동자', '수혜자'와 같은 역할에 어울린다. 의미 역할은 의미론과 통사론의 접점을 밝히고, 여러 서술어 부류의 특성을 기술하는 데 기여한다. 넷째, 구문은 일종의 틀로서 그 자체의 의미를 가지며, 그 의미는 구성 요소로부터 예측되지 않는다. 한국어의 구문으로는 'N은 N이다' 구문, 'V기는 V는데' 구문, 'V어도 싸다', '-으나, -아도, -지만' 및 '-니까, -아서, -므로' 구문 등이 있다.

2.4.6.2. 문장의 의미

문장의 의미는 문법 및 언어관에 따라 그 성격 규정에 많은 차이를 드러낸다. 객관주의 관점에서는 문장의 의미를 문맥 중립적인 차원에서 어휘적 의미와 통사 규칙에 의한 합성적 의미로 간주하였다. 이 관점에서는 문장의 동의성을 광범위하게 인정하였으며, 전제와 함의, 중의문 등이 주요 관심사였다. 그러나 이러한 진공 상태의 문장은 의미의 많은 것을 제약할 수밖에 없다. 한편, 인지의미론에서 문장의미는 그 문장이 사용되는 언어 내적 및 언어 외적 문맥과 관련성을 맺게 된다고 본다. 이 관점에 따른 문장의 의미 여섯 가지를 들면 다음과 같다.

첫째, 문장의 관계는 문장들 사이의 연결 유형으로 바꿔 쓰기, 모순, 전제와 함의 등이 있다.

둘째, 문장의 정보에는 신정보와 구정보가 있다. '이/가'는 신정보 표지이며, '은/는'은 구정보 표지인데, 대조로 사용될 경우에는 신정보 표지로 기능한다. 신정보와 구정보는 정보에 대한 청자의 관점인 반면, '주제－논평'은 화자에 의한 정보 처리의 유형이다.

셋째, 도상성은 언어 구조와 개념 구조 간의 유사성을 말한다. 도상성의 유형은 양적 · 순서적 · 거리적 도상성으로 대별된다. 문장에 내재하는 구조적 도상성은 효율성, 경제성, 자연성, 현저성에 대한 언어공동체의 경험과 인지적 경향성이 언어 구조에 반영된 것이다.

넷째, 문장의 동의성에 대해 구조의 차이가 화자의 해석을 반영한 것으로 본다. 이 점은 능동문과 피동문, 대립어 교체 구문, 처소 논항 교체 구문, 장 · 단형 사동문 등에서 확인된다.

다섯째, 문장의 중의성 유형에는 수식어의 범위에 따른 배합 중의성, 주어와 목적어, 비교, 부정의 범위, 동작과 양태에 따른 기능 중의성으로 나뉜다.

여섯째, 이동 구문은 이동체의 실질적 이동 유무에 따라 '객관적 이동'과 '주관적 이동'으로 대별되며, 주관적 이동에는 화자 자신의 이동에 의한 '상대적 이동'과 화자 시선의 이동에 의한 '심리적 이동'으로 나뉜다. 이동의 언어화 과정에서 주관적 이동은 객관적 이동에 비하여 표현상의 제약을 받으며, 그중 상대적 이동은 심리적 이동에 비하여 객관적 이동과 표현상의 공통성을 많이 갖는다.

2.4.7. 발화 · 문화의미

2.4.7.1. 발화의미

언어의 대인적 기능의 발화의미를 다루는 분야를 화용론이라고 한다. 의미론과 화용론을 객관주의 관점에서는 엄격히 구별하였다. 그 반면, 인지의미론에서는 이 둘을 구별하지 않는 입장을 취하며, 발화의미에 관한 주요 사항 세 가지는 다음과 같다.

첫째, 화맥은 발화가 실현되는 맥락으로서 그 요소에는 화자와 청자, 장면과 시점, 발화의 흐름 등이 있다.

둘째, 장면의 개념화에서 초점화는 전경과 배경으로 이루어진 장면에서 현저한 요소에 초점을 부여하는 것을 말한다. 직시 표현은 장소와 시간 속에서 화자의 위치와 관련하여 해석되는 언어 형태이다.

셋째, 발화 행위는 표현 · 표현내적 · 표현달성 행위로 나뉘며, 적정 조건은 발화 행위가 적절하게 수행되기 위해서 충족되어야 할 조건이다. 또한, 발화 행위는 직 · 간접 발화 행위로 나뉘는데, 간접 발화 행위는 언어의 형태와 다른 기능을 수행하는 것으로, 대화 참여자에 대한 상호 배려의 효과를 가진다. 함축은 선행 발화의 암시적 의미로서, 선행 발화를 언급하면서 후행 발화를 의미하는 두 발화 간의 관계이며, 명시적 · 암시적 함축으로 나뉜다. 대화적 격률에는 협력의 원리와 격률 위반이 있는데, 화자가 의도적으로 협력의 원리를 깨뜨림으로써 청자에게 함축된 의미를 추론하도록 하는 것이 '대화적 함축'이다. 적합성 원리는 발화에 대해 화자가 의도하는 방식을, 그리고 청자가 해석하는 방식을 결정하는 인지 원리이다.

2.4.7.2. 문화의미

구조언어학에서는 언어와 문화를 별개의 것으로 간주하였다. 그 반면, 의미 탐구에서 문화의 의미에 관심을 갖게 된 것은 최근의 인지의미론에서이다. 이에 관한 주요 사항 세 가지를 들면 다음과 같다.

첫째, 한 문화 공동체가 공유하고 있는 사고방식이나 행동 양식을 '문화 모형'이라고 하며, 언어의 의미 해석은 이 모형에 크게 의존하고 있다. 또한, 어떤 문화권의 언중들이 일상생활 속에서 얻은 경험과 직관을 통해 형성해 온 상식적인 세계관을 '민간 모형'이라고 하는데, 감정 표현, 미각 표현 등이 그 전형적인 사례이다.

둘째, 의미 유형론은 의미의 범언어적 탐구로서, 언어적 다양성의 관점에서 출발하여 의미의 보편성과 특이성을 밝히는 분야로, 그 전형적인 사례에는 신체 부위 용어, 색채 용어, 이동 동사의 어휘화 등이 있다.

셋째, 언어, 사고, 문화와 관련하여 언어 상대성 가설과 언어 보편성 견해가 대립되어 왔는데, 문화의미의 탐구를 통해 접점을 형성하고 있다. 문화적 의미 변이의 전형적인 사례는 의미 습득, '화'의 문화 모형, 동서양인의 범주화 방식 등이 있다.

3. 의미의 탐구 과제

3.1. 의미 탐구의 목표

한국어 의미의 탐구 목표에 관한 과제를 세 가지 측면에서 살펴보면 다음과 같다.

첫째, 의미 탐구는 의미의 본질을 밝히고 한국어 의미 특성의 지형도를 제대로 그려내는 데 있다. 이 과정에서 한국어와 다른 언어의 의미 특성을 대조 분석함으로써, 한국어 의미의 언어적 보편성과 특이성을 확보해 내는 일이 필요하다.

둘째, 의미 탐구는 사람의 본질을 해명하는 데 기여해야 한다. 언어는 사람과 불가분의 관계를 맺고 있는데, 언어의 의미 속에는 사람의 몸과 마음, 그리고 사회 문화적 배경에 대한 온갖 신비가 내재해 있다. 따라서 언어의 의미에는 사람의 몸과 마음이 가진 특성과 경향성, 그리고 사회 문화적 배경이 어떻게 반영되어 있으며, 역으로 언어의 의미는 사람의 몸과 마음의 특성과 경향성, 그리고 사회 문화적 배경을 형성하는 데 어떤 영향을 미치는가를 탐색해 내는 일이 필요하다.

셋째, 의미 탐구는 우리 삶에 기여해야 한다. 이것은 의미 탐구의 실용적인 목표라 하겠는데, 의미 탐구의 결과는 언어교육에 적용되고, 사전편찬에 반영되며, 언어정책 수립에 기여할 뿐만 아니라, 언어공학 및 인공지능 분야에서 활용될 수 있어야 한다.

3.2. 의미 탐구의 대상

한국어 의미의 탐구 대상에 관한 과제를 세 가지 측면에서 살펴보면 다음과 같다.

첫째, 의미 탐구의 대상을 층위별로 보면 어휘의미론, 문장의미론, 발화 및 문화의미론의 세 가지가 있으며, 시기별로 중세국어, 근대국어, 현대국어의 세 가지가 있다. 그중 현대국어를 대상으로 한 어휘의미론이 주류를 이루어 왔다. 따라서 장차 의미 탐구는 탐구 대상의 균형성을 확보하는 일에 관심을 기울여야 할 것이다. 이 경우 현대국어의 어휘의미, 문장의미, 발화 및 문화의미를 균형 있게 탐구하는 일에서 출발하여, 각 시기의 공시적 탐구와 함께 층위별 의미의 통시적인 양상을 규명함으로써 탐구 대상의 편향성을 극복해야 한다.

둘째, 사람의 본질 해명과 관련된 분야는 의미 탐구의 블루 오션이라 할 수 있다. 사람에 관련된 주제로는 언어의 의미와 사람의 신체 조직이나 경험,

사고방식, 문화양식과의 상관성을 탐색하는 일이다. 예를 들어, '의미의 범주화에는 사람의 경험이 어떻게 반영되어 있는가, 사람은 세상의 경험을 어떻게 개념화하는가, 의미 확장에는 사람의 경험과 사고방식이 어떻게 반영되어 있는가, 사람은 새롭고 추상적인 경험을 어떻게 이해하는가, 언어의 의미 또는 기능은 구조에 어떻게 반영되어 있는가, 장면이나 상황의 의미는 어떻게 파악되는가, 관용어와 속담의 의미에는 사람의 경험과 문화 양식이 어떻게 반영되어 있는가?'를 비롯하여, '의미습득은 어떻게 이루어지는가, 머릿속 사전은 의미를 어떻게 저장하고 검색하는가, 실어증에서 의미는 어떤 양상을 띠는가, 의사소통에서 의미의 산출과 해석의 원리는 무엇인가?' 등은 의미론이 사람의 이해에 접근하는 주요 과제가 될 것이다.

셋째, 의미 탐구의 응용적, 실용적인 대상이다. 이 분야는 앞에서 살펴본 언어정책, 사전편찬, 언어교육, 언어공학 등을 의미 탐구의 주요 대상으로 삼아야 할 뿐만 아니라, 현장에서 실용 가능한 모형으로 가공해야 할 것이다. 예를 들어, '언어정책과 의미론, 사전편찬과 의미론, 언어교육과 의미론, 언어공학과 의미론'과 같은 연계가 연구실, 강의실, 현장에서 함께 논의될 수 있다.

3.3. 의미 탐구의 방법

한국어 의미의 탐구 방법에 관한 과제를 세 가지 측면에서 살펴보면 다음과 같다.

첫째, 의미 탐구의 목표와 대상에서 본 의미의 본질을 밝히고 한국어 의미 특성의 지형도를 제대로 그려내는 일, 사람의 본질을 해명하는 일, 삶에 기여하는 일 등을 가장 잘 풀어낼 수 있는 방법론을 탐색하고 고안해 내는 일이라 하겠다. 이를 위해 일반 언어학계의 의미 이론을 열린 시각으로 수용하는 한편 이를 바탕으로 한국어의 의미 현상을 규명하는 데 적합한 토착 이론을 개발해야 한다.

둘째, 의미 탐구에서 학제적, 통합적 접근이 필요하다. 하나의 주제에 대해 다른 영역이나 관점이 협력하여 상승효과를 얻도록 해야 한다.

셋째, 의미 탐구에서 자료의 확보와 활용의 인식 전환이다. 일차적으로 의미 현상을 해명하는 데 필요하고도 충분한 자료, 글말 텍스트와 입말 텍스트의 말뭉치를 확보해야 한다. 이를 바탕으로 용법에 기반한 실증적 의미 탐구의 활성화 방안을 모색해야 한다. 이러한 탐구 분야는 다의관계·대립관계·동의관계 등의 의미 관계, 감정 표현, 연어 관계, 관용 표현, 그리고 문장 및 발화·문화의미 등에 걸쳐 광범위하다.

4. 마무리

이상에서 한국어 의미의 탐구 현황과 과제를 개괄적으로 살펴보았다. 이제까지 논의한 바를 되새기면서 이 글을 마무리하기로 한다.

지난날 의미론이 한국어학 탐구의 한 분야로 출범한 이래 적지 않은 사람들이 의미론이 과연 학문이 될 수 있는가를 회의적인 눈으로 지켜보고 있었다. 그러나 60여 년의 세월 속에서 한국어 의미론은 크나큰 성장을 이룩하였다. 그것은 일차적으로 의미가 가지고 있는 자체의 가치에 의해서이다. 곧 의미는 언어의 형식 속에 담긴 내용으로 의사소통은 의미의 전달이자 해석인 것이다. 이차적으로 의미와 의미론의 중요성을 인식한 연구자들에 의해서이다. 곧 의미는 언어의 영혼이며 이를 탐구하는 의미론은 인류 지성사의 최고 경지의 한 분야라는 데 공감하게 된 것이다.

더불어 한국어 의미론 앞에 놓인 과제 또한 만만하지가 않다. 밖으로는 인문학의 위기라는 폭풍우 속에서, 안으로는 인접 분야와의 치열한 경쟁 속에서 살아남고 제대로 된 위상을 정립하기 위하여 한국어 의미를 탐구하는 이들은 이 분야 탐구에 대한 믿음과 사명감으로 오늘의 좌표를 성찰해야 할 것이다. 이 시대에 의미론은 우리에게 어떤 의미를 가지는가? 또한, 우리는 의미론에게 어떤 의미가 될 수 있는가?

그러한 물음 위에서 한국어 의미 탐구의 현황을 돌아보고, 미래 지향적인 목표를 설정하고, 유익한 탐구 대상을 탐색하고, 유연하며 설명력이 높은 방법론을 개발함으로써 새로운 시대를 기약해야 할 것이다.

참고문헌

강범모(2018), 『의미론: 국어, 세계, 마음』, 한국문화사.

강범모 외(1999), 『형식 의미론과 한국어 기술』, 한국문화사.

고영근 · 성광수 · 심재기 · 홍종선 편(1992), 『국어학연구백년사 II: 의미론 · 국어사』, 일조각.

고혜원(2011), "국어 의미론 연구의 동향과 과제: 의미론 연구사를 중심으로", 『어문론집』 48: 91-113, 중앙어문학회.

구현정(2000), "21세기 국어학의 전망과 새로운 모색: 의미 · 화용론 분야", 『한말연구』 6: 49-66, 한말연구학회.

김광희(1998), "국어 문장 의미 연구를 위한 형식의미론의 수용 양상과 과제", 『한국어 의미학』 2: 57-89, 한국어 의미학회.

김미형(2005), 『생활 의미론』, 한국문화사.

김민수(1981), 『국어의미론』, 일조각.

김유정(1993), "어휘 의미론 연구사 II: 어원론을 중심으로", 김민수 편, 『현대의 국어 연구사』, 323-345, 서광학술자료사.

김종택(1963), "의미 추상화 과정에 관한 연구", 경북대학교 대학원 국어국문학과 석사학위논문.

김종택(1977), "국어 표현구조에 관한 연구", 경북대학교 대학원 국어국문학과 박사학위논문.

김종택(1982), "국어의미론 연구 30년: 그 반성과 다짐", 『국어국문학 창립 30주년 기념발표대회초』, 183-191, 국어국문학회.

김종택 · 남성우(1988), 『국어의미론』, 한국방송통신대학.

김주미(2005), "의미 · 화용론 연구사: 최근 30년간 의미론 연구의 경향", 『제21회 한말연구학회 발표논문집』, 35-46, 한말연구학회.

김진식(2007), 『현대국어 의미론연구』, 박이정.
김진해(2000), 『연어 연구』, 한국문화사.
김진해(2016), "국어 의미 연구의 전망과 과제", 『어문연구』 44: 7-35, 한국어문교육연구회.
남경완(1999), "어휘의미론 연구사", 김민수 편, 『현대의 국어 연구사(1945-1998)(수정 · 증보판)』, 163-178, 박이정.
남경완(2008), 『국어 용언의 의미 분석』, 태학사.
남성우(1985), 『국어의미론』, 영언문화사.
노대규(1988), 『국어 의미론 연구』, 국학자료원.
노대규(2002), 『한국어의 화용의미론』, 국학자료원.
박영순(1994), 『한국어 의미론』, 고려대학교 출판부.
박영순(1997), "21세기 국어 문장 의미 연구의 방향", 『한국어 의미학』 1: 29-58, 한국어 의미학회.
박영순(2001), 『한국어 문장의미론』, 박이정.
박영순(2004), "21세기 국어의미론 연구의 방향과 과제", 『언어과학연구』 28: 97-114, 언어과학회.
박종갑(1996), 『토론식 강의를 위한 국어의미론』, 박이정.
박지홍(1984/1987), 『우리말의 의미』, 문성출판사.
배도용(2007), "어휘의미론 연구의 현황과 전망: 어휘의미론 연구사를 중심으로", 『우리말연구』 21: 3-34, 우리말학회.
손남익(1993), "어휘 의미론 연구사(1)", 김민수 편, 『현대의 국어 연구사』, 289-317, 서광학술자료사.
손남익(1997), "낱말밭 연구사", 간행위원회 편, 『일암김응모교수화갑기념논총: 한국학의 이해와 전망』, 1-35, 박이정.
송현주(2015), 『국어 동기화의 인지언어학적 탐색』, 한국문화사.
신현숙(1986), 『의미분석의 방법과 실제』, 한신문화사.
신현숙(1991), 『한국어 현상-의미 분석』, 상명여자대학교출판부.
신현숙(1997), "21세기 담화 의미 연구의 방향", 『한국어 의미학』 1: 59-84, 한국어 의미학회.
신현숙 · 김영란(2012), 『의미와 의미 분석』, 푸른사상.
심재기(1964). "국어어의변화의 구조적 연구", 서울대학교 대학원 국어국문학과 석사학위논문.

심재기(1997), “국어 의미 연구의 발전 과정”, 『한국어 의미학』 1: 1-3, 한국어 의미학회.
심재기 · 이기용 · 이정민(1984), 『의미론 서설』, 집문당.
양태식(1984), 『국어 구조의미론』, 태화출판사.
양태식(1987), “우리 나라 의미론 연구의 동향”, 박지홍 지음, 『우리말의 의미』, 177-185, 과학사.
염선모(1987), 『국어의미론』, 형설출판사.
윤평현(2008), 『국어의미론』, 역락.
윤평현 선생 정년퇴임 기념논총 간행위원회(2016), 『국어의미론의 새로운 인식과 전개(전3책)』, 역락.
이광호(2008), 『어휘와 의미』, 제이엔씨.
이광호(2009), 『의미 분석론』, 역락.
이숭녕(1956), “국어의 의미변화 시고: 의미론 연구의 한 제언”, 『자유문학』 1: 236-242, 자유문학자협회.
이승명(1966), “동음어의 연구”, 경북대학교 대학원 국어국문학과 석사학위논문.
이승명(1978), “국어 어휘의 의미 구조에 대한 연구”, 계명대학교 대학원 국어국문학과 박사학위논문.
이승명(1998), “국어 의미론 연구사”, 이승명 박사 화갑기념논총 간행위원회, 『의미론 연구의 새 방향』, 1-33, 박이정.
이승명 박사 화갑기념논총 간행위원회(1998), 『의미론 연구의 새 방향』, 박이정.
이용주(1972), 『의미론개설』, 서울대출판부.
이용주 · 박갑수 · 이석주 · 이주행 · 박경현(1990), 『국어의미론』, 개문사.
이원직(1996), “어휘 의미론의 현황과 전망”, 『한국어학』 4: 1-9, 한국어학회.
이을환(1980), 『국어의 일반의미론적 연구』, 숙명여자대학교 출판부.
이을환 · 이용주(1964), 『국어의미론』, 수도출판사.
이익환(1984), 『현대의미론』, 민음사.
이익환(1985), 『의미론 개론』, 한신문화사.
이인섭(1992), “어휘의미론”, 고영근 외 편, 『국어학연구백년사 [II]: 의미론 · 국어사』, 346-358, 일조각.
임지룡(1989), 『국어 대립어의 의미 상관체계』, 형설출판사.
임지룡(1992a), 『국어 의미론』, 탑출판사.
임지룡(1992b), “국어 의미론 연구사”, 『국어국문학40년』, 509-548, 집문당.

임지룡(1996), “국어 어휘/의미 연구의 성과와 전망”, 『광복 50주년 국학의 성과』, 303-334, 한국정신문화연구원.
임지룡(1997a), “21세기 국어어휘 의미의 연구 방향”, 『한국어 의미학』 1: 5-28, 한국어 의미학회.
임지룡(1997b), 『인지의미론』, 탑출판사.
임지룡(2002), “국어국문학 연구 50년: 의미론 분야 연구사”, 국어국문학회 엮음, 『국어국문학50년』, 383-422, 태학사.
임지룡(2005), “해방 60년 우리 말글의 연구 성과와 과제: 의미론 연구를 중심으로”, 『우리말글』 34: 1-28, 우리말글학회.
임지룡(2006), 『말하는 몸: 감정 표현의 인지언어학적 탐색』, 한국문화사.
임지룡(2007), “인지의미론 연구의 현황과 전망”, 『우리말연구』 21: 51-104, 우리말학회.
임지룡(2008a), “한국어 의미 연구의 방향”, 『한글』 282: 195-234, 한글 학회.
임지룡(2008b), 『의미의 인지언어학적 탐색』, 한국문화사.
임지룡(2017a), 『한국어 의미 특성의 인지언어학적 연구』, 한국문화사.
임지룡(2017b), 『<개정판> 인지의미론』, 한국문화사.
임지룡(2018), 『한국어 의미론』, 한국문화사.
임채훈(2012), 『사건 발화상황 그리고 문장의미』, 역락.
임혜원(2004), 『공간 개념의 은유적 확장』, 한국문화사.
장경희(1998), “화행의미론”, 『한국어 의미학』 2: 41-56, 한국어 의미학회.
전수태(1993), “국어 의미론 연구사”, 서울대학교대학원국어연구회 편, 『국어사 자료와 국어학의 연구: 안병희선생 회갑기념논총』, 830-841, 문학과 지성사.
전영철(2016), “한국어 의미 연구와 의미 이론”, 『한글』 313: 5-25, 한글 학회.
정병철(2009), 『시뮬레이션 의미론에 기초한 동사의 의미망 연구』, 한국문화사.
정주리(2004), 『동사, 구문, 그리고 의미』, 국학자료원.
정주리(2007), “통사의미론 연구의 현황과 전망”, 『우리말연구』 21: 105-134, 우리말학회.
조남호(2004), “의미 변화 이론의 수용과 전개”, 『국어학』 43: 461-485, 국어학회.
조항범(1993), 『국어의미론』, 와이・제이물산.
차준경(2009), 『국어 명사의 다의 현상 연구』, 제이앤씨.
채 완(1986), 『국어 어순의 연구: 반복 및 병렬을 중심으로』, 탑출판사.
천시권・김종택(1971/1973), 『국어의미론』, 형설출판사.

최경봉(1998), “국어 어휘 의미 연구에서 인지의미론의 수용 양상과 전망”, 『한국언어문학』 41: 391-410, 한국언어문학회.

최경봉(2010), “<국어학> 50년: 의미 연구의 성과와 전망”, 『국어학』 57: 421-465, 국어학회.

최경봉(2015), 『어휘의미론: 의미의 존재 양식과 실현 양상에 대한 탐구』, 한국문화사.

최창렬 · 심재기 · 성광수(1986), 『국어의미론』, 개문사.

최호철 외(2005), 『학위 논문의 국어 의미 연구 경향』(1～3), 도서출판 월인.

최호철(1998), “구조 의미론의 수용 양상과 국어 어휘 의미론의 전개”, 『한국어 의미학』 2: 11-39, 한국어 의미학회.

최호철(2002), “한국어 의미 연구의 나아갈 길”, 박영순 편, 『21세기 국어학의 현황과 과제』, 65-92, 한국문화사.

홍사만(2003), 『국어 어휘의미의 사적변천』, 한국문화사.

홍사만(2008), 『국어 의미 분석론』, 한국문화사.

Chierchia, G. & S. McConnell-Gient(1991/2000), *Meaning and Grammar: An Introduction to Semantics*, Cambridge, M.A.: The MIT Press. (이익환 · 권경원 · 지인영 공역(2003), 『의미와 문법: 의미론 개론』, 한국문화사.)

Cruse, D. A.(1986), *Lexical Semantics*, Cambridge: Cambridge University Press. (임지룡 · 윤희수 옮김(1989), 『어휘의미론』, 경북대학교출판부.)

Darmesteter, A.(1887/1946), *La Vie des Mots Étudiee Dans leur Significations*, Paris: Delagrave. (최석규 옮김(1963), 『낱말의 생태: 단어의 의미론적 탐구』, 대한교과서주식회사.)

Evans, V. & M. Green(2006), *Cognitive Linguistics: An Introduction*, Edinburgh: Edinburgh University Press. (임지룡 · 김동환 옮김(2008), 『인지언어학 기초』, 한국문화사.)

Fodor, J. D.(1977), *Semantics: Theories of Meaning in Generative Linguistics*, New York: Crowell & Hassocks. (김봉주 역(1982), 『의미론: 생성문법의 의미이론』, 한신문화사.)

Hamawand, Z.(2016), *Semantics: A Cognitive Account of Linguistic Meaning*, Sheffield, U.K.: Equinox. (임지룡 · 윤희수 옮김(2017), 『의미론: 언어 의미의 인지적 설명』, 한국문화사.)

Hayakawa, S. I.(1952/1964), *Language in Thought and Action*, Harcourt: Brace

& World. (김영준 역(1957/1967),『의미론』, 민중서관.)

Lyons, J.(1977), *Semantics* (vol. 1 & 2), Cambridge: Cambridge University Press. (강범모 옮김(2011),『의미론 1: 의미 연구의 기초』&『의미론 2: 의미와 문법, 맥락, 행동』, 한국문화사.)

Murphy, M. L.(2010), *Lexical Meaning*, Cambridge: Cambridge University Press.

Nida, E. A.(1975), *Componential Analysis of Meaning*, The Hague: Mouton. (조항범 역(1990),『의미분석론』, 탑출판사.)

Ullmann, S.(1957), *The Principles of Semantics*, Oxford: Basil Blackwell. (남성우 역(1979),『의미론의 원리』, 탑출판사.)

Ullmann, S.(1962), *Semantics: An Introduction to the Science of Meaning*, Oxford: Basil Blackwell. (남성우 역(1987),『의미론: 의미과학입문』, 탑출판사.)

어휘의미론*

최 경 봉**

1. 들머리

이 글은 한국어 어휘의미론의 탐구 현황을 정리하고 향후 연구 과제를 제시하는 것을 목적으로 한다. 그러나 개별적인 연구를 평가하고 정리하는 연구사적 접근에서 벗어나, 어휘 의미 연구와 관련한 문제의식의 흐름에 주목하면서 앞으로의 연구 과제를 가늠해 볼 것이다.

어휘의미론은 어휘 의미와 어휘의 의미관계 정보가 머릿속사전에 어떻게 구성되는지, 그리고 이러한 의미 정보가 문장 및 담화 구성에 어떻게 작용하는지 규명하는 것을 궁극적인 목표로 한다. 따라서 어휘 의미의 연구는 결국 머릿속사전에 대한 탐구로 귀결된다고 할 수 있다. 이에 이 글에서는 어휘의미론의 문제의식이 확장·심화되어 온 역사적 과정과 관련지어 머릿속사전과 관련한 문제, 즉 어휘 의미와 의미관계 정보의 구성 문제에 접근하면서 어휘의미론의 향후 과제를 도출하고자 한다.

* 이 글은 최경봉(2013)과 최경봉(2015)을 기반으로 하고, 이에 일부 논의를 추가한 것이다.

** 원광대학교 국어국문학과 교수, kbchoi2001@hanmail.net

근대 이후 의미론은 언어에 작용하는 마음의 실체를 밝히는 데 논의를 집중하였고[1], 이 과정에서 머릿속사전의 구성에 대한 논의가 다양한 관점에서 복잡다기하게 이루어졌다. 국어학계 역시 이러한 논의의 흐름 속에서 어휘 의미 연구를 진행해 왔다고 할 수 있다. 그렇지만 국어의미학계가 이러한 논의의 문제의식을 전유(專有)하여 어휘 의미 연구를 심화했다고 하기는 어렵다. 이는 90년대 이후 국어의미학계가 화용론과 인지의미론의 방법론을 수용하여 의미 연구의 방향을 모색했음에도 불구하고, 화용론과 인지의미론의 가능성과 의의를 의미 연구의 역사적 흐름과 관련지어 파악하려는 논의가 드문 데에서도 확인할 수 있다.[2] 이런 점을 볼 때, 근대 이후부터 현재까지의 연구를 관통하는 핵심적인 문제의식을 중심에 놓고 어휘 의미 연구의 현황을 살펴보는 것은 향후 연구 과제를 모색하는 데 반드시 필요한 일일 것이다. 이 글의 논의 순서는 다음과 같다.

2장에서는 어휘 의미 연구의 흐름을 구조주의, 문맥주의, 인지주의로 삼분하여 정리하고, 세 관점을 관통하는 핵심어인 '유추(analogy)와 연상(association)'을 근거로 세 관점의 상호작용과 개신(改新) 양상을 설명하며, 어휘 의미 연구의 흐름과 경향을 살펴볼 것이다. 그리고 이러한 흐름과 경향이 국어 어휘 의미 연구에 어떤 영향을 미쳤는지를 서술할 것이다.

3장에서는 2장의 논의 내용을 토대로 어휘 의미 연구의 과제를 도출할 것

---

1 19세기를 풍미했던 소장문법학파의 심리주의자들은 언어의 변화 동인으로 개인의 마음에 주목하였고, 구조주의자들은 집단심리(민족정신) 또는 체계화된 추상적인 마음에 주목하였다. 소장문법학파의 문제의식은 언어 변화 이론을 수립하는 데로 모아졌지만, Paul을 비롯한 심리주의자들의 문제의식은 의미의 본질과 머릿속사전의 구성에 대한 논의에 곧바로 적용될 수 있는 것이었다.

2 국어의미학계에서는 20세기를 풍미했던 구조주의 의미론을 반성적으로 검토하며 의미 연구의 새로운 방향을 줄기차게 모색해 왔지만, 이러한 논의는 대부분 언어학사의 맥락에 대한 진지한 성찰 없이 인지의미론과 화용론의 관점을 소개 · 수용하는 선에 머물렀다. 이 중 눈에 띄는 연구로는 임지룡(2012)을 들 수 있는데, 임지룡(2012)에서는 Geeraerts(2010)에서의 논의를 참조해 어휘 의미 이론의 역사적 흐름을 정리하였다. 이 논의에서 주목할 점은 19세기를 풍미했던 소장문법학파 이론의 의미론적 의의와 인지의미론으로의 계승 문제를 다룸으로써 연구사적 시야를 넓혔다는 것이다.

이다. 3.1.에서는 '의미의 생성과 머릿속사전의 구성'과 관련하여 필요한 논의가 무엇인지를, 3.2.에서는 '의미관계 정보와 머릿속사전의 구성'과 관련하여 필요한 논의가 무엇인지를 구체화할 것이다.

2. 의미관의 대립과 개신

이 장에서는 의미의 생성과 머릿속사전의 구성 문제를 다루기 전에 어휘 의미에 대한 관점을 구조주의, 문맥주의, 인지주의로 나누어 그 출현 맥락을 살펴볼 것이다. 그리고 세 관점을 관통하는 핵심 고리를 '유추와 연상'[3]으로 보고, 세 가지 관점의 상호작용과 개신 양상을 살펴보고자 한다.

2.1. 구조주의, 문맥주의, 인지주의의 출현 맥락

언어의 자율성을 강조하는 구조주의 논의는 생성문법이론으로 발전하였는데, 세부적인 면에서의 차이를 제외한다면, 두 이론은 구체적인 담화상황이나 개별적인 인간의 발화 활동과 별개의 독립적인 언어체계를 가정한다는 점에서 공통적이다. 두 이론에서 어휘 의미를 어휘체계의 내적 관계를 통해 생성된 것으로 보면서 어휘부, 즉 머릿속사전의 형성 맥락을 살피지 않은 것은 이 때문이다.

이러한 관점은 구조주의 언어학의 출현 이전에 19세기 언어학계를 풍미했던 소장문법학파의 관점과 대조된다. Paul은 개인의 심리작용이 언어 변화의 계기이지만, 개인의 심리작용이 결집한 담화 맥락에서의 상호작용을 통해 언어의 동일성이 유지된다는 점을 지적하며, 개인의 언어가 공동체의 언어로

3 Paul은 유추적 형성(analogical formation)을 유사하거나 인접한 관념들 간의 연상 과정에서 나오는 것으로 보면서 이 과정을 심리 작용의 기본 방식으로 보았다. 이때 '유추와 연상'의 법칙은 예외적인 음 변화를 설명하는 데 주로 활용되었지만, 이는 심리 작용의 원리로 의미변화를 설명하는 데에도 활용되었다.

수렴되고 공동체의 언어가 개인의 언어에 수용되는 메커니즘을 설명한 바 있다. 이를 의미의 생성 문제에 대비하면 의미는 개별적인 담화 맥락에서 생성되어 공동체의 담화 맥락에서 정착된다고 말할 수 있다. 그러나 이러한 관점은 궁극적으로 언어적 동일성이 실현되는 공동체의 담화 맥락을 구체화해야 하는 문제에 봉착하기 마련이다. Paul이 평균 담화(average speech), 즉 언어적 평균이란 개념을 통해 개인 심리의 이질성과 언어의 동일성이라는 간극을 극복하고 언어 변화의 원리를 설명하고자 한 것은 이 때문이다. 이때 평균 담화는 개인적이고 임시적 의미와 구분되는 공동체의 일반적 의미를 설명하기 위해 도입된 것으로 볼 수 있다.

그런데 이 문제를 공동체의 담화 맥락을 구체화하여 설명하기보다 담화 맥락과 단절된 추상적인 언어체계를 가정하여 설명한 관점이 구조주의이다. 추상적인 언어체계를 가정함으로써 상이한 맥락에서도 언어적 동일성을 유지할 수 있는 이유를 설명할 수 있게 된 것이다.[4] 이러한 관점에서는 언어를 '형성해 가는 것'이 아니라 '주어진 것'으로 설명하는데, 언어를 주어진 것으로 설명하는 것은 맥락마다 의미가 달라지는 현상이나 시대에 따라 의미가 변하는 현상을 언어학의 연구대상에서 제외한다는 것을 의미한다.

소장문법학파에서 비롯한 문맥주의는 추상적인 언어체계에 문제를 제기하고, 공동체의 담화 맥락을 구체화하기 위한 방안을 모색하면서 체계화된다. 따라서 Paul이 제시했던 '평균 담화'라는 다소 모호했던 개념을 코퍼스의 사용빈도라는 객관적 기준으로 대체한 것은 중요한 성과라 할 수 있다. 김진해(2006)에서는 문맥주의의 관점과 성과를 다음과 같이 기술하고 있다.

(1) 문맥주의의 의미관

"언어는 동질적이지 않으며, 의미는 개인에 의해 정해지는 것이 아

4 추상적인 언어체계를 가정하면서 개인의 심리작용은 집단정신 또는 민족정신으로 대체되었고, 언어학의 연구 대상은 동적 언어인 에네르기아가 아니라 정적 언어인 에르곤으로, 구체적 언어인 파롤이 아니라 추상적이고 관념적인 언어인 랑그로 바뀐다.

니라 담화공동체에 의해 정해지는 것으로 본다. 그간 이론언어학에서 당연한 것으로 받아들여 왔던 기본의미와 확장의미, 외연적 의미와 내포적 의미, 언어적 지식과 백과사전적 지식, 계열관계와 결합관계라는 구분 '자체'를 의심하며, 원형 또는 원형 효과의 심리적 실재성에 의문을 던진다. 코퍼스언어학은 담화, 맥락, 구성, 패턴과 같은 보다 큰 단위가 개별 단어의 의미를 규정한다는 전체론적 입장을 견고하게 한다."

(1)을 통해 알 수 있듯이 문맥주의에서는 개인의 심리 작용이나 담화공동체에서 언어의 동일성을 유지시키는 공유 의식의 문제에 대해서는 깊이 있게 다루지 않고, 의미 생성의 근원을 담화 그 자체로 설명한다. 이는 문맥주의에서 어휘부, 즉 머릿속사전의 역할을 최소화하는 태도를 보이는 데에서 확인할 수 있다. 그러나 이러한 논의의 의의를 평가하기 위해서는 개인과 공동체의 공유 의식을 체계화하지 않으면서도 의미 생성의 근원을 담화로 보았던 Paul의 견해와 이에 대한 Saussure의 반응을 환기할 필요가 있다.

Paul은 '유추와 연상' 작용을 언어와 관련한 인간의 창조성을 설명하는 주요 원리로[5] 봤다. 개인과 공동체의 공유 의식을 체계화하는 대신 '유추와 연상' 작용을 강조한 것이다. 그러나 Saussure에 의해 반박되었듯이[6] '유추와 연상'은 결국 공시태, 즉 체계의 작용을 가정할 수밖에 없다. 이는 유추와 연상 작용을 전제하는 Paul의 문맥주의가 단어의 용법에만 주목하는 원자론적 관점에 머물 수 없었음을 말해주는 것이기도 하다. 체계화를 강조하는 구조주의에서 언어변화의 원리였던 '유추와 연상'을 의미 생성의 동인으로 활용한 것은 이 때문일 것이다.[7] 그러나 구조주의의 기본 전제상 '유추와 연상'은 언

---

5 Paul은 개인의 심리에서 언어의 변화가 시작되어 담화라는 사회적 상호작용을 거친 끝에 다시 개인의 심리에서 언어의 형태가 정착되는 과정을 설명하면서 '유추와 연상'을 언어 행위의 기본이 되는 과정으로 보았다.

6 Saussure는 유추가 가능한 것은 의식 속에서 언어가 문법적 조직으로 되어 있음을 전제로 한다고 보았다.

7 구조주의 의미론에서는 체계화된 머릿속사전을 가정하고 의미가 머릿속사전의 어

어체계 내 구성단위 간의 상호작용을 설명하는 데에 제한적으로 활용된다. 유추와 연상 과정에서의 개인적 심리작용이 언어학적 탐구대상에서 배제되는 것이다. 여기에 두 관점의 근본적인 차이가 있다.

'유추와 연상'에 대한 두 관점의 설명 방식을 보면, 심리작용으로서 '유추와 연상'의 본질을 부각하면서, '유추와 연상'의 체계적 작동 방식을 보일 수 있는 제3의 방안이 필요함을 알 수 있다. 이는 곧 '유추와 연상'의 근거가 되는 머릿속사전을 어떻게 볼 것인가의 문제로 이어진다. 인간이 '유추와 연상' 작용을 통해 끊임없이 경험을 체계화하고 체계화된 경험은 유추와 연상 작용에 지속적으로 개입한다는 점을 고려한다면, 언어적 경험의 체계화라는 측면에서 머릿속사전의 역할에 주목할 수밖에 없다는 것이다.

이런 점에서 '유추와 연상' 작용을 머릿속사전과 적극적으로 연결 지은 인지주의의 방법론에 주목하게 된다. 그러나 인지주의에서 가정하는 머릿속사전은 원형 의미로부터의 '연상'과 문화적 맥락으로부터의 '유추'를 강조하더라도, 담화 맥락과 관련하여 '유추와 연상' 작용을 하는 역동적 머릿속사전과는 거리가 있다. 개념 체계, 즉 담화 공동체에서 공유하는 의식을 담화 맥락과 대비할 수는 있지만, 인지의미론에서는 의식의 작용을 공시적 관점에서만 설명하고 있기 때문이다. 공시적인 개념 체계는 결국 위계화된 지식베이스로 구현된다는 점에서, 통시적 관점을 전제하지 않는 한 인지주의에서 가정하는 머릿속사전은 구조주의에서 가정하는 머릿속사전에 가깝다.

지금까지의 논의를 정리하면 문맥주의, 구조주의, 인지주의라는 세 가지 의미관은 대립적이면서도 담화공동체의 의식을 의미 작용의 주요 동인으로 보려 한다는 점에서 공통적이다. 이때 세 가지 의미관을 관통하는 핵심어는 '유추와 연상'이다. 그렇다면 '유추와 연상' 작용을 고리로 의미의 생성과 머릿속사전의 구성문제에 접근할 수 있을 것이다. 이는 세 가지 의미관이 상호작용하며 개신해 나가는 과정에서도 볼 수 있다.

휘 의미관계를 통해 생성된다고 설명한다.

2.2. 의미관의 상호작용과 개신

2.1.에서 거론한 세 관점 중 가장 두드러진 변화를 보인 것은 구조주의 의미관이다. 구조주의 의미론은 의미장을 중심으로 하는 이론[8]과 문맥적 작용을 수용하는 이론으로 나뉘는데, 문맥적 작용을 수용하는 의미론은 문맥주의 의미론을 받아들이면서 구조주의 의미론의 개신을 주도한다. 이를 주도한 논의로는 Cruse(1986)를 들 수 있는데, 이는 나열적 어휘부를 부정하고 문맥주의를 받아들이되, 문맥을 새로운 의미를 생성하는 장이 아니라 잠재된 의미가 발현되는 장으로 본다는 점에서 특징적이다.

(2) 구조주의 의미관의 개신 논리
어휘 단위들의 한 (비교적) 폐쇄된 집합은 아마도 무한수의 새로운 (즉, 특별하게 저장되지 않은) 단위들의 생성을 허용하는 어떤 종류의 규칙들 또는 원리들과 함께 정신적 어휘목록에 저장되어 있다고 가정될 것이다.[9]

Cruse(1986)의 관점은 성분분석과 의미관계 그리고 의미장 연구에 집중되었던 국어 어휘 의미 연구의 지평을 넓히는 데 기여하였다. 특히 이를 통해 문맥적 의미 변이의 결과로서 다의성에 대한 논의가 풍부해질 수 있었다. 여기에서 주목할 부분은 어휘부, 즉 머릿속사전의 영역을 인정하면서 문맥에 따른 연산 작용을 더불어 가정한다는 점이다. 이러한 생각은 Pustejovsky(1995)에서 더 구체화되는데, Pustejovsky(1995)에서는 연산의 조건과 원리를 제시함으로써 Cruse(1986)를 발전시킨다. Cruse(1986)와 Pustejovsky(1995)의 논의는 국어 다의 연구에 적용되면서 문맥 내 의미 변이에 대한 관찰을

8 의미장을 중심으로 하는 논의는 성분분석과 의미분류 방법론을 포괄하는 것이다. 이와 관련한 문제의식을 파악할 수 있는 연구사로는 최호철(1998)을 들 수 있다.

9 위의 내용은 Cruse(1986)에 대한 임지룡 · 윤희수(1989: 61)의 번역문을 인용한 것이다.

정교화하는 데 기여하였다.

Pustejovsky(1995)에서 구체화된 생성어휘론(Generative Lexicon Theory)에서는 의미를 나열하는 어휘부의 한계를 지적하며 강력한 합성성을 지닌 어휘부를 가정한다. 어휘부는 논항구조, 사건구조, 특질구조, 어휘상속구조 등의 네 층위가 연결된 생성기제인데, 어휘소의 기본 의미는 어휘부의 각 구조에 분산 등록되어 있다. 그렇다면 강합성성 어휘부의 의미정보는 나열형 어휘부에 비해 단출해지고, 다양한 문맥의미를 산출하기 위해서는 문장을 구성하는 어휘의 의미정보들 사이에 이루어지는 연산 작용이 중요하게 된다. 특히 '강제유형일치(Type Coercion)'와 같은 조건은 기본의미 간의 연산 과정에서 발생하는 술어와 논항 간의 의미적 불일치를 극복하고 새로운 의의를 창조하는 역할을 하게 된다. 문맥 조건이 연산 작용을 촉발하여 의미를 생성한다는 점에서 이는 문맥주의의 관점에 근접해 있다. 그러나 새로운 의미를 생성하려면 어휘의 의미정보가 연산 작용을 뒷받침할 수 있을 만큼 구체적일 필요가 있기 때문에, 실세계에 대한 경험 지식이 어휘부 정보에 포함되게 되고, 어휘부의 정보가 확장된다는 점에서 생성어휘론은 인지의미론에도 근접한다.

반면, 문맥주의에 기반한 의미이론에서 어휘부, 즉 머릿속사전은 훨씬 축소된 것으로 가정된다. 의미의 생성이 어휘부의 작용보다는 문맥에서 이루어진다는 관점이 강화되는 것이다. Murphy(2003: 41-48)[10]에서는 '의의가 어휘 내적으로 표시되지 않고 의미정보에 관한 고정된 머릿속 표시가 한 특정한 문맥의 요구에 대한 적응을 허용한다'고 가정한다.

의미를 나열적으로 표시하는 어휘부를 부정하면서도 고정된 머릿속 표시를 가정하고 있는 것을 볼 때, 여기에서 문맥주의와 구조주의의 상호작용을 통한 문맥주의의 개신을 확인할 수 있다. Murphy(2003)에서는 '고정된 머릿속 표시'의 개념을 제한하기 위해 '개념적 지식'과 '언어적 지식'를 구분한다. '개념적 지식'은 머릿속사전에 저장되지 않으며 담화 맥락 속에서 확인되는 언어외적인 지식인 것이다. 그러나 인지의미론의 탐구 결과는 언어적 지식과

10 쪽 표시는 임지룡 · 윤희수의 번역본을 기준으로 한 것임.

언어외적 지식의 구분이 사실상 불가능함을 보여준다. 즉, 새로운 의미의 생성에 영향을 미친 요인이 언어적 측면인지 언어외적 측면인지가 명확하게 구분되지 않는 것이다. 생성어휘론에서조차 연산을 위한 어휘정보로 실세계의 경험적 지식을 포함하게 된 것은 이 때문이라 할 수 있다.

또 다른 문제는 고정된 머릿속 표시가 일정한 의미구조를 전제하지 않는 한 어휘소의 다양한 의의를 유추하는 양상 특히 의미 확장 양상을 언어학적으로 설명하기 힘들다는 점이다. 의미 확장이 이루어질 경우 의미 확장의 근거는 이전 단계의 의미, 즉 새로 확장되는 의미에 가장 근접한 의미가 될 가능성이 높으며, 이때 가장 근접한 의미는 머릿속사전에 저장되어 있어야 할 것이기 때문이다. 의미 확장의 가장 일반적 기제라 할 수 있는 은유적 개념화가 어휘의 의미망과 연관된다는 점은 의미 확장의 근거가 되는 어휘정보가 '개념적 지식'을 배제할 만큼 단순할 수 없음을 말해준다.[11] 이러한 문제는 Pustejovsky (1995)와 같은 구조주의적 관점에도 적용된다. 즉, '강제유형일치'와 같은 조건이 강력하더라도 제한된 어휘정보만으로는 은유적 개념화에 따라 생성되는 의미를 연산하기가 불가능하기 때문이다.

그렇다면 두 접근법이 지니고 있는 공통적인 한계는 유추와 연상 작용이 강조되는 비유적 표현에서 의미가 생성되는 과정을 원리적으로 설명하기 어렵다는 데 있다. 이런 점에서 인지주의적 설명이 의미를 지니게 된다. 인지주의적 설명은 모든 의미정보를 저장하는 머릿속사전을 가정하지 않으면서도 유추와 연상 작용에 근거해 어휘 저장과 의미 생성의 원리를 설명한다는 점에서 주목을 받아왔다. 개념으로서의 언어외적 지식과 언어적 지식을 구분하지 않고 모든 정보를 유추와 연상의 근거로 활용함으로써 의미의 생성과 해석의 계기를 설득력 있게 제시하는 것이 이 설명의 장점인 것이다. 더구나 인지적 유추의 근거는 항상 유동적이기 때문에 인지주의에서 가정하는 머릿속사전은

11 은유적 개념화의 프레임을 설정한 후에는 프레임에 관여하는 개념의 의미망을 통해 은유 표현이 확장될 수 있다. 이에 대해서는 최경봉(2015: 313-322)에서 논의한 바 있다.

구조주의 의미론에서 가정하는 것처럼 완전한 체계를 갖춘 것이 아니다. 물론 공시적인 담화맥락에서 그 유동성을 인지하기는 어렵지만, 통시적인 맥락에서 보면 인지적 유추의 근거는 끊임없이 변해 온 것이 사실이다.[12] 이는 세계에 대한 경험적 지식의 틀, 즉 프레임이 변하면서 유추와 연상의 근거도 변한다는 것을 뜻한다. 이처럼 인지주의적 접근에서 프레임과 관련지어 머릿속사전의 구성을 설명하게 되면서, 구조주의와 문맥주의적 접근법의 한계를 극복할 수 있는 길이 열리게 되었다.

인지의미론이 국어 어휘 의미 연구에 적용되면서 은유에 대한 연구가 폭발적으로 늘어나고, 다의성 연구에서 의미 확장 원리가 주목받게 된 것은 이 때문일 것이다. 특히 인지주의적 관점에 따라 은유와 환유를 언어의 일반 원리로 본다면, '비유적 개념화'는 다의 현상을 비롯한 대부분의 의미 확장 현상을 설명하는 기제로 활용될 수 있을 것이다. 따라서 언어 현상에서 환유적 개념화와 은유적 개념화의 작용을 포착하고 이를 언어 현상의 설명에 적용하는 시도가 폭넓게 이루어질 필요가 있다. 비유적 개념화가 사회문화적 맥락의 영향 아래 이루어진다는 것을 감안하면 비유적 개념화를 통해 의미 현상을 설명하는 방법론은 인지주의와 문맥주의의 통합적 사고를 통해서 정교해질 수 있을 것이다.

의미관의 상호작용을 통해 어휘의 저장과 의미의 생성에 대한 논의가 심화되면서, 언어 능력을 설명하는 차원에서 이루어진 기존의 접근법과 다른 차원에서 어휘 의미의 다의성을 설명하려는 시도도 이루어졌다. 이는 어휘 간의 결합 관계 양상과 어휘 분류체계를 연결 지어 문맥 내에서 의미의 생성 양상을 귀납적으로 설명하려는 시도라 할 수 있다. 이때 의미 생성의 실현 조건을 이론적으로 체계화한 것으로 주목받은 것이 Gross의 대상부류 이론이다. 대상

12 Kövecses(2006/임지룡 · 김동환 옮김 2010: 283)에서는 '화를 열의 관점에서 개념화'하는 은유에 대해 설명하면서, 개념화의 양상이 변화하는 과정을 보이고 있다. 한국어 어휘의미론에서는 이처럼 개념화의 양상이 변화하는 과정에 대한 심도 있는 논의가 절대적으로 부족한데, 이런 점에서 비유적 개념화의 프레임에 대한 시기별 고찰은 앞으로 천착해야 할 주제라 할 수 있다.

부류 이론에서는 대상부류와 적정술어의 관계를 통해 어휘가 표현하는 대상들의 특징적인 속성들을 파악할 수 있고, 이를 기준으로 어휘의미의 다의성을 기술할 수 있다고 본다. 이때 의미 분할의 조건은 대상부류의 계층적 부류와 대상부류와 적정술어의 상호작용 양상인 것이다.

귀납적 접근법인 대상부류 이론은 언어능력을 설명하고자 하는 생성어휘론과 대비되지만, 두 이론은 어휘의 의미 정보가 상호작용하여 다의성이 실현된다고 본다는 점에서 공통적이다. 따라서 체계화한 의미정보의 적절성이 다의성 판단의 객관성을 담보하게 된다. 이런 맥락에서 관심을 받았던 것이 기계가독형(機械可讀形, machine readable) 전자사전을 구축하는 방법론을 제안한 Mel'čuk의 이론이다. Mel'čuk이 의미텍스트 이론(Meaning-Text Theory)에 입각하여 제안한 설명결합사전에서는 어휘 의미와 관련한 가능한 언어 정보를 총체적으로 정치하게 기술하는 것을 특징으로 한다. 논항의 수, 논항 영역과 의미 부류, 어휘의 의미관계, 구문 변형 및 대응 관계 등 다의를 구분하는 기준을 사전의 의미정보로 체계화했다는 점에서, 머릿속사전에 대한 논의뿐만 아니라 어휘의 전산 처리와 관련한 응용 연구에도 영향을 미쳤다. 다만 이러한 기계가독형 전자사전은 언어자료를 통해 추출 가능한 어휘정보를 보여주는 것이기 때문에, 이를 머릿속사전과 직접적으로 대응시켜 보는 건 어렵다는 사실을 감안할 필요가 있다.

지금까지의 논의 내용을 정리하면, 세 가지 의미관이 상호작용하여 개신되는 양상을 볼 때, 머릿속사전에 개별 의의가 나열적으로 저장되어 있다는 가설은 설득력을 잃었다고 볼 수 있는 반면, 유추와 연상 그리고 머릿속사전에서의 연산 과정 등이 의미생성의 절차로서 설득력을 얻고 있음을 알 수 있다. 이 과정에는 문맥주의의 수용을 통한 구조주의의 개신, 유추와 연상을 고리로 한 문맥주의와 인지주의의 결합이 있었다. 이러한 언어학의 흐름과 관련하여 국어 어휘 의미 연구에서도 다의성 연구와 은유 연구가 어휘 의미 연구의 주요 주제로 연구되었고, 앞으로도 이를 어휘 의미 연구의 핵심 주제로 하여 다양한 연구가 폭넓게 시도될 것이다.

3. 의미의 생성과 머릿속사전의 구성

이 장에서는 어휘 의미 연구의 흐름을 조망한 결과를 '의미의 생성과 머릿속사전의 구성'과 관련한 논의에 어떻게 반영할 것인지를 논의하고, 이를 근거로 앞으로 어휘 의미 연구의 과제를 도출하고자 한다.

3.1. 유추와 관습화를 통한 의미의 생성과 저장

2장에서 살핀 세 가지 의미관의 형성 맥락을 고려하면서 의미 현상을 관찰할 때, 의미의 생성과 머릿속사전의 구성에 대해 어떠한 가정을 세울 수 있을까? 일차적으로 유추와 연상의 작용과 관련하여 다음과 같은 가정을 해 볼 수 있을 것이다.[13]

(3) 가정 1: 의미의 생성과 머릿속사전의 구성 원리[14]

1단계: 담화 맥락에서 개인의 유추와 연상 작용에 의해 의미가 생성된다. 이때 유추와 연상의 근거는 이전까지 언어적 경험을 통해 내재된 의미이다.

2단계: 생성된 의미는 다양한 담화 맥락에 반복적으로 사용되는 '화용론적 강화(pragmatic strengthening)'[15] 작용에 힘입어 담화 공동체에 수용되고 머릿속사전에 표시된다.

3단계: 머릿속사전의 의미정보를 바탕으로 새로운 문맥에서 개인의 유추와 연상 작용이 이루어지며 새로운 의미가 생성된다.

---

13 의미의 생성과 머릿속사전의 구성 원리에 대한 것은 최경봉(2015)에 제시된 것을 인용한다.

14 위에 제시한 의미의 생성과 머릿속사전의 구성 원리는 통시적 관점에서의 원리화로 1단계와 3단계는 상호 순환적이다.

15 자꾸 쓰이다보면 보편화된다는 논리. 따라서 화용론적 강화를 판단할 수 있는 객관적 기준은 사용빈도라 할 수 있다.

위의 가정을 통해 설명하고자 하는 것은 '의미확장에 의한 단어의 다의화'와 '하나의 어휘소에 포함된 다양한 의의들을 머릿속사전에 표시하는 원리'이다. 이 글에서는 2.2절에서의 논의 내용을 바탕으로 의미의 생성 원리를 문맥주의적 관점에서 가정했고, 의미의 확장 현상을 인지주의적 관점에서 가정했고, 구조주의와 인지주의의 관점에서 담화공동체에서 공유될 수 있는 머릿속사전을 가정했다. 단, 담화공동체에 의해 공유되는 머릿속사전을 담화와 별개의 언어체계로 가정한 것이 아니라 담화 관습에 기반한 것임을 강조했다는 점은 구조주의와 대비되는 부분이다.

그런데 (3)에서 제시한 가정은 개인과 담화공동체의 상호작용 과정을 바탕으로 한다는 점에서 통시적 관점이라 할 수 있다. 이는 기본적으로 문맥주의의 관점이지만 인지의미론에서 가정하는 '원형의미에서 주변의미로의 확장과정' 역시 통시적인 의미 확장 과정으로 이해할 만한 개연성이 있다. 실제로 인지의미론과 관련지어 어휘의미의 변화 과정을 탐구한 논의에서 의미변화의 방향성과 보편적인 경로를 확인하는 것은 중요한 문제였다.[16]

따라서 위에 제시한 가정의 타당성은 통시적인 의미변화 과정을 통해 확인해 볼 수 있을 것이다. 공시태와 통시태를 엄격하게 구분하는 구조주의적 관점에서 볼 때, 이러한 관점은 공시적인 의미 변이와 통시적인 의미 변화의 차이를 뭉뚱그려 본다는 문제가 있지만, 통시적 의미변화 과정은 관습적으로 구축된 의미를 근간으로 유추와 연상 작용을 거쳐 의미가 생성된다는 주장의 근거 자료가 될 수 있음은 분명하다.

그렇다면 의미의 생성과 저장의 원리를 설명하는 데에서 어휘 의미의 변화 과정에 대한 탐구를 본격화할 필요가 있을 것이다. 즉, 의미의 확장과 축소 과정, 문법화와 어휘화 과정 등에 대한 탐구를 머릿속사전의 구성 논의와 관련지어 심화할 필요가 있다.

---

16 '틈, 사이' 등과 같은 시공간어가 [공간]>[시간]으로의 영역 전이 과정을 거쳐 의미변화가 이루어진다는 설명 등은 의미변화의 원리를 설명하는 데 중요한 논거가 되었다.

또한 의미의 생성과 저장 원리를 통시적 관점에서 파악하는 것은 은유 연구를 확장하는 데에도 기여할 것이다. 2장에서 언급한 바와 같이 통시적인 맥락에서 보면 인지적 유추의 근거는 끊임없이 변해 왔다고 볼 수 있는데, 이에 대한 연구를 통해 한국어의 개념화 양상이 변화해 온 과정을 설명할 필요가 있을 것이다.

3.2. 의미의 발현과 확장에 따른 머릿속사전의 구성

위 절에서는 의미 변화는 인지적 유추작용과 화용적 관습의 영향을 받아 이루어지며, 유추의 근거가 되는 의미는 머릿속사전에 표시된다고 설명할 수 있다고 보았다. 그런데 의미 생성과 관련한 예를 확장해 보면 더 복잡한 과정이 개입되어 있는 것으로 보인다. 다음 예를 보자.

(4) '손'의 다의화
  a. 그가 나를 보고 **손**을 흔들었다.
  b. **손**에 반지를 끼다.
  c. 나는 **손**에 돌을 얹었다.
  d. 이번 일은 빨리 **손**을 써야 돼.
  e. 요즘 농촌에서는 **손**이 부족해 난리이다.
  f. 나는 할머니의 **손**에서 자랐다.
  g. 그 일은 선배의 **손**에 떨어졌다.
  h. 어리석게도 장사꾼의 **손**에 놀아났다.

(4a-c)와 (4d-h)는 기본의미와 확장의미로 구분된다. 그런데 (4a-c)의 의미는 '손'이라는 '원형적 지시대상'의 의미를 구성하는 의미이고, (4d-h)로의 의미 확장은 '원형적 지시대상'의 의미를 근거로 유추한 의미라 할 수 있다. (4a-c)에서 파악되는 의미는 하나의 의미가 토대가 되어 새로운 의미로 확장된 것이 아니라, '손'과 관련하여 주어진 잠재 의미가 문맥 조건에 따라 발

현되는 것으로 볼 수 있다. 반면 (4d-h)의 의미는 '손'이라는 지시대상의 [기능] 의미에서 유추 확장된 것이라는 점에서, 하나의 의미가 토대가 되어 새로운 의미로 확장된 것으로 볼 수 있다. 이 경우 확장 의미의 출현 과정에도 유추와 연상의 작용이 있기 마련인데, 유추와 연상의 방향은 (4d, e)와 (4f-h)로 구분된다. (4d, e)는 '손'의 [기능] 의미로부터 [기능 행위의 실현 대상]으로 확장된 예이고, (4f-h)는 [기능 행위의 영향권]으로 유추된 예이다.

이렇게 보면 (4d, e)와 (4f-h) 사이에서의 유추 관계뿐만 아니라, (4d, e) 사이의 유추 관계나 (4f-h) 사이의 유추 관계도 파악할 수 있을 것이다. 그러나 이 사이의 유추적 선후 관계를 파악하기는 쉽지 않다는 점에서 이러한 의미들은 의미 확장의 근거가 된다기보다는 상호 참조의 의미라고 할 수 있을 것이다.

이상을 종합하면 (4)의 예를 통해 생성된 의미는 생성 절차가 다를 뿐만 아니라 수용 절차도 다르다고 할 수 있다. 그렇다면 의미의 생성 절차를 구분하여 살펴보는 것과 더불어 이렇게 생성된 의미들이 머릿속사전에 어떻게 표시될 수 있는지에 대해 생각할 필요가 있을 것이다.

먼저 (4a-c)에서는 '손'이라는 지시대상에 부여된 의미에서 유추하여 의미가 발현되고 있다. 그렇다면 (4a-c)에서 활용되는 '손'의 구성 정보는 머릿속사전에 '손'의 기본의미로 부여된다고 봐야 한다. (4d-h)에서의 유추 과정을 통해서는 [기능], [기능 행위의 실현 대상], [기능 행위의 영향권] 등의 의미가 머릿속사전에 표시될 수 있다. [기능 행위의 실현 대상], [기능 행위의 영향권] 등이 세부적인 의미 확장 과정에서 유추의 근거가 되기 때문이다.

이때 주목할 부분이 '부여된 의미'와 '확장된 의미'의 구분이다. 특정한 문맥 조건에서 의미 확장이 이루어진다기보다 (4a-c)에서처럼 부여된 의미가 문맥 조건에 따라 발현된다고 봐야 하는 경우가 있는데, 이때 발현되는 의미들의 집합이 곧 '부여된 의미'라 할 수 있다. 아래의 예는 '부여된 의미'의 범위를 구체화하는 데 도움을 줄 수 있을 것이다.

(5) a. 나는 결국 거실에서 노트를 **찾았다**.

b. 나는 하루 종일 거실에서 노트를 **찾았다**.

c. **앞**으로 다가올 미래를 생각하다.

d. **앞**에 있었던 일은 다 잊어버려라.

(5a, b)에서 '찾다'의 상적의미는 (5a)의 '결과(발견하다)'와 (5b)의 '과정(탐색하다)'으로 나뉘는 것으로 볼 수 있다. 그러나 결과와 과정을 포함하는 완성동사의 특성을 보이는 한국어 '찾다'에서 이러한 의미 현상은 문맥적 조정에 따른 의미의 발현으로 봐야 한다. 이는 [발견하다]와 [탐색하다]라는 의미가 동전의 양면처럼 '찾다'에 내재된, 즉 부여된 의미라는 뜻이다.

(5c, d)의 예는 [공간]에서 [시간]으로의 의미 확장이 이루어진 후 나타나는 의미 변이 현상을 보여주고 있다. 이때 '시간'을 '앞'과 같이 장소 직시 표명사로 개념화함으로써, 확장된 의미로서 '앞'의 의미 또한 직시 표현의 특성을 띠게 된다. 이럴 경우 '앞'을 어떤 관점에서 보느냐에 따라 문맥적 조정 과정에서 [미래] 또는 [과거]의 의미가 발현될 수 있다.[17] 이는 '시간'을 나타내는 명사로서 '앞'의 의미에 [미래]와 [과거]의 의미가 부여된다는 것을 의미한다.

결론적으로 (4a-c)와 (5)에서 확인되는 의미는 머릿속사전에 표시되는 의미, 즉 '부여된 의미'이다. 이를 부여된 의미로 표현한 것은 모어화자가 이 단어를 습득한 순간 체계화되는 의미이기 때문이다. 이 '부여된 의미'는 문맥적 조정을 통해 내재하고 있는 의미 특성을 부각하거나 저지하는 방식으로 발현된다. 따라서 '부여된 의미'는 어휘의 의미정보로 머릿속사전에 저장되고, 이러한 의미정보는 문맥 조건에 상응하여 발현되면서 다의화된다고 할 수 있다. 문맥적 조정을 통해 내재된 의미가 발현되는 원리에 대해서는 Cruse(1986)와 Pustejovsky(1995)에서 자세히 논의한 바 있고, 이는 국어의 다의성 논의를 심화하는 데 기여하였다.

17 Kövecses(2006)에서는 '이동하는 관찰자' 은유를 사용하는가 아니면 '이동하는 사물' 은유를 사용하느냐에 따라 '앞'의 의미가 달리 파악될 수 있음을 논의한 바 있다.

이렇게 되면 머릿속사전은 유추의 근거가 되는 의미들로 이루어진 의미저장부와 부여된 의미와 문맥 조건의 연산 작용이 이루어지는 연산부로 이루어져 있다고 할 수 있다. 그렇다면 위의 가정 1에 다음과 같은 가정을 추가할 필요가 있을 것이다.

(6) 가정 2: 머릿속사전의 구성
머릿속사전은 의미저장부와 연산부로 구성된다.
이때 연산부는 부여된 의미를 문맥 조건에 따라 실현하는 역할을 한다.

지금까지 어휘 의미의 생성 문제를 고찰하면서, 어휘의 문맥 의미는 화용론적 강화 작용을 통해 기억되며 체계화된다는 점, '부여된 의미'가 문맥 조건에 따라 조정되어 발현된다는 점 등을 거론하였다. 그리고 이를 통해 다의성 논의의 흐름과 문제의식을 가늠해 보았다. 그러나 가정1과 가정2를 받아들이더라도 여전히 논쟁적인 것은 의미가 확장되는 문맥 조건이 관습화된 경우를 머릿속사전에 표시하는 문제이다. 화용론적 강화에 따른 관습화를 인정하더라도 관습화된 의미를 처리하는 관점은 다를 수 있기 때문이다.

즉, 관습화된 의미에서도 사용 문맥마다 비유적 개념화가 이루어지며 의미가 확장된다고 볼 수도 있고, 관습화된 의미를 어휘에 내재된 것, 즉 부여된 의미처럼 볼 수도 있고,[18] 관습화된 의미의 경우 공시적으로 의미 확장 과정이 일어나지 않는 것으로 보아 이를 동형어의 의미로 처리할 수도 있고, 의미 확장이 이루어지는 관습화된 문맥을 하나의 의미 단위로 묶어 처리[19]할 수도 있을 것이다. 따라서 이와 관련한 논의는 다의성과 동형어의 판단 문제, 의미 단위의 확장 문제 등과 연결되어 있는데, 이 또한 결국 머릿속사전의 구성에 대한 논의로 귀결될 수밖에 없다.

---

18 '손'의 확장 의미가 유연성이 있다는 점에서 (4)에서 볼 수 있는 '손'의 확장 의미들을 '손'의 어휘정보에 포함하는 것이다.

19 '손'을 의미 확장의 단위로 보기보다는 '손을 쓰다'나 '손이 부족하다'와 같은 구성을 하나의 의미 단위로 보는 것이다.

이 중 의미 확장이 이루어지는 관습화된 문맥을 하나의 의미 단위로 묶어 처리하는 방법론은 코퍼스 언어학의 발전과 더불어 눈에 띄는 성과를 내고 있다. 의미 단위와 관련하여 단어 결합 구성을 거론하게 된 것은 관용어에 대한 연구에서 비롯되었다고 할 수 있지만, 의미 단위의 본질과 관련한 본격적인 논의는 연어에 대한 연구를 통해 이루어졌다.

특히 최근에는 코퍼스를 통해 결합 관계의 패턴을 확인할 수 있게 되면서, '의미적 운율', '의미적 선호' 등의 개념을 적용하여 의미 단위가 되는 어휘 결합 구성의 인지적 실체를 확인하거나 구성 어휘의 감정적 의미를 포착하는 등의 논의가 활발해지고 있다.[20] 이처럼 의미의 생성과 해석 그리고 저장과 관련한 인지 활동을 코퍼스를 통해 확인하는 연구는 인지 활동의 기제를 구체화하는 데 기여할 것이다.

3.3. 어휘 의미관계와 머릿속사전의 구성

머릿속사전의 구성이 어휘 의미의 체계화와 관련하여 진행된 만큼, 이에 대한 논의를 구체화하기 위해서는 머릿속사전에서 의미관계 정보의 표시 문제를 거론할 수밖에 없다. 의미의 생성 과정에서 의미의 문맥적 실현과 의미의 체계화가 동시에 이루어진다면, 문맥주의적 관점에서도 의미의 체계화에 대한 설명이 필요하기 때문이다.[21]

머릿속사전의 구성을 의미장과 관련지어 유추와 연상의 근거로 설명하는 구조주의와 인지주의의 견해에서는 의미관계의 체계화가 더 중요해진다. 체계화는 화용적 맥락과 관계없는 의미관계가 존재한다는 가정에서 비롯된 것이다. 그러나 문맥주의의 관점에서는 유추와 연상의 근거를 의미장과 같은 의미체계로 이해하는 데 회의적일 수밖에 없다. 문맥주의에서는 어휘 의미관

20 이와 관련해서는 남길임(2012)의 논의를 참조해 볼 수 있다.

21 Geeraerts(2010: 264-265)에서 언급하는 화용론적 명칭론(pragmatic onomasiology)은 원자론적 접근법과 체계적 접근법의 융합을 강조하는 과정에서 도입된 개념이다.

계를 머릿속사전에 표시되는 관계가 아니라 담화 상에서만 의미를 지닌 화용적 관계로 보기 때문이다. 단, 화용적 관계가 반복적으로 지속되다 보면 그것이 일정한 규범성을 띠게 되어 규범적 의미관계를 이룬다고 볼 뿐이다. 규범적 의미관계를 가정하는 것은 의미관계가 본질상 머릿속사전에 표시되는 것이 아니란 입장을 나타내는 것이다.

이러한 관점의 차이를 고려할 때, 어휘 의미관계가 어떤 양상으로 나타나는지 그리고 담화상의 의미관계가 머릿속사전의 의미 정보와 어떻게 관련되는지 등을 분명히 파악할 필요가 있다.

(7) a. 침대는 **가구**가 아닙니다. **과학**입니다.
b. 그 정도면 **집**이 아니라 **빌딩**이지요.
c. 요즘엔 **착하다**는 말은 **바보스럽다**는 말이에요.

위의 예는 체계적인 어휘 의미관계의 실체를 부정하는 데 사용되었던 예들이다. '가구-과학', '집-빌딩', '착하다-바보스럽다'의 관계는 체계적이라기보다는 담화상에서 이루어진 화용적 관계일 뿐이기 때문이다. 이처럼 체계적인 의미관계를 부정한다는 것은 두 가지 의미가 있는데, 첫째는 의미를 생성하는 근원으로서의 의미관계를 부정한다는 것이고, 둘째는 전형적인 의미관계를 설정하는 것의 무의미함을 지적하는 것이다. 이러한 문맥주의의 태도는 의미의 본질과 관련한 2장의 가정, 즉 의미는 담화상의 쓰임을 통해 만들어진다는 가정과 연결된다. 더욱이 담화 맥락에 등장하는 어휘들은 담화 조건에 따라 비교와 대조의 관계를 맺는다는 점을 고려하면 어휘 간의 의미관계는 담화 맥락에서 결정될 수밖에 없다.

(8) a. **먹을 것**보다 **마실 것**이 더 필요해요.
b. 우유를 **먹고** 자란 아이라면 매일 우유를 **마시는** 게 좋지 않을까요?
c. 밥이 **설지** 않고 잘 **익었어요**.

d. 포도가 **시지** 않고 잘 **익었어요.**

(8a, b)에서 '먹다'와 '마시다'의 관계 양상은 문맥에 따라 달라진다. 즉, 문맥에 따라 반의적으로도(8a) 유의적으로도(8b) 사용될 수 있다. (8c)에서 '설다'와 '익다'는 반의관계를 이룰 수 있지만, (8d)에서는 '익다'와 '시다'가 반의관계를 이루고 있다. 일상 상황에서 "포도가 설지 않고 잘 익었어요."라는 발화를 하는 건 어색하다. 이를 보면 의미관계에서 전형성과 체계성을 확보하기란 쉽지 않다는 걸 알 수 있다.

특히 의미가 확장될 경우 의미관계의 체계성을 확보하기는 더 어렵다. 한 어휘소의 의미가 확장될 때, 생성되는 의의들마다 의미관계가 체계적으로 유지되기는 어려울 것이기 때문이다.

(9) a. 깊은 산속이라 샘물이 **맑고** 깨끗했다.
b. 구름 한 점 없이 **맑고** 푸른 하늘.
c. 그의 목소리는 **맑고** 고왔다.
d. 정신이 **맑을** 때 책을 보아라.
e. **맑은** 살림에 식구가 많아 살기 힘들다.

위의 예에서 '맑다'는 '깨끗하다'와 유의관계를 '흐리다'와 반의관계 이룰 것으로 기대할 수 있지만, '빈곤하다'와 유의관계를 이루는 (9e)에 이르면 이러한 기대가 실현되기 어렵다. (9e)로의 의미확장은 [아무 것도 섞이지 않은]이란 '맑다'의 의미를 기반으로 이루어진 것이지만, 의미의 확장과 더불어 의미관계가 연장된 것은 아니다. 더구나 '청명하다, 청결하다, 투명하다' 등과 같은 어휘와의 연결, '맑다'와 '깨끗하다'의 의미 차이 등까지 고려한다면 의미관계 설명은 더욱 복잡해진다. 비교적 체계적인 의미관계를 이룰 것으로 기대했던 예에서 이러한 양상이 확인된다면, 머릿속사전에 의미관계가 고정적으로 표시될 것으로 기대하기는 어려울 것이다.

그러나 '화용론적 강화'에 따른 의미의 관습화와 관습화된 의미의 작용을 고려한다면 '전형적인 의미관계를 설정하는 것의 무의미함'을 지적하는 것은 주의할 필요가 있다.[22] (9)의 경우 다섯 개의 의의가 한 어휘소 '맑다'의 의미영역 안에서 관계를 맺고 있음을 볼 때, '맑다'의 원형의미가 맺고 있는 의미관계는 다른 의의가 맺고 있는 의미관계와 인지적으로 관련되어 있다. 이는 의미의 확장 과정에서도 어휘의 의미관계 정보가 끊임없이 참조된다는 것을 말해준다. 또한 (8, 9)의 예에서 의미관계 정보는 문장 형성의 전략과 관련하여 중요한 역할을 하고 있음을 확인할 수 있다. 의미관계를 맺는 단어들의 의미 차이나 대립 관계를 문장 구성에 활용하는 것이다.[23]

그런데 이러한 전략을 효과적으로 실현하기 위해서는 의미관계를 맺고 있는 어휘들을 의미장으로 구성해 인식할 필요가 있다. 의미장은 어휘 간의 의미와 역할 차이를 파악하는 인지적 작용을 설명하는 근거가 되기 때문이다.

(10) a. 아이를 **키우다/기르다/*치다**.
　　 b. 돼지를 **키우다/기르다/치다**.

위의 예에서 볼 수 있는 바와 같이 '키우다, 기르다, 치다'의 공통점과 차이점을 이해하기 위해서는 이들의 의미장을 가정할 필요가 있다. 특히 '키우다, 기르다, 치다'처럼 각 단어의 의미영역이 거의 일치하다가 의미영역에 변화가 발생한 경우,[24] 모어화자들은 담화적 맥락에서 발생하는 의미를 체계화하여 이해할 필요성을 느끼게 될 것이다. 이때 의미장은 언어 관습을 통해 형성된

---

22 문맥 유사도에 의해 유의어와 반의어 등을 추출하더라도 그 유사도의 차이를 통해 전형적인 유의어와 반의어를 판단할 수는 있을 것이다. 이는 코퍼스의 문맥 정보가 전형적이지 않은 다양한 양상을 보여주기도 하지만, 전형성을 판단하는 근거가 될 수 있음을 말해준다.

23 의미관계 정보가 문장을 형성할 때 어떤 역할을 하는지에 대한 논의는 임채훈(2009, 2011)과 같은 일련의 연구를 통해 확인할 수 있다.

24 "늘근 싀어미 치기ᄂᆞᆯ 지셩으로 ᄒᆞ더니 ≪동신 효1:1b≫(1617)"에서 '치다'는 '사람'을 봉양하거나 양육하는 것을 가리키는 말로 쓰였다. 이를 보면 17세기 국어에서는 '키다, 기르다, 치다'의 의미 영역이 거의 일치했음을 알 수 있다.

다고 할 수 있는데, 이러한 사실은 어휘의 의미관계에 대한 정보가 언어 운용에서 중요한 역할을 한다는 것을 말해준다. 특히 의미장에서의 상하의 관계를 보면, 하의어가 상의어를 반드시 함의한다는 것을 알 수 있는데, 이는 의미관계에 대한 정보가 언어 운용에서 지대한 역할을 함을 보여준다.[25]

(11) a. 저는 **어머니**가 **여자**란 사실을 잠시 잊고 있었습니다.
b. **꽃**을 사오라고 해서 **장미**를 샀던 것뿐이에요.

이런 점을 고려한다면 의미관계가 머릿속사전에 표시되어 있다고 가정하는 게 유추와 연상 작용을 설명하는 데뿐만 아니라, 언어 운용의 원리를 설명하는 데에도 유용할 것이다. 이때 관습화와 체계화라는 언어 운용의 두 원리를 융화하여 설명하려면, 의미관계가 화용적 관계이면서 동시에 체계성을 띠고 있음을 규명할 필요가 있다. 즉, 의미의 확장과 축소 등의 과정에 나타나는 의미관계의 체계적 관련성이나, 문장에서 어휘를 선택하는 과정에 나타나는 의미관계의 체계적 관련성을 입증할 필요가 있다.

(12) 가정 3: 머릿속사전의 구성과 작용
머릿속사전에서는 개별 어휘의 의미뿐만 아니라 그 어휘의 의미관계가 표시된다. 의미관계 정보는 의미 생성 과정에서 상호 참조된다.

어휘 의미관계의 체계적 작용과 관련하여 주목해야 할 것은 은유표현이 의미장을 기반으로 생성되고 해석된다는 가정이다. 아래의 예는 은유표현의 개념화 양상을 의미장과 관련지어 파악하는 것이 각 단어를 개별적으로 파악하는 것보다 의미확장의 원리를 파악하는 데 유리함을 증명하고 있다.

25 함의관계는 의미관계가 언어 관습에서 이루어졌다기보다는 언어 이전에 사물의 본질적인 관계로 형성되었음을 나타낸다고 할 수 있다. 그러나 사물의 본질적 관계가 언어 현상에 작용한다면 이 역시 언어적 관계로 이해해야 할 것이다.

(13) a. 그는 성격이 **차갑다**.
b. 그 사람을 **요리하기**가 쉽지는 않을 거야.
c. 표를 **낚으려면 낚싯밥**을 던져야지.

위의 표현들은 사람의 성격과 온도어장, 사람을 다루는 것과 요리어장, 선거와 수렵어장 등을 대응시켜 생성된 은유표현들이다. 그런데 여기에서 흥미로운 것은 이들이 온도어장 전체, 요리어장 전체, 수렵어장 전체로 표현이 확장될 수 있다는 점이다.

'차갑다'가 '성격'류의 명사와 결합하여 의미가 확장되었다면, '온도어장'에 속한 형용사들이 '성격'류의 명사와 결합하여 의미가 확장될 잠재성을 갖추고 있다고 볼 수 있다. 그렇다면 '성격'과 '온도어장'의 '따뜻하다, 싸늘하다' 등이 '성격'류 명사와 결합할 때 발생하는 의미확장은 잠재된 의미를 발견하는 과정이 될 것이다. 마찬가지로 요리어장에 속한 동사 '삶다, 굽다, 지지다, 볶다' 등에서도 의미를 발견하는 과정이 이루어진다. 즉, 어느 한 단어 '볶다'를 '사람을 괴롭히다'라는 용법으로 사용한다고 할 경우, 사람과 음식을 관련짓는 의미 확장의 방향은 '요리하다'와 관련된 모든 단어에서 발견될 가능성이 높을 것이다. 따라서 그러한 의미가 나타나는 시간적 선후는 그리 중요하지 않은 문제일 수 있다. 단, 요리어와 관련한 새로운 어휘의 출현은 다른 차원에서 의미에 영향을 미치게 될 것이다.

이러한 사실을 볼 때, 의미가 생성되고 확장되는 과정에서 어휘의 의미관계가 발현된다고 가정하는 것은 자연스럽다. 이는 어휘의 의미관계가 머릿속사전에 저장된다는 것을 전제한 것이다. 즉, 모국어 화자는 의미관계가 발현된 다양한 사용례를 근거로 의미관계를 체계화하고 이를 머릿속사전에 표시하여 활용한다는 것이다.

(14) 가정 4: 머릿속사전의 구성과 작용
머릿속사전에 저장되는 의미관계는 체계화의 심리 작용에 의해 의미장을 구성한다. 의미의 생성 시 의미장 정보를 비례적으로 유추하여 참조한다.

의미관계의 체계적인 작용 양상은 다음과 같은 예에서도 관찰된다.

(15) a. **공부하는** 시간보다 **쉬는** 시간에 교실 안이 시끄럽다.
b. 원래는 **일할** 시간이지만 오늘은 비가 와서 **쉬었다**.
c. **청소하다**가 잠시 **쉬었다**.

위의 사용례를 통해 우리는 '공부하다↔쉬다', '일하다↔쉬다', '청소하다↔쉬다' 등의 의미관계가 발현되고 있음을 확인할 수 있다. 이러한 의미관계는 모어화자의 머릿속사전에 저장된 단어 의미에 기반하여 이루어진 것이라고 할 수 있다. 모어화자는 '일하다-쉬다'의 의미관계를 중심으로 위의 의미관계를 연결 지을 가능성이 높은데, 이는 '일하다'가 '공부하다, 청소하다' 등을 포괄할 수 있는 의미를 지니고 있기 때문이다. 이에 따라 모어화자는 '일하다↔쉬다'의 의미관계에서 '공부하다↔( )', '청소하다↔( )'의 빈자리 관계어를 유추하게 된다.

이를 보면 담화상에서 나타나는 단어들 간의 의미관계는 화용적 선택의 결과로 보이지만, 실질적으로 그 이면에는 화용적 경험을 체계화하여 인식하는 모어화자의 인지적 노력이 있음을 알 수 있다. 이러한 인지적 노력의 결과로 의미관계 정보가 체계화되어 머릿속사전에 저장되며, 저장된 정보는 비례적 연산을 통해 의미 생성에 작용하는 것이다.

그렇다면 담화상에 나타나는 다양한 의미관계를 어떻게 포착하여 체계화할 것인지가 과제로 남는다. 여기에는 대규모 코퍼스에 나타나는 문맥 정보를 분석해 어휘의 의미적 관련성을 수치화하는 등의 연구가 필요한데, 이러한 논의는 화용적 경험을 체계화하여 인식하는 모어화자의 인지적 노력이 어떻게 이루어지는지를 설명하는 일이기도 하다. 여기에는 결국 문맥주의와 인지주의를 통합하는 연구 관점이 필요하게 될 것이다.

4. 마무리

본고에서는 어휘 의미와 의미관계 정보가 문장이나 담화의 구성에 작용하는 양상을 살펴보면서 의미의 생성과 머릿속사전의 구성 문제를 논의하였다. 지금까지의 논의를 통해 도출한 과제를 정리하면 다음과 같다.

2장에서는 문맥주의의 수용을 통한 구조주의의 개신, 유추와 연상을 고리로 한 문맥주의와 인지주의의 결합이 있었고, 이러한 언어학의 흐름을 국어 어휘 의미 연구에 수용하면서, 다의성 연구와 은유 연구가 어휘 의미 연구의 핵심 주제로 떠올랐음을 지적하였다. 또한 문맥 내에서 구성 단어가 상호작용하며 의미를 생성한다고 보는 설명방법이 일반화되면서, 언어적 및 언어외적 지식을 포괄하여 어휘의 의미정보를 체계화할 필요성이 높아지고 있음을 살펴보았다.

3장에서는 3.1.을 통해 의미의 생성과 저장의 원리를 설명하는 데에서 어휘 의미의 변화 과정에 대한 탐구를 본격화해야 함을 지적하며, 의미의 확장과 축소 과정, 문법화와 어휘화 과정, 은유적 개념화 양상의 변화 과정 등에 대한 탐구를 머릿속사전의 구성 논의와 관련지어 심화하는 것을 과제로 제시하였다. 3.2.를 통해서는 의미의 발현 원리와 의미 단위의 형성 문제를 머릿속사전의 구성과 관련하여 논의할 필요가 있음을 지적하였다. 3.3.을 통해서는 담화상에서 화용적 선택을 통해 이루어지는 의미관계의 이면에는 화용적 경험을 체계화하여 인식하는 모어화자의 인지적 노력이 있음을 강조하였다. 그리고 모어화자의 인지적 노력을 설명하기 위해서는 코퍼스의 문맥 정보를 분석해 인간의 화용적 경험을 수치화하는 연구가 필요함을 거론했다.

참고문헌

강범모(2011), “형용사와 명사의 의미운율”, 『언어』 36: 1-23, 한국언어학회.

김윤신(2013), “생성 어휘부 이론과 합성성의 기제”, 『한국어 의미학』 41: 1-25, 한국어 의미학회.
김윤한(1989), “H. Paul의 언어 연구방법”, 『언어학』 11: 23-42, 한국언어학회.
김일환 외(2017), 『키워드, 공기어, 그리고 네트워크: 신문 빅데이터가 보여주는 것』, 소명출판.
김진해(2006), “코퍼스언어학적 관점에서 본 의미의 본질”, 『한국어 의미학』 21: 75-104, 한국어 의미학회.
김진해(2013), “연어 연구의 의미론적 함의: 목록과 경향 사이에서”, 『국어학』 68: 189-223, 국어학회.
김태곤(2002), 『중세국어 다의어와 어휘변천』, 박이정.
남길임(2012), “어휘의 공기 경향성과 의미적 운율”, 『한글』 298: 135-164, 한글학회.
박만규(2002), “다의어의 의미 분할과 의미 부류”, 『한글』 257: 201-242, 한글 학회.
박상진(2011), “국어 감각형용사의 의미 변천 연구”, 고려대학교 대학원 국어국문학과 박사학위논문.
박종갑(1992), “낱말밭의 관점에서 본 의미 변화의 유형”, 『영남어문학』 21: 99-135, 한민족어문학회.
배도용(2002), 『우리말 의미 확장 연구』, 한국문화사.
신은경(2002), “‘틈’의 의미에 관한 통시적 고찰”, 『한국어 의미학』 11: 177-197, 한국어 의미학회.
유세진 외(2008), “한국어 동사 ‘찾다’의 상적 의미”, 『국어학』 52: 153-187, 국어학회.
이광호(2008), “이항/다항 유의어의 분포와 생태적 특성”, 『국어학』 53: 229-256, 국어학회.
이동혁(2004), “의미 관계의 저장과 기능에 대하여”, 『한글』 263: 95-124, 한글학회.
이동혁(2011), “어휘 의미관계의 발현과 규범화에 대하여”, 『우리말연구』 29: 125-151, 우리말학회.
이동혁(2012), “단어의 백과사전적 의미에 대하여”, 『우리말연구』 31: 165-193, 우리말학회.
이정식(2003), 『다의발생론』, 역락.
임근석(2011), “한국어 연어 연구의 전개와 쟁점에 대하여”, 『국어학』 61: 359-

466, 국어학회.
임지룡(1995), "은유의 인지적 의미특성", 『한국학논집』 22: 157-176, 계명대학교 한국학연구원.
임지룡(1996), "다의어의 인지적 의미 특성", 『언어학』 18: 229-261, 한국언어학회.
임지룡(1997), 『인지의미론』, 탑출판사.
임지룡(2009), "다의어의 판정과 의미 확장의 분류 기준", 『한국어 의미학』 28: 193-226, 한국어 의미학회.
임지룡(2012), "어휘의미 이론의 흐름과 특성", 『한말연구』 31: 195-228, 한말연구학회.
임채훈(2009), "반의관계와 문장의미 형성: 형용사, 동사 반의관계 어휘의 공기관계를 중심으로", 『한국어 의미학』 30: 231-256, 한국어 의미학회.
임채훈(2011), "유의 어휘관계와 문장의미 구성", 『한국어 의미학』 34: 349-373, 한국어 의미학회.
전정례(2005), 『언어변화이론』, 박이정.
정한데로(2011), "임시어의 형성과 등재", 『한국어학』 52: 211-241, 한국어학회.
최경봉(1996), "국어 명사의 의미 구조 연구", 고려대학교 대학원 국문학과 박사학위논문.
최경봉(2000), "은유 표현에서 단어의 선택과 해석 원리", 『한국어 의미학』 7: 215-241, 한국어 의미학회.
최경봉(2010), "계열적 의미관계의 특성과 연구 목표", 『한국어학』 49: 65-90, 한국어학회.
최경봉(2013), "어휘 의미와 의미관계 정보의 구성과 작용", 『한국어 의미학』 42: 27-55, 한국어 의미학회.
최경봉(2015), 『어휘의미론: 의미의 존재 양식과 실현 양상에 대한 탐구』, 한국문화사.
최경봉(2017), "한국어 단어 단위와 의미: 의미 단위의 인지적 실체를 중심으로", 『한국어학』 77: 65-93, 한국어학회.
최경봉(2019), "구문과 어휘의미의 상관성 고찰", 『국어학』 89: 257-285, 국어학회.
최호철(1998), "구조의미론의 수용 양상과 국어 어휘의미론의 과제", 『한국어 의미학』 2: 11-39, 한국어 의미학회.
홍사만(1990), 『국어어휘의미연구』, 학문사.
Aitchison. J.(1987), *Words in the Mind: An Introduction to the Mental Lexicon,*

Oxford: Basil Blackwell. (임지룡 · 윤희수 역(1993), 『심리언어학: 머리속 어휘사전의 신비를 찾아서』, 경북대학교출판부.)

Amsterdamska, O.(1987), *Schools of Thought: The Development of Linguistics from Bopp to Saussure*, Dordrecht: Reidel. (임혜순 옮김(1999), 『언어학파의 형성과 발달』, 마르케.)

Cruse, D. A.(1986), *Lexical Semantics,* Cambridge: Cambridge University Press. (임지룡 · 윤희수 옮김(1989), 『어휘의미론』, 경북대학교출판부.)

Dancygier, B. & E. Sweetser(2014), *Figurative Language*, Cambridge: Cambridge University Press. (임지룡 · 김동환 옮김(2015), 『비유언어: 인지언어학적 탐색』, 한국문화사.)

Geeraert, D.(2010), *Theories of Lexical Semantics,* Oxford: Oxford University Press. (임지룡 · 김동환 옮김(2013), 『어휘의미론의 연구 방법: 역사의미론에서 인지의미론까지』, 경북대학교출판부.)

Kittay, E. F.(1987), *Metaphor: Its Cognitive Force and Linguistic Structure*, Oxford: Oxford University Press.

Kövecses, Z.(2006), *Language, Mind, and Culture,* Oxford: Oxford University Press. (임지룡 · 김동환 옮김(2010), 『언어, 마음, 문화의 인지언어학적 탐색』, 역락.)

Lakoff, G. & M. Johnson(1980), *Metaphors We Live By*, Chicago: The University of Chicago Press. (나익주 · 노양진 역(2006), 『삶으로서의 은유』, 박이정.)

Murphy, M. L.(2003), *Semantic Relations and the Lexicon*, Cambridge: Cambridge University Press. (임지룡 · 윤희수 옮김(2008), 『의미관계와 어휘사전』, 박이정.)

Paul, H.(1880), *Principles of the History of Language;* translated by H. A. Strong(2012), General Books.

Pustejovsky, J.(1995), *The Generative Lexicon*, Cambridge, M.A.: The MIT Press. (김종복 · 이예식 역(2008), 『생성어휘론』, 박이정.)

Sinclair, J. M.(2004), *Trust the Text: Language, Corpus and Discourse*, London/New York: Routledge.

Traugott, E. C. & R. B. Dasher(2005), *Regularity in Semantic Change*, Cambridge: Cambridge University Press.

문장의미론

임 채 훈*

1. 실마리[1]

의미를 연구하는 일은 지난한 일이다. 소리를 문자의 형식으로, 문법을 구조와 규칙의 형식으로 보일 수 있는 것과 달리 의미는 보이지 않고 보이기 어렵기 때문이다. 그런데 문장의미를 연구하는 일은 더 지난하다. 단어는 관습적으로나 언중의 직관에서나 분명한 단위를 가지고 있고 이에 대응하는 의미를 지시물이든 개념이든 단일한 단위로 상정할 수 있는 데 반해 문장의 경우는 그 단위가 분명하더라도[2] 단위에 대응하는 의미가 무엇인지 상정하는 일이 쉽지 않기 때문이다. 문장을 구성하는 요소와 개념들이 복합적이므로

* 숭실대학교 국어국문학과 교수, linguist@naver.com

1 실마리는 사전적으로 "감겨 있거나 헝클어진 실의 첫머리"나 "일이나 사건을 풀어 나갈 수 있는 첫머리"라고 정의된다. 사전적 의미로 볼 때나 '마무리'와의 수미상관적 대응 면에서 '도입'이나 '서론', '문제 제기' 등의 좋은 대안 표현이라고 생각한다.

2 단순히 종결어미의 존재뿐만 아니라 심리적인 차원에서도 분명한 단위를 가지고 있다는 것이 언어심리학의 실험을 통해 입증된 바 있다.

그것의 의미를 논의하는 일도 복잡하다. 문장의미론이라는 분명한 학문적 영역이 존재함에도 불구하고 그것을 대표하는, 이론이나 연구 성과가 적은 것도 그 탓이다. 연구 대상을 문장의미로 하는 경우는 많지만 문장의미론이라고 자처하는 연구는 드물어 문장의미론의 현황을 자세하게 풀어놓기가 쉽지 않다. 그래서 이 글은 '현황과 과제'라는 이름을 달고 있지만 과제에 더 무게 중심이 있다.[3]

이 글은 문장의미론 연구의 방향과 과제를 제안한다는 의미에서 문장의미의 계열적 의미관계(paradigmatic semantic relation)가 무엇인지, 더불어 해당 현상이 제시하는 연구의 의의와 방향성이 무엇인지 살펴보고자 한다. Saussure 이래로 구조주의적인 연구 방향이 음운론, 형태론, 통사론을 비롯한 여러 언어 연구의 기본적인 토대가 되었듯 의미론에서도 구조적인 관점에서 어휘의미를 연구하는 흐름이 있(었)다. 언어를 구조주의적인 관점에서 살펴본다는 것은 언어 단위가 갖는 기능과 의미 등을 독립적으로 단일하게 상정하는 것이 아니라 구조와 체계를 통해 관계적으로 정립하고자 하는 시각을 말한다. 그런 시각의 흐름 안에 의미성분 분석, 의미장 이론이 있었다. 동의관계, 반의관계, 상하관계 등 어휘(의미)의 계열적 관계를 살피는 연구가 어휘의미론 연구의 중심이 되었던 것도 구조주의적인 연구에 영향을 받은 바 크다. 이와 같이 계열적 의미관계 연구는 의미론 연구의 중요한 한 축을 구성하고 있다.

형식의미론에서도 어휘 간의 계열적 의미관계에 주목하고 아래와 같이 의미 공준(meaning postulate)을 통해 논리적인 형식으로 이들 관계를 정리한다 (Murphy 2003: 63-64 참조).

(1) Pullover and sweater are synonyms.
$\forall x[\text{PULLOVER}(x) \equiv \text{SWEATER}(x)]$
any thing is a pullover if and only if it is also a sweater.

3 이것이 의미하는 바는 선행 연구 검토와 연구사적 정리가 충분하게 담겨 있지 않다는 뜻이기도 하다.

(2) Hot and cold are antonyms.
$\forall x[HOT(x) \rightarrow \neg COLD(x)]$
if any thing is hot, then it is not cold.

(3) Apple is a hyponym of fruit.
$\forall x[APPLE(x) \rightarrow FRUIT(x)]$
if any thing is an apple, then it is a fruit.

즉, 어휘의미관계는 단순히 어휘들 간의 내적 관계에 그치는 것이 아니라 그 의미적인 특성으로 인해 논리적인 의미관계로도 정리된다는 것이다. 그런데 어휘는 문장의 재료이므로 어휘의미관계는 문장의미관계에서도 유지될 수 있다. 예를 들어 해당 문장을 구성하는 어휘 중 하나를 동의어로 대체해도 문장 간에 동의관계가 성립할 수 있다. 반의관계의 경우에는 반의어가 부정된 문장을 함의한다는 것, 상하관계의 경우는 상위어에 대한 서술의 부정이 하위어에 대한 서술의 부정을 함의한다는 것을 통해 이들 관계가 문장 수준에서도 유지된다는 것을 알 수 있다.

(1)' Joan's pullover is yellow. ≡ Joan's sweater is yellow.
(2)' This water is cold. → This water is not hot.
(3)' I do not like a fruit. → I do not like an apple.

이러한 계열적 의미관계는 어휘 차원에서만 연속성을 가지고 유지되는 것이 아니라 통사적인 차원에서도 또는 다른 층위의 다양한 기제를 통해서도 유지될 수 있다. 예를 들어, 형식의미론 연구의 전통에서는 문법적 표현 혹은 상이한 구조 간에도 이러한 관계가 유지된다고 보고 이를 어휘의미 관계를 동의, 반의, 상하 관계 등으로 나누었던 것처럼 (4)와 같이 각각 환언(paraphrase), 모순(contradiction), 함의(entailment) 관계로 대응하여 계열관계를 나누었다(Cann *et al*. 2009: 8-9). 이와 같은 관점은 특히 의미관계를 문장 차원에서 명제의미, 즉 진리치 관계로 바꾸어 살피는 데에도 유용하게 활용되었다.

(4) a. Paraphrase: a sentence S1 paraphrases sentence S2 if and only if the propositional content of S1 is identical to that of S2 (mutual entailment).
Mary fed the cat. ⊨ The cat was fed by Mary. ⊨
It was the cat that Mary fed.
b. Contradiction: a sentence S1 contradicts sentence S2 if and only if the propositional content of S1 necessarily excludes that of S2 (S1 entails the negation of S2).
Mary likes dogs, but hates cats.
Mary does not like dogs.
c. Entailment: a sentence S1 entails (⊨) sentence S2 if and only if the propositional content of S1 includes that of S2.
King's College is on the Strand and is very noisy.
⊨ King's College is very noisy.
King's College is on the Strand.
⊨ There is a building on the Strand.

이 글은 (4)와 같은 문장 간 계열관계, 즉 환언, 모순, 함의의 관계를 살핀다는 것이 문장의미 연구에서 어떤 방법론적 의의가 있는 것인지, 더불어 문장의미와 관련하여 어떤 내용적 진실을 규명할 수 있는 것인지 보이고자 하는 것이다. 실제로 임지룡(2018: 383)에서도 문장의 의미관계는 "언어 체계 속에서 한 문장의 정체성을 구체화하고 하나의 전체로서 언어의 역동적 본질을 이해하는 데 중요하다."라고 보았다.

한편 언어 연구가 구조주의적인 관점에서 단순히 규칙과 체계를 제시하는 것에서 그치지 않고 그런 규칙과 체계의 심리적 실재성을 규명하기 위한 연구로 확장된 것처럼 계열적 어휘의미관계에 대한 연구도 실제 우리의 언어 능력과 관련하여 머릿속 어휘부(mental lexicon)의 모습을 보여주기 위한 연구로 그 관점과 영역이 확장되게 된다. 즉, 어휘들 간의 관계를 나타내는, 순수한 언어 내적 체계가 아니라 우리가 어휘부를 구축하는 데 사용하는 하나의 기제로서 계열적 어휘의미 관계를 살피는 연구들이 늘고 있다. 두 단어 사이의 관계를 나타내는 기술에 그치는 것이 아니라 우리가 사용하는 어휘들을 구조적인 체계를 갖춘 심리적 실재로서 만들기 위한 기제로서 계열적 어휘의미관계가 작용한다고 보는 것이다. 이 글은 문장의 계열적 의미관계를 살피는 작업 역시 단순히 의미적인 관계를 형식적이고 논리적인 차원에서 살피는 일에 그치는 것이 아니라 우리가 문장의미를 구성하고 이해하는 기제를 밝히기 위한 중요한 실마리가 된다고 보고 이를 살피는 연구가 무엇인지 그것이 향후에 어떤 연구의 방향성을 제시할 수 있는지 살피고자 한다. 이와 관련하여 계열적 문장의미 관계가 단순히 문장의미 간의 관계를 언어 내적 차원에서 다루는 것이 아니라 우리의 언어 사용과 직접적인 관련이 있다는 것을 보이기 위한 작업의 하나로 계열적 의미관계에 놓인 문장들이 연속하여 실현하여 연결 관계를 가질 때 고유한 의미적 특성을 구현한다고 보고 그것이 무엇인지도 밝히고자 한다.

2. 문장의 동의관계

문장의 동의관계는 문장들 간에 의미적인 등가성이 있어 논리적으로는 상호함의의 관계를 가지고 현상적으로는 '대체'가 가능한 '환언(paraphrase)'의 관계를 말한다. 또한 '환언'의 의미관계를 가진 문장들이 연속될 때는 연결의미 관계로서 '부연'의 의미관계를 가질 수 있다. 아래에서는 동의의 문장의미 관계로서 '환언'과 동의의 연결의미관계로서 '부연'에 대해 차례로 살펴보고자 한다.

2.1. 문장의 동의관계로서 '환언'

앞서 살펴보았던 것처럼 어휘에서뿐만 아니라 문장 간에도 동의의 계열적 관계가 성립한다. 문장 간 동의관계는 의미가 동일하므로 바꿔 쓸 수 있다는 점에 주목하고 이들 관계를 특정하고 한정하는 용어로서 '환언(paraphrase)'이 사용된다.

한정적이고 유한한 집합인 어휘의 경우에는 어휘 개별적으로 동의관계에 있는 어휘가 무엇인지 밝히는 연구가 필요하며 이들이 갖는 특성과 그에 따른 유형 분류가 주요한 연구 내용이 된다고 할 수 있다. 하지만 문장의 경우에는 그 속성이 비한정적이고 무한하다는 점을 감안했을 때 어떤 문장들이 개별적으로 동의관계를 맺는지를 살피는 것은 유의미한 연구라고 보기 어렵다. 오히려 문장 층위에서 의미적 동일성을 유지하게 하는 언어적인 기제가 무엇인지 살피는 것에 연구의 초점이 놓여야 한다. 그런 관점에서 '환언'에 대한 주요 연구를 다음과 같이 세 가지로 나누어 제시할 수 있을 것이다.[4]

첫째, '환언'에 대한 초기의 관심은 Harris(1951)로부터 시작하여 Chomsky (1965)로 이어진 '생성 문법(Generative Grammar)' 연구에서 찾을 수 있다. '변형(transformations)'은 문장 간에 존재하는 형식적 관계들을 표상하고 열거하는 방식의 하나로 사용되었는데 이런 변형의 일부는 문장 간의 의미가 유지되는 것으로서 환언적인 특성을 갖는다. 그러나 '변형' 과정에 의미의 보존이 이루어지는지에 대한 문제가 계속 논쟁을 불러 일으켰고, 또한 이들 연구는 '환언' 그 자체보다는 통사적 현상에 초점이 있었던 것이므로 본격적인 '환언' 연구라고 보기는 어렵다.

둘째, 환언에 대해 가장 적극적인 관심을 가진 연구로 Mel'cŭk(1992, 2012)의 '의미-텍스트 이론(Meaning-Text Theory, 이하 MTT)'을 들 수 있다. MTT에서는 의미 · 텍스트 모형이라는 이론적 틀 안에서 화자의 개념으로서의 '의미'와 언어의 표상적 실현이라는 '텍스트' 간의 대응 관계를 살피기 위해 어휘

4 '환언'에 대한 좀 더 자세한 연구사적 검토는 Vila *et al.*(2014: 206-209) 참조.

함수와 환언 체계를 주요하게 설정하여 살피고 있다. 하나의 '의미'는 여러 개의 '텍스트'에 대응할 수 있으며 이러한 대응 양상을 체계적으로 살피는 가운데 우리가 개념을 언어로 전환하는 기제를 체계적으로, 규칙적으로 제시할 수 있다고 본 것이다. '의미'가 '텍스트'로 전환되는 다양한 방식을 살피기 위한 방법의 하나로서 동의관계에 있는 여러 문장들의 환언체계를 살핀다. 즉, 하나의 문장이 의미를 유지하면서 다른 문장으로 환언되는 방식을 통해 의미가 텍스트로 전환되는 다양한 방식을 살필 수 있다고 본 것이다.

Mel'cǔk(2012)의 이론과 방법을 따르지 않더라도 동의관계에 있는 문장 간의 대응 양상을 살피고 이를 체계화하거나 규칙으로 제시하려는 연구는 향후 문장의미 연구에서 중요한 부분을 차지할 것으로 보인다. Mel'cǔk(2012)에서 주목한 바대로 환언 체계와 규칙은 어떤 화자의 의도, 개념 등이 어떻게 문장으로 표상되는지를 보여주는 중요한 열쇠가 되기 때문이다.

셋째, 자연언어처리(Natural Language Processing, 이하 NLP) 연구에서 주요하게 살핀 '환언'의 유형론(typology)에도 주목할 필요가 있다. NLP 연구자들은 환언의 기제를 파악하기 위한 방식의 하나로 '환언'의 유형을 세우는 것에 관심을 가졌다. 초기 연구인 Culicover(1968), Honeck(1971)를 시작으로 지금까지도 다양한 방식으로 환언의 유형을 나누는 연구들이 진행되고 있다. 예를 들어, Vila *et al*.(2011)에서는 환언의 유형을 다음과 같이 들고 있다.[5]

〈표 1〉 **환언의 유형**(Paraphrase typology)

어휘 기반 전환(Lexicon based changes)	
동의 극성 대체 (Same polarity substitution)	(1) a. Google *bought* YouTube. b. Google *acquired* YouTube. (2) a. They were *9*. b. They were *around 10*. (3) a. The *pilot* took off despite the stormy weather. b. The *plane* took off despite the stormy weather.

5 Vila *et al*.(2014)에서는 더 다양하고 세분된 유형을 들고 있다.

반의 극성 대체 (Opposite polarity substitution)	(4) a. I am leaving. b. I am *not staying.* (5) a. *Only 20%* of the participants arrived on time. b. *Most* of the participants arrived late. (6) a. Google *bought* YouTube. b. YouTube *was sold to* Google.
삭제(Deletion)	(7) a. I like *eating* chocolate. b. I like chocolate. (8) a. *Actually*, you shouldn't be here b. You shouldn't be here
결합적 /분석적 대체 (Synthetic /analytic substitution)	(9) a. Steven *attempted* to stop playing Hearts. b. Steven *made an attempt* to stop playing Hearts. (10) a. *Ideas* is all I need to write an article. b. *A sequence of ideas* is all I need to write an article (11) a. I prefer *wildlife television documentaries.* b. I prefer *television documentaries about wildlife.*

형태론 기반 전환(Morphology based changes)	
굴절 전환 (Inflectional change)	(12) a. In 1492 Columbus *reached* America. b. In 1492 Columbus *reaches* America.
파생 전환 (Derivational change)	(13) a. I know that Olds *founded* GM. b. I know about the *foundation* of GM by Olds.

통사론 기반 전환(Syntax based changes)	
소성 교체 (Diathesis alternation)	(14) a. John loves Mary b. Mary is loved by John (15) a. The laundry sways in the breeze. b. The breeze makes the laundry sways. (16) a. The section chief filled Japanese sake into the cup. b. The section chief filled the cup with Japanese sake.

Semantics based changes	
어휘화 유형 안에서의 전환 (Change in the	(17) a. Bill *flew* **across** the ocean b. Bill **crossed** the ocean *by plane* (18) a. The *increase* of prices **accompanies** the crise b. The prices *increasent* **with** the crise

lexicalization pattern)	(19) a. Barbara *excels* at **teaching** b. Barbara **teaches** *well*

Discourse based changes	
담화 구조 안에서의 전환 (Change in the discourse structure)	(20) a. He wanted to eat *nothing but* apples b. *All* he wanted to eat *were* apples (21) a. Joe wants the blazer *which was* designed by BMW b. Joe wants the blazer designed by BMW (22) a. He is willing to leave. This made Gillian upset b. His willingness to leave made Gillian upset

Mel'cŭk(1992, 2012)에서 제시하는 '환언 규칙'이나 NLP에서 제시하고 있는 여러 환언의 유형들은 단순히 동의관계에 있는 문장들 간의 관계를 이야기하는 것에 그치는 것이 아니다. 동일한 의미 관계를 유지할 수 있도록 만드는 언어적인 기제와 규칙은 우리가 어떻게 의미를 생성하고 해석하는지를 살피기 위한 중요한 실마리가 된다. 예를 들어, Mel'cŭk(1992)에서는 '환유적 대체'라고 하고 Vila *et al*.(2011)에서는 '유도주/유도체 대체(inductor/induced agent substitutions)'라고 한 아래의 환언문을 보면 단순히 이들이 동일한 의미를 유지하면서 대체 가능하다는 것 외에도 다음과 같이 논의할 문제가 많다는 것을 알 수 있다.

(5) a. 기장이 악천후에도 불구하고 이륙을 시도했다.
b. 비행기가 악천후에도 불구하고 이륙을 시도했다.

첫째, 이와 같은 대체는 언제나 가능한 것인지, 그렇지 않다면 이들이 대체 가능한 조건은 무엇인지 살필 필요가 있다. (5)의 경우에는 자연스럽게 대체가 가능하며 의미적인 등가성이 유지된다고 할 수 있겠으나 (6)의 경우에는 대체가 가능하지 않다.

(6) 〔?기장이/비행기가〕 제시간에 무사히 도착했다.

그런 점에서 단순히 '환유적 대체' 혹은 '유도주/유도체 대체'라는 범주 설정이나 규칙 설정에 그치지 않고 이러한 대체가 가능한 이유와 조건 등을 연구하는 것이 필요하다. 다시 말해서, 이러한 '대체' 관계 외의 다른 유형에 대해서도 유형 설정과 함께 대체의 조건과 대체 가능 이유 등을 연구하는 것이 필요하다고 하겠다.

둘째, 명제적 차원에서는 동일한 의미를 유지하더라도 두 명사(구)의 상이한 선택으로 달라지는 의미가 있는지, 있다면 무엇인지 살필 필요가 있다. Mel'čuk(2012: 56-57)에서는 이를 '환언의 정확성(exactness of paraphrase)' 문제라고 보고 언어의 의미를 세 가지 유형, 즉 명제적(propositional), 의사소통적(communicative), 수사적(rhetorical) 의미로 나누거나 환언 하에 가능한 의미의 변화 등의 문제로 설명하고자 하였다. 이렇게 환언 관계 안에서 차이가 나는 의미의 영역을 구분하고 설명하는 작업은 문장의미가 가지는 여러 특성을 살피고 설명하는 데 유용할 것으로 보인다.

끝으로 우리말 연구에서 '환언'에 대한 연구가 거의 전무한 상황에서 한 연구를 소개하는 것으로 마무리하도록 하겠다. 김의수(2007)에서는 "하나의 메시지를 전달하는 유의적 관계에 있는 모든 속담들을 한 자리에 놓고 그들 간에 보이는 다층적이고 복합적인 통사적 관련 양상"을 살피고자 하였다. 김의수(2007)에서 제시한 환언의 주요 통사 기제는 다음과 같다.

(7) a. 축소: 필수성분의 생략
예) 조리에 옻칠한다 → 방립에 쇠자질(서술어2 생략)
b. 확장: 수의성분의 첨가
예) 가게 기둥에 입춘 → 돼지 우리에 주석 자물쇠
c. 교체: (필수성분과 수의성분 모두에서)
대등한 기능의 다른 성분들로 바뀜
예) 가난 구제는 나라도 못 한다 → 가난 구제는 나라도 어렵다
d. 전위: 성분의 도치

동일한 주제를 담고 있는 속담들이 가진 통사구조를 살피고 이러한 통사구조들 간에 어떤 상관성이 존재하는지를 살핌으로써 의미가 형식화 되는 과정을 보이고자 했다는 점에서 위에서 살펴본 동의관계의 환언문 연구와 궤를 같이 한다고 할 수 있다. 그러나 특정한 언어 형식인 속담에 국한하여 살폈다는 점, 속담의 다양한 구성을 살피는 것이 연구의 초점이 되었을 뿐 본격적인 환언 연구는 아니라는 점에서 본격적인 동의관계 환언 연구가 요구된다고 할 수 있다.

2.2. 동의관계 문장의 연결로서 '부연'

의미적 등가성을 갖는 두 문장 간의 관계를 앞서 '환언'의 관계라고 하였다. 그런데 이와 같이 동의관계에 있는 문장이 텍스트(혹은 담화)에서 연결의 관계를 맺을 때는 어떤 의미관계를 맺는지 살펴보고자 한다. 결론부터 말하자면 의미적 등가성을 갖는 문장(혹은 절)이 연결될 때의 두 문장 간의 연결의미 관계로 '부연'을 들 수 있다.

'환언'이나 '부연' 모두 문장(혹은 절) 간에 '의미적인 등가성(semantic equivalence)'을 토대로 한다는 점에서는 공통적인 면을 갖고 있다. 앞서 Mel'čůk (2012: 45)에서 밝힌 바 있듯 '환언(paraphrase)'은 문장 간의 (유의) 관계를 나타내는 용어이다("the term paraphrase denotes the relation of synonymy between sentences"). 반면 '부연'은 '인과', '계기・순서', '대조' 등과 같은 문장(혹은 절) 간의 '연결의미' 관계로서, 담화(혹은 텍스트) 안에서 연속하여 실현된 두 문장 간의 의미관계를 나타내는 것이다. '환언'과 '부연'이라는 용어의 적절성과 타당성을 일단 차치하고서라도 이러한 현상적 차이를 인정하고 구분하는 것에는 이견이 없을 것으로 보인다. 중요한 문제의 하나는 '환언'과 '부연'이 그렇게 현상적으로 다른 것을 나타내는 것이므로 '동의성'이라는 공통점 외에 어떤 개념적 차이를 담고 있는가 하는 것을 밝히는 것이다. '부연'은 두 문장이 의미적인 차원에서 동일하다는 것뿐만 아니라 동일한 의미를 표상하는 문장이 '연결'되었다는 특성도 지니고 있다. 따라서 '부연'의 고유한 특성은 동일한 의미를 표상하는 문장이 '왜' 연결되었는지를 밝히는 과정에서 드러날 수 있을 것으로 보인다.

문장은 불연속적인 구성을 이루므로 연속적인 세계를 의미로서 온전히 담는 데 근본적인 한계가 있다. 이는 역으로 문장이 축자적인 의미만을 표상하지 않는, 열린 의미의 체계가 되는 것을 가능하게 한다. 문장(의미)의 이러한 특성으로 인해 우리(화자)는 의도한 의미를 문장으로 표상했음에도 불구하고 의미의 결여를 느끼고 그 의미를 다시 표상하고자 한다. 다른 말로 바꿔 말하거나 더 자세히 말하거나 그것으로부터 (자연스레) 추론될 수 있는 것을 밝혀 말하거나 하는 방식으로 말이다. 그것이 바로 '부연'의 원류(原流)이다. 따라서 '부연'은 두 문장이 지시적 의미 차원에서 동일한 외연을 가질 수 있으나 선행 문장을 통해 표상되지 못한, 또는 화자가 결여되었다고 보는 의미를 덧붙여 후행하는 문장으로 표상하는 것이다.

'환언'은 두 문장이 교체 가능하도록 동일한 의미를 표상하게 하는 기제가 무엇인지에 초점이 놓인다면 '부연'은 앞선 문장이 표상할 수 있는 의미이지만 앞선 문장만으로는 충분하게 표상하지 못한(혹은 그러지 못한 것으로 생각되는), 의미의 결여를 어떻게 보충하는지에 초점이 맞춰져 있다. '환언'은 다르게 표현된 두 문장이 어떻게 동일할 수 있는가에 초점이 맞춰져 있다면 '부연'은 앞선 문장으로 표상되지 못한 것을 어떻게 달리 표상하는가에 초점이 맞춰져 있다.

따라서 부연은 상이한 두 조건을 충족해야 한다.

(8) (연결 의미 관계로서) 부연의 성립 조건[6]
  a. 앞선 문장과 지시적 의미의 차원에서 동일한 외연을 가져야 한다.
  b. 앞선 문장만으로는 표현되지 못한, 상이한 의미를 표상해야 한다.

---

6 (8a)와 (8b)는 모순 관계에 있다고 볼 수도 있다. 하지만 '이순신'과 '명량대첩을 승리로 이끈 명장'이 외연은 같지만 의미는 다른 것처럼 부연의 의미관계에 있는 두 문장 간에도 그와 같은 관계가 성립한다는 것을 말하는 것이다.

정리하자면 '환언'이 문장 간의 의미관계를 나타내는 용어라면, '부연'은 문장들이 나란히, 연속하여 실현되었을 때 선행절(혹은 문장)에 대한 후행절의 의미적 특성을 나타내는[7], 즉 문장 간 '연결' 의미 관계를 나타내는 용어라고 할 수 있다.

'부연'은 한국어 연구에서 크게 주목 받은 현상 혹은 의미 기능은 아니다.[8] 그러한 원인의 하나는 이러한 의미 기능을 고유하게 표상하는 언어적인 형식이나 체계가 부재하다고 생각했기 때문이다. 그럼에도 '부연'의 의미기능을 하는 고유한 문법 항목이나 표현 형식을 제시한 소수의 연구가 존재한다. 이를 통해 '부연'의 연결 의미관계가 갖는 특성, 즉 '무엇을, 왜' 다시 표상하는지 살필 수 있을 것이다. 더불어 그에 대한 답이 상이하며 그에 따라 '부연'의 하위 유형이 어떻게 다르게 나뉘는지 살필 수 있을 것이다.

이홍매(2013)는 논문 제목에서 드러나듯 '환언문'에 대한 연구라고 밝히고 있으나 앞서 구분한 '환언'과 '부연'의 개념을 고려한다면 '부연'에 대한 연구라고 볼 수 있다. 기술적인 차원의 연구로서 '부연'의 형식으로 실현되는 문장들의 유형을 구조적, 의미적 특징을 중심으로 살폈다.

임채훈(2017)은 연결어미 '-(으)되'가 갖는 의미 기능 중 '부연'의 연결의미 기능이 구체적으로 무엇인지 밝히고자 한 연구이다.

(9) a. 비가 오되 조금 옵니다.
b. 밥을 먹되 조용히 먹어라.

(9)의 경우 "비가 오다", "밥을 먹어라"보다 더 명세적인 정보가 덧붙는 방

7 박재연(2011: 171)에서도 다른 종속적인 연결어미의 의미관계와 달리 '부연'은 선행절에 대한 후행절의 특성을 의미하는 것으로 볼 수 있다고 하였다. 반면 이은경(2015: 354)에서는 연결어미 '-지' 역시 후행절에 대한 선행절의 의미 특성이 '부연'이라고 보고 있다. 현재의 논의는 이를 논증하는 것을 목표로 삼지 않으므로 이에 대한 논증은 다른 논의에서 하고자 한다.

8 다른 언어 연구의 현황을 정밀하게 살피지 못해 단언하기는 어렵지만 '부연'에 대한 연구가 많지 않은 것은 다른 언어에서도 마찬가지인 것으로 보인다.

식으로 '부연'이 이루어지고 있다. 이에 따라 연결어미 '-(으)되'의 경우는 '무엇을, 왜' 부연했는가와 관련하여 앞선 절로 충분히 제시하지 못한 정보를 더 구체적으로 제시하고자 할 경우 쓰인다고 볼 수 있다.

위에서 보는 것처럼 다른 연결의미 관계에 비해 '부연'에 대한 연구는 극히 적다는 것을 알 수 있다.

3. 문장의 반의관계

문장의 반의관계[9]는 상반된 의미를 나타내는 문장들 간의 의미관계로서 논리적으로는 두 문장이 동시에 참이나 거짓이 될 수 없는 '모순(contradiction)'의 관계를 말한다. 이런 특성으로 인해 '모순' 관계에 있는 두 문장이 텍스트 내에서 유의미하게 연속하여 실현될 수는 없으므로 기본적으로 반의관계에 있는 문장은 연속하여 실현될 수 없다. 그러나 문장의 반의관계는 필연적으로 상대 문장이 의미하는 바를 '배제하는(exclude)' 특성을 가지므로 반의관계에 있는 문장을 부정하는 방식으로 다른 방식의 '부연'이 가능하다. 아래에서는 문장의 반의관계로서 '모순'과 반의관계의 연결의미관계로서 '배제(부연)'에 대해 차례로 살펴보고자 한다.

3.1. 문장의 반의관계로서 '모순'

문장 간의 반의관계, 즉 '모순'의 관계를 논리적인 차원에서 잘 보여주는 것으로 대당 사각형(Square of Opposition)을 들 수 있다. 이를 통해 '모순' 관계의 유형을 (10)-(12)와 같이 나눌 수 있다.

9 '문장의미의 대립관계'라는 용어가 외연과 내포하는 의미 차원에서 더 적절하다고 할 수 있으나 '동의관계'와 '상하관계'라는 용어와의 계열성을 고려하여 '반의관계'라는 용어를 사용한다.

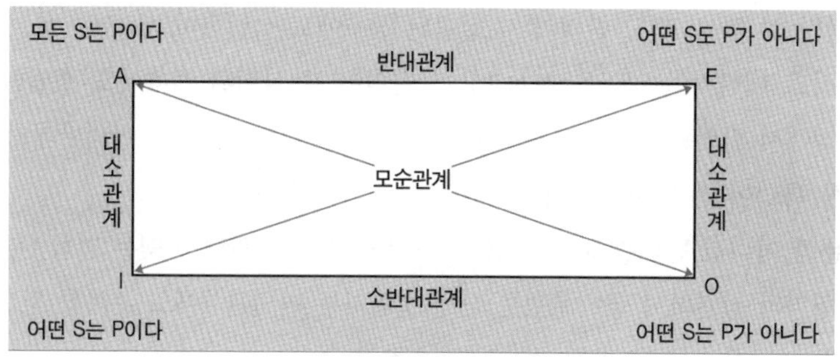

〈그림 1〉 **대당 사각형**

(10) 반대관계: 동시에 참일 수는 없으나 동시에 거짓일 수는 있는 관계
a. 모든 언어학자는 천재이다. / 어떤 언어학자도 천재가 아니다.
b. 아인이는 요즘 행복하다. / 아인이는 요즘 불행하다.

(11) 모순관계: 둘 다 참일 수도, 거짓일 수도 없는 관계. 만약 한 명제가 참이면, 다른 명제는 거짓이어야 하고, 만약 한 명제가 거짓이면 다른 명제는 참이어야 하는 관계
a. 모든 언어학자는 천재이다. / 어떤 언어학자는 천재가 아니다.
b. 철수는 살아 있다. / 철수는 죽었다.

(12) 하위반대관계: 동시에 참일 수는 있지만 동시에 거짓일 수는 없는 관계
a. 어떤 언어학자는 천재이다. / 어떤 언어학자는 천재가 아니다.
b. 63빌딩은 200미터 이상이다. / 63빌딩은 250미터 이하다.[10]

위에서 보는 것처럼 동일한 주어와 술어를 가진 정언 명제가 양화사와 부정 여부의 차이로 인해 (함의 관계를 제외하고) 세 가지 유형의 논리적인 관계를 맺고 있다는 것을 보여주는 것이 대당사각형이다. 그런데 (10b)과 (11b)에서 보는 것처럼 '반대관계'와 '모순관계'는 양화사와 부정의 형식 간에만 존재하는 것이 아니라 계열적 어휘의미관계로서 반의관계의 유형과도 밀접한 관련성을 갖는다. '반대관계'의 경우는 중간 영역이 존재하여 두 가지 개념을 모두

10 참고로 63빌딩의 지상에서의 공식 높이는 249미터이다.

부정할 수 있는 '정도 반의어'가 실현된 경우에도 성립하며, '모순관계'는 각기 상호 배타적인 영역을 가진 '상보 반의어'가 실현된 경우에도 성립한다. 이 점에서 반의관계의 어휘를 재료로 하는 문장(의미) 간에도 반의관계의 계열적 특성이 유지된다고 할 수 있다.

뿐만 아니라 반의관계는 '부정'의 여부와 밀접한 관련을 맺는 만큼 '부정'의 영역과 상관하여 긍·부정문 간에 성립하는 반의관계에도 주목할 필요가 있다.

(13) a. 유승이가 2019년 한글날에 간송미술관에서 훈민정음 원본을 훔쳤다.[11]
b. 유승이가 2019년 한글날에 간송미술관에서 훈민정음 원본을 훔치지 않았다.

(13a)의 통사적 부정문은 (13b)인데 문장의 성분 중 무엇을 부정하느냐에 따라 그것이 의미하는 부정의 내용이 다를 수 있으며 이를 (14)와 같이 분열문 구성으로 구분하여 표상할 수 있다.

(14) a. 2019년 한글날에 간송미술관에서 훈민정음 원본을 훔친 사람은 유승이가 아니다.
b. 유승이가 간송미술관에서 훈민정음 원본을 훔친 날은 2019년 한글날이 아니다.
c. 유승이가 2019년 한글날에 훈민정음 원본을 훔친 장소는 간송미술관이 아니다.
d. 유승이가 2019년 한글날에 간송미술관에서 훔친 물건은 훈민정음 원본이 아니다.

이때 (13a)와 (14)의 각 부정문은 '모순관계'를 갖는다. 즉, 동시에 참일 수

11 문장이 지시하는 바가 유일성을 가지도록 문장을 구성하였다.

도, 거짓일 수도 없다. 그런 점에서 기본적으로 긍정문과 부정문 사이에는 '모순관계'가 성립한다고 할 수 있다.[12] 그런데 (14)와 명제적 차원에서 동의관계를 맺을 수 있는, 대체 성분에 의한 의미 · 화용적 부정문인 (15)의 경우는 (13)과 '반대관계'가 성립한다.[13] 즉, 동시에 참일 수는 없지만 동시에 거짓일 수는 있다.

(15) a. 종승이가 2019년 한글날에 간송미술관에서 훈민정음 원본을 훔쳤다.
b. 유승이가 2019년 현충일에 간송미술관에서 훈민정음 원본을 훔쳤다.
c. 유승이가 2019년 한글날에 국립중앙박물관에서 훈민정음 원본을 훔쳤다.
d. 유승이가 2019년 한글날에 간송미술관에서 신윤복의 풍속화첩을 훔쳤다.

예를 들어, (13)과 (15a)은 동시에 참일 수는 없으나[14] 유승이와 종승이가 아닌, 제3의 인물이 범인일 수 있으므로 동시에 거짓일 수는 있다. 즉, 긍정문과 부정문의 반의관계와 긍정문과 대체 부정문의 반의관계가 유형적으로 다르다. 이러한 차이는 후에 기술하는, 반의관계 유형 문장의 연결 특성과도 밀접한 관련을 맺는다.

---

12 물론 '긍정문'과 '부정문'의 내용 구성에 따라 이 관계는 얼마든지 다른 반의관계를 가질 수 있다.

13 의미 · 화용적 부정문이라고 이름한 이유는 이들이 맥락을 통해 상정된, 한정된 집합에서 한 항목이 선택되면 다른 항목이 자연스럽게 배제됨으로써 부정의 의미를 획득하는 특성을 가졌기 때문이다.

14 공범 가능성을 비롯하여 여러 상황적 맥락을 통해 진리치 관계가 변경될 가능성은 있다.

3.2. 반의관계 문장의 연결로서 '배제(부연)'

기본적으로 모순 관계에 있는 문장은 연결되면 '모순'을 일으킨다. 모순 관계의 기본은 양립 불가능성이므로 두 문장이 의미를 유지한 채 연결될 수는 없다. 그런 의미에서 반의관계에 있는 문장이 연속하여 실현될 때의 연결의미적 범주를 설정하는 것은 적절하지 않을 수 있다.

그런데 반의관계는 상반된 개념을 의미하나 논리적인 차원에서 보면 상대되는 개념의 '배제(exclude)'를 의미할 수 있다. '밤'은 그 자체로 <밤>을 표상하지만 그 과정에서 <낮>을 개념적으로 배제하게 되며 '길다'도 <짧다>를 개념적으로 배제한다. 반의관계 어휘의 유형에 따라 배제하는 개념의 영역이 다를 수는 있겠으나 '배제'라는 특성과 관련하여서는 공통된다. 문장의미의 경우도 마찬가지로 해당 문장이 표상하는 의미는 논리적으로 '반의관계'에 있는 문장이 표상하는 의미를 배제한다. 즉, 반의관계에 있는 문장을 통해 해당 문장이 무엇을 의미하지 않는지 분명하게 보여줄 수 있다.

이런 반의관계 문장 간의 특성으로 인해 앞서 밝힌 '동의관계'에 있는 문장과는 다른 형식의 '부연'이 가능하다. 즉, 반의관계에 있는 문장, 즉 해당 문장이 의미적으로 배제하는 문장을 부정함으로써 동일한 의미를 나타내는 '부연'이 가능한 것이다.

이러한 연결의미 관계는 실제로 문법적으로 구현되어 나타난다. 대표적으로 연결어미 '-지'에 의해 표상되는 '부연'의 의미관계가 바로 '반의관계'에 있는 문장을 통해 이루어지는 관계이다. 최상진 · 임채훈(2009)에서는 연결어미 '-지'가 종래 알려진 것처럼 '대조'의 기능을 가진 것이 아니라[15] '부연'의

15 아래에서 보는 것처럼 주요 사전에서는 연결어미 '-지'의 기능을 '대조'라고 보고 있다.

(1) a. 표준국어대사전: 상반되는 사실을 서로 대조적으로 나타내는 연결 어미.
b. 연세한국어 사전: 서로 대조되는 사실을 이어 줌을 나타냄. '-고'의 뜻.
c. 텍스트 분석적 국어 어미의 연구(이희자 · 이종희 1999): 서로 대조되는 앞절과 뒷절을 대등하게 이어 줌을 나타냄.

연결의미 표상의 기능을 한다고 보고 이를 아래와 같이 논증하였다.

(16) 이건 수필이지, 논문이 아니다.

종래 종속적 연결어미 '-지'[16]의 의미 기능에 대해서 '대조'라는 견해가 지배적이었던 이유 중의 하나는 (16)의 예에서 나오는 것처럼 전자가 긍정일 경우, 후자가 부정의 형식으로 실현됐기 때문이다. 즉, 긍정과 부정이라는 '대립/대조'의 표면적 형식 때문에 이들이 갖는 의미가 동일하다는 것이 잘 드러나지 않았던 것이다. 연결어미의 의미 기능은 선행절과 후행절의 의미 관계에 의해 드러나므로 절 전체의 의미를 파악하는 것이 필요하다. 즉, 연결어미의 의미 기능은 문장의미론의 관점에서 논의할 필요성이 있다. 그런 점에서 '-지'에 의해 연결되는 절 간의 의미구성은 다음과 같다고 할 수 있다.

(17) 종속적 연결어미 '-지' 실현 구문의 연결 의미구성
s^1지, s^2
단, $s^2 = \neg(\neg s^1)$

(17)이 의미하는 바는 '-지'가 두 절을 연결하는 기능을 갖는데, 이때 후행절은 선행절이 아닌 것을 다시 부정하는 형식을 갖는다는 것을 말한다. 다시 말해서 후행절이 이중 부정의 형식을 갖게 되므로 당연히 명제적 의미가 동일한, 동의관계가 두 절 간에 성립하는 것이다. (16)의 후행절 '논문이 아니다'는 선행절을 이중 부정하는 다음과 같은 과정을 통해 만들어진 것이다.

---

d. 외국어로서의 한국어 문법 사전(백봉자 2006): 선행절과 후행절의 두 가지 사실을 비교하여, 선행절에서는 어떤 사실을 인정하고 후행절에서는 이와 대립되는 뜻을 나타내는 문장이 온다.

16 이후 특별한 언급이 없는 경우는 '-지'는 모두 종속적 연결어미를 의미한다.

(16)' ¬(¬(이건 수필이다))

= ¬(이건 수필이 아니다) = ¬(이건 논문이다)

= 이건 논문이 아니다

위에서 중요한 부분은 둘째 줄의 과정이다. 후행절이 이중 부정의 의미 형식을 통해 선행절과 동일한 외연을 갖고 있다고는 하지만 표면형으로 이중 부정의 통사적 형식을 가지면 다음과 같이 비문이 되기 때문이다.

(16)" *이건 수필이지, 수필이 아니지 않습니다.

따라서 밝혀야 할 주요한 부분은 '¬s[1]', 즉 어떻게 '이건 수필이 아니다'에서 '이건 논문이다'와 같은 문장이 도출될 수 있는지를 설명할 수 있어야 한다. 이를 설명하기 위해서 앞서 밝혔던 문장 반의관계의 유형을 다시 살필 필요가 있다. 앞서 긍정문의 부정문으로서 '모순관계'에 있는 통사적 부정문과 배제된 성분의 대체 실현으로 '반대관계'에 있는 의미 · 화용적 부정문으로 구분될 수 있다고 하였다. '-지' 연결어미가 표상된 문장의 후행절은 선행절과 '모순관계'에 있는 통사적 부정문은 올 수 없고 '반대관계'에 있는 의미 · 화용적 부정문이 올 수 있다. 즉, '¬s[1]' 자리에 올 수 있는 것은 바로 '반대관계'에 있는 의미 · 화용적 부정문, "이건 논문이다"라는 것이다. 실제로 (15)에서 제시한 의미 · 화용적 부정문들은 (13a)와 '-지' 에 의해 연결되어 복합문을 구성할 수 있다.

(18) 유승이가 2019년 한글날에 간송미술관에서 훈민정음 원본을 훔쳤지,

a. 종승이가 훔친 것이 아니다.

b. 현충일에 훔친 것이 아니다.

c. 국립중앙박물관에서 훔친 것이 아니다.

d. 신윤복의 풍속화첩을 훔친 것이 아니다.

이와 같이 '반대관계'에 있는 문장을 통해 연결구성을 이루는 것은 '-지' 복합절 외에도 존재한다. '-지' 복합문과는 절의 순서가 역전된 구성이 가능하다. 임채훈(2015)에서는 '-지 않고' 절이 '나열', '순서', '방식'만이 아닌, '부연'의 의미 기능도 존재한다는 것을 주장하였다.

(19) a. 오늘 종승이는 자전거를 타지 않고 서점에 갔다.
b. 오늘 종승이는 도서관에 가지 않고 서점에 갔다.

(19a)의 '자전거를 타지 않고'는 서점에 가는 '방식'(manner)을 표상하는 것으로서, <종승이가 서점에 갔다>라는 사건을 더 자세하게 설명한 것이라고 볼 수 있다. 더 자세한 설명이라는 점에서 이 역시도 '부연'의 표현이라고 볼 수 있으나 이는 엄밀한 의미에서 '부연'으로 볼 수 없다. 더 자세한 의미를 보충한다는 점으로 부연의 의미 기능을 설정하게 되면 모든 수식 표현들을 '부연'으로 볼 수 있다는 문제가 발생한다. 뿐만 아니라, 좀 더 본질적으로는 <종승이가 자전거를 타지 않은 것>과 <종승이가 서점에 간 것>이 '환언'이 가능한, 즉 동의관계에 있는 문장으로 볼 수 없기 때문에 '부연'의 의미 기능을 표상한다고 볼 수 없는 것이다. 반면 (19b)의 경우는 '부연'의 의미를 표상한 것이라고 할 수 있다. <종승이가 도서관에 가지 않았다>라는 것은 <종승이가 서점에 갔다>가 배제하는 의미를 표상한 것이라고 할 수 있다. 다시 말해서, <종승이가 도서관에 간 것>은 <종승이가 서점에 간 것>과 '반대관계'에 있는 것으로서, 이를 부정하는 방식을 통해 '부연'의 의미를 표상할 수 있게 되는 것이다.

정리하자면 다음의 두 문법 형식은 문장 간 반의관계 중 '반대관계'를 바탕으로 청자의 잘못된 생각, 또는 오해를 바로잡는, 교정적인 부연을 연결하는 기능을 갖고 있다고 할 수 있다.

(20) a. 유승이는 지금 노는 것이지, 공부하는 게 아니다.
b. 오늘 종승이는 도서관에 가지 않고 서점에 갔다.

(11)의 경우 각각 "유승이는 지금 노는 것이다"와 "종승이는 서점에 갔다"라는 단언에 그것 외의 다른 가능성을 부정하는 내용이 덧붙어 '부연'이 이루어지고 있다. 즉, 단언된 내용을 분명히 하기 위해 청자가 기대하거나 잘못 알고 있을 가능성이 있는 사실을 부정하고 있다. 이에 따라 연결어미 '-지', '-지 않고'의 경우는 '무엇을, 왜' 부연했는가에 대한 답으로서 청자가 기대하거나 잘못 알고 있을 만한 내용을 바로 잡고자 한다는 것을 들 수 있을 것이다.

4. 문장의 상하관계

어휘의 계열관계로서 상하관계는 어휘 간에 존재하는 개념적 위계와 밀접한 관련이 있다. 하나의 어휘가 개념적으로 다른 어휘를 포함하고 있을 때 이들은 상하관계를 맺게 되며 이러한 특성으로 인해 논리적으로 하위어를 포함한 문장은 상위어를 포함한 문장을 함의하게 된다. 이러한 특성을 바탕으로 문장의미의 계열적 상하관계로서 '함의' 관계를 상정할 수 있다. 함의관계는 '전제'와 '함축'의 특성을 정립하고 정의하는 데 기본적인 기준을 제공한다는 점에서 문장 간의 논리적 관계 이상의 의의를 가진다. 더불어 '전제'와 '함축'은 각각 텍스트의 응집성(coherence)과 '추론(적 해석)'의 표상을 위한 주요한 기제로도 활용된다는 점에서 문장 간 연결 구성의 차원에서도 의의를 가진다.

4.1. 문장의 상하관계로서 '함의'

앞서 밝힌 것처럼 상하관계는 개념적 위계를 바탕으로 성립하는 관계이다. 그런데 문장 간에는 이러한 개념적 위계가 존재한다고 보기 어려우므로 앞서 문장 간 동의관계와 반의관계를 설정했던 것과 동일한 위상으로 문장의 '상하관계'를 상정하기는 어렵다. 그러나 어휘 간 상하관계가 갖는 함의적 특성, 즉 하위어를 단언할 경우 자연스럽게 상위어에 대한 단언도 이루어지는 현상을 바탕으로 문장 간 '함의관계'를 계열적 관계의 한 범주로 설정할 수 있다. 함의관계는 하나의 문장이 단언되고 그것이 참이 되면 그리고 그럴 때 반드시 참이 되는 관계, 거짓인 경우에는 역의 관계가 성립하는 관계를 말한다. 상하위어가 포함된 문장 간에는 아래와 같이 '함의관계'가 성립한다.

(21) a. 이것은 장미이다. → 이것은 꽃이다.
b. 이것은 꽃이 아니다. → 이것은 장미가 아니다.

위계적 관계는 아니지만 포섭 관계로 볼 수 있는 함의관계를 문장 간의 계열관계의 하나로 본다면 이를 바탕으로 문장의미의 주요한 현상 중의 하나인 '전제'와 '함축'을 해당 관계 안에서 논의할 수 있게 된다.

'전제'는 해당 문장의 명제적 판단을 하기 위한 사전(事前) 충족의 조건으로서 해당 문장의 진리치를 판단하기 전 반드시 참이 되어야 하는 명제를 말한다. 이러한 특성으로 인해 함의관계로서 전제의 성립 여부를 판정할 수 있다. 즉, 해당 명제가 참일 때도 함의관계가 성립하며 거짓일 때도 함의관계가 성립할 때 이를 해당 문장의 '전제'라고 할 수 있다.

(22) a. 아인이가 오늘 엄마가 짜준 스웨터를 입었다.
→ 엄마가 (아인이에게) 스웨터를 짜주었다.
b. 아인이가 오늘 엄마가 짜준 스웨터를 입지 않았다.
→ 엄마가 (아인이에게) 스웨터를 짜주었다.

"엄마가 (아인이에게) 스웨터를 짜주었다."는 (22a)가 단언되어도 참이 되고 (22a)가 거짓인 경우인 부정문 (22b)가 단언되어도 참이 되어 전제의 함의 조건을 충족한다. 바로 이 전제가 참이 되어야만 (3a)가 명제로서 진리치를 판정할 수 있는 기본적인 조건을 갖추게 되는 것이다.

그런데 전제는 위와 같이 형식논리의 차원에서만 의의를 가지는 것이 아니라 해당 문장의 적절한 이해를 위해서도 반드시 상정되어야 하는 것으로서 문장의미를 파악하는 데 빠뜨릴 수 없는 주요한 요소라고 할 수 있다.

이에 따라 우리말 연구에서도 '전제'는 주요한 연구 대상의 하나였다. 문금현(2004)에서 살핀 전제의 유형 연구를 필두로 전제유발자와 관련하여 우리말의 여러 문법 요소들의 기능을 밝히는 데도 '전제'는 주요한 기제로 논의되었다. 예를 들어, 보조사 '도', '만', '조차' 등은 우리말의 대표적인 전제유발자로서 의미기능을 제시하고 설명하는 데 '전제'가 반드시 필요하다(홍사만 2002, 최규수 2009, 김정민 2015, 2016). 선어말어미 '-더-'의 경우도 '증거성'과 관련하여 전제유발자로서의 특성이 논의되었고(김진웅 2014), 의미 기능 변별에 어려움을 겪고 있는 연결어미 '-어서'와 '-니까'에 대해서도 전제와 관련하여 논의가 이루어졌다(성진선 2018).

'함축(implicature)' 역시 '함의'와 밀접한 관련을 맺고 있다. 물론 김태자(2010)에서도 밝힌 바 있듯 일반적으로 함의(entailment)는 진리조건의미론을 기반으로 한 문장과 문장 사이의 논리적 의미관계를 말하는 개념이고, 함축은 화용론에 기반한, '말해진 것'과 맥락에 의해 '함축된 것' 곧 전달의미와의 관계를 언급하는 개념으로 구분되어 사용되는 것이 일반적이다. 그러나 엄격한 논리적 관계로 정립되지는 않더라도 '함축' 역시 단언된 문장이 참이 됨으로써 참이 되는 '함의' 관계를 기반으로 한다는 점에서 문장의 계열관계 안에서 논의될 수 있는 현상이라고 하겠다.

'전제'와 '함축'은 이미 의미론과 화용론에서 주요하게 연구하고 있는 대상으로서 새롭게 살펴볼 만한 현상은 아니다. 그러나 문장의미의 계열적 관계라는 틀 안에서 논의될 수 있다는 점에 주목하고 이와 같은 틀 안에서 무엇을 새롭게 논의할 수 있는지 살필 필요가 있다.

4.2. 상하관계 문장의 연결로서 '전제'와 '함축'

'전제'와 '함축'은 모두 어떤 문장과 '함의관계'에 있는 것으로서 해당 문장 안에 포함되어 있는, 숨어 있는 '의미'이므로 이들 관계에 있는 문장이 연결되어 실현되는 양상에 대해 논의하는 것이 적절하지 않을 수 있다. 그러나 아래에서 간략하게 밝히는 것처럼 '전제'와 '함축'은 각각 텍스트의 응집성(coherence)과 '추론(적 해석)'의 표상을 위한 주요한 기제가 된다는 점에서 문장 간 연결 구성의 차원에서도 논의할 필요성이 존재한다.

'전제'는 담화표상이론(Discourse Representation Theory)에서 '조응(anaphora)'과 관련하여 살피기도 했고(Van der Sandt 1992), 텍스트의 응집성(coherence)을 보증하는 조건으로 보기도 하였다(Ducrot 1980).

(23) Karl은 회교도이다. 그는 술을 먹지 않는다.

(23)의 두 문장은 전혀 관련 없는 내용을 가진 두 문장이 연결된 것으로서 응집성이 결여된 것으로 볼 수 있다. 그러나 (23)의 두 문장이 응집성을 가진 텍스트로서 유의미하게 해석되는 조건으로 "회교도는 일반적으로 술을 먹지 않는다."라는 것이 '전제'로서 개입하면 두 문장이 유의미하게 연결될 수 있다. 즉, 전제는 발화의 사용이나 발화의 내용을 결정하는 요소가 아니라 담화 차원에 개입하는 틀을 규정하는 조건이라고 본 것이다. 이와 같이 '전제'는 실현되지 않은 문장이기는 하나 텍스트를 구성하는 여러 문장들이 유의미하게 연결될 수 있도록 문장 간에 숨어 있는 '문장'이라고 할 수 있을 것이다.

'함축'의 실현과 관련하여 최근 임채훈(2018)에서는 '그만큼'이 문장 부사로서 쓰이는 용법에 주목하였다. 임채훈(2018)에서는 (24)에서 쓰인 '그만큼'은 종래 알려진 것처럼 "비례적 등가성"을 나타내는 것이 아니라, 구별되는 고유한 기능을 가졌다고 보고 있다.

(24) 유승이는 오늘도 점심을 혼자 먹었다. 그만큼 친구가 없다는 얘기다.

후행하는 문장은 선행하는 문장으로부터 추론할 수 있는 내용이라는 것을 알 수 있다. “유승이가 오늘도 점심을 혼자 먹은 사실”로부터 우리는 “유승이가 친구가 없다”고 추론할 수 있다. 즉, 단언된 앞선 문장으로부터 추론할 수 있는 내용을 후행하는 문장으로 밝혀 말하였고 이러한 문장 간의 관계를 ‘그만큼’이 명세하고 있다고 본 것이다.

종래 이와 같이 특정한 문장으로부터 추론할 수 있는 바를 가리켜 ‘함축(implicature)’이라고 하였다. Grice(1967/1989)에서 주요하게 체계를 세운 함축은 본디 의사소통상 ‘전달된 것’ 중 ‘말해진 것’이 아닌 것을 총칭하는 것이었다. Grice가 주목했던 것은 우리가 어떻게 말하지 않았음에도 말하지 않은 의미를 생성・해석할 수 있느냐는 것이었다. 이를 해결하기 위해 Grice는 ‘협조의 원리’와 ‘대화 격률’을 상정하게 된다. 즉, 그러한 원리와 격률이 동인이 되어 표상된 의미와는 다른 의미를 생성・해석하게 된다는 것이다. 그런 면에서 이미 말해진 ‘부연’을 함축과 연결짓는 것은 타당하지 않을 수 있다. 말하지 않은 것이 함축인데 ‘부연’은 ‘분명하게’ 말한 것이기 때문이다.

그러나 ‘함축’은 말하지 않은 것이 (더) 본질적인 것이 아니라, 어떤 문장(혹은 발화)에 담겨 있다는 것이 (더) 본질적인 것이라고 볼 수 있다. 해당 문장에서 말해지지 않은 것일 뿐 ‘의미’인 이상 말할 수 있는 것이며 의도되었던 함축이 온전하게 전달되지 않을 것이라고 생각한다면 얼마든지 밝혀 말할 수 있다는 것이다. 이렇게 ‘의도된 함축’, 단언된 문장으로부터 추론되어 전달하고자 하는 바를 밝혀 덧붙여 말하는 것을 ‘추론적 부연’이라고 할 수 있을 것이다. ‘그만큼’은 이와 같은 ‘추론적 부연’이 후행한다는 것을 명시하는 문장 부사라고 할 수 있다. 즉, ‘함축 관계’에 있는 문장이 후행하여 실현되었을 경우의 연결의미 관계를 ‘추론적 부연’이라고 할 수 있으며 이와 같은 연결관계를 나타내는 부사로서 ‘그만큼’이 쓰인다고 할 수 있다.

5. 마무리

이 글은 문장의미 연구의 방향과 과제를 제시하는 관점과 방법의 하나로 문장의미의 계열적 관계에 주목해 본 것이다. 진리조건의미론은 해당 문장이 참인지 거짓인지를 파악한다는 것이 해당 문장의 의미를 알고 있다는, 분명한 사실을 기반으로 성립된 이론이다. 문장 간의 의미관계를 파악한다는 사실도 그 문장의 의미를 이해했기에 가능한 것이므로 계열적 의미관계를 파악하고 살피는 과정은 또한 문장의미를 연구할 수 있는 확실한 토대라고 할 수 있을 것이다.

어휘의미 관계에 대한 연구가 형식의미론의 관점을 취하는 연구자들에게만 연구된 것이 아니듯, 문장의미 관계에 대한 연구 역시 형식의미론을 연구하는 사람에게만 관심 있는, 가치 있는 현상이 아니다.

어휘(의미)가 계열적인 의미관계를 가진 것처럼 문장(의미)도 계열적인 의미관계를 맺고 있다. 어휘의 대표적인 계열 관계로서 '동의', '반의', '상하' 관계가 있는 것처럼 이에 대응하여 '환언', '모순', '함의' 관계가 문장 차원에서 성립한다. 문장들 간에 유지되는 의미관계를 토대로 그러한 의미관계를 유지하는 데 영향을 미치는 요소들을 살피는 것은 무엇이 문장의미를 구성하는 데 관여하는지를 살피는 데에도 유용할 수 있다.

참고문헌

김의수(2007), "환언관계 속담들의 통사구조 비교", 『국어교육』 123: 405-436, 한국어교육학회.

김정민(2015), "'만'의 단언, 전제, 함축", 『언어학 연구』 34: 1-20, 한국중원언어학회.

김정민(2016), "'만'과 '도'의 이차 의미: 전제인가 고정함축인가", 『언어학 연구』 41: 135-155, 한국중원언어학회.

김진웅(2014), "“더-”와 전제의 투사: 담화표상이론의 관점에서", 『한민족문화연구』 48: 207-238, 한민족문화학회.
김태자(2010), "국어학에서의 함의와 함축", 『國語文學』 48: 23-39, 국어문학회.
도재학(2016), "국어 문장 의미의 분석 방법 연구", 고려대학교 대학원 국어국문학과 박사학위논문.
문금현(2004), "前提의 유형", 『한국어 의미학』 14: 223-254, 한국어 의미학회.
박재연(2011), "한국어 연결어미 의미 기술의 메타언어 연구." 『국어학』 62: 167-197, 국어학회.
성진선(2018), "한국어 연결어미 '-아서'와 '-니까'의 전제의미의 활용방안", 『담화와 인지』 25(1): 101-121, 담화·인지 언어학회.
이기웅(2006), "≪의미⇔텍스트≫ 모형과 자연 언어 의미 기술의 새로운 방법론적 지향", 『러시아어문학연구논집』 21: 411-436, 한국러시아문학회.
이은경(2015), "한국어 연결어미의 의미 기술에 대하여." 『한국학연구』 38: 333-359, 인하대 한국학연구소.
이홍매(2013), "한국어 환언문 연구, 『한국어 의미학』 40: 219-248, 한국어 의미학회.
임지룡(2018), 『한국어 의미론』, 한국문화사.
임채훈(2015), "부연의 의미 표상 기제 '-지 않고'에 대하여." 『한국어 의미학』 50: 27-44, 한국어 의미학회.
임채훈(2017) "연결어미 '-(으)되'의 의미기능에 대하여: 기본 기능 설정과 타 기능의 통합적 해석을 중심으로." 『한국어학』 76: 115-144, 한국어학회.
임채훈(2018), "부연의 문장 부사로서 '그만큼'의 의미와 기능에 대하여: 추론적 부연의 범주 설정과 연계하여", 『한국어 의미학』 62: 51-71, 한국어 의미학회.
최규수(2009), "전제와 함축에 기초한 보조조사의 의미 분석 (1)", 『한글』 284: 133-164, 한글 학회.
최상진 · 임채훈(2009), "부연의 연결어미 '-지'의 의미와 용법." 『한국어학』 42: 291-316, 한국어학회.
홍사만(2002), 『국어 특수조사 신연구』, 역락.
홍재성 · 박동호(2000), "멜축의 의미 · 텍스트 대응모형 연구", 『인문논총』 43: 107-154, 서울대학교 인문학연구원.
Cann, R., R. Kempson & E. Gregoromichelaki(2009), *Semantics: An Introduction to Meaning in Language*, Cambridge, UK: Cambridge University Press.
Chomsky, N.(1965), *Aspects of the Theory of Syntax*, Cambridge, M.A.: The MIT

Press.

Culicover, P.(1968), Paraphrase Generation and Information Retrieval from Stored Text, *Mechanical Translation and Computational Linguistics* 11(1-2): 78-88.

Ducrot, O.(1980), *Les Mots du Discours,* Paris: Minuit.

Grice, H. P.(1967/1989), *Logic and Conversation, William James Lectures*, Ms. Cambridge, M.A.: Harvard University Press.

Harris, Z.(1951), *Methods in Structural Linguistics*, Chicago: The Chicago University Press.

Honeck, R. P.(1971), A Study of Paraphrases, *Journal of Verbal Learning and Verbal Behavior* 10: 367-381.

Mel'čuk, I. A.(1992), Paraphrase et Lexique: La Théorie Sens-Texte et le Dictionnaire Explicatif et Combinatoire, in I. A. Mel'čuk, N. Arbatchewsky-Jumarie, L. Iordanskaja, & S. Mantha(eds.), *Dictionnaire Explicatif et Combinatoire du Francais Contemporain, Recherches Lexico-Sémantiques III*, 9-58, Montreal: Les Presses de l'Université de Mon- tréal.

Mel'čuk, I. A.(2012), *Semantics: From Meaning to Text,* vol. 1, Amsterdam/ Philadelphia: John Benjamins.

Mel'čuk, I. A.(2013), *Semantics: From Meaning to Text,* vol. 2, Amsterdam/ Philadelphia: John Benjamins.

Murphy, M. L.(2003), *Semantic Relations and the Lexicon. Antonymy, Synonymy, and other Paradigms*, Cambridge: Cambridge University Press. (임지룡·윤희수 옮김(2008), 『의미관계와 어휘사전: 반의관계, 동의관계, 기타 계열들』, 박이정.)

van Der Sandt, Rob A.(1992), Presupposition projection as Anaphora resolution, *Journal of Semantics* 9(4): 333-377.

Vila, M., M.A. Martí & H. Rodríguez(2011), Paraphrase concept and typology. A linguistically based and computationally oriented approach. *Procesamiento del Lenguaje Natural* 46: 83-90.

Vila, M., M.A. Martí & H. Rodríguez(2014), Is this a Paraphrase? What kind? Paraphrase boundaries and typology, *Open Journal of Modern Linguistics* 4: 205-218.

발화의미론

구 현 정*

1. 들머리

발화란 무엇인가? 이 문제에 관해서는 언어학자뿐만 아니라 철학자, 사회학자, 심리학자들이 모두 관심을 가지고 연구하고 있다. 언어학적 연구에서 언어의 기능을 관념을 형성하고 표현하는 관념적 기능과 인간의 상호작용을 위한 대인적 기능으로 나눌 때, 대인적 기능에 해당하는 것이 발화의 의미를 연구하는 것이고, 이러한 분야를 전통적으로 '화용론'이라고 한다(임지룡 2018: 441). 발화로 표현한 것의 의미가 무엇인가를 다루는 것은 의미론의 영역이지만, 그 발화가 어떤 대인관계 기능을 위해 사용되었는가를 다루는 것은 화용론의 영역이다.

발화는 단순히 의미를 전달하는 것이 아니고, 인간 행동의 한 부분이다. "이리와!"라는 발화의 의미를 파악한 청자는 몸을 움직여서 오는 행동을 한다. 이처럼 발화가 행동을 유발하기도 하지만, 발화 자체가 행동이기도 하다. 말

* 상명대학교 한국언어문화학과 교수, hyunjkoo@smu.ac.kr

로 명령하는 행동을 하고, 부탁하는 행동을 하고, 질문하는 행동을 하고, 약속하는 행동도 한다. 또한 말을 가지고 폭력을 행사할 수도 있어서 언어폭력은 물리적 폭력만큼 큰 문제도 되기도 한다. 이와 같이 발화를 통하여 이루어지는 인간행동을 발화행위(speech acts), 간략하게 화행이라고 한다.

따라서 화행을 연구하기 위해서는 단순히 언어의 의미를 넘어서 인간의 인지 체계와 사회적, 상황적 환경들이 함께 고려되어야 한다. 그렇기 때문에 화행이론에서는 발화를 '정해진 규칙을 따르면서 앞뒤로 펼쳐지는 상황들을 분석하고 예상하면서 한 수 한 수 두어가는 장기나 바둑 두기와 같은 언어 게임'[1]이라고 본다.

발화의 본질과 기능에 관해 관심을 기울인 역사는 철학의 출발과 함께 지속적으로 찾아볼 수 있다. 이러한 흐름 가운데 현대 철학자들의 일부는 발화를 인간 행동의 관점에서 연구하였다. 인간이 행하는 모든 행동과 마찬가지로 말도 일종의 행동이라는 것이다. 이러한 생각을 체계화한 것은 영국의 분석철학자들이다. 이러한 이론이 나오게 된 것은 말의 의미를 진리조건에 입각해서 논리적으로 파악하고자 한 논리적 실증주의(logical positivism)에 대한 반발 때문이었다.

1930년대에는 논리적 실증주의가 주류를 이루었다. 논리적 실증주의의 중요 원리에 따르면, 모든 문장은 진리치를 가지기 때문에, 원칙적으로 하나의 문장은 참(truth)이나 거짓(false)으로 가려낼 수 없으면 무의미하다는 것이다. 이러한 견해에 따르면 "밖에 눈이 오고 있다."라는 문장은 정말로 밖에 눈이 오고 있을 때에만 참이 되고, 그렇지 않으면 거짓이 된다고 해석한다. 따라서 이러한 진리치를 판단하기 위해서는 세상일에 관한 지식이 전제되어야 한다. 그러나 "생일 축하해."와 같이 일상적으로 우리가 사용하는 말은 이 말을 했을 때 화자의 감정이 참인지 거짓인지를 말할 수는 있고, 실제로 그런 발음을

1 Wittgenstein(1953: 7-23)은 언어는 실제 세계와는 별개의 것이고, 개념은 의미만으로 분명해질 수 없으며, 언어는 '언어 게임(language game)'이라고 할 수 있는 언어활동 속에서 역할을 가질 때 비로소 그 언어활동과 관련해서 설명할 수 있다고 하였다.

했는지 그렇지 않은지에 대해서는 말할 수 있지만, 이 말이 명제가 아니기 때문에 근본적인 진리치를 따질 수가 없다. 또한 논리적 실증주의자들이 사용하고 있는 예문은 대부분 평서문이라는 특정한 부류의 문장에만 국한되어 있고, 그 가운데서도 세상에 관한 명제를 포함하고 있는 것으로만 한정되었다. 그러므로 이 원리에 따르면 대부분의 일상적인 대화는 무의미하다는 결론에 이르게 된다.

이와 같이 참과 거짓의 검증 가능성을 내세워 일상적으로 우리가 사용하는 말이 불확실하고 논리적 공백을 가진다는 불신이 고조되고 있던 바로 그 시점에서 제기된 이론이 분석철학자 Austin의 화행 이론이다. 이것은 뒤에 오스틴의 제자인 Searle에 의해 더욱 체계화되고 발전되었다.

화행 이론에서는 우리가 하는 발화가 어떻게 추상적인 행동과 같은 특성을 갖는지를 이해하고, 이러한 행동이 언어적으로는 어떤 방식으로 코드화되며, 사람들은 어떻게 이러한 코드를 해독하는가를 설명하여야 한다. 화행이 실제 언어 사용을 이해하는데 있어서 중심이 되는 것임에도 불구하고 1980년대까지의 언어학적 논의에서는 그 중요성이 부각되지 않았다(Levinson 2017: 199). 그러나 기술의 발전에 따라 자연언어를 분석해서 기계와 소통해야 할 필요성이 급속하게 부각되었고, 이를 위해서는 화행 이론의 틀이 기본적인 요소로 활용되어야 했다. 따라서 화행 이론은 언어학자와 전산 과학자들이 학제적으로 연구하면서 화행 이론을 체계화하고 응용하는 역할을 수행해 왔다.

이 연구에서는 먼저 화행 이론의 기본 개념들을 초기 이론을 중심으로 간단히 살펴보고, 화행 연구의 주요 주제들과 쟁점들을 논의한 다음, 이를 바탕으로 앞으로 화행 연구의 나아갈 방향과 연구 과제들을 모색하고, 전망을 논의하고자 한다.

2. 화행 이론의 연구 주제와 쟁점

이 장에서는 2.1.에서 Austin과 Searle의 초기 이론을 중심으로 화행 이론의 기본이 되는 개념들을 간략히 살펴보고, 2.2.에서는 국내외에서 수행된 화행 연구의 중심적인 연구 내용과 논점들을 살펴보고자 한다.

2.1. 화행 이론의 기본 개념

2.1.1. 화행의 구성: 세 가지 행위

발화가 행위를 수반한다는 화행 이론의 중심적인 생각은 인간의 발화가 단순히 말의 차원에서 머무는 것이 아니라 사회 제도와 관습과 같은 틀 안에서 이루어지는 하나의 행위라는 것이다. Austin(1962/1975: 94)에서는 "무엇을 말하는 것은 무엇을 하는 것(to say something is to do something)"이라고 하였다. 화행 이론은 모든 발화는 화자의 의도를 포함하고 있을 뿐만 아니라 의사소통 상황에서 힘을 발휘하여 특정한 행위를 하는 것이며, 인간관계에 영향을 끼치는 역동적인 행위라고 본다. Austin(1962/1975)에서는 말하는 사람이 무엇인가를 말하면서 무엇인가를 행동한다는 점에서 대화행위를 '표현행위(locutionary act)'와 '표현내적 행위(언표내적 행위, 수행행위: illocutionary act)', 그리고 '표현달성 행위(언향적 행위, 결과행위: perlocutionary act)'로 나누었다.[2] 표현행위란 우리가 무엇인가를 특정한 언어 형식으로 말하는 것 자체를 말하고, 표현내적 행위란 그 표현행위가 가지고 있는 말의 힘, 즉 효력

2 학술용어를 국어로 번역하는 문제는 매우 중요한 과제이다. locutionary act, illocutionary act, perlocutionary act를 언표행위, 언표내적 행위, 언향적 행위로 옮긴 것은 그 뜻이 쉽게 파악되지 않는다. 장석진(1987), 장경희(1998) 등에서는 발화행위, 발화수반행위, 발화효과행위라는 용어를 사용하였고, 구현정(1997)에서는 개념을 중심으로 해서 표현행위, 수행행위, 결과행위라는 용어를 사용하였는데, 임지룡(2018)에서는 원말과 개념을 함께 고려해서 표현행위, 표현내적 행위, 표현달성 행위라는 용어를 사용하고 있다.

을 말하는 것이고, 표현달성 행위란 그 언어 형식이 수행된 결과로 나타나는 영향을 말한다.

(1) 화행
  a. 표현행위(locutionary act): 발화와 관련된 말하기 행위
  b. 표현내적 행위(illocutionary act): 발화 안에 포함된 화자의 의도, 말의 힘
  c. 표현달성 행위(perlocutionary act): 발화 이후 나타나는 특정한 행위

(1)의 세 요소는 각각 분리된 행위가 아니라 소통의 상황에서 동시에 일어나는 행위이며, 이 중에서 가장 중심적인 위치를 차지하는 것은 표현내적 행위이다. 표현내적 행위는 발화를 통해 화자가 실제로 하고 있는 행동이 무엇인가를 나타내는 부분이고, 화자의 의도가 드러나는 부분이기 때문이다.

말을 하는 것이 행동을 수행하는 것이라는 개념을 분명히 하기 위해서는 한 문장을 발화하면서 말하는 사람이 어떠한 방법으로 행동을 수행한다고 말할 수 있는지를 분명하게 하여야 한다. 의사소통에서 화행의 구조와 기능을 Leech(1983: 201)에서는 다음 <그림 1>과 같은 도식으로 나타내었다.

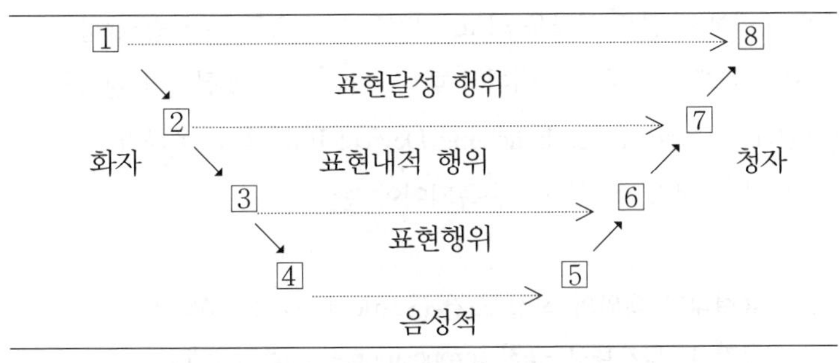

〈그림 1〉 화행의 구조

이 구조에 의하면 표현행위는 ③ → ④ → ⑤ → ⑥의 과정으로 이루어지고, 표현내적 행위는 ② → ③ → ④ → ⑤ → ⑥ → ⑦의 과정으로 이루어지며, 표현달성 행위는 ① → ② → ③ → ④ → ⑤ → ⑥ → ⑦ → ⑧의 과정으로 이루어진다. 왼쪽의 ① → ② → ③ → ④는 화자의 의도와 관련되어 있고, 오른쪽의 ⑤ → ⑥ → ⑦ → ⑧은 청자의 행위와 관련되어 있다.

2.1.2. 화행의 적정 조건

발화가 맥락에서 벗어나 부적절한 말이 되지 않고 특정한 대화행위로 인정받아서 수행행위를 일으키는 수행력을 가지기 위해서는 일정한 조건들이 충족되어야 한다. 다음의 발화 (2)를 생각해 보자.

(2) 나는 이제 두 사람이 부부가 되었음을 선언합니다.

화자가 이 말을 했을 때 이것이 '선언'이라는 유효한 대화행위가 되기 위해서는 우선 이 말을 하는 사람이 실제로 그 말을 할 수 있는 권한이 있는 사람이란 것이 분명해야 하고, 그 말을 발화하기에 적절한 상황이 있어야 한다. 예를 들어 어린아이가 이런 선언을 한다면 장난이나 모방으로만 받아들여질 뿐 아무런 효력이 없다. 이 예문에 적절한 상황은 결혼식장에서 신랑과 신부가 하객들 앞에서 결혼 서약을 하고, 이것을 바탕으로 두 사람의 성혼을 선언할 수 있는 주례자가 하는 말이어야 한다. 이와 같이 표현내적 행위를 나타내는 장치(Illocutionary Force Indicating Device: IFID)를 사용하기 위해서는 다음 (3)과 같은 적정 조건들이 충족되어야 한다.

(3) **표현내적 행위의 적정 조건** (Searle 1969: 63, 66-7)
규칙 1. **명제내용 규칙** (propositional content rule)
발화의 명제 부분에 의해서 표현된 의미를 명시한다. 화자와 청자 가운데 누구의 행동으로 나타나는가와 어느 시점의 행동인가를 나타내 준다. 예를 들어 '약속하다'는 반드시 화자의 어떤 미래의 행위를 나타내는 것이다.

규칙 2. **준비 규칙** (preparatory rules)

발화행위의 수행에 요구되는 조건을 명시한다. 행동을 수행하는 사람은 그것을 할 수 있는 권리나 권력을 가지고 있어야 한다. 준비규칙이 충족되지 않으면 행동은 공허한 것이 되고 만다. 예를 들어 '감사'의 발화행위에서는 화자는 청자가 화자에게 유익한 일을 했다는 것을 알아야 한다.

규칙 3. **성실 규칙** (sincerity rules)

발화행위가 성실히 수행되기 위해서 갖추어야 할 조건을 명시한다. 만약 행동을 수행하는 사람이 너무 불성실해서 수행행위가 나타나지 않으면 행동을 수행하는 사람은 남용의 죄를 짓는 것이다. 예를 들어 '사과하다'가 성실히 수행되기 위해서는 화자는 앞선 행위가 잘못되었다고 생각해야 한다.

규칙 4. **필수 규칙** (essential rules)

관습적으로 발화행위가 어떻게 간주되는지를 명시한다. 행동을 수행하는 사람은 어떤 믿음이나 의도로서 그의 발화에 나타난 수행적 힘에 의해 약속을 한 것이다. 그러므로 만약 그 다음의 발화가 이러한 약속과 일치되지 않으면 그는 불이행죄를 짓는 것이다. 예를 들어 '경고'의 발화에서는 청자가 미래에 일어날 일에 대해 관심을 기울이지 않는다고 생각하는 것이 필수적이다.

Searle(1969)에서는 각 화행의 유형별로 이와 같은 조건들을 제시하였으며, 개별 화행을 연구하는 학자들에 의해 이러한 조건들이 더욱 정교하게 논의되어 왔다.[3]

3 Austin(1962/1975: 15-24)에서도 필요 조건을 발동 조건, 집행 조건, 성실 조건으로 제시하였지만, 이후 연구에서는 Searle(1969)의 조건이 일반적으로 수용되어 논의되어 왔다.

2.1.3. 표현내적 행위의 유형

Austin(1962/1975)은 표현내적 행위를 판정행위(Verdictives), 시행행위(Exercitives), 언약행위(Commissives), 행동행위(Behavitives), 설명행위(Expositives)의 5가지 유형[4]으로 분류하였는데, Searle(1976)에서는 이러한 분류가 화행동사와 행위를 혼동하고 있으며, 범주들이 중복되거나, 이질적인 요소들이 같은 범주로 분류되기도 하여서 이 행위들을 구분할 수 있는 명확한 기준이 없다고 비판하였다. 그는 표현내적 행위는 동사의 유형이 아니라 행위로서 분류되어야 한다는 입장에서 표현내적 행위를 단언행위(Representatives or Assertives), 지시행위(Directives), 언약행위(Commissives), 표현행위(Expressives), 선언행위(Declarations)등 5가지로 나누고 세부 유형으로 다음 <표 1>과 같이 제시하였다.

〈표 1〉 Searle(1976)의 표현내적 행위 유형

유형	개념	세부 유형
단언행위	화자가 자신이 믿는 내용을 언어적으로 표현하는 화행	단언하기, 진술하기, 주장하기, 결론맺기, 보고하기
지시행위	청자가 무엇을 하도록 하는 화자의 시도를 표현하는 화행	충고하기, 명령하기, 주문하기, 질문하기, 요청하기, 제안하기
언약행위	화자가 미래에 어떤 행위를 하겠다고 인식하게 하는 화행	제공하기, 서약하기, 약속하기, 거절하기, 위협하기
표현행위	화자의 심리적 태도나 상태를 표현하는 화행	사과하기, 비난하기, 축하하기, 칭찬하기, 감사하기
선언행위	특정 제도 안에서 무엇인가를 인식하게 하는 화행	선언하기, 선포하기, 제명하기, 해고하기, 지명하기

4 **판정행위**는 무죄를 선언하거나 판결하는 것과 같이 판결을 내리는 행위이고, **시행행위**는 임명하거나 해고하는 것과 같이 어떤 행위에 찬성하거나 반대하는 결정을 내리는 것이며, **언약행위**는 계약하거나 언질을 주는 것과 같이 화자가 행위의 과정을 약속하는 것이고, **행동행위**는 사과, 감사, 축하 등과 같이 어떤 행동이나 운명에 대한 태도를 표현하는 것이고, **설명행위**는 부인하거나 정보를 주는 것과 같이 관점을 자세히 설명하거나, 논쟁을 하거나 명료화하는 것을 말한다.

2.1.4. 직접 화행과 간접 화행

화행은 직접 화행과 간접 화행으로 나눌 수 있다. 의도하는 수행행위를 직접적으로 표현하는 것을 직접 화행라고 하고, 그것과 관련된 다른 표현으로 돌려 말함으로써 목적하는 수행행위를 간접적으로 나타내는 것을 간접 화행라고 한다.

직접 화행은 궁금한 정보가 있을 때는 질문을 통해 표현하고, 요구하고자 할 때는 명령을 통해 표현하는 것과 같이 직접적이고 단선적인 화행이다. 따라서 문자적 의미대로 수행하는 것을 말하며, (4a)와 같이 문자적 의미 이상의 다른 맥락이 작용되지 않는 무맥락(zero context)의 직접 화행과, (4b)와 같이 문자적 의미에 약간의 맥락이 작용해서 표현내적 힘만을 바꾸는 직접 화행[5]으로 나눌 수 있다.

(4) a. 내가 너한테 빨리 나가라고 명령한다.
b. 빨리 나가.
c. 좀 나가 주실 수 있으세요?
d. 왜 이렇게 시끄럽지?

(4a, b)는 Levinson(1983: 264, 274)에서 문자적 힘 가설(literal force hypothesis)이라고 말한 것처럼 문장 구조와 화행 기능이 직접적으로 연관성이 있어서 문장 형식이 기저에 있는 표현내적 행위를 나타내는 직접 화행이고, (4c, d)는 그렇지 않은 간접 화행이다. 일반적으로 간접 화행은 직접 화행의 영역보다 훨씬 확장된 쓰임으로 나타나서 문장의미와 발화의미 사이의 거리가 있는 경우, 다시 말해 Searle(1978)의 용어로 비문자적 화행을 말한다. 간접 화행의 해석에 관한 논의는 Gordon & Lakoff(1971)에서 화행의 적정 조건을

5 변형 문법의 영향을 받은 Ross(1970) 등에서는 수행 가설(performative hypothesis)을 주장하여서 모든 문장은 기저 구조에 수행 동사가 있으며, 변형에 의해 표면 구조로 나올 때는 수행 동사들이 탈락될 수 있다고 보았다.

검토하면서 '관례적인 함축(conventional implicature)'으로 논의하면서 대화 공준(conversational postulate)의 원리로 설명을 시도하였다. 이러한 논의는 Grice(1967, 1975, 1978)의 연구와 Searle(1975, 1978, 1979) 등에서 본격화되어, 대화상의 함축(conversational implicature)이라는 화용적 추론을 통해 간접 화행을 해석한다고 보게 되었다. Grice(1957, 1975)에서는 의미의 개념을 대화 참여자들 사이에서 이성적인 행위를 이끌어 내는 대화에서의 언어 사용이라는 관점으로 재구조화하였다. 그는 적정 조건도 특정한 의도의 유형을 따르는 것이기 때문에 "물 좀 주시겠어요?"라는 말은 말하는 사람이 물을 원하지 않거나, 물이 상대방이 줄 수 있는 범위 안에 있지 않거나, 상대방이 청각 장애가 있는 상황이라면 비이성적인 말이 되고 만다고 하였다.[6]

따라서 간접 화행은 문장 단위에서 문장의 종결 방식에 따라 달리 나타나는 것뿐만 아니라 대화상의 함축을 포함하는 것이어서 표현 방식을 간접화하여 대화 전체를 통하여서 나타날 수도 있다. 따라서 간접 화행은 발화문의 의미에 기초하지만, 화자와 청자의 관계, 화자의 의도와 태도, 상황, 배경, 관습 등과 관련하여 간접적으로 화자의 의도를 드러내는 복합적인 화행 전반을 지칭하는 용어이다.

2.2. 화행 연구의 내용과 쟁점

화행에 관한 연구는 언어철학자들로부터 시작되어서 생성의미론자들의 관심을 불러일으켜서 1970년대 언어학적 연구의 중심 과제가 되었다. 그러나 1980년대 말에는 화행에 관심을 가지던 학자들의 관심이 1960년대에서 1970년대 초까지 미시사회학의 관점에서 대화를 연구하는 대화분석(conversation analysis) 연구 방법론이나 텍스트 언어학적인 방법론으로 확대되어 갔다. 화자 중심의 화행에서 상호작용 중심의 관점으로 확대된 것이다.

---

6 이와 같은 의도적 관점은 자연언어 처리 과정에서 화행 인식을 계획 인식과 연결시키는 요소로 더 연구되었다(Levinson 2017: 201).

Lakoff(2001)에서는 '사과(apologies)를 표현하는 9가지 방법'을 통해 문장 단위에서 생각하던 화행의 차원을 벗어나서 대화분석, 사회언어학, 텍스트 분석 등 전체적(holistic)인 차원에서 학제적으로 화행을 살피는 방법론을 고찰하였다. 이러한 흐름을 바탕으로 연구의 초점이 되던 표현내적 행위를 화행이라고 통칭하고, 여기에 순서교대(turn taking)나 고쳐말하기(repair), 대화의 연쇄 조직(sequence organization) 등과 같이 서로 대면하는 대화에서의 기본적인 조직들도 함께 고려하는 연구로 관심으로 전환되었다(구현정 2003; Levinson 2017: 202).

국어학에서 화행에 관한 연구는 석경징(Seok, Kyoung-jing 1975)을 시점으로 1970년대와 80년대에 석·박사학위논문의 중요한 주제로 연구되었다(강홍구 1977, 김관영 1982, 이형희 1984, 김세중 1985, 최경자 1985, 김태자 1987 등). 이 시기에는 화행 이론을 검토하고 비판하며, 동사의 특성이나 통사적 구조와 관련하는 등과 같이 한국어에 적용하거나 영어와 대조하는 연구들(이홍배 1971, 양인석 1976, 장석진 1987, 구현정 1989, 박용예 1990 등)이 주로 연구되다가 이후에는 본격적으로 사과, 요청, 감사 등 개별 화행을 중심으로 깊이 있는 논의들을 이어왔다.[7]

2.2.1. 화행의 유형 분류

초기 화행 이론 가운데 주로 논의된 주제는 화행의 유형 분류와 간접 화행에 관한 논의, 그리고 화행의 언어보편성에 관한 논의 등이다. 표현행위 자체의 의미는 문장 의미론을 통해 파악할 수 있고, 표현달성 행위는 청자의 반응적 행위이므로 의미에 대한 언어적 설명에서는 제외될 수밖에 없다고 보았기 때문에, 화행의 중심은 표현내적 행위에 맞추어 지고(이익환 1991: 8), 이것을 어떤 체계로 분류할 것인가에 관한 연구들이 이어졌다.

화행 연구에서 가장 먼저 제기되는 질문은 화행의 종류가 몇 가지나 되는가

7 화행에 관한 연구사는 장경희(1998)에서 상세하게 논의하였다.

에 관한 것이다. 화행의 유형을 어떻게 분류할 것인지에 관해서는 Fraser (1975),[8] Kats(1977), Leech(1983) 등 많은 연구에서 이러한 분류의 문제점을 제기하고, 새로운 분류를 시도하여 왔다. 한 예로 Austin(1962/1975)에서는 사회제도로서 관습화되고 의례적인 행위들을 중심으로 표현내적 행위를 분류하였고, 이를 수용한 Searle(1976)에서는 이러한 유형들을 선언행위로 설정하였다. 그러나 Leech(1983)에서는 관습화된 의례적인 행위들은 표현내적 행위와 무관한 사회적 행위(social act)라고 하여 이를 제외할 필요가 있다고 보았다.

생성의미론 시기에는 언어학자들이 언어 사용과 사용에 따라 맥락을 어떻게 만드는지에 대한 관심이 크게 늘어났다. Searle과 같은 이론언어학자들은 화행이 명령문, 서술문, 의문문, 청유문과 같은 문장 종결 유형이나 명시적인 수행동사들에 의해 문자적으로 표현된다고 생각했다. 그렇기 때문에 문장에 따른 화행의 유형을 분류하는 것에는 관심을 기울이지 않았다. 그러나 실용적인 문법학자들은 화행을 표현하는 관용적인 방법에 대해 관심을 기울였고, Gordon & Lakoff(1971)에서는 간접 화행도 "질문이나 서술은 요청을 위한 선행조건이다."와 같은 방식으로 적정 조건을 통해 관례적으로 표현할 수 있다고 하였다.

국어의 화행 유형을 분류한 장석진(1987)에서는 수행동사 400개를 분석하여 평서, 질문, 지시, 행사, 언약, 정표, 전달의 7가지 유형으로 분류하였다. 이외에도 화행 유형을 분류한 시도들이 있었지만, 국내에서는 주로 특정 언어 형식과 연결된 개별 화행을 중심으로 연구되었다. 명령문과 의문문을 통한 요청, 명령, 질문 등의 화행이 많이 연구되었고 이 외에도 사회적 행위에 속하는 인사, 감사, 사과, 거절, 약속, 응대, 반응 요구, 금지 등의 화행이 연구되었고, 진술, 선언, 평가 등의 명제적 화행이나 수정 등과 같은 화행 이동과 관련된 연구도 수행되었다. 개별 화행의 특징을 밝히는 연구들을 통해 국어 화행

8 Fraser(1975)에서는 단언행위, 평가행위, 화자태도반영행위, 명세행위(stipulating), 요청행위, 제안행위, 권위행사행위(exercising authority), 언약행위 등의 8가지 화행으로 분류하였다(장석진 1987: 309).

에 나타나는 형식과 내용적 특징들을 밝힌 점에서 의의가 있으나, 이러한 개별 화행들이 어떠한 기준과 체계 속에서 도출된 것인지에 대한 고려 없이 산발적으로 연구되고 있는 것은 아닌지 반성적 고찰이 필요하다.

화행을 분석하는 것은 문법을 위한 것이 아니라 의사소통을 위한 것이다. 따라서 언어적 자질에 의하기보다는 의사소통 의도에 따라 유형이 설정되어야 한다.[9] Levinson(2017: 203-204)에서는 화행의 유형을 결정하는 것이 어려운 이유를 다음과 같이 제시하였다. 첫째는 메타언어에 의존하여 '제안하다, 감사하다, 사과하다, 요청하다 등과 같은 화행동사들을 따라 분류하는 것이다. 그러나 이러한 화행동사들을 의미적, 맥락적 차이까지 고려해서 분류한다면, 화행의 수는 거의 동사의 숫자만큼 많고, 그것이 모두 화행의 유형으로 보기에는 무리가 있다. 그뿐 아니라 화행동사를 통해서는 대화를 지속하거나 수정하는 등의 발화에 관한 것은 식별할 수 없다는 문제가 있다. 둘째는 화행의 적정 조건을 이용하여 화행을 식별하는 것인데, 적정 조건을 정교화한다고 하여도 질문의 적정 조건을 활용해서 정보를 찾는 질문과 시험 삼아 하는 질문, 사실을 확인하는 질문, 수정하기 위한 질문 등의 차이를 식별해 내는 것은 무리가 따를 수밖에 없다. 셋째, 전후의 대화를 분석하여 화행을 식별하는 것인데 대부분의 화행들은 대응쌍의 구조로 되어 있어서 인사를 하면 인사를 하고, 제안을 하면 수용이나 거절을 하는 것과 같이 쌍을 이루고 있다는 것을 전제로 한다. 그러나 선행 발화에 대해 상대방이 보이는 반응은 예측불가능하고 다양해서 유형화하는 기준으로 삼기는 어렵다. 넷째는 같은 발화라도 사용되는 위치에 따라 화행이 달라지기 때문에 화행 유형을 결정하기는 어렵다. 중의성과 다의성을 가진 발화들의 화행은 참여자들의 의도와 상황에 따라 달라지기 때문이다.

따라서 화행의 유형에 관한 연구는 그 유형을 한정하기도 어렵고, 모든 대화에 1:1로 화행을 부여하는 것도 어렵다는 것을 전제로 논의가 지속되고 있다.

---

9 강창우(2004)에서도 화행 유형의 분류에서 의사소통 목적성의 차이에 근거해야 하며, 의미적 층위와 맥락적 층위의 차이점도 반영되어야 한다고 하였다.

2.2.2. 간접 화행과 추론

Searle(1975)에서는 간접 화행의 표현내적 행위는 주된 것과 부수적인 것으로 구분하였다. 부수적인 것이 문자적인 화행이라면 주된 화행은 부수적인 화행의 결과로 수행되는 행위를 말한다. "좀 나가주실 수 있으세요?"의 부수적인 화행이 질문이라면 주된 화행은 요청이나 명령이 되는 것이다.

국내의 화행에 관한 연구 가운데 간접 화행은 큰 비중을 차지하고 있으나, 초기 연구의 대부분은 간접 화행을 이론적으로 검토하는 것에 초점이 맞추어져 있었다(박영수 1981, 김태자 1987, 1989, 박영순 1992 등). 이와 함께 범언어적으로 간접 화행과 관련해서 중요한 논점이 되어 온 것은 맥락에 의한 화용적 추론의 정도성의 문제와, 간접 화행의 간접성과 공손성의 관계에 관한 문제들이다.

간접 화행에 관여하는 화용적 추론의 정도성에 관한 논의로, 이준희(1999)에서는 고정성의 정도에 따라 고정적 간접 화행과 비고정적 간접 화행으로 나누었고, 정종수·이필영(2005)에서는 관례성의 정도에 따라 관례적 간접 화행과 비관례적 간접 화행으로 나누었으며, 박재연(2015)에서는 관습적 간접 화행과 비관습적 간접 화행으로 나누었고, 조용준(2017)에서는 명시성의 정도에 따라 명시적 간접 화행(on-record indirect speech act)과 암시적 간접 화행(off-record indirect speech act)으로 나누었다. 용어의 차이는 있지만, 맥락에 의존한 화용적 추론의 정도성과 관련하여 구분하고 있다는 점에서는 공통점을 가지고 있다. 앞서 살핀 예 (4c)의 '좀 나가주실 수 있으세요?'와 같이 관습화된 간접 화행은 화용적 추론이 거의 필요하지 않지만, (4d)의 '왜 이렇게 시끄럽지?'와 같은 화행은 발화 맥락을 참조하여 더 많은 화용론적 추론을 거쳐야 의도된 화행을 파악할 수 있다.

간접 화행 연구의 또 다른 주제는 간접 화행과 공손성과의 관계에 관한 논의이다. Lakoff(1973: 302)에서는 대화 함축을 통한 간접적 요청은 공손성과 관련이 있다고 보았다. Leech(1980: 80)에서는 간접 화행은 논리적 의미를 화용적인 힘으로 연결하는 것인데, 거기에 작용하는 척도는 비용과 이익의 척도, 선택성의 척도와 함께 공손성의 척도가 작용한다고 보았다. 그리고 공손성을 만드는 요인은 간접성이어서 간접성을 확대하면 공손성이 높아진다고 하였다.

그러나 간섭성과 공손성에 관한 논의를 보면 문화에 따라 간접 화행이 공손하게 받아들여지지 않는 경우도 있다(Blum-Kulka *et al*. 1989). Terkourafi (2011a, b)에서는 간접성과 공손성의 관계는 관습성과 상호작용을 하기 때문에, 간접성이 증가하면 공손성도 함께 증가하다가 관습성을 잃는 지점부터는 공손성의 정도도 낮아진다고 하였다. 남북한 화행을 비교 연구한 구현정 외(2016)에 의하면 북한 사람들은 간접 화행을 문자적 의미로 해석하거나, 매우 불편하게 여기는 것으로 나타났다. 이러한 현상은 간접성을 통한 과잉공손, 야유, 불손, 공손을 가장한 무례함 등과 같은 언어적 무례함[10]과 관련이 있다(조용준 2017: 205).

이러한 현상과 관련하여 Pinker(2007), Pinker *et al*.(2008), Lee & Pinker (2010), Pinker(2011) 등에서는 전략적 화자론(strategic speaker theory)으로 간접 화행을 설명하였다. 상호작용에는 다양한 충돌이 있으며, 공손성 이론이 미치지 않는 영역, 사회적으로 부적합하거나 터부시되는 내용을 언급할 때도 효율성을 위해 전략적으로 간접 화행을 선택한다는 것이다.

이와 같이 간접 화행을 결정하는 요인들을 추적하고, 간접 화행에 관여하는 보편적인 원리나 규칙을 탐색하는 작업들은 화행 연구의 중요한 주제와 쟁점이 되어 왔다.

2.2.3. 화행의 보편성에 관한 논의

Austin이나 Searle과 같은 언어철학자들은 화행이 언어보편적인 것이라고 가정하였다. 또한 명령문이나 의문문과 같은 문장 형식이 보편적인 것처럼, 지시나 명령, 질문과 같은 화행도 보편적이라고 간주하였다. 화행은 사회학의

10 김태자(1986: 150)에서도 간접 화행이 익살, 비꼼, 분노, 무례에도 쓰임을 지적하였다.

관점에서 보면 명령이나 지시와 같이 다른 사람의 체면을 손상시키는 요소들이 포함되어 있다. Leech(1983), Brown & Levinson(1987) 등에서는 언어적으로는 직접 화행이 경제적임에도 불구하고, 비경제적이고 효율성이 떨어지는 간접 화행을 사용하는 이유를 공손 원리로 설명하는 연구의 지침을 제공해 주었다. 공손원리는 인간이 사회생활을 원활히 살아가기 위해 필요한 인류 보편적인 가치이기 때문에, 대화참여자는 서로가 상대방의 기대나 감정을 존중해야 하고, 체면손상행위(face-threatening act: FTA)를 회피해야 하며, 간접성과 공손성은 서로 비례 관계에 있다고 보았는데, 이러한 요소들은 보편성을 갖는다고 보았다.

그러나 여러 언어를 대상으로 한 다양한 화행에 관한 연구 결과를 보면 언어문화에 따라 화행은 다른 양상을 보이는 것으로 나타났다. 문화 간 화행의 실현 양상을 연구한 Cross-Cultural Speech Act Realization Project(CCSARP, Blum-Kulka *et al*. 1989)를 비롯한 많은 연구들에서 요청 화행에서 영어보다 스페인어가 더 공손성의 정도가 높고(Fraser *et al*. 1980), 국어가 영어보다 더 직접적이며(박용예 1990), 독일어가 영어보다 더 직접적인 표현을 사용하는 경향(House & Kasper, 1981)이 있는 것으로 나타났다(이익환 1991: 20, 23).

남북한 의사소통 방식 차이를 극복하기 위한 방안으로 남북한의 감사, 사과, 거절 화행을 비교 분석한 구현정 외(2016)에 의하면 감사 화행의 사용 빈도를 리커트 5점 척도로 환산하여 평균값(M)을 측정한 결과 남한은 평균값이 4.55로 '자주 또는 항상' 감사를 표현하는데 반해, 북한은 3.84로 '가끔 또는 자주' 감사를 표현하는 것으로 나타났다. 이러한 화행의 차이가 '북한 사람들은 감사를 할 줄 모른다'는 생각이나 '남한 사람들은 별 것도 아닌 일에 마음에도 없이 말을 많이 한다'는 생각의 근원이 되고 있었다. 사과 화행의 경우도 남한은 평균값이 4.65인데 반해 북한은 3.70으로 나타났고, 거절을 할 때도 남한은 간접 화행(56.9%)을 직접 화행(43.1%)보다 많이 사용하지만, 북한은 직접 화행(62.3%)을 간접 화행(37.7%)보다 많이 사용하는 것으로 나타났다.

화행은 사용하는 언어에 따라 표현 양상의 차이가 있을 뿐 아니라, 동일한 언어를 사용하더라도 사회문화적 환경이 다르면 사용 양상에 큰 차이가 있고, 이에 따라 의사소통에 영향을 주게 된다. 문화 간 접촉과 교류가 활발한 글로벌 시대를 반영하여 화행의 보편성과 문화 간 차이에 관한 연구는 활발히 진행되고 있다.

2.2.4. 자연언어 처리와 화행

언어철학자들을 중심으로 하는 초기 화행이론에서는 화행의 분석이 글을 중심으로 이루어졌고, 미시사회학의 영향을 받은 담화분석에서는 실제 발화의 화행을 분석하고자 하였다. 자연언어 처리에서는 두 참여자가 서로의 행동을 조율하려는 시도를 중시하는데, 여기서 참여자는 사람과 사람, 사람과 컴퓨터, 컴퓨터와 컴퓨터 모두 포함된다. 따라서 자연언어 처리에서 분석하는 대화(dialog)는 자연언어를 이용하여 두 사람 이상의 행위자에 의해 이루어지는 말이나 글로 이루어지는 상호작용이고, 화행은 행동을 표현하기 위한 의사소통 활동이라고 정의하는데, 실제 발화 자료를 바탕으로 한 말뭉치 자료를 활용하지만, 문자를 통해 전달되는 자료도 포함하여서, 화행은 말과 글을 통해 나타난 생산자의 의사소통 의도를 분석하는 것이라고 보았다.

전산학과 언어학의 학제적 분야로 자연언어 처리를 연구하는 분야인 자연언어 처리(NLP, Natural Language Processing)가 시작된 것은 1950년대부터이지만, 자연언어 처리에서 화행을 수용한 것은 1970년대 후반부터이다. 전산언어학들은 자연언어의 담화 구조를 분석하는 데 있어서, 화자는 하고자 하는 목표가 있고, 혼잣말이든 대화이든 화자가 하는 말은 모두 의도하는 목표를 성취하기 위한 행위라는 것을 전제로 한다. 화행은 한마디로 행동을 위해 하는 발화(conversation for action)이다. Cohen & Perrault(1979), Allen & Perrault(1980) 등은 Austin의 화행 이론을 근거로 해서 계획-바탕 담화 처리(plan-based discourse processing) 이론으로 요청이나 정보 제공과 같이 상업적으로 활용이 가능한 화행들을 분석하였다.

이와 같은 자연언어 처리를 위한 바탕을 마련하기 위해 구어 말뭉치를 구축하고 주석하는 것은 1990년대에 이르러 활성화되었다. 대화의 구조에 관해서 공학적 접근을 시도한 것으로 에딘버러(Edinburgh)대학의 HCRC(Human Communication Research Center)와 로체스터(Rochester)대학의 대화행위(Conversational Acts), 그리고 Multiparty Discourse Group에 의해 개발된 DAMSL(Dialog Act Markup in Several Layers) 등이 대표적이다(Chotimongkol 2004, 구현정 2011: 17 재인용). HCRC 대화 구조는 대화를 처리역(transaction) - 흥정(game) - 대화이동(move)로 나누어서 대화의 거시 구조를 분석하며 화행을 다루었다는 특징을 가지고 있다. "The TRAINS Project: Natural Spoken Dialogue and Interactive Planning"에서는 구어 말뭉치 TRAINS-91과 TRAINS-93에 이어 TRAINS-95와 TRAINS-96을 구축하여, 구어 대화 체계, 담화 분석, 계획(planning), 지식의 표출과 추론 등의 영역으로 나누어 연구를 수행하였다. 이 연구에서의 분석은 이해와 생산 모두 화행에 기초한 대화 모델(speech-act based dialog model)이다(Allen *et al*. 1995).

특히 화행 주석과 관련하여 대표적인 것은 1996년 펜실베이니아(Pennsylvania)대학에서 Multiparty Discourse Group에 의해 개발된 DAMSL(Dialog Act Markup in Several Layers)이다. DAMSL에서는 대화는 순서(turns)라고 불리는 발화 단위로 구성되며, 한 순서에서는 여러 발화 단위들을 생산해 낼 수 있는데, 화자의 의도를 분석하기 위한 기제는 화행이라고 본다. Alexandersson *et al*.(1997)의 VERBMOBIL[11] 역시 당시 화행 분석을 시도한 연구이다. 그 후 MATE(Multilevel Annotation, Tools Engineering: 1999)[12], SPACC(Speech Act Annotated Corpus for Dialogue Systems, 2003)[13], DIT++(Dynamic Interpretation

11 VERBMOBIL은 기계 번역 시스템 개발을 위한 것으로 소개, 정보 제공, 끝인사, 주제 이탈, 확인, 논평 요청, 숙고, 반응, 수락, 거절, 협상의 목표 등 협의 대화의 특성을 반영한 화행 분류를 시도하고 있다(김순자 · 장경희 2005: 29).

12 MATE는 Southern Denmark 대학을 중심으로 표준화된 주석 장치들을 개발하여 공유하는 것을 목적으로 하며, 운율(prosody), 형태-통사, 공지시(co-reference), 의사소통 장애와 단계 간 상호작용(inter-level interaction) 등의 차원과 함께 대화행위(dialogue acts)의 주석을 시도하였다.

Theory, 2005), LIRICS(2007) 등에서도 화행 분석 연구가 이어져 왔다. 최근에는 국제표준기구(ISO: International Standard Organization, ISO24617-2)[14]에서 이러한 연구들을 수렴하여 DiAML (Dialogue Act Markup Language)이라는 표준화된 화행의 주석 체계를 개발하였으며(Bunt 2011),[15] SPAADIA(speech act annotated dialogues, Leech & Weisser 2014) 말뭉치도 개발되었다.[16]

전통적인 화행 연구에서는 한 발화에 초점을 두어 화행을 분석하여 왔다. 그러나 대화의 연쇄라는 관점에서 볼 때 현재의 발화는 이전 화행에 대한 반응이고, 이후에 이어질 화행을 만드는 자극이 된다. 따라서 화행을 평면적인 관점에서 파악할 것인지, 입체적인 대화의 과정 속에서 파악할 것인지의 문제는 화행을 주석하는데 있어서 중요한 과제가 된다. 대부분의 분석에서 Searle과 유사한 방식으로 평면적인 분석을 하고 있지만, 입체적인 방식을 시도한 것은 DAMSL에서 발견된다. 발화 태그(Utterance Tags)는 화자의 의도와 발화 내용에 따라 의사소통적 지위(Communicative Status), 정보 층위(Information Level), 전망적 기능(the Forward Looking Function)과 회고적 기능(the Backward Looking Function)의 네 가지 주범주로 나눈다. 이 가운데 화행과 관련된 것은 전망적 기능과 회고적 기능이다. 전망적 기능은 현재의 발화가 참여자의 미래의

13 SPAAC은 음성언어 대화 시스템의 훈련과 발전에 사용하면서 동시에 일반적인 인간의 상호작용에 대한 연구도 할 수 있는 주석 말뭉치를 구축하는 것을 목표로 한다(Weisser 2003). 영국의 전화 대화인 OASIS 말뭉치를 화행 주석한 SPAADIA에서는 체계는 대화 태그나 대화 양식과 함께 화제(topics), 수용, 인지, 대답, 정보 제공, 인사, 확인, 감사, 혼잣말 등 41개 유형의 세부 화행의 용어를 정의하고, 이에 따라 주석하고 있다(Leech & Weisser 2014).

14 ISP 24617은 Language resource management-Semantic annotation framework (SemAF)라는 제목 아래 의미의 전반적인 연구 내용을 포함하는 주석 체계 가운데 한 부분을 이루며, 그 가운데 화행(dialog acts)은 2012년 발표되었다,

15 이 과제는 네덜란드 틸부르그(Tilburg) 대학교의 TiCC(Tilburg Center for Cognition and Communication)에서 분트(Harry Bunt) 교수를 중심으로 수행되어 2011년 <의미 주석 체계(SemAF: Semantic Annotation Framework)>를 구축하였다.

16 이에 관해서는 구현정 외(2002), 구현정(2005), 전정미 · 구현정(2003, 2005), 김순자 · 장경희(2005), 구현정(2011), 이동은(2016), 이동은 · 김지애(2016) 등에서 자세히 논의하고 있다.

믿음이나 행동에 어떤 제약을 주는지, 그리고 담화에 어떤 영향을 주는지에 따라 구분되고, '회고적 기능'은 현재의 발화가 이전의 발화와 어떤 관계를 가지고 있는지를 표시하는 화행이다. 전망적 기능은 진술, 청자 행동 요구'와 정보 요구, 화자 약속, 관습적 서언 결언, 명시적 수행, 감탄과 기타 전망적 기능 등의 화행으로, 회고적 기능은 동의, 이해, 답변, 정보-관련성, 선행발화 등의 화행으로 나누었다.

ISO의 SemAF에서는 화행뿐 아니라, 시간과 사건, 의미역할(semantic role), 담화 구조, 공간 정보 등 다양한 차원의 의미·화용적 정보들을 주석하고자 하지만, 가장 중요한 실제 구조는 화행 구조(dialogue act structure)이다(Bunt 2011: 2). 화행 구조인 DiAML에서는 Austin과 Searle의 화행 이론과 Grice의 협동의 원리, Allwood의 의사소통 활동 분석(Communicative Activity Analysis)을 바탕으로 하여 의사소통 목적을 일반 목적과 특수 목적으로 나누었다. 기존의 화행에 해당되는 일반 목적은 정보 전달 기능과 행위 논의(action discussion) 기능으로 나누어 질문과 정보, 약속과 지시 등으로 단순화하여 세부 유형을 설정한 반면, 특수 목적에서는 대화분석적 요소들을 더 많이 반영하여서 피드백 기능, 순서교대 운영 기능, 시간 운영 기능을 주석하고 이와 함께 사회적 의무 관리 기능으로 인사와 자기소개, 사과, 감사, 작별인사 등의 기능을 함께 주석하고 있다(Bunt 2011: 6-9).[17]

이와 같은 국제 표준 기구의 화행 분류 방식이 가지는 타당성을 검증하는 것과 함께 다양한 상황에 적용될 수 있는 발전적인 화행 주석 방안을 모색하는 작업은 지금도 지속되고 있는 중요한 과제이다.

3. 마무리

화행 연구가 시작한 지 반 세기가 지났지만, 초기 화행 연구에서 관심을

17 DiAML의 분석틀은 이동은·김지애(2016)에서 자세히 소개하고 있다.

가진 연구 주제들은 현재까지 지속적으로 연구되고 있다. 초기 이론과 가장 크게 달라진 것은 미시사회학적 대화 분석의 영향으로 화행을 화자 중심의 평면적 구조가 아닌 대화의 연쇄 속에서 과정까지 확대해서 분석하게 되었다는 점이다. 인접 연구 분야가 융합되면서 그 이론이 자연언어 처리에 적용되게 되었고, 언어의 기능에 관한 철학적 관심에서 출발한 화행 이론은 이제 인공지능 시대 기계와의 소통을 위한 자연언어 처리에서 중요한 분야로 자리 잡고 있다. Levinson(2017: 216)에서는 언어학자와 전산 과학자들이 화행 분석 연구를 더 깊이 수행하면서, 화행과 그 응용에 관한 연구는 이제 르네상스를 맞이할 것이라고 하였다.

국내 학자들의 연구를 중심으로 지난 연구들을 반성해 보면, 장경희(1998: 49)에서도 지적한 바와 같이 국내 화행에 관한 초기 연구는 이미 국외 학자들에 의해 연구된 이론과 내용들을 무비판적으로 소개하는데 그쳤고, 비판적 논의를 통한 새로운 이론 모색이나 이론의 수정, 보완 등의 관점에서 이루어진 연구는 매우 드물었다. 그리고 이러한 흐름은 지금까지도 크게 달라지지 않았고, 변화하는 이론에 단순 적용하는 연구가 대부분이어서 국어 화행의 특징적인 사실들을 깊게 다루지 못했다는 한계도 있다. 또한 개별 화행 중심의 연구들이 주로 수행되었는데, 전체적인 체계나 화행 이론의 관점에서 거시적으로 보는 관점이 없이 미시적인 현상의 기술에 그치고 있다는 한계도 있다.

앞으로 화행 연구가 지향해야 하는 연구의 방향은 다음과 같다.

첫째, 국어가 가지는 화행 본연의 특성들을 연구하는 것이다. 앞서 살핀 바와 같이 화행의 유형, 간접 화행과 추론, 화행의 보편성과 문화 간 차이, 특정 화행의 양상에 관한 연구는 지금도 지속적으로 수행되고 있는 과제이다. 이러한 과제들을 깊이 있게 연구하면서 국어의 화행이 가지고 있는 개별적 특성들을 밝히는 것이 필요하다.

둘째, 화행 연구 범위를 확대하는 것이다. 최근에는 범언어적 연구에서 매체 환경의 변화로 누리소통망(SNS)에서의 화행 연구도 이루어진 바 있고, 담화표지나 서법 표지, 억양 등과 화행의 관련성에 관한 연구도 수행되고 있다. 이러한 연구들은 국어 화행 연구에서도 시도될 필요가 있다. 문장 종결 방식이나 구조와 관련된 화행의 입체적인 분석, 동사와 부사뿐 아니라 특정 담화 표지와 같은 요소들이 어떤 화행과 연결되는지를 밝히는 것은 자연언어 처리를 위해서도 매우 중요한 과제가 될 것이다.

셋째, 국어 화행의 문화적 특성을 연구하는 것이다. 최근 한국어 교육 분야에서 다른 언어와의 화행적 특징을 대조하는 연구들이 활발히 수행되고 있는데, 이러한 미시적 연구들을 통합하는 연구가 수행되어서 국어가 가지는 화행적 특징을 비교 문화의 관점에서 밝히는 것도 남겨진 과제이다. 이와 함께 사회적 관례와 밀접한 화행들을 중심으로 남북한 화행의 차이를 비교 분석해서 통일 이후 소통의 어려움이 없도록 준비하는 것도 남겨진 과제이다.

넷째, 인지적 관점에서 화행을 해독하는 원리를 밝히는 것이다. 우리는 하루의 언어생활에서 약 5,000번 정도의 화행 이동에 참여하게 되는데(Levinson 2017: 202), 그러기 위해서 우리는 빠른 속도로 표현내적 힘이 무엇인지를 해독해 내야 한다. '어디 가세요?' 하는 말은 질문일 수도 있지만, 도전일 수도 있고, 차를 태워달라는 요청을 하기 위한 말일 수도 있다. 이것을 정확하게 해독해 내게 하는 요소가 무엇이며, 어떤 요소가 어떤 화행과 연결되느냐를 밝히는 것은 화행 연구의 초기부터 연구되었으면서도 여전히 남겨져 있는 중요한 과제이다.

다섯째, 자연언어 처리를 위한 한국어 화행의 특성들을 이론적으로 제공하는 것이다.[18] 화행에 관한 철학적 사고와 기계 처리의 중심에는 언어학자들의 연구가 자리 잡고 있었다. 그러나 국내에서 화행 연구는 초기 화행이론의 관점에서 크게 벗어나지 않았으며, 전산 과학자는 외국의 이론틀을 가져다가 한국어에 적용하면서 화행 분석의 오류가 적은 프로그램을 만들기 위한 연구들을 수행하고 있는 상황이다. 국제표준기구(ISO)의 화행 주석 지침으로 인해 이러한 추세는 지속될 것으로 보인다. 그러나 화행 분석의 중심에는 인간의

---

18 국어에서 이와 같은 연구는 장석진(1990)에서 시도하였다.

의도를 표출하는 언어에 대한 이해와 연구가 자리 잡고 있고, 한국어 자연언어 처리의 중심에는 국어학자들의 논의가 이론적 토대를 만들어 주어야 하는 것은 분명한 일이다. 한국어에 관한 연구 특성들을 반영하여 화용 주석 방법론을 보완하는 연구들(구현정 외 2002, 김순자 · 장경희 2005 등)도 발전적으로 이어져서 한국어의 자연언어 처리를 위한 바탕으로 제공될 수 있어야 한다. 한국어의 자연언어 처리를 위한 화행 분석은 전산언어학자와 언어학자가 함께 지속적으로 관심을 기울어야 할 과제이다.

참고문헌

강창우(2004), "화행 유형의 하위 분류 가능성과 그 문제점", 『독어학』 9: 195-215, 한국독어학회.

강흥구(1977), "국어의 대화분석: 문답을 중심으로", 충남대학교 교육대학원 국어교육전공 석사학위논문.

구현정(1989), "조건월의 화행", 『국어학』 19: 453-472, 국어학회.

구현정(1997), 『대화의 기법』, 한국문화사.

구현정(2003), "대화 텍스트의 구조", 이석규 편, 『텍스트 분석의 실제』, 179-204, 역락.

구현정(2005), "말뭉치 바탕 구어 연구", 『언어과학연구』 32: 1-20, 언어과학회.

구현정(2011), "구어와 담화: 연구와 활용", 『우리말연구』 28: 1- 30, 우리말학회.

구현정 · 전정미 · 전영옥(2002), "담화 정보 주석 말뭉치 구축", 서상규 · 구현정 편, 『한국어 구어 연구(1)』, 297-323, 한국문화사.

구현정 · 권재일 · 전정미 · 양수경(2016), 『남북한 의사소통 방식 차이 극복 방안 연구』, 통일준비위원회 정책연구용역 수탁과제.

김관영(1982), "언어 행위에 있어서 표현 내포적 양상에 관한 연구", 전남대학교 대학원 영어영문학과 박사학위논문.

김세중(1985), "한국어 수행문 연구", 서울대학교 대학원 언어학과 석사학위논문.

김순자 · 장경희(2005), "화행 주석 방법 연구", 『한국언어문화』 28: 27-46, 한국언어문화학회.

김태자(1986), “간접화행의 의미와 해석”, 『국어국문학』 95: 131-151, 국어국문학회.
김태자(1987), “담화분석의 화행의미론적 연구”, 전북대학교 대학원 국어국문학과 박사학위논문.
김태자(1989), “간접화행과 대화적 함축”, 『국어학』 18: 131-15, 국어학회.
박영수(1981), 『비표현 수행력 연구』, 형설출판사.
박영순(1992), “국어 요청문의 의미에 대하여”, 『주시경학보』 9: 33-49, 주시경연구소.
박용예(1990), “한 · 영 화행 대조 분석”, 서울대학교 대학원 외국어교육과 석사학위논문.
박재연(2015), “양태와 관습적 간접 화행의 환유적 연계: 요청 화행을 중심으로”, 『국어학』 73: 69-108, 국어학회.
양인석(1976), “한국어 양상의 화용론(I): 제안문과 명령문”, 『언어』 1(1): 121-141, 한국언어학회.
이동은(2016), “한국어 구어 담화 연구를 위한 전사와 주석에 대한 논의”, 『언어학』 74: 71-91, 한국언어학회.
이동은 · 김지애(2016), “한국어 학습자 구어 말뭉치의 담화 분석적 논의: 대화 행위 주석을 중심으로”, 『한글』 313: 67-107, 한글 학회.
이익환(1991), “화행의 보편성과 개별성”, 『인문과학』 65: 5-28, 연세대학교 인문과학연구소.
이준희(1999), “국어의 간접 화행에 관한 연구”, 한양대학교 대학원 국어국문학과 박사학위논문.
이형희(1984), “발화행위의 적절조건에 관한 연구”, 전북대학교 교육대학원 영어교육전공 석사학위논문.
이홍배(1971), “이행소(performative)와 국어 변형문법 1”, 『한글』 147: 5-53, 한글학회.
임지룡(2018), 『한국어 의미론』, 한국문화사.
장경희(1998), “화행의미론”, 『한국어 의미학』 2: 41-56, 한국어 의미학회.
장석진(1987), “한국어 화행동사의 분석과 분류”, 『어학연구』 23(3): 307-341, 서울대학교 어학연구소.
장석진(1990), “화용과 문법: 자연언어 처리를 위한 화맥 연구”, 『언어』 15: 499-538, 한국언어학회.
전정미 · 구현정(2003), “한국어 대화행위의 회고적 기능 연구”, 『텍스트 언어학』

15: 363-400, 한국텍스트언어학회.

전정미 · 구현정(2005), "한국어 대화행위 연구", 서상규 · 구현정 편, 『한국어 구어 연구(2)』, 160-230, 한국문화사.

정종수 · 이필영(2005), "간접 화행 판단의 제문제", 『한국언어문화』 28: 47-67, 한국언어문화학회.

조용준(2017), "암시적 간접 화행의 요인에 대한 고찰", 『한말연구』, 45: 185-226, 한말연구학회.

최경자(1985), "국어명령문의 화행분석", 서울대학교 대학원 언어학과 석사학위 논문.

Alexandersson, J., B. Buschbeck-Wolf, T. Fujinami,, E. Maier, N. Reithinger, B. Schmitz & M. Siegel(1997), Dialogue acts in VERBMOBIL-2, Vm-Report 204, DFKI GmbH, University of Saarbrücken.

Allen, J. & C. R. Perrault(1980), Analyzing intention in utterances, *Artificial Intelligence* 15: 143-178.

Allen, J., G. Ferguson, B. Miller & E. Ringger(1995), TRAINS as an embodied natural language dialogue system, *Papers from the 1995 Fall Symposium*, AAAI Technical Report FS-95-05.

Austin, J. L.(1962/1975). *How to Do Things with Words*, Oxford: Oxford University Press.

Blum-Kulka, S., J. House & G. Kasper(1989), *Cross-cultural Pragmatics: Requests and Apologies*, Norwood, N.J.: Ablex.

Brown, P. & S. D. Levinson(1987), *Politeness: Some Universals in Language Usage*, Cambridge: Cambridge University Press.

Bunt, H.(2011). The semantics of dialogue acts. *In Proceedings of the 9th International Conference on Computational Semantics IWCS 2011*, 1-14, Oxford. https://www.iso.org/standard/51967.html

Chotimongkol, A.(2004), Dialog structure design and annotation, Dialogs on Dialogs Reading Group Technical Report (Slides), Language Technologies Institute, Carnegie Mellon University.

Cohen, P. R. & C. R. Perrault(1979), Elements of a plan-based theory of speech acts, *Cognitive Science* 3: 177-212.

Fraser, B.(1975), Hedged performatives, in P. Cole & J. Morgan(eds.), *Speech*

Acts, 187-210, New York, N.Y.: Academic Press.

Fraser, B., E. Rintell & J. Walters(1980). An approach to conducting research on the acquisition of pragmatic competence in a second language. in D. Larsen-Freeman(ed.), *Discourse Analysis in Second Language Research,* 75-91, Rowley, M.A.: Newbury House.

Gordon, D. & G. Lakoff(1971), Conversational postulates, in *Papers from the Seventh Regional Meeting of the Chicago Linguistic Society*, 63-84, Chicago, IL: Chicago Linguistic Society.

Grice, H. P.(1957), Meaning. *Philosophical Review* 66: 377-388.

Grice, H. P.(1967), Logic and conversation, *Studies in the Way of Words,* 1-143. Cambridge, M.A.: Harvard University Press.

Grice, H. P.(1975), Logic and conversation, in P. Cole & J. Morgan(eds.), *Speech Acts*, 41-58, New York, N.Y.: Academic Press.

Grice, H. P.(1978), Further notes on logic and conversation, in P. Cole(ed.) *Syntax and Semantics 9: Pragmatics,* 113-127, New York: Academic Press.

House, J. & G. Kasper(1981), Politeness markers in English and German, in F. Coulmas(ed.), *Conversational Routine*, 157-185, Hague: Mouton Publishers.

Katz, J.(1977), *Propositional Structure and Illocutionary Force*, New York: Crowell.

Lakoff, R. T.(1973), The logic of politeness; or, minding your Ps and Qs, in *Papers from the Ninth Regional Meeting of the Chicago Linguistic Society*, 292-305, Chicago, I.L.: Chicago Linguistic Society.

Lakoff, R. T.(2001), Nine ways of looking at apologies: The necessity for interdisciplinary theory and method in discourse analysis, in D. Schiffrin, D. Tannen & H. E. Hamilton(eds.)(2001), *The Handbook of Discourse Analysis,* 199-214, Malden, M.A.: Blackwell Publishing.

Lee, J. J. & S. Pinker(2010), Rationales for indirect speech: The theory of the strategic speaker, *Psychological Review* 117(3): 785-807.

Leech, G. N.(1980), *Explorations in Semantics and Pragmatics*, Amsterdam: John Benjamins.

Leech, G. N.(1983). *Principles of Pragmatics*, London: Longman.

Leech, G. & M. Weisser(2014), The SPAADIA Annotation Scheme, martinweisser.org/publications/SPAADIA_Annotation_Scheme.pdf

Levinson, S. C.(1983), *Pragmatics*, Cambridge: Cambridge University Press.

Levinson, S. C.(2017), Speech acts, in Y. Huang(ed.), *The Oxford Handbook of Pragmatics*, 199-216, Oxford: Oxford University Press.

Pinker, S.(2007), The evolutionary social psychology of off-record indirect speech acts, *Intercultural Pragmatics* 4(4): 437-461.

Pinker, S.(2011), Indirect speech, politeness, deniability, and relationship negotiation: Comment on Marina Terkourafi's "The puzzle of indirect speech.", *Journal of Pragmatics* 43: 2866-2868.

Pinker, S., M. A. Nowak & J. J. Lee(2008), The logic of indirect speech, *Proceedings of the National Academy of Sciences* 105(3): 833-838.

Ross, J. R.(1970), On Declarative Sentences, in R. A. Jacobs & P. S. Rosenbaum(eds.), *Readings in English Transformational Grammar,* 222-277, Waltham, M.A.: Ginn and Company.

Searle, J. R.(1969), *Speech Acts: an Essay in the Philosophy of Language*, Cambridge: Cambridge University Press.

Searle, J. R.(1975), Indirect speech acts, in P. Cole & J. Morgan(eds.), *Speech Acts*, 59-82, New York: Academic Press.

Searle, J. R.(1976), A classification of illocutionary acts. *Language in Society* 5: 1-23.

Searle, J. R.(1978), Literal meaning. *Erkenntnis* 13: 207-24.

Searle, J. R.(1979), *Expression and Meaning: Studies in the Theory of Speech Acts,* Cambridge: Cambridge University Press.

Seok, K. J.(1975), Speech-act and Syntactic Regularity: A Study of Sentence Ender in Korean, Ph.D. dissertation, The University of Texas at Austin.

Terkourafi, M.(2011a), The puzzle of indirect speech. *Journal of Pragmatics* 43: 2861-2865.

Terkourafi, M.(2011b), Why direct speech is not a natural default: Rejoinder to Steven Pinker's "Indirect speech, politeness, deniability, and relationship negotiation," *Journal of Pragmatics* 43: 2869-2871.

Weisser, M.(2003), SPAACy - a semi-automated tool for annotating dialogue acts, *International Journal of Corpus Linguistics* 8(1): 63-74.

Wittgenstein, L.(1953), *Philosophische Untersuchungen*, translated by G. E. Anscombe(1953), *Philosophical Investigations*, 50th Anniversary Edition (2001), Oxford: Blackwell Publishers.

담화의미론

윤 석 민*

1. 들머리

이 글은 한국어 의미 연구 가운데 담화의미론 관련 연구 결과를 종합적으로 정리하고 앞으로의 탐색 방향을 모색하는 데 목적을 둔다. 구체적으로 1980년대부터 2018년까지 국내에서 발표된 담화의미론 연구 결과 가운데 학위논문, 학술지 논문, 단행본, 연구보고서 등을 분류하여 연구의 경향이 어떻게 달라져 왔는지를 살펴볼 것이다. 그리고 이것을 바탕으로 한국어 담화의미론의 후속 연구방향을 제안해 보려는 것이다.

한국어 연구에서 의미론, 그 가운데에서도 담화의미론 연구는 연구자 수나 연구 내용 면에서 괄목할 만한 성장을 이룬 분야라고 할 수 있다. 이러한 사실은 1980년대 연구 결과물과 요즈음의 연구 결과물을 비교해보면 쉽게 알 수 있다.[1] 단순히 연구 성과의 수나 다루고 있는 세부 연구 분야가 늘은 것이

* 전북대학교 국어국문학과 교수, yuonsm@chonbuk.ac.kr

1 이에 대하여는 제2장에서 전체적인 변화를, 그리고 제3장 세부 주제별 변화를 다룬 부분을 참조하면 분명하게 확인할 수 있다.

연구의 깊이를 확대한 것이라고 단정할 수는 없으나 더 많은 연구자들이 더 세밀하게 그리고 더 다양한 방법으로 담화의미론과 관련된 의미현상을 연구하고 있다는 것은 그만큼 담화의미론 연구의 폭과 깊이가 확장되었을 가능성이 높은 것이라고 가정할 수 있다.

굳이 연구 성과의 숫자를 검토하지 않더라도 필자처럼 오랜 기간 담화의미론을 연구한 사람들은 그러한 연구 환경의 변화를 체험으로 느끼고 있다. 연구 초창기였던 1980년대 초만 하더라도 국내 대학에 의미론 강좌가 개설된 경우는 많지 않았다. 개설된 의미론 관련 강좌는 대부분 <국어어휘론>처럼 어휘의 의미 특성을 살피는 경우가 많았다. 아직 문장의미론도 의미론의 한 분야로 인정받기 어려웠던 시기여서 이른바 담화의미론에 대한 논의는 언어학적 연구 분야의 하나로 생각되지도 않았었다.

그러나 한국어에 대한 형식적 연구와 함께 실제 의사소통의 중심 요소인 의미를 아는 것이 언어 연구의 핵심이라고 생각하던 연구자들은, 비록 분명한 인식은 없었더라도, 자연스럽게 맥락을 고려하고 언어사용자의 인지 태도 또는 화행 의지 등을 고려하는 담화의미론적 연구에 관심을 가지게 되었다. 그러던 것이 1990년대 이후 문장을 넘어서는 언어 단위로 담화를 설정할 수 있으며 그에 대한 연구의 필요성이 증대됨에 따라 담화의미론적 연구도 확대되었다. 이 글은 그러한 연구 상황의 변천을 연구 성과의 결과물을 분석하여 확인해 보려는 것이다.

담화의미론의 연구 경향을 효과적으로 확인하기 위하여 이 글에서는 먼저 종합적인 연구 경향을 정립한 후(제2장) 이를 세부 영역별로 나눠 구체화할 것이다.(제3장) 세부 경향을 확인할 때는 담화의미론의 연구 영역을 구분하여 살필 것이다. 담화의미론이 언어사용자의 의사소통 의미와 맥락상 수행 의미 그리고 맥락 안에서 적절한 발화 의미를 다루는 분야인 것을[2] 고려하여 담화

2 담화의미론의 개념적 정의와 관련하여 졸고(2016: 28)에서는 화용론을 "언어 사용을 다루는 연구이다. 언어 사용이란 적절한 발화가 맥락 속에서 수행하는 언어 사용자의 의사소통 행위이다."라고 정의한 바 있다. 화용론이 초점을 두는 관점이 언어 사용이라면 담화의미론은 담화, 즉 맥락과 그 속에서 사용되는 발화라는 점에

의미론의 연구 영역을 다음과 같이 세분하기로 한다.[3]

(1) 담화의미론의 세부 연구 분야
a. 의미 현상: 1) 전형적 - 직시/지시, 화행/간접화행/적절성조건, 함축/협력원리
2) 보완적 - 전제와 함의, 은유와 환유, 주제와 초점, 생략과 축약, 공손성
b. 언어 형식: 1) 전형적 - 발화, 담화(표지), 대화, 텍스트
2) 보조적 - 대용어, 속담, 보조용언, 양태표현
c. 접근 방식: 대화분석, 담화분석, 상호작용론, 작품분석론, 텍스트 언어학, 사회문화적 화용론

국내 담화의미론의 연구가 어떤 길을 걸어왔는지를 확인하는 것은 그 자체로서 정리의 의미가 크다. 그러나 성과에 대한 정리보다 앞으로의 과제에 대한 준비가 더 중요하다는 점에서 이 글이 미래 담화의미론 연구의 방향을 정하는 데 일조할 수 있기를 바란다.

2. 연구의 분석 대상 및 방법

국내에서 이루어진 담화의미론의 연구 성과와 경향을 확인하기 위해서 이 글에서는 1980년대 이후 현재[4]에 이르기까지 국내에서 발표된 논문과 단행본 등 총 2,447편을 분석의 대상으로 삼았다.[5] 이곳의 분석 대상 논문은 한국학

서 다르지만, 실제 다루고 있는 의미가 비슷하다는 점에서 연구 영역이 겹친다고 할 수 있다.

3 각각에 대한 설명에 대하여는 졸고(2016: 34-37)와 이 글의 제3장 해당 부분의 설명을 참조하기 바란다.

4 엄밀하게 말하여 이곳의 '현재'는 연구대상 수집 시간인 2018년 5~6월을 말한다. 다만, 화행/적절성조건과 관련된 의미현상은 2018년 8월까지이다.

술정보연구서비스(RISS)[6]를 이용하여, 검색어에 특정 주제어를 주고 검색하는 방식으로 얻은 것이다. 국내 대학의 석사 및 박사학위논문은 물론이고 국내 각 학술지에 실린 논문을 중심으로, 필요할 경우 단행본과 연구보고서도 대상으로 하였다.[7] 해당 검색 사이트에 담화의미론과 관련된 특정 주제어를 입력하여 추출한 후 검색 의도에서 벗어나는 다른 분야의 논문 등은 제외하고 최종 관련 논문목록을 도출하였다.[8]

(2) 분석 도구

- 검색 도구: RISS (http://www.riss.kr)
- 검색 방식: 키워드(주제어) 검색
- 검색 시기: 1980 ~ 2018
- 검색 자료: 학위논문/국내학술지논문/단행본/연구보고서[9]

이렇게 하여 도출된 2,447편의 연구물을 시기별, 유형별, 주제별로 다시 하위분류하였다. 연구물의 특성을 다양한 방법으로 살펴 연구의 경향과 연구영

---

5 2,447편은 주제어에 따른 담화의미론 관련 연구 결과물의 총수이다. 이 가운데는 주제어에 따라 중복되어 검색되는 논문도 존재한다. 동일한 논문을 하나로 처리하면 총 2,377편이다. 물론 연구 결과물의 수는 검색어를 어떻게 주느냐에 따라, 연구 목적을 어떻게 하느냐에 따라 크게 달라질 수 있다. 이곳에서는 담화의미론의 전반적인 연구 경향을 살피는 것이 목적이므로 특정 시기에 동일한 방식의 검색어를 사용하여 추출한 결과라는 점에 의의를 두고자 한다.

6 학술연구정보서비스(Research Information Sharing Service, RISS)는 대한민국 교육부 출연기관인 한국교육학술정보원에서 제공하는 학술연구정보화시스템이다. 1998년 개통 이후로 2018년 4월 현재 월 평균 244만 명, 하루 평균 약 8만 1천 명이 이용하고 있는 학술연구정보서비스이다. 사이트 주소는 http://www.riss.kr이다.

7 따라서 이곳의 연구물 수에는 논문만이 아니라 단행본과 연구보고서도 포함된 것이다.

8 이 곳의 분석에는 2018년 1학기 대학원 담화의미론 강좌의 수강생들이 수고하였다. 이 자리를 통해 고마움을 표한다.

9 학위논문은 석사와 박사를 구분하였다. 석사와 박사가 구별되지 않는 것은 석사에 포함시켰다. 그리고 국내학술지논문에 실린 논문이면 저자가 외국인인 경우도 포함하였다. 아래 3장의 논문목록에 외국인 저자명이 포함된 것은 이런 이유 때문이다.

역의 활성화 정도를 확인하고 앞으로 더 연구가 진행될 가능성을 세부적으로 추론해보기 위한 것이었다.

시기별 하위분류는 담화의미론의 연구가 언제 시작되었고 어느 시기에 활발하게 연구되었는지를 분명하게 확인하기 위하여 10년을 단위로 구분하였다. 1980년대 담화 의미론을 시작하던 시기서부터 1990년대 비로소 담화의미론이 연구분야로 확정되는 시기, 그리고 2000년대 들어 활성화되는 시기를 넘어 2010년대에는 세부적인 연구물이 성과를 내고 다른 분야와의 융합적 연구가 시도되는 시기를 확인할 수 있다. 각 시기별 분석 결과를 제시하면 아래와 같다.[10]

〈표 1〉 시기별 담화의미론의 연구 결과

시기	1980년대	1990년대	2000년대	2010년 이후	계
연구물 수(편)	189(186)	320(314)	845(820)	1,093(1,057)	2,447(2,377)
비율(%)	7.7	13.1	34.5	44.7	100

<표 1>을 보면 담화의미론의 연구는 1980년대에 시작하여 1990년대에 본격적인 활성화가 이루어졌으며 2000년대에 연구가 비약적으로 늘어나는 모습을 확인할 수 있다. 이러한 경향은 2010년 이후 오늘에 이르기까지 더욱 확대되고 있는 것으로 보인다. 아직 2010년대가 끝나지 않았음에도 전체 연구의 약 45%가 이 시기에 이루어진 것은 그 증거라고 할 수 있다. 담화의미론 연구가 시작된 후 30여 년의 시간 동안 이루어진 연구 성과에 비견될 만한 연구 성과가 최근 7, 8년 동안 이루어졌다는 사실은 무엇보다 현재 담화의미론의 연구가 매우 활성화되어 있다는 것을 말하는 것이라고 할 수 있다.

유형별 하위분류는 연구의 성과가 연구자 개인의 노력에서 비롯된 것뿐만이 아니라 학문의 후속세대 및 사회적인 요구 등으로 확장되는 모습을 살피는데 유리하다. 개인적인 전문적 연구가 학술지 논문으로 나타나는 것이라면,

10 괄호 안의 수는 중복 검색된 논문을 제외한 합계이다. 이하 같음.

학위논문은 해당 분야에 대한 전반적이고 체계적인 논의라는 점에서 그리고 후속 연구자의 확대라는 점에서 의미가 있다. 단행본의 출간은 특정 학술지나 기관을 넘어 일반 연구자를 대상으로 한다는 점에서, 그리고 해당 분야 연구의 종합화라는 면에서 의의를 찾을 수 있다. 연구보고서는 비록 상대적으로 연구 성과가 적지만 담화의미론 관련 특정 세부 연구의 모습을 살필 수 있게 한다. 각 유형별 분석 결과를 제시하면 아래와 같다.

〈표 2〉 유형별 담화의미론의 연구 결과

유형	학위논문		학술지 논문	단행본	연구 보고서	계
	석사	박사				
연구물 수(편)	1,062	180	1,131	64	10	2,447
비율(%)	43.4	7.4	46.2	2.6	0.4	100

<표 2>에서 확인할 수 있는 것은 무엇보다 담화의미론이 후속 세대 연구자의 많은 관심을 끌고 있다는 점이다. 담화의미론 연구로 제출된 학위논문이 석사와 박사를 합하여 1,242편(50.8%)으로 학술지에 실린 연구자의 연구 결과 1,131편(46.2%)보다도 오히려 많은 것은 그만큼 이 분야가 새로운 연구자의 관심 영역이 되고 있음을 말하는 것이다. 학위논문은 특정 현상을 세부적으로 다루기보다는 전체적인 관점에서 종합적으로 다루어지는 경향이 있음을 고려할 때, 학위논문의 증가는 담화의미론의 연구대상이나 연구방법 등이 그만큼 다양화되고 확대되고 있음을 보여주는 증거라고 할 수 있다. 어휘의미론이나 문장의미론에 비하여 상대적으로 뒤늦게 연구되기 시작한 담화의미론 분야가 확실히 자리를 잡고 활성화되었음도 알려준다.[11]

주제별 하위분류는 담화의미론의 세부 영역 가운데 어떤 분야가 얼마만큼 연구되었는지를 확인하기 위한 것인데 앞 (1)에서 제시된 담화의미론의 연구

11 이러한 사실은 3.1.의 시기별 유형별 연구 결과에서도 확인할 수 있다. 학위논문의 증가와 학술지 논문의 증가가 비슷한 경향을 보인다는 것은 연구자의 확대가 담화의미론의 전문적인 연구 확대에 영향을 주었음을 말하는 것이다.

영역에 따라 크게 의미현상 분야와 언어형식 분야 그리고 접근방식 분야의 세 가지로 구분하였다.[12] 의미현상 연구물은 담화의미론 관련 연구의 세부 분야와 연구성과를 확인할 수 있게 해 줄 것이며 언어형식 연구물은 담화의미론이 관심을 가지는 언어단위가 무엇인지를 알 수 있게 해준다. 접근방식은 담화의미론과 관련된 연구 방법이 어떻게 적용되고 있는지를 알 수 있게 해준다. 각 주제별 분석 결과를 제시하면 아래와 같다.

〈표 3〉 주제별 담화의미론의 연구 결과

주제	의미현상	언어형식	접근방식	계
연구물 수(편)	1,377(1,350)	441(431)	629(596)	2,447(2,377)
비율(%)	56.3	18.0	25.7	100

<표 3>은 담화의미론 연구자들이 관심을 가진 연구 주제가 무엇인지를 확인하는 데 도움을 준다. 전체적으로 담화의미론에서 가장 많이 연구되고 있는 주제는 담화의미론과 관련된 의미현상에 대한 연구임을 알 수 있다. 전체 2,447편 가운데 1,377편으로 56.3%의 비중을 차지하고 있다. 문장을 넘어서 맥락과 언어 사용자를 고려해야 하는 의미현상이 담화의미론 연구자의 일차적 관심사인 것을 반영하는 결과라고 할 수 있다. 그러나 언어형식, 즉 문장이 아니라 발화, 담화표지, 대화, 텍스트 등 언어형식에 주목하는 연구와 담화의미론이 통사적 규칙을 넘어 다양한 접근방식의 적용이 필요하다는 연구 등도 각각 상당한 연구성과가 축적되었다. 이렇게 다양한 주제에서 연구되고 있다는 것은 담화의미론이 아직도 새로운 연구분야와 연구대상, 연구방법을 고민하고 창출하는 역동적인 분야임을 말해준다고 할 수 있다.

12 주제별 연구 성과를 분석하는 것은 담화의미론 연구의 경향과 전망에 필수적인 작업이다. 따라서 세밀한 분석이 필요하다. 이에 대한 자세한 분류 및 그에 대한 분석은 아래 3장을 참조하기 바란다. 여기서는 다만 연구의 주제별 경향 확인을 위해 의미현상 그 자체에 대한 연구와 어휘나 문장을 넘어선 담화의미론의 언어형식에 대한 연구 그리고 그런 단위를 다루기 위한 담화의미론적 접근방식을 잘 보여주는 연구로 나눠 전체적인 연구 성과를 살필 것이다.

지금까지 시기와 유형 그리고 주제별 연구 경향을 확인하였다. 이를 통해 각 분야의 전반적인 경향과 담화의미론 연구의 확장 과정을 확인할 수 있었다. 이러한 확장은 무엇보다 연구자의 확대에서 비롯된 것이었는데 이는 학위논문의 증가를 통해 알 수 있었다. 나아가 연구자의 확대와 관심의 확대는 담화의미론의 연구 영역을 넓히고 연구 대상을 다양화하며 이들에 대한 새로운 접근방식을 제안하는 방향으로 나아가고 있음도 알게 되었다.

3. 담화의미론의 연구 현황과 전망

앞(2장)에서 담화의미론의 전반적 연구 경향에 대해 논의한 바 있으나 이것만으로는 담화의미론의 특정 연구분야가 시기별로 어떤 변화를 겪어왔는지를 정확히 설명하기어렵다. 담화의미론의 연구가 다양하고 또 그만큼 많은 접근방식으로 수행되어 왔기에 이에 대한 구체적인 분석이 필요하기 때문이다. 따라서 각각의 특성을 고려하여 연구 경향을 확인하기 위해서는 주제별로 좀 더 세분해야 한다. 여기에 시기별, 유형별 변화를 함께 적용하는 것도 필요하다.

이를 위해 이 장에서는 담화의미론의 연구 영역을, 의미현상 자체에 대한 연구와 언어형식에 대한 연구 그리고 접근방식에 대한 연구의 세 가지로 나누어 그 특성을 좀 더 자세하게 살펴보기로 한다.

3.1. 의미현상에 대한 연구

담화의미론과 관련된 의미현상이란 담화와 관련된 의미현상, 즉 의사소통적 의미나 맥락 의미 또는 발화 의미가 드러나는 의미현상을 말한다.[13] 여기에

13 담화와 관련된 의미현상은 담화의미를 나타내는 언어 사용을 말할 수 있다. 즉, "적절한 발화가 맥락 속에서 수행하는 언어사용자의 의사소통 행위"인 담화 행위에서 드러나는 의미와 관련된 언어 사용 현상을 가리킨다. 이에 대하여는 졸고(2016)의 2.2.를 참조하기 바란다.

는 전형적인 의미현상과 보완적인 의미현상이 있다. 논의의 편의를 위하여 앞 (1)에 제시된 것 가운데 해당 분야만을 다시 옮겨보면 다음과 같다.

(3) 담화의미론 관련 의미현상에 대한 연구 분야
 a. 전형적 - 직시/지시, 화행/간접화행/적절성조건, 함축/협력원리
 b. 보완적 - 전제와 함의, 은유와 환유, 주제와 초점, 생략과 축약, 공손성

여기서 전형적 또는 보완적이라는 말은, 해당 의미현상의 본질적 특성이 더 담화의미론적이라든가 아니면 덜 담화의미론적이라는 것을 말하는 것이 아니다. 그보다는 기존의 담화의미론 연구에서 얼마나 자주 연구 대상으로 다루고 있는지를 기준으로 하여 분류한 것이다. 대부분의 연구에서 연구 대상으로 다루고 있으면 전형적인 의미현상으로, 일부 연구에서 담화의미론적 의미현상으로 다룬 것은 보완적 의미현상으로 분류하였다.[14] 다만, 이곳에서는 그러한 의미특성상 본질보다는 연구 경향을 살피는 데 목적이 있으므로 이를 구분하지 않기로 한다.[15] 담화의미론 관련 의미현상에 대한 연구 결과를 시기별로 구분하여 제시하면 다음 <표 4>와 같다.[16]

---

14 실제 전형적 의미현상으로 분류된 의미현상은 담화상황의 맥락이나 발화, 언어 사용자 등을 고려해야 하는 의미현상인 경우가 많다. 이에 비해 보완적 의미현상으로 다루어지는 것은 그런 요소들의 고려가 필요한 경우가 있으나 반드시 그렇지 않은 경우도 있다. 이에 대하여는 졸고(2016)의 3.2.를 참조하기 바란다.

15 이곳에서 쌍으로 묶은 것은 상호 관련된 세부 주제들이다. 연구자에 따라 함께 논의되기도 하고 개별적으로 연구되기도 한다. 검색어로 함께 제시한 것에 따라 이곳처럼 묶어 제시하기로 한다.

16 지면 관계상 논문목록은 제시하지 않기로 한다. 여기서는 전반적인 시기별, 유형별 연구 경향을 중심으로 논의를 전개할 것이다. 따라서 먼저 주제별 의미현상을 시기별로 모아 제시하고 유형별 연구 결과는 아래에서 각각 제시하기로 한다. 아래 3.2. 및 3.3.의 경우도 이와 같은 방식으로 제시할 것이다.

〈표 4〉 담화의미론 관련 의미현상에 대한 시기별 연구 결과

의미 영역		1980년대	1990년대	2000년대	2010년 이후	계
의미현상	직시	1	4	18	15	38
	화행/적절성조건	3	3	9	21	36
	전제/함의	24	24	28	32	108
	함축/협력원리	2	3	56	77	138
	은유/환유	2	8	32	70	112
	주제/초점	4	26	57	46	133
	생략/축약	136	68	238	164	606
	공손성	1	8	53	144	206
	소계	**173**	**144**	**491**	**569**	**1,377**

먼저 직시(deicxis)는, 발화의 특정 표현이 언어 사용자의 의도에 따라 맥락 안의 어떤 요소를 지시하는 것을 다루는 의미현상이다.[17] 따라서 표현과 그것이 가지는 고정된 대상과의 관계를 따지는 어휘 의미와 다르고 상황 안의 요소와 관련된다는 점에서 문장 의미와 구별된다. 1980년대 영어의 직시현상을 소개하는 연구[18] 이후 2000년대 들어 연구가 확대된 모습을 알 수 있다. 상대적으로 다른 의미현상보다 적은 수의 연구 결과를 보이고 있으나, 직시 현상은 대개 그 자체에 주목한 연구보다는 다른 영역, 예를 들면 인칭 직시의 경우에는 대명사 연구와, 시간 직시나 장소 직시의 경우는 지시어나 지시표현 또는 시간/장소 표현, 시제 등과 연계되어 언급되는 경우가 많은 점을 고려할 필요가 있다. 다음 <표 5>의 연구 결과의 유형을 고려할 때 관련 학위논문이 여러 개임에도 직시 의미현상을 다루는 본격적인 단행본이 없는 점은 한국어의 직시 현상을 종합적으로 정리하는 연구가 앞으로 필요함을 말하는 것이다.

17 직시는 때로 화시나 지시로 번역되기도 한다. 그리고 지시(reference)나 지표(indexical)와 함께 논의되는 경향이 많다.

18 주학능(1989)을 말한다. 이것은 now가 가진 직시 기능을 한국어와 관련하여 설명한 논문이다.

〈표 5〉 직시와 관련된 연구의 유형별 결과 [검색어: 언어&직시&지시][19]

유형	학위논문		학술지 논문	단행본	연구 보고서	계
	석사	박사				
연구물 수(편)	13	5	20	0	0	38
비율(%)	34.2	13.2	52.6	0	0	100

화행(speech act)은, 발화가 맥락 안에서 언어 사용자의 의사소통적 의미를 발생시키는 과정을 다루는 의미현상이다. 특정 화행의 유형이나 기능 등에 대한 논의가 많은 편인데, 흔히 적절성 조건(appropriateness condition)과 함께 연구된다. 아래 <표 6>에 제시된 유형별 연구 결과를 보면, 이 분야에 대한 연구에서 학술지 논문(6편)에 비하여 학위논문(18편)이나 특히, 단행본(12편)이 많다. 이는 그만큼 이 분야에 대한 종합적 논의가 상대적으로 많이 이루어졌음을 말한다. 화행론적 논의는 담화의미론의 다양한 연구에 기본적인 토대로 활용될 수 있다는 점에서 각 의미연구에 세부적으로 적용되는 연구가 이어질 것으로 기대된다.

〈표 6〉 화행/적절성조건과 관련된 연구의 유형별 결과
[검색어: 언어&화행or적절성조건]

유형	학위논문		학술지 논문	단행본	연구 보고서	계
	석사	박사				
연구물 수(편)	18	0	6	12	0	36
비율(%)	50	0	16.7	33.3	0	100

전제(presupposition)는 어떤 표현의 의미를 이해하기 위하여 필요한 정보를 말하고 함의(entailment)는 어떤 표현의 논리적 관계로부터 파악할 수 있는 정보를 말한다. 주로 전제나 함의의 정보 관계를 다루거나 이들의 차이를 어

19 검색어의 차이에 따라 검색되는 연구 결과들이 다를 수 있다. 따라서 이곳에서 검색되지 않은 연구 결과 역시 많을 것이다. 다만 이곳의 결과가 전반적인 연구 경향을 확인하는 데는 도움이 될 것이다.

떻게 구분할 것인가 등에 대한 연구가 많다. 앞의 <표 4>를 보면 이에 대한 연구는 1980년대 이후 지속적으로 비슷한 수의 연구가 이어지고 있음을 알 수 있다. 이것은 이 현상이 문장의미론 차원에서도 많은 관심의 대상이 되어 온 의미현상이라는 점과 무관하지 않다. 연구의 관점이 담화의미론적 차원으로 확장되어도 여전히 관심의 대상이 되고 있음을 알 수 있다. 다만, 아래 <표 7>에 제시된 유형별 연구 결과에서 박사학위논문과 단행본이 없는 점은 앞으로 이 의미현상에 대한 종합적 정리가 필요함을 말하고 있다.

〈표 7〉 전제/함의와 관련된 연구의 유형별 결과 [검색어: 언어&전제or함의]

유형	학위논문		학술지 논문	단행본	연구 보고서	계
	석사	박사				
연구물 수(편)	70	0	38	0	0	108
비율(%)	64.8	0	35.2	0	0	100

함축(implicature)은 어떤 표현이 그 자체의 명시적 의미 이외에 맥락 안에서 추가적으로 얻게 되는 의미를 말한다. 표현이 가진 맥락적 의미를 다룬다는 점에서 전형적인 담화의미론의 연구 대상이라고 할 수 있다. 이 의미현상은 흔히 협력원리(cooperative principal)와 함께 다루어지는데 협력원리 역시 언어사용자인 화자와 청자의 상호 협력을 통한 의사소통적 의미를 다룬다는 점에서 담화의미론적 연구라고 할 수 있다. 시기별 연구 경향을 보면 함축 또는 협력원리를 다루는 의미현상은 1980년대(2편) 이후 1990년대(3편)까지는 소폭으로 진행되다가 2000년대 이후 대폭 늘어난 연구 결과를 산출하고 있음을 알 수 있다. 최근의 연구에서 집중적인 조명을 받고 있는 부분이라고 할 수 있다. 유형별 연구 결과를 제시하면 다음 <표 8>과 같다. 박사학위논문과 단행본은 물론이고 연구보고서 등도 다수 보인다. 특히 연구보고서가 많은 점은 이 이론의 학술적 토대가 튼튼함을 말해준다. 연구보고서는 선정과 심사 과정에서 해당 이론에 대한 전문적이고 장기적인 연구의 필요성이 인정된 결과라고 할 수 있기 때문이다.

〈표 8〉 함축/협력원리와 관련된 연구의 유형별 결과 [검색어: 언어&함축or협력원리]

유형	학위논문		학술지 논문	단행본	연구 보고서	계
	석사	박사				
연구물 수(편)	28	5	92	2	11	138
비율(%)	20.3	3.6	66.7	1.4	8.0	100

주제(topic)는 언어사용자인 화자가 맥락 안에서 말하려는 것을 가리키고[20] 초점(focus)은 화자가 의도적으로 강조하는 정보를 가리킨다. 주제는 흔히 그것에 대한 서술에 해당하는 설명(comment)과 함께 논의된다. 초점 정보는 잉여정보(redundancy)와 함께 다루어지는 경향이 많다. 문장의미론에서는 문장구조를 주제부와 설명부로 분석하기도 한다. 그러나 설명부는 문장의 구조를 보이는 경우가 많고 또 담화 상황의 여러 정보와 관련되는 경우가 많기 때문에 담화의미론적 연구가 더 적합해 보인다. 주제나 초점의 의미론적 특성이나 주제화, 초점화의 과정 등에 대한 연구가 주류를 이루고 있다. 다만, 주제와 초점을 다루는 의미현상이 문장의미론적 연구에서도 주목을 받아왔다는 점은 1990년대에 비교적 많은 26편의 연구 결과가 있었다는 점에서도 확인할 수 있다. 그러나 아래 <표 9>를 보면 상당수(74편)의 학위논문이 제출되었음에도 아직 이를 다루는 단행본이 출간되지 못하고 있는 상태인데 이는 앞으로 이 분야에 대한 종합적 정리가 필요함을 말해준다.

〈표 9〉 주제/초점과 관련된 연구의 유형별 결과 [검색어: 언어&주제&초점]

유형	학위논문		학술지 논문	단행본	연구 보고서	계
	석사	박사				
연구물 수(편)	70	4	59	0	0	133
비율(%)	52.6	3.0	44.4	0	0	100

생략(elipsis)과 축약(abstraction)은 문장의 특정 요소나 요소 사이의 논리적 구조 분석을 통해서 해당 요소의 생략 또는 축약 의미를 확인할 수 있기도

20 주제(topic)는 화제라고 번역하여 연구하는 경우도 많다.

하지만 오히려 맥락이나 의사소통적 의도와 관련하여 의미가 해석되는 경우에 담화의미론적 고려가 필요하다. 어휘의미론적 관점이나 문장의미론적 관점에서도 많은 관심의 대상이 되던 의미현상이기에 이와 관련된 연구가 상당하다.[21] 시기별 연구 성과도 다른 분야와 달리 1980년대부터 활발하게 연구되고 있는 것도 그러한 사실과 무관하지 않다. 또한 아래 <표 10>의 유형별 연구 결과를 보면 학위논문과 학술지 모두에서 이 의미현상을 다룬 성과들이 많다. 단행본의 경우도 다른 분야에 비해 월등하다. 이러한 사실은 최소한 생략과 축약에 대해 연구자들의 관심이 많았던 것을 보여준다. 다만 앞으로 담화 상황에서 언어사용자와 맥락 그리고 발화의 특성과 관련되는 연구가 더욱 확대될 것으로 보인다.

〈표 10〉 생략/축약과 관련된 연구의 유형별 결과 [검색어: 언어&생략&축약]

유형	학위논문		학술지 논문	단행본	연구 보고서	계
	석사	박사				
연구물 수(편)	282	41	269	14	0	606
비율(%)	46.5	6.8	44.4	2.3	0	100

공손성(politeness)도 담화의미론 연구에서 다루는 중요한 의미현상의 하나이다. 특정 어휘나 조사 등에서 보이는 언어적 공손 또는 높임 현상은 어휘의미론이나 통사의미론의 논의 대상이지만 일상적 언어 사용에서 보이는 공손성은 오히려 담화의미론에서 다루어야 하는 의미현상인 경우가 많다. 특정의 담화 상황 안에서 공손 원리에 따라 언어 사용자의 다양한 사회적 관계를 나타내면서 체면(face)을 유지하거나 훼손하는 의미를 드러내는 경우가 많기 때문이다. 앞 <표 4>의 시기별 연구 경향을 보면 2000년대 들어 공손성을 담화의미론적 관점에서 새롭게 연구하는 경향을 확인할 수 있고 특히

21 앞의 <표 4>에서, 이 의미현상과 관련된 연구가 606편으로 전체 1,377편의 44%에 이른다. 그러나 엄격한 기준을 적용하여 담화의미론적 연구만을 선정하면 그 수는 상당히 줄어들 것으로 생각된다.

2010년대 들어 그러한 경향이 크게 확대되고 있는 것을 확인할 수 있다. 아래 <표 11>을 보면 학위논문이 모두 138편으로 전체의 67%를 차지하고 있는데 이 역시 이 분야가 연구자들의 새로운 관심분야로 대두되고 있음을 보여준다.

〈표 11〉 공손성과 관련된 연구의 유형별 결과 [검색어: 언어&공손성&체면]

유형	학위논문		학술지 논문	단행본	연구 보고서	계
	석사	박사				
연구물 수(편)	126	12	68	0	0	206
비율(%)	61.2	5.8	33.0	0	0	100

지금까지 담화의미론과 관련된 의미현상들을 세부적으로 구분하여 그 연구경향을 살펴보았다. 각 세부 의미현상의 유형별 연구 결과를 종합하여 시기별로 제시하면 아래 <표 12>와 같다. 이를 보면 학위논문과 학술지 모두에서 2000년대 이후 연구 결과가 크게 확대되고 있는 경향을 확인할 수 있다.

〈표 12〉 담화의미론 관련 의미현상에 대한 시기별/유형별 연구 결과

유형 \ 시기		1980년대	1990년대	2000년대	2010년 이후	계(%)
학위논문	석사	74	74	228	273	**649(47.1)**
	박사	15	5	17	49	**86(6.3)**
학술지 논문		77	59	230	241	**607(44.1)**
단행본		7	6	9	6	**28(2.0)**
연구보고서		0	0	7	0	**7(0.5)**
계(%)		**173(12.5)**	**144(10.5)**	**491(35.7)**	**569(41.3)**	**1,377(100)**

3.2. 언어형식에 대한 연구

담화의미론의 연구 대상이 되는 언어단위를 무엇으로 볼 것이냐는 문제는

어떤 관점을 가지고 담화의미론을 연구할 것이냐는 것과 관련된다. 그래서 특정의 의미현상을 다루기보다는 다루고자 하는 언어형식을 정하고 그것의 다양한 의미현상을 분석하려는 경향도 많이 나타난다.

담화의미론에서 다루는 언어형식으로는 발화, 담화(표지), 대화, 텍스트 등이 있는데 이들은 맥락 안에서 언어 사용자의 의사소통 의미와 관련되는 언어 단위로 간주된다. 그래서 이를 담화의미론의 전형적인 언어형식이라고 할 수 있다. 그러나 대용어, 속담, 보조용언, 양태표현 등은 어휘의미론이나 문장의미론 등에서도 주요한 연구대상으로 다루어지지만 담화의미론적 연구의 대상이 되기도 한다. 그래서 이를 보조적 언어형식이라고 할 수 있다. 이를 다음과 같이 정리할 수 있다.

(4) 담화의미론 관련 언어형식에 대한 연구 분야
a. 전형적 - 발화, 담화(표지), 대화, 텍스트
b. 보조적 - 용어, 속담, 보조용언, 양태표현

다만, 이곳에서는 담화의미론 관련 연구의 경향에 대해서만 살펴볼 것이므로 이들을 구별하지 않고 함께 분석하기로 한다. 담화의미론 관련 언어형식에 대한 연구 결과를 시기별로 구분하여 제시하면 아래 <표 13>과 같다. 이를 보면 2000년대 이후 이들 언어형식에 대한 관심이 크게 늘어난 것을 알 수 있다. 또한 담화표지나 대화 등 언어형식들이 1990년대 이후에야 비로소 연구되기 시작한 것도 주목할 만하다.

〈표 13〉 담화의미론 관련 언어형식에 대한 시기별 연구 결과

의미 영역		1980년대	1990년대	2000년대	2010년 이후	계
언어	발화	5	8	50	81	**144**
	담화표지	0	3	17	36	**56**
	대화	0	6	26	15	**47**
	텍스트	0	8	15	10	**33**

	대용어	0	2	3	2	**7**
형	속담	2	2	13	16	**33**
	보조용언	2	9	14	21	**46**
식	양태표현	0	4	12	59	**75**
	소계	**9**	**42**	**150**	**240**	**441**

발화(utterance)는, 담화 현장에서 실제 수행된 언어표현이라는 점에서 담화의미론적 연구의 대상이 되어왔다. 발화는 맥락 안에 존재한다는 점에서 맥락적 의미나 언어사용자의 소통의미를 드러내는 언어 단위로서 중요성을 가진다. <표 13>을 보면 발화에 대한 관심은 1980년대부터 이어지고 있으나 특히 2000년대 이후 크게 확대된 모습을 확인할 수 있다. 초기에는 연구 대상으로서 발화의 중요성을 인식하는 것에서 시작하여 최근에는 발화의 유형 및 특정 발화의 기능 등으로 연구가 확대되고 있다. 아래 <표 14>에 연구 결과의 유형을 보면 학위논문이 56편으로 그 가운데 박사학위논문도 9편이 제출되었음을 알 수 있다. 이와 함께 단행본이 출간된 것 역시 발화가 담화의미론의 연구대상으로서 위상을 확실히 하고 있음을 말해준다.

〈표 14〉 발화와 관련된 연구의 유형별 결과 [검색어: 언어&발화]

유형	학위논문		학술지 논문	단행본	연구 보고서	계
	석사	박사				
연구물 수(편)	47	9	85	3	0	144
비율(%)	32.6	6.3	59.0	2.1	0	100

담화표지(discourse marker)[22]는, 구체적인 담화 현장에서 언어사용자의 의사소통에 사용되는 언어표현을 말한다. 지금까지 이에 대한 연구는 담화 자체에 대한 분석이나 일반적인 담화 유형 및 체계의 수립에 대한 논의의 기초 자료로서 분석되어왔다. 또한 특정 언어요소가 담화표지(discourse maker)로 기능하는지를 밝히는 연구도 지속적으로 논의되어 왔다. 특히 다음 <표 15>

22 담화표지란 용어 대신 화용표지라고 하기도 한다.

의 유형별 결과를 보면 담화표지는 학위논문의 형태로 많이 연구되어 왔음을 알 수 있다.[23] 담화 표지의 유형을 분류하고 그 유형에 해당하는 요소의 담화 기능을 밝히는 연구가 많았다.

〈표 15〉 담화표지와 관련된 연구의 유형별 결과
[검색어: 언어&담화&담화표지]

유형	학위논문		학술지 논문	단행본	연구 보고서	계
	석사	박사				
연구물 수(편)	43	11	2	0	0	56
비율(%)	76.8	19.6	3.6	0	0	100

대화(dialogue)에 대한 연구는 이를 다른 언어 형식, 예를 들면 담화나 텍스트 등과 어떤 관계를 지니는지에 대한 관심과 대화의 하위 유형 분류나 대화의 구조 등에 대한 분석이 많았다. 대화의 기능에 주목하는 연구도 많았다. 대화와 관련된 연구 결과를 유형별로 제시하면 아래 <표 16>과 같다.

〈표 16〉 대화와 관련된 연구의 유형별 결과 [검색어: 언어학&대화]

유형	학위논문		학술지 논문	단행본	연구 보고서	계
	석사	박사				
연구물 수(편)	27	6	14	0	0	47
비율(%)	57.4	12.8	29.8	0	0	100

텍스트(text)는, 일반적으로 문장을 넘어서는 언어단위 또는 문장보다 큰 언어단위로 간주되는데 이에 대한 연구는 텍스트의 개념 문제, 텍스트의 하위 유형 분류 문제, 텍스트의 구조와 기능 분석 문제 등이 논의되어 왔다. 요즈음은 문자 텍스트를 넘어 소리나 그림 또는 영상까지 포함하는 비선형적 텍스트,

23 담화표지에 대한 연구는 이 밖에도 많을 것으로 생각된다. 그러나 대부분의 연구는 앞의 의미현상을 다룬 연구로 처리되어 상대적으로 연구 결과물의 수가 적은 것으로 분석되었다.

즉 하이퍼텍스트에 대한 논의나 의료텍스트, 법률텍스트 등 특정 분야의 텍스트를 대상으로 하는 연구도 다수 시도되고 있다.[24] <표 17>에 제시된 유형적 결과를 보면 이에 대한 단행본도 상당수 출간되고 있음을 알 수 있다.

〈표 17〉 텍스트와 관련된 연구의 유형별 결과 [검색어: 언어형식&언어단위&텍스트]

유형	학위논문		학술지 논문	단행본	연구 보고서	계
	석사	박사				
연구물 수(편)	6	3	18	6	0	33
비율(%)	18.2	9.1	54.6	18.1	0	100

대용어(anaphor)는, 다른 것을 대신 가리키는 언어표현을 말하는데 주로 형태론이나 어휘의미론 차원에서 연구되던 것이었다. 그런 사정 때문에 대용어에 대한 연구는 주로 형태론이나 어휘의미론에서 다루어져 왔다. 아래 <표 18>에 제시된 연구물의 수가 상대적으로 적은 것은 그런 사정을 반영한 것이다. 그러나 대용어가 선행하는 언어나 상황 안의 요소를 가리킬 수 있다는 점에서 담화의미론의 연구 대상으로 보아야 한다는 시도가 제기되고 있다. 그리하여 대용어가 선행 문맥 또는 상황 맥락의 어떤 요소를 어떻게 가리키는지, 또 그 대용어가 어떻게 담화의 결속에 기여하는지 등의 연구가 나타났다.

〈표 18〉 대용어와 관련된 연구의 유형별 결과 [검색어: 화용론&대용어]

유형	학위논문		학술지 논문	단행본	연구 보고서	계
	석사	박사				
연구물 수(편)	3	1	3	0	0	7
비율(%)	42.9	14.2	42.9	0	0	100

24 이런 연구 경향은 3.3. 접근방식에 대한 연구 중 텍스트언어학 관련 연구동향에서도 확인할 수 있다.

속담(proverb)은 담화 현장에서 다양한 비유적 의미를 발생시킨다는 점에서 담화의미론의 연구 대상이 될 수 있다. 그러한 담화적 의미는 사회문화적 배경 정보와 관련되어야 제대로 해석되기 때문이다. 그동안 관용표현의 하나인 속담에 대한 연구는 속담의 관용적 기능 유형을 분류하거나, 우리말의 속담을 다른 언어의 속담과 대조하는 연구가 많았다. 후자의 경우는 특정 주제, 예를 들면 '말', '여성', '소', '호랑이', '개' 등과 관련된 속담을 선택하여 비교하는 경우가 많았다. 아래 <표 19>는 관련 연구의 유형별 결과를 분석한 것인데 특히 석사학위논문이 29편으로 전체의 88%를 차지하고 있다. 다만 박사학위논문은 아직 보이지 않는 점은 앞으로 속담의 담화의미론적 연구가 확대될 여지가 많다는 점을 보여준다.

〈표 19〉 속담과 관련된 연구의 유형별 결과 [검색어: 언어&속담]

유형	학위논문		학술지 논문	단행본	연구 보고서	계
	석사	박사				
연구물 수(편)	29	0	4	0	0	33
비율(%)	87.9	0	12.1	0	0	100

보조용언(auxiliary verb)은, 국어의 동작상 특성을 나타내는 중요한 요소로 주목받아 왔는데 보조용언 구성의 통합적 특성에서부터 다른 요소와의 연결 분포 및 맥락적 의미 기능 등에 대한 연구 등 다양한 관점에서 연구되어 왔다. 특정 보조 용언의 기능은 물론이고 본용언과 관련된 보조용언 일반의 기능 등에 대한 관심도 이어지고 있다. '-어/아 V' 계열과 '-고 V'계열의 상호 비교도 중요한 관심사였다. 다음 <표 20> 연구 결과의 유형적 특성을 보면 이와 관련된 박사학위논문도 제출되어 종합적 정리도 어느 정도 이루어졌음을 알 수 있다.

〈표 20〉 보조용언과 관련된 연구의 유형별 결과 [검색어: 언어&보조용언]

유형	학위논문		학술지 논문	단행본	연구 보고서	계
	석사	박사				
연구물 수(편)	16	4	26	0	0	46
비율(%)	34.8	8.7	56.5	0	0	100

양태표현(modal expression)은, 문장에 담긴 정보의 특성에 대하여 언어사용자인 화자가 심리적으로 인지하고 있는 특징을 반영하는 언어표현이다. 이에 대하여 그동안 국어의 양태표현은 어떤 것이 있는지 각 양태표현의 형태, 통사, 의미론적 특성은 무엇인지, 담화 유형에 따른 양태표현의 실현 양상은 어떻게 다른지 등에 대한 다양한 연구가 시도되어 왔다. 특히 최근에는 국어와 다른 언어의 양태표현 대조 연구도 많이 눈에 띈다. 아래 <표 21>의 유형별 연구 결과를 보면 개별 학술지의 논문보다 학위논문의 형태로 제출된 연구물이 많은 것(80%)을 알 수 있으며 특히 다른 언어형식에 비해 박사학위논문이 많이 제출되었음(14편)을 확인할 수 있다.

〈표 21〉양태표현과 관련된 연구의 유형별 결과
[검색어: 언어&양태표현&언어형식]

유형	학위논문		학술지 논문	단행본	연구 보고서	계
	석사	박사				
연구물 수(편)	46	14	15	0	0	75
비율(%)	61.3	18.7	20	0	0	100

지금까지 담화의미론의 연구대상이 되는 언어형식을 중심으로 하는 연구 결과를 살펴보았다. 각 언어형식에 대한 연구 경향을 세부적으로 살피면서 유형별 특성도 검토하여 보았다. 각각의 언어형식에서 드러난 유형별 연구 결과를 종합하여 시기별로 제시하면 다음 <표 22>와 같다. 이를 앞 <표 12>의 담화의미론 관련 의미현상에 대한 연구 결과와 비교해 보면, 언어형식에 대한 연구는 특히 2000년대 이후 연구의 확대가 더욱 심해진 것을 알 수 있다.[25]

2010년 이후로 갈수록 이러한 확대의 정도가 더욱 심화되고 있음도 알 수 있다. 또한 유형면에서 의미현상에 대한 연구가 학위논문이나 학술지 논문 모두에서 비교적 고르게 다루어진 반면 언어형식 연구에서는 학위논문이 전체의 약 60%로 학술지(약 38%)보다 월등히 많다. 이는 새로운 연구자에게 새로운 연구대상으로서 담화의미론 관련 언어형식이 주목받아 왔음을 보여주는 것이다.[26]

〈표 22〉 담화의미론 관련 언어형식 연구의 시기별 유형별 연구 결과

의미 영역		1980년대	1990년대	2000년대	2010년 이후	계(%)
학위논문	석사	4	10	69	135	**218(49.4)**
	박사	1	6	16	24	**47(10.7)**
학술지 논문		3	21	63	80	**167(37.9)**
단행본		1	5	2	1	**9(2.0)**
연구보고서		0	0	0	0	**0(0)**
계(%)		**9(2.1)**	**42(9.5)**	**150(34.0)**	**240(54.4)**	**441(100)**

3.3. 접근방식에 대한 연구

마지막으로 살펴볼 담화의미론 관련 연구는 접근방식에 주목한 연구들이다. 담화의미론은 다루고 있는 의미현상이 문장과 맥락 그리고 언어사용자 등과 관련되어 다양한 언어 요소를 고려해야 할 뿐만 아니라 연구 대상이 되는 언어형식도 문장을 넘어선 언어 단위인 경우가 많다. 이 때문에 어휘의미

25 앞 <표 12>를 보면 의미현상 연구는 2000년 이전의 연구가 약 23%에 이르는 것에 비하여 언어형식의 연구는 2000년 이전이 모두 약 12% 정도밖에 되지 않는다. 상대적으로 언어형식은 2000년대 이후 더 크게 확대되었다고 볼 수 있다.

26 학위논문은 본격적인 학자의 길에 진입하는 사람의 연구라는 점에서 그러하다. 물론 이 사람들 역시 학술지에 논문을 게재하였을 것이나 새로 진입하는 사람이 더 많다는 경향은 분명하다.

나 문장의미를 다룰 때의 접근방식과 구별되는 새로운 방식이 제안되고 있다.

이 글에서는 담화의미론 관련 접근방식으로 대화분석, 담화분석, 상호작용론, 작품분석론, 텍스트언어학, 사회문화적화용론을 다룬 연구들을 모아 그 경향을 살펴보기로 한다.[27] 먼저 각 접근방식에 따른 연구 결과를 시기별로 구분하여 제시하면 다음 <표 23>과 같다.

〈표 23〉 담화의미론 관련 접근방식에 대한 시기별 연구 결과

의미 영역		1980년대	1990년대	2000년대	2010년 이후	계
접근방식	대화분석	0	12	23	33	**68**
	담화분석	2	10	45	75	**132**
	상호작용론	0	3	13	22	**38**
	작품분석론	2	20	44	53	**119**
	텍스트언어학	3	85	64	74	**226**
	사회문화적화용론	0	4	15	27	**46**
	소계	**7**	**134**	**204**	**284**	**629**

대화분석(dialogue analysis)은, 화자와 청자가 순서를 교체하면서 수행하는 발화를 대화라고 보고 이것의 거시적 구조를 밝히거나 대화를 이루는 각 발화체의 상호 결속 방식 및 각 발화체의 기능과 구조 등을 밝히는 연구이다. 대화의 구성 과정에서, 한 사람의 화자가 수행하는 발화는 그것이 한 문장이든 문장들이든 전체 대화를 구성하는 하나의 구성요소일 뿐이다. 따라서 이런 대화를 분석하기 위해서는 기존의 문장문법의 체계를 넘어서는 새로운 접근방식이 필요하게 된 것이다. 최근에는 이러한 대화분석이 구체적인 담화상황에서의 대화, 예를 들면, 수업대화, 의료대화, 법률대화 등에 적용되는 경향도 보인다. 다음 <표 24>에 제시된 대화분석과 관련된 연구 결과의 유형을 보면

27 물론 이외에도 다양한 담화의미론 연구방법들이 제안될 수 있다. 여기에 제시된 방법은 비교적 많은 연구서에서 담화의미론적 연구 방법으로 제안된 것을 모은 것이다.

학술지 게재 논문이 많은 비중을 차지하는 가운데 상대적으로 적긴 하지만 학위논문도 여러 편 제출된 것을 알 수 있다. 특히 학위논문 가운데 박사학위 논문의 비중이 23편 중 8편이나 되는 것은 특이한 결과라고 할 수 있다.

〈표 24〉 대화분석과 관련된 연구의 유형별 결과 [검색어: 언어&대화분석]

유형	학위논문		학술지 논문	단행본	연구 보고서	계
	석사	박사				
연구물 수(편)	15	8	45	0	0	68
비율(%)	22.0	11.8	66.2	0	0	100

담화분석(discourse analysis)은, 구체적인 담화 상황 안에서 사용된 발화가 특정의 사회적 관계를 어떻게 수행하고 있는가에 주목한다. 때문에 담화의 언어적 소통이 사회적으로 구조화된 의사소통 관행과 사회적 이념에 따라 사회적 기호로서 수행하는 기능을 중시한다. 문장을 넘어서는 담화를 전제한다는 점에서 다른 접근방식과 동일하지만 담화에 사용된 특정의 요소가 지니는 사회적 관계나 기능에 주목하고 그것의 의의를 밝히려 한다는 점에서 차별성을 지닌다고 할 수 있다. 아래 <표 25>의 유형별 연구 결과를 보면 이 분야에 대하여는 특히 단행본으로 출간된 결과과 많다는 점을 지적할 수 있다. 이들은 담화분석이 무엇인지 이론을 소개하고 특정 담화에 적용한 실제 사례로 구성된 경우가 많다.

〈표 25〉 담화분석과 관련된 연구의 유형별 결과 [검색어: 언어&담화&분석]

유형	학위논문		학술지 논문	단행본	연구 보고서	계
	석사	박사				
연구물 수(편)	41	11	70	10	0	132
비율(%)	31.1	8.3	53.0	7.6	0	100

상호작용론(interactive analysis)은, 특정의 언어표현에 대한 해석은 그것이 수행된 특수한 사회적 환경 속에서 언어사용자의 사회적 역할이나 관계, 태도

등 사회언어학적 상호작용에 의해 해석되어야 한다고 주장한다. 이에 따라 언어표현 자체의 구조나 의미 외에 담화 상황의 환경에 주목하여 이들 사이의 사회적 상호작용이 어떻게 의미 기능에 반영되는지를 밝히려 노력한다. 이에 대한 연구는 국내에 새롭게 소개되고 있는 단계에 있다고 할 수 있다. 앞의 <표 23>을 보면 이런 접근방식을 담은 연구 결과가 모두 38편으로 다른 접근방식에 대한 연구에 비해 가장 적은 것을 알 수 있다. 다만 아래 <표 26>의 유형별 연구 결과에서 보듯이 이 접근방식을 다루고 있는 학위논문이 30% 정도 된다는 점은 앞으로 이런 연구가 이어질 것임을 예측할 수 있게 한다.

〈표 26〉 상호작용론과 관련된 연구의 유형별 결과
[검색어: 언어학&상호작용]

유형	학위논문		학술지 논문	단행본	연구 보고서	계
	석사	박사				
연구물 수(편)	11	1	26	0	0	38
비율(%)	29.0	2.6	68.4	0	0	100

작품분석론(literary-work analysis)은, 문학작품을 언어학적 분석대상으로 삼아 이에 담긴 작품의 문학적 의미를 언어학적 의미 분석을 통해 해석해 보려는 접근이다. 문학작품이 대개 문장보다 훨씬 큰 단위이고 문학적 의미는 맥락적 의미와 사회문화적 의미 그리고 작자의 의도적 의미와 독자의 해석 의미 등이 복합적으로 작용한다는 점에서 담화의미론적 관심의 대상이 되어 왔다. 문학작품에 사용된 문학언어 역시 기본적으로 언어라는 점에서, 그리고 작자의 언어 사용은 대개 해당 언어화자의 전형적이고 전문적인 사용에 해당하는 것이라는 전제에서 문장 이상으로 구성되는 작품의 문학적 의미를 언어학적으로 해석해보려는 노력으로 보인다. 다음 <표 27>의 유형별 연구 결과를 보면 이에 대한 연구는 학위논문과 학술지 논문 양 유형에서 거의 비슷한 정도로 수행되어 왔음을 알 수 있다. 이는 이러한 연구 경향이 새로운 연구자에게뿐만 아니라 전문적인 연구자들에게도 인정받고 있는 것으로 생각된다.

〈표 27〉 작품분석론과 관련된 연구의 유형별 결과
[검색어: 언어&작품분석&텍스트분석]

유형	학위논문		학술지 논문	단행본	연구 보고서	계
	석사	박사				
연구물 수(편)	48	8	63	0	0	119
비율(%)	40.3	6.7	53.0	0	0	100

텍스트언어학(textlinguistics)은, 문장보다 큰 언어단위인 텍스트를 대상으로 텍스트의 구조와 의미 기능을 밝히려는 접근방식을 말한다. 문장문법의 한계를 극복하고 문장 이상의 언어단위가 가지는 특성을 맥락이나 언어사용자의 행위 특성과 관련시켜 연구하거나 텍스트 자체의 언어단위 사이의 관련성을 규명하려는 시도가 있어왔다. 텍스트언어학적 접근방식은 위에서 살핀 담화분석과 함께 문장보다 더 큰 언어단위인 담화를 분석하는 데 있어 가장 활발하게 사용된 경향을 보인다. 위 <표 23>을 보면 텍스트언어학적 연구는 다른 접근방식에 비하여 많은데, 특히 비교적 이른 시기인 1990년대에 오히려 많은 연구가 있었던 것은 이를 반영한 결과이다. 또 아래 <표 28>에서 학위논문과 학술지 논문 그리고 단행본과 연구보고서에 이르기까지 다양한 유형의 연구가 이루어진 것도 그러한 활발한 연구 경향을 말해주는 것이다.

〈표 28〉 텍스트언어학과 관련된 연구의 유형별 결과 [검색어: 텍스트언어학]

유형	학위논문		학술지 논문	단행본	연구 보고서	계
	석사	박사				
연구물 수(편)	69	14	130	11	2	226
비율(%)	30.5	6.2	57.5	4.9	0.9	100

사회문화적 화용론(socio-cultural pragmatics)은, 인류학적 접근에 기초한 연구방식으로 언어의 통보적 능력을 지배하는 사회적, 문화적, 심리적 지식에 초점을 두는 연구방식이다. 이러한 접근은 해당 언어표현이 그것이 사용되는 사회문화적 배경에 기초되어 다르게 해석될 수 있다는 점에 주목한다. 다만,

이러한 지식은 그 사회문화적 배경 안에서만 제대로 이해될 수 있다는 점에서 민족지학적 접근태도를 취하는 것으로 보인다. 따라서 특수한 국어의 표현이 우리 사회문화적 배경에서만 옳게 해석될 수 있다는 점을 강조하거나 영어나 중국어, 일본어 등 다른 문화권 화자들의 이해 과정을 비교하거나 대조하는 연구들도 보이다. 이런 접근 방식은 2000년대 들어 새로운 관심을 받고 있는 것으로 보이며[28] 아래 <표 29>의 유형별 연구 결과를 보면, 학위논문이나 단행본의 출간 등도 많은 것을 알 수 있는데 이는 이 분야의 종합적 연구 정리가 어느 정도 이루어지고 있다는 점을 말하는 것으로 보인다.

〈표 29〉 사회문화적 화용론과 관련된 연구의 유형별 결과

[검색어: 문화적 화용론&사회적 화용론or문화사회적 화용론]

유형	학위논문		학술지 논문	단행본	연구 보고서	계
	석사	박사				
연구물 수(편)	11	5	23	6	1	46
비율(%)	23.9	10.9	50.0	13.0	2.2	100

지금까지 담화의미론의 연구방법으로 활용된 접근방식에 대한 연구 결과를 살펴보았다. 각각의 접근방식에서 드러난 유형별 연구 결과를 종합하여 시기별로 제시하면 아래 <표 30>과 같다. 앞 <표 12>의 의미현상에 대한 연구 결과, <표 22>의 언어형식에 대한 연구 결과와 비교해 보면, 몇 가지 공통적 또는 이질적 연구 경향을 확인할 수 있다. 우선 전반적으로 접근방식에 대한 연구 결과 역시 의미현상이나 언어형식에 대한 연구 결과처럼 특히 2000년대 이후 연구의 확대가 심해진 것을 알 수 있다. 다만 1990년대 연구가 상대적으로 많은 비중을 차지하고 있는 점은 특이한 점이라 할 것이다. 연구의 유형면에서는 특히 학술지 논문의 비중이 큰 점이 눈에 띤다.[29] 이는 담화의미론에

28 위 <표 23>을 보면 1990년대까지 이 분야의 연구 결과는 4편이었으나 2000년대 15편, 그리고 2010년 이후 27편으로 크게 확대되었다.

29 앞의 <표 12>와 <표 22>를 보면 전체 연구 결과에서 학술지 비중은 각각 44.1%, 37.9%로 학위논문보다 비중이 작다. 그러나 이곳 접근방식의 경우에는 오히려 학

대한 새로운 접근방식의 소개가 전문적인 연구가에 의해서 새롭게 시도되는 측면이 강함을 반영하는 것으로 생각된다. 다른 언어에서 이루어진 다양한 접근방식을 도입하여 국어에 적용하는 시도가 기존의 학자들에게서 먼저 이루어지는 것으로 생각된다.

〈표 30〉 담화의미론 관련 접근방식 연구의 시기별 유형별 연구 결과

의미 영역		1980년대	1990년대	2000년대	2010년 이후	계
학위논문	석사	2	35	75	83	**195(31.0)**
	박사	1	7	15	24	**47(7.5)**
학술지 논문		4	85	103	165	**357(56.7)**
단행본		0	7	8	12	**27(4.3)**
연구보고서		0	0	3	0	**3(0.5)**
계		**7(1.1)**	**134(21.3)**	**204(32.5)**	**284(45.1)**	**629(100)**

4. 마무리

담화의미론이 우리 국어학계에서 연구되기 시작한 것은 1980년대라고 보아도 큰 무리가 없다. 그 이후 약 40여 년의 시간이 흐른 만큼 담화의미론 연구의 전반적인 경향을 정리하고 앞으로의 방향을 살펴보는 것이 필요하다. 이 글은 지금까지 수행되어 온 담화의미론 관련 연구를 주제별로, 시기별로, 유형별로 나누어 그 경향을 분석한 것이다.

주제별로 구분할 때는 크게 세 가지, 즉 의미현상과 언어형식과 접근방식으로 나누고 각각의 세부 주제로 또 나누어 살펴보았다. 그 결과 전체적으로는 의미현상에 대한 연구 결과가 가장 많았으나 언어형식과 접근방식에 대한 연구도 상당한 연구물을 산출하였음을 알 수 있었다. 시기별로 살필 때는 10년

위논문보다 비중이 월등하다.

단위로 하여 수행된 연구물의 수를 검토하였는데 이를 통해 담화의미론의 연구가 1980년대 소수의 연구자에 의해 수행되었으나 2000년대 이후 크게 활성화되고 있으며 그러한 경향은 2010년 이후에도 더욱 심화되고 있음을 알 수 있었다. 이는 담화의미론의 연구가 의미론 연구의 새로운 관심분야로 자리잡고 있음을 말하는 것이다.

유형별로 구분하여 살펴보기도 하였는데 석사 및 박사학위논문과 학술지 논문 그리고 단행본 및 연구보고서 등으로 구분하였다. 이는 학위논문이 새로운 연구자의 관심을 보여준다는 점에서 기존 연구자들의 관심을 보여주는 학술지 논문과 다르며, 특히 박사학위논문과 단행본 등이 관련 연구의 종합적 정리 성격을 드러낼 수 있다고 보았기 때문이다. 이런 유형별 분류를 통해 새로운 담화의미론 연구자의 탄생이 활성화되고 이것이 학술지 논문의 활성화로 이어지고 있음을 확인하였다. 다만, 연구 성과의 종합적 정리는 세부 분야별로 다양한 차이를 보이는 것도 알 수 있었다.

앞에서 논의한 연구 결과를 종합하여 제시하면 아래와 같다.

〈표 31〉 담화의미론의 연구 결과

a. 담화의미론 관련 주제별/시기별 연구 결과

의미 영역		1980년대	1990년대	2000년대	2010년 이후	계
의미 현상	직시	1	4	18	15	38
	화행/적절성조건	3	3	9	21	36
	전제/함의	24	24	28	32	108
	함축/협력원리	2	3	56	77	138
	은유/환유	2	8	32	70	112
	주제/초점	4	26	57	46	133
	생략/축약	136	68	238	164	606
	공손성	1	8	53	144	206
	소계	**173**	**144**	**491**	**569**	**1,377(56.3)**
언어 형식	발화	5	8	50	81	144
	담화표지	0	3	17	36	56
	대화	0	6	26	15	47
	텍스트	0	8	15	10	33

	대용어	0	2	3	2	7
	속담	2	2	13	16	33
	보조용언	2	9	14	21	46
	양태표현	0	4	12	59	75
	소계	**9**	**42**	**150**	**240**	**441(18.0)**
접근 방식	대화분석	0	12	23	33	68
	담화분석	2	10	45	75	132
	상호작용론	0	3	13	22	38
	작품분석론	2	20	44	53	119
	텍스트언어학	3	85	64	74	226
	사회문화적화용론	0	4	15	27	46
	소계	**7**	**134**	**204**	**284**	**629(25.7)**
논문 수		**189(7.7)**	**320(13.1)**	**845(34.5)**	**1,093(44.7)**	**2,447(100)**

b. 담화의미론 관련 주제별/유형별/시기별 연구 결과

의미 영역			1980년대	1990년대	2000년대	2010년 이후	계(%)	
의미현상	학위논문	석사	74	74	228	273	**649**	**1,377 (56.3)**
		박사	15	5	17	49	**86**	
	학술지 논문		77	59	230	241	**607**	
	단행본		7	6	9	6	**28**	
	연구보고서		0	0	7	0	**7**	
언어형식	학위논문	석사	4	10	69	135	**218**	**441 (18.0)**
		박사	1	6	16	24	**47**	
	학술지 논문		3	21	63	80	**167**	
	단행본		1	5	2	1	**9**	
	연구보고서		0	0	0	0	**0**	
접근방식	학위논문	석사	2	35	75	83	**195**	**629 (25.7)**
		박사	1	7	15	24	**47**	
	학술지 논문		4	85	103	165	**357**	
	단행본		0	7	8	12	**27**	
	연구보고서		0	0	3	0	**3**	
논문 수(%)			**189(7.7)**	**320(13.1)**	**845(34.5)**	**1,093(44.7)**	**2,447(100)**	

이 글은 담화의미론의 연구 경향을 말하기에는 여전히 많은 한계를 지니고 있다. 이 글에서 담화의미론의 연구를 세부 주제와 시기 및 유형 등으로 분석하고는 있으나 이들은 담화의미론의 내적 비교만을 위한 것이다. 오히려 어휘

의미론이나 문장의미론의 연구 경향과의 상호 비교를 위해서는 다른 분야의 연구 결과도 살펴야 한다. 나아가 담화의미론이 전산학이나 교육학, 기호학, 미디어학 등 다른 분야와의 교섭 관계도 다루어야 한다. 그런 점이 다루어질 때 담화의미론의 내적, 외적 비교가 제대로 수행될 수 있을 것이다.

또한 무엇보다 이 글의 바탕이 되고 있는 기초 자료에 대한 타당한 검증이 더욱 세밀하게 이루어져야 한다. 이곳에서 다루고 있는 2,447편의 연구 결과가 담화의미론의 모든 연구 결과를 포괄하고 있다고 말하기 어렵기 때문이다. 개략적이고 제한된 주제어에 의해 검색된 결과라는 점에서 여기에 포함되지 않은 연구도 많이 추가될 수 있으리라 생각된다. 이런 모든 한계에도 불구하고 우선 담화의미론의 개략적 연구 경향을 살펴보았다는 점에서 이 글의 의의를 찾고자 한다.

참고문헌

고영근(1999), 『텍스트이론』, 아르케.

박영순(2007), 『한국어 화용론』, 박이정.

송경숙(2003), 『담화 화용론』, 한국문화사.

윤석민(2011), “텍스트언어학과 화용론”, 『한국어 의미학』 34: 1-24, 한국어 의미학회.

윤석민(2016), “화용론의 위상 정립을 위한 몇 가지 문제”, 『한글』 313: 27-66, 한글 학회.

윤평현(2008), 『국어의미론』, 역락.

임지룡(2018), 『한국어의미론』, 한국문화사.

조남호 · 윤석민(2012), 『언어와 의미』, 한국방송통신대학교 출판부.

최창열 · 심재기 · 성광수(1992), 『국어의미론』, 개문사.

Birner, B. J.(2013), *Introduction to Pragmatics*, Cambridge: Wiley-Blackwell Publishing.

Brown, G. & G. Yule(1983), *Discourse Analysis*, Cambridge: Cambridge University Press.

Cruse, A.(2000), *Meaning in Language: An Introduction to Semantics and Pragmatics*, Oxford/New York: Oxford University Press. (임지룡 · 김동환 역(2002),『언어의 의미: 의미화용론 개론』, 태학사.)

Horn, L. R. & G. Word(eds.)(2004), *The Handbook of Pragmatics*, Cambridge: Blackwell Publishing Ltd.

Lakoff, G. & M. Johnson(1980), *Metaphors We Live By*, Chicago: The University of Chicago Press.

Levinson, S. C.(1983), *Pragmatics*, Cambridge: Cambridge University Press.

Palmer, F. R.(1981), *Semantics*, New York: Cambridge University Press. (현대언어학연구회 역(1984),『의미론』, 한신문화사.)

Recanati, F.(2004), Pragmatics and Semantics, in L. Horn(ed.), *The Handbook of Pragmatics*, Oxford: Blackwell Publishing Ltd.

Searle, J. R., F. Kiefer & M. Bierwisch(eds.)(1980), *Speech Act Theory and Pragmatics*, Dordrecht, Holland: Springer Verlag.

Schiffrin, D.(1994), *Approaches to Discourse*, Oxford: Blackwell Publishers.

Yule, G.(1996), *Pragmatics*, Oxford Introductions to Language Study, Oxford: Oxford University Press.

텍스트의미론

황 미 향*

1. 들머리

텍스트의미론은 텍스트의 의미를 연구하는 분야이다. 일반적으로 연구는 그 대상을 분명히 하는 데서 출발하는데, 텍스트의미론은 그것의 대상인 텍스트를 정의하는 일이 쉽지 않다. 오히려 텍스트를 텍스트답게 하는 것이 의미인 까닭에 텍스트의 본질을 규명하는 일과 텍스트의 의미를 규명하는 일의 선후를 가리기 어렵기도 하다. 텍스트의 연구에서 응집성(coherence)이 유명한 개념인 것도 이런 까닭에서이다.

연구 대상인 텍스트가 무엇인지를 확정하는 문제가 해결되면 다음 과제는 의미가 무엇인지에 대한 대답을 구하는 일이다. 이 질문은 다시 두 가지 층위로 나뉜다. 보편적인 관점에서 의미의 본질을 구하는 문제와 텍스트의 의미를 어떻게 얻을 것인지를 묻는 문제이다. 텍스트의미론에서 주로 논의되는 것은 뒤의 문제이다. 텍스트의 의미가 표층에 실현된 문장들 간의 선조적 연결에

* 대구교육대학교 국어교육과 교수, hwangmh@dnue.ac.kr

대한 이해만으로는 설명되지 않기 때문이다. 앞의 문제는 문장 중심 언어학에서 오랫동안 천착되어 왔고, 텍스트언어학 내적으로는 응집성 논의에 일정 부분 녹아있다.

요컨대, 응집성과 텍스트의 주제는 텍스트 의미론의 핵심 연구 내용이다. 이 글에서도 먼저 이 둘에 대하여 대표적인 연구자들의 논의를 대비하면서 각각의 의의와 한계를 살피고, 국내 연구의 현황을 간략하게 정리한다. 다음으로 텍스트의미론의 과제를 탐색하여 제시한다.

2. 주요 연구 내용과 쟁점

응집성의 정의는 텍스트의 정의와 맞닿아 있는 까닭에 연구자의 텍스트 분석 목적에 따라 그 내용이 다르다. 텍스트의 의미가 무엇인가에 대해서도 역시 여러 연구자의 입장이 공존한다. 여기에서는 국내에 소개된 연구 성과 중 자주 언급되는 내용을 중심으로 이 두 문제에 대해 살핀다.

2.1. 응집성(coherence)

우리는 대개 특별한 부연설명이 없어도 아래 두 예 중 (1)은 선뜻 텍스트로 수용하지만 (2)에 대해서는 그렇지 않다. 두 예문[1]에 대한 반응의 차이는 문장들을 일관되게 꿸 수 있는 의미의 유무 차이와 관련이 깊다.

(1) 46피트의 검고 노란 거대한 V-2 로켓이 뉴멕시코 사막에 서 있다. 연료를 싣지 않으면 그것은 무게가 5톤이다. 연료로 사용하려면 그 로켓은 8톤의 알코올과 액체산소를 실어야 한다.

---

1 예 (1)은 Beaugrande & Dressler(1981/김태옥 · 이현호 공역 1991: 95)에서, 예 (2)는 Brinker(1985/이성만 역 1994: 42)에서 가져왔다.

(2) 나는 한 옛 친구를 함부르크에서 만났다. 거기에는 수많은 공공도서관들이 있다. 이 도서관의 방문자들은 청소년들이었다. 젊은이들은 가끔 수영장으로 간다. 수영장들은 지난해에 여러 주 동안 문을 열지 못하였다.

우선 소박하게 말하면 이처럼 여러 문장의 연쇄를 하나의 텍스트로 묶어내는 의미 관련성을 응집성이라고 한다. 그러나 의미 관련성 여부에 대한 우리의 직관적 판단의 일치에도 불구하고 응집성의 본질에 대하여는 연구자 간 견해의 차가 상당하다.

Beaugrande & Dressler(1981)의 응집성 논의에서 시작해 보자. 그들은 텍스트를 "텍스트성(textuality)의 일곱 가지 기준에 부합되는 통화성 발화체"로 정의한다(Beaugrande & Dressler 1981/김태옥 · 이현호 공역 1991: 5). 주지하다시피 응집성은 이 일곱 기준[2] 중 하나이다. 그들의 논의를 따르면 응집성은 "여러 **개념**(concept)과 그들 **관계**가 이루는 한 구성체 내부에서 갖는 상호적 접근과 적합성"이다(Beaugrande & Dressler 1981/김태옥 · 이현호 공역 1991: 82). 여기서 강조되는 것은 개념과 관계이다. 개념은 마음 속에서 다소간의 통일성과 일관성을 띠고 복원되거나 활성화될 수 있는 지식(인지적 내용)의 구성체를 뜻하며, 개념 간의 관계란 텍스트 세계에서 함께 나타나는 개념들 간의 연결고리로, 각 연결고리는 자신들이 연결하는 대상 개념의 명칭을 갖게 된다고 설명한다(Beaugrande & Dressler 1981/김태옥 · 이현호 공역 1991: 6).[3]

그러나 이러한 설명에도 불구하고 상호적 접근과 적합성[4]의 의미는 모호한

2 일곱 가지 기준이란 응결성(cohesion), 응집성(coherence), 의도성(intentionality), 용인성(acceptability), 정보성(informativity), 상황성(situationality), 상호텍스트성(intertextuality)이다.

3 Beaugrande & Dressler(1981/김태옥 · 이현호 공역 1991: 6)의 설명을 따르면, '노는 어린이들'에서는 대상 개념 '어린이들'이 행위 개념 '놀다'의 주체이기 때문에 '-의 동작주'라는 관계가 획득된다.

4 원전에서는 "mutually accessible and relevant"(Beaugrande & Dressler 1981: 84)

부분이 있다. 무엇과 무엇의 상호적 접근이며 무엇의 무엇에 대한 적합성인지가 분명하지 않은 것이다. 이에 대한 이해를 위해 응집성에 대한 그들의 또 다른 설명을 보자.

> 응집성이란 주요한 주제(topic)를 중심으로 하는 지식공간들(knowledge spaces)이 구성하는 하나의 망(network)으로서, 개념들과 그들 관계가 그 안으로 결합해 들어감으로써 이루는 결과라고 상정할 수 있다(Beaugrande & Dressler 1981/김태옥 · 이현호 공역 1991: 91).

이 설명을 참조하면 상호적 접근은 개념들이 서로 수용가능한 의미 관계인지로, 적합성은 개념이나 개념의 구성체가 화제(topic)[5]에 적합한지로 풀어쓸 수 있다. 가령, '뉴멕시코 사막은 적막하다.'는 그 자체로는 두 개념 '뉴멕시코 사막'과 '적막하다'가 대상-속성의 관계를 맺을 수 있다. 즉 상호접근 가능한 개념들이다. 그러나 앞의 예문 (1)의 일부로 결합되기 어렵다. '뉴멕시코 사막의 속성'은 화제 '로켓'을 중심으로 구성된 지식공간의 망에는 적합하지 않은 내용이기 때문이다.

그들은 또한 의의(sense)[6]의 연속성이 응집성의 기반이 되며, 개념들이 의의의 연속성을 구축할 때는 제어 중심을 발견하는 데로 주의집중의 방향이 쏠린다고 설명한다(Beaugrande & Dressler 1981/김태옥 · 이현호 공역 1991: 82, 92). 그래서 제어 중심의 후보가 되는 1차 개념 넷과 2차 개념 서른넷을

로 표현되어 있다.

5 'topic'은 연구자에 따라 '주제' 또는 '화제'로 번역된다. Beaugrande & Dressler (1981: 136/김태옥 · 이현호 공역 1991: 131)에서 'topic'은 "여타 개념들과 가장 높은 밀도의 연결관계를 갖는 텍스트 세계의 개념(the notion of TOPIC to describe text-world concepts with the greatest density of linkage to other concepts)"이다. 뒤에 논의하겠지만, 이 경우는 '주제'보다 '화제'가 적절한 번역이므로 여기서는 번역본의 표현과 달리 'topic'을 '화제'로 쓴다.

6 Beaugrande & Dressler(1981/김태옥 · 이현호 공역 1991: 82)는 의미와 의의를 구분한다. 의미(meaning)는 한 언어표현의 가능요인(잠재적 의미)으로, 의의는 텍스트 상에 나타나는 표현에 의해 실현적으로 전달되는 지식으로 규정된다.

제시한다.[7] 이를 적용하면, 예문 (1)은 대상 개념인 '로켓'이 제어 중심이고, 속성, 명세화, 장소, 위치, 수량 등의 2차 개념들이 하나의 망을 이루고 있는 텍스트이다.

응집성 논의에서 그들이 강조하는 또 다른 개념은 '추론'이다. 텍스트에서 개념 간의 관계가 항상 명시적으로 드러나지는 않기 때문에 추론을 통하여 텍스트 세계의 공백이나 불연속성을 채우도록 적당한 개념과 관계들을 보충해야 하는데, 이 때 통상적으로 정신적 작업 공간에서 전국적 패턴[8]이 활성화 된다고 논의한다(Beaugrande & Dressler 1981/김태옥 · 이현호 공역 1991: 86, 98). 응집성의 분별에서 이처럼 인지적 처리과정인 추론을 강조하게 되면 개별 텍스트의 응집성은 사용자의 해석에 따라 변화하는 성질의 것이 된다. Beaugrande & Dressler(1981/김태옥 · 이현호 공역 1991: 99)에서도 이런 문제점이 있음을 인정하지만 그에 대한 대답은 유보한다.

응집성은 물론 Beaugrande & Dressler(1981)에서 처음 등장하는 개념은 아니다. 초기 연구인 Isenberg(1968)에서 이미 텍스트를 "문장의 응집적 연쇄"로 정의하고 있다(Heinemann & Viehweger 1991/백설자 역 2001: 35). 그러나 이때의 응집성은 의미가 사뭇 다르다. 초기의 텍스트언어학은 체계 중심적 연구라 불리기도 하느니 만큼 텍스트의 연구를 통사론의 확장으로 본다. 그래서 텍스트 표층의 언어적 실현을 중심으로 문장과 문장을 연결하는 문법적 수단에 논의가 집중되었고 응집성도 이들 수단에 의해 얻어지는 것으로 간주된다.

가령, Harweg(1968)는 대명사에, Weinrich(1969)는 관사와 시제 형태소에 주목한다. 텍스트의 시작 문장에는 대명사가 나타나지 않고 이어지는 문장들은 시작 문장의 한 성분에 대한 대치 표현을 수단으로 접속된다, 부정관사는

---

7 대상, 상황, 사상, 행위가 1차 개념이다. 세부 내용은 Beaugrande & Dressler(1981)의 5장 25항과 26항 참조.

8 프레임(frames), 스키마(schemas), 플랜(plans), 스크립트(scripts) 등을 여러 과제에 유용하게 사용되는 적국적 패턴으로 제시한다(Beaugrande & Dressler 1981/김태옥 · 이현호 공역 1991: 88).

후속정보에 대한 신호이고 정관사는 선행 정보를 지시해 주면서 문장들을 연결한다는 등 문장들을 접속하는 표층의 문법적 신호를 중심으로 응집성을 규정한다(Heinemann & Viehweger 1991/백설자 역 2001: 37-39). 이들 초기 응집성 논의는 문장과 문장을 하나의 텍스트로 묶어내는 기제를 설명하려 함으로써 언어학의 지평을 문장 너머로 확장하는 데 기여한 것은 분명하다. 그렇지만 이들의 설명은 다음과 같은 예를 설명할 수 없다는 한계를 지닌다. 예문 (3)은 문장과 문장을 연결하는 아무런 문법적 표지가 나타나지 않는 텍스트이고, (4)는 대명사가 시작 문장에 나타나는 텍스트의 예이다.

(3) 왕은 회계실에서 그의 돈을 모두 세고 있었다. 왕비는 거실에서 꿀을 바른 빵을 먹고 있었다. 하녀는 정원에서 빨래를 널고 있었다.[9]

(4) 나는 그것이 무엇인지 알 수 없었다. 흐릿한 그 그림자의 실체를 짐작하기가 쉽지 않았다.

대명사는 초기 문법적 수단 중심의 응집성 연구에서 주목된 이래 현재에 이르기까지 가장 대표적인 응집성 수단으로 논의된다. 응집성을 의미의 문제로 접근한 Greimas(1966)도 대명사에 초점을 둔다. 그런데 이때에는 대용이라는 문법적 기능보다는 의미, 즉 선행어와의 지시 동일성이 부각된다. Greimas (1966)에서는 응집성을 의미적 등가성 및 지시적 동일성에 기반한 어휘 자질 동위성의 망으로 규정한다. 대명사로의 대체는 동일한 어휘의 반복, 변형 재수용 등과 더불어 텍스트 내 어휘들을 의미적으로 연계함으로써 어휘자질 동위성 망을 형성한다는 것이다(Heinemann & Viehweger 1991/백설자 역 2001: 49-50). Greimas의 논의는 텍스트를 의미 중심으로 규정하고자 하였다는 데 의의가 있지만 동시에 앞의 예 (3), 또는 아래 예 (5) 등을 설명하는 데에는 어려움이 있다. 예 (3)은 어휘 자질 동위성 사슬을 발견할 수 없음에도 불구하

9 이는 Beaugrande & Dressler(1981/김태옥 · 이현호 공역 1991: 9)에서 추론에 의해 응집성을 확보할 수 있는 텍스트로 제시된 예이다.

고 응집성이 잘 구현된 텍스트이고, 아래 (5)는 동일 의미소의 어휘가 반복됨에도 불구하고 응집성이 구현되지 않는 텍스트이다.

(5) 그녀의 노래에 마음을 빼앗기지 않는 사람이 없다. 우리 여가수의 이름은 조세핀이다. 노래는 5개의 자모로 이루어진 낱말이다. 여가수들은 말을 많이 한다.[10]

대명사는 Beaugrande & Dressler(1981)에서도 주요하게 논의되는데, 이때에는 응결성(cohesion)을 구현하는 문법적 수단의 예로 제시된다. 그들은 응결성을 표층체의 연결성으로 규정하고, 기저 내용의 연결성인 응집성과 구분해야 한다고 주장한다(Beaugrande & Dressler 1981/김태옥·이현호 공역 1991: 6). 이후 여러 연구에서 응집성과 응결성의 관계에 대한 논의가 이어지며, 특히 Hallidy & Hasan(1976)의 응결성 논의와 대비된다. 그렇지만 세부적으로 들여다보면 이 두 응결성이 동치동연이 아니다.

Beaugrande & Dressler(1981)에서 응결성은 텍스트 표층 요소들 간의 문법적 의존 관계를 바탕으로 형성되는 통사구조 상의 연속성으로 규정된다. 이에 비해 Hallidy & Hasan(1976)의 응결성은 의미적 관계이다. 텍스트 내에 있는 어떤 요소의 해석이 다른 요소에 의지하지 않고서는 효과적으로 해석될 수 없을 때, 즉 한 요소의 해석이 다른 요소를 전제할 때 발생하는 관계이다.[11] 예를 들어 '사과 6개를 씻어서 씨를 파라. 그것들을 내열 접시에 담아라.'에서 '그것들'의 해석은 다른 전제된 요소를 필요로 하는데, 이를 충족시키는 요소가 선행문의 '사과 6개'이다. '사과 6개'와 '그것들'이 하나의 응결적 유대(cohesive tie)를 형성하고, 이 관계가 응결성을 제공하여, 두 문장이 하나의 텍스트로 통합된다고 설명한다(Hallidy & Hasan 1976: 4, 11). 그들은 거듭

10 이는 Dressler(1973/이재원 역 2004: 21)에서 재인용한 예이다.

11 Hallidy & Hasan(1976)은 '텍스트(text)'와 '담화(discourse)'를 특별히 구분하지 않고 혼용하는데, 이 글에서는 논의의 일관성을 위해 모두 '텍스트'로 통일하여 인용한다.

"응결 관계 그 자체는 의미에서의 관계이고, 그것이 가져오는 연속성은 의미적 연속성"(Hallidy & Hasan 1976: 303)이라고 강조한다.

Hallidy & Hasan(1976: 6)은, 또한 텍스트 내 두 요소 간의 응결적 유대는 문법적 층위에서 나타날 수도 있고, 어휘적 층위에서 나타날 수도 있다고 하면서 응결성 수단을 다음과 같이 제시한다.

(6) Hallidy & Hasan(1976)의 응결성 수단
  a. 문법적 응결성 : 지시, 대치, 생략
  b. 어휘적 응결성 : 반복, 연어[12]
  c. 접속

위 여섯은 Beaugrande & Dressler(1981)의 응결성 표지와 겹치는 부분이 있다. 그렇지만 항목 간 유사성에도 불구하고 이들이 텍스트성에 기여하는 바에 대한 설명을 대비해 보면 두 연구의 응결성이 동질적이 아님이 드러난다. Beaugrande & Dressler(1981/김태옥 · 이현호 공역 1991: 51)에서 대용형, 회기법, 접속 표현 등은, 텍스트에서 이미 사용된 구조와 패턴을 다시 사용하거나 수정 또는 압축함으로써 텍스트의 안정성과 정보처리의 경제성을 높이는 수단으로 설명된다. 이에 비해 Hallidy & Hasan(1976: 299)에서는, 텍스트에 표현되지는 않았지만 해석에 필요한 빠진 조각을 독자나 청자가 보충할 수 있도록 해 주는 의미적 연속성을 표현하는 수단으로 설명된다. 그러므로 Hallidy & Hasan(1976)의 응결성은 오히려 Beaugrande & Dressler(1981)의 응집성과 유사하며(또는 응결성과 응집성의 경계에 있으며), 텍스트통사론의 문제가 아니라 텍스트의미론의 영역에 속하는 문제로 보는 것이 타당하다.

기실, Beaugrande & Dressler(1981)는 응집성과 응결성을 엄밀하게 구분해

---

12 Hallidy & Hasan(1976: 284)에서 연어(collocation)는 어휘의미론적 체계에서 서로 관련된 두 항목을 의미한다. 소년/소녀, 올라가다/내려가다, 달러/센트, 남쪽/북쪽, 자동차/브레이크, 웃다/조롱하다 등이 그 예이다. 이는 뒤에 소개되는 Brinker (1981)의 함축적 재수용과 같거나 또는 유사하다.

야 한다는 주장을 하지만, 응집성의 설명에서 응결성에 기대기도 하고, 응결성의 설명에서 의미를 끌어오기도 함으로써 정합성이 결여된 지점이 있다. 그들은 예시 텍스트의 응집성 분석에서 대용형, 회기법, 환언 등의 응결성 수단들이 주제 절점(응집성)에 부가된다고 설명하면서 응결성이 응집성을 뒷받침한다고 부연한다(Beaugrande & Dressler 1981/김태옥 · 이현호 공역 1991: 97). 또한 응결성을 논의하면서는, 절의 대치는 표층형이 아닌 그 절의 의미내용이 활성화된 상태로 유지되고 있음을 나타내는 대용형에 의해서 이루어진다(Beaugrande & Dressler 1981/김태옥 · 이현호 공역 1991: 63)고도 말하는 등 응집성과 응결성을 구분을 모호하게 한다. 「로켓」 텍스트의 분석에서는, 개념망(응집성)과 문법망(응결성)을 비교하면서 두 망의 일반적인 패턴이 유사하고 절점으로부터 절점으로 가는 접근 경로가 완전히 동일하므로 텍스트의 처리과정은 구조적 유사성을 서로 다른 계층에 이용하는 것이 합리적일 듯하다는 견해를 피력하기도 한다(Beaugrande & Dressler 1981/김태옥 · 이현호 공역 1991: 96).

응집성의 외연은 Brinker(1985)[13]에서 매우 확장된다. 그는 응집성과 응결성을 구분하는 것이 필요하지 않다는 입장에 선다. 텍스트 응집성의 명시적(형태론적 · 통사론적) 형태와 함축적(의미적 · 인지적) 형태의 긴밀한 관계는 애초부터 인식되었으므로 응집성을 다양한 국면(문법적, 주제적, 화용적)을 포괄하는 개념으로 보아야 한다는 것이다(Brinker 1985/이성만 역 1994: 12). 그래서 그는 응집성을 문법적 응집성과 주제적 응집성으로 하위범주화하고, 각각을 텍스트의 연속하는 문장들 간의 통사론적 · 의미론적 관계, 텍스트가 문장들에 표현된 사태들 사이에서 만들어내는 인지적 응집관계로 정의한다(Brinker 1985/이성만 역 1994: 15). 다음은 그가 제시하는 응집성 분석 범주와 분석 기준이다.

13 Brinker(1985/이성만 역 1994: 11)는 텍스트를 "자체적으로 응집적이고, 전체로서 인지가능한 통보기능을 알려주는 언어기호들의 한정된 연쇄"로 정의한다.

〈표 1〉 텍스트 구조적 국면의 분석 범주와 분석 기준[14]

<table>
<tr><th colspan="3">분석 범주</th><th>분석 기준</th></tr>
<tr><td colspan="3">문법적 층위</td><td>재수용 - 명시적/함축적
시제의 연속성
접속사적 연결
의미론적 텍스트화 유형들, 기타</td></tr>
<tr><td rowspan="3">주제적 층위</td><td>주제</td><td>주제의 종류
처소적 방향설정
시간적 방향설정</td><td>사건, 대상, 테제 등
- 생산자/수용자와 관련된 방향설정
- 생산자/수용자와 무관한 방향설정
- 과거적, 현재적, 미래적 방향설정, 무시간적 방향설정</td></tr>
<tr><td rowspan="2">주제 전개</td><td>기본형태</td><td>기술형, 서사형, 설명형, 논증형</td></tr>
<tr><td>실현형태</td><td>기술적-사실강조형/의견강조형
합리적-설득형/권유적-설득형, 기타</td></tr>
</table>

문법적 응집성을 대표하는 것은 재수용이다. 이것은 다시 재수용할 표현과 재수용된 표현이 공지시 관계에 있는 명시적 재수용과 공지시 관계는 성립하지 않지만 의미론적 근접성이 성립하는 함축적 재수용으로 하위범주화 된다. 명시적 재수용은 동일한 명사의 반복, 다른 명사(또는 명사적 단어 그룹)를 통한 재수용, 대명사를 통한 재수용으로 세분되며, 함축적 재수용은 다음과 같은 의미론적 근접성에 의해 발생한다(Brinker 1985/이성만 역 1994: 36).

(7) 의미론적 근접성의 부류
  a. 논리적(개념적) 근접성 관계 : 패배-승리, 문제-해결
  b. 존재론적 근접성 관계 : 번개-천둥, 아이-엄마
  c. 문화적 근접성 관계 : 전차-차장, 도시-역

Brinker(1985)에서는 문법적 응집성에 대한 명시적 개념 규정은 나타나지

14 이는 Brinker(1985/이성만 역 1994: 174)에서 제시한 표 중 해당 부분만 가져온 것이다.

않는다. 그러나 분석 기준으로 제시된 항목을 대비해 보면 Hallidy & Hasan (1976)의 지시, 대치, 반복, Beaugrande & Dressler(1981)의 (부분적) 회기, 대용형, 환언을 포괄하는 넓은 개념이다. 문법적 응집성이 텍스트성의 충분조건이 아니라는 데에는 앞의 연구자들과 같은 입장을 취한다. 우리가 주제나 맥락과 관련된 배경 지식을 충분히 구사할 경우 재수용 등의 문법적 신호는 무용지물이 될 수 있기 때문이라고 그는 말한다(Brinker 1985/이성만 역 1994: 46).

주제적 응집성에서 중요한 개념은 주제(thema)와 주제 전개이다. 주제란 "텍스트 내용의 핵"(Brinker 1985/이성만 역 1994: 60)이며, 주제 전개는 "주제의 정신적인 실행(과정)"(Brinker 1985/이성만 역 1994: 67)으로 정의된다. 텍스트 내용의 핵인 주제가 일관되게 전개됨으로써 일련의 언어 연쇄는 응집성을 획득하게 된다는 것이다. 주제는 부분들 간의 논리·의미론적 관계에 따라 각기 달리 전개되며, 기술형, 서사형, 설명형, 논증형 등이 중요한 주제 전개 모형이다.

응집성과 응결성의 구분이 필요하지 않다는 그의 주장을 상기하면, Brinker (1985)에서 응집성을 문법적 층위와 주제적 층위로 구분한 것은 자기모순으로 비추어질 수도 있다. 그의 탁견은 문법적 응집성의 가치가 하나의 텍스트 대상을 일관되게 언어적으로 표현함으로써 텍스트의 주대상을 암시해 준다는[15] 데 있다고 본 점이다. 문법적 응집성을 텍스트 표층의 문장들 간의 연속성이 아니라 주제, 즉 의미와 적극적으로 관련지음으로써 Beaugrande & Dressler(1981)의 엄격한 응집성과 응결성 구분보다 한 걸음 나아간 것이다.

지금까지 응집성에 대한 각기 다른 연구자의 논의를 살폈는데, 응집성의 정의는 결국 텍스트관과 밀접하게 관련되어 있다. 텍스트를 문장의 연장선에 놓은 Isenberg(1968), Harweg(1968), Weinrich(1969) 등은 응집성을 문법적인 성격의 것으로 정의하고, 텍스트에서 절차적 접근을 강조하는 Beaugrande &

15 Brinker(1985/이성만 역 1994: 46)에서는 이를 두고 응집성이 "텍스트의 주제관계를 위한 버팀목"이라고 표현한다.

Dressler(1981)는 응집성을 인지적 처리과정의 결과로 규정한다. Brinker (1981)에서 응집성을 문법적 층위와 주제적 층위로 구분한 것도 그의 텍스트관에 기반한다. 텍스트관에 대한 그의 범주화 내용 - 언어체계 지향적, 통보 지향적, 통합적 관점 - 은 익히 알려진 바다. 그는 통합적 관점의 텍스트 연구를 강조하고, 따라서 응결성과 응집성의 차이보다는 상호관련성을 강조하여 응집성을 문법적 국면과 주제적 국면을 포괄하는 개념으로 확장한다. Hallidy & Hasan(1976)에서의 응결성 역시 의미 관계를 강조하므로 응집성 논의에서 함께 소개되어야 할 개념이다.

2.2. 텍스트의 주제

주제(theme)는 흔히 화제(topic)와 혼용되기도 하므로 먼저 이에 대한 구분이 필요하다. 우리는 일상적으로 주제문, 주제문장 등의 표현을 사용하지만 화제문, 화제문장이라는 표현을 사용하지는 않는다. 주제는 일종의 요약문이고, 화제는 말하여지고 있는 것('~대하여성')이다. 그래서 텍스트의 주제는 텍스트 내에서 명시적으로 실현될 수도 있고, 실현되지 않을 수도 있지만 텍스트의 화제는 생산자의 특별한 의도가 없는 한 텍스트 내에 명시적으로 드러난다. 이런 구분에 따르면 아래 소개하는 Daneš의 논의에서 '주제'는 화제에 해당된다. 그렇지만 이는 텍스트언어학에서 주제 연구의 출발점이라 할 수 있으므로 여기에서 함께 살핀다.

2.2.1. F. Daneš의 주제 전개 유형[16]

F. Daneš(1976)의 주제 전개 유형은 프라그학파의 기능적 문장시점에 터를 두고 있다. 여기서는 문장을 진술의 대상을 제시하는 주제부(Thema)와 그 대

16 Daneš(1976)의 주제 전개 모형은 Heinemann & Viehweger(1991/백설자 역 2001), Brinker(1985/이성만 역 1994), Vater(1994/이성만 역 1995)의 내용을 참조하였다.

상에 대해 어떤 내용을 전달하는 설명부(Rhema)로 구분한다. 이에 따르면 '우리는 강둑을 따라 천천히 걸었다.'에서 '우리는'은 주제부로 진술의 대상을 제시하며, '강둑을 따라 천천히 걸었다'는 '우리'에 대한 새로운 내용을 전달하는 설명부가 된다.

Daneš(1976)는 이런 통사론의 문장 구성법을 텍스트 구조 분석에 적용한 결과, 텍스트 내에서 주제부가 문장과 문장의 연결에서 중요한 기능을 하는 것을 발견한다. 두 문장의 연결에서 뒷 문장의 주제부는 항상 앞선 문장의 주제부-설명부 단위와 관련되어 있음을 발견하고, 텍스트구조란 곧 주제들의 연쇄성이라고 규정한다. 그는 주제 전개의 유형을 다섯 가지로 구분하여 제시한다.[17]

(8) a. 한스는(T_1) 자전거를 한 대 샀다(R_1). 그 자전거는(T_2=R_1) 지하실에 있다(R_2). 지하실에는(T_3=R_2) ….
b. 내 자전거는(T_1) 새 것이다(R_1). 그것은(T_1) 아버지께서 주신 선물이다(R_2). 그것은(T_1) 요즘 지하실에 있다(R_3).
c. 그는 다음 이유로 코끼리(HT/상위주제)를 높이 평가한다. 이것의 코는(T_1) 엄청난 몸통까지 작은 음식물, 이를테면 땅콩류도 날라다 준다(R_1). 이것의 귀는(T_2) 움직일 수 있다(R_2). 이것의 피부는(T_3) ….
d. 집 입구에(T_1) 두 명의 남자가 서 있다(R_1=R_1'+R_1''). 한 명은(T_2'=R_1') 담배를 피우고 있고(R_2'), 다른 한 명은(T_2''=R_1'') 술을 마시고 있다(R_2'').
e. 한스는(T_1) 어두운 방으로 안내되었다(R_1). 그것은(T_2=R_1) 값비싼 가구들로 장식되어 있었다(R_2). 양탄자는(T_4) 색상이 현란스러웠다(R_4).

---

17 예문 (8)은 Brinker(1992)에서 인용한 것이다. Heinemann & Viehweger(1991/백설자 역 2001: 41)에서는 설명부 분할식 주제 전개와 주제 비약식 전개는 각각 단순 선형식 전개, 주제 순환식 전개의 변이로 볼 수 있다는 입장을 취한다.

(8a)는 단순 선형식 전개 유형의 예이다. 이것은 앞 문장의 설명부가 다음 문장의 주제부가 되는 것으로 주제부-설명부(주제부)-설명부의 구조로 전개된다. (8b)는 주제 순환식 전개 유형으로, 전체 주제는 달라지지 않고 설명부만 새롭게 추가된다. 첫 문장 주제부에 도입된 '내 자전거'가 다음 두 문장에서도 대용형으로 주제부에 제시되고, 설명부에서는 새로운 정보가 계속 추가된다. (8c)는 하나의 상위주제로부터 하위주제들이 파생되는 상위주제 파생식 전개 유형이고, (8d)는 한 문장의 설명부가 다수의 주제로 분열되는 설명부 분열식 전개 유형이다. (8c)에서는 첫 문장의 주제부에서 상위주제인 '코끼리'가 도입되고, 이어지는 문장들에서는 코끼리의 코, 코끼리의 귀가 주제부로 제시되고 이에 대한 정보가 설명부에 제시된다. 설명부 분열식 전개인 (8d)는 한 문장의 설명부가 다수의 주제들로 분열된다. 마지막으로 (8e)는 주제 비약식 전개유형의 예로, 이 유형은 맥락을 통해 보충될 수 있는 주제핵의 성분이 생략된다. (8e)는 '가구'에서 '양탄자'로 비약되는데, 이는 '양탄자'가 '방'으로부터 쉽게 추론될 수 있기 때문이다.

그런데 주제부와 설명부의 구분이 항상 이렇듯 분명하지는 않다. Brinker (1985/이성만 역 1994: 56)의 비판처럼, Daneš가 설명부를 구분하는 객관적 기준으로 제시한 보충질문법도 그 둘의 구분을 뚜렷하게 하지 못한다. 보충질문법이란 '한수가 자전거를 타고 갔다.'는 '한수가 무엇을 타고 갔는가?'라는 질문에 대한 답이기 때문에 '자전거를 타고 갔다'가 서술부가 된다는 설명이다. 그런데 '한수가 자전거를 타고 갔다.'는 '누가 자전거를 타고 갔는가?'라는 질문에 대한 답이기도 하다. 그러므로 이 경우는 '한수가'를 설명부라고 해야 한다.

Daneš(1976)의 주제 전개 유형이 갖는 또 다른 한계는, 표층의 선형적 문장 연결을 이렇듯 분석한 결과가 전체로서의 텍스트 주제와 어떻게 관련이 되는지 분명하지 않다는 점이다. 보충질문법에도 함의되듯이 주제부-설명부 구조는 표층 문장에서 어떤 정보가 새롭게 부가되는지를 알려주기는 하지만 그 정보들이 어떻게 텍스트의 의미 구조를 형성하는지를 보이지는 못한다.

2.2.2. T. U. van Dijk의 거시구조

van Dijk(1980/정시호 역 1995: 71)에서는 주제를 거시구조(Makrostruktur)의 개념으로 정의한다. 거시구조란 텍스트 전체에 바탕을 두고 있는 보다 큰 단위에서 나타나는 연관성으로 텍스트의 총괄적인 구조이다.[18] 그러므로 텍스트주제는 전체로서의 텍스트가 말하고 있는 무엇이다. 거시구조는 일종의 바꿔쓰기인 거시규칙의 적용으로 도출되는바, 그는 "주제 유도를 형식적으로 재구성한 것"이라고 설명한다(van Dijk 1980/정시호 역 1995: 79).

(9) van Dijk(1980)의 거시규칙
   a. 삭제규칙(생략, 선택)
      - 잉여적이고 비핵심적인 정보의 제거와 근본적인 정보의 선택
   b. 대체규칙(일반화, 구성/통합)
      - 공통적 초개념 또는 더 보편적이고 총괄적인 개념으로 대체

Daneš(1976)의 주제 전개유형에서는 텍스트 내의 문 연결이 직접 인접한 문장들 간에서만 일어나지만, van Dijk(1980)의 거시구조에서는 하나의 명제와 일련의 명제 전체(거시명제), 또는 일련의 명제 전체와 다른 일련의 명제 전체(거시명제와 거시명제)가 의미적으로 연결될 수 있고, 궁극적으로 하나의 텍스트가 하나의 거시명제로 환언될 수 있다. 곧 거시규칙은 "주제 유도를 형식적으로 재구성한 것"이며, 텍스트의 주제는 "일정한 추상화 수준에서의 거시명제"이다(van Dijk 1980/정시호 역 1995: 79, 87).

van Dijk(1980)의 이러한 논의는 몇 가지 비판에 직면하기도 한다. 무엇보다 거시규칙을 어떻게 적용하느냐 하는 문제이다. 거시규칙의 적용 순서에 따라, 중요한 정보와 부차적 정보의 구분 내용에 따라 도출되는 거시구조가 달라질 수 있기 때문이다. 그 역시 사용자에 따라 규칙을 다양하게 적용할

18 그는 문구조와 문연속 구조는 미시구조(Mikrostruktur)라고 칭함으로써 거시구조와 구분한다(van Dijk 1980/정시호 역 1995: 74).

수 있기 때문에 하나의 텍스트에 대해서 거시적-다의적 구조가 생길 수 있음을 인정하면서, 모든 개인적 해석은 텍스트의 총괄적 의미가 가진 기능이라고 말한다(van Dijk 1980/정시호 역 1995: 87). 그렇다면 과연 모든 개인적 해석을 함의하는 텍스트의 총괄적 의미(주제)는 무엇인가라는 문제가 여전히 남아 있는 것이다. Brinker(1985/이성만 역 1994: 58)에 따르면, 그 외에도 거시구조 자체의 형식과 유도과정, 텍스트 연산을 통하여 의미론적 심층구조로부터 텍스트의 표층구조가 어떻게 생성될 수 있는냐 등에 대해서도 의문이 제기되었다.[19]

그러나 이러한 비판에도 불구하고, van Dijk(1980)의 논의는 텍스트의 주제를 표층의 문장 연결 수준이 아니라 총괄적 의미로 규정한 점, 거시규칙의 적용으로 텍스트의 주제를 미시적 명제 연결로부터 체계적으로 이끌어 낼 수 있는 가능성을 보였다는 점에서 의의가 있다.

2.2.3. K. Brinker의 주제와 주제 전개 모형

거시규칙으로 텍스트주제의 도출을 설명하려 한 van Dijk(1980)와 달리, Brinker(1985)는 주제란 독자가 텍스트로부터 얻는 전체적인 이해에 의존하는 것이어서 주제 구성을 이르는 기계적인 절차를 규정하기는 어렵고, 다만 주제 분석이 지향할 수 있는 몇 가지 원칙을 세울 수 있을 뿐이라고 한다. 그는 주제를 "텍스트 내용의 핵"으로 정의한다(Brinker 1985/이성만 역 1994: 61).

Brinker(1985)의 주제 분석에서 우선 고려할 것은 재수용 원칙이다. 앞서 살폈듯이 재수용 관계의 분석이 핵심적 텍스트대상을 보여줄 수 있기 때문이다. 또한 그는 핵심 주제와 주변 주제를 구별할 수 있는 원칙의 필요성을 강조하면서, 이는 일반적으로 텍스트의 부분들이 상이한 하위 주제를 가지고 있기 때문이라고 이야기한다.[20] 아래 유도가능성의 원칙과 양립성의 원칙이 그것

19 이성만(2007)에서도 거시규칙에 대하여 이와 유사한 비판을 제기한다.

이다(Brinker 1985/이성만 역 1994: 62).

(10) 핵심 주제와 주변 주제 구별 원칙
  a. 유도 가능성의 원칙 : 텍스트의 다른 주제들이 가장 설득력있게 '유도'될 수 있는 주제를 텍스트의 핵심 주제로 간주한다.
  b. 양립성의 원칙 : 텍스트의 핵심 주제로 볼 수 있는 것은 텍스트 화용론적 분석에 준거하여 탐구된 텍스트기능과 가장 잘 양립할 수 있는 주제이다.

여기에서 주목되는 것은 양립성의 원칙이다. 부분적 주제로 '건강을 위해서는 ○○영양제보다 더 좋은 것은 없다.'와 '○○영양제가 제일 유명하다.'를 지니는 광고 텍스트를 보자. 이 경우 광고 텍스트의 호소 기능과 양립할 수 있는 앞의 주제가 텍스트의 핵심 주제가 된다. 즉, 그는 주제 분석에서 화용론적 조건을 중요한 준거로 끌어옴으로써 반 다이크의 거시규칙 적용의 임의성이 지닌 한계를 넘어서는 것이다.

텍스트주제에 대한 그의 논의에서 또 하나의 주요한 개념은 '주제 전개'이다. 이는 주제의 정신적 실행(과정)으로, 의사소통의 의도와 상황적 요인의 제어를 받는다. 그래서 텍스트주제가 달라지면 주제의 전개도 달라지며, 각각의 주제 전개에 기초가 되는 논리 · 의미론적 범주의 특성도 다르다. 또한 이들 논리 · 의미론적 범주에 따라 언어공동체에는 일상지식으로 형성되어 있는 주제 전개의 기본 모형들이 있는데, 그 중 기술형, 서사형, 설명형, 논증형 모형이 가장 중요하다(Brinker 1985/이성만 역 1994: 70). 요컨대, 반 다이크의 거시규칙이 상향식으로 작용하는 데 비해 브링커의 주제 전개는 하향식으로 작용하는 개념으로 차별화된다.

주제 전개 모형은 그 설명력에도 불구하고 남은 문제가 있다. 각 주제 전개의 기초가 되는 논리 · 의미론적 범주에 대한 규명이 충분하지 않다는 점이다.

---

20 Brinker(1985)는 이를 "주제 계층구조"라고 부른다.

예를 들어 그는 기술형 주제전개 모형에서 중요한 주제상의 범주로 명세화와 상황화를 든다. 그런데 이들 범주는 그가 제시한 기술형 주제 전개의 변이형 중 일회적인 사건 과정을 서술하는 텍스트의 주제 분석에는 유용하지만, 하나의 생물이나 대상에 대하여 기술하는 텍스트에는 유용하지 않다. 그러므로 각 주제 전개 모형을 특정할 수 있는 필요하고도 충분한 주제 범주의 탐색이 요구된다.

2.3. 국내 텍스트의미론 연구의 현황

국내에서 수행된 텍스트의미론의 성과는 그리 풍성하지는 않다. 1990년대 한국텍스트언어학회가 창립되는 등 국내에서 텍스트언어학에 대한 관심을 고조된 것은 고영근(1990, 1999 등)에 힘입은 바가 크다. 그렇지만 그의 연구에서도 텍스트의미론은 뚜렷하게 드러나지 않는다. 고영근(2017)에서는 새로운 문법 체계를 제안하면서 텍스트 형성부를 추가하는데, 이때에도 응결성이 강조되고, 텍스트의미론 또는 응집성은 고려되지 않는다. 텍스트의미론 국내 연구의 성과를 살피는 일이, 그래서 더욱 필요하다.

텍스트의미론의 주요 쟁점 요소인 응집성과 텍스트 주제 중 국어학에서의 관심은 후자에 더 집중된다. Daneš의 다섯 가지 주제 전개 모형, van Dijk의 거시구조, Brinker의 주제 전개 형태 등이 다수의 연구자에 의해 조명되고(이삼형 1999; 김재봉 1995; 이희자 2004; 강우원 2011 등), 국어교육 분야에서는 박진용(2006)을 위시하여 이들을 적용하여 읽기 지도 방안이나 쓰기 지도 방안을 모색하는 연구가 여럿 있다. 또한 이은희(1993), 김봉순(1996) 등에서는 텍스트 주제 분석과 관련된 명제 간 의미 구조를 규명하고자 한다.[21] 이들 연구는 기존의 이론을 소개하고 텍스트 주제 분석을 위한 의미 구조를 규명하는 등의 성과를 얻는다.

21 각 연구의 성과와 한계는 장소원(2010), 황미향(2018)에서 분석된 바 있어 여기에서는 자세히 살피지 않는다.

응집성에 대한 논의는 독어학자의 연구가 상대적으로 비중이 크다. 대표적으로는 이재원(2001, 2003, 2018), 이성만(2006) 등이 있다. 이재원은 지속적으로 독일어권에서 얻어진 응집성 개념을 비판적으로 소개한다. 이재원(2001)은 응집성 개념을 체계중심적, 통보중심적, 인지중심적 개념으로 범주화하여 대비하여 분석하고, 다른 연구에서는 van de Velde의 응집성, Coseriu의 어휘연대, Greimas의 동위소 등을 정리하여 보인다. 이성만(2006)은 응집성의 개념이 지나치게 좁거나 또는 넓게 이해될 때의 문제를 지적하면서 응집성과 응결성의 경계 문제에 대하여 논의한다.

3. 과제와 전망

텍스트의 의미에 대한 연구는 텍스트성의 문제와 관련된 응집성 연구와 텍스트의 주제 분석을 중심으로 이루어진다. 주지하다시피 응집성은 연구자에 따라 서로 다르게 정의되며, 여전히 탐색 중인 개념이다. 텍스트의 주제 또한 쉬이 손에 잡히지 않는다. 텍스트라는 연구의 대상이 종래 의미론의 대상인 어휘나 문장과 비교할 수 없을 정도로 큰 말덩이일 뿐 아니라 표층에 실현된 문장들의 선조적 연결 형태와 그들 문장 간의 의미 관계가 거울 영상이 아닌 까닭이다.

여기서는 앞서 살핀 응집성 및 주제 연구의 성과와 국내 텍스트 의미 연구의 동향에 기대어 몇 가지 텍스트 의미 연구의 과제와 전망을 제시한다.

첫째, 통합적 텍스트의미론의 구상이다. 텍스트의 의미 연구는 지금까지 연구자에 따라 배타적인 관점에서 수행되었다. 그런데 텍스트를 매개로 한 의사소통에서 언어 기호의 의미, 사용자의 목적, 화용론적 맥락 등은 서로 긴밀하게 관련되어 있다. 따라서 특정한 하나의 요소에만 의지하기보다는 통합적 관점에서 접근하는 것이 필요하다.

둘째, 텍스트의미론의 연구 대상 확장이다. 현재의 의사소통 상황은 텍스트

언어학 태동기인 20세기 중 · 후반과는 매우 다르다. 웹 기반 의사소통이나 개인용 통신수단을 통한 의사소통이 일상적인데, 이 경우 창출되는 텍스트는 종래의 선조적, 선형적 텍스트와는 다른 특징을 지닌다. 따라서 텍스트의미론에서도 이러한 새로운 매체 기반 텍스트 또한 연구의 대상으로 포섭할 수 있어야 한다.

셋째, 관련 학문과 적극적인 학제적 연구이다. van Dijk(1980)에서 '텍스트학'을 제시하리만큼 텍스트는 그 자체로 학제적 연구의 대상으로 가치가 높다. 동일한 텍스트에 대한 의미 해석이 수용자에 따라 다를 수 있음을 우리는 경험적으로 알고 있을 뿐만 아니라 텍스트를 연구하는 언어학자들도 인정하는 바다. 인지심리학이나 신경생리학과의 학제적 연구는 이러한 차이의 기제를 이해하는 데 도움이 될 수 있을 것이다. 코퍼스 언어학이나 텍스트 마이닝 등과의 학제적 연구는, 텍스트의미론 연구에는 대형 텍스트 분석에 도움이 될 수 있고 텍스트 연구자들의 전문적 텍스트 분석 능력이 코퍼스 분석 기준의 설정에 도움이 될 수도 있다. 그 외 다양한 학문 영역과의 학제적 연구가 가능하고 필요하다.

넷째, 텍스트의미론 연구 결과의 적용이다. 특히 언어 교육에의 적용을 시도해 볼 일이다. 그 동안에도 교육대학원 석사 논문에서 텍스트의미론의 연구 내용을 국어 교육에 적용해 보려는 시도가 없었던 것은 아니다. 그러나 연구자들의 텍스트의미론에 대한 이해가 충분하지 못했던 까닭에 단순한 적용에 그치고 만 것이 대부분이다. 텍스트의미론 연구자의 입장에서, 또는 두 영역 전공자의 협업을 통해 국어 교육에의 체계적 적용을 시도해 볼 일이다. 적용을 위해서는 이론의 설명력과 한계에 대한 정확한 이해가 필요하기 때문이다.

다섯째, 한국어 텍스트의 의미론적 특징에 대한 연구이다. 의사소통의 양상은 직접적인 상황 맥락의 영향을 받기도 하지만 사회 · 문화적 맥락의 영향을 받기도 한다. 이는 한국어 텍스트에 특징적으로 나타나는 의미 현상 연구가 필요함을 뜻한다. 통시적, 공시적으로 한국어 텍스트의 의미 구조나 주제 실현 양상에 대한 연구는 우리의 언어 문화에 대한 이해의 폭을 넓히는 데에도 기여할 수 있을 것이다.

4. 마무리

이 글에서는 응집성과 텍스트의 주제 분석을 텍스트의미론의 핵심 과제로 보고 그 연구의 내용을 짚어 보았다. 결론으로 보편적이고 합당한 정의를 이끌어내는 것이 이 글의 목적은 아닌지라 충실한 소개에 중점을 두고 살폈다.

응집성은 텍스트성의 조건으로 가장 먼저 꼽히는 요소인 까닭에 연구자들의 텍스트관에 따라 개념 규정이 다르게 나타났다. 응결성과의 관계에 대해서는 둘을 엄밀하게 구분해야 한다는 관점과 구분이 필요하지 않다는 관점이 있는가 하면, 경계선에 있는 연구도 있었다. 초기의 주제부-설명부 분석을 제외하면, 텍스트의 주제가 텍스트를 대표하는 전국적 의미라는 데에는 이견이 없었다. 그러나 주제를 얻어내는 방법에서는 차이가 있었다.

우리의 텍스트언어학 연구가 몇 종의 번역서를 참고하는 선에 머물러 있다는 고영근(2012: 24)의 비판은 국내 텍스트의미론 연구에도 그대로 적용된다. 물론 이 글도 그러한 비판으로부터 자유롭지 않다. 이제 이러한 비판을 넘어서서 한국어 텍스트의미론을 정립할 수 있는 역량 있는 연구자를 기대해 본다.

참고문헌

강우원(2011), "신문 사설 텍스트의 주제와 주제 전개에 관한 연구", 『우리말연구』 29: 209-229, 우리말학회.

고성환(1999), "설명형, 논증형 주제 전개 모형과 읽기 교육", 『텍스트언어학』 7: 339-363, 한국텍스트언어학회.

고영근(1990), "텍스트이론과 국어통사론 연구의 방향", 『배달말』 15: 1-11, 배달말학회.

고영근(1999), 『텍스트이론-언어문학통합론의 이론과 실제』, 도서출판 아르케.
고영근(2011), 『텍스트 과학』, 집문당.
고영근(2012), "텍스트 과학 연구의 전망", 『텍스트언어학』 33: 5-26, 한국텍스트언어학회.
김봉순(1996), "텍스트 의미 구조의 표지 연구", 서울대학교 대학원 국어교육과 박사학위논문.
김원경(2008), "텍스트성과 캐릭터-레마 구조", 『텍스트언어학』 25; 81-115, 한국텍스트언어학회.
김재봉(1995), "문 주제 중심의 텍스트 요약과 거시규칙", 『텍스트언어학』 3: 31-82, 한국텍스트언어학회.
김재봉(1997), "주제 전개 유형에 대한 연구." 『한국언어문학』 38: 7-26, 한국언어문학회.
박진용(2006), "텍스트 의미 구조의 읽기 교수・학습 연구", 한국교원대학교 대학원 국어교육과 박사학위논문.
신명선(2005), "텍스트유형 교육에 관한 비판적 고찰: 신문 기사문을 중심으로", 『국어교육학연구』 24: 361-384, 국어교육학회.
신지연(2006), "논증텍스트의 단락간 의미구조", 『텍스트언어학』 21: 307-327, 한국텍스트언어학회.
신지연(2011a), "주제 분석과 텍스트 유형", 『한국어 의미학』 36: 181-202, 한국어의미학회.
신지연(2011b), "주제 분석에 기여하는 텍스트 요소: 개화기 가사 자료를 중심으로", 『텍스트언어학』 30: 111-134, 한국텍스트언어학회.
윤석민(1989), "국어의 텍스트 언어학적 연구 시론", 서울대학교 대학원 국어국문학과 석사학위논문.
이삼형(1994), "텍스트의 내용 구조 분석 방법과 교육적 적용 연구", 서울대학교 대학원 국어교육과 박사학위논문.
이삼형(1999), "텍스트 구조 분석 연구: 화제 전개를 중심으로", 『텍스트언어학』 6: 207-228, 한국텍스트언어학회.
이성만(1995), "언어학적 텍스트 이해의 의미론적 과제", 『텍스트언어학』 3: 1-30, 한국텍스트언어학회.
이성만(2006), "텍스트구성의 조건과 차원: 응결성과 응집성 개념을 중심으로, 『인문논총』 23: 107-120, 배재대학교인문과학연구소.

이성만(2007), 텍스트언어학의 현황과 전망: 텍스트기술의 기본차원들, 『우리말 연구』 20: 3-48, 우리말학회.
이은희(1993), "접속관계의 텍스트 언어학적 연구", 서울대학교 대학원 국어교육과 박사학위논문.
이재원(2001), "응집성, 응집성들", 『텍스트언어학』 10: 153-188, 한국텍스트언어학회.
이재원(2003), "반 드 벨데의 응집성 연구", 『독어학』 8: 175-198, 한국독어학회.
이재원(2018), 『텍스트 언어학사』, 한국외국어대학교 지식출판원.
이희자(2001), "국어 주제부의 전개 양상 연구", 남기심 편, 『국어문법의 탐구』 5: 561-586, 태학사.
이희자(2004), "주제부 전개로 본 텍스트 구성 연구: 텍스트를 단위로 풀어 쓰는 국어지식 이야기 1", 『텍스트언어학』 17: 59-93, 한국텍스트언어학회.
조국현(2005), "한국 텍스트언어학사 연구의 이론적 토대와 과제 및 절차", 『독어교육』 32: 205-233, 한국독어독문학교육학회.
진영내(1994), "텍스트 안에서의 지시 관계들", 『텍스트언어학』 1: 37-58, 한국텍스트언어학회.
최승기(2014), "응집성 관계와 수사구조이론의 인과성과 주관성에 대한 비교 연구", 『텍스트언어학』 36: 391-412, 한국텍스트언어학회.
최용호(2004), 『텍스트 의미론 강의』, 인간사랑.
한국텍스트언어학회(2004), 『텍스트언어학의 이해』, 박이정.
황미향(2018), "한국에서의 텍스트 의미 연구 현황과 과제", 『텍스트언어학』 45: 307-334, 한국텍스트언어학회.
de Beaugrande, R.-A. & W. U. Dressler(1981), *Introdduction to Text Linguistics*, London: Longman. (김태옥 · 이현호 공역(1991), 『담화 · 텍스트 언어학 입문』, 양영각.)
Brinker. K.(1985), *Linguistische Textanalyse*, Berlin: Erich Schmidt. (이성만 역(1994), 『텍스트언어학의 이해: 언어학적 텍스트분석의 기본 개념과 방법』, 한국문화사.)
Bublitz, W.(2011), Cohesion and coherence. *Discursive Pragmatics*, in J. Zienkowski, J. O. Östman, & J. Verschueren(eds.), *Discursive Pragmatics*, 37-49, Amsterdam/Philadelphia: John Benjamins.
Carrell, P. L. (1982), Cohesion is not coherence. *TESOL quarterly* 16(4): 479-488.

Coseriu, E.(1981), *Textlinguistik*, Tübingen: G. Narr. (신익성 역, (1995)『텍스트언어학』, 사회문화연구소.)

Dressler, W.(1973), *Einführung in die Textlinguistik*, Tübingen: Max Niemeyer Verlag. (이재원 역(2004),『텍스트언어학 개론』, 한국문화사.)

Givón, T. (1993), Coherence in text, coherence in mind, *Pragmatics & Cognition* 1(2): 171-227.

Halliday, M. A. K. & R. Hasan(2014), *Cohesion in English*, London/New York: Routledge.

Heinemann, W. & D. Viehweger(1991), *Textlinguistik: eine Einführung*, Tübingen: Niemeyer. (백설자 옮김(2001),『텍스트언어학 입문』, 역락.)

van Dijk, T. A.(1980), *Textwissenschaft: eine Interdisziplinäre Einführung*, Berlin: Walter de Gruyter. (정시호 역(1995),『텍스트학』, 민음사.)

Sanders, T. J. & L. G. Noordman(2000), The role of coherence relations and their linguistic markers in text processing, *Discourse Processes* 29(1): 37-60.

Vater, H.(1992), *Einführung in die Textlinguistik*, München: W. Fink. (이성만 옮김(1995),『텍스트언어학 입문』, 한국문화사.)

형식의미론

김 광 희*

1. 들머리

1.1. 목적

이 글은 한국어 의미를 탐구한 연구 성과 중에서 형식의미론(Formal Semantics)에 기대어 의미 현상을 다룬 연구들을 간추려 그 논점과 흐름을 살펴보고, 형식의미론이 한국어 의미 연구에서 이룬 성과와 그 한계를 확인해 보려는 데 목적이 있다.[1] 이를 위하여 형식의미론의 기본 성격과 배경 그리고 이론의 도입 과정과 주요 쟁점을 간략히 소개하고, 이어 몬태규의미론(Montague Semantics)에서 확장 파생된 이론들과 한국어 의미연구의 영향관

* 광양보건대학교 간호과 교수, linguakim@hanmail.net

1 필자는 1998년 『한국어 의미학』 제2집에서 "국어 문장 의미 연구를 위한 형식의미론의 수용 양상과 과제(57-89쪽)"라는 논제로 형식의미론의 도입과 연구 동향 그리고 성과와 과제를 종합적으로 살핀 바 있다. 이 글은 필자의 1998년의 논문을 근간으로 삼되, 그 이후 발표된 연구들 가운데 새롭게 소개할 필요가 있는 성과물을 찾아 이전의 내용을 보완한 것이다.

계를 조망해 보고자 한다.

1.2. 형식의미론의 배경과 특성

형식의미론은 논리언어(logical language)를 활용하여 언어의 의미를 정의하고 분석한다. 논리언어를 사용한다는 것이 단순히 '∀, ∃, ∧, ∨, λ' 따위의 논리기호를 사용하는 점을 말하는 것은 아니다.[2] 논리학이나 철학의 전통을 논리언어라는 개념으로 언어의 의미 연구에 도입하여 의미표상의 논리성과 엄밀성을 추구하는 이론이라는 측면이 더 정확하다. 여기에는 전제가 되는 중요한 두 가지 이론적 배경이 있다.

첫째는 자연언어가 갖는 통사적 부정확성이나 중의성과 모호성 등을 극복하기 위한 메타언어 사용의 필요성이다. 자연언어를 분석하고 연구하기 위한 도구로서 불완전한 자연언어 그 자체를 사용해야 한다는 논리적 모순과 제한을 논리언어를 사용함으로써 해결하려는 창의성이 발휘된 것이다. 이 새로운 발상은 진리함수적 논리체계로 언어와 세계의 구조를 분석하고자 한 분석철학자들의 연구가 바탕이 되어 1930년대를 전후하는 시기부터 범주문법(Categorial Grammar)을 필두로 이론화되었다.[3]

둘째는 인간의 정신을 일종의 논리과정이나 정보처리 과정으로 본다면, 언

2 기법상의 형식화만을 고려한다면 형식의미론은 생성문법과 크게 다르지 않을 것이다. 생성문법의 '형식'이 이론의 규칙화, 기호화를 염두에 둔 것이라면 형식의미론에서는 언어의 연구에 수학적 기호나 개념, 그리고 논리언어를 직접 사용함으로써 수학적 기술법의 간결성과 논리어의 정확성을 이론 전개의 핵심으로 삼고 있음에서 서로 구별된다(김광희 1998: 60).

3 범주문법은 폴란드의 논리학자였던 Ajdukiewicz(1935)의 "Syntactic connection"이라는 논문에서 처음 주창된 것으로 알려졌다. 이 논문이 학계에 널리 소개된 것은 Storrs McCall이 엮은 Polish Logic in 1920-1939(Oxford: Clarendon, 1967.)를 통해서였다. 이와 함께 범주문법에 의한 자연언어 연구의 여러 연구들이 Yohoshua Bar-Hillel이 엮은 *Language and Information: Selected Essays on Their Theory and Application*(MA: Addison-Wesley, 1964)에 의해 소개되면서 자연언어의 형식문법론이 그 틀을 잡게 된다.

어는 표상과 계산의 복잡한 정보처리 체계가 될 수 있다는 생각이다. 이는 기호 형태로 정보를 표상하고 원리와 규칙에 따라 기호적 표상을 다른 기호적 표상으로 변경시킬 수 있다는 견해이다. 종래의 구구조문법(phrase structure grammar)이 주어와 술어의 구조를 바탕으로 언어를 분석하였다면 형식의미론에서는 범주문법을 활용하여 함수와 논항이라는 대수개념으로 표상을 변경한 것이 그 예이다.[4]

형식의미론은 Montague(1970a, 1970b, 1973)[5] 등 일련의 논문을 통해 논리학과 수학 그리고 범주문법 등의 이론을 토대로 기본적인 틀이 완성되었다. 몬태규의미론의 가장 정제된 모습은 PTQ로 약칭되는 Montague(1973)이다(김광희 1998: 67).[6] 이는 형식의미론을 곧 몬태규문법 혹은 몬태규의미론으로 지칭하는 근거 논문이다.[7]

형식의미론은 크게 3가지 유형 특성을 지닌다.

(1) 형식의미론의 유형 특성
  a. 진리조건적 의미론(truth conditional semantics)
  b. 모형이론적 의미론(model theoretic semantics)
  c. 가능세계 의미론(possible world semantics)

---

4 범주문법은 자연언어의 표현과 의미를 함수자(functor)와 논항(argument)이라는 수학 개념으로 분석하고, 표현의 적형성(well-formedness), 즉 문법성을 다루는 통사론과 이들 자연언어 표현을 해석하여 진리조건을 밝히는 의미론과의 관계를 준동형(homomorphism) 조건으로 제약한다는 특징이 있다(이환묵 · 신경구 · 송경안 편 1993: 331).

5 Montague(1970a, 1970b, 1973)를 직접 원전으로 읽는 경우보다는 Richmond H. Thomason ed.(1974), *Formal Philosophy: Selected Papers of Richard Montague*(New Haven: Yale University Press)에 실린 논문으로 읽는 것이 더 쉬운 방법이다. 논자에 따라서 서지사항을 Montague(1974a, 1974b, 1974c)로 표기하기도 하는 것은 이런 사정 때문이다. 이 글에서는 원래의 발표 연도를 따르기로 한다.

6 Montague(1973)는 논제의 머리글자를 따서 PTQ(The Proper Treatment of Quantification in Ordinary English)라 칭한다.

7 몬태규의미론에 대한 전반적인 이해를 위해서는 Dowty *et al.*(1980), 이익환(1983) 등이 좋은 참고가 된다.

진리조건적 의미론에서 말하는 한 문장의 의미란 그 문장이 참(true)이 되기 위한 세계의 조건들을 상술하여 모아놓은 집합(set)이다. 문장과 그것이 표상하는 세계의 상황(state of affairs) 간의 일치성을 유지하기 위한 조건들을 제시하는 것이 이 의미론의 역할이다. 이 과정에서 합성성(compositionality)이 중요한 원리로 작용한다.

어떤 문장의 의미(진위)를 알기 위해서는 그 문장과 대응되는 세계를 살펴보아야 한다. 문장의 의미는 대응하는 세계의 시간과 공간, 실재물 등을 어떻게 한정하느냐에 따라 참이 되기도 하고 거짓이 되기도 한다. 모형이론적 의미론이란 이처럼 대화의 범위(dicourse domain)를 한정하여 이를 모형(model)으로 상정하는 의미론이다. 문장에 대한 의미적 대응물들은 이 모형 속에서 실체인 개체(individual)가 된다. 이 개체들은 각기 특정 집합의 원소로서 집합론적 구조로 형식화된 후 함수적 관계에서 해석된다.

대화의 범위를 한정하는 일과 관련하여 우리는 실제 세계만 아니라 다른 가능한 세계를 얼마든지 그 범위에 포함할 수 있다. 어떤 문장이나 발화가 현실세계가 아닌 꿈이나 허구세계에서 다루어질 수도 있기 때문이다. 형식의미론은 이런 가능성까지를 배제하지 않는다는 점에서 가능세계 의미론이라 한다.

2. 형식의미론의 기본 개념

몬태규문법은 언어의 통사구조를 분석하여 범주와 기본표현을 정의하고 통사규칙을 확정한다. 의미는 분석된 범주와 통사규칙을 바탕으로 기술되어야 하는데, 이 과정에서 문장을 내포논리(intentional logic) 언어로 번역하는 절차가 선행된다. 내포논리어 역시 통사부와 의미부로 구성되어 서로 일대일로 대응하는 특징이 있다. 여기에 자연언어를 인공언어로 번역하는 번역부를 만들어 적용하면 문장의 진리조건적 의미가 확인된다.

(2) 몬태규의미론의 의미 도출 과정

자연언어		논리어 (통사부)		논리어 (의미부)	
범주의 정의	→	유형의 정의 e, t, <e,t>	→	유형의 의미 집합	
기본표현의 정의	[번역] f-함수 g-함수 번역규칙	기본표현의 정의 (변항,상항, 연산자)	[해석] 1:1 대응 해석규칙	모형 $M=<A,F>$	→ [의미 도출]
통사 규칙		형성 규칙		의미 규칙	

몬태규의미론에서 자연언어 분석은 함수의 원리(functionality principle)를 따른다. 이는 모든 문장의 통사구성이나 의미구조를 일종의 함수로 처리하는 것을 말한다. 함수는 함수자(functor), 논항(argument), 함수값(value)의 세 가지 요소로 구성되는데, 함수자는 논항을 입력으로 취해 함수값을 출력으로 내놓는 구조로 이루어진다. 예를 들면 영어 문장 'John loves Mary'는 (3a)와 같이 분석되며, 다시 함수의 원리가 적용되어 (3b)의 논리구조로 번역된 후 최종적으로 (3c)의 어떤 속성을 갖는 개체에 대한 함수로서의 의미가 추출된다.

(3) a. John loves Mary b. love'(mary)(john)

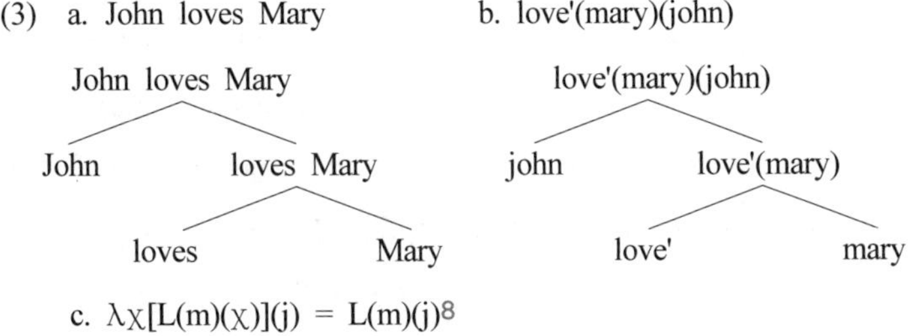

c. $\lambda\chi[L(m)(\chi)](j) = L(m)(j)$[8]

형식의미론에서는 이 과정을 유형(type)이라는 범주 개념을 활용하여 표시

8 $\lambda\chi[L(m)(\chi)](j)$는 'j는 $[L(m)(\chi)]$를 성립시키는 하나의 χ이다'라는 뜻이다. j가 $[L(m)(\chi)]$ 중 χ의 자리에 대입되면 $L(m)(j)$가 된다. 이를 λ-변환이라 한다.

하고, 이 과정은 합성성의 원리(principle of compositionality)에 의해 뒷받침되는 것으로 본다.

(3b)의 논리어 번역 표시를 의미범주 유형으로 표기하면 (4)와 같다.

(4)

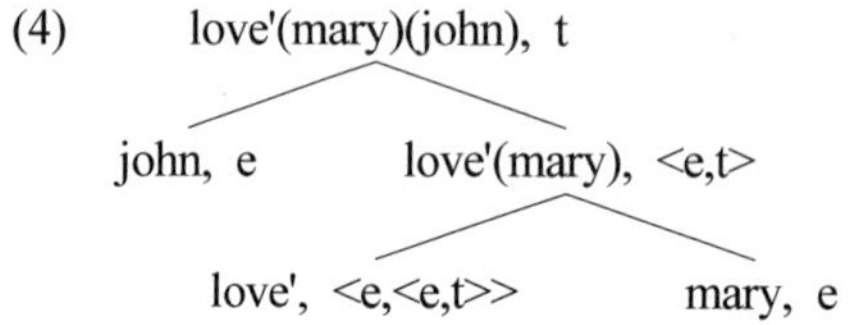

2항 술어인 'love'가 구성하는 'John loves Mary.'가 의미범주 유형으로 '<e,<e,t>>'이라는 점은 다음의 모형(model)이 나타내는 함수관계를 생각하면 쉽게 납득된다.

(5)

$$\text{love}' = \left[\text{john} \rightarrow \left[\begin{array}{lcc} \text{john} & \rightarrow & 0 \\ \text{mary} & \rightarrow & 1 \\ \text{jane} & \rightarrow & 0 \end{array} \right] \right]$$

$$\begin{array}{ccc} \langle e \rangle & \langle e & t \rangle \\ \text{목적어} & \text{주어} & \text{진리치} \end{array}$$

(5)에서 보는 바와 같이 문장은 [ ]로 묶어 표현한 일종의 모형 속에서 해석되며, 그 최종적인 결과는 진리치(여기서는 '1' 또는 '0')로 나타난다.[9] 모형이론적인 가능세계 의미론의 속성을 고려한다면 'John loves Mary.'의 의미는 'love'' 관계를 구성하거나 할 수 있는 외연의 집합(=모형) 속에 'john → mary'의 쌍이 존재한다면 이는 참(true)이라는 정보(=진리조건)를 얻는 것이다. 그러므로 의미를 분석한다는 것은 그 표현이 참이 될 수 있는 조건을 밝히는 일과 다르지 않다.

9 형식의미론이 모형이론 의미론이라는 점과 진리조건 의미론이라는 성격이 여기에서 확인된다. 모형 (5)에 시공간의 정보를 보충하여 확장하면 가능세계 의미론의 속성이 드러난다.

3. 한국어 형식의미론의 주요 주제와 쟁점

한국어 의미연구에 형식의미론이 등장한 것은 1970년대 중반의 일이다. 이 무렵 한국어 의미 연구의 동향은 사적의미론 내지 기술의미론이 안정적으로 자리를 잡았고, 어휘의미론의 성과 위에서 생성의미론과 해석의미론의 적용이 시도되고 있었다.[10] 전통적 언어연구로부터 변형생성문법으로의 이행이 초미의 관심이던 때에, 이기용(1974a)에 의해서 형식의미론이 국내에 처음 등장하였고,[11] 이기용(1974b)이 『어학연구』(제10집 2호)를 통해 발표되었다. 이 논문은 몬태규문법의 이론적 특성과 체계를 간결하게 소개한 것인데, 과문한 필자의 소견으로는 이 글이 국내 학술지에 형식의미론을 처음 소개한 논문일 듯싶다.[12]

여기에서는 1970년대 국내 학계에 이론이 소개된 이후 제기된 형식의미론의 주요 주제를 살펴보기로 한다. 한국어의 형식의미론 연구는 1980년대 가장 활발하게 연구되었지만, 양적으로나 질적으로 절대 빈약하다는 점이 한계로 지적될 수 있다.

3.1. 합성성의 원리와 맥락 의미

한국어 연구에서 형식의미론을 연구 방법으로 삼아 합성성의 원리를 본격

---

10 이 무렵은 천시권 · 김종택(1971)과 이용주(1972), 이을환(1973)의 의미론 개론서가 출간되었고 Ullmann(1957)이 번역되어 소개되던 때였다. 이 시기의 상황은 임지룡(1992, 1995)에 상세히 정리되어 있다.

11 이기용(1974a)은 텍사스대(Austin)에 제출된 박사학위논문이다. 총 6장으로 이루어진 이 논문에서 저자는 PTQ의 내포논리의 체계와 번역규칙을 소개하고, 영어의 수동구문, 부정구문, Easy와 Tough 구문에 몬태규의미론을 적용해 보였다. 영어를 대상으로 이루어진 논문이지만 국내에 형식의미론을 소개하는 중요한 자료이다.

12 이후 국내의 형식의미론 연구는 이기용(1975a, 1975b, 1975c, 1976, 1977, 1978, 1979) 등 일련의 논문을 통해 점차 그 구체적인 적용이 실험되었지만, 이기용 교수 한 사람에 의해 연구되는 빈약한 상황이 한동안 이어졌다.

적으로 검토한 연구는 거의 없다. 그러나 합성성을 다루는 연구들이 수리적 결합 방식을 적극 활용하고 있다는 점은 형식의미론과 기본 성격상 유사성이 있어서 형식의미론을 이해하는 데 도움이 될 수 있다고 판단되므로 몇 연구들을 그 대강만 소개하기로 한다.

형식의미론 특히 몬태규의미론에서는 대략 (6)과 같은 합성성의 원리를 기본적인 전제로 삼아 이론을 구성한다.[13]

(6) 표현 전체의 의미는 그것을 구성하는 부분들의 의미와 각 구성성분들이 결합하는 방식의 함수이다.

합성성의 연구는 주로 복합어를 형성하는 데 있어서 어휘 요소들 간의 합성성 혹은 비합성성의 구성방식을 분석하거나 어휘의 개념 해석이나 맥락의 분석, 어휘 생성 기제 등에 합성성의 원리를 활용하는 방식으로 이루어져 왔다.

이와 관련하여 합성성의 원리가 형식의미론의 기본 원리인가에 대한 의문이 제기된 적이 있다. 이환묵(1984: 214-218)은 의미론 연구자들 사이에 알려져 있는 합성성의 원리에 대한 생각이 사실은 잘못된 것이라고 지적했다. 몬태규의미론의 기본 원칙은 통사와 의미 사이의 준동형이며, 합성성의 원리는 이 준동형의 개념이 요구하는 조건 중의 하나일 뿐이라고 주장하였다.[14]

---

13 합성성의 원리는 프레게의 원리(Frege's Principle)로도 알려져 있다. Frege가 1892년 "Über Sinn und Bedeutung(On Sense and Reference)"을 통해 합성성의 개념을 가장 먼저 제시하였고 이를 바탕으로 언어의 본질적 자질이 설명된 것으로 알려져 있기 때문이다. 그러나 Frege의 이 저술 속에서 합성성의 원리가 명시적으로 언급된 부분은 찾을 수 없다. 다만, "문장이 어떤 대상을 지시하는 단어를 포함하고 있다고 가정하자. 우리가 이 지시표현을 동일한 지시대상을 나타내는 다른 단어로 대체한다고 하더라도 이 문장의 지시의미에는 아무런 변화를 주지 못한다(Frege 1892: 62)."는 서술이 발견될 뿐이다. 이 서술을 Carnap(1956)에서 '프레게의 원리'라고 불렀고, 나중에 Hilary Putnam이 '합성적(compositional)'이라는 용어를 여기에 덧붙였다. 합성성의 원리라는 용어가 출판물을 통해 처음 사용된 것은 Foder & Katz(1965)에 와서라고 한다.(Pagin & Westerstähl 2011: 97-98 참조)

14 이런 오해가 생기게 된 원인을 이환묵(1984)은 Montague(1973b)의 견해를 잘못 이해한 Partee(1983)와 합성성의 원리가 몬테규의미론의 다른 원리인 준동형의 개

합성성의 원리가 형식의미론에서 유용한 원리로 사용되고 있는 한 이런 오해 여부는 그리 중요한 것이 아닐지 모른다. 더 본질적인 문제는 부분 의미와 함께 통사정보가 전체 의미에 반영되느냐 하는 점이다. 복합표현에 나타난 통사정보가 전체 의미 부여에 어떤 구실을 하느냐의 문제를 밝히는 것이 더 중요하다 하겠다. 나아가 최근에는 전체 의미를 구성하는 요소로서 맥락정보까지 활용될 수 있느냐가 새로운 쟁점으로 부각되었다. 언어 표현들 중에는 합성성의 원리를 준수하여 산술적인 의미 합성이 가능한 경우도 있지만 맥락에 의해 의미가 추가되거나 변경되는 경우도 있다. 설명력의 손실 또는 의미 왜곡 없이 맥락을 포함한 표현을 합성성의 원리에 의해 해석할 수 있느냐는 물음이 이들 논의의 초점이다.

합성성에 대한 기존의 이론적 논의를 바탕으로 맥락을 배제하고 어휘의 의미만으로 문장의 의미를 합성하여 해석하는 생성적 장치를 발전시켜 단순하고 추상적인 합성성 원리의 적용과정을 구체화하고자 연구가 있다.(예컨대 김윤신 2013) 그러나 이런 주장은 맥락을 배제한 채 어휘의 의미구조만으로 전체의미를 도출한다고 해도 어휘의 최종적인 의미해석에 맥락이 개입되지 않을 수 없다는 반론에 직면하게 된다. 게다가 맥락정보와 의미정보를 구별하여 의미 차원의 문장 의미 합성에 적절한 어휘의미구조를 설정하는 일 역시 쉽지 않다. 중요한 쟁점은 복합어 전체의 의미가 부분 요소들의 의미의 총합인가 하는 것과 여기에 작용하는 맥락정보를 적절히 활용하는 방법론을 어떻게 세우느냐 하는 점일 것이다.

단어 형성과정에 상황 맥락이 개입한다는 가정을 구체적인 논거로 활용한 정한데로(2014)는 합성성의 문제를 [±합성성]의 층위와 [±정합성]의 층위로 세분하여 접근하면서 추가되는 의미를 상황맥락 'α'가 상수로 합성되는 것으로 제안하여 복합어 형성과정이 합성성 원리에 따르는 규칙적인 과정이라 주장하였다.[15] 김진웅(2014)도 맥락까지 포함한 요소들의 합이 합성성의 원리를

념보다 더 상위에 있는 것으로 소개한 Dowty(1980: 43)의 서술에서 찾고 있다.

15 상황맥락을 복합어 형성에 적극적으로 도입하는 문제는 황화상(2010)도 다루었다.

유지한다는 견해를 확장된 합성성의 원리로써 제시하였다. 물론 이 연구가 화시를 분석의 대상으로 하였지만, 화용적 특성이 합성성의 원리 안에서 설명될 수 있다는 점을 검토함으로써 합성성의 원리가 맥락을 포함한 담화 층위에 적용될 수 있는 원리로 확장될 수 있음도 부각시켰다.

합성성의 문제를 지나치게 수리적 결합 여부에만 치중하여 원리를 단순 적용하는 것에 대한 대안으로 양정석(2013)이 있다. 이 논문은 개념의미론을 모형이론적으로 형식화하고, 형식의미론의 의미 표상을 활용하는 연구에서 부가어 대응규칙이 기술상 난점이 있음을 근거로 대수체계로서의 개념의미론이 필요하다는 의견을 제시하였다. 또한 모형이론적 형식의미론의 장치 중 람다 표현, 함수 적용(FA) 등의 규칙들을 받아들임으로써 합성성 원리를 효과적으로 구현할 수 있음도 보였다.

2013년 한국어 의미학회에서 '언어범주와 합성성'을 주제로 공동 학술행사를 진행한 예를 보더라도 합성성에 대한 연구는 그것이 형식의미론과의 긴밀성 여부를 떠나 여전히 한국어 의미연구의 중요한 관심사 가운데 하나임을 짐작할 수 있다.

3.2. 중의성과 양화표현

자연언어가 지니는 영역 중의성(scope ambiguity)을 해소하기 위한 방안을 찾는 것이 형식의미론의 출발점이자 핵심 논제이었다.

(7) 모든 남자가 한 여자를 사랑한다.

예문 (7)은 다음과 같은 두 가지 의미로 해석될 수 있는데, 양화사 간의

채현식(2003)도 근본적인 생각은 그와 유사하나 유추의 기제를 활용하였다는 점에서 대비된다. 상황맥락 α의 어휘화 과정을 의미론적으로 관련짓는 설명이 더 필요하겠으나 이 부분은 쉽지 않아 보인다.

작용 영역의 차이를 달리함으로써 구별된다.[16]

(8) a. $\forall x \exists y L(x,y)$: 모든 남자는 자신이 사랑하는 한 사람씩의 여자가 있다.
b. $\exists y \forall x L(x,y)$: 모든 남자들로부터 사랑을 받는 한 여자가 있다.

영역 중의성은 주로 양화사와 제한어 또는 극어의 의미 속성과 밀접한 것으로 다루어졌다. 특별히 이익환(1980)에서는 외연적 의미와 함축적 의미의 이중성을 형식화하여 의미개념의 양상을 달리하는 독특한 중의성을 살폈다.

(9) a. '미자도 동수를 좋아한다'의 의미[17]
$\lambda PP\{m\}(\hat{}\lambda x_0 \lambda pp\{x_0\}(\hat{}like_e(\hat{}\lambda PP\{t\})))$
$\equiv \lambda PP\{m\}(\hat{}\lambda x_0\ like_e(\hat{}\lambda PP\{t\})(x_0))$
$\equiv \lambda x_0\ like_e(\hat{}\lambda PP\{t\})(x_0)(m)$
$\equiv like_e(\hat{}\lambda PP\{t\})(m) \equiv like_e^*(m,t)$
b. '도'의 의미 해석
도 $\equiv \lambda Q \lambda PP\{\hat{}\lambda y \vee x[\#\{x\} \wedge \neg[x=y] \wedge Q\{x\}]\}$

일련의 분석과정을 통해 얻게 되는 외연적 의미는 '미자가 동수를 좋아한다'는 것만 아니라 동수를 좋아하는 다른 누군가 있다는 의미를 드러내야 한다. 이 함축적 의미를 논리적으로 형식화하기 위해서는 '도'의 내포적 의미가 명시적으로 번역, 해석되어야 한다.[18] 이환묵(1981, 1982a, 1982b, 1982c)은

16 중의성과 혼동되는 개념으로 모호성(vagueness)이 있다. 임지룡(1992: 238)은 여러 사물이나 범주를 하나의 기호로 나타내되, 완전히 다른 두 의미가 배타적으로 나타나는 경우를 중의성으로 구분하는 한편, 모호성은 명확히 구분되지 않는 외적 세계로 인한 것으로 의미 층위의 하위단계에서 배타성이 분명하게 드러나지 않는 경우로 한정하였다.

17 (9a, b)는 김광희(1998: 16-17)에서 재인용.

18 예를 들면 $\vee x[\#\{x\} \wedge \neg[x=m] \wedge lik_e^*(x,t)]$

바로 이러한 수식어 특히 국어 조사와 부사의 중의성을 논의한 연구이다.[19]

형식의미론의 시각에서 보면 모든 문장은 양화적이다. 양화의미를 드러내는 '모든', '한'과 같은 어휘만 아니라 '철수'와 같은 고유명사도 양화의 개념어를 동반하지 않았지만 단수의 개체로서 양화 개념으로 이해될 수 있다. 양화표현에 대한 관심은 중의성의 적절한 처리 방안 탐구와 더불어 총칭과 총칭문의 문제로 논의를 넓혀갔다. 관심을 끄는 것은 양화사로 처리되는 '대부분', '모든' 등의 부사가 문장에서 결여되었음에도 양화의미가 전달되는 예들이 있다는 점이다.

(10) a. 모든 학생들은 밤늦게 귀가한다.
a'. ALLx,s[C(x, 학생, s)][밤늦게.귀가한다(x, s)]
b. 학생들은 밤늦게 귀가한다.
a'. GENERICx,s[C(x, 학생, s)][밤늦게.귀가한다(x, s)]
(전영철 2012: 73)

이와 같은 양화의미를 총칭적(generic)이라 부른다. 이영헌(1984)과 이익환(1991)은 양화사의 총칭과 특칭의 문제를 다루었다. 이익환(1991)은 논리언어를 사용하여 총칭양화사문을 전칭적 총칭문과 유사 전칭적 총칭문으로 구분하여 이 유형들에 각각 다른 논리형태와 진리조건을 부여하여 해석하였다. 이보다 앞선 이영헌(1984)에서도 한국어 원형 명사구가 총칭적 해석을 받는 경우와 특칭적 해석을 받는 경우가 있음에 주목하였다. 이 논의에서 양화 해석에는 '가, 이'(특칭적 의미)와 '는, 은'(전칭적 의미)의 조사가 깊이 관여함을 밝히고 양화성을 조사의 기능 중 하나로 부각시키는 성과를 얻었다.

총칭문과 총칭명사구를 구분하는 문제는 논자들마다 견해가 엇갈리는 부분이다. 양화적 접근을 시도하는 입장에서는 총칭문과 총칭명사구를 구별하

19 조사가 수식어의 범주는 아니지만 형식의미론에서 특별히 특수조사를 다른 수식어와 같은 방법으로 다루는 것이 효과적일 수 있다. 이를 위해 이익환은 조사 '도, 만' 따위를 제한어(delimiter)라 하였다.

지 않고, 조사 '는'과 '가'가 화제표지와 주격표지로서 총칭성을 실현하는 데 양화적 힘(quantificational force)을 갖는 것으로 보는 견해가 있다. '는'은 총칭적 힘을, '가'는 존재적 힘을 가지고 있어서 동반하는 명사구와 문장에 총칭적 의미와 존재적 의미를 부여하는 것으로 파악하였다.[20]

반면에 이성범(1994)은 총칭적 해석과 존재적 해석의 구별은 보통명사를 논항으로 취하는 격표지가 양화함수표현의 기능을 하기 때문이 아니라 명사구 자체의 유형이 구별되기 때문이라는 견해를 내놓았다. 뒤이어 전영철(1997)도 '는'이 총칭명사구만 아니라 개체명사구와도 쓰이고, '가'가 개체명사구만 아니라 총칭명사구와도 쓰이는 점을 근거로 '는'과 '가'를 총칭과 존재로 구분하는 것의 문제점을 지적하였다. 한 걸음 더 나아가 이 논문에서는 개체층위 술어와 단계층위 술어를 구분 지어 조사와 연결함으로써 한국어 총칭문을 4가지로 분류하였다.

전영철(2003)은 총칭문과 총칭명사구를 구분하여 총칭문은 상황변항에 대한 총칭양화사의 결속에 의해, 총칭명사구는 해당 명사구에 의해 도입되는 개체변항에 대한 총칭양화사의 결속에 의해 총칭성이 나타난다고 주장하였다. 이 가운데 총칭문은 화제구문의 일종으로, 그리고 총칭문과 관련하여 나타나는 화제표지와 주격표지는 그 자체로 양화적 힘을 동반하는 능력이 있는 것이 아니라 삼부구조로의 분할표지라는 점을 주장하였다.[21] 전영철(2012) 역시 삼부구조를 통한 의미표상에 의해 총칭문과 총칭명사구가 모두 총칭연산자와의 결속을 통해 실현되는 것으로 주장하였다.

이전에 발표된 것이지만 강범모(1999)는 삼부구조와 대비되는 견해로서, 양화현상을 D-양화현상과 A-양화현상으로 나눈 일이 있다. 한정사(determiner)에 의한 양화표현이 전자에 해당하는 데 비해 후자는 부사(adverb), 조동사

---

20 이런 견해는 이정민(1992), 이익환(1992), 곽은주(2002) 등을 통해 제시되었다.

21 삼부구조란 양화적 표현의 의미표상이 연산자(operator), 제약부(restrictor), 작용역(nuclear scope)의 세 부분으로 구성되어 있다고 보는 개념이다. 자세한 것은 전영철(2012: 61 이하) 참조.

(auxiliary), 접사(affix)의 통합관계에 의해 이루어지는 특징이 있다. 우리말의 경우를 보면, '어떤, 모든, 각, 한, 두, 세, 네' 따위가 D-양화에 해당하고 '언제나, 늘, 반드시, 매-, -마다, -어야 하다, -곤 하다' 등은 A-양화에 해당한다. 영어와 비교할 때 영어 no에 해당하는 우리말 한정사가 없는 것이 유형론적 특징이다.

이상에서 본 바와 같이 양화의미의 주된 주제는 단수와 복수, 한정성과 비한정성, 배분성과 집단성 등의 차이를 구체적인 표현을 통해 확인하고 규명하는 일이었다. 형식의미론이 소개되면서 중의성, 복수명사구의 집합적 해석 내지 분산적 해석, 총칭성과 한정성 등의 주제가 새롭게 조명되는 성과를 거두었다. 그렇지만 한국어 연구의 전통적 영역과 새로운 방법인 형식의미론 간에 공유영역이 넓지 않다는 지적도 크게 들린다. 형식의미론이 새로운 탐구의 주제를 발굴하였고, 한국어에 대한 미시적 접근이나 의미 형식화 등에 노력한 데에는 중요한 의미를 부여할 수 있지만, 구체적인 문제에 대한 후속 연구나 깊이 있는 천착으로까지 연구를 확장시키지는 못하였기 때문이다.

3.3. 시간의 표시와 논리 해석

형식의미론의 특성 중 하나인 가능세계 의미론은 '내일은 날씨가 맑을 것'(가능성)이라거나, '물은 산소와 수소 분자의 결합'(필연성)이라는 표현처럼 인간의 사고체계가 허용하는 비현실적 현상을 언어로 표현할 수 있음에 성립 근거를 둔다. 현실적 가능성을 넘어 논리적 가능성까지를 범주화하여 가능명제와 필연명제로 다룬다.[22] 특별히 몬태규의미론에서는 가능과 필연의 가능세계 외에 시간(time)의 논리 곧 시제논리까지를 함께 다룬다. 결국 가능세계란 가능과 필연, 그리고 시간이 함께 만들어내는 지시의 좌표점 혹은 지시점에 해당한다.[23]

22 이 두 분야를 흔히 양상논리(modal logic)라 부른다.

23 시제논리학 또는 가능세계 의미론의 소개는 이익환(1983: 제5장)이나 Allwood *at al.*(1977: 제7장)에서 찾아볼 수 있다.

한국어 시간의 문제에 대한 형식의미론적 연구는 초기에 이기용(1975b, 1975c, 1976, 1980)의 논문들이 주도하였다. 한국어 시제 전반에 걸쳐 논의한 이기용(1980)은 시제의 진리조건을 설정하고,[24] 동사들의 의미 특성을 반영하여 동질성 조건, 존재조건, 상태지속조건 등의 제약을 제안하였다. 또한 시간을 실수들의 집합 T로 규정하여 여기에 순서관계를 부여함으로써 개구간, 폐구간, 개폐구간, 폐개구간, 시점 등 시간구조를 선형의 개념으로 설명하였다.

한국어 시제형태소 '-었-'은 일반적으로 시제표지로 인정된다. 형식의미론적 연구에서도 '-었-'을 상이나 서법 등의 범주와 연관 짓지 않고, 시제범주로만 이해하는 연구(이정민 1987, 윤재학 1996, 이은희 2007, 이정미 2011)들이 있다(양정석 2015: 34). 이정민(1987)은 앞에서 소개한 이기용(1980)과 같이 발화시와 사건시, 시구간의 개념들을 활용하여 시간적 선후와 사건 결과의 존재 좌표를 언급하는 방식을 취하였다.

이와 다른 입장으로 '-었-'의 중의성을 인정하는 연구들이 있다. 염재일(2010a, 2010b)은 '-었-'을 두 개의 동음이의 형태소, 즉 완료상의 '-었-'과 과거시제의 '-었-'으로 구별하고, 둘이 다른 통사적 위치에 분포하는 것으로 설정하였다.

송민영(1999: 342)은 시제 요소를 일반양화사의 일종으로 보고 그 타입을 <s,<i,t>,t>를 가진다고 보았다. 이런 견해는 시제 요소를 문장 내부의 한 시구간 변수를 결속하는 양화사와 같은 것으로 간주하는 방법이다. 정경숙(2007)은 '-었-'이 완료상 표지와 증거성(evidentiality) 표지의 중의적 요소라고 규정하는 특이한 이론을 제시하기도 하였다.

---

24 이기용(1980)이 제시한 시제문의 진리조건을 여기 옮겨온다.
'박이 잤다'(과거)와 '박이 자더라'(회상-과거 진행)의 진리조건

a. 과거시제 P:
Ext_I(박이 잤다)=참
↔ I보다 앞선 개폐구간 I'에서
박∈$Ext_{I'}$(잔다)

b. 회상-과거 진행 시제 P:
Ext_I(박이 잤다)=참
↔ I보다 앞선 어떤 개구간 I'에서
박∈$Ext_{I'}$(잔다)

한국어에 문법범주로서의 시제체계가 존재하는지를 검토한 연구가 있다. 이처럼 근본적인 문제를 고민한 양정석(2008)은 무시제(tenseless) 가설을 제안하였다. 형태통사론적 사실들이 이를 뒷받침하고 있으며, 시간적 선후관계의 해석에 관한 이론을 수립하는 데 시제가설이 근본적인 문제를 가진다는 점을 근거로 내세우며 시제범주를 가정하지 않는 시간 해석 방법을 세우려 하였다. 양정석(2015)은 무시제 가설을 적용하여 '-었-'의 범주적 성격을 단일한 시제 요소로 간주하는 견해와 중의적 요소로 간주하는 견해로 나누어 그 형식의미론적 의미 규정의 실례들을 비판적으로 검토하였다. '-었-'의 중의성에 기반한 이론들은 궁극적으로 공통된 의미를 가지는 두 요소가 상보적으로 분포할 때 결국 하나의 단위로 증명된다는, 이른바 상보성 원리에 의한 문제점을 피할 수 없다는 점을 이 논문에서 지적하였다. 이와 동시에 단일한 '-었-'에 기반한 시제 가설의 견해들은 이것이 시간적 선후관계 의미와 함께 완결상의 의미를 가진다는 점을 설명할 수 없다는 문제점이 있음을 지적하고 두 입장 사이의 논리적 모순점을 제시함으로써 궁극적으로는 양정석(2008)이 제시한 무시제 가설을 옹호하였다. 그러나 무시제 가설에 대해서는 좀 더 많은 검토와 후속 논의가 이어져야 할 것으로 보인다.

그동안 시제와 상의 문법범주 설정과 함께 문법범주화 된 시간 요소들을 기반으로 의미를 분석해 온 한국어 문법 연구의 전통에서 직관이 아닌 형식화의 방식을 도입하였다는 점은 형식의미론 연구들이 갖는 보편적 유용성을 재확인하는 면이 있다. 그러나 형식의미론을 한국어 현상에 적용하는 과정에서 국어 형태통사론적 사실을 새롭게 조명하는 데에는 한계가 있음도 다른 분야의 형식의미론적 연구와 별반 다르지 않다.

3.4. 부정과 부정극어

부정표현에 대한 형식의미론의 관심은 부정과 양화표현 간의 영역 중의성 문제, 부정 표지라 할 수 있는 이른바 부정극어(Negative Polarity Items)의 개념 그리고 부정의 함수적 해석 등에 집중되었다.

초기 연구로는 부정문에 관한 논의를 전개한 이익환(1989)과 대수(algebra)적 의미론을 도입하여 한국어 관형사와 형용사의 의미관계를 논한 이영헌(1984, 1991) 등이 있다. 이익환(1989)은 한국어에 내부부정과 외부부정[25]의 두 가지 형태가 있음을 전제로 형식의미론의 방법을 통해 이 두 부정문의 의미를 해석하고자 하였다. 예컨대, '철수가 미자를 좋아한다($\neg$[like'(c,m)])'는 문장의 부정으로는 '철수가 미자를 안 좋아한다'는 형태와 '철수가 미자를 좋아하지 않는다' 형태의 두 가지가 가능한데, 이들의 차이를 각기 다른 번역규칙($<\lambda x \neg \alpha(x)>$와 $<\neg[\psi]>$)에 의해 유도되는 것으로 설명하였다.

다른 주제와 마찬가지로 부정표현에서도 중의성의 존재가 관심을 받았다. 이 문제는 송석중(1973, 1981, 1982), 이기용(1976, 1979), 임홍빈(1978) 등에 의해 다루어졌는데, 영역 중의성의 문제를 일으키는 경우는 장형부정으로 이해해 왔지만 여러 연구를 통해 단형부정도 중의성 문제가 있음이 발견되었다. 또한 부정이 접속문에 나타날 때에도 중의성을 일으키는 예가 있다.

(11) a. 그 약을 먹고 죽지 않았어요.
b. 노래를 부르거나 춤추지 않았어요.
c. 노래를 불렀지만 춤추지 않았어요.(남승호 1999: 218)

'-고, -면서, -어서, -려고' 등의 접속어미가 사용되는 경우 일반적으로 중의성을 드러내는 일이 많다. 영향권을 기준으로 보면 후행절 부정의 영향권이 선행절을 포함하는 의미로만 해석되는 접속문(예: -거나, -으러)과 후행절 부정의 영향권이 선행절을 포함하지 않는 의미로만 해석되는 접속문(예: -지만, -니까, -으면, -어야, -어도)으로 구분된다(남승호 1999 참조).[26]

25 부정어가 부정하는 대상이 문장 전체인지 아니면 술어인지에 따라 전자를 외부부정, 후자를 내부부정이라 한다.

26 부정소를 중심으로 언어 단위들의 상대적 위치에 따른 부정 가능성과 부정의 작용역을 검토한 박철우(2013a)와 장형부정과 단형부정의 중의적 해석과 정보구조를

형식의미론에서 새롭게 주목받은 개념으로 부정극어가 있다. 한 문장에서 그것이 나타나기 위해서 '부정표현'이 반드시 수반되어야 하는 표현들을 말한다. 예를 들면, "영수는 아무것도 먹지 않았다." / "*영수는 아무것도 먹었다." 에서 '아무것도'라는 표현은 그 문장에 부정의 표현 '-지 않-'이 없으면 전체 문장을 비문법적으로 만들기 때문에 부정극어라 한다. 이 예에서는 '-지 않-'이라는 부정표현이 부정극어 '아무것도'의 출현을 허가해 주는 것으로 이해된다.

부정에 관한 다른 갈래의 연구로 부정의미의 강도를 유형화한 Nam, S.(1994)가 있다. 한국어에는 강 부정극어인 '더이상, 그렇게, 손가락 하나 까딱하다' 등과 최강 부정극어인 '아무도, 아무-명사-도, 명사구-밖에' 등이 있음을 제안하였는데, Lee, Y.(1994), Lee, C.(1996), Chung, D.(1997) 등에서도 부정극어의 허가조건에 따른 4가지 유형 분류를 시도한 바 있다. 이와 관련하여 최진영(1998)은 다양한 부정술어와 그 내포문에서 발견되는 부정극어를 기술한 논문이다(남승호 1999: 244-257).

(12) a. 간첩들은 더 이상 항거하기를 '포기했다'.
b. 기호는 그에게 더 이상 말을 걸기가 '어려웠다'.
c. 철수는 더 이상 고양이 키우기를 '싫어했다'.(남승호 1999: 257)

이 논문에서는 내포문에 부사어 '더 이상'을 허가하는 술어를 부정술어(negative predicate)로 규정하였다

(13) a. 철수는 돈이나 명예를 얻기를 포기했다.
b. 철수는 돈을 얻기를 포기했고, 철수는 명예를 얻기를 포기했다.

(13)의 예는 f(a or b)=f(a) and f(b)의 형식으로 해석되는 반부가(anti-

통한 해석 방법을 제시한 박철우(2013b)도 형식의미론을 연구방법으로 채택하였는지 여부와 무관하게 이 분야 연구자에게 참고가 된다.

additive)함수가 적용되는 표현이다. 이를 근거로 부정술어가 반부가함수로 해석된다고 보았다.[27]

3.5. 조응과 동적의미론

조응사 결속의 문제는 변형문법의 통사론에서 집중적인 조명을 받은 이후로 언어학 분야뿐만 아니라 인공지능, 철학을 비롯한 인접학문 분야에서도 중요한 관심 과제로 다루어져 왔다.

한국어의 대명사와 조응현상에 형식의미론의 방법을 활용하려 한 시도의 출발점에 김광희(1994, 1997)의 논문들이 있다. 이 연구들에서는 형식의미론의 기본 개념과 방법론 그리고 조응현상에 대한 기본적인 접근방법이 소개되고 또 검증되었다. 한편, 윤영은(1999)은 양화구와 가변성 지칭 표현(referentially variable anaphora) 사이에 형성되는 관계와 마찬가지로 조응현상을 결속 변항 조응관계(bound-variable anaphora)로 규정하는 견해를 제시하였다.

(14) a. A student [t came].

b. $\forall x[\text{student}(x) \rightarrow \text{came}(x)]$

(15) a. A woman_i loves her_i car

b. $\forall x[\text{woman}(x) \rightarrow \text{loves}(x, x\text{'s car})]$(윤영은 1999: 359)

(14)의 예시는 양화 명사구와 흔적 사이에 이루어지는 조응관계이고, (15)는 양화명사구와 대명사 사이에 맺어지는 조응관계이다. 이 예에서 생겨나는 의문은 두 문장에 제시된 흔적이나 대명사의 선행사가 모두 비한정 명사구임에도 이를 형식화하면 전칭양화사의 경우와 구별되지 않는다는 점이다. 이는

27 반부가함수는 다음과 같이 정의된다.

"<A, ≤>와 <B, ≤>가 부분 순서일 때, A에서 B로 가는 임의의 함수 f가 다음 조건을 만족시키면, 그리고 만족시켜야만, f는 반부가 함수이다.: A의 임의의 원소 a, b에 대하여 $f(a \vee b)=f(a) \wedge f(b)$." (남승호 1999: 213)

우리의 언어의식과는 상당한 거리가 있다. 이런 문제에 대하여 Geach(1962)는 조응대명사를 결속 변항으로 보고 부정명사구가 포함하는 존재양화사가 그 부정명사구만 아니라 전체 텍스트에 걸치는 것으로 보았다. 이후 Evans(1977, 1980)에 와서는 E-type 이론을 제안하였다. E-type 대명사란 '선행사가 나타나는 최소 문장에 의해 체계적으로 정해지는 한정서술표현'을 말한다. 조응대명사를 지칭표현이나 결속변항으로 보지 않고 '한정서술표현(definite description)'으로 본다는 의미이다.

(16) An old man walked into the room. He sat on a chair.
= An old man walked into the room. The old man that walked into the room sat on a chair.

조응대명사를 한정서술표현으로 취급하면 단수 조응대명사가 유일무이한 개체를 나타내게 되는 유일성 함축(uniqueness implication)으로 이해된다. 그런데 이 유일성 함축이 너무 강하고 불필요하다는 비판이 있다. 맥락과 상황을 축소 조절하여 그 해결책을 모색하기도 했으나 논의 과정 중에서 논란이 된 의존변항의 강해석과 약해석 그리고 비대칭해석과 대칭해석 등의 문제점 등이 다시 노출되기도 했다.

총칭표현을 포함한 문장에서 드러나는 조응현상과 양화사 문제, 그리고 이를 설명하기 위해 구상된 이론들이 지니는 문제점 등을 해소하기 위한 노력은 동적의미론(dynamic semantics)으로 구체화되었다. 동적의미론은 정적의미론과 상반되는 개념이다. 전자에서는 어떤 표현의 의미가 그 자체로서 그치는 것이 아니라 전후에 그것과 연결되어 있는 다른 표현들의 의미와 동적으로 연결되어 있어서 서로 영향을 미치는 것을 의미하고, 후자는 어떤 표현의 의미는 그 자체로 끝이 나며 전후에 그것과 연결되어 있는 다른 표현들과 합해져 또 하나의 복합표현을 만들어냈을 때 그 복합표현의 의미는 그것을 구성하는 부분 표현들의 서로 독립된 의미의 합이라고 보는 이론이다(윤영은 1999:

367).

동적의미론은 그 이전까지 받아들여진 합성성의 원리를 넘어 동적으로 긴밀한 관계를 맺고 있는 문장들의 의미적 영향관계 속에서 조응현상을 분석함으로써 이전 이론에 비해 오히려 언어 화자의 직관과 심리적 실재성에 더 근접하여 설득력을 얻은 것으로 평가되었다.

4. 평가와 과제 그리고 전망

필자는 다른 글(김광희 1998)에서 형식의미론에 의한 한국어 의미연구를 살펴보며 이 이론이 '의미의 형식화'라는 측면에서 한국어 의미연구에 긍정적인 영향을 주었음을 인정하였다. 또한 연구자들이 형식의미론을 통해 언어를 분석하고 기술하는 방법을 유연하게 변화시키는 기법을 경험함으로써 어휘의 분석에만 매달리던 의미론 연구에 문장의미 연구의 시야가 열려 학문의 경직성을 교정할 수 있었다고 평가하였다. 어휘의미론에서 문장의미론으로의 전환과 확대, 대상언어 연구를 위한 논리적 메타언어의 도입과 활용 등은 우리 학계가 형식의미론을 통해 얻은 성과임에 분명하다. 게다가 내성적 연구나 경험을 바탕으로 한 귀납적 서술에 의존하였던 한국어 의미연구의 방법론에 의미를 객관적 대상으로 바라보고 이를 형식화하여 체계적으로 기술하고 분석함으로써 의미론을 직관적 수준의 학문에서 논리적이고 객관적인 영역의 학문으로 전환시킨 것이 형식의미론의 성과라고 할 만하다. 이런 긍정적인 평가를 뒷받침할 수 있는 형식의미론적 한국어 의미연구의 세부적인 성과를 몇 가지 제시해 본다.

첫째, 형식의미론은 논리언어라는 메타언어를 활용한 의미의 정밀화와 형식화를 통해 타 분야와의 접면(interface)을 확대시켰다. 우선 수리논리학의 정밀한 기술 개념을 의미연구에 도입하여 이론과 분석의 논리성을 확보하였고, 양화술어논리와 외연 및 내포의 개념을 적극적으로 적용함으로써 의미이론의 깊이를 더했다. 나아가 담화표상이론, 자료철 변화 의미론, 상황의미론, 동적 몬태규문법, 동적 유형이론 등으로의 확장성을 한국어 의미연구에서 경험하게 되었다. 게다가 일반화구구조문법, 어휘기능문법, 핵어중심구구조문법 등을 활용하게 됨으로써 한국어의 전산언어학 분야에도 의미론의 성과가 옮겨갈 수 있는 길을 열었다. 이 모두가 전통적인 기술언어학 또는 기능주의 의미이론 등으로는 기대하기 어려운 성과였다.

둘째, 양화사와 부정극어를 비롯한 몇 가지 의미 있는 논제들을 발굴하여 다루는 계기를 만들었다. 양화의미는 형식의미론에 의한 의미연구에서 가장 두드러진 관심사였다. 양화의 논제를 다루는 과정에서 단조성(단조 감소와 단조 증가)과 같은 새로운 개념을 도입하여 활용하게 된 것도 소득으로 생각한다. 단조성을 나타내는 부사나 수식어구가 부정표현과 통합되어 단조성을 역전시키는 현상이 있음도 확인되었다. 부정표현에서 단조성을 나타내는 부정수식어를 부정극어라 규정하고 부정과 단조성 그리고 이를 허가하는 맥락함수까지를 논의의 영역에 담아 형식의미론의 범위를 점차 넓히는 보람을 거두었다. 부정표현과 접속문의 통합구조를 함수의 작용으로 설명한 점, '-만', '또', '-도' 등 기존 기능주의 의미론에서 어휘의 의미 특성으로 다루어진 어휘들을 초점표시 기능의 극어로 처리한 점도 눈에 띈다.

셋째, 범주문법에 의한 한국어 연구는 몬태규문법과 마찬가지로 통사론과 의미론을 하나로 연결하는 언어이론의 전환을 유도했다는 점에서 형식의미론의 성과로 꼽힌다. 변형문법에서 통사와 의미부의 접면인 LF를 생각했지만 이름 그대로 접면일 뿐 통사론에서 의미론으로 통사정보가 어떻게 전달되며, 의미론에서는 이 정보를 어떻게 활용하여 언어의 통사와 의미 전반을 밝히는지에 대해 설명이 미진했었음을 상기할 필요가 있다. 범주문법은 통사구조기술로부터 시작해서 그 결과를 1:1의 의미 유형론으로 전환하고 이를 번역 해석하는 과정을 선조적으로 구상하였다. 이 방법은 한국어 통합문법론의 출발을 가능케 했고, 한국어의 기계처리와 기계번역 등의 다양한 방면으로 이론의 적용범위를 넓혀주었다.

형식의미론이 한국어 연구에 끼친 긍정적인 영향과 별개로 우리가 경계해야 할 부분도 존재한다. 그 첫째로, 형식의미론이 지니는 새로움에 편향되어 자칫 연구의 균형감을 잃게 되는 우를 범할 수 있음을 지적하지 않을 수 없다. "고유한 언어 이론을 갖지 못했기 때문에 서구의 언어 이론에 의지하지 않고서는 우리 국어의 현상을 효과적으로 분석, 기술하거나 설명하기 어려웠을 것(김광희 1998: 80)"이라는 생각은 현대 한국어 언어연구가 마치 전적으로 서구이론의 수입에 의해 수립되었다거나 한국어 의미연구가 서구 이론의 도입을 기다려 비로소 이론화되었다는 식으로까지 오해될 여지가 있다. 이와 유사한 편견들이 한국어 연구에 대한 기능적 연구나 기술의미론의 열의를 약화시키는 원인으로 작용했을 수 있었을 것이라는 점에서 필자부터 반성할 부분이라 생각한다. 필자는 전영철(2016)의 의견[28]을 받아들여 우리의 시각을 좀 교정할 필요를 느낀다.

둘째, 형식의미론을 보는 객관적 시각이 필요하다. 언어연구에 있어 형식화만이 우월한 방법론인 듯 여긴다면 이는 오히려 과람된 태도이며, 반대로 모든 현상을 규칙으로 풀어내거나 논리형식으로 담아내지 못한다고 하여 형식의미론을 매우 부족한 이론으로 취급하는 것 역시 온당치 못한 일이라 생각한다. 설명 방식의 차이를 인정하고, 형식화의 방법을 잘 다듬어 다양한 방면으로 그 설명력을 키워가고, 이를 활용할 수 있는 부문을 넓혀가는 일이 더 바람직한 일이 아닐까 생각한다.

형식의미론의 내일을 전망해 보는 일은 형식의미론의 현 상태를 확인하는 일과 크게 다르지 않다. 왜냐하면 형식의미론은 이미 다양한 모습으로 분화하

28 "구조의미론, 형식의미론, 인지의미론과 같은 특정한 의미 이론에 속하지 않는 의미 연구들도 한국어의 의미적 특성을 이해하는 데 중요한 기여를 하기 때문에 이들도 한국어 의미 연구의 중요한 축을 이룬다고 할 수 있다. 그리고 이러한 의미 연구들은 주로 어떤 문법 형태의 의미 기능을 상세히 기술하는 형식으로 행하여지므로 기능주의 언어학과 맞닿아 있다고 할 수 있다. 이러한 연구들을 '기술의미론'이라고 통칭하여 특정한 의미 이론에 속하지 않는 의미 연구들을 구분할 필요도 있을 것이다. 한편 이런 기술의미론의 연구 결과들은 특정한 의미 이론들에 대해 그 설명을 요구하는 과제를 부여한다고도 볼 수 있을 것이다."(전영철 2016: 7-8)

고 여러 아이디어를 수용하여 그 모습을 바꿔가고 있기 때문이다. 이미 앞에서 언급한 바와 같이 Kamp의 담화표상이론을 통해 시도된 동적의미론은 형식의미론이 새로운 변신을 하게 만드는 일종의 도움닫기 역할을 해주었다. 이후 시도되는 다양한 모색이 형식의미론과 인지의미론, 담화의미론, 텍스트이론 등과 접점을 넓혀왔다.

현대 과학의 흐름 속에서 두드러진 분야로 뇌과학을 만나게 된다. 언어학 특히 의미론의 연구는 뇌과학의 진전에서 상호 밀접한 연관성을 맺고 있다. 언어를 정보로서 처리해가는 방식에서 형식의미론과 뇌과학이 유사한 방법을 공유하고 있음도 주목할 부분이다. 형식의미론이 지니는 정보처리이론, 인간공학 분야로의 확장성은 앞으로도 지속될 것이며, 여기에서 얻어진 성과는 기계와 인간의 접점을 만드는 인공지능 분야와 뇌과학 분야에서 지속적으로 큰 영향력을 발휘해 갈 것으로 기대된다.

5. 마무리

지금까지 형식의미론 탐구의 현황과 평가 그리고 전망에 대해 소략하게 살펴보았다. 언어학과 논리학의 상호 영향관계가 이미 1930년대부터 그 모습을 드러내기 시작하여 1970년대를 거치며 형식의미론이라는 새로운 틀로 탄생하였다. 1980년대 의미연구에 새로운 바람을 일으켰던 형식의미론은 다양한 의미이론들을 파생시켜 의미론 연구의 지평을 넓혔고, 인접 학문과도 활발한 대화를 지속하여 형식의미론 자체만 아니라 현대의미이론의 기반으로 큰 역할을 하였다.

한국어 의미연구에 끼친 형식의미론의 성과에 대해서는 논자와 시각에 따라 의견이 엇갈리는 부분이 있다. 다양한 논제를 발굴하지 못했고, 쟁점에 대해 깊은 천착이 이루어지지 못한 것은 형식의미론 연구의 한계일 수 있지만, 미시적 방법론 그리고 객관적이고 형식화된 의미 분석의 방법을 제시했다는 점은 긍정적인 결실로 볼 수 있다.

형식의미론 특히 몬태규의미론만을 검토하는 일은 어쩌면 지금으로서는 특별히 의미를 부여할 일이 아닐지 모른다. 그만큼 형식의미론은 이미 과거 몬태규의미론의 틀을 벗어나 현대의미론의 기반 이론으로서 새로운 기능과 역할을 입고 새로워지고 있기 때문이다.

수레가 잘 움직이려면 두 바퀴가 있어야 하듯, 한국어 의미 연구를 키워가는 데에도 두 측면의 공존이 필요하다고 생각한다. 그 한 면은 기술의미론이라 칭한 기능적이고 이론 중립적인 연구이고, 다른 한 면은 형식의미론에서 출발한 형식주의 내지 객관주의적 연구이다. 이 두 측면은 상호보완의 관계에 있다. 넓게 보되 깊이 보는 일은 이 두 부문을 조합하여야 가능하다고 본다.

형식의미론에 연원을 두었지만 다른 방향으로 가지를 뻗어온 이론들과도 끊임없이 소통하며 통합적 논의를 지속하는 일은 앞으로의 중요한 과제이다. 그러므로 의미의 본질과 한국어 의미 특성의 지형도를 더 넓고 깊게 그려 내는 일과 더불어 의미의 본질을 규명하는 데 상승효과를 거둘 수 있는 관련 분야와 협업하고 학제적 연구를 활성화하는 일 그리고 응용 연구를 활성화하는 일이 의미탐구의 과제라고 진단한 임지룡(2018: 24)의 판단은 적절하다. 같은 취지에서 임지룡(2018: 27)의 결어 한마디를 여기 옮겨오는 것으로 이 글을 마무리하려 한다.

> "국어 의미 연구는 60여 년의 시간 속에서 큰 성과와 함께 보완해야 할 여지를 안고 있다. 의미 연구를 위한 안팎의 과제를 점검하며 협업과 학제적 연구를 통해 의미 탐구의 새 지평을 열어가야 할 것이다."

참고문헌

강범모(1999), "양화 의미: 복수, 물질, 타입", 강범모 외 12인 공저, 『형식의미론과 한국어 기술』, 114-156, 한신문화사.

강범모 외(1999), 『형식의미론과 한국어 기술』(한국언어학회 언어학 특강 시리즈 5), 한신문화사.

곽은주(2002), "Structural Relation in Korean Discourse Generics", 『언어』 27(1): 25-46, 한국언어학회.

김광희(1990), "국어의 재귀표현에 관한 형식의미론적 연구", 전남대학교 대학원 국어국문학과 석사학위논문.

김광희(1994), "국어 변항범주의 조응현상 연구", 전남대학교 대학원 국어국문학과 박사학위논문.

김광희(1997), 『국어 변항범주 연구』, 한국문화사.

김광희(1998), "국어 문장 의미 연구를 위한 형식의미론의 수용 양상과 과제", 『한국어 의미학』 2: 57-89, 한국어 의미학회.

김윤신(2013), "생성 어휘부 이론과 합성성의 기제", 『한국어 의미학』 41: 1-25, 한국어 의미학회.

김종택(1982), "국어 의미론 연구 30년: 그 반성과 다짐", 『국어국문학』 88: 489-497, 국어국문학회.

김진웅(2014), "화시와 맥락 그리고 합성성의 원리에 관하여", 『한국어 의미학』 45: 185-212, 한국어 의미학회.

남승호(1999), "부정과 부정극어", 강범모 외, 『형식의미론과 한국어 기술』, 206-262, 한신문화사.

문귀선(1995), 『형식의미론: 이해 및 기초 과정』, 한신문화사

박철우(2013a), "부정의 작용역에 대하여", 『한국어학』 61: 145-171, 한국어학회.

박철우(2013b), "부정문의 중의성 문제 재고: 작용역과 정보구조의 상호작용", 『국어학』 68: 135-165, 국어학회.

송경안(1993), "몬태규 문법", 이환묵 · 신경구 · 송경안 공편, 『'80년대 통사 의미 이론』, 273-329, 한신문화사.

송민영(1999), The Semantics of Tense and Propositional Attitudes, Ph.D. Thesis, Georgetown University.

송석중(1973), Some Negative Remarks on Negation in Korean, 『어학연구』 9(2): 252-263, 서울대학교어학연구소.

송석중(1981), "한국말의 부정의 범위", 『한글』 173 · 174: 327-352, 한글 학회.

송석중(1982), "On Interpreting the Scope of Negation in Korean", 『어학연구』 18(1): 197-215, 서울대학교어학연구소.

양정석(2008), “무시제 가설 하에서의 시간 해석 방법”, 『배달말』 43: 121-178, 배달말학회.

양정석(2013), “개념의미론과 합성성”, 『한국어 의미학』 40: 1-41, 한국어 의미학회.

양정석(2014), “대응규칙 체계로서의 현대국어 형식문법”, 『배달말』 55: 93-157, 배달말학회.

양정석(2015), “형식의미론의 국어 시간요소 의미 분석 검토”, 『배달말』 56: 31-76, 배달말학회.

염재일(2010a), “‘-었-’의 중의성”, 『언어학』 58: 237-264, 한국언어학회.

염재일(2010b), “Semantics and Pragmatics of -ess in Korean”, 『어학연구』 46(2): 199-236, 서울대학교 언어교육원.

윤영은(1999), “조응사 결속과 동적 의미론”, 강범모 외, 『형식의미론과 한국어 기술』, 359-416, 한신문화사.

윤재학(1996), *Temporal adverbials and aktionsarten in Korean*, Seoul: ThaeHakSa.

이기용(1974a), The Treatment of Some English Constructions in Montague Grammar, Ph.D. Thesis, The University of Texas at Austin.

이기용(1974b), “몬테규문법의 특성”, 『어학연구』 10(2): 26-37, 서울대학교 어학연구소.

이기용(1975a), “Scope Ambiguity에 대하여: 불투명동사 look for를 중심으로”, 『영어영문학』 51(2): 402-414, 영어영문학회.

이기용(1975b), “언어학과 논리학 : 시상의 논리”, 『언어와 언어학』 3: 15-33, 한국외국어대학교 언어연구소.

이기용(1975c), “시상에 관한 의미공준의 설정”, 『어학연구』 11(2): 173-183, 서울대학교 어학연구소.

이기용(1976), “시간론: ‘지금’의 의미”, 『어학연구』 12(2): 161-174, 서울대학교 어학연구소.

이기용(1977), “범주문법”, 『영어영문학』 64(1): 183-198, 영어영문학회.

이기용(1978), “언어와 추정”, 『국어학』 6: 29-64, 국어학회.

이기용(1979), “두 가지 부정문의 동의성 여부에 대하여”, 『국어학』 8: 59-94, 국어학회.

이기용(1980), “몬태규 문법에 입각한 한국어 시제의 분석”, 『언어』 5(1): 137-181, 한국언어학회.

이기용(1981b), “몬테규문법에 입각한 한국어 자유어순과 격표시의 분석”, 『말』 6: 51-87, 연세대 한국어학당.

이기용(1998), 『언어와 세계: 형식의미론』, 태학사.

이민우(2010), “다중적 의미 사용에 대한 연구”, 『한국어 의미학』 32: 193-213, 한국어 의미학회.

이성범(1994), “관계절 명사구의 총칭적 의미 분석”, 『어학연구』 30(1): 25-40, 서울대학교 어학연구소.

이영헌(1984), 『양화사의 의미표시와 해석』, 한신문화사.

이영헌(1991), “한국어 제약 관형어의 λ-범주문법적 의미 표시”, 『애산학보』 1: 81-113, 애산학회.

이영헌(1999), “통사-의미 접속: 범주 문법을 중심으로”, 강범모 외, 『형식의미론과 한국어 기술』, 315-357, 한신문화사.

이은희(2007), Dynamic and Stative Information in Temporal Reasoning: Interpretation of Korean Past Markers in Narrative Discourse, *Journal of East Asian linguistics* 16(1): 1-25.

이익환(1980), “형식의미론과 국어”, 『국어학』 9: 27-53, 국어학회.

이익환(1983), 『현대의미론』, 민음사.

이익환(1985), 『의미론 개론』, 한신문화사.

이익환(1989a), “Korean Particles *kkaci*/*mace* ‘even’ and Scope of Negation”, 『언어』 4(1): 25-52, 한국언어학회.

이익환(1989b), “국어 외부부정의 의미해석”, 『동방학지』 64: 167-187, 연세대학교 국학연구원.

이익환(1989c), “등급함축의 의미론적 분석”, 『애산학보』 7: 59-82, 애산학회.

이익환(1991), “국어 총칭명사구의 의미 분석”, 『애산학보』 11: 65-80, 애산학회.

이익환(1992), A Quantificational Analysis of Generic Expressions in Korean, *Proceedings of SICOL ’92*, 1024-1035.

이익환(1999), “형식의미론 일반 소개”, 강범모 외, 『형식의미론과 한국어 기술』, 1-56, 한신문화사.

이정미(2011), Evidentiality and its Interaction with Tense: Evidence from Korean, Ph.D. Thesis, Ohio State University.

이정민(1992), “(비)한정성/(불)특정성 대 화제(Topic)/초점: 개체 층위/단계 층위 술어와도 관련하여”, 『국어학』 22: 397-424, 국어학회.

이정민(1999), "일반 양화사 이론", 강범모 외, 『형식의미론과 한국어 기술』, 57-113, 한신문화사.

이환묵(1981), "'또'의 의미 분석", 『한글』 173 · 174: 423-454, 한글 학회.

이환묵(1982a), "국어 함수표현에 관한 연구: 아니 또, -도", 서울대학교 대학원 언어학과 박사학위논문.

이환묵(1982b), "국어 형성 토씨 -도", 『한글』 176: 93-122, 한글 학회.

이환묵(1982c), "부정표현 '아니'의 통사범주와 그 의미", 『어학연구』 18(1): 139-155, 서울대학교 어학연구소.

이환묵(1984), "자연언어와 합성의 원리", 『한글』 186: 199-215, 한글 학회.

이환묵 · 신경구 · 송경안(1993), 『'80년대 통사 의미이론』(전남대 어연 총서 5), 한신문화사.

임지룡(1992), "국어 의미론 연구사", 국어국문학회 편, 『국어국문학 40년』, 509-556, 집문당.

임지룡(1992), 『국어의미론』, 탑출판사.

임지룡(1995), "국어 어휘/의미 연구의 성과와 전망", 『광복 50년의 국학, 성과와 전망』, 광복50주년기념 전국국학자대회 발표논문집, 227-259.

임지룡(2008), "한국어 의미 연구의 방향", 『한글』 282: 195-234, 한글 학회.

임지룡(2018), "'의미' 연구의 흐름과 전망", 『한국어 의미학』 59: 1-30, 한국어 의미학회.

임홍빈(1978), "부정법 논의와 국어의 현실", 『국어학』 6: 185-206, 국어학회.

전영철(1997), "한국어 총칭문의 유형", 『언어학』 21: 289-303, 한국언어학회.

전영철(2003), "한국어 총칭표현들의 의미론적 분석", 『언어학』 37: 267-295, 한국언어학회.

전영철(2007), "한국어 복수 표현의 의미론: '들'의 통합적 해석", 『언어학』 49: 325-347, 한국언어학회.

전영철(2012), "총칭성과 양화", 『한국어 의미학』 39: 51-76, 한국어 의미학회.

전영철(2016), "한국어 의미 연구와 의미 이론", 『한글』 313: 5-25, 한글 학회.

정경숙(2007), Spatial deitic tense and evidentials in Korean, *Natural language Semantics* 15, 187-219.

정한데로(2014), "단어 형성과 의미 합성성: 통합관계와 계열관계를 중심으로, 『한국어 의미학』 44: 263-289, 한국어 의미학회.

채현식(2013), "어휘부란 무엇인가", 『국어학』 66: 307-333, 국어학회.

최재웅(1998), “한국어 특수조사 ‘-만’: 형식의미론적 분석”, 『한국어 의미학』 3: 41-65, 한국어 의미학회.

황화상(2010), “단어형성 기제로서의 규칙에 대하여”, 『국어학』 58: 61-91, 국어 학회.

Allwood, J., L. Andersson & Ö. Dahl(1977), *Logic in Linguistics*, Cambridge: Cambridge University Press.

Dowty, D. R., R. E. Wall & S. Peters(1980), *Introduction to Montague Semantics*, Drodrecht: D.Reidel Publishing Company.

Evans, G.(1977), Pronouns, quantifiers and relative clause, *Canadian Journal of Philosophy* 7: 467-536.

Evans, G.(1980), Pronouns, *Linguistic Theory* 11: 337-362.

Geach, P.(1962), *Reference an Generality*, Ithaca, N.Y.: Cornell University Press.

Lyons, J.(1977), *Semantics*, Cambridge: Cambridge University Press.

Maienborn,C., K. von Heusinger, & P. Portner(eds.)(2011), *Semantics: An International Handbook of Natural Language Meaning*, vol. 1, Berlin: De Gruyter Mouton.

Montague, R.(1970a), English as a Formal Language, in R. H. Thomason(ed.)(1974), 188-221.

Montague, R.(1970b), Universal Grammar, in R. H. Thomason(ed.)(1974), 222-246.

Montague, R.(1973), The Proper Treatment of Quantification in Ordinary English, in R. H. Thomason(ed.)(1974), 247-270.

Pagin, P. & D. Westerstähl(2011), Compositionality, in C. Maienborn, K. von Heusinger, & P. Portner(eds.)(2011), 96-123.

Thomason, R. H.(ed.)(1974), *Formal Philosophy(selected papers of Richard Montague)*, New Haven: Yale University Press.

자연 의미적 메타언어론

이 정 애*

1. 들머리

'자연 의미적 메타언어론'이란 1970년대 애나 비어즈비츠카(Anna Wierzbicka) 교수[1]가 창시한 언어 이론으로서 'Natural Semantic Metalanguage'를 일컬으며, 통상 'NSM'(이하 NSM)으로 알려져 있다. 명칭과 내용이 파격적이며, 생소하기까지 한 이 이론을 김진우(2016: 237)는 다음과 같이 소개하고 있다.[2]

> 먼저 그 이름 자체를 해석해 볼 것 같으면 메타언어란 원래가 언어 연구를 위하여 인위적으로 만든 도구적 내지는 보편적 언어인데, 그 앞에 자연

* 전북대학교 국어교육과 교수, leeja@jbnu.ac.kr

1 현재 호주 국립대학(Australian National University) 명예교수.

2 'Natural Semantic Metalanguage'에 대해 임지룡 · 김동환이 옮긴 『의미론의 이해』(2010)와 『어휘의미론의 연구 방법』(2013)에서는 '자연 의미 분석언어'라고 하였다. 필자는 NSM이 의미에 대한 분해적 접근법이라는 점에서 이 번역 명칭도 적절하다고 생각하지만, 김진우(2016)와 이정애(2013)의 명칭이 좀 더 문자적 의미에 충실한 것으로 이에 따른다.

의미적이라는 한정사가 붙으니 그것이 종전까지 논의된 통사론 중심의 것이 아니라 일종의 의미론적인 것이라는 의미가 된다. 두말할 필요도 없이 그동안까지는 누구도 의미적 보편언어, 즉 의미적 메타언어를 만들어 보겠다는 시도조차 한 적이 없었다.

김진우(2016: 237-255)에 의하면, NSM의 이론은 Chomsky의 변형문법이론과 대조를 이룰 정도의 혁신적인 의미론적 보편문법 이론을 지향했지만, 메타언어의 실체가 보편문법의 기여에는 기대에 미치지 못하였으며, 특히 『의미론: 기본요소와 보편요소』(*Semantics: Primes and Universals*, 1996)에서 제시한 NSM의 서술은 비형식적인 기술 방식으로 이루어지고 있다고 보았다. 본고는 NSM의 의미론에 대해 Chomsky의 이론에서의 통사론과 같은 수준이나 성격은 아니어서 대별되어야한다는 그의 통찰과 생각에 동의한다. Chomsky의 통사론은 통사론의 영역을 벗어나는 문제나 현상이 다루어지지 않았지만, NSM의 의미론에서는 문법이나 화용론의 영역은 물론이며 언어와 사고 그리고 언어와 문화의 관계에 대한 데까지 폭넓고 깊게 다루고 있다는 점에서 종래 어떤 의미론이나 어휘론에서 이루지 못한 결과를 내기 때문이다.

이제 본고는 NSM의 현황과 과제를 살펴볼 수 있는 기회가 '바로 지금'이라고 생각한다. 왜냐하면 국내에서 NSM의 검토와 연구물들이 많이 생산되면서 NSM의 이론과 방법론이 더 이상 생소하지 않기 때문이다. 또한 Wierzbicka(1972)를 시초로 수많은 연구물에서 발전시킨 NSM의 접근법이 Goddard가 펴낸 『자연 의미적 메타언어론에 대한 열 개의 강의』(*Ten lectures on Natural Semantic Metalanguage*, 2018)에서 정리되었으며, 동시에 『글로벌 세계를 위한 최소 언어』(*Minimal English for a Global World,* 2018)에서는 NSM의 관련 학자들이 집적된 NSM의 결과물을 바탕으로 최소 영어(minimal English)를 개발하여 문화간 의사소통(intercultural communication)과 비교 언어학적(cross–linguistic) 이해를 위한 진보적 시도를 거듭하고 있기 때문이다.

필자에게는 ‘NSM의 현황과 전망’을 통찰할 능력이 부족하지만, 많은 연구물을 토대로 하여 이 소명을 다하고자 한다.[3] 먼저, NSM의 철학과 역사를 살펴본 후(2장), NSM의 이론적 특징을 기술한다(3장). 이어서 NSM의 실제적 의미설명의 예를 문화 핵심어를 중심으로 제시하며(4장), 끝으로 그 과제와 전망을 살펴보고자 한다(5장).

2. NSM의 철학과 역사

2.1. 라이프니츠에서부터 비어즈비츠카에 이르기까지

NSM의 방법론은 다음과 같은 단순한 생각으로부터 출발한다. 먼저, 모든 언어들은 어휘적 핵(core) 뿐만이 아니라 문법적 핵도 공유하며, 그 때문에 모든 언어의 중심에는 일종의 소(小)언어(mini-language)가 있다. 이 소언어는 모든 언어들과 상호 교차할 수 있으며 모든 언어들이 공통으로 갖고 있다. 그렇다면, 모든 언어들이 공통으로 갖는 그것은 바로 매우 특별한 단어들, 즉 매우 작은 수의 단어들이며, 아주 단순한 개념을 지시하는데, 이 단어들은 동시에 아주 간단한 문법도 함께 갖는다. 그리고 이 소언어는 다른 많은 언어에도 공통으로 있기 때문에 영어의 NSM, 한국어의 NSM, 중국어의 NSM 등, 언어마다 찾을 수 있다.

결국 모든 언어들이 갖는 공통된 핵을 메타언어로 삼고 이를 언어학자들에게 제공한다면, 언어의 의미와 개념들을 설명할 수 있다는 NSM의 기저에는 ‘의미란 인간의 해석과 관점이 주입된 인간중심적 결과물이어서 인간의 마음이나 행위와 관련된 것으로 다루어야 한다’는 생각이 내재한다는 점에서 인지언어학의 흐름과도 제휴된다. 그러나 모든 언어들이 공유하는 단어와 소문법

3 본고에서 누락되거나 지면상 소홀하게 언급된 연구물 그리고 내용의 오류에 대해서는 필자의 부족에서 비롯된 것이므로 양해를 구하는 바이다.

(mini-grammar)을 확인하려는 NSM의 기본 생각과 철학은 Wierzbicka의 첫 저서인 『의미 원초소』(*Semantic Primitives*, 1972)에서 출발한 것은 (엄밀히 말하자면) 아니다.[4]

17세기, 즉 계몽주의 이전 시기의 많은 이성주의 철학자들, 가령 Descartes, Pascal, Arnauld, John Locke, Leibniz도 역시 모든 인간들은 반드시 어떤 '단순한 생각'(simple ideas), 말하자면 사고의 가장 기본 요소를 공유한다고 믿었다(Arnaul & Nicole 1662, Goddard 2018: 15 재인용). 그들은 이러한 단순한 생각이 타고날 때부터 지닌 것도 있고 후천적인 경험에 의해 획득된 것도 있다고 믿었다. 이를 찾아낸 방식은 NSM과 차이가 있지만 이것이 바로 오늘날의 의미 원소들(semantic primes)이라고 할 수 있다.

여기에 Arnauld(1662)의 생각을 인용해 보면, '모든 단어들을 정의하기란 불가능하다. 우리는 한 단어를 정의하기 위해서는 다른 단어를 사용해야 하며, 다시 그 단어를 정의하기 위해서 다른 단어를 사용해야 한다. 이 끝없는 순환성을 멈출 수 있게 하는 것이 바로 더 이상 정의할 수 없는 원초소(primitive)가 필요한 이유이다'라고 하였다(Goddard 2018: 16 재인용). 이 생각을 더 진전시킨 이가 Leibniz이다. 그는 어떤 개념도 그 자체로 이해할 수 없다면, 우리는 어떤 것도 이해할 수 없다는 관점에서 매우 복잡한 개념도 그것을 이루고 있는 단순한 개념으로 분해할 때 완전히 이해할 수 있다고 믿었다. 그리고 아주 단순한 개념, 즉 의미론적 원소를 이해의 기본 요소라고 보았으며 그 단순한 개념의 수는 매우 적으며 자연은 소수의 작은 요소들로 이루어진 것으로 보았다. 이에 따라 Leibniz는 '단순한 생각들의 목록'을 찾기를 원했으며, 이를 '인간 사고의 알파벳'이라고 하였다. Leibniz가 17세기 다른 철학자들과 다른 점은 그가 실제로 많은 시행착오를 거쳐 이 단순한 생각들을 찾고자 하였으며 더 작은 단어들을 사용하여 다른 개념을 설명하는 방법을 실험했다는 것이다(Goddard 2018: 17-18 재인용).

조금 더 Leibniz에 대해 말하자면 첫째, 그는 언어의 다양성에 깊은 관심을

4 2.1.의 절 제목과 내용은 Goddard(2018: 1-23)을 참조하여 정리함.

갖고, '보편 문법'을 찾고자 했으며 둘째, 그의 지향점이 매우 인지적이었다는 점이다. '언어는 인간 마음의 가장 좋은 거울'이라는 그의 말을 생각해 봐도, 단어들을 분명히 분석하는 일은 사물을 이해하는 인간의 사고방식을 그대로 보여주며, 우리의 인지를 이해할 수 있는 방식임을 잘 나타내주고 있다.

약 1세기 후, 언어학과 인류학에 큰 두각을 나타낸 Wilhelm von Humboldt를 뺄 수 없다. 60개가 넘는 언어를 수집하고 탐구한 비교 언어학자 또는 인류언어학의 창시자라고 불리는 Humboldt는 1) 모든 언어는 그 자체가 하나의 세계를 이루며, 모든 언어는 태생적으로 사고의 보편성, 즉 의미의 보편성을 갖고 있으며, 2) 모든 언어들의 주위에는 어떤 '중간점'(mid-point)을 공유하며 실제로 이를 찾을 수 있다고 하였다. 이 중간점이 바로 모든 언어들의 교착점(intersection)인데, 이것이 바로 NSM의 생각과 동일한 것을 알 수 있다.

NSM은 이처럼 언어를 분석하고, 언어들 간의 비교를 통하여, 또는 단어 정의를 위한 실험을 통하여 가장 단순한 개념을 찾으려고 했던 17세기의 Leibniz에서 직접 이어진 것이다. 그의 사후, 이 뛰어난 시도는 잠시 멈춰진 듯하지만, 1960년대 폴란드에서 Andrzej Bogusławski라는 언어학자가 '언어 분석을 통하여 단순한 요소를 찾으려는' Leibniz의 실험에 불을 붙이기 시작하였다. 바르샤바 대학에서 강의를 하던 그는 Anna Wierzbicka라는 젊은 언어학자를 만나게 되고 그 둘은 가장 단순한 사고의 단위를 자연 언어 속에서 찾기 시작하였다. 철학의 범주에서는 실현할 수 없는, 그래서 '유토피아'로 남겨 둘 수밖에 없는 17세기의 이 '황금의 꿈'을 Bogusławski는 언어학적이고 경험적인 접근으로 실현시키려고 계획하였고 Wierzbicka는 이 프로젝트에 헌신하여 오늘에 이른 것이다.

2.2. NSM의 역사

지금까지 NSM의 역사는 대략 5분기로 나누어 정리될 수 있다(Goddard(ed.) 2018: 32-37 참조).

1) 1972년에서 1980년대 중반: 이 초기 시기는 『의미 원초소』(1972)부터 『링구아 멘탈리스』(*Lingua Mentalis*, 1980)를 거쳐 80년대 중반까지 이른다. 아직 NSM의 용어를 사용하지 않았으며, 의미 원초소도 13-14개 정도만 제안되었다. 그 분석적 작업은 감정어, 신체의 부분, 삶의 주기, 언어 행위, 시간 그리고 구체적 어휘 등을 대상으로 이루어졌다.

2) 1980년대 중반에서 1990년대 중반: 대략 이 10년간은 의미 원소가 확장된 시기("Semantic Primitives-The Expanding Set", 1989)로, 의미원소 37개가 『의미와 어휘의 보편성』(*Semantic and Lexical Universals*, 1994)에서 확립되었다. 그리고 20개 남짓의 원소가 『의미론: 원소와 보편소』(*Semantics: Primes and Universals*, 1996)에서 더해져 총 55개가 되었으며 이들이 'NSM1'이다. 이 원소 목록은 두 가지 방향으로 구성되었다. 즉, 하나는 시간, 공간, 인과성, 양, 그리고 논리 관계의 메타언어에 대한 투명성을 향상시키는 것이고, 또 하나는 실증적 기술 작업을 통하여, 원소 목록과 문법을 분명히 적용하려고 하였다(Wierzbicka 1989, 1996: 2장; Goddard 1989, 2008).

이 시기는 교차 번역성(cross-translatability)과 보편성이 강조되었으며 Wierzbicka의 『의미론: 문화와 인지』(*Semantics: Culture and Cognition*, 1992)와 Goddard의 『의미 분석: 실제 입문서』(*Semantic Analysis: A Practical Introduction*, 1996, 재판 2011) 등에서 NSM의 기초가 마련되었다.

3) 1990년대 후반부터 2007년: 이 시기는 62개의 의미 원소가 확장되었으며, 이 메타언어를 'NSM2'라고 한다. 이 시기의 중반에 나온 가장 중요한 교차 언어적 업적으로는 Goddard & Wierzbicka가 편저한 두 권의 『의미와 보편 문법 I, II』(*Meaning and Universal Grammar*, 2002)이다. 이 책은 제목처럼 보편적 통사론과 '총체적 메타언어'에 대한 연구이다.

이 시기 후반에 출간된 Wierzbicka의 『영어: 의미와 문화』(*English: Meaning and Culture*, 2006)는 '영어의 어휘부와 문법이란 그 자체가 고도로 특정화된 문화 역사의 흔적을 담고 있다'는 것을 논의한 것이다. 또한 『언어와 문화 간 감정어』(*Emotions Across Languages and Cultures*, 1999), Harkins

& Wierzbicka가 편저한 『비교 언어적 관점에서의 감정어』(*Emotions in Crosslinguistic Perspective*, 2001), Enfield & Wierzbicka의 "감정어 기술에서의 신체"("The Body in Description of Emotion", 2002) 등은 감정어에 대한 비교 언어 의미론이라고 할 수 있다. 또한 이 시기에 문화 스크립트의 이론을 발전시켰으며, Wierzbicka의 『비교 문화 화용론: 인간 상호작용의 의미론』(*Cross-Cultural Pragmatics: Semantics of Human Interaction*, 2003),[5] Goddard & Wierzbicka의 "문화 스크립트"("Cultural Scripts", 2004), Goddard가 편저한 『민속 화용론: 문화적 맥락에서의 담화 이해』(*Ethnopragmatics: Understanding Discourse in Cultural Context*, 2006) 등이 출간되었다.

4) 2008년부터 2014년까지: 이 시기에는 Goddard가 편저한 『비교 언어 의미론』(*Cross-Linguistic Semantics*, 2008)과 『단어와 의미』(*Words and Meanings*, 2014)가 출간되었다. 의미 원소 목록도 두 개(BE와 LITTLE ~ FEW)가 추가되어 65개로 되었으며, 오랫동안 고민한 'DON'T WANT'도 목록에서 복원되어 이 시기의 메타언어를 'NSM3'이라고 한다. 특히 주목되는 점은 의미 분자에 대한 이론이 대두되었으며, 메타언어의 통사론을 일부 단순화하여, 예를 들면 THINK의 'that-구문'을 빼기도 하였다. 어휘 의미론에서는 의미 형판(semantic template)이론[6]을 동사와 관련하여 더 발전시켰다.

더하여, 이 시기의 기념비적 의미론의 연구는 Bromhead의 『진실과 믿음의 지배』(*The Reign of Truth and Faith*, 2009), Wierzbicka의 『경험, 증거, 의의: 영어 속에 숨겨진 문화유산』(*Experience, Evidence, Sence: the Hidden Cultural Legacy of English*, 2010)이 출간되었다. 또 Gladkova(2010)와 Levisen(2012)이 각각 NSM을 러시아어와 덴마크어에 적용한 논문을 발표했으며, Amberber(2007)가 편저한 『비교 언어 관점에서 본 기억의 언어』와

5 국내에서는 『다문화 의사소통론』(이정애 · 안재란 · 이중진 · 나영은 옮김 2013)으로 번역되었다(2.3. 참조).

6 의미 형판이란 특정한 의미 부류의 단어들(특히 동사)이 공유하고 있는 구성 요소(component) 유형들의 구조적인 집합이다(국내 연구로는 사례(2017) 참조).

Goddard(2013)의 '사회적 인지'를 다룬 논문이 있다.

5) 현재 진행 중: 최근까지는 메타언어 HAVE에서부터 MINE까지의 변화를 사유(ownership)와 소유(possession)에 기저된 의미 원소로 다루었으며(Goddard & Wierzbicka 2016), KNOW와 CAN과 관련하여 NSM의 통사론적 틀을 조정하고 향상시켰다. 이 시기의 NSM 버전을 'NSM4'라고 하며, 어휘통사론적 분자 이론이 이 시기에 발전되기 시작한다. 이 시기는 Goddard & Wierzbicka(2014)의 『단어와 의미』, Wierzbicka(2014)의 『영어에 갇히다』(*Imprisoned in English*) 등을 포함하여 다른 연구자들의 많은 논저들이 이에 해당한다(Peeters(ed.) 2015; Goddard & Ye(eds.) 2015; Ye(ed.) 2017; Tien 2015; Wong 2014).

또한 NSM을 바탕으로 개발된 최소 영어(minimal English)가 최근 활발히 연구되고 있다. 최소 영어란 가장 단순하고 교차 번역될 수 있는 최소의 단어만을 사용하여 언어와 사고 그리고 문화를 탐구하고 그 결과 글로벌 커뮤니케이션을 지향하는 방법론으로서 Goddard(2018)와 Goddard(ed.)(2018)에서 진행 중이다.

2.3. NSM의 한국어 연구의 흐름

먼저, 한국어를 대상으로 NSM을 적용한 연구는 호주 국립대에서 공부한 윤경주(2003)의 박사학위논문 "Constructing a Korean Natural Semantic Metalanguage"(지도교수는 물론 Anna Wierzbicka)를 출발점으로 한다. 이 연구는 NSM을 한국어에 적용한 첫 시도로서 의미 원소의 한국어 목록을 매우 세밀하게 검증하였으며(3장 참조), 한국어의 핵심 개념 '마음과 가슴'과 '화' 관련 감정어 '화, 울화, 삐치다'의 실제적 예의 의미 설명을 제시하였다. 연이어 발표된 연구(Yoon 2004, 2006a, 2006b, 2007, 2008, 2011)들은 한국어의 문화 핵심어를 대상으로 의미 분석 및 문화 스크립트, 민속 심리학적 접근으로 NSM의 적용과 발전을 이루었다.

또한 국내에서 발표된 이혜윤(2005)의 색채 형용사의 의미기술과, Yu (2008)의 담화표지 '좀'의 분석, 이정목(2008)의 '기쁘다' 류 심리형용사의 의미 분석이 NSM의 방법론을 통해 시도되었다. 또한 이정애(2006, 2007, 2008, 2010, 2011, 2013, 2018)에서도 감정어와 색채어의 의미, 그리고 항진명제의 의미 분석 등이 NSM의 방법론적 적용을 통해 이루어졌다.

그리고 외국 의미론의 번역서에도 NSM의 방법론이 일부 소개되는데, 임지룡 · 김동환 옮김의 『의미론의 이해』(2010), 같은 옮긴이의 『어휘의미론의 연구 방법』(2013)은 독자들에게 의미론의 역사적 지형 속에서 NSM을 이해할 수 있도록 설명된 책이다.[7] 또한 Wierzbicka(2003[1991])의 『Cross-Cultural Pragmatics-The Semantics of Human Interaction』이 『다문화 의사소통론』(이정애 · 안재란 · 이중진 · 나영은 옮김, 2013)이란 제목으로 번역되었으며, 김진우의 『言語와 意味』(2016)에서는 '자연 의미적 메타언어론'을 '기본적 의미 요소, 메타언어, 인지적 해석법, 민족 언어학적 접근' 등으로 나누어 설명하였다.

마지막으로, 가장 최근에 확장된 NSM을 적용한 세 편의 연구들이 두드러진다. 먼저 Asano-Cavanagh & Lee(2017)의 연구는 NSM을 통해 한국어와 일본어의 전달표현의 의미 분석을 시도한 것이며, Kwon & Lee(2017)는 EFL 학습자가 영어 감정어들의 의미 차이를 얼마나 민감하게 지각하는가를 NSM의 의미 분석을 통해 검증하면서 감정어의 습득도 문화 특정적인 것임을 설명하였다. 사례(2017)도 NSM 접근의 하나인 의미 형판 이론을 적용하여 한 · 중 분리 동사의 의미 분석을 시도하였다.

요약하자면, 그동안 NSM의 이론과 방법론은 1) 초기 국내에 적극적으로 소개되고 이를 한국어에 적용한 시기를 지나(2003-2008), 2) 번역서와 전문서를 통하여 본격적으로 NSM이 소개되거나 다양한 주제로 확대 적용되었으며 (2010-2016), 3) 두 나라 간의 비교 언어적 방법 또는 국내의 외국어 학습, 또는 동사 분석을 의미 형판 등에 적용하는 등, 국내의 비교 문화 화용론이나

7 원서사 및 원저명은 참고 문헌 참조.

다문화 의사소통의 실제적 접근의 양상을 보여준다(2017-현재).

3. NSM의 이론적 특징

3.1. 의미 원소와 문법

의미 원소(semantic prime)란 더 이상의 단순한 용어로 분해될 수 없는, 즉 환원될 수 없는 단어의 의미 또는 개념을 말한다. 또한 의미 원소는 모든 언어에서 갖는 어휘 보편소(lexical universals)로서, 이를 단어 또는 구(phrases)의 형태로 찾을 수 있으며, 현재까지 원소의 목록은 65개이다.

좀 더 세밀히 말하자면, 모든 언어는 그 의미 원소의 구현형(exponent)이 다르다. 왜냐하면 의미 원소와 그 구현형 사이의 관계는 반드시 일 대 일을 이루지 않기 때문에, 어떤 원소에 대응하는 구현형은 하나 이상의 의미를 가질 수 있으며, 반대로 어떤 원소는 구현형의 의미보다 많을 수도 있다. 즉, 의미 원소의 구현형은 다의성이며 언어마다 다른 이차의 의미들을 가질 수 있다. 가령, 영어의 feel이라는 단어는 'touching'이라는 이차적 의미가 있지만 말레이어는 그러한 의미를 갖는 단어가 없다. 반면에 말레이어 rasa는 'taste'라는 이차적 의미가 있지만, 영어의 feel은 그런 의미를 갖지 않는다. 의미 원소 DO의 경우도, 많은 언어에서 'make'와 같은 것을 의미할 수도 있다. 따라서 우리가 어떤 언어의 원소 FEEL 또는 DO의 구현형에 대해 말할 때는 이들 단어들이 모든 관점에서 영어와 동일한 것이라고 말하지는 않는다.

또한 원소의 구현형은 다양한 방식으로 복합 형태를 이루거나 구형태를 갖기도 하며 언어마다 이형태(allolexy)가 있다. 가령 영어의 원소 OTHER는 명사 뒤에 붙는 else를 이형태로 갖지만, 스페인어나 독일어는 이를 갖지 않는다. 또한 의미 원소는 하나의 혼성적 표현(portmanteau expressions)을 이룰 수도 있다. 그러나 이것도 언어마다 다른 형태를 보이지만 그 언어 화자들이 이를 분명하게 알 수 있다면 크게 문제되지는 않는다. 예를 들면 폴란드어에는 A LONG TIME BEFORE에 대해 'dawno(temu)'라는 표현이 있으며 영어는 CAN과 NOT이 결합된 CAN'T가 있는 것이다. 영어에서 흔히 사용하는 'often'과 'sometimes'도 각각 'at many times' 그리고 'at some times'처럼, 의미 원소들이 결합된 의미라고 할 수 있다.

결국 의미 원소란 자연언어에서 찾을 수 있는 가장 단순하고 알기 쉬운(더 이상 정의될 수 없는) 것이어야 하며, 어떤 언어와도 의미 차이가 없이 번역되거나(치환될 수 있는), 언어 화자들이 바로 인지할 수 있는, 자체 설명적인(self-explanatory) 것이어야 한다. 가령 영어의 원소 중에서 SOMEONE과 SOMETHING이 왜 의미 원소인가에 대해서는[8], 이미 많은 논의 결과 1) 모든 언어에서 찾을 수 있는 보편소이며, 2) 누구나 알 수 있는 단순 개념이며, 3) 의문문의 사용에서 충분히 구분될 수 있음이 검증되었다. 마찬가지로 GOOD의 의미 원소도 더 이상 단순한 단어를 사용하여 이 GOOD을 설명할 수 없으며, 모든 '긍정적 평가', '가치 있는', '즐거운'과 같은 단어들을 설명할 때 이 GOOD이 필요함이 증명되었다(Goddard & Wierzbicka 1994, 2002, 2014). 그 외에도 모든 의미 원소와 범주의 개념은 많은 언어에서 치환될 수 있다. 다음은 이를 국어에 적용하여 이미 확보된 의미 원소 목록을 영어의 예와 함께 제시한 것이다.[9]

8 여기서 영어 대문자로 표시되는 의미 원소는 가장 널리 쓰이는 영어의 의미 원소를 나타낸 것이지만, 모든 언어로 치환되거나 바꿀 수 있는 것이기 때문에 하나의 대표성을 갖는 의미에서 영어 의미 원소를 사용한다.

9 국어의 의미 원소 구현형 목록은 Yoon(2003, 2006, 2007, 2008)에서 제시되었으며, 다른 연구(이정애 2006, 이정목 2008, 사례 2017 등)에서 약간의 수정을 거쳐 인용되었다. 영어 목록은 Goddard(2018) 참조.

〈표 1〉 국어의 의미 원소 목록과 영어의 예

국어 구현형	영어 구현형	범주
나, 너, 누구/어떤 사람, 무엇/어떤 일(것), 사람들, 몸	I, YOU, SOMEONE, SOMETHING ~ THING, PEOPLE, BODY	실재어
(~의) 종류, (~의) 일부	KINDS, PART	관계적 실재어
이, ~같은, 다른	THIS, THE SAME, OTHER ~ ELSE	한정어
한/하나, 두/둘, 많-, 몇/약간, 모든	ONE, TWO, SOME, ALL, MUCH ~ MANY, LITTLE ~ FEW	수량어
좋-, 나쁘-	GOOD, BAD	평가어
크-, 작-	BIG, SMALL	묘사어
생각하-, 알-, 원하-(~V+고 싶-), 느끼-, 보-, 듣-	KNOW, THINK, WANT, DON'T WANT, FEEL, SEE, HEAR	심리적 술어
말하-, 말, 사실	SAY, WORDS, TRUE	발화
하-, 일어나-(생기-), 움직이-(옮기-), 닿-	DO, HAPPEN, MOVE, TOUCH	행위, 사건, 접촉, 이동
~이(다), (~에)있다, (~가) 있-/ 존재하-,	BE(SOMEWHERE), THERE IS, BE(SOMEONE/SOMETHING)	위치, 존재, 특정화
나의 것(이다)	(IS) MINE	소유
살-, 죽-	LIVE, DIE	삶과 죽음
언제/때, 지금, 전(에), 후(에), 오래(동안), 잠깐(동안), 얼마(동안), 순간	TIME ~ WHEN, NOW, BEFORE, AFTER, A LONG TIME, A SHORT TIME, FOR SOME TIME, MOMENT	시간
어디/곳, 여기, 위, 아래, 멀-, 가깝-, 쪽, 안	PLACE ~ WHERE, HERE, ABOVE, BELOW, FAR, NEAR, SIDE, INSIDE, TOUGH	공간
안(V+지 않-), 아마 (으)ㄹ 것-, ~(으)ㄹ 수(가) 있-, (왜냐하면) ~ 때문(에), (만약)~(으)면	NOT, MAYBE, CAN, BECAUSE, IF	논리적 개념
아주, 더	VERY, MORE	증가어, 강화어
같-	LIKE~WAY~AS	유사성

이제 이들 의미 원소들은 어떤 문법적 특질이 있는지를 살펴보자. 물론 '문법'이란 언어 구조가 다를 수 있음을 설명하는 특정 양상을 가리키는 것이지만, 사실 단어들이 어떤 순서로 결합하며, 어떤 단어들과 함께 결합되어 사용되느냐의 문제이다. NSM은 의미 원소라는 메타언어만의 통사론이 있으며, 그것은 원소들의 조합이 동일한 원리에 의해 형성되며, 그 원리가 모든 언어에 적용될 수 있는 보편적인 것임을 주장한다. 가령, 'I don't know'와 동일한 의미를 말하기 위해서는 어느 언어에서나 찾을 수 있는 원소 I, NOT 그리고 KNOW를 결합하면 가능할 수 있다는 것이다. 마찬가지로 'all people die'와 동일한 의미를 말하기 위해서 PEOPLE, ALL, DIE를 결합할 수 있다. 더 복잡한 예를 들자면, IF, DO, SAY, CAN, BAD 등의 의미 원소들을 결합한다면 모든 언어에서 'if you do this, people can say something bad about you'와 같은 의미도 가능하게 된다. 그러나 단어 또는 구들의 결합 순서는 언어마다 다른 순서를 갖기 때문에 그것은 크게 문제가 되지 않는다. 우리 국어의 경우는 '만약 네가 이것을 한다면, 사람들은 너에 대해 무엇인가 나쁜 것을 말할 수 있다'로 표현될 것이다. 중요한 것은 그 조합의 동일한 범위가 모든 언어에서 가능하냐는 것이다. 결국 NSM의 연구자들은 그동안 '의미 원소가 어떻게 문법적으로 작용하며, 어떻게 하나의 의미 원소가 다른 원소들과 결합하여 구 또는 문장을 형성하느냐'에 대해 탐구하였으며 그 결과가 의미 원소의 문법이다.

이러한 관점에서 모든 의미 원소들은 그 자체만의 소문법을 갖는다고 할 수 있다. 원소에 따라 매우 제한된 문법적 선택을 가지거나 확장된 문법적 선택을 가질 수 있는데, 이것을 흔히 결합가(valency options) 또는 문법적 틀(grammatical frame)이라고 한다. 가령 DO는 다섯 개의 틀을 보여주며, SAY는 6개의 틀에서 운용되는 것을 알 수 있다. 물론 이러한 문법적 틀은 모든 언어에서 그들만의 문법과 동일하게 표현될 수 있다.

모든 의미 원소들은 다른 원소들과 결합해야 하며 이 결합의 모든 것이 문법이다. 65개의 원소들이 갖는 문법을 기술하는 것은 매우 복잡한 일이지만 원소들의 특성에 따라 몇 개의 그룹으로 정리하였으며(Goddard & Wierzbicka (eds.) 2002), 어떤 원소가 다른 원소와 관련되어 있음을 보여주는 문법적 결합가 또는 문법적 틀은 NSM의 홈페이지를 통해 제시되어 있기 때문에[10] 여기에서는 두 개의 예시만을 소개하고자 한다.

(1) DO와 SAY의 문법적 틀[11]
someone DOES something
someone DOES something to someone else
someone DOES something to something
someone DOES something with something
someone DOES something good for someone else
someone SAYS something
someone SAYS something to someone else
someone SAYS something about something
someone SAYS: '…….'
someone SAYS something with some words
someone SAYS something a word to someone else

3.2. 의미 분자와 의미 복합체

앞서 제시한 65개의 의미 원소는 NSM 체제의 기본 요소이자 최소 요소이다. 우리가 이들을 사용한다면 일상의 인지와 사고의 가장 중요하고 복잡한 개념을 구성할 수 있다. 이때 의미 원소와 함께 의미 설명에서 곧잘 사용되면서도, 의미 원소의 개념이 아닌 다른 요소들이 있는데, 이를 의미 분자(semantic mlecules)라고 한다. 의미 분자는 의미 설명에서 [m]으로 표시되며, 복합 의미

10 https://www.griffith.edu.au/humanities-languages/school-humanities-languages-social-science/research/natural-semantic-metalanguage-homepage

11 이 문법적 틀에 의해 형성된 단위가 기본 문장(cannon sentence)이며, 의미 원소가 가지는 결합가나 확장적인 결합가 또는 보문 등의 통사적 특성에 따라 이루어진다.

를 갖지만 비교적 단순하며 의미 원소와 함께 의미의 블록(block)을 형성하는 데 사용된다.

의미 분자의 생각은 NSM에서 모든 것을 끝까지 의미 원소로 설명하지 않는다는 것을 말해준다. 1980년대 중반 Wierzbicka가 구체적인 어휘와 화행동사들의 의미 분석 작업에서 의미 원소 외에도 시험적으로 100여 개 의미 분자가 사용된 것에서 출발되었다(Wierzbicka 1985, 1987). 이것들은 일종의 의미 복합체를 이루고 있는 단어 덩어리이며, 이를 나누게 되면 거대한 양의 의미 정보들을 얻어내는 일이 훨씬 용이해진다는 것을 확인한 것이다. 우리는 의미 설명의 중간 층위에서 단순한 형태의 단어로 나타나는 의미 복합체들을 만나게 되는데, 이들이 바로 분자이며, 의미 원소들의 덩어리이다. 1960년대로 더 거슬러 가면 모스크바 의미론학파(주로 Apresjan과 Zholkovsk 등)의 주장에서도 의미 설명을 순차적 과정으로 해결하려는 것을 알 수 있다. 즉, 맨 밑에는 의미 원소가 있다면, 그 다음은 중간 층위의 개념이 있고, 맨 위에 일반 개념이 있는데, 이 중간 층위(의미 분자)는 원초소의 덩어리들로 대체하면 쉽게 다루어진다는 것이다. 따라서 A=x+y+z+w, B=y+z라고 하고, x, y, z, w가 의미 원소라고 한다면, 여기서 중간 분해식 A=x+B+w를 거쳐, A와 B의 관계를 알 수 있는 것과 같다.

일부 의미 분자들은 거의 모든 언어에서 발견될 수 있는 것도 있으나, 매우 특정 언어적인 것에 해당하는 것도 있다. 지금까지의 NSM의 연구 결과는 상당히 확보된 의미 분자의 목록을 제시하고 있다(Goddard 2010: 468, 2012: 723, 2018: 126-158). 이를 바탕으로 1) 의미 원소와 같은 보편소는 아니지만 거의 모든 언어에서 발견될 수 있는 거의 보편적인 의미 분자, 2) 준 보편적 의미 분자, 3) 많이 사용되지만 매우 문화 특정적인 의미 분자로 나누어 정리하면 다음과 같다(사례 2017: 93 참조).[12]

12 이들 목록 작성 및 발견은 여전히 탐구 중이며, 본 절에서는 영어의 예를 국어로 제시한 것이다. 국어의 의미 분자 목록 및 해당 예시는 더 많은 연구가 필요하다.

〈표 2〉 의미 분자의 예

거의 보편적인 의미 분자	손, 입, 눈, 머리, 귀, 코, 얼굴, 다리, 이, 손가락, 가슴, 피부, 뼈, 피
	태어나-, 어린이, 남자, 여자, 어머니, 아버지, 아내, 남편
	길-, 동그랗-, 평평하-, 딱딱한, 날카로운, 부드러운, 무거운
	나무, 돌
	위에, 꼭대기에, 바닥에, 앞, 주위
	하늘, 땅, 해, 낮 동안, 밤에, 물, 불
	하루
	피조물, 자라-, 달걀
	알-, ~로 불리-
	잡-, 앉-, 눕-, 서-, 자-
	놀-, 웃-, 노래하-, 만들-, 죽이-
준 보편적 의미 분자	쌀, 밀, 옥수수 등
	종이, 철, 금속, 유리, 가죽, 모, 실, 옷
	년, 월, 주, 시계
	마을, 도시, 나라
	집, 학교, 병원
	의사, 간호원, 교사, 군인
	고양이, 말, 소, 돼지 등
	자동차, 비행기, 보트, 길, 운전대, 철사, 엔진, 컴퓨터
	읽-, 쓰-, 책
문화 특정적인 의미 분자[13]	돈(money), 숫자(number), 신(God), 공(ball)

13 Goddard(2018: 154)에 의하면, '돈'의 개념은 근대의 생산과 이윤에서 생긴 것으로 '사다, 팔다, 지불하다, 은행 등의 경제적 개념에 필요하며, '수(숫자)'는 세거나 측정할 때 사용하는 개별 숫자의 이름으로, '신'은 종교적 개념을 갖는 다양한 영역의 단어들에 필요하며, '볼'은 '테니스'나 '축구'와 같은 운동 경기의 의미 설명에 필요한 분자임을 설명한다.

4. NSM의 의미 설명: 문화적 의미를 전달하는 단어들

본 장에서는 NSM의 주된 관심 영역인 '문화 핵심어'(cultural key words)에 대해 살펴보기로 한다. 문화 핵심어란 문자 그대로 문화적으로 매우 중요한 단어를 일컬으며, 다른 나라의 언어로 번역이 어렵거나 거의 불가능하지만, 동시에 그 언어 화자들만의 전통과 유산을 담고 있기 때문에 그들에게는 너무 평이하며, 또한 당연한 것으로 받아들여지는 단어이다. 특히 Wierzbicka (1997)에서 본격적으로 연구되었으며, 문화 핵심어란 매우 특정 문화적이기 때문에 이들의 포장된 의미를 NSM의 방법으로 분석하여 기술할 수 있다면 다른 문화와 언어에 쉽게 이해될 수 있다.[14] 즉, NSM의 접근은 단일 언어 내에서 단어의 의미는 물론이며 언어 간 의미를 탐색하기 위한 매우 새롭고 좋은 설명 도구임을 검증한 것이다.

모든 언어는 그 문화의 핵심적 가치를 반영하는 일정한 핵심어를 갖고 있으며 대략 다음과 같은 어휘 층위를 통해 파악되고 있다. 1) 가치 개념어 : 영어의 privacy, rude, 프랑스어의 s'engager, 멜라네시아의 크레올어 Kastom, 2) 감정어 : 영어의 happiness, 독일어 Angst, 말레이어의 malu, 일본어의 amae, 3) 민속심리적 개념(ethnopsychological constructs): 영어의 mind, 러시아어의 duša, 말레이어의 hati, 한국어의 maum, 중국어의 xin, 일본어의 kokoro, 4) 민속철학적 용어(ethnophilosopical terms): 러시아어의 sud'ba, 영어의 evidence, common, 그 밖에 속담이나 옛말(traditional sayings) 등이다. 이들은 그 언어의 화자의 사고와 행위, 감정, 말하기의 문화적 방식 등을 가장 핵심적으로 보여주는 단어들이다. 가령, 민속심리적 단어인 mind는 매우 영어 특정

14 종래 언어학에서는 단어의 문화적 의미란 언어학의 핵심 주제와 관련이 없으며, 의미의 문화적 양상은 문화인류학 쪽인 언어학자나 문화 역사가의 몫으로 넘겨야 한다는 시각이었다. 그러나 Goddard & Wierzbicka(2014)의 『언어와 의미』(*Words and Meanings*)는 단어의 중요성에 대해 언어학자들의 관심을 끌기에 충분하며, 21세기에 들어 부각된 인지언어학, 문화적 담화 분석, 신유럽파의 민속언어학, 그리고 NSM에서 의미를 문화와 함께 새롭게 조명한 것이다.

적이며 사람에 속하지만 신체적 몸이 아닌 인간의 내면을 지시한다. 러시아어는 그에 해당하는 단어가 없으며, duša라는 단어가 있지만, 그것은 soul에 가깝다. 영어 mind의 핵심은 더 많이 아는 것과 생각하는 것에 두고 있다. 만약 누군가가 a good mind라고 한다면 그것은 그가 사물에 대해 더 잘 알고 좋게 생각한다는 것을 의미하며, 느낌에 대한 의미는 없다. 그러나 러시아어의 duša는 느낌과 정신적 능력, 생각 등을 포함한다. 마찬가지로 중국어의 心, 일본어의 こころ, 한국어의 '마음' 등이 있지만 서로 동일하지 않다. 그러나 이들 단어에는 인간의 본질에 대한 매우 중요한 생각이 담겨있으며 다양한 문화에서 다양한 방식으로 인간을 이해한다는 것을 보여주고 있다.

지면상 많은 자세한 설명은 생략한 채, NSM의 접근 방식에 의한 이들의 의미 설명(explication)을 제시하면 다음과 같다.

(2) heart

사람의 한 부분
사람은 그것을 볼 수 없다
그것이 사람 몸의 일부분이라는 것을 상상할 수 있다
[몸 윗부분 중간에서
사람들은 그것의 움직임을 들을 수 있다]
이 부분 때문에, 사람은 좋은 것과 나쁜 것을 느낄 수 있다
이 부분 때문에, 사람은 다른 사람을 향해 좋은 것을 느낄 수 있다

(Wierzbicka 1992: 48)

(3) mind

사람의 두 부분 중 한 부분
사람은 그것을 볼 수 없다
이 부분 때문에, 사람들은 생각하거나 알 수 있다

(Wierzbicka 1992: 45)

(4) 마음

사람의 두 부분 중 한 부분(한 부분은 몸이고, 이것이 그 다른 부분이다)
사람들은 이것에 대해 이렇게 생각한다:

"이것은 사람의 몸 윗부분의 중간 어디 안에 있다
사람들은 사람의 이 부분을 볼 수 없다
이 부분 때문에, 사람은 다른 살아있는 것과 같지 않다
이 부분 때문에, 사람은 많은 것들을 하고 싶어 할 수 있다
사람이 무엇에 대해 생각할 때 그 사람은 이 부분에서 무엇인가를 느낄 수 있다
사람이 무엇에 대해 생각을 할 때, 이 부분으로 생각하면 좋다
사람이 어떤 일을 할 때 이 부분에서 동시에 이렇게 생각하면 좋다: "나는 이 일을 잘하고 싶다"
사람의 이 부분이 좋으면 (이 사람은) 좋은 일을 하고 싶어 한다
사람의 이 부분이 나쁘면 (이 사람은) 나쁜 일을 하고 싶어 한다"

(Yoon 2003: 266)

(5) 가슴(2)[15]
사람의 일부
사람들은 이것에 대해 이렇게 생각한다
"이것은 가슴(1) 안에 있다
사람들은 사람의 이 부분을 볼 수 없다
이 부분 때문에, 사람은 다른 살아있는 것들과 같지 않다
무슨 일이 어떤 사람에게 생길 때, 이 사람은 그 순간 이 부분에서 무엇인가를 느낄 수 있다
매우 좋은 일이 어떤 사람에게 생길 때, 이 사람은 이 부분에서

---

15 Yoon(2003)에서는 '가슴'의 의미설명을 '가슴(1)'과 '가슴(2)'로 나누어 제시하였다. 사람 몸의 일부분으로서 상반신의 중앙에 있는 가슴(1)은 다음과 같다.

(5)' 가슴(1)
사람 몸의 일부
몸 윗부분의 중앙 부분
여성의 몸에 있는 이 부분은 남성 몸의 이 부분과 같지 않다
사람이 무슨 일을 할 때 이 부분에서 무슨 느낌을 느낄 수 있다
이런 것들을 느낄 때, 이 사람은 이렇게 생각할 수 있다:
"내 몸의 이 부분에 무슨 일이 일어나고 있다
나는 무엇인가를 들을 수 있다"

(Yoon 2003: 266)

매우 좋은 것을 느낄 수 있다

매우 나쁜 일이 어떤 사람에게 생길 때, 이 사람은 이 부분에서 매우 나쁜 것을 느낄 수 있다

이런 일들이 어떤 사람에게 생길 때, 이 사람은 생각할 수 있다 "그것은 어떤 일이 나의 가슴(1)에서 생기는 것과 같다"

이 사람은 오랫동안 이런 일을 느낄 수 있다

이 부분 때문에, 사람은 다른 사람들에 대해서 좋게 느낄 수 있다"

(Yoon 2003: 279)

(6) duša

사람의 두 부분 중의 한 부분

사람은 그것을 볼 수 없다

이 부분 때문에, 사람의 안에서 어떤 일이 생긴다

이것은 사람이 아닌 다른 것에서는 생기지 않는다

이 일은 좋거나 나쁠 수 있다

이 부분 때문에, 사람은 그렇지 않으면 느낄 수 없는 것을 느낄 수 있다

다른 사람은 이 일이 무엇인가를 알 수 없다

이 부분 때문에 사람은 좋은 사람이 될 수 있다

(Wierzbicka 1992: 51)

길게 나열된 이 의미설명들은 NSM을 이해하지 않는 한, 다소 어색하거나 부자연스러울 수도 있다. 그러나 NSM의 체계 내에서는 작은 수의 의미 원소의 조합으로도 각 문화권에서 사용되는 유사 의미의 단어들을 메타 언어적으로 설명하기 때문에 한 단어를 둘러싸고 있는 다양한 문화적 방식을 핵심적으로 이해할 수 있게 해주는 좋은 장치임을 보여준다.

덧붙여, 문화 핵심어를 두고 특정 언어 중심(대표적으로 영어)으로 또는 자민족 중심으로 이해함으로써 빠질 수 있는 문화적 편견을 제거해 줄 수 있다는 생각은 Wierzbicka의 책 『영어: 의미와 문화』(*English: Meaning and Culture*, 2006)에서도 꾸준히 추구되었다. 즉, 영어는 결코 '문화적으로 중립

적인' 언어가 아니며, 오히려 '앵글로 문화'로 채워진 언어라는 것이다. 앵글로 문화는 오랜 역사를 거쳐 오면서, 그 자체가 매우 특별한 방식으로 언어에 나타난 것으로, 가령 영어의 fair와 같은 단어도 이 앵글로 문화의 방식을 가장 잘 보여주는 문화 핵심어의 하나이다. 또한 동양권 문화에서의 '효'(孝)라는 단어도 중요한 유교적 가치를 담고 있는 핵심어라고 할 수 있다. 물론 '효'는 영어로 'filial piety'로 번역되지만 평범한 영어 화자들은 이 단어가 의미하는 바를 제대로 이해하지 못하는 매우 특정 문화적인 것이다. 한국어의 '정'이라는 단어도 역시 매우 문화 특정적인 핵심어이다(Yoon, 2007).[16] 이처럼 NSM의 접근법은 다양한 문화 핵심어가 어떻게 비교 언어적으로 또는 비교 문화적으로 이해될 수 있는가를 설명할 수 있는 한 방법론이다.

16 Yoon(2007)은 '정이 들다'(사람과 사물)와 '정 떨어지다'로 나누어 의미설명을 제시하였다. 다음은 사람을 대상으로 한 '정'의 의미설명의 예이다(Yoon 2007: 92-93).

정(X는 Y에게 정을 느꼈다)

X는 어떤 것을 생각했기 때문에 어떤 것을 느꼈다
때때로 사람은 다른 사람에 대해 이와 같이 생각 한다:
"나는 이 사람을 잘 안다
나는 종종 이 사람과 같은 곳에 있었다
나는 이 사람과 어떤 일을 했다
같은 일이 나에게처럼 이 사람에게도 일어났다
이 때문에, 나는 이 사람을 향해 무엇인가를 느낀다
이 때문에, 나는 이 사람을 위해 좋은 것들을 하기를 원한다
나는 이 일들을 하지 않을 수 없다
나는 만약 내가 이 사람을 위해 지금 무엇인가 좋을 일을 하지 않는다면 나쁜 것을 느낄 것이라는 것을 안다
나는 오랫동안 이 사람과 함께 하기를 원한다"
이 사람이 이것을 생각할 때, 이 사람은 오랫동안 무엇인가를 느낀다
X는 이와 같이 어떤 것을 느낀다
왜냐하면 X는 이와 같이 어떤 것을 생각했기 때문이다

5. 마무리

2014년에 출간된 Wierzbicka의 『영어에 갇히다: 디폴트 언어로서 영어의 위험』(*Imprisoned in English: The Hazards of English as a Default Language*)에서는 지금 세계적으로 자연 과학, 사회 과학, 국제 관계 및 고등 교육 분야에서 영어가 혼성 국제어(lingua franca)가 되고 있는 것의 위험성을 말하고 있다. 즉, 국제 관계에서 편의상 공통어인 영어로 소통했을 때, 발생하는 문화적 오해 그리고 제거되는 다양성, 앵글로 중심의 생각 등은 글로벌 영어라고 해도 영어 또한 특정 문화를 담은 언어이기 때문에, 다른 나라 사람들의 사고 패턴으로 완벽히 영어를 번역할 수 없는 결과를 말한 것이다.

이제 NSM 전망과 과제에 대한 주제로 마무리하려는 단계에서 영어의 '불편'을 이야기하려는 것이 아니다. 오히려 영어만의 세계성을 활용하여 더 효율적인 의사소통을 할 수 있는 좋은 도구, NSM의 비교 언어학적인 연구에서 발전시킨 실제적인 적용, 그것이 바로 '최소 영어'임을 소개하면서 NSM의 미래와 전망을 말하려고 한다.[17]

최소 영어는 일종의 축소된 영어의 형태를 NSM에서 발전시킨 것으로 가장 적은 수의 단어를 사용하여 축소된 문법과 어휘를 구성한 일종의 의사소통의 도구이자, 모든 다른 언어로 번역 가능할 수 있는 언어를 말한다. 그러나 이것이 글로벌 영어와 대체하려는 것은 아니다. 일종의 대체적인, 보조적인 언어의 기능을 영어의 장점에서 취하는 것이면서도 영어를 최소한으로 구성하여, 영어만의 특정적인 자질이 없는 의사소통의 도구로 사용할 수 있다. 최소 영어는 200여개의 단어를 핵심적 요소로 취하면서 다음의 특성을 갖는다. 즉 1) 핵심 어휘는 모든 언어에서 발견할 수 있는 약 65개의 의미 원소와 의미 분자이다. 2) 다른 교차 번역이 될 수 있는 단어들, 예를 들면 '달, 별, 배고프

17 최소 영어가 그 동안 다양하게 시도된 '단순화된 영어'의 결과물들(가령, Basic English(Ogden 1930), Plain English, "Nuclear English"(Quirk 1981), "Globish"(Nerriére 2004), Simple English Wikipedia 등)과 어떻게 다른가에 대해서는 Goddard(2018: 271-274) 참조.

다, 죽다' 등도 포함한다. 3) 오늘날 국제 담화에서 빼놓을 수 없는 단어들(정부, 법, 플라스틱, 사진, 컴퓨터, 전화 등)도 포함한다. 4) 의미 분자는 아니지만 전 세계 모든 사람들이 이야기할 때 꼭 사용되는 단어들을 포함한다. 그리고 그러한 단어들은 특정 문화적 의미에 치우치지 않으면서 번역될 수 있어야 한다. 5) 이 최소 영어는 교체 번역이 가능하기 때문에 최소 한국어, 최소 중국어 등도 가능하다.

또한 최소 영어는 영어에 익숙한 구문 형식, 가령 간접 화법이나 보고 화법을 피해야 하며[18] 'bigger', 'smaller' 등이 사용된 비교 구문도 피해야 한다. 따라서 최소 영어를 배우는 일은 어떻게 단어를 선택할 것인가를 배우는 것이라기보다 최소 단어에 포함된 문법을 선택하는 일이다. 그러므로 최소 영어의 기본 단어와 문법 유형을 사용하려면 어느 정도의 훈련이 필요하다.

그렇다면 구체적인 최소 영어를 어떻게 적용할 수 있는가의 예를 들어보자. 먼저, 가령 최소 영어를 사용하여 인간의 보편적 윤리를 설명한다면 편견, 폭력, 인종주의, 살인, 강간, 증오 등과 같은 추상적 단어를 사용하지 않으면서도 '사람들에 대한 나쁜 사고방식'에 대해 다음과 같이 제시할 수 있다(Goddard 2018: 279).

- It is very bad if people think like this about some people: "People of this kind are not like other people, they are below other people"
- It is very bad if people want to kill other people
- It is very bad if men want to do very bad things to women

마찬가지로 다음의 예는 보편적 진리에 대한 서구인의 생각이 어떻게 발전

---

18 가령 영어에 많이 사용되는 간접 화법의 구문은 다음과 같은 최소 영어의 문법(화살표 오른쪽)으로 바꿀 때 어떤 언어로도 쉽고 단순하게 번역될 수 있다(Goddard 2018: 279).

(1) "He/she said that …" → He/she SAID something like that: "…"
(2) "I THINK that …" → I THINK about it like this: "…"

했는지를 보여주는 '갈릴레오의 망원경'에 대한 이야기가 최소 영어로 작성된 예이다(Goddard 2018: 282).

> Galileo looked at the stars not like other people looked at them before. Because of this, he could see them well, not like people could see them before. When he was looking at them, he was holding something of one kind near his eyes. When someone holds something of this kind near the eyes, this someone can look at some places very far from the place where this someone is. A thing of this kind is called " a telescope." When Galileo looked at the sky at night like this, he could see some places very far from the Earth well.

이 요약 텍스트는 의미 원소가 아닌 최소 영어 8개를 사용하였다(즉 'star', 'look at', ' hold', 'eyes', 'is called', 'sky', at night', 'the Earth'). 이 예는 어떻게 '망원경' 같은 근대적인 용어가 최소 영어를 통해 설명될 수 있는지를 보여준다. 여기서 강조해야 할 점은 최소 영어는 사람들에게 기존 텍스트를 번역하는 데 도움을 주고자 하는 것은 아니라는 점이다. 현재 전 세계에서 계속 산출되는 정보 텍스트들(가령 건강 가이드 책, 생산 매뉴얼, 안전 지침서, 학교 교재, 여행 정보지 등)이 번역을 통하여 출판되고 있는데, 이때 최소 영어는 사람들이 이와 같은 실용적 가이드 책들을 번역하는 데 매우 큰 도움이 될 것이라고 생각한다. 최소 영어는 매우 정확하고 성공적인 교차 번역이 가능할 수 있기 때문이다. 이것은 최소 영어만이 아니라, 다른 최소 한국어, 소형 스페인어도 가능하다. 다만 영어가 혼성 국제어(링구아 프랑카)로 취하기 쉽기 때문에 이를 택한 실제적 이유가 있을 뿐이다.

최소 영어는 고정되거나 정적인 것이 아니다. 이것은 진행 중인 NSM의 프로젝트의 하나이며 이 생각을 계속 더 확장해나가야 한다. 아직은 많은 국제 사회의 영역에서 부분적으로 그리고 불완전하게 최소 영어를 적용한다고 해도, 언어적 지식을 통해 얻을 수 있는 사회적 이익이 충분히 발생하는, 매우 의의가 있는 일이다.

최소 언어 외에도 NSM을 다양하게 적용할 수 있는 방법들이 있는데 하나만 간략히 소개하고자 한다. 그것은 언어교수법에서 '문화 스크립트 접근법(cultural scripts approach)'을 적용하는 일이다. 문화 스크립트 이론은 마치 NSM 의미론의 화용론적 자매 이론(sister theory)이라고 할 수 있으며, 스크립트는 의미 원소를 사용하여 문화적 규범과 가치를 기술하기 위한 방법론으로서 민속 화용론(ethnopragmatics)에 속한다(Goddard(ed.) 2006). 이것은 단어를 설명하기 위한 방법이 아니라 사람들이 그 문화로부터 의미를 부여하는 방식에서 어떤 사회적 규범이나 가정, 그리고 가치 등을 설명하기 위한 것으로, 소위 '내부자 관점'을 중시한 연구이다. NSM은 언어 교육의 문화적 측면을 가르치기 위해 민속화용론에서 발전시킨 문화 스크립트를 활용한 '교육 스크립트'을 제안하고 있다. 이 또한 계속 진행 중인 매우 흥미로운 NSM의 '미래'라고 할 수 있다.

참고문헌

김진우(2016), 『言語와 意味』, 한국문화사.

사 례(2017), "NSM에 기반한 한·중 分離동사의 의미 분석", 『중국언어연구』 72: 87-112, 한국중국언어학회.

이정목(2008), "NSM을 이용한 한국어 '기쁘다' 류 심리형용사의 의미 분석과 기술", 한국외국어대학교 교육대학원 외국어로서의 한국어교육전공 석사학위논문.

이정애(2006), "한국어의 메타언어적 의미분석을 위한 소론: 동사 '깨다, 부수다, 쪼개다, 나누다'를 중심으로", 『담화와 인지』 13(1): 221-242, 담화·인지 언어학회.

이정애(2007), "문화간 의사소통을 위한 '화'의 의미 분석", 『담화와 인지』 14(1): 149-171, 담화·인지 언어학회.

이정애(2008), "국어 색채어의 의미와 시각의 보편성", 『한국어 의미학』 27:

151-178, 한국어 의미학회.

이정애(2010), "국어 항진명제에 대한 의미 연구", 『한국어 의미학』 33: 179-202, 한국어 의미학회.

이정애(2011), "NSM에 기초한 국어 간투사의 의미 기술", 『한국어 의미학』 36: 313-333, 한국어 의미학회.

이정애(2013), "국어 항진명제의 통사유형과 의미", 『한국언어문학』 87: 65-97, 한국언어문학회.

이정애(2018), "분석적 항진명제의 의미 연구", 『국어문학』 67: 5-32, 국어문학회.

이혜윤(2005), "기본색채 형용사의 의미기술: NSM 이론의 틀 안에서", 『독어교육』 33: 141-160, 한국독어독문학교육학회.

Amberber, M.(ed.)(2007), *The Language of Memory in a Cross-Linguistic Perspective*, Amsterdam: John Benjamins.

Arnauld, A., & P. Nicole(1996[1662]), *Logic or the art of Thinking.* Trans. J. Buroker, Cambridge: Cambridge University Press.

Asano-Cavanagh, Y. & D. Y. Lee(2017), "NSM Approach による 類義語の意味分析: 日韓の傳達表現を中心に", 日本語學硏究 54: 87-106.

Bromhead, H.(2009), *The Reign of Truth and Faith: Epistemic Expressions in 16th and 17th Century English*, Berlin: Mouton de Gruyter.

Enfield, N. J. & A. Wierzbicka(eds.)(2002), The body in Description of Emotion, *Special Issue of Pragmatics and Cognition*, 10(1/2): 1-24.

Geeraerts, D.(2010), *Theories of Lexical Semantics*, Oxford: Oxford University Press. (임지룡・김동환 옮김(2013), 『어휘의미론의 연구방법』, 경북대학교 출판부.)

Gladkova, A.(2010), *Russkaja Kul'turnaja semantica: ėmocii, cennosti, žizennye ustanovki*[Russian Cultural Semantics: Emotions, Values, Attitudes], Moscow: Languages of Slavic Cultures.

Goddard, C.(1989), Issues in natural semantic metalanguage, *Quaderni Di Semantica* 10(1): 51-64.

Goddard, C.(ed.)(2006), *Ethnopragmatics Understanding Discourse in Cultural Context,* Berlin: Mouton de Gruyter.

Goddard, C.(ed.)(2008), *Cross-Linguistics,* Amsterdam: John Benjamins.

Goddard, C.(2011[1996]), *Semantic Analysis*, Oxford: Oxford University Press.

Goddard, C.(2010), Semantic molecules and semantic complexity(with special reference to "environmental" molecules), Review of *Cognitive Linguistics* 8(1): 123-155.

Goddard, C.(2012), Semantic primes, semantic molecules, semantic templates: Key concepts in the NSM approach to lexical typology, *Linguistics* 50(3): 711-743.

Goddard, C.(ed.)(2013), Semantic and/in social cognition, Special Issue of *Australian Journal of Linguistics* 33(3): 245-398.

Goddard, C.(2018), *Ten Lectures on Natural Semantic Metalanguage, Exploring Tanguage, Thought and Culture Using Simple, Translatable Words*, Leiden: Brill.

Goddard, C.(ed.)(2018), *Minimal English for a Global World*, New York: Palgrave macmillan.

Goddard, C. & Z. Ye(eds.)(2015), *"Happiness" and "Pain" Across Languages and Cultures*, Amsterdam: John Benjamins.

Goddard, C. & A. Wierzbicka(1994), Introducing lexical primitives, in C, Goddard & A. Wierzbicka(eds.), *Semantic and Lexical Universals: Theory and Empirical Findings*, Amsterdam: John Benjamins.

Goddard, C. & A. Wierzbicka(1995), Key words, culture, *Philosophica* 55: 37-67.

Goddard, C. & A. Wierzbicka(1997), Discourse and culture, in T. A. van Dijk(ed.), *Discourse as Social Interaction,* London: Sage Publications.

Goddard, C. & A. Wierzbicka(eds.)(2014), Wo*rds and Meanings: Lexical Semantics Across Domains, Languages and Cultures*, Oxford: Oxford University Press.

Goddard, C. & A. Wierzbicka(eds.)(1994), *Semantic and Lexical Universals: Theory and Empirical Findings*, Amsterdam: John Benjamins.

Goddard, C. & A. Wierzbicka(eds.)(2002), *Meaning and Universal Grammar: Theory and Empirical Finding I.II*, Amsterdam: John Benjamins.

Goddard, C. & A. Wierzbicka(eds.)(2004), *Cultural Script*, Special Issue of *Intercultural Pragmatics* 1(2): 153-166.

Goddard, C. & A. Wierzbicka(eds.)(2016), 'It's mine!'. Re-thinking the conceptual semantics of "possession" through NSM, *Language Sciences* 56: 93-104.

Harkins, J. & A. Wierzbicka(eds.)(2001), *Emotions in Cross-linguistic Perspective*, Berlin: Mouton de Gruyter.

Kwon, J. H. & K. S. Lee(2017), A study on Korean EFL Learners' Perception of English Emotion Words in the NSM Theory, 『언어학 연구』 43: 209-232, 한국중원언어학회.

Levisen, C.(2012), *Cultural Semantics and Social Cognition: A Case Study on the Denish Universe of Meaning*, Berlin: Mouton de Gruyter.

Löbner, S.(2002), *Understanding Semantics*, Oxford: Oxford University Press. (임지룡 · 김동환 옮김(2010), 『의미론의 이해』, 한국문화사.)

Peeters, B.(ed.)(2015), Language and Cultural Values: Adventures in Applied Ethnolinguistics, Special issue of *International Journal of Language and Culture* 2(2): 133-293.

Tien, A.(2015), The Semantics of Chines Music. Analysing Selected Chinese Musical Concepts, Amsterdam: John Benjamins.

Wierzbicka, A.(1972), *Semantic Primitives,* Frankfurt: Athenäum.

Wierzbicka, A.(1980), *Lingua Mentalis: The Semantics of Natural Language*, Sydney: Academic Press.

Wierzbicka, A.(1985), *Lexicography and Conceptual Analysis,* Ann Arbor: Karoma.

Wierzbicka, A.(1989), Semantic Primitive-The Expanding Set, *Quderni Di Semantica* 10(2): 209-332.

Wierzbicka, A.(1992), *Semantics, Culture and Cognition: Universal Human Concepts in Culture-specific Configuration,* Oxford: Oxford University Press.

Wierzbicka, A.(1996), *Semantic: Primes and Universals*, Oxford: Oxford University Press.

Wierzbicka, A.(1997), *Understanding Culture Through Their Key Words, English, Russian, Polish, German, and Japanese*, Oxford: Oxford University Press.

Wierzbicka, A.(1999), *Emotions Across Languages and Cultures: Diversity and Universals,* Cambridge: Cambridge University Press.

Wierzbicka, A.(2003), *Cross-Cultural Pragmatics, The Semantics of Human Interaction*, Berlin: Mouton de Gruyter.(이정애 · 안재란 · 이중진 · 나영은

옮김(2013), 『다문화 의사소통론, 비교문화 화용론과 인간 상호작용의 의미론』, 역락.)

Wierzbicka, A.(2006), *English: Meaning and Culture*, Oxford: Oxford University Press.

Wierzbicka, A.(2010), *Experience, Evidence and Sense: The Hidden Cultural Legacy of English,* Oxford: Oxford University Press.

Wierzbicka, A.(2014), *Imprisoned in English: The hazards of English as a Default Language*, Oxford: Oxford University Press.

Wong, J. O.(2014), *The Culture of Singapore English*, Cambridge: Cambridge University Press.

Ye, Z.(ed.)(2017), *The Semantics of Nouns,* Oxford: Oxford University Press.

Yoon, K. J.(2003), Constructing a Korean Natural Semantic Metalanguage, Ph.D. dissertation, Australia National University, Seoul: Institute of Korean Language and Culture.

Yoon, K. J.(2004), Not just words: Korean social models and the use of honorifics, *Intercultural Pragmatics* 1(2): 189-210.

Yoon, K. J.(2006a), Contrastive semantics of Korean 'maum' vs. English 'heart' and 'mind', *The Journal of Studies in Language* 22(3): 171-197.

Yoon, K. J.(2006b), *Constructing a Korean Natural Semantic Metalanguage*, Seoul: Hankook.

Yoon, K. J.(2007), Korean Ethnopsychology Reflected in the concept of Ceng 'affection': Semantic and Cultural Interpretation, *Discourse and Cognitive Linguistics* 14(3): 81-103.

Yoon, K. J.(2008), The Natural Semantic Metalanguage of Korea, in C. Goddard(ed.), *Cross-Linguistic Semantics*, 121-162, Amsterdam: John Benjamins.

Yoon, K. J.(2011), Understanding cultural values to improve cross-cultural communication: An ethnopragmatic perspective to Korean child rearing practices, 『언어연구』 26(4): 878-899, 한국현대언어학회.

Yu, K. A.(2008), The NSM based Approach to a Korean Discourse Marker: Jom, *Discourse and Cognition* 15(1): 85-109.

소통의미론*

이 찬 규**

1. 들머리

언어를 정확하게 분석하고자 한다면, 언어 밖 외부 세상에 대한 백과사전적 지식이 없이는 불가능하다. 더군다나 언어 의미를 분석할 때, 언어 기호가 지닌 정보만으로는 한계가 있다. 언어 기호를 둘러싼 문화적, 맥락적 정보를 고려해야만 하며, 이것을 소통의 장으로 확장시키게 되면, 소통 참여자 간의 관계와 상호 작용 등 의미 분석을 위해 고려해야 할 요소들이 많아질 수밖에 없다. 또한 한 단계 더 나아가 소통자들 간에 의미가 이해되는 과정까지 고려한다면 양상은 더욱 복잡해진다.

이미 의미론은 화용론과 담화분석의 범주에까지 도달해 있고, 인간 의사소통(human Communication) 분야는 '소통 전 단계-소통 단계-소통 후 단계'에 이르는 과정에서 소통에 영향을 미치는 구성요소 및 전략적인 측면까지 다루

---

* 이 글은 소통의미론이라는 분야를 정립하기 위해 작성한 것으로 이찬규(1999, 2004) 등을 중심으로 필자의 기존연구 결과가 다수 포함되어 있음을 밝힌다.

** 중앙대학교 국어국문학과 교수, leeck@cau.ac.kr

고 있어, 이 두 분야의 성과를 접목한다면 언어 기호와 비언어기호 정보를 통해 의미 해석이 한층 더 적확해질 것이다.

이처럼 두 영역을 묶어 소통에서 이루어지는 발화를 설명한다면 소통자 간에 일어나는 메시지 오해 현상을 더 정확히 설명할 수 있을 뿐만 아니라 미시적인 관점의 의미 분석뿐만 아니라 거시적인 측면에서도 의미 부여가 이루어질 수 있는 장점이 있다.

이 글에서는 이러한 배경을 바탕으로 소통의 장(場)에서 의미가 더 적확하게 이해되기 위해서는 비언어적 기호를 포함하여 의미형성에 관여되는 소통 시스템상의 구성 요소들을 분석의 대상에 포함하는 소통의미론(疏通意味論 communicative semantics)을 새롭게 구축할 필요를 제기하고, 이에 관한 전체적인 개괄을 해 보고자 한다.

2. 소통의미론의 성격과 범위

2.1. 소통의미론의 성격

소통의미론의 성격을 규정하기 위해서는 기존 의미론과의 관계를 정립해야 한다. 기존 언어학의 범주에서 언어 단위를 중심으로 다룬 광의의 의미론 연구 단위는 다음과 같다.

자질의미론 >> 어휘의미론 >> 문장의미론 >> 화용의미론 >> 담화의미론

〈그림 1〉 기존의 언어의미론 연구 단위

그러나 이것은 어디까지나 언어 기호를 연구 대상으로 하고 있다는 점에서 언어의미론이라고 할 수 있다. 물론 언어 기호에는 문화와 역사뿐만 아니라 상황 정보 등이 내재되어 있어서 언어 기호 속에서 그것들을 어느 정도는 추출해 낼 수는 있으나 언어 외적인 고려가 없이는 발화자의 의미를 정밀하게 파악할 수 없다. 예를 들어 화난 표정으로 사과를 하고 있는 아이의 발화의미를 언어 분석만으로는 정확히 파악할 수 없는 것과 같다. 그래서 언어 의미론의 범주를 넘어서는 비언어적 기호나 발화의 배경이나 상황, 관계 등에 대한 의미 분석이 필요한데, 이에 관한 연구 분야를 소통의미론이라 하고자 한다.

지금까지의 의미분석은 대부분 화자가 발화한 언어 텍스트를 관찰자, 즉 연구자의 입장에서 분석한 것이 대부분이었지만 정작 의미의 이해는 화자와 청자의 측면에서 이루어진다는 것을 고려한다면 화자와 청자가 적극적으로 고려된 의미분석을 해야 한다는 것이 소통의미론의 기본 입장이다.

소통의미는 아래와 같이 도식화할 수 있다.

소통의미 = 언어 의미 + 비언어 의미

〈그림 2〉 **소통의 의미**

비언어 부분에 대해서는 이미 Human Communication 분야와 대화분석에서 일부 다루어지고 있기는 하나[1] 각각의 비언어 정보가 지닌 의미나 이것이 언어적 기호와 복합되어 나타날 때, 화자가 의도하거나 의도하지 않거나 간에 형성되는 복합의미에 대해서는 아직 체계적인 연구가 이루어지고 있지 않다. 본고에서는 이러한 소통 의미를 하나의 시스템 속에서 형성된 것으로 보고, 시스템과 시스템 구성 요소들이 어떻게 상호 작용하여 의미를 형성하는지에 대해 전체적으로 살펴보고자 한다.

1 대화분석에서 다중양식 상호작용(multimodal interaction)이라는 연구 분야는 말로 수행되는 행위뿐만 아니라 눈짓, 손/몸 동작, 자세 등의 비언어적 자원을 통해 어떻게 언어 자원과의 연계하에 행위가 구성되는지에 대한 연구가 활발히 수행되어 오고 있다. (Enfield 2005, Goodwin & Lebaron 2011 등) (김해연 외 2016: 221 참조)

2.2. 소통의미론의 연구 대상과 범위

기존의 대화분석 이론에서는 대화의 구조 등을 분석하여 대화에 나타난 언어적 기호가 참여자들의 상호 행위에 어떠한 영향을 미치는지를 분석하고 있다. 그러나 화자와 청자가 어떠한 방식으로 소통하는지를 모른다면 화자의 발화가 왜 그렇게 표출되었는지를 알 수 없고, 화행 분석에도 한계가 있을 수밖에 없다.

의사소통 모델에는 여러 가지 종류가 있는데, 모델별로 상호 작용의 시간과 강도가 다르다는 것은 이미 알려져 있다.[2] 대화에서 청자의 반응이 즉각적인지의 여부가 화자의 발화에 영향을 미치는 것이다. 교류적 모델은 선조적 모델에 비해서 청자의 반응에 훨씬 민감하게 반응하기 때문에 대화참여자의 대화 내용이 쉽게 달라지는 경향이 있다. 이처럼 기존에 연구되어온 의사소통 이론을 도입하여 의미를 분석한다면 좀 더 정밀한 의미 분석이 이루어질 수 있다.

또한 모든 발화는 상황에 영향을 받는데, 기존의 화용론에서는 발화가 이루어지는 상황이 의미 전달에 미치는 영향에 대한 분석에 한계가 있었다.

(1) 진수1 : (다짜고짜)나 너 좋아해.
가영2 : 새벽부터 잠도 덜 깬 사람 나오라고 하더니 그게 무슨 말이야? 급한 말이라는 게 이거였어? 나중에 학교에서 만나 이야기 하자.

---

2 의사소통 모델은 크게 선조적 모델, 상호작용적 모델, 교류적 모델, 세 가지로 나눌 수 있다. 의사소통의 교류적 모델(The Transactional Model of Communication)에서 메시지는 발화자와 수신자에 의해 동시에 처리된다. 소통자 A는 메시지를 부호화하여 보낸다. 소통자 B는 피드백을 부호화하여 이를 해독할 A에게 보낸다. 그러나 이러한 단계에서 쌍방 모두는 독점적이지는 않는다. 부호화하고 해독하는 것은 동시에 일어날 수 있다. 말하는 사람들은 청자들로부터 비언어적인 피드백을 받고, 그것을 해독함과 동시에 음성적 메시지를 보낼 수도 있다. 메시지는 동시에 전달되고 수신될 수 있기 때문에 이 모델은 다방향적(多方向的)이다(이찬규 역 2008: 23 참조).

진수2 : (어색하게 손을 잡으려 하며)나는 너에게 이 말을 하려고 밤새 잠을 못 잤어.

가영2 : (손을 뒤로 빼며)그래 가서 좀 자. 나 추워서 먼저 들어갈게. 나중에 보자. (뒤를 돌아보지 않고 들어감)

진수3 : (아무 말 하지 않고 바라만 보고 있음)

이 대화만을 통해 우리가 알 수 있는 정보는 한계가 있다. 기존의 의미론, 화용론에서는 언어적 기호 중심으로 분석이 이루어져 왔기 때문에 화행 분석이나 함축분석 등으로 발화자의 의도를 파악하는 정도에서 그칠 수밖에 없었다. 그렇기 때문에 위의 대화에서 보듯이 '진수'의 발화에 대해 '가영'의 반응이 이렇게 나오게 되는 이유를 설명하기가 어려웠다. 그런데 소통 시스템 안에 있는 다양한 비언어적 정보를 활용한다면 화자의 의도 의미를 어렵지 않게 설명할 수 있다.

두 소통자의 의도 의미를 이해하기 위해서는 언어 정보 이외에 다음과 같은 다양한 정보가 필요하다.

(2) a. 두 소통자가 주고받은 몸짓 언어
b. 두 사람의 관계와 이전 참조 정보(상호텍스트성)
c. 현재 상황과 소통 구조의 특성
d. 문화적 배경 등

소통자들이 (2a)-(2d)까지의 정보를 잘 알고 있으며, 이 정보를 소통에 적절하게 적용한다면 소통은 달성되지만, 이러한 정보를 잘 모르고 있거나 각 정보를 의도적으로 적용 회피한다면 두 화자의 의도 의미는 제대로 전달되지 않거나 오해가 발생한다. 본고에서는 소통이 하나의 시스템 속에서 이루어진다고 보고 있으며, 이 소통 시스템을 구성하는 요소들이 상호 작용하여 의미를 형성하는 것으로 본다.

의미론자들은 '의미를 정확히 파악하기 위해서는 백과사전적 지식이 필요하다'라고 한다. 그러나 막연하게 백과사전적 지식이라고 뭉뚱그려 말할 수는 없으며, 그때그때 필요한 정보들이 제공되어야 하는데, 사실 소통자들은 경험과 기억을 통해 추출된 정보를 가지고 대화를 해 나가는 게 일반적이다. 언어적 정보만 가지고 의미를 분석하는 것은 소통의 관점에서 보면 불완전한 해석이 될 수밖에 없다. 소통의미론에서는 의미분석 시 백과사전적 정보 중 어떤 부분을 고려해야 하는지를 제공할 수 있다.

화용 의미

문장 의미

단어 의미

〈그림 3〉 **기존 언어적 관점의 의미 해석**

그러나 소통 시스템의 관점에서는 여기에 각 구성 요소들의 정보가 포함되며, 이와 더불어 송신자와 수신자의 문화적 배경과 관계, 대화 상황(대화의 동기나 목적), 두 사람 사이에서 과거에 이루어진 대화(참조 대화, 상호텍스트성) 등이 메시지의 기호화(언어적, 비언어적 기호)에 영향을 미칠 뿐만 아니라 기호화하지 않은 메시지에도 영향을 미친다. 송신자의 메시지는 모두 기호화되는 것이 아니기 때문에 보다 미시적인 의미 파악을 위해서는 이러한 요소들까지 의미 분석의 대상으로 고려해야 한다. 이러한 구성 요소들이 상호 작용하여 소통 시스템을 구성한다.

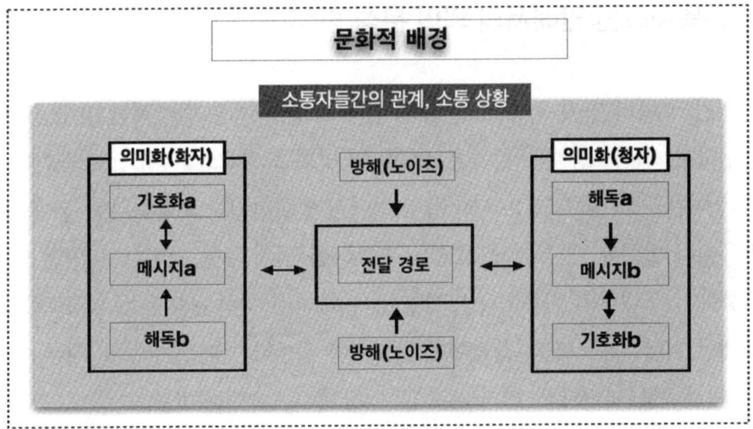

〈그림 4〉 (교류적) 소통 시스템

① 메시지a : 발화자가 말하고자 하는 내용이다. 여기에서 발화자의 의도를 분석한다.
② 기호화a(encoding) : 발화자의 의도를 언어적 · 비언어적으로 표현하는 과정. 언어적 기호의 의미를 분석하고, 비언어적 기호의 의미를 분석하여 이를 통합하고, 최종적으로 발화자 메시지의 의미를 분석한다. 발화자의 문체(style)적 특성이 반영된다.
③ 경로(채널): 메시지를 전달하는 매체(목소리, 문자, 인터넷, 전화, 라디오, TV, 우편, 영상, FAX, 복합매체 등). 각각의 경로가 지니는 특성을 메시지의 의미 정보에 부가한다.
④ 해독a(decoding): 청자에게 전달된 기호의 의미를 파악하는 과정. 청자는 발화자의 언어적, 비언어적 정보를 각각 분석하여 이를 통합한다.
⑤ 메시지b : 청자가 발화자의 메시지를 분석, 통합한 뒤 자신의 언어로 다시 재구성한 의미. 여기에서 청자의 문화적 배경, 가치관, 메시지 구성 방식 등이 관여된다.
⑥ 기호화b(encoding): 청자가 파악한 의미를 언어적 · 비언어적으로 표현하여 송신자에게 피드백하는 과정. 청자는 다시 제2발화자가 되어 자신의 문체(style)적 특성을 반영한다.
⑦ 해독b(decoding): 수신자가 피드백한 기호의 의미를 파악하는 과정. 발화자는 다시 청자가 되어 부가된 경로 정보 등을 통합하여 의미를 파악한다.
⑧ 소통 상황[3]
⑨ 소통자들 간의 관계, 상호텍스트
⑩ 소통자들의 문화적 배경

* 피드백(feedback): 수신자가 메시지를 해독한 후 송신자에게 다시 전달되는 과정
- 피드백은 수신자가 송신자로 전환되는 과정이다.

** 방해(Noise): 송신과 수신 사이에 발생하며 메시지가 정확하게 전달되는 것을 방해하는 모든 요소를 포함한다.(시간, 공간상의 제약, 환경적인 문제, 경로의 문제, 언어적 문제 등)

3 ⑧⑨⑩에 관해서는 4장에서 자세히 논의할 것이다.

3. 소통시스템 안에서의 의미 분석 방식

인간의 여러 가지 소통 모델 중 교류적 모델이 가장 적극적인 방식임에도 불구하고, 의사소통 참여자들은 상대방의 발화를 약 25% 정도만 이해한다고 한다(이찬규 역 2003: 62). 나머지 비언어적 발화까지를 포함한다면 상대방의 반응이나 발화에 대한 이해 정도가 약 20%를 넘지 못할 것이다. 이처럼 의사소통에서 상대방의 반응이나 발화를 잘 이해하지 못하는 이유는 의사소통 과정에서 지나치게 자신의 생각이나 발화에만 집중하기 때문이며, 또 다른 이유는 의사소통 과정에서 나타나는 많은 장애 요인 때문이다.

3.1. 의사소통 시스템의 형성

의사소통에서 소통자들의 발화 의미를 이해하기 위해서는 먼저 소통자들이 형성한 시스템을 먼저 파악해야만 한다. 누구든지 다른 사람과 의사소통을 하는 방식에는 일정한 방식과 체계가 있다. A라는 사람이 B라는 사람과 오랜 세월에 걸쳐 의사소통을 해 왔다면 이 두 사람 사이에는 일정한 시스템이 형성되어 있을 것이며, 어떤 한 사람의 노력으로 이를 깨트리기 전까지 이 시스템은 이들의 의사소통 방식과 내용을 결정하는 요인이 된다. 대개의 경우 시스템이 형성되는 초기나 또는 고착화된 시스템을 깨려는 의지 때문에 갈등이 발생한다.[4]

시스템은 단 두 사람 간에도 형성될 수 있으며, 몇 사람 또는 한 조직 전체가 이 시스템의 통제를 받기도 한다. 의사소통이 한 유형으로 계속된다면 이것은 규칙적이고 예측 가능해 진다. 따라서 시스템 속에서 의사소통하는 한 참여자들은 특별히 상대방의 발화 하나 하나에 의미를 부여하지 않고 대화를

4 대부분 고정화된 시스템 안에서는 그 고정된 시스템을 유지하려는 힘이 우세하지만 변화가 일어나지 않은 것은 아니며, 부분적인 변화를 시스템 안에서 정착시켜 나가려고 하는 과정에서 갈등이 생겨난다.

전개해 나갈 수 있다.

의사소통 시스템은 크게 네 가지 변인들의 결합으로 형성된다.

첫 번째는 의사소통의 구성 요소이며, 이것은 의사소통 참여자, 메시지처럼 의사소통 안에 있는 변인이나 각 부분들이다. 하나의 변인들은 다수의 다른 변인들과 복잡하게 연결되어 있기 때문에 변인들의 관계를 분석해 내기가 매우 어렵다.

두 번째는 그 시스템의 속성인데, 이것은 의사소통의 질이나 성격을 나타낸다. 의사소통이 격식형인지, 비격식형인지, 대인간의 의사소통에서 나타나는 것인지, 조직 의사소통의 일부인지 등을 결정하는 것이다.

세 번째는 구성 요소간의 관계이다. 이것은 시스템 안의 각 구성요소들이 상호 의존적인 관계에 있다는 것을 의미한다. 구성 요소들이 상호 의존적인 상태에 있지 않다면 아직 시스템이 형성되어 있지 않다고 할 수 있다.

네 번째가 환경이다. 물론 이것은 의사소통에 영향을 미치는 시간적, 공간적 환경과 각종 장애 요인을 포함한다.

하나의 시스템은 더 큰 시스템의 부분이 되기도 한다. 예를 들어 가족은 사회를 이루는 구성요소이지만 각각은 하나의 시스템으로 설명할 수 있는 것과 같다. 그래서 하나의 시스템은 상위 시스템과 하위시스템과 연결되어 상호 영향을 주고 받으며, 시스템은 특정한 목표를 달성하기 위한 방향으로 의사소통을 전개해 나가도록 만든다. 각 구성 요소들은 정해진 방식대로 발화하고 반응해야 한다. 어떤 사람들이 있다면 이 사람들은 매번 만날 때마다 이전의 방식과는 다른 방식으로 의사소통을 하길 원하지 않을 것이다. 또 이전의 의사소통 방식이 모두 흡족하지 않았다고 하더라도 관성에 따라 이전의 방식을 따라가는 경향이 있는데 이것이 시스템을 형성하는 기본적인 과정이 된다.

(3) A1: 여자들도 길에서 담배 피울 권리가 있어. 남자들이 그것을 가지고 뭐라 말하는 것은 성차별이야.

B1: 웃기고 있네. 그럼 여자가 길에서 담배 꼬나물고 다니는 것이

보기 좋으냐? 그리고 임산부의 경우 태아에게 미치는 영향도 아주 크다던데 그렇게도 피우고 싶으냐?

A2: 어머, 별꼴이야. 그 태아들이 다 네 아이냐? 그리고 언제부터 그렇게 여자 걱정해줬다고 그래? 그렇게 걱정되면 집안일이나 좀 도와주시지.

B2: 저한테 도움이 되는 말인지 아닌지도 모르는 것하고 대화를 나누는 내가 한심한 놈이다.

위의 대화를 시스템 이론에 따라 해석할 때와 그렇지 않을 때는 차이가 있다. 우선 그라이스의 방식대로 분석해 보자면 위의 대화는 대화의 원리를 어겼으므로 함축을 발생하게 되고, 그 함축 의미를 분석해 내야 하는데, 이 대화의 변인들이 고려되지 않고서는 함축 의미는 분석자의 주관에 따라 매우 다양하게 나타날 수 있다. 그러나 소통 시스템의 관점에 따라 이 대화를 분석해 보면 먼저 이 대화 참여자의 스키마나, 경로, 메시지, 전달 방식 등을 평가하고, 이 대화 전체를, 대면 의사소통에서 하나의 시스템이 구축되기 위해 균형을 맞추어 나가는 과정으로 이해한다면 분석이 용이해진다. 또한 소통자들의 관계나 소통자들과 메시지의 관계, 그리고 환경적인 요인 등을 분석의 대상으로 고려한다면 의미 분석은 더 적확해 질 것이다. 지금까지 화용론에서는 발화 자체를 대상으로 하여 의미 분석을 시도해 왔다. 문장만 놓고 의미 분석을 하는 것이 한계가 있어 화용론이나 텍스트이론, 담화 이론 등이 도입된 것과 마찬가지로 발화의 의미를 분석하는데 있어 발화 자체에 대한 분석만으로는 불충분하기 때문에 비언어적 요소를 포함한 소통 시스템을 도입해야 할 필요가 있는 것이다. 시나리오 작가들이 시나리오를 구성할 때, 등장인물들의 성격이나 발화가 이루어지는 배경 등을 지문에 제시하는 것과 같이 발화 의미를 분석할 때 발화된 내용만이 아니라 발화 시스템 전반에 대한 이해가 필요한 것이다.

시스템은 구축의 진행 단계로 보아서 '시스템 조성 단계 - 시스템 형성 단계 - 시스템 고착 단계'로 구분해 볼 수 있다. 시스템 조성 단계에서 의사소통 참여자들은 의사소통을 이루고 있는 구성 요소에 많은 압박을 받기 때문에 갈등이 일어날 소지가 매우 많다.[5] 특히 상대방의 시스템 형성 방식에 대해 무지할수록 발화는 의사소통 구성 요소들간의 상호 작용에 영향을 많이 받는다. 특정한 사람들 간에 일정한 방식으로 의사소통이 이루어지는 것이 반복되어 강화가 이루어지면 일정한 소통 시스템이 형성되며, 이것에 대한 반작용이 나타나지 않는다면 이 시스템은 고착화 된다.

시스템 조성 단계에는 의사소통 구성 요소들이 모두 민감하게 반응한다. 그래서 시스템 조성 단계에 발화의미를 분석할 때는 시스템을 이루는 네 가지 요소들을 모두 고려하여 내용을 분석해야 한다. (3)의 경우에는 아직 두 사람 간에 의사소통 시스템이 확립되어 있지 않기 때문에 서로 상이한 입장에 있는 경우 쉽게 갈등이 유발된다. 이러한 갈등은 표출되기도 하고 그렇지 않기도 하는데, 위의 예에서는 왜곡 표출이 이루어진 것이다. 이러한 유형의 대화 장면을 의미 분석하기 위해서는 시스템을 구성하는 요소들에 대한 전반적인 검토가 이루어져야 한다. 먼저 의사소통의 대상이 되는 것이 겉으로는 '여자가 담배를 피는 행위'에 관한 것이지만 심층적으로는 '남녀의 성역할을 인정할 것인지의 여부'에 관한 것이다. 따라서 이 두 사람은 상대방이 이 문제에 대해 어떻게 생각하고 있는지에 대한 사전 정보도 전혀 없어 보이며, 또 알고 있다고 하더라도 아직 이것을 인정할 만큼 시스템이 형성되어 있지 않기 때문에 이러한 심층적 문제가 해결되지 않고서는 논쟁의 대상으로 삼고 있는 문제를 상호 받아들일 수 없는 것이다. 이 시스템의 속성, 즉 질적인 면에서 살펴봐도 전혀 상호 협력적이지 않음을 알 수 있다. 문제를 해결해 나가려고 하기보다는 자기 주장 강화나 상대방의 논조 비틀기 등에 더 치중해 있기 때문에 자연스럽게 함축이 누적되고 있음을 알 수 있다. 또한 대화를 통해서 두 사람은 서로가 이익을 공유하지 않는 관계임을 추론할 수 있다. 단순히 피상적인 관계이며, 상대방을 공격해도 전혀 자신의 이익에 손상을 받지 않은 관계이고, 또한 이러한 시스템이 이루어지고 있는 환경을 볼 때, 두 사람은 상대방의

5 경우에 따라 갈등은 표면화되기도 하고 내면화되기도 한다.

잘못을 공격하여 자신이 의사소통에서 우위에 있음을 입증해야 하는 환경에 놓여 있음을 알 수 있다. 이러한 환경적 특성이 위와 같은 공격적인 발화를 가능하게 해 주는 요인으로서 작용하는 것이다. 이러한 점이 실제 의사소통에서 참여자들의 발화 결과만을 놓고 의미분석을 할 수 없는 이유이다. 다음 대화는 의사소통 시스템 조건들을 미리 인지하고 있는 경우와 그렇지 못한 경우에 대화가 어떻게 달라지는지를 보여주는 예문이다.

(4) A1: 야! 너 어제는 성공했다며?
B1: 응. 드디어 해냈어.
A2: 축하한다. 짜식, 넌 할 수 있을 거라 생각했어.
B2: 응. 고마워. 그래도 날 알아주는 사람은 너 밖에 없어.
C1: 야, 너희들 지금 무슨 얘기하니? 뭘 성공했다는 거야?

A와 B가 이 대화 이전에 B의 변비에 대해 이야기한 적이 있었다는 것을 C가 알았다면 C1과 같은 발화는 나오지 않을 것이며, 또는 이 상황이 TV에 나오는 개그 코미디의 한 장면이라면 해석은 또 달라질 수 있을 것이다. 따라서 발화의미 분석이 전적으로 텍스트에 의존하여 이루어진다는 것은 무리가 아닐 수 없다. 이러한 문제점을 해소하기 위해서 발화 의미 분석 이전에 의사소통이 이루어지는 시스템을 상정해야할 필요가 있는 것이다.

소통 의미를 분석할 때, 소통을 하나의 시스템으로 보고, 그 시스템의 구성 요소와 구성 요소들 간의 상호 작용에 대해 분석하는 방식은 퍼지 집합을 활용해 보고자 한다.

3.2. 소통 의미의 퍼지적 특성

언어는 대상(물)의 상징이므로 그 자체로 추상성을 지니며, 의미장에서 상위어에 해당할수록 추상성은 더 짙어진다.[6] 따라서 아무리 구체성을 띠는 구상명사라고 하더라도 언어 자체의 추상성 때문에 모든 개인의 스키마 속에서 형성된 의미에는 차이가 발생한다. '강아지'를 떠올릴 때 소통자들의 연상 의미는 다르게 나타날 수 있다.[7]

한 형태가 지니고 있는 전체 의미를 '총합 의미[8]'라고 할 때 공통 의미 안의 각 의미소들은 복잡하게 얽혀 있을 뿐만 아니라 다른 형태의 의미소들과도 복잡하게 연결되어 있어 이들의 관계를 일일이 밝혀서 의미를 분석하기란 사실상 불가능하다.[9] 일반적으로 참과 거짓만을 구분하는 진리 조건의 입장에서 보면 'on-off, 예-아니오, 참-거짓'처럼 모든 것은 의미가 명확하게 규정되어 있어야 하겠지만 자연 언어의 의미는 이러한 방식으로 명확히 범주화하기가 어렵다. 사전에서 한 단어의 의미를 기술할 때, 일정한 범주를 정해 놓는 것은 편의상 그렇게 하는 것뿐이며, 실제로 다양한 상황 속에서 등장하는 의미를 모두 기술한다는 것은 거의 불가능할 것이다. 이것은 의미의 경계가 불분명하기 때문인데, 보통 영상 50°는 뜨겁고, 영하 50°는 차다고 말할 수 있으나 영상 25°는 뜨겁다, 따뜻하다, 알맞다, 차다 중 어느 것이 정확히 맞다고 할 수 없다. 그 대답은 온도에 대한 각자의 경험, 바람, 습도, 입고 있는 옷, 기대 등의 요인에 따라 다를 수 있기 때문이다. 때로 단어와 단어 사이의 의미 경계가 분명치 않고, 공통 의미 내에서 의미소들 간의 의미 경계도 모호한 특성으로 인하여 화자와 청자들은 의사소통 속에서 특정 형태에 대해 나름대로 의미를 부여하게 되고, 이것이 의미 변화가 일어나는 기제라고 할 수 있다.

---

6 '새-독수리-대머리 독수리'에서 하위어로 올수록 의미가 더 구체성을 띤다.

7 언어도 인간처럼 불완전한 속성을 가지고 있다. 불완전한 상태에 있기 때문에 작가들이 등장하여 더 섬세하게 표현하려는 노력을 한다. 언어의 창조성이 존재하는 것은 언어가 불완전하기 때문에 가능하다.

8 어휘적으로 보면 개념적의미, 연상의미, 주제적 의미 등을 모두 포함하는 의미이며, 문장이나 담화에서도 일정한 단위적 형태가 지니는 의미의 총집합을 지칭하는 용어로 사용하고자 한다.

9 Ullmann(1962)은 언어 의미가 지닌 애매성의 원인으로 네 가지를 들었다.

a. 일반 문맥에서 어의를 추출하기 때문이다.
b. 사용지에 따라 어의가 가변적이다.
c. 어가 지시하는 개념 자체에 명확한 경계가 없다.
d. 언중에 따라서 어의에 친숙하지 못한 경우가 많다.

그런데다가 그나마 일정한 범주를 부여 받은 형태의 의미는 의사소통 안에서 다양한 변인(이찬규 1999: 111-119 참조)들에 의해 굴절이 일어난다. 의미가 이처럼 상황에 따라 쉽게 변할 수 있는 것은 언어의 의미 범주가 퍼지(fuzzy)[10]적 속성을 지니고 있기 때문이다. 의미가 퍼지 상태로 존재한다는 것은 범주의 경계가 분명하지 않다는 데 근거한다. 실제 의사소통에서 상당 부분은 반드시 정확성을 요하지는 않으며, 실제로 의미를 정확하게 주고 받자고 전제한다면 의사소통 목적이 상실되어 버릴지도 모른다.

(5) A1: 우주의 삼라만상(森羅萬象)은 제가끔 존재의 의미를 갖고 있다고 생각해.
B1: 당신이 말하는 '의미'가 무엇을 의미하는지 난 잘 모르겠는데.
A2: 아니 사과는 사과를 의미하고 책은 책을 의미한다는 것도 모른단 말인가?
B2: 그것과는 다른 이야기지. 내게 들리기로는 삼라만상이 서로 서로 의미 있는 관계를 지니고 있다는 말인 것도 같은데.
A3: 자네 말도 맞지만 원인이 있으면 결과가 있는 것도 의미가 있다고 할 수 있지. 어디 그 뿐인가, 우리가 하는 말이 다 사실이라면 그 또한 의미가 있는 걸세.
B3: 도대체 자네가 그렇게 말하는 것이 무슨 의미가 있는지 모르겠네.

위의 대화(김형국 1996: 51)에 나오는 '意味'의 의미는 면밀히 분석해 보면

10 '애매하다, 모호하다'라는 뜻을 지닌 퍼지이론(fuzzy theory)은 이란 출신 미국인 자데 버클리대 교수가 1965년 제안한 수학이론인데, 부정확하고, 불확실하고, 신뢰할 수 없는 지식을 표현하고 추론하기 위한 다양한 개념과 기법들로 구성되어 있다. 즉, '예' 아니면 '아니오'의 단순한 이치 논리에 기반을 두고 있는 기존의 수학이론으로는 복잡성과 애매성을 지니는 실세계를 제대로 다룰 수 없다는 인식에 기초하고 있다. 퍼지이론은 인간의 행태를 이분법에 의해 양분할 수 없다고 단정짓고 확률적인 이론을 도입하여 모호한 기준과 표현까지도 수용하여 파악할 수 있도록 하였다는데 그 특징이 있다.

모두 다른 것임을 알 수 있다. 그러나 위와 같이 특별한 경우를 제외하고는 일반적으로 상대방의 발화를 명확히 규정하면서 대화를 해 나가는 경우는 거의 없다. 위에서도 A1이 말하고자 하는 것은 '존재의 의미'를 명확히 규정하고자 하는 것은 아니었다. 그러나 B1에서 그 '의미'를 명확히 하고자 하자 대화는 전혀 엉뚱한 방향으로 전개되고 말았다. 이처럼 일상적인 대화에서 적확한 의미 규정은 좀처럼 드러나지 않은 채 의사소통자 각자의 판단에 따라 의미는 퍼지적인 상태로 머물러 있게 된다. 다음 예에서 이는 한층 더 명확하게 드러난다.

(6) A: 모서리를 잘라내고 잘 다듬어라.
B: 예.

모서리가 꼭짓점으로부터 몇 cm에 해당하는지 정확히 말할 수 있는 사람은 없다. A1의 말을 듣고 B가 꼭짓점으로부터 1cm를 잘라낼 수도 있고, 10cm도 잘라낼 수도 있다. 그것을 결정하는 것은 이 전에 두 사람의 대화 안에서, 또는 오랜 작업 속에서 서로가 공유하는 어느 정도의 모서리가 존재할 뿐이다. 그러나 두 사람 사이에 공유하는 모서리의 일정 범위가 존재하지 않는다면 두 사람의 대화는 아래와 같이 전개될 가능성이 크다.

(7) A1: 모서리를 잘라내고 잘 다듬어라.
B1: 모서리는 꼭짓점에서 몇 cm를 말하나요?
A2: 대충 알맞게 잘라내.
B2: 대충은 어느 정도인가요?

또한 위에서 말하는 '모서리'는 '모서리 위에 앉지 마라'에서의 '모서리'와는 모서리의 크기면에서 의미상 차이가 있는데, 여기서 발생하는 의미상의 차이는 모서리가 발화되는 상황이 나르기 때문이다. 이처럼 의미는 그 자체가 근본적으로 모호한 상태로 존재할 뿐만 아니라 이것이 작동하는 방식(발화와

이해되는 과정)도 순전히 퍼지(fuzzy)적임을 알 수 있다.[11]

(8) A1: 너 그 남자 좋아하니?
B1: 글쎄 좋아하는 것 같기도 하고, 그렇지 않은 것 같기도 하고.
A2: 싫으면 싫고, 좋으면 좋은 거지. 이것도 아니고 저것도 아닌 것 뭐고, 또 네 마음인데 '같은 것'은 또 뭐냐?
B2: 그래도 어쩌냐, 그렇게 밖에는 생각이 안 드는 걸.

형식논리에 입각해서 보면 이러한 것들은 의미 분석이 매우 복잡해 질 것이다. 왜냐하면 참과 거짓 사이의 중간 세계를 표현하고 있기 때문이다. 퍼지이론에서는 실세계를 제대로 분석하려면 바로 이 애매성과 모호성을 도입해야 한다고 주장하고 있다. 현실 세계는 '예, 아니오'나 '단정 발화, 수행 발화' 또는 명제의 세계만이 존재하는 것이 아니기 때문이다. 위에서 B1의 표현은 한가지로 설명할 수 없는 많은 복잡한 심경을 담고 있다고 할 수 있다. 이것이 자신의 감정을 정확하게 담아 낼 수 없을 때 퍼지적으로 표현하는 전형적인 예이다. 이 때 B1의 의미를 정확히 분석해 내는 것은 어려울 뿐만 아니라 별 의미도 없다. 퍼지적 관점에서 볼 때 충분히 수용 가능하기 때문이다. A2처럼 분명한 것을 요구한다고 해도 생각은 이것과 저것 사이에 얼마든지 걸쳐 있을 수 있으며, 분명한 확신이 없이도 표현은 가능하기 때문에 표현 자체에는 별 문제가 없다.[12] 심리적으로는 오히려 이런 경우가 더 흔하게 나타난다고 할 수 있다.

어휘론의 차원에서 의미를 정확히 분석한다는 것도 어려운 일이라고 할 수 있는데, 더군다나 의사소통 과정에서 모든 요인의 의미를 정확히 분석해

11 인간의 뇌에서 언어의 의미가 축적되는 방식도 마찬가지이다. 만일 모든 언어의 의미가 적확하게 규정되어 저장된다면 뇌는 과부하가 발생하여 매우 비효율적이 될 것이며, 또한 경계의 모호함 덕분에 생겨나는 의미 연상을 형성하기가 매우 어려워질 것이다(이찬규 1997a, 1997b 참조).

12 의사소통을 원활히 하기 위해 이런 표현을 자제해야 한다는 것과 이런 생각이 들어서 그렇게 발화하는 것은 다른 차원의 문제이다.

내는 일은 거의 불가능한 일일 것이다. 의사소통에서 나타나는 '미안합니다' 라는 간단한 말의 의미분석도 엄밀하게 하자면 화자의 스키마, 청자의 스키마, 두 당사자들간의 관계, 시간적, 공간적 상황, 문화적 배경, 전체적인 담화와의 관계, 발화가 이루어지는 상황 등 고려해야 할 것들이 너무나 많아서 이를 다 참조하여 분석한다는 자체가 무모하고 무의미하다(이찬규 1999: 111-119 참조). 그런데도 실제 의사소통에서 참여자들은 이러한 요소들에 대한 자각이 없이 일정한 틀(시스템) 속에서 자연스럽게 의사소통을 하게 된다. 그 이유는 소통 시스템 안에서 의미가 퍼지적인 방식으로 작동하기 때문이다.

의사소통시 나타나는 의미의 불확적성 유형을 퍼지 관점에 따라 분류해 보면 다음과 같다.

(9) a. 의사소통 주제의 무작위성 : 확률적 불확실성
b. 지식의 부족으로 인한 불확실성
c. 언어 기호의 중의성으로 인한 불확실성
d. 부정확함에 기인하는 모호성 : 소음 때문에 잘못 알아듣는 것과 같은 유형.
e. 한계가 명확치 않음에서 오는 불확정성 : 키다리, 고급음식점
f. 정보의 결여나 전체 양에 의한 불확정성
g. 정보의 친숙성 정도에 따른 불확정성
h. 해석의 주관성에 따르는 불확정성

사실 불확정한 모든 정보가 인간의 주관, 인식 및 사고과정에 포함되는 모호함에 기인한다고 생각한다고 할 수 있지만 인간이 텔레파시나 염력을 이용하여 대화를 하지 않는 한 상대방의 인지활동 전체를 들여다 보며 말할 수 없기 때문에 이처럼 불확정한 요소들을 가지고 어떻게 큰 무리 없이 의사소통이 이루어지는지를 분석해 보아야 하는 것이다.

이처럼 퍼지적으로 형성되어 있는 의사소통 변인들을 가지고도 소통 참여자들이 발화 상황에 비교적 정확하게 대처가 가능한 이유는 의사소통이 시스

템 속에서 이루어지기 때문이다.[13] 소통자들은 시스템에 영향을 받으며, 영향을 미치는 상호 작용을 한다. 같은 문화권에서 초면인 소통자들이 만나서 쉽게 의사소통을 할 수 있는 것도 시스템의 작용이며, 오래 함께 지낸 사람들이 비교적 고정된 방식으로 의사소통을 해 가는 것도 시스템의 영향 때문이다. 소통자들 사이에는 어떤 유형이든지 시스템이 형성되어 있기 때문에 소통자들은 위와 같은 불확정성을 모두 의미해석의 변인으로 두고 시시각각 발화의미를 분석해 가면서 대화를 해 나갈 필요는 없는 것이다. 시스템은 소통자를 포함한 각종 변인들과 그 변인들의 관계로 형성되어 있지만 소통자들의 입장에서는 시스템조차도 더 큰 시스템의 퍼지 집합으로 인식하기 때문에 모든 변인들을 초점화해서 인식할 필요를 느끼지 못하는 것이다.[14]

3.3. 소통 시스템과 퍼지 집합

소통을 이루는 전체 시스템을 하나의 집합으로 볼 때, 그 집합 안에는 시스템을 이루는 각 구성요소, 그 구성요소들의 관계, 시스템의 속성, 환경까지도 각 원소로 참여한다. 시스템의 구성 요소들은 특정 의사소통의 의미 분석을 위해 임의적으로 선택한 원소들의 퍼지 집합으로 볼 수 있다. 일반적인 의사소통에서 소통자들은 시스템을 정확하게 분석하여 퍼지 집합을 선택하는 것이 아니라 현재 자신에게 이익이 된다고 생각하거나 또는 시스템 속에서 계속

13 의사소통 구성주의 관점에서 보면 대화에서 주고 받는 정보나 메시지는 이미 굳어진 의미를 가지고 소통을 하는 것이 아니라 그 대화에 참여한 사람들의 상호작용에 의한 생산물이라고 보는데(이성범 2016: 35-36), 이것도 소통자들이 어느 정도 소통 시스템이 형성되어 있을 때 가능하다. 언어기호가 자의적이든, 도상적이든 어느 정도의 관습성을 갖지 않으면 소통이 어려운데(강태완 외 역 2007: 111), 이러한 관습들도 소통의 시스템 안에 자리잡고 있다.

14 뇌세포가 정보를 주고받는 방식에 민감화와 둔감화 현상이 있는데, 외부 자극이 세고, 경험하지 못한 것들은 신경전달물질이 다량 분비되어 민감화 현상이 일어나고 계속되는 익숙한 자극에 대해서는 신경전달물질이 조금만 분비되어도 동일한 반응이 이루어지도록 하는 둔감화 현상이 생기는데, 소통 의미 분석에서 퍼지 집합 구성에 이를 적용해 볼 수 있다.

진행되어 온 직관이나 임의적 판단에 의해 퍼지 집합의 원소들을 선택하고 이를 통해 의사소통을 수행한다.[15] 이것을 간단히 수식으로 나타내 보면 아래와 같다.

(10) 시스템 집합 = {의사소통 전체 원소(U)}[16]
퍼지 집합 = {전체 원소 중 임의적 선택 집합(X)}

퍼지 집합의 원소들이 많을수록 시스템 고착이 덜 된 것으로 볼 수 있으며, 그럴수록 발화자는 의사소통을 통해 달성하려는 목표가 더욱 강하게 나타나서 의도적 조작이 많아지게 된다.

(11) A1: 김 과장, 지시한 정보는 알아냈소?
B1: 일단 부장님께서 만나보라고 하신 분들은 모두 찾아 뵈었습니다. 무척 호의적으로 협조해 주시는 분들도 계셨습니다. 참 기분 좋던데요. 하지만 정보를 털어놓지 않으려고 트집을 잡는 분도 계셔서 애먹었습니다. 굉장한 끈기와 인내심을 발휘해 끝까지 매달려서 정보를 알아내긴 했지만, 지금 생각해도 다시는 만나고 싶지 않습니다.
A2: 쉬운 일이 아니라는 건 잘 알고 있었네. 그러나 자네의 능력이라면 충분히 해낼 거라고 믿었지.
B2: 예, 결코 쉬운 일은 아니었습니다. 어떤 분은 자료란 자료는 몽땅 꺼내 주시는 바람에 필요한 정보만 정리하는 데도 이틀 밤을 꼬박 새웠지 뭡니까!
A3: 수고했네. 그러면 언제까지 보고서를 작성할 수 있겠나?
B3: 자료를 일목요연하게 정리하는 일도 시간이 꽤 걸릴 것 같습니

15 인지적 관점에서 보면 퍼지적 방식은 '직관적 사고'와 관련이 있다. 어떤 현상이나 사건에 대해서 의도적인 노력을 기울이면 좀 더 논리적으로 접근할 수 있다.

16 시스템 집합은 의사소통 이전에 획득되거나 예상하는 정보의 집합과 의사소통을 통해서 얻게 되는 정보의 집합으로 이루어진다.

다. 중요한 자료는 구별해 놓아야 하구요. 부장님께서는 제가 그 분들과 다시 한 번 만났으면 좋겠다고 생각하실지도 모르겠습니다. 그러나 제 생각으로는 자료가 이 정도면 충분하다고 생각합니다.

A4: 그럼, 충분하고 말고.. 전에도 이런 보고서를 만든 적이 있거든.

B4: 아, 그렇습니까?

A5: 그래, 이번에는 내가 무척 바빠서 도와 줄 수 없는데. 그래도 보고서는 다음 주말까지 완성할 수 있겠지?

B5: 그때까지는 할 수 있을 겁니다. 제 나름대로 보고서 작성프로그램을 짜 둔 것이 있습니다. 기대해 주십시오.

위 (11)의 경우는 이미 두 사람 사이에 시스템 고착화되어 있어서 의사소통 참여자들은 고정된 방식-이 경우 의사소통 시스템에 동원된 천체 요소 중 지금까지 지속적으로 형성해 온 방식-으로 대화를 하고 있으며, 이것은 두 사람 사이에 이미 직관적으로 시스템화 되어 있어서 그 시스템을 가동하기만 하면 되므로 서로의 발화에 대해 협력적인 방향으로 진행될 수밖에 없다. 따라서 메시지는 어떤 표현이 나오든지 간에 서로에게 긍정적으로 표현을 하게 된다.

의사소통에서 시스템 고착화 지수가 낮을수록 새로운 정보가 많으며, 긴장감도 더 높고, 목표 지향적 성격을 띤다. 위에서 A는 B가 자신에게 여전히 복종적인 자세를 취하며, 임무를 잘 수행하는가를 확인하는 정도에 초점을 맞추고 있는 반면, B는 자신이 하고 있는 일이 매우 어렵지만 자신이 이 일을 잘 수행해 내고 있으며, 앞으로도 기대에 어긋나지 않게 노력해 나가겠다는 것을 A에게 각인시키려고 노력하고 있는 장면이다. 따라서 발화 의미를 분석할 때, 이러한 거시적인 접근이 없이 단순히 발화된 한 문장, 한 문장의 의미만을 분석하는 것만으로는 불충분하며, 예측력도 떨어지게 된다.[17] 예를 들어

17 실제로 의사소통에 참여하고 있는 소통자들은 앞으로 의사소통이 어떻게 전개되어 나갈 것인지를 예측해 가면서 발화하는 경향이 있다. 한 장면의 의사소통에서 시스템을 결정하는 시발점은 대개의 경우 X2의 단계(의사소통 참여자들이 각각 두 번째로 발화하는 단계)에서 이루어진다.

시스템을 고려하지 않고 B2의 발화 내용만을 떼어내 의미 분석한다면 전혀 예측력이 없기 때문에 B2에서 말하려고 하는 의도가 무엇인지는 전혀 알 수 없게 되는 것이다. 실제로 의사소통에서는 말의 내용보다도 말하려는 의도가 중요하다고 할 수 있는데, 말하려는 의도는 소통 시스템에 따라 다른 방식으로 나타난다. 결국 메시지의 의미는 시스템 안에서 분석되어야 하며, 시스템의 구성 요소들이 상호 작용하는 방식은 퍼지적으로 형성되므로 결국 소통 의미는 퍼지 집합을 이루는 시스템 구성 요소와 구성 요소들의 상호 작용을 설명할 수 있어야 정확한 분석이 이루어질 것이다.

4. 소통 시스템의 구성 요소와 상호작용

소통의미론은 언어 분석 중심의 의미론을 확장하여 소통자들 간에 주고받는 의미를 더 정확하게 포착하기 위한 것이다. 이번에는 소통 시스템에서 의미 형성에 영향을 미치는 구성 요소들을 예시해보고자 한다.

(12) 의미 형성에 영향을 미치는 소통 구성 요소[18]
- a. 소통 동기, 목적
- b. 참여자
- c. 소통 메시지(언어적, 비언어적 기호)
- d. 소통 경로(수단, 방식)
- e. 소통 상황(환경)
- f. 소통자들 간의 관계
- g. 참조 대화
- h. 소통자들의 문화적 배경

18 여기에서는 지면상 기존 의미론, 화용론에서 다루어지는 메시지의 의미에 대해서는 언급하지 않으며, 이 메시지의 의미 형성에 영향을 미치는 요소들을 예시해보는 수준에서 논지를 전개하고자 한다.

4.1. 의사소통 목적과 동기

소통의 참여자들은 반드시 동일한 목적을 가지고 소통에 참여하는 것은 아니다. 다음의 요소들은 메시지에 드러나지는 않지만 의미 분석 시 중요한 요소 중 하나가 된다.

(13) a. 단순히 친교적인 것인지, 정보 교류에 관한 것인지, 문제 해결을 위한 것이지에 관한 목적 판단
b. 자신의 이익에 관련된 것인지, 아닌지의 여부 : 의사소통 내용이 참여자 전부 또는 일부나 개인에 해당하는 문제인지에 대한 판단
c. 사적(私的)인 문제인지, 공적(公的)인 문제인지에 대한 판단

4.2. 소통의 규모와 참여자 특성

소통에서 참여자의 규모와 성격, 관계 등은 소통에 영향을 미친다. 의미분석 시 이러한 점이 고려된다면 어떤 경우, 메시지가 더 한정적일 수 있다는 점을 찾아낼 수 있다.

(14) a. 소통의 규모와 성격[19] : 2인 의사소통[20], 소수 의사소통, 집단[21] 의사소통, 조직 의사소통
b. 참여자의 역할 : 직접 참여(의사소통의 당사자, 중재자), 간접 참여
c. 각 참여자들의 개인적 특성[22]

---

19 이것은 규모를 중심으로 분류한 것이고, 다른 면으로는 개인과 집단과 조직이 서로 대립관계를 형성하며 의사소통을 전개 할 수도 있다.

20 한 개인 내부에서 갈등이 일어났을 때, 개인 내부의 의사소통도 고려 할 수 있으나 여기에서는 대상으로 다루지 않았다.

21 일시적이고 비조직적인 단체를 말한다.

22 의사소통 능력과 발화상, 청취상 습관, 기호화(encoding)와 해독(decoding) 방식, 지식의 정도, 성격, 기호 등

4.3. 소통의 메시지(언어적, 비언어적)

기존의 화용론에서 다루어지던 것과는 달리 소통의미론에서는 소통의 참여자들이 메시지에 대해 어떠한 태도를 가지고 있는지에 대해서도 분석할 수 있으며, 또한 언어적 특성과 준언어적(paravocalic) 특성도 고려하여 의미분석을 시도하며, 비언어적 정보가 메시지 의미 형성에 어떻게 관여되는지에 대해서도 분석한다.

(15) 메시지의 내용 등장 방식의 문제
 a. 주제가 미리 주어졌는지, 아니면 그 순간 제기된 것인지의 여부
 b. 이미 논의되었던 적이 있는 내용인지, 새로운 내용인지의 여부
 c. 의사소통 내용에 대한 참여자들의 관심과 태도
 d. 참여자들이 의사소통 내용에 대해 어느 정도의 지식을 가지고 있는가: 참여자가 의사소통 내용에 대해 어느 정도 이해하고 있는가, 메시지가 어느 정도 계획되어 있는가.
 e. 일관된 주제인가, 많은 주제들이 두서없이 나타나는가.
 f. 내용상 신뢰성의 정도: 진위에 대한 평가, 내용에 대한 근거
 g. 의사소통의 결과에 대한 참여자들의 예측
 h. 의사소통 결과에 대 외부로부터의 압력
 i. 참여자의 내용 개신 여부: 자신의 주장이나 의견을 끝까지 고집하는지, 개신해 나가는지의 여부

(16) 언어적, 준언어적 특성
 a. 표현의 명확성- 언어적 규범성, 언어적 중의성(重義性), 은유성, 모호성, 암시적 표현 등
 b. 말투나 발화 스타일
 c 요소
 d. 의사소통 시 사용 언어(모국어와 외국어)

(17) 비언어적 정보
 a. 동작기호학 (kinesics: 몸짓언어)

b. 공간기호학(proxemics: 공간)
c. 시간기호학(chronemics: 시간)
d. 후각기호학(olfactics : 냄새)
e. 미기호학(aesthetics: 음악과 색상)
f. 신체기호학(physical characteristics: 체형과 크기, 피부색)
g. 인공물기호학(artifacts: 의류, 화장, 안경, 보석류)

4.4. 소통 방식

참여자들은 소통의 형식에 영향을 받는다. 대면적 소통은 비대면적 소통에서보다 다양한 방식으로 상대방에게 자신의 의사를 전달할 수 있다. 또한 소통 참여자들의 발화 비율이나 순서지키기에 관한 의식은 발화 메시지 형성에 영향을 미친다.

(18) a. 형식상 - 형식적(토론, 토의 등), 비형식적
b. 직접 대면(對面) 여부(비대면시 매체 유형)
c. 발화자와 청취자의 역할이 미리 주어졌는지의 여부
d. 의사소통 참여자의 태도[23]: 의사소통에 참여하는 태도(적극적으로 임하고 있는지의 여부), 다른 참여자에 대한 태도, 발화자와 청취자의 태도
e. 의사소통 참여자들의 발화 점유 비율
f. 참여자들의 대화 순서지키기 태도 정도(程度)

4.5. 의사소통 환경, 상황

그동안 화용론은 의미 분석 시 발화 환경이나 상황을 고려한 분석을 시도하였으나 언어 기호 중심의 분석이라는 한계로 인하여 소통이 이루어지는 시간

23 참여자들의 태도는 메시지에 대한 참여자들의 태도와는 다른 관점이다.

이나 공간적 특성을 다루기 어려웠으나 소통의미론에서는 시간적 특성이나 공간적 특성이 의미 형성에 어떠한 영향을 미치는지를 분석한다.

(19) a. 의사소통이 이루어지는 시간, 의사소통에 소요된 시간 등
b. 의사소통이 이루어지는 공간: 매체, 청중유무, 열린 공간, 폐쇄 공간, 공간의 구성 등
c. 환경적 장애 요인의 존재 여부: 잡음, 냄새, 빛 등

4.6. 소통자들 간의 관계

소통자들 간의 관계는 그 동안 화용론, 사회언어학 등의 주 연구 관심 대상이었다. 소통의미론에서는 여기에다가 참여자들의 구성적 특성을 분석의 대상으로 삼는다. 단순히 친밀도나 가족 여부 등을 떠나서 동일 이익 집단이나 친목 집단들이 참여하여 소통을 나누는 경우와 그렇지 않은 경우는 많은 차이가 있다.

(20) a. 친밀 정도
b. 수직적(나이 등) 관계 여부
c. 가족이나 친척 여부
d. 동일 이익 집단 구성원 여부
e. 동일 친목 집단 여부

4.7. 상호텍스트의 특성

발화자의 정보가 완전히 구정보나 또는 신정보로만 이루어질 수는 없어서 실제 발화에서는 이 둘이 함께 나타나는 경우가 대부분이다. 그런데 참조로 하는 구정보가 현재 대화와 시간 상, 주제 상 어떻게 연결되어 있느냐에 따라 현재 대화가 영향을 받는다.

(21) a. 과거 대화 내용과의 연속성 여부
b. 대화 내용 반복성 여부
c. 참조한 정보가 현재 소통의 주제와 어떤 관련성이 있는지에 대한 분석

4.8. 소통자들의 문화적 배경

소통자들 간의 문화적 배경의 차이는 소통에 많은 영향을 미친다. 문화적 배경이 다를 경우 동일한 양의 메시지를 주고 받기 위해 소통에 더 많은 시간이 필요하며, 소통자 상호 간에 문화적 적대감을 가지고 있을 경우 소통의 주제와 방식은 매우 제한적이 된다.

(21) a. 소통자들의 문화적 배경 동일성 여부
b. 소통자 상호 간의 문화적 적대감 여부

5. 과제

현재 언어 분석의 단위는 텍스트를 포함하여 담화의 차원에까지 도달해 있다. 텍스트가 언어 연속체의 구조적 특성을 주로 다루는 것이라면 담화는 언어 연속체의 사용적 측면에 관심을 둔다. 그러나 담화 분석이 언어적 상황을 고려하여 의미 분석을 한다 해도 소통의 장에서 의미에 영향을 미치는 다양한 요소를 다루고 있지 않아 정확한 의미 분석에 한계가 있다. 발화된 언어적 표현의 의미가 보다 정확하게 설명되고, 소통자들간에 이해되기 위해서는 그 언어적 표현이 가능하도록 조건화된 전단(前段)적 요인들과 메시지로 실어나르는 수행적 요인, 메시지가 영향을 미치는 후단(後段)적 요인을 모두 고려해야 한다. 그러기 위해서는 소통 시스템을 정교화하고, 시스템을 형성하는 구성 요소들을 찾아내서 이들의 상호 작용을 밝히는 논의가 이루어져야 한다.

이번 논의에서는 소통의미론에 관한 전반적인 방향성에 관한 논의만 이루어졌지만 이후에는 소통의미론에 관한 설계를 보다 구체화하고, 이에 대한 미시적인 연구들을 수행해 나가고자 한다.

6. 마무리

인간은 유사한 스키마를 형성하고 있어서 상호 소통이 가능하다. 스키마는 축적된 경험이며, 이 축적된 경험은 언어 외부의 백과사전적 지식과 연결되어 있다. 언어학의 연구 대상을 문자 그대로 '언어'에 국한한다면 적어도 의미 분석에는 많은 한계를 가질 수밖에 없다. 의미는 인간이 존재하는 '실제 세계'와 가공의 세계인 '언어 세계'를 연결해 주는 역할을 한다. 이러한 관점에서 언어학, 특히 의미의 연구 대상은 '언어' 그 자체라기보다는 가상 세계로서의 '언어 세계'가 되어야 한다고 본다. 화자와 청자가 참여하여 이루어지는 대화는 물론 언어적인 것으로 구성되어 있지만 그 작은 언어 세계 안에는 언어와 관련된 많은 준언어적, 비언어적인 것들이 존재한다. '언어'는 준언어적인 것, 비언어적인 것과 함께 소통을 이루는 구성요소가 된다. 그래서 하나의 맥락을 가지는 대화 세계는 전체 언어 세계의 일부분이 아닌, 그 자체로서 하나의 작은 언어세계를 이룬다.

언어의 의미를 이해하기 위해서는 언어 세계를 이해해야 하고, 이 언어 세계는 실제 세계를 비교적 정밀하게 복사하고 있어 결국 의미를 분석한다는 것은 '(모사된) 실제 세계'를 분석하는 것과 같다고 할 수 있다. 이러한 관점에서 '의미'는 언어보다는 '언어 세계'라는 차원에서 다루어져야 하고, 소통이 이루어지는 장면을 하나의 작은 세계로 보고, 이 세계 안에 존재하는 각 구성요소들이 의미 형성에 어떻게 관여하고 있는지를 분석해내야만 한다. 이것이 본고에서 지향하고 있는 소통 의미론의 목표이다. 그 동안 소통의 문제는 주로 '화용론'과 관련지어 다루어졌지만 향후에는 화용론을 포함하여 의미론 전반에서 고려되어야만 보다 정교한 의미 분석이 이루어질 수 있을 것이다.

참고문헌

강태완 · 김선남 역(2007), 『커뮤니케이션학이란 무엇인가』, 커뮤니케이션북스. (John F.(1990), *Introduction to the Communication Studies*, London: Routledge.)

김명혜 역(1996), 『인간커뮤니케이션의 이해』, 나남출판.

김태옥 · 이현호 역(1994), 『인지적 화용론』, 한신문화사.

김해연 외(2016), 『담화 분석』, 종합출판 ENG.

김형국(1996), 『의미의 본질』, 성균관대학교 출판부.

박철우 역(2016), 『화용론의 실제』, 커뮤니케이션북스. (Grundy, P.(2008), *Doing Pragmatics*, London: Routledge.)

송경숙(2003), 『담화화용론』, 한국문화사.

심재기(1982), 『국어어휘론』, 집문당.

오주영(1998), 『화용론과 의미해석』, 경성대학교 출판부.

이성범 역(1996), 『화용론』, 한신문화사.

이성범(2016), 『소통의 화용론』, 한국문화사.

이유미(2015), "대인의사소통 능력과 성향과의 관련성 연구", 『어문론집』 62: 141-158, 중앙어문학회.

이유미(2018), "배달앱(APP) 사용 의도와 성향과의 관련성 연구: 커뮤니케이션 두려움과 혁신성을 중심으로", 『인문콘텐츠』 50: 65-82, 인문콘텐츠학회.

이찬규 (1997a), "腦에서의 언어 의미의 해석과 생성 과정에 관한 연구", 『한국어 의미학』 1: 257-272, 한국어 의미학회.

이찬규 (1997b), "腦의 언어처리 모델을 기반으로 한 문장 의미 분석 모형", 『어문연구』 25(3): 46-63, 한국어문교육연구회.

이찬규(1999), "의사소통에 영향을 미치는 인지 작용에 관한 연구", 『한국어 의미학』 4: 11-119, 한국어 의미학회.

이찬규 역(2003), 『언어 커뮤니케이션』, 한국문화사. (Berko *et al.*(1998), *Communicating*: a social and career focus, Boston: Houghton Mifflin

Company.)
이찬규(2004), “발화 의미 분석의 시스템적 접근”, 『한국어 의미학』 15: 27-50, 한국어 의미학회.
이찬규(2007), “인지·화용적 관점에서의 의미의 본질과 유형”, 『어문논집』 37: 5-30, 중앙어문학회.
이찬규(2012), “의사소통에서 나타나는 울타리 표현의 특성에 관한 연구”, 『화법연구』 21: 245-286, 화법학회.
이찬규 · 이유미(2016), “한국인(韓國人)의 지역(地域) 간(間) 커뮤니케이션 스타일 비교(比較) 연구(硏究)”, 『어문연구』 44(1): 153-176, 한국어문교육연구회.
임지룡(1997), 『인지의미론』, 탑출판사.
임지룡(2017), 『한국어 의미 특성의 인지언어학적 연구』, 한국문화사.
임지룡(2018), 『한국어 의미론』, 한국문화사.
전정미(2011), “비동의 화행에 나타난 대화전략 연구”, 『한말연구』 29: 325-352, 한말연구회.

정보구조의 의미

박 철 우*

1. 들머리

정보구조란, 정보의 흐름이 문장 구조에 반영된다고 보는 시각에 따라, 주어진 정보에 새 정보를 덧붙이는 방식으로 분절된 문장의 구조를 가리킨다. 프라그 학파의 학자들(Mathesius, Daneš, Firbas 등)에 의해 제시된 기능적 문장 투시법(Functional Sentence Perspective; FSP)에 연구의 연원을 두고 있으며, 정보구조라는 용어가 처음 문헌에 등장하는 것은 Halliday(1967: 200)이고, Chafe(1976)에서는 이러한 현상을 가리키기 위해 정보 포장(information packaging)이라는 개념을 도입하기도 했다. 그간 국어 연구에서도 주제 개념을 적용한 국어 문법 기술의 시도는 다각적으로 진행되었다. 이에 비해 정보구조라는 용어와 초점에 대한 논의는 박철우(1998) 이후 간간이 후속 연구들이 눈에 띄는 정도이다.

이 글은 국어 정보구조 의미 탐구의 현황을 정리하고 향후의 과제를 모색하

* 안양대학교 국어국문학과 교수, cwpa@anyang.ac.kr

는 데 목적이 있다. 우선 2장에서는 국어 정보구조의 기본 단위들과 그것들의 의미 해석에 대한 체계적인 이해를 도모하고자 한다. 그런 과정에서 국어 정보구조의 관련 연구들이 언급될 것이며 몇몇 쟁점들이 드러날 것이다. 이어 3장에서는 국어 정보구조 연구가 지금까지의 기반을 토대로 앞으로 나아가야 할 방향을 가늠해 볼 것이다. 4장에서는 앞 절들의 논의를 정리하며 글을 마무리하고자 한다.

2. 주요 연구 주제와 쟁점

2.1. 정보구조 논의의 이론적 배경

문장을 정보구조로 파악하는 것은 문장을 자율적 구조화 원리를 가지는 독립된 단위로 이해하는 생성문법적 시각과는 구별되는, 인간 의사소통 시스템상의 정보 출납 원리에 대한 도상적 이해와 관련되는 시각이라 할 수 있다. 따라서 이에 대한 이해를 위해서는 정보구조의 기본 개념들을 정의하기 이전에 의사소통 시스템에 대한 이론적 가정이 전제되어야 한다. 의사소통 시스템의 주체는 화자와 청자이며 화자와 청자에게는 기본적으로, 살아오면서 직·간접 경험에 의해 축적된 지식이 있다. 그리고 인간은 누구나 이미 알고 있거나 알 수 있는 지식 체계를 근간으로 하여 자신의 지식을 확대해 나간다. 화자는 청자에게 무엇을 전달할 때 청자에게 이미 주어져 있다고 추정되는 정보를 먼저 제시하여 자신이 전달하고자 하는 정보에 대한 청자의 지식 확대를 돕고자 한다. 이러한 보편적 의사소통 시스템을 가정할 때, 정보구조란 화자가 청자가 이미 알고 있거나 알 수 있다고 추정하는 정보(주어진 정보)를 먼저 제시하고 거기에 새 정보를 덧붙이는 방식으로 구조화된 문장 구조를 가리킨다.

다음 (1)의 예를 보자.

(1) a. 철수는 개를 키운다. 그는 그 개를 수의사에게 데리고 갔다.
b. #철수는 그 개를 수의사에게 데리고 갔다. 그는 개를 키운다.

(1a)는 자연스러운 데 반해 (1b)는 자연스럽지 않다. (1a)에서는 첫 문장에서 '개'가 새로 도입되는 정보로 제시되었고 그에 이어 두 번째 문장에서는 '그 개'로 지시되어 주어진 정보로 제시되었기 때문에 그 연결이 자연스럽고, (1b)의 첫 문장에서는 '그 개'가 이미 주어진 정보인 것처럼 제시되었는데 두 번째 문장에서는 새로운 정보처럼 도입하고 있어서 그 두 개가 같은 개라면 두 문장의 연결은 부자연스러울 수밖에 없다.[1]

(1)을 정보의 주어짐 여부에 따라 구별하여 표시하자면 (2)와 같을 것이다.

(2) a. **철수는** 개를 키운다. **그는 그 개를** 수의사에게 데리고 갔다.
b. #**철수는 그 개를** 수의사에게 데리고 갔다. **그는** 개를 키운다.

(2)의 진하게 표시된 네 문장은 모두 그 문장의 정보구조를 반영하고 있다고 볼 수 있다. 따라서 (2a)는 다음과 같은 구조를 가지는 것이다.

(3)

주어진 정보	새 정보
철수는	개를 키운다

주어진 정보	새 정보
철수는 그 개를	수의사에게 데리고 갔다

이러한 기본적 구조로부터 정보구조의 다양한 이분법이 나타나고 정보구조를 형성하는 기본 성분을 무엇이라고 부를 것인가에 대한 다양한 논의의 역사가 있다.[2] 박철우(2015)에서는 국어학의 전통에서 그러한 이분법은 주로

1 (1)에서 '철수'와 '그'는 청자가 알 수 있으므로 주어진 정보다. 물론 (1)에서 '철수'와 '그'를 바꿔서 제시했다면 그 둘 사이의 동일성이 문제가 됐겠지만 여기서는 논의의 목적상 그 부분까지 고려할 필요는 없다.

주제(theme)-평언(rheme), 화제(topic)-평언(comment), 전제(presupposition)-초점(focus)으로 나뉘는데 주제와 화제를 같은 용어로 사용하는 경우도 있지만 주제를 전제와 같이 사용하는 경우가 일반적이었음을 지적하고 기본적인 이분법으로는 주제-초점을 사용하고 주제보다 더 특화된 개념으로 화제가 상정될 수 있는 것으로 보았다. 화제가 상정되면 그 나머지가 평언으로 불릴 수도 있다고 본다.

(4) a. 발화=화제+평언∨주제+초점
b. 주제=화제+[평언-초점]∨전제
c. 평언(설명)=[주제-화제]+초점

문제는 과연 이러한 정보구조가 과연 국어의 문법 구조로서 실재하는가 하는 것이다. 달리 말하자면 주어진 정보나 새 정보를 표시하는 형식적 수단이 존재하느냐는 것이다.[3]

---

2 Heusinger(1999)는 정보적 이분법과 관련된 용어를 다음과 같이 정리해주고 있다.

(i) Terminology for informational dichotomy
psychological subject-psychological predicate (von der Gabelentz 1869, Paul 1880)
theme-rheme (Ammann 1928: Thema-Rhema, Mathesius 1929, Prague School (Daneš, Firbas), Halliday 1967)
topic-comment (von der Gabelentz 1869, Reinhart 1982)
topic-focus (modern Prague School: Sgall & Hajičová & Benešová 1973)
presupposition-focus (Chomsky 1971, Jackendoff 1972)
background-focus (Chafe 1976 for contrastive focus, Jacobs 1982)
old/given-new (Halliday 1967b, Chafe 1976)
open proposition-focus (Prince 1981)
notional subject-notional predicate (É. Kiss 1995)

3 최윤지(2016)는 정보구조를 다음과 같이 정의하여, 이 글에서 문법 구조에 한정하여 논의하는 것과는 달리, 인지의미론적 시각에서 접근하고 있다.

(i) 의사소통에서 화자가 발화를 통해 전달하려는 정보가 청자에게 새로운 것인지 아니면 주어져 있는 것인지에 대한 화자의 가정을 반영하는 언어적 양상

그러한 시각에서 그는 절대적 정보 지위와 상대적 정보 지위를 구분한다. 그의 절대

2.2. 정보구조의 실현 형식

정보구조의 표현 수단으로는 어순, 형태소, 운율적 요소를 고려할 수 있다. 기본적으로 주어진 정보(주제)와 새 정보(초점) 사이에는 연접(juncture)이 존재하며 주어진 정보가 새 정보보다 어순 면에서 선행하는 것이 자연스럽지만 반드시 그런 것은 아니다.[4] 그리고 박철우(1998)에서는 주어진 정보 가운데 화제는 {는}으로 표시되는 것으로 보았다. (3)으로부터 (5)의 발화만을 조명해 보기로 하자.

(5) 철수는 그 개를 ‖ 수의사에게 데리고 갔다.

박철우(2015)를 따르면, (5)에서 '철수는 그 개를'은 주어진 정보로서 주제에 해당하며 '수의사에게 데리고 갔다'는 새 정보로서 평언 혹은 초점에 해당한다. 이때 '수의사에게 데리고 갔다'는 주제와 구별되는 자체적인 억양 단위를 형성하며 그 절정 부분이 주제 부분보다는 운율적으로 돋들림을 받을 것으로 본다. 그리고 한국어의 억양 단위는 대개 앞쪽에 강세가 놓인다(박철우 1998 참조). 다른 한편으로, '철수는'은 별도로 화제가 되는 것으로 본다. 그러면 '그 개를 수의사에게 데리고 갔다'는 화제에 대한 평언으로 이해될 수도 있다고 보는 것이다.

적 정보 지위는 우리의 논의에서 주어진 정보를 세분하여 화제나 주제에 대한 제약으로 처리하고 있는 부분이며, 그의 상대적 정보 지위가 이 글의 정보구조에 해당한다. 그는 이러한 시각으로 명제 단위의 절대적 정보 지위까지 논의하는데 명제 단위의 절대적 정보 지위는 주로 특정 어미의 기능을 참조하여 결정되는 것으로 본다. 이 글에서는 절대적 정보 지위를 정보구조와 직접 관련이 있는 것으로 다루지 않으므로 그의 많은 논의는 이 글의 범위 밖에 있다.

4 의문사를 가진 설명의문문에 대한 대답에서는 의문사와 평행한 자리에 초점이 놓이는 경우가 흔하다.

(i) A: 영희는 누구를 좋아하니?
B: [초점 **철수를**] [주제 좋아해요].

이 글에서 이해하는 정보구조의 기본 구성은 다음과 같이 도식화 될 수 있다.

(6) 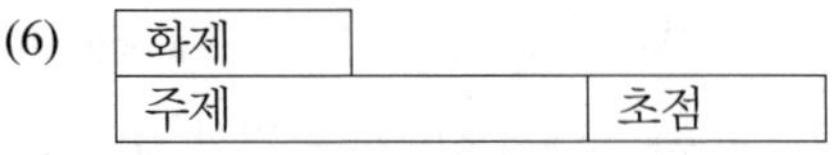

(6)은 화제가 주제의 일부일 수 있음과 동시에, 발화 전체가 그것에 대해 언급하는 대상임을 보이고자 한 것이다.

2.2.1. 통사적 주제설

정보구조의 실현 형식과 관련해서는 다양한 견해가 존재한다. 우선 주제와 관련하여 임홍빈(1972)의 연구는 임홍빈(2007)에 이르기까지 일관되게 이어지는데, 그의 입장은 '격 어휘론자 가설'에 지극히 충실하고자 하는 접근이다. 그는 서술어에 의해 논항으로 선택받지 못한 성분은 부사어가 아니라면 통사적 주제로 보아야 한다는 주장을 한다.

(7) a. **철수는** 동생이 부지런하다.
  b. **철수가** 가방이 크다.
  c. 순이가 **예쁘기를** 아주 예쁘다.

그의 주장에 따르면 (7)의 진하게 표시된 '철수는', '철수가'와 심지어 '예쁘기를'도 통사적 주제가 된다. 그는 문장 성분은 곧 서술어에 의한 어휘적 격의 실현이어야 한다는 관념에 매우 철저했던 것이다.

박철우(1996, 2002, 2014a)는 임홍빈(1972)이 주장하는 주제는 결국에는 문장 성분이라는 시각에서 확인될 수 있는 단위들임을 밝히고 있다.

(8) a. 코끼리i가 [Øi-의 코가 길다]

b. 나i는 [호랑이가 Øi-에게 무섭다]
c. 그가 나i를 [Øi-의 팔을 잡았다]
d. 철수가 나i를 [Øi-에게 사과를 주었다]

다중 주격, 다중 대격 구문들의 구분은 모두 어휘적으로 실현된 격들의 지시성이 충족되지 않은 논항을 가진 절(서술절로 봄) 바깥에 별도의 논항이 요구되는 현상으로 이해할 수 있다. 박철우(2002)는 이렇게 서술절 바깥에 요구되는 논항들을 '문장 층위 보충어'라고 불렀는데 이것들은 막연히 요구되는 것이 아니라, 서술절들이 빠진 논항이 있는 서술어의 역할을 하고 그에 따라 구조적으로 주격이나 대격을 다시 요구할 수 있게 만들어 주는 것으로 본다. (8b)의 경우 '는'이 붙었지만 그것은 격의 측면에서는 주격을 받는 주어인데 그 주어가 다시 화제화된 것으로 볼 수 있다.[5] 임홍빈(1972: 2007)은 단일 문장 내에서 어휘적으로 격을 받지 못하는 잉여 논항들의 처리에 고심하다가, 한편으로는 그것들이 단순한 부가어가 아니라 반드시 요구되는 자리임을 부인할 수 없고, 다른 한편으로는 문장 성분 개념은 격과 일치해야 된다는 관념에 따라 그것들을 문장 성분으로는 인정할 수 없었던 것이다. 그래서 그는 그것들에 담화 화용적 개념인 주제의 지위를 부여하고, {는}에 대해서는 '대조적 제시', {가}에 대해서는 '배타적 제시', {를}에 대해서는 '문제성의 제시'와 같은 담화 화용적 기능을 다시 부여하고자 했다. 그러나 이러한 설명은 문제의 본질을 왜곡하는 것일 수밖에 없다. 왜냐하면 그가 제시한 담화 화용적 기능은 {가}, {를} 등의 표지가 가지는 통사적 기능과 항상 대응하지 않으며 그럴 수도 없기 때문이다. 또한 그가 말하는 '대조성', '배타성', '문제성'이 실제 담화 화용적 원리로 명확히 정의된 것도 아니었기 때문이다. 이 글에서는 {가}, {를}에 대해서는 이것들이 서술어에 의해 어휘적으로 선택되

5 (i)와 같은 예를 보면 통사적으로 주어보다 한 층위 위에 화제 자리가 존재하는 것으로 볼 수 있다.

(i) 철수i는 개i(자기i)가 집안일을 다 해.

는 논항에 붙지 않는다 하더라도 서로 격에 상응하는 기능을 분담하고 있으므로 문법 관계에 관여하는 요소일 뿐 주제 등 정보구조에 직접 관여하는 요소로는 보지 않는다.

2.2.2. 화제 개념의 규정과 {는} 이외의 화제 표지의 존재 여부

국어 문법에서 화제(topic)의 지위는 비교적 견고하다고 할 수 있다. 국어에는 {는}이라는 형태적 표지가 존재하고, 특히 문두에 나타나는 {는}으로 표시된 성분은 화제에 대해 전통적으로 활용되어온 '그 문장의 나머지 부분이 그것에 대하여 언급하는 그 대상'이라는 정의에 더없이 부합하기 때문이다. 또한 {는}은 보조사로서 격에 중립적이다.

(9) a. **사자는** 사납다.
b. **코끼리는** 코가 길다.
c. **철수는** 지금 학교에 가고 있다.
d. **사과는** 영희가 먹었다.
e. **오늘은** 내가 점심을 살게.
f. **서울은** 인구가 많다.
g. **그 집 정원에는** 긴 벤치가 있다.
h. **무딘 칼로는** 아무것도 자를 수 없다.
i. **그와는** 오래 전부터 아는 사이이다.

(9)가 보여주듯이, 문두의 {는}이 부가된 성분은 그 성분이 문두에 있지 않고 {는}이 부가되지 않은 동의문을 상정할 수 있지만 그 성분을 문두로 옮기고 {는}을 부가하면 그 성분이 화제화(topicalization)가 되었다는 직관을 얻을 수 있다. 즉, 그 문장의 나머지 부분이 그 성분에 대해 언급하는 문장이 된 것으로 이해된다. 주격을 부여받는 성분이 화제가 되는 것이 가장 자연스럽지만 그렇지 않아도 화제가 될 수 있다. 격에 따라 화제가 되기 쉬운 것이 있고 그러기 어려운 것이 있지만 화제와 격이 필연적 연관성을 가지지는 않는다.

현상이 이와 같기에 정보구조에 대한 이론적 가정이 없이도 {는}의 화제로서의 지위에 대해서는 대체로 학계에 어느 정도의 합의가 이루어져 있다고 볼 수 있다. 그런데 화제가 {는}으로만 표시되는가에 대해서는 논란이 있다. 임홍빈(1972)이 {가}, {를}을 주제로 규정한 것도 그렇고,[6] 중세어에 대한 연구이기는 하지만 두임림(2014)도 {이}, {는}, {으란}, {ㅅ}를 상정하고 있고, 최근의 함병호(2018)에서도 '있잖아', '말이야'와 함께 {이}를 비인가 화제(unratified topic) 표지로 언급하였고 또한 화제 표지로 {이란}, {이야}, {이야말로}, {을랑} 등을 제시하였다.[7]

상황이 이와 같으므로, 우리가 {는}을 정보구조의 의미 있는 형식으로 이해하고자 한다면 보다 엄밀한 정보구조상의 화제에 대한 정의가 필요하다고 판단한다. 화제가 주어진 정보일 것은 당연한 것이지만 주어진 정보 가운데서도 화제를 특별한 성분으로 내세우는 것은 그만한 존재 이유가 있기 때문일 것이다. 우리는 이와 관련하여 Reinhart(1982: 80)를 참조할 수 있는데, 그는 문장 화제에 대해, 맥락 속에 들어온 명제들이 그 아래 정리될 수 있는 도서관의 주제 목록에 비유될 수 있다고 하였고, 그 주제 목록은 주로 지시적 항목들로 이루어져 있다고 본다. 즉, 모든 발화는 그 발화가 그것에 대한 것이 될 수 있는 지시적 대상을 화제로 가진다고 볼 수 있다.[8] 그렇게 볼 때, {는} 이외에

---

6 그는 본고에서 앞서 논의한 바와 같이 주제와 화제 개념을 구분하고 있지 않으며, 그가 주제를 '문장이 그것에 대해 언급하는 바로 그 대상'으로 정의하고 있기 때문에 그의 주제 개념은 이 글에서의 주제 개념과는 다르고, 화제 개념에 상응하는 것으로 볼 수 있다.

7 형태소 대표형을 {가}로 쓰기도 하고 {이}로 쓰기도 한 것은 원저자의 판단을 존중한 것으로 이 글에서는 특별한 의도 없이 사용되었다. '비인가 화제'에 대해서는 아래에서 곧 다시 설명하기로 한다.

8 그는 문장 화제와 관련하여 다음과 같은 정의를 제시한 바 있다:

(i) 가능한 문장의 화용론적 단언, PPA(S) = 다음을 가진 ϕ, [$<\alpha, \phi>$: α 는 문장 속 명사구 표현의 해석]

그에 의해 정의된 화제 α는 표현 자체라기보다는 그것의 해석, 즉 지시체가 된다. 어떻든 {는} 이외의 표지라도 그런 대상을 표시할 수 있다면 화제 표지로 볼 수 있을 것이다.

다른 표지들도 정의에 부합한다면 화제를 표시할 수 있을 것이다.[9]

그런데 실제 담화 속에 발화들이 배치되는 것을 관찰해 보면 담화에서는 화제와 화제가 공유되면서 발화들이 서로 연결되는 것을 볼 수 있다.

(10) U_1: 철수i는 영희를 만났다.
U_2: Øi 그러고 나서 민호를 만났다.
…
(U는 발화를 뜻함)

(10)을 볼 때, 일단 화자에 의해 선택된 화제는 청자의 의식 속에 활성화되어 있을 것으로 간주할 수 있다. Lambrecht & Michaelis(1998)는 (10b)와 같이 이전 발화에서 이미 청자의 의식 속에 활성화되어 있어서 다음 발화 시점에 당연하게 여겨질 정도로 예측가능한 지시대상을 인가 화제(ratified topic)라고 불렀는데 국어에서 진정한 화제는 오히려 이렇게 아무런 표지를 가지지 않을 뿐 아니라 표현 자체가 생략되는 경우인 것으로 볼 수 있다.[10]

---

9 그러나 빈도 면에서 볼 때 {는}의 지위가 압도적이고 다른 예들은 실제 사례에 따라 평가되어야 할 것이다.
'x 있잖아'와 같은 표현은 새로운 담화 지시체를 초점으로 도입하는 제시문의 성격이 있어서 그 위에 이어지는 발화와 하나의 발화로 통합되지 못한다면 화제로 보기는 어려울 것이다.

(i) a. 영희 있잖아, 곧 시집간대.
b. 영희 있잖아? 걔는 애가 참 이상해.

(ia)가 자연스럽다면 그 경우에는 화제 표지로 볼 수도 있겠지만, (ib)가 자연스럽다면 그 경우에는 화제 표지로 볼 수 없을 것이다.

10 비인가 화제는 당연히 인가 화제가 아닌데 새로이 화제로 세워지는 경우를 가리킨다. 박진호(2015)는 한국어에서는 '화장실이 어디예요?'라고 말하는 데 반해, 일본어에서는 한국어의 {는}에 해당하는 {は}를 사용하는 경향에 대해, 한국어는 지시적 신정보가 비인가 화제로 도입되면 {가}를 사용하는 경향이 있기 때문이고 일본어에서는 그런 경우에도 인가 표지인 {は}를 사용하기 때문이라고 해석하였는데, 본고에서는 건물이나 가게에서 언급하는 '화장실'이라는 표현을 언어를 불문하고 지시적 신정보로 보지 않으며 한국어의 {는}이나 일본어의 {は}를 인가 화제 표지로도 보지 않고 비인가 화제 표지로 본다. 대개의 건물에는 화장실이 있기 때문에

이상으로부터 우리는 화제를 '발화가 그것에 대해 언급하는 것으로 이해될 수 있는 지시적 대상'으로 정의하되, {는}과 같은 비인가 화제의 기능은 '새로 화제로 제시된 것을 청자의 의식 속에 활성화하라는 지침'으로 이해할 수 있게 된다. 즉, 화제 기능으로만 생각하면 Ø의 지위가 더 확고하며 {는}이나 다른 화제 표지의 기능은 오히려 화제가 아닌 것을 화제로 삼게 하는 것임을 알 수 있다.[11] 한국어에서는 {는}이 주로 그러한 역할을 하지만 여러 연구에서 보여주듯 {는} 이외에도 그러한 표지들은 더 있을 수 있다.

이상의 화제에 대한 규정을 통해, 화제 실현 형식과 관련하여 한 가지 검증 대상으로 삼을 수 있는 것은 {가}로 표시되는 화제도 있을 수 있는가 하는 것이다. {가}를 비인가 화제 표지로 이해하는 것에 대해서는 이미 각주 10을 통해 동의하기 어려움을 밝혔으나, 다음과 같은 예를 생각해 볼 수 있다.

(11) A: **너는** 요즘 어떻게 지내?
B: **내가** 요즘 좀 바빠.

(11)에서 (11A)에 이미 화제가 제시되어 있으므로 (11B)에서는 이미 동일한 화제('너')가 인가되어 있는 것으로 보이는데 Ø를 사용하지 않고 굳이 '내가'와 같은 형태를 사용하는 경우가 있다. 이것을 단순히 주어진 정보로서의 주제로 보아도 되겠으나 그렇다고 해도 그 앞에는 Ø 화제를 상정해야 할 것 같은 상황이다. 이와 같은 인가 화제의 경우에는 그것을 좀 더 명확하게, 또는

화장실은 추론 가능한 정보로서 구정보에 준하는 것이다. 필자의 판단으로는 한국어에서 '화장실'에 {가}를 사용하는 것은 그 앞에 인가 화제인 Ø('이 가게/이 건물'을 받음)가 존재하는 것으로 간주할 수 있고, '화장실이'는 그 인가 화제에 종속된 주어진 정보(본고의 '주제')로만 취급하는 경향이 더 크기 때문이고, 일본어에서 오히려 그것을 새로운 화제, 즉 비인가 화제로 세우기 위해 {は}를 사용한 것으로 해석한다.

11 그런 의미에서 Vallduví(1990)는 정보구조에 화제라는 용어 대신 '연결부(link)'라는 용어를 사용하는데 이것은 새로운 정보로서의 발화를 청자의 지식 저장소 속의 주제 목록(파일 카드)에 연결시켜주는 부분이라는 의미를 가진다.

강조하기 위해 격 표지가 없는 형태('나')나 격 표지가 실현된 형태('내가')를 인가 화제 표지로 사용할 수도 있다고 본다.[12]

2.2.3. 화제의 인지적 제약

정보구조를 통해 정보의 상대적 주어짐과 새로움을 표시할 수 있지만, 화자는 청자에게 어떤 지식이 주어져 있는지 추정하고 자신이 그것이 청자에게 주어져 있는 것으로 가정하고 있음을 언어적으로 표시할 수 있다.

이러한 정보 단위의 인지적 위상에 대해 정리하자면 다음과 같이 그 유형과 표현 형식을 제시할 수 있겠다(박철우 2017 참조).

(12) 주어짐성의 인지적 위상

a. 의식의 초점(in focus): 인가 화제(Ø)

b. 텍스트상에서 환기된 것: 대용 표현(그/이 X 등. 예: 그 사람)[13]

c. 상황 속에서 환기된 것: 화시 표현(나/너/우리/너희, 이/그/저 X 등)

d. 언급되지 않았지만 알고 있는 것: 이름(고유명), 종류(유개념)

e. 추론 가능한 것: 선행어의 하의어, 부분어 등 가교 지시어(집-**문**, 사람-**얼굴** 등)

f. 추론 가능한 것(내용 포함): 보문을 포함한 동격 명사(**복숭아를 먹으면 예뻐진다**i는 **얘기**i)

g. 지시적인 것: 비한정, 특정 명사구(**어떤 여자**, **한 노인**, **어느 마을**)

h. 유형만 확인 가능한 것: 비한정, 불특정 명사구(멀리서 **개**가 짖는다, **기차**가 지나가는 소리)

12 예시는 다르지만 박철우(2017)에 동일한 입장이 나타나 있다.

13 국어 지시사 '이, 그, 저'는 모두 공간적 거리와 관련된 화시표현으로서 하나의 계열을 이루지만, 이것들 가운데 '저'는 현대국어에서는 대용의 기능이 사라졌고, 화시의 기능만 있다.

(12a)는 이미 화제로 확립되어 있는 화제를 이어지는 발화에서 계속 화제로 활용할 때처럼 그것이 화제임이 의문의 여지가 없는 경우이며 (12c)는 상황 속에서 청자에게 환기되어 있는 것으로 이해되기 때문에 이전 발화에서 언급되지 않았더라도 당연히 주어져 있을 것으로 간주되는 것이다. (12b)는 프라그 학파 등 문어 중심의 담화 분석을 할 때 주로 주어진 정보로 받아들이는, 선행 발화로부터 회복(복원) 가능한(recoverable) 정보를 말한다. (12d)는 주로 이름과 같이 이미 알려져 있을 것으로 기대되는 정보인데 때로는 알려져 있지 않을 수도 있다. 그래서 화자는 청자에게 'xx 알아?'와 같이 그 정보를 초점으로 담화상에 도입한 뒤에 화제로 삼는 경우도 있다. (12e)는 선행 발화에 주어진 정보에 존재론적으로 함의된 정보로서 이미 주어진 정보에 기대어 주어진 것으로 간주될 수 있는 정보이며 (12f)는 동격적 구조에서 먼저 제시된 보문절이 담화상에 도입되고 이때 그것에 이어지는 핵 명사가 그와 같은 대상을 가리키면서 그 구성 전체가 주어진 것으로 간주되는 경우이다.[14] (12g)는 청자에게 주어진 정보는 아니지만 화자가 자신에게 주어져 있음을 수용해 줄 것을 요구할 때 청자에게도 주어져 있는 것처럼 활용할 수 있는 특정적 표현들의 사례이다. 이 경우는 초점으로 사용되면 그러한 주어짐의 가정이 없이 새 정보가 될 수도 있다. (12h)는 존재적으로 주어져 있지 않지만 속성적인 정보만 활용되는 경우로 화자 자신에게도 주어져 있는 대상이 아니어서 청자에게 주어진 정보로 사용되는 일이 없다.

(12)에서 a-f는 확실히 인지적으로 주어져 있다고 볼 수 있으며 g는 앞서 언급했듯이 화자가 청자에게 수용해 줄 것을 요구할 수도 있다. 그래서 (12a-g)는 {는}이 붙을 수 있으며 따라서 화제가 될 수 있다. 그러나 (12h)는 인지적으로 새로운 정보여서 초점만 될 수 있고 화제가 되면 어색한 문장을 낳게 된다.(예: #멀리서 개는 짖는다.) (12h)와 같은 유형으로 보이는 것들 가운데서도 선행 문맥에서 언급된 것이면 (12h)가 아니라 (12b)에 해당하므로 화제가

14 이때 제시되는 선행 보문절을 주어진 정보로 보아야 할 것인가에 의문의 여지가 있지만 화자에 의해 주어진 정보로 간주되고 있다고 보아야 할 것이다.

되어도 자연스러운 발화를 이룰 수 있다. 화제나 주제는 언제나 (12)와 같은 인지적 위상에서 (12a-g)에 해당하는 인지적으로 주어진 정보라야 한다. 즉, 주어짐성(givenness)이 있어야 한다는 제약이 있다.

그런데 이러한 제약에서 그 역은 성립하지 않는다. 즉, 인지적으로 주어진 정보이면 그대로 (적어도) 주제가 될 수 있는가 하면 그런 것은 아니라는 것이다. 그러니까 인지적으로 주어진 정보가 초점이 될 수도 있다.

(13) A: 영희는 누구를 좋아하니?
B: 걔는 **철수를** 좋아해요.

(13B)에서 '철수'는 명백히 초점인데, (12)의 인지적 위상에 따르면 d에 해당하는 알려진 정보, 즉 청자에게 이미 주어져 있는 정보이다. 따라서 '주어진 정보'와 '새 정보'의 개념은 정보구조를 양분하는 구조적 개념으로 이해해서는 안 되고 인지적 차원의 개념이다. Gundel & Fretheim(1981)은 이러한 차이를 포착하기 위해 지시적 주어짐성과 관계적 주어짐성을 구분하여 정보구조는 인지적으로 주어진 정보인지를 따지는 절대적인 차원의 구조가 아니라 화제/주제와 초점 사이의 상대적 주어짐성을 반영하는 언어 구조임을 지적하였다. 즉, 인지적으로는 주어진 정보여도 화제나 주제와의 관계적인 면에서 상대적으로 새로운 정보이면 새 정보, 즉 초점일 수 있음을 지적한 것이다. 박철우(2017)는 이러한 차이를 정보구조의 구성 성분들에 대한 제약으로 설명한다. 즉, 화제나 주제는 인지적으로 주어짐성을 가져야 한다는 제약이 있지만 초점은 그러한 제약이 없다는 것이다.

2.2.4. 초점의 실현 형식에 관한 문제 (1): 구조격 조사의 경우

초점의 실현 형식을 규정하는 문제는 오늘날 국어학에서 첨예한 쟁점이 되어 있다. 이 글에서는 초점의 형식과 관련하여, 화제나 주제와의 사이에 연접이 있고 독립적인 억양 단위를 이루며 화제나 주제보다 운율적으로 돋들림을 받을 것이라는 정도로 언급하였다. 그런데, 논자에 따라서는 {는}이 화제 표지가 되는 것처럼 {가}나 {를}을 일종의 초점 표지로 보자는 입장이 있다.[15] 국어의 교착어로서의 특성과 {가}나 {를}의 출현의 비필수성, 보조사의 격 표지 대체 논리에 대한 거부감 등이 {가}, {를}을 격 표지로 보는 기존의 주류 견해에 계속 도전장을 내고 있는 형국이다.

간단히만 살펴보자면, (14)에서 (14B)는 의문사 '누가'에 대한 대답이 되는 '민호'가 초점이다.

(14) A: 그 사과 누가 먹었어?
B: 민호{가, *Ø} 먹었어요.

이때 '민호가 먹었어요'로 대답하는 것은 자연스럽지만 '민호 먹었어요'는 어색하다.[16]

그러나 문제는 이러한 사례들의 관찰을 통해 {가}가 초점 표지라는 결론에까지 다다르려면 명백히 초점이 아닌 위치에서는 {가}가 실현되지 않아야 할 것이다. 그러나 그런 예들이 관찰된다.

(15) 강아지가 지금 [초점 뭐 해]? (최성호 2017)

(15)에서 '강아지가'는 초점이라고 보기 어렵지만 {가}의 출현이 자연스럽다.[17]

조사가 생략되는 데는 다양한 요인이 있을 것이다. 어휘격보다는 구조격({가}, {를}, {의} 등)이 주로 생략될 수 있고, 생략될 수 있다고 해서 늘 생략될 수 있는 것은 아니다. 그래서 그 조건을 초점이라는 담화 화용적 차원에서

15 기존 연구에 대해서는 김민국(2016) 참조

16 최성호(2017)에서는 이러한 분포를 보이는 다양한 사례를 잘 보여주고 있다.

17 위에서 화제로 다룬 (11)의 예도 참조할 수 있을 것이다.

찾겠다는 것이 위의 입장이겠으나 실제로 그 생략 요건을 명확히 이해하기 위해서는 훨씬 더 다양한 요건을 고려해야 할 것으로 보인다. 다른 논항들과의 관계 속에서 격 표지의 예측 가능성 여부도 영향을 미칠 것으로 보이고 음절 수, 문체적 요인 등 다양한 차원의 논의가 함께 고려되어야 한다.

따라서 이 문제와 관련한 이 글의 입장은, 특정 조사가 초점 표지로 기능하는 것이 아니라 초점 위치에 나타난 특정 조사가 생략되기 어려운 경우들이 있다는 것이다.

(16) a. 버스가 온다.
b. 버스 온다.
c. Ø 온다.

명사항이 실현되는 방법 가운데는 격 표지를 동반하는 경우도 있고 그렇지 않은 경우도 있고 명백히 요구되는 자리이지만 실현형을 가지지 않고 실현될 수도 있다. 그럴 때 (16a)와 같이 격 표지까지 전부 실현된 경우는 맥락상으로 볼 때 그 앞에 오는 명사(여기서는 '버스')가 다른 담화상의 계열적 자매항들과의 대조가 부각되는 경우일 것으로 보인다. 그러나 이 글에서는, 그렇다고 해서 {가}를 초점 표지라고 규정하기는 어렵고 그 명사항이 대조성을 가지는 경우에 격 표지 {가}가 생략되기 어려운 것이라고 보는 것이다.[18] 즉, 격 표지가 실현된 형태가 강형(강조형)이고 격 표지가 생략된 형태가 약형인 것으로 이해할 수 있다는 것이다.[19]

물론 이러한 입장을 취하더라도 초점 위치에 나타난 조사가 생략되는 경우들도 있으므로 온전한 설명이 되지 않을 수 있지만[20] 적어도 방향에 있어서는

18 초점과 대조소는 다시 구별이 필요하다. 여기서는 대략 중첩되는 경우를 다루었지만 이어지는 절에서 이 문제를 다시 거론할 것이다.

19 박철우(2017)에서 유사한 입장을 확인할 수 있다.

20 김민국(2016)에서는 {를}의 경우에는 초점이 주어진 경우에도 생략될 수 있음을 보이고 있다.

더 나은 방향이라고 판단된다. {가}와 {를}이 분명히 격 혹은 문장 성분으로서의 지위를 상보적으로 표시하는 면이 있으므로 이러한 문법 기능을 무시하고 초점 표지로만 통합하여 설명할 수는 없을 것이며 초점이 아닌 곳에서도 얼마든지 나타나는 한 이미 초점 표지라는 설명은 타당성을 잃었다. 하지만 역으로 생략 불가능성으로 설명할 때, 이들이 초점 위치(혹은 대조의 위치)에서도 생략될 수 있는 경우에 대해서는 여전히 설명의 여지가 남아 있다고 본다. 여기서는 기본 방향만 제시하고 구체적인 논의는 다른 기회로 미루기로 한다.

2.2.5. 초점의 실현 형식에 관한 문제 (2): 운율적 돋들림의 종류

초점과 격 표지의 관련성도 자주 논의되지만, 초점은 운율적인 측면에서도 논의의 여지가 많다. 이 글에서는 주제와 상보적인 새 정보를 초점으로 정의하는 통합적 시각을 견지하고 있지만, 초점이라는 개념이 맥락상에서 특정 층위의 언어 단위와 계열적 관계를 가질 수 있는 자매항들과의 대조를 부각시키는 수단으로 이해되기도 한다. 그럴 때 이 두 가지 구별되는 초점 개념은 운율적으로도 다르게 표시된다. 전자는 앞에서도 언급했듯이 주제와는 구별되는 독자적인 운율 단위를 이루고 국어에서 그런 독립적인 운율 단위가 통상적으로 가지는 운율 패턴을 보일 것이지만 후자는 대조되는 단위를 포함한 음절이나 어절에 화자의 구별 의도가 확연히 드러나는 보다 두드러진 강세(대조 강세)가 나타날 것이다.[21] 그렇게 초점이라는 용어가 넓은 의미로 함께 묶이면, 통합적 초점은 넓은 초점으로, 계열적 초점은 좁은 초점으로 불리기도 하고(Vallduvi 1990, 박철우 1998), 각각 정보초점/제시초점/가로초점과 확인

(i) A: 소연아, 너는 {어떤 걸/어떤 거} 고를래?
B: 응, 나는 그냥 {싼 걸/싼 거} 고를래.

(김민국 2016 (2b))

21 김용범(2004), 곽숙영(2006) 등을 통해서도 두드러진 강세를 가진 요소, 즉 대조소의 존재에 대한 관심과 연구사를 확인할 수 있다.

초점/대조초점/세로초점으로 구별되어 불리곤 한다(Kiss 1998, 임동훈 2012). 그런데 박철우(2014b)는 이와 같이 초점이라는 용어를 넓은 의미로 정의하고 그 안에 두 가지 다른 개념을 통합하여 논의하는 것이 개념적으로 혼란스러운 일이 될 수 있음을 지적한다.

(17) a. [화제 빌의 [대조 **큰**] 여동생은] [초점 존에게 키스를 했어]
b. [초점 [대조 **돌이가**] 갑자기 찾아왔더래요][22]

(17)에서 볼 수 있듯이 자매항과의 대조를 강조하는 대조소는 통합적인 정보구조 속에서 화제 속에 나타날 수도 있고 초점 속에 나타날 수도 있다. 따라서 특정 언어 단위가 담화상의 자매항들과의 대조성을 드러내는 것은 화제나 초점과 직접 결부되는 현상이 아니라 그것들과 구별된 별도의 현상으로 이해하는 것이 적절하다는 것이다. 뿐만 아니라 그러한 대조성의 표현 수단도 화제나 초점과는 구별되는 별도의 운율적 돋들림(대조 강세)이라고 보기 때문이다.[23]

화제 속에 대조 강세가 들어 있는 경우를 대조 화제라고 부르거나, 주제나 초점 속에 대조 강세가 들어 있는 경우를 대조 초점이라고 부르는 등 용어의 혼란이 있으나(전영철 2005 참조), 이 글에서는 대조 초점이라는 용어를 사용해야 한다면 대조 강세가 주어진 항목만을 대조 초점이라고 부르고자 한다. 그러면 대조 초점이 있는 화제, 대조 초점이 있는 초점 등의 쓰임이 가능할

22 진한 글씨로 쓰인 어절 위에 강조점을 찍은 것은 대조 강세를 표시한 것이다. 그러나 대조 어절의 정확한 운율적 돋들림의 방식은 보다 정교한 연구가 필요해 보인다(곽숙영 2006 참조).

23 앞 절에서 조사의 실현 여부에 따라 어절이 강형과 약형으로 구별될 수 있고 그 어절이 자매항과의 대조성을 드러낼 때 강형이 나타나는 경향이 있음을 언급했다. 대조 강세는 대조성을 드러내는 데 목적이 있으므로 다른 수단에 의해 대조성이 표시될 수 있으면 그리 두드러지지 않아도 될 것이다. 그런 경우로는 의문사(누구, 무엇, 언제, 어디)와 같이 어휘적으로 대조 의미를 가지는 요소들이 나타나는 경우도 함께 거론될 수 있다. 그런 경우에는 대조 강세가 동반되는 경우가 많지만 그렇지 않아도 대조성은 드러난다.

것으로 본다.

2.2.6. 초점의 실현 형식에 관한 문제 (3): 보조사의 경우

운율적 돋들림과 함께 초점의 실현 형식으로 자주 언급되는 것은 {는}, {도}, {만}과 같은 보조사들이다. 이것들은 독일어의 nur와 auch 같은 단어들(영어의 only와 also에 해당)이 초점사로 불리는 것과 궤를 같이하여 한국어에서도 초점사로 인식되고 있지만[24] 국어에서 이것들이 왜 초점사가 되어야 하는지에 대한 전문적인 논의는 거의 보이지 않는다.[25] (18)의 예들을 살펴보자.

(18) a. **영희는** 공부를 잘한다.
a'. 영희가 **공부는** 잘한다.
b. **영희도** 공부를 잘한다.
b'. 영희가 **공부도** 잘한다.
c. **영희만** 공부를 잘한다.
c'. 영희가 **공부만** 잘한다.

(18a)의 '영희는'은 대개의 논의에서 화제가 되거나 대조의 의미를 가질 수 있다고 한다. '영희'와 자매항을 이룰 수 있는 존재가 담화상에 활성화되어 있으면 대조의 의미가 두드러지고 그렇지 않으면 화제로 이해된다는 것이다. 박철우(2014b)는 이에 대해 {는}의 기본 기능은 화제를 표시하는 것이고 그것의 대조 의미는 '영희'에 운율적 강세가 놓이거나 그렇지 않더라도 '영희'의 자매항이 담화상에서 활성화되기 때문에 발생하는 것이라는 시각을 보인다. 그가 말하는 '화제'의 기능이라는 것은, 정보구조가 문법적 관계로 이해된다면 통합적 시각에서 정의되어야 한다는 이유로 선택된 문법 기능인 것이며, {는}의 기능을 '화제'라고 부르는 것도 그러한 통합적 시각을 반영하기 위한

24 이에 대한 연구사는 최규련(2005) 참조.

25 함병호(2018: 115 이하)에서 관련 논의를 참조할 수 있다.

것이었다. 계열적 시각에서 바라보면 {는}의 기능은 '영역 한정' 정도로 규정될 수 있을 것이다.[26] {는}의 기능은 그렇게 영역을 한정하여 그 뒤에 이어지는 말들이 그것에 대한 설명이 되도록 하는 것이라 하겠는데, 거기에 강세나 맥락이 주어지면 보다 큰 영역 속에 잠재하는 자매항과의 대조성이 함축적으로 전달된다고 보는 것이다. {는}에 대한 이러한 이해에 동의하든 하지 않든, (18a)와 관련된 '영희는'의 해석은 '화제'와 '대조 화제'로 구분될 수 있을 것으로 이해하는 것이 일반적이다.

그런데 (18a')와 관련해서는 논의가 좀 더 복잡해진다. (18a')의 '공부는 잘한다'에서 '공부는'은 대조 초점으로 보아야 한다는 시각이 있다. 전영철(2005)은 이렇게 서술어의 일부가 {는}으로 표시되는 경우는 그 선행 문맥으로 '철수는 뭘 잘하니?'나 '철수는 공부와 노래를 잘하니?'와 같이 더 포괄적인 서술어를 가진 질문을 상정할 수 있고 그렇기 때문에 그러한 질문에 대한 대답이 되는 (18a')는 초점적이고, 공부는 잘하지만 노래는 못한다는 척도 함축을 가지며[27] 또한 '노래를 잘하는 것'은 배제하므로 총망라적(exhaustive)이어서 '대조 초점'으로 보는 것이 적절하다는 것이다.

그는 {는}을 {가}, {를}의 경우와 대비하여 (19)와 같은 표로 구별하였는데, 그의 입장은 [대조]와 [총망라]라는 기능을 원시 자질로 보아 그 자질들로부터 이들 조사의 의미 기능을 해석하는 시각을 보여주고 있다. 그리하여 초점의 명칭도 '대조'와 '확인'을 구별하여 부여하고 있다.

(19)

	[+대조]	[-대조]
[+총망라]	대조초점('는2')	확인초점('가1/를1')
[-총망라]	대조화제('는1')	정보초점('가2/를2')

26 박철우(2015: 281-282)에서는 논의 대상의 한정 또는 이춘숙(1991)을 빌어 '영역 설정' 등으로 표현할 수도 있을 것이라 하였다.

27 <공부를 잘함, 공부와 노래를 잘함>과 같은 척도에서 '공부를 잘함'만 말한 것은 그 이상은 아니라는 함축을 가진다.

이러한 설명은 국어 조사들의 기능에 대한 직관을 구별하여 기술하는 데는 무리가 없지만 차이를 있는 그대로 차이라고 선언하는 방식이라는 점에서 현상에 대한 충분한 설명력을 가지는지에 대해서는 의문이 남는다.

박철우(2014b)는 '대조'의 의미는 담화상의 자매항과의 구별을 표시하기 위한 대조 강세 혹은 문맥으로부터의 추론에 의해 드러나는 함축적 의미로 본다.[28] 따라서 (19)보다는 대조를 넓은 의미에서 이해하며 총망라성도 대조의 일종으로 본다. 즉, 영역이 한정된 상황에서의 대조는 {는}에서 나타나는 대조이고 영역이 한정되지 않은 상황에서의 대조는 {가}나 {를}에서 나타나는 대조, 즉 총망라성이라고 볼 수 있는 것이다.[29]

(19)와 대비하자면 이 글의 입장은 (20)과 같이 정리될 수 있겠지만 표로 주어진 차이 외에도 해석의 기본 단위가 (19)는 조사에 맞추어져 있지만 (20)은 조사를 포함한 어절 내지는 그보다 큰 언어 단위에 관한 것이다.

(20)

	대조 강세나 문맥 有	대조 강세나 문맥 無
화제 표지({는} 등) 有	대조 화제	화제
화제 표지 無 ({가}, {를} 등 출현)	대조 초점 (확인 초점)	초점(정보 초점)

(18a')에 대해 이 글에서는 상위적으로는 다른 화제('영희'나 또는 다른 인가 화제)가 있을 수 있지만 그 아래 층위에서 다시 '공부' 또는 '공부를 잘하

28 화자에 의해 대조 의미의 함축이 의도됐을 때는 응당 대조 강세가 따라올 것이고 그렇지 않은 경우라도 담화 문맥상에 계열적 관계를 이룰 수 있는 요소가 존재하면 청자는 대조 의미를 추론할 수 있다.

29 '총망라성(exhaustiveness)'이라는 개념도 다소 수정의 여지가 있다고 본다. '누가 왔니?'에 대해 '**철수**가 왔어요.'라는 대답이 오직 철수만 왔다는 대답일 수도 있지만 철수가 온 것이 의외라는 의미로 '철수'를 구별해서 표시한 것일 수도 있다. 또 '누가 왔니?'라는 물음에 '**철수**는 왔어요.'라고 대답하는 것도 철수는 왔지만 다른 사람들은 안 왔다는 의미로, 총망라적이라고 해석할 수도 있지만, 적어도 질문자가 신경 쓰는, 아니면 그곳에 꼭 필요한 역할을 맡은 철수는 왔으니 안심해도 된다는 의미로 '철수'를 구별해서 표시한 것일 수도 있을 것이다.

다'가 화제가 된 것으로 이해한다. 그리고 '공부'에는 대조 초점이 얹혀 있기도 한 것으로 본다. (21)은 (18a')에 대한 해석으로, 이 글에서 포착하고자 하는 표현 수단과 해석 사이의 관계가 잘 드러나도록 표상한 것이다.

(21) [[주제 영희가] [초점 [화제 [대조 공부]-는 잘한다] [초점 YES]]]

(21)에서 '공부를 잘한다' 부분을 구체적으로 분석해 보자면 {는}에 의해 '공부' 또는 '공부를 잘하다'가 화제로 표시될 수 있는데 여기서는 '공부를 잘하다'를 화제로 본 것이다. 선행 문맥에서 '무엇을 잘하니?' 혹은 '공부와 노래를 잘하니?'가 주어졌다고 볼 때 '공부는 잘한다'고 답한 것은 '공부를 잘하는 것'을 화제로 영역 한정 했다고 볼 수 있기 때문이다.[30] 그리고 그에 대한 새로운 정보, 즉 초점은 그러한 사실 자체에 대한 긍정(여기서는 'YES'로 표시)이라는 것을 표상하고 있다. 이러한 초점을 진성(眞性) 초점(verum focus)이라고 하는데, 이러한 초점을 상정하는 이유는 다음과 같은 맥락에서 사실 자체를 긍정하는 초점을 구별할 필요가 있기 때문이다.

(22) a. A: [화제 너는] [초점 뭐하는 사람이니?]
B: Ø [초점 학생이에요.]
b. A: [화제 너는] [초점 학생이니?]
B: ([초점 네,]) [주제∧초점 학생이에요.]
B': ([초점 네,]) [주제 학생이-] [초점 - 에요]
B'': ([초점 네,]) [주제 학생이에요] [초점 YES]
B''': ([초점 네,]) [주제 학생(이)] [초점 맞아요]

즉, (22bB)와 같은 경우를 진성 초점으로 보며 (21)에는 그와 같은 진성 초점이 나타난 것이고, {는}은 '공부를 잘하다'에 붙은 것으로 볼 수 있는데 '공부는'

30 이정민(1999)은 이러한 화제를 '사건 대조' 혹은 '명제 대조'라고 부른다. 이 글에서는 필요한 경우 '명제 화제'나 '명제 주제' 등의 용어를 사용하기로 하겠다.

이 된 것은 '잘하다'는 용언이므로 조사가 붙을 수 없어서이다. (22bB'-B''')은 모두 (22B)와 등가의 표상 내지 표현이다.

다른 한편으로, (21)에서 '공부'는 대조성을 가지는데 그것은 거기에 대조 강세가 얹히거나 아니면 선행 문맥에서 그와 자매항이 될 수 있는 '노래'가 언급됐기 때문이다. 그런데 이 글에서는 대조성을 표시할 수 있는 방법을 한 가지 더 제시하고자 한다. 그것은, 2.2.4절의 논의와도 상통하는 것인데, '공부' 뒤에 조사를 명시하는 것도 조사가 생략된 것보다 명시적으로 대조성을 드러낼 수 있는 수단이 된다는 점이다. 더구나 동일한 명제적 의미를 나타내지만 조사의 위치가 선택적으로 조정될 수 있는 문장들에서는 더욱 그러하다.

(23) a. 철수가 영희에게 꽃을 주었다.
b. 철수는 영희에게 꽃을 주었다.
c. 철수가 영희에게는 꽃을 주었다.
d. 철수가 영희에게 꽃은 주었다.
e. 철수는 영희에게는 꽃을 주었다.
f. 철수는 영희에게 꽃은 주었다.
g. 철수가 영희에게는 꽃은 주었다.
h. 철수는 영희에게는 꽃은 주었다.

(23a-h)는 모두 동일한 진리조건적 의미를 가지지만 서로 다른 위치에 조사를 가질 수 있고 그럴 때, 우리는 적어도 (23b-d)가 서로 다른 논항에 대조성을 부여한다는 차이를 포착할 수 있다. 이 세 문장은 모두 동일한 '명제 화제'를 가지는 것으로 해석될 여지도 있지만('[철수가 영희에게 꽃을 주다]-는') 각각 '철수', '영희', '꽃'에 대조성을 부여할 수도 있을 것이므로, 어느 자리에 조사를 두느냐가 대조성을 표시한다고 말할 수도 있는 것이다.

이제 (18b-c)에 대해 살펴보기로 하자. {도}와 {만} 등의 보조사를 흔히 초점사라고 부르는데 그것은 {도}나 {만}의 경우 그 자체의 의미상 자매항을 도입할 수밖에 없으므로 그것들을 초점을 도입하는 요소로 볼 수 있다는 취지에서일 것이다. 그런 의미에서라면 이 글의 정의에 따르면 그것들은 초점사라기보다는 대조사라고 부를 수 있을 것이다.[31] 이 글에서는 현상에 대한 관찰면에서 그러한 입장과 다르지 않지만, 보조사의 의미와 대조 표시의 기능을 구별할 필요가 있다고 본다. 보조사의 의미는 논항의 영역 한정과 관련이 있어서 {도}의 경우 동일한 서술을 가지는 논항의 자매항이 또한 존재함을 전제하며, {만}의 경우 동일한 서술을 가지는 논항이 이것 말고는 없음을 단언한다(박철우 2015). 그러니 {도}나 {만}의 통합적인 의미 기능은 주어진 대상들의 범위를 한정하여 그것들을 단언 등 화행소와 호응하게 하는 것이다. 그런데 이것들이 대조를 표시하기도 하는 것은 그것들의 의미에 기인하는 것이 아니라 그 보조사가 붙는 논항에 대조 강세가 붙거나, 그것들이 맥락상 자매항을 가지고 있거나, 아니면 그 보조사들이 그 자리에 나타났기 때문이라고 볼 수 있다.

또한 {도}나 {만}의 경우, 그 의미상 이미 서술어를 문맥에 전제하고 있다고 볼 수 있기 때문에 언제나 명제 차원의 주제를 도입한다고 볼 수 있고('명제 주제'), {도}나 {만}은 그 명제를 포함하여 다른 명제가 참이 되는 경우를 포괄하거나 배제하는 영역 한정의 기능을 담당하며 이 문장들에서 초점은 (21)에서와 동일한 진성 초점('YES')이 된다.

(24) a. 영희도 공부를 잘한다. (선행 문맥: 철수만 공부를 잘하니?)
[[주제 영희가 공부를 잘한다]-도 [초점 YES]]
b. 영희만 공부를 잘한다. (선행 문맥: 누구누구가 공부를 잘하니?)
[[주제 영희가 공부를 잘한다]-만 [초점 YES]]

(18b, c)에 해당하는 (24)가 그러하다면 (18b')와 (18c')도 마찬가지일 것은 자명하다.

---

31 함병호(2018)는 그러한 시각에서 보조사들은 의미론적으로 자매항을 도입하는 대조소로 보고 있다.

(25) a. 영희가 공부도 잘한다. (선행 문맥: 영희가 노래만 잘하니?)

[[주제 영희가] [초점 [주제 공부를 잘한다]-도 [초점 YES]]]

b. 영희가 공부만 잘한다. (선행 문맥: 영희가 무엇 무엇을 잘하니?)

[[주제 영희가] [초점 [주제 공부를 잘한다]-만 [초점 YES]]]

앞 절들의 논의와 이 절에서 살펴본 {는}에 대한 논의를 비롯한 이상의 논의들을 종합해 볼 때, {는}, {도}, {만} 등의 보조사는 모두 대조성을 드러낼 수 있고, 초점 속에 나타날 수도 있다. 다만 {는}은 화제가 아니던 것을 화제로 만들어주는 비인가 화제 표지로서 기능할 수 있는 반면 {도}나 {만}은, 주제 속에는 나타날 수 있어도 화제가 될 수는 없다는 점에서 {는}과 차이가 있다.

여기서 추가로 언급해 둘 점은 때로 {는}의 기본 의미를 '대조'라고 말하는 경우들이 있는데, '대조'는 문맥이 전제되지 않은 단일 문장의 통사 기능으로 포착될 수 있는 현상이 아니며, 우리가 정의한 바와 같이 문맥상에서 자매항들과의 대조를 함축적으로 표시하는 기능으로 본다면, {는}만이 아니라 {가}/{를}, {도}, {만}도 가질 수 있는 기능이다. 따라서 '대조'를 기본 기능으로 가지는 조사가 따로 존재하는 것이 아니다. {는}, {도}, {만}은 모두 그 자체의 고유한 의미 기능들을 가지며 그러한 의미 기능들은 대개 영역 한정과 관련되며 그 의미가 관여하는 언어 단위, 즉 그 작용역은 명제 단위가 된다. 대조 의미는 다양한 방식으로 함축적으로 드러나는데 대조 의미를 드러낼 수 있는 방법은 대조 강세를 부여하는 것이 가장 명시적인 방법이며, 특정 위치에 조사를 (생략하지 않고) 명시적으로 표시하는 것이나 문맥상에 자매항을 제시하는 것 등을 더 들 수 있다. 이러한 대조의 의미(대조 초점)는 우리의 정보구조상의 초점(정보 초점)과는 구별되는 개념이다.

3. 앞으로의 과제와 전망

이 글의 주제가 정보구조 의미 탐구의 현황과 과제이지만 지금까지의 이 주제와 관련된 탐구 현황은 의미의 문제보다는 형식의 문제에 집중되어 있었던 것으로 보인다. 그러나 생성적 시각에서 적형식의 구조를 확대 재생산할 수 있는 도식을 파악하는 데 중점을 둔 논의는 아니었고, 의사소통이라는 모형을 상정하고 그 속에서 언어 단위들이 형성한 일정한 범주가 담당하는 기능을 중심으로 논의하였으므로, 그러한 기능은 형식과 동형적이지만 형식 속에 도상적으로 나타난, 그 형식의 의미라고 이해할 수도 있는 것이다.

그렇지만 의미의 문제는 의미 단위와 의미 표상의 문제로 의미론적 시각에서 직접적으로 논의될 필요도 있겠는데 국어 연구에서 그러한 논의는 박철우(1998, 2013a, 2013b, 2014b, 2015, 2017a, 2017b 등)에서 발견되는 약간의 것들을 제외하면 매우 드물다. 여기서는 정보구조로 포착할 수 있는 의미 표상의 차원에 대해 간략히 논의하고 정보구조 연구의 향후 과제를 진단해 보고자 한다.

우리는 정보(情報; information)라는 단위를 별도의 정의 없이 사용해 왔지만, 대략 그것이 일종의 지식을 의미하는 것으로 간주할 수 있었다. 이것은 언어 표현이 가지고 있는 의미의 차원이 아니라 실제 세계에 존재하는 실체(entity)나 사실(fact)을 말하는 것으로 이해해야 한다. 즉, 무엇을 가리킬 수 있는 잠재력을 전달하는 것이 아니라 실제 세계와 연결된 실체적 지식을 말하는 것이다. 정보구조는 화자가 청자와 자신이 모두 알고 있다고 간주하는 지식(공통 바탕; common ground)을 바탕으로 해서 청자와 지식을 주고받는 모든 행위에 대한 지침을 언어구조화한 것이다. 진술이나 단언을 행하는 발화는 화자가, 청자가 알고 있을 것으로 간주하는 지식들(공통 바탕) 속의 특정 지식(실체나 사실)을 주소로 지정하고 그것을 제목으로 삼아(화제) 거기에 새로운 지식을 덧붙여 청자가 그 만큼 지식을 증가시킬 것을 요구하는 행위로 이해될 수 있다. 질문을 행하는 발화는 자신과 청자가 모두 알고 있는 것으로 간주하는 지식 속의 특정 지식을 주소로 지정하고 그것과 관련해서 청자가 알고 있는 것을 자신에게 제공해 줄 것을 요구하는 행위로 이해될 수 있다. 이렇게 화행마다와 관련하여, 정보구조는 이미 주어져 있는 지식과 연결시켜 거기에 새로운 지식과 관련된 행위를 부과하는 언어적 방식으로 해석될 수 있을 것이다.

따라서 향후 정보구조의 연구는 실제 사용된 발화들의 담화 속에서의 의미 해석에 중점을 둔 방향으로 진행되어야 할 것이다. 형식의미론의 이론적 연구가 담화표상이론과 같은 담화상에서 실현된 의미의 형식적 표상으로 진행되는 것을 참조할 수 있겠으나 기본적으로 국어 문장의 의미 표상 방법에 대한 기본적인 논의는 물론이고, 구체적인 문장 또는 발화에서 나타나는 다각적 의미 단위와 의미 결합의 양상으로부터 담화상의 응집성을 포착할 수 있는 방향으로 나아가야 할 것이다. 그런 가운데 이미 화자와 청자에게 공유되어 있는 배경 지식을 회수하여 현재의 발화 해석에 활용하는 문제도 함께 다루어질 수 있을 것이다.

이상의 향후 과제에 대한 전망에 비하면 턱 없이 작은 부분이지만 약간의 예시를 위해 의미 표상과 정보구조 사이의 관계에 대해 약간 언급하는 것으로 논의를 마무리하고자 한다. 박철우(2013a, 2013b)는 정보구조와 부정 범주의 상호작용에 대해서 살펴본 바 있는데, 작용역을 가지는 범주들은 어떤 범위가 더 먼저 주어진 것으로 해석되느냐에 따라 서로 다른 의미를 도출하게 됨을 알 수 있었다.

(26) a. 정보구조: [주제 [대조 **내가**] 그를 권총으로 쏘지] [초점 않았다.]
(전달 의미: **그를 권총으로 쏜 것은** 내가 아니다.)
의미 표상: ACCOM[∃x[권총으로_쏨(x, 그)]]∧ASSERT[¬권총으로_쏨(나, 그)][32]
b. 정보구조: [주제 내가 [대조 **그를**] 권총으로 쏘지] [초점 않았다.]

32 의미의 형식적 표상은 어떤 가정 하에서 이루어지느냐에 따라 달라질 수 있는데, 여기서는 대명사, 사건, 시제, 의미역 등 많은 정보들의 해석적 표상을 시도하지 않고 전제된 정보와 단언된 정보의 차이만을 보이고자 하였다.

(전달 의미: **내가 권총으로 쏜 것은** 그가 아니다.

의미 표상: ACCOM[∃x[권총으로_쏨(나, x)]]∧ASSERT[¬권총으로_쏨(나, 그)]

(ACCOM: 수용, 즉 전제됨을 뜻함. ASSERT: 단언)

(26a) 문장은 '내가 그를 권총으로 쏘았다'는 사실이 전제되어 있고 이때 그를 권총으로 쏜 사람이 다른 사람이 아니라 유독 나라고 하는 함축적 의미가 함께 제시된 사실을 청자에게 수용시키면서 그렇지만 '내가 그를 권총으로 쏜 것'은 사실이 아니라는 점을 단언하고 있다. (26a)는 이때 정보구조적 표상과 객관적 의미의 표상이 어떻게 구분되는지를 보여주고 있다. 그리고 여기에서 '나'에 주어진 대조 초점은 앞에서 논의한 바와 같이 대화상의 함축으로 처리되고 있다. (26b)는 대조 초점이 주어진 정보가 '그'로 바뀌었기 때문에 함축이 달라질 뿐, 기본적인 정보구조와 의미 표상이 달라지는 것은 아니다.

이러한 발화들의 의미를 다룰 때 그것들의 객관적인 사실로서의 해석과 전달 방식에 따라 청자 지식 증감에 차이가 나타나는 양상을 함께 표상하는 것은 언어 의미를 의사소통 체계 속에서 파악하는 데 매우 유용한 틀을 제공해 줄 것이다. 그러나 (26)에 제시된 의미 표상으로부터도 알 수 있듯이 국어학 전통에는 문장의미론과 나아가 담화의미론을 체계적으로 논의하기 위한 기본적인 표상 방식도 존재하지 않으며, 그에 앞서 문장의미론 연구 전통이 매우 빈약한 편이다. 정보구조의 의미 탐구를 심화하기에 앞서 국어 문장 의미론과 국어 담화론의 가야할 길은 아직도 멀고, 하지만 그렇게 먼 만큼 연구자들에게는 할 일이 많은 유망한 분야가 될 것으로 기대한다.

4. 마무리

지금까지 우리는 국어 정보구조 의미 탐구의 현황과 과제를 살펴보고자 했다. 먼저 2장에서는 정보구조 논의의 배경을 간략히 개관하고, 정보구조의 실현 형식을 살펴보는 가운데, 주제와 화제 개념과 그 실현 형식과 관련된 쟁점들에 대해, 이어 초점 개념과 그 실현 형식과 관련된 쟁점들에 대해서 주요한 논의들을 개관하고 필자의 시각에서 이해하고 설명해 보고자 하였다.

국어 정보구조에 대한 논의의 역사가 그리 길지 않아서이기도 하겠지만 학자마다 그 기본 개념에 대한 이해에도 많은 편차가 있고 때로 근본적으로 다른 것처럼 보이기도 하는 것을 알 수 있었다. 필자의 판단으로는, 정보구조 연구가 언어를 의사소통으로 이해하고 그 의사소통 모형 속에서 화자가 청자의 지식 상태를 가정하면서 정보를 전달하거나 그 이상의 화행을 행하는 수단을 확인하고자 하는 과정이므로 이러한 의사소통 모형에 대한 선험적 가정을 공유해 나가는 데도 어려움이 있는데다가, 우리 학계의 전통이 의미보다는 형식 연구 중심이었고, 의미 연구에서도 문장 의미의 연구보다는 어휘 의미 중심이었고, 담화론보다는 문장론 중심이었고, 방법론에 있어서도 해석론(semasiology)적 시각에서 귀납적인 연구를 하는 데 익숙한 반면 추상적인 의미를 선험적으로 확인해야 하는 표현론(onomasiology)적 접근 방식에, 아니면 해석론과 표현론을 동시에 고려하는 접근 방식에 충분히 성숙하지 못했기 때문일 것으로 진단한다. 하지만 이 글에서는 정보구조의 논의가 비록 더디지만, 현상에 대한 공감을 바탕으로 계속 발전적인 논의를 이어가고 있음을 보이고자 하였다.

지면 관계상 충분히 소개하지 못한 점도 있지만, 모쪼록 이 글을 통해, 정보구조와 관련 주제들이 가진 통사론적, 문장 의미론적, 담화 화용론적 의의가 독자에게 적절히 전달될 수 있었기를 바라며 앞으로 그러한 방향의 연구가 더 활성화될 수 있기를 기대한다.

참고문헌

곽숙영(2006), “한국어의 어휘 대조 초점과 음소 대조 초점의 실현 양상”, 고려대학교 대학원 국어국문학과 석사학위논문.

김민국(2016), “한국어의 격조사와 초점: 주격과 대격을 중심으로”, 『국어학』 78: 165-219, 국어학회.

김용범(2004), “초점과 주제의 음성학적 관련성”, 『언어와 정보』 8(1): 27-52, 한국언어정보학회.

남기심(2001), 『현대국어 통사론』, 태학사.

박철우(1998), “한국어 정보구조에서의 화제와 초점”, 서울대학교 대학원 언어학과 박사학위논문.

박철우(2007), “국어 분리 구성의 형식과 기능”, 『언어학』 49: 203-225, 한국언어학회.

박철우(2013a), “부정의 작용역에 대하여”, 『한국어학』 61: 145-171, 한국어학회.

박철우(2013b), “부정의 중의성 문제 재고: 작용역과 정보구조의 상호작용”, 『국어학』 68: 135-165, 국어학회.

박철우(2014a), “한국어에는 주어가 없는가”, 『현대문법연구』 76: 149-172, 현대문법학회.

박철우(2014b), “‘대조’ 의미의 언어학적 성격: 정보구조와 관련하여”, 『한국어 의미학』 45: 129-157, 한국어 의미학회.

박철우(2015), “보조사의 기능과 정보구조”, 『국어학』 73: 269-307, 국어학회.

박철우(2017a), “한국어 정보구조에서의 정보 단위 획정 문제”, 『언어학』 78: 131-163, 한국언어학회.

박철우(2017b), “담화 단위와 의미”, 『한국어학』 77: 1-36, 한국어학회.

오치성(2009), -*Un/Nun* as an Unratified Topic Marker in Korean, 『언어』 34-3: 655-670, 한국언어학회.

이기동(1981), “말과 의식”, 『말』 6: 29-50, 연세대학교 한국어학당.

이정민(1992), “(비)한정성/(불)특정성 대 화제(Topic)/초점”, 『국어학』 22: 397-424, 국어학회.

이정민(1999), Contrastive topic: A locus of the interface, K. Turner(ed), *The Semantics/Pragmatics Interface from Different Points of View 1*, 317-342,

London: Elsevier.
이정민(2003), Contrastive topic and/or contrastive focus, in B. McClure(ed.), *Japanese/Korean linguistics* 12: 1-13, Stanford: CSLI.
임동훈(2007), "한국어 조사 '만'과 '도'의 의미론", 『朝鮮學報』 205: 1-20, 조선학회.
임동훈(2012), "'은/는'과 종횡의 의미 관계", 『국어학』 64: 217-271, 국어학회.
임동훈(2015), "보조사의 의미론", 『국어학』 73: 335-373, 국어학회.
임홍빈(1972), "국어의 주제화 연구", 『국어연구』 28: 1-108, 국어연구회.
임홍빈(2007), 『한국어의 주제와 통사 분석: 주제 개념의 새로운 전개』, 서울대학교 출판부.
전영철(2005), "한국어의 대조초점", 『언어학』 43: 215-237, 한국언어학회.
전영철(2006), "대조 화제와 대조 초점의 표지 '는'", 『한글』 274: 171-200, 한글학회.
전영철(2009), "'이/가' 주제설에 대하여", 『담화와 인지』 16(3): 217-238, 담화·인지 언어학회.
정희원(2001), "한국어의 대조화제와 화제, 초점: 정보 구조적인 관점에서", 서울대학교 대학원 언어학과 박사학위논문.
최규련(2005), 『국어의 초점사 현상: 의미와 기능 분석』, 한국문화사.
최규수(1991), "주제임자말과 제시임자말", 『새얼어문논집』 5: 313-337, 새얼어문학회.
최규수(1999), 『한국어 주제어와 임자말 연구』, 부산대학교 출판부.
최동주(2012), "'은/는'과 '이/가'의 출현 양상", 『인문연구』 65: 25-58, 영남대학교 인문과학연구소.
최윤지(2016), "한국어 정보구조 연구", 서울대학교 대학원 국어국문학과 박사학위논문.
한정한(1999), "의미격과 화용격은 어떻게 다른가", 『국어의 격과 조사』, 361-392, 월인.
함병호(2018), "한국어 정보구조의 화제 연구", 동국대학교 대학원 국어국문학과 박사학위논문.
Beaver, D. & B. Geurts(2011), presupposition, in *Stanford Encyclopaedia of Philosophy*. (https://plato.stanford.edu/entries/presupposition/)
Büring, D.(2005), Semantics, intonation and information structure, in G.

Ramchand & C. Reiss(eds.)(2007), T*he Oxford Handbook of Linguistic Interfaces*, Oxford: Oxford University Press.

Chafe, W.(1976), Givenness, Contrastiveness, Definiteness, Subjects, Topics, and Point of View, in C. N. Li(ed.), *Subject and Topic*, 25-55, New York: Academic Press.

Clark, H.(1986), Referring as a collaborative process, *Cognition* 22(1): 1-30.

Dowty D. R.(1991), Thematic Proto-Roles and Argument Selection, *Language* 67: 547-619.

Grice, P.(1989/1974), Logic and Conversation, in *Studies in the Way of Words*, Cambridge, M.A.: Harvard University Press.

Griffiths, P.(2006), *Introduction to English Semantics and Pragmatics*, Edinburgh : Edinburgh University Press. (박철우 역(2010), 『언어 의미학 개설』, 한국문화사.)

Grosz, B. J., A. K. Joshi & S. Weinstein(1995), Centering: A framework for modelling the local coherence of discourse, *Computational Linguistics* 21(2): 203-225.

Gundel, J. K.(1985), 'Shared Knowledge' and topiclaity, *Journal of Pragmatics* 9: 83-107.

Gundel, J. K. & T. Fretheim(2004), Topic and focus. In L. R. Horn & G. Ward(eds.), 175-196, *The Handbook of Pragmatics*, Oxford: Blackwell.

Gundel, J. K., N. Hedberg & R. Zacharski(1993), Cognitive Status and the Form of Referring Expressions in Discourse, in *Language* 69(2): 274-307.

Halliday, M.(1967), Notes on Transitivity and Theme in English. Part 1 and 2. *Journal of Linguistics* 3(37-81): 199-244.

Heusinger, K. von(1999). Intonation and information structure, Dissertation, Baden-Würrtemberg: University of Konstanz.

Horn, L. R.(1984), A new taxonomy for pragmatic inference: Q-based and R-based implicature, in D. Schiffrin(ed.), *Meaning, Form and Use in Context* (GURT '84), 11-42, Washington: Georgetown University Press.

Horvath, J.(2010), "Discourse features", syntactic displacement and the status of contrast, *Lingua* 120: 1346-1369.

Kearns, K.(2000), *Semantics*, New York: Palgrave Macmillan.

Kiss, K. E.(1998), Identificational focus versus informational focus, *Language* 74: 245-273.

König, E.(1991), *The Meaning of Focus Particles: A Comparative Perspective*, London/New York: Routledge.

Krifka, M.(2007), Basic notions of information structure, in C. Fery & M. Krifka(eds.), *Interdisciplinary Studies on Information Structure* 6: 13-56, Potsdam: Universitätsverlag.

Kuno, S.(1972), Functional Sentence Perspectives: A Case Study from Japanese and English, *Linguistic Inquiry* 3: 269-320.

Kuno, S.(1976), Subject, Theme, and the Speaker's Empathy: A Reexamination of Relativization Phenomena, in C. N. Li(ed.), *Subject and Topic*, 417-444, New York: Academic Press.

Lambrecht, K. & L. A. Michaelis(1998), Sentence accent in information questions: Default and projection, *Linguistics and Philosophy* 21: 477-544.

Levinson, S. C.(1987), Minimization and conversational inference, in M. Bertuccelli Papi, & J. Verschueren(eds.), *The pragmatic perspective: Selected papers from the 1985 International Pragmatics Conference*, 61-129, Amsterdam: Benjamins.

Prince, E. F.(1981), Towards a taxonomy of given-new information, in P. Cole(ed.), *Radical Pragmatics*, 223-233, New York: Academic Press.

Prince, E. F.(1992), The ZPG letter: subjects, definiteness, and information-status, in W. C. Mann & S. A. Thompson(eds.), *Discourse Description: Diverse Linguistic Analyses of a Fund-Raising Text*, 295-325.

Stalnaker, R.(1974), Pragmatic Presuppositions, in M. Munitz & P. Unger(eds.), *Semantics and Philosophy*, 197-213, New York: New York University Press.

Vallduvi, E.(1990), The information component, Ph.D. thesis, University of Pennsylvania.

뇌과학과 의미

오 충 연*

1. 들머리

2016년 4월 캘리포니아 대학 버클리(UC Berkely) 연구팀(Huth *et al*. 2016)은 이른바 뇌의 '의미지도(semantic maps)'를 발표하였다.[1] 이것은 영어를 모국어로 하는 화자들이 두 시간 정도 라디오 프로그램에서 나오는 말소리를 들을 때, 대뇌피질(cerebral cortex)의 활성화 양상을 fMRI(functional Magnetic Resonance imaging, 기능적 자기공명영상)로 뇌영상처리(brain imaging)하여, 단어별 활성화 영역을 측정하여 이를 조합한 것이다. 결과는 좌・우뇌의 전 영역에 걸쳐 100여 곳 이상의 영역이 청자마다 비교적 일관되게 일정 의미의 어휘들과 대응한다는 것을 보여주었다.

버클리 연구팀의 실험 결과에 대한 언론의 보도는 일반인은 물론, 언어자료나 이론을 중심으로 전통적인 연구방법을 고수하는 언어학자에게조차 오해를

* 숭실대학교 국어국문학과 교수, astre@ssu.ac.kr

1 https://neuroscience.berkeley.edu/detailed-map-language-representation-human-brain/

줄 수 있는 측면이 있다. 그 오해란 실험 결과로 보여주는 뇌지도가 곧 단어들이 저장된 위치를 표시한 것이라는 생각이다. 오해는 이른바 특정 의미 또는 의미자질이라 불리는 것이 하나의 신경단위에 저장되어 있을 것이라는 암묵적이고도 도식적인 사유로부터 발생하는 것이기도 하다. 사실상 상식적인 추론에 가깝지만 착각(illusion)이기도 하다. 그 오해의 가능성에도 불구하고, '개념'이나 '의미표상' 및 '의미자질' 등과 같은 것들과 이들의 형식적 복합으로 의미구성을 설명하려던 전통적인 의미론에 충격을 주었다는 점에서 버클리 연구팀의 연구는 의의가 있다.

현대적인 의미로서 뇌과학의 역사는 브로카 영역과 베르니케 영역을 발견하게 된 계기로서 각각의 실어증으로부터 시작되었다고 할 수 있으니, 곧 언어학은 뇌과학과 밀접한 관련이 있다. 변형생성문법도 형식화된 방향으로 치우쳐 발달하기는 하였지만, 초기의 이념은 언어능력을 생물학적 현상으로 이해했던 것이다. 그러나 이후의 변형생성문법이 언어 단위들의 기능적・구조적 공통성을 기반으로 한 형식화가 추구되면서 Chomsky 언어학의 초기목표와 다소 괴리된 양상을 띠게 된다. 어쨌든 인간의 두뇌와 관련된 현상으로부터 20세기 언어학은 많은 영감과 이론적 토대를 마련하기도 하였으며, 역으로 언어학이 언어심리학을 포함한 인지심리학이 실험 목표를 정하는 데 이론적 기반을 제공하기도 하였다.

앞서 말한 오해처럼, 인지・행동 기능과 뇌 영역의 대응성에 집중된 초기의 연구들은 언어능력의 실체를 밝히는 데 반드시 긍정적인 역할을 하기만 한 것은 아니었다. 예컨대, Wernicke 박사가 발견한 베르니케 영역(Wernike area)은 브로드만 영역(Brodmann Area, BA) 구분으로는 BA23에 해당하는데, 고전적인 연구에서 암묵적으로 시사했던 바는 마치 이 영역에 사전처럼 단어가 들어있을 것이라고 기대하는 일이다. 이러한 착각은 앞서 말한 대로 우리의 상식적 사고를 유도하는 인간의 사유 도식에 기반을 두고 있다. 통사론이나 의미론과 같은 문법적 층위를 실체적으로 구분하는 일에 대하여 곧 베르니케 영역 손상으로 인한 어휘 인출의 곤란이나 브로카 영역(Broca area)의 손상으로 인한 구문 실어증이 하나의 증거처럼 여겨지는 바람에, 변형문법이 제시한 규칙 및 연산 체계 전반이 대뇌의 해당 구역에 내재되어 있을 것이라고 생각하기도 한다. 뇌의 영역 조합 특성, 즉 모듈화(modularization)는 Chomsky 언어학에서 언어능력의 불연속성, 그리고 구문 능력과 상징 능력의 인류학적인 특수성과 맞닿는 측면이 있어서, 이것이 20세기 언어학의 이론적인 방향을 묶어두도록 교묘히 작용하였다. 이들은 언어의 진화나 다른 인지능력과 언어능력의 관계를, 또는 의미와 통사 층위의 능력을 분할된 것으로 생각하는 일을 강화시켰다.

우선 위에서 말한 우리의 상식적 사유, 달리 말해 평면적인 추론으로 인해 발생할 수 있는 두 가지 착각(illusion)을 지적하고자 한다. 첫째로는 어휘기억을 비롯한 의미기억(semantic memories)이 컴퓨터의 하드디스크의 섹터(sector)에 저장된 기록처럼 뇌에 새겨진 채로 존재할 것이라는 생각이다. 기억은 시냅스 간의 신호 전달 패턴에 의해 재생되는데, 새로운 인지적 경험이나 신경학적 변화로 끊임없이 변화한다. 따라서 어느 한 세포나 영역에 손상이 있을 경우에 의미기억이 훼손될 수는 있으나, 그 역으로 하나의 의미기억을 통째로 간직한 특정 세포는 별도로 존재하지 않는 것으로 보인다.

둘째로는 뇌의 특정 영역의 손상이 그에 대응하는 언어 장애를 일으킨다고 해서, 해당 영역 자체가 해당 기능을 도맡아 하리라는 기대이다. 언어활동은 복합적인 뇌활동이다. 하나의 의미표상이나 문법적 처리는 뇌의 여러 영역들의 연결성을 전제로 한다. 베르니케 영역의 경우에는 음성과 의미를 연결해주는 작업 체계를 가지고 있기는 하지만, 심리적으로 지각할 수 있는 의미 표상이 이곳에 전적으로 새겨져 있는 것은 아니다. 흔히 심리적 표상이라고 일컬어지는 것은 해당 의미부류와 상관성을 가지는 다중적 영역의 복합활동으로 도출된다. 뇌의 각 좌표뿐만 아니라 신경체계의 연결망은 언어학에서 마련된 문법 층위와 같은 방식으로 영역이 구분되지는 않는다.

뇌과학은 실재성을 추구한다. 의미를 포함한 언어 연구가 적어도 실재성과 정합하는 결과를 추구한다면 앞으로 있게 될 치명적인 도전에 직면하게 될 것이다. 다른 인문학에서와 마찬가지로 언어학에서 기본 단위인 '개념'이나 '의미자질' 등의 학술적 기반이 해체되는 일이기도 하기 때문이다. Saussure가 언어학의 대상으로서 '랑그(langue)'를 제시한 이후, 고정된 의미-기능을 전제로 해야 하는 학술적 특성으로 인해서, 언어 운용을 정상상태(正常狀態, steady state)의 의미나 자율적인 통사 원리하에서 이루어진다고 가정했던 바는 진실이라기보다는 학술 내적 체계일 뿐이다. 뇌과학으로 인해 맞이하게 될 '의미'의 치명적인 면은, 마치 물리학에서 양자역학이 물질의 기본 단위인 원자를 해체함으로써 언어지는 진실로서, 물질이라고 볼 수 없는 것으로부터 물질이 구성된다는 충격적인 결과에 비견될 만하다.

필자는 이 글에서 언어신경학을 중심으로 뇌과학이 언어학에 기여하는 바와 의미 연구의 현황을 독자와 함께 고찰하고, 앞으로 뇌과학과의 정합성을 가진 의미론의 출현을 위해 그 전개 방향을 생각해 보고자 한다.

2. 뇌과학적 의미 연구의 대상과 쟁점

2.1. 연구 방법 및 현황

2.1.1. 뇌활동 측정 장비의 발달과 언어신경학

언어활동과 관련되어 뇌를 다루는 분야는 언어신경학(neurolinguistics)이다. 언어신경학은 신경심리학(neuropsychology)의 하위분야라고 할 수 있다. 행동주의로 명명되면서 시작된 인지심리학이 언어심리학의 상위 분야라는 점에서, 인지심리학과 신경심리학의 상관성에 주목해야 한다. 일반적으로 의학에서 다루는 뇌신경학은 주로 질병과 관련하여 신경을 전달하는 물질이나 방식, 신경의 구조 및 연결 체계를 신체적 대상으로 다루는 바에 비해서 신경심리학은 주로 인지적 현상과 뇌신경의 활동을 결부지어 연구한다. 언어신경학은 곧 신경학적 현상을 내적 언어활동과 결부 짓는 것을 주요 연구과제로 한다. 여기서의 언어활동은 의사소통이나 화행이라기보다는 무의식적으로 이루어지는 언어과정(language process)이며, 오랫동안 언어학자들이 밝히려고 애써 온 문법 원리라고 해도 좋다.

뇌과학 역사의 진짜 특이성은 처음부터 언어와 뇌의 관계라는 틀에서 시작되었다는 김진우(2012: 32)의 평가는, 1861년 실어증을 유발하는 브로카 영역의 훼손을 발견함으로써 뇌 연구가 시작되었다는 학술적 상관성을 평가한 것이다. 그 이전까지는 뇌가 영역별 구성, 즉 모듈화 되어(modularized) 있다는 생각도 생소한 것이었다. 이때부터 시작되었다고 볼 수 있는 뇌과학은 실어증과 깊은 관련을 맺게 된다. 실어 현상과 뇌의 해부학적 대응 영역을 밝히고자 하는 연구의 맥락이 주류를 이룬 것은 비교적 근래에 이르기까지도 지속되었다. 1990년대 이후 MRI 장비의 발달로 언어과정을 반드시 실어증을 토대로 연구할 필요가 없어졌음에도 불구하고, 상당 기간 브로카 영역이나 베르니케 영역을 중심으로 어휘 또는 구문 층위의 문법활동에 대하여 영역 대응성을 검증하는 실험이 이어졌다. 물론 언어 영역뿐만 아니라 소마토그래피(Somatography)와 같이 각 신체 기관과 대뇌 피질의 대응성을 중심으로 지도를 작성하는 일로 발달하는데, 언어 연구도 기본적으로는 뇌지도(brain map)를 그려내려는 작업과 맥락을 같이했다고 볼 수 있다.

그러나 무엇보다 EEG(electroencephalography 뇌전도)나 fMRI의 촬영기기 및 영상화 기법의 발달은 정상적인 언어활동을 실시간 단위로 보여줄 수 있다는 점에서 획기적인 것이다. 장비의 발달 덕분에, 뇌지도 작성뿐만 아니라 근래에는 영역간의 연결성(connectivity)에 상대적으로 더 주목하게 되었다. 하나의 문법 층위라고 해서 하나의 뇌 영역이나 신경활동과 일대일로 대응하는 체계가 아니라는 필자의 생각으로는, 이러한 장비의 발달은 통사론이나 의미론에 대해서도 훨씬 진전된 연구방법의 개발을 가능케 할 것이다.

신경활동을 관찰하는 주요한 방법은 전자파나 자기 등을 이용하여 뇌의 구역별로 활성도를 측정하는 일이다. 언어와 관련된 뇌연구에 있어서도, fMRI, PET(Positron Emission Tomography 양전자 방출 단층촬영), EEG 등과 같은 장비가 동원되며, 각각의 방법론 및 연구분야가 발달하였다. 근래에 문법현상에 관련해서는 fMRI나 EEG 장비는 가장 선호되는 것이라고 할 수 있다. 이들은 방사선을 사용하지 않아서 피촬영자에게 무해한 것으로 알려져 있고, 각각의 장점을 가지고 있다. fMRI 방식은, 아주 성능이 좋은 연구용 MRI의 경우에 천분의 1초 단위로까지 영상을 촬영하여 시간에 따른 변화를 관찰할 수 있다고 하는데, 국내에는 이 수준의 장비가 없는 것으로 안다. MRI는 기본적으로 체내 산소포화도에 따라 반응하는데, 이는 새로 공급되는 뇌내의 혈류량과 비례한다. 결국 뇌의 부위별 혈류량을 측정하여 이를 뇌의 활성도로 간주하고 이를 영상으로 얻어내는 것이다. 이로써 각각의 인지적 활동과 대응하는 영역을 검출하여 지도처럼 그려내거나, 영역별 연결 양상과 활성 메커니즘을 밝혀내기도 한다.

EEG 연구는 두피에 부위별로 발생하는 뇌파를 측정할 수 있는 장치를 붙이고, 이를 각각 뇌파 그래프로 보여주거나 이를 조합하여 영상으로 처리하여 뇌 활동을 추정한다. fMRI는 복셀(voxel)당 1mm 이하의 해상도를 가진 삼차원 영상기법을 실시간으로 표현할 수 있어서 고해상도 영상을 얻을 수 있는데 비해 EEG 장비는 MRI만큼의 정밀한 영상을 얻기는 힘들지만, 상대적으로 시간 분해력이 더 좋다. ERP는 과제 등 자극을 주어 뇌파(EEG)로부터 특정 변화를 포착하여 해당 과제에 대한 뇌반응을 측정하는 방법이다. 주로 N400과 P600이라는 뇌파 요소로 분석을 하는데, N400은 피험자가 맥락으로부터 기대하지 않은 단어나 이미지를 지각하였을 경우에 나타나는 것이며, P600은 처리에 어려움이 있는 자극정보를 처리하기 위한 인지적 노력에 의한 것으로 간주된다(김용호 · 김현희 2016 참조)고 한다. 근래에는 공간분해력 및 시간 분해력에 대한 각각의 장점을 조합하여 종종 fMRI-EEG 복합 연구가 진행되기도 한다.

2.1.2. 국내의 연구 현황

뇌과학이 다른 학문 분야와 가지는 관계와 마찬가지로, 언어에 대한 뇌과학적 연구는 학제간의 협력 체계를 필요로 한다. 그러나 국어학의 관점에서 의미에 대한 뇌과학적 연구는 많지 않은 가운데, 언어에 대한 뇌과학적 연구는 주로 언어심리학이나 실어증과 관련된 연구들이 진행되어 왔었다. 2000년대 이전, 많은 언어심리학의 연구들이 그러하듯이 국내의 연구들도 많은 부분 변형생성문법의 이론적 체계에 대응하는지에 논의의 맥락이 있었다.

남기춘 교수가 진행한 일련의 연구들은 음운 판단이나 어휘 의미 등에 대한 언어심리 및 뇌신경학적 언어 연구에 선구적인 것들이었는데, 변형문법을 중심으로 한 이론을 하나의 전제로 하여 심리학적인 실험 결과가 이를 뒷받침하는지가 주된 연구의 맥락이라고 할 수 있다. 국어의 어휘 의미와 관련된 예를 들면, 유기순・남기춘(2009)에서는 동음이의어와 다의어에 대해서 의미 관련 점화어와 무관련 점화어에 대한 반응 속도를 측정하였는데, 다의어에 대한 무관련 점화어를 제시한 경우가 목표어에 대한 판단 속도가 동음이의어의 경우보다 좀더 편차를 보이는 결과를 제시하였다. 이를 통해서, 동음이의어는 각각의 의미들이 분리되어 저장되어 있고, 다의어의 경우에는 단어의 사전적 의미만 어휘집에 저장되어 있고 문맥적으로 필요한 경우에 확장된 의미들이 생성된다는 결론을 도출하면서 생성어휘집 모델을 지지하였다. 이는 이들의 이전 연구(Yu, Kim & Nam 2006)의 연구와 같은 맥락으로, 다의어를 처리하는 대뇌영역이 주로 우측두정중심이랑(right parietal precentral gyrus), 우측두정중심후이랑(right parietal central gyrus) 및 우측중측두이랑(right middle temporal gyrus)임에 비해서 동음이의어를 처리하는 대뇌 영역이 주로 좌반구로 나온 바에 대해서 비교적 높은 상관성을 보인다는 것이다(유기순・남기춘 2009: 68 참조).

이러한 가운데 국내에서 MRI나 EEG를 문법현상에 보다 본격적으로 적용한 연구는 많은 경우 영어학 연구자들로부터 시작되었다. 한국인의 영어 학습과 관련된 연구들이 2000년대 이루어지게 되었는데, 국내의 연구 상황으로는 선구적이라 할 수 있다. 이승복 교수는 일련의 연구(2004, 2005, 2006 등)를 통해서 이러한 연구를 진행해 오고 있었는데, 주로 한국어-영어 이중언어 화자에 대한 것이다. 영역간의 복합 연결성의 관점에서 주목할 만한 것은 이승복 외(2006)를 들 수 있는데, 이 연구에서는 단어인식과 시각자극(색상)의 간섭에 대한 스트룹 과제(stroop task)로서[2] 기본적으로는 어휘 의미 수행 과제에 대하여 감각 영역이 상호 간섭을 일으킨다는 결과를 얻을 수 있었다. 이승복 외(2004)에서는 한국어-영어 이중 언어 화자의 문장 의미처리에 있어서 측두엽과 전두엽의 활성화 양상이 제1언어 과제수행에서는 측두엽이 상대적으로 활발하고, 제2언어 과제수행에서는 전두엽이 상대적으로 더 활발하다는 결론을 얻고 있다. 우리는 이로부터 해서 제2언어의 덜 자동화된 처리가 전두엽의 부담을 더 주는 것으로 생각해 볼 수 있다.

박명관 교수가 진행한 일련의 연구들은 주로 EEG를 이용한 한국인 영어학습자의 구문처리에 대한 뇌과학적 연구들이다. 구문의 의미처리에 대한 연구로서 박명관・나윤주(2011)는, 한국어를 모국어로 하는 화자들이 비교적 의미중립적인 동사들이 목적어를 통해 의미를 해석해야 하는 강요문(coerced sentence)과 목적어가 유정물이어야 하나 그렇지 않음으로 해서 의미 혼란이 발생하는 유생성 선택제약(animacy selectional restriction)을 가지는 유생성 제약문, 그리고 의미해석이 무난한 통제문 등 세 종류의 문장에 대한 ERP 실험을 실시한 것이다. 유생성 제약문의 경우에 영어 모국어화자는 주어와 목적어를 서로 교체함으로서 의미적 비정상성을 해소하려고 시도하려는 성향을 보이지만, 한국인 영어학습자의 경우에는 의미상의 문제를 해결하기 위해 통사적 재구성을 시도하지 못한다는 결과를 제시한다.

이성은(2014)에서는 제3언어인 독일어 학습 이후 제2언어인 영어에 대한 인지신경학적 반응이 일어난다는 결론을 도출하고 있다. 즉, 제3언어 습득 이후 제2언어 어휘 중에서 제3언어와 유사하지 않은 단어 처리가 더 복잡하게 됨을 의미한다는 것이다. 이성은 교수의 일련의 연구들은 독일어 학습자를

2 스트룹 효과를 이용한 과제 수행을 말한다. 예를 들어 빨간색을 보여주면서 '빨간색'이라는 단어를 보여줄 때보다 '파란색'이라는 단어를 보여줄 때 파지 시간이 더 걸린다. 이를 이용해서 순수한 언어적 지각과 다른 인지 지각과의 상관성을 다루는 연구가 이루어진다.

중심으로 다중 언어를 구사하는 피험자들에 대한 EEG 연구들이 많다.

박사학위논문으로서 정원일(2011)은, ERP 실험을 기반으로 한국어 학습자들이 영어 의미 정보처리가 모국어 화자와 유사하게 이루어지지만 통사적 처리는 능력이 제한되어 있는 것으로 보인다는 결과를 보여준다. 이러한 결과는 통사적 처리가 보다 언어의 고유 기능임에 비해서 의미처리는 다른 영역과의 상관성이 더 높다는 것으로 해석할 수 있다.

또 하나 소개할 만한 박사학위논문으로서 남윤주(2014)도 ERP 기반 연구이다. 이 연구는 한국어의 문장을 실시간으로 이해하는 과정에서 문장 성분들의 의미 통합에 관련되는 뇌 반응을 측정한 것이다. 그 결론으로는 한국어의 경우 단순평서문 및 관계절 모두에서 예측처리와 통합처리에 대한 의미 통합이 진행될 수 있으며, 어휘 예측 가능성과 구조 및 표상적 의미 통합에 대한 처리가 동일하지 않게 처리되며, 특히 계층적 구조의 상호작용은 구조 및 표상적 통합처리를 반영하는 뇌파로 확인된다는 것이다.

대뇌가 아닌 영역의 연구로서 정순철 외(2009)에서는 언어 처리에 대한 소뇌의 활성도를 측정한 것이다. 공간 또는 언어의 두 과제를 수행하는 피험자의 좌우 소뇌의 복셀(voxel) 수가 의미있는 편차를 가지지 않는다는 결과를 보여준다. 이는 대뇌의 좌반구와 같지 않게 소뇌의 좌우뇌는 언어에 대해 기능 편차가 나지 않는다는 것을 의미한다.

2.2. 신경학적 쟁점과 의미 연구

2.2.1. 연결성

신경(neurons)과 신경군(neural populations)은 섬(island)처럼 기능하지 않는다. 이들은 다른 요소들과 기능적이고 효과적인 연결성을 가지고 상호작용한다(Horwitz 2003: 466). 만일 우리가 가장 단순한 개념, 달리 말해서 의미의 원자라고까지 할 만한 기초 개념을 표상한다고 했을 때에도 특정 뇌신경 또는 신경군의 독립적인 활동으로 마련되는 것은 아니다.

베르니케 영역(Wernike Area)의 발견 이후로 초기의 언어 관련 뇌 연구에서부터 단어의 의미는 좌뇌 측두엽에서 관장한다고 가정되어 왔다. 그러나 연구자들은 언어 능력과 대뇌 영역을 단선적으로 연결 지으려는 생각을 수정해야 한다. 물론 이전부터 특정 의미 부류의 어휘를 구사하지 못하는 특이적 실어증의 경우에는 베르니케 영역이 아닌 부위가 손상되었다는 보고들이 있었다. 그런데 이 특이적 실어증은 특이적 현상이 아니다. 근래에 이를 증명하는 fMRI 연구로, Hauk *et al.*(2004)은 행동과 관련되는 단어들이 운동 또는 전운동 피질(motor and premotor cortex)의 활성되는 양상을 보여주었다. Hauk *et al.*(2004)은 행동 관련 단어들이 운동 영역 및 전운동 영역의 국소대응적(somatotopic) 양상을 보인다는 결과를 보여줌으로써, 이전의 어휘 영역에 대해서 좌측두엽 중심으로 어휘 영역이 형성되어 있다는 바에 대해서는 그 해석을 달리해야 함을 보여준다. 민오영 외(2011: 382)는, 베르니케 실어증 환자들이 음운 영역이나 통사 영역보다 의미처리상에 문제가 있을 것으로 기대되었지만 전반적으로 통사처리에서 오류가 많았다고 하면서, 베르니케 실어증과 브로카 실어증, 명칭실어증 유형에서 모두 '통사>음운>의미' 순으로 오류율을 보였다는 것이다. 이러한 결과는 우리가 뇌의 영역과 문법 층위를 결부 짓는 일이나, 영역 연결성을 문법 현상에 결부 짓는 일의 까다로움을 말해준다. 신경처리의 층위에서의 문법 운용은 기존의 문법학적 층위의 체계와 다른 방식으로 작동하므로, 이 분야는 가장 난해한 영역이 될 것이다.

영역간의 연결성은 의미를 중립적으로 만들지 않는다. Kousta *et al.*(2009)은 감정(emotion)과 인지(cognition) 간의 접합면에 대한 연구로서, 어떤 단어가 부정적이든 긍정적이든 간에 감정의 극성(polarity)을 가지고 있는 것이 중립적인 단어들(neutral words)보다 인지적 과정을 더 촉진한다는 결과를 제시한다.[3]

---

3 이전의 연구들이 생존을 위해 부정적인 감정이 더 인지처리를 강화한다는 가설과는 다른 결과이다. 이 연구의 결과는 감정 회로 자체가 일반 인지적 처리와 항상 유기적으로 작동하고 있음을 뜻하는 것으로 보인다.

언어적 처리가 정서를 포함한 다른 인지적 처리와 상관을 보이는 것에 대해서는 두 가지 해석이 가능하다. 하나는 언어의 의미를 해석하는 과정에서 의미의 내용을 인식함으로써 비언어적 처리가 이루어진다는 해석 가능하고, 다른 하나는 언어 처리 자체에 비언어적 인지 처리가 동원되어야 한다는 해석이 가능하다. 의미표상은 다소간의 차이가 있을지언정 뇌의 다중적 영역이 활성화됨으로써 이루어진다고 볼 수 있는데, 베르니케 영역의 역할은 이를 언어적 특성인 음상과 연결 짓는 것, 즉 상징화 기능으로 보인다.

언어과정과 관련된 뇌의 영역간 연결성은 Petrides(2014)에서 종합해주고 있다. Petrides(2014: 171)는 브로카 영역과 베르니케 영역을 중심으로 연결선(wire)의 연결체계를 비교적 총체적으로 보여준다. 브로카 영역을 이루는 구역은 좌측삼각부(left pars triangularis)와 좌측판개부(left pars opercularis)로 이루어져 있다. 좌측삼각부는 상 · 중측두이랑(sup · mid temporal gyrus)과 집중적으로 연결되어 있는데, 이들은 베르니케 및 청각 영역이다. 좌측판개부는 보다 다양한 영역과 연결되어 있는 것으로 보인다. Petrides(2014)에 의하면 좌측판개부는 베르니케 영역의 상측두골(superior temporal sulcus)을 비롯해서, 이차적으로는 후측두엽(posterior temporal cortex), 후전두피질(lateral frontal cortex), 상 · 중측두이랑 및 상측두엽과 후상미이랑 및 전치외이랑, 그리고 두정엽내골(intraparietal sulcus) 등의 연결망을 형성하는 것으로 보인다.

좌측삼각부는, 브로카 영역이 구문 과제를 수행할 때 구조적 복잡성보다는 어휘수, 즉 작업기억 부담에 따라서 활성화되는 경향을 보인다고 보고된다. 같은 맥락으로, Grodzinsky(2000), Santi & Grodzinsky(2007), Slevc & Martin (2016) 등에서는 브로카 영역에 순수 통사론적 연산체계가 아니라 작업기억 체계로 파악하고 있다. 그에 비해 좌측판개부는 다소 모호한 측면이 있었는데, 이에 대해서 Makuuchi, Bahlmann, Anwander & D. Friederici(2009)는 이 부위가 통사적 구조와 상관된다는 연구결과를 제시한다. 이들 연구에서 공통적으로 측두하부나 시상 등, 언어 영역 외의 구역에서 뇌 활성화가 나타나는 것에 대해서는 뚜렷하게 설명하지는 못하고 있다. 이러한 가운데 Matchin(2014)은 구문론적 능력이 뇌 전체 영역의 섭동(perturbation)에 의해 마련됨을 강조한다.

뇌의 연결성은 어휘적 층위든, 구문 층위이든 하나의 의미처리는 복합적 영역의 섭동과정으로서 파악해야 할 필요성을 보여준다. 이는 전통적인 의미론이 의미자질 등의 비교적 명확하고 고정적인 의미특성으로 규정된 것들과는 대립적이다. 물론 기존의 언어학에서도 의미의 가변성에 대해서는 은유이론이나 인지언어학에서 끊임없이 제기되어 오기는 하였다.

2.2.2. 기억과 의미

현재까지 가장 영향력 있는 인간의 기억 체계에 대한 모형은 Atkinson & Shiffrin(1968)의 다중기억 모형이다. 단어의 음상과 의미를 연결 짓는 것은 상징(symbol)의 기호 관계에 해당하는데, 인간의 심리체계 속에서 이를 지속적으로 유지해주는 것은 의미기억이다. 의미기억(semantic memory)은 삽화기억(episodic memory) 및 절차기억(procedural memory)과 더불어 장기기억(long term memory)에 해당한다. '단어의 의미'가 기억을 전제로 한다는 점에서, 인간의 뇌가 기억을 생성해내는 방식을 고찰할 필요가 있다.

지각된 대상에 대하여 기억을 되살린다는 것은, 지각되었을 당시의 신경활동을 복원한다는 것을 의미한다. 이 복원은 하나에 기억에 참여하는 신경들과 그 자극을 전달하는 신경전달물질(Neurotransmitter)의 전달 패턴을 되살리는(recall) 것이다. 따라서 특정 기억은 신경 전달 패턴을 재구(rebuild)하는 것이다. 이 신경전달 패턴은 신경전달 물질의 경로와 전달 방식에 의해서 결정된다. 이러한 복원은 매번 동일하게 이루어지는 것은 아니다. 심리 및 신경학적으로, 기억은 뇌의 신경 연결의 부호화 세트(a set of encoded neural connections in the brain)이다. 기억은 원래의 경험으로부터 발생한 신경과정을 재창조 또는 재구성하는 일이다.[4]

인간의 기억은 감각기관이나 내적 환경에 따라서 끊임없이 변화하게 되는

4 The Human Memory, http://www.human-memory.net/intro_what.html

데, 의미기억도 우리가 알아차리지 못하는 사이에 끊임없이 변화한다고 할 수 있다. 기억은 고정된 것이 아니다. 서고의 한 파일을 꺼내보는 것처럼 뇌의 세포 어딘가에 새겨진 기억을 꺼내 쓰는 일이 아니므로 만일 우리가 언어의 의미를 심리적 실체로 파악하고자 하였을 때에는, 랑그의 위상에서 절대적인 정체성을 가진다는 의의로서 '개념(concept)'은 실체적으로 파악될 대상이 아니다.

이러한 사실은 지금까지의 의미론에 대해 심각한 고민을 안겨준다. 실재적인 면에서 의미란 정상상태(steady state)로 있지 않으면서, 언제든지 변형 가능한 특성을 가지고 있기 때문이다. 기억과 의미의 불변성은 우리의 설정이거나 의도된 착각이다. 하나의 언어 단위가 고정된 의미를 가지고 있거나, 특정 의미 또는 개념이 그것을 이루는 의미자질들로 구성되어 있다는 전통적인 의미론적 관점은 다분히 정상의미(定常意味, static meaning)를 전제로 한다. 어휘의미를 형식적 자질로 분해하거나, 어휘의미를 다시 조합하여 그 상위 단위의 의미를 구축하는 일은 의도된 특정한 목적에 유용할 수는 있어도 인간의 언어과정에서의 실체적인 모습은 아니다.

정상의미론의 관점에서만이 아니라, 개념이나 의미 요소의 실체성에 대해 부정하는 일은 낯설 뿐만 아니라 아주 위험하다. 학술체계 전반을 부정하는 일이 되어버리기 때문이다. 의미론에서뿐만 아니라 모든 인문학, 나아가 인간의 학술체계는 정상성을 가진 개념을 기반으로 한다. 정상성은 곧 개념의 정체성이다. 그리하여 플라톤의 이데아(idea)로부터 정상 상태의 개념(concept)을 전제로 하지 않고서는 연역적 추론 자체가 성립이 되지 않으므로, 이것을 부정한다면 우리가 학술적 대상으로 하는 언어의 의미 자체가 인문학적 대상의 범위에서 사라지게 할 수 있다. 그러했기 때문에 우리는 Saussure가 랑그(langue)라고 하는 비실체적인 것을 언어학의 대상이라고 설정한 바에 충실히 따라왔다. 이러한 전통은 합리주의를 추구하는 Chomsky의 언어학에서 더욱 강화되었다.

다만 인지언어학에서는 의미를 인지적 내용으로 파악하는데, 이는 어휘 개념(lexical concept)과 차별화된 것이다. Evans(2006)는 의미 구성에 있어서 단어의 역할을 다루는데, 단어의 의미는 자연어에서 변화무쌍하다(protean)는 관점을 가지고 있다. 즉, 융통성 있고 개방적이고 문맥의존적이라는 것이다. 어휘 개념이 언어적 형식이라면 의미는 사용상의 사건 속성, 즉 의미는 언어 자체의 기능이 아니라 언어 사용으로 인해 발생한다는 것이다.[5]

뇌과학적 관점에서 의미에 접근하는 방식에는 한 가지 분명한 점이 있다. 그것은 의미의 생성 과정을 추적하는 일은 될 수 있겠으나, 정상 의미(static semantic)가 있다고 전제로 하고 의미와 의미 또는 의미자질들의 결합으로 새로운 의미를 창출하는 방식의 의미론을 추구하지는 않는다. 즉, 의미생성의 원리를 밝히기 위해서 의미 자체를 연구하는 분야가 아니다.

2.2.3. 지각과 개념

앞 절에서 살핀 바와 같이, '개념'의 정상성은 이미 흔들리고 있으므로 언어 신경학의 관점에서도 '개념'은 전통적인 의미로부터 변질된다. 개념의 형성은 감각에 대한 신경활동과 연속되기 때문이다.

뇌활동 기반의 연구로서, Vermeulen *et al.*(2013)은 빛이나 노래와 같은 시각 · 청각적 자극이 의미론적 간섭을 일으키는 현상을 설명하면서, 감각적 속성들이 단어의 개념에 자연스럽게 접근되며, 이 과정에서 해당하는 특정 비용(costs)이 발생함을 제기한다. 즉, 고유한 양상에 따른 감각 부담은 해당 범주의 단어 처리를 방해하는데, 이는 피실험자들이 단어의 개념을 파악할 때 자발적으로 감각적 속성에 접근하기 때문이라는 것이다.

Fernandino *et al.*(2015)은, 운동 신경 시스템을 통해 획득되었지만 개념 표현을 위한 신경 코드가 개념을 구별하기 위해 감각-운동 기능에 관한 정보를 사용하는지 여부는 여전히 불분명하다고 하면서, 감각 운동 경험과 직접적으

5 Evans(2006)는 이에 따라 어휘 개념 구성과 인지적 모델이 어휘표현 이론과 의미 구성의 중심으로서, 이른바 어휘 표현과 인지모델 이론(Theory of Lexical Concepts and Cognitive Models, LCCM)을 제안한다.

로 관련된 소리, 색, 시각적 움직임, 모양 및 조작 등의 다섯 가지를 기반으로 한 부호화 모델이 820개의 개별 어휘 개념에 의한 뇌 활성화 패턴을 고찰하고, 하나의 어휘 개념이 분산된 다섯 가지 신경 영역의 조합임을 보고한다.

Handjara *et al.*(2016)은 fMRI를 이용한 선천적인 시각장애인과 후천적인 시각장애인의 비교를 통해서, 시각적 경험이 개념적 표현에 상관되는 결과를 보여주었다. 그러나 개념적 지식의 전체 범주 기반 조직은 장애 양상이 다른 사람들 간에 차이가 없었다. 즉, 영역별 내용으로 제한된 소규모 수준과 의미 정보를 처리하는 동안 구역의 분산망에 전체적으로 의존하는 대규모 수준의 두 수준이 상호 영향성을 확인하였는데, 소규모 수준에서는 두 집단 간에 차이가 있었으나 확장된 의미 피질망은 감각적 양상과는 다소 독립적이었다는 것이다. 결국, 개념적 지식은 감각을 기반으로 한 소규모(small-scale)와 다소 독립적인 대규모(large-scale)의 층위로 구분할 수 있는데, 이것으로 구상성을 가지는 어휘들과 추상적인 어휘들의 의미 과정을 설명할 수 있으리라고 본다.

Almeida(1999)는 범주 특수 의미결여(Category Specific Semantic Deficits) 현상을 보이는 어휘적 장애는, 어휘 의미표상에 대해 두 가지로 대별되는 가정, 즉 개념이란 자질의 집합(sets of feature)으로 표상되는 것이라는 이론과 원자적 표상(atomic representation)이라는 이론 중에서 후자가 더욱 정교한 이론임을 말해준다고 한다.

이러한 연구의 결과들은 인지언어학에서 단어들의 의미나 개념을 교차적인 성격으로 설명하는 방식에 힘을 실어주는 면이 있다. 임지룡・송현주(2012)에서는 감각과 관련된 어휘가 추상적인 개념으로 확장되는 현상을 다루고 있는데 '맛보다', '(냄새를) 맡다'와 같이 접촉성을 가지는 동사류가 감정과 관련된 의미로 확장되는 반면, '보다', '듣다'와 같이 비접촉성 어휘들은 '지적'(추상적) 의미로 확장된다는 결과를 제시한다. 이는 뇌활성화 양상이 감각적 경험으로부터 입력된 음상으로 형성된 단어가 기억의 재구를 거듭하면서 감각 영역의 활성화가 둔화되고 점차 '개념화'라고 할 만한 뇌신경 패턴을 가지는 양상과 유사한 체계이다.

2.2.4. 의미론과 통사론

통사적 처리를 한다고 알려진 브로카 영역(Broca's area)은, 좌측판개부와 좌측삼각부로 구성된다. 구문 처리에 대한 이 영역의 역할에 대해서는 언어 특수 기능을 한다는 견해와 일반 인지 기능 하에 언어적 처리와 상관된다는 견해로 나뉜다. Matchin(2014)이나 Makuuchi, Bahlmann, Anwander & Friederici(2009), Bernal, Ardila & Roselli(2015) 등 상반된 견해로 보이는 연구들도 브로카 영역과 다른 영역의 상관적 작용에 주목하고 있다는 점에서 공통적이다. 주목해야 할 것은 운동이나 체감각 영역, 또는 시각 영역뿐만 아니라 전두엽에 걸쳐서 이루어지는 연결체계가 그것이 지각이든 기억이든 의미론적 상관성을 보인다는 것이다.

통사론의 관점에서는 이 판개부가 활성화될 때, 감각 영역이나 운동영역, 시각영역뿐만 아니라 전두엽과 광범위한 상관 패턴을 보인다는 데에 주목해야 한다. 이른바 비언어 영역이 발화나 청취의 시간에 하나의 인지적 구성을 하는 활동을 하는 것으로 나타나는데, 이것이 판개부에서 통사적 처리를 하는 것과 상관되는 것으로 보이기 때문이다. 브로카 영역은 의미 구성, 즉 이미지나 삽화 구성을 하는 것으로 보인다. 작업기억과 상관성을 보인다는, 끊임없이 제시되는 연구 결과들과 통사적 처리를 한다는 연구의 결과들을 정합하여 설명할 수 있는 방법이다.

구문론적 차원에서 의미 구성은, 곧 어휘적 층위의 의미가 상황 내용으로 전환되는 체계로 보인다. 예를 들어, '꽃잎이 빨간 장미'를 영어로 번역하였을 경우에 언표상의 복수정보가 없음에도 불구하고 '꽃잎'을 복수[petals]로 해석한다. 그것은 세 개의 단어로 이루어진 언표를 하나의 심상으로 단일 항목화하면서 발생하는 삽화 때문이다. 우리가 관심을 기울여야 할 것은 이 명사구가 하나의 의미체로서 작업기억 항목으로 재탄생한다는 것인데, 어휘 복합이 하나의 지각체로 변환되었음을 뜻한다. 뇌과학적 실험 연구의 맥락은, 기존의 통사론적 단위 예컨대 구(phrase)와 같은 단위들이 하나의 항목으로 재처리되는 과정에 의미-지각적 처리가 이루어지고 있음을 강력하게 시사한다.

김진우(2012: 400)는 그동안 의미론이 통사론보다 발전하지 못한 것은, 발전을 거듭해오던 Chomsky의 변형문법이론이 지난 4, 50년간 의미론적인 문제가 통사론적인 토의에 개입되지 못하도록 하는 역사나 다름없었기 때문이라고 비판한다. 의미론이 언어학 발달의 핵심적인 부분에서 역할을 다하지 못한 이유는, Chomsky의 변형문법이 통사부가 인간 언어능력의 핵심이라고 여기면서 암묵적으로 의미는 세계지식과 관련된, 즉 언어 외적 요소라고 보았기 때문이다. 이후 의미를 언어 고유의 체계로 편입시키게 된 계기는 Jackendoff의 '개념체계' 덕분이라고 할 수 있다. 통사론적 원리에 의미 요소가 핵심적인 역할을 한다는 것은 뇌과학의 관점에서도 지지할 만하다.

그러나 이때의 의미가 전통적으로 다뤄지는 개념이나 자질이 아니다. 뇌과학에서의 의미는 심리적 실재 혹은 적어도 뇌신경학적 실체로 다뤄져야 하기 때문이다. 즉, 뇌과학의 관점에서 의미가 통사 원리에 주요한 핵심적인 내용이라고 했을 때 핵심적으로 다뤄져야 하는 일은 의미 분석이나 의미해석이 아니다. 그것은 비언어적인 인지 구성과 맞닿아 있으면서 그것을 실행하는 원리이다. 예를 들어보자. 하나의 문장에서 표면적으로 연쇄된 단어들이 계층적 구조를 이룬다는 것은 실은 계층적 단위에 따라서 하나의 심상(image) 또는 삽화(episode)로 전환되고 있음을 뜻한다. 여기서 중요한 것은 그 심상이나 삽화를 개념으로 해석하는 일이 아니라, 심상화 또는 삽화를 이루는 과정이 신경학적으로 어떻게 포착되느냐이다. 뇌과학에서 중요하게 다루는 것은 의미 자체가 아니며, 이른바 심적 표상을 표현하는 일도 아니다. 정확히 말하면 심적 표상이라고 추정되는 것을 이뤄가는 신경학적 과정이다. 따라서 의미론과 통사론이 뇌과학적 연구 결과들과 정합하려는 목표를 가진다고 했을 때, 전통적인 의미의 의미론과 통사론이 해체될 가능성도 있다.

3. 앞으로의 과제와 전망

3.1. 방법론의 전환

뇌과학을 중심으로 한 의미 연구는 몇 가지 점에서, 전통적인 의미론과 차별화될 것이다. 그 첫 번째로는 연역적 방법과 귀납적 방법의 결합이다. 뇌와 언어과정에 대한 연구는 관찰을 기반으로 하기 때문에 귀납적인 논의가 진행될 수밖에 없다. 그러나 언어학이 뇌 연구에 참여하게 된 의의에 대하여, 김진우(2012: 4)는 뇌 연구가 지금까지는 대부분 사람들이 주로 실험이나 관찰과 같은 상향적인 방법에 의해서 말소리를 알아듣거나 생성해 내는 절차를 밝히는 일에 전념하는 것으로 다분히 귀납적인 것이었는데, 이제부터는 그것이 연역적인 성격을 많이 띠게 된 것이라고 평가한다.

김진우(2012)의 '연역적인 성격'이란 실제의 연구방법으로는 가역적(假譯的)인 것이다. 언어과정에 대한 하나의 가정을 세우고 이에 따른 실험을 기획하는 일이다. 가역적인 연구 방법은 순수한 귀납적 연구보다 효율성 측면에서 굉장히 유리하다. 가역적 추론은 실생활에서 인간의 두뇌활동으로 가장 많이 전개되는 고유한 추론 방식이기도 하다. 순수 언어이론은 당분간 가역적 연구 방식의 가설을 제시해주는 역할을 맡아야 될 것으로 보인다. 다만 가설에 대한 뇌공학적 실험들의 증명과 실패가 반복되면서 순환주기를 가지고 발전할 것이다. 앞서 말한 버클리 연구팀의 의미지도도 수백 번의 실험에 의거한 것으로 대표적인 귀납법인 듯하지만, 실은 이전의 연구에서 특정 어휘들이 언어 영역으로 알려진 부위가 아닌 구역, 즉 비언어 영역과 상관성을 보인다는 결과들에 주목하고, 의미 형성이 전뇌적인 패턴을 보인다는 가정이 기저에 있는 것이라고 볼 수 있다.

효율성의 측면에서는 좀더 정밀한 가설이 필요한데, 정밀한 가설은 의미론과 통사론의 상관성에 가장 유용하게 적용될 수 있다. 예컨대, 단어들의 연쇄를 통사적인 구성으로 처리할 때, 활성화되는 영역의 패턴을 검출하는 일은 의미-통사 연결성을 확인하는 일이 된다.

두 번째로는 의미에 대하여 개념으로 규정하는 일, 또는 메타언어로 정의하는 일에 집착하지 않는다는 것이다. 의미생성은 자각할 수 없는 신경과정이다. 이 무의식적 과정은 의미론적 성격을 가지지 않는다. 전통적인 의미론처럼 자질과 변수의 결합으로 의미의 구성을 논의하는 것은 해석을 기반으로 한 것인데, 신경학에서의 의미생성에는 우리가 흔히 분석할 수 있는 의미에서의 의미가 없다.[6] 이로써 강조되는 것은 의미 자체보다는 의미생성의 과정인데, 이에 대해서는 한동안 지각과 개념의 상관성에 대한 연구들이 그 실마리를 제공할 가능성이 크다.

세 번째로는 언어능력을 심리적, 뇌신경학적 실체라는 관점에서 볼 때에는 기존의 문법학에서의 층위 구별, 즉 음운, 어휘, 통사, 의미의 층위로 구별하는 것이 중요하지 않다는 것이다. 예를 들어, 인간의 가장 본질적이고 순수한 언어능력이란 음성을 의미와 연결시키는 상징 능력, 즉 어의적 능력이라고 할 수 있는데, 그러한 능력은 의미기억으로 가능하다. 이때의 어의적 능력은 기존의 개념이나 음소 결합에 대한 추상적 설정으로 설명되기보다는, 지각에 의해 구성된 신경패턴이 음상에 의해 촉발되는 기억 재구성이라는 점에서 접근해야 한다. 또한, 앞서 필자의 생각을 짧게 언급한 바대로, 통사적 구성은 의미의 구성과 구분되지 않는다. 브로카 영역의 판개부가 통사적 처리를 하는 것으로 보이는데, 이는 해당 부위가 언어 자율적인 구문 연산장치를 가지고 있어서가 아니라, 연결된(wired) 감각영역들이 삽화적인 구성을 함으로써 상호작용하기 때문이다. 브로카 영역이 가지고 있는 작업기억 체계는 단지 어휘적 항목뿐만 아니라, 언어 행위의 매 순간에 삽화적 항목으로 재구성되는 것으로 보인다. 이것이 표면적으로는 성분의 계층적 처리를 하는 셈인데 이 구역이 작업기억 부담에 비례한다는 연구결과와 모순되지 않는다. 그렇다면 브

6 김진우(2012: 378)에서도 "언어는 개념표현의 구조체라는 언어관이 연구의 패러다임의 기저적 사상이 되어왔다."라고 하면서, "그런 전통적인 언어관은 언어의 실체와 일치하지 않는다."라고 지적한다.

로카 영역의 기능에 대한 연구들의 대결 양상은 정합적으로 해소될 수 있다.

3.2. 정합적 설명

앞으로의 언어학은 두 가지 서로 다른 목표와 방법론을 가진 학문으로 명확히 구분될 것으로 보인다. 하나는 언어자료를 분석하고 각각의 언어단위들이 어떻게 기능하는가에 대한 것으로 구조주의 언어학에서부터 유지되어 온 목표와 방법이다. 이러한 방법은 다른 인문학, 즉 철학이나 역사학처럼 연구의 역사와 전통이 중요하게 취급되며, 학술적 맥락은 주로 선행 연구에 의존한다.

다른 하나는 인간의 언어능력에 대한 것으로서 과학적 원리를 추구하는 일로 오로지 과학적 사실만을 추구하는 일이다. 전통적인 연구 자료는 언제나 참고해야 하지만 전혀 새로운 연구의 패러다임에 개방되는 일을 방해하지 말아야 한다. 개방적이어야 정합적일 수 있다.

의미에 대한 뇌과학적 연구는 후자에 속한다. 예컨대 변형생성문법은 통사원리에 대하여 후자를 목표로 하였으나, 그 방법론적 전제는 전자와 유사하였다. 어떤 경우에는 그 스스로가 역사와 전통이 되어 사실 지향적이기보다는 내적 담론이 형성되는 현상이 앞서기도 했다. 언어능력을 하나의 정신적인 체계로 다룰 때 필요한 연구방법은 심리에 대해서 다뤄야 함을 뜻하기 때문에 실험과 귀납적 추론을 필요로 한다는 점에서 다소 모순적이다. 그럼에도 불구하고 생성문법이나 다른 이론 언어학에서 제안된 규칙이나 생성원리는 핵심적인 문법현상들을 가장 정교하게 다룬 것들이기도 하다. 적어도 당분간은 이들이 실험적 연구에도 가장 효율적인 가설을 세울 수 있게 해주는 역할을 해줄 것이다. 여전히 이론 언어학은 신경활동을 문법활동과 결부시키는 데에 중요한 위상을 갖는다. 그런데 실험실의 언어학이 이론 언어학이 제공해주는 것을 활용하는 차원이 아니라 그 담론에 협력하여 권위를 얻으려는 방식이어서는 안 된다. 종종 학문적 주류가 된 거대 담론에 거슬리지 않으려는 소극성이 있었다. 그러한 소극성은 오히려 학제적 협업을 어렵게 한다.

인간의 정신체계가 신경학적 현상과 아주 밀접한 상관성을 보이기 때문에 이를 배제하고 언어능력의 실체를 밝힐 수는 없다. 보편적 언어 원리를 추구하는 문법학은 뇌과학에서 제시되는 연구 결과들을 효과적으로 설명할 수 있는 것이어야 한다. 따라서 인지심리학, 뇌신경학, 문법 이론이 정합하는 체계로서의 언어 연구 분야가 곧 나타날 가능성이 높다.

4. 마무리

인간의 언어과정은 인간의 의식활동을 추적할 수 있는 비교적 선명하고도 중요한 대상이며, 뇌과학의 역사가 시작된 때와 마찬가지로 언어는 여전히 뇌과학의 핵심적인 주제이다. 언어신경학의 연구 결과들을 의미론에 정합시키는 일이 필요한 이유는, 인간이 언어의 의미 운용에 대한 진실을 밝히는 일에는 결코 두 학술 영역의 목표가 별개의 것이 아니기 때문이다.

오늘날 뇌과학은 전 학술 영역에 걸쳐 있는 복합학의 핵심이기도 하다. 그러나 현재로서는 의학을 중심으로 한 기질적 측면에 대한 연구가 뇌신경학의 핵심을 이루고 있고, 전기공학 등의 뇌영상을 추출하는 기법들이 주요한 뇌공학의 하위 분야로 자리잡고 있다. 그러나 여전히 신경체계나 뇌 이미지를 중심으로 한 연구 결과는 인간의 의식활동을 직접적으로 설명하지는 못한다.

이러한 상황에서는 의미론이나 통사론을 비롯한 언어학이 기여할 바에 대해 명확한 인식이 필요하다. 이론 언어학에서 언어신경학적 연구결과들을 수용하여 가설을 세우고 이것을 다시 실험실의 신경학에 제공하여 연역과 귀납의 순환적 연구 체계가 구축되어야 한다. 이로써, 언어과정에 대한 보다 실체적인 진실에 접근하는 데에 외적 협업은 물론 학문 내적 발달도 이루어지기를 기대할 수 있을 것이다.

참고문헌

김용호 · 김현희(2016), “실시간 뇌파 반응을 이용한 주제 관련 영상물 쇼트 자동 추출기법 개발연구: ERP의 N400 및 P600 가설검증을 중심으로”, 『멀티미디어학회 논문지』 19(8): 1260-1274, 한국멀티미디어학회.

김진우(2012), 『言語와 腦: 生物言語學의 展望』, 한국문화사.

남윤주(2014), “한국어 문장처리의 인지신경기제: 문장성분의 의미통합에 관한 ERP 연구”, 건국대학교 대학원 문화정보콘텐츠학과 박사학위논문.

민오영 · 강정숙 · 민경옥 · 황영진(2011), “문장정오판단과제로 살펴본 실어증 유형에 따른 문장이해 특성 연구”, 『특수재활과학연구』 50(2): 369-386, 대구대학교 특수교육재활과학연구소.

박명관 · 나윤주(2011), “통사-의미 역학의 신경언어학적 연구: L2 영어 학습자의 ‘의미강요 보충어’ 구문처리에 관한 ERP 기반 증거”, 『언어』 36(4): 925-951, 한국언어학회.

유기순 · 남기춘(2009), “한국어의 어휘적 중의성의 의미점화효과”, 『말소리와 음성과학』 1(2): 63-73, 한국음성학회.

이성은(2014), “다중언어 처리의 인지메커니즘: 영어 및 한국어 처리과정에 미치는 독일어 습득 효과에 대한 신경언어학적 연구”, 『독어학』 30: 49-78, 한국독어학회.

이승복 · 박민 · 윤효운 · 정우림 · 황진영(2006), “한국어-영어 이중언어 스트룹 과제 수행의 신경 기제: 기능적 자기공명영상 연구”, 『한국심리학회 학술대회 자료집』 2006(1): 556-557, 한국심리학회.

이승복 · 연은경 · 윤효운(2004), “한국어-영어 이중언어 문장 의미처리의 신경적 기초: 기능적 자기공명 영상 연구”, 『한국심리학회지: 인지 및 생물』 16(1): 61-75, 한국심리학회.

임지룡 · 송현주(2012), “감각 동사의 의미 확장 양상 연구”, 『담화와 인지』 19(1): 155-179, 담화 · 인지 언어학회.

정순철 · 손진훈 · 최미현 · 이수정 · 양재웅 · 이법이(2009), “공간 및 언어 과제 수행 시 소뇌의 편측화에 대한 뇌 기능 연구”, 『감성과학』 12(4): 425-432, 한국감성과학회.

정원일(2011), “한국인 영어학습자의 문법 처리에 관한 ERP 기반 연구”, 동국대학교 대학원 영어영문학과 박사학위논문.

Almeida, R. G. de(1999), What do category-specific semantic deficits tell us about the representation of lexical concepts?, *Brain and Language* 68, 241-248.

Atkinson, R. C. & R. M. Shiffrin(1968), Human memory: A prososed system and its control processes, in K. W. Spence & J. T. Spence, *The psychology of learning and motivation II*, 89-195, Oxford, England: Academic Press.

Bedny, M., A. Caramazza, E. Grossman, A. Pascual-Leone & R. Saxe(2008), Concepts are more than percepts: The case of action verbs, *The Journal of Neuroscience* 28(44): 11347-11353.

Devlin, J. T., L. M. Gonnerman, E. S. Andersen, & M. S. Seidenberg(1996), Category specific semantic deficits in focal and wide spread brain damage: A computational account, *Modeling Category Specific Deficits in AD*, University of Southern California.

Evans, V.(2006), Lexical concepts, cognitive models and meaning-construction, *Cognitive Linguistics* 17(4): 491-534.

Fernandino, L., C. J. Humphries, M. S. Seidenberg, W. L. Gross, L. L. Conant & J. R. Binder(2015), Predictiong brain activation patterns associated with individual lexical concepts based on five sensory-motor attributes, *Neuropsychologia* 76: 17-26.

Grodzinsky, Y.(2000), The neurology of syntax: language use without Broca's area, *Behavioral and Brain Sciences* 23: 1-71.

Handjaras, G., E. Ricciardi, A. Leo, A. Lenci, L. Cecchetti, M. Cosottini, G. Marotta & P. Pietrini(2016), How concepts are encoded in the human brain: A modality independent, category-based cortical organization of semantic knowledg, *NeuroImage* 135: 232-242.

Hauk, O., I. Johnsrude & F. Pulvermüller(2004), Somatotopic Representation of Action Words in Human Moter and Premotor Cortex, *Neuron* 41: 301-307.

Horwitz, B.(2003), The elusive concept of brain connectivity, *NeuroImage* 19: 466-470.

Huth, A, G., W. A. de Heer, T. L. Griffiths, F. E. Theunissen & J. L. Gallant(2016), Natural speech reveals the semantic maps that tile human cerebral cortex, *Nature* 532: 453-458.

Kousta, S.-T., D. P. Vinson & G. Vigliocco(2009), Emotion words, regardless of polarity, have a processing advantag over neutral words, *Cognition* 112: 473-481.

Makuuchi, M., J. Bahlmann, A. Anwander & A. D. Friederici(2009), Segregating the core computational faculty of human language from working memory, *PANS* 106(20): 8362-8367.

Matchin, W. G.(2014), Investigations of the Syntax-Brain Relationship. Ph. D. thesis, UC Irvine, UMI.

Petrides, M.(2014), Neuroanatomy of Language Regions of the Human Brain.

Santi, A. & Y. Grodzinsky(2007), Working memory and syntax interact in Broca's area, *NeuroImage* 37: 8-17.

Slevc, L. R. & R. C. Martin(2016), Syntactic agreement attraction reflects working memory processes, *Journal of Cognitive Psychology* 28(7) 773-790.

Vermeulen, N., B. Chang, M. Mermillod, G. Pleyers & O. Corneille(2013), Memory for words representing modal concepts: Resource sharing with same-modality percepts is spontaneously requuired, *Experimental Psychology* 60(4): 293-301.

Yu, G., C. M. Kim, D. H. Kim & K. Nam(2006), Semantic activation and cortical areas related to the lexical ambiguity and idiomatic ambiguity, *Neural Information Processing. LNCS4232*, 290-297.

* 기타 인터넷 자료는 각주로 대신함.

문법화

안 주 호*

1. 들머리

한국어는 형태론적으로 첨가어라서 조사와 어미같은 문법적 기능을 하는 요소가 매우 발달되어 있다. 그런데 현재 한국어에서 사용되고 있는 다수의 조사와 어미 중에는 문법화 과정을 통해 문법적 기능을 갖는 형태소가 된 것이 많다. 또한 현재에도 구어에서 문법화 과정을 겪으며, 문법적 기능을 하는 요소로 발전해 가는 형태소가 상당수 존재한다.

이 글에서는 1990년대부터 시작된 문법 화, 그 이전에는 문법화라는 용어보다는 실사에 대비된 허사화 혹은 조사화, 어미화라는 용어로 불린 현상에 대해 연구의 현황을 짚어보고, 현재 진행 중인 형태와 앞으로의 연구에 대해 전망해 보려 한다.

* 남서울대학교 한국어학과 교수, ahndream@nsu.ac.kr

2. 문법화와 관련된 주요 연구와 쟁점

2.1. 문법화의 정의

문법화에 대한 연구는 1995년 이후 기능문법에 대한 관심에서 비롯되었다. 이전에도 물론 국내에서는 어미화, 조사화라는 이름으로 역사적인 연구가 이루어지기는 했으나, 본격적인 연구는 1990년 이후 2000년대 들어서면서였다. 1995년 이전의 연구에서도 문법화 관련 연구가 있었는데, 가장 큰 차이는 문법화의 범위를 결과물에 한정할 것인가, 과정도 포함시킬 것인가가 중요 관심사였다. 이전의 연구에서는 조사화, 어미화 혹은 넓은 의미로 실사의 허사화라는 이름으로 완성된 결과만을 문법화에 포함시켰다.[1] 그런데 1995년 이후의 연구에서는 과정으로서의 문법화에 관심을 가지게 되었으며, 서구의 문법화 이론이 유입되며 본격적인 연구가 시작되었다.

(1) a. 문법화라는 용어에 해당 어휘가 필연적으로 의미의 은유적 확장, 통사적인 자립과 음성의 융합 등의 기제로 변하는 것을 뜻한다. (Heine & Reh 1984: 15)

b. 언어학 기호로서의 문법화는 언어인 체계의 제약에 더 종속됨으로서 자립성을 잃어버리는 과정이다.(Lehmann 2004: 155)

(1a)와 같은 일반언어학적 문법화의 정의를 받아들여, "어휘 의미를 가지고 자립으로 기능을 하던 것이 문법기능을 하는 것으로 바뀌는 것(안주호 1997: 15)"으로 정의내렸다. 이러한 정의처럼 문법화의 과정이 통시적인 것에 국한하던 것을 공시적인 것으로, 그리고 범시적인 것으로 확장하여 포함하고 있다.

1 예를 들어 "-게, 손ᄃᆡ, -대로, ᄃᆞ려, -브텨, -셔, -숩-, -두고, ᄭᆞ지" 등을 다룬 유창돈(1961), 안병희(1965), 정재영(1996) 등이 있다.

2.2. 문법화의 범위 및 방향성

(1)과 같은 문법화의 정의는 최근 인구어를 중심으로 한 일반언어학적 변화와 궤를 맞추어 변화의 방향성을 알려준다. “content item(내용어)> grammatical word(문법어)> clitic(접어)> inflectional affix(접사)”(Hopper & Traugott 1993)로 설명하던 것을 한국어의 특성에 맞추어 “자립 어휘소> 의존 어휘소> 접어> 어미 · 조사 · 접미사”으로 설명하게 된다(안주호 1997: 39).

문법화의 출발 단계에서는 어휘적 요소들이 의미적 확장을 하다가 선후행의 요소와 결합하여 새로운 문법형태소로 기능이 확대되는 것이다. 이것은 공시태인 현대 한국어 시기에서도 끊임없이 문법화는 끊임없이 진행 · 생성된다는 점에서도 알 수 있다. 이렇게 문법화 이론이 설명력있는 것은 문법화가 진행되는 방향이 단일방향성의 가설에 잘 부합하기 때문인데, 어휘적 의미를 갖는 자립어휘소가 의존 어휘소로 다시 접어, 그리고 어미, 조사, 접미사와 같은 범주로 변화된다.

2.3. 문법화의 연구 방법론

언어는 역사의 산물이므로 통시적인 것을 배제하거나, 공시적 분포를 배제하면 설명이 어려워진다. 따라서 문법화의 범시적 연구가 필요함을 보여준다. 이와 같은 변이와 변화에 초점을 둔 문법화 연구 방법으로 과거에는 문헌과 직관에 의존했다면, 현재에는 코퍼스를 기반으로 한 통계적 연구가 주가 되었다. 즉, 다양한 코퍼스를 바탕으로 언어사용의 계량분석적 방법으로 접근하게 되었고, 그럼으로써 신뢰도를 확보하게 되고, 자연적인 텍스트에서의 실제 용례에 기초한 분석을 통한 경험적 연구가 가능하게 되었다.

2.4. 문법화의 기제

문법화의 기제 중 문법화를 촉발하는 것은 은유에 의한 의미 확장이다. 문법화가 진행되면서 의미는 일반적으로 '공간 > 시간 > 심리'로 확장된다. 이를 잘 보여주는 것이 명사 {터}인데, '집이나 건물을 지었거나 지을 자리, 공터, 활동의 토대나 일이 이루어지는 밑바탕, (일부 명사 뒤에 붙어) '자리'나 '장소'의 뜻을 나타내는 말'로 쓰인다. 이렇게 공간적인 것을 나타내는 {터}는 다음과 같이 의존명사로 '시간, 심리적' 공간을 의미하는 방향으로 확장된다.

(2) a. 내일 **갈 터이니** 그리 알아라.
b. **시장할 터인데** 어서 들어라.
c. 나는 내일 꼭 극장에 **갈 터이다**.
d. 그는 자기 앞가림도 **못하는 터에** 남 걱정을 한다.

그러나 은유에 의한 의미의 확장이 되었다고 모두 문법화가 발생하는 것은 아니다. 예를 들어 {앞}의 경우, 공간을 나타내던 것이 시간으로, 그리고 다시 심리적인 것으로 확장되지만, 문법화가 시작되었다고 할 수 없다.

(3) a. 향하고 있는 쪽이나 곳.
b. 차례나 열에서 앞서는 곳.
c. 이미 지나간 시간.
d. 장차 올 시간.
e. 신체나 물체의 전면(前面).
f. 차례에 따라 돌아오거나 맡은 몫.
g. 어떤 조건에 처한 상태.

(3)과 같이 {앞}은 [공간]을 나타내는 곳을 의미하는 '향하고 있는 쪽이나 곳, 차례나 열에서 앞서는 곳, 이미 지나간 시간, 장차 올 시간, 신체나 물체의

전면(前面), 차례에 따라 돌아오거나 맡은 몫, 어떤 조건에 처한 상태' 등으로 '공간 > 시간> 심리' 등으로 확대되지만, 은유에 의한 다의화일 뿐이지, 문법화 진행 중이라고 할 수 없다. 왜냐하면 심리적인 것을 나타낸다 하더라도 자립성이 유지되기 때문이다.

이에 비해 문법화가 {길}은 '공간> 시간> 심리'적인 것으로 의미가 확장되고 있으며, 자립성이 상실되고 있다.

(4) a. (주로 '-는/을 길' 구성으로 쓰여)방법이나 수단. ¶ 그를 설득하는 길/지혜를 찾는 길/표현할 길이 없는 감동/먹고살 길이 막막하다./그를 찾을 길이 없다.
b. (주로 '-는 길로' 구성으로 쓰여)어떤 행동이 끝나자마자 즉시. ¶ 경찰에서 **풀려나는 길로** 나는 그 애를 따라 서울로 갔어.
c. ('-는 길에', '-는 길이다' 구성으로 쓰여)어떠한 일을 하는 도중이나 기회.¶ 그는 학교에서 **돌아오는 길에** 물장난을 하였다./그는 출장 **가는 길에** 고향에 들렀다./그녀는 서점에 **가는 길에** 전화를 걸었다./일을 마치고 **돌아오는 길이다**.
d. (일부 명사 뒤에 붙어)'과정', '도중', '중간'의 뜻을 나타내는 말. ¶ 그는 어제 **산책길에** 만났던 그녀와 다시 마주쳤다.

{길}은 자립명사로 쓰이는 경우에도 '사람이나 동물 또는 자동차 따위가 지나갈 수 있게 땅 위에 낸 일정한 너비의 공간, 물 위나 공중에서 일정하게 다니는 곳, 걷거나 탈것을 타고 어느 곳으로 가는 노정(路程), 시간의 흐름에 따라 개인의 삶이나 사회적 · 역사적 발전 따위가 전개되는 과정, 사람이 삶을 살아가거나 사회가 발전해 가는 데에 지향하는 방향 · 지침 · 목적이나 전문 분야, 어떤 자격이나 신분으로서 주어진 도리나 임무'로 확장된다. 그러다가 (4a)처럼 방법이나 수단, 어떤 행동이 끝나자마자 즉시, 어떠한 일을 하는 도중이나 기회, '과정', '도중', '중간'의 뜻을 나타내는 말'로 확장됨으로써 '공간 > 시간 > (심리)'의 방향으로 진행됨을 알 수 있다.

이와 같이 {터, 앞, 길}을 비교해 보면, 모두 공간에서 비롯된 명사지만, 문법화의 양상은 다르다. {터}는 자립명사에서 의존명사로, 그리고 전후의 요소에 의한 재분석과 유추, 융합의 기제가 사용되어 {-ㄹ 테-} 등의 선어말어미로 문법화 되었고, {길}은 은유와 유추, 재분석의 기제가 적용되었지만, 융합의 기제까지는 적용되지 않아서 문법화 진행 중에 있다고 할 수 있다. 이에 비해 {앞}은 은유에 의한 의미의 확장이 되었지만 자립성이 사라지지 않아서, 문법화가 시작되었다고 할 수 없다.

2.5. 역문법화 현상과 어휘화

문법화 연구 중에서 최근 눈에 띄는 것은 역문법화 현상에 대한 연구이다. 역문법화 현상은 그간 어휘화의 하나로 다루어졌는데, 문법화에 대한 관심과 그의 역현상인 어휘화에 대해 관심에서 비롯되었다. degrammaticalization을 번역하여, 탈문법화, 역문법화, 또는 어휘화 등의 이름으로 연구되고 있다. 역문법화는 '문법화의 반대 방향으로서의 역문법화 현상은 … 단일 형태의 경우에 일어나며, 어휘 의미가 없는 기능어가 어휘 의미를 갖는 자립 어휘로 되는 것'이라 할 수 있다(안주호 2002: 28).

이와 같은 역문법화는 단일방향성의 가설 위에서 문법적 요소가 자립성을 획득하는데, 역문법화는 '문법화의 반대 방향'으로 진행되는 것을 의미한다. 따라서 역문법화의 척도는 '자립도'의 여부이다.

(5) a. 홍길동 **님** / 길동**님**
　a'. **님아**, 생각 좀 하세요.
　b. 날씨 **때문에** 행사가 미루어졌다.
　b'. 선거가 막바지에 이르렀다. **때문에** 유권자를 만날 절대적 시간이 부족했다.
　c. **왕**언니, **왕**선생님
　c'. **왕** 기분 좋았다.

(5)는 의존명사나 접미사로 쓰이던 {님}이 2인칭 대명사 (a')로 역문법화한 것이며, (b)는 의존명사로 쓰이던 {때문}이 접속부사 (b')로 역문법화한 것이다. 그런데 이들의 의미는 다르지 않아서, {님}은 같이 [높임]을 뜻하고, {때문} 역시 [어떤 일의 원인이나 까닭]을 뜻한다. 그리고 이러한 변화는 현재 진행형이라 할 수 있다. 또한 (c)의 {왕}은 접두사에서 부사로 역문법화한 예이다.[2]

그런데 어휘화를 문법화의 반대현상으로 볼지, 아니면 동일한 선상의 다른 개념으로 볼지도 연구의 대상이 되고 있다. 예를 들어 '점잖다, 괜찮다, 편찮다'의 경우, '-지 않다'가 축약된 형태로 선후행의 요소가 단일한 어휘 속의 일부가 된 어휘화의 예로 볼 수 있지만, 이를 역문법화라고 할 수는 없다. 따라서 문법화의 반대 현상인 역문법화, 탈문법화 그리고 어휘화에 대한 명시적 구분을 할 수 있는 방법과 논의가 좀더 진행되어야 할 것이다.

3. 현재 문법화가 진행 중인 형태

현재 문법화가 진행 중인 것으로는 보조사로 진행 중인 {-치고}, 종결어미로 문법화 중인 {-(으)실게요}가 있다.

3.1. {-치고}의 문법화 과정

한국어의 조사는 문법화의 결과물로 된 것이 많이 있는데[3], 현재 용언 {치

2 이러한 예로 접두사가 부사화된 '초(超), 급(急), 개' 등, 접두사가 관형사화된 '신(新), 대(大)' 등, 접미사가 자립명사화된 '님, 짱[長], 꾼[君], 끼[氣], 썰[設], 쯩[證]' 등, 조사나 의존명사에서 부사화된 '보다, 때문에, 나름(대로), 딴은, 뿐만 아니라' 등, 의존명사가 자립명사화된 '척', 부사가 명사화된 '별로', 그리고 절단에 의해 독립한 단어로 형성된 '드립, 덕후, 점잔' 등을 들 수 있다.

3 한국어사에서 출발한 대표적인 조사로는 {-까지, -만} 등을 들 수 있으며, 형성과정에 논란은 있으나 {-에게/께, -밖에, -만큼, -뿐} 등도 명사에서 기원한 것이다. 또한

다}의 활용꼴로 보기도 하는 {-치고}의 문법적 지위와 문법화 과정 중에 있다.[4] 본래 동사 {치다}의 논항은 [NP1이 NP2를 NP3으로 계산하다]의 구조로 (6)이 전형적인 예문이다.

(6) a. 제 자동차를 지금 팔면 얼마 **쳐 줄까요?**
b. 군대 3년도 경력으로 **칩니까?**
c. 아버지는 돈보다는 **명예를 최고로 치시는** 분이세요.
d. 이번 **일은 실수로 치고** 넘어가겠다.

이 구조는 (6a), (6b)처럼 [NP1이 NP2를 NP3으로 치다]로서, NP2는 '자동차, 군대 3년'과 같은 평가의 대상인 구체명사이어야 하고, NP3는 '가격, 경력' 등의 평가가치를 나타내는 추상명사가 등장한다. 이 구조는 (6c), (6d)처럼 [NP1이 NP2를 NP3으로 평가하다/여기다/간주하다]의 뜻으로 의미가 확대된다.

(7) a. [네 말이 맞다]**고 치자**.
b. [지금 바로 나간다]**고 쳐도** 아마 30분은 지각할 겁니다.

그런데 [NP1이 [SP]고 치다]의 구조에서 {치다}는 '계산하다'는 의미가 아

조사와 조사의 결합에서 출발한 것으로는 {-에서, -대로} 등이 있으며, 동사에서 출발한 것으로는 주격조사 {-가}를 비롯하여 {-부터, -조차, -보다, -더러, -하고, -치고, -같이, -이나, -이라도, -인들} 등을 들 수 있다. 그런데 조사 중에는 특히 동사에서 출발한 것이 많이 있는데, 여기에는 {-마저, -조차, -나마, -두고, -하고, -보고, -말고, -치고} 등을 들 수 있다. 이 중 {-마저, -조차, -나마} 등은 동사에 어미 {-어}가 결합하여 굳어진 형태이며, {-두고, -하고, -보고, -가지고, -말고, -치고} 등은 어미 {-고}가 결합하여 굳어진 것이다. {-보고}는 {-에게, -한테, -더러} 등과 같이 조사로서의 자격이 있다고 보는 이도 있으나, 동사 {보다}의 활용형이라고 보는 이도 있다. 또한 {-말고} 역시 동사 {말다}에서 출발하여 보조사로 보는 이도 있으나, {말다}의 활용형으로 보는 이도 있다

4 {-치고}는 격조사로 본 학자도 있고, 보조사로 취급한 학자도 있으나, 대부분은 조사의 항목에 넣지 않고 있다. 또한 사전에서도 독립된 조사로 취급하기도 하지만, 동사 {치다}의 활용형으로 취급하기도 한다. 이 글에서의 {-치고}의 문법화 과정은 안주호(2010)를 수정한 것이다.

닌, '여기다(인정하다), 간주하다, 가정하다'의 의미로 쓰인다. 이러한 논항구조를 가진 {치다}는 형태론적 구성으로 되면서, 의미의 확장이 일어난다. {NP치고}는 그 쓰임에 따라 세 가지로 나눌 수 있는데, {-치고1}은 '그 전체가 예외 없이'라는 뜻으로 후행의 서술문에는 부정 서술어가 온다.

(8) a. 국가위신이 있는 **나라치고** 화폐를 수입하는 나라가 없습니다.
b. 남을 헐뜯는 **사람치고** 똑똑한 사람은 없다.

(8)의 예문처럼 {-치고1}의 후행 서술어로는 "나라가 없다, 사람이 없다" 등과 같이 부정을 나타내는 것이 주로 온다. 이런 문형들은 [[S]는/은 NP치고 ___ 없다]의 구조로서 명사항(N)을 수식해 주는 관형절이 필수적으로 선행하고, 서술어로는 부정의 "NP가 없다/아니다" 등이 나타난다. 이 경우 [NP치고]에서 관형절은 명사항의 속성을 한정시키는 것으로 화자나 발화참여자의 주관적인 고정관념을 투입시키는 역할을 한다. 따라서 (8)에서 명사항을 수식해 주는 관형절을 삭제하면, 비문 내지 용인 불가능한 문장이 된다. 이는 '나라, 녀석' 등의 일반 보통명사가 아닌 화자가 주관적인 고정관념을 표현하기 위해 '국가 위신이 있는 나라, 말 많은 녀석' 등으로 한정시키는 역할을 한다. 이 경우 {-치고} 구문에서 NP 명사항에 대해서는 화자가 명제 내용에 관해 주관적 판단이 개입되어 있는데, 이를 일반적으로 양태(modality)라고 부른다.

{-치고2}는 {-치고1}과 유사하나, 서술어로 이중부정을 나타내는 것이 특징이다. {-치고2}의 경우도 '그 전체가 예외없이'의 뜻으로 해석되며, 초점의 문법적 의미가 나타난다.

(9) a. 금전관계치고 불협화음이 일어나지 **않는 예는 드물다**.
b. 영업 분야에 근무하는 사람치고 대단한 결과를 창출하기 **싫은 사람은 어디에도 없다**.

이 구문은 [NP치고 ~ NP은/는 없다]로 구조화할 수 있다. 여기서도 {-치고}

의 명사항은 화자의 고정관념이 들어가 있는 명사항이거나, 일반적인 명사항의 경우 "영업분야에 근무하는 사람" 등으로 한정하기 위해, 관형절이나 관형구가 선행한다.

(9') a. **금전관계{라면/에서는}** 모두 불협화음이 일어난다.
b. 영업 분야에 근무하는 **사람{이라면/은}** 모두 대단한 결과를 창출하고 싶어 한다.

(9)의 문장을 (9')로 옮기면, 내적으로 [NP라면 모두 알다/좋아하다/ VP]로 해석된다. 즉, 이중부정이 쓰였던 이 문형은 "{NP치고}로 한정된 명사항은 예외없이 VP"는 것을 강조하기 위한 것으로 사용된 것일 뿐, {-치고1}과 유사한 구조이며, {-은/는}과 교체가 가능한 것을 보면 초점의 문법적 의미를 갖는 것으로 보인다. {-치고3}은 지금까지 {-치고1}에서 {-치고2}까지의 의미와는 달리, '그 중에서는 예외적으로'의 뜻을 나타내는 것으로 (10)의 예를 들 수 있다.

(10) a. 가격은 3280만원으로 **수입차치고** 저렴하다
b. 막 수술을 받은 심장병 **환자치고** 무척 힘이 셌다.

(10)처럼, {-치고}에 결합할 수 있는 명사항은 [NP을/를 NP으로 치다]에서 [NP으로]의 명사항에 나온 화자의 고정관념이나 가치평가가 들어가는 대상이 온다. (10)의 "수입차, 막 수술을 받은 심장병 환자" 등으로 명사항을 한정하고 있으며, 한정된 명사항에는 기준이 되는 일반적인 고정관념이 개입된다. 즉, '수입차는 일반적으로 비싸다, 막 수술을 받은 심징병 환자는 힘이 약하다' 등의 의식이 화자와 발화참여자가 공통으로 가지고 있어야 한다.

(10') a'. *??가격은 3280만원으로 **수입차치고** 비싸다.
b'. *막 수술을 받은 심장병 **환자치고** 무척 힘이 약했다.

(10a'), (10b')가 비문인 것은 {-치고}를 사용하면 "수입차는 비싸다, 심장병 환자는 약하다"가 전제되어 상반된 내용이 나와야 하는데, "수입차가 비싸다, 환자가 힘이 약하다"는 동일한 명제내용이 나오기 때문이다. 이것은 [NP치고 VP]구문에서 NP는 VP가 드러내는 성질과는 반대되는 속성을 가진 대상이 와야 함을 뜻한다. 그 속성은 화자의 주관적인 고정관념일 수도 있지만, 인정하는 정도가 사회적인 고정관념이나 가치평가를 넘어설 수는 없다는 것을 보여준다. 이를 일반적으로는 양태기능을 수행한다고도 할 수 있는데, 양태(modality)란 명제내용에 대한 화자의 주관적 의식이 담겨져 있는 요소를 말한다. 이러한 정의로 본다면 {-치고} 안에는 이미 화자의 주관적 평가가 담겨져 있으므로 양태조사의 하나로 확장되었음을 볼 수 있다. 이상을 보면 {치고}는 보조사로 문법화가 진행되는 과정 중에 있음을 알 수 있다.

3.2. {-(으)실게요}의 문법화 과정

현대 한국어에서 종결어미의 하나로 문법화가 진행 중인 것으로 {-(으)실게요}를 들 수 있다.[5] 요즘 병원이나 서비스업에서 자주 사용되는 {-실게요} 형태는 공손성, 체면손상을 회피하려는 언중들의 의도가 깔려 있다.

(11) a. (간호사가) ○○님, 이쪽에서 주사 한 번 **맞으실게요.**
b. 숨을 **참으실게요.**
c. 후 아 후 아 ~ **따라하실게요.**
d. 고객님 주차는 이쪽으로 **하실게요.**

5 한국어에서 청자를 대우하는 방법은 상대존대법으로 종결어미 속에 녹아들어 있다. 요즘 병원이나 서비스업에서 자주 사용되는 {-실게요} 형태를 규범적으로는 잘못된 것이라고 보는 이유는 {-실게요}를 {-시-}와 {-ㄹ 게}, 그리고 {-요}의 결합으로 분석하거나 예사낮춤의 하나인 {-게}에 {-요}가 결합되었다고 보았기 때문이다. 이 글에서의 {-(으)실게요}의 문법화 과정은 안주호(2017)을 수정한 것이다.

{-실게요}가 사용되는 상황은 (11)과 같이 병원이나 상점에서 손님에게 어떤 요청을 하는 경우인데, 한국어에서는 명령형 종결어미로 실현된다. 그런데 문제는 이러한 요청의 종결어미를 사용하는 것이 공손성(politeness)과 관련하여 부담이 된다는 것이다.

이러한 {-실게요}는 1인칭 종결어미 {-을게}에 {-시-}와 {-요}가 결합한 것이 아니라, 2, 3인칭이 행위주로 사용되는 [[-시]ㄹ 것이-]라는 구성에서 2인칭 주어일 경우에만 형태소화하였다.

(12) (간호사가 환자에게) 숨을 한번 **참으실게요.**
환자분은 숨을 한번 **참으실 것이에요.**
참으실 거에요.

(12)처럼 {-실게요}가 쓰인 경우는 '화자가 곧 행할 일이나, 닥칠 가까운 미래에 대한 안내'이다. 이것은 지시 표현으로 하지 않는다면, '숨을 한번 참으십시오./참으세요'와 같은 명령 표현이나 '숨을 한번 참으시겠어요.' 등의 서술 표현으로 쓰일 수 있다. 명령 표현으로 할 경우에는 강한 명령의 기능 때문에 청자에게 만족할 만한 서비스를 제공하기 어렵고 상대방의 체면 손상이 우려된다. 따라서 앞으로 청자가 수행할 행동을 설명해 줌으로써 부드러운 지시의 기능을 할 수 있는 형태가 필요하게 되었다.

구체적으로 미래를 나타내는 [-(으)ㄹ 것이-] 구조에서 선행절의 주어를 높여주는 주체존대 선어말 어미 {-시-}와 종결어미 형태가 결합하여 이루어진 표현이다. 미래를 나타내는 [-(으)ㄹ 것이-] 구조나 미래시제 선어말어미 {-겠-}이 개입된 (12)의 형태는 곧 '미래에 벌어질 일에 대한 예측'의 의미가 들어 있다. 그런데 가까운 미래에 행해질 일이 청자의 행위이므로 {-시-}가 개입된 것이고, 이를 들은 청자는 이를 [고지(알림)]의 의미로 파악하고 이를 수행하게 되는 것이다. 즉, 청자가 할 행동에 대한 고지를 해줌으로써, 자연스럽게 청자에게 지시하는 것이 되므로 체면을 손상할 위험이 줄어드는 것이다. 따라서 직접적인 명령 표현보다는 '미래의 예측, 청자가 할 행동 고지'와 '청자 배려'의 의미가 들어가서, 지시기능을 수행하는 {-실게요}의 형태로 된 것이다.

(12') a. 환자분, 주사 한번 **맞으시겠어요./맞으실 것이에요.**
맞으실 거에요.
맞으실게요.
b. (간호사가) *주사 한번 **놓으실게요.**

(12'a)를 보면 행동의 주체가 되는 것이 청자이고, 이를 알려주는 기능을 화자가 하므로 문법적 문장이 되나, (12'b)처럼 행동의 주체가 1인칭이 될 경우에는 비문이 된다. 따라서 {-실게요}는 [[-시]ㄹ # 것이에요]와 같이 보문절이 보문소 '-ㄴ/는/던/ㄹ'을 매개로 하여 의존명사 '것'을 연결해 주는 구조에서 비롯되었음을 알 수 있다.

(13) 화자(저는) 고객님(을) 이쪽으로 **모시겠습니다./모실 것이에요.**
모실 거에요.
모실게요.
화자(나는) [고객님을 이쪽으로 모시]ㄹ **것이에요.**

(13)의 예문이 자연스러운 것은 '고객'이 청자이면서 객체에 해당하는 목적어로 쓰였기 때문이다. '모시다'라는 동사가 서술어로 쓰여 청자와 객체가 동일한 '고객'을 지시하므로, '화자가 청자를 모신다 + 청자는 화자의 지시를 따른다'라는 것이 성립할 수 있다. 그럼으로써 청자가 미래에 할 행위를 고지[알림]하는 기능이 자연스럽게 지시의 기능으로 확장된다. 이렇게 형태소화되는 과정에서 (14)와 같이 주어가 1인칭이거나, 3인칭 경우 {-실게요}로 형태소화하지 않는다. 즉, 1, 3인칭 주어의 경우 [[-시]ㄹ 거에요]라는 구성이어도 {-실게요}로 형태소화하는 것은 불가능하다.

(14) a. 환자분, (환자분이) 주사 한번 **맞으실게요.**
b. *환자분, (제가) 주사 한번 **놓으실게요.**

동일한 [[-시]ㄹ 것이에요] 등의 구조에서 출발하였지만, 1인칭 주어가 사용되는 경우나 3인칭 주어가 사용되는 경우에는 {-실게요}로 형태소화하지 못한다.

이는 한국어에서 범시적으로 나타나는 의존명사의 문법화 현상과 맥을 같이 한다. 한국어에서 사용되는 어미와 조사들 중에는 명사나 동사에서 비롯된 것들이 많은데, 이 중에는 보문절을 필수적으로 가지고 의존적으로만 쓰이던 일부 의존명사들이 보문소 '-ㄴ/던/는/ㄹ'과 후행의 용언 활용형 등과 결합하여 보문소로 되는 경향이 있다. 한국어의 종결어미 중 의존명사에서 기인한 것은 대부분 선행하는 보문소와 의존명사 그리고 후행 용언의 활용형이나 조사가 녹아들어 새로운 형태소를 형성하게 된다. 이때 의존명사를 가지고 있던 원의를 상실하고, 결국 새로운 의미가 생겨 다른 문법범주의 하나인 형태로 바뀌게 된다. 이와 같이 의존적 요소가 문법소로 변하는 현상은 일반적인 현상인데, 곧 통사적인 구조가 형태론적인 구조로 바뀌어 종결어미화하는 과정은 다음과 같이 설명될 수 있다.

1단계 [[ ]ㄴ/ㄹ # 의존명사]-용언 활용형] [[-시]ㄹ#것이에요]
2단계 [[ ]ㄴ/ㄹ 의존명사-용언 활용형] [[-시]ㄹ 거에요]
3단계 [[ ] ㄴ/ㄹ - 의존명사-용언 활용형] [[ ]실게요]

종결어미가 될 수 있는 필요충분조건으로 갖추어야 할 것은 '보문, -ㄴ/ㄹ'과 같은 보문소, 의존명사, 용언 활용형이나 조사' 등으로 통사적 구성으로서 보문소로 이끌린 보문절과 의존명사의 구분이 명확하다. 그러나 2단계에서는 보문절과 의존명사의 경계가 모호해지며, 바로 용언 어간이 결합되어 형태통사적 구성으로 된다. 2단계의 상태에서 더 진전되면 3단계에서와 같이 보문소와 의존명사의 경계가 완전히 사라져 융합되어 형태적 구성으로 된다. 이렇게 종결어미로 되는 과정은 언중들이 사용하는 빈도수가 높아짐에 따라 경계를 재분석함으로써 시작되며, 또한 과거의 유사한 사례들과 닮으려는 유추에 의해 문법화가 촉진된다. 그리고 마지막 단계에서는 융합에 의하여 형태적 구성을 이루게 되는 것이다. 이렇게 문법화가 진행되면, 여러 가지 통사적인 제약을 받게 된다.

이렇게 문법화가 진행되면서 의미적으로 변한다는 특징을 찾을 수 있다. [[-시]ㄹ 것이-] 와 같은 미래의 일어날 일을 객관적으로 나타내던 것에서 [[ ]실게요]의 구조로 되면서 청자가 가까운 시간 안에 해야 할 일을 안내해 주는 기능에서 '고지(알림) > 지시'로 의미가 확장되었다.

4. 마무리

지금까지 문법화가 진행되는 사항에 대해 알아보았다. 앞으로의 문법화 연구는 다음과 같은 방향성으로 이루어져야 할 것이다. 첫째는 3장에서 다룬 것과 같이 현재도 문법화 과정 중의 형태에 대한 연구이다. 언어는 시장과 같은데, 언중의 필요성에 의해 변화되는 속성을 가지고 있다. 주로 구어에서 빠른 변화를 보이고 있는데, 이들에 대한 변화를 포착하는 것이 필요하다.

둘째, 한국어를 중심으로 한 문법화 연구의 일반언어학적 특성을 포착하는 것이다. 문법화 이론 중인 단일방향성 이론과 잘 부합하는데, 한국어의 예와 다른 언어에서의 공통점을 찾아낼 수 있을 것이다.

셋째는 연구방법의 다양화이다. 통시적 변화의 경우도 역사 코퍼스를 사용하여 계량적으로 연구가 가능하며, 공시적인 경우 구어 코퍼스를 구축하여 좀더 과학적이고 신뢰도를 높일 수 있는 방법으로 연구되어야 한다.

넷째, 문법화의 기제가 무엇인가에 대한 이론적 연구가 필요하다. 의미의 변화 과정과 해서는 서구의 연구를 바탕으로 이루어졌다. 문법화를 촉발하는 것과 기제에 대한 연구 등이 필요하다.

다섯째, 문법화의 단일방향성과 관련하여 역방향으로 이루어지는 역문법화 현상, 어휘화에 연구가 이루어져야 한다. 한국어는 어미와 조사, 접사가 발달되었는데 이들이 자립성을 갖게 되어 독립적인 성분으로 쓰이는 형태로 변화되기도 한다. 따라서 현재 구어를 중심으로 예를 찾아보고, 역문법화 현상인지, 어휘화의 예인지를 파악해야 한다.

참고문헌

강희숙(2012), "통신언어에 나타난 역문법화 현상 고찰", 『한민족어문학』 61: 61-87, 한민족어문학회.

노명희(2013), "국어의 탈문법화 현상과 단어화", 『국어학』 67: 107-143, 국어학회.

문병열(2015), "한국어의 역문법화 현상에 대하여", 『국어학』 75: 299-334, 국어학회.

안병희(1965), "15세기 국어 공손법의 한 연구", 『국어국문학』 28: 1-10, 국어국문학회.

안주호(1997), 『한국어 명사의 문법화 현상 연구』, 한국문화사.

안주호(2002), "한국어에서의 역문법화 현상에 대하여", 『언어학』 10(4): 23-40, 대한언어학회.

안주호(2010), "{-치고}의 문법적 특성에 대한 고찰", 『한글』 288: 43-72, 한글학회.

안주호(2017), "종결어미 {-(으)실게요}의 기능과 형성과정", 『담화와 인지』, 24(1): 47-68, 담화·인지 언어학회.

양영희(2016), "현대국어 (역)문법화 논의를 위한 몇 문제", 『국어국문학』 61: 5-30, 국어문학회.

오규환(2013), "단어 형성 과정으로서의 어휘화", 『국어학』 68: 323-366, 국어학회.

유창돈(1961), 『국어변천사』, 통문관.

이성하(1998), 『문법화의 이해』, 한국문화사.

이성하(2011), "On Terminology Issues in Grammaticalization Studies", 『현대문법연구』 66: 167-198, 현대문법연구회.

이지양(2003), “문법화의 이론과 국어의 문법화”, 『정신문화연구』 26(3): 211-239, 한국학중앙연구원.

임지룡(2018), “‘의미’ 연구의 흐름과 전망”, 『한국어 의미학』 59: 1-30, 한국어 의미학회.

정재영(1996), 『의존명사 ‘ᄃᆞ’의 문법화』, 태학사.

Brinton, L. J. & E. C. Traugott(2005), *Lexicalization and Language Change*, Cambridge: Cambridge University Press.

Bybee, J., W. Pagliuca & R. D. Perkins(1994), *The Evolution of Grammar*, Cambridge: Cambridge University Press.

Haspelmath, M.(2004), “On directionality in language change with particular reference to grammaticalization”, in O. Fischer, M. Norde, & H. Perridon(eds.), *Up and Down the Cline: The Nature of Grammaticalization*, 17-44, Amsterdam: John Benjamins.

Hopper, P. J. & E. C. Traugott(1993), *Grammaticalization*, Cambridge: Cambridge University Press.

Kuryłowicz, J.(1965/1975), “The evolution fo grammatical categories”, in Coseriu(1975), *Esquisses Linguistiques* II: 38-54, Munich: Fink.

Norde, M.(2010), Degrammaticalization: three common controversies, in S. Katerina, E. Gehweiler & E. König(eds), *Grammaticalization: Current Views and Issues*, 123-150, Amsterdam: John Benjamins.

구문문법

정 주 리* · 정 연 주**

1. 들머리

언어연구에서 의미와 형식의 관련성에 대한 연구는 Saussure가 언어를 형태와 의미의 자의적인 쌍으로 규정한 이래 70년이 넘는 동안 그 관심이 계속되어 왔다. 이러한 Saussure의 형태와 의미 관계에 대한 개념은 형태소, 단어뿐만 아니라 관용구, 추상적인 구문(Construction)도 포함한다. 언어학에서 이러한 형태와 의미의 개념을 탐구하는 다양한 언어적 접근법의 하나가 구문문법(Construction Grammar)이다.

기본적으로 구문문법적 언어 접근은 사전과 구문의 분명한 경계를 가정하는 대신에 모든 구문을 어휘집 구문 연속체의 일부로 간주한다. 초기 촘스키의 변형문법 (1957, 1965)에서도 '구문'이라는 개념을 사용하고 있지만 생성문법의 초점은 '역사적 사고, 방언 혼합, 개인적 특질 등의 언어현상을 피하면서 핵심시스템에 초점을 맞추는 것'이다. 이는 결과적으로 많은 예외 현상을

* 동서울대학교 교양과 교수, jjr618@naver.com
** 홍익대학교 국어국문학과 교수, jeongyj01@hongik.ac.kr

발생시킴으로써 결국은 다양한 언어 현상을 상당히 배제하는 설명이 되었다.

이와는 달리 구문문법 접근법은 더 특이한 '주변'뿐만 아니라 '핵심'언어 특성에 대한 통일된 분석을 제공한다. 구문문법의 설명은 변환/유도 또는 비어있는 요소에 설명을 기대지 않는다. 대신 화자가 가지고 있는 정신 문법을 인정하며 이는 도식적 구문과 실질적 구문의 연결망으로 구성되고 특정한 발화는 이러한 도식구조와 실질구조가 나란히 활성화되는 것이라고 본다. 이러한 연결망에 대한 견해는 최근에 제1언어 습득과 제2언어 습득에 대한 연구를 통해 경험적 증거를 얻었다. 또, 신경 언어학과 언어의 통시적 진화에 대한 새로운 통찰력을 제공하고 있다. 구문문법은 심리적으로 그럴듯한, 인간 언어에 대한 생성 이론을 제공하기 때문에 구문문법적 관점의 다양한 연구를 파생시켰다.

구문문법의 원리와 방법은 Goldberg의 구문적 접근, Bybee의 사용기반 문법, Jackendoff의 병렬구조 접근, Stefan의 데이터 구문문법, 버클리대학교의 구문문법 연구학파, Michaelis의 기호기반 구문문법, 신체기반 구문문법, Langacker의 인지문법, Croft의 급진 구문문법 등의 연구학파와 관련성을 가지고 있다. 이러한 연구흐름 외에도 형태론 차원의 구문문법 접근방법인 구문형태론(Morhology in Construction Grammar)도 최근 들어 주목받고 있다.

1.1. 구문문법과 사용 기반 이론

구문문법은 인지언어학 계열에 속해 있는 문법 이론으로서, 언어 외의 영역에서도 일반적으로 적용되고 있는 인지 과정들(즉, 범주화, 2감각 연결, 신경운동 자동화 등)이 언어활동에도 적용되며 이를 통해 언어의 인지적 표상을 만들어 낸다고 본다. 이는 언어 경험과 그 과정에서 적용되는 인지 기제가 화자의 언어 지식 구성에 영향을 준다고 보는 사용 기반 이론의 입장과 상통하는 것으로서, 대부분의 구문문법가들은 사용 기반 이론 역시 지지하고 있다.

사용 기반 이론의 기본 전제는 언어 경험이 언어의 인지적 표상을 만들고 영향을 준다는 것이다. 그리고 사용 기반 이론에서는 언어 경험과 관련된 기억이 다른 경험과 관련된 기억과 같다고 보고, '표본 표상(exemplar representation)' 모델을 채택한다. 즉, 경험된 언어 행동의 각 토큰이 인지 표상에 영향을 미치는데, 이때 각 토큰에 결부된 상세한 정보들, 즉 음성적 특징, 사용된 어휘와 구문, 의미, 맥락으로부터 만들어진 추론, 사회적 · 물리적 · 언어적 맥락의 속성 등도 함께 인지 표상에 기록되며, 일반적인 원리로부터 예측 가능한 특질이라 하더라도 제거되지 않는다고 본다. 동일한 것으로 판단된 토큰들로부터 표본이라는 범주가 형성되는데, 각 표본들은 음성적, 의미적, 화용적, 맥락적 유사성에 따라 그룹을 짓고, 이로부터 음절, 단어, 구문과 같은 문법의 일반적 범주들이 만들어진다.

만약 언어 사용 과정에서 특정 언어 요소들의 연쇄가 반복적으로 경험된다면 청킹(chunking)이라는 일반적 인지 기제를 통하여 해당 연쇄가 덩어리로서 함께 표상된다. 가령 '주어-drive-목적어-crazy/mad/up the wall' 등이 연쇄되는 아래와 같은 토큰들이 빈번히 경험되면, 각 토큰이 표본으로 구축되고, 형식과 의미의 유사성에 따라 각 표본들이 표본 집단을 이루어 유사한 부분이 서로 사상됨으로써 (1)과 같이 고정된 자리(drive의 굴절형)와 도식적인 자리(주어, 목적어, crazy/mad/up the wall 등)를 모두 갖는 구문이 창발한다(Bybee, 2010: 2장 참고).

(1) a. It **drives me crazy.**
  b. they **drive you mad.**
  c. The death of his wife **drove him mad.**
  d. It **drove the producer mad.**

(Bybee 2010: 26)

(2)

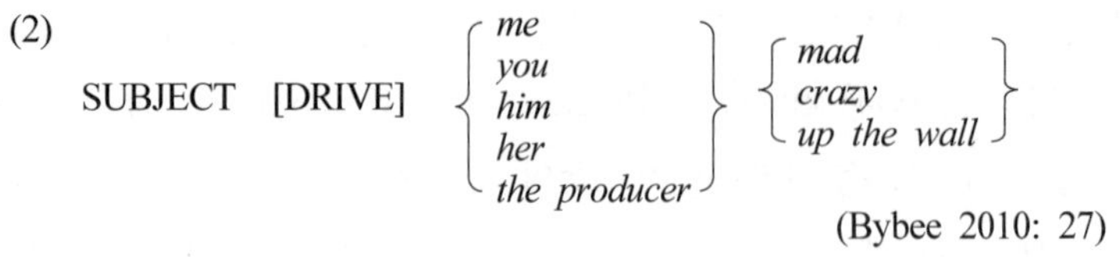

(Bybee 2010: 27)

사람들은 비언어적 청크이든 언어적 청크이든 가능한 한 높은 층위에서 의미를 할당하려는 경향을 보인다. 가령 사람이 공을 던지고, 개가 그것을 따라가고, 잡고, 사람에게 돌아오고, 발밑에 공을 두는 사건 연쇄가 반복되는 것을 목격할 때, 그러한 연쇄를 행동의 청크로 이해하고 'playing fetch' 같은 이름을 할당하려고 하는 것이 인간의 성향이라는 것이다. 이와 마찬가지로 어떤 언어 단위의 연쇄가 반복적으로 경험될 때 사람들은 그 전체 연쇄에 의미를 할당하는 경향이 있으며, 그러한 경향이 in spite of, all of a sudden처럼 그 의미가 부분의 합으로 설명되기 어렵고 전체에 의미가 할당되는 것으로 볼 수 있는 단위들을 만들어 낸다.

이처럼 언어에 대한 사용 기반 관점과 표본 표상 모델은 도식적인 자리를 갖는 형식 연쇄가 어떻게 의미와 직접 연합된 언어의 기본 단위가 될 수 있는지를 설명해 준다는 점에서 구문문법 이론의 중요한 바탕이 된다. 사용 기반 이론과 구문문법 이론이 결합되면서 구문의 정의도 확장되어 왔다. 한 예로 Goldberg(1995)에서는 어떤 층위에서 특이한 행동을 보이는 단어들의 집합을 구문으로 정의하였으나 Goldberg(2006)에서는 의미나 형식의 특이성을 갖지 않더라도 덩어리로 접근될 만큼 충분히 자주 사용된 형식 연쇄도 구문에 포함시키고 있는데 이는 사용 기반 이론의 관점을 반영한 결과라 할 수 있다.

1.2. 구문문법과 인지언어학 이론

Langacker의 인지문법은 구문문법적 접근법보다 앞서 개발되었지만, 두 문법 간에는 공통적인 가정을 공유하고 있다. 구문문법은 언어란 인간 경험과 언어 독립적인 인지 과정에 기초를 두고 있다고 간주한다. 그리고 문법이란 본질적으로 의미를 중심으로 한 것으로서 형태-의미 쌍 또는 상징적 구조의 집합으로 구성된다고 보고 있다.

인지 구문문법의 기본적인 아이디어는 언어모델은 원칙적으로 화자가 언어에 대해 가지고 있는 모든 지식을 설명할 수 있어야 한다는 점이다. 또 다른 기본 개념은 문법적 구문이 언어의 기본 구성 요소라는 것이다.

Goldberg(2006a: 5)에서는 언어 패턴은 형식 또는 기능의 일부 측면이 구성요소나 기존의 기타 구성 요소에서 예측할 수 없는 한, 구문으로 인식된다고 하였다. 또한 패턴은 빈도적으로 자주 발생하여 예측할 수 있는 경우에 구문으로 저장된다.

이러한 견해에서 모든 수준의 문법 분석은 구문을 포함한다. 즉, 학습된 형식 또는 담화 기능을 가진 형태의 쌍으로서 형태소 또는 단어, 숙어, 부분적으로 채워진 문법 및 완전히 어휘적인 패턴 등을 포함한다. 이는 가장 일반적인 통사 구조조차도 의미해석의 일반적인 규칙(상징적인 단위)을 가지고 있음을 의미한다. 특정 양식을 특정한 (일반적인) 의미와 결합시키는 구문구성은 다음과 같다.

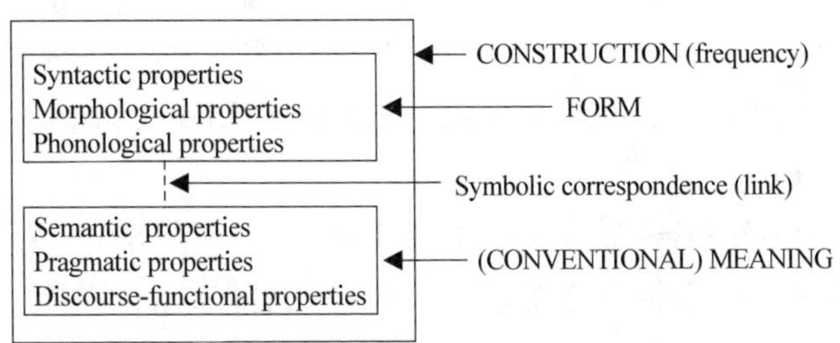

〈그림 1〉 The symbolic structure of a construction (Croft 2001: 18)

<그림 1>에서 보이는 것처럼 한 구문의 형태는 언어적으로 관련된 여러 종류의 정보(통사론적, 형태론적, 음운론적)와 연관된다. 한 구문의 형태는 상징적인 네트워크를 통해 의미에 연결된다. '의미'라는 용어는 구문의 기능과 관련된 모든 전통적 측면을 포함하는 것으로 본다.

다음의 예문에서처럼 구문의 의미가 문장에 나타난 동사의 주요명세로는 투사되지 않는 문장들이 있다.

(3) a. They **laughed** the poor guy **out of the room.**
b. Frank **sneezed** the tissue **off the table.**
c. Mary **urged** Bill **into the house.**
(Goldberg 1995: 152)

위의 구문들은 웃음, 재채기, 충동과 같은 동사가 독립적으로 사역의미를 부호화하지 않기 때문에 문장의 의미를 설명할 수가 없다. 그러나 인지구문문법에서는 동사는 특정 어휘 의미론적 정보와 관련되어 있기 때문에 설명이 가능하다.

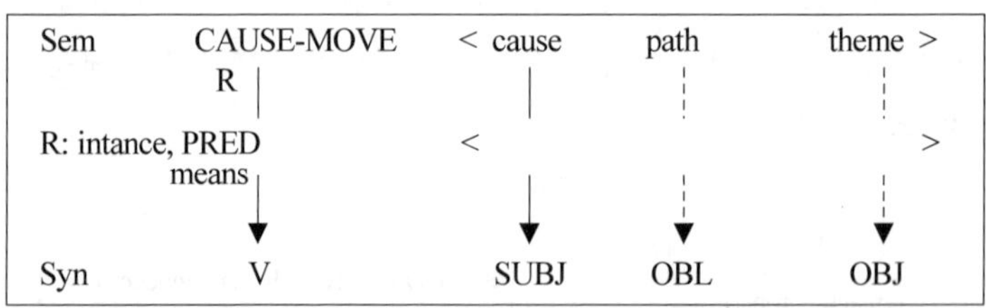

〈그림 2〉 Goldberg(1995) 이동 유발 구문(Cause Motion Construction)

<그림 2>에서 이동유발 구문은 세 개의 다른 층위로 구성된다. 박스의 맨 윗줄에는 구문의 의미론적 논항 (구문 역할)을 나열하고 상호 의미론적 관계를 나타내는 구문자체의 의미(Sem)가 들어 있다. 따라서 이동유발 구문은 "X CAUSES Y TO MOVE Z"의 의미와 관련이 있다. 의미론적 역할과 서술어의 역할 배열에서 역할 사이의 실선은 의미론적 역할이 독립적으로 존재하는 언어적 참여자 역할과 융합되어야한다는 것을 나타낸다. 그런데 점선은 구문이 추가 참여자 역할을 제공할 수 있다는 것을 나타낸다. 구문의 중간 층위는 동사의 참여자 역할이 융합되는 열린 자리를 포함하고, 맨 아래에는 결합 된

동사에 의미론적 논항이 통사적으로 실현된 부분이다. 그림에서 굵은 글씨로 표현 된 역할은 '윤곽화된'된 논항이다. 즉, 필수적으로 허가되어 그 장면에서 초점으로 작용하여 특별히 현저성을 획득한 동사 의미체계의 실체이다.

2. 구문문법 탐구의 현황

이 장에서는 구문문법 탐구의 성과를 공시적인 관점을 적용한 연구와 통시적인 관점을 적용한 연구로 나누어 살핀다. 2.1.에서는 단어보다 더 큰 단위인 경우(통사 패턴에 해당하는 경우)와 단어 또는 그보다 작은 단위인 경우(형태 패턴에 해당하는 경우)로 나누어 살필 것이다. 2.2.에서는 구문의 계통 발생(즉 구문의 변화)에 대한 연구와 구문의 개체 발생(즉 언어 습득)에 대한 연구로 나누어 살필 것이다.

2.1. 구문 연구의 단위

2.1.1. 통사 패턴과 구문

단어보다 더 큰 단위에 해당하는 구문에는 특정 형식들로 완전히 고정된 숙어적 구문, 부분적으로 고정된 형식을 가진 숙어적 구문, 고정된 부분 없이 완전히 도식적인 구문(예: 이항타동 구문, 피동 구문)과 같은 것이 포함된다. 이 절에서는 논항 구조 구문을 중심으로 하여 도식성이 높은 구문에 대해 먼저 살피고, 그에 이어 부분적으로 고정된 형식을 가진 숙어적 구문들에 대하여 살필 것이다.

2.1.1.1. 논항 구조 구문에 대한 논의

논항 구조 구문은 그 자체로 특정한 사태 의미를 나타내면서 술어와 논항을 위한 슬롯이 조합된 구문을 말한다. Goldberg(1995)에서는 기본 문장 유형에 해당하는 구문들은 인간 생활의 장면들을 반영하는 의미 구조와 직접적으로 연계되어 있다고 말하고 있다. 가령 이동유발 구문은 무언가가 무엇으로 하여금 위치 변화를 입게 하는 사태, 결과 구문은 행위자가 무엇으로 하여금 상태 변화를 일으키는 사태, way 구문은 행위자가 어려움을 무릅쓰고 움직여 나가는 사태를 나타낸다는 것이다.

논항 구조 구문에 대한 논의는 동사의 독립적인 특성으로는 형식적으로나 의미적으로나 설명할 수 없는 문장들이 발견된다는 사실에 주목한다. 동사 sneeze나 slice는 세 자리 서술어로 보기 어렵지만 아래 예문들에서는 세 개의 논항과 함께 쓰이고 있고, 동사 자체에는 없는 의미인 "대상을 이동시킴"의 의미가 문장 전체에서 드러나고 있다는 점이 특이하다. Goldberg는 이와 같은 문장에 대해, [Subj V Obj Obl]와 같은 도식적인 형식 자체가 "이동 유발(caused-motion)"이라는 사태 의미와 연합된 기호적 단위이고, 여기에 동사 sneeze나 slice가 통합되면서 "재채기를 하여 대상을 이동시킴", "썰어서 대상을 이동시킴"이라는 문장 전체의 의미가 도출된다고 설명한다. 이때 [Subj V Obj Obl]라는 도식적인 형식 연쇄에 이동 유발이라는 사태 의미가 직접 연합된 단위가 논항 구조 구문의 대표적인 예가 된다.

(3) a. He **sneezed his tooth right across town.**
b. Pat **sliced the carrots into the salad.**
(Goldberg 2003)

Goldberg(1995: 65)에서는 이와 같이 논항 구조 구문에 동사가 통합될 때, 구문이 어떤 종류의 동사이든 모두 수용하는 것은 아니고, 동사 의미와 구문 의미 사이에는 (4)와 같은 관계가 있을 때 둘이 통합할 가능성이 있다고 언급하고 있다. 그리고 개별 구문마다 동사의 통합을 용인하는 범위가 달라지는데, 어느 범위까지 허용되는지가 구문의 정보로 포함된다고 본다. 가령 이동 유발 구문은 동사 의미가 구문 의미에 대해 '사례' 관계에 있거나 '수단' 관계에 있을 때 그 동사가 구문과 통합되는 것을 허용한다고 기술하고 있다. (3)의 sneeze와 slice는 "이동 유발"의 "수단"에 해당하여 구문과 통합할 수 있다고 보는 것이다.(e_v는 동사가 나타내는 사태유형, e_c는 구문이 나타내는 사태유형을 말함)

(4) **I. e_v는 다음 중 하나로 e_c에 연결되어야 한다.**

A. e_v는 e_c의 하위 유형이 된다.

B. e_v는 e_c의 수단을 나타낸다.

C. e_v는 e_c의 결과를 나타낸다.

D. e_v는 e_c의 전제 조건을 나타낸다.

E. 제한된 범위에서, e_v는 e_c의 양상(manner)을 나타내거나 e_c를 확인하는 수단이거나 e_c의 의도된 결과이다.

II. e_c와는 적어도 하나의 참여자 의미역을 공유해야 한다.

한국어에서도 위와 같이 동사 자체의 의미로는 그 구조나 의미를 설명하기 어려운 문장들이 존재한다는 것이 구문문법적 관점에서 관찰되고 설명된 바 있다.

정주리(2005)는 국내에 구문문법 이론을 소개하고 그에 입각하여 한국어 현상을 설명하고자 한 이른 시기의 논의에 해당한다. 이 연구에서는 동사 '가다'가 다양한 문형으로 실현되는 현상에 관심을 두었는데, 그 중에서도 그간 논란이 많았던 '-을 가다' 형식에 대하여 구문문법적 관점에서 해석한 부분이 주목된다. '가다'에 '을' 결합 논항이 실현된 데 대해 전형적인 타동 구문에 쓰인 '을'과 관련하여 동사 '가다'와 함께 나타난 '을' 논항을 이동의 행위가 영향을 미치는 대상(피위격)으로 해석된다고 보았고, '가다' 동사의 의미와 융합하여 '-을 가다' 구문의 '-을' 결합 논항은 이동의 목적된 바를 그 장소에서 수행한다는 뜻이라고 하였다.

이동혁(2008b)에서는 '경심이가 아주머니에게서 선불을 쓰다'라는 문장에서 '아주머니에게서'라는 항은 "用"의 뜻을 가진 동사 '쓰다'의 내항 정보로는 설명되기 어려우며, 이 문장에서 '쓰다'가 "받아서(얻어서) 쓰다"의 뜻으로 사용되고 있다는 것도 매우 특이한 것임을 지적하였다. 문제의 "받아서(얻어서)"의 뜻은 'X-이 Y-을 Z-에게서 V-다'라는 논항 구조 구문의 몫이며, 'Z-에게서' 항 역시 이 구문에 속한 것임을 주장하였다. 이것이 'X-이 Y-을 Z-에게서 V-다' 구문이 독립적인 의미를 갖고서 서술어를 선택할 수 있음을 시사한다고 하였다.

정연주(2015b) 역시 서술어의 특성만으로 설명되지 않는 문장을 논항 구조 구문을 설정함으로써 설명하고자 한 논의이다. 대표적으로 다룬 예는 '들판에 유채꽃이 노랗다'인데, 이 문장에서 '들판에'라는 장소 항은 '노랗다'가 반드시 취해야 하는 논항이 아님에도 실현되었고, 이 항이 실현됨으로써 전체 형용사절에서 "들판에 유채꽃이 가득하다"라는 의미가 나타난다는 점이 특이함을 관찰하였다. 이 문장에서 나오는 "가득하다"라는 분포 의미는 서술어 '노랗다'에 기인하는 것이 아니고, [NP{장소}-에 NP{대상}-이 A{분포형용사}] 형식의 논항구조 구문에 기인하는 것으로 보았다. '가득하다, 득실하다, 빽빽하다, 자욱하다' 등 대상의 공간적 분포를 나타내는 형용사들은 [NP{장소}-에 NP{대상}-이 A{분포형용사}] 형식으로 자주 쓰이는데, 국어 화자는 그러한 사례들을 범주화하고 일반화함으로써 [NP{장소}-에 NP{대상}-이 A{분포형용사}] 형식에 "장소에 대상이 어떤 분포로 존재한다"라는 의미가 연결된 구문을 구성할 수 있다고 본 것이다.

정연주(2015a, 2017)도 구문문법적 바탕에서 '영이가 집에 간다고 했다', '이 소설은 조선시대를 배경으로 한다' 등의 문장에서처럼 '하다'에는 어휘적 의미가 거의 없기 때문에 '하다'가 자신의 의미에 따라 '영이가'와 '집에 간다고', 또는 '이 소설은', '조선시대를', '배경으로' 같은 논항을 취하여 이러한 문장이 만들어진 것이라고 설명하기가 어렵다는 점을 지적하였다. 이를 설명하기 위해서는 [NP{발화자}-가 (NP{수신자}-에게) S{피인용문} V{발화동사}]라는 형식 연쇄에 "누가 누구에게 무엇이라고 말하다"라는 의미가 연합된 구문이 국어 화자의 마음속에 언어 지식으로서 존재하는 것으로 가정해야 한다고 주장하였다. 그리고 구문을 이루는 요소 중 일부를 언급하는 것만으로도 그것을 단서로 삼아 그 구문의 서술어 자리에 올 동사가 무엇인지가 쉽게 예측되는 경우가 있는데, '하다'는 그러한 이유로 의미적으로 잉여성을 띠게 된 서술어 자리를 형식적으로 채우는 기능을 할 수 있다고 주장하였다.

박진호(2016)는 통사적 차원의 환유 현상에 대해 다룬 논의인데, 가령 '산에 터널을 뚫다'와 같은 표현이 흔히 쓰이고 있는데, 뚫는 대상은 터널이 아닌 산이므로 사실은 '산을 뚫어서 터널을 만들다'라고 해야 정확한 표현이 된다. 하지만 '만들다'는 굳이 드러내지 않아도 그 의미를 추측할 수 있으므로 생략하고, '만들다'가 쓰일 자리에 만들기 위한 수단이 되는 행위를 나타내는 동사를 가져옴으로써 '산에 터널을 뚫다' 같은 표현을 사용하게 된다는 것이다. '커피를 끓이다'나 '빵을 굽다'와 같은 표현도 이와 같다. 이처럼 동사가 자기 본래의 통사적 문맥에서 쓰이지 않고 그와 관련된 다른 통사적 문맥에서 쓰이면서 동사의 속성과 구문이 요구하는 속성 사이에 불일치가 나타날 수 있는데, 그런 경우 동사는 구문의 요구를 충족하기 위해 자신의 본래적 속성과 좀 다른 속성을 갖게 된다고 하였다. 이 논의는 서술어의 특성으로 전체 문장의 구조가 설명되지 않는 경우에, 환유가 그러한 현상이 나타나는 데 중요한 기제가 된다는 사실을 잘 보여 주고 있다.

이와는 달리 정병철(2007)에서는 구문에 의해 동사의 속성이 달라지는 것이 아니라 동사의 의미 변화가 선행되고 그에 따라 문장의 통사적인 틀이 달라진다는 것을 동사 '보다'를 예로 들어 주장하고 있다. 이 논의에서도 환유 현상에 주목하고 있는데, '어떤 대상을 보는 것'에 '그 대상에 대해 더 잘 이해하고 파악하게 됨'이라는 경험이 동반되는 경우가 많으므로 이 때문에 "대상에 대해 더 잘 이해하고 파악하게 되다"라는 의미를 동사 '보다'로 표현할 수 있게 된다고 설명하였다. 이에 따라 '파악하다'가 'NP가 NP를 NP로 V' 구조로 쓰이듯이 '보다'도 'NP가 NP를 NP로 V' 구조로 쓰일 수 있게 된다고 본 것이다(예: 너의 행동을 장난으로 볼 수 없다). 이처럼 동사의 의미 확장이 구문의 구조 변화를 유발하는 근본적인 원인이 된다고 보았다.

구문의 의미에 기반하여 해당 구문의 서술어 슬롯이 환유적으로 확장되는 현상과 서술어의 다의 확장에 따라 해당 서술어가 특정 구문에서 쓰일 수 있게 되는 현상, 두 가지 모두를 인정할 필요가 있을 것이다.

2.1.1.2. 부분적으로 고정된 숙어적 구문에 대한 논의

모든 언어에는 일반적이고 보편적인 규칙으로 설명되지 않는 특이한 구문들이 존재하는데, 생성문법에서는 이런 예들을 언어의 주변부라고 지칭하며 관심을 두지 않는 경향이 있었다. 이에 비해 구문문법가들은 특이한 구문들에 관심을 두고, 이런 패턴들을 배울 때 사용하는 수단이 소위 '핵(core)' 현상을 설명하는 데에도 쉽게 확장될 수 있다고 주장한다(Goldberg 2003: 222). 언어에 대해 구문문법적 관점을 취하는 연구자들이 '핵문법'이라고 규정된 영역뿐 아니라 한 언어를 구성하는 구조의 전체를 설명하는 데 관심을 갖는 것은 이런 이유 때문이다(정주리 2007: 117). 그리고 구문문법적 접근은 공시적으로 입증되는 문법에 쉽게 들어맞지 않는, 이상하고 설명하기 어려운 통사적 패턴들을 설명하는 데 있어서 유용한 수단이 된다(Fried 2013: 421).

Fillmore *et al.*(1988)의 'let alone' 구문에 대한 연구는 구문문법 이론을 등장시킨 주요 연구에 해당할 뿐 아니라, 부분적으로 고정된 형식을 가진 숙어적 구문을 구문문법적 관점에서 다룬 대표적인 연구로 손꼽힌다.

(5) He doesn't like shrimp, let alone squid. (Fillmore *et al*. 1988: 513)
(해석: 그는 오징어는커녕 새우도 좋아하지 않는다.)

위의 'let alone' 구문은 의미적, 통사적으로 불규칙한 면을 갖는다. 통사적으로 'let alone'은 기본적으로 등위 접속처럼 기능하지만, 등위 접속과 동일하지는 않다(6a). 또한 'let alone'은 비교의 than과 일부 맥락을 공유하지만 than처럼 VP 생략을 허가하지는 않는다(7a).(Wulff 2013: 275-276 참고)

(6) a. Shrimp and squid Moishe won't eat.

b. *Shrimp **let alone** squid Moishe won't eat.

(Fillmore *et al*. 1988:515)

(7) a. Max will eat shrimp more willingly than Minnie will.

b. *Max won't eat shrimp **let alone** Minnie will.

(Fillmore *et al*. 1988:516)

'let alone' 구문은 의미적으로도 복합적인 해석 과정을 필요로 한다. 먼저 해석자는 'let alone' 뒤에 나오는 파편적인 요소를 가지고, 'let alone' 앞에 나온 완전한 명제와 평행한 명제를 구성해야 한다. 그리고 그 명제들을 척도 상에서 순위 매기는 척도 모델을 구성해야 한다(예: (6)의 경우 해산물을 먹는 것에 대한 불호의 척도가 구성됨). 'let alone' 앞에 나오는 명제는 척도 상에서 보다 강력하거나 정보성이 있는 명제에 해당한다.(Croft & Cruse 2004: 239 참고)

이 연구는 언어의 문법에 대해 논할 때 일반적인 문법 규칙, 고정된 단어와 구로 이루어지는 어휘부, 그 이상의 것이 필요하다는 것을 보여 주었다. 즉, 의미 정보가 기본적인 어휘 항목보다 더 큰 구조와 연계될 수 있다는 사실을 제안하였다. 언어에는 이와 같이 구조화되고 깊이 있는 탐구를 요하는 숙어적 단위들이 많이 있음을 언급함으로써 언어 연구에서 주목할 필요가 있는 하나의 주제 영역을 잘 보여 주고 있다.

이에 더해 Fillmore *et al*.(1988: 506-510)에서는 숙어적 표현들을 어휘적, 의미적, 통사적 불규칙성에 따라 몇 가지 하위 유형으로 분류한 바 있다. 아래의 표는 해당 내용을 Wulff(2013: 276)에서 정리하여 제시한 것이다.

〈표 3〉 **규칙적인 통사적 표현과 비교한 숙어의 유형** (Wulff 2013: 276)

	Lexis	Syntax	Semantics
unfamiliar pieces unfamiliarly arranged	irregular	irregular	irregular
familiar pieces unfamiliarly arranged	regular	irregular	irregular
familiar pieces familiarly arranged	regular	regular	irregular
regular syntactic expressions	regular	regular	regular

한국어에도 복합적이고 부분적으로 도식적인 형식 연쇄가 통사적, 의미적으로 특이한 성격을 보이는 사례들이 있다. 전후민(2013)은 영어 'let alone' 구문의 한국어 대응물인 '커녕' 구문의 특성에 대해 상세히 다룬 연구이다. '커녕' 구문은 (8a)와 같이 부정문으로 나타나거나 (8b)와 같이 긍정문으로 나타난다.

(8) a. 나는 밥은커녕 죽도 못 먹었다. (전후민 2013: 406)
b. 빨래를 해도 깨끗은커녕 냄새까지 났다. (전후민 2013: 432)

이 중 (8b)에 주목해 보면, 문장 내에 부정어가 나타나 있지 않음에도 '커녕'의 선행어 관련 명제가 부정된다는 특성이 나타난다. 즉, '빨래가 깨끗하지 않다'라는 의미를 읽어낼 수 있다는 점이 특징적이다. (8b)처럼 긍정문으로 쓰이는 '커녕' 구문의 특성은 전후민(2013: 435)에서 다음과 같이 정리되었다.

(9) $[[X]_{XPi}$([은/는])[커녕] (오히려/도리어) $[Y]_{j[-neg]}]_k$
$\leftrightarrow$ $[[SEM_{j[CF]}]_{[-neg]}$ a fortiori $[SEM_{i[CF]}]_{[+neg]}]_k$
(전후민 2013: 435)

'커녕' 구문에서 서술어는 부정의 의미 자질을 갖지 않으나, 선행어 관련 명제가 부정된다. 이는 '커녕'의 후행문 명제가 선행어 명제를 부정하는 내용으로 구성되어 있기 때문이다(즉 빨래에서 냄새가 나면, 빨래가 깨끗하지 않음을 함의한다). 문장에 부정어가 없는데도 선행어 명제가 부정된다는 사실은 '커녕' 문장이 형식과 의미의 불일치라는 구문적 속성을 가지고 있음을 강력하게 보여 준다고 하였는데, 이러한 사례를 통해 복합적이고 부분적으로 도식적인 형식 연쇄 전체에 대해 의미적 특성을 직접 연합시켜야 하는 경우를 잘 보여 주었다.

이처럼 부분적으로 도식적인 틀이 특수한 의미적, 화용적 속성을 갖는 경우가 한국어에서도 종종 발견될 수 있으며, 이런 현상을 포착하고 기술하려고 할 때 형식 연쇄에 의미, 화용 정보가 직접 연합되어 있다고 보는 구문문법의 틀이 유용하게 적용될 수 있다.

이동혁(2008a)에서는 'X-으면 Y-을수록' 구문에 대해 다루고 있다. 이 구문 속의 '-으면'은 다른 환경에서 나타나는 '-으면'과 다른 속성을 보이는데, 가령 선어말어미와 결합하는 데 제약이 커서 '-시-' 정도만을 허용하고, 또 순간성을 지니는 동사 어간을 취할 수 없으며(예: ??영희가 이곳에 도착하면 도착할수록), "가정"의 의미로 쓰이는 경우가 없다는 것이다(예: *만약 내일 지구가 멸망하면 멸망할수록 당신은 뭐할 거요?). 'X-으면 Y-을수록'의 '-을수록' 역시 다른 환경에서의 '-을수록'과 차이를 보이는데, 일반적으로 '-을수록' 앞에는 절이 올 수 있으나, 'X-으면 Y-을수록'의 '-을수록' 앞에는 주어나 목적어가 포함된 절이 올 수 없고, '-을수록' 앞에 오는 요소는 '-으면'을 선행하는 요소를 반드시 반복하여야 한다. 이처럼 특수성을 보이는 'X-으면 Y-을수록' 구문은 Fillmore *et al.*(1988)의 숙어 유형 분류에 따르면 '익숙한 조각, 낯선 배열' 유형의 숙어적 표현에 해당한다고 할 만하며, 하나의 구문 항목으로서 어휘부에 저장되어 있다고 가정할 수 있다.

이호승(2017)은 'X-게 하다' 사동 구문에 대해 다루고 있다. 이 논의에서는 'X-게 하다' 사동문이 '-게' 부사절을 포함하는 일반적인 복합문과 여러 면에서 차이를 보이므로, 'X-게 하다' 사동 구문을 '-게' 부사절을 포함하는 복합문과 구별되는 별도의 구문으로 보아야 함을 강조하고 있다. 먼저 '-게' 부사절을 포함하는 복합문은 사동적 의미로 해석될 때도 있고 그렇지 않을 때도 있지만 'X-게 하다'는 사동적 의미로 해석될 때에만 쓰인다. 즉, 사동 의미는 'X-게 하다' 구문 전체에 결부된 의미라고 할 수 있다. 또한 '-게' 부사절을 포함하는 복합문에서는 주절과 부사절의 주어가 동일인일 수 있지만 'X-게 하다'에서는 주절과 부사절의 주어가 동일인일 수 없다(예: *철수는 얼어 죽지 않게 했다). 그리고 'X-게 하다'의 피사동주는 격조사 '가', '를', '에게'와 결합할 수 있지만 '-게' 부사절을 포함하는 복합문은 부사절 주어가 주격조사 '가'와 결합하는 것만을 허용한다. 또한 'X-게 하다' 구문에서는 '-게' 앞의 용언이 형용사일 수 있지만(예: 인부들은 담을 높게 했다) '-게' 부사절을 포함하는 복합문의 경우에는 '-게' 앞에 형용사가 사용되면 비문이 된다(예: *인부들은 담이 높게 작업을 했다). 이는 'X-게 하다' 구문이 '-게' 부사절을 포함하는 복합문과 별도로 존재하는 독자적인 구문으로서 그 사용 범위를 넓혀 가고 있음을 보여 준다.

2.1.1.3. 구문과 정보 구조에 대한 논의

구문문법에서는 복합적인 형식 연쇄에 의미가 연합될 수 있다고 보기 때문에 큰 구조 속의 특정 위치에 나타나는 명사구의 속성을 기술하고자 할 때 구문문법적 관점을 취하면 용이한 점이 많다. 주제, 초점과 같은 정보 구조 현상은 분열문, 전위, 외치 구조 등 문장 유형과 연계되는 경우가 많으므로, Leino(2013: 332)에서는 구문문법이 정보 구조 연구자들에게 매력적인 프레임워크로 보이는 것이 놀랍지 않다고 언급한다.

박철우(2018: 207)에서는 구문문법적 시각의 가장 근본적인 측면은 우리가 실제로 사용하는 문법의 구조가 인간으로서 타고난 내재적 보편문법의 발현이 아니라 실제 사용된 표현들을 투입으로 하여 경험적으로 답습하거나 유사 표현들로부터 일반화한 구문들이 기억 단위가 되고 그것들이 어휘이자 문법으로 그대로 활용되는 기제라고 보는 것인데, 정보 구조 역시 구조의 형성 과정이 핵으로부터 구성체로 확대되는 내심적 확장 과정의 산물이 아니라 의사소통 상황과 선행 문맥이 반영되는 인간의 인지적 정보 출납 과정이 구문으로 굳어져 관습화된 경험의 산물이기 때문에 본질적으로 구문문법적일 수밖에 없다고 한 바 있다. 이 언급은 구문문법에서 상정하는 인간의 문법 지식 구성 과정과 정보 구조가 구성되는 과정이 부합할 수 있다는 것을 잘 보여 준다.

이처럼 구문문법과 정보 구조 논의는, 기술의 용이성이라는 실제적 측면과 언어 사용자의 문법 지식 구성 과정을 유사하게 바라보고 있다는 이론적 측면 모두에서 잘 결합할 수 있다.

앞서 '커녕' 구문에 대해 다룬 전후민(2013)의 논의는 (24)와 같이 구문 정보 기술에 [CF] 정보, 즉 대조 초점 정보가 포함된 것을 볼 수 있다. '커녕'에 선행하는 X와 '커녕'에 후행하는 Y 모두가 정보적으로는 대조 초점에 해당한다는 것이다.

(10) $[[X]_{XPi}$([은/는])[커녕] (오히려/도리어) $[Y]_{j[-neg]}]_k$
$\leftrightarrow [[SEM_{j[CF]}]_{[-neg]}$ a fortiori $[SEM_{i[CF]}]_{[+neg]}]_k$

(전후민 2013: 435)

사례(2018)은 계사 '이다'가 포함된 여러 종류의 구문에 대해 구문문법적 관점에서 구문 정보를 기술한 연구인데, 그 중 '산 위에는 온통 눈이다'처럼 '이다'가 '처소', '대상' 논항과 함께 나타나는 경우를 '존재 서술 관계'라고 명명하고, 이때 보어인 '대상'이 초점이 된다는 것을 아래와 같은 방식으로 구문의 화용 정보로 기술하였다.

2.1.2. 형태 패턴과 구문

구문문법에서는 문법이 형식-의미/기능 복합체의 목록을 표상하는 것이며, 이때 단어와 문법적 구문은 내적인 복잡성에서만 차이가 날 뿐이라고 보므로, 구문문법의 틀은 형태론적 분석에 대해서도 적당한 프레임워크를 제공할 수 있다(Booij 2013: 255). Booij(2010, 2013)에서는 '구문 형태론(construction morphology)'이라는 이름으로 이 주제를 다루고 있는데, 이 프레임워크 속에서 저마다 다른 추상화의 정도를 가지는 형태론적 구문이 상정되며, 각각의 형태론적 구문은 추상화 정도에 따라 계층적으로 어휘부를 이루는 것으로 상정된다.

형태론적 구문의 예로 Booij(2013: 255-256)에서는 영어의 -able로 끝나는 동사 파생 형용사 구문을 제시하고 있다. 이들 형용사는 "can be V-ed"라는 의미를 갖는다. 이들 형용사의 어기는 타동사이고, 그 목적어 논항은 파생된 형용사의 주어 논항에 대응한다. 이러한 형식-의미 대응 양상에 기초하여, 영어 화자들은 다음과 같은 추상적인 스키마를 형성할 수 있다는 것이다.

(11) $[\text{Vtr}_i\text{-able}]_{Aj} \leftrightarrow [[\text{CAN BE SEM}_i\text{-ed}]_{\text{PROPERTY}}]_j$ (Vtr = transitive verb, SEM stands for the meaning of the relevant constituent)

(Booij 2013: 256)

Booij(2013)에서는 형태론 논의에 이와 같은 틀을 도입할 때의 장점에 대해 아래와 같이 소개하고 있다.

첫째, 형태론을 형태론적 구문들의 계층적 연결망으로 이해하면 복합어의 하위 부류에 대한 일반화가 자연스럽게 포착될 수 있다. 예를 들어 영어 합성어의 가장 추상적인 도식을 (11)과 같이 상정할 수 있는데, (11)의 하위에는 head-hunt 같은 동사를 지배하는 비생산적인 NV 합성어 도식도 있고, 생산적인 NN 합성어 도식도 있다. 나아가 NV 합성어 도식이나 NN 합성어 도식의 하위에는 합성어를 이루는 두 성분 중의 하나가 어휘적으로 명세되면서 의미상 단어와 접사의 중간적인 성격을 띠는 합성어 도식이 위치할 수 있다.

둘째, 형태론적 구문의 전체론적 특성을 명세할 수 있다. 구문문법의 핵심 논점은 구문이 그 성분으로부터 도출되는 것이 아닌 전체론적 특성을 가질 수 있다고 보는 것이며, 이는 형태론적 구문에도 적용된다. Booij(2013: 263)에서는 이탈리아어의 외심 합성어를 예로 들어 형태론적 구문의 전체론적 특성을 보여 주었는데, 이탈리아어 [[lava]v[piatti]n]n 'lit. wash-dishes, dish-washer'에서 명사인 piatti는 행위의 대상인 '접시'를 가리키고, lava는 행위인 'wash'를 나타낸다. 이 합성어에는 행위자나 도구를 표현하는 부분이 없지만 전체 합성어는 "접시 닦는 사람"을 의미한다. 구문문법적 분석에서는 이러한 외심 합성어들이 다음과 같은 형태론적 구문의 특성을 가진 것으로 기술될 수 있다고 보았다. (12)는 이런 합성어가 V 성분으로 표현된 사태의 x 논항(행위자나 도구)을 지시하며, N 성분은 이 사태의 y 논항(피행위자)이라는 정보를 포함한다. 이와 같은 방식으로 합성어를 이루는 N, V 성분으로는 도출되지 않는, 구문 전체가 갖는 의미를 기술하는 데 구문문법의 틀이 유용하다는 것이다.

(12) $[V_i\ N_j]_{Nk} \leftrightarrow [x\ [x\ SEM_i\ y],\ y = SEM_j]_k$ (Booij 2013: 263)

셋째, 구문 형태론에서는 복합어 집합과 굴절형 집합 사이의 체계적인 계열 관계도 자연스럽게 명세할 수 있다. Booij(2013: 264)에서는 영어 단어 social, socialist, socialism을 예로 들어, 모두 어휘부에 존재할 때, 언어 사용자는 social-ist, social-ism과 같은 통합 관계를 세울 수도 있지만, socialist와 socialism에 대해 접미사 교체의 관점에서 직접적인 계열 관계를 세울 수도 있다. 그리고 파생어를 만드는 것은 어기에 접사를 결합시키는 단순한 문제가 아니며 접사 교체로 보아야 하는 분명한 사례들이 있음을 아래 예시로 보여 주고 있다.

(13)

alpin-ism	alpin-ist
commun-ism	commun-ist
de-ism	de-ist
fasc-ism	fasc-ist
solips-ism	solips-ist

(Booij 2013: 264)

의미론적으로 (13)의 오른쪽 명사의 의미는 "왼쪽 명사의 지지자"에 해당한다. 형식적으로는 오른쪽 명사와 왼쪽 명사 모두가 동일한 정도로 복합적이다. 이러한 복합어 도식들은 계열적 관계를 맺고 있는 것으로 아래와 같이 표상될 수 있다.

(14) $<[\text{x-ism}]_{Ni} \leftrightarrow [\text{SEM}]_i> \; \approx \; <[\text{x-ist}]_{Nj} \leftrightarrow [\text{PERSON involved in SEM}_i]_j>$

(Booij 2013: 264)

(14)에서는 상징기호 ≈가 계열 관계를 표시하기 위해 사용되었다. 또한 -ist로 끝나는 명사가 어떤 이데올로기, 믿음, 활동 등에 포함된 사람을 가리킨다는 점이 표현되어 있다. 이러한 분석과 표현법의 장점은 -ist로 끝나는 단어가 형식적으로 -ism으로 끝나는 단어로부터 도출된 것인지 그 반대인지 임의로 결정하지 않아도 된다는 점이며, 두 방향 모두를 허가한다. 이러한 도식 대응은 모음 교체 같은 비첨가(nonconcatenative) 형태론을 기술할 때에도 이용될 수 있다.

넷째, 구문문법적 관점에서는 형태론과 통사론이 연속체를 이루므로, 형태론과 통사론이 다양한 방식으로 관련을 맺는 현상을 자연스럽게 기술할 수 있다. Booij(2013: 268-269)에서는 네덜란드어에서 보이는 고대 게르만어 속격 접사 -s의 흔적을 그 예로 들고 있다. 본래 명사구에서 지정사(specifier) 자리에 있는 모든 단어들은 속격으로 표시되었었으나, 격 체계가 사라졌다. 하지만 고유명사가 지정사로 사용될 때에는 -s가 여전히 사용되고 있어서, -s가 특정 구문의 표지가 되었다(예: Jan-s boek 'John's book', Prins Bernhard-s zes dochters 'Prince Bernhard's six daughters'). 즉, 네덜란드어에서 고유명사가 지정사로 쓰일 때를 위한, 의존 형태소 -s를 갖는 특수 구문을 아래와 같이 상정할 수 있다.

(15) The Definite -s Construction (Dutch)

$[[....[x\text{-}s]_N]_{NPi} \ ... \ N_j]_{NPk} \leftrightarrow [\text{the}... \ N_j \ \text{of} \ NP_i]_k$

Condition: NP_i is a proper name

(Booij 2013: 268)

이것이 보여주는 바 형태론적 표지는 특정 구문에 묶일 수 있다. 이처럼 통사 구문이 특정 형태 표지를 동반하거나, 우언적 형식이 단어 패러다임의 칸을 채우는 식으로 형태론과 통사론이 관련을 맺는 현상이 발견되는데, 구문문법의 프레임워크에서 이러한 현상이 자연스럽게 기술될 수 있다는 것이다.

단어 사이의 연결망과 계열관계 같은 것은 형태론 영역에서 오랫동안 논의되어 온 주제이므로 위에서 제시된 구문 형태론적 시각의 장점들이 아주 혁신적인 것이라고 할 수는 없지만, 이러한 주제들이 전체 문법 영역을 아우르며 적용되는 구문문법의 틀 속에도 자연스럽게 수용될 수 있다는 것을 보여 준 것이라 할 수 있다.

한국어의 형태론적 패턴에 대해서도 구문 형태론적 관점에서 기술한 연구들이 있다. 먼저 최형용(2013)은 Booij(2010)형식과 의미의 쌍으로 이루어진 '구성' 개념을 바탕으로 어휘부에 등재되는 구성들을 대상으로 한 '구성 형태론[1]'을 제안하고 있다. 특히 구문가운데서 단어의 성격과 함께 문장의 성격도 가지는 것으로 간주되어 온 의사-명사 포합 구성, 분리적 복합 동사 구성, 진행 구성, 구적 명명, 수사 구성 등에 초점을 두어 이를 '틀'로 포착함으로써 일정한 특성을 가지는 구성들이 어휘부 내에서 다각적인 관계망을 가지는 것으로 간주하였다. 이를 통해 그동안 경계 요소로서 문제를 제기하였던 것들에 일관적인 측면에서 관심을 기울이게 되었다는 사실을 강조하였다. 그러나 우

1 최형용(2013)에서는 construction을 '구성'이라고 번역하고 있다. 이는 형태론적 관점에서 construction의 생성 기제를 강조하려고 한 것으로 보인다. 그러나 구문문법은 실제 언어자료를 대상으로 해석과 동기화의 기제를 포착하고자 하는 것이므로 의미를 담은 형태를 대상으로 한다는 점에서는 '구문'이라는 용어를 사용하는 것이 타당해 보인다.

선 '구성'에서 형태소가 제외됨으로써 언어 단위로서의 지위도 부정될 수 있는가에 대해서는 의문의 여지가 적지 않다. 또한 무엇보다도 '구성'은 어휘부의 등재요소이기는 하지만 전통적으로 단어 내부 요소를 관심 대상으로 삼던 '형태론'과 결합되어 '구성 형태론'이 성립되는 과정에서 모종의 모순을 가져오게 된 측면이 있다. '구성'은 경계를 탈피하려는 시도에서 나온 것인 데 비해 형태론은 일정한 경계를 속성으로 하는 개념이기 때문이다. 따라서 이러한 모순을 해결하기 위해서는 Booij(2010)이 강조한 형태론과 통사론의 경계 요소를 '구성'으로 간주하고 형태론의 영역을 확대하는 대신 형태론의 관심사를 '구성'의 관점에서 '틀'로 포착할 수 있다는 의미로 해석할 수밖에는 없다.

김혜지(2014)에서는 '해돋이, 땅울림, 자치기'와 같은 [N+V+-(으)ㅁ/이/기]형 단어들의 경우 접미사의 어기가 하나의 단어가 아니라 내부 구조를 가지는 단위이므로 괄호매김역설의 문제가 발생한다는 것을 문제로 제기하였다. 그리고 구문 형태론의 관점에서는 단어 전체가 하나의 구문을 이룬다는 점이 중요하고 접미사가 결합하는 단위가 하나의 단어인지 아닌지의 여부는 중요하지 않으므로 이 현상을 구문 형태론에 입각하여 포착하는 것에 장점이 있음을 언급하였다.

차준경(2013)은 국어의 용언 파생명사의 의미 형성에 대하여 형태론(Booij 2010)의 관점을 적용하여 논의하고 있다. '신문팔이'와 '소매치기' 등은 표준사전에 '어떠한 일 또는 그 일을 하는 사람'으로 기술되었다. 이는 접미사가 구체적인 의미를 띠고 있어서 파생어의 의미를 결정하는 것이 아니라 [[X]v 이] N V 하는 것'은 국어의 용언 파생 명사를 생성하는 스키마에서 부분적으로 명세화된 도식적인 패턴이다. 이 같은 구문적 숙어는 추상적 스키마로서 형태구조와 의미구조 사이의 쌍을 표상하는 계층적 어휘부의 어휘 일부이고, 개별적으로 실현 되는 것 사이의 중간층에 있다고 주장한다.

Booij(2013)에서는 통사 패턴으로서의 구문과 형태 패턴으로서의 구문 사이의 연속체적 성격에 대해 강조하고 있지만, 근본적인 차이는 아닐지라도 통사 패턴과 형태 패턴 사이에 성격 차이가 있다는 점도 간과할 수는 없을 것이다.

2.2. 구문의 발생

이 절에서는 통시적 관점을 적용한 연구를, 구문의 계통 발생(즉 구문의 변화)에 대한 연구와 구문의 개체 발생(즉 언어 습득)에 대한 연구로 나누어 살핀다.

2.2.1. 구문의 계통 발생: 언어 변화

표본 모델에서는 언어를 사용할 때의 세부사항이 언어의 표본 표상에 자동적으로 등록된다고 보는데, 이는 담화 맥락에 존재하던 추론 의미가 구문의 고유한 의미로 정착하는 과정을 자연스럽게 설명한다. 'What's X doing Y? 구문'(WXDY 구문)은 기원적으로 "X가 Y에서 뭐해?"라는 의미를 나타내지만, 청자가 쓸모없는 일을 하고 화자가 청자에게 무엇을 하는지 묻는 상황(예: What are you doing in my room?)에서 나타나는 '부적합'이라는 추론 의미가 지금은 관습적으로 WXDY 구문에 연합된 의미가 되었다. 이처럼 특정 구문과 특정한 추론이 빈번하게 공기하면서 그 추론 의미가 구문의 의미로 정착하며 이전의 의미를 대체할 수 있는데, 언어의 의미 표상이 핵심적인 의미만을 포함하고 추론 의미를 포함하지 않는다고 보는 모델에서는 함축이 구문에 고정될 방법이 없으므로 이러한 현상을 설명하기 어렵다. 하지만 표본 모델은 언어 사용의 각 사례에서 만들어진 추론까지도 표본 표상에 기록되는 것으로 보므로, 그러한 추론이 자주 반복된다면 해당 추론 의미와 언어 형식이 직접 연합되면서 점차적으로 새로운 구문이 등장하게 되는 과정을 설명할 수 있다(이상 Bybee 2013: 56 참고).

또한 언어 변화를 구문 단위에 입각하여 관찰하면, 전체론적인 변화가 동인이 되어 구문 내부 요소의 특성이 변화하게 되는 현상을 잘 포착할 수 있다. 맥락에 기반 하여 새로운 문법 기능과 패턴이 발달하는 과정인 문법화 현상이 그 대표적인 예가 된다.

잘 알려진 문법화의 사례인 영어 미래 표지 'be going to'의 발달은 다음과 같이 설명될 수 있다. 이동 동사 go는 [BE going to V_{inf}]라는 복합적인 형식과 연계된 특정한 문법적 의미를 발달시켰다. 즉, go는 특정한 의미적, 화용적 맥락에서 사용된 특정한 구조적 환경에서 미래 시제를 표시하는 문법적 기능을 발달시켜 왔다. 화용적으로 조건된 '이후(later)' 추론의 맥락적 층위에서 변화가 시작되어, be going to 형식 그 자체의 의미 특질로서 "미래"가 내적으로 표시된다(Fried 2013: 23.3절).

국어의 변화에 대하여 구문문법적 관점에서 관찰한 연구로는 김현주(2018), 정연주(2015a)가 있다. 김현주(2018)는 동사 '켜다'의 의미 변화 과정을 관찰하고 설명한 논의이다. '켜다'는 본래 "당기다"의 의미를 갖던 것이지만 오늘날에는 '앱을 켜다'에서처럼 "화면에 띄우다"의 의미까지 나타내게 되었는데, 그 과정을 구문과 환유의 개념을 토대로 하여 설명하고자 하였다.

'켜다'가 일반적으로 쓰이는 '[불/촛불/등불/초/등]-을 켜다' 구문은 "조명 기구를 통해 어둠을 밝히다"에서는 "조명 기구의 작동 버튼을 누름으로써 전등을 밝힌다"라는 맥락적 추론 의미가 등장할 수 있고, 이에 따라 구문 속 '켜다'는 "작동 버튼을 누르다"라는 의미를 획득하게 된다. 그런데 이 구문의 '전등' 자리에 작동 버튼으로 동작하는 텔레비전, 라디오 등의 전기 기기가 들어갈 수 있게 된다. 더욱이 '라디오'나 '티브이'가 들어갈 자리에 '방송 채널 명칭', '방송 프로그램 명칭' 등이 들어가는 예도 나타나는데(예: 뉴스를 켜다, KBS를 켜다), 이는 'TV를 켜는 일'의 목적・결과에 해당하는 '특정 채널이나 프로그램'이 TV 대신 들어간 결과이다. 이러한 표현을 중심으로 '켜다'는 "화면이 있는 전자기기의 화면에 콘텐츠를 띄우다"라는 의미를 획득하게 되고, 이러한 상황을 바탕으로 '뉴스를 켜다' 등이 '익스플로러를 켜다', '앱을 켜다' 등으로 확장된다. 이는 동사의 다의 확장이라는 언어 변화 현상을 설명하고자 할 때 구문과 구문 내부 성분의 특성 변화, 구문 내부 슬롯의 환유적 확장이라는 개념이 유용하게 적용된다는 것을 보였다.

정연주(2015a/2017: 4.2.3.2절)에서는 구문 단위에 기반을 두어 연결어미 '-도록'의 의미 발달에 대하여 설명하고 있다.

(16) a. 영이는 **날이 새도록** 공부했다. (시간적 한계)
b. 영이는 **발에 피가 나도록** 뛰었다. (결과적 한계)
c. 영이는 **동생이 지나가도록** 길을 비켜 주었다. (목적)

이 중 목적을 나타내는 '-도록'은 결과적 한계의 의미로 쓰인 '-도록'으로부터 발달한 것으로 볼 수 있다. 역사 자료 검토를 통하여 국어 화자는 [NP{행위자}-이 S{결과상태}-도록 VP{의무성 행동}]으로 형식화할 수 있는 사례들을 경험하고, 여기에서 "결과상태"를 "도달해야 하는 목적점"으로 추론한다. 이런 상황이 꽤 빈번하게 반복되면 추론 의미가 강화되고 구문의 의미로 정착하여 결과적으로 '-도록' 목적 구문이 결과적 한계 구문과 별도의 구문으로서 등장하게 된다.

이런 사례에서 보듯이 문법 형식의 기능은 구문이 부여하는 맥락을 타고 다양하게 분화되므로, 문법 형태소의 발달에 대해 연구할 때에도 구문문법적 관점이 필요하다.

2.2.2. 구문의 개체 발생: 언어 습득

신생아는 이미 주변 언어의 운율적 특질에 기반하여 많은 것을 구별할 수 있고, 주변 언어의 운율과 음운론에 대한 감수성을 발달시킨다. 생후 8～9개월쯤에는 사회적 인지 능력(의도 이해 능력)이 발달하기 시작하고, 이 발달이 시작되면 아동들은 화자의 의도를 이해하는 추론을 하게 되고 나아가 자신의 의도를 드러내고자 할 때 이러한 추론된 의미이해를 재생하려고 한다.

아동들은 그들이 추출한 의미에 사상된 구체적인 음운적 청크를 습득하는데, 이 연쇄는 단어, 단어+굴절, 다단어 연쇄에 이른다. 만약 어떤 연쇄가 고빈도라면, 그것을 고정된 구로 습득한다(예: 영어의 CDS[아동 지향어, child directed speech]에서 What's that?은 많은 아동들에게 정착된 연쇄일 가능성이 높음). 연쇄의 한 위치에서 유형 빈도가 높다면, 아동들은 슬롯을 가진 틀을 추출하게 된다(예: Where's X gone?).

이러한 과정을 통해 아동들의 구문 연결망은 더 복잡하고 더 추상적인 구문으로 형성되어 간다. 형식-의미 연합체들은 형식과 기능 모두를 통하면서 다중적 방식으로 연결되는데, 이러한 연결망의 발달 과정을 통하여 더 복잡한 통사론이 만들어진다.

요컨대 아동들은 의사소통의 장에서 자신이 듣는 단어 또는 단어 연쇄에 대해 의도 이해 능력을 토대로 추론한 의미에 사상하여 형식-의미의 연합체를 인지한다. 그리고 다양한 형식-의미의 연합체에 대한 경험이 누적되면서 유사한 것끼리 범주화, 일반화할 수 있게 되고, 이를 통해 단어 연쇄의 내부 구조를 분석하고, 더 복잡한 단위로 정교화할 수 있게 된다. 이러한 과정을 통해 단어로부터 완전히 채워진 숙어, 부분적으로 채워진 숙어, 최소한으로 채워진 숙어, 완전히 도식적인 패턴에 의미가 직접 연합되어 있는 기호 단위, 즉 구문이 형성된다.

3. 구문문법 탐구의 과제

모든 언어에는 일반적이고 보편적인 규칙으로 설명되지 않는 특이한 구문들이 존재하는데, 구문문법가들은 그러한 패턴들을 배울 때 사용하는 수단이 소위 '핵(core)' 현상을 설명하는 데에도 쉽게 확장될 수 있다고 주장하면서 주로 특이한 구문들에 관심을 두어 왔다. 구문문법 이론은 궁극적으로 언어의 전체를 설명할 수 있는 이론으로 세워져 오기는 했지만, 특정 형식 연쇄에서 보이는 형식적인 특이성, 의미적인 특이성을 포착하고 기술하고자 할 때 구문문법적 관점이 다른 관점에 비해 상당한 장점을 보인다는 것은 분명하다.

한국어에서도 목적격 조사가 특이하게 사용되는 '일어나기 싫은 걸 겨우

일어났네', 문법 형태소들의 연쇄가 특이하게 나타나는 '내가 그랬어 봐라' 등 특이한 구문은 많이 찾아볼 수 있다. 이러한 구문들을 찾아내고 기술하고 설명하려고 할 때 형식 연쇄에 의미, 화용 정보가 직접 연합되어 있다고 보는 구문문법의 틀이 유용하게 적용될 수 있다. 따라서 그러한 형식덩어리 또는 청크를 발견하고 이에 대한 모국어화자의 추론과 인지를 통한 의미해석을 밝히는 작업이 활발하게 이루어져야 한다. 더불어 어린아이들의 언어습득과정에서 다양한 발화조각을 통해 구문의 증거와 표본모델을 추출한다면 인공지능 언어기제를 구상하는 데도 중요한 단서를 제공할 수 있을 것이다.

언어 변화, 특히 문법 형식의 변화는 맥락에 존재하는 추론의미에 영향을 받아 일어나는 경우가 많다. 즉 문법 형식의 기능은 구문이 부여하는 맥락을 타고 다양하게 분화되므로, 문법 형태소의 발달에 대해 연구할 때에도 구문문법적 관점이 유용하게 적용될 수 있다.

아울러 문법 형식은 그 문법형식이 관여하는 구문을 기능에 따라 분할한 후 구문별로 내부 슬롯의 문법적 특징을 따로 관찰하면 각 구문 속에서 해당 문법 형식이 드러내는 차별적 특성들을 세밀하게 밝혀낼 수 있다.

또한 특정 기능 영역을 실현하는 언어별 형식이 무엇인지를 대조언어학적 관점에서 살피거나 유형론적 관점에서 살필 때 구문 차원의 분화까지 포착하기 위해서는 구문문법적 관점이 필요하다.

구문문법의 틀은 특정 형식 연쇄에서 발견되는 정보 구조 특성을 기술하기에도 용이하다. 문법기술에서 구문문법적 관점을 취하면 한국어의 정보구조 현상을 세밀하게 포착하고 기술하는 데 도움이 될 것이다.

서두에서 언급했듯이 구문문법 이론은 인지심리학, 신경생물학 분야에서 밝혀 온 인간의 인지 과정과 풍부한 기억(rich memory)에 대한 현 단계의 이론에 부합하는 언어 이론으로서 발전해 왔다. 향후 인간의 인지 능력, 인지 기제에 대한 연구가 새로운 방향으로 진척된다면, 구문문법 이론도 그에 따라 변모하거나 새로운 언어 이론으로 대체될 수도 있을 것이다.

4. 마무리

언어는 언어 사용 과정 속에서 끊임없이 변화하며, 그 과정에서 공시적으로 범주적 불확정성을 보이는 구문들이 적지 않게 발견된다. 그러한 구문을 무리하게 어느 한 범주에 소속시키려고 하기보다는 그 자체의 특성이 존재함을 인정하고 그 특성이 무엇인지를 자세히 기술하는 것이 언어 현실을 드러내는 데 더 유용할 수 있다. 그러한 입장을 취하는 데 있어서도 구문문법적 관점은 유용한 도구가 될 수 있다.

언어 연구자는 어느 한 이론을 고수하는 것이 중요하다기보다는, 언어를 사용하는 주체인 인간의 특성에 대해 밝혀져 온 사실들과 부합하는 방식으로 언어 현상을 바라보려는 태도를 고수하는 것이 중요하다고 생각된다. 현재 단계에서 구문문법 이론은 인간에 대해 밝혀져 온 지식과 동떨어지지 않은 이론이며, 이에 구문문법적 관점을 언어를 바라볼 때 적용할 수 있는 하나의 도구로 갖추고 있으면 언어 현상을 기술하고 설명할 때 도움이 되리라고 생각한다.

구문문법 이론은 인지심리학, 신경생물학 분야에서 밝혀 온 인간의 인지과정과 풍부한 기억(rich memory)에 대한 현 단계의 이론에 부합하는 언어이론이다. 향후 인간의 인지능력, 인지 기제에 대한 연구가 새로운 방향으로 진척된다면 구문문법 이론도 그에 따라 새로운 언어 이론으로 대체될 수도 있을 것이다.

참고문헌

김현주(2018), "'X-를 켜다' 구문의 등장과 그 환유적 확장: 신문물의 수용과 언어 변화", 『영주어문』 38: 5-30, 영주어문학회.

김혜지(2014), "'구성적 틀'의 관점에서 본 '[N+V+-(으)ㅁ/이/기]'형 단어", 『형태론』 16(2): 185-205, 형태론연구회.
박진호(2016), "환유 개념의 통사적 적용", 한국언어학회 학술대회지(2016.6), 381-396, 한국언어학회.
박진호(2017), "한・중・일 세 언어의 존재구문에 대한 대조 분석: 언어유형론의 관점에서", 『언어와 정보 사회』 30: 311-340, 서강대학교 언어정보연구소.
박철우(2018), "구문과 정보: 국어 문법에서의 정보구조의 위상 검토", 제45회 국어학회 전국학술대회 발표자료집(2018. 12. 20.-21.), 207-232, 국어학회.
사 례(2018), "인지구성문법에 기반한 한국어 '이다' 구성 연구", 서울대학교 대학원 국어국문학과 박사학위논문.
이동혁(2008a), "'X-으면 Y-을수록' 구문에 대하여", 『국어학』 51: 29-56, 국어학회.
이동혁(2008b), ""X-이 Y-을 Z-에게서 V-다" 구문의 의미", 『우리어문연구』 32: 65-95, 우리어문학회.
이호승(2017), "'X-게 하다' 사동구성과 구성문법적 접근", 『언어학 연구』 42: 71-92, 한국중원언어학회.
전후민(2013), "'커녕' 구문의 위계적 틀", 『국어학』 68: 405-443, 국어학회.
정병철(2007), "경험적 상관성에 기반한 동사의 의미 확장", 『한국어 의미학』 22: 209-236, 한국어 의미학회.
정연주(2015a), "'하다'의 기능에 대한 구문 기반 연구", 고려대학교 대학원 국어국문학과 박사학위논문.
정연주(2015b), "형용사의 특성으로 설명되지 않는 형용사절", 『한국어 의미학』 50: 189-209, 한국어 의미학회.
정연주(2017), 『구문의 자리채우미 '하다' 연구』, 태학사.
정주리(2000), "구성문법적 접근에 의한 문장 의미 연구", 『한국어학』 12: 279-307, 한국어학회.
정주리(2005), "'가다' 동사의 의미와 구문에 대한 구문문법적 접근", 『한국어 의미학』 17: 267-294, 한국어 의미학회.
정해권(2016), "한국어 주격중출에 대한 구문문법적 접근", 『국어학』 78: 139-164, 국어학회.
차준경(2013), "파생명사의 의미 형성원리: 구문 형태론적 접근", 『한민족문화연구』 42: 167-192, 한민족문화학회.
최형용(2013), "구성 형태론은 가능한가: 보이(2010), *Construction Morphology*를

증심으로,” 『형태론』 15(1): 82-114, 형태론연구회.

Boas, H. C. (2013), Cognitive Construction Grammar, in T. Hoffmann & G. Trousdale(eds.), *The Oxford Handbook of Construction Grammar*, Oxford: Oxford University Press.

Booij, G. (2013), Morphology in Construction Grammar, in T. Hoffmann & G. Trousdale(eds.), *The Oxford Handbook of Construction Grammar*, Oxford: Oxford University Press.

Booij, G.(2010), *Construction morphology*, Oxford: Oxford University Press.

Bybee, J. L.(2013), Usage-based Theory and Exemplar Representations, in T. Hoffmann & G. Trousdale(eds.), *The Oxford Handbook of Construction Grammar*, Oxford: Oxford University Press.

Bybee, J. L.(2010), *Language, Usage and Cognition*, Cambridge: Cambridge University Press.

Croft, W.(2001), *Radical Construction Grammar: Syntactic Theory in Typological Perspective*, Oxford: Oxford University Press.

Croft, W. & Cruse, D. A.(2004), *Cognitive Linguistics*, Cambridge: Cambridge University Press.

Diessel, H. (2013), Construction Grammar and First Language Acquisition, in T. Hoffmann & G. Trousdale(eds.), *The Oxford Handbook of Construction Grammar*, Oxford: Oxford University Press.

Fillmore, C. J., Kay, P., & O ’connor, M. C.(1988), Regularity and idiomaticity in grammatical constructions: the case of let alone, *Language* 64(3): 501-538.

Fillmore, C. J., Kay, P., & O' connor, M. C.(1988), Regularity and idiomaticity in grammatical constructions: the case of let alone, *Language* 64(3): 501-538.

Fried, M.(2013), Principles of Constructional Change, in T. Hoffmann & G. Trousdale(eds.), *The Oxford Handbook of Construction Grammar*, Oxford: Oxford University Press.

Goldberg, A. E.(2003), Constructions : A new theoretical approach to language, *Trends in cognitive sciences* 7(5): 219-224.

Goldberg, A. E. (2013), Constructionist Approaches, in T. Hoffmann & G.

Trousdale(eds.), *The Oxford Handbook of Construction Grammar*, Oxford: Oxford University Press.

Goldberg, A. E.(1995), *Constructions: A Construction Grammar Approach to Argument Structure*, Chicago: The University of Chicago Press. (손영숙·정주리 역(2004), 『구문문법』, 한국문화사.)

Goldberg, A. E.(2006), *Constructions at Work: the Nature of Generalization in Language*, Oxford: Oxford University Press.

Kay, P.(2013), The Limits of (Construction) Grammar, in T. Hoffmann & G. Trousdale(eds.), *The Oxford Handbook of Construction Grammar*, Oxford: Oxford University Press.

Leino, J.(2013), Information Structure, in T. Hoffmann & G. Trousdale(eds.), *The Oxford Handbook of Construction Grammar*, Oxford: Oxford University Press.

Lieven, E.(2014), First language learning from a usage-based approach, in T. Herbst, H-J. Schmid & S. Faulhaber(eds.), *Constructions, Collocations, Patterns*, 9-32, Berlin/Boston: De Gruyter Mouton.

Tomasello, M.(2003), *Constructing a Language: A Usage-Based Approach to Child Language Acquisition*, Cambridge, M.A.: Harvard University Press. (김창구 역(2011), 『언어의 구축: 언어 습득의 용법 기반 이론』, 한국문화사.)

Wulff, S.(2013), Words and Idioms, in T. Hoffmann & G. Trousdale(eds.), *The Oxford Handbook of Construction Grammar*, Oxford: Oxford University Press.

제2부

주제별 탐구의 현황과 과제

의미 유형

고 춘 화*

1. 들머리

이 글은 어휘 의미에 대해 탐구한 연구의 흐름을 살펴 어휘 의미 연구의 의의를 정리하고 그 방향성을 모색하는 데 목적이 있다.

'의미'를 탐구하는 것은 인간의 본질을 이해하는 직접적 경로로 여겨져 왔다. 특히 어휘 의미는 인간이 뜻을 담아 표현하는 기본 단위로, 고대 철학자를 비롯한 많은 학자들의 탐구 대상이 되어 지시, 개념, 용법, 맥락 등의 다양한 관점에서 설명되었다. 의미의 본질에 대한 이러한 논의는 인간과 세계의 관계를 바라보는 관점의 변화 과정과 유사하다.

지시설은 언어의 의미가 실재 세계의 사물을 일대일로 대응하여 가리킨다고 본다. 지시설은 인간이 외부의 객관 세계를 감각적으로 지각하는 축에서 의미를 규정한다. 따라서 감각으로 지각할 수 있는 대상에 한정하여 의미를 설명하는 한계를 가진다. 개념설은 언어의 의미가 인간의 관념 속에서 구성되

* 경상대학교 국어교육과 교수, spring9@gnu.ac.kr

어 세계를 간접적으로 가리킨다고 본다. 이 경우 의미는 언어를 통해 떠오르는 인간의 심적영상 또는 개념으로 인간의 사고 작용을 통한 언어적 세계 구성과 개념화를 설명할 수 있다. 용법설은 언어 형식과 의미의 일대다 대응 양상에 대한 해석에서 대두된다. 용법설에서 의미는 고정된 것이 아니라 문맥(맥락)에 따라 다르게 사용된다. 용법설의 등장은 의미가 인간과 세계의 관계에서 이해되던 틀을 벗어나 언어 자체에 대해 메타적으로 인식하는 변화를 보인 것이다.

언어와 세계, 언어와 사고(개념)의 양 축을 중심으로 어휘의 의미를 어떻게 설명하느냐에 따라 의미 연구의 관점도 발전해 왔다. 즉, 언어가 세계를 어떻게 지시하는가, 언어가 인간 사고를 어떻게 기호화하여 상징하는가의 물음에 대한 답을 의미 연구에서 찾아온 것이다.

의미 연구는 의사소통의 장면에서 화자와 청자가 사용하는 어휘 의미의 뜻과 그 작용에 대한 실제적 설명력을 갖춤으로써 언어를 통해 인간과 세계를 이해하고자 한다. 의미란 무엇인가에 대한 답은 의미 자체의 다층적, 복합적 성격 때문에, 의미와 관련된 여러 요소들의 관계를 통해 서술될 수밖에 없다.[1] 이에 Leech(1974), Nida(1975), Cruse(1990/2000), Löbner(2002) 등은 어휘

---

1 Katz(1972: 4-6)는 '의미란 무엇인가'라는 질문을 다음과 같은 세부적 질문으로 제시하고 있다(노명현 2012: 34).

- 동의관계와 바꾸어 쓰기란 무엇인가?
- 의미의 유사성과 의미의 차이는 무엇인가?
- 반의관계란 무엇인가?
- 상위관계란 무엇인가?
- 유의미성과 의미상의 변칙이란 무엇인가?
- 의미상 중의성이란 무엇인가?
- 의미상 참이란 무엇인가?
- 의미상 거짓이란 무엇인가?
- 의미상 미정의 참 혹은 거짓이란 무엇인가?
- 불일치란 무엇인가?
- 함의란 무엇인가?
- 전제란 무엇인가?
- 질문에 가능한 대답이란 무엇인가?
- 스스로 답을 한 질문은 무엇인가?

의미의 유형을 분류, 해석하는 연구를 통해 어휘 의미의 본질과 다양한 작용을 밝힌다. 여기에서는 어휘 의미 유형을 중심으로 의미의 작용 양상을 총체적으로 살필 것이다. 이를 통해 어휘 의미 탐구의 경향을 정리하고, 인간 본질의 온전한 이해를 위한 의미 연구의 과제를 가늠하고자 한다.

2. 어휘 의미 유형의 탐구

2.1. 언어적 의미와 비언어적 의미

구조주의 의미론에서는 언어적 의미만을 의미 연구의 대상으로 삼고 비언어적 의미(세계사적 지식), 즉 백과사전적 의미는 연구 대상에서 제외했다. 구조주의 의미론이 규정한 의미의 성격은 다음과 같다.

(1) 구조주의 의미론의 의미 성격(이동혁 2012: 169)
단어에 담긴 의미는 낱낱의 용법이 아니라, 모든 용법을 아우를 수 있는 소수의(혹은 하나의) 일관된 뜻이어야 하며, 이는 사전 따위에다가 효과적으로 기술할 수 있는 것이어야 한다. 또한 단어에 담긴 의미는 익혀서 다시 사용할 수 있다.

어휘의 본원적 의미를 전제하고, 이는 사전에 명시적으로 기술되어 기본적 의미로서 학습할 수 있다고 본다. 어휘의 개념적 의미를 중요하게 인식하고, 의미의 경계는 고정되어 있다고 본다. 그리고 의미성분을 통해 의미 자질을 분석함으로써 어휘 의미를 규정하고자 하였다.

그러나 구조주의 의미론의 관점으로는 의미의 역동적, 가변적 양상을 온전하게 설명하기 어려웠다. 이에 대한 대안으로 인지주의 의미론이 대두한다. 인지주의 의미론은 의미의 규정을 통해 인간의 머릿속 인지적 기제를 밝히는 것을 지향한다. 고정된 의미가 아니라, 원형 의미를 설정하고 원형 의미의 변이 과정을 통해 어휘 의미의 다양성을 해석한다. 그리고 어휘 사용을 인간의 체화된 인지과정과 관련시켜 분석한다.

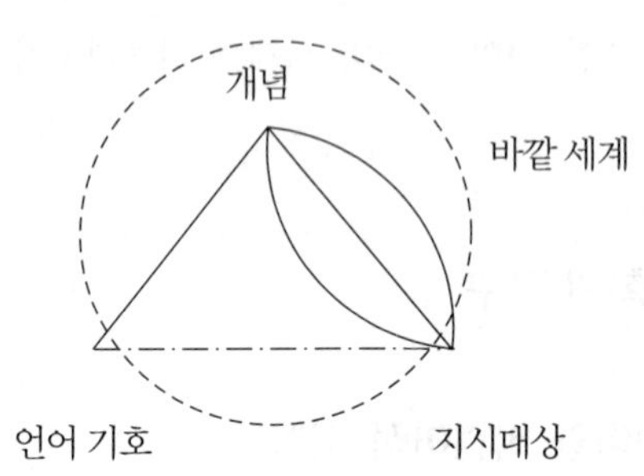

〈그림 1〉 **개념화 과정** (이동혁 2012: 173)

<그림 1>에서 화자는 세상(지시대상)을 다양한 감각과 경로를 통해 인식하여 개념화한다. 이는 개념화 과정의 감각과 맥락 반영 경로의 다양성을 통해 밝힌 것이다. 어휘 사용을 통해 의미화 과정과 마음의 원리를 연관시켜 의미의 본질을 보인다. 인지주의 의미론의 의미 성격을 아래와 같이 규정할 수 있다.

(2) 인지의미론의 의미 규정(신명선 2009: 96)
단어의 의미는 원형적 의미를 중심으로 한 핵심 의미와 백과사전적 지식으로 구성된다. 백과사전적 지식이 단어의 의미 영역 안에 들어옴으로써, 단어의 의미는 자연스럽게 해당 언어 공동체의 문화적 특성을 가진다. 예컨대 우리 사회에서 '토마토'는 보통 '과일'로 인식되지만, 다른 사회에서는 '채소'이다.

인지의미론에서는 언어적 의미와 백과사전적 의미를 선명하게 구분하기 어렵고, 단어의 의미에 백과사전적 의미를 적극적으로 확장하여 다루어야 한다고 본다. 또한 의미화 과정에 작용하는 다양한 경로 중에 맥락과 문화적 환경 등이 포함된다.

요컨대, 구조의미론에서 언어적 의미와 비언어적 의미(백과사전적 지식, 세계사적 지식)는 엄격히 구분되어 언어적 의미만을 주된 연구 대상으로 다루어 왔다. 그러나 인지의미론의 등장으로 어휘 의미에서 백과사전적 의미에 대한 적극적 탐구가 이루어져 의미를 통해 인간의 인지 기제를 설명하는 연구들이 다양하다.

2.2. 기술적 의미와 비기술적 의미

어휘 의미는 크게 본원적 의미와 파생적 의미로 구분하여 설명해 왔다. 어휘 자체가 가진 중심적, 개념적 의미가 존재하고, 어휘 사용의 양상에 따라 주변적인 의미가 다양하게 생성된다고 여겼다. 본원적 의미는 기술적 의미, 지시적 의미, 개념적 의미, 사전적 의미 등의 용어로 풀이되고, 파생적 의미는 2차적 의미로 비기술적 의미로 풀이된다.

2.2.1. Lyons(1977) 이분법적 구분의 전통

Lyons(1977)는 의미 유형의 이분법적 구분의 토대를 쌓았다. 그는 의미의 유형을 기술적 의미와 비기술적 의미로 구분한다. 기술적 의미는 사실적 정보의 소통에서 드러나는 의미로 지시적, 인지적, 명제적, 관념적, 지정적 성격을 지닌다. 언어 서술을 통해 진위와 참·거짓이 판단되는 의미이다. 비기술적 의미는 화자가 사회적 관계를 성립시키고 유지하거나 그의 신념, 태도 및 감정을 표현하는 종류의 의미로 덜 중심적이다. Dillon(1977)에서는 정의적 의미, 연상적 의미로 구분하는데, 정의적 의미는 기술적 의미와, 연상적 의미는 비기술적 의미와 성격이 비슷하다.

'기술한다'는 사전에 '대상이나 과정의 내용과 특징을 있는 그대로 열거하거나 기록하여 서술한다'로 정의되어 있다. 실제 세계를 '있는 그대로' 서술하기 위해서는 대상 세계와 존재의 참과 거짓에 대한 판단, 지시할 수 있는 기호(언어)가 필요하다. '사과'를 기술하기 위해서는 대상으로서 사과가 존재해야 하고, 인지 주체인 인간이 이를 적절한 어휘를 선택해서 표현해야 한다. 따라서 이러한 과정에서 생성된 의미는 객관적이고 지시적이며 인지적이다.

어휘 의미 연구에서 기술적 의미는 구조주의 의미론 이래 주요 연구 대상으로 여겨왔다. 구조주의 의미론에서 기술적 의미는 고정된 핵심 개념으로 경계가 분명하고, 인지주의 의미론에서 기술적 의미는 불확정적이고 경계도 흐릿하다. 구조주의 의미론이 의미를 객관적, 독립적으로 보는 반면, 인지주의 의미론에서 의미는 체험적, 총체적이다.

2.2.2. Cruse(1990, 2000)의 의미 차원과 요소

비기술적 의미는 기술적 의미 외에 생성되는 의미로서 그 범주가 넓어 다양하고 풍부하다. Cruse(1990, 2000)에서 비기술적 의미는 더 자세히 다루어진다.

Cruse(1990, 2000)는 Lyons(1977)의 의미 유형을 보다 세분화하여 살핀다. 기술적 의미는 대상 세계의 기술 과정에서 참・거짓의 판단 및 표현과 관련된 의미를 대상 요소 자체로 소유하고 있는 의미 속성(내재적 차원)과 매개변항으로 드러나는 의미 속성(상대적 차원)으로 분석한다. 특히 내재적 차원과 상대적 차원의 의미 변이가 이루어지는 요소들을 상세하게 기술하고 있다.

〈표 1〉 Cruse(1990, 2000)의 의미 유형

기술적 의미	내재적 차원	질, 강도, 상세성, 모호성, 기본성, 관점
	상대적 차원	필연성과 예상성, 충분성, 현저성
비기술적 의미	표현적 의미	화자의 감정 상태, 평가
	환기적 의미	방언 및 언어사용역

비기술적 차원은 언어 사용의 기능과 관련된다. 표현적 의미는 감탄사나 정서 어휘로 화자의 감정 상태를 표현한다. 또한 대상에 대한 화자의 평가를 어휘를 사용하여 가치를 드러내기도 한다. 환기적 의미는 특정 방언이나 언어사용역을 통해 화자가 속한 언어공동체의 맥락을 환기시킨다. 언어사용역은

담화의 분야, 매체의 양식, 공식적/비공식적 문체 등이다. Cruse(1990, 2000)의 연구는 의미 생성에 작용하는 의미 요소들을 구체적으로 분석하여 의미의 유형과 차원을 입체적으로 제시했다.

2.2.3. Löbner(2002)의 기술적 의미, 표현적 의미, 사회적 의미

의미의 유형 중 비기술적 의미 차원을 확장하여 연구한 것은 Löbner(2002)이다. 그는 의미의 유형을 기술적 의미, 표현적 의미, 사회적 의미로 구분한다. 기술적 의미는 의미의 지시 및 진리와 관계있는 의미 부분으로 명제적 의미에 해당한다. 내용어의 기술적 의미는 지시체에 대한 개념으로, 어휘는 기술적 의미를 통해 외연과 간접적으로만 연결된다. 표현적 의미는 개인적 감정이나 의견 및 평가, 태도를 표현하는 것으로 주관성을 지닌다.

그는 의미 차원을 사회적 상호작용으로 확장하여 사회적 의미로 설명한다. 사회적 의미는 격식성/비격식적 어휘와 높임말/낮춤말 등의 어휘를 통해 사회적 관계를 암시한다. 이는 화자가 사회적 행동 규칙에 따라 언어를 사용하고 그 과정에서 생성되는 의미인 것이다.

(3) 사회적 의미(Löbner 2002: 48)
어떤 표현이나 문법적 형태가 사회적 관계를 암시하는 역할을 하거나 관습적인 사회적 상호작용을 수행하는 역할을 하고, 그런 형태나 표현의 사용이 사회적 상호작용에 대한 사회적 규칙에 의해 지배를 받는다면, 그것은 사회적 의미를 가진다.

기술적 의미를 중심으로 이루어지던 의미 유형 연구는 점차 비기술적 의미와 의미 실현 조건에 대한 관심으로 점차 연구 범위가 확장된다. 특히 화자의 표현과 사회적 상호 작용에서 어휘 의미의 작용과 효과를 살피기 시작한다.

2.3. Nida(1975)의 인지적 의미와 정서적 의미

의미의 유형 구분에서 감정적 의미를 요인으로 파악하여 인지적 요소와 정감적 요소를 변별한 것은 Nida(1975)이다. Nida(1975)는 언어외적/내적 요인과 인식적/정감적 요인을 두 축으로 의미를 지시적 의미(개념적 의미), 정감적 의미(정서적 의미), 문법적 의미(언어적 의미)로 구분한다. 의미 유형 탐구에서 수용자의 반응, 특히 정서적 반응을 중요하게 인식하였다.

〈표 2〉 Nida(1975)의 의미 유형

	인식적(cognitive)	정감적(emotive)
언어외적	지시적	언어외적 요인에 대한 정감적 반응
언어내적	문법적	언어내적 요인에 대한 정감적 반응

인식적 의미가 어휘가 지니는 개념자질에 기반을 둔다면, 정감적 의미는 언어외적 세계의 실재와 사건에 대한 개인의 반응이나 언어형식을 사용할 때의 적합성 또는 부적합성의 정도에 대한 개인의 반응에 기초를 둔다. 문체, 격식성/비격식성, 기타 언어 차원에 대한 참여자의 정감적 반응과 적절성에 대한 평가와 관련된 의미이다. 정서적 의미는 참여자의 정서적 반응에 따라 의미가 다양하게 표현되는 것으로, 이는 고정적으로 인식되는 인지적 차원과 달리 가변적인 성격을 띤다(Nida 1975: 31).

2.4. Leech(1974)의 종합적 의미 유형

다양한 의미 양상을 본격적으로 탐구하여 의미 유형의 이론적 바탕을 제공한 것은 Leech(1974)이다. Leech(1974/1981)에서는 의미 유형을 개념적 의미, 연상적 의미, 주제적 의미로 구분하고, 연상적 의미를 다시 내포적 의미, 사회적 의미, 정서적 의미, 반영적 의미, 연어적 의미로 나눈다.

〈표 3〉 의미의 유형(Leech 1974/1981: 26)

개념적 의미 (conceptual meaning)		논리적, 인지적, 혹은 외연적 내용/사전적 의미
연상적 의미 (associative meaning)	내포적 의미 (connotative meaning)	언어가 지시하는 것에 의해 생성되어 소통되는 의미/ 함축적 의미
	사회적 의미 (social meaning)	언어사용의 사회적 상황에 관해 소통되는 의미
	정서적 의미 (affective meaning)	화자/필자의 감정이나 태도에 관해 소통되는 의미, 환정적 의미
	반영적 의미 (reflective meaning)	동일한 표현의 다른 의의와 연상을 통해 소통되는 의미 / 반사적 의미
	연어적 의미 (collocative meaning)	함께 사용되는 다른 단어와 연합을 통해 소통되는 의미
주제적 의미 (thematic meaning)		메시지가 순서와 강조에 의해 구성되는 방식에 의해 소통되는 의미

개념적 의미는 어휘 자체의 핵심적 의미로서 인지적, 외연적 내용에 해당하며 사전적 의미와 동일하게 사용된다. 연상적 의미는 개인이 다양한 맥락과 환경에 따라 개념을 표현하면서 발생하는 다양한 의미 양상을 포괄적으로 일컫는다. 개념적 의미가 사용자(화자)와 사용 맥락을 제거한 낱말 본연의 의미라면, 연상적 의미는 사용자와 사용 맥락의 결합 반응에 의해 '연상'이라는 기제를 통해 재형성된 것이다. 연상적 의미는 다시 내포적 의미, 정서적 의미, 반영적 의미, 연어적 의미로 구분한다(고춘화 2016: 205-207 참조).[2] 주제적

2 내포적 의미는 언어 형식이 지니고 있는 개념적 의미와 함께 인지할 수 있는 다양한 전달 가치를 뜻한다. 언어 사용자의 인지 구조 속에 내재하는 개인적인 체험과 관련된 느낌이나 생각 또는 정서적 연상에 기초를 둔 다양한 가치를 지니는 의미를 말한다. 따라서 내포적 의미는 개인적 경험, 문화적 배경, 연령의 차이에 따라 다양하게 나타난다. '부인'의 개념적 의미는 [인간, 어른, 여자, 결혼] 등의 추상적 의미 자질의 집합으로 볼 수 있다. 일상 언어에서 '부인'은 [요리나 바느질을 하는 능숙함], [품행의 방정함], [남편에 대한 태도] 등의 내포적 의미를 포함한다. 사회적

의미는 화자가 발화 당시에 특정한 표현을 통해서 꼭 전달하고자 하는 의도성을 띤다. 화자가 어순을 바꾸거나 초점을 두어 강조하면 두드러지게 나타난다.

Leech(1974)의 구분은 다양한 어휘 의미 양상을 종합적으로 살피고 있는데, 각 의미의 특징과 구분의 기준을 추출하면 다음과 같다.

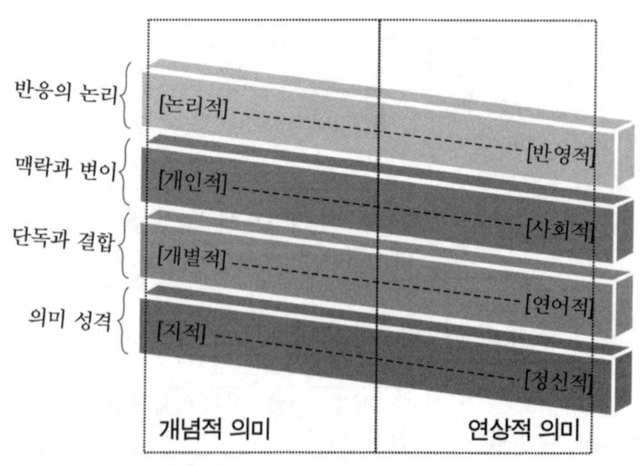

〈그림 2〉 **의미 유형 범주의 구분 기준**

의미는 사회적 환경에 따른 언어 사용의 차이를 인식할 때 인지할 수 있는 의미이다. 연령, 성별, 직업이나 사회적 지위, 시대적 · 지역적 · 종교적 차이에 따라 언어의 사회적 상황은 드러난다. 즉, 언어 사용자의 사회적 관계나 층위가 다르면 언어 사용상의 간격이 생긴다. 예를 들어 방언을 통해 화자의 지리적 배경, 사회적 배경 등을 짐작할 수 있다. 정서적 의미는 언어 사용자의 개인적 감정이나 정서가 반영된 의미이다. 실제 화자는 대상에 대한 감정이나 심리 상태에 따라 문체나 언어 형식, 음성 등을 바꾸어 표현한다. 예를 들어 '헐'의 경우, 화자가 예상치 못한 상황에 당황함, 놀람, 어이없음 등의 감정적 의미를 나타낸다. 반영적 의미는 하나의 어휘가 다양한 연상을 일으키는 데에서 나타나는 의미이다. 예를 들어 기독교 신자들이 교회에서 '아버지'라는 표현을 사용하면 '하나님'의 뜻을 반사적으로 떠올린다. 어휘를 사용할 때, 화자의 의도와 다르게 청자가 반응하여 의미를 연상하거나 해석하는 것이다. 연어적 의미는 함께 사용하는 다른 어휘와의 연합을 통해 드러나는 의미이다. 연어적 의미는 어떤 단어가 다른 단어와 배열되어 쓰이면서 연상되는 의미이다. 예를 들어 '머리를 감다', '손을 씻다' 등은 다같이 '씻다'의 뜻을 가지고 있으나 단어의 호응관계에 따라 '머리'는 '감다', '손'은 '씻다'로 단어의 선택을 달리하기도 한다. 이상의 연상적 의미의 세부 범주는 Leech(1974), 서울대학교 국어교육연구소(1999)를 참조하여 수정, 인용함.

어휘 의미는 소통 장면에서 다양한 층위의 요소가 작용하여 실현된다. 의미가 지시하는 내용이 이성과 감성 중 어느 범주에 해당하느냐([지적]/[정서적])에 따라 정서적 의미가 실현된다. 개별 어휘가 단독으로 지시하는 경우 외에 다른 어휘와 연합을 통해 실현되는 의미([개별어휘/연어])는 연어적 의미이다. 사회적 의미는 화자의 언어 사용에서 화자가 속한 사회문화적 환경에 따른 변이를 통해 실현되는 의미([개인/환경])이다. 반영적 의미는 화자의 의도와 상관없이 청자가 반사적으로 반응하는 데서 실현되는 의미([논리적/반사적])이다.

이러한 의미 유형의 범주 구분은 소통 장면에서 드러나는 다양하고 복합적인 어휘 의미의 실현 양상을 종합적으로 분석한 것이다. 특히 개념적 의미 외에 연상적 의미의 실현을 정서적, 사회적 환경 등의 층위에서 분석한 것은 의미 유형 연구의 지평을 확장한 것으로 볼 수 있다.

3. 어휘 의미 탐구의 과제와 전망

3.1. 인지적 영역에서 정서적 영역으로 의미 연구 확장

인간의 사고와 의사결정의 인지적 과정, 즉 인간 마음의 원리에 이성과 함께 감성이 영향을 준다는 인지심리학적 연구에 기대어, 어휘 의미 연구에서 개념적 의미(지시적 의미)와 함께 정서적 의미(감정적 의미/표현적 의미)에 대한 연구도 활발하게 이루어진다.

Leech(1974)에서는 개인의 감정이나 태도 등을 표현하는 과정에서 실현되는 의미를 '정서적 의미'라 하고, Osgood *et al.*(1957)에서는 의미미분법을 활용하여 평가, 역능, 활동의 세 차원으로 정서적 의미를 분석한다. Nida(1975)에서는 정서적 의미를 의미 구조 분석을 활용하여 기술하면서, 문화적 맥락에 의해 정서적 의미가 다르게 실현되기도 한다고 보았다.

인지의미론에서는 체험주의에 기반하여 인간의 '감정' 어휘의 사용 양상을 은유와 영상도식을 통해 해석한다. 인지의미론의 방법론을 활용하여 한국어 감정 표현의 작용 기제를 본격적으로 분석한 것은 임지룡(2006)에서이다. 임지룡(2006)에서는 '화, 두려움, 미움, 사랑, 슬픔' 등의 감정 표현을 은유적 개념화 작용으로 설명한다. 예를 들어 '두려움'은 '그릇 속의 액체, 적, 물건, 식물, 음식물・술, 강물・바닷물, 폭풍우, 무기・흉기, 실, 추위, 질병, 신, 우는 아기'의 근원영역을 통해 개념화된다고 분석한다.

(4) '두려움'의 은유화 양상(임지룡 2006: 370-375)
  a. 그는 **두려움**에 빠졌다. [그는 물에 빠졌다.]
  b. **두려움**이 엄습해 왔다. [적이 엄습해 왔다.]
  c. 아버지는 **두려움**을 감추려고 애썼다.
     [아버지는 술병을 감추려고 애썼다.]
  d. 가슴 속에 **두려움**이 싹트고 있었다.
     [봄이 되어 새싹이 싹트고 있었다.]

(4a)에서 두려움은 그릇 속의 액체를 근원으로 하는 서술어 '빠지다'에 의해 비유적으로 의미가 확장된다. (4b)에서 두려움은 적에 대한 체험을 근원영역으로 취하는 '엄습하다'에 의해 개념화된다. (4c)에서 두려움은 '감추다'라는 물건을 근원영역으로 하는 서술어에 의해 확장 사용된다. (4d)에서 두려움은 식물에 대한 체험을 바탕으로 하는 '싹트다'에 의해 개념화된다. 서술어의 체험에 기반하여 근원영역이 설정되고 은유적으로 확장되어 '두려움'이라는 감정이 표현된다.

의미 연구를 통해 인간 마음의 원리를 온전히 밝히기 위해서는, 이성 중심의 인지적 의미와 함께 감정 중심의 정서적 의미를 함께 다루어야 한다. '정서'와 관련된 연구는 심리학과 외국인을 대상으로 한 한국어 교육에서 주로 이루어졌고, 모국어 화자의 감정과 태도를 드러내는 정서적 의미 연구는 제한적으로 이루어졌다. 한국어를 모국어로 하는 공동체의 정서적 의미 표현과 함께,

개별 화자가 실제 삶에서 사용하는 정서적 의미 표현에 대한 연구가 요구된다.

3.2. 어휘 의미의 주관적 해석과 사용 연구

인간은 사물에 대해 좋고 나쁘고 아름다고 추하고 등 가치 판단을 내리고 이를 어휘로 표현한다. 예를 들어 '이 꽃은 아름답다.'나 '철수는 착하다.'와 같이 꽃의 아름다움과 철수의 성품에 대해 긍정적으로 판단하고 이를 '아름답다'와 '착하다'의 어휘를 선택해서 그 가치를 나타낸다. 즉, 화자의 사물에 대한 가치 판단이 어휘 의미에 내포되어 드러나는 것이다(고춘화 2017: 50). 어휘 의미 가치는 대상에 대한 언어사용자의 주관적 판단과 평가가 의미에 내포되어 드러나는 것을 뜻한다.

의미 가치는 개별 화자의 좋아함/안 좋아함, 도덕적/비도덕적, 사회적 환경 등에 의해 긍정적 가치와 부정적 가치로 실현된다. 한국어 어휘 의미 가치에 대해서는 통시론적 관점에서 의미 가치의 변화와 관련하여 민현식(2000), 최형용(2007), 송지혜(2014), 사화(2015) 등에서 이루어진다. 임지룡(2012)에서는 동물 속담의 의미적 가치를 분석하여 세상사적 가치와 의미의 가치를 관련하여 해석한다.

'바람'을 중심으로 어휘 의미의 해석과 사용에 대해 살펴보면 아래와 같다.

(5) 바람

a. 오늘따라 **바람**이 세게 분다.

b. **바람**이 센 친구의 말이라 쉽게 믿어지지 않는다.

c. 복부인들은 부동산 투기 **바람**을 일으키고 다녔다.

d. 리비아에 민주화 **바람**이 불어 왔다.

e. 올해 가을은 인문학 독서 **열풍**이 일었다.

f. 읍내의 큰길마다 여러 마을에서 몰려든 농악대와 사람들로 출렁거렸고, 읍내 안통의 사람들까지 그 **신바람**에 휩쓸려 들어 덩실덩실 춤을 춘다. (조정래, 태백산맥 중 일부)

(5a)의 '바람'은 개념적 의미를 가리키고 중립적, 객관적으로 사용된다. (5b), (5c)의 '바람'은 부정적 가치 의미를, (5d), (5e), (5f)의 '바람'은 긍정적 가치 의미를 함의한다.

(5a)의 '바람'은 자연 현상의 일부로서 일어나는 공기의 움직임을 뜻하는 기본적 의미로 사용된다. (5b)의 '바람'은 작은 일을 불려서 크게 말하는 일을 부정적으로 일컫는다. (5c)와 (5d)의 '바람'은 사회적으로 일어나는 일시적인 유행이나 분위기, 경향을 뜻한다. 하지만 앞말의 영향을 받아 (5c)에서는 사회적 문제를 일으킨다는 부정적 가치 의미를 드러내고, (5d)에서는 발전적 변화를 일으킨다는 긍정적 가치 의미를 드러낸다.

(5e)의 '열풍'은 몹시 사납고 거세게 부는 바람을 기운이나 기세로 비유적으로 이른다. '냉풍'이 찬 바람을 가리키는 사전적 의미로만 쓰이는 데 반해, '열풍'은 '뜨거움'의 감각과 관련되어 기세가 일어나는 것을 물이 끓어 수증기가 오르는 은유적 발상을 함의한다.

(5f)의 '신바람'은 신이 나서 우쭐우쭐하여지는 기운을 뜻한다. '신'은 어떤 일에 흥미나 열성이 생겨 매우 좋아진 기분을 가리킨다. '신바람'은 기분이 좋아서 일어나는 기운이나 바람을 뜻하는 긍정적 의미 가치를 가진다. 이러한 어휘 의미의 사용은 어느 정도의 보편성을 띠고 언중이 사용한다.

그런데 개별 화자의 담화나 텍스트 생성과 수용 과정에서 '바람'의 의미는 주관적으로 사용되기도 한다. 예를 들어 윤동주의 '서시'에서 '잎새에 이는 바람에도 나는 괴로워했다'에서 화자를 상심하고 고뇌하게 하는 외부의 그 어떤 상황이나 대상을 가리키기도 하고, '오늘 밤에도 별이 바람에 스치운다'에서 '바람'은 화자의 '별'을 흔들면서도 역설적으로 또한 지키게 하는 동기가 되기도 한다. 또한 노랫말 '바람이 분다. 서러운 마음에 텅 빈 풍경이 불어온다.'에서의 '바람'은 이별의 장면에서 홀로 되었음을 실감하게 하고 화자의 서러움과 슬픔을 공감하게 하는 정서를 형성한다.

개별 어휘 '바람'의 개념적 의미를 언중이 함께 사용하고 드러내지만, 점차 개별 화자의 정서나 의미 가치 등을 표현하는 주관적 의미 사용과 해석도 함께 이루어진다. 공동체의 의미 사용과 함께 개별 화자의 주관적 의미 사용의 양상을 밝히는 것은, 의미의 양적 연구와 함께 질적 연구 방법론을 구축하는 것이다.

3.3. 어휘 의미와 문화, 역사의 융합

의미의 연구는 언어학적 방법론을 통해 사회・문화와 역사를 재해석하는 융합을 도모할 수 있다. 개인 화자의 의미 사용을 연구하던 데에서 나아가 언어의 의미를 통해 문화와 역사의 변화를 읽어낼 수 있는 것이다. 즉, 의미의 사회사를 기술할 수 있다.

Nida(1964)는 어휘는 맥락을 통해 의미를 획득하고 문화에 따라 다양한 반응을 유도할 수 있다고 보았다. 어휘 의미는 매우 다양하며 정의적, 내포적 가치는 목표 문화에 따라 달라진다는 것이다. 어휘와 연관되어 연상되는 것은 내포적 가치이며, 은유적 의미와 복잡한 문화적 관용구를 번역할 때, 원활한 의사소통을 위해 맥락이 중요하다. 예컨대 특정 구문의 의미와 그 구문을 구성하는 개별 단어들의 의미 총합이 다른 경우가 이에 해당한다. 히브리어의 관용구 'bene Chuppah(결혼식장의 아이들, children of the bridechamber)'는 결혼식 하객, 특히, 신랑측 친구들을 가리킨다.[3]

언어적 현상과 문화적 현상에 대한 이해는 마음의 표상과 작용에 대한 이해를 가능케 한다. 길은 '걷는 길'이라는 지시적 의미 뿐만 아니라 '여행, 방법, 삶, 미래, 방향, 사랑' 등과 같은 다양한 의미로 확장되어 사용되고 있다. 김고운(2012)에서는 '길'에 부여된 '치유'로서의 문화적 의미들을 개념적 은유를 통해 살펴보고, 이 과정에서 사람들이 어떠한 방식으로 의미를 부여하고 사용하며 수용하는지를 분석한다. 길이 '걷는 길'이라는 사전적 의미를 넘어서 '치유'라는 문화적 의미를 갖는 과정을 사회문화적 변화 양상과 함께 밝히고 있다. 그는 인지의미론의 레이코프와 존슨의 개념적 은유 이론을 문화 현상에

3 Munday(1990: 48-49) 수정 인용.

적용하여 분석함으로써 의미 해석을 통해 세계의 다양한 차원을 설명할 수 있는 가능성을 보여준다.

Kövecses(2006)에서는 의미 창조의 기제를 마음, 언어, 문화 등의 관계 속에서 해석한다. 문화적 구성물로서의 틀의 특성과 은유와 환유, 영상도식 등의 인지의미론적 방법을 통해 의미 창조와 사용을 설명하고 있다.

한 어휘에 함의된 의미와 관련 어휘를 찾아 의미에 담긴 역사와 문화의 층을 해석한 연구로 나인호(2010)를 들 수 있다. 나인호(2010)에서는 언어학적 방법론을 통해 역사의 변화상을 해석하는 개념사를 소개한다. 예를 들어 'democracy'는 원래 고대 아테네에 존재했던 헌정 제도의 한 형태를 지칭했으나, 프랑스 대혁명을 거치면서 이상적 정치에 대한 정치·사회·문화적 기대감을 표현하는 '민주주의' 개념으로 바뀌었다(나인호 2010: 55)는 것이다.

의미는 사회, 문화, 역사적 현실에 생생하게 살아 작용한다. 이는 '광주'에 대한 한국 언중의 의미 해석에서도 확인할 수 있다. '광주'는 일상 언어에서는 한국의 한 도시 지명이지만, 1980년대 민주화 운동을 거치면서 군사 정권 시대에는 정권에 반대하는 단체의 지역적 상징으로, 2000년대에는 민주화 운동의 상징으로 그 의미 양상이 변화하게 된다.

4. 마무리

지금까지 의미의 유형을 중심으로 어휘 의미 탐구의 양상과 연구 현황에 대해 살펴보았다. 어휘 의미 유형에 대한 연구는 의미 양상을 이분법적 구분에서 다양한 층위 구분으로 나아가 의미의 섬세한 결을 실제적으로 밝혔다. 이를 아래와 같이 간추릴 수 있다.

첫째, 어휘 의미 탐구는 언어적 의미만을 연구 대상으로 하던 구조주의 의미론에서 비언어적 의미(백과사전적 지식)를 포함한 인지주의 의미론으로 발전해 왔다. 이는 객관적, 절대적 지식만을 참이라고 보았던 관점에서 인지 구성에 의한 주관적, 상대적 지식도 참으로 보는 구성주의로의 인식론적 변화와 맥을 같이 한다.

둘째, 의미 유형은 기본적, 기술적, 개념적 의미를 중심으로 탐구되다가 점차 파생적, 비기술적 의미, 연상적 의미에 대한 탐구로 확장된다. 이분법적 구분의 전통을 세운 Lyons(1977), 의미 차원과 요소를 본격적으로 탐구한 Cruse(1990, 2000), 의미의 표현적(정서적)속성과 사회적 의미 요소를 밝힌 Löbner(2002), 인지적 의미와 정서적 의미를 구분한 Nida(1975) 등 일련의 연구에서 이러한 경향을 확인할 수 있었다. 특히 의미의 유형을 다양한 측면에서 종합적으로 고찰한 Leech(1974)의 연구는 의미 유형 연구의 고전적 성과로 뽑힌다.

어휘 의미 탐구는 인간 본질에 대한 온전한 이해를 목적으로 한다. 따라서 이성과 감성의 인지적 과정을 본격적으로 밝히기 위해 정서적 의미와 화자의 의미 사용의 주관성과 가치성에 대한 의미 연구가 충분히 이루어질 필요가 있다. 또한 의미 연구 방법론을 활용하여 사회 문화와 역사를 새롭게 해석하는 학제 간 연구로 연구의 지평을 확장할 수 있다. 의미는 살아 움직이는 기호 생명체로 인간의 상상력을 무한히 펼치게 한다.

참고문헌

김고운(2012), "길의 문화적 의미 연구", 『용봉인문논총』 41: 5-31, 전남대학교 인문학연구소.

고춘화(2016), "의미의 역동성을 고려한 의미 교육 내용 연구", 『국어교육학연구』 51(2): 193-222, 국어교육학회.

고춘화(2017), "어휘 의미 가치의 문법 교육적 해석과 활용 연구", 『국어교육연구』 64: 49-762, 국어교육학회.

나인호(2011), 『개념사란 무엇인가』, 역사비평사.

노명현(2012), 『의미론 개관』, 한국문화사.

민현식(2000), 『국어교육을 위한 응용국어학 연구』, 서울대학교 출판부.
사 화(2015), "모습, 꼴, 모양의 의미 차이 비교", 『어문연구』 43(2): 205-241, 어문연구학회.
송지혜(2014), "'이상하다'의 가치 의미의 변화 연구", 『국어사 연구』 18: 329-361, 국어사학회.
서울대학교 국어교육연구소(1999), 『국어교육학 사전』, 대교출판.
신명선(2009), "국어 표현 과정에서 작용하는 어휘 사용 기제와 그 전략에 관한 연구", 『한국어 의미학』 29: 91-131, 한국어 의미학회.
이동혁(2012), "단어의 백과사전적 의미에 대하여", 『우리말연구』 31: 165-193, 우리말학회.
임지룡(1992), 『국어의미론』, 탑출판사.
임지룡(1997/2017), 『인지의미론』, 한국문화사.
임지룡(2006), 『말하는 몸』, 한국문화사.
임지룡(2012), "현대 국어 동물 속담의 인지언어학적 가치론", 『국어교육연구』 50: 377-404, 국어교육학회.
최형용(2007), "가치평가에서의 의미 변화에 대하여: 말뭉치 텍스트의 '점입가경(漸入佳境)'과 '타산지석(他山之石)'의 용례를 중심으로", 『텍스트언어학』 22: 201-221, 한국텍스트언어학회.
홍사만(1974), "Leech의 의미론: 의미의 7유형에 대하여", 『어문론총』 18: 47-67, 한국문학언어학회.
Cruse, D. A.(1986), *Lexical Semantics*, Cambridge: Cambridge University Press. (임지룡 · 윤희수 옮김(1989), 『어휘의미론』, 경북대학교출판부.)
Cruse, D. A.(2000), *Meaning in Language: an Introduction to Semantics and Pragmatics*, Oxford: Oxfod University Press. (임지룡 · 김동환 옮김(2002), 『언어의 의미』, 태학사.)
Kövecses, Z.(2006), *Language, Mind, and Culture: A Practical Introduction*, Oxford: Oxford University Press. (임지룡 · 김동환 옮김(2011), 『언어 · 마음 · 문화의 인지언어학적 탐색』, 역락.)
Leech, G. N.(1974/1981), *Semantics*, Harmondsworth: Penguin Books.
Löbner, S.(2002), *Understanding Semantics*, Oxford: Oxford University Press. (임지룡 · 김동환 옮김(2010), 『의미론의 이해』, 한국문화사.)
Lyons, J.(1977), *Semantics* (vol. 1 & 2), Cambridge: Cambridge University Press.

(강범모 옮김(2011), 『의미론 1: 의미 연구의 기초』 & 『의미론 2: 의미와 문법, 맥락, 행동』, 한국문화사.)

Munday, J.(1990), *Introducing Translation Studies: Tseories and Applications*, New York: Routledge. (정연일 · 남원준 옮김(2006), 『번역학 입문』, 한국외국어대학교출판부.)

Nida, E. A.(1975), *Componential Analysis of Meaning*, The Hague: Mouton. (조항범 역(1990), 『의미분석론』, 탑출판사.)

Osgood *et al.*(1957), *The Measurement of Meaning*, Urbana, I.L.: University of Illinois Press.

Ullmann, S.(1962), *Semantics: A Introduction to the Science of Meaning*, Oxford: Basil Blackwell. (남성우 역(1987), 『의미론: 의미과학입문』, 탑출판사.)

다의어

차 준 경*

1. 들머리

다의(polysemy)는 하나의 단어 형태에 둘 이상의 관련된 의미들이 연합되어 있는 현상이다.[1] 다의어(polysemous word)는 자연언어에 널리 퍼져있으며 실제로 모든 단어는 어느 정도 다의적이다. 다의어는 이론적으로 경험적으로 다루기 어렵지만, 화자의 언어 사용에서 별다른 어려움을 일으키지 않는다. 문맥에서 오직 하나의 의미만이 선택되기 때문이다.

일반적으로 다의어는 의사소통 과정에서 거의 문제를 일으키지 않는다. 보통의 상황에서 화자와 청자가 문맥적 실마리를 사용해서 문맥에서 사용된 의미를 설명하기 때문이다. 다의어가 만드는 잠재적 중의성은 인간의 의사소통에서 거의 문제가 되지 않는 것이다. 그러나 다의어는 어휘의미론, 사전편찬학, 자연언어처리의 전산 모델에서 문제가 된다.

---

* 고려대학교 민족문화연구원 연구교수, jcha11@korea.ac.kr

1 Polysemy is usually characterized as the phenomenon whereby a single word form is associated with two or several related senses(Falkum, I. & A.Vicente 2015).

일반언어학에서 '다의어'라는 용어가 처음 도입된 것은 Bréal(1887)에 의해서다. Bréal은 다의어를 의미 변화의 결과로 일어나는 통시적인 현상으로 보았다. 단어는 사용을 통해서 새로운 의미를 획득하고 자동적으로 오래된 것이 제거되지 않는다. 다의어는 새로운 의미와 오래된 의미가 공존한 결과이고 어휘 의미 변화의 공시적 측면이다. Bréal은 공시적인 층위에서 담화 문맥에서 다의어의 의미를 결정하고 다른 가능한 의미를 제거하는 것이기 때문에 다의성은 문제가 되지 않는다.

국외의 연구 경향을 살펴보면, 1950년대에 통사론의 변형 생성 문법의 출현으로 다의어는 거의 주목을 받지 못하였다. 1980년대 이후 인지언어학이 발전한 뒤 다의어는 어휘의미론의 주된 논제로 다시 등장하게 되었다. 다의어는 인지적인 현상으로서 언어적 현상만이 아니라 개념 범주에서 구조화된 결과이기 때문이다. 또 다른 측면의 다의어 연구는 전산 언어학의 영역에서 수행되었다. 바로 Pustejovsky(1995)의 생성어휘부 이론이다. 전산적 접근에서 다의성을 언어 현상의 주된 것으로 보고 어휘 내적인 전산 과정으로 설명하였다.[2]

국어의 다의어 연구는 1960-1970년대의 구조주의의 영향을 받은 전통적인 어휘의미론 분야와 1980년대 후반에서 1990년대 이후의 인지언어학 분야, 2000년대에는 전산언어학의 생성어휘부 이론의 영향을 받은 연구들이 주목을 받았다.

전통적인 어휘의미론에서는 통시적인 관점에서 다의어의 의미 변화 및 확장, 축소에 관심을 가졌다. 현대국어뿐만 아니라 중세국어, 근대국어의 어휘를 대상으로 의미 변화의 과정을 연구하였다. Ullmann(1957, 1961)에 영향을 받아 이숭녕(1962), 이을환 · 이용주(1964), 남성우(1969), 천시권 · 김종택(1971) 등이 의미 변화의 양상을 연구하였다.

이숭녕(1975)에서는 주로 15-16세기 문헌에서 나타난 '뜻'의 다의성을 8가지로 정리하였다. 천시권(1977)에서는 다의성의 문제를 문맥에서 살펴볼 때

2 이러한 다의어 연구 경향은 국내에서도 동일하다. 국내의 어휘의미론 연구 배경을 최경봉(2015)에서는 구조주의, 인지주의, 문맥주의로 분류하였다.

하나의 어(語)에 대응되는 의미의 수에 따라, 용법설, 기본적 의미설, 다의성설과 같은 견해들이 나타날 수 있다고 하고, 다의성을 분석하는 기준과 동형이음어와의 구별 방법을 제시하였다.

1980년대의 다의 연구에서는 Ullmann(1962)의 연구가 지대한 영향을 끼쳤다. 김태자(1984)에서는 다의어의 의미구조와 발생 원인 등을 살펴보고 중세어의 다의어를 예로 들었다. 강기진(1985)에서는 의미적 유연성은 하나의 기본적 추상의미에서 유래되어 나오는 것이라고 보고 기존 Ullmann(1962)에 토대를 두고 있는 다의어의 논의가 지니는 한계를 지적하고자 하였다. 강기진(1987)에서 다의어는 동음어, 동의어, 반의어 등과의 연관성 속에서 국어 어휘 의미론의 전체 체계 안의 위치를 가질 수 있다고 보았다.

1990년대의 국어의 다의 연구는 인지언어학의 전통에서 활발히 이루어졌다. 주로 Lakoff & Johnson(1980)의 영향을 받은 인지언어학 연구가 중심을 이룬다. 이러한 인지언어학의 원리에 따라 개별 어휘에 적용한 연구도 증가하였다. 이기동(1992)에서는 인지문법이론에 바탕을 두고 우리말 동사 '지다', '맞다'를 살펴보면서 다의어와 동음이의어의 구별을 보여주고 있다. 이현근(1992)에서는 다의어의 구조는 개념구조와 유사하며 인지구조를 반영한다고 하였다.

다의어에 대한 연구가 양적 · 질적으로 팽창한 것은 1980년대 후반부터 1990년대 들어서이다. 의미론 연구자들은 국어사전을 편찬하면서 국어의 어휘 의미 문제에 많은 관심을 갖게 되었다. 말뭉치(corpus) 등의 국어 자료가 구축되고 이를 활용한 연구가 증대되었다(도원영 2002 등).

1990년대 후반 이후 국어학 연구자들은 이론 연구뿐만 아니라 국어의 전산처리 및 여러 실용 연구에 관심을 두기 시작하였다. 말뭉치를 구축하고 이를 운용하면서 국어학 연구자 및 전산학 연구자들 간의 학제적 연구가 본격화되었다. 전산언어학의 생성어휘부 이론(Pustejovsky 1995)이 의미론 연구에 도입이 되었다(이정민 외 1997, 최경봉 1999 등).

2000년대 들어 다의어 연구는 그 질적 · 양적인 확대가 있었다. 박사학위논문으로 배도용(2001), 이건환(2002), 이정식(2002), 이운영(2004), 차준경

(2004), 권도경(2005), 이민우(2010), 김혜령(2015) 등이 있다.

인지언어학의 다의어 연구는 의미 확장 현상에 대해 최초의미에서 하위의미로의 확장(이정식 2002), 중심의미에서 비중심의미, 주변의미로의 확장(배도용 2001, 이건환 2002, 권도경 2005) 등이 있다. 사전 편찬학적인 관점, 인지언어학의 관점, 언어 교육의 관점에서 다양한 다의어 논문들이 출간되었다. 또한 전산언어학의 생성어휘부 이론을 따른 연구는 이운영(2004)과 차준경(2004, 2009) 등이 있다.

차준경(2004, 2009)에서는 Apresjan(1974)의 규칙적 다의성 논의를 국어에 적용하여 실체, 사건, 상태, 추상 명사의 의미 전이 양상을 파악하였으며, 이를 생성어휘부 이론에 따라 기술하였다.

한편, 화용적 문맥주의적 관점에서는 이민우(2010)가 있다. 이민우(2010)는 다중의미를 설정하여 단어의 의미가 단어 내부에 내재되어 있다는 기존의 통념을 지양하고 단어의 의미는 함께 출현하는 다른 단어 및 맥락, 나아가 언어 외적 지식과의 연합에 비추어서만 파악될 수 있음을 주장하였다.

2000년대 들어서 구조주의 의미론, 인지언어학, 생성어휘부 이론, 화용론적 문맥주의 등 다양한 연구 등이 활발히 진행되었으며 사전편찬, 언어 교육 등의 실용적인 다의어 연구도 활발히 진행되었다.

이 글에서는 먼저 다의어의 연구 경향을 구조주의 의미론, 인지의미론, 전산언어학의 생성어휘부 이론, 화용론적 문맥주의로 나누어서 살펴보고, 쟁점 사항으로는 다의 관계, 다의 현상, 다의성 등의 용어의 문제, 의미 파생과 의미 확장의 문제, 다의어의 의미 분할 문제, 다면어 등의 논의를 살펴보기로 한다.

2. 이론적 접근

2.1. 구조주의 의미론에서의 다의 분석

구조주의 언어학은 Saussure의 공시적 통시적 연구의 구분과 언어가 계열적 관계와 결합적 관계들에 의한 유기적인 체계라고 보는 시각에 기초하고 있다. 구조주의 의미론은 의미 구조의 공시적인 연구라고 할 수 있다. 구조주의 의미론은 언어 외적인 요소는 배제하고 언어 내적 요소의 분석을 중시하는 기술을 한다(김혜령 2015).

구조주의 의미론의 입장에서 국어의 어휘 의미를 분석한 연구는 최호철(1993)이 있다. 최호철(1993)은 구조주의적 방법론으로 국어의 어휘 의미 분석 방법을 체계적으로 제안하였다. 용언을 대상으로 하고 있으며, 의소 설정을 중심으로 하였다. 특히, 동사의 분포 환경을 중심으로 각 의미를 분석하고 분석된 의미들의 의미적 유연성을 따져서 의소를 설정하는 방법을 제시하였다.

의소 설정[3]에서 문제가 되는 것은 한 언어 형태가 여러 의미를 가지고 있을 때, 그 형태를 다의성으로 간주하여 여러 의미를 가지고 있는 하나의 어소로 볼 것인지 아니면 동음성으로 간주하여 같은 형태를 갖춘 다른 어소로 볼 것인지 결정하는 것이 분명하지 못하다는 것이다. 통시적인 어원적 기준과 공시적인 의미적 유연성에 의해서 구별하나 이러한 구별은 모호하고 임의적이다.

최호철(1993)에서는 의미적 유연성(有緣性)을 들어서 동음성과 다의성을 구별한다. 의미적 유연성은 어떤 의미에서 다른 의미가 새로 파생될 경우에 원래의 의미와 새로운 의미 사이에 파생의 연유가 되는 것을 가리킨다. 원래의 의미가 사라지지 않고 계속 사용되면 그 의미들은 연상 관계에 있는 다의성이 된다. 그러므로 다의성이 성립하는 과정의 형식은 원래의 의미와 파생되는 다른 의미 사이의 문제로 귀착된다.

어소의 의미를 지칭하는 의소(sememe)의 설정은 어소가 갖는 의미들 사이의 관계에 따라 세 견해로 나뉘는데 용법설, 기본의미설, 다의성설이 해당

---

3 의미 연구에서는 발화에 대한 의미 분석의 방법으로써 의소(義素, sememe)를 설정하여 그 개개의 특성과 체계 및 구조를 밝히고 이를 바탕으로 문장의 의미와 발화의 의미를 해명하여야 한다. 그런데 의소는 어소(語素, morpheme)를 기대서 실현되는 것이므로 의미 연구는 결국 어소의 의미 분석에서 시작된다고 하겠다(최호철 1995).

한다.

한 어소에 무한수의 독립된 기본 의미를 인정하는 용법설은 의미들 사이의 시차성에 비중은 둔 견해로서 용법에 따라 갖는 여러 의미를 별개 의소로 본다.

한 어소에 한 기본 의미만을 인정하는 기본 의미설은 의미들 사이의 유연성에 비중은 둔 견해로서 어소가 가지는 여러 의미들은 하나의 기본 의미가 개개의 맥락에 의해서 변화된 것으로 이해한다. 실제적으로 용법에 따라 나타나는 의미들에서 추상화된 공통 의미를 추출하는 데에 어려움이 따른다.

용법설과 기본 의미설을 절충한 다의성설은 한 어소에 유한한 복수의 기본 의미를 인정한 견해로서 어소가 가지고 있는 의미들 가운데에서 일부는 하나의 공통된 기본 의미로 보고 일부는 공통성을 지니지 않은 별개의 의미로 보는 것이다.

(1)

<table>
<tr><th>脈絡</th><th>異義</th><th>語素</th></tr>
<tr><td>이 길로 가면 서울인가?</td><td>≪行路≫</td><td rowspan="12">{길}</td></tr>
<tr><td>차가 달리는 길에 섰구나!</td><td>≪車道≫</td></tr>
<tr><td>기차가 오고 가는 길이다.</td><td>≪鐵路≫</td></tr>
<tr><td>배 가는 길에 파도가 인다.</td><td>≪海路≫</td></tr>
<tr><td>비행기는 저 갈 길을 난다.</td><td>≪空路≫</td></tr>
<tr><td>족히 하루길은 되겠다.</td><td>≪步行≫</td></tr>
<tr><td>그는 막 길을 떠났다.</td><td>≪旅行≫</td></tr>
<tr><td>저 집으로 가는 길이다.</td><td>≪途中≫</td></tr>
<tr><td>길 아니거든 가지 마라</td><td>≪道理≫</td></tr>
<tr><td>그것이 자식의 길인가?</td><td>≪義理≫</td></tr>
<tr><td>그 길을 거쳐 완성했다.</td><td>≪經路≫</td></tr>
<tr><td>살자니 그 길뿐이었다.</td><td>≪方法≫</td></tr>
</table>

최호철(1993: 44)

의소 설정에서 {길}이 <행로, 차도, 철로, 해로, 공로, 보행, 여행, 도중, 도

리, 의미, 경로, 방법>으로 실현될 경우 이들은 의미적 유연성에 의하여 한 의소로 분류되는데 추상적인 의소로 설정되는 것은 이들 단의의 공통성을 추출한 어떤 ≪?≫가 아니라 여러 단의 가운데에서 기본적인 ≪행로≫이다.

최경봉(2015)에 따르면 구조주의 관점에서는 '길'이라는 하나의 어휘소에 대응하는 하나의 의소 '길'을 설정한다. '길'의 의미 값은 문맥 의미를 포괄하는 공통의미(기본 의미)이고 문맥 의미는 '길'의 이의가 된다.[4]

최호철(1993)은 남경완(2005)으로 발전하여 다음과 같은 의미 분석 절차를 제시하고 있다.

(2) 의미 분석의 절차(남경완 2005: 72)
① 분석 대상이 되는 어휘 형태가 사용된 실제 용례를 수집한다.
② 각 용례별로 의미 특성을 분석하여 단의를 평정한다.
③ 분석된 의미 특성의 같고 다름을 살펴 단의를 구분하고 단의의 전체 목록을 확정한다.
④ 단의의 의미적 유연성에 따라 다의성과 동음성을 구분하여 어휘소를 구분한다.
⑤ 각 어휘소별로 주이의와 부이의를 분류하여 의소를 설정한다.
⑥ 각 단의별로 의미 특성을 기술한다.

구조주의의 의미 분석은 다의의 의미 구별을 통해 국어사전의 의미 기술을 엄밀히 하려는 목적을 가지고 있다. 그러나 실제 국어사전에 기술된 의미를 기반으로 의미 분석을 하고 있으므로 구조적 의미를 나열하는 것에 불과한 것으로 볼 수 있다. 이러한 의미 나열 방식은 의미들 간의 관련성이나 창조적 사용에 대해 설명하기 어렵다.

특히 한 단어가 가지는 다의적 성질은 전통적인 성분분석 방법의 의미 이론 내에서는 다루기 어려운 과제였다. 전통적인 의미 이론은 한 단어가 새로운

4 최경봉(2015)에서는 '손'에 대해서 구조주의, 문맥주의의 의미를 설명하고 있다. 본고에서는 최호철(1993)의 예시인 '길'을 제시하여 설명한다.

의미로 사용되는 경우 각각에 대해 형식화함으로써 무한한 의미 증식의 위험성을 가지게 되었으며, 이로 인해 의미 차이가 발생할 때마다 새로운 의미를 추가해야 하는 문제를 안고 있다(이민우 2010: 18).

2.2. 인지 의미론에서의 의미 확장

인지언어학에서는 인간 본성에 대한 이해의 한 방법으로 어휘 의미를 연구한다. 다의어는 은유와 환유 같이 인간의 사고방식에 근거한다는 점에 초점을 맞추고 있다. 전통적으로 어휘의미론에서는 단어 의미가 기본의미, 중심의미에서 파생의미, 주변의미로 확장된 것으로 간주한다. 인지언어학에서는 단어 의미에 대한 원형적인 접근을 하여 추상적인 원형의미를 설정하고 단어의 의미는 가족 유사성과 원형의미와의 상호 작용으로 기술한다. 한 단어의 여러 의미들을 관련된 의미의 집합으로 다루어 다의어를 문법 범주로까지 확장시켰다(Cuyckens & Zawada 2001).

이러한 인지언어학의 다의어 연구는 임지룡(1996)을 시작으로 하여 국어 의미론에 지대한 영향을 끼쳤다. 인지언어학의 다의 연구 방법을 국어 어휘의 의미 확장에 적용하는 논의가 주를 이룬다. 이 절에서는 인지의미론의 의미 확장과 이를 비판하는 논의에 대해 다룬다.

다의어는 하나의 어휘 항목이 두 가지 이상의 관련된 의미를 지닌 것으로, 어휘 항목의 형태에 대응되는 '의미$_1$, 의미$_2$, … 의미$_n$'의 관계를 다의 관계라고 하였다.

다의 관계를 대표하는 의미를 중심의미, 기본의미, 원형의미라고 하고 확장된 의미를 주변의미, 파생의미, 확장의미라고 한다.

정의상으로 다의어와 동음이의어는 뚜렷이 구별되지만, 다의어와 동음이의어 간의 경계는 불분명하다. 사전마다 처리 방식이 다르고, 하나의 사전에서도 그 기준이 일정하지 않다. 다의어와 동음이의어의 경계가 본질적으로 흐리다고 볼 수 있다.

임지룡(2010: 18)에서 다의어는 하나의 단어가 두 가지 이상의 관련된 의의를 지닌 것으로서 다의어를 이루는 중심 의미와 주변 의미 간의 상호 의의 관계를 총칭적으로 다의관계라고 하였다.

다의어의 의미분석은 고전 범주화에 바탕을 둔 자율언어학과 원형 범주화에 의한 인지언어학의 관점이 뚜렷한 대조를 이루고 있다. 다의어에 대한 자율언어학의 관점은 중심의미와 주변의미 간에 핵 의미(core meaning)를 갖는 것이다.

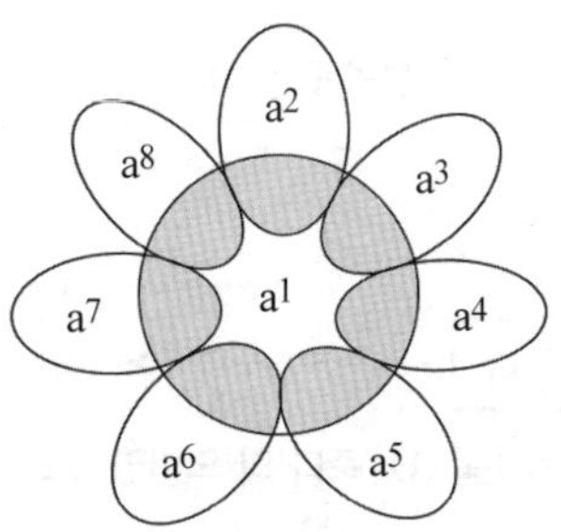

〈그림 1〉 **다의어의 핵의미 구조**

다의어의 의미확장은 의미망(semantic network) 구조와 의미 연쇄 구조에 의해 설명된다(임지룡 2018: 134). 의미망 구조는 'A(원형), B(확장), C(도식)'으로 이루어지는데, '원형(A)'과의 유사성을 통하여 수평적으로 '확장(B)' 관계를 이루며 원형과 확장의 공통성을 추상화하여 수직적으로 '도식(C)' 관계를 이룬다. 예를 들어, '죽다'는 '사람의 생명이 끊어진 사건'으로 확장되며, 원형과 확장 사건을 바탕으로 생명체가 죽은 사건으로 도식화된다. 이러한 망을 바탕으로 '불이 죽다', '옷에 풀기가 죽다'와 같이 '구체물'로 확장되며 '성질, 기(氣)가 죽다'와 같이 추상적인 죽음으로 확장된다.

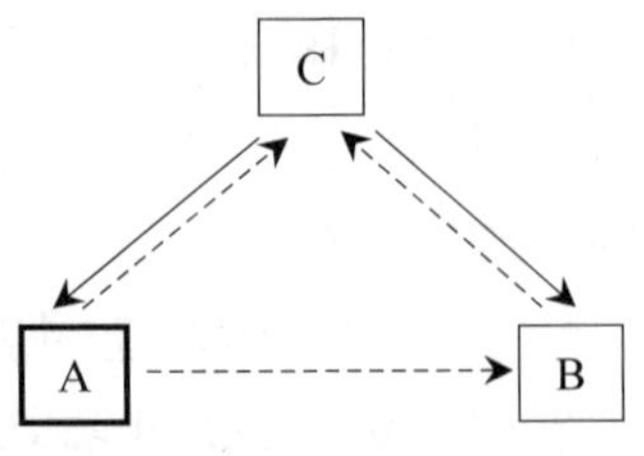

〈그림 2〉 의미망 구조

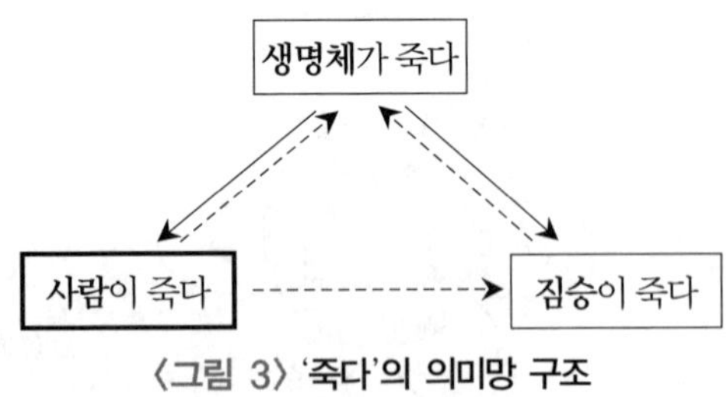

〈그림 3〉 '죽다'의 의미망 구조

한 단어가 관련된 여러 의의를 가지고 있으면서 공통된 핵 의미를 찾기 어려운 경우, 의미 연쇄를 통해 다의어로 판정하게 된다. 다의적 용법 간에는 해당 범주를 망라하는 핵 의미를 갖는 것이 아니라, AB, BC, CD 간에 인접한 용법끼리 의미를 공유하게 된다. 예를 들어 '고락'은 '낙지의 배 → 그 뱃속의 검은 물 → 그 물이 담긴 주머니'(표준국어대사전)로 의미 연쇄가 일어나며 '벤치'는 '긴 의자'(공원 벤치에 앉았다) → '축구장의 긴 의자'(그는 후보 선수로서 벤치를 지키는 신세가 되었다) → '감독'(선수들이 벤치의 지시를 어겼다)'로 의미 연쇄가 일어난다.

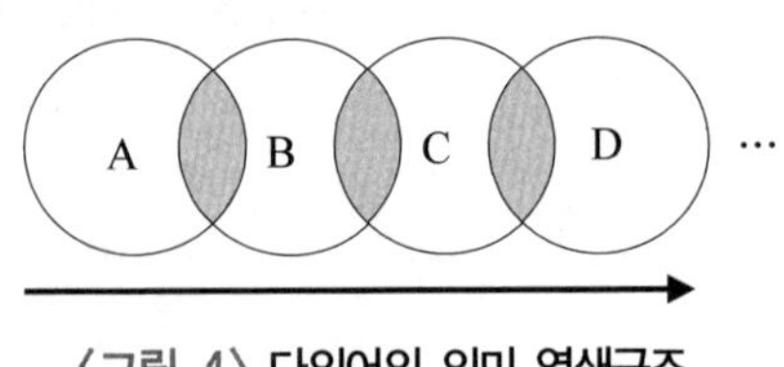

〈그림 4〉 다의어의 의미 연쇄구조

이민우(2009)에서 다의는 기본 의미에서 확장되거나 연쇄적으로 파생된 것이라기보다 개념적 관계들의 발견 혹은 새로운 관계의 생성을 통해 나타나는 것이다. 잠재적으로 모든 어휘는 다의성을 가지며 이는 개념들 간의 관계 구성을 통해 드러난다고 보았다. 다의 연구에서 중요한 것은 한 낱말이 다양한 의미로 구성되며 그 의미들은 서로 관계가 있다는 것이다.

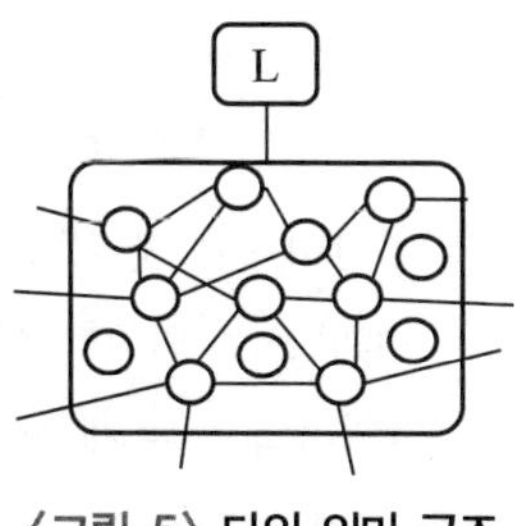

〈그림 5〉 다의 의미 구조

임지룡(1996) 등 인지언어학에서는 다의어를 원형 이론에 바탕을 둔 의미 연쇄 구조와 의미망 구조를 통해 설명해야 한다고 주장한다. 그러나 의미 연쇄는 복잡하게 얽힌 관계를 보여주기에 적합하지 않을 뿐만 아니라 무한한 다의어를 발생시키는 문제가 있다. 원형을 중심으로 한 확장은 결국 핵의미 방식을 따른 것이기 때문에 기존의 문제에서 벗어나지 못하는 것이다. 그리하여, 다의어의 의미 구조를 화살표를 통해 기본의미에서 확장되는 것으로 보여주기 보다는 다의 내부의 의미들 사이의 관계로 구성된 집합 구조로 보는 것이 적절하다고 주장한다. 다의 의미 집합을 어휘에 대응되는 복합적인 개념들과 관계로 표시된 연결로 구성된 구조로 보았다.

어휘의 의미가 관련된 의미들이 이루는 망 속의 특정 범위에 의해 규정된 집합적 개념으로 정의되는 것처럼, 다의는 한 어휘의 개념들이 이루는 관계의 망 속에 의미를 부려 놓는 것이다. 어휘 개념은 다양한 해석이 가능한 의미의 집합체로 존재한다. 의미는 복잡한 그물망처럼 얽혀 있으며, 어휘 의미를 알기 위해서는 한 어휘와 연결되는 개념들 사이의 관계를 규명해야 한다고 주장하였다.

2.3. 생성어휘부이론의 체계적 다의성[5]

Pustejovsky(1995)는 기존 사전의 의미 나열식 어휘 기술을 비판하고 단어 의미 기술의 새로운 방법론을 제시하였다. 생성 어휘부 이론에서는 단어들이 문맥에서 의미가 생성되며 창조적으로 사용된다는 점을 강조하였다. 한 단어의 의미는 문맥에서 다양한 방법으로 실현된다.

단어들이 새로운 문맥에서 무한히 새로운 의미로 사용되는 것이 아니라 체계성을 가진 규칙적인 의미 변환[6]으로 의미를 형성한다고 보았다. 사전의 어휘 항목 풀이에서 제공되는 다의미의 수는 제한되어 있지만 문맥에서 실현될 때에는 잠재적으로 다양한 의미로 실현될 수 있기 때문이다.

생성어휘부이론에 따르면 단어 의미 체계성은 어휘 의미 구조에서 예측 가능하며 특질 구조를 부여하고 특질 구조의 한 부분이 강조되는 것으로 설명할 수 있다. 특질 구조에 부여된 여러 의미들은 구체화되지 않았지만 잠재되어 있다가 문맥의 영향을 받아서 구체화된다. 명사에도 동사와 같이 어휘 의

5 체계적 다의성(systematic polysemy)은 러시아의 Apresjan(1974)에 의해 연구되기 시작하였다. 그는 어떤 단어들이 둘 이상의 의미를 가지고 이러한 둘 이상의 의미에서 일정한 관련성을 유지하는 것을 규칙적 다의성(regular polysemy)이라고 하였다. 즉, 어떤 단어가 a 유형의 의미를 갖고 또 b 유형의 의미로 사용될 수 있을 때 다른 단어도 a 유형의 의미와 b 유형의 의미를 가지고 있는 경우이다. 이것은 의미 유형 사이의 관련성을 표현한 것이다. 규칙적 다의성, 체계적 다의성은 생산적이고 예측 가능하여 일종의 단어 형성 규칙으로 간주된다(차준경 2004).

6 영어의 논리적 다의어의 명사 변환의 예(Pustejovsky 1995: 30)
Count/Mass: lamb
Container/Containee: bottle
Figure/Ground: door, window
Product/Producer: newspaper, Honda
Plant/Food; fig, apple
Process/Result: examination, merger
Place/People: city, New York

미 구조를 상정할 수 있으며 다의어의 의미가 자의적이지 않으며 논리적·체계적으로 생성될 수 있는 원리를 제시하였다(차준경 2004).

생성어휘부이론은 성분분석이론의 바탕 위에 어휘의 의미 작용을 설명할 수 있는 정보를 추가하는 방식으로 구축되었다. 생성어휘부이론에서 이루어진 의미 표상의 목표는 어휘적 창조성과 의미 확장 현상의 생성적 본질을 포착하기에 충분할 만한 표현력과 문맥에서의 다의적 양상을 설명할 만큼 융통성을 지닌 형식 체계를 제공하는 것이었다. 이는 생성의미론과 개념의미론이 다의적 의미를 의미 번호로 구분하여 나열적으로 기술하는 것과 대조적이다. 생성어휘부이론에서는 의미 나열 어휘부(sense enumeration lexicon)로는 어휘의 창조적 사용과 다의적 양상을 원리적으로 보여주지 못한다고 지적한다(최경봉 2015: 43).

생성어휘부이론에서는 의미 확장 현상을 원리적으로 설명할 수 있을 만한 정도로 어휘 의미를 표상하고자 하는데, 이러한 시도는 실세계와 관련한 지식을 포함하는 의미 표상 방식으로 나타난다. 이러한 표상 방식의 특징은 생성어휘부이론의 네 단계 표상[7] 중 속성(특질) 구조(qualia structure)에 잘 나타난다.

김혜령(2015)에서는 생성어휘부이론이 불규칙한 다의는 다루지 않고 체계적 다의만을 다룬다고 비판하고 있다. 그러나 기존의 구조주의 의미론이나 인지 의미론에서는 불규칙한 다의만을 다루고 있으며, 체계적 다의는 다루지 않고 있다. Apresjan(1974)에서는 다의를 환유에 의한 규칙적 다의와 은유에 의한 불규칙적 다의로 나누고 있다.

이러한 생성어휘부이론은 전산언어학뿐만 아니라 국내의 다의어 연구에 많은 영향을 끼쳤으며, 최근 체계적 다의성이 규칙에 의존한 것에 대해 화용

7 생성어휘부 이론의 의미 표상 단계는 다음과 같다(Pustejovsky 1995: 61).
논항구조(Argument Structure)
사건구조(Event Structure)
특질구조(Qualia Strucrue)
어휘 상속 구조(Lexical Inheritance Structure)

론의 적절성 이론을 도입하여 설명한 논의도 있다(Falcum 2015).

2.4. 화용론적 문맥주의의 다중 의미

"다의는 어휘 속에 존재하지 않으며 문맥 속에 존재한다. 이는 곧 개념적 층위에서 의미가 파악된다는 것을 말한다. 다의적 의미들은 어휘 의미 자체로 파악할 수 없으며 화용적인 검토를 필요로 한다."(이민우 2009)

일반적으로 어휘는 그 자체로 어떤 본질적인 의미가 있고 그 의미가 다양하게 나타나는 것은 상황이나 맥락에 따른 것으로 보았다. 그러나 어휘의 의미는 몇몇 기술로 한정할 수 없으며 어휘가 사용되는 언어 내외적 맥락을 고려할 때만 될 수 있다. 이러한 관점에서 이민우(2010)에서는 다중의미라는 개념을 도입하였다.

다중의미는 동일한 어휘 형태에 다양한 의미들이 연합되어 쓰이는 것을 말한다. 일반적으로 동일한 어휘 형태가 다양한 의미로 사용되는 양상은 다의라는 용어로 지칭되었다. 하지만 다의라는 명칭은 동음이의와 변이의미의 구분에 의해 규정되는 용어로서 변이의미와 동음이의를 포함하는 다양한 의미 양상을 포괄적으로 사용할 수 있는 용어로 사용하기에 부적절하다. 기존 연구에서 변이의미, 다의, 동음이의로 다루었던 다양한 의미적 양상을 다중의미로 보았다(이민우 2010: 58).

의미는 연속적인 계층성을 가지고 있으며 이들이 하나의 집합적 단위를 이루고 있다. 이를 다중의미의 연속적 계층성이라 하여 다음과 같이 제시하였다.

(3) 변이의미 - 보기방식 - 미시의미 - 국면 - 다의 - 관용의미 - 동음이의

상황에 따라 가변적이며 추론에 의해 쉽게 나타났다 사라지는 왼쪽 의미부

터 고정적이고 독립된 다른 의미로 구분되는 오른쪽까지 다중의미는 연속성을 가지고 있다. 이들은 모두 하나의 어휘 형태에 연결되어 집합적 결속성을 가지고 사용된다. 가장 왼쪽에 있는 변이 의의는 즉각적이고 일시적인 의미에 속한다. 보기방식과 미시의미는 일시적인 의미에 속하지만 의미적 자립성을 상정할 수 있는 예들이다. 국면은 구분은 되지만 분리할 수 없는 의미의 한 부분이며 다의는 사용 영역이 구분되는 차원에서 의미의 분리성을 갖는다. 관용의미는 관습적으로 고정된 특정한 의미로서 구분되는 것이며 동음이의는 완전히 다른 구분되는 의미라고 할 수 있을 것이다. 이들 각 의미는 동일한 형태에 의해 맥락에 따라 다양하게 선택되어 사용되는 것이다.

사람들은 대화 형식과 담화 상황에 따라 별 어려움 없이 단의적인 표현에서 모호한 표현 그리고 다의적인 표현까지 자유롭게 사용한다. 연구자들은 대부분 단어 고립적 의미를 가정하여 조사하지만 단어는 언제나 문맥 속에서만 특정 의미를 가지며 그러한 의미로 해석된다. 청자는 수많은 가능한 해석들 중에서 배경, 기본 가정, 문맥적 고려를 통해 하나의 의미를 추정한다. 이는 이들 의미가 어휘 속에 내재된 본성적 의미가 아니라는 것을 말한다. 어휘 의미는 다차원적 존재 양상을 보이며 의미는 어휘 형태와 연합하여 나타날 수 있는 다중의미체를 구성한다.

다중의미는 은유, 환유, 제유에 의해 생성되며, 이들이 반복적으로 적용됨으로써 다중의미의 폭이 무한히 확장된다. 또한, 개별적으로 다중의미성을 보이는 특수한 단어들이나 동음이의어 관계에 있는 단어들에서도 다중의미를 찾아볼 수 있다. 보다 큰 언어 단위에서는 단어들의 결합 양상과 문장 구조의 상이함이 다중의미를 야기한다. 그러나 세부적으로 다중의미는 언어 문화권마다 다른 방식으로 생성되며, 특정 담화 맥락에서 일회적으로만 나타나기도 한다. 이러한 다중의미가 적절히 해석되는 것은 맥락과 언어 외적 지식에 의한 추론을 통한 것이다. 함께 출현하는 단어들과 세상에 대한 지식이 복합적으로 작용하여 가장 적절한 의미가 도출되며, 도출된 의미가 후행하는 정보에 의해 수정되기도 한다(최호철 편 2013b: 116).

3. 다의어 연구의 쟁점

3.1. 다의 관계와 다의 현상

'polysemy'는 한 단어에 여러 의미가 연합되어 있는 현상이다. 여기에 단어를 어휘소 또는 어휘 항목이라고 칭하기도 한다. 한 단어 형태에 연합된 여러 의미들의 관계를 포착하여 다의 관계라 하기도 한다.

대표적으로 임지룡(1996, 2010: 18)에서는 "다의어는 하나의 단어가 두 가지 이상의 관련된 의의를 지닌 것으로서 다의어를 이루는 중심 의미와 주변 의미 간의 상호 의의 관계를 총칭적으로 다의관계"라고 하였다.

김광해(1990, 1993)에서는 다의성은 의미 관계의 일종이 아니라고 하였다. 김광해(1990)에서는 어휘소 간의 의미 관계를 기호 삼각형에 근거하여 설명하였다. 즉, 기호 삼각형의 세 가지 요인(개념(C), 기호(S), 지시대상(R)) 가운데 하나가 각각 관계를 맺고 있기 때문에 궁극적으로는 어휘소들이 의미관계를 형성하게 되는 것이라는 입장을 취하고 있다. 유의 관계는 기호 사이의 관계, 반의 관계는 개념 사이의 관계, 상하의 관계는 지시대상 사이의 관계라고 하였다. 김광해(1993)에서도 어휘소 사이의 의미 관계가 아니라는 점을 들어 다의 현상을 의미 관계 논의에서 제외한 바 있다.

최경봉(2015)에서도 다의성은 의미 관계의 일종이 아니라고 보고 있다. 어휘 의미의 다의성을 파악하는 차원은 어휘소 간의 의미 관계, 동의, 반의, 상하의 관계 등을 파악하는 차원과 다르다. 다의 현상은 어휘소 하나가 다양한 문맥에서 실현되는 양상, 어휘소와 어휘소가 관계하는 양상과는 차원이 다른 것이다.

이민우(2010: 25)에서는 다의는 기본의미에서 확장되거나 연쇄적으로 파생된 것이라기보다 개념적 관계들의 발견, 혹은 새로운 관계의 생성을 통해 나타난다고 하였다. 따라서 잠재적으로 모든 어휘는 다의성을 가지며 이는 개념들 간의 관계 구성을 통해 드러난다. 따라서 다의 연구에서 중요한 것은 한 단어가 다양한 의미로 구성되며 그 의미들은 서로 관계가 있다는 것이다.

이와 같이 'polysemy'에 대해서 다양한 관점이 포함될 수 있고 이에 대해 번역도 다의성, 다의 현상, 다의 관계 등으로 다양한 관점을 포함하고 있다.

3.2. 다의어와 동음이의어 구별

> "사전에서는 다의어의 경우 하나의 표제어를 부여하고, 동음이의어의 경우 별개의 표제어를 부여하지만, 문제의 단어에 표제어를 부여하는 방식이 사전마다 일정하지 않을 뿐만 아니라 동일한 사전 안에서도 그 기준이 일관되지 않는다. 또한, 하나의 어휘 항목에 대한 다의적 의미 확장의 분류 기준도 일정하지 않다. 곧 특정한 어휘 항목에 대해서 다의적 의미 확장의 가짓수와 그 배열 방식에 많은 혼선이 빚어지고 있다."(임지룡 2009: 195)

이와 같이 다의어와 동음이의어 구별의 문제는 다의어 연구에 있어서 오랜 난제이다. 같은 단어에 대해 사전마다 다른 기준을 적용하여 처리하고 있기 때문이다. 이것은 어휘 의미의 특성에 기인한 것이다. 즉, 어휘 의미는 고정된 것이 아니라 유동적이며 문맥에 따라 비유적인 의미까지 생성되기 때문이다. 이에 대해 구조주의 의미론, 인지주의 의미론, 화용론적 문맥주의에서는 어떻게 처리하고 있는지 살펴보기로 한다.

다시 한번 다의어와 동음이의어의 정의를 살펴보면, 다의어(polysemous word)란 하나의 어휘 항목(lexical item)이 두 가지 이상의 관련된 뜻(meaning) 또는 의의(snesne)를 지닌 것으로 이러한 상호 의의 관계를 통칭적으로 다의성(polysemy)이라고 한다(Cruse 2000: 109).

동음이의어(homonymy)는 둘 이상의 서로 다른 어휘 항목이 의미와 무관하게 동일한 형태를 지닌 것을 가리킨다. 이때는 별개의 어휘소로 간주한다. 이와 같이 다의어와 동음이의어는 전통적으로 어원과 의미적 유연성을 기준으로 나누었다.

구조주의 의미론을 적용하고 있는 최호철(1993: 25)에서도 다음과 같이 기술하고 있다.

의미적 유연성의 유무에 따라 둘 이상의 어소가 하나의 음성 형식을 갖거나 한 어소가 둘 이상의 의미를 갖는데 각각은 동음성과 다의성으로 기술된다. 문제는 한 언어 형태가 여러 의미를 가지고 있을 때, 그 형태를 다의성으로 간주하여 여러 의미를 가지고 있는 하나의 어소로 볼 것인지 아니면 동음성으로 간주하여 같은 형태를 갖춘 다른 어소로 볼 것인지 결정하는 것이 분명하지 못하다는 것이다. 이들을 구별하는 전통적인 기준으로 제기된 것이 통시적인 어원상의 기준이다. 그러나 어원상의 기준은 실제적인 면에서 절대적으로 적용되는 것은 아니다.

대부분의 사람들은 많은 단어에 대하여 그 역사적 변천을 잘 모르며, 역사적으로 그 기원이 다른 말임에도 불구하고 동일한 어원을 가지는 것으로 인식하여 하나의 단어로 처리하는 것이 있는가 하면 동일한 어원을 가지는 것인데도 불구하고 의미적인 관련을 쉽게 찾을 수 없어 다른 단어로 처리하는 것도 있기 때문이다.

다음으로, 모국어 화자들의 심리적 느낌으로 구별할 수 있다. 이것은 화자들의 직관에 의지하는 공시적인 고찰로서 어원적 정보로 필요로 하는 통시적인 고찰과는 대조가 된다. 여기에서 비교되는 의미는 이론적으로 기술된 것이 아니고 발화 상의 맥락에서 구별된 것이다. 직관에 따른 유연성의 정도에 있다.

다의성과 동음성을 구별하는 어원적 기준과 의미적 유연성이 갖는 문제점으로 인하여 이들의 구별은 결국 모호하고 임의적인 구별이 될 수밖에 없다.

이에 대해 임지룡(2009)에서는 다의를 인지언어학의 원형 이론과 확장 기제에 따라 구별하였다.

다의어의 판정 기준은, 첫째, 동일한 형태의 언어적 용법에 대해서 다의어와 동음이의어의 처리가 불투명한 경우, 원형의미를 중심으로 관련된 용법에 공유되는 둘 이상의 핵심 의미를 부여하거나 의미 연쇄의 과정을 고려하여 다의어를 폭넓게 해석하는 것이 타당하다. 다의어란 본질적으로 명칭의 무한한 확대를 막기 위하여 기존의 형태에 의미를 확장하여 하나의 명칭으로 범주화하려는 경제적인 인지 전략이기 때문이다.

둘째, 명사 부류를 중심으로 몇 가지 국면으로 이루어진 다면어는 단의어 및 다의어와 경계선상에 있는데, 그 자율성을 고려하여 다의어와 구별해야 한다. 즉, 다면어는 그 의의가 한정된 국면으로 구성되며 각각의 국면은 한 단어의 의미에 대하여 상호 보완적인 관계를 맺음으로써 지각상 하나의 통일체를 형성하는 반면, 다의어는 의의가 개방적이며 분산되므로 그 총체적인 모습을 하나의 영상으로 포착하기 어렵다. 또한, 다면어의 의의들은 대칭 상태를 유지하며 개별적인 원형을 갖는 반면 다의어의 의의들은 원형의미와 확장의미간에 현저한 비대칭을 갖는다(임지룡 2009: 222).

인지언어학의 관점에서 다의를 기술하는 것이 바람직할 것이나 실제 사전편찬학에서의 적용의 문제가 남아 있다.

화용론적 문맥주의인 이민우 · 김진해(2015)에서는 "한 단어가 갖는 다양한 의미들을 어떻게 구분할 수 있는가?"와 같은 문제를 제기하였다.

단어의 의미를 명확하게 구분하고 기술하기 위해 노력을 하고, 의미를 명확히 가르는 것은 사전 편찬의 중요한 과제이다. 사전편찬자는 필요와 상황에 따라 의미를 분명하게 나누고 기술하기 위해 노력한다. 그러나 실제 언어생활에서는 의미를 명확하게 사용하기보다 모호하거나 함축적으로 사용하는 경우가 더 많다. 그러한 의미를 이용하면서도 큰 문제 없이 살아간다. 이러한 의미 구별의 문제는 사전편찬자의 문제이며 언어 연구자들은 본질적인 언어 사용의 본질을 파악해야 한다고 주장하였다.

그들이 주장하는 내용은 다의는 가능성 집합의 한 유형으로 보아야 한다는 것이다. 우리는 이들 집합에서 가능한 의미들을 선택해 낸다. 따라서 "한 단어가 갖는 다양한 의미들을 어떻게 구분할 수 있는가?"라는 질문에 대한 결론적인 답변은 의미를 명확히 가를 수 있는 그러한 구분 기준은 없다는 것이다. 다만, 우리들이 언어를 사용할 때 그렇게 복잡한 의미들을 어떻게 구분하고 사용하는지에 대해서는 어느 정도 말할 수 있을 것이다. 의미를 구분하려는 많은 노력들은 대부분 실패했으며, 이를 통해 다의가 연속적으로 존재하는 현상이며 맥락의 지배를 받는다는 것을 알 수 있다. 그러나 사람들이 의미를 구분하는 방법은 단순히 맥락만이 아니다. 지시에 대한 정보 또한 의미를 구분하는 중요한 역할을 한다. 맥락은 어휘 자체가 아니라 그 어휘가 지시하는 대상이나 범주를 구분하도록 하며 이를 통해 우리는 의미를 구분하여 이해하고 사용할 수 있다는 것이다. 그래서 의미가 어휘 의미 정보로 저장되어 있는 것인지 사용할 때마다 생성되는 것인지를 가르는 기준을 찾는 것보다 문맥 패턴이 보여주는 지시 범주와 두 의미 사이의 공시적 관계들을 확인하는 것이 더 유용하다(이민우 · 김진해 2015: 296).

다의어와 동음이의어의 구별 문제, 다의어의 의미 분할의 문제는 실제 사전 편찬을 통해서 제기된 문제들이다. 국어사전 편찬이라는 현실적인 문제에 당면하여 구조주의 의미론, 인지의미론, 생성어휘부 이론 등에서는 체계적인 의미 구분의 방식을 제시하였다. 이를 사전편찬에 실제로 적용하는 문제가 남아 있다.

3.3. 다면어와 다의어

단어의 문맥 내의 변이 의미에 대해 Cruse(2000)는 국면(facet)이라는 개념을 제시하였다. '책'은 문맥에서 물리적 대상과 추상적 내용으로 해석될 수 있다. 이것은 '책'의 [TEXT(내용)] 국면과 [TOME(형태)] 국면이라고 하며, 문맥에서 구별되는 특정 국면이 강조되면 국면화(facetization)가 이루어진다.

국면은 구별되어 해석되지만 배타적이지 않다. 동시에 해석될 수 있으며, 서로 구별되는 존재론적 유형을 가진다. '책'은 2개의 국면을 가지고 있으며, 이를 '다면어(多面語: multi faceted word)'라고 한다(임지룡 1998: 225). 그러나 언중들은 '책'의 국면으로 구별되는 의미를 미처 인식하지 못하며 이러한 국면을 다의로 분할하여 사전에 기술하지도 않는다(차준경 2004: 15).

여기서 제기되는 문제는 다의어와 구별되는 다면어를 설정해야 하느냐의 문제이다. 인지언어학에서는 다의어와 구별되는 다면어를 설정하며, 구조주의 의미론이나 생성어휘부이론에서는 다의의 일종으로 보고 있다.

(4) a. 이 은행은 3층으로 지어졌다.
b. 이 은행은 1930년에 설립되었다.
c. 이 은행은 친절하다.
d. 이 은행은 근무하기에 편하다. (임지룡 2009: 203)

위의 예문에서 명사 '은행'은 문맥에 따라 여러 의미로 쓰인다. 즉, '은행'은 건축물, 금융기관, 직원, 근무처 등으로 각기 다르게 해석된다. 생성어휘부이론에서는 이와 같은 어휘의 의미적 국면을 규칙적 다의어, 논리적 환유로 처리한다. 인지의미론(임지룡 1996, 2009 등)에서는 이를 다의어와는 다른 다면어로 처리하고 있다. 다의어와는 완연히 다른 성질을 갖는 것으로 정의하고 있다.

임지룡(2009: 141)에서는 다면어의 정의를 다음과 같이 제시하고 있다. 다면어(multi-faceted words)는 그 의미가 둘에서 네 개 정도의 국면으로 구성되며 각각의 국면은 한 단어의 의미에 대하여 상호 보완적인 관계를 맺음으로써 지각상 하나의 통일체를 형성하는 단위이다.

첫째, 다면어는 그 의의가 둘에서 네 개 정도의 국면으로 구성되며 각각의 국면은 한 단어의 의미에 대하여 상호 보완적인 관계를 맺음으로써 지각상 하나의 통일체를 형성하는 반면, 다의어는 의의가 개방적이며 분산되므로 그 총체적인 모습을 하나의 영상으로 포착하기 어렵다. 둘째, 다면어의 의의들은 대칭 상태를 유지하며 개별적인 원형을 갖는 반면, 다의어의 의의들은 원형의미와 확장의미 간에 현저한 비대칭을 갖는다. 셋째, 다면어는 명사류에 국한되는 반면, 다의어는 모든 어휘 부류에 나타난다. 명사의 부류를 중심으로 한정된 몇 가지 국면으로 이루어진 다면어는 단의어 및 다의어와 경계선상에 있음을 알 수 있다. 다면어를 단의어 또는 다의어로 분류할 것이 아니라 다면

어의 독자성을 고려하는 것이 타당하다(임지룡 2009).

최경봉(2015: 264)에서는 다의 현상을 문맥 의미의 변이 양상으로 단순화하면 의미의 특성을 제대로 설명하지 못할 수도 있기 때문에 어휘소를 단의어-다면어-다의어로 나누어 다의 현상의 국면을 제한하는 경우(임지룡 1997: 223-228)도 있고 이의를 문맥적 이의와 화맥적 이의로 나누어 이의의 성격을 구분하는 경우[8]도 있다고 제시하였다.

제갈덕주(2014)에서는 '다면'의 문제는 동음어, 단의어, 다의어와 연관되어 있으므로 '다면'은 어휘 분류 체계의 문제가 아니라 한 어휘 내부에 존재하는 구조적 성질의 문제로 다룰 것으로 제안하였다.

4. 마무리

이 글에서는 1970년대 이후 국어학계의 다의 연구를 전체적으로 조망하고, 각 이론별 쟁점 사항을 주로 정리하였다. 구조주의 의미론에서의 다의 분석, 인지언어학의 의미 확장, 생성어휘부 이론의 체계적 다의성, 화용론적 문맥주의의 다중의미가 그것이다. 또한 국어학계에서 쟁점 사항으로 다루고 있는 다의관계와 다의성, 다의 현상의 문제, 다의어와 동음이의어의 구별, 다면어와 다의어의 문제를 다루었다. 다의어 연구의 본질적인 문제를 주로 다루려고 하였다. 사전 편찬, 언어 교육과 관련하여 다의어의 문제가 많이 연구되고 있으나 이 글에서는 반영하지 못하였다. 사전 편찬, 언어 교육의 연구 성과가 직접적으로 사전을 편찬하고 언어 교육을 하는 데에 적용되어야 하는데 그러지 못하고 있는 실정이다. 그만큼 다의어 연구가 진척되고 확대되고 있으나 본질적인 문제는 해결되지 못하는 것으로 볼 수 있다. 다의어의 본질적인 문

8 김혜령(2015)에서는 의미 실현 조건으로 문맥적 실현 조건과 화맥적 실현 조건으로 나누었다. 문맥적 실현 조건은 문장 내 공기 관계와 텍스트 내 결속 관계를 가리키며, 화맥적 실현 조건은 단어가 사용되는 화용론적 상황을 가리킨다.

제에 대한 심도 깊은 논의가 진척되고 이를 통해 앞으로 다의어 연구가 더욱 활발히 진행되기를 기대한다.

참고문헌

강범모(1999), "어휘 의미 정보의 구조와 표상", 『한국어 의미학』 5: 83-118, 한국어 의미학회.

강범모(2000), "논항의 의미 유형과 다의성 기술", 『의미 구조의 표상과 실현』, 소화출판사.

강범모(2002), "생성어휘부이론의 다의어 기술 방법과 그 적용: '사다'와 '팔다'", 『어학연구』 38(1): 275-293, 서울대학교 언어교육원.

김광해(1990), "어휘소간의 의미 관계에 대한 재검토", 『국어학』 20: 28-46, 국어학회.

김광해(1993), 『국어 어휘론 개설』, 집문당.

김민수(1981), 『국어의미론』, 일조각.

김민수 편(1993), 『현대의 국어 연구사』, 서광학술자료사.

김민수 편(1999), 『현대의 국어 연구사』(수정증보판), 박이정.

김진해(2006), "코퍼스언어학 에서 본 의미의 본질", 『한국어 의미학』 21: 75-104, 한국어 의미학회.

김진해(2013), "어휘관계의 체계성을 다시 생각한다", 『한국어 의미학』 42: 443-462, 한국어 의미학회.

김진해(2016), "국어 의미 연구의 전망과 과제", 『어문연구』 44(1): 7-35, 한국어문교육연구회.

김태자(1984), "다의어고", 『한국언어문학』 23: 195-212, 한국언어문학회.

김혜령(2015), "국어 어휘 의미의 실현 조건 연구", 고려대학교 대학원 국어국문학과 박사학위논문.

남경완(1999), "어휘의미론 연구사", 김민수 편, 『현대의 국어 연구사』(수정증보판), 박이정.

남경완(2005), "의미 관계로서의 다의 파생 관계에 대한 고찰", 『한국어 의미학』 17: 151-175, 한국어 의미학회.

남경완(2008), 『국어 용언의 의미 분석 연구』, 태학사.
남경완(2014), "국어 동사 다의성 연구의 흐름과 쟁점", 『한국어 의미학』 46: 111-139, 한국어 의미학회.
남성우(1969), "국어다의고: 현대국어에서 본", 서울대학교 대학원 국어국문학과 석사학위논문.
남성우(1980), "근대 국어의 다의", 『논문집』(한국외대) 13: 65-85, 한국외국어대학.
도원영(2002), "국어 형용성 동사", 고려대학교 대학원 국어국문학과 박사학위논문.
도원영(2002), "교차성 용언의 다의성과 사전 처리", 『한국어학』 15: 25-51, 한국어학회.
도원영(2012), "다의어의 단어 간 역학 관계 시고", 『한국어 의미학』 37: 103-131, 한국어 의미학회.
박철우(2013), "어휘부와 의미론", 『국어학』 66: 445-485, 국어학회.
배도용(2002), 『우리말 의미 확장 연구』, 한국문화사.
배도용(2007), "어휘의미론 연구의 현황과 전망: 어휘의미론 연구사를 중심으로", 『우리말연구』 21: 3-34.
신현숙(1986), 『의미 분석의 방법과 실제』, 한신문화사.
신현숙(1991), 『한국어 현상: 의미 분석』, 상명여자대학교 출판부.
이건환(2002), "현대 국어의 의미 확장 연구", 전남대학교 대학원 국어국문학과 박사학위논문.
이기동(1986), "낱말의 의미와 범주화", 『동방학지』 50: 289-332, 연세대대학교 국학연구소.
이기동(1992), "다의 구분과 순서의 문제", 『새국어생활』 2(1): 55-71, 국립국어원.
이민우(2009), "다의성과 다의화", 『언어학 연구』 14: 107-122, 한국중원언어학회.
이민우(2010a), "국어 다중의미 연구", 경희대학교 대학원 국어국문학과 박사학위논문.
이민우(2010b), "다중적 의미 사용에 대한 연구", 『한국어 의미학』 32: 193-213, 한국어 의미학회.
이민우(2016), "단어 내부의 의미 관계에 대한 연구", 『어문론집』 66: 7-34, 중앙어문학회.
이민우 · 김진해(2015), "다의 구분과 다의 유형에 대한 연구", 『언어학 연구』 37:

281-300, 한국중원언어학회.
이숭녕(1975), "'뜯'의 다의고", 『동양학』 5: 111-123, 단국대학교 동양학연구원(구 단국대학교 동양학연구소).
이운영(2004), "한국어 명사의 다의적 해석", 서울대학교 대학원 언어학과 박사학위논문.
이정민 · 강범모 · 남승호(1997), "한국어 술어 중심의 의미구조: 생성 어휘부 이론과 관련하여", 『한국인지과학회 97 춘계학술대회 발표논문집』 32-40, 한국인지과학회.
이정식(2003), 『다의발생론』, 역락.
이종열(2002), "국어 환유 표현의 사상적 특징과 의미 작용", 『어문학』 76: 65-93, 한국어문학회.
이종열(2003), 『비유와 인지』, 한국문화사.
이현근(1990), "개념의 원형 이론에 의한 연구", 『언어 연구』 7: 91-108, 한국현대언어학회.
이현근(1992), "개념 구조에 의한 단어의 다의성 연구", 『언어 연구』 8: 101-123, 한국현대언어학회.
임지룡(1992), 『국어 의미론』, 탑출판사.
임지룡(1996), "다의어의 인지적 의미 특성", 『언어학』 18: 229-261, 대한언어학회.
임지룡(1998), "다의어의 비대칭 양상 연구", 『언어과학연구』 15: 309-331, 언어과학회.
임지룡(2006), "인지언어학 관점에서 본 의미의 본질", 『한국어 의미학』 21: 1-29, 한국어 의미학회.
임지룡(2007), "신체화에 기초한 의미 확장의 특성 연구", 『언어과학연구』 40: 1-31, 언어과학회.
임지룡(2009), "다의어의 판정과 의미 확장의 분류 기준", 『한국어 의미학』 28: 193-226, 한국어 의미학회.
임지룡(2010), "어휘의미론과 인지언어학", 『한국어학』 49: 1-35, 한국어학회.
임지룡(2012), "어휘의미론의 흐름과 특성", 『한말연구』 31: 195-224, 한말연구학회.
임지룡(2016), "신체어의 의미 확장 양상과 해석", 『배달말』 59: 1-42, 배달말학회.
임지룡(2017), 『개정판 인지의미론』, 한국문화사.
임지룡(2018a), "'의미' 연구의 흐름과 전망", 『한국어 의미학』 59: 1-30, 한국어

의미학회.
임지룡(2018b), 『한국어 의미론』, 한국문화사.
임지룡 · 정병철(2009), "의미망 분석과 다의성 판정의 원리", 『담화와 인지』, 16(3): 195-216, 담화 · 인지 언어학회.
임채훈(2014), "명사의 의미론", 『한국어학』 62: 59-95, 한국어학회.
전영철(2016), "한국어 의미 연구와 의미 이론", 『한글』 313: 5-25, 한글 학회.
제갈덕주(2014), "다의성과 다면성의 변별성 연구", 『언어과학연구』 69: 315-338, 언어과학회.
조남신(1993), "다의어의 어휘의미 계층과 의미배열", 『인문과학』 69-70: 255-288, 연세대학교 인문학연구원.
조남신(2001), "사전에서 다의어의 의미 기술과 결합성", 『슬라브학보』 16(1): 107-126, 한국슬라브학회.
차재은 · 강범모(2002), "다의 설정의 방법에 대하여", 『한국어학』 15: 259-284, 한국어학회.
차준경(2004), "국어 명사 다의 현상의 체계성 연구", 고려대학교 대학원 국어국문학과 박사학위논문.
차준경(2009), 『국어 명사의 다의 현상 연구』, 제이앤씨.
천시권 · 김종택(1971), 『국어 의미론』, 형설출판사.
최경봉(1998), 『국어 명사의 의미 연구』, 태학사.
최경봉(1999), "단어 의미의 구성과 의미 확장 원리: 다의어 문제를 중심으로", 『한국어학』 9: 307-331, 한국어학회.
최경봉(2000), "단어 의미 확장과 어휘체계", 『언어학』 8(2): 177-196, 대한언어학회.
최경봉(2010), "≪國語學≫ 50년: 의미 연구의 성과와 전망", 『국어학』 57: 421-468, 국어학회.
최경봉(2015), 『어휘의미론: 의미의 존재 양식과 실현 양상에 대한 탐구』, 한국문화사.
최호철(1993), "현대국어 서술어의 의미 연구: 의소 설정을 중심으로", 고려대학교 대학원 국어국문학과 박사학위논문.
최호철(1995), "의소(義素)와 이의(異義)에 대하여", 『국어학』 25: 77-98, 국어학회.
최호철(1996), "어휘의미론과 서술소의 의미 분석", 『한국어학』 4: 67-108, 한국어학회.
최호철(1998), “구조 의미론의 수용 양상과 국어 어휘 의미론의 과제”, 『한국어 의미학』 2: 11-39, 한국어 의미학회.
최호철(2005), “국어의 다의 분석과 사전 기술”, 이원직 외 『국어 연구와 의미 정보』, 월인.
최호철(2006), “전통 및 구조 언어학에서 본 의미의 본질”, 『한국어 의미학』 21: 31-48, 한국어 의미학회.
최호철 편(2013a), 『한국어 단어의 의미 구조와 의미 관계 연구』, 한국문화사.
최호철 편(2013b), 『학위 논문의 국어 의미 연구 경향 (II): 연구 동향, 논문 해제, 논문 목록』, 지식과 교양.
Apresjan, J. D.(1974), Regular Polysemy, *Linguistics* 142: 5-32.
Bréal, M.(1991[1887]), The history of words(1887), in M. Bréal, *The Beginnings of Semantics, Essays, Lectures and Reviews,* edited and translated by George Wolf, 152-175, Oxford: Duckworth.
Cruse, D. A.(1986), *Lexical Semantics,* Cambridge: Cambridge University Press. (임지룡 · 윤희수 역(1986), 『어휘의미론』, 경북대학교출판부.)
Cruse, D. A.(2000), *Meaning in Language: An Introduction to Semantics and Pragmatics*, Oxford: Oxford University Press. (임지룡 · 김동환 옮김(2002) 『언어의 의미: 의미 화용론 개론』, 태학사.)
Cuyckens, H. & B. Zawada(eds.)(2001), Polysemy in Cognitive Linguistics: Selected Papers from the Fifth International Cognitive Linguistics Conference Amsterdam 1997, Amsterdam/Philadelphia: John Benjamins.
Falkum, I. L.(2015), The how and why of polysemy: A pragmatic account, *Lingua* 157: 83-99.
Falkum, I. L. & A. Vicente(2015), Polysemy: Current perspectives and approaches, *Lingua* 157: 1-16.
Geeraerts, D.(2010), *Theories of Lexical Semantics*, Oxford: Oxford University Press. (임지룡 · 김동환 옮김(2013), 『어휘의미론의 연구방법: 역사의미론에서 인지의미론까지』, 경북대학교출판부.)
Lakoff, G. & M. Johnson(1980), *Metaphors We Live By*, Chicago/London: The University of Chicago Press. (노양진 · 나익주 옮김(1987), 『삶으로서의 은유』, 서광사.)

Lyons, J.(1977), *Semantics* I II, Cambridge: Cambridge University Press.

Löbner, S.(2002), *Understanding Semantics*, Oxford: Oxford University Press. (임지룡 · 김동환 옮김(2010), 『의미론의 이해』, 한국문화사.)

Nerlich, B. Z. Todd, V. Herman & D. Clarke(2003), *Polysemy Flexible Patterns of Meaning in Mind and Language,* Berlin: Mouton de Gruyter.

Nida, Eugene A.(1975), *Componential Analysis of Meaning*, The Hague: Mouton. (조항범 역(1990), 『의미분석론: 성분분석의 이론과 실제』, 탑출판사.)

Ogden, C. K. & I. A. Richards(1923), *The Meaning of Meaning: A Study of the Influence of Language upon Thought and the Science of Symbolism,* London: Kegan Paul. (김봉주 역(1986), 『의미의 의미』, 한신문화사.)

Pustejovsky, J.(1995), *Gerenrative Lexicon*, Cambridge, M.A.: The MIT Press. (김종복 · 이예식 역(2002), 『생성어휘론』, 박이정.)

Taylor, John R.(1995), *Linguistic Categorization*, Oxford: Oxford University Press. (조명원 · 나익주 옮김(1997), 『인지 언어학이란 무엇인가?: 언어학과 원형이론』, 한국문화사.)

Ullman, S.(1962), *Semantics: An Introduction to the Science of Meaning*, Oxford: Basil Black. (남성우 역(1987), 『의미론: 의미과학입문』, 탑출판사.)

유의어

이 광 호*

1. 들머리

우리말에 말소리는 다르지만 의미가 서로 비슷한 유의어가 풍부하게 발달되어 있다. 유의어는 의미적 동질성을 가진 단어들을 말한다. 다음과 같은 단어들은 서로 유의관계에 있다고 말한다.

(1) a. 가끔-더러-이따금-드문드문-때로-간혹-혹간-간간이-왕왕-종종-자주-수시로-빈번히
b. 노랗다/누렇다-노르스름하다/누르스름하다-노르스레하다/누르스레하다-노리끼리하다/누리끼리하다

(1)과 같은 단어들은 그 의미가 비슷하긴 하지만 똑같지는 않다. (1a)의 경우 각기 다른 형태를 지닌 단어들임에도 불구하고 유사한 의미를 지니고 있다. 하지만 그 의미의 차이를 얼른 구별하여 말하기는 어렵다. 이들은 공통적으로

* 공주대학교 국어교육과 교수, lkh8173@kongju.ac.kr

어느 정도의 시간적 간격을 나타내는 말이지만, 그 정도성의 차이까지 명확히 구분하는 데는 어려움을 겪는다.

(1b)의 경우, 비슷한 형태를 지니고 있지만 자음이나 모음의 교체나 약간의 형태 변화에 따라 표현 의미에 차이가 나타나는 단어들이다. 이 단어들은 '노란색'과 관련한 색채 의미를 공통적으로 가진 말이지만, 그 의미 차이를 얼른 구별하기는 쉽지 않다. 물론 한국인 화자의 경우 모국어 화자의 직관에 의해서라도 표현 의미에 차이가 난다는 사실을 느낄 수는 있지만 그 미묘한 차이를 정확히 파악하여 쓰는 것은 쉽지 않다. 외국인 화자의 경우는 이러한 단어들이 가지는 표현 의미의 차이를 파악하는 것 자체가 어렵다. 우리말에는 음성상징어, 색채어 등에서 양성모음보다 음성모음으로, 예사소리 보다는 거센소리, 된소리로 갈수록 더 강한 표현 의미를 나타낸다는 규칙성에 대한 학습이 이루어져야 비로소 표현 의미의 차이를 느낄 수 있다.

그러나 이러한 유의관계에 있는 단어들의 의미를 정확히 인식하고 사용한다면 훨씬 풍요로운 언어생활을 영위할 수 있으며, 이들의 의미를 구별하는 일은 흥미로운 활동이 될 수 있다. 또한, 유의어의 활용은 어휘의 학습에 있어서도 한국인 화자뿐만 아니라 외국인 화자의 어휘 능력의 질적인 성장에 유의미한 도움을 제공하는 방법이 될 수 있다.

2. 유의어 탐구의 주요 쟁점

2.1. 유의어의 성격과 범위

유의어 탐구에 있어 가장 기본이 되는 것은 유의어의 개념 정립에 대한 문제이다. 유의어의 개념 정립에 대한 문제는 'Synonym'이라는 단어의 번역 용어를 어떻게 사용할 것인지에 대한 차이에서 시작한다. 이는 대체로 동의어, 또는 유의어라고 번역되는데, 학자에 따라 중시하는 관점이나 개념에 따라 차이를 보여 왔다.

일반적으로 유의어는 동일한 의미를 전달하는 의미 중첩을 나타내야 할 뿐만 아니라 낮은 정도의 내재된 의미적 대조성을 지닌다. 우리가 동질하다거나 유사하다고 느끼는 것은 일반적으로 엄밀하지 못한 우리의 경험에 토대를 둔 판단에 불과하다. 비록 두개의 표면 구조가 동일한 의미를 전달할 수 있었다 해도 그 의미 구조는 판이할 수도 있기 때문이다(Chafe 1970: 88 참조).

유의어 탐구를 위해서는 유의어 항목들을 검증하여 어느 범위까지 연구의 대상으로 삼을 것인지에 대한 점검이 선행되어야 한다. 류은종(1985)은 유의어를 가려내자면 의미의 공통성을 가진 것을 대상으로 동일한 개념, 동일한 대상을 나타내어야 하고, 그렇지 않은 경우라도 문맥 속에서 기능의 동일성으로 표시되는 개념의 외연이 대부분 합치되는 단어인가를 살펴야 한다고 하였다. 그리고 구조적 측면으로부터 의미적 중심에 놓인 형태부들이 어떠한가를 보아 가려낼 수 있고, 문법적 특성으로부터 동일한 품사로 이루어졌는가를 보아서도 가려낼 수 있다고 하였다.

유의어의 개념적 속성을 고려할 때 유의어는 공시적 어군이다. 시대를 초월해서 생각할 수 있는 어휘군이 아니다. 중세국어의 '아슴'과 근대국어에서의 '친척'은 현대어의 해석으로는 그 의미가 동일한 것으로 인정될 수 있지만 이들을 한 유의어군으로 취급하지는 않는다. 이는 지역성에 있어서도 동일하게 적용된다. 동일한 지역에서 교체가 가능한 것으로 여겨질 수 있는 단어들만이 유의어로 작용한다. 영어에서의 'girl'을 한국어의 '소녀'와 유의어라고 할 수는 없다. 방언의 경우도 마찬가지이다. 방언의 의미가 표준어와 동일한 의미를 전달하는 것으로 인식하지 못하는 사람들에게는 유의어로 작용하지 못한다. 그러나 이를 동일한 것으로 인식하는 사람에게는 유의어로 작용한다. 대체로 유의어 설정의 기준으로 제시할 수 있는 것들은 다음과 같다.

첫째, 공시적인 어군을 대상으로 한다.

둘째, 교체 가능한 의미이면서 동일한 품사로 나타나는 항목을 하나의 유의어군으로 취급한다.

셋째, 상하위어로 설정되는 어휘군들은 제외한다(김광해 1989b: 12 참조). 하지만 개념들의 관계에 있어서 유개념과 종개념이 아니면 유의 관계가 성립할 수 있다. 또한, 고유어와 한자어 사이에서 나타나는 일대다 대응관계도 유의어로 인정될 수 있다.

넷째, 음운론적 변화과정으로 설명될 수 있는 것은 동일 어형으로 취급하여 이들을 유의어군으로 구별하여 설명하지 않는다. 이들은 단지 시대의 변천에 따른 음운변화를 반영하는 것이기 때문에 의미론적으로는 문제가 되지 않는다.[1] 하지만 모음이나 자음의 교체에 의한 것 중 의미의 분화가 일어나 의미의 동질성과 이질성이 동시에 실현되는 것은 유의어로 취급할 수 있다.

다섯째, 표기상 나타나는 오기나 혼기(混記)는 동일한 단어로 취급한다. 이들은 표기만 다를 뿐이지 실제로는 하나의 단어이기 때문이다. 그래서 이들은 유의 관계로 생각할 수 없는 것들이다.[2]

유의어는 동질적 의미와 이질적 의미를 동시에 가지기 때문에 유의어를 검증한다는 것은 동질적 의미와 이질적 의미 파악이 동시에 이루어진다. 이를 위한 방법으로는 일반적으로 Ulmann이 제시한 교체, 대립, 배열 검증이라는 방법을 이용한다.

교체 검증은 유의어 검증 방법 중에서 의미의 동질성을 점검하기 위해 가장 많이 활용하는 방법이다. 교체 검증은 문맥 속에서 유의어로 설정하고자 하는 단어를 교체시켜 봄으로써 그 진위를 찾는 방법이다. 동일한 문맥에서 그 단어들을 교체하여 의미의 차이가 없다고 판단되면 유의어로 설정할 수 있다. 중세국어의 유의어 검증도 마찬가지로 교체 검증이 중요한 방법으로 작용한다. 다만 중세국어의 특성상, 자료의 제약으로 인해 동일한 문맥이 나타나지 않는 경우가 많기 때문에 정도성의 개념이 내포된 교체 가능성으로 유의 관계

1 남성우(1986)에서 음운 교체형과 음운 탈락형으로 제시하는 예들이 거의 이들에 해당한다. 남성우는 이들을 완전 동의로 설정하고 있으나, 이들은 동일한 단어이지 유의어군으로 보기는 어렵다.

2 남성우(1986)에서 유의어로 설정한 것 중 완전 동의의 항목은 거의 여기에 해당되지만 실제로는 유의어 항목으로 설정하기 어렵다.

를 살피기도 한다.

(2) a. 요사이 바빠서 너를 만날 **틈**이 없다.
b. 요사이 바빠서 너를 만날 **겨를**이 없다.

(2)를 통하여 볼 때, '틈'과 '겨를'은 유의어이다. 문맥상 아무런 의미의 변화 없이 교체가 가능하기 때문이다. 이처럼 교체 검증은 유의어인지 아닌지를 판단하는 데 중요한 역할을 한다.

하지만 유의어는 동질적 의미와 함께 이질적 의미를 지니고 있다. 의미의 이질성을 찾는 데에 있어서도 교체 검증은 중요한 역할을 한다.

(3) a. 내 몸집이 커서 저 **틈** 사이로 빠져나갈 수 없다.
b. *내 몸집이 커서 저 **겨를** 사이로 빠져나갈 수 없다.

(3)을 통하여 '틈'과 '겨를'의 의미 차이를 살펴볼 수 있다. (2)와 같이 시간적 의미를 가진 문장에서는 '틈'과 '겨를'이 동일한 의미로 교체가 가능하지만, (3)과 같은 공간적 의미에서는 '겨를'이 쓰이지 못한다는 것을 알 수 있다. 결과적으로 보면 이들은 '틈'이 가진 시간적, 공간적 의미의 다의성이 '겨를'이 가진 시간적 의미를 포함하는 유의관계가 성립한다. 이처럼 다양한 문장에서 유의어로 인정할 수 있는 단어들을 교체해 봄으로써 동질성과 이질성을 점검해 볼 수 있다.

대립 검증을 통해서도 유의어의 의미관계를 점검할 수 있다. 이는 대체로 의미의 이질성을 검증하는 데에 중요한 역할을 한다. 대립 검증은 대립되는 말을 찾아서 그 의미의 동질성과 이질성을 구분하는 방법이다. 만일 유의어가 동일한 대립어를 가지고 있다면 이들은 상당히 강한 의미 동질성을 가지는 유의어이고, 그렇지 않다면 두 단어 사이의 의미 차이가 보다 분명히 나타나게 된다.

(4) a. 산 **아래**로 내려가라.
b. 산 **밑**으로 내려가라.

(4)에서 '아래'와 '밑'은 대립어를 통해서 동의성의 점검이 가능하다. 각각의 대립어는 동일하게 '위'라는 단어로 나타난다. 대립어가 동일하다는 것은 그 의미적 연관성이 크다는 것을 의미한다. 동질성이 강한 이들의 의미 차이를 설명하기 위해서는 많은 예문을 통한 점검이 필요하다. 결과적으로 '밑'은 지면과의 접촉이라는 의미 관련성이 크고, '아래'는 공간적 의미가 강하다. 이러한 예들은 대립 검증과 더불어 미세한 표현 의미의 추출이나 통시적 방법의 활용 등이 동반되어야 한다.

(5) a. 이 책은 너무 **작다**.
b. 이 책은 너무 **적다**.

(5)에 나타나는 '작다'와 '적다'는 대립검증을 통하여 의미의 이질성을 분명히 알 수 있다. 일상의 쓰임에서 '작다'와 '적다'를 교체하여 쓰는 사람들이 많다. 이들의 교체가 가능하다고 생각하는 언중들이 존재하기 때문에 이들은 부분적으로 의미 동질성을 가진다고 볼 수 있다. 하지만 이들의 대립어는 각각 '크다'와 '많다'로 나타나는데, 이들 대립어의 교체가 가능하다고 생각하는 사람은 거의 없다. 그렇다면 '작다'와 '적다'는 의미 차이가 꽤나 큰 유의어라고 할 수 있다. 이들은 교체 가능성을 토대로 생각한다면 일부 유의어로 설정할 수 있으나 실질적으로는 이질성이 큰 단어이기 때문에 단어의 혼용과 같은 잘못된 사용이 이루어지고 있는 것일 가능성이 높다.

이처럼 대립 검증은 의미의 동질성과 이질성을 살펴보는 데 중요한 역할을 한다. 또한 이런 방법은 유의어의 정도성을 살피는데 중요한 척도가 될 수도 있다. 즉, 교체가 가능한 단어 중에서 대립어를 설정하여 그 대립어가 동일하게 나타난다면 유의어로서의 동질성이 강하고, 그렇지 않다면 이질성이 강한 단어이다.

배열 검증은 유사한 의미를 가지는 단어들을 한꺼번에 모아 놓고 그 차이를 살펴보는 방법이다. 그러나 엄격한 구분에 의하면 이들 단어들은 유의어로 작용하지 않는다. 하지만 중간 요소를 생각하여 사람들의 구분이 모호해지면 이들이 유의관계를 가진 것으로 생각할 수 있는 개연성이 형성된다.

(6) a. 사발-중발-종발-종지
b. 대접-접시-쟁반

(6)에 나타나는 단어들은 크기나 쓰임에 따라 서로 다른 명칭으로 쓰인다. 이들 사이에는 엄격한 경계선이 주어진 것이 아니기 때문에 이들을 엄격하게 구분 짓지 못하는 중간자의 경우 명칭에 중복이 생길 수 있다. 이러한 중간자가 서로 교체 가능한 유의어로 작용하게 한다. 이들은 두 단어가 혼동되는 그 경계선에서 의미의 동질성을 확보한다. 하지만 이들을 연속적으로 나열해 놓고 본다면 분명히 그 크기나 용도에서 구별되기 때문에 의미의 이질성이 비교적 분명하게 드러난다. 이처럼 배열 검증은 비슷한 요소를 나열하여 의미의 이질성을 점검하는 데 중요한 역할을 한다.

2.2. 어휘의미론의 관점

어휘의미론적 관점에서의 유의어 연구는 크게 공시적인 관점과 통시적인 관점에서 이루어진다. 대체로 공시적 관점에서 이질적 의미를 찾는 작업이 주를 이룬다. 유의어 연구는 많은 양의 어휘들을 대상으로 유의어의 전체적인 모습과 특징을 파악하려는 연구와 개별 유의어에 대한 연구로 나누어진다. 먼저, 유의어의 전체적인 모습이나 특징을 파악하려는 연구는 다음과 같다.

유창돈(1971)은 어휘사적인 관점에서 유의어의 교체 사용을 설명한다. 유의어의 교체 사용에 대해 명사 유의어 30개, 동사 유의어 5개, 형용사 유의어

7개, 부사 유의어 12개로 나누어 살피고 있다.

조항범(1984)은 후기 중세국어부터 현대국어에 이르기까지 유의어의 대립 양상과 변천 과정에 대하여 통시적으로 살피고 있다. 120개의 유의어 항목들을 대상으로 하여 각각의 시대에서 사용된 단어들을 묶어 의미를 파악하고 있다. 이들의 경쟁 양상과 유의 경쟁의 우열 지배 요인 등에 대해서도 밝히고 있다.

민현식(1991)은 15세기와 16세기에 사용된 시간부사 유의어를 대상으로 통사적, 의미적 특성을 밝히면서 후기 중세국어 안에서의 변천사를 살피고 있다.

이광호(1995)는 15세기에 나타난 91개의 유의어를 대상으로 유의 경쟁의 결과를 원인과 함께 고찰하고 있다. 명사, 동사, 형용사, 부사 및 관형사 유의어를 대상으로 하여 그 교체 가능성 여부에 따라 의미 동질성을 확인하고, 통사적 · 의미적 변별 기제에 따라 상호 간의 의미 차이와 유의 경쟁의 양상을 설명하고 있다.

윤현주(1998)는 근대국어 정도부사의 어휘, 의미, 통사적 특성을 바탕으로 유의 경쟁의 양상과 원인에 대해 고찰하고 있다. 근대국어 정도부사의 특성에 대해 단순 정도부사, 강조 정도부사, 비교 정도부사, 극성 정도부사의 네 가지로 나누어 살피고 있다.

최홍열(2005)은 정도부사의 유의어에 대해 후기 중세국어부터 현대국어까지 의미가 유사한 어휘를 유의어로 선정하고 통사 · 의미적 특성을 분석하였다. 정도부사를 의미 기능에 따라 대상비교, 대상평가, 수량표시, 수량평가, 상태평가, 상태표시의 여섯 가지로 분류하여 시대의 흐름에 따른 유의어의 통시적 변화 양상과 원인을 고찰하고 있다.

이수진(2011)은 <老乞大 언해본>에 나타난 부사의 통시적 양상을 형태 변화, 의미 변화의 두 가지로 나누어 살피고 있다. 특히 정도부사 유의어 'ᄀᆞ장, 더욱, 거싀, 만히', 존재부사 유의어 '즉재, ᄒᆞᆷ씌'를 대상으로 하여 의미 변화를 분석하고, 결과적 양상을 의미 확대와 의미 축소의 두 가지로 나누어 기술하고 있다.

유초희(2016)는 '무섭다'류 심리 형용사를 대상으로 시기별 의미를 분석하고 있다. '무섭다'류 심리 형용사의 '므싀엽다/무섭다, 두렵다, 저프다'를 대상으로 통시적 의미 변화 양상을 고찰하고 있다.

왕비비(2017)는 후기 중세국어 이래 현대국어에까지 존재하는 부사를 대상으로 유의 관계를 설정하고 그 안에서 개별 유의어의 생성, 변화, 소실의 과정을 통시적으로 살핀다. 이와 더불어 유의 경쟁의 결과적 양상과 유의 경쟁의 요인에 대해서도 함께 살피고 있다.

한편, 개별 유의어를 대상으로 한 연구의 내용은 다음과 같다.

홍사만(1976)은 15세기 정도부사 유의어 'ᄆᆞᆺ'과 'ᄀᆞ장'을 대상으로 통사적, 의미적 특성을 분석하여 의미 차이를 비교한다. 이를 바탕으로 시대의 흐름에 따른 통시적 변화 양상에 대해 기술하고 있다. 홍사만(2000, 2001, 2003, 2008)은 형용사 유의어 '어리다'와 '졈다', 동사 유의어 '짓다'와 'ᄆᆡᆼᄀᆞᆯ다', 의존 명사 유의어 'ᄃᆞ'와 '줄', 형용사 유의어 '하다'와 '만ᄒᆞ다', '크다'를 대상으로 각각의 의미를 살피고 있다.

전재호(1988)는 15세기 문헌에 나타난 동사 '더블다'와 관련된 활용형을 부사, 여격조사의 측면에서 통시적인 의미기능을 고찰하고 있다. 이 중에서 부사로서 현대어 '함께'의 의미로 쓰인 '더브러'를 '흠ᄢᅴ'와 유의 관계를 맺는 것으로 설명한다. 민현식(1989c)은 전재호(1988)의 논의에 덧붙여 '더브러'와 관련된 유의어를 '더브러, 흠ᄢᅴ' 외에 'ᄒᆞᆫᄃᆡ, ᄀᆞ티, ᄃᆞ려, 다ᄆᆺ, ᄒᆞ야'까지 확대하여 살핀다.

최홍열(1993)은 '반ᄃᆞ시'와 관련된 유의어를 '반ᄃᆞ기, 모로매, 모ᄃᆡ'로 설정하고 이들을 통시적인 의미변화의 관점으로 살피고 있다.

이외에도 중세국어의 유의어를 대상으로 한 공시적 연구도 살펴볼 수 있다.

남성우(1986)는 15세기의 유의어를 대상으로 하여 상이형, 음운교체형 및 음운탈락형, 파생형 및 합성형의 세 가지로 분류하여 살피고 있다. 각 유형의 의미 특성을 대치법, 성분분석 및 공기 관계 등의 기준을 바탕으로 분석함으로써 의미의 동질성을 확인한다. 남성우(2006)는 위와 같은 방법으로 16세기 고유어 간, 고유어와 한자어 간의 유의어에 대해서도 고찰하고 있다.

민현식(1987)은 15, 16세기 부사 유의어를 형식적 관점에서 상사형과 상이형의 두 가지로 분류하여 살피고 있다. 각각의 유형마다 유의어의 목록을 작성하면서 동시에 그 특성을 고찰한다. 또한 민현식(1989, 1992)은 처소부사 유의어의 목록을 작성하고, 성상부사를 감각성, 가치성, 존재성, 심리성의 네 가지로 분류하여 이들 유의어의 의미 특성을 살피기도 하였다.

구형서(1997)는 17세기 고유어 간, 고유어와 한자어 간, 한자어 간의 유의어의 의미 특성에 대해 분석한다. 분석의 기준으로 맥락의미의 검토, 공기성과 배척성, 대치 가능성, 반의어의 동의성 검토, 자전에 실린 음과 훈의 검토, 동일 문헌이나 간행 연대의 간극이 좁은 것에서의 출현 여부라는 기준을 제시하고 상호 간의 의미 동질성과 의미 차이에 대해 살피고 있다.

조양현(2005)은 18세기 고유어 간, 고유어와 한자어 간의 유의어의 의미 특성에 대해 살핀다. 대치법, 성분분석 및 공기 관계 등의 기준에 의해 분석함으로써 유의어의 의미 동질성을 확인하고 있다.

2.3. 어휘 교육 측면에서의 유의어 탐구

외국인 화자를 중심으로 어휘 교육과 관련한 유의어 연구가 활발하게 일어나고 있다. 주로 유의관계에 있는 단어들을 활용하여 실생활에서 사용가능한 어휘 확장의 측면에서 연구된다.

김광해(1989)에서는 유의어군을 학습하는 것이 어휘력을 확장시키는 중요한 도구로서의 가치를 지닌다고 하였다. 이와 더불어, 김광해(1993)에서는 유의어군의 학습이 어휘력 확장을 위한 유용한 수단이 되고 유의어의 정교한 의미 차이에 대한 인식은 고등 언어 능력의 향상에도 도움이 된다고 언급하였다. 유의어 교육이 어휘력의 능력 향상에 유용하다는 견해를 제시하고 있는 것이다.

이러한 언급은 박재남(2002)에서도 유의어가 어휘 학습에 있어서 중요한 비중을 차지한다고 하였고, 박아름(2009)도 언어 능력에 있어서 어휘력이 차지하는 바가 크기 때문에 어휘력 신장을 위한 유의어 교육은 언어 교육 전반에서도 하나의 중요한 축을 형성한다고 볼 수 있다는 견해를 제시하였다. 또한, 추육영(2014)에서도 유의어 교육이 어휘 확장을 위한 교육 방법의 하나로 가장 널리 사용되고 있다는 사실을 지적하였다.

유의어의 활용은 어휘의 학습에 있어서 한국인 화자뿐만 아니라 외국인 화자의 어휘 능력 신장에 유의미한 도움을 제공하는 방법이 될 수 있다. 그렇기 때문에 최근의 유의어 연구는 어휘 교육의 측면, 특히 한국어 교육에 있어 많은 관심이 집중되고 있다.

조현용(2000)에서는 전반적인 한국어 유의어 교육에 대한 기초적인 틀을 제공하였다. 어휘 교육의 중요성에서부터 유의어 교육의 현황과 문제점을 분석한 다음 유의어 수업의 예를 보여줌으로써 유의어 교육 연구의 방향과 유의어를 설명하는 데 사용할 어휘 선정의 필요성을 제시하였다.

유현경 · 강현화(2002)는 유의어의 정의에 대해 학습자가 혼동할 가능성이 높은 어휘의 집합을 유사 어휘군의 개념으로 규정하고 이에 대한 정보를 어떻게 활용할 것인가에 대해 논의하였다. 한국어교육에서는 유의관계의 어휘를 넘어서 유사관계를 가지는 어휘를 함께 연구하는 것이 바람직하다고 보았다. 이러한 관점을 바탕으로 동사와 형용사를 중심으로 의미적, 통사적, 화용적 측면에서 분석, 설명한다. 의미적 유의 관계뿐만 아니라 형태적, 통사적, 화용적 측면에서 중첩되는 부분을 모두 유사 관계로 다루었다는 점에서 유의어 어휘 교육에 있어 중요한 설명방식을 제공하였다.

박재남(2002)은 한국어 학습자들의 유의어 사용 능력에 대한 평가를 통해 유의어 교육의 필요성을 강조하였다. 학습자들의 유의어 오용 실태와 한국어 교재 10종과 한국어능력시험에서 다뤄지는 유의어 18쌍을 추출하여 분석하였다. 분석을 통해 얻어진 유의어를 의미적, 화용적, 통사적 관점에서 분류하여 유의어 교육의 내용을 객관적으로 살펴보았다.

문금현(2004)은 한국어 유의어의 의미 변별과 교육 방안을 제시하였다. 유의어의 개념에 있어서는 한국인을 대상으로 했을 때와 달리 외국인 학습자를 대상으로 했을 때 좀 더 폭넓게 정의할 필요가 있다는 사실을 제시하였다. 유의어 변별의 단계를 4단계의 7가지 기준으로 제시하여 순차적으로 적용하였다. 또한, 학습 단계별로 한국어 유의어 학습 목록을 제시하였고, 교수 모형을 제안하였다. 이는 유의어 교육에 대한 실제적인 정보를 제공하고 있다는 점에서 의의가 크다고 할 수 있다.

조민정(2010)에서는 유의어 교육의 측면에서 유현경 · 강현화(2002)의 정의는 유의어에 대한 명확한 설명이라고 보기 어렵다고 하며, 그러한 정의는 반의어에서도 나타날 수 있다는 문제를 지적한다. 이에 따라 유의어의 개념에 대해 동일 문맥에서 교체될 수 있는 것, 개념적 의미가 유사한 것, 내포 의미 · 형태 결합관계 · 사용역 · 사용범위 등에서 차이를 가지는 것이라는 조건을 제시하며 유의어의 구체적인 차이점에 대하여 설명하고 있다.

한편, 범기혜(2013)에서는 유현경 · 강현화(2002)와 유사한 맥락에서 혼동하기 쉬운 어휘를 '혼동어'라고 규정하고, '유사성으로 인해 구별하지 못함'을 전제로 하여 한국어 교육에 있어 유의어 교육에서 다룰 수 있는 유의어의 개념을 폭넓은 관점에서 제시하였다.

최근의 유의어 연구가 한국어 교육에 많은 관심이 쏠리면서 유의어 어휘 교육을 위한 대상의 선정과 유의어 분석에 대한 연구도 자연히 활발하게 이루어지고 있다. 유의어 어휘 교육의 대상 선정 및 분석에 있어서는 크게 교재 분석을 통한 유의어 어휘 교육의 대상 파악, 외국인 학습자에 대한 유의어 교육의 범위 설정, 특정 품사를 바탕으로 한 실제적인 유의어 교육 등을 중심으로 연구가 이루어지고 있다.

임지아(2005)는 서울대학교와 연세대학교의 한국어 교재에 나타난 유의어들을 중심으로 분석하였다. 이들 유의어를 의미적, 화용적, 통사적으로 기준을 나누어 의미 차이를 분석하여 제시하였다.

최경아(2007)는 한국어 교재를 분석하여 유의어군들의 변별적 자질을 분석하고 빈도수와 난이도를 고려하여 단계별로 유의어를 선정・배열하였다. 또한, 이를 바탕으로 학습 단계별 유의어 교육 내용과 방안을 제시하였다.

조미영(2009)은 감정 형용사를 중심으로 교육용 유의어를 연구하였다. 이러한 내용의 유의어군에 대한 의미 차이를 인식시키기 위해 장면과 상황을 보여주는 방법을 교육 방안으로 제시하였다.

강수지(2010)는 서울대학교 한국어 교재를 바탕으로 초급 120개군, 중급 163개군, 중・상급 189개군, 고급 204개군 등으로 유의어 군을 살펴보았다. 이러한 조사를 통해 현장 교육에서의 학습 단계별 유의어 교육의 내용을 제시하였다.

양순영(2010)은 중급 한국어 교재의 동사를 중심으로 유의어의 의미를 분석하여 유의어의 변별적 특성을 알아본 후 유의어의 교육 방안을 제시하였다. 유의어 목록의 제시, 사전을 참조한 뜻풀이, 유의어 쌍의 공통적인 의미, 유의어 쌍을 변별할 수 있는 결합 구성의 차이라는 4단계 절차를 통해 그 의미를 상세히 구별하였다.

고은정(2011)은 교육용 유의어를 초급 단계부터 선정하여 등급별로 제시하였다. 교육용 어휘 목록에 해당되는 126개의 형용사 유의어를 어휘의 등급에 따라 제시하였다. 초・중・고급에서 A, B, C의 3등급과 다시 A:A, A:B, A:C, B:C의 4등급으로 구분하여 기술하였다.

이혜영(2012)은 한국어 교재 9종에 대하여 시간부사를 중심으로 분석하였다. 기존 연구에서 공통적으로 나타난 시간 부사와 5가지 교재에 나타난 시간부사를 종합해서 한국어 교육용 등급별 시간부사 유의어 목록을 다시 선정하였다.

이연경(2009)은 시트콤이라는 장르를 활용하여 외국인 학습자를 대상으로 한 한국어 유의어 교육에 대한 방안 연구를 시도하였다. 유의어 의미 변별 방법을 통해 명사, 동사, 형용사, 부사의 범주로 나누어 고유어 간, 한자어 간, 고유어와 한자어 간의 예들을 실제 교육 방안으로 제시하였다.

한편, 마릉연(2016)에서는 유의어 어휘 교육의 연구에 있어 대상 및 품사에 따른 유의어 교육 방안의 연구가 큰 비율을 차지하고 있다는 사실을 제시하고 있다. 이에 따르면 유의어 교육과 관련하여 1990년대 이후로 등재 및 등재후보 학술지에 게재된 논문과 학위논문 120편 가운데, 부사 유의어를 중심으로 한 유의어 교육 방안 연구가 총 17편, 형용사를 중심으로 한 연구가 총 22편, 동사 유의어에 관한 연구가 12편으로 나타난다고 덧붙이고 있다.

2.4. 유의어 사전 연구

유의어 교육을 통한 어휘 학습은 모국어 화자뿐만 아니라 외국인 학습자들에게도 나날이 그 중요성이 더해가고 있다. 어휘 학습의 측면에서 가장 쉽게 접할 수 있고 널리 활용할 수 있는 방법이 사전을 통한 학습이라 할 수 있다. 유의어 교육에서도 학습자들의 유의어 학습을 도와줄 수 있는 도구로써 유의어 사전에 대한 필요성과 개발 원리에 대한 연구가 지속되어 왔다.

김광해(1987)는 국어 유의어 사전 편찬을 위한 기초적인 자료의 수집을 목적으로 유의어 사전의 유형, 역사, 성격, 유의어 수집 및 분류과정에 대한 설명을 기술하였다. 또한, 김광해(1995)에서 유의어 사전의 유형 및 성격에 대하여 유의어 사전류, 분류 어휘집(또는 유어사전), 의미 변별 사전류로 나누어 제시하였다. 유의어 사전류는 표제어와 비슷한 의미를 가지는 어휘를 가나다 순으로 등재한 것으로 각각의 의미 구별이나 용법상의 차이를 기술하지 않는 것이라고 구분하였다. 분류 어휘집은 백과사전식의 성격을 띠고 있고, 어휘를 생각의 범위에 따라 분류해서 나누어 놓은 책이라고 설명하였다. 마지막으로 의미 변별 사전은 비슷한 어휘들의 차이를 사용자들이 알게 하고, 용법을 기술하는 데 있다고 설명하고 있다.

이광호(1998)에서는 일본어 유의어 변별사전인 德川宗賢・宮島達夫(1972)의 머리말에 실린 유의어의 범위 및 기술 방법에 대한 글 전문과 유의어 의미 기술의 예시를 번역하여 소개하였다. 그리고 일본어 유의어와 대응되는 한국어 유의어들을 비교, 분석하였다. 이는 유의어 사전 편찬을 위한 기초 연구로서의 첫 구체적 시도라는 의의를 가진다.

이정화(2001)는 한국어 교재와 기존 사전을 검토하여 앞으로의 유의어 사전 편찬의 방향에 대해 살펴보았다. 기존 사전의 문제점에 대해서는 어휘나 문법의 빈도성을 고려하지 않았고, 분류 기준이 모호했다는 문제를 지적하였다.

양명희(2007)에서는 『연세한국어사전』, 『표준국어대사전』, 『푸르넷초등사전』에 실려 있는 유의어를 검토하여 사전마다 유의어의 개념이 모두 다르게 쓰이고 있음을 지적하였다. 이 연구에서는 문맥적 유의어와 어휘적 유의어가 다름을 밝힌 후, 문맥적 유의어를 표시해 주어서 사용자들이 문맥에서 유의어를 알 수 있도록 해야 한다고 주장하였다. 또한, 뜻풀이가 정교하고 풍부한 용례가 실려 있는 유의어 사전이 만들어져야 함을 제안했다.

송현주・최준(2008)은 학습자 말뭉치를 통해 오류를 분석하여 교육용 유의어 사전 편찬을 위한 표제어를 선정하였다. 이와 더불어 실제로 사전에서 유의어를 기술하는 방법으로 의미적 유사성, 사용역의 차이에 따른 유의어군들의 의미와 오류, 용례 등을 제시하였다.

조민정(2010)은 학습자 사전에서 나타나는 유의어의 범위 문제를 설정하기 위해 실제 언어 자료를 바탕으로 유의어의 실제 쓰임과 변별적 특징을 토대로 유의어를 변별하기 위한 검증법과 유의어 기술 방법의 정리를 위해 유의어의 유형을 분류하였다. 또한, 유의어를 변별하기 위한 검증법을 살펴본 후에 유의어를 기술하는 방법이 품사별로 달리 적용되어야 함을 논의하였다.

유의어 사전이 지녀야 하는 조건에 대하여 김광해(1995)에서는 유의어 사전의 성격과 모습으로 실용적인 책이어야 한다는 것과 사전 사용의 목적에 도움을 줄 수 있도록 구상되어야 한다는 원칙을 제시하고 있다. 또한, 유의어 사전에서의 실천적인 문제에 대하여 쉬운말을 표제 항목으로 세워야 한다는 것과 하나의 표제 항목과 유의어를 형성한다고 생각되는 어휘들의 영역을 확대시켜야 한다는 것을 주장하였다.

유의어 사전을 개발하기 위한 모형에 대한 단서를 얻을 수 있는 연구로

강현화(2009)에서 제시한 사전 분석의 틀을 제시할 수 있다. 이 연구에서는 사전 분석의 틀에 대해 외적 구성과 내적 구성으로 나누어 살피고 있다. 이는 언어교육용 영어 사전, 한국어 사전 분석 등을 통하여 미래에 편찬할 한국어 어휘 사전에 적용할 세부 사항을 알아보기 위한 목적을 확인할 수 있다.

한편, 봉미경(2009)은 유의어 사전의 비교 분석을 바탕으로 유의어 사전에서의 변별 정보 기술 방법을 모색하고자 하였다. 이를 바탕으로 한국어 학습용 유의어 사전의 기술 모형을 제시하여 한국어 학습용 유의어 사전 편찬을 위한 기초 논의를 제공하였다.

김선영 · 전후민(2010)은 유의어 사전에서 화용 정보가 미진하게 다루어진 것을 의식하고 유의어 사전에 들어갈 수 있는 화용 정보에는 무엇이 있는지 그 유형을 정리하고 실제 예를 통해서 사전의 기술 모형을 제안하였다.

맹지은(2011)은 고급 단계의 학습자를 대상으로 한 유의어 사전의 개발을 시도하였다. 이를 위하여 강현화(2009)에서 제시한 사전분석의 틀을 수정하여 유의어 사전의 내적 구성으로 학습 목적, 숙달도, 휴대성 및 부록이라는 세부 요소와 유의어 사전의 외적 구성으로 표제어 정보, 정의문 및 용례정보, 유의어 정보, 부가 정보라는 세부 요소로 나누어 살펴보았다. 그와 같은 기준을 바탕으로 영어와 중국어 사전의 구조를 분석하는 과정을 통해 유의어 사전의 모형을 제시하였다.

봉미경(2017)은 대규모 유의어군을 수록하고 말뭉치 데이터 분석에 기반한 어휘 정보를 기술한 새로운 학습자용 유의어 사전의 모형을 제안하였다.[3]

2.5. 어휘 정보 - 코퍼스(말뭉치) 활용 연구

유의어 연구에 있어 의미라는 것은 주관적인 판단의 내용이 주를 이루고

3 조민정 · 봉미경 · 손혜옥 · 전후민(2013)의 『학습자를 위한 유의어 사전』은 유의어 쌍(121개)에 대해 의미, 용법, 예문, 참고정보를 자세하게 제시하고 있어, 유의어들의 공통적 의미와 변별적 의미를 파악하는 데 큰 도움이 된다.

있기 때문에 객관적인 분석과 체계화의 과정이 필요하다. 이러한 과정에서 활용할 수 있는 것이 어휘 정보이다. 어휘 정보는 말뭉치, 코퍼스 등의 명칭으로 불려져 왔다.

유의어 연구에 있어 어휘 정보의 활용에 대한 필요성은 박종한(1994)에서 유의어에 대한 이해를 조금이라도 증진시킬 수 있다면 유의어의 분석에 이용해야 한다고 주장한 것과, 김광해(1998)에서 기존의 사전 뜻풀이나 이론적 비교는 유의어들의 미세한 의미 차이를 정확히 포착하기 어렵고 그 관련성을 설명하는 데에도 한계가 있으므로 실제 사용 환경을 고려한 구체적인 단어의 사용 양상에 주목해야 한다고 주장한 데에서 찾아볼 수 있다.

문금현(2004)에서는 유의어 연구에 있어 코퍼스의 활용에 대해 한국어 교육의 측면에서 강조했다는 점에 주목할 만하다. 유의어의 의미 차이에 대한 정보가 교수자의 언어 직관에 주로 의존하며 문장에서 쓰임의 제약을 주요 기준으로 삼고 있음을 지적하며, 코퍼스의 활용 분석을 통한 유의어 기술의 의의를 언급하고 있다.

김일환 · 이승연(2007)에서는 이와 비슷한 관점에서 유의어 교육에 있어 매 어휘마다 적절한 맥락을 제공하는 일이 용이하지 않으며, 명시적인 설명이 어렵다는 점을 지적하며 직관에 의존하기 보다는 단어들이 실제로 사용된 발화 자료의 분석을 통해 실증적으로 규명될 필요가 있다고 주장하였다. 다만 문금현(2004)과 같은 연구가 실제 사용된 자료에 근거하더라도 통합 관계나 빈도만을 비교해서는 한계가 있다고 덧붙였다.

신자영(2010)에서는 코퍼스가 실제 언어 수행에 나타나는 구체적 자료에 기초하므로 코퍼스를 통하여 중요한 자료적 기반을 제공받을 수 있다고 설명한다. 외국어 교육의 측면에서 문법서나 제한된 교실 수업에서 다 파악하기 어려운 언어 수행과 관련된 구체적인 자료들을 코퍼스를 통해 확보할 수 있으며, 소수의 모국어 화자의 직관에 의존한 연구의 한계를 코퍼스를 활용하여 극복할 수 있다고 제시하고 있다.

유의어 연구에서 코퍼스의 활용 방법에 대한 연구는 다음과 같다.

연규동 외(2003)에서는 코퍼스를 이용하여 패턴을 추출하는 방법으로 문맥 색인을 이용하는 방법을 제시하고 있다. 문맥 색인은 코퍼스 내에서 원하는 문자열을 검색하여 그 문자열의 앞뒤 문맥을 일정한 길이로 보여주는 것을 가리키는 것으로, 대상 문자열과 공기하는 어휘들을 살피는 데 많이 사용된다고 설명하였다.

이동주(2009)에서는 '21세기 세종계획' 코퍼스를 활용하기 위한 '꼬꼬마 세종 말뭉치 검색 시스템'의 기능에 대한 내용을 다룬다. 이 시스템의 기능은 크게 통계 정보 조회와 말뭉치 검색, 한국어 쓰기 학습으로 구분된다고 설명하였다. 통계 정보는 구축된 말뭉치에서 다양한 기준에 의한 출현 빈도를 도출하고 보여주는 것이며, 말뭉치 검색은 형태소를 기준으로 형태소가 쓰인 문장을 조회하여 분석의 결과를 확인하는 기능이다. 한국어 쓰기 학습 기능은 단어가 포함된 용례나 양식 자체에 따른 용례를 조회할 수 있다고 제시한다.

또한 김일환 외(2013)에서는 '물결 21' 코퍼스에 대한 상세한 설명을 담고 있다. '물결 21' 코퍼스는 대규모 신문자원 코퍼스로 국내 4대 일간지의 신문 기사를 정제하여 제공하는 6억 어절 규모의 코퍼스이다. 이와 같은 코퍼스의 구성, 구축과정 및 정제방식 등에 대한 내용을 다루고 있다.

최재웅 · 이도길(2014)에서는 방대한 규모의 코퍼스를 활용하기 위해 '웹 기반 코퍼스 분석 도구'의 구성 및 사용과 관련한 상세한 설명을 다루고 있다. 코퍼스 분석 도구는 크게 용례검색기, 단어빈도, 공기어 분석 도구로 이어져 있음을 설명하고 있다.

유의어 연구에서 코퍼스를 활용한 실제적인 연구의 내용은 다음과 같다.

강현화(2000)는 코퍼스를 활용한 실제적인 어휘 정보 전달의 중요성을 바탕으로 부사 어휘를 추출하고, 맥락 정보를 위해 코퍼스를 활용한 뒤에 격자틀, 정도 비교선, 군집 등을 실제적인 교수 방안으로 제시하였다.

유현경 · 강현화(2002)와 조민정(2010)의 경우 코퍼스 분석을 활용하여 대량의 용례를 바탕으로 유의어 사용 양상의 차이를 살펴 보았으며, 그러한 분석 결과를 각각의 연구가 제시하는 한국어 교육 교수법의 바탕이 되는 근거

자료로 활용하였다. 유현경 · 강현화(2002)는 유사관계를 가지는 어휘군에 대한 정보를 어떻게 활용할 것인가에 대해 논의하면서, 실제로 몇 개의 동사와 형용사의 유사 어휘군을 코퍼스 분석을 활용하여 확인하고 있다. 조민정(2010)의 경우 유의어의 화용 정보에 대해 담화참여자 특성에 따른 차이, 사용범위(매체)에 따른 차이, 사용영역에 따른 차이라는 대상 범위를 제시하고 코퍼스 분석을 활용하여 검증하고 유형을 분류하였다.

이지혜(2006)는 코퍼스를 바탕으로 한국어의 심리형용사 유의어를 분석하였다. 이들에 대한 코퍼스 분석을 활용하여 변별적 특성을 살핀 후에 사전기술에 반영하는 방안을 제시하고 있다.

박아름(2009)은 한국어 어휘 교육을 위한 유의어 사전을 개발하는 데에 있어 기초적인 연구의 내용에 코퍼스를 활용하였다. 교육적으로 제공되어야 할 의미 정보를 분석하고 기술하는 데에 있어 코퍼스를 활용하여 유의어의 결합 특성과 맥락 정보를 학습자에게 제공해야 한다고 주장하였다.

봉미경(2005)은 시간 부사 '방금'과 '금방'의 어휘적 특징을 밝혀 한국어 교육 현장에서 활용할 수 있도록 두 어휘의 문법적 지위, 의미, 문법적 제약, 연어 정보, 문체적 정보, 빈도 정보 등을 코퍼스를 활용하여 살펴보았다.

김일환 · 이도길 · 강범모(2007)에서는 김일환 · 이승연(2007)에서 지적한 한계를 극복하기 위해 대량의 말뭉치에서 나타난 공기어의 네트워크를 활용하여 유의어 사용 양상의 차이를 제시하였다.

남길임(2012)은 특정 형태와 연어 관계 전체에 걸쳐 나타나는 의미를 의미적 운율이라고 설명하며, 코퍼스를 활용하여 연어 관계, 의미적 선호 등을 통해서 의미적 운율 양상에 대해 살펴보았다.

전지은(2016)은 '21세기 세종계획' 코퍼스와 '물결 21' 코퍼스를 바탕으로 하는 온라인 코퍼스 활용 방안에 대해 제시하였다. 한국어 어휘 교육을 위하여 유의어의 교육 방안을 모색하고 실제 실험을 통하여 한국어의 유의어 학습 효과를 검증하는 과정을 통하여 코퍼스 활용의 의의에 대해 설명하고 있다. 또한, 이에 더하여 코퍼스 분석 자체가 한국어 교육 및 학습의 방법론이 될 수 있음을 언급하고 있다.

마릉연(2016)은 코퍼스를 활용한 한국어 유의어 교육 내용을 설계하여 제시하였다. 코퍼스를 활용한 유의어의 변별은 격틀 정보, 연어 정보, 활용형 정보, 화용 정보, 연접 정보, 조어 정보 등의 요소를 바탕으로 살필 수 있으며, 코퍼스를 이용하여 각 정보 요소를 어떻게 찾아낼 것인가에 대한 실제적인 모형을 구축하고 있다.

김일환(2018)은 국어 교육 분야에서 코퍼스를 활용할 수 있는 방안의 가능성에 대해 제시하였다. 데이터의 규모와 종류가 다양해지고 다양한 분야에서 데이터를 이용한 연구가 주목 받으면서 국어 교육에서도 코퍼스를 활용한 연구의 활성화가 필요하다고 주장한다. 또한, 현재 기존에 구축된 코퍼스를 활용하지 못하고 있는 상황에 대해 지적하며 국어 교육의 이론과 방법론에 코퍼스를 적극적으로 활용해야 한다는 방향성을 제시하고 있다.

3. 유의어 탐구의 과제와 전망

지금까지 유의어에 대한 연구는 의미론 분야에서 다수의 연구가 수행되어 왔다. 초기의 연구는 직관에 따른 교체 검증을 중심으로 하던 연구였으나, 2000년대에 와서는 말뭉치를 활용한 연구가 주류를 이루게 되었다.

이렇게 본다면 전통적인 측면에서의 유의어 탐구는 대체로 유의관계에 있는 단어들의 의미의 분석에 초점이 맞추어져 왔다. 하지만 이러한 분석은 단순히 현상에 대한 직관적 확인 정도에 불과하다. 또한, 유의어의 연관성 분석에 있어서 고정된 연구의 틀에서 벗어나 새로운 이론적 기법을 활용할 수 있는 방안에 대한 고민이 이루어져야 한다. 유의어 연구가 더욱 심화·발전하기 위해서는 현대국어에서 나타나는 유의어의 공시적인 현상에 있어 이들이 동시대에 공존할 수 있는 원리와 바탕이 무엇인지를 더욱 분명히 파악하는 과정에 대한 연구가 지속·발전되어야 한다.

유의어의 통시적 변화에 있어서는, 중세국어의 어떤 유의어 집단이 가지는 변화가 보이는 어떤 특정의 패턴을 분석함으로써, 현재의 유의어 집단이 앞으로 가지게 될 변화의 패턴을 예측하는 연구가 필요하다. 과거의 어휘들이 가지는 변화가 현존 유의어들이 보이는 변화의 양상과 앞으로 발생할 변화의 모습에 대해 분석·예측할 수 있는 충분한 단서를 제공해 줄 것이기 때문이다.

이와 같은 방향으로의 유의어 연구에 활용할 수 있는 예로 이광호(2003: 169-188)에서 제시하고 있는 통계학이나 경영학에서 주로 활용되는 데이터 마이닝 기법의 연관성 분석 혹은 연관성 규칙 발견 분석(강현철 외 1999: 149-155)을 활용한 유의어 연구 방법이 있다. 이러한 방법은 중세어와 관련된 유의어 집단을 분석함으로써 현재의 유의어 집단이 어떤 연관성을 가지면서 변화하는지에 대한 예측을 가능하게 해 줄 것이다.

유의어에 대한 연구는 1960년대에 시작되어 오늘날까지 연구되어 왔다. 특히 1980년대 이후 국어학의 일부로서 활발히 연구되어 오던 것과 비교하여 2000년대 유의어 연구는 한국어 교육 측면에서 활발히 이루어진다. 이러한 경향성을 파악하기 위한 참고 자료로 다음과 같은 내용을 제시할 수 있다(추육영 2015: 4-5 참조).[4]

〈표 1〉 시대별 유의어 탐구 현황

	품사별 연구	어종별 연구	유의어 전반	합계
1990년대	2		1	3
2000년	1			1
2001년	1			1
2002년			2	2
2003년	1			1
2004년	1		1	2

4 연구 분류의 항목 간의 층위가 잘 맞지 않아 주제별 상위 개념으로 포괄·수정하였다.

2005년	4		1	5
2006년	2			2
2007년	4			4
2008년	2			2
2009년	2		3	5
2010년	7		2	9
2011년	6	2	1	9
2012년	8	2	1	11
합계	41	4	12	57

위의 표는 한국어 교육에서 유의어 연구에 대한 현황을 파악하기 위한 통계 자료이다. 이 자료가 유의어 연구의 전체 경향성을 반영하는 것은 아니지만 1990년에서 2012년까지 연구의 관심에 대한 실마리를 던져준다는 점에서 의의가 있다. 한국어 교육에서 유의어에 관한 논의가 90년대에 3편에 불과하던 것과 비교하면, 2000년대에 들어서면서 점차 논의의 수가 대체로 증가하는 경향을 보인다. 그러다가 최근 2010년대에 들어서면서 유의어에 대한 논의는 그 수에 있어 유의미한 증가를 보이고 있음을 확인할 수 있다. 최근 유의어 연구는 말뭉치를 통한 언어학적 방법론과 인지언어학적 방법론이 이론적 기반이 되며, 한국어 교육 및 국어교육, 사전편찬 등 응용언어학적인 면의 연구가 다수 수행되고 있다.

앞으로의 논의는 국어교육 분야와 인지언어학적 관점의 유의어 연구도 충실히 전개되어야 할 것으로 보인다. 김해연(2014, 2016)은 말뭉치를 활용하여 인지언어학적 관점에서 유의어의 사용 양상을 살폈다. 임지룡(2015)은 인지언어학적 관점에서 유의어 쌍에 대해 8가지 변인을 중심으로 말뭉치의 용법과 국어 공동체의 인식을 활용하여 의미 차이를 면밀히 분석한 연구로 의의가 있다. 그러나 인지의미론적인 관점이 유의어 측면에서 상대적으로 그 활용도가 낮다는 점은 아쉽다.

한편, 국어교육 분야에서 유의어 및 유의관계에 대한 연구는 충분하지 않은 편이다. 한국어교육 분야는 유의어 쌍의 의미 변별 및 대조언어학적 관점의 연구가 다수 수행되었으며, 사전에서의 유의어 처리에 관한 연구도 적지 않다는 사실과 대조적이다. 국어교육 분야에서는 이동혁(2013)을 주목할 만한데, 이 연구는 최근 교육과정의 의미관계 교육이 가지고 있는 문제를 찾아 해결하는 방안을 제시한 것이다. 국어교육의 측면에서는 단순히 어휘 확장의 관점이 아닌 교육과정과 관련한 의미 측면의 전반적인 문제로 확장시킬 여지가 있다.

4. 마무리

지금까지 유의어 탐구에 있어 용어의 정립 문제, 탐구의 방법 문제, 유의어 탐구의 내용 등과 함께 각 분야별 연구 경향에 대해 살펴보았다.

먼저, 유의어라는 용어에 있어서 기존 유의어 연구에서는 동질성과 이질성이라는 각각의 요소에 대해 어느 것을 중시하는지에 따라 '동의어'와 '유의어'로 나누어진다.

유의어 연구는 전통적인 방법에 의한 어휘론적 관점의 연구가 주를 이루었다. 의미적 동질성을 가지는 단어의 쌍이나, 집합을 구성하여 의미의 이질적 특성을 살피는 방법이 원용되었다. 이러한 의미적 탐구가 중세국어에까지 확대되었고, 이에 대한 통시적 경향성을 보이는 연구도 등장하였다. 이러한 연구들이 최근에 와서는 어휘 교육의 측면으로 확대되고, 말뭉치를 통한 경향성을 분석함으로써 언어 사용의 현상을 분석하기도 한다. 이것이 자연스럽게 유의어 사전을 구축하는 바탕이 되기도 하였다.

한편, 지금까지의 유의어 탐구에 대한 논의는 대체로 유의어의 공시적인 양태에 대한 연구, 특히 유의관계에 있는 단어들의 의미의 분석에 초점이 맞추어져 왔다. 하지만 유의어 연구가 더욱 심화·발전하기 위해서는 유의어의 원리와 바탕에 대한 고정된 연구의 틀에서 벗어나 학문의 융합적인 관점, 통합적인 관점에서의 새로운 이론적 기법을 활용할 수 있는 방안에 대한 고민이 중점적으로 이루어져야 한다. 또한 유의어의 공시적 현상과 통시적 변화의 연관성을 바탕으로 균형 있는 시각에서 현재의 유의어 집단이 앞으로 가지게 될 변화의 패턴을 예측하는 연구가 필요하다. 특히 유의 관계를 맺고 있던 단어들이 가지는 공시적인 현상의 특정 패턴을 관찰・분석하는 과정이 코퍼스 활용이나, 어휘 교육적인 측면에서 다양하게 이루어질 필요가 있다.

참고문헌

강경완(2014), "코퍼스 어법연구의 일례", 『日本硏究』 37: 7-29, 중앙대학교 일본연구소.

강경완(2016), "유의어 분석의 일례: 「とりあえず」「いちおう」를 예로", 『日語日文學硏究』 98(1): 41-57, 한국일어일문학회.

강현철 외(1999), 『데이터마이닝』, 자유아카데미.

강현화(2000), "코퍼스를 이용한 부사의 어휘 교육 방안 연구", 『이중언어학』 17(1): 57-75, 이중언어학회.

강현화(2001), "빈도를 나타내는 시간 부사의 어휘 교육 방안 연구", 『한국어교육』 12(1): 1-17, 국제한국어교육학회.

강현화(2005), "중・고급 학습자를 위한 감정 기초형용사의 유의관계 변별 기제 연구", 『한국어 의미학』 17: 43-64, 한국어 의미학회.

강현화(2008), "연어 관계를 이용한 어휘교육 방안: 유표적 척도 형용사 부류의 코퍼스 분석을 중심으로", 『언어와 문화』 4(1): 45-60, 한국언어문화교육학회.

강현화(2009), "코퍼스에 기반한 "-잖다"의 화행적 특성 고찰", 『한국어 의미학』 28: 1-27, 한국어 의미학회.

고은정(2011), "한국어 교육용 형용사 유의어 선정 연구", 경희대학교 교육대학원 외국어로서의한국어교육전공 석사학위논문.

고혜원(2015), "정도부사 '너무'와 '몹시'의 의미와 기능", 『어문론집』 62: 7-29, 중앙어문학회.

구형서(1997), "17세기 국어 동의어 연구", 한국외국어대학교 대학원 국어국문학과 박사학위논문.

김광해(1987), "국어 유의어사전 편찬을 위한 기초적 연구", 『국어교육』 61:

183-199, 한국국어교육연구회.
김광해(1989a), "유의관계의 성립조건", 『이화어문논집』 10: 13-31, 이화어문학회.
김광해(1989b), "현대국어의 유의현상에 대한 연구: 고유어와 한자어의 일대다대응 현상을 중심으로", 서울대학교 대학원 국어국문학과 박사학위논문.
김광해(1993), 『국어 어휘론 개설』, 집문당.
김광해(1995), 『어휘 연구의 실제와 응용』, 집문당.
김광해(1998), "유의어의 의미 비교를 통한 뜻풀이 정교화 방안에 대한 연구", 『선청어문』 26: 5-40, 서울대학교 국어교육학과.
김선영 · 전후민(2010), "한국어 학습자를 위한 유의어 사전에서의 화용적 정보 기술 방안", 『한국사전학회 학술대회 발표논문집』 177-200, 한국사전학회.
김일환(2018), "코퍼스의 국어 교육적 활용과 의의", 『돈암어문학』 33: 325-349, 돈암어문학.
김일환 · 이승연(2012), "형용사 유의어의 공기어 네트워크와 활용: '안타깝다' 류의 형용사를 중심으로", 『언어정보』 14: 61-81, 고려대학교 언어정보연구소.
김일환 · 이도길 · 강범모(2010), "SJ-RIKS Corpus: 세종 형태의미 분석 코퍼스를 넘어서", 『민족문화연구』 52: 373-404, 고려대학교 민족문화연구원.
김일환 · 이승연(2012), "형용사 유의어의 공기어 네트워크와 활용: '안타깝다'류의 형용사를 중심으로", 『언어정보』 14: 61-81, 고려대학교 언어정보연구소.
김종택(1971), "국어의 의미호응범주에 대한 연구", 『국어교육연구』 2: 65-94, 국어교육학회.
김종택(1971), "의미충돌(meaning clash) 현상에 대하여", 『국어국문학』 51: 23-39, 국어국문학회.
김종택(1980), "국어 어휘 분화의 기제", 간행위원회, 『남광우박사 화갑기념논문집』, 일조각.
김진해(2013), "어휘관계의 체계성을 다시 생각한다", 『한국어 의미학』 42: 443-462, 한국어 의미학회.
김해연(2014), "절단 동사 '끊다', '자르다', '베다'의 의미와 용법에 대한 코퍼스언어학적 분석", 『담화와 인지』 21(3): 1-23, 담화 · 인지 언어학회.
김해연(2016), "문어 말뭉치에서의 '곧다'와 '바르다'의 의미와 사용에 대한 연구", 『텍스트언어학』 40: 1-25, 텍스트언어학회.
남기심 · 고영근(1993), 『표준국어문법론』, 탑출판사.

남길임(2012), “어휘의 공기 경향성과 의미적 운율”, 『한글』 298: 135-164, 한글학회.

남길임(2014), “언어 사용의 경향성과 유의어의 기술”, 『한국어 의미학』 43: 9-82, 한국어 의미학회.

남성우(1976), “후기중세국어의 유의구조”, 『논문집』 14, 한국외국어대학교.

남성우(1986), 『15세기 국어의 동의어 연구』, 탑출판사.

남성우(2006), 『16세기 국어의 동의어 연구』, 박이정.

도재학 · 강범모(2012), “관련어 네트워크를 활용한 유의어 분석: ‘책, 서적, 도서’를 중심으로”, 『한국어 의미학』 37: 131-157, 한국어 의미학회.

류은종(1985), 『조선말 동의어』, 연변인민출판사.

마릉연(2016a), “중국인 학습자를 위한 말뭉치 기반 한국어 동사 유의어 교육 내용 연구”, 서울대학교 대학원 국어교육과 박사학위논문.

마릉연(2016b), “의미운율을 적용한 유의어 교육 방안 연구: ‘공부하다’와 ‘배우다’를 중심으로”, 『새국어교육』 108: 233-254, 한국국어교육학회.

맹지은(2011), “한국어 고급 학습자를 위한 유의어 사전 개발 연구”, 한양대학교 교육대학원 외국인을위한한국어교육전공 석사학위논문.

문금현(2004), “한국어 유의어 의미 변별과 교육 방안”, 『한국어교육』 15(3): 65-94, 국제한국어교육학회.

문금현(2005), “외국인을 위한 한국어 의미 교육의 현황과 전망”, 『한국어 의미학』 16: 143-177, 한국어 의미학회.

문금현(2010), “한국어 어휘 교육의 현황과 과제”, 『언어와 문화』 6(1): 109-135, 한국언어문화교육학회.

민현식(1987), “한국어 부사에 대한 연구: 중세국어 부사의 유의어를 중심으로”, 『국어교육』 61: 201-248, 한국국어교육연구회.

민현식(1989), “‘더브러’ 관련 유의어에 대하여”, 『국어학』 18: 153-174, 국어학회.

민현식(1992), “중세국어 성상부사 연구(1): 감각부사를 중심으로”, 『국어국문학』 107: 223-252, 국어국문학회.

민현식(1999), 『국어 문법 연구』, 역락.

박아름(2009), “한국어 교육을 위한 유의어 의미 연구: 명사를 중심으로”, 고려대학교 대학원 국어국문학과 석사학위논문.

박재남(2002), “외국어로서 한국어의 유의어 교육 방안 연구”, 연세대학교 교육대학원 외국어로서의한국어교육전공 석사학위논문.

박종한(1994), “현대 중국어 동사 유의어의 분석방법에 관한 연구”, 서울대학교 대학원 중어중문학과 박사학위논문.

범기혜(2013), “중국인을 위한 한국어 학습 사전의 혼동어 정보에 대한 검토”, 『한국사전학』 21: 99-125, 한국사전학회.

봉미경(2005), “시간부사의 어휘 변별 정보 연구: 유의어 ‘방금’과 ‘금방’의 분석을 중심으로”, 『외국어로서의 한국어교육』 30: 113-139, 연세대학교 한국어학당.

봉미경(2009), “한국어 청유문과 제안 표현”, 『어문연구』 37(1): 417-440, 한국어문교육연구회.

봉미경(2017), “새로운 한국어 유의어 학습 사전 개발”, 『언어사실과 관점』 40: 31-47, 연세대학교 언어정보연구원.

서희정(2010), “한국어교육에서 감정형용사의 제시 방안”, 『한국언어문학』 74: 31-59, 한국언어문학회.

송현주(2015), “인지언어학적 어휘 연구를 위한 말뭉치 기반 접근”, 『국어교육연구』 58: 171-198, 국어교육학회.

송현주(2017), “‘사람’과 ‘인간’의 장르별 사용 양상”, 임지룡 외, 『의미관계의 인지언어학적 탐색』, 45-70, 한국문화사.

송현주·최준(2008), “한국어 교육용 유의어 사전 편찬을 위한 표제어 선정 및 기술 방안에 대한 연구”, 『어문논총』 48: 1-26, 한국문학언어학회.

신자영(2010), “특집: 병렬말뭉치의 구축과 활용: 병렬 코퍼스 및 학습자 코퍼스를 이용한 중간언어 연구 방법론”, 『언어사실과 관점』 25: 71-87, 연세대학교 언어정보연구원.

심재기·이기용·이정민(1984), 『의미론 서설』, 집문당.

양명희(2007), “국어사전의 유의어에 대하여”, 『한국어 의미학』 22: 165-184, 한국어 의미학회.

양순영(2010), “유의어 교육을 위한 의미 분석 연구: 중급한국어 교재의 동사를 중심으로”, 건국대학교 대학원 국어국문학과 석사학위논문.

양태식(1992), 『국어 구조의미론』, 서광학술자료사.

연규동·박진호·최운호(2003), 『인문학을 위한 컴퓨터』, 태학사.

왕비비(2017), “한국어 부사 유의어의 통시적 연구: 시간부사, 정도부사, 성상부사, 양태부사를 대상으로”, 충북대학교 대학원 국어국문학과 박사학위논문.

유창돈(1971), 『어휘사연구』, 선명문화사.

유초희(2016), “‘무섭다’류 심리형용사에 대한 통시적 연구”, 홍익대학교 대학원 국어국문학과 박사학위논문.
유현경(2007), "'속'과 '안'의 의미 연구", 『한글』 276: 133-154, 한글 학회.
유현경・강현화(2002), "유사관계 어휘정보를 활용한 어휘 교육 방안", 『외국어로서의 한국어 교육』 26: 243-270, 연세대학교 한국어학당.
윤평현(2008), 『국어의미론』, 역락.
윤현주(1998), "근대국어 정도부사 연구", 숙명여자대학교 대학원 국어국문학과 석사학위논문.
이광호(1990a), "15, 6세기어 『양ᄌᆞ』, 『즛』, 『얼굴』의 유의구조분석", 『어문학』 51: 111-123, 한국어문학회.
이광호(1990b), "어형 '글', '글월', '글왈'의 유의구조 분석", 『어문총론』 24: 91-104, 경북어문학회.
이광호(1995), 『유의어 통시론』, 이회문화사.
이광호(1998), "국어의미변별사전을 위한 접근", 『수련어문논집』 24, 수련어문학회.
이광호(2002), "유의 경쟁의 통시성 고찰", 『어문학』 77: 79-99, 한국어문학회.
이광호(2003), "국어 유의 현상과 연관성 분석", 『언어과학연구』 26: 169-188, 언어과학회.
이광호(2004), 『국어 어휘 의미론』, 월인.
이광호(2006), "'낯'과 '얼굴'의 의미고찰", 『어문학』 93: 81-108, 한국어문학회.
이광호(2008a), "유의어 변화의 기술 방안", 『어문학』 99: 1-25, 한국어문학회.
이광호(2008b), 『어휘와 의미』, 제이엔씨.
이광호(2009), "정몽유어, 아학편, 천자문의 분포적 특성", 『언어과학연구』 48: 101-123, 언어과학회.
이광호(2015), 『국어 어휘와 의미』, 박문사.
이기문(1991), 『국어 어휘사 연구』, 동아출판사.
이동주・연종흠・황인범・이상구(2009), "꼬꼬마: 관계형 데이터베이스를 활용한 세종 말뭉치 활용 도구", 『한국정보과학회 학술발표논문집』 90-91, 한국정보과학회.
이동혁(2014), "초등 문법 영역에서 유의관계 교육의 독립과 그 효용에 대하여", 『한국초등국어교육』 54: 323-352, 한국초등국어교육학회.
이민우(2015), "의미관계를 이용한 어휘교육의 효과 연구: 고급 학습자를 중심으로", 『한국어 교육』 26(4): 165-190, 국제한국어교육학회.
이석주(1981), "동의어고-정의, 양상과 의미영역", 『논문집』 5: 73-85, 한성대학교.

이수진(2011), “노걸대 언해본에 나타난 부사의 통시적 연구”, 전남대학교 대학원 국어국문학과 석사학위논문.

이숭녕(1967), 『한국어발달사』, 고려대학교민족문화연구소.

이승명(1972a), “국어유의고(其一)”, 『어문학』 27: 155-164, 한국어문학회.

이승명(1972b), “국어유의고(其二)”, 『어문론총』 7, 한국문학언어학회.

이연경(2009), “시트콤을 활용한 한국어 유의어 교육 방안 연구”, 한국외국어대학교 교육대학원 외국어로서의한국어교육전공 석사학위논문.

이용주(1990), “언어단위에 대하여”, 『국어교육』 69: 1-13, 한국국어교육연구회.

이을환 · 이용주(1964), 『국어의미론』, 수도출판사.

이익섭(1973), “국어 수량사구의 통사기능에 대하여”, 『어학연구』 9(1): 46-63, 서울대학교 언어교육원

이익섭(1984), 『방언학』, 민음사.

이익섭(1993), 『국어학개설』, 학연사.

이익환(1985), 『의미론개설』, 한신출판사.

이정화(2001), “한국어 학습자 사전 개발을 위한 몇 가지 검토: 한국어 교재와 기존 사전 검토를 중심으로”, 『이화어문논집』 19: 275-294, 이화여자대학교 이화어문학회.

이지혜(2006), “심리형용사 유의어 의미 변별과 사전 기술 연구: 연어 분석을 중심으로”, 연세대학교 대학원 언어정보학협동과정 석사학위논문.

이혜영(2012), “한국어 교재의 유의어 분석: 시간부사를 중심으로”, 충북대학교 교육대학원 외국어로서의 한국어교육 전공 석사학위논문.

임지룡(1993), 『국어의미론』, 탑출판사.

임지룡(1999), 『인지의미론』, 탑출판사.

임지룡(2015), “‘기쁘다’와 ‘즐겁다’의 의미 차이”, 『어문학』 129: 23-49, 한국어문학회.

임지룡(2016), “인지언어학적 어휘 의미론”, 임지룡 외, 『어휘 의미의 인지언어학적 탐색』, 13-63, 태학사.

임지아(2005), “한국어 교육용 어휘에 관한 연구”, 동아대학교 대학원 국어국문학과 석사학위논문.

임홍빈 · 장소원(1996), 『국어문법론 I』, 한국방송통신대출판부.

전재호(1988), “‘더블다’ 관련 어휘의 의미에 관한 통시적 고찰”, 『국어학』 17: 33-63, 국어학회.

전지은(2016), “한국어 어휘 교육을 위한 온라인 코퍼스 활용 방안 연구”, 한국연구재단 연구성과물, NRF KRM.

조미영(2009), “장면-상황 중심의 감정형용사 유의어 교육 방안 연구”, 계명대학교 대학원 한국학과 석사학위논문.

조민정(2010), “학습자 사전에서의 유의어 선정과 기술 방법에 대한 연구: 연세현대한국어사전을 중심으로”, 『한국어 의미학』 33: 349-398, 한국어 의미학회.

조민정 · 봉미경 · 손혜옥 · 전후민(2013), 『학습자를 위한 유의어 사전』, 박이정.

조양현(2005), “18세기 국어 동의어 연구”, 한국외국어대학교 대학원 국어국문학과 박사학위논문.

조항범(1984), “국어유의어의 통시적 고찰: 명사, 동사를 중심으로”, 『국어연구』 58, 국어연구회.

조현용(2000), 『한국어 어휘교육 연구』, 박이정.

진 링(2016), “한국어 어휘 결합관계의 의미적 선호를 통한 유의어 의미 변별 연구: ‘무섭다, 두렵다’를 중심으로”, 『한국어 의미학』 53: 117-143, 한국어 의미학회.

최경아(2007), “한국어 유의어 교육 방안 연구: 시간부사를 중심으로”, 고려대학교 교육대학원 한국어교육전공 석사학위논문.

최보일(1978), “우리말 유의어에 관한 연구”, 부산대학교 교육대학원 국어교육전공 석사학위논문.

최재웅 · 이도길(2014), “물결 21 코퍼스: 공유와 확산: 물결21 코퍼스: 공개 웹 자원 및 활용 도구”, 『민족문화연구』 64: 3-23, 고려대학교 민족문화연구원.

최재희(2007), “NP – 에(서)/를 교체 구문의 분석”, 『한국언어문학』 60: 113-138, 한국언어문학회.

최 준(2011), “경험 동사의 의미적 운율 연구”, 『한국사전학』 18: 209-226, 한국사전학회.

최홍열(1993), “‘반ᄃᆞ기’ 유의어의 의미에 관한 통시적 고찰”, 『인문학연구』 31: 68-84, 강원대학교.

최홍열(2005), 『정도부사의 유의어 연구』, 역락.

추육영(2014), 『중국인을 위한 한국어 유의어 연구』, 박이정.

추육영(2015), “한국어교육에서 유의어 연구의 현황 및 과제”, 『겨레어문학』 54: 375-405, 겨레어문학회.

홍사만(1976), “15세기 어사 ‘맛’과 ‘ᄀᆞ장’의 비교”, 『이조후기의 언어와 문학』, 형설출판사.
홍사만(1983), 『국어어휘의미연구』, 학문사.
홍사만(2000), “중세 · 근대국어 ‘어리다’와 ‘졈다’의 의미분석”, 『언어과학연구』 17: 225-250, 언어과학회.
홍사만(2001), “중세 · 근대국어 어휘의미 연구(8): ‘짓다’, ‘ᄆᆡᆼᄀᆞᆯ다’의 의미분석”, 『언어과학연구』 19: 339-374, 언어과학회.
홍사만(2003), “중세 · 근대국어 어휘의미 연구(9): 의존명사 ‘ᄃᆞ’, ‘줄’의 의미분석”, 『어문논총』 38: 1-42, 한국문화언어학회.
홍사만(2008), “중세 · 근대국어 ‘하다’, ‘만ᄒᆞ다’, ‘크다’의 유의 분석”, 『어문논총』 48: 61-95, 한국문화언어학회.
Bloomfield, L.(1933), *Language*, New York: Holt, Rinehart and Winston.
Chafe, W. L.(1970), *Meaning and the Structure of Language*, Chicago: The University of Chicago Press.
Jackson, H.(1988), *Words and Their Meaning*, New York: Longman.
Leech, G. N.(1974), *Semantics*, Harmondworth: Penguin Book Ltd.
Lyons, J.(1968), *Introduction to Theoretical Linguistics*, Cambridge: Cambridge University Press.
Murphy, M. L.(2003), *Semantic Relations and the Lexicon: Antonymy, Synonymy, and Other Paradigms*, Cambridge: Cambridge University Press. (임지룡 · 윤희수 옮김(2008), 『의미관계와 어휘사전』, 박이정.)
Nida, E. A.(1975), *Componential Analysis of Meaning*, The Hague: Mouton.
Palmaer, F. R.(1976), *Semantics*, London: Cambridge University Press.
Stern, G.(1931), *Meaning and Change of Meaning*, Gothenberg: Indiana University Press.
Ullmann, S.(1957), *The Principles of Semantics*(second edition), Oxford: Basil Blackwell.

반의어

이 민 우*

1. 들머리

이 글은 반의어로 대표되는 대립관계에 대한 연구의 현황과 과제를 제시한 것으로 그동안 이루어진 대립관계 연구들을 정리하면서 연구의 한계와 향후 과제를 제시하는 것을 목적으로 한다. 반의어는 서로 대립을 이루는 관계로서 대표적인 어휘관계로 다루어진다. 그래서 많은 사람들이 반의어는 대립관계라는 확실하게 성립되는 대표적인 관계에 의한 것으로 인식하여 왔다. 하지만 반의어를 형성하는 대립관계가 무엇인지에 대해서는 그 성립부터 유형까지 많은 논란이 지속되어 왔다.

반의어를 구성하는 대표적인 관계인 대립관계에 대한 많은 문제에도 불구하고 심리학자와 언어학자 등 많은 연구자들은 대립관계가 인간 인식의 본원적 방식이라고 보았으며, 대립관계가 관계의 기본이라는 점은 논란의 여지가 없다. 그래서 대립관계는 초창기 어휘의미론에서부터 현재까지 많이 다루어

* 사이버한국외국어대학교 한국어학부 교수, meanwoo@cufs.ac.kr

온 주제이기도 하다.

우리나라에서 대립관계에 대한 논의는 개념과 유형을 정립하고자 했던 이승명(1973), 남기심(1974), 심재기(1975), 이석주(1975) 등의 초기 어휘의미 연구에서부터 대립관계의 다양한 속성들을 체계적으로 다룬 임지룡(1989), 전수태(1995), 구조주의적 관점의 대립관계를 비판한 김슬옹(1998) 등을 거쳐 맥락을 중심으로 대립관계를 바라보고자 한 이광호(2008), 임채훈(2009) 등과 여기에서 더 나아가 새로운 관점에서 대립관계를 제시하는 이민우(2011), 도재학(2013) 등에 이르기까지 최근까지도 활발하게 이루어지는 대표적인 주제 가운데 하나이다.

이에 이 글에서는 반의어 연구와 관련된 그동안의 노력들을 정리하면서 관계설정 방식과 이에 따른 개념설정 및 대립관계의 유형과 특성들을 살펴보고 이들의 한계와 이를 극복할 수 있는 방안에 대해 생각해 보기로 하겠다.

2. 주요 연구와 쟁점

2.1. 대립 개념 설정

대립관계를 설정하는 기준이 되는 것은 대립 개념이다. 많은 학자들이 대립을 어떻게 볼 것인지에 따라 이를 통해 이루어지는 관계어들을 다양한 용어로 지칭해 왔다. 여기서 핵심은 의미적 대립이란 무엇이고, 또 그것이 어떻게 이루어지는가에 대한 것이다. 이에 기존 연구자들이 그동안 대립관계를 어떠한 개념으로 보아왔는지 살펴보고자 한다.

의미적 대립관계를 구성하는 어휘를 지칭하는 용어는 크게 반의어, 대립어, 상대어, 반대어 등의 개념으로 논의되어 왔다. 먼저 이승명(1973)은 antonym에 해당하는 반의나 반대어는 매우 제한적 용어로서 '선/악'과 같은 논리적 모순관계로 설정하기 때문에 한계가 존재한다고 주장하며 반의(반대, antonym)를 포괄하는 의미로 상대어(contrastive)를 설정할 것을 주장하였다. 그는 특히 맥락적 가변성과 기준에 따른 차이가 존재하며 인간은 모든 사물을 상대적으로 파악한다는 점에서 반대(antonym), 대립(oppositive), 대칭(symmetrics) 등을 포괄하여 드러내는 최상위 개념으로 상대어가 적절하다고 보았다.

이와는 달리 남기심(1974)은 의미장 설정에 있어서 반대 개념을 선험적으로 취급하는 것을 비판하면서 자질에 따른 정의를 제안하였다. 그는 두 개의 단어가 동일 의미장에 속하여 모든 의미자질을 공통적으로 갖고 반드시 한 자질만이 상반될 때 반대어가 성립된다고 하면서도 이를 위해서는 보편적 의미자질을 설정할 수 있어야 하기 때문에 이상적인 주장이라고 보았다. 결국 어느 자질에서 대립하는가에 따라 여러 반대어가 가능한데, 다만 반대어는 대립되는 자질이 오직 한 개여야 한다는 점을 강조하였다.

Leech(1974)의 반대 개념을 토대로 언어와 경험 간의 대립관계에 나타난 양분된 단어들을 반의어로 칭하며 반대(opposition)와 반의어(antonym)는 동일 대상을 지시한다고 주장한 심재기(1975)는 반의어 쌍은 공존 연상, 동일 유개념인 동질성, 의미 영역의 교차가 없는 배타성, 대칭적 상반성인 이질성 등을 요구한다면서 반의어는 인간 의식의 위상화로 동일 언어사회에서 객관성이 필요하다고 주장하였다. 또한 연접된 개념의 경우 반의적 이분화가 가능하다면서 '천지인'은 '천지, 지인, 천인'이 가능하지만, '동서남북'의 경우 '동서'나 '남북'과 달리 '동북'은 연접된 개념이 아니어서 불가능하다고 하였으며, 밥과 진지는 동일의미의 교착이며 의미적 배타성이 없으므로 반의 성립이 불가능하다고 보았다.

반의 개념을 실증적으로 확인해 보고자 한 이석주(1975)는 대립어는 상대어와 차이가 불분명하고 의미상 서로 반대되는 말이라는 개념 또한 부정어와 구분이 불분명하며 포괄적이라는 점을 들어 Leech(1974)와 이승명(1973)의 주장을 비판하였다. 그는 다른 단어와 대비되는 하나의 자질을 포함하는 경우 반의어가 성립된다고 주장하면서도 반의 개념이 매우 불분명하다는 점을 설문 결과를 통해 제시하였다.

임지룡(1989)은 Lyons(1968)와 Cruse(1986)의 논의를 기반으로 의미관계에서 대립어가 차지하는 비중과 다양한 구조를 고려하여 대립어를 파악하면서 대립어에 속하는 세부적인 하위 유형화와 속성 기술에 초점을 두었다. 그는 대립어를 이원대립에 한정하였으며 한 쌍의 대립어는 공통된 특성을 많이 지니고 있어 의미상 동질적이면서 하나의 매개변수가 다름으로써 의미상 이질성을 드러낸다고 하였다.

기호 개념을 이용하여 개념 사이의 대표적인 관계로 반대관계를 설정한 김광해(1990)는 반의와 대립을 포괄적으로 표현할 수 있는 용어로 반대어를 제안하였다. 그는 '크다/작다', '앞/뒤'와 같은 반대어 성립은 상황성이 중요하다고 보았으며, 반대어는 어떤 영역에서 요구되는 반대적 개념의 적절한 표출을 위해 개별적으로 발생한다고 주장하였다. 또한 어휘소의 사용 영역에 따라 개념상 변이가 발생하며 형태적 규칙성이 없다는 점을 지적하였다.

한편 전수태(1995)는 반의어가 동의어, 유의어와 형태적으로 유사한 명명이며 가장 많이 사용되는 용어라고 하면서 반의어는 동일 문법 범주, 동일 의미 영역, 배타적, 대칭적, 한 쌍의 단어여야 한다고 주장하였다. 또한 이광호(2008)는 대립어의 대립성 기준이 불분명할 경우 혼란이 생긴다면서 Lyons(1968)를 따라 대립성 기준을 부정성과 관련하여 명확히 하고자 부정 검증 방법을 제안하고, 대립성은 단 하나의 기준이어야 한다는 점을 제시하였다.

화용론적 관점에서 이민우(2010)는 Murphy(2003)의 견해를 따라 대립적이라는 것은 대조를 통해 상반된 차이를 가져오는 것을 의미하며 대립되는 두 의미는 유관한 의미의 연속선상의 양 끝에 속한 것으로 이해해야 한다고 보았다. 이러한 관점에서 대립관계는 개념적으로 이분화된 대조적 의미로서 특정 의미영역의 이분화에 의해 정의되며 이들은 언제나 일대일 대립을 갖는 것으로 파악된다.

같은 맥락에서 이민우(2011)는 김광해(1990: 37)의 지적처럼 대립관계는 순전히 개념적이라고 할 수 있기 때문에 동일한 지시대상일지라도 사람마다, 문맥마다 다양하게 대립적 의미로 인식할 수 있다고 보았다. 그는 이러한 대립관계는 개념적인 것으로 화용론적 상황맥락에 따라 가변적이라는 점을 강조하며 결국 의미적 대립의 문제는 대다수의 어휘의미론자들이 주장했던 것처럼 상황맥락에 의존한다는 점에서 화용론적 관점으로 바라볼 수밖에 없다는 결론에 도달한다.

구조주의적 시각에서 오랫동안 이어져온 대립관계 개념에 대한 논의의 쟁점은 사람들이 대립을 매우 다양하게 인식한다는 점이었다. 그래서 대립관계에 대한 혼란을 피하기 위해 엄격한 논리적 기준으로 대립을 설정하려는 시도가 끊임없이 이어졌지만 대부분 그 한계를 인정할 수밖에 없었다. 대립은 언제나 차이에 의해 규정되며, 전통적으로 이용되어 온 단 하나의 차이로 구분되는 의미의 관계라는 정의를 이용하여 파악하더라도 이러한 관계가 화용론적 맥락에 따라 이루어진 결과로 보는 것이 한계를 극복할 수 있는 방법이 될 수 있을 것이다.

2.2. 유형 분류

대립관계에 대한 인식이 다양했던 만큼 이를 세부적으로 유형화하는 것 또한 여러 가지 방식으로 이루어졌다. 대립관계의 세부적인 하위 유형은 대립을 바라보는 개념적 차이에 따라 달라졌으며 중간항의 존재 여부, 대립항의 수, 대립되는 의미의 유형과 방식 등에 따라 다양하게 구분되었다.

먼저 이승명(1973)은 '뜨겁다/차갑다'처럼 모든 사물의 상대적인 파악으로 이루어지는 2개 이상의 개념을 대비하는 것을 상대어로 보고 '선/악, 흑/백' 등 매우 제한적인 반대어, '민주주의/공산주의'처럼 반대는 아니지만 대립적 인식을 드러내는 대립어, '과거/현재/미래'처럼 대칭의 중심을 두고 맞서는 대칭어로 구분하였다. 또한 이승명(1978)은 이러한 대립관계를 보다 상세화하여 동위개념으로 일방이 타방의 존립을 돕고 긴밀한 유대로 의식화되는 상관적 관계, 동위개념으로 양립하며 사이에 제3의 중간개념 내지 중간 존재가 개입하는 대칭적 관계, 동위개념으로 정도가 아닌 질이 전혀 달라 서로 배척

하며 중간 개입이 없는 모순적 관계, 내포상 공통자질이 있어 동일한 유개념에 포함될 수 있는 두 개 이상의 의미 간에 성립하는 대조적 관계 등으로 구분하였다.

이때 상관적 관계에는 긴밀성이 강한 관계적 대립인 '스승/제자', 긴밀성이 약한 다원적 대립인 '빨/노/파' 등이 속하며, 대칭적 관계에는 논리학의 반대 개념으로 중심이 없으면 관계를 상실하는 '크다/작다, 높다/낮다' 등이 속한다. 또 모순적 관계는 상대의 부정을 함의하며 양립이 불가능한 '진실/허위, 있다/없다' 등이, 대조적 관계는 쌍방의 성립을 보조하는 '산/바다, 바다/육지, 논/밭' 등 모든 개념에 성립이 가능하다고 보았다.

이와는 달리 이석주(1975)는 언어적 반의와 심리적 반의를 구분하고 언어적 반의는 사전적 반의('의미/무의미', '자유/구속')와 문맥적 반의('의미/형식', '자유/죽음'), 심리적 반의는 개인적 반의('서울/대구', '어머니/딸', '어머니/아버지')와 사회적 반의(시대, 국가, 지역적 차이)로 구분하였다. 그는 또 형태적 분류로 천시권 · 김종택(1971)이 제시한 개별 단어('깊다/얕다')를 1형, 접사('의미/무의미', '보다/보이다')를 2형, 이용주(1971)가 제시한 부정사('가다/안 가다')를 3형으로 나누었으며, Ogden(1967)의 제안을 따라 의미적 분류로 부정어에 의한 대립('가시/비가시'), 정의에 의한 대립('사람/짐승'), 가공적 대립('자유/속박'), 방향적 대립(척도: '초/분/시', 절단: '왼쪽/오른쪽') 등으로 나누었다. 이후 이석주(1989)에서는 모순('있다/없다'), 반대('흑/백', '높다/낮다'), 역('오다/가다'), 상관('부모/자식'), 다원('동물/식물/광물'), 대응('주동/사동') 등으로 구분하기도 하였다.

임지룡(1989, 1992)은 대립관계를 반의대립, 상보대립, 방향대립으로 구분하였다. 우선 반의대립은 정도(등급) 반의어를 지칭하는 것으로 '길다/짧다'와 같은 가치중립적인 척도 반의어, '좋다/나쁘다'와 같은 긍정과 부정의 주관적 평가 반의어, '기쁘다/슬프다'와 같은 감정 또는 주관적 반응에 근거한 정감 반의어로 나누었다. 다음으로 상보대립은 '살다/죽다'와 같은 상호배타적인 순수 상보어, '옳다/그르다'와 같이 중립지역이 존재하지 않고 평가 기준이 절대적인 정도 상보어로 나누었다. 마지막 방향대립은 축을 중심으로 한 요소의 다른 방향 요소인 역의어('부모/자식'), 방향의 양 극단을 나타내는 대척어('시작/끝'), 맞선 방향으로 이동이나 변화를 나타내는 역동어('가다/오다'), 균일한 표면이나 상태에서 방향이 역전된 대응어('오목/볼록') 등으로 나누었다.

그는 또한 대립어의 속성을 논의하면서 대립어의 고유한 의미 특성을 극성으로 보았으며 이러한 극성은 적극성과 소극성, 긍정과 부정 등으로 나타난다고 보았다. 또 특정한 환경에서 대립이 일시적으로 사라지는 중화현상을 제시했으며 이는 대립과 불가분의 관계를 맺고 있는 것으로 보았다. 또 대립의 양극 사이에는 비대칭적, 계층적인 관계인 유표성이 나타난다고 보았는데, 어휘 대립에서도 표지의 유무와 중화의 기준에 따라 규정할 수 있다고 하였다.

전수태(1995)는 상보반의어, 관계반의어, 정도반의어로 구분하였다. 상보반의어에는 단순('남/녀', '죽다/살다')과 종속('전체/부분'), 관계반의어에는 상관('스승/제자')과 역동('감다/뜨다'), 정도반의어에는 단순('춥다/덥다'), 평가('좋다/나쁘다'), 위치(공간: '상/하', 시간: '초/하') 등을 설정하였으며 2원적 대립만 인정하였다.

연구자 대부분이 설정하고 있는 상보반의어와 등급 반의어에 대해 문제를 제기한 김슬옹(1998)은 이들 분류가 언어 내적 체계에서 고찰한 것으로 사회적 의미작용을 제대로 보여주지 못하였다고 비판하였다. 그는 어휘 분류는 고정된 것이 아니며, 논리학의 검증장치는 경직된 방식으로 역동적 의미작용이나 관계를 왜곡한다면서 다양성을 무시하는 이분법은 두 요소가 대등할 수 없으며 낱말 관계는 실천적 맥락에서 이루어지므로 동일 층위 모든 항목에 대해 중간항 설정이 가능하다고 보았다.

대립항의 수와 정도성을 중심으로 대립관계를 분류한 이광호(2008)는 일항대립과 다항대립으로 나누었는데, 일항대립에는 정도성이 없는 상보대립과 정도성이 있는 반의대립으로 나눌 수 있으며, 다항대립에도 정도성이 있는 방향대립과 정도성이 무한한 대립이 가능하다고 보았다.

그는 또한 부정을 고려하여 정도성을 파악하고자 하였는데, 대립성과 부정성이 일치할 경우 정도성이 높기 때문에 부정성에 의해 나타나는 대립어가 다양한 다항대립의 경우 정도성의 낮다고 보았다. 또한 일항대립어도 다양한 개념의 형성 여부에 따라 정도성이 달라질 수 있기 때문에 일항대립 > 정도성 일항대립 > 다항대립 > 정도성 다항대립 > 무한항대립으로 층위화가 가능하다고 주장했다.

화용론적 관점으로 관계를 바라본 이민우(2009)는 다의관계에서도 대립관계 설정이 가능하다는 점을 주장했는데, 이에 따라 이민우(2011)는 임지룡(1992)이 하위분류한 상보, 반의, 방향 대립이 다의적 의미에서도 동일하게 이루어진다고 보았다. 그는 동사 '지다'가 생성과 소멸의 상보대립으로 파악될 수 있으며, 부사 '너무'가 긍정과 부정이라는 반의대립으로, 명사 '앞'이 과거와 미래를 모두 지시하는 방향대립으로 파악될 수 있다면서 이러한 예들을 정리하여 제시하였다. 또한 형식에 따라 어휘적 대립, 문법적 대립, 맥락적 대립으로 구분을 시도하기도 하였다.

대립관계를 문장 차원에서 살펴본 임채훈(2009)은 반의관계가 문장의미 형성에 있어서 특정한 의미를 드러낸다고 보았다. 그는 사건이나 상태를 구성하는 요소로서 반의관계 단어쌍은 전칭과 이분, 동의 등의 기능을 하며, 사건 혹은 상태 간의 의미관계를 나타내는 반의관계 단어쌍은 대조, 양보, 전이, 부연 등의 의미 기능을 한다는 점을 밝혔다.

도재학(2013)에서는 이원적 대립과 다원적 대립을 구분하였는데, 이원적 대립은 상보적 대립('있다/없다'), 상반적 대립('전/후'), 상관적 대립('빌리다/빌려주다'), 정도적 대립('많다/적다') 등으로 설정하였으며, 다원적 대립은 순차적 대립('수/우/미/양/가'), 순환적 대립('봄/여름/가을/겨울'), 교차적 대립('동/서/남/북')으로 설정하였다. 그는 또한 이민우(2009, 2011)와 유사한 관점에서 다의적 의미들의 대립관계를 대립이의관계로 설정하고 어휘관계와 동일하게 파악하여 체계화하였다.

이처럼 대립개념의 확장과 변화에 따라 그 유형과 속성에 대한 설명도 다양하게 이루어져 왔다. 이러한 변화는 구조주의적 관점에서 인지주의적 관점으로, 정의적 의미에서 문맥적 의미로, 어휘관계에서 의미관계로 인식이 변화하고 확장되면서 이루어진 것이라고 볼 수 있다.

2.3. 관계 설정과 맥락의 문제

반의어 설정에 있어서 전통적인 관점은 동의어와 상반되는 개념으로서 논리를 중심으로 규정하는 것이었다. 이들은 성분분석에 따른 자질 사이의 논리적 관계로서 맥락과 상관없이 관계를 정의하고자 하였는데, 이에 따라 논리적 모순이나 반대라는 개념을 이용하여 두 단어가 갖는 의미 사이의 대립을 파악하고 이를 반의어로 규정하였다. 그런데 문제는 반의어로 설정된 단어들이 항상 대립적으로 파악되는 것은 아니며, 하나의 단어에 대립하는 의미들이 다양하게 나타나기도 한다는 점이었다. 이러한 문제는 사람들이 맥락에 따라 관계를 다양하게 인식하는 데 따른 것으로 관계 설정에서 맥락의 문제를 불거지게 하였다.

특히 문맥에 대한 화용론적 관점을 강조한 김슬옹(1998)은 대립관계에 대한 전통적인 연구들이 대부분 문맥을 인정하면서도 언어내적 체계 안에서의 문맥에만 기대고 있어 사회적 의미작용을 제대로 보여주지 못한다며 언어 외적 맥락인 의사소통에서 이루어지는 역동적 관계가 대립어 파악에 중요하다는 점을 강조하였다. 또한 강연임(2006)은 광고에 제시되는 대립어들을 예로 상황정보를 바탕으로 상정되는 화용론적 대립을 제시하기도 하였다.

이처럼 대립관계가 맥락의 지배를 받는다는 사실은 관계 정립을 연구한 초기 연구자들부터 현재까지 대부분이 인식하고 있었던 것이었다. 하지만 전통적 관점에서 의미관계는 어휘체계를 구성하는 원리로서 맥락과 상관없이 어휘 자체가 갖는 관계로 규정하기 때문에 맥락에 따라 가변적인 관계를 인정할 수 없었다. 이러한 관계의 맥락성은 확고하게 성립된 관계로서 어휘를 체계화하려는 연구자들을 끊임없이 괴롭혀 왔지만 결국 대립관계가 맥락에 따라 다양하다는 사실을 인정하지 않을 수 없었다.

의미관계를 절충적 관점에서 확립된 관계와 맥락적 관계로 나누고자 시도한 최경봉(2010: 66)의 논의는 바로 이러한 고민을 잘 보여주고 있다. 그는 의미관계를 어휘체계의 구성 원리로 보는 관점에서는 개념체계 혹은 어휘체계를 전제로 하는데 문맥주의적 관점에서는 이러한 전제를 부정하면서 의미관계를 설정하는 것은 모순이라고 비판한다. 그러면서 맥락적 의미관계를 다루기 위하여 의미관계를 동질인 것이 아닌, 확립된 의미관계와 문맥조정에 의한 의미관계로 구분하여 볼 것을 제안한다. 이렇게 보아야만 사용에 따라 의미관계가 다양해진다고 봄으로써 무한한 문맥 속에서 무한한 관계가 되어버리는 문맥주의의 한계를 극복할 수 있다는 것이다. 이때 확립된 의미관계는 머릿속에 저장된 체계로서 작동하는 것이며, 문맥조정에 의한 의미관계는 특정 맥락에서만 일시적으로 형성되는 것으로 볼 수 있는데, 이를 통해 구조로서 의미관계를 체계화할 수 있으며, 의미소와 같이 독립적으로 작동하는 의미의 단위를 유지할 수 있게 된다.

이러한 주장에 대해 김진해(2013)는 어휘관계가 말뭉치언어학적 연구를 통해 결합관계를 벗어나 결정되지 않는다는 사실이 밝혀졌다면서 이들이 언어체계 내에 존재하는 단어쌍이 아니라 텍스트와 연결되어서만 파악된다고 주장한다. 그는 관계의 체계성은 일부 중심적인 어휘에서만 나타나며 기본 층위를 벗어나는 경우 관계를 찾기 어렵거나 약화되며, 계열관계 또한 결합을 통해 실질적으로 드러난다고 하면서 특정 관계는 부분적으로 나타나며 특정 범주에 한정된다는 점을 강조하였다. 또한 어휘관계는 추상적/논리적이라기보다 경험적이며 문화적 성격을 띤다는 점을 지적하였다.

어휘 목록에 고정된 가치를 가진 것으로 보이는 단어들도 텍스트에 따라 상대적으로 해석되거나 긍정적 또는 부정적으로 평가될 수 있다. 또한 화자가 처한 상황에 따라 다르게 평가될 수도 있다. 이처럼 하나의 단어는 각기 다른 문맥에서 다르게 해석되며 심지어 전혀 예상치 못한 의미로도 해석된다. 이러한 사실을 토대로 이민우(2010: 135)는 본질적으로 의미가 분석적이거나 객관적인 진리의 문제로 간주되는 것이 아니라 언어 사용자의 특유한 해석의 문제로 가정하는 것에서 출발해야 한다고 주장한다. 다양한 의미를 인정하면서도 기본적인 단어의 의미를 설정하여 이와 분리하는 것은 실제 의미를 무시하는 것이 되기 때문이다.

따라서 우리가 파악하는 의미관계는 언제나 문맥 속에서만 존재한다고 해야 하며 의미는 객관성의 문제가 아니라 주관성의 문제로 다루어야 한다고 본다. 이는 단어의 특정한 의미가 언제나 결합되는 다른 단어들과의 상호 작용 속에서 결정되기 때문이다. 이러한 관점에서 이제까지 단어의 의미를 내재적으로 고정된 어떤 것으로 두고 의미를 다루려는 시도에서 벗어나 새로운 시각에서 접근해야 할 것이다. 그리고 어휘는 언제나 특정한 문맥 속에서 특정한 기능을 수행하기 때문에 문맥 속에서 의미가 결정되는 방식을 파악해야만 한다. 이는 의미가 둘 이상의 결합되는 단어들과의 관계를 통해 결정된다는 것을 말하며 이러한 점에서 가변적이고 생산적인 언어의 본질과 일치하는 연구가 될 수 있다.

2.4. 구조주의적 접근에 대한 인지주의적 비판[1]

반의어를 구성하는 대립적 인식에 대한 논의는 앞서 지적한 대로 문맥을 중심으로 이루어졌지만, 거의 모두 구조적 문맥에 치중되어 있었다. 이에 어휘관계에 대한 전통적인 논의인 기존의 구조주의적 접근법의 한계를 확인하고 이를 극복하고자 하는 인지언어학적 관점의 접근법을 살펴볼 필요가 있다.

어휘관계에 대한 기존의 연구는 대부분 전통적인 구조주의 의미론을 바탕으로 하고 있다. 이러한 관점에서 단어의 의미는 독립적으로 존재하는 것이 아니라 그 단어와 연관된 다른 단어와의 관계에 의해 파악된다. 그리고 관계는 수직을 이루는 계열관계와 수평을 이루는 결합관계를 통해 조밀하게 구성되며, 계열과 결합이라는 두 관계는 엄격하게 구분된다. 또한 구조주의적 관

1 이 절의 내용은 김진해 · 이민우(2018: 13-15)에서 제시한 내용을 토대로 기술되었다.

점에서 성분분석을 기반으로 하는 형식의미론적 방법론은 어휘 간의 관계가 논리적 관계를 기반으로 하고 있다고 전제한다. 그래서 구조주의적 관점에서의 어휘관계 연구는 정태적이고 문맥독립적인 구조로서 계열적 집합 내의 구성원들이 맺고 있는 의미론적 상호관계를 대상으로 다룬다.

이와는 달리 인지언어학적 관점에서 보면 어휘가 맺고 있는 관계는 문맥독립적이거나 고정된 관계라기보다는 단어가 사용된 문맥에서 이루어지는 역동적 해석 관계로 본다. 인지언어학적 관점에서 Cruse & Croft(2004/2007: 243)는 의의관계는 낱말 그 자체 사이의 의미관계가 아니라, 낱말에 대한 특별한 맥락상의 해석 사이의 관계로 간주된다고 선언하면서 역동적 해석 접근을 통해 어휘관계의 본질을 새롭게 해명할 수 있을 것으로 기대한다.

특히 인지언어학에서는 기존의 어휘관계가 전적으로 계열관계를 바탕으로 이루어진다고 본 구조주의적 관점에 반대한다. 인지언어학적 관점에서 계열적 어휘관계는 결합관계에 의해 확인되거나 보증된다. Johns, Paradis, Murphy & Willners(2007), Johns(2010) 등은 대립관계(antonymy)에서 전형적인 대립과 그렇지 않은 경우가 나타나는 이유를 확인하기 위해 대규모 말뭉치를 연구하였다. 이를 통해 그들은 계열적으로 전형적인 반의관계는 어휘-문법적 구문(lexico-grammatical constructions)에서도 매우 밀접하고 반복적으로 공기(co-occurrence)한다는 점을 밝혀냈으며, 직관적 조사에 의한 반의어 쌍과 코퍼스 통계에 의한 반의어 쌍이 거의 일치한다는 사실을 확인하였다(Johns, Paradis, Murphy & Willners 2007: 151). 또한 전형적인 반의관계는 텍스트와 문맥에서 출현하는 반의어도 한두 개로 제한적인 반면 비전형적인 반의관계는 하나의 단어에 수십 개의 반의어가 병렬적으로 산재하기도 한다는 점을 파악했다(Paradis 2010).

한편 논리적 정합성을 중심으로 어휘관계를 연구해 온 관행에 대해 인지심리학적 차원에서 비판한 Aitchison(2003/2004: 186-191)은 기존 어휘관계에서 다루고 있는 핵심적인 하위 유형을 비판한다. 그는 논리적 관계가 성립하지 않는 경우도 흔하다면서 이로 인해 중요한 관계들이 논리적으로 다루어질 수 없으며, 자동적인 관계처럼 적용될 수도 없다는 점을 지적하였다(Aitchison 2003/2004: 190).

이러한 연구들은 어휘관계는 안정적이고 고정적인 관계와 맥락 추론을 통해 임시적으로 연결되는 관계가 복합적이고 역동적으로 상호작용한다는 것을 보여준다. 결국 어휘관계에 대한 탐색은 해당 어휘와 관련된 사건(문맥)의 역할과 위상이 어휘 네트워크 형성에 결정적으로 중요하다는 것을 확인할 수 있었다.

구조주의 의미론의 본질적인 한계는 인간이 세계를 몸으로 경험하고 개념화하는 과정과 언어와의 관련성을 제거하는 데에서 오는 추상화, 탈맥락화에 있었다. 지난 수십 년 간 이어져온 전통적인 연구들은 유의어, 반의어, 상하위어, 불특정 관련어 등 어휘 간의 논리적 관계의 종류를 확인하기 위해 노력해 왔다. 하지만 이러한 전통적인 접근법은 태생적으로 제한적일 수밖에 없으며, 이를 극복하기 위해서는 인지주의적인 관점에서 바라볼 필요가 있다는 점을 알 수 있다.

2.5. 의미관계와 어휘관계의 구분

전통적으로 의미 연구는 관계를 중심으로 이루어져 왔다. 의미관계의 핵심인 계열과 통합은 의미장을 중심으로 하는 연구에서부터 선택제약에 이르기까지 핵심적인 연구 분야였다. 그리고 이러한 의미관계(semantic relation)는 보통 어휘관계(lexical relation)로 다루어 왔다. 개념적 의미의 표상은 어휘로 대표되므로 의미관계가 어휘관계와 동일시 된 것은 어찌 보면 당연해 보인다.

그래서 전통적인 의미관계는 어떤 어휘가 단독으로 의미를 확립시키는 두 어휘 간의 관계가 되며, 항상 복수의 어휘 사이에서 얽혀 있는 관계(이승명 1981)로 규정된다. 이러한 관점에서 의미관계의 한 유형인 다의관계는 단일한 어휘소 하나에 관련되는 의미 현상이므로 의미관계에 관한 논의에서 제외되어야 한다(김광해 1990)는 주장도 있었다. 이러한 주장은 앞서 살펴본 바와 같이 의미관계 설정이 고정된 의미를 갖는 어휘소를 기반으로 하며, 이에 따라 고정된 관계를 성립한다는 구조주의적 관점에 따른 것이다.

하지만 다의가 구분되는 의미라고 한다면, 이들 또한 각기 유의한 기표에 사상될 수 있다. 그래서 다의도 개념상 어휘와 대치 가능한 경우로 설명되며 대부분의 경우 그렇게 표시한다. 이와 관련하여 이민우(2009)는 의미관계와 어휘관계를 분리하여 다루면서 최초로 다의에서 대립적 의미관계를 설정하고자 하였다. 그는 어휘관계와 의미관계의 분리는 관계 설정과 이해를 보다 명확하게 해 준다는 점에서 장점을 갖는다면서 형태, 통사, 의미와 지시까지를 포괄하는 어휘관계와 구분되는 의미적인 관계를 제안한다. 이러한 관점은 다의적 의미들 사이의 관계 또한 '관계'라는 동일한 기준과 방법으로 현상을 일관되게 설명할 수 있다는 장점을 지닌다(이민우 2016).

이와 같은 대립관계에 대한 인식의 변화에 따라 이민우(2011)는 한 단어가 갖는 다의적 의미들 사이의 대립성을 대립관계로 파악할 것을 제안하였으며, 도재학(2013) 또한 남경완(2008)의 논의를 기반으로 어휘관계와 의미관계의 차이를 구분하고 어휘의 의미관계를 어휘소 내부의 관계와 어휘소 외부의 관계로 체계화하려고 하면서 대립관계에 단어 내부의 대립적 의미관계까지 포함하여 정리를 시도하였다.

한편 임채훈(2013) 또한 관계를 어휘 차원에서만 살피는 것에 대해 비판하면서 어휘의 의미관계는 어휘 차원에서만의 관계가 아니라 문장과 담화의 내용 구성을 위한 우리의 실제 언어 지식이라는 점으로 확장한다. 이를 통해 어휘 의미관계의 본질을 새롭게 정립하고자 시도하면서 이는 어휘 내적 정보로서 저장된 지식을 의미하며 우리의 실제 언어지식이라는 점을 강조한다. 그 또한 의미관계는 단순히 어휘 사이의 관계가 아닌 어휘 내부에서 문장과 담화 차원까지 논의할 수 있는 성질의 것이라는 점을 강조하였다.

이와 같은 대립관계에 대한 인식의 변화와 확장은 어휘관계와 의미관계를 구분하여야만 가능한 부분이라고 할 수 있다. 이러한 노력을 통해 기존의 관점에서 논의하지 못하였던 새로운 대립관계에 대한 발견과 해석을 가능하게 하였으며, 이를 토대로 새로운 논의들이 이어질 수 있었다고 할 수 있다.

3. 마무리

이제까지 우리는 반의어를 인식하도록 하는 대표적인 개념인 대립관계를 중심으로 연구 현황들을 살펴보았다. 이 과정에서 대립관계를 바라보는 다양한 관점과 이를 통해 나타나는 여러 언어적, 의미적 관계들을 어떻게 구분해 왔는지 확인하였다.

대립관계에 대한 관점은 구조주의적인 시각에서 출발하여 인지주의적이고 화용론적인 시각으로 확장되었으며, 이에 따라 관계를 형식적이고 엄격한 체계로서 규정하기보다 맥락적 가변성을 어떻게 체계화하여 정리할 것인지에 대한 고민이 중심이 되고 있다. 또한 어휘를 중심으로 논의해 오던 관계를 의미 그 자체에 초점을 둠으로써 보다 새로운 시각에서 대립관계를 확장하여 논의할 수 있게 되었다. 이러한 변화를 통해 단어 내부에서부터 어휘, 문장과 담화 층위까지 대립관계가 어떻게 작동하는지 세밀한 논의들이 이어질 수 있었다.

과거 어휘관계로 논의되었던 연구들의 한계는 단어와 문장으로 표상되는 언어 사용을 중심으로 한 의미관계 체계로 접근해야 한다는 점을 알려주었다. 특히 맥락적 관계에 대한 과학적 연구 방법론의 필요성이 가장 크게 드러났으며, 이를 해결하는 것이 현재 당면한 가장 중요한 부분이라고 할 수 있다.

언어 사용을 통해 드러나는 복잡다단한 관계를 인간의 눈으로 관찰하고 설명하는 것은 분명히 한계가 있다. 이러한 한계를 극복하기 위해서는 기계의 도움이 필요하다. 최근의 데이터 처리 기술의 발달과 분석 이론의 발전은 과거 불가능하다고 여겼던 언어 사용에 대한 직접적인 분석의 가능성을 열어주었다. 이러한 상황에서 우리는 대규모 언어자료를 토대로 한 언어 사용자의 양상에 대한 연구라는 보다 실증적이고 경험적인 연구들에 초점을 맞출 필요가 있으며, 컴퓨터를 이용하여 모든 의미들의 관련성을 찾아내는 관계적 분석을 시도해 나가야 할 것으로 보인다.

관계는 인간이 세상을 인식하는 가장 기본적인 체계라는 점은 의심할 여지가 없다. 관계를 세밀하게 연구하는 것은 언어 사용을 통해 인간의 의식 체계를 직접적으로 연구할 수 있는 대상이 되므로 소홀히 할 수 없는 부분이다. 그동안 많은 학자들의 거듭된 연구 덕에 이루어진 수많은 성과들을 토대로 새로운 연구들이 계속하여 이어져 나가기를 바란다.

참고문헌

강연임(2006), "광고 문구에 나타난 '화용적 대립어' 연구", 『한국어 의미학』 20: 305-323, 한국어 의미학회.

김광해(1990), "어휘소간의 의미 관계에 대한 재검토", 『국어학』 20: 28-46, 국어학회.

김슬옹(1998), "상보반의어 설정 맥락 비판: "남/여"가 상보반의어인가", 『한국어 의미학』 3: 67-93, 한국어 의미학회.

김진해(2006), "코퍼스언어학적 관점에서 본 의미의 본질", 『한국어 의미학』 21: 75-104, 한국어 의미학회.

김진해(2013), "어휘관계의 체계성을 다시 생각한다", 『한국어 의미학』 42: 443-462, 한국어 의미학회.

김진해 · 이민우(2018), "어휘관계의 새로운 지평, 대중분류관계 (Folksonomy)(1): 대중분류관계의 기본 개념 및 언어학적 의의를 중심으로", 『인문학연구』 36: 7-41, 경희대학교 인문학연구원.

남기심(1974), "反對語考", 『국어학』 2: 133-139, 국어학회.

도재학(2013), "대립적 의미 관계에 대하여", 『국어학』 66: 41-77, 국어학회.

심재기(1975), "反意語의 *存在樣相*", 『국어학』 3: 135-149, 국어학회.

이광호(2008), "대립어의 정도성 연구: 대립성과 부정성", 『우리말글』 42: 115-134, 우리말글학회.

이민우(2009), "다의성과 다의화", 『언어학 연구』 14: 107-122, 한국중원언어학회.

이민우(2010), "국어 다중의미 연구", 경희대학교 대학원 국어국문학과 박사학위 논문.

이민우(2011), "어휘 의미의 자체대립 유형 연구", 『어문론집』 47: 55-74, 중앙어문학회.

이민우(2016), "단어 내부의 의미 관계에 대한 연구", 『어문론집』 66: 7-34, 중앙어문학회.

이석주(1975), "반의어 의식에 관한 일조사 연구: 서론; 문제의 제기", 『한국국어교육연구회논문집』 9: 71-125, 한국국어교육학연구학회.

이승명(1973), "國語 相對語論(I): 概念 定立을 爲한 序說", 『어문논총』 8: 87-93, 경북어문학회.

이승명(1978), "국어 상대어의 구조적 양상: 구조의 체계화를 위한 시론", 『어문학』 37: 163-173, 어문학회.

이용주(1971), "意味의 對立 意識과 그 基準에 對하여", 김형규 박사 송수기념논총발간위원회, 『金亨奎 博士 頌壽紀念論叢』, 567-590, 일조각.

임지룡(1989), 『국어 대립어의 의미 상관체계』, 형설출판사.

임지룡(1992), 『국어의미론』, 탑출판사.

임채훈(2009), "반의관계와 문장의미 형성", 『한국어 의미학』 30: 231-256, 한국어 의미학회.

전수태(1995), "반의어의 사전처리에 대하여", 『한남어문학』 20: 225-263, 한남대학교 한남어문학회.

천시권 · 김종택(1971), 『國語意味論』, 형설문화사.

최경봉(2010), "계열적 의미관계의 특성과 연구 목표: 유의 및 반의관계를 중심으로", 『한국어학』 49: 65-90, 한국어학회.

최경봉(2013), "어휘 의미와 의미관계 정보의 구성과 작용", 『한국어 의미학』 42: 27-55, 한국어 의미학회.

Aitchison, J.(2003), *Words in the Mind*, 3rd edn, Oxford: Blackwell. (홍우평 역(2004), 『언어와 마음』, 역락.)

Cruse, D. A.(1986), *Lexical Semantics*, Cambridge: Cambridge University Press. (임지룡 · 윤희수 역(1989), 『어휘의미론』, 경북대학교출판부.)

Cruse, D. A. & W. Croft(2004), *Cognitive Linguistics*, Cambridge: Cambridge University Press.

Johns, S., C. Paradis, M. L. Murphy & C. Willners(2007), Googleing for

Opposites: A web-based study of antonym canonicity, *Corpora* 2(2): 129-155.

Leech, G. N.(1974/1981), *Semantics*, Harmondsworth: Penguin Books.

Lyons, J.(1968), *Introduction to Theoretical Linguistics*, Cambridge: Cambridge University Press.

Murphy, M. L.(2003), *Semantic Relations and the Lexicon*, Cambridge: Cambridge University Press. (임지룡 · 윤희수 역(2008), 『의미관계와 어휘 사전』, 박이정.)

Nida, E. A.(1975) *Componential Analysis of Meaning*, The Hague: Mouton.

Ogden, C. K.(1967) *Opposition*, Bloomington: Indiana University Press.

Paradis, C.(2011), A Dynamic Construal Approach to Antonymy, in Selected Papers from the 19th ISTAL: 33-42.

Storjohann P.(ed.)(2010), *Lexical Semantic Relations: Theoretical and Practical Perspectives*, Amsterdam: John Benjamins.

Ullman, J. D.(1957), *The Principle of Semantics*, Oxford: Basil Blackwell.

시간 의미와 공간 의미

김 정 남*

1. 들머리

시간과 공간은 각각의 독특한 속성으로 인간사를 지배하고 있다. 먼저 공간은 인간의 신체가 머물고 사유가 시작되는 공간이다. 자신의 거처가 되며 눈에 보이고 손에 잡히는 대상이며 원초적인 지시체가 되기도 하는 곳이다. 따라서 공간을 지시하는 언어 형태는 일찍부터 발달하였다. 대표적인 공간 명사들과 공간 대명사들, 그리고 부사들이 있으며 공간적 개념을 표현하는 다양한 형용사들이 발달했다.

장소를 일컫는 어휘들은 모두 공간 의미를 표현한다. 또 방향을 가리키는 어휘들 역시 공간 의미를 표현하며 공간은 일차원적, 이차원적, 삼차원적 공간까지 확대된다. 가로와 세로뿐 아니라 높이의 개념까지 합하여 공간을 지시하는 어휘는 다차원적으로 발달하여 있다. 또 공간의 길이와 넓이와 높이를 측정하고 계량하기 위해 사용하는 단위 명사들 역시 공간 의미를 표현하기 위한 어휘들로 발달해 있다.

---

* 경희대학교 한국어학과 교수, kim@khu.ac.kr

시간은 구체적인 장소로 나타나는 공간에 비해 추상적이고 훨씬 고차원적 인지를 요구하는 지시체이다. 생명체로서의 인간에게 있어 시간은 연속선상의 개념이기에 죽 이어진 시간 개념을 일정한 단위로 잘라서 파악할 필요가 있었고, 따라서 시간 의미는 일정한 시간의 단위들을 표현하는 어휘들을 중심으로 정형화되었다.

또한 공간과 시간이 어우러지는 속성으로 인하여 공간 개념어들의 상당수가 시간 개념을 표현하는 데 원용되기도 하였다. 어원적으로 공간 개념어에서 출발한 어휘들이 시간 개념을 지시하는 예를 우리는 어렵지 않게 찾아볼 수 있고 사실 그 반대의 경우는 매우 드물다.

시간 개념어 역시 공간 개념어와 유사하게 일정한 시간의 단위들을 표현하는 어휘들이 발달하였고 시간의 상대적인 위치를 마치 공간 개념처럼 앞뒤, 전후로 표현하는 일이 있으며 일정한 기준시를 중심으로 하여 전후를 표현하게 된다. 특히 시간 개념은 명사나 대명사, 부사와 같은 어휘적인 표현으로 나타나기도 하지만 범언어적으로 '시제'라고 하는 중요한 통사적 수단을 통해 드러나기도 한다.

시간과 공간은 인간의 존재론적 근거이자 바탕이 되는 요소이므로 시간 개념과 공간 개념에 관한 학문적 탐구의 역사는 매우 오래되었다. 철학의 오랜 주제가 바로 그것이고 언어학자들 역시 시간과 공간에 대한 다각도의 탐구를 진행해 오고 있다. 우리나라에서의 연구만 살펴보더라도 조선시대의 여러 분류 어휘집들에 수록된 시간 어휘와 공간 어휘의 여러 모습들도 바로 이러한 탐구의 결과로 간주된다. 그러나 본고에서는 오랜 시간 동안의 연구사를 정리하지 못하고 1980년대 이후 한국어학에서의 연구 성과들을 중심으로 하여 시간 의미와 공간 의미가 어떻게 고찰되어 왔는지를 중심으로 논의하고 앞으로의 연구 과제에 대해 간단히 조명해 보고자 한다.

이미 언급된 바와 같이 공간 의미는 어휘 중심의 연구가 주를 이루었고 시간 의미는 어휘론적 연구 외에 '시제'라고 하는 문법 범주와 관련하여 통사론적 연구가 함께 진행되어 왔다. 본고에서는 공간 의미와 시간 의미를 탐구한 발자취를 더듬는 데 있어 주로 어휘 중심의 연구에 초점을 맞출 것이며 통사론적 논의에 대해서도 극히 일부를 살펴보되, 시제 관련 논의는 제외키로 한다.

이에 따라 2장에서는 공간 어휘에 대한 탐구사를 볼 것이며 3장에서는 시간 어휘에 대한 탐구사를 볼 것이다. 그러나 사실상 이 두 장이 명백히 구분되기 어려운 점이 있다. 공간어와 시간어 탐구의 발자취를 더듬어 보니 대부분의 공간어 연구들이 공간어만을 단독으로 다루기보다 시간어 및 시간 의미 연구와 함께 진행되어 왔던 사정 때문이다. 이는 실제로 대다수의 공간 어휘가 의미 확장의 과정을 거쳐 시간 의미를 표현하는 데 쓰이고 있다는 데 따른 결과라 하겠다.

결과적으로 본고의 2장에서는 공간 어휘의 의미를 주로 다룬 논의들에서 밝혀진 내용들을 대체로 시간적 순서에 따라 기술하고, 3장에서는 시간 어휘의 의미를 주로 다룬 논의들을 또한 대체로 시간적 순서에 따라 기술하되, 주제별로 밀접한 내용을 다룬 연구들의 현황을 기술함에 있어서는 시간적 선후를 다소 넘나들기도 할 것이다. 공간 의미와 시간 의미는 완전히 대칭 관계에 있지 않으므로 세부 목차에 있어서는 다소 다른 분류가 이루어지게 되었다.

2. 공간 의미의 탐구사

사실상 시간 개념은 '시제'라는 문법 범주를 형성할 만큼 언어학에서 중요하게 다루어져 왔으나 공간 개념은 어휘적 차원에서 다루어진 경우가 대부분이었다. 그런데 임지룡(1980: 112)에서는 '시제'라는 개념을 '공간'에 적용하여 '空制'라는 용어를 도입하고 있다. '공제'란 시간 표현의 통사적 장치인 '시제'에 대립하는 공간 표현에 대한 통사적 장치로 임지룡(1980)에서 처음 시도된 용어이다. 발화시가 기준이 되는 '이때, 그때'에 대응하는 '여기', '저기'를 공제의 요소로 제시하고 있다. 그러나 이 공제 개념이 후속 연구로 이어지지는 못한 것 같다.

공간 의미의 탐색은 먼저 사물과 가장 밀접한 관계에 있는 공간어인 위치어의 의미에 대한 탐색으로부터 출발했다고 볼 수 있다. 인간의 기본적인 인지가 사물에 대한 인지에 있고 그것으로부터 공간 의미가 출발했다고 볼 때 사물의 위치를 표현하는 어휘는 공간 어휘의 기본이라 생각된다. 한국어의미학에서의 공간 어휘에 대한 연구 역시 위치어와 방향어, 방위어에 대한 연구로 출발하고 있다.

2.1. 위치어와 방향어, 방위어 탐구의 흐름

먼저 가장 기본적인 위치어에 대한 논의가 박경현(1986)에서 출발한다. 박경현(1986), 박경현(1987)에서는 Fillmore(1982)를 원용하여 언어 보편적인 공간 개념을 이루는 세 축인 상하, 전후, 좌우의 개념을 표현하는 한국어 어휘에 대해 인지언어학적 관점에서 연구하였다. 이른바 방향어와 위치어에 대한 연구이다. '위(꼭대기)/아래(밑)', '앞/뒤', '왼~/오른~'과 같이 세 가지 차원을 표현하는 어휘 요소 외에, 우리의 피부를 경계로 안쪽 경험 세계와 그 나머지 바깥 세계를 가르는 '안 · 속/밖 · 겉'이라는 어휘와, 측위(bilaterality) 개념을 표현하는 '옆 · 곁'의 공간 의미를 탐색하였다.[1] 이러한 공간 개념어들은 인간의 기본적인 환경을 이루고 인간의 신체라는 존재의 전제가 된다는 관점에서 출발하여 이 어휘들의 기본 의미를 파악하고 나아가 은유적 확장을 다루었는데, 오늘날의 관점에서 보면 환유적 측면까지 다룬 것으로 보인다.[2]

가령, '앞/뒤'라는 것은 공간 속에서 주어진 위치와 방향을 지시하는 상대개념으로 출발하지만 순서상 먼저인가 나중인가를 의미하는 개념으로 확장되

1 이러한 공간어의 은유적, 추상적 의미 확장에 대한 관점은 김미미(2012)에서 전후 방향 표시 공간성 명사의 시간 의미 획득 양상을 다룬 연구로 이어졌다.

2 임지룡(1997: 146)에서도 '오른쪽, 왼쪽'의 긍정 및 부정 가치 개념을 다루어 공간어의 추상적 의미 확장에 대해 언급하고 있다.

었다고 보기도 하였고, 나아가 '뒤'는 시간적 순서상의 나중보다 더 추상적인 의미로서의 '지지(支持)'의 의미를 표현한다고 본 것 등이 그러하다. 또한 '앞'은 긍정적인 의미, '뒤'는 부정적인 의미를 갖는다는 점을 다양한 예시를 통해 설명하였고 '앞'은 남쪽, '뒤'는 북쪽을 의미하며 '오른~'은 서쪽, '왼~'은 동쪽을 이르는 경우가 일반적이라고 하면서 그러한 예가 고유어에는 없지만 한자어의 예에서 찾을 수 있다고 설명하였다.[3] 또한 '외대다', '외다' 등의 예를 들어 왼쪽은 부정적인 의미를 나타냄을 기술하였으나 좌우 중 어느 쪽이 더 존중되는지에는 일관성이 없다고 하였다.

위치어이면서 동시에 사물의 경계 내부와 외부를 일컫는 어휘에 대한 탐구도 초기부터 상당히 심도 있게 이루어졌다. '안/밖' 개념은 '용기(容器)'로의 개념화를 통해 설명하면서 2차원 공간 외에 3차원 공간을 도입하고 있다. 또한 공간 개념인 '안/밖'을 시간 개념에 적용하여 '시간의 영역화'로 설명하면서 '안'과 '밖'의 의미를 '시간적 영역이나 추상적 영역의 경계를 넘지 않음/넘음'을 나타낸다고 설명하고 있다. 또 '안/밖'이 가족의 활동 영역과 관련하여 '집안'과 '집 밖'을 구분하여 남녀를 가르는 친족어 및 호칭어가 발달한 현상도 함께 설명하였고 '안'이 '마음, 감정, 생각'을 의미하는 예로서 '안갚음, 안달, 안스럽다' 등의 복합어를 제시하였고 비슷하게 '속'이 '마음'과 관련되는 의미를 가진 예로서 '속이 상하다, 속이 시원하다, 속이 썩다, 속이 타다, 속을 끓이다, 속을 썩이다, 속을 터놓다, 속을 태우다' 등의 연어를 들었다.

반대로 '겉'은 '겉대중, 겉어림' 등을 통해 '마음속으로 드러내지 않거나 실질적인 것을 생각하며 대강 짐작하는' 것을 이른다고 하였다. 그 밖에, '속말/겉말, 속잠/겉잠, 속치레/겉치레' 등의 대립을 통해 두 공간어의 의미가 대

3 사실상 바로 이 점과 유사한 언급은 이미 이강로(1978)에서 있었다. 이강로(1978)에서는 수직 공간을 대표하는 한자어 '상(上)'과 '하(下)'를 구성 성분으로 하는 낱말을 분석하여 '상'에는 긍정적인 의미가 있고 '하'에는 부정적인 의미가 있음을 밝혔다. 또한 '상'에는 남쪽의 의미도 있고 '하'에는 북쪽의 의미도 있다고 하여 방향과 위치를 나타내는 단어 구성소의 의미 특성을 밝혔다. 이는 공간적 개념 어휘에 대한 초기 연구로서의 의의를 갖는다.

립적으로 추상화된 점을 밝혔다. 또한 '겉가루/속가루, 겉겨/속겨, 겉뜨물/속뜨물' 등을 통해 '겉'이 시간적으로 '먼저'의 의미를 지니고 '속'이 '나중'의 의미를 지닌다고 하였는데 이것은 공간 의미의 시간 의미로의 추상화의 한 단면을 보여 준다.

마지막으로 '옆'과 '곁'에 대해서는 신체 부위어 '옆구리'와 '겨드랑이'에서 유래한 것이라고 하면서 그런 까닭에 단순한 [+측위] 개념을 넘어 '주된 것이 아닌 부차적, 종속적인 것', '부수적, 부대적인 것', '없어도 되는 것', '관련성이 적은 것', '정도를 벗어난 것', '몸체보다 작은 것' 등으로 의미 영역이 확장되어 쓰인다고 하였다.

김선희(1988: 18)에서도 '안'과 '속', '겉'과 '밖'이라는 대표적인 공간어에 대해 '차원'의 관점에서 설명하고 있다. 가령 '뜰안, 원안, 야구장안'은 성립되지만 '*뜰속, *원속, *야구장속'이 성립되지 않으며 '바닷속, 숲속, 마음속'이 성립되지만 반대로 '*바다안, *숲안, *마음안'은 성립되지 않는 점, '군중속, 배추속, 안개속'은 성립하나 '*군중안, *배추안, *안개안'은 성립되지 않는 점, 그러나 '주머니안/속, 구멍안/속, 방안/속, 서랍안/속, 차안/속'이 모두 성립된다는 점을 들어 '안'은 어떤 공간에서 일차원의 선으로 한정된 경계선 내부이며 '속'은 경계선에서 수직적으로 들어가는 이차원의 면 내부라는 결론을 이끌고 있다.[4] 이러한 논의는 매우 탁월한 관찰로 보이는데 후속 연구들에서 이 연구 결과를 계승·발전시키지 못하고 있는 모습이 보여 아쉬움을 남긴다.

그리고 '속'은 사물 자체에 의해서 이차원의 공간을 꽉 채우거나 빽빽하게 들어섬을 의미할 수도 있다고 하였다. 또한 '겉'이라는 공간 어휘가 사전의 풀이에서와는 달리 '안'이나 '속'의 상대어로 쓰일 수 없다는 근거로 '뜰밖, 원밖, 야구장밖'은 가능하나 '*뜰겉, *원겉, *야구장겉'은 쓰일 수 없음을 들고 있다. '주머니, 바다, 군중'의 경우에도 '밖'과는 결합하나 '겉'과는 결합하지 않는 점을 들어 '밖'은 '안'과 '속'의 상대어로 쓰이지만 '겉'은 그렇지 않다

4 사실상 여기에서 중요한 것은 '면'이 아니라 '수직'이 포함되어 있다는 것으로 보인다.

고 하였다.

인지적으로 '밖'과 '겉'이 유의 관계에 있다고 직관적으로 생각하지만 실제 어휘 결합 관계를 볼 때 그렇지 않다는 점을 분석적으로 발견하여 제시한 것은 훌륭한 연구 결과라고 생각한다. 이는 '밖'이 이차원, 삼차원의 '공간(空間)' 개념인 데 비해 '겉'은 일차원, 이차원의 표현 개념이기 때문이라 생각된다. 이 표면은 사물의 표면이니 엄밀하게는 사물의 표면을 공간이라 하기는 어려운 것이다. 공간(空間)은 글자 그대로 '빈' 곳을 전제하므로 사물에 완전히 부착된 '겉'을 공간이라 하기는 어렵다고 본다.

유현경(2007a)에서는 공간 명사 '속'과 '안'에 대하여 말뭉치에서 추출된 용례를 바탕으로 하여 그 의미를 탐구하고 있다. '속'과 '밖'은 대표적인 공간 명사로서 이미 박경현(1987), 이수련(1987), 김선희(1988), 이지영(1989), 이정애(1996) 등에서 그 의미에 대한 탐구가 조금씩 차별화되어 진행되어 왔기에 이러한 차이를 두루 살펴본 바탕에서 실제 말뭉치 용례들을 검토하고 있다. 김선희(1988)에서 성립된다고 한 '방속'을 유현경(2007a)에서는 성립되지 않는다고 하는 등 직관의 차이를 보이는 면도 있다.

'속'과 '안'의 선행어로 구체 명사가 오는 경우 대개 교체가 가능하고 의미도 비슷하지만 '속'은 선행 명사의 빈 공간을 가리킨다기보다 무엇인가 들어있는 내부의 한 부분을 의미한다고 결론 내리고 있다. 추상명사 다음에 쓰인 '속'은 '어떤 현상이나 상태가 지속되는 가운데'의 의미를 지니지만 '안'은 이러한 의미를 가지지 않으며 단지 그 명사가 의미하는 범위 안을 넘지 않는 '한계'를 의미할 뿐이라고 하였다. 또한 '안'과 '속'에 선행하는 명사들과 후행하는 조사에 대해서도 통계적으로 고찰하면서 '속'은 부피가 있는 명사들과 어울리며 '안'은 넓이가 있는 장소 명사가 온다는 차이를 지적하였는데 이는 김선희(1988)의 일차원 공간, 이차원 공간이라는 구분과 일치한다.

전수태(1996)에서는 방향어에 대해 조명하고 있다. '전', '후'와 '앞', '뒤'라는 반의 관계를 이루는 한자어 공간 어휘의 개념을 화자와 청자의 상대적 위치에 따라 달라지는 상황 공간에서의 개념으로 설명하고 있으며 이들이 시간 개념을 나타내는 데로 전용되어 쓰이는 점에 대해서는 언급하지 않고 있다. 대다수의 '전후, 앞뒤' 논의들이 시간 개념 표현으로의 의미 확장을 다루고 있는데 이 논문에서는 같은 연구 대상에 대하여 공간어로만 설명하고 있다는 점에서 오히려 다소 특이한 예라고 하겠다.

신선경(1998: 22)에서는 공간 명사와 밀접한 관련이 있는 서술어 '있다'에 대한 통사론적 해석을 통해 공간 의미의 일부 다루고 있다. 처소 명사와 함께 나타나는 '있다'와 '없다'를 '처소적 존재 구문'을 이루는 요소로 파악하고, 사건성을 갖는 명사와 함께 나타나는 '있다'를 '발생하다/벌어지다'의 의미를 갖는 '존재론적 존재 구문'으로 파악하였다.

민현식(1999: 53)에서는 각 품사별로 공간 어휘에 어떤 것이 있는지를 정리하였다. 먼저 존재론적으로 인간을 관찰하여 의미 영역을 '인간, 사물, 공간, 시간'의 네 영역으로 크게 나누면서 공간 개념을 나타내는 공간 명사를 공간 고유명사와 공간 보통명사로 나누고 이를 다시 각각 구체물과 추상물로 나누었으며, 구체물은 다시 자연물과 인공물로 나누었다. 가령, 백두산은 자연물이며 청와대는 인공물, 그리고 하늘은 자연물로서의 공간 보통명사가 되며 집은 인공물로서의 공간 보통명사가 된다는 것이다.

공간 대명사로는 '여기, 저기, 거기, 이곳, 저곳, 그곳' 등을 제시하였고 이를 체언류 전반에 확대하여 처소 명사와 함께 제시되는 수사 역시도 '공간 수사'라는 이름으로 제시하였다. 가령, '자리 하나'와 같은 예에서 '하나'는 공간 개념이므로 공간 수사로 자리매김한 것이다. 또한 용언의 경우에도 '가다, 오다, 서다, 두다, 놓다, 오르다, 내리다…'처럼 공간 위치성이 전제된 '동사'들에 대하여 '공간 동사'로 이름하고, '있다, 없다, 계시다, 멀다, 가깝다' 등 공간 위치성이 전제된 '형용사'에 대해서는 '공간 형용사'라 명명하였다. 또 이러한 어휘 부류에 포함된 의미 자질을 [+공간 동작성], [+공간 성상성] 등으로 지정하고 있다.[5]

5 공간 이동 동사에 대한 연구는 맹경흠(2018)에서 가상 이동 표현에 대한 인지언어학적 접근으로 이어졌다.

나아가 지시 관형사 '이, 그, 저'의 경우에도 피수식어가 공간어인 경우라면 '공간 관형사'라고 하였고, '멀리, 가까이, 이리, 그리, 저리, 거기, 저기, 곳곳이, 집집이, 있이, 없이' 등의 부사들에 대하여 '공간 부사'라 하였다. 그러나 결국 민현식(1999)에서도 단지 공간어의 의미 특성을 보려 한 것이 아니라 궁극적으로 이러한 공간어들이 시간어화 하는 양상을 살펴보고자 하였고 이러한 공간 어휘에 대한 탐구는 공간 어휘와 시간 어휘의 관련성을 파악하기 위한 기초 작업으로서의 성격을 갖는다.

이러한 관점은 그 전후의 여러 연구들에서도 일관된다. 김선희(1988), 민현식(1990)에서의 관점도 유사하다. 김주식(2002: 189-190)에서도 'ahead, forehead, back, beside' 등의 공간 개념어가 인간의 신체 부분의 명칭에서 유래하였음을 언급하면서 또한 공간어는 시간과 관련된 개념과 혼재되어 인식되는 양상을 보인다고 하였다. 즉, '앞, 뒤' 등 시간 표현어가 공간 표현어에서 유래했다는 것이며, '안'의 경우에도 공간에서 시간으로, 다시 추상적 관계로 의미가 확장됨을 예시를 통해 설명하면서 Lakoff & Johnson(1980)의 공간적 유추 혹은 공간화 은유의 개념을 도입하고 있다. 또 Krozeszowsky(1993: 310)의 가치론적 변수 개념을 도입하여 '위, 앞' 등의 긍정 어휘가 '아래, 뒤' 등의 부정 어휘보다 더 빨리 습득된다는 점을 강조하였다.[6]

주요 논의는 '위-아래', '앞-뒤', '오른쪽-왼쪽' 세 쌍의 공간어 반의어 쌍의 의미 특성과 대립에 관한 것이며 공간에 대한 인간의 개념화 과정 속에는 신체 및 사회 문화적 경험 등이 반영되어 있다는 것이 핵심 주장이다. 인간이 사회 문화적으로 특정 공간 속에 위치지어진 존재이니만큼 이러한 특성은 당연한 것이라 하겠으며, 그러한 관습적 의미 고정화나 은유는 매우 흥미로운 관찰 결과로 보인다. 그러나 이러한 논의의 핵심은 이미 박경현(1985)에 제시

6 이종열(2007: 205)에서는 유아들이 명사를 습득하는 과정에서 공간 개념을 나타내는 위치어의 습득이 이른 시기에 이루어지며 공간 개념의 은유적 확장은 의문사 '어디'를 습득하는 과정에서 이루어지는데, 이러한 유아들의 공간 개념은 사물에 대한 인식에서 출발하여 사물의 위치나 공간적인 경험에 대한 인식으로 이어지고 사물과 공간의 경험이 동반될 때 은유 표현이 다양해진다고 하였다.

된 것과 크게 다르지 않아 보인다.

이러한 공간어의 시간어로의 확장에 대한 논의는 손평효(2012)로도 이어지는데 여기서는 '위/아래', '앞/뒤'가 공간어에서 시간어로, 다시 추상적 개념으로 확장되어 문법화되어 가는 과정에 대해 서술하고 있다.

2.2. 공간 용언 탐구의 흐름

지금까지의 논의들이 주로 공간 어휘로 명명되는 명사류에 집중되는 것이었다면 이제부터의 논의는 공간 형용사, 공간 동사 등 용언류에 관한 것으로 전개된다. 공간 형용사는 일찍부터 '공간 감각어'라는 명칭으로 조명을 받았다. '공간 감각어'에 대한 이른 시기의 논의로 임지룡(1984)이 있다. 임지룡(1984: 121)에서는 최현배(1971: 484)에서 제시한 '뜨기, 물형, 상하'라는 세 가지 기준에 따른 공감 감각어를 인용하면서[7] '공간 감각어'가 지녀야 할 요건으로 ① 그림씨, ② 짝말, ③ 배달말이라는 세 가지를 갖춘 다음 8쌍의 어휘를 연구 대상으로 하였다.

(1) 길다/짧다, 높다/낮다, 깊다/얕다, 멀다/가깝다, 넓다/좁다, 굵다/가늘다, 두껍다/얇다, 크다/작다

이러한 어휘를 대상으로 두 극성을 가진 공간 감각 형용사들에 대하여 (+) 방향과 (-) 방향의 극대칭 체계를 형성하고 있음을 밝혔고 이들 반의어 쌍에서 긍정 의미를 지닌 쪽이 무표항이 되고 이들이 파생 명사로 나타날 때 상위어의 지위를 가지게 되는 등 의미 구조의 편향성을 언급하였으며[8] 또한 이들의

7 '뜨기(멀다, 가깝다), 물형(크다, 작다, 길다, 짧다, 좁다, 둥글다, 모나다, 바르다, 삐뚤다, 삐뚜룸하다, 곧다, 굽다), 상하(높다, 낮다, 깊다, 얕다, 돋다, 뾰족하다)'가 그것이다.

8 이러한 반의 관계 형용사들의 명사 파생에서 긍정 의미의 형용사가 무표항으로 기준이 되는 점에 대한 논의는 송철의(1990)에도 이어진다.

공간적 의미가 시간적 의미나 추상적 의미로까지 전이되는 현상을 다루었다.

정인수(1997)에서는 공간감각은 청각과 시각, 그리고 미각으로 전이될 수 있다고 하여 공간 감각어의 전이 현상을 다루고 있다. '크다', '작다', '높다', '낮다', '굵다' 그리고 '가늘다'가 '소리'를 표현하는 현상에 대해 공간 형용사의 청각적 전이의 예로 제시하였고, '옅은 색'에서는 시간적 전이, '깊은 맛, 얕은 맛'에서는 미각적 전이가 일어난다고 하였다.

이러한 공간 감각어에 대한 연구는 김억조(2008, 2009), 주송희(2012)로 이어졌으며 한중 대조 연구로도 이어져 주송희(2011)와 같은 연구를 낳는 모태가 된 것으로 볼 수 있다.

김억조(2009)는 공간 차원을 원형으로 하는 형용사가 의미 확장하면서 나타나는 적극적인 항목과 소극적인 항목 간의 대립 양상을 1차원 형용사, 2차원 형용사, 3차원 형용사 각각으로 나누어 대립쌍별로 의미 대립 양상을 연구한 결과물이다. 이들 공간 의미를 기본으로 하는 차원 형용사들의 경우에도 역시 은유적 의미 확장이 일어나므로 그런 부분에 주목한 점은 이전의 연구들과 크게 다르지 않다. 이 밖에도 공간어의 개념적 은유 연구가 활발하게 이루어져 다수의 학술지 논문들과 석사 학위논문들이 간행되었다.

박동근(2013)에서는 인지심리학의 원형 이론을 통해 한국어 화자의 공간감각 원형 인식과 언어 실현의 관계를 살펴보고 있다. 일찍이 최현배(1971)에서부터 '속겉그림씨'에 '시간 공간 감각'의 영역을 두어 공간 감각 형용사들을 고찰하고 있는데, 박동근(2013)에서는 이러한 공간 감각 형용사들에 대한 원형 의식을 탐구하기 위해 189명의 피험자에게 설문 조사를 실시하여 '크다, 작다, 높다, 낮다, 넓다, 좁다, 길다, 짧다, 멀다, 가깝다'에 대해 가장 많은 응답을 보인 명사를 '코끼리, 개미, 하늘, 땅, 바다, 골목, 기차, 다리, 외국, 집'으로 정리하였다. 공간 감각 형용사들이 반의어 관계를 이루어도 이에 연상되는 명사 항목들은 전혀 반의 관계가 아니라는 점을 특이점으로 꼽았고, 실제 말뭉치를 통해 '크다'의 예를 살펴보았을 때 말뭉치에서 가장 높은 출현을 보이는 명사항은 '문제'였던 점을 통해 한국인의 원형 인식과 실사용 양상에는 차이가 있다는 결론을 도출하였다.

노재민(2009)에서는 공간 명사와 공간 감각 형용사 전반에 대해 '공간어'라 지칭하고 공간어의 의미 확장 양상을 {차원}을 기준으로 살펴보니 '공간 영역 → 시간 영역 → 추상 영역'으로의 의미 확장이 은유적 확장 방식을 통해 이루어지고 있다고 하는 전제에서 출발하고 있다. 또한 파생어나 합성어의 생성 과정에서, 그리고 통사적 측면에서 격조사와 분열문을 통해 원형의미가 확장의미에 비해 통사적으로 제약을 많이 받는다는 점에서 비대칭적 관계가 존재한다고 설명하고 있다. 이 논문의 특이점은 그간의 공간어 연구들과 달리 중고등학생 수준에서의 인지적 관점의 어휘 지도 방법을 제안한 데 있다.

이동은 필수적으로 또 일차적으로 공간 개념을 전제한다는 점에서 공간 개념과 이동의 의미는 불가분의 관계에 있다. 맹경흠(2018)에서는 이러한 이동 중에서도 그 개념을 더 확장하여 '가상 이동 표현'을 인지언어학적으로 고찰하고 있는데, 여기서는 '정신 공간(mental space)'을 상정하여 논의하고 있다. "강릉에서 북쪽으로 올라가는 7번 국도"와 같은 표현에서 사실 길은 그렇게 연장되어 있을 뿐 이동의 실체가 아니지만 그러한 공간 개념을 이동 동사로 표현하는 가상 이동의 예를 보여 주는 것이다.

2.3. 공간 의미 표현 논항의 격표지 교체 현상 탐구

이상의 논의들이 주로 공간 의미 표현 어휘들의 개념을 중심으로 한 의미론적 논의였다면 공간 명사에 부착되는 격표지의 교체를 다룬 통사의미론적 논의도 발견된다. 강영세(2009a)가 그것이다.

(2) a. 대서양을/*대서양에 횡단 비행하다
    b. 빈민가를/*빈민가에 빠져 나오다

(2)와 같은 예들을 통해 공간의 대상화와 대격 허가 현상에 대해 살펴본

논의로서, 특히 공간어와 그 서술어 사이에 나타나는 격 표지 허가 현상을 다루었고 'NP-을'로 나타나는 공간어가 일반 논항과 달리 수동문 형식을 띨 수 없음을 논증하였으므로 어휘 의미론적 고찰이라기보다는 통사의미론적 논의라고 할 수 있다.

이어 강영세(2009b)에서는 시간어와 공간어에 대한 대격 허가 현상과 대격 선택 제약을 다루고 대격 선택 제약을 어긴 문장이 적격하게 받아들여지는 이유에 대한 설명으로 인지의 통합력을 제시하였다. 먼저 시간어의 경우, '삼십 분을 잤다'와 '세 시간을 졸았다'처럼 대격을 취할 수 있으나 공간어의 경우에는 '*여관을 잤다, *옆을 졸았다'에서 보는 것처럼 대격 표지를 취하는 것이 불가능하다는 점을 제시하였다. 그러나 같은 공간어라고 하더라도 '뉴욕에서 샌프란시스코(까지)를 내내 잤다'가 용인되는 것은 이 경우 공간어를 시간어로 치환하여 해석하는 데 따른 것이라는 설명이다.

이와 유사하게 공간 표현과 관련한 격 표지 현상을 다룬 또 다른 논의로 안명철(2013b)을 들 수 있다.

(3) a. **산이** 눈으로 뒤덮이다.
    b. **산에** 눈이 뒤덮이다.
(4) a. 주먹으로 **벽을** 쳤다.
    b. 주먹을 **벽에** 쳤다.

(3)과 (4)에서 보는 것처럼 동일한 명사항으로 구성된 문장에서 장소 명사가 출현한 경우에 논항의 격표지가 주격과 처소격 혹은 대격과 처소격으로 교체되어 나타나는 관련성 구문에 대하여 논항 교체 현상이라 이름하고 이러한 논항 교체 현상은 어떤 대상이 또 다른 대상의 표면에 접촉되거나 내부 공간에 수용되거나 이 공간에서 이탈하는 경우에, 또 재료와 생산물의 관계에 놓인 경우처럼 특정한 의미를 지닌 동사 구문에서만 발생한다는 점을 밝혔다. 이때 '산'이나 '벽'과 같은 공간 어휘가 항상 처소격 표지를 취하고만 나타나

는 것이 아니고 구문 특성에 따라 다른 논항으로 나타남을 주목하였다는 데 의의가 있다고 하겠다.

2.4. 공간어의 비유적 의미 탐구의 흐름

한편 공간어의 비유적 속성을 다룬 연구들이 있다. 임혜원(2004)에서는 대화 말뭉치를 대상으로 하여 공간 개념의 은유적 확장 양상을 다루었다. 공간 개념과 관련한 어휘들의 비유적 의미를 추적하기 위해 영상 도식을 활용하였는데, 크게 '이동 도식 은유'와 '그릇 도식 은유', '척도 도식 은유'의 세 가지로 나누고 이동 도식은 다시 출발점과 도착점, 경로 등의 부문에서 공간 의미가 어떻게 구현되는지를 살펴보았으며 그릇 도식의 경우 건물, 장소, 범위 등의 공간을 '그릇'에 비유하여 표현한 방식들에 주목하였다. 척도에서는 수직적 척도와 수평적 척도를 활용하여 많고 적음을 위/아래라는 공간 개념으로 표현한 예, 영향력, 활성, 좋은 것 등의 추상적인 개념을 위/아래라는 공간 개념으로 표현한 예, 그리고 중심과 주변, 뜨거운 것과 차가운 것이라는 감각 개념을 위/아래라는 공간 개념으로 표현한 예들을 다루고 있다.

유성은(2006)에서도 공간 어휘의 은유적 확장을 다루고 있는데, 한국어와 중국어의 공간 개념 어휘가 다양한 방식으로 은유적 확장 양상을 보이는 면을 대조적으로 고찰하기 위해 먼저 중국어와 한국어의 공간 범주 단어 목록을 제시하였다. 그리고 이러한 공간 어휘가 시간 개념, 수량 개념, 성별 개념, 적극적 개념, 소극적 개념, 부차적 개념, 모호 개념 등으로 은유화하여 표현되는 양상을 두루 다루고 있다.

박영순(2007: 224)에서는 공간 어휘가 대유적 용법으로 사용된 예를 '요람'과 '무덤'의 경우를 통해 언급하였다. 요람이라는 공간 어휘가 일생을 시작하는 어린 시기를 뜻하는 대유로, 무덤이라는 공간 어휘가 일생을 마무리하는 노년기, 특히 종생기를 뜻하는 시간적인 의미를 표현하는 대유로 사용된 예를 지적하고 있다.

김정남(2014: 52)에서는 이와 조금 다른 관점에서 공간 어휘가 환유적으로 사용된 예를 제시하고 있다. 사람의 처소를 나타내는 공간명사가 바로 인지칭 명사로 전용되어 쓰이는 의미 확장의 예를 살펴본 것이다. '東宮, 西房' 외에 '中宮殿, 中宮' 같은 전통적인 인지칭 명칭이 바로 그들이 거처한 처소명을 따서 붙여진 것이라는 점 외에, 고향이나 출신지명에서 파생된 '안성댁, 광주댁' 같은 인지칭 명사들에 대해서도 살펴보았으며 '김실, 박실' 등 혼인을 통해 들어가게 된 가문이라는 일종의 공간 명칭에서 유래한 인지칭 명사류들에 대해서도 언급하였다. 바로 이러한 '댁'이나 '실' 같은 경우는 공간어에서 인지칭 접사류로 전용된 것으로서 인접성에 의한 의미 확대의 하나인 환유로 볼 수 있다.

이상에서 공간어의 의미 연구의 흐름에 대하여 크게 네 영역으로 나누어 살펴보았다. 물론 이 밖에도 공간 부사에 대한 연구라든지 공간어의 지시어적 측면에 대한 연구들을 비롯하여 다양한 연구들이 있으나 지면의 한계상 이 정도로 마무리하고자 한다. 이제 시간 의미에 대한 탐구의 결과들로 눈길을 돌리기로 한다.

3. 시간 의미의 탐구사

3.1. 시간어의 어원 탐구와 시·공간 개념의 넘나듦

먼저 시간어에 대한 어원론적 고찰 결과들을 살펴보자. 시간어의 경우 구체적인 대상을 지시하는 공간어에 비해 추상성을 띤다는 점에서 그 목록을 유형화하고 지시체의 체계를 확립하는 일이 쉽지 않다. 그러나 시간어는 전술한 바와 같이 시제나 상 등 문법 범주와의 관련성 때문에 더 많은 연구자들의 주목을 받았다. 또한 대부분의 공간어 논의들이 종국에는 시간어로의 의미 확장이나 은유, 전이 등에 주목하였으므로 시간어 논의의 외연은 사실상 공간어 논의의 경우보다 더 크다고 볼 수 있다. 이미 한정된 공간에서의 영역 확대나 의미 확대는 쉽지 않지만 시간은 그 연장이라는 측면에서 바라볼 때 시간 개념은 얼마든지 확장이 가능하므로 시간 개념은 공간 개념보다 훨씬 넓은 층위에 걸쳐 있음을 충분히 짐작할 수 있다.

시간 어휘에 대한 현대적 의미에서의 최초의 연구로 이숭녕(1940a, 1940b)을 꼽을 수 있다.[9] 이 두 연속적인 논문은 어원적 고찰이 주가 되는 통시적 연구로서, 이숭녕(1940a: 349)에서는 조선어에서 '년'과 '태양'이 모두 'ᄒᆡ'였고 '태음'과 '월'이 모두 'ᄃᆞᆯ'이었음을 언급하고 있다. 이 밖에 '날, 살' 등 단어의 어원을 고찰하면서 '살'이 어원적으로 '설[歲]'에서 왔음을 밝혔다. 또 연령의 단위를 나타내는 중세어 '나히'에 대해 '니[齒]'와의 관련성을 언급하였다.

이숭녕(1940b)에서는 '사이, 틈, 짬' 같은 어휘가 시간적 간격을 나타냄과 동시에 공간적 간격을 나타내는 말임을 언급하였다. 또한 '경(頃)'의 '새김[釋]'에 해당하는 '저즘께'라는 단어에 대하여 '즘'과 '즈음' 역시 시간 어휘이되 공간적 간격을 이르는 것임을 <두시언해> 등의 예문을 통해서 들고 있다. 또 평양 방언 '짬'[10]이 '즈음'에서 온 것이라 추정하면서 동시에 '께'에 대해서도 'ᄢᅴ'에 소급하여 이 모든 단어들이 '시간'을 뜻하는 어휘임을 논구하고 있다. 또한 'ᄢᅴ'와 'ᄣᅳᆷ'의 관련성 속에서 'ᄣᅳ'를 찾고 이 역시 '시간' 어휘일 뿐만 아니라 '공간' 어휘이기도 함을 입증하고 있다. 또한 '틈' 역시도 'ᄣᅳ'에 소급함을 언급하여 마찬가지로 시간 어휘이면서 동시에 공간 어휘임을 밝히고 있다.

그리고 결론적으로 시간 관념을 나타내는 어휘가 곧 공간 관념을 뜻한다고 하였으나 공간 관념에서 시간 관념이 파생하였다는 관점을 제시하지는 않았다. 물론 그 반대의 생각을 적극적으로 개진한 것은 아니지만 전반적인 문맥의 흐름을 고려할 때 시간어가 먼저이고 이것이 공간어로도 사용된다는 관점

---

9 서두에서 1980년대 이후의 연구 성과로 범위를 제한한다고 하였으나 이 두 연구에 대한 언급은 빠뜨릴 수 없어 예외적으로 다루기로 한다.

10 '짬'은 현대어에서는 표준어로 등재되어 있다.

을 제시한 것으로 보인다. 이는 오늘날 '공간 → 시간 → 추상'으로의 의미 확장이라는 방향성이 공고히 정립된 상황에 비추어 보면 그 방향에 대한 관점이 정반대라는 점에서 다소 괴리가 있다. 그러나 이 논의는 어원적 고찰을 통해 시간어와 공간어가 넘나드는 현상에 대해 언급하고 있다는 점에서 의의가 있다.

이렇게 시간어와 공간어의 넘나듦 현상에 대한 또 다른 논의로 고영근(1980)을 들 수 있다. 여기서는 처소에서의 존재를 의미하는, 즉 공간 의미와 관련되는 '있다'가 시간 의미와 관련한 문법 범주의 하나인 '시상'으로 의미 확장되는 예를 살펴보았다. 즉, '있다'가 진행상 표현에서 '-고 있다' 형식을 이루어 사건의 지속성이라는 시간 의미 표현에 사용되는 현상을 다루었다. 이는 진행상이라는 시간 의미를 표상하는 형태의 기원이 바로 처소라는 공간적 의미를 지닌 어휘에 있음에 주목한 논의로서 공간어가 시간어로 의미 확장되는 현상에 대한 초기 논의의 출발점을 이룬다.

앞서 언급한 바와 같이 임지룡(1980)에서는 '시제'에 대칭되는 '공제'라는 개념을 주창하였는데, 일반적으로 공간 개념어가 시간 개념어로 전이되는 일반적인 방향을 벗어나 공간 개념을 시간 개념에 준하여 설명하려는 시도였다는 점에서 특별하다.

정동경(2013: 224)에서는 시간 개념과 공간 개념의 상관성에 대해 "우리의 언어표현에서는 일반적으로 공간적인 의미를 가진 말이 시간적인 의미나 더 추상적인 의미로 용법을 확장한다고 볼 수 있는데, 공간 표현과 시간 표현이 확연히 구분되는 것은 아니다. 전형적인 공간 표현, 시간 표현의 성격을 띤 공간 표현, 어느 쪽인지 분간하기 어려운 표현, 공간 표현에 가까운 시간 표현, 전형적인 시간 표현 등 경계가 불분명한 연속체를 이룬다."고 하면서 그 각각에 대하여 고찰하고 있다.

최창렬(1985)에서는 순우리말 어휘 중 날을 세는 단위인 '하루'에서 '열흘'까지의 어휘, 어제, 오늘, 내일 등의 시간 어휘의 어원, 그리고 아침, 낮, 저녁과 같은 하루 내 시간 표현 어휘의 어원을 고찰하고 있다. 가령, '사올', '나올'

등에서 발견되는 'ᄋᆞᆯ'의 어원이 'ᄂᆞᆯ'에 있음을 밝혔고 '닷새', '엿새' 등의 단어에서 추출되는 'ᄋᆡ'도 바로 이 'ᄋᆞᆯ'의 변형임을 주장하고 있다. 또 '오늘'이 '온+ᄂᆞᆯ'에서 '온+ᄋᆞᆯ'로 되고 다시 '오ᄂᆞᆯ'을 거쳐 '오늘'에 이르렀다고 하여 그 변천 과정을 추론하고 있다.

이 밖에 다른 어휘들에 대해서도 어원을 세밀히 밝힌 연구로서, 한자어에 비해 조어력이 뒤진다고 알려져 있는 순우리말 어휘가 시간 계열어를 형성함에 있어서 체계적인 어휘 파생 현상을 보임을 밝혔고 또한 공간 어휘와 시간 어휘의 관련성에 대해서도 고찰하고 있다. '즉시'라는 뜻을 나타내는 '곧'이 '處'의 의미인 '곳'이라고 하였으며 또 '當場'이라는 한자말 역시 '바로 이 자리'라는 공간 개념 어휘를 통해 '바로 지금'이라는 시간 개념을 나타내고 있다고 하였다.

김기혁(1998: 217-219)에서도 공간과 시간 개념의 상관성이 단어에서 드러난다고 하면서 영어의 here, 한자어 當場, 고유어 '동안, 곳, 틈, 저녁' 같은 단어들에서 공간어의 시간어로의 확장을 볼 수 있다고 하였다.[11] 그리고 시간어의 하위 부류로 시간 개념을 나타내는 어휘, 시간 단위를 나타내는 어휘, 하루의 때를 나타내는 어휘, '오늘'을 중심으로 전후의 날을 세는 어휘, 날의 수를 세는 어휘, '현재'를 중심으로 앞뒤의 시점을 표현하는 어휘 들에 대해 구체적인 단어들을 제시하고 이들의 어원을 밝히기도 하였다. 또한 시간 표현과 관련한 선어말 어미, 어말 어미 등 문법 형태소들에 대해서도 체계적으로 제시하고 나아가 "국어는 존재를 통하여 시간을 나타내는 전형적인 유형"의 언어라고 하는 언어유형론적 관점을 제시하기도 하였다.

배해수(1998)에서는 시점 <전후>의 명칭 '분절'을 시도하였다. 본래 <공간성> 분절에 관계했던 <전후>라는 어휘가 <시간>의 분절에 관여하게 되면 <시점+전후>의 특성을 지니게 되며 시간, 나이, 연대를 나타내는 말과 함께 {경, 무렵}이라는 내용을 갖게 된다고 한다. 또한 <사전(事前)>의 의미를 지니는 말로서 '출생전, 미생이전(未生以前), 낙지전(落地前)'이라는 단어 외에

11 이러한 생각은 이미 심재기(1982: 64-80)에서도 개진된 바 있다.

'생전(生前), 식전(式前/食前), 전전(戰前), 난전(亂前), 산전(産前), 세전(歲前), 성취전(成就前), 기원전(紀元前)' 등의 단어들에 대해 여러 가지 의미 자질을 기준으로 나누어 분류하는 작업을 하였다. 또 <전>의 의미 대립어인 <후>에 대해서도 <사후(事後)>의 의미를 지닌 말로서 '산후(産後), 식후(食後), 노후(老後)' 등의 한자어들에 대해 대칭적인 작업을 행하였는데 <전>과 <후>가 완전한 대칭 구조를 이루지는 않지만 상당히 근접하게 대칭을 이루는 어휘 집합을 이루고 있음을 관찰하고 있다. 여기서 분류 기준으로 삼은 의미 영역은 <사태의 경과>, <시간의 경과>가 큰 축이며 <사태의 경과> 분절 아래에 <생존>, <생활>, <기상>, <사회 변화>를, <시간의 경과> 분절 아래에 <기점 시간>, <경과 시간>을 놓고 있으며, <생존>을 다시 <출생>, <사망>, <해산>, <장례> 등과 같이 하위분류하고 있어 '시간'의 의미 영역이 인간사와 밀접한 부분임을 다시 한 번 확인케 하는 논의로 보인다.

범기혜(2004: 214)에서는 공간은 감각적 인식에 가깝고 시간은 정신적 인식에 가까운 것이어서 어휘의 의미 발달 과정에서 공간어가 시간어로 전이되므로 고유어 '앞・뒤'도 공간어로부터 시간어로 전이되는 모습을 보였다고 하면서 한자어 '전・후'가 유입되어 보다 추상적인 개념을 표현하는 시간어의 역할을 주로 하게 된 것이라고 하는 추정을 보여 주고 있다. 이러한 바탕하에 『표준국어대사전』 검색을 통해 '앞, 뒤, 전, 후'로 시작하는 단어들을 모두 검색하여 이들 개별 단어들이 시간 의미를 표현하는 것을 실증적으로 보여 주었다.

유성은(2006)에서는 공간 개념 어휘를 사용하여 시간의 선후 개념을 나타내는 것은 언어 보편적 현상이라고 하면서 중국어와 한국어의 공간 어휘가 시간 어휘로 사용되는 양상을 대조적으로 고찰하고 있다. 가령, 한국어의 '앞'이 공간어에서 시간어로 확장되어 쓰이는 양상이 중국어 '上'에 나타나지만 한국어는 방위사[12] '앞'이 단독적으로 시간 표현으로 쓰이나 중국어의 경우

12 여기서의 '방위사'는 '방향어'에 해당하는 것으로 보인다. 본고에서는 '방위어'를 '동/서/남/북' 등을 가리키는 말로 한정하고 '앞/뒤, 전/후, 위/아래' 등은 방향어로 칭하였다.

'上面'처럼 다른 단어와 함께 나타난다는 세부적인 차이점을 대조적으로 고찰하고 있다. 그리고 '內/外', '前/後' 등 다른 방위사에 비해 수직 공간 관계를 나타내는 '上/下'가 시간 개념을 나타내는 데 가장 널리 쓰임을 언급하면서 이는 고대로부터 태양이 아침에는 떠오르고 저녁에는 떨어진다고 하는 자연 현상에 근거하여 시간을 판단한 데 기인한 것이라는 설명을 하고 있다.

유현경(2007a)에서는 공간 명사 '속'과 '안'이 시간 명사로 쓰인 부분에 대해서도 언급하였는데 '속'과 '안' 모두 시간명사와 어울릴 수 있지만 '속'의 경우는 '어떤 상태나 상황, 시간 가운데'라는 의미가 있는 반면 '안'은 '그 시간 이내' 즉 일정한 범위나 한계에 포함된다는 의미를 갖고 있어서 '안'은 '일주일, 8초, 두 시간' 등 구체적인 구간을 갖는 명사와 어울리며 '속'은 막연한 '시간, 오후, 나날'과 같은 명사류와만 어울린다고 하였다.

유현경(2007b)에서는 유의 관계의 '사이'와 '동안'에 대하여 '사이'는 시간의 의미뿐 아니라 공간의 의미와 관계적 의미를 표현하는 데도 쓰이는 반면 '동안'은 시간의 의미만을 표현하는 데 쓰인다는 점을 강조하면서 이 두 어휘가 동일하게 시간 표현어로 쓰인 경우에도 의미상으로 차이가 있어서 "'사이'는 한 시점과 다른 시점 중간에 존재하는 어느 한 시점에 행위가 이루어지는 것을 의미하는 반면 '동안'은 한 시점과 다른 시점 사이의 시간에 어떠한 행위가 내내 지속되는 의미를 가지고 있다."라고 하였다.

앞서 언급한 바와 같이 김미미(2012)에서는 고유어 공간 명사 '앞/뒤' 한자어 공간 명사 '전/후'가 각각 의미적 대립쌍을 이루고 있을 뿐 아니라 고유어와 한자어라는 계열적인 차이를 가지므로 시간성을 획득하는 양상에 있어서도 차이를 보이기 때문에 이들의 의미 확장을 인지언어학적으로 접근함에 있어서 개별 어휘의 양상보다는 이들이 서로 영향을 미치는 양상을 살피는 것이 중요하며 언어 보편적인 관점에서 고찰할 필요성도 있다고 하였다.

특히 관용어와 속담 속에서 이들 어휘가 사용되는 양상을 파악하여 공간성의 의미로 기술된 것인지 공간-시간성의 의미로 기술된 것인지를 분석적으로 구분하여 제시하였고 한자어 '전(前)'의 경우 공간적인 의미의 '앞'과는 계열

관계를 이루지 못하지만 시간적인 의미의 '앞'과는 계열 관계를 이루고 나아가 유의 관계에 놓인다는 점을 언급하였다.

또한 시간 의미와 공간 의미가 혼성됨으로써 '앞으로 돌리다'라는 표현의 방향이 화자나 세대에 따라 다르게 인식되는 양상도 고찰하였고 언어 보편적인 관점에서 한국어, 중국어, 일본어가 모두 [앞/뒤]를 표현하는 단어가 공간 의미와 시간 의미를 함께 표현하되, 공간적으로 앞을 의미하는 단어는 시간적으로 과거를 의미하고 공간적으로 뒤를 의미하는 단어는 시간적으로 미래를 의미한다는 공통점도 가짐을 적시하였다.

만주어의 경우 뒤를 의미하는 단어가 시간성을 가져 미래를 의미한다는 점에서 공통되지만 앞을 의미하는 단어는 시간성을 획득하지 못하고 있음도 아울러 밝히고 있다. 또한 이러한 '앞/뒤'라는 단어가 방위를 나타내는 데 있어서 언어 보편적인 특성이 있음을 언급하고 있다. 즉, 앞은 남쪽, 뒤는 북쪽을 의미하는 용법이 중세국어에서 발견되는데 이것이 만주어의 경우와 일치함을 말하고 있다.

안명철(2013a)에서는 공간 형용사 중에서 시간의 의미를 표현하기도 하는 예들에 대해 분명하게 제시하고 있다. '크다/작다, 넓다/좁다, 높다/낮다, 깊다/얕다', '길다/짧다', '멀다/가깝다' 등의 공간 형용사들에 대해 [±시각성], [±시선성], [±지속성], [±수평성], [±시간성]의 의미 자질을 가지고 그 의미 특성을 기술하면서 이 중 '길다/짧다'와 '멀다/가깝다'만이 [+시간성]의 의미 자질을 지닌 것으로 설명하고 있는데 바로 이런 예들은 공간 형용사이면서 동시에 시간 형용사로도 규정될 수 있는 것이다. 또한 이러한 관찰은 그간 공간 명사가 시간 명사로 전용되어 쓰이는 예들에 대한 주목에서 한걸음 나아가 공간 형용사가 시간 형용사로 의미 확장된 예를 구체적으로 제시했다는 점에서 의의가 있다.

3.2. 시간 의미의 은유적 확장과 영상 도식

김선희(1988: 7)에서는 Lakoff & Johnson(1980)의 '시간이 움직인다'고 하는 은유, 즉 미래의 시간이 우리를 향해서 오고 있거나 과거는 이미 우리를 지나서 우리 뒤에 있다고 하는 개념을 한국어 어휘에 적용하여 '오는 유월, 앞날, 지난 해, 간 밤' 등의 표현에서 각각 미래와 과거의 의미를 추출해 내고 있다. 또 공간어 '앞'과 '뒤'가 모두 미래를 나타내는 한국어의 특징적인 부분에 대하여 Hill(1978)의 <거울영상> 모형과 <나란히꼴> 모형을 적용하여 설명하고 있다. <거울영상> 모형이란 인간이 미래에 대하여 거울을 보듯 마주하여 더 가까운 미래를 '앞'으로 인식하고 더 먼 미래를 '뒤'로 인식하는 것을 의미하며 <나란히꼴> 모형이란 인간이 미래를 향한 시선과 시간이 미래로 뻗은 방향이 같다고 생각하여 '앞'을 더 먼 미래로 인식하는 것을 말한다.[13] 그리고 공간어 '안', '속', '밖' 중에 시간어로 쓰일 수 있는 것은 '안'뿐이라고 하였다. 시간을 공간화하여 표현할 경우 시간은 일차원인 선으로 표현할 수 있으므로 '안'만이 시간 개념 표현에 사용될 수 있다고 한 것이다.

또 김선희(1988: 21)에서는 Givon(1973)을 원용하여 공간어의 대표격인 이동 동사 '오다', '가다'가 시간어로서는 '오다'는 과거의 시점에서 현재에 이르

---

13 바로 이러한 관점은 '앞'과 '뒤'가 모두 미래를 나타내는 한국어의 현상에 대한 탁월한 해석을 제공한다. 이후 박정운(1998)에서도 '앞'과 '뒤'는 공간상으로는 정 반대의 개념인데 시간상으로는 "앞으로 한 달 뒤에 만납시다"처럼 '앞'과 '뒤'가 모두 미래를 의미하는 데 쓰인다고 하였고, 백미현(2014)에서도 바로 이러한 현상에 주목하여 '앞'이 '미래'인 것은 화자가 향하는 방향이 통상 앞이라고 보는 데 기인하고 '앞'이 '과거'인 것은 시간 연속에서 현재보다 먼저라는 해석에 근거한다고 하였는데, 이들 연구들에서 김선희(1988)의 연구 결과를 받아들였더라면 더욱 간명한 설명이 가능했을 것이다. 김기수(2018)에서도 한국어 모어 화자와 영어 모어 화자의 시간 방향에 대한 인식의 차이를 살펴보고 있는데, 한국어의 '앞'이 더 먼 미래를 표현하는 일보다 가까운 미래를 표현하는 방향으로 인식되는 비율이 영어의 'forward'가 그런 경우보다 훨씬 높음을 실험 연구를 통해 보여 주면서 한국어 화자들도 시간에 대하여 사고할 때 오른쪽으로 도는 시계 방향과 일치되는 공간 표상을 사용하지만 자아 이동 시점보다는 시간 이동 시점을 더 선호한다고 결론 내리고 있다.

는 과정을 표현하는 것으로, '가다'는 현재에서 미래로 이어지는 과정을 표현하는 것으로 설명하였고 Traugott(1978)을 원용하여 나중 사건을 '오다'로, 먼저 사건을 '가다'로 나타낸다고 하였다. 또한 '길다, 짧다', '멀다', '가깝다' 같은 공간 형용사에 대해서도 '길다'와 '짧다'는 절대적 성질을 의미하기도 하고 상대적 비교 결과를 의미하기도 하나 '멀다'와 '가깝다'는 절대적 성질이 아니라 상대적 의미 속성만을 지니는 것으로 설명하고 있다.

임소영(1988)에서는 시간어를 '[구체]시간-[추상]시간-[비유]시간'으로 의미 유형을 나누어 각각에 해당되는 어휘들을 한자어와 고유어를 막론하고 당시의 세 개 사전[14]에서 모두 찾아 망라하는 방식의 연구 방법을 취하고 있어 시간 관련 어휘들을 한눈에 볼 수 있도록 해 주는 연구라는 점에서 의의가 있다. [구체]시간에서는 시간어가 사전적 의미로 사용되어 절대 시간의 의미를 나타내는 것과 상대 시간의 의미를 나타내는 것으로 나뉘나, [추상]시간과 [비유]시간에서는 주관적인 쓰임을 보이며 이때 화청자의 관계, 문맥, 상황 등의 요소가 고려됨을 알 수 있다고 하였다. [구체]시간은 [해-달-날-시] 등을 중심으로 한 체계를 이루고 [추상]시간은 연속적인지 비연속적인지, 기준점이 있는지 없는지에 따라 나뉜다고 하였다. 비연속인 경우 여러 시점 시간어라 하여 '가끔, 간간이' 등을 들었고 연속인 경우는 구간 시간어라 하여 구분하였으며 다시 기준점이 있는 경우는 '애초, 마지막' 등의 예가, 기준점이 없는 경우는 '늘, 줄곧, 언제나' 등의 예가 포함된다.

임지룡(2002)에서는 인지언어학의 체험주의 및 민간 모형의 관점에서 시간의 개념화 양상을 살펴보고 있다. 즉, 시간이 공간, 사물, 자원(돈) 등에 기초하여 개념화되는 은유의 과정과, 대회, 연주회 등의 사건이 시간을 대신하여 지칭하거나 어제와 같은 시간의 한 부분이 과거라는 전체 시간을 대신해서 지칭하는 등의 환유의 방식으로 개념화되는 관습적인 시간 표현과 용법의 양상을 살펴보고 있다. 이러한 논의는 임지룡(2006)으로 이어져 '공간, 이동, 자원'이라고 하는 개념적 은유를 통해 시간의 의미가 실현되는 양상을 살펴보고 있다.

14 신기철 · 신기용(1976), 이희승(1971), 한글 학회(1957)가 그것이다.

또한 이 가운데 시간의 자원화 양상은 길본일(2006b)에서도 다루어진다. 가령, "시간을 만들다, 시간이 생기다, 시간이 나다, 시간을 갖다"라고 하는 표현에서 시간도 하나의 자원처럼 만드는 대상 혹은 소유하는 대상으로 본다고 하는 등의 예이다.

3.3. 시상 범주와 시상어 연구

민현식(1998a)에서는 시간 범주를 시제 범주와 시상 범주로 나누고 이에 따라 시간어 역시 시제 지시 기능의 시제어와 시상을 표현하는 시상어로 나누어 그 어휘 분포를 제시하였다. 특히 시제어 중에서 계절, 절기, 1년, 12월, 365일, 1일 24시간의 단위에 따라 시제를 지시하는 단위 시제어를 따로 분류하고 이를 다시 시간 단위에 따라 '절칭어, 연칭어, 월칭어, 일칭어, 시각어'로 세분하였다. 시상어는 '완료상, 진행상, 예정상, 반복상, 순서상, 순간상, 지속상'에 따른 어휘를 살펴보았다.

시간 명사로 '봄, 여름, 단오' 등 계절과 절기의 명칭인 시간 지칭 명사와 '시, 분, 일, 주' 등의 시간단위 의존 명사, '지, 만, 중, 차, 무렵, 동안' 등 시간 양태 의존 명사를 나누고 시간 관련 명사로 '세월, 운명, 시대, 시절' 등을 구분하였다. '이때, 그때, 접때' 등의 시간 대명사와 '가깝다, 깊다, 오래다, 이슥하다' 등의 시간 형용사, '걸리다, 넘기다, 늦다, 동트다, 앞당기다' 등의 시간 동사를 구분하였으며 시간 관형사로 '올, 현, 전, 구' 등을, 시간 부사로 시제 관련 '오늘, 아까, 이제, 장차' 등의 시제 관련 부사와 '이미, 여태, 늘, 자주, 오래' 등의 시상 관련 부사를 제시하였다.

시제 관련 어휘로는 과거 시제를 나타내는 '일찍이, 전에, 예전에, 접때' 등의 어휘와 현재 시제를 나타내는 '지금, 이제, 시방, 요즈음, 근래, 오늘날' 등의 어휘, 미래 시제를 나타내는 '장차, 후에, 앞으로' 등을 제시하면서 이들 어휘들이 한글 학회 사전과 금성판 사전에 어떻게 풀이되어 있는지를 분석적으로 살펴보면서 가령 '지금' 같은 어휘는 단순히 현재 시제만을 표현하는 것이 아니라 진행상이나 지속상을 표현하는 시상 어휘로도 사용됨을 언급하였다.

시상어로는 '이미, 벌써'와 같은 완료 시상어와 '아직, 바야흐로, 한창'과 같은 진행 시상어를 문법 시상어로 두었고, '순서/순간/지속/반복 시상어'를 어휘 시상어로 두어 세부적인 부사어들을 분류하고 있다. 또한 '지금'이 시제 어휘로 사용된다고 하더라도 발화시 기준의 절대시제에만 출현 가능하며 사건시 기준의 상대시제에서는 사용이 불가능하다는 점 등을 언급하였고, 직전 과거 및 직후 미래에 사용되는 '막', '방금, 금방' 같은 시간 부사에서 '방금'과 '금방'의 의미 차이를 제시하기도 하였으며 이들이 단순히 시제가 아니라 시상과 관련된 어휘이기도 함을 논증하기도 하였다. 이 이전의 시간어 연구가 주로 시간 부사 중심의 연구였던 데서 벗어나 전 어휘 범위를 포괄하여 시간 관련 어휘의 낱말밭을 체계적으로 제시한 데 의의가 있다고 하겠다.

4. 마무리

이상에서 한국어 공간 어휘와 시간 어휘에 대한 탐구와 발견의 역사를 소략하게나마 더듬어 보았다. 공간 의미의 경우 먼저 위치어와 방향어, 방위어로 규정되는 명사류의 의미에 대한 탐색 결과, 또 공간감각어, 이동 동사 등으로 불리는 공간 용언의 의미에 대한 탐색 결과, 공간 의미를 표현하는 논항의 격표지 교체 현상 탐구의 결과 들을 모아 보고 마지막으로 공간어의 비유적 의미 탐구의 발자취를 더듬어 보았다. 시간 의미의 탐구사에서는 시간어의 어원에 대한 고찰과 공간어에서 시간어로 전용되어 쓰이는 의미 확장에 대한 연구가 많은 비중을 차지하고 있음을 보았다. 또 시간어의 은유적 의미와 쓰임에 대한 논의와 개념적 영상 도식에 대한 논의를 살펴보고 마지막으로 시상어에 대한 논의를 살펴보았다.

공간 어휘는 공간 명사(대명사), 공간 형용사, 이동(공간) 동사와 그 밖에 공간 부사 등으로도 나타나는데 초기의 공간어 연구에서는 이른바 위치어와 방향어, 방위어 등에 대한 논의가 활발하였으며 이러한 공간어에서 시간어로의 전이 현상에 대한 탐구가 상당한 비중을 차지하고 있었다. 공간 형용사는 공간 감각 형용사, 차원 형용사 등으로 불리며 시각적인 측면에서 척도와 관련된 개념을 표현하는 어휘로 주로 나타나는데, 이들 공간 형용사 가운데도 '길다', '멀다' 등이 시간 개념을 나타내는 것으로 전용되어 사용되는 점들이 주목되었다.

위치어와 방향어, 방위어의 반의 대립 관계나 이들의 언어 보편적 특성을 고찰하고자 한 대조 연구도 있었고 이를 바탕으로 교육 방안을 고찰한 연구도 있었으며, 한국어 화자들의 공간 형용사에 대한 원형 의식을 탐구하고자 한 실증적 조사 연구도 있었다. 특히 '앞'과 '뒤'가 시간어로서 모두 미래를 의미한다고 하는 논의에서는 시간을 바라보는 거울영상 모형과 나란히꼴 모형이 제시되기도 하였는데, 이러한 연구 결과는 한국어뿐 아니라 다른 언어에서도 발견되는 언어 보편적 특성을 지니는 것으로 보인다. 따라서 이러한 대조언어학적 관점이나 언어유형론적 관점을 확장하여 한국어 어휘 교육에 적용하는 논의들로 이어질 수 있을 것이라 기대해 본다.

최근의 언어 연구의 흐름은 말뭉치 자료에 기반한 실제적인 연구들로 진행되고 있는 경향을 띤다. 본고에서 살펴본 논의들 가운데서도 초창기의 사전 속 어휘 목록 중심의 연구에서 점점 말뭉치를 활용한 연구로 나아가는 흐름을 살펴볼 수 있었는데, 특히 어휘는 문법 항목에 비해 분야별 특수성이 크므로 특정 장르나 레지스터로 범위를 한정하여 이러한 시간어와 공간어의 의미를 고찰한다면 좀 더 실제적인 연구 결과를 얻을 수 있을 것이라 본다. 특히 화용론적 관점에서 공간어와 시간어가 특정 장면이나 상황 맥락 속에서 특수한 의미로 한정되거나 전이되거나 비유적으로 사용되는 양상을 다양하게 고찰하는 일은 의사소통적 관점에서 매우 필요한 일이다.

또한 시간 의미의 경우 그 추상적인 특성에 따라 어떤 기준시를 중심으로 하여 선후 방향의 단위로 세분하는 작업이 이루어질 수 있고 일정한 기준들에 따라 단위를 나누어 명명하는 일도 일반적으로 이루어져 왔으나 공간의 경우에는 오히려 실생활에서 가시적이고 무작위적으로 접할 수 있는 영역이다 보니 오히려 그 의미 영역을 일정한 단위로 세분하는 일이 더 어려울 수 있다. 임지룡(1980)에서 제시된 '공제' 개념도 그 실체가 아직 명확히 밝혀진 것이 아니고 이것이 제대로 체계화되기 위해서는 더 깊은 연구가 필요하다고 본다. 이 밖에도 공간 의미와 시간 의미 연구에서 우리에게 남겨진 과제는 다양한 측면에서 파악될 수 있지만 본고에서는 이 정도의 제언으로 마무리를 하고자 한다.

또 본고의 주제 관련한 아주 중요한 논의들을 자칫 필자의 과문 탓으로 빠뜨린 경우가 있을지 모르겠다. 그런 경우에 대하여 선행 연구자들께 미리 사과드리며 여러 관련 연구자들의 질정을 바란다.

참고문헌

강영세(2009a), "공간의 대상화", 『담화 · 인지 언어학회 · 사회언어학회 · 고려언어정보연구소 공동 학술대회 발표 논문집』, 225-231, 담화 · 인지 언어학회.

강영세(2009b), "시간어와 공간어의 교체 현상: 인지의 통합력", 『담화 · 인지 언어학회 제31회 정기학술대회 발표논문집』, 101-104, 담화 · 인지 언어학회.

고영근(1980), "국어 진행상 형태의 처소론적 해석", 『어학연구』 16(1): 41-55, 서울대학교 어학연구소.

국립국어원(1999), 『표준국어대사전』, 두산동아.

길본일(1997), "한국어의 시간 인식과 표현", 『우리말연구』 7: 235-268, 우리말학회.

길본일(1998), "한국어의 시간 전후 표현", 『우리말연구』 8: 217-234, 우리말학회.

길본일(2003), "신체어에 의한 시간 표현: 한 · 일어 대조", 『우리말연구』 13: 67-91, 우리말학회.

길본일(2006a), "시간 표현의 인지언어학적 연구", 부산대학교 대학원 국어국문학과 박사학위논문.

길본일(2006b), "시간의 자원화 양상", 『담화 · 인지 언어학회 학술대회 발표논문집』, 91-96, 담화 · 인지 언어학회.
김기수(2018), “아날로그시계와 시간 은유 표현”, 『언어과학연구』 87: 29-47, 언어과학회.
김기혁(1998), “존재와 시간의 국어 범주화”, 『한글』 240 · 241: 205-238, 한글학회.
김미미(2012), “공간성 명사의 시간성 획득 양상에 대한 인지언어학적 해석: 앞 · 뒤, 전 · 후를 중심으로”, 『한국어문교육』 12: 63-89, 고려대학교 한국어문연구소.
김상태(2005), 『현대국어 시간표현 어휘 연구』, 학고방.
김선희(1987), “현대국어 시간어 연구”, 연세대학교 대학원 국어국문학과 박사학위논문.
김선희(1988), “공간어와 시간적 의미”, 『목원어문학』 7: 5-34, 목원대학교 국어교육과.
김억조(2008), “‘길다/짧다’의 의미 확장에 관한 연구”, 『한국어 의미학』 28: 1-20, 한국어 의미학회.
김억조(2009), “국어 차원 형용사의 의미 대립 연구”, 경북대학교 대학원 국어국문학과 박사학위논문.
김정남(2001), “국어 형용사의 의미 구조”, 『한국어 의미학』 8: 171-199, 한국어 의미학회.
김정남(2005), 『국어 형용사의 연구』, 역락.
김정남(2014), “한국어의 한자어 인지칭 명사류에 대하여”, 『어문연구』 42(4): 35-57, 한국어문교육연구회.
김주식(2002), “공간 개념어의 인지적 의미 분석”, 『동양대학교논문집』 8(1): 185-203, 동양대학교.
김진해(2010), “개념적 은유와 문법 범주”, 『어문논집』 43: 149-173, 중앙어문학회.
김충욱(2000), “개념적 은유의 공간론적 고찰”, 동의대학교 대학원 국어국문학과 석사학위논문.
노재민(2009), “공간어에 관한 인지의미론적 연구”, 충북대학교 대학원 국어교육과 박사학위논문.
맹경흠(2018), “한국어 가상 이동 표현의 인지언어학적 연구”, 인하대학교 대학원 한국학과 박사학위논문.

민현식(1990a), “중세국어 시간부사 연구”, 서울대학교 대학원 국어국문학과 박사 학위논문.
민현식(1990b), “시간어와 공간어의 상관성(1)”, 『국어학』 20: 47-71, 국어학회.
민현식(1991a/2004), 『국어의 시상과 시간부사』, 개문사.
민현식(1991b), “시간어와 공간어의 상관성(2)”, 서울대학교 대학원 국어연구회 『국어학의 새로운 인식과 전개』, 836-860, 민음사.
민현식(1998a), “시간어의 낱말밭”, 『한글』 240 · 241: 323-354, 한글 학회.
민현식(1998b), “시간어의 어휘사”, 심재기 편, 『국어 어휘의 기반과 역사』, 33-92, 태학사.
민현식(1999), 『국어 문법 연구』, 역락.
민현식(2004), 『국어의 시상과 시간부사』, 한국학술정보.
박동근(2013), “공간감각 형용사의 원형 인식과 언어 표현”, 『문법교육』 19: 207-239, 한국문법교육학회.
박경현(1986), “전후 개념어 ‘앞/뒤’의 의미 분석”, 『국어교육』 57: 147-182, 한국국어교육연구회.
박경현(1987), 『현대국어의 공간 개념어 연구』, 한샘.
박영순(2006), “은유 연구의 성과와 방법론”, 『한국어 의미학』 20: 1-28, 한국어 의미학회.
박영순(2007), 『한국어 화용론』, 박이정.
박정운(1998), “앞으로 한달 뒤에 만납시다: 시간의 개념적 은유”, 『언어와 언어학』 23: 85-110, 한국외국어대학교 외국어 종합연구센터 언어연구소.
배해수(1998), “시점 <전후> 명칭에 대한 고찰”, 『한글』 240 · 241: 169-204, 한글 학회.
백미현(2014), “시간의 개념적 은유 모형: 자아중심적, 탈자아, 객관화된 자아 해석”, 『언어연구』 29(4): 685-707, 한국현대언어학회.
범기혜(2004), “위치어 ‘앞, 뒤, 전, 후’의 의미론적 고찰”, 『관악어문연구』 29: 213-238, 서울대학교 국어국문학과.
서 은(2004), “공간어에 나타나는 개념적 은유 연구”, 이화여자대학교 대학원 국어국문학과 석사학위논문.
설옥순(2009), 『시간의 언어화와 번역: 시간 표현에 대한 영한 번역을 중심으로』, 동인.
손평효(2012), “공간말 위 아래의 의미”, 『한국어 의미학』 39: 291-317, 한국어

의미학회.
송철의(1990), “국어의 파생어 형성 연구”, 서울대학교 대학원 국어국문학과 박사학위논문.
신기철 · 신기용(1976), 『새우리말 큰사전』, 삼성출판사.
신선경(1998), “‘있다’의 어휘 의미와 통사구조 연구”, 서울대학교 대학원 국어국문학과 박사학위논문.
심재기(1982), 『국어어휘론』, 집문당.
안명철(2013a), “한국어 공간 형용사의 시간성에 대하여”, 『어문연구』 41(1): 7-32, 한국어문교육연구회.
안명철(2013b), “논항 교체 구문의 의미론: [처소-대상] 구문을 중심으로”, 『국어학』 68: 75-98, 국어학회.
안주호(1997), 『한국어 명사의 문법화 현상 연구』, 한국문화사.
우인혜(1991), “우리말 시제/상 표현과 시간 부사”, 『한국언어문화』 9: 161-200, 한국언어문화학회.
우창현(2012), “한국어 방향 어휘의 직시/비직시 의미 특성”, 『언어와 정보사회』 17: 65-83, 서강대학교 언어정보연구소.
유경민(1999), “은유에 의한 의미 확장”, 『한국어 의미학』 5: 179-214, 한국어 의미학회.
유성은(2006), “중국어와 한국어의 공간개념 은유에 대한 일고”, 『동아인문학』 9: 299-319, 동아인문학회.
유현경(2007a), “‘속’과 ‘안’의 의미 연구: 결합 관계를 중심으로”, 『한글』 276: 133-154, 한글 학회.
유현경(2007b), “‘사이’, ‘동안’의 어휘 정보 연구”, 『한국어교육』 18: 315-335, 국제한국어교육학회.
이강로(1978), “한국 한자어의 어휘 의미 연구: ‘상(上) · 하(下)자를 구성 요소로 한 낱말을 중심으로”, 『한글』 162: 245-272, 한글 학회.
이수련(1987), “우리말의 공간말 연구”, 간행위원회, 『우해 이병선 박사 화갑기념논문집』, 187-206, 우해이병선박사화갑기념논총간행위원회.
이숭녕(1940a), “시간 어휘에 대하여(1)”, 『한글』 77: 349-351, 한글 학회.
이숭녕(1940b), “시간 어휘에 대하여(2)”, 『한글』 78: 368-371, 한글 학회.
이영제(2014), “공간 명사의 의존 용법과 규정 기능”, 『어문논집』 58: 31-52 , 중앙어문학회.

이정애(1996), "{안/밖/속/겉}의 의미 연구", 『한국언어문학』 37: 153-169, 한국언어문학회.
이정애(1994), "전남 방언의 직시적 시간어 '지금, 시방, 오늘'의 연구", 『국어문학』 29: 183-208, 국어문학회.
이종열(2007), "사물 및 공간 개념에 대한 유아의 은유 양상 연구", 『어문학』 98: 187-213, 한국어문학회.
이지영(1989), "{안/속/밖/겉}의 언어학적 분석", 간행위원회, 『제효 이용주박사 회갑기념 논문집』, 539-598, 한샘.
이희승(1971), 『국어대사전』, 민중서관.
임소영(1988), "한국어 시간어의 언어학적 분석: 형식과 의미 유형을 중심으로", 상명대학교 대학원 국어국문학과 석사학위논문.
임지룡(1980), "국어에 있어서의 시간과 공간 개념", 『국어교육연구』 12: 111-126, 국어교육학회.
임지룡(1984), "공간 감각어의 의미 특성", 『배달말』 9: 119-137, 배달말학회.
임지룡(1997), 『인지의미론』, 탑출판사.
임지룡(2002), "시간의 개념화 양상", 『어문학』 77: 201-222, 한국어문학회.
임지룡(2006), "개념적 은유에 대하여", 『한국어 의미학』 20: 26-60, 한국어 의미학회.
임지룡(2009), "다의어의 판정과 의미 확장의 분류 기준", 『한국어 의미학』 28: 193-226, 한국어 의미학회.
임채훈(2003), "시간 부사의 문장 의미 구성", 『한국어 의미학』 12: 155-170, 한국어 의미학회.
임혜원(2004), "공간 개념의 은유적 확장", 상명대학교 대학원 국어국문학과 박사학위논문.
임혜원(2019). "한국어 화자의 은유적 손짓 연구: 시간의 개념화를 중심으로", 『한글』 80(1): 5-35, 한글 학회.
장은영 · 박종철(2006), "시간 부사와 시상 형태소의 의미 표현", 『한국언어정보학회 학술대회 논문집』, 193-207, 한국언어정보학회.
전수태(1996), "공간 개념어의 반의 구조", 『한어문교육』 4: 389-421, 한국언어문학교육학회.
전수태(1997), "시간 개념어의 의미 구조", 간행위원회, 『일암김응모 교수 회갑기념 논총: 한국어학의 이해와 전망』, 267-317, 박이정.

정동경(2008), “시간어 ‘나절’의 의미에 대한 통시적 고찰”, 『진단학보』 106: 57-78, 진단학회.

정동경(2013), “국어 시간 명사의 역사적 연구”, 서울대학교 대학원 국어국문학과 박사학위논문.

정수진(2011), “국어 공간어의 의미 확장 연구”, 경북대학교 대학원 국어국문학과 박사학위논문.

정인수(1997), “국어 형용사의 공감각적 전이 연구”, 『현대문법연구』 11: 163-180, 현대문법학회.

정정승(2002), “시간과 공간의 은유적 표현”, 『언어과학연구』 22: 221-242, 언어과학회.

조남호(1998), “내외 개념어의 변천사”, 심재기 편, 『국어 어휘의 기반과 역사(심재기 선생 회갑기념 논총)』, 295-328, 태학사.

조현선(1986), “한국어의 시간부사와 시상접미사와의 공존관계에 관한 연구”, 연세대학교 외국어로서의 한국어교육전공 석사학위논문.

주송희(2011), “한 · 중 공간 형용사 의미 대조 연구: {깊다/深}를 중심으로”, 『동북아 문화연구』 28: 285-306, 동북아시아문화학회.

주송희(2012), “현대 한국어 공간 형용사 연구”, 인하대학교 대학원 한국학과 박사학위논문.

최균호(2001), “텍스트언어학의 이론과 응용: 공간어 해석의 모호성”, 『텍스트언어학』 10: 319-344, 텍스트언어학회.

최창렬(1985), “우리말 시간계열어의 어원적 의미”, 『한글』 188: 117-146, 한글 학회.

최현배(1971), 『(깊고 고침) 우리 말본』, 정음문화사.

한글학회(1957), 『우리말 큰사전』, 을유문화사.

한정한(1993), “국어 시간표현의 조응적 해석”, 『언어』 18: 123-140, 한국언어학회.

홍달오(2011), “국어 공간어의 시간 개념화 양상 연구”, 중앙대학교 대학원 국어국문학과 박사학위논문.

홍달오 · 엄홍준(2012), “‘동안’과 ‘사이’의 의미에 대한 인지언어학적 고찰”, 『언어』 37(3): 757-782, 한국언어학회.

홍종선(1991), “국어의 시간어 연구: 시간부사를 중심으로”, 『민족문화연구』 24: 223-246, 고려대학교 민족문화연구소.

Fillmore, C. J.(1982), Towards Descriptive Framework for Special Deixis, in W. Kleim & R. J. Jarvella(eds.), *Speech, Place & Action: Studies in Deixis and*

Related Topics, 31-59.

Givon, T.(1979), *On Understanding Grammar*, New York: Academic Press.

Hill, C. A.(1978), Linguistic representation of spatial and temporal orientation, *Annual Meeting of the Berkeley Linguistics Society* 4: 524-538.

Lakoff, G.(1993), *The Contemporary Theory of Metaphor, Metaphor and Thought*(2nd edition), Cambridge: Cambridge University Press.

Lakoff, G. & M. Johnson(1980), *Metaphors We Live By*, Chicago: The University of Chicago Press.

의성의태어의 의미

박 동 근*

1. 들머리

이 글은 연구사적 관점에서 한국어 의성의태어에 대한 앞선 논의를 살피기 위한 것으로, 특히 의미 연구에 초점을 두어 주요 쟁점별로 나누고 그 내용을 분석하여 한국어 의성의태어 의미 연구의 성과와 앞으로의 과제를 고찰하는 것이 목적이다.

한국어는 의성의태어가 발달하였을 뿐만 아니라 실제 언어 생활에서 활발하게 사용되고 있으며 음운 · 형태 · 통사 · 의미면에서 쓰임새가 독특하여 국어 연구에서 독자적인 어휘 범주로 다루어 왔다. 이에 지금까지 의성의태어를 주연구 대상으로 한 연구 논문은 460편이 넘으며 의성의태어는 특히 초학자들이 좋아하는 연구 주제이기도 하다.[1] 이 가운데 의미와 관련한 연구는 내용별로 1) 의성의태어의 의미 분류, 2) 의성의태어 전문 사전 편찬 및 이를 위한

* 대진대학교 창의미래인재대학 교수, muse13@hanmail.net

1 박동근(2018)에서 의성의태어 연구사 전반을 논한 바 있으나 지면상 의미 연구 성과를 충분히 다루지 못했다.

의미 기술 방법, 3) 어감 및 음성상징, 4) 의미 범주별 또는 개별 어휘의 의미 기술 방법 등으로 구분할 수 있다.

이에 본고에서는 지금까지 발표된 국내 학위논문 및 학술논문으로 발표된 의성의태어 연구 성과를 찾아 목록을 만들고 이를 연구사적 관점에서 살펴보고자 한다. 의성의태어 연구 중 상당수는 직간접적으로 사전과 무관하지 않다. 즉 의성의태어 연구는 사전을 위한 연구나 사전에 의한 연구가 주를 이루는데, 이 경우 내용상 더 비중이 있는 쪽에서 다루기로 하겠다.

2. 의성의태어 연구의 주요 쟁점

2.1. 의성의태어의 의미 구조

거시적인 측면에서 의성의태어의 의미 구조를 체계화한 연구로는 박동근(1997)과 김홍범(2008)을 들 수 있다.

([흉내말의 바탕의미] + [±반복형식의 의미])[±홀소리 말맛(강조)][±된소리 말맛(강조)][±거센소리 말맛(거침)]

〈그림 1〉 의성의태어의 의미 구조 (박동근 1997: 207)

박동근(2007)은 의성의태어의 의미가 구조적으로 <그림 1>과 같이 바탕의미 위에 어감 요소가 얹혀서 실현되는 비단선적 구조로 이루어 진다고 보았다. 또 반복에 의한 의미 기능을 [반복], [복수의 동작], [복수의 개체], [상태지속], [강조]로 세분하였다.[2]

---

2 이보다 앞서 남풍현(1965)에서는 첩형이 동작의 계속, 반복의 표현, 상태의 지속, 정도가 심함(尤甚)의 의미를 갖는다고 보았다. 채완(1993)에서는 의성의태어의 반복은 개념적 의미의 전달보다 표현적 가치를 위해 사용된다고 보았다.

김홍범(2008)은 국어 사전의 뜻풀이 방식을 분석하여, <그림 2>와 같은 의성의태어의 의미 기술 모형을 제시하였다.

N1 의+	N2 이+	N3 의+	N4 을+	N5 로+	V	~는 소리
어떤		어떤		어떻게	-거나	모양
		N3 과			-면서	느낌
		N3 에			-고	상태
						동작

〈그림 2〉 **상징어 의미 기술 모형** (김홍범 · 이영주 2008)

김홍범(2008)은 국어사전에서 전통적으로 의성의태어를 '~는 소리', '~는 모양'의 두 가지 상징 영역으로 분류하여 뜻풀이하는 방식의 문제점을 지적하고 상징 대상의 하위 범주에 따라 '~는 소리, ~는 모양, ~는 느낌, ~는 상태, ~는 동작' 등으로 세분할 것을 제안하였다. 또 의성의태어의 모방 주체와 대상이 되는 의미 정보항으로, 'N1', 'N3'와 의성의태어의 의미 영역 분류에 체계적으로 관여하는 의미영역 범주로 'N2', 'N4', 'N5', V'를 구분하여 의성의태어의 표준적인 의미 기술 모형을 제시하였다.

2.2. 의성의태어의 의미 분류

의성의태어를 하위 분류하는 것은 의성의태어 의미 연구의 출발점이라 할 수 있다. 국어 연구에서 (음성)상징어, 흉내말, 시늉말 등으로 통칭되는 의성의태어는 모방의 대상에 따라 자연계의 소리를 흉내낸 의성어와 소리 이외의 동작이나 상태, 느낌 등을 흉내낸 의태어로 나누는 것이 일반적이다.

의성의태어를 소리를 흉내낸 것과 그 밖의 것으로 구분한 초기 연구로는 안자산(1922)을 들 수 있다.

(1) 寫聲語는 喜怒哀樂의 情이던지 짐승들의 聲이던지 其聲을 숭내하야 言를 作한者라. (안자산 1992: 177)

(2) 상징어는 무성의 사물은 其形狀態度를 형불하게 상징하야 人聲으로 作한 者라. (안자산 1992: 178)

설명으로 보아 (1)의 묘성어는 지금의 의성어에 해당하며 (2)의 '상징어'는 의태어에 해당한다고 볼 수 있다. 다만, 안자산(1922)에서는 '번적번적' 같은 전형적인 부사형 의성의태어 외에 '울다, 불다, 희다, 감앗타, 번개' 등의 동사나 형용사, 명사 등의 예를 같이 들고 있어 지금의 의성의태어 범주와 완전히 같지는 않다.

국어 연구에서 의성의태어를 항상 의성어와 의태어로 양분해 온 것은 아니다. 이숭녕(1958)은 학계에서 의태어란 용어가 사용되긴 하지만 의태어의 형성은 제2차적인 의성어적 형성(onomatopoetische Bildung)이므로 이를 따로 세분화할 필요가 없다고 보았다.[3]

한편, 남풍현(1965)은 의성의태어를 크게, 자연음을 모방한 의성어와 사물의 상태와 동작을 모방한 의태어, 심리 내용을 모방한 의정어로 삼분하였고, 이원직(1969)에서도 이 분류 체계를 따랐다. 또 다른 차원의 삼분법으로는 신중진(1998)을 들 수 있다. 신중진(1998)은 기존의 의성어와 의태어 외에 '탁탁, 부글부글, 털썩'처럼 의성어인지 의태어인지 구분이 되지 않는 것이 있으며, 의성어이기도 하면서 의태어인 것들이 있어 이들을 의성어, 의태어와 구분하여 '의성태어'라고 칭하였다. 한편 유창돈(1980)은 의성의태어를 청각, 시각, 촉각, 미각, 후각, 심각 등 감각별로 더 세분하기도 하였다.

여러 논의에도 불구하고 '의정어'는 현재 국어 사전에 수록되지 않은 용어로 삼분법을 채택하는 경우는 많지 않고 의미상 의성어와 의태어로 양분하는

3 용어상으로는 의성어와 의태어를 구분하더라도 연구에서 이 둘을 구분하지 않은 경우는 더욱 많았다. 채완(1997: 39-40)에서는 의성어 의태의 구분이 언제나 분명한 것은 아니어서 특별히 둘을 구별할 필요가 없을 때 의성어의태어로 통칭하고 일일이 나누어 기술하지 않는다고 하였다.

것이 일반적이다.[4] 의성의태어를 의성어와 의태어로 나누는 것이 의미 분류의 출발이라면 이후 연구는 의성의태어를 의미 범주별로 더 세분하는 쪽에 관심을 갖게 된다.

최호철(1984)은 기존의 분석이 파열, 충돌, 마찰 등의 음운적 특성에 따른 데 반해, 대상과 대상의 동작에 의한 의미역에 따라 의성의태어를 분류하였다. 먼저 1,454개의 의성어를 소리의 대상에 따라 '인간, 동물, 자연 현상, 제작물, 비제작물'로 나누고 2차로 26개의 의미역으로 구분하였다. 이를 다시 더 세분하여 80개의 의미역으로 나누었다. 분류 결과 의성어 중에는 인간에게서 나오는 소리가 가장 많은데, 이는 인간이 가장 가까운 관계에 있고 우리 스스로 인지할 수 있는 조건이 충분하기 때문인 것으로 보았다.[5]

김홍범(2002, 2016)과 김홍범 · 이영주(2009, 2011, 2012)의 일련의 연구는 의성의태어 전문 사전 편찬을 위한 기초 연구로 한국어 의성의태어의 총 목록을 의미적으로 분류하기 위한 선행 연구이다. 김홍범(2002)은 자모순에 의한 의성어의태어 전문사전의 단점을 극복하기 위해 『조선말 의성 · 의태어 분류사전』의 분류 체계를 검토하고, 의성의태어와 공기하는 동사, 형용사의 분류 체계와 연관한 분류 기준을 마련할 것을 제안하였다. 즉 의성의태어가 서술어와의 제약이 심한 것에 주목하여 서술어와의 선택 제약을 의미 분류 기준으로 삼았다.

김홍범 · 이영주(2009)에서는 『조선말 의성 · 의태어 분류사전』(1982)의 의미 영역 분류를 해체하여 문제점을 찾고 오류를 되풀이하지 않기 위한 방안을 모색하였다. 먼저 의성의태어의 의미 기술 모형을 제시하고 의성의태어 뜻풀이에 사용되는 메타 어휘들의 기능부담을 파악하여 의미 영역의 범주를

4 김홍범(2008)은 의성의태어의 의미 영역은 일차적으로 사전에서 뜻풀이를 끝맺는 방식인 '~는 소리, ~모양' 등에 의해 판정되며, 비록 의성어와 의태어의 형태가 같더라도 기본적으로 다른 의미 영역에 속한다고 보았다.

5 김홍범(2016)의 조사에 따르면 연변언어연구소(1981)의 『조선말 의성의태어 분류사전』에서는 2,116개의 의성어 가운데 고체와 관련한 것이 930개로 사람과 관련된 519개보다 많은 것으로 조사되어 최호철(1984)과 차이를 보인다.

나누는 기준으로 삼았다. 김홍범 · 이영주(2011, 2012)는 앞서의 원칙을 실제 의태어 분류에 적용한 논의로 『조선말 의성 · 의태어 분류사전』의 800여 개의 의미 영역 중에는 불필요한 것이 많아 삭제하거나 통합하여 수를 줄일 필요가 있다고 보았다. 그 개선 사례로 제안한 내용을 보면 다음과 같다.

〈표 1〉 **움직임을 나타내는 의태어 재분류** (김홍범 2011)

	기존 사전의 분류 체계	재분류
2. 움직임을 나타내는 의태어	1) 고개, 머리, 목의 움직임을 나타내는 의성어	1) 머리(얼굴, 고개, 목)
	2) 눈, 코의 움직임을 나타내는 의태어	2) 눈(눈알, 눈물)
		3) 코
	3) 혀, 입, 입술의 움직임을 나타내는 의태어	4) 입(혀, 입술)
	4) 몸의 움직임을 나타내는 의태어	8) 몸의 움직임
	5) 맥박이나 심장이 뛰는 모양	7) 신체 기관(심장, 맥박, 근육)
	6) 발이나 다리의 움직임을 나타내는 의태어	6) 다리(발)의 움직임
	7) 손이나 팔의 움직임을 나타내는 의태어	5) 팔(손)의 움직임
	8) 팔다리의 움직임을 나타내는 의태어	8) 몸의 움직임
	9) 근육의 움직임을 나타내는 의태어	7) 신체 기관(심장, 맥박, 근육)
	10) 자거나 조는 모양을 나타내는 의태어	'성질이나 상태'를 나타내는 단어들로 따로 분류함.
	11) 기타	
	몸 전체: 4), 8) 항목 일부분: 1), 2), 3), 5), 6), 7), 9) 항목	몸 전체: 8) 항목 일부분: 1)~7) 항목

임지선(2015)은 사전의 의미영역 분류 방안으로 성품을 나타내는 의태어를 크게 본성과 감성으로 나누고 이를 다시 내면과 외면으로 분류하였다. 내면과 외면은 다시 단독적인 개인과 상관적인 상호로 나누었다. 임지선(2015) 이후 의미에 따른 의성의태어 분류 방안에 대한 논의는 더 이상 이루어지지 않고 있는데, 의성의태어 전체 항목에 대한 구체적인 의미 분류는 전문 의성의태어 분류 사전을 통해 이루어질 것으로 기대한다.

2.3. 의성의태어 전문 사전 및 사전의 의미 기술

2.3.1. 의성의태어 전문 사전의 발간

한국어의 의성의태어는 독자적인 사전 편찬의 대상이 될 만큼 풍부하다. 의성의태어 전문 사전은 의성의태어의 범위를 확정한다는 점에서도 중요한 의미가 있다.

(3) 한국어 의성의태어 전문사전[6]
조선어연구회(1971), 『조선말 의성어 의태어 사전』, 學友書房.
연변언어연구소(1982), 『조선말 의성 의태어 분류 사전』, 연변인민 출판사.
青山秀夫(1990), 『朝鮮語象徵語辭典』, 大學書林.
이기원(2007), 『한국어의 의성어와 의태어』, 한국문화사.
배성봉 · 박혜원 (2012), 『한국어의 의성 · 의태어』, 울산대학교출판부.
박선자 · 김문기 · 정연숙(2014), 『한국어 시늉말 사전』, 세종출판사.

그 처음은 조선어연구회(1971)의 『조선말 의성어 의태어 사전』이다. 이 사전은 북한의 『현대조선말사전』과 『조선말사전』을 바탕으로 편찬한 것으로 약 4,000여 개의 올림말을 수록하고 있다. 『조선말 의성어 의태어 사전』에서는 '구석구석', '조심조심' 등 일반 명사나 일반 부사의 반복형은 올림말로 싣지 않으며 뜻풀이는 올림말을 그대로 쓰지 않는 것을 원칙으로 하였다. 거의 같은 뜻으로 사용하는 단어는 따로 풀이하지 않고 → 표를 사용하여 빈도가 높은 단어로 돌리는 방식을 취하고 있다. 두 가지 이상의 뜻으로 쓰이는 다의어는 ①, ②, ③으로 구분하여 풀이하는 방식은 여타 사전과 같으나 뜻이 얼마간 다른 색채를 가지는 경우 'D' 표를 하고 따로 뜻풀이한 점이 독특하다.

6 이 외에 "박용수(1989), 『우리말 갈래 사전』, 한길사.", "남영신(1992), 『우리말분류사전 3: 꾸밈씨기타편』, 한강문화사." 등이 있으나 의성의태어만을 수록한 것은 아니므로 목록에서 제외하였다.

(4) **가칠가칠** (피부나 털이) 여러군데 윤기가 없이 거칠은 모양. D 매우 가칠한 모양.[7]

연변언어연구소(1982)의 『조선말 의성의태어 분류사전』에서는 의성의태어를 일차적으로 의성어와 의태어로 구분한 뒤 의성어는 '사람, 동물, 기구·악기, 고체·액체·기체'로, 의태어는 '사람, 동물, 식물, 고체, 액체, 기체, 공간 및 시간의 사이와 동안, 날씨, 불길·비·빛깔, 사태·상태' 등으로 나누고 이를 다시 800여 개의 의미 영역으로 세분하였다. 앞서 김홍범(2002)에서 분류상의 체계성 문제가 지적되긴 하였으나 의성의태어를 망라한 유일한 의미 분류 사전이라는 점에서 학술적이나 실용적인 면에서 가치가 높다.[8]

『朝鮮語象徵語辭典』은 한국어의 의성의태어를 지속적으로 연구해 온 青山秀夫(1990)의 저술로, 8,800여 개의 방대한 올림말 수록하고 있다. 기존의 의성의태어 전문 사전이 가공의 예문을 사용하고 있는 데 반해, 140명 작가의 465개 작품에서 실례를 뽑아 예문으로 제시하고 있다는 점에서 차별성을 갖는다.

앞서의 사전들이 모두 국외에서 발간된 것이라면 이기원(2007)과 배성봉·박혜원(2012)은 국내에서 발간된 첫 의성의성의태어 전문 사전이다. 하지만 올림말 수가 적고 외국어로서의 한국어 학습자를 대상으로 하고 있어 체제상으로 볼 때 사전보다는 학습용 어휘집에 가깝다.

박선자 외(2014)의 『한국어 시늉말 사전』은 국내에서 출판된 본격적인 첫 의성의태어 전문사전이라 할 만하다. 현대 한국어의 표준어 외에 비표준어와 방언을 올림말로 수록하고 있으며 관용구적인 구로 기능하는 것도 수록하여 올림말 수가 7,113개에 이른다. 용례 또한 실제로 쓰이는 것들을 최대한 수록

7 『표준국어대사전』(1999)에서는 이를 하나로 풀이하고 있다.

가칠가칠 부 야위거나 메말라 살갗이나 털이 여기저기 또는 매우 윤기가 없고 거친 모양.

8 조남호(2017)는 의성의태어 전문 사전은 독해용보다 작문용 사전으로서의 용도가 더 높다는 입장에서 실용적인 면에서 분류사전이 유용하다고 보았다.

하려는 노력을 보였다. 뜻풀이면에서 앞서의 의성의태어 전문 사전이 크게 '소리'와 '모양'으로 구분한 데 반해 '느낌'을 따로 세운 것이 특징이다. 그런데 '거침거침, 꺾임꺾임, 들락날락, 오르락내리락, 오너라가너라, 울고불고' 등의 동사 활용형을 올림말로 삼는 등, 의성의태어로 받아들이기 어려운 올림말들을 다수 포함하고 있다.

2.3.2. 의성의태어 사전의 의미 기술

의성의태어의 의미 기술과 관련한 연구 가운데 상당수는 사전의 뜻풀이 문제와 관련하여 논의하고 있다. 이극로(1938)는 "사전 주해란"에서 유사어의 의미를 기술하는 데 다음과 같은 어려움이 있다고 하였다.

(5) 우리가 이런 유사어를 주해할 때에는 마땅히 관련된 말을 전부 한 곳에 모아 놓고 그 서로 사이의 뜻에 차이점을 발견하여야 된다. 만일 그리 아니하고 흩어 놓고 주해를 한다면 뜻이 모두 서로 같을 수도 있고 또는 서로 바꾸일 수도 있다. (이극로 1938)

이극로(1938)에서 예시한 유사어의 대부분은 의성의태어로, 의성의태어는 큰말, 작은말, 예사말, 센말, 거센말 등 의미적으로 관련이 있는 말들이 서로 미묘하게 관계를 맺고 있어 그 공통성과 미묘한 차이점을 체계적으로 기술해야 하는 어려움이 있다. 한편 정순기·리기원(1984: 235)에서는 의성의태어의 뜻풀이는 실제 언어에서 사용되는 뜻을 정확히 분석하고 그에 바탕을 두고 풀이해야 하며 체계적인 의미 기술을 위해 인위으로 풀이해서는 안 된다고 보았다. 그런데 5천 개가 넘는 의성의태어를 의성어와 의태어로 구분하고 서로 관련을 맺으면서 의미를 체계적으로 기술하되 뜻풀이가 중복되지 않도록 하는 것은 쉬운 일이 아니다. 이에 서정욱(1993)은 기술적인 면에서 의성의태어의 뜻풀이는 관련어 가운데 하나의 대표어를 올림말로 삼고 '큰말, 센말' 등을 대표어 아래 나열함으로써, 관련 어휘를 별도의 올림말로 삼을 때 일어나는 뜻풀이나 기능 설명의 반복을 피할 수 있다고 하였다.

(6) 가득[kadik, =가득히. ADV.+dp.+하다. <그득<<가뜩] : 일정한 공간이나 그릇을 채운 모양. (영)full, crowded (독)voll (중)滿, 充滿 (일)いっぱい. a. 가득, b. 가득가득, c. 가뜩, d. 그득, f. 그득그득, g. 그뜩, h. 그뜩, i. 꽉, j. 꽉꽉, k. 가뿍, l. 다뿍, m. 다뿍다뿍, n. 드뿍, o. 드뿍드뿍, n 담뿍. <참고> p. 가랑가랑, q. 그렁그렁, r. 크렁크렁, s. 갈쌍갈쌍, t. 크렁크렁. <반의> u. 골막골막, v. 골싹골싹. (서정욱 1993)

그러나 이러한 방법은 기술적인 면에서 경제적일 수 있으나, 자모 교체에 의한 의성의태어의 관련 어휘들의 의미가 대표어의 의미를 기본으로 하여 모두 체계적으로 예측 가능한 것이 아니라는 점에서 의미를 제대로 담아내는 데 한계가 있다.

이소령(1997)은 국어사전의 의성의태어 뜻풀이 방식을 분석한 결과, 뜻풀이에 '~의 소리', '~의 꼴'을 붙이는 기본 방식 외에 상황을 묘사하는 방법에 따라 다음과 같은 네 가지 의미 제시 방식이 있다고 보았다.

(7) a. 소리 · 짓을 시늉하는 방법
꼬끼오 : 수탉이 **우는 소리**.
b. 쓰이는 상황을 설명하는 방법
낑낑 : **몸이 아프거나 힘에 겨워 부대낄 때** 괴롭게 자꾸 내는 소리.
c. 음성자질을 설명하는 방법
호 : **입을 오므리고 입김을 불어** 내는 소리.
d. 음상에 따른 방법
둘둘 : '돌돌'의 **작은말**.

그런데 사전의 활용성을 고려하면 (7d)와 같이 음상으로 설명하는 방법은 사전을 찾는 독자의 노력을 이중으로 요구하므로, 자모 교체형들은 각각의 표제항에서 뜻풀이를 하고 관련어 정보를 부가하는 것이 합리적이라고 보았다.

한국어 의성의태어 전문 사전 편찬에 대한 지속적인 논의는 김홍범(1993, 1998, 2000, 2002), 김홍범・박동근(2001)에서 이루어진다. 김홍범(1998)은 기존 사전의 의성의태어 기술에 대한 문제점으로 올림말 선정의 일관성 부족과 동형어와 다의어 구분 모호, 형태소 분석 및 파생어 정보의 오류를 지적하고, 김홍범(2011)에서는 국어 사전에서 의성의태어의 일반적인 의미 기술의 원칙으로 다음 7가지 원칙을 제시하였다.

(8) 상징 부사류의 의미 정보 기술의 원칙(김홍범 2000)

a. 모든 표제어는 독립된 의미 정보를 제시한다.
b. 표제어에 대한 의미 정보를 기술하는 데 있어 다른 상징 부사류의 사용을 원칙적으로 피한다.
c. 형태가 다르면 의미도 다르다는 원칙에 따라 모든 표제어의 의미 정보를 변별할 수 있도록 기술한다.
d. 의미 정보 제공에서 음상의 차이를 이용하는 방법을 피한다.
e. 되풀이 형태의 상징 부사류는 의미 기능에 따라 반복은 '계속, 잇달아, 자꾸' 가운데 적절한 것을, 강조의 경우 '매우 아주' 중 적절한 것을, 복수의 경우 '여럿이, 한꺼번에' 가운데 적절한 것을 사용한다.
f. 어감(말맛)의 차이는 있지만 기본 의미가 동일한 경우 관련어 가운데 말뭉치에 나타나는 사용 빈도가 높고 의미가 무표적으로 인식되는 단어에 기본 의미 정보를 기술한다.
g. 상징 부사류 중 의성어는 '~하는 소리' 또는 '~할 때 나는 소리'로, 의태어는 '~하는 모양'의 형식으로 기술하되, 의태어의 경우 '~하는 짓, 꼴(모양), 느낌, 태도' 중에서 더 적절하다고 판단되는 것을 자유롭게 선택할 수 있다.

김홍범・박동근(2001)은 한국어 의성의태어 전문 사전 편찬을 위한 전반적인 논의이다. 이 연구에서는 의성의태어 사전을 편찬하기 위해 고려해야 할 요소로 다음과 같이 6가지를 제시하였다.

(9) 의성의태어 사전 편찬을 위한 선행 과제(김홍범 · 박동근 2001)

a. 상징어의 개념과 판별 기준
b. 언어 현실과 기술 체계의 균형
c. 표제어 선정을 위한 동형어와 다의어 구분 기준
d. 자 · 모음 바꾸기 형태의 의미 기술에 일관성 유지
e. 유의 관계에 있는 상징어의 의미 변별
f. 상징어의 쓰임과 그 제약 관계의 기술

김홍범 · 박동근(2001)은 자모 교체에 따른 의성의태어의 의미를 <센> <거센> 등의 부가 정보로 구별하는 뜻풀이 방법을 지양하고 형태가 다르면 의미가 다르다는 원칙에 따라 모든 올림말의 뜻풀이가 달라야 한다는 점을 특히 강조하였다.

조남호(1993)는 뜻풀이가 사전의 핵심적인 부분이며 의미상 관련이 있는 단어들을 비교하면서 뜻풀이하는 것이 훨씬 쉽고 체계적인 뜻풀이가 가능할 것이라 보았다. 다만 기계적인 뜻풀이가 되지 않도록 경계해야 하며, 같은 계열에 속하는 의성의태어도 현저한 의미 차이가 있을 수 있다는 점에 주목하였다.

국어사전에서 동형어와 다의어를 구분하는 문제는 김홍범(1994, 1998, 2000)의 논의에서 출발한다. 김홍범(2000)에서는 이를 종합하여 다음과 같이 표로 제시하였다.

〈표 2〉 **동형어와 다의어의 구분 기준** (김홍범 2000)

구분기준 / 표제어	홀 · 닿소리 바꾸기	접미사 결합 관계	동사 분류	단순/되풀이 형태의 쓰임
달달$_1$	덜덜	-거리다/-대다	·	·
달달$_2$	들들	*거리다/*대다	·	·
부들부들$_1$	보들보들	·	+자동사	*부들
부들부들$_2$	바들바들/버들버들	·	+타동사	부들
뚝$_1$	똑	·	지속성(떨어지다)	뚝뚝/똑똑
뚝$_2$	똑/딱	·	순간성(그치다)	*뚝뚝/*똑똑

의성의태어에서 동형어와 다의어를 구분하는 형식적인 기준으로 가장 유용한 것은 자모 교체이며, 그 외 접미사(-거리다, -대다)의 결합 관계, 단순, 반복 형태의 쓰임 등을 기준으로 삼았다.[9]

박동근(2014)은 흉내말의 다의어와 동형어를 구분하는 문제는 형식적인 방법으로 해결할 수 없으며 의미론의 원리로 해결해야 한다고 보았다. 의성어의 다의성 · 동형성을 판정하는 것은 소리의 주체나 대상의 유사성보다 자연계의 음향을 한국어 화자들이 동일한 범주의 소리로 인지하는지의 여부가 가장 중요한 기준이 된다고 보았다. 또 '소리'와 '모양'은 본질적으로 다른 범주이지만 명백히 소리에서 연상된 행위의 경우는 같은 의미항에서 풀이하는 것이 타당하다고 보았다. 한편 국어사전의 실용성을 고려할 때 동형어 수는 가급적 확대하지 않는 것이 바람직하다고 보았다.

손달임(2016)은 각 사전에서 제공하는 관련어의 유형과 제공 범위를 비교한 뒤 의성어와 의태어의 관련어 정보를 제공하는 방식에 대해 자세히 다루고 있다. 관련어 정보를 제공하는 데 있어 사전 기술의 일관성과 체계성, 그리고 이용자의 편이성과 참조 기능이 종합적으로 고려되어야 한다고 보았다. 『표준국어대사전』에서 관련어 정보를 기본 올림말인 여린말에만 제시하는 방식은 관련어망을 한눈에 파악하기 어렵다는 점에서 부정적으로 보았다.

이 외에 신중진(2001)과 조남호(2017)는 출판된 사전의 의성의태어 처리에 대한 논평의 성격을 갖는다. 신중진(2001)은 『표준국어대사전』의 의성어 · 의태어 처리에 대한 문제를, 조남호(2017)는 『한국어 시늉말 사전』을 대상으로 거시구조와 미시구조의 측면에서 문제점을 다루었다.

2.4. 의성의태어의 어감과 음성상징의 실현

『표준국어대사전』에 '의성어'는 "사물의 소리를 흉내 낸 말"로 '의태어'는

9 한경진(2010)에서는 김홍범(2000)의 방법론을 발전시켜 『표준국어대사전』에 수록된 의성의태어의 다의어 · 동형어 처리에 적용한 바 있다.

"사람이나 사물의 모양이나 움직임을 흉내 낸 말"로 풀이하고 있으며, 그 상위어인 '상징어'(의성의태어)는 "소리와 의미의 관계가 필연적인 것으로 여겨지는 단어"로 풀이하고 있다. 이는 의성의태어의 실체를 음성상징의 실현으로 보는 것이다. 하지만 의성의태어에 대한 연구는 하나하나의 자모가 갖는 절대적인 음성상징보다 자모 교체에 의한 어감 문제가 주로 논의되었다. 실제로 한국어 의성의태어의 의미 연구는 자모 교체에 의한 어감의 차이에 집중되었다고 해도 과언이 아니다.

자모 교체에 의한 어감의 문제를 처음으로 체계화한 것은 정인승(1938)이다. 정인승(1938)은 모음 교체에 의해 큰 어감과 작은 어감, 넓은 어감과 좁은 어감으로 구분되는 것을 '모음상대법칙'이라 하고 자음 교체에 의해 예사 어감, 센 어감, 거센 어감이 구분되는 것을 '자음가세법칙'이라 하였는데, 이는 이후 의성의태어의 어감을 분석하는 데 상식이 되었다.

〈표 3〉 **모음 상대표** (정인승 1938)

광협 상대 / 대소 상대	넓은 어감 (전설음류)				좁은 어감 (후설음류)			
저모음류 (작은 어감)	ㅏ	ㅐ	ㅑ	ㅘ	ㅙ	ㅗ	ㅚ	ㅛ
고모음류 (큰 어감)	ㅓ ㅡ ㅣ	ㅔ ㅢ ㅣ	ㅕ ㅣ	ㅝ	ㅞ	ㅜ	ㅟ	ㅠ

〈표 4〉 **자음 가세표** (정인승 1938)

예사어감	ㄱ	ㄷ	ㅂ	ㅅ	ㅈ	ㄹ	ㅇ
센어감	ㄲ	ㄸ	ㅃ	ㅆ	ㅈ	ㄹㄹ	
거센어감	ㅋ	ㅌ	ㅍ		ㅊ		ㅎ

조규설(1958)은 이른 시기에 통계적인 방법을 활용하여 의성의태어를 분석하였다는 점에서 주목할 만하다. 첩용부사(대부분의 의성의태어)는 의의부와 형태부로 분석할 수 있는데 통계적으로 분석한 결과 형태부가 음성상징의 주

요 기능을 맡고 있다고 보았다. 조규설(1958)은 특히 말음이 음성상징에 중심이 된다는 점에 주목하였다. 그중 'ㄱ, ㅇ, ㄹ'의 3음이 주동적인 위치에 있고, 'ㄴ, ㅅ, ㅁ'과 모음은 각 기본음의 음상에 뉘앙스를 가감한다고 보았다.[10]

〈표 5〉 음절 말음의 대립에 따른 음상의 차이 (조규설 1958)

대립		음상	보기
통비음의 유무	ㄱ	일시적, 힘 들임, 일시적 상태의 변화가 급격함, 강함, 자격(刺激)이 강함	몰칵 : 몰캉 팔락 : 팔랑 찰칵 : 찰캉
	ㅇ	유연, 완만, 탄력성	
파열음과 설측음	ㅅ	斷, 止, 硬, 暗 (불안정한 느낌)	가붓 : 가불 구붓 : 구불 상긋 : 상글
	ㄹ	續, 動, 柔, 明	
통비음의 유무	ㅅ	急, 剛, 强, 疎	나긋 : 나근 미끗 : 미끈 사뿟 : 사뿐
	ㄴ	緩, 軟, 弱, 密 탄력성	

Fabre(1967)는 의성의태어의 어말 자음 빈도를 조사한 결과 의성의태어를 구성하는 말음의 기본음으로 'k, ŋ, l'을 선정하고 이들이 각각 k(정지), ŋ(울림), l(흐름)의 음성상징을 실현한 것으로 보았다.

의성의태어의 음성상징에 대한 본격적인 분석으로는 15세기 국어를 대상으로 한 남풍현(1965)을 들 수 있다. 15세기 국어의 양모음과 음모음의 대립이 어감에 있어 경박(輕薄) 계열과 심중(深重) 계열로 나뉘는데 이때 대체로 음성모음형이 표준형이 되며 이를 기준으로 새로운 어감을 표현한다고 보았다. 이 표준형은 대체로 옛형에 속할 만한 것이지만 음성상징은 언중의 통시적 반성에 의한 것이라기보다 공시감각에 의한 것이므로 표준형은 언중의 직감으로 정해진다고 보았다. 또한 어말에서 유성음과 무성음의 대립으로 다음

10 조규설(1958)은 말음의 대립에 의한 음성상징은 국어에서 음운 체계가 발달하였기 때문이며, 이러한 분석으로 음성상징을 과학적 토대 위에서 설명할 수 있다고 보았다.

과 같은 미묘한 의미 차이가 발생한다고 보았다.

(10) a. ㄱ, ㄷ, ㅂ, ㅅ 말음 : 斷, 絶, 激, 索, 止, 喝, …
　　b. ㄴ, ㄹ, ㅁ 말음 : 緩, 績, 待, 軟, 濕, 潤, …

김홍범(1995)은 개별 자음이 갖는 절대적인 음성상징을 부정하였으나 어말에서 자음 교체에 의해 어감의 차이를 실현하는 의성의태어 쌍들이 있음을 인정하였다. 그리고 그 유형으로 'ㄱ:ㅇ'(달각달각:달캉달캉), 'ㄱ:ㄹ'(터덕터덕:터덜터덜), 'ㄴ:ㅅ'(가뿐가뿐:가뿟가뿟), 'ㄴ:ㄹ'(굽신굽신:굽실굽실), 'ㄴ:ㅁ'(시큰시큰:시큼시큼), 'ㄹ:ㅅ'(고불고불:고붓고붓), 'ㅁ:ㅅ'(해끔해끔:해끗해끗)의 7가지를 제시하였다.

이영길(2002)은 단음절 의성의태어의 의미를 결정하는 가장 중요한 요소는 두음에 있다고 보았다. 분석 결과 연구개폐쇄음과 치폐쇄음은 충격의 의미를 가지며 양순폐쇄음은 바람이 세거나 쓰러지는 모양 등을 나타낸다고 보았다. 또 폐찰음은 긋거나 찢거나 갈라지는 소리를, 성문음은 갑자기 내쉬는 소리나 모양, 센 바람이 지나가는 소리나 입을 벌린 모양과 관련이 있다고 설명하였다. 말음의 경우 'ㅇ'은 무겁고 단단한 물건이 내는 소리를, 'ㄱ'은 순간성/속도감/일회성을 나타낸다고 보았다.

박동근(2014)은 어말 자음의 교체 양상으로 김홍범(1995)의 7가지 외에 'ㄱ:ㅁ'(자축자축:자춤자춤), 'ㄱ:ㅅ'(느직느직:느짓느짓), 'ㅁ:ㅇ'(찰람찰람:찰랑찰랑) 세 가지가 더 있음을 확인하였다. 국어사전에서 두 쌍의 뜻풀이를 비교한 결과 각 자음에 대한 기존의 음성상징에 대한 해석과 국어사전의 뜻풀이 사이에 상관성을 찾기 어렵다고 보았다. 다만, 의성어에서 종성 'ㅇ'은 [울림]을, 의태어에서 종성의 'ㅅ'은 [미완]의 자질을 갖는 것으로 해석할 만하다고 보았다.

정인승(1938)이 모음의 자질 대립에 의한 어감 차이의 문제를 본격적으로 제기했다면 남풍현(1965)은 단일음이 갖는 음성상징에 주목하였다. 남풍현

(1965)에서 제시한 단일 모음의 음성상징은 다음과 같다.

(11) a. 오/우 - 円形感
b. 외/위 - 回轉感
c. 와/워 - 浩博한 空間感
d. ᄋᆡ/의 - 交錯, 混淆感

최호철(1984)은 자모 대립을 보이는 의성의태어는 본질적으로 의미의 차이가 있는 것이 아니라 어감상에 차이가 있는 것으로 어감을 결정하는 5가지의 복합적 요인을 제시하였다. 모음의 상대적인 변환은 어감의 대소감과 광협감을, 자음의 가세 전환은 어감의 강도 차이를 보이며, 음절의 길이로 동작의 느리고 빠름의 차이가 드러난다고 보았다. 또 첩형으로 계속의 의미를 분석할 수 있으며, 말음의 변환은 동작의 여운이나 정지에 대한 의미를 표현하고 있다고 보았다.

한편 김석득(1995)은 한국어 언어 체계에서 의성의태어는 중요한 요소로, "흉내말은 언어 체계의 조직적 요소가 아니며 그 수도 적다"라는 Saussure의 말은 국어에는 해당하지 않는다고 보았다. 모음과 어감의 관계에서 모음의 [높:낮] 자질은 [앞:뒤] 자질보다 동형성의 분포가 우세한데, 이 두 자질이 함께 나타날 때는 [높:낮]의 바탕이 변별력을 갖는 것으로 보았다.

김인화(1995: 135-137)는 음성상징 체계에 근거하여 가상의 전형적인 흉내말을 만들고 설문 조사를 통하여 모국어 화자가 나타내는 반응을 살펴보았는데 연구 결과, 음성상징의 전형적인 형태가 모국어 사용자의 음감 인지 체계와 유사함을 보인다고 하였다.

앞선 연구들이 모음 교체에 의한 어감의 차이를 상대적인 것으로 파악했다면, 박동근(1997: 187, 2006)에서는 모음 교체쌍의 의미적 비대칭성에 주목하여 어느 한쪽이 의미적으로 무표적이고 다른 쪽은 이를 강조하는 유표성을 갖는다고 보았다. 즉 '반짝반짝'이나 '번쩍번쩍'은 모두 빛나는 모양을 흉내낸 것인데 의미적으로 '반짝반짝'이 무표적인 데 반해 '번쩍번쩍'은 '빛의 정도가 더 센' [강조]의 의미 자질을 유표적으로 갖는다고 보았다. 모음 교체쌍을 갖는 의성의태어는 전체적으로 음성 모음 쪽의 빈도가 높게 나타나며 의성의태어를 어근으로 하여 새말을 만드는 경우에는 대개 의미적으로 무표적인 쪽이 새말을 만드는 데 적극적으로 참여한다고 보았다.

의성의태어에서 소리와 의미 사이에 일정한 관련이 있을 것이라는 막연한 생각에 문제를 제시한 것은 휜들링그(1985)이다. 이 연구에서는 한국어 의태어의 음운 분포를 계량적으로 조사한 결과, 한국어 의태어에는 비슷한 내용을 지닌 의미 집단에서 서로 다른 음들이 현저하게 나타나므로, 소리와 의미 사이의 관계를 세울 수 없다고 보았다.

앞선 음성상징 연구가 대부분 연구자의 직관에 의존하거나 긍정적인 자료를 가지고 현상을 해석하려는 문제점을 들어 박동근(2005b)에서는 비분절음인 새소리를 한국어 화자들이 어떻게 분절음화하는지 의성어 창조 실험으로 살펴보았다. 연구 결과 한국어 화자들이 새소리를 분절음화하는 데 선호하는 음운 및 형태 구조가 있음을 확인하였다. 하지만 꾀꼬리나 뜸북새 소리의 의성어 창조 실험을 통해 한국어 화자들이 매우 다양한 분절형을 만든다는 점에서 기대하는 것만큼 의성어에서 절대적인 음성상징을 기대하기는 어렵다고 보았다.

2.5. 개별 어휘 및 의미 범주별 의미 기술

의성의태어 개개의 의미를 미시적으로 분석한 논문은 많지 않아 '딱'을 대상으로 한 김진해(2001)와 '슬슬'을 대상으로 한 이경호(2007) 정도가 있다.

김진해(2001)는 궁극적으로 의성의태어(상징부사) 범주의 의미를 효과적으로 기술하는 방법을 모색하기 위한 연구이다. 이를 위해 '딱'을 대상으로 기존 사전의 뜻풀이 문제점을 검토한 뒤, 의성의태어의 의미를 파악하는 데 단어 의미 기술과 결합 양상이 적절히 통합되어야 한다고 보았다.

이경호(2007)는 부사 고유의 의미를 파악하기 위해서 통사 구조와 의미 실현 환경 사이의 관계에 주목해야 한다고 보고 기존 사전 뜻풀이의 문제로 의미와 환경의 명확한 분리가 있어야 한다는 점을 지적하였다. 실제 말뭉치를 기반으로 '슬슬'의 의미를 분석한 결과 아픈 상태를 의미하는 '슬슬02'를 '슬슬01'과 구분하고 '슬슬01'의 단의를 [행위 강도의 약함], [완만성], [은밀성]의 계열적 특성과 피수식어인 동사와의 선택 제약 특성을 이용하여 분석하였다.

의미 범주에 대한 논의로는 '웃음' 의성의태어를 대상으로 한 박동근(2000), 윤석민(2002)과 '울음' 의성의태어를 연구한 박동근(2005a)이 있다.

박동근(2000)은 의성의태어의 의미 기술에서 체계성과 현실성이 모두 고려되어야 한다고 보았다. 이를 위해 웃음을 나타내는 것 가운데 관계말이 매우 발달한 '방글'과 '상글' 계열의 의성의태어를 대상으로 사전적 의미와 실제 말뭉치를 분석하여 미시적인 쓰임새의 차이에 주목하였다. 결과 '방글' 계열과 '상글' 계열 의성의태어의 기본 의미로 전자가 '입'의 움직임에 주목하는데 반해 후자는 '눈'의 움직임에 주목한다는 사실을 확인하였다.

윤석민(2002)은 웃음 의성의태어를 시차적으로 기술하기 위하여 의미론적 정보 외에 비의미론 정보를 분석하여 의미 자질을 추출하고 이러한 작업을 통해 의미장을 형성하는 의성의태어를 일관된 기준에 의해 시차적으로 구별하는 것이 가능하다고 보았다.

박동근(2005a)에서는 사전에서 뽑은 158개의 울음 표현 의성의태어를 대상으로 다음과 같이 의미에 따라 하위 분류하였다.

(12) 울음 흉내말의 의미 범주(박동근 2005a)

```
┌ [+소리] ┌ [+사람]
│         └ [-사람] ─ [새], [짐승], [곤충], [양서류]
└ [-소리]
```

이중 사람의 울음을 흉내낸 의성의태어가 가장 많은데 이를 다시 연령, 원인, 방법에 따른 울음으로 구분하였다. [-사람]의 경우 우리 생활과 밀접한 가축의 경우에 울음을 나타내는 의성의태어가 발달했다는 것을 확인했다. 한편 음성상징 면에서 현재 울음을 흉내낸 의성의태어는 상당히 관습화되었을 가능성을 시사하였다.

3. 마무리

이 글은 한국어 의성의태어에 대한 앞선 논의 가운데 의미 연구에 중점을 두고 주요 연구 성과를 영역별로 살펴보았다.

한국어 의성의태어의 의미 연구를 의성의태어의 의미 분류, 의성의태어 전문 사전 편찬 및 이를 위한 의미 기술 방법, 어감 및 음성상징, 의미 범주별 또는 개별 어휘의 의미 기술 방법으로 나누었다. 하지만 실제 대부분의 의성의태어 연구가 직간접적으로 사전과 밀접한 관련이 있어, 방법론적으로 사전에 의존하는 바가 크며, 연구 목적 또한 국어사전에서 의성의태어를 어떻게 기술할 것인가에 집중되어 연구의 편향성이 높은 편이다. 이는 이극로(1938)에서 지적한 것처럼 사전에서 의성의태어의 뜻풀이가 사전의 중요한 난제로 반드시 해결해야 할 과제이기 때문이다.

하지만 사전에 대한 높은 의존도는 방법론적으로 의성의태어의 실제적인 면보다 체계성과 규칙성에 얽매이게 하는 한계를 보였다. 이에 앞으로 의성의태어의 의미 연구는 어떻게 사전에서 벗어나 순수히 언어학적 측면에서 깊이 있는 연구를 수행할 수 있을지 고민해 볼 필요가 있다.

한편 의성의태어의 정체성과 밀접한 관련이 있는 음성상징에 대해서는 좀 더 과학적 접근이 필요하다. 지금까지 의성의태어의 음성상징 문제는 자모 교체에 의한 어감 차이를 분석하는 수준에서 거의 나가지 못하고 있는 실정이다. 의성의태어의 개별 자모가 갖는 음성상징은 제한된 어휘 자료를 대상으로 연구자의 직관에 의존하는 것이 대부분이어서 음성상징에 대한 과학적이고 실증적인 접근은 많이 미흡한 편이다.

남풍현(1965)의 지적처럼 의성의태어 연구에서 공시론적 사실과 통시론적 사실을 구별할 필요가 있다. 지금 우리가 사용하는 의성의태어는 대부분 학습의 결과물이라는 점에 주의할 필요가 있다. 특히 우리말 의태어 가운데 적지 않은 수가 명백히 일반 어휘에서 파생된 것임에도 불구하고 이들을 음성상징의 실현물로 여과 없이 다루지 않도록 주의해야 한다. 이에 의성의태어와 일반 어휘를 구분하고 의성의태어 가운데에서도 일반 어휘에서 파생한 의태어를 구분하여 목록화할 필요가 있다.

의성의태어 개별 어휘에 대한 논의나 의미 범주별 연구도 좀더 다양하게 접근할 필요가 있다. 이러한 말단의 어휘에 대한 연구가 궁극적으로 전체 의성의태어의 체계적인 의미 연구의 기초가 될 것이 분명하기 때문이다.

참고문헌

강헌규(1968), "음성상징과 sense 및 meaning 분화에 의한 어휘확장 연구", 『국어교육』 11: 124-150, 한국국어교육연구회.

고현선(2014), "어휘의미망을 활용한 상징어 학습 방안 연구", 충남대학교 대학원 국어국문학과 석사학위논문.

김규철(1999), "'빙글:뱅글'에 나타난 도상성에 대하여", 이홍배교수 회갑기념논총 발간위원회, 『오늘의 문법, 우리를 어디로』, 한신문화사.

김규철(1999), "한국어 작은말 큰말에 나타난 음성상징자질에 대하여", 『육사논문집』 55: 217-242, 육군사관학교.

김석득(1995), "우리말의 상징성 연구: 음소 상징어와 음소 상징을 가진 말/말맛/파생/합성 문제", 『한글』 229: 81-132, 한글 학회.

김인화(1995), "현대 한국어의 음성상징어 연구", 이화여자대학교 대학원 국어국문학과 박사학위논문.

김진해(2001), "상징부사의 의미 기술 연구: '딱'을 중심으로", 『한말연구』 9: 77-101, 한말연구학회.

김진해(2006), "사건 의미론적 관점에서 본 상징부사의 서술성 해석", 『담화와 인지』 33: 1-23, 담화 · 인지 언어학회.
김홍범(1993), “한국어 상징어 전문사전의 대조분석”, 『연세대 원우론집』 20: 333-357, 연세대학교 대학원.
김홍범(1998), “한국어 상징어 사전의 편찬 방안”, 『한글』 239: 137-160, 한글 학회.
김홍범(2000), “국어 사전 의미 정보 기술의 실제와 문제: 상징 부사류를 중심으로”, 『한말연구』 7: 135-147, 한말연구학회.
김홍범(2002), “상징어의 의미 영역 분류 사전 편찬 방안”, 『한말연구』 11: 133-154, 한말연구학회.
김홍범(2008), “상징어의 의미 기술 모형 연구”, 『청람어문교육』 38: 341-366, 청람어문학회.
김홍범(2016), “상징어의 의미영역 분류 연구”, 『문법교육』 26: 187-220, 한국문법교육학회.
김홍범 · 박동근(2001), “한국어 상징어 사전편찬의 실제”, 『사전편찬학 연구』 11(2): 101-115, 연세대학교 언어정보개발연구원.
김홍범 · 이영주(2009), “상징어의 의미 영역 분류 연구 (1): 소리 상징어를 중심으로”, 『한말연구』 24: 81-114, 한말연구학회.
김홍범 · 이영주(2011), “상징어의 의미 영역 분류 연구 (2): 사람과 관련하여 쓰이는 의태어를 중심으로”, 『한국사전학』 18: 39-72, 한국사전학회.
김홍범 · 이영주(2012), “상징어의 의미 영역 분류 연구 (3): 감각, 감정, 생각을 나타내는 의태어를 중심으로”, 『한말연구』 31, 145-171, 한말연구학회.
남풍현(1965), “15세기 국어의 음성상징 연구”, 서울대학교 대학원 국어국문학과 석사학위논문.
박동근(1992), “한국어 상징어의 형태 · 의미구조 연구”, 건국대학교 대학원 국어국문학과 석사학위논문.
박동근(1997), “현대국어 흉내말의 연구”, 건국대학교 대학원 국어국문학과 박사학위논문.
박동근(2000), “웃음표현 흉내말의 의미 기술”, 『한글』 247: 159-189, 한글 학회.
박동근(2005a), “울음표현 흉내말의 연구”, 『한글』 267: 141-175, 한글 학회.
박동근(2005b), “새 울음 흉내말의 형태와 음성상징”, 『언어학』 41: 101-126, 한국언어학회.
박동근(2006), “내적변화에 의한 파생과 유표성: 흉내말의 홀소리 교체를 중심으로”, 『한말연구』 19: 91-116, 한말연구학회.

박동근(2010), “관용표현의 의미 구조와 흉내말 변형 제약”, 『겨레어문학』 44: 179-199, 겨레어문학회.
박동근(2014), “국어사전에서 흉내말의 다의어, 동형어 판별에 대한 연구”, 『겨레어문학회』 53: 237-261, 겨레어문학회.
박동근(2014), “흉내말의 어말 자음 교체에 대한 기능적 연구”, 『한민족문화연구』 47: 159-193, 한민족문화학회.
박동근(2018), “한국어 흉내말 연구의 현황과 과제”, 신용권 외, 『한국어 연구의 새로운 흐름』, 255-293, 박이정.
박선자 · 김문기 · 정연숙(2014), 『한국어 시늉말 사전』, 세종출판사.
박용수(1989), 『우리말 갈래 사전』, 한길사.
박우혜(2016), “Iconicity of Korean sound symbolic words: the relation between laryngeal specification and semantic features”, 한국외국어대학교 언어인지과학과 석사학위논문.
박지연(2018), “한국어와 일본어의 다의의성어 · 의태어의 의미확장에 관한 연구”, 『일본연구』 75: 221-242, 한국외국어대학교 일본연구소.
배성봉 · 박혜원(2012), 『한국어의 의성 · 의태어』, 울산대학교 출판부.
서정욱(1994), “국어 시늉말(의성 · 의태어) 사전 편찬의 한 방안”, 『계명어문학』 8: 23-36, 계명어문학회.
손달임(2016), “의성의태어의 사전 처리에 대하여: 관련어의 유형과 정보 제시 방식을 중심으로”, 『한말연구』 42: 23-36, 한말연구학회.
신중진(2001), “의성의태어 사전 처리와 그 방향: 국립국어연구원의 <표준국어대사전>을 중심으로”, 『관악어문연구』 26: 265-291, 서울대학교 국어국문학과.
신현숙(1986), “흉내표현 형식의 의미분석”, 『의미분석의 방법과 실제』, 한신문화사.
안자산(1922), 『조선어원론』, 조선문학사(『역대문법대계』 1-25 수록).
연변언어연구소(1982), 『조선말 의성 의태어 분류 사전』, 연변인민출판사.
유창돈(1980), 『어휘사 연구』, 이우출판사.
윤석민(2002), “의미 현상과 비의미론적 정보: 웃음 상징어의 의미 기술을 중심으로”, 『텍스트언어학』 12: 21-68, 한국텍스트언어학회.
이경호(2007), “양상부사 ‘슬슬’의 의미 분석”, 『한국어 의미학』 23: 99-131, 한국어 의미학회.

이극로(1938), “사전주해난”, 『한글』 6 · 7: 332-345, 조선어학회.
이기원(2007), 『한국어의 의성어와 의태어』, 한국문화사.
이민우(2005), “상징부사의 의미적 특성에 대한 연구: 거리다/대다/이다/하다'와의 결합관계를 중심으로”, 『어문연구』 33: 59-82, 한국어문교육연구회.
이소령(1997), “사전에서의 ‘시늉말 뜻풀이에 대하여”, 『부산한글』 16: 77-100, 한글 학회 부산지회.
이숭녕(1958), “음성상징재론”, 『문리대학보』 7(1): 9-15, 서울대학교 문리과대학 학예부.
이영길(2002), “한국어 단음절 상징어의 음소상징 연구”, 『현대영미어문』 20(3): 11-27, 현대영미어문학회.
이은미(2005), “국어 의성어의 어휘 체계와 의미 유형에 관한 연구”, 군산대학교 교육대학원 국어교육전공 석사학위논문.
임규홍(2013), “국어 상징어의 의미전이 양상”, 『언어과학연구』 67: 223-250, 언어과학회.
임지룡(1992), 『국어 의미론』, 탑출판사.
임지룡(2012), “어휘 의미론의 흐름과 특성”, 『한말연구』 31: 195-227, 한말연구학회.
임지선(2015), “성품을 나타내는 상징어의 의미 영역 분류 방안”, 『한말연구』 38: 137-157, 한말연구학회.
정인승(1938), “어감 표현상 조선어의 특징인 모음 상대 법칙과 자음 가세 법칙”, 『한글』 6(9): 10-24, 조선어학회.
조규설(1958), “첩용 부사의 연구: 특히 음상징에 대하여”, 경북대학교 대학원 국어국문학과 석사학위논문.
조남호(1993), “국어 사전에서의 의성 의태어 처리”, 『새국어생활』 3(2): 73-92, 국립국어연구원.
조남호(2017), “의성의태어 사전 편찬의 성과와 개선점”, 『한국사전학』 29: 191-222, 한국사전학회.
조혜민(2012), “신문 코퍼스 기반의 상징어 의미 연구”, 고려대학교 대학원 언어학과 석사학위논문.
채 완(1993), “의성어 · 의태어의 통사와 의미”, 『새국어생활』 3(2): 54-72, 국립국어원.
최호철(1984), “현대국어의 상징어에 대한 연구”, 고려대학교 대학원 국어국문학과 석사학위논문.
한경진(2010), “한국어 교육을 위한 상징어 분석-표준국어대사전에 등재된 상징어를 중심으로”, 한남대학교 교육대학원 석사학위논문.
휜들링그 디르크(1985), 『한국어 의성 의태어 연구』, 탑출판사.
青山秀夫(1975), “現代 韓國語의 象徵語 硏究”, 경희대학교 대학원 국어국문학과 석사학위논문.
青山秀夫(1990), 『朝鮮語象徵語辭典』, 東京: 大學書林.
Fabre, A.(1966), “擬聲語 · 擬態語 硏究”, 서울대학교 대학원 언어학과 석사학위논문.

음식조리서 어휘의 의미

송 지 혜*

1. 들머리

이 글은 음식조리서에 나타나는 어휘를 대상으로, 그 의미에 관한 연구가 이제까지 어떠한 내용으로 이루어졌는지를 살피고, 앞으로 어떠한 과제가 남아 있는지 내다보고자 한다. 이 글에서 음식조리서는 '음식을 조리하는 방법을 설명하려는 목적으로 기술한 책'으로 정의한다. 국어사 자료 중에는 『구급간이방』과 같이 약재로 약을 만드는 방법을 기술한 의학서도 있고, 『규합총서』와 같이 가정의 살림 방법을 설명하려는 목적으로 집필하면서 음식조리법을 함께 기술한 책도 있다.[1] 이러한 책은 음식조리서의 범주를 넓게 볼 때는 포함할 수 있지만, 엄밀한 의미로 보면 음식조리서에 포함하기 어렵다. 이 글에서

* 금오공과대학교 교양교직과정부 교수, songjh@kumoh.ac.kr

1 『규합총서』는 '酒食議, 縫紝則, 山家樂, 青囊訣, 術數略'의 5장으로 내용이 나뉘어 있고, 조리법과 관련된 내용은 '酒食議'에 기술되어 있다. 이런 점에서 『규합총서』 전체를 음식조리서라고 보기는 어렵다. 그러나 동경대본 『규합총서』에 135개에 달하는 많은 조리법을 설명하고 있어, 음식조리서와 비교 · 대조 대상으로서는 충분히 연구할 가치가 있다.

는 음식조리서를 위와 같이 협의로 정의하고, 이러한 음식조리서만을 연구 대상으로 하거나, 음식조리서를 연구 대상에 포함한 선행 연구를 살피고자 한다.

음식조리서에 나타나는 어휘의 의미를 연구하는 데에는, 그보다 앞서 음식조리서를 해제하거나 음식조리서의 목록을 정리한 연구가 바탕이 되었다. 이러한 연구는 국어학뿐만 아니라 식품조리학 등에서 이루어진 성과에도 힘입어 왔다. 음식조리서의 목록은 이미 여러 연구에서 제시되었다. 음식조리서의 계통이나 목록은 이성우(1981), 한복려 · 한복진 · 이소영(2016) 등을 참고할 수 있으며, 특히 한글 음식조리서의 목록은 백두현(2015)을 참고할 수 있다. 이 글에서 음식조리서 전체를 설명하는 것은 주제에서 벗어나므로, 이 글의 논의를 위하여 국어사적으로 중요한 음식조리서 몇 권만 들머리에서 짚어 두기로 한다.

16세기 전기까지의 음식조리서는 모두 한문으로만 기록된 것이 전해진다. 우리나라에 현존하는 가장 오래된 음식조리서는 15세기 전기의 『산가요록(山家要錄)』이라 할 수 있다. 『산가요록』은 어의(御醫)로서 당상관에까지 올랐던 전순의(全循義)가 죽, 떡, 술, 장, 초 등 230여 가지 음식의 조리법을 기록한 책이다. 전순의는 그 후 1460년에 의학서 또는 식이요법서라 부를 수 있는 『식료찬요(食療纂要)』도 편찬하였다. 16세기 초기에는 탁청공(濯淸公) 김유(金綏)가 121종의 조리법을 담은 『수운잡방(需雲雜方)』을 집필하였다.

16세기 후기의 『주초침저방(酒醋沉菹方)』은 조리법의 앞부분은 한문으로, 뒷부분은 한글로 적은 음식조리서이다. 이 책은 서명이 없으나 백두현(2017a)에서 본문의 내용이 술, 초, 김치에 대한 방문임을 고려하여 『주초침저방』이라 이름 붙였다. 한글 방문 5개가 쓰여 있어, 『주초침저방』은 한글 조리법이 적힌 음식조리서로는 현재 가장 오래된 것이다.

한글로만 기록된 최초의 음식조리서는 『최씨 음식법』이다. 『최씨 음식법』은 신창 맹씨 가문의 정부인이었던 해주 최씨(1591-1660)가 기록한 것으로, 명확한 기록 연도는 알 수 없으나 저자가 생존했던 1660년 이전임은 알 수 있다. 이 조리서는 신창 맹씨 가문의 여인들이 기록한 한글 문서를 모아 장정한 『자손보전(子孫寶傳)』이라는 서첩에 포함되어 있다. 『최씨 음식법』은 제일 처음에 어떠한 조리법을 설명하는 문장의 뒷부분부터 시작하고 있어 앞부분이 소실된 것으로 보인다.

한글 음식조리서를 대표하는 것은 『음식디미방』이라 할 만하다. 『음식디미방』은 『주초침저방』과 『최씨 음식법』이 알려지기 전까지 최초의 한글 음식조리서로 오랫동안 알려졌고, 방대한 조리법이 독자적으로 기록되어 있기 때문이다. 『음식디미방』은 1670년경 정경부인 장계향(안동 장씨, 1598-1680)이 지은 책으로서, 표지에는 『규곤시의방(閨壼是議方)』이라 적혀 있다. 본문에는 면병류, 어육류, 맛질방문, 양조법 등 총 146종의 조리법이 기술되어 있다. 이 책의 권말에는 "이 칙을 이리 눈 어두온디 간신히 써시니(이 책을 이렇게 눈이 어두운데 간신히 썼으니)"로 시작하여 "부디 샹치 말게 간쇼ᄒᆞ야 수이 써러 ᄇᆞ리다 말라(부디 상하지 말게 간수하여 쉬이 떨어져 버리게 하지 말아라)"로 끝나는 필사기를 적어 놓아 역작의 노고를 알려주고 있다. 『음식디미방』 이후 18세기부터는 여러 한글 음식조리서가 집필되었다.

음식조리서에 나타나는 어휘의 의미에 관한 연구는 대부분 필사본 한글 음식조리서를 대상으로 이루어졌다. 국어 어휘를 다루다 보니 대부분 한글 음식조리서를 연구 대상으로 삼았으며, 한글 음식조리서의 시기가 오래된 것은 필사본이므로 고어를 간직한 필사본이 연구의 관심을 받았던 것이다. 현재까지 학계에 보고된 필사본 한글 음식조리서는 대략 40여 종이다. 그 목록은 백두현(2015: 379-380)에 제시되어 있다. 그 후 새로 발견된 자료를 포함하고, 이 글에서 정의한 음식조리서의 범주에 드는 문헌을 정리하여 보완하면 <표 1>과 같다.

〈표 1〉 필사본 한글 음식조리서의 목록

연번	서명	간행 연대	저자	소장처	영인	분량	조리법 개수
1	주초침저방(酒醋沉菹方)	16세기 후기	미상	이상훈		31면	한글 방문 5개
2	최씨 음식법(崔氏 飮食法)	1660년 이전	해주 최씨	숙명여자 대학교	김일근 (1996)	10면	20개
3	음식디미방	1670년경	장계향	경북대학교	경북대 (2011)	60면	146개
4	주방문(酒方文)	1700년대 전기	미상	규장각 (하생원)	이성우 (1992)	44면	74개
5	침주법(浸酒法)	1700년대 전기	미상	궁중음식 연구원		16면	50개
6	주방문초(酒方文鈔)	1700년대	미상	백두현		7면	5개
7	술 만드는 법	1700년대	미상	고려대학교	이성우	44면	47개
8	음식보(飮食譜)	1700년대	미상	황혜성 (필름)	이성우	21면	35개
9	온주법(蘊酒法)	1786년	미상	의성김씨 종가	이성우	21면	56개
10	주식방(酒食方)	1795년	미상	고려대학교	이성우	20면	32개
11	승부리안 주방문(陞付吏案 酒方文)	1813년 직후	안동부 吏胥	규장각	백두현·송지혜 (2012)	17면	14개
12	술방문	1801/ 1861년	미상	국립중앙 도서관		18면	7개
13	주방(酒方)	1800년대 초엽	미상	이씨	이성우	21면	38개
14	주방(酒方)	1827/ 1887년	미상	임용기		18면	14개
15	양주방(釀酒方)	1837/ 1897년	미상	미상		65면	72개
16	역잡록(曆雜錄)	1830년대	미상	미상	이성우	10면	6개
17	잡지(雜志)	1841년	미상	궁중음식 연구원		미확인	30여개

18	윤씨음식법 (尹氏飮食法)	1854년	미상	윤서석	이성우	138면	122개
19	정일당잡지 (貞一堂雜識)	1856년	미상	규장각	이성우	30면	29개
20	음식유취 (飮食類聚)	1858년	용동	미상		미확인	
21	김승지댁 주방문 (金承旨宅 廚方文)	1860년	미상	황혜성 사본	이성우	38면	29개
22	음식책 (飮食冊)	1838년/18 98년	단양댁	성균관대	이성우	41면	34개
23	가기한중일월(可 記閑中日月)	1886년경	미상	궁중음식 연구원		미확인	
24	규곤요람 (閨壼要覽)	1896년	미상	연세대학교	이성우	20면	31개
25	홍씨주방문 (洪氏酒方文)	1800년대	홍씨	홍만선 후손가		미확인	36개
26	음식방문 (飮食方文)	1800년대 중엽	미상	동국대학교	이성우	32면	51개
27		1880년경	안동 김씨가	정영혜	장서각 필름	72면	144개
28	술 빚는 법	1800년대 말엽	미상	국립중앙 도서관	이성우	11면	30개
29	이씨음식법 (李氏飮食法)	1800년대 말엽	미상	이씨	이성우	48면	53개
30	시의전서 (是議全書)	1800년대 말엽	미상	홍정 여사	이성우	147면	257개
31	주식방문 (酒食方文) (노가재)	1800년대 말엽	미상	노가재공댁		50면	104개
32	주식시의 (酒食是儀)	1800년대 말엽	송씨가	대전시립 박물관		80면	93개
33	우음제방 (禹飮諸方)	1800년대 말엽	송씨가	대전시립 박물관		28면	24개
34	음식방문 넷	1800년대 말엽	미상	전주역사 박물관	호남기 록문화 시스템	1면	4개

35	부인필지 (婦人必知)	19세기 말~ 20세기 초	미상	규장각	홍문각	32면	115개
36	주식방문 (酒食方文) (정미년본)	1907년	미상	백두현 사본		30면	47개
37	반츤등속	1913년	미상 (충북 청주)	국립민속 박물관	권선영 (2008)	30면	45개
38	보감록 (寶鑑錄)	1927년	미상	백두현		36	35개

20세기부터는 인쇄술이 발달하여 신활자본 음식조리서와 현대의 음식조리서가 간행되었다. 신활자본 한글 음식조리서의 목록은 백두현(2015: 385-386)에 정리되어 있다. 그런데 이들 음식조리서는 필사본에 비하여 후대의 자료이므로 현재의 국어와 가까운 모습을 보이기 때문인지 국어학계의 연구가 더 미흡한 편이다. 이 글에서는 필사본이든 활자본이든 상관없이 음식조리서를 연구 대상으로 삼은 의미 연구의 현황을 살피기로 한다.

2. 음식조리서 어휘 의미의 주요 연구 내용과 쟁점

2.1. 음식조리서별 어휘와 음식별 어휘 연구

음식조리서는 식품조리학에서도 전통 음식을 재현하고 각 지역이나 가문의 음식을 비교하며 그 변천을 탐구하는 중요한 자료로 연구되어 왔다. 다만 조리학에서는 음식조리서에 나타나는 음식이나 음식을 만드는 과정에 초점을 두고, 국어학에서는 그것을 표현하는 언어에 초점을 두는 차이가 있다. 그런데 연구 내용이나 연구 방법 면에서 조리학계의 조리서 연구와 국어학계의 조리서 연구는 교집합 부분이 많고 서로 도움을 주고받는 관계이다. 음식조리서에 나타나는 어휘의 의미를 알고 구별하며 체계화하기 위해서는 음식조리서에 나타나는 음식이나 조리 방법을 머릿속으로 구현하는 과정을 거치므로, 그것을 실제로 재현하는 연구에 도움을 받을 수밖에 없다. 또한 조리서에 적힌 음식을 재현하는 데 음식조리서에 나타나는 언어의 의미를 정확히 이해하는 것은 필수적이므로, 두 연구는 상호보완적이다. 그러므로 이 절에서 음식조리서에 나타나는 어휘의 의미를 연구하는 데 참조해야 하는 조리학의 연구는 함께 언급할 것이다.[2]

『음식디미방』에 나타나는 조리법을 다룬 연구로는 김기숙 외(1999), 김희선(2004), 김업식 외(2006, 2009), 정혜경(2013), 신민자 외(2001), 김미림 외(2012, 2013) 등이 있다. 각 조리서의 조리법을 다룬 연구로서 이성우 · 김귀영(1986), 김은미 외(2012) 등은 『주방문』의 조리법을, 김귀영 · 이성우(1986)는 『음식보』, 이성우 · 김귀영(1988)은 『온주법』, 이효지(1983), 복혜자 · 안선정(2007) 등은 『주식방』, 이강자(1992)는 『술방문』, 이춘자 외(1992), 전수연(1993) 등은 『양주방』, 김성미 · 이성우(1993)는 『역잡록』, 김귀영(1983)은 『김승지댁 주방문』, 김귀영 외(1992)는 『음식책』, 손정렬 외(1991)는 『홍씨주방문』, 이효지 외(2014), 차경희 외(2014) 등은 정영혜본 『음식방문』, 권순형(1988, 1989)는 동국대본 『음식방문』, 이성우 외(1990)는 『이씨음식법』, 차경희(2012), 정혜경(2013) 등은 『주식시의』, 이효지 · 차경희(1996), 김기숙 외(2000) 등은 『부인필지』의 조리법을 연구하였다.[3] 음식조리서를 대상으로 향토 음식 및 종가 음식에 초점을 맞춘 연구로는 이영진(2008), 서윤정 외(2011), 이연자(2011), 주영하(2011) 등이 있다.

음식조리서에 나타나는 어휘와 관련한 연구로서, 자료를 개관하고 국어학적 특징을 연구하며 어휘의 의미도 다룬 연구들이 있다. 이러한 연구의 대상으로 가장 많이 다루어진 음식조리서는 『음식디미방』이다. 『음식디미방』의

---

2 기존에 이지영(2014a)에서도 음식명 연구의 현황을 정리하며 '음식명 연구'와 '음식 연구'는 다르지만 음식 연구를 함께 살핀 바가 있다.

3 참고로 『규합총서』의 조리법에 관하여 이효지(1981), 이강자(2004), 김업식 외(2008, 2009), 김준희 외(2012), 정혜경(2013) 등의 연구가 있다.

개관 및 어휘를 다룬 연구로는 황혜성(1985), 한복려 · 한복선 · 한복진(1999), 백두현(1999, 2001, 2006), 백두현 · 한복려(2003), 안귀남(2005) 등이 있다. 『음식디미방』의 어휘 의미만을 본격적으로 연구한 이광호(2000)도 있으며, 이선영(2004)은 『음식디미방』과 『주방문』의 어휘를 함께 연구하였다.

『음식디미방』 외에 각 음식조리서를 개관하며 어휘의 의미도 함께 다룬 연구로서 이효지 외(2013)는 『주방문』을 연구하였고, 이동석(2012)은 『음식방문녯』을, 신하영(2012)은 『시의전서』와 『반찬등속』을, 배영환(2012)은 『주식시의』와 『우음제방』을, 이효지 · 차경희(1996), 이효지 외(2010) 등은 『부인필지』를, 백두현 · 송지혜(2012)는 『승부리안 주방문』을, 권선영(2008), 박경래(2015), 청주반찬등속보존회 · 충북대학교박물관(2013) 등은 『반찬등속』을 연구하였다.[4]

음식별로 조리법의 변화를 다룬 연구로서, 대표적인 것은 백두현(2009∼2012)의 "한맛한얼 시리즈"이다. 이 연구들은 여러 조리서에 나타나는 증편, 술, 냉면, 고추장, 스면, 만두 등의 조리법을 비교하였다. 조리법의 변화는 조리학에서 활발한 연구가 이루어졌다. 맹혜열 외(1988), 장혜진 외(1989), 김기숙 외(1999), 백은숙 외(2004), 공창숙 외(2005), 김귀영 외(2008), 지명순 외(2008), 김경미 외(2009), 이경란(2009), 이규진 외(2009), 주세영 외(2010), 국경덕 외(2011), 조미숙 외(2011), 이경애 외(2012), 조주형 외(2012), 최덕경(2012), 최영진 외(2012), 강재희(2013), 이경애(2013), 권용석 외(2014) 등에서 국, 게장, 김치, 꿩고기, 떡, 만두, 비빔밥, 유밀과, 잡채, 전 등의 조리법의 변화를 연구하였다.

4 『규합총서』의 개관 및 어휘에 관하여 강한영(1963), 정양완(1975), 이경선(1974), 이길표(1996), 박옥주(2000), 한국정신문화연구원 · 국학진흥연구사업추진위원회(2001), 윤숙자(2014) 등을 참고할 수 있다.

2.2. 음식조리서의 명사 의미 연구

음식조리서에 나타나는 명사에 관하여 의미론적으로는 음식명, 음식 재료명, 조리 기구명, 단위명사 등의 의미나 음식명의 체계와 분류에 주요 관심을 가져왔다.[5] 음식조리서에 나타나는 음식명을 위주로 하여 명사의 의미를 기술한 연구로는 2.1.에서 언급한 것을 포함하여 여러 연구가 있다. 음식명의 체계와 분류의 대표적인 연구로는 윤서석(1991)과 남길임 외(2012)를 들 수 있다.

윤서석(1991)은 음식을 밥류, 죽류, 미음 · 옹이죽류, 국수 · 수제비류, 만두류, 떡국류, 국류, 전골 · 찌개류, 나물 · 생채류, 구이류, 조림 · 지짐이류, 볶음 · 초류, 누르미 · 누름적 · 전류, 선 · 찜류, 강회 · 무침 · 수란 · 회류, 마른반찬류, 순대 · 족편 · 편육류, 쌈류, 김치류, 장아찌류, 젓갈류, 떡류, 한과류, 엿류, 음청류, 술류, 장류, 식초류, 묵류로 분류하였다.

남길임 외(2012)는 <조선시대 필사본 음식조리서의 용어 색인 DB>와 관련하여 의미 주석 태그 세트를 마련하였다. 명사뿐만 아니라 모든 어휘를 망라하여 크게 '음식명', '조리 방법', '음식 재료', '양념 · 고명', '부엌세간 식기', '계량 단위', '조리 정도 · 시기', '저장', '맛', '향미', '불', '기타'의 12개로 제1층위를 구성하였다. '음식명'은 다시 '주식, 찬품, 떡, 한과, 음청류, 술'로 분류하고, '조리 방법'은 '비가열 조리, 가열 조리, 기타'로, '음식 재료'는 '물, 곡류, 채소류, 과실류, 수조육류, 어패류, 해초류, 약이성 향신채류, 발효제, 기타' 등으로, '부엌세간 식기'는 '부엌 공간, 부엌세간, 조리 도구, 식기 · 수저, 기타'로, '계량 단위'는 '용량 단위, 중량 단위, 수량 단위, 길이 · 두께 단

5 이러한 연구 동향과 상관성이 있어 보이는 연구로서 안주현(2013)을 언급해 둘 만하다. 이 연구는 『조선무쌍신식요리제법』을 중심으로 음식조리서의 핵심어를 연구하였는데, 핵심어를 '특정한 텍스트나 텍스트 묶음에서 통계적으로 두드러지는 단어'로 정의하였다. 『조선무쌍신식요리제법』의 핵심어를 품사별로 살펴보면, 명사는 음식 재료나 조리 도구, 양념 이름이었다. 동사로서 핵심어는 조리 동사였고, 형용사는 음식 재료의 상태를 표현하기 위한 어휘들이 주로 핵심어로 추출되었다. 이 연구에서 음식조리서의 핵심어로 추출된 어휘와, 이 글에서 다루는 음식조리서의 선행 연구에서 주목을 받은 어휘가 비슷한 것이다.

위, 시간 단위, 기타'로, '조리 정도 · 시기'는 '조리 정도, 조리 기간, 조리 시기, 기타'로, '저장'은 '저장 방법, 저장 장소, 저장 기간, 저장 시기, 기타'로 하위 분류하였다.

음식명 연구의 현황은 이지영(2014a)에서 이미 정리한 바가 있다. 이 연구는 음식명에 관한 선행 연구를 크게 두 가지로 나누어 정리하였다. 첫째, 이성우(1981, 1982, 1992) 등에서 소개하고 영인한 민간음식 관련 문헌에 기반한 음식명 연구와 둘째, 의궤 · 등록 · 발기 등을 대상으로 이효지(1985), 한복진(2005), 김상보(2003, 2005, 2007) 등에서 소개한 궁중음식 관련 문헌에 기반한 음식명 연구로 나누어 살폈다. 그리고 음식 관련 문헌의 기초 연구와 그들의 영향 관계 파악, 음식명 목록 작성, 음식 문화 전반에 대한 연구로의 확장 등을 음식명 연구의 과제로 지적하였다.

이 절에서는 음식조리서를 연구 대상으로 삼아 통시적으로 명사의 의미 변천을 다루었거나 공시적으로 명사의 의미를 구별한 연구를 살피기로 한다. 그러한 연구로서 이광호(2000), 신하영(2012), 백두현 · 송지혜(2012b), 이지영(2014b), 김옥영(2017) 등의 연구를 언급할 만하다.

이광호(2000)는 『음식디미방』에 나타나는 음식 관련 어휘를 연구하였다. '고명'의 뜻으로 '교틱'가 쓰였음을 밝히고 양념과 고명의 차이를 살폈다. 조리기구를 '단지, 효근단지, 쟝독, 술독, 관독, 노란독, 준, 항' 등의 단지류, '대졉, 징반, 졉시, 채반' 등의 접시류, '화솟, 노고, 솟, 가매, 새용, 퉁노긔' 등의 솥류로 나누어 살폈다. 그리고 날[日]이나 달[月]을 세는 표현, 개수나 양의 표현 등 여러 수량 단위명사를 논의하였다.

신하영(2012)은 '웃기'가 현대 국어에서는 '떡, 포, 과일 따위를 괸 위에 모양을 내기 위하여 얹는 재료'이지만 『시의전서』에서는 국에 얹는 '고명'의 의미로 쓰였음을 밝혔다. 『시의전서』에 나타난 경북 방언의 요소로는 '솟뚜', '지렁', '혜' 등이 있고, 『반촌등속』에 충북 방언의 요소로 '소두방', '씻다', '갓데기' 등의 어휘가 나타남을 논의하였다.

백두현 · 송지혜(2012b)는 『승부리안 주방문』의 어휘를 연구하였다. 다른 음식조리서에 나타나지 않는 '혼돈주'가 『승부리안 주방문』과 『조선무쌍신식요리제법』에만 나타나는데 재료 등에서 서로 매우 다른 술임을 설명하였다. 음식조리서에 '서김/석임'은 술 발효제[酒酵]의 뜻으로 쓰이며, '쟈'가 『승부리안 주방문』에 '구기[勺]'의 뜻으로 쓰였음을 밝혔다.

이지영(2014b)은 『동아일보』의 20세기 전기 기사에 나타나는 음식명을 『조선요리제법』 등 음식조리서의 그것과 비교하였다. 20세기 전기 『동아일보』에 나타나는 음식명을 주식류, 국 · 찌개류, 부식류, 후식류로 분류하여 제시하였다. 그리고 '낭화/나화'는 반죽을 떼는 수제비류가 아니라 반죽을 칼로 써는 국수의 일종이고, '조치'와 '찌개', '선(膳)'과 '부름'은 유의어였을 가능성이 높으며, '젓무'와 '깍두기'는 동의어였다고 보았다.

김옥영(2017)은 강릉 방언의 음식명을 소멸, 대치, 유지의 3단계로 분류하면서 음식조리서의 어휘도 참고하였다. 특히 대치 단계로 분류할 수 있는 강릉 방언의 음식명으로서 '도래적', '느르미' 등을 예로 들고, 강릉 방언의 '적'은 중앙어의 '전'에 해당하고 강릉 방언의 '느르미'는 중앙어의 '누름적'에 해당한다고 보았다. 이러한 '적(炙)'과 '전(煎)'이 음식조리서에서도 혼돈되어 나타나고 있음을 확인하였다.

2.3. 음식조리서의 동사 의미 연구

음식조리서에는 조리법과 관련된 동사가 많이 나타난다. 이러한 동사에 관심을 가진 연구는 동사의 의미 성분을 분석하는 방법 등을 통하여 동사를 분류하고 그 체계를 밝히려는 연구가 많았다.[6] 그리고 국어의 요리 동사를 영어, 프랑스어, 일본어, 중국어 등 외국어의 요리 동사와 대조하는 연구도 이루어졌

6 천시권(1983)은 음식조리서를 참고하여 연구하지는 않았으나, 국어의 요리 동사에 관심을 가진 초기 연구로서 언급해 둘 만하다. 이 연구는 국어의 가열 요리어를 '짓다, 쑤다, 끓이다, 삶다, 익히다, 데치다, 찌다, 지지다, 볶다, 튀기다, 조리다, 고다(원문에는 '고으다'), 달이다, 굽다, 그스르다'의 15개로 추출하고, 가열만으로 요리하는 동사, 수분을 매개로 하는 동사, 기름을 매개로 하는 동사로 분류하였다.

다. 최근에는 한국어 교육과 관련지어 연구되기도 한다. 이 글에서는 이러한 연구 가운데 음식조리서를 활용한 주요 연구를 살피기로 한다. 구현정(1984), 권형찬(2004), 이선영(2004), 반비비(2010), 이동석(2012) 등을 언급할 만하다.

구현정(1984)은 1978년 왕준련이 지은 음식조리서 『세계 요리 교실』과 『국어대사전』에서 뽑은 요리 동사 '고다, 굽다, 끓이다, 달이다, 담그다, 데치다, 무치다, 버무리다, 볶다, 부치다, 삶다, 쑤다, 재우다, 절이다, 조리다, 지지다1, 지지다2, 짓다, 찌다, 튀기다'를 성분 분석하였다. [±열], [±물], [±재료만], [±증기], 물이나 기름의 [±많음], [±긴 시간], [±기름], 동작의 [±빈번함], [±소금만], 재료의 [±많은 양]을 의미 자질로 20개의 동사를 체계화하였다. 요리 동사의 초기 연구임에도 불구하고 음식조리서를 연구 대상으로 활용한 점이 선구적이다.

권형찬(2004)은 왕준련이 엮은 음식조리서 『세계 요리 백과』와 『우리말 갈래사전』 등의 사전에서 요리 동사를 간추린 후 성분 분석으로 요리 동사의 의미 관계를 살폈다. 요리 동사를 크게 '썰다, 까다, 다듬다, 벗기다, 자르다, 반죽하다' 등 준비 단계의 요리 동사, '고다, 굽다, 끓이다, 달이다, 튀기다, 부치다, 담그다, 무치다, 버무리다, 그슬리다' 등 조리 단계의 동사, '데우다, 비비다, 말다, 삭히다, 담다, 맛들이다' 등 마무리 단계의 요리 동사로 나누었다. 준비 단계의 요리 동사는 다시 재료의 분리가 일어나느냐의 유무에 따라 분류하고, 조리 단계의 요리 동사는 열을 사용하느냐의 유무에 따라, 마무리 단계의 요리 동사는 조리 직후 바로 먹는 방법을 사용하는 요리 동사와 조리된 음식을 장시간 먹는 방법에 사용하는 요리 동사로 분류하였다.

이선영(2004)은 『음식디미방』과 『주방문』의 어휘를 연구하면서 '므ᄅᆞ솖다', '찌붓다', '쓰두두리다' 등과 같이 어간복합어가 근대국어에서도 계속 형성되고 쓰였음을 확인하였다. 현대 국어의 '능그다'에 해당하는 '느물다'도 나타남을 지적하였다.[7]

7 이선영(2014)은 음식조리서를 대상으로 삼지는 않았으나, 중세 국어의 조리 동사를 다루어 언급할 만하다. 중세 국어의 조리 동사를 나눔동사, 섞음동사, 가열동사

반비비(2010)는 2004년부터 2008년까지 출판된 현대 음식조리서 7권을 연구 대상으로 120개의 요리 동사를 추출하고, 요리 전 과정에 사용한 동사는 79개, 요리하는 과정에 쓰인 동사는 28개, 요리 후 과정에 쓰인 동사는 13개임을 밝혔다. 120개의 요리 동사를 크게 [±도구], [±물], [±장시간]의 3가지 의미 기준으로 분석하고, [±도구]를 기준으로 분석할 수 있는 요리 동사는 64개, [±물]을 기준으로 분석할 수 있는 것은 43개, [±장시간]을 기준으로 분석할 수 있는 것은 13개가 있음을 밝혔다. 그리고 요리동사의 유의관계, 대립관계, 상하관계를 고찰하였다.

이동석(2012)은 『음식방문 넷』에 나타나는 '겯다'는 현대 국어에서처럼 기름이 배어들게 할 때 사용한 것이 아니라 소금이 배어들게 할 때 사용하였음을 지적하였다. 또한 '싯다'와 달리 '섈다'는 미나리나 붓처럼 대상이 여러 갈래로 나누어져 결대로 씻는 행위에 사용했다고 보았다.

2.4. 음식조리서의 형용사 의미 연구

음식조리서의 형용사에 관한 연구는 형용사의 의미 변천 과정을 밝히거나, 음식의 맛이나 상태를 어떤 형용사로 표현하느냐에 관심을 가져왔다. 음식조리서에 나타나는 형용사의 의미에 관한 연구로는 송지혜(2006, 2007, 2009, 2011, 2014), 이선영(2004, 2015), 백두현(2017b) 등이 있다.

이선영(2004)은 『음식디미방』과 『주방문』에 나오는 여러 어휘를 다루면서 '밉다'도 언급하였다. '밉다'가 [맛이 강하고 독하다]의 의미로 쓰였으며, 중세 국어나 근대 국어에서는 [釅]이 중심적인 의미였다가 현대 국어에서 [辛]이 중심적인 의미인 것으로 변했다고 보았다.

로 나누어 살폈다. 'ᄆᆞ르딯다'나 '굽지지다'와 같이 현대 국어보다 세분화된 의미나 상위 개념을 나타내는 복합동사가 많이 나타나고, 'ᄌᆞᆺ두드리다'와 같이 파생어도 적지 않음을 확인하였다. 그리고 '달걀을 깨트리다'라는 뜻으로 'ᄃᆞᆰ기알 ᄣᅵ리다'를 썼으며, 'ᄆᆞᆯ다'를 '물에 개다'의 의미로 썼고, '튀기다'가 나타나지 않음을 확인하였다.

송지혜(2006)는 한글 필사본 음식조리서에 자주 나타나는 '더운 + 음식' 구성이 어떻게 나타날 수 있었고, 언제부터 사용되었는지를 규명하려 하였다. '덥다'가 기온을 의미하지 않는 [-기온] 명사와 결합한 용례가 15세기부터 20세기까지 지속적으로 나타났음을 밝혔다. 그러므로 현대 국어에서 '더운 + 음식'과 같은 구성에 쓰이는 '덥다'는 의미 영역의 축소로 인하여 현대 국어에서 제한적으로 쓰이는 것임을 밝혔다.

송지혜(2007)는 <음식디미방>과 <주방문> 등 18세기까지의 음식조리서에서 나타난 조리법에는 김치에조차 고추를 넣지 않았음에 착안하여, 국어사 자료에서 '맵다'가 어떠한 단어와 결합하였는지를 살펴 그 의미를 연구하였다. 중세 국어의 '맵다'는 공기 관계에 따라 의미를 [사납다], [굳세다], [알알하다]로 분류할 수 있음을 보이고, '바람, 불, 맹수' 등과 공기하는 '맵다'는 [사납다]로, '마음, 뜻과 힘, 근성, 기운' 등과 공기하는 '맵다'는 [굳세다]로, '술, 식초, 풀' 등과 공기하는 '맵다'는 [알알하다]로 분류하였다. 한문 원문과 자석어에서도 [사납다]는 '猛, 烈, 孟, 悍'에, [굳세다]는 '武'에, [알알하다]는 '釅, 辛, 辣'에 해당하는 것을 확인하였다. 중세 국어에서 [알알하다]의 의미로 사용된 '맵다'는 적으며, 맛을 나타낼 때조차도 주로 '술'이나 '식초'와 공기 관계를 이루었음을 밝혔다. 현대 국어에 들어서 '맵다'가 특별히 '고추, 겨자' 등의 음식과 공기하는 출현 빈도가 높아지므로 [알알하다]의 의미에서 특화하여 '고추, 겨자' 등의 맛으로 축소된 것으로 해석하였다.

송지혜(2011)는 '국, 물'과 같은 음식을 먹으며 표현하는 '시원하다'의 의미 변천을 연구하였다. 국어사 자료를 검토하여 '시원하다'가 주로 추상어와 결합하여 비온도감각어로 19세기까지 사용되다가, 20세기에 이르러서야 온도감각어로 사용되기 시작했음을 밝혔다. 즉, '시원하다'의 어원적 의미는 '알맞게 선선하다'가 아니라 '답답한 마음이 풀리어 흐뭇하고 후련하다'였기에 '가슴', '마음' 등과 결합하였다. 이후 신체어와 결합하면서 감각과 연관지어 음식어나 공간어와 결합하기 시작했고, 특히 음식어와 결합하면서 온도감각어로 결합 관계를 확장했음을 밝혔다.

송지혜(2014)는 전통 한글 음식조리서에서 '이상하다'가 긍정적 가치 의미로도 사용된 것에 착안하여, 국어사 자료에서 그 의미 변천을 연구하였다. 이 연구는 '이상하다'가 전통 음식조리서에서 '비ᄌᆞ면 향ᄀᆡ 이샹ᄒᆞ고 비록 츈하ᄉᆞᆺ지 두어도 변치 아니ᄒᆞ니 술 다 쓴 후의 그 항의 다른 술을 부어도 향ᄀᆡ가 여구ᄒᆞ니라 <주식방 5a, 연엽듀>', '먹으면 맛이 이샹하야 술 먹는 이는 일등 안주로 아나니라 <조선무쌍신식요리제법 185, 낙지백숙[石蚷白熟]>' 등과 같이 '유달리 좋다'라는 의미로, 즉 긍정적 가치 의미로 사용된 예가 나타남을 보였다. 전통 한글 음식조리서에 '이상하다'는 총 37회 나타나는데, 긍정적 가치 의미로 사용된 예는 28회이며, 중립적 가치 의미나 부정적 가치 의미로 사용된 예는 9회임을 검토하였다. 국어사 자료 전체를 통시적으로 살펴 '이상하다'가 기본적으로는 중립적 가치 의미로 주로 사용되었으며, 20세기 전기까지 '이상하다'가 긍정적 가치 의미로 사용된 용례가 오늘날보다 훨씬 많았음을 밝혔다. 이와는 달리 20세기 후기 이후에는 '이상하다'가 부정적 의미로 사용되는 빈도가 높아졌다는 것을 밝혔다.

이선영(2015)은 음식조리서 일부를 포함하여 중세 국어 이후의 자료를 대상으로 '맵다'의 의미 변천을 연구하였다. 중세 국어의 'ᄆᆡᆸ다'는 액체류와 결합할 때는 [(농도가) 진하다]를, 식물명과 결합할 때는 [맛이 알알하다]를 의미한다고 보았다. 중세 국어와 근대 국어에서 'ᄆᆡᆸ다'는 음식과 관련하여 쓰일 때 [(농도가) 진하다]나 [기준보다 강하다]가 주된 의미였고, '싱겁다'에 대조되는 의미로서 기준보다 강한 정도를 나타낸 것이지 미각형용사로 보기 어려움을 밝혔다.

백두현(2017b)은 한문본과 한글본을 망라한 음식조리서를 연구 대상으로 미각어와 맛 표현의 다양한 양상을 연구하였다. 단맛의 단일 미각어 표현에는 꿀을 비유한 단맛 표현이나 '들큰하다' 등이 사용되었고, 단맛의 합성 미각어 표현으로 '달곰ᄡᅡᆸ살', '달ᄉᆞᆷᄡᅡᆸᄡᅡᆸ', '비틀달곰ᄒᆞᆫ' 등이 나타남을 밝혔다. 쓴맛을 표현한 미각어는 적은 편이며, 짠맛 표현어들은 비교적 풍부하게 나타나고 'ᄧᅡᆸᄌᆞ리'와 'ᄌᆞᆸ졸이'가 19세기 문헌에 나타남을 검토하였다. 신맛은 'ᄉᆡ다'를 기본으로 ‘싀금ᄒᆞ다’와 ‘싀쳐근ᄒᆞ다’ 등이 쓰였고, ‘ᄆᆡᆸ다’는 술맛이 독하다는 뜻으로 쓰였음을 보였다. 한글 음식조리서에 복합 감각 표현으로서 미각과 시각, 미각과 후각이 결합한 맛 표현은 나타나나 미각, 시각, 후각을 함께 결합한 맛 표현은 나타나지 않음을 밝혔다. 종합적 평가 맛 표현에서는 음식 맛을 전체적으로 표현한 양상을 긍정적 표현과 부정적 표현으로 나누어 논하였다. 한글본 음식조리서에 나타난 맛 표현이 한문본의 그것보다 풍부하며, 20세기 현대한국어에 와서 미각어가 더욱 발달한 것은 식품 생산기술의 발전에 따른 경제적 여건의 변화, 한국어를 통한 문학 작품의 증가 및 외국 문학작품의 번역, 20세기 한국인이 겪은 고난의 사회적 경험 등이 복합적으로 영향을 미친 결과라고 해석하였다.

2.5. 음식조리서의 부사 의미 연구

음식조리서에 나타나는 부사의 의미에 관해서는 이광호(2000), 김예니(2012), 선한빛(2015) 등에서 현대 국어와 다른 부사를 중심으로 논의하였다.

이광호(2000)는 『음식디미방』에 나타나는 특이한 부사를 언급하였다. ‘살짝, 약간’의 의미를 지닌 ‘어덜’, ‘슬슬, 가볍게’의 뜻으로 쓰인 ‘서운서운’, ‘흐물흐물하게’의 의미로 쓰인 ‘흐싀게’, ‘흥건히, 넉넉하게’의 뜻으로 쓰인 ‘두운이’, ‘대략, 슬쩍’의 의미로 쓰인 ‘어서치’ 등 현대 국어에 없거나 특이한 부사들이 나타남을 밝혔다.

김예니(2012)는 17세기부터 19세기까지의 음식조리서에 나타나는 부사를 형태론과 의미론적으로 분류하고 특성을 살폈다. 음식조리서의 부사를 의미론적으로 두께 · 길이 · 굵기 · 모양 등을 의미하는 형태 표현 부사, 익힘 · 농도 · 세기 · 수량 등을 의미하는 정도 표현 부사, 장단 · 빈도 · 순서 등을 의미하는 시간 표현 부사, 미각 · 시각 · 후각 · 촉각 · 청각 등을 의미하는 감각 표현 부사, 의성부사 · 의태부사의 상징부사로 분류할 수 있음을 밝혔다. 그리고 ‘셰쑬지게, 방졍(方正)이, 잡ᄎᆞ리, 농난(濃爛)이, 고붓지게, 젹젹, 두운이,

얼풋, 잠쇽, 흐시이, 귁귁, 빌억빌억' 등과 같이 현대국어에서는 사용하지 않지만 음식조리서에 사용된 특이한 부사를 정리하였다. 부피가 아니라 두께를 의미하는 '얏치', '화려하다'의 뜻이 아니라 '충분히'의 뜻으로 사용되는 '난만(爛漫)이', '흐릿하게'의 뜻이 아니라 '많이'의 뜻으로 사용된 '자욱이' 등 음식조리서에서 의미가 다르게 사용된 부사도 검토하였다.

선한빛(2015)은 『음식디미방』, 『주방문』, 『규합총서』, 『정일당잡지』를 대상으로, 음식조리서에 나타난 상징부사의 출현 횟수 및 빈도를 정리하고, 상징부사가 연어 관계를 맺으면서 가지는 제약을 분석하였다. 음식조리서에 나타난 상징부사는 일반적으로 [절단]의 의미 자질을 가지는 동사와 결합하였고, 특히 '썰다'류와 결합하는 것이 많음을 발견하였다. 이는 조리 단계에서 가장 먼저 재료를 다듬어야 하는 특성에 기인한 것으로 파악하였다.

3. 음식조리서 어휘 의미 연구의 과제와 전망

음식조리서에 나타나는 어휘의 의미에 관한 연구는 아직도 과제가 많다. 이 글에서는 음식조리서에 나타나는 고어의 의미 규명, 어휘 의미의 변천 연구, 어휘의 의미 체계 연구, 용어 표현 정립, 음식조리서가 아닌 문헌 연구와의 비교 및 대조, 음식조리서의 계통 확립 등을 들고자 한다.

첫째, 음식조리서에 나타나는 어휘 중 의미가 확실하지 않은 것들을 정밀히 규명해야 한다. 음식조리서에는 현대 국어사전은 물론 고어사전에도 등재되지 않은 단어가 많이 나타난다. 특히 필사본 한글 음식조리서에는 간본에서는 보기 어려운 어휘들이 많이 등장한다. 음식명과 음식 재료명, 음식 도구명, 단위 명사 등과 조리 동작을 표현하는 동사와 정도 부사, 의성어와 의태어 등이 활발히 쓰이기 때문이다. 이들 어휘의 의미를 면밀히 연구할 필요가 있다.

둘째, 음식조리서에 나타나는 어휘의 의미 변천을 연구해야 한다. 음식명을 예로 들자면, 같은 음식명이지만 조리법에 차이가 있거나, 비슷한 조리법이지만 다른 음식명을 지닌 음식명을 연구할 필요가 있다. 같은 음식명을 가지고 있더라도 개별 음식의 조리법은 음식조리서마다 차이가 있다. 백두현(2009) 등 일련의 연구에서 이러한 차이를 확인하였고, 조리학의 대표적인 기존 연구들이 조리법의 변천 연구라는 사실이 이를 방증한다.

동일한 명칭의 전통주에 대해서도 음식조리서마다 기술 내용에는 차이가 있다. 감향주를 예로 들면 『요록』, 『규곤시의방』, 『규합총서』, 『양주방』, 『김승지댁 주방문』 등 총 13종의 문헌에 15개의 양조법이 등장한다(백두현 · 송지혜 2012: 233). 감향주의 양조법 기술 내용은 재료와 분량, 발효법, 밑술과 덧술의 제조 방법, 주의사항, 맛 표현법 등 여러 측면에서 차이가 나는데, 몇 가지를 제시하면 <표 2>와 같다.

〈표 2〉 음식조리서별 감향주 양조법의 차이

차이점 / 문헌	밑술 재료와 분량	덧술 재료와 분량	밑술의 상태	덧술용 밥의 온도	발효 온도	주의 사항
승부리안 주방문	찹쌀 한 되, 누룩가루 다섯 홉, 엿기름 가루 다섯 홉	찹쌀 한 말	구멍떡	더운 상태	더운 곳	목이 좁은 항아리에 담아야 맛이 좋다
온주법	찹쌀 한 되, 누룩가루 칠 홉	찹쌀 한 되, 누룩가루 서너 홉	구멍떡	더운 상태	더운 곳	없 음
우음제방1	찹쌀 한 되, 누룩가루 한 되 반	찹쌀 한 되	진밥	더운 상태	더운 곳	날물기를 금한다.
우음제방2[8]	찹쌀 한 되, 누룩가루 한 되	찹쌀 한 말	구멍떡	더운 상태	더운 곳	날물기를 금한다.
이씨 음식법	찹쌀 한 말, 누룩가루 칠 홉 한 되	찹쌀 한 말, 가루 누룩 서 홉	밥	더운 상태	더운 곳	찹쌀, 멥쌀을 섞지 않는다
주식방	백미 한 되, 가루누룩 한 되	없 음	풀	차게 식혀	시원한 곳	없 음

또한 반대로 음식명은 다르지만 조리법이 비슷한 예도 있다. 이러한 어휘를 대상으로 음식명의 변천과 분화, 지역별 차이에 대한 연구가 필요하다. 이상에서 명사를 예로 들었지만 음식조리서에 나타나는 동사, 형용사, 부사 등을 망라하여 의미가 역사적으로 변천한 양상을 살펴야 할 것이다.

셋째, 음식조리서에 나타나는 어휘의 체계에 관한 연구가 필요하다. 일부 음식조리서에는 개별 음식이 상위 범주로 어떤 음식류에 속하는지 분류되어 있는데, 이 분류는 음식조리서마다 다르다. 또한 음식조리서를 활용한 기존 연구에서도 이 부분은 차이가 있다.

예를 들어 『음식디미방』의 첫 번째 'ᄉᆡ면법'에 해당되는 조리법을 백두현(2006)에서는 '녹말국수'라 하여 『요록』의 '세면(細麵)'과 구분되는 국수류로 보았고, 한복진 외(1998)에서는 "『음식디미방』에서는 'ᄉᆡ면', 『주방문』에서는 '착면, 일명 토장', 『임원십육지』에서는 '창면(暢麵)', 『동국세시기』에서는 '화면(花麵)'이라 하였다"라고 하여 'ᄉᆡ면'을 화채, 즉 음료로 파악하고 있다(이지영 2014a: 61). 유사한 음식명의 의미적 분화에 관한 연구가 기존에 부족하므로, 여러 음식조리서와 비교하며 음식명의 유사점이나 차이점을 명확히 연구할 필요가 있다.

이러한 연구는 국어사전 기술에도 도움을 줄 수 있다. 이홍식(2008b)은 『표준국어대사전』에 '비빔밥'은 '고기나 나물 따위와 여러 가지 양념을 넣어 비빈 밥'이라 풀이되어 있는 반면, '볶음밥'은 '쌀밥에 당근, 쇠고기, 감자 따위를 잘게 썰어 넣고 기름에 볶아 만든 음식'으로 풀이되어 있는 문제를 지적한 바가 있다. 각 음식의 상하관계 체계가 어떠한지 파악하고, 임지룡(2011)에서 지적하였듯이 사전에 제시할 기본층위[9]를 논의해야 할 것이다.

어휘 체계의 연구 역시 명사에만 해당하는 것이 아니라 동사, 형용사, 부사

8 『우음제방』에는 감향주가 다른 내용으로 두 번 기술되어 있어, '우음제방 1', '우음제방 2'로 표기하였다.

9 기본층위는 임지룡(1993, 2011)에서 연구되었다. 임지룡(2011: 178)은 범주의 계층적 분류관계에서 보편으로 사물을 지각하고 개념화하는 층위를 기본층위로 보고, 그 어휘적 실현은 '기본층위 용어'라고 하였다.

등에도 과제로 남아 있다. 음식조리서에 나타나는 어휘의 체계를 연구하여 사전의 뜻풀이를 정교히 할 수 있을 것이다.

넷째, 음식조리서에 나타나는 동사를 어떻게 일컬을 것인지 고민이 필요하다. 이제까지 주로 '요리 동사'로 불러 왔고, 요리 동사의 일부로서 '가열 요리 동사' 등의 용어를 사용하고 있다. 그런데 요리 동사의 범주가 어디까지이며, 어떻게 분류할 것인지는 연구마다 조금씩 다른 점이 보인다.

가령 김정남(2011)은 요리 동사의 의미군을 '요리 준비 과정을 표현하는 동사', '저장 식품을 만드는 과정을 표현하는 동사', '재료 혼합 및 가미 과정을 표현하는 동사', '익히는 과정을 표현하는 동사'와 기타 요리 동사로 분류하여 포괄적으로 다루고 있다. 구현정(1984), 권형찬(2004), 반비비(2010) 등은 정확한 표현은 조금씩 다르지만 대체로 요리 준비 과정에 사용하는 동사, 요리할 때 사용하는 동사, 먹는 방법을 나타내는 동사 등으로 나누었다. 이선영(2014)은 '조리 동사'라는 용어를 사용하고, 중세 국어의 조리 동사를 나눔 동사, 섞음 동사, 가열 동사로 분류하였다.

또한 김정남(2011: 80)에서 언급하였듯이 요리 과정에 사용되는 동사는 요리에만 전문으로 쓰이는 동사도 있고 일상 상황에도 쓰이는 동사도 있다. 앞으로 음식조리서에 나타나는 동사를 지칭하는 용어를 정립하고, 그 분류를 정밀히 연구할 필요가 있다.

다섯째, 음식조리서를 대상으로 삼지 않은 선행 연구와 비교·대조 작업이 필요하다. 기존 연구 중에는 음식조리서를 연구 대상으로 삼지는 않았으나 음식이나 조리법과 관련된 어휘의 의미를 연구하여 음식조리서 어휘의 의미 연구에 참고할 만한 것이 많다.

예를 들어 김양진·최정혜(2010)는 '채소, 야채, 나물'의 구별을 다루어, 채소와 야채는 생육 장소와 사람의 관리 여부에 따라, 나물과 야채는 가공성을 전제로 하느냐에 따라 판별하였다. 이홍식(2008a)은 음료 명사들의 사전 뜻풀이를 검토하여 음료 명사의 하위 부류를 '음료, 즙, 우유, 차, 술'로 나누었다. 이러한 연구는 음식조리서의 어휘 의미 연구와 상호 보완할 수 있을 것이다.

동사 연구에도 김정남(2011, 2013), 서정행·윤애선(2014), 이선영(2014) 등 음식조리서를 활용하지 않았던 선행 연구들을 검토할 필요가 있다. 가령 요리 동사 또는 가열 요리 동사의 의미를 성분 분석하여 의미 자질을 분석한 기존 연구가 많은데 그 연구들을 음식조리서를 활용하여 검토할 수 있을 것이다. 이러한 검증을 통하여 음식조리서에 사용하는 국어 동사의 체계를 명확히 밝힐 수 있을 것이다.

여섯째, 음식조리서의 계통을 확립할 필요가 있다. 음식조리서 내용 연구의 종합적 결과는 이성우(1981: 371)에서 제시한 바가 있듯이 음식조리서의 계통을 파악하는 것이라 할 수 있다. 이러한 작업은 국어학과 조리학이 융합한다면 효율적일 것이다. 음식조리서의 역사적 변천을 살펴 음식조리서의 계통을 세우고 영향 관계를 파악할 필요가 있다.

4. 마무리

이 글은 음식조리서에 나타나는 어휘의 의미에 관하여 이제까지 어떠한 연구가 이루어졌는지를 살피고, 앞으로 남은 과제를 내다보려 하였다. 들머리에서 음식조리서는 '음식을 조리하는 방법을 설명하려는 목적으로 기술한 책'으로 정의하고 중요한 음식조리서에 관하여 설명하였다.

2장에서는 음식조리서가 연구 대상에 포함된 선행 연구를 정리하였다. 국어학계의 음식조리서 연구와 조리학계의 그것은 교집합 부분이 많고 상호보완적이므로, 음식조리서별 어휘와 음식별 어휘 연구를 관련 있는 조리학 연구와 함께 정리하였다. 음식조리서의 명사 의미 연구는 음식명, 음식 재료명, 조리 기구명, 단위명사 등의 통시적 의미 변천이나 공시적 의미 구별, 그리고 음식명의 체계와 분류에 주요 관심을 가져왔음을 기술하였다. 음식조리서의 동사 의미에 관해서는 동사의 의미 성분을 분석하여 동사를 분류하고 그 체계를 밝히려는 연구가 많았다. 2.4.에서는 음식조리서의 형용사 의미 연구는 형용사의 의미가 어떠한 변천 과정을 거쳤는지를 밝히거나, 음식의 맛이나 상태를 어떤 형용사로 표현하느냐에 관심을 가져왔음을 기술하였다. 음식조리서의 부사 연구는 다른 국어사 문헌이나 현대 국어에서 사용하지 않는 부사에 주목해 왔음을 살폈다.

3장에서는 남은 과제로서 음식조리서에 나타나는 고어의 의미 규명, 어휘 의미의 변천 연구, 어휘의 의미 체계 연구, 용어 표현 정립, 음식조리서가 아닌 문헌 연구와의 비교 및 대조, 음식조리서의 계통 확립 등을 제시하였다.

이러한 남은 과제를 지속적으로 연구해 나간다면, 음식조리서 연구는 국어사 및 의미론의 깊이를 더할 수 있을 것이다. 그리고 조리학 등 국어학과 인접한 학문의 학제적 연구를 통하여 한식 산업을 개발하는 데도 이바지하리라 전망한다.

참고문헌

강재희(2013), "잡과병 관련 조리법에 관한 문헌고찰: 조선시대부터 현대까지의 조리서를 중심으로", 『한국식생활문화학회지』 28(5): 450-462, 한국식생활문화학회.

강한영(1963), "규합총서 해제", 『아세아여성연구』 2: 191-226, 숙명여자대학교 아세아 여성문제연구소.

경북대학교출판부(2011), 『음식디미방』 (고전 총서 10), 경북대학교출판부.

구현정(1984), "요리 동사의 낱말밭", 『건국대학교 대학원 논문집』 19(1): 11-31, 건국대학교 부설 교육연구소.

권선영(2008), "『반찬 등속』 중 조리서의 내용 소개", 『생활문물연구』 23: 125-155, 국립민속박물관.

권순형(1988), "『음식방문』의 조리에 관한 분석적 고찰", 『식품영양연구지』 2: 41-58, 한양여자전문대학 식품영양연구소.

권순형(1989), "『음식방문』 속의 술방문에 관한 분석적 고찰", 『식품영양연구지』 3: 5-15, 한양여자전문대학 식품영양연구소.

권용석 · 김영 · 최정숙 · 이진영(2014), “종가(宗家)의 고조리서를 통해본 병과류 연구”, 『한국식생활문화학회지』 29(1): 61-83, 한국식생활문화학회.

권형찬(2004), “요리 동사의 의미 성분분석: 요리 방법과 단계를 기준으로”, 경기대학교 교육대학원 국어교육과 석사학위논문.

김성미 · 이성우(1993), “『曆雜錄』의 조리가공에 대한 분석적 고찰”, 『동아시아 식생활학회지』 3(1): 11-17, 동아시아 식생활학회.

김양진 · 최정혜(2010), “유의어의 경계 탐색: 채소류 및 곡류, 과일류의 구별을 중심으로”, 『한국어 의미학』 33: 19-40, 한국어 의미학회.

김옥영(2017), “강릉방언의 음식명 연구”, 『국어국문학』 179: 5-34, 국어국문학회.

김기숙 · 이미정 · 한복진(1999), “고 조리서에 수록된 만두의 종류와 조리법에 관한 고찰: 1600년대부터 1950년대까지 발간된 조리서를 중심으로”, 『동아시아식생활학회지』 9(1): 3-16, 동아시아식생활학회.

김귀영 · 남궁석 · 이성우(1992), “「飮食冊」의 調理에 관한 分析的 考察”, 『東아시아식생활학회지』 2(2): 251-262, 동아시아식생활학회.

김귀영 · 이성우(1988a), “「飮食譜」의 調理에 관한 分析的 考察”, 『한국식생활문화학회지』 3(2): 135-142, 한국식생활문화학회.

김귀영 · 이성우(1988b), “「蘊酒法」의 調理에 관한 分析的 考察”, 『한국식생활문화학회지』 3(2): 143-151, 한국식생활문화학회.

김성미 · 이성우(1990a), “「李氏음식법」의 조리에 관한 분석적 고찰”, 『한국식생활문화학회지』 5(2): 193-205, 한국식생활문화학회.

김성미 · 이성우(1990b), “「주방(酒方)」의 조리가공에 관한 분석적 고찰”, 『한국식생활문화학회지』 5(4): 415-423, 한국식생활문화학회.

김성미 · 이성우(1993), “『曆雜錄』의 조리가공에 대한 분석적 고찰”, 『동아시아식생활학회지』 3(1): 11-17, 동아시아식생활학회.

김예니(2012), “음식조리서에 나타난 근대국어 부사 연구”, 경북대학교 대학원 국어국문학과 석사학위논문.

김은미 · 유애령(2012), “주방문(酒方文)의 조리학적 고찰”, 『한국식품조리과학회지』 28(6): 675-693, 한국식품조리과학회.

김정남(2011), “한국어 요리 동사의 낱말밭”, 『한국어 의미학』 34: 97-107, 한국어 의미학회.

김정남(2013), “한국어 조리 동사의 요리 명사로의 파생”, 『한국어 의미학』 40: 549-579, 한국어 의미학회.

김준희 · 정항진 · 오왕규(2012), "「규합총서(閨閤叢書)」에 수록된 떡의 종류 및 조리법에 대한 고찰", 『한국식품영양학회지』 25(4): 1061-1067, 한국식품영양학회.

김형수(2010), 『규곤요람』, 농촌진흥청.

남길임 · 안의정 · 박진양(2008), "한글필사본 음식조리서 말뭉치 구축을 위한 마크업 방안 연구", 『언어와 정보』 12(2): 95-114, 언어와정보학회.

남길임(2011), "한글 필사본 음식조리서의 텍스트언어학적 연구", 『어문론총』 54: 5-38, 한국문학언어학회.

남길임 · 송현주(2008), "조선시대 필사본 음식조리서의 음식 용어 의미 주석을 위한 연구: 『음식디미방』을 중심으로", 『한국어 의미학』 26: 47-72, 한국어 의미학회.

남길임 · 송현주 · 최준 · 현영희(2012), "조선시대 필사본 음식조리서의 의미 주석 연구", 『한국어 의미학』 39: 149-174, 한국어 의미학회.

맹혜열 · 이효지(1988), "떡류(類)의 문헌적(文獻的) 고찰(考察): 1670년~1943년의 우리말 조리서를 중심으로", 『한국식생활문화학회지』 3(2): 153-162, 한국식생활문화학회.

박경래(2015), "『반찬등속』에 나타난 청주 방언", 『방언학』 21: 67-91, 한국방언학회.

박미자(1996), "「음식법(饌法)」의 조리학적 고찰", 『대한가정학회지』 34(2): 283-302, 대한가정학회.

박여성(2017), "한국 요리텍스트 '음식디미방'의 문화교육적 가치 탐색", 『교육문화연구』 23(3): 395-421, 인하대학교 교육연구소.

박은향(2005), "조선 후기 한글 음식조리서 『주방문』의 음운 연구", 경북대학교 대학원 국어국문학과 석사학위논문.

박정배(2016), 『한식의 탄생』, 세종서적.

박채린(2015), "신창 맹씨 종가 「자손보전」에 수록된 한글조리서 「최씨 음식법」의 내용과 가치", 『한국식생활문화학회지』 30(2): 137-149, 한국식생활문화학회.

박채린(2017), "「주초침저방(酒醋沉菹方)」에 수록된 조선 전기(前期) 김치 제법 연구", 『한국식생활문화학회지』 32(5): 333-360, 한국식생활문화학회.

반비비(2010), "한국어 요리영역 동사 연구", 충남대학교 대학원 국어국문학과 석사학위논문.

배영동(2012), “『음식디미방』 저자 실명 ‘장계향(張桂香)’의 고증과 의의”, 『실천민속학연구』 19: 163-186, 실천민속학회.

배영환(2012), “19세기 대전 지역 음식조리서의 국어학적 연구: 『우음제방』과 『주식시의』를 중심으로”, 『언어학 연구』 25: 107-132, 한국중원언어학회.

백두현(1999), “貞夫人 安東 張氏와 『음식디미방』”, 『문헌과 해석』 9: 115-122, 태학사.

백두현(2006), 『음식디미방 주해』, 글누림.

백두현(2009a), “조선시대 한글 음식조리서로 본 전통 음식 조리법의 비교: 상화법”, 『한맛한얼』 2(1): 51-57, 한국식품연구원.

백두현(2009b), “조선시대 한글 음식조리서로 본 전통 음식 조리법의 비교: 만두법”, 『한맛한얼』 2(2): 38-49, 한국식품연구원.

백두현(2009c), “조선시대 한글 음식조리서로 본 전통 음식 조리법의 비교: 떡볶이”, 『한맛한얼』 2(3): 69-76, 한국식품연구원.

백두현(2009d), “조선시대 한글 음식조리서로 본 전통 음식 조리법의 비교: 스면[粉湯]”, 『한맛한얼』 2(4): 41-47, 한국식품연구원.

백두현(2010a), “한글 음식조리서에 나타난 조리법의 비교: 장 담는 법”, 『한맛한얼』 3(1): 40-54, 한국식품연구원.

백두현(2010b), “한글 음식조리서로 본 전통음식 조리법의 비교: 냉면”, 『한맛한얼』 3(2): 143-160, 한국식품연구원.

백두현(2010c), “한글 음식조리서로 본 전통음식 조리법의 비교: 부의주(동동주)”, 『한맛한얼』 3(3): 246-257, 한국식품연구원.

백두현(2010d), “한글 음식조리서로 본 전통음식 조리법의 비교: 고추장법”, 『한맛한얼』 3(4): 378-394, 한국식품연구원.

백두현(2011a), “한글 음식조리서로 본 전통 떡 만드는 법: 증편(기주떡)”, 『한맛한얼』 4(3): 257-277, 한국식품연구원.

백두현(2011b), “한글 음식조리서로 본 감향주(甘香酒)법 비교”, 『한맛한얼』 4(4): 373-396, 한국식품연구원.

백두현(2012), “한글 음식조리서로 본 게 조리법 비교”, 『한맛한얼』 5(1): 28-46, 한국식품연구원.

백두현(2012), “음운변화로 본 하생원 『주방문』(酒方文)의 필사 연대”, 『한국문화』 60: 181-211, 서울대학교 규장각 한국학연구원.

백두현(2013), 『주방문 · 정일당잡지 주해』, 글누림.

백두현(2015), 『한글문헌학』, 태학사.

백두현(2017a), "『주초침저방』(酒醋沉菹方)의 내용 구성과 필사 연대 연구", 『영남학』 62: 407-446, 경북대학교 영남문화연구원.

백두현(2017b), "전통 음식조리서에 나타난 한국어 음식 맛 표현의 연구", 『국어사연구』 24: 183-230, 국어사학회.

백두현 · 송지혜(2012a), "안동부(安東府) 향리 문서 『승부리안』(陞付吏案)의 주방문(酒方文) 주해", 『어문론총』 57: 513-540, 한국문학언어학회.

백두현 · 송지혜(2012b), "19세기 초기 安東府의 『陞付吏案 酒方文』 연구", 『영남학』 22: 211-242, 경북대학교 영남문화연구원.

백두현 · 한복려(2003), 『음식디미방』, 경북대학교출판부.

복혜자 · 안선정(2007), "듀식방(고려대 규곤요람) 고조리서의 분석적 연구", 『한국식생활문화학회지』 22(5): 556-574, 한국식생활문화학회.

서정행 · 윤애선(2014), "어휘군집의 의미확장 양상: 한국어 가열요리동사를 대상으로", 『코기토』 76: 92-126, 부산대학교 인문학연구소.

선한빛(2015), "근대 조리서에 나타난 상징부사의 연어 관계와 제약", 『민족문화논총』 60: 119-151, 영남대학교 민족문화연구소.

손정렬·김성미·이성우(1991), "「홍씨주방문」의 제조에 관한 분석적 고찰", 『동아시아식생활학회지』 1(1): 17-29, 동아시아식생활학회.

손정자(1966), "飮食知味方", 『아시아여성연구』 5: 249-278, 숙명여자대학교 아시아여성연구소.

송지혜(2006), "'덥-'의 의미 변화 연구", 『어문학』 94: 37-62, 한국어문학회.

송지혜(2007), "'맵다'의 의미 변화 연구", 『어문학』 98: 95-119, 한국어문학회.

송지혜(2009), "온도감각어의 통시적 연구", 경북대학교 대학원 국어국문학과 박사학위논문.

송지혜(2011), "'시원하다'의 통시적 의미 변화 양상 연구", 『어문학』 111: 37-56, 한국어문학회.

송지혜(2014), "'이상하다'의 가치의미의 변화 연구", 『국어사연구』 18: 329-361, 국어사학회.

신하영(2012), "『시의전서』와 『반찬등속』의 국어학적 연구", 『어문학』 117: 101-127, 한국어문학회.

안귀남(2005), "안동 장씨의 『음식디미방』 연구", 『안동어문학』 10: 23-51, 안동어문학회.

안주현(2013), “전통 음식조리서의 핵심어 연구: 『조선무쌍신식요리제법』을 중심으로”, 『텍스트언어학』 35: 145-174, 한국텍스트언어학회.
윤서석(1991), 『한국의 음식 용어』, 민음사.
윤숙경(1996), 『우리말 조리어 사전』, 신광출판사.
윤숙경(1998), 『수운잡방 · 주찬』, 신광출판사.
윤숙자(2014), 『규합총서』, 백산출판사.
윤애선 · 서정행(2006), “의미성분분석을 이용한 불-한 가열 요리 동사 대역 관계”, 『한국프랑스학논집』 55: 57-82, 한국프랑스학회.
이경애(2013), “1600년대~1960년대 조리서에 수록된 잡채의 문헌 고찰”, 『한국식품조리과학회지』 29(4): 377-385, 한국식품조리과학회.
이광호(2000), “『음식디미방』의 분류 체계와 어휘 특성”, 『문학과 언어』 22: 1-26, 문학과 언어연구회.
이기황 · 이재윤 · 백두현(2010), “계량적 접근에 의한 조선시대 필사본 조리서의 유사성 분석”, 『언어와 정보』 14(2): 131-157, 언어와정보학회.
이동석(2012), “전주역사박물관 소장 ‘한글 음식방문’에 대하여”, 『민족문화연구』 57: 615-656, 고려대학교 민족문화연구원.
이선영(2004), “『음식디미방』과 『주방문』의 어휘 연구”, 『어문학』 84: 123-150, 한국어문학회.
이선영(2014), “중세국어의 조리동사와 그 의미”, 『한국어 의미학』 46: 303-330, 한국어 의미학회.
이선영(2015), “‘맵다’의 의미 변화에 대한 단견”, 『진단학보』 125: 163-181, 진단학회.
이성우(1981), 『食生活史 文獻 硏究: 韓國食經大典』, 향문사.
이성우(1982), 『朝鮮時代 調理書의 分析的 硏究』, 한국정신문화연구원.
이성우(1992), 『韓國古食文獻集成』 1~7, 修學社.
이성우 · 김경진 · 이효지(1983), “한국 음식 용어의 문헌적 연구”, 『한국식품영양과학회지』 12(2): 150-175, 한국식품영양과학회.
이성우 · 김귀영(1986), “『酒方文』의 조리에 관한 분석적 연구”, 『한국식생활문화학회지』 1(4): 335-349, 한국식생활문화학회.
이성우 · 김귀영(1988), “「온주법」의 조리에 관한 분석적 고찰”, 『한국식생활문화학회지』 3(2): 143-151, 한국식생활문화학회.
이성우 · 김성미(1990), “「이씨음식법」의 조리에 관한 분석적 고찰”, 『한국식생활문화학회지』 5(2): 193-205, 한국식생활문화학회.
이숙의(2009), “한국어 [요리] 영역의 동사 의미망 구축을 위한 연구”, 『한국언어문학』 69: 53-81, 한국언어문학회.
이지영(2014a), “음식명 연구의 현황과 과제”, 『정신문화연구』 37(4): 41-69, 한국학중앙연구원.
이지영(2014b), “20세기 전반의 음식명에 대한 고찰: 『동아일보』(1920~1945) 기사를 중심으로”, 『국어국문학』 169: 49-83, 국어국문학회.
이춘자 · 이강자 · 이성우(1992), “양주방에 수록된 주조법에 관한 연구”, 『동아시아식생활학회지』 2(1): 109-132, 동아시아식생활학회.
이홍식(2008a), “음료 명사의 사전 기술에 대하여”, 『한국어 의미학』 27: 199-224, 한국어 의미학회.
이홍식(2008b), “음식 명사의 사전 기술에 대하여”, 『한국어학』 38: 307-344, 한국어학회.
이효지 외(2004), 『시의전서: 우리음식 지킴이가 재현한 조선시대 조상의 손맛』, 신광출판사.
이효지(1998), 『한국의 음식문화』, 신광출판사.
이효지 외(2010), 『부인필지』, 교문사.
이효지 외(2013), 『주방문』, 교문사.
이효지 외(2014), 『음식방문』, 교문사.
임지룡(1993), “의미범주의 원형탐색에 관한 연구”, 『국어교육연구』 25: 115-151, 국어교육연구회.
임지룡(1997), 『국어의미론』, 탑출판사.
임지룡(2008), 『의미의 인지언어학적 탐색』, 한국문화사.
임지룡(2011), “국어 어휘범주의 기본층위 탐색 및 의미특성 연구”, 『담화와 인지』 18(1): 153-182, 담화 · 인지 언어학회.
전수연(1993), “<양주방(釀酒方)> 해제”, 『열상고전연구』 6: 327-372, 열상고전연구회.
정양완(1975), 『규합총서』, 보진재.
조주형 · 장영은 · 김진숙(2012), “근대 이후 조리서에 나타난 전(煎)의 변화 분석 및 문헌 고찰”, 『한국식생활문화학회지』 27(6): 607-626, 한국식생활문화학회.
주영하(2014), “조선시대 민간음식의 고문헌 자료”, 한식재단 편, 『조선 백성의 밥상』, 226-238, 한림.

차경희(2012), “『酒食是義』에 기록된 조선후기 음식”, 『한국식생활문화학회지』 27(6): 553-587, 한국식생활문화학회.

차경희 · 유애령(2014), “『음식방문』의 조리학적 고찰”, 『한국식품조리과학회지』 30(1): 92-108, 한국식품조리과학회.

천시권(1983), “국어 가열요리동사의 체계”, 『교육연구지』 25: 23-32, 경북대학교 사범대학.

한국정신문화연구원(2001), 『규합총서』(한국학자료총서 29), 국학진흥연구사업 추진위원회.

한복려 · 한복선 · 한복진(1999), 『다시 보고 배우는 음식디미방』, 궁중음식연구원.

한복려(2011), 『다시 보고 배우는 산가요록(증보개정판)』, 사단법인 궁중음식연구원.

한복려 · 한복진 · 이소영(2016), 『음식 고전』, 현암사.

한복진(2001), 『우리 생활 100년: 음식』, 현암사.

황혜성(1985), 『규곤시의방: 음식디미방』, 정부인기념사업회.

한국연구재단, <조선시대 필사본 음식조리서의 용어 색인 DB>, (http://ffr.krm.or.kr/base/td003/intro_db.html)

향약명 어휘의 의미

이 은 규*

1. 들머리

'질병(疾病)'은 인간 삶의 한 부분을 온전히 차지하는 것으로 사람살이와 뗄 수 없는 실체적 존재이다. 이 질병을 어떻게 다스릴 것인가에 대한 탐구의 결과가 의학 지식으로 체계화되어 왔고 지금도 마찬가지이다. 우리의 경우, 의학 지식은 '의서(醫書)'에 옹글게 남아 있다.

의서에 담겨진 모든 정보는 우리 겨레의 삶과 직결되어 있다. 그만큼 의학 지식은 민중의 삶에[1] 없어서는 안 되는 지식 체계이기 때문에 이를 기록한 의서는 시대를 거르지 않고 간행되었다. 국어사 문헌 자료를 일람해 보아도 의서가 간행되지 않은 시기는 없다.[2] 현존 자료로 따지면 멀게는 고려 중엽의

* 대구가톨릭대학교 국어교육과 교수, eglee@cu.ac.kr

1 특히 우리의 의서는, '구급(救急)'에 관한 내용을 담은 것이 많다는 점에서 민중적 성격을 강하게 지니고 있다. 이점은 의학사나 민중사 혹은 생활사적인 측면에서 매우 중요한 의미를 지닌다.

2 국어사 문헌 자료 목록은 김동소(2007: 373-403)의 '한국어 역사 연표'가 참고된다. 특히 주요 음운사가 함께 제시되어 있어서 유용하다.

『향약구급방』(이하 『향구』)에서 비롯하여 20세기의 행림서원판 『향약집성방』에 이르기까지 끊임없이 간행되었다. 아울러 수많은 필사본 의서가 민간에서 이런저런 방식으로 편집 · 전사되어 생성되고 후대에 남겨져 있다.

의서는, 단순히 앞선 시대의 기록을 이어 전사하는 차원이 아니라 질적 · 양적인 면으로 꾸준히 지식 체계를 확장하고 축적하는 과정을 거쳐 왔다.[3] 즉, 단순히 향약명 어휘만을 목록 형식으로 기록한 것을 비롯해서, 증세와 처방을 기록한 방문을 번역한 것과, 의학적으로 세분화 · 전문화된 의서에 이르기까지 다양한 형태로 시대를 이어오면서 집성되었다.

의학 지식 체계가 온전히 담겨진 의서의 내용을 구성하는 핵심 요소의 하나가 바로 '향약명(鄕藥名) 어휘'이다. 흔히 '향명'으로 불리기도 하는 이것은 치료에 쓰이는 약재명 어휘를 이른다.[4] 질병을 고치는 결정적 수단이기 때문에 약재의 이름 곧 향약명은 모든 의서에서 가장 중요하게 전달되어야 하는 정보이다. 의서의 맨 앞이나 뒤에 별도의 향약명 어휘 목록을 제시하는 경우가 많은 것도 이런 이유 때문이고, 향약명만을 기록한 의서도 있다.

다른 어휘 범주와 마찬가지로 향약명 어휘도 생성 · 공존 · 소멸의 과정을 겪으면서 시대별로 체계를 달리하여 왔고, 수많은 이칭을 낳기도 했다. 이는 곧 향약명 어휘가 독자적 체계를 가지고 있다는 사실을 말해 준다. 아무 사물이나 향약으로 쓰일 수 없으며, 일정하고 선명한 테두리를 가지고 있다. 이처럼 '향약명 어휘'는, 질병의 치료에 쓰이는 약재를 가리키는 어휘의 무리를 뜻하는 어휘 범주로서 우리말 어휘 체계 내에 자리잡고 있다.

---

3 향약명 어휘 체계라는 관점에서 볼 때 그러하다. 의학적 · 의사적 측면의 관점은 다를 수 있다.

4 전통 의학에서 '치료에 사용되는 약재의 이름'을 이르는 개념어를 어떻게 정할 것인지도 문제이다. 이 글에서 '향명(鄕名)'이라는 용어가 의서에 빈번하게 나옴에도 '향약명'이라 하는 이유는, 그 유래가 한어명에 대응되는 우리의 명칭이라는 뜻에서 비롯되었다는 점, '향명'이라는 용어에는 '약재'라는 의미가 없다는 점, '향명'이 약재명이 아닌 경우에도 쓰이는 점 등을 고려했기 때문이다. 최근에 소개된 『四醫經驗方』의 향약명 목록의 제목은 '약물명(藥物名)'으로 되어 있는데 의서에 직접 기록된 명칭이라는 점에서 주목된다. '약물명 어휘'라 할 수도 있겠다.

지금까지의 향약명 어휘 연구는 어휘의 형태를 확인하는 데에 집중되어 있었고, 향약명 어휘라는 범주의 설정이나, 체계의 기술 그리고 통시적 변화 과정에 대한 연구 등은 거의 이루어지지 않았다. 그저 의서에 나오는 어휘 정도로만 이해한 채, 어휘 범주에 대한 인식 없이 다루어져 왔다. 더욱이 향약명 어휘 체계 내에 있는 어휘를 대상으로 한 의미론적 분석 작업은 거의 이루어진 바가 없는 실정이다. 하지만 개별 향약명 어휘의 뜻풀이는 물론이고, 향약명 어휘의 체계와 변천 양상을 면밀히 살펴보면 의미론에서 해결해야 할 현상이 많음을 알 수 있다. 따라서 의미론적 분석은 반드시 필요하다.

이런 점을 염두에 두면서, 이 글에서는 지금까지 이루어진 향약명 어휘에 대한 의미론적 분석의 현황을 살펴보고, 그 성과와 한계를 점검한 뒤에 앞으로의 과제를 제시하고자 한다. 기존의 연구에서는 의미론적 분석이 영성하므로 현황의 분석보다는 앞으로의 과제를 제시하는 데에 초점을 두고 논의를 진행하기로 한다.[5]

2. 개념과 어휘 범주

어휘 연구는 특정 어휘 무리의 개념을 규정하고 어휘 범주 설정의 근거를 마련하는 일에서 비롯된다. 그런데 우리말 어휘 체계 내에서 '향약명 어휘'라는 범주를 떠올리기는 쉽지 않다. 향약명 어휘에 대해서 이 문제를 따져본 일이 거의 없기 때문이다. 약재 이름이 일반 명사처럼 존재하고, 이를 선험적으로 받아들여 우리말 어휘의 하나로만 인식하는 경향이 아주 강하다.

실제로 특정 어휘 집단에 대한 개념 규정과 어휘 범주의 설정은 맞물려 있다. 즉, 개념 규정을 엄격히 하지 않으면 어휘 범주의 설정 자체가 불가능하다. 이런 사정을 감안하여 먼저 향약명 어휘의 개념과 어휘 범주 설정 문제를 간략히 살펴보기로 한다.

---

5 이 글은 이은규(2014)에 기반한 것임을 밝힌다.

2.1. 개념

손병태(1996: 17-18)에서는 '향약 약재명' 곧 '향약명'이라는 개념어를 설정하고 '향약'을 '자기 향토에서 산출되는 약초' 곧 '한약(漢藥)에 대비되는 고유의 약'으로 정의하고 있다. 그리고 향약을 '전래민간형'과 '외래중앙형'으로 구분하고 전자에는 고유어, 속어, 방언, 향명 등이, 후자에는 한어, 이명(異名), 외래어, 한어번역어 등이 속한다고 설명하였다. 이와 같은 설명은, 향약명이 의서에만 나타난다는 점에서, 그리고 개념과 대상이 서로 어긋나는 측면이 있다는 점에서 한계가 있다.

이은규(2014: 96-101)에서는 의서에 나타나는 약재명으로 한정하여 개념 규정을 시도하였는데 아래와 같다.

(1) 향약명 제시의 틀

a. 假蘇　鄕名　鄭介　　　　　『향채』 12월

b. 黃精　　　듁댓불휘　一名　仙人飯　『동탕』 2:36ㄴ10

c. X {鄕名 / 俗云 …… } Y {一名 / 本名 ……} Z

(2) 향약명의 개념

의서나, 처방과 관련된 텍스트 혹은 목록에 나오는 약재를 가리키는 고유어나 한자어

무엇보다 어휘의 출처를 의서로 한정하여 범위를 명확히 할 필요가 있다. 왜냐하면 향약명 어휘는 일반적인 물명과 겹치는 경우가 매우 많기 때문이다. 예를 들면, 향약명 어휘는 식물명이 대부분을 차지하는데 한계를 명확히 하지 않으면 식물명이라는 어휘 범주와 다를 것이 없게 되어 어휘 범주 설정 자체가 불가능하게 된다.

(1a)와 (1b)는 의서에서 향약명이 제시되는 일반적인 기술이며, (1c)는 이런 유형을 모두 종합하여 구성한 향약명 어휘 제시의 기본 틀이다. (2)는 (1)을 적극적으로 반영하여 내린 향약명 어휘의 개념 규정이다.

(1c)의 X는 한어명, Y는 향약명, Z는 이칭이다. 일반적으로 Y만을 향약명 어휘로 인식하는 경우가 많다. 그렇지만 X와 Y가 일치하는 경우도 많고,[6] Z는 고유어와 한어명이 다 나타난다. 따라서 Y의 고유어만을 향약명으로 보기는 어렵다. 이런 점을 고려하여 (2)에서 향약명 어휘를 포괄적으로 규정한 것이다. 그리고 의서 또는 의서 관련 텍스트에 나오는 약재명으로 한정함으로써 물명과의 차별성을 유지하는 한편, 범주 설정의 한 근거를 마련하고자 한 것이다.

물론 (2)는, 원래부터 있는 선험적 개념으로 받아들여 오던 향약명 어휘의 개념 규정 문제를 자료에 근거하여 논의한 것이기는 하지만 여전히 완전하지 않다. 현존하는 모든 의서의 향약명에 대한 검토가 이루어진 후에야 완전한 개념 규정이 가능할 것으로 판단된다.

2.2. 어휘 범주

기존 연구 가운데 향약명 어휘의 어휘 범주 설정에 대한 논의로는, 우리말 어휘 체계를 짜면서 '향명류(鄕名類)'라는 어휘 범주를 설정한 홍윤표(1985: 764-766)와 향약명 어휘의 특성을 제시하면서 범주 설정의 필요성과 근거를 제시한 이은규(2014: 100-101) 정도가 있을 뿐이다.

고려시대에 간행된 의서 『鄕藥古方』이나 『鄕藥救急方』(『향구』) 이래 여러 의서의 책명에 '鄕藥'이라는 말이 사용된 것을 보면 우리 겨레의 어휘 체계 내에 '鄕藥'이 개념화되어 있었음을 알 수 있다. 따라서 '향약명'은 '약재로 사용되는 사물 명칭'이라는 개념을 가지며, 이 개념의 내포가 되는 수많은 물명이 향약명 어휘가 된다. 더욱이 향약명 어휘는, 한 시기나 일부 의서에 한정해서가 아니라 국어사상의 모든 시기에 걸쳐 기록되었고, 모든 의서에 반복·기술되고 있으며, 나아가 의학 지식 체계 내의 어휘로서 뚜렷한 영역을

6 예를 들면, 『향구』의 기록 '牛蒡 鄕名亦同 (上12ㄱ10)'의 '鄕名亦同'은 '牛蒡'이라는 한어명과 이에 대응되는 우리말이 동일했음을 말해준다.

점유한다는 특징을 가진다. 따라서 치료에 쓰이는 약재를 지칭하는 물명이라는 뜻의 개념 설정이 가능하고, 이들을 묶는 개념어로서의 상위어 '향약명 어휘'를 상정하면 우리말 어휘 체계 내의 한 어휘 범주가 될 수 있다.

다른 관점에서 보면 향약명 어휘에 속하는 물명은 식물명이 대부분을 차지하기 때문에 향약명 어휘라는 독자적인 어휘 범주가 필요하지 않을 수도 있다. 그리고 향약명 어휘는 의서에 나타나는 여러 층위의 어휘 중 하나이기 때문에 '일상어'나 '생활어' 등을 상위 개념으로 상정할 수도 있다. 하지만 '의서'라는 국한된 텍스트에 기록된 것으로 치료에 쓰이는 사물이라는 점에서 독자적인 범주로 보는 것이 합리적이다.[7]

어휘 범주의 설정은, 범주 내의 어휘 상관관계가 밝혀지고, 다른 어휘 범주와의 차별성이 분명해져야 온전히 수립될 수 있다.[8] 이런 점에서 볼 때, 지금 시점에서 향약명 어휘의 범주를 설정하는 것은 잠정적인 것일 수밖에 없다. 전체 향약명 어휘에 대한 분석의 결과가 도출되어야 하고, 다른 어휘 범주들이나 우리말 어휘 전체 체계와의 상관관계에 대한 종합적 검토 과정을 거쳐야 하기 때문이다. 예를 들면, 향약명 어휘는 '물명(物名)'의 한 부류이므로, 우리말 어휘 체계 내에 '물명류'를 설정할 것인가 하는 점이 먼저 논의되어야 한다.

그럼에도 불구하고 향약명 어휘 무리를 하나의 범주로 인식하는 것은, 이들 어휘가 보이는 성격과 특징을 찾아내어 체계적으로 분석·기술하기 위해서 반드시 필요하다.

7 이런 점 때문에 이은규(2014: 96-101)에서는 동일 식물명이 일반 문헌에 나올 때와 의서에 출현할 때를 구분해야 하고 후자만이 향약명 어휘가 된다고 규정하고 있다.

8 향약명 어휘라는 범주가 설정되면 다른 어휘 범주와의 상관관계를 맺게 된다. 예를 들면, 홍윤표(2014: 9-36)에서는 '재물'을 근원 개념으로 상정하여 '종교류', '인생(생활)류', '자연류', '사물류'로 크게 어휘를 분류하였다. 이에 따르면 향약명 어휘는 '인생(생활)류'와 '사물류'에 걸쳐 있는 하위 어휘 범주가 된다.

3. 연구 현황

지금까지의 향약명 어휘에 대한 연구는 주로 의서에서 향약명 어휘를 찾아 어형을 확정한 뒤에 형태소를 분석하거나, 혹은 어형의 음운사적 의미를 규명하는 데에 집중되었다. 특히 초기에는, 이른 시기 의서에 기록된 차자표기의 해독에 많은 연구가 집중되었는데 이는 음운사적 관심의 반영이기도 하다. 이와 함께 의서에 대한 국어학적 연구가 많았고, 어휘를 연구하더라도 의서에 나오는 어휘 전반을 다루는 경우가 대부분이어서 향약명 어휘만을 다루는 경우는 흔하지 않았다. 어형의 변천 과정을 기술하거나, 다른 의서의 어휘와 비교하는 작업 등 본격적인 어휘론적 연구는 최근에 이루어지기 시작했다.

종합적으로 보면, 향약명 어휘에 대한 어휘 범주 인식을 바탕으로 하는 과정의 기술은 시작 단계에 불과하며, 어휘의 형태와 의미에 대한 공시적 구조 분석도 충분히 이루어지지 않은 상태이다.[9]

여기서는 지금까지 이루어진 향약명 어휘에 대한 국어학적 연구 가운데 의미론적 분석과 관련 있는 것만을 가려 개괄해 보도록 한다. 향약명 어휘를 다룬 것이라 하더라도, 의서에서 약재명 어휘를 추출·기술한 것이나, 단순히 어형을 비교한 것 등 의미론과 거리가 있는 것은 제외하기로 한다.[10]

먼저 형태·의미론적 연구를 편의상 발표순으로 개괄하면 다음과 같다.

남풍현(1986)은 『향구』의 차자표기 향약명 어휘를 체계적으로 해독한 본격적 연구이다. 아울러 향약명 어휘를 비롯해서 차자표기나 의서에 관심을 가지게 하는 출발점 구실을 한 연구이다. 차자표기 향약명을 해독하면서 차자표기 체계의 원리를 수립하고, 개별 어휘의 어원 추정과 형태 분석을 하면서 의미 요소를 함께 다루고 있다.

---

9 향약명 어휘 연구의 현황은 이은규(2014: 105-110)가 참고된다.

10 향약명 어휘는 당연히 한의학의 연구 대상이기도 하다. 하지만 한의학에서는 어휘의 형태에 주목하는 것이 아니라 어휘가 가리키는 실물의 본초학적 분류체계나 약물학적 효능 분석에 집중하기 때문에 국어학과의 연관성이 꽤 먼 편이다. 의서에 대한 연구 방법론도 마찬가지이다. 이 간극은 앞으로 좁혀져야 한다.

김종학(1988)은 의서 12종에서 292개의 어휘를 추출하여 『동의보감 탕액편』의 분류체계로 나누고, 문헌별로 출현 형태를 기술한 뒤에 음운사적 현상과 형태·어휘론적 특징을 기술한 것이다. 의미론적 접근도 시도하여 의미가 확대된 것('赤箭'), 축소된 것('겸위', '납가식', '뵈짱이'), 분화된 것('삽듀', '부루') 등을 기술하였다.

이철용(1992a: 102-122)은 『향구』에서 『방약합편』까지 20개의 의서에 나오는 어휘를 대상으로 표기법과 음운 변화 현상을 주로 다룬 것이다. 특히 약명 어휘 40여 개의 통시적 교체 양상을 유의어간 교체, 한자어의 귀화어화, 새로운 말로의 교체 등으로 나누어 기술하였다.

손병태(1994)는 『향약채취월령』의 차자표기를 해독하면서, 한어명 이칭과 방언 자료를 원용하여 어원을 추정하고 의미를 바탕으로 형태 분석을 하였다.

손병태(1996: 157-173)는 차자표기 향약 약재명을 해독하여 유래를 밝히고, 향약 약재명의 표기, 음운, 형태, 의미 등을 종합적으로 분석한 대표적인 향약명 어휘 연구이다. 특히 차자표기를 해독하는 데에만 머물지 않고, 향약명 어휘 239개를 분석한 결과를 바탕으로 형태·의미적 특성을 분석한 점이 주목된다. 향약명 어휘를 대상으로 한 의미론적 분석의 가능성을 열고 분석 영역을 확장했다는 점에서 주목되는 연구이다. 주요 분석 결과를 자세히 살펴볼 필요가 있으므로 아래에 별도로 정리해 본다.

첫째, 형태론적 분석 결과를 보면, 약재명 어휘를 구성하는 형태소를 의미론적으로 분류하였다. 약재명 어휘의 구조를 'X+나무'류, '참+X'류, 'X+풀뿌리'류 등 세 가지로 크게 유형화하였다. 그리고 어근의 앞에 결합하는 전부 요소는 약재의 특징을 나타내고, 어근의 뒤에 결합하는 후부 요소는 약재의 사용 부위를 나타낸다는 사실을 밝혔다. 약재의 특징을 나타내는 하위구별표지로는 '색채 표지어'('白', '黑'…), '맛과 냄새 표지어'('甘', '苦'…), '장소 표지어'('山', '唐'…), '크기 표지어'('大', '小'…), '비유 표지어'('犬', '虎'…), '소리, 모양, 동작 표지어'('豆乙音'…) 등을, 약재의 사용 부위를 나타내는 하위구별표지로는 '根, 皮, 草' 등 21개의 형태소를 설정하였다. 아울러 복합어로 구성된 약재명 어휘를, 형태적 복합어(예를 들면, '쁜너삼불휘')와 통사적 복합어(예를 들면, '벼락마쟈죽은즘생의고기')로 구분하고 각 어휘를 구성하는 형태소를 분석하였다.

둘째, 의미론적 분석 결과를 보면, 먼저 향약명 명명법을 '의미간의 유사성에 따른 명명'과 '의미간의 인접성에 따른 명명'으로 나누었다. 유사성에 의한 명명을 다시 '외형적 유사성'에 의한 것과 '기능, 특성, 성질의 유사성'에 의한 것으로 하위 분류하고, 전자의 예로 '술위나물'(<- 수레바퀴), '짚신나물'(<- 짚신) 등을, 후자의 예로 '개구리밥, 뱀딸기' 등을 제시하였다. 인접성에 기반한 향약명은 다시 '시간적 인접', '공간적 인접', '인과적 인접'으로 분류하였는데 각각의 예로 '제비꽃', '석죽', '개구리잎' 등을 들었다. 이처럼 향약명 어휘의 생성을 은유와 환유의 원리로 설명하였다. 그리고 의미 변화 현상은 '의미 확대', '의미 축소', '의미 분화'로 나누어 간략하게 기술하고 있다. 의미 확대의 예로 '겨우사리'를 들었다. 이 향약명은 [冬青]을 나타내다가 [冬青], [冬生], [忍冬] 등의 의미를 가진 다의어가 된 것으로 보았다. 의미 축소의 예로는 '남가ᄉᆡ'를 들었는데, '小薊'와 '蒺藜子'의 명칭으로 쓰이다가 '小薊'가 '가ᄉᆡ'로 대체된 것으로 파악하였다. 의미 분화의 예로는 '삽듀'가 '朮'에서 '蒼朮'과 '白朮'로 분화한 것을 제시하고 있다. 부분적으로 좀더 엄정한 검정이 필요한 내용도 있기는 하지만 다른 연구에서 찾을 수 없는, 의미론의 이론을 적용하여 유의미한 결과를 도출했다는 점에서 주목된다.

김문오(2000)는 『동의보감 탕액편』의 향약명 어휘의 조어법을 분석한 것이다. 개별 향약명을 형태소 분석한 뒤에, 어휘의 구성 방식을 분류하고, 접두사와 접미사의 목록과 의미 기능을 기술하였다. 그리고 합성어 향약명 어휘를 통사적 합성어와 비통사적 합성어로 나누고, 통사적 합성어는 명칭의 의미 구조를 설정하여 기술하고 있다. 예를 들면, '~의 ~', '~에서 나는 ~', '~의 ~'(환유), '~라는 ~', '~로 된 ~' 등이다. 그리고 조어법상 어원 규명이 필요한 어휘로 '비올히, 안ᄶᅢ'를, 어원 의식이 흐려진 예로 '거ᄉᆡ년밤, 가ᄎᆡ무릇, 가희톱, 온죠롱' 등을 들고 있다.

다음으로 어원을 밝히려는 시도를 살펴보기로 한다. 어원은 개별 향약명의 뜻풀이와 직결된다. 향약명 어휘의 형태는 명명의 유래가 반영된 결과이기 때문에 어원의 추적은 의미론적으로 중요하다. 하지만 향약명 어휘의 어원을 밝히고자 한 연구는 거의 없다시피 하다. 차자표기를 해독하면서 또는 형태소 분석을 하면서 유래와 의미 요소를 반영한 경우는 있지만, 향약명 어휘 무리를 대상으로 한 본격적인 어원 연구는 거의 없다.

일반 어휘의 어원을 밝히고자 한 것 가운데 약재로도 사용되는 어휘를 다룬 것들이 있다. '벼, 쌀, 누에, 보리' 등의 어원을 다룬 김원표(1948, 1949a, 1949b)를 비롯하여 '나물'의 어기를 '*ᄂᆞ'로 추정한 현평효(1968) 등이 앞선 연구이다. 이병근(2004)은 '질경이(車前草), 마름(蔆仁)'의 어휘사를 기술한 것으로 문헌어와 방언을 수집하여 형태·의미 관계를 추적하였다. 그리고 '가물치'와 '도토리'의 어원을 분석한 홍윤표(2009), 한자에서 유래한 채소 명칭을 분석한 장충덕(2005), '맨드라미'의 어휘사를 기술한 장충덕(2007b), '엉겅퀴'와 관련된 어휘를 통시적으로 분석한 장충덕(2007c) 등도 어원론에 해당한다.

전반적으로 볼 때, 차자표기 자료의 해독을 비롯해서, 의서에서 향약명 어휘를 찾아 집성하는 작업은 꾸준히 진행되어 많은 성과를 낳았고 지금도 계속 축적되고 있다. 하지만 향약명 어휘 범주가 우리말 어휘 체계 내에 완전하게 자리잡지 못한 것처럼 향약명 어휘의 형태·의미론적 연구도 시작 단계에 머물러 있다고 본다. 그것은 앞서 지적한 대로 무엇보다 어휘 범주 인식 없이 개별 어휘나 문헌 단위로 분석이 이루어진 경우가 많고, 향약명 어휘를 다루더라도 규모와 체계가 완전히 밝혀지지 않은 상태에서 접근하기 때문에 어휘 연구의 일반적 원리와 방법론이 적용되지 못한 데에도 원인이 있다.

이 글의 관심사인 향약명 어휘의 의미론적 분석은 더 영성한 상황이다. 비록 향약명 어휘 생성, 즉 명명 과정, 구성소의 형태 분석과 의미 기능, 향약명 어휘 의미의 확대, 축소, 분화 등 의미론적 분석이 시도되기는 했지만 극히 일부의 연구에 그칠 뿐이며, 분석 과정과 내용에서도 좀더 정밀하고 엄정한 검정 작업이 이루어지지 못한 것이 사실이다.

4. 앞으로의 과제

여기서는 향약명 어휘라는 어휘 범주의 설정을 전제로, 어휘 체계 수립을 위해 이루어져야 할 의미론적 연구의 내용에 어떤 부면이 있는지 개괄해 보기로 한다. 향약명 어휘에 대한 의미론적 분석은, 향약명 어휘의 유래 추정과 형태 확정을 비롯해서 의미의 계열관계, 의미의 결합관계, 의미의 변화 등으로 나눌 수 있다.

4.1. 어형 확정과 유래 추정

향약명 어휘는 물명(物名)이다. 먼저 사물이 있고 이름을 부여한 것인데, 이 명명(命名)의 과정에 '의미'가 깊이 관여한다. 대상 사물의 특징이나 부위 등 이름이 형성되는 과정에 어떤 의미 요소가 관여하는지에 대한 분석이 필요하다. 달리 말하면 어원론이라 할 수 있다.

3장에서 살펴본 대로 손병태(1996: 165-172)에서는 향약명 어휘의 명명법에 크게 '유사성'과 '인접성'의 원리가 적용되었음을 밝히고 있다. 전자가 '은유'이고, 후자가 '환유'이다. 이런 의미론적 분석은 향약명 어휘의 체계가 수립되면 모든 향약명 어휘를 대상으로 이루어져야 한다.

그런데 명명의 과정을 탐구하기 위해서 선행되어야 할 것이 바로 형태의 확정이다. 아직도 어형이 확정되지 않은 향약명 어휘가 많이 남아 있다. '蘩蔞'의 경우를 보자.

(3) 蘩蔞 見甘介 『향구』 목5ㄱ
　　　　 둘긔십가비 『동탕』 2:35ㄱ

『향구』의 '見甘介'와 후대 어형 '둘긔십가비'는 전혀 연관성이 없다. 더욱이 '見'은 『향구』에 한번 나오는 유일 용자이다. 그래서 석독자인지 음독자인지도 판단하기 어렵다. 남풍현(1986: 80)과 이은규(1993: 86-87)에서 '*보돌개'로 추정하였지만 분명한 근거가 없다. 한편 『동의보감』의 '돌기십가비'는 『표준』에 따르면 '鷄腸草', 즉 '닭의장풀'을 말하고, '계거초(鷄距草), 달기씨깨비, 닭의씻개비' 등의 이칭이 있으며 '닭의장풀'의 '-장-'이 '-欌-'임을 밝히고 있다. 그런데 '계장(鷄腸)'을 '닭의장(欌)'으로 본 것은 문제가 있다. '蘩蔞'의 이칭이 '계장초'인데 『三才圖會』(10:21)에 따르면 '繁蔞'는 '계장(鷄腸)과 유사해서 계장초라 한다.'는 설명이 있다.[11] 그리고 '닭의장풀'의 이칭인 '닭의씻개비/닭의씨깨비'에서는 형태 '씻개비'가 추출되는데 이것이 무엇인지 정확하게 알 수 없다. 김종학(1988: 29)에서는 기피어를 피하려는 의도로 '십가비'가 '장풀'로 대체된 것으로 파악하였고, 이은규(1993: 87)에서는 '*십가비'가 '창자'와 관련이 있을 것으로 추측하고 있을 뿐이다.

4.2. 의미의 계열 관계

향약명 어휘 의미의 계열 관계에서는 크게 두 가지 문제가 부각된다. 하나는 한어명과 고유어의 일치 여부이고, 다른 하나는 여러 이칭 간의 동의성과 상·하위 관계이다.

4.2.1. 의미의 동의성 여부 : 한어명과 고유어의 일치

전래 의서에서 향약명 어휘는 '柴胡 뫼미나리'와 같이 한어명과 고유어의 대응 관계를 보여준다. 향약명 어휘가 목록으로 제시되는 경우는 더 분명한데 표제어로 한어명이 제시되고 이에 대응되는 고유어가 나타난다. 이 대응 관계를 그대로 받아들이는 경우가 대부분이다. 역사적으로 반복해서 기록되었기 때문이다.

하지만 두 향약명 어휘가 동일 사물을 지시하지 않을 수도 있다. 따라서

11 "蘩蔞卽鷄腸草也…作蔓斷之有絲縷又細而中空似鷄腸因名".

동일 지시 여부를 검증할 필요가 있다. 이런 작업은 비단 이전 시기 자료만이 아니라 현대 국어의 수많은 이칭들을 대상으로도 이루어져야 한다. 이은규(2014: 119-120)에서 제기한 바 있는 '百合'의 경우를 보자.

(4) 百合 俗云 犬乃里花 『향구』 목46ㄱ6
개나리불휘 『동탕』 3:5ㄱ6

(4)는 차자표기와 한글표기 고유어가 한어명 '百合'에 대응함을 말해 준다. 이전 시기 다른 의서에서도 대부분 '개나리'형으로 나타난다.(이은규 1993: 84-86 참조.) 그런데 '백합'과 '개나리'는 학명이 다르다. 『표준』은 '백합'과 '개나리'의 학명을 각각 'Lilium longiflorum'과 'Forsythia koreana'로 적시하고 있다. 한편 '참나리(Lilium lancifolium)'와 '백합'을 다의어로 규정하고 있어서 '나리'와 '백합'이 같은 것일 개연성도 전혀 없지는 않다.

하지만 13세기 중엽의 '百合 : *가히나리'의 대응을 어떻게 해석해야 하는지 여전히 문제가 된다. '백합'에 가장 가까운 식물로 '*가히나리'를 기록한 것인지, 아니면 오류인지, 아니면 그 당시에는 '백합'을 '*가히나리'라 한 것인지 알 수 없다. 이처럼 한어명과 그에 대응하는 향약명이 일치하는지를 명확히 점검할 필요가 있다. 학제 간 연구가 절대적으로 필요한 대목이다.

4.2.2. 의미의 동의관계: 단어족 구축

향약명 어휘는 수많은 이칭을 가지고 있다. 사실 의서에서 표제어으로 제시되는 한어명과 이에 대응되는 고유어도 이칭 관계에 있다. 이들을 체계화하면 개별 향약명 어휘별로 단어족이 형성된다. 물론 앞서 살펴본 대로 이칭 관계에 있는 향약명 어휘들이 나타내는 의미의 동의관계와 상하관계를 밝히는 작업이 필요하다. 이은규(1993: 84-86)에 따르면, '百合'에 대응하는 고유어는 '개나리'형으로 유지되다가 『동탕』 이후 다양한 어형으로 나타난다.

(5) 흰ᄭᅩᆺᄀᆡ나리, 당ᄀᆡ나리, 나리, 野百合, 참나리, 산나리, 호랑나리

우선 (5)의 '-나리'들이 모두 같은 것인지 아닌지 동의성 여부를 검증해야 한다. '흰꽃개나리', '野百合', '호랑나리'는 『표준』에 실려 있지 않다. '참나리(Lilium lancifolium), 산나리(Lilium auratum), 당개나리(Lilium brownii)'는 『표준』에 실려 있다. 하지만 학명으로 보면 다른 식물이다. 그럼에도 불구하고 이전 시기 의서에서는 동일한 것으로 기록되어 있다. 참고로 '당개나리'는 '당나리'와 동의어로 중국이 원산지이고 '백합과의 여러해살이풀'로서 이칭으로 '권단(卷丹)'이 있다. '호랑나리'는 『三才圖會』(6: 15ㄱ)에 소개되어 있는 '虎皮百合'과 유래가 같은 것으로 추정된다.

향약명 어휘는 20세기로 올수록 이칭이 증가하는 현상을 나타내는데 이은규(2009: 509-514)에 의하면 특히 18세기 이후에 급증하는 경향을 보인다. 『표준』에만 해도 이들 이칭들의 상당수가 표제어 또는 동의어로 등재되어 있다. 이런 현상의 원인과 과정을 밝히기 위해서도 이칭 간의 동의관계나 상하관계 등 의미의 관계 규명이 선행되어야 한다. 이를 위해서는 앞서 살펴본 대로 이들 이칭이 모두 동의적인 것인지는 식물학적 분석이 선행되어야 한다.[12] 이칭 간의 동의성이 검증되면 개별 향약명 어휘 단위의 단어족이 구축될 수 있다. 나아가 단어족이 만들어지면, 비로소 개별 향약명 어휘사를 기술할 수 있게 된다.[13] 이처럼 단어족은 개별 어휘사 기술을 위한 기초 자료로서 사전학적 의미까지 가진다.

---

12 최근의 식물분류학 연구의 한 예를 들면, 신현철 외(2017: 334)에서는 '진교(秦艽)'가 역사적 문헌에 '망초', '그물풀', '쥐꼬리망초' 등으로 나타났으나, 이는 분류학적 실체와 무관하며, 오늘날에는 '망초'와 '쥐꼬리망초'가 같은 식물이 아님을 밝히고 있다. 한편 '진교'는 '秦芃', '秦䒦' 등 한어명 표기에서도 많은 혼란을 보인다. 이에 대해서는 이은규(2014: 119)와 신현철 외(2017: 333) 참조.

13 이렇게 보면, 지금까지 이루어진 향약명 어휘의 변천에 대한 기술은 모두 잠정적인 것이 된다. 문헌상의 기록만을 근거로 한 것이라는 명백한 한계를 지니는 것이다.

4.3. 의미의 결합관계: 형태소 분석

향약명 어휘는, 아직 그 전모가 밝혀지지 않았지만 단일어보다 복합어가 훨씬 많다. 즉 대부분 합성어나 파생어로 구성되어 있다. 약재가 되는 사물 전체를 사용하는 경우보다 그 한 부분을 취해 치료제로 쓰기 때문에 이를 나타내는 형태소나 어휘가 첨가되는 것이다. 또 사물의 상태나 특징을 나타내는 형태소의 결합도 매우 생산적이다(손병태 1996: 165-172 참조.) 따라서 향약명 어휘를 구성하는 형태소를 분석하여 목록을 만들고 개별 형태소의 의미를 규정하는 작업이 필요하다. 예를 들면, 접미사 구실을 하는 형태소 '實', '仁', '子'의 차이나, '草'와 '새'의 다른 점이 무엇인지는 의미론의 성분 분석 이론을 적용할 필요가 있다.

아직까지도 향약명 어휘를 구성하는 형태소의 의미가 무엇인지 불문명한 경우가 많다. 다시 말하면 '형태소'가 아니라 '형태'에 머물러 있는 것이 많다. 그리고 의미 파악이 되지 않기 때문에 형태소로의 분석이 불가능한 경우도 있다. 행림서원판 『향약집성방』의 몇 예를 보면 다음과 같다.

(6) a. 市門土 장벌흙 『향성』 595:1
b. 瓷甌中裏白灰 사기가마간맥이한재반대기 『향성』 595:1
c. 地笋 澤蘭 띄동골나물뿌리 『향성』 626:1
d. 鷄窠中草 닭의둥우리속의북짤미 『향성』 636:2
e. 皀莢 아제베과질나무 木部下品 『향성』 649:3

(6a) '장벌흙'은 한어명 '市門土'에 대응되므로 '장벌+흙'으로 분석된다. 그런데 '장벌'은 '장+벌'인지 '장벌'인지 알 수 없다. (6b) '사기가마'는 한어명의 '瓷甌'에 대응하므로 '사기+가마'로 분석될 것으로 추정된다. 나머지 형태 '간맥이한재반대기'는 형태 경계가 불분명한데 한어명의 '灰'에 '재'가 대응되는 것 말고는 분석이 용이하지 않다. (6c)의 고유어 향약명 '띄동골나물뿌리'에서 명확하게 분석되는 형태소는 '나물'과 '뿌리'뿐이다. '띄동골'이 무

엇을 뜻하는지 현재로서는 알 수 없다. 따라서 '띄+동+골'인지, '띄동+골'인지 아니면 '띄동골'인지 분석이 불가능하다. (6d)에서 분석되는 형태 '북짤미' 역시 형태소 분석이 어렵다. '닭+의#둥우리#속+의#북짤미'로 분석되는데 '북짤미'가 무엇인지 분명치 않다. 다만 한어명의 '草'에 대응되므로 '풀'의 뜻을 나타내는 것이 아닌가 한다. (6e)의 향약명 '아제베과질나무'에서 명확한 형태소는 '나무'이다. 그러나 나머지 형태 '아제베과질'는 형태 경계조차 불분명하다.

이처럼 많은 향약명 어휘가 형태소 분석이 되지 않은 상태로 있다. 물론 형태의 경계가 분명해야 형태소가 추출되고 그 의미를 추적할 수 있지만, 이와 동시에 형태 경계를 분명히 하여 어휘의 결합관계를 온전히 분석하려면 의미론적 단서가 반드시 필요하다.

4.4. 의미의 상하관계: 분류체계 분석

사물에 대한 관심은 물명의 탐구로 이어지고 물명에 대한 인식의 결과는 어휘집으로 나타난다. 이전 시기의 지식 체계에는 이와 같은 물명에 대한 관심과 분석의 결과가 오롯이 남아 있는데 분류어휘집이 바로 그것이다. 분류어휘집은 어휘를 단순히 모아놓은 것이 아니라 일정한 기준을 세워 상위어를 설정하고 여기에 포함되는 하위어들을 묶음으로써 어휘 간의 의미 관계에 따라 체계성을 부여한 것이다. 이렇게 보면 분류어휘집의 핵심 원리는 의미의 상하관계라 할 수 있다. 결국 어휘 범주별 분류체계는, 대상 어휘를 어떻게 인식했는가가 반영된 것이다.

의서에 기록된 향약명 어휘도 분류체계를 갖추고 있는데 『향약집성방』, 『동의보감 탕액편』, 『의종손익』, 『방약합편』 등이 그러하다. 반면, '方中鄕藥目草部'라는 별도의 어휘 목록이 있는 『향구』와 『동탕』처럼 '약성가' 형식의 목록집인 『제중신편』은 분류체계가 없다. 그리고 이른 시기 의서인 『향약채취월령』은 책 이름대로 약재를 채취하는 시기별로 1월에서 12월까지 분류되어 있어서 의미론적 체계와는 거리가 있다.

그동안의 분류어휘집 연구에서는 향약명 어휘의 분류체계를 다루지 않았다. 의서의 어휘를 다루거나 향약명 어휘를 직접 다룬 연구에서도 향약명 어휘의 분류체계를 의미론적으로 분석한 경우는 보이지 않는다.[14] 한편 향약명 어휘의 분류체계는 본초학과 깊은 관련을 가지는바, 식물분류학이나 본초학과의 학제 간 연구가 반드시 필요하다.

향약명 어휘의 상위 분류체계를 의서별로 비교해 보면 다음과 같다. 분류 항목에 포함된 하위 향약명 어휘의 수는 의서마다 달라서 많은 차이를 보인다 (이은규 2014: 122 참조).[15]

(7) 향약명 어휘의 상위 분류체계 비교

a. 『동의보감 탕액편』: 분류 항목 15개
水 - 土 - 穀 - 人 - 禽 - 獸 - 魚 - 蟲 - 果 - 菜 - 草 - 木 - 玉 - 石 - 金

b. 『향약집성방』(1633), 『향약집성방』(1924): 분류 항목 10개
石 - 草 - 木 - 人 - 獸 - 禽 - 蟲魚 - 果 - 米穀 - 菜

c. 『의종손익』: 분류 항목 23개
草 - 木 - 菜 - 芝栭 - 果 - 麻麥稻 - 稷粟 - 菽豆 - 造釀 - 蟲 - 龍 - 蛇 - 魚 - 龜鱉 - 蚌蛤 - 禽 - 畜 - 獸 - 鼠 - 人 - 水 - 土 - 金石

d. 『방약합편』: 『의종손익』과 동일함.

(7)에서 보듯이 의서마다 분류체계는 물론 항목의 제시 순서도 다 다르다.

---

14 임지룡(1989)에서는 『조선관역어』에서 『우리말갈래사전』에 이르기까지 23개 문헌의 어휘 분류체계를 분석하였다. 연규동(1996)에서는 유해서류 4종과 『방언집성』을 대상으로 어휘 부류 체계를 분석하였다. 하지만 의서에 제시된 향약명 어휘의 분류체계를 의미론적으로 다룬 연구는 없다. 한편 한의학에서는 본초학의 분류체계와 비교하는 것이 대부분이다.

15 『本草精華』와 『四醫經驗方』도 향약명 어휘를 분류하여 제시하고 있다.

모든 의서에 공통되는 분류 항목은 '果, 禽, 木, 獸, 人, 菜, 草' 등 7개이다. 물론 하위 분류를 고려하면 더 많을 수 있다. 그 외의 항목은 '穀, 龜鱉, 金, 金石, 龍, 麻麥稻, 米穀, 蚌蛤, 蛇, 鼠, 石, 水, 菽豆, 魚, 玉, 造釀, 芝栭, 稷粟, 畜, 蟲, 蟲魚, 土' 등이다.

(7b)와 (7c)는 다시 하위 분류체계를 가진다. (7b)는 분류 항목마다 '上品-中品-下品'의 하위 분류가 있고 이 각각은 다시 '上品之上–上品之下'와 같이 '上-下'로 분류되어 있다. (7c)는 상위 분류 항목이 다시 '山草 - 芳草 - 隰草 - 毒草'등과 같이 하위 분류되어 있다. (7c)와 (7d)에서는 '水' 항목의 하위어인 '臘雪水'에 속하는 하위 어휘로 '立春雨水, 雹, 夏氷, 半天河水, 甘爛水, 井華水, 溫泉, 地漿, 百沸湯, 生熟湯, 漿水, 長流水' 등을 나누고 있다.

(7)의 향약명 어휘 분류체계에서 표면적으로 드러나는 몇 가지 특징을 살펴보면, 첫째, 분류 항목 설정에 차이점이 보인다. 이를테면 분류 항목 '金'과 '石'으로 분리하는 경우와 '金石'으로 통합하는 것의 차이가 무엇인지 밝혀야 한다. 또한 (7a)의 '玉', (7c)의 '芝栭, 造釀, 龍, 鼠' 등과 같이 일반적이지 않은 분류 항목을 설정하는 이유도 찾아내야 한다.

둘째, 분류 항목 설정 기준의 차이를 보인다. 이은규(2014: 122)에 지적되었듯이 『동탕』과 『향집』 그리고 『의종』은 공통적으로 동물, 식물, 광물 등의 대분류를 기준으로 항목을 설정하는 점은 같은데, 그 각각의 하위 체계는 달리하고 있다. 『동탕』은 거시적 분류만을, 『향집』과 『의종』은 미시적 분류까지 하고 있다. 그리고 『의종』은 향약의 약성이나 식물 분류학적 특징을 반영하고 있는 반면, 『향집』은 약재의 품질을 기준으로 하위 분류하고 있다.

셋째, 설정된 분류 항목의 제시 순서가 의서마다 다르다. 이 배열 순서가 의미론적으로 어떤 특징을 드러내는 것인지 아니면 임의로 배열 순서를 정한 것인지를 밝혀야 한다.

이 밖에 분류체계의 의미론적 검토 과정에서는, 같은 상위어로 묶이는 하위어가 동일한지 여부도 반드시 검토되어야 할 것이다. 아울러 향약명 어휘는 시대를 거르지 않고 기록되었는데, 문헌이나 시기별로 목록상의 차이도 있지만 공통되는 어휘가 훨씬 많다. 그럼에도 불구하고 의서별로 향약명 어휘의 분류체계가 다른 것은 어떤 연유에서인지 그 의미론적 기제를 밝혀내야 한다.

4.5. 의미의 변화

향약명 어휘도 시간의 흐름에 따라 생성·공존·소멸을 겪는다. 어휘 체계가 유기적으로 변화하는 것이다. 이 과정에서 개별 향약명 어휘가 가지는 의미도 변화를 겪게 되는데 의미의 확대, 축소, 분화 등이 그러하다. 그러나 국어학적 입장에서 볼 때 향약명 어휘의 경우는 의미의 변화를 추적하여 기술하기가 용이하지 않다. 4.2.2.에서 살펴보았듯이 수많은 이칭의 동의성 여부가 밝혀지려면 식물분류학적 검토가 필요하고, 더욱이 지금까지 알려진 정보만으로는 동의성을 장담하기가 어려운 경우가 많기 때문이다.

그럼에도 불구하고 향약명 어휘가 개념어에 속하기 때문에 내포와 외연이 변화를 겪을 개연성은 늘 있다. 이런 점을 고려하여 손병태(1996: 172-173)에서는 소수의 예이지만 의미의 확대와 축소 및 분화의 사례를 들고 있다. 앞으로 개별 향약명 어휘의 의미 규정과 변천 과정을 세밀히 밝히는 개별 어휘사 기술에서 의미 변화의 양상도 함께 이루어져야 한다.[16]

5. 마무리

지금까지 향약명 어휘와 관련된 몇 가지 의미론적 문제를 개괄적으로 살펴보았다. 논의의 초점을 의미론적인 연구 성과와 앞으로의 과제에 두었지만, 향약명 어휘만을 대상으로 한 연구 성과가 영성한 탓에 앞으로의 과제를 중심으로 살펴보았다.

향약명 어휘는 아직 어휘 범주조차 명확하게 설정되어 있지 않은 상태이기

16 의미 변화 기술의 방법에 대한 최근의 논의로는 홍윤표(2018: 227-231) 참조.

때문에, 어휘사적 연구는 초기 단계에 머물러 있는 것이 사실이다. 이런 까닭에 의미론적 접근 역시 마찬가지 실정임을 부정할 수 없다.

향약명 어휘 체계의 공시적 · 통시적 기술이 선행되어야만 전체 어휘 체계 속에서 개별 어휘가 가지는 특성이 온전히 밝혀질 수 있다는 점을 고려하면, 무엇보다 필요한 것이, 전체 향약명 어휘를 모두 아우르는 DB의 구축이다. 이를 기반으로 해야 비로소 어휘사의 최종 단계라 할 수 있는 개별 어휘사와 어휘 체계사 기술이 온전히 이루어질 수 있다. 그리고 개별 어휘사와 어휘 체계사의 기술이 옹글게 이루어지기 위해서는 형태론적 분석뿐만 아니라 의미론적 분석 작업이 함께 이루어져야 한다. 앞으로 향약명 어휘를 대상으로 한 의미론적 연구가 활발히 이루어지기를 기대한다.

참고문헌

강유리(2004), "『구급간이방언해』와 『동의보감 탕액편』의 약재명에 대한 비교", 공주대학교 대학원 국어국문학과 석사학위논문.

김남경(2005), "구급방류 언해서의 국어학적 연구", 대구가톨릭대학교 대학원 국어국문학과 박사학위논문.

김남경(2016), 『구급방류 의서 연구』, 경인문화사.

김동소(2007), 『한국어의 역사』, 정림사.

김두찬(1983), "차자표기 향명의 통시적 연구: 향악집성방을 중심으로", 단국대학교 대학원 국어국문학과 석사학위논문.

김문오(2000), "『동의보감 탕액편』 소재 고유어 어휘의 조어법 연구", 『언어과학연구』 18: 48-82, 언어과학회.

김원표(1948), "'벼[稻]'와 '쌀[米]'의 어원에 대한 고찰", 『한글』 104: 165-169, 한글 학회.

김원표(1949a), "'누에[蠶]'의 기원과 그 어원고", 『한글』 108: 468-480, 한글 학회.

김원표(1949b), "'보리[麥]'의 어원과 그 유래", 『한글』 107: 404-407, 한글 학회.

김종학(1988), "향약문헌에 나타난 약재명 어휘 연구", 중앙대학교 대학원 국어국문학과 석사학위논문.
김종학(1992), “향약 약재명 어휘의 변천고”, 『어문논집』 22: 91-114, 중앙대학교 국어국문학과.
김홍석(2001), “『향약채취월령』에 나타난 향약명 연구(상)”, 『한어문교육』 9: 87-107, 한국언어문학교육학회.
김홍석(2002), “『향약채취월령』에 나타난 향약명 연구(중)”, 『한어문교육』 10: 93-115, 한국언어문학교육학회.
김홍석(2003), “『향약채취월령』에 나타난 향약명 연구(하)”, 『한어문교육』 11: 133-151, 한국언어문학교육학회.
남광우(1962), “향약채취월령 해독 고찰”, 『국어학논문집』, 일조각.
남풍현(1986), 『차자표기법 연구』, 단국대 출판부.
남풍현(1999), “『향약집성방』의 향명에 대하여”, 『진단학보』 78: 171-194, 진단학회.
민은숙(1982), “향약 명칭의 이두표기와 어형변천 연구”, 효성여자대학교 대학원 국어국문학과 석사학위논문.
방종현(1963), “향약명 연구”, 『일사 국어학논집』, 민중서관.
백승창(2008), “『물명고』류에 대한 국어학적 연구: 어휘 분류와 조어법을 중심으로”, 단국대학교 대학원 국어국문학과 박사학위논문.
손병태(1990), “『촌가구급방』의 향약명 연구”, 『한민족어문학』 17: 73-112, 한민족어문학회.
손병태(1992), “경북 동남방언의 산채류명에 대하여”, 『영남어문학』 19: 239-259, 영남어문학회.
손병태(1994), “『향약채취월령』의 약재명 어휘에 대하여”, 『외골 권재선 박사 화갑논문집』, 간행위원회.
손병태(1996), “향약 약재명의 국어학적 연구”, 영남대학교 대학원 국어국문학과 박사학위논문.
송창선(1995), “마경초집언해의 어휘 연구”, 『경산어문학』 1: 35-58, 경산대학교 국어국문학과.
신현철 외(2017), “다시 진교(秦艽)를 찾아서”, 『식물분류학회지』 47(4): 328-335, 한국식물분류학회.
안병희(1978), “『촌가구급방』의 향명에 대하여”, 『언어학』 3, 한국언어학회.
여찬영(1991), “식물 명칭어 연구”, 『한국전통문화연구』 7: 11-33, 효성여자대학교 한국전통문화연구소.
연규동(1996), "근대국어 어휘집", 서울대학교 대학원 언어학과 박사학위논문.
원순옥(1996), "『구급방언해』의 어휘 연구", 대구효성가톨릭대학교 대학원 국어국문학과 석사학위논문.
유재영(1985), "이름 표기의 고찰: 『구급간이방언해』를 중심으로", 어문연구회, 『선오당 김형기 선생 팔질 기념 국어학논총』, 창학사.
유재영(1987), "물명의 한 연구: 『동의보감』 탕액편을 중심으로", 『국어국문학연구』 12: 1-45, 원광대학교 문리과대학 국어국문학과.
윤천탁(2001), "향명 표기 연구: 15C~17C 문헌을 중심으로", 한국교원대학교 대학원 국어교육학과 석사학위논문.
윤향림(2017), "물명어휘집의 계통과 어휘 연구", 안동대학교 대학원 국어국문학과 박사학위논문.
윤혜정(1996), "『언해구급방』의 어휘 연구", 숙명여대자대학교 대학원 국어국문학과 석사학위논문.
이덕봉(1963a), "향약구급방의 방중향약목 연구", 『아세아연구』 6(1): 339-364, 고려대 아세아문제연구소.
이덕봉(1963b), "향약구급방의 방중향약목 연구(완)", 『아세아연구』 6(2): 169-217, 고려대 아세아문제연구소.
이덕희(2007), "근대 국어 물명 어휘집 연구", 부경대학교 대학원 국어국문학과 박사학위논문.
이병근(2004), 『어휘사』, 태학사.
이유기(2004), "마경초집언해의 어휘 연구(1)", 『한국어문학연구』 43, 한국어문학연구학회.
이은규(1993), "『향약구급방』의 국어학적 연구", 효성여자대학교 대학원 국어국문학과 박사학위논문.
이은규(1994a), "향약명 차자표기 해독상의 몇 문제", 『국어교육연구』 26: 133-157, 국어교육학회.
이은규(1994b), "『촌가구급방』 이본의 차자표기 비교 연구", 『한국전통문화연구』 9: 91-128, 효성여자대학교 한국전통문화연구소.
이은규(2009), "향약명 어휘의 변천 연구", 『국어교육연구』 45: 475-520, 국어교육학회.
이은규(2011), "『구급신방』의 어휘 분석", 『한국말글학』 28: 169-227, 한국말글

학회.
이은규(2011), “『백병구급신방』의 어휘 연구”, 『민족문화논총』 49: 253-278, 영남대학교 민족문화연구소.
이은규(2014), “향약명 어휘 연구의 현황과 과제”, 『정신문화연구』 137: 95-135, 한국학중앙연구원.
이철용(1992a), “의약서 어휘의 국어사적 연구”, 한양대학교 대학원 국어국문학과 박사학위논문.
이철용(1992b), “동의보감 이본들에 대한 국어학적 고찰”, 『동아시아문화연구』 20: 5-39, 한양대학교 한국학연구소.
임지룡(1989), “국어 분류어휘집의 체제와 상관성”, 『국어학』 19: 395-425, 국어학회.
장충덕(2005), “한자에서 유래한 채소명 몇 고찰”, 『개신어문연구』 23: 77-97, 개신어문학회.
장충덕(2007a), “국어 식물 어휘의 통시적 연구”, 충북대학교 대학원 국어국문학과 박사학위논문.
장충덕(2007b), ““맨드라미”의 어휘사”, 『새국어교육』 75: 423-437, 한국국어교육학회.
장충덕(2007c), ““엉겅퀴” 관련 어휘의 통시적 고찰”, 『새국어교육』 77: 583-600, 한국국어교육학회.
장충덕(2008), “근대국어 식물 어휘의 조어 유형 고찰”, 『언어학 연구』 13: 243-262, 한국중원언어학회.
정승혜(2016), “물명(物名)류의 특징과 자료적 가치”, 『국어사연구』 22: 81-135, 국어사학회.
조성오(1983), “향약채취월령의 차자표기체계 연구”, 단국대학교 대학원 국어국문학과 석사학위논문.
채인숙(1986), “17세기 의서 언해의 국어학적 고찰”, 한양대학교 대학원 국어국문학과 석사학위논문.
최범훈(1976a), “고려시대 차자법 연구: 『향약구급방』을 중심으로”, 『한국어학논고』, 통문관.
최범훈(1976b), “고려시대 차자법 연구(2): 『향약구급방』을 중심으로”, 간행위원회, 『연민 이가원 박사 문질 송수기념 논총』, 범학도서.
최범훈(1976c), “고려시대 차자법 연구(3): 『향약구급방』을 중심으로”, 간행위원회, 『성봉 김성배 박사 회갑기념 논문집』, 형설출판사.
하동호(1987), “『동의보감』에 보인 국어 어휘고”, 간행위원회, 『열므나 이응호 박사 회갑기념 논문집』, 한샘.
허재영(2012), “국어 어휘 분류 체계의 역사적 흐름”, 『겨레어문학』 48: 431-460, 겨레어문학회.
현평효(1968), “제주도 방언에서의 ‘나물’ 어사에 대한 어원적 고찰”, 『제주도』 37: 166-175, 제주특별자치도.
홍순탁(1964), “『향약구급방』 어사고”, 『호남문화연구』 2: 61-73, 전남대학교 호남문화연구소.
홍윤표(1985), “국어 어휘 문헌자료에 대하여”, 간행위원회, 『소당 천시권 박사 화갑기념 국어학논총』, 747-773, 형설출판사.
홍윤표(1993), 『국어사 문헌자료 연구』, 태학사.
홍윤표(2009), 『살아있는 우리말의 역사: 어떻게 다르고 언제부터 생긴 말일까』, 태학사.
홍윤표(2014), “국어 어휘사 연구 방법”, 『2013년 겨울 구결학회·국어사학회 공동 전국학술대회 논문집』, 9-36, 구결학회·국어사학회.
홍윤표(2017), “물명의 연구 방법과 과제”, 『조선 후기 물명 집성과 DB 구축 과제 제1차 컬로퀴엄 발표 자료집』, 1-77, 한국학중앙연구원.
홍윤표(2018), “국어 어원 연구의 성과와 과제”, 『2018년 겨울 국어사학회 전국학술대회 발표논문집』, 207-240, 국어사학회.
황선엽(2006), “‘명아주’(藜)의 어휘사”, 『국어학』 55: 213-238, 국어학회.
황선엽(2009), “‘강아지풀(莠)’의 어휘사”, 『한국어학』 45: 421-446, 한국어학회.
森爲三(1922), 『조선식물명휘』, 조선총독부학무국.
小倉進平(1932), “本草綱目啓蒙に 引用せられたる 朝鮮動植鑛物名”, 『青丘學叢』 10: 108-150, 青丘學會.
小倉進平(1933), “‘鄕藥採取月令’及ひ ‘鄕藥集成’に 現はれた 朝鮮語動植鑛物名 解釋 補遺”, 14: 84-95, 青丘學會.
王　圻(1607), 『三才圖會』(영인본), 성문출판사유한공사.

의미 변화

조 남 호*

1. 들머리

의미 변화는 의미론의 여러 연구 주제 중에서 일찍 관심을 받기 시작한 주제이다. 이미 1950년대에 서구의 의미 변화 이론이 소개되기 시작하였고 의미론 연구의 초창기였던 1960년대에 벌써 의미 변화에 관한 논의가 활발하였다. 변화는 어느 정도 시간이 흘러야 확실히 확인이 되는 만큼 19세기에 문헌 연구에서 출발한 서구의 역사 언어학계에서 옛 문헌에서 확인되는 의미와 당대에 사용되는 의미가 다름을 확인하면서 의미 변화에 관심을 두게 되었다. 의미 변화가 확인된 사례를 토대로 의미 변화의 양상이 관심을 끌어 의미 변화가 왜 일어나고 어떤 과정을 거치며 그 결과가 어떠한지에 대한 논의가 일찍부터 있었던 것이다. 국내의 의미론 연구에서도 서구 언어학계의 이러한 연구 동향의 영향을 받아 일찍부터 의미 변화에 관심을 두게 되었다.

그렇지만 어느 정도 의미 변화에 관련된 주제들이 다루어지고 의미론의

---

* 명지대학교 국어국문학과 교수, shj862@hanmail.net

새로운 연구 주제들이 등장하면서 의미 변화에 대한 이론적 관심은 많이 줄었다. 의미론 개설서들에서도 여전히 의미 변화가 주된 내용의 하나로 다루어지기는 하지만 1960년대의 논의와 아주 크게 벗어나지는 않는다. 그렇다고 의미 변화에 대한 관심이 없어진 것은 아니다. 많지는 않지만 의미 변화에 관련된 성과들이 꾸준히 나오고 있다. 이론적인 문제를 다룬 성과들도 있었고 하나의 단어 혹은 단어군을 중심으로 의미 변화의 양상을 검토한 성과들도 있었다. 이론적인 논의는 이미 관련 연구 성과가 충분히 쌓여 정체된 모습을 보일 수 있다 하더라도 개별 단어나 의미상 관련된 단어군에서 드러나는 의미 변화의 양상은 복잡다기하기 때문에 연구의 대상으로 삼을 수 있는 어휘 자료는 여전히 많이 남아 있다. 그래서 의미 변화에 관한 이론적 문제가 논의의 초점에 있지 않더라도 개별 단어의 변천 과정을 살피는 과정에서 의미 변화에 대한 논의는 자연스럽게 나올 수밖에 없었고 앞으로도 그럴 것이라 보며, 그런 성과들이 축적되면 이론적 논의도 새롭게 이어질 수도 있을 것이다.

이 글은 이처럼 의미론 연구 초창기부터 조명을 받았던 의미 변화에 대한 연구가 지금까지 어떻게 진행되어 왔는가를 밝히고 향후 과제를 검토하는 것이 목적이다. 이를 위해 먼저 의미 변화에 관련된 주요 주제들과 그동안의 성과를 밝히고 향후의 과제를 전망하도록 한다.[1]

2. 주요 연구 내용과 쟁점

의미 변화를 별도의 장을 할애하여 소개하는 대부분의 의미론 개설서와

1 2004년 이전의 의미 변화에 관한 논의는 졸고(2004)에서 자세히 다룬 바 있다. 논의가 중복되기 때문에 2004년 이전의 연구 성과들의 경우에는 자세한 내용과 문제점에 관해서는 졸고(2004)로 돌리고 여기서는 본고의 논의에 필요하다고 판단되는 내용만 언급하도록 한다. 때로 2004년 이전의 연구 성과임에도 졸고(2004)를 작성할 때는 파악하지 못해 소개하지 못하고 이번에 추가로 논의에 포함한 것들도 있다. 졸고(2004)의 논의를 그대로 가져오기도 했는데 번거로움을 피하기 위해 졸고(2004)로부터의 인용은 따로 밝히지 않도록 한다.

마찬가지로 상대적으로 최근에 발간된 윤평현(2008)에서도 의미 변화를 자세히 다루고 있다. 윤평현(2008)에서는 '의미 변화의 원리', '의미 변화의 촉진 요인', '의미 변화의 원인', '의미 변화의 분류', '의미 변화의 결과' 등 5개의 절로 나누어 의미 변화를 소개하고 있다.

'의미 변화의 원리'에서는 Whatmough(1956: 78)의 견해를 따라 의미 변화는 아래의 그림과 같이 중심적 의미인 A가 B와 공존하는 과도기적인 현상인 C의 과정을 거쳐 중심적 의미 B로 바뀌는 것을 가리킨다고 하였다.

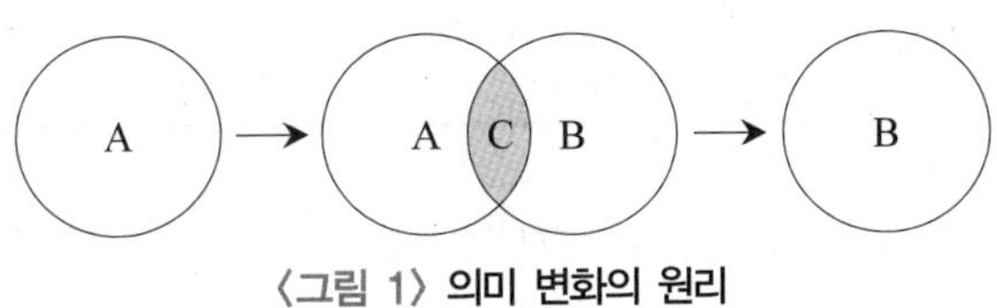

〈그림 1〉 의미 변화의 원리

'의미 변화의 촉진 요인'에서는 다음의 여섯 가지를 들고 있다. 윤평현(2008: 406)에서 밝혔듯이 이 여섯 가지는 Ullmann(1962)에서 제시된 것이다.

가. 언어 전달의 비지속성
나. 의미의 모호성
다. 유연성의 상실
라. 언어의 다의성
마. 중의적 문맥
바. 어휘구조의 복잡성

'의미 변화의 원인'에서는 Ullmann(1962)의 분류를 중심으로 여섯 가지를 들고 앞의 네 가지 원인에 대해서는 더 세부적으로 분류하여 기술하였다. 이를 간략하게 표로 정리하면 아래와 같다.

〈표 1〉 의미 변화의 원인 분류

원인의 분류	세부 분류
언어적 원인	가. 전염 나. 생략 다. 민간어원
역사적 원인	가. 지시물의 실제 변화 나. 지시물에 대한 지식의 변화 다. 지시물에 대한 태도의 변화
사회적 원인	가. 의미의 일반화 나. 의미의 특수화
심리적 원인	가. 감정적 요인 나. 금기 ㉮공포감에 의한 금기 ㉯우아한 표현을 위한 금기 ㉰예의에 의한 금기

'의미 변화의 분류'에서는 Ullmann(1957)을 따라 다음과 같이 분류하여 설명하였다.

A. 언어의 보수성에 의한 의미 변화
B. 언어의 개신성에 의한 의미 변화
 I. 명칭의 변이
  (가) 의미간의 유사에 의한 명칭의 변이(은유)
  (나) 의미간의 근접에 의한 명칭의 변이(환유)
 II. 의미의 변이
  (가) 명칭간의 유사에 의한 의미의 변이(민간어원)
  (나) 명칭간의 근접에 의한 의미의 변이(생략)
 Ⅲ. 복합변화

마지막으로 '의미 변화의 결과'는 '범위의 변화'와 '가치의 변화'로 나누어서 범위의 변화에서는 '의미의 확대, 의미의 축소, 의미의 전이'로, 가치의 변화에서는 '의미의 하락, 의미의 향상'으로 세분하여 각각을 설명하였다.

윤평현(2008)을 비교적 길게 소개한 것은 그동안 학계에서 논의되어 왔던 의미 변화 연구 성과를 충실하게 포괄하여 정리하였기 때문이다. 용어라든지 세부적인 설명, 국어의 해당 예들은 차이가 있지만 이 각각의 주제들은 이미 1960년대 대부분 논의가 이루어진 것들로 그 논의들을 정리한 내용이 그 후에 나온 의미론 개설서들에 수록되면서 윤평현(2008)까지도 큰 변화가 없이 이어지고 있는 것이다. 이는 의미 변화에 대한 연구가 일찍 성과를 낸 후에 지금까지 이어짐을 보여주는 것이라 할 수 있다.

윤평현(2008)에서 다룬 내용은 Ullmann(1957)과 Ullmann(1962)에 많이 의지하고 있다. 의미 변화의 촉진 요인, 의미 변화의 원인은 물론이고 의미 변화의 분류도 마찬가지다. 의미 변화의 결과로서 가치의 변화도 Ullmann(1962)에서 정리된 것이다. 다만, 범위의 변화에서만은 차이가 있다. Ullmann(1957: 204-205)에서는 'narrowing, widening, transfer'로 구분하여 제시하였으나 이 분류는 의미 변화의 원인이나 배경을 드러내지 못한다고 문제점을 지적하였다. 또한 Ullmann(1962: 227)에서는 'extension, restriction, miscellaneous third group'으로 구분이 된다고 하여 'transfer', 즉 '전이'라는 용어 대신 '잡다한 셋째 부류'라고 하여 '전이'를 인정하지 않는 태도를 취하였다. 그러면서 이 분류의 문제점을 지적하였고 'extension'과 'restriction', 즉 '확대'와 '축소'에 대해서만 논의를 이어갔다. 그렇지만 윤평현(2008)에서 보듯이 국어학계에서는 범위의 변화를 '확대, 축소, 전이'로 분류하는 경우가 많다. '확대'나 '축소'에 들어갈 수 없는 것을 포용하기 위해 '전이'를 부류의 하나로 인정하는 것이다. 이처럼 다소 차이가 있고 Bréal, Darmesteter, Stern 등의 연구 성과도 인용되기는 했지만 Ullmann의 저작이 국어학계에 끼친 영향이 크다고 하지 않을 수 없다.[2]

이제 윤평현(2008)을 기준으로 삼아 이들 주제들이 초기의 의미 변화 연구로부터 어떻게 논의가 이어져 왔는지를 살펴본다.

이숭녕(1956)에서는 의미 변화 유형으로 '의미의 협소화 또는 한정화, 의미

2 마성식(1999: 28)에서는 Ullmann의 논의가 "어느 연구보다 적절성을 띠고 있고, 그 분류 체계가 수월성을 갖고 있기 때문에, 다른 연구자의 의미 변화 이론에 많은 영향을 끼쳐 왔다."라고 하였다.

의 확대화, 대등한 정도의 어의의 변환'을 소개하였다.[3] 의미 변화의 결과 중에서 범위의 변화에 해당하는 내용이라 할 수 있다. 이을환(1962a)에서도 의미 변화의 결과라 하여 '의미의 확대, 의미의 축소 · 제한, 의미의 전환 · 이행'의 셋으로 나누어 설명하였으며, 의미 변화의 계기라 하여 '은유, 환유, 제유, 생략, 완곡어법'을 소개하였다.

이을환(1962b)에서 비로소 Ullmann(1957)의 분류에 따라 국어의 의미 변화 양상을 검토하였다. 윤평현(2008)에서 '의미 변화의 분류'라고 소개한 것으로 '언어 존속, 언어 개신', '명의(名義)의 이전, 의의(意義)의 이전', '혼합 변화' 등 번역 용어만 다를 뿐이다. 심재기(1964/1982)에서도 같은 기준에 따라 의미 변화를 분류하면서 국어의 예를 많이 제시하였는데 중세국어 문헌에서 찾은 예를 함께 제시하기도 하였다. 또한 의미 변화의 촉진 요인 6가지와 의미 변화의 원인도 설명하였지만 국어의 예를 제시하지는 않았다.

이을환(1963)에서는 의미 변화의 원인을 검토하였는데 심리적 원인과 언어적 원인에 대해서만 다루었으며 사회적 원인은 이을환(1964)에서 다루었다. 이을환 · 이용주(1964)에서는 의미 변화의 원인이라 하여 이을환(1963)과 이을환(1964)에 해당하는 심리적 원인, 언어적 원인, 사회적 원인을 수록한 후 역사적 원인에 대한 내용을 추가하였다. 이 네 가지 원인 외에 의미 변화의 원인으로 '인식적 명명과 표현적 명명, Tabu와 완곡어법, 기타'를 더 들고 있으며, '기타'에서는 다시 '과장과 완서법(緩叙法), 언어경제적 관념, 동음충돌, 우언법(迂言法), 오용'을 제시하였다.

심재기(1968/1982)에서는 의미 변화의 결과로 나타나는 가치 평가상의 변

3 졸고(2004)에서는 이숭녕(1956)을 최초의 논의로 파악하였다. 임지룡(2005: 5)에서도 이숭녕(1956)을 의미론의 존재를 알리고 그 연구의 필요성을 제창한 것으로 꼽힌다고 지적하였다. 그런데 국어학 개설서인 이희승(1955)에서 '어의의 변화', '어의 변화의 이법(理法)'이라는 주제를 두어 '어의의 확대, 어의의 축소, 어의의 전변'으로 범위의 변화에 해당하는 것과 Darmesteter(1887)의 설명을 소개하여 이숭녕(1956)보다 앞서 의미 변화에 대한 논의가 있었다. 다만 '의미론'이라 하지 않고 '어의론'이라는 용어를 사용하였다. 황국정(2014)에서 이희승(1955)이 인용된 것을 보고 뒤늦게 확인하였다.

화만을 따로 다루었다. 윤평현(2008)에서 가치의 변화라고 한 것에 해당하는데 '경멸적 발전'과 '개량적 발전'이라는 용어를 사용하였다.[4]

천시권 · 김종택(1971)에서는 '의미 변화의 발생, 의미 변화의 원인, 의미 변화의 과정, 의미 변화의 형태'로 절을 나누어 의미 변화에 대해 검토하였다. '의미 변화의 원인'에서 의미 변화의 촉진 요인과 원인을 자세히 다루었으며 '의미 변화의 과정'에서는 의미의 확대와 축소 문제를 다루었다. '의미 변화의 형태'에서는 '전통적 분류'라 하여 Darmesteter(1887)의 초기 의미 변화 이론을 소개하고 이어서 '기호론적 분류'라 하여 Stern(1931)과 Ullmann(1957)의 분류를 간략히 소개한 후 Stern(1931)의 분류에 따라 의미 변화를 소개하였다. 국내에서 간행된 의미론 개설서로는 이을환 · 이용주(1964)에 이어 두 번째라 할 수 있는 이 책에 가치의 변화에 관한 논의만 제외하고 의미 변화에 관한 이론적인 논의 대부분이 포함되었음을 알 수 있다.

이 시기에 정리된 의미 변화 관련 설명은 이후 의미 변화를 다루는 의미론 개설서에서 세부적인 차이는 있지만 전체적인 설명 방향은 그대로 유지되면서 이어졌다. 특별한 쟁점이 있지는 않았다. 심재기 외(1984)에서는 윤평현(2008)의 용어를 따르면 '의미 변화의 촉진 요인', '의미 변화의 원인', '의미 변화의 분류'를 소개하였고 최창렬 외(1989)에서는 '의미 변화의 원리', '의미 변화의 촉진 요인', '의미 변화의 원인', '의미 변화의 분류'를 다루었는데 전통적 분류, 그리고 경험적 분류라 구분한 Stern(1931)과 기능적 분류라 구분한 Ullmann(1957)의 분류를 함께 소개하고 있다. 조항범(1993)은 윤평현(2008)에서 다룬 내용과 범위가 크게 차이가 없다.

최근에 나온 임지룡(2018)은 윤평현(2008)과 비교적 차이가 있다. '의미 변화의 기본 개념'을 먼저 다루고 이어서 '의미 변화의 원인', '의미 변화의 기제', '의미 변화의 결과'로 나누어 의미 변화에 관해 소개하고 있다. '의미 변

4 의미 변화에 사용되는 용어 중에서 가치의 변화를 가리키는 용어가 제일 혼란이 많다. 이것은 단지 용어상의 문제만이 아니라 그 현상을 어떻게 볼 것인가의 문제와도 관련이 있다. 여기에 대해서는 3장에서 자세히 다룬다.

화의 원인'은 명칭은 같되 그 다루는 내용에서는 차이가 있으니 '언어공동체의 경향성, 지시물과 그 인식의 변화, 언어적 원인, 사회적 원인, 심리적 원인'으로 나누어 제시하였다. 이중에서 '언어공동체의 경향성'은 "새로운 '형태/의미'의 단어를 만들어 내기가 어려울 뿐만 아니라, 그 새말에 대해 언어공동체가 쉽사리 이해하고 기억하면서 수용하기가" 어려움을 가리키는 용어로, 이로 인해 기존의 '형태'에서 '의미'가 바뀌는 현상이 일어난다는 것이다(임지룡 2018: 324). '지시물과 그 인식의 변화'는 윤평현(2008)에서 '역사적 원인'으로 정리가 되었던 것으로 지시물의 변화와 지시물에 대한 지식의 변화만 다루었다. '의미 변화의 기제'에서는 '환유, 은유, 문법화'를 다루고 있다. '의미 변화의 결과'는 윤평현(2008)과 많이 다르게 서술되어 있다. 임지룡(2018)에서는 의미 변화의 결과를 아래의 5개로 분류하여 서술하였다.

가. 의미 폭의 변화
나. 의미 가치의 변화
다. 대치와 이동
라. 대립과 중화
마. 원형 변화

'의미 폭의 변화'라 하여 '의미의 확대', '의미의 축소'를 제시한 것이나, '의미 가치의 변화'에서 '의미의 하락, 의미의 상승'을 제시한 것은 용어의 차이는 있으나 기존에 분류되었던 것에서 벗어나지 않는 것이다. 그런데 기존의 논의에서는 '확대, 축소'와 함께 다루어지던 '전이'에 해당하는 것을 '대치와 이동'이라 하여 별도로 분류하고 이를 '대치'와 '의미 이동'으로 나누어 설명하였다. '쓱다>비싸다', '풀다>팔다(쌀을 사다)'로 바뀐 예에서 확인되는 '대립'과 '주책없다/주책이다', '엉터리없다/엉터리이다', '우연하게/우연찮게'와 같은 예에서 확인되는 대립의 '중화'를 '대립과 중화'에서 제시하였다. '원형 변화'에서는 'ᄉᆞ랑ᄒᆞ다'에서 발견되는 '원형 이동'(思→愛)과 '양반'이라는 말이 '문무반'이라는 원형 의미에서 '상류계층'이라는 원형 의미가 추가되고 다시 '점잖은 사람, 남편의 높임말, 남자를 높이거나 홀하게 이르는 말, 나은 형편'이 추가되는 '원형 분열'로 나누어 설명하였다.

국외의 의미 변화 이론을 소개하는 단계를 넘어서서 국어의 의미 변화 현상을 기술하려는 시도도 많지는 않지만 계속 이어졌다. 마성식(1991)은 기존의 이론 틀을 재검토하여 '사회적 요인, 심리적 요인, 외국어의 영향'으로 의미 변화 유형을 재분류하고 각각의 사례를 검토하였다. 성환갑(1991a)은 확대와 축소를, 성환갑(1991b)은 향상과 비하를 다루었다. 의미 변화의 결과에 초점을 둔 것으로 성환갑(1991a, 1991b)에서 특징적인 점은 매우 많은 예가 제시되었다는 점이다. 조항범(1999)은 언어적 원인 중의 하나인 '전염' 현상이 국어에서 어떤 양상으로 나타나는지 집중적으로 검토하였다. 이 현상에 속할 수 있는 국어의 사례로 16개의 단어를 찾아 개개 사례의 통시적 양상을 깊이 있게 검토하고 그러한 토대 위에서 '전염' 현상의 성격을 고찰하는 이론적인 논의까지 이루어졌다.

최형용(2007a)에서는 의미 가치의 변화를 다루었다. 가치의 변화가 '덜' 혹은 '더'의 정도 차이가 아니라 완전히 정반대의 가치 평가로 바뀌는 경우(최형용 2007a: 203)에 관심을 두었는데 긍정적 가치에서 부정적 가치로[5] 의미가 변화한 사례로 '점입가경(漸入佳境)'을, 반대의 경우로 '타산지석(他山之石)'을 들고 '점입가경'의 경우는 반어법에서, '타산지석'은 이 말과 어울려 나타나는 연어 관계와 문맥에서 변화 이유(원인)를 찾았다. 최형용(2007a)에서는 동의 관계에 있는 단어(또는 성구)가 동의 경쟁을 하면서 그 의미가 반의 관계로 정착한 것과 반의 관계로 발전하고 있는 예들을 다루었다. 반의 관계로 정착한 것의 예는 '앞/전(前)', '적이/조금', '기차다/기가 차다'를 제시하였고 반의 관계로 발전하고 있는 것의 예는 '적절하다/적당하다', '쌍수(를) 들다/두 손(을) 들다'를 들었다. 최형용(2007b)의 관점은 예를 들면 '앞'과 '전(前)'은 동의 관계에 있는 단어인데 동의 경쟁의 결과 '전(前)'이 가지던 공간적 의미

5 '긍정적 가치'는 윤평현(2008)의 용어로는 '향상'에, '부정적 가치'는 '하락'에 해당한다.

는 모두 '앞'에 내주었고 시간적인 의미에서도 '앞'이 [미래]의 의미를 가지는 대신 '전'은 [과거]의 의미에 한정되어 여기서 반의 관계를 형성한다는 것이다. 단어가 아닌 구도 포함하고 의미 변화의 사례인지 의문이 제기될 수 있는 '반의 관계로 발전하고 있는 것'을 포함하였다는 점에서는 과거의 의미 변화에 대한 논의와 다르다.

단어나 단어군을 중심으로 의미 변화의 이론을 검토하는 성과가 나오기도 하였다. 김희진(1984)은 '놈'이라는 하나의 단어를 대상으로 하여 시대별로 문헌에서 나타나는 의미를 확인한 후 의미 확대와 축소, 타락과 향상, 의미 변화의 원인 등이 이 단어에서 어떤 양상으로 나타나는지 자세히 분석하였다. 이현희(1989)에서는 동의 관계에 있는 다른 단어들과의 경쟁에 밀리면서 'ᄉᆞ랑ᄒᆞ다'의 의미가 축소되는 과정을 밝혔다. 최전승(2006)은 인지 의미론의 관점에서 접근하였다는 점에서, 또 방언에서 나타나는 의미 변화를 다루었다는 점에서 주목된다. '圍'의 의미를 갖고 있던 '도르다/두르다'가 전라 방언에서 '欺'의 의미로 바뀌고 이것이 다시 '盜'의 의미로 바뀌는 것을 전라 방언의 다양한 사례를 통해 검토하면서 이것이 은유와 환유의 과정을 거쳐 이루어진 것으로 해석하였다. 송지혜(2014)에서는 '이상하다'라는 단어를 대상으로 의미 가치의 변화의 관점에서 '이상하다'가 부정적인 방향으로 변화한 과정과 그러한 의미 변화가 일어난 원인을 밝히고자 하였다.

의미 변화 이론에 대한 논의를 벗어나서 국어 의미 변화의 사례를 다룬 논저를 찾으면 꽤 있을 것으로 생각한다.[6] 하나의 단어 혹은 단어군의 통시적 변화가 연구 대상이 되면 해당 단어에서 현저한 의미 변화가 있으면 당연히 서술될 것이기 때문이다. 최근의 사례로 '녹다'를 고찰한 신은수(2017)나 '사고팔다'류 단어인 '매매하다, 거래하다, 흥정하다'를 다룬 최준호(2018)를 들 수 있다. 이들 모두를 찾아 검토하는 것은 저자의 능력을 벗어나는 일이기 때문에 여기서는 제목에 '의미 변화'가 들어간 것들에 한해서 살펴보도록

6 2004년 이전에 나온 일부 논저는 졸고(2004: 479)에서 다루었기 때문에 여기서 다시 다루지 않도록 한다.

한다.[7]

인체어를 다룬 김진식(1994), 공간 명사의 의미 변화를 말뭉치를 이용하여 검토한 김한샘(2006), 아주머니 계열 어휘의 역사적 변천을 다룬 조남민(2009), 컴퓨터 용어와 관련하여 동사 쪽에 초점을 두고 의미 변화를 다룬 박동근(2011) 등은 단어군을 함께 다룬 성과들이다. 의미 변화에 관한 논의는 주로 과거 의미와 변화된 현재 의미를 비교하여 검토하는 것이었는데 박동근(2011)은 최근에 등장한 도구인 컴퓨터 사용과 관련하여 동사에서 나타난 의미 변화가 관심이었다는 점에서 기존의 논의와는 다른 종류의 단어를 대상으로 삼았다.[8] 최근에 나타나는 의미 변화에 관심을 두었다는 점에서는 조항범(2011)과 조항범(2012)도 같다. 이 두 논문에서는 각각 명사와 형용사, 동사의 예들 중에서 최근에 급격하게 의미가 변화해 가고 있는 예들을 자세히 검토하였다. 이광호(1989)는 현용 자석어(字釋語)의 정립을 위해 의미의 가치 변화가 있는 몇 개의 단어를 검토하였다.

단어 하나만을 대상으로 하여 상세하게 의미 변화 양상을 밝히기도 하였다. 이양혜(2002)는 '먹다'라는 용언의 의미와 기능을 밝히면서 의미 변화 양상도 살폈다. 논의의 초점은 의미 변화보다는 '먹다'의 기능을 밝히는 쪽에 있다. 송지혜(2006)는 '덥다', 송지혜(2007)는 '맵다', 송지혜(2011)는 '시원하다'라는 하나의 단어를 대상으로 통시적으로 의미가 어떻게 변화했는지 밝혔다. 장한업(2007)은 한국에서 '술집이나 다방의 여주인'만 지칭하는 말로 쓰이는 '마담'에 대해 프랑스어, 영어, 한국어, 일본어 사전을 검토하여 일본 도쿄의 긴자에서 쓰던 말이 들어왔을 것으로 보았다. 이 논의를 인정한다면 국어의 관점에서는 의미 변화보다는 의미 차용으로 보아야 할 것이다. 이민우(2011)에서는 개화기 말뭉치와 현대국어 말뭉치에서 쓰인 동사 '놓다'의 의미 사용

7 '의미 변화'가 제목에 들어갔어도 논의 내용이 본고와 무관하다고 판단되는 것은 제외하였다.

8 그런 이유인지 제목에서는 '의미 변화'라는 용어를 사용했지만 부제와 본문에서는 '변이'라는 용어를 더 많이 사용하였다.

빈도를 조사하여 ‘놓다’가 지닌 여러 의미의 사용 빈도가 개화기에서 현대국어로 오면서 변화했음을 제시하였다. 조은영 · 이한민(2011)에서는 연결어미 ‘-게’가 종결어미로 문법화되는 과정에서 나타나는 통사적 특성의 변화와 의미 변화의 양상을 살폈다. 어미는 일반적으로 의미 변화의 논의 대상이 아니었다. 이선영(2015)은 ‘맵다’가 중세국어와 근대국어에서 쓰인 예들을 검토하여 ‘맵다’가 ‘원래의 정도보다 강하거나 진하다’라는 의미였는데 고추가 우리나라에 보급된 이후 ‘고추’의 속성이 ‘맵다’의 기본의미가 되었다고 보았다. 강소영(2012)에서는 ‘두뇌’가 전통적으로 [요체], [목 윗부분]의 의미로 많이 사용되다가 개화 이후 [지력]이라는 의미로 더 많이 사용되었다고 하였다. 전통적인 의미는 통칭하는 국어사 자료가 아니라 한국고전종합DB와 승정원일기에서 검색하였다. 조민정(2015)에서는 부사 ‘막’이 접두사와 담화표지로도 사용되는 것을 문법화의 한 가지로 보고 부사 ‘막’의 의미와 문법화를 연계하여 검토하였다. 정연희(2017)는 보조동사 ‘보다’가 ‘-어 보다’ 구성에서 ‘시도’에서 ‘경험’, 그리고 ‘가정’의 의미를 획득하면서 문법화되는 것을 살피면서 문법화의 기제를 밝히고 역사 자료와 현대국어 말뭉치 자료에서 그것을 확인하였다.

제목에 ‘의미 변화’가 들어간 것으로 제한했음에도 불구하고 최근에 의미 변화를 다룬 예들이 꾸준히 성과가 나오고 있으며 의미 변화 문제에 접근하는 태도나 관심의 폭이 넓어지면서 의미 변화에 대한 접근이 동일하지 않고 다양해짐을 볼 수 있다. 옛 문헌의 전산화로 자료 수집이 쉬워지면서 말뭉치를 활용한 논의가 많아졌다. 의미 변화를 검토하는 대상이 단어가 아니라 어미인 경우도 있었다. 또한 과거의 의미와 현재의 의미를 비교하는 의미 변화만이 아니라 공시적으로 의미 분화가 진행되는 예를 다루기도 하였다. ‘문법화’에 초점을 두고 논의하는 사례들도 여럿 있었다.

3. 앞으로의 과제와 전망

졸고(2004: 475)에서 1970년대 이후의 논의에서 보완했어야 할 점을 두 가지 들었다. 하나는 국어의 의미 변화 사례를 광범위하게 모으는 작업이 있어야 한다는 점이고, 다른 하나는 기존의 이론에 대한 반성으로 서구의 이론이 국어의 연구에 적합한지, 보완할 점은 무엇인지 검토해야 한다는 점이었다. 2장에서 최근까지의 성과를 확인했는데 이와 관련해서 진전이 있기는 했지만 괄목할 만한 성과가 있었다고 보기는 어려워 졸고(2004)의 지적이 여전히 유효하다고 생각한다.

국어의 의미 변화 사례에 대한 성과는 2장에서 보았듯이 지속적으로 나오고 있으며 자료의 정리도 계속 진척이 되고 있기는 하다. 1999년에 국립국어원에서 펴낸 『표준국어대사전』에서 최초출현형을 제시하면서 의미 변화가 현저한 단어들은 간략하게 변화하기 전의 의미를 표시하였다. 최초출현형의 제시는 2009년에 나온 『고려대 한국어대사전』(이하 『고려』)에도 수용되었는데 『표준국어대사전』에서 발견된 문제점을 보완하였고 필요할 때는 '부가 정보'로 설명을 덧붙이기도 하였다. '21세기 세종계획'에서는 2002년부터 2006년에 걸쳐 5,129개 어휘의 역사 정보가 구축되었다(김한샘 2007: 171). 2016년에 개통된 '우리말샘'(opendict.korean.go.kr)에도 '역사 정보'라 하여 개별 올림말의 역사 정보가 들어가 있다. 이들이 모두 의미 변화 사례에 해당하는 것은 아니지만 개별 단어의 역사적 변화를 제시하거나 기술하는 중에 의미 변화가 현저한 단어들은 그 변화도 역시 제시하거나 기술하였다. 의미 변화의 사례를 모을 때 좋은 자료로 활용될 수 있을 것이다. 다만, 고유어만이 주된 대상이고 정보가 제시된 올림말의 수가 수천에 불과하기 때문에 자료가 충분히 모아졌다고 하기는 어렵다.

사전에 수록된 정보와 임지룡(2018)에 제시된 사례를 비교하여 사례 수집의 현황을 가늠해 보도록 하자. 임지룡(2018)에서는 의미 변화의 예들을 제시할 때 중세국어나 근대국어 시기의 문헌에서 예가 발견된 것들은 그 예들을 제시하였다. 이들은 두 사전의 편찬 방침을 고려하면 『고려』의 최초출현형, 우리말샘의 역사 정보에 제시되었을 것으로 기대할 수 있는 것들이다. 임지룡(2008)에서 필자가 확인한 것은 모두 29개이다.[9] 이들을 『고려』 및 우리말샘과 비교하였다.[10] 의미 변화에 대한 정보가 있으면 '정보 있음'으로, 최초출현형과 역사 정보가 있기는 하지만 의미 변화에 대한 설명은 없으면 '정보 없음'으로 구분하였다.

〈표 2〉 임지룡(2018)의 의미 변화 예와 『고려』, '우리말샘' 비교

분류 기준	단어
두 사전 모두 정보 있음	겨레, 마누라, 비싸다, 싸다, 씩씩하다, 어리다, 예쁘다, 이바지[11], 짐승
두 사전 모두 정보 없음	가난하다, 귀밑, 보조개, 시원하다, 여위다, 틈
『고려』에만 정보 있음	구실, 양반, 얼굴
우리말샘에만 정보 있음	계집, 놈, 말씀, 보람, 사랑하다

임지룡(2018)에서 의미 변화로 본 단어 중에서 두 사전에서 의미 변화를 제시한 것은 29개 중에서 9개에 불과하다. '가르치다/가리키다, 가을, 스승, 여름, 지치다'의 6개는 임지룡(2018)에서 의미 변화로 본 것을 두 사전에서 동음이의어로 처리하였다. '가르치다/가리키다'는 사전의 올림말 제시 방식에

9 『고려』에서 최초출현형 정보가 있고 우리말샘에서 역사 정보를 제시한 올림말에 국한하였다. 중세국어나 근대국어의 예가 있는 것들로 필자가 확인한 단어는 애초 32개였다. 그 중에서 '별로, 영감'은 우리말샘에는 역사 정보가 있지만 『고려』에는 최초출현형 정보가 없다. '힘'은 『고려』에는 최초 출현형 정보가 있지만 우리말샘에 역사 정보가 없다. 그래서 이 셋은 논의에서 제외하였다.

10 사전에서의 제시 목적, 제시 방법과 임지룡(2018)에서의 논의 목적이 다르기 때문에 기계적으로 비교하는 것은 문제가 없지 않다. 그렇지만 경향을 파악하는 데는 충분하다고 보았다.

11 임지룡(2018)에서 제시한 것은 '이바지하다'이다. 『고려』에서는 이 단어에 대해서 최초 출현형을 제시하기는 했지만 의미 변화 정보를 제시하지 않았으며 우리말샘에는 역사 정보가 없다. 그렇지만 '이바지'의 경우는 두 사전에서 다 설명이 있다. '하다'의 차이를 고려하지 않아도 될 것이어서 '이바지'를 대신 제시하였다. 다만 우리말샘에는 '이바지'가 동음이의어로 처리가 되어 있다.

따라 동음이의어로 처리하는 것이 어쩔 수 없지만 '가을, 스승, 여름, 지치다'를 동음이의어로 처리한 것은 결과적으로 이들 단어를 별개로 인정하여 의미 변화를 인정하지 않은 것이 된다.[12] 나머지 14개는 정보가 없거나 한 사전에서만 정보를 제시하였다. 이처럼 임지룡(2018)과 두 사전의 처리가 많이 다르다는 것은 의미 변화에 관한 논의에서 다루어지는 예들이 실제로 개별 단어들의 정리에서는 잘 반영이 되지 않았음을 보여준다.[13] 한편으로는 의미 변화의 판단이 연구자에 따라 그만큼 차이가 날 수 있음을 보여준다고도 할 수 있다.

'가래다, 간직하다, 개수, 골치, 나쁘다, 남진계집' 등 의미 변화를 제시한 올림말이 사전에 꽤 있다. 반대로 과거의 의미 변화 논저들에서 언급된 것들도 꽤 있다. 이것들을 비교 정리하면서 의미 변화의 예들을 정확하게 정리할 필요가 있다. 한자어, 외래어 등으로까지 넓혀 새로운 의미 변화 사례를 발굴하는 것도 필요하고 과거의 의미 변화 논저에서 제시된 것들을 확인하는 작업도 의미가 있다. 앞서 보았듯이 최근에 말뭉치를 활용한 성과가 많이 늘었는데, 이용 가능한 말뭉치 규모는 갈수록 확대될 것이기 때문에 사례 수집 성과가 더욱 많이 나올 것으로 기대할 수 있을 듯하다.

의미 변화 이론에 대한 반성과 관련해서는 논의가 그리 많이 발전한 것으로 보이지 않는다. 국어 사례에 대한 많은 검토가 이루어져서 논의 자료가 축적된 상태가 아니니 이는 당연하다고 할 수 있다. 최근 논의까지 포함하였을 때 필자로서는 오히려 졸고(2004)를 작성할 때보다 더 혼란스러워졌다. 의미 변화 이론에서 정의하고 사용하는 개념들부터 재검토가 필요한 것으로 보인다.

의미 변화를 어떻게 정의할 것인가? 최근의 정의인 임지룡(2018: 321)에서는 "의미 변화는 '형태/의미'의 짝으로 이루어진 단어에서 의미가 A에서 B로

12 그 결과 '가을'의 경우는 최초출현형을 제시하는 경우에도 각각 다른 예를 제시하였다.

13 임지룡(2018)은 두 사전보다 뒤에 나왔기 때문에 사전에서 임지룡(2018)의 사례들을 반영하지 못한 것은 당연하다고 할 수도 있다. 그렇지만 임지룡(2018)에 제시된 사례들은 이미 앞선 논의들에서 제시되었던 사례들도 포함되므로 발간 시기만을 중요하게 고려할 필요는 없다고 본다.

바뀌는 현상인데, 이 과정에서 A+B(다의관계)인 중간단계를 거치게 된다."라고 하였다. A+B가 다의 관계를 형성한 경우는 공시적인 측면의 의미 확장으로 처리된다고도 했다. 여기서 제기될 수 있는 의문 중의 하나는 의미 변화를 '단어'로 한정할 수 있는가의 문제이다. 과거에는 의미 변화를 주로 어휘 차원에서 검토하였다. 그런데 앞에서 보았듯이 최근에는 어미와 같은 문법 범주에서의 통시적 변화도 '의미 변화'라고 표현하기도 한다. 조사, 어미와 같이 문법적 기능이 더 중요한 부류의 통시적 변화를 의미의 변화로 보는 것이 타당할 것인가는 문제로 삼을 수도 있다. 그렇지만 문법적 기능도 의미라고 간주하는 관점에서 보면 기능의 변화도 의미의 변화라고도 할 수 있을 것이다. 더 큰 단위로 관용구나 속담에서의 의미 변화도 검토될 수 있을 것이다. 다만, 이 경우는 관용구나 속담이 어휘의 성격이 있다는 점에서 본다면 넓게 어휘에 포함된다고 할 수도 있을 것이기는 하다. 이것들이 아니어도 의미 변화의 범위를 더 생각해 볼 여지는 있다.[14]

의미가 A에서 B로 바뀌는 것이 의미 변화이고 A+B가 다의 관계를 형성하는 것은 의미 확장으로 보는 것도 이견이 있을 수 있는 부분이다. 음운 등 형태의 경우에는 시간이 흐르면서 하나의 형태로 수렴되므로 A에서 B로 바뀐다고 할 수 있겠지만 의미의 경우는 오랜 시간이 흘러도 A와 B의 의미가 계속 공존할 수 있기 때문에 B가 등장하면서 다의로 확장될 때부터 의미 변화가 있다고 할 수도 있을 것이다.

의미 변화 이론에서 사용하는 다른 개념이나 용어들도 실제 예들에서 나타나는 의미 변화와 부합하면서 모든 변화를 포괄할 수 있을 정도로 충분한지 검토할 점이 많다. 이중에서 일부 논의가 이루어지기도 했으니 가치의 변화와 관련된 개념이 대표적이다. 초기의 논의인 이을환 · 이용주(1964: 148-149)와 천시권 · 김종택(1971: 248-249)에서는 '타락, 향상'이라는 용어를 제시하였다.[15] 앞서 보았던 2장에서 의미 가치의 변화를 다룬 심재기(1968/1982)에서

14 Luján(2010: 288)에서는 전통적으로는 단어의 의미 변화가 초점이었지만 연어, 단어 형성 패턴, 통사적 구성 등에서의 의미 변화도 있다고 하였다.

는 '경멸적 발전, 개량적 발전', 윤평현(2008)에서는 '하락, 향상', 임지룡(2018)에서는 '하락, 상승'이라는 용어를 사용하였다. 그 외에도 '타락적 발달, 개선적 발달'(남성우 1982), '저락, 향상'(이광호 1989), '비하, 향상'(성환갑 1991b) 등의 용어가 사용되었다. 송지혜(2014: 333-334)에서는 이들 용어에 주관성이 개입하여 관점에 따라 다르게 해석할 여지가 있다고 지적하면서 좀 더 객관적인 용어로 '부정화, 긍정화'를 선택하였다. 최형용(2007a: 202)에서도 포괄적인 의미에서 '부정적, 긍정적'이라는 용어를 사용하겠다고 밝혔다. 이러한 용어의 혼란은 단지 번역어 선택의 문제가 아니라 가치의 변화 현상을 어떻게 볼 것인가와 관련된 문제라 할 수 있다.

4. 마무리

언어는 형태와 의미로 이루어져 있다. 이들 형태와 의미는 시간이 흐르면서 끊임없이 변화한다. 국어학계에서 형태의 변화와 관련된 연구 성과는 많이 축적된 데 비해 의미의 변화와 관련된 성과는 아직 많이 미흡하다. 의미 변화는 옛 문헌에서 쉽게 확인할 수가 없어 앞뒤 문맥을 보면서 변화 여부를 판단해야 하는 어려움이 있고, 형태의 변화에 비해 나타나는 양상이 훨씬 복잡다기하여 접근하기가 더 까다로운 점이 없지 않다. 그럼에도 불구하고 국어의 역사에 대한 통찰이 깊이를 더하기 위해서는 의미 변화에 대한 이해를 더 깊게 해야 할 것이다. 그렇지만 의미 변화에 관한 주요한 이론적 논의가 크게 보면 1960년대의 논의에서 머무르면서 지금까지 그 논의의 범위 안에서 조금씩 보완하는 정도에 그치고 있다. 국어에서 발견되는 의미 변화의 사례들이 계속 축적되어 가고 있지만 주로 고유어 단어를 중심으로 한 논의만 이루어지고 있다.

15 천시권 · 김종택(1971)에서는 제목에서는 '타락'을 제시했지만 설명을 할 때는 '저락(低落)'이라는 용어를 사용하였다.

이론적인 면에서의 탐구도 필요하고 개별 단어의 역사를 정리하면서 시간의 흐름에서 의미 변화가 나타난 것들도 정리가 여전히 필요하다. 이론과 자료가 상호 영향을 끼치면서 국어의 의미 변화에서 나타나는 다양한 양상의 정리와 이론화가 진행되어야 할 것이다. 필자가 졸고(2004)에서 해결해야 할 과제로 제시한 두 가지, 국어의 의미 변화 사례를 광범위하게 모으는 작업과 기존의 이론에 대한 반성은 여전히 관심의 손길을 기다리고 있다.

참고문헌

강소영(2012), "근대계몽기 두뇌의 의미 변화 연구", 『한국문화연구』 22: 57-86, 이화여자대학교 한국문화연구원.

김권호(1966), "의미 변화 연구의 문제점", 『영어영문학』 19: 3-19, 한국영어영문학회.

김종택(1969), "어휘 · 의미지도와 의미 변화의 원리", 『논문집』 5: 127-160, 대구교육대학교.

김종학(1982), "국어 어휘의 의미 변화양상에 대한 시고", 『어문논집』 16: 161-174, 중앙대학교.

김진식(1994), "국어 인체어의 의미 변화: 심리적 요인을 중심으로", 『개신어문연구』 11: 7-40, 개신어문학회.

김진형(1996), "품사전환에서의 의미 변화", 『언어』 21(4): 1009-1023, 한국언어학회.

김한샘(2006), "말뭉치에 기반한 공간 명사의 의미 변화 연구", 『반교어문연구』 21: 159-186, 반교어문학회.

김한샘(2007), 『21세기 세종계획 백서』, 국립국어원.

김희진(1984), "'놈(者)'의 의미 변화고", 『어문연구』 42 · 43: 423-454, 한국어문교육연구회.

남성우(1982), "국어의 의미 변화 연구", 『언어와 언어학』 8: 81-90, 한국외국어대학교 언어연구소.

남성우(1985), 『국어의미론』, 영언문화사.

남성우(1999), “Ullmann의 의미론에 대하여”, 『한국어 의미학』 5: 1-25, 한국어 의미학회.

마성식(1987), “국어 의미 변화 원인과 유형설정을 위한 연구”, 『한남어문학』 13: 797-816, 한남어문학회.

마성식(1991), 『국어 어의변화 유형론』, 한남대학교출판부.

마성식(1999), “Ullmann의 의미 변화 이론과 그 적용(I)-The Principles of Semantics를 중심으로”, 『한국어 의미학』 5: 27-82, 한국어 의미학회.

마성식(2000), “Ullmann의 의미 변화 이론과 그 적용(II)-Semantics: 의미 과학 입문을 중심으로”, 『한국어 의미학』 6: 115-138, 한국어 의미학회.

민재홍(2008), “중국어 낱말의 의미 변화 연구”, 『중국문화연구』 13: 29-52, 중국문화연구학회.

박동근(2011), “도구 유입에 따른 어휘 의미 변화: 컴퓨터 사용과 관련된 용어의 의미 변이를 중심으로”, 『사회언어학』 19(1): 59-82, 한국사회언어학회.

박양귀(1966), “Sense의 변화에 관하여: 그 축소와 확대를 중심으로”, 서울대학교 대학원 언어학과 석사학위논문.

박종갑(1992), “낱말밭의 관점에서 본 의미 변화의 유형”, 『한민족어문학』 21: 99-135, 한민족어문학회.

성환갑(1991a), “의미의 축소와 확대”, 간행위원회, 『현산 김종훈박사 화갑기념논문집』, 269-291, 집문당.

성환갑(1991b), “의미의 향상과 비하”, 간행위원회, 『도곡 정기호박사 화갑기념논총』, 697-716, 대제각.

송지혜(2006), “‘덥-’의 의미 변화 연구”, 『어문학』 94: 37-62, 한국어문학회.

송지혜(2007), “‘맵다’의 의미 변화 연구”, 『어문학』 98: 95-119, 한국어문학회.

송지혜(2011), “‘시원하다’의 통시적 의미 변화 양상 연구”, 『어문학』 111: 37-56, 한국어문학회.

송지혜(2014), “‘이상하다’의 가치 의미의 변화 연구”, 『국어사연구』 18: 329-361, 국어사학회.

신은수(2017), “동사 ‘녹다’에 대한 통시적 고찰”, 『국어문학』 65: 213-251, 국어문학회.

심재기(1964/1982), 『국어 어의변화의 구조적 연구』, 『국어연구』 11. (심재기(1982)에 재록.)

심재기(1968/1982), “평가상으로 본 국어의 의미 변화”, 송수기념사업위원회, 『이숭녕박사 송수기념논총』, 을유문화사. (심재기(1982)에 재록.)
심재기(1982), 『국어어휘론』, 집문당.
심재기 · 이기용 · 이정민(1984), 『의미론서설』, 집문당.
윤평현(2008), 『국어의미론』, 역락.
이경자(1998), "신체어 머리의 의미 변화 고찰", 『인문학연구』 25(1): 43-59, 충남대학교 인문과학연구소.
이광호(1989), "의미의 가치변화에 따른 자석어변천", 『어문논총』 23: 87-106, 경북어문학회.
이기숙(2009), "의미 변화에서 기능하는 은유와 청자의 해석", 『외국어로서의 독일어』 24: 134-155, 한국독일어교육학회.
이동석(2006), "중세국어 '즐다'의 의미 및 변화 연구, 『한국어학』 32: 193-212, 한국어학회.
이명숙(1987), "의미 변화에서의 유사성과 인접성", 『어문연구』 12: 33-41, 경북대학교 어학연구소.
이민우(2011), "한국어 동사 '놓-'의 의미 변화 양상 분석", 『한국어 의미학』 36: 265-283, 한국어 의미학회.
이선영(2015), "'맵다'의 의미 변화에 대한 단견", 『진단학보』 125: 163-181, 진단학회.
이숭녕(1956), "국어의 의미 변화 시고: 의미론 연구의 한 제언", 『자유문학』 1: 236-242, 자유문학자협회.
이승명(1995), "사회 문맥과 의미 변화", 『이중언어학』 12: 229-254, 이중언어학회.
이양혜(2002), "'먹다'의 기능과 의미 변화", 『한국어학』 15: 185-210, 한국어학회.
이양혜(2005), "인지언어학적 접근 방법에 따른 합성어의 의미 변화 연구", 『우리말연구』 17: 123-149, 우리말학회.
이을환(1959), "의미론연구(상): 언어학적 의미론", 『국어교육』 2: 12-17, 한국국어교육연구회.
이을환(1962a), "의미론연구(하)", 『국어교육』 3: 41-59, 한국국어교육연구회.
이을환(1962b), "국어의미 변화고: 언어기호설을 중심으로 하여", 『국어학』 1: 41-51, 국어학회.
이을환(1962c), "어의변화의 심리적 고찰", 『한글』 130: 20-39, 한글 학회.
이을환(1963), "국어 의미 변화의 원인 연구: 심리적 · 언어적 견지에서", 『논문집』 3: 7-37, 숙명여자대학교.
이을환(1964), “국어 의미 변화의 사회적 고찰”, 『숙대학보』 4: 30-41, 숙명여자대학교.
이을환(1967), “국어 통시의미론 서설의 일단”, 『논문집』 7: 73-91, 숙명여자대학교.
이을환 · 이용주(1964), 『국어의미론』, 수도출판사.
이현희(1989), “{ᄉᆞ랑ᄒᆞ다}의 의미축소 연구”, 제효 이용주박사회갑기념논문집 간행위원회, 『제효 이용주박사 회갑기념논문집』, 639-672, 한샘.
이희승(1955), 『국어학개설』, 민중서관.
임지룡(2005), “해방 60년 우리말글 연구의 성과와 과제: 의미론 연구를 중심으로”, 『우리말글』 34: 1-28, 우리말글학회.
임지룡(2018), 『한국어 의미론』, 한국문화사.
장한업(2007), “외래어 ‘마담’의 의미 변화에 관한 연구”, 『프랑스어문교육』 26: 29-45, 한국프랑스어문교육학회.
전재호(1962), “의미 변화 서설의 일단”, 『어문논총』 1: 19-44, 경북어문학회.
정교환(1980), “국어 의미 변화의 연구”, 『논문집』 2: 67-104, 마산대학교.
정연희(2017), “한국어 보조동사 구성 ‘-어 보다’의 의미 변화와 문법화”, 『담화와 인지』 24(3): 53-75, 담화·인지 언어학회.
조규태(2007), “방언의 전통적 의미와 의미 변화”, 『국어사연구』 7: 165-181, 국어사학회.
조남민(2009), “여성 호칭어 “아주머니” 계열 어휘의 의미 변화에 대한 연구”, 『배달말』 45: 497-533, 배달말학회.
조남호(2004), “의미 변화 이론의 수용과 전개”, 『국어학』 43: 461-485, 국어학회.
조남호 · 윤석민(2012), 『언어와 의미』, 한국방송통신대학교출판문화원.
조민정(2015), “문법화에 따른 ‘막’의 기능 및 의미 변화 연구”, 『한국사전학』 26: 177-215, 한국사전학회.
조은영 · 이한민(2011), “반말체 어미 ‘-게’의 문법화와 의미 변화”, 『한국어 의미학』 36: 391-417, 한국어 의미학회.
조항범(1993), 『국어의미론』, 와이제이물산.
조항범(1999), “‘전염’에 의한 의미 변화에 대하여”, 『인문학지』 17: 1-42, 충북대학교 인문학연구소.
조항범(2011), “현대국어의 의미 변화에 대하여: 명사를 중심으로”, 『개신어문연구』 34: 5-35, 개신어문학회.

조항범(2012), “현대국어의 의미 변화에 대하여(2): 형용사, 동사를 중심으로”, 『한국언어문학』 81: 85-112, 한국언어문학회.

천시권 · 김종택(1971), 『국어의미론』, 형설출판사.

최문길(1985), “국어의 의미 변화 연구: 주로 유사성과 접근성을 중심으로”, 『국어교육』 53: 1-17, 한국국어교육연구회.

최전승(2006), “국어 지역 방언에서 일어난 의미 변화의 일반적 발달 경향과 환유(metonymy)와의 상관성: 전라방언에서 ‘도르다/두르다형의 의미 전이(欺>盜)의 경우를 중심으로”, 『배달말』 39: 167-215, 배달말학회.

최준호(2018), “‘사고팔다’류 동사의 통시적 변화 연구: ‘매매하다’, ‘거래하다’, ‘흥정하다’를 중심으로”, 『구결연구』 41: 161-200, 구결학회.

최창렬 · 심재기 · 성광수(1989), 『국어의미론』, 개문사.

최형용(2007a), “가치평가에서의 의미 변화에 대하여: 말뭉치 텍스트의 ‘점입가경(漸入佳境)’과 ‘타산지석(他山之石)’의 용례를 중심으로”, 『텍스트언어학』 22: 201-221, 한국텍스트언어학회.

최형용(2007b), “동의 충돌에 따른 의미 변화의 한 양상에 대하여”, 『국어학』 50: 329-355, 국어학회.

황국정(2014), “15세기 국어 동사의 의미 변화와 논항구조의 변화”, 『인문학연구』 26: 5-34, 경희대학교 인문학연구원.

Bréal, M. 저, Cust, H. 역(1964), *Semantics: Studies in the Science of Meaning*, New York: Henry Holt & Company.

Darmesteter, A.(1887), *La Vie des Mots*, Paris: Delagrave. (최석규 역(1963), 『낱말의 생태』, 문교부.)

Fortson, B. W. IV(2003), An Approach to Semantic Change, in Joseph&Janda (eds.), *The Handbook of Historical Linguistics*, 648-666, Cambridge: Blackwell Publishing.

Guiraud, P.(1955), *La Sémantique*. Paris: Presses Universitaires de France. (유제호 역(1986), 『의미론』(탐구 끄세즈 문고 61), 탐구당.)

Jeffers, R. J. & I. Lehiste(1979), *Principles and Methods for Historical Linguistics*, London/Cambridge: The MIT Press.

Luján, E. R.(2010), Semantic Change, in Luragh & Bubenik(eds.) *Continuum Companionto Historical Linguistics*, 286-310, London: Bloomsbury Publishing.

McMahon, A. M. S.(1994), *Understanding Language Change*, Cambridge: Cambridge University Press.

Stern, G.(1931/1965), *Meaning and Change of Meaning*, Bloomington: Indiana University Press.

Traugott, E. C. & R. B. Dasher(2002), *Regularity in Semantic Change*, Cambridge: Cambridge University Press.

Ullmann, S.(1957), *The Principles of Semantics*, Oxford: Basil Blackwell. (남성우 역(1981), 『의미론의 원리』(재판), 탑출판사.)

Ullmann, S.(1962), *Semantics: An Introduction to the Science of Meaning*, Oxford: Basil Blackwell.

Waldron, R. A.(1967), *Sense and Sense Development*, Oxford: Andre Deutsch.

Whatmough, J.(1956), *Language-A Modern Synthesis*, The New American Library. (www.archive.org의 e-Book)

사전의 의미 기술*

남 길 임**

1. 들머리

거시구조나 미시구조를 통틀어 사전학에서 '의미'와 상관없는 요소는 없을 것이다. 언어사전의 진정한 대상과 기술 범위를 어떻게 한정할 것인가는 연구자나 편찬자에 따라 다를 수 있지만, 한 언어 집단의 의사소통을 구성하는 '의미 단위' 전체를 표제어로 등재하고, 각 표제어의 의미와 사용 맥락을 모두 담아낸 결과물이 사전이기 때문이다. 본 연구에서는 말뭉치 도입 이후 웹과 모바일의 확장, 사용자 참여 확대에 이르기까지 한국어 사전이 변화에 적응해 온 과정과 현황을 살펴보고, 사전의 의미 연구와 관련한 향후 발전 방향을 논의하고자 한다.

사전 편찬에서 말뭉치의 역할을 '혁명'으로 표현한 Rundell & Stock(1992) 이후, '다시 말뭉치 혁명을 찾아서'(The Corpus Revolution Revisited, Rundell

* 이 글은 남길임(2011) '확장된 어휘 단위에 대한 연구 동향과 한국어의 기술', 남길임(2018) '후회의 역설: 감성표현에 대한 말뭉치언어학적 고찰'의 내용을 토대로 새로이 구성되었다.

** 경북대학교 국어국문학과 교수, nki@knu.ac.kr

2008), '사전학에서의 말뭉치 혁명'(The Corpus Revolution in Lexicography, Hanks 2012) 등의 주목할 만한 논의가 나온 지도 어느덧 수년이 지났다. Rundell(2008)에서는 2000년 이후의 기존 말뭉치 혁명에 박차를 가한 사건으로 웹(www)의 등장을 들고 있는데, 그 이후로도 10여 년이 지난 현재 사전과 사전학은 모바일로의 확장, 위키류에서 나타난 일반인들의 활약 등으로 또 다른 일대 변화기를 맞고 있다.

이와 관련한 사전학계의 반응은 '사전의 위기'(dictionary crisis, Simonsen 2017: 419) '사전은 죽었다'(Dictionaries are dead, Hanks 2018)[1]와 같은 극단적인 진단에서부터 시작하기는 하지만, 이러한 중에 사전학자의 역할과 연구 방향을 모색하는 다수의 연구들이 있다.[2] '사전은 죽었지만, 사전학자의 일은 존재하며 그것은 맥락 의존적인 성구적 패턴(phraseological pattern)을 기술하는 것', '특정 주제, 특정 장르 중심적 사전의 필요성' 등을 주장한 Hanks (2018)나, 현대 사전편찬의 3대 주역을 '컴퓨터, 사전학자, 비전문가(lay people)'로 논하고 사전편찬학자의 역할과 차별성을 논의한 Rundell(2015: 15)의 논의는 주목할 만하다. 한편, 브리태니커와 위키피디아를 비교한 Giles(2005)에서는 위키피디아의 정확성과 최신성의 정도가 정확성의 측면에서 브리태니커와 비견할 만하며, 특히 과학 전문 분야에서 이러한 부분이 두드러짐을 논의한 바 있다. 이러한 연구들은 변화하는 사전 시장과 편찬의 주체, 사전의 유통 구조 속에서 기존 사전학의 가치와 사전편찬자의 역할을 적극적으로 모색하고자 한 것이다.

이 글의 목적은 '한국어 사전'을 대상으로 한국어 사전의 의미 기술이 말뭉

1 2018년 유럽사전학회(Euralex)에서 발표된 Hanks(2018)의 PPT 서론 첫 페이지를 인용하면 다음과 같다. "Dictionaries are dead: The business model on which funding was based(anticipation of sales of printed products) is defunct. Anyway, meanings are context dependent.(하략)"

2 사전의 미래에 대한 회의론적 입장은 사전학계에선 이미 오래된 얘기다. 배연경 (2016: 43)에 의하면 2012년 유럽사전학회의 좌담 주제 역시 "2020년에도 사전을 만드는 사람이 존재할까"였고 그 전에도 이러한 의문은 학술논문이나 발표로 자주 등장해 왔다.

치 혁명, 웹과 모바일 매체로의 확장, 사용자 참여형 사전의 등장 등의 변화들에 적응해 온 양상들을 살펴보고, 한국어 사전학의 발전 방향을 모색해 보는 것이다. 국내의 경우 전통적인 사전 편찬의 방식에서 한국어 최초 말뭉치 기반 사전으로 편찬된 『연세 한국어사전』과 말뭉치 기반 대사전으로서의 『고려대 한국어대사전』, 규범사전으로서의 지위를 확고히 한 『표준국어대사전』 이후, 사용자 참여형 사전인 '우리말샘'(2016~), '네이버 오픈사전'(2003~) 등이 운영 중이다.[3]

이 글은 '전통적인 방식'에서 '말뭉치 기반' 사전, '사용자 참여형 사전'의 방식으로 모습을 바꾸어온 사전편찬의 변화가 단지 사전 편찬의 자원이나 도구, 주체만의 변화를 의미하지 않는다는 사실에 주목한다. 유현경 · 남길임(2008), 홍종선 외(2009), 도원영 · 박주원(2011) 등의 사전학 관련 개론서에서 논의되고 증명된 바와 같이 한국어사전의 경우에도 말뭉치 혁명은 '거시구조'라는 표제어 구성과 뜻풀이, 문법정보, 의미항목 배열 등의 '미시구조' 모두에 일대 변혁을 가져왔다. 한편 한국어의 경우 그 역사가 그리 길지 않은 사용자 참여형 사전 역시 사용자의 관심사, '단어'를 넘어선 등재 단위에 대한 요구 등 사용자의 관점에서 사전 발전의 방향을 엿볼 수 있게 한다는 점에서 향후 사전에 미칠 영향은 적지 않을 것으로 예상된다. 본 연구는 이러한 사전을 둘러싼 언어 연구의 동향, 매체, 사용자 역할의 변화를 살펴보고 이러한 변화들이 사전의 거시구조와 미시구조에 미친 영향을 살펴보고자 한다.

2. 말뭉치 혁명, 사용자 혁명 그리고 한국어 사전의 변화

'한국어 사전'에 한정하여 사전편찬사의 주요 전환기를 구획하자면 ㄱ)

3 '우리말샘'과 '네이버 오픈사전'은 운영 주체와 방식이 각기 다르기는 하지만 '어번 딕셔너리(Urban dictionary)', '위키셔너리(wikitionary)' 등과 유사한 기능으로 운영되고 있다. 이에 대해서는 4장에서 상세히 논의하기로 한다.

1950년대 간단한 어휘집, 자전, 대역 사전에서 진정한 우리말 뜻풀이 사전으로의 전환과 대사전의 발간, ㄴ) 1990년대 중반 컴퓨터와 말뭉치의 도입과 말뭉치 기반 사전의 출간, ㄷ) 2000년대 초 '우리말샘', '네이버 오픈사전' 등과 같은 편찬 주체로서 사용자의 역할 확장 등을 들 수 있을 것이다.

조재수(1998)에서는 위 ㄱ)의 발전 단계를 논의하면서 국어사전의 과도기적 단계와 진정한 우리말 뜻풀이 사전의 발전 단계를 몇 가지 단계로 구분하여 논의하고 있으며, 남길임(2005)에서는 ㄴ)의 말뭉치 기반 사전의 변화를 사전 편찬의 자원과 도구의 변화에 따른 거시구조 및 미시구조의 변화로 논의한 바 있다. 2010년대 중반부터 시작된 ㄷ)으로의 변화에 대해서도, 정철(2016), 김종환(2018), 위진(2018) 등에서 일부 논의가 되었는데, 그럼에도 불구하고 사용자 참여형 사전의 짧은 역사를 고려할 때, 이의 운용 방법과 참여의 범위와 활용 등이 한국어에 어떠한 방식으로 정착될 것인지는 여전히 열린 문제이다.

이러한 세 단계의 전환기 내에도 크고 작은 사건들이 있고 각 단계의 과도기들이 존재한다. ㄱ)의 단계에서 최초로 출간된 우리말 사전인 『조선어사전』(문세영 1938/1939)의 출간과 한국어 종합 국어사전의 기반이 된 『큰사전』(1957), 『국어대사전』(1961)의 출간이 그러하고, ㄴ)의 단계에서 최초의 말뭉치 기반 사전 『연세한국어사전』(1998) 이후, 2000년을 전후로 한 웹의 출현과 확산, 이에 따른 대용량 말뭉치의 구축과 활용, 모바일 사전의 확산 역시 ㄷ)의 단계로의 이행에 촉매제가 되었다. ㄷ) 역시 '우리말샘'과 같이 전문 편찬가의 검증이 존재하는 경우와 '네이버 오픈사전'과 같이 그렇지 않은 경우, 수정 이력의 포함 여부 등 여러 가지 유형이 존재한다.[4] 이와 같이 각 시기 내에서 나타나는 차이를 고려하지 않고, 거시적인 관점에서 ㄱ)-ㄷ)의 특성을 요약하면 다음과 같이 정리할 수 있다.

4 Rundell(2015)에서는 사용자 참여형 사전 작업의 유형 분류와 변화된 환경 내에서 요구되는 사전학자의 역할을 논의한 바 있는데 이에 따르면, 사전과 관련한 사용자 생성 콘텐츠를 '사용자 생성 콘텐트(UGC), 위키 모델, 크라우드소싱(대중(crowd)+아웃소싱(outsourcing))'의 세 가지 유형으로 구분할 수 있다.

〈표 1〉 한국어 사전편찬의 주요 변화와 특성

	전통 뜻풀이 사전	말뭉치 기반 사전	사용자 참여형 사전
거시구조	문학작품, 신문 등에서 수집	말뭉치의 구축과 빈도	사용자의 관심 어휘 등재, 일부 전문가 검증
뜻풀이	기존 사전과 편찬자의 직관	말뭉치의 분석: 어휘 문법적 공기 관계, 장르 등	사용자 기술, 일부 전문가 검증 단계
용례	작례 또는 문학작품 출처	원칙적으로 말뭉치 용례	사용자 기술: 출처 명시 또는 작례
문법 및 연어 정보 등	편찬자 직관	말뭉치 분석을 통한 연어, 격틀 등의 정보	거의 없음

'전통 우리말 뜻풀이 사전 > 말뭉치 기반 사전 > 사용자 참여형 사전'의 순차적 이행이 이전 단계에 대한 완전한 성취와 다음 단계로의 이행을 전제로 하는 것은 아니다. 특히 말뭉치 기반 사전에서 전제하는 단어 의미의 맥락적 속성과 어휘 · 문법의 통합, 범주나 의미의 개연적 속성에 대해서는 여전히 더 많은 연구가 수행되어야 한다. Sinclair *et al*.(2004)에서 논의된 의미 단위(semantic unit) 중심의 사전, Akins & Rundell(2008), Hanks(2012) 등에서 논의된 의미의 비고정성, 맥락 의존성 등은 여전히 사전학계에서 해결되지 못한 난제이며, 고정적이지 않고 독립적이지도 않은 '단어'를 사전에서 어떻게 기술해야 할 것인가는 언어학자와 사전학자 모두가 고민해야 할 부분이다. 사용자 참여형 사전에 대해서는, 적어도 한국어의 경우 시작 단계인 듯하며, 여러 가지의 모델을 실험 중에 있는 것으로 보인다. 어찌 보면, '사전'은 말뭉치 혁명에 충분히 적응 또는 변화되지 못한 상태에서 웹과 모바일로의 사용 환경의 변화를 겪었으며, 전문가 집필에서 '사용자 참여'라는 또 다른 급속한 변화 속에 휩쓸려 가고 있다는 느낌을 지울 수 없는 것이다.

이 글은 다음과 같은 의문에서 시작한다. 말뭉치 혁명과 사용자 참여라는 사전을 둘러싼 변화에 한국어사전은 어떻게 변화해 왔는가? 거시구조로서의 의미 단위의 등재, 미시구조로서의 의미 기술의 측면에서 사전학자와 참여자의 역할은 무엇인가? 이러한 의문을 가지고, 컴퓨터와 말뭉치의 도입, 웹과 모바일의 확산, 사용자의 참여 등의 일련의 변화와 관련하여 한국어사전의 의미 기술의 현황과 쟁점을 포괄적으로 논의한다.

3. 말뭉치 기반 사전과 한국어의 의미 기술

엄밀한 의미에서 말뭉치 기반(corpus-based) 사전을 말뭉치 주도(corpus-driven) 사전과 구분하는 경우도 있지만, 여기서는 말뭉치를 활용하거나 말뭉치언어학의 기본 전제를 수용하는 사전을 말뭉치 기반 사전으로 범주화하고, 논의를 시작하기로 한다. 말뭉치 기반 사전은 다음과 같은 말뭉치언어학의 '언어' 또는 광의의 '문법'에 대한 관점을 전제한다.

(1) 말뭉치언어학의 '언어'에 대한 관점(형식문법 vs. 말뭉치언어학)
  a. 연구 방법 및 대상: 모국어화자의 직관 vs. **말뭉치**
  b. 문법 체계의 속성: 가능성 vs. **개연성**
  c. 문법 및 의미 범주의 구분: 고정성 vs. **유연성**
  d. 문법의 역할: 정문과 비문의 판별 vs. **자연스러움과 덜 자연스럽거나 자연스럽지 않음의 증거**

이러한 말뭉치언어학의 전제를 수용할 때, 한 단어의 의미 역시 고정적이라기보다는 유동적이며 문법 범주 역시 전형적인 구성원과 그렇지 않은 구성원을 포함하게 된다. 그런데 이러한 말뭉치언어학의 성장 이후 '사전'과 '말뭉치'가 매우 깊은 영향 관계 속에서 발전해 왔음에도 불구하고 다소 곤혹스러운 사실은, 실제 사전의 '단어' 중심의 표제어와 단어 독립적인 의미의 기술은 말뭉치언어학의 정신과 정반대에 있다는 것이다. 실제로 말뭉치언어학의 범주, 의미에 대한 본질은 사전의 범주화와 전혀 다른 구문문법이나 Rosch의 전형성 이론(prototype theory)와 훨씬 가깝다.

말뭉치 기반 사전은, 실제 언어의 증거에 기반을 두지 않은 전통사전에 대한 비판, 직관 중심의 기존 사전과의 차별화를 통해 성장하였지만, 여전히 말뭉치언어학의 기본 정신을 반영한 사전의 모델을 찾기 위해 고민하고 있으며 이에 대한 고민은 각각 거시구조와 미시구조적 측면에서 살펴볼 수 있다. 거시구조의 문제는 전통적인 '단어' 단위에서 넘어선 '의미 단위'의 포괄적 추출과 등재를 의미하며, 미시구조의 문제 중 핵심은 '정의(definition)', 즉 뜻풀이와 연어 정보일 것이다. 아래에서는 이에 대한 쟁점을 차례로 살펴보기로 한다.

3.1. 의미 단위의 추출과 기술

말뭉치 기반 사전의 거시구조는 실제 텍스트, 즉 '말뭉치'를 분석함으로써 구성된다. 실제 텍스트를 주요 자원으로 표제어를 구성한다는 것은 텍스트의 '빈도'를 고려한다는 기본적인 가정 외에도, 텍스트 장르마다 달리 나타나는 어휘나 그 이상을 넘어선 의사소통의 단위 즉, '의미 단위(semantic unit)'를 전제한다는 차별성을 가진다. 이는 말뭉치 언어학자이자 사전편찬학자로서 Sinclair *et al*.(2004: xxiv)의 논의, 이상적인 사전(ultimate dictionary)은 단어 단위가 아닌 '의미 단위'의 총체적 기술에 있다는 주장 이후 지속적으로 논의되고 연구되고 있는 주제이기도 하다.

하지만 그럼에도 불구하고 영미권 말뭉치언어학계에서조차도 이에 대한 포괄적 추출, 및 기술 방안은 여전히 논의 중에 있으며 다양한 시도들이 되풀이될 뿐, 연구의 결과물이 사전 편찬에 온전히 적용되지는 못한 상태로 보인다. Granger(2018)에서는 고빈도 엔그램(n-gram)이 용례, 부표제어 등을 포함한 사전 전반의 내용에 있어서는 80% 가량 포함되었지만, 주표제어 층위의 기술은 약 25% 수준으로, 여전히 매우 부족하다고 논의하고 있으며, 사전 이용자의 편의를 위해 주표제어 층위로 기술해야 할 필요성을 주장하였다.

우리는 의미와 의미를 주고받음으로써 의사소통을 하고, 이때의 소통 대상은 '의미 단위'라는 말은 매우 설득력 있지만, 무엇이 '의미 단위'인가에 대한 명확한 기준을 제시하는 것은 쉽지 않다. 더욱이 실제 텍스트에서 그 '의미 단위'를 추출하고 사전에 등재하는 것까지를 논의할 경우, 그 기준은 더욱 모호하거나 어려운 것이 사실이다. 분명한 것은 지금까지의 사전은 '단어'나 '형태'의 언어학적 기준에 부합하는 단위를 표제어로 등재해 왔으며, '기능'이나 '의미'를 기준으로 하는 '의미 단위'에 대해서는 관심을 기울이지 못했다는 것이다.

한국어의 경우 역시, '단어: 표제어, 구 단위: 부표제어'의 공식을 대체로 수용하는 사전 편찬의 현실에서 '-할 수 있-, -을 수 없-, -을 것이-' 등의 고빈도 엔그램, 관용어, 연어로 대표되는 구 단위의 추출과 기술은 여전히 주표제어에 딸린 부표제어의 지위로 존재하며 충분히 기술되었다고 보기 어렵다.

남길임(2011)에서 논의된 '것'의 사례를 보면, 고빈도로 출현하는 '것' 구성에서 '것'은 모든 조사와의 결합을 허용한다기보다는 매우 제한적인 결합 관계를 보이며, '것'과 '거'의 결합 양상 또한 매우 다르다. 다음에서 볼 수 있듯이, 학술구어에서의 '것'을 제외한 나머지 '것/거'는 각 사용역에서 60% 이상이 지정사 '이다'와 결합하며 조사와의 결합은 주격조사, 보격조사 등 몇 가지로 극히 제한된다.

〈표 2〉 학술구어와 학술문어에서의 '것/거'의 후행 요소 분석

'것'의 후행 요소
학술문어: 이다(68%)>보격조사(7%)>보조사 '은'(5%) 학술구어: 이다(31%)>목적격조사 '을'(10%)>들(9%)>보조사 '은'(9%)>주격조사 '이'(6%)
'거'의 후행 요소
일상대화: 이다(62%)>같다(11%)>보격조사(7%)>주격조사(5%) 학술구어: 이다(64%)>보격조사(7%)>주격조사(6%)

이러한 계량적 결과들은 '것'이 보편성 의존명사의 범주라는 기존 문법의 설명보다 훨씬 더 많은 정보를 제공할 뿐만 아니라, '-는 {것이-/거(이)-}, 거 같-' 구문 등의 등재 가능성을 시사한다. 이러한 구문에서 '것' 또는 '거'는

대용의 기능보다는 특정하게 굳은 형태로 화자의 명제에 대한 태도를 나타내거나 담화의 흐름을 조절하거나 강조하는 등의 장르의 특성과 밀접한 기능을 담당하므로 의미 단위 중심의 사전에서 이러한 구문의 기능적 특성이 어떤 방식으로든 기술될 필요가 있는 것이다. 실제로 이러한 구문들은 사전에서 ('-는/은 것이다' 구성으로 쓰여), ('-ㄹ/을 것이다' 구성으로 쓰여)와 같은 문법 괄호를 통해 개별 의미 항목의 정의문에 제시되기도 한다. 하지만 여전히 주표제어 층위로 기술되지 않는다는 점에서는 Granger(2018)의 논의와 같이 충분한 기술이라고 보기 어렵다.

이와 더불어 능력부정의 '-ㄹ 수 없-' 또한 의미 단위 중심의 표제어로 논의될 만한 대상이다. '-ㄹ 수 없-'은 '못' 또는 '못하-'의 유의 구문으로서 구어와 문어 모두에서 상당한 빈도로 나타난다.

(2) a. 아무리 낑낑거려도 이 바위는 도저히 {**못**, ***안**} 들겠다.
b. 시간이 모자라 몇 문제는 끝내 풀지 {**못했다**, ***않았다**}. (이익섭 · 채완 1999: 322)

(2′) a. 아무리 낑낑거려도 이 바위는 도저히 **들 수 없겠다**.
b. 시간이 모자라 몇 문제는 끝내 **풀 수 없었다**.

(2)의 '못' 부정과 (2′)의 '-ㄹ 수 없-'는 상호 대치 가능하며, 모두 '능력부정'의 의미를 나타낸다. 즉, '-ㄹ 수 없-'은 문법적 층위에서 단일 어휘인 '못', '못하-'와 다른 층위의 구문 단위이긴 하지만, 기능적 관점에서 '못' 부정과 유의 관계를 형성한다. 한편, '-ㄹ 수 없-'은 어휘 부정의 대표적 사례인 '없다'를 핵으로 한다는 점에서, '능력'과 '가능성'을 나타내는 '-ㄹ 수 있-'과 반의 관계에 있기도 하다.[5] 다음 세종 균형말뭉치에서 문어와 구어의 빈도는

5 '-ㄹ 수 있-'의 의미는 사전이나 연구자에 따라 다소 달리 논의되었으나 여기서는 대표적인 의미인 『연세한국어사전』과 구본관 외(2015: 324)의 공통된 의미인 '능력'과 '가능성'을 기본 의미로 두기로 한다. 전자의 경우, '-ㄹ 수 있-'은 '능력', '가능성', '기회'의 세 가지 의미로 기술되었으며, 후자에서는 '능력', '가능성'으로 논의된 바 있다. 한편, 『표준국어대사전』, 『고려대 한국어대사전』에서는 '가능성'

'-ㄹ 수 없-'의 의미 단위로서의 중요도를 나타내 준다.

〈표 3〉 '못, 못하-, -ㄹ 수(#) 없-'의 기능부담량 백분율

'능력 부정'의 형태	세종 문어 빈도	세종 구어 빈도
못	11.8%	68.3%
못하-	36%	8.2%
-ㄹ 수(#) 없-	52.2%	23.5%
총계	100%	100%

실제로 세종 문어 말뭉치에 나타난 '-ㄹ 수(#) 없-'의 총 빈도 23,103회는 동일한 세종 문어 말뭉치의 형태 빈도 목록에서 105위 정도에 해당하는 횟수이다. 이때 105위 정도의 빈도 수준은, '-라고'(103위: 23,925회), '-는데'(104위: 23,464회), '-아야'(109: 22,147회) 등의 문법형태소와 유사한 순위이며, '받(다)'(110위: 21,440회), '사회'(111위: 21,154회)의 고빈도 어휘형태소보다 높다. 이러한 사실은 '-ㄹ 수(#) 없-'이 하나의 의미 단위로서 '-는데, -아야' 등의 형태 단위와 유사한 중요도를 가짐을 의미한다.[6] 특히 <표 3>에서 볼 수 있듯이, 문어에서 '-ㄹ 수(#) 없-'의 기능부담량은 '못' 부정보다 더 크다. 그럼에도 불구하고 현재 사전에서 '-ㄹ 수 없-'은 '수'나 '없다'의 항목 내에서 부표제어의 지위로 매우 소극적으로 기술되고 있으며, '-ㄹ 수 없-'이 가진 '능력 부정'이나 '가능성 부정', 형용사 또는 문맥에 따라서는 '단순 부정'이나 '의도 부정'으로 확장되는 의미적 속성을 기술하지 못하고 있다.

단어 이상의 의미 단위의 추출과 맥락에 따라 달리 나타나는 의미의 문제를 사전은 어떻게 기술할 수 있을까? 사전에서 단어 표제어 중심의 기본 거시구

의 단일 의미를 가진 것으로 기술되었다.

6 지금까지 한국어 말뭉치의 빈도 목록은 대부분 어휘 · 형태소 단위를 기본 단위로 논의되어 왔지만, '-고 있-, -어야 하-, -ㄹ 것-' 등의 고빈도 구문 단위의 하나의 의미 단위로서, 어휘 · 형태소 단위와 평행하게 논의될 필요가 있다. 영어 말뭉치의 어휘와 구문 단위의 통합 목록에 대한 연구는 Martinez & Schmitt(2012)를 참고할 수 있다.

조는 어떻게 변화할 수 있는가? 여기서는 '것' 구문과 '-을 수 없-' 구문을 통해 의미 단위의 추출의 필요성에 대해 논의하였지만, 이 문제는 언어에 따라 다르며 사전의 목적과 용도에 따라 많은 변수가 있어서 쉽지 않은 문제이다. Sinclair *et al*.(2004)이 제안한 '의미 단위의 총체적 기술'은 인간의 의사소통 전반을 목록화하는 것으로, 인간과 기계의 완전한 의사소통을 추구하는 인공지능의 시대에 필수적인 부분이기도 하다. 이런 오래고 어려운 논의는 '형태' 단위에서 '의미' 단위로의 패러다임의 전환이 그만큼 쉽지 않은 것이 주된 이유일 것이다.

3.2. 미시구조의 기술과 맥락의 표현

앞서 논의한 바와 같이 말뭉치언어학의 전제를 받아들이는 한, 사전의 구조로 인하여 '단어'를 고립된 상태로 기술할 수밖에 없다는 점은 말뭉치언어학과 사전과의 관계에서 매우 불편한 진실이다. 그런데 사전 기술의 '핵심'인 '정의' 역시 그러하다. Akins & Rundell(2008: 407)에서는 '정의(definition)'라는 용어의 문제를 지적하면서, 이것이 매우 부적절한 명칭이며, 이 용어 자체가 한 단어의 의미가 정확하게 독립되고 고정되어 있다는 것을 함축한다는 점에서 문제가 있다고 지적하였다. 이에 따르면 옥스퍼드 사전 초판본에서 존슨은 '정의(definition)' 대신 '설명(explanation)'이라는 용어를 사용했는데, 이것이 훨씬 현실적이라는 것이다. 이와 같이 미시구조 내에서 '단어'의 독립된 '정의'에 맥락 또는 용법을 해결하기 위한 문제를 해결하기 위한 다양한 방법이 국내외 사전에서 시도되었다. 대표적으로 문법정보나 연어 정보를 통해 맥락 정보를 부여하는 방식이나 연어 정보 등을 부가하는 방식 등이 이에 해당한다.

수 02Ⅱ 「의존명사」

(어미 '-은', '-는', '-을' 뒤에 쓰여)(주로 '있다', '없다' 따위와 함께

쓰여) 어떤 일을 할 만한 능력이나 어떤 일이 일어날 가능성. ¶ 모험을 하다 보면 죽는 수도 있다./살다 보면 그럴 수도 있지./지금은 때를 기다리는 수밖에 없다.(하략) 『표준』

없다 형 「6」 **(주로 '-ㄹ(을) 수 없다' 꼴로 쓰여)** 어떤 일이 가능하지 않다. 『표준』

가망 명 **[주로 ~ 가망의 꼴로 쓰이어]** 바라는 대로 이루어질 가능성. ¶ 상익은 수술을 받는 동안 계속 혼수상태였으며, 의사는 살아날 가망이 없다고 하였다. **(연) ~이 있다/없다** 『연세』

'수'는 괄호 형식의 문법 정보란을 통해 맥락 정보를 보여주고, '가망'의 경우는 문법 정보와 더불어 연어 정보를 별도의 미시구조 정보로 제시한다. 그러나 주표제어 층위가 아닌, 의미 항목 수준의 이러한 처리는 해당 구문의 중요도를 고려할 때 충분한 기술이라고 하기는 어렵다. 따라서 이들을 표제어 층위에 포함하는 것이 바람직한데, 이를 위해서는 어떤 범위까지를 포함할 수 있을 것인지 그 대상을 어떻게 추출하고 한정할 것인지의 기준의 문제가 대두되며 결국 3.1의 거시구조의 문제와도 직결된다.

한편 최근의 논의에서는 미시구조의 제한적 활용을 넘어서 더 과감한 시도도 논의되고 있는데, Hanks(2012: 429-430)에서는 '거미(spider)'가 '거미류(arachnid)'라는 기존 사전의 정보가 사용자가 '거미'를 알고 사용하는 데 실제로 도움이 되는 정보인지를 문제제기하면서, 'spider'에 대해 아래와 같은 '말뭉치 주도 인지적 프로파일(corpus-driven cognitive profile)'을 예시한다.

Spider: a spider is a **living creature.** Even big spiders are quite small compared with humans.
Types of spider: many thousands of species of spiders are known, including *funnel-web, web-building, orb-weaving, bird-eating, ground-dwelling, giant, huge, large, tiny, poisonous, black widow, camel, redback, trapdoor, wolf, whitetail, crab* spiders … and *tarantulas* (which, annoyingly perhaps for the lexical analyst, are not called 'tarantula spiders': knowledge that a tarantula is a species of spider is a form of scientific conceptualization, not a matter of lexical analysis). Some species of spiders *hunt prey.* Some spiders *bite.* Some species of spiders are *poisonous.* Many species of spiders *spin webs*, with threads of *strong silk.* Spiders *lurk* in the centre of their *webs.* Spiders *control* what is going on in their *webs.* Spiders have eight *legs.* Their legs are *thin*, hairy, and long in proportion to body size. Spiders have *eight eyes.* Spiders spend a lot of time being *motionless.* Spiders' *movement* is *sudden.* Spiders *crawl.* Spiders *scuttle.* Spiders are *swift* and *agile.* Spiders can *run up walls.* Many people have a *dread* of (*hate*) or are *frightened* of spiders. People *kill* spiders. In folk taxonomy, *scorpions* and *cockroaches* are often classified together with spiders as creepy-crawly creatures.

〈그림 1〉 corpus-driven cognitive profile of noun *spider*

위 예시는 거미가 '거미류'라는 정보보다는 거미의 전형적인 속성과 관련한 다양한 술어들이 제시되며, 이러한 술어들은 '거미'와 관련한 담화에서 자주 등장하는 부류들이다. 이러한 정보들이 향후 사전의 정의를 보완할 수 있는 방향으로 체계화된다면 매우 바람직할 것이다. 또한 Hanks(2012)는 사전학자가 의미 기술의 측면에 있어서 말뭉치 주도 사전학(corpus-driven lexicography)을 쉽게 받아들이지 못한 이유를 기존 전통 사전의 답습과 생성주의 통사론의 영향, 18세기 계몽주의의 전통 내에서 의사소통과 의미의 본질이 '관습'보다는 '논리'라는 의견이 지배적이었다는 데에서 찾고 있다. 이에 따르면 말뭉치 언어학자들이 사전에 대한 발전적인 모델을 제안한 사례로, 전통적인 사전에서 연어를 대폭 제시한 사례, 말뭉치 기반 소수 언어 기술, 패턴 기술에 대한 새로운 접근을 들고 있다. Hanks & Pustejovsky(2005)와

Hanks(2012)에서 기계 번역 등과 같은 전산적 활용, 교수자 등 특수 목적을 위해 제안하고 있는 동사 패턴 사전도 그러한 예 중의 하나이다. 아래는 동사 패턴 사전의 사례 'sentence' 항목을 제시한 것이다.

sentence
PATTERN: {[[Human 1 = Judge]] | {court}} sentence [[Human 2 = Offender]] {to [[Event = Punishment]]} (for [[Action = Crime]])
IMPLICATURE: {[[Human 1 = Judge]] | {court}} decides and declares with legal authority that [[Human 2]] must suffer [[Event = Punishment]] {for [[Action = Crime]]}
SECONDARY IMPLICATURE: [[Action = Crime]] was done by [[Human 2]]

〈그림 2〉 Pattern Dictionary의 예시 (Hanks 2012)

위 'sentence'의 기술은 '말뭉치 패턴 분석(CPA: corpus pattern analysis)' 프로젝트의 결과물로, 새로운 미시구조의 극단적인 형태라고 볼 수 있으며, 말뭉치의 동사 기술을 통해 동사의 논항과 의미를 최대한 형식화한 사례로 평가된다. 이러한 사전의 효용성은 여전히 검증 중에 있는데, 향후 사전의 맥락 중심의 의미 기술을 위해서는 더 많은 가능성이 시도되고 정착되어야 할 것이다.

사전에서 '뜻풀이' 또는 '정의'의 목적은 사전 사용자들의 의사소통과 관련한 목적을 해결하는 것이다. 이러한 목적과 말뭉치언어학의 성과를 고려할 때, 맥락 의존적인 단어의 기술은 현재 사전에서 충분히 반영되었다고 보기 어렵다. '맥락', '관습', '개연성', 즉 언어에 대한 확률적 사실 등에 대한 반영이 사전의 미시구조 항목에서 구현되는 방법은 매우 다양하며, 사전 사용자가 누구인지, 사람을 위한 사전인지 기계를 위한 사전인지에 따라 달리 구현될 필요가 있다. '사전은 죽었지만 사전학자의 일은 존재하며 그것은 맥락 의존적인 의미를 기술하는 것이며, 주제별 · 장르별 사전이 더 많이 필요하다'는 Hanks(2018)의 주장은 맥락을 고려한 의미 기술에 시사하는 바가 크다.

4. 사용자 참여형 사전과 한국어의 의미 기술

말뭉치 혁명에 따라 사전학계가 전통 사전의 틀을 어떻게 변용하고 보완할지에 대한 논의가 완전히 정리되지 않은 가운데 2010년대 중반 이후 한국 사전학계에 일고 있는 새로운 변화는 온라인이나 모바일상에서의 '사용자의 참여'이다. '위키피디아', '우리말샘', '네이버오픈사전' 등 사전에 따라 사용자 역할은 매우 다양하게 한정되지만, 공통점은 사용자가 사전의 표제어 등재나 기술에 참여한다는 것이다. 사전의 정책에 따라 일반인 비전문가가 표제어를 추천하거나 등재하기도 하고, 표제항의 미시구조까지 기술하고 자유롭게 수정하기도 하는 등 그 범위나 운용의 방법은 매우 다양하다. 여기서는 2000년대 초부터 시작된 사용자 참여형 사전에서의 변화와 그 가운데서 사전학자의 역할과 사전학의 방향성을 살펴보되, 3장과 마찬가지로 거시구조와 미시구조적 측면에서의 변화를 구분하여 살펴보기로 한다.

여기서 살펴볼 사례는 크게 두 가지이다. 사용자 참여형 사전의 표제어 특성을 살펴보기 위해 '신어'류를 살펴볼 것이고, 기존 어휘 중 뜻풀이나 문법 기술의 측면에서 특징적인 특성을 가진 몇 가지 어휘를 중심으로 살펴볼 것이다. 또 사용자 참여형 사전의 주요 대상은 '우리말샘', '네이버 오픈 사전'인데, 이 두 사전은 각각 국가 주도 사용자 참여형 사전과 국내 최대 포털에서 운영하는 사용자 참여형 사전이라는 점에서 한국어 사용자 참여형 사전을 대표하는 상징적인 의미가 있다.

4.1. 표제어 구성과 사용자의 역할

기존 사전과 구분되는 사용자 참여형 사전의 변별적 특성을 살펴보기 위해서는 신어의 대표적 유형과 최근 사용자 등재 어휘의 특성을 살펴보는 것이 도움이 된다. 기존 신어 및 최신 유행어를 살펴보는 것은 신어의 신속한 등재는 인쇄 매체 중심의 전통 사전의 약점이자 사용자 참여형 사전의 강점이기 때문이다. Rundell(2015)에서도 어번 딕셔너리(Urban Dictionary)[7]의 사례를 분석하면서, 사용자 참여형 사전이 참여하는 사용자의 관심사를 반영하며 현대 속어나 구어적 용법에 강하다는 장점을 논의한 바 있다. 여기서 살펴볼 대상은 2005 · 2006년 신어 중 최근 10여 년간 최고의 빈도로 지속성을 보인 10개 신어와 2018년 신어이며, 이들을 각각 신어I과 신어II 유형으로 지칭한다. 신어I 유형은 지속성을 보이는 생존 신어로 판명되었고, 신어II 유형은 2018년 신어로 현재로서는 지속 가능성을 예측할 수 없다.

(3) a. 2005 · 2006년 생존 신어(신어I): 프리허그, 골드미스, 버블세븐, 반값아파트, 아이돌보미, 된장녀, 쌩얼, 훈녀, 생동성, 쌍춘년
b. 2018년 고빈도 신어(신어II): 판문점 선언, 미투 운동, 가심비, 코피 전략, 김치 프리미엄, 펜스 룰, 통장 요정, 카렌시아, 소비 요정, 벌집 계좌, 언택트

〈표 4〉 2005 · 2006년 생존 신어의 등재 현황

신어 I	'우리말샘'	'오픈사전'
프리허그	×	×
골드미스	○	○
버블세븐	버블세븐지역	버블세븐지역
반값아파트	×	×
아이돌보미	○	×
된장녀	○	○
쌩얼	○	○
훈녀	○	○
생동성	생동성 시험	×
쌍춘년	○	×

7 https://www.urbandictionary.com/

〈표 5〉 2018년 최고빈도 신어의 등재 현황

신어 II	'우리말샘'	'오픈사전'
판문점 선언	○	×
미투 운동	○	'미투' 있음
가심비	○	×
코피 전략	×	×
김치 프리미엄	○	泡菜溢价
펜스 룰	×	×
통장 요정	×	×
카렌시아	×	×
소비 요정	×	×
벌집 계좌	○	×
언택트	×	×

이들 신어의 등재 여부만을 놓고 살펴보면, '우리말샘'은 전체 20개의 신어 중 13개의 신어가 등재되어 있고, '오픈사전'은 6개 정도가 등재된 것을 확인할 수 있다. 특히 2005 · 2006년의 생존 신어의 상당 부분이 '우리말샘'에 등재된 것은 사용자 참여형 사전의 확장을 예측함에 있어서 매우 고무적인 현상이다. 여기서 살펴본 20개의 신어가 매우 소량이기는 하지만, '우리말샘'이 '오픈사전'보다 더 많은 수를 등재하고 있는 것도 특기할 만하다. 이들 신어류는 『표준국어대사전』에는 단 한 건도 등재되지 않았으며, 『고려대사전』의 경우 '골드미스'와 '훈녀'만이 표제어로 등재되어 있다.

'우리말샘'과 '오픈사전' 모두에서 공통적으로 등재되지 않은 신어는 신어I 유형의 경우, '프리허그, 반값아파트'이며, 신어II 유형의 경우 '펜스 룰, 통장 요정, 카렌시아, 소비 요정, 언택트'이다. 아직 어떤 경향성을 단정하기엔 이르지만, Rundell(2015)에서 언급되었듯이 사용자는 자신의 관심사에 따라 새로운 어휘를 추천 또는 등재하는 경향이 있어 등재 표제어가 임의적이며, 해당 시기 신어 전반이 두루 등재되기는 어렵다는 문제가 있다. Rundell(2015)에서는 또한 사용자가 표제어 추천에 있어서 전문어보다는 일상어에 관심이 있고 일상어 중 최신 유행어에 많은 관심이 있다고 하였다. 사용자 참여형 사전의 신어 등재는 집단 지성의 힘이 사전의 양과 질을 균형있게 발전시킬 수 있는지를 가늠해 볼 수 있는 좋은 기준 중 하나이므로, 더 많은 시기와 유형의 신어를 대상으로 이를 조사해 볼 필요가 있다.

한편 다음과 같이 '오픈사전'에 사용자가 뜻풀이를 요청하는 후보 단어군을 살펴보면 전혀 다른 차원에서 사용자 참여형 사전의 분석 의의를 찾을 수 있다. 아래 그림은 2019년 1월 30일자 '오픈사전' 내의 국어사전 중에서 뜻풀이 '요청 많은 순'의 목록이다.

〈그림 3〉 네이버 오픈 사전, 뜻풀이 요청 단어 목록

사용자가 궁금해하는 단어는 언어학적으로 항상 '단어'도 아니며, 사전 편찬자가 표제어로 등재하기 원하는 언어학적 단위와 일치하지도 않는다. '잘 지내고 있어요'나 '빈칸에 알맞은 단어 넣기'와 같이 목록에 포함된 이유를 짐작할 수 없는 부류도 있지만, '축어적인'과 같은 '명사+이다' 구성, '주 출입구, 피선출일, 피검체, 증가 추세' 등의 복합어나 구 구성은 사용자들이 구성 성분만으로 전체의 합을 도출하지 못하는 부류이다. 이들은 모두 기존 사전에 등재되지 않은 부류로 향후 사전 표제어의 보완이 적극 검토될 필요가 있다. 또 전문용어로서 '갑상선관낭종, 아임계, 상지대골'이나, 구어 또는 생활용어로 볼 수 있는 '어거지 쓰다, 포슬하다' 등도 매우 좋은 후보군이 되는데, 전문용어와 일상 구어를 동시에 요청하고 있는 사용자의 궁금증은 적어도 포털 국어사전에 있어서 일반 사용자는 국어사전과 백과사전의 구분을 분명히 구분하지 않고 있음을 보여준다.

사전의 거시구조에서 말뭉치 혁명은 사전에 등재되었지만 실제 사용되지 않는 유령어(ghost word)를 사전에서 퇴출하고, 실제 사용에 근거하여 말뭉치를 통해 표제어를 구성하는 변화를 가져왔다. 그러나 제대로 된 말뭉치의 구축은 많은 시간이 걸리며 신어를 즉각 업데이트할 수 없다는 점에서 엄격한 균형 말뭉치는 사전 편찬의 유일한 대안이라 볼 수 없다는 한계가 있었다. 말뭉치를 사용하지는 않지만, 현실에서 즉각적으로 필요한 어휘를 올릴 수 있다는 점에서 사용자 참여형 사전은 최신 어휘의 등재와 사용자 요구 사항을 정확하게 보여주는, 거시구조의 혁명이라 할 만하다. 단 이러한 사용자 참여의 효과를 극대화하기 위해서는 참여자를 유도하는 것을 포함하여 참여 효과를 극대화하는 정교한 정책이 개발될 필요가 있다.

4.2. 미시구조의 기술과 맥락의 표현

사용자 참여형 사전의 미시구조는 미시구조의 관리 정책 즉, 사용자 기술 후 전문가 교정 및 감수가 필수인 유형과 그렇지 않은 유형으로 구분할 수 있다. '우리말샘'은 전자의 경우로 사용자 기술 이후, 전문 편찬자의 교정과 감수를 필수적으로 거치게 되어 있는 반면, '오픈사전'은 후자의 경우로 사용자 기술이 교정이나 감수 없이 그대로 등재된다. 사용자 참여형 미시구조 정책을 가장 전형적으로 사용하는 사전으로는 어번 딕셔너리(urban dictionary)를 들 수 있는데, 한 단어에 복수의 참여자가 여러 개의 정의를 올릴 수 있고, 이용자 평가가 가장 좋은 정의가 맨 위에 배치되는 형식이다. 즉, 사용자가 기술할 뿐만 아니라 기술의 적절성 또한 사용자에게 평가받고 그 결과가 공개되는 형식이라 할 수 있다.

'사용자 참여형'의 다양한 형식 중 어떤 형식을 취할 것인지에 따라 이에 수반되는 장단점이 있다. 예를 들어, '우리말샘'은 표제어의 등재에서부터 기술 하나하나에까지 전문가 감수를 거쳐 기술의 안정성은 있지만, 사용자 참여의 취지는 100%는 살리지는 못한다. 대신, '우리말샘'은 뜻풀이에서 '명사의 뜻풀이는 명사형으로 끝나고 동사는 동사형으로 끝난다'와 같은 뜻풀이 지침을 준수하므로 아래와 같은 기술의 안정성이 확보된다. 반면, '오픈사전'은 '우리말샘'에 비해 사용자의 의도를 훨씬 잘 드러내 주지만, 뜻풀이 지침이 사용자에게 제공되지 않으므로 언어학적인 일관성을 기대하기는 어렵다. 아래 '셀카봉'의 예시는 두 사전에서의 이러한 특성을 보여준다.

> **셀카 봉** self camera棒 스마트폰 따위로 자신의 사진을 스스로 찍을 때 쓰는 막대 모양의 기기. 길이를 조절하여 화각을 넓힐 수 있다. ('우리말샘')
>
> **셀카봉** **셀카봉은 긴 막대기 끝에 카메라나 휴대폰을 달아 셀카를 쉽게 찍을 수 있게 해주는 기구이다.** ('오픈사전', 진하게 필자)

제시된 바와 같이 '우리말샘'은 '구 단위'로 등재되었고 '~ 기기'로 정의문을 마치되, 부연 설명을 덧붙이는 반면, '오픈사전'은 띄어쓰기 없는 '단어'로 등재되며 정의 자체가 '셀카봉은 ~'으로 시작하여 표제어를 포함하고 있다. 사용자 참여형 사전에서 전문가 감수의 역할을 보여주는 단적인 사례이다.

더 나아가 사용자 참여형 사전에서는 기존 어휘의 새로운 의미로의 확장으로 생긴 의미의 분할 기술에 유연하게 대처한다. 아래 '고구마', '사이다'의 기술을 살펴보자.

고구마 「003」「명사」 융통성이 없어 답답하게 구는 사람이나 일이 뜻대로 되지 않아 답답한 상황을 고구마를 먹고 목이 메는 것에 비유하여 이르는 말. ('우리말샘')

사이다 「007」「명사」 답답한 상황을 속 시원하게 해결해 주는 사람이나 상황을 비유적으로 이르는 말. ('우리말샘')

고구마 1. (어원) 고구마 : 메꽃과의 다년초로 뿌리는 식용으로 씀. 고구마는 원래 중미(中美) 지역이 원산지로 일본 대마도를 통해 처음으로 우리 나라에 전해졌으며, 고구마란 이름도 그때 함께 들어왔다. 대마도에서는 고구마를 '고오꼬오이모'라고 했으며, 여기서 '고오꼬오'는 효행(孝行)의 일본말이다. 그리고 '이모'는 우리말의 '감자'종류다 대마도의 가난한 백성이 병약한 부모를 고구마로 봉양했다고 하는 전설에서 생겨난 이름이 '고오꼬오이모'며 이 말이 바다건너 우리나라로 건너와서 지금의 고구마라는 말이 되었다. 2. (비유) 매우 답답한 상황이나 심정. [반의어] 사이다 개랑 얘기하다 보면 진짜 고구마야, 정말! ('오픈사전')

최근 '{고구마/사이다} {드라마/전개/발언…}'으로 다의 확장된 '고구마'와 '사이다'는 기존 인쇄 기반 사전에는 그 새로운 의미가 등재되지 않았음에도 불구하고, 이들 사용자 참여형 온라인 사전에서는 의미가 등재되어 있다. 다의어 번호로 표제항을 분리하여 제시하는 '우리말샘'에서는 '고구마'와 '사이다'가 각각 새로운 어깨번호를 부여받고 등재되어 있으며, '오픈사전'에는 '고구마'만이 2번 의미로 등재되어 있다. '오픈사전'에 '사이다'는 등재되어 있지 않은데, 이는 사용자의 관심사에 따라 표제어나 의미를 기술하는 사용자 참여형 사전의 임의적 속성을 보여주는 사례다.

예상할 수 있듯이 사용자 참여형 사전의 사용자는 주로 신어 표제어를 추가

하는 데 관심이 있고, 사전편찬자들이 세심한 주의를 기울여 온, 어미나 조사 등의 문법 형태소나 '하다, 것' 등과 같은 고빈도 어휘는 등재하지는 않는다. 그럼에도 불구하고 비교적 고빈도 일반어인 '고구마'와 '사이다'가 일부 기술되어 있다는 것은 특기할 만한 일이다. 이는 대중들은 새로운 형태로서의 '신어'에 관심이 많을 뿐만 아니라, 기존 표현에 새로운 의미가 더해진 현상, 즉 의미적 신어에도 관심이 많다는 것을 보여준다. 즉, 사용자 참여형 사전에 적극적으로 참여하는 집필자들은 언어의 역동적 현상에 관심이 많은 부류라고 할 수 있다.[8]

사용자 참여형 사전은 역동적인 언어 변화를 즉각적으로 반영하는 데 장점이 있고, 신어와 기존 어휘의 의미 확장을 빠르게 수용한다는 점에서 기존 사전과 변별적이다. 무엇보다 사용자가 뜻풀이를 요청하는 미등재어를 분석함으로써 사용자의 사전 검색의 목적과 의도, 언어 단위에 대한 인식 등을 살펴볼 수 있다는 점에서, 사용자 참여의 양상과 발전의 추이를 눈여겨 살펴볼 만하다.

5. 마무리

이 글에서는 말뭉치 혁명과 사용자 참여라는 두 가지의 변화를 사전의 의미 기술이 어떻게 반영해 왔는지를 살펴보았다. 말뭉치 혁명이 단어 이상의 연쇄가 보이는 언어 사용의 관습성을 사전학에서 어떻게 수용할 것인가에 관심을 두어 왔다면, 사용자 참여형 사전은 현재 그 시작 단계로서 사용자의 관심사가 사전에 반영되는 경향을 보여준다. 그리고 후자의 이러한 현상은 사전학자

8 여기서 상세히 살펴보지 않았지만 사용자 참여형 사전에서 표제어 추천자나 기술의 구체적인 일시를 확인할 수 있는 점('우리말샘', '오픈사전'), 별도의 난에서 전문가 감수의 이력을 보여주는 것('우리말샘'), '좋아요', '싫어요'와 같은 사용자 평가란을 별도로 둔 것('오픈사전') 등은 사용자 참여형 사전에서만 볼 수 있는 장치로 새로운 미시구조로 도입된 것이다.

가 '언어'를 둘러싼 변화에 어떤 역할을 해야 하는지를 암시해 준다. 사용자는 의미의 역동성에 민감하고 언어학자나 사전학자가 생각하는 '단어'나 '형태' 단위를 정밀하게 인식하지 못한다. 구성 요소의 합만으로도 충분히 예측 가능한 구 구성이나 합성어조차 사용자들에게는 '의미 단위'로서 궁금증의 대상이 되기도 한다.

변화하는 시대에 대처하는 사전의 보완은 해마다 추출되는 신어 자료 보완의 수준을 넘어서는 것이어야 한다. 형태 중심의 신어 수집을 넘어선 '의미적 신어'의 수집, 더 나아가 새로운 의미 단위의 수집에 대한 사전학, 언어학 분야의 고민이 필요하다. 여기서는 이에 대한 몇 가지 지향 방향을 제언하는 것으로 결론을 마치고자 한다.

첫째, 말뭉치 주도 연구를 반영한 의미 단위의 수집과 기술이 필요하며, 이러한 단위를 사전의 구조에서 어떻게 반영할 수 있는지에 대한 고민은 계속되어야 한다. 또 의미 단위는 일반적으로 텍스트 장르나, 주제에 따라 달리 나타나고 이러한 사용역과의 상관성을 가지므로, 장르별 사전, 주제별 사전 등 특정 범주의 언어 사용 양상을 반영한 사전이 지속적으로 개발될 필요가 있다.

둘째, 사용자 참여형 사전을 분석함으로써 사용자 기술의 완성도를 제고하는 정책을 개발하고, 사전 사용자들의 요구를 반영할 필요가 있다. 사용자들은 신어를 적극적으로 등재하지만 전체 신어를 모두 수집하지는 못하며, 수집의 대상이 자신의 관심 분야에 한정되어 있는 경향이 있다. 또 사전학자들에게는 구성 요소의 합으로 충분히 추론 가능한 합성구나 합성명사의 뜻을 찾는 경향이 있다. 따라서 국가 주도의 신어조사사업은 여전히 의의가 있으며, 신어 외에 미등재어의 수집과 등재로 고려해 볼 만하다.

셋째, 지금까지 많이 연구되지 못했지만, 새로운 형태가 아닌 기존의 형태에 새로운 의미가 확장된 '의미적 신어'의 처리 문제이다. 4장에서 예시로 든 '고구마, 사이다'뿐만 아니라 '프레임, 쓰나미, 거품' 등 상당한 수의 어휘가 최근 들어 새로운 의미로 확장되었고, 빈도의 측면에서 새로운 의미가 원래의 의미보다 더 많이 사용되기도 한다. 이에 대한 전면적인 탐지와 기술이 필요하다.

인쇄사전의 종말에 대한 우려가 반드시 사전학 또는 사전학자의 위기를 의미하는 것은 아니다. 말뭉치 혁명(corpus revolution)을 처음 언급한 Rundell & Stock(1992) 이후, 말뭉치 연구의 중요성은 '말뭉치 혁명을 다시 찾아서'(corpus revolution revisited; Rundell 2008)로 웹을 포함한 실제 언어 자원에 대한 연구의 혁명으로 그 의미가 확장, 정교화되었다. 그리고 다시 10년이 지난 2018년 현재의 시점에서 말뭉치언어학의 성과는 사전학의 새로운 패러다임을 형성하는 주요 자원과 방법론을 제공할 수 있다. 사전이 웹 장르를 필요한 변화하는 언어에 대한 총체적 자원이 되고 모국어 화자의 의사소통을 모두 담아내기 위해서는, 여전히 연어, 담화, 의미적 운율 등을 주요 주제로 다루어 온 말뭉치언어학의 방법론이 더 세밀하게 개발되고 적용될 필요가 있다.

참고문헌

김종환(2018), "포털 이용자의 사전 이용 현황", 『제32차 한국사전학회 발표자 자료집』, 114-140, 한국사전학회.

남길임(2005), "말뭉치 기반 사전 편찬의 동향과 지향 방향", 『한말연구』 16: 75-98, 한말연구학회.

남길임(2011), "확장된 어휘 단위에 대한 연구 동향과 한국어의 기술", 『한국사전학』 18: 73-98, 한국사전학회.

남길임(2015), "'-ㄹ 수 없-'의 의미와 담화 기능에 대한 말뭉치언어학적 분석", 『텍스트언어학』 38: 93-120, 한국텍스트언어학회.

남길임(2018), "후회의 역설-감성 표현에 대한 말뭉치언어학적 고찰", 『한국사전학』 32: 7-34, 한국사전학회.

도원영 · 박주원 편(2011), 『<고려대 한국어대사전>과 사전학』, 지식과 교양.

배연경(2012), "사전의 진화와 미래", 『새국어생활』 26(4): 43-64. 국립국어원.

유현경 · 남길임(2008), 『한국어 사전편찬학 개론』, 역락.

위 진(2018), "사용자 참여형 국어사전 <우리말샘>의 이용 양상 분석", 『한국사전학』 31: 7-31, 한국사전학회.

정 철(2016), “한국어 웹사전 사용자의 행동에 관한 생각”, 『새국어생활』 26(4): 27-41, 국립국어원.

조재수(1998), “국어사전 변천”, 『독립신문 100돌 기념 한국 신문 방송 말글 변천사』, 한국프레스센터 한국 교열기자회.

홍종선 · 최호철 · 한정한 · 최경봉 · 김양진 · 도원영 · 이상혁(2009), 『국어사전학 개론』, 제이앤씨.

Atkins, B.T.S. & M. Rundell(2008), *The Oxford Guide to Practical Lexicography,* Oxford: Oxford University Press.

Giles, J.(2005), Special Report: Internet encyclopaedias go head to head, *Nature* 438 (15 December 2005), 900-901.

Granger, S.(2018), Has lexicography reaped the full benefit of the (learner) corpus revolution? *Euralex 2018,* http://euralex2018.cjvt.si/abstract-granger/

Hanks, P.(2018), Phraseology, meaning, and the future of lexicography, *Euralex 2018.* http://euralex2018.cjvt.si/programme/keynote-speakers/

Hanks, P.(2012), The Corpus Revolution in lexicography, *International Journal of Lexicography* 25(4): 398-436.

Hanks, P. & J. Pustejovsky(2005), A pattern dictionary for natural language processing review, *Revue Française de Linguistique Appliquée* 10(2): 63-82.

Rundell, M.(2008), The corpus revolution revisited, *English Today* 24(1): 23-27.

Rundell, M. & P. Stock(1992), The corpus revolution, *English Today* 8(4): 45-51.

Rundell, M.(2015), Crowd-sourcing, Wikis, and User-generated Content, and their Potential Value for Dictionaries.

Simonsen, H. K.(2017), Lexicography: What is the Business Model?, *Elex 2017*, https://elex.link/elex2017/wp-content/uploads/2017/09/paper24.pdf

Sinclair, J., S. Jones & R. Daley(2004), *English Lexical Studies: The OSTI Report,* London: Continumm.

http://michaelrundell.com/wp-content/uploads/2017/05/Crowdsourcing-and-lexicography_MR.pdf

<사전류>

표준국어대사전 온라인 버전, http://stdweb2.korean.go.kr/main.jsp

고려대한국어대사전 온라인 버전, https://dic.daum.net/index.do?dic=kor
우리말샘, https://opendict.korean.go.kr/main
네이버오픈사전, https://open.dict.naver.com/participation/word_list.dict#common/register/all/ko/
Urban dictionary, https://www.urbandictionary.com/
Wikitionary, https://www.wiktionary.org/

시사만화의 의미

손세모돌*

1. 들머리

이 글의 목적은 시사만화 연구의 주요 주제와 쟁점, 앞으로의 과제와 전망을 살펴보는 것이다.[1] 일간지의 한 칸 만평과 네 칸 만화로 대변되는 국내의 시사만화는 사회를 풍자하고 비판하는 기능을 가진다.[2] 일간 신문에 게재되어 그날의 주요 사회 · 정치 문제를 소재로 하는 것이 일반적이다. 그간 국내의 시사만화 연구 동향을 살펴보고 그 가운데 언어학적 측면에서의 연구를 주 대상으로 주요 주제와 쟁점, 앞으로의 과제와 전망에 대해 알아본다.

만화는 그림과 글로 이루어진 텍스트이므로 문자로만 구성된 텍스트에 비해 다양한 접근이 가능하다. 시사만화는 사회, 정치 비판과 풍자라는 내용 때

---

* 대진대학교 한국어문학과 교수, ssmdol@daejin.ac.kr

1 시사만화란 김진수, 유선영, 박영규 등의 정의를 종합해보면 정치, 경제, 사회 등 시사적 주제 중 그 당시에 생긴 여러 가지 시의적인 사안을 과장하고 단순화하여 인생이나 사회를 풍자 · 비평한 그림이라고 정의할 수 있다(정윤성 2011: 50).

2 한국에서는 일간지에 게재된 한 칸 만평과 시사적 주제를 다룬 네 칸 만화를 모두 시사만화로 보는 것이 일반적이다. 이후 둘을 구분할 필요가 있을 때는 '만평'과 '네칸'으로 표시한다.

문에 사회학적 접근도 가능하다. 선행연구에는 언어학적 측면보다 언론학, 사회학적 접근의 연구가 더 많다.

시사만화는 그림과 글의 복합체이므로 언어만을 대상으로 하는 경우 시사만화의 풍자나 유머 해석이 제약되어 온전한 전달 의미 파악이 어렵다. 시사만화에서 언어는 그림의 보조 자료로 사용되기도 하고, 그림이 글의 보조 자료로 작용하기도 한다

2. 시사만화 연구의 주요 연구 내용과 쟁점

이 장에서는 한국 시사만화 연구의 전반적인 업적을 개괄하고 주요 주제와 쟁점에 대해 살펴보려고 한다. 시사만화는 시사적 주제에 대한 풍자와 비판을 내용으로 하므로 대상이 된 사회문제를 분석하는 내용면의 연구와 풍자, 비판을 이루는 방법 측면의 연구로 구분할 수 있다. 글과 그림으로 구성된 복합적 텍스트이므로 방법 면에서는 두 가지 측면에서 접근이 가능하다. 먼저 시사만화 연구 업적을 전체적으로 개괄하고, 연구 주제와 쟁점, 활용 측면으로 나누어 살펴본다. 시사만화 활용 측면은 번역과 교육 관련 분야를 살펴본다

2.1. 시사만화 연구 업적 개괄

시사만화 연구는 양적으로 보았을 때 한국 만화 관련 연구에서 그다지 큰 비중을 차지하지 않는다.[3] 국립도서관과 인터넷 논문 검색 시스템에서 '시사만화', '만평', '네칸만화', '한칸만화', '한컷만화', '신문만화', '만문만화'를 검색어로 찾은 시사만화 관련 논문은 107편이고, 중복 검색된 것을 제외하면

3 이상민 · 임학순(2009: 9-10)에 따르면 1970년대부터 2009년까지 발표된 만화 관련 논문 총 664편 중 신문만화나 시사만화를 연구 대상으로 한 것이 56편, 풍자만화를 고찰한 것은 6편으로 전체의 9.3%에 불과하다.

75편이다.[4] 2018년 7월까지 '만화'로 검색되는 학위논문이 635편, 학술지 논문이 194편으로 총 829편인 것과 비교할 때 매우 적다. 한국 시사만화의 출발이 1909년 <대한민보>에 게재된 한 칸짜리 만화이고, 1970-1980년대 일간지의 시사만화가 대중들의 관심을 받았다는 점을 고려하면 시사만화 연구의 비중은 아쉬운 바가 있다.[5]

검색된 시사만화 관련 논문 업적은 대다수가 2000년대에 발표되었고 2010년대에는 현저하게 축소된 모습을 보인다.[6] 발표 연도별 업적 분포는 <표 1>, <그림 1>과 같다.

〈표 1〉 시사만화 연구 논문 출간 연도별 분포

구분	학위논문(%)	학술지논문(%)	계(%)
1980년대	1편(1.3%)	2편(2.7%)	3편(4.0%)
1990년대	6편(8.0%)	3편(4.0%)	9편(12.0%)
2000년대	**26편(34.7%)**	**24편(32.0%)**	**50편(66.7%)**
2010년대	8편(10.7%)	5편(6.7%)	13편(17.3%)
계(%)	41편(54.7%)	34편(45.3%)	75편(100%)

4 여기 제시된 숫자는 참고자료일 뿐이다. 검색 시스템에서 검색되지 않는 논문들이 있어 누락된 업적들도 있을 수 있다. 대부분 1990년 이후 것만 검색되는데 검색된 논문 107편은 학위논문 51편, 학술지 논문 56편이고, 그 가운데 중복 검색된 것을 제외하면 박사학위논문 7편을 포함하여 학위논문이 41편, 학술지 논문이 34편이다. 검색어가 본문에 포함된 경우도 검색 대상이 되었으므로 검색된 선행연구들의 제목에 검색어와 검색어 유사 단어가 포함되지 않은 것들도 있다. 만문만화는 1930년대 신문, 잡지에 연재되던 한국 만화의 한 장르이다. 일제 치하 경성의 사회적 모습을 풍자적으로 그려내었다. 1925년 안석영의 '만화로 본 경성'을 시작으로 보기도 하며, 1941년 이후 만문만화의 맥이 끊긴 것으로 본다(출전: Wikipedia, 만문만화).

5 우리나라 시사만화의 시작은 1909년 <대한민보>에 게재된 이도영의 한 칸 만화로 보는 견해가 대부분이다(윤영옥 1995, 정희정 2001, 장승태 2002, 서은영 2013, 한국만화 100주년 시사만화위원회 2009 등).

6 이상민 · 임학순(2009: 10)에서도 2000년 이후 만화 관련 논문이 100여 편 발표되어 이전보다 짧은 기간에 많은 연구 업적들이 산출되었다고 밝힌 바 있다.

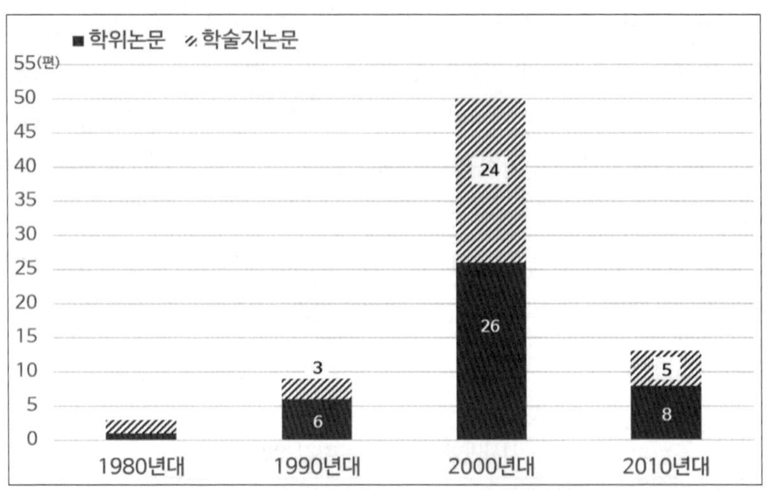

〈그림 1〉 **시사만화 연구 논문 출간 연도별 분포**

시사만화 관련 논문 발표 시기에서 눈에 띄는 것은 2010년대에 학술지 논문이 현저히 줄었다는 것과 석사논문 5편 중 3편이 교육 관련 주제라는 점이다. 2010년 이후 학술지 논문 편수는 현저히 줄어 2000년대의 1/5 정도이다. 학위논문은 1/3 정도로 줄어들었으나 박사학위논문은 7편 중 3편이 2010년대에 생산되어 큰 폭으로 감소하지는 않았다. 이런 양적인 변화는 시사만화의 쇠퇴, 국내 학계의 변화를 반영한다는 점에서 유의할 필요가 있다.

시사만화 연구는 저서에서 전반적으로 다루어지거나 구체적 작품과 작가에 대한 집중적 분석이 이루어졌다. 관련 저서로 윤영옥(1995)을 비롯하여 곽대원외(1996), 손상익(1996), 한국언론재단(2000), 한재규(2001), 김진수(2002, 2006), 천정환 외(2005), 고우영 외(2008), 한국만화 100주년 시사만화위원회(2009), 손문상 외(2012), 김성훈(2014) 등을 들 수 있다.[7] 김성훈(2014)은 만화 비평 사례를 다룬 흔치 않은 업적이다. 1920년대부터 2000년대까지

7 시사만화를 대상으로 한 저서 중에는 캐릭터나 작품에 초점을 둔 해설 저서들이 많다. 박기준(2009)은 한국 만화 시기를 5기로 구분하고 신문과 잡지에 수록된 만화들과 작가들을 이야기하듯이 소개한 책이다.

한국의 만화비평을 10년 단위로 검토한 책이다.[8] 만화가 아니라 만화 비평을 대상으로 한다는 점이 특징이며 만화 비평 사례를 통해 만화를 독자적 예술 장르로 자리매김하고자 하는 태도를 보인다.[9]

시사만화 연구 경향은 논문과 저서에서 다소 차이가 발견된다. 저서는 시사만화 전반에 대한 내용을 담거나, 시사만화사, 개별 작품을 통한 특정 사회상 분석과 작가 연구, 특정인물 소재 만평을 통한 당시 사회문제 비판, 혹은 만평집 등으로 시사만화에 집중하는 모습을 보인다.[10] 이에 비해 논문에서는 다양한 측면에서 시사만화에 대한 접근이 이루어지고 있다.

시사만화 대상 연구 논문의 다양한 주제는 저자들의 소속이 국어국문학, 언론학, 통번역학, 디자인학, 만화학, 외국어교육학, 교육학 등이라는 데서도 잘 드러난다.[11] 여러 전공에서 연구된다는 것은 시사만화가 텍스트로서 가지고 있는 내용이 다양하거나 활용 가능성이 넓다는 것을 의미한다.

시사만화 연구에 공통적으로 나타나는 인식은 시사만화의 기능이 사회 풍자와 비판이라는 것과 그 비판을 실행하는 방법이 글과 그림의 풍자와 유머라고 보는 점이다. 그렇지만 체계적인 연구는 미진하다고 보는 시각이 일반적이다. 한국언론재단(2000: 10)에서는 시사만화에 대한 체계적 연구가 희소했음을 지적하면서 언어가 아닌 시각기호가 주축이 되는 커뮤니케이션 양식이고, 언론 분야에서 만화에 대한 인식이 낮았다는 점을 꼽고 있다.[12] 시사만화에

8 김성훈(2014: 210-257)에 제시된 이해창, 위기철 등의 비평에 시사만화 비평에 대한 부분이 포함되어 있다.

9 김성훈(2014: 170-174)에서는 김현(1975)의 비평 '만화는 문학이다'에 제시된 "만화는 문학이지만 이제 새로 생겨나는 새로운 형태의 문학이다… 변모하는 사회는 그것을 표현해 줄, 그 이전에 존재한 예술과는 다른 형태의 예술을 요구한다."라는 말을 인용하여 만화가 우리사회가 원하는 새로운 예술 장르라고 지적하고 있다.

10 저서는 논문에 비해 많은 내용 수록이 가능하므로 개별 작품을 설명하면서 작품에 함축되어 있는 사회 모습을 분석하기도 한다.

11 선행연구자들의 전공에 따라 연구의 주제와 내용이 산뜻하게 분류되는 것은 아니다. 다만 이런 검토는 시사만화에 대한 다양한 접근과 연구 주제를 대략적으로라도 추론하게 한다. <고바우영감>에 표현된 복식의 상징성을 고찰한 강민정 · 하지수(2016) 등도 있다.

언어텍스트가 포함되어 있음에도 언어적인 분석은 활발하지 못한 편이고, 관련 논문은 정치, 사회 모습 파악이나 비판 등 사회학적 접근이 상대적으로 많다.

이상민 · 임학순(2009: 9-10)에서는 우리나라에서 1990년대 이후부터 만화 연구가 중요 관심 분야로 대두되었지만, 2009년까지도 여전히 만화의 학문적 정체성과 연구 영역, 연구 범위와 방법 등에 대해 혼란을 겪고 있다고 지적한 바 있다.[13] 최근에는 만화를 학문으로 정립하려는 움직임과 관련한 논문들도 많아지고 있다.

2.2. 시사만화 연구의 주제와 쟁점

이 절에서는 시시만화 관련 선행연구들의 주제와 쟁점을 살펴본다. 시사만화는 세태에 대한 풍자, 비판을 주된 내용으로 하므로 대상이 된 시사문제와 그를 통한 사회 분석, 풍자와 비판을 이루는 방법 등이 주된 연구 대상이다. 글과 그림으로 구성된 복합 텍스트이므로 방법 측면의 연구에는 언어표현과 그림, 서사 구조 분석 등이 포함된다. 여기에서는 시사만화 연구 주제를 내용과 방법 측면에서 살펴본다.

2.2.1. 시사만화의 메시지 분석 및 사회, 정치 비판

시사만화 연구에서 가장 눈에 띄는 것은 언론학이나 정치학 측면에서의

---

12 점차 학문 분야의 대상 영역이 넓어지고 있지만, 만화를 분석 대상으로 삼지 않는 경향은 언어학에서도 비슷했다. 이 글에서는 만화의 예술적 지위나 학문으로서의 입지 등은 논외로 한다. 김한영 옮김(1999: 8)에서는 "만화는 '예술'일 수도 있고 아닐 수도 있지만 하나의 예술형식이라는 사실에는 논쟁의 여지가 없다."라고 지적한 바 있다.

13 교육보조 자료로서의 만화 활용이 36.7%, 만화 일반 논문이 14.6%, 장르 관련 논문이 12.5%를 차지하여 만화 연구가 주로 교육학 전공자와 인문학 전공자들에 의해 이루어졌고, 만화 연구 논문을 게재한 학술지도 교육학과 인문학 성향의 것이 절반 이상의 비중을 차지한다고 지적하고 있다.

접근이다. 시사만화가 풍자, 비판하고 있는 사회 현안을 통해 당대 사회를 파악하거나 정치/정치인을 비판하는 것이다. 한국의 시사만화가 정치적인 소재를 많이 다루고 있어서 대상이 된 사건들을 중심으로 사회를 들여다볼 수 있기 때문이다.[14] 이런 접근에는 시사만화가 불합리한 시대에 대한 저항을 표현하는 기재라는 의식이 깔려있다.[15]

시사만화의 내용을 분석하여 사회, 정치, 경제적인 현황을 파악하고 비판적 시각에서 시대를 보려 한 논문에 김종헌(2005), 이명희(2006), 고영신(2008), 이승희(2008), 신병률(2009a, b), 하종원(2009), 정희정(2016) 등이 있다.[16] 이런 분석이 잘 드러나는 저서로 김진수(2002), 천정환 외(2005), 손문상외(2012) 등을 들 수 있다. 김진수(2002)가 우리 사회 전체 문제를 대상으로 하고 있는 반면 천정환 외(2005)는 네칸 <파고다영감>을 통해 4.19 시기 사회에 초점을 맞추고 있다. 손문상 외(2012)는 전직 대통령을 대상으로 한 만평들을 가지고 임기 동안의 문제점들을 지적한 것이다.[17]

시사만화를 통해 사회상을 연구하기도 한다. 신명직(2001), 장진영(2011), 윤상길(2017) 등의 논문이 있다. 신명직(2001), 장진영(2011)은 1920-1930년

---

14 신병률(2009b: 292)에서는 만평의 대소재를 정치, 경제, 사회문화, 외교, 비리 등의 다섯 가지 범주로 구분한 바 있다. 우리나라 시사만화에서 가장 많이 다루어진 소재는 정치 소재이다. 한국언론재단(2000: 89-91)에서는 한국 만평의 81.6%, 네칸의 75.7%가 정치 주제를 다룬 것이라 밝히고 있다. 한국 만평이 국내 정치 문제에 치우쳐 있는데 비해 미국 워싱턴포스트나 일본 아사히신문 만평은 국제, 외교 문제에 더 관심을 둔다고 분석하였다.

15 이해창(1976: 73)에서는 신문이론에서 풍자화를 희화화한 논설이라고 하는 것은 만화가 사상을 내포했다는 것을 의미한다고 지적한 바 있다. 사상성은 수용자군을 형성할 수 있고 특정한 만화가의 일정한 시대작품에 대한 사회심리적 유대를 갖게 작용한다는 것이다(김성훈 2014: 212에서 재인용).

16 시사만화나 만화 작가에 대한 비판, 평가 등은 논문 이외에 칼럼 등을 통해서도 많이 제시되고 있다. 박인하(2004: 188-202), 김낙호(2005: 156-167), 정지영(2007: 236-237) 등은 잡지에 실린 칼럼으로 시사만화의 저항성과 작가 등에 관해 쓴 글이다.

17 손문상 외(2012)에는 부제로 '시사만화로 엮은 MB 4년의 현대사'라는 제목이 붙어 있다.

대 만문만화를 분석하여 당대 사회를 연구한 것이고, 윤상길(2017)은 1950년대 한국 라디오문화를 대상으로 하고 있다. 신명직(2001)은 1920-1930년대 전반 신문.잡지에 발표된 안석영 만문만화의 특징에 집중하여 당대 사회의 모습을 밝힌 것이다. 장진영(2011)은 사회관계의 변화가 만화 내용을 바꾼다는 것을 보여줌으로써 만화의 내용이 현실과 관계가 있으며 만화에 담긴 현실 반영의 의미를 찾으려 했다.[18]

네칸 등장인물 분석을 통해 당시 사회문제와 분위기를 파악하기도 한다. 시사만화의 등장인물은 특정 시대와 문화의 가치관을 암시하기 때문에 등장인물의 분석으로 당시 사회의 가치관, 세계관, 이데올로기를 파악할 수 있다. 만평의 등장인물이 사회 여러 면에서 유명인이거나 은유화된 사물/사건인 것과 달리 네칸에는 서민인 주인공과 주변 인물들이 있고, 이들의 행동은 모두 사회, 정치적 의미를 내포한다.[19]

김진수(2006: 63-89)에서는 동아일보 네칸 <나대로 선생>의 고정 등장인물과 수시 등장인물을 분석하여 독자 유인 기능이나 오락 기능보다 비판 기능이 강화되어 있음을 지적한 바 있다.[20] 그러나 시사만화의 등장인물은 정형화되어 있기도 하여 사회 모습을 그대로 반영하지 못할 수도 있다. 김진수(2006: 70-75)에서는 <나대로 선생>은 가부장적인 모습에 부부간 성 역할이 철저히 고정되어 있는 모습을 보이지만 현실은 그렇지 않다는 사실을 지적하고 있다.[21]

---

18 정창미(2015)는 1946-1949년 상해 시사만화를 연구한 것이다. 중국 내전시기 상해 시사만화가 지닌 시대적 가치를 파악하려 한 것이다. 만평과 네칸 모두 자료로 사용했고, 작가별 작품 분석도 포함하고 있다.

19 김진수(2006: 63-64)에 따르면 네칸의 등장인물은 작가가 특별한 의미나 효과를 위해 만들어낸 독창적 캐릭터로 서민 대중을 대변하는 캐릭터이다. 주인공들의 행동은 내적 갈등을 포함하고 있으며 이 갈등이 만화의 핵심 의미와 밀접하게 관련되어 있다.

20 김진수(2006: 86)에서는 시사만화의 기능으로 독자 유인 기능, 논평 기능, 오락 제공 기능, 비평 기능 등 4가지를 제시하고, 비평/비판 기능이 언론의 사명이라고 밝히고 있다.

21 김진수(2006: 71)의 분석에 의하면 나대로의 부인은 <나대로 선생> 연재 25년 동안 남편에게 차를 가져다주는 모습으로 등장하고, 차를 받쳐왔던 쟁반을 들고 나가

시사만화의 영향에 대한 연구들도 있다. 박기순(1992)은 만평이 투표의사에 영향을 줄 수 있는가를 분석한 것이다.[22] 만평의 등장인물과 정치적 사건을 독자가 수용하여 공유하게 되며, 이런 과정을 통해 만평은 투표의사에 영향을 미칠 수 있다고 판단하였다.

2.2.2. 시사만화의 풍자, 유머 구성 방법 연구

시사만화의 비판, 풍자를 실현시키는 주요 방법 중 하나가 비유이고, 은유와 환유는 그림텍스트와 언어텍스트에 모두 사용된다. 우리나라 시사만화 연구에서 사회 비판을 가능하게 하는 풍자, 비판, 유머의 형성 방법 연구는 미진한 편이다. 정희정(2002: 120-121)에서는 1980년대 시사만화 연구서들이 만화의 역사를 내용 위주로 다루고 만화 기법이나 형식 논의는 거의 포함하지 않았다고 지적한 바 있다.

2.2.2.1. 언어텍스트

만화 연구에서 언어텍스트 연구의 위치는 우리나라 만화 창작이나 교육, 연구에서 그림에 비해 언어에 대한 관심이 상대적으로 매우 소홀하다는 김을호(2006: 14)의 지적에서 잘 드러난다. 작가의 '그림 우선주의'와 독자들의 언어기피 현상 때문으로 파악한다.

시사만화 언어텍스트 연구에서는 언어의 종류, 사회 비판을 가능하게 하는 방법, 시사만화 메시지 구성에 기여하는 정도 등에 대한 연구가 이루어졌다.[23]

는 모습으로 그려졌다.

22 1991년 1월 1일부터 9월 30일까지 '동아희평', '조선만평', '경향만평', '한겨레그림판'에서 김대중, 김영삼 두 전직 대통령을 등장인물로 한 만평 25개씩을 자료로 한 것이다.

23 강우순(1999)은 만화의 의태어 기능에 관심을 두었다는 점에서 눈에 띄지만, <광수생각>, <천하무적 홍대리> 등의 에세이만화를 대상으로 한 것이다. 필자가 볼 수 있었던 것은 학술대회 발표 요지이다.

이지영(1990), 강우순(1999), 양태영(1999, 2000), 권유리(2001), 서옥란(2003), 이성연(2005), 이원석(2005), 김을호(2006), 손세모돌(2005, 2006, 2008a), 박미정(2008a) 이현경(2018) 등이 있다. 양태영(1999, 2000)은 시사만화 외에 에세이만화도 포함하여 그림과 언어를 다각도로 분석한 것이다.

시사만화의 언어 종류에 대해서는 연구자간 큰 차이를 보이지 않는다. 양태영(2000: 141), 서옥란(2003: 201-203), 이성연(2005: 386-389)에서는 대사, 독백과 방백, 해설과 지문으로 구분하였다. 손세모돌(2005: 241-262)에서는 만평의 언어 종류를 제목, 등장인물의 발화와 생각, 지문으로 구분한다. 그림 해석에 도움을 주는 지문이 만평에 가장 활발하게 사용되는 것은 언어보다 그림 비중이 크기 때문이라고 설명한다.[24] 만평의 언어가 종류에 따라 역할이 구분되어 있는 것과 달리 네칸의 언어는 종류에 관계없이 하나의 담화를 구성하는 요소로 작용한다. 등장인물의 발화와 작가의 말 경계가 모호하여 풍선 그림의 사용으로 구분 짓기 어려운 경우들도 있다(손세모돌 2008a: 15).

시사만화의 언어텍스트 연구 중 언어표현이 풍자・비판을 이루는 구체적 방법에 초점을 둔 연구는 양적으로 많지 않다. 네칸의 언어유희를 분석한 김을호(2006), 손세모돌(2006) 정도를 들 수 있다.[25] 김을호(2006: 13-14)에서는 만화에서 언어가 중요하다는 점을 지적하고 네칸에서 재미와 감동이 언어유희에서 비롯된다고 본다. 김을호(2006)는 네칸에 사용된 주된 언어유희적 수사법을 반복, 대구, 패러디, 동음이의어, 이음동의어, 괘사법, 말풀이법, 숫자풀이법, 조어법의 9가지로 분석하였다. 이외에 끝말잇기, 음절뒤집기, 한자의 파자법 등 다양한 기법이 사용됨을 보이고 있다.[26]

---

24 만평에서 언어는 제목, 지문, 풍선, 제목+지문+풍선, 제목+지문, 제목+풍선, 지문+풍선 등의 조합으로 사용되는데, 지문 없이 제목과 풍선 그림만으로 사용된 만평은 예가 많지 않다(손세모돌 2005: 261).

25 언어유희의 유형 분류에 다소 차이가 있으나 같은 해 발표된 논문이어서 견해 차이가 표출되지는 않는다. 김을호(2006)는 10월, 손세모돌(2006)은 12월에 게재된 논문이다.

26 괘사법은 소리가 비슷하고 의미가 다른 말을 연관지어 사용하는 수사법이다. 동음이의법의 한 갈래로 볼 수 있다(김을호 2006: 9).

손세모돌(2006)에서는 13개 일간지 650개의 네칸을 분석하여 사용된 언어유희를 음운을 활용한 것, 낱말과 통사구조에 기초한 것, 의미 특성에 기초한 것으로 구분하였다.[27] 작가에 따라 사용하는 언어유희 방식은 다소 차이를 보이지만, 언어유희의 역할은 만화별로 차이를 보이지 않는다고 지적하고 있다. 시사만화에서 언어유희 방식에 따라 기능이 어떻게 다른지를 구체적으로 밝혔다는 점에 의의가 있다. 동음이의와 음상유사는 웃음 유발 장치로 사용되고, 음절교체는 작가의 불만이나 비판의식을 대변하는 경향을 보이며, 대구는 상황을 제시하고 독자들이 추론하게 하는 데 이용된다. 관용표현 중 사자성어는 직설적 비판이나 비난을 드러내지 않는데 비해 관용구와 속담은 비난, 비판을 드러내는 경향을 보인다.

시사만화의 기능이 풍자와 유머, 비평을 통한 사회 비판이라는 점이 자주 거론되어 왔으나 풍자, 해학, 유머라는 추상적인 관념이 어떻게 언어표현으로 형상화하는가에 대한 구체적인 고찰들은 부족한 편이다.[28] 풍자와 유머의 주된 방법으로 은유, 환유 등의 비유법이 활용된다는 점에 일치를 보이고 쟁점이라고 부를 만한 논쟁도 없다. 이성연(2005: 403)에서는 시사만화 텍스트의 가장 두드러진 수사법이 은유라고 분석했으나 예로 패러디를 들고 있어 일반적인 비유 논의와 조금 다르다. 쟁점 현안을 알기 쉽게 묘사하거나 풍자하기 위해 과거 비슷한 상황을 가져다 엮으며, 비유가 절묘할수록 효과가 크다고 지적하고 있다. 양태영 · 이정화(2006: 57)에서는 유사 음운과 동음이의어 사용을 환유로 설명한다.

서은영(2017)은 만화가 웃음을 유발하는 방법을 고찰한 논문이다. 시사만화가 아닌 1920-30년대 만화 가운데 인접 장르를 각색한 만화를 대상으로 한 것이다. 각색 과정에서 취사선택된 요소들을 분석하여 만화가 웃음을 확보

27 손세모돌(2006: 127)에서는 네칸의 언어적 장치에 언어유희 외에 은유, 환유 등의 비유와 칸 구조 이용이 있다고 지적하고 있다.

28 한국언론재단(2000: 39-40)에서는 시사만화가 본질적으로 세태에 대한 풍자를 통해 논쟁을 일으키는 데 주안을 둔다고 지적한 바 있다. 강일구(2000: 35), 김진수(2006: 66)에서도 유사한 견해를 보인다.

하는 구체적 방식을 규명하려 했다는 점에 의의가 있다.[29]

네칸은 칸에서 비롯되는 서사구조를 가지므로 네칸의 구조가 풍자와 유머에 기여한다. 네칸의 풍자, 유머는 언어표현이나 그림 이외에 칸이라는 구조가 관여한다는 점에서 한 칸인 만평과 확연히 다르다. 만평은 그림텍스트가 주가 되지만 네칸은 칸 구조에서 이야기가 형성되어 언어텍스트가 주가 된다. 이원석(2005, 2006), 손세모돌(2008b), 박경철(2010) 등은 네칸의 구조에 대한 연구이다. 네칸의 구조를 기승전결 구조로 파악한다는 점에서 일치하며, 주된 논의 대상에 차이가 있어서 연구들 간 충돌되는 의견은 발견되지 않는다. 김을호(2006: 1, 14)에서도 네칸에서 언어의 중요성을 지적한 바 있다. 플롯 구성 능력이 언어적 감수성과 수사학적 사고를 바탕으로 이루어지며, 재미와 감동 창출의 동력이 언어유희라고 보기 때문이다.[30] 국내 네칸의 언어텍스트가 '수사법의 보고'라 할 만큼 다채로운 언어 운용 방법을 보여준다고 분석하였다.

이원석(2005)은 국내외 네칸의 수사적 표현이 이야기 전개에 구현되는 방법을 고찰한 것이다. 서사구조를 연역적 전개, 비연역적 전개, 실험적 전개로 구분하고, 서사구조의 수사적 유형으로 유사와 대조, 점층과 점강, 나열, 언어유희, 개그와 허무를 제시하고 있다.[31] 이원석(2006)은 국내외 네칸의 서사구조를 비교한 것이다. 국내 네칸은 풍자 중심이어서 비연역적 전개가 연역적 전개보다 다소 높은 비율을 보이고, 외국 만화는 유머 중심이기 때문에 연역적 전개가 대부분이라고 분석한다.

---

29 서은영(2013: 16)에 따르면 '기승전결을 갖춘 한국 최초의 코믹스'는 1924년부터 <조선일보>에 연재된 <멍텅구리>이다. 만평은 대체로 한 칸으로 완성되지만, 칸을 구분하는 경우도 있다. 이런 경우는 네칸 시사만화와 유사하게 칸 사이에서 이야기 구조가 발생한다.

30 한재규(2001: 115)에서도 아무리 뛰어난 그림 솜씨를 지녔더라도 그림만으로는 만화가 되지 않으며 문학적 발상에 그림 능력이 더해져야만 비로소 만화가 탄생한다고 지적하고 있다.

31 연역적 전개란 전제가 결론을 함축하는 논증적 추리이고, 비연역적 전개란 비순차적인 사건 배열이다.

손세모돌(2008b)은 네칸의 칸 구조가 풍자와 유머에 어떻게 기여하는가를 분석한 것이다. 기승전결 구조에 바탕을 두고 이야기를 생성하면서 전환과 반전, 대비/대조, 나열 등의 담화구조로 풍자, 비판을 이룬다고 파악하고 있다. 각각의 담화구조에서 칸 구조가 비판과 풍자에 어떻게 활용되고 있는지를 분석, 구체적으로 설명한 것이다.[32]

박경철(2010)은 만화콘텐츠 교육에 활용하기 위해 네칸의 구조와 수사법을 밝히고자 한 것이다. '장도리' 30회를 대상으로 했을 때 '장도리'의 구조는 기승전-결 구조와 기승-전결 구조의 두 가지 유형으로 구분되며 각각 비유법, 대조법을 구성한다고 설명하고 있다. 자료가 한 가지로 한정적이고 구조와 수사법이 어떻게 풍자, 유머에 관련되는지에 대해서는 명확히 밝히지 않았다.

시사만화 관련 논문은 분석 자료를 기준으로 할 때 만평이나 네칸을 대상으로 한 경우, 두 가지를 모두 대상으로 한 경우로 구분할 수 있다. 대부분은 만평과 네칸을 구분하지 않고 시사만화라는 범주로 묶어 함께 다루고 있으며, 두 유형을 비교하는 경우는 많지 않다. 만평과 네칸을 비교한 논문에 손세모돌(2008a)이 있다. 만평과 네칸의 언어텍스트와 그림텍스트 의존도, 유사 그림 반복 사용 정도, 풍자 방법 등을 비교한 것이다. 손세모돌(2008a: 38)에서는 만평은 칸 나누기를 하여 대립이나 대비 구조를 이용하는 경우에도 직설적인 언어표현을 사용하여 풍자나 비판은 그림텍스트에 더 의존한다는 점에서 네칸과 다르다고 밝히고 있다. 네칸은 우회적인 언어표현을 사용하여 풍자, 비판을 구성하며 언어텍스트 의존도가 더 높다.

박미정(2008a: 239-240)에도 만평과 네칸의 특징과 차이에 대한 간단한 설명이 포함되어 있다.[33] 만평의 특징을 풍자성으로, 네칸의 특징으로 기승전결 구조를 들고 있다. 네칸은 언어유희와 칸 구조를 이용한 댓구 등이 영향을

32 분석 자료인 네칸 13종 650회 자료에서 21.2%(138건)가 나열, 대비와 반전은 각각 13.8%(90건) 사용되었다고 제시하고 있다. 시사만화별로 사용 구조의 빈도에 큰 차이가 있음도 밝히고 있다.

33 박미정(2008a)은 한일 시사만화 번역에서 번역 차이를 보기 위한 것이다. 자료는 조선만평과 동아일보의 <나대로>이다.

미치므로 만평보다 언어적인 번역 면에서 제약이 더 많다고 설명한다. 박경철(2013)은 외국 작품을 대상으로 만평을 풍자 카툰으로 파악하고 만평과 네칸인 유머 카툰을 비교한 것이다. 만평은 비웃음을 중심으로 하고 대상에 대해 언어표현을 통해 직설적인 공격을 하는데 비해 유머 카툰은 양립할 수 없는 사항에서 유발되는 웃음을 중심으로 한다고 파악하였다.[34] 비웃음을 유발하는 비유나 상징, 여러 가지 유머 유형에 대한 설명이 길게 포함되어 있다는 아쉬움이 있다.

2.2.2.2. 그림텍스트

시사만화의 그림텍스트와 관련해서는 그림 형식과 비유적 표현, 시사만화 메시지 구성에서 그림의 역할 및 방법, 만평과 네칸의 그림 차이 등이 논점이 될 수 있다. 시각적 이미지의 비유에 대한 논의는 광고나 정치인과 관련된 것이 많고 이런 분야에서는 비유보다 비유가 독자에게 미치는 영향에 초점이 두어졌다.

시사만화의 그림 표현 방법과 관련된 연구에 허영 · 안성혜(2006a, b), 최미란 · 정성환(2008), 정윤성(2011), 유환석(2015) 등이 있다. 허영 · 안성혜(2006a: 286-288)에는 시사만화의 그림 표현 양식으로 현재까지 사용되는 전통적 표현 양식, 1997년 <광수생각> 이후 등장한 디지털 표현 양식, 최근 등장한 입체적 표현 양식 등 세 가지가 제시되어 있다. 허영 · 안성혜(2006b)는 오브제카툰을 통해 카툰의 산업화 가능성을 제안한 것이다. 입체카툰은 풍자와 유머를 바탕으로 한 짧은 내용의 만화로 독자들과 시각적 촉각적 상호관계를 통해 재미와 정보를 전달하는 카툰이라고 정의한다. 허영 · 안성혜(2006a, 2006b)는 평면적이던 시사만화의 표현 양식을 입체화하는 변화를 꾀한다는 점에 의의가 있다. 장윤성(2011)은 멀티미디어를 활용하는 시사만화 표현기

34 만평이 대상에 대해 직설적인 언어표현을 사용하여 공격한다는 지적은 손세모돌(2008a: 38)에서 만평이 네칸보다 직설적 언어표현을 사용한다는 분석과 일치하는 면이 있다.

법에 대한 것으로 새로운 표현기법을 모색한다는 점에 의의가 있다. 유환석(2015)은 네칸의 캐릭터 표정을 대상으로 한 것이다.

비유는 시사만화의 비판 · 풍자 기능을 가능하게 하는 주요 방법인데 비해 시사만화 그림텍스트의 비유에 대한 논문은 많지 않다.[35] 한국언론재단(2000: 107-116)에서는 시사만화가 풍자만화가 되기 위해서는 다양한 메타포의 활용이 필요하며, 메타포 사용으로 그림 설명을 위한 언어적 도움 없이 메시지를 함축적으로 전달할 수 있다고 밝히고 있다. 시사만화의 주제 표현에서 한국은 단순 서술이 가장 많이 사용되고 은유가 적게 사용된다고 분석했는데, 세련된 풍자를 구성하지 못한다는 것이다.[36] 그림과 언어 비유를 구분하지 않았다는 점은 아쉬운 점이다.

시사만화의 그림텍스트 비유 연구에 원명옥(2000), 이종열(2006), 양태영 · 이정화(2006) 등이 있다. 박미정(2008c)에서는 한일시사만화의 시각 이미지 번역을 다루면서 은유에 대해 언급하고 있다. 이들 연구 모두 분석 자료를 정치 관련 만평으로 한정하고 있다는 점이 한계이다.[37]

원명옥(2000)에서는 만평 속 정치적 사건을 남녀관계 은유, 결투 은유, 스포츠 은유 등으로 구분하였다. 만평 그림텍스트의 은유 유형을 분류했다는 점에 의의가 있다. 이종열(2006)은 선거 관련 만평을 대상으로 만평의 이미지

35 시각이미지의 은유 분석은 광고를 대상으로 활발하게 이루어지고 있지만 시사만화를 대상으로 한 논의는 드물다. 이종열(2006: 97)에서도 언어학에서 만평의 비유에 대한 탐색이 거의 이루어지지 않았음을 지적한 바 있다.

36 한국 만평은 단순 서술 54.7%, 직유 24.7%, 은유 11.6%인데 비해 워싱턴포스트는 은유 41.7%, 단순서술 27.8%, 직유 19.4%라고 분석되었다. 만평의 직유는 인물이 누구인지 알 수 있고, 상황만 달리 설정한다는 점에서 은유와 거리가 멀며, 직유는 풍자의 묘미가 떨어지고, 메시지 세련도도 효과적이지 않다고 지적하고 있다.

37 신문 정치 관련 기사의 은유표현을 분석한 것에 배승호(2001)가 있다. 김현효(2011)와 권연진(2017)은 대통령 연설문에 사용된 은유적 표현을 분석한 것이다. 전자는 미국 조지 부시 대통령 부자의 연설문을 대상으로 정치적 은유의 형성 배경과 은유적 표현의 힘을 분석한다. 후자는 한국과 미국 대통령 연설문에 사용된 은유적 표현을 대상으로 진보주의와 보수주의 프레임에서의 은유 차이를 밝히고자 했다.

양상과 의미 특성을 다룬 것이다. 만평의 그림텍스트에 사용된 은유 유형을 구체적으로 제시하고, 은유의 의미를 설명했다는 점에 의의가 큰 연구이다. 은유와 환유가 동시에 내재되어 있으며 이미지는 전경화된 요소와 배경화된 요소로 구성된 게슈탈트적 총화로 새로운 의미를 재생산하는 구조를 포함한다고 분석하고 있다. 만평의 이미지 은유를 사물 은유, 상황 은유, 규모 및 양 은유, 방향 은유, 의인화 및 동물 은유로 구분하고 있다.

양태영 · 이정화(2006)는 시사만화를 대상으로 개념적 환유와 은유를 같이 논의한 연구이다. 만평과 네칸의 그림과 언어를 모두 대상으로 한다.[38] 목표영역과 근원영역이 명확하게 드러나는 자료만 대상으로 하고, 세상사에 대한 지식과 신문기사의 맥락에 의존하여 분석하고 있다. 윤수재(1999)는 시사만화의 표현 방법, 표현 대상과 내용 등을 분석한 것으로 윤수재(1999: 740-743)에 정부의 행정 주체, 조직, 정책에 대한 비유 분석이 포함되어 있다.

시사만화는 아니지만, 시각이미지의 비유를 대상으로 한 연구에 이희자(2005), 장은영(2011) 등이 있다. 애니메이션의 비유를 대상으로 한다는 점이 공통점이다. 이희자(2005)는 동물 만화영상의 풍자적 표현을 분석한 것이다. 영상의 풍자가 웃음, 유머와 밀접한 관련이 있다고 파악하고 구체적인 표현 방법을 분석하고자 했다는데 의의가 있다. 시각적 이미지의 비유적 표현으로 직유, 은유, 의인법적 표현을 제시하였고, 상징적 표현은 보편적, 관습적, 구조적인 것으로 세분하였다. 수사적 표현은 아이러니, 역설, 패러디로 구분한다. 장은영(2011)은 은유적 표현을 애니메이션의 예술적, 대중적 효과를 극대화하는 장치로 파악한다. 애니메이션의 은유적 표현에 내포되어 있는 의미와 그것을 통한 대중과의 소통의 가치에 대해 고찰해보고자 하였다.

시사만화의 인물표현 방법에 관한 연구에 최미란 · 정성환(2008)이 있다. 상식대입법, 과장표현법, 열거법의 세 가지로 구분하고 세 방법의 내용 전달 정도가 다름을 지적하고 있다. 시사만화 그림텍스트의 조형적 특징은 메시지

38 4개 일간지에서 만평 3개, 네칸 만화 2개 총 5개의 시사만화를 분석 대상으로 하고 있다.

전달을 위주로 하기 때문에 발생하며, 외국에서는 상식대입법이 주로 사용되는데 비해 한국 시사만화에는 열거법이 주로 사용되는 것으로 파악했다.[39]

만평의 그림텍스트 형식에 대한 언급이 포함되어 있는 연구에 양태영(2000: 141), 서옥란(2003: 199-201), 이성연(2005: 384-386)등이 있다. 세 논의 모두 의사소통 기능을 가진 기호들로 '등장인물, 특수기호, 배경 그림, 풍선 그림'을 제시하고 있다. 손세모돌(2005: 234-238)에서는 만평 그림텍스트의 형식적 특징으로 소리의 시각화, 중심인물 캐리커처, 고정된 말풍선, 환유를 이용한 단순화와 과장을 들고 있다. 김정연 · 박정희(2010: 45-46, 51)에도 만평의 그림텍스트에 대한 언급이 포함되어 있다. 시사만화에 합의된 기호체계가 있으며, 추상적 사건 정황과 인물 상황 등을 은유적 수사법으로 표현한다고 지적하고 있다.[40]

만평과 네칸은 칸의 차이에서 비롯되는 그림과 언어표현의 차이를 가지는데, 이런 차이에 대한 논의는 드문 편이다. 손세모돌(2008a: 19-29)에는 만평과 네칸의 그림텍스트 비교가 포함되어 있는데, 유사 그림의 반복 사용 차이를 통해 그림텍스트 의존도를 검증하고 있다. 네칸은 비슷한 그림의 반복이 드물지 않고, 동일한 날 두 칸 이상에 사용되기도 한다. 반면 만평은 동일 그림 반복 사용이 없고, 유사 그림의 반복 사용도 거의 없다. 유사 그림 반복이라고 할 만한 것은 주요 캐리커처가 유사한 정도이다.[41]

---

39 열거법이란 소주제의 그림들을 함께 대입시켜 인물의 활동을 부각시키는 것이다. 외국 만평은 대중이 인식하기 쉬운 사회 전반 이슈나 상식을 이용하여 강렬한 인상을 주는 데 비해 국내 시사만화는 서브 캐릭터들과 말풍선, 부연설명, 텍스트가 많아 시선이 분산되는 경우가 많다고 지적하고 있다(최미란 2008: 289).

40 김정연 · 박정희(2010: 45)에서는 합의된 그림 기호 체계의 예로 눈동자 모습이 빙글빙글 도는 모양일 때는 '어이없음'을 나타낸다든지, <고바우영감>의 한 올뿐인 구부정한 머리카락이 빳빳해지면 '놀랍다', 꼬불꼬불하면 '황당하다'는 감정을 전달한다는 사실을 들고 있다.

41 유사 그림 반복 사용 빈도는 만평이 그림텍스트 위주라는 사실을 보이는 것이다. 동일하거나 유사한 그림의 반복 사용은 그림텍스트의 정보가 특화되지 않았음을 전제로 한다. 분석 대상 11개 일간지 네칸 시사만화에서 다른 날 반복 사용된 그림의 비중은 평균 16%, 같은 날 반복 사용된 것은 평균 13.8%의 비중을 차지한다.

만평과 네칸의 그림텍스트는 여러 가지 면에 차이가 있다. 만평에는 고정 등장인물이 없으나 네칸에는 주인공과 고정 등장인물이 있다. 만평의 등장인물은 주로 사회의 유명인사로 캐리커처로 표시되고 사건/사물의 은유화도 있으나 네칸의 주인공과 주된 등장인물은 서민들이며 사건/사물이 은유화되는 경우가 드물다.

시사만화의 그림텍스트를 의사소통 측면에서 살핀 연구에 강형구 · 탁진형(2006), 김정연 · 박정희(2010) 등이 있다. 강형구 · 탁진형(2006)은 만평을 시각적 설득 커뮤니케이션 도구 측면에서 분석한 것이다. 2000년 미국 대통령 선거 시기 만평 20개를 분석하여 만평이 단순화와 은유적 묘사를 통해 후보자의 이미지 형성에 도움을 주는 과정을 확인하고자 하였다. 미국 만평은 정책 이슈보다 후보자의 캐릭터를 중점적으로 그려내며, 문화적 프레이밍을 통해 후보자의 이미지가 강조, 확대되는 것으로 파악한다.

그림텍스트 측면에서 본다면 시사만화 연구에서 쟁점이 되고 있는 것은 한국 시사만화의 기점을 <대한민보>에 실린 이도영의 한 컷 만화로 볼 것인가 정도이다. 한재규(2001: 123)에서는 신문 만화가 촌철살인의 시사적 성격을 띠고 확연한 모습을 드러낸 시기를 1953년 7월경이라고 본다. 고발 기사 못지않은 비판 기능을 발휘하기 시작했기 때문이라는 것이다. 그러나 최초의 시사만화에 대한 논의는 한국만화 100주년 시사만화위원회(2009: 35, 49-69)에서 이도영의 '삽화'를 한국 최초의 신문시사만화로 적시하면서 일단락되었다고 생각된다.[42]

만평은 그림텍스트 자체의 유사성이 아니라 비유의 틀에서 유사함을 보인다.

42 정희정 · 손상익(2002: 314-316)에는 조선총독부에서 낸 신문을 우리의 언론의 역사로 볼 수 없으므로 이도영의 만화를 시초로 볼 수 없다는 손상익의 발언이 포함되어 있다. 그러나 손상익(1996: 118-119)에서는 이도영의 <대한민보> 창간호 '삽화'를 '우리 만화 가운데 최초의 신문 만평'이라고 적고 있다. <멍텅구리 헛물켜기>를 '한국 최초의 희화체 만화'로 보는 것은 한재규(2001: 122)이다.

2.3. 번역과 교육 관련 분야 연구

시사만화 활용 연구에서 눈에 띄는 것은 번역 측면에서의 연구이다. 시사만화 번역에서 쟁점이 될 수 있는 것은 그림과 글의 상호작용을 어떻게 온전히 옮기는가와 그림이나 언어의 비유적 표현들을 어떻게 번역할 것인가이다. 만화는 그림과 글이 긴밀하게 결합되어 있어 한쪽을 제거하면 제대로 된 전달 효과를 기대하기 어렵고, 비유가 사용된 언어표현은 직역하면 작가의 의도가 제대로 드러나지 않아서 풍자나 유머가 살아나지 않는다. 그림을 언어표현으로 변환하거나 언어표현을 그림으로 변환해 번역해야 하는 경우 어떤 번역 전략이 가능한지에 대한 궁금증이 생기는 이유이다.

번역 관련 연구는 한국의 시사만화를 외국어로 번역하거나 외국 만화를 한국어로 번역하는 과정에서 시사만화의 언어적 표현과 그림을 어떻게 변환하느냐에 초점이 있다. 시사만화의 번역 관련 연구에 박미정(2006, 2008a, 2008b, 2008c, 2009)이 있다.[43] 박미정(2006, 2008a, 2008b)은 그림텍스트를 언어텍스트로 변환 번역하는 문제를 주제로 한다. 시사만화는 그림과 언어가 함께 고려되어야 의미를 전달할 수 있는데, 번역에서 그림이 소홀하게 취급되어 왔다는 점을 지적하고 있다. 시사만화 번역에서 중요하지만 흔하지 않은 주제를 다루고 있다.

박미정(2006)은 시사만화의 전달 의미를 번역하기 위한 등가전략에 대한 것이고, 박미정(2008a)은 만평의 영어, 일본어 번역에서 그림텍스트를 언어텍스트로 전환 번역하는 전략을 비교한 것이다. 박미정(2008b)은 만평과 네칸의 일본어 번역 비교 분석이다. 박미정(2008c)은 한일 시사만화 번역에서 그림텍스트 은유와 번역 제약을 다룬 것이다. 문자 은유의 내포적 의미가 그림이미지로 재현되는 경우 번역 제약이 크지 않지만 문자 은유의 외연적 의미가 그

43 인터넷상에서 시사만화의 한영 번역 문제를 다룬 논문들이다. 만평 자료는 조선만평이고, 네칸 자료는 동아닷컴의 네칸 만화 <나대로선생>이다. 자료의 연도나 분량은 논문마다 차이가 있다.

림이미지로 재현되는 경우는 상황에 맞는 번역을 하면 은유 이미지를 훼손할 우려가 있어 번역에 제약이 크다는 점을 지적하고 있다. 이런 경우 주제어를 이용해 관련성을 제시하는 등의 전략이 사용된다. 박미정(2009)은 시사만화의 한일 번역에 대한 앞서의 논의들을 포괄하고 있다. 이현경(2018)은 영자신문 연재만화를 대상으로 학생들의 번역 전략을 분석한 것이다.

시사만화를 활용한 교육 관련 연구는 외국어교육과 역사 교육으로 구분된다.[44] 외국어교육 자료로 활용하는 연구는 많지 않고, 아직까지는 외국 만화를 활용하여 외국어를 가르치는 연구들이 대부분이다. 최근 한국어교육에서 만화 활용이 증가하면서 관심이 높아지고 있지만, 시사만화는 배경지식과 고급수준의 언어능력이 요구되므로 현장에서 활발하게 활용되지는 않는다.

시사만화를 활용한 역사 수업 방안 연구에 이지영(2001), 박영신(2004), 이성희(2010) 등이 있다. 이지영(2001)은 시사만화를 수업에 활용하고 만화 그리기 활동을 실시한 것이다. 만화가 내용 이해와 흥미 유발에 효과가 있고, 만화 그리기는 학생들의 사고력과 표현력 증진에 영향을 준다고 본다. 박영신(2004)과 이성희(2010)는 세계사 수업에 시사만화를 활용하는 방안 연구이다. 박영신(2004)은 고등학생을 대상으로 미국 시사만화를 사용하여 고등학교 세계사 수업현장에서 사용할 수 있는 수업모형을 개발하고자 한 것이다. 이성희(2010)는 1차 세계대전 당시 미국, 유럽 국가의 시사만화를 이용하였으며 중학생 대상이다.

3. 시사만화 연구의 과제와 전망

이 장에서는 향후 시사만화와 관련하여 어떤 주제를 다룰 수 있으며, 그

44 만화 활용 수업은 초중등학생을 대상으로 하는 경우가 많고, 학습만화나 시사만화 이외의 만화들이 활용되는 경향을 보인다. 강지영(2011)은 시사만화를 교육 매체로 하는 방안에 관한 것이다.

전망은 어떠한지를 간략히 살펴보고자 한다. 1970-1980년대 대중에게 인기가 있던 시사만화는 1990년대부터 쇠퇴하기 시작하여 2018년 현재 만평은 7개 중앙 일간지에 게재되고 있다.[45] 네칸의 쇠퇴가 특히 두드러져 경향신문의 <장도리>만 남아있다.

시사만화의 쇠퇴는 수용자인 대중의 변화, 시대와 기술의 변화 등이 복합적으로 작용한 결과일 수 있다. 대중이 뉴스에 접할 수 있는 방식과 매체의 변화, 정치에 대한 대중들의 관심 변화 등이 시사만화 수용자들의 변화를 가져왔다는 것이다. 모바일의 발전과 보급으로 대중은 더 이상 수동적인 뉴스 수용자가 아니라 능동적인 뉴스 검색과 수용, 생산까지도 가능한 존재이다. 모바일에 제시된 시사만화에는 신문 시사만화와 달리 맥락이 없다는 점도 영향을 주었을 것으로 생각된다. 신문 시사만화는 관련 뉴스 등이 맥락을 구성하는데 반해 모바일에서는 여러 개의 만평이 관련 맥락 없이 한꺼번에 제시되어 있어서 시사만화는 그저 만화일 뿐 뉴스로서의 기능도, 촌철살인이라는 기능도 누릴 수 없는 상황에 놓이게 된다. 시사만화 제시와 접근성에 대한 이런 변화가 대중의 시사만화 수용 태도에 변화를 초래하였을 가능성이 있다.

향후 시사만화 관련 연구 과제의 하나는 지금까지의 연구 관점을 바꾸는 것이다. 대부분의 연구가 시사만화를 산출하는 측면을 대상으로 하고 있는데, 수용자 측면에서의 연구가 필요한 시점이라 판단된다. 시사만화 표현 기법에 따른 수용, 접근성에 따른 반응, 정치 성향 시사만화가 수용자에게 미치는 영향, 교육에 활용했을 때 학습의 효율성, 시사만화의 역할 재정립 등의 방향에서 연구가 이루어질 수 있을 것이다. 김진수(2006)에 시사만화의 수용자에 대한 분석이 포함되어 있다. 만화의 수용 측면 연구에는 한창완(2005), 장진영(2011) 등이 있다. 한창완(2005)은 만화 수용자 분석을 위한 연구방법론을 다루었고, 장진영(2011)은 만화의 생성과 수용 과정을 대상으로 한다.

---

45 모바일에서는 지방지와 기타를 합쳐 10개 만평이 게재되고 있다. "한국 시사만화는 1990년대 들어 네칸의 비중이 약화되고 만평의 비중이 커졌으며, 젊은 세대 감성에 맞추어 탈정치화한 콩트식 만화가 신문 만화로 각광을 받고 있다."(한국언론재단 2000: 9).

시사만화에 관련된 사건, 기사라는 맥락이 제공되었을 때와 그렇지 않을 때 시사만화에 대한 대중들의 반응은 시사만화 연구에서 흥미로운 주제라고 생각된다. 시사만화의 특성 중 하나가 우회적 표현이고, 이해하기 위해서는 배경 사건이나 기사 내용을 알아야 한다. 대중들이 우회적 표현과 풍자, 비유 방법에 따라 내용을 이해하는 정도, 모바일에서 관련 사건 기사라는 맥락이 제거된 경우의 이해 정도, 맥락 없는 시사만화의 이해를 돕는 기재 등도 탐구할 필요가 있다.[46] 양태영(2000: 142, 168)에서는 시사만화텍스트가 신문에 실린 사건기사를 소재로 하므로 이해하기 위해서는 상황지식이 필요하다고 지적한 바 있다. 다만 수용자 분석은 언어학적 측면에서만 다루기에는 어려움이 있다.

생산 측면의 연구로는 시사만화의 특징인 풍자와 비판 기능을 가능하게 하는 그림과 언어텍스트 구현 방법에 대한 연구가 있다. 매체 변화에 따른 시사만화 표현 기법의 변화 등 표현 측면과 시사만화의 쇠퇴 원인 분석, 시사만화와 뉴스 맥락과의 관계 등이 가능하다. 시사만화의 뉴스성과 풍자, 비판을 대체할 만한 기능, 만평과 네칸에 대한 비교, 일상 만화와 시사만화의 비교 연구 등도 재미있는 주제가 될 수 있다.[47] 만평과 네칸의 칸 차이에서 비롯되는 여러 가지 차이점도 좀더 정밀하게 분석될 필요가 있다. 시사만화의 글과 그림의 표현 방법에 대한 연구는 만화를 생산하려는 사람들에게 유용하고 필요한 작업이 될 것이다.[48]

번역이나 외국어 교육에 활용하는 방안 연구도 점차 활발해질 것으로 생각된다. 일제 강점기 익명의 작가들이 생산한 민중만화의 풍자, 비유 방법과 기

46 김낙호(2005: 163-167)에서는 시사만화가 저널리즘이라는 점을 강조하고 있다. 작가가 전달하려는 사건과 그것에 대한 메시지의 맥락을 가지고 있어야 한다는 것이다. 누구나 온라인에서 시사만화를 제작, 공개하는 것이 가능하지만, 작가가 할 말이 있고, 그것을 표현할 기술과 통찰력이 필요하며, 통찰력은 표현 기술보다 중요한 덕목이라고 본다.

47 황중환(2002)에서는 시사만화와 일상만화를 비교하고 있다.

48 박경철(2010: 17)에서는 네칸만화 교육과정에서 이해를 높이는 데 도움을 주기 위해 네칸만화의 구조와 수사법을 연구한다고 밝히고 있다.

존에 알려진 시사만화의 방법 비교도 흥미 있는 주제가 될 수 있을 것이다. 장진영(2011: 61-62)에서는 일제 강점기 시사만화가 추상적인 '민족'과 '외세'의 대립을 표현하는 데 반해 익명의 작가들이 창작한 민중만화는 구체적인 고통받는 '민중'을 형상화하고 있다고 지적한 바 있다. 시사만화와 민중만화의 작가층이 다르다고 본 것이다. 두 유형 만화는 사설시조와 시조 같은 거리를 가지고 있을 개연성이 있다.

매체 변화에 따른 만화 유형의 변화를 반영하여 네칸 시사만화와 소위 에세이만화나 에세이 웹툰의 비교도 가능하다. 네칸 시사만화가 쇠퇴한 것과 달리 에세이만화는 확산되고 있는데, 이런 변화는 매체 변화 이외에 사회 가치관과 수용자들의 변화를 반영하고 있을 가능성이 있다.

4. 마무리

이 글은 시사만화 연구의 현황을 살피고 앞으로의 과제와 전망을 살펴보는 것이다. 선행연구들을 개괄하면서 시사만화 연구에서 다루어졌던 내용들을 살펴보았다. 시사만화 연구는 만화 연구 전체로 보아서는 큰 비중을 차지하지 못하지만 언론학, 국어국문학, 디자인학, 통번역학, 만화학, 외국어교육학, 교육학 등 매우 다양한 분야에서 이루어지고 있다는 것을 알 수 있었다.

기존 연구에서는 풍자나 비판을 이루는 방법론보다 메시지를 통해 사회를 분석, 파악하는 사회학적 접근의 연구가 좀 더 비중을 차지하고 있다. 2010년대 한국사회에서 시사만화는 대중들의 관심에서 멀어지고 있는 추세이고, 관련 연구업적도 2000년대보다 2010년대 이후 줄어드는 추세이다. 시사만화 연구저서에서는 시사만화사나 작품을 통한 정치・사회분석, 작가론 등이 보다 정밀하게 이루어졌다.

향후 시사만화와 관련된 연구 분야로는 기존의 생산 측면 연구 외에 수용자 측면에서의 연구가 필요하다. 수용자 측면 연구는 표현 기법과 접근성에 따른 수용과 반응, 맥락 제시 여부에 따른 수용 정도, 정치 성향 시사만화가 수용자에게 미치는 영향, 교육에 활용했을 때 학습의 효율성 등이 연구 주제가 될 수 있다.

생산 측면에서는 기존의 연구 주제 이외에 시사만화의 그림텍스트 기법, 풍자와 비판 기능을 가능하게 하는 그림텍스트와 언어텍스트의 표현 방법, 환경 변화에 따른 시사만화의 새로운 표현 기법 등 표현 측면과 시사만화의 쇠퇴 원인 분석, 시사만화와 뉴스 맥락과의 관계, 시사만화의 뉴스성과 풍자, 비판을 대체할 만한 기능, 만평과 네칸 비교, 일상 만화와 시사만화 비교 등을 기대한다.

짧은 지면에 많은 이야기를 다 담지 못한 아쉬움이 있다. 이 글에서 누락된 업적들이 있을 수 있는데, 온전히 필자의 과문함과 게으름에서 비롯된 것이니 너그러운 이해를 바란다.

참고문헌

강민정 · 하지수(2016), "시사만화 『고바우영감』에 표현된 복식의 상징성", 『한국의류학회지』 40: 56-68, 한국의류학회.

강우순(1999), "만화에 나타난 의태어 분석", 『국제한국어교육학회 1999년 여름 학술대회 자료집』, 179-180, 국제한국어교육학회.

강형구 · 탁진영(2006), "시사만화에 나타난 대통령 후보자의 시각적 이미지에 관한 연구", 『한국언론학보』 50(3): 5-36, 한국언론학회.

강일구(2000), 『카툰풍자로 압축시킨 작은 우주』, 초록배매직스.

강지영(2011), "시사만화 텍스트의 매체교육적 수용 방안 연구", 이화여자대학교 교육대학원 국어교육전공 석사학위논문.

고영신(2008), "시사만화의 정치적 의제설정과 프레임 구성에 대한 연구", 『언론과사회』 16(2): 37-73, 언론과사회.

고우영 외(2008), 『고우영 이야기』, 씨네이십일(주).

곽대원 외(1996), 『한국 만화의 모험가들』, 열화당.

권연진(2017), “프레임과 은유에 대한 인지언어학적 연구: 정치 분야를 중심으로”, 『인문과학연구』 53: 85-108, 강원대학교 인문과학연구소.
권유리(2000), “시사만화의 은유적 표현에 관한 연구: 국내 신문 만화를 중심으로”, 숙명여자대학교 대학원 산업디자인학과 석사학위논문.
김낙호(2005), “상상의 자유와 발언의 무게 사이: 만평의 책임”, 『인물과사상』 90: 156-167, 인물과사상사.
김을호(2006), “한국 신문네칸만화 언어텍스트의 수사적 표현 양상”, 상명대학교 예술디자인대학원 만화영상학과 석사학위논문.
김성훈(2014), 『한국 만화비평의 쟁점』, 대원피아이.
김정연 · 박정희(2010), “시사카툰의 기호적 해석에 관한 연구”, 『조형미디어학』 13(1): 41-51, 한국일러스트학회.
김종헌(2005), “5 · 18의 역사적 기억과 신문만평: 한겨레신문을 중심으로”, 『민주주의와 인권』 5(1): 151-180, 전남대학교 5 · 18연구소.
김진수(2002), 『니들이 정치를 알아? 김진수 기자의 시사만화 바로 보기』, 푸른미디어.
김진수(2006), 『한국 시사만화의 이해』, 커뮤니케이션북스.
김한영 옮김/로저 새빈(2002), 『만화의 역사』, 글논그림밭.
김현효(2011), “은유와 사고: 정치적 은유를 중심으로”, 『한국산학기술학회논문집』 12(10): 4348-4353, 한국산학기술학회.
박경철(2010), “만화콘텐츠 교육을 위한 네칸만화 구조와 수사법 연구”, 『만화애니메이션연구』 19: 17-35, 한국만화애니메이션학회.
박경철(2013), “카툰과 만평의 유머와 풍자 비교 분석”, 『만화애니메이션연구』 31: 91-116, 한국만화애니메이션학회.
박경철(2014), “만평 속 인물캐릭터인 ‘국정원 여직원’의 기호적 분석”, 『만화애니메이션 연구』 37: 307-334, 한국만화애니메이션학회.
박기순(1992), “시사만화의 등장인물에 대한 Q방법론적 연구: 김대중과 김영삼의 매스 미디어 팬터지”, 『한국언론학보』 27: 121-137, 한국언론학회.
박기준(2009), 『박기준의 한국만화야사』, (재)부천만화정보센터.
박미정(2006), “시사만화 텍스트의 상호텍스트성에 대한 기호학적 접근: 나대로 선생 한일 번역을 중심으로”, 『통번역연구』 10(1): 57-75, 한국외국어대학교 통역번역연구소.
박미정(2008a), “한일 시사만화 번역의 서사적 분석”, 『일본어문학』 37: 237-256,

한국일본어문학회.
박미정(2008b), “시사만화 그림 번역의 서사성과 상호텍스트성: 한일, 한영 번역의 번역 전략 비교 분석”, 『통역과번역』 10(1): 65-91, 한국통역번역학회.
박미정(2008c), “한일 시사만화 번역의 시각이미지 은유와 번역 제약”, 『번역학연구』 9(1): 117-144, 한국번역학회.
박미정(2009), “시사만화 한일번역에 관한 기호학적 연구”, 한국외국어대학교 통번역대학원 통역번역학전공 박사학위논문.
박영신(2004), “역사수업 자료로서의 시사만화연구”, 이화여자대학교 교육대학원 역사교육전공 석사학위논문.
박인하(2004), “[80년대 신문시사만화의 ‘민중만화’] 소시민적 관찰자의 비애 혹은 ‘투쟁의 무기’”, 『인물과사상』 78: 186-202, 인물과사상사.
배승호(2001), “정치와 관련된 은유 표현”, 『한국어 의미학』 8: 261-277, 한국어 의미학회.
서옥란(2003), “시사만화의 텍스트언어학적 고찰”, 『인문학연구』 306: 197-223, 조선대학교 인문학연구소.
서은영(2013), “한국 근대 만화의 전개와 문화적 의미”, 고려대학교 대학원 국어국문학과 박사학위논문.
서은영(2017), “1920-30년대 한국 만화의 ‘웃음’과 미학적 특징”, 『만화애니메이션연구』 46: 151-179, 한국만화애니메이션학회.
손문상 외(2012), 『기억하라: 시사만화로 엮은 MB 4년의 현대사』, 헤르츠나인.
손상익(1996), 『한국만화통사/선사시대부터 1945년까지』, ㈜프레스빌.
손상익(2005), “한국 신문시사만화사 연구: 풍자성과 사회비판적 역할을 중심으로”, 중앙대학교 대학원 신문방송학과 박사학위논문.
손세모돌(2005), “만평에서의 언어 역할 분석”, 『한국어 의미학』 17: 231-265, 한국어 의미학회.
손세모돌(2006), “네 칸 시사만화에서의 언어유희”, 『국제어문』 38: 1-38, 국제어문학회.
손세모돌(2008a), “한 칸 만평과 네 칸 시사만화 비교 연구”, 『국제어문』 44: 5-45, 국제어문학회.
손세모돌(2008b), “네 칸 시사만화의 담화구조와 유머, 풍자”, 『한말연구』 23: 193-233, 한말연구학회.
신명직(2001), “안석영 만문만화 연구”, 연세대학교 대학원 국어국문학과 박사학위논문.
신병률(2009a), “조선만평에 등장하는 노무현 대통령의 이미지에 관한 탐색적 연구”, 『사회과학연구』 25(2): 107-130, 경성대학교 사회과학연구소.
신병률(2009b), “시사만화에 등장한 노무현 대통령의 이미지에 관한 비교 연구”, 『언론과학연구』 9(3): 284-319, 한국지역언론학회.
양태영(1999), “시사 만화 텍스트의 언어학적 분석”, 상명대학교 대학원 국어국문학과 석사학위논문.
양태영(2000), “시사 만화 텍스트의 언어학적 분석”, 『한국어 의미학』 6: 139-169, 한국어 의미학회.
양태영 · 이정화(2006), “시사만화의 개념적 환유 · 은유 분석”, 『언어과학연구』 38: 43-69, 언어과학회.
원명옥(2000), “시각적 은유의 특성”, 『언어과학』 7(1): 167-189, 한국언어과학회.
유환석(2015), “한국 신문만화의 캐릭터 연구: 네칸만화의 캐릭터 표정을 중심으로”, 강원대학교 산업대학원 산업디자인학과 석사학위논문.
윤상길(2017), “시사만화로 보는 1950년대 중후반 한국 라디오 문화의 풍경”, 『한국문화기술』 23: 151-188, 단국대학교 한국문화기술연구소.
윤수재(1999), “시사만화를 통한 우리나라 정부의 비유 체계 분석”, 『한국행정학회 학술발표논문집』 731-748, 한국행정학회.
윤영옥(1995), 『한국 신문 만화사』, 열화당.
이명희(2006), “잡지 만화와 만평으로 본 여성: 작가 의식을 통한 식민지적 근대를 중심으로”, 『상허학보』 16: 95-117, 상허학회.
이상민 · 임학순(2009), “우리나라 만화 연구 경향 분석과 향후 과제”, 『만화애니메이션연구』 16: 1-20, 한국만화애니메이션학회.
이성연(2005), “시사만화의 텍스트성 연구”, 『한민족어문학』 46: 381-408, 한민족어문학회.
이승희(2008), “1920년대 신문 만평의 사회주의 정치와 문화적 효과”, 『상허학보』 22: 77-115, 상허학회.
이성희(2010), “특집: 역사교육의 목적과 교실수업; 시사만화를 활용한 세계사 수업의 방안과 실제”, 『역사교육논집』 45: 135-171, 역사교육학회.
이원석(2005), “국내외 네칸만화 수사적 표현 연구”, 『만화애니메이션 연구』 9: 18-32, 한국만화애니메이션학회.
이원석(2006), “유머만화와 풍자만화의 서사구조 비교 연구: 네칸만화를 중심으로", 『한국콘텐츠학회 종합학술대회논문집』 4(2): 213-217, 한국콘텐츠학회.
이종열(2006), "시사만화(만평)에 나타난 이미지 은유의 양상과 의미 특성", 『담화 · 인지 언어학회 학술대회 발표논문집』 97-117, 담화 · 인지 언어학회.
이지영(1990), "만평의 언어학적 분석", 『자하어문논집』 6 · 7: 87-110, 상명대학교.
이해창(1982), 『한국시사만화사』, 일지사.
이희자(2005), "동물 만화영상의 풍자적 표현 연구", 『만화애니메이션 연구』 9: 266-282, 한국만화애니메이션학회.
이현경(2018), "영자신문 네칸 연재만화 영한번역의 양상 고찰", 『번역학연구』 19(2): 253-276, 한국번역학회.
장승태(2002), "20세기 전반 대한민보와 동아일보의 시사만화 연구", 전남대학교 교육대학원 교육학과 석사학위논문.
장은영(2011), "숀 탠(Shaun Tan)의 3D 애니메이션 <The lost thing>에 나타난 은유적 표현에 대한 고찰", 『만화애니메이션 연구』 23: 1-17, 한국만화애니메이션학회.
장진영(2011), "한국 만화문화의 생성과 수용과정 연구: 만화의 사회적 가치를 중심으로", 공주대학교 대학원 만화학과 박사학위논문.
정윤성(2011), "모바일 환경 변화에 따른 멀티미디어를 활용한 시사만화 표현기법 연구", 『한국감성과학회 추계학술대회논문집』 50-51, 한국감성과학회.
정지영(2007), "시사만화가는 타짜다: 40년 만화인생 책으로 펴낸 이홍우 화백", 『월간말』 258: 236-237, 월간말.
정창미(2015), "1946-1949 상해 시사만화 연구", 『한국근현대미술사학』 30: 139-166, 한국근현대미술사학회.
정희정(2001), "대한민보의 만화에 대한 연구", 홍익대학교 대학원 미술사학과 석사학위논문.
정희정(2002), "한국근대 초기 시사만화 연구: 1909-1920년", 『한국근현대미술사학』 10: 119-151, 한국근현대미술사학회.
정희정(2016), "만화 ≪멍텅구리≫로 본 근대 도시, 경성의 이미지", 『미술사논단』 43: 179-206, 한국미술연구소.
정희정 · 손상익(2002), "한국 근대 초기 시사만화 연구: 1909-1920년", 『한국근현대미술사학』 10: 314-316, 한국근현대미술사학회.
천정환 · 김건우 · 이정숙(2005), 『혁명과 웃음: 김승옥의 시사만화 <파고다영감>을 통해 본 4 · 19 혁명의 가을』, 앨피.

최미란 · 정성환(2008), “시사만화일러스트의 인물표현방법에 관한 연구”, 『한국디자인학회 국제학술대회 논문집』 288-289, 한국디자인학회.
하종원(2009), “한국 신문시사만화의 지형과 전망: 정치성과 풍자성을 중심으로”, 『언론과학연구』 9(3): 609-643, 한국지역언론학회.
한재규(2001), 『한국만화 원형사』, 이다미디어.
한국만화 100주년 시사만화위원회(2009), 『한국 시사만화 100년』, 도서출판 알다.
한국언론재단(2000), 『한국시사만화』, 커뮤니케이션북스.
한창완(2005), “만화수용자 분석을 위한 연구방법론”, 『만화애니메이션 연구』 9: 80-93, 한국만화애니메이션학회.
허 영 · 안성혜(2006a), “수사법을 통한 카툰의 상품화 방안 연구”, 『한국콘텐츠학회 종합학술대회 논문집』 4(2): 185-189, 한국콘텐츠학회.
허 영 · 안성혜(2006b), “카툰의 표현 양식에 있어 새로운 입체 카툰의 제언”, 『한국콘텐츠학회 종합학술대회 논문집』 4(2): 285-289, 한국콘텐츠학회.
황중환(2002), “한국 신문만화에 나타난 시사만화와 생활만화의 비교분석 연구”, 홍익대학교 산업미술대학원 산업디자인전공 석사학위논문.

통신 언어의 의미

이 정 복*

1. 들머리

인터넷 통신 언어, 곧 통신 언어가 한국에서 쓰인 지는 벌써 30년이 거의 다 되어 간다. 일부 누리꾼들이 쓰기 시작한 통신 언어가 1990년대 초중반에 사회에 널리 알려지면서 언론과 교육계에서는 새로운 언어 형식의 등장이라는 점에서 호기심을 가지면서도 '언어 파괴' 또는 '한글 파괴'라고 부르며 비판과 경계의 목소리를 높였다. 그럼에도 초고속 인터넷이 2000년을 전후하여 급속도로 보급되고 인터넷 사용이 보편화되면서 통신 언어는 한국어 사용에서 더 이상 무시할 수 없는 중요한 요소가 되었다. 2018년 현재 통신 언어는 인터넷 공간을 넘어 일상어 영역에서도 널리 확산되어 쓰이고 있으며, 이제는 더 이상 신기하거나 낯설지 않은, 한국어를 구성하는 중요한 요소로 인식되는 상황이다.

이러한 통신 언어에 대한 연구자들의 관심도 1990년대 중후반에 시작되어

* 대구대학교 한국어문학과 교수, leejb@daegu.ac.kr

지금까지 꾸준하게 연구되고 있다. 초기에는 통신 언어가 가진 비규범적 특성에 초점을 맞추었지만 이후 음운, 형태, 통사, 의미 등 여러 가지 면에서 세부적으로 다룬 기술적 연구들이 나왔고, 통신 언어 사용에서 보이는 특징을 사회언어학적 관점에서 다룬 연구도 활발히 이어졌다. 그동안 나온 통신 언어 연구들을 대상으로 통신 언어 연구의 흐름을 검토하고 과제를 제시한 이정복(2003a)의 4장과 이정복(2005, 2012)을 통해 통신 언어의 변화와 발전, 통신 언어에 대한 연구 성과들을 종합적으로 이해할 수 있다.

이 글에서는 '의미' 탐구의 면에서 통신 언어에 대한 주요 연구들을 살펴보고, 앞으로의 과제와 전망을 제시하기로 하겠다. 2장에서 통신 언어의 주요 연구 주제와 쟁점을 파악하고, 그것을 바탕으로 3장에서 과제 및 전망을 간략히 생각해 볼 것이다. 의미 면에서 통신 언어의 주요 연구 주제를 크게 '통신 언어 새말', '통신 언어의 의미 기능', '통신 언어와 사회적 의미'의 세 가지로 나누어 기존 연구 성과들을 검토한다.

2. 주요 연구 주제와 쟁점

2.1. 통신 언어 새말

인터넷 통신 언어는 기존 낱말의 형태를 변형하는 방식과 함께 새말을 적극 만들어 내는 방식으로 발달해 왔다. 누리꾼들은 기존 낱말의 형태를 바꾸어 적음으로써 통신 언어 사용에서 경제성, 오락성, 유대성 등의 효과를 얻는다. 또 수많은 새말을 만들어 씀으로써 표현성을 강화하고 재미를 누리기도 한다. 형태 변형 통신 언어가 언어 파괴나 한글 파괴라는 우려를 낳았다면 새말 만들기는 통신 언어의 창조성, 표현력과 연결되어 학계의 긍정적인 평가를 받는 편이다.[1]

1 통신 언어의 긍정적 가치에 대한 평가는 이정복(2007)을 참조할 수 있다.

통신 언어 연구 가운데 통신 언어 새말에 초점을 맞추어 새로운 표현들을 소개하거나 분석, 평가한 연구들이 다수 나왔다. 조오현·김용경·박동근(2002)은 통신 언어 어휘들을 정리한 사전이다. 이정복·양명희·박호관(2006)은 청소년들의 통신 언어 및 일상어 자료를 종합적으로 분석하여 새로운 낱말 만들기와 형태·통사적 기능 바꾸기 면에서 청소년들의 언어적 창의성이 통신 언어에 잘 반영되고 있음을 지적했다. 김정우(2009)는 자전거 동호회 누리꾼들이 쓰는 새말들을 소개 및 분석했고, 박동근(2012)은 통신 언어 새말 가운데 사람, 특히 '-남', '-녀'가 붙은 말들의 쓰임을 집중적으로 분석했다. 전은진(2012)은 '청소년 은어'라는 관점에서 통신 언어 어휘들을 다루었다. 이정복(2013a)은 사회적 소통망(SNS)에서 쓰이는 새말을, 이정복(2017c)에서는 트위터 누리꾼들이 쓰는 영어 차용 복합어 새말을 분석했다. 각각에 대해 조금 자세히 살펴보기로 한다.

조오현·김용경·박동근(2002)은 2001년 5월부터 9월까지 인터넷 게시판과 대화방에서 수집한 올림말 약 2,400개를 사전 형식으로 정리한 것이다. 일반 어휘와 함께 조사, 어미, 접사를 실었으며, 통신 언어의 유형을 '의미전이, 형태변이, 통사변이, 새말'의 네 가지로 구분했다. 부록으로 "통신언어의 실태와 개선 방안"이라는 소논문도 실었다. 2000년대 초반의 통신 언어 자료를 체계적으로 수집, 분석한 작업으로 의의가 있다.[2]

이정복·양명희·박호관(2006)은 청소년들이 통신 언어에서 새롭게 만들어 쓰는 표현들을 집중적으로 소개하고 기능을 분석했다. 예를 들어 '초아침', '초꿀꿀', '초감동', '초박살', '초간단'과 같이 '초'가 접두사로 다양하게 쓰여 새로운 말들이 파생되어 쓰이고, '초 좋겠ㄷㅏ, 초고맙다, 알바 초 힘들다'에서는 '초'가 부사어로 기능이 바뀌어 쓰임을 기술했다. 명사나 접두사가 다른 품사로 쓰이는 '기능 바꾸어 쓰기' 현상도 나타났는데, 예를 들어 명사 '완전'이 '완전 짜증', '완전 설렌다'와 같이 비서술성 명사나 서술어를 수식하는 부사어 기능으로 쓰인다고 보았다. 청소년들이 통신 언어 사용에서 일상어의

2 이와 유사한 작업으로는 권오경(2002)이 있다.

기존 용법에 매이지 않고 새로운 표현을 자유롭고 다양하게 만들어 냄으로써 우리말의 표현력과 창의적 사고력을 키우고 있음을 긍정적으로 평가했다.

김정우(2009)는 인터넷의 '자전거 관련 커뮤니티'에서 누리꾼들이 쓰는 말들의 조어적 특성과 심리적 특성을 분석했다. 네이버 카페에서 '로드차, 잔차, 자빠링, 자출, 평속, 짐승포스' 등 118개의 자전거 관련 표현들을 수집하여 조어 특성을 분석한 결과, 83%의 말들이 형태, 표기, 의미 면에서 일상어와 차이를 보이는 것으로 나타났다. 조어 과정의 심리적 특성 면에서는 '전문용어 축약을 통한 유대강화, 비유적 표현을 통한 의미 강화, 어감의 변화를 통한 감정표현' 등의 현상이 있음을 확인하였다. 이러한 독특한 말의 사용은 커뮤니티 활성화라는 결과와 연결되는 것으로 해석했다. 이 연구는 누리꾼들이 만들어 쓰는 새말들이 그들이 활동하는 인터넷 공동체에 따라 다양할 수 있으며, 새로운 표현과 누리꾼들의 관심사가 어떻게 연결되는지를 보여 준 점에서 의의가 있다.

박동근(2012)은 '간지남, 까도남, 짐승남', '개똥녀, 바나나녀, 품절녀'와 같은 사람과 관련된 통신 언어 가운데 [X-남], [X-녀]류 어휘의 생성과 사용 양상, 인지도와 그것의 사회적 의미를 분석했다. 그 결과, [X-남], [X-녀]는 높은 생산성을 갖고, 의미 속성에 따라 '능력', '외모', '행위', '태도'로 구분되었다. [X-남]에 비해 [X-녀]의 수가 더 많은데, [X-녀]의 경우 특히 여성 차별적인 성격이 강하고, 이런 표현의 유행에는 이용자의 호기심을 자극하려는 온라인 매체의 영향이 크다고 보았다. 또한 상업적 동기에 의한 '바이럴 마케팅(Viral marketing)' 수단으로 이용되며, 사회 고발적인 의도에서 쓰이는 경우가 많은데 사건의 맥락을 확인하지 않은 무차별적인 비난으로 타인에게 큰 상처를 주기도 한다고 분석했다.

전은진(2012)은 스마트폰 앱의 하나인 '청소년 은어 사전'에 등재된 은어를 분석하여, 최근에 활발히 쓰이는 통신 언어 어휘의 실태를 살펴본 것이다. 은어들은 주제별로 '사물(쌍액, 브금, 치느님), 인물(꼬픈남, 금사빠, 화떡), 행동(남소, 개드립, 닥본사), 상태(간지, 떡실신, 졸피), 심리(갠춘, 넘사벽, 조낸)'를 나타내는 말들이 있었는데, 긍정적으로 사용되기보다는 부정적으로 사용되는 경향이 강하게 나타났다고 해석했다. 은어들의 형태 구성 면에서, 명사구나 여러 어절로 되어 있는 표현들의 형태 일부를 조합하여 생산된 은어가 가장 많았으며, 2형태 조합 구조부터 4형태 조합 구조까지 다양하게 생성되고 있었고, 형태가 늘어날수록 조합된 은어의 의미를 파악하는 것이 어려워진다고 했다. 표기상의 특징으로는 '소리, 축약, 교체, 첨가, 탈락, 도치, 오타, 자음, 로마자 표기' 현상이 나타났으며, 외국어나 방언을 차용하거나 비유적인 표현으로 의미를 변용하는 방식 등이 활용되고 있는 모습을 보고했다.

이정복(2013a)은 사회적 소통망(SNS) 트위터, 페이스북에서 만들어지거나 쓰이는 새말을 쓰임 영역 및 형성 방식 면에서 소개하고, 새말의 의미와 구성 방식, 발생 및 쓰임 배경을 설명했다. 쓰임 영역 면에서 새말의 유형을 '대인 관계 및 소통'(갑툭튀, 근자감, 솔까말), '사회생활 및 정치 상황'(의느님, 좌좀, 호갱님), '누리소통망 사용'(맞팔, 세컨계정, 트잉여)으로 나누어 구체적 표현들을 소개했다. 형성 방식에 따라서는 '파생 및 합성', '줄임'(친추, 엄빠, 넌씨눈), '형태 및 의미 바꿈'(고나리, 애정하다)으로 나누어 새말을 기술했다. 자료 분석을 통해서 누리꾼들의 새말 만들기와 적극적 사용, 공유는 화자들의 창의력과 표현력을 높이는 데 도움이 되며 한국어의 현재와 미래에 중요한 영향을 끼친다고 보았다.

이정복(2017c)은 트위터 누리꾼들의 언어 자료를 통하여 '자폭개그', '고레벨', '섹드립', '팩폭' 등의 영어 차용 복합어 새말의 구조와 의미, 사회문화적 의의를 파악하고, 외래어나 외국어 사용에 대한 누리꾼들의 태도를 분석했다. 구조 면에서 합성어, 파생어, 혼성어, 줄임말 형식의 많은 새말들이 쓰이고 있으며, 특히 혼성어와 줄임말이 아주 생산적인 것으로 나타났다. 오래전 한자어가 한국어 어휘에 대량으로 들어온 것처럼 요즘은 영어 차용 새말들이 한국어 새말 만들기에서 대세를 차지하고 있는데, 이들 차용어 새말들은 기존 한국어 표현에 없는 새로운 의미를 표현하기도 하지만 일부는 기존 표현과 다른 부가적 의미를 나타내기 위해 전략적으로 만들어 쓰는 것도 있었다. 영어 차용 복합어는 사회문화적으로 몇 가지 뚜렷한 의의를 갖는 것으로 분석되었다. 이러한 영어 차용 표현을 포함한 외래어, 외국어 사용과 관련하여 누리꾼들은 전반적으로는 부정적 태도를 갖는 경우가 더 많이 보였다.

2.2. 통신 언어의 의미 기능

통신 언어는 음운, 표기, 형태, 통사, 어휘 등 다양한 언어 층위에서 기존 일상어와 차이를 보여 주기 때문에 의미 기능의 면에서도 특징적 용법이 많이 나타나고 있으며, 그런 점에 대한 연구가 꾸준히 이어지고 있다. 통신 언어에서 크게 주목받는 현상의 하나가 종결어미의 비완결성과 변형인데, 이정복(2001)은 통신 언어 문장의 종결에서 보이는 특성을 비완결성(非完結性) 면에서 설명했고, 이정복(2002)은 통신 언어의 문장 종결어미 변용 현상을 분석했다. 이정복(2004)은 누리꾼들이 적극 쓰고 있는 '하오체'의 쓰임을 게시판의 특성과 관련해서 분석했다. '한다요체', '뿐요체', '음슴체' 등 통신 언어의 개별 종결어미의 의미 기능에 대한 본격적 관심이 다수 나타났다. 이정복(2011)과 권창섭(2013)은 '한다요체'를 다루었고, 정한데로(2010)는 '따름요체', 김가연(2017)은 '음슴체'를 다루었다. 장경현(2013)은 몇 가지 통신 언어 종결 형식을 묶어 '종결어미 회피 현상'으로 설명했다.

이정복(2001)은 통신 언어의 문장종결법이 비완결의 특성을 보이는 것은 글자 입력과 이해의 경제성 높이기, 빠른 대화 진행에 적응하거나 주도권 잡기, 전달하고자 하는 의미를 두드러지게 표현하기, 상대방에 대한 경어법 사용의 문제 피하기라는 여러 가지 배경에서 나온 것으로 해석했다. 규범적 관점에서 바람직하지 못한 언어 사용이라고 보기도 하는 통신 언어가 이용자들의 처지에서는 나름대로 뚜렷한 의도와 전략이 들어 있는 것임을 지적했다.

이정복(2002)은 대화방과 게시판에서 문장종결법이 어떻게 나타나고 있는지를 기본적으로 살피고, 나아가 대화방 언어의 경우 대화 참여자의 세대와 성별 차이에 따라, 게시판 언어의 경우에는 사이트 특성에 따라 문장종결법의 용법이 어떤 차이를 보이는지 함께 분석하였다. 통신 언어 문장종결법에서 보이는 특성이 이용자들의 세대나 성, 텍스트의 주제나 내용, 화자의 태도와 목적, 통신 언어 영역 등 여러 가지 변수에 따라 그 정도가 다르게 나타나는 사실을 구체적 자료를 통해 밝혀낸 점에서 의의가 있다.

이정복(2004)은 '디시인사이드' 사이트의 '갤러리' 게시판에서 '하오체'의 쓰임이 아주 활발한 현상을 보고했다. 하오체는 상대방을 높이면서도 화자의 힘과 권위를 표현할 수 있고, 언어 경제성 면에서 유리하기 때문에 잘 쓴다고 보았다. 이와 함께 일상어에서 거의 쓰지 않는 낯선 하오체를 누리꾼들은 오락적 동기에서 열심히 쓰는 경우도 있음을 덧붙였다.

이정복(2011)에서는 인터넷 통신 언어를 사회언어학의 관점과 방법으로 연구해야 할 필요성과 효과를 '한다요체'를 중심으로 제시한 것이다. 주로 트위터에서 수집한 자료를 바탕으로 '한다요체'의 쓰임 실태와 기능, 발생 및 유행 배경, 사용자 분포, 기능에 대한 누리꾼들의 인식을 사회언어학의 대표적 연구 방법인 사례 분석 및 통계 분석 방법을 통하여 살펴보았다. '한다요체'는 해라체에 높임 보조사 '요'를 덧붙인 형식인데, 10대 및 20대 여성들의 사용률이 특히 높음이 밝혀졌다. '높임말과 안높임말의 미묘한 어울림', '귀엽고 친근한 느낌', '낯선 형식에서 나오는 재미' 등이 뒤섞여 누리꾼들의 주목을 받고 있다고 했다. 규범 문법의 시각에서 보면 아이들의 미숙하고 잘못된 말로 간단히 넘겨 버릴 수 있겠지만 사회언어학적 관점에서 볼 때 그것은 화자들의 의도와 목적이 담긴 적절한 언어 표현으로 봐야 함을 보고한 것이다.

권창섭(2013)도 '한다요체'의 실현 양상과 조건, 출현 원인 등을 분석했다. 주요 분석 결과를 보면, '한다요체'의 주된 개신층은 10대 청소년이며, 아동어의 고수와 청자 경어법 체계의 변화로 발생했다고 보았다. '한다요체'의 출현을 청자 경어법 체계 변화와 관련지어 해석한 것이 눈에 띄는데, 청자 경어법 면에서 청소년층의 경우 해요체만 쓰기 때문에 친밀 자질이 강조되는 관계에서 '한다요체'가 쓰임으로써 해요체의 부담을 줄이는 체계상의 의미 기능을 갖는 것으로 해석했다.

정한데로(2010)에서는 '따름요', '뿐요'로 대표되는 통신 언어의 특징적 종결 형식인 '의존명사+요' 구성을 다루었다. '따름요', '뿐요', '채요'와 같은 구성은 인터넷 통신 언어로서 경제성을 확보하기 위한 전략과 청자 대우를 위한 전략 두 가지의 실현을 위한 말하기 방식으로 보았다. 종결어미 또는 서술어가 줄어드는 것은 글자 수 제한이 있고 즉각적인 의사소통이 이루어는 SNS 환경에서 자연스럽게 나왔으며, '요'를 의존명사에 덧붙여 씀으로써 상대를 높이는 기능이 추가로 나타난다고 해석했다.

김가연(2017)은 20～30대 화자들의 카카오톡 언어 자료에 나오는 명사형 어미 '-(으)ㅁ', 곧 '음슴체'의 쓰임 양상을 살펴보고, 사용 맥락 및 화자들의 의도, 기능을 분석했다. '-(으)ㅁ'은 비격식적 느낌을 주며 대화 참여자 간의 공손성과 친밀함을 조절하는 의사소통 전략 장치로 쓰인다고 보았다. 모국어 화자의 '-(으)ㅁ' 사용률이 전체 대화의 7.6%로 높았고 외국인 한국어 학습자의 경우는 0.5%로 차이가 있었는데, 외국인에 대한 문법 교육에서 '-(으)ㅁ'의 '서사'와 '단언'이라는 종결어미로서의 의미 기능을 교육할 필요가 있음을 강조했다. 그런데 여기서 '-(으)ㅁ'의 의미 기능으로 제시한 '서사'나 '단언'은 '-(으)ㅁ' 자체의 독특한 기능이 아니라 평서문 어미가 가질 수 있는 일반적 기능이며, 문맥에 따라 해석이 달라질 수 있는 것임을 지적한다. 오히려 통신 언어로서 '-(으)ㅁ'의 기본적 기능은 앞선 연구들에서 지적한 바와 같이 청자 경어법의 말 단계를 중화하고 간결하게 표현하는 데 있다고 하겠다.

장경현(2013)은 인터넷 공간에서 '-더이다', '-한다는', '-긔', '-음' 등의 형태가 쓰이는 것을 '종결어미 회피 현상'으로 명명하고, 그 유형과 쓰임을 문체 차원에서 살펴보았다. 그러한 특수 종결 형식들이 '지향성(directness) 완화', '탈개인화 및 집단 소속감 표시', '공손성 약화'의 의미 기능을 갖는 것으로 해석했다.

인터넷 유머 또는 말놀이를 대상으로 의미 기능을 다룬 연구로 Ryoo, Mi-Lim(2005), 전병용(2006), 이정복(2015)이 있다.[3] 누리꾼들이 인터넷 공간

3 '외계어'도 누리꾼들이 즐기는 대표적인 말놀이라고 할 수 있다. 외계어를 다룬

에서 비중 있게 사용하는 언어의 유희적, 오락적 기능에 대한 관심이 앞으로 더 나올 필요가 있겠다.

Ryoo, Mi-Lim(2005)은 한국어와 영어 '조크' 인터넷 사이트에 나타난 76개의 성 조크 담화를 '사회정치적', 사회언어학적 관점에서 분석한 것이다. 자료 분석 결과, 영어권 사회에 비해 한국 사회에서 여성들이 남성들보다 자주 유머의 대상이 되고 있으며, 이는 남성들이 여전히 사회적 지위의 우위를 차지하고 있는 사실을 보여 주는 것으로 해석했다. 이와 함께 여성을 대상으로 한 유머에서 여성의 성적 특성이 간접적으로 표현되는 반면 남성을 대상으로 한 유머에서는 직접적으로 표현되는 차이가 나타나는 것으로 보고하고 있다. 인터넷 유머 텍스트를 대상으로 성별 지위 면에서 문화 간 차이가 있는지를 분석한 의의가 있는데, 관심을 확장하여 일상어 유머와 인터넷 유머가 텍스트 구성 면에서 어떤 차이가 있는지를 함께 다루었으면 더 좋았을 것이다.

전병용(2006)은 통신 언어의 '언어유희'와 조선 시대의 말놀이를 비교했다. 언어유희의 유형을 '음운 · 음절 재배치', '운자(韻字) 놀이', '동음이의', '낯익은 문장에 변화주기'의 네 가지로 나누고, 구체적으로 '외계어'와 '파자(破字) 놀이', '말음첨기'와 '공당문답(公堂問答)', '동음이의문'과 '동음이의어', '파문 놀이'와 '차자 놀이'를 다루었다. 누리꾼들의 다양한 형태 변형과 말놀이가 갑자기 인터넷에서 시작된 것이 아니라 오래 전부터 우리 언어문화의 하나로 이어져 내려온 것임을 밝힌 점에서 의미가 있다.

이정복(2015)은 사회적 소통망(SNS)의 말놀이를 대상으로 그 유형과 기능을 분석했다. 인터넷, 컴퓨터, 스마트폰, SNS가 언어생활에서 차지하는 비중이 높은 21세기 인터넷 통신 언어 시대에 '인터넷 말놀이'는 새로운 소통 방식이자 중요한 언어문화의 하나라는 점에 주목하고, 트위터의 말놀이 자료를 수집하여 말놀이의 유형을 나누었다. 구성 요소 면에서 '언어 단독형 말놀이'와 '언어-이미지 복합형 말놀이'로, 언어 단위별로는 '음운 초점 말놀이', '통사 초점 말놀이', '어휘 · 의미 초점 말놀이', '담화 단위 말놀이'로, 구성 형식

연구에는 강옥미(2004), 신호철(2005) 등이 있다.

또는 말놀이 구조별로는 '수수께끼', '끝말잇기', '속담/한자성어', '삼행시', '이야기' 형식으로 나누었다. 말놀이의 의미 기능을 '재미 나누기', '심리적 긴장 풀기', '정보 전하기', '사회 비판하기'의 네 가지 면에서 파악했다. 자료 분석을 통하여, 언어와 함께 그림이나 사진, 동영상이 중요한 소통 수단인 인터넷에서 말놀이 또한 언어와 이미지 요소를 함께 이용한 경우가 많고 그 효과도 강함을 확인했다. '오타 이야기' 등은 인터넷 언어문화의 특성이 반영된 말놀이며, 말놀이의 기능은 단순히 재미 나누기나 스트레스 해소 기능에 머물지 않고 새로운 정보를 전하거나 사회를 비판하는 기능을 함께 갖는 경우가 많았다. 사회적 소통망의 말놀이를 본격적으로 살펴본 이 연구는 사회적 소통망의 언어문화에 대한 이해의 폭을 넓히고, 말놀이가 인터넷에서 어떻게 이어지며 확장되는지를 밝힌 점에서 의의가 있다.

개별 어휘의 쓰임을 대상으로 의미 기능을 파악한 연구들도 나왔다. 이정복(2000)은 두루 높임 호칭어 '님'을 분석했고, 이정복 · 판영(2013)에서는 한국어의 '님'과 중국어의 '亲'(친)을 비교했다. 최화니(2012)는 '막이래'라는 표현을 대상으로 기능을 파악했고, 엽영임 · 양명희(2016)는 입말과 통신 언어 '완전'의 쓰임을 비교 분석했다.

이정복(2000)에서는 통신 공간에서 두루 높임의 호칭어로 활발히 사용되고 있는 '님'을 대상으로 접미사, 의존명사, 대명사로의 쓰임을 구체적으로 분석하고, 사용 동기와 맥락을 통신 언어의 성격과 관련지어 해석했다. 특히 '님'이 대명사로 쓰이는 것은 통신 언어에서만 나타나는 새로운 용법임을 확인하였다. 이 연구에서는 일상어에서도 쓰임이 급속히 확산되고 있는 '님'을 통신 공간에서 '대단히 성공을 거둔 새말'로 평가하면서 '님'이 통신 공간의 익명성, 평등성, 경제성에 잘 맞는 두루 높임 형식으로 활발히 쓰이고 있음을 밝혀내었다.

이정복 · 판영(2013)은 한국과 중국의 통신 언어 호칭어 '님'과 '亲'(친)의 쓰임과 기능을 비교했다. 두루 높임 호칭어로 쓰이는 두 말의 사용 실태를 분석함으로써 한국과 중국 누리꾼들이 인터넷 공간에서 비슷한 의미 기능의 새말 호칭어를 만들어 쓰고 있음을 보고했다.

최화니(2012)에서는 트위터 누리꾼들이 쓴 담화 표지 '막이래'의 언어 특징과 담화 기능을 분석했다. '난 나보다 이쁜사람 0명 ㅋㅋㅋㅋㅋ막이래' 등의 문장에 쓰인 '막이래'의 담화 기능을 '화자 관련 기능'과 '청자 관련 기능', '담화 관련 기능'으로 나누었고, 화자 관련 기능에는 '상황 회피 기능', '자조적 태도 표현 기능'이 있으며 청자 관련 기능에는 '긍정 및 부정 약화 기능', '요구 약화 기능'이 있는 것으로 파악했다. 담화 관련 기능으로는 '발화 마무리 기능'이 있다고 보았다. '막이래'는 선행 발화를 완곡하게 표현함으로써 화자가 발화 책임에서 한발 벗어나게 하는데 이를 '타자화'라는 관점에서 설명한 점이 눈에 띈다. 또 '막이래'를 손가락질을 가리키는 기호 <<, <<< 등과 함께 씀으로써 트위터 누리꾼들이 담화표지의 추상적 기능을 시각화하고 있음을 지적하며, 이는 기존 입말 말뭉치에서는 확인할 수 없었던 트위터 언어의 새로운 면모를 보여 주는 것으로 해석한 점은 통신 언어로서 '막이래'의 의미 기능을 이해하는 데 도움이 된다.

엽영임 · 양명희(2016)는 통신 언어와 21세기 세종계획의 구어 말뭉치를 대상으로 '완전'이 강조어로 쓰이며 '완전히'와 다르게 수식할 수 있는 대상이 폭넓음을 확인한 연구다. 부사 '완전'이 어근으로부터 기능이 변화된 것으로 보고, 이러한 기능 변화가 '(완전+N)+되다, (완전+N)+하다'를 '완전+(N+되다), 완전+(N+하다)'로 재분석하는 것에서 출발했을 가능성을 제안했다.

누리꾼들이 쓰는 '통신 이름' 또는 '통신 별명'의 특성과 의미 기능을 다룬 연구들도 새로운 인터넷 언어문화를 살펴보려 한 점에서 의의가 있다. 통신 별명을 다룬 연구로는 이정복(2003b), 김인택(2011), 서형요 · 이정복(2015)이 있고, 김정우(2003)는 통신 이름(ID)을 다룬 것이다.[4]

이정복(2003b)은 인터넷에서 누리꾼들이 사용하는 이름 또는 식별명을 '통

4 관련 연구로 구본관(2001), 이주경(2006)이 있다. 구본관(2001)은 '컴퓨터 통신 대화명'의 유형과 조어 방식을 다루면서 대화명이 지칭 기능보다는 의미 전달 기능에 초점을 두는 경우가 있다고 했다. 이주경(2006)은 메신저 이용자들의 '대화명'을 대상으로 유형과 동기를 분석했다.

신 이름, 통신 별명, 대화명' 세 가지로 나누고, 이 가운데 통신 별명을 "인터넷 통신을 이용할 때 통신 화자를 나타내기 위하여 통신 이름과는 다르게 만들어 쓰는 임시적인 이름"으로 정의했다.[5] 이어서 '정부, 언론, 학술, 상업, 대학, 오락'의 6가지 인터넷 사이트 유형 가운데 '정부, 학술, 대학, 오락' 사이트 게시판을 대상으로 게시판의 특성과 통신 별명의 관련성을 분석했다. 인터넷 게시판에 쓰인 통신 별명은 누리꾼들이 생각 없이 그냥 만들어 쓰는 것이 아니라 사이트의 특성과 관련하여 자신의 정체성이나 주장을 분명히 드러내는 데에 도움이 되는 방향에서 전략적으로 만들어 쓰는 것임을 지적했다.

김인택(2011)은 '통신 별명'의 구성상 특성, 유형, 사회문화론적 특성을 다루었다. 누리꾼들은 통신 별명을 통해 자기 정체성을 표현하고 언어유희와 풍자 문화를 즐기며 개성과 차별성을 드러낸다고 해석했다. 통신 별명을 명명 주체의 정체성을 표출하는 방법에 따라 '내재적 정보 지향', '주변적 정보 지향', '사물 속성 정보 지향', '언어유희 지향'으로 나누었다. 누리꾼들은 통신 별명을 통해 자기 정체성을 다양하게 표현하고, 언어유희를 통해 사회 풍자 문화를 즐기며, 다양성을 존중하며, 개성과 차별성을 드러내는 문화적 특성을 보여 준다고 해석했다. 인터넷 공간에서 누리꾼을 식별하는 기호이자 이용자의 정체성을 드러내는 통신 별명의 의미론적 유형과 사회문화적 특성을 잘 지적한 연구로 평가된다.

서형요 · 이정복(2015)은 한국과 중국의 누리꾼들이 사회적 소통망에서 사용하는 통신 별명을 비교, 분석해 보았다. 자료는 한국의 경우 '트위터'에서, 중국의 경우 '웨이보'에서 수집한 것이며, 통신 별명의 구조, 의미 유형, 작성 동기를 중심으로 살펴보았다. 통신 별명의 의미 유형은 '자기 정보', '우상 정보', '지향 정보', '기타'의 네 가지로 세분되었는데, 인터넷 공간에서 이루어지는 언어 사용의 공통된 특성 때문에 두 나라 누리꾼들은 비슷한 모습으로 통신 별명을 만들어 쓰는 반면 음소 문자인 한글과 단어 문자인 한자라는 문

5 이러한 정의는 서형요 · 이정복(2015: 208)에서 "인터넷 이용에서 누리꾼들이 정체성과 차별성을 드러내기 위해 만들어 쓰는 임시적인 이름"으로 수정되었다.

자 체계의 차이, 정치사회적 분위기와 인터넷 공간에 대한 통제 정도 차이 때문에 통신 별명 사용에서 차이점도 뚜렷하게 나타났다. 이 연구는 통신 별명의 다양한 양상을 분석함으로써 새로운 인터넷 언어문화의 하나인 통신 별명에 대한 심층 이해를 도모하고, 한중 통신 언어의 공통점과 차이점을 파악하여 인터넷 언어문화의 보편성을 확인한 점에서 의의가 있다.

한편, 김정우(2006)는 통신 별명이 아니라 전자우편 이용자명인 '통신 이름'을 연구 대상으로 한 것인데, 통신 이름의 유형을 '자기 정보, 자기 특성 정보, 주변인 정보, 우상 정보, 사물 정보, 지향 이미지 정보, 별명 정보, 단어 정보, 의미 없음'의 9가지로 나누었다. 이러한 분류는 이후 김인택(2011), 서형요 · 이정복(2015)에서 일부 조정을 거쳐 통신 별명의 유형과 연결되었다. 통신 이름에 대한 분석 결과를 보면, 전체 통신 이름의 39.4%는 현실 사회에서 통용되는 객관적 정보를 활용하여 창조적으로 만든 것이고, 나머지는 주관적으로 선택한 정보를 창조적으로 조합한 것으로 나타났다. 통신 이름은 부모 등으로부터 주어진 실명과 달리 '자발성'과 '창조성'이 강하게 작용하고 있다고 해석했다.

통신 언어에서 활발히 쓰이는 의성의태어를 집중적으로 분석한 연구도 나왔다. 주로 문자를 통해 소통해야 하는 인터넷에서는 표현력을 높이고 재미를 주기 위해 의성의태어 사용이 활발하게 일어난다. 이런 점을 주목하여 구체적으로 다룬 연구로는 이정복(2014), 예설교(2014), 이정복 · 판영(2015) 등이 있다.

이정복(2014)은 트위터, 페이스북 등의 사회적 소통망(SNS)에서 쓰이는 의성의태어의 용법을 새롭게 분석 · 기술하고, 누리꾼들의 성별에 따른 사용상의 차이점을 사회언어학적 관점에서 밝히고자 했다. 분석 결과를 보면, 일상어와 통신 공간에서 두루 쓰이는 의성의태어는 의미가 확대되거나 형식이 변화된 것이 많았다. 경제적 동기와 오락적 동기 등에 따라 'ㅋㅋㅋ, ㅎㅎㅎ'처럼 자음만으로 간단히 적는 경우도 있었고, 누리꾼들이 창의적으로 만들어냈거나 적극 받아들여 통신 언어로 활발히 쓰는 표현이 많았다. 대표적 의성의태어인 '토닥토닥, 꾸벅, 하악하악, 사방사방' 사용의 성별 차이를 살펴보니 여성이 남성보다 약 4배 높은 사용률을 나타냈다. 여성들이 통신 공간에서 의성의태어 등의 감각적 수단을 이용하여 더 효과적으로, 충실하게 의미를 표현, 전달하려고 노력한 결과로 해석되었다.

예설교(2014)는 인터넷 공간에서 쓰이는 한국어와 중국어 의성의태어를 분석 대상으로 삼아 '경제적 동기, 오락적 동기, 표현적 동기, 유대 강화 동기, 심리적 해방 동기'를 중심으로 인터넷 의성의태어의 쓰임을 분석하고, 한국어와 중국어 인터넷 의성의태어의 공통점과 차이점을 살펴보았다.

이정복 · 판영(2015)도 한국어와 중국어의 인터넷 통신 공간에서 쓰이는 의성어, 의태어의 쓰임을 비교했다. 중국어 통신 공간에서 쓰이는 의성의태어를 '일상어와 인터넷에서 두루 쓰이는 것'과 '통신 언어로 활발히 쓰이는 것'으로 나누고, 의성의태어의 형식과 의미 기능, 용법의 특징을 분석했다. 그 결과, 일상어에 전혀 존재하지 않는 새로운 형식이 많고, 누리꾼들은 느낌과 의미를 강조하기 위해 의성의태어의 일부 또는 전체를 반복적으로 늘여서 사용하며, 주로 경제적 동기 및 오락적 동기에서 의성의태어가 쓰이고, 통신 공간에서 의미 확대를 겪는 의성의태어가 많은 등의 특징이 공통적으로 나타났다고 했다. 반면, 중국어의 경우 한자 입력의 특성 때문에 로마자 병음자를 이용한 반복형이나 병음자를 이용한 줄여 적기가 많았다. 'ORZ' 등 그림 글자를 중국 누리꾼들은 긍정적 감정과 부정적 감정을 표현하는 데 함께 쓰는 점도 한국의 경우와 차이가 있었다.

통신 언어에서 관찰되는 '문법화' 또는 '역문법화' 현상에 초점을 맞추어 특정 표현들의 의미 기능 변화를 살펴본 연구도 다수 나왔다. 이러한 연구에는 강희숙(2012), 장부리(2013), 홍달오(2014) 등이 있다.

강희숙(2012)은 통신 언어에서 보이는 '문법화'와 '역문법화' 현상을 살펴본 후 접두사 '개-'가 역문법화 현상을 겪고 있음을 기술했다. 앞서 적은 이정복 · 양명희 · 박호관(2006)은 접두사로 쓰이는 '초'가 '초 좋겠다ㅏ, 초고맙다, 알바 초 힘들다' 등에서는 부사어로 '기능 바꾸어 쓰기'의 쓰임을 보여

준다고 했는데, 강희숙(2012)는 이러한 '문법적 기능 바꾸기' 현상을 문법화 또는 역문법화라는 언어 변화의 원리에서 설명할 수 있다고 보았다. 통신 언어 가운데 '완전, 대략, 장(짱), 진심, 대박' 등은 명사에서 부사로 바뀌는 문법화의 보기로, '초-, 왕-, -님' 등은 접사가 관형사나 부사, 대명사로 바뀌는 역문법화의 보기로 해석했다. 특히 접두사 '개-'는 부사로 쓰이면서 역문법화를 겪고 있다고 주장했다.

장부리(2013)는 한중 통신 언어에서 보이는 문법화와 역문법화를 대조 분석했고, 장부리(2014)는 접두사가 부사로, 접미사가 대명사로, 준접미사가 명사로 바뀌어 쓰이는 한국어와 중국어의 보기를 역문법화 면에서 분석했다. 홍달오(2014)는 접두사 '개-'가 역문법화를 겪고 있는 것이 아니라 청소년층 누리꾼들이 정보나 감정을 강조하여 전달하기 위해 사용하는 형식으로 '준부사화' 과정을 겪고 있다고 해석했다.

그런데 통신 언어는 화자에 따른 변이가 크고 띄어쓰기 면에서 표기가 일정하지 않다. 누리꾼들은 특별한 생각 없이 '개좋다'로 적거나 '개 좋다'라고 적을 수 있는데, 붙여 적으면 '개'가 접두사로 쓰였고 '개 좋다'로 띄어 적으면 부사로 쓰였다는 식의 단순한 해석은 언어 사실과 거리가 있을 가능성이 높다. 이 때문에 어떤 어휘의 문법적 기능이 일시적으로 바뀌어 쓰이는 것을 넘어 문법화나 역문법화의 변화 과정에 있는 것인지에 대한 해석은 좀 더 많은 자료와 오랜 기간 동안의 쓰임에 대한 종합적 관찰을 바탕으로 신중하게 할 필요가 있음을 지적한다.

글말로 표현되는 통신 언어 사용에서는 언어 형식뿐만 아니라 각종 문장부호나 기호도 중요한 의미 기능을 갖고 쓰인다. 김순자(2011)는 통신 언어에 나타난 '말줄임표'의 의미와 기능을 집중적으로 살펴보았다. 말줄임표가 기본 의미 기능으로 쓰일 뿐만 아니라 '발화 경계 표시, 생략된 요소 대용, 주제 표시, 정보 탐색 과정의 구현' 등 다양한 담화 기능으로 확대되어 쓰이는 사실을 보고했다. 인터넷 통신 언어 사용에서 어휘 요소뿐만 아니라 문장부호나 각종 기호가 다양한 의미 기능으로 활발히 쓰임을 보여 준 점에서 눈에 띄는 연구로 판단된다.

2.3. 통신 언어와 사회적 의미

인터넷 언어 사용은 여러 가지 면에서 많은 문제점을 안고 있는 것이 사실이다. 다양한 세대, 계층, 성별의 많은 사람들이 익명성을 유지하면서 인터넷을 이용하기 때문에 갈등이나 충돌이 잦다. 비속어나 욕설, 금기어, 차별 표현을 사용함으로써 싸우고 대립하는 일이 많다. 언어 예절 문제로 다른 세대의 화자들이 말싸움을 벌이기도 한다. 성인들이 쓴 저속하고 노골적인 성 관련 표현들은 초등학생이나 중학생들에게 강한 심리적 충격을 주고 통제하기 어려운 성충동과 호기심을 불러일으킨다. 다른 사람을 차별하고 무시하는 언어로 남녀 화자들이 다투게 되고, 다른 지역 사람을 공격하는 말 때문에 지역 갈등이 심해진다. 인터넷 공간에서의 언어 사용이 사회적 문제를 낳고, 사람들 사이의 현실적 갈등과 충돌을 일으키는 것이다(이정복 2008: 297).

여기서는 통신 언어 가운데서 사회적 의미와 연결되는 요소에 대한 연구들을 살펴보기로 한다. 관련 연구를 세 가지 유형으로 나누면, 금칙어에 대한 것과 차별 언어, 그리고 비속어에 대한 것이 있다. 이 세 가지는 서로 긴밀히 관련되어 있고 때로는 서로 겹치며 쓰이는데 모두 사회적 문제 또는 사람들 사이의 갈등과 연결되는 점에서 공통적이다. 먼저, 통신 언어의 금칙어를 다룬 연구로는 이정복(2008), 조경하·손달임(2011), 조경하(2012), 정민기(2016) 등이 있다.

이정복(2008)은 인터넷 통신 공간에서 생겨난 새로운 언어문화 현상의 하나인 인터넷 금칙어를 본격적으로 다루었다. 인터넷 금칙어의 개념을 "인터넷 통신에서 품위 있는 언어 사용, 청소년 보호, 사회 질서 유지 등의 목적에서 쓰기 또는 찾기를 제한한 언어 표현"으로 정의했는데, 인터넷 통신 중심의 현대 사회에서 나타난 '21세기 새로운 금기 문화'라고 평가했다. 인터넷 금칙어는 전통적인 금기어와 밀접한 관련이 있으면서도 형식, 내용, 강제성 등의 면에서 차이가 있다고 기술했다. 2003년 당시 정보통신윤리위원회에서 선정한 금칙어 718개와 2005년 초에 적용된 네이버 선정 금칙어 1,973개를 '성기 또는 성 행위 관련 표현', '비속어 및 인격 비하 표현', '사회적 문제 행위 표현', '경제 및 인터넷 문화 관련 표현'의 네 가지 범주로 나누어 비율을 분석했는데, '성기 또는 성 행위 관련 표현'이 압도적으로 높은 비율을 차지한 것으로 나타났다. 금칙어와 관련해 흥미로운 언어 현상이 관찰되었는데, 금칙어 선정 여부와 관계없이 누리꾼 스스로 특정 표현을 그대로 적지 않고 다른 형식으로 바꾸어 적는 '자기 검열 금칙어', 금칙어를 피하면서도 그것과 같은 의미를 표출하기 위하여 동원하는 '금칙어 대응 전략'이 있었다. 이 연구는 '인터넷 금칙어'를 학문적 연구 대상으로 삼아 소개 및 분석했으며, 새로운 인터넷 언어문화에 대한 이해도를 높인 점에서 의의가 있다. 사회 문제에 대응하기 위한 금칙어가 누리꾼들에게 재미있는 새로운 말놀이와 언어 변형 및 변화의 실마리가 되는 점을 지적한 것도 주목할 필요가 있겠다.

조경하 · 손달임(2011)은 한국게임산업진흥원과 한국콘텐츠진흥원의 연구 보고서 자료를 바탕으로 '온라인 게임 금칙어'의 유형을 나누고 변형형의 생성을 분석했으며, 조경하(2012)에서는 '온라인 게임 금칙어'의 조어 방식을 집중적으로 다루었다. '비속어 필터링 회피'라는 외적 요인이 금칙어의 다양한 변형을 가져온 것으로 보고, 대화방 언어의 일종인 게임 대화에 나타나는 '금칙어'를 '폭력적 표현(욕설, 위협, 기타), 선정적 표현(성기 및 신체 지칭어, 성행위 관련어, 기타), 차별적 표현(남녀 차별, 기타), 사행성 유발 표현(불건전 게임 행위 조장, 기타 금전 관련 불법 광고)'으로 나누어 형태론적으로 분석했다. 금칙어 9,532개 가운데 폭력적 표현이 74.8%, 선정적 표현이 27%, 차별적 표현이 3.1%, 사행성 유발 표현이 2.8%를 차지하는 것으로 나타났다. 눈에 띄는 점은, 일반 게시판 언어와 달리 폭력적 표현의 비율이 아주 높게 나타난 사실이다. 게임 이용 환경이 극도로 경쟁적이고 적대적이기 때문에 누리꾼들이 욕설 등의 폭력적 언어 사용을 많이 한 결과로 판단된다.

정민기(2016)는 '아프리카TV' 대화방에서 누리꾼들이 사용하는 금칙어의 유형을 분석했다. 금칙어 유형으로는 '형태 바꾸어 적기', '띄어쓰기를 이용한 적기', '영문자, 숫자, 기호를 이용한 적기', '비유적 표현으로 바꾸어 적기', '기타 방식을 이용한 적기'의 다섯 가지로 나누었다. 인터넷 방송 프로그램의 대화방이라는 새로운 통신 언어 사용 영역에서 금칙어가 어떻게 쓰이는지를 분석한 점에서 금칙어 연구의 범위를 확장한 의의가 있다.

누리꾼들이 인터넷 공간에서 사용하는 각종 차별 언어를 분석한 연구로는 이정복(2010), 이정복(2013b), 이정복(2016) 등이 있다.[6] 익명성이 강한 인터넷 공간에서 차별 언어, 특히 강한 적대감을 표출하는 혐오 표현의 쓰임이 늘어나면서 큰 사회적 문제가 된 상황인데 앞으로 관련 연구의 필요성과 중요성이 높아지고 있음을 지적한다.

이정복(2010)은 인터넷 공간에서 쓰이는 '김여사, 오크녀, 된장녀' 등 여성 비하적 지시 표현의 쓰임을 '남성과 대중 매체의 암묵적 공모'라는 시각에서 분석했다. 구체적으로 15개 형식을 대상으로 '지시 대상, 생명력, 남성 대응형의 존재, 비하의 초점' 등 네 가지 기준에서 유형을 분류했다. 대표적 비하 표현인 '김여사, 오크녀, 개똥녀, 된장녀'의 기본 의미와 확대 의미, 남성형 및 관련 표현의 쓰임을 기술했고, 여성 비하 표현에 대한 누리꾼들의 태도를 살펴보았다. 이러한 과정을 통하여 인터넷 공간에서 여성을 비하하고 차별하는 표현들이 활발히 쓰이며, 그것에 대한 남성과 여성 누리꾼들의 태도가 크게 상반된 모습을 보이는 경우도 있음을 밝혀내었다. 특정 여성 또는 여성 전체를 비난하고 비하하는 표현들이 많이 쓰임으로써 인터넷 공간에서 남성과 여성 사이의 감정적 대립과 충돌이 쉽게 일어나는 것으로 해석했으며, 여성 비하 표현들이 불평등한 양성 관계를 반영하면서도 자극적이고 상업적인 신문, 방송 등 대중 매체의 영향을 받은 것으로 보았다.

이정복(2013b)는 트위터에서 누리꾼들이 쓰는 '홍어, 과메기, 전라디언, 개

6 그밖에도 이정복(2017b)에서는 차별, 혐오 표현의 개념과 유형을 기술한 후 '국어 사전에 실린 기존의 차별 표현'과 '누리꾼들이 만든 새로운 차별 표현'의 쓰임을 제시했다.

쌍도'와 같은 지역 차별 표현의 유형과 쓰임 분포를 비판적으로 분석했다. 분석 결과를 보면, '개쌍도, 문둥이, 고담대구' 등 경상도 지역을 대상으로 하는 차별 표현과 '전라디언, 깽깽이, 홍어족' 등 전라도 지역을 대상으로 하는 지역 차별 표현이 많은 것으로 나타났다. 시대적으로는 '감자바위, 문둥이, 핫바지'처럼 1970년 이전부터 쓰이던 것도 있지만 '과메기, 광쥐스트, 전라디언' 등 2000년대 이후에 젊은 세대에서 만든 것도 많았다. 지역 차별 표현들은 주로 정치적 맥락에서 다른 지역 사람을 비하하고 공격하기 위한 부정적 의미 맥락에서 쓰였지만 일부 누리꾼들은 차별 의도 없이 재미 또는 신분 확인을 위해 중립적 · 긍정적 의미 맥락에서 쓰는 경우도 있었다. 사용자의 정치적 성향 면에서, '개쌍도'는 자료 분석 당시 친야 성향의 20~40대 남성들이 많이 썼고, '전라디언'은 친여 성향의 20~40대 남성들이 많이 썼다. 이런 지역 차별 표현들이 해당 지역민에 대한 편견과 선입견에서 나오기도 하지만 정치인들이 의도적으로 지역 간 대립과 지역감정을 조성하고 조장하는 과정에서 나오는 것이라는 결론을 맺었다.

이정복(2016)은 사회적 소통망(SNS) 누리꾼들이 비의도적으로 사용하는 차별 언어의 쓰임과 그 문제점을 비판적 관점에서 분석하고, 대책을 생각해 본 것이다. 차별 언어 사용의 비의도적 용법에 대해 "차별 표현을 본래의 지시 대상이 아닌 사람에게 비유적으로 쓰거나 재미 등을 위해 차별이나 공격 의도를 갖지 않고 무의식적으로 쓰는 것"으로 정의하고, 그 유형에 '차별 언어의 기능 바꾸어 쓰기', '차별 언어의 지시 대상 바꾸어 쓰기', '차별 언어의 무인식적 쓰기'가 있다고 보았다. 비의도적 차별 언어의 가장 대표적 쓰임으로 '병신, 장애자, 벙어리' 등의 장애 차별 사례를 분석했고, 이어서 인종 차별 표현, 직업 차별 표현, 성차별 표현, 지역 차별 표현의 비의도적 쓰임 실태를 살펴보았다. 이 연구는 누리꾼들 스스로 인식하지 못한 채 사용하게 되는 무의식적 차별 언어 실태를 본격적으로 분석한 점에서 의의가 있다.

누리꾼들은 심리적 해방 동기, 유대 강화 동기 등에 따라 비속어를 많이 쓴다. 누리꾼들이 쓰는 통신 언어 비속어를 분석한 연구로는 손세모돌(2003),

전병철(2007), 전병용(2012) 등이 있다.[7]

손세모돌(2003)은 '익명성'이 인터넷 통신 게시글 제목에서의 '욕설/비속어' 사용과 어떤 관계에 있는지를 통계적 방법으로 살핀 것이다. 자유 게시판의 글 제목 6,000여 개를 대상으로 '실명제' 여부와 욕설/비속어 사용 비율을 분석하고, '실명제 게시판'과 '비실명제 게시판'의 욕설/비속어 표현 정도를 비교했다. 주요 분석 결과를 보면, 전체 게시글 제목의 4.7%에서 욕설이나 비속어가 쓰였고 여론 게시판과 시청자 게시판에서 이러한 표현들의 사용률이 높은 것으로 나왔다. 욕설/비속어 사용은 이용자의 불만과 관련이 깊으며, 이 경우 익명성 여부도 욕설/비속어 사용에 영향을 끼치는 것으로 나타났다. 실명제 적용 여부와 게시판 유형 등의 사용 조건에 따른 통신 언어 욕설 및 비속어의 쓰임 실태를 구체적으로 밝혀낸 점에서 의의가 있다.

전병철(2007)은 욕설을 이루는 내용의 대부분은 그 시대에 가장 천시되고, 무시되고, 기피하는 하찮은 것들로 이루어진다는 관점에서 누리꾼들의 댓글에서 수집한 욕설을 보고했다. 욕설을 의미 면에서 '직설적 표현(미친년 그냥 죽어라), 완곡한 표현(짖고 있네), 저주적 표현(살아 있을 이유가 없는 것 같다), 반어적 표현(훈훈한 기사군요), 개와 관련된 표현(개쓰레기야)'으로 나누었다.

전병용(2012)은 인터넷 댓글에 쓰인 '성기' 관련 욕설의 유형을 나누어 사례를 분석했다. 2012년 9월부터 10월 사이 인터넷 기사에 달리 댓글 300여 개에 쓰인 성기 관련 욕설을 수집했고, 그 유형을 발생 요인에 따라 '금기어 회피형, 금칙어 회피형, 언어유희형, 어문규범 회피형'으로 나누었다. 남성 성기 어휘로 '좆'형을, 여성 성기 어휘로 '씹'형을 기본형으로 하여 다양한 변이형이 쓰이고 있음을 보고했다. 이러한 성기 관련 욕설은 가장 대표적 금기어인 성기를 직접 언급하는 것이라 부담이 될 수밖에 없고, 따라서 화자들은

7 그밖에도 박선우(2017)는 사회적 소통망에서 지역어와 비속어가 성별 기능 면에서 어떻게 쓰이는지를 분석했다. 그 결과, '미러링'에서 여성은 지역어와 비속어를 모두 전략적으로 활용했으나 남성은 비속어만 전략적으로 활용한 차이가 나타났다고 보고했다.

그런 부담을 덜기 위해 형태를 변화시키고 언어유희로 의미를 바꾸는 방식을 통해 금기어를 피해간다고 해석했다.

3. 앞으로의 과제와 전망

인터넷 통신 언어에 대한 연구 가운데 의미와 관련된 것들을 검토해 보았는데, 관련 연구를 활성화하기 위해 어떤 점들이 필요하며 앞으로의 전망은 어떠한지에 대해 몇 가지 기술하겠다.

첫째, 기본적으로 통신 언어 의미와 관련된 연구는 아직 초기 단계인 점에서 다양한 대상과 방법의 연구가 더욱 많이 나올 필요가 있다. 한국어 연구 분야에서 통신 언어에 대한 연구가 본격적으로 시작된 지 20여 년이 되었지만 아직 연구가 진행된 세부 주제가 적고, 연구 결과물도 많지 않다. 이는 무엇보다 관련 분야 연구자의 수가 극히 적은 결과다. 통신 언어 연구자의 수가 적다는 것은 아직 한국의 언어 연구가 일상어 글말 중심으로 이루어지고 있을 뿐 입말은 물론이고 입말과 글말의 특성을 모두 가진 통신 언어에 대한 학계의 본격적 관심이 부족함을 말해 준다.

둘째, 통신 언어의 의미 분야에 대한 다양한 본격적 탐구 작업이 나오기 위해서는 21세기 현대 사회에서 통신 언어가 차지하는 위상과 중요성에 대한 인식 재고가 있어야 하겠다. 스마트폰 등 휴대 인터넷 매체의 발달로 한국어 화자들은 얼굴을 직접 마주하고 입말을 쓰는 경우보다 인터넷 매체를 통한 비대면 언어 사용을 더 많이 하는 상황이다. 글말 사용의 경우도 펜으로 격식적인 글쓰기를 하는 일은 거의 없고 컴퓨터나 휴대폰 자판을 통해 빠르고 간단하게 짧은 글을 쓰는 일이 더 많다. 언어 사용의 중심축이 일상어 영역에서 통신 언어 영역으로 넘어오고 있는 것이다. 이처럼 현재 한국어 화자들의 언어생활에서 차지하는 통신 언어의 높은 비중과 중요성을 연구자들이 분명히 인식함으로써 통신 언어 연구, 특히 통신 언어의 의미적인 면에 대한 본격적 관심과 연구가 활발히 이어지기를 바란다.

셋째, 통신 언어 새말에 대한 전반적 소개, 분석보다는 개별 어휘나 구성의 의미 기능을 심층적으로 살펴보는 연구가 확대될 필요가 있다. 통신 언어 사용에서는 '도배, 대박'처럼 일상어와 같은 형식이라도 의미를 다르게 바꾸어 쓰는 것이 많고 새로운 형식의 새말을 통해 새로운 의미 기능을 도입하는 일도 많다. 따라서 통신 언어의 개별 어휘나 구성이 가진 의미 기능을 집중적으로 깊이 있게 탐구함으로써 통신 언어와 일상어의 차이점, 통신 언어 의미 기능의 다양성과 효과성 등을 분석할 수 있을 것이다.

넷째, 같거나 비슷한 주제의 연구들이 이어짐으로써 토론과 대화를 통해 연구의 폭과 깊이를 더하는 노력이 필요하다. 지금까지 이루어진 통신 언어 의미 탐구의 세부 주제 가운데 통신 별명, 의성의태어, 한다요체, 금칙어, 차별 언어 등 일부 주제의 경우 관련 연구들이 밀접하게 이어지기도 했지만 다수의 연구들은 후속 연구가 거의 나오지 않았다. 앞서 언급한 대로 통신 언어의 중요성에 대한 학계의 인식이 전반적으로 부족하고 결과적으로 통신 언어를 제대로 다룰 연구자가 적은 탓이다. 각 세부 주제와 관련하여 선행 연구에 대한 후속 연구가 많이 나오게 되면 연구자 간의 토론과 대화가 늘어남으로써 통신 언어에 대한 더 깊이 있는 이해와 기술이 가능할 것으로 판단된다.

4. 마무리

지금까지 '의미' 탐구의 면에서 통신 언어에 대한 주요 연구들을 살펴보고 앞으로의 과제와 전망을 생각해 보았다. 2장에서 통신 언어의 주요 연구 주제와 쟁점을 파악했는데, 의미 면에서 연구 주제를 크게 '통신 언어 새말', '통신 언어 의미 기능', '통신 언어와 사회적 의미'의 세 가지로 나누어 기존 연구 성과들을 검토했다. 3장에서 앞으로의 과제와 전망을 네 가지로 제시했다.

인터넷과 컴퓨터는 사람들의 삶의 차원을 획기적으로 바꾼 기술이고 사람들을 촘촘히 이어 주는 수단이다. 인터넷과 컴퓨터를 바탕으로 만들어진 인터넷 통신 언어는 언어와 언어 사용의 모습을 혁명적으로 바꾸어 주고 있다. 앞으로 사람들의 삶에서 차지하는 인터넷의 비중이 크게 올라갈수록 언어 구조와 사용에 끼치는 그 영향력도 지속적으로 늘어나고, 통신 언어 또한 계속 발전해 나갈 것이다. 특히 움직이면서 편하게 인터넷을 통해 소통할 수 있도록 하는 스마트폰 등의 이동 인터넷 매체의 급속한 발달은 통신 언어와 일상어의 구별을 완전히 무너뜨리고 있는 상황이다.

이러한 21세기 인터넷 통신 언어의 시대에 언어 연구, 한국어 연구의 시야도 한층 더 넓어져야 하고, 사회 변화와 시대 흐름에 발맞추려는 적극성과 개방성이 필요하다. 언어 사용 패러다임이 통째로 바뀌었는데 아직도 '진짜 언어'는 종이에 박힌 글자라고 생각하거나 언어 연구는 글말이 최고 핵심이라고 방어벽을 치면서 안주해서는 빠르게 앞서 나가는 화자들을 더 이상 따라잡을 수 없고, 그들을 제대로 이해하기도 어렵다. 인터넷의 시대, 통신 언어의 시대에 많은 언어 연구자들이 좀 더 스마트해질 수 있기를 기대한다.

참고문헌

강옥미(2004), "해체주의 관점에서 본 통신언어의 언어유희", 『기호학연구』 16: 81-113, 한국기호학회.

강희숙(2012), "통신언어에 나타난 역문법화 현상 고찰: 접두사 "개-"의 용법을 중심으로", 『한민족어문학』 61: 61-87, 한민족어문학회.

구본관(2001), "컴퓨터 통신 대화명의 조어 방식에 대한 연구", 『텍스트언어학』 10: 293-318, 한국텍스트언어학회.

권오경(2002), 『인터넷 통신 어휘 사전』, 동인.

권창섭(2013), "'한다요'체의 출현과 확산에 대한 사회언어학적 연구", 『방언학』 17: 169-200, 한국방언학회.

김가연(2017), "모바일 메신저 대화 언어에 나타난 명사형 어미 '-(으)ㅁ' 종결문의 사용 양상", 『텍스트언어학』 43: 57-84, 한국텍스트언어학회.

김순자(2011), “통신언어에 나타난 말줄임표의 의미와 기능”, 『한국어 의미학』 35: 1-21, 한국어 의미학회.

김인택(2011), “통신 별명의 사회 · 문화론적 특성”, 『한민족어문학』 59: 612-646, 한민족어문학회.

김정우(2003), “통신 이름에 나타난 정체성 표현의 양상”, 『사회언어학』 14(1): 1-22, 한국사회언어학회.

김정우(2009), “인터넷 커뮤니티에서 사용되는 말에 대한 연구: 자전거 관련 커뮤니티를 중심으로”, 『사회언어학』 17(1): 109-133, 한국사회언어학회.

박동근(2011), “도구 유입에 따른 어휘 의미 변화: 컴퓨터 사용과 관련된 용어의 의미 변이를 중심으로”, 『사회언어학』 19(1): 59-82, 한국사회언어학회.

박동근(2012), “[X-남], [X-녀]류 통신언어의 어휘 형성과 사회적 가치 해석”, 『사회언어학』 20(1): 27-56, 한국사회언어학회.

박선우(2017), “사회 연결망 서비스의 담화 연결망과 지역어 · 비속어의 성별 기능에 대하여”, 『한글』 317: 83-119, 한글 학회.

서형요 · 이정복(2015), “한중 인터넷 통신 별명의 비교 분석”, 『사회언어학』 23(3): 205-238, 한국사회언어학회.

손세모돌(2003), “인터넷 게시판 글 제목의 욕설/비속어 사용과 익명성의 관계”, 『텍스트언어학』 15: 169-198, 한국텍스트언어학회.

신호철(2005), “인터넷 통신언어 속의 외계어에 대한 고찰”, 『국제어문』 34: 5-31, 국제어문학회.

엽영임 · 양명희(2016), “강조어 ‘완전’의 사용에 대한 고찰: 구어와 통신언어를 중심으로”, 『한국어 의미학』 52: 251-269, 한국어 의미학회.

예설교(2014), “한국어와 중국어의 인터넷 의성의태어 연구”, 대구대학교 대학원 국어국문학과 석사학위논문.

이정복(2000), “통신 언어로서의 호칭어 ‘님’에 대한 분석”, 『사회언어학』 8(2): 193-221, 한국사회언어학회.

이정복(2001), “통신 언어 문장종결법의 특성”, 『우리말글』 22: 123-151, 우리말글학회.

이정복(2002), “통신 언어 문장종결법의 사회언어학”, 『사회언어학』 10(2): 109-135, 한국사회언어학회.

이정복(2003a), 『인터넷 통신 언어의 이해』, 월인.

이정복(2003b), “인터넷 게시판의 특성과 이용자 별명의 관련성”, 『텍스트언어학』

14: 397-426, 한국텍스트언어학회.
이정복(2004), "인터넷 통신 언어 경어법의 특성과 사용 전략", 『언어과학연구』 30: 221-254, 언어과학회.
이정복(2005), "사회언어학으로 인터넷 통신 언어 분석하기: 최근의 연구 현황과 과제", 『한국어학』 27: 37-79, 한국어학회.
이정복(2007), "인터넷 통신 언어에 대한 사회적 인식과 평가", 『방언학』 5: 199-236, 한국방언학회.
이정복(2008), "인터넷 금칙어와 통신 화자들의 대응 전략", 『사회언어학』 16(2): 273-300, 한국사회언어학회.
이정복(2009), 『인터넷 통신 언어의 확산과 한국어 연구의 확대』, 소통.
이정복(2010), "인터넷 통신 공간의 여성 비하적 지시 표현", 『사회언어학』 18(2): 215-247, 한국사회언어학회.
이정복(2011), "인터넷 통신 언어와 사회언어학: '한다요체'를 중심으로", 『우리말 연구』 29: 7-40, 우리말학회.
이정복(2012), "스마트폰 시대의 통신 언어 특징과 연구 과제", 『사회언어학』 20(1): 177-211, 한국사회언어학회.
이정복(2013a), "누리소통망과 새말의 형성", 『새국어생활』 23(1): 34-52, 국립국어원.
이정복(2013b), "사회적 소통망(SNS)의 지역 차별 표현", 『어문학』 120: 55-83, 한국어문학회.
이정복(2014), "통신 언어 의성의태어 사용과 성별 차이", 『우리말글』 62: 45-74, 우리말글학회.
이정복(2015), "사회적 소통망(SNS) 말놀이의 유형과 기능", 『어문학』 130: 27-61, 한국어문학회.
이정복(2016), "누리꾼들의 비의도적 차별 언어 사용 연구", 『사회언어학』 24(3): 345-377, 한국사회언어학회.
이정복(2017a), 『사회적 소통망(SNS)의 언어문화 연구』, 소통.
이정복(2017b), "한국어와 한국 사회의 혐오, 차별 표현", 『새국어생활』 27(3): 9-31, 국립국어원.
이정복(2017c), "트위터 누리꾼들의 영어 차용 복합어 새말 사용 및 관련 태도 분석", 『영어학』 17(4): 753-786, 한국영어학회.
이정복 · 양명희 · 박호관(2006), 『인터넷 통신 언어와 청소년 언어문화』, 한국문화사.
이정복 · 판영(2013), "한국과 중국의 통신 언어 호칭어 '님'과 '亲(친)'의 쓰임", 『우리말글』 58: 127-150, 우리말글학회.
이정복 · 판영(2015), "한국어와 중국어의 인터넷 의성의태어 비교", 『사회언어학』 23(1): 145-175, 한국사회언어학회.
이주경(2006), "인터넷 통신 대화자명 연구", 홍익대학교 교육대학원 교육학과 석사학위논문.
장경현(2013), "인터넷 언어의 종결어미 회피 현상 연구", 『언어정보와 사전편찬』 31: 171-195, 연세대학교 언어정보연구원.
장부리(2013), "한중 통신 언어의 문법화와 역문법화 비교 연구", 조선대학교 대학원 국어국문학과 석사학위논문.
장부리(2014), "한중 통신 언어의 역문법화 현상 대조 고찰", 『언어학연구』 19(2): 91-114, 한국언어연구학회.
전병용(2006), "조선시대 언어유희와 통신언어 언어유희의 비교 분석", 『동양고전연구』 24: 185-221, 동양고전학회.
전병용(2012), "인터넷 댓글에 나타난 '성기' 관련 욕설의 변이형 고찰", 『어문연구』 74: 105-130, 어문연구학회.
전병철(2007), "댓글에 나타난 욕설의 형태 연구", 『언어학 연구』 11: 189-205, 한국중원언어학회.
전은진(2012), "스마트폰 응용 프로그램 '청소년 은어 사전'에 오른 은어에 대한 언어학적 분석", 『사회언어학』 20(1): 267-293, 한국사회언어학회.
정민기(2016), "통신 화자의 금칙어 사용에 대한 유형 분석: '아프리카TV' 대화방을 중심으로", 한양대학교 대학원 국어국문학과 석사학위논문.
정한데로(2010), "'형식명사+-요' 구성에 관한 소고(小考): 인터넷 통신 언어를 중심으로", 『언어와 정보 사회』 13: 37-65, 서강대학교 언어정보연구소.
조경하(2012), "온라인 게임 금칙어의 조어 방식에 관한 연구", 『우리어문연구』 42: 149-190, 우리어문학회.
조경하 · 손달임(2011), "게임 금칙어의 언어학적 연구: 변형형의 생성과 유형 분류를 중심으로", 『한국문화연구』 20: 33-73, 이화여자대학교 한국문화연구원.
조오현 · 김용경 · 박동근(2002), 『컴퓨터 통신언어 사전』, 역락.
최화니(2012), "'막이래'의 담화 기능 연구: 트위터(Twitter)의 언어를 중심으로", 『텍스트언어학』 32: 241-264, 한국텍스트언어학회.

홍달오(2014), “접두사의 준부사화 경향에 대한 고찰: 접두사 ‘개-’를 중심으로”, 『언어』 39(1): 231-249, 한국언어학회.
Ryoo, M. L.(2005), “The discourse of sexual jokes in the virtual world”, 『텍스트언어학』 18: 121-144, 한국텍스트언어학회.

몸짓언어의 의미

김 영 순*

1. 들머리

우리가 살아가는 세상이 아름답게 느껴지는 것에는 여러 요인이 있겠지만 가장 중요한 요인은 바로 사회를 구성하는 사람들 간의 소통이라고 볼 수 있다. 일반적으로 소통을 언급할 때 바로 떠올리는 단어는 우선 언어일 것이다. 소통이 언어를 통해 이루어진다고 보기 때문이다. 언어는 인간들 간의 상호작용을 위한 주요 수단이며, 어떤 인간이 지닌 생각, 느낌, 의도 및 요구 등을 다른 인간에게 전달하기 위한 것이다. 사람들이 무엇을 말하고 그것을 어떻게 말하는가를 통해서 학습을 하게 되며, 우리가 하는 말에 대해 다른 사람들이 보이는 반응을 통해 우리 자신에 대해 성찰하기도 한다. 이렇듯 언어적 소통은 인간 삶에 없어서는 안 되는 중요한 가치를 지닌 것이다.

언어적 의사소통은 말과 글을 통한 소통으로 규정된다. 말은 음성언어의 연결체이며 입과 귀를 통해 인지되고 해석되는 특징을 지닌다. 그런데 이 음

* 인하대학교 사회교육과 교수, kimysoon@inha.ac.kr

성언어의 의미를 보강해주는 것이 바로 몸짓언어인 것이다. 물론 몸짓언어 그 자체가 소통을 하는 경우가 있다. 다시 말해 말의 의미를 보강해주는 동반 수행적 역할이 아닌 말 그 자체를 대체하는 기능을 갖기도 한다는 것이다. 우리는 이와 같이 몸짓언어를 통한 소통을 비언어적 소통이라고 부른다. 일상 생활에서 언어적 의사소통 이외에 몸짓언어와 같은 비언어적 의사소통의 사용이 더욱 많음에 주목해야 한다. 그런데 실상은 언어적 의사소통에 관한 연구에 편중되어 있다. 이런 연유로 우리나라에서의 몸짓언어 연구의 경향과 쟁점을 살펴보고자 한다.

2. 비언어 의사소통과 몸짓언어

일반적으로 비언어적 의사소통이라 함은 언어 이외의 요소에 의한 의사소통을 가리킨다. 그것은 말로 부호화되지 않은 소통 방법으로써 몸짓, 표정, 자세, 상징적 의복 착용 및 준언어(paralanguage) 등이 이에 해당한다. 앞서 들어가는 말에서 언급한 바와 같이 인간의 의사소통이 언어로만 성립되는 것은 아니다. 모든 언어적 표현은 유무형의 영향을 미치는 비언어적 요소와 함께 행해지며, 경우에 따라 언어적 내용보다 그 밖의 요소가 오히려 소통의 결정적인 역할을 하기도 한다. 아예 한마디의 말도 없는 무언의 교류로 서로의 의사를 충분히 교환할 수도 있다. 이처럼 비언어적 요소는 인간의 소통 과정에서 중요한 역할을 수행한다. 비언어적인 요소라고 해서 언제나 문자 그대로 언어적 의미를 전혀 갖지 않는 것은 아니다. 언어적 의미는 구두적일 수도 있고 혹은 기타의 방법으로 전달될 수도 있다. 또는 반대로 구두로 표현되는 모든 소리가 반드시 언어적 상징의미를 갖는 것만도 아니다. 이런 맥락에서 보자면 비언어적 의사소통의 상당 부분은 '침묵의 언어(silent language)'나 '신체 언어(body language)'로 언어적 의미 체계의 하나로 파악될 수 있다.

대부분의 학자들은 구체적인 말의 사용 없이 일어나는 모든 의사소통을 일단 비언어적 의사소통이라고 규정한다. 왜냐하면 비언어적 의사소통 중에 언어적 의미 체계와 밀접한 관계를 갖는 부분이 있다 하더라도 그것은 비언어적 의사소통 중 특정한 기능을 수행하는 한 가지 범주로서도 파악될 수 있기 때문이다. 이 점을 구체적으로 이해하기 위해, 김영순 · 김연화(2007)에서는 대화를 통해서 이루어지는 정보 교환을 예를 들어 설명하고 있다.

첫째, 교환된 언어적 기호의 주제적 내용 또는 순수한 사실적 내용을 말하는 인지적 정보를 들 수 있다. 이것은 대화에서 사용된 언어의 의미론적 구조에서 얻어지는 정보로서 가장 중심적인 정보라 할 수 있다.

둘째, 지표적 정보로서 말하는 사람, 즉 화자 자신에 대한 정보이다. 이는 화자의 생리적, 심리적 또는 사회적 특성을 나타내는 모든 행동상의 정보를 가리킨다.

셋째, 대화의 시간적 진전을 촉진하기 위해 대화자 상호 간에 협동적으로 교환하는 상호작용 처리 정보 또는 촉진적 정보가 있다. 이는 상호 간의 의미를 알 수 있는 방법을 통해서 상대방에게 대화를 계속 하라든지 또는 그만두라든지 하는 뜻을 전달하여 서로 대화에 시간을 나누어 가질 수 있게 한다. 또한 대화가 한 단계에서 다른 단계로 넘어간다는 것을 알려 주기도 한다.

이와 같이 대화는 세 가지 다른 종류의 정보, 즉 인지적, 지표적, 촉진적 정보의 끊임없는 교환을 통해서 이루어진다. 그런데 이 중에서 인지적 정보는 언어적 기호로 전달되는 것이고, 지표적 정보와 촉진적 정보는 주로 비언어적 기호로 전달되는 것이라 할 수 있다.

의사소통에 있어 비언어적 요소가 차지하는 비중은 양적인 면에서도 나타난다. Knapp(1972: 12)은 두 사람 간의 대인 의사소통에서 보통 언어적 요소에 의한 의미전달이 35% 이하인데 반해 비언어적 의사소통은 65% 이상을 차지한다고 주장하였다. 이러한 주장이 실제의 일상생활에서 정확한 것인지 확인할 수 없지만 우리가 교환하는 정보의 많은 부분이 언어 이외의 다른 여러 가지 요소를 통해 이루어진다는 것은 분명하다. 이러한 비언어적 의사소통이 언제나 대인 관계에서만 나타나는 것은 아니다. 그것은 집단과 집단 간의 새로운 상징체계로 발현되기도 하고 사회 전체적 수준에서 사회 통합의 통제 수단으로 사용되기도 한다. 따라서 언어를 중심으로 한 분석만으로는 의사소통 현상의 입체적 파악이 불가능함을 알 수 있다.

이와 같은 가치를 지니는 비언어적 의사소통을 언어적 의사소통과 비교하여 보자면 다음과 같은 특징들이 있다. 첫째, 의사소통의 필연성이다. 관측된 모든 행위는 메시지로서의 가치를 지닌다. 행위는 행위 아닌 반대적 측면을 지니지 않는다는 점에서 인간은 언어적 의사소통은 피할 수 있으나 비언어적 의사소통은 피할 수 없다. 왜냐하면 행위를 하지 않거나 침묵을 지키는 자체도 메시지로서의 가치를 지니기 때문이다. 따라서 대화가 없다는 단순한 사실로서 의사소통이 없다는 것을 의미하지는 못한다. 의도적인 침묵이나 언어적 의사소통의 회피는 그 자체로서 의사소통이 된다.

둘째, 의사소통의 태도, 감정, 관계 표현에 있어서 비언어적 수단의 효과성이 크다는 것이다. 인간은 정서, 감정, 태도를 표출하는 데 있어서 주로 비언어적 의사소통에 의존하고 있다. 사실상 비인지적 정보는 거의 전적으로 접촉 의사소통 등과 같은 비언어적 수단을 사용하여 이루어진다. 구애와 같은 사랑 표현에 있어서 비언어적 의사소통 형태는 효과적이다. 물론 언어적으로 사랑의 마음을 고백할 수 있으나 의미 있는 전달 수단은 오히려 비언어적인 것이다. 이런 점에서 비언어적 채널 선택은 감정적 측면의 정보 전달에 고도의 능률을 나타낸다. 따라서 메시지의 정서적인 측면은 흔히 비언어적 요소로 전달된다. 비언어적인 코드를 통하여 우리는 권력, 신뢰성, 직위, 적대심, 수락 등 태도와 감정, 느낌을 표현하며 이를 이해하기도 한다.

셋째, 비언어적 메시지가 보다 신뢰성이 있다는 것이다. 인간이 상호 접촉할 때 말만으로는 신뢰가 형성되지 않는다. 상대에 대한 믿음은 언어적 메시지의 확실성을 결정해 주는 비언어적인 암시에 의하여 얻어진다. 종종 언어적인 단서와 비언어적인 단서가 나타내는 내용이 다를 때에는 비언어적인 단서가 신뢰를 얻게 한다. 단어는 주의해서 잘 선택하여 사용될 수 있으나 나타내는 감정의 표현은 선택될 수 없기 때문이다.

넷째, 비언어적인 의사소통 수단들은 개인적 또는 문화적 차이와 상관없이 모든 사람의 행위 또는 움직임과 관련이 있다. 가령 기쁨, 슬픔, 화남 등의 감정들과 얼굴 근육의 독특한 움직임 사이에는 밀접한 관계가 있으며 우리는 얼굴 모습을 지각하고 인지함으로써 대상의 감정 상태를 파악하게 된다. 몸짓이나 움직임 자체가 제공하는 정확한 의미가 문화마다 보편적이지는 않다고 할지라도 인간이 몸짓이나 움직임을 사용하여 소통한다는 점은 매우 보편적이다.

다섯째, 언어적 의사소통 수단과 언어 및 준언어, 비언어적 의사소통 수단, 외모 · 몸짓 · 행동 · 얼굴 표정 등은 그 어느 것끼리라도 함께 사용될 수 있다. 누군가가 '앉으세요.' 하며 의자를 꺼내주는 행동을 하기도 하고, 자신의 얘기가 흥미롭다고 말하면서도 시선을 다른 사람에게 두는 경우도 있다. 전자의 경우는 언어와 행동 사용을 병행하거나 언어의 의미를 강화하기 위해 행동을 사용한 것이다. 후자는 언어와 시선을 사용하여 그 이야기가 흥미가 없거나 지겹다는 표현을 하는 것으로 볼 수 있다.

이러한 특성을 갖는 비언어적 소통의 전형적인 형태는 몸짓언어 발화일 것이다. 의사 전달 행위에 있어서 몸짓언어는 반복성, 대치성, 모순, 보충성, 규칙성, 강조와 같은 여섯 가지 기능을 가지고 있다.

첫째, 반복성 및 잉여성을 들 수 있다. 비언어적 의사 전달 행위는 언어적 메시지를 그대로 반영하는 경우가 많다. 이때 비언어적 몸짓언어 표현과 언어적 메시지 중에 하나는 잉여적이다. 길을 물어 올 때, 북쪽을 가리키며 '북쪽으로 가세요, 북쪽으로'라고 하면 이 전체 메시지는 분명히 잉여적인 부분을 가지고 있다. 말로 발화한 것을 몸짓언어인 가리키는 행동으로 되풀이한 것이다. 야구에서 심판이 주자에게 아웃! 하고 외치면서 동시에 엄지손가락을 위로 한 몸짓으로 신호를 하는 행위도 분명히 반복적이다. 또한 거절을 할 때 '절대로 안 됩니다' 하면서 머리를 좌우로 흔들고 동시에 손을 펴서 손바닥을 상대편에게 향하게 하여 좌우로 흔들기도 하는데 이는 세 가지가 같은 의미의 표현으로 되어 있다. 이 중에 두 개의 표현은 잉여적이라고 볼 수 있다. 그러나

이 잉여성은 상대방인 청자에게 화자의 발화의미를 강화시키는 역할을 할 수 있다.

둘째, 대치성이다. 비언어적 의사 전달 행위는 언어적 메시지를 반복하는 것일 뿐만 아니라 언어적 표현을 대신할 수 있다. 문상을 할 때, 유가족들에게 우리의 감정을 표현하기가 쉽지 않다. 그래서 우리는 말하는 대신, 유족들의 손을 꼭 잡거나, 유족이 아랫사람이거나 친구일 경우 등을 가볍게 두드리는 행동으로 애통함을 표현하고 슬픔을 같이 나눈다. 이는 유족의 슬픈 마음을 위로하고 싶다는 말을 비언어적으로 표현하는 것이다. 화가 났을 때 소리를 지르기보다는 오히려 엄숙하고 숙연하게 있는 것, 침묵으로 일관하는 것이 화났다는 것을 더욱 효과적으로 나타낼 수 있다. 혀를 내민다거나 오른손 주먹을 왼손으로 감싸면서 오른손을 밀어내는 몸짓언어는 그것에 해당하는 욕설을 퍼붓는 언어적 표현보다 강하게 나타날 수 있다. 이런 면에서, 같은 의미를 전달하는 데에 언어적 표현이 몸짓언어를 활용한 비언어적 표현보다 항상 효과적이라고 볼 수는 없다는 결론에 다다른다.

셋째, 모순은 의사 전달에서 몸짓언어적 표현과 언어적 표현이 모순적인 메시지를 전달할 때 나타날 수 있다. 심리학자와 정신의학자들은 모순적인 메시지를 전달하는 비언어적 상황과 언어적 상황에 계속적으로 노출되면 지적 불균형이 나타날 수 있다고 주장한다. 이를테면, 특별한 상황에서 이러한 모순에 반복적으로 노출되면 정신분열증에 걸릴 수도 있다고 한다. 다음과 같은 예가 여기에 해당한다. 한 어머니가 어린이에게 지속적으로 '나는 너를 사랑한다.'고 확신을 주면서 동시에 두려움으로 떨게 하거나 신체적으로 어린이를 움츠러들게 할 때 또는 무서운 표정 등의 신체언어적 표현을 할 때 어떤 결과를 가져올지 상상해 보라. 그 어린이는 그 상황의 이중성 혹은 어머니의 이중적 표현을 견뎌 내거나 그 불합리성에 대해 이야기하거나 하는 선택을 해야 하기 때문에 심리적으로 압박을 받게 된다. 아울러 매우 혼란한 정신 상태에 놓이게 된다. 언어적 표현과 비언어적 표현이 모순된 메시지를 전달하는 이런 상황을 이중 결합상황이라고 한다.

넷째, 보충성의 특징을 지닌다. 부모는 자식들이 다투면 야단을 치고 다툼을 끝내기 위해서 누가 잘못을 했는지 확인하고는 '네가 동생에게 미안하다고 해라.'라는 명령을 하기도 한다. 이때 형은 '미안해'하고 말했으나 동생은 '형이 그렇게 말하지 않았어요.'라고 말할 때가 있다. 이는 형이 음성과 태도를 말과 모순되게 표현하여 비언어적 행동이 언어적 표현을 적합하게 보충하지 않았기 때문이다. 이런 상황에서 보듯이 사람들은 의미의 보충이 언어적 메시지와 비언어적 메시지 사이에 존재할 것이라고 예상한다. 친구를 만나면 '야 반갑다'라고 하면서 웃는다. '잘 모르겠는데….'라고 말할 때는 머리를 흔들고 당황하거나 난처한 표정을 짓는다. 비언어적 의사소통 행위는 언어적 메시지를 보충한다.

다섯째, 규칙성이다. 우리는 몸짓언어 발화 중 눈 맞추기를 통하여 대화를 시작하거나 그만둔다. 우리는 말을 그치거나 시작하는 것을 그리고 말을 그쳐야 하고 시작해야 할 때를 신호하는 방법을 배운다. 사람들은 다양한 정도로 다른 사람들과 의사 전달적 상호작용을 규정하는 비언어적 신호를 사용한다. 어린이들은 가끔 부모들을 실망시키고 당혹게 하는데 이는 어린이들이 아직 비언어적인 규칙의 신호를 배우지 못했기 때문이다. 우리는 길에서 어른의 소매를 잡아끌어 당기며 무엇을 조르거나, 소리 지르며 떼를 쓰는 어린이를 자주 보는데 그런 어린이들은 규칙의 신호를 제어하는 법칙을 더 배워야 한다.

여섯째, 강조성이다. 이 몸짓언어적 특성은 언어적 표현을 강조하는 것으로 이해할 수 있다. 검지를 펴서 지적하는 형태로 손을 아래위로 흔들면 그것은 손가락 끝이 가리키는 사람이 이미 저지른 어떤 행위에 대해 비난하거나 타이르는 것이다. 이렇게 전체 의사 전달 상황에서 비언어적 부분은 수반되는 어떤 언어적 메시지에 강조를 첨가하는 것이다. 즉, 비언어적 표현은 언어적인 표현을 강조하기도 한다.

앞에서 우리는 비언어적 소통의 개념과 특성을 언어적 소통을 통해 알아보면서 특히 몸짓언어 발화의 예를 들어 비언어적 소통이 갖는 특성을 설명하였다. 이런 특성은 몸짓언어 연구 경향의 주요 연구주제로 등장한다. 그러면 한국의 몸짓언어 연구의 경향은 어떠한지를 살펴보도록 하자.

3. 몸짓언어 연구의 경향과 쟁점

2장에서 몸짓언어가 지니는 비언어적 의사소통의 특성에 대해 살펴본 바와 같이 몸짓언어에 관한 연구 역시 다양한 관점에서 이루어져 왔다. 이러한 몸짓언어의 연구동향을 분석하기 위해 논문 검색사이트 RISS에서 "몸짓언어"를 키워드로 국내학술지 논문을 검색하였다. 그 결과 총 362편이 검색되었는데 이 중에서 중복되는 논문이 다수 발견되어 이를 하나로 산정하였고, 요약문을 통해 실제 몸짓언어 연구와 관련 없는 논문을 제외하니 모두 139편이 선별되었다. 이 논문들을 분과학문의 인접성과 차별성을 고려하여 모두 5개의 범주, 즉 예술 및 미디어 영역, 문화 영역, 언어 영역, 교육 영역, 치료 영역으로 구분하였다. 이런 유형 분류를 통해 몸짓언어에 관한 논문들은 다음 <표 1>과 같이 정리하였다.

〈표 1〉 몸짓언어 연구 동향

	주제	논문편수(편)	비율(%)
1	몸짓언어와 예술 및 미디어	46	33.1
2	몸짓언어와 문화(비교)	31	22.3
3	몸짓언어와 언어 및 언어발달	27	19.4
4	몸짓언어와 교육 및 프로그램	21	15.1
5	수화 및 언어치료	14	10.1
	계	139	100

<표 1>에서 보는 바와 같이, 몸짓언어와 관련해서 가장 많은 연구가 이루어진 분야는 바로 몸짓언어와 예술 및 미디어(33.1%)였고, 그 뒤를 이어 몸짓언어와 문화(22.3%), 몸짓언어와 언어 및 언어발달(19.4%), 몸짓언어와 교육 및 프로그램(15.1%), 수화 및 언어치료(10.1%)에 대한 연구가 이루어졌다. 이 분

류를 통해 한국에서 몸짓언어 연구는 예술 및 미디어 분야에서 가장 활발하게 연구되고 있음을 확인할 수 있다. 그렇다면 각 영역에서의 구체적인 연구 동향은 어떤지 살펴보도록 하자.

첫째, 몸짓언어와 예술 및 미디어에 관한 연구는 이영석(1998), 김영순(2001), 송민숙(2001), 이윤택(2001), 정봉석(2001), 황미숙 외(2003), 박재완(2004), 박정수(2004), 김덕희(2005), 김기란(2006), 박완선(2006), 박미리(2007), 박진태(2009), 사공일(2007), 윤동환(2009), 이창숙 외(2009), 전한호(2009), 정연희(2009), 정진이(2009), 김지원(2010), 송성아(2010), 정윤길(2010), 송기영(2011), 이경희(2011), 강인숙(2012), 김회광 외(2012), 임채광(2012), 최효정 외(2012), 김미숙(2013), 목선아 외(2013), 이나라(2013), 이승건(2013), 김미숙(2014), 김영학(2014), 최수임(2014a), 최수임(2014b), 김미숙(2015), 박종성(2015), 이정은 외(2016), 장효진 외(2016), 김지원(2017), 박영광(2017), 양은숙(2017), 이신자(2017), 서송석(2018), 서정아(2018) 등 총 46건이 있었다.

상기 유형의 연구들은 몸짓언어가 활용되는 예술 분야인 무용, 연극에 관한 연구들이 주를 이루었고, 탈춤, 굿 등의 장르에서도 발견되었다. 또한 몸짓언어가 활용되어 의미가 극대화될 수 있는 미술, 영화, 광고, 애니메이션, 미디어 아트 등에서의 연구 경향도 주목할 수 있다.

무용과 연극 분야에서 최근의 연구 중 몸짓언어에 주목한 것은 장효진 외(2016)와 양은숙(2017)을 들 수 있다. 장효진 외(2016)는 무용지도자의 교육방식에서 몸짓 위주의 비언어적 커뮤니케이션이 전공생에게 많은 영향을 줄 수 있다고 판단했다. 양은숙(2017)은 피지컬 씨어터(Physical Theater) 작품에 나타난 몸짓언어를 에크먼과 프리슨이 제시한 4가지 유형, 즉 대체몸짓, 설명몸짓, 조절몸짓, 감정표현몸짓을 통해 분석하였다.

또한 탈춤과 굿 등에서 이루어진 대표적인 연구는 송기영(2011)과 강인숙(2012)이 수행하였다. 송기영(2011)은 연기자의 신체표현을 훈련하기 위해 봉산탈춤을 어떻게 활용할 것인가에 대해 연구하였다. 강인숙(2012)은 남해안

별신굿 중 하나인 용왕굿춤의 몸짓언어에 대해 연구하였다. 특히 이 굿이 삼현육각의 풍부한 음악의 선율에 따라 몸짓언어가 매우 세련되고, 유연하며, 몸짓언어 속에 감정을 표출하는 예술 춤의 성격이 나타난다고 보았다.

미술 분야에서는 전한호(2009)의 연구를 들 수 있는 데, 그는 로렌체티(Lorenzetti), 레오나르도 다 빈치(Leonardo da Vinci), 카라밧지오(Caravaggio)의 작품을 대상으로 비구두언어의 대표적 제스처 중 하나인 '지시하는 손짓'에 제한시켜 그 내용의 의미를 관람자와 연관하여 고찰하였다.

미디어 영역 중 광고에서 나타난 몸짓언어를 분석한 일련의 연구가 있다. 김영순(2001)은 광고를 기호학적으로 상품에 상징적 가치를 부여하기 위한 다양한 기호들을 의도적으로 배치한 텍스트라고 정의하였다. 특히 광고에서 몸짓 기호가 지니는 의미를 기호학적으로 분석하기 위한 이론적인 솔루션을 제시하였고, 몸짓의 기호와 양상 및 감정과 몸짓의 상관성에 대해 논의하였다. 이와 유사한 연구로서 박완선(2006)의 연구를 주목할 수 있다. 그는 광고와 신체언어 기호의 연관성에 대해 살펴보았다. 광고에서 의사소통에 해당하는 기호를 언어적 의사소통 기호와 비언어적 의사소통 기호로 구분하고, 신체언어로 대변되는 몸짓언어를 바로 이 비언어적 의사소통 기호에 속한다고 보았다.

애니메이션 분야에서도 몸짓언어는 중요한 연구주제 중 하나이다. 김미숙(2015)은 관객이 캐릭터에 쉽게 감정이입 되고 스토리에 더욱 몰입하도록 애니메이션 속 캐릭터가 감정을 성공적으로 표현할 수 있는 방법론을 개발하고자 했다. 또한 인터렉티브 미디어아트를 다룬 목선아 외(2013)의 연구는 작품에 포함되는 다양한 비언어 커뮤니케이션이 유기적으로 연계되어 있음에 주목하고 몸짓언어가 관객과 작품을 연결하는 요인으로써 작용한다고 보았다.

둘째, 몸짓언어와 문화에 관한 연구는 총 31건이 있었는데, 이를 연도별로 나열하면 다음과 같다. 조병태(1970), 이점숙(1997), 권순철(1999), 설파(2000), 성광수 외(2001), 김경혜(2002), 김영순(2002a), 이도영(2002), 박현구(2003), 조혜진(2005), 박준상(2006), 최윤희(2006), 박준상(2007), 추계자

(2007), 신세니 외(2008), 김인택(2009), 정수정(2010), 김인택(2011), 송치만 외(2011), 이소희(2011), 정진웅(2011), 민지영(2013), 박상언(2013), 조혜진(2013), 윤지영(2014), 송치만 외(2015), 임혜원(2015), 최효정(2016), 김왕배(2017), 김지영(2018), 유소미 외(2018) 등이 있다.

몸짓언어와 문화에 관한 이 들의 연구는 대략 두 가지 영역으로 구분해 볼 수 있다. 그 한 가지 영역은 몸짓언어와 문화의 일반적인 관계를 의미, 기능, 화용 등의 측면에서 연구한 것이며, 또 다른 영역은 우리나라 몸짓언어와 다른 나라의 몸짓언어를 비교한 것이거나 아니면 바로 다른 나라의 몸짓언어를 분석하거나 한국어 의미에 비추어 제시한 것이다.

우선 몸짓언어와 문화와의 관계를 언어적 차원과 비교하여 일반적으로 다룬 성광수 외(2001)를 들 수 있다. 그는 몸짓 등의 비언어적 소통에 해당하는 모든 행위나 동작을 의사소통의 중요한 수단과 표현으로 간주하였다. 또한 김영순(2002a)은 비언어적으로 발화되는 몸짓언어적 외설이 지니는 표현, 의미, 기능 층위의 고찰을 통해 비언어적 외설의 의사소통적 가치를 탐구하였다.

다음은 비교문화적 측면에서 우리나라 몸짓언어와 다른 나라의 몸짓언어를 비교하거나 혹은 다른 나라들의 몸짓언어를 분석한 것이다. 조혜진(2005)은 한국어와 스페인어의 몸짓언어를 중심으로 문화 간 비음성언어에 대해 연구하였다. 최윤희(2006)는 러시아의 몸짓언어에 대해, 추계자(2007)는 독일의 몸짓언어에 대해 연구하였다. 이들은 모두 문화와 밀접한 관련을 맺고 있는 몸짓언어를 학습하기 위해서는 그 문화적 배경을 이해해야 한다고 주장했다. 또한 정수정(2010)은 독일어의 관용구와 발화시 동반되는 몸짓에 관하여 연구했으며, 민지영(2013)은 한국어와 일본어에서 나타나는 몸짓언어를 비교하였다. 조혜진(2013)은 스페인어를 습득하는 학생들이 언어를 구사하는 데 좀 더 완벽한 의사소통과 상호이해가 가능하도록 몸짓언어 학습의 중요성을 주장하였다. 최효정(2016)은 시바를 중심으로 인도의 몸짓언어가 현재의 무용과 요가의 몸짓언어로 사용되고 있음을 확인하였다.

셋째는 몸짓언어와 언어의 관계 및 언어발달에 관한 연구이다. 이 연구에는 최광현(1996), 정정덕(1998), 성광수(2001), 김영순(2002b), 박인진(2003), 홍경훈 외(2005), 임성우(2006), 조혜선(2006), 하민회(2006), 김동국(2010), 최진숙 외(2010), 권요한 외(2011), 손현정(2011), 신애선 외(2013), 안인숙(2013), 남윤희 외(2014), 이영혜 외(2014), 김한샘(2015), 정은이 외(2015), 정혜선 외(2015), 송하나(2016), 김난희 외(2017), 신애선(2017), 안경숙 외(2017), 유동엽(2017), 정미영(2017), 임혜원(2018) 등 27건의 연구가 포함되어 있다. 이들 연구 역시 두 가지 경향을 보이고 있다. 하나는 몸짓언어와 언어와의 관계를 심층적으로 다룬 것이며, 또 다른 경향은 몸짓언어와 언어발달과의 관계를 다룬 것이다.

몸짓언어와 언어와의 관계를 살펴본 연구 중 성광수(2001)는 비언어적 소통법을 일종의 관용적 행위로 보았고, 의사소통을 위해서는 이 관용적 행위까지 이해할 수 있어야 완전한 의사소통이 가능하다고 주장했다. 김영순(2002b)은 비구두 의사소통의 중심 주제인 몸짓언어를 포괄하는 신체언어 연구의 생태학적 관점을 살펴보고, 이를 통해 시각적 몸짓으로 나타나는 신체언어에 의사소통적 가치를 부여하였다. 임성우(2006)는 대화분석론적 관점을 예로 들면서 대화에 나타난 몸짓언어의 의사소통적 역할에 대해 고찰하였다. 정은이 외(2015)는 TV 홈쇼핑 진행자인 쇼호스트의 비언어적 커뮤니케이션을 유사언어, 신체언어, 신체적 외양으로 분류하였다. 김한샘(2015)은 감탄사를 동반하는 몸짓을 중심으로 한국어 화자의 비언어 행위에 대한 연구를 수행하였다. 정미영(2017)은 의사소통의 중심 경로로 전문성을, 주변 경로로 진실성과 언어・비언어 커뮤니케이션을 설정하여 의사의 정보원 속성과 언어・비언어 커뮤니케이션, 진료만족도 및 행동의도와의 관계를 파악하였다.

다음은 몸짓언어와 언어발달과의 관계를 다룬 것이다. 조혜선(2006)은 유치원생들의 자유선택활동 중 유아-교사 간에 이루어지는 비언어 의사소통에 대한 유형들을 확인하기 위한 질적 사례연구를 시행하였다. 최진숙 외(2010)는 유아의 구어와 몸짓언어와의 발달패턴을 알아보는 연구를 수행하였다. 특히 구어와 몸짓언어를 통한 표현 능력 간에는 높은 상관관계가 있는 것으로 확인되었다. 남윤희 외(2014)는 그림책을 활용한 노래극 활동이 영아의 몸짓언어와 어휘력 발달에 긍정적인 영향을 미치는 것을 밝혔다. 김난희 외(2017)는 연구를 통해 언어발달지체 아동들이 몸짓단서 유무와 몸짓단서 조건에 따라 자극어휘를 정확히 이해하고 제시한 몸짓대로 표현하는지를 분석하였다. 신애선(2017)은 영아교사의 애착 및 영아의 몸짓과 영아의 언어발달 간에 상관관계가 있음을 주장하였다.

넷째, 몸짓언어와 교육 및 교육 프로그램에 관한 연구는 이종승(1979), 김미실(1996), 이동우(1996), 이래경 외(2001), 장한업(2001), 김영순 외(2002), 김정수(2002), 조혜진(2004), 민현미(2006), 김경지(2007), 이정은(2007), 김주아(2008a), 김주아(2008b), 이혜정 외(2010), 최권진 외(2010), 이미숙(2011), 김동규(2013), 강정찬 외(2015), 신호철(2015), 이정화(2015), 이수진 외(2018) 등에서 이루어졌고, 모두 21건이 있었다. 이 연구들은 주로 몸짓언어적 차이나 혹은 몸짓언어를 활용한 언어 교수법에 관한 연구들이 주를 이룬다. 한국인을 위한 외국어 교육, 외국인을 위한 한국어 교육 분야에서 이들의 연구를 발견할 수 있다.

이 중 장한업(2001)은 외국어 교수-학습에 있어서 동작의 중요성에 대해 고찰하였다. 그는 몸짓언어로 대변되는 동작이 의사소통 능력의 중요한 구성요소이며, 이를 통해 학습자들의 학습의욕을 고취시킬 수 있다고 주장하였다. 김영순 외(2002)는 제2언어로서의 한국어 수업을 위해 한국어 교수자들이 여러 의사소통 유형에 적절한 시선과 손짓을 사용하는 몸짓 의사소통 교수법을 개발하였다. 조혜진(2004)은 스페인어 교수법에서 몸짓언어를 중심으로 비음성언어를 활용하는 방안에 대해 연구하였다. 김주아(2008a)는 연구를 통해 만 2세 영아를 대상으로 그림책을 활용한 몸짓언어 프로그램을 개발하여 영아의 몸짓과 어휘력을 발달시키고, 이를 통해 영아가 효과적으로 타인과 의사소통을 할 수 있는 방안을 모색하였다. 최권진 외(2010)는 다문화를 이해하는 교육활동에 있어서 몸짓언어를 결합시키는 교수방법을 고안하였다.

다섯째, 몸짓언어와 관련된 수화 및 언어치료에 관한 연구이다. 이 연구에는 김희섭(1996), 김광선(1999), 장세은(2000), 이영제(2010), 조은상 외(2010), 박미리(2011), 김명란(2012), 전진아 외(2013), 기윤영(2014), 송승경(2014), 권익수 외(2015), 박종엽(2017), 이효주 외(2017), 나지영 외(2018) 등 총 14건의 연구가 있다.

이 중 장세은(2000)은 한국과 미국의 수화언어에 관한 연구 동향을 확인하고, 그 언어학적 접근이 어떻게 진행되고 있는지를 살펴보았다. 박미리(2011)는 한국 전통 설화를 연극치료에 활용하는 방법을 모색하는 연구를 수행하였으며, 김명란(2012)은 특수아동이 신체의 움직임을 통해 자신의 내면을 표출하게 하는 무용치료의 교육・문화적 요소를 살펴보았다. 또한 송승경(2014)은 중도・중복장애인의 비언어적 의사소통 방식을 이해하기 위한 목적으로 연구를 수행하였다. 이효주 외(2017)는 언어재활사의 몸짓언어 중재 실태를 조사하고 표준 몸짓언어 체계 개발의 필요성과 요구사항들을 조사하였다. 특히 몸짓 중재를 할 때 중재자가 직접 고안한 체계를 사용하는 경우가 가장 많은 것으로 밝혀졌다.

4. 마무리

이 글은 몸짓언어 연구 분야에 있어서 국내 연구 동향을 탐색적으로 살펴보고자 것이다. 몸짓언어 연구는 1990년대 초기에 몇몇 학술지에 연구들이 소개되기 시작하여 2000년대 들어서면 상당수의 논문이 출간되기 시작하였다. 지금까지 발표된 몸짓언어에 관한 연구들, 특히 국내에서 발표된 학술지 게재 논문의 요약문을 분석하면 크게 다음과 같은 5가지 연구영역으로 구분할 수 있었다. 이들 연구영역은 1) 몸짓언어와 예술 및 미디어 연구영역, 2) 몸짓언어와 문화 연구영역, 3) 몸짓언어와 언어 및 언어발달 연구영역, 4) 몸짓언어와 교육 및 프로그램 연구영역, 5) 수화 및 언어치료 연구영역이다. 이 중에서도 괄목할만한 연구 빈도를 보이는 것은 몸짓언어와 예술 및 미디어 연구영역이라고 볼 수 있다. 각 연구영역별 특성을 제시하면 다음과 같다.

첫째, 몸짓언어와 예술 및 미디어 연구영역에서는 무용, 연극 연구 분야에서 가장 빈도가 높은 것으로 밝혀졌다. 또한 몸짓언어 연구는 탈춤, 굿 등의 신체 움직임으로 연희가 되는 장르에서도 활용되었다. 뒤를 이어 미술, 영화, 광고, 애니메이션, 미디어아트 등에서도 몸짓언어의 연구 경향이 나타나고 있었다.

둘째, 몸짓언어와 문화 연구 역에서는 몸짓언어와 문화가 밀접한 관련을 보인다고 보고 이는 의미, 기능, 화용 등의 언어학 연구와 유사한 연구 경향으로 나타난다. 또 다른 경향은 우리나라 몸짓언어와 다른 나라의 몸짓언어를 비교한 것이거나 아니면 다른 나라의 몸짓언어를 한국어 의미에 비추어 비교점을 제시한 것이다.

셋째, 몸짓언어와 언어 및 언어발달 연구영역의 경우 몸짓언어와 언어와의 관계를 집중적으로 다루는 경향을 보인다. 여기에 몸짓언어와 언어발달과의 관계를 다루는 경향이 추가로 나타난다. 이 중에서도 특히 아동의 언어발달과 몸짓언어의 관계를 다룬 것이 주를 이룬다.

넷째, 몸짓언어와 교육 및 프로그램 연구영역의 경우 주로 몸짓언어의 차이나 혹은 몸짓언어를 활용한 언어 교수법에 관한 연구 경향이 나타난다. 좀 더 세분화하면 한국인을 위한 외국어 교육 연구 분야와 외국인을 위한 한국어 교육 분야에서 연구 경향을 보인다.

다섯째, 몸짓언어와 관련된 수화 및 언어치료에 관한 연구 영역의 경우 몸짓언어를 활용한 치료의 행위, 과정, 결과 등에 대한 치료 참여자, 치료사들을 대상으로 하는 연구가 주를 이루었다.

이와 같이 5가지 영역에서 몸짓언어 관련 연구가 활발하게 진행되고 있다. 또한 각 영역별로 살펴보면 연구방법에서 융합적 연구 경향이 나타나고 있음에 주목할 필요가 있다. 4차 산업 혁명시대에 들어 학문 간 장벽이 허물어지고 문제 중심의 융합적 연구 방향이 요구되고 있음을 간과할 수 없다. 이런 맥락에서 몸짓언어 연구는 이미 융합연구적 전횡을 수행하고 있으며, 연구 주요 주제인 몸짓언어의 주체자와 소통의 참여자를 넘어서 무용, 음악, 미술 등의 예술적인 다양한 장르와 애니메이션, 문화콘텐츠 등으로의 미디어적 확장을 보이고 있다. 뿐만 아니라 영유아 교육은 물론 언어교육에 이르기까지 다양한 교육 분야에서도 몸짓언어 연구가 활용되고 있으며, 수화 및 언어치료 분야에서도 응용되고 있다.

이와 같이 몸짓언어가 학제적일 뿐만 아니라 응용적인 융합연구 경향을 보이고 있음에도 불구하고 몸짓언어 연구의 기초학문 격인 언어학 혹은 의사소통학 영역에서는 몸짓언어와 관련한 연구가 소략하여 학문 체계를 정립해야 하는 의무를 가져야 한다. 이를테면 몸짓언어를 연구하는 각 전공 분야의 연구자들이 연구회나 학회를 만든다든가, 몸짓언어 연구를 위한 융합연구방법을 개발하는 등의 학술활동을 말하는 것이다. 또한 몸짓언어 연구의 결과를 아카이브로 만들어 누구든지 쉽게 자료를 활용할 수 있어서 문화콘텐츠 산업 분야에 기여하는 수고가 필요할 때라고 판단한다.

참고문헌

강인숙(2012), "남해안별신굿 용왕굿춤의 몸짓언어 연구", 『대한무용학회논문집』 70(5): 1-16, 대한무용학회.

강정찬 · 이은화(2015), "대학 수업사례로 본 언어적, 비언어적 의사소통전략 비교 연구", 『학습자중심교과교육연구』 15(11): 695-726, 학습자중심교과교육학회.

권순철(1999), "문화간의 오해와 전이(轉移): 몸짓 언어와 침묵을 중심으로", 『논문집』 12(1): 243-263, 경주대학교.

권요한 · 김영미(2011), "청각장애영아와 일반영아의 의사소통적 몸짓과 어휘발달 특성 비교", 『특수아동교육연구』 13(2): 151-174, 한국특수아동학회.

권익수 · 이정은 · 전진리 · 박영은(2015), "군대 수신호에 나타난 도상성과 개념적 은유 분석", 『담화 · 인지 언어학회 학술대회 발표논문집』, 57- 67, 담화 · 인지 언어학회.

기윤영(2014), “의사소통 중심의 모래놀이치료가 모-자간의 관계변화 및 아동의 자기효능감과 모의 양육효능감에 미치는 영향”, 명지대학교 대학원 아동학과 석사학위논문.

김경지(2007), “영상매체를 활용한 신체언어 교육 방안: 몸짓을 중심으로”, 『고황논집』 40: 9-24, 경희대학교 대학원 원우회.

김경혜(2002), “한국어와 일본어의 인사표현에 관하여: 대학생의 만남과 헤어짐의 인사말을 중심으로”, 『일본어교육연구』 3: 83-108, 한국일어교육학회.

김광선(1999), “장애학생을 위한 보조도구의 활용 III: 의사소통을 위한 보조도구의 적용”, 『현장특수교육』 6(3): 90-93, 국립특수교육원.

김기란(2006), “몸을 통한 재연극화와 관객의 발견(1): 현대 공연예술의 몸 이론과 관련하여”, 『드라마연구』 25: 39-61, 한국드라마학회.

김난희 · 정부자(2017), “3-4세 언어발달지체 아동의 몸짓단서에 따른 어휘 습득 능력”, 『언어치료연구』 26(2): 89-97, 한국언어치료학회.

김덕희(2005), “코르네이유 비극 공연과 몸짓 연기: 「메데(Médée)」에서 「로도귄느(Rodogune)」까지”, 『한국프랑스학논집』 52: 177-198, 한국프랑스학회.

김동국(2010), “Baby Talk가 언어능력(FL)의 성장에 미치는 영향에 관한 소고”, 『언어과학』 17(1): 45-60, 한국언어과학회.

김동규(2013), “커뮤니케이션 태스크에 있어서의 학습자의 의식에 대한 연구: 한국의 대학에서 행한 실천에 대한 분석과 고찰을 바탕으로”, 『일어일문학연구』 87(1): 287-306, 한국일어일문학회.

김명란(2012), “한국의 문화: 특수아동을 위한 무용치료의 교육 문화적 요소”, 『한국사상과 문화』 61: 325-348, 한국사상문화학회.

김미숙(2013), “애니메이션에 있어서의 여성성 표현에 관한 연구 I”, 『애니메이션연구』 9(4): 51-76, 한국애니메이션학회.

김미숙(2014), “애니메이션에 있어서의 남성성 표현에 관한 연구 I”, 『애니메이션연구』 10(3): 31-58, 한국애니메이션학회.

김미숙(2015), “애니메이션 속 캐릭터의 감정에 따른 표정과 몸짓 연구”, 『애니메이션연구』 11(4): 23-42, 한국애니메이션학회.

김미실(1996), “음운분석적 방법과 그리기 및 몸짓단서를 사용한 대안적 교육방법이 정신지체아동의 읽기와 쓰기능력에 미치는 효과”, 『특수교육연구』 3: 5-23, 국립특수교육원.

김영순(2001), “몸짓 언어와 기호학: 손짓 기호로 광고 텍스트 읽기”, 『기호학연구』

10: 115-138, 한국기호학회.
김영순(2002a), “비언어적 외설의 의사소통적 가치”, 『독어학』 5: 335-358, 한국독어학회.
김영순(2002b), “신체언어 연구의 생태학적 관점”, 『현대문법연구』 29: 139-165, 현대문법학회.
김영순 · 김연화(2007), 『몸짓 기호와 손짓 언어: 교사-학생간 비언어 의사소통연구』, 한국문화사.
김영순 · 임지룡(2002), “몸짓 의사소통적 한국어 교수법 모형”, 『이중언어학』 20: 1-24, 이중언어학회.
김영학(2014), “국어국문학과 실사구시, 인간과 삶에 대한 대중적 환유: <봉산탈춤>과 양주별산대놀이, 노장과장 연구-인물의 몸짓을 중심으로”, 『한민족어문학』 68: 73-99, 한민족어문학회.
김왕근(2017), “언어, 감정, 집합행동”, 『문화와 사회』 25: 7-59, 한국문화사회학회.
김인택(2009), “신체언어와 문화의 상관성”, 『우리말연구』 24: 165-195, 우리말학회.
김인택(2011), “의사소통 과정에서 ‘침묵’행위의 사회 · 문화론적 해석”, 『코기토』 69: 451-483, 부산대학교 인문학연구소.
김정수(2002), “중등학교 영어교육에 있어서 드라마 기법의 활용”, 『교육논총』 4: 77-104, 부산외국어대학교 교육대학원.
김주아(2008a), “그림책을 활용한 만 2세 영아의 몸짓언어 프로그램 개발 연구”, 『부모교육연구』 5(1): 43-74, 한국부모교육학회.
김주아(2008b), “그림책을 활용한 몸짓언어프로그램이 영아의 몸짓과 애착에 미치는 효과”, 『어린이문학교육연구』 9(1): 107-136, 한국어린이문학교육학회.
김지영(2018), “웃음, 혹은 저항과 타협의 양가적 제스처: 1950-1960년대 조흔파의 명랑소설(성인) 연구”, 『민족문화연구』 79: 251-298, 고려대학교 민족문화연구원.
김지원(2010), “공옥진 1인 창무극에서 무(舞)의 한국적 정서와 예술적 가치 분석”, 『공연문화연구』 20: 63-94, 한국공연문화학회.
김지원(2017), “한국춤 스토리텔링 관점과 모색방안: 처용무 텍스트를 예로”, 『공연문화연구』 35: 373-404, 한국공연문화학회.
김한샘(2015), “한국어 화자의 비언어 행위 연구: 감탄사에 동반하는 몸짓을 중심으로”, 『반교어문연구』 40: 157-181, 반교어문학회.
김희광 · 최유림 · 이지은(2012), “애니메이션에서 나타난 유희적 표현과 비언어

커뮤니케이션 연구: 단편 애니메이션 '라바'를 중심으로", 『다자인지식저널』 22: 203-211, 한국디자인지식학회.

김희섭(1996), "한국 표준 수화의 자연언어성 고찰", 『언어과학』 3: 25-42, 한국언어학회 동남지회.

나지영 · 오경아(2018), "중도장애학생의 언어 학습 및 문해 교육에 대한 치료사와 특수교사의 인식 및 요구 연구", 『보완대체의사소통연구』 6(1): 1-22, 한국보완대체의사소통학회.

남윤희 · 김금주(2014), "그림책을 활용한 노래극 활동이 영아의 몸짓 언어와 어휘력 발달에 미치는 영향", 『복지상담교육연구』 3(2): 17-38, 한국복지상담교육학회.

목선아 · 백준기(2013), "비언어 커뮤니케이션 관점에서 바라본 인터랙티브 미디어아트에 대한 접근 및 분석", 『한국콘텐츠학회논문지』 13(12), 한국콘텐츠학회.

민지영(2013), "비언어행동(몸짓 · 손짓언어)에 관한 한 · 일 비교연구", 『인문과학연구』 40: 67-81, 대구대학교 인문과학연구소.

민현미(2006), "국어과 '그려쓰기' 교수 · 학습 방법 연구, 『한국초등국어교육』 32: 155-190, 한국초등국어교육학회.

박미리(2007), "희곡 속 몸짓언어의 활용", 『인문과학연구』 12: 51-69, 가톨릭대학교 인문과학연구소.

박미리(2011), "연극치료의 이야기 활용 방안", 『한중인문학연구』 33: 163-183, 한중인문학회.

박상언(2013), "소전 정진홍의 몸짓 현상학에 나타난 의례연구 방법론 고찰", 『종교문화비평』 24: 143-176, 한국종교문화연구소.

박영광(2017), "신분 언어 계시: 최승희의 무용실체특징 시론", 『무용역사기록학』 44: 27-63, 무용역사기록학회.

박완선(2006), "광고에 나타난 신체언어에 관한 연구: 잡지 광고를 중심으로", 『한국디자인포럼』 13: 165-178, 한국디자인트렌드학회.

박인진(2003), "언어로서의 몸짓", 『외대논총』 27: 273-291, 부산외국어대학교.

박재완(2004), "'몸짓과 언어의 일치'가 되는 연기 훈련법 개발이 시급하다", 『공연과 리뷰』 47: 99-102, 현대미학사.

박정수(2004), "우리에게 상징이란 무엇인가; 실재의 열망, 그 상징적 몸짓에 대해: 최근 영화를 대상으로", 『시학과 언어학』 7: 63-83, 시학과 언어학회.

박종성(2015), “민담 <떡보와 사신>의 은폐된 전략과 의미에 관한 에세이”, 『실천민속학연구』 26: 95-121, 실천민속학회.

박종엽(2017), “수화통역사의 수화통역 경험에 관한 해석학적 연구”, 『한국장애인복지하』 36: 113-147, 한국장애인복시학회.

박준상(2006), “문자가 담고 있는 목소리: 해체주의에 대한 현상학적 이해”, 『철학연구』 100: 305-330, 대한철학회.

박준상(2007), “침묵의 목소리: 말라르메, 블랑쇼, 데리다”, 『철학논총』 50: 181-194, 새한철학회.

박진태(2009), “한국 무언탈놀이의 연극미학적 특성”, 『공연문화연구』 19: 191-220, 한국공연문화학회.

박현구(2003), “인터넷 채팅 환경에서 도상문자의 체면 살리기 기능에 관한 연구”, 『한국소통학보』 2: 149-174, 한국스피치커뮤니케이션학회.

사공일(2007), “들뢰즈와 연극: 언어와 몸짓의 변이”, 『새한영어영문학』 49(2): 1-23, 새한영어영문학회.

서송석(2018), “차이 생산으로서의 커뮤니케이션: 일제 아이힝어의 「창문극장」에 나타난 몸짓언어의 차이 생산”, 『브레히트와 현대연극』 38: 85-104, 한국브레히트학회.

서정아(2018), “신체의 지각성: 무성영화를 중심으로-버스터 키튼의 신체의 물질성과 기하학적 공간”, 『한국영상학회 논문집』 16(1): 5-19, 한국영상학회.

설 파(2000), “교제에서의 몸짓언어의 역할”, 『중국조선어문』 108: 40-41, 길림성민족사무위원회.

성광수(2001), “한국어에 있어서 몸짓과 발화의 관계”, 『이중언어학』 19(1): 299-326, 이중언어학회.

성광수 · 김성도(2001), “몸짓 언어와 기호학: 한국인의 언어 예절과 신체 언어”, 『기호학연구』 10: 77-114, 한국기호학회.

손현정(2011), “몸짓 분석을 위한 프랑스어 다면자료 구축 연구”, 『프랑스학연구』 56: 95-122, 프랑스학회.

송기영(2011), “연기자 신체표현 훈련을 위한 봉산탈춤의 활용방안 연구”, 『모드니예술』 4: 89-102, 한국문화예술교육학회.

송민숙(2001), “몸짓 언어, 그리고 희극성: <칼리귤라 닷 컴>”, 『공연과 이론』 3: 97-119, 공연과 이론을 위한 모임.

송성아(2010), “한국전통춤 연구를 위한 언어학적 접근은 어떻게 가능한가”, 『무용역사기록학』 18: 41-58, 한국무용기록학회.
송승경(2014), “중도·중복장애인과 상담자의 비언어적 의사소통”, 『특수교육교과교육연구』 7(2): 81-109, 한국특수교육교과교육학회.
송치만(2011), “골 세리머니의 비언어적 소통 양상 연구”, 『기호학연구』 30: 157-182, 한국기호학회.
송치만·조은진(2015), “북한의 집단적 몸짓 기호의 의미작용 연구”, 『통일인문학』 62: 171-206, 건국대학교 인문학연구원.
송하나(2016), “어머니의 발화 촉진 행동이 영아의 의사표현몸짓, 의성어, 어휘발달에 미치는 영향”, 『한국심리학회지 발달』 29(3): 1-16, 한국심리학회.
신세니·안지성·이효원·조희숙(2008), “유아들의 목소리에 나타난 바깥놀이터의 의미”, 『열린유아교육연구』 13(6): 261-292, 한국열린유아교육학회.
신애선(2017), “영아교사의 애착 및 영아의 몸짓과 영아 언어발달 간의 관계”, 『한국보육학회지』 17(4): 121-143, 한국보육학회.
신애선·김영실(2013), “6~25개월 영아의 의사소통적 몸짓의 발달 및 기질의 관계”, 『열린유아교육연구』 18(1): 519-539, 한국열린유아교육학회.
신호철(2015), “국어과 ‘우수 수업’에 나타나는 교사의 언어, 행동 요소에 대한 전문가 조사 연구”, 『독서연구』 35: 173-194, 한국독서학회.
안경숙·신애선(2017), “10~18개월 영아교사의 성인애착과 영아의 기질이 영아의 몸짓언어(Baby Sigh)에 미치는 영향”, 『정기학술대회 논문집』 147-147, 한국유아교육학회.
안인숙(2013), “비언어적 의사소통의 의미강화 양상 연구”, 『국어문학』 54: 51-75, 국어문학회.
양은숙(2017), “피지컬 씨어터(Physical Theater) 작품에 나타난 몸짓언어 분석”, 『한국무용연구』 35(4): 251-276, 한국무용연구학회.
유동엽(2017), “거짓말을 할 때 눈동자의 움직임에 대한 연구”, 『교육논총』 54(1): 1-21, 공주교육대학교 초등교육연구원.
유소미·이지은(2018), “브랜드 팬페이지에서의 이모티콘 사용 효과”, 『한국심리학회지 소비자·광고』 19(1): 139-160, 한국심리학회.
윤동환(2009), “동해안별신굿의 연행요소와 유형”, 『민속연구』 19: 259-283, 안동대학교 민속학연구소.
윤지영(2014), “살갗의 언어는 가능한가?: 가타리의 비기표적 기호론과 알튀세르의 마주침의 유물론을 통한 동태적 언어 양태의 모색”, 『철학논집』 36:

319-339, 서강대학교 철학연구소.

이경희(2011), “아핏차퐁(Apichatpong Weerasethakul)의 인식론 너머의 영상언어”, 『기초조형학연구』 12(5): 361-369, 한국기초조형학회.

이나라(2013), “몸, 이미지, 표현: 현대 중화권 영화의 경우”, 『영상문화』 21: 75-102, 한국영상문화학회.

이도영(2003), “음성 언어교육과 문화창조”, 『한국초등국어교육』 20: 23-42, 한국초등국어교육학회.

이동우(1996), “불어 교육의 새로운 의사소통 접근: 통합 교수방법”, 『불어불문학연구』 32(2): 771-813, 한국불어불문학회.

이래경 · 김성신(2001), “손동작 인식을 통한 Human-Computer Interaction 구현”, 『한국지능시스템학회논문지』 11(1): 28-32, 한국지능시스템학회.

이미숙(2011), “복합양식 문식성 교육의 실천적 원리 탐색: 애니메이션 교수, 학습 재구성 사례를 토대로”, 『국어교육학연구』 41: 543-579, 국어교육학회.

이소희(2011), “메를로-퐁티의 ‘말하는 몸(corps parlant)’과 히스테리”, 『한국여성철학』 16: 141-176, 한국여성철학회.

이수진 · 윤현경(2018), “효과적인 유아 영어교육을 위한 교사의 언어입력 및 교수전략”, 『학습자중심교과교육연구』 18(16): 263-282, 학습자중심교과교육학회.

이승건(2013), “고대 그리스 무용에 대한 미학적 토포스”, 『움직임의 철학』 21(3): 207-225, 한국체육철학회.

이신자(2017), “퀘벡의 가시엥 라포엥트 시 작품에 표현된 몸의 무용술과 언어의 몸짓”, 『프랑스학연구』 79: 53-84, 프랑스학회.

이영석(1998), “사무엘 베케트의 극작품에 나타난 몸짓언어 연구”, 『불어불문학연구』 37: 391-405, 한국불어불문학회.

이영재(2010), “한국 수화언어의 재귀대명사 연구”, 『텍스트언어학』 28: 151-172, 한국텍스트언어학회.

이영혜 · 김현주(2014), “비언어의 상호동기화가 커뮤니케이션에 미치는 영향: 음성 언어와 몸짓 언어를 중심으로”, 『한국소통학보』 25: 153-184, 한국소통학회.

이윤택(2001), “연극 언어의 확장 2; 신체언어: 우리의 몸짓 연기”, 『연극평론』 23: 27-58, 한국연극평론가협회.

이점숙(1997), “문화와 언어 차이에 따른 의사소통의 문제점”, 『논문집』 27(1): 119-139, 가톨릭상지전문대학.

이정은(2007), “비언어적 의사소통 지도를 위한 학습자료 개발 연구”, 『어문학교육』 34: 147-176, 한국어문교육학회.
이정은・전진리・박영은・권익수(2016), “미국 대선 후보 공개토론회에 나타난 손짓 언어”, 『담화와 인지』 23(2): 53-79, 담화・인지 언어학회.
이정화(2015), “다문화가정 아동의 한국어능력 향상을 위한 한글춤 교육프로그램 개발 및 적용 가능성 탐색”, 『학습자중심교과교육연구』 15(7): 463-491, 학습자중심교과교육학회.
이종승(1979), “유아의 인지발달을 위한 언어환경의 한 개념모형”, 『교육연극치료의 이야기 활용 방안연구소』 17(1): 74-87, 한국교육학회.
이창숙・조경은・엄기현(2009), “몸짓언어와 자세를 이용한 캐릭터의 복합 감정 표현 시스템의 설계”, 『영상문화콘텐츠연구』 2: 349-368, 동국대학교 영상문화콘텐츠연구원.
이혜정・최효선(2010), “온라인 학습 환경에서의 비언어 텍스트에 대한 개념적 고찰”, 『아시아교육연구』 11(4): 167-188, 서울대학교 교육연구소(아시아태평양교육발전연구단).
이효주・서창원(2017), “언어재활사의 몸짓언어중재 실태와 ‘표준 몸짓언어 체계’ 개발의 필요성 조사연구”, 『언어치료연구』 26(4): 67-79, 한국언어치료학회.
임성우(2006), “대화에 나타나는 신체언어의 의사소통적 역할”, 『독일어문학』 34: 315-334, 한국독일어문학회.
임채광(2012), “몰리에르 발레희극 「사랑이라는 의사(L'Amour médecin)」에 있어 몸짓 언어와 음악・무용의 역할”, 『프랑스학연구』 62: 209-237, 프랑스학회.
임혜원(2015), “한국어 사용자의 손짓언어 연구: 잡기/쥐기 손짓을 중심으로”, 『화법연구』 30: 303-323, 한국화법학회.
임혜원(2018), “그릇도식의 신체화 연구: 토론 참여자의 손짓언어를 중심으로”, 『언어와 언어학』 78: 99-125, 한국외국어대학교 언어연구소.
장세은(2000), “한・미 수화언어의 연구동향과 언어학적 접근”, 『백양인문논집』 5: 5-47, 신라대학교 인문과학연구소.
장한업(2001), “몸짓 언어와 기호학: 외국어 교수/학습에 있어서 동작의 중요성”, 『기호학연구』 10: 139-153, 한국기호학회.
장효진・전순희(2016), “무용전공 대학생이 인식하는 무용지도자의 비언어적 커뮤니케이션”, 『한국무용연구회 국제학술발표논문집』 209-215, 한국무용연구학회.
전진아 · 이효주 · 이윤경(2013), "자폐범주성장애 의심 영유아와 언어발달지체 영유아의 언어 및 사회적 의사소통 능력 비교", 『Communication Sciences and Disorders』 18(4): 349-359, 한국언어청각임상학회.
전한호(2009), "가리키는 손, 가르치는 손: '지시하는 손짓'과 그림자", 『서양미술사학회논문집』 30: 191-213, 서양미술사학회.
정미영(2017), "의사의 정보원 속성, 언어 · 비언어 커뮤니케이션, 진료만족 및 행동 의도와의 관계: 정교화가능성 모델을 중심으로", 『한국소통학보』 16(4): 7-49, 한국소통학회.
정봉석(2001), "현대 희곡 언어의 특성과 기능 층위", 『국어국문학』 20: 1-14, 동아대학교 국어국문학과.
정수정(2010), "독어 관용구 발화시 수반되는 몸짓에 대한 고찰", 『외국어로서의 독일어』 27: 63-84, 한국독일어교육학회.
정연희(2009), "서술 논리로서의 욕망과 욕망의 언어", 『현대소설연구』 41: 305-332, 한국현대소설학회.
정윤길(2010), "비구두적 드라마트루기로 본 여성주의 연극 「루나사에서 춤을」", 『인문학연구』 40: 83-109, 조선대학교 인문학연구원.
정은이 · 정의철(2015), "비언어적 커뮤니케이션의 의미와 효과 연구: 홈쇼핑 진행자의 비언어적 커뮤니케이션 분석", 『한국소통학보』 26: 42-84, 한국소통학회.
정정덕(1998), "몸짓말의 의사소통", 『인문논총』 5: 19-26, 인문과학연구소.
정진웅(2011), "정체성으로의 몸짓: 종묘공원 노년 남성들의 '몸짓문화'의 의미", 『한국노년학』 31(1): 157-170, 한국노년학회.
정진이(2009), "판소리 컨버전스 성공 사례연구: 유니버설 발레단 <발레심청>을 중심으로", 『문화예술콘텐츠』 3: 109-137, 한국문화콘텐츠학회.
정혜선 · 김후성(2015), "한국인의 손짓언어를 활용한 3D 제스처인터랙션 어휘연구", 『한국디자인문화학회지』 21(4): 633-646, 한국디자인문화학회.
조병태(1970), "영어에 나타난 gesture와 그 표현", 『논문집』 2: 159-199, 서울대학교 교양과정부.
조은상 · 황혜진(2010), "문해력 수준을 고려한 단계별 문학치료 프로그램의 효과: '교육적 배려 대상자의 문해력 신장을 위한 문학치료 프로그램'을 대상으로", 『문학치료연구』 15: 127-173, 한국문학치료학회.

조혜선(2006), “유치원 교사의 비언어 의사소통 유형에 고나한 질적 사례 연구”, 『육아지원연구』 1(1): 157-176, 한국육아지원학회.
조혜진(2004), “스페인어 교수법에 있어 비음성언어의 활용: 몸짓언어를 중심으로”, 『스페인어문학』 30: 399-418, 한국스페인어문학회.
조혜진(2005), “문화간 비음성언의 차이에 대한 접근: 한국어와 스페인어의 몸짓언어를 중심으로”, 『언어와 언어학』 35: 321-336, 한국외국어대학교 언어연구소.
조혜진(2013), “스페인어 몸짓과 몸짓 관용표현 학습 제안”, 『외국어교육』 20(2): 329-355, 한국외국어교육학회.
최광현(1996), “의사소통과 몸짓언어”, 『교육논총』 16: 91-108, 전북대학교 교육대학원.
최권진 · 김선옥(2010), “몸짓언어 학습활동을 통한 다문화 교육: 초등학교 3학년 학생들을 대상으로”, 『다문화와 평화』 4(1): 41-77, 성결대학교 다문화평화연구소.
최수임(2014a), “‘몸쓰기’와 ‘접촉’의 미학: 낭시 「코르푸스」를 통한 <신체하는 안무> 고찰”, 『인문과학』 102: 43-71, 연세대학교 인문학연구원.
최수임(2014b), “몸짓의 꿈: 홍상수 영화 <자유의 언덕>에서 내레이션과 꿈, 몸짓의 관계에 대한 고찰: 아감벤의 「몸짓에 관한 노트」에 비추어”, 『현대영화연구』 19: 241-267, 한양대학교 현대영화연구소.
최윤희(2006), “러시아 몸짓 언어 연구”, 『한국노어노문학회 정기논문발표회 자료집』 29-47, 한국노어노문학회.
최진숙 · 고은(2010), “유아의 구어와 몸짓 언어 간의 발달패턴: 만 4세와 5세 유아를 중심으로”, 『발도르프교육연구』 2(2): 33-43, 한국발도르프영유아교육학회.
최효정(2016), “인도 몸짓언어 연구”, 『글로벌문화콘텐츠학회 학술대회자료집』 101-106, 글로벌문화콘텐츠학회.
최효정 · 강인숙(2012), “「나띠야샤스뜨라」의 하스딱무드라에 나타난 인도무용의 특성”, 『대한무용학회논문집』 70(5): 199-221, 대한무용학회.
추계자(2007), “텍스트를 활용한 독일 몸짓언어 학습”, 『독어교육』 38: 131-151, 한국독어독문학교육학회.
하민회(2006), “또 다른 소통의 방법, 몸짓언어”, 『대한간호』 45(4): 12-13, 대한간호협회.

홍경훈 · 김영태(2005), “종단연구를 통한 ‘말 늦은 아동(late-talker)’의 표현어휘 발달 예측요인 분석”, 『Communication Sciences and Disorders』 10(1): 1-24, 한국언어청각임상학회.

황미숙 · 권오륜(2003), “통영검무의 현상학적 해석과 미적 연구”, 『움직임의 철학』 11(2): 315-336, 한국체육철학회.

Knapp, M. L.(1972), *Nonverbal Communication in Human Interaction*, NY: Holt, Rinehart & Winston.

어미의 의미

박 재 연*

1. 들머리

이 글은 한국어 어미 의미 연구의 흐름을 개관하고 현재의 논점을 정리하며 앞으로의 과제를 제시하는 것을 목적으로 한다.

이 글의 논의 대상은 한국어의 종결어미, 연결어미, 전성어미, 선어말어미이다.

(1) a. 오늘은 날씨가 맑습니다.
 b. 혹시 내일 비가 와도 소풍은 가자.
 c. 이게 내가 제일 좋아하는 빵이야.
 d. 내년에는 형편이 좀 나아지겠구나.

종결어미, 연결어미, 전성어미는 각각의 통사적 기능에 초점을 둔 명명이다. (1a)의 '-습니다'와 같은 종결어미는 문장을 종결하는 통사적 기능을 가지

* 아주대학교 국어국문학과 교수, peace@ajou.ac.kr

고, (1b)의 '-어도'와 같은 연결어미는 절과 절을 일정한 관계로 연결하는 통사적 기능을 가진다. (1c)의 '-은'은 전성어미로서 절의 통사적 지위를 변환하는 기능을 한다. 한편 선어말어미라는 명명은 어말어미 앞에 오는 것이라는 출현 위치에 초점을 둔 것인데 (1d)의 '-겠-'과 같은 선어말어미는 특별한 통사적 기능을 가지지 않으며 그 출현이 통사적으로 필수적이지 않다.

그런데 한국어 어미는 순수히 통사적 요소이기만 한 것이 아니어서 의미적 기능을 더 가진다. 박재연(2019: 212)에서는 한국어 어미는 통사적 기능 외에도 다음과 같은 의미적 기능을 더 가진다고 정리한 바 있다.

(2) a. 사태 관련 기능
    b. 화자 관련 기능
    c. 청자 관련 기능
    d. 담화 관련 기능

(2a)의 사태(state of affair) 관련 기능은 명제가 표상하는 사태의 성격과 관련되는 기능이다. 대표적인 것이 시제(tense)와 상(aspect) 기능이며 사태 참여자인 주체를 높인다는 점에서 주체높임법도 크게 보면 여기에 포함된다. (2b)의 화자 관련 기능은 명제가 표상하는 사태에 대한 화자의 주관적 태도를 나타내는 기능으로서 양태(modality)와 관련된 기능이 대표적이다. (2c)의 청자 관련 기능은 문장 유형(sentence type) 표시 기능과 청자높임법 표시 기능을 말한다.[1] (2d)의 담화와 관련되는 기능으로는 담화 결속(discourse cohesion)의 기능과 문체(style) 표시 기능을 들 수 있다. 담화 결속과 관련된 기능은 주로 종결어미에서 나타나지만 구어체, 문어체 등의 문체 표시 기능은 종결어미뿐 아니라 연결어미나 전성어미, 선어말어미에서도 나타난다(박재연 2019: 212-220 참조).

1 주체높임법과 청자높임법은 모두 주체와 청자에 대한 '화자'의 태도이기 때문에 화자 관련 기능이라고 볼 수도 있다. 어미의 의미적 기능에 대한 이러한 분류는 사실상 편의적이다.

이 글에서는 어미의 의미적 기능에 초점을 맞추어 그동안 있었던 한국어 어미 의미 연구의 흐름을 개관하고 현재 활발한 논의가 이루어지고 있는 주요 쟁점을 정리하며 앞으로의 과제를 제시하고자 한다.

2. 한국어 어미 연구의 흐름

한국어 어미는 조사와 함께 한국어 문법 현상의 핵심적인 기능을 담당하고 있으며 한국어 어미 연구의 역사는 한국어 문법 연구의 역사와 같다고 해도 지나침이 없다. 그런데 어미를 의미론적 관점에서 바라보는 것이 처음부터 당연했던 것은 아니었다. 어미는 처음에는 단어를 구성하는 형태론적 요소로, 좀 더 이후에는 문장을 구성하는 통사적 요소로 다루어졌고 어미 연구는 형태론이나 통사론의 소관이라고 여겼다. 의미론 하면 대개 어휘의미론을 가리키는 것이 1990년대까지의 일반적 인식이었다.

어미 연구의 기틀이 잡힌 것은 고영근(1965, 1974a, 1974b, 1976, 1981/1998, 1989)의 일련의 업적에서이다. 이들 연구에서는 구조주의적 방법에 기반하여 어미 관련 형식들에 대한 철저한 형태 분석이 이루어졌으며 높임법(존비법), 문장 유형(문체법), 시제, 상(동작상), 양태(서법) 등 문법 범주를 기반으로 한 어미 연구의 기초가 마련되었다.

전통 문법에 기반한 문법 범주 중 시제 범주는 특히 가장 많은 관심을 받았고 '-었-, -겠-, -더-'의 의미가 일찍부터 많은 주목을 받았다. 최현배(1937), 나진석(1971), 서정수(1977a, b), 성기철(1979), 김차균(1980) 등의 연구에서 이러한 선어말어미의 의미가 시제의 관점에서 깊이 있게 분석되었다.

비교적 이른 시기에 한국어 어미 의미의 심층을 분석한 대표적인 연구는 임홍빈(1980, 1982, 1984, 1993)이다. 이들 연구는 특정 언어학 이론과 문법 범주를 초월한 언어 형식의 본질에 대한 탐구였으며 각각의 어미에서 하나의 원초적인 의미를 찾아내고자 하였다. 이 과정에서 흔히 언급되던 전형적인 예문뿐 아니라 문제의 핵심에 도달하게 하는 수많은 비전형적인 예문이 발굴된 점이 큰 성과였다.

이후 문법 범주에 대한 관심이 더욱 높아지면서 어미의 의미는 더욱 큰 관심을 받았고 특히 시제 혹은 양태와 관련된 어미들이 관심의 초점이 되었다. 앞에서 언급했듯이 '-겠-'이나 '-더-'의 의미 기능은 처음에는 모두 시제로 다루어졌으나 이후의 연구에서는 양태 형식으로 간주되었다. 시제, 상, 양태를 중심으로 하여 한국어 어미 의미의 심층이 탐구의 대상이 된 것은 언어유형론(linguistic typology) 논의의 영향이 컸다. Comrie(1976, 1985), Dahl(1985), Bybee(1985), Chafe & Nichols(eds.)(1986), DeLancey(1986, 2001), Bybee *et al*.(1994), Palmer(1986/2001), Aikhenvald(2004) 등의 논의가 한국어 연구에 커다란 영향을 주었다. 시제, 상, 양태와 관련하여 이남순(1981), 이지양(1982), 안명철(1983), 장경희(1985), Lee(1991), 한동완(1996), 박재연(2006), 문숙영(2008), 정인아(2010), 최정진(2012), 손혜옥(2016), 정경미(2016), 오승은(2017), 장채린(2018) 등의 학위논문이 쏟아져 나왔고 학술지 논문은 그 수효를 헤아리기도 어려울 지경이다. 언어유형론 논의에서 증거(evidentiality), 내면화(의외성, mirativity) 등의 범주가 소개된 후에는 '-겠-, -더-, -네, -구나, -지, -거든' 등의 의미를 증거 혹은 내면화 형식으로 다루고자 하는 연구도 있었다(박재연 1998, 송재목 1998, 손혜옥 2016, 정경미 2016).[2]

1990년대 말뭉치언어학(corpus linguistics)의 바람이 불면서 어미 연구는 더욱 활발해졌다. 대규모 말뭉치가 구축되고 실제 살아 있는 자료에서 규범이나 이론적 예측에서 벗어난 자료들이 대량으로 발굴되면서 더욱 다양한 어미 용법이 발굴되고 어미의 의미는 더욱 정교하게 기술될 수 있었다(손현선 1998, 이희자 · 이종희 1999, 채숙희 2011 등).

언어유형론, 말뭉치언어학과 더불어 어미 의미론에 영향을 준 또 하나의

2 그러나 '-더-'의 '지각, 새로 앎' 등의 속성이 유형론적 개념에 의해 최근에 밝혀진 것은 전혀 아니다. 이들의 특성은 1980년대 초반 논의(김차균 1980, 장경희 1985, 임홍빈 1982 등)에서 대부분 밝혀져 있었다.

흐름은 인지언어학(cognitive linguistics)이다. Lakoff & Johnson(1980), Sweetser(1990), Kövecses(2002/2010) 등의 언어학적 은유(metaphor) 이론은 어미 의미 기술에도 큰 영향을 주었다. 임지룡(1995, 2006, 2008, 2009) 등의 인지언어학 연구와 임지룡 옮김(2005), 임지룡·김동환 옮김(2008, 2014) 등의 번역서는 이러한 연구에서 유용한 길잡이가 되어 주었다. 인지언어학을 기반으로 삼아 임은하(2003), 임채훈(2008), 정수진(2011, 2012), 박재연(2011, 2013, 2014) 등의 연구에서는 어미의 의미 확장을 인지언어학적 관점에서 다루었다.

한편 박재연(2007a, 2007b, 2011, 2013, 2014, 2015, 2018b) 등에서는 한국어 어미 의미 연구의 방법론을 확립하고자 하였다. 이들 논의에서 주장된 어미 연구의 원칙을 요약하면 다음과 같다.

(3) a. 어미도 어휘 형식처럼 다의어일 수 있다.
b. 어미의 의미도 어휘 형식의 의미처럼 복잡할 수 있다.
c. 어휘 형식의 의미 기술과 문법 형식의 의미 기술에 동일한 원리가 적용될 수 있다.

(3a, b)와 관련하여, 박재연(2018b)에서는 한국어 어미 의미의 특징으로 다의성(polysemy)과 복잡성(complexity)을 들었다. 한국어 어미는 문법 형식이기 때문에 그 의미가 추상적인 것으로 다루어졌고 이전의 논의에서는 어미의 의미는 당연히 하나의 명사성 메타언어로 그 의미가 기술되어야 한다는 전제가 깔려 있었다. 이에 따라 어미 의미의 본질을 꿰뚫는 '오직 한 단어'를 찾는 노력이 있어 왔다. 그러나 어휘 형식과 마찬가지로 문법 형식도 다의적일 수 있고 그 의미도 복잡할 수 있다. 가령 종결형의 '-더-'와 관형사형의 '-더-'가 형식이 동일하다고 해서 그 의미가 동일한 메타언어로 기술되어야 할 당위성은 존재하지 않는다. "뒷산의 조용한 길을 걸었다."의 명사 '길'과 "마땅히 지식인이 걸어야 할 길을 걸었다."의 '길'이 다의어인 것처럼 '-더-'도 복수의

의미 항목을 가지는 다의어일 수 있다.

또한 한국어 어미의 의미는 격조사 등의 의미에 비해 매우 복잡하기 때문에 하나의 명사성 메타언어로 그 의미를 기술하는 것이 불충분한 경우가 많다. 가령 '-더-'에 대해 『표준국어대사전』에서는 "과거 어느 때에 직접 경험하여 알게 된 사실을 현재의 말하는 장면에 그대로 옮겨 와서 전달한다는 뜻을 나타내는 어미"와 같이 매우 길게 정의하는데 이는 '-더-'의 의미가 하나의 명사성 메타언어로 환원되기 어려움을 시사한다.

(3c)는 인지언어학의 기본 전제를 기반으로 한 것이다. 인지언어학은 언어 역시 인간 인지 작용의 일종이며 언어를 포함한 인지 전반에 공통적으로 작용하는 원리가 있다고 본다. 이를 바탕으로 하면 음운론, 형태론, 통사론 및 어휘 의미론의 방법론을 문법 형식인 어미의 의미 기술에도 적용할 수 있다고 할 수 있다.[3] 앞으로 한국어 어미의 의미를 기술하는 방법론은 더욱 체계화되고 정교화될 필요가 있다.

3. 어미 연구의 쟁점

3.1. 시제 논의의 쟁점

초기 문법 논의에서 선어말어미 '-는-', '-었-', '-겠-'은 차례로 현재 시제, 과거 시제, 미래 시제 기능을 담당하는 것으로 기술되었다. 이러한 견해는 아

3 박재연(1999, 2007)에서는 어휘 형식의 의미를 분석할 때 사용하는 성분 분석 방법이 어미의 의미에도 적용될 수 있다고 하였고 박재연(2007b)에서는 인지 과학적 개념인 전경(foreground)과 배경(background) 개념을 이용해 어미 의미의 전경 의미 성분과 배경 의미 성분을 구별할 수 있다고 하였다. 박재연(2013, 2014)에서는 어미의 의미 확장에도 은유적 확장과 환유적 확장을 구별할 수 있다고 보았다. 박재연(2015)에서는 어미 결합에서 활성 성분 현상이 나타난다는 점을 지적하였고 역사음운론의 개념인 빈자리 채우기(drag chain), 새 자리 찾기(push chain) 등을 어미 결합에서 나타나는 비합성적 해석에서도 찾을 수 있다고 하였다.

직까지도 학교 문법에서 유지되고 있다.

(4) a. 아기가 밥을 먹는다.
b. 아기가 밥을 먹었다.
c. 아기가 밥을 먹겠다.

그러나 이러한 견해는 아주 많은 문제를 가지고 있다. 먼저 현재 시제 형식인 '-는-'의 문제부터 살펴보자. '-는-'이 가지는 문제점은 크게 두 가지이다. 하나는 '-는-' 및 그 이형태의 형태소 지위에 대한 것이고 다른 하나는 '-는-'의 형태론적 성격과 의미론적 성격의 불일치 문제이다.

먼저 '-는-'의 형태소 지위에 대해 생각해 보자. 먼저 문제가 되는 것은 이들이 현재 시제 형식으로서 나타나는 환경이 지나치게 제약적이라는 점이다. 이것이 현재 시제 형식으로서의 온전한 형태·통사·의미적 성격을 드러내는 경우는 '먹는다, 먹는구나' 정도에 지나지 않는다.

(5) a. 가느냐/가냐/갔느냐
b. 가는가/가나/갔는가
c. 가는데/갔는데
(6) 가/가지/가거든

(5a, b, c)에서 '-는-' 혹은 그 이형태는 '-었-'과 통합 관계를 이룰 수 있기 때문에 이를 현재 시제 형식이라 보기 어렵다. 더구나 (5a, b)의 '가느냐, 가는가'는 구어에서는 거의 쓰이지 않고 '-느-'가 탈락하거나 후행 어말어미에 융합된 '가냐, 가나'로 나타난다. 또한 (6)에서 반말체 종결어미가 통합된 경우에는 어떤 경우에도 '-는-'이 통합되지 않는다.

근대 이후 과거 시제 형식 '-었-'의 등장으로 중세 한국어 이래 현재 미완료를 나타내던 '-ᄂᆞ-/-는-'의 존재 가치가 줄어들었고 21세기 현재 '-는-'은 다른 형식과 이미 융합되었거나('-습니다, -네, -나') 아예 소멸되고 있는 중인데('가느냐' → '가냐') 그 결과 '-는-'과 그 이형태 중에는 현재 시제의 기능을 유지하고 있는 것도 있고 그렇지 않은 것도 있게 되었다.[4] 이렇듯 '-는-'이 가진 현재 시제의 기능은 현저히 약화되었기 때문에 '-는-' 및 그 이형태를 일괄적으로 현재 시제 형식으로 기술하는 것은 (특히 학교 문법에서) 문제가 된다.

그런데 더욱 큰 문제는 '-는-'의 형태론적 대립 관계와 의미론적 대립 관계가 일치하지 않는다는 점이다. 중세 한국어에서 '-ᄂᆞ-'는 '-더-'와 계열 관계를 이루어 현재 미완료와 과거 미완료로 시상적 대립을 가졌다. 그런데 이후 '-었-'의 등장으로 '-ᄂᆞ-'와 '-더-'의 시상적 기능이 약화되면서 '-ᄂᆞ-'는 그 존재 가치를 상실해 간 반면 '-더-'는 그 기능을 양태로 바꾸어 살아남았다.

문제는 '-는-' 및 그 이형태가 '-더-'와 의미론적으로는 더 이상 대립 관계를 가지지 않는데도 불구하고 '-더-'와 대립하던 이전 시기의 형태론적 특징은 고스란히 가지고 있다는 것이다. 즉, '-는-' 혹은 그 이형태들은 의미론적으로는 과거 시제를 나타내는 '-었-'과 대립하지만 여전히 '-더-'와 형태론적 대립 관계를 가지는 것처럼 보인다.

(7) a. 하느냐/하더냐, 하는가/하던가, 합니다/합디다, 하네/하데
b. 하였느냐/하였더냐, 하였는가/하였던가, 하였습니다/하였습디다, 하였네/하였데

(7a)에서 '-는-'과 '-더-'는 형태론적 대립 관계를 가지는 듯 보인다. 그러나 (7b)에서 볼 수 있듯이 이때의 '-느-'와 '-더-'는 모두 '-었-'과 통합 관계를 가지기 때문에 그 기능을 시제라고 볼 수 없다. 이때의 '-느-'의 기능은 사실상 거의 '무(無)'에 가까운데 이러한 무표적 의미에 '-더-'와 대립되는 형태소적 지위를 부여하기 위해 그동안 '-는-'에 '직설법(고영근 1965)', '현재 인식(김동식 1988)', '인식시의 동시성(한동완 1991)' 등의 의미를 부여한 바가 있다.[5]

4 이를 한동완(1996)에서는 "본연의 '-느-'"와 "약화된 '-느-'"로 구별한 바 있다.

5 한동완(1996: 91)에서도 약화된 '-느-'의 의미는 지극히 무표적인 의미이며 '-더-'

그러나 본고의 관점에서 이러한 의미는 지극히 무표적이어서 굳이 설정될 필요가 없다고 본다. '-는-'이 '-더-'와 가지는 대립 관계는 형태론적인 대립 관계일 뿐이며 더 이상 의미론적인 대립 관계는 가지지 않는다는 것이다. 요컨대 '-었-'과 통합관계를 가지는 '-느-'는 다른 형태소의 일부분으로 처리하는 것이 온당하다고 본다.

다음으로 과거 시제 어미의 문제를 살펴보자. '-었-'이 과거 시제를 표현한다는 점에 대해서는 큰 이견이 없다. 다만 '-었-'은 다음 예에서 완료상 혹은 '확실성'의 인식 양태와 관련된다고 보기도 하였다.

(8) a. 지금 뜰에는 장미꽃이 활짝 피었다.
 b. 송아지가 엄마 닮았네.

(9) a. 너 내일 {죽었다, 죽는다, 죽겠다}.
 b. 서울은 아직 {멀었다, 멀다}.

(8a, b)는 현재의 상태에 '-었-'이 사용되는 예이고 (9a)는 미래 시제 부사와 '-었-'이 사용된 예이다. (9b)는 명백한 현재 사태에 '-었-'이 사용되는 예이다. (8a, b)는 과거에 있었던 사태의 결과 상태가 지속된다는 의미를 가지는데 이는 과거 시제의 함축 의미로 해석할 수 있다(문숙영 2008). 한편 (9a)의 '-었-'은 시간 의미보다는 화자의 확신과 관련된다. (9a)의 문맥에서는 '죽었다, 죽는다, 죽겠다'가 모두 쓰일 수 있는데 이는 이때의 '-었-, -는-, -겠-'이 시제적 대립이 아니라 양태적인 대립을 가지기 때문이다.[6] (9b)의 '-었-' 역시 양태적 기능으로 사용된 것이다. '멀다, 멀었다'의 차이는 확신과 관련한 양태적 차이이지 시제적 차이가 아니다.[7] 화자의 확신 역시 과거 시제의 함축이라고 생각

와의 계열 관계를 고려하여 소극적으로 부여된 것임을 밝히고 있다.

6 시제적 의미의 '-는-, -었-'은 하나의 문맥에서 교체되어 쓰일 수 없다("어제 부산에는 비가 {왔다, *온다."}).

7 이때 '멀었다'가 '멀다'에 비해 실제 쓰임에서 훨씬 빈도가 높다. 이것이 단순히 관습적인 문제인지 언어학적인 설명을 필요로 하는지는 좀 더 탐구가 필요하다.

된다.

한편 '-겠-'이 미래 시제를 표현한다는 주장은 "어제는 날씨가 추웠겠다."와 같이 '-겠-'이 '-었-'과 통합관계를 이룬다는 점으로 쉽게 반박되었다. '-겠-'의 본질을 시제가 아닌 양태에서 찾아야 한다는 의견은 이제 일반적으로 받아들여진다고 생각된다.

다만 시제를 과거-현재-미래의 삼분법으로 파악하고 어떤 형식이 미래를 표시하는가를 찾는 표현론적(onomasiological) 관점의 논의에서는 '-겠-'을 미래 시제로 파악한다(구본관 외 2015 등). 그러나 그렇게 보려면 '-겠-'뿐 아니라 '-을 것이-, -을 듯하-, -을걸, -을래' 등 추측이나 의도를 나타내는 많은 형식들을 모두 미래 시제 형식으로 간주해야 할 것이다. 또한 "어제 비가 왔겠다."의 예에서는 '-겠-'이 과거 사태에 쓰이는 것이 분명하므로 '-겠-'을 미래 시제 형식으로 취급하는 것에는 상당한 어려움이 있다.

3.2. 양태 논의의 쟁점

지난 20년간 어미와 관련하여 가장 많은 연구가 집중된 범주는 양태라고 할 수 있다. 여기에서는 '-겠-, -더-, -네, -구나'와 관련한 최신 쟁점에 대해 간략히 살펴보고자 한다.

먼저 '-겠-'에 대한 연구를 살펴보자. 최현배(1937), 나진석(1971), 신창순(1972) 등에서 '-겠-'이 추량, 의도, 미래, 능력 등의 의미를 가진다는 점이 제시되었으나 이들 논의에서는 여전히 시제의 범주 안에서 '-겠-'을 바라보았다. '-겠-'이 시제와 완전히 구별되는 범주를 표현한다는 점을 최초로 지적한 것은 남기심(1972)이다. '-겠-'의 범주가 양태 혹은 서법이라는 점이 인정된 후에는 '-겠-'이 가지는 기능을 하나로 기술할 것인가 크게 추측과 의도로 나누어 기술할 것인가가 토론의 대상이 되었다.

'-겠-'의 추측 의미에 대해 이후 유형론적 증거 범주가 도입된 후에는 '-겠-'이 표현하는 범주가 인식 양태가 아닌 추론 증거라는 논의(정경미 2016)도 있었고 '-겠-'에 '새로 앎' 속성이 있다는 논의(박진호 2011, 손혜옥 2016)도 있었다. '미래, 추측, 의도, 새로 앎' 등이 모두 '-겠-'의 의미와 관련된다고 하겠다.

'-더-'에 대한 연구도 '-겠-'과 매우 유사한 과정을 거쳐 발달하였다. '-더-' 역시 초기에는 시제로 다루어졌다. 최현배(1937/1955: 457)에서 '-더-'의 의미 기능을 회상 시제로 본 견해는 이후의 연구에 엄청나게 큰 영향을 미쳤다. 그러나 고영근(1965/1989: 191)에서 '-더-'가 시제 요소일 수 없음이 증명되었고 장경희(1985)에서부터는 '-더-'의 범주가 양태라고 논의되었다. 또한 종결형과 연결형의 '-더-'와 관형사형의 '-더-'를 동일한 것으로 보느냐 다른 것으로 보느냐가 한동안 논란의 초점이 되었다. 임홍빈(1982, 1993), Lee(1991), 한동완(1996) 등은 종결형, 연결형, 관형사형의 '-더-'를 동일한 요소로 보고 논의를 전개하였다. 반면 서정수(1977b, 1979), 장경희(1985), 이홍식(1995), 박재연(2006) 등은 종결형 및 연결형의 '-더-'와 관형사형의 '-더-'가 의미 기능을 달리하는 요소로 보았다. 현재 종결형의 '-더-'가 '과거 지각'을 표현하는 요소라는 점에 대해서는 현재 의견의 일치를 본 상태라고 생각된다.[8]

'-네 -구나, -지, -거든' 등의 종결어미도 양태적 의미와 관련하여 최근 많은 주목을 받고 있다. 특히 '-네'의 의미의 핵심이 인식 양태에 있는지, 증거에 있는지 내면화(의외성)에 관련되는지에 있는지에 대해 최근 많은 토론이 오갔다(정경숙 2012, 권익수 2013 , 송재목 2014). 박재연(2018b)에서는 어떤 어미의 의미 기능의 복잡성을 들어 이러한 논쟁의 필요성에 의문을 제기하였다.

최근 양태, 증거, 내면화 범주 등을 이용해서 유사한 의미를 가지는 어미 혹은 어미 상당 구성들의 의미를 더욱 섬세하게 구별하려는 논의가 나오고 있다. 정인아(2010), 정경미(2016), 손혜옥(2016), 오승은(2017), 장채린(2018) 등의 박사학위논문은 한국어의 양태 및 증거 범주 논의의 넓이와 깊이를 보여

8 '-더-'가 인식 양태 요소인지 증거 요소인지에 대한 논쟁도 있지만 이는 인식 양태의 범위를 어떻게 잡느냐 하는 것과 관련되는 논의이다. 사실 '-더-'가 과거 지각의 속성을 가진다는 점은 증거(evidentiality)라는 용어가 사용되지 않았을 뿐 1980년대 논의에서부터 이미 지적되었었다(김차균 1981, 임홍빈 1982, 장경희 1985).

준다.

3.3. 어미의 의미 확장과 관련한 쟁점

최근 선어말어미 '-으시-' 및 이를 포함하는 어미 연쇄가 가지는 새로운 용법에 대한 논의가 있다. 먼저 '-으시-'의 과잉 사용이 사회적으로도 문제가 되었다.

(10) a. 약 처방 나가십니다.
b. 손님, 커피 나오셨습니다.
c. 음악을 좋아한다는 것은 좋은 취미세요(이상 고영근 · 구본관 2018: 481).
d. 화장실은 3층에 있으세요.

이러한 현상은 규범적 측면에서는 과잉 존대나 사물 존대라는 이름으로 언급되어 '-으시-'의 남용 혹은 오용으로 취급되었다. 그러나 이를 사물 존대로 보는 것은 타당하지 않다. 이때 '-으시-'를 사용한 화자가 '약 처방, 커피' 등을 높이기 위한 의도를 가진 것은 결코 아니기 때문이다. 이러한 문장은 상업적 서비스 현장에서 더욱 빈번히 사용되는데 화자의 의도는 청자를 최대한 높이고자 하는 것이다.[9]

이러한 '-으시-'의 용법은 간접 높임에서 파생된 것으로 볼 수 있다.

(11) a. 할머니께서 허리가 아프시다.
b. 과장님, 넥타이가 멋있으세요.

(12) a. 손님의 약 처방이 나가십니다.
b. 손님이 주문하신 커피가 나오셨습니다.

---

9 고영근 · 구본관(2018: 481)에서도 청자에 대하여 각별한 관심을 기울인다는 뜻에서 쓴 것으로 해석하였다.

(11a)의 주어가 '허리'임에도 불구하고 서술어에 '-으시-'가 사용된 것은 '허리'가 '할머니의 허리'이기 때문이다. 이를 소위 사물 존대 현상에 적용하면 (12a)의 '-으시-' 역시 '약 처방'이 '손님의 약'이기 때문에 '-으시-'가 사용되었다고 할 수도 있다. 그러나 위의 (10d), "화장실이 3층에 있으세요."와 같이 간접 높임과는 상당히 거리가 먼 예도 발견된다.[10]

이전 시기 '-습-'이 객체 높임에서 청자 높임의 요소로 발달한 것과 같은 의미 확장 혹은 의미 변화가 주체 높임에서도 일어났다고 할 수 있는데 주체 높임법의 청자높임법화에 대해서는 학문적 논의뿐 아니라 규범적 차원에서도 논의가 필요하다. 간접 높임과의 경계를 보다 분명히 지을 수 있어야 규범적 용법과 비규범적 용법을 구별할 수 있고 이를 교육에 활용할 수 있기 때문이다.

최근 논의의 대상이 된 또 하나의 현상은 '-으실게요'라는 이전에 없던 어미 연쇄이다.

(13) a. (주차 안내원의 안내) 3층으로 올라가실게요.
b. (간호사의 안내) 2번 방에서 적외선 치료 받으시고요, 끝나시면 주사실로 들어가실게요.
c. (여행 가이드의 안내) 3시 30분까지 이 자리로 다시 모이실게요 (이상 박재연 2013: 254).

이때의 '-으실게요' 연쇄는 기존의 '-을게'의 용법으로 설명되지 않는다. 규범적인 '-을게'는 1인칭 주어만을 취하는 제약이 있다. 그러나 (13a-c)의 주어는 (보통 생략되지만) 2인칭이다. 또한 규범적인 '-을게'는 1인칭 주어만을 취하기 때문에 '-을게'에는 주체 높임 선어말어미 '-으시-'가 통합되는 일이 없다. 그러나 (13a-c)에서는 '-으시-'가 '-을게'에 통합된다. 무엇보다도 규범

10 이를 간접 높임으로 해석하려면 '손님의 화장실' 혹은 '손님이 찾으시는 화장실'이 주어라고 해석해야 할 것이다.

적인 '-을게'는 약속형 어미이다. 그러나 (13a-c)의 발화는 일반적인 '약속'의 화행을 수행하는 일이 없고 대부분 '명령'의 화행을 수행한다(박재연 2013).

조숙환(2009: 128), 정인아(2012: 471)에서는 이러한 용법의 '-을게'는 시점 이동 현상이 일어난 결과로서 화자가 청자의 입장으로 감정이입하여 화자가 마치 자신이 주체가 된 듯이 사용하는 표현이라고 하였다. 간호사의 발화 "다음 차례에 들어가실게요."는 간호사의 '다음 차례에 들어가실 거예요.'와 환자의 '다음 차례에 제가 들어갈게요.'가 융합된 표현이라는 것이다(조숙환 2009: 114, 정인아 2012: 471). 그러나 이러한 용법의 '-을게'가 표현하는 '의도'는 청자(환자)가 아닌 화자(간호사)의 것임이 분명하며 '-을 것이-'와 '-을게'의 의미가 융합되었다는 것도 다소 추상적인 설명이라고 생각된다.

박재연(2013)에서는 '-으실게요'와 동일한 의미 확장이 이미 다른 의도 관련 어미들에서도 있었다고 지적하였다. 즉, '-으실게요'의 새로운 용법은 '-겠-, -세, -자, -을까, -으련, -으랴' 등 의도를 포함한 어미들에서 광범하게 나타나는 행위주 변동 현상의 일종으로 간주할 수 있다는 것이다. "3층으로 올라가실게요."에서 발생한 행위주 변동은 "3층으로 올라가시겠습니다."에서 나타난 행위주 변동과 다르지 않으며 이는 '3층으로 올라가시게 할게요.'에서 사동 표현의 삭제로도 이해할 수 있다고 보았다.

한편 안주호(2017)에서는 '-으실게요'가 '-으실 것이에요'를 기반으로 출현했다고 설명하였다. 청자의 미래 행위를 알리는 표현으로 지시의 화행을 수행하는 것이라고 하였다.

4. 어미 연구의 과제와 전망

3장에서 확인할 수 있었듯이 한국어 어미의 의미 기능의 사태 관련 기능, 청자 관련 기능, 화자 관련 기능에 대해서는 지난 시기 많은 연구가 이루어졌고 그 성과도 상당하다. 이 장에서는 앞으로 더욱 깊은 연구가 필요하다고 생각되는 몇 가지 연구 주제를 제안해 보고자 한다.

4.1. 어미의 담화 관련 기능

박재연(2019: 213)에서는 어미에서 표시되는 담화 관련 기능으로 문체(style) 표시 기능과 담화 결속(discourse cohesion) 기능을 든 바 있다. 이 중 매우 중요한 주제임에도 불구하고 비교적 많은 관심을 받지 못한 것이 어미의 문체적 기능이라고 생각된다.[11]

문체는 동일한 내용을 매체나 상황 문맥에 따라 서로 다른 형식으로 표현하는 다양한 방식이다. 문체를 결정하는 가장 중요한 기준은 언어가 전달되는 매체이다. 따라서 문체의 구별 중 가장 기본적인 것이 구어체와 문어체의 구별이다. 말을 면대면 대화로 직접 전달할 때 사용하는 것이 구어체이고 문자를 매개로 전달하는 것이 문어체이다.

문체에 따라 어휘 선택이 달라지는 현상은 쉽게 관찰할 수 있다.

(14) a. 공연히 허위의 사실을 적시하여 사자의 명예를 훼손하는 경우.
b. 금일은 일기가 매우 쾌청하였다.
c. 오늘은 날씨가 아주 좋았다.

(14a)의 '공연(公然)히'는 '세상에서 다 알 만큼 뚜렷하고 떳떳하게'의 뜻을 가진 부사인데 구어에서는 잘 사용되지 않는다.[12] '사자(死者)'는 '죽은 사람'을 뜻하는 문어체 어휘이다. (14b)의 '금일, 일기(日氣), 매우, 쾌청하다'는 구어에서라면 (14c)와 같이 '오늘, 날씨, 아주, 좋다'로 바뀌어 선택된다.

그런데 문체적 특성은 어휘에서도 드러나지만 문법 형식에서도 드러난다.

---

11 한국어의 언어학적 문체론과 관련한 연구사는 김흥수(2016) 참조. 어미의 문체적 기능에 대해서는 장경현(2010)에서 본격적으로 다루어졌다.

12 "별 소득도 없는데 공연히 이런 일을 했네."의 '공연(空然)히'와는 다른 어휘이다.

한국어에는 문어체에만 사용되는 조사와 구어체에만 사용되는 조사가 있다.

(15) a. {친구에게, 친구로부터, 친구한테} 선물을 받았다.
b. {사과와, 사과하고, 사과랑} 배를 사 왔다.

(15a, b)에서 '에게, 로부터, 와'는 문어체에 주로 사용되고 '한테, 하고, 랑'은 구어체에 주로 사용된다.

문체적 특성은 어미에서도 발견된다. 먼저 문어체 어미의 예를 보자.

(16) a. 이 책을 훼손하는 자 화 있을진저.
b. 위 학생은 교과 성적이 우수하고 품행이 단정하여 다른 학생의 모범이 되었으므로 이 표창장을 수여합니다.
c. 저를 불러 주시옵소서.
d. 그지없이 허전하다. 그가 떠났음이다. (김흥수 1995: 136)

(16a)는 종결어미 '-을진저'가 사용된 문장이다. 이 어미는 일반적인 구어 상황에서 좀처럼 사용되지 않는다. (16b)의 연결어미 '-으므로' 역시 문어체에서만 사용된다. (16c)의 '-옵-'은 문어체 선어말어미이며 (16d)의 명사형 전성어미 '-음'도 구어체에서는 이러한 용법으로 거의 사용되지 않는다.

다음은 구어체 어미가 사용된 예이다.

(17) a. 내가 전생에 무슨 죄를 지었길래 이렇게 고통을 받아야 하니.
b. 비가 오니까 너무 시원하다.
c. 사장이랍시고 설치는 꼴이라니(장소원 1986: 88).
d. 오늘 드디어 첫눈이 오더라.

(17a-d)에서 차례로 쓰인 '-길래, -으니까, -읍시고, -더-'는 일반적으로 구어에서 주로 사용된다.

구어체와 문어체의 구별은 종결어미, 연결어미, 전성어미, 선어말어미에서 두루 나타난다. 그런데 현재 한국어 사전에는 이러한 구별이 적절히 반영되어 있지 않다(박재연 2019: 217). 『표준국어대사전』에서는 '-으므로'와 '-으니까' 에 대해 다음과 같은 뜻풀이와 예문을 제공하고 있다.

(18) a. '-으므로': 까닭이나 근거를 나타내는 연결 어미.
　　b. 강물이 깊으므로 배 없이는 건널 수 없다./자네도 보았으므로 잘 알 게 아닌가?/그는 모범 학생이었으므로 늘 칭찬을 받았다.
(19) a. -으니까: '-으니'를 강조하여 이르는 말.
　　b. 그렇게 음식을 마구 먹으니까 배탈이 나지./약속을 했으니까 만나야 한다.

(18a)는 '-으므로'에 대한 뜻풀이인데 이것이 문어체 상황에서만 한정되어 쓰인다는 정보가 포함되어 있지 않다. 더구나 예문에는 명백한 구어체 예문 ("자네도 보았으므로 잘 알게 아닌가?")이 실려 있다. (19b)는 '-으니까'에 대한 뜻풀이인데 역시 이것이 주로 구어체 담화에 쓰인다는 정보가 제시되지 않았다(박재연 2019: 217, 각주 10). 이러한 정보는 특히 한국어를 배우는 외국인들에게 반드시 필요한 정보이다.[13] 이에 대한 정밀한 연구와 한국어 사전에 이러한 연구 성과를 수록하는 일이 시급하다.

그런데 현대 사회에서는 문어체와 구어체가 이분법적으로 구별되지 않는다. 앞에서 문체에 관여하는 요인으로 매체를 든 바 있는데 현대 사회에서는 매우 다양한 새로운 매체가 등장하였기 때문이다. 인쇄 문화 시대에는 문자를 이용한 의사소통에 문어체가 사용되는 것이 너무나 당연하였지만 현대 사회에서는 인터넷과 휴대전화를 매개로 한 다채로운 공간에서 '문자로 말하기'가 일상화되었다. 이에 따라 각 세부 장르에 따라 웹 글쓰기, SNS 글쓰기, 문자

13 외국인 학생이 쓴 글에서는 "한국어는 교착어니까 조사하고 어미가 풍부하게 발달되어 있다."와 같은 문체적 오류가 종종 발견된다. 이러한 문장은 그 자체로는 문법적으로 문제가 없기 때문에 고급 한국어 학습자에서도 상당히 자주 발견된다.

메시지 글쓰기 등에서 고유의 다양한 양식과 문체들이 생겨났다.

다음은 장경현(2010)에서 예로 든 인터넷 블로그에서 사용되는 문장이다.

(20) a. 또 시네큐브에서 하는 배낭여행영화제도 볼 계획이었는데 금자씨가 생각보다 늦게 끝나서 아쉽게도 포기해 버렸네요. (중략) 필름포럼극장이 별로 넓지는 않지만 10명밖에 안 되는 인원이 보려니 많이 무섭더군요. (장경현 2010: 167)

b. 라파예트는 혁명 때에 '귀족과 사제는 프랑스 국민이 아니다'라고 했다지요. (장경현 2010: 158)

이러한 문장들은 분명히 구어체 문장들이다. 인터넷 글쓰기는 '문자를 이용한 말하기'이기 때문에 문어체보다는 구어체가 선호되는 경향이 있다. 그러나 블로그 문장이 반드시 구어체 문장만을 사용하는 것은 아니다. 실제 구어 담화에서 '-더군요', '-다지요' 등의 어미 연쇄가 빈번히 사용되지는 않는다. 블로그만의 독특한 문체가 존재한다고 생각되며 이에 대한 더 깊은 연구가 가능하리라고 본다.

문어체와 구어체의 경계가 무너지는 현상은 매우 다양한 국면에서 관찰된다. 일반적으로 명사형 전성어미 '-음'으로 종결되는 문장은 문어체로 분류되었다. 그러나 구어체 문장이 사용되는 인터넷 게시판이나 문자 메시지, 카카오톡 메시지에는 이러한 명사형 종결문이 매우 빈번히 사용된다.

(21) a. 위 학생은 학업 성적이 뛰어나고 품행이 단정하여 이 상장을 줌.

b. 어제 고모님 다녀가심.

(22) a. 날씨가 무지 더움. 밖에 도저히 못 나가겠음. 걍 선풍기 틀어놓고 낮잠 잠.

b. 하 안돼 ㅠㅠ 알써. 고려해봄

(21a)는 상장(賞狀)의 문안이고 (21b)는 일기문이다. 이러한 용법이 명사형

종결문의 이전 시기 용법이라고 할 수 있다. 그러나 인터넷 게시판에서 (22a)와 같은 텍스트를 발견하는 것은 어렵지 않으며 휴대전화의 문자 메시지나 카카오톡 메시지에서도 (22b)와 같은 문장이 흔히 사용된다. 심지어 인터넷 공간의 문체가 거꾸로 구어에 편입되어 사용되는 일도 발견된다.[14] 매체와 상황 맥락에 따른 문체적 특성은 다양한 매체의 발달 및 언어 사용 환경의 다변화와 함께 앞으로 많은 연구 과제를 제공할 것으로 기대된다.

4.2. 청자높임법 체계 정교화

한국어의 높임법은 주체높임법, 객체높임법, 청자높임법으로 나누어진다.[15] 높임법 논의는 예전에 비해 활발하지는 않지만 모든 과제가 소진되었다고 하기 어렵다. 여기에서는 청자높임법 문제에 대해서만 생각해 보고자 한다.[16]

학교 문법에서는 서정수(2004/2006), 남기심 · 고영근(1993)을 따라 다음과 같은 이원적 체계를 제안한다.

---

14 필자는 버스 안에서 대학생으로 보이는 화자가 친구와 전화 통화를 하면서 일관되게 명사형 종결문으로 대화하는 것을 들은 적이 있다. "나 지금 버스 탐. 지금 뭐함? 학교는 안 갔음?"과 같은 대화가 이어졌다. 최근 청소년 세대에서는 이러한 명사문 종결문을 이용한 구어 대화가 전혀 어색하지 않다고 한다.

15 청자높임법은 주체높임법이나 객체높임법과 달리 '높임' 자질만으로 설명되지 않기 때문에 청자대우법이라고 하는 것이 더 정확하다(임지룡 2015 참조). 여기에서는 청자높임법도 '높임법' 범위에 포함시키기 위해 관습적인 용어를 그대로 사용한다. 임지룡(2015)에서는 청자높임법 범주의 용어와 체계에 대한 포괄적인 문제 제기가 이루어졌다.

16 현대 한국어의 객체높임법에 대해서도 새롭게 논의할 여지가 있다. 현대 한국어에서 객체높임법은 중세 한국어에 비해 쇠퇴하여 '드리다, 뵙다, 여쭙다, 모시다' 등 일부 어휘에 남아 있는 것으로 보는 것이 일반적이다(구본관 외 2015: 299). 그러나 '드리다'가 접미사화하면서 여격어를 높이는 새로운 객체높임의 방식이 생산적으로 발달하고 있는 것으로 보인다. 이를 객체높임법으로 다룰 수 있는지에 대해서도 보다 깊은 논의가 필요하다.

(a) 제가 설명드리겠습니다.
(b) 이 영화 추천드립니다.

〈표 1〉 학교 문법의 청자높임법 체계

격식체	비격식체
하십시오체	해요체
하오체	
하게체	해체
해라체	

그러나 이러한 구별은 교육적으로도 상당한 문제가 있다. 첫째, 격식체의 모든 등급이 실제 상황에서 활발히 사용되지 않는다. 특히 하오체와 하게체는 지극히 특정한 상황에서만 사용된다. 하오체는 장년 이상의 남성들 사이에서, 공공 표지판, 영화나 소설의 번역체에서 사용된다. 하게체도 처부모-사위, 교수-장성한 제자 등 그 사용 범위가 매우 좁다.

둘째, 해라체와 해체가 격식성 자질로 구별되지 않는다. 해라체는 문어체는 물론이고 지극히 비격식적인 구어 상황에서 해체와 함께 활발하게 사용된다. "와, 신난다. 눈 와!"와 같이 해라체의 '-다'와 해체의 '-어'가 하나의 문맥에서 혼용되어 사용되는 것이 너무나 일반적이다. 한국어를 학습하는 외국인이 이러한 체계를 학습하고서 상황에 맞는 한국어를 완벽하게 구사할 수 있을 것이라고 보장하기 어렵다.[17]

셋째, 한국어에서 높임법 사용은 단순한 상하관계로 일률적으로 정해지지 않는다. 특히 다양한 매체가 발달한 현대 사회에서 한국어 높임법 사용은 더욱 복잡한 양상을 보인다. 가령 구어 상황에서 해요체를 쓰는 관계라 하더라도 편지(이메일)에서는 하십시오체를 쓰는 것이 적합한 경우가 있다. 문자메시지, SNS 등의 매체에서는 선택되는 등급의 양상이 더욱 더 다채롭다.

또한 다음과 같은 현상은 앞으로 주목될 필요가 있다고 생각된다.

(23) a. 선생님, 말씀하신 일 지금 처리했습니다. 더 필요하신 일은 {없으

17 나아가 임지룡(2015: 376)에서는 격식체와 비격식체의 개념이 자칫 격식체가 더 우월한 것이라는 오해를 줄 수 있다는 점에서도 부적절하다고 보았다.

십니까, 없으신지요}?

b. 제가 내일 학교에 못 {옵니다, 오는데요}.

(23a)는 아주 높임 상황을 가정한 것인데 '-습니다'와 '-은지요'를 혼용하는 것이 지극히 자연스럽다. 이때 '-은지요'는 '-습니까'보다 더욱 완곡하고 정중한 표현이다. (23b)에서도 '-습니다'에 비해 '-은데요'를 쓰는 것이 훨씬 더 공손하다. 해요체는 해체(반말체) 어미에 '요'가 통합된 것으로서 해체 어미의 다양한 양태적 의미를 포함할 수 있는데 '-습니다'는 이러한 의미를 표현하지 못한다. 따라서 해요체가 하십시오체에 비해 더욱 공손성이 높게 간주되는 경우가 생긴다. 양태적 의미가 공손성 혹은 높임법 등급에 미치는 영향에 대해서 더 깊이 탐구해 볼 필요가 있다.

해요체가 하십시오체와 높임 등급에서 거의 차이를 가지지 않는 면도 있으나 다음과 같은 예에서는 해요체가 덜 공손하다는 느낌을 준다.

(24) a. 선생님, 보내 주신 책 잘 받았어요. 정말 고맙습니다.

b. 선생님, 보내 주신 책 잘 받았어요. *정말 고마워요.

(24a)의 화자와 청자가 사제지간인 경우 일반적으로 화자가 해요체를 쓰는 것이 불가능하지 않다. 그런데 같은 해요체인데도 (24b)에서와 같이 '고마워요'는 사용하기 어렵다. '고마워요'가 낮춤말이 아님에도 불구하고 손윗사람에게는 쓰기 어려운 면이 있는데 이러한 현상에 대해서도 더 많은 사례와 설명 방법을 생각해 볼 필요가 있다.

4.3. 어미 의미의 뜻풀이 방법 체계화

4.1.에서 한국어 사전의 어미 뜻풀이에 담화 관련 기능에 대한 정보가 포함되어 있지 않다는 점을 문제로 지적하였다. 그런데 현재 한국어 사전의 어미 뜻풀이 방식이 비체계적이라는 점을 더욱 근본적인 문제로 제기할 수 있다.

박재연(2011)에서는 연결어미 의미 기술이 체계적인 메타언어로 이루어져야 한다고 주장하면서 한국어 사전 뜻풀이의 체계화가 시급하다고 주장하였다.

(25) a. '-으면': 불확실하거나 아직 이루어지지 않은 사실을 가정하여 말할 때 쓰는 연결어미
b. '-어야': 앞 절의 일이 뒤 절 일의 조건임을 나타내는 연결어미
c. '-거든': '어떤 일이 사실이면', '어떤 일이 사실로 실현되면'의 뜻을 나타내는 연결어미

(25a-c)에서 보인 '-으면, -어야, -거든'은 모두 '조건'의 의미를 표현하는 연결어미이다. 그렇다면 각각의 뜻풀이는 이들 연결어미의 공통점과 차이점이 분명히 드러나야 할 것이다. 그런데 (25a)에서 '-으면'의 뜻풀이는 일상언어로 이루어져 있는 반면, (25b)의 '-어야'의 뜻풀이에는 '조건'이라는 문법용어를 사용하였고 (25c)에서 '-거든'의 '조건'의 의미는 '어떤 일이 사실이면', '어떤 일이 사실로 실현되면'과 같이 다시 쓰기(paraphrase) 방식으로 풀이되어 있다(박재연 2011: 193, 각주 33).

'-으면, -어야, -거든'이 모두 조건의 연결어미라면 '조건'의 문법적 의미를 기술하는 데에 동일한 표현을 사용해야 한다. 그리고 '-으면'과 '-어야'를 변별할 수 있는 뜻풀이, '-으면'과 '-거든'을 변별할 수 있는 뜻풀이가 추가되어야 한다. '-어야'는 조건 관계를 만족시키는 사태가 하나뿐임을 말한다. '-거든'은 조건절의 사태가 현실 속성을 가진다는 점, 후행절에 명령 혹은 청유의 화행이 실현될 수 있어야 한다는 점이 변별적 속성이 될 것이다.

사전 뜻풀이의 문제는 비단 조건 연결어미와 같은 다소 복잡한 의미 기술을 요하는 어미만의 문제가 아니다. 『표준국어대사전』에서 평서형 종결어미 '-다, -네, -습니다'의 뜻풀이를 살펴보자.

(26) a. '-다': 해라할 자리에 쓰여, 어떤 사건이나 사실, 상태를 서술하는

뜻을 나타내는 종결 어미.

b. '-네': 하게할 자리에 쓰여, 단순한 서술의 뜻을 나타내는 종결 어미.

c. '-습니다': 하십시오할 자리에 쓰여, 현재 계속되는 동작이나 상태를 있는 그대로 나타내는 종결 어미.

'-다, -네, -습니다'는 청자높임법을 제외하면 그 의미 기능이 완전히 동일하므로 이러한 공통점과 차이점이 드러나도록 뜻풀이가 이루어져야 한다. 그런데 (26a-c)의 기술을 보면 '평서문' 기능에 대한 기술이 '어떤 사건이나 사실, 상태를 서술', '단순한 서술', '현재 계속되는 동작이나 상태를 있는 그대로 나타내는' 등으로 제각각인 것을 알 수 있다.

기존의 사전 뜻풀이는 일차적으로 모어 화자의 언어 사용을 위한 것이어서 문법 형식의 뜻풀이에 커다란 관심을 기울이지 않았던 것이라고 생각된다. 그러나 외국어로서의 한국어에 대한 관심이 높아진 가운데 『표준국어대사전』에서 문법 형식에 대해 체계적인 뜻풀이를 제공하는 것은 무엇보다도 중요하다. 외국인을 위한 한국어 교재나 한국어 사전 역시 『표준국어대사전』의 뜻풀이를 집필의 출발점으로 삼을 것이기 때문이다.

5. 마무리

지금까지 한국어 어미 연구의 어제와 오늘 그리고 앞으로의 과제를 간략하게 짚어보았다. 그동안의 연구에서 한국어 어미 의미 연구의 가장 큰 성과는 어미 의미론이라는 분야가 더 이상 생소하지 않게 된 것이라고도 할 수 있다. 어미 의미 연구는 새로운 이론의 수혜를 가장 많이 받은 분야이기도 했다. 앞으로 어미 의미 연구는 다양한 용법과 자료가 출현함에 따라 더 많은 가능성과 연구 과제를 가지고 있다. 특히 실용적, 교육적인 분야의 연구가 더욱 활성화될 수 있을 것이다.

참고문헌

고영근(1965), "현대국어의 서법체계에 대한 연구: 선어말어미의 것을 중심으로", 『국어연구』 15, 국어연구회. ("선어말어미에 기댄 문법범주"라는 제목으로 고영근(1989)에 실림, 143-224.)

고영근(1974a), "현대국어의 종결어미에 대한 구조적 연구", 『어학연구』 10(1), 서울대학교 어학연구소. ("종결어미의 구조적 특성"이라는 제목으로 고영근(1989)에 실림, 246-301.)

고영근(1974b), "현대국어의 존비법에 대한 연구", 『어학연구』 10(2), 서울대학교 어학연구소. ("존비법"이라는 제목으로 고영근(1989)에 실림, 359-400.)

고영근(1976), "현대국어의 문체법에 대한 연구", 『어학연구』 12(1), 서울대학교 어학연구소. ("문체법"이라는 제목으로 고영근(1989)에 실림, 302-358.)

고영근(1981/1998), 『중세국어의 시상과 서법』, 탑출판사.

고영근(1989), 『국어 형태론 연구』, 서울대학교 출판부.

고영근(2004), 『한국어의 시제 서법 동작상』, 태학사.

고영근 · 구본관(2008/2018), 『우리말 문법론』, 집문당.

구본관 · 박재연 · 이선웅 · 이진호 · 황선엽(2015), 『한국어 문법 총론 I』, 집문당.

권익수(2013), "한국어 종결어미 '-네'의 의미 재고찰: 정경숙(2012)에 대한 다른 생각", 『언어』 38(1): 53-66, 한국언어학회.

김동식(1988), "선어말 어미 /느/에 대하여", 『언어』 13(1): 171-202, 한국언어학회.

김차균(1980), "국어 시제 형태소의 의미", 『한글』 169: 45-116, 한글 학회.

김흥수(1995), "명사화의 담화기능과 문체 양상", 『어문학논총』 14: 131-151, 국민대학교 어문학연구소.

김흥수(2016), "국어문체론 연구의 현 단계와 어학적 문체론", 간행위원회 편, 『글의 무늬를 찾아서』, 191-213, 서해문집.

나진석(1971), 『우리말의 때매김 연구』, 과학사.

남기심(1972), "현대국어 시제에 관한 문제", 『국어국문학』 55 · 57 합병호. (남기심(1995)에 실림, 1-34.)

남기심(1995), 『국어 문법의 시제 문제에 관한 연구』, 탑출판사.

남기심 · 고영근(1993), 『표준국어문법론』, 집문당.

남기심 · 고영근 · 이익섭 편(1975), 『현대국어문법』, 계명대학교출판부.
문숙영(2008), 『한국어의 시제 범주』, 국어학회.
박재연(1998), 현대국어 반말체 종결어미 연구, 『국어연구』 158, 국어연구회.
박재연(1999), "국어 양태 범주의 확립과 어미의 의미 기술: 인식 양태를 중심으로", 『국어학』 34: 199-225, 국어학회.
박재연(2006), 『한국어 양태 어미 연구』, 태학사.
박재연(2007a), "문법 형식의 의미 기술과 통사론 · 의미론 · 화용론", 『한국어학』 37: 181-206, 한국어학회.
박재연(2007b), "문법 형식의 전경 의미와 배경 의미: '-으면서, -느라고, -고서, -자마자'의 의미 기술을 위하여", 『한국어 의미학』 22: 73-94, 한국어 의미학회.
박재연(2011), "한국어 연결어미 의미 기술의 메타언어 연구: '양보, 설명, 발견'의 연결어미를 중심으로", 『국어학』 62: 167-197, 국어학회.
박재연(2013), "한국어 의도 관련 어미의 환유적 의미 확장", 『국어학』 68: 253-288, 국어학회.
박재연(2014), "한국어 연결어미 의미 확장에서의 환유와 은유", 『국어학』 70: 117-155, 국어학회.
박재연(2015), "한국어 어미 결합에서 나타나는 비합성적 의미 해석", 『언어와 정보사회』 26: 215-250, 서강대학교 언어정보연구소.
박재연(2018a), "'-겠-'과 '-을 것이-'이 비대립 환경과 대립 환경", 『국어학』 85: 113-149, 국어학회.
박재연(2018b), "한국어 인식론적 범주의 안과 밖", 『언어학』 81: 77-102, 한국언어학회.
박재연(2019), "한국어 어미의 의미 기능과 문법 범주", 『한국어 어미의 의미』, 211-237, 집문당.
박진호(2011), "한국어에서 증거성이나 의외성의 의미성분을 포함하는 문법요소," 『언어와 정보사회』 15: 1-25, 서강대학교 언어정보연구소.
서정수(1977a), "'겠'에 관하여", 『말』 2, 연세대학교 한국어학당. (서정수(1990)에 실림, 185-205.)
서정수(1977b), "'더'는 회상의 기능을 지니는가", 『언어』 2(1), 한국언어학회. ("'더'와 회상시제: 종결법과 인용법의 '더'를 중심으로"라는 제목으로 서정수(1990)에 실림, 231-265.)

서정수(1979), "'(었)던'에 관하여", 『서병국박사 화갑기념논문집』. (서정수(1990)에 실림, 325-346.)
서정수(1990), 『국어 문법의 연구』, 한국문화사.
서정수(2004), 『국어문법』, 뿌리깊은나무.
서태룡 외 공편(1998), 『문법 연구와 자료(이익섭 선생 회갑 기념 논총)』, 태학사.
성기철(1979), "경험과 추정: '겠'과 '을 것이'를 중심으로", 『문법연구』 4: 109-129, 문법연구회.
손현선(1998), "이른바 반말 종결형태의 양태적 의미 연구: '-어, -지, -군, -네, -는가, -나'를 중심으로", 남기심 편, 『국어문법의 탐구 IV』, 251-301, 태학사.
손혜옥(2016), "한국어 양태 범주 연구", 연세대학교 대학원 국어국문학과 박사학위논문.
송재목(1998), "안맺음씨끝 '더'의 의미 기능에 대하여: 유형론적 관점에서", 『국어학』 32: 135-169, 국어학회.
송재목(2007), "증거성과 주어제약의 유형론: 한국어, 몽골어, 티벳어를 예로 들어," 『형태론』 9(1): 1-23, 형태론연구회.
송재목(2014), "한국어 '증거성' 종결어미 '-네': 정경숙(2007, 2012)에 대한 대답", 『언어』 39(4): 819-850, 한국언어학회.
송재목(2015), "한국어 종결어미 '-네'의 의미기능", 『국어학』 76: 123-159, 국어학회.
송재목(2016), "의외성에 대하여: 독립된 문법범주 설정의 문제점을 중심으로", 『언어』 41(4): 593-617, 한국언어학회.
신창순(1972), "현대 한국어의 용언보조어간 「겠」의 의미와 용법", 『朝鮮學報』 65. (남기심 외 편(1975)에 실림, 145-163.)
안명철(1983), "현대 국어의 양상 연구", 『국어연구』 56, 국어연구회.
안주호(2017), "종결어미 {-(으)실게요}의 기능과 형성과정", 『담화와 인지』 24(1): 47-67, 담화·인지 언어학회.
오승은(2017), "한국어 양태 표현 연구: 추측과 의도의 의미를 중심으로", 서강대학교 대학원 국어국문학과 박사학위논문.
이남순(1981), "현대국어의 시제와 상에 대한 연구", 『국어연구』 46, 국어연구회.
이지양(1982), "현대국어의 시상형태에 대한 연구: '-었-', '-고 있-', '-어 있-'을 중심으로", 『국어연구』 51, 국어연구회.
이홍식(1995), "'-더-'의 의미에 관하여", 『관악어문연구』 20: 327-353, 서울대학교 국어국문학과.
이희자 · 이종희(1999), 『텍스트 분석적 국어 어미의 연구』, 한국문화사.
임은하(2003), "현대국어의 인과관계 접속어미 연구", 서울여자대학교 대학원 국어국문학과 박사학위논문.
임지룡(1995), "환유의 인지적 의미특성," 『국어교육연구』 27: 223-254, 국어교육학회.
임지룡(2006), "환유 표현의 의미특성," 『인문논총』 55: 265-300, 서울대학교 인문학연구원.
임지룡(2008), 『의미의 인지언어학적 탐색』, 한국문화사.
임지룡(2009), "다의어의 판정과 의미 확장의 분류 기준", 『한국어 의미학』 28: 193-226, 한국어 의미학회.
임지룡(2015), "학교문법 상대 높임법의 새로운 이해", 『한민족어문학』 69: 359-398, 한민족어문학회.
임채훈(2008), "'감각적 증거' 양태성과 한국어 어미 교육: '-네, -더라, -더니, -길래' 등을 중심으로," 『이중언어학』 37: 199-234, 이중언어학회.
임홍빈(1980), "{-겠-}과 대상성", 『한글』 170: 147-190, 한글 학회.
임홍빈(1982), "선어말 {-더-}와 단절의 양상", 『관악어문연구』 7: 433-475, 서울대학교 국어국문학과.
임홍빈(1984), "선어말 {-느-}와 실현성의 양상", 『목천유창균박사환갑기념논문집』, 521-565, 계명대학교출판부.
임홍빈(1993), "다시 {-더-}를 찾아서", 『국어학』 23: 255-323, 국어학회.
장경현(2010), 『국어 문장 종결부의 문체』, 역락.
장경희(1985), 『현대국어의 양태범주연구』, 탑출판사.
장채린(2018), "한국어 교육을 위한 비격식체 종결어미 연구: 핵심 기능을 중심으로", 연세대학교 대학원 국어국문학과 박사학위논문.
정경미(2016), "한국어 추론 증거성 연구", 고려대학교 대학원 국어국문학과 박사학위논문.
정경숙(2012), "한국어 종결어미 '-네'의 의미: 증거성 및 의외성과 관련해서," 『언어』 37(4): 995-1016, 한국언어학회.
장소원(1986), "문법 기술에서의 문어체 연구", 『국어연구』 72, 국어연구회.
정수진(2011), "연결어미 '-고'의 다의적 쓰임에 대한 인지적 해석", 『언어과학연구』 58: 211-232, 언어과학회.

정수진(2012), “연결어미 ‘-어서’의 의미 확장에 대한 인지언어학적 접근”, 『국어교육연구』 50: 405-426, 국어교육학회.

정인아(2010), “한국어의 증거성 범주에 관한 연구”, 상명대학교 대학원 한국학과 한국언어문화전공 박사학위논문.

정인아(2012), “한국어의 시점(視點)에 관한 연구: ‘-아서/어서’와 ‘-(으)니까’의 시야(視野)를 중심으로”, 『어학연구』 48(3): 463-485, 서울대학교 언어교육원.

조숙환(2009), “국어 인식양태소 구조의 인지언어학적 접근: 시점 이동과 역동적 심성공간의 융합”, 『언어』 34(1): 113-132, 한국언어학회.

채숙희(2011), “목적의 ‘-겠다고’에 대하여”, 『정신문화연구』 34(3): 205-225, 한국학중앙연구원.

최동주(1998), “시제와 상”, 서태룡 외 공편, 『문법 연구와 자료(이익섭 선생 회갑기념 논총)』, 227-269, 태학사.

최정진(2012), “한국어 선어말 어미의 시제성과 양태성 연구: ‘-었-, -겠-, -더-, -느-’를 중심으로”, 서울대학교 대학원 국어국문학과 박사학위논문.

최현배(1937/1961), 『우리말본』, 정음문화사.

한동완(1996), 『국어의 시제 연구』, 태학사.

Aikhenvald, A. Y. & R. M. W. Dixon(eds.)(2003), *Studies in Evidentiality*, Amsterdam: John Benjamins.

Aikhenvald, A. Y.(2004), *Evidentiality*, Oxford: Oxford University Press.

Bybee, J.(1985), *Morphology*, Amsterdam: John Benjamins.

Bybee, J., R. Perkins, & W. Pagliuca(1994), *The Evolution of Grammar: Tense, Aspect, and Modality in the Language of the World*, Chicago: The University of Chicago Press.

Chafe, W. & J. Nichols(eds.)(1986), *Evidentiality: The Linguistic Coding of Epistemology*, Norwood, N.J.: Ablex Publishing Corporation.

Comrie, B.(1976), *Aspect*, Cambridge: Cambridge University Press.

Comrie, B.(1985), *Tense*, Cambridge: Cambridge University Press.

Dahl, O.(1985), *Tense and Aspect Systems*, Oxford: Basil Blackwell.

Dancygier, B. & E. Sweetser(2014), *Figurative Language*, Cambridge: Cambridge University Press. (임지룡 · 김동환 옮김(2015), 『비유 언어』, 한국문화사.)

DeLancey, S.(1997), Mirativity: The Grammatical Marking of Unexpected Information, *Linguistic Typology* 1: 33-52.

DeLancey, S.(2001), The Mirativity and Evidentiality, *Journal of Pragmatics* 33: 369-382.

Evans, V. & M. Green(2006), *Cognitive Linguistics: An Introduction*, Edinburgh: Edinburgh University Press. (임지룡 · 김동환 옮김(2008), 『인지언어학 기초』, 한국문화사.)

Kövecses, Z.(2002/2010), *Metaphor: A Practical Introduction(2nd edition)*, Oxford: Oxford University Press.

Lakoff, G. & M. Johnson(1980), *Metaphors We Live By*, Chicago: The University of Chicago Press.

Lee, H. S.(1991), Tense, Aapect, Modality: A Discourse-pragmatic Analysis of Verbal Affixes in Korean from a Typological Perspective, Ph.D. Dissertation, University of California Los Angeles.

Sweetser, E.(1990), *From Etymology to Pragmatics: Metaphorical and Cultural Aspects of Semantic Structure,* Cambridge: Cambridge University Press.

Taylor, J. R.(2002), *Cognitive Grammar*, Oxford: Oxford University Press. (임지룡 · 김동환 옮김(2005), 『인지 문법』, 한국문화사.)

용언의 의미

남 경 완*

1. 들머리

본고에서는 국어 용언을 대상으로 한 의미 연구의 현황을 살펴보고, 이를 바탕으로 향후 용언 의미 연구의 과제에 대해 논의하고자 한다. 이 가운데 용언 의미 연구의 현황을 살펴보는 것은 과거로부터 현재까지의 변화를 개관적으로 되돌아보는 것이고, 앞으로의 과제를 논의하는 것은 현재의 한계를 파악하여 향후 지향해야 할 방향성에 대해 시론적인 의견을 제시하는 것이다.

용언의 의미 연구는 어휘 의미 연구의 한 부분이므로, 용언 의미 연구의 현황과 과제를 살펴보는 것은 용언만의 특수성을 포함함과 동시에 어휘 의미 연구의 일반론과도 연관을 맺는다. 즉, 용언의 의미 연구에서 나타나는 시대적 변화 양상과 이론적 입장에 따른 차이는 다음과 같은 전체 어휘 의미 연구의 일반론적인 흐름과도 궤를 같이 한다.

1950년대 처음 국어학계에 의미론 분야가 소개된 후 본격적인 의미론 연구

* 창원대학교 국어국문학과 교수, namkw@changwon.ac.kr

가 시작된 것은 구조의미론 이론이 도입된 1960년대부터라고 할 수 있다. 초기 통시적인 의미변화의 문제에 국한되었던 의미론 연구는 구조의미론의 영향으로 어휘의 의미 분석과 의미 관계에 대해 관심의 폭이 확장되었으며, 1970년대 낱말밭 이론의 도입으로 이론적 측면에서 의미론 연구 방법론을 확립하는 것과 함께 실제 국어 어휘를 대상으로 한 구체적인 의미 분석의 결과들이 도출되기 시작하였다. 1980년대에는 생성의미론, 형식의미론 등의 이론들을 활용한 국어 의미 연구가 활발하게 진행되었으며, 1990년대 이후에는 인지의미론에 기반을 둔 의미 연구가 새롭게 부각되었다. 2000년대 이후에는 기존의 여러 이론에 기댄 연구들과 함께 코퍼스를 활용한 의미 연구, 전산언어학을 기반으로 한 어휘망 구축을 위한 의미 연구 등 새로운 방법론을 모색한 연구들이 시도되고 있다.[1]

이와 같은 전체 의미론 연구의 흐름 속에서 국어의 용언을 대상으로 한 의미 연구가 가지는 특수성 역시 우선은 그 역사적 흐름을 살펴볼 필요가 있다. 다만, 어떤 연구 주제이든 그것의 역사적 흐름을 살펴보는 방법은 여러 가지가 있다. 가장 단순한 방법으로 각 시대별 특징과 변화 양상을 살펴볼 수도 있고, 서로 다른 이론적 입장을 상호 비교하는 틀로 살펴볼 수도 있으며, 연구 대상의 주요 쟁점별로 정리하여 살펴볼 수도 있다. 물론, 이와 같은 서로 다른 방법들이 기계적으로 분리되는 것은 아니고, 사실상 어떤 방식을 택하든 결과적으로는 비슷한 내용이 될 수도 있다. 시대별 변화는 곧 이론적 입장의 변화에 따라 이루어지기도 하고, 각 이론적 입장에 따라 주요 관심사가 드러나는 쟁점들이 나타나기도 하기 때문이다.

본고에서는 일단 국어 용언의 의미 연구를 주요 쟁점별로 나누어 어떤 연

1 국내 의미론 연구의 역사가 반세기를 넘어서면서 의미론 연구의 역사와 흐름을 되짚어본 연구들이 이미 여러 차례 발표되었다. 최호철(1998)은 구조의미론의 수용 양상에 대하여, 임지룡(2007)은 인지의미론 연구의 현황과 전망에 대하여 제시하였고, 배도용(2007)은 어휘의미론의 연구사를 정리하였으며, 전영철(2016)에서는 국어의 의미 연구에 활용된 의미 이론의 흐름을 제시하기도 하였다. 또한 남길임(2014)에서는 말뭉치언어학의 도입과 연구 현황에 대해 정리한 바 있다. 이에 대해서는 이후 3장에서 좀 더 자세히 살펴보도록 하겠다.

구가 진행되어 왔는지를 살펴보고자 한다. 왜냐하면 어떤 행위나 상태를 표상하는 용언은 의미적 관점에서 다른 어휘 범주와는 구별되는 특징들이 존재하기 때문이다.[2] 즉, 용언은 다른 품사와 달리 지시적 의미로는 표상될 수 없는 현실 세계의 사태(states-of-affairs)와 관련되어 있으므로, 다른 품사에서는 고려하지 않아도 되는 용언만의 특수한 의미 기능에 대한 분석이 포함된다. 문장에서 서술어로 기능하는 용언은 격(case), 의미역과 같은 통사론적 논의와 접점을 가지고 있으며, 아울러 논항구조에 대한 논의는 문장 의미론과도 연결된다.

이에 따라 본고에서는 우선 2장에서 의미 연구사의 관점에서 용언의 의미 연구에서 다루어진 몇몇 주제에 대해 살펴보고, 이후 3장에서 앞으로의 과제와 방향성에 대한 논의를 진행할 것이다.

2. 용언 의미 탐구의 주요 연구 주제와 쟁점

용언의 의미를 탐구하는 연구 주제는 의미 이론이나 연구 방법론 등에 따라 매우 다양하게 세분화될 수 있지만, 본고에서는 좀 더 거시적인 측면에서 의미 분석 방법론, 의미 확장의 양상, 용언의 논항 구조, 특정 용언 부류의 의미 분석에 대해 살펴보고자 한다. 앞의 두 가지 주제는 의미 연구 일반론과 관련되지만 그 가운데 주로 용언을 대상으로 한 연구를 중심으로 살펴볼 것이며, 나중 두 가지 주제는 용언의 특수성을 반영한 연구로서 다른 품사 범주에서는 다루어지지 않는 내용들을 중심으로 살펴볼 것이다.[3]

2 다른 품사와 비교하여 용언의 의미 분석이 지니는 중요성에 대해 남경완(2008: 5-6)에서는 문장 내에서 서술어의 기능을 담당함으로써 다른 문법 범주의 의미 분석에도 직접적인 영향을 미친다는 점, 한 어휘소 내에서 다양한 의미 확장의 양상을 보여준다는 점, 어떤 존재의 존재 양식을 나타내는 2차 실체(2nd Order Entity)로서 필연적으로 그 동사가 서술하는 존재의 속성에 의존하게 된다는 점 등을 제시하였다.

3 다만, 국어학사적 흐름을 짚어 보는 본 연구의 특성상 관련 선행 연구들을 일일이

2.1. 의미 분석 방법론

어휘 의미 분석의 연구는 다의어의 의미 분석과 다양한 의미 관계를 분석하는 것으로부터 전체 어휘 차원에서의 연구로 이어져 왔다. 즉, 연구 대상의 범위에 따라서는 개별 어휘에 대한 의미 분석과 특정 부류에 대한 의미 분석으로 구분되고, 연구 내용에 따라서는 주로 다의어의 의미 분석과 어휘 간의 의미 관계 분석으로 구분된다고 볼 수 있다.

이 가운데 용언을 대상으로 한 의미 연구에서 지금까지 가장 중요하게 다루어진 것은 역시 다의어의 의미 분석이다. 일상적으로 사용하는 고빈도 용언의 경우 그 대부분이 다양한 의미 확장 양상을 보이는 다의어이므로,[4] 용언의 의미를 분석한다는 것은 곧 다의를 분석하는 것과 동일시되어 왔다.

국내 의미론의 역사에서 1970년대까지 다의어에 대한 연구는 주로 다의어와 동음어의 구분 문제에 집중되었다. 다의어에 대해 포괄적인 논의를 시작한 이숭녕(1962)과 이을환·이용주(1964)에 이어, 다의어와 동음어를 비교한 이승명(1969), 다의성을 분석하는 기준과 동음어와의 구별 방법을 연구한 천시권(1977) 등이 대표적이라 할 수 있다.

그러나 1980년대에 접어들면서 다의어에 대한 연구가 심화되면서, 다의 분석의 방법론과 의미 기술 방법 등의 문제로 연구 주제가 확장되기 시작하였다. 이에 따라 용언의 다의를 분석하는 다양한 이론적 틀과 관점이 소개되어 왔지만, 거시적인 차원에서 살펴본다면 이들은 크게 분석적 관점과 생성적 관점으로 대별되는 것으로 보인다. 분석적 관점이 다의어가 가지고 있는 두 개 이상

거론하기보다는 전체적인 맥락을 따라가는 개관적인 내용으로 기술하고자 한다. 반세기가 넘어가는 국어 의미론 연구의 연구 성과들을 하나하나 검토하는 것은 지면의 제약으로 불가능하기도 하고, 특정 연구에 대한 평가를 내리는 것이 본고의 목적은 아니기도 하다. 이번 장의 내용은 최호철(1998), 임지룡(2007), 남경완(2014) 등에서 정리된 내용을 기초로 함을 밝혀둔다.

4 이정식(2003: 263-274)의 분석에 따르면, 11.2%가 다의어인 체언에 비해 용언은 25.8%가 다의어이며, 5개 이상의 단의를 지닌 다의어 가운데 용언이 차지하는 비율은 50%를 넘는다.

의미 간의 공통성과 시차성을 밝혀 별개의 개별 의미로 구분할 수 있는 근거와 기준을 찾고자 하는 데에 주안점을 두는 것이라면, 생성적 관점은 각 개별 의미의 생성 원리나 확장 원리를 설명하는 데에 주안점을 두는 것이라고 할 수 있다(남경완 2008: 24). 전자의 대표적인 예가 어휘의 분절양상을 체계적으로 밝히고자 했던 구조주의적 방법론이라면 후자의 대표적인 예는 의미의 생성과 확장을 인간의 인지 능력과 관련지어 파악하고자 했던 인지의미론이 될 것이다.

이와 같이 용언의 의미 분석 연구에서 가장 중요한 두 축은 구조주의와 인지주의라고 할 수 있는데,[5] 시기적으로는 국내 의미론 연구의 흐름에서와 마찬가지로 용언의 경우에도 구조주의적 연구가 앞서 나타났고, 인지주의적 연구는 1990년대 후반부터 본격화되기 시작하였다. 용언의 다의 분석을 시도한 학위논문을 대상으로 용언의 다의 연구사를 기술한 김숙정(2005: 73)에서는 1983년부터 1994년까지를 용언 다의 연구가 시작된 시기로, 1995년부터 1998년까지를 어휘군의 다의 연구가 시작된 시기로 제시하였고, 인지적 접근 방법의 도입과 본격화는 1999년 이후로 제시하고 있다.

이러한 흐름은 우선 사전학적 기술과 밀접하게 연관된 구조주의적 의미 기술에 기인한다. 1990년대에 활발하게 진행된 여러 대사전의 편찬 사업은 용언을 비롯한 고빈도 어휘들의 다의 기술이 중요한 문제였고, 그 과정에서 대상부류 이론이나 설명결합사전 이론, 또한 코퍼스 언어학의 방법론에 의한 많은 연구가 축적되어 왔다. 그러나 이러한 경향의 연구들은 사전의 완성과 더불어 2000년대 이후에는 다소 줄어들었고, 인간의 인지적, 경험적인 측면에서 의미 확장의 원리를 파악하고 이를 실제 어휘에 적용한 연구들이 인지의미론 영역에서 본격화된 것이다.

그러나 지금까지의 연구에서 '사전학적 기술, 의미의 불연속성, 열거주의,

5 한국어 의미학회의 학술지인 『한국어 의미학』의 논문에서 제시된 총 2,961개의 핵심어를 대상으로 메타 핵심어의 빈도를 조사한 남경완(2012)의 결과에 따르면 주로 인지언어학적 연구에서 제시된 '은유, 인지'와 주로 구조주의적 연구에서 제시된 '구조, 관계'가 모두 최상위에 위치한다.

형식주의' 등으로 제시되는 분석적 관점과 '인간의 인지 과정, 의미의 연속성, 의미 확장의 규칙성, 인지주의' 등으로 제시되는 생성적 관점(남경완 2014: 136)이라는 두 가지의 상반된 연구 태도는 서로의 목적과 관심에 따라 별개로 진행되어 온 한계가 있어 보인다. 그러나 의미의 모습이 하나의 이론으로 설명되기는 어렵다는 점을 고려하면 어휘의 다의 분석이라는 연구에서 각각이 지니는 장점들이 상호 보완되는 접점을 찾아보는 노력도 필요할 것이다.[6]

2.2. 용언의 의미 확장

어떤 어휘의 의미를 분석한 결과 다의어임이 판명되면, 다음 문제는 다의어의 단의들 사이의 관계를 밝히는 것이다. 이것은 곧 의미의 확장 혹은 파생이 어떻게 일어났는지를 살피고, 이를 통해 의미 확장의 원리를 밝히는 것을 뜻한다. 그런데 이와 같이 의미 확장의 양상과 원리를 밝히는 것에 보다 큰 관심을 둔 것은 인지의미론에서이다. 구조주의적 분석이나 생성어휘부 이론에도 관심을 기울이지 않은 것은 아니지만,[7] 의미의 문제를 인지와의 관련 속에서 파악하고 개념적 구조 연구에 초점을 맞추고 있는 인지의미론에서는 은유와 환유라는 기제를 통해 다의어의 의미 확장을 설명하는 데에 끊임없는 노력을 해 오고 있다.

이러한 인지의미론의 방법론으로 다의어의 의미 확장 양상을 제시한 비교적 초기의 연구로 신현숙(1995)을 들 수 있는데, 여기에서는 국어 동사 가운데

6 귀납적 방법에 의한 실제 다의 분석의 결과는 다시 다의 파생의 규칙성과 구체적 양상을 파악하는 데에 기초적인 자료를 제공하며, 반대로 다의파생의 원리와 양상을 밝히는 것은 다시금 다의 분석의 일관성과 체계성을 확보하는 데에 도움을 준다(남경완 2005: 152).

7 김광해(1990)에서는 polysemy를 '다의 현상'으로 번역하고, 이는 하나의 어휘소에 관련되는 의미 현상이라는 점에서 의미 관계에 관한 논의를 하는 자리에서는 제외되어야 한다고 보았으나, 남경완(2005)에서는 이를 '어휘소 내부의 의미 관계'로 파악하여 '다의의 파생 관계'로 지칭한 바 있다. 또한 생성어휘부 이론에서도 규칙적이고 생산적인 다의성에 대해서는 통합적인 의미 기술을 시도하고 있다.

'앉다/서다/눕다'를 대상으로 각각의 원형의미와 확장의미를 그림으로 제시하였다. 이와 같이 추상적 의미를 지니는 용언의 경우 대개 원형의미의 그림을 설정한 후, 그것의 변형을 통해 확장의미의 개념을 제시하는 방식이 사용되어 왔다.

초기 일부 용언을 대상으로 의미 확장의 양상을 개별적으로 탐구하던 연구가 축적되면서 의미 확장의 일반적인 확장 경로를 통해 보다 다양한 어휘 부류의 의미 확장 양상을 살펴보게 된다. 인지의미론에서 제시하는 일반적인 의미 확장의 경로에 대해 임지룡(2009: 212-214)에서는 '사람→동물→식물→무생물', '공간→시간→추상', '물리적 위치→사회적 위치→심리적 위치', '문자성→비유성→관용성', '내용어→기능어'라는 다섯 가지의 확장 경로를 제시하고,[8] 실제 국어 어휘에 적용된 사례를 용언 중심으로 제시한 바 있다.

다음으로 인지의미론에서 의미 확장의 원리로 제시하는 것은 잘 알려져 있는 바와 같이 은유(metaphor)와 환유(metonomy)라는 기제이다. 임지룡(1997a)은 서구의 인지의미론 연구에서 제시되어 온 은유와 환유의 이론적 배경과 주요 원리를 소개함과 동시에 이러한 원리가 국어에 적용되는 예를 잘 보여주고 있다. 이에 따르면, 인지의미론에서 제시하는 은유는 인간 경험의 두 영역, 즉 근원영역(source domain)에서 목표영역(target domain)으로 체계적인 사상(mapping)인 개념적 은유(conceptual metaphors)이며, 환유는 의미 전이(semantic transfer) 과정을 통한 지각 모형이다. 즉, 은유는 유사성, 계열적 관계, 등치 관계, 의미의 불연속성을 특징으로 하는 반면, 환유는 인접성, 결합적 관계, 연쇄 관계, 의미의 투명성을 특징으로 한다.

이와 같은 인지의미론의 이론적 배경을 바탕으로 국어 용언을 대상으로 의미 확장의 양상을 연구한 다수의 연구가 오랜 기간 축적되어 왔다. '검다,

8 이상 다섯 가지의 경로를 전형적인 것으로 제시하고 있는데, 이는 임지룡(1997a)에서부터 수정, 보완되어 온 것이다. 의미 확장의 양상을 다룬 많은 연구들에서도 세부적으로 약간의 차이는 있지만, 대체로 이와 비슷한 경로를 제시하고 있다.

희다, 붉다, 푸르다, 누르다'를 대상으로 국어의 색채 형용사를 연구한 송현주(2003), '보다, 듣다, 느끼다, 맛보다, (냄새)맡다'를 대상으로 감각 동사의 의미 확장 양상을 밝힌 임지룡·송현주(2012), '빼다, 뽑다, 뜯다'를 대상으로 분리성 동사의 의미 확장 양상을 살펴본 황순희(2014) 등이 대표적이다.

그러나 이와 같이 원형의미로부터 일반적인 의미 확장의 경로를 통해 확장 의미가 나타난다고 보는 인지의미론의 관점은 어떤 행위와 상태를 나타내는 용언의 다의 확장 양상을 빠짐없이 기술하기에는 다소간의 한계가 있어 보인다.[9] 실제 추상화된 실재로서의 용언은 체언과 달리 일반적인 규칙에서 벗어난 예들이 더욱 많이 나타나며, 사전학적 기술에서 제시하는 모든 단의들의 관계를 포착하기는 어렵기 때문이다.

2.3. 용언의 논항 구조

앞서 살펴본 다의 분석과 의미 확장의 문제와 달리 논항 구조의 문제는 용언의 경우에 한정하여 연구되어 온 주제이다. 국어의 동사와 형용사는 용언 범주로 묶여 서술적 기능을 수행하며 논항 할당자로서의 역할을 한다는 점에서 의미 분석의 방법론에 있어서도 체언류와는 또 다른 요소가 개입된다. 이로 인해 용언의 통사적 특성을 살피는 것은 용언 의미 기술의 필수적인 요소로 간주되어 왔고, 온전히 의미론의 관점에서 진행된 연구에서뿐만 아니라 논항 구조와 관련된 통사론적 연구에서도 국어 용언의 의미에 대한 연구는 계속 이어져 왔다.

용언의 논항 구조에 대한 관심은 앞서 살펴본 다의어와 동음어의 구분 문제에서부터 관련된다. 지금까지 다의어와 동음어를 구분하는 기준으로는 어원상의 동일성, 의미적 유연성, 통사적 속성의 동일성 등이 제시되어 왔는데,

9 임지룡(1997: 238)에서도 다의어는 사전상의 순차적 배열이 아니라 한결 유기적인 방식으로 구조화되어 있고 이러한 구조의 모형 가운데 의미망 구조가 설명력이 가장 높기는 하지만, 이것이 절대적인 것은 아니며 많은 사례 분석이 뒷받침되어야 한다고 언급한 바 있다.

이 가운데 어원의 문제는 통시적인 관점에서 접근하는 차원이므로, 공시적 차원에서 논의의 핵심은 의미적 유연성에 근거한 의미론적 입장과 통사적 속성에 근거한 통사론적 입장의 차이라 할 수 있다.

흥미로운 것은 이 문제에 있어서는 구조주의적 입장과 인지의미론의 입장이 비슷한 관점을 취하면서 통사론적 입장과 대립된다는 점이다. 은유와 환유라는 의미 확장 기제를 상정하는 인지의미론의 입장은 이미 전술한 바 있고, 구조주의적 입장에서도 의미들 사이의 유사성은 은유가, 근접성은 환유가 중심이 된다고 보고 있다(최호철 1993: 30). 반면 통사론적 입장에서는 의미논항구조의 차이를 발생시키는 통사적 속성들을 기준으로 하여 다의어와 동음어를 구분하는 태도를 취하는데(홍재성 · 박만규 · 임준서 1995), 이로 인해 용언의 경우 대체로 동음어로 처리하는 것이 많아지게 된다.

이러한 두 가지 입장은 각각의 장단점이 존재한다. 의미적 기준이 화자의 의미적 직관에 의존함으로써 의미적 관련성을 입증할 수 있는 객관적 절차가 모호하다는 것이 문제라면, 반대로 이러한 통사적 기준은 관찰될 수 있는 명시적인 근거에만 의존함으로써 지나치게 화자의 의미적 직관과 동떨어진 결과를 도출하게 되는 문제가 있다(남경완 2008: 114-115).

또한 다의어와 동음어의 처리 기준이라는 기초적인 문제와 별개로 몇몇 용언 부류에서 발견되는 특징적인 논항 구조의 모습은 해당 용언의 의미 연구에서 지속적으로 관심을 받아왔다. 기본적으로는 의미역 관련 논의들과 함께 자동사와 타동사의 용법을 동시에 가지는 용언 부류에 대한 다양한 관점의 연구,[10] 격 교체 구문에 대한 활발한 논의[11] 등이 대표적이다. 이러한 연구들은 통사적 관점에서 출발한 것들이라 하더라도 해당 용언들의 통사적 특성을 살펴보는 과정에서 의미적 특성에 대한 논의가 함께 다루어져 왔다. 또한 개

10 이에 대해서는 '자타양용동사'(김문오 1997), '중간동사'(우형식 1998), '능격동사'(고광주 2000) 등 다양한 견해가 제시되어 왔다.

11 대표적인 예로 '백화점에 사람들이 붐비다'와 '백화점이 사람들로 붐비다'와 같은 소위 장소보어교차 구문을 들 수 있다. 이에 대한 연구사적 정리는 남경완(2008: 90-94)을 참고할 수 있다.

별적인 용언이나 부류에 대한 형태·통사적인 제약을 통해 용언의 의미 구조를 밝히려는 시도들 역시 최근까지 계속 이어져 오고 있다.[12]

물론 추상적 실재로서의 의미를 연구하는 의미론적 입장에서는 용언이 가지고 있는 통사적 특성을 의미의 정체성을 확인하는 유일한 요소로 받아들이기는 어렵다고 판단된다. 왜냐하면 이러한 통사론적 연구는 특정한 통사론적 현상들을 설명하기 위해 용언의 의미 특성을 활용하는 것이며 어휘 의미 연구에만 초점을 맞춘 것은 아니기 때문이다. 다만, 용언의 경우 서술적 기능과 관련된 의미의 속성을 구체화하는 데에 논항 구조에 대한 고려는 하나의 필요조건으로 받아들일 수 있을 것이다.

2.4. 특정 용언 부류 분석과 전체 용언 분류 체계

용언의 의미 연구는 개별 어휘 차원에서의 연구와 함께 전체 어휘 차원에서의 연구도 초기부터 이어져 왔다. 이는 공통의 의미 영역에 속하는 어휘를 하나의 의미장(semantic field)으로 묶어 하나의 어휘 체계를 세우려 했던 낱말밭 연구로부터 출발한 것으로 볼 수 있는데, 이미 1970년대부터 허발(1976, 1977), 정시호(1982a, b) 등을 통해 서구의 낱말밭 이론이 소개되었고, 이를 국어에 적용한 배해수(1982), 김응모(1993a, b) 등을 대표로 하여 수많은 낱말밭 연구가 발표되었다.[13]

그러나 특정 용언 부류에 대한 심도 있는 연구는 순수 의미론적인 연구로만 국한되지 않으며, 필연적으로 통사론적 관점에서의 연구와 밀접한 관련을 맺는다.[14] 초기의 연구로 동작 동사와 상태 동사의 체계를 제시한 천기석(1983)

12 국어 동사 '타다'를 대상으로 논항 교체 양상을 살핀 김윤신(2005), 형용사의 형태·통사적 제약을 의미 특성과 관련지어 연구한 김건희(2015) 등을 참고할 수 있다.

13 그러나 낱말밭 이론을 통해 국어의 어휘 체계를 수립하려는 연구는 2000년대 이후 거의 사라진 것 같다. 국어의 낱말밭 연구는 특정 의미 영역의 어휘 체계를 정리하였다는 의의를 가지고 있지만, 각 어휘의 기본 의미만을 대상으로 한 귀납적 정리였으므로 그 확장성이 높지 않았던 듯하다. 다만, 이러한 연구는 이후 온톨로지에 기반한 어휘 의미망을 구축하는 연구와 연결되어 있다.

이나 국어 심리 동사를 대상으로 통사적, 의미적, 화용적 특성을 종합적으로 논의한 김흥수(1993) 등이 대표적이다. 이후 형용사를 대상으로 한 유현경(1998)과 김정남(1998), 국어 자동사를 대상으로 한 한송화(2000), '있다'의 의미와 통사적 특성을 연구한 신선경(2002) 등으로 이어져 왔다. 또한 국어의 이동 동사는 통사론적 관점과 의미론적 관점 모두에서 상당히 많은 연구가 진행되어 왔다. 이동 동사를 '-러' 보충문과 결합할 수 있는 동사류라는 통사적 기준으로 정의내린 홍재성(1983)의 논의가 전자의 예라면, 이동성의 개념을 근본적으로 의미적 차원으로 바라본 전수태(1987), 채희락(1999), 임지룡(1998) 등의 논의는 후자의 예라 할 수 있다. 이와 같이 의미론적 관점에서 특정 용언 부류에 대해 살펴본 연구는 인지 동사의 통사적, 의미적 특성을 살핀 변정민(2001), 감정 동사 구문의 개념 구조를 제시한 조경순(2012), 발화 동사의 의미 분류 체계를 제시한 정유남(2016) 등으로 현재까지도 계속 이어지고 있다.

또한 의미 범주에 따른 특정 용언 부류를 살펴본 연구와 더불어 용언의 기능적, 의미적 속성에 따라 전체 용언의 체계를 세우려는 연구도 함께 진행되어 왔다. 그 가운데 가장 활발하게 진행되어 온 용언의 의미적 분류 연구는 바로 용언의 상적 특성에 대한 연구이다. Vendler(1967)에서 상적 속성(Aktionsart)에 따라 [±static], [±punctual], [±telic]의 세 가지 자질을 이용해 state, achievement, accomplishment, activity의 네 가지 유형으로 분류한 동사의 체계가 소개되고, 국내에서도 국어의 용언을 [±상태성], [±완성성], [±순간성]이라는 자질을 이용하여 분류하는 논의들이 이남순(1998), 박덕유(1999) 등에서 이루어졌다.

용언의 의미적 분류 체계를 세우려는 시도는 이후 1990년대 들어 어휘망

14 이에 대해 최호철(1998: 25-26)에서는 어휘 의미 연구에 대해 생성 언어학의 통사론적 관점이 지니는 문제점에 대해 지적한 바 있다. 즉, 문장을 생성하는 과정을 중시하는 생성 언어학에서는 문장을 생성하는 데 직접적으로 필요한 의미만 기술하면 되는데, 이로 인해 어휘의 의미에 대한 연구가 통사 구조를 해명하는 방편으로 전락하게 된 것을 비판하였고, 이를 극복하기 위해서는 통사 구조를 설명하는 데 필요한 의미는 어휘 의미의 최소치라는 인식을 분명히 해야 함을 주장한 바 있다.

구축과 관련된 연구로 확장되었는데, 이는 어휘부를 의미 영역으로 분리하여 의미장으로 제시한 WordNet이 대표적인 결과라 할 수 있다. 이는 영어를 대상으로 한 것이고, 용언뿐만 아니라 전체 어휘 범주에 대한 의미망 구성이지만, 특히 용언의 경우 의미적 속성에 따라 하위 유형 분류를 제시하려고 했다는 점에서 참고가 된다.[15]

이상과 같이 개별 어휘 차원을 넘어서서 특정 용언 부류를 대상으로 통사적, 의미적 특성을 살핀 연구들과 더 나아가 전체 용언의 의미 분류 체계를 수립하려는 시도들이 오랜 기간 이어져 오고 있다. 이러한 연구들은 대규모의 어휘 데이터베이스를 기반으로 한 실증적인 의미 연구로 나아가고 있다.

3. 용언 의미 탐구의 과제와 전망

용언 의미 연구의 과거를 돌아볼 때와 마찬가지로 앞으로의 방향성을 어떻게 설정할 것인가에 대해 논의하는 것 역시 일차적으로는 어휘 의미론의 일반적인 과제를 공유한다. 이미 1990년대부터 어휘 의미 연구의 과제와 전망에 대한 논의도 시작되었는데, 그 대표적인 논의를 현재 시점에서 다시 살펴보는 것에서 시작해 보자.

어휘 의미 연구의 방향을 모색한 임지룡(1997b)에서는 의미 연구의 목표에 대한 명시성과 타당성, 대상에 대한 체계성과 균형성, 방법에 대한 효율성과 토착성을 확보하는 것을 중요한 과제로 제시하였다. 또한 최호철(1998)에서는 당시 상황에 대한 문제점을 진단함으로써 이를 해결하기 위해 나아가야 할 바를 좀 더 구체적으로 언급하였는데, 여기에서는 어휘 의미론의 개념을 확실히 하고, 통사 구조를 설명하는 데에 필요한 의미는 어휘 의미의 최소치

15 WordNet에서는 동사를 '동작(events or actions) 동사'와 '상태(states) 동사'로 양분하고, 동작 동사를 다시 14개로 하위분류하고 있지만, 여전히 병렬적인 의미 영역의 나열에 그치는 한계를 지니고 있었다.

라는 인식을 해야 하며, 전체적인 균형을 맞추기 위한 공동 연구 모임의 결성이 필요하다는 점을 제시하고 있다.

20여 년이 지난 현재 상황에서 위와 같은 과제들이 얼마나 해결되어 있는지를 가늠해 본다면, 어떤 부분은 상당한 진전을 이루기도 하였지만, 여전히 20년 전의 문제가 그대로 남아 있는 부분이 상당수인 것도 사실이다. 그 가운데 본고에서는 일단 동사와 형용사를 아우르는 국어 용언의 특수성에 좀 더 초점을 맞추어 앞으로의 과제에 대해 살펴보고자 한다.[16]

첫 번째 과제로 실제 수많은 국어의 용언 어휘를 대상으로 한 구체적이고 체계적인 의미 분석 연구의 지속성을 유지하는 것이 필요하다. 물론 이는 새로운 것은 전혀 아니다. 또한 지난 반세기 동안 다양한 이론적 틀을 이용한 용언 의미 분석이 시도되어 왔지만, 그렇다고 현재 시점에서 국어 용언 어휘의 의미 분석이 완료되었다고 볼 수는 없다. 실제 개별 단어들을 대상으로 한 미시적 연구는 언제까지나 계속되어야 하는 의미 연구의 기초이다.

다만, 현재 시점에서 이러한 미시적 연구는 연구 대상의 확장과 연구 내용의 심화라는 두 가지 측면에서 함께 이루어질 필요가 있다.

우선 연구 대상의 확장이라는 측면에서는 보다 다양한 용언 어휘에 대한 의미 분석이 시도되어야 할 것이다. 지금까지 실제 어휘를 대상으로 의미를 분석한 연구들은 고빈도의 기초 어휘로부터 출발하여 다양한 의미 확장 양상을 보이는 어휘를 중심으로 이루어져 왔다. 그것은 국어학의 여러 분야 가운데 의미론 분야의 출발이 가장 늦었던 점을 감안하면 당연한 순서였을 것이다. 물론 1990년대 이후 여러 대사전의 편찬이 완료되면서 용언을 비롯한 국어 어휘의 의미 분석이 어느 정도 집대성되었다고 볼 수도 있지만, 그것은 근본적으로 실용적 차원에서의 의미 기술이라는 한계를 가진다.[17]

---

16 향후 전망과 과제에 대한 논의가 대개 그렇듯이 본고 역시 많은 부분에서 구체적이고 실질적인 대안을 제시하지 못하는 한계를 지닌다. 다만, 2장에서 살펴본 용언 의미 연구의 역사를 바탕으로 앞으로 보다 관심을 기울여야 한다고 생각되는 몇몇 부분들에 대해 주관적인 견해를 제시하고자 한다.

17 홍재성 · 김현권(2003: 39-40)에서는 당시까지 다의를 연구하는 접근 방식을 세 가

이론적 차원에서 용언의 의미 분석을 시도한 초창기 연구들은 대개 대표적인 예시 단어를 통해 각자의 방법론을 소개하고 그것의 이론적 타당성을 입증하고자 하는 것들이었다. 그러나 하나의 모델 혹은 예시로서 한두 단어의 의미 분석 결과를 제시하는 것에 그치고, 이후 그와 유사한 또 다른 단어에 대한 의미 분석을 시도함으로써 이론적 틀을 완성시켜 나가는 지속적인 연구는 그리 많지 않았던 듯하다.[18]

다음으로 연구 내용의 심화라는 측면에서는 지금까지의 의미 연구 성과를 비판적으로 재검토하고 이를 종합하려는 시도가 필요하다. 이는 전통적인 용언 의미 분석 결과를 정교화하고 세밀하게 가다듬는 작업이라 할 수 있으며, 그 출발점은 용언 어휘에 대한 기존의 연구 결과들을 재고찰해 보는 것이다. 언어는 시대에 따라 변화해 가며, 특히 언어의 의미적 요소는 사회적, 문화적 환경에 따라 그 변화 양상이 더욱 다양하다. 그럼에도 용언의 의미 분석은 특정 이론이나 연구자에 의해 개별적으로 진행되어 왔고, 대체로 한 번 분석이 시도된 용언 어휘에 대해 또 다른 연구가 진행된 예가 많지 않다. 다만, 국어 동사 '사다'와 '팔다'에 대해서는 서로 다른 이론적 틀로 분석한 논문들이 발표되었고,[19] 이들을 대상으로 남경완(2014)에서는 각 이론이 용언의 의미적 특성 가운데 어떤 부분에 초점을 맞추고 있는지를 살펴본 바 있지만,

지 유형으로 구분하였는데, 첫째는 다의가 의미론의 이론 영역에서 제시하는 제반 문제를 다루는 이론적 접근이고, 둘째는 다의를 실제로 사전에서 어떻게 기술할 것인가를 다루는 실천적 접근이며, 셋째는 컴퓨터를 활용하는 언어자료의 자동처리 관점에서 다의를 어떤 방식으로 처리할 것인가를 다루는 응용적 접근이다.

18 물론 학위논문과 같이 충분한 분량으로 기술할 수 없는 일반 학술지 논문에서 많은 어휘를 다루는 것은 쉽지 않은 일이며, 더군다나 용언의 경우에는 그 다의의 양상이 다른 품사 범주에 비해 훨씬 복잡하므로 더더욱 지면의 한계를 가지게 된다. 하지만 하나의 의미 분석 방법론이 타당성을 얻기 위해서는 보다 많은 어휘를 연구 대상으로 한 검증과정이 필요할 것이다.

19 구조주의적 방법론에 따른 최호철(1993), 인지의미론의 방법론을 적용한 임지룡(1991), 생성어휘부 이론에 따른 강범모(2002), 설명결합사전의 다의 기술 방식을 채택한 홍재성 · 김현권(2003), 틀의미론의 방법론을 적용한 남경완 · 이동혁(2004)의 다섯 편이다.

동일한 단어에 대해 서로 다른 입장과 관점의 분석이 나타나는 경우는 많지 않은 듯하다.

결국 이와 같이 용언 어휘의 일부씩을 각각 나누어 서로 중첩되지 않는 상태로 연구가 진행되어 왔기에 어떤 구체적인 의미 분석 과정에 대한 실증적이고 세밀한 논쟁이 촉발되는 일도 드물 수밖에 없었다.[20] 이러한 상황은 대단히 넓은 연구 범위를 가질 수밖에 없는 용언의 의미 연구 영역을 최대한 넓게 아우르는 데에는 긍정적일 수도 있었겠지만, 이미 어느 정도의 기초 연구가 진행된 시점에서라면 서로 간의 접점을 찾아보고 종합함으로써 의미 연구의 깊이를 더하려는 노력이 필요할 것이다.

두 번째로 개별 용언의 의미 분석 연구를 바탕으로 국어 전체 용언의 의미적 분류 체계를 세우려는 연구가 본격화될 필요가 있다. 개별 어휘에 대한 연구가 기초적이고 미시적인 연구라면 전체 어휘를 대상으로 하나의 체계를 세우려는 것은 종합적이고 거시적인 연구가 된다. 대체로 하나의 어휘에서 출발하여 그와 계열적으로 의미 관계를 맺고 있는 어휘쌍의 연구로 나아가고, 다시 공통의 의미 속성을 공유하여 하나의 의미 부류로 묶일 수 있는 어휘군에 대한 분석으로 확장된 후 최종적으로 전체 어휘의 의미 분류 체계를 제시하는 것이 어휘 의미 연구의 일반적인 흐름이라 할 수 있다. 그렇다면 비록 용언이라는 범주가 다른 범주보다 상대적으로 훨씬 더 추상적이고 다의성이 크다 할지라도 국어 용언 전체를 대상으로 한 의미 분류 체계에 대한 연구가 필요하다.

그러나 개별 어휘 차원에서의 용언 의미 연구는 다의 분석, 의미 확장 등과 같은 어휘 의미론의 일반적인 주제뿐만 아니라 의미역, 논항구조 등과 같은

---

20 이러한 경향에 대해 최호철(1998: 26)에서는 이는 연구자 개인의 문제라기보다는 어휘의 특성과 연구의 구조적인 문제 때문인 것으로 진단하고 있다. 즉, 어휘라는 연구 대상은 그 수가 너무 많아 연구가 산발적으로 진행되어 전체적인 균형을 유지하기 어렵다는 것이다. 그리고 이를 극복하기 위한 방법으로 우선 공동 연구 모임의 결성을 제안하고 있다. 20년이 지난 현재 의미 연구 학회가 여럿 창립되었으나, 여전히 종합적 연구는 많지 않은 듯하다.

용언만의 특징적인 의미 특성에 대해 다각도로 진행되어 왔지만, 이들을 종합하여 용언의 전체적인 의미 분류 체계를 세우려는 시도는 체언이나 수식언의 경우와 비교하면 상대적으로 아직까지 정밀화되어 있지 못하다.

국어 용언의 분류는 전통적으로 형태·통사론적 차원에서 제시된 동사와 형용사, 자동사와 타동사의 구분, 그리고 사동사나 피동사 등과 같은 문법적 범주와 관련된 하위 부류가 제시되는 것에 그친다.[21] 물론 동작과 상태, 자동과 타동, 사동과 피동 등과 같은 개념도 근본적으로 어휘가 지닌 의미 특성 중의 하나로 볼 수 있지만, 이는 본격적으로 의미를 기준으로 한 하위분류 체계라고 보기는 어렵다.

반면 국어 전체 용언을 대상으로 어휘의미론적인 방법에 따라 하위분류 체계를 제시하였던 연구로는 천기석(1983)을 참고할 수 있다. 여기에서는 국어의 용언을 동작동사와 상태동사로 구분한 것은 여타의 논의와 동일하지만, 이후 공통되는 동사류의 등치의미를 설정하여 동작동사와 상태동사의 하위체계를 제시한 것이 특징적이다.[22]

앞서 살펴본 바와 같이 지금까지 전체 용언을 대상으로 의미적 분류 체계를 제시한 연구는 크게 두 가지 방향으로 정리된다. 하나는 용언의 상적 속성에 따라 분류한 것이고, 또 다른 하나는 용언의 의미 부류에 따라 특정 용언군을 묶어 제시한 것이다. 전자의 경우 전체 용언을 계층적으로 나눈 것이기는 하지만, 이는 주로 용언의 상 연구에서 출발한 것으로 용언의 의미 분석을 기초로 진행된 것은 아니며 'state, action, achievement, accomplishment'의 4분

21 이는 유길준, 주시경, 김규식, 김두봉, 최현배 등으로 이어진 국어 전통문법에서의 용언 분류 체계가 거의 그대로 현재까지 이어져 온 것이다. 도리어 의미적 관점에서 용언의 하위 부류를 제시한 것으로는 이완응(1929)에서 처음 설정한 '존재사'를 들 수 있다. 이는 '있다/없다/계시다'를 '사물의 有無를 표시하는 語'로 정의한 것인데, '존재사'를 별도의 품사로 설정하는 것이 적절한가에 대한 논의와 무관하게 순수하게 의미적 관점에서 국어 용언의 한 하위 부류를 제시한 것이라는 점에서 참고가 된다.

22 동작동사는 '수여, 소유, 이동, 부정, 비교, 상접, 조종, 보류, 가변'의 9가지 유형으로, 상태동사는 '도량, 평결'의 2가지 유형으로 나눈 후, 다시 각각을 '기본도량, 부차도량', '추론의미, 감각의미'로 구분하였다.

체계로 모든 국어 용언의 의미적 특성을 제시하기는 어렵다는 한계가 있다. 후자의 경우에는 특정 의미 영역에 속하는 용언들을 하나의 집합으로 제시하여 어휘망을 구축하는 데에는 장점을 가질 수 있지만, 일관된 기준에 의해 계층적으로 구조화되어 있지 않기 때문에 유한 수의 폐집합으로 구성되기 어렵다는 한계가 있다. 결국 상적 속성에 의한 분류는 전체 동사를 포괄할 수는 있지만 상적 속성은 용언이 지니고 있는 여러 의미적 특성 중 하나일 뿐이므로, 의미적 기준에 의한 용언의 전체 분류 체계를 구성하기 위해서는 다양한 의미 특성들을 고려하여 그 영역을 세분하고 이를 다시 계층화할 필요가 있다.

마지막으로 인접 학문과의 연계를 통하여 의미 연구에 새로운 방법론들을 적용하는 시도가 필요하다는 점에 대해 간략히 언급하고자 한다. 물론 이것은 용언에만 해당하는 것은 아니고 이미 오래전부터 다양한 연구들이 진행되어 온 것이지만, 의미 연구의 폭과 깊이를 넓히기 위해서는 새롭게 출현한 방법론에 주목할 필요가 있다.

전통적인 이론 언어학의 영역을 넘어서서 인접 학문과의 연계를 통해 새로운 방법론으로 의미 연구의 폭을 넓힌 분야 중 가장 오래된 시도는 코퍼스 언어학이 아닐까 싶다. 대규모의 언어 정보를 데이터베이스로 구축하고, 이를 통해 실증적인 자료를 추출해낼 수 있게 됨으로써 의미론 분야에서도 보다 구체적인 연구 결과를 제시할 수 있게 되었다. 특히 용언의 경우 코퍼스를 활용하여 얻을 수 있는 정보가 매우 유용하게 활용되어 왔다. 즉, 동사와 형용사의 논항에 출현하는 공기어 정보를 추출하여 선택 특성에 의한 의미 변별을 시도할 수 있었으며, 다양한 문형 패턴에 대한 정보도 체계적으로 기술할 수 있게 되었다. 이러한 결과는 코퍼스를 활용한 대규모 사전 집필에 직접적인 영향을 미쳐왔다.

이와 같이 발달된 언어 정보 처리 기술을 이용한 연구는 이론의 정합성을 뒷받침하는 자료를 제공하는 차원에 머무르지 않고, 이러한 대규모의 자료를 관찰하고 해석하는 과정을 통해 결국은 새로운 이론을 만들어내는 단계로 나아가기도 한다. 특히 추상적 실체로서의 의미를 연구하기 위해서는 필수적으로 인접 학문과의 연계가 이루어져야 한다.[23] 전통적인 심리학이나 문화인류학 등의 분야나 현대 과학기술을 활용할 수 있는 뇌 과학, 정보과학 등의 분야가 모두 포함될 것이다.

4. 마무리

지금까지 국어 용언 의미 탐구의 과거와 현재를 살펴보고 이를 바탕으로 앞으로의 과제에 대하여 논의하였다. 용언의 의미 연구는 어휘 의미론의 한 부분으로서 일반론적인 흐름과 큰 틀에서 일치하지만, 서술어로서의 기능을 담당하는 용언의 특수성에 따라 다른 품사 범주와는 구별되는 연구 주제들이 논의되어 왔으며, 앞으로 진행되어야 할 용언 의미 연구의 과제 역시 이러한 일반성과 특수성이 함께 나타날 것이다.

이에 따라 본고에서는 우선 용언 의미 연구의 주요 쟁점을 의미 분석 방법론, 의미 확장의 양상, 용언의 논항 구조, 특정 용언 부류의 의미 분석으로 나누어 살펴보았다. 주요 용언 어휘에 대한 의미 분석은 구조주의적 입장의 다의 분석에서 출발하여 이후 여러 이론적 입장에서 연구가 진행되었고, 의미 확장에 대한 연구는 주로 생성적 관점의 인지의미론의 입장에서 진행되어 왔다. 또한 용언만의 특수성에 기인한 논항 구조에 대한 연구는 격, 의미역과 같은 통사론적 논의와 접점을 가지고 진행되어 왔으며, 어휘 의미론을 넘어서서 문장 의미론의 영역과도 연결된다. 이러한 개별 어휘 차원의 연구는 용언 부류를 대상으로 통사적, 의미적 특성을 살핀 연구들과 전체 용언의 의미 분류 체계를 수립하려는 시도들로 이어져 왔다.

---

23 이미 음운, 형태, 통사의 연구에서는 다양한 실증적인 연구 방법이 시도되고 있다. 고희정(2018: 77-78)에서는 실험통사론의 연구 방법론을 소개하면서 체계적인 실험 연구를 통해서 가설을 검증하고 예측하는 실험언어학 방법론은 이미 상당히 대중화되어 있으며 언어학과 생물학, 언어학과 심리학의 경계가 무너지고 활발히 협업이 일어나는 것은 매우 자연스러운 현상이라고 진단하고 있다.

다음으로 용언 의미 연구의 향후 과제로 실제 용언 어휘를 대상으로 한 구체적인 의미 분석 연구를 지속적으로 유지하고, 이를 바탕으로 국어 전체 용언의 의미적 분류 체계를 세우려는 연구가 필요함을 제시하였다. 또한 심리학, 인지과학, 정보처리 등 인접 학문과의 연계를 통하여 의미 연구의 폭과 깊이를 심화시켜 나갈 필요성을 제시하였다.

반세기가 넘는 국내 의미론의 역사에서 용언의 의미 연구는 그 연구의 대상과 범위, 연구의 내용과 방법 면에서 매우 큰 관심이 되어 왔으며, 앞으로의 방향성에 대해서도 계속적으로 논의가 이어져 왔다. 현재까지의 연구사와 향후 전망에 대한 본고의 기술은 여전히 개관적이고 추상적인 수준이지만, 현재의 한계를 최대한 세밀하게 살펴보고자 하였으며 이러한 진단을 토대로 보다 구체적인 용언 의미 연구로 이어지기를 기대한다.

참고문헌

강범모(2002), “생성어휘부 이론의 다의어 기술 방법과 그 적용: ‘사다’와 ‘팔다’”, 『어학연구』 38(1): 275-293, 서울대학교 어학연구소.

고광주(2000), “국어의 능격성 연구”, 고려대학교 대학원 국어국문학과 박사학위논문.

고희정(2018), “통사이론의 변천과 실험연구 방법론”, 『2018년도 한국어학회 · 우리말학회 공동 전국학술대회 발표논문집』, 61-80, 한국어학회 · 우리말학회.

김건희(2015), “형용사의 의미 특성과 관련된 형태 · 통사적 제약에 대한 재고”, 『한국어 의미학』 47: 129-165, 한국어 의미학회.

김광해(1990), “어휘소간의 의미 관계에 대한 재검토”, 『국어학』 20: 28-46, 국어학회.

김문오(1998), “국어 자타 양용동사 연구”, 경북대학교 대학원 국어국문학과 박사학위논문.

김민수(1980), 『국어의미론』, 일조각.

김봉주(1988), 『개념학: 의미론의 기초』, 한신문화사.

김숙정(2005), “용언의 다의 연구사: 학위 논문을 중심으로”, 최호철 편, 『학위 논문의 국어 의미 연구 경향 2』, 71-82, 월인.
김윤신(2005), “‘타다(乘)’ 동사의 논항교체와 다의성”, 『언어학』 43: 239-269, 한국언어학회.
김응모(1993a), 『국어 이동 자동사 낱말밭: 평행이동편』, 서광학술자료사.
김응모(1993b), 『국어 이동 자동사 낱말밭: 수직이동편』, 서광학술자료사.
김정남(1998), “국어 형용사의 연구”, 서울대학교 대학원 국어국문학과 박사학위 논문.
김현권(2000), “EuroWordNet의 구성원리와 설계”, 『언어학』 27: 145-177, 한국언어학회.
김흥수(1993), 『현대국어 심리동사 구문 연구』, 탑출판사.
남경완(1999), “어휘의미론 연구사”, 김민수 편, 『현대의 국어연구사』, 163-178, 박이정.
남경완(2005), “의미 관계로서의 다의 파생 관계에 대한 고찰”, 『한국어 의미학』 17: 151-175, 한국어 의미학회.
남경완(2008), 『국어 용언의 의미 분석』, 태학사.
남경완(2012), “국어 의미론 학술 용어의 사용 양상: 『한국어 의미학』 논문을 중심으로”, 『한국어 의미학』 37: 1-25, 한국어 의미학회.
남경완(2014), “국어 동사 다의성 연구의 흐름과 쟁점”, 『한국어 의미학』 46: 11-39, 한국어 의미학회.
남경완 · 이동혁(2004), “틀의미론으로 분석한 ‘사다’와 ‘팔다’의 의미 분절 양상”, 『언어』 29(1): 1-24, 한국언어학회.
남길임(2014), “‘이론으로서의 말뭉치언어학’에 대한 연구 현황과 쟁점”, 『한국어 의미학』 46: 163-187, 한국어 의미학회.
노석은(2005), “용언의 의미 관계 연구사: 학위 논문을 중심으로”, 최호철 편, 『학위 논문의 국어 의미 연구 경향 2』, 83-93, 월인.
도원영(2002), “국어 형용성 동사 연구”, 고려대학교 대학원 국어국문학과 박사학위논문.
박덕유(1999), “상의 본질적 의미와 동사의 자질에 대한 재고찰”, 『국어학』 33: 177-212, 국어학회.
박만규(2002), “다의어의 의미 분할과 의미 부류”, 『한글』 257: 201-242, 한글 학회.

박영순(2003), 『한국어 의미론(개정증보판)』, 고려대학교출판부.
배도용(2007), "어휘의미론 연구의 현황과 전망: 어휘의미론 연구사를 중심으로", 『우리말연구』 21: 3-34, 우리말학회.
배해수(1982), "현대국어의 생명종식어에 대한 연구", 고려대학교 대학원 국어국문학과 박사학위논문.
변정민(2001), "국어의 인지(認知) 동사 연구: 통사적 · 의미적 특성을 중심으로", 고려대학교 대학원 국어국문학과 박사학위논문.
서정수(1996), 『국어문법(수정증보판)』, 한양대학교 출판원.
송현주(2003), "색채 형용사의 의미 확장 양상", 『언어과학연구』 24: 131-148, 언어과학회.
신선경(2002), 『'있다'의 어휘 의미와 통사』, 태학사.
신현숙(1995), "동사 『앉다/서다/눕다』의 쓰임과 의미 확장", 『한글』 227: 185-214, 한글 학회.
신현숙(1998), 『의미 분석의 방법과 실제』(개정판), 한국문화사.
양태식(1984), 『국어구조의미론』, 태화출판사.
우형식(1996), 『국어 타동구문 연구』, 박이정.
우형식(1998), 『국어 동사 구문의 분석』, 태학사.
유현경(1998), 『국어 형용사 연구』, 한국문화사.
이기동 편저(2000), 『인지언어학』, 한국문화사.
이남순(1998), 『시제 · 상 · 서법』, 월인.
이동혁(2004), "의미 관계의 저장과 기능에 대하여", 『한글』 263: 95-124, 한글학회.
이숭녕(1962), "국어의 Polysemy에 대하여", 『문리대학보』 16: 15-21, 서울대학교.
이승명(1969), "동음어의 연구A: 생성요인의 규명을 위한 시론", 『어문학』 20: 45-69, 한국어문학회.
이승명(1998), "국어 의미론 연구사", 이승명 엮음, 『의미론 연구의 새 방향』, 1-33, 박이정.
이완응(1929), 『중등교과조선어문전』, 조선어학회. (김민수 외 편저(2009), 『역대한국문법대계II』, 박이정 재수록.)
이을환 · 이용주(1964), 『국어의미론』, 수도출판사.
이정식(2003), 『다의어 발생론』, 역락.
임지룡(1997a), 『인지의미론』, 탑출판사.

임지룡(1997b), “21세기 국어 어휘 의미 연구의 방향”, 『한국어 의미학』 1: 5-28, 한국어 의미학회.
임지룡(1998), “주관적 이동 표현의 인지적 의미 특성”, 『담화와 인지』 5(2): 35-64, 담화 · 인지 언어학회.
임지룡(2001), “다의어 ‘사다’ ‘팔다’의 인지의미론적 분석”, 『국어국문학』 129: 165-190, 국어국문학회.
임지룡(2007), “인지의미론 연구의 현황과 전망”, 『우리말연구』 21: 51-104, 우리말학회.
임지룡(2009), “다의어의 판정과 의미 확장의 분류 기준”, 『한국어 의미학』 28: 193-226, 한국어 의미학회.
임지룡 · 송현주(2012), “감각 동사의 의미 확장 양상 연구”, 『담화와 인지』 19(1): 155-179, 담화 · 인지 언어학회.
전수태(1987), 『국어 이동동사의 의미 연구』, 한신문화사.
전영철(2007), “한국어 의미 연구와 의미 이론”, 『한글』 313: 5-25, 한글 학회.
정시호(1982a), “어장연구: 의미소에 의한 분석을 중심으로”, 『독어독문학』 2: 3-73, 경북대학교 독어독문학연구회.
정시호(1982b), “어장이론에 대한 연구: 그 개념규정을 중심으로”, 『어문연구』 7: 7-33, 경북대학교 어학연구소.
정유남(2016), “한국어 발화 동사의 의미 분류 체계 연구”, 고려대학교 대학원 국어국문학과 박사학위논문.
조경순(2012), “국어 감정동사 구문의 개념구조 연구”, 『한국어학』 56: 245-273, 한국어학회.
채희락(1999), “이동동사의 정의와 분류”, 『현대문법연구』 15: 79-100, 현대문법학회.
천기석(1983), “국어의 동작동사와 상태동사의 체계연구 (1)”, 『어문론총』 17: 1-59, 한국문학언어학회(구 경북어문학회).
천기석(1984), 『국어 동작 동사와 상태 동사의 체계 연구』, 형설출판사.
천시권(1977), “다의어의 의미분석”, 『국어교육연구』 9: 1-9, 국어교육학회.
최호철(1993), “현대 국어 서술어의 의미 연구: 의소 설정을 중심으로”, 고려대학교 대학원 국어국문학과 박사학위논문.
최호철(1998), “구조 의미론의 수용 양상과 국어 어휘 의미론의 과제”, 『한국어 의미학』 2: 11-39, 한국어 의미학회.

한송화(2000), 『현대 국어 자동사 연구』, 한신문화사.
허　발(1976), "낱말밭과 개념밭에 대하여", 『한글』 158: 73-98, 한글 학회.
허　발(1977), "밭의 이론", 『한글』 160: 375-423, 한글 학회.
홍재성(1983), "이동동사와 행로(parcours)의 보어", 『말』 8: 151-167, 연세대학교 언어연구교육원 한국어학당.
홍재성(1986), "교차 장소보어 구문 연구", 『한글』 191: 53-76, 한글 학회.
홍재성(1987), 『현대 한국어 동사구문의 연구』, 탑출판사.
홍재성 · 김현권(2003), "Mel'čuk의 설명결합사전과 한국어 동사 '사다/팔다'의 의미 기술", 『언어학』 35: 39-75, 한국언어학회.
홍재성 · 박문균 · 임준서(1995), "현대 한국어 동사구문사전 편찬을 위하여", 『말』 20: 81-127, 연세대학교 언어연구교육원 한국어학당.
황순희(2014), "한국어 분리성 동사의 의미확장 양상 분석: {빼다}, {뽑다}, {뜯다}를 대상으로", 『언어과학』 21(4): 193-228, 언어과학회.
Cruse, D. A.(1986), *Lexical Semantics*, Cambridge: Cambridge University Press.
Cruse, D. A.(2000), *Meaning in Language*, Oxford: Oxford University Press. (임지룡 옮김(2002), 『언어의 의미: 의미 · 화용론 개론』, 태학사.)
Fillmore, C. J.(1968), The case for case, *Universals in Linguistics Theory,* 1-88, Holt: Rinehart and Winston.
Fillmore, C. J.(1982), Frame Semantics, *Linguistics in the Morning Calm*, 111-137, Seoul: Hanshin Publishing Co.
Forder, J. D.(1977), *Semantics: Theory of Meaning in Generative Grammer*, New York: T.Y.Crowell. (김봉주 역(1982), 『의미론』, 한신문화사.)
Jakendoff, R.(1972), *Semantic Interpretation in Generative Grammar,* Cambridge and London: The MIT Press.
Jakendoff, R.(1983), *Semantic and Cognition,* Cambridge and London: The MIT Press.
Jackendoff, R.(1990), *Semantic Structures,* Cambridge and London: The MIT Press. (고석주 · 양정석 옮김(1999), 『의미구조론』, 한신문화사.)
Lyons, J.(1977), *Semantics,* Cambridge: Cambridge University Press.
Ogden, C. K. & I. A. Richard(1923), *The Meaning of Meaning: A Study of the Influence of Language upon Thought and of the Science of Symbolism,* London: Kegan Paul. (김봉주 역(1986), 『의미의 의미』, 한신문화사.)

Pustejovsky, J.(1995), *The Generative Lexicon,* Cambridge, M.A.: The MIT Press.

Saussure, F. de.(1916), *Cours de Linguistique Générale*, Lausanne et Paris: Payot. (최승언 옮김(2006). 『일반언어학 강의』, 민음사.)

Ullmann, S.(1951), *The Principle of Semantics: A Linguistic Approach to Meaning,* Glasgow: Jackson & Oxford: Basil Blackwell. (남성우 역(1981), 『의미론의 원리』, 탑출판사.)

Ullmann, S.(1962), *Semantics: An Introduction to the Science of Meaning,* Oxford: Basil Blackwell. (남성우 역(1987), 『의미론: 의미과학입문』, 탑출판사.)

Vendler, Z.(1967), Verbs & Times, *Linguistics in Philosophy*, Ithaca, N.Y.: Cornell University Press.

부사의 의미

손 남 익*

1. 들머리

국어의 부사어는 문장의 필수성분인 주어, 목적어, 보어, 서술어에 비하여 상대적으로 연구가 적었다. 아울러 품사로서의 부사의 연구도 명사, 동사에 비하여 연구가 적었던 것 또한 사실이다. 부사는 일반적으로 문장의 중심 역할을 수행하는 서술어를 수식 한정하는 역할을 수행하지만, 부사는 서술어 이외에도 문장 전체를 수식하는 경우도 있고, 때로는 다른 부사나 관형사를 수식하는 경우도 있다. 부사에 따라서는 특정한 동사와 연어관계를 형성하면서 동사의 의미를 정밀하게 보여주기도 한다.

국어의 관형사는 체언을 수식한다는 특징을 가지고 있는데, 이런 기준으로 한다면 부사는 용언을 수식 · 한정하면서 그 의미를 한정한다고 할 수 있다. 그러나 부사는 단순히 용언만을 수식하는 부사어로서의 기능만을 하는 것이 아니라는 것이 부사 연구의 어려운 점이다. 부사는 용언을 수식하기도 하지만

* 강릉원주대학교 국어국문학과 교수, sonni@gwnu.ac.kr

때로는 문장 전체를 수식하거나 문장의 특정 성분을 수식하기도 한다.

국어의 부사에 관한 연구를 나누어 보면 두 가지 방법이 있을 수 있다. 하나는 시기별로 부사의 연구가 어떻게 진행되었는가를 살펴보는 것이고, 다른 하나는 주제별로 살펴보는 것이다. 이는 다른 연구사 정리에서도 동일할 것이다. 먼저 시기별로 먼저 나누고 각 시기의 아래에 하위 분야별로 살펴보는 방법이 있고, 또 다른 하나는 하위분야를 먼저 나누고 그 분야별로 시기를 나누어 살펴보는 것이다. 두 방법은 각각 장단점을 가지고 있지만, 전자는 시대별 분류가 더 중요한 기준이며, 후자는 분야별 분류가 더 중요하다는 관점을 반영한 것이다.

본고에서는 국어의 부사를 분류하고 그 분류에 따라 연구가 어떻게 진행되었는지를 살펴볼 것이다. 이는 개별 부사류의 연구가 어떻게 진행되었는지를 살펴보는데 장점을 가지고 있지만, 단점으로는 시기의 구분을 주로 하는 연구보다는 연구의 흐름을 전체적으로 살펴보는 데는 약점을 가지고 있다. 개별 분야의 연구의 경향과 흐름을 살펴보는 것이 본고의 목적이기에 부사의 하위 분류를 먼저하고, 그 하위분류에 따른 연구의 경향과 흐름과 함께 앞으로의 전망을 살펴보고자 한다.

부사에 대한 정의나 분류는 전통문법에서도 언급되었으며, 국어에서도 초기문법에서 유길준(1908)에서 부사를 언급하였으며, 이후 주시경(1910)의 '억'에 대한 정의와 분류, 최현배(1937, 1959)에서 월 안팎의 어찌씨, 어찌씨의 갈래에 관한 논의가 있었다. 이후 김민수(1960, 1971)의 기능중심의 부사와 부용어에 관한 연구에 이어, 서정수(1971, 1994)는 자유부사와 제약부사에 관한 논의를 통하여 자유부사는 문장전체를 수식하는 부사로 보고 제약부사는 성분을 수식하는 성분부사로 보았다.

기존의 논의를 요약하면 국어의 부사는 문장부사, 시간부사, 장소부사, 양태부사, 상징부사, 빈도부사, 정도부사로 나눌 수 있다. 본 논의에서는 접속부사와 부정부사를 논의에서 제외하고자 하는데, 이는 대체적으로 의미론적인 연구라기보다는 통사론적인 연구로 보이기 때문이다. 본고의 목적은 전반적으로 의미론적인 성과에 초점을 맞추어 논의하고자 한다.

국어의 부사의 전체에 관한 논의를 한 경우가 있으므로 이를 먼저 살펴보고, 일반적인 부사의 분류인 문장부사, 시간부사, 장소부사, 양태부사, 상징부사, 빈도부사, 정도부사 그리고 외국어 학습을 위한 부사연구, 부사의 통시적 연구로 나누어 볼 것이다. 부사의 통시적인 연구는 하위분류 범주의 부사와는 다른 분류기준이지만 부사의 통시적인 연구를 따로 살피는 것은 하위분류에 속하는 차원의 문제가 아닌 국어사적인 연구라고 보기 때문이다.

외국어 학습을 위한 부사의 연구는 2000년대 이후에 매우 활성화되었고, 연구 성과도 매우 방대하다. 이를 기존 부사연구의 틀에 맞추어 다루면 외국어 교육의 특성이 사라지고 국어의 연구와 다른 점도 설명하기 어렵다. 이런 연구 동향은 시기 구분에 있어서도 중요한 역할을 하는데, 국어 부사 연구의 양적인 성장과 함께 질적인 변화를 가져 왔기 때문에 연구사의 시대구분의 한 기준이 될 수밖에 없다.

국어의 부사 연구를 시기별로 나누면, 1) 여명기(~1980년까지), 2) 국어확장기(1981년~2000년), 3) 외국어확장기(2001년 이후~)로 나눌 수 있는데, 1980년까지의 연구는 연구의 수에 있어서도 적지만 대체로 전통적인 연구방법에 의한 연구로 본고에서는 제1기의 연구로 나누겠다. 제2기는 1981년부터 2000년까지의 연구인데 이는 국어의 부사 연구에서 하위분류 부사에 관한 연구가 매우 활성화되었으며, 개별 부사에 관한 연구 성과물이 본격적으로 나오기 시작한 시기이다. 제3기는 2000년 이후의 시기인데, 이시기는 국어의 부사의 연구가 심화된 시기이다. 이 시기의 연구는 양적인 성장과 함께 질적인 성장과 내용의 변화가 있었다. 양적인 성장은 연구자의 증가와 함께 이루어졌다. 연구가 진행되면서 질적인 성장도 이루어졌지만, 내용의 변화도 있었는데, 이는 주로 한국어 교육에 관련된 부사의 연구였다. 부사의 연구자가 다양해지면서 양적인 성장과 함께 질적인 변화가 있었음을 보여주는 경우인데, 국어학 연구의 새로운 경향으로 보인다.

2. 부사 유형별 연구 현황

부사 전체에 관한 연구는 하위분류에 속하는 부사에 관한 논의가 아닌 부사의 전반에 관한 논의이다. 특정한 부사에 관한 언급이 아닌 부사의 전반적인 체계나 분류 또는 연구 방법에 관한 논의를 한 것을 대상으로 한다.

제1기의 연구는 주로 국어 부사 전반에 관한 연구였으며, 국어의 전성부사와 파생부사에 관한 연구도 있었으며, 부사의 주된 형태인 첩용부사에 관한 논의도 보인다. 주로 국어 부사의 일반론에 관한 연구와 함께 형태론적인 연구가 주를 이루었다.

제2기의 연구는 주로 통사·의미론적인 연구인데, 부사의 통사론적인 특성과 의미론적인 특성에 관한 연구가 주를 이루었다. 통사론적인 연구에서는 국어의 부사의 어순에 관한 연구와 부사의 위치에 관한 논의가 있었으며, 의미론적으로는 부사의 의미와 수식양상에 관한 논의가 주를 이루었다.

제3기의 연구는 앞선 시기의 연구가 더욱 심화되었는데, 개별부사의 통사·의미와 함께 부사 전체에 대한 연구가 심화되었으며, 연어와 보어의 문제와 함께 필수적 부사어에 관한 연구도 보인다. 이 시기의 연구는 앞선 시대의 연구 성과를 반영한 결과로서 국어의 부사에 대한 체계가 확립되었다.

1980년 이전의 연구 중 廉善模(1970)에서는 부사형에 관한 논의에서 부사를 만드는 어미에 관한 논의를 하였다. 朴仙子(1977)는 3장에서 풀이씨의 의미자질에 따른 공존 관계를 다루면서 [+동작성] 자질과의 공존과 [+상태성] 자질과의 공존으로 나누어 살펴보았다.

1980년 이후의 연구 중 이승명(1986)에서는 부사(어)의 위치 및 그 제약의 문제를 다루었으며, 孫男翼(1995)은 국어 정도 부사의 통사·의미론적인 특성을 살펴보면서 등급을 설정하려는 시도를 하였다. 노대규(1997)에서는 '이냥, 그냥, 저냥'의 의미와 수식 범위와 방향을 논하였고, 양명희(1998)에서는 부사의 사전 표제어 선정에 관하여 '명사(어근, 부사)+조사' 구성, '어간+어미' 구성, '관형형+의존 명사' 구성, '명사+접사(?)'의 구성으로 나누어 살펴보았다. 임유종(1998)에서는 개화기 국어 부사의 쓰임과 용법상 특성과 변화 원인을 연구하였다. 온영두(1999)는 성분수식 위주의 제약부사, 제약부사, 문장수식 위주의 제약부사로 나누어 그 통사기능과 어휘의미를 살펴보았다. 김홍범(2000)은 의미 정보 기술의 문제점에 대한 해결 방안을 상징 부사류의 의미 정보 기술의 기본 원칙, 동형어와 다의어의 구분 기준, 유의 관계에 있는 상징 부사류의 변별, 상징 부사류의 쓰임과 그 제약 등으로 나누어 논의하였다.

신지연(2002)은 구어 부사의 빈도, 구어 부사의 강조적 용법, 구어 부사와 간투사, 구어 부사의 중첩 사용 양상, 구어 부사의 어순, 구어 접속부사의 사용 양상으로 나누어 고찰하였다. 장소원(2008)에서는 필수적인 성분을 생략한 채 나타나는 부사와 부사적 표현을 합하여 '생략 부사어'라 하면서 제1유형은 앞부분이 생략된 부사어이고 제2유형은 뒷부분이 생략된 부사어 그리고 제3유형은 앞과 뒤에 모두 생략된 부분이 있는 부사어라고 하였다. 황화상(2009)에서는 부사의 체언 수식과 관형성과 부사성을 나누어 체언 수식 부사 양상을 살펴보았다.

손남익(2014)은 국어의 부사어와 공기하는 주어나 서술어의 제약을 보여주려는 시도였으며, 한길(2014)은 단일 어찌씨와 이를 밑말로 한 복합 어찌씨의 짜임새, 파생 어찌씨의 짜임새, 합성 어찌씨의 짜임새, 한자말 어찌씨의 짜임새로 나누어 부사의 구조를 살폈다. 김승곤(2015)에서는 국어부사의 조어법과 분류에 관하여 논의하였다. 한송화(2016)에서는 담화 · 화용적 관점에서 쟁점과 과제를 다루었다.

2.1. 문장부사에 관한 연구

문장부사에 관한 연구는 1980년대에 들어서 시작되었는데, 문장부사의 의미와 문장에서의 기능에 대한 논의가 주를 이루었다. 문장부사는 다른 부사와 의미와 기능이 다르다는 것에 초점을 맞춘 연구였다. 이 시기에는 문장부사 전체에 관한 논의를 통하여 문장부사의 개념을 설정하고 문장부사 전체의 의미적 역할과 기능을 대상으로 하였다.

2000년대의 연구는 개별 문장의 의미와 문장에서의 기능에 대한 연구가 이루어졌다. 개별 문장부사인 '솔직히, 확실히, 하물며, 또한, 또, 결국' 등의 의미와 기능에 관한 연구도 있었으며, 부분적으로 문장부사가 가진 서법기능에 관한 연구와 담화 차원에서의 문장부사에 대한 연구도 이루어졌다.

1980년대의 연구로는 강기진(1987)에서 시작되었는데 이는 문장부사 수식의 몇 가지 양상을 참가자 수식이론이라는 이론을 통하여 설명하였고, 정교환(1988)은 대표적인으로 문장 부사 논문으로 문장 부사의 분류와 수식범위를 설정하고 문장부사의 설정기준과 범위 및 분포조건과 문장부사의 통사・의미적 특성으로 나누어 고찰하였다.

2000년대의 연구로는 임채훈(2003)에서 시간 부사의 의미 역할, 시간부사의 의미적 분류와 문장의미 구성으로 나누어 시간부사와 문장의 관계에 대하여 논하였다. 김선효(2005)는 문장부사와 성분부사로 나누어 문장부사의 설정 근거에 대하여 고찰하였다. 최웅환(2012)은 부가어로서의 부사와 부사의 통사적 지위와 관련된 문제를 다루면서 부사의 부가 과정을 논의하였다. 신서인(2014)은 문장부사를 담화 이론을 근거로 하여 하위분류하는 시도를 하였다.

2.2. 시간부사에 관한 연구

시간부사에 관한 연구도 1980년대에 시작되었는데, 초기의 연구는 시간부사와 함께 시제와 상에 관한 논의가 주류였다. 이는 국어의 시간부사가 시제나 상과 관계가 매우 밀접하므로 당연한 결과이다. 국어 시간부사 전체의 의미와 함께, 개별 시간 부사인 '벌써, 이미, 아직, 금방, 방금, 이제' 등의 연구도 함께 이루어졌다.

2000년대에 들어서도 시간부사와 시제의 상관관계에 대한 연구는 지속되었으며, 시간부사의 유의어에 관한 연구가 활발하게 진행되었다. 개별 시간부사인 '방금'과 '금방'의 의미와 함께 '아직, 여전히, 이제, 여태, 이미' 등의 연구도 있었다. 시간부사에 관한 연구는 시기별로 커다란 특성을 보이지는 않는다.

1980년대의 연구는 박선자(1982)의 시간부사의 의미 분석에서 시작되어, 주경희(1985)에서는 시간부사 '지금'과 '이제', '여태'와 '아까', '이따'와 '일간', '막'과 '당장', '잠깐'과 '오래'의 의미를 비교 · 분석하였다. 이인섭(1986)에서는 '금방'과 '방금'과 '이제'와 '인제'의 의미를 보여주었는데 '금방'과 '방금'에 대한 논의는 다양한 연구자에 의해서 이후에도 지속적으로 이루어졌다. 閔賢植(1990)에서는 국어의 시간부사를 시제관련 부사와 상관련 부사로 나누어 연구하였다. 이석규(1993)는 '방금'과 '금방', '이미'와 '벌써', '진작, 미처, 지레, 미리'의 의미를 비교하여 설명하였다.

2000년대의 연구는 임채훈(2003)에서 시간부사의 의미 역할과 시간부사의 의미적 분류와 문장 의미의 구성을 다루었고, 봉원덕(2004)은 시간부사의 의미 유형과 시제와 상 표현에 대한 논의를 하였다. 최안나(2008)에서는 표준어와 제주 방언의 시간부사 '어제'와 '아시날', '오늘'과 '오널', '내일'과 '네일/닐', '금방'과 '갇/갓', '벌써'와 '발써', '아직'과 '가자/가재/가제', '먼저'와 '만자', '늘'과 '느량/늬량/늬향'의 유의어를 분류하고 의미를 분석하였다. 모승환(2012)은 '아직'과 '여태'의 의미와 공기 관계를 보여주었다. 박혜승(2016)에서는 부사 '이미'와 '아직'의 의미를 밝히고, 이어서 '이미'와 유의관계에 있는 '벌써', '진작', 그리고 '아직'과 유의관계에 있는 '여전히', '여태'의 의미에 관하여 논하였다.

2.3. 장소부사에 관한 연구

장소부사에 관한 연구는 국어 부사 연구 중에 가장 연구 성과가 적었던 분야이다. 이는 장소부사가 기본적으로 적다는 것을 한 원인으로 볼 수 있다. 국어에서는 순수한 장소부사는 그 숫자가 극히 제한적이며 명사가 부사의 역할을 수행하는 것이 대부분인 것이 한 원인이다. 장소부사는 서술어의 선택에 제한이 많은 관계로 서술어에 제약에 관한 연구가 그 중요한 주제이다.

장소부사에 관한 논의 중 김영석(2004)은 시간부사구와 장소부사구의 분포, 부사구의 술어성, 부사구와 격이론, 양태부사구와 이유부사구에 관한 논의를 진행하면서 장소부사에 대하여 논하였고, 현혜린(2018)은 장소부사가 문법상 선택에 영향을 미치는 담화 기반 요인이라고 보았다.

2.4. 양태부사에 관한 연구

국어의 양태부사에 관한 연구는 2000년 이전에는 기본적인 양태부사의 특성에 관한 논의가 있었다. 2000년 이후에는 양태부사의 유의어에 관한 연구 성과가 많았으며, 양태부사인 슬슬, 하물며, 많이, 과연, 아무리, 비록, 꼭, 당연히, 아마, 혹시, 빨리 등의 개별 어휘의 의미 연구가 있었다. 朴秉洙(1976)는 양태부사의 위치에 대해서 논하면서 양태부사를 하위분류하고 어휘론자와 변형론자의 대립되는 관점을 보여주었다. 민현식(1995)에서는 양태부사의 의미 분석과 유형을 논하면서 서실법 양태, 서상법 양태, 서의법 양태로 분류하였다.

김선희(2002)는 부정 양태부사의 의미를 분석하면서 화자의 부정적 태도와 중립적, 긍정적 태도로 양분하여 설명하였다, 박정은(2010)에서는 양태부사의 통사, 형태, 의미적인 특성을 살피면서 의미적 자질과 통사적 호응을 연관 지었다. 조일영(2014)에서는 '이미'와 '벌써', '여태'와 '아직'을 양태성 시간부사로 보았다. 박은정(2015)은 인식 양태 부사의 특성을 말하면서 목록을 설정하고 의미를 분석하여 의미 체계를 보여주었다. 박연이(2016)는 교재를 분석하여 유의관계의 양태부사 교육 방안을 모색하였으며, 김희정(2017)은 양태부사 어휘 목록을 설정하고 양태부사의 호응양상을 분석하여 호응 관계를 활용한 양태부사 교육 원리 및 방안을 제시하였다.

2.5. 상징부사에 관한 연구

국어의 상징부사는 그 숫자가 매우 많고 국어의 부사 중에서 특징이 많음에도 불구하고 그 연구 성과는 그리 많지 않다. 특히 그 연구의 성과물도 대부분 2000년 이후에 나왔다는 특징이 있다. 상징부사 연구의 주된 주제는 연어관계에 모아지고 있는데, 이는 국어 상징부사가 공기하는 서술어가 제한적이라는 특성을 반영한 것이다.

'멍멍'과 같은 상징부사는 그 자체로 부사어의 역할을 수행하면서, 주어나 서술어의 제약을 가진다는 특성을 가진다. 국어의 부사 중에 대표적으로 서술어의 제약을 가지는 것이 상징부사이기 때문에 상징부사의 의미를 연구하면 자연히 연어나 공기관계를 언급하게 되고, 연어나 공기관계를 논의하려면 통사·의미적인 제약을 설명하게 된다.

손남익(1998)은 기존의 논의에서 문장의 필수 성분인 주어와 서술어가 부사어를 결정한다는 논의를 부사가 주어와 서술어를 선택할 수도 있다고 하였다. 목정수·연재훈(2000)에서는 상징부사의 형태·통사론에서 서술성 부사와 비서술성 부사로 나누면서 상징부사의 서술성, 상징부사의 복문 구성, 상징부사의 논항구조 등을 다루었다. 김진해(2003)는 상징부사 '딱'의 의미론적 기능을 말하면서 형태변이와 의미, 상징부사의 의미 기능을 다루었다.

고경태(2009)는 반복 합성 의성·의태 부사의 선정을 위한 기초 논의로서, 1천만 어절의 세종 말뭉치에서 4음절로 구성된 반복 합성 부사들에 대한 빈도 조사 결과를 발표하였다. 선한빛(2015)에서는 근대국어 시기에 간행된 조리서에 나타난 상징부사의 목록을 검토하고, 상징부사가 연어 관계를 맺으면서 가지는 제약들에 대하여 분석하였고, 유정(2015)은 상징부사와 연어관계를 형성하는 서술어에 관한 논의를 진행하였다.

2.6. 빈도부사에 관한 연구

국어의 빈도부사에 대한 연구는 부사의 일반론에서 부분적으로 다루어졌다. 빈도부사에 대한 본격적인 논의는 2000년 이후에 이루어졌다. 빈도부사의 일반적인 의미와 특성을 다루었다. 조유미(2009)는 사건 양화부사에 빈도부사와 정도부사가 있다고 하면서 빈도부사를 논의하였고, 김태인(2014)에서는 부사 '잘'의 의미를 논하면서 빈도부사 '잘'의 의미와 기능에서 사건의 가산성과 양화 현상, 사건의 상적 속성에 따른 '잘'의 해석 양상에 대하여 언급하였다. 국어의 빈도부사에 관한 논의는 아직까지 매우 미약한 상태이다.

2.7. 정도부사에 관한 연구

국어의 정도부사는 그 숫자에 비해 연구가 상당히 활발히 진행된 부사이다. 1980년대의 연구는 정도부사의 의미와 등급을 설정하는 데 초점을 맞추었다. 정도부사가 가진 의미를 보여주거나 정도부사의 등급을 설정하면서 정도부사의 의미를 밝혔다. 개별 정도부사 중에.'좀, 조금, 더, 더욱' 등의 의미를 보여주려는 시도도 있었다. 정도부사의 등급을 설정하는 노력이 다양하게 시도되었지만 개별 학자들의 의견의 개진되었을 뿐 논의의 일치를 보지는 못하였다.

2000년대에 들어 정도부사의 연구는 더욱 활성화되어 정도부사의 통사와 의미에 관한 성과가 많아졌다. 정도부사의 구어적 연구와 함께 방언의 정도부사에 대한 연구도 진행되었다. 국어의 정도부사를 외국어의 정도부사와 비교·대조하는 연구와 정도부사의 유의어 연구, 연어관계에 관한 연구도 증가하였다. 개별 정도부사의 의미를 보여주는 연구도 증가하였는데, 앞의 시기에 '너무'에 관한 연구도 질과 양에서 증가하였으며, 이와 함께 '되게, 더, 덜, 극히, 심히, 매우, 아주, 가장, 몹시, 거의, 적어도, 훨씬, 조금, 좀, 약간, 다소, 굉장히, 거의, 완전, 너무나, 너무너무' 등의 연구와 신조어의 정도성을 보여주는 완전, 대박, 개 등에 대한 연구도 보인다. 기존의 국어 정보사인 양화사

'가장'에 관한 연구도 보이는데, 이는 국어의 정도부사가 문장에서 양화사의 의미와 기능을 수행하는 경우도 있음을 보여준다.

2000년 이전의 연구로서 정철주(1984)는 정도, 정도어와 정도부사를 구분하고 정도등급을 설정하였다. 이충우(1986)는 국어 정도부사 '가장, 겨우, 꽤, 나우, 너무, 더, 덜, 더욱, 매우, 몹시, 아주, 잘, 못, 퍽, 훨씬'의 의미를 보여주고 동사 수식 양상을 보여주었다. 李碩珪(1988)에서는 정도 어찌말 중 '아주, 무척, 몹시, 매우, 너무, 퍽, 썩, 참, 꽤, 좀, 가장, 너무, 훨씬, 한결, 거의, 제법, 겨우, 고작, 더, 덜' 등의 특질, 의미 분석, 공기제약, 낱말밭을 보여주었다.

金京勳(1990)은 정도부사를 정도의 높임을 보이는 정도 어찌씨와 정도의 낮음을 보이는 정도 어찌씨로 나누고 선택제약과 정도부사의 관형사적 기능에 대하여 연구하였다. 孫男翼(1990)은 정도부사를 [-기준정도], [+기준정도]로 나누고 [+기준정도]는 다시 [+과도성], [-과도성]으로 등급을 설정하였다. 崔洪烈(1997)은 정도부사의 유의어를 대상비교 정도부사, 대상평가 정도부사, 수량표시 정도부사, 수량평가 정도부사, 상태표시 정도부사, 상태평가 정도부사 등으로 나누어 통사 · 의미론적 차이의 양상을 보여주었다. 손세모돌(1998)에서는 전제를 바탕으로 한 정도부사의 의미 자질과 정도부사의 어휘 의미 자질과 통사론적 환경 자질에 대하여 논의하였다.

2000년 이후에는 신지연(2002)에서 정도부사를 정도성과 상태성으로 나누어 고찰하였고, 홍사만(2002)은 정도부사를 피한정어에 따라 심리 동사, 형용사 기원 사동사, 형용사 기원 기동 동사, 과정 동사, 지정사구, 성상 관형사, 동작 동사의 일곱으로 나누었다. 손춘섭(2003)은 전남 방언 정도부사의 목록을 설정하고, 이어서 손춘섭(2004)에서 기능과 의미와 지리적 분포를 보여주었다. 임규홍(2005)도 방언 정도부사를 방언 정도부사 변이형과 방언 정도부사 어휘로 나누어 살펴보았다.

김혜영(2009)은 구어 정도부사를 성별과 사용역별로 나누어 보았고, 고혜원(2013)에서는 '몹시, 아주, 매우, 무척, 대단히, 너무, 퍽, 꽤, 제법, 거의, 겨우, 조금, 좀, 가장, 제일, 훨씬, 한결, 더욱, 더, 덜' 등의 의미를 분석하였다. 이유미(2016)는 코퍼스를 기반으로 하여 교육용 정도부사를 선정하고 의미적 특징을 살피면서 한국어 학습자의 정도부사 오류를 분석하여 어휘 교육 방안을 제시하였다.

2.8. 한국어 학습자를 대상으로 하는 부사 연구

1990년에 들어서면 한국어 학습자를 위한 부사 연구가 나타나는데, 본격적인 성과물은 2000년 이후에 나타나기 시작한다. 2000년 이후의 시기는 양적인 면에서만 본다면 한국어 학습을 위한 부사의 연구시기라고 해도 큰 무리가 없어 보인다. 이는 기존의 부사 연구와는 매우 다른 양상을 보인다.

한국어 학습자를 대상으로 하는 부사 연구는 중국어와 일어를 모국어로 하는 학습자에 대한 연구가 주를 이루면서 영어, 스페인어, 러시아어, 불어, 독어, 아랍어, 몽골어, 터키어, 태국어 모어 화자를 대상으로 한 한국어 부사에 관한 연구가 보인다. 그러나 최근에 우리나라에 유학 온 학생들 중에 중국인 학생이 많은 관계로 중국어와의 비교나 중국인 학습자를 위한 연구의 편중이 심한 편이다.

한국어 학습자를 대상으로 한 부사 연구는 사실 부사의 분류에 해당하지도 않을 뿐만 아니라 기존이 부사의 분류체계의 하위에 넣는 방법도 있다. 그럼에도 불구하고 이를 따로 분류한 것은 연구의 성과가 많을 뿐만 아니라, 기존의 부사 연구와는 상당히 이질적인 요소를 포함하고 있기 때문이다.

외국인 학습자를 위한 부사 연구는 첫째로는 비교·대조 연구가 있고, 둘째로는 번역 양상에 관한 연구가 있으며, 마지막으로 한국어교육에 관한 것이 있다. 앞의 두 연구는 내국인과 외국인이 균형을 맞추고 있으나, 한국어교육에 관한 것은 내국인 보다 외국인 연구자가 많다는 특성과 주로 석사학위논문에 편재되어 있다.

2000년 이전에는 한국어교육과 관련된 부사연구는 극히 제한적이었고, 그 연구도 극히 제한적이었다. 홍영희(1993)에서는 만주어와 한국어의 첩용부사를 모음, 자음, 음절의 교체를 대조하여 연구하였고, 오송(1994)은 한국어와 대응하는 일본어 부사를 실험을 통하여 조사하였다. 金琮鎬(1999)에서는 한국어와 중국어의 정도부사와 피수식성분을 대조·분석하였다.

2000년대 이후의 연구는 양에 있어서도 증가했지만 질적으로도 많은 향상을 이루었고, 아울러 다양한 모국어를 가진 한국어 학습자를 위한 연구가 있었다. 마상영(2001)은 한국어와 스페인어를 시간부사와 방법부사, 문장부사와 동사 내 부가 부사, 수식 범주가 다양한 부사로 나누어 고찰하였다. 조남신 외(2002)는 국어와 러시아어 부사의 조어 의미를 분류하고 대조·분석하였다. 홍사만(2002)에서는 한국어와 일본어의 정도부사의 피한정어와 공기 관계를 대조하고, 등급에 의한 하위분류를 대조하였다.

이숙현(2004)은 국어, 영어, 불어, 독일어의 어순을 비교하면서 부사어들 사이의 어순과 목적어와 부사어 사이의 어순을 연구하였다. 이충회(2004)에서는 한국어, 영어, 스페인어, 아랍어의 부사의 위치와 어순의 유형을 부사의 위치와 부사들 간의 어순의 비교를 통하여 밝혔다. 정예랜(2005)은 부사 연구와 오류 연구의 이론적 배경, 학습자의 부사 사용 양상 오류분석, 일본인 학습자의 부사 사용 특징을 살피면서 일본어 학습자 부사교육의 방법을 모색하였다.

朴正實(2009)에서는 형용사 부사어 대조, 동사 부사어 대조로 나누러 한국어와 중국어를 대조하였다. 바트나상 난딩토야(2010)에서는 한국어와 몽골어의 정도부사와 상징부사를 대조하면서 한국어 교육 방법을 모색하였다. 양단(2011)은 한국어와 중국어의 시간부사를 분류하고, 완료상, 진행상, 예정상, 순서상, 순간상, 지속상, 반복상으로 나누어 특성을 비교하였다. 조승은(2012)은 한국어 교재를 분석하여 한국어 양태부사 교육법을 보여 주었다. 김련옥(2013)에서는 양태부사를 인식, 의무 양태부사로 나누고 그 의미적 대조와 통사적 대조를 하였다.

이앗누이 깐짜나(2013)는 한국어 정도부사와 태국어의 정도부사를 비교하고 태국인 학습자를 위한 정도부사 유의어 학습 목록과 지도 방안을 제시하였다. Dursun Essiz(2014)는 터키인 학습자의 양태부사 사용 양상 및 오류를 분석하고 한국어 양태부사 교수·학습 목표, 교수·학습 내용, 교수·학습 방법을 모색하였다. 이설(2014)에서는 한국어와 중국어의 부정 양태부사를 사전과 말뭉치 용례를 통해 의미적, 문법적 측면에서 대조·분석하였다. Tsend Bulgan(2015)은 현대몽골어와 한국어 유의 정도 부사의 피수식어와의 공기관계 및 의미의 대조를 보이면서 몽골어와 한국어 유의 정도 부사의 의미 자질을 대조하였다.

션샤오메이(2016)는 한국어와 중국어의 정도부사를 대조하면서 중국인 학습자의 정도부사 인식 실태를 분석하고 정도부사의 교육 방안을 제안하였다. 이유미(2016)에서는 교육용 정도부사 선정과 의미적 특징, 코퍼스 기반 교육용 정도부사 분석, 한국어 학습자의 정도부사 오류 분석 등을 통하여 교육용 정도부사의 어휘 교육 방안을 제시하였다. 이선영(2018)은 한국어 교육용 양태부사 목록을 선정하고 의미적 특성을 살펴보고 의미를 분류하면서 문법적 호응 관계와 제약을 논하였다.

2.9. 부사에 대한 통시적인 연구

부사에 관한 통시적인 연구의 성과는 대부분 15, 16, 17세기의 중세 국어에 관한 연구가 주를 이루며 근대 국어에 대한 연구는 미미한 수준이다. 중세 국어 부사에 관한 일반적인 논의와 함께 정도부사, 시간부사, 성상부사, 양태부사 등과 형태론적인 연구가 있었다. 개별 어휘에 관한 연구로는 '반ᄃᆞ기, 안직, 아직, 맛, 가장, 골고루, 아직, 안작, 안즉, 안직, 도라혀, 갓가이, 발셔, 므릇, 아직, 같이' 등이 있었다.

1980년까지의 연구는 이원식(1969)은 국어의 상징의 음운과 통사를 다루었는데 특히 의미론과 관계된 것은 제5장에서 상징어의 의미변화에 관하여 논하면서 논리적인 면과 기호적인 면으로 나누어 살펴보았다.

1980년 이후의 연구 중 高正儀(1981)에서는 15세기 국어부사를 형태론적 고찰과 통사론적 고찰로 나누어 살피면서 통사기능에 의한 부사의 분류, 파생부사의 통사적 기능, 문장상의 위치와 수식, 의미범주에 의한 부사의 분류 등으로 나누어 고찰하였다. 서상규(1992)는 말재어찌씨의 범주를 설정하고, 하위범주와 말재어찌씨의 갈래를 나누고, 당위 · 시킴, 현실인식, 조건 · 양보, 한정으로 세분하여 논의하였다. 박선우(1998)는 15세기 국어 부사의 형태론적 고찰, 부사의 하위분류, 부사의 의미 분석 등을 보여주었다.

2000년 이후의 연구에서 김훈태(2007)는 17세기 첩용부사를 疊語의 概念과 分類, 疊語의 類型, 疊用副詞의 形成과 制約 등으로 나누어 설명하면서 동시에 17世紀 表記法의 混亂에 대하여 다루었다. 백채원(2010)은 정도부사의 통사론에서 정도의 위치를 표시하는 부사와 차이를 표시하는 부사로 나누고, 의미론에서도 같은 분류를 기준으로 논의하였다. 이상훈(2011)에서는 비록, '아ᄆᆞ리, 현마, 가ᄉᆞ, 가셜, 아마커나'의 형태, 통사, 의미를 살펴보았다. 王斐斐(2017)는 국어 부사 유의어의 시기별 존재 양상과 변화 부사 유의어의 유의 경쟁을 통시적으로 살펴보았다.

3. 마무리

국어의 부사 연구의 현황은 세 시기로 나눌 수 있는데, 1) 1980년 이전의 제1기, 2) 1980년부터 2000년까지의 제2기, 3) 2000년 이후의 시기로 나눌 수 있다. 제1기는 부사의 개념과 분류에 집중한 시기였고 연구자의 수가 많지 않아 연구의 성과가 적었다. 제2기는 연구 대상의 다양화와 깊이가 있어진 시기인데, 연구자의 수의 증가에 따른 연구 성과가 다양해졌고 아울러 성과물의 논의가 심도 있어졌다. 제3기의 연구는 외국인 연구자 수의 증가와 함께 한국어 교육 관련 논문이 상당수가 나왔다. 이를 이렇게 나누는 것은 연구 성과의 양적인 면과 질적인 면을 반영한 것이며, 대체로 한시기가 20년쯤 된다는 것을 반영한 것이다.

지난 60여 년간의 부사 연구를 정리하면 대체로 처음 20년 동안은 대부분의 연구가 그러하듯이 기본적인 개념의 설정과 분류에 초점을 맞추었다. 이 시기에는 연구자의 수도 적었을 뿐만 아니라 문장의 주성분에 대한 연구에 집중하는 때였기에 연구의 양과 질에 있어서 부족한 점이 있었다.

두 번째 20년인 1980년부터 2000년까지는 부사 연구의 양적인 성장과 질적인 성장이 동시에 이루어진 시기이다. 이 시기에는 앞선 시기의 부사의 개념과 설정을 받아들여 개념의 설정이 보다 엄밀해졌고, 하위분류에 의한 연구도 활성화되었을 뿐만 아니라 개별 부사의 통사적인 특성과 의미를 보여주는 연구 성과가 상당히 많아졌다. 그럼에도 불구하고 문장의 주성분의 연구보다는 아직도 성과나 질적인 면에서 부족한 점은 있었다.

마지막 20년인 2000년 이후의 연구인데, 이 시기는 앞의 두 시기의 연구를 더욱 발전시킨 시기이다. 특히 지난 20년간은 외국인 연구자의 수가 놀랄 만큼 증가하였으나, 그 성과의 양적인 성장에도 불구하고 질적인 면에서는 부족한 점도 보인다. 한국어 교육과 관계된 논문들은 다양성이 증가되기는 하였지만 중국어 학습자를 위한 논의가 대부분이라는 점은 아쉬운 점이다. 중국어 학습자 이외에도 대부분의 논의가 아시아 국가 출신에게 집중된 점은 국어의 세계화에는 아직 미흡한 점이 있다.

앞으로의 국어 부사 연구는 한국어 학습지를 위한 논의가 증가될 것으로 보이는데 다양성과 질적인 성장이 필요해 보인다. 외국인 학습자들의 연구 성과의 양적인 증가가 질적인 뒷받침이 동반되어야 할 것이다. 국어의 부사는 외국어와 다른 특성을 가지고 있으므로 국내 학자들의 관심도 더욱 증가하여야 할 필요가 있다. 특히 번역과 관련된 문제를 해결할 필요성도 있다. 기계번역이나 음성인식에 있어서 부사는 명사나 동사보다 복잡한 면이 있는 것도 사실이기에 이에 관한 연구가 필요하다.

참고문헌

강기진(1987), “국어 문장부사어의 수식양상과 범주”, 『論文集』 21: 107-128, 京畿大學校.

고경태(2009), “반복 합성 의성 · 의태 부사의 말뭉치 빈도 연구: 한국어 학습용 4음절의 반복 합성 부사 선정을 위한 시론”, 『우리어문연구』 35: 137-160, 우리어문학회.

高正儀(1981), “15世紀 國語의 副詞硏究”, 단국대학교 대학원 국어국문학과 석사학위논문.

고혜원(2013), “현대국어 정도부사의 통사 · 연구”, 중앙대학교 대학원 국어국문학과 박사학위논문.

金京勳(1990), “程度副詞의 意味機能”, 『論文集』 31: 255-265, 서울産業大學校.

김련옥(2013), “한 · 중 양태부사 대조 연구”, 부산대학교 대학원 국어국문학과 박사학위논문.

김민수(1981), 『국어의미론』, 일조각.

김민수(1983), 『신국어학』, 일조각.

김선효(2005), “문장부사 설정에 대한 재고”, 『언어와 정보사회』 6: 36-54, 서강대학교 언어정보연구소.

김선희(2002), “부정 양태 부사의 통사 · 의미적 특성”, 『한글』 256: 69-97, 한글학회.

김승곤(2015), 『국어 부사의 조어법과 분류』, 글모아출판.

김영석(2004), “명사형 시간부사구와 장소부사구”, 『論文集』 22: 75-88, 대구미래대학.

金琮鎬(1999), “현대 韓 · 中 두 언어의 주관성 정도표시 부사의 용법 대조 분석”, 『중국어문학논집』 12: 95-118, 中國語文學硏究會.

김진해(2000), 『연어 연구』, 한국문화사.

김진해(2003), “상징부사의 비서술성에 대한 연구”, 『한국어학』 19: 91-112, 한국어학회.

김태인(2014), “한국어 부사 ‘잘’의 의미”, 서울대학교 대학원 국어국문학과 석사학위논문.

김혜영(2009), “구어에서 나타나는 정도부사의 사용의미”, 고려대학교 대학원 국어국문학과 석사학위논문.
김홍범(2000), “국어 사전 의미 정보 기술의 실제와 문제: 상징 부사류를 중심으로”, 『한말연구』 7: 135-147, 한말연구학회.
김훈태(2007), “17세기 국어의 첩용부사에 대한 연구”, 한국학중앙연구원 한국학대학원 국어학전공 박사학위논문.
김희정(2017), “호응 관계를 활용한 한국어 양태부사 교육 방안 연구”, 경인교육대학교 교육전문대학원 한국어교육전공 석사학위논문.
남기심・고영근(1985), 『표준 국어문법론』, 탑출판사.
남성우(1985), 『국어의미론』, 영신문화사.
노대규(1997), “한국어 부사의 의미와 수식 방향: ‘이냥’, ‘그냥’ 및 ‘저냥’을 중심으로”, 『梅芝論叢』 14: 1-34, 延世大學校 梅芝學術研究所.
李碩珪(1988), “時間副詞 意味研究를 위한 試論”, 『先淸語文』 16・17: 364-379, 서울大學校 師範大學 國語教育科.
마상영(2001), “스페인어와 한국어의 부사 수식 범위 비교 연구”, 『인문과학연구』 3: 25-40, 대구가톨릭대학교 인문과학연구소.
모승환(2012), “한국어 시간부사 ‘아직’・‘여태’에 대한 연구”, 연세대학교 대학원 국어국문학과 석사학위논문.
목정수・연재훈(2000), “상징부사(의성・의태어)의 서술성과 기능동사”, 『한국어학』 12: 89-118, 한국어학회.
閔賢植(1990), “시제와 상의 개념과 시간부사”, 『人文學報』 8: 3-32, 江陵大學校 人文科學研究所.
민현식(1995), “양태부사의 의미에 대하여”, 『태릉어문연구』 5・6: 139-157, 서울여자대학 국어국문학회.
바트나상 난딩토야(2010), “한국어와 몽골어 부사 대조 연구: 정도부사와 상징부사를 중심으로”, 서울시립대학교 일반대학원 국어국문학과 석사학위논문.
朴秉洙(1976), “양태부사에 대하여”, 『언어』 1(1): 151-167, 한국언어학회.
박선우(1998), “중세어 정도부사의 의미”, 『社會科學論叢』 11: 259-283, 西京大學校 社會科學研究所.
朴仙子(1977), “우리말 어찌씨 연구”, 부산대학교 대학원 국어국문학과 석사학위논문.
박선자(1982), “때어찌씨의 의미분석”, 『國語國文學』 18・19: 13-37, 부산대학교 국어국문학과.

박연이(2016), “유의 관계 양태 부사 교육 연구: ‘꼭, 당연히’와 ‘아마, 혹시’를 중심으로”, 인천대학교 대학원 한국어교육학과 석사학위논문.

박은정(2015), “현대 국어 인식 양태 부사의 유의 관계 연구”, 고려대학교 대학원 국어국문학과 석사학위논문.

朴正實(2009), “한국어와 중국어의 용언 부사어 대조 연구”, 원광대학교 일반대학원 국어국문학과 석사학위논문.

박정은(2010), “한국어 양태 표현 부사 연구”, 한국외국어대학교 대학원 국어국문학과 석사학위논문.

박혜승(2016), “한국어 부사 ‘이미’류와 ‘아직’류의 의미 연구”, 서울대학교 대학원 국어국문학과 석사학위논문.

백채원(2010), “중세 한국어의 정도 부사에 대한 연구”, 서울대학교 대학원 국어국문학과 석사학위논문.

봉원덕(2004), “국어 시간부사의 통사·의미적 특성 연구”, 경희대학교 대학원 국어국문학과 석사학위논문.

서상규(1992), “16세기 국어의 말재어찌씨의 통어론적 연구”, 延世大學校 大學院 국어국문학과 박사학위논문.

서정수(2005), 『한국어의 부사』, 서울대학교출판부.

선한빛(2015), “근대 조리서에 나타난 상징부사의 연어 관계와 제약”, 『民族文化論叢』 60: 119-151, 영남대학교민족문화연구소.

션샤오메이(2016), “한국어와 중국어 정도부사 대조를 통한 효율적 한국어 교육 방안 연구”, 청주대학교 대학원 국어국문학과 박사학위논문.

孫男翼(1990), “국어 부사 연구: 정도부사의 통사·의미론적 연구를 중심으로”, 高麗大學校 大學院 국어국문학과 석사학위논문.

손남익(1993), “어휘의미론 연구사(I)”, 『현대의 국어연구사』, 228-253, 서광학술자료사.

孫男翼(1995), “국어 부사 연구”, 高麗大學校 大學院 국어국문학과 박사학위논문.

손남익(1998), “국어 상징부사어와 공기어 제약”, 『한국어 의미학』 3: 119-134, 한국어 의미학회.

손남익(2014), 『부사사전』, 역락.

손세모돌(1998), “정도부사들의 유표적 자질 분석”, 『한말연구』 4: 179-211, 한말연구학회.

손춘섭(2003), “전남 방언의 정도부사에 대한 연구 I: 목록 설정을 중심으로”, 『湖南文化研究』 32 · 33: 305-356, 全南大學校 湖南文化研究所.

손춘섭(2004), “전남방언의 정도부사에 대한 연구 II: 기능과 의미 특성 및 지리적 분포를 중심으로”, 『湖南文化研究』 34: 109-138, 全南大學校 湖南文化研究所.

신서인(2014), “담화 구성 요소를 고려한 문장부사 하위분류”, 『한국어 의미학』 44: 89-118, 한국어 의미학회.

신지연(2002), “국어 구어의 부사 연구”, 『인문과학』 11: 109-128, 목원대학교인문과학연구소.

신지연(2002), “정도부사의 범주화 기준에 대하여”, 『어문학』 78: 71-87, 한국어문학회.

양명희(1998), “부사의 사전적 처리에 대하여 1”, 『한국어학』 8: 173-206, 한국어학연구회.

廉善模(1970), “國語의 副詞形에 관한 연구”, 경북대학교 대학원 국어국문학과 석사학위논문.

오 송(1994), “한 · 일 양언어의 부사 비교: 빈도를 나타내는 부사의 의미에 대하여”, 『同日語文研究』 9: 56-83, 동덕일어일문학회.

온영두(1999), “국어 부사의 문법 기능 연구: 통사 · 의미를 중심으로”, 又石大學校 大學院 국어국문학과 박사학위논문.

王斐斐(2017), “한국어 부사 유의어의 통시적 연구: 시간부사, 정도부사, 성상부사, 양태부사를 대상으로”, 충북대학교 대학원 국어국문학과 박사학위논문.

유 정(2015), “한국어 학습자를 위한 상징부사의 연어구성 연구”, 연세대학교 대학원 국어국문학과 석사학위논문.

윤평현(2013), 『국어의미론 강의』, 역락.

이 설(2014), “한 · 중 부정 양태부사 대조 연구”, 연세대학교 대학원 국어국문학과 석사학위논문.

이광호(2004), 『국어어휘의미론』, 도서출판 월인.

이상훈(2011), “중세국어 양보부사 연구”, 서울대학교 대학원 국어국문학과 석사학위논문.

이석규(1988), “현대 국어 정도 어찌씨의 의미 연구”, 建國大學校 大學院 국어국문학과 박사학위논문.

이선영(2018), “한국어 양태부사 연구: 한국어 교육을 위한 기초 자료 구축”, 서울여자대학교 대학원 국어국문학과 박사학위논문.
이숙현(2004), "한국어, 영어, 불어, 독일어의 어순 비교: 부사어들 및 부사어와 목적어의 순서를 중심으로", 『한국프랑스학논집』 46: 19-40, 한국프랑스학회.
이승명(1986), "부사(어)의 위치와 의미 영역에 대한 연구", 『睡蓮語文論集』 13: 115-131, 수련어문학회.
이앗누이 깐짜나(2013), "태국인 학습자를 위한 정도부사 유의어 교육 방안 연구", 숙명여자대학교 대학원 국어국문학과 석사학위논문.
이원식(1969), "中期國語의 象徵語 硏究", 고려대학교 대학원 국어국문학과 석사학위논문.
이유미(2016), "코퍼스를 기반으로 한 한국어 정도부사의 분석과 어휘 교육 방안 연구", 충북대학교 대학원 국어교육과 박사학위논문.
이인섭(1986), "'금방'과 '방금'의 의미: 현재의 시간부사를 중심으로", 『태능어문』 3: 1-8, 서울여자대학 국어국문학회.
이충우(1986), "국어 정도부사의 동사수식에 대하여", 서울대학교 대학원 국어국문학과 석사학위논문.
이충회(2004), "한국어, 영어, 스페인어, 아랍어의 부사의 위치와 어순의 유형", 『언어연구』 20(2): 33-47, 한국현대언어학회.
임규홍(2005), "국어 방언 정도부사 연구", 『언어과학연구』 34: 237-272, 언어과학회.
임유종(1998), "개화기 국어의 부사에 관한 연구: <개화기 교과서>를 중심으로", 『한민족문화연구』 3: 143-176, 한민족문화학회.
임지룡(1992), 『국어의미론』, 탑출판사.
임지룡(1997), 『인지의미론』, 탑출판사.
임채훈(2003), "시간부사의 문장의미 구성", 『한국어 의미학』 12: 155-170, 한국어 의미학회.
장소원(2008), "현대국어의 생략 부사어", 『국어학』 52: 55-84, 국어학회.
정교환(1988), "국어 문장부사의 연구", 東亞大學校 大學院 국어국문학과 박사학위논문.
정예랜(2005), "일본인 한국어 학습자의 부사 사용 연구: 학습자 작문의 오류분석을 중심으로", 연세대학교 교육대학원 석사학위논문.
정철주(1984), "현대 국어의 정도부사 연구", 한국정신문화연구원 한국학대학원 한국어학 석사학위논문.

조경순(2005), “한국어 세 자리 서술어 연구”, 전남대학교 대학원 국어국문학과 박사학위논문.

조남신 · 이용권 · 정경택 · 전혜진(2002), “국어와 러시아어 부사의 조어적 대조 분석”, 『슬라브어연구』 7: 179-208, 한국슬라브어학회.

조승은(2012), “한국어 학습자를 위한 양태부사의 교육 방안 연구: ‘아마, 어쩌면, 혹시, 아무래도, 설마’를 중심으로, 동덕여자대학교 대학원 한국어학과 석사학위논문.

조유미(2009), “한국어 사건 양화 부사의 의미론: 빈도와 정도, 시구간과 사건의 구조”, 서울대학교 대학원 국어국문학과 석사학위논문.

조일영(2014), “현대 한국어의 시간인식 양상 연구: 시간관련 양태부사를 중심으로”, 『한국어문교육』 30: 259-287, 한국교원대학교 한국어문교육연구소.

주시경(1910), 『국어문법』, 박문서관.

최경봉(2015), 『어휘의미론』, 한국문화사.

최안나(2008), “표준어와 제주 방언의 시간 부사 유의어 연구”, 제주대학교 교육대학원 국어교육전공 석사학위논문.

최웅환(2012), “국어 부사의 통사적 지위와 표상”, 『우리말글』 54: 25-55, 우리말글학회.

최현배(1959), 『우리말본』, 정음문화사.

최홍렬(2005), 『정도부사의 유의어 연구』, 역락.

崔洪烈(1997), “程度副詞 類義語의 統辭 · 意味論的 연구”, 中央大學校 大學院 국어국문학과 박사학위논문.

한 길(2014), 『우리말 어찌씨의 짜임새 연구』, 역락.

한송화(2016), “한국어 부사 연구에 있어서의 쟁점과 과제: 담화 · 화용적 관점에서”, 『한국어 의미학』 52: 223-250, 한국어 의미학회.

현혜린(2018), “한국인 성인 화자의 문법상 선택에 영향을 미치는 요인: 종결성, 타동성, 주어 유정성, 장소부사에 관한 연구”, 고려대학교 대학원 국어국문학과 석사학위논문.

홍사만(2002), “국어 정도 부사의 피한정어 연구”, 『어문학』 76: 153-175, 한국어문학회.

홍사만(2002), “한 · 일어 정도 부사의 대조 연구”, 『언어과학연구』 21: 189-222, 언어과학회.

홍영희(1993), “韓國語와 滿洲語의 첩용부사 對照 硏究: 특히 類音疊語를 중심

으로", 曉星女子大學校 大學院 국어국문학과 석사학위논문.
황화상(2009), "관형사와 부사의 품사 설정에 대하여: 이른바 체언 수식 부사를 중심으로", 『한국어학』 42: 317-344, 한국어학회.
Dursun Essiz(2014), "터키인 학습자를 위한 한국어 양태부사 교육 연구", 서울대학교 대학원 국어국문학과 석사학위논문.
Tsend Bulgan(2015), "현대몽골어와 한국어 유의 정도 부사의 대조 연구", 이화여자대학교 대학원 국어국문학과 박사학위논문.

단어 형성에서의 의미

구 본 관*

1. 들머리

새로운 사물이 등장하거나 새로운 개념이 필요하면 언중(言衆)들은 새로운 단어를 필요로 한다. 새로운 단어를 언어 사회에 도입하는 방안은 크게 두 가지이다. 하나는 다른 언어 사회에서 차용해 오는 것이고, 다른 하나는 그 언어 사회에 이미 사용되고 있는 언어 자원을 활용하여 만들어 내는 것이다. 새로 도입된 단어는 특정 개인이나 한정된 집단에서 일시적으로 사용되다가 사라지기도 하고, 언어 사회의 공인을 얻어 그 언어의 어휘 체계 안에 편입되기도 한다.

기존의 언어 자원을 활용하여 새로운 단어를 만들 때에는 흔히 합성이나 파생과 같은 단어 형성 방법이 활용된다. 이러한 단어 형성 과정은 형태끼리의 결합이기도 하지만 의미끼리의 결합이기도 하다. 즉, 모든 단어의 형성은 형태를 만들어 내는 과정이기도 하지만 동시에 의미를 만들어 내는 과정이기

* 서울대학교 국어교육과 교수, bonmorph@snu.ac.kr

도 하다. 선후를 따지기 어렵지만 굳이 따지자면 단어의 형성에는 의미가 먼저 있고, 그 의미에 대해 형태를 사상((寫像)하는 과정을 통해 단어가 만들어지는 것으로 볼 수 있다. 이런 만큼 단어의 형성에는 의미가 중요한 역할을 하게 된다.

단어의 형성에 작용하는 의미는 단어 형성에 참여하는 요소의 표면적인 의미에 그치는 것이 아니다. 단어 형성은 명명 대상을 세계나 사태 속의 다른 대상들과의 관계 속에서 분류하고, 추상화하고, 명세화하는 인지 과정을 포함한다(박혜진 2017). 따라서 단어 형성에는 새로운 단어의 형성에 참여하는 기존의 언어 재료와 기존의 언어 재료가 결합하여 새로 만들어진 단어를 둘러싸고 있는 다양한 맥락들이 작용하는 복잡한 의미가 관여한다.

단어 형성에서의 의미의 역할에 대한 논의는 언어학의 패러다임의 변화에 따라 차이가 있었다. 구조주의 언어학 시대에는 새로운 단어의 형성보다는 기존 단어의 분석에 관심을 두고 있었으며, 의미나 개념의 형성보다는 형태의 형성에 관심이 집중되었다. 생성 문법 시대에서는 언어뿐만 아니라 언어 사용자로서의 인간에 주목하기는 했지만 문장을 만드는 통사론이 주된 관심의 영역이었고 단어 형성이나 단어 형성에 작용하는 의미에 대해서는 상대적으로 관심이 적었다. 생성 문법적인 관점에서 단어 형성에 관심을 둔 생성 형태론에서도 단어 형성에 관심이 있기는 했으나 여전히 의미에 관심이 집중된 것은 아니었다. 생성 문법 이후에는 인지언어학에서 볼 수 있듯이 상대적으로 의미에 관심이 깊어졌고 단어 형성에 있어서의 의미의 역할에 대해서도 더 큰 관심이 주어지게 되었다. 언어학의 패러다임의 변화와 단어 형성에서의 의미의 역할에 대해서는 다음 장에서 조금 더 자세하게 언급하게 될 것이다.

우리는 단어 형성에서의 의미의 역할에 대해 탐구하고자 한다. 이를 위해 단어 형성에서의 의미에 대해 논의한 기존의 연구들을 살펴보고, 향후 이 분야의 과제에 대해 언급하게 될 것이다. 단어 형성 전반에 대해 논의를 하되, 실제 사례는 많은 경우 파생을 중심으로 살펴보게 될 것이다.

2. 언어학의 패러다임 변화와 단어형성에서의 의미 탐구의 흐름

단어 형성에서의 의미에 대한 탐구는 전통 문법 시대를 거쳐 구조주의 문법의 시대, 생성 문법의 시대, 생성 문법 이후의 인지언어학이나 기능 문법 등 다양한 관점의 언어학의 시대를 거치면서 언어학의 패러다임에 따라 차이를 보이기도 한다. 물론 패러다임에 따른 차이가 Kuhn이 말한 것처럼 혁명적이지만은 않으며, 때로는 누적적이기도 하다. 외국에서의 언어학 이론은 약간의 시차를 두고 국내의 언어학 내지 국어학 이론에 영향을 주기도 하는데, 단어 형성에서의 의미 탐구 역시 마찬가지이다. 이 장에서는 단어 형성에 대한 본격적인 관심을 가지기 시작한 구조주의 문법, 생성 문법, 생성 문법 이후로 시대를 나누어 각각의 언어학적 패러다임에서 단어 형성에서의 의미 탐구 경향을 언급해 보기로 한다.[1]

2.1. 구조주의 문법에서의 단어 형성과 의미

구조주의 시대의 단어 형성론은 서구의 언어학계에서는 1940년대와 1950년대의 Nida와 Hockett 등의 저작에 의해 대표된다. 이 시기의 단어 형성 논의는 새로운 단어의 형성 문제보다는 주로 기존 단어의 분석에 관심이 주어졌다. 국내에서도 1960년대와 1970년대, 길게는 1980년대 이후에도 구조주의적인 관점에서의 단어 형성 논의가 이어졌다. 국내에서도 허웅(1963), 안병희(1965)에서 구조주의 문법의 단어 형성 논의가 받아들여진 이래로 고영근(1972, 1973), 이익섭(1965, 1975)에 이르기까지 단어 형성론의 매우 중요한 논의들이 이 시기에 이루어졌다. 구조주의 문법의 단어 형성론 논의의 결과

1 구조주의 문법에서 생성 문법 시기까지의 단어 형성론에 대한 정리는 구본관(2002a)을 참조하였고, 생성 문법이나 생성 문법 이후의 단어형성론에 대한 정리는 구본관(2010)을 참조하였다. 한편 생성 문법 시기까지의 단어 형성에 관한 논의는 송철의(1998)에서 파생법, 김창섭(1998)에서 합성법, 노명희(1998)에서 한자어 단어 형성이 자세하게 정리되어 있다.

파생이나 합성과 같은 단어 형성법이 구체적인 예시를 중심으로 다루어졌고, 파생 접사의 목록이 정비되는 등 이 분야 연구를 위한 기초 자료가 갖추어지게 되었다. 하지만 구조주의 문법에서의 단어 형성은 의미 문제에 큰 관심을 두지 않았다.

2.2. 생성 문법에서의 단어 형성론과 의미

생성 문법의 영향으로 단어 형성론 분야에서도 규칙과 제약 중심의 논의가 활발해졌고, 단어의 분석보다는 새로운 단어의 형성 가능성에 관심을 가지게 되었다. 생성 문법은 1970년대와 1980년대에 Aronoff, Lieber, Scalise 등을 중심으로 한 생성 형태론을 통해 단어 형성론에 영향을 주었다. 구조주의 문법 시대의 형태론이 서구의 이론이 약간의 시차를 두고 국내에 소개된 것과는 달리 생성 문법 시대의 형태론은 해외의 연구 경향이 큰 시차 없이 국내에 소개되었고, 송철의(1985, 1989)와 같이 국내에서의 단어 형성론에 대한 중요한 연구 성과들로 나타나게 되었다.

생성 형태론은 기본적으로 규칙과 제약이라는 생성 문법의 큰 틀 안에서 단어 형성의 문제를 다루었다. 그리하여 단어 형성에서의 의미 문제도 이런 관점에서 좀 더 구체적으로 논의되었다. 예를 들면 단어 형성에서의 의미론적 제약이나, 단어 형성 이후의 의미론적 단일어화(lexicalization)[2] 등이 그러하다.[3]

(1) a. 길이, 높이, 깊이
  b. *짧이, *낮이, *얕이

---

2 'lexicalization'을 어휘화로 번역하기도 하나, 의미상 복합어가 단일어로 인식되는 것을 지칭하므로 단일어화가 더 적절하다.

3 단어 형성에서의 제약이나 단일어화에 대한 논의는 송철의(1989)에서 논의된 이래, 고영근 · 구본관(2018), 구본관 외(2015) 등의 국어문법이나 국어학개론에서 다루어질 정도로 일반화된 논의가 되었다.

(2) 노름(놀- + -음), 무녀리[문(門) 열- + -이]

(1)과 (2)는 고영근 · 구본관(2018: 202-203)에서 가져온 것이다. (1a)가 가능하지만 (1b)가 불가능한 것은 '-이'에 의한 척도 명사의 파생 규칙이 의미상 긍정적인 가치를 지니는 어근인 '길-, 높-, 깊-' 등과만 결합하고, 부정적인 가치를 지니는 어근인 '짧-, 낮-, 얕-'과는 결합하지 않기 때문이다. (2)의 '노름'이나 '무녀리'를 공시적으로 분석하기 어려운 이유는 이들 단어가 의미적으로 '놀-'과 '-음', '문(門) 열-'과 '-이'로 분석하기 어려울 정도의 의미적인 특수화, 즉 의미론적 단일어화가 일어났기 때문이다.

특히 생성 형태론의 관점에서 국어 파생어의 형성에서의 의미 문제를 다룬 논의가 송철의(1985)와 구본관(2002b) 등이다. 송철의(1985)에서는 파생어 형성에서의 어근[4]의 의미가 파생어에 반영되는 정도는 파생 접사의 종류에 따라 다르다고 한다. 그리하여 명사 파생의 '-이'나 '-개', 형용사 파생의 '-다랗-' 등은 어근의 의미 제약이 심하고, 부사 파생의 '-이'나 사 · 피동 파생의 접미사들은 어근의 의미 제약이 심하지 않다고 한다. 또한 어근이 다의적인 의미를 가지는 경우 대체로는 가장 기본적인 의미가 파생어 형성에 참여한다고 하였다.

구본관(2002b)에서는 파생어 형성에서의 의미 문제를 규칙과 제약의 관점에서 본격적으로 논의하고 있다. 이 논의에서는 파생어 형성에서의 가장 중요한 동인은 의미이며, 파생어의 의미는 파생어의 어근의 의미와 파생 접사의 의미의 유기적인 관계 속에서 파악된다고 보고 있다. 그리하여 어근, 파생 접사, 파생어의 의미 사이의 함수를 다음과 같이 수식으로 제시하고 있다.

(3) 파생어의 의미
X(어근의 의미) + Y(접사의 의미) + (α)(파생어가 되면서 생기는 의

4 파생어 형성에 참여하는 요소를 송철의(1985)에서는 '어기'로 기술하고 있는데, 본고에서는 학교 문법에 널리 쓰이고 현재의 국어문법서에서 더 많이 쓰이는 '어근'으로 고쳐 논의하기로 한다.

미 변화) → f(X, Y)(파생어 형성 시의 의미) + (ß)(파생어가 생긴 후의 의미 변화)

즉, 파생어의 의미는 어근의 의미와 접사의 의미의 합성이면서 동시에 파생어가 생기면서 의미 변화가 일어날 수 있으며, 파생어가 생긴 이후에도 의미적인 표류(semantic drift)가 일어날 수 있다는 것이다.

구본관(1998b)은 단어 형성에 있어서 의미가 형태적인 결합에 우선한다는 것을 잘 보여 준 논의이다. 이 논의는 이른바 단일 어기 가설을 다루고 있다. 단일 어기 가설이란 파생어 형성에 참여하는 접사가 특정한 품사의 어근과만 결합한다는 제약으로 흔히 말하는 파생어 형성의 형태 · 통사론적 제약의 하나이다. 그런데 다음과 같이 이런 단일 어기 가설을 위반하는 경우가 종종 있다.[5]

(4) a. 울보, 먹보, 약보
b. 겁보, 털보, 떡보
c. 뚱보, 뚱뚱보

(5) a. 덧-: 덧니, 덧저고리; 덧나다/덧붙이다
b. 올-: 올밤/보리; 올되다
c. 짓-: 짓고생/짓망신; 짓밟다/짓누르다
d. 치-: 치사랑; 치받다, 치솟다
e. 헛-: 헛기침, 헛수고; 헛보다, 헛디디다

(4a)는 동사나 형용사, (4b)는 명사, (4c)는 부사나 부사성 어근이 '-보'와 결합한 것으로 하나의 파생 접미사가 다양한 품사를 어근으로 가지는 것을 보여 준다. (5)는 '덧-, 올-, 짓-, 치-, 헛-' 등의 파생 접두사가 명사와 동사를 어근으로 가지는 것을 보여 준다. 파생 접미사에 비해 파생 접두사가 단일 어기 가설을 위반하는 경우가 더 흔한데, 이 역시 파생 접두사가 어휘적인

5 이 예들은 고영근 · 구본관(2018: 207, 210)을 수정하여 제시한 것이다.

의미가 강하다는 점과도 관련이 있다. 단일 어기 가설을 위반하는 사례가 있는 것은 결국 파생어 형성에서 의미가 가장 중요하다는 것을 잘 보여 준다.

생성 문법의 관점에서의 단어 형성 연구에서 무엇보다 큰 변화는 단어 형성에서 어휘부의 역할이 주목을 받게 되었다는 것이다. 생성 문법의 초기만 하더라도 어휘부는 통사 규칙으로 설명하기 어려운 것을 처리하기 위한 잡동사니 창고와 같았다. 그러다가 점차 어휘부의 역할이 강조되고 단어 형성을 어휘부에서의 규칙으로 설명하기에 이르렀다.[6] 생성 형태론은 곧 이어지는 인지 문법과 결합하면서 국내에서의 단어 형성 연구에 큰 영향을 주게 된다. 이 과정에서 의미에 대한 탐구가 심화되었음도 물론이다.

2.3. 생성 문법 이후의 단어 형성론과 의미

2.3.1. 유추에 의한 단어 형성론과 의미

생성 형태론적인 관점의 단어 형성법 연구는 곧이어 인지 문법의 영향을 받은 유추에 의한 단어 형성론과 결합하여 국내에서의 단어 형성론 연구를 새로운 방향으로 이끌어 갔다(구본관 2010). 생성 문법 역시 넓은 의미에서 인지주의적인 관점을 가지고 있다는 점에서 유추에 의한 단어 형성 역시 생성 문법과 무관하지 않다.[7] 하지만 언어 현상을 언어 자체의 규칙이나 원리로 이루어진 기호 체계로 보는 생성 문법의 형태론과 달리 인지언어학적 관점의 유추에 의한 단어 형성론은 인간의 인지 작용에 더 많은 관심을 가지게 된다.[8]

6 언어학 연구에서도 어휘부에 대한 관심은 매우 커서 어휘부학이 독자적인 학문 분야로 정립되기도 하였다. 국어학에서도 최근 신승용(2018)처럼 어휘부만을 다룬 논의가 단행본으로 출간되기도 하였다.

7 흔히 생성 문법의 관점에서는 단어 형성을 규칙으로 설명하지만, 인지언어학적 관점에서는 단어 형성을 기존 단어를 바탕으로 한 유추로 설명한다. 학술지 '형태론'에서는 규칙론자와 유추론자의 논쟁이 전개된 바 있다. 연구자들 유추와 규칙이 구분되는 것으로 보기도 하고 규칙이 유추에 포함되는 것으로 보는 학자들도 있다.

8 임지룡(1993)에서는 구조주의 문법과 생성 문법은 언어 능력을 인간의 인지 능력과 무관한 언어만의 자율적 체계로 보아서 인지 문법과 차이가 있다고 보았다.

유추에 의한 단어 형성 논의는 개화기 이후 서구의 언어학 이론이 도입된 이래 매우 드물게 국내에서 독자적인 이론을 만들었다는 점에서도 독특한 위상을 지닌다. 이 논의는 생성 문법의 어휘부 이론, Aitchison의 인지언어학적 관점의 논의와 Bybee의 연관주의적인 관점의 형태론 논의 등을 받아들여 새로운 단어의 형성을 어휘부에서의 기존 단어들의 배열에 의해 설명하고자 한다.

다음은 채현식(2000)의 유추에 의한 단어 형성을 설명한 그림이다.

(6) 어휘부에서의 단어 형성 사례

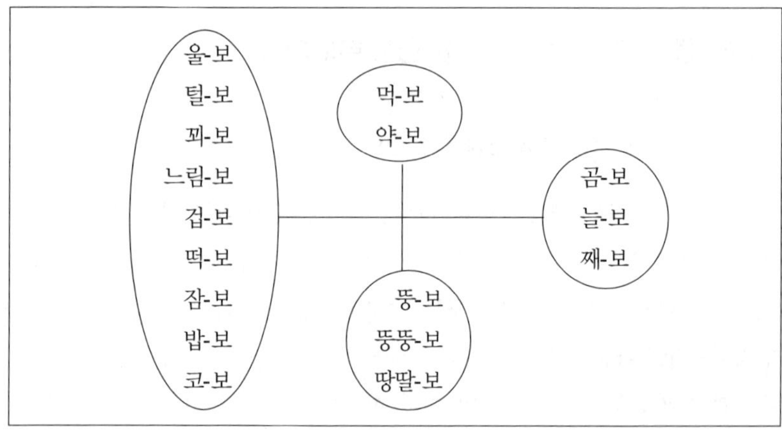

위의 그림은 '-보'를 가지는 파생어들의 형성을 어근의 품사와 관련하여 설명한 것이다. '-보'에 의한 단어의 형성은 이러한 어휘부에서의 저장을 통해 이루어진다. 새로운 파생어가 만들어지게 된다면 (6)에서와 같은 어휘부에서

그런데 생성 문법론자들은 생성 문법이 구조주의 문법과 달리 인간의 인지에 관심을 가지고 있으며 구조주의 문법만이 언어의 자율적인 체계를 인정한다고 하여 구조주의 문법과 생성 문법을 자율적인 체계에 의해 구별하고자 한다. 하지만 생성 문법은 구조주의 문법과 달리 인간의 인지에 관심을 가지기는 하지만, 본질적으로는 언어 자체의 규칙화에 더 큰 관심을 가지고 있었다는 점에서 임지룡(1993)의 진술을 전적으로 부인하기는 어렵다.

의 연결이 유추의 틀로 작용할 것이다.

유추에 의한 단어 형성에서는 최초의 단어가 유추의 틀로 작용하는 것으로 설명되기도 한다. 예를 들어 '-잡이'류의 단어들은 어휘부에 '고기잡이'가 먼저 저장되어 있었고, 이에 유추되어 '새우잡이, 명태잡이, 조기잡이…'처럼 다양한 단어가 형성되는 것으로 보기도 하는 것이다. 그러다가 점차 여러 개의 '○○잡이'가 만들어져 어휘부에 저장되면 유추적인 틀을 더 공고히 하여 생산적으로 새로운 단어를 만들어 내는 틀을 형성한다. 이런 관점에서 보면 흔히 말하는 합성 규칙이나 파생 규칙은 모두 어휘부에 저장된 단어들의 배열에 의한 유추로 설명된다. 유추에 의한 단어 형성 논의는 채현식(1994), 구본관(1998a), 채현식(2000), 송원용(2002) 등에서 정리되었고, 2000년대 이후 학술지 '형태론'의 지면을 통해 규칙론과의 논쟁을 거치면서 이론화가 이루어졌다. 최근에는 다소 답보 상태를 보이고 있는데, 이는 구체적인 자료에 의한 실증적인 연구와 어휘부 자체에 대한 연구가 미진한 것과 관련이 있다.

유추에 의한 단어 형성이 어휘부의 배열을 단어 형성의 원리로 지적하고 있으므로 단어형성에서 의미의 역할은 절대적이다. 채현식(2000)에서 언급한 것처럼 어휘의 저장은 어근의 품사나 파생 접사의 특성과 같은 형태적인 특성이 중요하게 작용한다. 하지만 어휘부에서의 단어들끼리의 연결은 형태적인 특성이라는 하나의 준거가 아니라 음운적 특성, 의미적 특성을 포함한 다차원의 망(網)을 이루고 있다. 그 중에서도 어휘부에서의 단어들의 저장에 가장 중요한 준거가 되는 것은 형태나 음운이 아니라 의미이다. 어휘부의 저장은 흔히 등위 관계, 배열 관계, 상위 관계, 동의 관계 등에 의해 관련이 있는 단어끼리 연결되어 있다(홍우평 역 2004: 162-164, 구본관 외 2014: 47). 이 중에서도 '등위 관계 > 배열 관계 > 동의 관계' 등의 순서로 긴밀하게 연관되어 있다고 한다(구본관 외 2014: 47). 이처럼 새로운 단어를 만드는 과정 역시 어떤 방식으로든 의미에 기반을 두고 이루어지는 것으로 보는 것이 가장 타당할 것이다.

2.3.2. 인지의미론에서의 단어 형성과 의미

인지 문법은 단어 형성론과 같은 형태론 분야보다는 의미론에 더 많은 기여를 하게 된다. 하지만 넓은 의미에서의 인지 문법은 어휘부 이론을 포함하고 있으며 임지룡(1997a)과 관련하여 이미 언급한 것처럼 단어 형성의 문제를 다루고 있기도 하다.

인지의미론과 단어 형성과의 관계를 다룬 몇 가지 논의를 가져와 보자. 임지룡(1997a)은 인지의미론을 단어 형성과 직접 관련시킨 논의이다. 이 논의에서는 단어 형성 기제의 하나로 의미론적 단어 형성을 제시하고 이를 다의적 확장과 은어적 확장으로 나누어 논의했다.

(7) a. 개미, 떡값, 북풍
 b. 골동품, 독립군, 백조

이때 '개미'는 동물을 의미하는 것이 아니라 국어사전에 '「2」『경제』 주식 시장에서 개인적으로 투자하는 사람.'의 의미임은 물론이다. '개미'나 '떡값'처럼 국어사전에 하나의 의미로 들어 있는 경우도 있고, '북풍'처럼 이 논의에서 언급하는 다의적 의미가 아직 사전에 등재되지 않은 경우도 있다.[9] 임지룡(1997a)에서는 (7a)는 다의적 확장, (7b)는 은어적 확장의 예로 제시하였다. (7b)가 은어(隱語)라는 점에서 (7a)와 차이가 있지만 결국 다의적 확장이라는 점에서는 단어 형성의 원리에서는 차이가 없다.

직접 단어 형성을 다루지는 않았지만 인지의미론의 논의는 단어 형성에 활용될 수 있을 것으로 보인다. 임지룡(1993)에서는 인지의미론 특히 원형 이론에 대해 자세하게 설명하고 있다. 이 논의가 직접적으로 단어 형성을 다루고 있지는 않으나 우리의 관점에서 보면 단어 형성의 의미 문제에 대해 풍부한

9 『표준국어대사전』에는 '북쪽에서 불어오는 바람'의 의미로만 등재되어 있다. (7a)에서 언급한 '북풍'은 언론이 만들어 낸 말로 '정치에서의 북한 변수'를 일컫는 말이다.

암시를 보여 주고 있다. 예를 들어 '길다-짧다, 크다-작다' 등의 반의 관계에서의 대립의 비대칭성을 다루고 있는데, 이는 이미 언급한 것처럼 긍정적인 의미만이 '길이, 크기' 등의 파생에 참여하는 것과 같은 의미론적인 제약으로 나타난다. 기본 층위에 대한 인지의미론의 논의 역시 기본 층위가 단어 형성의 어근이 되기 쉽다는 점에서 이런 관점의 단어 형성 논의에서의 의미 문제를 다룰 여지를 준다. 임지룡(1997b)에서는 개념 영역의 의미 확장의 방향을 ① 사람→짐승→생물→무생물, ② 구체성→추상성, ③ 공간→시간→추상, ④ 물리적→사회적→심리적, ⑤ 일반성→비유성→관용성, ⑥ 내용어→기능어 등으로 제시한 바 있다. 이런 의미 확장의 방향은 파생 접사가 다의성을 획득해 가는 과정을 이해하는 데에 도움이 된다. 예를 들어 '풋-'이 다의성을 획득하는 과정은 내용어가 기능어로 발달한다는 점, 구체성의 의미에서 추상성의 의미로 나아간다는 점에서 이런 일반적인 경향과 통하는 바가 있다.

2.3.3. 표현론적 관점(onomasiological approach)의 단어 형성 연구

단어 형성론에서의 의미에 관심을 집중한 다른 논의는 정한데로(2013, 2014, 2015), 박혜진(2017) 등의 표현론적 관점의 단어 형성 연구이다. 이들 연구는 Štekauer의 표현론적 관점(onomasiological approach)의 단어 형성 연구를 국내에 적용하여 의미 중심의 단어 형성론을 전개하고 있다.

이미 언급한 것처럼 단어 형성은 의미적 필요성에 의해 촉발되며, 단어는 형태가 먼저 만들어지는 것이 아니라 의미가 먼저 만들어지고 나중에 형태가 만들어진다고 보는 것이 자연스럽다(황화상 2006). 정한데로(2015)에서는 단어 형성에 대한 논의를 '언어→개념'으로 접근하는 해석론적 관점(semasiological approach)과 '개념→언어'로 접근하는 표현론적 관점(onomasiological approach)으로 나누고 표현론적 관점의 우위를 주장한다.

정한데로(2014)에서는 단어 형성의 기제를 '단어 형성의 필요→의미 구조 형성→형태 구조의 형성→사회적 공인'의 단계를 거치는 것으로 설명한다. 그리고 어떤 대상이나 사태가 새로 등장하면 단어 형성이 필요하고 이것은 개념화를 거쳐 언어화가 이루어지는 것으로 보고 있다. 이런 과정을 정한데로(2014)에서는 가마꾼을 예로 설명한다.

(8) a. 대상의 등장: 가마, 가마와 관련되는 인물의 등장
b. 개념화: '가마를 매는 사람', '가마를 파는 사람' 등으로 개념화
c. 언어화: '가마를 매는 사람'은 '가마꾼'으로 '가마를 파는 사람'은 '가마팔이' 등으로 언어화

박혜진(2017)은 표현론적 관점(onomasiological approach)의 단어 형성 연구를 새말 만들기라는 국어교육적인 상황에서 적용해 보는 논의이다. 그리하여 중학생을 대상으로 실제 인간이 대상을 의미적으로 개념화하고 이를 언어화하는 과정을 고찰하고 있다.

이런 논의들은 기존의 단어 형성법 논의가 의미보다 형태에 주목하였다는 점에 대한 반성에서 출발한 것이다. 단어 형성은 본질적으로 새로운 사물이나 개념을 지칭하기 위한 과정이며, 형태의 선택 역시 의미가 가장 중요하게 작용하는 과정이라는 것이다. 이제 지금까지의 논의를 바탕으로 다음 장에서는 본격적으로 단어 형성에서의 의미 문제에 대한 탐구들을 고찰해 볼 것이다.

3. 단어 형성에서의 의미의 탐구

3.1. 단어 형성에서의 의미와 의미론적 단어 형성

3.1.1. 의미의 개념과 단어 형성

이 절에서는 먼저 의미에 대한 여러 가지 논의들 중에서 단어 형성과 관련이 있는 의미의 정의들을 살피고, 단어 형성에서의 의미 문제를 논의해 볼 것이다. 의미는 언어를 포함한 모든 기호가 가지고 있는 속성이다. Saussure가

언급한 것처럼 기호는 기표(signifiant)와 기의(signifié)로 나누어지는데, 기의가 바로 의미인 것이다.

주지하듯이 언어의 의미에 대해서는 다양한 가설이 존재하였다. 언어 표현의 의미를 그 표현이 지시하는 지시물이라는 지시설, 언어 표현의 지시 대상이라기보다는 그 표현에 의해 떠올리게 되는 개념이라는 개념설, 의미를 자극에 대한 반응이라고 보는 자극-반응설 혹은 행동설, 의미는 그 단어가 가지고 있는 용법(use)이라는 용법설, 특히 문장의 의미와 관련하여 진리조건을 의미로 보는 진리조건설 등이 의미에 대한 설명이었다. 한편 최근에는 의미를 인지적 관점에서 범주화와 관련하여 원형적 보기와 주변적 보기로 나누는 원형이론이 각광을 받고 있기도 하다. 이런 언어의 의미에 대한 논의는 우리가 앞으로 논의하게 될 단어 형성에서의 의미와 관련을 맺고 있음은 물론이다.

의미의 정의와 직접 관련되지 않지만 의미의 종류를 다시 세분하는 논의도 단어 형성에서의 의미를 다루는 우리의 논의와 관련이 있다. 잘 알려진 의미의 종류에 대한 논의는 Leech의 것인데, 그는 의미를 개념적 의미, 연상적 의미, 주제적 의미로 나누었다. 그런 다음 연상적 의미는 다시 내포적 의미, 사회적 의미, 감정적 의미, 반사적 의미, 배열적 의미 등으로 나누었다.

이 밖에도 의미를 언어적 의미와 백과사전적 의미로 나누기도 한다. 이때 백과사전적인 의미는 특정 단어가 가지고 있는 배경지식(schema)을 포함한다. 물론 인지언어학에서는 언어적 의미와 백과사전적인 의미가 구분되기 어렵다고 주장한다.

이와 같은 의미의 개념과 의미의 종류에 대한 논의는 단어 형성에서의 의미 논의에도 유용하게 적용된다. 앞에서 언급한바 임지룡(1997a)에서는 '개미, 떡값, 북풍'과 같은 다의적 확장이나 '골동품, 독립군, 백조'와 같은 은어적 확장을 단어 형성 방법으로 언급했는데, 이는 의미에 대한 가설이나 종류와 관련을 맺고 있다. 손세모돌(2000)이나 구본관(2008)에서 언급한 것처럼 '발그레하다'에 쓰인 '-(으)레하다'가 긍정적인 평가를 나타내고, '거무튀튀하다'의 '-(으)튀튀하-'가 부정적인 평가를 나타낸다는 논의 역시 단어 형성에서

의미의 종류가 관여하는 양상을 보여 준다.

3.1.2. 의미론적 측면의 단어 형성

이미 언급한 것처럼 의미는 소리 혹은 형태와 함께 언어를 이루고 있는 두 가지의 측면이므로 단어 형성에도 당연히 의미가 작용한다. 단어 형성은 형태를 만들어 내는 과정이기 이전에 새로운 지시물이나 개념을 명명하는 과정이므로 단어 형성에는 의미가 소리나 형태에 우선함도 이미 언급한 바와 같다. 여기에서는 특별히 앞에서 미루어 두었던 임지룡(1997a)을 중심으로 한 단어 형성 기제로서의 의미론적 단어 형성에 대해 자세하게 언급해 보기로 하자.

의미의 확장 과정을 살펴보기 위해 시를 한 편 제시해 보기로 하자.

> 가령 사과를 **먹듯이**
> 시간을 그렇게 **먹다** 보면
> 1년 내내 땅이 보호하고
> 햇살이 길러낸
> 한 알의 붉은 사과를 **먹듯이**
> 그렇게 조금씩 향기를 **먹다** 보면
>
> 그 향기로 사랑을 시작하고
> 그 빛깔로 사랑을 껴안다 보면
> 아름다운 자연처럼
> 푸르게 다시 태어날 수도 있으리
>
> 또한 그 힘으로
> 지상의 우울을 조금씩 치유하고
> 고즈넉한 웃음들을 만들기도 하리

가령 한 알의 사과를 **먹듯이**
그렇게 조금씩 향기를 **먹다** 보면
한 권의 책을 **먹다** 보면
열다섯 해쯤 그렇게 맛있게 **먹다** 보면

- 문정희, '사과를 먹듯이'-

구본관(2015)에서는 이 시(詩)에서의 '먹다'의 다양한 용법을 통해 어떤 단어의 의미가 은유적 내지 다의어적으로 확장해 가는 과정을 살피고 있다. '먹다'의 국어사전에서의 용법은 '「1」 음식 따위를 입을 통하여 배 속에 들여보내다.', '「2」 담배나 아편 따위를 피우다.', '「3」 연기나 가스 따위를 들이마시다.', '「4」 어떤 마음이나 감정을 품다.', '「5」 일정한 나이에 이르거나 나이를 더하다.', '「6」 겁, 충격 따위를 느끼게 되다.', '「7」 욕, 핀잔 따위를 듣거나 당하다.' 등이 있다. 이 중에서 '사과를 먹다'는 가장 기본적인 의미로서 「1」의 의미에 해당하고, '시간을 먹다'는 「5」에 가까우며, '향기를 먹다'는 명확하지는 않지만 '「3」'에 가깝다(구본관 2015). 그렇지만 '책을 먹다'는 현행 국어사전의 뜻풀이 중 어느 것과도 일치하지 않는다. '책을 먹다'의 경우 임지룡(1997a)의 방식으로 말하면 의미론적 단어 형성인 셈이다.[10]

사실 다의적 확장이나 은어적 확장은 새로운 단어를 만드는 기제라기보다 하나의 단어가 다의성을 확장해 나가는 과정에 불과하며, 따라서 단어 형성의 기제로 다룰 수 없다고 보기도 한다. 하지만 단어 형성론에서 이와 유사한 현상을 단어 형성법의 일종으로 다루기도 한다. 구본관 외(2015: 115)에서는 '초코파이, 샌드위치'가 고유명사에서 보통명사로 바뀌는 것과 현상을 단순한 의미 확장이 아니라 새로운 단어를 만드는 것과 마찬가지라는 점에서 단어 형성 기제의 하나로 다룰 수 있음을 언급하고 있다.

10 의미론적 단어 형성에 대해서는 앞에서 언급한 임지룡(1997a)의 예를 통해 언급한 다의적 확장이나 은어적 확장을 참조하기 바란다.

3.2. 단어 형성의 유형과 의미

단어는 다양한 방식으로 이루어진다. 이 절에서는 단어 형성의 유형에서 의미가 어떻게 작용하는지를 살펴볼 것이다. 구조주의 문법 시대까지는 단어 형성의 방법은 주로 합성과 파생을 언급하였다. 그러나 최근 논의에서는 합성과 파생을 제외하고도 다양한 단어 형성법을 논의하고 있다. 다음은 고영근·구본관(2018: 200)을 일부 수정한 단어 형성법의 유형이다.

(9) 단어 형성법의 유형

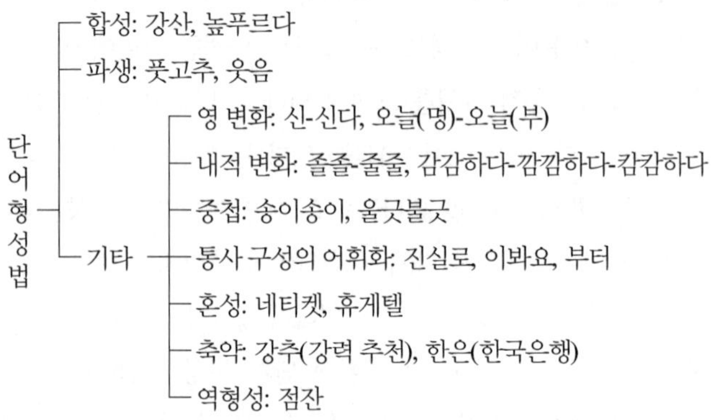

이미 언급한 것처럼 합성이나 파생을 포함한 모든 단어 형성에는 의미가 작용한다.

영 변화의 경우 흔히 파생의 관점에서는 의미가 없는 영 접사를 설정하여 기술하기도 한다. 이렇게 보면 영 변화의 과정에는 의미가 작용하지 않는 것으로 볼 수 있다. 하지만 '신-신다'의 경우를 고려한다고 할 때, 품사의 변화 그 자체도 의미라고 볼 수 있으므로 의미가 작용하는 것으로 보아야 한다.

내적 변화 역시 의미와 무관하지 않다. '졸졸-줄줄'과 같은 모음 교체의 경우 단순히 모음만 바뀌었을 뿐 의미가 관여한 것이 아니라고 할 수도 있다. 하지만 국어사전에 기술된 다음의 뜻풀이를 고려하면 양성 모음과 음성 모음은 의미를 가진 것으로 볼 수도 있다.

(10) '표준국어대사전'에서의 양성 모음과 음성 모음의 뜻풀이
 a. 양성 모음: 어감(語感)이 밝고 산뜻한 모음. 'ㅏ', 'ㅗ', 'ㅑ', 'ㅛ', 'ㅘ', 'ㅚ', 'ㅐ' 따위가 있다.
 b. 음성 모음: 어감(語感)이 어둡고 큰 모음. 'ㅓ', 'ㅜ', 'ㅕ', 'ㅠ', 'ㅔ', 'ㅝ', 'ㅟ', 'ㅖ' 따위가 있다.

물론 모음 자체가 의미를 가지는 것이라는 이런 사전 진술을 믿기 어려운 점이 있다. 사실 모음이 쓰인 단어가 '밝고 따뜻한' 혹은 '어둡고 큰'의 의미를 가지는 것일 뿐 모음 자체는 의미를 가지는 것이 아니라고 할 수도 있다. 어떻게 보든 양성 모음 계열의 단어에서 음성 모음 계열의 단어가 만들어지는 과정 자체는 의미가 관여하는 것임에는 틀림이 없다.[11] '감감하다-깜깜하다-캄캄하다'와 같은 자음 교체 역시 어감의 강화와 같은 의미가 작용한다. 중첩의 경우 역시 자음 교체와 마찬가지로 중첩 과정 자체에 어감의 강화라는 의미가 작용한다.

통사 구성이 어휘화가 이루어지는 과정 역시 의미와 무관하지 않다. 통사 구성이 가지고 있는 의미가 어휘화를 경험하게 되면 대부분의 단어 형성이 그러하듯이 일반적인 의미에서 특수하고 제한된 의미로 바뀌게 된다. 통사 구성이 어휘화 되는지의 여부 역시 해당 개념이 필요한지와 같은 의미적인 동기가 작용한다. 혼성이나 축약, 역형성과 같은 나머지 단어 형성이 이루어지는 과정에도 의미가 작용함은 물론이다. 통사 구성의 어휘화가 그러하듯 단어가 만들어지는 과정은 대상이나 사태에 대응하는 개념의 필요성에 의해 단어화가 일어난 것이기 때문이다.

11 양성 모음 계열의 단어에서 음성 모음 계열의 단어가 만들어지는 것인지 혹은 그 반대인지 명확하게 알기는 어렵다. 채완(1987: 287)에서는 양성 모음 계열의 단어가 유표적이고 음성 모음 계열의 단어가 무표적이라고 보고 있는데, 이를 적극적으로 해석하면 음성 모음 계열의 단어에서 양성 모음 계열의 단어가 만들어지는 것으로 볼 수 있지만, 명시적으로 단정하기는 어렵다.

이미 언급한 것처럼 의미론적 어휘화처럼 단어가 만들어지고 난 후 의미의 표류 과정에도 의미가 작용한다. '세월, 산수, 갈등'과 같은 융합적 합성어는 구성 요소 각각이 원래의 의미를 잃어버리는 것으로서 합성어 전체가 구성 요소의 의미를 넘어 새로운 의미를 획득한 것이다. '미역국을 먹다'와 같은 관용구나 '백지장도 맞들면 낫다.'와 같은 속담을 포함한 관용 표현의 형성에도 의미가 긴밀하게 작용한다.

3.3. 단어 형성의 과정과 의미

단어 형성의 과정에 의미가 작용한다는 것은 이미 앞에서 여러 차례 언급한 바가 있다. 여기에서는 앞에서 논의한 정한데로(2014)의 단어 형성의 과정 즉, '단어 형성의 필요 → 의미 구조 형성 → 형태 구조의 형성 → 사회적 공인'의 단계를 고려하여 개념화 단계, 언어화 단계, 언어화 이후 단계로 나누어 각 단계에서 의미가 작용하는 양상을 논의해 보기로 하자.

3.3.1. 개념화 단계와 의미

이미 언급한 것처럼 단어 형성은 새로운 사물이나 사태 등이 나타날 때 이루어진다. 즉, 새로운 사물이나 사태가 생겼을 때 이를 지칭하기 위한 의미적 필요성이 단어의 형성을 촉발하는 것이다. 이 과정에서 의미가 먼저 작용하고 나중에 형태가 만들어진다고 볼 수 있다. 개념화 단계에서는 전적으로 의미가 작용하며 그 의미는 어휘부에 있는 어근이나 접사와 같은 단어 형성에 참여하는 형태와 연결되면 언어화 단계로 넘어가게 된다.

3.3.2. 언어화 단계와 의미

언어화 단계에서는 개념화에 의해 떠올려진 의미가 형태로 표상되어 실제 단어가 만들어지는 과정이다. 논의를 구체화하기 위해 황화상(2006)에서 언

급한 예를 가지고 파생 과정에서의 언어화 단계를 설명해 보자.[12]

(11) '신문팔이'의 의미-형태 대응

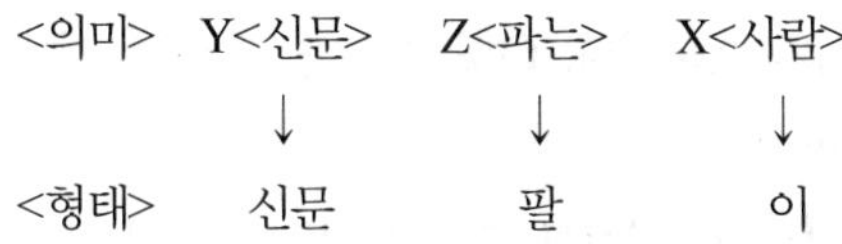

'신문을 판매하는 사람'에 해당하는 개념은 다양한 측면에서 포착될 수 있다. 신문을 '파는 행위'에 초점이 주어질 수도 있고, 신문을 '들고 다니는 행위'에 초점이 주어질 수 있다. 의미화 단계에서는 일단 '파는 행위'에 초점을 두었다. 그런 다음 언어화 단계에서는 어휘부에서 적절한 재료를 선택한다. '신문'과 '상인'을 선택하여 '신문상인'과 같은 합성어를 만들 수도 있고, 위의 예에서처럼 '팔-'과 '-이'를 선택하여 '신문팔이'와 같은 파생어로 만들 수도 있다.

이제 파생의 각 단계에서 의미가 어떻게 작용하는지를 설명해 보기로 하자. 우선 위에서 언급한 것처럼 단어 형성에 참여하는 요소인 어근과 접사를 선택하는 과정이 있다. 이미 언급한 것처럼 이 과정에서는 파생 접사에 따라 어근의 의미가 긍정적인 것만 참여하는 의미론적 제약이 작용하기도 한다. 또한 이미 언급한 것처럼 부사 파생이나 사·피동 파생의 경우처럼 어근의 의미가 거의 그대로 파생어의 의미로 전달되기도 하고, 명사 파생의 '-이'나 '-개', 형용사 파생의 '-다랗-'처럼 어근의 의미의 일부가 제약되어 선택되기도 하는 것이다.[13]

일단 어근이나 접사가 선택되어 파생어가 형성되더라도 실제 그 파생어가

12 이 예는 황화상(2006)을 수정한 것이다. 황화상의 논의에서는 의미와 형태의 연결이 선으로만 되어 있지만 본고에서는 의미가 먼저라는 사실을 뚜렷하게 하기 위해 화살표로 바꾸었다.

13 대체로 생산적인 접사의 경우 어근의 의미가 파생어의 의미로 쉽게 전이되고, 생산적이지 않은 접사의 경우 제한된 특정 의미만이 파생어의 의미에 나타나는 것으로 생각된다.

쓰이려면 출력부의 제약, 즉 저지(blocking)가 일어나지 않아야 한다. 예를 들어 형용사 어근에 '-기'가 결합하여 척도 명사를 파생하는 경우 '크기, 밝기' 등이 쓰이는데, '*길기, *높기'가 쓰이지 않는 것은 비슷한 의미를 가진 단어인 '길이, 높이'가 있어 저지되기 때문이다. 이때 저지가 일어나는지의 여부에서는 가장 중요한 것이 의미이다.

저지가 일어나는지의 여부에서 의미가 중요하다는 것은 다음 몇 가지에서 알 수 있다. 김창섭(1984)에서 언급한 것처럼 형용사 구성에서의 저지의 예를 제시해 보기로 하자.[14]

(12) a. 죄(罪)스럽다, *죄롭다, *죄하다, *죄적(이다)
b. *해(害)스럽다, 해롭다, *해하다, *해적(이다)
c. *정(情)스럽다, 정답다, *정하다, *정적(이다)
d. *도시스럽다, *도시롭다, *도시하다, 도시적(이다)

명사 어근과 결합하여 형용사를 파생하는 접미사들인 '-스럽-'과 '-롭-', '-답-', '-하-' 등에 의해 만들어지는 파생어들은 서로 저지 현상을 일으킨다. 이런 저지가 나타나는 이유는 결국 같은 의미를 가지는 파생어를 피하여 어휘부를 경제적으로 만들려는 기제가 작용한 것이다. 파생어로 보기 어려운 '○○이다' 구성도 저지의 대상이 되는 것은 '○○이다'가 파생어는 아니지만 의미상 '-스럽-'과 '-롭-', '-답-', '-하-'가 결합하는 파생어와 거의 같기 때문이다. 즉, 저지가 일어나는지의 여부에 파생이냐 아니냐하는 범주의 차이보다 의미의 차이가 중요하다는 것을 알게 해 준다.

한편 '자유스럽다-자유롭다', '평화스럽다-평화롭다'처럼 유사한 의미를 가지는 파생어들 사이에서 저지가 일어나지 않는 경우도 있다. 고영근 · 구본관(2018: 216)에서 언급한 것처럼 '-스럽-'에 의한 파생어와 '-롭-'에 의한 파생어 사이에 저지가 일어나지 않는 경우가 있는 것은 '-스럽-'이 생산성이 높은

14 제시된 예는 김창섭(1984)과 고영근 · 구본관(2018: 237)을 참조한 것이다.

접사이기 때문이기도 하지만, '-스럽-'은 '어근의 속성이 풍부히 있음'이라는 의미 외에 '어근의 속성에 근접함'의 의미를 지녀서 이런 의미를 가지지 않는 '-롭-'과 미묘한 의미 차이가 있기 때문이다. 이처럼 의미는 저지라는 제약을 극복할 수 있을 정도로 단어 형성에서 중요한 역할을 하는 것이다. 앞에서 언급한 것처럼 단일 어기 가설을 위반하는 경우가 있는 것도 단어 형성에서 어떤 제약보다 의미가 중요하다는 것을 보여 준다.

파생어가 만들어지고 나면 사회적 공인을 얻어 사회적인 어휘부에 포함되기도 하고 일부 개인에게 일시적인 유행어로 사용되다가 사라지기도 한다. 이 과정에서도 의미가 작용하는 것은 물론이다. '뇌물' 등의 의미를 가지는 '떡값'이 사전에 남은 것은 이 단어가 가지는 의미가 그 시대의 사회 현상을 설명하기에 적합하였기 때문일 것이다.

파생어는 이미 언급한 것처럼 의미적인 표류를 경험하게 되며, 의미론적 단일어화가 일어난다. 의미론적 단일어화 역시 파생어의 형성이나 사용에 의미가 중요하게 작용하는 것을 보여 준다. 흔히 국어사전에 "-꾼"의 의미 풀이에 '전문적으로 하는' 등의 표현이 들어가는 것은 단어 형성 이후에 의미가 작용하여 변화하는 양상을 잘 보여 준다.

4. 마무리

우리는 지금까지 단어 형성에서의 의미 탐구에 대한 기존의 논의를 개괄하고, 단어 형성에서의 의미 탐구의 현황을 단어 형성 유형에서의 의미와 단어 형성의 과정에서의 의미로 나누어 논의하였다. 이제 앞으로의 과제에 대해 간략하게 제시하는 것으로 논의를 마무리하려 한다.

첫째, 단어 형성에서의 의미 문제에 대한 이론을 깊이 있게 탐색해 보아야 한다. 이미 언급한 것처럼 단어 형성에서의 의미 탐구와 관련된 다양한 이론이 소개되고 국어의 단어 형성 논의에 적용되어 왔다. 하지만 이론에 대한 더 깊은 탐색과 이를 국어 단어 형성에 적용하는 논의는 충분하다고 하기 어렵다. 앞에서 언급한 것처럼 인지의미론을 단어 형성과 관련하여 적용하는 연구도 임지룡(1997a)을 비롯한 몇몇 연구에 그치고 있어 본격적인 탐색이 필요하다. 배경지식(schema)에 대한 고려, 영상 도식에 대한 고려 등 인지의미론 전반을 적절하게 고려하는 논의가 필요하다. 어휘부 이론을 단어 형성에서의 의미 탐구와 연결하는 작업도 미진하다. 어휘부에 대한 탐색은 인지의미론뿐 아니라 뇌 과학을 포괄하는 어휘부학의 관점에서 종합적으로 접근해야 하고, 이런 관점에서의 단어 형성과 의미 문제를 다루어야 한다. 앞에서 설명한 유추에 의한 단어 형성 논의 역시 국내에서 어느 정도 독자적으로 이루어진 것이라는 점에서는 충분한 의의를 가지지만, 형태적인 연관성에 초점이 주어져 있다는 점에서 어휘부에서의 배열 등에서의 의미의 역할에 대한 충분한 고려가 이루어지고 있지 못하다. 표현론적 관점에서의 단어 형성에 대한 연구 역시 충분히 많은 논의에 의해 이론의 전개가 이루어지고 있지 못하다.

둘째, 이론에 대한 천착 못지않게 중요한 것은 한국어의 특성을 충분하게 고려하여 단어 형성에서의 의미 문제를 다루어야 한다는 것이다. 주지하듯이 한국어 어휘는 고유어-한자어-외래어의 삼분 체계를 이루고 있는데, 이런 차이는 어휘부에서의 저장에서의 차이로 반영되기도 한다(구본관 2010). 수 표현을 예로 들어 보면 한국인들은 어휘부에 고유어 수 표현과 한자어 수 표현을 다르게 저장하고 있다가 필요한 경우에 적절하게 꺼내서 사용한다. 흔히 알고 있듯이 일상적인 문맥에서는 고유어 수 표현을, 수학이나 돈 계산과 같은 문맥에서는 한자어 수 표현을 흔히 사용한다. '첫째'와 같은 보충법이 고유어에서 나타나는 점과 같은 단어 형성에서의 특징도 이런 관점에서 논의가 가능하다.[15]

셋째, 신조어를 포함한 실제 단어의 형성 과정에 초점이 주어져야 한다.

15 보충법은 주로 사용 빈도가 높은 경우에 나타나는데, 서수사 파생에서 빈도가 가장 높은 '첫째'에서 보충법이 나타나는 것이다. 영어의 경우도 빈도가 높은 'first, second, third'에서 보충법이 나타난다.

앞에서 설명한 것처럼 구조주의 문법의 관점에서는 단어 형성 논의에서 새로운 단어의 형성보다는 기존 단어의 분석에 방점이 놓여 있었다. 임지룡(1997a)에서 그러한 것처럼 신조어를 논의에 포함해야 하고, 단어의 분석보다는 형성에 초점을 두어 의미 문제를 고찰해야 한다. 이 경우 실제 단어가 생성되는 과정에서 다양한 맥락이나 배경 지식이 작용하는 양상을 고찰할 수 있게 될 것이다.

넷째, 단어 형성에서의 의미 논의는 유아나 어린이의 단어 습득이나 외국인의 한국어 학습과도 관련해서 논의되어야 한다. 주지하듯이 다른 언어를 대상으로 하는 단어의 습득 연구는 제법 많지만 한국어를 대상으로 하는 연구는 그리 많지 않다. 따라서 종적 연구이든 횡적 연구이든, 질적 연구이든 양적 연구이든 언어 습득이나 외국어로서의 한국어 학습에 대한 자료를 바탕으로 단어 형성에서의 의미를 논의해야 한다.

우리는 지금까지의 논의를 통해 국어의 단어 형성에서의 의미 탐구의 현황을 개괄하고 향후 과제를 제시해 보았다. 언어는 의미뿐만 아니라 소리 내지 형식을 가지고 있지만 언어 사용은 궁극적으로는 사용자들 사이에서 일어나는 의미의 교환에 다름 아니다. 우리의 논의가 언어의 가장 중요한 하나의 축인 의미를 이해하고 더 정확하고, 적절하며, 타당한 한국어의 사용에 조금이나마 기여하기를 희망한다.

참고문헌

고영근(1972), "현대국어 접미사에 대한 구조적 연구 (1): 확립기준을 중심으로", 『서울대학교논문집(인문사회과학 편)』 18: 71-101, 서울대학교.

고영근(1973), "현대국어 접미사에 대한 구조적 연구 (4): 동요상황을 중심으로", 『학술원논문집』 12: 117-176, 대한민국 학술원.

고영근 · 구본관(2018), 『개정판 우리말 문법론』, 집문당.

구본관(1997), "의미와 통사범주를 바꾸지 않는 접미사류에 대하여", 『국어학』

29: 113-140, 국어학회.
구본관(1998a), 『15세기 국어 파생법에 대한 연구』, 태학사.
구본관(1998b), "단일 어기 가설과 국어 파생 규칙", 『어학연구』 34(1): 153-174, 서울대학교 언어교육원.
구본관(1999), "파생접미사의 범위", 『형태론』 1(1): 1-23, 형태론연구회.
구본관(2002a), "형태 연구 50년", 이화여자대학교 한국문화연구원, 『국어학 연구 50년』, 131-193, 혜안.
구본관(2002b), "파생어 형성과 의미", 『국어학』 39: 105-135, 국어학회.
구본관(2008), "한국어 색채 표현에 대한 인지언어학적 고찰", 『형태론』 10(2): 261-285, 형태론연구회.
구본관(2009), "복합 색채어의 의미: 사전의 뜻풀이를 중심으로", 『국어학』 55: 173-211, 국어학회.
구본관(2010), "단어 형성론 논의의 확장을 위하여", 『형태론』 12(1): 111-119, 형태론연구회.
구본관(2015), "문법과 문학 영역의 통합", 『국어교육』 148: 75-122, 한국어교육학회.
구본관(2017), "단어 형성법을 활용한 한국어 어휘 교육 내용 연구", 『국어교육연구』 40: 1-47, 서울대학교 국어교육연구소.
구본관 · 박재연 · 이선웅 · 이진호(2016), 『한국어 문법 총론』 II, 집문당.
구본관 · 박재연 · 이선웅 · 이진호 · 황선엽(2015), 『한국어 문법 총론』 I, 집문당.
구본관 외(2014), 『어휘 교육론』, 사회평론.
노명희(1998), "한자어", 간행위원회 편, 『이익섭 선생 회갑기념논총 문법 연구와 자료』, 775-779, 태학사.
박혜진(2017), "새말 만들기 과제 설계에 관한 연구", 『문법교육』 30: 67-99, 한국문법교육학회.
김창섭(1984), "형용사 파생접미사들의 기능과 의미: '-답-', '-스럽-', '-롭-', '-하-'와 '-적'의 경우", 『진단학보』 58: 145-161, 진단학회.
김창섭(1992), "파생접사의 뜻풀이", 『새국어생활』 2(1): 72-88, 국립국어원.
김창섭(1998), "복합어", 간행위원회 편, 『이익섭 선생 회갑기념논총 문법 연구와 자료』, 753-774, 태학사.
손세모돌(2000), "국어 색채어 연구", 『한말연구』 6: 133-165, 한말연구회.
송원용(2002), "국어 어휘부와 단어 형성 체계에 대한 연구", 서울대학교 대학원 국어국문학과 박사학위논문.
송철의(1985), “파생어 형성에 있어서의 어기의 의미와 파생어의 의미”, 『진단학보』 60: 193-211, 진단학회.
송철의(1989), “국어의 파생어 형성 연구”, 서울대학교 대학원 국어국문학과 박사학위논문.
송철의(1998), “파생어”, 간행위원회 편, 『이익섭 선생 회갑기념논총 문법 연구와 자료』, 717-752, 태학사.
신수송(1998), “조어형성에 관한 의미론적 고찰”, 『어학연구』 34(1): 1-31, 서울대학교 언어교육원.
신승용(2018), 『기저형과 어휘부』, 한국문화사.
안병희(1965), “문법론”, 어문연구회 편, 『국어학개론』, 108-146, 수도출판사.
이경우(1981), “파생어형성에 있어서의 의미 변화”, 『국어교육』 39 · 40: 215-256, 한국어교육학회.
이익섭(1965), “국어 복합명사의 IC 분석”, 『국어국문학』 30: 121-129, 국어국문학회.
이익섭(1975), “국어 조어론의 몇 문제”, 『동양학』 5: 25-43, 단국대학교 동양학연구소.
임지룡(1993), “원형이론과 의미의 범주화”, 『국어학』 23: 41-68, 국어학회.
임지룡(1997a), “새 낱말 창조의 인지적 연구”, 『국어교육연구』 29, 1-33, 국어교육학회.
임지룡(1997b), 『인지 의미론』, 탑출판사.
정한데로(2013), “명명 과제를 기반으로 한 임시어의 형태론”, 『국어학』 68: 367-404, 국어학회.
정한데로(2014), “단어 형성과 의미의 합성성: 통합관계와 계열관계를 중심으로”, 『한국어 의미학』 44: 263-289, 한국어 의미학회.
정한데로(2015), “단어 형성 과정의 개념화와 언어화: 19세기 말~20세기 초 자료의 의의”, 『언어와 정보 사회』 24: 125-158, 서강대학교 언어정보연구소.
채 완(1987), “국어 음성상징론의 몇 문제”, 『국어학』 16: 277-300, 국어학회.
채현식(1994), “국어 어휘부 등재소에 관한 연구”, 서울대학교 대학원 국어국문학과 석사학위논문.
채현식(2000), “유추에 의한 복합명사 형성 연구”, 서울대학교 대학원 국어국문학과 박사학위논문.

허　웅(1963), 『언어학개론』, 정음사.

황화상(2006), “우리말 접사의 의미론적 고찰”, 『우리말연구』 19: 143-168, 우리말학회.

Aitchison, J.(2003), *Words in Mind: An Introduction to mental Lexicon*, 3rd edn, Oxford: Blackwell Publishing Ltd. (홍우평 역(2004), 『언어와 마음』, 역락.)

합성명사의 의미

최 지 훈*

1. 들머리

본고에서는 현대국어 합성명사(Compound Noun)에 대한 의미 연구의 동향을 살펴보고, 이를 바탕으로 앞으로의 연구 방향과 과제에 대해 살펴보고자 한다.

합성명사는 주로 새로운 개념이나 대상을 지시하고 표시해야 할 필요성이 있을 때 생겨나게 된다. 새로운 개념이나 지시물을 언어로 표현하기 위해서는 새로운 단어를 창조하는 방법, 기존의 단어를 전용하는 방법, 기존의 단어들을 결합하여 표시하는 방법 중 하나를 선택하게 되는데 언중은 마지막 방법을 이용하는 경우가 많다. 기존의 단어를 합성하여 표현하게 되는 합성명사는 기억의 부담을 줄여주기 때문에 매우 생산적으로 사용되는 부류라 할 수 있다.

전통적으로 단어는 단일어(Simple word)와 복합어(Complex word)로 크게 나뉘고 복합어는 다시 파생어(Complex word)와 합성어(Compound word)로

* 서울대학교 언어교육원 강사, jihoonc@snu.ac.kr

분류되는데 학자들에 따라 복합어와 합성어를 바꾸어 사용하기도 하여 그 용어가 통일되어 있지 않다.[1] 본고에서는 학교 문법의 용어를 따라 복합어를 상위 범주를 칭하는 용어로 사용하고 합성어를 하위 범주를 칭하는 용어로 사용한다.

합성명사에 관한 개별적인 논의도 많이 이루어졌지만 합성어 전반을 다루면서 그 안에서 합성명사를 언급하고 있는 연구들이 많으므로 본고에서는 합성명사를 다룬 연구들과 함께 합성명사를 포함한 합성어 전반을 다룬 연구들도 대상으로 하여 연구 성과와 흐름을 정리해 보고자 한다.

2. 합성명사에 대한 주요 연구 주제와 쟁점

2.1. 합성명사의 분류에 대한 연구

합성어에 대한 연구는 의미론이 국어학계에 자리 잡기 이전의 전통 문법 시대에서부터 중요한 연구 주제로 주로 1960년대 이후 형태론적 관점에서 합성어의 구조, 유형 분류 등에 연구가 집중되었으며, 조어론적 관점에서도 연구되어 왔다. 합성어는 구성요소 간의 형태적 결합인 동시에 의미적 결합이므로 합성어를 다룰 때 의미의 문제를 고민하지 않을 수 없다. 그러나 이러한 연구들에서는 부분적으로 구성요소 간의 의미관계가 논의되었을 뿐 진정한 의미론적 관점의 연구는 주로 1980년대 이후에 와서야 본격화되었다고 할 수 있다.

본고는 합성명사에 대한 의미론적 관점의 연구 성과들을 살피는 데 목적이 있지만 합성명사의 형태・통사론적 관점에서 이루어진 합성어의 성격 규명과

1 학자에 따라 합성명사를 복합명사, 합성이름씨 등의 용어로 달리 사용하는데, 본고에서는 학자들이 사용한 다양한 용어를 모두 '합성명사'로 통일하여 기술하기로 한다.

분류 체계에 대한 논의는 합성명사의 의미 연구를 위한 기본 전제가 되는 주제이므로 살펴볼 필요가 있다.

국어에 나타나는 다양한 합성명사 용례들을 보면 각각의 결합 양상이 다르고[2] 의미적 결합의 정도에도 차이가 있어 보인다. 합성명사는 둘 이상의 어기가 형태적 · 의미적으로 결합하여 하나의 의미 단위를 이루며 단일어와 같은 기능을 하는 명사라는 점을 생각했을 때, 정도의 차이는 있을지라도 합성어가 생겨나면 구성요소 간의 결합 안에서 의미변화가 일어나리라는 것을 예상하게 된다. 그러나 기존의 연구들에서 합성명사라 일컫는 부류를 보았을 때 그 의미변화에는 정도의 차이가 있어 보인다. 서정수(1981), 최영환(1993) 등과 같이 '의미변화'라는 기준을 중요시하는 입장에서는 '밤낮(밤과 낮)', '손발(손과 발)'과 같은 의미변화가 없는 합성명사는 합성어로 보지 않고 의미에 변화가 일어난 것만을 합성명사로 인정하는 입장을 취하고, 이석주(1988), 육태화(1995) 등에서는 이들이 의미의 변화나 의미적 특수화는 없지만 관습적으로 한 단어로 쓰이므로 합성명사로 인정해야 한다고 주장한다. 후자의 입장은 의미상으로는 구성요소의 총합과 달라지는 것이 없지만 어순이 고정되어 있고 구성요소의 내적 확장이 불가능하며 구성요소의 외적 분포류가 제약을 받는다는 점에서 명사구와는 다른 특징을 보이므로 이러한 형태론적 특징에 근거하여 합성명사로 인정하는 것이다.

합성명사를 포함한 합성어의 분류 체계는 대등합성어, 종속합성어, 융합합성어로 삼분하고 구성요소 간의 관계를 살피는 것이 전통적인 접근법[3]이었다.

---

2 국어의 합성명사는 그 요소의 통사범주에 따라 다음과 같은 유형으로 나뉜다(김창섭 1994: 11 참조).

(1) 명사(-ㅅ)+명사: 고추잠자리, 쌀밥, 불고기, 물ㅅ고기, 햇빛, 잔칫날…
(2) 어근(-ㅅ)+명사: 보슬비, 넓적다리, 어둑새벽, 굴렁ㅅ대, 괘씸ㅅ죄…
(3) 동사 · 형용사의 관형형+명사: 디딜방아, 앉은키, 큰절, 잔소리…
(4) 관형사+명사: 새엄마, 온몸, 딴말…
(5) 동사 · 형용사의 어간+명사: 접칼, 묵밭, 늦더위, 붉돔…

3 현재까지 이어지는 합성어 연구의 근간은 최현배(1937/1961)에서부터라고 할 수 있을 것이다. 낱말을 홑씨와 겹씨로 나누었고 합성어에 해당하는 겹씨는 녹은겹씨

최현배(1937/1961), 이희승(1955/1962), 정동환(1993), 이석주 · 이주행(1994) 등에서는 이러한 분류 체계를 보인다. 그러나 서정수(1981: 372-374)에서는 대등합성어와 종속합성어는 통어론적 기준에서 분류한 것이고 융합합성어는 의미론적 기준에서 분류한 것이므로 동일한 기준에서 이루어진 것이 아니라 하였고 왕문용 · 민현식(1993: 95)에서도 '대등, 병렬'과 '융합'은 차원이 다른 용어라 재조정할 필요성이 있음을 지적하였다.

김승렬(1988), 왕문용 · 민현식(1993), 신희삼(1995) 등에서는 기존의 분류 체계와 달리 합성에 참여한 각 구성요소들이 본래의 의미를 유지하고 있는지 여부에 따라 의미 변화 없이 형태상으로 결합되어 있는 부류(원의(原義)합성어)와 의미변화가 일어난 부류(전의(轉義)합성어)로 나누어 분류하고 있어 이전의 분류들과는 관점의 차이를 보이고 있다.

많은 수의 합성어들이 구성요소 간의 결합에서 통사적 구성을 따르는 것으로 보인다는 점 때문에 통사적 기준을 적용한 합성어 연구들이 많이 있다. 이러한 연구로 성기철(1969), 이익섭 · 임홍빈(1983), 허웅(1975/1983) 등을 들 수 있는데 이들 논의에서는 주로 통사적 · 비통사적 합성어의 분류에 중심을 두었고, 김창섭(1994)에서는 합성명사를 통사적 합성명사와 비통사적 합성명사로 분류하는 입장을 취하는데 그 용어와 지위를 달리하여 구의 단어화에 의한 합성명사를 '통사적 합성명사'로 어휘부의 합성명사 형성규칙에 의한 것을 '형태적 합성명사'로 제시하였다. 시정곤(1994)에서는 합성어를 어휘적 합성어와 통사적 합성어로 나누었는데, 어휘적 합성어는 다시 상보관계, 근접관계, 포섭관계 등으로 나누어 설명했고 기존의 융합합성어를 어휘적 관용어로 파악하는 입장을 가진다. 이처럼 통사적 기준을 중심으로 합성어를 분석하게 되면 통사적 관계를 설정하기 어려운 합성어류 특히 융합합성어로 분류되던 예들은 합성어 범주에서 제외시키거나 설명하기 어려운 특수한 표현으로 처리하는 문제가 생긴다.

(세월, 산수…), 가진겹씨(손가락, 돌집…), 벌린겹씨(마소, 사람사람…)로 나누어 설명하였다. 이는 각각 융합합성어, 종속합성어, 대등합성어에 해당한다.

합성명사의 분류 체계는 지금까지도 어느 하나로 통일된 것은 아니고 학자들이 합성명사를 바라보는 관점에 따라 이러한 체계들을 선택적으로 따르고 새롭게 제안하고 있다.

이렇게 오랜 시간에 걸쳐 연구가 진행되었음에도 불구하고 여전히 합성명사의 범위와 분류에 대한 합의가 도출되지 않는 것은 합성이라는 과정을 거치면서 나타나는 현상이 다양하기도 하고 매우 생산성이 큰 개방집합체를 하나의 기준으로 정리해 내는 것이 쉬운 일이 아니기 때문일 것이다. 표현하고자 하는 개념이나 지시물이 자세한 문장이나 구가 아닌 하나의 합성어에 담겨 표현되게 되었기 때문에 합성어의 형태와 의미 사이에는 간극이 생기는 경우들도 많이 있고, 언중은 주어진 형태에 담기지 못한 의미요소까지 해석해내야 하는 부담을 갖게 되는 경우도 있다. 즉, 합성명사의 의미는 각각의 구성요소의 의미로부터 쉽게 찾을 수 있는가 하면 그렇지 않은 경우도 있고 통사적 결합구성과 유사한 합성어도 보이므로 이것을 어디까지 합성어의 범주에 넣고 어떻게 처리할 것인가에 대한 학자들의 관점이 다를 수밖에 없음에 기인한 것이라 하겠다.

2.2. 합성명사의 결합관계 및 구조 분석에 대한 연구

국어 연구에 구조주의 의미론이 도입된 1970년대 이후에 들어와서야 어휘의미론에 대한 연구도 활기를 띄게 되었는데 합성명사의 내부구조와 결합 관계 등을 분석하는 시각의 연구가 많이 이루어졌다.[4]

합성명사와 합성구의 구별 문제는 주된 관심사 중 하나였는데 김규선(1970), 서정수(1981), 최영환(1993), 육태화(1995), 이석주(1988), 김일병

4 이 절에서 다루는 논의의 내용에는 하나의 주제만 포함된 것이 아니고 다각적인 논의가 들어있기 때문에 세부적으로 묶어서 언급하기에는 한계가 있고 중복되거나 누락되는 일이 발생할 수 있지만 합성명사의 사이시옷의 문제나 고정적인 어순의 문제, 합성명사와 합성구와의 구별 문제 등을 포함하여 합성명사의 결합관계나 구조 분석에 관심을 가진 논의들은 거의 포함시키려 하였다.

(2000), 최형용(2006) 등에서 논의되었다. 김규선(1970)에서는 합성어와 합성구의 구별을 위해 휴지와 연접, 강세, 음소의 변화, 어순, 내적 확장, 외적 결합 관계, 관용화 등을 구분 기준으로 제시하였고, 서정수(1981)에서는 김규선(1970)의 논의가 부분적인 타당성은 있으나 일반성은 결여된 것으로 보고, 이러한 부분적이고 표면적인 표지보다는 심층적 차원의 의미관계를 기준으로 삼아 합성어를 처리해야 한다고 하였다. 즉, 합성어의 경우는 구를 이룰 때와는 다른 의미를 가진다고 하며 합성어를 구분하기 위해서는 의미적 기준이 가장 중요하다고 본 것이다. 이석주(1988)에서는 서정수(1981)에서 제시한 의미적 기준을 중심으로 하되 이를 의미적 기준과 화용적 기준으로 나누어 더 세밀하게 서술하였고, 최영환(1993), 육태화(1995), 김일병(2000)에서는 음운론적, 형태론적, 의미론적 기준을 세워 논의하였는데 합성어와 구를 구별하기 위해 합성어에 대하여 음운론적으로 개방 연접의 개입 불가, 형태·통사론적으로 직접 구성 성분의 비분리성, 의미론적으로 의미의 특수화라는 기준을 설정하였다. 최형용(2006)에서도 합성명사가 구구성과 연관되는 것은 의미상의 해석에서 오는 것임을 강조하면서 논란이 되는 합성명사류가 투명한 의미구조를 가지고 있기 때문에 그 연관성이 계속 주장되는 것으로 보았다. 이 논의는 통사부에서의 단어 형성을 부정하려는 것이 아니라 단어 형성을 관장하는 어휘부의 지위를 분명히 하는 시도라 하였다.

한편 합성명사에 나타나는 사이시옷의 개입 문제도 관심 주제로 다루어졌다. 이숭녕(1961), 최현배(1961)에서는 음운론적 관점에서 접근하였고, 형태·통사론적 관점의 연구 대상으로서 이희승(1955), 이재인(1991), 김창섭(1994, 1996), 김일병(2000) 등에서 꾸준히 연구되어 왔다. 그 중 통사·의미적인 측면에 주목한 논문으로 임홍빈(1981), 김인균(2002) 등을 들 수 있다. 특히 임홍빈(1981)에서는 통사적 연결의 불가해성이나 통사적 구성의 파격을 해소하는 존재로 인식하면서 사이시옷이 의미론적으로 먼 거리에 있는 구 두 성요소를 결합시키는 능력이 있음을 제시하여 의미적 기능을 강조하였다. 김인균(2002)에서는 합성명사 구성성분이 어떤 의미 관계를 가지느냐에 따라 사이시옷의 개재 여부가 결정된다고 하면서 합성명사의 구성성분 간의 의미 관계에 집중하여 유형별 사례별로 사이시옷의 개재 여부를 살폈다.

의미론적 관점에서의 연구 성과도 찾아볼 수 있다. 신희삼(1995, 2003, 2008)에서는 의미론적 접근이 이루어졌는데, 신희삼(1995)에서는 합성명사의 형성에서 합성이 '의미 확장'의 역할을 담당하고 있으며 사이시옷이 그 합성의 근거임을 제시하였는데, 사이시옷의 범주는 음운론적인 것이 아니라 의미론적이라 보았다. 신희삼(2003)에서는 'N1+N2'의 합성명사에서 N2의 의미 변화가 사이시옷 개재의 중요 요인임을 밝혔고, 신희삼(2008)에서는 N1과 N2가 의미적으로 거리가 멀어질 때 이를 긴밀하게 결합시키기 위해 사이시옷이 개입된다는 기존 연구들의 논의에 힘을 싣고 있다.

합성어는 그 구성요소가 공고히 결합된 하나의 단어이므로 그 구성요소가 결합되는 순서는 정해져 있고, 임의로 그 순서를 바꿀 수도 없다. 합성어의 어순[5]에 대해서는 노대규(1982), 임지룡(1985), 채완(1986), 김승렬(1987), 최상진(1992), 최형용(2006) 등에서 그 원리와 양상에 대한 논의가 이루어졌다. 노대규(1982)는 화용론적, 의미론적 측면에서 합성어의 구성 순서를 '발생 순서, 화자 위치, 중요성, 남성, 성인, 강한 힘, 긍정, 위, 안'으로 설명하였다. 임지룡(1985)에서는 어순의 결정에는 언중의 보편적인 사고방식이 반영되어 있다고 하면서 대체로 그 어순이 고정되어 있음을 보였다. 즉, 시간상 앞선 시간을 나타내는 말이 먼저 배열되고, 수의 합성에는 '작은수-큰수'의 차례로 나타나며, 성의 합성에는 일반적으로 '남성-여성'의 차례를 지니나 부정적인 의미일 때는 반대로 나타나고, 거리의 합성에는 말할이에 가까운 거리가 앞에 위치하며, 방향은 대체로 지각하기 쉬운 방향이 먼저 나타나고, 정도가 큰말 · 힘이 센 말 · 가치가 높은 말이 앞자리에 나타나고, 긍정을 표시하는 말이 일반적으로 앞서나 반대의 경우도 나타나는데 이는 언중의 보편적 사고방식이 반영된 것이라 하였다. 채완(1986)은 합성어의 구조를 반복 구조와 병렬

5 어순이라는 용어보다는 구성요소의 결합 순서라는 용어가 적절할 것이나 대부분의 연구들에서 '어순'이라는 용어를 사용하고 있어서 이를 따라 사용하였다.

구조로 나누어 설명하였는데 병렬 구조의 어순에서 의미적인 어순을 다루면서 구와 합성어를 논의하였고 김승렬(1987)에서는 고유어만을 대상으로 어순을 논하였다. 최상진(1992)에서는 국어 병렬형 합성명사의 어순구성 문제를 '공감도'라는 기능문법적 관점에서 연구하였는데 병렬합성명사는 화용론적 제약과 규칙성을 갖는다고 보았다. 최형용(2006)에서는 합성어 형성과 관련되는 어순의 양상을 종합적으로 고찰하여 단어 형성이 문장의 형성과는 다른 별개의 기제로 운용됨을 제시하였다.

이 밖에도 합성명사의 의미구조를 밝히려는 많은 논의들이 있었다. 김석득(1988)은 형태적 통합이 일어날 때 필연적으로 나타나는 의미변화를 직접 구성요소의 기능적 관계 구조 속에서 특징지어지는 것으로 보았고, 전나영(1988)은 합성명사의 의미구조를 앞·뒤 구성요소의 변화 여부에 따라 나누어 설명하였으며, 합성명사의 의미 관계를 전체에 대한 부분의 관계와 부분과 부분끼리의 관계로 나누어 분석하였다. 안민수(1989)에서는 구문론적인 방법과 의미론적인 방법을 함께 사용하고 있는데 구문론적 환원이 가능한 합성명사와 의미 변화된 합성명사를 분리하여 다루면서 전자의 부류에 대해서는 구문론적인 환원을 통해서 합성명사의 의미 특성이 밝혀지게 되는 것으로 보고 있다. 임유종(1990)은 합성명사를 비관용적 합성명사와 관용적 합성명사로 나누어 전자의 형성은 통사적 관점에서 다루어져야 하고 후자의 형성은 의미적 관점에서 다루어져야 한다고 보았다. 김정은(1990)은 국어 합성명사의 형성요인과 어휘화 과정을 분석·기술하여 합성명사의 구조, 의미변화의 유형과 의미관계의 체계, 합성명사의 의미 변화 요인을 밝히려 하였다. 한편 정원수(1992)는 합성명사의 형성을 생성형태론의 관점에서 고찰하고 있는데 합성명사의 구조와 의미는 명확한 함수관계를 형성하지는 않는 것으로 보았다. 이상억(1993)에서는 합성명사를 포함한 합성어와 관용표현의 경계에 대해 관심을 가졌고, 김수정(1995)에서는 어휘의미론적 관점에서 합성명사를 구성하는 어휘 구성소의 의미소를 분석하고 그 결합의 유형을 살폈다. 정동환(1995)에서는 녹은 합성어를 중심으로 형태론적 구조와 의미 구조 사이의 상관성을 밝히기 위해 본뜻과 녹은 뜻 사이의 의미 관계를 살펴보았다. 이석주(1995)에서는 합성어 구성 성분의 의미에 관해 살피면서 합성어 구성성분의 관계 파악을 위해 일반적으로 취하고 있는 통어범주 중심의 분석법에 따라 합성어 유형을 분류하였다. 임지룡(1995)에서는 대등합성어를 중심으로 그 생성과 어순을 결정하는 원리를 밝힘으로써 의미특성을 분석하고자 하였는데 대등합성어는 주로 연상의 강도가 높은 상대관계에서 생성되며 때로는 고유어 합성어의 생성에는 방해현상이 일어난다는 점, 어순은 대체로 고정되어 있고 앞자리에 놓인 말과 뒷자리에 놓인 말은 그 가치가 다른데 여기에는 언중의 보편적인 사고방식이 반영되어 있다는 점을 제시하였다. 이재인(1996)에서도 합성명사 형성에 나타나는 의미론적 제약을 밝히고자 하였으며 강진식(1997)에서는 합성어의 의미가 그 구성요소들의 의미로부터 추출할 수 있는가의 여부에 따라 단어형성 규칙으로 기술 가능한 단어와 어휘화된 단어로 구분하고, 합성어의 형성은 '개념구조→문장구조→구구조→합성어'의 단계적 절차를 거쳐서 어휘화되면서 새로운 의미가 형성되는 단계까지 이른다고 하였다. 이민우(2011)에서는 '명사+명사' 합성어 구성요소의 의미관계를 구분하여 합성어를 유형화하고 의미 형성을 설명하려고 시도하였고 합성명사의 구성요소들이 전체 속에서 기여하는 의미적 양상을 기술하였다. 범주 내적 관계와 더불어 범주 외적 관계 또한 합성어의 의미를 형성하는 것으로 보았다.

합성명사에 관한 논의에서 한자어에 대한 논의는 고유어를 다루면서 함께 언급하는 정도였는데 고유어와 한자어가 다른 합성 체계를 가지고 있다고 보아 별도로 논의하기도 하였다. 김종택(1972)은 한자어는 조어법이 고유어와 전혀 다른 별도 체계를 가지고 있다고 하면서 합성어를 형태론적 구성의 '완전 합성어'와 통사론적 구성의 '의사 합성어'로 나누고 있다. 김광해(1994)는 사전의 등재에 필요한 합성어 목록을 확정하기 위한 선결 작업의 성격을 띠는데 어떤 결합의 한자어를 합성어로 판정할 것인가 하는 기준을 모색하였다. 특정 한자어를 합성어로 판정할 수 있는 조건을 고찰하여 의미적 불투명성과 같은 합성어 검증 기준을 제시하였고 '임시 합성어'와 같은 한자 합성명사가 합성어의 목록에 올릴지의 여부는 유통의 폭에 달려 있다고 하였다. 김정은(1998)은 한자어의 구조와 단어형성법의 일부를 제시하고 있으며 김일병(2000, 2005)에서도 한자 합성어의 구조 유형과 형성 원리에 대해 기술하고 있다.

한편으로는 합성어의 분석에서 벗어나 합성어의 형성의 측면에 관심을 가지는 연구들도 나왔다. 앞에서 언급한 논문들에서 부분적으로 언급을 한 경우도 있지만 김광해(1982), 신희삼(1995, 2007) 등이 합성어의 형성에 본격적인 관심을 가진 연구라 할 수 있다. 김광해(1982)에서는 신형 복합어라 부를 수 있는 존재들은 기저문 없이 두 구성성분의 결합에 의해 잠정적인 형태로 만들어지고, 그 의미 내용이 고착되어 내포적 의미가 생기면서 합성명사가 된다고 설명하고 있다. 신희삼(1995)에서는 합성이 단어 형성에 미치는 원인을 분석하여 합성의 실체모습을 밝히고자 하였다. 합성명사가 생성될 때 의미 확장이 일어나는 것은 바로 합성이 이루어내는 것이라 보았고, '어의확장을 통한 다양한 표현'이 합성의 본질이라 보았다. 신희삼(2007)에서도 합성어 형성의 원리에 대해 살피고 있다. 합성어의 기능은 하위범주화의 기능, 은유의 기능, 의미의 전이, 추상적 의미의 구체화, 간접명명의 기능, 유추의 기능, 하위범주화의 기능 등으로 분류할 수 있는데 가장 중요한 것을 명명의 기능, 유추의 기능, 하위범주화의 기능이라 하였다. 이에 근거하여 합성어 형성의 원리로 인접성, 다의어 형성, 유추, 하위범주화의 원리를 제시하였다.

김숙정(2017)은 위에서 제시한 연구들과는 다른 관점의 논의인데 명사 구성 합성어의 의미 분석을 위해 의미 구성단위로서 조어적 의미를 설정하고 그 범주와 유형을 고찰하였다. 합성어의 어기에는 어기의 의미 그 이상의 의미가 존재한다는 사실은 기존 논의에서 지적되어 왔으나 이를 단위화하여 체계적으로 살핀 연구는 없었기에 합성어가 가진 의미를 분석할 수 있는 기준을 마련하고자 하였다. 합성을 통해 생성된 합성적 의미만을 분석의 대상으로 삼아 의미 구성 단위의 경계 설정 문제를 주로 다루었다.

2.3. 인지언어학적 관점의 연구

앞에서 언급한 바와 같이 합성어를 종속합성어, 대등합성어, 융합합성어 등으로 구분하고 구성요소 간의 형태·통사·의미적 관계를 살피는 것이 합성어 연구 초기의 전통적인 접근법이었다. 그러나 시간이 지나면서 합성어의 분석에서 관심의 범위를 넓히는 논의들이 나타나기 시작했다.

특히 1980년대 이후 나타난 인지언어학, 인지의미론[6]은 1990년대에 들어와 국어학계에 도입되었는데 합성명사의 형성과 해석에 대한 실마리와 새로운 설명력을 제공해주는 매력적인 이론으로서 언어의 의미 문제를 더욱 정교하고 깊이 있게 연구할 수 있게 만들어주었다. 특히 은유와 환유가 합성명사의 형성 기제라는 것이 밝혀지면서 합성어 연구의 관심이 인지의미론적 관점으로 많이 옮겨지게 되었다. 모든 연구가 인지의미론적 관점에서 이루어진 것은 아니지만 이 시기에 이루어진 합성명사의 형성 기제에 대한 논의는 주로 유추에 대한 것과 은유·환유에 대한 것으로 정리할 수 있을 정도이다. 연구의 주제와 기댄 이론 등에 차이가 있으므로 논의들을 연도순으로 간략히 정리하여 제시하기로 하겠다.

6 인지언어학과 인지의미론에 대해 전영철(2016)과 임지룡(2012)의 정리를 참고할 수 있다. 전영철(2016: 15-16)에서는 '인지언어학은 다른 언어이론과는 달리 매우 다양한 연구 방법론들의 집합이다. 인지의미론은 인지언어학과 동일시될 수 있을 정도로 인지언어학의 핵심 분야에 해당한다. '인지언어학'이라는 용어는 1975년 전후에 사용된 것으로 알려져 있고 1989년 미국의 서부 지역을 중심으로 역량이 모아져 1989년 국제인지언어학회가 결성된 이후 세계적으로 확산되기 시작했다.' 라고 정리하였다. 임지룡(2012: 214-218)에서는 '인지의미론은 객관주의 세계관과 형식 언어학의 진리조건식 의미론에 대한 반작용으로 1980년대에 시작되었다. 인지의미론은 언어를 단순히 형식과 의미의 대응관계에 의한 자율적인 기호체계로 보는 것이 아니라 신체적 경험이 반영된 것으로 간주한다. 또한 단어의 의미는 그것을 둘러싼 모든 세상사 지식과 연결되어 있다는 관점을 취하며, 의미 변화에 대해서는 사용기반 접근법을 취하기 때문에 새로운 단어의 의미는 실제 그 언어가 사용되는 '맥락'에서 발생한다고 본다. 이러한 점에서 인지언어학은 '의미론'과 '화용론'을 명확히 구분 짓지 않는다. 인지의미론의 가장 대표적인 연구 방법은 '범주 구조의 원형 모형', '개념적 은유와 환유', '이상적 인지모형과 틀 이론' 등이다.'라고 정리하였다.

인지적 관점에 의한 합성어 연구는 송인동(1995)과 최지훈(1999)에서 시작되었다고 볼 수 있다. 이들 연구에서 다루고 있는 은유 · 환유 등이 개입되는 합성어는 합성성의 원리에 따른 예측가능성에 기반을 두는 전통적인 관점의 연구에서는 주목받지 못했던 부류로 흔히 관용적인 합성어, 불투명한 합성어로 불리던 것이었다. 합성성의 원리에 따른 예측 가능한 합성어가 아니었기 때문에 기존의 관점에서는 그 의미의 형성과 해석을 명확히 하기 어려웠으나 인지적 관점에서는 설명이 가능해진다. 송인동(1995)에서는 의미 추출 모형을 바탕으로 합성어에 나타나는 은유와 환유 형식을 분석하였다. 합성을 정보 압축 과정으로 보면서 구조상의 단축과 의미상의 추출을 수반하는 과정으로 가정하고 국어 합성어 내부의 의미관계들 가운데 은유와 환유 현상이 체계적으로 발생하고 있음을 밝히려 하였다.

최지훈(1999)에서는 단어의 형성이 인간의 인지 과정이나 개념화와 밀접한 관련이 있으리라는 생각에서 출발하여 합성명사의 연구에 인지의미론적 관점의 개념적 은유 · 환유 이론을 적용하였다. 이를 통해 전의(轉義)합성명사의 형성 과정에 은유와 환유가 작용하여 의미 전이가 일어난다는 것을 밝혀 보임으로써 기존의 이론으로는 그 의미변화를 설명하기 어렵다고 보았던 부류에 대한 설명력을 가지게 되었다.

이종열(1999)에서는 개념적 혼성 이론에 기대어 합성어의 의미는 문맥을 통해 파악 가능하며, 다면적인 특성을 가지고 있고 주로 은유나 환유를 통해 합성어가 형성된다고 보았다. 또한 합성어의 의미는 그것이 합성되기 전에 의미변화를 거쳐서 결합되는 것이 아니라, 합성의 과정에서 유추적 사상을 통한 개념적 혼합의 결과로 이해된다고 하였다.

채현식(2000)에서는 단어 형성 규칙을 비판적으로 검토하여 폐기하고 유추적 단어 형성이 국어의 조어 기제임을 제시하였다. 합성명사를 대상으로 그 형성과 해석에 유추가 적용됨을 살폈는데 어휘부에서 만들어지는 '형태적 합성명사'는 어휘부에 존재하는 기존의 단어들에 유추해서 해석되고 형성된다고 하였다. 또한 합성명사의 해석에서 어휘부와 화용론은 상호보완적 관계가 있음을 제시하였다.

김은혜(2001)에서는 은유적으로 해석되는 합성명사류를 대상으로 의미 해석에 대한 논의를 진행했으며 은유에 의한 합성명사의 의미구조는 원의어와 비유어가 맺는 관계를 해석하는 데서 성립한다고 하였다. 합성명사의 의미제약은 의미를 형성하는 과정과 해석하는 과정에서 생기는 제약의 두 가지 측면으로 나누어 설명하였다.

송원용(2002)에서는 인지과학적 관점을 도입하여 어휘적 관련성과 유추적 단어 형성 가설을 기반으로 국어의 단어 형성 과정을 기술하였다. 대응되는 통사 구성을 확인할 수 있는 합성명사의 형성은 통사론적 구성의 단어화로 설명하고, 그렇지 않은 합성어 중에서 직접성분이 의미의 특수화를 겪지 않은 경우는 유추적 합성으로 보고 한 직접 성분이 의미의 특수화를 겪은 합성명사는 의사 파생으로 보아 합성어들의 형성 기제를 유형에 따라 달리 설명하였다.

김정숙(2003)에서는 대등합성명사가 어떤 형태적 · 의미적 특성을 지니는지를 인지언어학적 관점에서 살폈다. 합성명사의 의미는 구성어휘의 의미로부터 도출되는 것이 아니라 합성명사의 의미가 먼저 존재하고 의미의 인지과정과 관련하여 합성명사의 형태로서 선행어와 후행어가 선택되는 것으로 보았다. 또한 대등합성명사의 어순이 인지적 요인에 의해 결정됨을 제시했다.

이양혜(2005)에서는 합성어 형성에 나타나는 의미 변화를 인지언어학적 관점에서 연구하였는데, 진정한 합성어는 결합 요소 중 어느 한쪽이나 전체의 의미가 변하는 것 모두에 해당한다고 하면서 은유나 환유가 합성어의 의미 변화 기제로 작용한다고 보았다.

채현식(2006)에서는 의미 전이를 보이는 은유표현 합성명사를 대상으로 연구하였는데 이들을 생성하고 해석하는 처리 과정의 측면에서 볼 때 의미 전이가 합성 과정뿐만 아니라 합성 과정 이전에도 발생할 수 있다고 보았다. 전이된 의미가 고도로 관습화되어 근원영역의 어휘로 고착화된 경우에는 의미 전이가 합성 이전에 근원영역에 주어지고, 그밖의 경우에는 합성 과정에서 전이가 이루어지는 것으로 보았다.

송현주(2010)에서는 현저성, 경제성, 환유라는 언어 독립적 요인을 바탕으로 한국어 합성어에 나타난 동기화 양상을 논의하였고, 동기화(motivation)의 개념을 이용하여 합성어의 형식과 의미간의 인지적 관련성을 설명하였다.

강병창(2013)에서는 명사+명사 합성어에서 수식부의 머리가 나타내는 두 개념의 결합에 의한 의미구성에 은유적 개념화 과정이 개입하는 양상을 유형별로 고찰하였는데 수식부가 은유적인 유형, 머리가 은유적인 유형, 수식부와 머리가 은유적인 유형, 수식부와 머리 사이에 은유관계가 성립하는 유형, 합성어 전체가 은유적인 유형으로 구분하였다.

김진해(2014)는 은유적 합성명사의 의미가 혼성공간에서 그것과 결합하는 서술어와의 관계를 통해 결정된다는 것을 밝히고자 하였다. 합성명사의 진정한 의미 해석은 서술어와의 결합관계를 통하여 이루어지는 것으로 보고 서술어에 따라 합성명사의 내부 구조에 대한 분석가능성을 제시하면서 합성명사는 더 이상 내부구조를 분석할 수 없다는 기존의 주장에 반론을 제기하였다.

이처럼 합성명사의 본질에 대한 탐구에도 질적・양적으로도 인지적 관점의 연구가 팽창하고 있으며 구조의미론, 생성의미론 등의 관점에서 설명의 한계를 가졌던 부분에 대한 설명력을 가지게 되었음을 보여주고 있다.

3. 앞으로의 과제와 전망

지금까지 국어 합성명사의 의미에 대한 연구들의 흐름을 여러 방향에서 살펴보았다. 이제 합성명사 연구와 관련된 남은 과제를 점검해 보기로 한다.

첫째, 신어까지 포함한 합성명사 전반에 대한 연구가 인지의미론의 관점에서 더욱 정밀하고 짜임새 있게 이루어져야 한다. 앞에서 살펴본 바와 같이 인지의미론 관점의 접근 방법으로 그동안 해결해내지 못했던 부분에 대한 설명력을 가지게 되었음을 알게 되었다. 개념적 은유와 환유 이론, 이상적 인지모형, 영상도식 이론, 혼성 이론 등의 다양한 이론을 바탕으로 은유적 합성명사에 대한 연구가 많이 이루어졌고 질적 · 양적 발전을 가져온 것은 사실이다. 그러나 인지적 관점에서의 신어에 대한 연구는 부족하며 최근 몇 년 동안은 합성명사에 대한 연구가 주춤해진 상황이다. 이론이 다양한 만큼 어떤 시각에서 접근했느냐에 따라 설명력에도 차이가 나타나므로 국어 합성명사의 의미적 본질을 탐구하기에 가장 적절한 이론이 무엇일지에 대한 다양한 접근과 고민이 더욱 필요하다고 하겠다. '의미'라는 추상적인 개념을 논리적, 구체적으로 설명해내야 하는 것이 쉬운 일은 아니지만 더욱 더 정밀한 연구를 통해 그 설명력이 확보될 수 있어야 할 것이다. 사전에 등재된 합성명사는 물론이고 신어까지도 포함한 어휘 탐구를 통해 한국어 공동체의 세계에 대한 인식 및 사고방식을 살필 수 있을 것이고, 나아가 앞으로 새로운 명명을 위해 신어 합성명사를 만들어낼 필요성이 있을 때[7] 이러한 연구 결과가 도움을 줄 수 있을 것이다.

둘째, 합성명사의 의미 연구 성과를 다른 분야의 연구자들과 공유하고 학제 간 연구를 활성화할 필요가 있다. 합성명사는 복수의 구성요소가 형태적 · 의미적으로 단일화된 결합체이므로 그 성격 규명과 분석이 쉽지 않은 부류이다. '합성명사', '복합명사'라는 키워드로 논문을 검색하면 1990년대 이후 자료에는 순수 국어학이나 기타 언어학 분야의 연구 성과물에 못지않게 자연 언어 처리 분야의 논문이 많이 나온다. '합성어 통합 색인 방법, 효율적 정보처리를 위한 합성명사 처리, 의미관계와 문형정보를 이용한 합성명사 인식, 합성명사 검색 모델' 등의 내용이 주를 이루고 있다. 그 내용을 들여다보면 국어학의 연구 성과에 근거하고 있기는 하나 다양하고 깊이 있는 의미론의 연구 성과들을 수용하고 있지는 못한 것 같다. 유용한 정보를 제공하고 학제 간 공동 연구를 활성화하는 등의 발전적인 협업이 요구된다 하겠다. 또한 국어학 이외의

7 언중들 사이에서 자연스럽게 만들어지는 신어는 현상으로서 받아들여 연구의 대상으로 삼을 수 있겠고, 외래어를 대체할 용어나 정책적으로 새로운 용어가 필요하여 합성명사를 만들어내야 할 때에는 우리 언중들에게 익숙하고 자연스러운 방식으로 신어를 만들어내야 우리 어휘 체계 내에 정착하기도 쉽고 소통에도 어려움이 없을 것이다.

다른 외국어 언어학자와의 교류나 공통 연구를 통해 합성명사에 관련된 대조 언어학 연구가 진행된다면 더 전문적인 연구 결과를 얻어낼 수 있을 것으로 기대한다. 이밖에도 합성명사의 연구와 관련해서는 심리학이나 언어병리학, 뇌과학 분야의 전문가들과의 교류의 장이 마련된다면 서로의 연구에 발전적인 도움을 주고받을 수 있을 것이다.

셋째, 국어 교육이나 한국어 어휘 교육에 응용되어야 한다. 양적 · 질적으로 훌륭한 연구 성과들이 인접 학문 분야에 도움을 주는 것은 실용적으로 활용되는 길이다. 접근 방향은 다소 다를 수 있으나 국어 교육이나 외국어로서의 한국어 교육에서 어휘 학습은 매우 중요한 부분이다. 합성명사 교육에 합성명사의 의미 형성 기제나 특징, 결합의 의미 관계 등의 연구 성과가 제공된다면 이를 반영하여 교육용 합성명사를 선정하고 교육과정과 교육 방안을 마련하는 등 유용하게 적용될 것이다. 특히 은유와 환유에 의해 형성된 합성명사의 경우에는 구성요소들의 의미만으로는 그 합성명사의 뜻을 연결시키기 어려우므로 합성명사 교육에 인지의미론의 방법론을 도입하여 교육 내용의 구성과 효율성 제고에 도움을 줄 수 있을 것이다. 이를 위해 의미론 연구자와 한국어 교사의 공동 연구 작업도 필요하리라 생각한다.

넷째, 북한의 합성명사와의 비교 · 대조 연구가 진행되어야 한다. 분단의 기간이 길어진 만큼 남한어와 북한어의 괴리도 크다. 북한어는 기본적으로 한자어나 외래어를 지양하고 순수 우리말을 사용하려는 입장이므로 분단 이후 새로 만들어진 국어 합성명사나 신어는 북한어와 큰 차이가 있을 것이다. 또한 합성명사는 새로운 개념이나 지시물을 표현해야 할 때 생겨나는 것이므로 서구 문물의 수용과 함께 들여온 외래어는 남한어에는 있지만 북한어에는 새로운 합성명사로 만들어져 있을 가능성이 높다. 특히 인지적 관점에서 남북한의 합성명사를 대조 · 비교해 보면 생산적으로 작용하는 은유와 환유의 유형을 발견할 수 있고 유의미한 차이점이나 특징을 찾아낼 수도 있을 것이다. 이러한 배경에서 남북한의 합성명사를 비교 · 대조하고 북한의 합성명사의 형성기제와 의미를 연구하는 것은 의미학자로서 다가오는 통일 시대를 대비하는 책임감 있는 자세일 것이다. 더 나아가서는 남북한의 통일 어휘집이나 통일 사전 작업의 기초를 마련하는 과정이 되리라 생각한다.

4. 마무리

지금까지 국어 합성명사의 의미에 대한 연구들의 흐름을 여러 방향에서 살펴보았다. 앞에서 언급한 것처럼 합성명사에 대한 연구의 초창기에는 주로 합성명사의 형태적인 측면에 초점을 맞추어 연구가 활발히 진행되었고 1980년대 이후부터 합성명사의 의미적인 측면에 관심을 기울이게 되었다. 합성명사에 대한 연구의 역사가 오래된 것에 비해 순수한 의미론적 관점의 연구는 그 역사가 길지 않았으나 다양한 관점의 연구 성과들을 통해 그 결합 의미를 해석하고 그 의미가 어떻게 형성되었는지에 대한 신비한 비밀이 밝혀지고 있다. 둘 이상의 구성요소가 결합하여 의미의 변화를 가져온 합성명사에 대한 연구는 그 의미와 관련된 다양한 문제를 설명해내기가 쉽지 않았다. 합성명사는 형태와 의미의 결합이므로 의미론적 관점의 연구들에서는 주로 합성명사의 내부구조와 결합 관계 등을 분석하는 연구가 많이 이루어졌고, 한편으로는 합성명사의 의미 형성이라는 측면에 관심을 기울이는 연구가 많이 나타났다. 특히 국어학계에 인지의미론이 도입된 1990년대 이후에는 합성명사의 형성 기제인 인지적 은유와 환유에 대한 연구를 비롯하여 은유적 합성명사에 대한 다양한 논의가 나오고 있는 상황이다. 그간의 연구를 발판으로 삼아 앞으로도 더욱 정밀하고 체계화된 연구가 이루어지기를 기대한다.

참고문헌

강병창(2013), "은유적 합성명사의 의미구성 유형에 대한 인지의미론적 고찰",

『인문연구』 68: 125-152, 영남대학교 인문과학연구소.
강진식(1997), “국어의 합성명사 구조와 의미 연구”, 『한국언어문학』 39: 23-41, 한국언어문학회.
김계곤(1972), “현대 국어의 임자씨의 통사적 합성법”, 『논문집』 7(1): 25-62, 인천교육대학교.
김계곤(1974), “옹근 이름씨 끼리의 종속적 합성법”, 『문창어문논집』 11: 25-43, 문창어문학회.
김계곤(1976), “현대 국어의 조어법 연구”, 『한글』 157: 367-399, 한글 학회.
김계곤(1987), “현대 국어의 조어법 연구: 합성법과 파생법과의 겹침으로 이루어진 임자씨”, 『한글』 196: 95-146, 한글 학회.
김계곤(1996), 『현대 국어의 조어법 연구』, 박이정.
김광해(1982), “복합명사의 신생과 어휘화 과정에 대하여”, 『국어국문학』 88: 5-29, 국어국문학회.
김광해(1993), 『국어사전에서의 합성어 처리에 관한 연구』, 국립국어원.
김광해(1994), “한자 합성어”, 『국어학』 24: 467-484, 국어학회.
김규선(1970), “국어의 복합어에 대한 연구”, 『어문학』 23: 93-123, 한국어문학회.
김동식(1994), “복합명사를 찾아서”, 『국어학』 24: 385-401, 국어학회.
김동환(2013), “개념적 혼성에 입각한 은유적 합성어의 의미구성 탐구”, 『언어과학연구』 64: 1-24, 언어과학회.
김석득(1988), “구성요소의 뜻과 총합체의 뜻과의 관계”, 『동방학지』 59: 69-129, 연세대학교 국학연구원.
김수정(1995), “국어 합성명사 어휘구성소의 의미관계 연구”, 경희대학교 대학원 국어국문학과 석사학위논문.
김숙정(2017), “명사 구성 합성어의 조어적 의미 연구”, 고려대학교 대학원 국어국문학과 박사학위논문.
김승렬(1988), 『국어 어순연구』, 한신문화사.
김은혜(2001), “현대국어 합성명사류의 의미 연구: 은유 표현을 중심으로”, 서울대학교 대학원 국어국문학과 석사학위논문.
김인균(2002), “합성명사의 의미 관계와 사이시옷에 대하여”, 『한국어 의미학』 11: 119-138, 한국어 의미학회.
김일병(2000), 『국어 합성어 연구』, 역락.
김일병(2005), “한자 합성어의 구조와 형성에 대한 연구”, 『국어교육』 118: 319-

362, 한국어교육학회.
김재임(1994), "국어의 대등합성어 연구", 홍익대학교 대학원 국어국문학과 석사학위논문.
김정숙(2003), "대등합성명사 형성에 대한 연구: 인지언어학적 관점에서", 인하대학교 대학원 국어국문학과 석사학위논문.
김정은(1990), "현대국어 합성명사의 의미론적 연구", 숙명여자대학교 대학원 국어국문학과 석사학위논문.
김정은(1995), 『국어 단어형성법 연구』, 박이정.
김종택(1972), "복합 한자어의 어소 배합 구조", 『어문학』 27: 73-85, 한국어문학회.
김종택(1992), 『국어어휘론』, 탑출판사.
김진해(2014), "은유적 합성명사의 결합관계와 인지언어학적 해석", 『국어학』 70: 29-57, 국어학회.
김창섭(1983), "'줄넘기'와 '갈림길'형 합성명사에 대하여", 『국어학』 12: 73-99, 국어학회.
김창섭(1990), "복합어", 『국어연구 어디까지 왔나』, 156-181, 동아출판사.
김창섭(1994), "국어의 단어형성과 단어구조", 서울대학교 대학원 국어국문학과 박사학위논문.
김창섭(1996), 『국어의 단어형성과 단어구조 연구』, 국어학회.
나은미(2007), "합성어 구성성분의 의미 결합 양상: 합성명사를 중심으로", 『한성어문학』 26: 19-43, 한성어문학회.
남기심 · 고영근(1985), 『표준 국어문법론』, 탑출판사.
노대규(1982), "국어의 복합어 구성 법칙", 『인문논총』 4: 5-27, 한양대학교.
서정수(1978), 『국어 구문론 연구』, 탑출판사.
서정수(1981), "합성어에 관한 문제", 『한글』 173 · 174: 367-400, 한글 학회.
서정수(1996), 『국어문법(수정 증보판)』, 한양대학교 출판부.
성광수(1988), "합성어 구성에 대한 검토", 『한글』 201 · 202: 57-82, 한글 학회.
성기철(1969), "명사의 형태론적 구조", 『국어교육』 15: 65-94, 한국국어교육연구회.
송원용(2002), "국어 어휘부와 단어 형성 체계에 대한 연구", 서울대학교 대학원 국어국문학과 박사학위논문.
송인동(1995), "합성어의 은유와 환유", 『어학교육』 24: 41-64, 전남대학교 언어

교육원.
송현주(2010), "한국어 합성어에 나타난 동기화 현상", 『한글』 289: 125-150, 한글학회.
시정곤(1994), 『국어의 단어형성 원리』, 국학자료원.
신희삼(1995), "합성명사의 형성에 관하여", 『국어국문학』 114: 79-104, 국어국문학회.
신희삼(1999), "합성명사 연결 구성의 제약", 『한국언어문학』 43: 539-556, 한국언어문학회.
신희삼(2003), "N2의 의미변화와 사이시옷의 상관관계", 『한국어 의미학』 12: 79-98, 한국어 의미학회.
신희삼(2007), "합성어 기능에 따른 합성명사의 형성 원리", 『한국어 의미학』 22: 141-163, 한국어 의미학회.
신희삼(2008), "N1+N2의 의미구조 연구", 『한국어 의미학』 26: 103-122, 한국어 의미학회.
심재기(1982), 『국어 어휘론』, 집문당.
안민수(1988), "복합명사의 통사, 의미론적 연구", 이화여자대학교 대학원 국어국문학과 석사학위논문.
양엉희(1994), "합성어의 하위 분류", 『한국어문학』 33: 47-65, 한국언어문학회.
연재훈(1986), "한국어 동사성명사 합성어(verbal noun compound)의 조어법과 의미 연구", 서울대학교 대학원 언어학과 석사학위논문.
왕문용 · 민현식(1993), 『국어문법론의 이해』, 개문사.
육태화(1995), "국어 합성명사 연구", 인하대학교 대학원 국어국문학과 박사학위논문.
이민우(2011), "'명사+명사' 합성어 구성요소의 의미관계 연구", 『한국어 의미학』 34: 235-257, 한국어 의미학회.
이상억(1993), "관용표현과 합성어의 분석 및 어휘부 내외에서의 처리", 『어학연구』 29-3: 327-344, 서울대학교 언어교육원.
이석주(1988), "국어 어구성 연구: 복합어와 파생어의 의미구조를 중심으로", 중앙대학교 대학원 국어국문학과 박사학위논문.
이석주(1995), "복합어 구성성분의 의미에 관한 연구", 『국어교육』 87-88: 247-269, 한국국어교육연구회.
이선영(2006), 『국어 어간복합어 연구』, 태학사.

이숭녕(1954/1961), 『국어 조어논고』, 을유문화사.

이양혜(2005), "인지언어학적 접근 방법에 따른 합성어의 의미 변화 연구", 『우리말연구』 17: 123-149, 우리말글학회.

이익섭(1965), "국어 복합어의 IC 분석", 『국어국문학』 30: 121-129, 국어국문학회.

이익섭 · 임홍빈(1983), 『국어문법론』, 학연사.

이재인(1991), "국어 복합명사 구성의 이해", 『국어학의 새로운 인식과 전개』, 민음사.

이재인(1996), "국어 합성명사 형성에서의 의미론적 제약 현상", 『배달말』 21: 75-93, 배달말학회.

이종열(1999), "정신공간을 통한 합성어의 인지적 의미해석", 『언어과학연구』 16: 483-504, 언어과학회.

이주행(1981), "국어의 복합어에 대한 고찰", 『국어국문학』 86: 53-87, 국어국문학회.

이희승(1955/1961), 『국어학개설』, 민중서관.

임유종(1990), "합성어 형성과정의 분석 연구: 합성명사를 중심으로", 한양대학교 대학원 국어국문학과 석사학위논문.

임지룡(1985), "대등합성어의 의미분석", 『배달말』 10: 87-114, 배달말학회.

임지룡(2012), "어휘의미론의 흐름과 특성", 『한말연구』 31: 195-227, 한말연구학회.

임홍빈(1981), "사이시옷 문제의 해결을 위하여", 『국어학』 10: 1-35, 국어학회.

전나영(1988), "우리말 합성이름씨 연구: 의미구조와 의미관계", 연세대학교 대학원 국어국문학과 석사학위논문.

정동환(1991), "국어 대등 합성어의 의미 관계 연구", 『한글』 211: 125-142, 한글학회.

정동환(1993), 『국어복합어의 의미 연구』, 서광학술자료사.

정동환(1995), "녹은 합성어의 의미에 대하여", 『한글』 229: 183-202, 한글 학회.

정원수(1990), "복합명사 의미의 몇 문제", 『한국언어문학』 28: 519-536, 한국언어문학회.

정원수(1992), 『국어의 단어 형성론』, 한신문화사.

정정덕(1980), "한국어 합성어의 구문론적 연구", 연세대학교 교육대학원 국어교육전공 석사학위논문.

정정덕(1982), "합성명사의 의미론적 연구", 『한글』 175: 1-25, 한글 학회.

정진영(2004), "관형구성 합성명사 연구", 『문창어문논집』 41: 287-310, 문창어문

학회.
조민정(2013), "핵 명사의 논항 선택과 생산성 결정 요인: '사냥'과 '낚시' 합성어를 중심으로", 『한국어 의미학』 40: 111-139, 한국어 의미학회.
조민정 · 손혜옥(2011), "합성명사 형성 및 개념 확장 방식에 대한 논의: "N사냥" 류를 중심으로", 『한말연구』 28: 281-304, 한말연구학회.
주이회(1997), "국어 합성이름씨의 짜임새", 『새국어교육』 54: 277-321, 한국국어교육학회.
주이회(1998), "국어 합성이름씨의 짜임새", 『새국어교육』 56: 165-200, 한국국어교육학회.
채 완(1986), 『국어 어순의 연구』, 탑출판사.
채현식(2000), "유추에 의한 복합명사 형성 연구", 서울대학교 대학원 국어국문학과 박사학위논문.
채현식(2003), 『유추에 의한 복합명사 형성 연구』, 태학사.
채현식(2006), "합성명사에서의 의미 전이와 관습화", 『한국언어문학』 58: 5-23, 한국언어문학회.
최경봉(1998), 『국어 명사의 의미 연구』, 태학사.
최상진(1992), "복합명사 어순에 있어서의 공감도 연구", 『언어연구』 11: 53-69, 경희대학교 언어연구소.
최상진(1995), "합성어의 의미적 공기관계에 대한 연구", 『어문연구』 23(1): 50-71, 한국어문교육연구회.
최영환(1993), "합성명사의 지도에 대한 연구", 서울대학교 대학원 국어교육과 박사학위논문.
최지훈(1999), "전의(轉義)합성명사의 인지의미론적 연구", 이화여자대학교 대학원 국어국문학과 석사학위논문.
최현배(1937/1955/1961), 『우리말본』, 정음사.
최형용(2006), "합성어 형성과 어순", 『국어국문학』 143: 235-272, 국어국문학회.
한태형(1986), "국어 합성어 연구", 연세대학교 교육대학원 국어교육전공 석사학위논문.
허 웅(1975), 『우리 옛말본』, 샘문화사.
허 웅(1983), 『국어학: 우리말의 오늘 · 어제』, 샘문화사.

문법과 의미

목 정 수*

1. 들머리

1970년대부터 세계 언어학계는 Chomsky가 주창한 생성문법의 광풍에 휩싸이기 시작하였다. 전지구적으로 변형(transformation)과 생성(generation), 언어능력(competence)과 언어수행(performance), 심층구조(deep structure)와 표면구조(surface structure)라는 개념을 떠나서는 언어학적 담론을 만들어내기 어려울 정도로 생성문법의 영향력은 강력하였다.[1] 거기서 제기된 문제들

* 서울시립대학교 국어국문학과 교수, mjsmok@uos.ac.kr

1 특히, 한국이 심하였다. 당시 미국 유학파의 영향이 컸겠지만, 한국에서의 언어학자라 하면 대개 생성문법을 하는 사람을 의미할 정도로 그 영향력이 막강하였다. 80년대 서울대에서 행해진 양동휘 교수의 주말 GB 강의에 서울대 학생들뿐만 아니라 전국의 대학원생이 모여들어 인산인해를 이룬 것은 그 당시의 한국 언어학계의 분위기를 충분히 보여주고도 남음이 있다. 필자는 이러한 분위기 속에서 변형생성문법을 공부할 수 있었지만, 성향상 Saussure를 비롯한 유럽의 구조주의나 후기 구조주의의 젖줄이 된 프랑스 언어학자 Guillaume의 정신역학론(psychomécanique du langage)에 더 푹 빠져 공부한 전력(前歷)이 있다.

가운데 하나가 변형은 의미를 보존하는가 여부였다. 소위 능동문과 수동문은 변형 규칙에 의해 유도되고 이때 두 문장 사이에 의미의 동일성이 유지된다고 보는 입장 – 생성의미론 – 에 대해 양화사 해석 등의 논의를 통해 능동문과 수동문의 의미는 같지 않다고 반박하는 입장 – 확대표준이론 – 이 팽팽히 맞섰다(장석진 외 1986).[2]

이와 같은 변형생성문법의 영향권 안에 놓이게 된 한국 언어학계/국어학계도 급격한 변화를 겪었다. 통사론 연구가 그 이전 구조언어학의 시기 때보다 더 활기를 띠었고 통사론 관련 논의가 언어학 논의의 중심 담론을 형성할 정도가 되다시피 했다. 이런 분위기 속에서 한국어 통사론 연구는 우선적으로 보편문법(Universal Grammar)에서 볼 때 특수한 현상으로 보이는 구문들에 대해 관심을 가지게 되었다. 그리고 이러한 특수 구문들을 변형생성문법이 추구하는 이론적 방향에 맞추어 설명하는 쪽으로 논의의 방향을 맞춰 나갔다. 특히, 구문의 변이형 중에서 어떤 것을 기저형(underlying form)으로 보고 어떤 변형 규칙을 통하여 다른 하나를 도출할 것인가의 문제가 많이 논의되었다.[3] 소위 이중 주어 구문으로 불리게 된 구문과 심리동사 구문이 대표적인 연구 대상이라 할 수 있다.[4] 다음 두 구문의 변이나 조사 교체 현상을 어떻게

---

2 이후 변형생성문법은 80년대의 지배-결속(Government & Binding) 이론을 거쳐 90년대의 최소주의(Minimalist Program)와 최적성 이론(Optimality Theory) 등으로 발전해 갔다.

3 본고에서 다루는 소위 이중 주어 구문 이외에 다음과 같은 짝의 예문을 중심으로 논의가 많이 이루어졌다(홍재성 1987, Yeon 2003, Levin & Rappaport 2005). 보통 '부분 관여' 대 '전체 관여'의 대립으로 양 구문의 의미 차이를 기술하였다.

(1) a. 밤하늘에 별들이 반짝인다.
    b. 밤하늘이 별들로 반짝인다.
(2) a. 트럭에 채소를 채웠다.
    b. 트럭을 채소로 채웠다.
(3) a. 벽에 페인트를 칠했다.
    b. 벽을 페인트로 칠했다.

4 언어유형론 학계에는 이러한 격 표시 패턴이 '양방향 표시(bidirectional marking)'나 '이중주격 표시(double-nominative marking)' 또는 '이중절대격 표시(double-absolutive marking)' 등으로 알려져 있다(Croft 1993). 몇 개의 예를 들어

처리할 것인가가 논의의 핵심을 이루었다고 할 수 있다.

(1) a. 코끼리는 코가 길다.[5]
b. 코끼리의 코가 길다.

(2) a. 철수는 돈이 많다.

보면, 다음과 같다.

(1) a. Nae-ka ai-ka kwiyetta (Shibatani 1982: 106)
I-nom child-nom like
'I like the child.'
b. Taroo ga Hanako ga sukida (Shibatani 1982: 105)
Taroo nom Hanako nom like
'Taroo likes Hanako.'

5 대부분의 한국어 통사론 연구에서는 '코끼리는 코가 길다' 대신에 '코끼리가 코가 길다'를, '나는 호랑이가 무섭다' 대신에 '내가 호랑이가 무섭다'를, '나는 저 글자가 안 보인다' 대신에 '내가 저 글자가 안 보인다'라는 문장의 형태를 기본으로 하여 논의가 전개되고 있다. 조사 '이/가'를 주격조사 또는 주어 표지로 보는 기본 입장 때문이다. 세계 언어학계/유형론학계에서도 한국어는 원래 그런 것으로 인식되기에 이를 정도로 그렇게 거의 관례화되어 있다. 그런데, 실제로는 '코끼리는 코가 길다'가 '코끼리가 코가 길다'에 비해 무표적이다. 필자의 입장에서 보면, 한국어 기본 문형을 다룰 때 이러한 사실이 논의에 적극적으로 반영되지 못한 점은 참으로 안타깝다고 할 수 있다. 의문문에서도 특수한 수사 의문문을 이룰 때나 【~가 ~를 V-어미?】 또는 【~가 ~가 V-어미?】 형식이 되지, 일반 의문문에서는 【~(는) ~(를) V-어미?】 또는 【~(는) ~(가) V-어미?】 형식이 된다.

(1) a. 니가 게 맛을 알아?
b. 내가 화가 나겠어 안 나겠어?

(2) a. 너 게 맛 알겠니?
b. 너는 아빠가 좋니 엄마가 좋니?

반면에, 일본어학계에서는 많은 생성문법 계열의 학자들이 우리와 비슷한 양상을 보이긴 하지만(Shibatani 1982), 전통적으로는 '코끼리는 코가 길다' 형식으로 예문을 제시하고 있고(三上(Mikami) 1960), 비록 '코끼리가 코가 길다' 형식의 구조를 다루더라도, 다음과 같은 형식으로 예문을 제시하는 경우가 많다(角田(Tsunoda) 2009, Jacobsen 2018). 이 점 우리 국어학계의 논의가 주목해야 할 대목이라 생각된다.

(3) 太郎が花子が好きであること (角田 2009)

(4) Zoo ga hana ga nagai (koto) (Jacobsen 2018)
"Elephants have long noses (lit., Elephants-NOM noses-NOM are long)"

b. 철수에게 돈이 많다.

(3) a. 나는 호랑이가 무섭다.

b. 나에게 호랑이가 무섭다.

(4) a. 나는 저 글자가 안 보인다.

b. 나에게 그 글자가 안 보인다.

이러한 문제는 '주제화', '성분 주제화', '여격 주어', '논항 구조', '결합가', '진짜 주어', '가짜 주어', '일반 피동', '가능 피동' 등등의 개념과 연결되어 논의되기도 했고, 하나의 이론 틀 안에서도 다양한 제안이 이루어지기도 했다. 그런데 대부분의 논의는 (1a, 2a, 3a, 4a)의 경우를 특수한 구문으로 취급하고 있다. 왜냐하면, 생성문법가들의 가설에 따르면, (1a, 2a, 3a, 4a)의 문장에는 주어로 보이는 성분이 두 개 이상이 있기 때문이다. 이는 생성문법에서 주장하는 '문장 하나에 주어 하나'라는 보편문법(Universal Grammar)의 가정에 어긋나기 때문에 특수하다고 본 것이다. 그리하여 이 보편문법의 가설을 유지하기 위해서는 (1b, 2b, 3b, 4b)의 문장처럼 주격조사 또는 주어 표지 '이/가'가 한 번 출현한 문장을 기본으로 하여 각각 (1a, 2a, 3a, 4a)를 변형 절차를 거쳐 도출하는 방식을 선택하지 않을 수 없었던 것이다. 더구나 변형이 의미를 보존한다고 보고 심층구조에서 표면구조를 유도하는 입장에서는 (1b, 2b, 3b, 4b)와 (1a, 2a, 3a, 4a)의 의미가 같은 것으로 봐야 했다. 변형생성문법에서 모어 화자의 직관(intuition)이 중요하다고 특히 힘주어 말은 하지만, 한국어를 다루는 국내외의 한국어 통사론자들은 이 한국어 모어 화자의 직관보다도 이론적 입장을 더 중요하게 여겼기 때문으로 짐작되지만, 아무튼 (1b, 2b, 3b, 4b)와 (1a, 2a, 3a, 4a)가 의미적으로 같은 해석을 받는다고 보았다.

그런데 이런 논의들은 한편으론 한국어의 구조를 밝히는 데 기여하기도 했지만, 다른 한편으론 한국어에 대한 왜곡(歪曲)과 호도(糊塗)의 폐해를 낳기도 했다. 왜냐하면, 이론적인 측면에서 보더라도, 기본형과 도출형의 관계는 무표적/일반적/전형적 구조와 유표적/특수적/비전형적 구조의 관계를 유지해야 하는데, (1a, 2a, 3a, 4a)의 빈도가 (1b, 2b, 3b, 4b)보다 훨씬 높기 때문이기도 하거니와, (1a, 2a, 3a, 4a)가 (1b, 2b, 3b, 4b)보다 더 전형적인 기본 문장의 특성을 보여주고 있기 때문이다. 후자의 문장들은 주로 관형절(=우리의 용어로는 형용사절)[6] 구성이나 수사 의문문 구성 등의 특수한 맥락에서만 나타나는 특성이 있는 것이다. 이처럼 (1b, 2b, 3b, 4b)에서 (1a, 2a, 3a, 4a)를 도출하는 방식은 전체 이론적으로 보았을 때 앞뒤의 아귀가 잘 맞지 않는다. 또한 이러한 이론적으로 불편한 입장 때문인지는 몰라도, 특히 각각의 문장 구조에 대한 문법성 판단에 대한 편차가 논자에 따라 심하게 나타났다는 것도 이러한 심층구조와 표면구조의 관계 설정에 어떤 문제가 있음을 보여준다. 영어권에서 나온 논문들에서는 대개 주체 존대 선어말어미 '-시-'와의 호응에서 다음과 같은 문장들을 문법적으로 적격한 것으로 판단하고, 이것을 기저형 또는 심층구조로 파악하고 있다(Yoon 2004, Kim 2017).

(5) a. 할아버지께 책이 많으시다.
b. 할아버지께 호랑이가 무서우시다.

이러한 영향 관계에서 자유롭지 못한 국어학계에서도 이런 경향이 많이 나타난다(박양규 1975, 임홍빈 1985, 임동훈 2000, 김용하 2005, 2017).

(6) a. 할아버지의 손이 크시다.
b. 할아버지께 돈이 있으시다.
c. 할아버지께 내 말이 이해가 되신다/가신다.

뒤에 가서 자세한 논의가 이루어지겠지만, 필자는 이러한 논의들에서 의도했던 문장의 의미를 표현하기 위해서는 다음과 같은 구문의 형식으로 실현되

6 필자의 품사 체계에서는 기존의 관형사는 '형용사'로, 기존의 형용사는 '(기술)동사/(주관)동사'로 분류된다(목정수 2003, 2018c). 예를 들어, '새', '여러'는 형용사, '예쁘다', '나쁘다'는 기술동사, '싫다', '그립다'는 주관동사, '먹다', '죽다'는 행위동사가 된다. 따라서 관형사절이라고 불러 왔던 것이 형용사절이 되는 것이다. 이 점 오해가 없기를 바란다.

는 것이 일반적이라는 점을 여러 차례 강조한 바 있다(목정수 2005, 2013, 2017a). 다음 예문 (7)과 (8)에서 주어진 성분에 진하게 표시를 한 것은 그것이 주어 성분으로 분석된다는 것을 명시적으로 보여주기 위해서이다.

(7) a. **할아버지(께서)는** 책이 많으시다.
    b. **할아버지(께서)는** 돈이 있으시다.
    c. **할아버지(께서)는** 호랑이가 무서우신가 보다.
    d. **할아버지(께서)는** 손이 크시다.
    e. **할아버지(께서)는** 내 말이 이해가 잘 안 되신단다/가신단다.

(7)과 다른 형식으로 실현된 구문은 이와 평행하게 다른 의미로 해석된다고 보았다. 실상 이것이 실제적으로 특정 이론에 오염되지 않은 순수 한국어 화자의 직관에 더 부합하는 것으로 판단된다.

(8) a. 할아버지에게/께(는) **책이** 많다.
    b. 할아버지에게/께(는) **돈이** 있다.
    c. 할아버지에게/께(는) **호랑이가** 무서웠다.
    d. **할아버지(의) 손이** 내 손보다 더 크다.
    e. 할아버지에게/께(는) **내 말이** 이해가 잘 되었다.

(8a, b)는 (7a, b)의 소유 구문에 대해 존재 구문으로, (8c)는 (7c)의 주관동사 구문에 대해 기술동사 구문으로, (8d)는 (7d)의 두 자리 서술어 구문에 대해 한 자리 서술어 구문으로, (8e)는 (7e)의 가능 피동 구문에 대해 일반 피동 구문으로 파악한다. 그 결과로서, (7)의 구문과 (8)의 구문에서 진짜 주어는 진하게 표시한 성분이 담당하는 것으로 파악한다.[7] 이렇게 해야, '-시-'와의

7 본고의 이러한 입장은 생성문법에서 나온 '이중/다중 주어' 개념과 언어유형론의 영향으로 나온 '비주격 주어(non-nominative subject)', '여격 주어(dative subject)' 개념을 모두 부정한다. 이에 대해서는 목정수(2015b), 목정수 · 이상희(2016)를 참조할 수 있다.

호응/일치라든가 관계화 제약이라든가 성분 이동이라든가 하는 통사적 제약 문제와 무엇보다도 의미 해석의 차이를 무리없이 설명할 수 있기 때문이었다.

본고에서는 변형의 문제를 떠나서 하나의 서술어가 취하는 하위범주화의 유형이 달라지면 그 동사의 의미가 달라진다는 점을 기술동사 '있다/없다'를 통해 밝혀보이고자 한다. 따라서 소위 이중 주어 구문으로 불리는 한국어의 문장 구조를 어떻게 분석하는 것이 최선일까의 문제와 소위 여격 주어 구문으로 불리는 문장의 구조는 어떻게 분석되어야 하는지의 문제를 집중 파헤칠 것이다. 그리하여 문장의 형식과 의미 간에는 일정한 대응이 유지된다는, 즉 형식이 달라지면 그만큼 의미도 달라진다는 형식과 의미의 동형성(isomorphism)을 보여주고자 한다. 이는 미국의 촘스키(Chomsky) 식의 변형생성문법 계열보다는 해리스(Harris)의 분포주의와 변형 개념을 계승 발전시킨 프랑스 언어학자 Gross의 어휘-문법(lexique-grammaire)이 추구하는 모델과 가깝다고 할 수 있다(Gross 1975, 홍재성 1987).

2. 존재 구문 '철수에게 돈이 있다'와 소유 구문 '철수는 돈이 있다'의 독립성

한국어는 일본어와 마찬가지로 다음과 같이 소위 주어 표지 '이/가'가 두 번 이상 나타나는 구문이 존재하여 보편문법의 차원에서 이를 어떻게 설명해 낼 것인가가 국어학자들은 물론 전 세계 언어학자들의 관심을 끌기에 충분했다.

(9) a. 코끼리가 코가 길다.
　　b. 철수가 책이 (소설책이) 많다.

그러나 보편문법에서는 진짜 주어는 하나이고 이는 한국어에서도 유지되고 있지만 매개변인(parameter)에 의한 표면상의 차이만 있을 뿐이라는 것으로 설명 가능하기 때문에 많은 학자들은 이런 (9)와 같은 문장은 심층 구조에 다음 (10)과 같은 기저형(underlying form)을 상정함으로써 도출할 수 있다고 보았다. 보편문법 지향의 이론에 따라 논의를 맞춰 온 셈이다.[8]

(10) a. 코끼리의 코가 길다.
b. 철수에게 (책으로 말하자면) 소설책이 많다.

(10a, b)는 주어 표지 '이/가'가 나타난 성분이 하나밖에 없기 때문에 '문장 하나에 주어 하나'라는 보편성이 유지되는 것으로 설명할 수 있기 때문이다. 그리고 서술어의 결합가(valency)도 간단히 처리할 수 있다는 점도 작용했을 것으로 보인다.[9] 기술동사(=객관형용사) '길다'와 '많다'가 영어의 '(be) long'과 '(be) many'처럼 한 자리 서술어(one-place predicate)라고 보는 입장에서라면, 논항 하나가 요구될 것이고, (10a, b)와 같은 문장 구조는 이를 잘 충족시켜 주고 있으니 (10a, b)의 구조를 기본/심층 구조로 볼 수밖에 없지 않았을까 추정해 볼 수 있다.

그러나 이와 같은 다소 특정 이론의 영향권 안에서 펼쳐진 우리 국어학계의 논의를 보면, 구문의 차이에 따라 의미의 차이가 있다는 우리의 입장과 상치될 뿐만 아니라, 논의 대상이 되는 문장 구조에도 많은 문제가 숨어 있음을 알 수 있다. 우선 다음 두 문장의 구조를 비교해 보자.

---

8 '토끼는/토끼가 꾀가 많다' 같은 구문에서 '토끼는/토끼가'는 '토끼에게'에 대응되기 때문에 기저에서는 단일 주어 '꾀가'만 있었다고 주장하는 국어학계 논의도 이에 해당한다(서정수 1994). 이러한 논의들은 결국 '토끼는 꾀가 많다'와 '토끼에게 꾀가 많다'가 동일 의미를 유지하는 것으로 보고 있는 것이다. 본고에서는 이러한 입장에 동의하지 않는다. 우리의 기본 입장은 문장의 형식이 달라지면 그 달라진 만큼 의미의 차이가 생긴다고 본다. 또한 다른 문장 형식을 사용한다는 것은 다른 의미를 표현하고자 하는 이유/동인(motivation)이 있기 때문이라는 전제하에서 통사 현상을 객관적으로 바라보는 입장을 취한다.

9 '주제화', '성분 주제화', '이/가 주제설'까지 주장하고 있는 임홍빈(2007)이 대표적이라 할 수 있겠다.

(11) a. 코끼리가 코가 길다.
b. 코끼리의 코가 길다.

우리는 (11a)와 (11b)의 문장은 의미 차이뿐만 아니라 구문도 차이가 있다고 본다. 구문의 차이, 즉 통사 구조의 차이에 따라 자연스럽게 의미 해석도 달라진다는 것이다.

반면에, 다음 (12)는 코끼리에 대해 진술할 때 자연스럽게 쓸 수 있는 한국어의 기본적인 구문의 한 형식이다.[10]

---

10 현행 한국어 문법에서 '철수는 눈이 크다'나 '나는 호랑이가 무섭다' 같은 문장은 기본 문형에 포함되지 않고 있다(고영근 · 구본관 2008, 2018). 엄청나게 생산력이 높은 구문임에도 불구하고, 학교문법의 시각에서 서술어 '크다'나 '무섭다'는 한 자리 서술어로서 두 번째 명사구만 하위범주화(subcategorization)하는 것으로 보는 것이다. 이는 소위 서술절 설정과 관련이 있다. 서술절을 인정하면 '철수는 눈이 크다', '나는 호랑이가 무섭다' 같은 문장은 복문이 되는 것이다. 물론 서술절 설정의 근거는 '크다'가 한 자리 서술어로서의 용법도 가지고 있기 때문임은 너무나 당연하다. 예를 들어, 서술어 '크다'는 '철수의 집은 크다'와 같이 하나의 논항만을 취할 수 있다. 그러나 논항을 둘로 나누어 취하는 '철수는 집이 크다'는 '철수는 큰 집이 있다'나 '철수는 큰 집을 가지고 있다'로 환언할 수 있듯이, 두 자리 서술어로 실현된 '크다' 구문으로 봐야 한다면 이는 다른 얘기가 된다. '철수는 눈이 크다', '나는 호랑이가 무섭다' 같은 문장을 두 자리 서술어가 논항 두 개를 취한 단문으로 볼 수 있는 가능성이 열리는 것이다(목정수 2014a, 2014b, 2018a).

그렇다면 '크다'나 '무섭다'의 두 자리 서술어로서의 용법을 입증하는 것이 중요한데, 첫 번째 명사구와 서술어의 논항 관계를 따져 보는 것으로 시작할 수 있다. 이에 앞서, 예비적으로 기본적인 타동사 구문과의 비교를 통해서 첫 번째 명사구와 서술어의 관계, 두 번째 명사구와 서술어의 관계를 짚어볼 필요가 있다. '철수를 미워한대'라는 발화를 들었을 때 우리는 주어 부분이 생략되어 있다는 것을 알 수 있고, 그에 대한 정보를 정확히 알 수 없는 경우는 '누가?'라고 질문할 수 있다. 그리고 '철수는/철수가 미워한대'라는 말을 들으면 '누구를?'이라고 질문할 수 있다. 그만큼 서술어 '미워하다'의 빈자리를 채워야 전체 문장의 의미를 이해할 수 있는 것이다. 이와 마찬가지로 '눈이 크대'나 '철수는 크대'라는 발화를 들으면 우리는 빈자리가 있는 것을 직감하고 '누가?'나 '무엇이?'라고 그에 대한 정보를 알고 싶어 한다. 이처럼, '크다'와 관계를 맺는 두 개의 논항은 그 위계에 있어 차이가 난다. '철수는 눈이 크다'에서 '철수는' 논항은 '크다'에 대해서 바깥에 놓여 간접적으로 연결되는 것이고, '눈이' 논항은 '크다'에 대해서 내부에 놓인 것이므로 직접적으로 연결되는 것이다. 따라서 외부적이냐 내부적이냐, 간접적이냐 직접적이냐의 차이가 있지, 다 같이 독립적인 논항의 역할을 한다고 볼 수 있다. 서술어 '크다'가 두 자리 서술어로서 두 논항을 요구하는 것이다. 또 마찬가지로 '할아버지

(12) 코끼리는 코가 길다.

그러나 이러한 사태를 진술할 때 우리는 (11b)와 같은 문장 구조를 사용하지 않는다. (11b)와 같은 구조는 [코끼리(의) 코]와 [내 코]를 비교하는 상황에서나 가능한 문장이다.

(13) 코끼리 코가 내 코보다 한 천 배는 긴 것 같다.

또한 (11a)와 같은 형식도 특수하게 사건을 전경화하여 배열하거나 할 때 나타나고 주로는 관형절(=우리의 용어로는 형용사절) 구성에 쓰인다.

(14) a. 코끼리가 코가 길다고?

(께서)는 내가 싫으신가 보다'는 가능하지만 '*나는 할아버지가 싫으시다'나 '*나는 할아버지께서 싫으시다'는 불가능하다는 것을 감안한다면, '쥐가 무서우시대'를 들으면 '누가?'라는 질문이, '할아버지(께서)는 무서우시대'를 들으면 '무엇이/누가?'라는 질문이 자연스럽게 뒤따라 나오는 것을 이해할 수 있다. Jacobsen (2018)에서는 본고의 방식과 비슷하게 일본어에서 논항(argument)과 부가어(adjunct)를 구별하고 논항성(argumenthood)을 결정하는 데 일명 '知らない(siranai)-test(몰라-테스트)'를 제안하고 있다. '知らない-test'를 우리의 논의에 적용하면 다음과 같다. '할아버지께서는 무서우신가 봐'에 대해 '뭐가/누가?'라고 물었을 때, '#몰라'라는 대답은 부적절하고, 그리고 '쥐가 무서우신가 봐'에 대해 '누가?'라고 물었을 때도 '#몰라'라는 대답은 부적절하다는 것이다. 이는 서술어 '무섭다'에 대해 '할아버지께서는'과 '쥐가'가 독자적인 논항이 된다는 것이고, 서술어 '무섭다'는 두 자리 서술어가 된다는 것을 뜻한다.

반면에, 임동훈(1997)에서 '철수는 키가 크다'와 같은 부류로 분류한 '철수는 아버지가 돌아가셨다'/'철수는 아내가 집을 나갔다'는 이와 같은 테스트에서 제외된다. 가령, '철수는 죽었대'를 들었을 때, '누가?'라는 질문이 뒤따르지 않는다. 또 '철수 아버지가 돌아가셨대'를 들었을 때도 '누가?'라는 질문이 뒤따르지 않는다. '우리 아버지가 돌아가셨습니다'를 들으면 그 문장은 자족적으로 해석될 수 있다. 따라서 '철수가 아버지가 돌아가셨다' 같은 문장은 【누가/무엇이 누가/무엇이 어떠하다/어찌한다】라는 기본 문형에 포함되지 않는다. 이러한 문장은 '철수가 아버지가 돌아가시자 대학을 포기한 이유는 따로 있다' 구성처럼 '철수가 대학을 포기한 이유는 따로 있다'의 주절과 '아버지가 돌아가시자'의 종속절의 결합으로 이루어진 복문 구성의 일부로 파악된다.

b. 코끼리가 코가 긴 이유는 무엇일까요?

그래서 우리는 '-시-'와의 호응에서도 다음과 같은 차이를 느끼는 것이다.

(15) a. 할아버지(께서)는 나보다 코가 크시다.

b. *?할아버지의 코는 내 코보다 크시다.[11]

다음 (16a)와 (16b)도 의미가 서로 관련되어 있지만 그 의미가 동일하다고 볼 수 없다는 것이 우리의 기본 입장이다.

(16) a. 철수가 책이 많다고?

b. 철수에게 책이 많다고?

마치 다음 영어 문장의 동일성 여부 문제에 비유할 수 있다.

(17) a. I have a car.

b. The car belongs to me.

---

11 비주격 주어로서 '속격 주어'가 힌디어(Hindi)에서 보고되어 있다(Montaut 1991: 123). 그러나 힌디어에서 이 속격 주어라는 것은 주격형으로 바꾸면 문장이 성립되지 않는다. 비주격 주어(non-nominative subject) 논의에서 이 점이 매우 중요하다.

(1) mere do bha:i: haiN
I-gen two brother-mas.pl. exist-pres-mas.pl.
'나는 동생이 두 명 있다. = 나는 동생이 둘이다.'

혹 한국어에서 '할아버지의 코가'에서 '할아버지의'의 속격 주어를 가정하더라도, 이에 따른 속격 주어 '할아버지의'와 주체 존대 선어말어미 '-시-'와의 호응은 성립하지 않음을 분명히 해야 할 필요가 있다. '여격 주어'와의 '-시-'의 호응/일치도 마찬가지로 성립하지 않는다고 보는 것이 우리의 기본 입장이다. 세계 유형론 학계에는 이처럼 '할아버지께 돈이 필요하시다/있으시다'처럼 '여격 주어'와 '-시-'가 호응/일치하는 것으로 알려져 있는데, 이렇게 만드는 데 일조한 논의들은 이제 철회되거나 재검토되어야 할 것으로 보인다(Yoon 2004, Kim 2017).

(17a)와 (17b)에서 한정사의 차이를 일단 빼고, 두 문장이 관련된 의미를 표상할 수 있다고 해서 (17b)의 'to me'를 주어라고 할 수 없듯이, (16b)의 '철수에게'를 소위 '여격 주어(dative subject)', 즉 주어로 보기 어렵다는 것이다. 백보 양보해서, '철수에게'를 '여격 주어'라고 보더라도 뒤따르는 문제가 많이 제기될 수 있다. '철수에게'가 주어라면 뒤에 오는 '책이'라는 성분은 어떤 통사적 기능을 하는 것으로 볼 것인가? '책이'가 소위 말하는 소주어 또는 진짜 주어라면 결국 이것도 소위 이중 주어 구문이 되는 것인가? 아니면 '여격 주어'가 있으니까 '책이'는 주어가 아닌 목적어나 보어가 된다는 것인가?[12] 이런 모순점을 인식하지 못하면 심유경(2015)이나 김민국(2016)처럼, (16a)는 서술절을 안은 '안은문장'으로서 복문으로 보고, (16b)는 단문으로 보게 된다. 필자는 이는 모순적이라 판단한다.

더욱이 앞서 언급했듯이, 많은 한국어 통사론자들이 소유 구문을 (18a)를 중심으로 논의를 하였으나 (18a)의 형식보다는 다음 (18b)와 같은 문장의 형식이 소유 구문으로서 더 원형적이라는 사실을 놓쳐서는 안 될 것이다.[13]

(18) a. 철수가 책이 많다.
　　 b. 철수는 책이 많다.

2.1. 존재 구문과 소유 구문 모두 단문이다

흔히 서술절을 내포절로 안은 문장의 전형으로 소위 이중 주어 구문을 꼽는다. 소위 이중 주어 구문이 문제가 되는데, 우리의 용어로 소유 구문도 여기에 포함된다. 학교문법을 위시하여 심유경(2015), 김민국(2016) 등에서는 이러한 소유 구문을 내포절을 안은 포유문(복문)이라 본다. 본고에서는 소위 이중 주

12 '여격 주어'를 주장하는 논의에서도 이에 대한 명시적인 답은 내놓지 않고 슬쩍 넘어가고 있다(Yeon 2003, 김민국 2016).

13 앞의 각주 5를 참조할 것.

어 구문에 속하는 소유 구문도 단문에 불과하며, 소위 여격 주어 구문이라 불리는 구문은 존재 구문의 한 유형이며 이 또한 단문이라는 점을 밝히고자 한다. 이를 통하여 '있다1'의 존재 구문과 '있다2'의 소유 구문이 다른 형식으로 따로 존재하고 그 의미 해석이 다른 형식의 구문을 통하여 자연스럽게 유도된다는 것을 증명해 보고자 한다.

먼저, 앞서의 예문과 중복되는 면이 있지만, 논의의 선명성을 위하여 관련 예문을 종합적으로 다시 한 번 제시하고, '-시-'와의 호응 여부에 따른 문법성 판단을 내려 보자.

(19) a. 그 친구는 돈이 있다.
b. 그 분은 돈이 있으시다.

(20) a. 그 친구에게 돈이 있다.
b. *?그 분에게 돈이 있으시다.[14]

---

14 임동훈(1997)에서도 '-시-'와 관련하여 이러한 문법성 차이가 나는 점을 들어, '그 분은 돈이 많으시다'와 '그분에게 돈이 많다'의 통사 구조가 동일하지 않음을 시사받을 수 있다고 보았다.

여기에 더해, '-이란' 구성을 보면 통사 구조에 따라 '-시-'와 호응/일치하는 주어 성분이 무엇인가를 알 수 있을 것이다. 'X-란' 구성은 다음 (1)에서 보듯이 주어 자리에만 쓰이기 때문이다. 따라서 (2)-(3)에서 보듯이, 소유 구문이 아닌 존재 구문에서 'X-란' 성분이 주어로 나타날 수 있다. 소유 구문에서는 이 'X-란' 성분이 목적어로 해석되어야 하는 경우에는 매우 어색하거나 비문법적인 문장이 되고 말지만, (3d)처럼 주어 자리에 나타나면 문법적인 문장이 된다. (4)-(5)의 기술동사와 주관동사의 구문에서도 마찬가지이다. 진하게 표시한 성분들이 주어로 해석된다.

(1) a. **사랑이란** 무엇일까요?
b. ***너는** 사랑이란 아니?
c. ***나도** 언젠가는 대통령이란 될 거야.

(2) a. 그에게 **한계란** 없다. (존재동사)
b. 누구에게나 **신이란** 존재한다. (존재동사)
c. **시간이란** 누구에게나 공평하게 있다/존재한다. (존재동사)

(3) a. ***그가** 한계란 없다. (소유동사)
b. *?**누구나** 신이란 있다/소유한다. (소유동사)
c. *?시간이란 **누구나** 공평하게 있다/소유한다. (소유동사)
d. **사랑이란** 끝도 시작도 없다. (소유동사).

(21) a. 방에는 친구가 있다.
b. 방에는 그 분이 계시다.
(22) a. 그 친구는 방에 있다.
b. 그 분은 방에 계시다.

'없다'의 경우도 소유 구문과 존재 구문에서 주체 존대형으로 각각 '없으시다'와 '안 계시다'로 된다.

(23) a. 그 친구는 돈이 없대요.
b. 그 분은 돈이 없으시대요.
(24) a. 그 친구에게 돈이 없는 것 같습니다.
b. *?그 분에게 돈이 없으신 것 같습니다.
(25) a. 방에 그 친구가 없어요.
b. 방에 그 분이 안 계세요.
(26) a. 그 친구는 방에 없다/안 있는다.
b. 그 분은 방에 안 계시다/안 계신다.

위 예문에서 보듯이, '있다/없다'가 소유 구문으로 해석될 때는 '있으시다/없으시다'가 존대형으로 쓰이고, 존재 구문으로 해석될 때는 '계시다/안 계시다'가 존대형으로 쓰인다.[15]

---

(4) a. **호랑이란** 무서운 동물이다. (기술동사)
b. **호랑이란** 애들한테나 무섭지 어른들에겐 무섭지 않다. (기술동사)

(5) a. *?**나는** 호랑이란 무섭지 않아. (주관동사)
b. *?**그는** 호랑이란 무서워하지 않는다. (주관동사)

15 범언어적으로도 진행상을 나타내는 데는 존재동사가 쓰인다. 중국어의 '在', 영어의 'be', 일본어의 'いる'가 있다. 한국어의 진행상 구문도 소유동사 '있다2-있으시다' 대신에 존재동사 '있다1-계시다'가 쓰인다. 이러한 보편적 사실은 한국어에서 존재동사와 소유동사가 비록 같은 형태로 나타나지만, 그 구분이 명확히 이루어져 있음을 보여준다고 할 수 있다.
한국어에서 선어말어미 '-었-'과 '-겠-'의 기원이 된 '-어 잇/이시-'나 '-게 ᄒᆞ엿/ᄒᆞ여시- > -게 엿/여시-'의 '잇다/이시다'도 존재동사로서의 '있다1'이라는 것은 그 본고는 한국어 동사 '있다'를 존재동사로서의 '있다1'과 소유동사로서의 '있다2'로 나누어 보는 입장을 취한다. 한국어 동사 '있다'가 존재동사 'be' 계열과 소유동사 'have' 계열로 쪼개져 있다는 것이다.

다음 (27)은 존재 구문의 '있다1'이고 여기서의 주어는 '고모님이'와 '귀한 책이'라는 성분이다. 반면에 (28)은 소유동사로서의 '있다2' 구문인데 여기서의 주어는 '저는'과 '할아버지(께서)는'이라는 성분이다.

(27) a. 저에게(는) 고모님이 두 분 계십니다/*있으십니다.
b. 저에게(는) 고모님이 한 분도 안 계십니다/*없으십니다.
c. 할아버지께(는) 귀한 책이 몇 권 있습니다/*?있으십니다/*계십니다.
d. 할아버지께(는) 귀한 책이 한 권도 없습니다/*?없으십니다/*안 계십니다.

(28) a. 저는 고모님이 두 분 있습니다/??계십니다/*있으십니다.
b. 저는 고모님이 한 분도 없습니다/??안 계십니다/*없으십니다.
c. 할아버지(께서)는 귀한 책이 몇 권 있으십니다/*?있습니다/*계십니다.
d. 할아버지(께서)는 귀한 책이 한 권도 없으십니다/*?없습니다/*안 계십니다.

한편, '-시-'와 호응을 하는 성분을 두고 논자마다 직관이 상이한 것으로 드러났는데, 그냥 미묘한 문제라거나 그 차이에 개인차가 있다거나 하는 식으로 제쳐둘 일이 아니라, 왜 그러한 문법성 판단의 차이가 나오는가, 다시 말해서, 그 배후에 도사리고 있는 진짜 이유는 무엇인가를 따져볼 필요가 있다. 이는 주어에 대한 규정을 분명히 하기 위해서라도 중요한 작업이다. 대표적으로 Yoon(2004) 같은 경우에는 다음과 같은 (29a) 유형의 문장이 적법한 것으

존대형 '-어 겨시-'에서 유래한 '-어겼-'을 통해서도 입증할 수 있다(고광모 2000, 2002, 2009).

로 문법성 판단을 내리고 있다.

(29) a. 할아버지께 책이 많으시다.
b. 할아버지께서는 책이 많으시다.

(29a)에 대해 대체로 '여격 주어'와 '-시-'가 잘 호응하는 것으로 판단하고 있으나, 필자는 그 반대의 직관을 가지고 있다. (29b)가 훨씬 자연스러워 보인다. '많다'가 '많이 있다'로 환언될 수 있으므로, 그리고 앞에서도 '있다/없다'로 논의를 전개한 바 있으므로, 여기서는 '많다' 대신에 대표로 '있다'를 통해 그 문법성을 판단해 보기로 하자. 우리의 판단은 다음과 같다.

(30) a. 할아버지께 책이 (많이) 있다/*?있으시다.
b. 할아버지한테는 그런 책이 (많이) 없다/*?없으시다.

논자에 따라 필자와 문법성 판단에 있어 차이가 나는 것이 사실이지만, 필자는 이는 '여격 주어' 설정 의도 여부와 관련된 것으로 파악한다. 그리고 한 가지 더 중요한 것은 이러한 차이에도 불구하고, 모든 논자들이 동의할 수 있는 부분이 따로 있다는 것이다. 문법성 판단에 대한 것을 절충하자는 뜻이 아니라, 한국어 기본 문형 설정을 위해서 분명히 하고 넘어갈 점을 분명히 하고 넘어가자는 의미이다. 이를 따로 떼어내어 정리하면 다음과 같다. 다음 두 문장을 비교할 때 (31a)보다는 (31b)가, (32a)보다는 (32b)가 더 자연스럽고 더 전형적인 문장 형식이라는 점이다. 이 점에는 모두 동의를 할 것으로 본다. 문장의 자연스러움에 부등호 부호가 쉽게 금방 매겨진다는 것이다.

(31) a. *?할아버지께도 그런 책이 있으시다.
b. 할아버지께도 그런 책이 있다.

(32) a. ??할아버지(께서)는 그런 책이 많이 있다.
b. 할아버지(께서)는 그런 책이 많이 있으시다.

존재 구문에서도 마찬가지의 문법성 판단이 성립한다. 다음 두 문장을 비교할 때 (33a)보다는 (33b)가, (34a)보다는 (34b)가 더 자연스럽고 더 전형적인 문장 형식이다.

(33) a. ??우리 마을에는 노인분들이 많이 있다.
b. 우리 마을에는 노인분들이 많이 계시다.
(34) a. ??노인분들은 우리 마을에도 많이 있다.
b. 노인분들은 우리 마을에도 많이 계시다.

반면에 소유 구문의 형식으로 실현된 다음 두 문장에서는 (35a)보다는 (35b)가 더 자연스럽고 더 전형적인 문장 형식이다.

(35) a. *?우리 마을은 노인분들이 많이 있으시다.
b. 우리 마을은 노인분들이 많이 있다.

유정물 1인칭 대명사 '나'라 하더라도 (36a, b)처럼 후치사(=격조사) '에게'와 결합하면 처소어로 해석되어 '나'라는 장소/공간에 '꿈'이 존재한다는 것으로 해석된다.

(36) a. 나에게는 꿈이 있다.
b. 그런 꿈이 나에게 있겠니?

반면에, 다음 (37a)에서처럼 '서울'이란 장소 관련 고유명사는 그 의미 특성상 처소어 구문, 즉 존재 구문으로 쓰이는 것이 일반적이다. 그러나 (37b)처럼 후치사 '에'가 아니라 '$ø_1$'에 의해 주어 성분으로 실현된 문장에서는 그저 처소어로서 해석되는 것이 아니라 여느 유정물처럼 '차'를 소유하고 있는 소유자(possessor)로서 해석된다. '철수는 차가 많다/많이 있다'의 '철수는'처럼.

(37) a. 서울에는 차가 많다.
b. 서울은 차가 많다.

이런 테스트를 통하여【NP1-은 NP2-가 있다】구문과【NP1-에/에게 NP2-가 있다】/【NP2-는 NP1-에/에게 있다】구문은 서로 문장의 구조가 다를 뿐만 아니라 의미 해석에서도 전자는 '소유 구문'으로, 후자는 '존재 구문'으로 해석된다는 것을 알 수 있다. 즉, 소유자한테 존재하는 물건은 소유자가 소유하는 물건이 되는 셈이다. 의미적으로 연관은 있지만 엄격히 말하자면, 존재 구문과 소유 구문은 그 표현 방식도 다르고 의미도 다른 것이다.

다시 한 번 정리해 보자. 필자는 '있다'가 관여된 존재 구문과 소유 구문의 차이를 통하여 '철수에게는 차가 있다'나 '그 차는 철수에게/한테 있다'에서는 '차가'나 '그 차는'을 주어 성분으로, '철수는 차가 있다'에서는 '철수는'을 주어 성분으로 분석하는 것이 타당하다고 주장하였다(목정수 2017b). 따라서 다음과 같은 예는 의미적으로 서로 연관되지만, 그 통사적 구조나 의미는 엄연히 다른 것으로 본다.[16] 다음 (38a)는 존재 구문의 초점 성분 부각형 구문이고, (38b)는 도치형으로서 존재 구문의 화제 성분 부각형 구문이라 할 수 있다. 반면에, (39a)는 소유 구문의 전형이고 (39b)는 소유 구문의 도치형으로서 유표적이다. 존재 구문과 소유 구문은 서로 그 형식이 다를 뿐만 아니라, 각각은 어순, 더 정확히는 성분의 순서와 한정조사 '이/가'와 '은/는', '도'의 대립을 통하여 그 하위 유형이 세분되어 표현될 수 있는 것이다. 그렇지만 주어 자리는 진하게 표시한 성분이 차지하고 있는 것으로 유지된다.

(38) a. 나에게 **꿈이** 있다. (=존재 구문)

16 한국어의 소유 구문의 전형을 'NP-에게/께 NP-가 있다/있으시다'로 잡는 많은 논의가 있었고 이러한 것이 한국어 소유 구문의 전형으로 생성문법 학계나 언어유형론 학계에 널리 알려져 있다(Yoon 2004, Kim 2017). 그러나 여기에는 문제가 있다. 백보 양보하여 'NP-에게 NP-가 있다' 구문이 소유의 의미로 연결될 수 있지만, 'NP-는/께서는 NP-가 있다/있으시다' 구성에 비하면 결코 무표적인/전형적인 구성으로 보기 어렵다는 것은 모두가 인정하는 바일 것이기 때문이다.

b. **그런 꿈은** 나에게는 없어. (=존재 구문)

(39) a. **나도** 꿈이 있다. (=소유 구문)

b. 그런 꿈은 **나도** 없어. (=소유 구문)

(38)과 (39)의 심층 구조를 우리 식으로 표현하면 각각 다음과 같다. 한국어의 명사구 확장 구조에 따른 분석이다(목정수 1998, 2003 참고).[17]

(40) a. 나-에게-$ø_2$ 꿈-$ø_1$-이 있다.

b. 그런 꿈-$ø_1$-은 나-에게-는 없어.

(41) a. 나-$ø_1$-도 꿈-$ø_1$-이 있다.

17 일본어의 副助詞(=보조사)도 격을 표시한다거나 다른 격을 대행할 수 있다고 보는 三上(1960)의 겸무설을 비판한 홍사만(2009)을 잠시 주목할 필요가 있다. 홍사만의 주장대로, [X-は]는 [X-が-は]나 [X-を-は] 구조에서 주격이나 대격이 필수적으로 생략되어 [X-ø-は] 구조가 된 것이고 생략된 {ø}격도 격 표시 기능을 가진 것으로 인식해야 할 것이란 점을 우리는 부분적으로 받아들이고자 한다. 심층의 [X-が-は]나 [X-を-は] 구조는 원래부터 있을 수 없는 결합형으로서 인위적인 산물이기 때문이다. 그러나 우리는 분포를 기반으로 적극적으로 더 나아가서 한국어의 [X-는] 구조뿐만 아니라 [X-가]와 [X-를]도 똑같은 분포 관계를 보인다는 점에서 우리는 이들의 심층구조를 각각 [X-$ø_1$-는], [X-$ø_1$-가], [X-$ø_1$-를]로 설정한다. 이렇게 되면, 격조사로서의 '가1'/'를1'과 보조사로서의 '가2'/'를2'를 따로 설정할 필요가 없을 뿐만 아니라, '는', '도'와 더불어 '가'나 '를'의 본질이 격 표시 기능에 있는 것이 아니라는 것도 자연스럽게 드러나게 된다. 동일 부류에 속하는 {가, 를, 도, 는, 의}는 한정사(determiner)의 역할을 하는 담화적 기능 요소인 것이다. 이해를 돕기 위해, 영형 격조사 '$ø_1$'이나 다른 격조사(=후치사)들과 한정사 {가, 를, 도, 는, 의}의 결합형 몇 가지와 무조사형 몇 가지를 예로 들어 그들의 속 구조를 표상하면 다음과 같다.

(1) a. 칼로 잘라. ⇒ [칼-로-$ø_2$]

b. 칼로는 곧 망한다. ⇒ [칼-로-는]

c. 칼로가 더 잘 잘라진다. ⇒ [칼-로-가]

d. 칼은 펜보다 약하다. ⇒ [칼-$ø_1$-은]

e. 칼 쓰지 마, 이 칼 안 좋아. ⇒ [칼-$ø_1$-$ø_2$], [이 칼-$ø_1$-$ø_2$]

f. 칼을 갈았다. ⇒ [칼-$ø_1$-을]

g. 칼도 샀다. ⇒ [칼-$ø_1$-도]

h. 칼에 녹이 슬었다. ⇒ [칼-에-$ø_2$]

i. 칼로의 절단. ⇒ [칼-로-의]

j. 칼의 성능. ⇒ [칼-$ø_1$-의]

b. 그런 꿈-ø1-은 나-ø1-도 없어.

2.2. 소유동사 '있다'만이 연어 구성에 관여할 수 있다

동사 '있다'가 존재동사와 소유동사로서의 '있다1'과 '있다2'로 나뉜다는 것을 우리는 다음과 같은 현상을 통하여 한 번 더 입증할 수 있다. 필자의 그 동안의 관찰과 연구에 의하면, 연어구성, 숙어구, 단어결합 등에서 하나의 단위로서 단어화되는 경향이 있는 구성은 표면적으로 'NP(를) V'형과 'NP(가) V'형이 주를 이루는데, 후자의 경우, 이 결합이 절대로 '주어 + 서술어' 구성으로 환원되지 않는다는 것이다. 주어가 아닌 성분과 서술어의 결합만이 하나의 단어로 단위화될 수 있다는 가설인데, (아직 반례를 본 적이 없기 때문에) 보편적인 듯하다. '겁을 내다', '겁이 나다', '고려에 넣다', '마음에 들다' 등등. 이렇듯, '있다'를 포함한 '~을 수(가) 있다', '~을 리(가) 없다' 등의 문법적 연어 구성이나 '맛(이) 있다', '인기(가) 있다', '어이(가) 없다', '관심(이) 없다' 같은 어휘적 연어 구성에서의 '있다/없다'는 다 소유동사로서의 '있다2/없다2-있으시다/없으시다'의 짝에 대응된다. '님 계신/*있으신 곳'과 '(돈) 있으신/*계신 분'에서 드러나는 존재동사 '있다1'과 소유동사 '있다2'의 차이에 주목할 필요가 있다. 소유동사로서의 '있다2/없다2-있으시다/없으시다'만이 '주술 구조'의 절(clause)이 아닌 '목술 구조'의 구(phrase)로서 하나의 어휘 단위를 구성할 수 있는 것이다(목정수 2005, 2017b). 존재 구문 【NP1-에/에게 NP2-가 있다】 / 【NP2-는 NP1-에/에게 있다】에서 '주술 관계'를 이루는 'NP2-가' 또는 'NP2-는' 성분과 존재동사 '있다1/없다1-계시다/안 계시다'가 결합해서 한 단위가 되는 경우는 이론적으로도 불가능하고 실제 찾아지지도 않는다. 이론적으로 불가능하다는 것은 '주술 관계'를 이루는 주어 성분과 서술어는 하나의 문장을 이루므로, 이 문장이 하나의 단어가 되어 장기 기억 장치에 저장된다는 것은 있을 수 없는 일이기 때문이다. 문장은 순간적으로 만들어졌다 사라지는 무한한 존재이다. 다음 (42b)나 (43b)처럼 '재미가'나 '~을 수가' 성분이 주어로 분석되는 존재 구문은 성립하지 않는다.

(42) a. 이 책은 재미(가) 있다. ⇒ 재미^있다
b. *이 책에는 재미(가) 있다.
c. 할아버지(께서)는 재미(가) 있으신/*계신 분이다.

(43) a. 저는 이 일을 할 수 있습니다. ⇒ 할 수^있다
b. *저에게는 이 일을 할 수가 있습니다.
c. 할아버지(께서)도 이 일을 할/하실 수가 있으십니다/*계십니다.

존재 구문의 주어와 서술어는 한 단위가 될 수 없다.

(44) a. 나는 생각한다. 고로 나는 있다/존재한다. ⇒ *나^있다/존재하다
b. 그리 큰 돈은 우리 할아버지한테도 없다/*없으시다. ⇒ *큰 돈^없다
c. 할아버지는 양로원에 계신다. ⇒ *할아버지^계시다

이렇듯 '있다/없다'가 존재동사와 소유동사로 나뉜다는 것을 이해하지 못하게 되면, 영어의 소유동사 'have'에 대응되는 한국어 소유동사로 자꾸 '가지다/갖다'를 들먹이게 된다.[18] '가지다/갖다'의 용법은 영어의 'take'와 더 관계가 깊은데도 말이다. 표면적으로 타동사 'have'에 대한 대당자로서 '~를 가지다'를 생각하기 때문이지만, 뒤에 가서 다시 정리하겠지만, '가형 목적어'를[19] 인정한다면 '~가 있다2', 즉 약한 타동사가 영어의 'have'에 가장 유사하게 대응하는 대당자라고 볼 수 있다. 최근 김일규(2016)는 서술절을 비판한 목정수(2014)를 다시 비판하고 있는데, 자세히 들여다보면 이것도 다 약한 타동사

18 이는 일본어 사전의 영향이기도 하다. 영일(英日) 사전에서도 'have'의 일차적 대응자로서 '持つ(motsu)'를 상정하고 있다. 'ある(aru)'나 'いる(iru)'는 그 다음으로 제시되어 있다. 영한 사전에서는 'have'의 대역어로 '가지다', '있다', '소유하다'의 순으로 제시되어 있다.

19 Koizumi(2008)의 'nominative object'에 해당한다고 할 수 있다.

로서의 소유동사 '있다2'의 존재를 모르기 때문에 나오는 무지의 소치라고 할 수 있다. 그의 언급을 그대로 인용해 보자. "목정수(2005, 2014)에 따르면 '어이가 없다'나 '맛이 없다'와 같은 표현들의 서술어는 '없다'이며 '어이'와 '맛'은 이 술어의 목적어/보어이다. 즉, '없다'라는 서술어가 주어와 목적어/보어 두 개의 논항을 요구한다는 것이다. 반면 우리의 주장에 따르면 '없다'라는 서술어는 주어인 '어이'와 '맛'만을 논항으로 요구하며 그 외의 논항은 '어이가 없다'와 '맛이 없다'라는 서술어가 요구하는 것이다. (…) 위에서도 논의했듯이, 목정수(2005, 2014)의 분석으로는 '이 식당이 김밥이 맛이 있다'처럼 주격 명사구가 세 개 이상이 나오는 문장의 통사구조를 제대로 설명할 수 없다. (…) 하지만 서술절의 존재를 인정하기만 하면 위의 문제들이 모두 사라진다. '있다'가 '맛'을 주어로 허가하고 '맛이 있다'라는 서술절이 '치즈김밥'을 주어로 허가하고 '치즈김밥이 맛이 있다'라는 서술절이 '김밥'을 주어로 허가하고 '김밥이 치즈김밥이 맛이 있다'라는 서술절이 '이 식당'을 주어로 허가한다고 설명할 수 있는 것이다."

서술절을 부정하고 '가형 목적어'를 설정하는 본고의 입장에서는 '~가 있다2' 구성을 다음과 같이 설명할 수 있다. 가령, '맛(이) 있다'라는 소유 구문의 '가형 목적어' '맛'과 '있다2'의 결합형이 있다고 치자. 여기서 서술어구 '맛이 있다'가 주어 논항과 결합된 문장인 '이 짜장면은 맛이 있다'는 기본적으로 '주어 + 목적어 + 서술어'로 분석된다. 그리고 '이 짜장면은 맛있다'처럼 어휘화된 '맛있다'가 나타난 구문은 '주어 + 서술어'로 분석된다. 그리고 '이 음식점은/할아버지(께서)는 짜장면이 맛(이)있다/맛(이)있으시다'는 다시 '주어 + 목적어 + 기술동사(구)'로 분석하고 '이 음식점은/할아버지(께서)는 다른 음식보다 짜장면을 맛있게 만들어 제공(을)한다/제공(을)하신다'라는 식으로 그 의미 해석을 할 수 있다고 본다. 그리고 만약에 '맛(이)있다'가 주관동사처럼 확장되어 쓰인 '나는 그 집 짜장면이 제일 맛있다', '사람들은 이 짜장면을 맛있어(를)한다' 같은 구문은 '나는 바나나가 좋다/싫다', '사람들은 바나나를 좋아(를)한다/싫어(를)한다'와 마찬가지로 '주어 + 목적어 + 주관동사(구)'로 분석하여. 'I like 짜장면 most.', 'People like 짜장면 most.'의 의미로 해석할 수 있다.

(45) a. 짜장면은 맛(이) 있다.
= 짜장면 has a taste / is delicious.
cf. 우리 집은 크다.
b. *짜장면에 맛(이) 있다.
c. *맛은 짜장면에 있다.
(46) a. 이 음식점은 짜장면이 맛(이) 있다.
= This restaurant serves delicious 짜장면.
cf. 코끼리는 코가 길다.
b. 할아버지는 짜장면이 맛(이) 있으시다.
= Grandfather serves delicious 짜장면.
cf. 할아버지는 코가 크시다.
(47) a. 나는 그 집 짜장면이 맛(이) 있다.
= I like the 짜장면 of that restaurant.
cf. 나는 바나나가 싫다.
b. 사람들은 그 집 짜장면을 맛(이) 있어 한다.
= People like the 짜장면 of that restaurant.
cf. 사람들은 바나나를 싫어한다.

2.3. 소유 구문에서도 성분의 이동은 가능하다

보통 서술절을 주장하는 논의에서 소위 이중 주어 구문에서 상위문의 주어가 하위 서술절 내부로 이동이 안 되는 이유를 서술절 경계 때문이라고 한다. 서술절을 옹호하는 임동훈(1997)에 따르면, 다음과 같은 문장은 비문법적이라 한다.

(48) 코끼리가 코가 길다. ⇒ *코가 코끼리가 길다.

그러나 이러한 진술은 한국어의 현실과 맞지 않는다고 생각된다. '*코가 코끼리가 길다'가 이상하다면, '코끼리가 코가 길다'도 마찬가지로 '코끼리는 코가 길다'에 비해 상대적으로 어색해 보인다. '코끼리는 코가 길다'가 자연스럽듯이, '코는 코끼리가 길다'로 하면 아무런 문제가 없다. 임동훈(1997)의 주장과는 반대로 소위 서술절 구문으로 판단하는 소위 이중 주어 구문에서 첫 번째 명사구와 두 번째 명사구의 자리바꿈은 정보구조에 맞는다는 조건하에서는 얼마든지 가능하다.[20]

(49) a. **나는** 눈이 크다.
b. 눈은 말이야 **할아버지가** 크시지.

(50) a. **농심은** 라면이 유명하다.
b. 라면은 말이야 **농심이** 유명해.

우리는 (49a)를 'I have big eyes'의 통사 구조로 의미 해석을 하고 (49b)를 그 기본 구조의 도치 구문으로 분석하듯이, (50b)의 '라면은 농심이 유명하다'라는 구문을 '농심은 라면이 유명하다'라는 기본 구문에서 성분 도치로 유도된 유표적인 구문으로 본다. 따라서 (50)의 구문들에서 주어는 각각 진하게 표시한 '농심은', '농심이' 성분으로 본다. 유표적 구문에서의 '라면은' 성분은 기본 구문의 목적어 '라면이' 성분이 주제화되어 문두로 이동한 것이다. 따라

20 주관동사(=심리형용사) 구문에서도 마찬가지이다.

(1) a. 나는 호랑이가 무서워.
b. 그 호랑이 있잖아 나 정말 무서워.

필자가 보기에는 소위 서술절과 관련된 구문이나 일반 타동 구문에서의 '성분 이동'은 평행하다고 볼 수 있다. 이동에 관여하는 것은 이동에 따른 정보구조상의 문제이다. 필자는 어순 도치, 즉 성분의 뒤섞기는 정보구조의 흐름과 잘 맞기만 하면, 다 가능하다고 본다. 이중 주어 구문에만 제약이 있는 것이 아니라는 뜻이다.

(2) a. 대통령은 저도 될 수 있나요?
b. 사랑은 아무나 하나?
c. 밥은 누가 해 주니?

서 (50a)의 의미 해석은 기본적으로 (49a)의 '나는 눈이 크다'가 '나는 큰 눈을 가지고 있다'로 해석되는 것과 마찬가지로 '농심은 유명한 라면을 가지고 있다'는 식으로 이루어진다. '농심 has famous ramen'의 의미 해석이다. '삼성은 반도체가 유명하다'-'반도체는 삼성이 유명하다'와 같은 구조이다. 그밖에 서술어 '유명하다'는 '농심은 라면으로 유명하다' 같은 구문으로도 실현되는데, 이때의 의미 해석은 '농심 is famous for ramen' 하는 식으로 이루어진다.

흥미로운 것은 임동훈(1997)에서 '라면은 농심이 유명하다'류에 대해서 '부류-성원' 관계를 나타낸다고 한 양인석(1972)을 좇아, '라면으로 말할 것 같으면 농심라면이 유명하다'라는 의미를 갖는 것으로 해석하고 있다는 것이다. '사과는 홍옥이 맛있다'류와 같은 방식이다. 이런 해석을 견지하면서 임동훈(1997: 45)에서는 "이런 점에서 첫 번째 명사구 '라면은'은 주어라기보다 주제로 보는 쪽이 나아 보인다. 이 구문에서 첫 번째 명사구는 뒤에 이어지는 진술의 영역을 표시하는 기능을 하는 것으로 보이기 때문이다. (…) 또 이들 구문에서 첫 번째 명사구는 관계절의 핵으로 기능하기 어렵다는 점에서 앞서 논의한 이중 주어문과 다르다."라고 언급하고 있어, 문장의 의미 해석을 본고와 다르게 하고 있다는 것을 알 수 있다. 본고는 이러한 임동훈(1997)의 해석도 가능은 하지만, '농심(=농심이라는 기업)은 라면이 유명하다'를 기본문으로 하여 성분의 도치로 이루어진 '라면은 농심(=농심이라는 기업)이 유명하다'의 유표적인 문장의 의미 해석이 더 일반적이고 그럴싸하다고 본다. '농심'하면 '농심 라면'이 '농심 기업'보다 더 먼저 떠오르기 때문에 임동훈(1997) 같은 해석이 나온 것인지는 잘 모르겠으나, '농심' 대신에 유명한 대기업 '삼성'을 놓고, '휴대폰은 (엘지보다는) 삼성이 유명해'라는 문장의 의미 해석이 어떤 식으로 이루어지는가를 보면, 본고의 해석이 더 일반적임을 금방 알 수 있을 것이다. 그러나 아무튼 임동훈(1997)의 '라면은 농심이 유명하다'라는 문장의 의미 해석은 우리의 의미 해석과 다르지만, 통사 분석에 있어서는 '농심이' 성분을 주어로 보고 있어서, 우연의 일치이겠지만, 형식적인 면에 있어서는 본고와 유사한 결론에 도달하였다. 흥미롭다고 하지 않을 수 없다.

따라서 소유 구문에서도 이렇듯 '가형 목적어' 성분의 문두로의 이동은 가능하다. 역시나 정보구조나 정보의 흐름에 맞는 선에서 그렇다는 것이다. 진하게 한 성분이 여전히 주어 자리를 유지하고 있다.

(51) a. **내가** 그 많은 돈이 있겠니?
b. 그 많은 돈이 **내가** 있을 리 만무하잖아.
c. **내가** 그만한 돈도 없을까 보냐?
d. 그만한 돈도 **나는** 없다야.

3. 마무리

언어의 형식과 의미의 관계는 이론적 입장에 따라 여러 가지로 파악할 수 있다. 언어 기호의 측면에서 시니피앙과 시니피에의 관계로 환원하여 그 관계를 '자의성'과 '필연성'의 입장에서 논할 수도 있고, 의미를 개념론적 차원에서 파악하여 언어상의 의미와 실세계의 의미를 나누어 볼 수도 있다. 문장 형식과 문장 의미의 관계를 기능주의(functionalism) 관점에서 접근할 수도 있고 형식주의(formalism)나 형식논리의 관점에서 문장의 의미를 파악할 수도 있다.

본고에서는 문장 형식과 문장 의미의 상관관계에 주목하여, 형식과 의미는 하나의 몸과 마음처럼 함께 움직이는 존재임을 밝히고자 하였다. 통사부와 의미부, 그리고 음운부가 모듈 단위로 독립적으로 작동한다고 가정하는, 해리스의 극복자/거부자 촘스키의 생성문법(generative grammar)의 입장에 정면으로 맞서는 관점을 제시한 것이다. 본고의 입장은 오히려, 서술어의 의미란 그것이 실현된 구문 안에서 결정된다는 가정을 유지하고 있는, 해리스의 계승자 그로스의 '어휘-문법(lexique-grammaire)'의 입장에 좀 더 가깝다고 할 수 있다. 본고에서는 이러한 기본 목표를 달성하기 위해 구체적으로 한국어의 존재동사 '있다1'과 소유동사 '있다2'가 보여주는 형태·통사론적 행태의 차이와 의미적 차이를 정확히 관찰하고 기술하고 설명하였다. 이를 통해 우리는 부수적으로 생성문법이나 언어유형론의 영향으로 한국어 문법에 도입된 '이중 주어' 개념이나 '여격 주어' 개념, 그리고 '서술절' 개념 등등이 성립할 수 없음을 깨닫게 되었고 그리하여 이를 강력히 주장하고 나서게 되었다.

본고에서 다룬 형식과 의미의 동형성(isomorphism) 문제에 올바로 접근하기 위해서는 학교문법을 위시하여 제도권 문법에서 채택하고 있는 '서술절' 개념이 어떤 점에서 부당한가를 이해할 필요가 있었다. 목정수(1998) 이래로, 줄기차게 목정수(2005, 2014a, 2014b, 2018a, 2018b) 등에서 한국어 조사 '이/가', '을/를', '도'와 '은/는'의 분포를 종합적으로 따져 '이/가'가 단순히 주격조사(nominative case marker)나 주어 표지(subject marker)로 기능하는 요소가 아니라, 한편으로는 '은/는', '도'와의 대립을 통하여 다른 한편으론 '을/를', '의'와의 대립을 통하여 정보구조 – 화제와 초점, 구정보와 신정보, 한정성과 비한정성, 특정성과 비특정성 등등 – 를 민감하게 조절하는, 담화적 기능을 하는 한정사(determiner)의 역할을 담당하는 요소라는 것을 주장함으로써/밝힘으로써, '이/가'를 주격조사나 주어 표지로 간주하고 이를 바탕으로 삼아 서술한 기존 한국어 문법 논의의 틀을 전면적으로 전복/해체/재건하려 했던 과정을 이해할 필요가 있다는 것이다. 필자는 조사 '이/가'가 붙은 성분이 무조건 주어가 될 수 없다는 것이 아니라 '이/가'가 붙었다고 무조건 주어 자리에 놓이는 것으로 보는 것은 무리라는 점을 입증함과 동시에, '이/가'가 붙은 성분이 주어가 아닌 목적어로 (가끔 양보하여 보어로) 분석될 수 있는 구문이 많이 있음을 실제 코퍼스 자료를 통해 여러 차례 보여준 바 있다. 이러한 논의의 결과로서, '나는 돈이 많다', '철수는 공부할 시간이 없다'나 '철수는 눈이 크다' 같은 소유동사나 기술동사(=성상형용사)의 소위 이중 주어 구문과 '나는 호랑이가 무섭다', '철수는 그 여자가 마음에 드나 보다' 같은 주관동사(=심리형용사)의 소위 이중 주어 구문은 한국어 문법에서 '를형 목적어'와 별도로 존재하는 이른바 '가형 목적어'를 갖는 구문으로 분석할 것을 제안하기에 이르렀다. 이들 구문은 복문이 아니라 단문이라는 것이다. 그리하여 【누가/무엇이 누구를/무엇을 어찌한다】에 더해 【누가/무엇이 누가/무엇이 어떠하다/어찌한다】의 기본 문형을 따로 설정할 필요성을 제안하였던 것이다. 그리고 이러한 기본 문형의 기저형으로 혹은 변이형으로 【어디에/누구에게 누가/무엇이 어떠하다/어찌한다】나 【누구의/무엇의 누가/무엇이 어떠하다/어찌한다】 같은 문형을 상정하곤 하였는데, 이와 관련하여 제안된 이른바 '여격주어'나 '속격 주어' 개념도 한국어의 실제와는 부합하지 않는다는 점을 밝혔다. 이렇듯, '나에게 자동차가 있다' 같은 문형은 '나는 자동차가 있다'의 기저형이 아니라, 별도로 독자적 문형을 이루는 표면구조의 하나로서 각각 존재동사와 소유동사로서의 용법을 보여주는 문형이 된다는 것이다. 이들 존재동사 '있다1'과 소유동사 '있다2'가 취하는 문형은 형식적으로나 의미 해석상으로나 차이가 난다. 따라서 이들 두 구문은 문장 형식뿐만 아니라 문장 의미도 각각 다르다는 것이다.

결론으로 다시 종합해서 말하자면, 서술어를 중심으로 한 문장의 의미는 그 서술어가 실현되는 구문의 틀 속에서 파악된다는 것이고, 구문의 형식적 구조가 달라지면 서술어를 포함한 문장의 의미도 그 달라진 형식의 차이만큼 달라진다는 것이다. 문장 형식과 문장 의미의 동형성(isomorphism) 관계가 유지된다.

참고문헌

고광모(2000), "일부 방언들의 주체 높임법에 나타나는 '-겨-'의 역사(1): 과거 시제 어미 '-어겼-'의 형성", 『한글』 250: 189-225, 한글 학회.

고광모(2002), "'-겠-'의 형성 과정과 그 의미의 발달", 『국어학』 39: 27-47, 국어학회.

고광모(2009), "'이시-/잇- > 있-, -어시-/-엇- > -었-, -게시-/-겟- > -겠-'의 변화", 『언어학』 53: 115-140, 한국언어학회.

고영근 · 구본관(2008), 『우리말 문법론』, 집문당.
고영근 · 구본관(2018), 『(개정판) 우리말 문법론』, 집문당.
권재일(2012), 『한국어 문법론』, 태학사.
김건희(2017), "서술절에 대한 재고찰: 내포절 체계 내의 다른 절과의 변별을 중심으로", 『한말연구』 43: 29-63, 한말연구학회.
김민국(2016), "한국어 주어의 격표지 연구", 연세대학교 대학원 국어국문학과 박사학위논문.
김용하(2005), "문법과 화용론의 관계를 생각한다: '한국어 어미 '-시-'의 문법'(2000)을 중심으로", 『형태론』 7(2): 455-468, 형태론연구회.
김용하(2017), "한국어 높임법과 생성문법: 김재은 · 정인기(2015)에 대한 응답", 『현대문법연구』 92: 1-17, 현대문법학회.
김일규(2016), "한국어에 서술절이 존재하는가?", 『언어와 정보』 20(3): 27-40, 한국언어정보학회.
남기심(1986), "'서술절'의 설정은 타당한가?", 유목상 편, 『국어학신연구 1』, 191-198, 탑출판사.
목정수(1998), "한국어 격조사와 특수조사의 지위와 그 의미: 유형론적 접근", 『언어학』 23: 47-78, 한국언어학회.
목정수(2003), 『한국어 문법론』, 월인.
목정수(2005), "국어 이중 주어 구문의 새로운 해석", 『언어학』 41: 75-99, 한국언어학회.
목정수(2013), "선어말어미 '-시-'의 기능과 주어 존대", 『국어학』 61: 63-105, 국어학회.
목정수(2014a), "한국어 서술절 비판: 통사단위 설정을 중심으로", 『현대문법연구』 76: 101-126, 현대문법학회.
목정수(2014b), "허웅 선생의 일반언어학 이론: 그 성과와 한계, 그리고 계승을 위한 제언", 권재일 엮음, 『허웅 선생 학문 새롭게 읽기』, 33-82, 박이정.
목정수(2014c), 『한국어, 그 인칭의 비밀』, 태학사.
목정수(2015a), "한국어 통사론에서의 융합의 길: 조사와 어미의 신질서를 찾아서", 『국어국문학』 170: 71-115, 국어국문학회.
목정수(2015b), "알타이제어의 구문 유형론적 친연성 연구: 한국어의 타동 구문을 중심으로", 『한글』 307: 75-124, 한글 학회.
목정수(2016a), "유형론과 정신역학론의 관점에서 본 한국어 서법과 양태", 『한국어학』 171: 55-108, 한국어학회.
목정수(2016b), "한국어의 진성 주어를 찾아서", 『어문연구』 171: 7-46, 한국어문교육연구회.
목정수(2017a), "높임말을 다시 생각한다: 이른바 '사물 존대' 현상에 대한 상념", 『새국어생활』 27(1): 31-50, 국립국어원.
목정수(2017b), "자동성 기능동사 구문과 논항의 격 실현 양상: 여격 주어설 비판을 위하여", 『한민족어문학』 76: 105-142, 한민족어문학회.
목정수(2018a), "서술절 설정에 대한 재론: 서술절 개념의 오류", 『2018년 국어학회 여름학술대회 국어 정책 포럼 발표자료집』, 155-179, 국어학회.
목정수(2018b), "한국어 정보구조와 통사구조", 『언어학』 81: 127-163, 한국언어학회.
목정수(2018c), "한국어 품사 체계의 몇 가지 문제: 통사 단위 설정을 토대로", 간행위원회 편, 『송철의 선생 퇴임기념논총』, 325-380, 태학사.
목정수 · 이상희(2016), "문두여격어 구문의 정체: 여격주어 설정은 타당한가?", 『형태론』 18(2): 217-241, 형태론연구회.
문창학 · 목정수(2015), "일한 '이중 주어 구문'에 대한 대조 연구", 『日本學硏究』 45: 349-368, 단국대학교 일본연구소.
박양규(1975), "所有와 所在", 『국어학』 3: 93-117, 국어학회.
박진호(2017), "한 · 중 · 일 세 언어의 존재구문에 대한 대조 분석: 언어유형론의 관점에서", 『언어와 정보 사회』 30: 311-340, 서강대학교 언어정보연구소.
서정수(1994), 『국어 문법』, 뿌리깊은나무.
심유경(2015), "한국어 문두 여격어 연구", 이화여자대학교 대학원 국어국문학과 석사학위논문.
양인석(1972), *Korean Syntax: Case Markers, Delimiters, Complementation, and Relativization*, 백합사.
연재훈(1989), "국어의 중립동사 구문에 대한 연구", 『한글』 203: 165-188, 한글학회.
연재훈(1996), "국어 여격주어 구문에 대한 범언어적 관점의 연구", 『국어학』 28: 241-275, 국어학회.
연재훈(1997), "타동성의 정의를 위한 원형이론적 접근", 『언어』 21(1): 107-132, 한국언어학회.
연재훈(2008), "한국어에 능격성이 존재하는가: 능격의 개념과 그 오용", 『한글』

282: 124-154, 한글 학회.
연재훈(2011), 『한국어 구문 유형론』, 태학사.
우형식(1998), 『국어 동사 구문의 분석』, 태학사.
이남순(1998), 『격과 격표지』, 월인.
이선웅(2012), 『한국어 문법론의 개념어 연구』, 월인.
이정복(2006), "상황 주체 높임 '-시-'의 확산과 배경", 『언어과학연구』 55: 217-246, 언어과학회.
이홍식(1996), "국어 문장의 주성분 연구", 서울대학교 대학원 국어국문학과 박사학위논문.
임동훈(1997), "이중 주어문의 통사 구조", 『한국문화』 19: 31-66, 서울대학교 규장각 한국학연구원.
임동훈(2000), 『한국어 어미 '-시-'의 문법』, 태학사.
임홍빈(1972), "국어의 주제화 연구", 『국어연구』 28, 국어연구회.
임홍빈(1974), "주격 중출론을 찾아서", 『문법연구』 1: 111-148, 문법연구회.
임홍빈(1985), "{-시-}와 경험주 상정의 시점(視點)", 『국어학』 14: 287-336, 국어학회.
임홍빈(2007), 『한국어의 주제와 통사 분석: 주제 개념의 새로운 전개』, 서울대학교출판부.
장석진 외(1986), 『영문법개론(II): 생성문법』, 신아사.
최현배(1937), 『우리말본』, 정음사.
한정한(2013), "명사 논항의 자릿수와 이중주어 구문의 주어", 『한국어학』 61: 369-402, 한국어학회.
허 웅(1981), 『언어학, 그 대상과 방법』, 샘문화사.
허 웅(1983), 『국어학, 우리말의 오늘·어제』, 샘문화사.
홍기선(2014), "한국어의 격중출구문과 담화구조", 『언어』 39(3): 677-699, 한국언어학회.
홍사만(2009), "한·일어 이중주격론의 대조 분석: 三上 章설을 중심으로", 『어문론총』 50: 33-71, 한국문학언어학회.
홍재성(1987), 『현대 한국어 동사 구문의 연구』, 탑출판사.
三上 章(1960), 『象は鼻が長い』, くろしお出版.
角田 太作(2009), 『世界の言語と日本語 (改訂版): 言語類型論から見た日本語』, くろしお出版.

Croft, W.(1990), *Typology and Universals*, Cambridge: Cambridge University Press.

Croft, W.(1991), *Syntactic Categories and Grammatical Relations: The Cognitive Organization of Information*, Chicago: The University of Chicago Press.

Croft, W.(1993), Case marking and the semantics of mental verbs, in J. Pustejovsky(ed.), *Semantics and the Lexicon*, 55-72, Dordrecht: Kluwer.

Dryer, M. S. & M. Haspelmath(eds.)(2013), *The World Atlas of Language Structures Online*, Leipzig: Max Planck Institute for Evolutionary Anthropology.

Gross, M.(1975), *Méthode en Syntaxe*, Paris: Hermann.

Guillaume, G.(1971), *Leçons de Linguistique 1948-1949, Série B, Psychosystématique du Langage: Principes, Méthodes et Applications* (I), Québec, Presses de l'Université Laval et Lille; Paris, Klincksieck.

Harris, Z.(1965), Transformational Theory, *Language* 41(3): 363-401.

Hewson, J. & V. Bubenik(2006), *From Case to Adposition: The Development of Configurational Syntax in Indo-European Languages,* Amsterdam: John Benjamins.

Hirtle, W.(2007), *Lessons on the English Verb,* Montreal: McGill-Queen's University Press.

Hirtle, W.(2009), *Lessons on the Noun Phrase in English,* Montreal: McGill-Queen's University Press.

Hopper, P. & S. Thompson.(1980), Transitivity in Grammar and Discourse, *Language* 56(2): 251-299.

Jacobsen, W. M.(2018), Argument Structure in a Pro-drop Language: the Case of Japanese, 서강대학교 언어정보연구소 7월 월례발표회 발표자료. [2018년 7월 9일(월) 오후 3시~4시, 서강대학교 정하상관 602호(J602호)]

Kim, K.(2017), Non-oblique Syntax for a Dative Experiencer in Korean, *Linguistic Research* 34(1): 77-106.

Kittila, S.(2002a), *Transitivity: Towards a Comprehensive Typology*, Turku: Abo Akademis Tryckeri.

Kittila, S.(2002b), Remarks on the Basic Transitive Sentence, *Language Sciences* 24(2): 107-130.

Koizumi, M.(2008), Nominative Object, in S. Miyagawa & M. Saito(eds.), *The Oxford Handbook of Japanese Linguistics,* 141-164. Oxford: Oxford University Press.

Levin, B. & H. Rappaport(2005), *Argument Realization*, Cambridge: Cambridge University Press.

Montaut, A.(1991), Constructions objectives, subjectives et déterminatives en hindi/urdu: où les paramètres sémantiques croisent les paramètres discursifs, *LINX* 24, 111-132, Université Paris X – Nanterre.

Næss, Å.(2007), *Prototypical Transitivity*, Amsterdam: John Benjamins.

Rivas, J.(2004), *Clause Structure Typology: Grammatical Relations in Cross-Linguistic Perspective*, TrisTram.

Shibatani, M.(1982), Japanese Grammar and Universal Grammar, *Lingua* 57(2-4): 103-123.

Shibatani, M.(2001), Non-canonical Constructions in Japanese, in A. Y. Aikhenvald & M. Onishi(eds.), *Non-canonical Marking of Subjects and Objects*, 307-354, Amsterdam: John Benjamins.

Tsunoda, T.(1985), Remarks on Transitivity, *Journal of Linguistics* 21(2): 385-396.

Yeon, J.(2003), *Korean Grammatical Constructions: Their Form and Meaning*, Saffron Books.

Yoon, J. H.(2004), Non-nominative (major) Subjects and Case Stacking in Korean, Bhaskararao & Subbarao(eds.), *Non-nominative Subjects* vol 2, 265-314, Amsterdam: John Benjamins.

구문의 의미

조 경 순*

1. 들머리

'구문'은 오래 전부터 언어학 논의에서 사용된 개념으로 매우 다양한 층위에서 연구되어 왔다. 구문은 문장 안의 단어와는 독립적으로 의미를 나타내는 구조, 즉 형식과 의미의 대응물이라고 말할 수 있다.[1] Goldberg(2004)에 따르면, 구문은 언어학에서 매우 중요한 개념 중의 하나로, 전통 문법에서는 개별적 구문의 특성을 기술하였고, 생성 문법에서는 구문 명세 규칙과 제약에 관한 규범들이 만들어졌다. 그리고 Levin(1993)이 말한 바와 같이 의미론적, 화용론적 자질에 대한 관심이 높아지면서 특정 문장의 양상적 특이성이 주목받기도 하였다.

국어학에서도 구문에 대해서는 꾸준한 관심과 지속적인 연구가 이루어지

* 전남대학교 국어국문학과 교수, puppetjks@chonnam.ac.kr

1 정연주(2015)에서는 구문은 추상적인 연쇄가 다양한 추상성의 정도를 보이며 구성되어 나가는, 연쇄적 형식에 의미가 직접 연합되어 있는 기호로서의 덩어리라고 하였다.

고 있다. 통사론적 층위에서는 '격 중출 구문, 이중 주어 구문' 등이, 의미론적 층위에서는 '이유 구문, 상적 의미 구문, 모순성 구문' 등이, 어휘적 층위에서는 '좋다 구문, 감정동사 구문, 발화동사 구문' 등이 논의 대상이 되어 집중적이고도 심도 깊은 논의들이 이어지면서 연구 성과가 축적되고 있다.

본고에서는 구문의 의미와 관련된 제 분야의 연구를 고찰하고자 한다. 구문을 구성하는 것은 어휘이며 그 어휘의 의미가 구문 의미에 반영된다는 점에서 어휘와 구문의 상호작용 양상을 다룬 논의를 살피고, 특정한 의미를 나타내기 위해 구문이 형성될 수 있다는 점에서[2] 구문의 의미와 통사 현상의 상관관계를 밝히는 등 구문의 의미론적 양상을 심도 깊게 살핀 논의를 고찰하고자 한다. 본고를 통하여 구문의 의미와 관련한 연구 성과와 최근 연구 동향을 검토하여 구문 연구의 새로운 방향을 모색하고 그 지평을 널리 여는 계기가 되기를 바란다.

2. 구문 의미 연구의 주요 주제와 쟁점

2.1. 구문 의미 연구 개괄

구문은 문장을 구성하는 서술어의 의미나 조사・어미 등의 의미, 그리고 구 이상의 구성이 가지는 의미와 밀접하게 관련되어 있어 국어 의미론 분야에서 구문의 의미론적 측면을 다룬 논의가 매우 활발하게 진행되었다. 구문은 어휘에 의해 구성되므로 어휘 의미와 밀접한 관련을 맺고 있는데, 구문은 결국 동사에 의해 구성된다는 점에서 동사 구문에 대한 관심이 높았다.[3] 그러나

2 이정훈(2014)에서는 구문은 특정 형식과 특정 의미가 연합되어 구성되는 것으로 간주하는데, 구문은 특정 의미와 결부되기 마련이라고 하였다. 구문은 형성 과정에서 의미와 밀접한 관련을 맺고 있는데 특정한 의미를 표현하기 위해 특정 구문이 형성되기 때문이다.

3 구문 형성은 일반적으로 동사가 중심이 된다고 보는데, 우형식(1998)에서는 구문

이정훈(2014)에서 말한 바와 같이 구문의 의미적 양상은 매우 나양해 특정 의미와 결부된 구문도 있지만, 여러 의미에 걸쳐 나타나는 구문도 존재하며 그 의미를 특정하기 어려운 구문도 존재한다는 점에서 구문의 형식과 의미에 대해 다양한 연구가 진행되어 왔다.

구문에 대한 연구는 크게 구문 개념, 구문 유형, 구문 형성, 구문의 통사·의미적 특징 등을 다룬 것으로 나눌 수 있다. 이 중 국어의 구문 의미 연구에서 쟁점이 되었던 것은 구문의 의미적 특징, 특정 어휘나 형식의 구문 의미, 구문의 화용적 기능 등을 다룬 것을 들 수 있다.

구문의 의미를 다룬 논의들은 구문이 나타내는 본유적인 의미 자질이나 특정한 의미장을 형성하는 어휘에 주목한 논의들이 많았다. 그러나 국어 구문의 의미 전체를 종합적으로 살핀 논의는 거의 없는 형편이다. 구문의 의미를 다룬 논의들은 해당 의미의 개념을 정의하고, 구문 의미와 통사적 현상이나 특징이 대응되는 양상을 살피거나, 구문의 유형을 분류하고 그 의미적 특징을 다룬 것들이 많다.

특히, 특정한 의미를 기준으로 구문의 범주를 정하고 동사의 유형을 분류한 논의도 활발한데, 권재일(2000)에서는 발화동사 구문을 '말하다'류, '묻다'류, '명령하다'류로 나누고, '듣다, 생각하다, 추측하다' 등을 대상으로 각 동사의 하위범주 정보, 격틀 정보, 선택제약 정보, 의미역 정보, 예문 정보를 제시하였다. 또한 특정한 어휘 구문을 중심으로 논의도 많이 진행되었는데, 성연숙(2003)에서는 '되다'의 기본 의미인 '변성'과 '변화' 중 '변화'의 의미를 갖는 구문의 빈도가 높다는 것을 검증하고 명제 구문 용법이 양태 구문 용법보다 더 많이 쓰인다는 것을 밝혔다. 김민선(2005)에서는 '되다'의 의미를 밝히고 구문을 유형화하여 '되다' 구문의 통사·의미적 특성을 고찰하였다. 이외에도 구문의 문법 현상을 다룬 논의로 신언호(2004)에서는 관점상,

형성에 참여하는 성분 명사의 의미 자질에 따라 구문 형성이 제약되거나 구문 변환이 이루어지기 때문에 구문 형성은 서술동사에 의존되는데 여기에 성분 명사의 의미 자질에도 주목해야 한다고 하였다.

즉 화자가 상황을 전체적으로 바라보는가 아니면 부분적으로 바라보는가의 대립에 따른 상의 인식이 '-고 있-'의 본질적인 의미 특성을 이해하는 데 더 적합하다고 보았다.

어떤 구문을 설정하고 그 의미 속성을 다룬 논의에서는 동사가 구문을 구성하여 특정 의미를 나타내는 것을 주로 논의하였다. 소유구문을 대표적으로 살펴보면, 신선경(1996)에서는 소유구문의 특징을 '있다'를 중심으로 살폈고, 장미라(2002)에서는 소유의 개념을 정의하고, '있다'와 '가지다' 구문을 중심으로 소유구문의 설정 가능성과 그 차이를 논의하였다. 정주리(2006)에서는 '주다'가 수여구문에 연결되는 경우, 타동구문에 연결되는 경우, 자동구문에 연결되는 경우로 나누어 그 각각의 통사적 양상을 의미론적으로 살폈다. 조경순(2009)에서는 소유구문의 통사 구조가 갖는 의미적 특성으로서 소유의 변화 양상을 밝혔다. 소유는 존재와 연관된다는 점에서 김기혁(2006), 정태구(2007), 시정곤 · 김건희(2009a)에서는 '있다'가 포함된 구문의 통사 · 의미적 특징을 논의하였다. 이 중 정태구(2007)에서는 의미와 사건구조의 특성으로 '-어 있다' 구문의 문법적 제약을 설명하였다. 이상과 같이, 특정한 유형의 구문 의미를 다룬 논의들은 그 의미를 구체화하거나 의미가 형성되는 과정 또는 인접 구문과의 비교나 하위 유형화 등의 다양한 연구가 이루어졌다.

어떤 어휘가 형성하는 구문에 대한 연구는 그 구문만의 특징적인 통사 · 의미적 현상을 대상으로 많은 연구가 이루어졌다. 이 연구들은 해당 어휘의 의미 특성 탐구를 넘어 구문 전체의 의미나 통사적 특징 전반을 다루었다. 그 중 쟁점으로 볼 수 있는 것은 '이다' 구문이다. 양정석(1986)에서는 '이다'의 의미와 통사 측면을 함께 살폈으며, 남길임(2001)에서는 '이다'가 활용한다는 점과, '이다'가 가진 기본적인 어휘 의미, 즉 동일성 지정과 속성 지정의 의미를 갖고 있다는 점에서 '이다'의 문법적 범주를 서술어로 보았다. 박철우(2006)에서는 '이다' 구문의 통사구조를 분류하고 그에 따라 '이-'의 문법적 기능과 지위를 논의하였다.

다음 절에서는 주요 주제별로 구문의 의미 및 의미 특징을 살핀 국어 의미

론 분야의 여러 논의들을 고찰하도록 하겠다.[4]

2.2. 주요 주제별 구문 의미 연구 고찰

2.2.1. 비교구문

Fu(1978)에서는 비교는 모든 인류에게 있어서 가장 기본적인 언어 활동이자 지적 활동이므로 모든 자연언어에는 비교구문이 존재한다고 하였다(정인수 1998: 67 재인용). 국어의 비교구문에 대한 의미론적 논의는 비교구문의 유형에 따른 의미 특성이나 차이를 다룬 연구들이 많았다.

우선 비교구문의 개념에 대해, 이승명(1992)에서는 비교 표현의 통사적 형식을 비교구문이라고 하고, 두 개의 사상 사이에 대소, 장단, 우열, 심천, 원근, 미추 등 발견된 정도의 차이를 표현하는 문법 형식을 비교 형식으로, 이 비교 형식으로 이루어진 통사 구조를 비교구문이라 하였다. 그리고 비교를 동등비교(A=B)와 차등비교, 차등비교는 다시 우세비교(A>B)와 열세비교(A<B)로 나누었다. 이러한 관점은 이후 논의에서도 이어지는데 최근 송홍규(2016)에서는 비교구문을 어떤 대상의 특성이나 성질을 다른 대상과 연관 지어 파악하는 비교의 의미를 언어적으로 나타내는 것으로, 그 구성을 문법적인 관계만을 통해 설명하기 어려운 문장이라고 정의하였다.

비교구문에 대한 연구는 비교구문을 구성하는 '보다, 만큼, 처럼'의 특징이나 비교구문에 쓰인 정도부사에 주목한 것이 많았다. 오경숙(2003)에서는 정도성이 '보다' 비교구문의 의미와 핵심적으로 관련된 것으로 보고, 하위 의미 성분으로 척도(s), 주어가 가지는 관련 척도상의 정도($d_{주어}$), 기준이 가지는 관련 척도상의 정도($d_{기준}$), 주어의 정도와 기준의 정도의 관계(r) 네 가지를 설정하였다. 그리고 이들이 상호작용하여 s 위의 두 점 '$d_{주어}$', '$d_{기준}$'의 관계

4 국어의미론 분야에서 논의된 모든 연구들을 빠짐없이 살펴야 하나 지면 제약 및 필자의 능력 부족으로 모두 살피지 못한 점은 양해를 구한다.

r을 명시함으로써 주어의 속성을 표현하는, 비교구문의 의미가 도출된다고 보았다. 이어지는 오경숙(2004)에서는 '만큼' 비교구문과 '보다' 비교구문은 정도성 관련 측면에서 긴밀성이 다르며 비교의 후치사구 차이가 있음에 비해, '만큼' 비교구문과 '보다' 비교구문의 공통점이 많다는 점에서 '만큼' 비교구문과 '보다' 비교구문을 한 범주로 묶고 '처럼' 비교구문을 다른 범주로 분류하는 것이 타당하다는 논의를 펼쳤다. 이연옥(2014)에서는 '만큼'은 [+정도, −상태]의 의미자질을, '처럼'은 [−정도, +상태]의 의미자질을 가지고 있으므로 비교의 의미와 어휘의 결합 제약이 다르다고 보고, 동사 서술어의 상적 의미에 따라 정도성을 추정하거나 상정할 수 있는 경우는 '만큼' 어구와 직접 호응할 수 있다고 하였다. 비교구문에 나타나는 통사적 현상을 비교구문을 형성하는 '만큼'의 의미자질을 통해 접근했다는 점에서 의의가 있다.

송홍규(2016, 2017)에서는 '더'와 '덜'이 쓰인 차등 비교구문의 특징을 살폈는데, 차등 비교구문과 정도차 표현을 대상으로 한 송홍규(2016)에서는 정도차 표현은 차등 비교구문과만 쓰이는데, 정도 부사가 정도차 표현으로 쓰이는 경우에 우세 차등 비교를 표현하는 '더'는 수의적으로 쓰이지만, 수량화구가 정도차 표현으로 나타나는 경우에는 '더'의 쓰임이 의무적이라고 보았다. 이 논의에서는 '더'가 쓰인 구문과 '더'가 쓰이지 않은 구문이 기본적으로 의미 차이가 없으며, 오히려 정도차 표현의 출현 여부가 비교구문의 의미 차이에 영향을 미침을 관찰하고, 이를 통해 정도차 표현이 정도성 표현과 관련하여 비교 대상들이 갖는 일정한 기준을 넘는 정도의 차이를 표현하는 것임을 논의했다. 송홍규(2017)에서는 기존 연구들이 '더'에 집중한 것에 비해 '덜'에 주목하였는데, '덜'이 쓰인 열세 비교구문에서는 비교 기준 대상이 항상 서술어의 내용과 관련된 속성을 지니며 비교 중심 대상 또한 비교구문에 쓰인 서술어의 내용과 관련된 속성을 지닌다는 것을 밝혔다.

비교구문의 하위 유형에 대한 논의로 정인수(1998, 1999, 2000)에서는 비교 표현의 통사적 형식을 비교구문으로 정의하고 형용사 비교구문을 정인수(1992)를 따라 개방척도(크다, 작다), 비대칭척도(깨끗하다, 더럽다), 제한척도

(비다, 차다), 단항척도(붉다)와 같이 분류하였다. 그리고 '-보다 더-' 구문, '만큼' 비교구문과 '처럼' 비교구문, 최상급 비교구문에서 척도에서의 기준어구의 위치 및 비교어구와 기준어구 사이의 정도 차이를 중심으로 이들의 의미를 살폈다. 비교구문이라도 서술어로 쓰인 형용사의 척도상 유형에 따라 비교어구와 기준어구의 의미적 영역 등에서 차이가 있음을 밝혔다는 점에서 의의가 있다.

김창섭(2012)에서는 대상 역할의 논항을 주어로 가지는 '같다' 구문의 의미와 구문 구조를 살폈다. '같다'의 기본 구문을 의미에 따라 비교문, 비유문, 형용문, 추측문으로 분류하고, 비교문과 비유문, 형용문에서 '같다'는 [동일], [비유적 유사], [유사]를, 추측문의 '같다'는 [개연성 높음]을 의미한다고 보았다. 정희창(2015)에서는 "내가 지금 웃는 게 웃는 게 아니야."와 같이 대상과 비교 대상이 동일한 구문, 즉 동일한 대상의 속성 차이를 표현하는 문장 형식을 개체 속성 비교 표현으로 보고, 이러한 문장은 맥락이나 상황을 고려해야 해석이 가능하며, 다른 요소의 한정이나 수식을 받은 경우와 그렇지 않은 경우의 의미 해석이 달라진다는 특징이 있음을 밝혔다.

비교구문과 인접 구문과의 연관성에 대한 연구로 김남탁(1995)에서는 정도어는 [+정도성]을 공통 의미 자질로 가지며 정도어의 형태적 다양성과는 상관없이 부사의 한정을 받는 경우 반드시 그 앞에는 정도부사가 출현하는 통사구조를 보인다는 점에서 '정도부사+정도어' 구문을 설정하였다. 이 구문은 정도어가 나타내는 어휘의미의 다양한 정도를 나타내는 기능을 수행하며, 비교구문은 정도어의 어휘의미를 압축하여 표현한다는 점에서 두 구문 간에 강한 관련성이 있다고 보았으며, 정도구문은 근원적으로 비교 특성을 갖추고 있다고 하였다.

비교구문은 구문 자체의 통사적 구성보다 구문을 구성하는 비교 의미의 부사나 조사 등이 중요하다보니 '보다, 만큼, 처럼'이나 '더, 덜' 등의 의미 자질을 명세화하는 데 관심이 더 높았다. 그러나 명세화된 의미 자질들이 결국 비교구문에 반영되거나 통합된다는 점에서 비교구문의 의미를 정교화하는 연구가 이루어졌다고 할 수 있다.

2.2.2. 소유구문

이수련(2000)에 따르면, 소유 개념은 세계 대부분의 언어에서 발견되는 보편적인 개념이다. 소유성은 '있다'나 '가지다'와 같은 어휘 등에서 찾을 수 있는 기본적인 의미속성으로, 인간의 보편적인 개념인 소유성이 통사구조로 어떻게 연결되는지를 살필 수 있으며 존재성, 수여성 등 다른 의미속성과 밀접한 관계를 맺고 있다는 점에서 여러 연구가 진행되었다. 소유성이나 소유구문을 다룬 연구에서는 '있다'나 '가지다'의 구문론적 특징이나 보조용언 쓰임과 같은 문법화 양상을 주로 다루는 등 개별 어휘 차원에서의 논의가 주로 이루어졌다.[5]

소유구문에 관련한 본격적 논의의 시작으로 볼 수 있는 박양규(1975)에서 소유를 본래의 의미인 존재에 대한 실용적 측면에서의 해석으로 정의한 바와 같이, 소유성은 존재와의 관련성 속에서 논의를 진행하는 경우가 많으며 '있다'나 '가지다'에 소유성이 내재함을 전제하고 소유구문의 특징을 다루는 경우도 많다. 즉, 소유성에 대한 기존 연구에서는 '있다'나 '가지다' 등 어휘와 관련한 구문론적 특성이나 의미적 특성을 주로 논의하였다. 이는 김천학(2012)에서 말한 바와 같이, 소유라는 개념 그 자체를 규정짓는 어려움뿐만 아니라, 소유를 표현하는 구성이나 형태를 한정하는 어려움이 함께 수반되기 때문이다.[6]

---

5 장미라(2002)에서 비판하였듯이 개별 술어 중심의 논의에 그치고 있으며, 소유 개념에 대한 고찰을 바탕으로 소유구문들 간의 상관성에 주목한 논의는 부족하다.

6 박양규(1975), 이수련(2000), 김천학(2012) 등에서 소유를 언어학적으로 명확히 규정할 수 없다는 견해를 찾을 수 있는데, 이는 Heine(1997: 84)에서 말한 바와 같이 소유는 인간과 친족, 신체, 물건과의 관계뿐만 아니라 정신적 · 문화적 산물과의 관계까지 나타내는 등 언어학적 기술의 범위를 넘어서며, Seiler(2008: 8)에서 말한 바와 같이 소유 구성의 의미에는 세계 지식과 문맥적 속성(contextual properties)이 수반되기 때문에 한정에 어려움이 있기 때문이다.

소유성의 개념과 그 구문론적 특징을 규명하고자 하는 연구에서는 소유의 의미론적 개념을 설정하기 위해 '있다'나 '가지다'와 같은 특정 어휘나 'N1의 N2'과 같은 통사 형식에 논의가 집중되어 있다. 장미라(2002)에서 소유는 구문의 구성 성분 사이의 관계 개념이며 구문 차원에서 논의되어야 한다는 문제를 제기한 바와 같이, 국어 소유성에 대한 논의는 명사구 사이의 의미 관계에 대한 분석과 '있다'나 '가지다'와 같은 개별 어휘에 대한 구문론적 연구로 귀결되었다.

먼저, '있다' 구문의 존재 표현을 중심으로 소유 표현을 다룬 논의로, 김영미(1995)에서는 '있다'가 존재 의미를 원형으로 하여 대상에 대한 존재 표현뿐만 아니라 명제의 보존 확정 양상과 담화 사실을 확인하여 공유하는 의지 표현 수단으로 쓰인다고 하였다. 신선경(1996)에서는 '있다' 구문의 소유 의미를 '있다' 자체의 독립된 하위 의미로 보기보다는 'X가 Y에 있다'라는 '있다'의 존재 의미에서 파생되는 해석 차이로 보았다. 이 논의에서는 소유구문과 존재구문 간의 구별은 '화자가 어떠한 관점에서 무엇에 관하여 말하느냐'라는 '화자의 통보론적 초점'의 차이에서 비롯되므로, '있다' 구문의 소유 의미로의 해석은 통사적인 요소뿐만 아니라 통보론적인 토대 위에서 다각적으로 이루어져야 한다고 하였다. 양정석(1997)에서는 '있다'를 중심으로 존재와 소유의 공통성과 차이점을 밝혔다. 이 논의에서는 [NP에 NP이 V]형의 '있다' 유형은 존재의 의미를, [NP이 NP이 V]형의 '있다' 유형은 소유의 의미를 나타내는 것으로 보았다. 또한 "그 때 영자가 잘못이 있었다."가 어색한 것은 [NP이 NP이 있다]형의 문장과 [NP에게 NP이 있다]형의 문장 사이에 소유와 존재의 차이가 유지되기 때문이며, 여기서 소유란 소유권으로서의 의미라고 하며 소유권의 개념까지 살폈다. 그리고 소유동사에 대해서도 [NP이 NP이 V]에 분포하는 '있다'류 동사를 소유동사라 부르고 이 구문과 동일한 구조를 가지는 '밉다'류 느낌 동사와의 차이점을 살피고 있다. 이 논의에서는 존재와 소유의 관련성에 주목하여 이를 통사·의미론적으로 살폈으며 '있다'의 각 유형에 따라 대응하는 어휘의미구조를 설정하였다.

이수련(2000)에서는 소유 표현을 '있다' 같은 장소풀이씨나 '이다' 같은 잡음씨로 나타내는데, 소유 개념은 '장소'나 '존재'라는 개념과 밀접한 관련성을 가지며 또 소유라는 비장소적 개념도 공간적 개념으로 해석할 수 있다고 하였다. 김동석 · 김용하(2001)에서는 '있다'의 논항 구조를 설정하였는데, '있다'가 존재동사로서 '에', '에게'와 결합한 처소역 논항과 대상역 논항을 취하는 구조와, '있다'가 대상의 존재를 인식하는 경험을 나타내는 소유동사로서 심리동사와 동일한 구조로 나누었다. 그리고 이러한 논항 구조에 근거하여, '에', '에게'와 결합한 처소역 논항이 소유주인 것처럼 여겨지는 경우가 있으나 이것은 뒤섞기에 의해 처소역 논항이 대상역 내부의 PRO를 통제할 수 있는 처소로 이동했기 때문에 얻어지는 부차적인 의미라고 하였다. 장미라(2002)에서는 '있다' 구문은 존재와 소유의 양 특성을 가지는데, 소유구문은 처소에 대응하는 소유주가 문두에 오며 주격 중출문이 가능하다는 등의 통사적 특징을 가지는 것으로 보았다. 그리고 '있다'는 소유주의 의도성이나 소유 관계 형성에 능동적인 참여자의 존재를 가정하지 못함에 비해, '가지다' 구문은 그렇지 않다고 하였다. 이 논의에서는 '가지다'의 모든 다의적 의미를 소유 상태로 전제하고 신체-부분 관계나 은유적 의미까지 소유로 보았다. 구명철(2004)에서는 소유 관계를 표현하기 위해 일반적으로 존재동사가 사용되고, '나는 딸이 하나 있다', '나는 아파트가 한 채 있다'처럼 내재적인 소유 관계와 획득된 소유 관계에서 존재동사가 사용된다고 하였다.

소유 표현에 관련된 다른 연구 축으로써 구문에 나타난 명사구의 관계를 통해 소유 표현을 살핀 연구들이 있다. 이 연구들에서 소유에 대한 개념을 소유주와 소유물과 같은 소유 사건 구성 요소들 사이의 관계로 풀이하였다. 고석주(1996)에서는 '있다'가 소유의 의미를 나타내는 것은 '있다' 구문에 나타나는 두 NP 사이의 관계에서 추론되는 것으로 보았으며, 장미라(2002)에서 소유는 소유주와 소유물 사이에 성립되는 일종의 관계 개념으로, 소유 관계는 인접성과 권리(소유권)를 바탕으로 하는데, 소유주에게 물리 · 심리적으로 인접해 있고 소유물에 대한 소유권을 주장할 수 있는 것이 소유라고 하였다.

조경순(2017)에서는 소유성은 본원적 의미속성으로서 구문 구조에 영향을 미치며 인접 의미, 즉 존재나 수여와 밀접한 관련을 맺고 있다고 보았다. 소유구문의 의미적 특징은 첫째, 소유에 대한 주체의 의지를 가진다는 점, 둘째, 소유 주체가 소유 대상에 대한 권리를 가진다는 점, 셋째, 소유 주체와 소유 대상을 분리할 수 있다는 점 등을 들며, 소유구문의 문장 의미는 "주체가 의지를 가지고 대상을 지배적으로 가지고 있음"으로 보고, 그 의미 자질을 [+의지], [+권리], [+분리]로 설정하였다. 그리고 소유성을 나타내기 위해서는 특정 어휘가 서술어로 쓰이거나 특정 구조로 구성이 되었을 때 자동적으로 발현되는 것이 아니라, 구문의 의미 조건이 충족되어야 '소유성'이 발현하는 것으로 보았다.

2.2.3. 수여구문

수여동사가 형성하는 구문에 대한 논의도 많은 주목을 받았다. '수여'라는 현상이 인간의 생활과 뗄 수 없는데, 실제 수여 행위와 통사구조 그리고 의미구조가 체계적으로 대응되는 특징들이 있어서 구문의 의미를 탐색하는 데 중요한 기제가 되기 때문이다. 수여구문이나 '주다'에 대해 논의에는 박형익(1989, 1991)과 같이 수여구문의 통사적 유형이나 '주다'가 보조용언으로 쓰일 때의 통사구조를 살핀 박소영 · 김도훈(2017) 등이 있으나, 많은 논의들이 구문을 구성하는 서술어나 조사 등 여러 성분이나 구문 자체의 의미에 대해 살폈다. 수여동사와 관련한 연구로, 먼저 조사 '에게'와 관련된 논의는 홍윤표(1978), 이기동(1979), 이익섭 · 임홍빈(1983), 송복승(1994), 유현경(2003) 등이 있으며, 수여동사와 관련된 논의로 우형식(1996), 성태수(2000), 구현정(2003), 황봉희(2003), 정주리(2006), 허윤숙(2007), 조경순(2008, 2010), 임상은(2018) 등이 있다. 기존 연구들은 수여동사의 필수 성분, 보조동사로 쓰이는 '주다'의 특징, 수여동사 구문의 '에게'의 특징을 밝히는 데 초점이 맞춰져 있었다.[7]

7 수여구문 형성에 관해서는 정연주(2015)를 주목할 만한데, 이 연구에서는 수여 사

유현경(2003)은 수여동사 '주다' 구문에 필수적으로 나오는 '에게' 명사구와 '에' 명사구의 본질에 대하여 살폈다. '에' 명사구와 '에게' 명사구의 의미역을 다른 것으로 보는 것이 더 설명력이 있을 것으로 보고, '주다' 구문의 '에게' 명사구에는 수혜주 역을 할당하고 '에' 명사구에는 도달점의 의미역을 주어야 한다고 하였다. 이수련(2005)에서는 '주다' 구문은 소유주 중심 표현으로, '받다' 구문은 피소유주 중심 표현으로 보고, '주다' 월과 '받다' 월은 엄밀한 뜻에서 의미구조가 서로 다르며 두 월은 항상 대응되지 않는다고 하였다.

수여동사에 대한 본격적인 논의인 황봉희(2003)에서는 수여동사 구문이 통사적으로 [-가 -에게 -를]의 서술 구조를 지니는 동사와 그 서술 구조로 이루어진다고 하였다. 또한, 의미적으로 '를'격 대상이 '가'격 행위자로부터 '에게'격의 수혜자로 이동하는 의미를 지니는 타동 구문의 하위 유형으로 보았다. 그리고 수여동사 구문은 다음과 같은 구성 성분으로 이루어진다고 하였다.

(1) 수여동사 구문의 구성 성분(황봉희 2003)

a. 구성성분:	행위자(Agent)	수혜자(Recipient)	대상(Theme)
b. 의미자질:	[+유정성]	[+유정성]	[±구체성]
c. 통사형식:	'-가'격	'-에게'격	'-를'격

황봉희(2003)의 논의는 수여동사 구문을 구성하는 여러 층위의 성분들이 어떻게 대응되는지를 밝혔다는 점에서 의의가 있으며, 특히 각 구성성분의

태 표현 구문의 구성 과정을 논의하였다(정연주 2015: 192-196).

구체적 사례 1	내가	너한테	책을	줬잖아
<시상>	|	|	|	|
구체적 사례 2	영이가	철수한테	편지를	보냈어
<시상>	|	|	|	|
구체적 사례 3	엄마가	나한테	용돈을	주셨어.
…	…	…	…	…
<일반화>	⇓	⇓	⇓	⇓
	행위자-가	수여자-한테	대상-을	수여동사

의미역과 그 의미자질을 분석하였다는 점에서 의의가 높다.

정주리(2006)에서는 '주다' 동사가 수여구문, 타동구문, 자동구문에 연결되는 경우를 살폈다. 수여구문에 연결된 '주다'는 수여의 의미를 충실히 실현하며, 타동구문에 연결된 '주다'는 잠재적 수여성을 가지며, 자동구문에 연결된 '주다'는 '수여성'에서 파생된 '화자의 유익성'이라는 양태의 의미가 강한 것으로 분석하였다.

조경순(2008)에서는 Jackendoff의 연결 이론으로 수여동사의 필수 성분과 소유의 변화 양상을 밝혔으며, 수여동사 구문의 논항 구조를 'x가 y를 z에게/에게서 V'로 일반화하였다. 이 논의에서는 수여 행위에는 어떤 대상이 행위주의 소유에서 수혜주의 소유로 바뀌는 소유의 변화가 발생하며, 그 개념구조는 행위주로부터 수혜주로 대상에 대한 소유의 변화가 일어난 것을 의미한다고 보았다. 그리고 수여동사 구문에 나타나는 소유의 변화를 소유 변화의 정도성에 따라 행위주(소유주)에서 수혜주로 완전히 소유가 이동되는 '소유의 이전', 행위주(소유주)가 소유에 대한 권리를 갖고 있고 수혜주가 일시적으로 소유하는 '소유의 위탁', 행위주(소유주)와 수혜주가 대상을 함께 소유하는 '소유의 공유'로 구분하였다. 이어지는 논의인 조경순(2010)에서는 소유의 변화 양상을 중심으로 '어근-주다' 합성 수여동사의 결합 양상을 밝혔는데, '어근-주다' 합성 수여동사에서 소유의 변화가 어떤 어근에서 합성동사로 계승되는지를 밝혔다. 이 논의에서는 '주다'가 수여성 어근과 결합할 때는 수여성 어근이 소유의 변화와 의미적 상세화인 행위의 방법과 태도를 담당하고, '주다'는 수혜자의 유익성을 나타내며, '주다'가 비수여성 어근과 결합할 때는 '주다'가 소유의 변화를 나타내고, 비수여성 어근이 의미적 상세화인 행위의 방법과 태도를 담당한다고 보았다.

임상은(2018)에서는 '주다:받다'를 해석적 의미의 차이에 기초하여 인지언어학적인 관점에서 어휘 접근으로서 대립 관계를 분석하였는데, '전달' 사건의 틀에서 '주다'와 '받다'가 윤곽 부여하는 방식을 토대로 해석의 차이가 있음을 확인하고 이러한 해석의 차이가 의미 확장 양상에 있어 어떠한 영향을 미치는지를 살폈다. '주다:받다'의 의미 대응이 불가능한 요인은 <수여자>와 <수혜자>의 연결성이 존재하지 않거나, 개념적 의미 대응이 가능하더라도 '주다:받다'가 갖는 해석적 의미에 기인하여 공기하는 명사에 따라 의미 대응이 불가능하거나, 'N을 주다/받다' 꼴에 대체되는 표현이 존재하여 해당 꼴의 연어가 성립되지 않는 경우라고 하였다. 그리고 담화적 차원에서 의미 대응이 허용하지 않는 경우는 '주다:받다'가 서로 다른 윤곽 부여 방식을 가짐에 따라, <수여자/수혜자>에게 현저성을 부여해 해당 참여자의 중요성을 부각시킬 필요성이 담화상으로 존재하기 때문이라고 보았다.

이상과 같이, 수여 사건을 나타내는 수여구문은 특정한 통사구조와 서술어를 동반하며 특정한 구문을 형성한다는 점에서 많은 주목을 받았다. 그리고 [수여]는 무엇인가를 소유한다는 것을 일반적으로 전제한다는 점에서 앞 절에서 논의된 수여구문과 다음 절에서 논의되는 '있다' 구문 연구와 인접된 부분이 많다.

2.2.4. 보조동사 구문

국어의 보조동사에 대해 형태・통사론적으로 접근한 논의도 많지만 의미론적으로 보조동사의 다의성이나 문법화 양상을 다룬 것도 많다. 보조동사 구문을 다룬 연구들에서는 개별적인 보조동사가 구문을 구성할 때의 통사・의미적 특징을 살핀 것이 많으며, 구문 형성이나 구문 자체의 의미를 논의한 것은 많지 않다.

박창영(2017)에서는 '싶다'의 기능에 대한 연구는 크게 '원망(願望)'의 의미를 나타내는 '-고 싶다' 구성에 대한 것과 '추측'이나 '판단'의 의미를 나타내는 '종결어미+싶다' 구성에 대한 것으로 나눌 수 있다고 하였다. 이는 '싶다'를 포함한 다른 보조동사 논의에도 적용 가능한데, 보조동사에 대한 의미론적 논의는 어미를 포함한 보조동사 구성의 의미를 살피거나, 보조동사 자체의 의미를 논의한 것이 많다. 여기에서는 보조동사에 대한 여러 의미론적 논의 중 보조동사의 어휘 의미를 살핀 것은 제외하고 보조동사 구문의 의미 양상을 살핀 것을 고찰하겠다.

먼저, 보조동사 구문의 형성과 의미에 관련하여, 정병철(2007)에서는 신체적 경험에 기반한 인지적인 처리 방식과 우리의 경험 구조 속에 존재하는 스키마를 고려하여야 보조동사를 완전히 이해한다고 보았다. 이러한 전제 아래 공간에서의 이동을 이용해 은유적으로 상태 변화를 나타내는 보조동사들을 분류하여 이들의 의미와 구문적 특징을 살폈다. 이 논의에서는 보조동사 구문의 발생조건과 의미망 형성 원리를 살폈는데, 구문문법적 관점에서 보조동사 구문에서는 V1은 개별적인 의미만을 담당하고 V2는 맥락에 의해 발현된 기본적인 확장의미(잠재적 의미)만을 담당한다고 하였다. 그리고 은유적 보조동사에 주목하여 은유적 의미와 기본 확장의미가 동시에 나타난다는 점이 다른 보조동사들과 다른데, 구문의 고유한 해석규칙을 기준으로 보조동사의 범주를 판별하고 분류할 수 있다고 하였다.

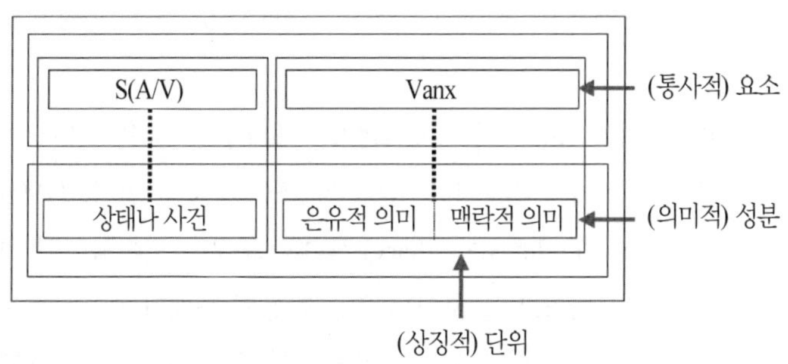

〈그림 1〉 은유적 보조동사 구문의 의미 해석 규칙

보조동사 구문의 의미적 양상에 대한 논의는 '싶다' 구문과 관련된 것이 비교적 많다. 김건희(2008)에서는 '싶다' 구문을 '싶다' 선행 성분을 기준으로 연결어미 결합형, 의존명사 결합형, 종결어미 결합형으로 나누고 종결어미 결합형을 의존명사 결합형과 대비하여 특징을 밝혔다. 종결어미 결합형을 중심으로 살폈을 때 '싶다'의 의미는 양태 의미인 [판단]으로 보았다. [판단]의 의미는 '싶다'가 '-다시피'로 문법화하면서 판단이 객관화된 '반복된 행태'나

'비유'가 되었는데 의존명사 결합형과 종결어미 결합형의 '싶다'는 관용적인 보조용언이 아니면서도 선행 성분과 특수한 관계를 맺고 공통적으로 문법화가 나타나며 이러한 문법화의 결과로 나타난 '듯'과 '다시피'는 유사한 의미를 공유한다고 보았다. 그리고 보조용언 구문이 아닌 선행 성분과 특수한 의존관계를 맺는 '싶다'의 범주에 대해 어휘 범주가 아니라 선행 명제 의미에 대한 화자나 주어의 태도인 [판단]의 의미를 나타내는 양태 용언으로 설정하였다.

변정민(2008)에서는 보조용언 구성에서 의문형 어미와 통합하는 '보다'와 '싶다'의 구문적 특징과 의미를 살폈다. '보다'와 '싶다'가 의문형 어미와 결합하여 [추측]이란 의미를 공통적으로 가지더라도 화자의 태도는 다른데, '보다'는 시각에 기반을 둔 앎이라는 본용언의 의미 속성으로 불확실하지만 사실의 진위 여부에 대해 화자가 내린 판단에 확신을 가짐에 비해, '싶다'는 객관적인 근거가 놓인다고 해도 화자는 거리를 두고 그 가능성에 대한 회의적인 반응과 의구심을 지닌 소극적 판단을 나타낸다고 보았다. 그리고 이러한 의미 차이로 의문형 어미와 결합하여 [추측]이란 의미를 생성하여도 전달 의미와 공기 성분 간에 차이가 발생한다고 보았다.

박창영(2017)에서는 종결어미 뒤에 결합한 '싶다'의 기능을 구문 기반으로 논의하였는데, 종결어미에 후행하는 '싶다'가 쓰인 구문을 엄정호(1990)에서 명명한 SEA(Sentence Ending+Auxiliary) '싶다' 구문을 받아들이되, 종결어미에 보조용언과 유사한 양상을 보이는 의존적 용언 형태가 후행하는 형식의 구문을 가리키는 현상적 용어로 사용하였다. '싶다'는 보조용언과 통사적으로 큰 차이가 나므로 별도의 서술어로 보고, '싶다'의 의미는 [추측]이나 [판단]으로 보기 어려운 구문이 존재하므로 [인용]을 나타내는 것이 합리적이라 하였다. 그리고 '싶다'가 내적 인용을 나타내는 원인을 그 원형인 고대 국어의 '*식다'에서 찾으며 '하다'와 의미적으로 유사하다고 보았다.

'싶다' 구문의 의미적 특징에 대해 조경순(2018)에서도 논의가 이어졌는데, 이 논의에서는 '싶다' 보조용언 구문의 구문론적 특성에 의해 조사 교체가 일어난다고 보며, 교체되는 조사의 의미적 특징과 구문의 의미를 살폈다. '싶다'는 'NP1이 NP2 V고 싶다' 구문 전체에 [바람]의 의미를 부여하는데, 화자는 [바람]의 대상에 선택 지정으로서 [+특정성]을 더할 경우, 비논항 자리의 '이/가, 을/를'은 의미역과 통합이 되지 않아 약한 의미역과 함께 강한 보조사 해석(선택 한정)을 받으므로, '싶다' 구문에서 대상에 의미역 조사인 '이/가'나 '을/를'로 교체하여 [선택 지정]의 의미를 나타낸다고 보았다.

'주다'가 보조동사로 쓰인 구문에 대한 의미론적 논의로서, 구현정(2003)에서는 '주다'가 가지고 있는 의미 자질을 [전달], [영향], [혜택]으로 보고, 모든 문맥에서 [전달]과 [영향]은 공통적으로 나타나지만, [혜택]의 의미는 선택적으로 나타난다고 하였다. 특히 각 의미자질이 의미 지속성에 의해 문법화되는 양상을 살폈는데, [혜택]의 의미는 수혜 표지로, [전달]과 [영향]의 의미는 사동 표지로, [전달]의 의미만으로는 여격 표지로 문법화를 유도한다고 하였다. 허윤숙(2007)에서는 '주다'가 보조동사로 쓰이며 명제에 대한 화자의 심리적 태도를 나타내는데, 이 의미는 '주다'가 본동사로 쓰일 때 기본 의미인 전달과 혜택, 즉 행위자가 수혜자에게 무언가를 준다는 의미로 보았다. 그리고 담화분석을 통해 '주다'의 의미 기능을 봉사성, 기대감 부응, 본동사 행위 강조, 체면손상 완화조절 기능이 있다고 보았다.

김선영(2005)에서는 부정 구성 보조동사인 '-지 말'의 통합 양상과 '-지 말'이 구성하는 구문상의 특성을 살폈다. '-지 말-'의 결합 특징을 살피며, 명령문과 청유문뿐만 아니라 다른 구문들에서도 명령, 청유의 효력을 가지는데 이는 금지와 밀접한 관련을 맺고 있다고 하였다. 그리고 '말-' 부정에서 화자가 청자의 행동부정 실천 의지를 고려해주기 때문에 화자의 부정 명령 발화시 그 실천 여부가 결정되지 않은 상태이며 실천의 결정자는 청자가 된다고 하였다.

박선옥(2006)에서는 보조동사 구문의 인접구문으로 복합동사 구문이나 통사적 구 구문을 설정하고, 보조동사 '버리다', '치우다' 구문이 결속성에서 복합동사 구성보다 약하고 통사적 구 구성보다 강하다고 하였다. 그리고 보조동사 '버리다', '치우다'의 의미로 모두 완료상 표상과 화자의 부담이나 걱정거리를 해소한다는 것, 강조의 양태 의미를 가지는데, '치우다'가 '버리다'보다 사건을 빠르고 시원스럽게 끝낸다는 의미가 있다고 보았다.

정혜선(2010)에서는 '보다'와 통합하는 '-ㄴ가', '-ㄹ까' 의문문의 의미적 관련성을 통해 '보다' 구문의 의미와 통시적 현상을 살폈다. 먼저, '보다' 구문의 역사적 문제로 중세국어부터 인지 행위를 나타내던 '보다'가 근대국어 시기에 분포가 확장되면서 그 쓰임이 다양해지며 '보다' 구문이 등장하는 것으로 보았다. 이 논의에서는 '보다'와 통합 가능한 '-ㄴ가', '-ㄹ까' 의문문의 의미는 의심과 의도라는 점에 주목하여, '보다'는 의문문이 의심의 의미일 때는 [명제가 옳다는 화자의 확신 증가] 의미를, 의문문이 의도의 의미일 때는 [명제를 수행하겠다는 화자의 의지증가] 의미를 가지는데, 그 결과로 나타난 '보다' 구문의 의미는 각각 [명제가 옳다는 판단], [확고한 의도]임을 밝혔다.

2.2.5. '이다, 같다, 있다/없다' 구문

서술격 조사, 지정사, 존재사라는 범주 명칭과 같이 국어의 '이다, 같다, 있다'는 국어 형태론 · 통사론 · 의미론 분야에서 많은 주목을 받았다. 그리고 이 어휘들이 구성하는 구문의 의미적 양상과 특징에 대해서도 다양한 논의가 이루어졌다.

남길임(2003)에서는 '이름씨+이다'가 하나의 의미 단위로 쓰여 선행하는 명제에 대한 화자의 정신적 태도인 양태를 나타내는 구문을 범주적으로 [양태적] 구문으로 구분하였다. 'NP1이 NP2이다'를 기본 구조로 가지는 [명제적] 구문은 두 명사항의 지시적 동일성을 가리키며 NP2의 의미적 특성에 따라 NP1을 선택하는 데 비해, [양태적] 구문은 '명사+이다'의 구성이 하나의 의미 단위를 이루어 선행 명제에 대한 양태 의미를 더해준다고 보았다.

'이다' 구문에서 대해서는 한정한(2009)의 논의도 주목할 만한데, '이다' 구문의 문법 내 처리를 위해서는 통사부, 형태부, 어휘부의 기본 단위를 재정립할 필요가 있다고 하였다. 이 논의에서는 '이'의 형태적 특성을 선행성분에 교착해야 하는 [+의존성] 자질을 가지는 교착접사로 정의하였다. '이다' 구문은 동일 지시적 '이다' 구문과 속성적 '이다' 구문이 존재하며 따라서 '이'는 다의어로 처리된다고 보았다. 그리고 '이다'의 의미 범주를 두 개의 논항을 요구하는 두 자리 서술어로 보며 다음과 같은 의미 구조를 상정하였다.

(2) a. BE-IDENT([x], [y]), x=지시표현, y=지시표현
b. BE-ATTRI([x], [y]), x=속성주체, y=속성

황미향(1996)에서는 '같'이 이끄는 구문을 '같-' 구문이라 지칭하고 통사적 특징과 의미 분석을 통해 '같-' 구문의 내적 구조를 기술하였다. 서술어 '같다'가 이루는 구문은 '비교'와 '비유'의 뜻을 지니는 것으로 나눌 수 있으며 '같이' 구문에서 'A와 같이'의 A는 확정 지시나 한정 지시의 의미를 지닌다고 보았다.

시정곤 · 김건희(2009a)와 시정곤 · 김건희(2009b)에서는 일련의 연구를 통해 의존명사 구문의 양태와 '-을 수 있다/없다' 구문의 통사 · 의미적 특징 등을 살폈다. 먼저, 시정곤 · 김건희(2009a)에서는 의존명사 구문을 담화의미적 관점에서 화자의 양태를 나타내는 것을 주기능으로 보았다. '시간지시, 상, 양태' 등은 모두 의미론의 대상으로 특히 '양태'는 담화의미론의 대상으로 본다면, 양태 의미를 가지는 유형은 매우 다양해지며 의존명사 역시 어휘 양태소의 역할을 한다고 하였다. 이어지는 시정곤 · 김건희(2009b)에서는 '-을 수 있다/없다' 구문을 양태를 나타내는 다른 의존명사 구문과 비교하여 조사 삽입, 부정의 범위 측면 등에서 이중주격 구문으로 보아야 하며, 의미적으로 양태가 아니라 의존명사 '수'의 어휘의미인 [가능성(능력, 자격, 자질, 허가를 포괄)]을 제시하는 것으로 보았다. 그리고 '-을 수 있다/없다'의 기본 의미는 중립적인 열린 [가능성]이며 문맥에 따라 화자의 판단을 나타내는 여러 의미로 실현된다고 보았다.

2.2.6. 구문 의미의 통시적 탐색

국어 구문 의미의 탐구는 현대국어만을 대상으로 한 공시적 논의로 한정되지 않고, 중세국어의 구문 등을 대상으로 구문의 의미적 특징을 다루거나 어떤 구문의 통시적인 변천을 살피며 그 논의 중에 의미의 변화를 살핀 연구들도 다수 있다. 구문의 형성은 공시적이라기보다 통시적인 현상으로 볼 수 있으며, 중세국어와 같은 특정 시대에서도 현대국어와 동일하게 구문론적 관점에서 어떤 구성의 의미적 특성을 찾을 수 있기 때문이다.

정원수(1988)에서는 'ᄀᆞᆮᄒᆞ-' 구문의 통사적, 의미적 특성을 밝히고 있다. 중세국어에서는 현대국어와 달리 'NP1이 NP2이 ᄀᆞᆮᄒᆞ-' 구문이 존재하였으며 이때 'ᄀᆞᆮᄒᆞ다'의 의미는 '비슷하다, 유사하다' 등으로 쓰여, 'NP1이 NP2와 ᄀᆞᆮᄒᆞ-' 구문에서 'ᄀᆞᆮᄒᆞ다'가 '동일하다, 한가지다'의 의미로 쓰인 것과 구별된다고 하였다.

차윤정(1996)에서는 기존 중세국어 이음씨 끝에 대한 연구가 개별 씨끝들의 통어 · 의미적 특성 고찰보다는 형태를 기준으로 의미를 파악하여 씨끝을 분류하는 데에만 중점을 두었다고 비판하고 15세기 이음씨끝인 '-ㄹ씨'가 구성하는 구문을 살펴보았다. 이 논의에서는 '-ㄹ씨'의 논리적 의미에 따라 '-ㄹ씨' 구문을 판단의 근거 구문, 결과의 원인 구문, 행위의 동기 구문으로 구분하였다. '-ㄹ씨'를 중심으로 앞마디와 뒷마디의 필연적 관련성 등 논리적 관계를 따져 통사적 제약까지 살폈다는 데 의의가 있다.

정혜선(2010)에서는 '싶다' 구문의 역사적 변화를 살펴 현대국어에서의 다양한 통합 양상의 원인을 밝히고 있다. 이 논의에서는 '싶다' 구문의 문법적 기능을 파악하여 '싶다'의 성격을 규정하기 위해서는 먼저 '싶다'와 통합하는 언어 형식을 확인해야 하므로, 이를 위해 중세국어와 근대국어에 나타나는 '싶다'의 분포를 확인하는 것이 필요하다고 보았다. 의미론적 논의와 관련하여서 '싶다'는 [희망], [감탄], [추측] 등의 내적 사유를 표현하는 구문과 통합하며 내적 사유에 대한 인식 양태적 의미를 지니고 있다고 하였다.

유초희(2014)에서는 Uniconc, 말뭉치 등을 이용하여 중세, 근대, 현대의 예문에 나타난 '슬프다' 구문에 대해 통시적으로 고찰하였다. 이 논의에서는 '슬프다' 구문을 경험주가 있는 주관적 용법과 그렇지 않은 객관적 용법으로 나누고 각 시대별 자료에서 구문의 발견 양상을 살피고 있다. '슬프다' 구문의 변화가 '슬프다'의 의미 영역와 어떠한 영향 관계를 가지는지에 대한 논의까지 이루어지지는 않았으나 '슬프다'는 어휘 자체에 의미가 내재되어 있는 것이 아니라, 문장 속에서 실현되면서 용법이 형성되고 결정된다는 관점을 취하고 있다는 논의를 전개하였다.

황국정(2015)에서는 15세기 이동동사 구문의 통사적 특징을 주로 살폈다. 이 논의에서는 이동동사 구문을 지향점 이동동사와 기점 이동동사로 나누고 각 구문의 논항 실현 양상에 따라 총 16개의 문형을 파악하였다. 의미론과 관련된 논의로는 우선 '에'가 현대국어보다 방향성의 의미적 영역의 범주 실현이 넓었던 것으로 보았으며, 현대국어에서는 실현되지 않는 기점의 '에'는 일정한 공간, 영역으로부터 '벗어나다, 없어지다, 사라지다'의 의미를 가지는 경우에 실현되고, 기점의 '에셔'는 '어떤 공간에서 다른 공간으로 위에서 아래로 혹은 안에서 밖으로 이동하다'의 이동 의미에 초점이 맞추어져 있고, 기점의 '로셔'는 공간 이동의 의미이나, 이동의 '방향'의 의미가 강하게 부각될 때 실현되는 것으로 보았다.

김지오(2016)에서는 석독구결에 나타나는 '如'구문을 살펴보았는데, '如'에 현토 양상을 의미와 논항구조에 따라 '㐅'와 '𠨬'와 '八'의 제1류와 '丨'와 '支'의 제2류로 나누었다. 제1류 현토는 의미나 출현 환경이 단조로운데, '如'의 의미 가운데 [동일함]만을 강조할 때 사용되며 'NP같이 어떠하다'의 형식에서 주로 쓰인다고 하였다. 그리고 제2류는 비유구문, 명사구, 나열구문, 반복지시구문 등 다양한 구문에 나타나며 의미는 [동일함], [한 부류에 속함], [유사함]을 나타낸다고 보았다. 이 논의에서는 '如'에 현토된 구결은 넓게 보면 모두 '같다'의 의미이지만, [동일함]을 강조하느냐 아니면 [한 부류에 속함]이나 [유사함]의 의미까지 모두 포함하느냐에 따라 현토가 달라진다고 보았다. 의미적 특성에 따라 현토의 사용 양상이 달라진다는 점을 살폈다는 점에서 의의가 있다.

3. 앞으로의 과제와 전망

이상에서 살펴본 바와 같이 구문에 대한 국어의미론 분야의 연구는 여전히 활발하다. 구문의 설정이나 구조 그리고 의미와 관련하여 통사론과 의미론적 연구에서 논의가 심화되어 왔는데, 여전히 구문의 정의와 범위에 대해서는 문법적 입장에 따라 차이가 크다고 할 수 있다.

구문에 대한 연구는 구문의 개념이나 유형과 같은 기초적 논의나 구문 구조·형성과 같은 통사론적 논의보다는 구문의 의미에 따라 그 통사·의미적 특징을 다룬 것이 많았다. 구문의 개념에 대해서는 관점에 따라 다양한 논의가 가능하다. Goldberg(2006)는 예외성을 지니며 일반적이지 않은 것을 구문으로 보았으며, Jackendoff(2010)에서는 구문의 의미는 구체적이거나 추상적일 수도 있으며 의미를 특정하기 어려울 수도 있다는 관점을 보이기도 하였다. 실제 구문은 특정한 형식으로 존재할 뿐만 아니라 자동구문, 타동구문과 같이 구문의 의미가 매우 개념적이어서 그 구문 자체를 특정하지 못할 수도 있다. 황미향(1996)에서도 구문의 규정과 관련하여 구문 구조 형성에 참여하는 보편적인 구성소들을 규정하고 전체 구문의 통사적 지위를 고찰한 후에야 '~구문'이라는 이름을 붙일 수 있다고 하였다. 그러나 예를 들어 소유구문에 대한 연구는 소유성과 존재성 또는 소유구문과 존재구문 간의 관계를 살피고 있는 연구, 소유 동사들의 의미 확대와 변화의 기제에 대한 연구 등이 있다. 소유성을 지닌 개별 어휘들의 통사·의미론적 특징을 살폈다는 점에서는 의의가 있으나 소유동사 전체를 다루기보다는 대표 어휘를 중심으로 소유동사의 구문론적 특징에 관해 다루다 보니 소유구문의 의미 특질을 구체적으로 제시할 수 있는 구조에 대한 전반적 연구가 앞으로 필요하다고 하겠다.

국어학에서도 어떤 특정한 구문을 다룬 대부분의 논의에서 구문을 정의하거나 개념을 한정하지 않고 일정한 의미나 형식을 지닌 양식들을 구문으로 설정하고 논의를 진전시킨 경우가 많다. 최근 형태소나 단어에 대한 개념을 재정립을 하며 국어 문법에 대한 논의가 심화되어 가는 학계의 동향을 고려하면 여전히 모호한 구문에 대한 정의도 재검토될 필요가 있다.

구문의 의미적 양상은 매우 다양해 특정 의미와 결부된 구문도 있지만, 여러 의미에 걸쳐 나타나는 구문도 존재하며, 그 의미를 특정하기 어려운 구문도 존재한다. 즉, 구문은 의미와 형식의 대응물이라는 점에서 무엇보다 구문의 의미에 대한 깊이 있는 탐색이 필요하다고 할 수 있다. 그리고 그 논의는 전통적인 의미론의 논의뿐만 아니라 구문이 실제 담화 상황에서 어떠한 의미를 가지는지에 대한 화용론적 논의, 그리고 구문의 의미 정보를 어떻게 축적할 수 있는지에 대한 국어정보학적 논의까지 의미론과 화용론의 지평을 구문 연구를 통해 넓힐 수 있으며 통사론이나 국어정보학과 같은 다른 연구 분야와 접목을 꾀할 수 있고 구문의 교육적 가치 또한 매우 높다는 점에서 더욱 그 필요성이 크다고 할 수 있다. 이상과 같이, 구문은 결국 형식과 의미의 대응물이므로 형식에 대한 통사론적 논의뿐만 아니라 의미에 대한 논의도 병행되어야 할 것이다.

4. 마무리

본고에서는 국어 의미론에서 이루어진 구문 의미 연구의 현황을 고찰하고 앞으로 과제를 제시하였다. 어휘와 구문의 상호작용 양상을 다룬 논의를 살폈고, 구문의 의미론적 양상인 구문 의미와 통사 현상의 상관관계를 밝히는 논의를 고찰하였다. 고찰을 통해 구문은 서술어의 의미나 조사·어미 등의 의미, 그리고 구 이상의 구성이 가지는 의미와 밀접하게 관련되어 있다는 점에서 구문의 의미를 살핀 논의가 매우 활발하게 진행되었으며 그 연구는 현재 진행형임을 볼 수 있었다.

구문은 구문의 통사 구조보다 구문을 구성하는 서술어나 문법 형태 등이 중요하여 그 의미 자질을 의미 자질을 명세화하는 데 관심이 더 높았다. 그러나 연쇄적 구성이 어떤 과정을 통해 만들어지고 구문으로 굳어지게 되는지에 대한 본질적인 논의가 부족하였다. 그러나 어떤 구문에서 발견할 수 있는 의미 자질들을 명세화하는 것은 결국 구문 의미를 정교화한다는 점에서 의의가 있었다.

본고에서는 비록 구문에 관련된 모든 연구를 종합적으로 고찰하지 못했고, 국내외 연구 동향을 연결 짓거나 구문 의미와 관련된 국내의 모든 연구를 다루지 못했다는 한계가 있다. 그럼에도 불구하고 구문 의미 연구사를 본격적으로 고찰했다는 데 의의를 둔다. 본고를 통하여 구문의 의미를 비롯하여 구문 연구의 새로운 방향을 모색하고 그 지평을 널리 여는 계기가 되었으면 한다.

참고문헌

김건희(2008), "'싶다'구문에 대하여: 의존명사 결합형과 종결어미 결합형을 중심으로", 『한글』 280: 129-164, 한글 학회.

김남탁(1995), "정도구문의 비교특성", 『언어과학연구』 12: 209-227, 언어과학회.

김선영(2005), "부정 구성 '-지 말-'의 통합 양상과 의미", 『국어학』 46: 331-353, 국어학회.

김준기(2006), "소유동사의 의미 고찰", 『국제언어문학』 14: 123-147, 국제언어문학회.

김지오(2016), "석독구결 '如'구문의 의미와 논항구조", 『국어학』 79: 105-130, 국어학회.

김창섭(2012), "'같다'의 의미와 기본 구문", 『진단학보』 116: 217-239, 진단학회.

남길임(2003), "'이다'구문의 한 유형: 양태 구분으로서의 '이다'구문 연구", 『한글』 259: 171-198, 한글 학회.

류시종(1995), "한국어 '-어 주다'구문에 대한 연구", 『언어학』 17: 99-114, 한국언어학회.

박선옥(2006), "보조동사 '버리다'와 '치우다'가 쓰인 구문에 대한 통사론적·의미론적 연구", 『어문연구』 34: 141-166, 한국어문교육연구회.

박소영·김도훈(2017), "한국어 '주다' 수혜 구문의 통사론", 『국어학』 84: 117-153, 국어학회.

박창영(2017), "종결어미 뒤에 결합한 '싶다'의 기능에 대한 구문 기반 연구", 『한글』 318: 119-146, 한글 학회.

박형익(1989), "동사 '주다'의 3가지 용법", 『한글』 203: 145-164, 한글 학회.

변정민(2008), "의문형 어미와 통합하는 보조용언 연구: '보-'와 '싶-'을 중심으로", 『한국어학』 40: 223-249, 한국어학회.

성광수(1993), "'싶다' 구문의 보문구조와 의미해석", 『한국학연구』 5: 7-37, 고려대학교 한국학연구소.

송홍규(2016), "차등 비교 구문과 정도차 표현", 『동악어문학』 69: 145-169, 동악어문학회.

송홍규(2017), "'덜'이 쓰인 차등 비교 구문의 특성", 『우리어문연구』 57: 439-466, 우리어문학회.

시정곤·김건희(2009a), "의존명사 구문의 양태적 고찰", 『한국어학』 44: 177-212, 한국어학회.

시정곤·김건희(2009b), "'-을 수 {있다/없다}' 구문의 통사·의미론", 『국어학』 56: 131-159, 국어학회.

안주호(2005), "'싶다' 구문의 통시적 고찰", 『어문학』 90: 73-96, 한국어문학회.

안주호(2006), "현대국어 '싶다' 구문의 문법적 특징과 형성과정", 『한국어 의미학』 20: 371-391, 한국어 의미학회.

오경숙(2003), "'보다' 비교구문의 의미와 정도성", 『국어학』 41, 277-306, 국어학회.

오경숙(2004), "'만큼' 비교구문과 '처럼' 비교구문의 이질성", 『한국어 의미학』 14: 197-221, 한국어 의미학회.

오현아(2016), "통사 구조 중심의 '서술어의 자릿수' 개념 관련 문법 교육 내용 재구조화 방안 모색", 『국어교육』 155: 1-28, 한국어교육학회.

유초희(2014), "'슬프다' 구문에 대한 통시적 고찰", 『새국어교육』 98: 411-459, 한국국어교육학회.

이수련(2000), "풀이소유월의 도식 연구", 『한국어 의미학』 7: 115-148, 한국어 의미학회.

이수련(2003), "'있다'의 문법화에 대한 의미·화용적 연구: 부산 방언을 중심으로", 『국어학』 42: 177-205, 국어학회.

이승명(1992), "국어 비교 구문과 전제", 『睡蓮語文論集』 19: 97-113, 부산여자대학교 국어교육학과 수련어문학회.

이연옥(2014), "'-만큼' 동등 비교구문 연구", 『어문학』 125: 95-116, 한국어문학회.

이정훈(2014), 『한국어 구문의 문법』, 태학사.

이종열(2008), "'가지다' 구문의 의미 습득과 실현 양상", 『한국어 의미학』 27: 179-198, 한국어 의미학회.

임상은(2018), "동사 '주다', '받다'의 의미 확장과 의미 대응 양상", 『담화와 인지』 25: 171-193, 담화·인지 언어학회.

정병철(2007), "은유적 보조동사의 구문과 의미", 『국어교육연구』 40: 273-304, 국어교육학회.

정연주(2015), "형용사의 특성으로 설명되지 않는 형용사절", 『한국어 의미학』 50: 189-209, 한국어 의미학회.

정원수(1988), "중세국어 'ᄀᆞᆮᄒᆞ-' 구문의 통사와 의미", 『언어연구』 5: 165-171, 한국현대언어학회.

정인수(1998), "국어 차등 비교 형용사 구문의 의미 연구: '-보다 더-'구문을 중심으로", 『어문학』 63: 67-81, 한국어문학회.

정인수(1999), "국어 동등 비교 형용사구문의 의미연구: '만큼' 구문과 '처럼' 구문을 중심으로", 『현대문법연구』 18: 147-166, 현대문법학회.

정인수(2000), "국어 형용사 최상급 비교구문의 의미", 『한민족어문학』 36: 61-86, 한민족어문학회.

정주리(2006), "'-주다' 형식의 구문과 의미", 『한국어 의미학』 19: 181-207, 한국어 의미학회.

정혜선(2010), "'싶다' 구문의 역사적 변화", 『어문연구』 38: 169-191, 한국어문교육연구회.

정혜선(2010), "종결어미와 통합하는 '보다' 구문에 대하여: '-ㄴ가 보다', '-ㄹ까 보다'를 중심으로", 『국어학』 59: 45-66, 국어학회.

정희창(2015), "개체 속성 비교 표현의 유형과 의미", 『한민족문화연구』 52: 29-47, 한민족문화학회.

조경순(2008), "국어 수여동사 연구: 소유의 변화를 중심으로", 『한국어 의미학』

27: 267-289, 한국어 의미학회.

조경순(2015), “국어 보조동사의 의미 구조와 문법화: ‘가지다’를 중심으로”, 『우리말글』 64: 27-55, 우리말글학회.

조경순(2018), “‘NP1이 NP2 V고 싶다’ 구문의 구성과 NP2조사 교체 연구”, 『국어학』 86: 89-119, 국어학회.

차윤정(1996), “15세기 이유구문에 대하여: ‘-ㄹ씨’를 중심으로”, 『우리말연구』 6: 269-294, 우리말학회.

한정한(2009), “‘이다’의 형태, 통사, 의미 범주”, 『국어국문학』 151: 117-149, 국어국문학회.

허윤숙(2007), “‘주다’의 의미-기능적 변화: 담화-전략적 관점”, 『담화 · 인지 언어학회 학술대회 발표논문집』, 225-232, 담화 · 인지 언어학회.

황국정(2015), “15세기 국어 이동동사 구문 연구: 기본 문형과 통사적 특징에 대하여”, 『인문학연구』 27: 33-66, 경희대학교 인문학연구원.

황미향(1996), “‘같-’ 구문의 통사와 의미”, 『국어교육연구』 28: 201-224, 국어교육학회.

Goldberg, A.(2006), *Constructions at Work: The Nature of Generalization in Language*, Oxford: Oxford University Press.

Heine, B.(1997), *Cognitive Foundations of Grammar*, Oxford: Oxford University press.

Jackendoff, R.(2010), *Meaning and the Lexicon: The Parallel Architecture 1975-2010*, Oxford: Oxford University Press.

Seiler, H.(2008), Possession: Variation and Invariance, *Universality in Language beyond Grammar*, Universitätsverlag Brockmeyer.

부사절의 문법적 의미

이 관 규*

1. 들머리

겹문장은 흔히 이어진문장과 안은문장으로 나누어진다. 이어진문장은 대등하게 이어진 문장과 종속적으로 이어진 문장으로 나뉘는데, 각각의 선행절을 대등절과 종속절이라고 부르곤 한다. 또한 안은문장은 소위 안긴문장이라고 불리는 안긴절들을 안고 있는데,[1] 곧 명사절, 관형사절, 부사절, 인용절, 서술절을 안고 있다고 말하곤 한다.[2]

전체 문장 속에 들어 있는 절들 가운데, 대등절과 종속절과 부사절의 문법적 의미 관계를 어떻게 볼 것인지가 학계에서 뜨거운 감자로 있어 왔다.[3] 대등

---

* 고려대학교 국어교육과 교수, kklee@korea.ac.kr

1 안긴문장은 엄밀히 말하면 안긴절이라고 명명해야 한다. 전체 안은문장 속에 들어 있는 것이니 안긴절이라고 해야 논리적 정합성을 지니게 된다. 이에 대한 자세한 논의는 이관규(2018)를 참고할 수 있다.

2 이 다섯 가지 가운데 인용절과 서술절은 안긴절에서 제외해야 한다는 의견이 많이 있다. 실제로 이 둘이 지니는 특성과 명사절, 관형사절, 부사절이 지니는 문장 구조상의 특성은 차이가 많이 난다. 이에 대한 자세한 논의는 이관규(2002a)를 참고할 수 있다.

절, 종속절, 부사절을 각각 다른 것으로 보는 첫째 입장이 있고, 대등절과 부사절 둘만을 설정하는 둘째 입장이 있고, 대등절, 종속절, 부사절 모두를 부사절 하나로 보는 셋째 입장이 있다. 이 세 가지 입장에서 부사절은 항상 설정되고 있다. 다시 말하면 종속절도 부사절로 볼 것인지, 나아가서 종속절은 물론이고 대등절까지 부사절로 볼 것인지가 학계의 관심사이다.

이 글에서는 그동안 부사절이 학계에서 어떻게 받아들여져 왔는지 문법적 의미라는 차원에서, 다시 말하면 문법적 범주 차원에서 그 연구 현황을 살피도록 한다. 특히 각 견해들의 근거와 한계점을 짚어 보도록 한다. 이 글에서 살필 연구 내용을 먼저 구체적으로 밝히면 다음과 같다.

(1) 연구 과제
  a. 부사, 부사어, 부사절의 개념은 무엇인가?
  b. 왜 종속절과 부사절을 따로 설정하게 되었는가?
  c. 종속절을 부사절로 보는 이유는 무엇인가?
  d. 대등절까지 부사절로 보는 이유는 무엇인가?
  e. 부사절을 설정할 경우 어떤 방식으로 할 것인가?

2. 부사, 부사어, 부사절의 개념

부사절의 개념을 파악하기 위해서는 부사와 부사어에 대한 이해가 필요하다. 이것들은 각각 그 구성 방식에서만 차이가 있을 뿐 근본적으로 문장에서 하는 기능이 동일하기 때문이다. 『표준국어대사전』의 정의를 담고 있는 (2a)에서도 볼 수 있듯이, 흔히들 부사 혹은 부사어는 뒤에 오는 용언 또는 다른 말 앞에 놓여 그 뜻을 분명하게 하는 기능을 한다. "앞에 놓여"는 수식어가 피수식어 앞에 놓인다는 말이고 "그 뜻을 분명하게 하는"이라는 것은 의미를

3 흔히 의미를 어휘적 의미와 문법적 의미로 나눈다. 전자는 언어 표현 그 자체의 의미를 뜻하고 후자는 언어 표현이 지니고 있는 문법적 범주를 뜻하는 것으로 볼 수 있다. 따라서 이 글에서 문법적 의미란 문법적 범주를 뜻하는 것으로 본다.

한정한다는 말이다. (2b)에서 내용을 한정한다고 하는 것이 바로 의미적인 뜻을 담고 있다. 결국 통사적 꾸밈이라는 것과 의미적 한정이라는 개념이 부사 혹은 부사어 속에 들어가 있다. 꾸밈과 한정이라는 표현 이외에 '수식'이라는 용어를 사용하기도 하는데, 이것도 역시 꾸밈의 뜻을 지니고 있다.[4]

(2) 부사, 부사어, 부사절의 개념과 용례

a. 부사: 용언 또는 다른 말 **앞에 놓여 그 뜻을 분명하게** 하는 품사. 활용하지 못하며 성분 부사와 문장 부사로 나뉜다. '매우', '가장', '과연', '그리고' 따위가 있다.

b. 부사어: 용언의 **내용을 한정하는** 문장 성분. 부사와 부사의 구실을 하는 단어 · 어절 · 관용어, 그리고 체언에 부사격 조사가 붙은 말, 어미 '-게'로 활용한 형용사, 부사성 의존 명사구 따위가 있다.

c. 부사절: 부사어의 구실을 하는 절. '빙수는 이가 시리게 차가웠다'에서 '이가 시리게' 따위이다.

d. 성분 부사: 문장의 한 성분을 **꾸며 주는** 부사. '성상 부사(性狀副詞)', '지시 부사(指示副詞)', '부정 부사(否定副詞)' 따위가 있다.

e. 문장 부사: 문장 전체를 **꾸미는** 부사. 화자(話者)의 태도를 나타내는 양태 부사와 단어와 단어, 문장과 문장을 이어 주는 접속 부사로 나눈다. '과연', '설마', '제발', '정말', '결코', '모름지기', '응당', '어찌', '아마', '정녕', '아무쪼록', '하물며', '그리고', '그러나', '그러므로', '즉', '곧', '및', '혹은', '또는' 따위가 있다.

『표준국어대사전』(2019.3.) (진하게는 필자)

---

4 이러한 정의는 1937년에 나온 외솔의 『우리말본』에서도 잘 나타난다. 아래를 보면 이를 알 수 있다.

㉠ 어찌씨(副詞)는 풀이씨(用言)의 우에서 그 아래의 풀이씨가 **어떠하게(어찌)** 들어남을 보이는 씨를 이름이니, '어떠하게'(어찌) 하(되)느냐?의 물음에 對하야, 그 內容을 對答하는 말에 該當한 씨이니라. (797)

㉡ 어찌마디(副詞節)란 것은 어찌씨 같이 쓰히는 마디를 이름이니: 어찌마디의 풀이말인 풀이씨는 어찌꼴로 됨이 그 보람이니라. 그 보기:

그 사람이, **낯이 뜨뜻하게**, 그런 소리를 잘 해요.
나무잎이, **소리도 없이**, 하나 둘씩 떨어진다. (987)

(2a)에서 보이는 '매우', '가장' 같은 부사는 분명히 뒤에 오는 말을 꾸미고 있다. 그런데 문제는 역시 (2a)에서 보이는 '과연', '그리고' 같은 부사도 뒤에 오는 말을 꾸민다고 할 수 있을까? 이런 의문 때문에 김건희(2012: 165-166)에서는 '수식'이라는 용어를 사용하면서 이것을 수식어가 피수식어에 선행하여 그 의미를 분명하게 하는 것으로 보고 있다.[5] 이는 단순히 뒤에 오는 것을 꾸민다는 개념이 아니라 수식어가 피수식어의 의미를 분명하게 해 준다는 확대된 의미로 '수식'을 파악하는 것이다. 그래야만 '과연', '그리고' 같은 것들을 부사로 파악할 수 있게 된다.

(2a)에서 보듯이 부사는 크게 성분 부사와 문장 부사로 나뉜다. '가장', '매우'는 바로 뒤에 오는 성분을 수식하니까 성분 부사라고 한다. 이에 비해 '과연', '그리고'는 뒤에 오는 문장 전체를 수식하니까 흔히 문장 부사라고 한다. 그렇다면 (2e)에서 보듯이 양태 부사나 접속 부사는 모두 문장 부사에 속하게 된다.[6]

그런데 아무리 봐도 '수식'이라는 표현이 의미를 더한다는 뜻을 지니는지는 의문이다. 단순히 '꾸밈'이 아니고 의미를 '수식'한다는 것인데, '꾸밈'이나 '수식'이나 수식어가 피수식어를 수식하는, 즉 꾸미는 것이라는 뜻을 갖고 있다는 말이다. 차라리 '한정'이라는 의미 속성을 부사, 부사어, 부사절에 주면 어떨까? 이는 (2b)에서 얻은 생각인데, 성분 부사는 직접 한정하고 문장 부사는 간접 한정한다고 보는 것이다. (2d, e)에 나타난 '꾸며 주는, 꾸미는'을 '한정하는'으로 수정하고 이해하자는 것이다.

---

5 의미적으로 수식한다고 보는 것은 이숭녕(1968), 김영희(1987), 장요한(2007)에서 보이는 입장이기도 하다. 김건희(2012: 165-168) 참조.

6 구본관 외(2015: 188)에서는 문장 부사라는 용어 대신에 절 부사라는 용어를 사용하고 있다. 이는 예컨대, '과연'이라는 부사는 문장 전체가 아니라 선행절과만 관계되기 때문이라는 것이다.

> "일반적으로 부사는 용언을 수식하는 것으로 기술되지만 용언뿐 아니라 용언구를 수식하는 것으로도 볼 수 있다. 아울러 용언구뿐 아니라 문장(혹은 절) 전체를 수식하기도 한다. 그렇기 때문에 부사를 용언 수식 부사, 용언구 수식 부사, 문장(혹은 절) 수식 부사 등으로 나누기도 한다."

(3) 부사, 부사어, 부사절의 개념 [수정]
a. 부사: 용언 또는 다른 말을 한정하는 품사.
b. 부사어: 용언 또는 다른 말을 한정하는 문장 성분.
c. 부사절: 부사어의 구실을 하는 절.
d. 성분 부사: 문장의 한 성분을 한정하는 부사.
e. 문장 부사: 문장 전체를 한정하는 부사.

한편, 부사절을 설정하는 것이 좋은지 하는 논의도 상정해 볼 수 있을 것이다. 이전 연구들을 보면 부사절 자체를 설정하지 않은 적은 없었던 것 같다. 1985년 국정 문법 교과서에서는 부사절이 있으면서 부사형 전성 어미를 설정하지 않았었다. 그러나 부사절을 설정하는 이상 절에서 사용되는 전성 어미는 있어야 할 것이다. 김인택(2002)에서도 말하고 있듯이 '명사-명사형 어미-명사절'과 '관형사-관형사형 어미-관형사절'이 계열을 이루듯이, '부사-부사형 어미-부사절'도 계열을 이루어야 할 것이다. 이는 곧 '부사-부사형 어미'가 있으므로 '부사절'이 설정되는 것도 당연하다는 뜻을 담고 있다.[7]

3. 부사절을 보는 세 가지 관점

우리는 앞 (3)에서 부사절을 부사어의 구실을 하는 절이라고 하면서, 부사와 부사어를 용언 또는 다른 말을 한정하는 품사와 문장 성분이라고 각각 개념 정의를 내렸다. 부사절에 한정하여 말한다면, 결국 수식어가 피수식어를 한정한다고 함으로써, 성분 부사절과 문장 부사절을 설정할 수 있다고 제시한 것이다.

부사절의 범위를 어떻게 잡을 것이냐 하는 것과 관련하여 그동안 몇 가지 연구사적 검토가 있어 왔다. 이관규(1999, 2002), 민현식(2002, 2004), 이익섭

7 이런 관계를 염두에 두고 보면, '종속절-주절', '대등절', '인용절', '서술절' 같은 용어들은 차원이 완전히 다르다는 것을 알 수 있다.

(2003), 고영근(2004) 등이 그것들인데, 종속절과 부사절 구분, 종속절의 부사절 인식, 대등절의 부사절 인식 견해들이 연구사적으로 있어 왔다. 여기서 그것들을 하나하나 다시 살피지는 않는다. 단지 각각의 견해가 제기된 논저를 집중적으로 살피면서, 왜 각기 다른 견해들이 등장하게 되었는지 그 근거와 한계점을 살피도록 하겠다.

3.1. 종속절을 부사절과 구분하는 이유

개화기 이후 근대적 학문의 하나로 우리말을 연구하는 사람들이 생겨나기 시작했다. 주시경, 김희상 등 개화기 연구자들은 물론이고 우리말 연구가 뜨겁게 이루어지던 1930년대에도 안긴절로 명사절, 관형사절, 부사절을 설정하는 것이 일반적이었다. 이는 영어문법이나 일어문법을 바탕으로 하던 당시 학문적 연구 풍토에서 당연히 여겨지기도 하였다.

(4) 박승빈(1935: 385-386)[8]

a. 複合文

從屬節을 包含한 文을 複合文이라 니름

例 (1) 張君이 成功하기는 確實하다

(2) 貌楊이 아릿답고 빛이 고오ㄴ 꽃이 푸엿소

(3) 아바님이 아들 글씨 쓰게 조회를 사오셧다

右 文에 (1)「張君이 成功하」는 助詞「기」가 添加되야서 名詞節이 되야서 敍述語「確實하」의 主語로, (2)「貌楊이 아릿답」과「빛이 고오」는 接續助詞「고」에 連結되고 끝에 잇는 助詞「ㄴ」의 作用을 바다서 冠形詞節이 되야서 主語「꽃」의 修飾語로, (3)「아들 글씨 쓰」는 助詞「게」의 添加로 副詞節이 되야서 敍述語「사오」의 修飾語로 使用된 것임

8 박승빈(1935: 386)에서는 복합문과 집합문 이외에 혼합문(混合文)도 설정하였다. 복합문이 다시 집합문의 절이 된 문을 혼합문이라고 말하였다.

b. 集合文

對等節이 集合된 文을 集合文이라고 니름

例 (1) 山이 놉고, 물이 길다

(2) 구름은 龍을 조츠며, 바람은 범을 좇는다

(3) 술은 이스나 안주가 업스오

(4) 그 學生이 아직 어리오, 그러나 아이가 智慧가 매우 만흐오

右는 各히 獨立한 二個의 文을 接續助詞((1) 고, (2) 며, (3) 나) 又는 接續詞((4) 그러나)의 連結로 된 것임

(4)는 1935년에 나온 박승빈의 『조선어학』의 내용이다. 학범 박승빈은 겹문장을 복합문, 집합문, 혼합문으로 나누었는데, 복합문은 (4a) 예들에서 알 수 있듯이 명사절('장군이 성공하기'), 관형사절('모양이 아리땁고 빛이 고온'), 부사절('아들 글씨 쓰게')을 포함한 문이고, 집합문은 대등절이 집합된 문이고, 혼합문은 복합문이 다시 집합문의 절이 되는 것이라 하였다. 복합문은 안은문장이고, 집합문은 대등하게 이어진 문장을 뜻한다. 다시 말하면 따로 종속적으로 이어진 문장을 설정하지 않았다. 이처럼 안은문장과 대등하게 이어진 문장만 설정하고, 종속절은 부사절로 처리하는 방식을 취하였다.

그런데 1937년에 나온 최현배의 『우리말본』에서는 따로 종속적으로 이어진 문장('이은월')을 더 설정하고 있다. 그러면서 그에 대한 이유로 다음 (5)를 제시하고 있다.

(5) 최현배(1937: 1131-1132): '이은월을 가진월에서 갈라 세운 까닭'

a. [붙임1] 내가 여기에서 이은월이라 하여서 겹월의 한 갈래로 잡기까지에는, 오랜 時日을 두고 많은 苦心을 하였다. 英文法, 日本文法 等에서는 普通으로 겹월을 둘로 갈라서, 가진월과 벌린월의 두 가지로 하고, 우에 내가 이은월이라 한 것들은 가진월에 넣으며, 그 앞마디를 가진월의 어찌마디로 봄이 예사이다. 그러나, 나는 여기에서 그러한 前例에 따르지 아니하고, 세 가지 가름을 하

여서, 우와 같이, 가진월과 벌림월 밖에 다시 이은월을 더하였나니: 그 까닭은 대강 다음과 같으니라.9

b. 내가 여기에 이은월이라 한 것들은 그 앞뒤의 마디가 主從的이 아니요 對等的이다.
世人은 흔히 그 앞뒤의 마디를 主從的으로 보지마는, 좀 자세히 살펴 보면 決코 그렇지 아니하다. 곧 앞마디가 뒷마디를 꾸미는 어찌마디는 아니다. 이를테면,
언니는 부지런하지마는, 아우는 게으르다.
어느 날 내가 ㄱ의 집에 간즉, ㄴ이 거기에 와서 놀고 있더라.
그애가 내 동생인데, 나이가 열 두 살이다.
予1 가라사대, 배워서 때로 익히면, 또한 즐겁지 아니하냐.
비가 올뿐더러, 바람조차 분다.
처음에는 내가 하다가, 나중에는 그 사람이 했다.
에서, 到底히 그 앞마디가 뒷마디를 꾸미는 일만 하는 것(어찌마디)이라 할 수가 없다. 그뿐 아니라, 그 밖에 다른 보기들을 가지고 본다면, 到底히 앞마디가 뒷마디를 꾸미는 것이라 할 수가 없는 것이다. 分明히 앞뒤의 마디가 같은 값어치를 가지고 제 각각의 뜻을 가지고 있는 것이니: 어느것이 주장이요, 어느것이 꾸밈(곧 뿔음)이라고 그 結合의 主從性을 區別할 수 없는 것이다.

(5b)를 보면 종속적으로 이어진 문장을 따로 설정한 이유로, "그 앞뒤의 마디가 主從的이 아니요 對等的이"기 때문이라 했다. 곧 "앞마디가 뒷마디를

9 1970년 외솔 사후에 『우리말본』(1971)이 출간되었다. (5a) 부분이 아래와 같이 나와 있다. 이는 곧 1937년에 나온 『우리말본』이 거의 완성본임을 보여 준다.

[붙임1] 내가 여기에서 이은 월이라 하여서 겹월의 한 갈래로 잡기까지에는, 오랜 시일을 두고 많은 고심(苦心)을 하였다. **영어** 말본(英文法), **일본** 말본(日本文法) 등에서는 보통으로 겹월을 둘로 갈라서, 가진 월과 벌린 월의 두 가지로 하고, 위에서 내가 이은 월이라 한 것을 가진 월에 넣으며, 그 앞마디를 가진 월의 어찌마디로 봄이 예사이다. 그러나, 나는 여기에서 그러한 전례(前例)에 따르지 아니하고, 세 가지 가름을 하여서, 위와 같이 가진 월과 벌림 월 밖에 다시 이은 월을 더하였나니: 그 까닭은 대강 다음과 같으니라. (최현배, 『우리말본』 1971: 838)

꾸미는 어찌마디는 아니다"는 것이다. 이처럼 외솔은 안긴절의 하나인 부사절과 달리 종속절은 뒤 절을 꾸미는 성격을 지니지 않은 것이라 판단하였다. 뒤집어 말하면 어찌마디, 곧 부사절은 뒤에 오는 것을 "꾸미는" 역할을 하는 것이라고 전제하고 있는 것이다.[10] 이처럼 외솔은 통사적으로 꾸미는 것만을 부사절로 보았다. 종속절을 꾸밈의 관계가 아닌 한정의 관계로 이해하게 되면, 종속절이나 부사절이나 둘 다 뒤에 오는 절을 한정한다는 점에서 공통점을 찾을 수 있다.

(6) 문교부(1985: 129, 133-134)

a. 부사절로 안김

7. (가) 산 그림자가 소리도 없이 다가온다.

(나) 우리가 남의 도움 없이 그 일을 할 수 있을까?

7에서는 '소리도 없다', '남의 도움이 없다'가 접미사 '-이'와 어울려서 부사절이 되었다.

b. 대등하게 이어지거나 종속적으로 이어짐

---

10 외솔 최현배의 이런 입장은 그의 제자인 허웅(1983: 230-238)을 통해서도 확인할 수 있다. 이은 곧 대등하게 이어진 문장과 종속적으로 이어진 문장을 구분하기 어려워서 모두 '이음법'으로 처리할 수밖에 없다는 결론에 이르고 있다.

"이음법은 뒤의 말에 이어지는 활용법이기 때문에, 뒤의 말과의 관계가, 어떤 것은 아주 밀접하여, 거의 그 말에 딸려 있는 것으로 보이는 것이 있고, 어떤 것은 그렇지 않아서 서로 맞서어 있는 것도 있다.

1. 꽃이 피고, 새가 운다.
2. 산은 푸르며, 물은 맑다.
3. 걸으면서 책을 읽는다.
4. 까마귀 날자 배 떨어진다.
5. 가다가 왔다.
6. 봄이 오니 꽃이 핀다.
7. 네가 가야 일이 잘 될 것이다.

위의 여러 이음법 활용꼴들은, 앞의 것은 맞섬의 성격이 뚜렷하고, 뒤로 갈수록 그 어찌말다운 성격이 짙어 가는 것인데, 어디에서부터 어찌말로 보아야 할지 판단하기가 어렵다. 그러므로 이런 활용꼴들은 모두 이음법을 세우지 않을 수 없다."

연결 어미에 의해 이어진 두 절의 관계는, 뜻으로 보아 서로 대등한 것과 종속적인 것이 있다.

4. (가) 철수는 서울로 갔고, 철호는 부산으로 갔다.
(나) 뿌리가 깊은 나무는 바람에 흔들리지 않으며, 샘이 깊은 물은 가뭄에도 마르지 아니한다.

4-(가)는 "철수는 서울로 갔다."와 "철호는 부산으로 갔다."의 두 문장이 대등적 연결 어미 '-고'에 의해 이어졌고, 4-(나)도 역시 '-며'에 의해 두 문장이 대등하게 이어졌다.

5. (가) 봄이 오니 날씨가 따뜻하다.
(나) 서리가 내리면 나뭇잎이 빨갛게 물든다.

5-(가)는 종속적 연결 어미 '-니'에 의해 앞절이 뒷절에 종속적으로 이어졌으며, 5-(나)도 '-면'에 의해 그렇게 이어졌다.

(5) 외솔의 견해는 이후 허웅(1983, 1999)에서 거의 그대로 이어지고 또 권재일(1985, 2012)로 이어진다. 결국 1985년 국정 문법 교과서에서는 이 견해를 거의 그대로 받아들이게 된다. (6a)에서 보듯이 학교 문법에서는 '소리도 없이'와 같이 접미사 '-이'가 붙은 부사절을 설정하면서, 이어진문장의 하나로 종속적으로 이어진 문장을 설정하고, 그 속에서 소위 종속절을 따로 인정하고 있다.

요컨대, 종속절 설정은 최현배(1937)에서부터이며 허웅(1983)과 권재일(1985)을 거치면서 문교부(1985)의 국정 학교 문법으로 안착하게 되었다고 볼 수 있다.[11] 이렇게 부사절과 종속절을 따로 설정한 결정적 이유는, 부사절은 뒤의 것을 꾸며 주는 기능을 함에 대하여 종속절은 그러지 못한다고 본 외솔의 견해 때문이다. 만약 꾸미는 것이 아니라 '한정'하는 것으로 부사절을 이해한다면 말은 달라진다.

11 허웅(1983)과 권재일(1985)의 견해에 대한 자세한 설명은 이관규(2002: 402-405)에서 확인할 수 있다.

3.2. 종속절을 부사절로 보는 이유

영어문법과 일어문법에서처럼 우리말 문법에서도 종속절은 설정 안 하고 부사절을 설정하는 것이 본래 전통적인 것이었다. 우리는 그것을 (4)에서 확인한 바 있다. 그런데 (5)에서 보듯이 외솔 최현배(1937) 이후 종속절과 부사절을 달리 설정하는 것이 대세로 굳어져 왔다.

그러다가 1980년대 중후반부터 종속절은 결국 부사절로 보아야 한다는 견해가 다시 나오기 시작했다. 그 견해의 물꼬를 튼 것은 남기심(1985)의 9쪽짜리 논문이었다.[12]

(7) 남기심(1985: 9)

a. 첫째로, 대등 접속어미에 의해 이끌리는(대등 접속어미가 붙은) 문장은 그와 접속된, 뒤에 오는 문장 속으로 자리 옮김을 하지 못한다.

형이 크고 아우가 작다

*아우가 형이 크고 작다.

b. 둘째로 대등 접속문에서는 동일 명사(구)가 순행생략된다. 종속절 안의 명사와 동일한 명사가 뒤의 주절에 나타나면 주절의 명사가 생략된다. 그런데 종속 접속문의 경우는 역행생략이 된다. 종속절의 명사가 주절의 명사와 동일할 때 종속절의 명사가 생략된다.

영희가 예쁘고 (영희가) 슬기롭다.

(내가) 공부를 하려고 나는 도서관으로 향했다.

c. 세째로, 대등 접속문에서는 선행절과 후행절 사이에 재귀화가 일어나지 않는데, 종속 접속문에서는 재귀화가 일어난다.

김씨는 집을 지키고 김씨의 부인은 외출했다.

*김씨는 집을 지키고 자기의 부인은 외출했다.

그의 아들이 수석 입학을 해서 김씨는 기분이 좋더라.

---

12 이런 입장은 이후 유현경(1986), 이관규(1991, 1999), 서정수(1994), 최재희(1997), 이익섭 · 채완(1999), 김영희(2003), 이익섭(2003) 등으로 이어진다.

자기 아들이 수석 입학해서 김씨는 기분이 좋더라.

d. 종속적 접속어미로 알려진 것 중에는 문장 접속의 기능 외에 부사형이라고 하지 않을 수 없는 활용형을 구성하는 것이 있다.

그가 걸음을 이상하게 걷는다.

e. 이상에서 종속 접속 어미에 의해 이끌리는 문장(곧 종속절)은 내포절을 이루며 그 내포절은 바로 부사절임을 인정해야 한다는 것을 논했다. 따라서 종속 접속어미로 분류되는 어미들은 자격법의 부사형 어미로 볼 수 있지 않겠느냐 하는 것을 증명하고자 했다. 그러면 용언의 자격법 활용이 명사형, 관형사형과 함께 부사형을 갖추어 균형과 체계를 갖춘 것이 된다. 이 어미들은 부사절을 형성하며 그 중에는 용언의 부사형을 형성하는 것도 있음을 보였다.

(7a, b, c)에서 보다시피, 남기심(1985)에서는 선행절의 위치 이동, 생략과 재귀화의 방향 등에서 대등문과 종속문이 차이가 나는 사실을 보이면서 종속문과 부사절을 안은 문장이 동일한 성격을 지닌다는 사실을 적시하고 있다. 즉, 종속절과 부사절은 동일한 통사적 특성을 지닌다는 것을 보이면서 종속절은 곧 부사절로 보아야 한다고 말하고 있다. (7d) 같은 경우에서 '이상하게'는 당연히 부사절로 볼 수밖에 없음을 밝히면서, 결국 (7e)에서처럼 종속절은 곧 부사절임을 주장하고 있다.[13]

(8) 교육인적자원부(2002a: 163, 168)

a. 부사절은 절 전체가 부사어의 기능을 하는 것을 말하는데 서술어를 수식하는 기능을 한다.

그들은 **우리가 입은 것과 똑같이** 입고 있다.
그는 **아는 것도 없이** 잘난 척을 한다.
그곳은 **그림이 아름답게** 장식되었다.

---

13 대등절, 종속절, 부사절의 통사적 특성을 비교 대조한 것은 이관규(1999, 2002b)로 미룬다. 거기에서도 결국 종속절과 부사절이 동일하게 부사절로 처리되어야 함을 주장하고 있다.

철수는 **발에 땀이 나도록** 뛰었다.

길이 **비가 와서** 질다.

b. 종속적으로 이어진 문장에서는 앞 절이 뒤 절 속으로 이동하기도 한다. 또한 앞 절과 뒤 절에 같은 말이 다른 말로 대치되거나 생략된다.

길이 **비가 와서** 질다. (앞 절이 뒤 절 속으로 이동)

나는 미영을 자주 만나지만, **(그를)** 좋아하지는 않는다. ('그'로 대치하거나 생략)

국어에서 종속적 연결 어미에 의하여 종속적으로 이어진 문장들은 부사절로도 볼 수 있는 면이 있다. 그런데 종속적으로 이어진 문장에는 다음과 같이 명사절이나 관형절로 된 것도 있다.

비가 오기 때문에, 길이 질다.

비가 오는 가운데, 행사는 예정대로 열렸다.[14]

(7)의 견해는 이후 많은 연구자들의 동의를 이끌어 내게 된다. 일단 (7a)에서는 부사화 접미사 '-이'가 붙은 것만 부사절로 인정됐었는데, (8a)에서는 접미사 '-이' 이외에 '-게', '-도록', '-아서' 등도 부사형 어미로 인정된 것이다. 이러한 견해는 결국 (8b)에서 보듯이 2002 학교 문법 교과서 안에 종속절을 원칙으로 하고 부사절도 허용한다는 규정으로 들어가게 된다. 다시 말하면 국정 학교 문법 교과서에서 종속절을 부사절로도 볼 수 있다는 원칙과 허용의 방식이 채택된 것이다.

종속절을 부사절로 보는 견해에서 주목해 볼 것이 있다. 즉, 이미 (5b)에서 보았듯이 최현배(1937)에서는 종속절과 부사절을 구분한 것이 이은월의 "앞마디가 뒷마디를 꾸미는 어찌마디는 아니"기 때문이라고 했다. 그리하여 최현배(1937)에서는 부사형 어미로 '-게'만을 설정하였던 것이다. 그렇지만 종속절을 부사절로 보는 (7), (8) 입장에서는 '-게'는 물론이고 '-도록', '-아서',

14 본래 교육인적자원부(2002a: 168)에서는 '비가 오기'와 '비가 오는'에만 진하게 되어 있었다. 여기서는 논의의 필요상 '비가 오기 때문에'와 '비가 오는 가운데'를 모두 진하게 표시했다.

'-으면' 등 모든 종속적 연결 어미들을 포함하게 된다. 즉, 부사절이 단순히 뒤의 것을 꾸미는 것이 아니라 '한정'하는 것이라는 포괄적인 의미를 가진 것으로 보고 있는 셈이다.[15]

종속절은 결국 부사절이라는 (7), (8)의 입장은 이론 문법과 학교 문법에서 많은 지지를 받았다. 이익섭(2003)에서는 종래 종속절을 부사절과 따로 설정한 것에 대한 "일종의 참회록"이라고 하면서 『국어 부사절의 성립』이라는 저서로 최종적인 입장을 내 놓았다.

3.3. 대등절까지 부사절로 보는 이유

그런데 1990년대 들어서 의미 구조와 통사 구조는 달리 봐야 한다는 의견이 강하게 제기되면서, 국어의 통사 구조 차원에서 볼 때 종속절뿐만 아니라 나아가 대등절까지도 부사절로 보아야 한다는 주장이 등장했다. 왕문용(1992)과 왕문용 · 민현식(1993)에서 그 구체적인 내용이 제시되고 있다.[16]

(9) 왕문용(1992)과 왕문용 · 민현식(1993)

a. 국어의 경우는 본질적으로 대등 접속 구조와 종속 접속 구조가 차이를 보이고 있지 않다. 동일한 형태소인 연결 어미가 통합 환

---

15 최재희(1997)에서는 '-게' 부사절 같은 경우는 성분 부사절로 보고 기존의 종속절은 문장 부사절로 보고 있다. 이와 비슷한 입장은 유현경(1986)에서도 엿볼 수 있다.

16 사실 이익섭 · 임홍빈(1983: 268-269)에서 다음과 같이 기저 구조 차원에서 대등절까지 부사절의 일종으로 볼 수 있는 가능성을 이미 내비친 바 있다.

> "… 우리는 아주 조심스럽게 국어에서는 등위접속의 基底가 그 통사적인 구성에 있어서는 종속접속의 基底와 다름 없는 것으로 상정하기로 한다."(266)
> "여기서 우리는 종속접속 구성이 가지는 특성 몇 가지를 검토하여 그 基底에 대한 한 가정을 세워 보았다. 종속접속의 범주는 부사구라는 것, 등위접속은 종속접속의 한 특수한 부류에 속한다는 것, 종속접속과 동사구 보문과의 차이도 실제에 있어서는 그렇게 큰 것이 아니라는 것 등이 그것이다. 이는 더 면밀히 검토되어야 할 것이나 疏略한 대로 그 특성의 어떤 일변은 드러내 보인 것이라 하겠다."

경에 따른 의미 관계에 의하여 구분되어 파악될 뿐이다. 따라서 기본적으로 이러한 구분을 할 필요가 있는가는 검토할 필요가 있다. 영어에서처럼 하나가 배경 정보를 전달한다든지 둘 다 새 정보를 전달한다든지 하는 정보의 질에서 차이가 나는 것 같지도 않다. ……

여기에서는 (52)에서 '그리고, 그러나'가 선행문에 조응하는 것은 (53)의 선행절로 이해된다고 하였다. 곧 이들은 동일 기저에서 도출된 것으로 보았다. 그런데 '그리고, 그러나' 등은 부사이므로 대용 표현 이전의 문장의 상위 범주는 부사절로 볼 수 있다. (왕문용 1992: 723-724)

b. 문장의 접속은 용언의 활용체계와 밀접한 관련을 가지고 있다. 우리는 이미 용언의 활용체계를 다루면서 전통적으로 연결어미로 분류되던 어미를 부사형어미로 취급하였다. 문장의 접속은 원래 연결어미에 의하여 주로 이루어지므로 이 장에서 취급하는 문장의 접속이란 결국 문장의 부사화를 의미한다. 명사형어미에 의하여 문장의 명사화가 주로 이루어지고 관형사형어미에 의하여 문장의 관형화가 이루어지며 문장의 부사화는 부사형어미에 의하여 주로 이루어지게 되는 것이다.[17] (왕문용 · 민현식 1993: 226)

왕문용(1992)에서는 (9a)에서 보다시피, 대등 접속 구조와 종속 접속 구조

---

17 왕문용 · 민현식(1993: 168)에서는 이러한 견해를 바탕으로 하여 다음과 같은 어말어미 체계를 수립하고 있다.

"(23) 어말어미 ┌ 종결어미
　　　　　　　└ 비종결어미 ┌ 명사형어미
　　　　　　　　　　　　　│ 관형사형어미
　　　　　　　　　　　　　└ 부사형어미

(23)의 특성은 비종결어미를 문장을 끝맺지 않고 연결하여 주는 어미로 파악한 것이다. 아울러 전통적으로 연결어미로 처리되던 어미를 부사형어미에 포함시킨 것이다. 비종결어미는 종결형이 다른 기능으로 전성된 것이라고 보면 전성어미라고 볼 수도 있다."

가 '-고'나 '-며'와 같은 동일한 연결 어미를 통해서 이루어지고 또 대등 접속 구조의 선행절을 접속 부사인 '그리고, 그러나' 등 대용 표현으로 나타낼 수 있다고 말하고 있다. 즉, 대등절이나 종속절, 곧 부사절이 동일한 통사 구조를 가진 것으로 파악하고 있다.

이러한 의견은 왕문용 · 민현식(1993)의 『국어 문법론의 이해』라는 단행본에서 구체적이고 체계적으로 제시되고 있다. 그리하여 (9b)에서 보듯이 종래의 대등적 연결 어미와 종속적 연결 어미를 모두 부사형 어미로 통합하고 있다. (9b)에서 보듯이 문장의 접속이란 곧 문장의 부사화를 가리키는 것으로 설명하고 있다. 명사형 어미와 명사화, 관형사형 어미와 관형사화, 부사형 어미와 부사화의 등식을 보이고 있으며, 이는 결국 명사절, 관형사절, 부사절을 이루는 것으로 보고 있다.[18]

(10) 유현경(2002: 342-345)

a. 형태 · 통사적인 의존성을 들 수 있다. 대등접속어미 '-고'가 의미적으로는 독립성을 지니고 있지만 형태적, 통사적으로는 의존적이다.

b. 대등의 의미를 지닌 어미 '-고'가 이끄는 절이 다른 요소로 대치될 때 부사어나 부사구, 부사절 등으로 바꾸어 쓸 수 있다는 점을 들 수 있다.

c. 대등접속어미 '-고'가 이끄는 절이 부사절이라는 세 번째 근거로 들 수 있는 것은 대등접속절에 보조사가 붙을 수 있다는 점이다.

- 세상은 넓고도 아름다웠다.
- 아버지는 목사로서 자기 아들에게 깊은 애정을 쏟고는 아들의 생애에 큰 기대를 걸었다.

d. 대등접속어미 '-고'의 부사적 속성을 보여주는 것으로 종결어미

18 종속절은 물론 대등절까지 부사절로 보는 입장은 특히 문법 교과서를 해설하는 교육인적자원부(2002b)에서 상세히 설명하고 있다. 물론 거기서는 종속절을 부사절로 볼 수 있다는 입장을 피력하면서, 대등절까지 부사절로 볼 수 있는 가능성도 제시하고 있다.

로의 용법을 들 수가 있다. 일반적으로 부사절을 이끄는 어미들은 문장 안에서 접속어미로 쓰이는 동시에 후행절 없이 종결어미로 쓰이는 경우가 많다.

고광주(1999)에서는 대등 접속문과 차이 난다고 하는 종속 접속문의 특성들을 하나하나 비판하고 나서 대등 접속문과 종속 접속문이 특히 통사적으로 차이가 나지 않는다고 주장하고 있다.[19] 단지 '-고'만이 대등문을 만드는 것으로 거의 유일하다고 말하고 있다. 이에 더하여 유현경(2002)에서는 (10a-d)에서처럼 '-고'가 부사적 속성을 지니고 있다고 보고, 결국 어미 '-고'가 이끄는 절은 대등접속이 아니라 문장수식부사절의 일종이라고 보고 있다.

앞서 유현경(1986)에서는 종속절이 부사절의 일종이라고 주장했었는데, 유현경(2002)에 와서는 대등절마저도 부사절의 일종이라고 주장한 셈이다. 그나마 대등절 형성 어미라고 일반적으로 알려져 왔던 '-고'마저 부사적 속성을 지니고 있기 때문에 결국 국어에는 대등문과 접속문이 사라지고 안은문장(혹은 내포문)만 존재한다고 본다.[20] 고광주(1999)와 유현경(2002)에 이어 이정훈(2007)에서도 이런 주장이 이어지고 있는데, 이들은 의미적으로는 대등성을 인정할 수 있으나 통사적으로는 절을 잇는 어미를 통해서 이루어지기 때문에 결국 대등절도 부사절로 보는 것이 논리적이라고 보고 있다.

의미적으로는 대등절이 있지만 통사적으로는 없다는 주장은 일견 논리적이지 않다는 생각도 든다. 형태는 결국 의미를 발현하는 도구라는 생각을 하

19 고광주(1999: 57-65)에서는 대등 접속문과 종속 접속문을 가르는 아홉 가지 근거들을 하나하나 살피면서 구조적인 차이로 완전한 설명 기준이 되지 못한다고 말하고 있다. 교호성과 대칭성, 선행절의 이동 가능성, 대등 연결 어미의 후행절 뒤 후접, 재귀화 실현 가능성 여부, 선·후행절 주제화 가능성, 나열 구성 혹은 접속사 되풀이 현상 등을 통사적으로 살피면서, 이 모든 조건을 충족하는 구성은 연결어미 '-고'에 의한 일부 접속문일 뿐이라고 밝히고 있다.

20 민현식(2002)에서는 '부사성'의 문법적 의미를 다루면서, 부사절과 관련된 그동안의 논의를 다루고 있다. 그러면서 결국은 우리말에 대등절과 종속절이 없고 오로지 부사절만이 있다는 논지를 펼치고 있다. 이 논문은 유현경(2002)과 거의 비슷한 시기에 나왔다.

게 되면 더욱 받아들이기 쉽지 않다. 그러나 어말 어미로 두 절을 잇는다는 점에서 보면 어미의 비독립성으로 인해 종속절뿐만 아니라 대등절까지도 부사절이라는 주장은 나름 타당성을 지니고 있다.[21]

4. 부사절을 형성하는 표현

앞에서는 부사절의 문법적 의미, 곧 문법적 범주 차원에서 논의를 하였다. 그렇다면 부사절을 이루는 기제, 즉 부사절을 만드는 문법적 형태는 무엇일까? 지금까지 논의되어 온 부사형 어미, 혹은 부사형 형태는 아래 (11)을 통해서 확인할 수 있다.

(11) 허웅(1983: 274-275)

어찌마디를 만드는 방법으로는, 파생어찌씨에 의하는 것, 풀이씨의 활용에 의하는 것, 매인이름씨에 의하는 것, 특수토씨에 의하는 것이 있다.

a. 사람은 **돈 없이**도 살 수 없고, 정신력 없이도 살 수 없다.
b. 이것은 **그것과는 달리** 보아야 한다.
c. **구름의 한 조각이 사라지듯** 사람의 목숨도 사라진다.
d. **꽃이 아름답게** 피었다. / 우물을 **깊게** 파라.
e. **혀가 닳도록** 타일렀다.
f. 그 날 밤 그는 (그가) **자는 듯이** 죽어 갔다.
g. **그는 못 본 척** 눈을 돌렸다. / 그는 (그가) **모든 것을 다 아는**

21 유현경(2002: 350)에서는 대등절까지 부사절로 인정하면서도 다음과 같이 남는 문제를 적고 있다.

"대등접속까지 부사절로 인정하여 접속어미가 이끄는 모든 절을 부사절로 분류하는 결론은, 기존의 논의들에서 치열하게 규명했던 대등접속과 종속접속의 여러 가지 통사적 차이에 대한 설명을 어떻게 할 것인가의 문제를 남긴다. 대등접속과 종속접속의 변별적 차이를 구조적인 것이 아니라 의미적인 것으로만 설명할 수 있는가는 더 논의해야 할 부분이다."

양 떠들어 댔다.

h. **너도 알다시피** 그는 지금 일을 많이 하고 있어.

(진하게는 필자)

허웅(1983)은 부사절('어찌마디')을 만드는 방법으로 (11)에서 보듯이 접미사 '-이'(11a, b), 부사형 어미 '-듯, -게, -도록'(11c, d, e), 의존 명사 '듯이, 척, 양'(11f, g), 특수 조사 '시피'(11h) 등을 들고 있다. 여기서 '알다시피'는 '알+ㄹ 시피'로 분석되어, 어미 '-ㄹ 다시피'가 붙은 것으로 보는 게 합리적이다. 따라서 부사절을 만드는 방법은 크게 접미사, 어미, 의존 명사 유형으로 나눌 수 있다.

(12) 접미사인가 부사형 어미인가: '-이'와 '-게'

a. 비가 **소리도 없이** 내린다. (교육인적자원부 2002a)

b. 엄마가 아이를 {**곱게**/고이} 알았다. (유현경 2006: 102)

c. 꽃이 **예쁘게** 피었다. (유현경 2006: 118)

(진하게는 필자)

부사절을 형성한다고 할 때 가장 먼저 떠오르는 것은 '-이'이다. '-이'는 부사화 접미사로 (12a)에서처럼 '소리도 없이'에 쓰여 가장 대표적인 부사절 형성 표지로 인식되어 왔다. 그러나 접미사가 절을 형성하게 한다는 것이 논리에 맞지 않는다 하여 최근에는 접미사로서의 '-이$_1$'와 부사형 어미로서의 '-이$_2$'로 구분하곤 한다. 즉, (12a)의 '-이'는 접미사가 아니라 부사형 어미로 본다는 것이다. 다음으로 '-게'도 접미사 성격을 지닌 것으로 알려져 있다. (12b)에서처럼 '고이'와 자유롭게 치환될 수 있는 '곱게'는 품사가 부사인데, 이때의 '-게'는 접미사라는 것이다. 이에 비해 (12c)에서의 '-게'는 품사가 형용사이며, 이때의 '-게'는 부사형 어미로 본다(유현경 2006: 102, 118). 부사형 어미 '-이$_2$'를 설정하는 입장에서 보면 이때의 '-게'는 당연히 부사형 어미로 봐야 할 것이다.

(13) 종속적 연결 어미인가 부사형 전성 어미인가: '-도록, -아서, -듯이, -고자, -려고, -니까'
   a. 철수는 **발에 땀이 나도록** 뛰었다.
   b. 길이 **비가 와서** 질다.
   c. 눈물이 **비 오듯이** 쏟아졌다. (홍양추 1989: 66)
   d. 나는 **시험에 합격하고자** 열심히 공부했다. (홍양추 1989: 86)
   e. (내가) **공부를 하려고** 도서관으로 향했다. (남기심 1985: 72)
   f. 이슬이 **해가 뜨니까** 사라지는구나. (남기심 1985: 71)

(진하게는 필자)

종속절을 부사절로 보는 입장에서 보면 (13)에 사용된 어미 '-도록, -아서, -듯이, -고자, -려고, -니까'는 모두 부사형 전성 어미로 볼 수 있다. 물론 종속절로 본다면 모두 종속적 연결 어미라고 말할 수 있다. 결국 이것은 종속절과 부사절의 문법적 범주 인식의 문제라고 할 수 있다. 이들 가운데 '-도록'은 '-게'와 함께 동질적으로 종속적 어미 혹은 부사형 어미로 다루어져 왔다.

(14) 의존 명사 구문은 부사절인가 아니면 부사구인가?
   a. 꽃잎이 **소낙비 내린 듯이** 떨어진다. (홍양추 1989: 81-82)
   b. 영희는 **잠옷을 입은 채로** 달려 나갔다.
   c. **비가 오기 때문에**, 길이 질다. (교육인적자원부 2002a: 168)
   d. **비가 오는 가운데**, 행사는 예정대로 열렸다. (교육인적자원부 2002a: 168)

(진하게는 필자)

부사절 논의에서 약간 차원을 달리해서 보아야 할 것이 소위 의존 명사 구문이다. (14a)에서 진한 부분은 한꺼번에 보면 부사절로 보인다. 이때는 '[소낙비 내리] + ㄴ듯이'로 보는 입장인데, 곧 기능주의 차원에서 '-ㄴ듯이'를 통합적 부사형 어미로 보았을 때 가능하다. (14b)에서는 '-은채로', (14c)에서는 '-기때문에', (14d)에서는 '-는가운데'를 통합적 부사형 어미로 본다는 것이다.[22] 그러나 이들 각각은 '[[[잠옷을 입]은]채]로', '[[[비가 오]기] 때문]에', '[[[비가 오]는] 가운데]' 구조로 보아야 하기 때문에 부사절이 아닌 부사구로 보아야 한다.[23] 물론 이는 통합식이 아닌 분석식 구조라고 보아야 한다.[24]

결국 (14)의 의존 명사 구문을 부사절로 볼 것인지 부사구로 볼 것인지의 문제는 문법 이론관 차이 문제라고 할 수 있다. '-ㄴ듯이, -은채로, -기때문에, -는가운데'를 하나의 통합적 부사형 어미로 볼 것인지, 아니면 현행 '-ㄴ 듯이, -은 채로, -기 때문에, -는 가운데'를 인정하여 부사구로 볼 것인지의 문제이다. 이는 곧 기능주의를 택할 것인지 형태주의(분석주의)를 택할 것인지의 이론 문제이기도 하다.

5. 마무리

지금까지 부사절의 문법적 의미, 곧 문법적 범주를 바라보는 관점을 거의

22 (14a)에서 의존 명사 '듯이'는 '듯'으로도 가능한데, 이 경우 '듯이'와 '듯'은 서로 다른 의존 명사로 파악된다. (14b)에서는 의존 명사 '채'에 부사격 조사 '로'가 붙은 '채로'가 사용되었다.

23 '-기 때문에' 구조를 무엇으로 볼 것인가에 대하여 이관규(2012)에서는 핵 이동 원리 차원에서 부사구로 보고 있다. 즉, 이들은 부사절 유형에서 제외하고 있는 셈이다.

24 의존 명사 구문은 아니지만 명사형 어미 '-기'를 이용한 '-기까지', '-기 위하여' 같은 표현들도 부사절 형성과 관련하여 논의되어 왔다(민현식 2002: 243).

a. **비에 젖기까지**, 너는 무엇을 했나? (민현식 2002: 243)
b. **비를 피하기 위하여**, 우산을 펼쳤다. (민현식 2002: 243)

(a)에서 '-기까지'를 통합적으로 부사형 어미로 보아야만이 '비에 젖기까지'가 부사절이 될 것이며, 그렇지 않으면 '비에 젖기'가 명사절이고 '까지'가 부사격 조사가 되어 결국 '비에 젖기까지'는 부사구가 될 것이다. (b)에서도 '-기위하여'를 통합적 부사형 어미로 볼 경우 '비를 피하기 위하여'가 부사절이 될 것인데, 현재의 체계에서는 쉽지 않다. 조금 이상하기는 하지만 '비를 피하기를 위하-'에 부사형 어미 '-어'(여기서는 '-여')가 붙었다고 말해야 할 것이다.

시기별 혹은 견해별로 살펴보았다. 그 흐름을 정리해 보면 다음과 같다. 물론 여기에 표시된 것이 해당 기간 모든 논저가 그렇다는 것은 아니다. 박승빈(1935)은 당시의 대체적인 견해를 나타낸 저서이고, 나머지들은 해당 견해를 보인 주목할 만한 논저이다.[25]

	박승빈 (1935)	최현배 (1937)	남기심 (1985)	왕문용 (1992)
대등절	○	○	○	
종속절		○		
부사절	○	○	○	○

그러나 최근 들어 박소영(2002), 김인택(2002), 김태엽(2009), 김건희(2012), 김억조(2014) 등에서 다시 종속절 설정의 필연성을 주장하고 나섰다. 우리말은 영어나 일본어와 달라서 종속절과 부사절은 구분이 된다고 주장하고 있다. 이는 곧 최현배(1937)의 견해를 대체로 따르는 입장이다.

의미적으로 보면 대등과 종속 구분은 분명 있다. 또한, 종속적인 문장들에서도 대등은 아니면서도 안겼다고 말하기 어려운 것들이 있다. 외솔 최현배(1937)에서 고민한 것이 바로 이것이다. 결국 부사절의 문법적 의미 혹은 문법적 범주 문제를 따질 때, 그것을 의미적 차원에서 접근할 것인지 통사적 차원에서 접근할 것인지가 전제될 필요가 있다.

대등절까지도 부사절로 보는 견해들에서는 '-고'가 아무리 대등 의미를 갖는다고 해도, 결국은 어미이기 때문에 선행절은 후행절에 포함되어 있다고 말할 수밖에 없다고 한다. 그러나 우리말 자체가 교착어인 이상 어미가 붙는 것은 당연하다. '-고'와 '그리고'의 의미가 동일한데 굳이 하나는 부사절을 이끌고 하나는 대등절을 이끈다고 할 수 있을까? 성분 부사와 문장 부사를 인정하고 있는 학계에서 성분 부사절과 문장 부사절을 설정하는 것은 당연하다.

25 기저 구조 차원에서 종속절은 물론이고 대등절까지 부사절로 볼 수 있는 가능성을 보인 논의는 이익섭 · 임홍빈(1983)에서 처음 나타나고 있다.

그렇다면 굳이 '꾸밈'의 개념을 지나치게 좁힐 필요는 없을 것 같다. 결국 '한정'의 의미로 부사절 수식을 해석한다면 문장 부사절을 인정할 수밖에 없다. '꽃이 피게 빛을 밝히다.'와 '꽃이 아름답게 피었다.' 모두 부사절을 안은 문장으로 보자는 견해이다.

부사절의 문법적 의미를 살핀 이 글을 통해서 문법 연구의 이론을 다시금 생각하게 된다. 형태주의 이론에 따르면 미시적 분석을 하게 되고 기능주의 이론에 따르면 거시적 분석을 하게 된다. 일반적으로 '-기 때문에' 구문은 부사절 구문으로 인정되어 왔지만, 최근 들어 형태를 따지는 이론, 특히 핵 이동 원리를 따르는 이론에 의하면 '-기 때문에' 구문은 결코 부사절 구문이 아닌 부사구 구문이 된다.

문장, 절, 구, 어절, 단어를 엄격히 구분하는 형태주의 이론과 의사 전달 매개체로서의 언어 표현의 역할을 강조하는 기능주의 이론 가운데 어느 것이 설명적 타당성이 더 있는지 따져보아야 할 터이다. 또한 실용성을 중시하는 학교 문법 같은 데서는 더욱 고민을 해야 할 것이다.

이 글에서 전혀 다루지 못한 것이 있다. 부사절 논의와 관련하여 본용언과 보조 용언을 이어 준다는 소위 보조적 연결 어미 '-아, -게, -지, -고'와 관련한 것이다. 용언과 용언이 이어지니까 홑문장과 홑문장이 이어진다고 해야 할 터인데, 문제는 뒤에 오는 보조 용언이 구체적 의미를 지니지 못한다는 것이다. '먹고 싶다'에서 중심 의미를 지니고 있는 것은 앞에 오는 본용언 '먹다'이고 뒤에 오는 보조 용언은 부차 의미를 덧붙여준다고 보았다. 다시 말하면 '꾸밈'이라는 점에서 볼 때 의미적으로 뒤에 오는 보조 용언이 앞에 오는 본용언을 꾸민다는 것이다. 그리하여 이때의 '-아, -게, -지, -고'를 부사형 어미로 명명하지 못했던 것이다.

이것은 사실 의미를 우선으로 할 것인지 아니면 구조를 우선으로 할 것인지의 문제이다. 최근 들어 보조 용언 구성 관련 논의에서 의미보다 통사를 더 중요시하는 듯하다. 이것도 물론 어떤 문법 이론을 따를 것이냐에 따라서 다른 견해를 보일 수 있다. 특히 생성 문법 차원에서 본다면 본용언이 보조 용언을 한정하는 구조로써, 당연히 겹문장으로 본다. 의미만을 따진다면 중심 의미가 본용언에 있고 부차적 혹은 수식하는 의미가 보조 용언에 있다고 할 수 있다. 이 문제는 다른 논문에서 살피기로 한다.

참고문헌

고광주(1999), "대등 접속문에 대한 재검토", 『한국어학』 9: 49-80, 한국어학회.

고영근(2004), "국어 문법교육의 방향 탐색: 현행 고등학교 『문법』을 검토하면서", 『우리말 연구』 15: 23-53, 우리말학회.

교육인적자원부(2002a), 『고등학교 문법』, 두산.

교육인적자원부(2002b), 『고등학교 문법: 교사용지도서』, 두산.

구본관 외(2015), 『한국어 문법 총론 I』, 집문당.

권재일(1985), 『국어의 복합문 구성 연구』, 집문당.

권재일(2012), 『한국어 문법론』, 집문당.

김건희(2012), "부사절의 수식과 접속", 『한글』 297: 161-203, 한글 학회.

김선희(1999), "부사절의 설정 문제와 범위", 『목원어문학』 17: 53-71, 목원대학교.

김억조(2014), "종속접속문과 부사절을 안은문장의 의미 차이 교육의 필요성 연구", 『교육과정평가연구』 17(3): 23-44, 한국교육과정평가원.

김영희(1987), "국어의 접속문", 『국어생활』 11: 56-66, 국어연구소.

김영희(1988), "등위 접속문의 통사 특성", 『한글』 201 · 202: 83-117, 한글 학회.

김영희(2003), "내포 접속문", 『한글』 261: 173-206, 한글 학회.

김인택(2002), "한국어 내포절의 범주 설정에 대하여", 『한민족어문학』 40: 59-87, 한민족어문학회.

김정대(2004), "한국어 접속문의 구조", 『국어국문학』 138: 121-152, 국어국문학회.

김태엽(2009), "내포문의 부사절과 접속문의 종속절", 『학교교육연구』 5(1): 2-18, 대구대학교.

남기심(1985), "접속어미와 부사형어미", 『외국어로서의 한국어교육』 10(1): 69-77, 연세대학교 한국어학당.

문교부(1985), 『고등학교 문법』, 성균관대학교 대동문화연구원.
민현식(2002), "'부사성'의 문법적 의미", 『한국어 의미학』 10: 227-250, 한국어 의미학회.
박선자(1996), 『한국어 어찌 말의 통어 의미론』, 세종출판사.
박소영(2002), "한국어 부사절과 접속문 체계 다시 보기", 『언어학』 34: 49-73, 한국언어학회.
박승빈(1935), 『조선어학』, 조선어학연구회.
서정수(1994), 『국어문법』, 뿌리깊은나무.
서형국(2012), "수식과 수식 단위에 대한 연구사적 고찰", 『인문학연구』 21: 229-259, 경희대학교 인문학연구원.
왕문용(1992), "學校文法과 활용 체계", 난대 이응백박사 고희기념논문집 간행위원회, 『난대 이응백박사 고희기념논문집』, 715-728, 한샘출판사.
왕문용 · 민현식(2003), 『국어 문법론의 이해』, 개문사.
유현경(1986), "국어 접속문의 통사적 특질에 대하여", 『한글』 191: 77-104, 한글학회.
유현경(2002), "부사형 어미와 접속 어미", 『한국어학』 16: 285-315, 한국어학회.
유현경(2006), "형용사에 결합된 어미 '-게' 연구", 『한글』 273: 99-123, 한글 학회.
유현경(2011), "접속과 내포", 『국어학』 60: 389-410, 국어학회.
이관규(1991), "국어 대등구성에 대한 연구", 고려대학교 대학원 국어국문학과 박사학위논문.
이관규(1999), "대등문 · 종속문 · 부사절 구문의 변별 특성", 『선청어문』 27(1): 753-780, 서울대학교 국어교육과.
이관규(2001), "국어 부사절의 유형과 통사 구조", 『수련어문논집』 26 · 27: 1-26, 부산여자대학교 국어교육과.
이관규(2002a), 『학교 문법론(개정판)』, 월인.
이관규(2002b), "국어 부사절 범위에 대한 여러 견해와 그 한계점", 『언어』 27(3): 399-416, 한국언어학회.
이관규(2012), "학교 문법에서 '-기 때문에' 구문은 부사절인가?", 『국어교육학연구』 26 · 27: 389-411, 국어교육학회.
이숭녕(1968), 『고등국어문법』, 을유문화사.
이은경(1995), "접속문의 대등성과 종속성에 대하여", 『텍스트언어학』 3: 237-262, 텍스트언어학회.

이은경(2010), "역대 학교 문법의 연결 어미와 부사형 어미: 이어진 문장, 부사절과의 관련을 중심으로", 『한국어학』 46: 285-315, 한국어학회.
이익섭(2003), 『국어 부사절의 성립』, 태학사.
이익섭 · 채완(1999), 『국어문법론강의』, 학연사.
이익섭 · 임홍빈(1983), 『국어문법론』, 학연사.
이정훈(2006), "구어 말뭉치에 나타난 '그리고'에 대한 고찰", 『우리말글』 36: 73-105, 우리말글학회.
이정훈(2008), "한국어 접속문의 구조", 『생성문법연구』 18: 115-135, 한국생성문법학회.
이정훈(2015), "접속어미의 통사와 접속문의 통사구조", 『한국어학』 66: 49-85, 한국어학회.
임동훈(2009), "한국어 병렬문의 문법적 위상", 『국어학』 56: 87-130, 국어학회.
장요한(2007), "'문장의 확장'에 대한 소고", 『시학과언어학』 14: 191-220, 시학과언어학회.
최재희(1997), "국어 종속 접속의 통사적 지위", 『한글』 238: 119-144, 한글 학회.
최재희(2011), "학교문법의 겹문장 체계 기술 방안 연구", 『한글』 292: 87-130, 한글 학회.
최현배(1937), 『우리말본』, 연희전문학교출판부.
최현배(1971), 『우리말본』, 정음문화사.
허 웅(1983), 『국어학』, 샘문화사.
허철구(2010), "국어의 '-고' 접속문의 구조와 해석", 『한국어학』 47: 261-293, 한국어학회.
홍양추(1989), "국어 부사절 내포문 연구", 『한글』 203: 49-92, 한글 학회.

상의 의미

김 윤 신*

1. 들머리

‘상(相, aspect)’은 문장이 나타내는 사건[1]의 모습으로 그 사건의 내적 구조와 관련되어 있다. 사건의 발생이나 지속, 종결은 시간의 흐름과 관련이 있어서 시제(時制, tense)와 관련지어 설명되기도 하고 사건의 모습이라는 것은 화자의 판단과 관련되므로 양태(樣態, modality)와 연관되어 언급되기도 한다. 더욱이 한국어에서는 양태, 시제, 상이 동일한 형태로 실현되는 경우가 있으므로 셋을 묶어서 시간 표현이라고 언급하기도 한다. 그러나 슬라브 언어들에서는 문법 범주로서의 상이 특별히 발달하였으며 더 나아가 특별한 의미를 덧붙이는 어휘적 파생으로까지 그 기능이 확대되기도 하였다. 이처럼 상 범주가 발달한 슬라브 언어들과 달리 상의 개념이 한국어에서는 뚜렷하게 나타나

* 인천대학교 국어교육과 교수, yoonshin@inu.ac.kr

1 여기서의 ‘사건’은 ‘event’를 옮긴 말로 ‘사태’라고도 한다. Pustejovsky(1995)를 따라서, 이 논문에서는 ‘사건’이 상태(state), 과정(process), 전이(transition) 등을 두루 나타내는 것으로 사용한다.

지 않는 경향이 있다.

특히 시제와 상, 그리고 양태는 서로 깊이 관련되어 있는 문법 범주이므로 구분이 더욱 어렵다. 시제는 문장이 나타내는 사건의 시간적 위치를 나타내는 것이고 양태는 문장이 나타내는 사건에 대한 화자의 태도를 나타내는 것이다. 그런데 사용하는 형태가 유사한 경우가 많고 그 속성이 연관되어 있어 이 세 문법 범주의 구분은 쉽지 않다. 그러나 이러한 형태적 유사성이나 속성의 연관성에도 불구하고 상은 시간적 위치나 화자의 태도 등의 문제를 나타내는 것이 아니라 사건 자체의 모습을 나타내는 것이다. 상은 문장이 나타내는 사건이 온전하게 종결된 것인지 진행인지, 즉 완료인지 미완료인지를 판단하는 것이며 이를 표시하는 형태가 존재하는 문법 범주이다. 또한 문장이 나타내는 사건의 모습이 어떠한가에 따라서 부사어의 분포나 결합하는 동사구 등의 유형이 달라지는 경향이 뚜렷하다.

이러한 상 범주가 갖는 형태·의미상의 특징 때문에 상에 대한 논의는 항상 시제와 양태 등과 늘 함께 다루어지고 있다. 특히 시제의 문제는 사건과 관련된 것이므로 상과 함께 언급되는 경우가 더욱 많다. 박덕유(2010: 1)에서 밝힌 바와 같이 한국어 시상 범주, 즉 시간과 관련된 문법 범주에 대한 연구는 구조주의 문법의 입장에서 시제와 상을 구분하는 것이 주를 이루었다. 또한 어떤 문법 단위가 상을 나타내느냐도 중요한 상 연구의 주제이다. 특히 상 범주를 나타내는 형태로 '-어 있다'와 '-고 있다'에 대한 논의가 중요한 연구 주제였다. 이 글에서는 한국어의 상 연구에서 대두되는 다음과 같은 세 가지 쟁점을 중심으로 그 연구 현황과 앞으로의 과제에 대해서 논의하고자 한다.

먼저 상과 시제의 구분 문제이다. 앞에서 상이 시제와 양태에 모두 관련된 문법 범주로 보았으나 사실상 상과 시제는 시간과 관련되어 있고 반면에 양태는 화자의 태도나 관점과 관련된 것이므로 상과 시제가 양태와 상보다 더 밀접한 관계를 유지한다고 볼 수 있다. 따라서 시간과 관련된 문법 범주인 상과 시제의 구분은 중요한 쟁점 중 하나로 볼 수 있다. 즉, 상과 시제는 개념적으로나 형태적으로 긴밀하게 연관되어 있는 문법 범주로 한국어에서는 중요하게 다루어져야 하는 것이다.

둘째, 문법상과 어휘상의 문제이다. 상은 크게 나누어 문장이 나타내는 사태가 나타내는 모습인 문법상과 어휘인 동사가 문장으로 실현되기 전에 어휘 의미로서 가지는 어휘상으로 나누어 볼 수 있으며 이 두 유형의 상을 비교하여 그 관련성을 밝히는 것도 상 연구의 중요한 쟁점이다.

셋째, 한국어의 상을 연구하는 데 있어서 가장 중요한 형태인 상 보조 용언 '-고 있다'와 '-어 있다'에 관한 문제이다. 이 두 상 보조 용언의 의미에 대한 연구는 한국어의 상 연구에 있어서 가장 중요하고 핵심적인 연구 대상이라고 할 수 있다.

2. 상과 시제의 구분

앞에서 언급한 바와 같이 한국어에서는 상과 시제는 모두 시간과 관련된 문법 범주이지만 상은 사건의 모습을 나타내고 시제는 사건의 시간적인 위치를 표시하는 것으로 개념적으로 엄밀하게 구분된다. 특히 시제는 일반적으로 발화시를 기준으로 판단할 수 있는 문장이 나타내는 사건의 시간적 위치를 나타내는 것이므로 지시적인 성격을 갖는다고 할 수 있는데 상은 그러한 지시적인 성격을 갖지 않는다. 그러나 대체로 한국어에서는 시제를 나타내는 선어말 어미들이 상이나 양태를 함께 나타낼 수 있고 문장이 나타내는 사건을 화자가 바라보는 입장에서 기술한다는 점에서 시제와 상, 그리고 양태를 구분하는 것이 쉽지 않다.

특히 시간과 관련된 시제와 상은 더더욱 그러하다. 상을 따로 떼어 내어 분류하기보다는 개념적으로 보다 분명하게 드러나는 시제를 중심으로 과거, 현재, 미래로 나뉘는 세 시제의 또 다른 의미로서 상을 언급한다. 이것은 한국어에서는 상과 시제를 나타내는 형태소가 일치하는 경우가 많기 때문이다.

다음을 살펴보자.

(1) a. 나는 어제 학교에 **갔**다.
b. 이제 막 돌아**왔**어요.

예를 들어 (1a)의 "나는 어제 학교에 갔다."와 같은 경우에는 선어말 어미 '-었-'이 과거 시제를 나타내지만 (1b)의 "이제 막 돌아왔어요."와 같은 경우에는 선어말 어미 '-었-'이 돌아오는 사태가 완결되었음을 나타내는 완료의 선어말 어미가 될 수도 있다. 따라서 서로 다른 개념의 문법 개념이지만 나타내는 형태소가 겹치는 바람에 그 구분이 쉽지 않은 것이다.[2]

이처럼 상과 시제의 구분이 쉽지 않은 것은 사실이나 상과 시제의 기본적인 개념을 구별하는 것은 그리 어렵지 않다. 엄연히 다른 개념의 문법 범주가 동일한 형태로 실현되는 것은 언어의 이원성과 자의성을 고려해 본다면 너무나 자연스러운 현상일 뿐이다. 이러한 이유로 그동안 이루어진 한국어의 상에 대한 연구에서 시제와 상을 하나로 통합하여 보는 견해가 많이 나타난다. 그러나 실제로 시제와 상을 통합적으로 다루는 것은 1960년대 이전의 연구에서 주된 경향이며 1960년대 이후로 상 범주를 독자적으로 다루는 경향이 나타났다(박덕유 2010: 6-7).

시제와 상을 통합적으로 보는 견해는 앞에서 밝힌 바와 같이 1960년대 이전, 초기의 시제 연구에서 찾아볼 수 있다. 주시경(1910)에서는 시제를 '이때'(현재), '간때'(과거), '올때'(미래)의 3시제로 나누고 다음과 같이 동작상의 관점에서 재해석하였다(고영근 2004: 45-46).

(2) a. 이때(현재) - 되는때(진행시)
b. 간때(과거) - 이제맞음(현재 완료), 맞아있음(완료)
c. '-었었-': 간때맞음(과거 완료), 맞아지남(완료 과거)

이러한 시제와 상에 대한 통합적인 관점은 최현배(1937/1971)에 이어져서

2 고영근(2004)에서는 이러한 경우를 시제를 나타내는 선어말 어미가 상적 의미를 나타내는 경우로 설명한다.

'때매김'이라는 시제 범주를 '으뜸때(原時), 마침때(完了時), 이음때(繼續時), 이음의 마침때(繼續完了時)'의 4가지 움직임을 바탕으로 '이제(現在), 지난적(過去), 올적(未來)'의 세 시제를 제시하였다. 고영근(2004: 47)에서 밝힌 바와 같이 전자는 동작상, 즉 상에 가깝고 후자는 시제에 가깝다. 또한 최현배(1937/1971)에서는 상과 양태의 의미를 가지는 보조 동사, 즉 보조 용언을 제시하고 있다.

이러한 통합적 견해는 장석진(1973), 김석득(1974, 1981), 서정수(1976) 등에서도 나타나는데 이러한 논의들은 시제와 상을 분화되지 않은 시상으로 파악한 대표적인 연구들이다. 특히 김석득(1974, 1981)에서는 '-었-'은 과거 시제이면서 완료상, '-었었-'은 사실을 확인하고 강조하는 것으로 보았다. 민현식(1990), 조오현(1995), 허웅(1995), 최동주(1995) 등은 시제, 상, 서법이 하나의 형태로 모두 파악되는 것으로 보고 있으며 더 나아가 조오현(1995)과 최동주(1995)는 각 형태에 대하여 시제, 상, 서법 중 어떤 것이 더 기본적인지 판단할 수 없다고 보았다.[3] 다만 조오현(1995)은 이들이 형태소가 결합되는 환경에 따라서 다양한 의미를 갖는다고 주장하였다.

이러한 통합적 입장은 형태의 동일성에 초점을 맞춘 접근 방식으로 보이며 이러한 관점에서는 시제와 상이 모두 화자가 갖는 사태에 대한 앎을 표시한다는 공통점에서 출발하는 것으로 파악한다(고영근 · 구본관 2018: 418). 그러나 형태상의 동일성이나 사건을 포함하는 사태에 대한 화자의 앎이라는 측면에 유사하다고 하더라도 시제와 상은 그 기본적인 개념이 다른 것이라고 할 수 있다. 즉, 화자의 앎이라는 범주에서도 뚜렷이 구분되는 다른 층위의 개념이라고 할 수 있다.

개념적으로 시제와 다르다고 보고 상을 독립적인 범주로 설정하려는 시도는 1960년대 이후에 주로 구조주의 문법과 생성 문법의 기조에서 관련된 연구가 이루어졌다. 김승곤(1972), 김남길(1974), 김영희(1980), 옥태권(1988), 김성화(1990), 한동완(1991), 박덕유(1998), 이호승(1997), 고영근(2004) 등이

3 자세한 내용은 박덕유(2010: 9)를 참조하기 바란다.

여기에 속한다. 이 연구들 주로 한국어의 상을 완료와 미완료, 반복 등을 개념을 바탕으로 2-6개의 유형으로 나누고 있으며 동시에 보조 용언 구성을 통해 상이 표현된다는 것을 주장하고 있다. 특히 고영근(2004)에서는 시제, 서법, 동작상이 모두 별개의 문법 범주이며 시제와 서법은 선어말 어미로, 동작상은 보조 용언 구성으로 실현되는 것으로 파악하고 있다. 또한 이호승(1997)은 Smith(1991)의 상황 유형(situation type)으로 상을 파악하고 있다는 점이 주목할 만하다.

시제와 상을 별개의 문법 범주로 보는 것을 부인하고 더 나아가 한국어에는 시제가 없고 상과 양태만 존재한다는 주장도 있다. 이러한 주장은 남기심(1972)에서 제시되었는데 '-었었-'은 단속상, '-었-'은 완료상, '-더-'는 회상법, '-겠-'은 미확인법으로 파악하였다. 그러나 상이나 양태가 갖는 의미와 시제가 갖는 의미가 엄연히 다르므로 시제의 형태소가 완료의 상적 의미를 가진다고 해서 시제가 없고 상적 의미만 남는 것은 아니다. 다음을 살펴보자.

(3) a. 그는 어제 그 책을 다 읽**었**다.
b. 내일 비가 오**겠**다.

(3a)는 분명히 '그가 책을 읽는 사건'이 어제 완료되었음을 의미한다. 결국 이는 과거에 일어난 사건이므로 시제는 과거이고 그 일이 종결된 하나의 사건으로 인식되므로 상으로는 완료상으로 해석할 수 있다. 또한 (3b)는 '비가 오는 사건'이 내일 일어날 것임을 추측하는 것이다. 이것은 발화시를 기준으로 파악한 시간적 위치인 시제로는 미래를 나타내고 상으로는 아직 이루어지지 않은 일이므로 미완료상으로 볼 수 있다. 더 나아가 양태의 측면에서 (3b)는 일어날 것으로 예측되는 사태를 나타내는 추측의 양태를 나타낸다. 고영근(2004)에 따르면 이러한 시제 선어말 어미가 나타나는 문장의 상은 시제로부터 파생되는 의미로 파악하는 것으로 판단되는데 사실상 시제와 상이 서로 관련된 별개의 문법 범주이므로 시제의 층위와 상의 층위에서 각각 실현되는

것으로 보는 것이 더욱 적절해 보인다. 그 연관성은 앞에서 언급한 바대로 문장이 나타내는 사건에 대한 화자의 앎을 바탕으로 사건의 시간적 위치, 사건의 양상 등이 드러나는 것이라는 것과 동일한 형태소로 드러나는 것으로부터 추론할 수 있다고 본다.

기존의 상에 대한 연구에서 상을 어떻게 구분하느냐는 매우 다양한 양상을 보인다. 완료상, 미완료상, 예정상, 반복상 등 학자마다 매우 다르게 구분하고 있다. 그러나 모든 상 연구의 기본적인 전제는 어떤 사건이 끝났느냐 아니면 끝나지 않았느냐가 가장 분명한 상을 파악하는 기준이라는 것이다. 사건의 완결된 하나의 덩어리로 보아 그 전체를 완료상으로 파악하고 그 내부에서 사건을 바라보는 것을 미완료상으로 본다고 해도 결국 그것은 사건이 끝난 것으로 파악하느냐 아니면 아직은 끝나지 않느냐의 문제로 귀결된다. 완료상과 미완료상의 개념 문제뿐만 아니라 예정상과 반복상의 문제도 재고의 여지가 큰 문제이다. 실제로 많은 학자들은 예정상과 반복상을 제시하고 있으며 사건이 아직 일어나지는 않았지만 일어날 것으로 예측되는 것이 예정상이고 동일 유형의 사건이 반복되는 것을 반복상으로 보고 있다. 후자인 반복상은 사건의 양상을 나타내는 것으로 보이나 예정상은 진정한 상인가 의심스러운 경우가 많다. 다음의 예를 살펴보자.

(4) a. 제가 내년에 미국으로 가**게 되**었습니다.
b. 철수가 그때 여행을 가**게 되**었다.

(4)의 예들은 모두 주어의 상황이 변하게 되는 것을 나타내며 (4a)는 아직 일어나지 않은 일에 대한 것이고 (4b)는 이미 일어난 일에 대한 것이다. (4a)와 (4b) 모두 발화시에는 미국에 가는 사건과 여행을 가는 사건이 일어나지 않았다는 점에서 미완료상으로 해석될 수 있으며 이러한 사건들을 일정한 시점에 일어날 것으로 보아 예정상으로 쓰는 것이다. 그러나 사실은 (4a)나 (4b)의 '-게 되다'가 나타내는 것은 예정의 사실이 아니라 상황이 그렇게 바뀌었다는

것이다. 오히려 완료상에 가까운 것으로 보인다. 따라서 예정상은 그 개념상 상으로 보기가 어렵다고 생각된다.

반면에 반복상은 상으로 볼 수 있는 가능성이 있다고 판단된다. 다음을 살펴보자.

(5) a. 나는 저녁 식사 후에 매일 산책을 나가**곤 했**다.
b. 기차역에 계속해서 열차가 들어오**고 있**다.

(5)는 '-곤 하다'나 '-고 있다' 보조 용언 구성이지만 모두 동일 유형 사건의 반복을 의미하고 있다. 특히 (5b)는 '-고 있다'로 진행이나 결과 상태의 지속을 의미해야 할 것으로 보이나 기차역에 열차가 들어오는 유형의 사건이 계속 반복됨을 보인다. 따라서 이러한 반복상은 문장이 나타내는 사건의 양상이 동일 사건 유형의 반복임을 나타내는 것으로 파악할 수 있을 것이다. (4)와 (5)를 참조하면 결국 우리는 완료와 미완료, 그리고 반복을 문장이 나타내는 상으로 볼 수 있다. 단, '-고 있다'의 경우에는 결합하는 본용언구의 의미에 따라서 그 의미가 결정되므로 '-곤 하다'와는 다른 양상을 보인다.

기존의 상과 시제에 대한 연구 중에서 하나 더 언급할 만한 것은 이효상(1991)이다. 이 연구는 한국어의 시제와 동작상, 서법(양태) 범주의 체계를 세운 것인데 특기할 만한 것은 한국어 구어 자료를 대상으로 담화 · 화용론적인 방법으로 연구를 시도했다는 점이다(고영근 2004: 95-96). 조오현(1995)에서 주장한 바와 같이 상적인 의미가 맥락에 의해서 결정된다는 점에 주목한다면 구어 자료를 대상으로 한 담화 · 화용론적 연구는 매우 필요한 연구라고 할 수 있다. 실제로 최근의 연구에서는 김천학 · 안혜정(2018)에서와 같이 맥락이 있는 텍스트를 대상으로 하는 경우가 더러 있기는 하나 지금까지의 상에 대한 연구에서는 구어 자료를 대상으로 하는 연구가 많이 이루어지지는 않았다. 최근의 한국어 연구에서 구어 문법에 대한 관심이 높아지고 있는 상황에서 이러한 연구는 구어 자료를 대상으로 한 연구의 필요성을 시사한다고 할 수 있다.

3. 동작상과 어휘상

상이라는 문법 범주를 독립적으로 인정하는 경우에도 여러 가지의 상 개념이 존재한다. 2절에서 언급한 상은 대체로 문장이 나타내는 사건과 관련된 문법상이었으나 또한 다른 용어로 동일한 개념의 상을 지칭하기도 한다. 문장이 나타내는 사건은 주로 동사의 활용에 나타나는 동작과 관련이 있는데 이러한 측면에서 일반적으로 문장이 나타내는 상을 동작상이라고 한다(고영근 2004). 문법상 이외에도 동사가 갖는 어휘 의미론적 속성으로서 상을 설정하는 경우가 있는데 이를 어휘상(語彙相, lexical aspect)[4]이라고 한다.[5]

현재 어휘상에 대한 논의들은 대체로 Vendler(1957)의 상적 부류(aspectual class)에 기대고 있다. Vendler(1957)는 서술어인 동사가 나타내는 상적 부류를 상태(state), 행위(activity), 달성(achievement), 완성(accomplishment)이라는 4가지 유형의 상적 부류로 나누고 있는데 그 기준은 상태성(stativity), 완결성(telicity), 순간성(punctuality), 동질성(homogeneity)이라는 4가지이다. 상태성은 동사가 나타내는 사건이 정적인 상태 또는 동작이나 변화가 있는 사건을 나타내는가의 여부에 말하며 완결성은 동사가 나타내는 사건이 최종적인 종결점을 갖는 사건이 가지는 특징이다. 순간성은 동사가 나타내는 사건이 어느

4 어휘상을 독일어학에서는 동작류(Aktionsart)라고도 한다.

5 Smith(1991)에서는 상을 '상황 유형적 상'(situation aspect)과 '관점상'(viewpoint aspect)으로 나누고 상황 유형적 상은 동사와 논항들의 결합에 의해 이루어지는 것이고 관점상은 어떤 방식으로 상황을 초점화하는가를 나타내는 문법 형식으로 실현된다고 하였다(박소영 2003: 314). 이러한 관점으로 상을 나누는 것은 이호승(1997)과 박소영(2003) 등에서 받아들이고 있는데 결국 전자는 동작상과 어휘상이 혼합된 형태이고 후자는 동작상과 대동소이하다고 판단된다. 결국 화자의 관점이라는 맥락적 요소를 상적 해석에 적용한 것으로 보이므로 이 논의에서는 관점상보다는 동작상이라는 용어를 사용하기로 한다.

한 시점에 순간적으로 일어나는 특징을 의미하며 동질성은 사건이 하나의 성격을 갖는 사건인지 아니면 둘 이상의 다른 특징을 갖는 사건인지를 나타낸다. 이에 따라 제시한 Vendler(1957)의 상적 부류는 다음과 같다.

(6) a. 상태(state): 정적, 지속적, (동질적)
(예: *know the answer, love Mary, believe in ghost*…)
b. 행위(activity): 동적, 지속적, 미완결, (동질적)
(예: *listen to music, push a cart, walk in the park*…)
c. 완성(accomplishment): 동적, 지속적, 완결, (이질적)
(예: *walk to school, draw a circle*…)
d. 달성(achievement): 동적, 즉각적, 완결, (이질적)
(예: *win a race, reach the top*…)

(6)과 같은 Vendler(1957)의 논의와 동사가 가지는 의미 자질을 바탕으로 한국어 동사의 어휘상을 분류를 시도한 대표적인 연구로 정문수(1981), 이남순(1981), 박덕유(1998), 조민정(2000), 홍윤기(2002) 등이 대표적이다. 정문수(1981)는 상적 자질을 [±상태성], [±순간성], [±결과성], [±완성성]로 두고 동사의 상적 부류, 즉 어휘상을 상태 풀이씨, 순간 풀이씨, 완성 풀이씨, 비완성 풀이씨로 나누고 순간 풀이씨와 완성 풀이씨는 결과성과 비결과성으로 나누어 모두 7개를 제시하였다. 순간 풀이씨는 Vendler(1957)의 달성 동사라고 할 수 있는데 달성 동사의 하위 분류 가능성을 반영한 것으로 보인다. 이 연구는 의미 자질을 바탕으로 한 세밀한 어휘상 연구라는 점에서 중요한 의미가 있다.

이와 유사한 분류로 이남순(1981)은 [±동적], [±정적], [±국시적]이라는 세 자질을 바탕으로 상태 변화 동사, 상태 동사, 성취 동사, 동작 동사, 인식 동사, 형용사, 존재사, 지정사로 나누었다. 이 논의에 대해서 고영근(2004: 105)이나 박덕유(2010: 12)는 [±동적]과 [±정적]이라는 자질이 결국 하나의 속성을 나타내는 것이라는 점에서 문제를 지적하고 있다.

박덕유(1998)는 보다 총체적인 차원에서의 한국어 어휘상 연구라고 할 수 있다. 박덕유(1998)에서는 [±동태성], [±완결성], [±순간성], [±접근성]이라는 4가지 자질을 기준으로 다음과 같이 한국어의 어휘상을 분류하였다.

(7) 박덕유(1998)의 어휘상 분류

A. [-동태성, -완결성]: 상태 동사

a. 길다, 짧다, 희다, 검다, 붉다, 높다, 낮다, 작다, 많다, 적다, 어둡다, 있다, 없다, 중요하다……(형용사)

b. 밝다, 크다……(형용사, 자동사)

B. [-동태성, +완결성]: 심리 동사

a. 보다, 듣다, 맛보다, (냄새) 맡다, 느끼다……(지각)

b. (ㄱ) 바라다, 원하다, 희망하다, 소망하다……(소망)

(ㄴ) 믿다, 상상하다, 알다, 잊다, 이해하다, 싫어하다, 증오하다, 사랑하다, 의미하다, 기억하다, 가정하다, 생각하다, 짐작하다, 계획하다, 의도하다, 좋아하다, 동정하다……(인식)

c. 아파하다, 쑤시다, 아리다, 가려워하다, 따끔따끔하다, 따가워하다, 쓰리다, 결리다, 느끼다……(감각)

C. [+동태성, -완결성, -순간성]: 행위 동사

부르다, 주다, 걷다, 읽다, 일하다, 마시다, 먹다, 놓다, 돕다, 쓰다(글을), 오다(비/눈), 피다, 날다, 달리다, 뛰다……

D1. [+동태성, +완결성, -순간성]: 변화 동사

변하다, 차다(물이), 확장하다, 늦추다, 내리다, 올리다, 마르다, 익다, 녹다, 얼다, 나빠지다, 발효되다……

D2. [+동태성, +완결성, -순간성]: 완성 동사

입다, 벗다, 신다, 매다, 쓰다(모자), 끼다, 닫다, 열다, 만들다, 짓다(밥을), 달다, 쥐다, 감다, 물다, 덮다, 들다, 갈다……

E. [+동태성, +완결성, +순간성, -접근성]: 순간 동사

뛰어오르다, 때리다, 꼬집다, 차다(공을), 끄떡거리다, 깜박이다, 기침하다, 치다(공을), 쏘다, 두드리다, 딸꾹질하다……

F. [+동태성, +완결성, +순간성, +접근성]: 이행 동사

도착하다, 도달하다, 착륙하다, 멈추다, 잃다(물건), 빠지다(익사하다), 다치다, 죽다, 떨어지다……

* [+동태성, -완결성, +순간성]: 해당되는 동사가 없음.

이 분류에서는 Vendler(1957)의 상적 부류를 보다 세밀하게 분석하고 있고 이익환(1994)과 이정민(1994)의 영향으로 심리 동사를 어휘상으로 제시하고 있다. 그러나 사실 심리 동사라는 것이 어휘상인지 아니면 동사의 의미적인 속성인지를 구분하기가 어려우며 다만 심리 동사가 나타내는 특이점은 상적인 것과 관련이 있음은 인정할 수 있으나 상태, 행위, 변화, 완성, 순간, 이행 등의 동사들과 동일한 기준으로 구별이 가능한 것인지 의문이 간다.

이처럼 의미 자질에 의한 어휘상의 연구는 문장이 나타내는 사건의 양상을 속성적인 측면에서 종합적으로 이해하는 입장에 있으므로 실제로 그 내부 구조에 대한 고찰이 부족하다고 할 수 있다. 보다 분석적으로 어휘상을 살펴보기 위해서 형식 의미론의 접근 방법을 먼저 살펴보자. Dowty(1979)는 Vendler (1967)의 동사의 상적 부류를 다음과 같이 형식화하였다.

(8) a. 상태: $P(x_1,\cdots,x_n)$
b. 행위: $DO(x_1,P_n(x_{1,}\cdots,x_n))$
c. 달성: $BECOME(P_n(x_1,\cdots,x_n))$
d. 완성: $CAUSE(\phi,BECOME(P_n(x_1,\cdots,x_n)))$

(8a)는 동일적인 사건 하나로 이루어진 상태 사건을 나타내며 (8b)는 행위 주체가 하는 하나의 행위가 있음을 나타낸다. (8c)와 (8d)는 모두 변화하는 사건을 나타내지만 어떠한 사건이 두드러지는지는 앞에 나타나는 술어인 $BECOME$과 $CAUSE$에 의해서 구별될 뿐이다. 또 (8b)는 술어 DO가 취하는 논항으로 또 다른 술어 P_n를 사용하고 있어 과연 하나의 동질적인 사건을 나타내는 것인지 또 상위 술어와 논항인 하위 술어 사이의 관계가 무엇인지 분명하지 않다. 따라서 (8)은 사건의 내부 구조를 명확하게 제시하지 못하

고 있다.

이러한 부분을 극복하는 데 유용한 이론이 Pustejovsky(1995)의 생성 어휘부 이론(Generative Lexicon Theory)이며 이 이론에서 제시하는 어휘 의미 구조에서는 어휘상을 보다 분석적으로 표상할 수 있는 사건 구조(event structure)를 제시하고 있다. Putejovsky(1995)에서는 단순 사건을 과정(P), 상태(S)로 나누고 복합 사건은 이 단순 사건의 조합으로 하위 사건의 선후 관계를 유순($<$), 중첩($\circ$), 부분 중첩($< \circ$)으로 나타내고 더 두드러진 사건에 중점(head)을 부여하는 방식으로 표상하고 있다. 이러한 표상 방식에 따라서 Vendler(1957)의 상적 부류를 표상하면 다음과 같다.

(9) a. 상태: S
b. 행위: P
c. 달성: $P <_{\propto} S^{*}$
d. 완성: $P^{*} <_{\propto} S$

이렇게 되면 어떤 사건이 두드러지는지 또 어떤 사건의 구성으로 나타나는지 보다 명확하게 드러나게 된다. 김윤신(2006, 2006, 2007, 2018a, 2018b, 2018c)에서는 (9)와 같은 기본적인 사건 구조를 바탕으로 '-어 있다'와 '-고 있다' 보조 용언 구성의 의미를 살펴보고 한국어 어휘상의 사건 구조를 제시하고 있다. 이와 관련된, 보다 자세한 내용은 4절에서 알아보도록 하자.

이와 같은 어휘상에 대한 관심은 서술어로 사용되는 동사의 어휘적 속성에 따라서 문장에서 실현되는 문법상이 차이가 나거나 또는 문장이 실현되지 않는다는 것에서 기인한다. 예를 들어 다음에서와 같이 '동안'의 시간 부사구가 그 유형에 따라서 상태, 행위, 달성, 완성 동사들이 다른 양상을 보인다.

(10) a. *영희는 한 시간 동안 예쁘다.
b. 영희가 한 시간 동안 피아노를 쳤다.
c. *기차가 한 시간 동안 도착했다.

d. 철수가 한 시간 동안 편지를 썼다.

'동안' 시간 부사구는 지속 시간이 필요하므로 (10b)의 행위 동사 사건이나 (10d)의 완성 사건과 어울리게 된다. 이러한 사건들은 행위가 계속되는 과정으로만 구성되었거나 그 과정 사건이 두드러진 경우에만 결합이 자유롭다. 그러나 (10a)와 같이 상태를 나타내는 문장이거나 (10c)와 같이 순간적으로 발생하는 사건을 나타내는 문장에는 나타나지 않는다.

김윤신(2006)에서는 이러한 4가지 상적 부류, 즉 어휘상이 부사어나 보조용언 구성 등에 따라 분포하는 양상을 다음과 같이 정리하였다.[6]

〈표 1〉 어휘상의 분포 양상 (김윤신 2006)

	상태 동사	행위 동사	달성 동사	완성 동사
a. 지속 부사어('-동안')	×	○	×	과정 계속
b. 시간틀 부사어('-만에')	×	? (동작의 시작)	○	○
c. 시점 부사어	×	×	변화의 시점	사건의 시작
d. 양태부사 '거의'	×	○	○	○
e. 양태부사 '이미'	×	×	○	○
f. 미완료역설	—	○	—	×
g. '-어 있다'와의 결합	×	×	? (자동사의 경우에만 결합 가능)	×
h. '-고 있다'와의 결합	×	과정 계속	중의적 전체 반복/상태 지속 (정도 달성-과정 계속/상태 지속)	과정 계속

6 지면상 자세한 내용을 논문에 모두 포함하지는 못하였다. 자세한 내용은 김윤신(2006)을 참조하기 바란다.

이처럼 어휘상이 문장의 의미나 문법성을 결정하는 데 주요한 역할을 함을 알 수 있고 또 문장이 나타내는 의미가 동작상의 의미이므로 어휘상과 문법상의 관련성은 부인하기 어렵다. 그러나 어휘상과 동작상의 연구는 연구자마다 그 직관에 차이가 비교적 크고 동의하기 어려운 부분이 많아 그간의 연구가 상당한 수준으로 이루어졌음에도 불구하고 다음과 같은 부분은 더 연구되어야 한다고 생각된다.

첫째, 어휘상의 판단 대상의 문제이다. (6)에서 알 수 있는 것처럼 Vendler (1957)가 실제로 예로 분석한 것은 모두 동사 자체가 아니라 동사구이다. 물론 동사는 타동사이든 자동사이든 홀로 문장을 실현할 수 있는 것이 아니므로 주어 논항이나 목적어 논항이 반드시 필요하다. 그러나 다음과 같이 동일한 동사가 쓰인 문장이 다른 상적 의미로 해석될 경우에는 이를 어휘상의 차이인지 동작상의 차이인지 알 수 없다.

(11) a. 철수가 어제 책을 읽었다.
b. 철수가 어제 책을 한 권 읽었다.

(11a)는 책을 읽는 일이 완료되었는지 알 수 없고 더욱이 철수가 읽은 책의 수량을 알 수 없다. 그러나 (11b)는 책을 한 권 읽는 일이 완료되었음을 나타낸다. 이 두 문장의 차이는 '한 권'이라는 수량사의 유무에서 기인하는 것이라고 할 수 있는데 수량사가 나타나면 완료상을 그렇지 않으면 미완료상이 되는 것이다.[7] 그렇게 되면 Vendler(1957) 식의 어휘상이 진정으로 어휘의 자질인지 동사구의 자질인지 판단하기 어렵게 된다. 따라서 어휘상을 결정하는 것이 논항의 특성과 독립하여 결정되는 것인지 아니면 순수하게 동사의 의미에 의

7 이와 같이 문장이 나타내는 사건의 종결성을 결정하는 요소를 Krifka(1992)는 시간적 경계(bound)를 내포하여 종결성(telicity)을 가진다고 하였으며 Dowty(1979)는 증량적 대상(incremental theme)이라고 하였다. 더 나아가 Tenny(1994)는 이러한 논항들이 사건을 계측(measuring-out)한다고 했다. 여기서도 '한 권'이라는 수량사가 이러한 역할을 하는 것이다.

해서 결정되어야 하는 것인지에 대한 연구가 필요하다.

둘째, Vendler(1957)의 4가지 상적 부류가 동사의 어휘상에 과연 충분한가 하는 문제이다. 특히 다음과 같은 동사들은 달성 동사와 완성 동사의 특징을 모두 보여 그 분류에 어려움을 주는 경우이다.

(12) a. 얼음이 천천히 녹는다.
b. 얼음이 30분 동안 녹았다.
c. 얼음이 30분 만에 녹았다.
d. 얼음이 녹고 있다.
e. 얼음이 녹아 있다.

(12a)의 '천천히'와 (12b)의 '30분 동안'이 얼음이 녹는 과정을 수식할 수 있고 (12d)와 같이 과정의 진행을 나타내는 '-고 있다'가 '녹다'와 결합하는 것은 분명히 완성 사건의 특징이지만 (12c)의 '30분 만에'가 얼음이 녹은 결과에 도달하기까지의 시간을 나타내고 (12e)에서와 같이도 결과 상태의 지속을 나타내는 '-어 있다'와 결합하는 것은 분명히 달성 사건의 특징이다. 그런데 '녹다'라는 사건은 조금씩 단계적으로 일어나며 그 변화가 정도의 변화로 나타나는 속성을 갖는데 이러한 이중적 특징으로 인하여 Rothstein(2004)은 정도 완성(degree accomplishment)이라고 했고 Dowty(1979)는 정도 달성(degree achievement)이라고 각각 달리 부르고 있다. 즉, 달성 동사로 분류되는 동사들은 이중적이거나 또 다른 특징들을 가지기 때문에 하위 유형이 복잡할 수 있고 그 복잡한 하위 유형을 제대로 파악하기 위해서는 4개의 하위 유형 이외의 상적 부류를 제시하거나 4개의 하위 유형을 더 세밀하게 나누어야 할 것으로 보인다. 이익환(1994)과 이정민(1994)의 심리 동사를 어휘상으로 따로 두는 문제도 이러한 맥락과 상통하는 시도라고 볼 수 있다.

4. 상 보조 용언 '-어 있다'와 '-고 있다'

상을 나타내는 보조 용언, 즉 상 보조 용언은 최현배(1937/1971)에서부터 시작되었다. 최현배(1937/1971)의 논의에서는 상과 양태가 완전히 분리되어 논의되었다고 보기는 어렵지만 이 논의가 상 논의에서 보조 용언의 중요성을 부각시켰다는 점에서 매우 중요한 의미를 갖는다고 할 수 있다. 이후 동작상의 입장에서 보조 용언이 다루어진 연구들이 주로 1970년대 이후에 이루어졌다.

상 보조 용언들 가운데 '-어 있다'와 '-고 있다'는 양태적 의미가 없이 동작상을 나타내는 것으로 논의에 중심에 있다. '-어 버리다, -어 두다, -어 놓다, -어 가다, -어 오다' 등도 상적 의미를 나타내는 보조 용언, 즉 상 보조 용언으로 논의되기는 하지만 이러한 보조 용언들은 동작상뿐만 아니라 양태도 함께 나타내므로 전형적인 상 보조 용언으로 보기는 어렵다는 의견이 있다(김윤신 2018b: 1).

(13) a. 철수는 숙제를 다 **해 버렸다**.
b. 철수가 숙제를 다 **해 놓았다**.

(13a)와 (13b)는 모두 완료의 동작상을 나타내는 문장이지만 사실상 완전히 의미가 동일하다고 볼 수 없다. 물론 진리 조건적인 의미를 나타내기는 하지만 (13a)는 숙제를 다 하는 일이 끝났음에 대해서 화자가 아쉬움이 없음, 미련이 없음, 또는 드디어 끝났음에 대한 후련함을 의미하게 된다. 그러나 (13b)는 철수가 숙제를 다 하는 일이 끝났고 그것은 미리 일어나서 준비되어 있는 사태임을 나타내는 의미를 갖는다. 즉, 양태적인 의미가 (13)의 문장을 이해하는 데 매우 중요한 역할을 한다. 따라서 '-어 있다'와 '-고 있다'가 동작상 논의의 중요한 쟁점이 되는 것은 매우 당연한 일이다.

장석진(1973)에서 '-고 있다'가 '과정의 계속'과 '결과 상태의 지속'이라는 중의성을 갖는다는 사실을 지적하면서 그 의미의 특수성이 지적되기 시작했고 이 이후에 '-고 있다'의 중의성에 대한 논의가 상 보조 용언 '-고 있다' 연구의 핵심적인 쟁점이 되었다.

(14) 철수가 지금 역에 도착**해 있다**. [결과 상태의 지속]

(15) a. 철수가 지금 숙제를 하**고 있다**. [과정의 계속]

b. 철수가 지금 청바지를 입**고 있다**. [과정의 지속/결과 상태의 지속 (중의성)]

c. 철수는 그 사실을 알**고 있다**. [결과 상태의 지속]

(14)에서 볼 수 있는 것과 같이 '-어 있다'는 결과 상태의 지속을 나타내며 완료상의 의미를 갖는 반면에 (15)에서와 같이 '-고 있다'는 결합하는 동사의 유형에 따라서 과정의 계속을 나타내거나 결과 상태의 지속을 나타낼 수 있다. 특히 '입다'와 같이 재귀성이 나타나는 동사가 본용언으로 사용되는 경우 이는 장석진(1973)에서 주장한 바와 같이 중의적으로 해석될 수 있다. 이처럼 의미가 단순한 '-어 있다'에 대한 논의보다도 의미가 복잡한 '-고 있다'에 대한 논의가 절대적으로 많은 것이 사실이다.

김윤신(2018a: 2)에서는 '-어 있다' 구문이 결과 상태의 지속을 일관성 있게 나타내는 반면 '-고 있다' 구문은 과정의 계속, 결과 상태의 지속, 그리고 전체 사건 반복 등 보다 다양한 의미를 나타내며 상 보조 용언 '-어 있다'나 '-고 있다'와 결합하는 본용언이 나타내는 사건의 유형이 '-어 있다'보다는 '-고 있다'가 더 많고 그에 따라 그 사용 빈도도 높다고 추정할 수 있다고 주장하였다. 이러한 양상을 김윤신(2018c: 38)에서 다음과 같이 표로 정리하였다.

〈표 2〉 본용언문의 사건 유형과 '-고 있다'/'-어 있다' 구문의 상적 의미

(김윤신 2018c: 38)

본용언문의 사건 유형	'-어 있다' 구문의 상적 의미	'-고 있다' 구문의 상적 의미
행위 사건	—	과정의 계속
완성 사건	—	과정의 계속
정도 달성 사건	결과 상태의 지속	과정의 계속
인지 달성 사건	—	결과 상태의 지속
전형적 달성 사건	결과 상태의 지속	전체 사건(동일 유형)의 반복(복수 주어)
재귀적 달성 사건	—	과정의 계속, 결과 상태의 지속(중의성)

김윤신(2018b: 2)에서는 한동완(1999: 220)의 논의와 그 이후의 논의를 종합하여 중의성을 보이는 '-고 있다' 구문에 대한 연구의 흐름을 다음과 같지 3가지로 제시하고 있다.

첫째, '-고 있다' 구문의 두 기능, 즉 과정의 계속과 결과 상태의 지속을 모두 포괄하는 제3의 의미 기능을 보조 용언 '-고 있다'에 부여하는 설명 방식이다. 여기에 이지양(1982), 김윤신(2004, 2007, 2008), 고석주(2007), 金天學(2009), 박종후(2016) 등이 속한다. 이지양(1982)은 상 보조 용언 '-고 있다'를 '지속'의 의미를 갖는 것으로, 고석주(2007)와 金天學(2009), 김윤신(2018b)에서는 본용언으로 사용되는 '있다'의 의미와 관련지어 상 보조 용언 '-고 있다'와 '-어 있다'의 의미를 제안하였다.

특히 김윤신(2006: 55)에서는 상 보조 용언을 다음과 같은 일종의 사건 함수로 처리하고 있다.

(16) a. 고_있다(e_1)(과정) $= e_{11}(e_{11} \subset e_1)$[과정] (행위 동사)

b. 고_있다$(e_1^* <_{\propto} e_2) = e_1$[과정] (완성 동사)

c. 고_있다$(e_1 <_{\propto} e_2^*) = 0$ (전형적 달성 동사)

d. 고_있다$(DA(e_1 < \circ_{\propto} e_2^*)) = e_1$[과정] (정도 달성 동사)

e. 고_있다$(e_1 \circ_{\propto} e_2^*) = e_2$[상태] (심리8 달성 동사)

f. 고_있다$(e_1 <_{\propto} e_2) = e_1$[과정]/$e_2$[상태] (재귀적 달성 동사)

김윤신(2004, 2006)에서는 상 보조 용언 '-고 있다'를 사건 함수로 정의하고 '-고 있다'가 본용언문이 나타내는 사건을 논항으로 취하여 그 결과 값으로 전체 문장의 의미를 투사한다고 설명하고 있다. 여기서 주목할 만한 것은 본용언구가 나타내는 사건 구조를 Vendler(1957)의 상적 부류보다 더 세밀하게 분류하고 복합 사건의 경우 하위 사건 간의 관계를 바탕으로 사건 함수 '고_있다'의 의미 값인 전체 문장의 의미가 도출된다고 보고 있다.[9]

둘째, '-고 있다' 구문의 중의성을 '-고 있다'와 결합하는 같은 형태의 본동사를 일종의 동음이의어로 처리하여 설명하는 것이다. 이러한 설명은 옥태권(1988)의 연구가 대표적인데 이 연구에서는 (15b)에서와 같이 중의적으로 해석되는 경우에 '동작의 계속'을 나타낼 경우에는 '입다$_1$(입는 동작)'이 '-고 있다'에 결합한 것이고 '결과 상태의 지속'을 나타낼 경우에는 '입다$_2$(입은 상태)'가 '-고 있다'와 결합한 것이라고 주장하는 것이다. 그러나 이러한 설명 방식은 '입다'와 유사한 '앉다$_1$(앉는 동작)'과 '앉다$_2$(앉은 상태)'로 볼 수 있는 '앉다'가 결과 상태의 계속일 경우 '앉아 있다'로 실현되는지 그 이유를 설명하지 못한다(한동완 1999: 224). 또한 '입다$_1$(입는 동작)'과 '입다$_2$(입은 상태)'가 동음이의어로 처리된다고 보이는데 사실상 이것은 다의어적으로 해석하는 것이 더 옳다고 생각된다.

셋째, 상 보조 용언 '-고 있다'를 두 가지의 서로 다른 형태로 설명하는 것이다. 장석진(1973), 서정수(1976), 김흥수(1977), 이남순(1987), 김성화(1992), 박덕유(1998), 한동완(1999) 등이 이러한 경향의 연구이다. 특히 서정수(1976)

---

8 김윤신(2006)에서 '심리 달성 동사'로 사용한 동사에 대응되는 사건을 김윤신(2018c)에서는 '인지 달성 동사'로 사용하고 있다. 이는 '알다'와 같은 동사가 심리적인 것이라기보다는 인식과 관련된 것으로 보아 용어를 달리 사용한 것이다.

9 김윤신(2018b)에서는 이러한 사건 함수의 작용을 유형 강제(type coercion)와 공동합성(co-composition)을 통해 보다 정밀하고 설명하고 있다. 자세한 내용은 김윤신(2018b)을 참조하기 바란다.

는 진행을 나타내는 '-고 있다'의 '-고'는 동시 상황을 나타내는 연결 어미 '-고'이고 결과 상태의 지속을 나타내는 완료의 '-고 있다'는 계기의 연결 어미 '-고'라고 주장하였다. 한동완(1999: 232-233)은 진행상은 하나의 상황을 나타내지만 결과 상태상은 두 상황의 연결을 표현하는 것이므로 진행상은 본용언과 보조 용언이 하나의 구조를 이루고 결과 상태상은 별개의 문 접속으로 파악할 수 있다고 하였다. 그러나 김윤신(2018b: 2)에서는 상 보조 용언 '-고 있다' 구문의 중의성이 본용언과 결합하여 전체 문장이 형성될 경우에 나타나는 것이므로 상 보조 용언 자체를 중의적으로 파악하기 어렵다고 주장하고 있다.

상 보조 용언 '-어 있다'와 '-고 있다'에 대한 초기의 연구들 중에는 연결 어미의 기능을 중심으로한 연구들이 많다. 앞에 언급한 한동완(2001)도 그러한 연구 중 하나이다. 이에 속하는 연구들로는 성기철(1972), 임홍빈(1976), 김흥수(1977), 서정수(1982), 김종태(1986), 이남순(1987) 등이 대표적이다. 이 가운데 김종태(1986)는 연결 어미 '-아'와 '-고'의 의미와 함께 '있다'의 의미를 함께 고려한 연구이다. 이 연구에서는 '있다'의 의미를 존재[在]로 설정하고 이 보조 용언 '있다'와 결합하는 동사의 의미 속성이 깊은 관련성을 가지고 있다고 주장하였다. 또한 이남순(1987)은 '에' 처소 부사어와 '에서' 처소 부사어의 결합 관계를 중심으로 '-고 있다'와 '-어 있다'를 비교하여 그 유형을 세분하였는데 '-어 있다'와 '-고 있다'의 통사 구조에 관심을 보이는 연구라고 할 수 있다.

그런데 김윤신(2018c)에서 주장한 바와 같이 한국어 상 보조 용언으로 제시되는 '-어 있다'와 '-고 있다'는 그 형태에 있어서 연결 어미 '-어'와 '-고'가 대립하는 양상을 보이므로 '있다'의 의미를 공유한다고 가정할 때 그 상 보조 용언들의 의미는 연결 어미인 '-어'와 '-고'의 의미 차이에 의해서 결정된다고 할 수 있다. 김윤신(2018c)에서는 '-어'는 완료의 의미로 고정되지만 '-고'는 완료와 미완료(동시성)의 의미가 고정되어 있지 않아 '-어 있다' 구문은 결과 상태의 지속을 의미하고 '-고 있다' 구문은 중의적으로 나타난다고 설명하고 있다.

그런데 이와 같은 상 보조 용언 '-어 있다'와 '-고 있다'에 대한 연구에서도 다음과 같은 문제들이 여전히 남아 있다.

첫째, 일반적으로 상 보조 용언과 결합하는 단위의 문제이다. 일반적으로 상 보조 용언과 본용언이 결합하여 단위를 이루는 것처럼 보이나 사실은 상 보조 용언이 취하는 것은 김윤신(2018a, 2018b, 2018c)에서 주장하는 바와 같이 본용언구 자체라고 볼 수 있다. 김윤신(2018a: 460)에서는 권재일(1986: 116)에서는 제시한 (17a)와 같은 보조 용언 구문의 구조를 바탕으로 (17b)와 같은 보조 용언 구문의 구조를 제시하고 있다.

(17) a. $[_{S0}\ NP\ [_{VP}[_{S'1}\ S1\ COMP]\ V]]$
b. $[[NP_i]_{NP}\ [[e_i\ [VP]_{VP}]_{S'}\ V]_{VP}]_S$

그러나 이러한 통사 구조는 여전히 통사론적으로 집중적으로 논의되지 못하였다. 상 보조 용언이 의미상 사건 함수로 작용한다면 이를 뒷받침할 만한 통사 구조와 연결시켜야 하는 것도 중요한 과제이다.

둘째, 상 보조 용언 '-어 있다'와 '-고 있다'가 모두 결합하는 경우나 타동문이나 자동사문인 본용언문과 결합한 '-어 있다' 구문에 대한 의미 해석이 여전히 명쾌하게 이루어지지 않는 것으로 보인다. 김윤신(2018c)에서는 다음과 같은 구문을 해석하고 있다.

(18) a. 학교 건물들이 모두 남쪽을 향**해 있다**.
b. 학교 건물들이 모두 남쪽을 향하**고 있다**.

(19) a. 철수가 벌써 학교에 **가 있다**.
b. 철수가 벌써 학교에 가**고 있다**.

(18)은 두 구문의 의미가 거의 동일하게 결과 상태의 지속을 의미하지만[10] (19)는 의미가 서로 다르다. (19a)는 학교에 도착한 결과 상태가 지속되고 있

음을 나타내는 데 반해 (19b)는 학교로 이동하고 있는 과정이 진행 중임을 나타낸다. 이와 같은 의미 차이는 결국 '향하다' 구문과 '가다' 구문의 의미의 차이로부터 기인하는 것으로 짐작할 수 있다. 김윤신(2018c)에서는 (18)의 '향하다' 구문이 가지는 내재적 변화의 양상이 있으므로 두 상 보조 용언과 모두 결합하여 동일한 의미를 나타낼 수 있으며 (19)의 '가다' 구문은 맥락에 따라서 완결된 상태로도 미완결된 과정으로 해석이 가능하므로 완결된 상태를 나타낼 경우에는 '-어 있다'와 결합하여 결과 상태의 지속을 의미하고 미완결된 과정으로 해석되면 '-고 있다'와 결합하여 과정의 계속을 의미한다고 해석하고 있다.

그러나 다음과 같은 구문의 해석은 여전히 남아 있다.

(20) a. 철수가 아직도 대문 앞에 **서 있다**.
b. *철수가 아직도 대문 앞에 서**고 있다**.

김천학 · 안혜정(2018)에서는 (20a)가 영어의 진행형 문장과 대응함을 보이고 '서다'와 같은 자세 동사는 '-어 있다'의 경우에도 동작의 진행을 의미하는 것으로 설명하고 있다. 이와 같은 자세 동사뿐만 아니라 '자다'와 같은 동사는 상태를 나타내는지 동작을 나타내는지 판단하기가 어려운 동사가 있다. '서다'는 '-어 있다'와 결합하여 진행과 유사한 의미를 나타내지만 '자다'는 '-고 있다'와 결합하여 상태와 유사한 의미를 나타낸다. 이러한 현상은 '-어 있다'와 '-고 있다'의 문제뿐만 아니라 동사의 어휘상이 더 세밀하게 분석되어야 할 필요가 있음을 시사한다.

10 박진호(2003: 44)에서는 이를 일종의 '정태상'으로 설명하고 있다. 타당성 있는 분석이라고 할 수 있으나 이러한 상을 도입하면 동작상의 하위 부류가 새롭게 제시될 필요가 있다고 생각된다.

5. 마무리

지금까지 한국어의 상의 연구 경향과 우리가 풀어야 할 과제를 간략하게 살펴보았다. 앞에서 언급한 바와 같이 상에 대한 연구는 연구자마다 직관이 달라 합의하지 못하는 구문이 매우 많고 어떤 경우에는 결정적인 구문의 차이로 서로의 주장에 맞서는 경우가 매우 많다. 그러나 지금까지 시제와 상, 동작상과 어휘상, 그리고 '-어 있다'와 '-고 있다' 등의 문제는 꾸준히 다루어져 왔고 현재 국어학 연구에서 중요한 분야가 되었다고 생각한다.

초기의 연구에서는 시제와 상을 구분하지 않고 하나의 시간 관련 문법 범주로 다루었다면 차차 상을 독립적인 문법 범주로 다루었다는 점이 주목할 만하다. 또한 문장 전체의 상인 동작상에 대한 논의로부터 동사의 상적 자질인 어휘상을 다루는 것으로 연구의 경향이 더욱 정밀화되어 가고 있으며 오늘날에는 실제 언어 자료로부터 이러한 어휘상이나 동작상이 실현되는 방향을 살펴보기도 한다. 특히 김천학 · 안혜정(2018)에서는 한국어 원문과 영어 번역문을 대조하여 상적 의미의 실현 양상이 어떻게 다른지 살펴본 것이 매우 인상적이다. 상적 해석에 대한 직관의 불일치 문제도 말뭉치의 경향 분석이나 인터넷에서의 온라인 직관 실험 등과 같은 보다 실질적인 언어 자료를 분석함으로써 극복할 수 있다고 생각된다.

참고문헌

고석주(2007), "'있다'의 의미에 대한 연구", 『한말연구』 20: 1-25, 한말연구회.

고영근(2004), 『한국어의 시제 서법 동작상』, 태학사.

고영근(2006), "동작상에 대한 이해", 『한국어학』 30: 1-30, 한국어학회.

고영근 · 구본관(2018), 『개정판 우리말 문법론』, 집문당.

권재일(1983), "복합문 구성에서의 시상법", 『한글』 182: 173-194, 한글 학회.

권재일(1986), "의존동사의 문법적 성격", 『한글』 194: 97-120, 한글 학회.

김석득(1974), “한국어의 시상”, 『한불연구』 1: 97-145, 연세대학교 한불문화연구소.
김석득(1981), “우리말의 시상”, 『애산학보』 1: 25-70, 한국어학회.
김성화(1992), 『국어의 상 연구』, 한신문화사.
김승곤(1972), “용언의 대과거 시제에 대한 고찰, 『국어국문학』 55-57(합병호): 115-127, 국어국문학회.
김영희(1980), “정태적 상황과 겹주어 구문”, 『한글』 169: 117-147, 한글 학회.
김윤신(2004), “한국어 동사의 사건구조와 사건함수 ‘-고 있다’의 기능”, 『형태론』 6-1: 43-66, 형태론연구회.
김윤신(2006), “한국어 동사의 사건구조와 어휘상(語彙相)”, 『한국어학』 30: 31-61, 한국어학회.
김윤신(2007), “사건 함수로서의 상 보조 용언에 대한 연구”, 『한국어학』 35: 17-31, 한국어학회.
김윤신(2018a). “상 보조 용언 ‘-어 있다’의 의미”, 『언어』 43(3): 443-464, 한국언어학회.
김윤신(2018b), “상 보조 용언 ‘-고 있다’ 구문의 의미”, 『언어학』 82: 75-103, 사단법인 한국어학회.
김윤신(2018c), “상 보조 용언 ‘-어 있다’와 ‘-고 있다 구문의 의미: 연결 어미의 기능과 보조 용언의 분포를 중심으로”, 『한국어 의미학』 62: 27-50, 한국어 의미학회.
김종태(1986), “「-아 있다」, 「-고 있다」 조동사 구분에 대하여”, 『한민족어문학』 13: 479-499, 한민족어문학회.
김차균(1980), “국어시제의 기본적인 의미”, 간행위원회, 『지헌영선생고희기념논총』 59-93, 형설출판사.
김차균(1990), 『우리말 시제와 상의 연구』, 태학사.
金天學(2009), “現代國語 ‘있다’와 관련된 相的 呼應에 대하여”, 『語文硏究』 36-4: 73-101, 語文硏究會.
김천학 · 안혜정(2018), “<채식주의자>와 <THE VEGETARIAN>의 비교를 통한 상 표지 ‘-고 있-’과 ‘-어 있-’의 의미 탐구”, 『한국어 의미학』 61: 105-132, 한국어 의미학회.
김흥수(1977), “繼起의 ‘-고’에 대하여”, 『국어학』 5: 113-136, 국어학회.
민현식(1990), “국어의 시상과 시간부사: 시제, 상, 서법의 3원적 해석론”, 『국어교육』 69-70: 15-42, 한국어교육학회.

박덕유(1998), 『국어의 동사상 연구』, 한국문화사.
박덕유(2010), "한국어의 時相 범주와 표현에 대한 연구: 相(aspect)을 중심으로", 『우리말연구』 26: 5-40, 우리말학회.
박소영(2003), "연결어미의 관점상 기능", 『형태론』 5(2): 297-326, 형태론연구회.
박종후(2016), "보조용언 '있나'의 결합 제약과 상적 의미 해석: 본용언의 개념 구조와 관계를 중심으로", 『국어학』 77: 131-165, 국어학회.
박진호(2003), "한국어의 동사와 문법요소의 결합 양상", 서울대학교 대학원 국어국문학과 박사학위논문.
박진호(2011), "시제, 상, 양태", 『국어학』 60: 289-322, 국어학회.
서정수(1976), "국어 시상형태의 의미 분석 연구", 『문법연구』 3: 83-158.
서정수(1982), "연결어미 {-고}와 {-어(서)}", 『언어와 언어학』 8: 53-74, 한국외국어대학교.
성기철(1972), "語尾 '-고'와 '-어'에 대하여", 『국어교육』 18: 353-367, 한국어교육학회.
옥태권(1988), "국어 상 조동사의 의미연구", 부산대학교 대학원 국어국문학과 박사학위논문.
이남순(1987), "'에', '에서'와 '-어 있(다)', '-고 있(다)'", 『국어학』 16: 567-595, 국어학회.
이지양(1982), 『현대국어의 시상 형태에 대한 연구(국어연구 46)』, 국어연구회, 서울대학교.
이익환(1994), "국어 심리동사의 상적 특성", 『애산학보』 15: 25-41, 애산학회.
이정민(1994), "심리술어의 상에 관한 문제", 『애산학보』 15: 1-23, 애산학회.
이호승(1997), 『현대국어의 상황유형(국어연구 149)』, 국어연구회, 서울대학교.
이호승(2001), "국어의 상체계와 보조용언의 상적 의미", 『국어학』 38: 209-240, 국어학회.
이효상(1991), "Tense, Aspect, Modality: a Discourse-Pragmatic Analysis of Verbal Affixes in Korean from a Typological Perspective", UCLA 박사학위논문.
임홍빈(1976), "부정법 {-어}와 상태 진술의 {-고}," 『논문집』 8: 13-36, 국민대학교. (임홍빈(1998), "부정법 {-어}와 상태 진술의 {-고}", 『국어 문법의 심층 I』, 593-621.(재수록))
장석진(1973), "시상의 양상", 『어학연구』 9(2): 58-72, 서울대학교 언어교육원.

정문수(1981), “한국어 풀이씨의 상적 속성에 관한 연구”, 서울대학교 대학원 언어학과 석사학위논문.
정태구(1994), “‘-어 있다’의 의미와 논항구조”, 『국어학』 24: 203-230, 국어학회.
조민정(2000), “국어의 상에 대한 연구”, 연세대학교 대학원 국어국문학과 박사학위논문.
조오현(1995), “{-았었-}의 의미”, 『한글』 227: 129-150, 한글 학회.
주시경(1910), 『國語文法』, 博文書館.
최동주(1995), “국어의 시상체계의 통시적 변화에 관한 연구”, 서울대학교 대학원 언어학과 박사학위논문.
최현배(1937/1971), 『우리말본』, 정음문화사.
한동완(1991), “국어의 시제 연구”, 서강대학교 대학원 국어국문학과 박사학위논문.
한동완(1999), “‘-고 있-’ 구성의 중의성에 대하여”, 『한국어 의미학』 5: 215-248, 한국어 의미학회.
한동완(2000), “‘-어 있-’ 구성의 결합제약에 대하여,” 『형태론』 2(2): 257-283, 형태론편집위원회.
한동완(2001), “韓國語의 結果狀態相”, 『국제고려학』 7: 1-14, 국제고려학회.
홍윤기(2002), “국어 문장의 상적 의미 연구”, 경희대학교 대학원 국어국문학과 박사학위논문.
허웅(1995/2000), 『20세기 우리말의 형태론(고친판)』, 샘문화사.
Comrie, B.(1976), *Aspect*, Cambridge: Cambridge University Press.
Dowty, D. R.(1979), *Word Meaning and Montague Grammar*, Dordrecht: Reidel.
Krifka, M.(1992), Thematic Relations as Links between Nominal Reference and Temporal Constitution, in Sag I. & A. Szabolcsi(eds.), *Lexical Matters*, 29-53, Stanford, CA: CSLI.
Pustejovsky, J.(1995), *The Generative Lexicon*, Cambridge, M.A.: The MIT Press.
Rothstein, S.(2004), *Structuring Events: A Study in the Semantics of Lexical Aspect*, Oxford: Blackwell.
Smith, C.(1991), *The Parameter of Aspect*, Dordrecht, Boston: Kluwer Academic Publishes.
Tenny, C. L.(1994), *Aspectual Roles and the Syntax-Semantics Interface*, Dordrecht, Boston: Kluwer Academic Publishers.
Vendelr, Z.(1957), Verbs and Times, *The Philosophical Review* 66(2): 143-160.

사동의 의미

송 창 선*

1. 들머리

국어에는 시제, 높임법, 부정법, 피동법, 사동법 등의 문법 요소가 쓰이는데, 그 중에서 부정법, 피동법, 사동법은 단형과 장형이 함께 쓰여서 국어학자들의 주목을 받아왔다. 두 가지 유형이 함께 쓰이는 경우에, 그 의미가 같은지 다른지에 대한 문제는 문법론과 의미론의 공통된 관심사였다.

(1) a. 철수는 학교에 안 갔다.
    b. 철수는 학교에 가지 않았다.
(2) a. 그의 말 한마디는 잊히지가 않는다.
    b. 그의 말 한 마디는 잊어지지가 않는다.
(3) a. 어머니는 아이에게 밥을 먹였다.
    b. 어머니는 아이가 밥을 먹게 하였다.

* 경북대학교 국어교육과 교수, songcs@knu.ac.kr

먼저 (1)의 부정법에서는 부정부사 '안, 못'이 서술어 앞에 나타나는 단형 부정과 서술어 뒤에 연결어미 '-지'가 결합하고 그 뒤에 '아니하-, 못하-'가 나타나는 장형 부정이 쓰이는데, 이 둘 사이에 큰 의미 차이가 없이 쓰이며, (2)의 피동법에서는 피동 접미사 '-이, -히-, -리-, -기-'가 결합하는 경우와 '-어지-'가 결합하는 경우가 있기는 하지만, 이 두 유형이 함께 쓰이는 경우가 그리 많지 않을 뿐만 아니라, 또 그 의미 차이도 분명하게 드러나지 않는다.

이에 반해 (3)과 같은 사동법에서는 사동 접미사 '-이, -히-, -리-, -기-, -우-, -구-, -추-'가 결합하는 단형 사동과 '-게 하-'가 쓰인 장형 사동이 같은 서술어에서 함께 나타나는 경우가 많아서 비교하기 좋을 뿐만 아니라, 그 의미도 동질적인 면과 이질적인 면을 함께 가지고 있어서 국어학계의 주목을 받아왔다. 그리하여 국어학계에서 단형 사동과 장형 사동이 그 의미가 같은지 다른지에 대한 논쟁이 1970년대와 1980년대를 중심으로 크게 이루어진 바 있으며, 그 이후 최근까지도 수많은 학자들이 이 논쟁에 대한 해결책을 모색하기 위하여 다양한 방법론으로 나름대로의 해결 방안을 제시하기도 하였다.

이 글에서는 국어학계에서 의미 문제로 가장 많은 주목을 받아왔던 단형 사동과 장형 사동 사이의 동의성 여부에 대한 기존 연구를 개괄적으로 살펴보면서 그 성과를 정리하기로 한다. 이어서 사동 의미와 관련하여, 기존 연구에서 소홀히 다루었거나 연구 성과가 만족스럽지 못한 것에는 어떤 것이 있는지 즉, 앞으로 어떤 방면의 연구가 더 이루어질 필요가 있는지에 대해서 논의하고자 한다.

2. 주요 연구 내용과 쟁점

2.1. 변형문법에 기반을 둔 사동 의미 연구

1970년대 이후에 국어학계에서는 변형생성문법 이론의 수용과 함께 심층

구조(기저구조)에서 지니던 의미가 표면구조로 유도되는 과정에서 변형 규칙이 적용될 때 의미 변화가 일어나는지 여부에 대한 연구가 많이 이루어졌다. 이처럼 의미 문제에 주목하면서, 자연스럽게 단형 사동과 장형 사동의 의미가 같은지에 관심을 가지게 되었던 것이다.

즉, 장형 사동과 단형 사동이 동일한 의미를 지니고 있기 때문에 동일한 심층구조에서 유도해야 한다는 이른바 동의성을 주장하는 논의와, 두 유형 사이에 의미 차이가 있기 때문에 심층구조는 당연히 다른 구조라고 설명한 이의성을 주장하는 논의가 이어졌는데, 이와 같은 동의성과 이의성에 대한 논쟁은 양인석과 Shibatani를 중심으로 활발하게 전개되었다.

먼저 동의설을 주장한 양인석(1972)에서는 장형 사동과 단형 사동이 동의적이므로 동일한 심층구조를 가진다고 하면서, 심층구조로는 장형사동을 선택하고 여기서 단형사동이 변형규칙에 의해 유도된다고 설명하는 것이 효과적이라고 주장한 바 있다.

이에 대해 Shibatani(1973)에서는 단형 사동이 직접 사동을 나타내고, 장형 사동이 간접 사동을 나타내는 데 쓰이기 때문에 두 유형의 사동문은 의미 차이가 나타난다고 주장하였다.

(4) a. 나는 석 달 된 아이에게 옷을 입게 하였다.
b. 나는 석 달 된 아이에게 옷을 입혔다.

위의 (4a)는 기적적인 사건(miraculous event)을 나타내는 데 반해 (4b)에서는 그런 점이 없으므로 장형 사동과 단형 사동 사이에는 의미 차이가 존재한다고 주장하였다. 그리고 양태부사, 시간부사, 장소부사 등의 부사류의 수식 범위에서 단형 사동은 중의성을 띠지 않지만 장형 사동은 중의성을 보이는 차이가 있으며, 대명사화, 재귀화, 존칭접미사 '-시-'의 개입 등을 살펴보아도 장형 사동과 단형 사동이 차이를 보인다고 주장하였다.

박병수(1974)에서도 아래 (5)에서 대통령이 직접 사격에 가담하지 않았으므로 (5a)처럼 표현해야 하고 (5b)로 표현하는 것은 잘못이라고 하면서, 장형 사동과 단형 사동이 의미 차이를 보인다는 입장을 취했다.

(5) a. 대통령이 월남 양민을 죽게 했다.
    b. 대통령이 월남 양민을 죽였다.

이에 대해 양인석(1974)에서는 (6)에서와 같이 간접 사동을 표현하는 데도 단형 사동을 쓴다고 하면서 다시 동의성의 타당성을 주장하였다.

(6) a. 외부 손님을 먼저 태웁시다.
    b. 외부 손님을 먼저 타게 합시다.

그는 사동주가 직접 외부 손님을 엘리베이터에 태우거나 밀지 않고 외부 손님이 먼저 엘리베이터에 타도록 길을 내 주는 경우에도 (6a)를 쓴다고 하면서 장형 사동과 단형 사동이 동의성을 보인다고 하였다. 그는 DO-SO RULE, 대명사화, 재귀대명사화, 한정사, 존칭 보조어간, 부정, 부사류의 수식 등에 대한 논의를 함으로써 자신의 주장을 뒷받침하고자 하였는데, 두 유형의 사동문의 차이를 표현양식(mode of expression)의 문제로 돌렸다.

이에 대해 Shibatani(1975)에서는 두 유형이 동의적이기 위해서는 모든 가능한 문맥에서 진리치(truth value)나 함의(entailment)를 바꾸지 않고서도 상호 교체될 수 있어야 한다고 주장하였다.

(7) a. 학생들은 교수에게/를 차에서 내리게 했다.
    b. 학생들은 교수를 차에서 내렸다.

즉, (7a)에서 교수가 차에서 내릴 때에 살아있음을 함의하지만 (7b)에서는 그것을 함의하지 않기 때문에, 두 유형의 의미는 서로 다르다는 주장을 하였다. 그는 단형 사동이 보통 조종적 사동(manipulative causation)을 나타내고, 장형 사동이 지시적 사동(directive causation)을 나타내는 차이가 있다고 하였다.

이상에서 우리는 양인석(1972, 1974)와 Shibatani(1973, 1975)를 중심으로 하여 단형 사동과 장형 사동이 동의적인지 아닌지에 대해 살펴보았다. 그런데 동의설을 주장한 연구로는 양인석(1972, 1974) 외에도 이정민(1973), 양동휘(1979), 손호민(1978) 등이 있는데, 이정민(1973)에서는 동일한 심층구조를 설정하면서 심층에 추상화된 /HA/를 설정하였으며, 양동휘(1979)는 두 구조가 같은 뜻을 내포하고 있으나 의미의 범위에 차이가 있을 뿐이라고 했고, 손호민(1978)은 두 형식 사이의 약간의 의미 차이가 있음을 인정하면서도 동일한 심층구조에서 유도할 것을 주장한 바 있다.

그리고 이의설을 주장한 연구로는 Shibatani(1973, 1975) 외에도 박병수(1974), 송석중(1978a, 1980), 이기동(1975, 1976), 김차균(1980) 등이 있었으며, 1980년대 이후에 나온 사동법 연구는 대체로 두 가지 유형의 사동문이 의미 차이가 있다는 점에 대부분 동의하는 태도를 보이고 있다.

이상에서 간략하게 살펴본 것처럼, 국어학계에 변형생성문법이 도입되고 국어학의 여러 분야에 이 이론을 적용하던 시기에, 우선 단형 사동과 장형 사동의 의미가 같은지 다른지에 대해 이견이 있었다.

동의성을 주장하는 연구에서는 심층구조에서 두 구조가 같았다는 주장을 하기 위해 의미 해체 분석의 방법론을 끌어와서 국어의 단형 사동과 장형 사동을 설명하고자 하였다. 그리고 같은 심층구조에서 다른 표면구조를 유도해 나가는 방안을 모색하는 데 힘을 쏟았다.

이와는 달리, 이의성을 주장하는 연구에서는 단형 사동과 장형 사동의 구조상의 차이가 있기 때문에 의미 차이가 나타나는 것으로 설명하고자 하였다. 단형 사동은 서술어가 하나뿐인 데 반해서 장형 사동은 서술어가 둘이라는 차이가 있는데, 이런 차이로 인해 단형 사동은 직접 사동, 강제 사동, 조종적 사동의 의미가 강하게 드러나고, 장형 사동은 간접 사동, 우회적 사동의 의미가 강하게 드러난다고 보았던 것이다.[1]

1 박소영(2013)에서는 어휘 사동은 사동과 피사동 내용이 하나의 동일한 사건으로

2.2. 의미론에 기반을 둔 사동 의미 연구

앞 절에서는 주로 단형 사동과 장형 사동의 의미 차이가 있는지 없는지 하는 문제와, 의미 차이가 있다면 그 차이를 어떻게 통사적으로 설명할 수 있는지에 초점을 맞춘 연구에 대해서 개괄적으로 살펴보았다.

이 절에서는 단형 사동과 장형 사동의 의미 차이가 있다면 이를 통사적으로 설명하려고 하지 않고 언어의 도상성으로 설명하려고 시도하거나 원형의미론이나 인지의미론적으로 설명하고자 한 연구에 대해 살펴보고자 한다.

먼저 도상성에 따라 단형 사동과 장형 사동을 설명하고자 한 연구로는 이효상(1993), 김형배(1994), 박종갑(1996)을 들 수 있다. 그 가운데 이효상(1993)에서는 언어의 문법 구조는 의사소통을 위한 의미기능이 유발되고, 의미기능/의사소통기능 구조를 그대로 반영하여 문법 구조와 의미 기능 사이에는 도상적 관계가 있다고 하였는데, 단형 사동과 장형 사동의 차이를 구조적 거리와 관념적 거리의 도상성을 보여주는 것으로 설명하였다. 즉, 원인 · 결과의 인과성으로 볼 때 단형 사동은 피사동주의 자발적 의지가 전혀 개입되지 않고 저항의 여지가 전혀 없거나 불가항력적이고 장형 사동은 피사동주의 저항의 여지는 있으나 피사동주의 의지와는 관계없이 사동주의 의지나 의도에 의해 이루어진다고 하였다. 다시 말해서 원인과 결과의 인과성으로 볼 때 단형 사동은 인과성이 강한 데 비해 장형 사동은 약하다고 하였다.

표상되는 의미 해석을 가지지만, 통사 사동은 사동 사건과 피사동 사건이 각각 독립적인 사건으로, 두 개의 사건을 포함하는 의미 해석을 가진다고 하면서, 통사론적으로 어휘 사동의 구조는 하나의 국면적인 vP 구조를 가진 것으로 의미론적으로 사동과 피사동 내용이 하나의 단일한 사건을 나타내지만 통사 사동 구조는 그 도출 과정에 있어서 두 개의 vP를 구성하여, 사동 사건과 피사동 사건이 각각 독립적인 사건으로 인식되는 두 개의 사건을 나타낸다고 하였다.

김윤신(2012)에서는 사동 행위의 직 · 간접성을 어휘의미론적 층위에서 설명하고자 하였는데, 단형 사동은 사동사의 어근 동사가 갖는 논항 구조와 사건 구조에 따라 각기 다른 논항 구조와 사건 구조를 가지므로 직접 사동과 간접 사동의 정도가 달라지게 되며, 장형 사동은 '-게 하다'의 사동 구성에 참여하는 동사의 논항 구조나 사건 구조와 관계없이 사동 행위의 간접성이 두드러진다고 하였다.

김형배(1994)에서는 언어 형식과 의미 사이에 본질적이고도 자연스러운 대응 관계가 존재한다고 보는 기능주의 언어학에 기반을 두고서 국어의 사동법을 살펴보았는데, 먼저 국어 사동법은 '어휘적 사동 < 형태적 사동(파생적 사동 < 합성적 사동) < 통사적 사동('를' 사동 < '에게' 사동 < '가' 사동)'과 같은 순위의 형식적 거리를 지니는 것으로 보고, 이러한 형식적 거리의 순위는 의미적 거리의 순위와 일치한다고 주장하였다. 즉, '원인'과 '결과'를 나타내는 형식적 거리가 짧을수록 의미적 거리도 짧아 사동 행위의 직접성을 나타내고, 형식적 거리가 멀수록 의미적 거리도 멀어 사동 행위가 간접적이라고 하였다.

박종갑(1996)에서도 국어 사동문의 언어 형식과 그 의미 기능 사이에 도상적 관계가 있다고 보았는데, 단형 사동문과 장형 사동문이라는 구조적 차이가 실세계의 차이를 반영하는 것처럼 보이는 경우에는 서로 다른 세계를 각각 다르게 인식하는 것으로 설명할 수 있으며, 두 유형의 사동문이 동일한 실세계를 가리키고 있어 실세계에서의 차이를 지적할 수 없는 경우에도 실세계에 대한 화자의 인식의 차이에 직접적으로 대응하는 것으로 설명하고자 하였다.

한편, 국어 장형 사동과 단형 사동의 의미 차이를 원형의미론적 관점에서 설명하고자 한 연구에는 박정운(2003)이 있는데, 단형 사동의 원형적 사용은 사동 사건과 피사동 사건이 하나로 융합된 직접 사동을 나타내고, 장형 사동의 원형적 사용은 간접 사동을 나타낸다고 하면서, 단형 사동과 장형 사동은 원형적 사용에서는 확연한 차이를 보이지만 주변적 사용에서는 부분적으로 동의적인 측면을 보일 수도 있다고 주장하였다.

그리고 인지언어학의 '해석'의 기제를 도입하여 장형 사동과 단형 사동의 의미 차이를 설명하고자 한 연구에는 이지수(2008)가 있는데, 두 유형의 의미 차이를 타동성의 정도 차이로 설명하고자 하였다. 우리가 직관적으로 단형 사동이 직접 사동을 나타내고 장형 사동이 간접 사동을 나타내는 것으로 판단한 것은 장형 사동은 의도성(Volitionality)과 행위성(Agency)이 없을 수도 있지만 단형 사동은 의도성과 행위성이 모두 '+'일 경우에만 사용되는 것과 관련하여 생각할 수 있다고 하였다. 또한 장형 사동의 경우 상성(Aspect), 긍정성(Affirmation), 법성(Mode), 목적어의 피영향성(Affectedness of O) 변수에서 '-'인 경우를 자유롭게 상정할 수 있는데, 이는 장형 사동이 원인 사건이 결과 사건을 함의하지 않거나 원인 사건과 결과 사건이 시차성을 가지고 일어나는 것으로 해석되는 것과 관련된다고 보았다. 이런 점에서 단형 사동이 장형 사동에 비해 대체로 높은 타동성을 보여준다고 하였는데, 인지언어학의 '해석'의 기제를 도입함으로써 화자는 인지한 영향력의 크기에 따라 타동성이 크다고 느끼거나 판단했을 때 단형 사동을 사용하고, 그 반대로 적다고 느끼거나 판단했을 때는 장형 사동을 사용한다고 주장하였다.

그밖에도 두 사동 구문의 용법은 화자가 사동주와 피사동주 사이에서 어느 것에 정보의 무게를 두느냐에 따라 결정되는 것으로 설명한 연구에는 이숙(2017)이 있는데, 두 유형의 사동 구문에서 사동 의미의 직접성 정도는 구문에 의해 결정되지 않으며, 어근 서술어가 기술하는 사건의 실질적 동작주 해석을 사동주와 피사동주 사이에서 누구로 판단하느냐에 따라 결정되는 것으로 보았다. 또한 단형 사동이 사동주에 정보의 무게를 두는 용법인 반면에, 장형 사동은 피사동주에 정보의 무게를 두는 용법이라고 주장하였다.

한편, 정성여(2010)에서는 인지적 접근에 기반을 두고, 언어화의 경우 객관적으로는 동일한 상황이라고 하더라도 그것을 달리 개념화하여 표현하는 개념화의 층위가 있다는 점을 주장하면서, 개체모형과 차원을 달리하는 사회모형을 도입함으로써 단형사동과 장형사동의 의미 차이를 해결하고자 하였다. 한쪽의 개체모형으로부터는 사동 형식과 그 형식이 나타내는 직접적인 의미가 사상되며, 다른 한쪽의 개체모형으로부터는 사동 상황과 그 상황이 나타내는 간접적인 의미가 사상되어, 이 두 개가 사회모형에서 혼합되는데, 이로 인해 사회모형에서는 형식과 의미 사이에 불일치가 생겨나는 것으로 설명하고자 했다.

2.3. 단형사동을 사동으로 다루지 않은 연구

단형사동이 국어의 진정한 사동 표현이 될 수 있느냐에 대한 의문은 일찍부터 제기된 바 있다.

최현배(1937/1980)에서는 타동사와 사동사의 경계가 불분명함을 지적하면서 도로된 본대 움직씨로 보아야 한다고 했고[2], 허웅(1975)에서도 단형사동을 타동사로 처리해야 함을 밝힌 바 있다.[3] 또한 김차균(1980)에서는 "'죽이다'는 '죽게 하다'와는 달리 사역자의 행위를 나타내는 사동 접사 '-이-'와 피사역자의 행위를 나타내는 동사 어간 '죽-'이 밀착되어 있어, 하나의 독립된 의미단위를 이루는 것이라 생각되며, 그리하여 그것은 파생되기 이전의 밑말과는 다른 새로운 동사이며 어휘적 의미도 달라져 가는 경향이 있다."고 했고[4] 하치근(1987: 91)에서도 이와 같은 견해를 보였다. 유명희(1982)는 15세기 국어에서 타동접미형이 사역상황을 나타내지 않는다는 점을 들어 접미형이 사동사가 아니라 타동사라고 했는데, 이용한 자료가 한문 번역문에 한정되었다는 한계를 가지고 있다. 최명옥(1982)에서는 월성지역 방언을 논의하는 가운데 그 지역 방언을 사용하는 화자들은 원 동사 어근에서 활용과정을 거쳐서 사동형을 습득하지 않고 사동형 자체를 직접 습득한다고 했으며, 박종갑(1984)에서도 사동형이 능동형에서 규칙에 의해 활용되지 않고 하나의 독립된 파생어라고 하였다.

한편, 유목상(1986)에서는 "사동사가 파생 전의 원사(原詞)와는 절연된 위

---

2 최현배(1937/1980: 439-443)에서는 "말 그것의 발달성과 말과 생각과의 일치성을 깊이 고려한 끝에, 본대 움직씨(제움직씨, 남움직씨)에 첫째 법의 여러가지 하임 도움줄기(이,우,구,기,히,후)가 붙어서 된 바꾸힌 움직씨(하임 움직씨)들만은 도로된 본대 움직씨(남움직씨)로 보고(따라, 말광(사전)에 독립한 말수(語彙)로 올리기로 하고)"라고 하였다.

3 허웅(1975: 170-171)에서도 "「하임말」이란 그림씨나 제움직씨에서 파생된 남움직씨, 또는 남움직씨에서 파생된 겹남움직씨를 가리키는 것, 더 줄여 말하면 「하임말」은 밑말에 타동성이 첨가된 말이라 정의하는 것이 더 적절한 표현이다."라고 하였다.

4 김차균(1980)에서는 수동과 사역의 형태가 관련성이 많으며, 의미론적으로는 사역은 동작성을 증가시키고 피동은 동작성을 약화시킨다는 점에서, 즉 동작성의 증감이라는 점에서 밀접한 관련이 있다고 하면서 사동과 피동을 같은 원리로 설명하려 하였다. 이와 비슷한 견해를 보인 김한곤(1983)에서는 국어의 '-이/히/리/기'는 '원인(CAUSE)'의 뜻이 있으며, 사역과 피동은 기저의 의미구조에서 화용론적 추리과정을 거쳐 얻어진다고 함으로써 사동과 피동을 하나의 원리로 설명하고 있다.

치에 있다. 곧 사전의 올림말이 되어 있기 때문에 독자적인 서술 자격을 보유하고 있는 것이다."라고 하면서 국어에서의 사동사가 구문변형이나 복합변형으로 기술될 성질의 것이 아니라 어휘분화의 한 결과로 수용되어야 한다고 했다. 오상확(1987)은 {-이} 파생동사의 의미 특성을 '직접성, 즉시성, 구속성, 여타성, 결과성, 사동성'의 6가지로 파악하면서 {-이} 파생동사가 국어의 사동법으로 적합하지 않다고 하였다. 송창선(1990)에서도 '격표지의 선택, 부정소의 작용범위, 부사류의 수식관계, 복합동사의 구성' 등을 살펴봄으로써 {-이-} 계 접미사가 심층구조에서 상위문 서술어라는 통사적인 증거를 찾을 수 없다고 밝히고 따라서 단형사동이 사동사가 아니라 타동사라는 주장을 했다.

송창선(1994)에서는 단형 사동에서 형태론적, 통사론적, 의미론적 특성을 면밀하게 검토하였다. 먼저 형태론적 특성으로 사동 접미사의 생산성을 살펴본 결과 1,239개의 기본 용언 중에서 사동 접미사가 결합할 수 있는 용언은 233개에 불과할 뿐만 아니라, 어떤 어근에 사동 접미사가 붙어서 파생이 가능한가 아닌가 하는 점은 전혀 예측할 수 없기 때문에 사동 접미사에 의한 파생이 본질적으로 사동화 기능과는 거리가 멀다고 보았다. 통사적인 측면에서는 격표지의 선택, 부정소의 수식 범위, 부사류의 수식 범위, 재귀대명사의 대용 현상 등을 중심으로 살펴본 결과, 심층구조에서 내포문을 가정한 논리가 통사적인 증거의 뒷받침을 받지 못하는 단순한 가정에 불과하다고 주장하였다. 의미적인 특성에서도 어근이 가지고 있던 의미와 파생어의 의미가 불규칙적이어서 예측할 수 없다면 파생어의 의미 정보는 당연히 어근과는 별개로 주어져야 한다고 주장하였다. 이와 같이 사동 접미사의 형태, 통사, 의미상의 특성을 살펴본 결과, 송창선(1994)에서는 이른바 사동 접미사의 기능이 본질적으로 사동화의 기능을 지니는 것이 아니라 타동화의 기능을 지니는 접미사라고 주장하였다.

요컨대, 단형사동을 인정하지 않는 이상의 연구에서는 소위 단형사동의 접미사 '-이-, -히-, -리-, -기-, -우-, -구-, -추-'가 심층구조에서 서술어가 아니기 때문에 사동사가 아니라 타동사로 다루어야 한다는 입장이며, 따라서 통사적인 절차보다는 어휘적인 파생에 의하여 파생어가 만들어진다는 시각을 보였다.

3. 남아 있는 과제

앞에서 우리는 단형 사동과 장형 사동의 의미가 같은지 다른지를 다룬 기존 연구를 통사적인 측면에서 살펴본 연구과 의미적인 측면을 중시한 연구로 나누어서 살펴보았는데, 지금부터는 사동의 의미를 탐구하는 데 있어서 남은 과제로는 어떤 것이 있는지 논의하기로 한다.

단형 사동과 장형 사동의 동의성 여부를 논의하기 위해서는, 무엇보다도 단형 사동의 특성에 대해 더 정밀하게 검토해 볼 필요가 있다고 본다. 필자는 그 중에서도 다음 세 가지 문제에 대해 더 면밀히 검토를 한 뒤에 단형 사동과 장형 사동을 비교 검토하는 연구로 나아가야 한다고 본다.

(8) a. 표현과 상황의 구분
b. 사동성의 정도
c. 어근과 사동사의 의미 관계

단형 사동을 연구하는 데 있어서, 우리는 먼저 표현과 상황을 엄격하게 구분하여야 한다고 보며, 단형 사동을 진정한 의미의 사동으로 볼 수 있는지를 따져보기 위해서는 무엇보다도 사동사들의 사동성의 정도를 면밀히 검토할 필요가 있다는 것이다. 그리고 어근의 의미에서 사동사의 의미를 규칙적으로 설명할 수 있는지에 대해서도 꼼꼼하게 확인하는 연구가 필요하다는 것이다.

3.1. 표현과 상황의 구분

국어는 태(voice)에 대한 인식이 서구어처럼 철저하지 못하며 표현을 하는 데 있어서 주로 행위자 중심의 표현을 즐겨 하기 때문에 그 발화를 상황에

따라 적절하게 해석하는 장면의존성이 크게 작용한다.[5]

(9) a. 나 이 집 짓고 애로가 컸다.
    b. 머리 깎으러 갑니다.

(9a)는 화자가 목수인 경우도 있지만, 목수가 아닌 경우에도 이런 표현을 사용하며, (9b)도 자기가 이발사가 아니지만 머리를 '깎으러' 이발소에 간다고 하지 머리를 '깎이러' 이발소에 간다고 하지는 않는다.

이런 점을 중시하여 송창선(1994: 15-20)에서는 국어에서 사동 표현을 해야 할 상황에서 주동표현을 하기도 하며, 또 피동사가 스스로 행동을 하는 능동 표현으로 쓰이기도 하는데, 이런 점이 바로 국어가 가진 특수성이기 때문에 국어를 대상으로 하는 연구에서 이런 특질을 간과해서는 안 된다고 주장하였다.

(10) 어머니가 아이에게 밥을 먹였다.

송창선(1994: 15-20)에서는 예문 (10)이 '어머니가 밥을 직접 떠 먹여 주는' 상황에서 쓰일 수 있고 더러는 어머니가 직접적인 행동을 하지 않고 '아이 스스로가 밥을 떠 먹게 어머니가 시키는' 상황에서도 쓰이기 때문에 (10)에 '직접(구속적) 사동'과 '간접(허용적) 사동'의 두 가지 의미를 대응시키는 논리도 표현과 상황을 혼동하는 데서 비롯된 것이라고 하였다.

기존 논의에서 단형 사동과 장형 사동의 동의성 문제를 논의하는 가운데 단형 사동이 '직접 사동'을 나타내고, 장형 사동이 '간접 사동'을 나타내지만, 경우에 따라서는 단형 사동이 '직접 사동'과 '간접 사동'의 두 가지 상황에서 모두 쓰일 수 있다는 점을 부각시키기도 했는데, 이처럼 두 가지 상황에서

5 김종택(1982: 90-97)에서 국어가 문법적인 장치가 부족하면서도 언어 행위를 훌륭하게 수행할 수 있는 것은 바로 장면의존성이 크기 때문이라는 사실을 밝힌 바 있다.

어떤 표현이 다 쓰일 수 있으면 그 표현은 그 상황을 나타내기 위해서 만들어진 것처럼 주장하는 것이 바로 표현과 상황을 혼동하고, 상황을 지나치게 중시하는 데서 비롯된 것이라고 본다.

따라서 앞으로 단형 사동과 장형 사동의 의미 차이를 논의할 때 그 상황을 지나치게 중시하여 표현과 상황을 혼동하는 설명 방식에서 탈피하여야 할 것이다.

3.2. 사동성의 정도

사동성의 정도에 대한 언급은 서정원(1991), 이익섭 · 임홍빈(1983), 송창선(1994) 등에서 찾아볼 수 있다. 먼저 서정원(1991: 48-75)에서는 사동성의 정도를 검토하는 기준으로 '사동활동과 피사동활동의 분리 정도, 동사의 동작성 정도, 피사동주의 관여 정도, 피사동주의 자의성 정도'의 네 가지를 제시하면서 사동성의 정도를 6등급으로 나누어 검토한 바 있다.

한편, 이익섭 · 임홍빈(1983: 208-212)에서는 사동주가 피사동주에게 작용하는 방식과, 피사동주가 피사동 사건에 관련하는 방식에 차이가 있다고 하면서 다음 네 가지를 제시하고 있다.

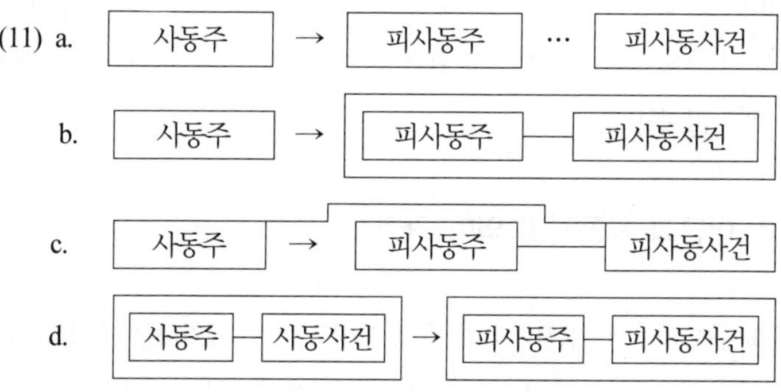

송창선(1994: 29)에서는 사동성의 정도를 네 단계로 나누어 제시하였다.

(12) a. 사동주와 피사동주를 전혀 생각할 수 없는 단계 (사동성 0)
b. 사동행위와 피사동행위를 상정할 수는 있지만, 피사동주가 아닌 대상이 내포문의 주어인 단계 (사동성 1)
c. 사동주와 피사동주를 상정할 수 있으며 피사동주의 행동을 인식할 수 있는 경우와 인식하지 못하는 경우가 공존하는 단계 (사동성 2)
d. 사동주와 피사동주를 상정할 수 있고 피사동주의 행동을 항상 인식할 수 있는 단계 (사동성 3)

그리고 위의 네 단계에 해당하는 예로는 다음의 (13)을 제시하였다.

(13) a. 일꾼이 담을 높였다. (사동성 0)
b. 창수가 책을 책상에 올렸다. (사동성 1)
c. 어머니가 딸에게 옷을 입혔다. (사동성 2)
d. 선생님께서 학생에게 편지를 읽혔다. (사동성 3)

이상에서 살펴본 바와 같이 기존 연구에서는 사동성의 정도에 대해 논의한 연구가 여럿이 있기는 하지만, 지금까지 이를 토대로 하여 사동사를 본격적으로 검토한 연구는 이루어지지 않았다. 따라서 이들 논의를 바탕으로 하여 사동 접미사가 결합한 사동사의 사동성 정도를 면밀하게 검토하여 이른바 '사동 접미사'와 '사동' 사이의 본질적 관련성에 대해서 전면적으로 재검토해 볼 필요가 있다고 본다.

3.3. 어근과 사동사의 의미 관계

파생어의 의미는 어근의 여러 가지 의미를 모두 유지하는 것이 아니라, 어근의 중심 의미(기본 의미)가 파생어에 반영되는 것이 일반적이다.[6]

6 아래에 제시하는 어휘의 사전상 의미는 국립국어연구원(1999)의 뜻풀이 중에서

(14) **먹다** 「동사」 **[1]** **【…을】** 「1」 음식 따위를 입을 통하여 배 속에 들여보내다. 「2」 담배나 아편 따위를 피우다. 「3」 연기나 가스 따위를 들이마시다. 「4」 어떤 마음이나 감정을 품다. 「5」 일정한 나이에 이르거나 나이를 더하다. 「6」 겁, 충격 따위를 느끼게 되다. 「7」 욕, 핀잔 따위를 듣거나 당하다. 「8」 (속되게) 뇌물을 받아 가지다. 「9」 수익이나 이문을 차지하여 가지다. 「10」 물이나 습기 따위를 빨아들이다. 「11」 어떤 등급을 차지하거나 점수를 따다. 「12」 구기 경기에서, 점수를 잃다. 「13」 (속되게) 여자의 정조를 유린하다. 「14」 매 따위를 맞다. 「15」 남의 재물을 다루거나 맡은 사람이 그 재물을 부당하게 자기의 것으로 만들다. **[2]** **【…에】** 「1」 날이 있는 도구가 소재를 깎거나 자르거나 갈거나 하는 작용을 하다. 「2」 바르는 물질이 배어들거나 고루 퍼지다. 「3」 벌레, 균 따위가 파 들어가거나 퍼지다. 「4」 돈이나 물자 따위가 들거나 쓰이다.

(15) **먹이** 「명사」 동물이 살아가기 위하여 먹어야 할 거리. 또는 사육하는 가축에게 주는 먹을거리

(14)에서 보듯이 '먹다'에는 19가지의 다양한 의미가 들어있지만, (15)에서 보듯이 '먹-'에 명사화 접미사 '-이'가 결합하면 "음식 따위를 입을 통하여 배 속에 들여보내다."라는 중심 의미에서 파생된 "먹을거리"라는 의미만 지니는 것이다.

이처럼 어근에 접미사가 결합할 때, 파생어의 의미는 어근이 지닌 여러 가지 의미 중에서 중심 의미와 관련되는 것이 일반적인데, 어근에 사동 접미사가 결합하는 경우에는 이와는 달리 매우 복잡한 양상을 보인다.

(16) **먹이다** [1] **【…에/에게 …을】** 「1」 '먹다02[Ⅰ][1]「1」'의 사동사. 「2」 '먹다02[Ⅰ][1]「6」'의 사동사. 「3」 '먹다02[Ⅰ][1]「7」'의 사동사. 「4」 '먹다02[Ⅰ][1]「8」'의 사동사. 「5」 '먹다02[Ⅰ][1]「12」'

용례는 제외하고 의미 부분만 제시한 것이다.

의 사동사. 「6」 '먹다02[Ⅰ][1]「14」'의 사동사. 「7」 '먹다02[Ⅰ][2]「2」'의 사동사. 「8」 기계나 틀 따위에 물건, 원료 따위를 넣다. [2] 【…을】 가축 따위를 기르다.

위에서 '먹다'와 '먹이다'의 의미를 비교해 보면, '먹이다'에서는 '먹다'의 의미 중에서 중심 의미를 포함한 일곱 개의 의미와 관련이 있음을 알 수 있다. 그런데 '닦다'와 '닦이다'의 경우를 살펴보면, '닦이다'의 의미는 '닦다'의 의미 중에서 중심 의미와 밀접한 관련이 있음을 확인할 수 있다.

(17) **닦다** 【…을】 「1」 때, 먼지 녹 따위의 더러운 것을 없애거나 윤기를 내려고 거죽을 문지르다. 「2」 거죽의 물기를 훔치다. 「3」 길 따위를 내다. 「4」 건물 따위를 지을 터전을 평평하게 다지다. 「5」 학문이나 기술을 배우고 익히다. 「6」 품행이나 도덕을 바르게 다스려 기르다. 「7」 어떤 일을 하기 위한 기초를 마련하다. 「8」 치밀하게 따져 자세히 밝히다. 「9」 글 따위를 지어 적다. 「10」 휘몰아서 나무라다. ≒홀닦다 「2」. 「11」=홀닦다 「1」. 「12」 셈을 맞추어서 밝히다.

(18) **닦이다** 【…에/에게 …을】 「1」 '닦다01 「1」'의 사동사. 「2」 '닦다01「2」'의 사동사.

한편 '벗다'와 '벗기다'의 경우를 살펴보면 '벗기다'의 의미는 '벗다'의 중심 의미에서 파생된 의미가 있는가 하면, '벗다'의 주변 의미에서 파생된 의미도 있고 '벗다'에서는 찾아볼 수 없는 새로운 의미가 쓰임을 알 수 있다.

(19) **벗다** [1] 【…을】 「1」 사람이 자기 몸 또는 몸의 일부에 착용한 물건을 몸에서 떼어 내다. 「2」 메거나 진 배낭이나 가방 따위를 몸에서 내려놓다. 「3」 동물이 껍질, 허물, 털 따위를 갈다. 「4」 의무나 책임 따위를 면하게 되다. 「5」 누명이나 치욕 따위를 씻다. 「6」 증오나 불신을 없애다. 「7」 고통이나 괴로운 상태를 감당

하지 않게 되다. 「8」 사람이 어수룩하거나 미숙한 태도를 생활의 적응을 통하여 없애다. 「9」 ((주로 직업과 관련된 의류 명사와 함께 쓰여)) (비유적으로) 어떤 위치에서 물러나다. [2] 「1」 사람이나 동물의 살갗이 몸에서 떨어지다. 「2」 사람의 어수룩함이나 미숙한 태도가 없어지다. 「3」 덧붙은 때나 기미 따위가 없어지다.

(20) **벗기다** 【…을】 「1」 '벗다[1]「1」'의 사동사. 「2」 '벗다[1]「2」'의 사동사. 「3」 '벗다[1]「5」'의 사동사. 「4」 가죽이나 껍질 따위를 떼어 내다. 「5」 거죽을 긁어 내다. 「6」 씌운 것을 열거나 걷어 내다. 「7」 빗장이나 단추 따위를 풀어서 열리게 하다. 「8」 감추어진 것이 드러나게 하다. 「9」 (비유적으로) 남의 물건 따위를 뜯어내다.

이처럼 사동 접미사의 경우에는 어근이 원래 가지고 있던 의미와 파생어의 의미 사이의 관계가 그리 단순하지 않음을 알 수 있다. 특히 '늘다-늘이다, 늘리다', '벌다-벌이다, 벌리다', '맞다-맞추다, 맞히다'처럼 하나의 어근에서 두 개의 사동사가 파생된 경우가 있어서 이들의 의미 관계를 설명하는 데 큰 어려움이 따르는 것이다.

따라서 단형 사동의 경우에 어근의 의미에서 파생어의 의미를 얼마나 규칙적으로 설명할 수 있는지에 대해 정밀하게 검토해 볼 필요가 있다고 본다.

4. 마무리

지금까지 우리는 단형 사동과 장형 사동의 의미와 관련된 기존 연구를 개괄적으로 살펴보고, 사동의 의미를 탐구하는 데 있어서 앞으로 우리에게 남아 있는 과제로는 어떤 것이 있는지에 대해 살펴보았다.

먼저, 국어학계에 변형생성문법이 도입되면서 단형 사동과 장형 사동의 의미가 같은지 다른지에 대해 열띤 논쟁이 있었다. 동의성을 주장하는 시각에서는 같은 심층구조에서 다른 표면구조를 유도해 나가는 방안을 모색하였으며, 이의성을 주장하는 입장에서는 단형 사동과 장형 사동의 구조상의 차이로 인해 의미 차이가 나타나는 것으로 설명하고자 하였다. 최근에 국어학계에서는 단형 사동과 장형 사동이 동의라고 보는 견해보다는 의미 차이가 있다고 보는 견해가 더 많은 지지를 받고 있다고 하겠다.

한편, 사동의 의미를 탐구하는 데 있어서 의미론에 기반을 둔 연구도 많이 이루어졌는데, 단형 사동과 장형 사동의 의미 차이가 있다면 이를 통사적으로 설명하려고 하지 않고 언어의 도상성으로 설명하거나 원형의미론이나 인지의미론적으로 설명하고자 시도한 새로운 연구도 이루어진 바 있다.

이와는 달리, 단형 사동을 사동으로 다루지 않는 연구 방법도 나타났다. 이들 연구에서는 사동사와 타동사의 경계가 불분명할 뿐만 아니라, 형태, 통사, 의미론적인 측면을 고려할 때 단형 사동이 타동사일 뿐 사동사가 아니라는 주장을 펴기도 하였다.

끝으로 사동의 의미와 관련하여 우리에게 남아 있는 과제로는, 사동 표현과 사동 상황을 엄격하게 구분하여 사동의 의미를 탐구할 필요가 있고, 사동성의 정도를 정밀하게 검토하여 단형 사동이 사동사인지 여부를 따져볼 필요가 있으며, 마지막으로 어근과 사동사의 의미 관계를 면밀하게 살펴볼 필요가 있다.

참고문헌

강영세(1984), "Two Types of Periphrastic Causative Constructions in Korean", 『언어』 9(1): 29-71, 한국언어학회.

국립국어연구원(1999), 『표준국어대사전』, 두산동아.

권재일(1991), "사동법 실현방법의 역사", 『한글』 211: 99-124, 한글 학회.

김영일(1977), "국어 사동법 연구", 부산대학교 대학원 국어국문학과 석사학위 논문.

김영일(1980), "사동문의 구조", 『국어국문학』 17: 95-114, 부산대학교 국어국문학과.
김윤신(2001), "파생동사의 어휘의미구조: 사동과 피동을 중심으로", 서울대학교 대학원 언어학과 박사학위논문.
김윤신(2012), "국어 사동문에 나타난 사동 행위와 직·간접성", 『우리말연구』 30: 111-143, 우리말학회.
김정대(1988), "사동논의에 대한 반성", 『어문논집』 3: 35-76, 경남대학교.
김진수(1982), "사역과 수동의 형태와 의미 고찰", 충남대학교 대학원 국문학과 석사학위논문.
김차균(1980), "국어의 수동과 사역의 의미", 『한글』 168: 5-49, 한글 학회.
김한곤(1982), "CAUSE as the Deep Semantic Source of so-called 'Causative' and 'Passive': with Special Reference to the Metaphorical Interpretation of the -*i* Morpheme in Korean," 『어학연구』 18(1): 171-195, 서울대학교 어학연구소.
김한곤(1983), "이른바 '-이-' 사역·피동의 화용론적 조건", 『한글』 180: 35-52, 한글 학회.
김형배(1994), "한국어 사동법의 '대응성'에 관한 연구", 『건국어문학』 17·18: 131-155, 건국대학교 국어국문학과.
김형배(1997), 『국어의 사동사 연구』, 박이정.
박병수(1974), "The Korean Verb ha and Verb Complementation", 『어학연구』 10(1): 46-82, 서울대학교 어학연구소.
박소영(2012), "한국어 사동문의 의미 해석과 통사구조", 『한국어학』 59: 169-201, 한국어학회.
박양규(1978), "사동과 피동", 『국어학』 7: 47-70, 국어학회.
박영목(1977), "국어 사동사와 피동사의 의미 구조", 서울대학교 대학원 국어교육과 석사학위논문.
박정운(2003), "한국어 사동구문의 의미: 원형의미론적 접근", 『언어』 28(3): 345-371, 한국언어학회.
박종갑(1984), "국어 사동문의 의미 특성", 『어문학』 44·45: 103-117, 한국어문학회.
박종갑(1996), "언어의 도상성과 그 의미적 대응물에 대하여: 국어 사동문을 중심으로", 『영남어문학』 30: 33-53, 영남대학교 국어국문학과.
박종갑(2013), "국어 사동문의 지시체와 심리영상 및 도상성", 『민족문화논총』

54: 215-234, 영남대학교 민족문화연구소.
서원임(1974), "사동법 기술 시안", 『문법연구』 1: 187-207, 문법연구회.
서정원(1991), "국어 사동문의 사동성 정도 연구", 고려대학교 대학원 국어국문학과 석사학위논문.
손호빈(1978), "긴형과 짧은형", 『어학연구』 14(2): 141-151, 서울대학교 어학연구소.
송석중(1978a), "사동문의 두 형식", 『언어』 3(2): 1-13, 한국언어학회.
송석중(1978b), "Causes of Confusion in Description of Causatives in Korean", 김진우 『한국언어학논문집』, 207-216, Hornbeam Press.
송석중(1980), "Perception or Reality? Korean Causative Reexamined", *Korean Linguistics* 2: 33-65, Amsterdam: John Benjamins.
송석중(1993), 『한국어 문법의 새 조명』, 지식산업사.
송창선(1985), "국어 사동법 연구", 경북대학교 대학원 국어국문학과 석사학위논문.
송창선(1990), "사동과 타동", 『문학과 언어』 11: 111-129, 문학과 언어연구회.
송창선(1994), "국어 {-이-}계 접미사의 타동화 기능 연구", 경북대학교 대학원 국어국문학과 박사학위논문.
양경모(1984), "사역과 한국어 사역 구문", 서울대학교 대학원 언어학과 석사학위논문.
양동휘(1975), "Semantic Constraint 1: Causativisation", 『어학연구』 11(2): 243-248, 서울대학교 어학연구소.
양동휘(1977), "Instrumental Causation", 『어학연구』 13(1): 87-90, 서울대학교 어학연구소.
양동휘(1979), "국어의 피 · 사동", 『한글』 166: 189-206, 한글 학회.
양인석(1972), *Korean Syntax*, 백합출판사.
양인석(1974), "Two Causative Forms in Korean", 『어학연구』 10(1): 83-117, 서울대학교 어학연구소.
양인석(1976), "Semantics of Korean Causation", *Foundations of Language* 14(1): 55-87.
오상확(1987), "국어 동사의 {-이}파생 제한현상에 관한 연구", 서울대학교 대학원 국어교육과 석사학위논문.
유명희(1982), "타동접미형과 '-게 ᄒᆞ-'형의 의미 비교", 연세대학교 대학원 국어국문학과 석사학위논문.

유목상(1986), “사동사 · 피동사의 문법 처리고”, 『국어학신연구』, 탑출판사.
이기동(1975), “Lexical Causatives in Korean”, 『어학연구』 11(1): 17-24, 서울대학교 어학연구소.
이기동(1976), “Arguments against Lexicalization: With Reference to Deadjectival Causatives in Korean”, 『언어』 1(1): 237-255, 한국언어학회.
이남순(1984), “피동과 사동의 문형”, 『국어학』 13: 65-93, 국어학회.
이상억(1970), “국어의 사동 · 피동구문 연구”, 서울대학교 대학원 국어국문학과 석사학위논문.
이상태(1972), “국어 사동화 구조에 관하여”, 『국어교육연구』 4: 25-44, 국어교육연구회.
이 숙(2017), “한국어 두 사동구문의 의미 기능 분석”, 『어문론총』 72: 115-131, 한국문학언어학회.
이익섭 · 임홍빈(1983), 『국어문법론』, 학연사.
이정민(1973), “Presupposition of Existence of Theme for Verbs of Change (in Korean and English)”, *Foundations of Language* 9(3): 384-388.
이정민(1974), *Abstract Syntax and Korean with Reference to English*, 범한서적.
이지수(2008), “타동성과 국어 사동표현의 의미”, 『어문연구』 36(2): 145-170, 한국어문교육연구회.
이진병(2009), “국어 사동문의 문법성과 사동성: 이른바 접미 사동문의 범주 설정을 중심으로”, 『한국언어문학』 68: 59-87, 한국언어문학회.
이홍배(1970), *A Study of Korean Syntax*, 범한서적.
이효상(1993), “담화 · 화용론적 언어 분석과 국어연구의 새 방향”, 『주시경학보』 11: 3-49, 탑출판사.
임유종(1990), “단형사동과 장형사동의 의미 차이와 원인 분석”, 『한양어문』 8: 145-169, 한양대학교 국어국문학과.
정성여(2005), “규범적 사동구문과 비규범적 사동구문”, 『어학연구』 41(1): 49-78, 서울대학교 언어교육원.
정성여(2010), “직접사동과 간접사동, 무엇이 문제였나?: 새로운 이론적 모형의 제안을 위하여”, 정성여 · 이정민 편저, 『한국어 연구의 새 지평』, 113-150, 태학사.
최명옥(1982), 『월성지역어의 음운론』, 영남대학교 출판부.
최현배(1937/1980), 『우리말본』, 정음사.

허　웅(1975), 『우리 옛말본』, 샘문화사.

홍기선(2003), “영어와 한국어의 사동구문: 인지의미론적 분석”, 『언어』 28(1): 141-162, 한국언어학회.

Shibatani, M.(1972), Three reasons for not driving ‘kill’ from ‘cause to die’ in Japanese, in J. P. Kimball(ed.), *Syntax and Semantics* 1: 125-137, New York: Seminar Press.

Shibatani, M.(1973), Lexical versus Periphrastic Causatives in Korean, *Journal of Linguistics* 9(2): 281-297.

Shibatani, M.(1975), “On the Nature of Synonymy in Causative Expressions”, 『어학연구』 11(2): 281-297, 서울대학교 어학연구소.

국어 담화표지의 의미

임 규 홍*

1. 들머리

언어학계에서 담화표지에 관심을 가지게 된 것은 언어학 연구의 변화에 따른 것이다. 담화연구는 20세기 초에 언어학계의 주류를 이루었던 구조주의와 20세기 중반 촘스키를 중심으로 한 변형생성문법의 연구에서 벗어나 새로운 문법 동향으로 자리 잡은 기능문법 연구에서 본격적으로 시작되었다. 담화의 역사는 일찍이 그리스 로마 학자들이 수사학과 문법을 구별하면서 시작되었다. 고대 언어학 연구에서 문법은 고립된 대상으로서 언어 규칙에 관심을 가진 반면, 수사학은 단어를 운용하는 방법과 효과를 거두는 방법, 그리고 특정한 맥락에서 사람들과 성공적으로 의사소통을 이루어 내는 방법에 관심을 두면서 자연스럽게 입말 담화에 관심을 가지게 된 것이다. 이것이 학문적으로 정착하기 시작한 것은 20세기 중반 Zelling Harris(1952)의 『담화분석』에서부터라고 할 수 있다(Cook 1989: 12 참조).

* 경상대학교 국어국문학과 교수, ghonglim@gnu.ac.kr

구조주의와 변형생성문법의 언어 연구 대상이 각각 랑그(langue)와 언어능력(linguistic competence)에 의한 이상적 언어(ideal data)였다면, 기능주의 언어학은 의사소통의 중요성을 인식하고 이른바 Saussure의 파롤(parole)이나 Chomsky의 언어수행(linguistic performance)을 대상으로 한 연구라고 할 수 있다. 따라서 기능문법에서 파생된 화용론(pragmatics)이나 담화론(discourse)은 의사소통과 형태와 기능, 형태와 의미(도상성)에 대한 연구, 언어의 정보의 엮임관계, 통어구조, 신정보와 구정보의 관계, 초점, 주제(topic-comment, theme-rheme), 대조에 대한 연구를 주로 한다(Givon, Kuno, Prince, Bolinger, Halliday, Hymes, van Dik). 따라서 기능문법가나 의사소통을 연구하는 언어 연구가들은 촘스키식의 언어 연구 대상을 말할이의 머릿속에서 가능성으로만 존재하고 실제 발화되지 않는 가공된 말, 정제된 말(sanitized data)이라고 비판하고 있다. 기능문법의 깊은 근원은 1929년 프라하언어학회총론에서 언어학 연구에서의 의사소통의 중요성과 이에 대한 연구의 중요성을 주장한 것에서 시작되었으며, 1960년대 Austin과 Searle의 화행이론(Speech act theory)에 닿아 있다. 나아가 이들 연구는 기능문법(functional grammar)과 인지문법(cognitive grammar)으로 이어진 것이다.

이 글에서는 지금까지 연구되어 왔던 담화표지에 대한 내용을 전체적으로 조망하고 담화표지 연구의 문제와 향후 지향점을 모색하고자 한다. 담화표지 연구에 대한 전체적인 연구는 전영옥(2017)과 구현정(2018)에서 이루어진 바가 있다. 이 글도 이를 많이 활용하였음을 밝혀 둔다. 그리고 많은 부분을 임규홍(1996)을 참고로 하였으며, 담화표지의 의미적 측면에 중점을 두고 논의하고자 한다.

2. 국어 담화표지 연구 흐름

2.1. 무관심(~1980)

담화표지를 전통문법에서는 의지 감탄사(최현배 1971)라고 하였거나 군말(김종택 1982), 머뭇거림 입버릇(남기심 · 고영근 1985), 머뭇말, 덧말(노대규 1989)이라고 하여 담화표지가 가지고 있는 독립적인 담화 기능에 대해서는 간과해 왔다. 즉, 담화표지를 담화에서 불필요한 요소로 보고 연구 대상으로 삼지 않았던 것이었다. 전통문법에서 규범문법을 중요시해 왔던 시기에는명제적 표현 이외 담화표지와 같은 것은 입말에서 쓰지 말아야 할 잘못된 표현이라고 생각하였다. 따라서 그 용어도 '군말'이나 '입버릇', '덧말', '머뭇말'과 같이 불렸다. 오늘날 담화표지라고 부르는 발화 요소들을 최현배(1971)에서 감탄사라고 한 것은 담화표지의 담화적 기능을 수용한 태도로 보인다. 실제 감탄사와 담화표지의 개념을 어떻게 정립할 것인가가 문제가 되어 이에 대한 논의도 있었다(황병순 2010).

이 시기에는 전체적으로 담화표지에 대한 담화상의 의의나 개별 담화표지에 대한 연구는 보이지 않는다.

2.2. 관심 갖기(1980년 초~2000년)

담화표지에 대해 관심을 가지고 연구하기 시작한 것은 1989년대 후반부터라고 할 수 있다. 국어학 연구자 가운데 기능문법에 관심을 가지는 연구자가 늘어나면서 자연스럽게 담화표지와 담화구조 등 담화 연구에 관심을 가지게 되었다. 따라서 이전의 감탄사와 담화표지에 대한 개념을 분리하여 정리하기 시작했다(강선희 1994). 국어학 연구에서 담화에 관심을 가지면서 담화표지에 주목을 하게 된 것은 송병학(1987)에서 '관심획득표지(attention-getter)'라는 특이한 용어를 사용하면서부터라고 할 수 있다. 그 후 간투사(interjection)[1]

라는 용어로 본격적으로 담화표지에 대한 연구가 시작되었다(신지연 1989, 신현숙 1989). 그러나 이 시기의 담화표지 연구는 감탄사와 담화표지에 대한 명확한 구별 없이 간투사란 용어로 연구되었다. 안주호(1992)에서 처음으로 담화표지라는 용어가 논문 제목에 쓰였으며 이원표(1992)에서 담화표지에 대한 연구가 본격적으로 이루어지기 시작했다. 이한규(1996)에서는 담화표지어라는 용어로 다양한 담화표지 연구를 하였다. 이 시기는 주로 담화표지나 간투사와 같이 담화에서 이전에 관심을 받지 못했던 담화요소에 관심을 가지기 시작한 시기이다. 이 시기에 담화표지나 간투사에 대한 전반적인 논의가 이루어졌다(신현숙 1989, 신지연 1989, 안주호 1992, 오승신 1995). 또한 이 시기에도 개별 담화표지에 대한 연구가 없었던 것은 아니다. 주로 '-요'(윤석민 1994, 이정민 · 박성현 1991), '인제/인자'(이기갑 1995, 임규홍 1996), '글쎄'(이원표 1993, 이해연 1994, 김선희 1995, 김은정 1998), '아니'(이원표 1993, 송병학 1994, 구종남 1997, 김미숙 1997, 김은정 1998) 등이 있었고, 영어 담화표지 'now', 'well' 등이나 한국어에서 특수하게 쓰이는 부정 표현 등에 대한 연구가 이루어졌다.

2.3. 넓히기(2000~2018)

2000년대에 들어서면서 담화표지 연구는 본격적으로 매우 활발하게 이루어지기 시작했다. 이 시기에는 이전 시기에 다루어졌던 담화표지와 함께 더 다양한 종류의 담화표지에 대한 연구가 이루어졌다. 그리고 담화표지에 대한 기능이 세분화되었으며 담화자료도 말뭉치를 활용하기 시작했다.

이 시기에는 방언 담화표지를 연구하기 시작했다. 경상방언은 임규홍(2009, 2011), 강우원(2013), 제주방언은 강희숙(2006), 문순덕 · 김원보(2012), 함경도 방언은 오선화(2008), 동남방언은 이기갑(2019, 2013) 등이 보인다.

---

1 Bolinger 추모 특집 *Journal of Pragmatics* 18(1992)에 'interjections'을 특집으로 다룬 적이 있음.

또 이 시기에 눈여겨 볼 연구는 담화표지를 운율적 측면에서 연구한 것으로 송인성(2013, 2014, 2015), 차지현(2010)을 주목할 만하다. 특히 이 시기에는 담화표지를 외국인을 위한 한국어 교육 연구의 주제로 쓴 논문들이 많이 나오기 시작했다.

3. 담화표지 뜻넓이

3.1. 국어 담화표지 갈래

국어 담화표지의 범주는 학자들마다 매우 다양하다. 담화표지는 기본적으로 담화라는 큰 틀 속에서 생성되는 표지임에는 두루 인정을 하고 있지만 담화표지의 기능 범주가 매우 다양하기 때문에 담화표지의 뜻넓이가 다양하게 된 것이다. 담화표지는 발화에서 화자의 발화책략으로 기능하기 때문에 그 범위를 넓게 잡기도 한다. 담화표지가 개별적 기능을 하기도 하고 선후 상황과 맥락 또는 화자의 태도나 감정을 나타내는 기능을 하기도 한다. 따라서 국어 담화표지를 다음과 같이 나눌 수 있다(임규홍 1996).

1) 어휘적 담화표지(lexical discourse marker)
   (1) 어휘 반복 담화표지: 선행 담화의 성분을 반복함
   (2) 어휘 삽입 담화표지:
      ⓐ 서술어류: 뭐냐하면, 뭔고하면, 머시고(머시거),
      있지(있제, 있죠), 아이가, 그 아인나(안 있어),
      말이야(말입니다), 말하자면
      ⓑ 부사어류: 글쎄, 마, 머, 그래, 거시기,
      인자(인제, 인저, 이제)
      ⓒ 어미류: -가지고(갖고, 갖구, 가지구, 깐두루 등),
      -요(-예,-유)

ⓓ 지시어류: 음-, 에-, 그-, 저-, 이-
ⓔ 감탄사류: 앗, 아차, 아이구- 등

2) 비어휘적 담화표지(non-lexical discourse marker)
(1) 쉼(pause), 억양(intonation), 강세(stress)

국어의 담화표지를 이처럼 어휘적 담화표지와 비어휘적 담화표지로 나눈 것은 모든 언어의 발화는 발화의 중요한 두 기제인 어휘의미의 연결과 비어휘적 요소의 실현으로 이루어지기 때문이다. 어휘적 담화표지는 그 어휘적 의미가 담화 기능으로 변화 확대된 것으로 본다. 반면에 비어휘적 요소는 어휘요소가 담당하지 못하는 상황적 요소나 문체적 요소 그리고 심리적 요소에 작용하게 된다. 이 둘의 요소가 자연스럽게 이루어졌을 때 담화는 매우 자연스럽게 연결되고 담화효과 또한 그만큼 높아지게 된다. 이러한 측면에서, 담화표지를 어휘와 비어휘의 담화적 요소로 나눔으로써 그 기능 또한 어휘와 비어휘적 특성을 가질 것이라는 전제가 가능하다. 그리고 어휘적 담화표지 가운데 반복에 의한 담화표지는 실제 하나의 독립된 형태의 담화표지라 하기는 어려운 점도 있겠으나 그 선행 정보가 반복되는 현상은 실제 글말에서는 실현되지 않는 담화의 특성을 가지고 있으며[2], 그것이 담화 상황에서 담화적 기능을 충분히 담당하고 있다는 면에서 담화표지의 한 양상으로 포함시킬 수 있다. 더구나 이 선행 정보의 반복은 담화표지와 거의 유사한 담화기능을 하기 때문에 담화표지의 효과적인 설명을 위해서도 담화표지와 동일한 범주에 포함시키는 것은 별 무리가 없다고 본다.

그리고 어휘 삽입 담화표지를 위와 같이 성분 중심으로 나눈 것은 그 담화표지가 기원적으로 그 성분의 의미 기능을 전제한다는 입장에서이다. 담화표지의 기능적 연구도 그 담화의 어원적 성분의 의미를 중심으로 연구되어야 할 때 위와 같은 분류는 매우 의미 있는 분류라고 본다. 또한, '강세'나 '억양'

2 이상태(1983)에서도 '반복'을 입말의 중요한 특성으로 보았다.

그리고 '쉼'과 같은 이른바 초분절 음운[3](suprasegmental phonemes)을 비어휘적 담화표지로 분류한 것은 이러한 음운들이 담화 전개에서 독특한 의미 기능을 할 뿐만 아니라 그것들이 담화에서만 실현되는 담화적 속성을 충분히 가지고 있기 때문이다. 따라서 앞으로 이에 대한 담화 차원의 연구가 깊이 이루어져야 할 것으로 생각한다. 다음은 담화표지의 유형에 대한 선행연구이다.

〈표 1〉 **담화표지의 유형** (윤창숙 · 김태호 2015: 235-236, 전영옥 2017: 137 재인용)

담화표지 유형	유형별 담화표지의 예
가. 미시 담화표지	
① 본디 담화표지	
A. 감탄사	'가만, 그럼, 글쎄, 뭐, 아니, 어디, 예/네, 쵀, 자, 참, 이, 그, 저, 저기' 등
B. (접속)부사	'그래서, 그러나, 그러니까, 그렇지만, 그리고' 등
② 전성 담화표지	
A. 내용어가 담화표지로 바뀐 것	
• 관형사가 담화표지로 바뀐 것	'무슨, 웬' 등
• 부사가 담화표지로 바뀐 것	'그냥, 막, 이제, 좀' 등
• 명사구가 담화표지로 바뀐 것	뭘 등
• 용언구가 담화표지로 바뀐 것	'말이야, 있잖아, 그러잖아도, 그래 가지고' 등
B. 기능어가 담화표지로 바뀐 것	
• 보조사가 담화표지로 바뀐 것	'요' 등
나. 거시 담화표지	
① 발표 담화표지	'-에 대해 발표하겠습니다' 등
② 토론 담화표지 등	'-의 의견이 반대합니다' 등

담화표지 용어들이 어떻게 사용되어 왔는지 알아보자. 국어 담화표지에 대한 앞선 분류는 담화표지를 연구하는 자리에서 드물게 제시되었다. 그 가운데 신지연(1988)에서 의미적으로 감정적 간투사와 의지적 간투사로 나누고 형태적으로 다섯 가지로 나눈 것이라든가 안주호(1992)의 '부름 표지', '시발 표

3 초분절음운은 박창해(1990: 37-43)에서 '얹힘 음운'이라고 하면서 논의된 바 있다.

지', '전환 표지', '결말 표지'로 나눈 것이 주목된다. 그러나 이들의 분류는 담화표지를 어떻게 보느냐에 따라 다소 다른 모습을 보이고 있다.[4]

1980년대에 담화 영역이 중요한 연구 대상으로 부각되면서 담화표지는 새로운 범주로 자리 잡게 되었다. 담화표지(discourse markers)가 담화 상에 나타나는 다양한 표지를 포괄하는 상위 범주를 의미하게 되었으며, 그 하위 범주로서 기능, 형태, 현상에 따라 여러 가지로 분류되고 있다. 따라서 이러한 용어들은 다음과 같이 정리될 수 있다.

① 기능 중심: 디딤말, 담화 개시어,
관심획득표지(attention getters)
② 형태 중심: (담화) 불변화사, 간투사(환투사)[5]
③ 환경 중심: 담화(화용) 표지
④ 현상 중심: 군말, 입버릇, 머뭇거림, 덧말

전영옥(2017)에서 논문 제목에 나타난 용어를 정리한 것에 의하면 조사 논문 231개 가운데 81.0%인 187개가 담화표지라고 했으며 담화표지어가 17개로 7.4%, 간투사는 6개로 2.6%, 화용표지는 5개로 2.2%이며 그 외는 결속표지, 담화대용표지, 텍스트구조표지 등 다양하게 쓰고 있음을 알 수 있다.

그러면 담화표지의 뜻넓이를 어떻게 규정해야 하는가가 문제이다. 필자는 담화표지의 뜻넓이를 적어도 다음 여섯 가지 정도의 조건에 부합되는 것이어야 한다고 생각한다.

우선, 담화표지는 담화라는 독특한 실현 환경을 벗어날 수 없다. 다시 말하

4 외국의 자세한 간투사의 분류는 신지연(1988) 참조.
Anna Wierzbicka(1992: 165)는 감정적 간투사(emotive ones), 의지적 간투(volitive ones), 인지적 간투사(cognitive ones)로 나누었다. 그리고 화시소로서 간투사에 대한 연구는 D. P. Wilkins(1992)를 참조하였다. 그런데 간투사는 주로 담화에 실현되는 '감탄사'를 말하기 때문에 넓은 의미에서 본다면 담화표지의 하위로 분류될 수 있다.

5 국어 간투사의 분류에 대한 자세한 논의는 신지연(1988) 참고.

면, 담화표지는 담화(주고 받기의 대화(turn-taking)나 혼자말하기)에 쓰인 어떤 표현이 정제된 글말(written language, planned discourse)에서는 쓰이지 않는 것을 말한다. 그래서 넓은 의미에서 담화표지는 담화적 특성을 가지는 모든 표현 양상들을 포함할 수 있다.

그러나 담화는 그 자체가 다분히 개인적인 특성을 가지고 있기 때문에 담화표지 또한 개별적 특성을 가지기 쉽다. 따라서 개별성을 가진 담화표지를 담화문법(discourse grammar)에서 연구 대상으로 삼기 위해서는 공간적으로나 계층적으로 상당한 보편성을 가지고 있어야 한다. 즉, 어떤 담화표지가 성별이나 연령, 다양한 사회적 계층, 그리고 공간적으로 두루 쓰였다면 그것은 우리말 담화표지 범주 속에 포함시킬 수 있다는 것이다. 또한, 담화표지는 형태적으로 접사가 결합되거나 어형 변화의 가능성이 매우 낮다. 이러한 특성 때문에 담화표지를 불변화사(particles)라고도 한다[6]. 그리고 담화표지는 문장 성분상 독립성이 높은 특성을 가지고 있다. 즉, 담화표지는 문법적으로 다른 성분과 결속되지 않는다는 것이다. 끝으로 담화표지는 그 나름대로 담화 기능을 하는 것으로 보인다. 담화표지가 아무리 임의적일지라도 그것이 담화 상에서 실현되었다면 그 담화표지는 분명 어떤 독특한 담화 기능을 수행한다고 볼 수 있다. 다음 <표 2>는 전영옥(2017)에서 보인 담화표지의 특징에 대한 연구자들의 내용이다. 연구자마다 크게 다르지 않다.

〈표 2〉 **담화표지의 특징** (전영옥 2002: 117-118, 전영옥 2017: 136 재인용)

	Schiffrin (1987)	Brincon (1996)	임규홍 (1996)	전영옥 (2002)
실현환경		문어 담화보다 구어 담화에서 빈번.	담화(입말)에서 실현되는 표지.	구어 담화에서 실현.
실현빈도		한 문장에 하나 이상.		

6 서양에서도 이에 대한 논란은 계속되고 있는 실정이다. interjections과 particles 그리고 interjections과 routines(formulae)의 차이에 대한 논의는 Ameka(1992) 참고.

실현위치	담화의 첫 시작에 주로 사용	문장 시작 위치에 주로 온다.		
형식		간투사, 부사, 관사, 동사, 접속어, 구, 숙어, 문장, 절 등		여러 언어 형식(감탄사, 부사, 구절 등)이 담화표지로 사용.
운율적 특징	conic stress, 휴지나 음운론적 감소가 뒤따름.	음운적으로 축약, 화강-상승과 상승 억양을 동반한 톤을 형성.		억양, 휴지와 관련 있음.
어휘 의미	의미가 없거나 모호하거나 재귀적인 의미를 지닌다.	어휘의 명제적 의미가 최소화(거의 없다).	원래 어휘적 의미에서 변이.	어휘의 명제적 의미에서 변이.
형태적 고정성			형태적 고정성이 높다.	형태적으로 고정성이 높음.
통사 구조와의 관련성	문장으로부터 통사적 분리.	통사구조의 밖에 놓여 있고, 분명한 문법적 기능 없다.	다른 문장 성분과 독립성이 높다	문장의 다른 성분에 독립적, 필수성분이 아님.
기능		다기능을 한다.	독특한 담화 기능.	다양한 담화 기능 수행.
선택적 사용		필수적인 성분이 아니고 선택적인 성분이다.	임의적인 사용.	
작용 영역	담화의 지엽적, 전체적 담계에 다 작용.			
사용 영역		남자보다 여자가 더 많이 사용한다.	쓰임에서 공간적, 계층적 보편성을 가져야 한다.	
평가		그 동안 부정적으로 평가되어 왔다.		

다음 <표 3>은 지금까지 담화표지로 연구된 언어형식들의 대략적인 목록을 전영옥(2017)에서 따온 것이다.

〈표 3〉 담화표지로 연구된 언어 형식(전영옥 2017)

구분	언어 형식		연구
감탄사	글쎄		이원표(1993), 이해영(1994a), 김선희(1995), 김은정(1998), 정선혜(2006), 우미혜(2013)
	아		강우원(2006), 김영철(2005), 전영옥(2006)
	어		강우원(2002), 김영철(2006), 전영옥(2006), 전영옥(2015)
	예/네		이원표(1993), 하지혜(2010), 이한규(2011), 신아영(2011), 전정미(2011)
	오		서승아 · 김혜숙(2008)
	자		임규홍(2005), 김영철(2008), 이효경(2014)
	저기(요)		김수빈(2005)
감탄사/부사	가만		김선희(1995)
	그래		신현숙(190), 이규한(1996), 김은정(1998), 김수빈(2005), 신아영(2011), 김영진(2014)
	그러게		안윤미(2012), 우미혜(2013), 모홍월(2016)
	아니		이원표(1993), 송병학(1994), 구종남(1997), 김미숙(1997), 김은정(1998), 신아영(2011), 이한규(2012)
	왜		김선희(1995), 이한규(1997), 김영란(2000), 정윤희(2000), 김명희(2005), 박석준(2007), 김에스터(2008)
	참		강우원(2000), 김영철(2007), 이효경(2014), 구종남(2015a)
감탄사/대명사	거시기		이봉선(1998), 박근영(2000), 김영철(2004), 전성호(2007)
	뭐		이한규(1999), 구종남(2000), 이정애(2002), 이효진(2005), 정윤희(2005), 정선혜(2006), 박석준(2007), 김에스터(2008), 남길임 · 차지연(2010), 송인성(2013)
	어디		구종남(1999), 박석준(2007), 김에스터(2008), 이한규(2008), 유나(2015)
부사	접속부사(접속어)	그러_계열	김금하(2000), 이희정(2003), 조민정(2015c), 김인환(2017)
		그래서	전영옥(2016a, 2016b)
		그러니까	이기갑(1994), 강소영(2009), 우미혜(2013), 전영옥(2016b)
		그런데	김미선(2012), 이주희(2014)
		그리고	이춘근(1999), 전영옥(2007)
	그외	그냥	이정애(2002), 이기갑(2010), 심란희(2011), 박혜선(2012), 안정아(2015)
		그만/고마	이기갑(2009, 2010), 임규홍(2011)
		그저	이기갑(2010)

		다	구종남(2005)
		막	최지현(2005), 안정아(2008, 2015), 안주호(2009), 김영철(2010), 송인성(2014), 조민정(2015b, 2016)
		아무튼/어쨌든/하여튼	김상훈(2013)
		이제/인자	이기갑(1995), 임규홍(1996), 이정애(2002), 김광희(2004), 박지윤(2011), 이임라(2011), 김영철(2015)
		정말/진짜	김현지(2015)
		좀	구종남(1998), 정선혜(2006), 안주호(20019, 2010), 박혜선(2011), 김귀화(2014), 송인성 · 신지영(2014), 김보영(2014), 안정아(2015), 오양 · 전영근(2015), 조민정(2015a, 2016),리련희(2016), 장경현(2016)
대명사/관형사	이, 그, 저(지시어)		이정애(2002), 박근영(2006)
관형사	무슨		김명희(2006), 김선영(2016)
용언	됐어		안주호(2014)
	말이다/말이야		김영희(1995), 임규홍(1999), 이정애(2002), 김향화(2005), 하은혜(2009), 김민국(2011), 유나(2016)
	물론이다, 당연하다		한국화(2013)
	뭐냐/뭐랄까/뭐야		임규홍(1995), 김선희(1995), 이원표(2001)
	있지/있잖아		임규홍(1995), 김주미(2004), 이효경(2014), 이동혁(2017)
조사	-는/-가		홍정하(2011)
	로		이정애(2002)
	요		윤석민(1994), 이정민 · 박성현(1999), 문병우(2002), 이정애(2002), 김명희 · 이다미(2003), 이창봉(2017)
구절	그래 가지고		강소영(2005)
	다름 아니라		노은희(2012)
	그건 그렇고		노은희(2012)
	아 근데		강소영(2014)
	아니 근데		김수빈(2005), 강소영(2014)
	어 가지고		임규홍(1994), 이정애(2002)
방언			계메(문순덕 · 김원보 2012, 신우봉, 2015), 근, 에(이기갑 2013, 2009, 2010), 마(임규홍 2011), 머꼬(강우원 2013), 아이가(임규홍 2009), 와, 왜, 잉(강희숙 2006), 응, 야(오선화 2008), 이(김태인 2015)

전체적으로 담화표지 연구 대상 어휘는 감탄사와 부사가 상대적으로 많다. 이것은 감탄사가 기본적으로 담화상에서 실현되는 특성을 가지고 있다는 것과 전통문법이나 구조주의 문법에서 감탄사라는 문법 범주가 기능문법의 담화표지와 유사한 담화기능을 하기 때문이다. 감탄사라는 문법 범주는 통사적 범주도, 화용적 범주도 아닌 불분명한 문법 범주로 보인다. 통사적 범주는 통사적으로 서술어의 제약을 받거나 격 기능을 해야 하는데 실제 감탄사는 이러한 기능을 하지 않은 독립적 발화 요소이다. 현재 감탄사의 범주에 있는 어휘들이 감탄사라는 용어의 의미대로 화자의 감탄을 표현하는 것이 아님에도 감탄사로 분류하고 있다는 점도 문법 범주의 개념으로 적절하지 않다고 하겠다.

그리고 부사가 담화표지로 전이되어 쓰이는 경우가 많고 이에 대한 연구가 많은 것도 부사가 화자의 심리적 발화 태도를 나타내는 의미적 특성을 가지고 있기 때문이다.

3.2. 담화표지의 의미

담화표지의 의미 연구는 기본적으로 어휘적 의미보다는 발화에서 어떤 담화기능을 하느냐에 달려 있다. 담화표지의 담화기능은 담화표지의 어휘적 의미에서 발화 환경이나 화자와 청자의 관계 및 화자의 심리적 상태 등의 다양한 요소에 의해 발생한다. 따라서 담화표지가 가지고 있는 담화기능과 담화전략은 한 마디로 매우 복잡하다.

담화표지의 담화기능은 본질적으로 담화표지의 어휘적 의미에서 전이된 것이다. 또한 담화표지의 의미 및 기능은 다음과 같이 기본적 어휘 의미에서 담화의미로, 다시 담화기능으로 확장 전이된다. 담화표지의 담화기능은 상황이나 맥락에 따라 다양하게 나타나기 때문에 일률적으로 규정하기 어렵다. 다만 담화표지의 담화의미와 담화기능을 분리해서 논의할 필요가 있다. 지금까지 대부분 담화표지 연구에서는 담화표지의 의미와 기능을 구별하지 않고 섞어서 논의한 것으로 보인다. 담화의미는 담화표지가 가지고 있는 어휘적 측면에서의 전이라면 담화기능이나 담화책략은 화자와 청자의 상호작용적 관계에서 화자가 청자에게 기대하는 태도라고 할 수 있다.

담화표지의 의미 전이 양상은 다음과 같이 나타낼 수가 있다.

어휘 ⇨ 기본의미+화용적 의미 ⇨ 기본의미+담화의미 ⇨ 기본의미+담화기능

어떤 어휘가 화용적 의미로 전이되고, 그것이 담화의미나 담화기능으로 전이될 경우 어휘의 기본의미는 약화되고 그 자리를 화용이나 담화의미와 담화기능이 담당하면서 활용 능력이 넓어지게 된다.

〈표 4〉 담화표지와 담화의미, 담화기능

담화표지	기본의미	담화의미	담화기능
좀	조금(적음)	정도의 약함	공손
막	마구	정도 심함	부정적 태도, 시간벌기
이제/인자	지금/현재	시간 전환	화제전환/시간벌기
그냥	있는 그대로	상태 강조	시간벌기,주의집중, 주저함
왜	이유	확인, 놀람	주의집중, 시간벌기
참	사실에 어긋남이 없음	정도 강조	주의집중, 놀람
정말	옳음	정도 강조	주의집중
뭐	의문	정도 약함	겸손, 자신 없음, 머뭇거림, 시간벌기
어디	의문	정도 강조	망설임, 화제전환, 주의집중
아니	부정	부정, 수정, 강조	놀람, 화제전환
글쎄	불분명함	부정, 수정, 정도 완화	겸손, 시간벌기, 불분명한 태도
자	요청	전환, 강조	주의집중, 화제전환, 발언권 유지
그래	접속	전환, 강조	시간벌기, 화제전환, 놀람
어	불분명함	불분명함	끼어들기, 발언권유지, 얼버무림, 시간벌기
아	놀람	긍정 수용	화제전환, 발언권 유지

그만/마	정지	지속, 한정	행위지속 요청
있잖아	존재	확인, 강조	회상, 주의집중
무슨	의문	확인	놀람, 의외
요	높임	강조	시간벌기, 주의집중

4. 담화표지 연구의 방향

국어 담화표지에 대한 연구는 1980년대 초반을 시작으로 지금까지 매우 활발하게 이루어져 왔다. 처음에는 담화표지 개념에 대한 논의에서부터 시작하여 개별 담화표지에 대한 연구가 활발하게 이루어졌으며 담화표지 발화 자료도 다양하게 활용하기에 이르렀다.

향후 국어학 연구에서 담화표지의 연구 방향을 그려본다면 다음과 같이 몇 가지로 정리할 수 있다.

첫째, 앞으로 담화표지 연구의 방향은 지금까지 연구된 결과를 바탕으로 국어 담화표지와 외국어 담화표지의 대조 연구가 필요하다. 국어 담화표지는 다른 언어보다 더 다양하고 활발하게 실현되는 특성을 가지고 있을 것이라는 추측은 할 수 있으나 실제 비교된 연구는 그리 보이지 않는다. 어떤 언어이든 담화표지가 실현되지 않은 언어는 있을 수 없다. 담화가 글말과는 달리 화자의 매우 다양한 발화 태도와 발화 전략을 실현할 수 있는 기재로 작용하기 때문이다. 우리말의 담화표지 활용이 다른 언어보다 매우 활성화되었다면 그것이 한국어의 특징으로 정리가 될 수 있다.

둘째, 다음으로 향후 국어 담화표지 연구는 성조와 관련을 시켜서 연구되어야 한다. 운율과 관련된 연구가 최근 나오고 있지만 운율뿐만 아니라 담화표지에는 반드시 음성적 자질 즉, 성조나 억양, 강세와 같은 반언어적(sem-verbal language) 요소가 작용하게 되어 있으며 이 성조에 따라 동일한 담화표지라도 그 담화기능이 매우 다르게 실현된다. 따라서 성조와 담화표지 및 담화기능을 연계한 연구가 실질적으로 이루어져야 한다.

셋째, 담화표지는 개인적 발화 습관에 따라 담화표지의 종류와 빈도가 다양하게 실현된다. 따라서 담화표지 연구는 계층적, 세대별, 지역별 특성에 대한 연구도 필요하다. 최근 방언의 담화표지에 대한 연구가 나오고 있기는 하지만 아직 미흡한 단계라고 볼 수 있다. 계층과 세대에 따라 어떤 특성을 가지는지 어떤 담화표지의 실현빈도가 높은지를 통계 방법으로 분석할 수도 있을 것으로 생각한다.

넷째, 향후 담화표지에 대한 연구는 인지적 연구로 정신장애자의 담화표지에 대한 연구도 필요하다. 정신분열증 환자나 뇌질환에 따른 환자의 담화분석에서 담화표지의 실현 양상도 연구할 수 있다.

5. 마무리

지금까지 국어 담화표지 연구의 현황과 담화표지의 의미 및 향후 연구 전망에 대해 살펴보았다.

담화표지는 입말에서 실현되는 독특한 특징의 하나로 담화 효과를 드높이는 담화책략이다. 지난날 담화표지를 발화 상황에서 쓸데없는 담화요소로 보았던 것에서 담화에서 중요한 기능을 한다는 점을 인식하게 되었고, 이에 대한 연구가 활발하게 이루어지고 있다는 점은 국어연구에서 매우 의미가 있다고 본다.

앞으로 담화표지 연구가 다양한 측면에서 이루어져 국어 발화의 특수성을 밝혀내고 국어의 말하기 교육에도 효과적으로 활용할 수 있을 것으로 기대한다.

이 글에 제시한 참고문헌은 지금까지 담화표지에 대한 연구와 이와 관련된 연구 목록으로 의미가 있다. 향후 담화표지 연구자의 연구에 참고가 될 것으로 생각하여 제시해 놓았으며 일부 놓쳐서 적지 못한 것도 있을 수 있음을 밝힌다.

참고문헌

강선희(1994), “감탄사와 담화표지의 관련성”, 『우리말글연구』 1: 6-22, 우리말글학회.

강소영(2005), “구어 담화에서의 ‘그래 가지고’의 의미”, 『한국어 의미학』 16: 1-21, 한국어 의미학회.

강소영(2009), “담화표지 ‘그러니까’의 사용에 내재한 화자의 담화전략 연구”, 『語文硏究』 60: 27-56, 어문연구학회.

강소영(2014), “복합형 담화표지의 의미기능 연구: 아 근데, 아니 근데를 중심으로”, 『한국어 의미학』 44: 313-344, 한국어 의미학회.

강소영(2014), “화제 첫머리에 분포하는 담화표지의 실제”, 『어문연구』 79: 5-30, 어문연구학회.

강우원(2000), “담화표지 ‘참’과 어찌말 ‘참’의 비교 연구”, 『언어과학』 7(1): 5-26, 한국언어과학회.

강우원(2002), “담화표지 ‘아’와 ‘어’의 특성 비교 연구”, 『우리말연구』 12: 241-257, 우리말학회.

강우원(2013), “경남 방언의 대화 시작말 ‘머꼬’에 대한 연구”, 『우리말연구』 33: 57-79, 우리말학회.

강정희(1987), “여성어의 한 유형에 관한 조사 연구: ‘-는/ㄴ거 있지(죠)’를 중심으로”, 『국어학신연구』 1, 탑출판사.

강희숙(2011), “전남방언 담화표지 고찰: 종결 담화표지를 중심으로” 『언어사실과 관점』 27: 43-67, 연세대학교 언어정보연구원.

강희숙(2006), “소설 『태백산맥』의 화용론: 담화표지 ‘와, 웨, 잉’을 중심으로”, 『한국언어문학』 57: 5-31, 한국언어문학회.

구종남(1997), “간투사 ‘아니’의 의미 기능”, 『한국언어문학』 39: 43-64, 한국언어문학회.

구종남(1998), “화용표지 ‘좀’에 대하여”, 『한국언어문학』 41: 411-434, 한국언어문학회.

구종남(1999), “담화표지 ‘어디’에 대하여”, 『언어학』 7(3): 217-234, 대한언어학회.

구종남(2000), “담화표지 ‘뭐’의 문법화와 담화 기능”, 『국어문학』 35: 5-32, 국어문학회.
구종남(2005), "담화표지 '다'에 대하여", 『한국언어문학』 67: 37-59, 한국언어문학회.
구종남(2015a), "참의 감탄사와 담화표지 의미 기능", 『한민족어문학』 69: 399-428, 한민족어문학회.
구종남(2015b), 『국어의 담화표지』, 경진출판.
구지민(2005), "학문 목적 한국어를 위한 강의 담화표지 학습 연구", 『한국어교육』 16(1): 23-43, 국제한국어교육학회.
구현정(2011), "구어와 담화: 연구와 활용", 『우리말연구』 28: 25-56, 우리말학회.
구현정(2018), "한국어 담화표지 연구의 동향과 전망", 『한국어 연구의 새로운 흐름』, 219-253, 박이정.
김광해 · 김대신(1997), "대학에서의 강의 담화에 대한 조사", 『국어교육』 95: 175- 206, 한국국어교육연구회.
김광희(2004), "담화표지 '인자'의 정보 유도와 응집성 실현", 『한국어 의미학』 15: 181-206, 한국어 의미학회.
김귀화(2014), "담화표지 '좀'의 담화전략에 관한 연구", 『중국조선어문』 195: 19-23, 길림성민족사무위원회.
김금하(2000), "담화표지 그러- 형의 담화기능: 옷로비 청문회 전사자료를 중심으로", 고려대학교 대학원 언어과학과 석사학위논문.
김명희 · 이다미(2003), "아동담화에서의 문중 -요의 양상과 기능", 『텍스트 언어학』 14: 47-68, 한국텍스트언어학회.
김명희(2005), "국어 의문사의 담화표지화", 『담화와 인지』 12(2): 41-63, 담화 · 인지 언어학회.
김명희(2006), "국어 의문사'무슨'의 담화표지 기능", 『담화와 인지』 13(2): 21-42, 담화 · 인지 언어학회.
김미선(2012), " '그런데'의 담화 기능 연구", 『인문과학연구』 34: 35-54, 강원대학교 인문과학연구소.
김미숙(1997), "대화구조로 본 '아니'의 기능", 『담화와 인지』 4(2): 77-101, 담화 · 인지 언어학회.
김미진(2018), "제주도 방언의 담화표지에 대한 사회언어학적 연구", 『방언학』, 27: 156-180, 한국방언학회.
김민국(2011), "'말이다' 구성의 문법화와 화용화", 『국어학』 62: 73-106, 국어학회.

김보영(2014), "구어 말뭉치와 한국어 교재에서의 담화표지 '좀'의 기능 비교 연구", 『언어사실과 관점』 34: 81-102, 연세대학교 언어정보연구원.
김상훈(2013), "한국어 담화표지 연구: (아무튼/어쨌든/하여튼)을 중심으로", 상명대학교 교육대학원 외국어로서의한국어교육전공 석사학위논문.
김선영(2016), "구어 담화에서 나타나는 '무슨(museun)'의 담화표지 기능", 『언어와 문화』 12(3): 83-98, 한국언어문화교육학회.
김선정 · 김신희(2013), "여성 결혼이민자의 구어에 나타난 담화표지 사용 양상 연구", 『언어과학연구』 64: 25-46, 언어과학회.
김선희(1995), "담화표지의 의미 연구", 『논문집』 27: 5-26, 목원대학교.
김성옥(2010), "발표 담화표지 학습이 학문적 구두 발표 능력에 미치는 영향", 이화여자대학교 교육대학원 외국어로서의한국어교육전공 석사학위논문.
김수빈(2005), "담화표지 '저기(요)', '아니 -근데', '그래'에 대한 연구", 강원대학교 대학원 국어국문학과 석사학위논문.
김순자 · 이필영(2014), "담화표지의 습득과 발달", 『국어교육』 188: 149-180, 한국어교육학회.
김에스더(2008), "한국어 학습자를 위한 담화표지 연구: 뭐, 왜, 어디를 중심으로", 경희대학교 대학원 국어국문학과 석사학위논문.
김영란(2000), "'왜'의 화용 기능", 『한국어 의미학』 6: 1-26, 한국어 의미학회.
김영진(2014), "한국어 담화표지 그래의 관용표현 기능 연구", 상명대학교 대학원 국어교육학과 석사학위논문.
김영철(2004), "우리말 담화표지의 기능 고찰: '거시기'를 대상으로", 『한국언어문학』 52: 23-36, 한국언어문학회.
김영철(2005), "우리말 담화표지 '아' 고찰", 『국어문학』 40: 161-174, 국어문학회.
김영철(2006), "국어 담화표지 '어'의 고찰", 『국어문학』 41: 249-266, 국어문학회.
김영철(2007), "우리말 담화표지 '참' 고찰", 『국어문학』 43: 235-252, 국어문학회.
김영철(2008), "우리말 담화표지 '자' 고찰", 『국어문학』 45: 5-23, 국어문학회.
김영철(2010), "우리말 담화표지 '막' 고찰", 『국어문학』 48: 5-22, 국어문학회.
김영철(2015), "우리말 담화표지 '인자' 고찰", 『국어문학』 58: 29-48, 국어문학회.
김영희(1995), "화용표지 '말이다'의 통사론적 고찰", 『한국학논집』 22: 115-134, 계명대학교 한국학연구소.

김은정(1998), "담화표지 '그래, 글쎄, 아니'의 기능", 부산대학교 대학원 국어국문학과 석사학위논문.
김주미(2004), "담화표지 '있잖아'에 대하여", 『한말연구』 14: 93-116, 한말연구학회.
김태엽(2000), "국어 담화표지의 유형과 담화표지되기", 『우리말글』 19: 1-23, 우리말글학회.
김태엽(2002), "담화표지되기와 문법화", 『우리말글』 26: 61-80, 우리말글학회.
김태엽(2000), "국어 담화표지의 유형과 담화표지되기", 『우리말글』 19: 1-23, 우리말글학회.
김태인(2015), "서남방언 담화표지 '이' 고찰", 『방언학』 21: 25-51, 한국방언학회.
김향화(2001), "한국어 담화표지의 기능", 『한국학논집』 28: 113-140, 계명대학교 한국학연구소.
김향화(2005), "담화표지 ≪말이다≫에 대한 고찰", 『중국조선어문』 136: 79-111, 길림성민족사무위원회.
김현지(2015), "한국어 구어에서 '정말?', '진짜?'의 담화 기능 연구", 『언어와 언어학』 66: 45-72, 한국외국어대학교 언어연구소.
남기심 · 고영근(1986), 『표준국어문법론』, 탑출판사.
남길임 · 차지연(2010), "담화표지 '뭐'의 사용패턴과 기능", 『한글』 288: 91-119, 한글 학회.
노대규(1996), 『한국어의 입말과 글말』, 국학자료원.
노대규(1997), 『한국어의 감탄문』, 국학자료원.
노은희(2012), "본격적인 화제 전환을 위한 담화표지 연구: '다름 아니라', '그건 그렇고'를 중심으로", 『화법연구』 20: 45-52, 한국화법학회.
리련희(2016), "'좀'의 기능에 관한 고찰", 『중국조선어문』 202: 45-52, 길림성민족사무위원회.
모홍월(2016), "중국인 학습자를 위한 한국어 담화표지 교육 방안 연구: 담화표지 '그러게'를 중심으로", 부산대학교 대학원 국어교육학과 석사학위논문.
문병우(2002), 『한국어 화용표지 연구』, 국학자료원.
문순덕 · 김원보(2012), "제주방언 담화표지 '계메' 연구", 『언어학연구』 17(1): 29-48, 한국언어연구학회
박근영(2000), " '거시기'의 문법화," 『한국어 의미학』 7: 65-93, 한국어 의미학회.
박근영(2006), " '이', '그', '저(뎌)'의 의미 기능 변화", 『언어와 문화』 2(1): 15-37,

한국언어문화교육학회.
박석준(2006), "한국어 구어 말뭉치의 형태 주석 방법과 몇 가지 문제에 대하여", 『언어와 문화』 2(3): 87-106, 한국언어문화교육학회.
박석준(2007), "담화표지화의 정도성에 대한 한 논의: '뭐, 어디, 왜'를 대상으로", 『한말연구』 21: 215-250, 한말연구학회.
박지윤(2011), "경북방언 '인자'의 담화표지 실현 양상: 중부방언 '인제'와의 비교를 중심으로", 『화법연구』 18: 29-52, 한국화법학회.
박혜선(2011), "담화표지어 '좀' 사용 연구: 중국인 한국어 학습자를 대상으로", 『응용언어학』 27(1): 545-566, 한국응용언어학회.
박혜선(2012), "담화표지어 '그냥'에 대하여", 『언어학』 20(1): 211-228, 대한언어학회.
변선영(2003), "이야기 쓰기에 나타난 건청아동과 청각장애 아동의 결속표지 비교", 단국대학교 특수교육대학원 특수교육학과 석사학위논문.
서승아 · 김혜숙(2008), "구어(口語) 담화표지(談話標識)의 환담적(歡談的) 기능(機能) 연구(硏究): 무릎 팍 도사의 담화표지 오를 중심으로", 『새국어교육』 80: 183-213, 한국국어교육학회.
손세모돌(1988), "'좀'의 상황적 의미", 『한국학논집』 13: 477-508, 한양대학교 한국학 연구소.
손은남 · 박선희(2012), "치매의 유형 및 중증도에 따른 결속표지 특성", 『재활복지』 16(2): 231-247, 한국장애인재활협회.
송병학(1987), "관심획득표지(attention-getter)의 의미기능", 『언어』 8: 83-106, 충남대학교 어학연구소.
송병학(1994), "담화불변화사 아니", 연산도수희선생 화갑기념논총 간행위원회, 『우리말 연구의 샘터』, 384-401, 박이정.
송인성 · 신지영(2014), "담화표지 좀의 기능과 형태 · 운율적 특성의 실현 양상", 『한국어학』 62: 315-339, 한국어학회.
송인성(2013), "담화표지 '뭐'의 기능과 운율적 특성", 『한국어학』 58: 211-236, 한국어학회.
송인성(2014), "'막'의 운율적 특성과 담화적 기능", 『한국어학』 65: 211-236, 한국어학회.
송인성(2015), "국어 담화표지의 기능과 운율", 고려대학교 대학원 국어국문학과 박사학위논문.

신아영(2011), “감탄사를 활용한 한국어 말하기 전략 교육 연구: ‘네’, ‘그래’, ‘아니’류의 담화 기능을 중심으로”, 세종대학교 대학원 국어국문학과 석사학위논문.

신우봉(2015), “濟州方言談話標識 ‘계메’의 韻律的特性과 談話的機能의 相關關係”, 『어문연구』 43(4): 143-166, 한국어문교육연구회.

신지연(1988), “국어 간투사의 위상연구”, 서울대학교 대학원 국어국문학과 석사학위논문.

신지연(1989), “국어 간투사의 화용론적 특성”, 『주시경학보』 3, 탑출판사.

신지연(2001), “감탄사의 의미 구조”, 『한국어 의미학』 8: 427-451, 한국어 의미학회.

신지연(2002), “국어 구어의 부사 연구”, 『인문과학』 11: 109-128, 목원대학교 인문과학연구소.

신현숙(1989), “담화대용표지의 의미 연구”, 『국어학』 19: 143-165, 국어학회.

신현숙(1990), “담화대용 표지 ‘그래’의 의미 연구”, 『인지과학』 2(1): 143-165, 한국인지과학회.

심란희(2011), “의사소통 중심의 한국어교육을 위한 담화표지 ‘그냥’의 기능 연구”, 연세대학교 대학원 국어국문학과 석사학위논문.

안윤미(2012), “담화표지 ‘그러게’에 대한 연구”, 『한국어학』 56: 91-118, 한국어학회.

안의정(1998), “한국어 입말뭉치 전사 방법 연구”, 연세대학교 대학원 국어국문학과 석사학위논문.

안정아(2008), “담화표지 ‘막’의 의미와 기능”, 『한국어학』 40: 313-342, 한국어학회.

안정아(2015), “부사 기원 담화표지의 담화 기능 비교 연구: 그냥, 막, 좀을 중심으로”, 『언어와 정보 사회』 26: 199-223, 서강대학교 언어정보연구소.

안주호(1992), “한국어 담화표지 분석”, 『외국어로서의 한국어 교육』 17(1): 21-38, 연세대학교 한국어학당.

안주호(2009), “축약형 담화표지 ‘좀/막’에 대한 연구”, 『한국사전학』 14: 99-117, 한국사전학회.

안주호(2010), “축약형 담화표지 ‘좀’에 대한 연구”, 『國際言語文學』 22: 91-116, 國際言語文學會.

안주호(2014), “응답표지 기능의 ‘됐어’류에 대한 연구”, 『한국어 의미학』 46:

407-426, 한국어 의미학회.

안주호(2012), "감탄사 유래 담화표지의 의미기능 연구", 『언어과학연구』 61, 언어과학회.

양수진(2000), "이야기 결속표지 발달: 4세, 6세, 8세 및 성인을 대상으로", 이화여자대학교 대학원 언어병리학협동과정 석사학위논문.

오선화(2008), "함경도 방언의 담화표지 '응'과 '야'의 고찰", 『방언학』 8: 97-121, 한국방언학회.

오승신(1995), "국어의 간투사 연구", 이화여자대학교 대학원 국어국문학과 박사학위논문.

오승신(1997), "담화상에서의 간투사의 기능", 『외국어로서의 한국어교육』 22(1): 19-27, 연세대학교 한국어학당.

오 양 · 전영근(2015), "담화표지 '좀'의 한어대응표현 고찰", 『중국조선어문』 200: 19-27, 길림성민족사무위원회.

우미혜(2013), "중국인 한국어 학습자를 위한 담화표지 연구: '글쎄', '그러게', '그러니까'를 중심으로", 연세대학교 대학원 국어국문학과 석사학위논문.

유 나(2015), "중국인 학습자를 위한 담화표지 '어디'에 대한 연구: 한, 중 화용 기능의 대조를 중심으로", 『새국어교육』 103: 283-309, 한국국어교육학회,

유 나(2016), "중국인 학습자를 대상으로 하는 한국어 구어 담화표지 '말이다'의 교육연구", 『학습자중심교과교육연구』 16(9): 1-28, 학습자중심교과교육학회.

윤석민(1994), " '-요'의 담화 기능", 『텍스트언어학』 2: 459-484, 한국텍스트언어학회.

윤창숙 · 김태호(2015), "한국어능력시험 듣기 텍스트에 나타나는 담화표지어 분석 연구", 『언어과학연구』 75: 261-287, 언어과학회.

이기갑(1994), "그러하- 의 지시와 대용, 그리고 그 역사", 『언어』 19(2): 455-488, 한국언어학회.

이기갑(1995), "한국어의 담화표지 '이제'", 『담화와 인지』 1: 261-287, 담화 · 인지 언어학회.

이기갑(2007a), "'그저'의 담화 기능: 고려말과 강원도 양양지역어에서", 『담화와 인지』 14(3): 105-130, 담화 · 인지 언어학회.

이기갑(2007b), "구술발화와 담화분석", 『방언학』 6: 49-72, 한국방언학회.

이기갑(2008), "국어방언 연구의 새로운 길, 구술발화", 『어문논총』 49: 1-21, 한

국문학언어학회.

이기갑(2009), “동남방언의 담화표지 ‘고마’”, 『우리말연구』 25: 41-77, 우리말연구회.

이기갑(2010), “담화표지 ‘그냥’, ‘그저’, ‘그만’의 방언 분화”, 『방언학』 11: 67-91, 한국방언학회.

이기갑(2013), “제주방언의 담화표지 ‘근’과 ‘에’”, 『방언학』 17: 577-602, 한국방언학.

이동혁(2017), “담화표지 ‘있잖아’의 기능에 대하여”, 『인문사회과학연구』 18(1): 197-212, 부경대학교 인문사회과학연구소.

이봉선(1998), “국어 담화표지 ‘거시기’의 의미분석”, 『현대문법연구』 13(1): 91-111, 현대문법학회.

이선미(2010), “말레이시아인 한국어 고급 학습자의 토론 담화 양상 연구: 토론 담화표지를 중심으로”, 『담화와 인지』 17(1): 91-111, 담화 · 인지 언어학회.

이원표(1992), “시간부사 ‘이제’의 담화 기능”, 『인문과학』 68: 105-137, 연세대학교 인문과학연구소.

이원표(1993), “의지감탄사 예, 글쎄, 아니의 담화 분석”, 『인문과학』 69: 139-185, 연세대학교 인문학연구원.

이원표(1994), “상호교류의 문법화로: 수사적 표현 “왜냐면-” 구문의 경우를 중심으로”, 『사회언어학회』 2: 21-54, 한국사회언어학회.

이원표(2001), 『담화분석』, 한국문화사.

이은희(2015), “한국어 교육에서의 담화표지에 대한 접근의 현황과 방향성”, 『한중인문학연구』 46: 165-192, 한중인문학회.

이임라(2011), “담화표지 ‘이제’의 운율적 특징과 화용적 기능”, 부경대학교 대학원 국어국문학과 석사학위논문.

이정민 · 강현화(2009), “학문 목적 한국어(KAP) 학습자를 위한 보고서 담화표지 교육연구: 작품 분석 비평하기 과제를 중심으로”, 『외국어로서의 한국어교육』 34: 347-373, 연세대학교 언어교육원 한국어학당.

이정민 · 박성현(1991), “ -요 쓰임의 구조와 기능”, 『언어』 16(2): 361-389, 한국언어학회.

이정애(1999), “국어 화용표지의 연구”, 전북대학교 대학원 국어국문학과 박사학위논문.

이정원(2016a), “정상 노년층의 쓰기와 말하기 간의 결속표지 사용 비교”, 연세대학교 대학원 언어병리학협동과정 석사학위논문.
이정원(2016b), "청소년기 결속표지 발달과 사용 특성", 한림대학교 대학원 언어병리청각학과 석사학위논문.
이주화(2014), "한국어 담화표지 '그런데'의 중국어 대응 양상: 화제 전개 기능을 중심으로", 『외국학연구』 30: 121-141, 외국학연구소.
이지원(2018), "담화표지로 사용되는 '我想'의 운율적 특징" 『담화와 인지』 25(3): 25-48, 담화·인지 언어학회.
이창봉(2017), "담화표지의 맥락 분석적 연구: 담화표지 '요'의 분석을 바탕으로", 연세대학교 대학원 국어국문학과 석사학위논문.
이춘근(1999), "담화엮음표지 '그리고'에 대하여", 『어문학교육』 21: 1-26, 한국어문화교육학회.
이한규(1996), "한국어 담화표지어 '그래'의 의미 연구", 『담화와 인지』 3: 1-26, 담화·인지 언어학회.
이한규(1997), "한국어 담화표지어 '왜'", 『담화와 인지』 4(1): 137-157, 담화·인지 언어학회.
이한규(1999), "한국어 담화표지어 '뭐'의 의미", 『담화와 인지』 6(1): 137-158, 담화·인지 언어학회.
이한규(2008), "한국어 담화표지어 '어디'의 화용분석", 『우리말글』 44: 171-197, 우리말글학회.
이한규(2011), "한국어 담화표지어 '예'의 의미", 『현대문법연구』 65: 145-171, 현대문법학회.
이한규(2012), "한국어 담화표지어 아니의 의미", 『현대문법연구』 67: 129-150, 현대문법학회.
이해영(1994a), "담화표지 '글쎄'의 담화기능과 사용의미", 『이화어문논집』 13: 47-59, 이화어문학회.
이해영(1994b), "'네, 아니(오)'의 의미와 기능", 『주시경학보』14, 보고사.
이효경(2014), "외국인 한국어 학습자를 위한 담화표지 연구: '자', '참', '있잖아'를 중심으로", 한국외국어대학교 교육대학원 한국어교육전공 석사학위논문.
이효인(2005), "텍스트구조 표지를 이용한 한국어 교육 연구", 전남대학교 대학원 국어국문학과 박사학위논문.
이효진(2005), "'뭐'의 담화상 의미기능 연구", 『語文論叢』 16: 65-81, 전남대학교 한국어문학연구소.

이희정(2003), "한국어의 [그러-]형 담화표지 기능 연구: 일상대화 분석을 바탕으로", 연세대학교 교육대학원 외국어로서의 한국어교육전공 석사학위논문.
임규홍(1994), "'-어가지고'에 대하여", 『배달말』 19: 49-80, 배달말학회.
임규홍(1995), "담화표지 '뭐냐'와 '있지'에 대하여", 『語文學』 56: 1-20, 韓國語文學會.
임규홍(1996), "국어 담화표지 '인자'에 대한 연구", 『담화와 인지』 2: 99-121, 담화·인지 언어학회.
임규홍(1997), "국어 '쉼'의 언어 기능에 대한 연구", 『한글』 235: 93-125. 한글학회.
임규홍(1998), "부사 '정말'류의 담화적 의미", 『한국어 의미학』 2: 237-254, 한국어 의미학회.
임규홍(1998), "국어 '말이야'의 의미와 담화적 기능", 『담화와 인지』 5(2): 159-179, 담화·인지 언어학회.
임규홍(1999), "국어 덧물음월의 담화론적 연구", 『배달말』 25: 79-115, 배달말학회.
임규홍(2003), "성별에 따른 국어 담화표지 사용 모습", 『어문학』 83: 93-113, 한국어문학회.
임규홍(2005), "국어 담화표지 '자'에 대한 연구", 『우리말글』 34: 99-121, 우리말글학회.
임규홍(2007), "국어 담화분석 연구의 현황과 전망", 『우리말연구』 20: 111-145, 우리말학회.
임규홍(2009), "경상방언 담화표지 '아이가'에 대한 연구", 『語文學』 104: 1-33, 한국어문학회.
임규홍(2011), "경상방언 담화표지 '마'에 대한 연구", 『배달말』 48: 259-269, 배달말학회.
임지룡(2004), "국어에 내재한 도상성의 양상과 의미 특성", 『한글』 22(6): 169-205, 한글 학회.
장경현(2016), "'좀'의 의미와 담화 기능", 『국어문학』 61: 161-180, 국어문학회.
전성호(2007), "Levinon의 GCI 이론을 통한 거시기의 화용론적 분석", 『한국어 의미학』 23: 113-145, 한국어 의미학회.
전영옥(2002), 『한국어 담화표지의 특징 연구』, 역락.
전영옥(2006), "구어 어휘의 사전 기술 방법: 담화표지를 중심으로", 『한국사전학』 8: 223-247, 한국사전학회.
전영옥(2007), "구어와 문어에 나타난 '그리고' 연구", 『담화와 인지』 14(2): 217-248, 담화·인지 언어학회.
전영옥(2009), "구어와 담화 연구", 『한국어학』 45: 229-260, 한국어학회.
전영옥(2015), "'어'와 '응'의 담화 기능 연구", 『언어와 언어학』 69: 129-161, 한국외국어대학교 언어연구소.
전영옥(2016a), "담화에 나타난 '그래서' 연구", 『한말연구』 40: 113-146, 한말연구학회.
전영옥(2016b), "대화에 나타난 '그래서/그러니까'의 실현 양상 연구", 『어문론총』 70: 81-109, 한국문학언어학회.
전영옥(2002), "한국어 담화표지의 특징 연구", 『화법연구』 4: 113-145, 한국화법학회.
전영옥(2017), "한국어 담화표지 연구의 현황과 과제", 『한말연구』 45: 127-160, 한말연구학회.
전정미(2011), "대화의 회고적 기능에서 살펴본 응답어 '네' 연구", 『우리말글』 52: 391-422, 우리말글학회.
정다운(2016), "외국인 대학원생을 위한 한국어 학위논문 서론 담화표지 교육 연구", 『語文論集』 68: 391-422, 중앙어문학회.
정선혜(2006), "한국어 학습자를 위한 한국어 담화표지 연구: (글쎄), (뭐), (좀)을 중심으로", 상명대학교 교육대학원 교육학과 석사학위논문.
정윤희(2001), "'왜'의 함축 의미 연구", 동의대학교 대학원 국어국문학과 석사학위논문.
정은진(2009), "과제기반형태집중 활동을 통한 담화표지 교육 효과 연구: 주장하는글을 중심으로", 경희대학교 대학원 국제한국언어문화학과 석사학위논문.
조경순(2016), "한국어 화용론의 전개와 방향", 『한국어 의미학』 54: 147-177, 한국어 의미학회.
조민정(2015a), "'좀'의 의미와 기능 변화 양상 연구", 『한국어 의미학』 49: 177-215, 한국어 의미학회.
조민정(2015b), "문법화에 따른 '막'의 기능 및 의미 변화 연구", 『한국사전학』 26: 163-195, 한국사전학회.
조민정(2015c), "접속사의 담화표지적 쓰임에 대한 고찰: 그러 계열의 단어를 중심으로", 『문법교육』 25: 1-32, 한국문법교육학회.

조민정(2016), “부사의 비대칭적 사용 양상 연구: 구어에 쓰인 막, 좀/이렇게, 그를 중심으로”, 『한국어 의미학』 52: 227-256, 한국어 의미학회.

조민하(2015), “구어 종결어미 ‘-잖아’의 화용적 특성과 억양의 기능”, 『화법연구』 28: 165-194, 한국화법학회.

조일옥(2013) “중국어권 한국어 학습자의 화제전환 담화표지 사용 양상 연구”, 이화여자대학교 교육대학원 외국어로서의한국어교육전공 석사학위논문.

주 요(2011), “한국어 담화표지에 관한 중국어 대응 표현 연구”, 한양대학교 대학원 국어교육학과 석사학위논문.

주경희(2000a), “대화에서의 ‘좀’의 기능,” 『국어국문학』 126: 75-99, 국어국문학회.

주경희(2000b), “‘좀’과 ‘조금’”, 『國語學』 36: 379-399, 국어학회.

차윤정(2000), “이음말의 담화표지 기능”, 『우리말 연구』 10: 105-125, 우리말글학회.

차지현(2010), “운율과 담화 기능의 상호 작용: 문장 뒤에서 나타나는 한국어 담화표지 뭐를 중심으로”, 『언어사실과 관점』 25: 227-256, 연세대학교 언어정보연구원.

차현실(1986), “양상부사의 통사적 특성에 다른 의미 분석: ‘아마’, ‘글쎄’, ‘혹시’를 중심으로.”, 『외국어로서의 한국어교육』 11: 139-167, 연세대학교 한국어학당.

최지현(2005), “담화표지 ‘막’의 기능 연구”, 목포대학교 교육대학원 교육학과 석사학위논문.

최현배(1989), 『우리말본』, 정음사.

하은혜(2009), “화용표지 ‘말이다’의 품사론”, 안동대학교 교육대학원 국어교육전공 석사학위논문.

하지완 · 심현섭(2008), “유창성장애 집단과 정상 집단의 간투사 비교연구”, 『Communication Sciences and Disorders』 13(3): 438-453, 한국언어청각임상학회.

하지혜(2010), “일본인 학습자의 담화표지 ‘네’의 기능별 사용 양상 연구”, 이화여자대학교 국제대학원 한국학과 석사학위논문.

한국희(2013), “담화표지 독립용법의 한국어교육적 의미: 물론이다와 당연하다를 중심으로”, 『한성어문학』 32: 513-536, 한성대학교 한성어문학회.

허상희(2004), “‘됐어’의 화용적 기능”, 『우리말연구』 15: 173-190, 우리말연구

학회.

홍정하(2011), “담화표지 ‘-는’/‘-가’와 화자 시점: 코퍼스 언어학적 접근”, 『한국어 의미학』 34: 451-477, 한국어 의미학회.

황병순(2010), “담화표지 연구에 드러난 몇 가지 의문” 『배달말』 47: 115-135, 배달말학회.

황병순(2012), “담화표지의 접속어미화에 대한 연구”, 『국어학』 65: 347-376, 국어학회.

Ameka. F.(1992), Interjections: The universal yet neglected part of speech, *Journal of Pragmatics* 18: 101-117.

Cook, G.(1989), *Oxford Language Teaching: Discourse*, Oxford: Oxford University Press. (김지홍 뒤침(2003), 『옥스포드 언어교육 지침서[1], Discourse(담화)』, 범문사.)

Wierzbicka, A.(1992), The pragmatics of interjection, *Journal of Pragmatics* 18: 159-191.

지시성

전 영 철*

1. 들머리

본고에서는 한국어에서 실현되는 지시성(referentiality)에 대한 연구들을 살펴보고자 한다. 지시성은 지시(reference)와 직결된다. 지시란 언어표현과 이에 대응하는 실세계의 지시물 사이에 나타나는 관계를 일컫는다. 이는 우리에게 익숙한 의미삼각형에서 밑변으로 실현되는 관계이다.

(1)

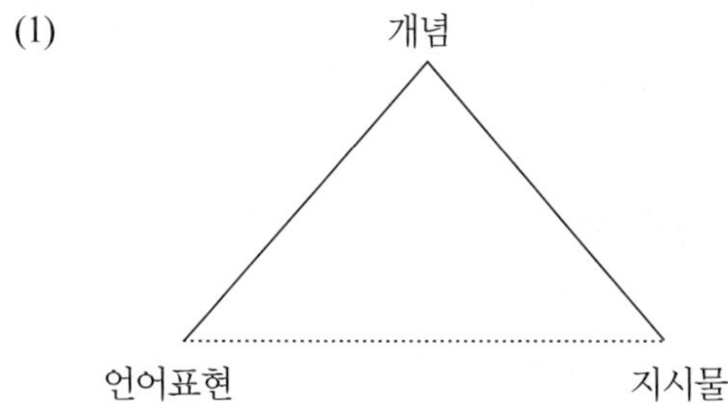

* 서울대학교 국어국문학과 교수, ycjun@snu.ac.kr

언어관이나 의미관에 따라 언어표현과 지시물 사이에 직접적인 관계가 성립하는지에 대해 상이한 입장을 가진다. 인지의미론과 같이 개념을 중시하는 의미이론은 언어표현이 지시물에 직접 연결된다고 보지 않기 때문에 이들 사이에 지시 관계를 설정하지 않는다. 물론 이 경우에도 언어 표현이 지시물을 반영하지만, 그것이 직접적이지 않고 지시물로부터 형성된 개념을 통해서 이루어진다고 본다. 반면에 형식의미론과 같이 언어표현이 실제 세계에 대응한다고 보는 의미이론에서는 언어표현과 지시물 사이에 직접적인 지시 관계가 설정된다.

이와 같이 지시성은 인지의미론보다는 형식의미론과 같은 지시의미론에서 보다 중요시되는 개념이다. 그러나 언어가 이 세상을 반영한다는 것은 자명한 사실이기에, 형식의미론뿐만 아니라 인지의미론에서도 이 사실이 부정될 수 없을 것이다. 단지 언어와 세상이 직접 연결된다고 이해하기보다는 개념을 매개로 한다는 것이다. 본고는 보다 넓은 의미에서 지시성을 파악하여 이 세상이 언어에 대응되는 속성이라고 보고, 직접적인 대응뿐만 아니라 간접적인 대응도 두루 포함시키고자 한다.

언어가 세상을 반영한다면, 원칙적으로는 모든 형식의 언어표현이 지시성을 가진다고 볼 수 있을 것이다. 그러나 지시성을 논하기 힘든 언어표현들도 있다. 가령 접속사, 조사, 어미 등의 언어 형식들의 지시성을 논하기란 쉽지 않다. 지시성을 논하기에 가장 용이한 것들은 명사류들일 것이다. 명사류는 기본적으로 세상의 사물을 대변하기 때문이다. 본고에서는 지시성 관찰이 용이한 명사구, 그 중에서도 맨명사구의 지시성에 대해 논하고자 한다. 한국어에서 맨명사구의 역할이 매우 다영하여 지시성의 여러 가지 측면을 관찰하기에 적절할 뿐만 아니라, 맨명사구가 보여주는 지시적 속성들이 한국어의 의미 현상을 이해하는 데 매우 중요하기 때문이다.

맨명사구의 지시적 속성들로 다루어 온 것으로 한정성/특정성, 총칭성, 복수성 등이 있다. 한정성/특정성은 해당 지시물에 대해 화자와 청자가 이미 알고 있는지의 여부에 대한 속성이고, 총칭성은 지시물이 종류를 대변하는지의 여부이고, 복수성은 지시물이 하나인 경우와 그보다 많은 경우에 대해 어떤 구별이 행해지느냐의 문제에 관한 것이다. 얼핏 보기에는 이 속성들이 제각기 다른 것들인 듯하지만, 이들은 서로 상호 관계를 맺고 있으며 이러한 관계들에 대한 논의들도 있어 왔다. 이들이 모두 지시성이라는 상위 속성을 공유하기 때문이다.

본고에서는 한국어에서 실현되는 한정성/특정성에 대해 주로 논하고자 한다. 그리고 총칭성과 복수성에 대해서는 한정성/특정성이 총칭성이나 복수성과 어떤 관계를 맺고 있는지를 위주로 살펴볼 것이다.

2. 한정성/특정성

성공적인 의사소통을 위해서는 화자와 청자가 어떤 언어 표현이 어떤 실체를 가리키는지에 대한 정보를 공유해야 할 것이다. 화자는 이에 대한 정보를 청자에게 전달할 것이고, 청자는 그러한 화자의 정보를 적절하게 알아차릴 것이다. 그런데 이러한 정보를 표시하는 방법이 언어에 따라 차이를 보인다. 가령 영어나 독일어 등의 인구어에서는 관사를 사용하여 이 정보를 표시한다. 보통 정관사는 화자와 청자가 해당 지시체를 이미 알고 있음을 나타내고, 부정관사는 그렇지 못함을 나타낸다.

그러나 한국어에는 관사 체계가 없다. 그렇다고 그와 같은 정보가 불필요하다거나 전혀 표현되지 않을 수는 없다. 만약 그렇다면 한국어에는 의사소통의 장애가 늘 발생하기 마련일 것인데, 전혀 사실이 아니다. 우리는 한국어에서는 동일한 목적을 위해 다른 방법을 사용한다고 예측해 볼 수 있다. 어떤 언어적 목적을 위해 언어에 따라 각기 다른 방법이 사용되는 것은 흔한 일이기 때문이다. 본고에서는 이를 위해 어떠한 방법이 사용되는지에 대해 알아볼 것이다. 이에 대한 이전의 연구들을 살펴보고, 이를 바탕으로 보다 설득력 있는 설명을 강구하고자 한다.

2.1. 한정성과 특정성

한국어에서 한정성을 나타내는 방법을 모색하기에 앞서, 특정성에 대해 논의할 필요가 있다. 한정성과 특정성은 매우 유사한 개념들로서 동등하게 사용되기도 하고 구별되어 사용되기도 하는데, 혼란을 피하기 위해 이들의 관계에 대해 알아보고 본고에서 취할 태도를 정하고자 한다.

한정성과 특정성에 대해 각각 여러 가지 견해들이 있는데, 편의상 본고에서는 가장 대표적인 것들이라고 할 만한 견해를 좇고자 한다. 즉, 한정성은 해당 지시물에 대해 화자와 청자가 모두 이미 알고 있음을 뜻하고, 특정성은 그에 대해 화자가 이미 알고 있음을 뜻하는 것으로 처리하고자 한다. 이에 따르면 한정성은 특정성을 함의하게 되어 [+한정적]이면 [+특정적]이지만 그 역은 성립하지 않고, [-한정적]이면서 [+특정적]인 경우가 허용된다.

이러한 입장은 한정성을 [+한정적]과 [-한정적]의 이분법으로 보지 않고 정도의 문제로 보는 시각과 상통하는 바가 있다. Ariel(1988)이나 Gundel 외(1993) 등에서 이와 같은 시각이 제시되었는데, 후자에서는 다음과 같은 위계가 제시되었다.

(2) 주어짐성 위계

인지적 상태	예
초점(in focus)[1]	*it*
활성(activated)	*that, this, this* N
친근(familiar)	*that* N
정체확인(uniquely identifiable)	*the* N
지시(referential)	indefinite *this* N
유형확인(type identifiable)	*a* N

1 이 '초점'은 소위 심리적 초점(psychological focus)이라고 불리는 것이다. 화자와 청자의 관심이 집중됨을 나타낸다. 보통 정보구조에서 사용되는 '초점'은 의미적 초점(semantic focus)이라고 불리는데, 이는 '화제(topic)'와 대립되는 것이다. '초점'의 이러한 여러 가지 사용에 대해서는 Gendel(1999)을 참조할 수 있다.

'초점'이 가장 높은 인지적 단계로서 화자와 청자가 해당 지시물에 대해 관심이 집중된 상태를 나타내고, '유형확인'이 가장 낮은 단계로서 화자와 청자가 해당 지시물이 어떤 특정한 것을 가리키는지를 모르는 상태를 나타낸다. 한정성의 관점에서 본다면, 전자는 가장 한정적인 상태이며 후자는 가장 비한정적인 상태를 나타낸다. 그리고 '지시'는 화자가 해당 지시물에 대해 알고 있으나 청자는 모르는 상태를 나타내는데, 이것은 위에서 논한 특정성과 연결될 수 있다.

본고에서는 위와 같은 주어짐성 위계를 한정성 위계로 보아 한정성을 정도의 문제로 보고자 한다. 여기에는 한정성뿐만 아니라 특정성의 개념도 함께 들어있게 되므로, 한정성과 특정성의 구분에 얽매이지 않고 관련되는 현상을 논할 수 있을 것이다. 이와 같은 맥락에서 '한정성'이라는 용어를 사용할 것이다.

2.2. 한정성 맥락

이제부터 한정성과 관련되는 정보가 실현되는 방식에 대해 알아보자. 우선 두 가지로 그 방식을 구분해보고자 한다. 하나는, 한정적 혹은 비한정적 표현이 나타나는 언어적 맥락이 존재하는 것 같다. 즉, 이러저러한 언어적 환경에서 나타나는 명사구가 한정적 혹은 비한정적이라는 식의 논의가 가능하다. 두 번째로, 명사구 자체에 한정성 표지가 붙어있는 경우를 논할 수 있다. 이 절에서는 전자의 방식을 알아보고, 다음 장에서 후자의 방식을 논해보자.

우선 다음의 예들에서 사용되는 '아이'의 한정성에 대해 알아보자.

(3) a. 아이가 기침을 계속해요.
b. 아이가 다시 자고 있어요.
c. 어젯밤에 아이가 울었지.
d. 아이가 울지 않고 있어요.

이 예들에서는 '아이'가 모두 한정적으로 사용된다. 대화의 장면에 처음 등장한 아이를 가리킬 수 없으며 이전에 화자 및 청자에게 알려져 있던 아이를 가리킬 수 있을 뿐이다. 이를 다음의 예들과 비교해 보자.

(4) a. 아이가 기침을 해요.
b. 아이가 자고 있어요.
c. 어젯밤에 아이가 울었어.
d. 아이가 울고 있어요.

이 예들의 '아이'는 (3)과는 달리 한정적으로나 비한적적으로 모두 사용될 수 있다. 상황에 따라 한정성이 결정되므로 한정성의 관점에서 중립적이다. 우리는 (3)과 (4)를 비교함으로써 (3)에서만 이러한 한정성이 실현되는 이유를 찾을 수 있을 것이다. a-예에서는 서술어에서 차이가 난다. '계속해요'와 '해요'의 차이이다. '계속하다'는 어떤 사건이 이전에도 발생하였음을 전제하므로, 그 상황의 필수 요소인 아이도 발화 이전에 존재했음을 전제하는 효과가 나타난다. b-예에서는 '다시'의 유무에서 차이가 난다. a-예와는 달리 부사어가 관여하지만, a-예와 동일한 전제의 효과가 나타나서 (3b)의 '아이'는 한정적이다. c-예에서는 어미에서 차이가 나타난다. (4c)의 '아이'는 한정성에 대해 중립적인 반면에, (3c)에서는 한정적 해석이 강하다. (3c)는 해당 사건이 발생하였음을 재차 확인하는 의미를 동반하므로 그러한 해석이 나타난다. 어미 '-지'가 이러한 효과를 담당한다. d-예는 부정과 긍정의 차이를 보인다. 부정문은 새로운 명제를 도입하기보다는 맥락적으로 주어진 명제를 부정하는 데 보통 사용되는 특성이 있으므로(Payne 1985), 부정문 (3d)의 '아이'는 한정적 해석을 가지게 된다.

(4)와는 달리 (3)에서 '아이'가 한정적 해석을 가지는 이유는 모두 해당 아이가 발화 이전에 담화범위 내에 존재했다는 전제에서 찾을 수 있다. 이 전제가 유발되는 경로는 각각 달라서 서술어, 부사어, 어미, 부정소 등에서 유래하

지만, 특정 아이에 대한 존재적 전제로 인하여 맨명사구 '아이'가 한정적으로 사용된다. 언어적 환경에 의해 한정적 표현만이 나타나는 경우이다.

다음으로, 비한정적 표현이 요구되는 예들을 살펴보자.[2]

(5) a. {사건/한 사건/#그 사건}**이** 발생했다.
b. {노조/한 노조/#그 노조}**가** 결성되었다.
c. #{사건/한 사건/그 사건}**은** 발생했다.
d. #{노조/한 노조/그 노조}**는** 결성되었다.

(5a)와 (5b)에서 동일한 유형이 나타난다. 맨명사구 '사건'과 '노조'가 비한정적으로 사용되고, 비한정적 표현 '한 사건'과 '한 노조'는 허용되는 반면에 한정적 표현 '그 사건'과 '그 노조'는 부자연스럽다. 그 이유를 서술어 '발생하다'와 '결성되다'에서 찾을 수 있다. 이것들은 존재하지 않던 사건이나 노조가 새로이 생겨났음을 뜻하기 때문이 해당 사건이나 노조가 담화의 영역으로 새롭게 도입되는 셈이다. 따라서 비한정적 표현만이 이 서술어들과 자연스럽게 어울릴 수 있다. (5c)와 (5d)에서는 화제 표지 '**은/는**'이 사용되는데, 화제는 화자와 청자가 이미 알고 있는 대상이므로 이 표지는 [+한정적]이어서 이 서술어들과는 어울리기 어렵다. 그래서 어떤 형태들의 명사구가 사용되어도 부자연스럽게 된다. (5)에서 서술어의 의미 특성이 주어의 한정성에 영향을 미침을 관찰할 수 있다.

다음의 예도 (5)와 동일한 현상을 보여준다.

(6) a. 책상 위에 책**이** 있어.

2 조사 '이/가'와 '은/는'을 필요에 따라 달리 표기하기로 한다. '이/가'는 정보초점(information focus)과 확인초점(identificational focus)의 기능으로 구분될 수 있다. 필요에 따라 '**이/가**'와 '*이/가*'로 구별하고자 한다. 둘 다 청자의 지식저장소를 갱신하는 신정보이지만, 후자가 총망라성(exhaustive listing)을 동반하는 차이를 보인다. 한편, '은/는'은 화제와 대조의 기능을 구분하여 각기 '**은/는**'과 '*은/는*'으로 구별한다.

b. #책상 위에 책은 있어.
c. 책상 위에 책 있어.

(6a)는 전형적인 존재문으로 '[처소구 [명사구-'가'] 존재동사]'의 구성을 가진다(전영철 2000). 새로운 책이 담화의 영역으로 도입된다. (6b)에는 화제표지가 붙은 '책'이 한정적이어서 존재문의 기능과 충돌을 일으키므로 부자연스럽다. (6c)는 자연스러운 문장이지만, 존재문으로 쓰이지는 않는다. 이전에 존재하던 책을 대상으로 그것이 책상 위에 있음을 기술하는 문장이다. 이 예들을 통해 한국어의 전형적인 존재문 구성인 '[처소구 [명사구-'가'] 존재동사]'의 환경에서는 맨명사구가 비한정적으로 사용됨을 알 수 있다.

(5)와 (6)은 맨명사구가 특정한 언어적 환경에서 비한정적으로 사용되어짐을 보여주고, (3)은 맨명사구가 한정적으로 사용되는 환경을 보여준다. 이들을 통해, 맨명사구의 한정성이 출현 환경에 의해 결정될 수 있음을 알 수 있다.

2.3. 한정성 표지

한국어에는 관사가 없어서 한정성을 나타내는 주요 표지가 결여되어 있지만, 다른 방식으로 한정성을 나타낼 수는 있다. 가령, 지시사 '이/그/저'는 그 속성상 한정적인 표현을 함의한다. 그리고 화제표지 '은/는'도 역시 그러하다. 이들의 기본 기능이 한정성을 표시하는 것은 아니지만 한정성을 동반하는 것은 쉽게 예측가능한 일이다.

그런데 이러한 것들 외에도 '어떤', 부분구조, 복수표지 '들', 목적격 조사 '을/를', 수량사구 등이 한정성 표지로 사용된다고 언급된 바가 있다. 이 절에서는 이들 중에서 목적격 표지 '을/를'만을 살펴보고자 한다. 나머지 표현들의 한정성 표지 여부가 전영철(2013)에서 논의된 바가 있는데, 이들 모두 한정성과 무관한 것으로 결론지어졌다.

목적격조사가 한정성을 표시한다는 주장은 다음과 같은 예를 통해 많이 논의되었다(김대빈 1992, 이원빈 · 조성은 2003, 이두원 2005).

(7) a. 영희는 어떤 학생을 보았다.
b. 영희는 어떤 학생 보았다.

이들에 따르면 (7a)는 적문인데 반하여 (7b)는 비문이다. '어떤'이 영어의 'a certain'과 마찬가지로 한정적 표지이므로, 이와 호응하기 위해서는 목적어가 격조사 '을'을 동반해야 한다는 것이다. 즉, 목적격조사가 한정적 표지라고 하였다.

그런데 이러한 주장은 두 가지 면에서 재고되어야 한다. 첫째, '어떤'이 'a certain'과는 달리 한정성을 나타내는 표지가 아니라는 것이다. '어떤 사람은 평생을 손쉽게 살기도 해'라는 문장에서 '어떤 사람'이 화자나 청자가 알고 있는 특정한 사람이 아니라 누군지는 모르지만 그 누군가를 가리킬 수 있으므로 비한정적인 해석을 가진다. 둘째, (7b)가 비문이라고 단정할 수 없다. 목적어가 한정적이니 한정성 표지인 목적격조사가 붙어야 한다는 논리인데, 목적격조사가 없이도 한정적으로 쓰이는 목적어는 흔히 사용된다. '난 그 학생 만난 적 있어'와 같은 문장에서 '그 학생'은 엄연히 한정적으로 해석된다.

이러한 반론이 타당하다면 목적격조사는 한정성 표지가 아니라는 것인데, 다른 한 편으로는 목적격조사가 오히려 비한정성을 반영한다는 주장이 있음이 흥미롭다. 목정수(1998)는 표지 '가', '를', '는', '도'가 일종의 관사 체계를 이루며, '가'와 '를'이 부정관사에 해당하여 비한정성을 나타내고, '는'과 '도'는 정관사의 역할을 하여 한정성을 나타낸다고 주장하였다. '가'와 '를'이 비한정적 표지라는 이 주장은 위에서 살펴본 주장, 즉 '를'이 한정적 표지라는 주장과 완전히 대립하는 것이다.

그런데 목정수(1998)의 이러한 주장은 (6a)에서 살펴본 전영철(2000)과 상통하는 면이 있다. 전영철(2000)은 한국어의 전형적인 존재문 구성을 '[처소구 [명사구-'가'] 존재동사]'라고 파악하였는데, 존재문의 명사구는 비한정적이므로 주격조사 '가'가 비한정적 표지라는 셈이 된다. 즉, 목정수(1998)와 전영철(2000)은 주격조사를 비한정적 표지라고 주장하며, 더 나아가 전자는 목적격조사까지도 비한정적 표지로 간주한다. 목적격표지와 주격표지가 반드시 동일한 속성을 가지는 것은 아니겠지만 어느 정도 비슷한 모습을 보인다고 가정한다면, 목적격표지에 대한 이들의 생각은 목적격조사를 한정성 표지로 보는 이들의 생각과 대립된다.

어떤 언어 현상에 대해 서로 다른 견해를 가지는 것은 매우 흔한 일이다. 그러나 지금 살펴보고 있는 것과 같이 정반대의 직관을 극명하게 드러내는 경우는 상당히 드물 것이다. 왜 이런 직관의 차이가 생기는지에 대해 알아볼 필요가 있다. 그리고 그 이유를 신현숙(1982), 이정민(1994), 이남순(1988) 등에서 찾을 수 있는 듯하다. 신현숙(1982)은 '를'에 [주의집중]의 의미자질을 부여하였고, 이정민(1994)은 격표지가 예기치 않은 사건을 야기하며 동반하는 명사구에 관심을 부여하는 효과가 있음을 지적하였고, 특히 이남순(1988)은 격표지를 의미초점을 위한 표지라고 주장하였다. 이들의 주장은 목적격조사를 포함하여 격조사가 일종의 정보구조적 표지, 즉 초점 표지라는 것이다.

격조사를 (비)한정성 표지로 보는 것과 초점 표지로 보는 것은 격조사의 기능을 설명함에 있어서 서로 다른 시각을 가졌음을 나타낸다. 그런데 이 두 시각은 바로 두 종류의 정보구조에 대응한다는 사실을 주목할 필요가 있다. 다음 절에서 이 두 시각이 정보구조를 통해 어떻게 연관되는지를 살피고자 한다. 그리하여 목적격조사를 둘러싸고 있는 의문점, 즉 왜 한정성 표지와 비한정성 표지라는 완전히 상반되는 주장이 가능하였는지에 대한 답을 구하고자 한다.

2.4. 한정성과 정보구조

정보구조는 어떤 표현의 정보가 구정보인지 신정보인지와 관련되는 개념이다. 그런데 구정보/신정보의 논의는 두 가지 관점에서 이루어질 수 있다

(Gundel 1988, Gundel & Fretheim 2004). 하나는, 어떤 언어 표현이 지시하는 지시체의 존재를 화자 및 청자가 이미 알고 있는지의 여부에 따라, 그렇다면 구정보이고 그렇지 않다면 신정보로 보는 관점이다. 이를 지시적 주어짐성(referential givenness)이라고 한다. 다른 하나는, 어떤 언어 표현이 표상하는 정보가 청자의 지식저장소를 갱신하는지의 여부에 따라, 그렇지 않으면 구정보이고 그렇다면 신정보로 보는 관점이다. 이를 관계적 주어짐성(relational givenness)이라고 하는데, 이는 구정보와 신정보가 상호 간에 서로 맺고 있는 관계에서 유래한다는 의미를 담고 있다. 즉, 일반적으로 문장은 A와 B의 두 부분으로 나뉘어져 'A에 대하여 B를 기술한다'는 관계가 형성되는데, 이 A와 B의 관계에서 A는 주어진 정보, 즉 구정보이고, B는 A에 새롭게 덧붙여지는 신정보라는 것이다.

이 두 가지 종류의 구정보/신정보의 구별은 상당히 중요하다. 종종 이 둘을 혼용하여 어려움에 빠지는 경우들이 있기 때문이다. 지시적 주어짐성에 입각한 구정보와 신정보는, 우리가 살펴보고 있는 한정성과 사실은 기본적으로 동일한 개념이다. 이들은 모두 언어표현과 대응하는 지시물의 존재를 화자와 청자가 이미 알고 있는지의 여부에 관한 것이다. 지시적 구정보는 한정적 정보이고, 지시적 신정보는 비한정적 정보에 해당한다. 이에 반해, 관계적 주어짐성은 화제 및 초점 등에 해당하는 정보와 관련된다. 관계적 구정보인 화제는, 문장이 어떤 것에 대해 새로운 정보를 부여하려할 때 그 어떤 것에 해당한다. 그리고 관계적 신정보는 화제에 대해 부여하려는 그 새로운 정보에 해당한다.

두 가지 주어짐성이 이렇게 구별되면, 이 두 가지 주어짐성 간의 연관성에 대해서도 논의할 수 있다. 우선, 관계적 구정보인 화제를 살펴보자. 화제는 한 문장이 그것에 대해 기술하고자 하는 대상이므로 화자와 청자는 그것이 무엇인지, 즉 그것의 존재를 이미 알고 있어야 한다. 만약 그렇지 않다면 화자와 청자가 해당 문장이 무엇에 대한 것인지를 모르는 것이므로 그 문장이 무엇을 뜻하며 어떻게 해석될 지가 미궁에 빠질 것이다. 온전한 정보일 수가 없다. 반드시 화자와 청자는 화제의 존재에 대해 이미 알고 있어야 할 것이다. 이는 화제가 본질적으로 한정적이라는 것을 말해준다. 그러나 그 반대, 즉 한정적 표현이면 화제가 된다는 것은 성립하지 않을 것이다. 화자와 청자가 이미 알고 있는 지시체라고 해서 항상 어떤 문장이 이에 대해 기술해야 하는 것은 아니기 때문이다.

다음으로 관계적 신정보, 즉 초점에 대해 알아보자. 초점은 한 문장에서 화제에 대해 새롭게 부여되는, 청자가 모르고 있던 정보에 해당한다. 따라서 이러한 정보에 포함되는 어떤 지시체가 청자에게 생소한 것일 수 있음은 쉽게 이해되는 듯하다. 그런데 이러한 지시체가 청자에게 이미 알려져 있을 수도 있다. 다음의 예를 보자.

(8) Q: 철수는 뭘 해요?
A: 걔는 {친구, 영희}를 만나고 있어요.

(8A)는 철수에 대해 '{친구, 영희}를 만나고 있어요'라는 관계적 신정보를 기술하고 있다. 여기에서 '친구'는 청자가 모르는 친구여서 비한정적일 수 있지만 청자가 맥락 등을 통해 누구인지 알고 있어서 한정적일 수도 있다. 그리고 '영희'는 청자가 알고 있는 사람이므로 한정적이다. 이 예를 통해 초점이 비한정적일 뿐만 아니라 한정적일 수 있음을 확인할 수 있다. 즉, 관계적 신정보는 지시적 신정보 혹은 지시적 구정보일 수 있다. 한편 반대 방향의 관계는 어떠한가? 지시적 신정보는 화자와 청자가 존재를 공유하는 것이 아니므로 화제가 될 수 없을 것이다. 지시적 신정보는 초점에 속하기 마련이다. 반면에 지시적 구정보는 문장이 그에 대해 기술하는 화제가 될 수 있는 가능성이 있다. 물론 (8A)의 '영희'처럼 화제가 아니라 초점으로도 사용될 수 있다.

이상의 논의를 정리해 보면 두 종류의 주어짐성 간에는 다음과 같은 관계가 성립한다(전영철 2005).

(9) 관계적 주어짐성과 지시적 주어짐성의 연관성

관계적 구정보(화제)	관계적 신정보(초점)
지시적 구정보(한정적)	지시적 신정보(비한정적)

우리는 두 가지 연관성을 확인할 수 있다. 첫째, 관계적 구정보는 지시적 구정보를 함의하지만 그 역은 성립하지 않는다. 둘째, 관계적 신정보는 지시적 주어짐성의 관점에서 신정보일 수도 구정보일 수도 있다. 우리는 두 번째 연관성에 대해 주목하고자 한다.

우리는 앞 절에서 목적격조사에 대해 한정성의 관점에서 서로 상반되는 견해들이 있음을 언급한 바 있다. 한 쪽에서는 목적격조사를 한정성 표지라고 보는 반면에 다른 쪽에서는 비한정성 표지라고 주장하는 것이 그것이다. 그리고 우리는 이러한 관점과는 달리, 목적격조사를 초점 표지로 보는 견해가 따로 있음을 알아보기도 하였다. 이제 우리는 목적격조사에 대한 이 모든 견해들이 공존하는 이유를 설명할 수 있을 듯하다.

목적격조사를 한정성의 관점에서 보는 이들은 바로 지시적 주어짐성의 관점을 취하는 입장이다. 반면에 목적격조사를 초점 표지로 보는 입장은 관계적 주어짐성의 관점을 취하는 것이다. 이는 위에서 살펴본 두 종류의 주어짐성을 통해 확인되는 사실이다. 그리고 나아가 이러한 두 입장은 위에서 확인한 두 종류의 주어짐성 간에 존재하는 연관성으로부터 예측가능하다. 만약 목적격조사가 초점 표지라면, 즉 관계적 신정보라면 이 두 입장의 공존이 가능할 것이다. 관계적 신정보는 지시적 구정보, 즉 한정적일 수도 있고, 지시적 신정보, 즉 비한정적일 수도 있기 때문이다.

그러나 목적격조사가 한정적으로도 비한정적으로도 사용될 수 있다는 것과 그것이 한정성 표지 혹은 비한정성 표지라는 것은 다른 이야기이다. 그것은 한정성 표지일 수도 비한정성 표지일 수도 없다. 단지 관계적 신정보, 즉 초점 표지일 뿐이다. 따라서 한정성을 둘러싸고 벌어진 한정성 논쟁은 시작부터 잘못된 것으로 보아야 한다. 한정적으로도 비한정적으로도 사용될 수 있는 초점 표지를 대상으로 각기 한 쪽만을 강조하여 한정성 표지니 비한정성 표지니 하는 입장을 세웠기에 그러하다.

본고에서는 자세히 살펴보지 않지만, 목적격조사 외에도 예전에 한정성 표지로 언급된 것으로 '어떤', 부분구조, 복수표지 '들', 수량사구 등이 있었다. 그런데 이것들도 전영철(2013)의 주장처럼 한정성 표지가 아니라면, 한국어에는 한정성 표지가 결여되었다고 할 만할 것이다. 지시사나 화제표지와 같이 그 속성상 한정성을 함의하는 표현들 외에는 한정성을 나타내는 이렇다 할 표현이 없기 때문이다.

그러나 그렇게 결론짓는 것은 성급할 수 있다. 우리는 위에서 목적격조사가 한정성 표지는 아니지만 초점 표지임을 확인할 수 있었다. 그리고 한정성과 초점은 지시적 주어짐성과 관계적 주어짐성이라는 두 종류의 주어짐성의 발현이고, 이 두 종류의 주어짐성은 일정한 연관성을 맺고 있음도 확인하였다. 그렇다면 초점 표지인 목적격조사도 이 연관성을 통해 한정성과 일정한 관계를 맺고 있는 것이다. 지금 단계에서는 이러한 관계가 충분히 밝혀지지 않아 초점 표지가 한정성에 어떤 영향을 미치는지 전모를 파악할 수 없지만, 그러한 관계에 대한 이해가 증진된다면 그러한 영향에 대한 설명도 가능해질 것이다.

주격조사도 목적격조사와 비슷한 모습을 보여준다. 우리는 앞에서 존재구문 '[처소구 [명사구-'가'] 존재동사]'을 논하면서 주격조사 '가'를 비한정성 표지로 취급한 바 있다. 그러나 '그 아이가 와요'와 같이 주격조사가 한정적 표현과도 사용되므로 적절하지 못한 처리일 것이다. 주격조사도 목적격조사처럼 초점 표지로 처리할 수 있다. 존재문은 문장 전체가 초점에 해당하므로 거기에 나타나는 주격조사를 초점 표지로 보는 것은 문제가 없다. 그리고 존재구문에서 나타나는 주격조사의 비한정적 속성은 관계적 주어짐성과 지시적 주어짐성의 연관성을 통해 간접적으로 실현되는 것으로 파악할 수 있을 것이다. 이는 목적격조사를 초점 표지로 보고, 한정성에 대해서는 관계적 주어짐성과 지시적 주어짐성의 연관성에 기대는 것과 맥을 같이 한다.

한국어는 두 종류의 주어짐성 중에서 관계적 주어짐성을 강조하는 언어이고, 이를 통해 지시적 주어짐성이 간접적으로 발현되는 언어라고 볼 수 있을 것이다. 따라서 관계적 주어짐성의 관찰을 통해 지시적 주어짐성의 모습을 들여다보는 것도 지시적 주어짐성, 즉 한정성 연구의 한 방법이 될 것이다.

다음 두 절에서는 맨명사구의 나머지 지시적 속성들인 총칭성과 복수성을 한정성과 관련지어 살펴보고자 한다.

3. 한정성과 총칭성

총칭성은 일반성과 통한다. 다음의 예에서 그러한 총칭성 내지는 일반성을 발견할 수 있다.

(10) 개는 잘 짖는다.

그런데 일반성은 두 가지 측면에서 관찰된다. 즉, (10)는 '보통의 개는 일반적으로 잘 짖는다' 정도의 해석을 가져서, 개에 대해서 일반성을 표현하기도 하고 잘 짖는 사건에 대해서도 일반성을 나타내기도 한다.

이러한 관찰은 다음의 예를 통해 확인될 수 있다.

(11) 대부분의 개는 종종 잘 짖는다.

'개'와 '잘 짖는다'에 대해 각각 양화적 수식 '대부분의'과 '종종'이 가미된 것인데, (10)과 비교해보면 (10)에도 '개'와 '잘 짖는다'에 일반성의 척도가 가미된 것으로 볼 수 있다.

한편, (10)을 (11)에 대응시킨다는 것은 (10)에서 실현되는 총칭적 표현을 일종의 양화적 표현으로 간주함을 의미한다. (11)의 양화 표현인 '대부분의'과 '종종'에 대응되는 총칭적 표현이 (10)에 설정될 수 있을 것이다. 단지 그런 총칭적 표현들이 형태적으로 실현이 안 된 것으로 볼 수 있을 것이다. 총칭성을 양화의 일종으로 본다면 양화의 척도상 전칭양화보다는 아래 놓이지만 전칭양화에 육박하는 수준일 것이다. 총칭성의 중요 특성들 중의 하나가 예외를 허용한다는 것이어서 이러한 척도상의 위치와 부합되기도 한다. (10)에서 몇 마리의 개가 잘 짖지 않아도 진리치는 변화가 없을 것이다. 물론 한 마리도 빠뜨리지 않고 다 짖는 경우에도 참의 진리치를 가진다.

일단 총칭성을 이와 같이 양화적으로 이해한다면, 양화적 표현들을 표상하기 위하여 주로 사용되는 삼부구조를 통해 (10)과 같은 총칭적 표현을 표상할 수 있다.[3]

(12) **GENERICx[개(x)][잘.짖는다(x)]**

'**개**'가 제약부에 나타나서 개체 변항 'x'를 통해 총칭운용자 '**GENERIC**'으로부터 총칭적 힘을 받는다.

총칭적 해석을 받는 맨명사구 '개'가 위와 같이 삼부구조의 제약부에 나타난다는 것은 이것이 한정적이라는 사실로 연결된다. 보통 제약부를 형성하는 술어에 의해 형성되는 집합은 화자와 청자의 관심의 대상인 것으로 이해되기 때문이다. 가령 '모든 학생이 출석했어요'의 문장은 '**ALLx[학생(x)][출석했어요(x)]**'의 삼부구조로 표상되는데, 술어 '학생'에 의해 형성되는 집합은 이 세상의 학생 전체를 말하는 것이 아니라 화자와 청자의 관심의 대상이 되는 어느 반의 학생들의 집합일 것이다. 그리고 그 집합에 대해 운용자 '**ALL**'이 작용하여 적절한 해석을 얻게 된다. 이런 의미에서 (12)의 제약부에 나타나는

3 사실은 (10)이 다음과 같이 표상되어야 더 정확하다.

(i) **GENERICx,s[개(x) & C(x,s)][잘.짖는다(x,s)]**

이 삼부구조는 주어 명사구에 나타나는 총칭성뿐만 아니라 서술어를 통해 실현되는 총칭성도 반영하고 있다. 개체 변항 'x'와 상황 변항 's'를 통해 그러한 두 종류의 총칭성이 포착된다. (12)에서는 논의의 편의를 위하여 주어 명사구의 총칭성만이 반영되는 삼부구조를 제시한다.

'개'에 의해 형성되는 집합은 화용적 해석을 통해 얻게 되는, 화자와 청자가 관심을 두고 있는 개들의 집합이다. 따라서 '개'는 한정적이라고 할 수 있다. 삼부구조를 통해 총칭성이 한정성을 함의함을 표상함을 알아보았다.

총칭적 해석의 맨명사구 '개'가 한정적이라는 것은 위와 같은 삼부구조의 기능을 빌지 않아도 이해될 만하다. 총칭적 해석의 '개'는 개 일반, 즉 개 전체 혹은 개 종류를 가리키는 것이다. '개'의 의미를 안다는 것은 그러한 개 종류를 구별해낼 줄 안다는 것인데, 그러한 종류는 정상적인 의사소통을 위해서는 화자와 청자에 의해 공유되는 정보이어야 한다. 즉, 총칭성은 한정성을 함의하기 마련이다.

4. 한정성과 복수성

마지막으로 한정성과 복수성의 관계에 대해 알아보고자 한다. 이를 위해 먼저 복수성에 대해 간략히 정리해 보자. 한국어가 복수성의 관점에서 매우 특이하다는 사실은 잘 알려져 있다. 우선, 복수표지 '들'의 사용이 매우 자유로워서 수의적인 특성을 보여준다. 그리고 이 표지가 명사류 이외의 부류에도 자유롭게 붙을 수 있어서 '선생님께서들 일찍들 댁에들 돌아들 갔셨습니다들'과 같은 표현도 허용된다. 이 절에서는 첫 번째 특성에 대해 논하고, 이를 한정성과의 관계에 대한 논의로 이어가고자 한다.

복수표지 '들'의 수의성을 아래와 같이 관찰할 수 있다.

(13) a. 거리에 나무가 많다.
 b. 거리에 나무들이 많다.

거리에 수많은 나무를 보고 위 둘 중 어느 것을 사용해도 무방하다. 특히 서술어인 '많다'도 복수성을 품고 있어서 둘 다 자연스럽다. 그런데 아래의 예문들에서는 좀 다른 현상이 나타난다.

(14) a. 교수 열 명, 교수들 열 명
b. 개 열 마리, 개들 열 마리
c. 빵 열 개, 빵들 열 개

수량사구여서 수사 '열'에 의해 복수임이 드러나지만 '들'의 부착에 따른 수용가능성에 차이가 감지된다. (14a)는 자연스러운데 (14b), (14c)로 갈수록 부자연스러워진다. 이는 '들'이 유정성에 의해 영향을 받음을 보여주는데, 유정성이 높을수록 '들'과 잘 어울리는 경향이 있다. (14)를 통해 '들'이 단순히 수의적이지만은 않음을 알 수 있다.

다음의 예들은 '들'이 수의적이지 않음을 보다 분명히 보여준다.

(15) a. 나는 어제 시장에서 **과일**을 샀다.
b. 나는 어제 시장에서 **과일들**을 샀다.

이 두 문장은 동일한 상황에 대해 화자의 서로 다른 의도를 반영하는 듯하다. 보통 과일 한 개를 사는 게 아니라 여러 개를 살 것인데, (15a)는 산 과일 전체를 한 묶음 식으로 표현하는 반면에 (15b)는 산 과일들을 개별적으로 다 드러내고자 하는 의도를 담고 있다고 해석할 수 있다. 만약 그렇다면, '들'은 수의적이지 않다. '들'의 유무에 따라 다른 의도가 전달되기 때문이다.

우리는 아래의 예를 통해 '들'의 비수의성을 재확인할 수 있다.

(16) a. **사람들**이 각자 도시락을 준비해 왔다.
b. #**사람**이 각자 도시락을 준비해 왔다.

여기에는 배분사 '각자'가 사용되었는데, '들'이 붙은 것만 허용되고 '들'이 없는 것은 허용되지 않는다. 이것은 명시되어야 할 '들'의 기능이 분명히 있음을 보여준다. 이 기능이란 바로 개별성인데, '각자'와 함께 쓰이기 위해서는 이 개별성의 표지 '들'이 함께 해야 한다. 이는 (15)에서 관찰한 사실도 잘 설명한다. '들'이 없는 (15a)는 개별성이 나타나지 않아서 해당 과일 전체를 하나로 표현하는 반면에 '들'이 있는 (15b)는 개별성이 실현되어 각각의 과일을 드러내는 효과가 있다.

이상의 논의를 통해, '들'은 수의적이지 않음을 알 수 있다. 즉, 두 가지 복수성이 '들'의 유무에 의해 구별되고 있음을 알 수 있다. 둘을 '들'-복수형, Ø-복수형이라고 구별하여, 전자를 합(sum), 후자를 집단(group)이라고 부른다(전영철 2007). 전자는 복수 개체들의 개별성을 드러내는 반면에 후자는 복수 개체들의 개별성을 감추고 마치 하나의 개체인 것으로 처리하려는 의도를 반영한다.

한국어 복수성에 대한 위와 같은 배경을 가지고 한정성과 복수성의 관계에 대해 살펴보자. 한정성이 복수성에 영향을 미치는지, 혹은 거꾸로 복수성이 한정성에 어떤 영향을 끼치는지를 논의할 수 있을 것이다. 이전의 연구들에 따르면 후자의 영향에 대해서는 별 이견이 없는 듯하다. 대략적으로 보아 단수이든 복수이든, 합 복수이든 집단 복수이든 모두 한정적으로나 비한정적으로 사용될 수 있어서 복수성이 한정성에 어떤 영향을 미치지는 않는 것으로 정리할 수 있다. 그런데 한정성이 복수성에 영향을 미치는지에 대해서는 논의가 필요하다.

우선, 한정적 표현이 복수를 나타낼 때는 항상 '들'을 동반해야 한다는 주장들이 있다(남기심 · 고영근 1985, 송석중 1993, 강범모 1994 등).

(17) a. 그 교수가 어용학자다.
b. 이 국회의원은 거짓말쟁이다.

가령, (17a)는 한 명의 교수만을 가리킬 뿐이어서, 여러 명의 교수를 가리키려면 반드시 '교수들'이라는 복수형을 사용해야 한다는 것이다. 복수성이 한정성에 의해 영향을 받고 있는 대목이다.

위 예는 송석중(1993)에서 가져왔는데, 그는 다음의 예도 들고 있다.

(18) a. 이 사과가 저 사과보다 더 맛이 있다.
　　b. 그 셔츠가 저 셔츠보다 비싸다.

이 예들에 대해서는 (17)과는 좀 달리 설명한다. '사과'와 '셔츠'가 한정적이어서 보통 단수를 나타내지만, 경우에 따라서는 복수로도 사용된다고 하였다. 시장에 수북하게 쌓인 두 개의 사과 더미를 두고 사용된다면 '이 사과'와 '저 사과'는 복수로 사용된다는 것이다. 그러나 '이 사과'는 '이 종류의 사과'에 해당하는 총칭적 표현이어서 진정한 복수가 아니라 일종의 단수라고 결론짓는다.

우리는 여기에서 집단 복수를 만난다. 그러나 송석중(1993)은 집단 복수를 복수의 일종으로 취급하지 않고 단수의 일종으로 처리하면서, 한정 표현이 복수이기 위해서는 '들'이 필요하다는 것으로 매듭을 지었다. 만약 집단 복수를 복수의 일종으로 보았다면 다른 결론에 이르렀을 것이다.

한편, 집단 복수를 인정하면서도 한정성이 복수성에 영향을 준다는 주장이 있다(백미현 2002, 곽은주 2003).

(19) a. 그 학생들이 모였다.
　　b. #그 학생이 모였다.

여기에서 집단 술어 '모이다'가 '그 학생'과 어울리지 못하므로 '그 학생'이 집단의 의미를 가지지 못한다고 보아, '그'와 같은 한정적 표현과는 집단의 해석이 불가능하다고 주장하였다.

그러나 다음의 예들은 다른 설명을 요구한다.

(20) a. 그 벌들이 모였다.

b. 그 벌이 모였다.
c. 그 사과들이 모아졌다.
d. 그 사과가 모아졌다.

'그 벌'과 '그 사과'가 집단의 해석으로 가능하다. 그리고 '그 사과'가 '그 벌'보다 더 자연스럽다. 이것은 아마 '들'이 유정성과 관련된다는 사실과 관련이 있을 것이다.

그리고 다음의 예들도 흥미롭다.

(21) a. 내 학생이 오기로 했어.
b. 당신 부하는 어디 있어요?

'내 학생'이나 '당신 부하'가 단수로 사용되는 것이 일반적이겠으나, 경우에 따라서는 복수의 학생들이나 부하들을 집단적으로 나타내기 위해 사용하는 상황도 가능하다. 그러나 '그 학생'이나 '그 부하'로 대치한다면 집단적 해석이 아니라 단수 해석만 가능하게 된다. 지시사에 의한 한정성과 대명사에 의한 한정성이 집단 복수의 해석에 대해 서로 다른 영향을 미치는 듯하다.

이상의 관찰은, 한정적 표현이 복수의 해석을 받기 위해서는 '들'이 필요하다는 견해나 한정적 표현은 집단 복수의 해석이 불가능하다는 주장이 재고될 소지가 있음을 암시한다. 한편, 복수성이 한정성에 어떤 영향도 미치지 않는다는 사실은 여전히 유효하다.

5. 앞으로의 과제와 전망

한국어에서 실현되는 지시성에 대해 한정성을 중심으로 살펴보았다. 한정성 연구의 과제 및 전망과 관련하여, 두 가지를 언급하고자 한다.

첫째, 2절에서 Ariel(1988)이나 Gundel 외(1993)에서 한정성을 이분적이 아니라 정도의 문제로 다루었음을 살펴보았는데, 한국어에서 실현되는 한정성도 이와 같이 정밀하게 파악할 필요가 있다. 이러한 작업은 한정성과 특정성의 관계를 합리적으로 설정할 수 있게 하여, 관련된 언어 현상들을 설명하는 데 기여할 것이다. 그러나 이 작업이 쉽지는 않을 것이다. 특히 한국어 맨명사구의 기능이 다양하여 주어짐성 위계의 여러 수준을 점할 것이기 때문에 자료의 처리가 아주 어려울 것이다. 이러한 어려움은 Gundel *et al.*(1993)가 일본어를 다루는 과정에서도 드러난 바가 있다. 한편 Gundel *et al.*(1993)에서는 일본어의 한정성 위계를 다룰 때 일본어 화제 표지 'wa' 등을 논의에 포함시키지 않았는데, 이로 인해 상당히 부정확한 결과가 초래된 것으로 보인다. 왜냐하면 인구어 등에는 없는 이러한 표지들이 한정성에 큰 영향을 미치기 때문이다. 한국어의 주어짐성 위계를 다룰 때에도 화제 표지, 주격 조사 등의 역할이 적절히 반영되어야 할 것이다.

둘째, 한정성 문제는 언어철학의 주요한 연구 대상이었고 지금도 그러한데, 국내의 그러한 언어철학의 연구들과 언어학적 연구가 좀 더 긴밀하게 소통되길 기대한다. 특히, 최근에 '우리 마누라'라는 표현에 대해 언어철학계의 일련의 논의들(정대현 2009, 강진호 2010, 최성호 2016, 2017 등)이 있어 관심을 끄는데, 국어학의 관련된 연구들(김정남 2003, 박재연 2008, 이홍식 2016 등)의 결과들이 충분히 반영되지 못하는 아쉬움이 보인다. 두 가지 시각이 잘 조화를 이루어 보다 만족스러운 설명을 얻게 되길 기대한다.

6. 마무리

한국어 연구에서 한정성은 큰 주목을 받지 못한 분야일 것이다. 인구어의 관사 체계와 같은 한정성 표지가 뚜렷하지 못하다고들 생각했기 때문인 듯하다. 예를 들어, 맨명사 '아이'가 'a child', 'the child', 'children', 'the children'에 모두 대응될 수 있으므로 한정성의 논의가 큰 의미를 가지지 못한다고 여긴 듯하다. 그러나 성공적인 의사소통을 위해서는 한정성에 대한 정보 공유가 필수적이기에 이에 대한 한국어 고유의 방식이 있으리라고 예측할 수 있다. 이러한 이유에서 그 고유의 방식에 대해 두 가지 방향으로 살펴보았다. 첫째, 맨명사구 주변 맥락에 한정성에 영향을 미치는 요소가 있는지를 살펴보았고, 둘째 맨명사구 내에 그러한 요소가 있는지를 살펴보았다.

특히, 두 번째에서는 한국어의 한정성이 화제 및 초점 등의 정보구조에서 기인하는 경향이 있음을 지적하였다. 한정성은 지시적 주어짐성의 실현이고, 화제 및 초점은 관계적 주어짐성의 실현이다. 그리고 이 두 주어짐성은 일정한 연관성을 가지고 있다. 따라서, 한국어에서는 지시적 주어짐성보다 관계적 주어짐성이 강하게 실현되는 특성이 있음을 주목하여, 관계적 주어짐성의 연구를 통해 한정성의 실현 양상을 모색할 필요가 있음을 주장하였다.

참고문헌

강범모(1994), Plurality and Other Semantic Aspects of Common Nouns in Korean, *Journal of East Asian Linguistics* 3(1): 1-24.

강범모(2014), 『양화와 복수의 의미론』, 한국문화사.

강진호(2010), "'우리 마누라'의 의미", 『철학적 분석』 21: 153-164, 한국분석철학회.

곽은주(2003), Interpretations of Plural Noun Phrases in Korean, 『언어학』 35: 3-38, 한국언어학회

김대빈(1992), *The Specificity/Non-Specificity Distinction and Scrambling Theory*, Ph.D. dissertation, University of Wisconsin at Madison.

김정남(2003), "한국어 대명사 '우리'의 의미와 용법", 『한국어 의미학』 13: 257-274, 한국어 의미학회.

남기심 · 고영근(1985), 『표준국어문법론』, 탑출판사.

목정수(1998), "한국어 격조사와 특수조사의 지위와 그 의미: 유형론적 접근", 『언어학』 23: 47-78, 한국언어학회.

박재연(2008), "고유명의 변별적 속성에 대하여", 『한국어 의미학』 27: 103-126, 한국어 의미학회.
백미현(2002), "한국어 복수 의미 연구", 『담화와 인지』 9(2): 59-78, 담화・인지 언어학회.
송석중(1993), 『한국어 문법의 새 조명: 통사구조와 의미해석』, 지식산업사.
신현숙(1982), "목적격 표지 /-를/의 의미연구", 『언어』 7(1): 119-139, 한국언어학회.
이남순(1988), "국어의 부정격과 격표지 생략", 『국어학총서』 14, 국어학회.
이두원(2005), Syntactic and Semantic Constraints on Caseless Numeral Quantifiers, 『어학연구』 44(1): 143-178, 서울대학교 어학연구소.
이원빈・조성은(2003), Argument Scrambling and Object Shift, *Studies in Generative Grammar* 13: 39-59.
이정민(1994), Definite/Specific and Case Marking in Korean, *Theoretical Issues in Korean Linguistics*, 325-341.
이홍식(2016), "고유명사의 의미와 지시에 대하여", 『한국학연구』 40: 307-334, 인하대학교 한국학연구소.
전영철(2000), "한국어 존재문의 구성", 『언어학』 27: 261-280, 한국언어학회.
전영철(2002), "한정성 효과: 한정성 제약과 비한정성 제약", 『언어와 정보』 6(2): 83-104, 한국언어정보학회.
전영철(2005), "한국어의 소위 특정성 표지에 대하여", 『언어』 30(4): 715-743, 한국언어학회.
전영철(2007), "한국어 복수 표현의 의미론: '들'의 통합적 해석", 『언어학』 49: 339-361, 한국언어학회.
전영철(2013), 『한국어 명사구의 의미론: 한정성/특정성, 총칭성, 복수성』, 서울대학교출판문화원.
정대현(2009), "'우리 마누라'의 문법", 『철학적 분석』 20: 69-83, 한국분석철학회.
최성호(2016), "고유명과 명명: 박재연 교수의 견해에 대하여", 『한국어 의미학』 54: 127-150, 한국어 의미학회.
최성호(2017), "강진호 교수에게 '우리 마누라'란 무엇인가?", 『철학사상』 64: 183-215, 서울대학교 철학사상연구소.
Ariel, M.(1988), Referring and accessibility, *Journal of Pragmatics* 24: 65-87.
Gundel, J.(1988), Universals of Topic-comment Structure, in M. Hammond, E.

Moravcsik & J. Wirth(eds.), *Studies in Syntactic Typology*, 209-239, Amsterdam: John Benjamins.

Gundel, J.(1999), On Different Kinds of Focus, in P. Bosch & R. van der Sandt(eds.), *Focus,* 113-127, Cambridge: Cambridge University Press.

Gundel, J., N. Hedberg & R. Zacharski(1993), Cognitive status and the form of referring expressions in discourse, *Language* 69: 274-307.

Gundel, J. & T. Fretheim(2004), Topic and Focus, in L. Horn & G. Ward(eds.), *The Handbook of Pragmatics*, 175-196, Oxford: Blackwell.

Payne, J.(1985), Negation, in T. Shopen(ed.), *Language Typology and Syntactic Description*, 197-242, Cambridge: Cambridge University Press.

텍스트의 의미

신 지 연*

1. 들머리

텍스트가 무엇인가에 대해서는 여러 정의가 있다. 가장 좁게는 '여러 개의 문장이 모인 글(문어)'을 가리키지만 현재 가장 넓게 받아들여지고 있는 정의는 '의사소통적, 행위론적, 화용적 관점에서 대개 문장 이상을 포괄하는 고착된 언어단위로서, 내용적 주제적으로 응집성을 가지면서 의사소통의 단위가 되는 통보적 발화체'로 정리된다.[1] 텍스트가 '통보적 발화체(communicative

---

* 목원대학교 국어국문학과 교수, jshin@mokwon.ac.kr

1 '텍스트'에 대한 정의들은 다음과 같다.

a. van Dijk(1980): 대개 문장 이상을 포괄하는 (문어적으로) 고착된 언어단위로서, 내용적 주제적으로 결속성을 가져야 한다.
b. van Dijk(1980): 의미론적 심층구조를 통해 동기 부여된 제어된 텍스트 표층구조
c. Dressler(1973: 1): 텍스트는 그때마다 사용된 언어의 문법규칙에 따라서 형성되고, 송신자와 수신자의 의도에 따라 언어적으로 닫힌 언어 단위이다.
d. Coseriu(1980): 발화행위 또는 연관된 발화 결합인 모든 것, "Guten Tag"과 같은 인사이든 단테의 신곡이든.

occurrences)'라면 그 텍스트의 의사소통 목표가 곧 그 텍스트의 의미가 될 수 있을 것이다. 무엇을 위해 그 텍스트를 생산하였는가를 생각해 보면 그 텍스트의 의미를 파악할 수 있다는 뜻이다.

'의미'에 여러 종류의 의미가 있다는 것은 널리 알려진 바이며 이와 관련한 논의 중에서는 G. Leech(1981)의 분석이 가장 널리 알려져 있는데 G. Leech(1981)는 의미에는 개념적 의미, 내포적 의미, 사회적(문체적) 의미, 정서적 의미, 반영적 의미, 배열적 의미, 주제적 의미가 있다(임지룡 1992: 36-38, 윤평현 2017: 47-54 참조). 이 중 주제적 의미는 화자의 의도와 관련된 의미이며. 따라서 소위 '화자 의도'라는 것이 의미의 의미 중에 포함된 것인데 문장 단위를 넘어서는 텍스트 전체의 의미를 따질 때에는 다른 무엇보다도 이 주제적 의미가 가장 중요한 것으로 보인다.[2]

본고에서는 적극적으로 텍스트 의미 구현 및 파악을 목적으로 하는 텍스트 생산 및 이해에서 텍스트 성립 조건을 어떻게 보고 있는가 하는 의사소통적 관점에서 텍스트의 의미를 가장 객관적으로 알 수 있을 것이라고 생각하고 이 영역의 연구 성과를 살피는 것에서부터 논의를 시작한다.

---

e. Beaugrande · Dressler(1981): 텍스트성의 7가지 기준에 부합되는 통보적 발화체(communicative occurrences)

f. 고영근(1999: 8): 사람이 어떤 의도를 가지고 산출하는 언어적 표현. 음성형태로 나타나는 발화는 물론 문자로 적혀진 문학작품과 문서를 우선적으로 텍스트로 보는 태도를 취한다. 이밖에도 음성, 음향, 문자, 그림, 사진 등이 어우러져 조화를 이루는 다중매체도 텍스트로 간주할 수 있다.

g. Kallmeyer *et al.*(1980: 40): 의사소통적 상호작용에서 나타나는 의사소통 신호의 집합 전체

2 이 밖에도 문장이 다른 문장들과 또 상황들과 연합해 만들어 내는 텍스트의 의미 분석에서는 배열적 의미, 사회(문체적) 의미 등이 관여적인 것으로 보인다.

2. 텍스트의 의미

2.1. 텍스트의 의미는 주제

기본적으로 의미를 언어 형식이 나타내고자 하는 개념이라고 본다면, 하나의 텍스트가 종합적으로 나타내는 개념은 텍스트 쓰기에서 구현해 내고자 하는 것이며 한편으로는 읽기에서 파악하고자 하는 것이 될 것이다. 이것은 우선 텍스트가 어떤 요소들로 이루어져 있으며 텍스트의 생산 및 이해에서 무엇을 지향하는가를 점검하는 것으로 알 수 있다. 텍스트가 무엇으로 이루어져 있는가는 객관적으로 텍스트 생산을 평가하기 위한 평가 요소에서부터 역으로 추적해 보는 것으로 접근할 수 있다. 국어 텍스트 생산 능력의 점검 요소는 다음 (1)과 같다고 보는 것이 일반적이다(원종숙 1995 참조).

(1) 국어 텍스트 생산 능력의 점검 요소(원종숙 1995)

①	내용	a. 주제의 선명성 b. 논증의 타당성 c. 내용의 통일성 d. 결론의 적절성
②	구조	a. 단락 전개 방식 b. 글의 논리 구조 c. 사회적(문체적) 기능
③	표현	어휘의 적절성, 문체의 적절성, 맞춤법, 수사적 독창성, 양적 요건 충족 등

위 (1)과 같은 평가 기준에 의하면 글(텍스트)이라는 것은 주제를 분명히 드러내기 위하여 가장 적절하고 효과적인 구조 및 미시적인 표현 방법들을 동원하여 응집되게 엮은 것이다. 곧, 주제를 선정하고 뒷받침 내용들을 세워 그것을 지지하고, 그들을 논리적으로 양적으로 담화 구조화 하는 일이 텍스트 생산 과정이다. 물론 이 모든 요소들이 응집적으로 텍스트 전체의 의미 생산

에 기여하지만, 여기에서 직접적으로 텍스트 의미와 관련되는 측면은 ①내용 측면이다. 주제를 직접적으로 평가하는 이 내용 요소의 구체적인 평가 기준은 다음 (2)와 같다.

(2) 텍스트 평가 기준 중 내용적 기준(원종숙 1995)
a. 주제의 선명성 - 주제가 분명한가,
독창성과 설득력이 있는가.
b. 논증의 타당성 - 근거가 적절한가.
예시, 구체화, 인용 등 뒷받침 자료가 풍부한가
c. 내용의 통일성 - 전체적으로 통일성이 있어 불필요하거나 벗어난 부분이 없는가.
d. 결론의 적절성 - 적절하게 마무리하는가.
적절한 해결 방안이나 대안을 제시하는가.

곧, 텍스트가 전달하고자 하는 목표인 주제는 분명해야 하며 이를 위해 다양한 뒷받침 내용들이 동원되어야 하고 이들이 흐트러짐 없이 응집적으로 관여해야 한다는 것이다.

외국의 경우에도 이는 마찬가지인데 예를 들어 다중 언어와 문화를 가지고 있는 EU 회원국들이 그 언어들을 공통된 기준에 의해 평가하고 교육하기 위해 마련한 「언어 학습 · 교수 · 평가를 위한 국제 규격인 유럽공통참조기준」(CEFRL, A Common European Framework of Reference for Languages: Learning, Teaching, Assessment)에 의하면 가장 숙달된 텍스트 생산 능력은 "복잡한 주제에 대해 잘 구조화되어 있으며 대체로 분명한 텍스트를 쓸 수 있어야 한다. 어느 정도의 양으로 이루어진 부수적인 관점과 근거 제시, 예시 등을 통하여 관련된 문제들을 강조하면서 관점을 확장하고 지지할 수 있어야 하며 적절한 결론을 도출할 수 있어야 한다"[3]는 기준을 충족해야 한다. 주제

3 "Can write clear, well-structured and mostly accurate texts of complex subjects. Can underline the relevant salient issues, expand and support points of view at

적으로 분명해야 하며 이를 위해 논리적 구조와 적절하고 효율적인 뒷받침 근거를 제공할 수 있어야 한다는 것이다.

결국 텍스트에는 분명한 주제가 있어야 하며 이 '분명한 주제'를 위해 다양하고 응집력 있는 뒷받침 내용, 탄탄하고 안정된 구조, 적절하고 때로 독창적인 미시적 표현들이 필요하다는 것이다. 이 '주제'가 곧 전체 텍스트가 구조적 표현적으로 힘을 모아 달성해야 하는 목표 곧 텍스트 의미가 될 것이다. 구조적 표현적으로 힘을 모아 응집적으로 달성해야 하는 주제는 텍스트 이해의 목적을 통해 알 수 있다.

텍스트 이해에서는 텍스트 형식이 표상하는 개념의 파악이 목표가 되는데 이를 국립국어원에서 2011년부터 시작하여 가장 최근으로는 2017년에 수정 보완한 <국제 통용 한국어 표준 교육과정>에서의 읽기 교육의 목표를 통하여 엿볼 수 있다. 한국어교육의 최고 달성 수준인 6급에서 요구하는 읽기의 목표와 내용은 다음 (3)과 같다.

(3) <국제 통용 한국어 표준 교육과정>의 읽기 교육의 목표와 내용4

a. 목표: 친숙하지 않은 사회적 · 추상적 소재(정치경제, 과학기술 등)나 전문 분야에 관한 글을 읽고 내용을 이해할 수 있으며 다양한 소재의 글과 글의 논리적 전개방식을 이해할 수 있다.

b. 내용
- 친숙하지 않은 사회적 · 추상적 소재(정치, 경제, 과학기술 등)에 관련된 글을 읽고 내용을 정확하게 파악한다.
- 복잡한 내용의 전문적인 글을 읽고 이해한다.
- 다양한 소재에 관한 논설문, 보고문, 설명문 등을 읽고 글의 논리적 의미 관계 및 필자의 의도를 파악한다.

---

some length with subsidiary points, reasons and relevant examples, and round off with an appropriate conclusion(level c)."
https://www.actfl.org/publications/guidelines-and-manuals/actfl-proficiency-guidelines-2012참조.

4 김중섭 외(2017) 참조. 여기에서는 최상위 등급인 6급의 경우를 예로 보인다.

- 텍스트의 유형이나 형식에 관한 이해를 바탕으로 다양한 텍스트를 정확하게 이해한다.
- 주요 문학 작품을 읽고 감상한다.

결국 텍스트 이해의 목표는 내용 파악 및 이해, 화자(필자) 의도 파악이며 이를 위해 텍스트의 논리적 전개 방식이나 논리적 의미 관계, 텍스트 유형 및 형식에 대한 이해가 필요한 것임을 알 수 있다. 내용 파악 및 화자 의도 파악은 곧 텍스트의 주제와 관련되는 부분이다.

2.2. 주제의 여러 의미

화제와 중심 생각은 각각 논의의 출발점과 결론이 되는 것으로서 매우 다른 개념이지만 텍스트 유형에 따라서 모두 텍스트 요약이 될 수 있다는 점에서 텍스트의 의미로서의 주제가 될 수 있다는 점이 신지연(2011b)에서 논의된 바 있다.

주제는 어떤 화제(Topic)를 문제로 삼아 그 화제에 대해 담화 생산자가 어떤 생각을 가지고 있는지를 요약한 것으로서 전체 텍스트를 통하여 화자가 말하려고 하는 바이다. 그러나 사전적으로도 실제로 통용되기로도 주제는 텍스트가 다루는 대상인 화제로 간주되기도 하고 혹은 그에 대한 생각(주장)으로 간주되기도 하는 등 두 가지 뜻을 가지고 있는 것으로 보인다.[5]

<국제 통용 한국어 표준 교육과정>[6]에서는 한국어교육을 위한 '주제'를 아래와 같이 17범주 85항목으로 선정하였는데 이때의 주제는 논의 대상으로서

---

5 『표준국어대사전』의 '주제'에 대한 뜻풀이는 다음 (1)과 같은데, 여기에서 주제1은 '화제'이며 주제2는 주제문으로 나타나는 화자 의도이다.

(1) 주제(主題) 「명사」
「1」 대화나 연구 따위에서 중심이 되는 문제.
「2」 예술 작품에서 지은이가 나타내고자 하는 기본적인 사상.

6 김중섭(2017)의 수정안 기준.

'화제'에 해당한다.

〈표 1〉〈국제 통용 한국어 표준 교육과정(2017)〉의 주제 범주 및 항목

주제범주	항목
개인 신상	이름, 전화번호, 가족, 국적, 고향, 성격, 외모, 연애, 결혼, 직업, 종교
주거와 환경	장소, 숙소, 방, 가구 · 침구, 주거비, 생활 편의 시설, 지역, 지리, 동식물
일상생활	가정생활, 학교생활
쇼핑	쇼핑시설, 식품, 의복, 가정용품, 가격
식음료	음식, 음료, 배달, 외식
공공 서비스	우편, 전화, 은행, 병원, 약국, 경찰서
여가와 오락	휴일, 취미 · 관심, 라디오 · 텔레비전, 영화 · 공연, 전시회박물관, 독서, 스포츠
일과 직업	취업, 직장 생활, 업무
대인 관계	친구 · 동료 · 선후배 관계, 초대, 방문, 편지, 모임
건강	신체, 위생, 질병, 치료, 보험
기후	날씨, 계절
여행	관광지, 일정, 짐, 숙소
교통	위치, 거리, 길, 교통수단, 운송, 택배
교육	학교 교육, 교과목, 진로
사회	정치, 경제, 범죄, 제도, 여론, 국제 관계
예술	문학, 음악, 미술
전문 분야	언어학, 과학, 심리학, 철학

이러한 사정은 텍스트언어학에서도 마찬가지이다. '주제'라는 하나의 용어로 '논의 대상'과 '그에 대한 생각'을 함께 가리키고 있어 '주제' 개념을 혼용하여 쓰고 있는 것으로 보이는 일이 있는데, 텍스트언어학의 출발점을 이룬 프라그 학파의 '주제'도 화제를 말하는 것으로 이해해야 하는 경우가 있다. 예를 들어 Daneš(1970)은 주제 전개 구조를 단순 선형식, 주제 순환식, 상위 테마 파생식, 설명부 분리식, 주제부 비약식 등으로 설명하였는데 이때의 주제는 '화제'에 해당한다(이성만 역 2004에서 재인용). 또한 Vater(1994)에 따

르면 van Dijk 또한 주제와 테제를 혼동하고 있다는 Helbig의 비판이 있다고 도 한다(이성만 역 2006에서 재인용).

그러나 텍스트 유형에 따라서는 이 화제가 곧 텍스트 의미가 될 수도 있다. 논증형 텍스트에서는 최선의 요약으로서의 주제가 주제문으로서의 명제적 주제이지만, 기술형이나 설명형 텍스트에서는 화자가 이 텍스트에서 무엇을 말하고 있는가(레마)보다는 무엇에 대해 말하고 있는가(테마)가 중심 내용으로 전개되므로 대상인 테마, 곧 화제 자체가 주제가 될 수 있다(신지연 2011b 참조).

『표준국어대사전』에서 '지은이가 나타내고자 하는 기본적인 사상'이라고 한 '주제' 표제항에 대한 두 번째 의미 설명은 레마에 해당하며특히 '예술 작품에서' 나타난다고 하지만 실용문인 논증 텍스트에서도 '주제문'을 찾으라고 할 때에는 역시 '화제'의 의미보다는 명제 형식으로 표현되는 '생각(주장)'의 의미로 쓰이는 것으로 보인다. '생각(주장)'은 논의 대상인 화제에 대해 어떻게 생각하는가를 나타내므로 '테마(theme)+레마(rheme)'의 명제 형식으로 나타난다.[7] 문장을 정보 구조로 분석할 때에는 알려진 정보와 새로운 정보로 나누는데 새로운 정보야말로 그 텍스트를 통해 화자의 생각이 새로이 담기는 부분이다. 이는 Toulmin(1958)이 제시한 논증 구조의 '테제(these, thesis)'와도 유사한 것이다.[8] 특별한 사상을 나타내기 위한 텍스트의 개성은 테마보다는 레마에 있고 테제는 화자가 논증 텍스트에서 새로이 주장하는 바로서 이것이 새로운 정보로서 명백히 주장되지 않으면 논증 텍스트로서의 가치를 제대로 갖지 못하므로 레마와 테제를 같은 것으로 볼 수 있는 것이다. Brinker (2002)는 "생산자는 텍스트 주제를 나타내는 (논쟁적인) 주장이자 테제(결론)를 논거를 이용하여 증명한다"고 하여 '주제'가 테제를 통해 드러날 수 있음을 말하고

7 문장의 '테마+레마' 구조는 'topic+comment', '화제+평언', '주제부+설명부' 등과 같은 구조이다.

8 논증 구조를 밝힌 것으로는 영국의 철학자 Toulmin(1958)의 논증 모델이 고전적인데 Toulmin(1958)에 의하면 논증 텍스트에서는 화자는 자료와 추론규칙과 논거 등을 통하여 텍스트의 결론인 테제에 도달한다(이성만 역 2004: 103-104 참조).

있다(이성만 역 2004:103).

이와 같은 '새로운 주장'으로서의 '주제'는 텍스트에서 화자에 대해 새로운 정보로 제공되는 것으로서 텍스트 요약에 의해 간추려질 수 있다. 화제나 테마가 문장 형식으로 나타나지 않고 명사구로 표현될 수도 있는 것과는 달리 거시구조나 테제는 주제문으로 간추려질 수 있어야 한다. '주제'를 최상위 거시 명제로 보는 van Dijk(1980)의 거시구조 개념 또한 '주제'를 최선의 요약으로 보는 관점과 서로 통한다. 그것이 명제 형식이든 아니든 주제란 거시적 분석을 통해 요약된 것이어야 하는 것이다.

이 주제는 국어교육에서는 '중심 내용(main idea), 논지, 요점, 요약(summary), 주제(theme), 요지(gist), 화제논점(topic issue), 주제문(thesis sentence)' 등의 다양한 이름으로 불리기도 한다. 이삼형(1994)에서는 '중심 내용(주제)'을 텍스트의 계층적 구조에서 최상위에 위치한 정보로 보고 김봉순(2002)에서는 중심 내용을 요약 전략인 거시규칙에 의해 얻어지는 최상위 명제로 보아 '텍스트 요약' 혹은 반다이크의 거시구조와 유사한 것으로 보고 있다.[9] 그런데 주제는 이 '중심 내용'보다는 더 큰 범위의 개념으로, 중심 내용은 표면적 요약이 주로 결정하지만, 주제에는 화자 의도라는 의사소통적 요인이 많이 고려된다. 이 '화자 의도'라는 측면은 사전적 정의에서도 '지은이가 나타내고자 하는'과 같이 기술되어 명백히 주제가 갖추어야 할 하나의 조건으로 간주되고 있다. 주제가 '중심 내용'으로 간주되는 것은 그것이 '요약'이어야 한다는 것을 반영한 것이지만 그것은 문장 표면적 내용 요약이 아니라 화자 의도까지 고려한 의사소통적 요약이어야 한다. 전체 텍스트의 의미로서의 '주장'은 '화자 의도'까지 포함해야 하는 개념이므로 '중심 내용'보다 더 큰 외연을 갖는다.

아래 (4)의 시는 안도현의 <너에게 묻는다>라는 시 텍스트이다.

9 Heinemann · Viehweger(1991(백설자 역 2001: 241-243)), Brinker(2004) 등도 주제를 텍스트 요약과 같은 것으로 보고 있다.

(4) <너에게 묻는다> 안도현(1994)

연탄재 함부로 차지마라
너는 누구에게
한번이라도 뜨거운 사람이었느냐!
자신의 몸뚱아리를
다 태우며 뜨끈뜨끈한
아랫목을 만들던
저 연탄재를
누가 함부로 발로 찰 수 있는가?
자신의 목숨을 다 버리고
이제 하얀 껍데기만 남아 있는
저 연탄재를
누가 함부로 발길질할 수 있는가?

<한국현대문학대사전>(권영민 2004)에 따르면 "연탄재는 타인을 위해 희생하는 삶을 사는 이타적인 존재로서 화자가 닮고 싶어 하는 헌신적 삶의 자세를 보여 준 존재를 대변"하며 "이기적인 삶을 살아가는 '너'10에 대한 질책"을 이야기하는 시라고 한다. 표면적인 텍스트 요약으로는 '남을 위해 자신의 목숨을 바친 연탄재를 함부로 차지 마라'는 것이지만 이것을 이 시의 주제라고 보는 사람은 없다. 연탄재에 빗대어 우리의 이기적 삶을 반성하는 것이 이 시의 주제이며 이는 곧 이 텍스트를 생산한 화자 의도인 것이다.

'화자 의도' 곧, 담화 생산자가 이 텍스트를 통해 화자에게 무엇을 하려고 하는가, 무엇을 전하려고 하는가 하는 기능적인 목표가 포함된 것이 주제라고 본다면 주제 논의에 담화 상황이 고려되는 것이므로 주제를 화용론적 관점 혹은 의사소통적 관점에서 파악한 것인데, 서혁(1996)에서 발화 수반적 혹은 발화 효과적 주제를 고려하고 있는 것도 이러한 화용론적 측면을 고려한 것이라고 말할 수 있다. 서혁(1996)에서는 화행이론을 원용하여, '담화주제에는

10 '너'에 빗댄 '우리'라고도 볼 수 있다.

중심 내용이나 요지와 같은 담화적 주제 외에 화자의 의도나 수용자의 태도를 반영한 발화수반적 주제와 발화효과적 주제도 있다'고 하여 주제가 여러 층위에서 해석되어야 함을 말한다. 주제를 화자 의도가 고려된 것으로 보는 것은 주제 분석에 기능적 관점의 반영이 필수불가결하다는 점을 고려한 Brinker(2002)의 양립성의 원칙이 말하는 바와 일치한다(이성만 역 2004: 62). 양립성의 원칙은 주제는 텍스트 기능과 양립하는 성질이 있으므로 '텍스트의 핵심 주제로 볼 수 있는 것은 텍스트 기능과 가장 잘 양립할 수 있는 주제이어야 한다'는 것이다. 어떤 텍스트의 기능이 호소적 기능을 가진 광고텍스트라면 해당 상품을 판매하고자 하는 생산자의 목적이 그 텍스트의 주제로 파악된다는 것이다. 결국 화자 의도를 고려하였다는 점에서 볼 때 브링커의 '주제'는 '화제'를 가리키는 프라그학파의 '주제'와는 다른 것을 가리키는 것으로 볼 수 있다. 곧, 텍스트 화용론적 혹은 의사소통적 관점에서 주제는 이 텍스트를 가지고 결국 화자가 무엇을 하려고 하는가 하는 점에 의해 좌우된다. 주제 분석에 화자 의도가 반영되어야 한다는 서혁(1996)의 발화수반적 주제와 일치하는 것이다. 결국 텍스트의 의미라고 한다면 텍스트라는 언어 형식이 드러내는 개념(생각)으로서 주제 혹은 화자 의도에 대응하는 것이라고 볼 수 있다.

텍스트 의미가 소통적 관점에서 화자 의도라는 점을 중시하는 비판적 담화분석(Critical Discourse Analysis, CDA)은 특히 현대 사회에서 그 중요성이 커지는 대중매체 텍스트가 생산되고 분배, 소비되는 과정에 주목한다. 의사소통은 정보를 공유하는 동시에 참여자 간의 가치관이나 정체성을 드러내는 행위인데, 특히 공공 영역의 담화에는 사회를 우월적으로 지배하는 측의 이데올로기가 드러나기가 쉽다는 점에 기초하여 담화에 의도된 사회적 불평등 요소들을 비판적으로 분석하려는 것이 비판적 담화분석이다.

비판적 담화분석에서는 방송사나 신문사와 같은 대중매체가 다양한 프로그램들과 지면에 생산자의 목소리를 명시적으로 혹은 암시적으로 담고 있으며 이데올로기가 개입된 언어의 불합리성과 부당성이 언론 매체가 가지는 대중성에 의해 재생산되고 공공성에 의해 합법화될 수도 있다는 점을 중시한다.

일찍이 Isenberg(1976)는 '텍스트는 사회적 행위의 표명이다'라고 하여 텍스트 총괄성의 주요 특성으로 사회적 정당성, 의사소통적 기능성, 의미성, 상황관련성, 의도성, 정형성, 적절한 구성 등을 제시한 바 있다(Heinemann · Viehweger 1991에서 재인용). 이렇듯 담화는 사회적 행위의 한 형태이어서 모든 담화는 역사적이며 사회문화적인 맥락 안에서 이해할 수 있으므로 Titscher *et al*.(2000: 146)에서 아래 (5)와 같이 파악한 텍스트의 특징에 따라 비판적으로 텍스트 의미 파악을 하지 않으면 대중들은 부지불식간에 매스미디어의 이데올로기에 의해 조종될 수 있고, 매스미디어는 대중을 지배하는 권력이 될 수 있다.

(5) Titscher *et al*.(2000: 146)에서 정리한 비판적 담화분석의 태도
① CDA는 사회문제에 관심이 있다. 즉, 언어나 언어사용 그 자체보다는 사회 · 문화 과정 및 그 구조가 어떤 언어적 특징으로 구현되는가에 관심이 있다. 따라서 CDA는 본질적으로 학제적이다.
② 힘 관계는 담화/담론과 관계가 있다.
③ 사회와 문화는 담화와 변증법적으로 관련되어 있다. 즉, 사회와 문화는 담화에 의해 형성되지만 동시에 담화를 형성하기도 한다.
④ 언어는 이념적일 수 있다.
⑤ 담화는 역사성을 띠어서 맥락과 관련해서만 이해될 수 있다.
⑥ 텍스트와 사회 사이의 관계는 직접적인 것이 아니어서 텍스트 이해에 대한 사회심리학적 모델에서 제시되는 사회인지적인 매개를 통해서만 발현된다.
⑦ 담화분석은 해석적이고 설명적이다.
⑧ 담화는 사회적 행위의 한 형태이다.

비판적 담화분석에서는 방송사나 신문사와 같은 대중 매체가 다양한 프로그램들과 지면에 생산자의 목소리를 담고 있으며 이데올로기가 개입된 언어의 불합리성과 부당성이 언론 매체가 가지는 대중성에 의해 재생산되고 공공성에 의해 합법화될 수도 있다는 점을 중시한다.

비판적 담화분석에 따르면 언어는 선택되기도 하지만 의도적으로 배제되기도 하므로 무엇 대신 무엇이 실현되었는가를 주의 깊게 살펴야 한다. 사실을 전달하는 것과 같은 보도 기사에서도 관련자들의 입장을 어떤 방식으로 전달하느냐에 따라 소비자의 판단에 영향을 줄 수 있어서 상반된 입장과 견해들을 어떻게 배치하였는가[11], 그것들을 어떻게 인용하였으며[12], 얼마만큼의 분량으로 전달하는가 등이 생산자의 이데올로기, 곧 화자 의도를 담는 도구가 될 수도 있다. 이렇듯 화자 의도를 면밀히 읽어내는 것이 텍스트 의미 파악의 관건이 될 수 있는 것이다.

2.3. 텍스트 의미의 다층성과 다원성

텍스트 의미인 주제는 텍스트에서 계층적 구조를 가짐으로써 다층성을 보인다. 이것을 텍스트언어학에서는 거시구조라 한다. 최상위 주제는 하위 텍스트 주제들의 체계적이고 응집성 있는 구조로 드러난다. van Dijk(1980)에 따르면 텍스트의 주제는 아래 (6)과 같은 구조적 파악에 의해서 도출된다.

(6) 거시구조

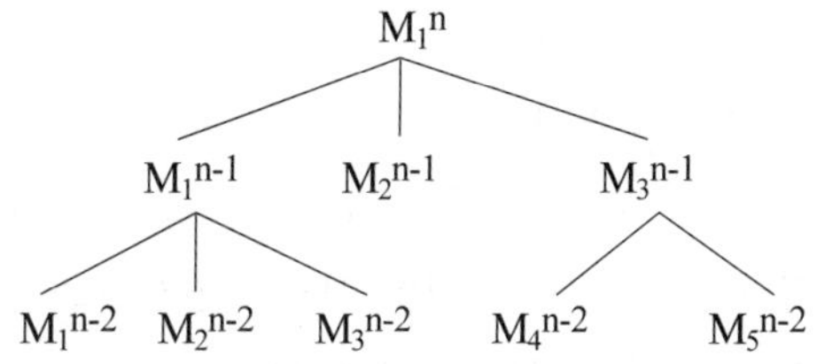

n 층위의 거시구조(M_1^n)가 전체 텍스트의 주제라면 그 바로 밑 층위인 M^{n-1}

11 리드 부분이나 끝부분에 위치하면 가중치가 주어지는 것으로 해석된다.

12 당사자가 직접 입장 표명을 한 것보다는 기자의 목소리로 전달되는 간접인용이 더 사실성을 가지는 것으로 받아들여진다. 언론인인 전달자가 더 객관적인 입장을 가진 것으로 간주되기 때문이다.

층위는 장(章)의 주제이고 그 밑의 M^{n-2} 는 절(節)의 주제, 그 밑의 M^{n-3}은 단락군의 주제, 그 밑의 M^{n-4}는 단락의 주제라고 볼 수 있다. 작은 텍스트에서라면 M^{n-1}이 바로 단락의 주제가 될 수도 있다. van Dijk(1980)에 따르면 문장이 두 개 이상 결합되는 순간부터 거시 명제가 생성되기 시작한다. 따라서 각 층위의 텍스트 단위들은 거시명제를 가지게 된다. 텍스트가 표면적으로는 단선적이지만 실제로는 입체적인 의미 구조를 가진다는 점은 바로 이와 같은 거시구조 논의로 증명될 수 있다. M_3^{n-2}와 M_4^{n-2}는 인접해 있지만 각각 다른 거시구조에 속해 있기 때문에 의미적 연관성을 갖지 않을 수도 있는 것이다.

텍스트는 미시구조 차원의 단어 접속이나 절 접속뿐만 아니라, 이런 미시구조 접속과는 별개의 차원에서 논의되어야 할 의미 구조인 거시구조 접속에 의해서도 형성된다. 어떻게 보면 미시구조 접속은 텍스트 형성에서 간접적인 일로 이해되어야 하며, 오히려 거시구조적 접속이 직접적으로 텍스트 의미를 형성한다고 보아야 한다. 이러한 거시구조는 주제 구조를 이루면서 그대로 개요(槪要, outline)와 같은 논리적 구조가 되기도 한다.

van Dijk(1980)는 이와 같은 거시 명제의 파악은 바꿔쓰기식 환원규칙인 거시규칙에 근거해서 이루어진다고 하면서 생략 규칙, 선택 규칙, 일반화 규칙, 구성화 규칙과 같은 거시 규칙들을 제시하였다. 이러한 거시규칙은 일종의 요약 규칙이라 할 수 있다.

이 거시구조는 최상위 거시구조로 요약되기 위한 구조이지만 그 자체로 정연한 구조를 가질 때 텍스트의 응집성(Coherence)을 더 강하게 해 주제를 더 선명하게 부각하기도 하므로 위 (1)의 텍스트 평가 요소인 내용, 구조, 표현의 텍스트 3영역 중 내용 영역과도 밀접하다.

텍스트는 여러 가지 텍스트 내적 외적 텍스트 성립 요인들인 텍스트성을 가지는데, 텍스트의 의미인 주제의 파악은 이들과 유기적으로 관련되므로 다원성을 가진다.

텍스트 의미 곧, 주제 도출은 논리적 사고력 및 창의성, 어휘 및 문법 능력 등이 주도적, 능동적으로 활성화할 뿐만 아니라 세계에 대한 기존 지식이 종합적으로 활용되어야 하는 영역이다. 텍스트 의미의 생산이나 이해를 위해서는 세계에 대한 지식의 활성화가 극대화되어야 한다.

최근에는 사회적 상호작용에 대한 이해 및 사회적 제약에 대한 이해가 텍스트 의미 구성 및 이해의 중요한 요소라는 인식이 많아지고 있다. 텍스트 의미 능력은 화자가 다양한 의사소통 상황에서 언어적 · 인지적 · 사회적 제약을 처리하면서 주체적, 능동적으로 의미를 처리하는 능력이다. 다양한 의사소통 상황에 따라 다양한 문체적, 어휘적 특성을 갖는 텍스트 유형들을 제대로 이해해야 그에 맞는 텍스트 의미 구성 및 이해가 가능하다. 생산의 전 과정에 대한 상위인지적 점검, 사회 · 문화적 맥락을 고려한 다양한 장르 이해 능력도 중시되고 있다.

이러한 텍스트 의미 구성의 세계와의 연합과 관련하여 텍스트언어학에서는 일곱 가지 텍스트성에 대한 연구가 활발하게 이루어졌다. Beaugrande/Dressler(1981)는 결속구조, 결속성, 의도성, 용인성, 상황성, 상호텍스트성, 정보성의 일곱가지 텍스트성으로 말한 바 있다.

(7) Beaugrande/Dressler(1981)의 일곱 가지 텍스트성(textuality)

	언어(language)	정신(mind)	현실(reality)	통화(communication)
텍스트 구성 요인	텍스트적 요인	심리적 요인	사회적 요인	정보처리적 요인
텍스트성	결속구조 (cohesion)	의도성 (intentionality)	상황성 (situationality)	정보성 (informativity)
	결속성 (coherence)	용인성 (acceptibility)	상호텍스트성 (intertexuality)	

이 중에서 언어적, 곧, 텍스트 내적 요소로는 결속구조와 결속성만 고려되고 나머지 요소들은 모두 텍스트 외적으로 고려되어야 할 요소들이다. 텍스트 내적이든 외적이든 이 모든 요소들은 결국 가장 분명한 텍스트 의미 구성을 위해 힘을 모은다.

Beaugrande/Dressler(1981)는 텍스트를 '통보적 발화체'라고 정의하고 텍스트가 의사소통 단위가 되려면 일곱 가지 텍스트성을 충족해야 한다고 한다("이 기준들은 텍스트에 의한 의사소통이라고 규정할 수 있는 행동 양식들을 규정하고 생성하며, 만약 이 기준들이 파괴된다면 행동 양식은 망가지게 된다."). 이는 이 일곱 가지 텍스트성이 텍스트의 의미 발현 곧, 이 텍스트에 의한 의사소통의 구성 원칙으로 작용한다는 의미이다.

결속 구조(cohesion)는 텍스트 표층의 문법적 의존 관계를 말한다. 이를 통해 텍스트는 언어적으로 정연한 구조를 보이고 의미 해석에 기여한다. 결속성(coherence)은 '의의(意義)의 연쇄(continuity of senses)'로서 개념들이 다른 개념들과 만나 네트워크를 이룸으로써 구체적인 의의(意義, sense)의 연쇄를 이루며 활성화되는 것을 말한다. 단어의 의미(meaning)는 활용 가능한 잠재적 해석의 총합이고, 이 단어가 구체적 맥락을 가진 문장 안에서 쓰일 때 그 중 한 해석이 활성화되고 이 때 비로소 의의(sense)를 가지게 된다. 어떤 단어의 의미는 그 자체로만 보면 매우 불안정하지만 맥락 안에 놓이면 비교적 안정적이다. 이 의의들은 다른 단어 혹은 명제의 의의와 연결되어 의의의 연쇄망을 구축하고 연속성을 갖게 되어 텍스트를 이룬다. 어떤 텍스트의 결속성이 높으면 의미망 구축이 잘 되어 의의 획득이 쉽게 된다. 이렇게 개념이 의의로 활성화되어 결속성을 가지는 것은 비단 단어 연쇄에서만 일어나는 것이 아니다. 문장과 문장의 접속, 나아가 더 큰 텍스트 단위의 접속에서도 의의의 연쇄는 이루어진다. 텍스트는 위 (6)에서 보인 바와 같은 van Dijk(1980)의 거시구조를 이루기 때문이다. 텍스트의 의미 구조는 평면적인 연쇄망을 이룬다기보다는 여러 층위로 구성된 거시 구조적 양상을 갖기 때문에 각 층위의 거시 명제 연합에서도 마찬가지의 의의 연쇄망이 형성되는 것이다.

어떤 텍스트든지 화자 의도를 갖고 있겠지만 고도로 책략적인가 아닌가에 따라 의도성(intentionality)을 분석 기준으로 텍스트 특성을 살필 수 있다. 텍스트의 의도성은 수용자의 수용성 정도를 염두에 두고 계획되며 수용성 또한 수용자가 생산자의 의도를 얼마만큼 파악하고 있는지의 정도로 나타나는 경우가 많다. 수용자가 이해를 쉽게 할 수 있느냐, 그렇지 않느냐에 따라 수용성(acceptability)의 정도를 매길 수 있다. 실용문은 높은 수용성을 지향하지만 문학 텍스트에서 높은 수용성은 진부함과 관련되어 오히려 지양 되는 경우도 있다. 많은 경우 높은 수용성은 낮은 정보성과 관련되고 수용자는 효율적 수용을 위해 플랜, 스키마, 프레임, 스크립트와 같은 전국적(全局的) 패턴(global pattern)을 이용하기도 한다. 텍스트의 수용성은 수용자의 경험이나 지식수준 혹은 그때그때의 심리적 육체적 조건에 따라 달라질 수도 있다. 새로움과 관련되는 것이 정보성(informativity)이다. 이미 알고 있는 것이나 진부한 것은 정보성이 낮으며, 새로이 알게 된 것이나 참신한 것은 정보성이 높다[13]. 상황성(situationality)이란 한 텍스트가 어떤 의사소통 상황에 관련되도록 해주는 요인의 총체를 말한다.

상호텍스트성(intertextuality)은 한 텍스트가 다른 텍스트와 갖는 관계 및 특정 텍스트 유형에 속하는 특성을 말한다. 이 세계의 모든 문화적 가공물, 텍스트는 앞서 있었던, 혹은 동시대에 있는 문화적 가공물인 텍스트들과 서로 영향을 주고 받는 관계에 있으므로 모두 연계되어 있다고 볼 수 있다. 주요 장치는 반복(인용, 인유, 풍자, 모방, 합성, 짜깁기)과 변형(대체, 첨가, 확장, 압축, 치환, 복합)이지만 이러한 양상이 쉽게 찾아지지 않을 만큼 간접적이거나 복합적이거나 혹은 잠재적일 수도 있다. 이는 문예학, 철학 등에서도 널리 쓰이는 개념으로서 문예학자 바흐친(Bakhtin)의 대화주의(dialogism)에 그 연원을 둔다. Bakhtin은 '사람이 존재한다는 것은 의사소통한다는 것인데, 의사소통이란 이질적인 담론, 의미, 음성 등의 이종언어(heteroglossia)로 대화하는 것이며 개인의 의식에서 언어란 그 자신과 타자 사이에 있는 경계선에 있고 언어에서의 단어는 반쯤은 다른 누군가의 것인 셈'이라고 한 바 있다. 더 나아가 문예학자 롤랑 바르트(Roland Barthes)는 작가가 생산한 텍스트와 독자가 수용한 텍스트도 상호텍스트성의 관계에 있다고 보아 텍스트 의미의 다원성

13 신지연(2008)에서는 정보성을 지식적 새로움과 정서적 새로움의 관점에서 지식적 정보성과 정서적 정보성으로 구분하였다.

을 주장하였다(한국텍스트언어학회 2004: 7장 참조). 그는 "작가는 죽었다"라고 하여 텍스트를 작가의 힘에서 해방된 것으로 보았는데 이렇게 되면 화자 의도로서의 텍스트 의미는 적어도 예술 작품에서는 해당이 없게 된다. 이렇듯 텍스트의 의미 탐구는 그 한계를 가늠할 수 없을 만큼 매우 다원적이어서 때로 철학적 차원의 탐색이 이어지기도 하는 것이다.

3. 마무리

이상을 요약하면 다음과 같다. 텍스트 의미는 주제이다. 이 주제는 유형에 따라 화제(Topic)의 성격을 갖기도 하지만, 대체로는 새로운 정보를 담고있는 레마의 역할을 하는 것으로서 의사소통적 기능 및 텍스트 기능까지 고려하면 화자 의도로 해석되어야 한다. 텍스트 의미는 거시구조라는 다층성을 가지며, 텍스트는 세계 지식과의 연합되는 것으로서 텍스트 내적 요소들의 응집성뿐만 아니라 텍스트 외적인 텍스트성들과도 연합하는 응집성을 가져야 하므로 표면적으로만 이해될 수는 없는 다원성을 가진다.

텍스트를 이해하는 것은 텍스트를 둘러싼 제반 담화 상황의 미묘한 지점까지 모두 포괄한다. 따라서 언어뿐만 아니라 그와 동반되는 비언어적 요소, 인간, 문화, 세계가 융합된 실체로서의 텍스트의 의미 이해는 삶의 제반 영역에 대한 이해와 관련된다. 텍스트 의미 탐구는 곧 인간에 대한 탐구라고 할 수 있다.

참고문헌

고영근(2001), 『텍스트이론』, 아르케.

김봉순(2002), 『국어교육과 텍스트구조』, 서울대학교출판부.

김중섭 외(2017), "국제 통용 한국어 표준 교육과정 적용 연구", 국립국어원.
서 혁(1996), "담화의 구조와 주제 구성에 관한 연구", 서울대학교 대학원 국어교육과 박사학위논문.
신지연(2008), "시(詩) 텍스트의 일곱 가지 텍스트성", 『텍스트언어학』 23: 21-44, 한국텍스트언어학회.
신지연(2011a), "주제 분석에 기여하는 텍스트 요소", 『텍스트언어학』 30: 111-134. 한국텍스트언어학회.
신지연(2011b), "주제 분석과 텍스트 유형", 『한국어 의미학』 36: 181-202, 한국어 의미학회.
원진숙(1995), 『논술교육론』, 박이정.
윤평현(2013), 『국어의미론 강의』, 역락.
이삼형(1994), "설명적 텍스트의 내용 구조 분석 방법과 교육적 적용 연구", 서울대학교 대학원 국어교육과 박사학위논문.
임지룡(1992). 『국어의미론』, 탑출판사.
한국텍스트언어학회(2004), 『텍스트언어학의 이해』, 박이정.
Beaugrande, R. & W. Dressler(1981), *Einführung in die Textlinguistik*, Tübingen: G. Narr. (김태옥 · 이현호 역(1995), 『텍스트언어학 입문』, 한신문화사.)
Brinker, K.(2004), *Linguistische Textanalyse* 3, Aufl. Berlin: Schmidt. (이성만 역(2004), 『텍스트언어학의 이해』, 역락.)
Brinker, K.(1994), "Textkonstitution und Textkompetenz," in B. Magdolna(ed.), *Textverstehen Textarbeit-Textkompetenz*, 109-123, Budapest: Eötvös Loránd Tudományegyetem Germanisztikai Intézet..
Coseriu, E.(1988), *Textlinguistik*, Tübingen: G. Narr.
Fairclough, N.(1995), *Media Discourse*, London: Edward Arnold. (이원표 역(2004), 『대중매체담화분석』, 한국문화사.)
Halliday, M. A. K. & R. Hasan(1976), *Cohesion in English*, London: Longman.
Harweg, R.(1968), *Pronomina und Textkonstitution*, München: W. Fink.
Harweg, R.(1990), *studien zur Deixis*, Bochum: N. Brockmeyer.
Heinemann, W. & D. Viehweger(1991), *Textlinguistik*, Tübingen: Niemeyer. (백설자 역(2001), 『텍스트언어학 입문』, 역락.)
Isenberg, H.(1977), Text versus Satz, in *Probleme der Textgrammatik* II. Studia Grammatica 18: 119-146.

Kallmeyer, W. *et al.*(1980), Textlinguistik, in H. P. Althaus *et al.*(eds.), *Lexikon der Germanistische Linguistik*, Tübingen: G. Narr.

Motsch, W.(1986), Anforderungen an eine handlungsorientierte Textanalyse, in *Zeitschrift für Germanistik*, 261-282.

Motsch, W. & R. Pasch(1987), I llokutive Handlungen, in W. Motsch(ed.), *Satz, Text, sprachliche Handlung*, 11-79, Berlin: Akademie-Verlag..

Renkema, J.(1997), *Discourse Studies, Introductory Textbook,* Amsterdam: John Benjamins. (이원표 역(1997), 『담화연구의 기초』, 한국문화사.)

Searle, J.(1979), *Expression and Meaning Studies in the Theory of Speech Acts*, Cambridge: Cambridge University Press.

Titscher, S. *et al.*(2000), *Methods of Text and Discourse Analysis*, London: Sage.

van Dijk, T.(1980), *Textlinguistik. Eine Einführung*, München: W. Fink. (정시호 역(1995), 『텍스트학』, 민음사.)

Vater, H.(1994), *Einführung in die Textlinguistik*, München: W. Fink. (이성만 역(1995), 『텍스트언어학 입문』, 한국문화사.)

의미 교육

이 동 혁*

1. 들머리

1950년대 중반에 의미론이 소개된 이래 의미 연구는 괄목한 성과를 이룩하였다. 그렇지만 의미 연구의 효용성이나 실용적인 목적에 시선이 미치지 못하여 국어과의 문법 영역에서 의미를 다루는 공간이 매우 좁고 그나마 의미 교육 내용도 성기다. 언어의 궁극적인 목적이 의미의 표현과 이해에 있다고 할 때, 이 목적을 성공적으로 달성하기 위해서는 무엇보다 의미 교육이 질적으로 또 양적으로 강화되고 발전을 거듭해야 할 당위가 있다. 이 글에서는 그런 당위를 충족시키기 위한 첫걸음으로, 그간 축적되어 온 의미 교육 탐구의 현황을 파악하여 문제를 발견하고, 이 문제를 해결하기 위한 과제가 무엇인지 제시하려고 한다.

* 부산교육대학교 국어교육과 교수, korlingua@gmail.com

2. 의미 교육 탐구의 현황

양태식(1989, 1997a)에서 의미 교육 탐구의 첫발을 내디뎠으니 비교적 최근에 들어서야 의미 교육을 탐구하기 시작했다고 할 수 있다. 사정이 이럴 수밖에 없었던 것은 1950년대 중반에 들어서야 의미론이 국내에 소개되었기 때문일 테고, 제5차 교육과정기에 들어서야 비로소 '의미'가 교육 내용 요소로 수용되었기 때문이었을 것이다. 양태식(1989, 1997a)은 제6차 국어과 교육과정의 의미 교육을 분석한 탐구인데, 의미 교육이 도입기를 지나 성숙기에 와야만 의미 교육의 탐색이 가능하기 때문에 적어도 제6차 교육과정기를 지나서야 본격적으로 의미 교육을 탐구할 수 있었을 것이다. 이 때문에 의미 교육 탐구의 양은 문법 영역의 여타 교육과 비교했을 때 매우 적다. 그럼에도 불구하고 의미 교육 탐구의 현황을 살피려는 것은 이후의 의미 교육 탐구 과제를 탐색해 볼 수 있게 하는 전제가 된다는 점에서, 그리고 나아가 의미 교육의 과제를 탐색해 보게 한다는 점에서 의미가 있는 일이기 때문이다.

우리는 이 장에서는 의미 교육 탐구의 현황을 두 측면에서 살펴볼 것이다.[1] 첫째, 주제별 의미 교육 탐구 현황을 살필 것이다. 둘째, 의미 이론과의 상관성 속에서, 그리고 문법 교육 실행과의 상관성 속에서 진행된 의미 교육 탐구의 현황을 살필 것이다.

1 이 장에서는 의미 교육 탐구의 현황을 살펴보려고 한다. 의미 교육 탐구는 양적인 현황과 질적인 현황의 측면에서 각각 살펴볼 수 있을 것이다. 그런데 위에서 말한 대로 의미 교육을 탐구한 역사가 짧아서 의미 교육의 양이 그리 많지 않다. 그래서 지난 시기에 수행되어 온 의미 교육 탐구의 양적인 현황을 살피지는 않으려고 한다. 그 대신 의미 교육의 질적 현황을 주로 살펴보려고 한다. 이때 '의미'는 문법 영역을 넘어 문학과 국어 활동 영역에 이르기까지, 또는 그 이상의 교과 영역에 이르기까지 교육의 대상이 될 수 있는 광범위함을 가지기 때문에 이 장에서 살피고자 하는 의미 교육 탐구의 범위를 한정할 필요가 있겠다. 이 글에서는 문법 영역에 한정하여 그 속에서 수행된 의미 교육 탐구의 현황을 살펴볼 것이다.

2.1. 주제별 의미 교육 탐구 현황

2.1.1. 의미 교육의 목표 설정

양태식(1989, 1997a)에서는 '언어 표현에 관한 의미론적 능력을 기르는 것'을 의미 교육의 이념으로 삼았고, '언어 표현이 의미론적으로 잘 짜여 있는지 그렇지 않은지를 판단할 줄 알며, 다양한 언어 표현의 의미 구조를 넓혀 가고 굳혀 갈 수 있다'를 의미 교육의 목표로 정하여 의미 교육의 방향을 제시하였다.[2] 양태식(1989, 1997a)에서 정한 의미 교육의 목표가 언어 의미에만 초점을 맞추고 있다고 한다면, 임지룡(2006)은 이보다 의미 교육의 목표를 더 광범위하게 설정하였다는 점에서 차이가 두드러진다. 구체적으로는, 언어의 본질을 이해하고, 언어의 사용 영역 및 예술 영역의 표현과 이해에 기여하고, 인간의 본질과 문화적 배경을 이해하고, 나아가서 언어정책 · 사전편찬 · 언어공학 등의 실용적인 목적에 기여하는 것이 의미 교육의 목표라 하여, 언어 의미의 경계를 넘어서 인간과 문화, 그리고 예술 영역에 소용되는 의미까지도 의미 교육의 대상으로 삼았으며, 또 의미의 이해를 넘어서 의미의 응용까지도 의미 교육이 해야 할 일로 삼았다.

2.1.2. 의미 교육의 종합적 반성과 대안 제시

2000년대 중반부터는 당시 교육과정과 교과서를 통한 의미 교육의 실행을 종합적으로 반성하고 대안을 제시하려는 의미 교육 탐구가 나오기 시작했다. 아직 2015 개정 국어과 교육과정에 의한 의미 교육을 반성하고 대안을 제시한 의미 교육 탐구가 나오지 않은 상태이기는 하나, 제7차, 2007 개정, 2009 개정 국어과 교육과정에 따른 의미 교육에 대해서는 탐구가 지속적으로 이루어진

2 양태식(1997a)에서 제시한 의미 교육의 이념과 목표가 규범적 의미 사용을 강조하고 있다면, 안찬원(2017)에서는 오히려 중의성과 모호성의 교육 가치에 주목하고 있다. 안찬원(2017)에서는 언중이 의도적으로 중의적이고 모호한 표현을 사용하는 것에 주목하고 이를 국어교육에 적용할 수 있는 방편을 모색해 본 논의다.

편이다.

문향숙(2005)는 양태식(1997a)에서 정한 의미 교육의 이념과 목표를 기준으로 삼아 제7차 국어과 교육과정의 초등학교급에 마련된 의미 교육의 내용에 대해 어휘, 문장, 담화 층위로 나누어 문제를 살폈다. 임지룡(2006)에서도 제7차 국어과 교육과정과 교과서를 중심으로 의미 교육에 관한 학습 내용의 실태를 살폈으나, 초등학교급으로 한정하지 않고 1～10학년의 '국어'와 11～12학년의 '문법'에서 다루어진 의미 교육 내용을 다 살펴서 문제를 분석하였고, 나아가 목적 · 내용 · 방법을 중심으로 바람직한 의미 교육의 방향을 제시하였다. 김호정 외(2008)에서는 제5차～제7차 국어과 교육과정기의 '문법' 교과서에 독립적으로 설정된 '의미' 단원의 교육 내용을 통시적으로 고찰하였고, 이를 토대로 새로운 내용의 구성 방향을 제시하였다.

2007 개정 국어과 교육과정의 의미 교육에 관한 문제는 이동혁(2009)에서 분석하였으며, 인지언어학의 주요 주장을 수용하여 경험에 기반한 의미 교육을 시행해야 하고 통합적 의미 교육을 시행해야 한다고 주장하였다.

다음으로 2009 개정 국어과 교육과정의 의미 교육에 관해서는 최경봉(2012), 이동혁(2013a), 김윤신(2014a)이 문제를 분석하고 의미 교육의 방향을 제시했다. 먼저 최경봉(2012)에서는 중학교 교과서에 기술된 의미 관련 내용을 살펴보아, 담화 중심으로 문법 교육을 진행한다는 관점에서 각 문법 단위별 의미 관련 기술의 문제를 검토하고 해결책을 제시하였다. 이동혁(2013)은 2009 개정 국어과 교육과정의 문법 영역에서는 의미를 고려하여 문법 교육 내용을 설계할 수 있고 역의 방향에서는 문법을 고려하여 의미 교육 내용을 설계할 수 있는 환경이 만들어졌지만 의미 교육은 그 환경에 적극적으로 대처하지 못했다고 비판하고는, 문법과 의미를 통합하게 할 매개체로서 '의도'를 포착하고 이것의 정체가 '개념화'임을 확인한 뒤 개념이 형성되는 복잡한 과정에서 의미 교육의 개선 방안을 찾을 수 있을 것이라고 주장했다. 김윤신(2014a)는 2009 개정 국어과 교육과정의 의미 교육으로는 학습자에게 언어 의미의 정확성과 적절성을 판단하게는 할 수 있으나 각 문법 단위별 의미 도출 과정은 설명하지 못한다고 비판하고는, 단어 의미에서 맥락 의미로 도출되는 과정을 의미 추론의 원리로 종합하고 이를 의미 교육의 내용으로 설계해야 한다고 주장하였다. 이 밖에 정한데로(2015)는 2009 개정 국어과 교육과정기의 '독서와 문법' '단어의 의미' 단원을 비판적으로 검토하고 교과서별 특징 및 차이점을 비교 · 분석하였다.

2.1.3. 어휘의 의미 교육 탐구

단어 단위를 중심으로 의미 교육이 설계되었듯이, 의미 교육 탐구 역시 단어 단위가 주요한 대상이었다. 윤평현(2013)에 따르면 '의미장, 성분분석, 의미관계, 다의어와 동음어, 의미변화' 등이 어휘의미론의 연구 대상이자 주제인데, 의미 교육의 연구자들은 주로 의미관계 교육과 다의어 교육에 관심을 가졌다.

첫째, 의미관계 교육을 탐구한 현황이다. 이동혁(2013b)에서는 2007 개정 국어과 교육과정과 2009 개정 국어과 교육과정에서의 의미관계 교육이 양적 어휘 능력 신장과 의사소통 능력 신장을 제대로 이끌어내지 못하고 있음을 비판하고, 양적 어휘 능력을 신장시키기 위해서는 의미관계에 있는 단어들이 공기하는 특정 맥락을 학습자에게 경험하게 할 것을 주장했으며, 의사소통 능력을 신장시키기 위해서는 의미관계에 있는 단어들이 서로 교체될 수 있다는 사실을 알게 하고 의미관계를 배경으로 어떤 단어를 선택하느냐에 따라 표현 효과가 두드러지는가를 알게 하는 것이 필요하다고 주장했다. 신명선(2004)에서는 유의어 변별 능력이 높을수록 사고력을 중심으로 평가하는 대학수학능력시험의 언어 영역의 점수가 높을 것이라는 가설을 세우고 지적 사고처리어(academic words)를 대표하는 '구문, 분류, 분석, 구별' 등의 유의어를 자료로 하여 이들의 의미를 변별하는 능력과 대학수학능력시험 점수 사이의 상관성이 있음을 증명하였다. 의미관계 중에서 유의관계에 집중한 논의는 이동혁(2014)이 더 있다. 그 연구에서는 의미관계와 독립하여 유의관계의 교육 내용을 꾸릴 것을 주문하고 유의관계 교육의 효용성을 국어 인식의 측면과 다른 성취기준과의 연계를 통하여 제시하였다. 정영복(2011)은 반의관계 교육에 초점을 맞춘 연구다. 이 연구는 반의관계 교육을 초등학교 2학년에 할 것을 주장하였고, 교과서에서 이해 학습 부분과 적용 학습 부분에 기술될 반의관계 개선 방안을 보였다. 이 밖에 최경봉(1996), 이광호(2009), 안찬원(2012) 등은 의미관계를 통하여 어휘 능력을 신장시키는 방안을 논의한 연구들이다.

둘째, 다의어 교육을 탐구한 현황이다. 의미 교육의 장에서 다의어 교육에 대한 논의는 임지룡(2015)과 안찬원(2016) 정도로 희소하다. 임지룡(2015)에서는 2009 개정 국어과 교육과정 시기의 다의어 교육 현황을 전반적으로 검토한 뒤, 그 위에서 바람직한 다의어 교육의 내용 요소를 제시하고 다의어 교육의 위계를 설정하였으며 탐구학습 모형을 제시하였다. 안찬원(2016)에서는 원형 의미에 대한 초등학생의 인식을 바탕으로 다의어 '눈'의 의미 확장 양상을 살펴보고 이에 대한 교육 방향을 제안하였다.

셋째, 어휘의미의 가치 교육을 탐구한 현황이다. 대상에 대한 언어 사용자의 주관적 판단과 평가가 어휘 의미에 드러나는 것에 따른 어휘 의미 교육 연구가 고춘화(2017)에서 수행되었다. 그는 어휘 의미의 가치가 다양한 의미 양상에 관심을 확장시킬 수 있고, 의미와 언어 사용자, 세계와의 관련성하에 통합적으로 연구하고 교육할 수 있다고 주장하였다. 아울러 학습자가 언어를 통해 인간 성장의 토대적 지식을 형성할 수 있다고 보았다. 어휘의미 가치에 대한 관심은 이미 박재현(2006)에도 있었고, 그 가치를 어휘 교육에 활용할 방안을 제시했다.

2.1.4. 의미 평가

대학수학능력시험의 언어 영역에 출제된 의미 평가 문항을 분석한 연구가 거듭해서 나오고 있다. 심지연(2005)에서는 1993년에서 2004년까지 시행된 대학수학능력시험 언어 영역에 출제된 의미 관련 문항을 대상으로 대학 입시에서 의미 교육의 평가 현황을 분석하였다. 그 결과 행동 영역에서는 어휘력에 속하는 문항들이 다수였고, 내용 영역에서는 대부분 읽기 영역에서 의미 관련 문항이 출제되었음을 밝혔다. 신명선(2012)이 연구 대상으로 삼은 대학수학능력시험 문항은 2005년부터 2011년까지 출제된 것을 더 추가한 것이다. 단어의 문맥적 의미 평가 문항을 평가 내용의 특성에 따라 분류함으로써 단어의 문맥적 의미 평가 문항의 본질적인 특성을 고찰하고 이러한 평가 문항들의 유형별 특징을 제시하였다. 이경숙(2014)에서는 다시 2012년과 2013년 출제 문항을 추가하여 대학수학능력시험의 어휘력 평가 문항 유형을 분류하고 시기별로 분석하였으며, 어휘력 평가 문항 분석을 통해 고찰한 내용과 문항 개발 절차에 따라 의미 능력 평가 문항을 개발하였다.

2.1.5. 비유 교육[3]

비유는 문법 영역의 성취기준으로 마련되어 있지 않다. 그럼에도 불구하고 의미 교육의 연구자들이 비유 교육을 탐색하려는 것은 비유가 언어 사용자의 사고력을 신장시킬 수 있다는 점에서 문법 영역에 고유한 가치가 있다고 믿었기 때문이다. 이종열(2002)에서는 제7차 국어과 교육과정의 비유에 대한 학습 내용을 검토하고, 읽기 · 쓰기 영역 및 문학 영역에 제시된 내용을 통합적으로 구성하여 비유에 대한 단원 내용을 구성하는 방안을 보였다. 비유를 문법 영역의 교육 내용으로 들이려는 동기는 인지의미론에서 제공했는데, 이 이론에 기반하여 비유 교육의 전반을 논의한 연구가 최진아(2012, 2013)이다.

2.2. 의미 연구의 맥락 속에서 진행된 의미 교육 탐구 현황

언어 연구의 변화는 필연적으로 문법 교육의 연구와 실행에 영향을 미치게 된다. 중세의 규범 문법적 언어 연구, 어문민족주의 혹은 훔볼트주의 언어 연

3 비유를 활용한 응용 교육은 꽤 활발하다. 우선 국어과 내부에서는 은유를 활용한 쓰기 활동, 은유를 활용한 창작 활동 등이 주요한 연구 주제였고, 과학과나 수학과에서는 과학 원리나 수학 원리를 은유를 통해 쉽게 설명하기가 주요한 연구 주제였다.

구, 구조주의 언어 연구, 생성문법 언어 연구, 인지언어학의 연구 등은 실제로 우리 문법 교육의 교육과정, 교재 구성, 교수법에뿐만 아니라 문법 교육의 연구에도 영향을 주었다(구본관 2009 참조).[4] 언어 연구와 문법 교육의 관계가 그랬듯이, 의미 교육의 연구나 실행은 필연적으로 의미 연구의 영향을 받을 수밖에 없다. 그렇다면 위에서 든 언어 연구의 변화가 의미 교육의 실행과 연구에 충분히 반영되었을 것이라고 일단은 기대하게 된다.

그런데 의미 교육의 연구에 반영된 언어 연구는, 좀 더 정확히 말해서 의미 연구는 인지의미론이 절대적으로 이론적 배경이 되어 왔다. 여기에는 불가피한 이유가 있었다. 국어교육의 장에서 '의미'가 교육의 내용요소로 등장한 것은 제5차 교육과정(1987.3.31., 문교부 고시 제87-7호)이 되어서였고(임지룡 2006: 88), 의미 교육에 관한 연구는 1990년대가 되어서 비로소 시작되었다. 지금은 위세가 줄기는 하였지만 제5차~제7차 교육과정에 기반한 의미 교육의 실행은 "종래의 국어교육, 특히 언어나 국어지식 교육에서는 언어의 의미를 언어 구조 안에서 탐구하도록 함으로써 언어의 의미가 갖는 열린 세계에 접근하지 못하였다."라는 임지룡(2006: 109)의 지적에서 알 수 있듯이, 구조주의 언어학의 영향이 컸다. 제5차 교육과정에서뿐만 아니라 2007 개정 교육과정에서도 구조주의 언어학의 지배력이 컸던바, 단어의 의미 관계 알기, 다의어와 동음이의어 구별하기, 사전적 의미와 문맥적 의미 파악하기' 등의 교육 내용이 이를 잘 보여준다.

의미 교육 연구가 태동한 1990년대는 구조주의와 생성주의를 비판한 인지의미론이 국내 학계에서 세를 불리던 시기였다.[5] 교육과정과 교과서의 의미 교육을 비판하고 새로운 대안을 찾고자 하는 의미 교육 연구자들이 당시 최신의 의미 이론을 의미 교육 탐구의 이론적 배경으로 삼으려고 한 태도는 충분

4 언어 연구의 변화에 따른 문법 교육의 영향에 대해서는 구본관(2009)뿐만 아니라 구본관(2016), 김혜영(2013), 박형우(2015), 이관규(2006) 등이 더 있으니 참고하기 바란다.

5 인지의미론의 연구사에 관해서는 임지룡(2007)이 자세하니 참고하기 바란다.

히 이해할 만하다. 실제로 2000년대 이후에 발표된 다수의 의미 교육 연구는 구조주의 언어학에 기반한 의미 교육에 대해 비판적인 편이었고, 그 대안으로 인지의미론에 기반한 의미 연구에 호의적이었다(임지룡 2006, 이동혁 2009, 신명선 2010, 최진아 2012, 서혜경 2015, 김규훈 2017).[6]

이동혁(2009)에서는 종래의 의미 교육은 구조주의 의미론에 기반한 단어 의미가 중심이 된 것이어서 의미의 동적인 작용을 다루지 못했고, 인간의 언어적 경험을 반영하지 못하여 영역 간 통합 교육에도 기여할 수 없었음을 비판하였다. 이 문제를 해결하기 위해 인간의 언어적 경험에 기반한 의미 교육과 영역 간 통합적 의미 교육에 기여할 수 있는 인지의미론의 함의를 탐색해 보았는데, 특히 인지의미론의 가장 핵심적인 연구 주제인 '비유'를 연결 고리로 삼아 문법 영역, 국어 활동 영역, 문학 영역을 통합하여 의미를 교육할 수 있음을 보였다.

김규훈(2017)에서는 의미의 본질이 맥락적임은 일찍부터 인식하고 있었지만 맥락적인 의미 현상이 결과론적으로 정리되어 의미 교육 내용으로 제시되어 있었을 뿐 맥락 의미가 형성되는 과정은 주목하지 못했다고 비판하고는, Fillmore(1982)의 틀 의미론(frame semantics)에 기반했을 때 맥락적 의미가 형성되는 배경 지식을 적절하게 설명할 수 있다고 보고, 틀 의미론이 지닌 의미 분석의 원리를 의미 교육의 내용으로 전이할 것을 주장하였다. 그에 따라 틀, 동기화, 윤곽부여, 틀 요소, 문화적 틀의 개념을 단어의 의미 범주에 적용하여 인간-환경의 상호성 강조, 다의어의 의미적 배경 지식 탐구, 단어의

6 아직까지 국내의 의미론 연구계에 인지의미론의 위세가 지배적이지 않았던 1990년대에 의미 교육 탐구의 첫발을 뗀 양태식(1997a)의 경우, 구조주의 의미론에 바탕을 둔 의미 교육을 제시하고 있어서 2000년대 의미 교육 탐구와 차이가 난다. 양태식(1997a)에서는 '의미의 의미가 무엇인가', '의미를 맡는 낱덩이와 의미의 낱덩이를 어떻게 설정할 수 있는가', '이론적으로 가정해 볼 수 있는 어휘의 구조가 어떻게 되어 있나'라는 세 가지 질문을 던지고는, 의미소가 의미의 낱덩이를 이루고 있으며, 이들이 의미적인 관계 그물로 엮여져 의미장을 구성한다고 답하였다. 그런데 그 논문은 의미 교육을 위한 의미 이론적 바탕을 구조주의에 두고 있으면서도 의미론적 적격성을 판단하는 능력을 신장하는 것을 의미 교육의 목표로 삼고 있어서 규범론적인 입장도 반영하고 있다.

문맥적 의미 형성 원리 이해, 유의 관계의 결합 원리 탐구, 틀의 생성과 단어의 의미 변화 원인 탐구의 교육 내용 요소를 제시하였다.

최진아(2013)에서는 비유에 대한 인지의미론적 관점이 국어를 효과적으로 사용하고, 국어를 사랑하고, 국어 문화를 누릴 수 있는 능력과 태도를 기르고자 하는 국어교육의 본질과 목표에 부합한다고 전제하고, 인지의미론적 관점에 기초하여 비유 교육의 목표, 내용, 방법을 구성하고, 이렇게 구성한 내용이 실제 학습 내용으로 구체화하는 모습을 보여 주었다. 한편 최진아(2014)에서는 정신공간(mental space)의 개념이 학습자들의 의미 구성 활동을 학습의 중심에 둘 수 있게 한다는 점을 주목하고, 문법 영역의 성취기준 일부를 재료로 삼아 정신공간 개념을 국어교육적으로 활용할 수 있음을 증명하였다.

서혜경(2015)에서는 구조주의 언어학과 기술 언어학의 영향이 지배적이었던 기존의 어휘의미 교육이 어휘의 의미 자질을 분석하고 문자주의를 중심으로 한 의미의 정교화에만 초점을 둔 것을 비판하고, 어휘의미는 백과사전적이며 개념화자가 의미를 구성한 결과임을 전제한 뒤, 인지의미론을 이론적 기초로 하여 어휘의미 교육의 목표를 설정하고 교육 내용을 설계하여 그것을 학습 내용으로 구체화하여 보였다.

구조주의 언어학에 기반한 의미 교육을 비판하면서 인지의미론에 기반하여 의미 교육의 대안을 제시하려는 의미 교육 연구의 주장은 지금도 목소리가 크다. 이는 다음 두 가지에서 연유한다. 첫째, 개념화의 의미 특성으로 문법 형식의 기능을 탐구하려는 문법 교육의 지향이 있어서다. 둘째, 인지의미론 이후 새로운 의미 이론이 도입되지 않은 국내 의미 연구의 현 상황을 감안하면 당분간 인지의미론이 의미 교육 탐구의 이론적 배경이 될 가능성이 크다.[7]

인지의미론을 교체하는 의미 이론이 눈에 띄지 않는 가운데 인지의미론에 기반한 의미 교육에 우려를 표하는 김윤신(2014a, 2014b)의 지적은 귀담아 들을 만하다. 특히 인지에 대한 내용은 여전히 불확실한 부분이 많고 모두가

7 인지의미론 이후 의미 이론의 도입 양상에 대해서는 아직까지 보고되고 있지 않다(전영철 2016, 임지룡 2018 참조).

동의하기 어렵거나 아니면 너무나 당연하게 여겨지는 경우도 있다는 지적은 향후 의미 교육의 개선에 참고할 만하다.

2.3. 문법 교육 실행의 맥락 속에서 진행된 의미 교육 탐구 현황

제7차 국어과 교육과정에서만 해도 '국어의 이해와 탐구' 범주에 음운, 단어, 어휘, 문장, 담화와 함께 '의미'가 요소로 들어 있었다. 이는 언어학의 전통적 분과를 그대로 따른 것이었다. '국어의 이해와 탐구'의 범주 요소는 이후의 교육과정에서 '실제' 범주에 대응하게 되는데, 2007 개정 교육과정기에 들어와서, 제7차 교육과정기 내용 체계표에 명시되어 있던 '의미'가 없어졌다. 그 대신 음운, 단어, 문장, 담화/글은 국어 사용의 '실제'의 범주를 구성하고, 문법 영역의 내용 요소 범주를 규정하고 통어하게 되었다. 따라서 음운, 단어, 문장, 담화/글 글을 외현적 단위로 보고, '의미'는 이러한 외현적 표현 단위에 내재된 것으로 보고 있다. 이렇게 볼 때, 의미와 관련된 내용은 이론상으로 '단어(어휘)', 문장, 담화' 단위에 분산 기술된다고 말할 수 있을 것이다(최경봉 2012: 127).

'실제' 범주는 내용 요소의 범주를 규정하고 통어하고, 내용 요소는 실제와의 관계 속에서만 그 의미를 갖는다고 했을 때, '실제' 범주에서 빠지게 된 '의미'는 더 이상 이런 기능을 할 수 없다. 그저 외현적 표현 단위에 내재된 것으로 볼 수밖에 없다. 외현적 표현 단위와 별개로 작용하는 복잡한 의미 양상을 살필 기회가 그만큼 줄어들게 되었다. 따라서 의미 교육의 위상이 하락할 것임을 우려할 수밖에 없게 되었다.

그러나 역설적이게도 문법 교육의 연구자들은 문법 교육의 지향을 형식 중심에서 의미 중심으로 전환하자고 주장하고 나섰다. 언어 기호의 운용 원리를 문법의 개념으로 본 문법 교육에서는 형식과 의미를 조화롭게 반영하여야 했으나, 꽤 오랫동안 형식이 중심이 되어 왔었다.[8] 그런데 교육 대상으로서의

8 주세형(2005a), 신명선(2010)뿐만 아니라 고춘화(2009), 구본관 · 신명선(2011) 등

형식은 언어 자체만을 놓고 전문가가 구성한 문법 지식이었으므로 학습자의 언어 경험이 고려되지 못하였고, 그 때문에 이에 기반한 문법 교육의 내용은 학습자의 언어생활에 전이되기가 어려웠다. 이러한 문제를 풀고자 통합적 문법 교육을 주창한 연구자들은 형식 중심의 문법 교육에서 의미 중심의 문법 교육으로 방향을 틀 것을 요구하였던 것이다.

의미 중심의 문법 교육 연구는 크게 두 방향에서 진행되었다. 첫째, 영국 태생의 언어학자이자 언어교육학자였던 할리데이(M.A.K. Halliday, 1925-2018)가 주창한 체계기능문법(systemic functional grammar)에 기반하여 국어 문법 요소의 기능과 그것의 교육 방안을 탐색한 연구가 있었다. 주세형 교수가 수행한 일련의 연구(주세형 2005a, 2005b, 2005c, 2005d, 2006, 2010)가 대표적이다.[9] 둘째, 인지언어학에 기반하여 국어 문법 요소의 기능과 그것의 교육 방안을 탐색한 연구가 또한 진행되었다. 신명선(2010), 정병철(2011), 임지룡(2013)이 인지언어학에 기반한 문법 교육의 전반을 탐색한 연구라고 한다면,[10] 시제 교육을 살펴본 오현아 · 강효경(2009), 단어 형성법 교육을 살펴본 송현주 · 최진아(2010), 관용 표현 교육을 살펴본 송현주 · 최진아(2011) 등은 개별 문법 요소에 관한 교육 방안을 제시한 연구들이다.

이와 같이 여러 연구를 통하여 의미 중심의 문법 교육을 하자는 주장이 세를 얻게 되었다는 것은, 자칫 위상이 하락할 뻔했던 의미 교육에 긍정적으로 작용할 것임을 기대하게 만든다. 왜냐하면 의미 중심의 문법 교육을 지향하기 위해서는 무엇보다 의미 교육이 강화되어야 할 것이기 때문이다.

도 이러한 문제 의식을 공유하고 있어 참고가 된다.

9 주세형(2009)에서 할리데이의 언어 이론을 소개하고 있어서 참고할 만하다. 아울러 정병철(2011)에서는 인지언어학과 체계기능문법으로 대표되는 기능 언어학을 비교하고 있어서 참고할 수 있다.

10 비록 인지언어학을 이론적 배경으로 한다고 명시적으로 기술하지는 않았지만 모국어 화자의 세상 인지와 사태 해석의 틀로서 문법을 바라본 고춘화(2009)의 연구도 인지언어학에 기반한 문법 교육을 탐색한 논의라 할 만하다.

3. 의미 교육 탐구의 과제

이 장에서는 의미 교육 탐구의 과제를 살펴볼 것이다. 2015 개정 국어과 교육과정이 발효가 된 지 얼마 되지 않았다. 그리고 해당 교육과정의 내용이 반영된 교과서가 일부 학년에는 아직까지 발행・배포되지 않았다. 이런 상황에서 2015 개정 국어과 교육과정의 의미 교육에 관한 탐구를 진행하기란 시기상조인 것처럼 보일뿐더러 의미 교육 탐구의 과제를 제시하는 것은 불가능에 가깝다. 따라서 이 시점에서 제시하게 될 의미 교육 탐구의 과제는 의미 교육의 과제와 오롯이 겹칠 수밖에 없음을 전제해 두고자 한다.

3.1. 과제 제시

2009 개정 국어과 교육과정을 교수・학습 수준으로 구체화한 중학교 국어 교과서를 대상으로 의미 교육 내용을 분석한 최경봉(2012)의 연구는 비록 2009 개정 국어과 교육과정 기반 중학교 국어 교과서를 특정하게 대상으로 한 것이기는 하지만 의미 교육의 단기적인 과제를 제시하였다는 점에서 꼼꼼히 살펴볼 만하다. 그의 연구를 간단히 정리해 보이면 다음과 같다.

(1) a. 6차 교육과정부터 부각된 담화 단위가 학교문법의 성격을 담화 중심의 문법으로 바꾸었고 이에 따라 의미 교육의 위상이 높아졌다.

b. 중학교 문법 교육은 형식과 개념에 대한 설명보다 상황에 따른 표현과 그 효과를 이해하기 위한 활동을 중심으로 진행될 필요가 있다.

c. 어휘 단위에서는 기술 항목을 최대화하되, 항목별로 개념과 특성을 설명하는 것에서 벗어나 어휘의 다양한 유형과 관계 정보를 '담화 상황에서 단어의 효과적 사용'이라는 목표에 어떻게 활용할 수 있는지를 모색하는 활동을 확대해야 한다.

d. 문장 단위에서는 문장에 대한 통사론적 설명에 치중함으로써 표현 의도 및 효과, 상황에 맞는 표현법 등과 관련한 내용이 축소되었다.

e. 담화의 개념과 특성에 대한 원론적인 설명보다는 '상황맥락에 따라 언어 표현을 어떻게 해야 할 것인지'와 '응집성과 통일성을 갖춘 표현을 하기 위해 어떻게 해야 하는지' 등의 활동을 중심으로 구성될 필요가 있다.

기왕에는 구조주의 언어학의 영향이 절대적으로 커서, 계열관계와 결합관계에 기대어 분석 가능성을 점검하고 각 언어 부문에 특수한 단위와 그 특성을 주된 문법 교육 내용으로 삼아 왔었다. 그러다가 제6차 국어과 교육과정에서 촉발되어 2007 개정 국어과 교육과정부터 본격화되었던 담화 중심의 문법이 현재 2015 개정 국어과 교육과정까지 이어지고 있다(1a). 그에 맞추어 담화 중심의 문법에서 파생된 교육 내용을 설계할 필요가 생겼는데, 담화 내에서의 표현 의도 및 표현 효과와 관련지어 문법 단위를 이해해야 함을 분명히 했다(1b). 이는 곧 형식 중심에서 의미 중심으로 지향점을 바꾼 것이라고 할 수 있는데, 최경봉(2012)에서는 바로 이 점에서 의미 교육은 문법 영역에서 중심적인 위치에 있다고 평가하였다.

(1a, b)는 바뀐 문법 교육의 경향성을 설명한 것인데, 이 경향성은 문법 교육 아래 의미 교육에 영향을 줄 수밖에 없다. 어휘 단위의 의미 교육에도(1c), 문장 단위의 의미 교육에도(1d) 영향을 미치기 마련이며, 둘을 종합하면 담화 상황에서 언어 표현을 효과적으로 사용하는 것에서 파생되는 의미 문제를 다루어야 한다고 최경봉(2012)에서는 주문하고 있다. 그런데 여기서 담화란 단순히 어휘와 문장 단위의 의미에 영향을 끼치는 맥락으로 기능한 것뿐만 아니라 그 자체가 어휘와 문장보다 큰 언어 단위이기도 하다. 그래서 (1c, d)와 더불어 담화 단위의 의미도 의미 교육의 대상이 될 수 있는데, (1e)에 따르면 응집성과 통일성을 갖춘 담화를 생성하기 위하여 의미가 어떻게 구성되는지를 의미 교육 내용으로 삼을 수 있을 것이다. 이처럼 담화가 배경이 되고,

담화가 생성 단위가 되는 의미 교육은 2009 개정 국어과 교육과정의 내용에 비추어서 최경봉(2012)에서 새롭게 주문한 것이나, '의미의 본질' 역시도 의미 교육 내용에서 중핵으로 다루어야 한다는 주문도 빠뜨리지 않았다.

따라서 최경봉(2012)에서 제시한 의미 교육의 과제를 다음과 같이 정리할 수 있겠다.

(2) a. 의미의 본질
b. 담화 상황에서 언어를 사용하는 데서 파생되는 의미 문제
c. 담화 생성을 위한 의미 구성

최경봉(2012) 이후에 수행된 의미 교육 탐구는 위 (2)로 제시된 의미 교육의 과제를 하나씩 해결해 보려는 시도로 재해석할 수 있다. 김윤신(2014a), 김규훈(2017), 고춘화(2016)의 의미 교육 탐구를 차례대로 살펴보기로 하자.

김윤신(2014a)에서 2009 개정 국어과 교육과정의 의미 교육에 대해 평가하기를, 해당 교육과정 기반 국어교육이 '언어 사용'의 측면을 강조한 만큼 그에 따라 의미 교육은 '담화 맥락을 고려한 의미'를 교육하는 데에 초점을 맞추고 있다고 하였다. 이는 최경봉(2012)의 주장과 유사한 총평이다. 다만 해당 교육과정의 의미 교육에 대한 비판은 최경봉(2012)에서보다 더 날카롭고 구체적이다. 비판의 내용은 다음 두 가지다.

(3) a. 문법 영역에서 다루고 있는 의미는 단어, 문장, 담화의 각 문법 층위의 의미가 서로 연결되어 있다고 하기보다는 단편적으로 제시되어 있다.
b. 단어 의미에서 문장 의미로, 문장 의미에서 맥락적 의미에 도달하는 의미 도출 과정에 대한 고려가 부족하다.

의미와 형식의 관계를 동전의 양면에 비유하자면 의미는 형식의 뒷면 또는 앞면이므로 각 형식 단위에 의미가 연동되는 것은 불가피하다. 하지만 실제

의사소통 상황에서는 각 형식 단위별 의미가 분절적으로 작용하는 것이 아니라 총체적으로 작용하기 마련이다. 문법 영역의 의미 교육이 진정으로 텍스트의 수용과 생산을 고려한다면 의사소통 과정에서 총체적으로 작용하는 의미의 성질을 반영할 필요가 있다. 이 점에서 (3a)의 비판은 타당하다. 그렇다면 (3a)의 문제를 해결하기 위해서는 단어, 문장, 담화의 각 문법 층위의 의미가 서로 연결되어 총체적으로 작용하는 양상을 의미 교육의 내용으로 삼아야 할 것인데, (3b)는 그 해결 가능성을 암시한 것이다. 다시 말해서, 단어 의미에서 문장 의미로, 문장 의미에서 맥락적 의미에 도달하는 의미 도출 과정을 의미 교육 내용에 반영해야 한다는 구체적 해결책을 (3b)에서 발견할 수 있다.

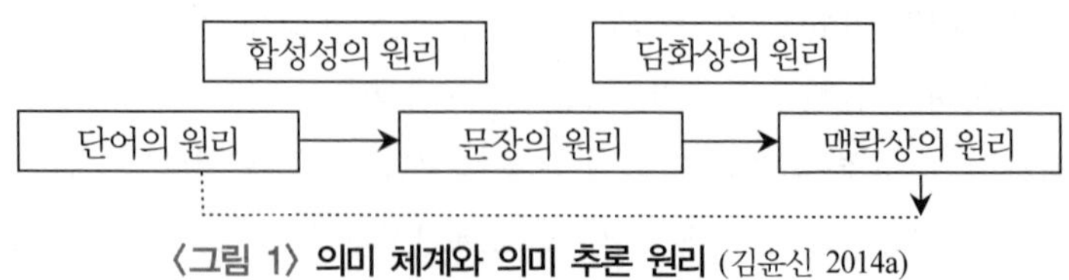

〈그림 1〉 **의미 체계와 의미 추론 원리** (김윤신 2014a)

위는 단어의 의미, 문장의 의미, 맥락상의 의미가 의미 체계로 존재하고, 의사소통 상황에서 이들이 서로 연결되어 총체적으로 작용하는 양상을 도해한 것이다. 특히 김윤신(2014a)에서 주목되는 점은, 의미 체계를 이루는 각 문법 단위의 의미가 서로 연결되는 양상을 포착하였다는 것이다. 즉, 단어 의미에서 문장 의미로, 다시 문장 의미에서 맥락상의 의미로 확대되는 과정에는 인지적 추론이 발생하게 되는데, 이를 의미상 '원리'로 성격을 규정하고 다시 이 원리를 교육의 내용으로 설계할 것을 제안하였다. 이는 최경봉(2012)에서 제시한 의미 교육의 과제 중 (2b)에 대한 해결 방법으로 평가할 수 있다.

다음으로 김규훈(2017)에서는 지난 국어과 교육과정의 의미 교육 내용이 단어의 의미를 중심으로 의미의 개념 및 종류, 의미의 관계, 의미의 변화 등을 다루었고, 의미의 활용면에서는 단어 차원을 넘어서 문장, 담화 차원의 의미 문제를 다루려고 했다고 정리하였다. 최근에 들어 문장과 담화 차원에서 문법과 함께 의미를 다루려는 움직임에 대해 일단 긍정하면서도, 다음과 같은 문제를 제기하였다.

(4) '본래 맥락적인' 의미의 현상에 대하여 그 현상을 과정적으로 탐구하도록 유도하는 것이 아니라, 그 현상을 귀납하여 정리한 '결과적인 지식'의 형식으로 구성되어 있다. 이것은 다분히 해석 의미론적 관점에서 정리된 것으로 의미가 형성되는 배경이나 이유보다는 '의미 자체의 구조'에 초점을 둔 의미 교육의 내용 구성 방식이다.

이와 같은 문제를 해결하는 방안도 위에 간접적으로 제시되어 있다. 즉, 의미가 형성되는 배경이나 이유에 초점을 맞추어 맥락적인 의미 현상을 과정적으로 탐구하도록 해야 한다는 것이다. 김규훈(2017)은 의미가 형성되는 배경이나 이유를 의사소통의 맥락이라고 규정하고는, 의미 교육의 내용은 의미의 맥락성을 중심에 놓아야 한다고 주장하였다. 그리고 Fillmore(1982)에서 촉발된 틀 의미론을 이론적 배경으로 하여 의미의 맥락성을 구체화시키고는, 틀 의미론이 지닌 의미 분석의 원리를 의미 교육의 내용으로 전이하면, 다양한 의미 현상에 대한 과정적인 탐구를 교육 내용으로 구성할 수 있다고 보고 다의어, 유의 관계, 의미 변화에 대한 교육 내용의 실제를 제시해 보였다.

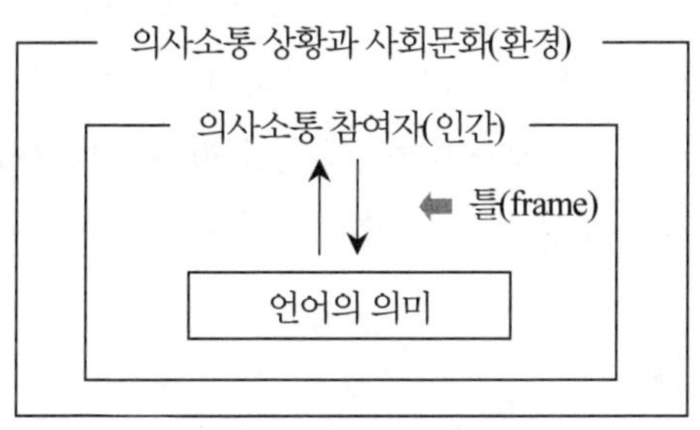

〈그림 2〉 **언어의 의미와 틀의 작용** (김규훈 2017)

따라서 '틀(frame)'로 구체화한 담화 맥락에 의해 단어 의미와 문장 의미가 형성된다고 한 김규훈(2017)의 논의는 최경봉(2012)이 제시한 의미 교육의 과제 중 (2b)를 만족시키고자 한 것이라 풀이할 수 있다.

의사소통 상황과 사회문화, 의사소통 참여자가 틀을 구성하여 언어의 의미와 상호작용하는 것을 김규훈(2017)에서는 '의미의 맥락성'이라 했으며 김윤신(2014a)에서는 '맥락상의 의미'라고 하였다. 이는 고춘화(2016)에서 '의미의 역동성'이라 칭한 의미의 성질과 유사하다. 2009 개정 국어과 교육과정의 의미 교육을 주된 분석 대상으로 삼았던 고춘화(2016)는 담화의 의미 해석에 언어적 맥락뿐만 아니라 상황적 맥락, 사회·문화적 맥락과 같은 비언어적 맥락이 관여한다는 관련 해설을 두고 의미의 역동성을 교육 내용으로 수용한 것으로 이해했다. 그러나 고춘화(2016)에서 보기에 국어교육에서 다루는 '의미'는 주로 '개념적 의미'였으며, 개념적 의미에 대한 교육 방법도 사전을 활용하여 뜻을 확인하거나 의미 관계를 이론적 지식으로 가르치는 방식에 머물러 있다고 비판의 목소리를 높였다.

반면에 의미의 역동성은 국어의 기능과 창조성을 실제적으로 교육할 수 있다는 점에서 교육적 가치가 있으므로 응당 의미의 역동성을 교육적 지식으로 변환하여 교육하는 방안을 모색해야 한다고 했다. 이를 위해 우선 Leech(1974)에서 보인 의미의 유형을 인용해 의미의 역동성은 '내포적, 사회적, 정서적, 반사적, 연어적 의미'를 아우르는 '연상적 의미'에 대응된다는 점을 분명히 했다. 이로써 언어뿐만 아니라 언어 사용자와 맥락에 대한 지식까지도 교육 내용으로 변환하여 의미 교육 내용의 범주를 확장하고자 했다. 따라서 고춘화(2016)의 의미 교육 탐구는 최경봉(2012)에서 제시한 의미 교육의 과제 중 (2a)의 해결 방안으로 평가할 수 있다.

3.2. 남은 과제

3.2.1. 단기 과제

현재의 의미 교육을 둘러싼 상황은 '담화 중심'이란 말로 정리될 수 있다.

이는 의미 교육이 학습자의 국어활동의 실제성에 가까워야 하고 학습자가 배운 의미 지식이 언어의 수행성을 증진시켜야 하는 과제로 연결된다. 이 과제의 구체는 최경봉(2012)을 통해 정리한 (2)와 같다. 이때 담화 상황에서 사용하는 데서 파생되는 의미는 의미의 본질일 것이며, 이 의미는 고춘화(2016)에서 주장한 대로 역동적인 작용을 보일 것이다. 그리고 담화 상황에서 언어를 사용하는 데서 파생되는 의미 문제는 담화의 해석과 생성의 과정에서 포착될 것이다. 후자에 대해서는 김윤신(2014a)과 김규훈(2017)에서 과제를 해결할 실마리를 보여 주었으나 담화의 '해석'에서 포착되는 의미 문제에 주로 천착하였다는 점에서 여전히 남게 된 과제가 있다.[11]

(5) 국어교육은 언어 기능을 통합적으로 운용하여 사고(의미)와 언어를 연결하는 지적 기능으로서의 고등 정신 능력인 국어 능력을 기르는 것이 목표이며, 국어 능력은 의미를 언어화(표현)하고 언어에서 의미를 추출하여 재구성(이해)하는 데 필요한 지식, 기능, 맥락의 학습이 균형 있게 이루어질 때에 효과적으로 신장된다(교육과학기술부 2008: 15 참조).

---

11 앞에서 살펴본 바와 같이, 2007 개정 국어과 교육과정에서 '텍스트의 수용과 생산'을 강조한 뒤로 2009 개정 국어과 교육과정에서는 의미 교육의 지향이 '담화 중심의 의미 교육'으로 자리잡는 것으로 보인다. 그리고 2015 개정 국어과 교육과정에서도 그 지향은 다르지 않다. 그런데 의미 교육의 지향을 학습자와 공유하기에는 아직까지 적절한 교육 내용과 교육 방법이 고안되지 못하였다. 이를테면 단어에서 실현되는 맥락적 의미는 담화 중심의 의미 교육을 구현하는 대표적인 교육 내용이 될 수 있다는 점에서 2007 개정 국어과 교육과정 이래 빠지지 않았던 성취기준이었다.

가. 단어의 사전적 의미와 문맥적 의미를 구별하고 효과적으로 사용한다. [2007 개정]

나. 낱말이 상황에 따라 다양하게 해석됨을 이해하고 효과적으로 표현할 수 있다. [2009 개정]

다. 낱말이 상황에 따라 다양하게 해석됨을 탐구한다. [2015 개정]

김규훈(2017)의 평가에서 알 수 있듯이, 위의 맥락적 의미는 다분히 해석 의미론적 관점에서 정리한 결과적인 지식이었다. 어떤 과정을 거쳐 맥락상의 의미에 도달하는가에 대해서는 아직까지 의미 교육의 내용으로는 정립되지 못한 모양새다.

위에서 알 수 있는바, 국어교육의 목표는 의미를 언어화하고, 언어에서 의미를 추출하여 재구성하는 국어 능력을 기르는 것이다. 이에 따르면, 기왕의 의미 교육 탐구는 언어에서 의미를 추출하여 재구성하는 이해 능력을 기르는 데에 소용될 수 있을 뿐이다. 의미 교육이 국어교육의 목표를 달성하는 데 복무해야 한다는 당위를 인정하는 이상, '의미를 언어화하는 데 필요한 지식, 기능, 맥락의 학습'이 앞으로 의미 교육에서 해결해야 할 과제임은 분명하다.

의미의 언어화 과정에 대해서는 2.3절에서 인용한 연구들이 관심을 이미 가져왔던 터였다. 다수의 연구에서 든 예가 '능동'과 '피동'의 관계였다.[12]

〈그림 3〉 경찰이 도둑을 잡는 사태

그림으로 표현된 위 사태에 대하여 화자마다 초점화하는 장면이 다를 수 있다. 누구는 경찰의 행위에 초점을 둘 수도 있고 또 누구는 도둑의 행위에 초점을 둘 수도 있다. 화자마다 개념화가 다를 수 있다는 뜻이다. 이제 이 개념화의 결과가 특정한 언어 구문을 선택하여 표현되어야 하는데, 경찰의 행위에 초점을 둔 화자라면 '경찰이 도둑을 잡았다.'와 같은 능동 구문을 선택하여 표현했을 것이고, 도둑의 행위에 초점을 둔 화자라면 '도둑이 경찰에게 잡혔다.'와 같은 피동 구문을 선택하여 표현했을 것이다. 이로써 개념화, 언어 형식의 선택이 언어화를 구성하는 과정임을 연구자들이 잘 알고 있었던 것으로 판단된다. 그리고 신명선(2009, 2010)이 보인 어휘 사용 기제는 이 판단이

12 <그림 3>은 2018년 10월 25일, https://pixabay.com/ko/에서 검색한 것임.

틀리지 않았음을 증명한다.

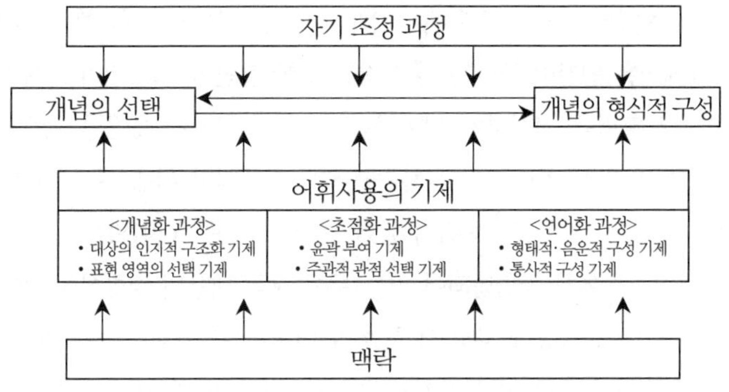

〈그림 4〉 어휘 사용 기제 (신명선 2010)

이처럼 의미의 언어화 과정을 분명히 이해하고 있는 듯하나, 의미를 출발점으로 삼아 도착한 언어 형식이 피동과 같은 문법 범주에 한정되어 있다는 점이 문제다. 이는 화자가 개념화한 의미 구성물에다 특정 문법 형식이나 어휘 형식을 어휘부에서 찾아 단순하게 대응하는 것과 다를 바가 없다. 그 때문에 피동 구문을 넘어서 문장이나 발화를 만들어내거나 그 이상의 언어 단위를 만드는 언어화에는 접근하지 못했다. 다시 말해서 최경봉(2012)에서 정리한 의미 교육의 과제 중 (2c)는 여전히 미해결의 상태로 남은 것이다.

이 문제를 해결할 수 있는 실마리는 언어화 과정을 체계화하는 데 있다. 단발적인 언어화 과정이 아니라, 문장 이상의 담화를 생성하기 위한 복잡한 단계별 언어화 과정을 체계화하는 데에 기대를 걸어볼 수 있다는 것이다. 이동혁(2018)에서는 Croft(2007)의 언어화(verbalization)를 기반으로 삼아 담화 생성을 위한 언어화 과정을 살폈고, 이를 문제해결 과정의 측면에서 구조화하였다. 기존의 언어화 논의가 담화 생성에까지 이르지 못하고 단절적인 데 반하여, Croft(2007)의 언어화는 담화를 생성하기까지 소용되는 의미 구성의 과정과 언어 표현의 선택 과정을 단계별로 세세히 살피고 있다는 점에서 의미 교육의 남은 과제를 해결하는 데 시사점을 던져 준다. 그리고 언어 사용자가

지능을 사용하여 당면한 언어적 문제, 즉 의사소통의 문제를 해결해 나가는 과정으로 이해함으로써 의미 교육의 지식 내용을 국어활동의 실제성에 근접하도록 할 수 있었고, 곧바로 학습자에게 전이하기 용이하도록 할 수 있다. 아울러 문제해결은 인간이 행하는 사고 작용의 한 단면이므로, 의미 교육의 내용이 국어적 사고력을 신장하기 위한 목적으로 소용될 수 있음을 함의하였다.

그러나 이와 같은 아이디어가 학습자에게 수용되기 위해서는 무엇보다 교수·학습 전략이 분명하게 세워져야 할 것이나, 이동혁(2018)에서 제안한 것은 기존 교육과정에서 파편화되어 있는 문법 교육 내용의 정합성을 찾아 계열화해 보는 시도에 그쳤다. 따라서 향후의 의미 교육을 탐구하는 연구에서는 '담화 중심의 의미 교육'이라는 거시적인 국어교육의 맥락을 견지한 채, 언어 단위의 단절적 의미 구조를 탐구하는 것을 지양하고, 의사소통이라는 실제의 언어 환경에서 담화를 생성하고 해석하는 데 작용하는 역동적인 의미 양상을 의미 교육 내용으로 설계하고, 이를 학습자에게 적극적으로 수용될 수 있도록 교수·학습 전략을 잘 세워야 할 것이다.

3.2.2. 장기 과제

최경봉(2012)의 논의를 바탕으로 정리한 (2)가 단기적인 의미 교육의 과제라면, 임지룡(2006)에서 다음의 내용은 장기적인 의미 교육의 과제를 시사한 것이라고 할 수 있다.

(6) 의미의 응용
  a. 의미와 언어정책
  b. 의미와 사전편찬
  c. 의미와 언어공학

우리는 이 중에서 의미와 언어공학의 관계에만 주목하고자 한다. 그 까닭은 제4차 산업혁명기라고 불리는 현재 상황에서 '의미'가 주요하게 쓰일 수 있는 응용 분야가 (6c)라고 생각하기 때문이다. 애초에 임지룡(2006)에서 (6c)의 과제로 부여한 것은, 휴대폰·컴퓨터를 비롯한 전자기기의 제작과 언어의 자동 번역 프로그램의 개발에 있어서 의미가 어떻게 관여하고 응용되는가를 탐구하기 위함이었다. 이것이 물론 오늘날에도 여전히 의미 교육의 과제로서 유의미하겠으나, 제4차 산업혁명기의 특성상 '언어공학'의 범위를 '인공지능'으로 확장하여 의미 교육의 과제를 탐색해 볼 만하다. 이와 관련하여 길기는 하지만 김대식(2016: 33-35)의 글을 아래에 옮겨보기로 한다.

그렇다면 '왜 기계들한테 지능을 집어넣는 게 그렇게 어려울까?'라는 질문의 차례입니다. 전통적인 인공지능이 지능을 획득하기 어려웠던 이유는 기계에 설명을 입력해줘야 하기 때문입니다. 예를 들어서 기계는 강아지와 고양이를 구분하는 게 거의 불가능합니다. (중략) 설명을 하기 위해선 두 가지 조건이 필요합니다. 첫째, 설명을 하는 사람이 답을 알고 있어야 해요. 둘째는 답을 알고 있는 사람이 완벽하게 표현할 수 있는 기호 시스템이 필요합니다. 현대 과학에서는 아직까지 이 두 가지 조건을 만족시킬 수 없다고 결론짓고 있습니다. 예를 들어보죠. 자, 우리는 인공지능 개발자입니다. 인공지능에게 '강아지란 무엇인가'를 설명해줘야 해요. 어떤 방법이 있을까요? 우선 제 생각엔 '강아지란 무엇인가', '강아지란 어떻게 생겼는가'를 그냥 설명해줘야 되겠죠. 강아지는 다리를 네 개 가지고 있다. 맞지만 문제는 모든 동물들이 다리를 네 개를 가지고 있기 때문에 그걸로는 부족합니다. (중략) 핵심적인 문제는, 저희가 보편적인 설명을 하면 강아지 집합의 멤버가 아닌 동물들이 포함되기 시작하고 또 너무 구체적인 설명을 하기 시작하면 강아지 멤버에 다양한 종들의 강아지가 제외된다는 겁니다. 그러니까 보편성과 구체성이 정반대의, 즉 역의 관계를 가지다 보니 두 개를 동시에 만족시킬 수가 없게 되죠. 또 저희가 보통 강아지라고 이야기하는 집합의 멤버들을 보니까 이론적으로는 무한에 가깝습니다. 강아지 종만 수백, 수천 가지가 되고 움직일 때마다 다른 모습을 가집니다. 뛸 수도 있고, 걸어 다닐 수도 있고, 누워 있을 수도 있고, 서 있을 수도 있고, 밥을 먹을 수도 있고, 약간 고개를 1도 옆으로 숙일 수도 있고 2도 옆으로 숙이기도 합니다. 움직임이 바뀔 때에도 강아지라고 인식할 수 있어야 해요. 이 조합이 무한히 많다 보니까 우리가 생각할 때 막연하게 강아지라고 이야기하는 저 물체의 변이가 무한대입니다. 이 무한의 변이들을 설명으로 다 묶어내기는 불가능합니다. 최근 이 무한에 가까운 정보를 입력할 수 있지 않을까 하는 방법들이 대두되고 있습니다. 바로 빅데이터(big data)입니다.

위는 인공지능의 지식표상(knowledge representation)을 다루고 있는 글이다. 로봇과 같은 기계에 강아지를 인식하도록 지능을 이식하기 위해서는 강아지의 지식표상이 필요할 텐데, 위에서 문제 삼는 지식표상의 문제는 인지의미론에서도 비판해왔던 고전 범주화의 문제이기도 했다. 따라서 바로 이 지점에서 의미나 지식의 본질을 묻는 인공지능과 의미 교육의 접점을 발견하게 된다. 이는 의미 교육을 통해 알게 된 의미 지식으로 인공지능의 본질을 이해할 수 있음을 암시한다.

물론 의미의 응용은 비단 위 (6c)에만 머물지는 않을 것이다. 의미와 뇌과학의 관계도 장기적으로는 의미 교육에서 다루어야 할 과제일 수 있다. 가령 착시 현상을 예로 하여 뇌과학에서 주장하는 의미의 본질은 지시의미론을 정면으로 반박하는 것으로 해석될 수 있고, 뇌 안에서 일어나는 정보처리는 의미 작용이 실제 물리적으로 일어나는 양상이기도 하다. 벌써 뇌과학과 언어학의 연계가 튼튼하게 있어 '신경언어학'이란 신생 학문 분야가 파생되기도 했다. 앞의 절에서 의미 교육에 자양분을 제공하는 의미 이론을 살폈지만, 이제는 이 의미 이론을 넘어서 인공지능이나 뇌과학의 연구 결과가 의미 교육에 모종의 자양분을 제공할 수도 있다. 의미 교육을 탐구하는 연구에서 선제적으로 관심을 가져야 하는 현상이다.

4. 마무리

이 글에서는 그간 축적되어 온 의미 교육의 탐구 현황과 의미 교육 탐구의 과제를 살펴보았다. 약 20년이라는 비교적 짧은 기간 동안 비록 양적으로는 적은 수의 연구였지만 의미 교육의 탐구는 양질의 연구 성과를 가져왔다. 이 장에서는 2장과 3장에서 살펴본 내용을 요약하고 정리하도록 한다.

탐구의 초기에는 의미 교육의 목표를 설정하는 논의가 있었으며, 문법 영역에서 의미 교육이 독자성을 갖추기 시작하면서부터는 당시 교육과정과 교과서의 의미 교육 실행을 종합적으로 반성하고 대안을 제시하려고 했다. 의미 교육의 실행이 어휘의미가 중심이었던 만큼 의미 교육의 탐구도 어휘의미가 주된 대상이었다.

의미 연구의 변화는 필연적으로 의미 교육의 실행과 탐구에 영향을 미치게 마련이다. 그런데 의미 교육의 탐구에는 인지의미론의 영향이 절대적이었다. 문법 교육의 지향이 인지의미론의 목표와 맞아떨어졌고, 인지의미론 이후 새로운 의미 이론이 도입되지 않은 의미 연구의 상황을 감안하면 당분간 인지의미론이 의미 교육의 탐구에 자양분을 제공해 줄 것임은 분명하다. 한편 형식 중심에서 의미 중심으로 문법 교육의 관점을 옮기려는 경향은 의미 교육의 강화로 이어질 수 있다. 이는 곧 의미 교육 및 의미 교육 탐구의 과제로 이어진다.

담화 중심의 문법 교육을 기조로 한 만큼 의미 교육의 길도 거기서 벗어나지 않는다. 최근의 의미 교육 탐구에서는 담화 상황에서 언어를 사용하는 데서 파생되는 의미 문제를 적극적으로 다루고 있다. 그러나 담화 생성을 위한 의미 구성에는 그만한 관심이 미치지 못하고 있다. 이를 해결하기 위해서는 의미의 언어화 과정을 단계별로 체계화하고 이 과정에 소용되는 역동적인 의미 양상을 의미 교육 내용으로 설계하며 이를 학습자에게 전이할 수 있도록 교수·학습 전략을 잘 세워야 할 것이다.

제4차 산업혁명기가 도래했다. 이 상황에서 의미의 응용은 장기적인 의미 교육의 과제로 설정된다. 의미와 인공지능의 관계, 의미와 뇌과학의 관계는 의미 교육에 새로운 자양분을 제공해 줄 수 있을 것이며, 의미 교육의 탐구에서 선제적으로 관심을 가져야 할 것이다.

참고문헌

고춘화(2009), "의미 · 기능 중심의 교육문법 교재 개발 방안", 『국어교육연구』 45: 35-64, 국어교육학회.

고춘화(2016), "의미의 역동성을 고려한 의미 교육 내용 연구", 『국어교육학연구』 51(2): 193-221, 국어교육학회.

고춘화(2017), "어휘 의미 가치의 문법 교육적 해석과 활용 연구", 『국어교육연구』 64: 49-76, 국어교육학회.

교육과학기술부(2008), 『교육인적자원부 고시 제2007-79호에 따른, 초등학교 교육과정 해설 ② 국어』, 교육과학기술부.

구본관(2009), "패러다임의 변화와 문법 교육의 방향", 『어문학』 103: 1-40, 한국어문학회.

구본관(2016), "문법 연구의 변화와 문법 교육의 변화: 탈문법학 시대의 문법 교육의 새로운 지향", 『국어교육연구』 37: 197-252, 서울대학교 국어교육연구소.

구본관 · 신명선(2011), "원리 중심의 문법 교육에 대한 연구", 『국어교육연구』 27: 261-292, 서울대학교 국어교육연구소.

김규훈(2017), "'틀 의미론'을 활용한 의미 교육의 내용 구성 방향: '단어의 의미' 범주를 중심으로", 『국어교육』 158: 1-29, 한국어교육학회.

김대식(2016), 『김대식의 인간 vs 기계』, 동아시아.

김윤신(2014a), "국어 문법 교육에서의 의미 교육의 한계와 전망", 『새국어교육』 98: 357-386, 한국국어교육학회.

김윤신(2014b), "국어 의미론에서의 기술 문법과 학교 문법", 『국어학』 69: 255-282, 국어학회.

김호정 · 박재현 · 김은성(2008), "<문법> 교과서 '의미' 단원의 교육내용 연구", 『교육과정평가연구』 11(2): 89-108, 한국교육과정학회.

김혜영(2013), “국어학의 연구 성과와 학교 문법 교육 내용의 변천”, 『한국어학』 58: 55-82, 한국어학회.
문향숙(2005), “초등학교 의미 교육 현황”, 『한국어 의미학』 16: 231-256, 한국어 의미학회.
박재현(2006), “어휘 교육 내용 체계화를 위한 어휘의미 가치 교육 연구”, 『새국어교육』 74: 5-24, 한국국어교육학회.
박형우(2015), “국어학 연구와 문법 교육 연구의 소통”, 『국어교육』 151: 35-59, 한국어교육학회.
서혜경(2015), “국어 어휘의미 교육의 인지언어학적 연구”, 경북대학교 대학원 국어교육학과 박사학위논문.
송현주 · 최진아(2010), “동기화에 기반을 둔 단어 형성법 교육”, 『한국어 의미학』 33: 153-177, 한국어 의미학회.
송현주 · 최진아(2011), “인지언어학에 기반을 둔 관용 표현 교육 연구”, 『중등교육연구』 59(3): 789-812, 경북대학교 중등교육연구소.
신명선(2004), “유의어 변별 능력과 국어적 사고력의 관계에 대한 연구: ‘구분, 분류, 분석, 구별’을 중심으로”, 『한국어학』 22: 215-243, 한국어학회.
신명선(2009), “국어 표현 과정에서 작용하는 어휘 사용 기제와 그 전략에 관한 연구”, 『한국어 의미학』 29: 91-131, 한국어 의미학회.
신명선(2010), “인지의미론의 연구 성과를 활용한 문법 교육 내용 개선 방안 연구”, 『한국어 의미학』 31: 77-107, 한국어 의미학회.
신명선(2012), “단어의 문맥적 의미 평가 문항의 유형과 특징에 대한 연구”, 『국어교육』 137: 237-269, 한국어교육학회.
심지연(2005), “대학 입시에서의 의미 교육의 평가 현황: 대학수학능력시험 언어영역을 대상으로”, 『한국어 의미학』 16: 125-142, 한국어 의미학회.
안찬원(2012), “의미 관계 중심의 초등 어휘 교육 방법: 이동 동사를 중심으로”, 『한국어문교육』 11: 185-210, 한국어문교육연구소.
안찬원(2016), “다의어 의미 확장에 대한 초등학생 인식 연구: ‘눈’의 의미 확장을 중심으로”, 『우리어문연구』 56: 263-291, 우리어문학회.
안찬원(2017), “중의성과 모호성의 국어교육적 의의”, 『국어교육학연구』 52(2): 315-341, 국어교육학회.
양태식(1989), “의미 교육의 방향과 배경”, 『백석 조문제 박사 정년 기념 논문집』 25-45, 간행위원회.

양태식(1997a), “의미 교육의 방향과 바탕”, 『한국초등교육』 9(1): 1-37, 서울교육대학교 초등교육연구원.

양태식(1997b), “뜻 구별에 따른 의미 교육의 방향”, 『한국초등교육』 9(2): 1-41, 서울교육대학교 초등교육연구원.

오현아 · 강효경(2009), “인지언어학적 관점의 시제 교육에 관한 고찰”, 『개신어문연구』 30: 323-365, 개신어문학회.

윤평현(2013), 『국어의미론 강의』, 역락.

이경숙(2014), “의미 능력 평가 문항 개발 연구: 1994-2014 대학수학능력시험에서 어휘력 평가 현황을 바탕으로”, 『한국어문교육』 16: 129-180, 한국어문교육연구소.

이관규(2006), “문법 연구와 문법 교육의 상관관계: 문법 교육의 내용 선정 원리와 관련하여”, 『한국어학』 33: 37-60, 한국어학회.

이광호(2009), “형용사 반의어쌍 공기 패턴의 사전 편찬 및 어휘 교육적 활용 연구”, 『한국어 의미학』 30: 205-230, 한국어 의미학회.

이동혁(2009), “의미교육 개선을 위한 인지언어학의 함의: 초등국어교육을 중심으로”, 『우리말글』 46: 43-66, 우리말글학회.

이동혁(2013a), “의미 교육 내용의 개선 방안: ‘의도’와 관련하여”, 『어문론집』 56: 459-484, 중앙어문학회.

이동혁(2014b), “초등 문법 영역에서 유의관계 교육의 독립과 그 효용에 대하여”, 『한국초등국어교육』 54: 323-352, 한국초등국어교육학회.

이동혁(2018), “문제 해결로서의 언어화와 문법 교육적 함의”, 『새국어교육』 116: 187-220, 한국국어교육학회.

이종열(2002), “비유에 대한 국어과 학습 내용 설정 연구”, 『국어교육연구』 34: 161-186, 국어교육학회.

임지룡(2006), “의미교육의 학습 내용에 대하여: 제7차 교육과정과 교과서를 중심으로”, 『한국어학』 33: 87-116, 한국어학회.

임지룡(2007), “인지의미론 연구의 현황과 전망”, 『우리말연구』 21: 51-104, 우리말학회.

임지룡(2013), “문법 교육의 인지언어학적 탐색”, 『국어교육학연구』 46: 5-44, 국어교육학회.

임지룡(2015), “학교문법 다의어 교육 내용의 현황과 대안”, 『우리말연구』 42: 61-97, 우리말학회.

임지룡(2018), "'의미' 연구의 흐름과 전망", 『한국어 의미학』 59: 1-30, 한국어 의미학회.
전영철(2016), "한국어 의미 연구와 의미 이론", 『한글』 312: 5-25, 한글 학회.
정병철(2011), "인지언어학의 관점에서 본 문법 교육 과정의 개선 방향", 『한국어 의미학』 34: 375-408, 한국어 의미학회.
정영복(2011), "국어 교과서의 반의어 내용 구성 방안", 『국어교육연구』 48: 173-196, 국어교육학회.
정한데로(2015), "『독서와 문법』 교과서 '단어의 의미'에 대한 비교 검토", 『언어와 정보사회』 26: 585-616, 서강대학교 언어정보연구소.
주세형(2005a), "통합적 문법 교육 내용 설계: '의미를 구성하는 문법 지식'을 중심으로", 『이중언어학』 27: 203-226, 이중언어학회.
주세형(2005b), "문법 교육내용의 설계를 위한 기능 중심성 원리에 대한 연구", 『한국어학』 26: 327-362, 한국어학회.
주세형(2005c), "쓰기 教育을 위한 代案的 文章 概念", 『語文研究』 33(4): 475-501, 한국어문교육연구회.
주세형(2005d), "문법 지식의 교육적 가치 재발견", 『선청어문』 33: 561-589, 서울대학교 국어교육과.
주세형(2006), "국어지식 영역에서의 지식의 성격과 내용 체계화 방법론 연구", 『국어교육학연구』 25: 105-154, 국어교육학회.
주세형(2009), "할리데이 언어 이론의 국어교육학적 의미", 『국어교육』 130: 173-204, 한국어교육학회.
주세형(2010), "작문의 언어학(1): '언어적 지식'에 근거한 첨삭 지도 방법론", 『작문연구』 10: 109-136, 한국작문학회.
최경봉(1996), "어휘의 의미 관계와 어휘교육 방법론", 『기전어문학』 10(11): 827-846, 기전어문학회.
최경봉(2012), "의미 교육과 국어교과서: 2011년 개정교육과정에 따른 중학교 국어교과서를 대상으로", 『한국어학』 57: 121-153, 한국어학회.
최진아(2012), "인지언어학에 기반을 둔 비유 교육 내용 연구", 『한국어 의미학』 38: 165-192, 한국어 의미학회.
최진아(2013), "인지언어학에 기초한 비유 교육 연구", 경북대학교 대학원 국어교육학과 박사학위논문.
최진아(2014), "'정신 공간' 개념의 국어교육적 적용 방안", 『국어교육연구』 54:

369-396, 국어교육학회.

Croft, W.(2007), The origins of grammar in the verbalization of experience, *Cognitive Linguistics* 18: 339-82.

Fillmore, C. J.(1982), Frame Semantics, in *Linguistics in the Morning Calm*, 111-137, Seoul: Hanshin Publishing Co.

Leech, G.(1974), *Semantics*, Harmondsworth: Penguin.

어휘 의미 교육

신 명 선*

1. 들머리

많은 사람들이 '어휘 교육'의 구체태를 '단어 의미 교육'으로 이해하는 점을 감안한다면 '단어 의미' 그 자체가 국어 어휘 교육의 핵심 테제로 부각된 시기는 다소 늦은 감이 있는 것이 사실이다. 국어교육학에서 '어휘 의미' 그 자체에 대한 본격적인 관심은 인지의미론의 연구 성과가 확산되기 시작하던 2000년 이후부터라고 볼 수 있다.

2000년대 초반 신명선(2004)은 어휘의 의미가 갖는 유동성을 논증하고 어휘의 의미를 '개념'으로 보자고 제안하였다. 당시 어휘 의미의 본질에 대한 논의가 학계에 있었지만 국어 어휘 교육 내에서는 활발하게 논의되지 못했기 때문에 신명선(2004)에서 어휘 의미에 대한 논의는 조심스러웠다. 당시에는 고정적이고 확고한 사전적 의미에 기반한 어휘 교육이 보편화되어 있었고 사전은 어휘를 가르치는 매우 유용한 교육적 자료로 인식되고 있었다. 따라서

* 인하대학교 국어교육과 교수, rescript@inha.ac.kr

어휘 의미의 유동성을 주장할 경우 교육 재료로서 이미 상용화된 국어사전(그리고 그에서 파생된 단어 의미 설명 교육 방법)의 위상에 대한 새로운 논의가 필요했다. 당시 그에 대한 폭넓은 합의는 없었다. 신명선(2004)은 어휘 의미에 대한 관점과 방향을 제시하였으나 어휘 의미 교육의 구체태를 명확하게 제시하지는 못했다.

그러나 이후 화용론 및 인지의미론의 국어교육적 적용에 대한 논의가 본격화되면서 어휘 의미의 유동성과 고정성에 대한 논의는 다양한 방면에서 논의되었다. 어휘 의미 자체가 논의의 중심이 아닐지라도 어휘 의미의 고정성은 더 이상 명증한 진리로 인식되지 않았다.

2000년대 이후 출간된 어휘 교육 박사논문 중 어휘 의미와 관련된 논의 중심으로 몇 가지 살펴보면 다음과 같다. 이기연(2012)과 강보선(2014)은 어휘 의미 그 자체가 논의의 중심은 아니었지만 두 논문에서 어휘 의미에 대한 관점은 기존의 구조주의적 관점에 머물러 있지 않다. 이기연(2012)은 국어 어휘 평가 내용을 다루었는데 평가 대상이 되는 어휘 의미의 범위가 비단 사전적 의미에만 머물러 있지 않다. 강보선(2014)은 '표현 어휘'를 논의 대상으로 삼음으로써 논의의 중심을 언어에서 학습자로 전이시켰으며 학습자의 어휘 능력을 구성하는 표현 어휘 신장 방안을 구체화하였다.

2012년 교원대 박사논문으로 제출된 '머릿속 어휘 지식 사전을 활용한 국어 어휘 교육 방법 연구'(윤천탁)는 더 이상 국어사전 중심의 어휘 교육 방법만으로는 적절한 어휘 의미 교육이 이루어질 수 없음을 '머릿속 어휘 지식 사전'이라는 개념을 통해 보여주었다. 이후 김지영(2014)의 '텍스트 기반 어휘 교육 연구'가 박사논문으로 제출되면서 어휘 의미의 맥락적 유동성은 본격적인 논의 대상이 되었다.

국어 어휘 의미의 유동성을 논의의 중심에 두고 국어 어휘 의미 교육을 탐구한 결정체는 최근 박사논문으로 제출된 서혜경(2015)과 안찬원(2016)으로 볼 수 있다. 서혜경(2015)은 국어 어휘 의미 교육의 내용을 인지언어학적 관점에서 총체적으로 정련하여 제시하였으며 안찬원(2016)은 개념 체계 중심의 어휘 교육을 제안하였다. 안찬원(2016)은 심리언어학과 인지언어학의 논의들을 종합하여 학문적으로 적절하면서도 현장 국어 교육에 적용이 용이한 방식으로 어휘의 의미를 정의하려 노력하였다.

국어 어휘 교육의 박사학위논문 주제를 일괄하는 과정에서 드러난 학문적 도전은 당연 '어휘 의미의 고정성과 유동성' 문제이다. 이는 2000년대 이후 국어 어휘 의미 교육 논의의 흐름과 방향을 꿰는 한 가지 실가닥이다. '어휘 의미의 고정성과 유동성 문제'를 '어휘 의미의 본질 문제'로 명명한다면 그에 따라 부속되는 또 한 가지 질문은 '어휘 의미의 소재' 문제이다. 여기서 우리는 이 두 가지 논제에 대한 그간의 학문적 성과와 쟁점, 그리고 그 과제에 대해 이와 관련된 박사학위논문 중심으로 함께 살펴보고자 한다.

2000년대 이후 국어 어휘 교육 연구의 새로운 이론적 도전은 분명 '인지의미론'의 어휘 교육적 수용 방식이다. '인지의미론'과 '구조주의 의미론'의 대립각의 크기가 논증되어야 하며, 이 이론들이 어휘 교육의 배경 학문으로서 갖는 위상도 꼼꼼하게 검토할 필요가 있다.

인지의미론의 학문적 기본 가정들은 인문학적 관점에서 제시되었다. 따라서 사회 과학의 성격도 농후하게 지니고 있는 어휘 교육에서 이들 논의들을 무조건적으로 수용하는 것은 불가하다. 교육은 정치 사회적 요구에 민감하며 실제 사회에 적용되고 실천되는 문제를 다루는 만큼 공동체의 신념(그것의 타당성 여부는 별도로)이나 이데올로기, 현실적 여건들이 매우 큰 변수로 부각되는 분야이다. 어휘 의미 그 자체는 인문학적 주요 연구 주제이며 어휘 교육 내에서는 교육적 대상이거나 교육 내용으로서 자리매김된다. 이러한 점에서 어휘 의미는 인문학적 타당성을 확보하면서도 사회과학적 실천이 용이한 테제로 논의되고 교육되어야 한다.

어휘 의미는 다면적이다. 언어학이나 교육학 외에도 다양한 분야에서 연구되고 있다. 대표적으로 철학과 심리학은 어휘 의미를 탐구하는 대표적인 학문 분야로 지목될 수 있다. 언어철학 분야가 성립할 만큼 언어는 철학의 핵심 논제이며 '어휘 의미' 역시 진리 탐구의 변수로 논의되어 왔다. 심리학에서도 언어는 주요하다. 마음의 형성과 발달 과정에서 어휘가 갖는 매개적 기능이 다양한 측면에서 논의되어 왔으며 어휘 발달과 사고의 관계는 피할 수 없는 주제이다. 그 외 정치학이나 사회학(예컨대 '정치적 올바름'이나 대중 연설의 특성 관련 논의 등등)뿐만 아니라 컴퓨터 공학(예컨대 자연 언어 처리 연구들)에서도 어휘 의미 연구는 핵심적이다.

어휘 의미가 갖는 다면성을 중요한 참조점으로 논의의 중심에 둔 채로, 우리는 어휘 의미 본질과 소재에 관한 몇 가지 논점들을 짚어보고자 한다. 어휘 교육 논의들은 대개 '어휘 의미'의 문제를 직간접적으로 다루고 있으므로 관련 논의의 양은 실로 방대하다. 여기서는 특히 어휘 교육 박사 논문들의 논의 내용을 주로 살펴보고자 한다.

2. 주요 연구 주제와 쟁점

2.1. 어휘 의미의 본질과 교육

2000년대 이후 문법교육학계의 주요 이론적 기조는 구성주의 철학의 패러다임과 인지의미론 및 화용론의 발달일 것이다. 이러한 흐름 속에서 국어교육학계에서 두드러지게 쟁점화된 논의 주제 중의 하나는 전술한 것처럼 단연 '어휘 의미의 고정성 여부'였다. 그간의 국어교육이 객관주의 철학에 기대어 의미의 고정성을 전제하고 수행된 것에 대한 비판이 활발하게 이루어지면서 '어휘 의미의 유동성'을 주장하는 논의가 쏟아졌다. 언어 철학에서 논의되는 비트겐슈타인의 '게임이론'이나 '용법설', 데리다의 '차연' 등, 인지의미론에서 논의되는 '해석', '이상적 인지 모형(ICM)' 등등의 개념은 그러한 비판에 힘을 실어 주었다. 그러나 이러한 변화를 이끈 핵심적 추인은 역시 화용론의 주 논제인 '맥락(context)'이라고 볼 수 있다.

그간의 논의 흐름에서 우리는 어휘 의미에 대한 고정적 관점과 유동적 관점

이 다음과 같이 서로 양립해 왔음을 읽어낼 수 있다.[1]

〈표 1〉 어휘 의미에 대한 두 가지 관점

고정적 관점	유동적 관점
사전적 의미	맥락적 의미
축어주의	맥락주의
최소주의	최대주의
의미적 경계의 확실성 (의미에 대한 최소주의접 접근)	의미적 경계의 모호성 (의미에 대한 최대주의적 접근)
자립성 있음	자립성 없음
구조 중시/ 체계 중시	기능 중시/ 용법 중시
기표와 기의의 관계 중심	기호와 맥락과의 관계 중심

단어 그 자체가 의미를 갖고 있음을 명시하는 결정적 증거는 '국어사전'이다. 사전에 기술된 의미들(사전적 의미)은 단어가 맥락 없이도 자립성을 갖고 사용될 수 있음을 보여준다. 실제로 우리는 그냥 '연필'이라는 단어만 듣고도 흑연과 나무로 구성된 필기도구를 떠올릴 수 있다. 사전은 그간의 구조주의 언어학의 성과이다. 단어의 의미를 백과사전적 지식과 구분하고 핵심적 의미 중심으로 기술하려고 한다는 점에서(의미적 경계의 확실성) 축어주의[2]이며

1 이 두 관점의 대립을 김지영(2014)에서는 다음과 같이 '짝개념'으로 정리한 바 있다.

의미의 짝개념(김지영 2014: 23)

고정적	유동적
중심의미(central meaning)	주변의미(marginal meaning)
공통의미(common meaning)	개별의미(individual meaning)
추상의미(abstract meaning)	구체의미(concrete meaning)
관용의미((usual meaning)	임시의미(occasional meaning)
기본의미(basic meaning)	파생의미(derivational meaning)
문자적 의미(literal meaning)	비유적 의미(figurative meaning)
원형의미(prototype meaning)	확장의미(extended meaning)

2 '말해진 것'에 대한 이론은 맥락을 고려하는 정도에 따라, 어떤 종류의 맥락정보도 사용하지 않고 심지어 지표성도 고려하지 않으면서 '말해진 것'을 축어적 의미와 동일하다고 생각하는 순수 축어주의로부터, '말해진 것'이란 축어적 의미로부터 어떤 도움도 받지 않는 순전히 맥락적 사안이므로 이를 위해 온갖 맥락을 고려해야

최소주의로 규정할 수 있다.[3] 단어들의 의미가 그들 사이의 관계에서만 명료해진다는 관점 하에서 '의의(sense)'를 강조하는 논의 역시 고정적 관점을 전제한다. 고정적 관점 하에서 어휘 교육은 기표와 기의 사이의 엄격한 관계 설정을 강조할 수밖에 없다. 사전에 정의된 단어의 의미를 정확하게 알고 그에 맞게(즉 정확하게) 사용하라는 교육적 지침이 자연스럽게 등장한다.

그러나 최근 '어휘 의미의 유동성' 논의가 활발하게 이루어지면서 이와 같은 기존 어휘 교육에 대한 비판이 활발하다. 어휘 의미는 맥락에 따라 유동적으로 변화하므로 사전적 의미 중심의 어휘 교육은 어휘 사용의 실제성을 담보하지 못한다는 것이다. 어휘 그 자체가 의미를 갖고 있는 것은 아니므로 어휘 의미는 자립성을 갖지 못하며, 어휘 의미는 오직 구체적인 의사소통 맥락에서 용법적, 맥락적 의미만 갖는다. 단어의 의미는 백과사전적 의미와 구분되기 어렵다는 점에서 의미의 범위가 넓어(의미적 경계의 모호성) 최대주의적 관점이며 구체적인 맥락 내에서만 의미가 확정된다는 점에서 맥락주의로 규정할 수 있다. 따라서 이 관점에서 중요한 것은 기표와 기의 사이의 관계가 아니라 기호와 맥락 사이의 관계이며 어휘들 사이의 구조보다 어휘의 의사소통적 기능이 중시된다.

이러한 논의의 흐름에서 어휘에 대한 기존의 '고정적 관점'은 이제 폐기되어야 할 낡은 소산으로 여겨지기 쉽다. 그렇다면 국어교육학 연구의 출발 지점은 어디인가? '고정적 관점'을 과감하게 버리고 '유동적 관점'에 서는 것이 한 가지 방법일 것이다. 그런데 두 가지가 우리를 주춤하게 만든다. 하나는

한다는 순수 맥락주의에 이르기까지 다양한 모습을 지닌다(정동규 2014: 106).

3 '언어적 지식'과 '백과사전적 지식(세상사의 지식)'은 여러 가지 방식으로 구분되거나 대조되고 있다(임지룡 1997: 121 참조).

- mental dictionary : mental encyclopedia (Leech 1981: 84-85, Haiman 1980: 329-357)
- dictionary : encyclopedia (Langacker 1987: 154-158)
- linguistic knowledge : encyclopedia knowledge (Taylor 1987: 81-98, Cruse 1988: 73-84)
- knowledge of linguage : knowledge of the world (Lehrer 1993: 149-162)

우리의 의사소통적 경험에 대한 명증한 해석의 부재이며 또 하나는 그간의 사전 중심 어휘 의미 교육의 효용성과 위상에 대한 철저한 점검 부재이다.

'연필의 의미는?', '연필이란 단어는 무슨 뜻인가?'와 같은 질문이 있다고 해 보자. 아마도 많은 사람들은 대답하는 데에 어려움을 겪지 않을 것이다. 심지어 우리는 누군가의 대답에 대해 '그게 무슨 연필이냐?'와 같이 그 적절성과 타당성을 따지는 비판적 응대도 서슴지 않을 것이다. 이러한 현상은 우리가 분명 단어의 의미에 대해 뭔가를 알고 있다는 뜻이며 바꿔 말해 단어는 그 자체로 '어떤' 의미를 갖고 있다는 뜻으로 이해된다. 만일 단어가 의미를 갖는 것이 아니라면 이와 같은 우리의 의사소통적 경험은 이론적으로 어떻게 설명해야 하는 것일까? 어휘 의미의 유동성에 대한 논의는 활발하지만 여전히 우리는 어휘 의미의 소재와 작동 양상 전반을 명쾌하게 설명하지 못하고 있다. 맥락이나 경험, 체험, 인지 등과 같은 용어로 설명하기에는 다소 부족하다. 이러한 용어들은 너무 추상적이어서 우리 경험의 실체만큼 더 구체적으로 심화확대 논증되어야 한다. 라깡의 고정점(point de capiton)[4] 등은 한 가지 설명 방식일 수도 있으나 어휘 의미의 소재와 작동 양상에 대한 구체적, 체험적 설명에는 여전히 못 미친다. 우리 경험의 구체성에 비해 이론은 너무나 추상적이다.

또 하나는 사전 중심 어휘 교육이 갖는 교육적 효용성을 부인하기 어렵다는 문제 때문이다. 특히 초기 문식성 단계에서 사전은 매우 유용한 어휘 교육 자료임에 틀림없다. 사전을 기반으로 우리는 정교한, 정확한 어휘 사용 교육을 시행할 수 있다. 학습자들은 사전을 통해 새로운 단어를 익힐 수 있다. 사전이 교육적 자료로서 갖는 효용성을 아무런 대안 없이 놓아 버릴 수는 없다. 교육적 효과를 입증할 만한 사전 이상의 다른 교육적 자료가 아직은 없다.

이러한 저간의 사정 때문인지 '사전적 의미'의 한계를 인식하면서도 사전

4 하나의 기표를 다른 기표에 고정시켜 기의가 기표 밑으로 미끄러지는 것을 막는 것을 말한다. 라깡은 의미가 강물처럼 흐르고 있다고 보고 그러한 강물에 그물을 던져 의미를 확정하는 작업을 개념화하여 '고정점'이라 하였다.

이 갖는 교육적 효용성을 담보한 채 어휘 사용의 실제성을 확보하려는 노력이 시도되고 있다. 최근 인지의미론을 기반으로 국어 어휘 의미 교육에 대해 논의한 서혜경(2015)의 다음과 같은 논의가 그 예이다.

> “문맥주의자들의 입장에서는 어휘가 고유의 의미를 갖는다는 것에 동의하지 않으며, 그 어휘가 사용되는 텍스트나 화용의 상황에서만 확정된 의미를 가진다고 본다. 이렇게 문맥에서 확정되지 않은 의미를 어휘의 ‘잔여적 의미’ 또는 ‘잠재적 의미’라고 한다. 그러나 어휘 교육의 상황에서는 다른 측면에서 받아들여야 할 것 같다. 학습자가 낯선 어휘를 처음 접하게 될 때의 상황을 가정해 보면 어휘의 잠재적 의미가 곧 사전적 의미, 또는 어휘장에서 부여받은 의미가 될 것이다. 이러한 의미의 습득은 특정한 문맥이나 화용에서 더욱 정교화됨으로 구체적 의미가 형성된다고 볼 수 있을 것이다.” (서혜경 2015: 107-108)

텍스트 중심 어휘 교육 방법을 설계한 김지영(2014)의 경우에도 어휘 의미가 고정적이지 않음을 논증하고 어휘 의미의 유동성을 주장하였지만 교육적 구도 안에서는 결국 이 둘의 관계를 다음과 같이 정리하였다.

> “첫째, 이 두 관점은 대척점을 이루는 개념이 아니라 상대적인 정도성에서 차이를 보인다. 둘째, 고정적 의미는 반드시 사전적 의미와 같은 것은 아니다. 셋째, 유동적 의미는 고정적 의미와 짝개념이 될 수 있다. 넷째, 고정적 의미는 표현적 의미와, 그리고 유동적 의미는 발화 의미 및 의사소통적 의미와 유사하다. 다섯째, 고정적 의미와 유동적 의미는 상호 보완적으로 의미 작용에 기여한다.” (김지영 2014: 25)

어휘 교육에 관한 위의 두 박사 논문은 어휘 의미의 유동성을 주장하면서도 결국 어휘 교육적 구도 안에서는 두 관점을 모두 포섭하려는 시도를 보였다. 이처럼 고정적 관점과 유동적 관점을 포섭하려는 논의는 언어학 내에서도 시도되고 있다. 예컨대 다음과 같은 논의가 그러하다. 이 논의에서 축어적 의미,

즉 사전적 의미와 유동적 의미, 즉 화자 의미는 맥락을 통해 서로 연결된다.

> "개념을 중심으로 맥락에 의존하지 않는 언어적 의미 - 이른바 축어적 의미 - 와 화자의미 - 맥락에 의존하는 전달된 의미 - 라는 개념을 통해 양분되어왔다. 직관적으로 전자에는 발화가 만들어진 맥락의 어떤 자질들도 관여하지 않는 반면, 후자에는 모든 맥락적 상황들이 중요하게 작용할 수 있는 것 같다. 그러나 실질적으로 이들을 명확하게 구분하는 것은 매우 어렵다. 게다가 맥락이란 종래의 의미론과 화용론 모두에 걸쳐 작용하기 때문에, 두 영역을 구분하는 경계 지표가 아니라 연결 지표라고 하는 것이 타당할 것이다. 이 논문은 의미와 맥락 사이의 관계에 대한 것으로, 어떻게 언어적 의미가 맥락의 도움으로 화자의미에 도달하는지 고찰하는 것이다." (정동규 2014: 100)

단어 의미에 대한 두 관점(고정적 관점과 유동적 관점)의 이론적 위상은 분명 다른데, 이 두 관점이 '교육적 구도'라는 이유만으로 쉽게 결합될 수 있는지에 대해서는 추가적인 논의가 필요하다. '상호보완'이나 '절충', '중립' 등의 말은 어떤 측면에서는 치열한 논증을 가로막는 방해물이 되는 경우가 많다. 앞으로 단어 의미의 본질에 대한 논의는 더욱 치밀하게 이루어질 필요가 있다. 그럼에도 여전히, 국어교육이 사회과학적 성격 역시 강하게 지닌다는 점을 고려할 때에 단어 의미의 본질을 넘어서는 국어교육적 논의가 또 필요한 것도 사실이다. 이러한 점에서 단어 의미의 본질과 어휘 의미 교육 방향에 대한 논의는 여전히 교육적 과제이면서 이론적 쟁점이 될 수 있다.

앞으로 추가적인 논의가 필요하다는 점은 상치한 상태에서, 현재까지의 연구 경향으로 판단해 볼 때에 두 관점은 다음과 같이 두 가지 방향으로 정립되어 온 것으로 판단된다. 하나는 수직선처럼 연속선상에서 파악하려는 관점이며 또 하나는 교집합적 입장에서 파악하려는 관점이다. 두 관점 모두 어휘 자체가 어떤 의미를 갖고 있다는 점은 사실상 인정하고 있다는 공통점이 있다. 그러나 어휘 의미의 유동성 역시 포섭하려고 한다는 점에서 기존의 고정적 관점과는 다르다.

〈어휘 의미에 대한 두 관점의 관계①: 연속적 관점〉

←――――――――――――――――――――――――――――――→

고정적 관점　　　　　　　　　　　　　　　　　　유동적 관점

〈어휘 의미에 대한 두 관점의 관계②: 교집합적 관점〉

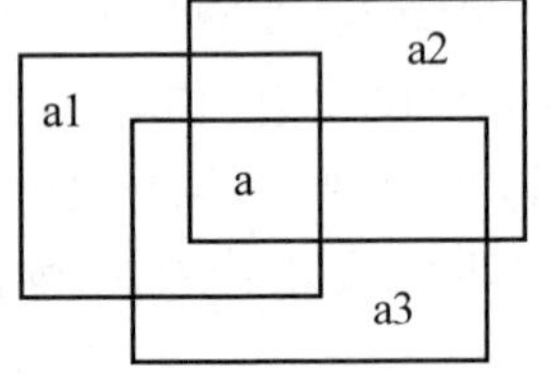

a: 개념적 의미
a1: 담론적 의미1
a2: 담론적 의미2
a3: 담론적 의미3
aN: 더 많은 담론적 의미 가능성

이것들은 고정적 관점과 유동적 관점을 앞의 <표 1>처럼 두 개로 나누고 각각을 대립하는 구도로 설정하는 것이 아니라 두 관점을 모두 받아들이되 이들의 관계를 새롭게 설정하려는 방식이라는 점에서 유사하다. 그러나 사전적 의미와 맥락적 의미를 파악하는 관점은 매우 다르다. 연속선상으로 보려는 관점은 사전적 의미와 맥락적 의미를 구분하고 사전적 의미가 맥락을 매개로 다양한 의미를 갖게 된다고 보아 사전적 의미에서 맥락적 의미로 가는 일련의 과정을 설명하거나 분석하려 한다. 그러나 교집합적 관점은 사전적 의미가 그 자체로 이미 맥락적 의미라고 주장한다. 사전적 의미 역시 특정한 관점 하에서 파악된 맥락적 의미의 응집체일 뿐이라고 보는 것이다. 이러한 관점은 김슬옹(1997)에서 상세히 논의된 바 있다. 이 논의에서도 위 그림의 'a'(위 논의에서 개념적 의미는 사전적 의미를 가리킨다)는 사전적 의미로서, 사전적 의미의 존재 자체는 기본적으로 인정되고 있다.

2.2. 어휘 의미의 소재와 교육

어휘 의미가 유동적임을 논의하면서 붉어지는 주요한 질문 중 하나는 '그렇다면 어휘 의미는 도대체 어디에 있는가?'라는 문제이다. 어휘 의미의 소재는 어휘 교육 차원에서 놓칠 수 없는 질문이다. 어휘 의미 능력을 신장하고자 한다면 '의미의 소재'부터 확인할 필요가 있기 때문이다. 이러한 질문에 대한 대답은 크게 '언어 형식', '개인의 머릿속 사전(인지, 사고)', '언어 공동체의 합의(사회, 사회적 의사소통 과정)' 등으로 유형화할 수 있을 듯하다.

2.2.1. 언어 형식

Saussure 이래 언어 기호는 형식과 내용의 짝을 갖는 것으로 일반화되어 왔다. 따라서 언어 형식이 어떤 의미를 갖는다고 생각할 수 있다. '연필'이라는 청각 영상이 흑연과 나무로 구성된 필기구라는 의미를 갖는다고 보는 것이다. 이것은 일종의 은유인데, 그릇 안에 내용물을 담는 것처럼 언어 형식이라는 그릇 안에 어떤 의미가 담겨 있다고 보는 것이다. 이러한 생각은 구조주의 언어학적 전통 안에서 오랫동안 유지되어 왔다.

언어 형식이 의미를 갖고 있다면 정확한 언어 형식을 가르치지 않고 의미 교육을 하는 것은 불가능하다. 그릇의 모양에 따라 내용물의 모양도 바뀔 수 있기 때문이다. 따라서 이러한 관점 하에서라면 언어 형식과 의미와의 1:1 대응쌍을 정확하게 가르쳐야 한다. 하나의 형식이 하나의 의미를 갖는다는 기본 원칙 아래에서 단어별로 가르쳐야 한다. 즉, 개별 단어마다 하나씩하나씩 가르쳐야 한다. 하나의 형식이 하나의 의미를 갖지 않는다면 예외적 현상으로 따로 가르칠 필요가 있다.

2.2.2. 개인의 머릿속 사전(인지, 사고)

최근 인지의미론이 발달하면서 개별 화자의 머릿속에 대한 관심이 높아졌다. '인지' 또는 '사고'에 대한 관심이다. 그 견인력은 단어의 의미를 개념과 동일시하는 경향이다. 단어의 의미는 개념이며 그 개념의 경계는 모호하다는 논의가 널리 확산되었다. 이러한 관점에서라면 단어의 의미를 기술하는 것은 사실상 불가능하거나 언제나 한계를 노정하게 된다. 논의 대상은 이제 언어 형식이 아니라 개인의 머릿속 사전이다.

단어의 의미가 곧 개념이라는 말의 의미는 사실상 모호하다. '의미'와 '개념'의 관계가 명료하지 않기 때문이다. 개념과 의미의 관계를 김봉주(1988)는 다음과 같이 보았다. 김봉주(1988)의 다음과 같은 그림은 개념들이 기호화되면 단어가 되며 단어가 개념과 다른 점은 의미를 갖는다는 점이다. 개념과 의미의 차이를 드러내주는 설명 방식이기도 하다. 이와 같은 관점에서라면 단어의 의미가 곧 개념이라는 말의 의미는 이 그림의 교집합 부분을 강조한 표현이다.

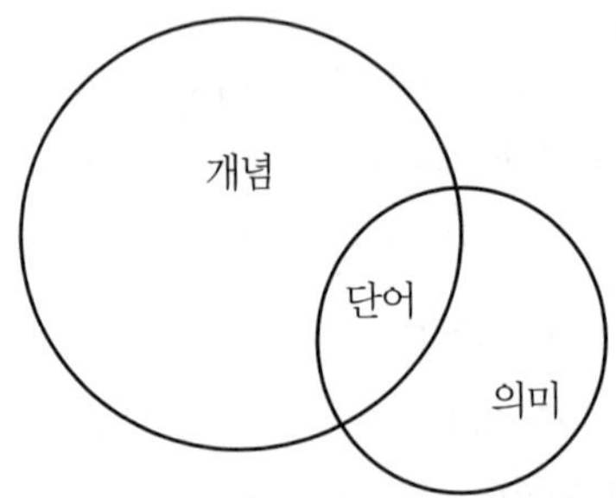

〈그림 1〉 개념과 의미의 관계에 대한 첫 번째 관점 (김봉주 1988: 93)

개념과 의미의 관계에 대해 다음과 같은 가정도 가능하다. 하나는 단어의 개념을 그대로 의미로 등치시키는 관점이다. 다른 하나는 개념 중의 일부만이 단어의 의미가 된다고 보는 것인데 김봉주(1988)와 다른 점은 단어의 의미는 기본적으로 개념임을 전제하고 있다는 점이다.

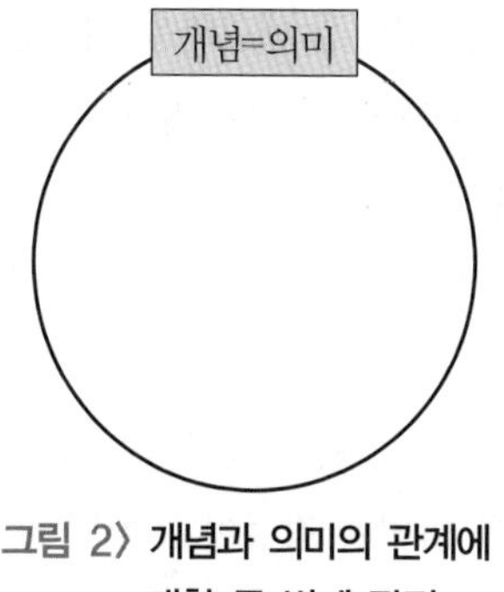

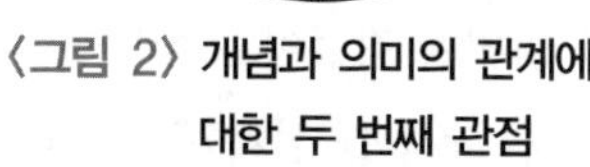
〈그림 2〉 **개념과 의미의 관계에 대한 두 번째 관점**

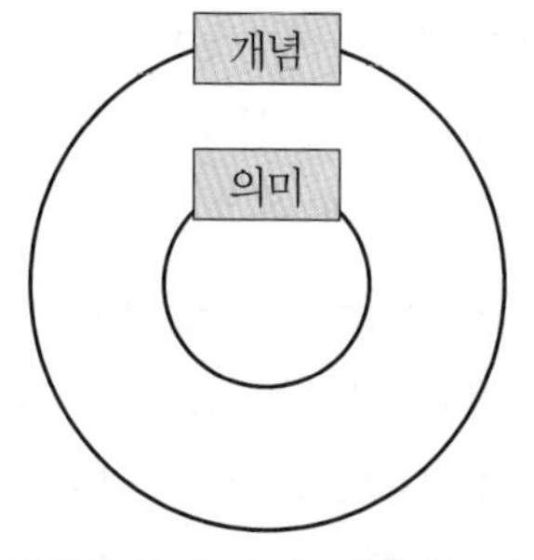

〈그림 3〉 **개념과 의미의 관계에 대한 세 번째 관점**

위 세 관점 중 어떤 관점을 취하느냐에 따라 어휘 교육의 양상은 달라진다. 첫 번째 관점에서라면 어휘 의미가 개념적 속성을 지니고 있음을 인정하면서도 어휘 의미의 독립성을 논의할 수 있기 때문에 사전 중심의 어휘 교육을 주로 하면서 어휘가 갖는 백과사전적 속성을 부가 설명하는 방식이 될 가능성이 높다.

만일 두 번째 관점에서라면 어휘 의미 교육이 곧 개념 교육과 같아진다. 이 경우 어휘 교육의 방법과 어휘 교육의 위상에 대한 논의가 새롭게 추가되어야 한다. 예를 들어 '자유', '고혈압', '유전자' 등과 같은 단어의 의미는 어떻게 교육할 수 있을까? 쉬운 개념부터 시작해서 반복적으로 심화해 가는 방법을 취한다고 하더라도 이러한 어휘 교육을 국어 교과에서 모두 담당하기는 어려울 것이다. '백과사전적 지식'이라는 용어가 암시하듯, 국어교육 내에서 이러한 교육을 담당하기는 쉽지 않다. 다만 융합 교육이나 범교과 학습이 점차 강조되고 있다는 점에서 그 교육 체제에 대한 구체적인 설계 가능성을 타진해 볼 필요가 있다. 이 경우 국어 교육 내 어휘 교육의 위상 역시 재논의되어야 할 것이다. 어휘 의미 교육이 곧 이러한 관점의 개념 교육이라면 어휘 교육의 범위가 국어 교육보다 더 넓을 수도 있다.

세 번째 관점은 단어의 의미를 곧 개념으로 보긴 하지만 단어가 갖는 개념 중 핵심이 되는 개념만을 추려 의미로 명명하는 관점이다. 이 관점에 의하면 어휘 의미 교육에서는 단어 개념 중 핵심이 되는 주 개념만을 취사선택하는 교육이 이루어지기 쉽다. 그 핵심 개념을 사전적 의미나 원형 의미로 보고 이것 중심의 어휘 의미 교육을 시행할 수도 있다.

위 세 관점 중 어떤 관점이 타당한지에 대한 어휘교육학 내 합의는 아직 없는 듯하다. 어휘 의미를 개념으로 본다고 할지라도 어떤 관점을 취하느냐에 따라 어휘 교육의 양상이 달라질 것이므로 앞으로 관점 설정의 타당성과 해당 관점 하에서 전개될 어휘 교육의 구체태를 밝히는 작업이 수행되어야 한다.

최근 안찬원(2016)은 '개념 체계 중심의 어휘 교육'을 설계한 바 있다. 안찬원(2016)은 단어의 의미가 개념적 속성을 지니고 있음을 전제하면서도 개념과 의미를 구분하고 있다는 점에서 위 세 관점 중 첫 번째나 세 번째 관점에 가깝다.

> "개념과 의미는 본질적으로 동일한 것으로 간주할 수 있다. 다만 관점에 따라 달리 해석될 수 있는데, 이때 개념은 인간의 심리에 존재하는 추상적인 것으로, 의미는 개념보다 언어적이며 구체적인 것이라 할 수 있다. 즉, 개념과 의미는 서로를 구분할 수 있는 것이 아니라 관점에 따라 달리 설명되는 것이다. 따라서 본고에서 논의하고자 하는 개념 체계는 심리적이고 추상적인 체계에 해당한다." (안찬원 2016: 32)

위 인용문에서 드러나듯 안찬원(2016)에서 개념은 의미보다 심리적이고 추상적이어서 언중들의 심리에 존재하는 것이며, 의미는 단어, 문장, 담화 등의 언어 단위가 내포하는 것으로 개념에 비해 구체적이다. 안찬원(2016)은 김봉주(1988)의 논의를 인용하여 논의를 전개하였지만 논의의 진행 양상이나 위와 같은 설명을 참조하면 세 번째 관점도 일정 부분 녹아져 있다. 그에 의하면 개념은 추상적인 것이며 어휘는 그러한 개념에 접근하는 촉매제로서 다소 구체적이어서 개념 체계는 실제 세계와 언어 세계를 연결하는 중간 세계이다.[5]

---

5 개념 체계의 특성(안찬원 2017: 54).
a. 개념 체계는 실제 세계와 언어 세계를 연결하는, 추상적이고 심리적인 중간 세계

'개념'을 '심리적 표상'으로 보거나 '지식'으로 보거나 '개념'이 갖는 중요한 특성 중의 하나는 개인의 머릿속을 상정하고 있다는 점이다. "의미는 구체적으로 존재하지 않으며 인간의 사고 속에 내재되어 있다. 따라서 심리적 실재로서 의미에 대한 연구는 그 특성상 복잡하고 추상적일 수밖에 없다(이민우 2016: 10)."

어휘 의미를 개념으로 보게 되면, 어휘 의미 교육 안에 인간의 머릿속 혹은 심리나 사고, 인지 등이 자리잡게 된다. 어휘 의미 교육의 목표 안에 '국어적 사고력 개발'이 자연스럽게 안치된다. 이러한 점에서 어휘 의미를 개념으로 본다는 것은 어휘 교육의 목표 지점에 대한 새로운 논의를 촉발한다. 기호를 구성하는 형식의 짝으로서의 내용을 단어 의미로 볼 경우, 단어 하나를 더 기억하는 것은 새로운 기호 하나를 더 아는 것으로서 어휘 양의 확대를 가져온다. 그러나 어휘 의미를 개념으로 볼 경우 단어 하나를 더 아는 것은 새로운 개념을 하나 더 아는 것이 되며 개념의 성격상 그러한 어휘 의미 교육은 곧 사고 교육이 된다. 인간의 머릿속 사전의 구체태는 '망(network)'으로서 상정되고 있다. 어휘는 그러한 망에 접근하는 통로이다. 어휘 의미가 유동적이라는 말은 언어의 역사성 외에도 어휘가 갖는 개념의 유동성을 염두에 둔 말이다. 인간의 머릿속 개념 체계는 유연하다. 개념 체계의 정교화는 사고의 개발을 이끌 것이며 그것은 새로운 어휘 학습, 즉 어휘 의미 학습에 의해 촉발될 수 있다.

인간의 머릿속 사전에 대한 교육적 관심은 개인이 갖고 있는 백과사전적 지식의 교육적 유용성 논의로 이어지기 쉽다.

이다.

b. 개념 체계는 단어의 의미 관계를 포함한 백과사전적 지식으로 구조화된다.
c. 개념 체계는 단어의 의미, 사회, 실제 세계를 수용하며, 개별 지식과 공유된 지식을 포함한다.
d. 개념 체계는 어휘 관계를 위계에 따라 나타낸 계층 구조와 어휘적 개념 구성소로 이루어진 개념 구조를 포함한다.
e. 개념 체계는 계층적으로 조직된 보편적인 체계와 인간이 어휘를 습득하며 스스로 형성해 나가는 개별화된 체계의 특성을 모두 포함한다.

"어휘의미에 대한 최대주의적 관점은 언어 주체의 장기 기억 속에 저장된 백과사전적 지식에 의존하여 어휘의 의미를 이해하는 것이다. 즉, 백과사전적 지식은 개념화자가 목표 어휘에 대한 의미 확장의 양상이나 특정한 해석에 대한 근거를 설명해 준다. 지칭하는 대상이 같더라도 다양한 내포적 의미를 연상시키는 것은 언어 주체의 백과사전적 지식에 근거하기 때문이다. 개념화자의 백과사전적 지식에 의존하여 어휘의미가 해석되어지는 양상이나 의미 확장의 특성은 문맥이나 화용 상황에서 성공적인 이해와 표현 활동에 큰 영향을 준다. 따라서 어휘의미에 대한 최대주의적 관점을 가지고 어휘의미에 대한 확장이나 해석에 대해서도 교육적 수용이 필요하다." (서혜경 2015: 74)

위 서혜경(2015)의 논의에서 개인이 갖고 있는 백과사전적 지식은 어휘 의미 확장과 해석을 돕는 보조제이다. 이러한 점 때문에 백과사전적 지식을 교육적 상황에서 적극적으로 도입하자는 주장도 가능하다.

그러나 어휘 의미가 개인 화자가 구성하는 개념이라고 보면 개념의 개인성과 사회성 문제가 대두될 수 있다. 개인이 구성한 개념의 타당성 문제 역시 부상된다. 이러한 개인성과 사회성의 문제를 어떻게 해석하고 체계화할지 논의하지 않으면 교육적 실행은 난제에 봉착할 것이다. 학생 개개인의 타당한 개념 형성을 유도하는 것이 교육일 것이기 때문이다. 그리고 이 때 '타당성' 문제는 '사회적 합의'의 문제이므로 결국 '개인성'과 '사회성'의 대립 구도를 피하기 어렵다. 그런데 개인의 개념 형성이 '체험'이나 '경험', '사회적 지식', '문화' 등으로 형성되거나 이러한 것의 영향을 받는다는 점에서 '개인성'과 '사회성'의 문제가 이분법적 구도처럼 단순하지는 않다. 안찬원(2016)의 다음과 같은 논의가 이러한 문제 의식을 잘 드러낸다.

"어휘 교육의 입장에서는 사회나 문화에 따른 공통된 개념과 신체적 경험을 통한 개별화된 경험을 통합하거나 선택해야 하는 과제가 남는다. 이에 논리적인 개념 체계에 따라 보편성을 확보하고, 학습자의 개별성을 중시한 교육 방법을 마련하는 것이 중요한데 -하략-" (안찬원 2016: 29)

김지영(2014)은 텍스트 기반 어휘 교육의 구조를 설계하면서 '개인어(idiolecte)'를 '사회어(sociolecte)'[6]로 정착시키는 교육이 필요함을 주장하기도 하였다. 모든 화자가 체계화된 '개인어'의 능력을 가지고 있지는 않기 때문에 '개인어'를 '사회어'로 바꿀 필요가 있다고 보았다. 김지영(2014: 77)은 학습자가 스스로의 어휘 개념을 활용하여 탐구하는 과정에서 생산해 낼 수 있는 불완전한 의미들을 '개인적 차원'에 머물러 있는 '어휘 사용'이라 보고, 이를 '사회적 차원'의 '어휘 사용'으로 발전시키는 것이 어휘 교육에서 궁극적으로 지향해야 할 지점이라고 보았다. 김지영(2014: 76)에 의하면 학습자, 텍스트, 어휘의 삼각 구도 내에서 개인은 텍스트를 통해 어휘 의미를 익히며 그러한 과정에서 개인이 갖고 있는 개인어를 사회어로 발전시키게 된다.

2.2.3. 사회적 의사소통 과정 혹은 언어 공동체의 합의

어휘가 일상적으로 소통되는 현상을 고려할 때에 어휘 의미는 일정 부분 사회성을 갖는다고 가정할 수 있다. 마찬가지로 한 개인 화자가 갖고 있는 개념 구조의 불완전성은 소통의 불완전성을 낳는다. 이러한 점에서 어휘 의미는 언어 공동체가 합의할 수 있는 사회 공통의 개념이거나 인식이라고 보는 관점도 존재할 수 있다. 이렇게 되면 언어의 의미는 개인의 머릿속이 아니라 우리 사회의 소통 맥락 혹은 언어 공동체의 인식에서 찾을 수 있다.

> "의미가 '정해진 것', 혹은 '정해지지 않은 것'이라는 판단은 해당 낱말을 사용하는 언어 공동체의 인식을 기준으로 이루어진다. -중략- 이때 '착하다'의 의미가 유동적이라고 말할 수 있는 이유는 언어 공동체에서 '착하다'라는 낱말을 '책'이라는 사물을 나타낼 때 사용하는 경우가 보편적이

6 김지영(2014)에 의하면 '개인어', '사회어'라는 용어는 텍스트 의미론자인 Rastier (1989)의 텍스트 커뮤니케이션 모델에서 따온 것으로 이를 어휘 교육의 특성에 맞게 변용한 것이다. Rastier(1989)는 텍스트를 '경험적으로 검증된 언어적 연속체로서 사회적 실천에 의해 산출되는 것'으로 보았으므로, Rastier(1989)에 따르면 '사회어'는 한정된 조직보다는 사회적 실천 행위에 속한다고 한다.

> 지 않기 때문이다. 즉, 언중들의 인식 속에 '책'이 착하다는 것이 어떤 의미인지에 대한 정보가 없다는 말이다. 따라서 낱말 의미의 고정성과 유동성을 결정하는 것은 '언중들의 인식'이라고 말할 수 있다. 따라서 의미의 고정성, 혹은 유동성은 상대적인 '정도'만 결정할 수 있을 뿐이다. (김지영 2014: 20)

의미의 고정성, 혹은 이미 의미가 결정되어 있다는 판단은 김지영(2014)의 논의에서 '언중들의 인식'에 의해 결정된다. 언어 공동체가 합의해 줄 수 있느냐 여부는 해당 단어의 의미를 판단하는 핵심 기준이 된다.

단어의 의미가 언어 공동체의 합의에 의해 결정된다고 보게 되면 어휘 의미 교육은 언어 공동체의 합의라는 개념을 통해 객관성과 유동성을 동시에 담보할 수 있게 된다. 언어 공동체의 합의는 사회성을 띠며 일정 부분 객관성을 갖고 있으므로 개인 화자가 갖고 있을 수 있는 개념의 편협성을 극복할 수 있게 해 준다. 또한 언어 공동체 인식의 변화를 상정함으로써 의미의 유동성 역시 함께 다룰 수 있게 된다.

> 백과사전적 지식은 개별 지식과 공유된 지식을 모두 포함함을 밝힌 바 있다. 이를 고려하면 어휘 교육은 학습자의 개별화된 지식과 사회적으로 공유된 지식의 균형성을 유지해야 한다. 그러나 실제 교육 현장에서 학습자의 개별화된 배경 지식을 반영하는 데에는 한계가 있으므로 어휘 교육의 내용은 공유된 지식을 중심으로 구성하는 것이 바람직하다. 즉, 개념 체계는 공유된 지식을 중심으로 보편적인 개념 체계를 상정할 수 있어야 한다. 이를 위한 방편의 하나로 최근 활발하게 논의되고 있는 컴퓨터를 기반한 어휘 체계를 살펴보기로 한다. (안찬원 2016: 47)

위 안찬원(2016)에서 어휘 교육은 학습자의 개별적 배경 지식을 인정하지만 사회적으로 공유된 지식 중심으로 이루어진다. 안찬원(2016)은 개별 학습자의 개념 체계의 특성을 반영하기 위해 말뭉치 자료를 활용하였다. 말뭉치는 언어 공동체의 의사소통 양상을 반영하고 있으므로 언어 사용의 개인성과 사회성 문제를 동시에 고찰할 수 있는 자료이다.

어휘 의미의 소재를 언어 공동체의 합의에서 찾으려는 시도는 합리적 의사소통의 문제를 고민하게 해 준다는 점에서 유의미하다. 다만 '언어 공동체의 합의'가 '사전적 의미'로 둔갑되면서 기존 어휘 의미 교육의 구조주의적 틀로 되돌아갈 수 있는 위험성도 상존한다. 개인의 개념 형성 과정을 촉진하면서 우리 사회 언어 공동체의 인식을 존중할 수 있는 교육을 실천하기 위해서는 구체적인 교육 현장에서 적용 가능한 실천적 교육 내용과 방법이 마련되어야 한다.

그간의 어휘 교육 연구 경향을 볼 때에 개인 학습자의 백과사전적 지식과 언어 공동체의 합의라는 두 논제는 한동안 주요한 연구 토픽이 될 것 같다. 개인의 머릿속 사전과 언중들의 의사소통적 합의라는 두 항목의 상호 관계를 어떻게 설명하고 어떻게 교육적으로 구현해 낼 지가 관건이다. 이들의 관계를 '상호작용'이나 '상호영향을 주고받는 관계'로만 설명한다면 교육적 구현에 어려움이 생길 것이다. 보다 구체적인 안이 나와야 교육적 실행이 가능하다. 어휘 의미의 소재를 보다 더 구체화하고 그에 맞는 교육적 구현 방법 역시 보다 더 현실화해야 한다는 점에서 어휘 의미의 소재 문제는 어휘 교육의 중요한 쟁점과 과제이다.

3. 앞으로의 과제와 전망

3.1. 고정적 관점 vs 유동적 관점

어휘 의미가 고정적이라면 어휘 의미를 가르치는 목표는 최대한 많은 양의 어휘를 알게 하는 데 주어지기 쉽다. 하나의 어휘가 하나의 의미를 갖는다면 다양한 의미를 드러내기 위해 최대한 많은 양의 어휘를 익혀야 한다.

<vocabulary 8000>, <vocabulary 22000>, <vocabulary 33000> 등과 같은 어학서들의 목표이기도 하다. 이런 종류의 책들이 꾸준히 베스트셀러가 되는 현실은 어휘량을 늘리고자 하는 학습자들이 상당하며 어휘량이 어휘 능력을 구성하는 매우 중요한 요인임을 방증한다.

의사소통에서 미묘하고 섬세한 의미적 차이를 드러내고 싶다면 최대한 많은 어휘를 알아야 한다. 나의 의사를 정확하고 효과적으로 드러내기 위해서는 나의 의사를 잘 드러내 주는 어휘를 찾아야 하기 때문이다. 어휘는 나의 생각과 감정을 드러내기 위해 필요한 의사소통의 도구가 된다. 만일 도구가 없다면 효과적인 의사소통이 어렵다.

이러한 점에서 어휘 의미가 고정적이라는 관점을 취하게 되면 어휘량 확대에 목표를 두는 어휘 교육이 취해지기 쉽다. 교육 자료로는 사전이 편리하다. 정확한 의미를 담지하고 있는 사전은 매우 유용한 교육 자료이다. 방법적으로는 단어의 의미를 이해하고 암기하는 설명식, 강의식 교수 방법이 유용하다. 쪽지 시험 등으로 단어 의미 이해 여부를 평가할 수 있다. 이 관점에서 유의어, 반의어 등과 같은 의미 관계는 새로운 어휘를 쉽게 익히게 하는 유용한 방법도 될 수 있다. 의미 자질 분석법[7]이나 의미 지도 그리기 등과 같은 교수 학습 방법도 유용하다. 이러한 방법들은 단어의 의미를 세밀하게 드러내 주어 정확한 어휘 사용에 일조할 수 있기 때문이다.

그러나 만일 어휘 의미가 유동적이고 백과사전적 지식 역시 어휘 의미의 세계 안에 포섭된다면 어휘 교육의 목표와 방법은 달라져야 한다. 우선 하나의 단어가 하나의 의미를 갖는다는 가정이 무너진다. 단어의 의미 자체가 개

7 의미 자질 분석법의 한계나 문제점에 대한 논의가 많다. 의미 자질 분석법은 근본적으로 '의미 자질'이라고 부르는 단어의 의미 성분 분석에 기반한다. 그런데 의미 자질의 개수를 몇 개까지 추출해야 하는지 객관적인 준거를 들기 어려우며 보편적인 의미 자질을 상정할 수 있는지 여부도 문제가 되고 있다. 무엇보다 +나 -로 표시하는 이분법적 분석 방법이 갖는 오류에 대한 지적이 크며(해당 자질을 '가지고 있느냐 아니냐'의 문제가 아니라 '더 갖고 있다'거나 '덜 갖고 있다' 등과 같은 척도상의 문제인 경우도 많기 때문에) 낱말의 의미가 정말 의미 자질의 합으로 설명될 수 있느냐는 의문에도 타당한 해명을 제시하지 못한다.

념 체계라면 단어별 교육보다는 단어들, 즉 어휘 교육이 이루어지는 것이 효과적이다. 무엇보다 개념 체계의 정교화와 확대가 주요하게 부각되면서 학습자들의 언어적 사고력 증진이 매우 중요한 교육적 목표로 등장하게 된다. 어휘량의 확대보다는 어휘력의 깊이 확보가 더 문제시될 것이다. 어휘량의 확대가 어휘 능력의 질 심화에 기여하는 바가 있고 어휘력의 깊이 확보가 어휘량의 확대에 도움을 주는 것은 사실이지만 상대적 차이는 발생한다. 고정적 관점은 양적 확대에, 유동적 관점은 질적 심화에 좀더 무게를 둘 수밖에 없다.

어휘 의미가 개념이라면 교육의 방법도 달라져야 한다. 개념 체계 자체가 유동적이므로 정해진 내용을 일방적으로 이해시키거나 설명하는 강의식 방법은 부적절하다. 개념 체계를 탐구하는 방법이 더 낫다. 의사소통에서 단어를 사용할 때에도 이 단어의 백과사전적 의미에 유의해야 하므로 해당 단어의 사용 배경, 개념망, 사회적 가치 등의 문제에 유념해야 한다. 유의어, 반의어 등의 의미 관계 교육의 방향도 달라져야 할 것이다. 구체적인 맥락 내에서 어휘 의미가 갖는 관계의 복잡성은 구조주의적 관점 하에서의 의미 관계 논의로는 설명하기 어렵다. 따라서 의미 관계 논의는 단어 차원에서 이루어지기 어렵다. 구체적인 맥락이나 텍스트를 상정해야 어휘 의미 관계 논의의 설명력 확보가 유용하다. 개념 체계의 유연성 때문에 객관식 사지선다형 평가도 부적절하다. 이 관점에서라면 어휘는 단순한 소통의 도구를 넘어 나의 사고의 세계를 보여주는 창이다.

어휘 의미가 유동적임을 논증하면서도 어휘 의미의 일시적 고정성을 인정했던 김지영(2014)에서는 어휘 의미의 본질을 바라보는 관점에 따라 어휘 교육의 관점이 다음 네 가지[8]로 구분될 수 있다고 보았다. 그리고 단어의 고정적

8 "어휘 교육의 입장에서 I~IV에 속하는 각 유형이 어떤 모습을 띠게 될 것인지 더 구체적으로 생각해 보기로 하자. I의 유형은 고정적으로 정해진 의미를 교사가 설명하는 것을 학생들이 수용하는 방법으로, 어휘 의미를 교사가 직접적으로 제시하여 교육하는 것이다. II의 유형은 정해져 있지 않은 의미를 교사가 설명하고, 학습자가 받아들이는 것으로, 답은 정해져 있지 않지만 의미 획득에서 주도권은 교사가 지니고 있는 유형이다. III의 유형은 정해져 있는 어휘의 의미를 학습자가 탐구적인 방법으로 파악하는 것으로, 답은 정해져 있지만 답을 찾는 과정에서 학습자들이

의미와 유동적 의미가 상호보완적인 작용을 하므로 이 네 가지 관점이 모두 적용되는 균형적인 어휘 교육을 할 필요가 있다고 주장하였다. 김지영(2014)은 그간의 어휘 교육이 I이나 III 유형에만 치중해 있었다고 보고 이를 비판하면서 어휘 교육의 관점이 IV의 방향으로 이동되어야 한다고 보았다.

<table>
<tr><th colspan="2">내용 ╲ 방법</th><th colspan="2">어휘 의미의 성격</th></tr>
<tr><th colspan="2"></th><th>고정적</th><th>유동적</th></tr>
<tr><td rowspan="2">어휘 의미의 획득 방식</td><td>설명 중심</td><td>I</td><td>II</td></tr>
<tr><td>탐구 중심</td><td>III</td><td>IV</td></tr>
</table>

〈그림 4〉 **어휘 교육에 대한 관점** (김지영 2014: 26)

단어 의미의 유동성 논의가 그간의 어휘 의미 교육에 대한 반성과 성찰을 이끌었던 것은 사실이다. 그러나 전술한 것처럼 어휘 의미의 본질에 대한 치열한 성찰 없이 둘을 쉽게 포섭하려는 논의로 치우쳐서는 안 된다. 어휘 의미의 본질에 대한 논의가 앞으로 더 필요하다는 점에서 또 어휘 의미의 본질을 고려하면서도 교육적 지향에 맞는 타당한 어휘 교육 논의가 더 필요하다는 점에서 '어휘 의미의 유동성'이라는 논제는 어휘 교육 내에서 여전히 새로운 논제이며 연구 과제이다.

스스로 발견하는 활동을 중시하게 된다. IV의 유형은 어휘의 유동적인 의미를 탐구적인 방법으로 파악하는 것으로, 구체적인 문맥에서 정해지는 어휘의 의미를 학습자들이 스스로 발견하는 과정을 거쳐 확정하게 하는 어휘 교육을 의미한다." (김지영 2014: 26)

3.2. 언어 형식(언어) vs 머릿속 사전(인지) vs 언어 공동체의 합의(사회)

어휘 의미의 소재는 언어학을 넘어 철학적 주제이기도 하다. 어휘 의미의 형성과 발전 양상이 규명된다면 어휘 교육의 방향 설정도 순항을 탈 것이다. 언어 형식이 그 자체로 의미를 갖는 것인지, 아니면 의미가 화자들의 머릿속에 저장되어 있는 것인지, 우리 사회의 의사소통 과정 내에 존재하는 것인지는 사실상 결론 내기 어려운 논제일 수 있다. 이러한 논제는 인류의 평생 과제로 남을 수도 있다. 이러한 점에서 어휘 의미의 소재에 대한 논의는 본질 탐구의 문제라기보다 어휘 교육적 선택의 문제일 수도 있다.

'선택'이 필요하다는 점에서 현 어휘교육학계에 어휘 의미의 소재는 주요한 화두가 될 수 있다. 언어 형식 외 인간의 인지와 사고, 우리 사회 언중들의 의사소통 과정과 합의 등에 대한 어휘 교육적 관심은 이미 높아져 있다. 이로 인해 어휘 교육의 방법 논의가 기존과는 다른 방식으로 전개되고 있다.

> "본 연구자는 기존의 국어학이나 인지언어학에서 연구하는 '어휘부', '머릿속 사전' 등 개념으로는 모국어 화자의 어휘 교육을 내실화하고 교육 성과를 높이는 데 부족한 점이 있다고 생각한다. 그래서 이들을 보완하기 위해서 '머릿속'에 모국어 화자가 일상생활에서 부려 쓰는 언어 표현인 '어휘'에 대한 각종 '지식'이 체계적으로 정리된 '사전'이 존재한다는 것을 일컫는 개념을 새롭게 도입하려는 것이다. 본 연구자는 이 추상적인 개념을 '머릿속 어휘 지식 사전'이라는 용어를 써서 국어 어휘 교육에 적극 도입해 보려고 한다." (윤천탁 2012: 41)

위 인용문에서 드러난 것처럼, 윤천탁(2012)은 어휘에 대한 각종 지식이 저장되어 있는 '인간의 머릿속 어휘 지식 사전'을 어휘 교육의 현장에 도입하려고 시도하였다. 기존의 종이 사전을 넘어 모어 화자가 갖고 있는 어휘에 대한 여러 지식을 어휘 교수 학습 자료로 이용하려는 시도였다. 모어 화자의 머릿속 사전은 교육의 목표로 논의되기 쉬운데 이를 목표이면서도 동시에 교육 자료로 활용하려고 한 시도는 매우 새롭다. 현 교육적 패러다임의 전환적 구도 하에서 주목되는 논의이기도 하다.

김지영(2014) 역시 어휘 교육을 텍스트 기반으로 시행하려고 하였다는 점에서 기존의 어휘 교육과는 다르다. 김지영(2014)은 "어휘로 사고하는 경험을 제공하되, 완전히 개념적인 지식만을 탐구하게 하는 것이 아니라 특정한 텍스트 내의 언어적 맥락 속에 있는 어휘들로 사고하도록(김지영 2014: 35)"하는 교육의 원리와 방법을 제시하였다. 김지영(2014: 67-69)에 의하면, 텍스트 어휘 의미는 '초점 의미 ⇨ 잠재 의미 ⇨ 활성 의미 ⇨ 확정 의미'의 과정을 통해 결정된다.

언어 형식, 인간의 머릿속 사전, 언중들의 합의는 어휘 의미의 소재를 논의하는 과정에서 부각되는 핵심어들이다. 이들 각각을 논제로 부각함으로써 논의가 좀더 선명해지고 논점도 분명해지지만, 사실상 이들 세 핵심어들의 관계가 이항대립적 구도를 갖지는 않는다. 인간의 머릿속 사전 안에 언중들의 의사소통적 합의가 녹아 있으며 언중들의 의사소통 역시 개인의 사고 과정에 의해 이루어진다. 이러한 모든 행위는 언어라는 기호를 통해 실현되며 일정한 시간이 지나면 사전에 안착된다. 언어, 사고, 사회가 이처럼 순환적 고리를 갖고 있기 때문에 이들의 관계를 어떻게 규정짓고 교육적 구도 안에 설계할 것인지는 관점에 따라 다양할 수밖에 없다. 교육의 세부 목표나 방향에 따라 이들의 관계를 규정짓는 방식도 달라질 수 있을 듯하다. 따라서 이에 대한 교육적 연구와 실천은 어휘교육학자들에게 늘 남겨지는 숙제일 것이다.

4. 마무리

어휘 의미의 본질과 소재를 밝히기 위해서는 반드시 '맥락'에 대한 철저한 검토가 필요하다. '맥락'은 어휘 의미의 본질과 소재를 명증하기 위한 핵심

검토 대상일 것이다. 그런데 '맥락'의 개념은 매우 모호하고 복잡하다. 국어교육학계에서 사용되는 '문맥적 의미'나 '맥락적 의미', '화용적 의미' 등과 같은 용어는 언어 사용에 관여하는 'context'에 대한 국어교육계의 관심을 방증한다. 그런데 이러한 용어의 개념이 명확하지 않다. 예컨대 '문맥적 의미'의 경우, 신명선(2012, 2018)에서 논의된 대로 해당 용어의 명확한 개념 규정 없이 폭넓게 사용되고 있다. 특히 '문맥적 의미'는 오랫동안 유지되어 온 국어교육계의 핵심 교육 내용이라는 점에서 문제의 심각성이 크다.[9] 적어도 국어교육 내에서는 맥락을 어떻게 규정 짓고 가르칠 것인지가 논의되어야 한다. 앞으로 '어휘 의미의 본질과 소재'에 대한 논의는 '맥락'에 대한 논의와 함께 이루어져야 할 것이다.

관련하여 '어휘 의미'의 유형에 대한 논의가 부수된다. '의미'가 무엇인지 밝히기 위해서는 의미의 유형 역시 논의되어야 한다. 맥락에 따라 의미가 변이되는 양상을 '변이 의미'로 설명할 경우, 그러한 의미 형성의 조건을 밝히고 이를 교육적으로 어떻게 적용할 지 좀더 구체적으로 논의되어야 한다. 또 '사회적 의미', '정서적 의미', '연어적 의미', '주제적 의미', '비유적 의미' 등 다양한 의미의 유형들이 회자되고 있는 만큼 이러한 의미 유형에 대한 명증한 논의가 이루어져야 의미의 본질과 소재 논의도 원하는 성과를 얻을 수 있을 것이다.

참고문헌

강보선(2013), "표현 어휘 신장 교육 연구", 서울대학교 대학원 국어교육과 박사학위논문.

안찬원(2016), "개념 체계 중심의 어휘 교육 연구", 고려대학교 대학원 국어교육학과 박사학위논문.

김봉주(1988), 『개념학: 의미론의 기초』, 한신문화사

9 Evans & Green(2008: 375)은 맥락을 용법(usage context), 문장(sentential context), 발화(utterance context)로 나누기도 하였다.

김슬옹(1997), “개념적 의미에 관한 몇 가지 오해에 관하여”, 『담화와 인지』 4(1): 51-75, 담화 · 인지 언어학회.

김슬옹(1998), “상보반의어 설정 맥락 비판”, 『한국어 의미학』 3: 67-95, 한국어 의미학회.

김지영(2014), “텍스트 기반 어휘교육 연구”, 한국교원대학교 대학원 국어교육학과 초등국어교육전공 박사학위논문.

서혜경(2015), “국어 어휘 의미 교육의 인지언어학적 연구”, 경북대학교 대학원 국어교육학과 박사학위논문.

신명선(2004), “국어 사고도구어 교육 연구”, 서울대학교 대학원 국어교육과 국어교육전공 박사학위논문.

신명선(2012), “단어의 문맥적 의미 평가 문항의 유형과 특징에 대한 연구”, 『국어교육』 137: 237-269, 한국어교육학회.

신명선(2018), “단어의 문맥적 의미 평가 문항의 특성과 자장: 대학수학능력시험 국어(언어) 영역을 중심으로”, 『새국어교육』 116: 143-186, 한국국어교육학회.

안찬원(2016), “개념 체계 중심의 어휘교육 연구”, 고려대학교 대학원 국어교육학과 박사학위논문.

이기연(2012), “국어어휘 평가 내용 연구”, 서울대학교 대학원 국어교육과 국어교육전공 박사학위논문.

이민우(2016), “단어 내부의 의미 관계에 대한 연구”, 『어문논총』 66: 7-34, 중앙어문학회.

임지룡(1997), “인지 의미론의 현황과 전망”, 『한국어학』 5: 45-85, 한국어학회.

임지룡(2010), “국어어휘교육의 과제와 방향”, 『한국어 의미학』 33: 259-296, 한국어 의미학회.

임지룡(2017), 『한국어 의미 특성의 인지언어학적 연구』, 한국문화사.

정동규(2014), “의미의 맥락의존성 연구”, 『독어학』 30: 99-124, 한국독어학회.

Hamawand, Z.(2016), *Semantics: A Cognitive Account of Linguistic Meaning*, Sheffield, U.K.: Equinox. (임지룡 · 윤희수 옮김(2017), 『의미론: 언어 의미의 인지적 설명』, 한국문화사.)

Evans, V. & M. Green(2006), *Cognitive Linguistics: An Introduction*, Edinburgh: Edinburgh University Press. (임지룡 · 김동환 옮김(2008), 『인지언어학 기초』, 한국문화사.)

문법 교육

최 웅 환*

1. 들머리

제1차 국어과 교육과정이 언어경험이나 국어생활로서의 언어사용 기능을 중시하면서 시작되었고[1] 언어사용 기능 신장을 궁극적 목적으로 의미 구성 또는 형성과정으로서의 이해와 표현능력을 기르는 데 주안점을 두었다. 따라서 '의미'는 국어 교육내용의 중요한 부면이 될 수 있었다. 그런데 '의미'가 '음운, 단어, 문장'에 비해 뒤늦게 학교문법 내용으로 반영되었고 지금의 교육과정에 이르는 과정에서 '의미'에 대한 인식과 내용체계화에 다소 부정적 추이가 관찰된다. 그에는 여러 가지 이유가 있겠지만 '의미'가 '언어에 관한' 교육, 즉 문법 교육의 일부로 반영되는 과정에서 '언어(자체)' 교육[2]에서의

* 안동대학교 국어교육과 교수, uhchoi@anu.ac.kr

1 앞서 '(군정) 교수요목(1946)'이 있었으나 교육 현실과는 다소 유리되었다. 지식 중심의 작문과 독본이 주된 현장 교육이었기 때문이다. 그 반성과 교육과정 정립을 위한 제1차 국어과 교육과정은 언어경험이나 국어생활을 중시하였다.

2 '언어를 통한' 가치나 태도 교육은 논의 대상으로 삼지 않는다.

'의미'와 갖는 상관성을 국어교육의 관점에서 충분히 정제해내지 못한 때문으로 판단된다.

의미 교육의 본질, 가치, 효용 등을 논의한 임지룡(2006)을 근저로, 의미 교육의 한계와 전망(김윤신 2015), 담화중심의 통합적 문법 교육(최경봉 2012), 역동적 의미 교육(고춘화 2016), 인지의미론적 함의의 적용(임지룡 외 2014, 이동혁 2009) 등 의미 교육의 거시적 측면을 다룬 최근 논의가 적지 않다. 이들 논의는 대체적으로 연구 당시 교육과정을 토대로 의미 교육의 정체성을 확인하고 개선방향을 제시하는 것이었다.

그런데 논의 과정에서 의미 교육이 갖는 정체성 판단에 오해를 줄 수 있는 교육내용을 제시하는 등[3] 검토 방법의 개선점이 관찰되기도 한다. 한편 이들 논의에서 의미 교육 내용이 단어 층위에 머물고 있다는 비판적 시각을 견지하면서 의미 교육이 문장이나 담화 층위까지로 확대돼야 하고 해석이나 언어사용으로서의 의미에 주목하는 의미 교육이 구안돼야 한다는 방향성을 말하고 있다. 그렇지만 그 방향성은 이미 이전 제5차 교육과정 속에서 의도된 바가 있으며[4] 2007개정/2009개정 교육과정에 근거하는 일부 『독서와 문법』 교과서에서 그 구현 의도가 관찰되기도 한다.

이상의 선행 연구들을 참조할 때, '의미' 및 '의미 교육'이 '문법' 교과목[5] 교육과정 속에서 어떻게 다루어져 왔는지에 대한 객관적 현황을 다시 살펴보고 진단할 필요가 있어 보이며 그것을 본 연구의 목적으로 삼는다. 이는 문법 교육 속에서 가져야 할 의미 교육의 지향점 제시에도 일조될 것이다.

---

3 '어휘'나 '문법요소의 의미' 등을 의미 교육 내용인 것으로 다루는 것과 같은 것이다. 어휘나 문법요소가 의미를 갖는다는 것과 의미 중심의 교육을 논의하는 것은 다르다. 의미 단위와 별도로 어휘 단위나 문장 단위를 구분하는 내용체계를 갖는 교육과정의 경우 그러한 교육내용의 활용에 유의하지 않으면 의미 교육의 정체성 파악에 혼란을 줄 수도 있다.

4 물론 제5차 교육과정이 지식 중심의 교육내용 체제를 갖고 있었다는 점에서 그러한 의도의 의미 교육이 온전히 교육현실에 반영되었다 하기는 힘들어 보인다.

5 문법 교과목은 근자 교육과정에서 '독서와 문법', '언어와 매체'가 되었다. 이를 염두에 두되 '문법'으로 통칭하여 논의를 진행한다.

2. 국어과 교육과정에서의 '의미' 및 '의미 교육'

2.1. '의미(교육)' 대한 국어교육적 인식

주지하다시피, 제4차 '국어' 교육과정에서 '문법(언어)' 영역[6]이 세워졌지만 '의미 교육'이 반영되지는 않았으며 그것이 본격적으로 다루어진 것은 제5차 국어과 교육과정부터이다. 이에 대한 구체적인 논의에 앞서 여기서는 이전 교육과정에서는 의미 및 그 교육이 어떻게 인식되었는지를 간략히 살펴본다.

제1차 국어과 교육과정에서는 문법 교육 내용으로서의 '의미'로 이해될 수 있는 용어와 그 쓰임을 찾을 수 없다. 다만 아래처럼 '문의(文意)', '뜻'과 같은 용어가 부분적으로 확인될 뿐이다. 이들은 대체적으로 언어사용 기능과 관련된 일반적인 의미로서의 '의미'로 보아야 할 것이다.

(1) a. 문장의 전후를 살펴서 새로운 말의 **뜻**을 짐작하게 한다.([국민]3-읽기)
b. **문의**(文意)를 정확하게 파악한다.([중1]-읽기)
c. 신문의 기사(記事)나, 사전, 참고서의 문장에 나오는 **어휘** 중에서, 특수한 것 이외는 **뜻**을 알고 읽어 나갈 수 있다.([중]-지도내용)
d. 남의 이야기를 비판적으로 듣고, 생각하며, 말 속에 숨어 있는 **뜻**을 알아내게 된다.([고]-듣기)

한편, 비록 '읽기' 영역 내의 것이지만 문법 교육내용인 '국어문제'를 담고 있는 제2차 교육과정(1963)에서도 주로 '뜻'이라는 용어가 쓰였는데, 아래 (2d, e)에서처럼 '읽기, 쓰기' 영역에서 '의미'라는 용어도 확인할 수 있다. 그러나 이 또한 일반적인 의미로서의 '의미'로 이해된다.

(2) a. 모양이나 **뜻**을 알 수 있게 글쓰기에 힘쓰도록 한다.([국민1]-쓰기)

---

6 그 명칭이 '언어, 국어지식, 문법' 등으로 불려왔지만 통칭하여 '문법'으로 부른다.

b. 항상 화제를 넓혀서 듣고 상대방의 **뜻**을 잡는 데 힘쓰도록 한다. ([중2]-듣기)

c. **여러 가지 뜻으로 쓰이는 낱말**을 많이 알도록 한다.([고, 국어 I]-읽기)

d. 읽는 글의 내용을 **의미**하는 일이나, (중략) 자기의 경험과를 비교하도록 한다.([고, 국어 I]-읽기)

e. 적절한 어귀를 가리어 형식과 표기에 맞춰 **의미**가 똑똑한 글을 쓸 수 있도록 한다.([고, 국어 I]-쓰기)

이와 같은 문법 교육내용으로서의 '의미'에 대한 인식 부재는 '제재 선정의 기준'을 통해 문법 관련 교육내용을 담고 있는 제3차 중등 국어과 교육과정에서도 마찬가지이다. 다만 중학교 국어 교육과정 '읽기' 영역에서 기술한 '어귀의 문맥상의 의미 알기' 정도에서 보이는 '의미'라는 용어가 그 사용의 전부라고 할 수 있다. 또한, 비록 '의미 교육'이 본격화되지는 않았기 때문이기는 하지만 문법(언어)영역이 세워진 제4차 국어과 교육과정에서도 '의미' 및 '의미 교육'에 대한 단초로서의 용어나 기술적 언급을 찾을 수 없다. 다만 (1c)는 중학교 국어과 지도내용 중 기초적인 언어능력으로서의 '어휘(단어)'와 관련된 것으로 문법내용으로서의 '의미'에 대한 첫 인식이라는 진단이 불가능해 보이지는 않는다. 또한 (2c)에서 제시한 '여러 가지 뜻으로 쓰이는 낱말'은 '다의어'에 해당하는 것으로 의미 교육 내용의 단초로 여겨볼 수도 있겠다.

한편, 의미나 의미 교육을 주된 논의로 하는 교육적 탐색은 문법 교육의 여타 부문에 대비해 많지 않은 듯하다. 그 이유 중 하나는 '의미'라는 실체가 갖는 추상성을 국어교육 속에 교육내용으로 담아내기 어려웠기 때문일 것이다. '의미 교육'의 '필요성, 가치, 효용' 등 본질적 문제 제기(임지룡 2006, 신명선 2010) 이후 의미 추론 원리(김윤신 2015), 형식과 의미가 '함께 작용'하는 의미의 역동성(고춘화 2016), 담화 중심의 통합적 문법 교육으로서의 의미에 대한 인식(최경봉 2012), 인지의미론의 교육적 함의(임지룡 외 2014, 이동혁 2009) 등의 다각적 제안이 있었지만 문법 교육내용으로의 반영은 불투명한 것으로 보인다.

2.2. '문법' 교육과정에서의 '의미 교육'

본 절에서의 논의는 '문법' 교과목 교육과정을 중심으로 이루어진다. '문법' 교과목 교육과정은 '국어' 교과목 문법 영역에서 다루는 교육내용을 통괄, 체계화하고 심화한 것이므로 그것을 통해 문법 교육 내용의 전반을 확인할 수 있고 그 속에서 '의미'가 어떻게 다루어져 왔는지를 알 수 있기 때문이다. 물론 필요에 따라 '국어' 교과목 교육과정 문법 영역의 교육내용을 참조한다. 더불어 언어 자체 교육으로서의 '의미'도 염두에 둘 것이다. 언어의 형식 속에 담겨 있는 내용이 의미이다. 형식과 의미는 언어 교육의 두 층위에서 소용된다. 언어 기능과 관련된, 언어 자체에 대한 교육이 그 하나이고 문법지식 체계와 관련된 언어에 관한 교육이 또 다른 하나이다. '의미'는 두 층위에서 모두 중요성을 갖는다. 아래에서 언어에 관한 교육의 관점에서 의미 교육을 확인하겠지만 의미 교육에 대한 제언과 관련해서는 언어 자체 교육으로서의 '의미'도 염두에 둘 것이다.

이제, '문법' 교육과정 속에서 '의미'가 어떤 체계와 내용으로 담겨왔는지를 살펴보자. 문법 영역이 세워진 제4차 중학교 '국어' 교육과정은 '소리, 낱말, 문장'만을 교육내용으로 하고 있으며 세부 내용에서도 각기 '단위, 구성, 형성, 짜임새' 등 구조적 특성에 초점을 두고 있다. 고등학교 '국어 I, II-4)문법'에서 '언어 본질(국어 특징), 방언, 국어사, 맞춤법, 국어에 대한 가치'까지로 그 내용이 확장되지만 '의미'를 문법 교육내용으로 다루지는 않았다.[7]

'의미'가 문법 교육내용으로 구체화되는 것은 제5차 교육과정이다. 아래는 '문법' 교육과정에서 '의미'를 어떻게 인식하고 있었는지를 가늠할 수 있는 교육내용이다.

7 '국어 II-4)문법'에서 '문맥적 의미를 알고, 문장 부호를 바르게 쓴다.'는 내용 제시가 있다. 그러나 그것은 문장 부호 쓰기에 더 초점을 두고 있어 본격적인 의미 교육의 내용이라고 말하기는 어려워 보인다.

(3) 현대 국어와 그 이전의 국어의 **음운, 형태, 통사, 의미**상의 차이점을 개략적으로 파악한다.

위에서 국어 변천 양상을 파악하는 준거로 '의미'를 '음운, 형태, 통사'와 등치적인 잣대로 삼고 있고 있으므로 '의미' 단위를 분립적인 것으로 보았다는 해석이 가능하다. 그렇지만 이것만으로는 '의미'가 '단어'나 '문장'과 대등한 층위에서의 문법 단위로 인식되었는지 단정하기는 어렵다. 그러나 아래 '국어' 교육과정에서의 교육내용을 보면 현대국어의 구조에 대한 이해 준거로 '음운, 형태, 문장'과 등치적인 '의미'를 두고 있음을 알 수 있다. 즉 '의미'를 하나의 문법 단위로 인식한 것임을 알 수 있다.

(4) 현대국어의 **음운, 형태, 문장, 의미상의 구조**를 이해한다.('국어'[고])

그런데 또 이것만으로는 '의미' 단위에서 다루게 될 내용이 무엇인지 분명치 않은데[8] 다음 학교 급 학년별 교육내용은 '의미' 단위에 포함되는 내용이 무엇인지를 짐작하게 하는 것들이다.

(5) a. 하나의 단어를 중심으로 이와 관련되는 여러 단어들을 찾아보고, 각 **단어들의 의미 관계**를 분석하기('국어' [중1, 2, 3])

b. 문장이나 글 속에서 사동·피동, 시간 표현, 높임·낮춤 등에 관계되는 **문법 요소**를 찾아, **그 의미**와 기능을 이야기하기 ('국어' [중 1, 2, 3])

c. **상황**에 따라 **언어의 사용**이 달라짐을 알고, 적절하게 사용하기 ('국어' [중2])[9]

8 예를 들어 형태와 관련해서는 품사 분류, 형태 분석, 단어형성 규칙 등을 제시하고 있어 이를 통괄하는 단어 단위를 가정할 수 있지만 의미 단위를 담보해 줄 수 있는 교육내용의 외연을 분명히 보여주고 있지는 않다.

9 제5차 중학교 국어교육과정의 언어 영역 내용은 각 학년별로 공통적으로 제시되는 부분과 차별적으로 제시되는 부분이 있다. 해당 교육내용은 중학교 2학년 단계에서의 것이다.

(5a)에서의 '단어들의 의미관계'는 이전 교육과정에서는 구체화되지 않았던 것으로서 '의미'의 단어 층위 내용으로 볼 가능성이 있으며, (5b)에서의 '문법 요소(의) 의미'는 문법적 기능과 구분되는, 의미의 문장 층위 내용으로 볼 수 있는 가능성이 있다. (5c)에서 말하는 '상황', '언어의 사용'이라는 용어는 '담화'라는 문법 단위의 내용으로 볼 수 있으나 제5차 교육과정에서 담화 단위가 설정되지 않았으므로 의미의 담화 층위 내용으로 여길 가능성이 있다. 이상의 가능성은 해당 교육과정에 근거하는 『문법』 교과서의 내용 구성에서 확인되고 정리된다.[10]

〈표 1〉 제5차 교육과정 근거 『문법』 교과서의 단원 구성 및 내용

단원명	내용
단어	1. 문장과 단어 2. 품사 3. 단어의 형성
문장	1. 문장의 성분 2. **문법요소의 기능과 의미** 3. 문장의 짜임새(**문장과 이야기**)
의미	1. 언어의 의미(의미의 개념과 정의) 2. 소리와 의미의 관계(자의성, 상징어, 단의어, 다의어) 3. 의미의 종류(중심적 의미, 주변적 의미) 4. **단어들의 의미관계**(동의, 이의/유의, 반의, 하의 관계) 5. **의미의 사용**(중의적 표현, 간접 표현, 관용적 표현, 잉여적 표현) 6. 의미의 변화(의미의 확장, 의미의 축소, 의미의 이동)
	부록(옛말의 문법) - 총론, 단어, 문장

'의미'는 '단어'나 '문장'과 동일한 층위에서 하나의 단원으로 설정된다. '의미' 단원은 '1.언어의 의미'에서부터 '6. 의미의 변화'까지 일정한 내용상의 체계를 갖추고 있다. 위 (5a)가 '단어' 단원이 아닌 '의미' 단원의 내용으로 인식되었음이 확인된다. 또한 (5c)의 내용도 '의미' 단원에서 다루었음이 확인된다. 그러나 (5b), 즉 '문법 요소의 의미'는 '문장' 단원의 내용으로 처리되었다. 그런데 '1, 2, 3, 4'와 '6. 의미의 변화'가 단어를 주 대상으로 하여 기술되

10 본 논의의 주 대상이 되는 '단어, 문장, 담화, 의미' 단원만을 표에 넣는다.

고 있음을 견지하면 해당 교육과정에서의 '의미' 단원은 단어 층위 내용이 주가 된다고 판단할 수 있다. 그러나 '5. 의미의 사용' 관련 내용에 대한 진단 여부에 따라 '의미' 단원이 갖는 체계는 달리 이해될 수 있겠다. 이에 대해서는 다음 소절에서 논의한다.

다음으로, 교육과정에 '내용체계'가 세워지고 그에 따라 교육내용이 상세히 진술되는 제6차 교육과정에서 '의미'가 어떻게 인식되고 반영되어 있는지 살펴보자. 다음은 '문법' 교육과정 및 '문법' 영역의 내용체계에서 제시된 것이다.[11]

(6) a. '문법' 교육과정 내용체계(中 '국어의 이해')
: 단어의 갈래와 형성, 문장의 구성 요소와 짜임새, **단어의 의미**, 문장과 이야기
b. '국어' 교육과정 언어 영역 내용체계(中 '국어의 이해')
: 단어의 형성과 유형, 문장의 구성 요소와 기능, **단어의 의미**, 문장과 이야기

'문법' 교육과정 내용체계에서 '국어의 이해'와 관련하여 제시한 네 가지 중 하나가 '단어의 의미'이다. 언어 영역에서도 마찬가지다. '단어의 갈래와 형성'과 '단어의 의미'를 '단어' 단위로 묶고 '문장의 구성요소와 짜임새'와 '문장과 이야기'를 '문장' 단위로 묶는 재편성도 가능해 보인다. 그러나 내용체계 기술의 특성상 네 가지는 독립적인 단위로서의 문법 교육 내용으로 반영될 것임을 고려하면 각기 '단어', '문장', '의미', '담화'라는 문법 단위를 함축하고 있다. 아래 각 소항목별로 제시된 내용 진술과 학교급별 교육내용을 볼 때 각 문법 단위는 충분히 예견된다.

(7) '문법' 교육과정의 교육내용
[국어의 이해]

11 내용체계의 타당성을 논의하고자 하는 것이 아니므로, 내용체계 전체를 인용하지는 않았으며 음운과 관련된 것도 생략하되 필요에 따라 부기할 것이다.

(나) 단어의 갈래와 형성

(다) 문장의 구성요소와 짜임새

② 문법 요소들의 기능과 그 의미에 대하여 이해한다.

(라) **단어의 의미**

① **의미의 종류**와 **단어들 사이의 의미 관계**에 대하여 이해한다.

② **의미 변화**의 양상에 대하여 이해한다.

(마) 문장과 이야기

① 발화 행위로서의 언어 현상들에 대하여 이해한다.

② 이야기의 표현 및 이해에 작용하는 요소들에 대하여 이해한다.

③ 이야기의 구조를 이해한다.

위 (라)에서는 제5차『문법』교과서 내용으로 다룬 '단어들 간의 의미관계' 및 '의미의 변화'와 함께 '외연적 의미, 내포적 의미 등'과 같은 '(라)①-의미의 종류'까지를 포함하는 의미 교육 내용의 확장을 엿볼 수 있다.

(8) a. 단어의 여러 가지 **의미 관계**를 알고, 의사소통 상황에 적합한 단어를 선택하여 사용한다.('국어' [고])

b. 동음이의, **유의, 반의, 상하의 관계**가 성립하는 단어들을 말하여 보고, 같은 관계가 성립하는 단어들을 찾는다.('국어' [중1])

c. 하나의 **단어가 여러 가지 의미로 사용될 수 있음**을 알아보고, 그 의미를 **상황이나 문맥**에 따라 파악한다.('국어' [중3])

위 (8a, b)는 '단어들의 의미관계'에 해당하는, (8c)는 '의미의 종류'에 해당하는 교육내용임을 알 수 있다. 한편, 제5차 교과서에서 보였던 '언어 사용'은 별도의 항목으로 나타나지 않는다.

(9) a. 조사의 쓰임을 알아보고, **다양한 의미의 문장**을 만든다.('국어' [중1])

b. 일상의 말 중에서 **중의적**이거나 **관용적**으로 쓰이는 말의 예를 들어보고, 그 말들을 상황에 따라 바르게 사용한다.('국어' [중2])

c. **문법 요소**들의 기능을 알고, **의미**가 바르게 전달되도록 이야기를 생성한다.('국어' [고])

그로 인해 (9b)는 어느 문법 단위에 포함될지 판단키 어렵다. 다만 해설서에 따르면 단어의 중의성을 의미하고 있어 결국 의미의 단어 층위 내용이 될 가능성이 있다.[12] (9a, c)는 제5차에서와 같이 문장 단위에서 다루어질 것으로 예견된다. 이러한 가능성들은 제6차 『문법』 교과서의 단원 구성과 내용에서 확인된다.

〈표 2〉 제6차 교육과정 근거 『문법』 교과서의 단원 구성 및 내용

단원명	내용
단어	1. 단어의 갈래 2. 단어의 짜임새
문장	1. 문장의 짜임새 2. 문법 기능
의미	1. 언어와 의미(언어의 의미, 의미의 종류) 2. 단어 간의 의미 관계(유의, 반의, 하의 관계) - 단어의 간의 의미관계에서 '어휘'를 다룸 - '심화학습'에서 '의미의 변화 원인'을 다룸
이야기	1. 이야기의 구성과 기능 2. 장면에 따른 표현과 이해
바른 언어생활	1. 규범 2. 발음 3. 단어 4. 문장(표현의 **중의성**과 **모호성**을 언급)
	부록: 옛말의 문법, 우리말의 변천(음운/어휘/문법/의미의 변천)

'문법' 교육과정의 내용체계에 따라 의미 단원이 유지되고 '이야기' 단원이

12 '단어의 의미'는 '읽기 영역'과 '독서' 교육과정에서도 구체화 된다. '독서' 교육과정의 내용체계와 교육내용은 "독서의 원리-(가)단어 이해 기능-① 사전, 문맥 등을 이용하여 단어의 의미를 파악한다. ② 단어의 구조와 단어들 사이의 의미 관계를 파악한다. ③ 속담, 격언, 관용구 등 숙어적 표현의 의미를 파악한다."로 돼 있다. '국어' 교과목의 읽기 영역 내용체계 중 '읽기의 원리'에 '단어 이해의 여러 가지 원리'가 있으며, 그에 따라 '사전적 의미와 문맥적 의미를 비교한다. [중1]', '주어진 단어들을 여러 가지 기준으로 분류하여 보고, 단어 사이의 의미 관계를 파악한다.[중2]', '글에서 함축적인 의미로 쓰인 단어를 찾아보고, 그 단어가 불러일으키는 정서적 반응에 대하여 말한다.[중3]', '단어의 다양한 의미와 단어들 사이의 의미 관계를 알고, 여러 가지 방법으로 어휘력을 확장한다.[고]'와 같은 교육내용을 설정하고 있다. 이는 문법 교육과 상충되는 부분이다. 이에 대한 진단은 다음 절에서 할 것이다.

새로 도입된다. 제5차 『문법』 교과서의 '1, 2, 3, 4'는 단어의 종류를 포함하는 '1, 2.'로 집약된다. 제5차 『문법』 교과서의 '5, 6.'에 해당하는 내용이 제6차 『문법』 교과서에서는 삭제되고 있다. 그러나 의미 단원 말미에서 '심화학습' 내용으로 '의미 변화의 원인'을 기술하고 있어 완전히 배제된 것은 아니다. 주목할 것은 제5차 교과서에서 보였던 '5. 언어의 사용'에 관련된 내용의 삭제이다. 교과서 내용을 확인한 결과 '직접 발화, 간접 발화, 상황' 등과 관련된 내용은 새로 설정된 '이야기' 단원의 '장면에 따른 표현과 이해'로 이양되었다. 그리고 단어의 중의성이나 관용 표현은, 위 (5)의 '단어 간의 의미관계'에서 '어휘'를 언급하고 있다는 점에서, 의미의 단어 층위 내용으로 이해되고 있다고 판단된다. 그렇다면 제6차 교육과정에서 '의미' 단위의 내용은 더욱 단어 층위 내용으로 제한되는 것으로 보아도 좋을 듯하다.

이제, 제7차 '문법' 교육과정을 살펴보자. 다음은 '문법' 교육과정의 내용체계와 그와 관련되는 교육내용이다.

(11) '문법' 교육과정의 내용체계 및 교육내용
   a. 내용 체계('국어 알기')
      : 음운의 체계와 변동, 단어의 갈래와 형성, 국어의 어휘, 문장의 구성 요소와 짜임새, **단어의 의미**, 문장과 담화
   b. (2) 국어 알기
      (가) 음운의 체계와 변동　　(나) 단어의 갈래와 형성
      (다) 국어의 어휘　　(라) 문장의 구성 요소와 짜임새
      (마) **단어의 의미**
         ① **의미의 종류**와 **단어 사이의 의미 관계**를 이해한다.
         ② **의미 변화**의 양상을 이해한다.
      (바) 문장과 담화

제5차와 비교할 때 문법 단위로 '(다) 국어의 어휘'가 추가되었다는 점을 확인할 수 있다. 어휘 단위를 포함하는 문법 단위에 대한 인식은 아래 '국어' 교육과정의 국어지식 영역 내용체계에서 확인된다.

(12) 국어지식 영역의 내용체계

• '국어' 교육과정 국어지식 영역 내용 체계(中 '국어의 이해와 탐구')
: 음운, 낱말, **어휘**, 문장, **의미**, 담화

문법 단위가 '단어', '문장', '어휘', '의미', '담화'로 구성되고 단어들의 의미에서 언급하였던 어휘 관련 내용을 별도의 '어휘' 단위 속에 이양시킴으로써 '의미' 단위가 갖는 내용적 외연이 다시 축소된다. 아래 [4학년]과 [7학년]의 교육내용은 의미 단위의 구체적 내용일 것이며, [10학년]의 내용은 '담화' 단위에서 기술될 내용이 된다.

(13) a. 낱말과 낱말 사이의 유의 관계, 반의 관계, 하의 관계를 안다. ([4학년])
b. 동음이의어와 다의어의 개념을 안다.([7학년])
c. 장면에 따른 표현 방식을 안다.([10학년])
- 원근, 높임 관계, 심리적 태도 등의 표현과 이해

그러한 정황은 제7차 교육과정에 근거하는 아래 『문법』 교과서에서의 단원 구성 및 내용에서 확인된다.

〈표 3〉 제7차 교육과정 근거 『문법』 교과서의 단원 구성 및 내용

단원명	내용
단어	1. 단어의 형성 2. 품사
어휘	1. 어휘의 체계 2. 어휘의 양상(방언, 은어, 관용어, 속담 등)
문장	1. 문장의 성분 2. 문장의 짜임 3. 문법요소
의미	1. 언어와 의미 (언어의 의미, 의미의 종류) 2. 단어 간의 의미관계(유의 관계, 반의관계, 상하관계)
이야기	1. 이야기의 개념(발화와 이야기, 발화의 기능-간접, 직접 발화) 2. 이야기의 요소 (이야기의 구성요소, 지시표현, 높임표현, 심리적 태도, 생략표현) 3. 이야기의 짜임 (이야기의 구조, 이야기의 내용 구조, 이야기의 형식 구조)
	부록 : 국어의 옛 모습, 국어의 변화

제6차 교과서의 '의미' 단원 내용과 비교하면 '의미의 변화' 관련 내용 자체가 삭제된다. 내용체계에 따른 교육내용으로 언급되었던 '의미 변화 양상 이해'가 교과서의 '의미' 단원에 실리지 않은 것이다. 이에 대해서는 다시 논의한다.

의미 교육과 관련해 2007개정 '문법' 교육과정[13]과 2009개정(1)[14]의 '독서와 문법 I'[15] 교육과정에서 주목할 만한 사실이 확인된다. 아래는 해당 교육과정의 내용체계에 따른 교육내용이다.

(13) 2007개정/2009개정(1) 교육과정 내용체계와 교육내용
[국어와 앎]
㈎ 언어의 본질 ㈏ 국어의 구조
① 음운 ② 단어 ③ 문장 ④ 담화 ⑤ **의미**
㉮ 단어의 **의미 유형**과 단어 간 **의미 관계**, **의미 변화**의 양상을 이해한다.
㉯ **문장, 발화, 담화의 의미 생성 방식**을 설명한다.

'국어' 교육과정의 문법 영역 내용체계의 하위 범주인 '국어사용의 실제'를 '음운, 단어, 문장, 담화/글'을 두고 있어 '의미'에 대한 구체적인 언급이 없다. 그러나 위 '문법/독서와 문법 I' 교육과정에서는 제7차에서와 마찬가지로 '의미' 단위를 두고 있다.[16] 여기서 유의할 점은 '의미' 단위의 교육내용 변화다.

---

13 2007개정 교육과정은 제7차의 수시 개정이라 하지만 체제상으로 상당한 변화가 보인다. '탐구'가 내용체계에 들고, '맥락'이 중시되며 '교육내용'은 '성취기준'과 '내용 요소의 예'로 제시된다.

14 2007개정 교육과정의 선택교육과정만을 개정하여 2009년 고시된 것을 '2009개정(1)'로 표기한다. 여기서 이전의 문법 교육과정이 '독서와 문법 I, II' 교육과정으로 바뀌지만 문법과 관련된 내용은 유지된다. 다만 이후 두 권의 『독서와 문법 I, II』 교과서가 만들어진다. 관련하여 '국어' 교육과정의 내용체계의 기술 체제를 수정(학년군-영역별 성취기준-내용 성취기준)하면서 선택 교과목을 '독서와 문법' 교육과정으로 바꾸어 2011년 고시한 것을 '2009개정(2)'로 표기한다. 이 개정에서는 문법 관련 교육내용의 변화가 나타난다.

15 의미 교육 내용은 주로 '독서와 문법 I'에 반영된다.

이전 교육과정에서처럼 단어의 '의미 유형'과 '단어 간의 의미관계', '의미 변화' 등이 유지되면서[17] '㉯문장, 발화, 담화의 의미 생성 방식을 설명한다.'라는 교육내용이 추가되었다. ㉯는 앞선 교육과정에서 관찰되지 않는데 이것을 교육내용으로 추가하는 것은 '의미 교육' 내용을 단어 층위에서 '문장 층위'와 '담화 층위'로 확대하고자 함을 보인 것이라 하겠다. 그렇다면 아래 [10학년] 교육내용은 의미의 담화 층위 내용이 되며 [8학년] 교육내용에서 보인 '중의적 표현과 모호한 표현'은 의미의 문장 층위 내용이 된다.

(14) a. 장면에 따른 표현 방식을 안다. ([10학년])
(내용 요소의 예) 심리적 태도, 원근 표현 등
b. 문장이 여러 가지 의미로 해석되는 현상을 이해한다.([8학년])
(내용 요소의 예) 중의적 표현과 모호한 표현 구별하기

'문장, 담화의 의미 생성 방식 이해'의 첨가는 '의미'가 각 문법 단위에 상관되는 것으로서의 체계성을 갖는 문법 단위임을 보이려는 의도가 반영된 것이라 판단된다. 이는 의미 교육의 위상 세우기에도 긍정적 영향을 미치는 것이다. 비록 전체 검정 교과서는 아니지만 '2009개정(1)'에 근거하는 『독서와 문법(I, II)』 교과서에서 그 의도가 확인된다. 그러나 그 의도는 곧 다시 이어지는 '2009개정(2)' '독서와 문법' 교육과정에서 퇴보되는 듯하다. 아래는 그 내용체계와 교육내용이다.

(15) 2009개정(2) '독서와 문법' 교육과정 내용체계와 교육내용
[국어 구조의 이해]
• 음운 • **단어** • 문장 • 담화

16 제7차에서 세웠던 '어휘' 범주는 다시 사라진다.

17 초등 교육내용의 경우 '낱말과 낱말 간의 의미 관계를 이해한다.[초2]' '소리가 동일한 낱말들이 여러 가지 의미로 사용되는 현상을 분석한다.[초3]', '단어의 사전적 의미와 문맥적 의미를 구별하고 효과적으로 사용한다.[초5]' 등이 제시된다.

단어 : 단어의 의미 관계와 의미 변화의 양상을 탐구하고 이해한다.
- 유의, 반의, 상하/다의어, 동음이의어/의미의 축소, 확대, 이동

'2009개정(2)'에서 문법 단위는 '음운, 단어, 문장, 담화'로 축소되며 '의미'는 해체된다. 단어의 의미관계는 '단어' 단위의 내용으로 이동하며, 담화 층위의 내용은 담화 단위로 이동된다. 이러한 재편성 과정에서 의미의 문장 층위 내용은 삭제되는 것으로 보인다. 교육과정상의 이 변화는 『독서와 문법(I, II)』 교과서에서 다시 확인된다. 다음은 교과서별 내용을 정리한 것이다.

〈표 4〉 2009 개정 『독서와 문법(I, II)』 교과서의 단원 구성 및 내용

출판사	교과서	단원 및 내용
천재	독문 I	[3단원 : 국어의 구조] 2. 단어(단어의 형성, 단어의 분류, **단어의 의미**) : 단어의 의미, 의미의 유형, 어휘, 단어 간의 의미관계, 의미의 변화 원인과 유형 3. 문장(문장의 성분, 문장의 짜임, **국어의 문장 표현**) : 문장의 의미, 의미의 성격, 문장의 의미 관계, 중의문과 모호문 [4단원 : 국어와 생활] 1. 일상 언어(담화의 특성, 일상 언어의 의사소통)
	독문 II	[2단원 국어생활과 규범] 2. **효과적인 담화 구성**
	독문	[2단원 : 국어 구조의 이해] 2. 단어(품사, 단어의 형성, **단어의 의미**, 외래어표기법과 로마자 표기법) : 단어의 의미(다의어, 동음이의어, 유의/반의/상하관계, 의미변화) 3. 문장(문장의 짜임, 문법 요소) 4. 담화(담화의 특성, **담화의 표현**) : **담화의 의미**와 맥락(언어적 맥락과 비언어적 맥락)
창비	독문	[2단원 : 국어 구조의 이해] 2. 단어(품사의 분류와 단어의 특성, 단어의 형성, 외래어표기법과 로마자 표기법, **단어의 의미관계와 의미변화**) : 계열관계(유의, 반의, 상하), 복합관계(다의, 동음이의어), 단어의 의미 변화 3. 문장(문장의 짜임, 문법요소의 이해) 4. 담화(**담화의 의미해석**, 지시, 대용, 접속표현)

<table>
<tr><td rowspan="3">지학</td><td>독문 I</td><td>[3단원 : 국어의 이해와 탐구]
2. 단어(단어의 형성, 품사, 단어의 의미)
: 의미의 의미(다의, 동음이의 사전적, 함축적 의미 등)
: 어휘(체계와 양상)
: 단어 간의 의미관계(유의, 반의, 상하관계)
3. 문장(문장의 성분, 문장의 구조, 문법 요소, 문장의 의미)
: 합성성의 원리, 유의관계, 반의 관계, 중의문과 모호문
4. 담화(담화의 개념과 구조, 담화의 기능과 유형, 담화의 의미)
: 담화의 기능-직접발화 간접발화
: 담화의 의미-상황을 고려, 지시표현의 의미, 생략표현의 의미, 높임표현의 의미, 심리적 태도</td></tr>
<tr><td>독문 II</td><td>[1단원 : 말과 글의 규범]
4. 효과적인 담화(담화의 표현 원리, 표준화법과 언어예절)
: 담화의 맥락 분석, 상황 맥락, 사회문화적 맥락)</td></tr>
<tr><td>독문</td><td>[3단원 : 국어의 이해와 탐구]
2. 단어(품사, 단어의 형성, 단어의 의미, 외래어표기법과 로마자표기법)
: 단어 의미의 유형, 단어 간의 의미관계, 의미변화 양상
3. 문장(문장의 성분, 문장의 구조, 문법 요소)
4. 담화(담화의 의미와 맥락, 담화의 통일성과 응집성)
: 언어적, 비언어적 맥락</td></tr>
<tr><td rowspan="2">비상</td><td>독문 I</td><td>[4단원 : 국어와 앎]
1. 담화(담화의 개념과 구성요소, 담화의 유형과 구조)
2. 문장(문장의 성분, 문장의 종류, 문법요소)
3. 단어(품사의 분류, 단어의 형성)
5. 의미(단어의 의미, 문장과 담화의 의미)
: 단어의 의미유형과 의미변화, 단어 간의 의미 관계
: 중의성, 모호성, 화청자와 상황 및 맥락을 고려한 의미[18]</td></tr>
<tr><td>독문</td><td>2. 단어(단어 분류, 단어의 형성, 단어의 의미, 단어의 표기)
: 유의어, 반의어, 하위어, 의미 변화, 개념적 의미 등
3. 문장(문장의 성분, 문장의 짜임, 문장의 표현)
: '활동하기6' 다음 활동을 통해 중의적 표현과 모호한 표현에 대해 탐구해 보자.
4. 담화(담화의 개념, 담화의 표현)
: 적절한 담화의 의미해석, 언어적 맥락, 비언어적 맥락</td></tr>
<tr><td>미래엔</td><td>독문 I</td><td>[2단원 : 우리말 구성요소의 이해]
2. 단어(단어의 구조와 단어 만들기, 품사의 이해)
[3단원 : 우리말의 의미 형성]
1. 문장(문장의 구조와 종류, 문법 범주의 이해)
2. 담화(담화의 종류와 구조, 담화의 문법적 특성)</td></tr>
</table>

		3. **의미(단어의 의미, 문장과 담화의 의미)** : 단어의 의미, 의미의 유형, 단어들의 의미관계, 의미 변화 : 문장의 의미(유의관계, 반의관계, 중의문, 모호문,) : 담화의 의미(담화와 담화의 의미, 담화의 의미구성 요건)
	독문 II	[2단원 : 정확한 문장과 효과적인 담화 구성] 2. 효과적인 담화 구성(담화의 표현과 구성, 표준화법과 예절) : 맥락을 고려한 표현
	독문	[2단원 : 국어의 구조와 국어생활] 2. 단어의 이해와 사용(품사의 이해, 단어 만들기, 외래어 표기법과 로마자 표기법, **단어의 의미관계와 의미변화)** : 유의, 반의, 상하관계, 동음이의와 다의어, 의미 변화 3. 문장과 표현 (문장의 짜임, 우리말의 문장 표현) 4. 담화의 세계(담화와 국어생활, **담화의 특성)** : 담화의 맥락 이해
교학	독문	[2단원 : 국어 구조의 이해] 2. 단어(단어의 분류, 단어의 형성, 다양한 단어 표기, **단어의 의미)** : 유의, 반의, 상하, 다의, 동음이의, 의미의 역사적 변화 3. 문장(문장의 짜임과 정확한 문장, 문법 요소의 표현효과) 4. 담화(**담화의 개념과 특성, 담화의 구조와 표현)** : 간접/직접, 맥락

위 각 출판사별 교과서에서 교육과정의 의도를 그대로 반영한 것은 '비상'과 '미래엔'이다. '2009개정(1)'에 근거하는 『독서와 문법 I』은 '음운, 단어, 문장, 담화'와 함께 '의미'가 별도 단원으로 제시된다. '단어, 문장, 담화' 단원에서는 대체적으로 구조적인 면을 중심으로 기술하고 의미 특성은 '의미' 단원에 담아 의미의 '단어 층위', '문장 층위', '담화 층위'로 체계화하고 있다. 그러나 2009개정(2)에 근거하는 『독서와 문법』에서 의미의 단어 층위 내용은 단어 단원에, 담화 층위 내용은 '담화' 단원에 기술되며 문장 층위 내용은 삭제된다.

한편, '2009개정(1)'에 근거하는 '천재'와 '지학' 『독서와 문법 I』은 '음운,

18 '비상' 교과서의 편재는 활동중심으로 돼 있다. 실제 관련 본문은 간략히 처리하고 있어 '중의문', '모호문', '맥락' 등에 관한 간략한 언급을 하고 있을 뿐이다. 다만 교사용 지도서를 참조하면 '문장의 의미', '문장 간의 의미 관계' 등에 대한 내용 또한 다루고 있다.

단어, 문장, 담화' 단위로 구성되어 교육과정의 의도와 다른 듯하다. 그러나 짙은 글씨 부분을 잘 살피면 비록 '의미' 단원을 설정하지는 않았지만 내용 자체가 배제되지는 않는다. 의미의 단어 층위 내용(단어의 의미)는 '단어' 단위에, 의미의 문장 층위 내용(문장의 의미)는 '문장' 단위의 '국어의 문장 표현'에서 다루며, 담화 층위의 내용(담화의 의미)는 '담화' 단원[19]에 담았다. 즉, '의미' 단위의 모든 내용이 분산 배치된다. 그러나 이어지는 『독서와 문법』에서 문장 층위의 내용은 삭제된다. '교학'과 '창비'의 『독서와 문법』도 마찬가지다. '단어, 문장, 담화' 단원만을 설정하고 의미의 단어 층위 내용과 담화 층위 내용은 각기 단어, 담화 단원에 반영한다.

마지막으로 살필 2015개정 국어과 교육과정은 내용체계(형식)에 큰 변화를 주고 있다. 그러나 내용체계 및 성취기준 및 구체적인 내용 요소는 '2009개정(2)'와 크게 다르지 않다.

(16) 2015개정 '언어와 매체' 및 '국어' (문법영역) 내용 체계[20]
- 영역 : 국어의 탐구와 활용
- 일반화된 지식 : 국어는 '음운, 단어, 문장, 담화'의 체계로 구성된다.
- 내용 요소 : (전략) 의미 관계와 어휘 사용 (후략)

위에서처럼 문법의 체계에서 '의미' 단위는 설정되지 않는다. 그리고 '의미 관계' 정도가 단어 단위 내용 요소로 나타난다. 관련 교과서가 아직 불투명한 상태이기는 하지만, 해당 교육과정이 학습자의 학습량 적정성을 고려해 상당수의 문법 교육 성취기준이 축소되고 있으므로 '의미' 관련 교육내용은 최소한 정도로 축소 제시될 것으로 보인다.[21]

19 '천재' 교과서에서 '담화'는 『독서와 문법 II』에서 기술하고 있다.

20 2015개정 교육과정의 내용체계는 널리 알려졌으므로 지면 관계상 주요 내용만을 옮겼다.

21 본 연구의 초고가 작성된 시기에는 2015개정 교육과정에 근거하는 『언어와 매체』 교과서가 출간되지 않았다. 이후 5종의 검정 교과서가 출간되었고 각 교과서의

이상의 논의 내용을 요약하면, 문법 교육으로서의 의미 교육은 제5차 교육과정 시기에서부터 비롯되었으며, '단어, 문장, 담화'와 함께 '의미'가 독립적 문법 단위로 설정되었었으나 최근의 '2009개정(2)'와 '2015개정'에서 문법 단위로서의 '의미'는 구성되지 않는다. 한편 내용적인 측면에서 '의미의 정의, 의미의 유형, 의미 종류, 의미 관계, 의미 변화, 문장, 담화 층위의 의미(생성)' 등과 같은 내용으로 외연이 확대되어 오다가 최근에 이르러 단어 층위의 '의미' 정도로 그 외연이 다시 축소되는 과정을 거쳐왔다고 할 수 있다.

3. '의미 교육'의 현황에 대한 진단

본 장에서는 위에서 살핀 의미 교육의 객관적 현황과 관련하여, 각 교육과정별로 의미 교육이 어떻게 인식되었는지를 다시금 진단해 보고자 한다. 앞서 제5차 교육과정에서 문법 단위로서의 '의미'를 세우고 일정한 체계성을 갖추었지만 '의미'의 단어 층위 내용으로 집중화된 것으로 보았었다. 내용 기술에서 '단어의 의미'라는 한정적 표현으로 '의미' 단위를 내세우고 있다는 점, '의미 관계'를 '단어'로 한정한다는 점, '의미 변화'를 단어로 한정하고 있다는 점[22] 그리고 문장 층위와 담화 층위에 대한 것이 명시적이지 않은 점 등이 그 이유이다. 그렇지만 이 사실은 또 다른 측면에서 살필 필요가 있다. 『문법』 교과서에서 '의미의 사용'과 관련하여 '중의성'을 '어휘적 중의성'과 '구조적 중의성', '은유적 중의성'으로 설명하는데 다의어를 전제하는 '어휘적 중의성'은 의미의 단어 층위 내용으로, '구조적 중의성'은 의미의 문장 층위 내용으로

내용분석은 최웅환(2019)을 통해 이루어졌으므로 해당 교과서에서의 의미 교육 반영에 대한 구체적인 내용은 그 논의로 대신한다. 본 연구에서 예견하였던 바대로 대체적으로 '의미' 단위가 설정되지 않고 있으며, '단어' 단위에서 '단어의 의미관계' 정도를 반영하는 정도에서 그치고 있다.

22 부록으로 '옛말의 문법'을 두었지만 의미를 포함하는 국어의 변화를 다루지는 않았다.

볼 여지를 안고 있으며, '은유적 중의성'은 (문학적 표현을 포함하는) 담화(또는 텍스트) 층위의 내용으로 이해할 여지를 안고 있다. 그리고 '간접/직접 표현'은 상황을 고려한 의미 해석으로 의미의 담화 층위 내용으로 볼 수 있으며, 관용적 표현, 잉여적 표현은 의미의 어휘(또는 단어) 층위나 담화 층위 내용으로 볼 여지를 갖는다. 현상적으로는 이들을 '의미의 사용'이라는 항목으로 묶어 처리한 것이지만 이는 해당 교육과정 당시 어휘론이나 화용론(담화) 등이 반영되지 않은 한계에서 비롯된 것이라는 진단도 배제되지는 않을 것이다. 이러한 진단에서라면 해당 시기 국어과 교육과정 속에서 문법 교육의 일환으로서 '의미 교육'이, 비록 체계성이 충분치는 않지만, 내용적 측면에서는 총체적 모습을 보여준 것이며 최소한 그 단초들을 함축하였다고 할 수 있다. 문장 층위와 담화 층위에서의 의미에 대한 이해가 언어학적 사실로서보다는 언어생활이나 소통을 위한 언어 기능에서 더 효용성이 있다고 판단하였다면 '의미의 사용'이라는 항목 설정은 해당 교육과정 시기에서는 최선의 방법이라는 긍정적 평가를 받을 수도 있을 것이다. 또한 최근 '담화 중심 통합적 문법 교육'이나 언어 기능 능력과 연계한 인지언어학적 접근에 기반하는 어휘, 문장, 담화 층위에서의 의미해석 작용에 대한 이론적 연구(임지룡 2017)의 선제적 단초라는 평가 또한 배제하지는 못할 것으로 보인다.

제6차 '문법' 교육과정에서의 '의미'는 제5차와 비교할 때 '의미의 사용'이 삭제되면서 의미의 단어 층위 내용만을 다루는 한계점을 보여주었다고 하였다. 그러나 『문법』 교과서에서 제5차에서는 보이지 않았던 '바른 언어생활' 단원에 주목해 볼 필요가 있다. 앞서 언급하였듯이, '의미'는 언어에 관한 교육뿐만 아니라 언어 자체 교육의 관점에서 바라 볼 수 있다. 이에 기대면 의미의 '문장, 담화' 층위는 언어 사용(기능)과 연계될 수 있다. 제6차에서의 '바른 언어생활'은 그러한 의도의 단서로 볼 수 있다. 해당 단원 중 '문장' 부분에서 '문장의 구조적 중의성', '모호성' 등이 언급되고 있는데 이는 의미의 문장 층위 내용으로 다루어지고 있는 부분이다. 그렇다면 제6차 교육과정에서의 의미 단원은 체계상 단어 중심으로 이루어져 있지만 교육내용의 외연은 제5

차와 마찬가지로 문장 층위까지로 확대 해석해도 될 것이라 판단된다.

한편, 앞서 살핀 제7차 교육과정에서의 '의미 교육'은 어휘 단원이 설정되고 담화 단위에 대한 내용 확충이 생기면서, 문법 단위로서 '의미'가 설정되기는 하지만 그 외연은 더욱 '단어 층위' 내용으로 제한된다고 보았다. 내용체계에서 보였던 '의미의 변화'도 실제 『문법』 교과서에서 의미 단원의 내용으로 나타나지 않고 부록의 '국어의 변화'에서 다루면서 '언어와 의미, 단어 간의 의미관계'만을 제시하고 있다는 데서도 그 사실이 확인된다. 그러나 아래 [9학년]의 교육 내용을 주목해 보고자 한다.

(17) 문장의 구조로 말미암아 의미가 여러 가지로 해석되는 현상을 안다.([9학년])
(수준별 학습) 중의적인 표현을 여러 가지로 해석해 보고, 중의 현상이 생긴 이유를 말한다.

위와 관련된 구체적인 내용이, 비록 본문 내용은 아니지만, 『문법』 교과서 문장 단원(中 문장성분)에서 '가꾸기' 활동(157쪽)으로 다루어지고 있다.[23] 이러한 내용을 문장 단원에서 다루게 된 데에는 나름의 이유가 있을 것이다. 해당 내용은 문장의 구조라는 측면과 그 의미해석이라는 두 측면에 초점을 둔 것이다. 후자의 시각에서라면 의미의 '문장 층위' 내용으로 다룰 수 있을 것이다. 그러나 이것만으로 의미의 단어 층위와 대비되는 문장 층위를 세우기에는 부족함이 있어 보인다. 어찌되었던 의미의 문장 층위 내용에 대한 단서적 사실은 7차 교육과정에서도 부분적으로 남겨 두었다는 점은 사실이다.

본고에서 더욱 주목해 두고자 하며 관련 연구 성과가 더 필요했음을 보여주는 것이 바로 '2007개정, 2009개정(1)'에서 보인 '의미 교육' 내용이다. 앞서

23 활동을 위한 예로 "슬픈 곡예사의 운명", "불가불가(不可不可)"을 들고 있다. 각 성분 간에 구조적 중의성이 있어서 구조를 어떻게 보느냐에 따라 '[[슬픈 곡예사]의 운명]/ [슬픈 [(곡예사의) 운명]]', '[不可不] [可] / [不可] [不可]'와 같은 해석이 될 수 있음을 탐구활동으로 보인 것이다.

보았듯이, 내용체계에서 이전과 마찬가지로 '의미'를 독립적인 단위로 두었고 무엇보다 '문장, 발화, 담화의 의미 생성 방식'을 그 교육내용으로 추가하였으며 '합성성의 원리, 문장의 의미 관계, 중의성과 모호성, 전제와 함의' 등으로 단어 층위와의 일정한 대비적 구조성을 보여주는 내용으로 확충하면서 단어 층위 중심의 의미 교육이라는 문제점을 일신 시킨 것으로 보이기 때문이다. 이러한 교육내용이 좀 더 지속되는 과정에서 연구가 더 있어야 했지만 그러지 못한 채 곧바로 '2009개정(2)'이 이루어지면서 문법 단위로서의 '의미'가 사라지고 그 교육내용의 외연이 '단어 층위'로 국한되면서 오늘에 이르게 되었다고 판단된다. 이와 관련하여 의미 교육의 그러한 추이에 문제의식을 갖는 것은 그 추이가 문법 교육 내용의 새로운 체계화 필요성에 따른 것이기보다는 '학습자의 학습량 적정화'라는 명분으로 두 권의 『독서와 문법』을 단권으로 통합하는 과정에서 그리고 양적인 성취기준 줄이기가 되고 있는 최근의 교육과정이 갖는 의도에 기인하는 것으로 보이기 때문이다.

4. 마무리

이 글은 국어과 교육과정의 흐름 속에서 '의미' 및 '의미 교육'이 어떻게 인식되고 반영되어 왔는지 그 현황을 살피고 필자 나름의 진단을 하는 데 목적이 있었다. 그것은 그간의 각 연구가 당시 교육과정의 의미 교육에 대한 비판적 검토에 근거해서 의미 교육의 방향성을 말하는 방식만을 취해왔기 때문이다. 본 연구에서 각 교육과정별 의미 교육을 살핀 이유는 특정 교육과정에서 보이는 의미 교육의 체계는 이전 교육과정과 무관하지 않고 또 다음의 교육과정과도 연계되는 것이며 그 상관성 속에서 교육과정별 의미 교육의 현황을 바라볼 때 가장 정확한 진단이 될 수 있겠기 때문이었다. 그 결과 제5차 교육과정에서 문법 교육의 일환으로 세워진 '의미 교육'은 지금에 이르기까지 그 위상이 축소되는, 다소 부정적인 추이를 보여 왔다는 진단을 하였다. 그렇지만 문법 교육의 한 부분으로서 '의미 교육'이 세워질 것을 암묵적으로 요구하였다. 그와 관련하여 간략하게나마 제언을 두고자 한다.

문법 교육 내용으로서의 '의미 교육'은 각 문법 단위 간의 체계성과 언어기능 영역과의 연계성을 고려할 필요가 있다. '2007개정, 2009개정(1)'에 따른 『독서와 문법 I, II』과 '2009개정(2)'에 따른 『독서와 문법』 교과서 체제는 짧은 시간에 나타난 것이지만 의미 교육의 내용을 담아내는 체계의 양극을 보여주었다고 할 수 있다. 전자는 '단어, 문장, 담화' 단위에서 각 문법 단위별 '개념과 구성, 짜임새, 기능' 등 구조적 특성을 중심으로 두고 '의미' 단위에서 '의미의 정의와 유형, 종류, 의미관계'와 '단어, 문장, 담화 층위에서의 의미 해석 내용'을 중심 내용으로 두어 각 문법 단위 간의 체계성을 보였다면, 후자는 의미와 관련된 제반 내용이 문법 형식과 무관하지 않음을 전제로 '단어, 문장, 담화' 단위를 문법 단위로 두고 그 각각에 의미적 특성으로서 의미 교육 내용을 배치하는 방식이다. '의미'가 문법체계의 한 단위로 세워지느냐 내용 차원에서 각 문법 단위 교육 속에 담기느냐 하는 차이일 뿐 의미 교육이 배제되는 것은 아니므로 양자의 기술 체계와 방법은 각기 나름의 의의가 있다고 할 수 있다.

그러나 여기서 유의할 점이 있다. 그것은 학문적으로 '의미론'에 대한 연구가 필요한 것과 달리 문법 교육 속에서의 '의미'는 '단어, 문장, 담화'와 같은 언어 형식과 등치적인 또 하나의 형식으로 보기 힘들다는 비판을 비켜가기 어렵다는 점이다. '의미'는 언어라는 층위에서 보면 형식에 담긴 내용이다. 우리가 언어를 사용하는 이상 '의미'는 언어생활에서 배재될 수 없는 의사소통의 한 축이다. 우리나라의 첫 국어과 교육과정에서부터 '의미'는 말하기, 듣기, 읽기, 쓰기와 같은 언어활동에서 배제할 수 없는 중심 요소였다. 그러나 이것이 '의미 교육'을 소홀히 하게 된 이유이기도 하다. 언어사용 기능교육에서는 '의미'라는 것의 실체가 다분히 추상적이며 부차적이거나 근저적인 교육 내용으로 이해될 수 있기 때문이다. 예를 들어 '읽기가 의미 구성과정임을 안다.'나 '글에서 함축적인 의미로 쓰인 단어를 찾아보고, 그 단어가 불러일으키는 정서적 반응에 대하여 말한다.'는 읽기 교육에서 '의미'가 무엇인지를 교육하거나 사전적 의미와 비교할 때 함축적 의미가 무엇인지에 대한 교육을 해야 하는 것은 아니다. 물론 그것이 불필요하다는 것은 아니다. 앞의 각주 12)에서 보였듯이 제5차 교육과정의 읽기 영역이나 '독서' 교육과정에서 문법(의미)교육내용으로 다루고 있는 것을 중복해서라도 읽기 영역의 주요 교육내용으로 삼고 있는 것은 바로 그러한 필요성의 단면으로 여길 수 있다. '의미'가 언어 기능 그 자체가 아니고 '문학' 그 자체가 아니며 언어에 관한 것의 일부임도 부정할 수 없다면, 언어에 관한 교육으로서의 의미 교육이 가져야 할 체계성과 위상, 그리고 그 교육내용이 문법 교육 속에 충분히 고려돼야 한다. 이것이 언어 기능 층위에서의 '의미'에 대한 교육으로 어떻게 확장될 수 있을지에 논의를 통해 의미 교육의 효용[24]을 확대할 수 있는 방안을 검토할 필요가 있다. 최경봉(2012: 146)에서 문법의 유형을 '형성의 문법(음운, 단어, 문장 등의 구성 법칙), 의미의 문법(어휘 유형, 의미관계, 문장 의미, 각 문법 단위의 표현 의도 및 효과), 담화의 문법(각 문법 단위의 표현 의도 및 효과[25], 담화의 구성)'으로 세운 것은 바로 단어나 문장 등과 등치적인 단위로서 '의미'를 내세울 수 없음에 대한 대안이라고 할 수 있다. 이러한 체계화 모색에서 또 고려해야 할 것은 '단어, 문장, 담화' 형식이 갖는 내적 상관성이다. 체계상 분할되는 단위이지만 언어생활의 관점에서 보면 담화 형식에 문장이 포괄되거나 함께 다루어져야 할 것이다.[26] 앞서의 논의에서 '담화(이야기)'가 문법 단위로 설정되는 단계에서 '의미' 단원의 내용이 그곳으로 이양되거

24 임지룡(2006: 108-110)에서 의미 교육의 목적과 관련하여 네 가지의 효용을 언급하고 있다. '형식에 담겨진 내용으로서의 효용, 기능 교육 및 문학 교육 이해의 기본으로서 효용, 인간 및 문화 이해의 기초로서의 효용, 응용국어학에서의 효용'으로 요약된다.

25 '각 문법 단위의 표현 의도 및 효과'은 의미문법과 담화문법에 공히 적용되는 것으로 보았다.

26 이런 점에서 보면 단어 층위의 의미 유형에 대한 이해의 경우도 문맥이나 담화 상황에 근거하는 해석에 따른 것이라는 점에서 담화 층위와 온전히 분리되기는 힘들다.

나 편입되는 경우도 바로 이러한 저간의 사실 때문이라고 할 수 있다. 더불어 담화 층위는 말하고 듣고 읽고 쓰는 언어생활에 가장 밀접하고 직접적인 형식이라는 점에서 각 문법 형식의 통합형으로서의 모습도 갖는다.

이상의 논의를 바탕으로, 언어교육 차원에서의 '의미'와 언어에 관한 교육, 즉 문법 단위로서의 '의미'가 일정한 상관성을 갖는, 문법 교육에 국한된 것이 아니라 국어과 교육과정에서의 체계성을 고려한 '의미 교육'의 위상 세우기를 적극적으로 구안해 볼 필요가 있다는 점을 제언해 두고자 한다.

참고문헌

1. 자료

<국어과 교육과정>

교수요목~2015개정 국어과 교육과정 및 해설서.
(http://www.ncic.re.kr/mobile.dwn.ogf.inventoryList.do)

2. 논저

고춘화(2016), "의미의 역동성을 고려한 의미 교육 내용 연구", 『국어교육학연구』 51(2): 193-221, 국어교육학회.

구본관 · 신명선(2011), "원리 중심의 문법 교육에 대한 연구", 『국어교육연구』 27: 261-294, 서울대학교 국어교육연구소.

구본관(2016), "문법 연구의 변화와 문법 교육의 변화", 『국어교육연구』 37: 197-254, 서울대학교 국어교육연구소.

김광해(1997), 『국어지식 교육론』, 서울대학교 출판부.

김윤신(2015), "국어 문법 교육에서의 의미 교육의 한계와 전망", 『새국어교육』 98: 357-386, 한국국어교육학회.

김은성 · 박재현 · 김호정(2008), "문법 교육 내용 체계화 연구", 『국어국문학』 149: 731-753, 국어국문학회.

김호정 · 박재현 · 김은성(2008), "문법 교과서 '의미 단원'의 교육 내용 연구", 『교육과정평가원연구』 11(2): 89-108, 한국교육과정평가원.

신명선(2010), “인지의미론의 연구 성과를 활용한 문법 교육 내용 개선 방안”, 『한국어 의미학』 31: 77-108, 한국어 의미학회.

이동혁(2009), “의미교육 개선을 위한 인지언어학의 함의”, 『우리말글』 46: 43-66, 우리말글학회.

이문규(2001), “국어 지식교육의 성격과 방향”, 『어문학교육』 23: 259-282, 한국어문교육학회.

이문규(2003), “국어지식의 가치와 교육방향”, 『국어교육연구』 35: 149-170, 국어교육학회.

임지룡(2006), “의미 교육의 학습 내용에 대하여”, 『한국어학』 33: 87-116, 한국어학회.

임지룡 외(2014), 『문법교육의 인지언어학적 탐색』, 태학사.

임지룡(2017), “해석 작용의 양상과 의미 특성”, 『국어교육연구』 65: 139-170, 국어교육학회.

최경봉(2012), “의미교육과 국어교과서”, 『한국어학』 57: 121-152, 한국어학회.

최웅환(2018a), “국어과 문법교육의 재검토”, 『우리말글』 77: 187-214, 우리말글학회.

최웅환(2018b), “문법교육 내용범주의 체계화에 대하여”, 『어문학』 142: 505-531, 한국어문학회.

최웅환(2019), “교과서 『언어와 매체』의 비판적 검토”, 『문화와 융합』 41: 713-740, 한국문화융합학회.

한국어교육용 기초 어휘의 의미

강 현 화*

1. 들머리

본고는 한국어교육용 어휘 선정의 쟁점을 살펴보고 어휘 선정을 위한 과제와 전망을 제시하는 데에 목적을 둔다. 그간 한국어 교육계에서는 다양한 이름으로 어휘 선정의 연구가 진행되어 온 것이 사실이다. 대부분의 연구는 교육용 기본 어휘 혹은 기초 어휘라는 이름으로 연구되었고, 일부는 초급 어휘 혹은 학습용 어휘라는 이름으로도 제시되었다. 선행 연구들은 연구의 목적과 방법이 상이하므로 각각의 용어가 표상하는 개념도 동일하지 않고 제시되고 있는 목록의 수도 일치하지 않는 측면이 있다. 따라서 한국어교육용 기초 어휘는 우선 '한국어교육용'이라는 목표를 두고 이에 부합하는 선정의 방법과 절차를 논의해야 한다.

최근 도구적 동기로 한국어를 학습하는 학습자가 크게 증가하고 있고, 이들에게 한국어능력시험(TOPIK)이라는 평가를 통한 숙달도 측정은 매우 중요한

* 연세대학교 국어국문학과 교수, khang@yonsei.ac.kr

문제가 되고 있다. 아울러 국립국어원(2012, 2013)을 중심으로 해서, 숙달도별 표준 교육과정의 설계나 교재 자료 개발도 활발히 진행되고 있다. 이런 측면을 고려한다면 언어 교육에서의 어휘 선정은 교육과정 설계나 교재 개발 연구, 그리고 평가에 기반이 되는 실용적이고도 필수적인 작업이다. 즉, 막연하게 기본 어휘 관점에서의 연구보다는 구체적이고 특정한 교육과정에 초점을 두고 이에 활용될 어휘 선정을 논의하는 것이 필요하다.

논의에 앞서, 어휘 선정에 관련된 용어들을 정리해보자. 먼저, 해당 언어의 속성에 초점을 둔 기초 어휘(basic vocabulary)가 있다. 우선, 기초 어휘는 일상생활에 필요한 언어 표현 단위로서의 어휘 집합으로, 전문가에 의해 보통 주관적이고 연역적인 방법으로 선정된다. 이런 이유로 선정 방식이나 범위가 비교적 제한되어 있으나 어휘군 별로 균형성을 갖추고 있는 것이 대부분이다. 따라서 일상생활에서 자주 접하는 화제별 어휘들, 예를 들면 의식주 관련 어휘, 색깔 어휘나 신체 어휘, 시간이나 공간을 나타내는 어휘 등과 같이 개념을 중심으로 하여 개별 단어의 빈도에 집착하지 않고 균형적으로 설계되는 경우가 많다.

다음으로 핵심 어휘(core vocabulary)라고 불리는 것이 있다. 이들은 '중핵 어휘'로 번역되기도 하는데, 이는 전체 어휘들의 핵심이 되는 어휘를 의미한다. 즉, 어휘 목록을 위계화한다고 했을 때, 대부분의 상황에서 쓰이는 초기 레벨의 단어들을 의미한다. 핵심 어휘는 비핵심 어휘와 견주어 기본 의미를 가지며 파생력을 가지고 있고, 중립성을 띠는 고빈도 단어들이다. 이런 이유로 언어 교육자들은 특히 언어 학습의 효용성 면에서 핵심 어휘에 많은 관심을 보인다. 자주 인용되는 어휘의 숫자는 2천 정도이며, 이는 대부분의 모국어 화자들이 일상의 대화에서 사용하는 단어의 대략적인 숫자와 일치한다. 이러한 핵심 어휘는 학습자들이 우선적으로 학습해야 할 대상이 되며, 고빈도 핵심 어휘를 갖춰는 것이 중요하다고 본다.[1]

1 핵심 어휘의 특성으로는 중립성(문화 중립적, 담화장 중립적, 담화 참여자 중립적), 두루 쓰임(문어와 구어, 어휘 대치력, 연어 결합력, 의미 확장성), 기본 의미(개념 의미, 상위어, 의미 풀이에의 사용), 파생력(요약어로 사용, 명백한 반의어를 가짐, 조어력)이 높은 단어로 알려져 있다.

마지막으로 기본 어휘(basic vocabulary)[2]라는 용어가 활발히 사용된다. 기초 어휘나 핵심 어휘가 주로 어휘 간의 관계를 바탕으로 선정된다고 한다면, 기본 어휘는 이와는 구별되어, 특정한 목적을 가진 특정 대상을 염두에 두고 목표에 따라 선정된 어휘를 의미한다. 예를 들면 '교육용 기본어휘'와 같이 용도를 명시하게 되는 경우가 많다. 기본 어휘는 구체적인 목적을 위해 선정되므로, 해당 목적과 연계되는 구체적인 언어 자료를 바탕으로 추출되어 객관적이고 귀납적인 방법으로 선정되는 것이 일반적이다. 한국어 교육용 기본 어휘는 한국어 학습자의 필요와 밀접하게 연관된 언어 자료에서 빈도가 넓고 사용 범위가 넓은 단어들로 구성된다. 대부분의 학습자들은 언어 습득의 초기 단계에서는 일상생활에서의 의사소통을 목적으로 한다는 점에서 교육용 기본 어휘를 선정하여 교수하는 것은 의미를 가질 수 있다. 이상으로 논의된 기초 어휘나 핵심 어휘, 교육용 기본 어휘는 모두 고빈도 어휘나 광범위하게 사용되는 어휘들이 주축이 된다는 점에서, 실제 어휘 목록 간에는 서로 간에 겹치는 부분이 많을 것으로 추정된다. 결국 각각의 어휘들은 선정의 목적이나 방식 면에서 차이를 보이는 것이므로,[3] 어휘 선정의 목표를 무엇에 둘까에 대한 논의가 선행되어야만 그에 따른 어휘 선정이 이루어질 수 있음을 확인할 수 있다.

2. 한국어교육용 어휘 선정의 쟁점

어휘 선정의 쟁점을 차례로 살펴보자. 첫째는 기본 어휘의 수와 단위에 관한 문제가 쟁점이 된다. 먼저, 그간 이루어진 한국어 교육용 기본 어휘에 대한 선행 연구에서 제시한 어휘 항목의 수는 그 편차가 적지 않았다. 선행 연구들은 기본 어휘 혹은 초급용 어휘 등 다양한 용어로 언급 되었는데, 이들의 수를

2 기초 어휘나 기본어휘 모두 basic vocabulary로 번역되는 게 일반적이다.

3 실질 어휘가 아니더라도 고빈도 기능 어휘들은 역시 우선 학습의 대상이 된다. 한국어의 경우, 조사나 어미 같은 단어들은 전체 텍스트의 많은 비중을 차지하는 경우가 많기 때문이다.

비교해 보면 800-2,500개에 이르기까지 다양했다. 가장 적은 수는 700여 개이며, 가장 많은 수는 2,300여 개에 이른다. 이러한 차이는 이들 목록의 기반이 되는 언어 자료가 동일하지 않았기 때문으로 해석할 수 있다. 일부는 모어 화자의 코퍼스를 사용했고, 일부는 국어교육용 코퍼스, 일부는 주관적 방식으로 선정한 결과이다. 이들 연구의 평균적인 어휘 수는 약 1500여 개 정도인데, 적정 수를 산출하는 근거가 필요함을 알 수 있다.

〈표 1〉 어휘 선정 목록에 대한 선행 연구

조현용 1999	조남호 2002 A등급	임칠성 2003	국제 통용 표준 모형 2011 초급	김광해 2001	최길시 1998	서상규 외 1998	강현화 2013
725	982	1,038	1,683	1,845	2,000	2,337	1,836

어휘 선정의 적정한 수에 관해서는 한국어교육 현장이나 한국어 능력 평가에서 제시되는 어휘의 수를 참고의 대상으로 삼을 수도 있다. 현행 한국어 교재를 분석한 결과, 초급에서 평균 3,500여 개의 어휘를 제시하고 있었고, 토픽의 초급에서도 약 2,500여 개의 어휘가 출제된 바 있어 초급에서 배우는 어휘의 평균량은 3000여 개에 이름을 알 수 있다. 이는 선행 연구의 어휘 목록 수인 평균 1,500개에 비해 2배에 이르는 수치로, 교재나 평가에서 노출된 어휘 수가 목록의 수보다 많음을 확인할 수 있다.

다음으로는 단위의 문제이다. 영어권 연구들에서 1,000-2,000개 내외로 제시되는 기본 어휘의 숫자가 단어족 단위임을 감안한다면, 도표의 1,000개 이하의 목록은 영어에 비해 상대적으로 매우 적은 수가 산정된 셈이다. 도표의 대부분은 단어족이 아닌 단어 숫자이기 때문이다. 즉, 단순한 항목 수 차이보다 이들 숫자의 단위들이 명시되는 것이 중요하다. 실제로, 위의 숫자들이 개개의 단어 형태(type)를 의미하는지, 레마(lemma)[4] 단위인지, 단어족(word

4 레마는 '먹다, 먹어서, 먹으니' 등과 같은 용언의 활용형을 하나로 산정하는 방식이다. 대부분의 선행 연구는 용언의 활용형은 하나의 단어로 처리했고 파생어는 별개의 단어로 본 레마 단위의 목록이 가장 많았다.

family)의 개념인지를 명시하지 않은 연구들이 대부분이다. 즉, 어휘 목록은 제시 방법(단어족이냐, 개별 어휘소냐), 품사 통용어의 제시 방식, 다의어 제시 방식 등에 따라 어휘소의 총수는 달라지기 때문에 명시적 정보를 제공하지 않는 한, 단순한 숫자 간의 비교는 큰 의미가 없다.

둘째는 어휘 선정의 방법 및 절차에 관한 문제이다. 한국어교육용 어휘를 선정하는 방법은 크게 세 가지로 나누어 볼 수 있다. 주관적 방법과 객관적 방법, 그리고 이 둘을 절충하는 절충적 방법이다.

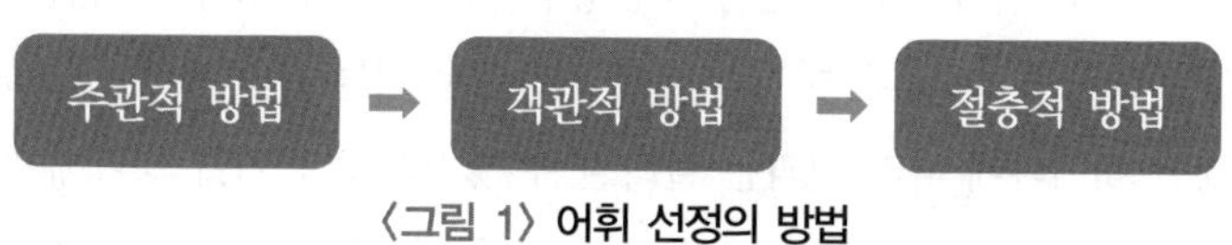

〈그림 1〉 어휘 선정의 방법

우선, 주관적 방법은 어휘론이나 어휘 교육론의 전문가가 직관적으로 어휘를 평정하여 선정하는 방법이다. 한국어 교수 현장의 오랜 경험을 가진 교사나 어휘 전문가들의 경험과 직관이 바탕을 이루므로 교수 현장에서 다루어지는 어휘들이 누락되지 않는 장점이 있다. 하지만 이 방법은 객관적인 자료에 기반하지 않았으므로 교수자에게 익숙한 교육과정에 노출된 어휘에 영향을 받을 수 있어, 현재 사용 중인 어휘 목록이 계속 답습되는 결과를 가져올 수 있다. 또한 평정의 주관성으로 인해 평정자 간의 일치도가 낮은 경우 타당한 목록 선정이 어렵다.

다음으로, 객관적 방법은 주로 어휘 연구자들에 의해 객관적인 언어 자료를 바탕을 둔 계량적 연구들이다. 주관의 개입 없이 자료의 객관적 처리에 의존하며, 개별 단어의 사용 빈도나 하나의 어휘가 출현하는 텍스트의 수를 통해 어휘의 사용 범위(range)를 분석하는 방법이다. 이런 접근은 학습자가 필요로 하는 어휘는 곧 학습자에게 노출될 언어 상황에서 사용되는 어휘라고 가정하는 관점이다. 객관적 방법에 의한 어휘 항목은 교수에의 적용성이 낮을 수 있는 단점이 있는데, 높은 빈도나 넓은 사용 범위를 가지는 어휘가 반드시 교수에서 필요로 하는 중요 어휘와 일치하지는 않기 때문이다. 또한 특정 숙달도에 적합하지 않는 단어가 포함될 수 있으며, 교수 학습의 환경에서 반드시 필요한 단어가 빈도가 낮아 누락될 수 있는 문제가 있다.

마지막으로, 절충적 방법은 위의 두 가지 방법을 모두 고려하여 가장 타당한 결과를 얻고자 하는 방식으로 언어 교육에서 많이 사용되는 방식이다. 언어 자료를 기반으로 한 계량적 연구의 결과와 전문가의 경험적 직관에 의한 판정 결과를 차례로 적용하는 방법이다. 엄밀히 말하면 두 방법의 단순한 혼합이 아닌 객관적 자료에 기반하되, 경험을 토대로 한 평정자의 판정이 부가되는 방식이다. 한국어교육 전문가의 평정과 학습자나 교사의 어휘 친숙도 조사 등이 포함될 수 있다. 하지만 실제 적용에서 이들 간의 세부 비중을 어떻게 조정할 것이냐에 따라 결과는 달라질 수 있으므로 근거가 명확해야 한다.

셋째는 목표 어휘를 어떻게 선정하느냐의 문제이다. 그간의 말뭉치 언어학자들에 의해 이루어진 등분 방식 연구들은 숙달도 단계별 어휘 학습을 근간으로 하는 언어 교육에 적용하기 쉽지 않았다. 초급의 제한된 어휘 규모와는 달리 중급 고급 어휘는 점차 확대되나 실제 교육과정에서 이를 모두 다루기는 어려우므로, 교육과정 기반 목표 어휘 관점에서의 방식이 활용도가 높다.

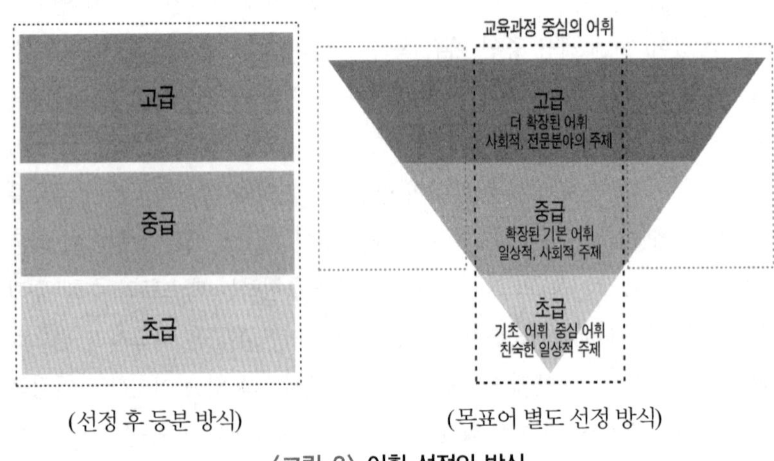

(선정 후 등분 방식) (목표어 별도 선정 방식)

〈그림 2〉 어휘 선정의 방식

그림의 <기존 방식>은 뭉치로 선정된 어휘를 등분하여 단순 등급화함에 반해, <숙달도 근거 방식>은 사용 어휘 중 학습자들이 반드시 알아야 할 학습의 목표어(굵은 네모 박스 부분)를 선정한다. 이 때 단순 노출어(역 삼각형 부분 전체)는 이해 어휘로 삼게 된다. 제한된 시수에서 이루어지는 수업을 고려한다면 현실적이다. 숙달도별 목표 어휘는 어휘의 빈도와 더불어 난이도, 교수나 학습 가능성, 교재 주제와의 연관성 등을 모두 고려되어 선정되어야 하며, 현장 교수에서의 적용력이 높아야 한다.

넷째는 어휘를 선정하기 위한 코퍼스의 적정성에 대한 문제이다. 그간의 어휘 연구는 많은 부분을 말뭉치 연구에 의존해 왔다. 언어 교육이 실제 사용 언어에 초점을 둔다는 점을 고려할 때, 목표 언어 화자들이 실제 사용하는 언어로부터 논의를 시작하는 것은 지극히 당연하다. 말뭉치 연구가 언어 교육에 가장 활발하게 사용되는 이유이다. 하지만 이러한 자료 기반 방식에는 반드시 전제되어야 하는 것이 추출 자료의 타당성과 대표성이다. 구어가 아닌 문어 자료의 비중이 지나치게 높거나, 제한된 장르에서만 추출한 데이터는 결국 실제 학습자가 노출되는 의사소통 환경에서의 단어 사용 빈도와 일치하기 어렵다. 구어나 문어의 세부 장르의 비중 역시 학습자가 필요로 하는 언어 환경의 균형을 담아야 하며, 학습자가 필요로 하는 주제나 상황을 반영하는 장르가 반드시 포함되어야 한다.[5] [6]

다섯째는 어휘 선정의 질적 접근과 관련된 문제이다. 언어 교육에서의 어휘

---

5 그간 사용된 말뭉치의 가장 큰 문제는 구어의 특성을 가장 많이 보여주는 일상 대화의 비중이 매우 적은 문어 치중적 자료라는 점이다. 또한 장르 불균형성의 문제도 보이는데, 소설과 신문 자료의 비중은 과연 한국어교육용 말뭉치로서의 타당성과 균형성에 의문을 가지게 된다. 이런 이유로 그간의 결과들이 현장 교수자들의 교육적 직관에 그리 부합하지 못했으며, 빈도에 기반한 결과물들을 학습 어휘로 등급화하기는 어려웠다.

6 한국어교육 자료(교재 및 평가 자료)는 교사의 인위적이고 경험 기반의 주관적인 자료이므로 이를 바탕으로 한 연구는 자체 회귀적이며 실제 언어 자료의 반영이라고 보기 어렵다고 비판되기도 한다. 하지만 실제 학습자들이 필요로 하는 구어 중심의 교수 학습 환경에서 밀접하게 접하는 교육적 실제성을 가진 자료라는 점에서는 이들 자료 역시 의미를 가진다.

능력이란 어휘를 이해하고 구사하는 데에 관련된 일체의 능력을 말한다. 어휘 능력은 학습자의 '어휘량'으로 생각되기 쉬운데, 학습자 어휘량이란 '개인 화자가 동원할 수 있는 어휘 목록의 범위'를 의미하는 것으로 학습자가 얼마나 많은 단어를 알고 있느냐 하는 것이다. 하지만 이것은 어휘에 관한 양적인 능력을 가리키는 것으로 어휘에 대한 질적 능력을 고려하지는 못한다. 어휘력이 풍부하다는 것은 개인의 인지적 능력과 연계되는 개념 지식이 풍부하다는 것을 의미한다. 어휘력은 기본적인 사고 활동이나 학술 활동에 반드시 필요한 능력으로, 개별 단어의 의미는 물론 그것을 문장 속에서 운용하는 지식까지가 모두 여기에 포함되어 결국 인지적 능력을 의미하게 되기 때문이다. 따라서 어휘 지식은 양적인 지식과 더불어 질적인 지식을 모두 합친 개념이 된다. 하나의 어휘소를 안다는 것은 해당 어휘소에 대한 깊이 있는 지식을 의미하는 것이며 아래의 지식을 모두 포함한다.

- 형식에 대한 지식(단어의 음과 단어의 철자, 단어의 형태와 조어법)
- 의미에 대한 지식(단어의 의미, 단어의 개념 및 연상적 의미)
- 문법에 대한 지식(단어의 문법적 기능)
- 용법에 대한 지식(연어 관계에 대한 지식, 사용 제약, 빈도 등)
- 능동적인 사용을 위해 단어를 상기할 수 있는 능력
- 구어나 문어 텍스트에 있어서 단어가 나타날 가능성에 관한 지식, 화용적, 담화적 기능과 그 문체 수준에 대한 지식, 해당 단어가 가지는 문화적 함의까지도 의미

어휘 지식은 개별 어휘소에 대한 지식과 더불어 어휘 체계에 대한 지식 모두를 아는 것을 의미하며, 언어 내적 지식과 더불어 언어의 외적 지식까지를 모두 포함한다. 즉, 어휘의 형태, 구조, 기능, 의미의 영역에서 구어나 문어의 사용역에서 생산과 수용의 측면에서의 지식을 모두 갖추어야 하는데, 이들은 결국 음성, 문자, 문법, 공기, 난이도, 문체, 관련어 정보 등의 다양한 언어 지식의 내용에 관여하게 된다. 또한 어휘의 질을 산정하기 위해서는 더 능숙

한 학습자와 덜 능숙한 학습자 사이를 구분하는 지침이 되는 어휘 풍요도(lexical richness)를 고려해야 하는데, 어휘 풍요도는 아래와 같은 요소로 측정된다.

- 어휘 개성(lexical individuality): 한 사람이 독특하게 사용하는 단어의 비율
- 어휘 밀도(lexical density): 실질 어휘[명사, 동사, 형용사, 부사]의 비율
- 어휘 다양도(lexical variation): 텍스트에 사용된 다른 단어의 비율(TTR)
- 어휘 세련도(lexical sophistication): 저빈도 어휘 또는 고급 단어의 비율

텍스트에 사용된 전체 단어 수와 비교해서 다양한 단어를 사용할수록, 저빈도어나 고급 단어를 많이 사용할수록, 철자 오류가 적고 문법적으로 정확하게 사용할수록, 의미를 정확하게 사용하고 단어 의미의 구체성이 있을수록, 의미 관계를 활용한 단어를 사용할수록, 연어나 관용구를 잘 사용할수록 질적인 어휘 지식이 풍부하다고 볼 수 있다. 학습자가 연어나 정형화된 연결 표현을 담화 상황에 적절히 사용한다면 더욱 질적 지식이 있다고 볼 수 있다. 따라서 어휘의 질적 중요도에 따른 어휘 선정이 부가적으로 이루어질 때 교육 현장에서의 활용도가 높아질 수 있다.

3. 한국어교육용 어휘 선정을 위한 과제

그렇다면 구체적으로 한국어교육용 어휘를 선정하기 위해서는 어떤 것들을 고려해야 할 것인가를 살펴보자. 이에는 몇 가지 과제들이 있다. 첫째는 어휘 선정의 원리를 명확하게 하는 일이다. 그간 어휘를 선정하기 위한 원리는 학자에 따라 다양하게 제시된 바 있다. 선행 연구들을 고려했을 때, 어휘 선정 및 위계화의 기준으로 빈도, 중복 범위, 포괄 범위, 학습의 용이성, 활용

성 등을 고려할 수 있다.

- 빈도: 빈도(frequency)는 각 단어가 얼마나 자주 등장하는 가의 문제이다. 한국어의 사용 양상을 보여 주므로 고빈도 어휘가 의미를 가진다. 분석되는 교재, 말뭉치에 나타난 어휘에 대해 통계적 처리로 유용성을 제공할 수 있다.
- 중복 범위: 중복 범위(range)는 한 단어가 등장하는 텍스트의 종류의 수를 통해 살펴볼 수 있다. 장르나 사용 영역을 포함하며, 넓게 사용될수록 의미를 가진다.
- 사용 분포 빈도(spread frequency) : 중복 범위 중 세부 코퍼스에서 유의미한 일정한 빈도를 유지하는지 여부인데, 세부 장르에서 일정 수를 빈도를 유지하는 것이 중요하다.
- 학습 용이성: 학습의 용이성은 학습이 쉽게 이루어지는 어휘 순으로 어휘를 고르는 것이다. 용이성은 (동족어와 같은) 유사성이 있는 어휘, (지시 대상의) 명료성이 있는 어휘, (단어 음절이 짧은) 간결성이 있는 어휘, (규칙적인) 규칙성이 있는 어휘, 학습 부담이 적은 어휘 등으로 기준을 상정할 수 있다.
- 활용성: 정해진 상황에 가장 적절하고 필요한 어휘를 사용할 수 있는지가 기준이 될 수 있는데 이는 요구분석이나 환경 분석이 선행되어야 하며, 어휘 의미 범주별 분류가 이루어져야 한다. 이 기준은 학습 대상별, 학습 목적별 어휘 산정에 효용성이 있다.

어휘의 빈도[7]는 각 단어가 얼마나 자주 등장하는 가의 문제이며 중복 범위는 한 단어가 등장하는 텍스트의 종류의 수가 얼마나 많으냐의 문제이다. 결

7 하지만 빈도만을 기반으로 하는 어휘 선정에는 다음의 몇 가지 문제점을 지니고 있다. ① 유용하고 중요한 단어가 기본 어휘에서 누락될 수 있다. ② 최상위 빈도의 어휘가 초급 학습자에게 적합하지 않을 수 있다. ③ 어휘 빈도 목록은 일정한 기준이 없으며, 필요로 하는 글의 종류에 따라 다르게 선택될 수밖에 없다. ④ 어휘 빈도 목록의 순서와 교수에 필요한 어휘의 중요도는 일치하지 않는다. ⑤ 학습자의 수준에 적합한 신뢰성 있는 어휘 빈도 목록은 설정되기 어렵다.

과적으로 학습자에게 가장 유용한 단어는, 가장 넓은 범위를 지닌 빈도가 높은 단어라고 할 수 있으며 둘 다 객관적 분석의 지표를 바탕으로 산출된다. 어휘 선정의 준거들은 위와 같이 다양한 기준들이 존재하지만, 타당성을 확보하기 위해서는 한국어 교육과정의 고려, 학습자의 요구 분석이라는 적용성도 함께 고려되어야 하는 기준들임을 확인할 수 있다.

둘째는 어휘를 선정하기 위해서는 어휘를 산정하는(단어를 세는) 기본 단위를 정하는 것이 매우 중요하며 이를 명시하고 어휘를 선정해야 한다. 상이한 단어의 형태(type), 레마(lemma), 단어족(word family) 등 무엇을 세는 단위로 정할지에 따라 목록의 수는 달라진다. 따라서 목록을 만들 때에는 교수 학습의 목표에 따라 세는 단위를 확정해야 한다. '친절'이라는 단어를 예를 들어 보자. 우선 단어 형태는 상이한 형태이면 모두 개별 단어로 세는 방법이다. 다음으로 레마는 이 중 활용형은 개별적으로 처리하지 않고 전체를 하나로 세는 방법이다. 완전히 일치하지는 않으나, 보통 사전의 등재어는 이 방식에 가장 가깝다. 마지막으로 단어족은 파생어를 포함해서 그 전체를 하나로 세는 방법이다. 즉 단위가 무엇인지에 따라 그 수는 달라진다.

- 단어 형태 단위: 친철, 불친절, 친절하다, 친절한, 친절해서, 친절하고 …
- 레마 단위: 친절, 불친절, 친절하다(친절한, 친절해서 …)
- 단어족 단위: 친절(친절, 불친절, 친절하다 …)

단위 선정은 목표에 따라 달라질 수도 있다. 만약 어휘 목록을 작성하는 이유가 듣기와 읽기에 필요한 이해(receptive) 어휘 목록을 정하기 위함이라면 이러한 지식을 측정하기 가장 좋은 방법은 단어족이 된다.[8] '친절'을 알고 있다면 '친절하다'를 아는 것이 어렵지는 않다고 보는 것으로, 이는 굴절되고 파생되는 형태들의 형태와 의미가 서로 연관성이 있으므로 하나로 처리하면

8 그런데 파생형이더라도 어디까지를 단어족 안에 넣어야 할지를 결정하는 것은 명확하지 않다.

된다고 보는 것이다. 하지만 말하기와 쓰기에서 생산적인 사용을 위한 산출 어휘 목록을 정하기 위해서는 레마 단위나 형태 단위로 세는 것이 적절하다. 왜냐하면 하나의 단어족에 있는 각각의 단어를 어떤 형태로, 어떻게 사용하는지 아는 것이 중요하기 때문이다. 즉, 단어 목록을 구성할 때 세는 단위를 결정하는 일은 목록을 만드는 목적에 부합해야 한다.

셋째, 어휘 선정의 범위에 대한 구체화도 필수적인 과제이다. 구체적으로 어떤 것이 어휘 단위로 계산되고, 어떤 것이 별도의 목록으로 분리되어야 할지 결정해야 한다. 언어 교육에서 이러한 어휘 단위를 확정할 때에 가장 중요한 것은 '부담(burden) 원리'에 있다. 주로 실질 어휘에 초점을 두며, 문법 교수에서 주로 다루어지는 조사와 어미, 의존명사, 보조용언은 목록에 포함시키지 않는 경우가 많은데 이에 대한 명확한 입장을 제시해야 한다.[9] 아래는 어휘 단위의 산정에서 논의해야 할 요소들로 이에 대한 지침과 기준이 전제되어야만 전체 목록을 논의할 수 있다는 점에서 논의의 출발점이 된다.

(1) 고유 명사의 포함 범위: 고유 명사는 필수적인 어휘 항목이라기보다는 학습자의 요구에 의한 선택적인 어휘 항목으로 목록에 포함하게 될 경우, 그 범위를 어디까지 한정할 것인가에 대한 기준을 설정하기 어렵다. 고유 명사는 선행 단어에 대한 단계적인 지식을 요구하지 않으며, 사람 이름이나 지명, 음식 이름 등등의 많은 단어들이 고유명사의 목록을 이룬다. 문제는 고유 명사 안에도 다양한 단계가 있어서 사람 이름(예. 김지수)이나 개별 상품명(예. 상품명 '구운감자')을 학습할 단어로 산정하기는 어렵지만, 주요 지역명(예. 서울이나 부산), 음식명(예. 김치, 김치찌개) 등은 학습 목록에 포함시킬 수도 있어 이들 간의 경계를 짓는 일은 쉽지 않다. 이들은 대부분 고빈도 목록에 속해서, 한국어 교재의 초급에도 고유 명사가 대거 출현하며, 언어 교육용 사전에서는 고유 명사를 적극적으로 목록에 포함하는 일이 많다. 따라서 기초

9 의존명사와 보조용언의 경우 대부분 다른 문법소 또는 어휘소와의 결합에 의해 덩어리(chunk) 단위의 문형 표현으로 다루어져서 문법 교육에서 더 중요한 의미를 가지기 때문이다. 다만, 실질적 의미를 가지는 접사의 경우에는 생산성 여부와 빈도를 기준으로 목록에 포함하기도 한다.

어휘의 관점에서 대표적인 나라 이름, 도시 이름, 음식 이름, 명절, 유적 등의 문화 어휘를 포함할 수 있을 것이다.

(2) 합성어 및 파생어의 목록: 선행 학습 단어로 쉽게 짐작할 수 있는 몇몇 파생 형태나 합성어와 같은 경우는 목록의 단위로 삼기 어렵다. 두 부분의 의미적 합성으로 대강의 의미를 이해할 수 있는 '학교생활'과 같은 의미가 투명한 합성어(transparent compounds)를 개별 목록으로 삼을 것인가도 문제가 된다.[10] 각각의 단어의 의미를 알면 전체의 단어 의미를 파악하는 데에 큰 어려움이 없기 때문이다. 하지만 합성의 의미적 투명성 역시 단어 간의 정도성이 존재하므로 어디까지 투명한 합성어로 볼 것인가는 문제가 될 수 있다.

(3) 외래어의 범위: 외래어 포함시킬 것인가의 문제와 포함시킬 경우 그 범위를 어디까지로 한정할 것인가도 논란이 있다. 개념적으로는 '한국어에 정착한' 외래어와 '다른 언어를 단순히 차용한' 외국어 간의 구분이 있지만, 사실 구체적인 목록으로 외래어와 외국어를 구분하기란 쉽지 않다. 외래어는 한국어 교재에서는 보수적으로 반영하고 있으나, 실제 생활에서 사용 빈도가 높은 단어들이 많아서 포함 범위와 수를 적극 고려할 필요가 있다. 학습용 어휘에 외래어를 목록에 포함하는 이유는 학습자들이 읽거나 들을 때 외래어를 알아야만 텍스트 전체를 이해할 수 있기 때문이다.

(4) 동음이의어의 빈도 산정: '배(선박), 배(신체), 배(과일)' 등과 같은 일반적인 동음이의어는 당연히 별도의 단어로 구분되지만, 형태나 의미 주석이 되어 있지 않은 텍스트에서는 구분하여 빈도를 세는 일이 쉽지 않으므로, 빈도의 일괄 적용에 주의해야 한다. 한편 다의어의 경우에도 다의 항목별 어휘 제시가 필요하므로 항목별로 별도의 빈도에 대한 고려가 반드시 전제되어야 한다.

(5) 줄임말의 산정: 한국어의 일상생활에서 줄임말(abbreviation)을 사용하는 빈도가 점차 늘고 있다. 이는 어휘의 경제성과도 맞물리며, 집단 간에 즐겨

10 『표준국어대사전』에서는 '학교생활'은 한 단어로 보고, '직장 생활'은 구로 본다.

사용하는 유행어의 측면도 가지고 있다. 줄임말은 그 유형이 다양하고 사용 범위가 넓을 뿐만 아니라 규범에서 벗어난 표현들도 많아 범위를 정하기 쉽지 않다. 이들 역시 단어 목록으로 처리할지 여부를 고민해야 한다. '수능(대학 수학 능력 시험)'과 같이 약어가 더 고빈도로 사용되는 것도 있으나, 일부 사용자들에게만 익숙한 목록도 있기 때문이다.[11]

(6) 존재하지 않는 단어, 주변적인 단어들의 포함 여부: 사전에 존재하지 않는 단어(non-words)도 문제가 된다. 신조어나 일시적으로 사용되는 단어들도 있고, 감탄사나 주저하는 단어들, 대화상의 무의미한 소리처럼 코퍼스에는 등장하지만 단어 목록으로 처리할 필요가 없는 것들도 있다. 또한 실제 언어 사용에서 고빈도로 사용되며 언중들 사이에서 보편적으로 통용되는 비규범적인 주변어(marginal words)들도 많다. 이들을 어휘 목록으로 산정할 것이냐의 문제도 있다.

(7) 품사 통용어의 처리: 품사 통용어는 하나의 형태가 여러 품사로 사용되는 것들이다. '사실'이 명사와 부사로 사용되거나, '할아버지'가 명사와 감탄사로 사용되는 것이 그 예이다. 표준국어대사전에서는 하나의 표제어 아래에 두 개의 품사를 주고 처리하고 있다. 한국어교육용 어휘 목록 산정에서 이들을 별개로 볼 것인지, 하나의 단어로 처리할 것인지가 문제가 된다. 의미 차이가 거의 없는 것은 한 목록으로 다루되, 의미 차이가 명확한 경우에는 별도로 제시하는 것이 좋다. 예를 들어 수사와 관형사로 사용되는 '다섯'은 품사는 다르지만 의미에 차이가 없으므로 하나의 목록으로 처리할 수도 있다. 하지만 지시 대명사 '어디'와 '벼르거나 다짐할 때, 되물어 강조할 때, 남의 주의를 끌 때 등'에 사용하는 감탄사 '어디'는 각각의 목록으로 처리하는 것이 바람직하다. 의미에 중점을 두는 방식이다.

(8) 다의 항목의 처리: 한 단어가 다양한 다의 항목을 가지기도 하는데, 이들 다의 항목은 학습자의 모국어에서는 별개의 의미 항목일 수 있다. 한국어

11 아울러 문화 상품권의 줄임말인 '문상'과 조문을 의미하는 '문상'이 동형이의어를 이루기도 해서 학습자들에게는 혼란을 줄 수 있다.

학습에서도 이들이 한 번에 제시되지는 않으며, 의미 항목별로 등급화되어 제시될 필요가 있다. 따라서 한 단어임에도 불구하고 별도로 산정할 가능성을 고려해야 한다.

넷째, 어휘 확장 교수를 위한 복합어에 대한 주목도 필요하다. 어휘 학습의 이해와 생산의 양쪽 측면에서 복합어의 교수 학습이 매우 중요함은 널리 알려져 왔다. 일반적인 언어 교육에서도 그러하지만 특히 첨가어적 특성으로 복합어가 매우 발달한 한국어에서는 더욱 강조되는 측면이며, 특히 숙달도가 증가할수록 어휘의 확장에나 모르는 단어를 추측하는 전략으로 복합어의 조어 단위가 활발히 활용된다. 상대적으로 복합어가 발달한 한국어의 특성상 어휘 전반에서 복합어가 차지하는 비중은 매우 높으며, 주요 조어 단위가 되는 접사나 어근에 대한 인식은 어휘 학습의 생산성에 큰 기여를 하게 된다. 어휘 교육의 측면에서 보면, 접사는 자체의 빈도도 중요하지만, 접사별 조어력(단어 파생력)도 중요하며 합성어의 생산력 있는 어근에도 주목할 필요가 있다. 그동안은 접사의 생산력에만 주목한 측면이 있으나, 의미가 크게 변하지 않는 병렬합성어의 경우, 활발하게 조어 단위를 이루는 어근에 대한 교수에도 주목해야 한다.

또한 단어는 아니나, 한 단어에 준하는 구 단위 형식이 있다. 이들 중 일부는 『표준국어대사전』에서도 구의 형식으로 등재하기도 하는데, 비록 띄어 쓰더라도 한 단위처럼 인식된다는 점에서 한국어교육에서는 중요하다.[12] 먼저, 단순히 빈도가 높아서 한 덩어리로 인식되기도 하는데, '봉사 활동', '신문 기사', '취미 생활' 등이 그것이다. 또 '하루 종일, 주의 사항'과 같이 두 단어 간의 공기 빈도가 매우 높은 예도 있다. 아울러 '서비스 센터, 관리 사무소, 유실물 센터, 개인 정보'처럼 특정 사용역에서 자주 사용되어 하나의 단어처럼 인식되는 경우도 있다. 한국어 교재에 나타난 구 단위 중 이러한 예들은 띄어쓰기에 혼란을 보이는 경우도 있는데, 이는 모국어 화자도 단어 여부를

12 한국어 교재 및 토픽 자료를 N-gram 분석하여, 구 단위로 인식되어 나온 복합 구는 모두 842개에 달했다.

구별하기 쉽지 않기 때문으로 추정된다. 한국어교육에서는 이들의 단어 성립 여부에 초점을 두기보다는 이들을 폭넓게 수용하여 의미 중심 어휘 교육에 활용할 수 있으므로 이에 주목해야 한다.

다섯째, 그간의 어휘 교수는 지나치게 낱낱의 단어에 주목해 왔다. 한국어 교육 현장에서 교수되는 어휘는 교수요목에 따라 화제에 종속되는 경향이 크므로 효율적인 교재 편찬이나 평가에의 활용을 고려하여, 주제나 의미 범주에 따라 어휘 목록을 구축하고 이를 교재 편찬이나 교수에 적극적으로 활용하는 일이 중요하다. 아울러 규범 사전에서의 어휘 의미 관계와 실제 사용 언어와의 괴리도 해결해야 할 문제이다. 규범과의 괴리는 관련어 정보에서도 나타나는데, 한국어교육 현장에서의 제시되는 관련어는 『표준국어대사전』에 비해 폭넓은 수용력을 보이고 있어, 『표준국어대사전』에는 관련 정보가 없거나 상이한 사례가 많았다.[13]

4. 마무리

이상으로 살펴본 바와 같이 한국어 기초 어휘의 선정은 어휘 간의 의미 관계나 조어력을 고려한 이론적인 선정과 말뭉치 기반의 자료 처리를 바탕으로 한 교육적 고려의 선정으로 구분해 볼 수 있다. 전자는 언어교육 이론 연구자의 관심 영역이 될 것이며, 후자는 언어교수 실천자들의 관심 영역이 될 것이다. 언어 교수자들은 필연적으로 한국어 교육의 목표나 교육과정(교육 시수, 교육 자료 등)의 문제와 연계하고자 하는데, 이는 현장에서의 적용과 밀접하게 연계되어 있고, 어휘 교수의 목표 설정이나 평가와도 밀접하게 관련되기 때문이다. 그간의 선행 논의는 연구의 목적과 활용성을 분명하게 하지 않은

13 『표준국어대사전』은 온라인 사전으로 계속 수정이 진행된다. 초급어휘를 대상으로 한 조사 시점에서 『표준국어대사전』에는 없는 경우는 211개 항목(유의어 109개, 반의어 104개, 높임/낮춤말 8개)이었고, 상이한 경우는 47개 항목(유의어 36개, 반의어 11개, 높임/낮춤말 1개)으로 나타났다.

채, 연구 결과의 교육적 활용이 선불리 제안되기도 했었다.

향후 '한국어교육용' 어휘 선정을 논의하려면 해당 교육에 적절한 말뭉치의 구성이 출발이 되어야 하며, 이에 따른 객관적 어휘 평정과 더불어, 어휘 단위 선정에의 고려, 그리고 교육 현장에의 적용 가능성(교육 시수 및 숙달도별 교육 목표와 연계된 어휘 선정, 교수 학습 가능성에 따른 어휘 선정)이 더불어 논의되어야만 구체적인 교육에의 활용이 이루어질 수 있을 것이다. 향후의 연구들은 어휘 선정의 목록만을 제시하기보다는 어휘 선정의 지침이나 절차를 충분히 공개함으로써, 해당 연구와 후속 연구가 연계되고 개선될 수 있도록 하는 것이 바람직할 것이다.

참고문헌

강현화(2014), "국내 한국어교육기관 교재 어휘 분석 연구", 『외국어로서의 한국어 교육』 41: 37-60, 연세대학교 언어교육원.

강현화(2015a), "한국어 교재의 숙달도별 품사 분석 연구", 『외국어교육』 22(1): 327-344, 한국외국어교육학회.

강현화(2015b), "한국어능력시험(TOPIK) 어휘 분석 연구", 『한국사전학』 25: 7-38, 한국사전학회.

강현화(2015c), "한국어교육용 복합어의 조어 단위 연구", 『언어와문화』 11(3): 45-72, 한국언어문화교육학회.

강현화(2016), "한국어교육 자료의 어종별 복합어의 특성 연구", 『문법교육』 26: 129-156, 한국문법교육학회.

강현화 외(2012), 『한국어 교육 어휘 내용 개발(1단계)』, 국립국어원.

강현화 외(2013), 『한국어 교육 어휘 내용 개발(2단계)』, 국립국어원.

강현화 외(2014), 『한국어 교육 어휘 내용 개발(3단계)』, 국립국어원.

강현화 외(2016) 『한국어교육 문법: 자료편』, 한글파크.

강현화 외(2017) 『한국어 유사 문법 항목 연구』, 한글파크.

김광해(2003), "교육용 어휘와 한국어교육용 어휘", 『국어교육』 111: 255-291, 한국어교육학회.

서상규 외(1998), 『외국어로서의 한국어 교육을 위한 기초 어휘 선정』, 한국어 세계화 추진을 위한 기반 구축 사업 1차 연도 결과 보고서.

이유경(2011), “한국어 어휘 의미 교육 등급 선정을 위한 기초 연구: 동사를 중심으로”, 『이중언어학』 47: 111-138, 이중언어학회.

임칠성(2002), “초급 한국어 교육용 어휘 선정 연구”, 『國語教育學硏究』 14: 355-385, 국어교육학회.

임홍빈 · 한재영(1993), 『국어 어휘의 분류 목록에 대한 연구』, 국립국어연구원.

Campion, M., & W. Elley(1971), *An Academic Vocabulary List*, Wellington: New Zealand Council for Educational Research.

Coxhead, A. J.(1998), *An Academic Word List*, English Language Institute Occasional.

Ghadessy, P.(1979), Frequency counts, words lists, and materials preparation: A new approach, *English Teaching Forum* 17: 24-27.

Lynn, R. W.(1973), Preparing word lists: a suggested method, *RELC Journal* 4(1): 25-32.

Martin, J. R.(2011), Systemic functional linguistics, in K. Hyland & B. Paltridge (eds.), *The Bloomsbury Companion to Discourse Analysis*, London: Bloomsbury.

Nation, I. S. P. & S. A. Webb(2011), *Researching & Analyzing Vocabulary*, Australia/Boston, MA: Heinle.

Praninskas, J.(1972), *American University Word List*, London: Longman.

Richards, I. A.(1943), *Basic English and its uses*, London: Kegan Paul, Trensch, Trubner & Co.

Thorndike, E. & I. Lorge(1944), *The Teacher's Word Book of 30,000 Words*, New York: Teachers College Press.

Xue, G. & I. S. P. Nation(1984), A university word list, *Language Learning and Communication* 3: 215-229.

한국어교육용 보조사의 의미 기능

이 소 림*

1. 들머리

국어 보조사 연구는 국어학 분야에서 꾸준히 이루어지고 있다.[1] 국어 보조사 연구들은 보조사의 의미와 기능, 범주 등을 통사, 의미, 담화문법으로 정의를 시도하고, 격조사와 어미, 접사 등과의 비교를 통해 보조사 목록을 제시하였다. 이런 연구들을 기반으로 마련된 보조사들을 사용 빈도, 학습 난이도 등을 고려하여 한국어 학습에 적용하려는 연구들이 한국어교육학계에서 이어지

* 광주과학기술원 언어교육센터 교수, sorimi7725@gist.ac.kr

1 나은미 · 최정혜(2009)와 박철우(2015)의 선행연구를 참고하여 국어보조사 연구를 정리하면 다음과 같다. 의미가 유사한 보조사들의 비교 연구로 류구상(1980), 홍사만(1974, 1979, 1983, 1984), 보조사의 범주 및 목록 연구로 최현배(1978), 성광수(1979), 홍사만(1983), 김승곤(1989), 보조사의 의미 기능을 화제와 초점으로 본 연구로 채완(2016), 최재웅 · 이민행(1999), 전영철(2005), 최규련(2005), 임동훈(2012), 격조사를 보조사 일종 또는 보조사와 같은 의미 기능을 가진 것으로 본 임홍빈(1972), 목정수(1998), 고석주(2001), 황화상(2006), 보조사를 접미사, 의존명사와 통합 양상을 살핀 황화상(2015), 격조사와 변별되는 보조사의 개념, 의미기술 방법 등을 논의한 임동훈(2015) 등이 있다. 이 글에서는 한국어교육학에서의 보조사 연구를 검토하고자 하므로, 국어학계의 보조사 연구 논의는 참고만 한다.

고 있다.

이 글은 외국어로서 한국어교육 영역에서 국어 보조사를 어떻게 교수·학습하고 있으며, 이에 대한 연구는 어디까지 이루어졌는지 연구사를 살피는 데 그 목적이 있다.

(1) a. 저는 잘 모르겠어요..
 b. ?제가 잘 모르겠어요.

예문 (1b)는 오류문인가? 한국어 모어 화자들은 (1b)를 틀렸다 말할 것이고, 한국어 교사들은 말하기 상황에서는 굳이 수정해 주지 않겠지만, 쓰기였다면 (1a)로 수정했을 것이다.

(2) a. 오늘이 토요일이다.
 b. 오늘은 토요일이다.

학습자가 예문 (2a)와 (2b)의 의미 차이를 묻는다면 교사는 어떤 답을 할 수 있을까? 이에 대한 대답을 찾기 위한 노력들이 한국어교육에서 보조사 교육 연구의 핵심일 것이다.

교착어인 한국어 학습에서 중요한 요소 중 하나는 조사와 어미다. 단순히 문장을 완성하는 데서 그치는 것이 아니라 유사한 조사나 어미 중에서 적절한 것을 선택하여 표현하는 것이 한국어교육의 목표이자 한국어 학습자들의 목표일 것이다. 한국어의 유창성뿐만 아니라 정확성을 높이는 것이 최종 목표이기 때문이다.

이 글은 한국어교육을 위한 보조사 연구의 흐름을 살펴, 향후 보조사 교육 및 학습이 어떤 방향으로 나아가야 할지 고민해 보려고 한다.

이 글의 진행 방향은 다음과 같다. 먼저 한국어교육에서 보조사 연구의 흐름을 크게 교육 항목으로서 보조사 연구와 학습자의 보조사 사용 오류 연구, 보조사 교수·학습 방안 연구로 나누어 선행 연구를 살필 것이다. 이는 이론적 기반이 될 연구들과 이를 교육 현장에 실현시키려는 노력들을 정리한다는 데 의의가 있겠다.[2] 다음으로 현재 보조사 교육 관련 연구들의 남은 과제와 향후 전망에 대해 논의하겠다.

2. 한국어교육용 보조사 연구의 흐름

한국어교육계에서 보조사 연구는 문법 항목으로서 보조사의 지위, 교육용 보조사 목록, 그 목록을 선정하는 방법, 선정한 보조사를 교재에 제시하는 순서와 방법, 이를 교실에서 교수 · 학습할 방안 등을 연구 주제로 삼아 왔다. 2장에서는 이들을 정리하여 현재 한국어교육용 보조사 연구의 흐름을 파악해 보고자 한다. 그간의 보조사 연구는 크게 첫째, 교육항목으로서 보조사 연구, 둘째, 학습자들의 보조사 사용 오류 연구, 셋째, 보조사 교수 방안 연구로 나눌 수 있다.[3]

2.1. 교육항목으로서 보조사 연구

황화상(2015: 310)에서는 보조사는 체언뿐만 아니라 부사나 활용 어미 등의 뒤에도 결합하는 분포 속성을 갖고 있어 격조사와 대비되지만, 그 기능이 의미적이라는 점에서 격조사와 구별되며, 보조사의 의미 기능이 형식적인(혹은 문법적인) 것인데, 여기에서 보조사와 그 주변 범주들을 둘러싼 문법 범주 식별의 문제가 비롯된다고 하였다.[4] 바로 이 점에서 보조사의 교육적 특수성

2 2018년 7월 현재, 한국어교육학 논문 중 '국어보조사'를 다룬 것들을 전수조사 했다고 해도 과언이 아니다. 그러나 이 글에서는 중요도를 판단하여 선별한 것이며, 선행연구 정리보다는, 연구의 흐름을 살펴 미진한 연구분야를 찾고, 향후 보조사 교육 연구가 나아가야할 방향을 찾고자 한다.

3 격조사 '이/가'와 보조사 '은/는'을 비교한 연구가 주를 이루며, 기타 타 언어와의 비교 연구가 있다.

이 나타난다.

(3) a. 민수는 집으로 갔고, 저는 학교로 놀아 왔어요.
b. 민수가 집에는 도착했는지 모르겠네요.
c. 내가 원하는 게 돈만은 아니야.
d. 언제부터인지는 나도 잘은 모르지만…

그간 국어학계의 보조사 연구의 의견을 보태지 않더라도 예문(3)에 쓰인 보조사 '은/는'의 의미 기능은 한 가지로 명료히 학습자들에게 설명할 수 없는 문제다. 그러나 한국어 모국어화자들은 예문(3)을 이해하는 데 어려움이 없다. 보조사가 문법 형식임에도 불구하고 어휘적 성격을 띠고 있음에 대해 한정한(2012)은 조사와 어미가 어휘인가 문법 형태인가에 대해 논하면서 조사와 어미는 어휘라고 결론 내렸다. 한정한(2012: 404)은 조사와 어미를 한국어교육용 기본 어휘에서 어떻게 다루고 있는지 검토하면서 한국어교육 학계의 용어 통일을 위해서 어휘는 vocabulary로, 어휘 항목은 lexis의 대역어로 사용하는 것이 좋겠다고 주장하였다. 현재 한국어교육학에서 보조사는 특정한 의미를 지니고 있는 어휘에 가깝게 교육되고 있다.

(4) a. 저는 콜라는 안 마셔요.
b. 저는 콜라도 안 마셔요.

예문 (4a)에 쓰인 보조사 '는'은 다른 음료는 마시지만 '콜라'는 마시지 않는

4 황화상(2015: 329)의 보조사 범주 특성을 옮기면 다음과 같다.

보조사는 명사구인 선행 성분에 통합된다.
보조사는 다른 조사와 비교적 쉽게 통합된다.
보조사와 구조격 조사가 통합될 때에는 보조사가 구조격 조사에 선행한다.
보조사는 다양한 종류의 의미격 조사와 통합되는데 보조사가 의미격 조사에 후행하는 것이 보통이다.
보조사는 다른 보조사와도 쉽게 통합된다.
보조사는 선행 명사구의 통사 범주로서의 의미역에 관련된다.

다는 것을 드러내는 의미 기능을, 예문 (4b)의 '도'는 다른 음료도 마시지 않고 역시 '콜라'도 마시지 않는다는 의미 기능을 첨가하기 위해 목적격조사 '을/를' 자리에 쓰였다고 교육하는 것이 일반적인 교수 방법이다. 이렇게 볼 때, 한국어 학습 교실에서 보조사를 어휘로 취급하고 있다는 것을 알 수 있다.[5]

보조사의 특수성[6]을 고려하여 한국어교육 문법 항목 중 보조사를 어떤 범주로 보아야 하는가와 더불어 교육용 보조사 목록 및 교육 순서 등을 고려한 연구들이 있다.

나은미 · 최정혜(2009)에서는 보조사 분포 양상을 살피기 위해 『표준국어대사전』과 국립국어원(2002, 2005)의 『현대 국어 사용 빈도 조사』를 바탕으로 출현 빈도 100회 이상의 보조사 27개를 선정[7]하여 연구한 바 있다. 이 연구를 통해 나은미 · 최정혜(2009: 155)는 고빈도 보조사 목록을 제시하고 이것이 '한국어에 대한 직관이 없는 외국인들을 위한 교육 자료'로 제공되기를 기대하였다. 특히 고빈도 보조사의 분포 양상은 한국어 학습에 있어서 각각

5 그러나 문제는 '저는'의 '는'이다. 주격조사 자리에 쓰인 보조사 '은/는'은 그 의미 기능이 선명하지 않아 학습자들의 오류율이 높다. 이 부분은 2.3.에서 주격조사 '이/가'와 보조사 '은/는'을 구별하는 교수법 연구 부분에서 다루도록 하겠다.

6 우형식(2018: 180)의 조사 형태 및 범주에 관한 해석을 덧붙이면 다음과 같다.

> "한국어에서 조사의 형태 범주를 어떻게 해석할 것인지에 대해서는 곡용어미(DECLENSION ENDING)와 접사(affix), 첨사(particle), 후치사(postposition)등 여러 논의가 있을 수 있다. 그런데 곡용 어미는 일반적으로 의존성이 강한 형태로서 명사의 일부를 이루어 생략이 불가능하기 때문에 생략이 가능한 한국어 조사의 성격을 반영하기에는 한계가 있다. 또한 형태적으로 교착성이 강한 한국어에서 조사는 자립적이지 못하여 항상 명사를 비롯한 선행어에 결합되어야 하기 때문에 접사로서의 성격을 지니기는 하지만, 어떤 경우에는 생략될 수도 있기 때문에 이들을 반드시 접사에 해당한다고는 할 수는 없다(이기갑 2005). 그리고 조사는 격 표지로서의 문법적 기능을 지니기 때문에 격조사를 포함한 모든 조사를 순수히 의미적 기능을 지닌 첨사로 해석하는 것도 문제가 있다(고영근 2012). 또한 조사는 의존 형태이므로 자립 형태인 단어류의 하나로서 후치사라 하기도 어렵다."

7 나은미 · 최정혜(2009: 141)에서 제시한 고빈도 보조사 27개는 다음과 같다. "는, 도, 만, 까지, 요, 부터, (이)나, (이)라도, 밖에, (이)란, 마다, 뿐, 대로, (이)야, 조차, 만큼, 들, 마저, (이)든지, (이)야말로, (이)나마, (이)라고, (이)라든지, 커녕, 다가, 거나, 마는"

의 보조사의 사용 환경을 제시함으로써 교육적 효과가 있을 것으로 기대하고 있다.

서희정(2012)은 보조사 결합형을 문법 항목으로 선정하는 방안을 제시하였다. 특히 보조사 '-는, 도, 만, 야'와 결합한 94개 형태를 시중 교재에서 추출한 후 보조사 결합형 문법 항목 선정 방안에 대해 논의하면서 교재 집필자뿐만 아니라 한국어 교사들에게 보조사를 단독형으로만이 아니라 결합형을 한 덩어리로 제시, 교육할 것을 제안하고 있다.8

최은경(2013)은 '한국어교육에서 구어의 중요성'이란 논문을 통해 조사에는 구어성이 짙은 조사가 있다고 하였다. 국어 조사 중에는 '더 구어적'이라고 『표준국어대사전』에 기술된 조사들 목록을 제시하면서 '은/는'보다 'ㄴ' 이 '을/를'보다는 '을/ㄹ'이 구어적인 구어체 조사라고 주장하였다. 구어에서 조사의 탈락이나 생략 또는 의도한 첨가 등이 언어 유창성 확보에 필수적인 만큼 구어의 관점에서 보조사를 연구한 것에 이 연구의 의의가 있다.

유해준(2014, 2016)은 시판되고 있는 한국어 교재 23권에 있는 교육용 문법 항목의 제시 양상을 살펴, 교육용 문법 유형을 정리하면서 보조사를 포함해야 한다는 주장을 하고 있다. 특히 문법 유형들에 조사와 어미를 포함시켜 사용빈도, 학습의 용이성, 형태의 복잡성 등을 기준으로 교육 문법 항목으로서 보조사를 교재에 반영할 것을 제안하고 있다.

이준호(2017)에서는 초급 문법 항목별 화용 정보를 구축하면서 보조사 '-까지, -도, -만, -마다, -밖에, -은/는'의 화용 정보를 기술하였다. 이와 이어지는 연구로 이준호(2018)에서는 중급 문법 항목별 화용 정보를 구축하면서 보조

8 서희정(2012: 463-464)은 한국어 교재 6종, 문법 사전 3종, 한국어교육용 문법 목록 등에서 보조사 '는, 도, 만, 야' 결합형 94개를 추출, 이들 중 의미 기능, 사용빈도, 공기관계 등을 검증하여 한국어교육용 보조사 결합형 22개 항목을 문법 항목으로 선정하였다. 목록은 다음과 같다.

> '-고는/-곤 하다, -다가는, -기는 하다, -기는(요), -어서는, (이)라고는, 같아서는, -는 날에는, -(으)ㄴ/는데도 불구하고, -에도 불구하고, -고도, -고도 남다, -기도 하다, 말고도, -기만 하다, -(으)ㄹ 뿐만 아니라, -뿐만 아니라, -어서야, -인 다음에야, -이/가 아닌 다음에야/다음에는, -기야 하다, -(으)ㄹ 바에야/바에는'

사 '-(이)라도, -대로, -(은/는)커녕, -치고(는)'의 화용 정보를 제시하였다. 이 두 연구는 기본적으로 보조사를 문법 항목에 넣고 있으며, 보조사가 화용 정보를 포함하고 있고, 교육 시에는 단계적으로 제시해야 함을 전제하고 있다.

이상의 논의들은 보조사 전체를 대상으로 학습용 보조사 목록을 제시하고 교육 방안을 강구하고자 하는 데 목적이 있었다. 보조사를 교육용 문법 항목으로 지위를 부여하고 교재에 교육 항목으로서 분리하여 싣는 것이다.

전체적인 보조사 연구와 더불어 문법 항목으로서 개별 보조사 교육 연구가 진행되었다. 개별 보조사 연구 중 가장 큰 부분을 차지하는 것은 보조사 '은/는'이다. 보조사 '은/는'이 보조사 연구의 대표 주자가 된 데는 다음과 같은 몇 가지 주된 이유가 있다. 먼저 주격조사 '이/가'와 그 자리가 겹치고, 한국어 학습 초급 단계에서부터 등장하며, 사용 빈도가 높기 때문이다. 게다가 다른 보조사 '만, 도, 까지, 부터'는 그 의미가 '은/는'에 비해 선명하여 어휘에 가까운 설명력을 갖고 있으나, '은/는'은 격조사와 교체되거나 다른 보조사와 결합하여 사용되면서 선명한 의미보다는 담화상황에서 유추해야하는 '초점, 강조, 주제화' 등 교실에서 명료하게 설명하여 습득시키기 난해하다는 점도 '은/는' 연구가 활발한 데 원인이 되었다.[9]

기타 보조사 개별 연구의 하나로 윤영숙(2007)은 국어 보조사 '-도'의 기능을 중국어 형태소와 비교한 연구를 통해 한국어교육적 관점에서 보조사 '-도'와 중국어 형태소를 기술하고자 하였다. 이 연구는 중국어권 학습자들의 한국어 보조사 '-도'의 이해를 돕고자 하는 기초 연구에 해당한다.

문법 항목으로서 보조사를 어떻게 취급할 것인가의 논의들은 보조사를 '어휘'로 취급하는 방향으로 가닥을 잡았다. 그러다 보니 어휘성이 강한 '도, 만, 까지, 부터' 등은 교수·학습하는 데 큰 어려움이 없는 것으로 보이나, '은/는'은 그렇지 않다. 이에 대한 학습자들의 오류가 잦고, 이를 연구한 연구

9 이 문제를 해결하기 위한 여러 연구 중 김영일(2016b)을 주목할 만하다. 보조사 '은/는'에 대한 연구는 대개 학습자의 사용 오류와 오류를 줄이기 위한 교수·학습 방안과 연계한 연구가 많아 이 부분은 2.3.에서 자세히 다루기로 한다.

들도 활발히 진행되었다. 다음 장에서는 학습자들의 오류에 관한 연구를 살펴보겠다.

2.2. 학습자들의 오류 연구

보조사 교육 연구는 넓은 범위에서 학습자 쓰기 말뭉치에 나타난 오류를 유형별로 정리하는 연구에서 시작하여(고석주 2002, 이정희 2002, 김정숙 · 남기춘 2002) 범위를 좁혀 조사 사용과 오류에 대한 연구로 진행되었다. 조사 오류 연구는 주로 학습자의 언어권별, 언어숙달도별로 구별하여 연구가 이루어졌고, 대치, 첨가, 누락으로 오류의 유형을 분류하고 있다. 특히 오류가 빈번하게 나타나는 격조사 '이/가'와 보조사 '은/는'의 사용 오류 관련 연구가 보조사 교육 연구의 주를 이루었다.

학습자들의 보조사 오류 연구는 대개 학습자의 쓰기 자료를 대상으로, 잘못 사용된 오류를 추출하고, 그 양상을 분류한 후, 오류의 원인을 찾아 향후 교수 방안을 고민하는 구조를 갖고 있다. 연구자들은 자신의 한국어교육 경험을 바탕으로 학습자들이 의미와 기능이 유사한 조사를 사용하는 데 어려움이 있는 것을 인지하고 연구를 진행한 경우가 대부분이다. 특히 주격조사 '이/가'와 보조사 '은/는'이 문장 내 유사한 위치를 점유함으로써 발생하는 오류에 대한 연구가 보조사 교육 연구의 주를 이루고 있다.

초기 오류 연구의 대표적인 연구로 고석주(2002)가 있다. 고석주(2002)는 3만5천 어절 분량의 학습자 말뭉치를 구축하여 조사 오류를 파악한 것으로 초기 말뭉치 중심 조사 오류 연구 중 하나다.[10]

김정숙 · 남기춘(2002)은 영어권 학습자의 '이/가'와 '은/는'의 사용 오류를 대치, 첨가, 누락으로 분류하여 분석한 것이다. 1년 5개월에 걸쳐 학습자 101

10 이 밖에도 조철현(2002)이 있다. 이 역시 대량 말뭉치 구축 연구 중 하나로, 한국어 학습자들의 쓰기자료에서 50만 어절 말뭉치를 구축한 후, '어휘, 조사, 어미'로 나누어 오류를 분류한 바 있다.

명의 쓰기 자료를 대상으로 '이/가'와 '은/는'의 오류를 대치, 첨가, 누락으로 나누어 분석하였다.

김지은(2009)은 조사 '이/가'와 '은/는'의 대치 오류를 분석한 것으로 중국어권, 영어권, 일어권 학습자들의 오류를 말뭉치 자료에서 추출하여 대치오류 양상을 파악하고자 하였다.

김호정·강남욱(2010)의 연구도 '이/가'와 '은/는'의 대치 오류에 관한 것이다. 한국어 중·고급 학습자 세 명이 10개월에 걸쳐 생산한 문어텍스트로 말뭉치 구축 후 조사 '이/가'와 '은/는'의 대치 오류 양상을 살핀 연구다. 이 연구를 통해 '이/가'는 문법적인 기능을 중심으로, '은/는'은 의미역에 초점을 두어 교수·학습해야 한다고 주장하였다. 보조사 '은/는' 오류 연구의 초창기에는 보조사 '은/는'이 주격 조사 '이/가'와 비교하여 주제, 초점, 강조 등의 의미 기능이 있음에 주목하여 주격조사 '이/가'와의 차이를 드러내고, 이 차이점을 중심으로 교수해야 한다는 견해가 주를 이루었다.[11]

이후 학습자 변인을 언어권, 한국어숙달도 등으로 특정하고, 학습자들이 생산한 쓰기자료에서 오류를 모아 그 유형을 분류하며, 때로는 오류 발생의 원인을 찾고, 차후 오류를 덜 발생시키기 위한 교수법을 제안하기도 한다. 특히 중국어권 학습자의 오류 분석이 다수다.

중국어권 학생들의 보조사 사용 오류를 분석한 논문으로 김미진(2013), 남청영(2016), 한송화(2016), 정혜(2018) 등이 있다.[12]

제주대학교에 재학 중인 중국어권 유학생의 조사 오류를 분석한 김미진(2013)은 한국어능력 3급 이상 학습자 68명의 작문 자료에서 격조사와 보조사 오류를 추출하여 '대치, 누락, 첨가'의 유형으로 분류하여 결과를 제시한 후 교육 방안을 제시하고 있다.

남청영(2016)은 대만인 한국어 학습자의 조사 '이/가, 을/를, 은/는, 도, 만'

11 김정숙·김지은(2009)이 이에 해당한다.

12 한국어 학습자의 압도적인 수적 우위에 있는 중국어권 학습자들의 오류를 분석한 논문은 매우 많으나 이글에서는 보조사 오류 연구만을 대상으로 하여 정리하였다.

의 사용 오류를 연구한 것인데, 학습자의 학습 환경이 조사 사용 오류에 영향을 줄 것이라는 가정 하에 연구를 진행한 것이 특이하다. 한국에서 한국어를 학습한 대만인 학습자 집단과 대만에서 한국어를 학습한 대만인 한국어 학습자의 조사 오류를 '대치, 누락, 이형태' 등으로 유형화하였다.[13]

중국어권 학습자들과 더불어 영어, 일본어권 한국어 학습자의 536개 작문에서 말뭉치를 추출하여 학습자의 보조사 '은/는'의 오류 양상을 연구한 한송화(2016), 중국 학생의 보조사 '은/는, 도, 부터, 까지, 만, 조차, (이)라도, (이)나, 마다, 든지, 밖에, 는커녕'의 사용 오류를 76편의 작문에서 찾아 분석한 정혜(2018) 등이 있다.

오류 분석의 주류가 중국어권 학습자이나, 여타 언어권 학습자의 수가 늘어남에 따라 다양한 언어권 학습자들의 보조사 오류 연구가 진행되고 있다.

허남영(2010)은 독일어권 한국어 학습자를 위한 연구의 일환으로 한국어 보조사 '은/는'과 대응하는 독일어 관사에 대해 정리한 바 있다. 이 역시 '은/는'의 오류에 주목한 연구로 독일어 관사를 대응시켜 독일어권 한국어 학습자들의 '은/는' 오류를 줄이고자 하였다.

영어 화자의 조사 오류 사례를 연구한 한명숙(2015)은 영어 모국어 화자인 중급 수준의 학생 1명을 대상으로 영어 문장을 한국어로 번역하게 한 후 이를 채록하고, 오류를 찾아 분석한 것이다. 영어 모국어 화자의 한국어 조사 사용의 오류를 찾아내면서 학습자의 언어적 배경을 고려한 한국어교육이 이루어져야 한다고 결론내리고 있는 이 연구는 분석 대상이 단 한 명이라는 한계가 있다.

아랍어권 학습자의 조사 사용 양상을 연구한 노미연・석소현(2015)은 사우디아라비아에서 온 유학생 13명의 글쓰기 자료에서 조사 오류를 찾아 검토한 결과, 한국어 조사에 대응하는 아랍어 단어가 있는 경우는 오류율이 낮았으나,

13 한국어능력 4~6급 학습자를 대상으로 하여, 각 급수별 학습자들이 어떤 유형의 오류를 만드는지를 통계 처리한 논문으로, 결과적으로 환경에 따른 학습자 오류의 큰 차이는 없었다.

대응어가 없는 경우는 오류율이 높았다는 연구로[14], 특히 아랍어에서 국어 보조사의 역할을 하는 단어 목록을 제시하고 있어 아랍어권 학습자를 지도하는 한국어교사에게 도움이 될 만한 연구이다.

그 밖에 인도네시아인 학습자의 조사 오류를 분석하고 교육 방안을 제시한 우스미・박덕유(2015)가 있다.

2.3. 보조사 교수 방안 연구

대표적인 보조사 중 하나는 '은/는'이다. 앞서 언급했듯이, 학습자의 보조사 사용 오류를 분석한 후 이에 대한 교수 방안을 연구하는 방향으로 연구가 진행된 경우가 많다. 보조사 '은/는'의 경우 주격조사 '이/가'와 교체해서 쓰이는 환경으로 인해 학습자들이 이를 습득하는 과정에서 숱한 오류를 만든다. 보조사 '은/는'과 격조사 '이/가'의 쓰임을 교수・학습하기 위한 연구들이 꾸준히 진행되고 있다.[15]

보조사 '은/는' 교육에 관한 연구로 고석주(2002), 김정숙・남기춘(2002), 이정희(2003), 이정은(2004), 이훈(2006), 김지은(2009), 박종호(2009), 김호정・강남욱(2010), 오현정(2011), 이미지(2013), 서정숙(2016), 김영일(2016a, 2016b), 한송화(2017) 등이 있다. 이 중 최근 연구들을 중심으로 살펴보면 다음과 같다.

오현정(2011)은 학습자가 오류문을 직접 수정하게 하여 보조사 '은/는'과

14 중국어권 학습자와 아랍어권 학습자의 조사 오류율을 비교한 연구이지만 중국어권 학습자의 오류율에 대한 결과는 다른 연구 결과와 대동소이하여 이 글에 싣지 않았다.

15 교수 방안을 제시한 대부분의 연구들은 크게 네 단계 구성을 보인다. 첫째, 문제를 인식하고 둘째, 문제를 찾으며(학습자의 자료 분석) 셋째, 찾은 문제를 분석하여 유형화 한 후 넷째, 이 문제를 가르칠 방안을 모색해 본다. 그러나 대개의 연구는 마지막 단계인 교수 방안 제시에서 연구자의 개별적 주관, 교수 방법 등을 제시하는 데 그친다. 이 글에서 정리하고 있는 교수 방안을 제시한 연구들 역시 대동소이하다. 따라서 이 글에서는 교수 방안을 개별적으로 나열하지는 않겠다.

주격조사 '이/가'의 교수 · 학습 방법을 구상해 보려 한 연구이다. 한국어 숙달도가 높아져도 '은/는'과 '이/가'의 오류가 줄어들기보다 오히려 증가하고 있음을 김정숙 · 남기춘(2002)을 참고하여 연구한 것으로, 한국어 고급학습자를 대상으로 오류문을 수집한 후 스스로 수정하게 하여 학습자들이 '은/는'과 '이/가'의 쓰임을 제대로 알고 있는지 파악하려는 데 연구 목적이 있었다. 이를 통해 '은/는'과 '이/가'의 정확한 활용을 위한 교수 방안을 제시하고자 하였다. 특히 한국어교육에서 '은/는'과 '이/가'에 대한 연구가 학습자에게 서술형으로 설명하고 제시하는 단계에 불과'(오현정 2011: 211)하다는 지적과 함께 '은/는'과 '이/가'를 도식화하여 교수하는 방안을 제시했다.

이미지(2013)는 한국어 초급 교재의 '이/가'와 '은/는' 제시 방법을 연구한 것으로 시중 교재들이 '이/가'와 '은/는'을 어떻게 구별하여 설명하고 있으며, 교육하고 있는지 정리하였다. 더불어 '은/는'을 교육하는 방안으로 '주제, 대조, 신/구정보, 특정성과 총칭성' 등으로 구별하여 교육할 것을 주장하고 있다. 이는 기존 담화 문법의 틀에서 크게 벗어나지 않은 것이며, 초급 학습자를 대상으로 한 연구로 메타언어가 충분하지 않은 상황을 고려하여 시각 자료(그림)를 통한 교재 내 제시 방안을 제공하고 있다.

다음으로 '은/는'을 화제 표지로 보고 이의 담화적 기능과 교육 방안을 연구한 서정숙(2016)이 있다. 이 연구는 학습자들이 오류를 생성하는 원인이 담화 단위인 '화제'에 대해 이해하지 못했기 때문이라고 지적하면서 학습자들에게 '화제'에 대해 이해시키고, 이를 순차적으로 확장, 반복 연습시킬 것을 주장하고 있다.

한송화(2017)는 '은/는'의 의미와 담화 기능을 구어담화를 중심으로 연구하였다. 특히 이 연구는 한국어교육용 사전이나 교재에서 '은/는'의 의미를 화제와 대조, 강조 등 다의적으로 분리하여 기술하고 교수하는 것이 문제라고 지적하고 있다. 한송화(2107)에서는 '은/는'의 의미 기능을 '대상의 한정과 자매항의 전제와 함의'로 보았다. 이의 담화 기능은 화제와 담화의 결속과 초점화이다. 담화문법의 틀을 크게 벗어나지 않는 논의이다. 그러면서도 김미형

(2011, 2015)과 김영일(2016) 등의 연구를 참고하여 한국어교육 문법으로서 추상화된 문법이 다양한 담화 상황에서 구체적으로 드러내게 되는 기능의 연계성을 보여주는 연구가 활발히 진행되기를 바란다고 하였다(한송화 2017: 108).

이 중 김영일(2016)의 연구가 흥미롭다.[16] 이 연구는 보조사 '은/는'의 특성을 김미형(2011, 2012, 2015)에 기대어 한국어교육에서 어떻게 풀어낼 것인가에 대해 논의하고 있다. 김미형(2011, 2012, 2015)의 논의의 기본은 '은/는'은 술어 부분에 인식 가능한 자매항이 있고, '이/가'는 주어 부분에 인식 가능한 자매항이 있으며, 이는 '은/는'과 '이/가'의 전제가 된다는 것이다. '은/는'은 주어가 일정하게 고정되어 있는 상태에서 술어를 선택하고, '이/가'는 술어가 고정된 상태에서 주어를 선택할 때 사용한다.[17]

이와 같은 관점은 한국어교사에게 '은/는'과 '이/가'에 대한 상당한 설명력

16 김영일(2016: 223)의 연구 중 보조사 '은/는'의 연구자별 의미 기능 분류표를 재인용하면 다음과 같다.

연구자	'은/는'의 의미 기능
김원경(1993)	주제, 대조, 초점, 총칭, 구정보
김상수(2002)	대조, 명사문 · 1인칭 · 사실을 표현할 때, 구정보, 총칭성
박소영(2008)	주제, 지정 및 강조, 구정보, 대조
안용준(2009)	주제, 총칭성, 대조, 구정보, 격조사 대체 및 조사 뒤 첨가, 보어문 · 내포문의 주어, 이중주어문의 대주어
이병운(2011)	대조, 주제, 강조
이보혜(2011)	주제(정보, 설명의 대상), 대조, 사실, 진리(정의, 선언, 명제, 공리나 판단, 일반적인 상식에 근거한 것), 구정보
이은희(2011)	주제, 비교 · 대조, 사실 · 진리 · 정의, 구정보, 초점이 서술어에 있음
정해권(2011)	주제, 대조
김성일(2012)	주제(화제), 대조(강조)
김덕신(2013)	정보, 설명의 대상 주제, 화제, 명사에 관한 사실이나 진리, 둘 이상을 대조, 행위나 상황 자체(선후 관계), 강조
이미지(2013)	주제, 대조, 구정보, 총칭성
서정숙(2014)	주제, 대조, 대조의 화용적 기능(공손성)
유혜경 · 방성원(2015)	주제, 복합문 구조의 대조, 대조(강조), 구정보, 내포문 구조
김소연(2015)	구정보, 정보, 설명, 주제, 사실, 진리, 비교, 대조
김영일(2016)	주제, 대조

17 김영일(2016: 241)에서 재인용하여 정리함.

을 제공한다. 주제어라든가 강조, 초점과 같은 담화 기능에 대한 이론적 설명보다는 어휘의 상호 호응 관계를 명시적으로 학습자에게 보여줌으로써 학습자의 이해도 또한 높일 수 있다.

(5) a. 제가 한국 사람입니다.
b. 저는 한국 사람입니다.

예문 (5a)와 (5b)의 담화 상 의미 차이는 분명하다. 이 의미 차이를 문장에서 조사가 담당하고 있다. '이/가'를 선택할 것인가 '은/는'을 선택할 것인가에 대해 한국어 모어 화자는 고민하지 않는다. 그러나 한국어 학습자인 외국인은 다르다. 이를 교사가 어떻게 가르칠 것인가에 대해 이미 앞서 다양한 방법으로 연구가 진행되고 있음을 밝힌 바 있다. 그러나 김미형(2011, 2012, 2015)의 연구가 가장 명료하고 명시적으로, 그리고 간단하게 수업에 적용할 수 있다고 본다. 예문 (5a)에서 '이/가'가 선택된 이유는 술어인 '한국 사람이다'가 고정되어 있기 때문이다. 이 문장의 앞선 발화를 예상해 보면 '누가 한국 사람인가'이겠다. '누가'에 대한 답으로 '이/가'가 선택된 것이다. 이는 그 담화 상황에 있는 다수의 사람들 중에 한 사람이 선택된 것임은 자명하다. 예문 (5b)는 주어인 '저'가 고정되어 있다. 그리하여 '저'에 대한 술어부인 '한국 사람입니다'가 주어에 상응하여 선택된다. 발화자인 '저'가 미국 사람이라면 술어부가 달라진다. 매우 효과적이고 실용적인 판단법이라 하겠다. 여기에 김영일(2016:254)에서는 한 가지 방법을 더한다. 'NP-은/는' 구성은 술어부에 초점이 있고, 'NP-이/가' 구성은 주어부에 초점이 있다는 것이다.

(6) a. 친구가 내일 올 겁니다.
b. 친구는 내일 올 겁니다.

예문 (6a)의 주어는 '친구'다. 내일 오는 사람이 '친구' 인 것이 중요하다. 예문 (6b)는 그 초점이 술어부 '내일 온다는 것'에 있다.[18]

예문(1)과 (2)로 돌아가서 이를 적용해 보면 적어도 '이/가'와 '은/는'의 쓰임에 대해서는 충분한 설명력을 얻을 수 있다. 예문 (1a)에서 주어인 '저'가 '은/는'을 선택한 이유는 술어부 '모르다'를 고정하여 모르는 것에 초점을 둔 것이고, 예문 (1b)에서 주어인 '저'를 고정시키면 술어부 '모르다'가 유동적이 되면서 주어인 '제가'에 초점이 놓이게 된다. 모르는 사람이 누구인가에 초점이 있는 것이다. 마찬가지로 예문 (2a)에서 술어부 '토요일이다'를 고정시키면 '오늘'이 주격조사를 갖게 되는 것이 자연스러우며, 예문 (2b)에서 주어인 '오늘'을 보조사 '은'으로 고정시켜 술어부인 '토요일이다'가 유동적이게 된다. 이로써 학습자들이 문장을 생성하는 데 격조사 '이/가'를 선택할 것인가 보조사 '은/는'을 선택할 것인가 하는 고민은 간단하게 해결된다.

2.4. 기타

기타 조사교육 전반에 관한 연구들 중 보조사 연구가 포함된 연구들이 있다.

학습자들의 조사 선택에 관해 연구한 홍윤기 · 김중섭(2010)은 학습자들이 비록 잘못 선택했더라도 그 조사를 선택한 데에는 이유가 있을 것이며, 그 원인을 분석한 결과를 한국어교육에 반영할 수 있을 것이라 하였다. 결과물로서 조사 사용을 분석한 것이 대부분인 연구들 중에서 조사 생산과 관련한 연구로서 의의가 있다.

한국어교사가 한국어 보조사에 대응하는 학습자의 모국어 어휘 또는 보조사를 알고 있을 경우 보조사 교육에 있어서 유리하다는 입장을 가진 연구들이 있다.[19] 중국어와 대조하여 한국어 조사 교육에 대해 연구한 정정덕(2010)은

18 친구가 언제 오는가에 대한 답으로 '친구는 내일 온다'는 답을 했다 하여 구정보로서 '친구'를 받고 신정보로서 '언제'에 대한 답을 했다고 할 수 있다. 그러나 여기에서는 김영일(2016)의 연구에 대한 정리이므로 논외로 한다.

19 한국어교사가 학습자들의 모국어를 모두 알 수도, 알 필요도 없다. 그러나 학습자의 모국어에 대한 기초적인 이해가 한국어교수에 분명한 도움이 되는 것은 사실이

교사가 학습자 모국어와 비교하여 한국어 문법을 설명할 수 있다면 효과적일 것이라는 전제 하에 한국어 조사에 대응하는 중국어 대응표현을 제시하고 있다. 이 연구는 중국어권 화자를 대상으로 하는 교재 편찬 시 도움이 되겠다. 그러나 모든 한국어 교사가 중국어에 능통할 수 없고, 한국어 교실 상황이 중국어권 학습자만으로 구성되는 것은 아니므로, 광범위하게 적용하기에는 한계가 있다. 비슷한 맥락에서 허남영(2010)은 독일어에 대한 교사의 이해를 제안하기도 했다.

김호정(2013)[20]의 연구에서는 학습자의 조사 변이 양상 조사 결과 '은/는'을 누락하는 사례가 많고, 숙달도에 관계없이, 심지어 고급 단계의 학습자들도 '은/는' 오류를 빈번하게 범하고 있으며, 부적합한 '은/는'의 첨가, '을/를'과의 대치형 등의 변이형이 높은 빈도로 나타나고 있음을 조사를 통해 보여주었다.

이민정(2016)은 중국어권 학습자들과 한국어 모어 화자들의 보조사 '도'의 텍스트 결속성 사용 양상을 비교하였다. 분석 결과 중국어권 학습자들은 보조사 '도'를 문장 내 텍스트 결속 장치로서는 활발히 사용하고 있으나, 사용 범위를 문장 이상 단위로 확대시키지 못하고 있다고 보았다.

조사 교육에 관한 연구 중 조사 없이 사용되는 한국어 명사류를 연구한 김정남(2017)이 있다. 이 연구는 부사성 명사의 경우 조사가 붙으면 더 어색한 것들도 있어, 한국어 문법 교육이 조사의 탈락이나 대치 등에만 관심을 갖고 있으나, 이를 벗어나 학습자들이 조사를 첨가하여 만들어내는 오류에 주목할 필요가 있음을 강조하였다.[21]

다. 또한 다양한 국적, 언어권의 한국어 학습자들이 존재하여 연구의 다양성 차원에서 개별언어별 대조, 대응에 관한 연구가 진행되는 것은 매우 고무적인 일이다.

20 김호정(2013)은 학습자들의 말뭉치에서 전체 조사 변이형을 연구한 것으로, 학습자들의 조사 사용이 '이/가, 은/는, 을/를, 에'에 전체 사용 74.24%가 편중되어 있으며, 정확률은 77% 정도에 그치고 있다는 점을 지적하고 있다.

21 김정남(2017: 25-26)에서는 단독형이 선호되는 '특수한 명사 부류'들을 부사성 명사라고 칭하면서 '그동안, 결국, 대신, 동안, 오늘날, 때, 한편, 그때, 순간, 경우, 오늘, 내일, 결과, 뒤' 등을 제시하였다.

한국어교육을 위한 보조사 연구가 이상과 같이 다방면에서 이루어지고 있는 것은 매우 고무적인 일이다. 그럼에도 남아 있는 문제들에 대해 3장에서 언급하고자 한다.

3. 앞으로의 과제와 전망

적재적소에 조사를 활용하는 것이 자연스러운 한국어 사용에 가깝다는 것은 학습자뿐만 아니라 모국어화자 또한 인정하는 바이다. 한국어 학습자들이 기대하는 고급 단계 화자로서 지향하는 언어 목표 역시 한국어 모어 화자에 가까운 표현 능력일 것이다. 이를 위해서 보조사의 의미 기능과 그 쓰임을 교수·학습하는 것은 무엇보다 중요한 일이다.

이를 위해 우선 교육을 맡은 한국어 교사의 공부가 필요하다. 학습자들의 발화나 작문에서 오류를 찾아내는 것은 교사의 모국어 화자로서의 직관이 한 역할을 한다. 특히 조사의 생략 또는 탈락, 교체 등에서 오는 미세한 의미 차이와 문장 내 호응 관계의 문제는 모국어 화자가 아니고서는 찾기 힘든 점이 있다. 그럼에도 교사로서의 역할을 다하기 위해 모국어에 대한 언어학적 학습이 필요하다. 양명희(2014)는 한국어교사의 입장에서 한국어교육자들이 문법을 교수하는 데 실질적인 도움이 되고자 문법 교육 내용 기술의 원칙에 대해 논의한 바 있다.[22] 이 연구는 교사들이 문법을 이해하게 하기 위해서 문법서에 '문법 용어'와 함께 '메타용어'를 병기해야 한다고 주장한다.[23] 이

22 이 연구에서 주장한 문법 내용 기술 원칙은 크게 네 가지다. (1) 표제어와 의미 및 용법, 예문, 형태 정보, 문장 구성 정보, 제약 정보, 확장, 유사 문법 등 문법 교육 내용 정보를 교수 순서와 밀접하게 배열하여 기술 (2) 문법 내용을 쉽고 정확하게 기술 (3) 의미 및 용법과 긴밀하게 연결된 예문을 제시 (4) 규칙화할 수 있는 형태 정보, 문장 구성 정보, 제약 정보 등은 오류 분석에 기초해 세밀하게 기술

23 양명희(2014: 423)에서 제시한 문법 용어와 메타 용어의 예를 옮기면 다음과 같다.

"문법 용어: 문맥, 배타적 대립, 화제, 주어, 서술어, 보어, 부사어, 자동사, 명사구, 서술절

연구의 의의는 한국어 모어 화자인 교수자를 위한 문법 내용 기술이라는 데 있다. 교육을 맡은 교사들이 한국어 보조사에 관한 한 모국어화자 이상의 전문성을 갖춘다면 교실에서 높은 설명력을 얻을 수 있을 것이다.

둘째, 구어 자료를 통해 보조사 쓰임을 학습할 수 있도록 하는 시청각 교재 개발이 필요하다. 보조사를 문법적으로 설명하기 힘든 점을 이유로 두루뭉술하게 언급하고 마는 현재 교재들의 설명 방법은 깊이 있는 학습을 원하는 학습자들의 요구를 만족시킬 수 없다. 난이도와 빈도수를 반영한 교재 편찬의 원리와 더불어, 명료한 예문을 제시하고, 구어성 짙은 보조사의 쓰임과 관련한 현장성이 살아있는 예문을 듣기자료로 제공함으로써 텍스트 중심 교재의 한계를 보완해야 하겠다.

셋째, 보조사 교수 · 학습에 관한 연구가 계속 되어야 하겠다. 고급 단계의 한국어 학습자가 증가하면서 유창성과 더불어 정확성을 높이려는 학습자들의 요구가 늘고 있다. 보조사 교육 연구가 '은/는'에 집중되고 있는 이유는 앞서 말한 바대로 '은/는'의 높은 사용빈도와 주격조사 '이/가'와의 혼란에서도 기인하겠지만 아직까지 보조사 교육 연구가 초기단계에 머물러 있음을 보여주는 것이기도 하다. 국어 보조사의 수가 나은미 · 최정혜(2009)에서 제시한 것만으로도 27개에 달하지만 현재 한국어교육계에서 연구된 개별 보조사들은 '은/는', '도', '만' 정도에 머물고 있다. '은/는' 이외의 개별보조사들과 보조사 결합형 등에 대한 교수 · 학습 방안, 오류, 특히 구어에서 보조사의 교체, 의도적인 누락 등에 대한 연구가 진행되기를 기대해 본다.

넷째, 보조사 교육에 대한 표준화된 교수 모델이 개발되기를 바란다. 한국어를 대표하는 특징 중 하나인 조사, 그 중 의미 기능을 첨가하는 보조사 교육

메타 용어: 상황, 상태, 주체, 대상, 지적하여 강조하다, 지정하여 강조하다, 선택하여 지적하다, 출처, 행위, 행동, 자격, 상대, 관계, 비교, 기준"

필자 역시 국어학(문법)을 전공한 후 한국어교육을 맡고 있는 사람으로서 이 주장에 공감한다. 문법은 교사 이전에 모어 화자들에게 생소하고 난해한 또는 난해하다고 생각하는 분야로서 이에 대한 교사의 이해가 선행되지 않고서는 외국어로서 한국어를 학습하는 교실에서 제대로 전달, 설명되기 어렵다.

을 위한 표준화된 교수 모델이 개발된다면, 이를 교재에 반영하고 교사들에게 주지시켜 교육할 수 있다면, 학습자 숙달도별 보조사 교육이 효율적으로 이루어질 것이다. 특히 대표적인 보조사 '은/는'은 '이/가'와의 유사성으로 인해 오류가 잦다. 이에 대한 교수 방안이 활발히 연구되고 있으나, 공통으로 적용할 만한 성과는 없는 상태이다. 보조사별로 표준화된 교수 모델이 개발되어 적용된다면 학습자들의 오류 역시 줄일 수 있겠다.

다섯째, 현재까지 보조사 오류 연구가 모두 쓰기자료에 국한되어 있다. 이는 연구의 용이성은 확보할 수 있으나, 보조사의 구어적 성격을 고려할 때 학습자의 구어 말뭉치를 구축하여 구어에서의 보조사 사용 양상을 연구할 필요가 있다.

4. 마무리

한국어교육계에서 보조사 교육은 앞서 살핀 바와 같이 보조사의 문법 항목으로서 지위, 보조사 교육방안과 더불어 보조사 사용 오류 분석 연구 등으로 진행되고 있다. 특히 오류 분석을 기반으로 오류가 빈번한 격조사 '이/가'와 보조사 '은/는'에 대한 교수 방안 연구가 주를 이루고 있다. 이에 이 글에서는 보조사 교육 방안에 있어서는 김영일(2016b)과 김미형(2011, 2012, 2015)에 기대어 '이/가'와 '은/는'을 교수할 것을 제안하였다. 보조사를 어휘로 분류하여 그 의미 기능을 강조하면 보조사 그 자체와 더불어 보조사 결합형에 이르기까지 교수하는 데 설득력을 얻을 수 있을 것으로 보았다.

선행연구들이 오류 연구를 기반으로 교수 방안을 제안하는 형식을 가진 것이 대부분이지만, 향후 보조사 교육을 위한 교수자들의 학습 자료, 구어말뭉치 연구를 통한 현장성 있는 교육 자료 구축, 표준화된 보조사 교수 모델 개발, 이를 반영한 교재 편찬 방안 연구 등으로 연구 방향이 확장되기를 바란다.

결론적으로 보조사 교육 연구는 향후 교사를 위한 문법으로서 보조사 연구, 교재에 보조사를 기술할 수 있는 교재 반영에 관한 연구, 학습자의 말하기/쓰기 말뭉치 구축을 통한 보조사 사용 양상 연구 등으로 진행되어야 하겠다. 선행연구 검토를 통해 현재 연구가 미진한 부분과 향후 연구 방향에 대해 고민해 보았다. 이 글의 부족한 부분은 추후 연구 과제로 남긴다.

참고문헌

고경태(2008), "한국어 교육을 위한 문법 체계에 대하여", 『한국어학』 41: 183-206, 한국어학회.

고석주(2002), "학습자 말뭉치에서 조사 오류의 특징", 『외국어로서 한국어교육』 27: 543-570, 연세대학교 언어연구교육원 한국어학당.

김경화(2013), "고급단계 한국어학습자의 오류연구: 중국인학습자를 대상으로", 『중국조선어문』 6: 33-41, 길림성민족사무위원회.

김미진(2013), "중국인 유학생의 한국어 조사 오류 분석", 『영주어문』 26: 61-89, 영주어문학회.

김미형(2011), "조사 '이/가'와 '은/는'의 기본 전제와 기능 분석", 『담화와 인지』 18(3): 23-64, 담화 · 인지 언어학회.

김미형(2012), "목적어 자리 '을/를', '은/는', 무표지 'ø'의 대립적 특성 분석", 『담화와 인지』 19(2): 1-18, 담화 · 인지 언어학회.

김미형(2015), "조사 '은/는'의 정체성-문법서와 교재에서 어떻게 기술할 것인가", 『한말연구』 38: 55-95, 한말연구학회.

김영일(2016a), "'은/는'과 '이/가'의 의미기능 및 상황모형 연구: 초급 학습자를 대상으로", 『언어와 정보사회』 28: 59-107, 서강대학교 언어정보연구소.

김영일(2016b), "한국어교육을 위한 '은/는'의 특성 재고찰", 『국어교육』 155: 217-262, 한국어교육학회.

김정남(2017), "조사 없이 사용되는 한국어 명사류에 대하여: 한국어 교육 내용에 대한 제안을 겸하여", 『어문론집』 72: 7-33, 중앙어문학회.

김정숙 · 남기춘(2002), "영어권 한국어 학습자의 조사 사용 오류 분석과 교육 방

법: ‘-이/가’와 ‘-은/는’을 중심으로”, 『한국어교육』 13(1): 27-45, 국제한국어교육학회.
김지은(2009), “조사 ‘이/가’와 ‘은/는’의 대치오류 분석”, 『언어과학연구』 48: 1-40, 언어과학회.
김현지(2008), “중간언어를 기반으로 한국어 학습자의 조사 선택에 대한 단서 연구”, 『한국어교육』 19(2): 1-26, 국제한국어교육학회.
김호정(2013), “한국어 학습자의 조사 변이 양상 연구”, 『우리말글』 58: 151-187, 우리말글학회.
김호정 · 강남욱(2010), “한국어 학습자의 문법 습득 양상 연구(II): 조사 {이/가}와 {은/는}의 사용 양상을 중심으로”, 『국어국문학』 156: 5-41, 국어국문학회.
김효신(2014), “한국어 교육을 위한 부사격 조사 ‘-으로’의 인지언학적 접근”, 『담화 · 인지 언어학회 학술대회 발표논문집』 66-75, 담화 · 인지 언어학회.
나은미 · 최정혜(2009), “현대국어 보조사의 분포에 대한 연구: 사용 빈도와 선행 요소와의 결합 환경을 중심으로”, 『한국학연구』 30: 131-159, 고려대학교 한국학연구소.
남청영(2016), “대만인 한국어 학습자의 조사 사용 오류 연구: ‘이/가, 을/를, 은/는, 도, 만’을 중심으로”, 『한어문교육』 37: 151-172, 한국언어문학교육학회.
노미연 · 석소현(2015), “중급 한국어 학습자의 조사 사용 양상 연구: 아랍어권 학습자와 중국어권 학습자를 중심으로”, 『동악어문학』 65: 367-393, 동악어문학회.
박진호(2015), “보조사의 역사적 연구”, 『국어학』 73: 375-435, 국어학회.
박철우(2015), “보조사의 기능과 정보구조”, 『국어학』 73: 269-307, 국어학회.
서정숙(2016), “화제 표지 ‘은/는’의 담화적 기능과 교육 방안”, 『어문론집』 66: 205-227, 중앙어문학회.
서희정(2012), “한국어교육을 위한 보조사 결합형 문법항목의 선정방안: ‘는’, ‘도’, ‘만’, ‘야’ 결합형을 중심으로”, 『새국어교육』 93: 437-467, 한국국어교육학회.
양명희(2014), “한국어교사를 위한 문법 교육 내용 기술의 원칙”, 『어문론집』 59: 407-432, 중앙어문학회.
양명희 · 석주연(2012), “한국어 문장 구조 교육을 위한 문법 항목 선정과 등급화”, 『어문론집』 52: 61-84, 중앙어문학회.
오현정(2011), “보조사 {은/는}과 주격조사 {이/가}의 교수 · 학습 방법 연구: 한국어 고급 단계 외국인 학습자를 대상으로”, 『한국어 의미학』 35: 189-213, 한국어 의미학회.
우스미 · 박덕유(2015), “인도네시아인 한국어 학습자의 조사 사용 오류 분석 고찰 및 교육 방안”, 『교육문화연구』 21(6): 371-400, 인하대학교 교육연구소.
우형식(2018), “한국어 명사 후치 표현의 형태 범주와 기능: 서양인의 한국어 문법 기술을 중심으로”, 『코기토』 85: 177-214, 부산대학교 인문학연구소.
유해준(2014), “한국어 교육용 문법 항목 제시 양상: 한국어 교재 분석을 중심으로”, 『어문론집』 57: 407-424, 중앙어문학회.
유해준(2016), “보조사를 포함한 한국어 교육 문법 유형 분석”, 『어문론집』 65: 267-282, 중앙어문학회.
윤영숙(2007), “보조사 ‘-도’의 기능과 해당 중국어 형태소와의 비교”, 『한국어교육』 18(3): 145-165, 국제한국어교육학회.
이미지(2013), “한국어 초급 교재에서 ‘이/가’, ‘은/는’의 제시 방법에 대한 연구”, 『한국어 의미학』 42: 407-442, 한국어 의미학회.
이민경(2016), “텍스트 결속 단위에 따른 보조사 ‘도’의 결속 양상 연구: 중국어권 학습자의 문어 텍스트를 중심으로”, 『이중언어학』 64: 97-119, 이중언어학회.
이준호(2017), “한국어 초급 문법 항목별 화용 정보 구축 연구”, 『Journal of Korean Culture』 36: 75-99, 한국어문학국제학술포럼.
이준호(2018), “한국어 중급 문법 항목별 화용 정보 구축 연구”, 『Journal of Korean Culture』 40: 119-144, 한국어문학국제학술포럼.
이 훈(2006), “‘-은/-는’의 순차적 교수에 대하여: 중국어권 학습자들의 오류 통계 해석과 문법지식 활용을 중심으로”, 『어문론집』 35: 47-68, 중앙어문학회.
임동훈(2002), “한국어 조사 연구의 현황과 전망”, 『한국어학』 16: 149-182, 한국어학회.
임동훈(2015), “보조사의 의미론”, 『국어학』 73: 335-373, 국어학회.
장효우(2017), “조선어교육을 위한 보조사 연구: ‘까지, 조차, 마저’를 중심으로”, 『중국조선어문』 6: 38-46, 길림성민족사무위원회.
정수진(2011), “인지언어학에 기초한 한국어 공간 개념 부사격 조사의 교육 내용 기술 방안 연구: ‘에’, ‘에서’, ‘로’를 중심으로”, 『어문학』 112: 79-110, 한국어문학회.
정정덕(2010), “중국인 학습자의 한국어 조사 교수 · 학습 방법: 중국어 표현과의 대응을 중심으로”, 『문법 교육』 12: 343-397, 한국문법교육학회.

정 혜(2018), “중국 학생의 한국어 보조사 사용에 나타난 오류에 대한 분석”, 『중국조선어문』 1: 35-44, 길림성민족사무위원회.
조철현(2002), 『한국어 학습자의 오류 유형 조사 연구』, 문화관광부.
지현숙(2009), “‘교육 문법’에 있어서 한국어 구어 문법을 어떻게 기술할 것인가에 대하여”, 『한국어학』 45: 113-139, 한국어학회.
최은경(2013), “한국어 교육에서 구어의 중요성: 『표준국어대사전』의 ‘조사’를 중심으로”, 『동악어문학』 60: 395-420, 동악어문학회.
한명숙(2015), “영어 화자가 생성한 한국어 문장의 조사 오류 사례와 한국어교육의 과제”, 『새국어교육』 103: 255-281, 한국국어교육학회.
한송화(2016), “한국어 학습자의 보조사 ‘은/는’의 사용 양상과 오류 연구: 언어권과 숙달도에 따른 차이를 중심으로”, 『어문론총』 70: 111-151, 한국문학언어학회.
한송화(2017), “구어 담화에서 보조사 ‘은/는’의 의미와 담화 기능: 한국어교육 문법을 위하여”, 『한국어 의미학』 55: 81-111, 한국어 의미학회.
한정한(2012), “한국어교육에서의 어휘와 문법: 조사, 어미의 기본어휘 선정 과정을 중심으로”, 『한국어학』 57: 383-411, 한국어학회.
허남영(2010), “독일어권 한국어 학습자를 위한 문법교육: 한국어의 주격조사 ‘-이/가’와 보조사 ‘-은/는’의 독일어 대응을 중심으로”, 『독일어문학』 49: 283-304, 한국독일어문학회.
홍윤기 · 김중섭(2010), “한국어 학습자의 조사 선택 연구”, 『한국어교육』 21(4): 393-424, 국제한국어교육학회.
홍종명(2018), “교수학습 방식(instructional mode) 기반 한국어 문법 학습전략 분석 연구”, 『어문론집』 73: 439-465, 중앙어문학회.
황림화(2009), “중국인 학습자를 위한 한국어 격조사 교육: 주격과 목적격을 중심으로”, 『한국어문학국제학술포럼 학술대회 발표논문집』, 275-291, 한국어문학국제학술포럼.
황화상(2015), “보조사와 주변 범주: 보조사, 접미사, 의존 명사를 중심으로”, 『국어학』 73: 309-334, 국어학회.

제3부

의미 탐구의 지평 확장

키워드 네트워크 분석을 통한 의미 연구 현황: 임지룡의 논문을 중심으로

이 유 미*

1. 들머리

이 글의 목적은 한국어 의미 연구의 동향을 분석해 보기 위하여 중심 논문을 설정하고 이를 인용한 논문들과의 관련성을 네트워크 분석 방법을 통하여 확인하는 데 있다. 중심 논문으로 설정한 논문은 임지룡(1992-2017)이며 인용 논문은 임지룡(1992-2017)을 인용한 논문을 전체를 대상으로 한다. 중심논문을 임지룡(1992-2017)으로 선정한 것은 한국어 의미학 분야, 특히 인지의미론 분야에 있어 많은 영향력을 끼친 논문이기 때문이다. 이에 이러한 영향력이 어떤 분야에서 어떤 키워드를 통해 확장되었는가를 데이터 분석을 통해 확인해 보고자 한 것이다. 이러한 연구의 시도는 한국어 의미 연구의 동향을 이해하고 그 영향성의 지도를 확인한다는 점에서 의미를 가질 뿐 아니라 현대 의미 연구에 있어 많이 활용되고 시도되고 있는 키워드 네트워크 분석을 적용하

* 중앙대학교 다빈치교양대학 교수, joystu@cau.ac.kr

여 확인한다는 점에서도 의미를 갖는다 하겠다.

한국어 의미론의 연구 동향을 살피고 앞으로의 전망을 살펴보는 데 있어 연구자들의 키워드를 분석하여 그 양상을 살피는 것은 연구 흐름을 확인하는 네 있어서 중요하다. 그런데 이러한 키워드를 분석하여 그 양상을 살피기 위하여 기존에는 키워드 통계 방법을 주로 활용하였는데 본고에서는 나아가 키워드 간에 관계를 살펴봄으로써 연구자가 어떤 주제에 더 중심성을 두고 연구하고 있는지를 과학적으로 살펴보고자 하였다.

또한 중심 논문을 통한 인용 논문과의 관계를 살펴보는 것을 통해 연구의 확장성과 영향성이 어떤 방향으로 나타나며, 영향을 준 논문의 중심적 생각이 인용한 논문들에 같은 무게감으로 연구되는가도 확인해 보고자 한다.

2. 이론적 배경

2.1. 네트워크 분석

네트워크는 사물이나 사람들을 상호 연결한 모양을 나타낼 때 사용하는 용어로 우리 주변에서도 흔히 발견된다. 정보통신 네트워크나, 사회 네트워크, 생태 네트워크 등 인간이나 사물이 만들어내는 다양한 유형의 현실 세계 또는 시스템을 구조적으로 표현하는 방식의 하나이기도 하다. 다시 말해 사람이나 사물의 개체는 노드(node)로 표현하고, 노드 간 연결 관계는 링크(link)로 표현하여 현실 세계의 각종 시스템을 모델링하는 방법이 네트워크인 것이다. 이러한 모델링된 네트워크는 과학적인 방법으로 다양한 특성들을 분석하고 이해할 수 있다(이수상 2012: 13).

이러한 네트워크 분석이 널리 알려진 연구 중에 하나는 사회적 관계를 연구한 Stanley Milgram의 편지 전달 실험이다. 이 실험은 세상 속 관계에 대한 네트워크의 특징을 보여준 실험으로 유명하다. 이와 같은 관계성에 집중한 네트워크 이론에서 의미 관계에 집중하여 분석하는 것이 의미 연결망 분석이며 이는 단어와 단어 사이의 관계를 파악하는 것을 목적으로 한다.

2.2. 키워드 네트워크

지식 네트워크 분석은 계량적 지식사회학을 위한 방법론 가운데 하나로 키워드 네트워크는 지식 네트워크의 유형 가운데 하나이다. 키워드 네트워크는 특정한 주제 영역의 문헌집합으로부터 키워드를 산출하고 각 키워드의 동시 출현 빈도를 계산하며, 이 빈도로부터 키워드 간의 유사도를 계산하여 구성된 네트워크이다. 이러한 키워드 네트워크 분석은 동일 개념의 다른 키워드 사용이라는 한계가 있을지라도 특정 영역에서 출간된 관련 문헌들의 대표적인 키워드를 살펴보는 데 유용하다. 키워드 네트워크 분석을 수행하는 것은 다음의 전제를 가정하여 이루어진다. 첫째, 학술논문 저자들은 어느 정도 유한하고 정형화된 레퍼토리에서 용어를 선택한다. 둘째, 개념 사이의 중요한 관계를 주장할 때 항상 다른 용어를 사용한다. 셋째, 여러 학자들이 동일한 관계로 인식하는 것이 해당 연구 영역에 대한 인지구조를 보여주는 단서가 된다(이수상 2012: 99-100).

이러한 가정을 바탕으로 키워드 네트워크를 분석하는 데 있어 관련 지표를 분석하는 방법으로 세 가지가 대표적이다. 먼저는 개별적인 대상인 각 단어들이 다른 단어들과 얼마나 많이 연결되고 있는지를 의미하는 연결 중앙성(degree centrality)이 있고, 네트워크 안에 연결된 단어들 간의 인접성 확인을 통해 중심적 역할을 하고 있는가를 확인하는 인접 중앙성(closeness centrality), 단어들 간의 관계를 매개하는 역할을 하는 단어를 확인하는 사이 중앙선(betweenness centrality)이 그것이며, 이를 측정하여 비교함으로써 단어 네트워크의 의미를 분석할 수 있다(정의룡 2017: 3-4).

2.3. 연구 방법

한국어 의미 연구 동향을 분석하기 위하여 자료로 임지룡의 논문 62편과 임지룡의 논문을 인용한 논문 545편을 수집하였다.[1] 수집한 논문을 분류하기 위하여 의미론의 큰 분야인 의미론, 인지의미론, 화용과 의사소통, 기타 영역으로 분야를 나누었다. 나누어진 분야 범위에서 나타나는 키워드의 양상이 어떻게 확인되는가를 보기 위한 1차적인 작업이었다.

이렇게 분류한 논문을 논문 정보 테이블[2], 논문 간 연결 테이블[3], 논문과 키워드 간 연결 테이블[4]로 다시 구성하였다. 이후 네트워크 분석 및 시각화 소프트웨어인 Gephi[5]를 기반으로, Network Diameter[6]를 통하여 매개 중심성(Betweeness of Centrality)과 근접 중심성(Closeness of Centrality) 분석을 진행하고, Modularity[7]를 통하여 군집분석을 수행한 뒤에, Yifan Hu Multilecel Layout[8]을 통하여 시각화하였다.

이렇게 처리한 데이터는 중심논문과 관련 논문의 관련성을 먼저 확인하였고, 이후 전체 논문의 의미 연구 동향과 인지 의미 연구 동향을 세분하여 확인

1 중심 논문인 임지룡(1992-2017)의 논문과 인용 논문은 모두 한국학술지인용색인에 등재된 논문을 기준으로 하였다.

2 논문 정보테이블은 "논문ID", "논문제목"으로 구성하였다.

3 논문간 연결테이블은 "중심논문ID"와 "인용논문ID"로 구성하였다.

4 논문과 키워드 간 연결테이블은 "논문ID", "키워드", "키워드상관분야"로 이루어졌다. 키워드는 한국어만을 대상으로 하였고, 영어 키워드는 적합한 한국어로 번역하였다. 키워드 상관 분야는 "의미", "화용의사소통", "인지의미", "기타"이다.

5 Gephi version 0.9.2 201709241107, https://gephi.org/. Gephi는 네트워크 분석 및 시각화를 위한 오픈소스이다.

6 Ulrik Brandes(2001), A Faster Algorithm for Betweenness Centrality, *Journal of Mathematical Sociology* 25(2): 163-177.

7 Lambiotte, Renaud & Delvenne, Jean-Charles & Barahona, Mauricio(2009)에 따라 weight값은 resolution 값은 1.0으로 하였다.

8 Y. F. Hu(2005), Efficient and high quality force-directed graph drawing, *The Mathematica Journal* 10: 37-71.

함을 통해 한국어 의미 연구의 전체적 동향을 이해하고자 하였다.

3. 논문 간의 키워드 관련성 분석

3.1. 중심 논문의 키워드 동향 분석

한국어 의미 연구 동향을 확인하기 위하여 중심 논문으로 임지룡(1992)에서 임지룡(2017)까지의 논문을 설정하였다. 중심논문에 해당하는 논문은 총 62편에 해당한다. 의미론의 연구 영향성을 확인하기 위한 연구이기 때문에 중심논문을 의미론, 인지의미론, 화용과 의사소통, 기타의 큰 범주로 나누어 해당 영역의 논문 빈도를 확인하였다.

〈표 1〉 중심 논문 분야

논문 분야	편수	빈도(%)
의미	8	12.9
인지 의미	43	69.4
화용과 의사소통	3	4.8
기타	8	12.9
총	62	100

위에서 보듯이 중심 논문의 분야는 인지 의미 분야가 가장 많은 수를 차지하는 것을 볼 수 있다. 그리고 화용과 의사소통 분야가 가장 적게 나타나는 것으로 확인된다. 이 가운데 기타 영역에는 어떤 영역이 많이 나타나는가를 확인해 본 결과 '현대 국어 어휘의 사용 실태와 조어론적 특성'이나 '국어과 교육 과정의 내용 선정과 조직에 대한 탐색: 국어 지식 영역을 중심으로', '국어 어휘교육의 과제와 전망'과 같이 국어교육과 관련된 분야를 확인할 수 있었다.

다음으로는 논문에 사용된 키워드를 통해서 연구의 동향을 살펴보았다. 중심 논문에 사용된 키워드는 전체 487개였고 10회 이상 사용된 다빈도 키워드는 5개, 2회 이상 언급된 키워드는 67개였다.

〈표 2〉 중심 논문 다빈도 키워드

순위	키워드	개수
1	인지언어학	36
2	개념적은유	16
3	감정	12
4	체험주의	11
5	개념적 환유	10

<표 2>에서 보듯이 중심 논문의 가장 중요 개념은 인지언어학이며 이와 관련한 개념적 은유, 감정, 체험주의, 개념적 환유가 역시 많은 수로 언급되고 있었다. 흥미로운 사실은 이러한 개념을 아우를 수 있는 인지의미론이라는 키워드는 5회밖에 언급되지 않았다. 이는 인지언어학이 더 상위의 개념이고 포괄적 차원에서 언급될 수 있는 부분이기 때문이기도 할 것이다.

이러한 키워드를 활용하여 논문들 간의 관계를 좀더 구체적으로 확인해 보기 위하여 네트워크 분석을 실시하였다. 이를 통하여 연결정도 중심성(Degree of Centrality)과 근접 중심성(Closeness of Centrality), 매개 중심성(Betweeness of Centrality)의 순위를 확인해 보았다.

〈표 3〉 중심 논문 네트워크 분석

순위	Degree	Closeness	Betweeness
1	1. '미움'의 개념화 양상	5. 한중 수어에 나타난 대립어의 양상 비교	5. 한중 수어에 나타난 대립어의 양상 비교
2	2. 다의어의 판정과 의미 확장의 분류 기준	6. 학교문법 상대 높임법의 새로운 이해	2. 다의어의 판정과 의미 확장의 분류 기준
3	3. 신체화에 기초한 의미 확장의 특성 연구	9. 비유의 성격과 기능에 대하여	6. 학교문법 상대 높임법의 새로운 이해

4	4. 인지언어학적 관점에서 본 의미의 본질	11. 감정의 문화적 변이 양상: '화'를 중심으로	8. 문법 교육의 인지언어학적 탐색
5	5. 한중 수어에 나타난 대립어의 양상 비교	13. 다의어와 다면어의 변별 기준과 의미 특성	청자대우법의 화계와 해석
6	6. 학교문법 상대 높임법의 새로운 이해	14. 감정의 색채 반응 양상	9. 비유의 성격과 기능에 대하여
7	7. 감정의 그릇 영상 도식적 양상과 의미특성	15. 의미망 분석과 다의성 판정의 원리	10. 한국어 의미 연구의 방향
8	8. 문법 교육의 인지언어학적 탐색	해석 작용의 언어 층위별 양상과 의미 특성: 어휘층위를 중심으로	7. 감정의 그릇 영상 도식적 양상과 의미특성
9	9. 비유의 성격과 기능에 대하여	개념적 은유에 대하여	국어 어휘교육의 과제와 방향
10	10. 한국어 의미 연구의 방향	'부끄러움'의 개념화 양상	12. 어휘의미론과 인지언어학
11	11. 감정의 문화적 변이 양상: '화'를 중심으로	연결 도식과 그 은유적 확장	13. 다의어와 다면어의 변별 기준과 의미 특성
12	12. 어휘의미론과 인지언어학	학교문법 다의어 교육 내용의 현황과 대안	해석 작용의 언어 층위별 양상과 의미 특성: 어휘층위를 중심으로
13	13. 다의어와 다면어의 변별 기준과 의미 특성	한국 수어의 동기화 양상	11. 감정의 문화적 변이 양상: '화'를 중심으로
14	14. 감정의 색채 반응 양상	현대 국어 동물 속담의 인지언어학적 가치론	14. 감정의 색채 반응 양상
15	15. 의미망 분석과 다의성 판정의 원리	환상성의 언어적 양상과 인지적 해석	15. 의미망 분석과 다의성 판정의 원리

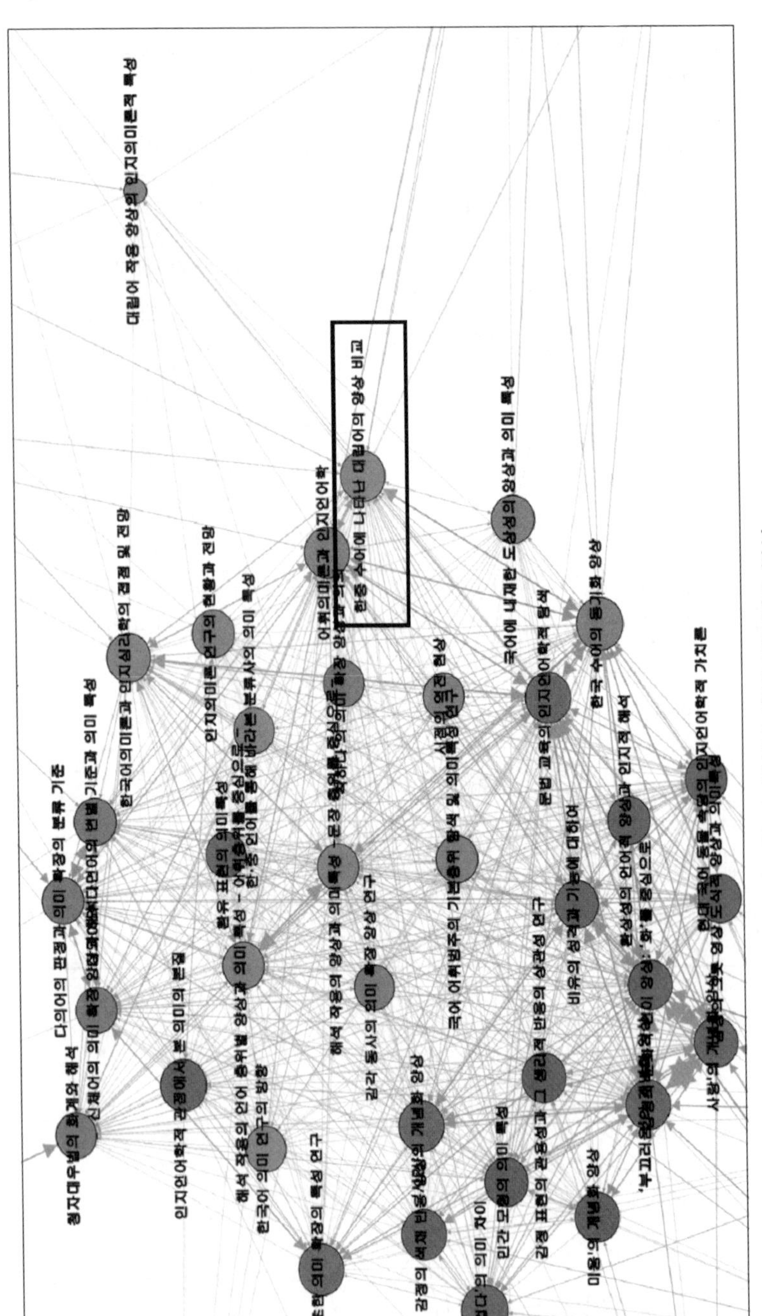

〈그림 1〉 중심 논문의 네트워크 분석

<표 3>에서 확인할 수 있듯이 다양한 논문과 연결된 논문이 다른 논문에 미치는 영향성이 높은 것은 아니었다. '한중 수어에 나타난 대립어의 양상 비교' 논문은 연결된 논문의 수는 많지 않으나 다른 논문에 미치는 영향성이나 분야 연결 강도도 높은 것을 확인할 수 있다. 다른 논문과 가장 많은 연결을 보이는 '미움의 개념화 양상'의 키워드는 '인지언어학, 체험주의, 민간모형, 은유, 환유, 감정, 미움'으로 <표 2>에서 보는 다빈도 어휘 5위 안에 3개의 어휘를 가지고 있기 때문에 다른 논문과의 많은 연결성을 보였다. 반면에 '한중 수어에 나타난 대립어의 양상 비교'는 키워드로 '수어, 대립어, 인지언어학, 대조적 관점, 도상성, 개념적 은유와 환유'를 가지고 있는데 이 키워드는 화용적 논문과 인지언어학 논문의 키워드를 아우르고 있음으로 인하여서 중심 논문에서 소수의 화용 논문의 비언어적 의사소통 논문과 기타 인지언어학 논문의 중간을 연결하는 중심에 놓여 있음을 <그림 1>을 통해 확인할 수 있다.

3.2. 중심 논문과 인용 논문의 키워드 동향 분석

중심 논문을 인용한 인용 논문의 양상을 분석하기 위하여 먼저 분야를 살펴본 결과 총 인용논문의 수는 591편이었다. 이 논문도 중심 논문과 동일한 분야로 의미, 인지 의미, 화용과 의사소통, 기타로 나누어 살펴본 결과 인지 의미 분야가 가장 많이 나타났다.

〈표 4〉 인용 논문의 분야

논문 분야	편수	빈도(%)
의미	129	23.7
인지 의미	254	46.6
화용과 의사소통	41	7.5
기타	121	22.2
총계	545	100

특징적인 부분은 중심 논문에서 화용에 관련한 논문이 많지 않았음에도

인용 논문은 41편이나 되는 것을 확인할 수 있다. 이 논문들의 세부 분야를 재분류해 보면 한국어 교육학이나 교육학적 차원에서 신체언어를 연구하는 것과 같은 비언어적인 분야의 논문이 많이 나타났다.[9] 기타 영역의 논문의 특징을 살펴보면 인용 논문의 분야를 나눌 때 한국어 의미와 관련한 부분이 아닌 것은 모두 기타로 처리하였기 때문에 이 영역에는 태국어나 프랑스어, 중국어, 러시아어 등과의 비교 연구 등이 많이 포함되어 있었다. 또한 글쓰기와 관련한 연구나, 미디어 교육과 관련한 연구 등 다양한 분야의 연구에서 중심 논문이 인용된 것도 확인할 수 있었다. 이는 중심 논문이 가지고 있는 인지언어학적 영향성이 다양한 언어의 분야에 영향을 미친 결과라 할 수 있으며, 나아가 순수 의미론 영역뿐 아니라 한국어와 관련한 교육 분야 전반에 영향성이 있음을 보여주는 결과라 하겠다.

다음으로는 논문에 사용된 키워드를 통해서 연구 동향을 살펴보았다. 중심 논문에 사용된 키워드는 487개, 인용 논문에 사용된 키워드는 3,273개로 총 3,760개가 분석 대상이 되었다.

〈표 5〉 중심 논문과 인용 논문의 다빈도 키워드

순위	키워드	중심 논문	인용 논문	총수	순위	키워드	중심 논문	인용 논문	총수
1	인지언어학	36	74	110	17	범주화	5	10	15
2	은유	6	65	71	18	다의성	1	14	15
3	개념적 은유	16	46	62	19	의미확장	2	12	14
4	환유	3	44	47	20	확장의미	1	12	13
5	다의어	5	35	40	21	영상도식	1	12	13
6	개념화	6	26	32	22	사상	2	11	13
7	의미 확장	4	27	31	23	문법 교육	1	12	13
8	감정	12	16	28	24	동기화	4	9	13
9	인지의미론	5	18	23	25	어휘 교육		11	11
10	도상성	7	16	23	26	의미망	2	8	10
11	신체화	6	16	22	27	원형이론	2	8	10

9 '거절하기'에 나타난 중국인 학습자의 비언어적 의사소통 전략 연구, 교사의 비언어적 의사소통에 대한 1학년 학생들의 선호도 연구, 교실 의사소통에서 '손짓 언어'의 연구 쟁점과 적용 가능성 탐색 등의 연구가 그 예이다.

12	의미	5	16	21	28	어휘	3	7	10
13	개념적 환유	10	8	18	29	시간	1	9	10
14	한국어		17	17	30	문법화	1	9	10
15	해석	7	8	15	31	기본의미		10	10
16	체험주의	11	4	15	32				

<표 5>는 중심 논문과 인용 논문의 다빈도 키워드를 확인한 결과로 중심 논문과 인용 논문 키워드 빈출 합이 10개 이상인 논문을 보인 것이다. 총 2,198개의 출현 어휘 가운데 10회 이상 빈출한 어휘가 31개로 나타났다. 그 결과인 표를 살펴보면 중심 논문의 최빈 어휘인 '인지언어학'이 인용 논문에서도 가장 많이 나타났다. 그러나 그 외의 어휘에서는 흥미로운 결과를 보이고 있는데, 중심 논문에서 11회 사용된 '체험주의'는 인용논문에서는 4회밖에 나타나지 않고 있을 뿐 아니라 중심 논문에서는 6회밖에 사용되지 않은 '은유'는 인용논문에서는 65회로 다빈도 2위에 해당하였다. 인용된 논문을 살펴보면 "개념적 은유와 문법 범주-시간 은유를 중심으로-"나 "공간 개념을 사용한 시간 표현에 나타난 한국어와 영어의 차이", "국어 관용어 의미에 나타나는 은환유성에 대한 연구"와 같이 한국어에 나타난 은유 현상, 특히 개념 은유 현상을 살펴보는 논문뿐 아니라 "스페인 색채어를 통한 의미 형성과 감정 표현", "태국어의 시간 개념화 양상 연구"와 같이 외국어 연구에 있어서도 그 영향성이 있음을 확인할 수 있다. 그뿐만 아니라 "언어발달지체 아동과 일반 아동의 은유능력 비교"와 같이 유아 및 특수 언어 학습자들의 언어 발달과 관련한 연구도 찾아볼 수 있다.

특징적으로 중심 논문에는 나타나지 않는 키워드이지만 인용 논문에는 다빈도로 나타나는 어휘가 '한국어'와 '어휘교육', '기본의미'인데 이 키워드는 "한국어 교육을 위한 감정 표현 연구"나 "어휘 확장을 활용한 등급별 어휘 학습 내용 연구"처럼 한국어 교육과 국어 교육 특히 어휘 교육에 있어 중심 논문이 영향성을 가지고 있다는 것을 보여주는 결과이다. 비록 중심 논문의 저자가 한국어 교육이나 어휘 교육에 대하여 중요한 연구의 키워드로 상정하고 있는 것이 아닐지라도 저자의 연구 분야가 미치는 영역이 한국어 교육과

국어교육, 특히 어휘 교육 분야에 영향성이 있음을 확인할 수 있는 결과라 할 수 있다. 이러한 결과는 다빈도 어휘는 아니지만 사용된 키워드 가운데 '한국어 교육'이 9회 사용된 점에서 한국어 교육의 영향성을 확인할 수 있다. 그뿐만 아니라 중심 논문에서 사용하지 않았으나 인용 논문에서 '말뭉치'가 9회, '메타포 분석'이 7회를 보이고 있어 어휘 분석에 있어서도 중심 논문의 영향성을 확인할 수 있다.[10]

다음으로 중심 논문과 인용 논문 키워드 간의 연결성을 확인하기 위하여 네트워크 분석을 실시하였다.

〈표 6〉 중심 논문과 인용 논문 키워드 네트워크 분석

순위	키워드	Degree	순위	Closeness	순위	Betweeness
1	인지언어학	1,306	1	0.817	18	126933.7
2	개념적 은유	889	2	0.676	19	45835.1
3	환유	440	11	0.554	20	18470.1
4	문법 교육	186	45	0.460	175	14450.8
5	은유	489	9	0.572	35	14430.5
6	다의어	607	5	0.598	21	11831.8
7	영상도식	81	114	0.458	184	11426.1
8	개념화	411	17	0.549	47	11227.5
9	신체화	490	8	0.568	37	7594.7
10	학교문법	106	76	0.465	166	7395.3
11	인지의미론	370	27	0.545	48	7137.4
12	어휘	209	43	0.522	57	6171.2
13	감정	518	6	0.592	23	5966.9
…						
34	체험주의	709	3	0.662	20	1566.664

10 이는 KCI에서 보여주는 인용 지수에서도 확인할 수 있는데 중심 논문 가운데 '국어 어휘교육의 과제와 방향'은 전체 피인용횟수가 21회이며 자기인용 제외 피인용횟수가 19회로 높은 인용 경향을 보이고 있다.

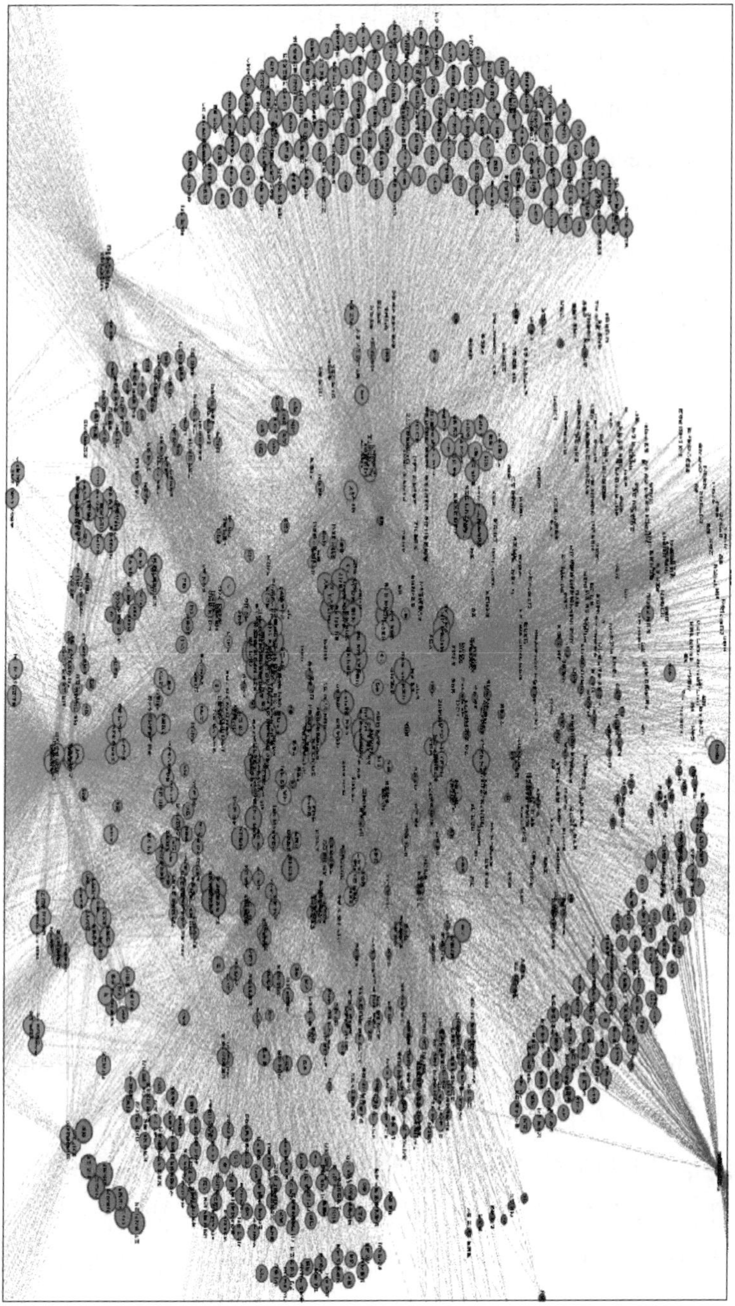

〈그림 2〉 중심 논문과 인용 논문의 키워드 네트워크 분석

<표 6>은 중심 논문과 인용 논문의 키워드를 네트워크 분석한 것이고 <그림 2>와 같은 양상을 보였다. <표 6>은 매개 중심성(Betweeness of Centrality)을 중심으로 보여준 표이며 각 연결정도 중심성(Degree of Centrality)과 근접 중심성(Closeness of Centrality)에 따른 순위를 오른쪽에 같이 보였다. 그 결과를 확인해 보면 '인지언어학'이라는 키워드는 다빈도 어휘일 뿐만 아니라 영향성이나 연결성에 있어서도 매우 높은 위치를 가지고 있음을 확인할 수 있다. 그러나 <표 6>에서 보는 바와 같이 다빈도 어휘가 영향성이나 연결성의 중심에 있지 않음을 확인할 수 있는데, 매개 중심성과 근접 중심성의 순위가 연결정도 중심성의 순위와 같지 않은 것에서도 알 수 있다. 흥미로운 키워드로는 '문법 교육'과 '체험주의'를 확인할 수 있는데, '문법 교육'의 경우 연결정도 중심성은 낮지만 매개 중심성이 높아 학문 간을 연결하는 중심에 있는 어휘임을 알 수 있다. 반면 '체험주의'는 연결정도 중심성은 매우 높으나 매개 중심성이 약한 것을 볼 수 있는데 이는 중심 논문 영역에서만 중요하게 사용되는 현상을 보여주는 것이라 하겠다.

4. 의미 연구의 현황 분석

중심 논문과 인용 논문의 키워드 분야를 분석한 결과 인지 의미와 관련한 논문이 가장 많았고 그 다음이 의미와 관련한 논문이었다. 이에 본고에서는 중심 논문이 인용 논문에 어떤 부분에서 중요 영향성이 있었는가를 키워드와 논문 인용성을 통해서 살펴보고자 한다.

인지 의미에 대한 연구도 큰 틀에서 보면 의미에 대한 연구로 볼 수 있다. 그러나 인지의미론이 국어학에 소개된 이후로 언어의 의미를 연구하는 두 개의 큰 축으로 나뉘게 한 중심논문의 영향성을 생각해 볼 때 중심 논문이 인용 논문에 미친 학문적 영향성을 분석하는 데 있어서는 이 두 분야를 구별하여 분석할 필요가 있다. 이에 본고에서는 두 분야를 나누어 키워드를 분석해 보고자 한다.

4.1. 의미연구

중심 논문과 인용 논문의 의미 연구 분야에서 사용된 키워드는 640종류 815개이다. 이 가운데 5회 이상 사용된 키워드를 살펴보면 다음과 같다.

〈표 7〉 의미 연구 분야 빈출 키워드

순위	키워드	개수	순위	키워드	개수
1	다의어	21	10	어휘 교육	4
2	의미 확장	6	11	어휘의미론	4
3	의미 관계	5	12	신어	4
4	은유	5	13	다의성	4
5	감정	5	14	동사	4
6	기본의미	5	15	대응	4
7	의미	4	16	교과서	4
8	의미 교육	4	17	관용표현	4
9	어휘	4	18	반의어	4

<표 7>을 보면 의미 연구 분야에서 다른 어휘와 달리 가장 많이 사용된 어휘는 '다의어'이다. '다의어'에 대한 구체적인 연구를 살펴보면 단지 의미론의 분야의 연구로만 사용되지 않았으며 인지의미론의 영역의 연구도 많이 찾아볼 수 있다. 이는 나아가 다의어가 의미론과 인지의미론 연구의 연결성을 가지고 있음도 생각할 수 있다.

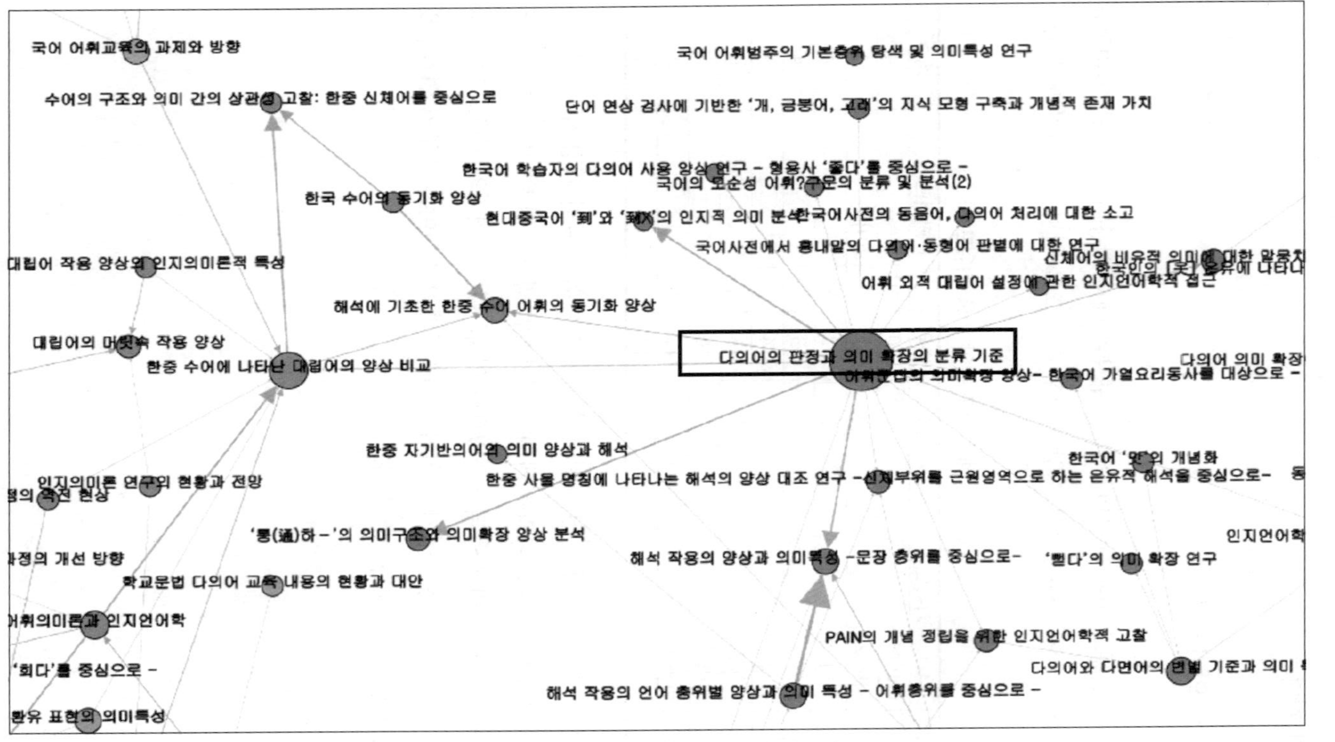

〈그림 3〉 중심 논문과 인용 논문의 네트워크 분석

<그림 3>은 중심 논문과 인용 논문을 네트워크 분석한 그림으로 굵은 선 박스 안의 논문은 주변 논문을 연결하는 중심성이 매우 높은 것을 확인할 수 있다. 이 논문은 중심 논문 가운데 "다의어의 판정과 의미 확장의 분류 기준"[11]이다. 이 논문은 국어학계에서 늘 관심의 대상이면서 논란의 대상인 다의어에 대한 기준을 제시하기 위한 논문이다. 이 논문은 이를 위하여 기존 의미론의 연구 방법에 대한 고찰을 통하지만, 이를 확장하여 인지 의미론적 차원에서 경험의 확장을 통해 설명하고 있다. 이는 인지 의미론적 차원이다. 이러한 두 영역의 포괄적 연구는 인용 논문에 많은 영향을 주었다. 이에 인용 논문[12]에서는 다의성과 중의성, 다의어와 동형어, 다의어와 동음이의어의 처리와 같은 언어학적 대상 연구뿐 아니라 한국어 교육에서의 어휘 의미 교육 등급 선정을 위한 연구 등과 같은 언어 교육의 차원에도 영향을 주었다.

4.2 인지 의미 연구

중심 논문과 인용 논문의 인지 의미 분야에서 사용된 키워드를 분석한 결과 '인지언어학'이 가장 높게 나타났다. 이뿐만 아니라 인지언어학의 중요 개념인 은유, 환유, 개념적 은유 등이 높게 나타나는 것을 확인할 수 있다.

11 이 논문은 임지룡(2009)으로 KCI 인용 분석 결과를 보면 피인용횟수 69회, 자기인용 제외 피인용횟수 65회로 높은 인용률을 보이고 있다.

12 김억조(2015), 김해연(2011), 박동근(2014), 손호건(2012), 안찬원(2013), 양명희(2017), 양용준(2014), 엄진숙(2017), 이민우(2009), 이민우(2012), 이선영(2011), 이유경(2011), 조민정(2014), 최윤(2015, 2017), 조경순(2013)

〈표 8〉 인지 의미 연구 분야 빈출 키워드

순위	키워드	중심 논문	인용 논문	합계	순위	키워드	중심 논문	인용 논문	합계
1	인지언어학	33	67	100	13	범주화	5	10	15
2	개념적 은유	16	45	61	14	체험주의	10	4	14
3	은유	6	53	59	15	의미	4	10	14
4	환유	3	34	37	16	영상도식	1	12	13
5	의미 확장	6	27	33	17	사상	2	11	13
6	개념화	5	25	30	18	해석	6	6	12
7	감정	12	11	23	19	한국어		11	11
8	신체화	6	16	22	20	동기화	4	7	11
9	인지의미론	4	16	20	21	의미확장	2	8	10
10	도상성	6	12	18	22	시간	1	9	10
11	다의어	3	15	18	23	다의성	1	9	10
12	개념적 환유	10	8	18					

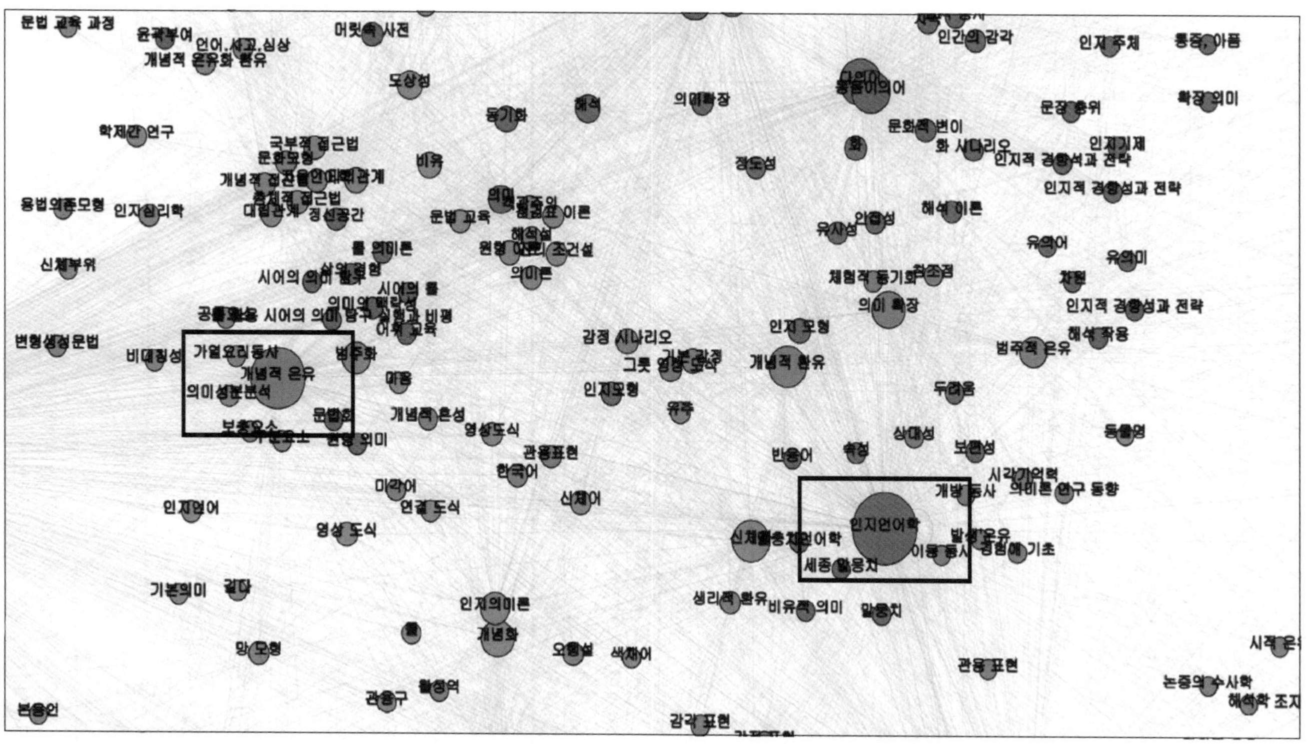

〈그림 4〉 인지 의미 분야 중심 논문과 인용 논문의 키워드 네트워크 분석

<표 8>을 보면 인지 의미론 분야에서 중요한 개념으로 인식하고 있는 것은 '개념적 은유'이다. 그런데 중심 논문과 인용 논문의 키워드 양상을 살펴보면 '인지언어학'과 '개념적 은유', '감정'은 중심 논문과 인용 논문 모두에서 많이 사용하고 있는 것을 발견할 수 있다. 특징적인 것은 총 합계빈도에서 상위를 차지하고 있으나 중심 논문에서는 많이 나타나지 않은 키워드로는 '은유', '환유', '개념화', '의미 확장', '신체화', '인지의미론' 등을 들 수 있다.

〈표 9〉 동일 키워드 중심 논문 대비 인용 논문의 수

중심논문		중심 논문 대비 인용논문			중심논문		중심 논문 대비 인용논문		
순위	키워드	횟수	비율	순위	순위	키워드	횟수	비율	순위
1	인지언어학	67	67.00	15	12	개념적 환유	8	44.44	20
2	개념적 은유	45	73.77	12	13	범주화	10	66.67	17
3	은유	53	89.83	6	14	체험주의	4	28.57	21
4	환유	34	91.89	3	15	의미	10	71.43	14
5	의미 확장	27	81.82	10	16	영상도식	12	92.31	2
6	개념화	25	83.33	8	17	사상	11	84.62	7
7	감정	11	47.83	19	18	해석	6	50.00	18
8	신체화	16	72.73	13	19	한국어	11	100.00	1
9	인지의미론	16	80.00	11	20	동기화	7	63.64	18
10	도상성	12	66.67	16	21	시간	9	90.00	4
11	다의어	15	83.33	9	22	다의성	9	90.00	4

<표 9>는 동일 키워드 사용에 있어 중심 논문과 인용 논문의 사용 비율을 확인해 본 것으로 중심 논문에서 중요하게 다뤄지는 키워드가 인용 논문에서도 동일하게 중요하게 다뤄지는가를 확인하고자 하였다. 이를 위하여 전체 키워드 인용 횟수에 대하여 인용 논문의 점유율을 확인하였고 그 점유율에 따른 순위[13]를 따로 제시하였다. 그 결과를 살펴보면 인지언어학은 전체적으로 중심 논문과 인용 논문 모두에서 많이 사용되는 키워드이지만 인용 논문의 점유율은 상대적으로 낮은 것을 확인할 수 있다. 인용 논문의 점유율이 낮은 것은 중심 논문에서 사용된 횟수가 높기 때문이며, 절대적 사용 횟수를 비교

13 이 순위는 표에서 제시하고 있는 상위 빈출 22개 가운데 인용 논문의 점유율을 계산한 결과로서 제시한 것이다.

해 볼 때는 '인지언어학'과 '개념은유'가 가장 많이 사용된 어휘임을 확인할 수 있다. 이러한 빈도 결과는 중심논문으로부터 두 키워드가 인용 논문에 큰 영향성을 가지고 있음을 확인할 수 있는 결과라 하겠다. 또한, 이러한 결과는 <그림 4>에서 중심성이 큰 키워드가 '인지언어학'과 '개념적 은유'라는 점에서도 확인할 수 있다.

그런데 인용 논문의 비율이 높고 중심 논문의 사용 횟수가 적은 키워드로는 '한국어', '영상도식', '환유', '시간', '다의성', '은유' 순으로 나타났는데, 이 가운데 은유는 단지 언어학 차원에서뿐 아니라 다양한 영역에서 은유를 통한 교육, 문화 등을 연구하였기에 이와 같은 결과를 보인 것이라 할 수 있다. 이러한 결과는 중심 논문이 가지는 '인지 의미론'에 있어 중요하게 생각하는 개념과 그에 영향을 받은 인용 논문에서의 중심 가치에 있어 다소의 차이를 보이는 것이라 볼 수 있으며, 본 연구의 중심 논문이 인지언어학에 있어 인용 논문에 영향을 미친 중요한 키워드는 넓은 범주에서의 '은유'라는 것을 확인할 수 있는 결과라 하겠다.

5. 마무리

언어에 있어 의미에 대한 고민은 고대 그리스로부터 시작하여 지속되는 과제일 것이다. 의미론이 학문의 영역을 가지기 시작한 19세기를 지나 20세기의 인지의미론 시기는 세상과 언어 그리고 그 의미를 바라보는 새로운 시각을 가지게 하였다. 국어학에 있어서도 이러한 의미에 대한 연구의 흐름은 같이 이뤄져 왔다.

이 글은 국어의 의미 연구 현황을 분석해 보는 데 있어 새로운 방법론을 통해 확인해 보고자 하였다. 그리고 의미에 대한 새로운 시각이었던 인지의미론 연구 가운데 영향성이 가장 높은 중심논문을 중심으로 그 영향 관계를 살펴봄으로써 국어 연구에 있어 의미론의 중심 키워드가 무엇인지를 확인해 보고자 하였다. 이에 본 연구는 중심 논문으로 임지룡(1992-2017)을 설정하고 이를 인용한 전체 논문을 대상으로 키워드 분석을 실시하였다. 이를 통해 의미론에 대한 연구 동향과 인지의미론에 대한 연구 동향을 확인할 수 있었다. 그 결과 중심논문과 인용 논문 모두 인지 의미와 관련한 분야가 가장 많았다. 그러나 인용 논문에서는 중심 논문에 비하여 의미 분야의 논문이 상대적으로 많이 있었음을 확인하였다.

다음으로 전체 논문의 키워드를 통해 의미론과 인지의미론의 연구 경향을 살펴본 결과에서는 의미론에서는 '다의어'가 압도적으로 높았고, 의미 확장이나 의미 관계가 그 다음으로 사용된 것을 보아 다의성과 관련된 연구가 많이 이뤄지고 있음을 확인할 수 있었다. 반면 인지의미론에서는 '인지언어학'이라는 더 상위의 학문적 개념과 '개념적 은유'라는 인지의미론의 중요 개념이 중요하게 등장하는 것을 확인할 수 있었다.

두 분야의 연구 결과를 통해서 확인할 수 있는 사실은 의미론에서 많이 사용하고 있는 '다의어'에 대한 연구가 단지 의미론 분야의 연구로만 사용되지 않았으며 인지의미론 영역의 연구도 많이 찾아볼 수 있어 다의어가 의미론과 인지의미론 연구의 연결성을 가지고 있다는 점이었다. 또한 중심 논문과 인용 논문 간의 영향성을 확인한 연구를 통해 보면, 중심 논문이 인지언어학이라는 분야를 통해 의미론 영역에 끼친 중요한 키워드는 '은유'임도 확인할 수 있었다. 사실상 은유는 단지 인지언어학만의 용어는 아니다. 그러나 은유에 대한 개념의 새로운 접근이 언어학을 넘어, 국어교육학, 문학, 한국어 교육 등에 다양하게 적용되고 연구되는 계기가 되게 되었고, 이를 통해 대상의 개념을 탐구하는 계기가 되게 하였으며 그러한 연구의 중심에 본 연구의 중심논문이 있었음을 확인할 수 있었다.

이러한 연구는 키워드 네트워크라는 새로운 방법론을 통하여 기존의 연구를 정리하고 패러다임을 확인하는 의미를 지닐 뿐 아니라 학문의 중심성을 가진 논문이 어떠한 학문적 영향력을 가지는가를 확인한다는 점에서 의미를 갖는다. 그러나 본 연구에서는 중심 논문이 제한적이었다는 한계점을 지니고 있다. 앞으로 더 많은 데이터를 활용한 의미론 연구의 중심을 확인하고 확장의 패턴을 확인하는 데 있어 방법론이 활용될 수 있어야 할 것이다.

참고문헌

김억조(2015), “성상 · 심리형용사 ‘좋-’의 결합관계와 의미”, 『한민족어문학』 69: 141-168, 한민족어문학회.

김해연(2011), “텍스트 상에서의 동음이의어: 국어 말뭉치에서의 ‘다리’ 분석을 중심으로”, 『언어』 36(4): 903-924, 한국언어학회.

박동근(2014), “국어사전에서 흉내말의 다의어 · 동형어 판별에 대한 연구”, 『겨레어문학』 53: 237-261, 겨레어문학회.

손호건(2012), “인지연산문법틀 내에서의 동사 의미 기술과 형식화 작업”, 『언어와 언어학』 56: 133-163, 한국외국어대학교 언어연구소.

안찬원(2013), “어원의 교육적 활용 방안 연구: ‘앚/앛’계열 어휘의 어원 연구를 중심으로”, 『국어교육학연구』 48: 273-303, 국어교육학회.

양명희(2017), “한국어사전의 동음어, 다의어 처리에 대한 소고”, 『반교어문연구』 46: 11-34, 반교어문학회.

양용준(2014), “다의성과 구조적 중의성의 차이점 연구: 제주방언을 중심으로”, 『언어과학연구』 14: 251-270, 언어과학회.

엄진숙(2017), “한국어 학습자의 다의어 사용 양상 연구: 형용사 ‘좋다’를 중심으로”, 『한민족어문학』 78: 37-63, 한민족어문학회.

이민우(2009), “다의성과 다의화”, 『언어학 연구』 14: 107-122, 한국중원언어학회.

이민우(2012), “의미 확립 단계를 이용한 한국어 다의어 교육 방안”, 『언어학 연구』 22: 163-177, 한국중원언어학회.

이선영(2011), “국어의 모순어에 대하여”, 『국어학』 61: 265-289, 국어학회.

이성용 · 김진호(2017), “키워드 네트워크 분석을 통한 국내 긍정적 행동지원 연구동향 분석”, 『지적장애연구』 19(2): 147-172, 한국지적장애교육학회.

이수상(2012), 『네트워크 분석 방법론』, 논형.

이유경(2011), “한국어 어휘 의미 교육 등급 선정을 위한 기초 연구: 동사를 중심으로”, 『이중언어학』 47: 111-138, 이중언어학회.

정성훈(2016), “2원 네트워크 분석을 이용한 한국어 강조정도부사의 의미 거리 연구”, 『한국어 의미학』 52: 197-222, 한국어 의미학회.

정의룡(2017), ““대통령 지시사항”에 대한 의미연결망 분석: 2001년부터 2009년까지의 패턴을 중심으로”, 『한국지방정부학회 학술대회 논문집』 3: 1-14, 한국지방정부학회.

조민정(2014) “의미단위로서 동사구에서 논항의 기능 연구: 의미변별을 중심으로”, 『한국어 의미학』 46: 53-77, 한국어 의미학회.

최 윤(2015), “국어의 모순성 어휘 · 구문의 분류 및 분석”, 『인문과학연구』 47: 247-271, 강원대학교 인문과학연구소.

최 윤(2017), “국어의 모순성 어휘 · 구문의 분류 및 분석(2)”, 『한국어 의미학』 57: 73-100, 한국어 의미학회.

조경순(2013), “국어 동사의 감정 의미 획득에 관한 연구”, 『한국어 의미학』 40: 43-69, 한국어 의미학회.

Brandes, U.(2001), A Faster Algorithm for Betweenness Centrality, *Journal of Mathematical Sociology* 25(2): 163-177.

Hu, Y. F.(2005), Efficient, high-quality force-directed graph drawing, *Mathematica Journal* 10(1): 37-71.

Lambiotte, R., J. C. Delvenne & M. Barahona(2008), Laplacian dynamics and multiscale modular structure in networks, arXiv preprint arXiv:0812.1770.

의미의 유형과 스펙트럼 분석

이 성 범*

1. 들머리

이 글의 목적은 언어 의미의 여러 유형을 구분하여 그 각각의 특성과 상호 관계를 파악하는 데 있다. 이를 위해 우리는 언어에서의 의미는 일종의 스펙트럼으로 구조화되어 있으며 그 스펙트럼을 이루는 각 유형의 의미는 의미를 형성하는 세 가지 기본 요소, 즉 언어, 인간, 세계의 상호 작용에 의해 그 성격과 기능이 결정된다는 것을 주장하고자 한다.

의미론과 화용론의 주 연구 대상인 의미는 오래 전부터 이를 연구하고자 하는 사람들에게 많은 어려움을 안겨주어 왔다. 의미는 눈에 보이지도 않고 관측하거나 계산하기 어려우며 똑같은 조건하에 실험으로 반복하여 검증하기가 쉽지 않다. 또한 의미는 말소리나 문장처럼 일정한 방식으로 옮겨 적어 그 실체를 표상하거나 잘 정의된 규칙과 원리를 설정하여 체계적으로 연구하는 것이 비록 불가능하지는 않지만 상당한 수준의 추상화와 수학적, 논리적

* 서강대학교 영미어문전공 교수, sblee@sogang.ac.kr

형식화를 요구하기 때문에 간단치 않다. 그런 이유 때문에 한때 Bloomfield와 같은 미국 구조주의 언어학자들은 의미를 언어학의 연구에서 제외해야 한다는 주장까지 한 것이다.

그러나 의미에 대한 성찰이 없는 언어 연구는 불완전할 뿐 아니라 공허한 나머지 말 그대로 무의미한 연구에 불과하다. 언어를 이루는 제 요소들은 비단 낮은 수준에서는 자립적인 체계를 유지할 수 있다고 해도 그것들이 결국 의미를 전달하는 데 필요한 단위나 모듈인 이상 궁극적으로는 의미와 연결이 되며 의미와의 관계를 고려하지 않을 수 없다. 그 결과 언어학에서 의미 연구의 필요성을 인정하더라도 연구자들이 또 마주치게 되는 실제적인 문제는 의미가 결코 단일하지 않고 거의 카오스처럼 보일 만큼 무질서하고 다양한 성격을 갖고 있다는 점이다.

이 때문에 연구자들은 비슷하지만 차이가 있는 세밀한 의미의 제 유형들의 갈래를 잘 파악하고 각각의 성격을 정확히 판별하고 비교, 기술하는 데 어려움을 겪고 있다. 지금까지 논의된 의미의 종류를 특정 기준 없이 몇 가지만 예를 들어 단순 나열하더라도 자연적 의미(natural meaning)와 비자연적 의미(non-natural meaning), 표의적 의미(denotation), 이의적 의미(connotation), 지시적 의미(reference), 언어적 의미(sense), 문장 의미(sentence meaning), 발화 의미(utterance meaning), 화자 의미(speaker meaning)가 있고 더 나아가, 명제적 의미, 논리적 함의, 사실적 함의, 의미론적 전제, 화용론적 전제, 고정 함축, 일반화된 대화 함축, 특화된 대화 함축, 상위화용적 함축, 사회적 함축 등이 있다. 뿐만 아니라 이들 각 종류의 의미에는 이들 각 종류에는 또 하위 유형의 의미가 있는데 학자들마다 관점에 따라 이를 나누거나 통합하는 기준이 다르고 그 분석 결과도 차이가 있다. 예를 들어 같은 현상을 둘러싸고 어떤 연구에서는 이를 '함축'이라 부르고 또 다른 연구에서는 '전제'라고 부르고 있어 용어 사용에서 혼선을 보이고 있으며 같은 연구자라도 주어진 현상에 대해 시간이 흐르면 입장이 바뀌는 경우도 있다. 가장 대표적인 경우로 Horn(1996)이 조사한 바에 의하면 영어에서 다음 (1a)와 같은 문장의 의미는 매우 다양한 관점에서 분석되어 왔다.

(1) a. Only Muriel voted for Hubert.
b. Muriel voted for Hubert.
c. No one other than Muriel voted for Hubert.

(1a)는 (1b)와 (1c)의 의미가 혼합되어 있다는 점에서는 대부분의 분석이 일치하지만, 각각의 의미가 과연 무엇이고 그 관계는 무엇인지에 대해서는 백가쟁명이라고 불러도 과언이 아닐 정도로 다양한 분석이 제기되어 왔는데 그 중 Horn(1996)이 취급하고 있는 대표적인 것만 간추려도 다음과 같다.

1) 함의 분석 (전통적인 진리조건적 논리학의 분석 및 von Fintel 1993, Atlas 1993 등): (1a)는 (1b)와 (1c)를 함의한다. 즉, (1a)가 참이면 (1b)도 참이고 (1c)도 참이다.
2) 의미론적 전제 분석(Horn 1969, Ladusaw 1980, Linebarger 1987 등): (1a)는 (1c)를 함의한다. 반면 (1a)는 (1b)를 함의하는 것이 아니라 의미론적으로 전제한다. 즉, (1b)가 거짓이면 (1a)는, Strawson의 논리 체계에서처럼, 참도 거짓도 아니다.
3) 고정 함축 분석 또는 화용론적 전제 분석(Grice 1975, Horn 1979, Karttunen & Peters 1979, Krifka 1993 등): (1a)는 (1b)를 고정 함축하거나 화용론적으로 전제한다. 즉, (1b)는 (1a)가 적절한 발화로 성립하기 위한 "비진리조건적이지만 의미론적 조건(non-truth-conditional but semantic condition)"이다. 다만 (1a)는 (1c)를 함의한다.
4) 대화 함축 분석(McCawley 1993): (1a)는 (1c)를 함의한다. (1a)의 발화는 보통 (1b)를 함축할 수 있지만 이 함축의 성립 여부는 맥락에 따라 달라질 수 있다. Muriel 외의 누군가도 Hubert에 표를 던졌다면 (1a)는 양의 격률을 위반한 것이다.
5) 비대칭적 함의 분석(Geech 1962): (1a)는 (1c)만을 함의할 뿐 (1a)와 (1b)는 아무런 의미론적, 화용론적 관계를 갖지 않는다.

한국어에서도 Lee(1995)는 (1c)에 해당하는 한국어 보조사 '-만' 구문의 의미뿐 아니라 또 다른 보조사 '-도'의 의미를 고정 함축으로 본 반면, Kim (2015)은 '-만'에서 유발되는 2차 의미를 전제로 보았고, Kim(2016)은 '-도'의 존재적 2차 의미 역시 전제라고 주장했지만, 김정민(2016)은 한국어의 조사 '-만'과 '-도'의 의미 분석에서 (1c)에 해당하는 한국어의 의미를 고정 함축이라고 보았다.

이런 분석의 차이는 단지 용어 선택의 차이가 아니라 기본적으로 '말해진 것(what is said)'과 '함축된 것(what is implicated)'의 상대적 범위와 상호 관계에 대한 견해 차이뿐 아니라 '단언된 것(what is asserted)'과 '함언된 것(what is implied)'의 정의와 성격 규정에 대한 해석의 상이함에서 비롯된다. 뿐만 아니라 의미는, 다음 장에서 자세히 보겠지만, 일종의 스펙트럼으로 구조화되어 있어서 같은 유형에 속한다고 생각되는 경우라도 최소한의 결정적 속성을 제외하고는 다른 유형의 의미와 성격을 공유할 수 있다. 이와 관련해서 김태자(2010: 36)는 "함의와 전제는 다 같이 단어의 자질이나 문장 사이의 의미적 관계성을 밝히는 개념이었으나, 서로 보는 견해가 다를 뿐, 그 경계가 애매하여 엄격하게 그[*sic.*] 구분될 수 없는 어려운 점이 있다"고 주장한다. 이 글에서는 자칫 난맥상으로 비춰질 수도 있는 의미의 여러 유형의 정의와 기술에 대해 스펙트럼의 관점에서 재접근하고 정리하고자 한다.

2. 언어와 의미

2.1. 뜻이란?

언어를 연구하는 사람이라면 누구나 던지게 되는 "언어란 무엇인가?"라는 질문에 대해 한힌샘 주시경은 "말은 뜻을 표하는 것이고 사람과 사람의 뜻을 통하는 것"이라고 명료하게 답하였다. 비슷한 시기에 미국의 Sapir(1921: 7)도 언어란 "머리에 떠오른 것, 느끼는 것, 바라는 것 등을 소통하는 인간만의 비본능적 수단(a purely human and noninstinctive method of communicating ideas, emotions, and desires)"이라고 정의하였다. 이때의 "비본능적"이란 언어가 학습에 의해 배워야 하고 문화적으로 전수되는 관습적 체계임을 말한다. 또한 고대 중국 장자(莊子)의 제물론(齊物論) 편에는 "말에는 뜻이 있다. 말은 사람이 뜻을 실어 불어 내는 바람 소리이다"라고 하였다. 인간의 말은 바람처럼 소리라는 형식을 취하고 있지만 그것이 특별한 이유는 뜻이 깃들어 있기 때문이라는 것이다. 이상에서 예를 든 것 외에도 언어에 대한 동서고금 대부분의 논의는 언어의 목적과 기능이 뜻을 표하고 소통하는 데 있다는 점에서 일치하고 있다.

그렇다면 언어의 요체라고 할 수 있는 뜻이란 무엇인가? 지금까지의 의미론 연구는 '뜻'이라고 할 때 주로 형식화되고 잘 정의된 개념적 의미를 상정해 왔지만, 뜻이란 언어학에서 사용하는 용어로서의 '의미' 뿐 아니라 '생각', '의도', '의사', '의향', '주제', '대의', '취지', '요지', '의지', '의의', '말귀', '의식', '상념', '메시지', '아이디어' 등을 모두 포함하는 것이다. 원래 '의미'에서 '의(意)'란 마음(心)을 말(曰)로써 표현하기 위해 정리해 놓은(立) 것, 즉 뜻을 말하며, '미(味)'란 감각의 하나로서 맛을 뜻한다. 따라서 한자어로서 의미란 '뜻의 맛'인데 같은 생각이라도 말하는 이가 어떻게 표현하느냐에 따라 여러 가지 다른 식으로 포장되고 듣는 이로 하여금 그때그때마다 새롭게 감지될 수 있다는 것을 강조한 것으로 보인다. 즉, 음식의 경우 재료는 같아도 요리하는 사람에 따라 완전히 다른 맛이 나올 수 있는 것처럼 말의 경우도 생각은 같아도 그것을 표현하는 사람이나 받아들이는 사람에 따라 전혀 다른 것으로 전달될 수 있다는 것이다.

2.2. 의미의 요소와 종류

이처럼 언어의 의미는 고정된 것이 아니며 여러 요인들에 의해 영향을 받을 수 있다는 점에 주목해야 한다. 일찍이 이 점을 꿰뚫어 본 주시경(1910)은 의미와 관련된 중요한 요소로서 '말'과 '일' 그리고 '마음'을 들고 있다. 즉, 우리가 문장이나 발화의 의미를 파악할 때 '말'과 '일', 그리고 '마음'의 셋을 서로 연결하여 이해하는데, 이때 '말'이란 문장을 구성하고 있는 언어 기호이고, '일'은 언어 기호가 가리키고 기술하는 대상, 즉 세계(의 일부)를 말하며, '마음'은 대화에 참여하는 화자와 청자처럼 문장을 해석하는 사람들의 심적 태도나 상태를 가리킨다. 어떤 문장은 문장 성분의 상호관계만 파악하면 그 의미를 얻을 수 있으나 또 다른 문장은 실제 세계에 존재하는 대상의 그림을 통해서 그 의미를 분명히 할 수 있고, 또 다른 종류의 문장이나 발화는 그것이 지시하는 현실적 대상 외에도 이것에 대해 화자가 생각하는 바에 따라 파악해야 한다는 것이다.

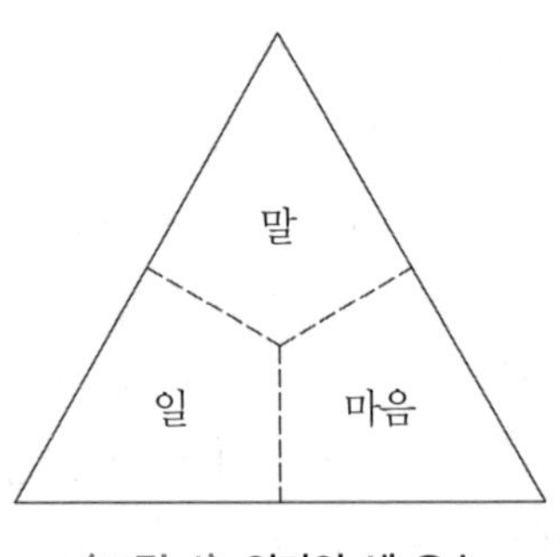

〈그림 1〉 의미의 세 요소

이 주장은 기호학자인 Morris(1932)의 '통어론(syntactics)-의미론(semantics)-화용론(pragmatics)' 삼분법과 일맥상통하는 생각인데, 언어의 핵심인 의미를 제대로 이해하기 위해서는 언어 기호 자체뿐 아니라 그런 기호가 이 세상의 일부로서 대상과 맺는 관계 및 그 기호를 사용하는 사람들의 역할까지 고려해야 한다는 것이다. 언어의 의미는 문장의 단어들을 통해 생겨나지만 그 문장의 차원에서 항상 정적으로 머무르면서 고정적으로 해석되는 것은 아니다. Sapir(1921: 9)는 "언어의 외적 형식은 일정하지만, 내적 의미는 마음이 쏠리는 것에 따라 또는 선택적으로 관심을 갖는 것에 따라 자유롭게 변화한다."라고 말했다. 따라서 의미는 단일한 모습으로 전개되는 것이 아니며 어떤 점에 초점을 맞추느냐에 따라 여러 가지 모습으로 다가오게 된다. 사람은 자신이 평소 관심을 갖고 있는 것에 따라 외부 환경을 선택적으로 받아들이기 때문에 같은 언어 자극에 대해서도 주목하는 부분이 달라질 수 있고 그 결과로 의미 해석에 차이가 날 수 있다.

이런 관점에서 Ogden & Richards(1923)는 영어에서 'meaning'이란 단어가 매우 다양하게 정의될 수 있음을 지적하면서, 그 중 대표적인 것으로는 1)내적인 속성(an Intrinsic Property), 2)다른 것들과의 독특하고 분석할 수 없는 관계(a unique, unanalysable Relation to other things), 3)사전의 한 단어 기술에 포함된 다른 단어들(the other words annexed to a word in the Dictionary), 4)본질(an Essence), 5)의도된 사건(an event Intended), 5)의지(a Volition), 6)무엇에 의해서든 생겨난 감정(Emotion aroused by anything), 7)무엇이든 그것이 암시하는 것(What anything Suggests), 8)상징을 사용하는 사람이 실제로 지시하는 것(that to which the User of a symbol actually Refers), 9)상징을 해석하는 사람이 그 상징을 사용한 사람이 지시했을 것으로 믿는 것(that to which the Interpreter of a symbol Believes the User to be Referring) 등을 들고 있다. 이처럼 'meaning'이란 단어 자체가 여러 가지 뜻을 가질 수 있다는 점은 언어의 의미가 단일하지 않고 비슷하지만 서로 조금씩 다른 속성을 지닌 것들의 연속체로서 하나의 스펙트럼(spectrum)을 구성한다는 것을 강력히 시사한다. 이를 우리는 '의미의 스펙트럼'이라고 부르기로 하고 다음 절에서 자세히 살펴보기로 한다.

의미의 종류와 유형이 다양하고 다기하기 때문에 이에 대한 논란이 끊이지 않고 있다. 예를 들어 김태자(2010: 23)는 "국어사용에서 함의와 함축은 엄격하게 구분되어 쓰이지 않고 있다. 사전적인 의미 역시 별 차이가 없이 기술되고 있다"고 하면서 이런 용어가 "영어 전공 학자들에 의해 많이 연구되고 해석되면서 국어학의 연구에도 이런 이론들의 영향을 받아" 사용되고 있지만

"국어학적인 해석은 영어 전공자들과는 다른 다소 광의의 의미적 국면으로 구분 해석하고 있다"고 주장한다. 비유적으로 한국인들이 사용하는 '집합'이란 단어와 영어 사용자들이 사용하는 'set'이란 단어는 그 의미가 완전히 같지는 않지만, 이런 차이에도 불구하고 수학에서 사용하는 '집합'이란 용어는 한국어 사용자든 영어 사용자든 그 정의를 공유하고 완전히 같은 개념으로 받아들인다. Grice(1975)가 'implicate'라는 용어를 처음 만든 것은 이것이 영어에서 일상적으로 사용되는 단어인 'imply'와는 다른 화용론적 현상을 기술하고 설명하는 데 필요하기 때문이었으며 그것의 한국어 번역인 '함축'은 비록 한국인들이 일반적으로 '함의'나 '함언'과 큰 구별없이 사용하는 단어일지는 몰라도, 그런 일상적 의미와는 다른, Grice 등에 의해 새롭게 잘 정의된 특정 언어 현상을 설명하기 위해 세계의 모든 연구자들이 보편적으로 공유하는 학술적 용어이다. 따라서 '함의'나 '함언', '함축' 등이 한국어의 일상적 언어 사용에서 별다른 구분이 없기 때문에 학문적으로도 이를 구별할 필요가 없다고 보는 것은 개별 언어의 일상 표현으로부터 독립된 언어 보편적인 학문 용어의 존재를 부정하는 결과가 된다.

Lyons(1977)나 임동훈(2011)의 지적처럼 대명사의 '직시(deixis)'와 '대용(anaphora)'은 명확한 구분이 어렵다. 예를 들어 한국어의 구어적인 3인칭 대명사 "걔"의 쓰임을 보면,

(2) 태호: 너 어제 걔 봤지?
민수: *Ø라니/걔라니/*그 친구라니? 누구 말야?

(3) 태호: 야, 너 조금 전에 걔가 한 말 기억하지?
민수: 그럼, Ø/걔/그 친구 완전 또라이더군.

(4) 태호: 어제 니가 만났다는 니 군대동기, 걔가 나한테도 왔어.
민수: 그래? 걔 되게 급한가 봐.

예문 (2)에서 태호는 자기 머릿속에 떠오른 개체를 가리키면서 "걔"라고 부르고 있다. 이에 대해 민수는 그 개체에 대해 인지하지 못한 상황이라서

그 대상을 확인하지 못하고 있는데 이때 민수가 사용한 대명사 "걔"는 태호 발화에서의 "걔"를 직접 가리키는 담화 지시라고 볼 수 있다. 이때 민수가 "걔" 대신에 그 자리에 영형(Ø)을 쓰거나 공지시적인 "그 친구"나 "그 사람, 그 남자" 등으로 받는 것은 어색한데 이는 잘 알려진 대로 담화 직시 표현이 갖는 토큰-재귀성(token reflexivity) 때문이다.

반면에 예문 (3)에서 태호가 말한 "걔"는 담화 맥락에 두드러진 개체를 가리키는 것으로 그 말을 듣는 민수의 기억이나 경험에서 어려움 없이 확인할 수 있는 존재이다. 이럴 경우의 대명사 "걔"의 사용은, Lyons(1977)의 분석을 적용하면, 담화 직시 현상이 아니라 담화 맥락에 두드러진 대상을 지시하는 대용적 지시(anaphoric reference) 현상이라고 본다. 이때 "걔" 대신에 영형이나 "그 친구, 그 사람, 그 남자" 등의 토큰-재귀적이지 않은 표현을 사용해도 무방한 점은 (3)에서의 "걔"가 (2)에서의 "걔"와 달리 담화 직시적이지 않음을 시사한다. 마지막으로 (4)에서 태호가 말한 "걔"는 앞의 명사구를 선행사로 하여 이를 가리키는 대용적 용법의 대명사로서 그 의미가 순전히 맥락 의존적인 담화 직시와는 달리 발화 내부에서 그 의미가 확인되는 문법화된 경우라고 볼 수 있다. 따라서 (4)는 그 의미가 기본적으로 "말(language 또는 sign)" 자체에서 확인되는 반면, (3)은 화자와 청자가 알고 있는 맥락에서의 두드러진 요소로서 세상의 됨됨이 또는 공유된 배경 지식에 의존해야 하는 경우인데 이는 주시경이 언급한 의미의 세 요소 중 "일(state of affairs 또는 world)"의 영역까지 확인이 필요한 경우이다. 반면에 (2)는 전적으로 화자의 기억에 의존하기 때문에 그 말을 한 화자가 생각하는 것이 의미 파악에 결정적인 요인이 된다. 따라서 이때의 대명사 의미는 의미의 마지막 요소인 "마음(mind 또는 cognition)"에 달려 있다. 이 예에서 시사하듯 빛의 삼원색이 서로 어울려 여러 색깔을 합성해 낼 수 있는 것처럼 언어 의미의 세 가지 기본 요소는 여러 방식으로 상호 작용하면서 다양한 유형의 의미를 만들어 낼 수 있는데 이에 대해서는 다음 절에서 살펴보기로 한다.

2.3. 빛과 언어

우리의 언어는 빛과 비교할 수 있다. 우주 만물을 이루는 가장 기본적이고 중요한 요소들 사이에는 단순한 우연이라고 볼 수 없는 형태적, 구조적, 기능적, 해석학적 유사성이 존재할 때가 많다. 물론 수학적으로 말해 같은 대수적 구조로 표상할 수는 없으므로 준동형사상(homomorphism)까지는 아닐지라도 빛과 언어라는 각 그룹은 상호 비교가능한 부분을 많이 공유하고 있는 느슨한 의미의 닮은꼴로 볼 수 있다. 빛과 언어는 여러 가지 점에서 유사한데 우선 빛이 없으면 물리적으로 잘 보거나 분간할 수 없듯이 언어가 없다면 제대로 생각하거나 이해할 수 없을 것이다. 둘 다 사물을 제대로 "보게" 해주고 그에 따른 활동을 가능케 해준다. 특히 언어의 의미는 모든 개념과 이해의 초석이 된다. 성경의 창세기 1장에 보면 천지창조 첫째 날에 조물주가 "빛(Light)이 있으라"고 말함으로써 빛이 생긴 것은 그만큼 빛이 모든 만물이 존재하고 상호작용하는 데 가장 기초가 되기 때문이었을 것이다. 또한 요한복음 1장에 보면 "태초에 말씀이 계시니라. 이 말씀이 하나님과 함께 계셨으니 이 말씀은 곧 하나님이시니라 그가 태초에 하나님과 함께 계셨고 만물이 그로 말미암아 지은 바 되었으니 지은 것이 하나도 그가 없이는 된 것이 없느니라"라고 하여 말(Word)이 모든 창조의 역사에 기원임을 명확히 하고 있다. 우리의 언어에 다양하고도 충분한 의미가 있기 때문에 그 토대 위에서 무한한 정신적 활동을 할 수 있는 것이다.

이런 종교적 내지는 형이상학적 설명 외에도 빛과 언어는 과학적, 물리적 측면을 포함한 여러 중요한 국면에서 평행적 현상을 보여준다. 우선 빛은 그것을 만들어내는 광원이 있고 이 광원은 진동을 통해 빛에너지를 발산하며 이 빛에너지는 파동의 형태로 이동한다. 마찬가지로 인간의 언어도 그것을 만들어내는 사람이 있고 그는 자신의 신체기관을 동원하여 의미를 전달하는 소리를 만들어 내며 이 소리에너지도 파동의 형태로 퍼져나간다. 빛과 언어 모두 파동이 있기 때문에 물리적 분석이 가능하다. 빛의 파동은 서로 진동

방향이 수직인 전기장(electric field)과 자기장(magnetic field)으로 이루어져 있는 횡파인데 언어 역시 기본적인 두 축으로서 의미를 형성하는 씨줄과 날줄이라고 할 수 있는 통합(syntagm)과 계열(paradigm)로 이루어진다. 아울러 빛과 언어는 그 속성에서 닮아 있다. 하나의 광원에서 나온 빛은 직진하다가 물체를 만나 반사되어 그 반사된 빛이 우리의 눈에 들어오면 비로소 우리는 물체를 감지할 수 있게 된다. 화자의 조음기관에서 나온 말은 상징적으로 그 지시 대상을 가리키고 그것을 우리의 또 다른 감각기관을 통해 받아들여 최종적으로 뇌에서 매칭(matching)이 일어나면 그 말의 의미를 확인하게 된다. 유리거울이나 잔잔한 수면처럼 매끄러운 표면에서는 빛이 일정한 방향으로 반사되어 그 물체를 쉽게 확인할 수 있는 정반사가 일어나지만 때에 따라 울퉁불퉁한 표면에서 빛은 여러 방향으로 흩어지는 난반사를 하여 그 물체를 확인하기 어려울 때가 있다. 마찬가지로 언어도 그것이 가리키는 것을 매끄럽게 해득할 수 있는 경우와 애매모호하거나 중의적인 경우가 있어 그 뜻을 분간하기 어려운 경우가 있다.

뿐만 아니라 빛은 공기와 물처럼 서로 다른 종류의 매질을 통과할 때 그 경계면에서 진행 방향이 꺾이는 굴절 현상이 있다. 언어도 서로 다른 언어 사용자들 사이에서 원래의 의미대로 전달되지 않고 경로가 바뀌는 경우가 흔한데, 언어사용자들 사이에서 공유하는 배경지식이 약하거나 공동의 토대(common ground)가 부족해서 매질의 차이가 심할수록 의미의 왜곡 현상인 굴절은 더 심하게 일어날 수 있다. 빛은 때때로 허상을 보여주는데 언어도 경우에 따라 오해를 불러일으킨다. 또한 빛은 널리 알려져 있듯 서로 다른 색깔의 스펙트럼으로 되어 있는데 사람들 중에는 서로 다른 색을 구별하지 못하는 색맹이나 색약이 있다. 마찬가지로 인간의 언어도 서로 다른 의미의 스펙트럼을 갖고 있는데 어떤 특정한 의미를 잘 이해하지 못하거나 서로 다른 유형의 의미를 구별하지 못하는 언어 장애를 지닌 사람들이 있다.

빛은 우리가 알고 있는 삼라만상 중에서 가장 빠른데 진공에서는 초속 약 30만 킬로미터를 나아갈 수 있어서 1초에 지구를 7바퀴 반이나 돌 수 있다.

파동(wave)이면서 동시에 입자(particle)인 빛의 이런 놀라운 속도를 가능케 해주는 것은 빛이 서로 다른 파장을 가진 색들의 스펙트럼으로 압축되어 있기 때문이다. 현대 양자역학에서는 빛뿐만 아니라 모든 물질이 파동과 입자의 이중성을 지니고 있다고 하는데 물리학적 관점에서 볼 때 언어도 화자가 자신이 전달하고 싶은 메시지는 머릿속에 그야말로 전광석화처럼 순식간에 떠올리지만 이를 말소리라는 형식으로 조음해 내는 데에는 1초에 평균 7음절이라는 상대적으로 적지 않은 시간이 걸린다. Levinson(2000: 6)은 이를 "언어 부호 입력의 병목현상(bottleneck of speech encoding)"이라고 칭하면서 이를 해소하기 위해 우리의 언어는 형태적 단순화나 생략과 같은 구문적 간소화 외에도 가장 중요한 수단으로 "의미를 차곡차곡 등에 업는 것(to piggyback meaning on top of the meaning)"을 채택했다고 한다. 다만 하나의 발화에서 이렇게 다른 의미의 등에 업힌 여러 유형의 의미는 청자에게 도달되어서는 화자가 의도한 대로 다시 부호 해독(decoding)이 일어나서 그 가닥이 잘 풀려야 하는데 부호 해독이 원활하게 일어나지 않거나 부호 입력과 부호 해독 사이의 불일치가 발생하는 경우 소통에 장애가 초래되어 마치 잘못된 허상을 보듯 잘못된 메시지로 해석하는 오해가 일어날 수 있다.

하나의 제한된 발화 형식에 우리의 인지 능력이 허용하는 범위 내에서 나중에 메시지를 받은 사람이 풀기 쉽도록 차곡차곡 질서있게 의미를 포장하는 언어 의미의 스펙트럼은 컴퓨터의 파일 압축 프로그램처럼 크기를 줄여주고 전송과 저장을 용이하게 해주는 장점이 있다. 그러나 그런 눈부신 장점에는 어두운 그늘도 있는데 궁극적으로는 이 압축된 것의 가닥을 잘 잡아서 하나하나 정확히 풀어야 정보가 제대로 전달될 수 있다는 어려움을 내포하고 있다. 다만 우리는 언어 습득 과정에서 이런 의미의 스펙트럼을 만들고 풀어내는 방법과 원리를 습득하고 내면화함으로써 대부분의 의사소통 과정에서 큰 어려움 없이 의미를 주고받는다. 그렇다면 의미의 스펙트럼은 어떻게 구성되어 있고 우리는 이것을 어떻게 풀어서 이해하는 것일까?

2.4. 빛의 스펙트럼

언어의 의미는 스펙트럼으로 되어 있다. 이때 스펙트럼이란 말은 물리학자 Newton의 실험에서 프리즘을 통과한 백색광이 여러 가지 무지개 색으로 나뉘는 것을 설명하기 위한 학문적인 용어로 처음 사용되기 시작했다. 스펙트럼은 하나의 범위에서 통합체를 구성하는 서로 다른 특성을 지닌 요소들의 연속체(continuum)를 말하는데 하나의 요소에서 다른 요소로 옮겨갈 때 명확한 계단(step)이나 단절 없이 이동할 수 있을 경우이다. 인간의 눈으로 지각되는 파장의 범위를 가진 빛인 가시광선이 가늘고 긴 슬릿(slit)을 통과한 후 프리즘 분광기로 분해되었을 때 파장에 따라 굴절률이 다르므로 분산을 일으키는데, 이것들은 다음 <그림 2>에서처럼 파장이 740nm 정도로 가장 긴 빨간색부터 파장이 380nm 정도로 가장 짧은 보라색의 순서로 배열되어 우리가 보는 무지개의 모습으로 나타나게 된다.

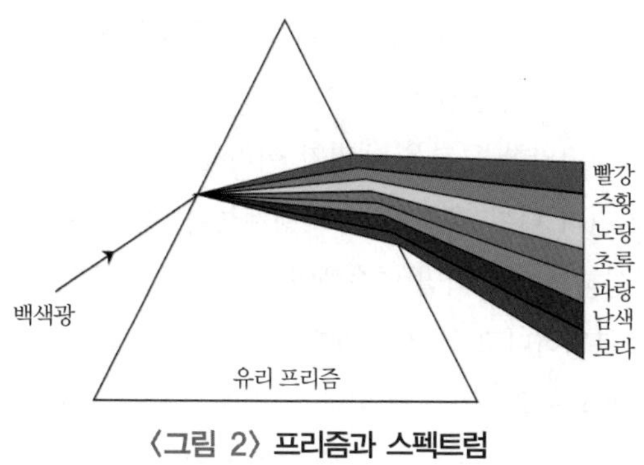

〈그림 2〉 **프리즘과 스펙트럼**

이론상으로 380~740nm 사이에 무한대의 파장이 가능하므로 색의 숫자 역시 무한하지만, Burch(2012)에 따르면 우리 눈은 가시광선의 파장 범위 내에서 최대 360개 정도의 색을 구별할 수 있고 실제 Munsell의 색상표에는 100개까지의 색상(hue)이 표시되어 있다. 그러나 보통 무지개는 상호 경계가 확실한 7개의 색으로 이루어졌다고 하는데 무지개는 7개 색깔의 띠(band)가 명확한 경계선을 갖고 서로 붙어 있는 것이 아니며 파장이 변화함에 따라 서서히 색상이 바뀌게 되어 각 색깔들 사이에 명확한 경계선을 그을 수 없다. Newton도 처음에는 무지개가 11개 색이라고 했다가 나중에 5개 색이라고 수정하였고 결국 주황색과 남색을 추가하여 7개 색이라고 하였는데 Gage(2000)에 의하면 이는 색과 소리가 대칭 관계에 있다는 고대 소피스트들의 주장을 고려하여 7음계에 맞춘 것이라고 한다. 원래 영어에서도 남색을 칭하는 'indigo'는 무지개 색에 없었는데 나중에 추가되었다고 하고 문화마다 무지개의 색깔 수에 차이가 있다는 점은 무지개 색의 숫자가 자의적인 것임을 보여준다.

소리의 경우 인간의 조음기관에서 낼 수 있는 모음의 제1포먼트(first formant)의 주파수는 대략 230Hz에서 850Hz 사이에서 무수히 많지만 그렇다고 해서 이 모든 가능한 모음을 다 구별하여 사용하지 않고, Ladefoged(2001)의 조사에 따르면 미국 영어의 경우 전설고모음인 [i]가 280Hz로 가장 낮고 후설저모음인 [a]가 710Hz로 가장 높으며 이 사이에 다른 6개 모음이 배열되어 있는 것으로 분절적으로 받아들인다. 이런 현상을 범주적 지각(categorical perception)이라고 하는데 무지개 색이나 음소의 구분에만 해당되는 것이 아니라 의미의 구분에도 적용된다. 즉, 어떤 의미가 예를 들어 함축인지 아니면 전제인지를 놓고 명확한 구분을 내리기 어려운 경우가 있는데 이런 현상은 언어의 의미가 여러 다른 유형이 상호 경계선이 불분명한 상태에서 하나의 스펙트럼을 형성하는 점진적인 연속체이기 때문에 비롯되는 것이다. 무지개 색의 경계가 불분명하다고 해서 무지개를 구성하는 색들의 차이가 없다거나 무지개는 단일한 색으로 이루어져 있다고 말할 수 없는 것처럼 의미의 유형들 사이의 경계가 간혹 불분명하다고 해서 의미는 결국 별 차이가 없거나 심지어 단일 유형이라고 말할 수 없다. 굳이 동일한 성격을 지닌 것을 분석의 목적만으로 구별하려고 하는 것은 Ockham의 면도날에 어긋난 것으로 비록 현대 의미이론에서 다양한 의미 유형들이 제시되어 있지만 이는 각각이 최소한의 설명적 타당성을 확보하고 논의되는 것으로 보아야 하는데 이 점에 대해서는 다음 절에서 더 자세하게 다루도록 하겠다.

2.5. 의미의 스펙트럼

물체에서 나오는 빛은 각기 고유한 스펙트럼을 가지고 있는데 이것을 연구하면 물체의 구조와 특성을 밝힐 수 있다. 마찬가지로 인간의 언어에서 나오는 의미는 겉으로 보기에는 단일한 것처럼 보여도 실제로는 파장이 다른 여러 종류의 의미들이 만든 스펙트럼으로 분해될 수 있다. 빛은 프리즘이라는 분광기로 스펙트럼이 분해되지만 언어의 의미는 분광기와 같은 역할을 하는 우리 인간의 뇌에 의해 그 스펙트럼의 여러 가닥이 잡히게 된다.

그렇다면 인간 언어의 스펙트럼은 어떤 식으로 구성되어 있을까? 다음 <그림 3>은 인간 언어에서 확인할 수 있는 여러 유형의 의미를 프리즘을 통과한 스펙트럼의 형식으로 표상한 것이다.

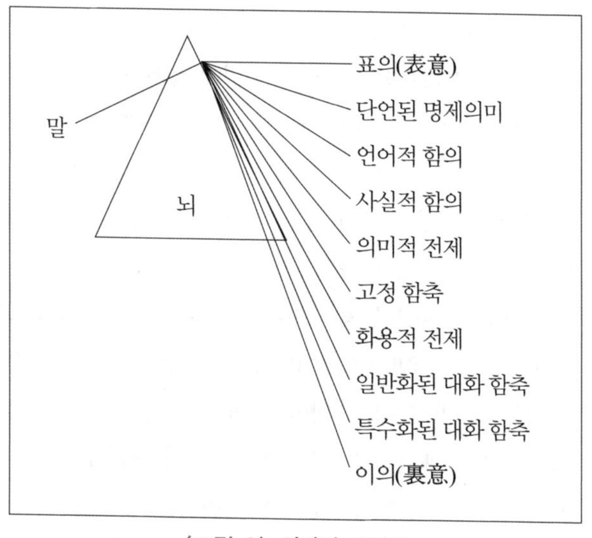

〈그림 3〉 의미의 프리즘

위의 프리즘으로 표상된, 뇌를 통과한 말은 여러 유형의 의미로 분해되는데 실제로는 더 많은 유형의 의미가 있지만 <그림 3>에서는 논의의 편의상 중요한 유형의 의미만 표시한 것이다. 일반적으로 전파나 음파는 파장이 길수록 장애물을 통과할 수 있는 회절(diffraction)이 잘 일어나 수신자에게 쉽게 전달되는 반면, 파장이 짧을수록 직진성이 강해서 진행 과정에 장애물을 만나면 목적지까지 전달되지 않아 통신에 어려움을 느낄 수 있다. 빛의 스펙트럼에서 파장이 가장 긴 빨간색에 해당하는 언어의 의미 유형은 표면에 드러난 외연적 의미인 표의(表意, denotation)이고 파장이 가장 짧은 보라색에 해당하는 것이 언어 표현의 이면에 숨겨진 이의(裏意, connotation)이다. 표의란 각 언어 표현이 사물과의 대응 관계를 맺어 얻어지는 의미로서 예를 들어 '학교'란 한국어 표현은 그 표현이 가리키는 대상인 특정 기관이나 장소를 지시함으로써 그 표의가 결정된다. 이 표의는 해당 언어를 공유하는 언어공동체에 속한 사람이라면 누구나 사용하고 이해하는 최소한의 기본적인 의미라고 할 수 있다. 표의는 개인적인 경험이나 취향 등에 무관하게 두루 보편적으로 받아들여지는 명시적인 의미를 말한다.

반면에 이의란 말 그대로 언어 표현의 이면에 잠복해 있는 사회적, 문화적, 정서적 배음(倍音, overtone)으로서 개인마다, 집단마다, 사회마다, 시대마다 다를 수 있다. '학교'라는 단어는 그 사전적, 축어적 의미 외에도 개개인의 경험이나 생각에 따라 긍정적인 의미를 가질 수도 있고 부정적인 의미를 가질 수도 있으며, 기본 개념은 같더라도 그것이 지니는 감정적 가치는 다를 수 있다. 예를 들어 'Hollywood'란 영어 단어의 표의는 '미국 캘리포니아주 로스앤젤레스시의 한 구역'이지만, 이 단어는 종종 한국의 '강남'처럼 '화려함, 연예인, 사치스러움' 등의 연상적 의미를 이의로 갖는 경우가 많다. 물론 Hollywood에 갔다가 소매치기를 당했거나 교통 체증을 심하게 겪은 사람의 경우는 부정적인 이의를 가질 수 있고 이런 이의는 다음 번 방문에서 좋은 경험을 하면 씻은 듯이 사라질 수도 있다. 또한 한국어에서 누군가에 대해 '그 사람은 ○○ 지역 출신이다"라고 말할 때 이는 단순히 그가 ○○이라는 특정 지역에서 태어났거나 오래 살았다는 표면적인 의미만 전달할 경우도 있지만, 때로는 그 ○○ 지역에 대해 화자가 갖고 있는 평가적, 감정적 의미가 이면에 깃들여 있어서 이런 이의가 표의보다도 화자가 청자에게 전달하고자 하는 요지일 수도 있다. 그러나 이런 이의는 축어적으로 파악하기 어렵고 오해하기 쉬우며 추가의 맥락적 가정이 필요하다. 또한 두 표현이 표의는 같아도 이의가 다를 수도 있는데 예를 들어 '저렴한'과 '싸구려'는 둘 다 '값이 비싸지 않다'는 것을 공유하지만 그것이 갖는 사회적 가치는 정반대이다. 이처럼 이의는 그 표현을 사용하는 사람의 경험이나 주관적인 속마음을 모를 경우 파악하기 어렵기 때문에 청자는 언어외적인 정보가 필요한 부분이다.

문장 수준에서 파장이 긴 안정적인 의미 유형으로는 명제적 의미와 그들 사이의 논리적 함의를 들 수 있다. 반면에 파장이 짧아서 단지 언어적 정보나 지식만으로는 이해하기 어려운 의미 유형은 함축적 의미를 들 수 있다. 의미 유형에서 파장이 길다는 것은 장기 기억 중 의미 기억(semantic memory)에 근거하는 의미인 반면, 파장이 짧은 의미 유형은 안정적인 장기 기억보다는 가변성이 큰 단기 기억 쪽에 속하는 것으로 해석될 수 있다. 우선 장기 기억은 서술이 가능한 개념과 사실에 대한 기억인 외현 기억(explicit memory)과 비서술적 기억인 암묵 기억(implicit memory)으로 나뉘는데(Baars & Gage, 2012), 자주 사용되는 기초적인 단어들의 표의나 일반적인 문장의 명제 의미들 사이의 논리적인 함의 및 의미론적 전제(semantic presupposition)에 관한 것은 외현 기억 중에서도 의미 기억에 속한다. 이 유형의 의미는 특수한 경험이 배제된 단순 지식적인 기억이다. 반면에 개인의 자전적 사건들에 관한 기억인 일화 기억(episodic memory)에 속한 것은 이의와 연결되며, 그 기억에 대해 서술하기 어려운 비서술적 기억(non-declarative memory)인 암묵 기억(implicit memory)은 과거 경험을 의식하지 못하면서 어떤 일을 수행할 수 있게 해주는 무의식적 기억으로서 오랜 시간에 걸쳐 꾸준히 반복해서 몸에 익은 것이다. 언어 의미 중에는 척도함축이나 절함축 등을 포함한 일반화된 대화 함축이 이런 기억을 요하는 의미 유형에 속한다. 마지막으로 정서적 기억(emotional memory)과 가장 잘 연결되는 의미 유형에는 상위화용론적 함축과 사회적 함축이 포함되며, 단기 기억으로는 특수화된 대화 함축이 대표적이다. 이들 각 유형에 대해서는 다음 절에서 살펴보자.

2.6. 단언성과 함언성

의사소통 과정에서 청자에게 전달되는 언어적 메시지는 Grice(1975)의 분석에 의하면 '말해진 것(what is said)'과 '함축된 것(what is implicated)'으로 구별된다고 한다. 이와 유사하지만 언어적 메시지는 '단언된 것(what is asserted)'과 '함언된 것(what is implied)'으로 나눌 수 있다. 이때의 '함언된 것이란' 흔히 말하는 '전제된 것(what is presupposed)' 외에도 맥락의존적 방식으로 함축된 것까지 포함하며 대신 Grice에서 '함축된 것'에 포함되었던 비대화적으로 함축된 것은 제외된다. '말해진 것'은 보통 '단언된 것'과 비슷하지만 단언이란 반드시 말해질 필요는 없다는 점에서 '말해진 것'과 다르다.

겉으로는 단조로운 백색 광선 속에 들어 있는 다채로운 색깔처럼 일견 단순하게 보이는 언어 표현에 담겨 있는 여러 유형의 언어 의미는 단언성(assertiveness)과 함언성(implicativeness)의 척도에 순서대로 배열될 수 있다. 문장에 사용된 단어들의 사전적인 의미에서 Frege의 합성성의 원리에 따라 바로 전체 문장의 의미를 해석할 수 있을 때는 단언성은 높고 함언성은 낮으며, 반면에 문장에 사용된 단어들의 사전적 의미만으로는 전체 문장의 의미를 잘 알 수 없고 추가적인 맥락 정보나 화용론적 추론이 필요한 경우는 아래 (5)의 척도에서 보듯 단언성이 낮고 함언성이 높은 의미이다.

(5) 단언성 척도

논리적 함의　사실적 함의　고정 함축　의미적 전제　화용적 전제　대화 함축

←――――――――――――――――――――→

높은 단언성　　　　　　　　　　　　　　　　낮은 단언성

단언성이 높은 유형의 의미일수록 명시적으로 표현되어서 취소하기가 어렵고 Grice(1975)가 말하는 동의적 표현의 사용으로부터의 분리가능성

(detachability)이 높으며, Potts(2007)가 말하는 명제 내용으로부터의 독립성(independence)이 낮은, 고정적 의미이다. 반면에 함언성이 높은 유형의 의미일수록 비명시적인 방식으로 표현되어 적절한 맥락의 도움을 받으면 취소가능성이 높으며, 다른 동의적 표현으로 바꿔 말해도 그 의도된 의미는 여전히 유효할 가능성이 있지만, 명제 내용과는 독립된 메시지를 전달할 수 있고 고정적이거나 관습적이라기보다는 맥락에 의존하는 부분이 큰 의미이다.

주로 한 문장의 명제적 의미와 논리적 관계로부터 얻어지는 함의(entailment)는 단언성이 높은 의미로서 별다른 추론 과정이 필요하지 않고 대개의 경우 발화에 동원된 표현들의 사전적 의미의 합성적 해석과 결합 원리만으로 전체 문장의 의미를 확인할 수 있다. 반면에 대화 함축(conversational implicature)은 그 발화에 사용된 단어의 사전적 의미 이외의 맥락 가정이 동원되어야 하며 이를 해석할 수 있는 별도의 장치로서 Grice식의 협조의 원리나 격률, 또는 Levinson식의 발견 절차(heuristic)들이 필요하다. 이처럼 청자가 화자의 발화로부터 메시지를 해석할 때 문장 자체만으로는 충분하지 않고 그 발화 맥락에서의 관련된 가정이나 정보들을 필요로 하는 정도가 높을수록 함언성이 높은 의미가 된다. 파동에 비유하면 단언성이 높은 의미는 파장이 길고 주기가 길어서 비교적 넓은 지역으로 오래 퍼지고 쉽게 사라지지 않는 적외선 쪽에 가깝고, 반면에 함언성이 높은 의미는 그 반대 영역인 자외선 쪽에 유사한 속성을 갖고 있다고 볼 수 있다.

앞에서도 말했듯이 스펙트럼은 분명한 경계가 있는 여러 개의 밴드가 나란히 붙어 있는 것이 아니다. 스펙트럼은 주요한 언어 요소의 분절성을 반영한다. 각 스펙트럼은 연속체이며 그 경계선은 명확히 구분되어 있지 않다. 가시광선을 구성하는 빛의 스펙트럼은 프리즘이라는 분광기를 거치면서 구분되듯 언어의 의미를 구성하는 의미의 스펙트럼은 인간의 뇌를 거쳐 구분되어 전달된다. 이때 구분을 가능케 해주는 원리는 보편적 인지 작용의 원리에 속하는 것으로 보이는데 이에 대해서는 다음 절에서 살펴보기로 한다.

3. 의미의 3요소

3.1. 3원색

앞의 2절에서 언급했듯이 우리가 의미를 만들어내고 전달하며 받아들이는 데에는 3가지 중요한 요소가 있다. 언어라는 고도의 추상적이고 상징적인 기호 자체와 그런 기호를 생산하고 해석하는 언어사용자로서의 인간, 그리고 언어기술의 대상이자 언어사용의 기반이 되고 이런 기호와 인간들이 존재하는 이 세계가 바로 그것이다. 이 중 어느 하나라도 불완전하게 작동하면 의미는 제대로 파악되거나 이해되지 못할 것이다. 의미의 3요소는 각자 지향하는 바는 다르지만 고립된 것이 아니라 서로 상호작용하면서 그때마다 특색 있는 의미 유형을 만들어낸다.

의미의 3요소는 빛의 3원색(primary colors)에 비유할 수 있는데 빨강, 녹색, 파랑으로 이루어진 빛의 3원색은 이들을 여러 다른 방식으로 합하면 우리가 보는 어느 색이든 만들어낼 수 있다. 즉, 빨강과 녹색이 결합하면 2차색인 노랑이 되고, 빨강과 파랑이 결합하면 역시 2차색인 자홍이 되며, 더 나아가 원색에 2차색을 결합하면 3차색이 나오는데 예를 들어 주황은 빨강이란 원색에 노랑이란 2차색을 결합한 3차색이고, 보라는 파랑이란 원색에 자홍이라는 2차색을 결합한 것이다. 이를 가산 형식으로 나타내면 다음과 같다.

(6) a. 삼원색(1차색): 빨강, 녹색, 파랑
b. 2차색(1차색 + 1차색):
빨강 + 녹색 = 노랑(yellow)
빨강 + 파랑 = 자홍(magenta)
녹색 + 파랑 = 청록(cyan)
c. 3차색(1차색 + 1차색 + 1차색):
빨강 + 빨강 + 녹색 = 주황(orange)
빨강 + 빨강 + 파랑 = 분홍(rose)

파랑 + 빨강 + 파랑 = 자주(violet)
파랑 + 녹색 + 파랑 = 남색(azure)
녹색 + 녹색 + 파랑 = 연두(spring green)
녹색 + 녹색 + 빨강 = 연녹(chartreuse green)

즉, 노랑이란 그 속에 빨강과 녹색의 성향이 함께 공존하는 2차색이고 주황이란 빨강과 녹색이 결합하되 빨강의 성향이 녹색의 성향보다 더 강한 3차색이다. 반면 파랑의 성향이 빨강의 성향보다 2배 더 강하게 섞이면 자주가 된다. 이런 색의 혼합 과정은 이론상으로는 무한히 진행될 수 있지만 우리 눈이 감별하는 수준은 3차색 정도에 머무는 것으로 알려져 있다. 3차색 이상의 색깔은 딱히 고정된 명칭도 없을 정도로 실생활에서는 그 구분이 거의 무의미하다. 이러한 색의 다양한 결합과 유사하게 언어 의미도 2.2절에서 보았듯이 말과 일과 마음, 즉 언어, 세계, 인간의 3요소가 빛의 3원색처럼 기본 요소로서 자리를 잡고 다음 3.2절에서 보듯 각각 의미의 말지향적 성향과 일지향적 성향, 그리고 마음지향적 성향을 표상한다. 또한 더 나아가 이들 기본 요소의 성향이 어떻게 조합되느냐에 따라 조금씩 다른 독특한 의미 유형이 결정된다고 볼 수 있다.

3.2. 의미 요소의 조합

의미의 3요소가 갖는 지향성(orientation) 중 우선 '말지향성'이란 다른 요소의 도움 없이 기호 자체에서 그 의미를 얻을 수 있거나 또는 얻으려고 하는 성향을 말한다. 반면에 '일지향성'은 언어 표현이 의미를 얻기 위해 기호 자체보다는 기호가 가리키는 세상의 됨됨이를 파악할 필요가 있는 것을 말한다. 세 번째로 '마음지향성'이란 같은 표현이라도 그것을 사용하는 사람의 심적인 태도나 의도를 의미 결정에 있어서 핵심적인 요소로 보려는 성향을 말한다.

이 세 성향은 의미의 기본적인 축을 형성하는데 삼원색과는 달리 의미에서는 이 성향 자체만으로는 의미가 바로 결정되지 않고 일단 2가지 또는 그 이상의 성향이 결합하여 다양한 의미 유형이 결정된다. 첫째로 말지향성과 일지향성이 결합된 것이 함의인데 함의는 단일하지 않고 하위 유형이 있다. 즉, 보다 더 말지향성이 높은 유형은 다음 (7)의 예문에서 볼 수 있는 2차 의미 유형으로서 언어적 함의(linguistic entailment)이고, 반면에 기본 유형의 의미인 함의에 마음지향성이 가미된 것이 다음 (8)의 예와 같은 2차 의미 유형으로서 사실적 함의(factual entailment)이다.

(7) a. 태호는 물리학을 전공했고 영미는 언어학을 전공했다.
　　→ 영미는 언어학을 전공했다.
　b. 태호는 총각이다. → 태호는 결혼하지 않은 성인 남자이다.

(8) a. 영미는 성적이 전교 3등이다. ↪ 영미는 공부를 잘 한다.
　b. 민수는 운전면허가 정지되었다. ↪ 민수는 운전을 할 수 없다.

언어적 함의는 진리조건적인 관계로서 어떤 문장 A가 참일 때 다른 문장 B도 반드시 참이면 A는 B를 (언어적으로) 함의한다 (기호로는 'A → B'). 이 때 B의 의미는 A에서 파생된 것으로서 이를 알기 위해서 그 문장에 사용된 언어 표현의 의미들에 대한 이해가 핵심적이며 언어사용자의 의도까지 파악할 필요가 없다는 점에서 마음지향적이지 않다. 반면에 사실적 함의는 언어적 함의와 마찬가지로 의미의 포함 관계이지만 어떤 문장 A가 참일 때 다른 문장 B도 일반적으로 참이라고 받아들여지면 A는 B를 사실적으로 함의한다고 하며 언어적 함의와 구별하기 위해 기호로는 'A ↪ B'로 표시하기로 하자. 언어적 함의는 필연적 관계인 반면 사실적으로 함의된 내용은 어떤 문장에서 일반적으로 수용되는 파생 의미라고 할 수 있다. 이는 어디까지나 일반적 경향을 반영하는 것이기 때문에 반드시 참이지는 않을 수 있다. 예를 들어 (8a)에서 영미의 성적이 전교 3등이라면 대개의 경우 영미가 공부를 잘 한다는 것으로 받아들이지만 그 학교가 특이하게도 정원이 5명인 초미니 학교라든지 아니면 전교 2등까지는 몰라도 3등은 잘 하는 것으로 볼 수 없다는 기준을 가진 사람이라면 이 함의는 받아들일 수 없을 것이다. 이처럼 사실적 함의는 널리 통용되는 규칙이라든가 사회적 평가나 관습, 정해진 대본 등과 같은 세상의 됨됨이에 의해 그 타당성이 정해지기 때문에 함의 중에서도 일지향성이 높은 함의라고 볼 수 있다.

두 번째 1차 의미 유형으로서 전제는 일지향성과 마음지향성이 결합된 것으로서 이 중 2차 의미 유형으로서 의미적 전제는 일지향성이란 특성이 두드러진 반면, 또 다른 전제 유형인 화용적 전제는 마음지향성이 강한 의미이다.

(9) a. 태호의 동생은 농구선수이다. >> 태호는 동생이 있다.
b. 태호의 동생은 농구선수가 아니다. >> 태호는 동생이 있다.
c. ?태호의 동생은 농구선수인데 태호는 동생이 없다.

(10) a. 진지 다 드셨어요? >> 화자는 청자보다 아랫사람이다.
b. 진지 다 드시지 않았어요? >> 화자는 청자보다 아랫사람이다.
c. ?진지 다 드셨는지 묻지만 나는 너보다 웃사람이야.

예문 (9)에서 '태호는 동생이 있다'라는 전제 내용은 화자의 발화 상황이나 맥락 요소와는 무관하게 얻어지는 의미로서 문장이 부정이 되어도 살아남고 만약 그 전제가 부정될 경우 의미상으로 부적절한 문장이 된다. 이런 의미적 전제를 문금현(2004)은 '고정적 전제' 중의 하나로 보고 있는데 고정적 전제는 한국어에서 형태적으로 조사나 어미에서 유발될 수 있고 특정 구문이나 의미에서 얻어질 수도 있다.

반면에 예문 (10)에서 '화자는 청자보다 아랫사람이다'라는 전제 내용은 그 발화가 적정하게 사용될 수 있는 조건으로 작용하며 이는 청자를 대하는 화자의 심적인 태도를 반영한다는 점에서 마음지향성이 보다 강하다. 문금현(2004)은 화용적 전제를 '유동적 전제'라고 부르면서 이는 "언어 요소가 필수적으로 요구되는 것은 아니지만 담화 상황에서 일시적으로 발생하는 전제"라고 하는데 대화참여자의 관계 등이 화용적 전제를 결정하는 주요 요소이며 화자와 청자 사이에서 원활한 의사소통을 형성하는 데에 중요한 역할을 한다고 주장한다(문금현 2004: 241). 즉, 우리의 스펙트럼 분석에서 화용적 전제는 의미적 전제와는 달리 화자의 의도와 대화참여자의 관계가 중요하기 때문에 의미적 전제보다 마음지향성이 강한 것으로 설명할 수 있다.

마지막으로 함축은 언어 의미의 기본 성향 중 언어사용자의 의도를 반영하는 마음지향성이 강한 의미 유형인데 고전적인 함축 이론에서 구별하는 고정 함축과 대화 함축이라는 함축의 두 가지 하위 유형 중에서 보다 말지향성이 강한 것이 다음 예문 (11)에서 볼 수 있는 2차 의미 유형으로서 고정 함축이고 마음지향성이 상대적으로 더 강한 것이 예문 (12)에서의 대화 함축이다.

(11) a. 이번 시험은 영미만 합격했다. +> 다른 사람은 불합격했다.
　　b. ?이번 시험은 영미만 합격했는데 다른 사람도 합격했다.
(12) [떡볶이를 좋아하냐고 묻자]
　　a. 나는 매운 건 별로예요. +> 나는 떡볶이는 좋아하지 않는다.
　　b. 나는 매운 건 별로지만 떡볶이는 좋아해요.

(11b)와 (12b)에서 보듯 고정 함축은 대화 함축과는 달리 취소가 자연스럽지 않은데 이는 고정 함축이 대화 함축보다 말지향성이 강하기 때문이라고 할 수 있다.

지금까지 살펴본 의미의 유형과 그 결합 방식을 가산식으로 표현하면 다음과 같다.

(13) a. 1차 의미 유형:
　　　1) 말지향성 + 일지향성 = 함의
　　　2) 말지향성 + 마음지향성 = 함축
　　　3) 일지향성 + 마음지향성 = 전제
　　b. 2차 의미 유형
　　　4) 말지향성 + 일지향성 + 말지향성 = 언어적 함의
　　　5) 말지향성 + 일지향성 + 일지향성 = 사실적 함의

6) 일지향성 + 마음지향성 + 일지향성 = 의미적 전제
7) 일지향성 + 마음지향성 + 마음지향성 = 화용적 전제
8) 말지향성 + 마음지향성 + 말지향성 = 고정 함축
9) 말지향성 + 마음지향성 + 마음지향성 = 대화 함축

의미 요소의 조합은 빛의 경우와는 달리 그 성분 성향이 반드시 같은 비율로 결합하는 것은 아니다. 예를 들어 사실적 함의의 경우 기본 골격은 1차 의미 유형인 함의에 마음지향성이 추가된 것으로 '말지향성 + 일지향성 + 일지향성'으로 표시되지만 이 성분들이 균등하게 1 : 1 : 1의 비율로 결합하는 것이 아니라 때에 따라서 성분 요소의 비율은 약간씩 다를 수 있다. 또한 기본 의미 성향의 더 큰 조합에 따라 2차 의미 유형 이상의 의미 유형이 가능하다. 예를 들어 같은 대화 함축이라도 3차 의미 유형으로서 절함축(clausal implicature)이나 등급 함축(scalar implicature)과 같은 일반화된 대화 함축(generalized conversational implicature)은 특정 구문이나 어휘 요소에 의존한다는 점에서 보다 말지향성이 강하고 특수화된 대화 함축(particularized conversational implicature)은 대화 상황에 더 의존한다는 점에서 마음지향성이 강한 유형의 함축이라고 볼 수 있다.

결과적으로 같은 의미 유형에 속한 현상일지라도 때에 따라서는 지향성의 비율에서 차이가 있어서 다르게 보일 수 있다. 예를 들어 긍정문일 때와 마찬가지로 부정문에서도 살아남는 의미 내용인 전제라고 할지라도 화자중심적인 면에서 차이가 있어서 화자중심성이 강하면 함축의 취소가능이라는 속성을 지닌 대화 함축과 유사하고 화자중심성이 낮으면 취소가능성이 약해져서 대화 함축보다는 함의에 가까운 것처럼 보인다. 이 점이 의미 연구에서 잠재적으로 어렵고 당혹스럽기까지 한 부분인데 이는 언어 의미가 기본적으로 그 유형들 사이의 경계가 칼로 베어내듯이 분명하지 않고 하나의 연속체 내에서 파장의 차이가 있어 점진적으로 변화하는 스펙트럼의 성격을 갖고 있기 때문이다. 이상에서 본 의미 유형과 그 조합을 편의상 도식으로 나타내면 다음

<그림 4>와 같다.

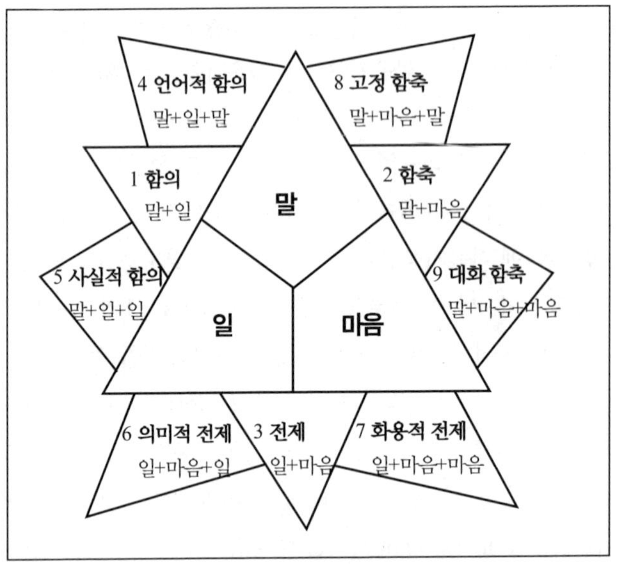

〈그림 4〉 의미의 유형과 조합

4. 마무리

의미의 산출과 전달 및 해독 과정을 연구하는 많은 학자들은 문장에 사용된 언어 기호로 입력된 의미는 화자가 그것을 통해 전달하고자 하는 의도를 극도로 과소결정하고 있다고 생각하며 과소결정된 문장의 의미를 청자가 확장하여 충분히 결정된 상태로 회복하는 과정을 보여주려고 노력한다(Recanati 2004, Bach 1994, Levinson 2000, Carston 2002, Horn 1992). Huang(2014: 7)은 문장의 의미와 그것이 발화됨으로써 전달되는 메시지 사이에는 "거대한 간극"이 있다는 말로 이를 요약한 바 있다. 의미에 대한 이러한 접근법을 '언어의 과소결정성 이론(linguistic underdeterminacy thesis)'이라고 하는데, 위에 언급된 연구나 이성범(2004)의 연구에서처럼 이 이론에 속한 연구들은 대부분 문장 단위의 의미론적 의미와 맥락을 고려하는 화용론적 의미를 구분하고 각 층위에서의 의미의 속성과 이들 사이의 연결 관계를 설명하려고 한다.

그런데 지금까지 살펴본 의미에 대한 우리의 스펙트럼 분석은 의미는 과소결정된 상태로 전해지는 것이 아니라 모든 가능한 의미가 스펙트럼이라는 하나의 패키지로 압축된 상태로 만들어져서 분광기에 해당하는 청자의 뇌에 도달된다고 본다. 즉, 처음엔 과소결정된 것이 수신자의 노력에 의해 확장되어 완전히 결정된 형태를 찾기보다는 처음부터 모든 의미가 전달되되 청자는 이 모든 의미를 한꺼번에 주목하여 처리하지 않고 불확실한 것보다는 확실한 것을 먼저 택하고, 자신이 갖고 있는 정보 세계와 일치하는 것을 따르고자 하는 인지적 합치성의 원리에 따라 가장 관심을 끄는 유형의 의미부터 받아들이려고 한다. 가장 관심을 끄는 것은 보통의 경우 청자가 속한 맥락의 가정과 일치하는 단언성과 발화 명시성이 높은 유형이며 반대로 함언성이나 암시성이 높은 의미일수록 처리 순위에서 밀리게 된다. 즉, 하나의 언어 표현으로부터 잠재적으로 복수의 의미가 가능할 경우, 그 중 가장 확실한 것부터 맥락에 편입된다. 이는 언어 뿐 아니라 보편적인 인간의 행동 및 지각 원리라고 할 수 있는 불확실성 회피 및 인지적 합치성을 추구하는 현상이라고 볼 수 있다 (McGhee 1976). 따라서 본 연구에서는 Gazdar(1979) 식의 투사 원리나 추론의 서열을 인위적으로 설정할 필요가 없고 보다 일반적인 상위 원리로써 의미 처리 과정을 설명할 수 있으며 많은 의미 연구에서 설정된 장치들도 이런 관점에서 재해석할 수 있다. 예를 들어 최근 전제 연구에서 수용(accommodation)이란 개념을 도입하여 분석하는데 이는 불확실성이 높은 의미를 조금이라도 확실한 것으로 만들기 위한 보편적인 인지 작용의 한 측면이라고 할 수 있다.

세상의 모든 물체는 제 각기의 색을 갖고 있는데 푸른색의 물체는 여러 색 중에서 푸른빛만 반사하기 때문이다. 이런 선택적인 스크리닝은 의미 처리 과정에서도 볼 수 있다. 즉, 청자가 어떤 발화를 듣고 맥락에서 함의에 주목하여 이를 요구할 경우는 우선적으로 함의만 회수되어 맥락에 편입된다. 다만 빛과 달리 의미는 하나의 유형만 독점적으로 처리되는 것이 아니라 청자가 주목할 수 있는 만큼 그의 관심 영역에서 인지 역량이 허락하는 범위 내에서 반복적으로 의미 정보 처리가 가능하다. 앞서 2.2절에서 우리는 Sapir(1921: 9)가 "언어의 내적인 의미는 마음이 쏠리는 곳에 따라 선택적으로 관심을 갖는 곳에 따라 달라진다"고 말한 것을 보았는데 이때 마음이 쏠리는 것은 이런 원리를 염두에 둔 것으로 해석할 수 있다. 다만 다양한 의미 유형들 사이에서 어느 것이 청자의 마음을 쏠리게 해서 우선적으로 선택되어 처리되는지는 의미 유형별로 분석하고 더 나아가 바람직하게는 실험적으로 입증할 필요가 있는데 이는 추후 연구 과제로 남겨두기로 한다.

참고문헌

고영근 · 이현희 주해(1986), 『주시경 국어문법』, 탑출판사.

김정민(2016), "'만'과 '도'의 이차의: 전제인가 고정함축인가", 『언어학 연구』 41: 135-155, 한국중원언어학회.

김태자(2010), "국어학에서의 함의와 함축", 『국어문학』 48: 23-39, 국어문학회.

문금현(2004), "前提의 유형", 『한국어 의미학』 14: 223-54, 한국어 의미학회.

이성범(2000), 『언어와 의미』, 태학사.

이성범(2004), "의사소통에서 미결정적 정보내용의 명시화 과정 연구", 『언어』, 29(3): 377-417, 한국언어학회.

임동훈(2011), "담화 화시와 사회적 화시", 『한국어 의미학』 36: 39-63, 한국어 의미학회.

주시경(1910), 『국어문법』, 박문서관. (1911년, 1913년 『조선어문법』 재간)

Allchin, D.(2014), Newton's Colors, SHiPS Resource Center.

Atlas, J.(1993), The importance of being "only": testing the neo-Gricean versus neo-entailment paradigms, *Journal of Semantics* 10: 310-318.

Baars, B. J. & N. M. Gage(2012), *Fundamentals of Cognitive Neuroscience: A Beginner's Guide*, Amsterdam: Academic Press.

Bach, K.(1994), Conversational implicature, *Mind & Language* 9: 124-162.

Carston, R.(2002), *Thoughts and Utterances*, Oxford: Blackwell.

Burch, P. E.(2012), All About Hand Dyeing Q&A, article on on-line blog http://www.pburch.net.

Gage, J.(2000), *Color and Meaning: Art, Science and Symbolism*, Berkeley, CA: University of California Press.

Gazdar, G.(1979), *Pragmatics: Implicature, Presupposition, and Logical Form*, New York, NY: Academic Press.

Geach, P. T.(1962), *Reference and Generality,* Ithaca, N.Y.: Cornell University Press.

Grice, H. P.(1975), Logic and conversation, in P. Cole & J. L. Morgan(eds.), *Syntax and Semantics 3: Speech Acts*, New York: Academic Press.

Horn, L.(1969), A presuppositional analysis of *only* and *even*, Proceedings of *the Annual Meeting of the Chicago Linguistic Society* 5: 97-108.

Horn, L.(1979). *Only*, *even*, and conventional implicature, LSA paper, Los Angeles.

Horn, L.(1992), The said and the unsaid, *Ohio State University Working Papers in Linguistics* 40: 163-192.

Horn, L.(1996). Exclusive company: *Only* and the dynamics of vertical inference, *Journal of Semantics* 13(1): 1-40.

Huang, Y.(2014), *Pragmatics*, 2nd edn, Oxford: Oxford University Press.

Karttunen, L. & S. Peters(1979), Conventional implicature, in C. K. Oh & D. A. Dineen(eds.), *Syntax and Semantics 11: Presupposition*, 1-56, New YorkAcademic Press.

Kim, C. M.(2015), Assertion, presupposition and conventional implicature of Korean focus marker *man* 'only', *Studies in Linguistics* 34: 1-20.

Kim, C. M.(2016), Assertion, presupposition and implicature of Korean focus marker *to* 'too/also', *The Journal of Humanities* 52: 1-20.

Krfika, M.(2013), Focus and presupposition in dynamic interpretation, *Journal of Semantics* 10: 269-300.

Ladefoged, P.(2001), *Vowels and Consonants: An Introduction to the Sounds of Language*, Malden, MA: Blackwell.

Ladusaw, W.(1980), *Polarity Sensitivity as Inherent Scope Relations,* New YorkGarland.

Lee, S.(1995), Scalar implicature and metalinguistic negation of '-nun' and '-to'. In I. H. Lee(ed.), *Linguistics In the Morning Calm 3: Selected Papers from SICOL 1992*, The Linguistic Society of Korea.

Levinson, S.(2000), *Presumptive Meanings*, Cambridge, M.A.: The MIT Press.

Linebarger, M.(1987), Negative polarity and grammatical representation, *Linguistics and Philosophy* 10: 325-387.

Lyons, J.(1977), *Semantics*, Cambridge: Cambridge University Press.

McCawley, J. D.(1993), *Everything that Linguists Have Always Wanted to Know about Logic but Were Ashamed to Ask*, 2nd edn, Chicago, IL: The University of Chicago Press.

McGhee, P. E.(1976), Children's appreciation of humor: a test of the cognitive congruency principle, *Child Development* 47(2): 420-426.

Morris, C. W.(1932). *Six Theories of Mind,* Chicago, IL: The University of Chicago. Reprinted, 1966.

Ogden, C. K. & I. A. Richards(1923), *The Meaning of Meaning: A Study of the Influence of Language upon Thought and of the Science of Symbolism,* New York: Harcourt, Brace & World, Inc.

Potts, C.(2007), Conventional implicature, a distinguished class of meanings. in G. Ramchand & C. Reiss(eds.), *The Oxford Handbook of Linguistic Interfaces*, 475-501, Oxford: Oxford University Press.

Recanati, F.(2002), Does linguistic communication rest on inference?, *Mind & Language* 17: 105-126.

Sapir, E.(1921), *Language: An introduction to the Study of Speech,* New York: Harcourt, Brace and Company.

Soames, S.(1982), How presuppositions are inherited: a solution to the projection problem. *Linguistic Inquiry* 14: 483-545.

Stalnaker, R.(1974), Pragmatic presuppositions, in M. K. Munitz & P. Unger(eds.), *Semantics and Philosophy*, New York: New York University Press.

von Fintel, K.(1993), Exceptive constructions, *Natural Language Semantics* 1: 123-148.

언어유형론적 관점에서의 의미 연구*

박 진 호**

1. 들머리

언어유형론적 관점에서의 언어 연구는 원칙적으로 음운론, 형태론, 통사론, 의미론, 어휘론 등 다양한 층위와 분야에 걸쳐서 이루어질 수 있으나, 실제로는 형태론과 통사론 분야에서 가장 활발하게 이루어져 왔다. 그렇기는 하나, 형태 · 통사론적 연구도 상당 부분 의미와 관련이 있고, 최근에는 좀 더 본격적으로 의미의 문제를 다루는 유형론적 연구가 늘어나고 있다. 본고에서는 언어유형론적 관점에서의 언어 연구가 의미에 접근하고 의미를 다루는 방식의 몇 가지 두드러진 특징을 살펴보고자 한다.

---

* 이 글의 일부는 (사)언어학회 2012년 하계 학술대회(2012.6.29. 대구대), 한말연구학회 제47회 전국학술대회(2018.2.2. 건국대), 한국어 의미학회 · 한국언어유형론학회 공동학술대회(2018.8.17. 아주대)에서 발표한 것을 바탕으로 하였다.

** 서울대학교 국어국문학과 교수, synpjh@snu.ac.kr

2. 언어 연구의 방향성: 해석론적 접근법과 표현론적 접근법

언어는 형식과 의미가 결합된 것이다. 언어를 연구할 때, 형식에서 출발하여 의미로 나아갈 수도 있고, 의미에서 출발하여 형식으로 나아갈 수도 있다. 전자는 해석론적 접근법(semasiological approach)이라고 하고, 후자는 표현론적 접근법(onomasiological approach)이라고 한다. 언어유형론 밖의 언어 연구는 해석론적 접근법을 취한 연구가 압도적으로 많다. 언어유형론적 관점에서의 언어 연구는 해석론적 접근법을 취하는 경우도 있으나, 표현론적 접근법을 취하는 경우가 매우 많다.

해석론적 접근법을 취한 유형론적 연구의 예를 몇 가지 들면, 속격 표지의 유형론, 연속 동사 구성(serial verb construction)의 유형론, 조동사 구성(auxiliary verb construction)의 유형론 등이 있다. 형식적 측면에서 연구 대상을 한정하기가 비교적 용이한 주제는 해석론적 접근법으로도 연구가 가능하다.

그러나 형식적 측면, 형태·통사적 특성은 언어에 따라 차이와 다양성이 크다. 따라서 유형론적으로 많은 언어를 다룰 때, 형식적 측면에서는 연구 대상의 범위를 한정하기가 쉽지 않다. 반면에 인간이 언어를 통해 표현하는 개념, 언어를 통해 수행하는 기능은 상당히 보편적이다. 따라서 개념·기능의 측면에서 연구의 대상을 식별하고(identify) 결정하기는 상대적으로 쉽다. 그래서 언어유형론에서는 표현론적 접근법을 흔히 취한다.

예컨대 비교 구문을 유형론적 관점에서 연구한다고 하면, 우선 비교 구문을 '어떤 양적 척도(scale)상에서 두 대상의 상대적 위치를 언명하는 구문'이라고 의미·개념적 측면에서 정의하고, 이런 기능을 하는 구문의 형태·통사적 특성이 세계 여러 언어에서 얼마나, 어떻게 다양하게 나타나는지 탐구한다. 소유 구문을 유형론적으로 연구한다고 하면, 우선 "A가 B를 가지고 있다(A has B)"의 의미를 나타내는 구문을 (술어적) 소유 구문으로 정의하고, 이런 의미를 나타내는 구문의 형태·통사적 특성이 세계 여러 언어에서 얼마나, 어떻게 다양하게 나타나는지 탐구한다. 정보구조를 유형론적으로 연구한다고 하면,

구정보 · 신정보 등의 개념을 우선 정의하고, 하나의 문장 내에서 이 두 정보의 구분이 어떤 형식적 장치를 통해 드러나는지를 세계 여러 언어의 데이터를 통해 탐구하는 식이다.

언어유형론이 대개 표현론적 접근법을 취한다는 것을 잘 보여 주는 모범적 연구의 사례로서 Stassen(1997)을 들 수 있다. 이 논저의 연구 대상은 한 자리 술어(one-place predicate)의 표현 방식이다. 이를 위해 우선 네 가지 유형의 한 자리 술어를 개념적으로 정의한다.

① 사건 술어(event predicate): 동적으로 발생하는 사건을 나타내는 술어
② 속성 술어(property predicate): 대상들이 지니는 정적인 속성을 나타내는 술어
③ 부류 소속 술어(class membership predicate): 어떤 대상이 어떤 부류에 속함을 나타내는 술어
④ 위치 술어(locational predicate): 어떤 대상이 어떤 위치에 있음을 나타내는 술어

그 다음으로, 위의 개념들을 나타내는 표현 방책(encoding strategy)을 다음과 같이 세 가지로 분류한다.

㉠ 동사적 방책(verbal strategy): 술어에 시제-상-양태(TAM) 표지나 일치 표지를 직접 붙이는 표현 방책
㉡ 명사적 방책(nominal strategy): 술어를 보조하기 위해 계사를 결합시키는 표현 방책
㉢ 처소적 방책(locational strategy): 술어를 보조하기 위해 존재동사를 결합시키는 표현 방책

동사적 방책은 사건 술어에 가장 적합하고, 명사적 방책은 부류 소속 술어에 가장 적합하고, 처소적 방책은 처소 술어에 가장 적합하다. 속성 술어는

자신만을 위한 표현 방책을 따로 가지고 있지 않다.

각각의 방책은 자신에게 가장 적합한 술어를 표현하는 데 그칠 수도 있지만, 다른 술어에까지 자신의 영역을 확장할 수도 있다. 후자의 경우를 전유(轉有, takeover)라고 부른다. 즉, 본래는 남의 영역인데 거기에 침입해 들어가서 자기 것으로 삼은 것이다. 속성 술어는 자신만을 위한 방책을 따로 가지고 있지 않으므로, 다른 술어를 위한 방책에 의해 전유될 운명에 처해 있다. 다시 말하면, 속성 술어 영역이라는 무주공산(無主空山)을 놓고 세 가지 방책이 벌이는 쟁탈전이 이 연구의 관전 포인트가 된다.

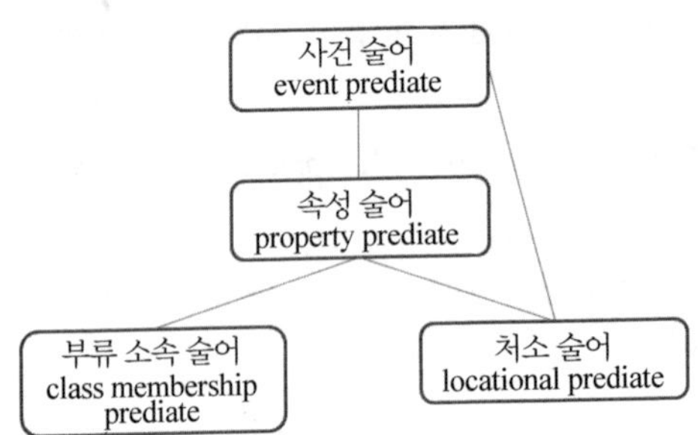

〈그림 1〉 네 가지 술어 유형이 이루는 개념 공간

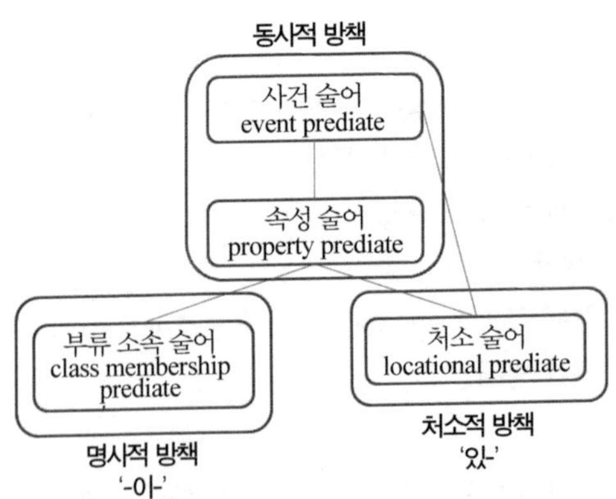

〈그림 2〉 한 자리 술어 개념 공간에 대한 한국어 의미지도

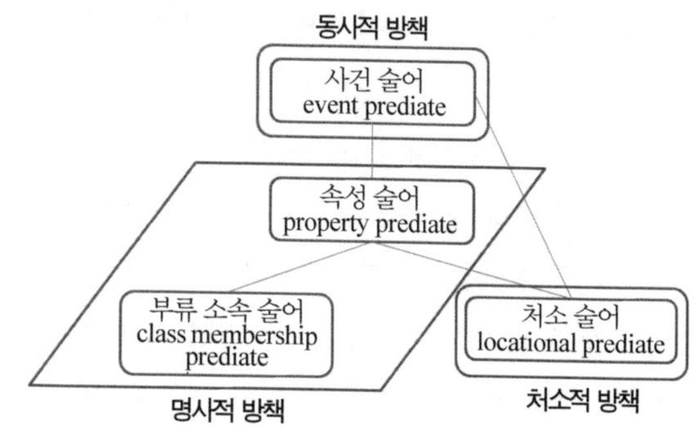

〈그림 3〉 한 자리 술어 개념 공간에 대한 만주어 의미지도

네 가지 술어 유형에 대해 세 가지 표현 방책 중 어느 것을 사용하는지, 400여개 언어를 조사한 결과는 다음 표와 같다.

〈표 1〉 개념 공간 분할 양상 통계: A-패턴

(V: 동사적 방책, N: 명사적 방책, L: 처소적 방책)

	1	2	3	4	5	6	7	8
사건술어	V	V	V	V	V	V	V	V
속성술어	V	V	V	N	L	V	V	V
부류술어	V	V	N	N	V	N	L	N
처소술어	V	L	V	V	L	N	L	L
단일옵션	10	28	2	0	0	0	4	67
교체옵션	11	25	9	2	0	32	38	122
계	21	53	11	2	0	32	42	189

〈표 2〉 개념 공간 분할 양상 통계: B-패턴, C-패턴

	9	10	11	12	13	14	15	16	17	18
사건술어	V	V	V	V	L	L	L	N	N	N
속성술어	N	N	L	L	L	L	N	L	N	N
부류술어	N	N	N	L	L	N	N	N	N	N
처소술어	N	L	L	L	L	L	L	L	L	N
단일옵션	0	12	1	9	0	0	0	0	0	0
교체옵션	99	136	47	132	8	13	0	0	5	4
계	99	148	48	141	8	13	0	0	5	4
	B-패턴				C-패턴					

A-패턴은 동사적 방책이 우세하여, 자신의 본래 영역인 사건 술어뿐 아니라 다른 영역에까지 영토를 확장한 경우이다. 전 영역을 완전히 석권할 수도 있으나(패턴 1), 영토 확장이 부분적인 수준에 그치는 것이 일반적이다. 부류 술어는 명사적 방책이, 처소 술어는 처소적 방책이 지키고 있고, 동사적 방책이 사건 술어와 속성 술어를 차지한 8번 패턴(그림 2)이 가장 빈도가 높다.

동사적 방책이 부류 술어 영역까지 차지하려면 그에 앞서 우선 속성 술어 영역부터 차지해야 한다. 동사적 방책이 속성 술어를 건너뛰고 부류 술어 영역만 차지한 경우는 없다. 위의 <그림 1>에서 사건 술어와 속성 술어가 직접 연결되어 있고 속성 술어와 부류 술어가 직접 연결되어 있는 데 반해, 사건 술어와 부류 술어를 직접 연결하는 선이 없는 것은 바로 그러한 이유에서이다. 이것은 Givón(1984: 51-56)의 시간 안정성(time stability) 스케일의 관점에서 이해할 수 있다. 부류 술어는 시간 안정성이 가장 높고, 사건 술어는 시간 안정성이 가장 낮고, 속성 술어는 그 중간쯤 된다. 개념 공간에서 속성 술어가 사건 술어와 부류 술어의 가운데 위치에 있는 것도, 그런 관점에서 이해할 수 있다.

B-패턴은 동사적 방책의 힘이 그리 세지 않아서 본래 자기 영토인 사건 술어 영역만 지키고 있는 경우이고, C-패턴은 동사적 방책의 힘이 매우 약하여 본래의 자기 영토마저 남에게 빼앗긴 경우이다. C-패턴은 비교적 드물다. B-패턴, C-패턴의 경우 명사적 방책과 처소적 방책 양자의 싸움으로 요약되는데, 어느 한 쪽이 상대를 압도하는 경우도 있고(9, 12, 13, 18), 양자가 힘의 균형을 이루고 있는 경우도 있다.

어느 한 가지 술어 유형을 하나의 방책이 온전히 차지하는 것이 아니라, 둘 이상의 방책이 분점할 수도 있다. 어떤 술어 부류에 속하는 단어들 중 일부는 A 방책으로 표현되고 다른 일부는 B 방책으로 표현되는 경우는 분리(splitting)라 하고, 동일한 단어가 어떤 조건에 따라 A 방책으로 표현되기도 하고 B 방책으로 표현되기도 하는 경우는 교체(switching)라 한다. 이 책에서는 교체의 다양한 경우를 다루고 있다. 다른 술어도 이러한 교체의 전장이 될 수 있으나, 역시 속성 술어가 가장 치열한 경쟁의 장이 된다.

속성 술어가 표현 방책의 교체를 보일 때[adjectival switching]는 다음과 같은 형식과 의미 사이의 상관관계를 보인다. 동사적 · 처소적으로 표현될 때에는 일시적인 상태(temporary state)를 나타내는 경향이 있고, 명사적으로 표현될 때에는 항구적인 속성(permanent property)을 나타내는 경향이 있다.

부류 소속 술어가 표현 방책의 교체를 보일 때[nominal switching]는 다음과 같은 형식과 의미 사이의 상관관계를 보인다. 명사적 방책으로 표현되면 항구적 본질(essence)을 나타내는 경향이 있고, 처소적 · 동사적 방책으로 표현되면 일시성, 우연성(contingency), 일시적 직업(occupation, profession)을 나타내는 경향이 있다.

속성 술어의 범언어적 표현 방식을 보면, 사건 술어처럼 동사적 방책에 의해 표현되는 언어와 부류 술어처럼 명사적 방책에 의해 표현되는 언어의 두 부류로 대별될 수 있다. 이 두 부류는 흥미로운 지리적 · 계통적 분포를 보여준다(<그림 4>).

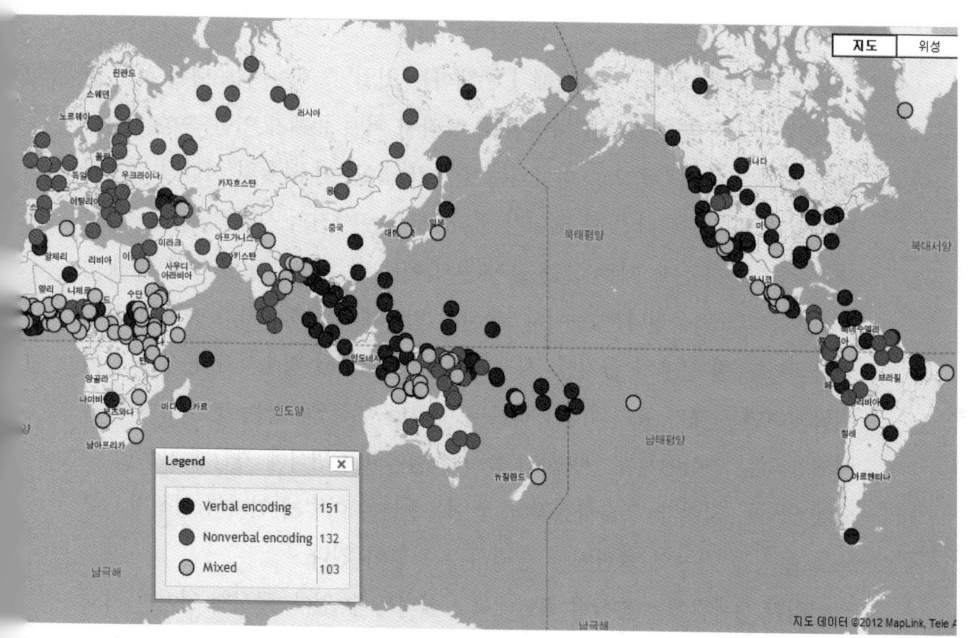

〈그림 4〉 **속성 술어의 표현 방식** (http://wals.info/chapter/118)

유라시아 대륙의 대부분 지역에서는 대개 속성 술어가 명사적 방책에 의해 표현된다. 즉, 명사성 형용사(nouny adjective)를 갖는다. 반면에 유라시아 대륙의 동쪽 극단, 중국, 동남아시아, 오스트로네시아, 북아메리카에서는 대개 속성 술어가 동사적 방책에 의해 표현된다. 즉, 동사성 형용사(verby adjective)를 갖는다. 언어유형론은 언어가 보이는 특성의 지리적 분포에 큰 관심을 보인다. 이런 연구를 특히 지역언어학(areal linguistics) 또는 지역유형론(areal typology)이라고 부른다.

Stassen은 이러한 분포상의 특징을 기술하는 데 그치지 않고 설명하려고 노력하였다. 즉, 속성 술어의 표현 방식과 깊은 상관관계를 맺고 있는 다른 변인이 혹시 있는지 찾아보고자 하였다. 그러한 탐색의 결과 Stassen은 시제성(tensedness)을 그러한 변인으로 제시한다. 즉, 시제를 갖는 언어는 명사성 형용사를 갖고, 무시제 언어는 동사성 형용사를 갖는다는 것이다. 그가 조사한 400여 개의 언어에서 소수의 예외가 있기는 하지만 대부분의 경우는 이 상관관계에 들어맞는다.

그렇다면 왜 이러한 상관관계가 존재하는 것일까? 형용사는 대개 시간 안정성이 상당히 높은 속성을 나타낸다. 따라서 어떤 존재가 어떤 속성을 갖는다는 사실은 초시간적으로 성립되는 경우가 많고, 이 사실의 시간적 위치를 나타낸다는 것은 그다지 큰 의미가 없다. 시제는 사건의 시간적 위치를 나타내는 기능을 하는데, 이는 사건 술어(동사)에는 딱 제격이지만, 속성 술어(형용사)에는 안 어울린다는 것이다. 무시제 언어에서는 형용사가 동사와 같이 취급되어도 별 문제가 없지만, 시제가 있는 언어에서 형용사가 동사와 같이 취급되려면 시제가 표시되어야 하는데 이것이 부적절하다는 것이다. 따라서 시제가 있는 언어에서는 형용사가 동사와 결별하고 명사에 가깝게 표현될 수밖에 없다는 것이다. 후술하겠지만, 언어유형론은 이렇게 언어의 형식적 · 구조적 특징을 기능의 측면에서 설명하는 경향이 있다.

이러한 상관관계는 통시적 측면에서도 살펴볼 수 있다. 무시제 언어가 시제 언어로 발달하는 사례를 많이 찾아볼 수 있는데, 이러한 시제성의 변화에 따라 형용사도 동사성 형용사로부터 명사성 형용사로 변모하는 것을 관찰할 수 있다는 것이다. 일본어는 원래 무시제 언어였고 동사성 형용사만 있었는데, 시제언어로 변화하였고 명사성 형용사 범주를 따로 갖게 되었다. 동사성 형용사는 대개 고유어이고 부류의 확장이 상대적으로 어려운 반면에, 명사성 형용사는 한자어・외래어를 많이 포함하며 부류의 확장이 상대적으로 쉽다. 일본어의 이러한 통시적 변화는 Stassen의 예측에 대체로 들어맞는다.

Stassen의 이 연구는 여러 측면에서 유형론적 연구의 전형적인 모습을 보여주지만, 특히 개념에서 출발하여 그 형식적 표현으로 나아가는 표현론적 접근법이 무엇이고, 이 접근법이 어떤 효용이 있는지를 잘 보여 준다.

3. 의미 및 의미 관계를 표상하는 방법: 의미지도

3.1. 의미지도에 대한 서론

의미를 어떻게 나타낼 것인가는 의미론의 근본 문제 중 하나이다. 진리조건 의미론에서는 논리식으로 나타내기도 하고, 개념의미론에서는 개념 범주를 나타내는 특별한 표시법(notation)을 고안하여 사용하기도 하고, 인지의미론에서는 이미지 스키마를 사용하기도 하고, Wierzbicka의 NSM(Natural Semantic Metalanguage) 접근법에서는 언어 연구의 대상인 자연언어 그 자체를 (적절히 규율 있게) 메타언어로 사용하기도 한다. 유형론에서는 이 목적을 위해 의미지도를 사용하는 경향이 있다. 의미지도란, 언어표현(들)이 나타내는 의미 및 그 인접 개념을 공간적으로 배열하여, 이(들) 언어표현의 의미의 범위를 이 공간 내에 표시하여 시각화한 것이라고 일단 정의할 수 있다.

3.2. 개념공간과 개념지도

3.2.1. 개념공간과 개념지도의 기본 개념

개념(concept)은 의미(meaning)에 선행한다. 개념은 인간이 언어를 가지기 전에도 가지고 있었을 터이다. 개념 가운데는 언어화(언어요소에 의해 표현)되는 것도 있고 그렇지 않은 것도 있다. 언어화되는지 여부를 신경 쓰지 않고, 개념들 자체의 관계나 구조를 탐구할 수도 있다. 서로 관련된 복수의 개념들에 대해, 무엇과 무엇이 상대적으로 가깝고 밀접한 관련이 있는지 생각해 볼 수 있고, 그러한 파악을 시각화하여 나타낼 수 있다. 서로 관련된 개념들이 이루는 그러한 구조(인간의 파악과는 독립하여 객관적으로 존재하는 구조)는 개념공간(conceptual space)이라 부를 수 있겠고, 그러한 개념공간을 인간이 나름대로 파악하여 시각적으로 나타낸 것은 개념지도(conceptual map)라 부를 수 있다.

3.2.2. 개념지도 작성 과정 및 원칙에 대한 예시

두 명제를 결합하여 복합명제를 산출하는 논리적 연결사(logical connective)는, 구성 명제의 진리치가 복합명제의 진리치에 어떻게 寫象(mapping)되는지(즉 진리조건)를 바탕으로 다음과 같이 분류할 수 있다.

P와 Q 둘 다 참일 때만 복합명제가 참이 되는 연결사: AND라 부름.
P와 Q 둘 중 최소한 하나가 참일 때 복합명제가 참이 되는 연결사: OR라 부름.
P와 Q 둘 중 하나는 참이고 하나는 거짓일 때 복합명제가 참이 되는 연결사: XOR라 부름.
P와 Q 둘 중 최소한 하나가 거짓일 때 복합명제가 참이 되는 연결사: NAND라 부름.
P와 Q 둘 다 거짓일 때만 복합명제가 참이 되는 연결사: NOR라 부름.

이 5개의 논리적 연결사가 모두 따로따로 언어화된 사례는 자연언어에는 없는 듯하다. 그러나 개념적으로 이 5개의 논리적 연결사를 상정하고 이에 대해 생각해 볼 수 있다.

이 5개의 연결사는 서로 어떤 관계에 있을까? 다음과 같은 그림으로 나타낼 수 있을 것이다. 즉, 다음 그림은 논리적 연결사들의 개념공간을 시각화한 개념지도라고 할 수 있다.

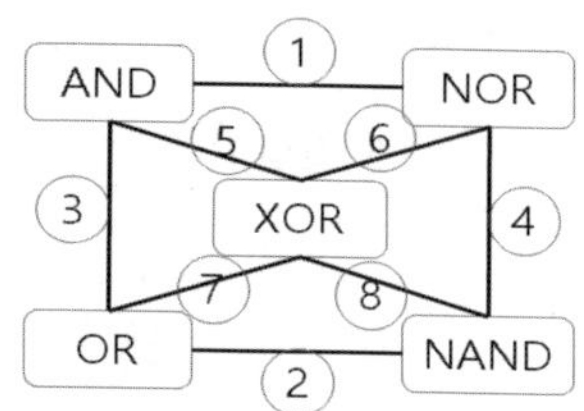

〈그림 5〉 논리적 연결사 개념지도

이 개념지도에서 개념 범주들 사이에 연결선을 그어 놓았는데, 각 연결선을 상정한 근거는 다음과 같다.

①번 연결선의 근거(AND와 NOR의 공통점): 구성명제 모두가 같은 진리치임.

②번 연결선의 근거(OR와 NAND의 공통점): 구성명제 중 최소한 하나의 진리치를 언명함.

③번 연결선의 근거(AND와 OR의 공통점): 구성명제 중에 참인 명제가 있음. 둘은 함의(entailment) 관계임. (P AND Q)는 (P OR Q)를 함의함. 즉, 전자가 참이면 후자도 참임.

④번 연결선의 근거(NOR와 NAND의 공통점): 구성명제 중에 거짓인 명제가 있음. 둘은 함의 관계임. (P NOR Q)는 (P NAND Q)를 함의함. 즉, 전자가 참이면 후자도 참임.

⑤번 연결선의 근거(AND와 XOR의 공통점): 구성명제 중에 참인 명제가 있음. 둘은 반대(contrary) 관계임. 즉, 둘 다 거짓일 수는 있으나, 둘

다 참일 수는 없음.

⑥번 연결선의 근거(NOR와 XOR의 공통점): 구성명제 중에 거짓인 명제가 있음. 둘은 반대 관계임. 즉, 둘 다 거짓일 수는 있으나, 둘 다 참일 수는 없음.

⑦번 연결선의 근거(OR와 XOR의 공통점): 구성명제 중 하나가 거짓임을 알면 다른 하나는 참임을 추론할 수 있음.

⑧번 연결선의 근거(NAND와 XOR의 공통점): 구성명제 중 하나가 참임을 알면 다른 하나는 거짓임을 추론할 수 있음.

반면에 어떤 개념 범주들 사이에 연결선을 긋지 않은 데도 나름의 이유가 있다.

AND와 NAND 사이에 직접 연결선이 없는 이유: 둘은 서로 모순(contradictory) 관계임. 즉, (P AND Q)와 (P NAND Q)는 항상 서로 다른 진리치를 가짐.

OR와 NOR 사이에 직접 연결선이 없는 이유: 둘은 서로 모순 관계임. 즉, (P OR Q)와 (P NOR Q)는 항상 서로 다른 진리치를 가짐.

사실, 두 개념 범주 NAND와 NOR에 그런 이름을 붙인 것도, 이러한 모순 관계를 반영한 것이다.

3.3. 의미지도의 기본 성격

어떤 특정 개념영역에 대해 작성한 위와 같은 개념지도를 밑그림으로 삼아, 특정 언어에서 이 개념영역에 속하는 개념들(의 일부)이 언어요소에 의해 어떻게 표현되는지를 표시할 수 있다.

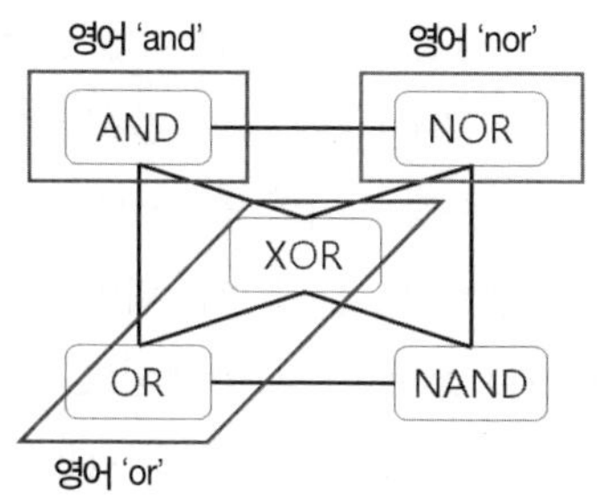

〈그림 6〉 영어 논리적 연결사 의미지도

많은 언어에 대해 이러한 작업을 축적하면, 어떤 일반화를 도출할 수도 있다. 예컨대, 자연언어에서 AND라는 개념을 나타내는 언어요소는 매우 흔하다든지, 자연언어에서 OR와 XOR의 개념을 하나의 언어요소가 뭉뚱그려서 담당하는 일이 흔하다든지, 자연언어에서 NOR의 개념을 나타내는 단어/형태소는 간혹 있으나, NAND의 개념은 보통 'not all'이나 'not both' 같은 복합표현으로 나타내지, 이를 나타내는 단어/형태소는 드물다는 것 등등을 들 수 있다.

구조주의 언어학에서 '음성적(phonetic)'과 '음소적(phonemic)'의 구분이 확립된 이후, 인류학 등의 사회과학에서 이를 차용・확대적용하여 etic 범주 대 emic 범주, etic 분석 대 emic 분석이라는 개념을 사용해 왔다. etic 분석은 어떤 개념영역과 관련하여 특정 언어/사회에 한정하지 않고, 세계의 모든 언어/사회를 두루 관찰한 결과, 해당 개념영역에 속하면서 여러 언어/사회에서 빈번하게 발견되는(recurrent) 범주들을 상정하고, 이 범주들이 이루는 보편적 구조를 탐구하는 것을 말한다. emic 분석은 어떤 개념영역과 관련하여 특정 언어/사회에서 그 언어/사회의 구성원들의 특정 개념화(conceptualization) 방식에 따라 세계를 분절하여 상정되는 범주들을 알아내고, 이 범주들이 해당 언어/사회에서 이루는 구조를 탐구하는 것을 말한다.

개념공간을 파악하여 개념지도를 그리는 작업은 etic 분석이라 할 수 있고, 이 개념지도를 바탕으로 특정 언어에서 특정 언어요소들이 이 개념공간을 분절하여 담당하는 양상을 의미지도로 그리는 작업은 emic 분석이라 할 수 있다. 개념지도에 상정되는 노드(node)들은 etic 범주라 할 수 있고, 이 개념지도를 밑그림으로 하여 작성된 특정 언어의 의미지도에서 특정 언어요소가 담당하는 영역은 emic 범주라 할 수 있다. 예컨대, 위의 논리적 연결사 개념지도에서 AND, OR, NOR, NAND, XOR는 etic 범주이고, 영어 의미지도에서 'or'가 담당하는 emic 범주는 2개의 etic 범주 OR와 XOR를 합친 것에 해당한다.

3.4. 개념지도가 제기하는 문제

사실, 위와 같은 개념지도는 ('개념공간', '개념지도'라는 용어를 사용하지는 않았더라도) 오래 전부터 많이 있었다. 개념공간의 구조를 파악하고 개념지도를 그리는 전통적인 방법론은, 주로 개념 분석을 통해서이다. A와 B라는 두 개념은 개념적으로 가까우므로 가까이에 배치하고 직접 연결선으로 이어준다는 식이다.

그런데 전통적인 개념공간 파악법은 근본적인 문제점을 지니고 있다. 다음과 같은 질문에 순수히 개념적으로만 답할 수 있어서, 개념공간을 어떻게 분석할 것인지에 대한 객관적 · 경험적인(empirical) 기준을 마련하기가 어렵다는 것이다.

① granularity 문제: 어떤 개념을 둘 이상의 개념으로 나누지 않고 하나의 node로 간주하는 근거는 무엇인가? 어떤 개념들을 하나의 node로 뭉뚱그리지 않고 복수의 node로 간주하는 근거는 무엇인가?
② connection 문제: 특정 두 개념 사이에 연결선을 상정하는 근거는 무엇인가?
③ distance/relation 문제: A, B, C 세 개념 중 특정 둘 사이의 관계를 더 가깝게 보고 다른 둘 사이의 관계를 상대적으로 멀게 보는 근거는 무엇인가?

3.5. 의미지도가 제안하는 해답

언어유형론에서 의미지도 모형은 위의 질문들을 개념적/선험적인 문제로부터 경험적인 문제로 바꿀 수 있게 해 주고, 위의 질문들에 경험적/객관적으로 답할 수 있게 해 준다.

① granularity 문제

問1: 어떤 개념을 둘 이상의 개념으로 나누지 않고 하나의 node로 간주하는 근거는 무엇인가?

答: 자연언어에서 이 개념을 복수의 언어요소가 분담하여 나타내는 경우가 발견되지 않았기 때문. (만약 그런 case가 발견되면 이 개념을 더 쪼갤 수도 있다는 가능성을 열어 놓음.)

問2: 어떤 개념들을 하나의 node로 뭉뚱그리지 않고 복수의 node로 간주하는 근거는 무엇인가?

答: 자연언어에서 이들 개념을 복수의 언어요소가 분담하여 나타내는 경우가 발견되었기 때문.

② connection 문제

問: 특정 두 개념 사이에 연결선을 상정하는 근거는 무엇인가?

答: 이 두 개념을 구별하여 별개의 언어요소로 나타내는 경우도 있지만(그렇기 때문에 애초에 이 두 개념을 별개의 node로 상정한 것임), 이 둘을 뭉뚱그려서 하나의 언어요소로 나타내는 경우도 있기 때문.

③ distance/relation 문제

問1: A, B, C 세 개념 중 특정 둘(예컨대 A와 B, B와 C) 사이의 관계를 더 가깝게 보고 다른 둘(예컨대 A와 C) 사이의 관계를 상대적으로 멀게 보는 근거는 무엇인가?

答: A와 B를 뭉뚱그려서 하나의 언어요소로 나타내는 일이나 B와 C를 뭉뚱그려서 하나의 언어요소로 나타내는 일은 많이 있는

데 비해, A와 C를 뭉뚱그려서 하나의 언어요소로 나타내는 일은 상대적으로 적기 때문.

問2: 개념지도/의미지도에서 B를 A와 C 사이에 배치하는 근거는 무엇인가? A와 B 사이, B와 C 사이에는 연결선을 그리고, A와 C 사이에는 직접 연결선을 그리지 않는 근거는 무엇인가?

答: 하나의 언어요소가 A와 B를 뭉뚱그려서 담당하는 일도 있고, B와 C를 뭉뚱그려서 담당하는 일도 있기 때문에 연결선을 상정한 것. B를 빼놓고 A와 C만을 하나의 언어요소가 담당하는 일은 발견되지 않았고, 어떤 언어요소가 A와 C를 모두 담당할 때에는 항상 B도 담당하기 때문에, A와 C 사이에 B를 배치한 것.

3.6. 의미지도 식 해답의 예시: 판정의문문의 극성(polarity)에 따른 응답어의 분화 양상

3.6.1. 판정 의문문의 극성과 대답의 극성

판정의문문은 그 자체가 긍정문일 수도 있고 부정문일 수도 있으며(예: '밥 먹었니?': 긍정 의문문, '밥 안 먹었니?': 부정 의문문), 이에 대한 대답도 긍정일 수도 있고, 부정일 수도 있다(예: '먹었어': 긍정 대답, '안 먹었어': 부정 대답). 이 둘을 조합하면 4개의 etic 범주가 만들어진다. 이 4개의 etic 범주들은 2개의 2분적 자질(binary feature)에 대한 값을 조합하여 만들어진 것이므로, 자질의 공유 양상을 고려하면 다음과 같은 개념지도를 그릴 수 있다. 서로 대각선 위치에 있는 것들끼리는 공유 자질이 없어서 연결선이 없으나, 그 외의 범주들끼리의 거리/유사성은 대등하다고 할 수 있다.

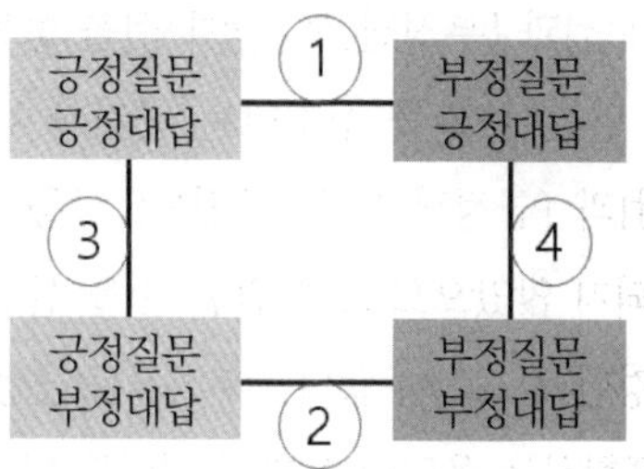

〈그림 7〉 응답어 개념지도 1

3.6.2. 응답어 분화 양상에 대한 경험적 검토

몇몇 언어에서 이 4개의 etic 범주를 나타내는 응답어의 양상을 조사해 보면 다음과 같다.

〈표 3〉 응답어 분화 양상

<table>
<tr><th rowspan="2">etic 범주</th><th colspan="2">4항</th><th colspan="2">2항</th><th colspan="5">3항</th></tr>
<tr><th>루마니아어</th><th>초기 근대 영어</th><th>현대 영어</th><th>한국어 일본어</th><th>프랑스어</th><th>덴마크어 노르웨이어</th><th>아이슬란드어</th><th>헝가리어</th><th>독일어</th></tr>
<tr><td>긍정 질문 긍정 대답</td><td>da</td><td>yea</td><td rowspan="2">yes</td><td>응, 예; hai</td><td>oui</td><td>ja</td><td>já</td><td>igen</td><td>ja</td></tr>
<tr><td>부정 질문 긍정 대답</td><td>ba da</td><td>yes</td><td rowspan="2">아니(요) iie</td><td>si</td><td>jo</td><td>jú</td><td>de</td><td>doch</td></tr>
<tr><td>긍정 질문 부정 대답</td><td>nu</td><td>nay</td><td rowspan="2">no</td><td rowspan="2">non</td><td rowspan="2">nej</td><td rowspan="2">nei</td><td rowspan="2">nem</td><td rowspan="2">nein</td></tr>
<tr><td>부정 질문 부정 대답</td><td>ba nu</td><td>no</td><td>응, 예; hai</td></tr>
</table>

루마니아어, 초기 근대 영어처럼 4개의 etic 범주를 모두 구분하는 언어가 있어서, 이 4개의 범주를 상정하는 근거가 된다. 현대 영어에서 [긍정질문/긍정대답]과 [부정질문/긍정대답]을 뭉뚱그려 하나의 응답어가 담당하므로, 이는 연결선 ①을 상정하는 근거가 된다. 현대 영어, 프랑스어 등의 여러 유럽어

에서 [긍정질문/부정대답]과 [부정질문/부정대답]을 뭉뚱그려 하나의 응답어가 담당하므로, 이는 연결선 ②를 상정하는 근거가 된다.

[긍정질문/긍정대답]과 [긍정질문/부정대답]을 뭉뚱그려 표현하는 응답어를 가진 언어는 발견되지 않았으므로, 연결선 ③을 상정할 근거는 (개념적으로는 있을지 모르나 경험적으로는) 없다. [부정질문/긍정대답]과 [부정질문/부정대답]을 뭉뚱그려 표현하는 응답어를 가진 언어는 발견되지 않았으므로, 연결선 ④를 상정할 근거는 (개념적으로는 있을지 모르나 경험적으로는) 없다.

상식적으로 다시 생각해 보면, 동일한 긍정질문이나 부정질문에 대해 서로 상반되는 긍정대답과 부정대답을 같은 응답어로 표현하는 것은 비합리적이다. 오히려 한국어・일본어에서는 [긍정질문/긍정대답]과 [부정질문/부정대답]을 하나의 응답어로 뭉뚱그려 표현하므로 이 둘을 연결하는 연결선 ⑤를 상정할 근거가 되고, [긍정질문/부정대답]과 [부정질문/긍정대답]을 하나의 응답어로 뭉뚱그려 표현하므로 이 둘을 연결하는 연결선 ⑥을 상정할 근거가 된다.

3.6.3. 경험적 검토를 반영한 개념지도의 수정

이를 반영하면 개념지도를 아래와 같이 수정해야 한다.

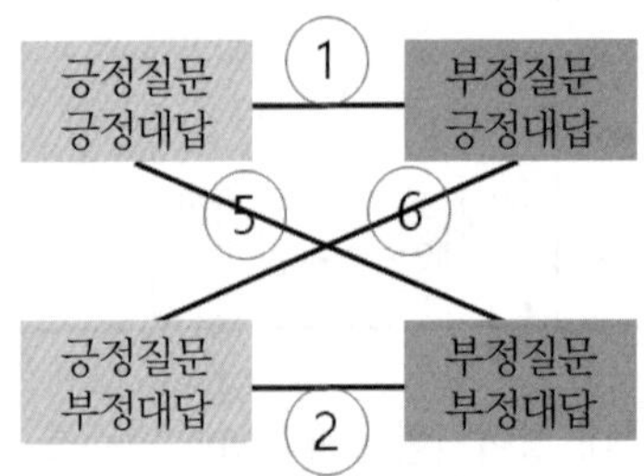

〈그림 8〉 응답어 개념지도 2

연결선에 의해 연결된 유사 범주를 대각선에 배치하기보다는 같은 변 쪽에 배치하는 것이 직관에 더 부합되는 배치일 터이다. 즉, 개념지도를 다시 아래와 같이 수정하는 게 낫다.

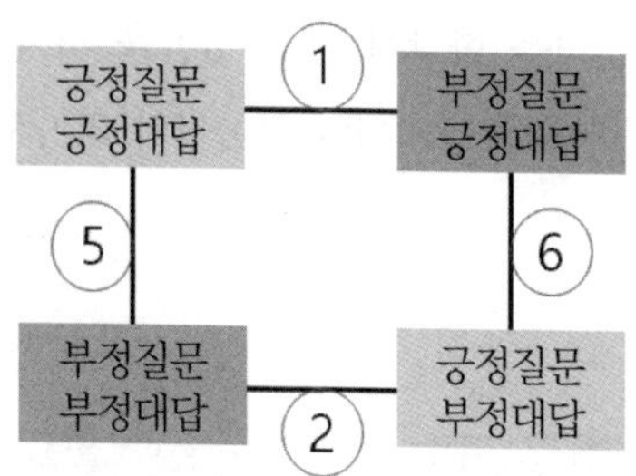

〈그림 9〉 응답어 개념지도 3

3.6.4. 개념 분석 재고

[긍정질문/긍정대답]과 [부정질문/부정대답]은 애초의 피상적 분석에서는 공유 자질이 없는 것처럼 보였으나. 이 둘을 뭉뚱그려 표현하는 언어들이 발견되어 연결선 ⑤를 상정했다. 이 둘을 뭉뚱그려 표현하는 언어들이 있는 것을 보면, 이 두 범주 사이에 개념적으로도 공통점이 있을 터이므로, 이 공유자질이 무엇인지 생각해 보게 된다. 연결선 ⑥에 의해 연결된 [부정질문/긍정대답]과 [긍정질문/부정대답] 사이의 관계도 마찬가지이다.

판정 의문문의 의미/논리 구조는 다음과 같이 생각할 수 있다.

긍정 판정 의문문: [명제] Q
부정 판정 의문문: [[명제] 부정] Q

현대 영어 같은 언어의 응답어에서 [긍정] 또는 [부정]의 대상이 되는 것은 부정 연산자를 포함하지 않은 명제 자체라 할 수 있다. 반면에 한국어 · 일본어 같은 언어의 응답어에서 [긍정] 또는 [부정]의 대상이 되는 것은 부정 연산자를 포함한 '[명제] 부정' 전체라고 할 수 있다. 즉, 이 두 부류의 언어의 응답어의 본질적 차이는, [긍정] 또는 [부정]을 할 때 판정 의문문에 들어 있는 부정 연산자를 포함할 것인가 여부라고 할 수 있다.

위의 사례는, 세계의 여러 언어에 대한 경험적 조사가 개념 분석에 시사점을 제공하거나 개념 분석을 향상시킬 수 있음을 시사한다.

수정된 개념지도를 바탕으로, 영어와 한국어의 의미지도를 그려 보면 다음과 같이 된다.

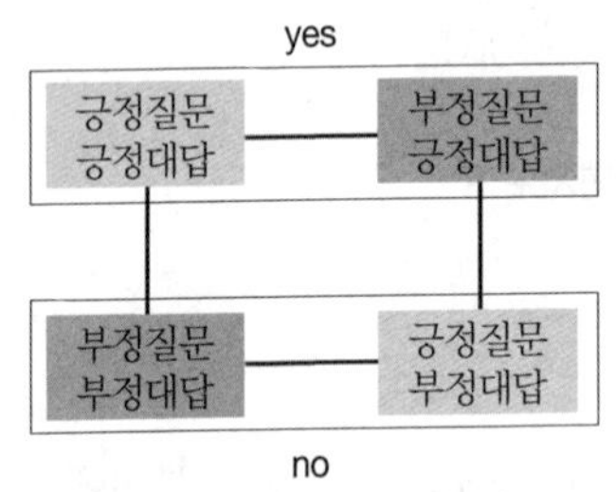

〈그림 10〉 영어 응답어 의미지도

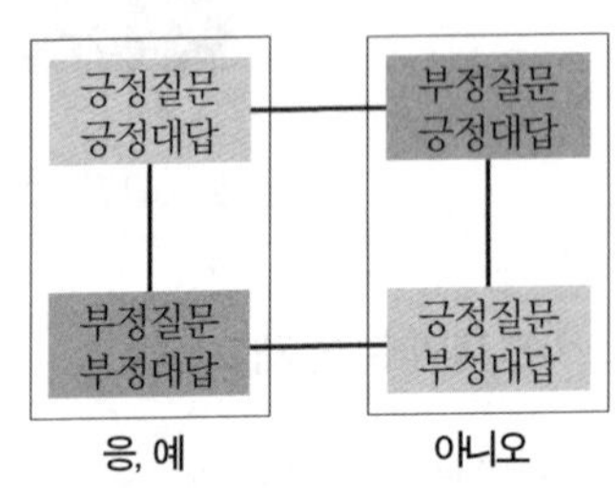

〈그림 11〉 한국어 응답어 의미지도

3.7. 개념지도와 의미지도의 정교화 가능성

3.7.1. 범주간 연결의 강도 또는 node간 거리

<그림 9>의 개념지도에서 연결선 ①과 ②는 (개념적으로만 보면) 대등하다. 즉, 둘 중 어느 것이 더 강한 연결이라고 생각할 근거가 없다. 그러나 <표 3>을 보면 여러 유럽어에서 [긍정질문/부정대답]과 [부정질문/부정대답]은 하나의 응답어가 뭉뚱그려서 나타내는 데 비해, [긍정질문/긍정대답]과 [부정질문/긍정대답]은 상대적으로 별개의 응답어로 분화되어 있는 경향이 있다. 즉, 세계 여러 언어에서의 응답어 분화 양상을 경험적으로 조사한 결과를 고려하면, 연결선 ①보다는 ②가 (더 자주 뭉뚱그려지므로) 더 강도 높은 연결이라고 생각할 수 있다. 표현을 달리하면 연결선 ②에 의해 연결된 두 범주 사이의 거리가 상대적으로 더 가깝다고 할 수 있다. 이러한 차이를 개념지도에 반영

하면 다음과 같이 된다.

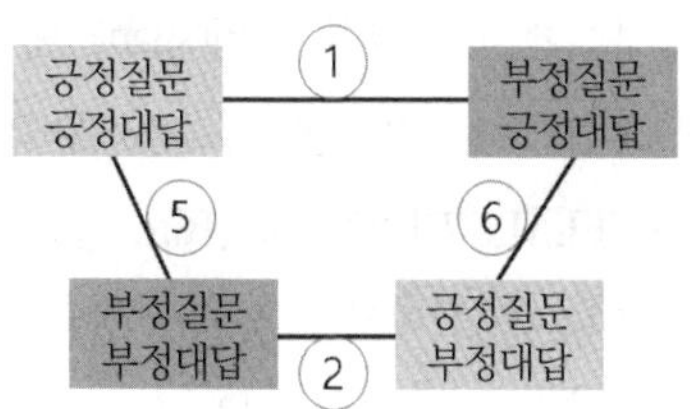

〈그림 12〉 **범주간 거리를 반영한 개념지도**

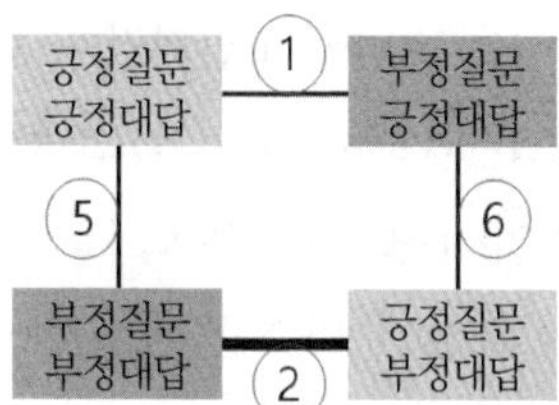

〈그림 13〉 **범주간 연결의 강도를 연결선의 두께로 표시한 개념지도**

지금까지 언어유형론 학계에서 사용되어 온 전통적인 의미지도는 범주간 거리나 연결 강도를 고려하지 않아 왔으나, 최근 일부 학자들이 이런 장치를 의미지도에 도입하려는 시도가 있다(Cysouw 등). 전통적인 의미지도가 위상기하학(topological geometry)적 의미지도라면, 최근의 시도는 유클리드 기하학(Euclidean geometry)적 의미지도라고 할 수 있다.

범주간 거리나 연결 강도를 의미지도에 도입하여 엄밀하게 사용하려면 해결해야 할 문제가 있다. 거리나 강도를 어떻게 측정/계량화할 것인가 하는 문제이다. 이에 대한 하나의 해답은, 세계의 많은 언어에 대한 조사를 통해 두 범주가 뭉뚱그려져 표현되는 빈도를 조사하여 계량화하는 것이다.

그런데 이 방안은 다음과 같은 한계가 있다.

① 통계적으로 유의미한 차이를 얻기 위해서는 범언어적 조사에 비용이 많이 듦.

② 범언어적 뭉뚱그려지기 양상에서 차이가 드러나지 않더라도, (개념적으로만 보아도) 범주간 거리나 연결 강도에 차이가 있다고 볼 수 있는 경우도 있음.

3.7.2. 또 다른 접근법: 코퍼스언어학의 벡터 의미론

최근 코퍼스언어학/전산언어학에서는 언어요소의 의미를 수치들의 벡터로 표상하는 방법이 고안되었다. 대용량 코퍼스에서 일정한 범위(span) 내에서 공기(co-occur)하는 언어요소들의 빈도를 바탕으로 각 언어요소를 벡터화하는 것이다(예: Word2Vec, FastText, Glove, ELMo, BERT, Big Bird 등). 분포(출현 환경)가 비슷한 언어요소들은 서로 비슷한 벡터로 표상된다. 언어요소의 의미는 분포에 충실하게 반영된다는 전제가 깔려 있다. 이를 분포 의미론(distributional semantics)이라 한다.

또한, 서로 동일한 의미 관계에 있는 단어 쌍들은 평행하게 표상된다. 따라서, 벡터에 대한 수학적 연산이 단어 의미에 대한 연산을 반영하게 된다. 예컨대 '서울' 벡터에서 '한국' 벡터를 빼고 '일본' 벡터를 더하면 '도쿄' 벡터가 되는 식이다.

단어 간의 의미적 유사도도 벡터간의 수학적 거리로 측정할 수 있다. 여기에는 유클리드 거리, 코사인 유사도 등 다양한 거리 지표가 사용될 수 있다.

개념지도/의미지도에서 범주간 거리나 연결 강도에 이러한 연구 성과를 응용할 수도 있을 것이다.

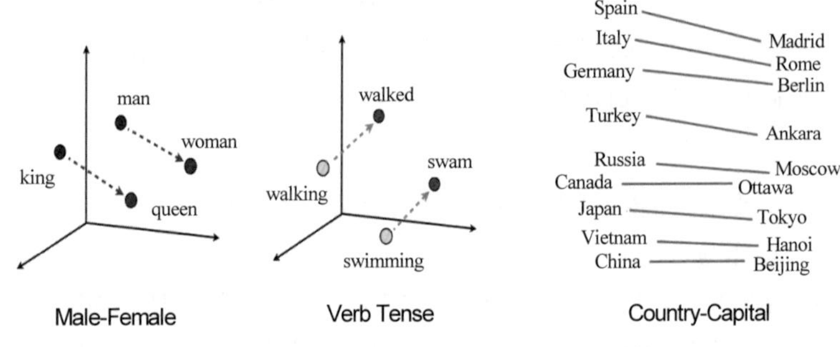

〈그림 14〉 명사의 성, 동사 시제, 국가-도시 관계를 반영한 단어 벡터

4. 형식과 의미 사이의 상관관계에 대한 설명

언어유형론은 개념・의미로부터 출발하여 여러 언어에서 이를 나타내는 형식・구조의 다양성과 특징을 발견하고, 이러한 의미와 형식 사이의 상관관계나 패턴도 발견하고자 한다. 이러한 경험적 사실의 발견과 기술에 만족하는 경우도 있지만, 좀 더 욕심을 내서 이를 설명하고자 시도하기도 한다. 그런데 이러한 설명에 임하는 기본 태도에 있어서 언어유형론/기능주의 언어학은 형식주의 언어학과 크게 대비된다.

형식주의자는 언어의 구조, 형식이 어떠어떠한지에 주로 관심을 갖는 반면에, 기능주의자는 그런 언어 형식, 구조가 어떤 기능을 수행하는지에 주로 관심을 갖는다. 이것은 인체 생물학(human biology)의 하위분야인 해부학(anatomy)과 생리학(physiology)에 비유하여 이해할 수 있다. 해부학과 생리학 중 어느 하나만 알아서는 인체를 깊이 이해한 의학자가 될 수 없듯이, 언어에 대해 깊이 아는 언어학자가 되기 위해서는 언어의 구조와 기능 양면을 모두 잘 알아야 할 것이다.

현상이 어떠어떠하다는 기술에 그치지 않고, 왜 그러한지의 질문을 던지고 그에 대한 답변까지 하고 싶은 것이 人之常情이다. 설명이란 이러한 why question에 대한 답변이라고 할 수 있다. 설명을 어떻게 해야 하고, 무엇이 제대로 된 설명인가에 대해 언어학자들은 서로 매우 다른 생각을 지니고 있다. 설명은 내적 설명과 외적 설명으로 대별할 수 있는데, 형식주의자들은 내적 설명을, 기능주의자들은 외적 설명을 선호하는 경향이 있다.

4.1. 내적(internal) 설명

내적 설명이란, 해당 현상이 속한 체계 내부의 요인에 입각한 설명을 말한다.

4.1.1. 구조적(structural) 설명

구조적 설명이란 해당 현상을 이루고 있는 내적 요소들 또는 해당 현상과 밀접한 관계에 있는 다른 요소들이 이루는 구조에 입각해서 하는 설명이다. 형식주의자들이 즐겨 사용하나, 유형론 연구자들도 간혹 사용한다. 특히 Stassen은 구조적 설명을 즐겨 사용하는 대표적인 유형론 학자라고 할 수 있다. Stassen(1985)에서는 비교 구문에 대해, Stassen(2009)에서는 서술적 소유 구성에 대해 특정 언어가 특정 유형의 구문을 사용하는 원인을 해당 언어의 다른 구조적 특징에서 찾고 있다.

예 1: 물이 가득 담긴 컵에 물을 조금 더 부어도 넘치지 않는 것은, 물의 표면장력(분자들끼리 응축하여 표면적을 가능한 한 적게 하려는 힘) 때문이다.

예 2: 'John can swim'을 미래시제로 쓰고 싶어도 '*John will can swim'이라고 할 수 없는 것은, 하나의 절 내에서 양상 조동사(modal auxiliary)를 둘 이상 쓸 수 없다는 구조적 제약이 영어에 있기 때문이다.

예 3: 영어에서 의문사가 문두로 이동하는 것은, 의문사가 CP의 지정어(spec) 자리로 가서 C가 지닌 자질을 (SPEC-head agreement를 통해) 점검(checking)해야 하기 때문이다.

4.1.2. 언어 체계 내의 상관관계에 입각한 설명

어떤 언어 현상과 밀접한 상관관계를 맺고 있는 다른 언어 현상을 찾아서 그에 입각하여 설명하려는 시도를 말한다. 그 언어 현상이 구조와 관련된 것이면 구조적 설명이라고도 할 수 있다. 예컨대, 앞에서 본 바와 같이, Stassen (1997)에서 명사성-동사성 형용사 변수와 시제성 변수 사이의 상관관계를 설명하는 방식을 들 수 있다. Stassen(1985), Stassen(2009)의 설명 방식도 이 범주에 든다.

Greenberg의 harmony도 한 언어 내의 여러 변수들 사이의 상관관계에 주목한 개념이다. 명사구 내에서 핵 명사를 수식하는 여러 종류의 수식어가 있는데, 이들이 일관되게 핵 명사 앞에 오거나 일관되게 핵 명사 뒤에 오는 경향성이 있는 것은, 핵과 수식어 사이의 어순을 일관되게 유지하고자 하는 harmony가 힘을 발휘하고 있기 때문이라고 할 수 있다. 물론 언어를 지배하는 힘에는 harmony 외에 dominance도 있어서, 때로는 harmony가 파괴되기도 한다(박진호 2014).

4.2. 외적(external) 설명

외적 설명이란, 해당 현상이 속한 체계를 벗어나, 그 밖의 요인을 동원하는 설명을 말한다.

4.2.1. 기능적(functional) 설명, 목적론적(teleological) 설명

어떤 구성은 이러이러한 기능을 수행하도록 되어 있는데, 이런 구조를 갖는 것보다는 저런 구조를 갖는 것이 그 기능을 수행하기에 더 적합하기 때문에 저런 구조를 갖게 된 것이라는 식의 설명이다.

예 1: 눈의 구조

사람의 눈이 그런 구조를 가지게 된 것은, 눈은 외부 세계에서 일어나는 일을 모니터링하는 게 주된 역할이고, 외부에서 들어오는 빛을 적절히 처리하여 가능한 한 많은 정보를 뽑아내기 위해서는 그런 구조를 갖는 것이 유리하기 때문이다.

예 2: 의문사의 위치

많은 언어에서 의문사가 문두로 이동하는 것은, 의문사는 전형적인 초점 요소이고, 초점 요소를 문두와 같은 특별한 위치에 둠으로써 salient하게 하면 청자가 그 요소를 초점으로 인식하기가 쉽기 때문이다. 영어와 같은 일부 언어에서는 그런 동기가 문법적으로 고착화되어 의문사가 필수적으로 이동해야 하게 되었다.

4.2.2. 역사적(historical)/진화적(evolutionary) 설명

어떤 요소가 그러한 특성을 가지게 된 것은 그 요소가 과거에 겪은 역사적 변화의 산물이라고 설명하는 것이다.

예 1: 망막과 시신경의 위치

사람의 눈에서, 시신경 다발이 망막 뒤에 있으면 눈의 기능을 수행하기에 더 유리할 텐데, 시신경 다발이 망막 앞에 있어서 망막에 맺히는 상을 가리게 되어 있다. 어째서 이렇게 되어 있는가? 그것은, 먼 옛날 눈이 아직은 매우 원시적인 빛 모니터링 장치였을 시절, 뇌와 연결된 신경이 피부의 작은 구멍으로 나와 갈라져서 그 구멍 주위의 피부 여러 곳에 꽂혔는데, 이 신경이 꽂힌 부위가 안쪽으로 오목하게 말려 들어가서 망막이 되었기 때문이다. 사람처럼 시신경이 피부의 구멍을 통해 밖으로 나가지 않고 그냥 피부 밑에서 피부와 연결된 동물들의 경우(예: 오징어), 눈이 발달하면서 피부가 안으로 오목하게 말려들어가 망막이 될 때, 시신경이 망막 뒤에 있게 된다.

예 2: 주절과 내포절의 어순 차이

독일어가 주절에서는 SVO 어순인데, 내포절에서는 SOV 어순을 보이는 것은 왜인가? 과거에 독일어는 전반적으로 SOV 어순이었는데, 내포절은 그것을 유지하고 있고, 주절에서는 verb-second 현상이 일어났기 때문이다.

예 3: 종결형과 관형형의 시제 체계

현대 한국어의 동사 종결형에서 과거시제를 나타내는 요소는 대개 '-었-'인데, 관형형에서는 Ø가 과거시제를 나타내고 있다. 왜 그런가? 중세 한국어의 동사 활용에서 전반적으로 Ø가 과거시제를 나타냈었는데, 관형형에서는 그것을 유지하고 있고, 종결형에서는 '-었-'이라는 선어말어미가 새로 출현하여 시제 활용 체계에 큰 변화가 일어났기 때문이다.

4.2.3. 환원(주의)적 설명(reductionist explanation)

상위 층위(higher level)의 현상을 하위 층위(lower level)의 요인에 입각해서 설명하는 것이다.

4.2.3.1. 언어의 인지적 기반(cognitive basis/foundation)

언어는 상당 부분 인지(cognition)에 기반을 두고 있기 때문에, 인지의 속성으로 인해 언어도 그러하다는 식의 설명 방식을 취할 수 있다.

예 1: 주어-목적어 어순

기본어순에서 주어가 목적어보다 앞에 오는 어순이 범언어적으로 압도적으로 우세한 것은, 인과 연쇄(causal chain)에서 원인이 결과보다 앞에 오는 것이 인지적으로 자연스럽고, 주어는 원인, 목적어는 결과를 나타내는 경향이 강하기 때문이다.

예 2: inflation (Dahl 2001)

예 2-1: 의미의 약화/가치하락

언어 요소의 의미가 변할 때, 의미의 약화/가치하락(예: '너무' excessively > very)은 매우 흔하고 그 반대의 강화/가치상승은 매우 드문데, 그것은 왜인가? 이것은 경제 현상에서의 인플레이션과 디플레이션에 비유하여 이해할 수 있다. 고전파 경제학 이론에 따르면 수요와 공급의 양에 따라 물가의 상승과 하락은 똑같은 확률로 얼마든지 일어날 수 있어야 할텐데, 실제로는 디플레이션은 매우 드물고 인플레이션은 매우 빈번히 일어난다. 언어요소의 의미 변화에서의 인플레이션 경향이 생기는 것은, 화자의 의도와 청자의 이해의 차이에서 말미암는다. 화자는 과장해서 말하려는 경향이 있고, 청자는 그것을 에누리해서 이해하는 경향이 있다는 것이다.

예 2-2: 정도 부사의 의미 약화

화자는 오늘 자신의 힘들었던 정도가 '매우'로 표현하기에는 부족하다고 생각되어 '나 오늘 너무 힘들었어'라고 말하나, 청자는 상대방의 피로 정도가 일정 기준을 초과한다고까지는 생각되지 않아서 '너무'를 "very" 정도의 뜻으로 이해할 수 있다. 이런 일이 빈번히 반복되다 보면, 아예 "very"가 '너무'의 sense로 정착될 수 있다.

예 2-3: Aoristic Drift (Schaden 2012)

많은 언어에서 완료상(perfect aspect)이 단순 과거 시제(simple past tense; aorist)로 재분석되는 변화가 일어나는 것도 비슷하게 이해할 수 있다. 화자는 과거에 일어난 일이 현재에도 relevant하다고 말함으로써 자기 발화의 뉴스 가치가 높음을 드러내고 싶어하는 경향이 있다. 반면에 청자는 완료상을 사용한 발화를 듣고도, 그 발화가 나타내는 과거 사건의 현재 relevance에 별로 동의하지 않을 수 있다. 뉴스 가치를 에누리해서 이해하는 것이다. 이런 일이 반복되다 보면 완료상 표지의 단순 과거 해석이 sense로 정착되게 되는 것이다.

예 2-4: 고대 일본어의 係り結び(kakari-musubi) 구문

上代(나라시대)에는 係り 성분과 그 외 성분이 어순상으로도 분명하게 구분되고, 係り 성분이 정보구조상 초점임이 비교적 분명했다. 그러나 중고기(헤이안시대)에 들어서면 係り結び가 너무 높은 빈도로 사용되고 어순도 분명한 경향성을 상실하고 係り 성분이 항상 초점이라고 말하기 어렵게 된다. 너무 흔해 빠지게 된 것은 그 가치가 하락하게 마련이다. 중고기의 係り結び

구문은 그 의미가치가 이미 상당히 하락한 것이다(野村 2005).

예 2-5: 현대 일본어의「ノダ」文

화자는 왜 단순 표현을 사용하지 않고「ノダ」文이나 '-은 것이다' 구문을 사용하는가? 자신의 발화가 표면에 드러난 상황 밑에 깔려 있는 배후의 사정을 드러내어 표면 상황에 대한 설명의 역할을 한다고 생각하기 때문이다(奥田靖雄 1990). 또는 자신의 발화가 청자 및 그가 처한 상황에 대해 매우 높은 관련성(relevance)을 지닌다고 생각하기 때문이다(名嶋義直 2007). 그러나 청자는 화자가 기대한 만큼 그 발화의 관련성/가치를 높게 평가하지 않을 수 있다. "나와 별로 관련 없는 얘기이구만, 뭐"라고 판단할 수도 있다. 이런 일이 반복되다 보면「ノダ」文이나 '-은 것이다' 구문의 표현가치는 점차 하락하게 된다. 현재 일본어의「ノダ」文의 용법 가운데 이런 지경에까지 이른 예도 상당수 있다고 생각된다. 그래서 이런 용법에 대해「調整」(文章の調子を整える)이라고 부르는 일도 생기게 된다(井島 2012).

예 2-6: 중세 한국어의 '-(으)니라' 구문

중세(이전) 한국어의 '-(으)니라' 구문도 "명사화+계사"라는 형식적 측면뿐 아니라 "배후의 진실을 통한 표면 상황에 대한 설명"이라는 의미적 측면에서도 일본어의「ノダ」文, 현대 한국어의 '-은 것이다' 구문과 유사했었다. 그런데 '-(으)니라'를 너무 남용하다 보니, '-(으)니라'의 의미가 '-다'의 의미와 별 차이가 없는 것처럼 느껴지게 되었다. '-(으)니라'의 의미 희석화(beaching)에는 '-(으)ㄴ'이 명사화소(nominalizer)로서의 기능을 상실하게 된 변화도 일조했을 가능성이 있다. 그래서 '-(으)니라'가 나타내던 본래의 의미를 보다 확실히 나타내기 위하여 '-(으)ㄴ디라' 구문을 사용하게 되었다. '-(으)ㄴ디라'도 "명사화+계사"라는 동일한 형식을 갖는다. '-(으)ㄴ'에 비해 '-(으)ㄴ드'가 명사절임이 더 분명하다는 차이가 있을 따름이다.

예 3: routinization

특정 연산 과정이 빈번하게 일어나다 보면, 그것을 제로에서 출발하여 연산하는 것보다 연산 결과를 아예 저장·기억해 버리는 게 비용이 덜 들기 때문에 그렇게 되는 일이 흔히 일어난다. 언어 현상도 이러한 인지적 기제에 입각하여 설명할 수 있다.

예 3-1: 합성어의 저장

구성요소들의 특성으로부터 합성적(compositional)으로 특성을 예측해 낼 수 있는 합성어(compound) 중에 어휘부에 저장(storage)/기억(memorization)되어 있는 게 많다. 연산(computation)으로 도출해 낼 수 있는 그 많은 정보를 왜 쓸데없이 저장/기억하는가? 어떤 연산이 매우 빈번히 일어날 경우, 그 연산 결과를 아예 저장/기억하는 것이 더 싸게 먹히기 때문이다.

예 3-2: 반복되는 연산의 저장/기억

위와 비슷한 현상이 언어뿐 아니라 인지 전반에서 일어난다.[routinization] 2의 10제곱이 1024라는 것은 간단한 계산을 통해 쉽게 도출해 낼 수 있지만, 컴퓨터나 2진수에 관한 강의를 오랫동안 한 교수 입장에서는, 필요할 때마다 2의 10제곱을 계산하는 것보다는 그 값을 외워 두는 것이 더 편하다.

예 3-3: 함축의 관습화

이렇게 빈번한 연산을 아예 저장해 버리는 경향은 언어에서도 다방면에서 매우 잘 일어난다. 'since'는 "~한 이후로"라는 시간적 선후관계의 의미만 있었는데, 두 사건의 시간적 선후관계를 언명할 때에는 그 두 사건 사이에 인과관계가 존재한다는 화용론적 함축을 지니는 일이 흔히 있었다. 이 인과관계 함축은 대화의 원리로부터 연산에 의해 도출할 수 있는 정보이지만, 워낙 빈번히 발생하다 보니 아예 관습화되어 'since'의 sense가 되었다(Traugott 1988).

예 3-4: 맥락 정보의 흡수

이렇게 언어요소가 맥락 정보를 흡수하는 일은 흔하다. '주책', '싸가지' 등은 본래 그 자체로서는 부정적인 가치평가를 포함하지 않았으나, 부정 표현 '없-'과 매우 빈번히 공기하다 보니, 부정적 의미를 흡수하여 '없-'과 결합하지 않고도 부정적인 의미를 나타내게 되었다. '시치미'도 본래는 "매의 주인을 나타내는 표시"라는 뜻이었으나, 그 의미로는 거의 안 쓰이게 되었고 '시미치를 떼-'라는 숙어 속에서 주로 쓰이다 보니 그 숙어의 의미가 '시치미'에 쏠려서 '시치미' 혼자서도 '시치미를 떼-'와 비슷한 의미를 나타낼 수 있게 되었다. '시치미'가 자신을 포함한 숙어 전체의 의미를 흡수해 버렸다고 할 수 있다.

예 3-5: 통사적 조작에 따른 논항구조 변이의 관습화/저장

'생각하-'류의 동사는 본래 Experiencer와 Content의 두 논항을 필요로 하는 두자리 술어였으나(예: 철수는 영희가 예쁘다고 생각한다), Content 논항(내용절) 내의 주어가 주절 목적어로 인상되어 쓰이는 일이 자주 일어났다(예: 철수는 영희를 예쁘다고 생각한다). 내포절 주어가 특정적(specific), 한정적(definite)일 때는 특히 인상이 잘 일어났다. 이 인상은 통사적 operation이었고 '생각하-'의 lexical entry에는 두자리 술어로서의 용법(논항구조)만 등재되어 있었으나, subject-to-object raising이 워낙 빈번히 일어나다 보니, 그러한 인상 operation의 결과 구성 자체를 '생각하-'의 lexical entry 속에 또 하나의 논항구조로 저장해 놓는 것이 더 싸게 먹히게 되었다. 그래서 '생각하-'는 두자리 술어 용법과 세자리 술어 용법을 관습화된 용법으로 지니게 되었다고 할 수 있다.

예 4: 소유 구문의 인지적 기반 (Heine 1997)

Heine는 소유 구문이 보다 기본적인 몇 가지 구문에 기반을 두고 있다고 본다.

〈표 4〉 have-type 술어적 소유 구성의 근원 도식

근원 도식	공식	소유주	소유물
행위 도식	X가 Y를 취한다	주어	목적어
처소 도식	X가 Y에(at) 있다	처소보어	주어
목표점 도식	X가 Y에게(for/to) 있다	여격부가어	주어
속격 도식	X의 Y가 있다	속격수식어	주어
동반 도식	X is with Y	주어	동반부가어
화제 도식	X는 Y가 있다	화제, 주어	주어

소유가 다른 개념을 바탕으로 하여 표현되는 이유는, 소유가 상당히 추상적인 개념이라는 데서 찾을 수 있다. 훔친 사과와 합법적으로 소유된 사과를 지각적으로 구별하는 것은 상당히 어렵다. 그에 비하면, 어떤 물체가 어디에 있는지, 어떤 사람이 어떤 물체에 어떤 행위를 하는지, 어떤 사람과 어떤 사물이 함께 있는지 등은 훨씬 알기 쉽다. 따라서 행위, 처소, 동반의 개념을 바탕으로 하여 소유의 개념을 이해할 수 있다. 즉, 내가 손에 쥔 물체, 흔히 내가 있는 곳에 있는 물체는 나의 소유물로 이해되는 경향이 있다. 그래서 전자를 나타내는 언어 표현이 점차 소유 표현으로 관습화될 수 있는 것이다.

4.2.3.2. 언어의 생리적(physiological), 신경적(neural) 기반 (basis/foundation)

인간의 인지는 신경 체계에 기반을 두고 있기 때문에, 인지 현상에 대한 설명을 신경 체계에서 찾을 수 있는 경우도 많이 있다.

예 1: 색채어 체계의 신경적 기반

세계 많은 언어의 색채어 체계를 조사한 결과, White, Black, Red, Yellow, Blue(, Green)의 5~6가지 색채가 기본을 이루는 일이 가장 흔하다. 가장 원시적인 W, Bk의 2원 체계로부터 R, Y, Bu, G의 순서로 기본 색채어가 추가되는 경향이 있다. 그토록 많은 언어에서 이렇게 색채어 체계의 보편성이 발견되는

이유는 무엇인가? 그것은 인간의 눈의 망막에 있는 시신경[cone]에 긴 파장에 민감한 것(L), 중간 파장에 민감한 것(M), 짧은 파장에 민감한 것(S)의 세 종류가 있고, 이 셋이 각각 대략 R, G, Bu에 대응되며(trichromatic theory or Young-Helmholtz theory), 시각 정보 처리의 좀 더 뒤 단계에서는 red vs. green, blue vs. yellow, black vs. white의 세 쌍의 대립의 측면에서 색채가 처리되기 때문이다(opponent process theory).

예 2: 일시성 대 항구성

앞서 언급했듯이, Stassen(1997)에 따르면 세계 많은 언어에서 일시성 대 항구성의 의미 대립을 나타내는 문법적 장치를 발견할 수 있다. 이러한 일시성-항구성의 대립은 일찍이 러시아의 Bulygina, 일본의 奥田靖雄(Okuda Yasuo) 등의 주목을 받은 바 있고, 최근 工藤眞由美(Kudō Mayumi)(2012) 등에서 활발히 연구되고 있다. 박진호(2006)도 Stassen의 이 논의에서 아이디어를 얻은 것이다.

일시성 대 항구성의 대립을 문법적으로 구별하여 나타내는 것이 이토록 많은 언어에서 발견되는 것은, 인간의 기억 체계가 episodic memory와 semantic memory로 이루어져 있는 것과 관련이 있을 가능성이 높다(Dahl 2012). semantic memory는 초시간적, 일반적 지식을 말한다(예: 한국의 수도는 서울이다, 푸틴은 러시아인이다, 트럼프는 미국인이다). 반면에 episodic memory는 시간상에서 일어난 특정 사건들에 대한 지식이다(예: 사흘 전에 한국에서 택시 파업이 있었다, 어제 철수가 나를 찾아왔다). 후자는 인간의 진화 과정에서 비교적 나중에 발달한 기억이며, 뇌에서 해마(hippocampus)가 episodic memory의 작용에 중요한 역할을 한다. 즉, 일시성 대 항구성의 언어적 대립은 episodic memory와 semantic memory의 구분이라는 신경적, 인지적 기반을 가지고 있다는 것이다.

예 3: 오늘 과거(hordiernal past) 대 오늘 이전 과거(pre-hordiernal past)

(Dahl 2012)

과거시제가 더 세분되어 있는 체계[remoteness distinction]가 많은 언어에서 발견된다. 과거시제를 세분하는 기준에는 객관적인 것과 주관적인 것이 있다. 주관적 체계는 먼 과거/원격과거(remote past) 대 가까운 과거/근접과거(recent past)로 나누는 식이다. 멀고 가깝고의 구분은 화자의 주관적 판단에 상당 부분 달려 있다. 객관적 체계에는 논리적으로는 많은 가능성이 있으나, 오늘 과거(hordiernal past) 대 오늘 이전 과거(pre-hordiernal past)로 양분하는 것이 일반적이다. Dahl의 조사에 따르면 remoteness distinction을 갖는 약 450개 언어 가운데, hordiernality distinction을 갖는 언어가 283개로 상당 부분을 차지한다.

hordiernality가 그토록 pervasive한 이유는 무엇인가? 그것은 consolidation이 수면 중에 일어나기 때문이라고 할 수 있다. consolidation이란 episodic memory에 들어 있는 정보 중 중요한 일부를 장기적으로 보존하게 하는 작용을 말한다. 주로 잠잘 때, 해마와 신피질(neocortex) 사이의 상호작용을 통해 일어난다. consolidate된 정보는 오늘 이전 과거로, 아직 consolidate되지 않은 정보는 오늘 과거로 표시되는 것이다.

4.3. 설명의 한계

어떤 언어학자들은 모든 언어 현상을 어떻게든 설명해야 하고 설명할 수 있다고 생각하는 듯하다. 인지언어학에서 특히 그런 경향을 엿볼 수 있다. 모든 언어 현상에 대해 동기(motivation)를 찾으려는 강박관념이 있다고도 할 수 있다. 그러나 자연 및 인간 현상 중에는 뚜렷한 동기를 찾을 수 없고 상당히 자의적이라고 생각되는 것도 있다. 한국어에서 [namu]라는 음성연쇄가 왜 “나무”를 의미하느냐는 질문에는, 그냥 애초에 약속을 그렇게 정해 놓아서 그렇다는 답 외에는 그럴싸한 설명을 하기가 어렵다.

어떤 현상은 애초에는 어떤 동기가 있었지만, 사람들이 차츰 그 동기를 망각하게 되어, 공시적으로는 그 현상을 애초의 동기에 입각해서 설명하는 것이 좀 부적절한 경우도 있을 수 있다. 결혼식 폐백 때 의례적으로 대추나 밤을 던지는데, 애초에는 자손 번영, 장수, 부귀, 다산 등을 기원한다는 동기가 있었겠으나, 요즘은 많은 사람들이 그 동기를 잊은 채 그냥 그 행위를 한다. 인터넷 게시판에 '폐백할 때 대추나 밤을 던지는 이유는?'이라는 질문이 올라 있는 것은, 이제 대다수 사람들이 그 동기를 잊어버렸다는 반증이다. 이런 경우 '왜?'라는 질문에 '저도 이유/동기는 잘 몰라요. 그냥 관례적으로 다른 사람들도 그렇게 하니까 저도 그러는 거예요.'라고 답하는 도리밖에 없다.

영어의 의문사 이동도 이와 비슷한 듯하다. 애초에는 초점 요소를 문두로 보내어 현저(salient)하게 함으로써 청자가 초점 요소를 쉽게 식별(identify)할 수 있게 해 준다는 동기가 있었겠으나, 현재 영어 화자들이 의문사 이동을 할 때 그런 동기가 강하게 작용하는지는 의문이다. 그래서 의문사가 둘 이상 포함된 문장에서 이들 의문사 모두가 초점이나, 그 중 하나만 문두로 갈 수 있다. 초점 요소를 현저하게 한다는 애초의 동기가 여전히 강하게 작용하고 있다면 모든 의문사를 문두로 보내야 할 것이다.

속담이나 숙어 같은 관용표현도 대개 애초에 동기가 있었지만 현재는 그 동기를 잊고 있는 것이 많다. '시치미를 떼-'가 "어떤 사실을 알면서도 모르는 척하다"를 의미하는 이유를 설명할 수 있는 일반인이 과연 몇이나 될까? 필자는 외국인 친구로부터 '김칫국 마시-'가 "어떤 바라는 일이 아직 성사되지 않았는데 마치 성사된 것처럼 생각하거나 행동하다"를 의미하는 이유를 묻는 전화를 받은 적이 있다. 갑자기 질문을 받으니 답이 금방 생각나지 않아 일단 전화를 끊고서 잠시 생각해 보니 '떡 줄 사람은 생각도 않는데 김칫국부터 마신다'라는 속담에서 유래한 숙어임이 생각났다. 이렇게 속담의 일부를 따서 숙어로 삼는 일이 심심치 않게 있다. 이 속담이 그런 의미를 나타내는 이유/동기를 이해하자면, 한국에서 전통적으로 떡을 먹을 때 목이 메지 않도록 김칫국을 함께 마시는 관습이 있었음을 알아야 한다. 요즘 젊은이들은 떡 먹을 때 물이나 콜라를 함께 마시는 일은 있어도 김칫국을 함께 마시는 일은 별로 없을 것이다. 이런 젊은이들은 이 속담이나 숙어가 의미하는 바는 알지만 그 동기는 전혀 이해하지 못할 것이다. 이들은 '왜?'라는 질문에 '그냥 관습/관행이니까.'라고 답할 수밖에 없을 것이다.

이것은 애초의 동기와 현재 살아 있는 동기를 구분하는 어려운 문제를 제기한다. 이 둘을 구분하는 것이 쉬운 일은 아니나, 언어학자는 이 구분에 예민할 필요가 있다. 일부 인지언어학자들은 이 구분에 둔감하여, 과거 한때 작용했으나 이미 죽은 지 오래 된 동기까지도 현재 살아 있는 양 말하는 일이 종종 있다. 동기를 찾으려는, 설명을 하려는 지나친 집착은 경계해야 한다고 생각한다.

형식주의 언어학자들에게서는 그 반대의 편향을 볼 수 있다. 공시적인 관점에서 현재 살아 있는 동기를 찾기 어려우며, 따라서 기능적 설명에는 심각한 한계가 있다고 애초부터 선입견을 가지고 있는 형식주의자들이 많다. 언어 현상에 대해 어느 정도 자의성(arbitrariness)은 인정하되, 그렇다고 해서 동기를 찾고 외적인 설명을 하려는 노력을 완전히 포기하는 것도 바람직한 일은 아닐 것이다.

5. 마무리

지금까지 언어유형론적 관점에서의 의미 연구가 보이는 특징을 몇 가지 살펴보았다. 언어유형론이 형태·통사론 분야에서 가장 눈부신 발전을 이룩해 온 것은 사실이나, 언어를 형식 측면에서만 살펴서는 통찰력 있는 연구 결과를 얻기 어렵고, 항상 의미·기능과 관련지어서 형식·구조를 살펴보아야 한다. 많은 언어유형론 연구는 실제로 그러한 형식-의미 상관관계를 문제의식의 중심에 놓고 이루어져 왔다고 할 수 있다. 형식·구조에만 집착하여 통찰력이 결여된 연구도 많이 있고, 의미·기능에만 집착하여 형식적 측면의 기반이 취약한 연구도 많이 있다. 언어유형론에서의 모범적 연구 사례를 참고

하여, 두 측면을 균형 있게 고려한 연구가 앞으로 더 많이 나오기를 기대한다.

또한, 의미 연구가 지나치게 추상적 · 선험적인 길로 빠지지 않고 경험적 기반을 탄탄하고 건전하게 유지하게끔 하는 데에도 언어유형론이 기여할 수 있다. 의미지도는 언어유형론의 그러한 역할에 한 몫을 하고 있다.

참고문헌

박진호(2006), "중세국어에서 형용사와 결합하는 '-어 잇-'의 상적 의미", 『구결연구』 17: 223-239, 구결학회.

박진호(2012a), "의미지도를 이용한 한국어 어휘요소와 문법요소의 의미 기술", 『국어학』 63: 459-519, 국어학회.

박진호(2012b), "<북리뷰>: 슈타센(Stassen, L.) (1997), *Intransitive Predication*", 『형태론』 14(1): 135-152, 형태론연구회.

박진호(2013), "日本語の「ノダ」文と韓國語の「-은 것이다」構文", 日本 東京大學 KOREA COLLOQUIUM 발표 논문.

박진호(2014), "언어유형론의 관점에서 본 한국어의 문법적 특징: 지역유형론에 초점을 맞추어", 『언어유형론 연구』 1: 35-62, 한국언어유형론학회.

박진호(2015), "언어유형론이 한국어 문법 연구에 계시하는 것들", 『일어일문학연구』 94: 3-27, 한국일어일문학회.

井島正博(Ijima Masahiro)(2012), "文末ノダ文の構造と機能", 『國語と國文學』 89(11): 101-113, 東京大學 國語國文學會.

奥田靖雄(Okuda Yasuo)(1990), "說明(その１)", 言語學硏究會 編, 『ことばの科學４』, むぎ書房.

工藤眞由美(Kudō Mayumi)(2012), "時間的限定性について", 『일본연구』 51: 7-26, 한국외국어대학교 일본연구소.

名嶋義直(Najima Yoshinao)(2007), 『ノダの意味・機能：關連性理論の觀点から』, くろしお出版.

野村剛史(Nomura Takashi)(2005), "中古係り結びの変容", 『國語と國文學』 82(11): 36-46, 東京大學 國語國文學會.

野村剛史(Nomura Takashi)(2012), “ノダ文の文法記述”, 『國語と國文學』 89(11): 90-100, 東京大學 國語國文學會.

Dahl, Ö.(2001), Inflationary effects in language and elsewhere, in J. Bybee & P. Hopper(eds.), *Frequency and the Emergence of Linguistic Structure* 471-480, Amsterdam: John Benjamins.

Dahl, Ö.(2012), The structure of human memory and tense-aspect-mood-evidentiality (TAME), 서울대 언어연구소 워크숍 발표 자료.

Givón, T.(1984), *Syntax: A Functional-Typological Introduction*, Amsterdam: John Benjamins.

Heine, B.(1997), *Possession: Cognitive Sources, Forces, and Grammaticalization*, Cambridge: Cambridge University Press.

Schaden, G.(2012), Modelling the “aoristic drift of the present perfect” as inflation: An essay in historical pragmatics, *International Review of Pragmatics* 4(2): 261-292.

Stassen, L.(1985), *Comparison and Universal Grammar: An Essay in Universal Grammar*, Oxford: Basil Blackwell.

Stassen, L.(1997), *Intransitive Predication*, Oxford: Clarendon Press.

Stassen, L.(2009), *Predicative Possession*, Oxford: Oxford University Press.

Traugott, E. C.(1988), Pragmatic Strengthening and Grammaticalization, in S. Axmaker, A. Jaisser & H. Singmaster(eds.), *Proceedings of the Fourteenth Annual Meeting of the Berkeley Linguistics Society* 14: 406-416.

조사 '가, 를, 의'의 특정성, 주제, 초점

한 정 한*

1. 들머리

국어 조사 '가'에 대한 연구는 그동안 많이 있었다. 그러한 선학들의 연구 덕분에 조사 '가'가 국어 문법의 다양한 층위에 관여하고 있다는 사실이 어느 정도 밝혀졌다. 본고는 이 중에서 특히 '가'의 의미적, 정보적 차원에 맞춘 논의들을 정리해 보고, 남은 과제를 살펴보기로 한다.

본고에서는 조사 '가'와 의미의 관계 중 특정성(한정성 포함), 주제, 초점의 관점에 논의를 집중해 보겠다. 아래는 이 분야의 대표적인 선행 연구들이다. 이 순서대로 논의해 보겠다.

- '가'와 특정성, 한정성의 관계를 논항 연구들
  고석주(2000[2004]), 2002, 2008), 목정수(1998, 2003, 2007), 한정한(2012a, 2012b)
- '가'와 주제, 초점의 관계를 논항 연구들

* 단국대학교 국어국문학과 교수, jhan@dankook.ac.kr

전영철(2007, 2013), 김민국(2016), 한정한(2017)

다만 한 가지 이런 논의에서 조심할 일은 조사 '가'의 문법 기능을 제대로 이해하기 위해서는 '가'의 형태, 분포, 기능, 의미, 그리고 정보 범주를 포괄적으로, 그러나 중복적이지 않게 연구하는 것이 중요하다는 점이다. 이것은 그동안 흔히 형태론이나 통사론 위주의 조사 연구에서 종종 볼 수 있었던 것처럼 서로 다른 문법 층위의 범주들을 가져다가 사용함으로써 불필요한 용어상의 혼란이 나타나는 것을 경계하기 위한 것이다.

2. 조사 '가', '를'과 특정성

먼저 특정성(specificity)이란 아래에서 소개하듯이 화자가 담화상황에서 특정 지시체의 존재를 인지하고 있는 것을 말한다.

> (특정성이란…) 특정한 세계나 담화 상황에서 어떤 명사(표현)가 특정 지시체를 지시하거나 의미하게 하는 화자의 의도를 말한다. 거꾸로 만약 명사가 비지시적이거나 총칭적이면, 화자는 관련 담화 상황에서 그것의 존재에 대해 어떤 언질도 하지 않는 것이다. 오히려 후자의 경우, 화자는 그것의 類概念이나 屬性을 언급하고 있는 것이지, 그 유개념에 귀속하는 어떤 특정하고, 개별적인 원소의 존재를 말하는 것이 아니다.[1]

1 …the speaker's intent to 'refer to' or 'mean' a nominal expression to have non-empty reference, i.e. 'exist' within a particular universe or discourse. Conversely, if a nominal is 'non-referential' or 'generic', the speaker dose not have a commitment to its existence within the relevant universe of discourse. Rather, in the latter case speaker is engaged in discussing the genus or its properties, but dose not commit him/herself to the existence of any specific individual member of that genus(Givón 1978: 293-294).

위에서처럼 특정성은 명사구의 지시체가 특정되어 있을 때 명사구가 갖게 되는 특성이다. 화자나 청자가 그 명사구에 지시체가 있다는 사실을 인지하기만 하면 되는 것으로, 청자가 그 지시체를 식별할 수 있으리라는 가정(즉 한정성)은 동반되지 않는다.[2] 그리고 비특정성은 명사구의 지시체가 특정되지 않는 것으로, 자의적인 지시를 가지는 경우에 명사구가 가지는 특징이다(Enç 1991, Johanson 2006 참조).

한편 한정성(definiteness)은 발화에서 표현된 명사구가 발화맥락 안에서 유일물이어서, 청자가 명사의 지시체를 식별할 수 있으리라는 화자의 가정이 명사에 표현된 것이다. 따라서 발화맥락에 처음으로 도입되는 명사는 보통 한정성을 띠지 않는다. 즉, 한정성은 구정보와 관련이 있다.

이처럼 한정성이나 특정성은 모두 명사구의 지시성과 관계가 있다. 모든 한정적 명사는 특정적이지만 특정성을 가진 명사 중에는 비한정적인 것도 있다. 비한정성(indefiniteness)은 발화에서 표현된 명사구가 발화맥락 안에서 유일물이 아니라서, 청자가 명사의 지시체를 식별할 수 없으리라는 화자의 가정이 명사에 표현된 것이다.[3] 이렇게 비한정적이만 특정적인 명사는 보통 발화맥락에 처음으로 도입되는 명사가 가지게 되는 특성으로 신정보와 관련이 있다. 이상의 내용을 정리하여 보면 다음과 같다.

---

2 청자에게 알려 줄 필요가 없거나 청자가 모르는 경우도 포함된다. 예를 들어 "그는 누군가의 지시를 받은 게 틀림없다."에서 '누군가'는 [+특정, -한정] 부정대명사로 쓰인 것이지, [+특정, +한정] 부정대명사 용법이 아니다. 현재 국어학계에서 사용하는 不定代名詞라는 용어는 2가지 용법을 모두 지칭하는 용어로 사용되고 있다. 하나는 정해져 있으나([+특정적]) 청자가 이름을 모르거나 알 필요가 없는 경우를 가리키는 특정 부정대명사(indefinite/specific pronoun)이고, 다른 하나는 정해져 있지 않으면서[-특정적]) 일반적인 것을 가리키는 불특정 부정대명사(nonspecific pronoun)가 있다. 특정 부정대명사와 달리 불특정 부정대명사는 지시적 실체가 정해져 있지 않고[-특정성], 따라서 화/청자 모두 그 실체를 알 수 없으므로 담화 상의 지위는 화/청자 신-정보가 된다.

3 Hawkins(1978)는 definiteness와 indefiniteness의 의미 차이 참조.

(1)

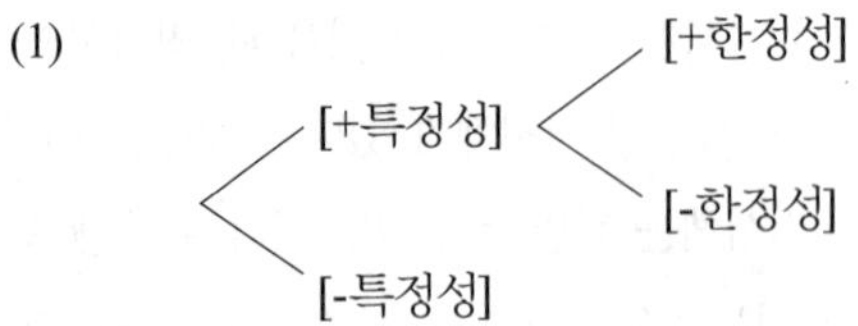

조사, '가', '를'이 한정성을 갖는다는 보고는 몇몇 학자들에 의해 이미 논의된 바 있다. 그러나 본고의 입장은 조사, '가', '를'뿐만 아니라, '의'도 모두 (한정성이 아니라) 특정성을 갖는다는 입장이다. 먼저, 조사 '가', '를'과 한정성의 관계를 살펴보기로 하자.

2.1 조사 '가', '를'과 한정성

조사 '가', '를'이 격조사, 또는 격표지가 아니라 한정사라는 주장으로는 고석주(2000[2004], 2002, 2008)와 목정수(1998, 2003, 2007)가 있다. 요약하면 전자는 '가'와 '를'이 [+선택 지정]의 한정 의미를 가지는 양태조사이며, '를'은 '가'와 달리 [도달점 선택 지정]이라는 변별 특성도 있다고 한다. 이에 비해 후자는 '가', '를', '의'를 모두 한정사(한정조사)로 보고 있고, 각각 주체지향적 한정조사, 객체지향적 한정조사, 소유 한정조사로 파악하고 있다.

먼저 고석주(2000[2004], 2002, 2008)는 다음과 같은 이유로 국어에서 격범주/조사를 설정할 수 없다고 주장한다.

(2) 첫째, 한국어에는 인구어의 '격 형태'에 대응하는 명사의 형태 변화가 없다.
둘째, 인구어의 '격 접사'가 '명사' 범주에만 쓰이는 것과 달리 한국어의 조사는 구나 절 범주와도 결합한다.
셋째, 명사의 문법적 관계나 구조적 위치와 조사의 형태가 일대일 대응을 보이지 않는다.
넷째, 조사의 유무에 따른 의미 차이나 맥락에 따라 조사가 쓰이지 못하는 현상을 설명할 수 없다.

다섯째, 조사들의 중첩 현상을 설명할 수 없다.

여섯째, 한국어의 부정대명사에 조사 '가'와 '를'이 쓰이지 못하는 현상을 설명할 수 없다.

일곱째, 한국어의 조사가, 특히 '가'와 '를'이 격이라는 범주로 설명되려면, 개별 조사가 나타내는 기능은 그것이 통사적이든, 의미적이든, 화용적이든, 항상 동일해야 할 것이나 그렇지 않다.

이러한 주장을 증명하기 위해서 그는 다음과 같은 예들을 제시하고 있다. 다만 여기서는 본고의 논리 전개를 위해 '가'와 '를'을 같이 다루기로 한다. 먼저 조사 '가'와 '를'은 부정대명사 '아무'와 결합할 수 없다.[4]

(3) a. 요즘은 아무-{*가/ø}-나 대학에 간다.
b. 요즘은 아무-{*가/ø} 대학에 간다.
c. 요즘은 학교에서 아무-{*를/*ø} 뽑는다.
d. 그렇다고 아무-{*를/ø}-나 며느리로 삼을 수는 없잖아.

위에서 '가'와 '를'이 부정대명사 '아무'와 같이 실현되지 못하는 이유는 '아무'가 '특별히 정하지 않은 어떤 개체'를 뜻하는 부정(不定)의 의미를 가지는데, '가'와 '를'은 [선택 지정]의 의미를 갖기 때문에 서로 상충된다는 것이다. 둘째로 '가'와 '를'은 배타적 맥락에서만 실현된다.

(4) a. 철수-??*ø/가/*는/*도 제일 먼저 학교에 갔다. (배타적 의미)
b. 우리-*ø/가/*는/*도 가장 부산에서 힘들었다. (배타적 의미)
c. 철수는 밥-*ø/을/*은/*도 (제일) 먼저 먹었다. (배타적 의미)
d. 우리 애는 산수-*ø/를/*는/*도 가장 잘해. (배타적 의미)

4 이것은 특정사(한정사 포함)의 대표적인 특징이기도 하다.

'먼저'나 '가장'은 비교되는 다른 개체의 존재를 항상 전제한다. 그러므로 (4)의 각 주어는 다른 개체들 중 가장, 혹은 먼저 선택되는 배타성을 가진다. 여기서도 '가'와 '를'은 동일한 패턴을 보인다. 다음과 같은 선택 구문에서도 '가'와 '를'은 필수적으로 실현된다.

(5) a. 왜 날 보고 그래. 너-ø/가 빨리 갔다 와.
b. 우리-*ø/가 여기서 나가자.
c. 그 남자가 술-*ø/을/*은/*도 하냐, 담배-*ø/를/*는/*도 하냐, 도박 *ø/을/*은/*도 하냐? (안 만나겠다는 이유가 뭐냐?)

고석주(2002, 2008)는 '가'나 '를'이 [선택 지정]의 양태 의미를 가지고 있으므로, 위와 같이 화자가 청자에게 특정한 것을 선택지정 하기를 요구하는 문장에서도 필수적으로 실현된다고 한다. 다음은 유일성 환경에서 '가'와 '를'이 실현될 수 없는 경우이다.

(6) a. 충무공을 한 마디로 말하면, 충무공-*이/??ø/은 민족의 영웅이다.
b. 철수를 한 마디로 정의하면, 개-*가/??ø/는 바보야.
c. (다른 사람은 다 상관없고) 나는 너-*를/만 사랑한다.

(6)은 '발화 문맥에서 파악할 수 있는 개체가 유일한 경우'이다. 이것은 조사 '가'에 의한 '발화 맥락에서 예상될 수 있는 개체가 여럿이다'는 사실과 유일성 환경이 서로 모순이기 때문에 비문이라는 것이다.[5][6] 다음은 부정 극어가 쓰인 부정문에서 '가'와 '를'이 실현되지 못하는 예이다.

(7) a. 아무리 눈을 씻고 봐도 사람-*이/ø 하나 보이지 않았다. (부정 극어)

5 '배타성'은 발화맥락 안에 타자(他者) 또는 타개체(他個體)의 존재를 전제한다.
6 (6c)는 필자 삽입.

b. 아무리 눈을 씻고 봐도 사람이 하나-*가/*ø/도 보이지 않았다. (부정 극어)

c. 아무리 찾아봐도 사람 하나-*를/*도 보지 못했다. (부정 극어)

d. 아무리 찾아봐도 사람을 하나-*ø/*를/도 보지 못했다. (부정 극어)

(7)은 부정 극어 '사람 하나'가 주어나 목적어에 쓰였을 때, '가'나 '를'이 실현될 수 없다는 것을 보인다. 이것은 부정 극어가 가지는 '개체가 전혀 없음'의 의미와 '가'나 '를'이 가지는 '발화 맥락에서 예상될 수 있는 개체가 여럿이다'는 사실과 모순되기 때문이다.[7] 다음은 심리 형용사 구문에서 '가', '를'이 실현될 수 없는 예들이다.

(8) a. 나-*가 영이가 좋다.

b. 철수-*가 호랑이가 무섭다.

심리 형용사 구문은 화자가 다른 사람의 심리를 파악할 수 없으므로, 심리 형용사로 표현된 심리 상태와 관계된 타인을 조사 '가'로 지정할 수 없기 때문이다.

이상 고석주(2002, 2008)의 논리를 상세히 살펴보았다. 여기서 발견되는 한 가지 문제점은 고석주(2002, 2008)의 [선택 지정]이 '가'와 '를'에 공통으로 적용된다는 것이다. 또 (8)과 같은 심리 형용사 구문에서는 어떤 경우도 '를'이 실현될 수 없다. 만약 둘 다 [선택 지정]의 의미를 갖는다면, 즉 '영희'와 '호랑이'를 선택지정 했다면, '나는 영희*를 좋다.' '나는 호랑이*를 무섭다.'가 가능해야 하기 때문이다. 고석주(2000: 219)에서는 '가'와 '를'의 이러한 차이에 대해서 '를'이 [도달점(지향점) 선택지정]의 의미를 가진다고 설명하고 있다. 그 예는 아래와 같다. (9)에서는 경로를 나타내는 명사로 이동 행위의 결과로서 주어의 도달점으로 파악될 수 있다고 한다.

7 다시 말하면 발화 현장에 해당 개체가 전혀 없으므로 한정성도 특정성도 될 수 없다.

(9) 한 선비가 산길-*에/*에를/로/를 가다가 함정에 빠진 호랑이를 만났다.

그러나 '를'의 의미가 행위의 도달점이 아닌 경우는 많이 있다. 아래 (10)에서 '등산/낚시/목욕/영화구경'은 주기적으로 반복되는 행위로, 행위의 대상일 수는 있어도 도달점은 아니다.

(10) 철수는 매주 토요일에 {낚시, 등산, 목욕, 영화구경}을 간다.

그밖에, 도달점이 아닌 목적어의 예를 더 들어보면 다음과 같다.

(11) a. 그 강도가 사람**을** 죽였다. 피해자(patient)
b. 영희는 책**을** 철수에게 주었다. 대상(theme)
c. 청소년들이 밤늦게까지 시내**를** 배회하고 있다. 장소(location)
d. 기차는 막 서울역**을** 빠져나갔다. 경로(path)
e. 약속 시간에 늦었다는 생각을 하면서 나는 집**을** 나섰다. 기원(source)

위의 진하게 표시한 예들을 모두 도달점으로 일반화 하기는 어려워 보인다. 그리고 더 문제가 되는 경우는, 다음과 같이 대상역(여기의 도달점)을 가진 명사들이 주어로 나타날 수도 있다는 점이다.

(12) a. 명절이 되면 재래시장**이** 사람들로 붐빈다. [상태의 대상]
b. 민지의 결심은 열흘**이** 못 간다. [상태의 대상]
c. 바구니**가** 소금으로 수북하다. [상태의 대상]
d. 아내의 사망**이** 몹시 슬프다. [심리상태의 대상]
e. 나에게는 큰 꿈**이** 있다. [소유의 대상]

고석주(2000[2004])의 주장에 따르면 (12)의 '가'는 모두 [도달점 선택지정]

이 아닌 [선택지정]의 예가 되어야 한다. 그러나 (12)의 진하게 표시한 명사들은 모두 대상의 의미역(theme)을 받는 것들이므로, (11)과의 형평성을 위해서는 도달점 명사로 보아야 한다. 이것은 [도달점 선택지정]이 '가'와 '를'의 용법 차이를 성공적으로 설명해 주지 못하고 있다는 뜻이 된다.

한편 목정수(1998, 2003, 2007)[8]에서는 '가'와 '를'을 '도'나 '는'과 마찬가지로 보조사의 일종으로 보고 있다. 그는 '가'와 '를'을 격조사가 아닌 한정사로 규정하는데, '가'를 주체 지향적, 화자지향적 의미를 갖는 것으로, '를'을 객체 지향적, 청자지향적 의미를 갖는 것으로 파악한다. 즉, 이와 같은 의미 차가 '가'와 '를'의 쓰임을 결정한다는 것이다. 예를 들어 아래 (13)에서 '차'가 주어라는 통사적 기능을 획득하면 '기름'은 목적어란 통사적 기능을 획득하게 되는데 화자가 주제지향적으로 대상을 바라보게 되면 '를'보다는 '가'를 선택하게 되고 객체지향적으로 대상을 바라보게 되면 '가'보다는 '를'을 선택하게 된다는 것이다.

(13) 이 차가 기름**이/을** 많이 먹는다.

목정수(2003: 165)는 한정사 '가'와 '를'의 대립구조를 다음과 같이 이원장력형의 도식으로 설명하고 있다.

(14) 한국어 부정관사 '가'와 '를'의 하위체계

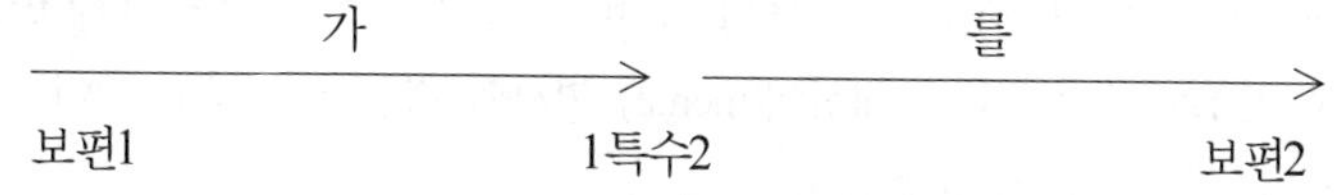

그는 "여기서 '보편'과 '특수'는 메타언어로 '가'와 '를'이 공히 갖는 구체적

8 목정수(2007: 439)에서는 '의'가 소유한정사의 일종이라고 설명하고 있다. 그는 이때의 소유는 다른 한정보사 '가', '를', '도', '는'과 구별 짓기 위해 편의상 붙인 것이라고 한다. '의'의 문법적 지위를 '연결/관형의 한정조사' 또는 '한정조사의 속격형'으로 봐야 문법의 일관성을 유지할 수 있다고 본다.

인 의미효과를 떠나 이 둘을 구분시켜 주는 차이적 의미를 이해하기 위해서는 보편 대신에 청자, 우주, 우주적 시공, 무정을 대입하고, 특수 대신에 주체, 화자, 인간, 지금/여기, 유정을 대입하여 생각할 수도 있다. 즉, '가'는 '주체지향적', '화자지향적', '여기/지금 지향적', '유정 지향적' 운동을 하는 역학체로로서 그 잠재의미가 파악되고, '를'은 거꾸로 '객제지향적', '청자지향적', '과거/미래 지향적', '무정 지향적' 운동을 하는 역학체로서 잠재의미가 파악된다. 이 역학적 성격이 '가'와 '를'의 쓰임을 결정적으로 제약한다고 볼 수 있다."고 설명하고 있다.

이러한 설명은 앞의 고석주(2002, 2008)이 가지는 '가'의 [선택 지정]과 '를'의 [도달점 선택지정]의 구별이 갖는 문제점을 한결 해결하고 있는 것으로 보인다. 그러나 다음과 같은 문제점도 보인다.

(15) a. 주체지향적, 객체지향적이라는 용어가 불분명하다. 예를 들어, 피동문의 주어는 주체지향적인가? 객체지향적인가?
b. '가'는 주체지향적이지 않은 대상역(theme) 명제와도 결합한다.
c. 한정사에는 [선택 지정]의 '선택'이 없다. 선택할 수 있는 개체가 유일한 환경[(49)]에 '가', '를'이 쓰이지 못하는 이유는 무엇인가?

(15a)는 피동문의 주어(예, '도둑이 경찰에게 잡혔다.'), 능격동사의 주어(예, '손이 움직인다.')는 대상의 의미역을 갖는데, 이것을 주체지향적이라고 본다면, 그러한 과정을 설명할 필요가 있겠다는 것이다. (15b)는 아래와 (16=12)와 같이 '가'가 대상역(theme) 명사와 결합하는 경우에 이것을 주체지향적이라고 할 수 있을지가 문제다.

(16) a. 명절이 되면 재래시장**이** 사람들로 붐빈다. [상태의 대상]
b. 민지의 결심은 열흘**이** 못 간다. [상태의 대상]
c. 바구니**가** 소금으로 수북하다. [상태의 대상]
d. 아내의 사망**이** 몹시 슬프다. [심리상태의 대상]

e. 나에게는 큰 꿈**이** 있다. [소유의 대상]

지금까지 '가', '를'이 한정성을 가진다는 주장들을 정리해 보았다. 한편 필자는 여러 곳에서 '가', '를', '의'가 의미역 조사(특히 논항일 때)이면서, 동시에 특정사[9]임을 주장한 바 있다(한정한 2012b, 2017). 즉, '가', '를', '의'를 의미역 조사와 특정사의 느슨한 융합형으로 본 것이다.

앞 장 (1)에서 언급한 특정성의 정의를 여기 다시 가져오면 아래와 같다. (1)의 설명과 다른 부분은 대명사와 관점과 정보구조의 상관관계를 추가한 것이다.

(17) 특정성의 범위

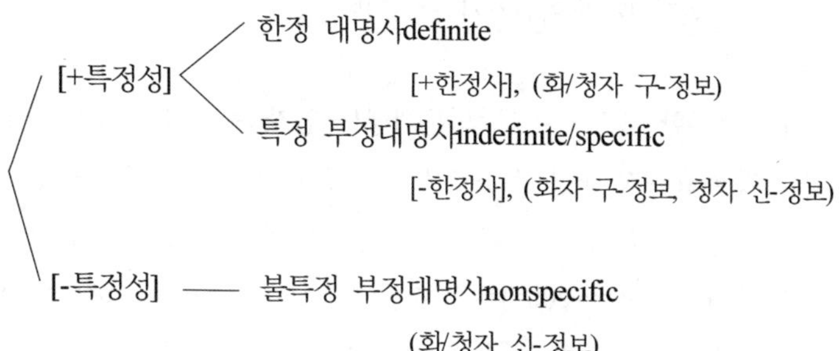

먼저 '가'를 특정사로 보는 데는 몇 가지 이유가 있다. 첫째, '가'를 한정사로만 단정 짓기 어려운 몇 가지 증거가 있다. 아래 (18)처럼 분명히 한정적이지는 않지만 특정하게 정해져 있는 특정부정대명사 '어떤, 웬, 어느, 한' 뒤에 '가'가 결합할 수 있기 때문이다. 그리고 심지어 이때의 '가'는 생략이 안 된다.

(18) 밖에 {어떤, 웬, 어느, 한} 여자가 널 기다리고 있어.

둘째, (18)과 반대로, '가'는 아래 (19)에서 보듯이 특정성이 전혀 없는 불특

9 특정사는 한정사를 포함하는 개념이다.

정부정대명사('의문대명사+가')와는 결합할 수가 없다.

(19) a. 아무나-?가, 무엇이나-?가, 누구나-?가, 언제나-?가, 어디나-?가
b. 무엇이든지-?가, 누구든지-?가, 언제든지-?가, 어디든지-?가

셋째, 다만 '의문대명사+인가' 형태인 '누군가/누구인가', '무엇인가', '언젠가', '어딘가'에는 예외적으로 아래 (20)에서처럼 '가'가 결합하기도 한다.

(20) a. 내 안의 누군가가/누구인가가 나에게 말을 시키고 있는 것 같았다.
b. 밖에서 누군가가/누구인가가 외치고 있었다.
c. 언제인가가/어딘가가 관건이다.

여기서 주목할 것은 국어의 '의문대명사+인가'는 지시 대상의 정체를 화자가 아는 경우에(특정 대명사[10])도 쓰일 수 있고, 모르는 경우(불특정 부정대명사)에도 쓰일 수 있다는 점이다. 전자이면 '가'와 결합하는 것이 이상할 것이 없다. 특히 Haspelmath(2005)는 전자를 특정 기지(specific known) 용법으로, 후자를 특정 미지(specific unknown) 용법으로 간주하고 있다.

이상을 정리해 보면 '가'는 한정사 의미보다는 특정사 의미를 갖는다고 보는 것이 더 합리적이다. 위 (17) 도표에서 알 수 있듯이 특정성은 한정성을 포괄하는 개념이기 때문이다. 즉, 특정대명사는 한정적일 수도 있고(한정대명사), 비한정적일 수도 있다(특정부정대명사).

이 장을 종합해 보면, '가'는 특정사 의미를 갖지만 주제나 초점과는 문법 층위가 달라 일대일 대응되지 않는다고 정리할 수 있겠다. 전자는 지시적 의미이지만, 후자는 발화상황의 관계적 의미이기 때문이다.

10 '특정 부정관형사+가'일 때는 '가'가 생략되지 않는다. 또 '특정 부정관형사'가 '가' 이의 다른 조사와 결합하는 경우에도 해당 조사는 생략되지 않는다.

2.2 조사 '의'와 특정성

조사, '가', '를'과 마찬가지로 관형격 조사인 '의'도 특정성과 관련이 있다는 여러 가지 증거들이 있다. 첫째로, '의'는 부정대명사(不定代名詞) '아무나'나 '누구나'와 결합할 수 없다. 이것은 '특별히 정하지 않은 어떤 개체'를 뜻하는 부정대명사가 '의'의 특정성 의미와 상충되기 때문이다.

(21) a. **아무(나)-*의 친구가** 찾아 왔다.
b. **누구-*의 앞에서도** 굽힌 적이 없던 할아버지까지도 '이제 집안 망했다'면서 눈물을 흘렸습니다.[11]

둘째로, 비특정성 문맥에서 '의'의 결합이 제약된다. (22a)는 지시대명사 '그것'을 이용하여 '문제'를 특정화 한 것인데, 이 경우는 (22b)처럼 '의'가 삭제되면 매우 어색해진다. 반대로 (23a)는 문맥상 미래에 발생할지도 모르는 비특정의 '문제'이므로, (23b)처럼 '의'가 삽입되면 매우 어색하다.

(22) a. 선진국들은 **그것의 해결을** 위해 끈질기게 노력하고 있다.
b. 선진국들은 ??**그것 해결을** 위해 끈질기게 노력하고 있다.

(23) a. 이 파동이 지향하는 것은 정치적 불간섭과 중립이다. 그러므로 **앞으로는 문제 해결이** 비정치적으로 이뤄져야 한다.
b. 이 파동이 지향하는 것은 정치적 불간섭과 중립이다. 그러므로 **앞으로는 문제?의 해결이** 비정치적으로 이뤄져야 한다.

그런데 (23b)의 경우 '**모든** 문제의 해결이 비정치적으로 이뤄져야 한다'가 되면 '의'가 삽입되는 것도 자연스럽다.[12] 그것은 '모든'을 비롯한 양화사, 수

11 "영이는 누구/아무-의 말도 듣지 않았다."가 가능하다. 그러나 이 경우는 "그는 **우리들 중** 누구의 말도 들으려 하지 않았다."처럼 '누구'가 비한정(문맥상 특정한 사람(들)이 있지만 밝히지 않음) 용법으로 쓰인 경우이다. 비특정([-특정성])의 부정대명사 용법은 아니다.

량사는 항상 문맥적 특정(contextually relative specificity)(Enç 1991: 194)이 가능하기 때문이다. 예를 들어, 아래 (24) 예문에서 '영이'는 지구상의 모든 남자와 춤을 춘 것이 아니라, 문맥에 등장하는 모든 남자와 춤을 춘 것으로 해석된다. 만약 전자라면 '모든'은 비특정적으로 쓰인 것이다. 이렇게 양화사나 수량사는 특정적, 비특정적 환경에 모두 쓰일 수 있다. 예를 들면, "어제 두 명의 노동자가 투신했다."에서 '두 명의'는 특정적 용법, 신문 타이틀의 "어제 노동자 2명 투신."에서 '2명'은 비특정적 용법이다.[13]

(24) 영이는 모든 남자와 춤을 췄다.

셋째로 특정을 나타내는 보조사나 부사격 조사의 작용역이 명사구에 한정될 때에는 '의'가 필수적으로 결합한다. (25a)의 보조사 '만'의 작용역은 선행 명사인 '철수'에 한정되며,[14] 이 경우 '의'는 필수적으로 결합한다. (25b)의 보조사 '까지'의 작용역도 선행 명사인 '결혼 직전'에 한정되며, 이 경우 '의'는 필수적으로 결합한다.

(25) a. [철수]만의 컴퓨터 cf. *철수만 컴퓨터
[철수]만의 승리 cf. *철수만 승리
b. [결혼 직전]까지의 몸무게로 돌아가고 싶다.
*결혼 직전까지 몸무게로 돌아가고 싶다.

그러나 작용역이 명사구를 넘어 문장까지 확대되는 '도', '는', '마저' 등은 '의'가 결합하지 못한다. (26a) 보조사 '도'의 작용역은 선행 명사구인 '철수'

12 따라서 (23나)를 '모든'이 생략된 것으로 읽으면, 자연스러운 문장이 된다.

13 한편 '앞에 가던 두 대의 차가 경찰에게 잡혔다.'에서 '두 대의'는 전체특정, '앞에 가던 차가 두 대가 경찰에게 잡혔다.'에서 '두 대가'는 부분특정으로 본다. 후술 (41) 참조.

14 '만'의 작용역이 항상 선행 명사구에 제한되는 것은 아니다. 예컨대 "우리 팀은 비만 오면 진다."의 경우는 '만'의 작용역이 '비가 오다' 전체이다.

를 벗어난다. 즉, '철수'뿐만 아니라 '철수' 이외의 자매항(선행명사구 밖에 선행 명사구를 대체할 수 있는 다른 어휘항목)도 도착했다는 것이므로 '철수'만 [+특정]한 것이 아니다. (26b)에서는 보조사 '마저'의 작용역은 선행명사구인 나이어린 자식뿐만 아니라 현재의 절 밖에 있는 남편을 포함하는 넓은 작용역을 가지므로 선행명사구만을 특정 하는 특정사 '의'가 결합할 수 없는 것이다.[15]

(26) a. 철수도*의 도착. (철수 이외의 사람들이 있다. 그들도 왔다.)
b. 그녀는 남편은 물론이고, 나이어린 자식마저*의 배신을 감당할 수 없었다.

---

15 한편 Enç(1991)은 특정성을 부분적 특정사와 관계적 특정사로 더 세분하고 있다. Enç(1991)에서는 특정성은 명사구의 담화 지시물이 사전 확립된 담화지시물과 어떻게 연관 지어지는 지에 달려 있다고 한다. 예를 들어 한정 명사구(definite NPs)는 그의 담화 지시물과 사전에 확립된 담화 지시물 사이에 동일성 관계(identity relation)를 갖는데 반해서, 특정성 명사구는 그 둘 사이에 포함 관계(inclusion relation)를 갖는다고 한다. 예를 들어,

(1) Kim introduced three students to me.
(2) They are all tall.
(3) Two of them are from Madison.

(1)에서의 발화가 유일한 정보하고 가정해 보면, (2)에 있는 한정 대명사 they는 (1)의 three students와 공지표(co-indexation)를 가진다. 이러한 관계를 동일성 관계라고 부른다. 한편 (3)의 Two of them은 three students와 동일한 대명사인 them의 지시물의 하위군(subgroup)으로 간주되므로, 이러한 관계를 포함 관계라고 부른다.
그밖에 과거의 담화와 특정성 명사구를 연결하는 또 하나의 방법은 새로운 대상물을 담화 영역에 있는 친근한 대상물(familiar objects)에 지정하는 지정함수를 통하여 이룰 수도 있다. 예를 들어 Enç는 certain과 같은 수식어구를 가진 명사구는 담화의 영역이 어떤 부분집합이라는 가정이다. 예를 들어, 아래 (4)에서,

(4) Students must do a certain task to graduate.

a certain task란 명사구가 적절한 일에 대한 집합이 사전의 담화 영역에 소개되어 있지 않았음에도 불구하고 특정성으로 해석되어짐을 보여주는데, 이 certain을 포함하는 명사구의 특정성은 새로운 대상물을 졸업에 필요한 의무적인 항목이 될 수 있는 친근한 대상물, 즉 논문 등과 연관 지음으로써 획득할 수 있다는 것이다.

이런 관점에서 보면 관형 구성은 세 가지 타입으로 구분된다. 관형격 조사 '의'가 필수적으로 생략되는 A-type, '의'와 영형태 'ø'가 모두 가능한 B-type, 그리고 '의'가 필수적으로 결합하는 C-type의 세 가지 유형으로 나누어진다. 각각을 예시하면 다음과 같다.

(27) 관형 구성의 유형16

A-type (속성관계) 여성 잡지, 컴퓨터 책상, 축구공 가방, 시멘트 바닥, 소금 물, 박정희 정권 등.
(관형명사) 국제 결혼, 개별 면담, 간이 식당, 위급 환자, 요시찰 인물 등(김선효 2011a, 114).

B-type (논항관계) 문제(의) 해결, 경찰(의) 범인(의) 체포, 장학금(의) 기부, 교황(의) 암살, 건물(의) 파괴, 암살(의) 기도 등.
(전체-부분) 동굴(의) 입구, 소매(의) 단추, 문(의) 손잡이, 책상(의) 모서리, 책상(의) 다리, 호텔(의) 방, 사과(의) 값, 교회(의) 종소리 등.
(소유주-소유물) 소년(의) 가방, 철수(의) 책 등.
(친척관계) 남편(의) 동생, 조카(의) 사촌, 소년(의) 아버지, 주인(의) 아들, 시누(의) 남편, 철수(의) 형 등.
(수량사 구성) 두 권의 책, cf) 책 두 권 등.

C-type (비유관계) 평화의 종소리, 마음의 노래, 사랑의 힘, 가곡의 밤, 행복의 비결, 절망의 구렁텅이, 승리의 여신, 그림의 떡, 각고의 노력, 통탄의 눈물, 열광의 도가니 등.
(일부 논항관계) 이순신의 거북선, 다윈의 진화론, 철수만의 컴퓨터 등.

16 본고에 의하면 이들 관형 구성 중, '의'가 결합한 구성은 관형 구성이 아니라 명사구 접속 구성이 된다.

2.2.1. 여성 잡지, 국제 결혼(A-type)

A-type은 '의'가 결합하지 못하는 관형 구성이다. 이것은 두 가지 하위유형으로 더 분류할 수 있다. Aa-type[17]은 '여성 잡지'의 '여성'처럼 NP1이 자립명사로도 쓰일 수 있는 경우이고 Ab-type은 '국제 결혼'의 '국제'처럼 NP1이 항상 관형명사로만 쓰이는 경우이다.[18] 그리고 A-type의 관형 구성은 아래처럼 '여성 잡지' 타입이든 '국제 결혼' 타입이든 모두 이중주어 구성으로의 교체가 가능하지 않다는 공통점을 가진다.

(28) a. 서점에서 여성 잡지가 많이 팔린다.
b. 서점에서 ***여성이 잡지가** 많이 팔린다.

(29) a. 기지촌 여성으로부터 시작된 국제 결혼이 고학력 여성으로 번져가면서…
b. 기지촌 여성으로부터 시작된 ***국제가 결혼이** 고학력 여성으로 번져가면서…

A-type 명사구가 '의'가 결합할 수 없는 비특정적 환경이라는 증거는 다음과 같다. 첫째, NP1은 [+특정] 관형절의 수식을 받지 못한다. 아래 (30a)는 만약 '여성'이 '내가 어제 만난' 특정한 여성이라면 성립할 수 없는 구성이다. 그러한 해석은 (30b)에서만 가능하기 때문이다.

---

17 A-type 예들이 합성명사가 아니라 명사구인 이유는 다음과 같다. 첫째, 선행 명사와 후행 명사가 기본 의미의 손상 없이 다른 성분의 삽입으로 분리 될 수 있다. 여성 전문 잡지, 컴퓨터 전용 책상, 축구공 전용 가방, 박정희 독재 정부, 아침 마당 산책 등이 그렇다. 둘째, 선행 명사만의 수식이 가능하다, 20대 여성 잡지, 연구용 컴퓨터 책상, 월드컵 공인 축구공 가방, 군인 박정희 정부, 조용한 아침 산책 등이 그렇다. 셋째, 통사적 변형이 가능하다. 여성을 위한 잡지, 컴퓨터를 사용하기 위한 책상, 축구공을 넣는 가방, 박정희가 통치하는 정부, 아침에 하는 산책 등이 그렇다. 이런 범주 확장은 합성명사에서는 발견되지 않는 것들이다.

18 김선효(2011a: 100)에는 405개의 관형명사가 소개되어 있다. 관형명사들은 대부분 한자어들이다. 그리고 '국제적'의 '국제'는 『표준국어대사전』에 따라서 '명사'로 본다.

(30) a. *[내가 어제 만난 여성] 잡지
b. [내가 어제 만난 여성]의 잡지

둘째, 선행하는 관형명사는 후행명사만을 수식하므로 중의적으로 해석되지 않는다. 명사는 문장 구조에 따라 명사뿐 아니라 명사구도 수식할 수 있으므로 중의적으로 해석될 수 있으나 관형명사는 이런 중의성이 해소된다.

(31) a. 여성 잡지 구독률이 계속 늘고 있다.
b. 어제 민수 동생 친구가 다녀갔다.
c. 여성의 잡지 구독률이 계속 늘고 있다.

(31a)는 [[여성 잡지] 구독률]의 통사구조를 갖지만, (31b)는 [[민수 [동생]] 친구]나 [민수 [동생 [친구]]로 중의적인 해석이 가능하다. 이것은 '여성 잡지'의 '여성'이 '잡지'만을 수식하는 '잡지'의 속성이라는 뜻이다. 만약 (31c)처럼 바꾸면 '여성'은 특정화 되어서 '여성들의 (남성 잡지 포함) 잡지 구독률'이라는 해석이 가능해진다.

셋째, 분기화(dichotomy)의 가능성이 없다. 아래 (32)에서처럼 '여성 잡지'의 '여성'은 특정한 개체가 아니라 잡지의 속성이므로 속성을 다시 수량화할 수 없다.

(32) 어제 서점에서 ??두 명의 여성 잡지를 샀다.

넷째, 복수 표지 '들'이 결합할 수 없다. 복수표지 '들'이 복수성을 내재하고 있는 집합명사에 결합하면 그 집합명사를 분해하여 개별화하는 기능을 수행하는 데[19], 이러한 개별화는 특정성을 보장해 주는 '의'의 결합 없이는 가능하지 않다. (33c)의 '여성들'은 잡지의 작가라는 해석이 가능해진다.

---

19 임홍빈(1979: 204)의 집합 분해적 '들' 참조

(33) a. 서점에서 여성 잡지를 샀다.
b. ??서점에서 여성들 잡지를 샀다.
c. 서점에서 그 여성들의 잡지를 샀다.

다섯째, 말뭉치에서 '여성의'와 '여성'의 분포가 (겹치는 경우도 있지만) 많이 다르다. ('여성(의) 문제'는 B-type으로 넘어감) 이것은 '여성'이 특정화 되어 어떤 의미적 역할을 하는 경우와 후행 명사의 속성인 경우가 서로 다르기 때문이다.

(34) a. 여성 직업/노동자/시장/작가/앵커/흡연자/외과 의사
b. 여성 운동
c. 여성 전용 칸
d. 여성 전용 사우나
e. 여성 호르몬
f. 여성 3인조 밴드

그러나 '여성'을 '남성'과 대비하여 특정할 경우에는 거의 예외 없이 '의'가 결합한다.

(35) a. 여성의 사회 진출이 활발해지고 있다.
b. 여성 문제를 여성의 시각으로 접근하고자 한다.
c. 여성의 운명
d. 여성의 생리적인 결함
e. 피해 여성의 가해자에 대한 살해

여섯째, 동격 구성에서는 병치되는 선행명사에 '의'가 결합하지 못한다(목정수 2007). 아래 (36)에서 보듯이 '이다'의 활용형인 '독재자인 박정희', '정복자인 나폴레옹'은 가능하지만, '독재자의 박정희', '정복자의 나폴레옹'은 성립하지 않는다. 독재자, 정복자는 각각 박정희, 나폴레옹의 속성이지, 특정

화된 지시체가 아니라는 것이다. 속성은 어떤 것에 귀속되는 성질이지[20], 의미핵과 별도로 구별되는 지시체가 아니기 때문이라고 설명할 수 있겠다.

(36) a. *독재자의 박정희
b. *정복자의 나폴레옹

신현정(2002: 30-31)에서는 "개념은 인간이 그것을 통해 외부 세계를 인지하는 심리적 구성물이고, 그 개념은 속성들의 집합으로 규정될 수 있다. 그리고 속성은 일차적으로 성분적 속성(대상의 부분, 기능, 목적 등)과 총체적 속성(대상의 완전한 표현에 해당)으로 구분된다."고 한다. 만약 A-type처럼 NP1이 NP2의 본유적 속성인 경우라면 NP1을 특정화하는 것이 불가능하게 된다는 것이다. 그러므로 '여성 잡지'에서 '여성'은 잡지의 속성이 된다는 것이다.

2.2.2. '문제(의) 해결'(B-type)

B-type 관형 구성의 예들은 '의'와 영형태(ø)가 모두 허용된다. 따라서 '의'가 결합한 것은 BC-type, 영형태인 것은 BA-type으로 하위 구분하기로 하겠다. 우선 앞의 (27)에서 예시한 B-type을 대표형태만 다시 예시하면 다음과 같다.

(37) a. (논항관계) 문제(의) 해결, 경찰(의) 범인(의) 체포, 장학금(의) 기부, 교황(의) 암살, 건물(의) 파괴, 암살(의) 기도 등.
b. (전체-부분) 동굴(의) 입구, 소매(의) 단추, 문(의) 손잡이, 책상(의) 모서리, 책상(의) 다리, 호텔(의) 방, 사과(의) 값, 교회(의) 종소리 등.
c. (소유주-소유물) 소년(의) 가방, 철수(의) 책 등.

20 Someone's property is all that things that belongs to them (Collins Cobuild English Dictionary)

d. (친척관계) 남편(의) 동생, 조카(의) 사촌, 소년(의) 아버지, 주인 (의) 아들, 시누(의) 남편, 철수(의) 형 등.

e. (수량사 구성) 두 권의 책, cf) 책 두 권 등.

우선 '의'가 결합하는 '문제의 해결(BC-type)' 타입은 3장 '특정성'에서 제시한 세 가지의 테스트를 모두 통과한다. 즉, 이 경우 '문제'는 화자가 지시체를 인지하고 있는 특정한 '문제'라는 것이다. 구체적으로 (38b)처럼 '의'가 결합된 상태에서는 부정대명사 '아무'와 결합할 수 없으며, (39a)처럼 '의'가 결합된 상태에서는 지시대명사 '그 동굴'과도 결합할 수 있다.

(38) a. 문제의 해결
 b. **아무*의 해결**

(39) a. 그들은 작년에 발견한 **동굴의 입구에** 그림을 그려 놓았다.
 b. 그들은 작년에 발견한 **그 동굴의 입구에** 그림을 그려 놓았다.

또, 아래 (40)처럼 보조사 '만'의 작용역이 선행명사인 '소망교회'에 제한될 때에는 '의'가 결합할 수 있지만, '도'처럼 보조사의 작용역이 선행명사인 '소망교회'를 벗어날 때에는 '의'가 결합할 수 없다. 따라서 이 경우도 '의'가 선행명사를 특정하고 있다는 해석이 가능해진다.

이와 반면에 '의'가 결합하지 않는 영형태의 '문제 해결'(BA-type)은 A-typep의 여섯 가지 테스트를 모두 통과하는 것으로 보인다((28)-(36)). 그런데 이것은 A-type(2.2.1.) 논리를 그대로 적용한 것이므로, 관련 예문만 각주에 제시하는 것으로 하고 설명은 생략하도록 하겠다.[21]

---

21 (1) a. *[내가 평생 동안 풀지 못한 문제] 해결
 b. [내가 평생 동안 풀지 못한 문제]의 해결
 (2) a. *[문제 [해결 완료]]
 b. [[문제 해결] 완료]
 (3) a. *두 가지 문제 해결
 (4) a. *[그 문제] 해결

(40) a. 소망교회만의 종소리
b. 소망교회*도의 종소리

이상을 종합해 보면, 결국 '문제의 해결' 타입은 화자가 담화맥락에서 그 지시체를 특별히 인지하고 있을 때 (식별하지 못해도 상관없음) 사용하고, '문제 해결' 타입은 화자가 그 지시체를 인지하지 못할 때 사용된다고 정리할 수 있겠다. 수량사 구성을 제외한 (37)의 모든 예문에 이것이 적용된다.

그런데 (37e)의 수량사구에는 특기할 만한 것이 있다. BC-type인 아래 (41a)에서는 '차가 두 대이고 그 두 대가 모두 경찰에게 잡혔다'는 전체특정의 독해가 되고, 이중 주어문인 (41b)는 '차가 두 대 이상이고, 그 중에서 두 대가 경찰에게 잡혔다'는 부분특정의 독해가 된다는 것이다.[22] 즉, (41a)에서 '두 대의'는 전체특정을, (41b)의 '두 대가'는 부분특정의 해석을 받는다. 필자는 앞 예문 (24)에서 수량사, 양화사는 특정성, 비특정성 용법으로 모두 쓰일 수 있다고 했는데, 국어 수량사의 경우, 특정성 용법으로 쓰이는 경우에도 전체특정('의')과 부분특정('가')이 더 분화되는 것으로 보인다.[23] 그리고 '가'나 '의'가 쓰이지 않은 (41c)의 경우는 통행하는 모든 차량의 폭파를 명령 받은 특수 부대 요원이 지나가는 차량을 폭파하고 상부에 無電으로 보고하는 비특정(-특정성) 상황에 적절해 보이는 문장이다.

(41) a. 앞에 가던 **두 대의** 차가 경찰에게 잡혔다.
b. 앞에 가던 차가 **두 대가** 경찰에게 잡혔다.
c. 앞에 가던 차 두 대 폭파
(cf) *앞에 가던 두 대 차 폭파

---

b. [그 문제]의 해결
(5) '문제 해결'과 '문제의 해결'의 말뭉치 분포가 다름
(6) *문제인 해결

22 exhaustive reading vs. partitive reading (Downing 1996: 73).

23 수량사 이외의 구성에서는 이런 구분이 적용되지 않는 것 같다.

한편 조사 '의'의 의미가 한정성은 아니라고 생각한다. 그 근거는 다음과 같다. 첫째, 아래 (42)와 같은 문맥에서 화자가 '두 권의 책'의 지시체를 알고 있으면([+특정성]), 청자가 그 지시체를 알고 있든([+한정성], (42a)), 모르고 있든([-한정성], (42b)), '의'가 결합되기 때문이다.

(42) a. 나는 어제 네가 사 준 두 권의 책을 다 읽었다.
b. 이 달에 새로 나온 두 권의 책을 소개해 드리겠습니다.

위 (42a)에서는 '책을 사 준 사람'이 청자이므로 청자는 그 지시체를 알고 있다. 그러나 (42b)는 TV 시청자가 새로 나온 책에 대해서 전혀 모르는 상황에서 아나운서가 하는 멘트이다.

둘째, '의'가 항상 결합되는 C-type(2.2.3)의 예들은 지시체에 대한 청자의 인지 여부와 관련이 없이 항상 '의'가 실현된다. 이것은 만약 '의'가 한정성을 나타내는 표시라면 벌어질 수 없는 일이다. 셋째, '의'가 결합할 수 없는 A-type 관형 구성은 항상 비특정적이지, 비한정적이지는 않다. ((28)-(36)의 A-type의 여섯 가지 비특정적 증거 참조.)

그런데 BC-type의 이중주어로의 교체에서도 주의할 점이 있다. 즉, 모든 BC-type이 이중주어로 교체되는 것이 아니고, NP1에 특정한 의미역 제약이 있다는 것이다. 구체적으로 아래 (42)-(52)와 같은 예들은 '의'에 앞선 선행조사의 의미역 때문에 이중주어로 교체가 안 된다.[24] [25]

<장소>
(43) a. 이 집**에서의** 일은 말하지 말라.

24 구체적으로 말하면 '그 문제의 해결이 시급하다.'→'그 문제가 해결이 시급하다'와 달리 '그 집에서의 일은 말하기 말라.'→'*그 집에서가 일은 말하지 말라'가 성립하지 않는다. 그 이유는 '에서'의 '장소' 의미역이 '가'와 결합하지 못한다는 의미역 제약을 위반했기 때문이라는 것이다.

25 이렇게 조사 '가'의 쓰임에 의미역의 제약이 있다는 주장은 한정한(2012: 35)을 참조.

b. *이 **집에서가** 일은 말하지 말라.

(44) a. 그 발표회**에서의** 토론은 매우 재미있었다.

b. *그 발표회**에서가** 토론은 매우 재미있었다.

(45) a. 해운대**에서의** 휴가는 잊을 수 없었다.

b. *해운대**에서가** 휴가는 잊을 수 없었다.

<방향>

(46) a. 여기서 동쪽**으로의** 길이 험하다.

b. *여기서 동쪽**으로가** 길이 험하다.

(47) a. 남쪽**으로의** 진군이 시작되었다.

b. *남쪽**으로가** 진군이 시작되었다.

(48) a. 앞**으로의** 활동 계획이 수립되었다.

b. *앞**으로가** 활동 계획이 수립되었다.

<자격>

(49) a. 사람**으로서의** 당연한 일이 있다.

b. *사람**으로서가** 당연한 일이 있다.

(50) a. 학생**으로서의** 임무가 공부하는 것이다.

b. *학생**으로서가** 임무가 공부하는 것이다.

(51) a. 사장**으로서의** 일이 노동은 아니다.

b. *사장**으로서가** 일이 노동은 아니다.

<기원>

(52) a. 한국대학교**로부터의** 합격 통지서가 도착했다.

b. *한국대학교로**부터가** 합격 통지서가 도착했다.

그러나 보조사의 경우는 '의' 특정성과 보조사의 의미가 배치되지 않는 한 이중주어가 허용된다.

(53) a. 이만큼의 재산이 모아졌다.

b. 이만큼이 재산이 모아졌다.

(54) a. 노력만큼의 보수가 주어졌다.

b. 노력만큼이 보수가 주어졌다.

(55) a. 저마다의 소망이 있다.

b. 저마다가 소망이 있다.

(56) a. 여기까지의 땅이 우리 소유다.

b. 여기까지가 땅이 우리 소유다.

2.2.3. '평화의 종소리'(C-type)

C-type은 '의'가 항상 결합하는 관형 구성이다. 그런데 C-type의 공통적인 특징은 N1과 N2가 모두 추상명사이거나 적어도 하나는 추상명사라는 점이다. 추상명사는 우리가 경험하는 다양한 구체명사들을 상호 비교하는 과정에서 획득된다. 즉, 구체명사들의 유사점과 차이점에 주목하면서 후자를 무시하고 전자를 일종의 유형(類型, pattern)이나 모형(母型, template)으로 추상하여 그것을 차후 경험하는 구체명사들과 구별하는데 사용한다. 유사점을 유형화하고 차이점을 무시한다는 점에서 추상명사는 본질적으로 비지시적(non-referential)이고, 총칭적(generic)이라고 할 수 있다.

'평화의 종소리'에서 '평화'는 실재세계라면 '종소리'와 어떤 어휘의미관계도 맺지 않는 성분이다.[26] 그러나 '평화'에 조사 '의'가 결합됨으로써 '평화'와 '종소리'가 특정한 어휘의미관계(여기서는 논항관계)를 형성하게 된다. 즉, '의'가 원래는 종소리와 실재적인 의미 관계가 없는 '평화'를 '종소리'에 포함되는 대상(theme)으로 비유적으로 연결시켜 준다는 것이다. 이것은 '의'가 N1과 N2를 종속적인 논항 관계로 접속시키기 때문에 나타나는 결과이다. 이렇게 비유가 조사 '의'와 관련이 있을 거라는 주장은 김광해(1981), 최경봉(1999), 목정수(2005), 김선효(2011a, 162) 등이 있었다. 다만 종속 접속이 비

26 반면에 N1이 구체명사인 '보신각(장소) 종소리'나, '에밀레(소리의 기원) 종소리', '온누리 교회(장소) 종소리'에는 '의'가 필수적으로 탈락한다.

유의 직접 원인이라는 설명은 없었던 것 같다. 이렇게 '의'가 NP와 NP를 종속적으로 접속시키는 접속조사라는 증거는 다음과 같다.

첫째로, 명사구에서 N1과 N2가 대등하게 접속될 때는 아래 (57a)처럼 '와/과'가 쓰인다. 이것은 N1과 N2가 종속 관계로 접속된 (57b)와 대조된다. 또 (58a, b)는 '의'와 '와'가 서로 호환되지 않는다는 것을 잘 보여준다.

(57) a. 평화와 종소리
b. 평화의 종소리
(58) a. 창수와 영호는 모범생이다.
b. 창수*의 영호는 모범생이다.

둘째로, 아래 (59)처럼 N1과 N2가 동격관계일 때는 '의'가 결합할 수 없다. 이것은 '의'가 동격 명사구를 접속하지 않는다는 것을 보여준다.[27]

(59) a. 독재자 박정희 = 독재자인 박정희
≠ 독재자의 박정희
b. 정복자 나폴레옹 = 정복자인 나폴레옹
≠ 정복자의 나폴레옹

셋째로, 명사구에서 N1과 N2가 선택 관계일 때는 (60a)처럼 '든지'를 쓰고, 나열 관계일 때는 (60c)처럼 '며'를 쓴다. 이들을 종속 관계인 '의' 구성으로 바꾼 (60b, d)는 비문이 된다.

(60) a. 사과든지, 배든지 마음껏 먹어라.
b. *사과의 배의 마음껏 먹어라.

27 '독재자로서의 박정희', '정복자로서의 나폴레옹'은 가능하다. 그러나 이 경우는 동격관계가 아니다. '동재자로서≠박정희', '정복자로서≠나폴레옹'이기 때문이다. 즉, 자격(-로서)의 논항관계로는 '의' 구성이 가능하지만 동격관계로는 '의' 구성이 가능하지 않다.

c. 아이가 코며, 눈이며, 제 엄마를 그대로 닮았다.

d. *아이가 코의 눈의 제 엄마를 그대로 닮았다.

넷째로, 앞의 관형 구성의 유형(예, (27))에서 '의'가 결합된 모든 B-type의 관형 구성이 의미적으로 종속관계를 맺고 있다. B-type의 의미 관계는 논항관계, 전체-부분, 소유주-소유물, 친척관계, 수량사 구성으로 분류된다. 먼저 논항관계는 N1이 서술성명사인 N2의 논항이므로, N1이 N2에 논항으로 종속된다. 즉, 종속의 방향이 N1 →N2로 진행된다. '해결(문제)', '체포(경찰, 범인)' 처럼 함수관계로 표시하면 쉽게 이해가 될 것 같다. 수량사 구성도, 예컨대 '두 권의 책', 종속의 방향이 N1(두 권) →N2(책)로 진행된다. 그러나 순서를 바꾼 '책(이) 두 권'의 경우에는 명사구(NP) 구성이 아니므로 이러한 종속관계가 와해되는 것으로 보인다. 예컨대 '책이 책상에 두 권이 있다.'의 경우처럼 다른 성분이 중간에 삽입될 수 있기 때문이다.

논항관계와 수량사 구성을 제외하면 나머지 B-type 관형 구성 예들은 종속관계가 반대로(N1←N2) 맺어진다. '동굴의 입구'와 같은 전체-부분 관계에서 부분이 전체에 종속되고, '소녀의 가방'과 같은 소유주-소유물 관계에서 '가방'은 '소녀'에 종속된 물건이기 때문이다. '남편의 동생'과 같은 친척관계에서 '동생'은 '남편'이 맺고 있는 친척관계 중 일부분이지, 그 역으로 '남편'이 '동생'이 맺고 있는 친척관계 중 일 부분은 아니기 때문이다.

다섯째로, N1이 N2의 속성인 (27)의 A-type 관형 구성은 종속관계가 아니므로 '의'가 결합하지 못한다. 예컨대 속성명사인 '여성 잡지'의 '여성', 관형명사인 '국제 결혼'의 '국제' 등은 '의'가 결합되지 않는다. '여성'이나 '국제'는 모두 후행명사의 속성명사이지 별개의 독립명사가 아니기 때문이다.

이상의 논의를 종합해 보면, 조사 '의'는 명사구(NP) 안에서 NP1과 NP2를 종속적으로 접속해주는 종속접속조사라고 할 수 있다. 그런데 앞 장에서 '의'는 특정성 의미도 동시에 가지고 있다고 했으므로, 결론적으로 '의'는 통사적으로 [NP NP]NP의 구조에서 NP1과 NP2를 종속적으로 접속시키면서, 동시에 의미적으로 NP1이 특정성 명사일 때 결합한다고 정리할 수 있겠다. 필자는 이것을 간단히 [+명사구 종속접속조사, +특정성]의 자질로 정리해 보겠다.

(61) '의'의 문법 자질 : [+명사구 종속접속조사, +특정성]

이제 다시 '의'가 필수적으로 결합하는 C-type으로 넘어가 보자. 논의의 핵심은 왜 C-type에서는 '의'가 필수적인가 하는 것이다. 김광해(1981)에서는 '의'가 도대체 어느 경우에 Zero化가 되고, 어느 경우에 필수적으로 출현하느냐에 대한 문제가 가장 궁금하다고 언급하면서, "단적으로 말해서 '비유의 관계'를 형성하고 있는 NP의 N1과 N2는 '의'라는 장치에 의해서 강제적으로 연결되어 있다"고 설명했다(김광해 1981: 51). 또 같은 논문에서 Black(1977: 273)은 "은유란 두 개의 생각을 연결하도록(to connect) 강요된 것이다."(김광해 1981: 51 재인용)라고 하면서 "이러한 강요적 연결 속에 隱喩의 秘密과 神秘가 存在한다."고 하였다. 다시 말해서 '평화의 종소리' 같은 C-type 관형구성에서 '의'는 '평화'를 '종소리'에 포함되는 대상역(theme)으로 강제적으로 연결시켜 준다는 것이다. 그러므로 만약 비유적 관형 구성에서 '의'가 생략되면 이러한 강제적 비유관계는 사라지며, 실재세계에서처럼 '평화'와 '종소리'는 어떤 어휘의미관계도 맺지 않고 독립적인 개념으로 단순 나열된다. B-type '마음(을 담은, theme)의 노래', '사랑(이 주는, agent)의 힘', '가곡(을 듣는, source)의 밤', '그림(에 있는, location)의 떡' 등도 마찬가지다.[28]

한편 C-type 중 '이순신의 거북선'이나 '다윈의 진화론'은 추상명사가 아니라는 점에서 비유관계 명사구와 다르다. 그렇지만 여기도 '의'를 생략할 수 없다. 왜 그럴까? 우선 (62a)에서 보듯이 '이순신'과 '거북선'의 관계가 현실세계에서 종속 관계가 아니라는 점이 눈에 띈다. 이점이 B-type 논항관계(예, 문제(의) 해결)와 다른 점이다. 또 (62b)처럼 '이순신'과 '거북선'이 동격 관계

28 구체적으로 어떤 논항관계를 갖는지는 문맥에 따라 해석의 여지가 있으나, 중요한 것은 두 명사구가 비유적 논항관계로 맺어진다는 것이다.

도 아니며, (62c)처럼 대등 접속된 관계도 아니다.

(62) a. ?이순신 거북선
b. ?이순신인 거북선, ?거북선인 이순신
c. ?이순신과 거북선

이제 남은 방법은 '이순신'과 '거북선'을 강제로 접속시켜서 '이순신'을 '거북선'을 만든 논항관계의 행위자(agent)로 만드는 것이다. 그것이 '이순신의 거북선'에서 종속접속조사 '의'가 하는 역할이라는 것이다.

그런데 여기서 한 가지 주의할 것은, 고유명사, 대명사, 지시적 명사는 어휘적으로 [+한정] 명사이므로(Enç 1991: 192)[29], 특정 조사 '의'의 결합이 잉여적, 수의적이라는 것이다. 이에 비해서 양화사, 수량사는 문맥에 따라서 특정일 수도 있고, 특정이 아닐 수도 있다((24) 참조).

아래 (63a)의 고유명사 '철수', (63b)의 대명사 '우리', (63c)의 지시적 명사 '저 사람'은 '의'의 결합과 상관없이 담화맥락에서 항상 특정적으로 쓰인다. 따라서 고유명사, 대명사, 지시적 명사는 외형적으로는 B-type이지만, 항상 특정적이라는 점에서는 C-type에 속한다.

(63) a. 철수(의) 책이 저기 있다.
b. 드디어 우리(의) 집을 마련했다.
c. 이건 저 사람(의) 가방입니다.

아래 (64)에서 보듯이 이중주어 구성으로의 교체에서도 '철수(의) 책'은 이중주어로의 교체가 가능하지만 고유명사가 아닌 '도서관'은 이것이 금지된다.

(64) a. 철수(의) 책이 저기 있다.

29 Names, pronouns, and definite descriptions are definite NPs, … that all definites are specific(Enç 1991: 192).

철수가 책이 저기 있다.
b. 도서관 책이 저기 있다.
*도서관이 책이 저기 있다.

3. '가'와 주제, 초점

이 장에서는 '가'가 정보구조의 주제나 초점과 유의미한 상관관계를 가지는가가 하는 문제를 생각해 보겠다. 정보구조의 분석 대상은 지시적 주어짐성(referential givenness)과 관계적 주어짐성(relational givenness)의 차이에 따라서 지시적 정보구조와 관계적 정보구조로 나누어진다. 아래 설명에 따르면 주제나 초점은 관계적 정보구조의 단위임을 알 수 있다.

(65) 지시적 주어짐성은 어떤 언어표현에 대응되는 비언어적 실체의 존재가 화청자에게 이미 알려져 있는지의 여부와 관련된다. 그러한 실체의 존재가 화청자에게 알려져 있다는 것은 그 언어표현이 이전의 담화에서 이미 사용되었거나 혹은 화청자에게 이미 익숙한 고유명사나 총칭명사 등임을 뜻한다. (…) 관계적 주어짐성은 어떤 언어표현이 한 발화의 정보를 구성할 때 기여하는 정보적 역할과 관련된다. 모든 발화는 담화의 흐름에서 일정한 정보적 기여를 해야 한다. 화제와 초점은 두 가지 주어짐성들 중에서 관계적 주어짐성에 입각하여 정의된다. 화제와 초점은 관계적 구정보와 관계적 신정보를 가리킨다(전영철 2013: 108-109).

앞장에서 우리는 '가'가 '한정사'와 일정한 상관성이 있음을 알았다. 그런데 한정사는 청자가 그 명사의 지시체를 식별할 수 있으리라는 화자의 가정이 명사에 포현된 것이므로, 즉 발화의 관점에서 보면 구정보이므로, 당연히 주제로 쓰일 수 있다. 이점을 지적한 것으로 김민국(2016: 182)이 있다.

(66) a. (청혼 반지를 받은 여자가 남자에게) 어머, **이게** 뭐예요?
b. (벅찬 일거리를 받은 부하가 상사에게) 부장님, **이걸** 누가 처리합니까?

(67) Q1: 영희는 잘 지내?
A1: 응, 애기 엄마로 잘 지내고 있어.
Q2: 그렇구나, 근데 **영희가** 누구랑 결혼했더라?
A2: 초등학교 동창 철수랑 결혼했잖아.

위 (66)-(67)의 '가'와 '를'은 모두 주제 자리에 실현되어 있다. 김민국(2016: 183)은 (66)의 진하게 표시한 부분과 같이 새로운 주제를 도입하거나 (67)의 진하게 표시한 부분과 같이 이전에 언급된 주제로 다시 돌아가는 경우에 '가', '를'이 나타난다고 보았다.

둘째, 그런데 '가'가 초점 자리에 실현될 수도 있다. 이런 예는 더 쉽게 발견된다. '의문사'의 답이 되는 성분이 그런 예들이다. 아래 (68)의 '철수가'는 의문사 '누가'의 대답이 되는 성분이므로 신-정보 초점이 된다.

(68) Q: 여기서 누가 자니?
A: {**철수가**, #철수, #철수는} 자요.

셋째, '가'는 심지어 주제, 초점과 무관한 자리에 실현될 수도 있다. 비제한적 관계절 내부에 나타나는 '가'가 그런 예이다. 예를 들어, 아래 (69)의 진하게 표시한 '이'는 초점도 주제도 아닌 자리에 나타났다.[30] 이 발화의 주제는 주절의 '(교수님이 준) 그 책'이고, 초점은 주절의 '너무 어려워서 못 읽고 있어요'이기 때문이다.

---

30 아래 (1)의 '그 옷'처럼 비제한적 관계절의 핵명사는 [+한정적]이다. 즉, 지시사와 결합된 명사, 고유명사, 유일지시 명사, 총칭적(generic) 명사 등은 한정적 자질을 갖는다. 거꾸로 한정적 핵명사는 비제한적 관계절을 이끈다.
(1) 그녀는 어제 산 **그 옷을** 입고 나갔다. [+한정적] 핵명사, 비제한적 관계절
(2) 그녀는 어제 산 **옷을** 입고 나갔다. [-한정적] 핵명사, 제한적 관계절

(69) 교수: 그 책 잘 읽고 있니?
학생: [[교수님이 준] 그 책은]topic [너무 어려워서 못 읽고 있어요]focus.

위 (28)-(31)를 종합해 보면, '가'는 주제나 초점과 같은 관계적 정보구조와 직접적인 관련을 맺는 것 같지는 않다. 그 대신 '가'의 한정적, 특정적 의미가 발화상황에 따라서 주제로도, 초점으로도, 무관한 자리에도 쓰일 수 있다고 정리할 수 있겠다.

4. 마무리

지금까지 국어 조사 '가', '를'과 관련한 의미적, 정보적 차원의 논의들을 정리해 보았다. 본고의 주장은 '가', '를'이 특정성(한정성 포함)을 갖는 조사이며, 주제나 초점과 같은 관계적 정보구조와는 직접적인 관련을 맺지 않는다는 것이다. 좀 더 구체적으로 정리하면 다음과 같다.

첫째, 조사 '가', '를'은 특정사의 의미 특성을 갖는다. 특정성은 화자가 담화상황에서 특정 지시체의 존재를 인지하고 있는 것을 말한다. 특정 명사의 지시체는 담화상황에서 청자가 그 지시체를 식별할 수 있을 수도 있고[+한정사], 없을 수도 있다[-한정사]. 그럼으로 조사 '가', '를'은 한정 명사 뒤에도, 특정 부정대명사 뒤에도 결합 가능하다.

(70) 특정성의 범위

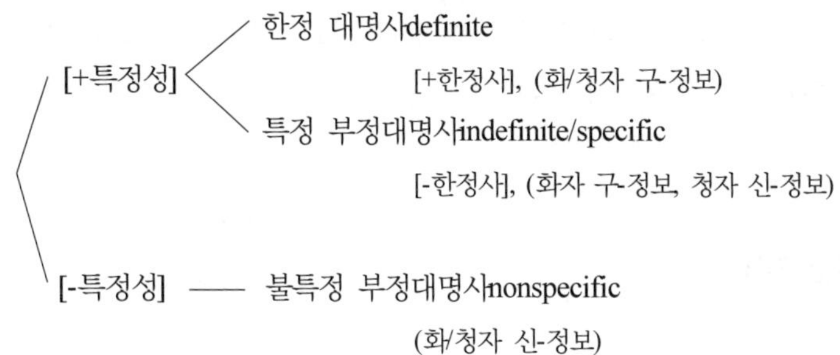

둘째, 조사 '가', '를'은 한정사의 속성도 갖는다. 한정사는 발화에서 표현된 명사구가 발화맥락 안에서 유일물이어서 청자가 그 명사의 지시체를 식별할 수 있으리라는 화자의 가정이 명사에 표현된 것이다. 한정사의 이러한 특징 때문에 '가', '를'과 결합한 명사구는 발화맥락에서 보통 구정보와 관련되며, 바로 이런 이유 때문에 정보구조의 '주제(topic)' 자리에 출현할 수 있게 된다.

셋째, 특정성 조사인 '가', '를'은 정보구조에서 주제로도 초점으로도 출현이 가능하다. 즉, 흔히 한정사로 쓰인 '가', '를'은 주제로, (특정)부정대명사로 쓰인 '가', '를'은 초점으로 실현된다. 예컨대 '가'와 결합한 명사구는 '의문사'의 대답이 되는 명사구(초점 위치)에 아무 문제없이 출현할 수 있다. 주제와 초점에 모두 출현할 수 있는 '가', '를'의 이러한 양면성은 이들을 주제 표지로도, 초점 표지로도 단정할 수 없게 만든다. 또 이들을 한정사로 묶어 두는 것도 한계가 있다.

2장에서는 '가', '를'과 함께 조사 '의'도 특정성 조사의 관점에서 논의를 했다. '여성 잡지'처럼 처럼 '의'가 필수적으로 생략되어야 하는 관형 구성, '문제(의) 해결'처럼 '의'가 수의적으로 결합하는 관형 구성, 그리고 '평화의 종소리'처럼 '의'가 필수적으로 결합해야 하는 관형 구성의 차이를 밝히기 위해서 여러 가지 통사·의미적 문맥 테스트를 시도해 보았다. 그 결과 '의'가 명사구 종속접속조사의 특징과 특정성의 자질을 동시에 가지고 있음을 밝혔다.

그러나 조사 '가', '를', '의'의 문제는 매우 복잡하고, 아직도 해결되지 않은 다양한 사례들이 남아 있어서, 더 많은 자료를 통해서 본고의 주장을 재차 검증해야 할 필요성이 있다.

참고문헌

고석주(2002), "조사 '가'의 의미", 『국어학』 40: 221-246, 국어학회.
고석주(2004), 『한국어 조사의 연구』, 한국문화사.
고석주(2008), "조사 '를'의 의미와 실현", 『한국어학』 41: 207-228, 한국어학회.
고석주(2010), "한국어 무주어문 유형 연구", 『담화와 인지』 18(2): 1-22, 담화·인지 언어학회.
김광해(1981), "{-의}의 의미", 서울대학교 교육대학원 국어교육과 석사학위논문.
김대빈(1994), "비특정성", 『언어』 19(2): 343-359, 한국언어학회.
김민국(2016), "한국어 격조사와 초점", 『국어학』 78: 165-219. 국어학회.
김선효(2011a), 『한국어 관형어 연구』, 역락.
김선효(2011b), "근대국어의 조사 '의'의 분포와 기능", 『어문논집』 46: 141-162. 민족어문학회.
김영희(1989), "한국어 제시어의 문법", 『주시경학보』 4: 114-138, 탑출판사,
목정수(1998), "한국어 조사 {가}, {를}, {도}, {는}의 의미체계: 불어 관사와의 대응성과 관련하여", 『언어연구』 18(1): 1-48. 서울대학교 언어교육원.
목정수(2003), "한정조사 {(이)나}의 통사론과 서법 제약", 『한글』 260: 113-148, 한글 학회.
목정수(2007), "한국어 조사 {의}의 문법적 지위와 의미 기능에 대하여", 『국어교육』 123: 437-470, 한국어교육학회.
박철우(2003), 『한국어 정보구조에서의 화제와 초점』, 역락.
신현정(2002), 『개념과 범주화』, 아카넷.
엄정호(2011), "격의 개념과 한국어 조사", 『국어학』 62: 199-224, 국어학회.
유유현(2010), "'이/가', '은/는'의 정보구조 이론적 연구", 전북대학교 대학원 국어국문학과 석사학위논문.

이선희(2007), “조사의 실현과 의미역 다시 생각하기”, 『형태론』 9(1): 145-162, 형태론연구회.

이수현(2010), “구문의미로서의 Specificity: 명사구문의 형태·통사적 이형에 대한 인지언어학적 접근”, 『슬라브학보』 25(4): 343-379. 한국슬라브학회.

임홍빈(1979), “복수성과 복수화”, 『한국학논총』 1: 179-218, 국민대학교.

전영철(2007), “한국어의 소위 특정성 표지들에 대하여”, 『언어』 30(4): 715-743 언어학회.

전영철(2013), “한국어의 제언문/정언문 구별과 정보구조”, 『국어학』 68: 99-133, 국어학회.

조용남(1995), “영어에 있어서의 한정성 문제”, 『인문과학논총』 27: 5-31, 건국대학교 부설 인문과학연구소.

최정진(2016), “명사구와 관련된 정보구조와 한정성의 상관관계”, 『한국어 의미학』 54: 151-174, 한국어 의미학회.

최호철 외(1998). “기계 번역을 위한 한국어 논항 체계 연구”, 『한국어 의미학』 3: 1-39, 한국어 의미학회.

최호철(1996), “국어의 의미격 설정에 대하여”, 『한글』 232. 한글 학회.

한정한(2012a), “의미역 조사 ‘가’, ‘를’”, 『한국어학』 54: 1-54. 한국어학회.

한정한(2012b), “조사 ‘의’와 특정성”, 『한민족문화연구』 40: 39-72. 한민족문화연구회.

한정한(2017), “한국어 정보구조와 사용역”, 『언어학』 78: 631-97, (사)한국언어학회.

Asher. R. E.(1994), *The Encyclopedia of Language & Linguistics[3]*, (First edition), Pergamon Press Korea. KPO Box 315, Seoul 110-603, Korea.

Blake B, J.(2001), *Case*, Cambridge: Cambridge University Press.

Chomsky, N.(1986), *Barriers*, Cambridge M.A.: The MIT Press.

Downing, P.(1986), The anaphoric use of classifiers in Japanese, *Noun Classes and Categorization*, in C. Craig(ed.), 345-375. Amsterdam/Philadelphia: John Benjamin.

Dowty D.(1991), Thematic proto-roles and argument selection, *Language* 67: 547-619.

Enç, M.(1991), The Semantics of Specificity, *LI* 22(1): 1-25.

Fillmore, C. J.(1968), The case for case, in E. Bach and R. Harms(eds.), 1-88. New York: Holt, Reinhart and Winston.

Fillmore, C. J.(1977), The case for case reopened. in R. W. Cole *et al.*(eds.) *Syntax and Semantics*, Vol. 8, *Grammatical Relations*, New York: Academic Press.

Givón, T.(1978), Definiteness and Referentiality, in J. H. Greenberg, C. A. Ferguson & E. A. Moravcsik(eds.), *Universals of Human Language*, Vol. 4, Stanford University Press, 292-330.

Haspelmath, M.(2005), Indefinite Pronouns, in Haspelmath *et al.*, 190-193.

Hawkins, J.(1978), *Definiteness and Indefiniteness: A Study in a Reference and Grammaticality Prediction*, London: Croom Helm.

Jackendoff, R. S.(1972), *Semantic Interpretation in Generative Grammar*, Cambridge, M.A.: The MIT Press.

Jackendoff, R. S.(1990), *Semantic Structure*. Cambridge, M.A.: The MIT Press.

Johanson, L.(2006), *Two Approaches to Specificity in Kulikov*, Leonid *et al.*, 225-247.

Lambrecht, K.(1994), *Information Structure and Sentence form: Topic, Focus and the Mental Representations of Discourse Referents*, Cambridge: Cambridge University Press.

Popper, K.(2002), *The Logic of Scientific Discovery*, London/New York: Routledge.

Ramsted, E.(1939), *A Korean Grammar*, MSFOu 82.

Thompson, G.(2004). *Introducing Functional Grammar*, 2nd edn, London/New York: Oxford University Press.

보조 용언의 의미 확장 양상

김 문 기*

1. 들머리

보조 용언은 '도움 풀이씨, 매인풀이씨, 의존 용언' 등의 용어로 많은 연구가 이루어져 왔다.[1] 이처럼 다양한 용어가 사용된 것은, 보조 용언이 특정 국어학의 하위 영역에 국한하여 다룰 수 없는 '범주 중간적' 특성을 지니기 때문이다. 즉, 보조 용언은 형태론과 통사론뿐만 아니라 의미론, 화용론, 어문 규정, 사전 편찬 등의 여러 분야와 관련이 있다는 것이다.

보조 용언은 본래 본용언으로 쓰이던 용언이라는 점에서, 본용언으로서의 문법적 특성이나 의미 기능 등과 관련이 있다. 반면, 그 분포적 특성으로 인해 본용언과는 다른 의미 기능을 지니게 된다. 즉, 본용언에 후행하면서 본용언과는 다른 추상적 의미 기능을 담당하게 된다는 것이다.

* 동아대학교 기초교양대학 교수, kimmg5058@hanmail.net

1 보조 용언만을 연구 대상으로 삼아 논의한 경우도 있지만, 의존 명사 등을 포함한 의존 형식 전체에 대한 문법 범주에 대한 논의에서 보조 용언을 한 부류로 포함하여 다룬 연구도 있었다.

따라서 이러한 보조 용언의 본질을 규명하기 위해서는 다음과 같은 사항을 고려해야 한다. ① 보조 용언이라는 문법 범주의 생성 이유, ② 보조 용언의 범위와 용법, ③ 보조 용언의 문법 범주적 특성, ④ 본용언에서 보조 용언으로의 의미 확장, ⑤ 국어 화자 특유의 사고방식과의 관련성 등과 같은 문제들이다.

이 글에서는 이들 중 보조 용언의 문법 범주적 특성을 고려하면서 그 의미 기능적 특성, 특히 '의미 확장'(또는 전이)의 측면에서 살펴보려 한다. 먼저 보조 용언의 의미 확장과 관련된 앞선 연구의 경향을 검토해 보고, 보조 용언의 의미 확장과 관련된 쟁점을 살펴보기로 한다. 그리고 보조 용언의 의미 확장과 관련된 연구 과제와 앞으로의 전망을 간단하게 제시해 보고자 한다.

2. 앞선 연구의 검토

보조 용언에 대한 앞선 연구는 형태론·통사론·의미론·화용론적 측면과 언어 교육의 측면 등에서 이루어져 왔다. 첫째, 형태론적 측면에서는 보조 용언의 범주 설정, 보조 용언으로 쓰이는 단어, 보조적 연결 어미의 형태와 의미 기능 등에 초점을 두었다. 둘째, 통사론적 측면에서는 본용언과 보조 용언의 결합 양상과 그에 따른 통사론적 제약, 보조 용언 구성의 논항 구조 등에 관심을 두었다. 셋째, 의미론적 측면에서는 보조 용언의 설정과 분류, 보조 용언의 의미 확장(또는 의미 전이) 등의 연구가 이루어졌다. 넷째, 화용론적 측면에서는 실제 발화 상황에서 사용되는 보조 용언을 대상으로 그 실현 양상과 담화 기능 등에 대해 다루었다. 다섯째, 국어교육이나 한국어 교육 분야에서는 보조 용언의 교수·학습 방법과 관련된 논의가 있었다.

이 가운데 보조 용언의 의미 확장 양상에 대한 연구는 크게 두 갈래로 나눌 수 있는데, 국어사전의 뜻풀이를 활용하는 방식과 서구의 이론적 바탕을 적용하는 방식이다.

먼저 국어사전의 뜻풀이를 활용하는 경우에는, 한국인의 사고방식에 근간을 두고 본용언과 보조 용언으로서의 의미에서 보이는 의미 확장 양상을 설명하고자 하였다.[2] 국어사전에 제시된 보조 용언의 의미는, 본용언을 '다의어'로 처리하면서 추출된 것이다. 이때 다의어로서의 본용언이 중심 의미에서 주변 의미로의 의미 확장 양상을 보인다. 본용언에서 보조 용언으로의 의미 확장 양상 또한 이와 유사한 방식으로 연관 지어 살펴볼 수 있다.[3]

그러므로 보조 용언에 대해서는 ① 다의어와 동음어 중 어느 것으로 처리할 것인지의 문제, ② 다의어로 처리할 경우 의미 배열 순서에 대한 기준 설정의 문제, ③ 배열 순서상 인접한 의미와의 경계 문제 등이 논의될 필요가 있다. 하지만 이들에 대한 구체적이고 명확하며 실증적인 잣대가 분명하게 제시되지 않는다는 것이 가장 큰 문제이다. 따라서 현재로서는 한국인으로서의 사고방식과 국어사전의 뜻풀이 등에 기대어 그것을 유추할 수밖에 없다. 이것이 보조 용언의 의미적 특성에 대한 많은 논란과 다양한 연구가 이루어지게 된 계기가 된 것이 아닌가 싶다.

다음으로 서구의 이론적 바탕으로는 '문법화(grammaticalization/grammaticization)'[4]와, 인지 의미론(cognitive semantics)의 방법론에 해당하는 '정신 공간 이론(mental space theory)', '시뮬레이션 의미론(simulation semantics)' 등이 적용된 바 있다.[5]

먼저 문법화 이론에서는 어휘적 요소가 여러 가지 기제를 통해 문법적 요소로 바뀌어 간다고 본다. 본용언에서 보조 용언으로의 의미 기능 변화도 이러

2 주로 국어사전에서의 뜻풀이를 바탕으로 삼고, 말뭉치 자료를 함께 다루었다.

3 다의어일 경우 첫 번째로 제시되는 의미가 가장 중심적이며 기본적인 의미로서, 이것은 모든 주변 의미들에 내재되어 있기에, 의미 확장의 출발점이 된다.

4 잘 알려진 바와 같이 'grammaticalization'은 통시적 관점을, 'grammaticization'은 공시적 관점을 나타내는 용어라는 점에서 구별된다. 한편, 문법화의 기제로는 '은유(metaphor)', 재구조화, 유추, 융합, '환유(metonymy)' 등이 있는데, 이 글에서는 은유를 중심으로 살펴볼 것이다.

5 이들은 대상(언어 표현)에 대한 인간의 사고방식, 즉 의미 해석의 측면과 관련된다는 점에서 공통점을 지닌다.

한 관점에서 설명하려 하였다. 그리고 정신 공간 이론에서는 '개념적 혼성 이론(conceptual blending theory)'의 바탕에서 보조 용언의 의미 확장 양상을 설명하고자 한 바 있다. 최근에는 '시뮬레이션 의미론(simulation semantics)'[6]을 적용하기도 하였다.

이러한 서구 이론을 적용한 경우에도 마찬가지로, 특정 보조 용언의 의미가 산출되는 '과정'에 관심을 두었다는 점이 공통적이다. 즉, 추상적인 의미 현상이 인간의 정신 작용에 의한 것이라고 파악하여 그것을 구체적으로 설명하고자 했다는 것이다.

3. 주요 연구 내용과 쟁점

보조 용언의 의미 확장 양상에 대한 연구에서 가장 근본적인 문제는, ① 수많은 본용언 가운데 왜 특정 용언만 보조 용언으로 쓰이게 되었는가, ② 본용언으로서의 의미가 보조 용언으로서의 의미로 확장될 때 어떠한 원리에 의해 어떠한 과정 등을 거치는가 등일 것이다.

첫 번째 질문과 관련하여 보조 용언에 대한 통시적인 연구가 이루어진 바는 있지만,[7] 객관적이고 구체적인 근거 제시 등의 측면에서 한계를 보인다. 따라서 이 글에서는 두 번째 문제에 중점을 두고 몇몇 사례들을 중심으로 살펴보려 한다. 이때 국어사전의 뜻풀이에 기대어 본용언과 보조 용언 사이의 의미적 연관성을 포착하거나, 인지 의미론의 이론적 바탕에서 본용언과 보조 용언의 의미적 연관성을 설명하고자 한다. 이들은 인간의 사고방식, 즉 본용언에

6 시뮬레이션 의미론은 인지의 주체와 외부 세계의 상호작용을 통해 언어표현의 의미가 창조되고 해석된다는 입장에서, 의미 변화의 과정에 초점을 두었다.

7 이들 연구에서는 제한적이나마 문헌 자료에서 나타나는 예문을 기본 자료로 하는데, 한문 원문이 있는 경우와 그렇지 않은 경우가 포함된다. 한문 원문이 있는 경우에는 그 의미를 좀 더 분명하게 파악할 수 있을 것이라는 기대를 하겠지만, 우리말을 한자로 표현하는 데에는 분명히 그 한계가 있었으리라 생각된다.

서 보조 용언으로서의 의미가 발현될 때 관여하는 사고의 과정에 초점을 두었다는 공통점이 있다.

3.1. 국어사전의 뜻풀이에 기반한 의미 확장 연구

보조 용언의 의미 확장과 관련된 연구에서는 기본적으로 국어사전의 뜻풀이를 활용하여 이들의 의미적 연관성을 포착하는 방법을 활용한다. 국어사전에서는 보조 용언을 주로 본용언의 다의어적 용법으로 처리한다. 여기에서는 『표준국어대사전』에 제시된 보조 용언 '먹다'를 예로 삼아 살펴본다.

(1) 먹다02

a. [Ⅱ]「보조 동사」(일부 동사 뒤에서 '-어 먹다' 구성으로 쓰여) 앞말이 뜻하는 행동을 강조하는 말. 주로 그 행동이나 그 행동과 관련된 상황이 마음에 들지 않을 때 쓴다.

b. [Ⅰ]「동사」[1] […을]「1」음식 따위를 입을 통하여 배 속에 들여보내다.「2」담배나 아편 따위를 피우다.「3」연기나 가스 따위를 들이마시다.「4」어떤 마음이나 감정을 품다.「5」일정한 나이에 이르거나 나이를 더하다.「6」겁, 충격 따위를 느끼게 되다.「7」욕, 핀잔 따위를 듣거나 당하다.「8」(속되게) 뇌물을 받아 가지다.「9」수익이나 이문을 차지하여 가지다.「10」물이나 습기 따위를 빨아들이다.「11」어떤 등급을 차지하거나 점수를 따다.「12」구기 경기에서, 점수를 잃다.「13」(속되게) 여자의 정조를 유린하다.「14」매 따위를 맞다.「15」남의 재물을 다루거나 맡은 사람이 그 재물을 부당하게 자기의 것으로 만들다. [2] […에]「1」날이 있는 도구가 소재를 깎거나 자르거나 갈거나 하는 작용을 하다.「2」바르는 물질이 배어들거나 고루 퍼지다.「3」벌레, 균 따위가 파 들어가거나 퍼지다.「4」돈이나 물자 따위가 들거나 쓰이다.

보조 용언으로 '먹다'가 실현될 경우에는 긍정적인 의미를 나타내는 본용언이 선행하는 경우가 드물다. 그래서인지 '먹다'가 보조 용언으로 쓰이면 부정적인 의미를 나타낸다고 파악하는 것이 보편적이다.

(2) a. 넌 정말 **못돼 먹었어.**[8]
b. 나를 소처럼 **부려 먹으니** 좋았니?
c. 장난치다가 유리를 **깨 먹었다.**
d. 우리는 영이를 항상 **놀려 먹었다.**
e. 그는 지금까지 엄청난 액수의 물건을 **빼돌려 먹었다.**

(3) a. *넌 정말 **착해 먹었어.**
b. *나를 정승처럼 **대우해 먹으니** 어때?
c. *장난치다가 뭔가를 **보존해 먹었다.**
d. *우리는 영이를 항상 **다독여 먹었다.**
e. *그는 지금까지 엄청난 액수의 물건을 **채워 먹었다.**

(3)은 (2)의 부정적인 본용언을 긍정적인 용언으로 교체한 것이다. 이때 (1a)에 제시된 보조 용언 '먹다'의 양태적 의미로 인해 (3)이 성립되지 못함을 알 수 있다.

하지만 본용언의 의미가 부정적이라고 해서 '먹다'가 보조 용언으로 반드시 실현 가능한 것은 아니다.

(4) a. *그는 지금까지 엄청난 액수의 물건을 **훔쳐 먹었다.**
b. *그렇게 사랑하던 남자를 헌신짝처럼 **버려 먹다니.**
c. *결국 비참하게 **죽어 먹었다.**

(4)처럼 '먹다'가 보조 용언으로 실현될 경우, 선행하는 본용언의 실현에

8 본용언인 '못되다'가 형용사이므로, 보조 용언인 '먹다'의 품사는 '보조 형용사'로 처리할 가능성이 충분히 있다. 그런데 (1a)에서처럼 『표준국어대사전』에는 '먹다'가 '보조 동사'로만 설정되어 있다.

따른 제약이 규칙성을 보이지는 않는다.[9] 따라서 본용언과 보조 용언의 실현에서는 우리의 독특한 인식의 방식에 따른 일종의 연어 관계가 형성되는 것으로도 파악 가능하다.[10]

한편, 다음과 같이 주어의 인칭에 따라 보조 용언 '먹다'의 의미가 다르게 해석되는 경우도 있다.

(5) a. 그 사람, 지금까지 참 많이 **해 먹었네**.
b. 생각해 보니, 나도 참 많이 **해 먹었구나**.

(5a)는 3인칭 주어, (5b)는 1인칭 화자 주어가 실현되어 있다. 그런데 이들에서 보조 용언으로 쓰인 '먹다'가 동일한 의미를 나타내는 것은 아닌 듯하다. 먼저 (5a)에서 '먹다'는 주로 횡령이나 부정 축재 등에 대한 '비난, 탓함' 등의 의미를 나타낸다. 반면, (5b)에서는 마찬가지의 상황에 대해 '비난'보다는 자신의 과거를 돌아보면서 '회한, 후회, 탄식' 등의 의미와, 그러한 상황을 무사히 지내 온 데 대한 '안도, 다행스러움' 등의 의미도 추출 가능하다. 즉, 주어의 인칭에 따라 양태적 의미가 달리 나타난다는 것이다.[11]

그런데 이러한 양태적 의미 기능을 반영하는 데에는 『표준국어대사전』에 제시된 의미만으로 충분히 예측하기에는 한계가 있다. 국립국어연구원(2000:

9 선행하는 본용언에 따라 보조 용언 '먹다'의 실현에 제약이 발생하는 것으로도 이해할 수 있는데, 일반적인 견해로는 주된 용언인 본용언이 보조 용언을 선택하는 것으로 볼 수 있다는 것이다. 하지만 보조 용언이 나타내는 의미 기능적 특성상 보조 용언이 본용언의 실현을 제약하는 것으로 보는 것도 가능하다.

10 물론 완전한 연어 관계를 형성하여 굳어진 표현으로 쓰인다고 하기에는 곤란하다. 그러나 단어와 단어 사이에 나타나는 제약 현상으로 보아 연어 관계로 굳어지기 이전의 단계에 해당하는 특성으로 이해할 수 있을 것이다.

11 1인칭 주어가 실현되면 '비난'의 의미도 일부 나타나지만 '회한, 후회' 등의 의미가 더 강해지는 듯하다. 그리고 2 · 3인칭 주어가 실현되면 '후회'의 의미는 아주 약화되어 거의 느껴지지 않고 '비난'의 의미가 더욱 두드러지게 드러난다. 이는 '먹다'와 같은 보조 용언이 실현될 경우, 주어가 보조 용언의 의미를 결정하는 데 관여함을 보여 준다.

37-38, 45-46)에서 제시한 뜻풀이의 원칙은 다음과 같다.

(6) a. 순환적인 뜻풀이를 피해야 하며 뜻풀이에 표제어의 일부나 관련 어휘를 사용해서는 안 된다. 다만, 다음의 경우는 표제어의 일부를 뜻풀이에 사용할 수 있다.
- 표제어의 중심 성분을 뜻풀이에 사용해야만 표제어의 뜻을 이해하기 쉬운 경우
- 중심 성분을 다른 유개념(類概念)으로 대치하는 것이 불가능하거나 어색한 경우
- 표제어가 복합어인 경우
- 생산적인 접사(-답다, -스럽다, -롭다, -님, -질)에 의한 파생어의 경우

b. 하나의 단어만을 정의항으로 쓸 수 없다. 단, 용언의 활용형은 사용할 수 있으며 옛말의 뜻풀이에서는 현대어 단어를 정의항으로 쓸 수 있다.

c. 기존 사전에 나와 있는 뜻풀이를 가급적 포괄하되 기존 사전과 동일한 뜻풀이는 피한다. 다만, 기존 사전의 뜻풀이가 전형적이며 잘 되어 있는 경우에 한하여 이를 수용할 수 있다.

d. 유사 표제어이면 뜻풀이에서 불균형을 보이지 않게 한다.

그리고 국립국어연구원(2000: 157-164)에는 보조 용언의 뜻풀이에 대한 사항이 제시되어 있다. 이때 아래 (7)에서처럼 양태적 의미에 대해서는, 그 분류와 적용을 위한 명확한 기준이 없어서 대체적인 의미만을 보인다 하였다.

(7) a. 그는 나를 이용해 **먹었다**. (부정적 평가)
b. [우산 장수] 에이, 비가 그쳐 **버리네**. (안타까움)
c. [양산 장수] 야, 비가 그쳐 **버리네**. (바람직한 결과에 대한 감정 표현)
d. 그가 떠나고 **말았다**. (아쉬움)
e. 빨리 쾌유하시기를 바라 **마지않습니다**. (간곡함)

f. 오늘 갈까 **싶다**. (의도)
g. 지각할까 **봐** 일찍 출발했다. (의구)
h. 영희가 영국에 갔나 **보다**. (추측)
i. 산이 높기는 **하다**. (시인)
j. 영희와 결혼했으면 **싶다**. (바람)

(7a)의 '먹다'는 '부정적 평가'라 제시하였는데, 앞의 (1a)에서는 '앞말이 뜻하는 행동을 강조하는 말. 주로 그 행동이나 그 행동과 관련된 상황이 마음에 들지 않을 때 쓴다.'라 했다. 그러므로 양태 의미로 제시한다면 '강조'와 함께 '부정적 평가'가 제시되도록 해야 할 것이다.

특히 (7b)와 (7c)는 '버리다'라는 같은 보조 용언이 실현되어 있어서 그 뜻풀이가 유사할 것이라 예상된다. 하지만 전자는 '안타까움'이라는 구체적인 양태 의미로 제시한 반면, 후자는 '바람직한 결과에 대한 감정 표현'이라는 추상적인 양태 의미로 제시하였다. 따라서 뜻풀이의 방식이 서로 대칭을 이루지 않음을 보인다.

3.2. 서구의 이론적 바탕을 활용한 의미 확장 연구

여기에서는 문법화와 인지 의미론의 연구 방법론을 중심으로 보조 용언의 의미 확장에 대해 알아보기로 한다. 특히, 후자와 관련해서는 비교적 최근의 방법론인 개념적 혼성 이론과 시뮬레이션 의미론 등에 초점을 두기로 한다.

먼저 문법화를 적용한 의미 확장 연구에 대해 살펴보자. 일반적으로 문법화는 어휘적 요소(내용어)가 문법적 요소(형식어)로 바뀌는 현상으로 간단히 말할 수 있다. 이때 문법화의 과정은 논자에 따라 3단계 또는 4단계 등으로 설정되며, 문법화의 기제로는 은유, 재구조화, 유추, 융합 등이 제시된다.

호광수(1999: 160)에서는 보조 용언의 문법화 단계를 '본용언→보조 용언→접어→문법소'라는 3단계로 설정하였다. 그리고 '보다', '가다/오다', '놓다/두다', '주다', '버리다', '지다'를 대상으로 문법화에 따른 의미의 추상화[12]

에 대해 고찰하였다(호광수 1999: 170-187 참조). 여기에서는 '보다'를 예로 삼아 대략적으로 살펴본다.

본용언 '보다'의 중심 의미는 '눈과 관련된 동작'이며, 시각적 행위([+시각성])가 이루어진 후 다른 행위가 수반되거나([+행위성]) 그에 대한 판단([+판단성]) 등의 추가적 의미가 생성된 것으로 보았다. 본용언의 이 '행위성'과 '판단성'이 보조 용언의 의미와 관련을 맺는데, 전자는 '시행', 후자는 '추측'의 의미와 유연성을 지닌다 하였다.

'시행'의 의미는 본용언 '보다'의 [+시각성], [+행위성]이 보조 용언으로 쓰이면서 [행위성]만 남게 되므로 '시행'의 의미와 유연성을 지니게 된다.[13] 그 이유는 분명하지는 않지만, 의미의 추상화에 따른 결과로 파악하였다.

'추측'의 의미는, 본용언 '보다'의 의미 가운데 '평가'와 관련되는 것으로 파악하였다. 즉, '평가'의 의미로 인해 [+시각성], [+판단성]이 중요해지는데, 특히 종결 어미와 결합하는 보조 용언 '보다'에서는 [시각성]과 [판단성]이 상당히 약화된다는 것이다. 그리고 [+판단성]은 비단정적 판단인 '추측'만 나타난다는 것을 근거로 제시하였다.[14]

이러한 방법은 국어사전에 제시된 뜻풀이를 통해 본용언과 보조 용언의 의미적 관련성을 포착하고자 한 방법과 일맥상통한다. 그것은 바로 '인지'라는 측면 때문인 것으로 보인다. 일반적으로 '인지'는 어떤 대상에 대한 인간의 정신적이고 내적인 작용, 즉 인간 사고와 관련된 일련의 과정을 통틀어서 가

12 해당 논의에서는 『우리말 큰사전』의 뜻풀이를 적용하여, 본용언의 중심 의미에서 의미의 추상화가 발생하면 그 관련성이 점점 멀어진다고 파악하였다. 이는 다의어의 중심 의미와 주변 의미에 관련되는 것으로, 의미 확장으로 볼 수 있다. 구체적 의미에서 추상적 의미로 바뀌는 것은, 중심 의미에서 주변 의미로 확장되는 것과 서로 통하기 때문이다.

13 '시행', '경험'의 '-어/아 보다', '시행'의 '-고 보다', '지속'의 '-다(가) 보다'에서는 [행위성]이 강한 반면, '가정'의 '-어/아 보다', '결과'의 '-고 보다', '원인'의 '-다 보다'는 매우 약하거나 거의 나타나지 않는다 하였다.

14 선행하는 종결 어미에 따른 정도성의 차이는 없지만, '-을까 보다'는 단순한 '추측'이 아니라 '염려'나 '걱정'을 동반한다는 데에서 차이가 있음을 밝혔다.

리키는 개념이라 할 수 있다.

이러한 맥락에서 먼저 정신 공간 이론과 관련된 개념적 혼성 이론을 적용하여 의미 확장 양상을 살펴본 논의를 제시해 본다. 김문기(2007b)에서는 개념적 혼성 이론의 취지는 살리되 그 과정을 단순화하여[15] 보조 용언 '버리다'의 의미 확장 양상을 다음과 같이 제시한 바 있다.

(8) 보조 용언 '버리다'의 의미 확장 양상

a. 의미 확장

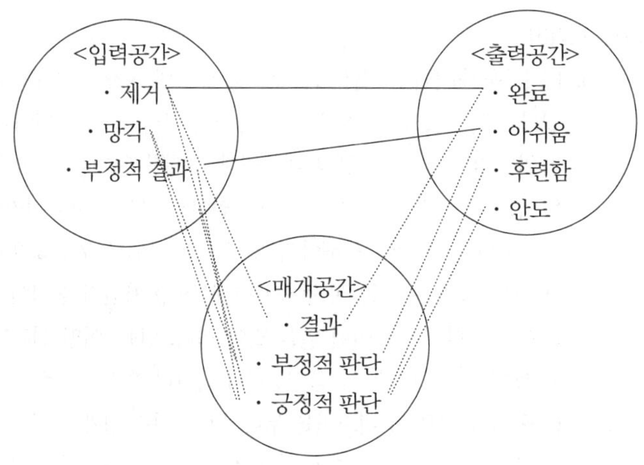

b. 의미 도식

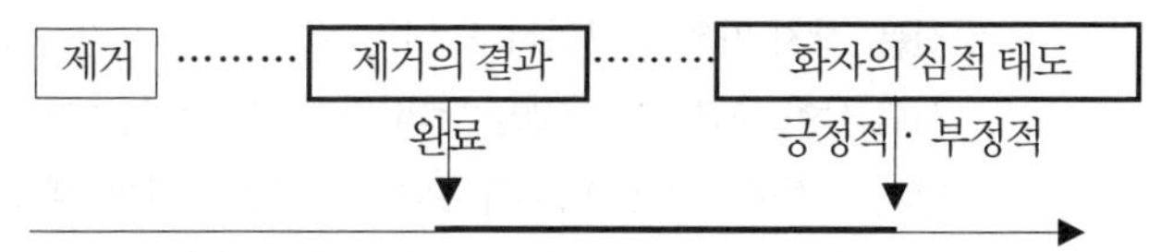

곧 '버리다'의 '제거' 의미는 특정 사건의 결과를 수반하게 되는데, 이는 그와 관련된 상적 의미인 '완료'의 의미로 인해 발현된다는 것이다. 또한 이와 관련하여 긍정적이거나 부정적인 화자의 태도를 드러내는 양태적 의미가 나

15 본래 개념적 혼성 이론에서는 '입력 공간1', '입력 공간2,', '총칭 공간', '혼성 공간'을 설정하며, 이들 사이에 사상(寫像, mapping) 관계가 형성된다고 본다.

타나는 것으로 파악하였다. 따라서 상적 의미와 양태적 의미가 어떤 과정을 거쳐서 발현되는지를 보여 준다. 곧 일반적으로 본용언의 의미를 바탕으로 상적 의미가 먼저 발현되고, 이와 연관된 양태적 의미가 발현되는 것으로 본 것이다.16

이때 본용언과 보조 용언이 동일한 경우에는 그 의미 확장 양상을 좀 더 분명히 파악할 수 있다. 여기에서는 '보다'가 본용언과 보조 용언으로 동일하게 실현된 경우에 대해 살펴보기로 한다(김문기 2006: 83-87 참조).

(9) 보다01

a. [Ⅰ] 「동사」 [1] [⋯을] 「1」 눈으로 대상의 존재나 형태적 특징을 알다. 「2」 눈으로 대상을 즐기거나 감상하다. 「3」 책이나 신문 따위를 읽다. 「4」 대상의 내용이나 상태를 알기 위하여 살피다. 5」 일정한 목적 아래 만나다. 「6」 맡아서 보살피거나 지키다. 「7」 상대편의 형편 따위를 헤아리다. 「8」 점 따위로 운수를 알아보다. 「9」 ('시험'을 뜻하는 목적어와 함께 쓰여) 자신의 실력이 나타나도록 치르다. 「10」 어떤 일을 맡아 하다. 「11」 어떤 결과나 관계를 맺기에 이르다. 「12」 음식상이나 잠자리 따위를 채비하다. 「13」 (완곡한 표현으로) 대소변을 누다. 「14」 어떤 관계의 사람을 얻거나 맞다. 「15」 부도덕한 이성 관계를 갖다. 「16」 어떤 일을 당하거나 겪거나 얻어 가지다. 「17」 의사가 환자를 진찰하다. 「18」 신문, 잡지 따위를 구독하다. 「19」 음식 맛이나 간을 알기 위하여 시험 삼아 조금 먹다. 「20」 남의 결점 따위를 들추어 말하다. 「21」 남의 결점이나 약점 따위를 발견하다. 「22」 기회, 때, 시기 따위를 살피다. 「23」 땅, 집, 물건 따위를 사기 위하여 살피다. 「24」 ('장' 또는 '시장'과 같은 목적어와 함께 쓰여) 물건을 팔거나 사다. 「25」 (주로 '보고' 꼴로 쓰여) 고려의 대상이나 판단의 기초로 삼다.

16 (8a)에서는 <입력공간>의 '부정적 결과'라는 의미가 직접 <출력공간>의 '아쉬움'이라는 양태적 의미로 사상된다. 즉, 본용언의 의미에서 바로 양태적 의미가 발현되는 경우도 있다는 것이다.

「26」(주로 '보고' 꼴로 쓰여) 무엇을 바라거나 의지하다. [2] [(…과)] […을] ('…과'가 나타나지 않을 때는 여럿임을 뜻하는 말이 주어로 온다) 사람을 만나다. [3] […을 …으로] […을 -게] […을 -고] […으로] [-고] ('…으로'나 '-게' 대신에 평가를 뜻하는 다른 부사어가 쓰이기도 한다) 대상을 평가하다.

b. [II]「보조동사」「1」(동사 뒤에서 '-어 보다' 구성으로 쓰여) 어떤 행동을 시험 삼아 함을 나타내는 말.「2」(동사 뒤에서 '-어 보다' 구성으로 쓰여) 어떤 일을 경험함을 나타내는 말.「3」(동사 뒤에서 '-고 보니', '-고 보면' 구성으로 쓰여) 앞말이 뜻하는 행동을 하고 난 후에 뒷말이 뜻하는 사실을 새로 깨닫게 되거나, 뒷말이 뜻하는 상태로 됨을 나타내는 말.「4」(동사 뒤에서 '-다(가) 보니', '-다(가) 보면' 구성으로 쓰여) 앞말이 뜻하는 행동을 하는 과정에서 뒷말이 뜻하는 사실을 새로 깨닫게 되거나, 뒷말이 뜻하는 상태로 됨을 나타내는 말.

c. [III]「보조형용사」「1」(동사나 형용사, '이다' 뒤에서 '-은가/는가/나 보다' 구성으로 쓰여) 앞말이 뜻하는 행동이나 상태를 추측하거나 어렴풋이 인식하고 있음을 나타내는 말.「2」(동사 뒤에서 '-을까 보다' 구성으로 쓰여) 앞말이 뜻하는 행동을 할 의도를 가지고 있음을 나타내는 말.「3」(동사나 형용사, '이다' 뒤에서 '-을까 봐', '-을까 봐서' 구성으로 쓰여) 앞말이 뜻하는 상황이 될 것 같아 걱정하거나 두려워함을 나타내는 말.「4」(형용사나 '이다' 뒤에서 '-다 보니', '-고 보니' 구성으로 쓰여) 앞말이 뜻하는 상태가 뒷말의 이유나 원인이 됨을 나타내는 말.

먼저 (9a)의 본용언 '보다'의 의미 확장 양상을 간단히 제시해 보자.

(10) 시각 → 직접 만남 → 지각시킴 → 성찰 → 반응 결과 → 판단 근거 → 수행 → 경험 → 희망

그리고 (9b, c)에 제시된 보조 용언으로서의 의미는 화자와 관련된 것으로

해석 가능하다. 즉, 어떤 사건을 시간적인 선후 관계로 파악함으로써 이미 일어난 일에 대한 경험을 나타내고, 그것을 다시 공간적인 선후 관계로 보아 화자의 기준 시점에서 되돌아보았다는 것이다.

(11) a. 이 음식은 나도 한번 **먹었다**.
  b. 이 음식은 나도 한번 **먹어 봤다**.
  c. 이 음식은 너도 한번 **먹어 봐라**.

(11b)의 평서문에서는 선행 동작을 '경험'했다는 것과, 그에 대한 화자(주체)의 '자랑', '뿌듯함'을 나타낸다. 그리고 (11c)의 명령문에서는 화자가 어떤 동작을 '시도'할 것을 요구함을 나타낸다.

이처럼 '보다'는 어떤 대상을 시각적으로 지각하고 판단한 후, 그것을 수행하여 경험이 생기게 되고, 화자 또는 주체가 그러한 수행의 결과에 대해 어떤 태도를 취하게 된다는 순서로 의미가 배열될 수 있다. 그러므로 '보다'의 본용언에서 보조 용언으로의 의미 확장 양상을 간단히 제시하면 다음과 같다.

(12) 지각 → 성찰 → 판단 → 판단의 수행 → 수행에 대한 태도

한편, '보다'가 본용언과 보조 용언으로 동일하게 쓰일 경우에는 주로 명령문으로 실현되는 경향이 있다.

(13) a. 나 좀 **봐 봐**.
  b. 철수 좀 **봐 봐**.

(13)에서 보조 용언 '보다'는 선행 동작의 '시도'와 함께 '부탁, 명령' 등의 의미를 나타낸다. 그리고 이에 대해 청자가 반응을 보이기를 '요구'하거나 '바라는' 의미가 나타난다. 이 외에도 (13a)에서는 화자의 자부심과, 자랑하고자 하는 의도 등의 의미가, (13b)에서는 청자에게 철수를 본받으라거나(선망, 존

경 등) 철수를 본받지 말라는(비하, 비웃음 등) 의미가 나타난다.

이 경우에는 '판단의 수행'이 일어나며 그것을 통한 '깨달음'이라는 의미적 확장 과정이 더해진다. 그리고 이 깨달음을 통해 화자는 청자가 어떠한 '태도'를 취하기를 요구하거나 바라게 된다. 물론 이러한 양태적 의미는, (13)이 발화되는 상황과 그에 후행하는 문장이나 표현 등으로 분명해진다.

'보다'가 본용언과 보조 용언으로 동일하게 실현될 경우의 의미 확장 양상은 아래와 같은 도식으로 보일 수 있다.

(14) 본용언과 동일한 보조 용언 '보다'의 의미 확장 양상

a. 의미 확장

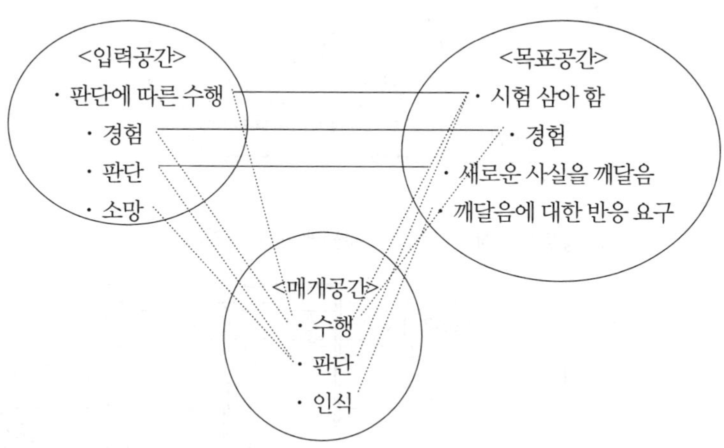

b. 의미 도식

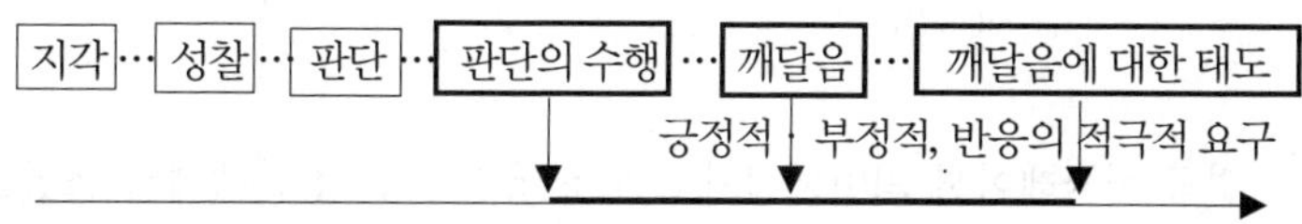

결국 보조 용언은 상, 시제, 양태와 관련된 의미 기능을 담당하므로, 이들 세 가지 문법 범주적 특성을 모두 지닌다고 볼 수 있다.

다음으로 시뮬레이션 의미론과 관련해서는 정병철(2010: 263-277)을 통해

살펴보자. 이 논의에서는 '놓다'와 '두다'를 예로 들어 보조 용언으로서의 의미 해석 과정을 제시했는데, '놓다'의 경우만 살펴보기로 한다.

본동사인 '놓다'가 보조 동사로 쓰인 특정 맥락에 초점을 두어, 그 의미 해석 과정에서 확장 의미가 내포된다고 파악했다. 이러한 관점에서 보조 동사 '놓다'의 의미 해석 과정과, 확장 의미의 시뮬레이션 과정을 보였다. 곧 '놓다'는 '대상에 대한 통제가 해제되는' 시점을 포함하므로, '완료상'이라는 상적 의미를 나타내며, 동시에 '비난'이라는 양태적 의미로 해석된다는 것이다.[17]

(15) a. 보조 동사의 의미 해석 과정

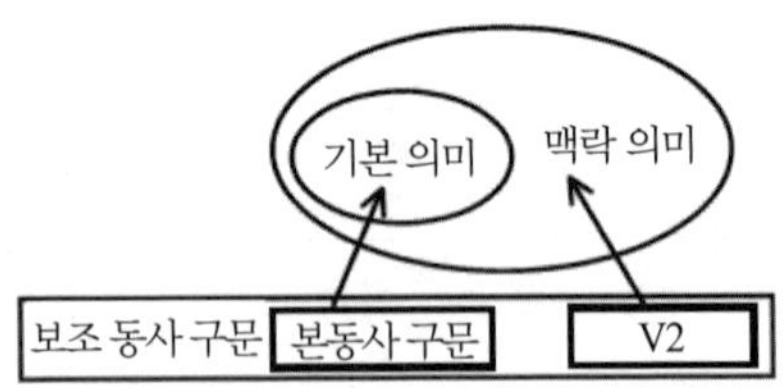

b. '놓다' 확장 의미들의 시뮬레이션 과정

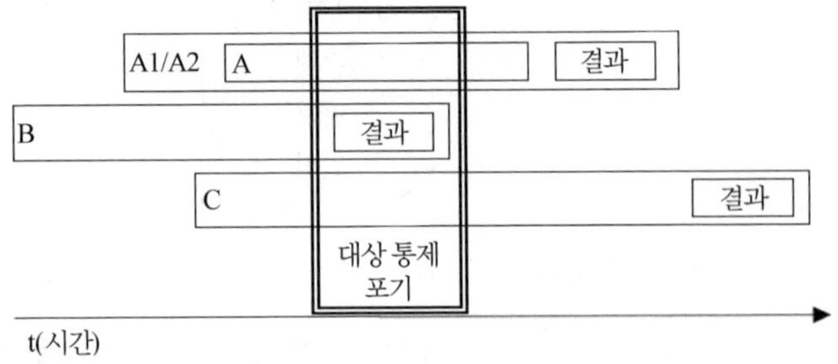

결국 시뮬레이션 의미론에서도 보조 용언이 특정 문맥에서 쓰였을 때, 그 맥락을 중심으로 한 의미 해석 과정에 초점을 두었다. 따라서 언어 사용에서 나타나는 인간의 사고방식에 근거한 의미 해석의 방식이라 할 수 있다.

17 이때 '대상에 대한 통제의 해제'라는 의미가 '비난'이라는 의미로 확장되는 이유나 과정 등에 대한 구체적인 설명이 더 필요해 보인다.

4. 과제와 전망

이제 한국어 보조 용언의 의미 확장에 대한 앞으로의 연구 방향에 대해 간단히 살펴보기로 한다. 보조 용언의 의미 확장 양상과 관련된 논의들에서 보이는 공통된 출발점은 국어사전의 뜻풀이였다. 따라서 이를 중심으로 보조 용언의 의미 변화를 포착하고 설명하기 위한 하나의 방법을 제안하는 것으로 향후 연구 방향을 제시하는 데에 갈음하고자 한다.

여기에서는 '버리다'의 의미 확장 양상을 예로 들어서 『표준국어대사전』의 뜻풀이로 살펴본다.[18]

(16) 버리다01(동사)
① 가지거나 지니고 있을 필요가 없는 물건을 내던지거나 쏟거나 하다.
② 못된 성격이나 버릇 따위를 떼어 없애다.
③ 가정이나 고향 또는 조국 따위를 떠나 스스로 관계를 끊다.
④ 종사하던 일정한 직업을 스스로 그만두고 다시는 손을 대지 아니하다.
⑤ 직접 깊은 관계가 있는 사람과의 사이를 끊고 돌보지 아니하다.
⑥ 품었던 생각을 스스로 잊다.
⑦ 본바탕을 상하게 하거나 더럽혀서 쓰지 못하게 망치다.

먼저 (16)에 제시된 뜻풀이에서 나타나는 의미들 사이의 관련성을 살펴보자. 보통 다의어의 경우, 중심 의미가 사전의 첫 번째 뜻풀이로 제시된다. ①은 '불필요한 물건의 분리・제거'로 요약할 수 있으므로, 그 핵심 의미는 '분리・제거'이며 그 전제 조건은 '불필요함'이라 하였다. ②는 '못된 성격・버

18 박선옥(1998: 108-110)에서는 『우리말 큰사전』의 8가지 뜻풀이에 기대어 '버리다'의 의미 추상화를 설명하였다. 그래서 (16)의 ⑦에 해당하는 의미 대신 '잘 간수하지 아니하고 아무렇게나 그냥 놓아두다.'가 제시된 점이 달랐다.

릇 등의 분리 · 제거'로서, 핵심 의미는 '분리 · 제거'이며 그 전제는 '못된 성격 · 버릇 등'이다. ③은 '고유의 관계 단절'로서, '단절'이라는 핵심 의미와 '본래 맺어진 관계'라는 전제가 성립된다. ④는 '종사하던 직업을 그만두고 다시 손대지 않음'으로서, '그만둠'이 핵심 의미이며 그 전제는 '직업에 종사함'이다. 이때 전제와 핵심 의미 이외의 다른 의미가 제시되는데, 그것은 '다시 손대지 않음'이다. 결국 전제와 핵심 의미에 일종의 '후처리'[19] 의미로서 부가된 것이다. ⑤는 '인간관계의 단절과 그 상태의 방치'로서, 핵심 의미는 '단절'이며 전제는 '인간관계를 맺음'이다. 또한 후처리로서는 단절된 상태를 '방치'하는 것이 된다. ⑥은 '품은 생각의 자발적 망각'으로서, 핵심 의미는 '자발적 망각'이며 전제는 '생각을 함'이 된다. ⑦은 '본바탕을 훼손하여 망침'으로서, '망침'이 핵심 의미이며 '본바탕의 훼손'이 전제가 된다.

이것을 다음과 같이 정리할 수 있다.

(17) '버리다'의 의미 관련 사항

구분	전제 의미	핵심 의미	후처리 의미
①	불필요한 물건	분리 · 제거	
②	못된 성격 · 버릇	분리 · 제거	
③	고유의 관계	단절	
④	직업에의 종사	그만둠	다시 손대지 않음
⑤	인간관계 맺기	단절	방치
⑥	생각을 함	자발적 망각	
⑦	본바탕 훼손	망침	

이들의 핵심 의미는 '분리 · 제거, 단절, 그만둠, (자발적) 망각, 망침' 등이며, 이들을 구별해 주는 의미는 '불필요함, 못됨(성격, 버릇 등), 고유한 관계,

19 여기서 '후처리'는, 사전의 뜻풀이에서 나타난 전제 조건이나 핵심 의미 등을 제외한 의미를 뜻한다. 예를 들어, "④ 종사하던 일정한 직업을 스스로 그만두고 다시는 손을 대지 아니하다."에서 전제 조건은 '일정한 직업에 종사하다'가 되고, 핵심 의미는 '스스로 그만두다'가 되며, 후처리는 '다시는 손을 대지 아니하다'가 된다.

직업에 종사(다시 손대지 않음), 인간관계(방치), 생각(망각), 본바탕 훼손' 등이라 하겠다. 이때 핵심 의미를 중심으로 그 의미적 관련성을 고려한다면, 다음과 같은 순서로 의미를 재배열할 수 있다.

(18) 의미적 관련성에 따른 핵심 의미의 재배열
① 분리 · 제거(구체물) — ② 분리 · 제거(추상물) — ③ 단절/⑤ 단절[20] — ④ 그만둠 — ⑦ 망침 — ⑥ 망각(자발적)

(18)에 따르면, (16)의 뜻풀이 순서를 다음과 같이 바꾸어 볼 수 있다.

(19) '버리다'의 뜻풀이 배열 순서 조정
① 가지거나 지니고 있을 필요가 없는 물건을 내던지거나 쏟거나 하다.
② 못된 성격이나 버릇 따위를 떼어 없애다.
③ 가정이나 고향 또는 조국 등을 떠나 스스로 관계를 끊다.
⑤ 직접 깊은 관계가 있는 사람과의 사이를 끊고 돌보지 아니하다.
④ 종사하던 일정한 직업을 스스로 그만두고 다시는 손을 대지 아니하다.
⑦ 본바탕을 상하거나 더럽혀서 쓰지 못하게 망치다.
⑥ 품었던 생각을 스스로 잊게 하다.

이상에서 살펴본 의미적 관련성을 다음과 같이 나타낼 수 있다.

20 여기서 동일한 핵심 의미를 나타내는 ③과 ⑤를 살펴보자. 먼저 ③과 ⑤는 '끊음'이라는 점에서 동일하며, 끊는 대상은 추상적인 대상물이 된다. 그리고 ③과 ⑤에서 관계를 끊는 것은 자신의 의지에 따른다. 하지만 ③에서는 '가정, 고향, 조국'이며 ⑤에서는 '직접적 관계의 사람'이라는 점에서 차이가 발생한다. 즉, ③은 태어날 때부터 자연적으로 맺게 되는 관계로서 근원적인 것이지만, ⑤는 스스로의 의지로 맺게 되는 인위적인 인간관계를 나타낸다. 또한 ③에서는 관계를 끊는 것에서 그치지만, ⑤에서는 관계를 끊은 후의 처리 방식을 함께 제시하고 있다는 점에서 차이를 보인다.

(20) 의미 파악(인식)의 과정에 따른 의미적 관련성

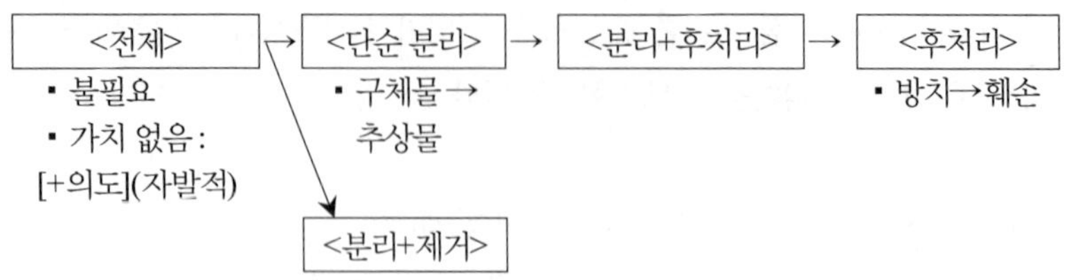

한편, 보조 용언으로서 '버리다'의 의미는 (21a)이며, 그것을 간단히 제시하면 (21b)와 같다.

(21) a. 버리다01「보조동사」(동사 뒤에서 '-어 버리다' 구성으로 쓰여) 앞말이 나타내는 행동이 이미 끝났음을 나타내는 말. 그 행동이 이루어진 결과, 말하는 이가 아쉬운 감정을 갖게 되었거나 또는 반대로 부담을 덜게 되었음을 나타낼 때 쓴다.

b. (앞 말의 행동) — 완료 — 행동의 결과에 의한 감정(아쉬움, 안도)

(21b)로 볼 때, '(앞 말의 행동)'은 상적 의미인 '완료'와 양태적 의미인 '감정'이 성립하기 위한 일종의 전제 조건이 된다. (16)에서 '행동'과 관련된 것은 ①, ③, ④, ⑤, ⑦ 등이다.[21] 그리고 '완료'는 본용언의 의미 모두와 관련지을 수 있다. '감정'과 관련해서, '아쉬움'은 ④, ⑤, ⑥, ⑦과, '안도'는 ①, ②, ③, ④, ⑤, ⑥과 관련된다.[22]

이러한 관련성을 포착한 근거의 구체성과 객관성 등의 문제는 여전히 논란의 여지가 있다. 그것은 결국 국어 화자의 '인식 과정'과 밀접한 관련성 때문이다. 그러므로 이러한 인식의 과정을 좀 더 객관적이고 명료하게 제시할 수 있는 방법론의 개발이 필요하다.

21 이때 (16)의 ②와 ⑥에서는 그 행동이 구체적이거나 추상적인 것으로 구분한 것이 아니라, '분명한' 행동이라고 하기 어렵다고 판단했기 때문이다.

22 서로 상반된 감정이 겹치는 것은, 해당 행동에 대한 감정이 전후 맥락에 따라 고정되지 않기 때문이다.

5. 마무리

지금까지 살펴본 바와 같이 우리말 보조 용언의 의미 확장 양상에 대한 논의의 핵심에는 언제나 국어사전이 있었다. 국어사전에서 보조 용언은 보통 다의어로 처리되므로, 다의어의 설정 기준, 뜻풀이 배열 등에 대한 명확한 기준이 필요하다. 특히 뜻풀이 배열에서는 중심 의미와 주변 의미의 구분, 주변 의미들 사이의 의미적 긴밀성, 이들을 구별할 수 있는 기준 등이 확보되어야 할 것이다. 이때 고려되어야 할 것이 인식(사고방식)의 논리적이고 순차적인 과정이라는 것이다.

본용언의 의미 확장과 보조 용언의 의미 확장은 결국 국어 화자의 인식에 의해 이루어지며, 또한 그에 내재되어 있는 일련의 과정(의미 부여와 해석의 과정)에 영향을 받을 수밖에 없다. 따라서 이러한 사고의 과정에 최대한의 논리성과 인과성, 타당성 등을 부여할 수 있는 방법에 대해 더 깊이 있고 폭넓게 고민하는 것이, 보조 용언의 의미 확장을 좀 더 구체적이고 타당하게 설명하기 위한 과제라 하겠다.

참고문헌

강현화(1998), 『국어의 동사연결 구성에 대한 연구』, 한국문화사.
고영진(1997), 『한국어의 문법화 과정』, 국학자료원.
구종남(2013a), 『보조용언의 의미와 문법』, 경진.
구종남(2013b), "'-고' 통합 보조용언의 상적 의미에 대하여", 『한국언어문학』 87: 5-34, 한국언어문학회.
국립국어연구원(2000), "『표준국어대사전』 편찬 지침 II", 국립국어연구원.
권영환(1993), "우리말 도움풀이씨 연구", 부산대학교 대학원 국어국문학과 석사 학위논문.
권용경(2011), "근대국어 "-어 가다" 구성에 대하여", 『한국어와 문화』 9: 124-

142, 숙명여자대학교 한국어문화연구소.
김기혁(1987), "국어 보조동사연구", 연세대학교 대학원 국어국문학과 박사학위 논문.
김기혁(1996), "보조동사의 문법 범주", 『국어 문법의 탐구 III』, 태학사.
김동환(2001), "주관화와 의미 확장", 『현대문법연구』 23: 127-148, 현대문법학회.
김동환(2002), 『개념적 혼성 이론』, 박이정.
김동환(2004), "개념적 혼성에 입각한 은유의 의미구성", 『담화와 인지』 11(7): 31-57, 담화·인지 언어학회.
김문기(2006), "같은꼴 매인풀이씨의 은유적 의미 확장", 『한국어 의미학』 20: 61-90, 한국어 의미학회.
김문기(2007a), "한국어 매인풀이씨 연구", 부산대학교 대학원 국어국문학과 박사학위논문.
김문기(2007b), "매인풀이씨에 나타나는 상과 양태 의미의 상관성", 『한국민족문화』 30: 347-373, 부산대학교 한국민족문화연구소.
김문기(2013), "학교 문법의 의존성 단어 처리 방식에 나타난 혼란상: 의존 명사와 보조 용언을 중심으로", 『우리말연구』 35: 57-82, 우리말학회.
김미영(1998), 『국어 용언의 접어화』, 한국문화사.
김성화(1992), 『현대국어의 상 연구』, 한신문화사.
김영태(1997), 『현대국어 보조용언 연구』, 문창사.
김용군(2014), "동사의 의미 확장 양상 연구", 『한국어 의미학』 44: 345-366, 한국어 의미학회.
김정남(2009), "'-게 되다'의 의미와 분포", 『한국어 의미학』 30: 59-88, 한국어 의미학회.
김정남(2011), "보조용언 '놓다'와 '두다'의 양태적 의미", 『한국어 의미학』 36: 65-89, 한국어 의미학회.
김종도(1996), "도움움직씨 '오다/가다'의 상적 의미", 『한글』 233: 137-160, 한글학회.
김종도(2003), "은유의 진리값", 『한국어학』 19: 59-87, 한국어학회.
김종도·나익주 역(2001), 『문법과 개념화』, 박이정.
김주미(1993), "현대국어 매인풀이씨 구문 연구", 건국대학교 대학원 국어국문학과 박사학위논문.
김지은(1998), 『우리말 양태용언 구문에 대한 연구』, 한국문화사.

김진수(2004), “국어의 울타리 표현 1: 은유와의 관계를 중심으로”, 『어문연구』 26: 37-52, 어문연구학회.
김차균(1990), 『우리말 시제와 상의 연구』, 태학사.
김천학(2018), “보조용언 ‘-어 있-’과 상에 대한 연구”, 『국어학』 86: 181-209, 국어학회.
김태엽(2001), “기능어의 문법화”, 『우리말글』 23: 1-24, 우리말글학회.
김태엽(2002), “국어 문법화의 양상”, 『인문과학연구』 24: 1-22, 대구대학교 인문과학 예술문화연구소.
나진석(1971), 『우리말의 때매김 연구』, 과학사.
류시종(1995), “한국어 보조용언 범주 연구”, 서울대학교 대학원 언어학과 박사학위논문.
목지선(2013), “보조용언 “쌓다”에 대한 연구: “대다”와의 비교를 중심으로”, 『한말연구』 32: 35-61, 한말연구학회.
민현식(1992), “현대국어 보조용언 처리의 재검토”, 『어문논집』 3: 53-98, 숙명여자대학교 국어국문학과.
박만규(2002), “다의어의 의미 분할과 의미 부류”, 『한글』 257: 201-242, 한글 학회.
박선옥(1998), “국어 보조용언의 의미 추상화 정도와 화용론적 의미 분류 시고”, 『한성어문학』 17: 103-124, 한성대학교 한성어문학회.
박선옥(2003), “국어 보조동사 연구”, 중앙대학교 대학원 국어국문학과 박사학위논문.
박선자(2005), 『우리 말본과 인지』, 부산대학교 출판부.
박재연(1999), ““종결어미와 보조용언의 통합 구문”에 대한 재검토”, 『관악어문연구』 24: 155-182, 서울대학교 국어국문학과.
박재연(2006), 『한국어 양태 어미 연구』, 태학사.
박정운(2001), “개념적 은유 이론”, 『언어와 언어학』 28: 85-104, 한국외국어대학교 언어연구소.
박종후(2016), “보조용언 ‘있다’의 결합 제약과 상적 의미 해석”, 『국어학』 77: 131-165, 국어학회.
박진호(1998), “보조용언”, 『문법 연구와 자료』, 태학사.
박진호(2003), “한국어의 동사와 문법요소의 결합 양상”, 서울대학교 대학원 국어국문학과 박사학위논문.
박진호(2011), “시제, 상, 양태”, 『국어학』 60: 289-322, 국어학회.

배공주(2003), “국어 보조 서술 형식 연구”, 아주대학교 대학원 국어국문학전공 박사학위논문.
서정수(1975), 『동사 “하-”의 문법』, 형설출판사.
서정수(1996), 『국어문법』, 한양대학교출판부.
손세모돌(1994), “보조용언의 의미에 관한 연구”, 『한글』 223: 107-130, 한글 학회.
손세모돌(1995), ““디다”와 “지다”의 의미 고찰”, 『한국언어문화』 13: 997-1018, 한국언어문화학회.
손세모돌(1996), 『국어 보조용언 연구』, 한국문화사.
손세모돌(2006), “강현화의 동사연결구성에 대한 이의-강현화(1998)을 중심으로-”, 『형태론』 8(1): 199-216, 형태론연구회.
손세모돌(2017), “중세 · 근대국어 보조용언 연구의 쟁점과 과제”, 『국어사연구』 25: 7-57, 국어사학회.
송창선(2012), ““-고 있-”과 “-어 있-”의 기능과 의미 연구”, 『언어과학연구』 62: 179-204, 언어과학회.
송효빈(2003), “지각동사 ‘보다’의 인지적 연구”, 충남대학교 대학원 국어국문학과 박사학위논문.
신은수(2016), “15세기 ‘V아디다’ 기원의 합성어 ‘녹아지다’”, 『국어학』 80: 229-258, 국어학회.
안신혜(2016), “보조용언의 문법화 양상”, 『겨레어문학』 56: 87-107, 겨레어문학회.
안주호(1997), 『한국어 명사의 문법화 현상 연구』, 한국문화사.
안주호(2005), “‘-어야 하-’류 구성의 문법적 특성과 의미”, 『국어교육』 118: 365-393, 한국어교육학회.
안주호(2006), “현대국어 ‘싶다’ 구문의 문법적 특징과 형성과정”, 『한국어 의미학』 20: 371-391, 한국어 의미학회.
양정석(2016), “한국어 보조동사 구문에서의 양상 의미 합성”, 『언어와 언어학』 72: 117-152, 한국외국어대학교.
옥태권(1988), “국어 상조동사의 의미연구”, 부산대학교 대학원 국어국문학과 박사학위논문.
우인혜(1992), “용언 ‘지다’의 의미와 기본 기능”, 『외국어로서의 한국어교육』 17: 39-67, 연세대학교 한국어학당.
윤성희(1998), “보조용언 ‘보다’ 구문 연구”, 부산대학교 교육대학원 국어교육전공 석사학위논문.
이기동(1993), “[동사-어 가다]의 구조”, 『담화와 인지』 3: 83-99, 담화 · 인지 언어학회.
이기동(2000), “동사 ‘가다’의 의미”, 『한글』 247: 133-156, 한글 학회.
이기종(2001), 『우리말의 인지론적 분석』, 역락.
이병기(1997), “보조용언과 강세접사의 발달”, 『국어학논집』 3, 태학사.
이상복(1986), “보조동사 ‘보다’의 의미 · 통사론적 고찰”, 『국어학신연구』, 탑출판사.
이성하(1998), 『문법화의 이해』, 한국문화사.
이수련(2001), 『한국어와 인지』, 박이정.
이수련(2003), “‘있다’의 문법화에 대한 의미 · 화용적 연구”, 『국어학』 42: 177-205, 국어학회.
이숙경(2004), “‘보다’를 구성 성분으로 하는 복합어의 의미 결합 양상”, 『한국어학』 24: 221-248, 한국어학회.
이정식(2003), 『다의어 발생론』, 역락.
이정애(1998), ““가지고”의 문법화 과정”, 『언어』 23(1): 87-110, 한국언어학회.
이정훈(2010), “보조용언 구문의 구조와 대용 현상”, 『한국어학』 49: 319-344, 한국어학회.
이종열(2004), “혼성에 의한 국어 비유적 의미의 해석”, 『국어교육연구』 36: 191-219, 국어교육학회.
이지양(1998), 『국어의 융합현상』, 태학사.
이태영(1993), 『국어 동사의 문법화 연구』, 한신문화사.
이필영(2004), “서술부 양태 표현들의 범주화와 결합 양상”, 『담화와 인지』 11(3): 131-152, 담화 · 인지 언어학회.
이필영(2006), “서술부 양태 표현의 부정 양상: 보조용언적 구성을 중심으로”, 『국어학』 48: 175-201, 국어학회.
이해윤(2011), “문법화 관점에서 본 ‘상’ 관련 한국어 보조용언의 의미”, 『독어학』 23: 207-226, 한국독어학회.
이해윤(2012), “보조용언 “버리다”의 표현적 의미”, 『언어와 언어학』 55: 239-261, 한국외국어대학교 언어연구소.
이현근(1993), “은유, 인지 및 단어의 개념적 구조 연구”, 『충남대 논문집』 13: 89-113, 충남대학교 대학원.

이현희(2009), “보조용언의 범주 분화와 접미사로의 이동”, 『국어학』 54: 166-196, 국어학회.
이호승(2001), “국어의 상 체계와 보조용언의 상적 의미”, 『국어학』 38: 209-239, 국어학회.
임지룡(1996), “다의어의 인지적 의미 특성”, 『언어학』 18: 229-261, 한국언어학회.
임지룡(1997), 『인지의미론』, 탑출판사.
임지룡(1998a), “다의어의 비대칭 양상 연구”, 『언어과학연구』 15: 309-331, 언어과학회.
임지룡(1998b), “주관적 이동표현의 인지적 의미특성”, 『담화와 인지』 5(2): 181-205, 담화·인지 언어학회.
임지룡(2002), “기본 감정 표현의 은유화 양상 연구”, 『한국어학』 17: 135-158, 한국어학회.
임지룡(2009), “다의어의 판정과 의미 확장의 분류 기준”, 『한국어 의미학』 28: 193-226, 한국어 의미학회.
임지룡·김동환 옮김(2006), 『은유와 영상도식』, 한국문화사.
임지룡·정병철(2009), “의미망 분석과 다의성 판정의 원리”, 『담화와 인지』 16(3): 195-216, 담화·인지 언어학회.
임홍빈(1998), “부정법 {-어}와 상태진술의 {-고}”, 『국어 문법의 심층』 1, 태학사.
장경희(1985), 『현대국어의 양태범주 연구』, 탑출판사.
전수태(1983), “‘가다’, ‘오다’의 의미 연구”, 『한국언어문학』 24: 76-82, 한국언어문학회.
정병철(2007), “은유적 보조동사의 구문과 의미”, 『국어교육연구』 40: 273-304, 국어교육학회.
정병철(2010), “시뮬레이션 모형에 의한 한국어 보조동사의 의미 해석 과정 연구”, 『한국어 의미학』 31: 249-282, 한국어 의미학회.
정순기(1988), 『조선어의 보조적 단어에 대한 연구』, 사회과학출판사.
정언학(2006), 『상 이론과 보조 용언의 역사적 연구』, 태학사.
정언학(2007), “보조용언 구성의 문법화와 역사적 변화”, 『한국어학』 35: 121-165, 한국어학회.
정주리(2005), “‘가다’ 동사의 의미와 구문에 대한 구문문법적 접근”, 『한국어 의미학』 17: 267-293, 한국어 의미학회.
정희자(2003), “은유와 환유의 상호작용”, 『외대어문논집』 18: 275-297, 한국외국어대학교.
조남신(1993), “다의어의 어휘의미 계층과 의미배열”, 『인문과학』 69 · 70: 255-288, 연세대학교 인문과학연구소.
채현식(2003), 『유추에 의한 복합명사 형성 연구』, 태학사.
최경봉(1997), “은유 표현에서의 단어의 의미론적 역할”, 『한국어 의미학』 1: 172-190, 한국어 의미학회.
최경봉(1999), “단어 의미의 구성과 의미 확장 원리”, 『국어국문학연구』 20: 63-87, 원광대학교 국어국문학과.
최현배(1989), 『우리말본』, 정음문화사.
한동완(1996), 『국어의 시제 연구』, 태학사.
한용운(2003), 『언어 단위 변화와 조사화』, 한국문화사.
한정한 · 정희숙(2011), “추측을 나타내는 양태 표현의 문법 제약”, 『언어』 36(4): 1117-1142, 한국언어학회.
허 웅(1995), 『20세기 우리말의 형태론』, 샘문화사.
허 웅(1999), 『20세기 우리말의 통어론』, 샘문화사.
허철구(1997), “국어의 합성동사 형성과 어기 분리”, 서강대학교 대학원 국어국문학과 박사학위논문.
호광수(1999), “국어 보조용언 구성 연구”, 조선대학교 대학원 국어국문학과 박사학위논문.
호광수(2000), “보조용언 구성 연결소의 통합적 분석”, 『언어학』 8(2): 217-235, 대한언어학회.
홍윤기(2004), “동사 연결 구성의 상황 인식 양상 연구”, 『어문연구』 32(1): 85-104, 한국어문교육연구회.
황병순(1987), “‘-어’와 ‘-고’의 기능에 대하여: 복합동사와 조동사구문을 통해”, 『국어학신연구 I』, 탑출판사.
황병순(1992), “‘V어하다’와 ‘V어지다’의 형성원리에 대한 연구”, 『배달말』 17: 1-36, 배달말학회.
황유미 · 이호영 · 남기춘(2009), “한국어 보조용언의 표상 양식과 처리 특성”, 『Communication Sciences & Disorders』 14(2): 173-182, 한국언어청각임상학회.
황화상(2002), “국어 합성 동사의 의미”, 『한국어학』 15: 307-324, 한국어학회.
황화상(2013), “‘있다’의 의미 특성과 품사, 그리고 활용”, 『한말연구』 33: 379-

403, 한말연구학회.

Bybee, J., R. Perkins & W. Pagliuca(1994), *The Evolution of Grammar*, Chicago: The University of Chicago Press. (박선자 · 김문기 옮김(2010), 『문법의 진화-시제, 상, 양태』, 소통.)

Fauconnier, G.(1994), *Mental Space*, Cambridge: Cambridge University Press.

Fauconnier, G. & M. Turner(1994), Conceptual Projection and Middle Spaces, *UCSD Cognitive Science Technical Report 9401*, San Diego.

Hopper, P. & E. Traugott(1993), *Grammaticalization*, Cambridge: Cambridge University Press. (김은일 · 박기성 · 채영희 옮김(1999), 『문법화』, 한신문화사.)

Kövecses, Z.(2002), *Metaphor: a practical introduction*, Oxford: Oxford University Press. (이정화 · 우수정 · 손수진 · 이진희 공역(2003), 『은유: 실용입문서』, 한국문화사.)

Lakoff, G. & M. Johnson(1980), *Metaphors We Live By*, Chicago: University of Chicago Press. (노양진 · 나익주 옮김(1995), 『삶으로서의 은유』, 서광사.)

Langacker, R. W.(1999), *Foundations of Cognitive Grammar*, Stanford : Stanford University Press. (김종도 역(1999), 『인지문법의 토대 II』, 박이정.)

Men Sokkeang · 김양진(2017), "'(-어)하다'와 '(-어)지다'의 접어성 연구", 『우리어문연구』 58: 233-257, 우리어문학회.

한국어 대우법의 체계와 그 의미

이 정 택*

1. 들머리

한국어 대우법은 문장과 대화 상황에 등장하는 인물들 간의 상하 관계와 친소 관계 등 사회적 관계를 토대로, 말하는 이가 특정인을 대우하여 표현하는 방법의 체계이다.

한국어 대우법의 체계가 정립된 것은 허웅(1954/1961)이라고 할 수 있다. 이들 연구를 통해 우리말 대우법의 체계는 대우 받는 이를 중심으로 주체와 객체 그리고 상대 대우로 구분하여 기술되는 현행 체계를 갖추게 되었다.

주체와 객체는 각각 주어와 그 외 문장성분의 지시 대상인 인물을 말하며 상대는 대화 상황에 등장하는 청자를 가리킨다.[1]

(1) a. **선생님께서** 시장에 가**셨**다. → 등장인물 대우
　　b. 미자는 **선생님께** 인사를 했다. → 등장인물 대우

* 서울여자대학교 국어국문학과 교수, jtlee@swu.ac.kr

1 현대 한국어의 대우법 체계에 1인칭인 화자를 높이는 방법은 없다.

(2) a. 마차가 지나간다. (해라체)
b. 마차가 지나가네. (하게체) → 청자 대우
c. 마차가 지나가오. (하오체) → 청자 대우
d. 마차가 지나갑니다. (하십시오체) → 청자 대우

위 예문 (1)과 (2)에서 (1)의 두 문장은 문장 안에 등장하는 인물을 대우하고 있고, (2)의 각각의 문장들은 상대, 즉 청자를 일정한 수준으로 대우하고 있다. 좀 더 구체적으로 (1a)와 (1b)는 각각 등장인물 중 주어의 지시 대상인 주체와 주어 외 문장 성분(여기서는 부사어)의 지시 대상인 객체를 대우하는데 이러한 대우법을 각각 주체 대우법과 객체 대우법이라 한다. 그리고 앞서 언급한 것처럼 (2)의 각 문장들은 청자를 일정한 수준으로 대우하는데 이러한 대우 방법을 상대 대우법이라 한다. 이 글에서는 이러한 대우법에 관한 지금까지의 연구와 그 문제 및 해결 방안 등을 논의하고 이어 남은 과제도 정리해 보려 한다.

2. 주체 대우법

앞서 언급한 것처럼 허웅(1954/1961)은 현행 대우법의 골격을 완성한 연구들이다. 주체 대우법도 예외가 아니어서 대우 형태소 '-시-'의 대우 대상을 주어의 지시체인 주체로 파악한 것도 이들 연구이다.[2]

그러나 '-시-'의 사용 양상을 세밀히 관찰하게 되면 이 형태소가 반드시 주어만을 대우한다고 보기 어려운 예들도 발견된다. 김형규(1962)와 신창순(1962) 등은 이에 주목한 성과들이고, 성기철(1970)과 서정수(1972) 등은 이들 사례를 세밀히 관찰한 연구들이다. 그 중 성기철(1970)에서는 아래 인용문

2 한국어 문법의 체계 전반을 다룬 최현배(1955: 347)에서도 주체 대우의 형태소 '-시-'에 대한 언급이 물론 발견된다. 여기서는 이 형태소를 "높힘 도움줄기(尊敬補助語幹)"라 부르면서 그 쓰임을 설명한 바 있다.

을 통해 알 수 있듯이 '-시-'와 주어가 일치하지 않는 현상을 '간접존대'로 설명하려 했다.

> "結局 {-으시-}에 의한 尊待는 直接 主體人物을 尊待하는 方法과 形式上으로 서술의 主體를 尊待하여 實質的으로는 그 主體와의 有緣人物을 尊待하는 方法이 있으니 後者는 間接的인 方法이라 할 수도 있다."
>
> 성기철(1970: 412)

즉, '아버지 눈은 검으시다'와 같은 문장에서 '-시-'가 사용되는 것은, 대우 대상이 아닌 주체 '눈'을 대우함으로써 관련되는 인물을 대우하는 것으로 해석한 바 있다. 한 마디로 주체 대우 형태소 '-시-' 사용의 예외 현상들을 설명할 방도를 마련한 성과라고 할 수 있다. 이제 이들 선행 연구를 통해 골격을 갖춘 주체 대우법의 구체적인 내용을 살펴보기로 하자.

주체 대우법은 주체 대우 형태소 '-시-'와 더불어 주격 조사 '께서'에 의해서도 표현되는데, 아래 예문 (3a)와 (3b)를 통해 알 수 있듯이 주체가 말하는 이보다 윗사람이거나 격식을 지켜야 하는 자리에서 주체를 특별히 대우하게 된다. 따라서 주체가 말하는 이보다 아랫사람이면서 격식을 차릴 필요도 없는 경우에는 (3c)에서처럼 주체를 대우하지 않는다.

(3) a. **우리 아버지께서는** 아직 **건강하시다**. (주체가 윗사람)
b. (직장 회의에서 사장이 하는 말) 방금 김 부장님이 **하신** 이야기에 …… (격식을 지켜야 할 자리)
c. (어머니가 아들에게) 누구니? 철수 왔니?

대우법은 대우해야 할 인물을 직접 대우하는 것이 원칙이나 성기철(1970)이 밝힌 것처럼 경우에 따라서는 아래 (4)에서와 같이 그의 신체 일부분이나 대우해야 할 인물과 긴밀한 관련을 가진 사람 혹은 사물을 대우함으로써 해당 인물을 간접적으로 대우하는 방법도 있다.

(4) a. 우리 담임선생님은 다리가 **기시다**.
b. 과장님은 자녀가 **셋이시래**.
c. 우리 아버지는 직장이 **머셔**.

대우해야 할 인물과 긴밀도가 높지 않은 대상을 간접적으로 대우할 경우 아래 (5)에서처럼 어색한 표현을 만들 수 있다.

(5) a. ?20번 손님, 카푸치노 **나오셨습니다**.
b. ?손님, 이게 가장 큰 **사이즈이십니다**.

그런데 위 (5)와 같은 표현들이 다소 어색한 것은 사실이나 이들이 일정한 환경에서는 일상적으로 사용되고 있는 것도 부정하기 어렵다.

아래 예문 (6)과 (7)에서 확인할 수 있듯이, 직접 대우와 간접 대우의 표현 방법이 서로 다른 경우도 있다.

(6) a. 운동장에 아이들이 많이 **있다**.
b. 방 안에는 선생님이 **계시다**. (직접 대우)
c. 우리 선생님은 좋은 책이 많이 **있으시다**. (간접 대우)

(7) a. 영희가 **아프다**.
b. 영희 아버님은 **편찮으시다**. (직접 대우)
c. 영희 아버님은 다리가 **아프시다**. (간접 대우)

한국어에는 아래 (8a)에서와 같이 주체의 상위자인 청자를 배려하여 화자의 상위자, 즉 대우해야 할 대상을 대우하지 않는 압존법과 (8b)에서처럼 대우할 필요가 없는 대상을 특별히 대우하는 가존법도 있다.

(8) a. 할아버지, 아버지 **왔어요**.
b. (할머니가 손자에게) 얘야, 네 어머니 언제 **들어오시니**?

최근 들어 (8a)와 같은 표현은 점점 줄어드는 추세로, (8a)보다는 '-시-'를 넣어 주체를 대우한 아래의 (8a)'가 더 자연스럽게 느껴지고 더 많이 사용된다고 한다. 국립국어원에서 2011년에 간행한 '표준 언어 예절'에서는 최근의 이런 현실을 고려하여 (8a)와 (8a)' 모두를 표준적인 표현으로 인정하고 있다(국립국어원 2011: 154 참조).

(8) a'. 할아버지, 아버지 **오셨어요.**

그런데 아래와 같이, 대화가 공적 환경에서 이루어지는 경우 압존법을 적용한 (9a)와 같은 표현은 허용되지 않는다. 이런 상황에서는 반드시 주체를 대우하여 (9b)와 같이 표현해야만 한다.

(9) a. (신입사원이 사장에게) ??사장님, 김 과장이 오늘 **결근했습니다.**
b. (신입사원이 사장에게) 사장님, 김 과장이 오늘 **결근하셨습니다.**

아래 (10)은 '-시-'가 주어의 지시 대상인 주체를 대우한다는 지금까지의 논리로는 설명하기 다소 어려운 예가 될 수 있다.

(10) a. **선생님께** 돈이 있으실까?
b. **부모님께** 재산이 많으시다.

이런 용례들에 대해 서정수(1972)는 대우의 대상이 되는 처소격 체언(진한 부분) 때문에 서술어에 '-시-'가 개입되는 것으로 설명한 바 있다. 만약 이러한 논리를 받아들이게 되면 '-시-'가 배타적으로 주체만을 대우하는 요소라고 볼 수 없게 된다.

Shibatani(1976), 유현경(1996) 등은 위 (10) 유형의 예문에 대해 서정수(1972)와는 다른 해석을 내놓고 있다. 즉, 이들 논의에서는 (10)과 같은 예문의 문두 체언을 주어로 봄으로써 이런 경우의 '-시-' 역시 주체를 대우하는 것으로 파악한 바 있다.

그러나 처소격(혹은 여격)의 조사 '-께'가 위 (10) 유형의 구문에서만 유독 주어 표시 형태소로 기능한다는 것도 이해하기 어려운 일이다. 또한 위 (10)의 문두 체언들도 '돈'이나 '재산'이 존재하는 소재로 충분히 해석이 가능하다. 따라서 이런 주장은 타당성이 크지 않은 것으로 여겨진다.

위 (10) 유형의 예문에 대한 세 번째 해석은 박석준(2002)에서 이루어진다. 이 글에서는 위 (10) 유형의 예문들이 아래와 같은 복문 구조로부터 도출된 것으로 파악하였다.

(10)' a. [[[선생님은i [선생님께i 돈이 있] 으시] ㄹ까]
b. [[[부모님은i [부모님께i 재산이 많] 으시] 다]

즉, 대우의 대상이 되는 체언으로 여겨지는 성분은 서술절에서 처소를 나타내는 요소에 불과하며 이와 동일지시 대상이 주절 주어로 상정될 수 있고 '-시-'는 바로 이렇게 상정되는 주어와 어울린다는 해석이다. 그러나 이렇게 해석할 경우 위 (10)'에서 (10)으로 이행되는 과정에서 발생하는 주절 주어의 생략을 합리적으로 설명하기 어렵다. 왜냐하면 한재현(1984)에서 밝힌 것처럼 국어의 체언 생략은 아래 예문 (11)에서와 같이 후행하는 성분이 생략되는 것이 원칙이기 때문이다.

(11) a. 영희는i 아름답고 영희i 동생은 슬기롭다.
→ 영희는 아름답고 동생은 슬기롭다.
→ *아름답고 영희 동생은 슬기롭다.
b. 영희는i 자기가i 보던 책을 순희에게 주었다.
→ 영희는 보던 책을 순희에게 주었다.
→ ??자기가 보던 책을 순희에게 주었다.

물론 아래 예문에서와 같이 선행 성분 생략이 나타나기도 한다. 그러나 이러한 현상은 선행 요소가 내포절 성분일 경우로 제한된다.

(12) [밥을 동생에게 준]내포절(관형절) 영희는 그날 저녁 굶고 말았다.
← 영희가 밥을 동생에게 주었다. + 영희는 그날 저녁 굶고 말았다.

(10) 유형은 아래 (13)과 (14)에서 확인할 수 있듯이 일반적인 간접 존대 표현과 달리 그 쓰임이 상당히 제약된다.

(13) a. ?선생님께 {결혼반지가, 모자가, 지팡이가} 있으시다.
b. 선생님은 {결혼반지가, 모자가, 지팡이가} 있으시다.
(14) a. ?부모님께 {결혼반지가, 모자가, 지팡이가} 있으시다.
b. 부모님은 {결혼반지가, 모자가, 지팡이가} 있으시다.

이러한 현상에 기댄다면 (10) 유형의 문장에서 서술어에 '-시-'가 개입되는 것은 동의관계에 있는 적절한 표현인 아래 (15) 등에 이끌린 유추의 결과로 보아 예외로 처리될 수도 있을 것이다.

(15) a. 선생님은 여유로우실까?
b. 부모님은 부유하시다.

누군가를 대우할 것인지 대우하지 않을 것인지를 결정하는 일은 근본적으로 말하는 이의 태도에 달려 있다. 따라서 객관적으로 대우해야 할 필요가 있는 경우에도 대우하지 않을 수 있으며 대우할 필요가 없는 경우에 대우하기도 한다. 아래 예문 (16b)도 대우법의 이런 특성을 반영한 것으로 볼 수 있다.

(16) a. 이순신 장군은 노량해전에서 **전사했다**. → 객관적 기술
b. 이순신 장군은 노량해전에서 **전사하셨다**. → 주관적 기술

3. 상대 대우법

현대 한국어의 상대 대우는 앞의 예문 (2)에서도 살핀 것처럼 다양한 문체에 의해 다양한 수준으로 표현된다.

(2) a. 마차가 지나간다. (해라체)
b. 마차가 지나가네. (하게체) → 청자 대우
c. 마차가 지나가오. (하오체) → 청자 대우
d. 마차가 지나갑니다. (하십시오체) → 청자 대우

그런데 아래 (17)을 통해 확인할 수 있듯이 한국어에는 위에서 살핀 문체들 외에도 '해체', '해요체' 그리고 종교적 상황 등에 한정적으로 사용되는 '하소서체' 및 글말과 표어, 구호 등 이른바 단독적 장면에만 쓰이는 '하라체' 등이 추가됨으로써 상당히 복잡한 양상을 보인다.

(17) a. 마차가 지나가. (해체)
b. 마차가 지나가요. (해요체)
c. 우매한 백성들을 굽어 살펴 주시옵소서. (하소서체)
d. 꺼진 불도 다시 보자! (하라체)

실제로 한국어 상대 높임에 대한 학계의 이견들은 이들 8개의 문체로 집중된다. 즉, 이들 중 몇 개를 정상적인 쓰임으로 인정할 것인지, 이들이 나타내는 높고 낮음의 상대적인 서열을 어떻게 해석할 것인지 그리고 이들이 단일한 체계를 이루는 것으로 보는지 아니면 격식 유무에 의해 이원적 체계를 갖춘 것으로 보는지에 따라 입장들이 갈리고 있다.

아래와 같은 남기심 · 고영근(1985)의 상대 대우 체계는 그 쓰임이 한정되는 '하소서체'와 '하라체'를 제외한 6개의 문체를 대상으로 하고 있다.

〈표 1〉 상대 대우 체계

격식	비격식
아주높임(합쇼)	두루높임(해요)
예사높임(하오)	
예사낮춤(하게)	두루낮춤(해)
아주낮춤(해라)	

위 체계는 가장 잘 알려진 것으로서 현재 학교문법서 등 상당수의 저작들이 이를 따르고 있다. 위 체계의 가장 큰 특징은 상대 대우법을 일단 격식체와 비격식체로 이원화했다는 점이다. 격식체가 화자와 청자 사이에 존재하는 사회적 관계를 드러내는 문체라면, 비격식체는 격식 없이 대화를 나눌 수 있는 가까운 사이에서 주로 사용되는 문체라고 할 수 있다. 이런 측면에서 '하십시오체', '하오체', '하게체' 등의 격식성 및 '해체'가 가진 비격식성은 분명한 것으로 여겨진다. 따라서 격식 여부로 화계를 이원화하는 것 자체에는 큰 문제가 없는 것으로 판단된다. 다만 '해라체'의 경우 과연 격식적인 상황에서 사용되는 격식적인 문체인지 의심스럽고 이를 지적한 연구들도 없지 않다. 우선 임지룡 외(2005)에서 아래와 같이 격식체와 비격식체가 섞여 쓰일 수 있음이 지적된 바 있다.

> "이 여섯 가지 등급 가운데 격식체의 하십시오체와 비격식체의 해요체가 비슷한 등급이어서 두루 섞여 쓰이고, 격식체의 해라체와 비격식체의 해체가 섞여 쓰이기도 한다."
>
> 임지룡 외(2005: 270-271)

또한 이은희(2009)에서는 '하십시오체'와 '해요체' 사이에서 발견되는 격식체와 비격식체의 차이가 '해라체'와 '해체' 사이에서는 발견되지 않으며, '해라체' 역시 비격식적인 상황에서 자연스럽게 쓰일 수 있음을 지적하였다. 박지순(2014)의 경우 '해라체'를 아주 낮춤의 격식체로 봄으로써 친구나 어린 사람을 아주 낮추어 말하는 것으로 설명되는 현상을 지적하면서 이를 격식체로 보고 있는 국립국어원(2005)과 백봉자(2009)를 비판한 바 있다.

격식성과 관련한 또 다른 문제는 '해요체'의 격식성 여부이다. 왜냐하면 비격식체로 여겨지는 '해요체'가 강의, 강연 등 공식적인 자리에서도 많이 사용되고 있는데, 이런 상황에서 비격식체가 쓰인다고 해석하는 것이 과연 타당한지 의문시되기 때문이다.

대우의 높낮이와 관련된 가장 큰 문제는 '하오체'와 '하게체'를 각각 '높임'과 '낮춤'으로 파악하고 있다는 점이다. 왜냐하면 이 두 문체 모두 동등하거나 서열이 낮은 상대를 일정 부분 존중하는 문체이기 때문이다. 동일한 속성을 지니는 두 문체 중 하나는 높임으로 처리하고 나머지 하나는 낮춤으로 보는 것은 문제가 아닐 수 없다.

마지막으로 '하오체'와 '하게체'의 체계 편입 문제인데 현재 이들 문체의 사용이 극단적으로 제약되고 있기에 왕문용・민현식(1993)의 경우 이들을 '옛말투'로 분류하여 체계에서 제외하고 있다. 한국어교육 등 실용을 강조하는 경우 이들 두 가지 문체 모두, 혹은 이들 중 '하오체'를 제외하고 상대 높임의 체계를 세우는 것이 일반적이다.

이제 이 글에서는 이러한 문제들에 주목하면서 한국어 상대 대우법의 체계를 재정립하려 한다. 우선 위에서 밝힌 것처럼 '하오체'와 '하게체'의 경우 현대 사회에서 잘 사용되지 않기에 의고체로 분류되기도 하고 경우에 따라서는 문법 기술에서 제외되기도 한다. 그런데 '하게체'의 경우 현재도 장인, 장모가 사위에게 이야기하거나 스승(남성)이 나이가 든 제자에게 말할 때 부분적으로 사용되고 있고, 나이 많은 친구들 사이에서도 사용이 가능한 것으로 알려져 있다. 한 마디로 '하게체'는 손아래 사람이나 일부 환경에서 동위자를 일정 부분 대우해 주는 표현이라고 할 수 있다. '하오체' 역시 하위자 혹은 동위자를 대우하는 표현으로 여겨지는데, 현재는 일부 문어체 등 제한된 환경에서만 사용되고 있는 것으로 파악된다.[3] 여기서는 현재 일상적이고 광범위하

3 임지룡 외(2005: 271)에서는 '하오체'가 편지글에서 그 명맥을 유지하고 있음을 지적하였다.

게 사용되고 있는 '하십시오체', '해요체', '해라체', '해체'와 그 쓰임이 흔하지 않은 '하게체'와 '하오체'를 구분하여 살피기로 한다.

현대 한국어에서 그 쓰임이 매우 광범위한 '해체'의 경우 비격식적인 문체임에 분명하다. 그런데 이를 낮춤 표현으로 분류하는 것은 옳지 않다고 생각한다. 왜냐하면 아래 예문 (18)에서도 확인할 수 있는 것처럼 '해체'는 부모나 조부모 등 상위 서열의 어른들에게도 제한적인 상황에서이지만 쓰일 수 있는데, 자신의 부모나 조부모를 낮추어 대우한다는 것은 생각하기 어려운 일이기 때문이다.

(18) 딸: 엄마, 순희가 이 근처로 이사 **온대**. (해체)
엄마: 그래, 친구가 이사 와서 **좋겠네**. (해체)

'해라체' 역시 상당수 연구에서 격식체 중 '낮춤표현'으로 여겨져 왔는데, 이 표현이 과연 격식적인 상황에서 듣는 이를 낮추어 표현하는 것인지 재고가 필요하다. 우선 상하 관계가 분명한 직장에서조차 윗사람이 아랫사람을 대우해 표현해야 하는 현대 사회에서, 군대와 같은 특수 상황이 아닌 한 아랫사람을 격식적으로 낮추어 대할 수 있는 경우를 상정하기는 쉽지 않다. 또한 '해라체'는 아래 예문 (19)와 (20)에서처럼, 실제로 비격식적이고 비공식적인 관계인 가족이나 친구들 사이에서 많이 사용된다.

(19) 엄마: 순희야, 텔레비전 그만 보고 이제 **자라**. (해라체)
딸: 알았어요. **잘게요**.
(20) 친구A: 너 요즘도 그 남자 만나니? 너 그 사람 **좋아해**?
친구B: 글쎄, 나도 **모르겠어**.
친구A: 애들도 아니고. 확신이 없으면, 만나지 **마라**. (해라체)

따라서 '해라체'에 격식성이 있다고 보기 어렵고, 이 문체가 서열이 같은 친구들 사이에서 흔히 쓰이고 있음을 생각할 때 낮춤 표현으로 분류되기도 어렵다고 생각한다. 그러므로 '해라체'는 '해체'와 마찬가지로 비격식적이며 특별한 대우의 의미가 없는 표현으로 분류될 가능성이 충분하다고 본다.

그런데 '해라체'와 '해체'는 그 사용 범위에서 차이가 난다. '해라체'가 손윗사람에게 사용하기 어려운 문체인 반면 '해체'는 그렇지 않다. 즉, 앞의 예문 (18)에서 확인한 바 있듯이 매우 친근하고 가까운 사이라면 손아랫사람이 손윗사람에게도 '해체'를 사용할 수 있는 반면, 아래 예문 (21)을 통해 알 수 있듯이 같은 경우에 '해라체'를 사용하기는 매우 어렵다. 이렇게 '해체'와 달리 '해라체'의 경우 손윗사람에게 사용될 수 없기 때문에, '해체'는 '안높임' 그리고 '해라체'는 '낮춤' 등으로 그 대우의 등급을 구분할 가능성도 있다. 그러나 가까운 친구를 굳이 낮추어 대우한다는 것은 이해하기 어렵다. 따라서 여기서는 듣는 이에 대한 격식적인 존중이나 부담 없이 사용될 수 있는 가장 편안한 문체가 '해라체'이고 바로 이런 이유 때문에 이 문체를 손윗사람에게 사용할 수 없는 것으로 해석한다.

(21) 가. (자식이 부모에게) *엄마, 시간 없어. 빨리 교복 다려줘라.
나. (손주가 조부모에게) *할아버지, 이따가 전화해라.

마지막으로 '해요체'의 격식성 문제를 검토해 보자. 앞에서 밝힌 것처럼 이 문체는 강의, 강연 등 격식성을 가진 자리에서도 사용되고 이에 따라 이 문체를 비격식체로 볼 수 있는지 문제가 될 수 있다. 그런데 이러한 환경에서 '해요체'만 사용되는 것도 아니고 이들 환경에서 사용되는 '해요체'에서 비격식체의 친근한 정감이 직관적으로 느껴지는 것도 부인하기 어렵다. 따라서 여기서는 화자가 이들 환경을 비격식적인 것으로 이해하거나 혹은 전략적으로 비격식적인 환경을 도모하기 위해 이 문체를 사용한 것으로 해석한다.

이제 지금까지의 논의를 정리하여 현대 한국어에서 광범위한 쓰임을 갖고 있는 네 가지 문체인 '하십시오체', '해요체', '해라체', '해체'의 특성을 정리하여 표로 보이면 다음과 같다.

〈표 2〉 '하십시오체, 해요체, 해라체, 해체'의 특성

존대여부	대상 \ 문체	격식체	비격식체
높임	±윗사람	하십시오체	해요체
안높임	-윗사람		해라체
	±윗사람		해체

'하오체'와 '하게체'는 일반적으로 '예사높임'과 '예사낮춤'의 성격을 띠는 것으로 기술되고 있다. 그런데 앞에서 언급한 것처럼 그리고 아래 (22)에서 볼 수 있듯이 이들 두 종류의 문체는 상위자에게 쓸 수 없다는 공통점을 갖고 있다.

(22) a. (장인이 사위에게) 자네 이리 와서 술 한 잔 받게. (하게체)
b. *(사위가 장인에게) 그래 술 한 잔 주게. (하게체)
c. (선배가 동기나 후배에게) 자 이제 모두 출발하시오. (하오체)
d. *(후배가 선배들에게) 자 이제 모두 출발하시오. (하오체)

이렇게 '하오체'와 '하게체'는 모두 동등 혹은 하위의 상대(청자)를 격식적으로 일정부분 대우해 주는 성격을 띠고 있으므로, 이들은 청자 대우법과 관련해 동일 범주를 이루는 것으로 파악된다. 따라서 '하오체'와 '하게체'를 각각 높임과 낮춤 표현으로 분류하는 것은 오류임에 분명하다. 그런데 동일 범주 안에 이들 두 문체를 포함시켜야 한다고 할 때 문제가 되는 것은 해당 범주의 성격 및 이들 사이의 차이다. 동위자 및 하위자를 일정 부분 대우하는 문체의 성격을 높임, 낮춤 등과 관련해 기술해야 하고 이들이 서로 다른 표현 양식인 만큼 그 차이 또한 밝혀야 하는 것이다.

한국어 대우법은 과거 엄격한 신분 질서 아래에서 사회적인 상하 관계를 언어에 반영하는 방법이었을 것이다. 그러나 현대 사회에서는 대우법이 신분적 상하 관계를 반영한다고 보기 어렵다. 직장 등 공적인 장소에서는 윗사람이 아랫사람에게 말할 때에도 아랫사람을 일정 부분 대우해야 한다는 '표준 언어 예절'의 규정도 이러한 변화를 반영한 것이다. 결국 오늘날의 대우 표현

은 어느 것이나 상대방을 일정 부분 대우하는 일종의 '존중 표현'의 성격을 띠고 있다고 결론지어야 한다. 따라서 '하오체'와 '하게체'가 청자를 존중하는 표현이라면 이 역시 대우 표현이 될 수 있다. 아울러 '하오체'는 '하게체'와 달리 현재 구어에서 거의 쓰이지 않는 표현이므로 여기에 문어체 및 의고체의 성격을 부여할 수 있을 것이다. 이제 지금까지의 논의를 토대로 하여 '하게체'와 '하오체'의 성격을 표로 보이면 다음과 같다.[4]

〈표 3〉 '하게체'와 '하오체'의 특성

존대여부 \ 대상 \ 문체		격식체	격식체 문어체 · 의고체
높임	-윗사람	하게체	하오체

이 글에서 제시한 위와 같은 체계에는 기도문 등에 제한적으로 사용되는 '하소서체'와 단독적 장면에서만 사용되는 '하라체'가 빠져있다. 아래 (23a)는 '하소서체'의 용례이고, (23b)와 (23c)는 '하라체'의 용례들이다.

(23) a. 고난을 당하고 있는 저희들을 굽어 살펴 **주시옵소서**.
b. 민생 외면하는 ○○당은 **각성하라**.
c. 다음 중 잘못된 항목을 모두 **고르라**.

이들 중 '하소서체'는 의고체이기도 하고 또 특수한 상황에서 사용되는 문체이므로, 현대 한국어 대우법 체계에 굳이 포함시킬 필요가 없을 것 같다.

4 '하게체'는 스승이 나이 많은 제자에게 혹은 장인이 사위에게 사용하는 경우가 많다. 그리고 이러한 관계를 사적인 것으로 해석할 여지가 있고 사적인 관계와 격식체는 어울리지 않는 것으로 볼 수도 있을 것이다. 그럼에도 불구하고 여기서는 다음과 같은 이유 때문에 '하오체'를 격식체로 파악한다. 우선 스승과 장성한 제자 관계나 장인과 사위 관계는 사적 관계라 하더라도 아주 편안한 관계는 아니다. 그리고 이렇게 다소 불편한 관계 때문에 격식을 갖춰 말하는 것이 필요하고 이에 따라 격식체인 '하게체'가 선택된다고 볼 수 있다. 두 번째로 '하게체'는 아래 사람을 대접하는 문체인데, 회사 상사가 아래 사람에게 높여 말하는 것이 격식적이듯 아래 사람을 대접한다는 것 자체가 격식적인 속성을 갖는다고 볼 수 있다.

그러나 '하라체'의 경우 위 예문에서 볼 수 있듯이 특정한 청자를 상정하지 않은 표어, 구호 및 글말에서 충분히 사용이 가능하다. 다만 이 문체는 청자를 특별히 정하지 않는 표현이기에 일정한 대우의 정도를 생각하기 어렵고 이에 따라 대우가 중화된 다소 특별한 표현으로 여겨지고 있다.

4. 객체 대우법

앞에서 확인한 것처럼 문장 안에서 주어 외의 목적어와 부사어 등이 지시하는 대상을 높이는 방법을 객체 대우법이라 하는데, 중세어의 경우 객체 대우 선어말 어미 '-숩-'에 의해 규칙적으로 표현되었고, 그 본질에 관해 많은 논쟁이 이루어진 바 있다. 그런데 규칙적으로 기능하던 객체 대우 선어말 어미가 그 기능을 완전히 잃게 되면서, 현대 한국어 객체 대우법에 관한 논쟁은 찾아보기 어려워졌다.

그러나 현대어에 문법적인 객체 대우법이 아주 없는 것은 아니다. 현대어의 경우 아래 예문 (24)와 같이 부사격 조사 '께'에 의해 규칙적으로 부사어가 대우되는 방법이 남아 있다.

(24) a. 얘들아, **선생님께** 인사해라.
b. 순희는 **시어머님께** 선물을 보냈다.
c. 책임은 **사장님께** 있어요.

다만 현대어의 규칙적인 객체 대우법은 그 쓰임이 한정되어 있다. 왜냐하면 조사 '께'는 부사어에만 이어질 수 있고, 목적어의 지시 대상을 대우하는 문법적인 방법이 따로 없기 때문이다.

5. 어휘를 활용한 대우법

지금까지 우리는 문장 안의 성분이 지시하는 지시 대상인 주체와 객체를 각각 문법적으로 대우하는 주체와 객체 대우법 그리고 담화 상황에서 청자를 문법적으로 대우하는 상대 대우법에 관해 살펴보았다.

그런데 이들 주체와 객체 그리고 상대를 대우하는 문법적 대우 방법과 달리 대우의 의미를 갖는 특정 어휘를 이용하여 특정 대상을 대우하는 방법도 있다.

(25) a. 할머니가 안방에서 **주무신다**.
b. 선생님은 교무실에 **계신다**.

(26) a. **어머님**, 진지 드세요.
b. **사장님**, 김 부장이 왔습니다.

위 예문 (25)의 경우 주어의 지시 대상인 주체가 특별히 대우되고 있는데 이러한 대우의 의미는 진하게 표시한 서술어 '주무시다'와 '계시다'에 의해 표현된다. 즉, 아래 예문 (25)'의 서술어 '자다'와 '있다'를 대우의 의미를 갖는 이들 표현으로 바꾸어줌으로써 주체에 대한 특별한 대우 의미가 표현되는 것이다.

(25)' a. 할머니가 안방에서 **잔다**.
b. 선생님은 교무실에 **있다**.

위 예문 (26)에서는 상대를 대우하는 문법적인 방법인 종결 표현이 사용되고 있는데, 이와 더불어 어휘적인 상대 대우의 방법도 함께 확인된다. 즉, 호칭인 '어머님'과 '사장님' 역시 상대, 즉 청자에 대한 대우 의미를 분명히 표현하고 있다.

이미 언급한 것처럼 문법적인 객체 대우는 부사어에 한정되고 목적어의 지시 대상을 대우하는 문법적 방법은 따로 없다. 따라서 목적어의 지시 대상을 대우하려면 아래 (27)의 진하게 표시한 부분과 같이 목적어 자체를 대우 표현으로 바꾸거나 '모시다', '뵙다'와 같은 특별한 타동사를 이용해야만 한다.

(27) a. **어머님을 모시고** 식당에 갔다.
b. **사장님을 뵙고** 왔다.

주체 대우법 및 상대 대우법에서와 마찬가지로 부사어의 지시 대상을 대우하는 객체 대우법에서도 아래 (28)의 진하게 표시한 부분처럼 특별한 어휘 역시 이용될 수 있다.

(28) a. 시어머니께 **여쭈어** 보고 정해라.
b. 이 책은 부모님께 **드려라**.

6. 대우 표현의 전략적 선택

앞서 밝힌 것처럼 대우법에는 상하 관계와 친소 관계 등 사회적 관계들이 반영된다. 그런데 이러한 사회적 관계를 고려할 때 대우 표현이 필요 없는 환경에서 말하는 이가 의도적이고 전략적으로 대우 표현을 사용하는 경우도 있고, 그 반대의 경우, 즉 대우 표현이 필요한 상황에서 의도적으로 이를 사용하지 않는 경우도 있을 수 있다.

(29) 교장: 김 선생! 요즘 애들은 잘 커?
김 선생: 예, 모두 건강하게 잘 크고 있어요.
(30) 교장: 김 선생! 돈 좀 꿔 줄 수 있어요?
김 선생: 얼마나요?

위 (29), (30)에 참여하는 인물들이 동일하며 이들은 나이 차이가 적지 않고

사적으로 상당히 가까운 관계에 있다고 가정하자. 그렇다면 이들 사이의 사적인 대화는 (29)와 같이 이루어지는 것이 상식이다. 즉, 나이 많은 '교장 선생님'은 '해체'를 사용하고 나이 어린 '김 선생'은 '해요체'를 쓰는 것이 보통이다. 그런데 (30)에서는 이러한 상식이 지켜지지 않고 있다. '교장 선생님'이 '해요체'를 쓰고 김 선생은 이를 큰 부담 없이 받아들이고 있다. 왜냐하면 가까운 사이라 하더라도 돈을 꿔 달라는 부탁은 화자의 입장에서 매우 어려운 일이므로, '교장 선생님'이 조심스럽게 그리고 전략적으로 '해요체'를 사용하는 것이 어쩌면 당연한 일일 수 있기 때문이다.

(31) 사장: 지금부터 간부 회의를 **시작하겠습니다**.
박 상무: 회의 시작 전에 사적으로 드릴 말씀이 **있습니다**.
사장: 박 상무, 사적인 이야기는 사적인 자리에서 **해**.

위 (31)은 공식적인 회의 시간에 이루어진 대화이다. 따라서 상하 관계나 친소 관계를 떠나 누가 누구에게 말하는 경우이든 간에 격식체 대우 표현인 '하십시오체'를 사용해야 한다. 그런데 '사장'은 '박 상무'에게 특별한 대우 의미가 없는 '해체'를 사용하고 있다. 파격을 통해 하위자를 질책하려는 전략이 있는 것으로 여겨진다.

7. 앞으로의 과제와 전망

지금까지 한국어의 대우법 체계와 각각의 대우 표현들이 갖고 있는 의미를 살펴보았다. 이제 현재까지의 논의를 통해 현재 남아있는 앞으로의 과제와 그 전망을 체계의 문제와 실용적인 문제로 나누어 살펴보겠다.

먼저 체계에 있어 현재까지 남아있는 가장 큰 문제는 예문 (10)에서 살핀 것처럼 부사어와 주체 대우의 선어말어미 '-시-'가 어울리는 현상이다. 왜냐하면 이 문제에 대한 해명이 되지 않은 상태에서 선어말어미 '-시-'를 주체 대우의 형태소로 확정짓기 어렵기 때문이다.

(10) a. **선생님께** 돈이 있으실까?
b. **부모님께** 재산이 많으시다.

이미 언급했듯이 '-시-'가 주체 대우 형태소라는 전제 아래에서 예문 (10)에서처럼 부사어와 '-시-'가 호응하는 현상을 보는 기존의 두 가지 관점은 이들을 부사어로 보지 않고 주어로 보는 방법과 별도의 생략된 주어가 존재하는 것으로 보는 방법이었다. 그런데 이러한 두 가지 관점은 모두 본질적인 약점들을 갖고 있었다. 따라서 필자는 이들이 동의관계에 있는 정상적인 표현에 유추된 일종의 예외로 보는 방법을 제시한 바 있다. 그러나 이러한 필자의 생각 역시 또 다른 해석 방법일 뿐 이러한 해석이 정당하다는 확실한 근거를 내놓기 어렵다. 필자의 해석이 옳다면 그 근거가 보완되어야 할 것이고, 그러한 근거가 마련되지 않는 한 이들에 대한 새로운 해석의 가능성은 열려있다고 할 수 있다.

체계와 관련된 두 번째 문제는 '해요체'의 격식성 여부이다. 실제로 '해요체'가 비격식적인 상황에서 많이 사용되고 있고 직관적으로도 그 용법이 격식적인 것으로 느껴지지 않는다. 그런데 현대 사회에서는 이 문체가 강의, 강연 등 공식 석상에서도 함께 사용되고 있기에 문제가 될 수 있는 것이다. 이 글에서는 이 문체가 사용되는 환경 자체를 화자가 비격식적인 것으로 파악하거나 전략적으로 그렇게 몰아가는 것으로 보려 하나 이 역시 향후의 과제가 될 수 있을 것이다.

한국어 대우법의 실용과 관련해 생각할 수 있는 문제는 두 가지 정도인 것으로 여겨진다. 우선 앞의 예문 (5)와 같은 표현에 대한 정책적인 판단이 이루어져야 한다.

(5) a. ?20번 손님, 카푸치노 **나오셨습니다**.
b. ?손님, 이게 가장 큰 **사이즈이십니다**.

이미 언급한 것처럼 이들 유형의 표현들은 특정 상황에서 광범위하게 사용되고 있을 뿐 아니라 이들 표현을 접하는 청자들 역시 이들을 자신에 대한 존중 표현으로 비교적 자연스럽게 받아들이고 있다. 그리고 한 걸음 더 나아가 이들 표현에서 '-시-'가 빠질 경우 청자는 자신을 대하는 화자의 태도가 불손한 것은 아닌지 의심하는 경우까지 있다고 한다. 이들 표현들을 둘러싼 현재 상황이 이와 같다면 적어도 이들이 많이 사용되는 특정 상황에서는 이들을 정상적인 표현으로 인정해야 하는 것이 아닌지 고민해 볼 필요가 있을 것이다.

대우법의 실용과 관련된 두 번째 문제는 이른바 '압존법'에 있다고 생각한다. 왜냐하면 '압존법'은 현재 수의적으로 사용할 수 있는 표현법으로 규정되어 있음에도 불구하고, 일부 사회적인 그룹들은 이를 필수적인 것으로 생각하고 있기 때문이다. 즉, 윗세대 사람들 중 상당수는 압존법이 지켜지지 않았을 때 일종의 불쾌감을 느낄 수 있고, 군대 내부에서 이를 지키지 않을 경우 심각한 불이익을 경험할 수도 있다고 한다. 따라서 '압존법'에 대한 규정이나 이를 다루는 교육 현장에서 이를 지켜도 좋고 지키지 않아도 그만인 말 그대로 수의적인 것으로 다루기보다는 구체적 상황에 따른 개별적인 용법을 확인하고 교육할 필요가 있다고 본다.

8. 마무리

한국어의 대우법은 한국어의 대표적인 특징임에 분명하다. 왜냐하면 한국어가 아닌 그 어떤 언어에서도 특정인에 대한 대우가 한국어만큼 다양하고 정교하게 표현되지 않기 때문이다. 따라서 한국어의 대우법은 한국어 자체의 체계 수립을 위해 그리고 한국어의 효율적인 교육과 활용을 위해 정확히 기술되어야만 한다.

이 글은 이러한 목적을 위해 기획되었으며 그 목적을 이루기 위해 한국어의 대우법을 주체 대우법, 상대 대우법, 객체 대우법과 어휘를 활용한 대우법으로 나누어 그 체계와 의미를 살펴보았다. 그리고 필자의 관찰 결과 현대 한국어의 대우법은 사람들 사이의 높고 낮음을 언어로 표현하는 체계라기보다는 특정인에 대한 존중을 드러내는 존중 표현의 체계로 이해해야 함을 확인하였다.

이 글에서는 아울러 한국어 대우법에 대한 원활한 이해와 사용을 위해 대우법의 전략적인 선택 방법을 더불어 관찰하였으며, 앞으로의 연구를 위한 과제도 제시해 보았다.

참고문헌

고영근 · 구본관(2008), 『우리말 문법론』, 집문당.
성균관대학교 대동문화연구원(1985), 『고등학교 문법』, 대한교과서주식회사.
서울대학교 국어교육연구소(2002), 『고등학교 문법』, 두산동아.
구본관 외(2012), 『고등학교 독서와 문법』, 미래엔.
구본관 외(2015), 『한국어 문법 총론 1』, 집문당.
국립국어연구원(1999), 『표준국어대사전』, 두산동아.
국립국어연구원(2011), 『표준 언어 예절』, 국립국어원.
김병건(2012), "20 · 30대 상대높임법 체계 연구", 『문법교육』 17: 1-32, 한국문법교육학회.
김석득(1992), 『우리말 형태론』, 탑출판사.
김종훈(1984), 『국어경어법연구』, 집문당.
김태엽(1999), 『우리말의 높임법 연구』, 대구대학교출판부.
김한샘(2010), "말뭉치를 활용한 국어 높임법 교육 연구", 『문법교육』 13: 199-218, 한국문법교육학회.

김형규(1962), “겸양사 문제의 재론”, 『한글』 129: 60-73, 한글 학회.
남기심 · 고영근(1985), 『표준국어문법론』, 탑출판사.
박석준(2002), “현대국어 선어말어미 ‘-시-’에 대한 연구”, 연세대학교 대학원 국어국문학과 박사학위논문.
박양규(1975), “존칭체언의 통사론적 특징”, 『진단학보』 40: 81-108, 진단학회.
박영목 외(2012), 『고등학교 독서와 문법』, 천재교육.
박지순(2014), “한국어 교육을 위한 상대높임법 체계의 제 문제”, 『문법교육』 20: 77-108, 한국문법교육학회.
박지순(2014), “한국어 상대높임법 실현의 영향 요인 연구”, 『새국어교육』 98: 289-324, 한국국어교육학회.
박창해(1990), 『한국어 구조론 연구』, 탑출판사.
서정수(1972), “현대국어의 대우법 연구”, 『어학연구』 8(2): 78-99, 서울대학교 어학연구소.
서정수(1984), 『존대법의 연구: 현행 대우법의 체계와 문제점』, 한신문화사.
성기철(1970), “국어 대우법 연구”, 『논문집』 4, 충북대학교. (김종훈(1984), 『국어경어법연구』: 405-449, 집문당. 재수록)
성기철(1984), “현대 국어 주체 대우 연구”, 『한글』 184: 81-111, 한글 학회.
성기철(1985), 『현대 국어 대우법 연구』, 개문사. (김종훈(1984), 『국어경어법연구』, 389-403, 집문당 재수록.)
안명철(2003), “주어존대법과 구동사 구문”, 『우리말글』 29: 129-154, 우리말글학회.
왕문용 · 민현식(1994), 『국어문법론의 이해』, 개문사.
왕문용(2007), “문학 교과서 소설 속 여성화자의 상대높임법”, 『국어교육』 122: 289-315, 국어교육학회.
유현경 외(2018), 『한국어 표준 문법』, 집문당.
윤여탁 외(2012), 『고등학교 독서와 문법 I』, 미래엔.
윤천탁(2004), “학교 문법의 상대 높임법 기술 내용 재고”, 『청람어문교육』 29: 385-406, 청람어문교육학회.
이관규 외(2012), 『고등학교 독서와 문법』, 비상교육.
이삼형 외(2012), 『고등학교 독서와 문법』, 지학사.
이용주(1993), 『한국어의 의미와 문법 I』, 삼지원.
이은희(2009), “상대 높임 화계에 대한 연구”, 홍종선 외 『국어 높임법 표현의 발달』, 203-234, 박문사.

이은희(2010), “한국어 높임법 교육 내용 연구”, 『문법교육』 13: 281-315, 한국문법교육학회.
이익섭 · 임홍빈(1985), 『국어문법론』, 학연사.
이익섭 · 채완(1999), 『국어문법론강의』, 학연사.
이정복(2001), 『국어 경어법 사용의 전략적 특성』, 태학사.
이정택(2014), “존대형태소 ‘-시-’의 의미와 문법”, 『문법교육』 21: 217-238, 한국문법교육학회.
이정택(2015), “우리말 높임법의 본질과 상대높임법 체계”, 『문법교육』 24: 145-160, 한국문법교육학회.
임동훈(2006), “현대국어 경어법의 체계”, 『국어학』 47: 287-323, 국어학회.
임지룡 외(2005), 『학교문법과 문법교육』, 박이정.
임홍빈 · 장소원(1995), 『국어문법론 1』, 한국방송통신대학교 출판부.
임홍빈(1976), “존대 · 겸양의 통사 절차”, 『문법연구』 3: 237-264, 문법연구회.
임홍빈(1985), “{-시-}와 경험주 상정의 시점”, 『국어학』 12: 287-336, 국어학회.
임홍빈(1990), “존경법”, 서울대학교 대학원 국어연구회 『국어연구 어디까지 왔나』, 388-400, 동아출판사.
주시경(1910), 『국어문법』, 박문서관.
최현배(1937/1955), 『우리말본』, 정음사.
한재현(1981), 『생략과 대용 현상』, 한신문화사.
허 웅(1954), “존대법사: 국어 문법사의 한토막”, 『성균학보』 1: 139-207, 성균관대학교.
허 웅(1961), “서기 15세기 국어의 존대법과 그 변천”, 『한글』 128: 133-190, 한글 학회. (김종훈(1984), 『국어경어법연구』: 5-62, 집문당. 재수록)
허 웅(1962), “존대법의 문제를 다시 논함”, 『한글』 130: 1-19, 한글 학회.
허 웅(1983), 『국어학』, 샘문화사.
허 웅(1995), 『20세기 우리말의 형태론』, 샘문화사.
Shibatani, M.(1976), Relational Grammar and Korean Syntax, 『어학연구』 12(2): 241-251, 서울대학교 어학연구소.

국어 성조의 담화·화용적 기능

이 문 규*

1. 들머리

음운은 형태를 구성하는 요소로서 그 소릿값의 대립 관계를 바탕으로 의미 변별 기능을 하게 된다. 따라서 음운이 그 자체로 형태부나 어휘·의미부에서 일어나는 과정이나 현상과 직접적인 관계를 맺는 경우는 거의 없다. 유음이나 비음의 반복적 사용이 시어에 율동감과 음악성을 더하는 기능을 하는 것으로 알려져 있고, 음성 상징어에서 분절음의 특별한 자질이 어감의 결정 과정에 일정한 경향성을 가지고 참여한다는 사실은 언어학적 실체로 인정되어 왔으나 개별 음소가 특별한 상징적 의미를 가진다거나 의성어나 의태어의 특정 자음이나 모음과 의미 사이에 직접적인 관계를 상정할 수 있는가 하는 점에 대한 연구 성과는 그리 긍정적이라고 할 만한 것이 없다(박동근 2018: 273 참고).

중세국어와 현대 성조 방언의 운소인 성조도 언어 체계 내에서 음소와 같은

* 경북대학교 국어교육과 교수, lemok@knu.ac.kr

위상을 가진다. 즉, 특정 성조형이 특정 의미를 표상하기에 유리하다거나 특정 형태 부류나 어휘 부류가 특정 성조형을 가진다거나 하는 현상은 원칙적으로 존재할 수 없다는 것이다.

그럼에도 불구하고, 국어 성조론에는 성조가 순수하게 운소로서의 기능을 하는 것을 넘어, 어휘부나 의미부의 주요 과정에 일정한 경향성을 가지고 관여하거나 담화·화용 차원의 의미 변별에 관여하는 경우가 있다. 이 글에서는 중세국어와 현대 성조 방언의 운소인 성조형이 담화·화용 차원에서 일정한 기능을 수행하는 현상의 사례를 들고 그 기제에 대해 살펴보고자 한다. 성조형 실현의 단위와 정보 초점의 관계, 의문이나 부정과 같은 특별한 표현 의도가 특정한 성조형으로만 실현되는 경향, 하나의 어휘군이나 부류에 나타나는 성조형 선택의 편향성 등이 주된 검토의 대상이 될 것이다.

2. 형태소 성조형과 어절 성조형

국어 성조의 기본 단위는 형태소 성조형이다. 형태소 성조형이란 형태소에 얹히는 음고(pitch) 가락으로, 15세기 국어와 현대 성조 방언의 형태소를 구성하는 운율 자질이다. 성조 방언의 모든 어휘 형태와 문법 형태는 필수적으로 성조형에 대한 정보를 구성 자질로 가진다. 예를 들어, 중세국어에서 '며느리(평거거)'는 [LHH]라는 성조형으로 실현될 때 '올바른 단어'가 된다. 반면에 이 단어가 대구방언에서는 '[HLL](미느리)'로, 함경도 회령방언에서는 '[LHL](메누리)'로 실현될 때 대응하는 단어가 된다. 주격 조사 '이'와 목적격 조사 '을/를'은 중세국어와 함경방언에서는 [H]로, 경상방언에서는 [L]로 실현된다. '말[mal]'은 분절음만으로는 완전한 형태가 되지 못하며 운소인 성조형까지 명세되어야 '말{H}'(馬), '말{L}'(斗), '말{R}'(語)과 같은 형태로 완성된다.

중세국어와 성조 방언은 각각 2∼3개의 성조형을 운소로 가지는데, 이것은 각 방언의 형태소들이 성조형에 따라 2∼3개 부류로 나누어진다는 말과 같다.

각 성조형을, 그것을 운소로 가진 어휘 형태 중에서 가장 익숙한 대립어인 '말(馬)/말(斗)/말(語)'을 이용하여, 그 이름을 '말(馬)'-형, '말(斗)'-형, '말(語)'-형으로 부르고, 이들 성조형을 가진 형태 부류들을 각각 '말(馬)'-류, '말(斗)'-류, '말(語)'-류로 부를 수 있는데, 각 성조형과 성조형 부류들은 모든 방언에서 엄밀한 대응 관계를 가진다. 이러한 대응 관계를 정리하면 다음과 같다.[1]

(1)

<table>
<tr><th rowspan="2">성조형</th><th rowspan="2">중세국어</th><th rowspan="2">함경방언</th><th colspan="3">경상 · 강원방언</th></tr>
<tr><th>경북</th><th>경남</th><th>강원</th></tr>
<tr><td>말(馬)-형</td><td>L^n, L^nHX_0</td><td>L^n, L^nHX_0</td><td colspan="3">H^n, H^nLX_0</td></tr>
<tr><td>말(斗)-형</td><td>HX_0</td><td rowspan="2">HX_0</td><td colspan="3">LX_0</td></tr>
<tr><td>말(語)-형</td><td>RX_0</td><td>RX_0</td><td>ΓX_0</td><td>RX_0</td></tr>
</table>

성조형의 음고 표상은 방언마다 다르지만, 이들의 음운론적 위상은 모든 방언에서 동질적이다. 각 성조형 부류에 속하는 형태와 단어의 목록은 중세국어와 모든 방언에서 80% 이상 일치한다. 세 성조형 각각은 각 방언의 성조형 체계 안에서 다른 성조형과 대립하면서 여러 음운 과정에 참여하게 되는데 이런 대립 관계나 음운 과정에서 차지하는 위상은 범방언적으로 같다는 말이다. 예를 들어, 중세국어의 'L^n'-형이 체계 내에서 가지는 위상은 함경방언의 'L^n'-형, 경상방언 및 강원 영동방언의 'H^n'-형이 그들이 속한 체계 내에서 가지는 위상과 같다. 이러한 동질성은 'L, H, R'과 같은 음고 자질로는 표현할 수 없고, 형태 부류 명칭을 이용하여 '말(馬)'-형, '말(斗)'-형, '말(語)'-형 등으로 불러야 제대로 드러난다.

형태소 성조형은 단독으로 성조 어절을 구성할 수도 있고 둘 이상이 결합하

1 (1)은 이문규(2017: 311)의 (1)에서 '음장 방언' 부분을 삭제한 상태로 가져 온 것이다. 성조형 표기에 쓰인 'X'는 형태소 성조형이나 어절 성조형 단계에서는 음고가 명세되지 않는 음절을 표시한다. 그리고 위첨자 n은 임의의 자연수를, 아래 첨자는 그 수 이상의 자연수를 표시한다.

여 더 큰 성조 어절을 구성할 수도 있다. 하나의 성조 어절은 다음과 같은 두 단계의 성조론적 과정을 거쳐 하나의 표면 성조형으로 실현되는데 이 과정은 첨가어인 국어의 음성 실현 과정을 관장하는 음운 과정(phonological process)의 일부이다.

(2) {형태소 성조형}→/어절 성조형/→[표면 성조형]
↑ ↑
① 성조형 결합 ② 성조형 실현

성조형 결합 단계는 하나의 형태소가 단독으로, 혹은 둘 이상의 형태소 성조형이 결합하여 어절 성조형을 형성하는 과정이다. 이 단계에서는 중화나 대치 등 성조형 차원의 변동이 일어나는데, 이들은 모든 방언에서 똑같은 위상으로 일어난다. 성조형 실현 단계에서는 어절 성조형을 구성하는 음고를 조정하거나 음고가 결정되지 않은 음절에 대해서 음고를 배정하는 과정이 일어난다. 성조형 변동 규칙들과는 달리 성조형 실현을 담당하는 규칙들은 개별 체계에 따라 다르다.

경북방언의 하위 방언인 대구방언을 예로 들자면, 최소 대립어인 '말(馬)', '말(斗)', '말(語)'에 조사 '부터'가 결합한 어절은 (2)와 같은 과정을 거쳐 각각의 표면 성조형으로 실현된다.[2]

(3) a. 말{H}(馬)+부터{HL}→말부터/H^2L/→말부터[LHL]
b. 말{L}(斗)+부터{HL}→말부터/LX^2/→말부터[HHL]
c. 말{R}(語)+부터{HL}→말부터/RX^2/→말부터[RHL]

(3a)의 '말{H}(馬)+부터{HL}'는 별다른 성조형 변동 없이 결합하여 어절

2 { }은 형태소 성조형, / /는 어절 성조형, [ ]는 표면 성조형을 표시한다. '말{H}(馬)+이{L}→말이/HL/'는 성조형 결합 단계이고, '말이/HL/→말이[HL]'는 성조형 실현 단계이다.

성조형 '/H^2L/'를 형성하는데, 이 어절 성조형은 성조형 실현 단계에서 이 방언 특유의 음고 조정 과정을 거쳐 '말부터[LHL]'로 실현된다. (3b), (3c)는 성조형 결합 단계에서 각각 {L}, {R}에 결합하는 성조형이 중화되는 과정을 거쳤다가 성조형 실현 단계에서 음고를 배정 받아 각각 '말부터[HHL]'와 '말부터[RHL]'로 실현됨을 보여준다.

3. 어절 성조형의 영역과 정보 초점

앞에서 보았듯이, 중세국어와 성조 방언에서 개별 형태의 필수 운율 자질인 성조형은 최종 발화 상황에서는 음운 단어(phonological word)로서의 어절, 즉 성조 어절(tonal phrase)을 단위로 실현된다. 따라서 하나의 성조 어절은 반드시 그 방언에 존재하는 성조형 중 하나로 실현되며, 역으로 하나의 성조형으로 실현되는 언어 단위는 성조론적으로는 하나의 음운 단어가 된 것으로 볼 수 있다. '체언+조사', '용언의 어간+어미'는 일반적으로 하나의 성조 어절을 형성한다. 복합어도 하나의 성조 어절로 통합될 것으로 기대되지만 품사에 따라 다소 다른 양상을 보이기도 한다. 예를 들어, 이문규(2005)에 따르면, 대구방언에서 복합명사는 대부분의 상황에서 하나의 성조 어절로 실현되지만, 복합동사는 그 구성 성분이 독립적인 성조 어절을 형성하는 경우가 더 잦다.[3]

(4) a. 엿봤는데[L#RHL], 짓밟는다[L#RHL], 치뜬다[H#HH], 헛봤다[L#RH]
  b. 걸터앉었드라[RH#HLLL], 내애나아라(내어놓아라)[HL#HLL], 댕기오이소(다녀오세요)[HL#LHL], 돌아가싰고(別世)[HL#HHL],

3 이러한 양상을 고려할 때, 복합동사는 복합 명사에 비해 그 운율적 긴밀도(이진호 2003) 혹은 결합도(이문규 2005)가 낮다고 할 수 있다.

살아났다[HL#HH], 알아듣드라[HL#LHL], 잡어무우라[HL#HLL]

(4a)는 접두사의 결합으로 만들어진 파생동사인데, 접두사와 뒤 성분이 각각 별개의 성조 어절로 실현되었고, (4b)의 합성동사들도 그 구성 성분들이 독립 성조 어절을 형성하고 있다. 이들은 운율적으로는 하나의 단위로 결합하지 못한 상태인 것이다. 예를 들어, '내애나아라'의 성조형을 [HLHLL]가 아닌 [HL#HLL]로 판단하는 것은 이 방언에는 [HLHLL]와 같은 표면 성조형이 존재할 수 없기 때문이다.[4] 만약 이 복합동사가 하나의 성조 어절로 결합한 상태라면 다음과 같은 과정을 거쳐 이 방언에 존재하는 표면 성조형 중 하나로 실현되어야 한다.

(5) 내애/HL/+나아라/HLL/→내애나아라/HL⁴/[HLLLL]

이와 같은 상황을 고려할 때, 복합어와 구를 구별하는 기준으로 일반적으로 이용되어 온 음운 단어 형성 여부는 완전하지 않다는 것을 알 수 있다. 이 기준을 엄격히 적용하면 (4)의 복합어들은 구로 처리되어야 하기 때문이다.

그런데 실제 발화 상황에서 하나의 성조 어절로 결합되는 성분의 범위는 고정적이지 않고 유동적이다. 여기서 성조 어절 형성의 영역을 결정하는 가장 중요한 변수는 표현 의도가 집중되는 성분, 즉 '정보 초점'이 주어지는 성분의 위치이다. 예를 들어 '윤하가 집에 갔다'라는 문장은 담화 상황에 따라 다음의 몇 가지로 실현된다. 다음 (6)과 아래의 설명은 이문규(2001)에서 가져온 것이다.[5]

(6) a. 윤하가[RHL] 집에[HL] 간다[HH][6](중립문, '간다'에 초점)

---

4 성조형의 체계 면에서도 그렇고, 성조 결합 규칙의 면에서도 [HLHLL]라는 성조형은 존재할 수 없다.

5 편의상 성조 어절 단위로 띄어 쓰는 방식을 취하기로 한다.

6 '간다'의 어절 성조형 '/LX/'는 보통은 [LL]로 실현되지만, 전달의 초점이 되면

b. 윤하가[RHL] 집에간다[HLLL](다른 곳이 아닌 집에)
c. 윤하가집에간다[RHLLLLL](철수가 아닌 윤하가)

(6a)는 중립적인 의미로 발화되거나 '간다'에 정보 초점이 있는 경우인데 세 개의 어절이 각각 성조 어절을 이루었고, (6b)는 '가는 곳'이 '집'이라는 것을 알리는 데 초점이 있는 경우로 '집에간다'가 하나의 성조 어절을 형성한다. 이에 반해, (6c)는 '윤하가'에 초점이 주어질 때에는 문장 전체가 하나의 성조 어절을 형성할 수도 있음을 보여준다.[7] 이를 통해, 하나의 문장이 몇 개의 성조 어절로 실현되는가 하는 것은 발화자가 그 문장의 어느 성분에 전달의 초점을 두는가 하는, 담화·화용상의 변수에 따라 결정된다는 사실을 알 수 있다. 이러한 정보 초점과 성조 어절 형성의 긴밀한 관계는 일찍이 김차균(1978, 1980: 143-147)에 의해 밝혀진 바 있다.[8]

이와 같은 성조의 정보 초점 드러내기 기능은 다양한 담화 상황에서 나타난다. 대구방언의 의문문과 성명 발화문을 예로 든다. 먼저, 다음은 대구방언의 의문사 없는 의문문 자료이다.

(7) a. 아부지는[LHLL] 밭에[HL] 가싰나(가셨냐)[HHL]?
b. 아부지는[LHLL] 밭에가싰나[HLLLL]?

(7)은 둘 다 판정 의문문이지만 의문의 초점에 차이가 있다. 즉, (7a)는 '밭'이라는 장소보다는 행동 실행 여부에 초점이 있고, (7b)는 아버지가 가신 곳이 밭인지를 확인하는 데 초점이 있다. (7a)는 '밭에'와 '가싰나'가 별개의 어절을

[HH]로 실현된다.

7 물론, 실제 담화 상황에서는 '윤하가'만 발화되고 그 뒤의 성분은 생략되는 경우도 있다(이호영 1996: 207-209 참조).

8 이와 관련하여 김차균(1978: 69)에서 제시한, '정보 초점과 성조형 결합의 규칙의 적용 관계'는 다음과 같다.

성조 결합 규칙은 문법적인 성분 구조와는 관계없이, 정보 초점이 있는 말토막 뒤에 정보 초점이 없는 말토막이 둘 이상 연결될 때 두 번 이상 반복해서 적용된다.

형성한 반면, (7b)에서는 이들이 하나의 어절 성조형으로 실현되었는데 이것은 앞에서 말한, 정보 초점과 성조 어절의 형성 관계에 따른 것이다.

다음으로 아래 (8)은 같은 방언에서 성명을 발음할 때 나타나는 두 가지 성조 어절 형성의 양상을 보여준다.

(8) a. 가아(그 아이) 이름은 이윤하다[R#RHL].
b. 가아 이름은 김윤하가[HLLL] 아니라 이윤하다[RHLL].

(8a)는 성명 전체를 정확하게 전달하는 데 초점이 있는 경우로, 보통 성과 이름이 독립 성조 어절을 이룬다. 이에 반해 (8b)는 성을 정확하게 전달하는 데 초점이 있는 경우로, 성 앞에 휴지가 오고 성과 이름은 하나의 성조 어절을 이룬다.

앞에서 복합명사는 하나의 성조 어절로 결합하는 경우가 많은 반면, 복합동사는 그렇지 않다는 점에서, 복합어의 운율적 결합 강도는 품사에 따라 차이가 날 수 있다고 말한 바 있다. 이것을 정보 초점과 연계하여 해석하자면, 복합동사의 경우 후행 성분이 독립적인 성조 어절로 실현되는 것은 이들이 하나의 동작을 가리키는 동사 어간이 되었음에도 불구하고 그 구성 성분이 가지는 의미의 독립성이 어느 정도 유지되고 있기 때문으로 볼 여지가 있다. 이러한 사실은 다음과 같이 '합성동사 어간+어미'와 '합성명사+조사'의 성조형 실현 양상을 비교해 보면 잘 드러난다. 다음 (9)는 이문규(2005)에서 가져온 대구방언 자료이다.

(9) a. 댕기오이소(다녀오세요)[HL#LHL], 돌아가싰고(別世)[HL#HHL], 띠이갈라마(뛰어가려면)[HL#RHL], 살아났다[HL#HH], 알아듣드라[HL#LHL], 잡어무우라[HL#HLL]
b. 거짓말도[RHLL], 그믐밤에[HHLL], 글짓기는[HHLL], 배끝양반이[LHLLL], 버리타작만[LHLLL], 집안에(친족)[HLL], 피눈물이[HHLL]

(9b)의 '합성명사+조사'는 조사를 강조하는, 매우 특별한 상황을 제외하고는 항상 하나의 성조 어절로 결합되는 데 반해, (9a)의 '합성동사 어간+어미'의 경우에는 '어간$_1$-어'와 '어간$_2$+어미'가 대부분의 상황에서 별개의 성조 어절로 실현된다. 이러한 합성동사의 성조형 실현 양상은 보조 용언 구성, 즉 '본용언+보조 용언'의 그것과 비슷하고, 통사적 구성으로서의 두 동사의 연속체와는 다른 것이다(이문규 2005 참고).

(10) a. 무우 간다[HL#HH], 가고 나이끄내[HL#HLLL], 울고 나여(나서)[RH#HH], 잡어 내겠십미꺼[HL#RHLLL], 끼미 노이(꾸며 놓으니)[HH#HL], 나아 또라[HL#RH], 담가아 나았드나[LHL#HLLL], 기리 바라(그려 봐라)[HH#RH], 입어 보이끄내[HL#HLLL], 울어 쌓드라[HL#LHL], 갈채애 조라(가르쳐 줘라)[LHL#RH]

b. 깎아 무우라[HL#HLL]/깎아무우라[HLLLL], 덜어 묵자[HL#HL]/덜어묵자[HLLL], 쪼사 묵드라[HL#LHL]/쪼사묵드라[HLLLL]

(10a)는 본용언과 보조 용언이 별개의 성조 어절을 형성함을 보여주는데, 그 양상이 합성동사의 경우와 같다. 여기서 보조 용언이 본용언과 별개의 성조 어절을 형성하는 것은 보조 용언이 가진 의미상의 비중이 높기 때문으로 해석할 수 있는데, 이 역시 합성동사의 경우와 같다고 할 수 있다. 이에 반해, (10b)의 통사적 구성은 선행 동사가 후행 동사를 수식하는 관계로 사용될 때에는 전체가 하나의 성조 어절을 형성한다는 점에서 차이가 있다.

요컨대, 성조 방언에서 어떤 발화의 하위 성분들이 결합하여 발화 단위로서의 성조 어절을 형성하는 단계에서, 정보 초점을 포함한 전달 의도가 중요한 변수로 작용하며, 이런 점에서 성조형은 의미 변별을 하는 운소로서뿐 아니라 담화·화용 차원에서도 일정한 기능을 한다고 할 수 있다.

4. 의문문과 부정문, 상징어의 성조형 단일화와 표현 효과

의문이나 부정 같은 특별한 의도를 효과적으로 전달할 필요가 있는 상황에서는, 성조형의 담화·화용 차원의 기능이 또 다른 방식으로 발휘되기도 한다. 먼저, 의문사가 있는 의문문은 의문의 초점에 따라 설명 의문과 판정 의문이 나타날 수 있는데 이 둘은 종결 어미와 성조 어절 형성의 영역에 따라 구별된다. 다음은 이문규(2002)의 안동방언 자료이다.

(11) a. 니[R] 어데[HL] 갔디이라(갔더냐)[HHLL]?
　　b. 니[R] 어데갔디이로[HLLLLL]?

(11a)는 의문의 초점이 '갔디이라'에 있는 반면, (11b)는 '어데'에 초점이 있다. 여기서 두 문장은 종결 어미뿐 아니라 성조 어절 형성의 양상도 다름을 확인할 수 있는데, 이 점은 앞에서 살펴 온 정보 초점과 성조 어절 형성 범위의 관계를 벗어나지 않는다. 여기서 (11b)의 '어데갔디이로[HLLLLL]'는 다음과 같은 과정에 의해 실현된 것이다.

(12) 어데/HL/+갔디이로/L^4/→어데갔디이로/HLX^4/→[HLLLLL]

'어데'의 성조형 /HL/ 뒤에서 '갔디이로'의 성조형이 /X^4/로 중화되어 결합했다가 다음 단계의 성조형 실현 규칙에 의해 X에 L이 배정되어 전체 성조형이 '어데갔디이로[HLLLLL]'로 실현된 것인데, 이는 경상방언의 일반적인 성조형 결합과 성조형 실현의 과정에서 벗어나지 않는다.

그런데 이러한 의문문의 성조형 실현 과정의 규칙성이 경상방언의 모든 하위 지역어에서 동일하게 나타나는 것은 아니다. 예를 들어, 대구방언에서는 (11b)와 같은 설명 의문의 표면 성조형이 다르게 나타난다.

(13) 니는[HL] 어데갔었노[LLLHL]
오늘[HL] 그집에[LHL] 무슨일있노[LLLHL]
아재는[HLL] 오올[HL] 어데가능교[LLLHL]
그사람[LHL] 산에서[HLL] 머(어)[9]잡었노[L(L)LHL]

(13)은 모두 의문사의 내용에 초점이 있는 의문이므로, '의문사+후속 성분' 전체가 하나의 성조 어절을 형성하는 점은 안동방언과 같지만, 이렇게 형성된 성조 어절의 표면 성조형은 다른데, 특이하게도 모두 '끝에서 둘째 음절만 고조'인 성조형, 즉 $[L_1HL]$이다. (12)와 같은 일반적인 과정을 따른다면 이들은 각각 '어데갔었노[HLLLL]', '무슨일있노[HLLLL]', '어데가능교[HLLLL]', '머(어)잡었노[H(L)LLL]'가 되어야 한다.

'의문사+후속 성분'의 표면 성조형에 나타나는 안동방언과 대구방언 사이의 차이는 성조형 결합 및 실현 과정상의 차이에 따른 것인데, 안동방언이 일반적인 과정을 따르고 있음에 비추면, 대구방언이 일정한 방향의 변화를 겪은 것으로 볼 수밖에 없다. 앞선 연구에 따르면, 이러한 변화는 주로 '무슨{HL}', '어데{HL}', '머어{HL}' 등 고조형(말(馬)-형) 의문사로 시작하는 설명 의문문에 나타난다. 그러나 수의적이긴 하지만 '누{L}'와 같은 저조형(말(斗)-형)이나 '언제{RH}'와 같은 상승조형(말(語)-형) 의문사가 이끄는 성조 어절도 같은 양상을 보일 뿐 아니라 이러한 경향이 젊은 세대로 내려갈수록 강해지는 것으로 보아, 것으로 보아 이 방언의 전반적인 변화 방향으로 보아도 될 듯하다.

(14) 누가/LX/+먹었겠노/HLX^2/⇢[10]누가먹었겠노[LLLLHL]
및개나/LX^2/+대는데/H^2L/⇢및개나대는데[LLLLHL]

---

9 중부 방언의 '무엇'에 해당하는 의문사는 대구방언에서 판단 의문문의 경우에는 '머어'의 2음절로 발음되나 설명의문문에서는 빠른 발화에서는 '머'로, 상대적으로 느린 발화에서는 '머어'로 발음된다.

10 '⇢'는 성조론적 과정의 내용이 생략되었음을 의미한다.

언제/RH/+집에/HL/+왔노[LX/→언제집에왔노[LLLLHL]

(14)는 저조형(말(斗)-형) 및 상승조형(말(語)-형) 의문사가 선행 성분이 되는 경우에도 같은 표면 성조형이 실현됨을 보여준다. 이 경우에도 표면 성조형은 [L_1HL]이다. (13)과 (14)를 종합하면, 대구방언의 경우 설명 의문문의 '의문사+후속 성분'의 성조형은 그 구성 성분의 원래 성조형과는 관계없이 모두 하나의 성조형, '끝에서 둘째 음절만 고조'인 성조형으로 실현되는 쪽으로 변해가고 있는 것으로 정리할 수 있다.

흥미롭게도, 설명 의문문의 '의문사+후속 성분'의 성조형에 대한 안동방언과 대구방언의 차이가 부정사 '안'이 이끄는 성조 어절에도 그대로 나타난다.[11]

(15) a. 안동 방언
① 안+상승조형: 안곱다[HLL], 안고우이[HLLL], 안곱드라[HLLL]
② 안+저조형: 안뽑는다[HLLL], 안뽑으이[HLLL], 안뽑드라[HLLL]
③ 안+고조형: 안잡는다[LLHL], 안잡으이[LHLL], 안잡드라[LLHL]
b. 대구 방언
① 안+상승조형: 안곱다[LHL], 안곱으이[LLHL], 안곱드라[LLHL]
② 안+저조형: 안뽑는다[LLHL], 안뽑으이[LLHL],

11 (15)는 이문규(1997)에서 가져 온 것이다. 한편, 경상방언 안에서, 설명 의문문의 '의문사+후속 성분'과 '안' 부정문의 '안+후속 성분'의 성조형에 대해 나타나는 안동방언형과 대구방언형의 지역적 분포는 대체로 일치한다. 이문규(2017)에 따르면, 안동방언형은 경북 북·동부의 봉화, 안동, 영덕, 영양, 영주, 예천, 울진, 의성, 청송, 포항 등에서 나타나고, 대구방언형은 이들을 제외한 남부와 서부의 경상방언 지역에서 나타난다. 아울러, 대구방언형은 '[L_1HL]'(끝에서 둘째 음절만 고조로 실현되는 형)이 나타나는 지역과 '[L_1H]'(맨 끝 음절만 고조로 실현되는 형)이 나타나는 지역으로 나뉜다. 그러나 이런 사항에 대한 설명은 이문규(2017) 등으로 돌리고 여기서는 더 이상 논의하지 않는다.

안뽑드라[LLHL]

③ 안+고조형: 안잡는다[LLHL], 안잡으이[LLHL][12], 안잡드라[LLHL]

안동방언에서는 고조형 부정 부사 '안{H}' 뒤에 결합하는 동사의 성조형에 따라 '안+용언'의 성조형이 결정되는 데 반해, 대구방언에서는 용언의 성조형에 상관없이, 이 성조 어절의 성조형이 [L_1HL] 하나로만 실현됨을 알 수 있다.

이와 같은 설명 의문문과 '안' 부정문의 성조형과 관련된 현상은 대구방언 쪽이 '[L_1HL]'형, 즉 '끝에서 둘째 음절만 고조인 성조형'을 선호하는 전반적인 성조 체계 변화의 경향에 참여한 결과라는 점과 함께 지역적 분화 양상이 뚜렷하다는 점 등에서 성조론적으로 매우 중요한 의미를 가진다. 그러나 이 논문에서는 이러한 성격 외에, 이 현상을 표현 의도라는 담화·화용적 의미 실현 욕구가 성조형 실현 과정에 작용한 결과로 해석할 수 있다는 점에 주목하고자 한다.

이문규(2017)에서는 대구방언 등에 나타나는 설명 의문문과 '안' 부정문이 보여주는 성조 현상에 대해, 부정사 및 의문사와 그 후속 성분을 하나의 성조 어절로 결합하고 그것의 성조형을 하나의 성조형으로 통일함으로써, 담화·화용 차원의 일정한 효과를 추구하는 경우로 해석하였다. 즉, 이 현상은 '부정'이나 '의문'과 같은 특별한 표현 의도를 일반적인 성조형 결합 규칙에 의한 성조형이 아닌, 특별한 하나의 성조형으로 실현시킨 것, 즉 특별한 표현 의도를 하나의 성조형으로 통일하여 발화함으로써 전달 효과를 높이고자 하는 동기가 반영된 것으로 보자는 것이다. 성조 어절 형성의 영역 측면에서 볼 때, 설명 의문문에서 의문사와 그 후속 성분, 그리고 부정사 '안'과 그 후속 성분은 매우 긴밀한 관계로 인식되고 따라서 토박이 화자들은 이들을 그 길이에 관계없이 하나의 성조 어절로 발화하게 된다. 나아가 화자들은 동일한 발화

12 '안잡으이'는 [LHLL]로 실현되기도 한다. 여기에는 또 다른 변수가 있으나 이 논문의 논지 전개에 큰 영향을 주지 않으므로 더 이상 논의하지 않는다.

의도를 담고 있는 어구에 운율 차원의 통일성을 부여함으로써 표현 효과를 높이려는 시도를 하게 되었고 결과는 그 어구의 성조형을 통일시키는 쪽으로 나타나게 된 것이다.

한편, 하나의 어휘군 전체의 성조형을 단일화함으로써 표현 효과를 높이는 현상이 상징어의 성조형에 나타난다. 잘 알려져 있다시피, 상징어는 자음과 모음의 음성 자질 중 일부가 의미적 유연성을 가짐으로써 형성된 어휘군이다. 그런데 중세국어와 현대 성조 방언에서 상징 어근은 모두 해당 방언에 존재하는 성조형 중 어느 한 형으로만 실현된다. 다음 (16)은 이문규(2009)에서 가져온 중세국어 자료(16a)와 경북방언 자료(16b)이다.

(16) a. 구믈구믈[LLLL](구간 6:55)/구믈우믈ᄒᆞᆯ[LLLLL](남명 상:68), 나변나벼디[LLLLL](구간 1:8), 너운어운[LLLL](남명 상:52, 두해 초 9:37)/너운너우니[LLLLL](법어 5), 다복다보기[LLLLL](두초 15:1)[13], 믯믯호ᄆᆞᆯ[LLHH](법화 3:138)/믯믯ᄒᆞ야[LLHL](두해 초 7:38)/믯믯ᄒᆞ샤[LLHH](월석 2:40)/믯믯ᄒᆞ시고[LLHLH](법화 2:17), ᄆᆞᆯᄀᆞᆺᄆᆞᆯᄀᆞ시[LLLLL](월석 8:8), 뿍뿌기[LLL](법화 2:124), ᄉᆞᆲᄉᆞᆯ비[LLL](몽산 23～24)/ᄉᆞᆲᄉᆞᆲᄒᆞ야[LLHH](월석 17:21, 몽산 42), 섄섄시[LLL](두해 초 7:37), 설설[LL](몽산 43), 섬섬[LL](금삼 5:27), 어른어른[LLLL](두해 초 7:36)/어른어른ᄒᆞᄂᆞᆫ[LLLLHL](두해 초 21:15)/어른어른ᄒᆞ고[LLLLLH](두해 초 25:19), 이륵이륵ᄒᆞ니[LLLLLH](몽산 55), ᄌᆞᄂᆞᆨᄌᆞᄂᆞ기[LLLLL](몽산 26, 법화 2:206, 법화 3:150)/ᄌᆞᄂᆞᆨᄌᆞᄂᆞᆨᄒᆞ며[LLLLLH](금삼 5:9)/ᄌᆞᄂᆞᆨᄌᆞᄂᆞᆨᄒᆞ샤[LLLLHH](법화 2:14)/ᄌᆞᆷᄌᆞ미[LLL](법화 1:148), 축추기[LLL](월석 17:90), 특특기[LLL](진공 33)/특특한[LLL](월석 10:76)/특특디[LLH](법화 3:10)

b. ① 굵직굵직[LLLH]/굵직굵직하다[LLLL(:)HL][14]/굵직하다[LL(:)

13 한글 학회(1992: 4970)에는 'LLLLH'로 되어 있다.

14 '(:)'는 수의적으로 나타나는 표현적 장음화의 표시인데, 경우에 따라서는 다른 음절이 길게 발음될 수도 있다. 표현적 장음화가 성조형에 직접적인 영향을 주지는

HL]/굵직이[LL(:)H], 멀찍멀찍[LLLH]/멀찍멀찍하다[LLLL(:)HL]/멀찍하다[LL(:)HL]/멀찍이[LL(:)H]

② 거들먹거들먹[LLLLLH]/거들먹거리다[LLLHLL]/거들먹이다[LLHLL]/거들먹거들먹하다[LLLLLLHL], 꼬물꼬물[LLLH]/꼬물거리다[LLHLL]/꼬물꼬물하다[LLLLHL]

③ 달각달각[LLLH]/달각거리다[LLHLL]/달각달각하다[LLLLHL], 드르릉드르릉[LLLLLH]/드르릉거리다[LLLHLL]/드르릉드르릉하다[LLLLLLHL], 바스락바스락[LLLLLH]/바스락거리다[LLLHLL]/바스락바스락하다[LLLLLLHL], 떼굴떼굴[LLLH]/떼구르르[LLLH]

(16a)는 중세국어의 첩용형 상징 부사, 첩용형 상징어근에 부사파생 접사가 결합하여 만들어진 부사, 그리고 접사 '하-'에 결합하는 상징 어근 등이 모두 [L^n]형으로 실현되고 있음을 보여준다. 중세국어에서 [L^n]은 어절 성조형 /L^n/이 별도의 음고 조정 없이 그대로 실현된 것이다. (16b)는 경북방언에서 첩용형 상태성 의태어(①), 동작성 의태어(②), 의성어(③) 및 의성어의 형태 확장형(떼구르르)이 모두 [L_1H]로, '-거리다', '-대다', '-하다'에 붙는 (첩용형) 상징 어근이 모두 [L^n]으로 실현되고 있음을 보여 준다. 여기서 상징어근의 성조형 [L^n]은 뒤에 오는 고조 앞에서 다음과 같은 경상방언의 성조형 실현 규칙이 적용된 결과이다. 다음은 이문규(2017: 168)에서 가져 온 경상방언의 '고조형(말(馬)-형)' 성조형 실현 규칙이다.

(17) /H^n/→[$L^{n-1}H$], /H^nLX_0/→[$L^{n-1}HL_1$]/#______#

(17)은 경상방언에서 고조로만 이루어진 '말(馬)'-형 어절 성조형(/H^n/)과 고조에서 저조로의 음고 내림이 있는 '말(馬)'-형 어절 성조형(/H^nLX_0/)의 표면 성조형을 결정하는 성조형 실현 규칙이다.[15] 이 규칙의 존재로 말미암아,

않으므로 아래에서는 이 현상을 고려하지 않는다.

(16b)의 '거들먹거리다[LLLHLL]'나 '달각달각하다[LLLLHL]'의 상징 어근 '거들먹'과 '달각달각'의 성조형 [L^n]은 그 어절 성조형이 /H^n/이었던 것이 규칙 (17)의 적용을 받은 결과인 것으로 설명할 수 있다.

(18) a. 거들먹거리다/H^4L^2/→[LLLHLL], 달각달각하다/H^5L/→[LLLLHL]
b. 거들먹거들먹/H^6/→[LLLLLH], 달각달각/H^4/→[LLLH]

(17), (18)을 통해, 경북방언에서 모든 상징 어근은 /H^n/이라는 어절 성조형을 가지는 것으로 볼 수 있다. 그런데 앞의 (1)에서 보듯이, 경북방언의 /H^n/과 중세국어의 /L^n/은 서로 대응하는 성조형, 즉 그 음고의 값은 반대이지만 각각의 성조 체계 내에서 동일한 위상을 가지는 성조형이다. 중세국어의 /L^n/과 경상방언의 /H^n/은 성조형 부류명 차원에서는 '말(馬)^0'-형이라는 하나의 성조형이 된다.[16] 결과적으로, (16)의 자료는 중세국어와 현대 경상방언에서, 상징 어근 및 첩용형 상징부사는 모두 '말(馬)^0'-형으로 실현되고, 이들 상징어근에 '거리-, 대-, 하-' 등의 접사가 결합한 용언은 '말(馬)^n'-형으로 실현된다는 사실을 보여주고 있는 셈이다.

이와 같이 상징어군 전체가 하나의 성조형으로만 발음되는 것도 앞의 의문문, 부정문의 경우와 같은 담화·화용상의 표현 전략이 구현된 결과로 해석할 수 있다. 즉, 이 현상에는 소리와 의미 사이에 유연한 관계를 가진 이 특별한 어휘군을 항상 똑같은 운율형으로만 발음함으로써, 이 어휘군이 가지는 상징적 의미를 청자가 더 쉽게 인식할 수 있도록 하려는 화자의 표현 의도가 반영되어 있다고 보는 것이다.

---

15 이 규칙으로 인해, 경상방언의 '말(馬)'-형 성조형은 단 하나의 음절만 고조만 실현되고 나머지는 모두 저조로 실현된다.

16 '말(馬)^0'-형은 중세국어의 평성형 중에서 음고 오름이 없는 성조형, 즉 뒤에 고조가 결합하지 않는 성조형이고, 경북방언에서는 음고 내림이 없는 성조형, 즉 고조로만 이루어진 어절 성조형이다.

5. 마무리

분절 음소가 그러하듯이, 성조 차원의 운소인 성조형도 그 대립 관계를 바탕으로 형태의 의미를 변별하는 기능을 할 뿐, 의미·담화 차원의 요소와 직접적인 관계를 가지지는 않는다. 그러나 이러한 순수 운소로서의 기능과는 별개로, 성조형이 그 형성 및 실현 과정을 통해 어휘부나 의미부의 구성에 일정한 경향성을 가지고 관여하거나 담화·화용 차원의 의미 변별에 관여하는 경우가 있다.

이 글에서는 그 중에서도 중세국어와 현대 성조 방언의 성조형이 담화·화용 차원에서 일정한 기능을 수행하는 것으로 보이는 몇 가지 현상에 대해 살펴보았다. 크게 두 가지 현상이 논의되었는데, 그 하나는 어절 성조형 형성의 범위가 발화상의 정보 초점과 직접적인 관계를 맺는 현상이고, 다른 하나는 특별한 표현 의도가 반영된 발화나 어휘군이 특정 성조형으로만 실현되는 현상이다.

이 두 현상은 국어 성조론에서 '성조형'이 가지는 두 가지 위상으로 인해 나타나는 것으로 설명할 수 있다. 즉, 앞엣것은 어절 성조형이 형성되는 과정이 곧 발화상의 리듬 단위(rhythmic units)를 형성하는 과정에 다름 아니라는 점에서, 발화 단위로서의 성조형(tonal pattern)이 가진 파생적 기능이라고 볼 수 있다. 이에 반해, 뒤엣것은 의문이나 부정, 그리고 음성 상징과 같이 특별한 표현 의도가 담긴 어구나 어휘군을 하나의 음고 가락(pitch melody)으로 통일하여 발음함으로써 그 표현 효과를 높이는 결과를 가져온다는 점에서, 운율형으로서의 성조형이 가진 파생적 기능이 발휘된 것으로 볼 수 있다.

이 두 현상은 국어학 및 국어교육학에 대해 과제를 남긴다. 국어학 차원의 과제는 앞으로 성조형이라는 음운부의 요소가 다른 부문과 맺는 관계에 대한 더 깊은 탐구가 필요하다는 것이다. 그리고 국어교육학 차원의 과제는 성조 어절의 형성 과정이 정보 초점을 효과적으로 전달하는 방법과 직접 관련된다는 점, 성조형을 포함한 운율형이 표현 효과를 위해 조정될 수 있다는 점을 고려하면, 이 현상들을 발음 및 말하기 전략으로 수용하는 방안을 모색할 필요가 있다는 것이다.

참고문헌

김차균(1978), "월속에서의 성조의 기능", 『언어학』 3: 61-79, 한국언어학회. (김차균(1988), 『나랏말의 소리』, 449-467, 태학사. 재수록)

김차균(1980), "성조와 의미", 『말소리』 1: 26-39, 대한음성학회.

김차균(1983), 『음운론의 원리』, 과학사.

김차균(1980), 『경상도 방언의 성조 체계』, 과학사.

박동근(2018), "한국어 흉내말 연구의 현황과 과제", 신용권 외, 『한국어 연구의 새로운 흐름』, 255-293, 박이정.

이문규(1997), "경북방언 {안+용언}의 성조 현상", 『한글』 238: 33-65, 한글 학회.

이문규(2001), "경북방언 의문문의 성조 연구", 『한글』 252: 5-44, 한글 학회.

이문규(2002), "대구방언과 안동방언의 성조 비교 연구", 『어문학』 77: 101-149, 한국어문학회.

이문규(2005), "형태,통사적 구성체의 운율론적 결합도 분석", 『언어과학연구』 34: 163-194, 언어과학회.

이문규(2009), "중세국어 부사 파생 접사 '-이'의 성조 문제와 '상징어식 성조형'", 『한글』 283: 31-62, 한글 학회.

이문규(2011), "경남북 접경 지역 방언의 성조 연구", 『언어과학연구』 59: 203-232, 언어과학회.

이문규(2017), 『형태소 성조형 중심의 국어 성조론』, 한국문화사.

이호영(1996), 『국어 음성학』, 태학사.

허 웅(1955), "방점 연구", 『동방학지』 2: 39-194, 연세대학교 동방학연구소. (허웅(1963), 『중세국어연구』, 254-380, 정음사. 재수록)

자극화행과 응대화행의 일치 현상

정 종 수*

1. 들머리

본고는 자극화행과 응대화행의 일치 현상을 분석하며 그것에 나타나는 속성을 밝히는 것을 그 목적으로 한다. 즉, 본고의 목적은 응대를 요구하는 선행 화행인 자극화행에 대하여 응대하는 응대화행이, 다시 그 이후의 응대화행을 요구하는 자극화행이 되는, 자극화행과 응대화행의 일치 현상에서 나타나는 속성을 밝히는 것이다. 자극화행과 응대화행의 일치 현상은 그동안의 대화 연구에서 함의되어 나타나는 면이 있었으나 본고에서는 이 현상을 확연히 드러내어 본격적으로 다루고, 그 속성을 밝히고자 한다.

본고는 그동안 대화구조의 가장 대표적인 형식이라던 교환(exchange)에 관한 연구가 더 필요할 것이라는 판단하에 시작하게 되었다. 즉, 교환의 연구로 대응쌍에 관한 연구가 있었으나, 자연언어에서는 정형화된 대응쌍과는 다른 양상의 대화를 많이 접하게 되는 것이다. 그 중 하나가 바로 자극화행과 응대

* 한양대학교 강사, js1031@hanmail.net

화행의 일치현상이라고 할 수 있다. 즉, 본 연구는 이상화된 형태의 대응쌍은 '자극-응대'로 이루어지지만, 자연 언어의 대화에서는 '자극-응대/자극-응대/자극-…-응대'의 대화가 대부분 일어난다는 것이다. 그래서 본고는 교환 단위를 뛰어넘어 3개 이상의 순서(turn)의 연속에 관한 연구이므로 자연 언어에 가까운 것이라고 할 수 있다. 본고에서는 '자극화행-응대화행 · 자극화행-응대화행'의 연속을 많이 보임으로써, 실제 대화에 가까운 연구를 진행하고, 그 다양한 예에서 나타나는 속성을 드러내고자 한다.

2. 연구 대상 및 화행의 체계

이 장에서는 일치 현상이 일어나는 예를 그렇지 않은 예와 구분지어서 연구 대상을 한정하도록 한다. 그리고 본고에서 논의를 진행하는 데 사용할 화행 체계를 밝히도록 한다. 응대화행과 자극화행의 일치 현상이 나타나는 화행은, 응대화행, 자극화행만의 역할을 하는 화행과 구별된다.

(1) a. 갑: 철수가 집에 갔어? / 을: 응.
b. 갑: 저희 노래방 들어가도 돼요? / 을: 너희 몇 살인데?
c. 갑: 철수가 집에 갔어. / 을: 너도 먼저 가. / 갑: 응.

(1a을)은 응대화행 역할만 하는 화행이고, (1b을)은 자극화행 역할만 하는 화행이며, (1c을)은 자극화행과 응대화행의 역할을 동시에 하는 화행으로서, 자극화행과 응대화행의 일치 현상이 나타나는 예이다. (1a을)의 경우에는 앞 순서의 화행에 대하여 응대하는 역할을 할 뿐, 그에 대한 응대를 이끌어 낼 수 없다. "응."과 같은 감탄사는 응대화행의 직접화행으로서(정종수 2014: 799), 온전하게 응대의 역할을 하는 것이라고 할 수 있을 것이다. 만약 갑이 다시 ""응."이라고 말하면 어떻게 하니?"나 "너는 화도 안 나냐?"라는 식으로

순서를 이어나간다 하더라도, 이것은 앞의 발화에 대한 응대라기보다 갑이 또 다시 상대의 응대를 이끌어 내기 위한 자극화행의 역할을 하는 것이라고 할 수 있을 것이다. 이 예를 통하여 오로지 응대의 역할만을 하는 화행이 따로 있으며, 모든 응대화행이 자극화행의 역할을 하는 것이 아니라는 것을 알 수 있다. (1b을)의 경우는 앞의 화행에 대하여 응대의 기능을 한다기보다도 하나의 대응쌍을 이루기 위하여 응대를 이끌어 내는 자극화행의 역할만 한다고 할 수 있다. 이 예를 통하여 모든 자극화행이 응대화행의 역할을 하는 것이 아니며 자극화행의 역할만 하는 화행이 따로 있음을 알 수 있다. (1c을)의 경우는 앞 순서의 진술화행에 대하여 긍정의 응대를 하고 있으며, 뒤 순서의 화행에 대하여서는 명령의 자극을 하고 있다. 즉, 응대화행과 자극화행의 역할을 모두 수행하고 있는 것이다. (1c)가 바로 자극화행과 응대화행의 일치 현상이 나타나는 경우이며, 본고의 연구 대상이다.

본고에서 다룰 화행 체계는 장경희(1999, 2000, 2002, 2003)와 정종수 · 신아영(2013), 정종수(2013, 2014)를 따르도록 한다. 장경희(1999)에서는 진술화행의 응대화행으로 긍정화행, 부정화행, 응대거부화행이 있음을 제시하였다. 장경희(2000)에서는 판정질문화행의 응대화행으로 긍정화행, 부정화행, 응대거부화행이 있음을 제시하였다. 장경희(2002)에서는 청유화행의 응대화행으로 수락화행, 거절화행이 있음을 제시하였다. 장경희(2003)에서는 명령화행(지시화행)의 응대화행으로 수락화행, 거절화행이 있음을 제시하였다. 정종수 · 신아영(2013)에서는 정표화행의 응대화행으로 공감화행, 비공감화행이 있음을 제시하였다. 정종수(2013)에서는 약속화행의 응대화행으로 허락화행, 불허화행이 있음을 제시하였다. 정종수(2014)에서는 자극화행과 응대화행과의 관계를 종합적으로 살펴보되, 설명질문화행의 응대화행으로 설명질문응대화행과 응대거부화행이 있음을 제시하였다. 이 화행 분류들은 Searle(1969)에서 제시한 '단언(진술)화행, 지시(명령)화행, 위임(약속)화행, 정표화행, 선언화행'에다가 한국어의 종결어미에서 확연히 나타나는 화행을 반영하여 더욱 발전시킨 것이다. 위의 화행 분류에 따르면, 자극화행의 하위하행은 진술화행,

질문화행(판정질문화행, 설명질문화행), 정표화행, 명령화행, 청유화행, 약속화행이 있고, 응대화행의 하위화행은 긍정화행, 부정화행, 응대거부화행, 설명질문응대화행, 응대거부화행, 공감화행, 비공감화행, 수락화행, 거절화행, 허락화행, 불허화행이 있다고 할 수 있다.

3. 자극화행과 응대화행의 일치 현상 실례

이 장에서는 자극화행과 응대화행의 일치 현상이 나타나는 예를 앞서 제시한 화행 체계에 따라 살펴보면서, 응대화행의 하위화행 모두가 자극화행의 역할을 할 수 있는지를 살펴보도록 한다. 응대화행의 하위화행을 앞서 밝혔듯이 긍정화행, 부정화행, 응대거부화행, 설명질문응대화행, 응대거부화행, 공감화행, 비공감화행, 수락화행, 거절화행, 허락화행, 불허화행으로 나누어서 차례대로 제시하도록 한다. 이들 응대화행 각각이 자극화행(진술화행, 정표화행, 질문화행, 명령화행, 청유화행, 약속화행) 각각과 일치하는 것을 보임으로써, 일치현상이 나타나는 경우에서는 응대화행과 자극화행 모두가 이런 현상을 보일 수 있음을 증명하고자 한다.

3.1. 긍정화행

긍정화행이란, 청자가 화자의 발화에 대하여 그러하다고 생각하여 옳다고 인정함을 나타내는 화행으로서, 긍정화행은 진술화행, 판정질문화행에 대한 응답이다(장경희 1999, 장경희 2000). 긍정화행이 다른 자극화행의 역할을 할 수 있는지를 아래 실례를 통하여 살펴보도록 한다.

(2) a. 갑: 철수가 집에 갔어. / 을: 응.
b. 갑: 철수가 집에 갔어. / 을: 철수가 집에 일이 있다더라. /

갑: 그랬구나.
c. 갑: 철수가 집에 갔어. / 을: 만세! / 갑: 나도.
d. 갑: 철수가 집에 갔어. / 을: 왜? / 갑: 나도 몰라.
e. 갑: 철수가 집에 갔어. / 을: 너도 먼저 가. / 갑: 그럴게.
f. 갑: 철수가 집에 갔어. / 을: 우리도 그만 가자. / 갑: 그러자.
g. 갑: 철수가 집에 갔어. / 을: 나도 갈게. / 갑: 그래.

(2a)는 을의 발화가 긍정화행 역할만 하는 것을 보이고 있고, (2b-g)는 을의 발화가 응대화행인 긍정화행 외에 자극화행의 역할도 하는 것을 보이고 있다. (2b을)은 진술화행, (2c을)은 정표화행, (2d을)은 질문화행, (2e을)은 명령화행, (2f을)은 청유화행, (2g을)은 약속화행과 일치 현상을 보이는 예이다. (2b을)은 자극화행인 진술화행의 역할을 하며 뒤 순서의 긍정화행을 이끌어내고 있다. (2c을)은 자극화행인 정표화행(기쁨화행)의 역할을 하며 뒤 순서의 공감화행을 이끌어내고 있다. (2d을)은 자극화행인 질문화행(설명질문화행)의 역할을 하며 뒤 순서의 응대거부화행을 이끌어내고 있다. (2e을)은 자극화행인 명령화행의 역할을 하며 뒤 순서의 수락화행을 이끌어내고 있다. (2f을)은 자극화행인 청유화행의 역할을 하며 뒤 순서의 수락화행을 이끌어내고 있다. (2g을)은 자극화행인 약속화행의 역할을 하며 뒤 순서의 허락화행을 이끌어내고 있다. 이들이 자극화행의 역할을 한다는 것은 다음 순서의 갑의 발화가 앞 순서의 응대 역할을 한다는 것을 보고 알 수 있다. 이렇듯 응대화행인 긍정화행이 자극화행의 역할을 할 수 있으며, 긍정화행은 자극화행의 모든 하위화행과 일치할 수 있다는 것을 볼 수 있다.

3.2. 부정화행

부정화행이란, 앞에 나타난 화행에 대해서 그렇지 아니하다고 단정하거나 옳지 아니하다고 반대하는 화행으로서, 진술화행, 판정질문화행에 대한 응답이다(장경희 1999, 장경희 2000). 부정화행이 다른 자극화행의 역할을 할 수 있는지를 아래 실례를 통하여 살펴보도록 한다.

(3) a. 갑: 철수가 집에 갔어. / 을: 아냐.
b. 갑: 철수가 집에 갔어. / 을: 내가 방금 교실에서 봤어. / 갑: 아닌데.
c. 갑: 철수가 집에 갔어. / 을: 예끼! / 갑: 진짜야.
d. 갑: 철수가 집에 갔어. / 을: 누가 그래? / 갑: 영희가.
e. 갑: 철수가 집에 갔어. / 을: 다시 한 번 확인해 봐. / 갑: 그래.
f. 갑: 철수가 집에 갔어. / 을: 한 번 확인해 보자. / 갑: 그러든가.
g. 갑: 철수가 집에 갔어. / 을: 정말 갔는지 확인해 볼게. / 갑: 갔다니까.

(3a)는 을의 발화가 부정화행 역할만 하는 것을 보이고 있고, (3b-g)는 을의 발화가 부정화행 외에 자극화행의 역할도 하는 것을 보이고 있다. (3b을)은 진술화행, (3c을)은 정표화행, (3d을)은 질문화행, (3e을)은 명령화행, (3f을)은 청유화행, (3g을)은 약속화행과 일치 현상을 보이는 예이다. (3b을)은 자극화행인 진술화행의 역할을 하며 뒤 순서의 부정화행을 이끌어내고 있다. (3c을)은 자극화행인 정표화행(혐오화행)의 역할을 하며 뒤 순서의 비공감화행을 이끌어내고 있다. (3d을)은 자극화행인 질문화행(설명질문화행)의 역할을 하며 뒤 순서의 설명질문응대화행을 이끌어내고 있다. (3e을)은 자극화행인 명령화행의 역할을 하며 뒤 순서의 수락화행을 이끌어내고 있다. (3f을)은 자극화행인 청유화행의 역할을 하며 뒤 순서의 수락화행을 이끌어내고 있다. (3g을)은 자극화행인 약속화행의 역할을 하며 뒤 순서의 불허화행을 이끌어내고 있다. 이들이 자극화행의 역할을 한다는 것은 다음 순서의 갑의 발화가 앞 순서의 응대 역할을 한다는 것을 보고 알 수 있다. 이렇듯 응대화행인 부정화행이 자극화행의 역할을 할 수 있으며, 부정화행은 자극화행의 모든 하위화행과 일치할 수 있다는 것을 볼 수 있다.

3.3. 응대거부화행

응대거부화행이란, 청자가 화자의 질문에 대해 명확한 답을 알고 있지 않거나 응답을 회피하고 싶을 경우 응대를 거부하는 화행으로서, 진술화행, 판정질문화행, 설명질문화행에 대한 응답이다(장경희 1999, 장경희 2000). 응대거부화행이 다른 자극화행의 역할을 할 수 있는지를 아래 실례를 통하여 살펴보도록 한다.

(4) a. 갑: 철수가 집에 갔어? / 을: 글쎄.
b. 갑: 철수가 집에 갔어? / 을: 난 모르겠어. /
갑: 그렇겠지. 넌 딴 데 있었으니까.
c. 갑: 철수가 집에 갔어? / 을: 흥! / 갑: 대답하기 싫은가 보구먼.
d. 갑: 철수가 집에 갔어? / 을: 그건 왜 물어? / 갑: 그냥 궁금해서.
e. 갑: 철수가 집에 갔어? / 을: 그건 이따가 물어 봐. / 갑: 알았어.
f. 갑: 철수가 집에 갔어? / 을: 공부 좀 하자. / 갑: 그래.
g. 갑: 철수가 집에 갔어? / 을: 그건 이따가 대답할게. / 갑: 그래.

(4a)는 을의 발화가 응대거부화행 역할만 하는 것을 보이고 있고, (4b-g)는 을의 발화가 응대거부화행 외에 자극화행의 역할도 하는 것을 보이고 있다. (4b을)은 진술화행, (4c을)은 정표화행, (4d을)은 질문화행, (4e을)은 명령화행, (4f을)은 청유화행, (4g을)은 약속화행과 일치 현상을 보이는 예이다. (4b을)은 자극화행인 진술화행의 역할을 하며 뒤 순서의 긍정화행을 이끌어내고 있다. (4c을)은 자극화행인 정표화행(혐오화행)의 역할을 하며 뒤 순서의 공감화행을 이끌어내고 있다. (4d을)은 자극화행인 질문화행(설명질문화행)의 역할을 하며 뒤 순서의 응대거부화행을 이끌어내고 있다. (4e을)은 자극화행인 명령화행의 역할을 하며 뒤 순서의 수락화행을 이끌어내고 있다. (4f을)은 자극화행인 청유화행의 역할을 하며 뒤 순서의 수락화행을 이끌어내고 있다. (4g을)은 자극화행인 약속화행의 역할을 하며 뒤 순서의 허락화행을 이끌어내고 있

다. 이들이 자극화행의 역할을 한다는 것은 다음 순서의 갑의 발화가 앞 순서의 응대 역할을 한다는 것을 보고 알 수 있다. 이렇듯 응대화행인 응대거부화행이 자극화행의 역할을 할 수 있으며, 응대거부화행은 자극화행의 모든 하위화행과 일치할 수 있다는 것을 볼 수 있다.

3.4. 설명질문응대화행

설명질문응대화행이란, 선행화행에서 화자의 질문에 대하여 설명을 요구하면 요구를 받아들이고 그에 응대하는 화행으로서, 설명질문화행에 대한 응대이다(정종수 2014). 설명질문응대화행이 다른 자극화행의 역할을 할 수 있는지를 아래 실례를 통하여 살펴보도록 한다.

(5) a. 갑: 철수 어디 갔니? / 을: 아산병원이래.
b. 갑: 철수가 어디가 아프대? / 을: 급성 간염이래. / 갑: 그렇구나.
c. 갑: 철수가 어디가 아프대? / 을: 급성 간염이라고 했잖아! / 갑: 왜 화를 내고 그래?
d. 갑: 약속 시간이 몇 시였죠? / 을: 아까 7시라고 하지 않으셨어요? / 갑: 아, 그랬지요.
e. 갑: 철수가 어디가 아프대? / 을: 철수 찾으려면 치과에 가. / 갑: 알았어.
f. 갑: 철수 어디 갔니? / 을: 철수 보고 싶으면 학교에 같이 가자. / 갑: 그냥 물어 본 거야.
g. 갑: 철수 어디 갔니? / 을: 나 철수 만나러 학교에 갈 거야. / 갑: 나도 같이 가자.

(5a)는 을의 발화가 설명질문응대화행 역할만 하는 것을 보이고 있고, (5b-g)는 을의 발화가 설명질문응대화행 외에 자극화행의 역할도 하는 것을 보이고 있다. (5b을)은 진술화행, (5c을)은 정표화행, (5d을)은 질문화행, (5e

을)은 명령화행, (5f을)은 청유화행, (5g을)은 약속화행과 일치 현상을 보이는 예이다. (5a)에서 볼 수 있듯이, 설명질문응대화행은 설명질문에 대하여 설명해야 하는 것이므로 진술화행의 형식이 기본적이라고 할 수 있다. 따라서 설명질문응대화행은 진술화행의 형식으로 나타날 때, 응대화행과 자극화행의 일치 현상이 나타나는 것처럼 보인다. 그러나 뒤 순서의 화행이 응대를 하느냐, 응대를 하지 않느냐에 일치 여부가 달라진다. 즉, 뒤 순서의 화행이 설명질문화행에 대하여 응대를 하면 자극화행과 응대화행의 일치 현상이 나타나는 것으로 판단되고, 뒤 순서의 화행이 설명질문화행에 대하여 응대를 하지 않으면 응대화행인 설명질문응대화행으로만 판단되는 것이다. 이렇듯 설명질문응대화행은 진술화행으로 발화될 때, 타 화행의 일치 현상과는 다른 특성을 띤다. (5a)는 뒤 순서가 응대를 하지 않고 있으므로 설명질문응대화행으로만 판단된 것이다. (5b을)은 자극화행인 진술화행의 역할을 하며 뒤 순서의 긍정화행을 이끌어내고 있다. 이렇게 (5b을)은 (5a을)과 같이 진술화행의 형식인데, 뒤 순서에 응대가 있으므로 이것은 자극화행과 응대화행이 일치한 것으로 판단된 것이다. (5c을)은 자극화행인 정표화행(혐오화행)의 역할을 하며 뒤 순서의 공감화행을 이끌어내고 있다. (5d을)은 자극화행인 질문화행(판정질문화행)의 역할을 하며 뒤 순서의 긍정화행을 이끌어내고 있다. (5e을)은 자극화행인 명령화행의 역할을 하며 뒤 순서의 수락화행을 이끌어내고 있다. (5f을)은 자극화행인 청유화행의 역할을 하며 뒤 순서의 거절화행을 이끌어내고 있다. (5g을)은 자극화행인 약속화행의 역할을 하며 뒤 순서의 허락화행을 이끌어내고 있다. 이들이 자극화행의 역할을 한다는 것은 다음 순서의 갑의 발화가 앞 순서의 응대 역할을 한다는 것을 보고 알 수 있다. 이렇듯 응대화행인 설명질문응대화행이 자극화행의 역할을 할 수 있으며, 설명질문화행은 자극화행의 모든 하위화행과 일치할 수 있다는 것을 볼 수 있다.

3.5. 공감화행

공감화행이란, 화자가 청자에게 화자 자신의 감정에 대한 공감을 유발하기 위하여 발화하는 화행으로서, 감정을 드러내는 정표화행에 대한 응대이다(정종수 · 신아영 2013). 공감화행이 다른 자극화행의 역할을 할 수 있는지를 아래 실례를 통하여 살펴보도록 한다.

(6) a. 갑: 와, 되게 웃긴다. / 을: 응.
b. 갑: 와, 되게 웃긴다. / 을: 진짜 웃긴다. / 갑: 진짜 웃겨.
c. 갑: 와, 되게 웃긴다. / 을: 하하하. / 갑: 너도 웃기는구나.
d. 갑: 와, 되게 웃긴다. / 을: 되게 웃기지? / 갑: 진짜 웃겨.
e. 갑: 와, 되게 웃긴다. / 을: 걔 그만 웃기라고 해. / 갑: 걔 개그맨 시험 봐야겠어.
f. 갑: 수민이가 오디션에 떨어졌대. / 을: 기분 안 좋을 텐데, 오늘 같이 놀아 주자. / 갑: 그러자.
g. 갑: 그 형님이 그렇게 일찍 가실 줄 몰랐어. / 을: 나도 조의를 표할게. / 갑: 그래. 저녁에 같이 가자.

(6a)는 을의 발화가 공감화행 역할만 하는 것을 보이고 있고, (6b-g)는 을의 발화가 공감화행 외에 자극화행의 역할도 하는 것을 보이고 있다. (6b을)은 진술화행, (6c을)은 정표화행, (6d을)은 질문화행, (6e을)은 명령화행, (6f을)은 청유화행, (6g을)은 약속화행과 일치 현상을 보이는 예이다. (6b을)은 자극화행인 진술화행의 역할을 하며 뒤 순서의 긍정화행을 이끌어내고 있다. (6c을)은 자극화행인 정표화행(기쁨화행)의 역할을 하며 뒤 순서의 공감화행을 이끌어내고 있다. (6d을)은 자극화행인 질문화행(판정질문화행)의 역할을 하며 뒤 순서의 긍정화행을 이끌어내고 있다. (6e을)은 자극화행인 명령화행의 역할을 하며 뒤 순서의 거절화행을 이끌어내고 있다. (6f을)은 자극화행인 청유화행의 역할을 하며 뒤 순서의 수락화행을 이끌어내고 있다. (6g을)은 자극화행인

약속화행의 역할을 하며 뒤 순서의 허락화행을 이끌어내고 있다. 이들이 자극화행의 역할을 한다는 것은 다음 순서의 갑의 발화가 앞 순서의 응대 역할을 한다는 것을 보고 알 수 있다. 이렇듯 응대화행인 공감화행이 자극화행의 역할을 할 수 있으며, 공감화행은 자극화행의 모든 하위화행과 일치할 수 있다는 것을 볼 수 있다.

3.6. 비공감화행

비공감화행이란, 정표화행에 대해 상대 화자가 감정을 공감하지 않는다는 부정의 대응을 하는 것, 즉, 화자의 감정에 대하여 공감하지 않는 화행으로서, 정표화행에 대한 응대이다(정종수・신아영 2013). 비공감화행이 다른 자극화행의 역할을 할 수 있는지를 아래 실례를 통하여 살펴보도록 한다.

(7) a. 갑: 와, 되게 웃긴다. / 을: 아니.
b. 갑: 와, 되게 웃긴다. / 을: 난 별로 안 웃겨. / 갑: 난 웃긴데.
c. 갑: 와, 되게 웃긴다. / 을: 에잇! / 갑: 웃어서 미안해.
d. 갑: 와, 되게 웃긴다. / 을: 어디가 웃긴데? / 갑: 난 다 웃긴데?
e. 갑: 와, 되게 웃긴다. / 을: 웃지 마. / 갑: 웃긴데 어떻게 안 웃냐?
f. 갑: 와, 되게 웃긴다. / 을: 웃을 분위기가 아닌데, 조용히 하자. / 갑: 웃어서 미안해.
g. 갑: 와, 되게 웃긴다. / 을: 나 그만 일어날게. / 갑: 너 삐졌구나?

(7a)는 을의 발화가 비공감화행 역할만 하는 것을 보이고 있고, (7b-g)는 을의 발화가 비공감화행 외에 자극화행의 역할도 하는 것을 보이고 있다. (7b을)은 진술화행, (7c을)은 정표화행, (7d을)은 질문화행, (7e을)은 명령화행, (7f을)은 청유화행, (7g을)은 약속화행과 일치 현상을 보이는 예이다. (7b을)은 자극화행인 진술화행의 역할을 하며 뒤 순서의 부정화행을 이끌어내고 있다. (7c을)은 자극화행인 정표화행(분노화행)의 역할을 하며 뒤 순서의 공감화행

을 이끌어내고 있다. (7d을)은 자극화행인 질문화행(설명질문화행)의 역할을 하며 뒤 순서의 설명질문응대화행을 이끌어내고 있다. (7e을)은 자극화행인 명령화행의 역할을 하며 뒤 순서의 거절화행을 이끌어내고 있다. (7f을)은 자극화행인 청유화행의 역할을 하며 뒤 순서의 수락화행을 이끌어내고 있다. (7g을)은 자극화행인 약속화행의 역할을 하며 뒤 순서의 불허화행을 이끌어내고 있다. 이들이 자극화행의 역할을 한다는 것은 다음 순서의 갑의 발화가 앞 순서의 응대 역할을 한다는 것을 보고 알 수 있다. 이렇듯 응대화행인 비공감화행이 자극화행의 역할을 할 수 있으며, 비공감화행은 자극화행의 모든 하위화행과 일치할 수 있다는 것을 볼 수 있다.

3.7. 수락화행

수락화행이란, 앞에 나타난 명령화행이나 청유화행의 요구를 받아들이는 화행으로서, 명령화행, 청유화행에 대한 응대이다(장경희 2002). 수락화행이 다른 자극화행의 역할을 할 수 있는지를 아래 실례를 통하여 살펴보도록 한다.

(8) a. 갑: 너, 집에 가. / 을: 응.
b. 갑: 너, 집에 가. / 을: 나도 갈 생각이었어. / 갑: 그래. 어서 가.
c. 갑: 너, 집에 가. / 을: 만세. / 갑: 좋아하기는.
d. 갑: 너, 집에 가. / 을: 이곳 일이 다 끝났지? / 갑: 응.
e. 갑: 먼저 집에 가. / 을: 네가 마무리 좀 해라. / 갑: 알았어.
f. 갑: 넌 집에 가. / 을: 내일 같이 하자. / 갑: 그래.
g. 갑: 넌 집에 가. / 을: 그럼 먼저 갈게. / 갑: 잘 가.

(8a)는 을의 발화가 수락화행 역할만 하는 것을 보이고 있고, (8b-g)는 을의 발화가 수락화행 외에 자극화행의 역할도 하는 것을 보이고 있다. (8b을)은 진술화행, (8c을)은 정표화행, (8d을)은 질문화행, (8e을)은 명령화행, (8f을)은 청유화행, (8g을)은 약속화행과 일치 현상을 보이는 예이다. (8b을)은 자극화

행인 진술화행의 역할을 하며 뒤 순서의 긍정화행을 이끌어내고 있다. (8c을)은 자극화행인 정표화행(기쁨화행)의 역할을 하며 뒤 순서의 비공감화행을 이끌어내고 있다. (8d을)은 자극화행인 질문화행(판정질문화행)의 역할을 하며 뒤 순서의 긍정화행을 이끌어내고 있다. (8e을)은 자극화행인 명령화행의 역할을 하며 뒤 순서의 수락화행을 이끌어내고 있다. (8f을)은 자극화행인 청유화행의 역할을 하며 뒤 순서의 수락화행을 이끌어내고 있다. (8g을)은 자극화행인 약속화행의 역할을 하며 뒤 순서의 허락화행을 이끌어내고 있다. 이들이 자극화행의 역할을 한다는 것은 다음 순서의 갑의 발화가 앞 순서의 응대역할을 한다는 것을 보고 알 수 있다. 이렇듯 응대화행인 수락화행이 자극화행의 역할을 할 수 있으며, 수락화행은 자극화행의 모든 하위화행과 일치할 수 있다는 것을 볼 수 있다.

3.8. 거절화행

거절화행이란, 명령화행, 청유화행의 요구를 받아들이지 않고 물리치는 화행으로서, 명령화행, 청유화행에 대한 응대이다(장경희 2002). 거절화행이 다른 자극화행의 역할을 할 수 있는지를 아래 실례를 통하여 살펴보도록 한다.

(9) a. 갑: 너, 집에 가. / 을: 싫어.
b. 갑: 너, 집에 가. / 을: 나 계속 있고 싶어. / 갑: 안 돼.
c. 갑: 너, 집에 가. / 을: 예끼. / 갑: 농담이야.
d. 갑: 너, 집에 가. / 을: 할 일이 남았는데? / 갑: 내일 해.
e. 갑: 너, 집에 가. / 을: 나한테 명령하지 마. / 갑: 명령한 거 아냐. 부탁이야.
f. 갑: 너, 집에 가. / 을: 같이 가자. / 갑: 혼자 가.
g. 갑: 너, 집에 가. / 을: 여기 있을게. / 갑: 안 돼.

(9a)는 을의 발화가 거절화행 역할만 하는 것을 보이고 있고, (9b-g)는 을의

발화가 거절화행 외에 자극화행의 역할도 하는 것을 보이고 있다. (9b을)은 진술화행, (9c을)은 정표화행, (9d을)은 질문화행, (9e을)은 명령화행, (9f을)은 청유화행, (9g을)은 약속화행과 일치 현상을 보이는 예이다. (9b을)은 자극화행인 진술화행의 역할을 하며 뒤 순서의 부정화행을 이끌어내고 있다. (9c을)은 자극화행인 정표화행(혐오화행)의 역할을 하며 뒤 순서의 공감화행을 이끌어내고 있다. (9d을)은 자극화행인 질문화행(판정질문화행)의 역할을 하며 뒤 순서의 긍정화행을 이끌어내고 있다. (9e을)은 자극화행인 명령화행의 역할을 하며 뒤 순서의 거절화행을 이끌어내고 있다. (9f을)은 자극화행인 청유화행의 역할을 하며 뒤 순서의 거절화행을 이끌어내고 있다. (9g을)은 자극화행인 약속화행의 역할을 하며 뒤 순서의 불허화행을 이끌어내고 있다. 이들이 자극화행의 역할을 한다는 것은 다음 순서의 갑의 발화가 앞 순서의 응대 역할을 한다는 것을 보고 알 수 있다. 이렇듯 응대화행인 거절화행이 자극화행의 역할을 할 수 있으며, 거절화행은 자극화행의 모든 하위화행과 일치할 수 있다는 것을 볼 수 있다.

3.9. 허락화행

허락화행이란, 상대화자가 하겠다는 일을 하도록 들어주는 화행으로서, 약속화행에 대한 응대이다(정종수 2013). 허락화행이 다른 자극화행의 역할을 할 수 있는지를 아래 실례를 통하여 살펴보도록 한다.

(10) a. 갑: 그 일은 내가 할게. / 을: 그래.
b. 갑: 그 일은 내가 할게. / 을: 네 차례가 되었네. / 갑: 그래.
c. 갑: 그 일은 내가 할게. / 을: 만세! / 갑: 그렇게 좋구나?
d. 갑: 그 일은 내가 할게. / 을: 네가 할 때가 되었지? / 갑: 그렇지.
e. 갑: 그 일은 내가 할게. / 을: 네가 해. / 갑: 내가 할 거야.
f. 갑: 그 일은 내가 할게. / 을: 다음엔 같이 하자. / 갑: 그래.
g. 갑: 그 일은 내가 할게. / 을: 그럼 나는 다른 일을 할게. /

갑: 그래.

(10a)는 을의 발화가 허락화행 역할만 하는 것을 보이고 있고, (10b-g)는 을의 발화가 허락화행 외에 자극화행의 역할도 하는 것을 보이고 있다. (10b을)은 진술화행, (10c을)은 정표화행, (10d을)은 질문화행, (10e을)은 명령화행, (10f을)은 청유화행, (10g을)은 약속화행과 일치 현상을 보이는 예이다. (10b을)은 자극화행인 진술화행의 역할을 하며 뒤 순서의 긍정화행을 이끌어내고 있다. (10c을)은 자극화행인 정표화행(기쁨화행)의 역할을 하며 뒤 순서의 공감화행을 이끌어내고 있다. (10d을)은 자극화행인 질문화행(판정질문화행)의 역할을 하며 뒤 순서의 긍정화행을 이끌어내고 있다. (10e을)은 자극화행인 명령화행의 역할을 하며 뒤 순서의 수락화행을 이끌어내고 있다. (10f을)은 자극화행인 청유화행의 역할을 하며 뒤 순서의 수락화행을 이끌어내고 있다. (10g을)은 자극화행인 약속화행의 역할을 하며 뒤 순서의 허락화행을 이끌어내고 있다. 이들이 자극화행의 역할을 한다는 것은 다음 순서의 갑의 발화가 앞 순서의 응대 역할을 한다는 것을 보고 알 수 있다. 이렇듯 응대화행인 허락화행이 자극화행의 역할을 할 수 있으며, 허락화행은 자극화행의 모든 하위화행과 일치할 수 있다는 것을 볼 수 있다.

3.10. 불허화행

불허화행이란, 상대화자가 하겠다는 일을 하도록 들어주지 않고 물리치는 화행으로서, 약속화행에 대한 응대이다(정종수 2013). 불허화행이 다른 자극화행의 역할을 할 수 있는지를 아래 실례를 통하여 살펴보도록 한다.

(11) a. 갑: 그 일은 내가 할게. / 을: 아니야.
b. 갑: 그 일은 내가 할게. / 을: 너는 할 필요가 없어. /
갑: 내가 할게.
c. 갑: 그 일은 내가 할게. / 을: 어허. / 갑: 내가 하게 해 줘.

d. 갑: 그 일은 내가 할게. / 을: 그 전 일도 다 못 마쳤잖아? /
갑: 방금 다 했어.

e. 갑: 그 일은 내가 할게. / 을: 하지 마. / 갑: 내가 하게 해 줘.

f. 갑: 그 일은 내가 할게. / 을: 같이 하자. / 갑: 싫어. 혼자 할 거야.

g. 갑: 그 일은 내가 할게. / 을: 넌 계속 했으니까, 내가 할게. /
갑: 아냐. 내가 할게.

(11a)는 을의 발화가 불허화행 역할만 하는 것을 보이고 있고, (11b-g)는 을의 발화가 불허화행 외에 자극화행의 역할도 하는 것을 보이고 있다. (11b을)은 진술화행, (11c을)은 정표화행, (11d을)은 질문화행, (11e을)은 명령화행, (11f을)은 청유화행, (11g을)은 약속화행과 일치 현상을 보이는 예이다. (11b을)은 자극화행인 진술화행의 역할을 하며 뒤 순서의 부정화행을 이끌어내고 있다. (11c을)은 자극화행인 정표화행(혐오화행)의 역할을 하며 뒤 순서의 비공감화행을 이끌어내고 있다. (11d을)은 자극화행인 질문화행(판정질문화행)의 역할을 하며 뒤 순서의 부정화행을 이끌어내고 있다. (11e을)은 자극화행인 명령화행의 역할을 하며 뒤 순서의 수락화행을 이끌어내고 있다. (11f을)은 자극화행인 청유화행의 역할을 하며 뒤 순서의 수락화행을 이끌어내고 있다. (11g을)은 자극화행인 약속화행의 역할을 하며 뒤 순서의 불허화행을 이끌어내고 있다. 이들이 자극화행의 역할을 한다는 것은 다음 순서의 갑의 발화가 앞 순서의 응대 역할을 한다는 것을 보고 알 수 있다. 이렇듯 응대화행인 불허화행이 자극화행의 역할을 할 수 있으며, 불허화행은 자극화행의 모든 하위화행과 일치할 수 있다는 것을 볼 수 있다.

4. 자극화행과 응대화행의 일치 현상 분석

이 장에서는 자극화행과 응대화행의 일치 현상이 나타날 때 고려할 점에 대해서 다루어 보도록 한다. 우선, 자극화행과 응대화행의 일치 현상이 나타날 때, 자극화행이 우세한지, 응대화행이 우세한지에 대해 살펴보도록 한다. 이것을 살펴보는 이유는 자극화행과 응대화행의 함축 관계를 살펴보기 위해서이다. 즉, 자극화행이 응대화행을 함축하는지, 응대화행이 자극화행을 함축하는지를 살펴봄으로써, 일치 현상의 특징을 설정하고자 한다.

(12) 갑: 철수가 집에 갔어. / 을: 철수가 집에 일이 있다더라. / 갑: 그래?

(12을)은 자극화행과 응대화행의 일치 현상을 보이는 화행으로써, 이러한 화행은 기본적으로 자극화행의 형태를 띠고 있다. 따라서 이 대화를 접하는 사람들은 (12을)의 자극화행(진술화행)으로 인지하고 있을 것이다. 그런데 앞 순서와의 관계를 살펴보았을 때, 이것이 긍정화행을 함축하고 있음을 추론해 내게 된다. 즉, 응대화행과 자극화행의 일치를 보이는 발화는, 응대화행이 자극화행을 함축하는 것이 아니라 자극화행이 응대화행을 함축하는 것이라고 할 수 있는 것이다.

이번에는 기계적 화행 분석을 할 때 고려할 점에 대해 다루도록 한다. 자극화행과 응대화행의 일치 현상이 나타나는 화행을 기계적으로 분석(화행 분석)할 때, 자극화행으로 보아야 하는가, 응대화행으로 보아야 하는가 하는 의문이 생길 수 있다. 그 이유는 일치 현상이 나타나는 화행은 후행 순서 화행과의 관계에서는 자극화행의 역할을 하고, 선행 순서 화행과의 관계에서는 응대화행의 역할을 하고 있기 때문이다. 아래 예를 보며, 이 문제에 대해 논의하도록 한다.

(13) 갑: 철수가 집에 갔어. / 을: 철수 방금 교실에서 봤는데. / 갑: 아닌데.

(13을)은 자극화행(진술화행)과 응대화행(부정화행)의 일치 현상이 나타난다. 이것을 자극화행으로 보느냐, 응대화행으로 보느냐는 선행 순서 화행과의 관계를 우선시하느냐, 후행 순서 화행과의 관계를 우선시하느냐 하는 관점의

차이라고 볼 수 있다. 그래서 자극화행으로 보는 관점과 응대화행으로 보는 관점이 둘 다 공존한다고 보는 것이 타당할 것이며, 따라서 분석할 때 자극화행과 응대화행의 양쪽을 모두 표시하는 것이 합리적일 것이다.

그러나 기계 분석을 하며 화행 태그를 붙일 때, 간접화행을 기록하는 항목에서 이 두 관점의 판단은 다르다. 자극화행의 관점에서 일치 현상이 나타나는 화행은 자극화행의 역할을 하지만 응대화행을 함축하는 것이라고 할 수 있을 것이다. 따라서 직접화행이라고 할 수 있다. 그러나 응대화행의 관점에서는 일치 현상이 나타나는 화행이 응대화행의 역할을 하지만 자극화행의 형식을 갖는 간접화행이라고 할 수 있을 것이다. 즉, 응대화행과 자극화행의 일치 현상이 나타날 때, 응대화행의 측면에서는 간접화행으로 나타나는 것이라고 할 수 있을 것이다.

(14) 갑: 그 일은 내가 할게. / 을: 너는 할 필요 없어. / 갑: 하게 해 줘.

(14을)은 자극화행의 관점에서는 자극화행의 하위화행인 진술화행이며, 진술화행의 형식(진술형 종결어미 사용)을 띤 직접화행이다. 그러나 응대화행의 관점에서는 응대화행의 하위화행인 불허화행이며, 진술화행의 형식을 띤 간접화행이라고 할 수 있다.

그러나 앞서의 화행 분석에 예외가 있다. 그 예외는 첫째, 앞에서 자극화행의 관점에서는 일치 현상이 나타나는 화행이 직접화행이라고 하였으나, 만약 자극화행 자체가 간접화행이면, 자극화행의 관점에서 봐도 간접화행이 될 수 있다.

(15) a. 갑: 넌 집에 가. / 을: 고마워. / 갑: 고맙기는.
b. 갑: 철수가 갔어. / 을: 그럼 내가 남은 일 도울까? /
갑: 아냐. 혼자 할게.

(15을)은 자극화행과 응대화행의 일치 현상이 나타나는 예이다. (15a을)은 자극화행의 관점에서 볼 때 직접화행(기쁨화행을 나타내는 감탄사.)으로 나타나야 하지만, 진술화행의 형식으로 정표화행을 나타내는 간접화행으로 나타났다. 그러므로 이것은 자극화행의 측면에서 진술화행의 형식으로 나타난 정표화행의 간접화행이라고 할 수 있는 것이다. (15b을)도 자극화행의 관점에서 볼 때, 직접화행(약속화행)으로 나타나야 하지만, 질문화행의 형식으로 약속화행을 나타내는 간접화행으로 나타났다. 이것 역시 자극화행의 관점에서 볼 때도, 질문화행의 형식으로 나타난 약속화행의 간접화행이라고 할 수 있다. 이렇듯 자극화행 자체의 간접화행이라면, 일치 현상이 나타날 때 자극화행의 관점에서 보더라도 직접화행으로 나타나는 것이 아니라 간접화행으로 나타난다고 할 수 있다.

둘째, 앞에서 응대화행의 관점에서는 일치 현상이 나타나는 화행이 간접화행이라고 하였으나, 설명질문응대화행이 진술화행으로 나타나면 응대화행의 관점에서 봐도 직접화행이 된다. 왜냐하면 원래 설명질문응대화행의 직접화행은 진술화행의 형식으로 나타나기 때문이다(정종수 2014: 801).

(16) 갑: 너는 고향이 어디니? / 을: 춘천이야. / 갑: 나도 춘천인데.

(16을)은 응대화행의 관점에서 볼 때 간접화행으로 나타나야 하지만, 설명질문응대화행의 직접화행은 진술화행의 형식을 띠기에 직접화행으로 나타남을 볼 수 있다. 이렇듯 설명질문응대화행을 진술 형식으로 하였을 때, 응대화행의 관점에서 보더라도 직접화행으로 나타남을 볼 수 있다. 즉, 설명질문응대화행은 자극화행과 응대화행의 일치가 자연스럽게 나타나는 특성이 있다고 할 수 있겠다.

5. 마무리

본고는 지금까지 자극화행과 응대화행의 일치 현상, 즉 응대화행이 자극화행으로서의 역할을 하는 현상을 살펴보았고, 그에 나타나는 특성을 살펴보았다. 본 연구를 통하여 밝혀낸 바는 다음과 같다. 첫째, 자극화행과 응대화행의 일치 현상을 보이는 화행은 응대화행만 보이는 것과 자극화행만 보이는 것과 구별된다는 것이다. 즉, 모든 응대화행이 자극화행의 역할을 하는 것은 아니며, 또한 모든 자극화행이 응대화행의 역할을 하는 것도 아님을 볼 수 있었다. 둘째, 자극화행과 응대화행의 일치 현상이 나타나는 것 한에서는, 응대화행의 하위화행과 자극화행의 하위화행 모두에서 나타날 수 있음을 볼 수 있었다. 자극화행과 응대화행의 일치 현상은 응대화행의 하위화행인 '긍정화행, 부정화행, 공감화행, 비공감화행, 응대거부화행, 설명질문응대화행, 허락화행, 불허화행' 모두에서 나타났고, 자극화행의 하위화행인 '진술화행, 정표화행, 질문화행, 명령화행, 청유화행, 약속화행' 모두에서 나타났다. 셋째, 자극화행과 응대화행의 일치 현상을 보일 때, 자극화행이 겉으로 드러나기 때문에 자극화행이 응대화행을 함축하는 것이라고 할 수 있다. 넷째, 화행을 기계적으로 분석하여 화행 태그를 붙일 때는 두 개의 화행을 모두 표기하는 것이 타당하다. 즉, 화행 분석을 할 때 자극화행으로 보는 관점과 응대화행으로 보는 관점이 둘 다 공존한다고 보는 것이다. 다섯째, 일치 현상이 나타나는 화행의 간접화행을 분석할 때, 자극화행의 관점에서는 자극화행의 형식으로 나타나고 응대화행을 함축하는 것이기에 자극화행의 직접화행이라고 보고, 응대화행의 관점에서는 응대화행의 역할을 하지만 자극화행의 형식을 갖기에 간접화행으로 본다고 할 수 있다. 여섯째, 자극화행 자체가 간접화행의 역할을 하면 자극화행의 관점에서 보더라도 간접화행이 될 수 있다. 일곱째, 설명질문응대화행은 진술화행의 형식으로 나타나므로, 뒤 순서의 화행이 이것을 받으면 일치 현상이 나타나는 것이라고 볼 수 있고, 그렇지 않으면 응대화행의 역할만 하는 것(일치 현상이 나타나지 않는 것)이라고 볼 수 있다. 그리고 설명질문응대화행에서 일치 현상이 나타날 때, 원래 설명질문응대화행의 직접화행이 진술화행이기 때문에 자극화행의 관점에서뿐만 아니라 응대화행의 관점에서 보더라도 타 응대화행과는 달리 직접화행이 될 수 있다고 할 수 있다.

참고문헌

박용익(2001), 『대화분석론(개정증보판)』, 역락.

이은영(1998), "대답의 분류와 특성 연구", 부산대학교 대학원 국어국문학과 석사학위논문.

이은영(2003), "직접적인 대답과 간접적인 대답의 기능", 『한국어학』 20: 175-190, 한국어학회.

이필영(1999), "국어의 응답 표현에 대한 연구", 『텍스트언어학』 6: 71-106, 한국텍스트언어학회.

장경희(1999), "진술에 대한 긍정과 부정", 『한국어 의미학』 5: 311-332, 한국어 의미학회.

장경희(2000), "판정 질문에 대한 긍정과 부정", 『한국어 의미학』 7: 149-174, 한국어 의미학회.

장경희(2002), "청유 화행에 대한 수락과 거절", 『텍스트언어학』 9: 111-143, 한국텍스트언어학회.

장경희(2003), "국어의 지시 화행에 대한 응대 수행의 방법", 고영근 외, 『문법과 텍스트』, 서울대학교출판부.

정종수(2013), "한국어 약속화행에 관한 연구", 『인문학논총』 33: 29-47, 경성대학교 인문과학연구소.

정종수(2014), "응대화행의 간접화행에 관한 연구", 『언어연구』 29(4): 795-808, 한국현대언어학회.

정종수 · 신아영(2013), "정표화행에 관한 연구", 『인문과학연구』 36: 259-286, 강원대학교 인문과학연구소.

Levinson, S. C.(1983), *Pragmatics*, Cambridge: Cambridge University Press. (이익환 외 역(1992), 『화용론』, 한신문화사.)

Searle, J. R.(1969), Speech Acts, Oxford: Blackwell Publishing.
Searle, J. R.(1976), A classification of illocutionary acts, *Language in Society* 5: 1-23.

독자 배려 표현의 함축 의미와 화행적 기능

김 혜 정*

1. 들머리

우리는 글을 읽을 때, 사물이나 세계에 대해 직접 서술하거나 지시하는 것이 아니라, 글 내용에 대해 설명하는 말, 예컨대, '잘 아시다시피, 앞서 다루었듯이, 이 문제는 중요하다, 간단히 말해서, 다음에 다루고자 한다' 등과 같이 필자가 내용을 해설해 주거나 재차 언급하는 표현을 발견할 수 있다. 이러한 표현을 상위담화(metadiscourse)라고 하는데, 이는 필자가 독자를 고려하여 글을 쓴다는 것을 보여주는 일종의 단서라고 할 수 있다. 이렇게 글에는 독자의 이해를 돕기 위해 독자를 배려하는 수사적 장치들이 숨겨져 있다.

이러한 상위담화는 글이 단순히 기호의 연쇄가 아니라, 글을 읽을 누군가와의 대화 과정이자 설득 과정이라는 것을 보여준다. 이때 상위담화를 대상 언어를 설명하는 언어로만 바라봐서는 안 되고, 어떤 의도성과 목적성을 지닌 필자의 의사소통 전략에 의해 사용된 것으로 바라봐야 한다. 이는 분명 화용

* 경북대학교 국어교육과 교수, hjkim88@knu.ac.kr

론적 관점이라 할 수 있다.

주지하다시피, 화용론에서 맥락은 의미 파악의 중요한 고려 대상이다. 분석 대상인 텍스트는 언어학자가 가공한 문장(sentences)이 아니라, 어떤 구체적인 시간과 장소에서 누군가를 향해 말해진 발화(utterance)이며, 그 발화의 의미는 문장 속에 내재된 고정된 것이 아니라 발화에 참여하는 여러 요인, 예컨대 화자, 청자, 시공간 등의 맥락에 의해 구성되는 것이다. 이로 인해 화용론은 의사소통 맥락에서 언어가 어떤 의도와 목적으로 사용되었는지, 언어의 의사소통적 혹은 사회적 기능은 무엇인지에 더 주목한다. 이러한 관점은 언어 현상을 하나의 발화 사건(event)으로 간주하고 그 발화 사건이 일어난 맥락에 따라 해석이 결정된다고 보는 화행적 관점과도 일맥상통한다. 본고는 이러한 상위담화의 화행적 실현 중에서도 특히 텍스트에 나타나는 독자 배려 표현의 함축적 의미와 그 화행적 기능을 살펴보고자 한다.

필자는 홀로 글을 쓰더라도 독자를 구체적으로 고려한다. 예컨대, 필자는 독자가 어떤 태도를 보일 것을 상정하고 미리 견제하기도 하고, 마치 동의하는 것처럼 자신의 편으로 간주하기도 하고, 함께 글을 읽는 것처럼 정보를 공유하고, 중간 중간 이해를 돕기 위해 앞의 내용을 정리해주거나 다음에 나올 내용을 안내하면서 마치 독자와 대화를 하듯이 글을 써 나간다.[1] 따라서 이러한 표현에는 분명 어떤 의도성 혹은 글쓰기의 전략이 내재되어 있다. 단순히 필자의 개인적이고 개성적인 문체의 표현이 아니라, 필자와 독자 간의 적극적인 상호작용성을 보여주는 단서이자, 장르에 따라 관습화된 의사소통 전략 중 하나이다.

따라서 이는 언어가 '장르'라는 사회적으로 굳어진 담화 맥락 안에서 특정의 목적을 달성하기 위해 어떻게 사용되는가를 연구한 체계 기능 문법(systemic functional grammar)의 연구와도 관련되어 보인다. 그도 그럴 것이 체계 기능 문법을 창시한 Halliday는 언어의 메타기능(metafunctions)에 주목

1 이러한 언어는 사물이나 사건 등에 대해 직접 말하는 대상언어(object language)가 아니라, 언어에 대해 설명하는 언어, 상위언어(meta language)에 속한다.

하고 그 개념을 그의 언어 연구에서 중요하게 다뤘기 때문이다.

본고는 텍스트에서 독자와의 상호작용을 보여주는 독자 배려 표현들을 살펴보고 그 함축 의미들을 분석함으로써 독자 배려 표현의 화행적 기능에 따른 유형화를 시도하고자 한다. 이러한 연구는 필자의 글쓰기 전략으로 작문 교육에서 활용될 수 있으며, 독자가 글 내용을 이해하는 단서로 사용함으로써 독서 교육에서도 활용될 수 있을 것이다.

2. 선행 연구 검토 : 주요 연구 주제와 쟁점

앞서 언급한 바와 같이, 텍스트에서 독자를 고려하는 표현에 주목한다는 것은 화용적 관점의 연구이다. 필자가 글을 읽는 상대를 설정하고 그 독자에 맞는 언어 전략을 사용했다는 것은 마치 구체적인 의사소통 상황에서 맥락을 고려하여 발화의 함축적 의미가 드러나도록 하는 화행과 닮아 있기 때문이다. 따라서 독자 배려 표현을 화용적으로 살펴보기 위해서는 필자는 어떤 상황에서 어떤 발화 의도와 목적을 가지고 독자 배려 표현을 사용하며, 그러한 표현들은 장르에 따라 어떻게 관습화 되어 특정 언어 기능을 담당하는지를 살펴보아야 할 것이다. 이를 위한 이론적 접근으로서 먼저 언어의 메타적 기능 연구를 살펴보고자 한다.

Halliday(1999: 1-24)[2]는 텍스트가 단순히 사물과 세계에 대한 설명만 하는 것이 아니라 참여자 간의 관계와 맥락 안에서 메타적 기능을 담당한다고 보고 상위담화의 연구에 주목하였다. 그는 맥락을 두 가지로 구분하고 이와 함께 언어 기능을 설명하였다. 첫째는 상황 맥락(context of situation)으로, 텍스트

2 M. A. K Halliday(1925-2018)는 영국의 기호학자 J. R. Firth의 제자로서 그로부터 영향을 받았고, L. Hjelmslev와 프라하 학파 등 유럽의 언어학계의 영향을 받아 체계기능문법을 창시한 기능주의 언어학자이다. Halliday는 언어와 맥락의 체계적 관계를 밝히고자 했다. 즉, 텍스트를 이해하려면 텍스트가 사용된 맥락을 알아야 하며 맥락 없이는 텍스트의 의미를 파악하기 어렵다는 것이다.

가 전개되고 해석되는 환경이다. J. R. Firth(1957b/1968: 176-177)는 상황 맥락을 구성하는 3가지 요소로, 참여자(participants), 사물과 사건(objects & events), 언어 행위의 효과(The effect of the verbal action)를 제시하였는데, Halliday(1985a/1989: 12)는 이 이론과 D. Hymes의 SPEAKING 모형[3]을 받아들여, 상황 맥락은 담화의 목적이나 주제인 영역(field), 담화자 간의 관련을 뜻하는 관계(tenor), 담화의 형태인 양식(mode)[4]으로 구성되며 각 요소는 특정한 어휘문법 요소(lexico-grammatical features)에 의하여 구현된다고 보았다. 그는 상황 맥락의 구성 요소에 따라 언어가 세계에 대한 정보와 인식을 전달하는 개념적(ideational) 메타기능, 담화 참여자간의 사회적 역할, 성격, 감정 등 관계를 표현하는 대인적(interpersonal) 메타기능, 메시지로 기능하기 위해 개념이 배열되고 조직되는 방식에 대한 정보를 제공하는 텍스트적(textual) 메타기능을 제시하였다.[5] 이를 표로 제시하면 다음과 같다.

〈표 1〉 언어의 3가지 메타기능(metafunction)

개념적 메타기능	언어는 개인이 세계를 어떻게 감지하는지에 대해, 즉 우리가 인간 경험을 구성할 수 있도록 돕는다.
대인적 메타기능	언어는 우리가 사회에서 다른 사람과 상호작용과 복잡한 관계를 표현할 수 있도록 한다.
텍스트적 메타기능	언어는 우리가 더 쉽게 의사소통하도록 우리의 상호작용을 구조화 하고, 언어 체계 자체를 조직할 수 있도록 한다.

3 SPEAKING이란 Setting and Scene(자연적 배경과 문화적 장면), Participants(참여자), Ends(목적/전략), Act Sequence(행위 연속), Key(tone, manner, or spirit과 같은 단서), Instrumentalities(도구: 발화 형식과 문체), Norms(사회적 규범), Genre(발화 유형)를 가리킨다.

4 특히 양식은 언어가 수행되는 방법, 채널 및 수사학적 방법(rhetorical mode) 등 텍스트의 상징적 조직(symbolic organization) 및 지위(status)와 관련된다.

5 개념적 의미를 텍스트에 구현하는 어휘문법 요소들로는 동사성(transitivity) 및 절의 상호의존적 관계(taxis), 대인간 의미는 서법(mood), 양상(modality), 평가어(appraisal)등으로 실현되며, 텍스트적 의미는 주제구조(thematic structure)와 결속요소(cohesive device)등으로 실현된다.

둘째는 문화 맥락(context of culture)인데, 이는 오랜 역사를 통해 형성되고 공동체 내에서 합의된 체계(system)로서의 특성을 지닌다고 보았다. 문화 맥락은 구체적인 '장르'로 실현되며 상황맥락이 구현되는 과정에 영향을 미친다. 즉 상황맥락이 텍스트에 구현되는 과정과 요소는 문화 맥락에 따라 다르다는 것이다. 따라서 담화의 주제, 담화자간 관계, 담화 형태 등과 관련되는 개념적, 대인적, 텍스트적 메타기능도 문화 맥락에 따라 다른 문법적 자질로 발현될 것이다.

또한 우리가 살펴보려는 독자 배려 표현은 상위담화(metadiscourse)이다. 상위담화란 담화에 대한 담화로서, 텍스트에 대해 독자에게 하는 말이며 수사적 행위(Crismore 1989: 7)로 정의할 수 있다. 내용이나 경험을 직접 진술하는 것이 아니라 글의 흐름을 안내하고 메시지를 해설함으로써 독자의 이해를 돕고 심리 상태를 배려하는 화행을 하며, 대인적, 개념적, 텍스트적 메타기능을 담당한다. Halliday의 메타기능에 근거한 상위담화의 유형 분류는 Kopple(1985), Hyland(2005), Crismore(1989), Crismore *et al.*(1993), Sanderson(2008) 등의 연구로 이어졌다.[6]

예컨대, Sanderson(2008: 165)은 상위담화를 필자가 자신의 텍스트에 대해 말할 때 사용하는 '수사적 전략'으로 정의하였다. 또한 Hyland(1995: 37)는 특정 공동체 구성원으로 자신의 관점을 표현하고 독자를 참여시키는 것을 지원하고, 한 텍스트 내의 상호작용적 의미협상을 위하여 사용된 필자의 '자기 성찰적 표현'이라고 보았다. 특히 그는 상위담화를 크게 텍스트적 상위 담화(textual discourse)와 대인적 상위담화(interpersonal discourse)로 구분하였는데, 텍스트적 상위담화는 텍스트가 구성되는 방식에 대한 정보를 제공하여 독자의 이해를 돕는 언어 표현으로 앞서 나온 Halliday의 텍스트적 메타기능과 유사하다. 우리가 국어교육에서 교육내용으로 자주 언급하는 '텍스트 구조 표지(text structure marker)'와 같은 것은 텍스트적 상위담화로 분류될 수 있

6 N. Toumi(2009)는 Halliday의 상위언어 체계를 바탕으로, R. Jacobson의 6가지 언어 기능 모델을 추가하여 상위담화 분류를 더 정교화 하기도 하였다.

다. 반면 대인적 상위담화는 대인적 기능과 관련되는 표현으로, 개인의 작문 방식이나 스타일을 반영하며, 텍스트의 장르적 특성, 화제 특성, 언어공동체의 관습과 규범 등을 반영한다. 또한 대인적 상위담화에는 필자의 태도, 가치, 신념, 입장에 대한 정보, 독자에 대한 필자의 기대, 가정, 역할에 대한 요구 등과 관련된 정보가 들어있다고 보았다.

정혜승(2013: 209)에서는 이상의 논의들을 종합하여 Crismore *et al*.(1993)을 근간으로 한, 다음과 같은 상위담화의 유형을 제시하였다.[7]

〈표 2〉 상위담화 유형 분류

<table>
<tr><th colspan="3">범주</th><th>기능</th><th>예</th></tr>
<tr><td rowspan="7">텍스트 지향성</td><td rowspan="5">텍스트적 표지</td><td>텍스트 지시</td><td>텍스트 내용 직접 제시</td><td>이 논문에서는
여기서는</td></tr>
<tr><td>순서 표시</td><td>정보의 제시 순서 표시</td><td>첫째, 마지막으로</td></tr>
<tr><td>안내 표시</td><td>내용의 등장 차례 제시,</td><td>앞장에서
(앞서 본 바와 같이),
뒤에서, 다음 장에서</td></tr>
<tr><td>귀속 표지</td><td>정보의 자원과 출처를 밝힘</td><td>~에 의하면,
~연구에 따르면</td></tr>
<tr><td>화제 전환 표지</td><td>화제 전환</td><td>앞으로 ~에 대해 논할 것이다.
한편,</td></tr>
<tr><td rowspan="2">해석적 표지</td><td>주석 표지</td><td>텍스트 자료 재해석</td><td>즉, 다시 말해서
이른바</td></tr>
<tr><td>화행 표지</td><td>수행된 행위의 명명, 성격 규정</td><td>예컨대
요약하면
즉, 다시 말해</td></tr>
<tr><td rowspan="2">대인 지향성</td><td rowspan="2">독자 중심적 표지</td><td>참여 유도 표시</td><td>독자의 동의와 참여 유도</td><td>과연 누가 동의할 수 있겠습니까?</td></tr>
<tr><td>독자 지시</td><td>독자를 직/간접적으로 호명 표시</td><td>당신은(너는), 주목하라
질문형 문장</td></tr>
</table>

7 <표 2>는 Crismore *et al*.(2009)의 분류를 정혜승(2013: 210)에서 수정 보완한 것이다. 이들은 하나의 상위담화가 텍스트 사용맥락에 따라 다른 기능을 담당하기 때문에, 상위담화의 분류명과 각 기능을 일대일로 대응시키는 것은 적절하지 않다고 보아, 큰 범주를 '-지향성'으로 명명하고 2개의 기능으로 구분하였다.

필자 중심적 표지	태도 표시	필자의 감정적 태도 표시	놀랍게도 ~하기를 바란다. 아마도~일 것이다. ~는 것은 우려스럽다.
	논평 표시	필자의 평가 표시	~에 대해 동의하지 않을 수 없다.

위 표에서 '독자 중심적 표지'는 독자 배려 표현과 의미상 가장 가깝다. 그러나 독재 배려 표현을 여기에만 해당한다고 간주하면 독자 배려 표현의 개념 범주가 좁아지는 단점이 있다.

상위담화 자체가 텍스트의 대화적 특성을 드러내며, 필자가 독자와 의사소통하는 노력들을 보여주는 표지라고 할 수 있다. 또한 이러한 상위담화는 담화의 목적(정보적인지 설득적인지), 담화의 영역(인문학적 주제인지 과학적주제인지), 담화공동체(영미권인지, 한국어권인지), 담화의 양식(말인지, 글인지, 또는 어떤 글의 종류인지) 등 상황 맥락과 문화 맥락에 따라 다르게 쓰이기 때문에 각각의 문화권 또는 담화공동체 내에서 글쓰기를 할 때, 이러한 상위담화에 대한 장르별 지식을 갖고 있다면 작문에 효율적으로 적용할 수 있다.

이상에서 살펴본 독자 배려 표현은 Halliday의 상위언어 기능 연구에 의하면 사건과 세계에 대한 직접 서술이 아니라 필자의 수사적 전략으로서 상위담화의 일종임을 확인할 수 있다.

다음으로 소개할 또 다른 연구 전통은 고전 수사학이다. 여기서는 필자의 독자 배려 표현이란 독자를 '배려'하는 것이 아니라, 독자를 자기편으로 끌어들이기 위한 고도의 '설득' 전략임을 강조한다. 일종의 호소(appeals) 전략이다. 대표적으로 Conner & Lauer(1988)는 수사학의 전통을 이어받아[8] 독자를 설득하기 위한 전략을 논리 호소(rational appeals), 신뢰 호소(credibility appeals), 정서 호소(affective appeals)로 구분하였다.

먼저 '논리 호소'는 비형식적인 추론을 펴서 독자의 이성에 호소하는 전략

8 이는 아리스토텔레스 수사학에서 청중 설득 수단으로 제안한 로고스(logos), 에토스(ethos), 파토스(pathos) 이론에 근거한 것이다.

으로, 실재에 의한 논의, 예, 삽화, 모형에 의한 논증, 그리고 유추와 은유의 방법으로 실현된다. '신뢰 호소'는 필자에 대한 믿음을 주어 독자를 호소하는 전략으로, 필자의 주제에 대한 개인적 경험과 지식, 독자의 가치 인식에 대한 인지를 포함한다. '정서 호소'는 독자의 감정에 기대어 구사하는 전략으로, 구체적이고 감동적인 언어, 생동감 있는 그림, 독자의 감정을 자극하는 은유 등을 사용하는 것이다. 이러한 논의는 단순히 텍스트 표면에 드러난 단어, 구, 절, 문장 수준의 언어 기호적 실현 양상만을 다루는 것이 아니라, 삽화와 그래픽(표), 은유 표현과 같이 메타 기호로 사용된 화용적 차원의 담화 표지들 모두 독자 배려 표현으로 설명할 수 있다는 장점이 있다. 그러나 동시에, 이러한 호소 전략 이론으로 독자 배려 표현을 설명하게 되면 사실상 독자를 고려하지 않은 표현 전략이 없을 정도로, 필자의 직접 서술과 배려 표현 간의 구분이 어렵게 된다. 호소 전략은 논증, 유추와 같은 증명 방식은 물론, 필자의 신뢰성 있는 경험의 유무나 제시 방식, 은유와 같은 언어 표현이나 청중의 공감을 불러일으키는 문체에 이르기까지 텍스트의 아이디어 생성 차원에서 표현 방식의 차원에 이르기까지 광범위하게 실현되기 때문이다. 결국 텍스트의 내용, 조직, 문체 등 전반이 모두 독자를 배려하기 위한 수사적 전략이라고 간주되어, 배려 표현과 배려 표현이 아닌 부분은 어디인지, 독자 배려 표현이 어디서부터 어디까지인지 지정하기가 어렵게 된다. 따라서 독자 배려 표현의 양상을 조사하기 위해서는 아리스토텔레스의 수사학을 따라 분류하더라도 텍스트 실현 방식을 변별적으로 측정하는 방법을 추가로 개발할 필요가 있다.[9]

이에 Hayes *et al.*(1988, 1990)은 텍스트적 지표들을 찾아내기 위한 코딩 체계를 개발하여 실제 텍스트 자료들에서 필자의 작문 전략을 추출하였다.[10]

9 측정(measuring)한다는 것은 코딩(coding)을 말한다. 실제 상위담화는 여러 가지 유형으로 분류되며 다양한 형식을 취하므로, 코딩을 하려면 독자 배려 표현이 어떤 언어 단위에서 실현되는지를 파악해야한다. 예를 들어, 단어('확실히'), 구('확실하게 말해서'), 절('앞서 언급한 바와 같이'), 문장('앞서 이 문제에 대해 충분히 언급하였다') 등으로 실현되므로 이를 단위별로 추출할 수 있다.

10 본문의 설명은 정혜승(2013: 224-226)을 참조하여 정리하였다.

또한 Hayes, Flower와 같은 작문 연구자들은 작문 전략을 명칭 실행(name moves), 맥락 실행(context moves), 전략 실행(strategy moves), 반응 실행(response moves), 부정적 호소(negative appeals) 등 5개의 코딩 범주에 따라 분류하였다. 먼저, 명칭 실행은 텍스트 안에서 필자가 자신과 독자의 위치와 역할을 부여하는 장치이다. 필자는 '당신, 우리'와 같은 대명사를 사용하거나 '비록 피부색이 조금 다를 뿐 이 땅에서 태어나 살고 있는 한국민(韓國民)의 한 사람으로서 우리는 더 이상 차별을 허용할 수 없다'와 같은 표현에서 필자 자신과 독자에게 명칭이나 국적을 부여하거나, '우리'를 사용함으로써 독자 역시 부당하게 차별받는 한 사람으로 상정하고 있다. 이러한 표현은 필자와 독자 간의 관계 및 거리를 좁히는 동시에 필자의 말에 공감하도록 하는 설득의 전략이다. 따라서 글을 읽어감에 따라 독자들은 이 글이 자신과 다른 독자, 즉 다문화 이주민들을 위해 쓰인 것을 알지만 서서히 독자를 필자 공동체에 포함시키면서 글에 공감하게 된다.

둘째, 맥락 실행은 필자가 독자의 배경지식을 고려하는 장치이다. 즉, 필자가 독자가 글의 주제나 내용과 관련하여 이미 많이 알고 있거나 아는 것이 적다고 판단할 때 혹은 알 필요가 있거나 없다고 판단할 때 정보의 양과 범위를 조절하는 것이다. 예컨대 경제 상황을 설명할 때, 독자의 지식 여부를 판단하여 그에 적합한 정보의 양과 범위를 조절해야 하듯이, 독자의 배경지식 정도에 대한 판단에 의거하여 의도적으로 정보를 포함하거나 배제하기, 정보를 상세하게 제공하기, 개괄적으로 진술하기 등 맥락 실행을 실현할 수 있다.

셋째, 전략 실행은 필자가 독자의 특성을 인식하고, 그것을 확산시킴으로써 독자로 하여금 글에 흥미를 가질 수 있도록 하는 방법이다. 전략 실행은 글을 끝까지 관심을 가지고 읽도록 독자의 흥미를 촉발, 유인, 유지하는 방법으로 텍스트에 나타나게 된다. Hayes(1990: 254)에 따르면 필자가 구사하는 전략 실행에는 독자의 이기심에 호소하기, 독자의 책임과 의무 진술하기, 독자의 환경과 특성 정의하기, 독자의 감정에 호소하기, 독자의 선택을 제안하기, 독자를 칭찬하기, 필자와 독자 사이의 공유된 특성 만들기, 독자에게 행동 하도록 요구하기 등이 있다.

넷째, 반응 실행은 필자가 독자의 반응을 예측하여 그에 대처하는 것을 의미한다. 이러한 반응 실행에는 독자의 염려 진술하기, 독자의 염려에 대한 이유 제공하기, 논박, 허용, 조정을 통해서 염려에 대해 반응하기 등이 있다.

마지막으로, 부정적 호소는 필자가 독자를 비난하거나 모욕하는 표현, 독자의 요구를 고려하는 데 실패한 사례, 모호한 표현과 대명사 사용 등을 포함한다. 이 표현은 앞의 4가지와 달리, 독자와 좋지 못한 관계나 독자와 대화에 실패한 사례와 관련된다는 점에서 층위가 다른 범주이다.

한편, 필자의 작문 전략과 관련하여 주목할 만한 연구로 정혜승 · 서수현(2009), 정혜승(2013) 등을 들 수 있다. 그들은 다섯 번째의 부정적 실행을 제외한, 이상의 4가지 전략을 중심으로 PAIR 전략이라는 독자 고려 전략을 다음과 같이 개발하였다(정혜승 2013: 270).

〈표 3〉 PAIR 전략

	전략	필자가 고려하는 예상 독자의 모습	텍스트 실현 양상 사례
P	위치정하기	독자의 지위	같은 담화 공동체로 규정 : 우리는
		독자의 역할	필자와 독자와의 관계 속에서 상대적인 위치 규정 : 어린 너조차도, 여성 민주당원인 우리들이 받아들이기에는
		필자와의 관계	선생님도 아시겠지만
A	끌어들이기	독자의 흥미 독자의 생각	- 경험적 측면의 호소 : 책을 읽지 않은 나를 포함하여 아이들은 - 인지적 측면의 호소 : 성인은 한 달에 0.45권의 책을 읽는다니 성인 독서량은 지나치게 한심하다. 현실적 이익 측면의 호소 : 반장을 하거나 공부를 잘 하려면 아는 게 많을수록 도움이 된다. - 감성적 측면의 호소 : 걱정스러운 마음에 편지를 쓴다. - 행동적 측면의 호소 : 책을 읽는 것이 어릴 적부터 습관이 되어 있어야 커서도 책읽기가 쉬워진다.

I	정보 조절하기	독자의 지식과 정보	정보의 추가, 확장 : 책은 마음의 양식이야, 풀어서 설명하면 책을 읽으면 마음의 배가 찬다는 거야. 정보의 삭제, 축소
R	반응에 응답하기	독자의 반응	독자와의 관계 형성 : 너는 커서 얼마나 힘들겠니? 독자의 반응 예측 : 그림동화 읽어본 적이 있니? 재미없을 것 같다고?

PAIR 전략에서 P 전략은 '명칭 실행', A 전략은 '맥락 실행', I 전략은 '전략 실행', R 전략은 '반응 실행'과 관련된다. 그러나 P 전략과 A 전략에서 독자의 지위와 입장을 '우리'로 규정하는 것은 독자를 구체적인 담화 맥락에 끌어들이는 전략과 유사해 보인다. 즉, 공유 의식 또는 공동체 의식을 느끼게 하는 것은 특정 담화 맥락에 대한 참여 의식을 이끄는 것과 비슷하다. 또한 A 전략은 그 실현 양상을 보면, 다시 아리스토텔레스의 설득 수사학 3가지, 인지적 호소, 경험적 호소, 감성적 호소 등의 전략으로 묶을 수 있기 때문에 순환적이라고 할 수 있다. A 전략은 Conner & Lauer(1988)의 논리 호소(rational appeals), 신뢰 호소(credibility appeals), 정서 호소(affective appeals)와도 대응된다고 할 수 있다. 나아가 I 전략의 '정보 조절하기'는 A 전략의 '인지적 호소, 현실적 이익 측면의 호소'와 구분하기가 쉽지 않으며, R 전략의 '독자와의 관계 형성'은 A 전략의 '감성적 호소'와 유사하다. 이와 같이, 실제 텍스트 분석 과정에 맞닥트리게 되면 각각의 실현 양상의 문법적이고 언어기호적 특징, 예컨대 통사적 자질(syntactic features)이 변별되지 않아서 의미에 의해서만 주로 구분하게 되므로, 분류에 있어 주관적이고 서로 간섭하는 현상이 생기기 쉽다.

그럼에도 불구하고 정혜승(2009), 정혜승 · 서수현(2009), 정혜승(2013)의 연구는 기존 작문 연구에서 독자를 고려하는 글쓰기의 실체를 기능주의 언어학적 관점에서 체계적으로 설명하고 구체적인 분석의 방법론을 독자적으로 설정하였다는 데에 의의가 있다.

3. 독자 배려 표현의 의미와 화행적 기능

3.1. 독자 배려 표현의 개념 범주

앞서 살펴 본 바와 같이, 독자 배려 표현은 상위언어 기능과 관련되며, 주로 상위담화 이론으로 연구되어 왔으며, 작문 연구에서는 고전 수사학 이론과 관련하여 작문 전략'으로 설명되었다. 학자마다 연구 전통마다 독자 배려 표현은 독자 고려 표현으로 쓰이기도 했고, 또 필자의 독자 전략으로 광범위하게 지칭되기도 했다. 그렇다면 독자 배려 표현의 범주는 무엇인가?

독자를 배려하는 표현의 텍스트 실현 양상은 다음과 같은 문체 및 수사적 장치로 드러난다.

- 쉽고 명료한 어휘
- 수사법
- 높임법
- 목차, 소제목, 그림, 표,
- 텍스트 구조 표지

독자를 배려한다는 것은 독자에게 잘 읽힐 수 있도록 쉽고 명료한 어휘를 사용하며, 설의법이나 도치법 등 적절한 수사법을 사용하여 전달력을 높이며, 상대방을 대우하는 어휘 높임이나 문장 종결법에 의한 높임법 등을 사용한다. 또한 글에서 목차 등을 써서 내용 차례를 알리고, 문단을 연결하여 작은 소제목을 붙이거나, 글 내용을 보완할 수 있는 그림이나 그래프 등의 매체를 사용한 담화표지를 사용하기도 하고, 문단 간의 연결 관계를 보여주는 텍스트구조 표지 등으로 글 흐름을 안내함으로써 독자의 이해를 돕는다. 그러나 본고는 이러한 수사적 차원의 독자 배려 방법은 제외하고 장르에 따라 관습적으로 사용되는 통사적 표현이나 어휘자질을 중심으로 살펴보고자 한다.

독자 배려 표현이란 필자가 독자의 이해를 돕기 위해 염려하고 마음을 쓰는 표현[11]이라는 의미로, 넓은 의미로는 필자 중심이 아닌 독자 중심의 서술 방식을 뜻하며, 좁은 의미로는 독자에게 직접 말을 거는 방식으로 서술에 직접적으로 개입하는 상위 담화를 뜻한다고 하겠다. 즉 독자가 글 내용을 잘 이해하지 못할까 염려되어서 도와주려는 의도가 드러나거나, 독자를 혼자 두거나 배제시키지 않고 설명이나 이야기(서사)의 맥락 속에 함께 참여시키거나, 독자의 심정을 이해하려고 하고 공감하거나, 심동적으로 독자에게 동의하거나 동조하는 표현을 말한다. 이는 앞서 살펴본 바에 의하면 Halliday의 상위언어 기능 중 대인적 메타기능(inerpersonal metafunction)을 실현하는 언어 현상에 속한다. 또한 이를 아리스토텔레스 수사학의 관점에서 보면 독자를 위해주는 듯한 표현들은 사실상 고도의 설득 전략이기 때문에 독자를 배려하는 '척'하는 파토스적인 것이라고 할 수 있다.

그러나 어쨌든 독자 배려 표현은 표면적으로는 독자의 이해를 돕고 독자를 설득하기 위해 독자를 직접 거론하거나 독자에게 말거는 방식으로 독자를 염두에 둔 직접적 표현이라고 할 수 있다. 이렇게 독자를 배려하는 표현을 일관성 있게 쓰기 위해서는 특정 독자(층)가 가정되어 있어야 한다. 그래야 구체적으로 배려하는 표현을 사용할 수 있기 때문이다. 작문에서 이러한 독자를 예상된 독자, 예상 독자라고 한다. 또한 이런 독자 배려 표현은 장르에 따라 관습적으로 굳어져 담화 표지가 되기도 한다.

한편, 앞서 살펴본 메타기능을 하는 상위담화가 곧 독자 배려 표현이냐면 그렇지 않다. 예를 들어, 설명적 텍스트(expository text)에 자주 쓰이는 담화 표지로, 예컨대, '요컨대, 결론적으로, 다시 한 번 강조한다면' 등과 같은 텍스트 구조 표지어(text structural marker)도 글 내용이나 전개 방식에 대한 메타적 진술어로서, 궁극적으로는 독자의 텍스트 이해를 돕는 배려 표현이라고 할 수 있지만, 그렇다고 상위담화가 곧 독자 배려 표현이라고는 할 수 없다.

---

11 그러나 놀랍게도, '배려'는 철학에서는 그리 간단한 의미가 아니다. 철학에서는 배려와 고려를 구분하고 있는데, 이에 따르면 고려는 사물과 세계에 대해 '둘러봄'이란 의미이고, '배려'는 인간의 존재함에 대해 '마음씀'의 의미를 지닌다는 것이다. 이때 배려의 반대는 돌보지 않음, 수수방관이다.

또한 독자 배려 표현이 아리스토텔레스 수사학의 3가지 설득 전략, 로고스, 에고스, 파토스와 같은 호소 전략과 동일하다고도 할 수 없다.[12] 이들 설득 혹은 호소 전략은 독자의 입장에서 독자를 배려한다기보다는 필자의 주장을 관철시키기 위해 갖추어야 할 필자의 자질들, 즉 내용의 논리적인 구성, 필자의 권위, 감성적 호소 등이기 때문이다. 그러나 독자를 '배려'한다는 것은 텍스트 이해를 돕기 위한 필자의 태도 측면이 강하다. 즉 독자를 소외시키지 않는 것, 독자의 입장이나 지위를 존중하는 것, 독자의 처지와 마음에 공감하는 것 등이라고 할 수 있다. 예컨대, '우리가, 여러분도 아시는 바와 같이, 금방 이해하기 어려울 수도 있겠지만, 물론 우리에겐 훨씬 더 충격적으로 다가오겠지만, 이 일을 직접 당한 사람이라면, 어떻게 당연하다고 할 수 있겠는가, 과연 비판이 능사인가' 등등 배려와 마음씀을 드러내는 표현들이 여기에 속한다. 이때 문체는 공식적 어조이면서도 공손성을 띠게 되는 경우가 많다.

이상의 논의를 바탕으로, 독자 배려 표현의 개념 범주를 설정하면, 우선 상위 담화 이론으로부터 관계성을 강조하는 대인적 기능(interpersonal function)과 글 내용에 대한 해설을 통해 독자의 이해를 돕는 텍스트적 기능(textual fuction)을 선정하고, 고전수사학의 설득 전략 중에서 필자의 자기 권위를 신뢰의 근거로 삼는 에토스(ethos)를 제외한, 로고스(logos)와 파토스(pathos) 전략을 중심으로 다음과 같은 개념 범주를 제시할 수 있겠다.

12 고전 수사학과 상위언어 기능 간의 관계를 다음과 같이 설명할 수 있다. 이를 보면, 유일하게 텍스트적 상위언어 기능만이 고전 수사학의 설득 전략과 관련되지 않는다.

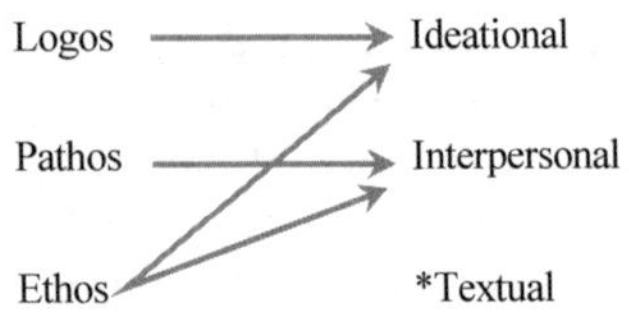

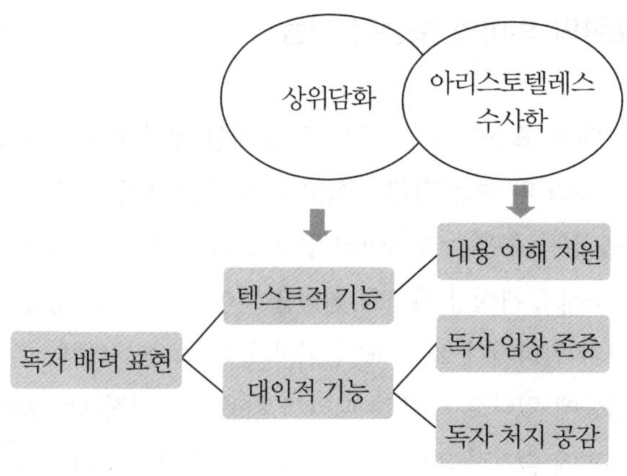

〈그림 1〉 독자 배려 표현의 범주

위 그림에서 알 수 있듯이, 독자 배려 표현은 이론적으로는 상위담화 이론과 아리스토텔레스 수사학을 바탕으로 하되, 그 개념의 의미역은 텍스트적 기능을 담당하는 유형과 대인적 기능을 담당하는 유형으로 구분할 수 있으며, 각각의 기능을 통해 독자가 글 내용을 어려워하지 않고 잘 이해할 수 있도록 담화 표지 등을 사용하여 독자를 지원하는 '내용 이해 지원 표현', 독자를 배제시키지 않고 설명이나 이야기(서사)의 맥락 속에 함께 참여시키는 '독자 입장 존중 표현', 필자의 심정을 이해하려고 하고 가급적 공감하며, 심동적으로 독자에게 동의하거나 동조하는 '독자 처지 공감 표현'으로 나눌 수 있겠다.

예컨대, 내용 이해를 지원하는 표현에는 '앞서 말한 바와 같이, 구체적인 예는 ~ 다음과 같다, 그 뜻을 풀이하면, ~로 해석된다, 다시 한 번 말하지만, 결론적으로/요컨대' 등이 있다. 독자 입장 존중 표현에는 '우리는, 여성이자 어머니로서, 주지하다시피, ~에 대해서 익히 알고 있다, 우리와 같은 일반인들이' 등이 있으며, 독자 처지 공감 표현에는 '~은 충분히 공감된다, ~한 점은 납득이 간다, 누가 과연 ~할 수 있겠는가, 누구나 이런 경험을 가지고 있을 것이다, 누구든지 그런 상황에서는 그런 반응이 나올 것이다, 애석한 일이지만, 안타까운 일이다. 실로 놀라운 일이 아닐 수 없다' 등이다.

3.2. 독자 배려 표현의 의미와 화행적 기능

그러나 이러한 독자 배려 표현이 화용론적으로 분석할 만한 이유는 바로 독자를 배려한다는 것이 고도의 설득 전략의 실행과 관련되기 때문이다. 의사소통의 근본적인 목적을 설득에 두는 수사학의 입장에서는 어떤 표현이 겉으로는 독자를 배려하는 듯해도 사실상 독자의 설득을 얻어내려는 의도성을 지니고 있다고 본다. 나아가 말하기나 쓰기 행위, 나아가 의사소통 행위의 본질적인 목적은 결국은 설득에 있다고 본다.[13] 따라서 화용론적 관점으로 보면, 독자 배려 표현은 그 이면에 숨겨진 의미, 즉 함축 의미를 지닌다고 하지 않을 수 없다. 더군다나 앞서 말한 바와 같이, Halliday가 말한 언어의 메타적 기능은 상황 맥락에 의해 발현되기 때문에, 독자 배려 표현이 어떤 의미로 쓰였는지, 또는 어떤 상위언어적 기능을 담당하는지를 파악하기 위해서는 발화의 맥락, 즉 텍스트가 사용되는 의사소통 맥락을 분석해야 하기 때문에 독자 배려 표현의 의미가 맥락 의존적이라는 점에서도 화용적으로 관여된다. 다음 글을 읽어보자.

> 최근 정부는 SNS, 포털사이트 등 인터넷에서 떠도는 가짜 뉴스의 근절을 선포하고 나섰다. 이는 필터버블이라는 현상과 관련이 있다. **알려진 바에 따르면, 이 개념은** 엘리 파이저라는 사회학자가 온라인에서 자신도 모르게 행해지는 '선택된 정보 제공 당함'을 지적하려고 만들었다. 즉 인터넷 정보 제공자가 이용자의 상황에 맞게 맞춤형 정보를 제공해 지나치게 필터링 된 정보를 접하게 되는 현상을 말한다. **우려스러운 것은** 이러한 웹 제작자의 필터버블로 인해 **우리 같은 일반인들은** 인터넷에서 제공'당하는' 뉴스를 보고 자신의 편견을 강화시키고 생각이 편협해질 수 있는 **단점이 있다는 것이다. 예를 들어**, 보수수주의적 사이트에서 진보적 기사나

13 현대에 들어와서 특히 상생 화용론을 중심으로 한 연구에서는 설득과 함께 '공감'을 매우 중요한 말하기의 목적으로 설정하는 경향이 있다. 그러나 공감도 설득의 말하기를 위한 하위 전략으로 구분될 수 있다.

진보주의자의 댓글이 사라지는 현상, 동일한 검색어를 주고 검색했을 때 그 결과가 개인에 따라 지나치게 다르게 된 것 등이다.
알려진 바와 같이, 북한 관련 정보뿐만 아니라, 미국의 대북 정책에 대한 가짜 뉴스가 너무 많아 이를 거르는 데 정부가 곤혹을 치르고 있다. 따라서 인터넷 정보를 대하는 정부나 여론의 대응도 더욱 신중을 기해야 할 것이다.

위 글에서 진하게 한 부분은 독자 배려 표현이 드러난 문법적 어휘 자질들이다. 만약 위 글에서 진하게 한 부분을 빼고 글을 썼다면 얼마나 무미건조할 것인가? 독자 배려 표현의 기능은 그야말로 독자를 자기편(필자공동체)으로 끌어 들여, 독자의 심리를 움직여 공감하게 하고 결국은 설득하는 데 작용한다는 것을 알 수 있다.

설명적 글이나 학술 담화에서 쓰이는 상위담화 표지어들은 대부분 어려운 내용의 이해를 돕기 위한 독자 배려 표현에 속한다고 할 수 있다. 위 글에 '주지하는 바와 같이, 알려진 바와 같이' 등도 자주 사용되는 표현인데, 단순히 '다음 내용은 필자와 독자가 이미 알고 있는 내용임'을 단순히 알림으로써 내용을 환기하고 독자에게 동의를 구하는 기능을 하지만, 맥락에 따라서는 독자에게 '이 정도 수준의 내용은 이미 알려진 것이므로 더 이상의 논쟁거리가 아니며, 이 표현 뒤에 이어질 내용에 대해 화자의 이의는 합당치 않고 무조건적으로 수용해야 한다'는 강권 또는 권고의 표시를 하기도 한다. 이에 따라, 독자 배려 표현은 화행적으로 언표적 의미(locutionary meaning) 이상의 언표내적 의미(illocutionary meaning)를 수반한다고 할 수 있다.

또한 '이런 현상이 ~ 우려스럽다'거나 '참담한 심경을 느끼는 것은 당연하다'거나 '이런 입장에 처했다면 누군들 가만히 있을 수는 없을 것이다'와 같은 표현은 독자의 입장이나 처지를 상정하고, 그것에 대해 필자의 심정이나 태도를 표명함으로써 이면적으로는 독자에게 동조하거나 공감하는 표현 방식인데, 표면적인 필자의 태도 표명, 그 속에 숨겨진 동조 의식, 공감 표현 외에도 이러한 언어 표현을 사용함으로써 그 결과 독자가 실제로 슬픔이나 분노를 느끼는 등 독자의 심리가 변화되거나 시위에 나가거나 기금을 마련하는 등 구체적인 행동을 유발할 수 있다. 이 경우는 언어 표현이 독자에게 어떤 행위를 유발할 수 있는 힘(force)을 지니기 때문에 발화 효과적 의미(perlocutionary meaning)를 가진다고 볼 수 있다.

또한 독자 배려 표현은 문체상에 있어, 표면적으로 상대를 존중하는 표현 방식으로 실현된다. 따라서 Leech의 공손성(politeness) 원리와도 관련하여 말할 수 있다. 공손성은 상대방의 공적인 자아 이미지에 대한 고려를 표시하는 것으로서 상호 작용 속에 타인의 체면을 인정하고 있다는 것을 알려주는 데 사용되는 수단이지만, 실은 독자의 체면 욕구(face wants), 즉 자신의 공적인 자아 이미지가 존경받고자 하는 기대감을 필자가 최대한 전략적으로 활용한다는 점에서 의사소통 목적을 달성하는 필자 전략이라고 할 수 있다.

이에 따라 <그림 1>의 분류를 기준으로, 관용적으로 사용되는 독자 배려 표현들을 문법적 · 어휘적 자질들로 분류하고 그 기능을 고려하여 화행적 기능을 제시해 보고자 한다.

〈표 4〉 독자 배려 표현의 기능과 종류

<table>
<tr><th>상위 기능</th><th>전략</th><th colspan="2">하위 기능</th><th>표현 방식(mode) : 문법적/어휘적 자질 예시</th></tr>
<tr><td rowspan="5">텍스트적 기능</td><td rowspan="5">내용 이해 지원 전략</td><td rowspan="3">내용</td><td>확인/요약</td><td>주지하는 바와 같이, 다 알고 있다시피, 앞서 설명했듯이, 지금까지 설명한 바와 같이, 요약하면, 결론적으로 말해,</td></tr>
<tr><td>추가</td><td>이에 앞서~가 있었다, 다음에 설명할 내용은 이름하여, 그 개념은~뜻이다.</td></tr>
<tr><td>해석/평가</td><td>즉, 다시 말해서, 가장 중요한 점은 기억해야 할 점은, ~라는 점에서, ~로 평가된다.</td></tr>
<tr><td rowspan="2">구조</td><td>전환</td><td>한편, 아무튼, 이 문제는 차치하고, 우선 이것부터</td></tr>
<tr><td>순서</td><td>첫째, 먼저, 다음으로, 끝으로,</td></tr>
<tr><td>대인적 기능</td><td>독자 입장 존중 전략</td><td colspan="2">필자 겸손성</td><td>성긴 논의지만, 부족하나마, 장담하건데, 제가 알기로는, 졸고, 저희, 한계가 있으나,</td></tr>
</table>

	지적 공감대	널리 알려진 바에 따르면, 건전한 상식에 준하여,
	독자 전문성	연구에 의하면, 학자에 따라, 통계에 따르면, 위 결과에 의하면, 신뢰도 95% 오차범위±3% 이하로, 크론바흐알파 계수 0.7 이상, 타당도가 높은 편이다.
독자 처지 공감 전략	감정이입	떠올려보시면 알 수 있다. ~ 상상이 가능하다. 누구나 생각해보면 알 수 있다. ~는 것은 다 아는 사실이다. 누구나 그렇게 느낄 것이다. 얼마나 가슴 아픈 일이 될 것인가?
	동일경험	저도 겪은 적이 있지만, 여러분도 경험한 적이 있으셔서 아시겠지만, 안타깝게도, ~는 것은 애석한 일이다.
	공동체의식	우리는, 우리 같은 사람들은, 일상에서 좀처럼 만나기 힘든 한 번도 겪지 못한,

위의 표에서 상위담화로서 독자 배려 표현은 크게 텍스트 내용에 관한 언급과 독자와의 관계를 돈독하게 하기 위한 언급으로 구분하였고, 이는 '내용 이해 지원 전략', '독자 입장 존중 전략', '독자 처지 공감 전략'으로 세분했다.

첫째는 필자가 독자가 보다 더 잘 이해하도록 돕기 위한 문법적 장치로서, 내용을 상세화 하고 구조화 하는 전략이다. 이는 글에 대한 독자의 인지적 이해를 도움으로써 글과 필자에 대한 긍정적 이미지를 제고하고 궁극적으로 의도된 텍스트의 목적을 달성하고자 하는 설득의 화행이라고 할 수 있다. 이러한 표현 전략은 '내용의 재확인, 내용의 요약, 재해석 또는 평가, 구조상 전환, 순서 알림' 등의 기능을 하며, 관용적 표현으로 굳어진 것이 많아서 담화 표지어로 분류되기도 한다.

둘째는 독자를 대하는 필자가 겸손한 표현으로 자신을 낮추거나, 독자의 지적 수준을 높은 상태로 대우함으로써 지적 공감대에 참여시키거나, 독자를 전문가적 수준으로 상정하고 신뢰성 있는 정보 자료를 제공하는 전략이다. 이는 독자를 높이 대우하고 권위를 세움으로써 궁극적으로는 필자에 대한 긍정적 태도나 호감을 유지하여 텍스트의 목적을 달성하고자 하는 설득 화행이라고 할 수 있다. 이러한 표현 전략은 '필자 겸손성, 지적 공감대, 독자 전문성' 등의 기능을 하며, 역시 관용적 표현으로 굳어진 것이 많아서 담화 표지어로 분류된다.

셋째는 독자의 감성을 자극하거나 공감과 동조함으로써 독자의 기분이나 감정 등 심적 상태를 변화시키는 전략이다.[14] 이는 그야말로 필자가 독자공동체의 한 구성원임을 느끼도록 하여 궁극적으로 텍스트의 목적을 달성하려는 설득 화행이라고 할 수 있다. 이러한 표현 전략은 '감정이입, 동일경험, 공동체의식' 등의 기능을 하며, 감정어나 수사법이 사용되는 특징을 보인다.

이상에서 살펴본 바와 같이, 독자 배려 표현은 필자의 의도적인 '전략'이며, 장르에 따라 양식이나 빈출 정도가 달라진다. 다만 관용적 표현으로 굳어진 어휘문법 요소(lexico-grammatical features)에 의해 실현될 때는 구분이 쉬울 수 있으나, 대부분은 미묘한 문체 변화와 텍스트 내용 변화로 드러나기 때문에 이러한 유형들이 어떤 기능을 하는지는 실제 사용되는 맥락(문맥)을 통해 구분해야 한다. 다음 예시에서 독자 배려 표현의 기능을 살펴보자.

> **정우성, 할리우드 배우와 난민으로 통하다.**
> 대한민국 대표 배우 정우성이 할리우드 배우 안젤리나 졸리와 만났다. 안젤리나 졸리와 정우성은 3일 유엔난민기구 한국대표부 서울사무소에서 1시간 정도 면담했다. 그것은 배우 대 배우가 아닌, 유엔난민기구(UNHCR)의 친선대사와 특사 자격으로 마주한 것이다.
> **㉠알려진 바에 의하면, 안젤리나 졸리는 2001~2012년 유엔난민기구 친선대사로 활동한 뒤 특사로 임명됐다. 정우성은 2015년 친선대사로 임명된 뒤 활발하게 활동 중이다.**
> **㉡이에 앞서, 유엔난민기구 한국대표부는 "안젤리나 졸리가 지난 2일부터 2박3일 일정으로 방한해 배우 정우성, ○○법무부 장관 등을 만나 예멘 난민 등에 대해 이야기를 나눴다"라고 밝혔다.**
> 정부는 지난 5월 제주도에 도착한 예멘 난민 대다수에 대해 인도적 체류허가 등 보호 결정을 내렸다. 이에 대해 안젤리나 졸리는 그것을 듣고 매우 다행스러운 일이라고 평가했다. 안젤리나 졸리는 4일 오전 박상기 법

14 고전 수사학의 설득 전략 중에서 에토스(화자 신뢰성) 전략은 제외하였다.

무부 장관을 만나는 자리에서, 난민들이 출신국으로 안전하게 돌아갈 수 있을 때까지 보호를 제공하는 것은 물론 철저한 심사 제도를 구축하는 것이 중요하다고 지적했다.

이어 정우성이 최근 '난민 옹호' 발언을 한 이유로 인터넷 악성 댓글로 고생한 일을 듣고 "그런데도 (난민을 옹호하는) 역할을 해주는 것이 동료로써 자랑스럽고 감사하다"라고 고마움을 표했다. 이에 대해 정우성은 "한국 사회에 '반난민 정서'가 있는 건 사실이다, 그러나 다행스럽게 생각하는 건 (그런 정서가) 다소 과장되게 보이고 있다는 점이다"라고 ㉢**부정적 분위기가 만연해 있지만 그런 가운데에서도 긍정적 관점이 있음을 내비쳤다.**

㉣**안젤리나 졸리와 정우성의 만남은 월드스타로서 각국을 대표하는 배우로서의 본업을 갖고 있으면서도 난민 구호 사업을 위해 힘쓰는 특임 사절이라는 점에서 공통점을 지닌다.** 안젤리나 졸리의 깜짝 한국 방문은 주말 내내 ㉤**우리의** 이목을 집중시켰다. 특사 자격으로서의 임무도 돋보였지만, ㉥**아들을 둔 우리의 어머니들과 마찬가지로, 아들 매덕스를 위한 한국 대학 투어도 빠뜨리지 않으면서 엄마와 특사 역할**을 톡톡히 했다. 여기에 세계적 톱배우의 방한이라는 화제성까지 잡으면서 그 존재감을 내비쳤다.

(2018.○.○. ○○뉴스, ○○기자, **@abc.co.kr)

위의 텍스트에는 ㉠~㉥까지 다양한 독자 배려 표현이 등장한다. 필자는 이 글의 독자를 '정우성이라는 배우에게 호의적인, 난민 체류를 지지하는 독자공동체'로 가정하고 있음을 짐작할 수 있다. 필자는 이 글을 통해 난민 문제에 대해 긍정적인 독자를 강화하고 반대로 비판적일 수 있는 독자를 긍정적 태도 변화로 이끌기 위해 '월드스타', '대표 배우' 등의 어휘를 사용하였다. 구체적으로는, ㉠에서는 '이미 알려진 바와 같이'로 안젤리나 졸리와 정우성의 사회적 지위를 알려주는 역할을 한다. 이는 표면적으로는 '확인'이지만, 기사 표제, 즉 남녀 유명 배우 간의 '특별한 만남'이라는 표현이 낳을 수 있는 쓸데없는 오해를 불식시키고 마치 독자들도 이미 알고 있는 사실을 언급하는 표현을 사용함으로써 독자의 기대를 전환하는 역할을 한다. ㉡의 경우는 '이에 앞서'와 같은 어휘구를 사용하여 시간상 먼저 일어난 사건을 독자에게 요약적으로 제시하여 정보를 '추가'하는 기능을 한다. 즉 안젤리나 졸리라는 배우가 어떤 일정으로 누구를 만났으며 무엇을 하러 방한했는지에 대해 전체적 개관, 또는 배경 설명을 함으로써 독자의 이해를 돕는다. ㉢도 필자가 정우성의 말을 인용하고 그 말에 담긴 의미를 긍정적 방향으로 '해석'함으로써 정우성의 말에 대한 독자의 우려 섞인 걱정을 조금 불식시키는 발화 효과를 나타낸다고 할 수 있다. 이 문장을 읽은 독자는 '정우성이 난민 입국에 대한 부정적 여론을 인지하고 있으며, 동시에 중재적 관점에서 바라보고 있음'을 파악하게 될 것이기 때문이다. 마찬가지로 ㉣도 공통점을 지적함으로써 사건에 대한 총체적 평가와 해석의 기능을 하여 독자를 그러한 방향으로 판단하도록 이끈다. ㉤의 '우리'에서는 '공동체의식'을 느끼도록 하고, ㉥에서는 '엄마와 특사 역할까지'라는 미묘한 표현에서 독자를 마치 여성으로 설정하고 있음을 알 수 있다. '엄마'라는 어휘가 객관적 시각을 가지고 있다고 보기 어렵고, 여성이 공적인 일과 사적인 육아를 모두 잘 해냈다는 슈퍼우먼의 신화를 전제한 표현이 여성 독자층을 전제한 것으로 보이기 때문이다. 독자를 정우성 배우와 월드스타에 관심있는 여성층으로 전제하고 그들이 겪는 '대학 입시/교육열'라는 동일 경험에서 느껴지는 공감대를 의도했기 때문으로 볼 수 있다. 그렇다면 이는 동일경험이나 동류의식을 유발하는 독자 처지 공감 화행으로 볼 수 있다. 이러한 필자의 내용 재해석 또는 평가, 필자를 특정 독자공동체로 상정하고 독자와 경험을 공유하는 듯이 표현하고 동류의식을 의도하는 것은 궁극적으로 독자를 설득하려는 화행적 기능을 수행한다.

4. 마무리

이상으로 본고는 독자 배려 표현에 대해 이론적으로 탐구하고, 이를 바탕으로 그 사용 양상을 문법적 · 어휘적 자질 중심으로 선정하여 유형화하고 예문을 분석하였다. 이를 위해 먼저 독자 배려 표현이 어떤 분야에서 주로 연구되어 왔는지를 선행 연구를 통해 살펴보았다. 이에 따르면, 독자 배려 표현은 일종의 상위담화(metadiscourse)로서, Halliday의 체계 기능 문법에서 제기된 상위언어 기능, 그중에 특히 대인적 상위언어 기능(interpersonal meta language function)과 직접 관련되며, 텍스트적 상위언어 기능과도 관련됨을 알 수 있었다. 이는 흔히 우리가 알고 있는 텍스트 구조 표지어(text structure marker)와 같은 상위담화로도 다루어져왔음을 확인하였다.

뿐만 아니라, 독자를 배려한다는 말에서 알 수 있듯이, 필자가 독자를 배려한다는 것은 일종의 의사소통 전략으로 간주되기 때문에, 아리스토텔레스의 수사학 이론의 영향을 받아 설득의 전략 중 특히 파토스(pathos) 전략으로 연구되기도 했다.

이상의 연구 논의들을 바탕으로, 독자 배려 표현은 단순히 독자를 고려한다기보다는 독자의 이해를 돕고, 독자를 인격적으로 존중하고 정서적으로 공감하는 표현으로 설정하고 이를 중심으로 표현의 유형을 전략과 기능으로 구분하였다. 그러나 이러한 독자 배려 표현은 보다 거시적인 맥락에서 보면 필자의 설득 전략이며, 의사소통의 목적을 달성하려는 의도 하에 사용되었다는 점에서 화용적으로 탐색할 필요성을 발견할 수 있으며, 실제 의사소통 맥락에서 텍스트가 사용될 때는 구체적인 화행적 의미를 함축하고 있다고 보았다. 이에 예문을 통해 텍스트의 독자 배려 표현이 지니는 함축 의미를 분석하여 화행적 양상을 설명하였다.

본고는 독자 배려 표현의 선행 연구 검토와 이론적 유형화에 치중함으로써 구체적이고 실제적인 텍스트 분석의 사례들을 다양하게 보이지 못한 제한점이 있다. 그러나 독자 배려 표현이 화행적으로 연구 주제가 될 뿐 아니라, 독자 배려 표현의 유형화를 통해 국어교육의 방법론적 아이디어를 제안할 수 있을 것이라는 점에서 의미를 찾고자 한다.

참고문헌

여상윤(2011), "논증 텍스트 쓰기 교육에서 독자 고려 전략 활용 연구 : 반증 구조 및 독자 고려 표지를 중심으로", 경북대학교 대학원 국어교육전공 석사학위 논문.

이창수(2008), "영어와 한국어 관광 안내 텍스트의 테너(담화 참여자 관계) 분석", 『영미연구』 18: 159-180, 한국외국어대학교 영미연구소.

정혜승(2009), "초등학생 필자의 독자 고려 정도와 방식", 『국어교육학연구』 34: 397-427, 국어교육학회.

정혜승(2013), 『독자와 대화하는 글쓰기』, 사회평론.

정혜승 · 서수현(2009), "필자의 독자 고려 전략과 텍스트 실현 양상-PAIR 전략을 중심으로", 『작문연구』 8: 251-275, 한국작문학회.

Fishbein, M. & I. Ajzen(1975), *Belief, Attitude, Intention, and Behavior: An Introduction to Theory and Research*, Reading, MA: Addison-Wesley.

Connor, U. & J. Lauer(1988), Cross-cultural variation in persuasive student writing, *Writing Across Languages and Cultures: Issues in Contrastive Rhetoric*, 138-159.

Crismore, A(1989), *Talking with Readers: Metadiscourse as Rhetorical Act*, New York: P. Lang.

Crismore, A., R. Markkanen & M. Steffensen(1993), Metadiscourse in persuasive writing: A study of texts written by american and finnish university students, *Written Communication* 10(1): 39-71.

Eggins, S.(1994), *An Introduction to Systemic Functional Linguistics*, London: Pinter.

Firth, J. R.(1951), Modes of Meaning, *Essays and Studies* 4: 118-149.

Firth, J. R.(1957), A synopsis of linguistic theory 1930-1955, in Philological Society(eds.), *Studies in Linguistic Analysis*, 1-32.

Halliday, M. A. K.(1985a), *An Introduction to Functional Grammar*, London: Arnold.

Halliday, M. A. K.(1999), The notion of "context" in language education, in M. Ghadessy(ed.), Text and Context in Functional Linguistic, *Current Issues in*

Linguistic Theory 169: 1-24

Hays, J. N., R. L. Durhan, K. S. Brandt & A. E. Raitz(1990), Argumentative writing of Students: Adult Socio-Cognitive Development, in G. Kirsch & D. H. Roen(eds.), *A sense of Audience in Written Communication*, 248-266, Newbury Park: Sage Pub.

Hyland, K.(1995), Author in the Text: Hedging Scientific Writing, in Language Centre(ed.), *Hong Kong Papers in Linguistic and Language Teaching* 18: 33-42, University Of Hong Kong.

Hyland, K.(2005), *Metadiscourse*, London: Continuum.

Hymes, D.(1972), *On Communicative Competence*, in Pride & Holmes.

Hymes, D. H.(1972), On Communicative Competence, in J. B. Pride & J. Holmes(eds.), *Sociolinguistics: Selected Readings*, 269-293.(Part 2), Harmondsworth: Penguin.

Firth, J. R.(1968), *Selected Papers of J. R. Firth*, 1952-1959, in F. R. Palmer(ed.), Longman Linguistics Library Series, London: Longmans.

Toumi, N.(2009), A model for the investigation of reflexive metadiscourse in research articles, *Language Studies Working Papers* 1: 64-73.

Sanderson, T.(2008), *Corpus-culture Discourse*, Tübingen: Gunter Narr Verlag Tübingen.

Vande Kopple, W. J.(2012), The importance of studying metadiscourse, *Applied Research in English* 1(2): 37-45.

카카오톡 대화와 발화의 규정

임 칠 성*

1. 들머리

문장이 문어 연구의 기본 단위인 것처럼 발화는 구어 연구의 기본 단위이다. 문장은 문장 종결 부호에 의해 기본 단위가 결정되지만 발화는 단위를 어떻게 규정해야 하는지에 대해 이렇다 할 논의가 없이, 혹은 암묵적인 동의가 전제된 상태로 사용되고 있다. 그리고 대부분의 화용론 연구에서조차 발화가 아니라 발화된 문장을 주된 연구 자료로 삼고 있다.

발화의 단위를 정하는 것이 어려운 것은 발화가 상황 의존적이기(최재호 외 공역 2004: 427) 때문이다. 맥락이 없는 상황에서는 발화의 통사나 의미의 적절성을 판단하기 어렵다. 예를 들어, '어머니는 돌을 씹었다.'는 발화는 밥 속에 들어 있는 돌을 씹을 수 있는 상황에서는 적절하다. 그러나 상황을 제외하고 보자면 '먹었다'가 [+섭취]의 자질을 지니기 때문에 적절하지 못하다.

언어학 연구는 기본적으로 구어 연구이다. 구어는 상황 의존적이고 소통적

* 전남대학교 국어교육과 교수, csim@jnu.ac.kr

이다. 그런데 구어 연구가 발화 대신 문장을 연구 대상으로 삼게 되면 상황 의존적이고 소통적인 구어의 성격을 밝히기 어렵게 된다. 대신 문장 규범의 적합성에 더 관심을 두게 된다. 언어학이 일상 구어를 연구하기 위해서는 문법적 적합성만큼 소통의 적절성에도 더 관심을 두어야 한다. 의미론의 경우도 마찬가지이다. 의미론은 구어의 의미를 문법적으로 제약할 것이 아니라 구어가 소통되는 의미의 규칙을 찾고 그것을 설명해야 할 것이다.

카카오톡(이하 카톡) 대화는 지금 일상 구어 소통의 중심에 서 있다. 방송통신위원회의 2017년 조사에 따르면 일상생활에서 없어서는 안 된다고 생각하는 매체 중 스마트폰이 56.4%로 가장 높은 순위이었다. 2017년 3월말 기준 국내외 4천916만 명이 카톡에 가입했고(ZD net Korea 2018. 8. 6.) 2011년 기준으로 카톡의 하루 메시지 전송 건수가 10억 건을 돌파했는데, 이것은 1초마다 11,574건의 메시지가 전송된다는 의미이다(헤럴드경제 인터넷판 2012. 1. 2.).

이런 이유 때문에 카톡 소통은 구어 소통만큼이나 중요하다. 카톡의 높은 사용률 때문에 이제는 디지털을 통한 복합 양식 텍스트(multimodal text)가 문식성의 '문'의 자리를 대체해 가고 있다(정혜승 2008: 174). 카톡은 글자는 물론 이미지, 동영상 등이 포함된 디지털 표식[1]으로 소통을 하며, 나름대로의 소통 규칙이 존재한다. 이런 이유로, 구어와 마찬가지로 카톡의 디지털 표식도 의미론 연구의 대상이 되어야 하고, 구어 소통이 의미론 연구의 대상인 것처럼 카톡 소통도 의미론 연구의 대상이 되어야 할 것이다. 의미론 연구가 여전히 글과 말에만 머물러 있게 되면 의미론 연구는 일상 삶에서 멀어지게 될 것이다. 그리고 카톡 소통 연구의 기본 단위는 구어와 마찬가지로 발화가 되어야 할 것이다.

이런 맥락에서 이 글은 카톡 대화 연구에서 발화를 어떻게 규정해야 할

1 '표식'이란 국어사전의 풀이대로 '무엇을 나타내 보이는 일정한 방식'이다. 디지털 매체의 표현 방법은 디지털로 의미를 나타내 보이는 일정한 방식이라고 할 수 있고, 그래서 이 글에서는 이를 '디지털 표식'이라고 부른다.

것인지에 대해 살펴보고자 한다. 이를 위해 먼저 '언어'의 개념을 재규정하여 카톡의 디지털 표식이 언어의 일부가 된다는 점을 보이고, 현재 구어 연구에서 사용되는 발화의 개념적 속성을 규정하고자 한다. 그리고 이를 토대로 카톡 소통 연구에서 발화를 어떻게 설정해야 하는지 살피고자 한다.

이 글은 페이스북이나 위챗 소통 등을 논외로 하고 카톡 대화만을 다룬다. 소통 매체의 특성이 언어 표현 방식을 규정하기 때문에 카톡 소통 방식은 위챗이나 트위터의 소통과 다르기 때문이다. 그러나 이 글에서 규정하는 발화의 속성은 여타의 디지털 소통 연구에서도 기본이 될 수 있을 것이다.

2. '언어'와 '발화'의 규정

2.1. 언어

언어학은 구두 언어나 문자 언어와 같이 '언어'의 규칙을 다룬다. 디지털 소통을 국어학에서 다루기 위해서는 디지털 소통의 매체인 디지털 표식이 언어의 일종이어서 '디지털 언어'라는 개념이 가능해야 한다. 그래서 이 장에서는 디지털 표식이 언어의 일종인지를 언어의 본질을 통해 살펴보고자 한다.

첫째, 역사적으로 보자면 '언어'는 말과 글 자체를 가리키지 않고 인간 소통의 중심 매체를 가리켰다.

- 直言曰言論難曰語【清 段玉裁 說文解字注】(있는 그대로 하는 말을 言, 시비(是非) 문답하는 말을 語라 한다.)
- 直言曰言謂一人自言, 答難曰語謂二人相對【詩經, 大雅, 疏】(직접 혼자서 하는 말을 言, 논란에 대응하고 상대방과 담론하는 것을 語라 한다.)

'直言曰言論難曰語'에서 '언'은 있는 그대로 하는 소통 방식을, '어'는 시비 문답하는 소통 방식을 가리킨다. 언어가 말을 지칭했던 것은 당시 인간 소통의 중심 방식이 말이었을 따름이지 말이 곧 언어이었기 때문이 아니었다는 것이다. 말에 이어 등장한 문자가 언어에 포함되는 것은 그것이 문자이었기 때문이 아니라 문자가 의미를 소통하는 중심 방식이 되었기 때문이다.

이제는 디지털 표식이 말이나 문자와 마찬가지로 소통의 중심 방식이 되고 있다. 언어가 본래 인간 소통의 중심 방식을 가리켰다는 측면에서 보자면 디지털 표식이 언어의 일종이라고 보는 데에는 크게 문제가 없을 것이다.

둘째, 디지털 표식은 언어의 속성을 모두 지니고 있다. 언어의 속성 중 가장 중요한 속성은 언어가 대상의 상징화된 의미를 드러내는 언어의 기호성이다. 언어의 다른 속성들은 언어의 기호성에서 비롯된다고 할 수 있다. 디지털 표식은 본질적으로 1과 0의 결합으로 구성되며, 그 구성물은 글자를 핵심으로 구현된다. 이러하니 디지털 표식은 글자와 마찬가지로 기호적 속성을 지닐 수밖에 없게 된다. 아울러 디지털 표식도 언어의 기호성 이외에 언어의 자의성, 사회성, 역사성, 창조성, 체계성,[2] 분절성, 추상성 등 언어의 속성에 해당하는 모든 성질을 가지고 있다.[3]

셋째, 디지털 표식에 의한 언어적 구성물을 '디지털 발화'[4]라고 부를 수

---

2 디지털 표식은 비문법적이어서 글의 규범에 맞지 않는, 그래서 비문법적으로 인식되는 경우가 매우 많지만 말과 비견할 수 있는 자율적인 체계를 가지고 있다.

3 음악 작품, 미술의 작품 등은 언어적 의미보다는 소리의 결합이나 빛과 구도의 결합이 그 자체로 의미를 발현시킨다. 누군가 나를 때리면 아픔이 전달되는 것과 비슷한 경로라고 할 수 있을 것이다. 이런 점에서 미술 작품이나 음악 작품은 기호성이나 사회성에서 언어와 다르다고 할 수 있다. 그리고 음악이나 미술은 작품 전체로 하나의 의미이지 그 의미를 드러내기 위해 일정한 요소로 분석하기 매우 어렵다. 이런 이유 때문에 음악 작품이나 미술 작품은 언어라는 범주에 들기 어렵다. 분절성이 안 되는 것이다.

4 임칠성(2002)에서는 채팅 표현의 어휘를 계량하여 이 표현이 계량 통계학적으로 볼 때 글보다는 말의 성격을 지닌 점을 지적하고 채팅 표현을 '글말', 즉 글로된 말로 분류한 적이 있다. 당시의 채팅 표현은 기본적으로 말에 가까웠다. 그러나 카톡 대화의 표현 방식의 특징으로 보았을 때 카톡 발화는 문장과는 분명 다르고 구어 발화와도 다르다. 따라서 카톡과 같이 디지털 표현 방식으로 발화하는 것을 '디지털 발화'라고 부를 수 있을 것이다. 이에 상응하여 일상적인 발화라 일컬어지

있는데, 이 디지털 발화는 문장과 기본적인 입장을 같이 한다. 최용호(2004: 26)에서는 문장에 대해 '진리 값을 부여할 수 있는 명제'라고 소개하고, 문장에 대한 기본적인 입장을 세 가지로 소개하고 있다.[5]

1. 문장은 세계에 관해 무엇인가를 말하며 참이나 거짓이 될 수 있다.
2. 세계에 관해 문장이 말하는 것은 그것이 포함하고 있는 단어들과 이들이 결합하여 형성된 구조 사이의 함수관계이다.
3. 문장을 구성하는 단어(명사, 동사, 형용사 등)의 내용은 세계 속에 존재하는 사물들과 자질들, 관계들이나 이들의 집합을 지시하는 것으로 고려될 수 있다.

문장의 기본적 입장을 디지털 발화에 적용하면 아래와 같게 될 것이다.

1. 디지털 발화는 세계에 관해 무엇인가를 말하는 인터넷 표현 단위이며 행위이다.
2. 세계에 관해 디지털 발화가 말하는 것은 그것이 포함하고 있는 단어들과 하이퍼링크의 내용들과 이모티콘, 이미지, 영상 등 복합 양식체들이 결합하여 형성된 구조 사이의 함수관계이다.
3. 디지털 발화를 구성하는 요소들은 세계 속에 존재하는 사물들과 자질들, 관계들이나 이들의 집합을 지시하는 것으로 고려될 수 있다.

이런 이유로, 언어를 말과 글만으로 한정할 것이 아니라 인간 소통의 중심 방식 중에서 대상이 지니는 의미를 기호적으로 드러내면서 여타의 언어적 속성을 갖춘 표식으로 재규정하여야 할 것이다.[6] 그리고 이런 맥락에서 구두

던 말은 '구어 발화'라고 부를 수 있을 것이다. 디지털 발화를 디지털 문장이라고 하지 않는 것은 디지털 발화가 기본적으로 구술적 성격이 더 강하기 때문이다.

5 최용호(2004: 26)는 T. Winograd와 F. Flores의 기본적인 입장을 인용한 것이다.

6 미술 작품이 어떤 의미를 드러내거나 음악이 어떤 의미를 드러내는 경우는 일방적인 의미 전달에 가깝다. 그리고 그것은 감상하는 이에 의해 상대적으로 의미가

언어나 문자 언어와 대응하는 '디지털 언어'라는 개념이 가능해진다.

2.2. 발화

의미론 연구의 발화의 사용 방식을 정리하여 의미론 연구에서 발화라는 개념을 어떻게 인식하는지를 정리하고, 이런 방식이 갖는 문제점을 해결할 수 있도록 발화의 속성을 규정해 보자.

일단 발화는 문장과는 다른 개념이다. 『표준국어대사전』은 발화와 문장의 기본적인 속성을 잘 대비하여 풀이하고 있다.

- 발화: 『언어』 소리를 내어 말을 하는 현실적인 언어 행위. 또는 그에 의하여 산출된 일정한 음의 연쇄체.
- 문장: 『언어』 생각이나 감정을 말과 글로 표현할 때 완결된 내용을 나타내는 최소의 단위. 주어와 서술어를 갖추고 있는 것이 원칙이나 때로 이런 것이 생략될 수도 있다. 글의 경우, 문장의 끝에 '.', '?', '!' 따위의 문장 부호를 찍는다. '철수는 몇 살이니?', '세 살.', '정말?' 따위이다. ≒문02(文)「2」·월01·통사06(統辭).

사전의 풀이는 발화를 구어로 한정하여 현실성을 강조하고 있다. 문장은 구어와 문어 모두 사용하되, 완결된 내용을 강조하고 있다. 발화는 일종의 행위이거나 혹은 내용과 무관한 연쇄체로 보는 반면 문장은 완결된 내용을 나타내는 최소의 단위라는 내용을 강조한다. 글에서는 형식적인 구분이 가능하지만 말에서는 문장의 내용을 규정하지 않고 있다. 대체로 '발화:문장 = 현실성:이상성, 현실 장면적 해석:언어 구조적 해석, 논리적 비완결성:논리적 완결성'이라는 대조가 가능해 보인다.

해석된다. 그러나 디지털 발화로서의 이미지는 언어적 의미를 대신하는 것으로 소통되어 그 의미가 기호적으로 해석이 된다. 이런 측면에서 디지털의 이미지는 언어적 해석의 대상이 된다.

고영근(2011: 22)에서는 문장은 주어가 생략되더라도 반드시 서술어가 포함되어 있어야 한다는 점을 강조한다. 문장에 서술어가 포함되어야 한다는 것은 다른 측면에서 보자면 문장이 하나의 명제를 의미로 포함해야 한다는 것으로 읽힌다. 이원표 옮김(1997: 88)에서는 담화 연구에서 명제를 의미의 최소 단위로 규정하고, "'단순한 단언문(a simple assertive sentence)의 의미'로서 하나의 문장이 하나 이상의 명제를 가질 수 있는데, 이 문장은 의문문이건, 소망문이건, 감탄문이건 상관없으며, 또 명제 분석은 문장의 형태나 발화 상황이나 발화자의 태도도 무시된다."라고 말하고 있다. 결국 문장은 명제적 의미를 가진 문법적 구조물이라 할 수 있다.

문장(sentence)을 문법 분석의 기본 단위[7]로 삼다가 발화(utterance)에 적극 관심을 가지고 사용하게 된 것은 Austin과 Searl이 실제 삶의 맥락에서 텍스트 작동 과정을 분석하는 모형(이석규 편저 2003: 92)으로서 발화 행위를 중시하기 시작하면서다. 발화 행위 이론에서는 상황과 관련하여 발화의 의미를 분석하고자 하였다.[8]

이후 의미론 연구에서 발화를 크게 세 가지 방식으로 사용하였다. 첫째, 발화를 문장처럼 규정하는 방식이다. '발화문'이라는 표현이 그 근거이다. 최

---

7 이원표 옮김(1997: 88)에서는 '최소 단위'라는 표현을 사용하고 있는데 언어학 연구에서는 '최소 단위'라는 표현보다는 '기본 단위'라는 표현이 더 적절해 보인다. 명제는 명확하게 참과 그릇을 구별할 수 있는 사태의 추상적인 의미 단위이다. 명제는 구체적으로 실현된 말과 글의 추상적인 의미만을 대상으로 한다. 그러나 언어학, 특히 화용론에서 필요한 것은 추상적인 의미가 아니라 상황과 연계된 구체적인 의미이다. 또 의미의 최소 단위는 '최소'가 철학의 명제 의미로 규정될 수 있다. 의미론 연구, 특히 화용론 연구에서 의미의 단위는 연구의 목적에 따라 달라질 수 있다. 이런 이유 때문에 이 글에서는 최소 단위가 아니라 기본 단위라는 표현을 사용하였다. 연구자가 연구의 목적에 따라 자의적으로 설정한 단위를 기본 단위라 할 수 있을 것이다.

8 고영근(2011: 22)에서는, 이 책의 경우로 한정하고 있지만, 발화를 특별한 의미가 있는 것은 아니되, '음성 형식을 빌려 도막도막 떨어져 나오는 한 덩어리의 말'을 가리킨다고 하고 있다. '한 덩어리'라는 표현은 도막도막 떨어져 나오는 것들이 어떤 한 단위를 이룰 수 있다는 것을 시사하는 것으로 읽힌다. 그렇다면 그 단위를 어떻게 규정할 것인가의 문제가 생긴다.

재호 외 공역(2004)에서는 3장의 제목 "발화문의 진리 조건적 해석"에서 '발화문'이란 용어를 사용하고 있다. 그러면서 발화문을 문장과 대비하여 아래와 같이 설명하고 있다.

> 우리는 문장(Phrase)/발화문(énoncé)의 구분이 Ducrot에서 유래된 것임을 기억할 것이다: Ducrot에 의하면 문장은 발화문으로부터 만들어진 추상적 개념에 해당하는 언어학자의 인위적인 구성물이다. 발화문은 주어진 어떤 순간에, 주어진 화자를 통해서 실제적으로 산출된 언어의 한 부분이다. 문장은 이론적으로만 존재한다. 발화문으로 말할 것 같으면 그것은 구체적인 존재이다: 발화문은 발화라는 실제적 사건의 산물이다(최재호 외 공역 2004: 165).

그러나 실제 '발화문'을 분석하는 내용을 살펴보면 발화문을 발화된 문장으로 인식하고 있는 것을 알 수 있다. '발화문'이라는 표현은 발화를 그 기록된 문장으로 다루고자 하는 의도가 읽히는 표현이다. 이런 방식은 발화를 문장과 마찬가지로 문법적인 규칙을 지켜야 하는 언어 표현으로 인식하게 한다. 이런 방식은 디지털 표식에서 '추카추카'나 'ㅋㅋㅋ'와 같은 비문법적인 언어 표현이나 '!!!'과 같은 문장 부호 표현이나 'ㅠㅠ'나 이미지 이모티콘 등을 언어가 아닌 것으로 인식하게 하는 배경이 되었다고 본다.

둘째, 발화를 대화로 규정하는 방식이다. 그런데 이 방식에서도 대체로 하나의 문장을 하나의 발화로 인식한다.

(1) 의사: 조금 일이 좀 과되시나요? 고되시나요?
환자: 조금 피곤하죠. 많이
의사: 음, 지금 조금 무리가 오시죠. 몸에. 일하는 데에 있어서
환자: 뭐, 음… 그렇죠. 집에서 요즘에는 그냥
의사: 신경 쓰이는 일 있으시네. 없으시다고.
환자: 내가 매일 다니니까 내 시간이 없잖아요.
(고재필 2017: 43에서 언어적 부분만 인용)

드라마 분석과 같은 연구에서는 몇 개의 연속된 문장을 하나의 덩어리로 분석하기도 한다.

(2) 마 준: 나도 엄마를 사랑하지만, 내가 엄마의 인생이자 꿈은 될 수 없잖아. 내가 뭘 하건 상관없이 행복할 수 있는 사람이었으면 좋겠어.

서인숙: (벌떡 일어나며) 마준이 너 계속 이렇게 정신 못 차리고 애처럼 굴 거야? 안 그래도 중요한 시기에 왜 하필 이 따위 기집애한테 정신 팔려 일을 그르치려는 거야!

마 준: 말했잖아요. 나는 신유경이 아니면 안되겠다구요. 난 절대로 포기 안 해요.

(유연 2015: 170-171에서 일부 재인용)

(2)에서 '서인숙'의 대화를 "불평의 발화에서 가장 흔히 볼 수 있는 현상은 바로 비속어의 사용이다."(유연 2015: 164)라고 분석하듯이 드라마 분석에서는 몇 개의 연속된 문장을 '불평의 발화'로 규정하기도 한다.

셋째, 발화를 행위로 규정하는 방식이다. 그런데 발화를 행위로 인식하는 연구에서는 대체로 행위 자체보다는 행위의 언어적 내용을 주된 연구 대상으로 삼는다. 다만, 이 방식에서는 위의 두 가지 방식과 달리 발화의 상황적 의미를 밝히고자 노력한다. 발화의 상황적 의미는 화자가 상황을 맥락으로 소통하고자 하는 의미이고, 그리고 또 참여자들 사이에 소통되는 의미이기 때문에 언어적 의미에 대비하여 소통적 의미라고 할 수 있다. 언어행위이론에서 '발화 행위, 발화수반행위, 발화 효과 행위'라고 부르는 것이 그러한 경우이다.

발화를 사용하는 세 가지 방식을 통해 발화를 규정해 보면, 우선, '발화'는 문장과 같이 어떤 사태를 내용으로 하면서 문장과 같이 일정한 형식적인 요건을 갖추어야 하는 언어 구조물이라는 것을 알 수 있다. 발화를 문장으로 규정하는 방식은 발화가 최소 의미 단위로서의 명제적 의미를 가져야 한다. 이 연구 방식에서는 그 명제적 의미를 중심 연구 대상으로 삼는다. 발화를 대화로 규정한 방식에서는 발화의 단위가 명제적 의미를 지니는 몇 개의 문장이 결합된 의미 덩어리가 될 수 있다. 그럼에도 불구하고 이 연구에서도 발화의 기본 요소는 문장이다. 발화를 행위로 규정하는 방식에서는 발화의 축자적 의미보다는 소통적 의미를 강조한다. 그러나 연구 대상은 여전히 문장화된 발화 내용이다. 결국, 세 방식 모두 문장을 기본으로 하고 있다는 점을 알 수 있다. 발화를 문장화시켜 연구 대상으로 삼는 것이다.

문장을 기본으로 하는 발화 규정은 크게 두 가지 점에서 문제를 지닌다. 첫째, 준언어적 표현과 비언어적 표현을 발화의 요소에 포함시키지 않는다는 점이다. 구어 의사소통은 축자적 의미를 전달하는 언어적 표현과 함께 음색이나 억양 등 준언어적 표현, 그리고 표정이나 몸짓 등 비언어적 표현으로 구성된다. 이 가운데 언어적 표현이 의미에 기여하는 정도는 고작 7%에 불과하고, 준언어적 표현이 38%, 비언어적 표현이 55%를 기여한다(이창덕 외 2010: 72).

구어 소통에서 93%의 의미 소통은 언어적 표현이 아니라 준언어적 표현과 비언어적 표현이 담당하는데 언어적 표현만 가지고 구어 소통의 의미를 따지는 것은 진정한 구어 소통의 의미를 파악하는 것이 아니다. 그래서 준언어적 표현과 비언어적 표현을 적극적으로 연구 자료에 포함하지 않는 구어 의미 연구는 사실은 문어 의미 연구의 일부이지 구어 의미 연구라고 할 수 없다.

준언어적 표현과 비언어적 표현에 의한 비언어적 의사소통은 언어적 의사소통을 강조하기도 하지만, 언어적 의사소통을 대체하기도 하고, 혹은 언어적 의사소통과 모순이 되는 기능을 담당한다(이창덕 외 2010: 74-76).

(3) 가: 내가 요즘 좀 고민이 있어.
나-1: (청자 쪽으로 몸을 당겨 고쳐 앉고 눈을 마주치며) 그래? 나 시간 많아. 말해봐.
나-2: (시계를 보면서 미간을 찌푸리며) 그래? 나 시간 많아. 말해봐.

언어적 표현인 '그래? 나 시간 많아. 말해봐.'는 '나-1'과 '나-2'에서 명제적 의미가 동일하지만 소통적 의미는 명확하게 다르다. 발화 연구는 이 소통적 의미에 주목해야 한다.

둘째, 서술어가 없어서 문장 단위보다 작은 발화의 기본 단위를 발화로 보지 못하게 하는 문제이다.

(4) 가: 이렇게 늦어도 되는 거야? 도대체 왜 늦은 거야?
나: 어?

'어?'는 문장의 요건을 갖추지 못했지만 그 자체로 중요한 발화 분석의 대상이다. 여기에서 '최소 단위'(이원표 옮김 1997: 88)나 주어와 서술어가 갖추어진 문장의 명제적 의미를 찾는 것은 의미가 없다. 발화 연구에서 관심을 가지는 것은 '가'와 '나'의 관계나 혹은 주어진 상황에서 가질 수 있는 다양한 소통적 의미들이라고 할 수 있다. 예를 들어, '나'가 시계를 들이대며 '어?'라고 한다면 '기껏 5분밖에 안 늦었는데 왜 화를 내?'의 의미가 될 수 있고, 아니면 '가'와의 관계를 중시하여, '우리가 어떤 사이인데 네가 이렇게 화를 내?'나 '너도 내가 왜 늦은지 알면서 왜 그러는데?' 등의 의미가 될 수도 있다.

그렇지만 발화가 명제적 의미를 포함하지 않더라도 적어도 하나의 사태를 내용으로 해야 한다는 것은 분명해 보인다. 그 사태는 언어적, 준언어적, 비언어적 표현들의 의미의 복합적 구성물이 드러내는 내용이 될 것이다.

발화가 하나의 사태를 내용으로 해야 한다는 것은 발화가 일정한 형식적 요건, 일정한 단위를 갖추어야 한다는 것을 의미하기도 한다. 예를 들어, '어?'에서 '어'와 '?'를 분리하여 각각 연구의 대상으로 삼는 것을 발화의 의미를 연구하는 방식이라 할 수 없다. '나'의 '어?'의 대응쌍으로 '가'의 발화를 연구하자면, '가'의 대화에서 '이렇게 늦어도 되는 거야?'와 '도대체 왜 늦은 거야?'를 분리하여 연구해도 안 될 것이다. 이 두 표현이 합쳐서 가지는 의미가 각각 하나의 표현이 갖는 의미와 다르기 때문이고, 그래서 '가'의 표현 의도가 달라질 수 있기 때문이다. '나'의 '어?'라는 사태에 대응하는 '가'의 '이렇게 늦어도 되는 거야? 도대체 왜 늦은 거야?'는 하나의 사태이지 두 개의 사태가 아니다.

이렇게 보자면 발화의 단위는 연구 목표에 따라 달라질 것이다. 그래서 발화 단위의 적절성은 대응되는 상대 발화와의 관계에서 찾아야 한다. '이렇게 늦어도 되는 거야? 기차 놓칠 뻔했잖아.'라는 일종의 사태에 대해 대응하는 쌍은 '어?'이다. 단위의 적절성은 하나의 발화를 통해 판단될 수 없고 대응쌍을 통해서 비로소 판단될 수 있다는 것이다. 예를 들어, 그 범위가 (2)에서 보듯이 몇 개의 문장이 결합된 하나의 덩어리가 될 수도 있고, (4)에서 보듯이 한 글자가 될 수도 있다. 그리고 대응쌍의 의미 단위가 동일할 필요도 없다. (4)에서는 한 글자의 범위에 대응하는 대응쌍은 두 개의 문장이 결합된 의미 덩어리이다.

이상을 종합하여 발화의 속성을 두 가지로 규정해 보자. 첫째, 발화는 일정한 사태를 내용으로 하는 일정한 단위를 갖추어야 한다. 일정한의 범위는 문장과 같이 한 가지 틀로 정해진 것이 아니라 연구의 목표에 따라 달라질 수 있다. 대신 '일정한'이 가리켜야 하는 단위의 적절성은 대응 발화에 의해 규정될 것이다. 둘째, 발화는 상황 의존적이어서 축자적 의미보다는 소통적 의미에 중점을 두어야 한다. 그리고 소통적 의미를 구성하는 준언어적 표현과 비언어적 표현을 연구의 중심 대상으로 포함하여야 할 것이다.

3. 카톡 대화 특성과 발화의 설정

이제 디지털 발화의 특성을 몇 가지로 나누어 살펴보면서 위에서 규정한 발화의 속성을 카톡 대화에 적용해 보자. 첫째, 디지털 발화는 사태 내용이 파편적으로 흩어져 나타난다. 특히 여러 사람이 함께 대화할 때 (5-가)처럼

내용의 파편적인 성격이 심하게 나타나기도 하지만, (5-나)처럼 개인의 발화에서도 파편성이 나타난다.[9]

(5)

(가)

[A] 선지마머쓸예쩽
[B] 올
[A] 공학 걍 한 개도 안쓸라다가
[A] 공학이죠이서
[A] 조화서
[A] 조OO
[B] 전남여고나 광주여고는 너무 별로래서 멀기도하고
[A] 조하여?
[A] ......,
[A] ?
[C] ㅋㅋㅋㅋㅋㅋㅋOO아
[A] ㅎㅎ
[B] 미쳤냐ㅋㅋㅋㅋㅋㅋㄱㅋ
[C] OO이 내친척언니이름인데ㅋㅋㅋㅋㅋ
[A] 아씨바
[A] 나씻음
[B] 우리 학원에
[C] 이따톡함
[B] OO이있음
[A] 존내헷갈려 진짜
[A] 재는뭐이시간에씻니
[A] ㅋㅋㅋㅋ ○·○아
[A] 아터치개싫어
[A] 땀나니까 오지게아되네

(나)

[A] [10:13] 아이린나왔다
[A] [10:13] 가요대전에
[B] [10:36] 시발
[A] [10:36] 뵀어
[A] [10:36] 걍오짐
[A] [10:36] 옆에다 오징어됨
[A] [10:36] ㅋㅋㅋ
[A] [10:36] 아니시바
[A] [10:36] 트와이스가안나와
[A] [10:37] 이 거지같은 XXX

9 (5-가)는 중학교 3학년 학생들의 단체 카톡 대화이고, (5-나)와 이어진 (6)은 초등학교 5학생 학생들의 단체 카톡이다. 자료를 제공해 주신 조성은 선생님과 황기웅 선생님께 감사드린다.

[B] 나도방금씻음ㅋㅋㅋㅋ샤워해쪙
[A] 이정
[A] 인정
[A] 나도 터치 오지게안됨진찌
[A] 특히· 이거

(5-가)의 대화에서는 '선 지망으로 어느 고등학교를 쓸 것인가, '조00'라는 사람이 '여러 사람 있다, 샤워, 타이핑이 안 된다'라는 여러 가지 주제로 이야기를 이어가고 있다. 네 가지 이야기들이 서로 흩어져서 각각 하나의 사태들을 만들어내고 있다.

(5-나)에서 [A]의 이야기는 '아이린이 가요대전에 나왔다. 너도 봤어? 나는 봤는데 정말 좋았다. 그래서 옆에 (출연자들이) 오징어가 되었다. 아니시바와 트와이스는 안 나왔다. 이들은 거지같은 XXX이다.'라는 내용의 말을 하고 있는 것으로 보인다. 한 사람의 이야기이지만 말의 순서도 바뀌고 내용이 파편처럼 흩어져 있다. (5-나)는 내용만이 아니라 시간도 파편적이다. [A]가 오후 10시 13분에 말을 걸었고, [B]는 오후 10시 36분에 갑자기 응답을 하고, 이 응답에 이어 바로 이어지는 대화처럼 이야기가 진행된다.[10]

지나친 문장 부호의 사용[11]도 선조적 사고의 흐름을 끊도록 하여 파편성을 조장한다. 다음은 인터넷 소설 "엽기적인 그녀"의 일부분이다.

그녀//// 돈//// 만씸니다!!!! 엄씸니다!!!!… 저?? 전에도 말해뜨시 쥐뿔… 개뿔도 엄씸니다…

(장창영 2009: 184에서 재인용)

10 인터넷 소통자들은 24시간 내내 서로가 연결되어 있다고 생각하기 때문에(임칠성 2017), 그리고 대화 내용이 카톡 창에 남아 있기 때문에 면대면 대화와 같이 시간의 제약을 받지 않고 언제든 방금 이야기를 하듯이 이야기를 이어간다.

11 허상희(2016: 122)는 대학생들이 주고받은 905개의 카톡 대화에 사용된 문장 부호를 조사했는데, 마침표는 1개이지만 물음표가 525개(58%), 줄임표가 118개(13.0%), 물결표가 165개(18.2%), 느낌표가 90개(9.9%)였다.

발화의 규정으로 보자면 발화는 일정한 사태를 내용으로 하는 일정한 단위이어야 한다. 그래서 디지털 발화를 연구할 때는 내용 사태들이 흩어져 파편적으로 나타나더라도 이 흩어진 파편들을 주어 모아 일정한 내용 사태를 구성해야 하고, 그것을 일정한 단위로 삼아야 할 것이다.

바로 뒤에서 논의하겠지만, 문장 부호도 파편화된 조각에 포함시켜야 한다. 문장 부호가 각각 소통의 의미를 가지고 있기 때문에 발화를 구성하는 한 요소로 보아야 한다는 것이다. 연속되는 문장 부호의 수도 의미를 지닌다. 예를 들어, '??'와 '??????'의 소통 의미는 다르다.

둘째, 디지털 발화에는 글자 이외에 이모티콘, 이미지 등이 삽입되거나 하이퍼텍스트가 삽입되기도 한다. 텍스트에 의한 대화 사이에 이모티콘이 들어가는 경우, 이모티콘은 이미지로 제시되기도 하고 동영상으로 제시되기도 한다. 그리고 지도와 같은 경우는 지도가 하이퍼링크로 연결되어 있어서 지도를 클릭하여 지도를 확인해야 한다.[12] 특정 사이트의 주소가 제시되는 경우도 마찬가지이다.

발화는 상황 의존적이어서, 의미 소통에 관여하는 요소들을 발화 요소에 포함시켜야 한다. 그래서 이모티콘의 경우나 지도와 같은 이미지들은 문자가 아니지만 발화의 요소로 포함시켜야 한다. 카톡 대화에서 이모티콘은 각자의 언어적 의미를 담고 각자의 말을 하고 있기 때문이다. 이모티콘이 어떤 말을 하는지를 잘 알아야 원활한 소통이 될 수 있다. 잘못된 이모티콘을 보내게 되면 오해를 받게 된다.

발화의 규정에서 보자면 발화는 상황의존적인 소통적 의미를 중점 연구 대상으로 삼아야 한다. 이들 비언어적 요소들은 모두 소통적 의미를 구성하는 데 있어 중요한 요소들이다. 그래서 이들 요소들도 발화 요소로 포함되어야

12 인터넷 소통은 하이퍼텍스트가 삽입되어 읽기가 비연속성과 비선형성을 지니게 된다. 비연속성이란 텍스트의 흐름이 끊기는 경우로, 문자 텍스트 중간에 객체 독립이 가능한 영상이 삽입되는 경우가 그 예이다. 비선형성이란 비연속성과 연계된 개념으로, 하이퍼링크로 인해 수시로 읽기 층위를 바꿀 때 읽기 행위가 선조적으로 진행되지 않는 것이 그 예이다(임칠성 2017a: 11).

한다. 구어 소통 연구에서 준언어적 표현과 비언어적 표현들이 의미론 연구의 대상이 되듯이 디지털 소통에서 사용되는 'ㅎㅎㅎ, (๑>◡<๑), !!!' 등의 기호도 발화 연구 대상에 포함되어야 한다. 이들도 디지털 언어의 하나이다.[13]

이모티콘은 그 자체로 하나의 사태를 담은 일정한 단위로 처리할 수 있다. 더구나 이모티콘은 각자의 약속된 의미들을 가지고 있는 이미지 기호들이다. 표정이나 감정을 나타내는 이모티콘들은 대화 분석에서 '(화를 내면서)'와 같은 것으로 보아야 할 것이다.[14] 언어적 의미를 대신하여 이모티콘을 사용한 경우에는 그 이모티콘을 해당 언어적 의미와 동일한 것으로 처리해야 할 것이다. 축하한다는 언어 대신에 꽃다발을 든 사람을 이모티콘을 제시하거나 사랑한다는 의미 대신 심장 모양의 이모티콘을 제시하는 경우가 그것이다.

같은 맥락에서 이미지와 동영상, 그리고 하이퍼링크된 내용도 디지털 언어의 하나로 보아 발화를 구성하는 요소로 포함시켜야 한다. 대화에 삽입되는 하이퍼링크된 지도는 발화 규정에서 처리하기 어려운 디지털 표식들이다. 그렇지만 이런 하이퍼링크된 표식들은 그 자체로 일정한 내용을 담고 있어서 소통에서 중요한 역할을 한다. 다시 말해, 이런 하이퍼링크된 내용을 파악하지 않으면 소통 자체가 어려움을 겪는다. 다만, 이들 하이퍼링크된 내용 모두를 포함시키는 것이 아니라 그 가운데 소통에 직접적인 영향을 미치는 부분만 발화 요소로 포함시켜야 할 것이다. 예를 들어, 지도를 제시하는 경우는 그 지도의 의미(너무 먼 거리, 복잡한 교통 등)가 대화에 중요한 영향을 미칠 때 그것은 하나의 발화로 처리될 수 있다.

디지털 세대들은 글자를 이미지로 제시하기도 한다. 예를 들어, 알림장의 내용을 묻게 되면 알림장을 사진으로 찍어 그 사진을 대화에 삽입한다. 이런

---

13 누군가 편지에 '?'라는 물음표 하나만 써서 보냈고 그 답장으로 '!'이라는 느낌표 하나만 써서 보냈다고 하면 이때 '?, !'는 '잘 지내는가?'와 '잘 지내네!'의 '언어'적 의미를 가진 소통의 하나이다. '?' 대신 '???'을 보냈고, '!!!'로 답을 했다면 '잘 지내는지 정말로 궁금하네.'와 '아주 잘 지내네.'와 같은 '언어'적 소통이 될 것이다.

14 (6)에서 문장 마지막에 붙은 이모티콘은 '죄송하다'는 감정을 표현하는 것이다. 이런 이모티콘들은 대화 상황을 구성하는 데 필수적 요소이다.

경우 이미지의 글자는 그대로 화자의 말이어서 그 내용을 꼼꼼하게 살펴야 한다. (6)은 이미지이다. 이 이미지는 상대가 어떻게 말했느냐는 질문에 상대의 말을 그대로 캡처[15]하여 이미지로 '대답'을 하는 것이다. 대답을 이미지로 대신하는 것이다. 이런 경우 이미지의 내용은 그대로 발화가 된다.

(6)

쌤죄송하고또죄송한데
팀바꿔도되나요?애들이물어보래서요저
도귀찮은거알아요 !

4. 마무리

이 글은 언어를 말과 글만으로 한정할 것이 아니라 인간의 소통 방식 중에서 대상이 지니는 의미를 기호적으로 드러내면서 여타의 언어적 속성을 갖춘 표식으로 그 개념을 재규정하여, 구두 언어나 문자 언어에 대응하는 디지털 언어라는 개념을 도입하였다. 그리고 의미론 연구에서 발화를 규정하는 방식을 문장, 대화, 행위로 나누어 살핀 다음, 이런 규정의 문제점을 보완하여 발화의 속성을 일정한 사태를 내용으로 하는 일정한 단위를 갖추어야 하며 소통적 의미에 관심을 두어야 한다고 규정하였다. 마지막으로 이런 발화의 규정을 카톡 대화에 적용하여 카톡 대화에서 디지털 발화를 어떻게 설정할 것인지를 살펴보았다.

의미론은 인간의 중심 소통 매체의 의미를 다루어야 한다. 중심 소통 매체

15 편집하거나 저장하기 위해 원래의 영상이나 음성, 이미지 정보 중에서 필요한 부분만을 따로 떼어 놓는 것을 말한다. 컴퓨터 화면의 일부분을 잘라 내거나, 텍스트 문자열이나 그래픽 파일로 변환하는 등 편집이나 저장을 위해 화면에 나타난 일부 정보를 선택하는 것을 말한다. 출처: [네이버 지식백과] 캡처 [Capture] (손에 잡히는 방송통신융합 시사용어, 2008.12.25.)

가 디지털 소통으로 변화하였고, 이 변화를 거스를 수 없다는 것을 인정한다면 의미론 연구가 디지털 발화 연구에 적극 참여하여야 할 것이다. 인간을 떠난 언어는 존재할 수 없기 때문이다.

참고문헌

고영근(2011), 『텍스트과학』, 집문당.

고재필(2017), "의료 대화에 나타난 완화를 위한 담화 전략", 『텍스트언어학』 43: 35-55, 텍스트언어학회.

유 연(2015), "대화에 나타난 불평 화행의 형식적 기제 연구: 드라마 대화를 중심으로", 『텍스트언어학』 39: 157-181, 텍스트언어학회.

이석규 편저(2003), 『텍스트분석의 실제』, 역락.

임칠성(2000), "컴퓨터 대화방 '글말'의 어휘에 대한 계량적 고찰", 『국어교육학연구』 10(1): 385-406, 국어교육학회.

임칠성(2017a), "디지털 소통과 국어교육", 『한글』 317: 5-39, 한글 학회.

임칠성(2017b), "디지털 소통과 화용론 연구의 과제", 『국어교과교육연구』 30: 7-26, 국어교과교육학회.

장창영(2009), 『디지털 문화와 문학교육』, 글누림.

최용호(2004), 『텍스트 의미론 강의』, 인간사랑.

허상희(2016), "대학생의 카카오톡 언어 사용 분석", 『한글』 314: 103-143, 한글 학회.

Moeschler, J. & A. Reboul(2000), *Dictionnaire Encyclopédique De Pragmatique*, Massachusetts Institute of Technology. (최재호 · 홍종화 · 김종을 공역(2004), 『화용론 백과사전』, 한국문화사.)

Renkema, J.(1993), *Discourse Studies: An Introductory Textbook*, Amsterdam: John Benjamins. (이원표 옮김(1997), 『담화연구의 기초』, 한국문화사.)

Verschueren, J.(1999), *Understanding Pragmatics*, London/New York: Oxford University Press. (김영순 · 지인영 · 이정화 옮김(2002), 『화용론 이해』, 동인.)

네이버 지식백과 (https://terms.naver.com)
방송통신위원회 (http://www.mediastat.or.kr/resource/static/portal)
헤럴드경제 (http://biz.heraldcorp.com)
ZD net Korea (https://www.zdnet.co.kr)

국어 어원론의 현안

조 항 범*

1. 들머리

진정한 의미의 국어 어원론은 언제 시작되었다고 볼 수 있는가. 논자에 따라 견해가 다르겠지만 필자는 權悳奎의 "閒者의 辭典"(1921)이 나온 이후라고 생각한다. 이는 권덕규의 어원 관련 글 가운데에서 가장 먼저 발표된 글일 뿐만 아니라, 국어 어원 연구의 역사에서 맨 앞에 서는 글이다. 여기서는 "余ㅣ 이제 我語를 漢籍으로 証據하는 分과 이리하여 集編한 冊子를 접하매 더욱 그 徑庭함을 覺할지라. ~ 我語를 我音으로 證解하기 始하야 撰述한 者ㅣ 거의 卷을 成한지라"에서 보듯 우리말의 어원을 '我音', 곧 우리말의 소리에 충실해서 해석하겠다는 뚜렷한 방법론을 제시하고 있다. 이는 전통적인 한자부회식 어원론을 탈피하고 우리말의 어원은 우리말로 풀겠다는 주체적 시각의 선언이다. 실제 그는 한자부회식의 민간어원을 극복하려는 의도에서 어원론을 시작하고 있다. 국어 어원론에 일대 변화가 온 것이다.

---

* 충북대학교 국어국문학과 교수, bum2099@chungbuk.ac.kr

1921년을 진정한 국어 어원론이 시작된 원년으로 삼으면 국어 어원론의 역사는 근 100년에 가깝다. 100년은 결코 짧지 않은 학문의 역사이다. 이 긴 역사 속에서 어원론은 화려한 날갯짓을 펼치기도 하였던 한편 큰 좌절을 겪기도 하였다. 어원론의 역사상 가장 화려했던 시기는 1930년대가 아닌가 한다. 1930년내에는 1920년대에 비해 연구자가 현격히 늘어나 다양한 연구물이 쏟아져 나왔다. 이 시기의 연구물이야 짧은 논설류가 대부분이지만 그래도 그 어느 시기보다 많은 연구자들이 다수의 연구물을 낸 시기라는 점에서 돋보인다. 무엇보다 주목되는 점은 이 시기에 어원 연구의 방법론이 공개적으로 논의되고, 실제 그 방법론에 입각하여 어원 연구를 차분히 실험한 점이다. 그 결과 국어 어원론은 역사주의를 대표하며 과학적 영역으로 한층 더 다가설 수 있게 되었다. 또한 이 시기에 연구 대상 어휘가 실생활 내지 문화, 역사와 관련된 어휘에서 친족어휘, 수사, 시간어 등과 같은 기초어휘 성격의 계열어로 확대된 것도 주목할 만한 일이다. 대상 어휘가 계열어로까지 확대되면서 국어 어원론의 내용이 훨씬 풍부해지고 또 어원을 푸는 방식이 조금씩 체계화하기 시작하였다. 바로 이런 점들로 하여 국어 어원론의 긴 역사에서 1930년대를 가장 화려했던 시기로 본 것이다.

1940년대 이후에도 어원론의 열기는 식지 않았다. 이전 시기의 어원론자들이 여전히 활동을 하는 가운데 또 신진 학자들이 나타나 전통을 이어갔다. 그렇다고 연구의 수준이 갑자기 올라간 것은 아니었다. 한동안 소수의 전문학자들이 연구의 명맥을 이어가는 형편이어서 많은 연구물이 양산된 것은 아니며, 뛰어난 성과물이 많이 나온 것도 아니다.

1980년대가 오면 이전 시기와 상황이 확연히 달라진다. 이 시기에는 여러 어원론자들이 활동을 하면서 이전 시기에 비해 상대적으로 많은 양의 연구 업적을 내고 있다. 그 가운데에는 다수의 어원 관련 단행본도 포함되어 있다. 무엇보다 주목되는 것은 이 시기에 국어 어원 연구의 방법, 과제, 문제점, 앞으로의 방향 등의 주제들이 종합적으로 검토된 점이다. 李基文(1985, 1986, 1987)이 바로 그와 관련된 논의인데, 이들에서는 1920년대와 1930년대의 국어 어원 연구를 재인식한 뒤 현재의 국어 어원 연구의 실상을 제대로 파악하여 국어 어원 연구가 어떤 방향으로 나아가야 할 것인가를 진지하게 논의하고 있다. 1920년대에 권덕규라는 걸출한 어원론자가 있었다는 것, 그리고 1920년대와 1930년대에 어원 연구가 크게 꽃을 피웠다는 것, 그러나 이들 성과를 창조적으로 계승 발전시키지 못하여 1980년대 당시의 어원론이 초라한 모습이라는 것 등이 지적되었다. 이러한 지적은 향후 국어 어원 연구의 일대 쇄신을 예고한 것이었다. 1910-1930년대에 이룩된 초창기 어원 연구 성과물을 찾아 정리하고(趙恒範 編 1994), 초창기 어원 연구의 성과를 평가한 것(조항범 1994), 그리고 국어 어원론의 전체 연구사를 작성한 것(姜憲奎 1986)은 연구 풍토의 쇄신을 위한 사전 정지 작업이었다고 볼 수 있다.

이렇듯 1990년대 이후의 어원 연구는 1980년대 중반 이후의 自省 과정을 거쳐 거듭나는 양상을 보여준다. 무엇보다 국어사의 도움을 받은 역사 어원론이 대세를 이루고 있는 점이 큰 특징이다. 그 대표적인 것이 홍윤표(2002)를 비롯한 그 후속 관련 글들이 아닌가 한다. 이들은 수필 형식의 가벼운 글이지만 세기별 언어 자료를 활용하여 특정 단어의 역사적 변화 과정을 정밀히 기술하고 있다는 점에서 믿음이 간다. 그 외에 국어사 전공자나 순수 어원론자에 의한 역사 어원론 성격의 글들이 속속 나오면서 국어 어원론은 이전과 판이한 양상을 보였다. 그간의 연구 성과가 집약되어 1997년 이후 최근까지 여러 편의 어원사전이 출간되었는데, 대부분이 이런저런 문제점을 안고 있다는 평가를 받고 있다. 개별 대상어 하나하나에 대한 깊이 있는 논의 없이 소략하게 종합된 성격이어서 그러한 평가를 받는 것이 당연한지 모른다.

1990년대 이후 국어 어원론이 크게 변신을 하고 있는 상황에서도, 국어 어원론에 대한 우려의 목소리는 여전하였다. 이기문(2006)에서는 국어 어원론이 아직도 민간어원설의 흐름 속에 있다고 혹평하고 있다. 이는 1990년대 이전의 국어 어원론을 염두에 둔 우려의 연장선상이 아닌가 한다. 1990년대 이후 새롭게 전개된 어원 연구를 고려했다면 당시의 어원론을 이렇게 가혹하게 평가하지는 않았을 것이다. 이러한 염려와 불신을 극복하기 위해 李基文

(2012, 2013, 2014, 2018)과 같은 성과물을 낸 것으로 생각된다. 이들 일련의 글은 어원사전을 염두에 둔 것인데, 앞의 세 편의 논문에서는 한 편당 100개의 대상어를 다루고, 뒤의 한 편의 논문에서는 80개의 대상어를 다루고 있다. 세기별 용례를 적절히 제시한 뒤 고형(古形)의 형태를 분석하여 기원적 의미를 밝히고, 그 역사적 변화 과정을 세밀히 따져보고 있다. 물론 비교가 가능한 대상어에 대해서는 알타이 제어를 두루 제시하여 그 친소 관계를 밝히고 있다. 어원 해석의 핵심 내용을 고루 다루고 있다는 점에서 어원 기술의 전범을 보여 준다. 李基文(2015)에서는 특별히 몽골어 차용어 87개를 대상으로 그 차용 과정을 정밀히 살피고 있다. 결국 도합 467개의 대상 어휘의 어원을 분석한 셈이다.

국어 어원론은 이전과 비교하여 훨씬 나아진 것은 사실이나 아직도 갈 길이 멀다. 해결해야 할 문제점이 한두 가지가 아닌 것이다. 이런 문제점은 대상어의 어원을 본격적으로 밝혀가는 과정에서 보다 구체적으로 드러난다. 그 문제점은 다름 아닌 국어 어원론이 시급히 해결해야 할, 이른바 현안(懸案)이라고 말할 수 있다. 본고에서는 그 현안이 무엇인지를 알아보고, 구체적인 예를 들어 그 현안을 어떻게 해결할 수 있는지, 그리고 지금 어떻게 해결하고 있는지를 실제적으로 보여주고자 한다.

2. 국어 어원론의 현안

국어 어원론이 시급히 해결해야 할 현안으로는 '민간어원 극복하기', '잘못 해석된 어원 바로 잡기', '쟁점 어원 판정하기'의 세 가지가 있다.

2.1. 민간어원 극복하기

일반 대중이 아는 어원 가운데에는 민간어원이 의외로 많다. 그중에는 뿌리를 깊게 내린 민간어원도 있다. 그러한 민간어원은 대개가 구체적 시기와 실제적 인물과 사건 등이 구비된 이야기 형식이어서 꽤나 사실적이다. 민간어원이 정설로 둔갑하면 그 여파는 생각보다 크고 또 오래간다. 거짓을 사실로 인식하게 되어 인식 체계에 혼란을 줄 수도 있고, 언어 변화를 잘못 이끌어 언어를 오염시킬 수도 있다.[1] 또한 어원 연구에는 부정적으로 작용하여 어원 해석을 오도할 수가 있다. 어원 연구에서 늘 경계해야 할 것이 민간어원이다.

따라서 민간어원을 판정하고 그것을 새롭게 해석하는 과정이 필요하다. 민간어원을 극복하는 일이 국어 어원론의 현안 중의 하나인 것이다. 오래된 민간어원이 어느 정도 극복된 예도 있지만, 아직도 민간어원에 머물러 있거나 민간어원임은 밝혀졌지만 아직 새로운 해석의 단계로까지 나아가지 못한 예도 있다.

여기에서는 우리에게 익숙한 민간어원 몇 가지를 들어 그것이 현재 어느 정도 극복되었는지를 실제적으로 살펴보기로 한다.

2.1.1. 노다지

'노다지'라는 말은 中央日報 1932년 12월 8일 자 기사에서 처음으로 검색되며, 1930년대 신문 기사에 아주 빈번히 나온다. 사전으로는 『朝鮮語辭典』(1938)에 처음 올라 있는데, '금광 속에서 나는 금이 많이 붙은 광맥'으로 풀이되어 있다. '노다지'의 어원에 대해서는 영어 '노 터치(no touch)' 설이 널리 퍼져 있으며, 다음과 같은 아주 잘 짜인 이야기 형식으로 되어 있다.

> 우리나라는 예로부터 ≪맑은 아침의 나라≫, ≪황금의 나라≫로 알려졌는데 삼천리 금수강산에 많은 금덩어리가 묻혀 있기 때문에 금광들이 많

1 물론 민간어원은 화자의 머릿속에 항상 존재하고 있는 것이며 본능적이며 직감적인 인간 언어활동의 일면을 보여 주는 긍정적인 것으로 파악하기도 한다. 따라서 민간어원은 정도에서 벗어난 것도 아니고, 언어를 오염시키는 대상도 아니며, 더구나 병적 현상도 아니라고 보고 있다.

이 개발되었으며 이것은 침략자들이 노리는 대상으로 되었다. 17세기 말 -18세기 초부터는 전국 각지에서 금광들이 많이 개발되었다. 평안북도 운산에도 금광이 개발되었다. 19세기 중엽에 이르러서는 이곳에서 생금을 비롯한 금이 많이 나온다는 소문이 널리 퍼지게 되었다. 이런 소문을 듣고 일본 놈들을 비롯한 자본주의 침략자들이 여러 가지 구실로 우리나라에 기어들었다. 당시 모르스란 미국의 한 광산업자는 운산에 기어들어 그곳에서 나오는 금을 독차지할 흉계를 꾸몄다. 그리하여 이놈은 졸개들을 데리고 와서 금줄기가 뻗은 운산의 곳곳에 가시줄을 쳐놓고 영어로 ≪노터치≫(no touch)(≪다치지 말라≫는 뜻)란 푯말을 꽂아 놓았다. 그리고 제 나라로 보내는 금돌을 넣은 상자에도 이러한 글을 써 붙였다. 놈은 광산을 크게 차리고 ≪동양광산 주식회사≫란 간판까지 걸어놓았으며 이 금광의 광주로 자처하였다. 놈은 당시 선교사의 가면을 쓰고 서울에 둥지를 틀고 있던 미국 공사 알렌의 비호를 받으면서 이곳의 금덩어리들을 마음대로 약탈해 갔다고 한다. 그때 사람들은 영어를 잘 모르므로 외국인이 부르는 영어의 발음대로 ≪노타치≫라 하였다. 그 뒤 이 말이 사람들의 입에서 입으로 옮겨지는 사이에 점점 변화되어 ≪노다지≫로 되었다고 한다. (김인호 2001b: 31-32)

김인호(2001b: 31-22)에서는 금줄기가 뻗고 금돌이 많이 쌓인 곳에 이 말을 써 붙인 것을 보았기 때문에 금돌이나 광물들이 예상외에 많이 있거나 갑자기 많이 나오는 것을 보면 '노 터치'라 하였으며 점차 그 뜻이 조금씩 달라진 것으로 설명하고 있다. 현재 '노 터치' 설이 정설처럼 널리 퍼져 있으나, 이는 꾸며낸 민간어원일 가능성이 높다. '노다지'의 어원이 분명하지 않은 차에 영어를 어설프게 하는 한국 사람이 그것과 음이 유사한 'No touch'를 떠올린 뒤 그럴듯한 이야기로 포장한 데서 비롯된 것이라는 추정이다.

'노 터치' 설이 너무 확고해서인지 몰라도 '노다지'의 어원을 달리 밝혀보려는 시도는 한동안 별로 없었다. 그런 가운데 김민수 편(1997: 200-201)에서 '露頭地' 설을 제기한 바 있다. '露頭'는 '광상(鑛床)이 땅거죽에 드러난 부분'을 뜻하지만, '지'가 한자 '地'에 어원을 두고 있는 것인지, 아니면 국어의 접사 '-지'에 그 어원이 있는지는 명확하지 않다고 보고 있다. 김양진(2011: 99-100), 김무림(2012: 235)에서도 이러한 설을 따르고 있다.

'露頭'는 '광맥, 암석이나 지층, 석탄층 따위가 땅거죽에 드러난 부분'을 가리킨다. '광물이 쏟아져 나오는 광맥'을 뜻하는 '노다지'와 의미상 가까워 보인다. "그런데 朝鮮 內 今日의 一般 金山의 採掘法을 보면 「노다지」(露頭)(金脈의 地表露出部)"(중앙일보 1932. 12. 8.)에서 보듯 '노다지'와 '露頭'를 같은 의미로 보기도 한다. '露頭'가 '노다지'와 같이 광산 용어라는 점도 둘 사이의 관련성을 높여준다.

문제는 역시 '지'이다. 만약 '지'를 한자 '地'로 본다면 '露頭地'는 '광맥이 드러난 땅'을 가리킨다. 이는 '富鑛帶(광맥이 풍부한 지대)'와 비슷한 개념이다. '地'는 '간척지, 거주지, 유적지' 등에서 보듯 '장소'와 관련된 명사와 쉽게 결합하는 특징이 있어 그러한 성격의 '露頭'와 결합하는 것이 불가능해 보이지는 않는다. 그러나 '露頭地'는 사전에 올라 있지 않고, 또 그것이 실제 사용되지도 않는다. '노두지'의 실제 용례가 확인되어야 '露頭地' 설이 힘을 얻을 수 있다. '노두지'에서 '노다지'로의 변화는 일종의 모음조화로 설명할 수 있을 것이다.

姜吉云(2010: 297)에서는 '노 터치' 설과 '露頭地' 설 모두를 부정하고 있다. 전자는 평안도 운산 광산에 종사하는 광부에게 알리고자 해서 한 것이라면 "만지지 말라."고 써 붙여야 효과적이었을 것이라는 점을 들어, 후자는 '노두지'라는 말은 없을뿐더러 그 뜻이 본질적으로 다르다는 점을 들어 비판하고 있다. 그 대신 '노다지'를 '무더기'나 '덩어리'와 관계있는 말로 보고, 드라비다어 '*dondadi(덩어리)'와 비교하고 있다. '*dondadi'가 '*nondaji'를 거쳐 'nodaji'로 변한 것으로 설명하고 있는데, 과연 이러한 변화가 가능한지는 알 수 없다.

이근열(2015: 74)에서는 '노 터치' 설을 부정하고, '노다지'를 '재물'을 뜻하는 고유어 '노'와 '묶음'을 뜻하는 고유어 '다지'가 결합된 어형으로 보고 있다. '노'의 예로 "노 났다(재물이 많아질 때 쓰는 말)"의 '노'를 들고 있으며,

‘다지’의 예로 ‘꽃다지’의 ‘다지’를 들고 있다. 이 설은 ‘노다지’가 “노가 나다(기쁜 일이나 좋은 돈벌이가 계속 이어지다)”, “노 난다(기쁜 일이나 좋은 돈벌이가 계속 이어지고 있다는 환성)”라는 표현 속의 ‘노’와 의미상 관련이 된다는 점, 그리고 ‘노’와 같이 주로 ‘나다’와 어울려 쓰인다는 점 등에서 주목되나 ‘다지’가 ‘묶음’의 뜻이 있는지를 밝혀야 하는 부담이 있다.

홍윤표(2018)에서도 ‘노 터치’ 설을 부정하고, 형용사 어간 ‘놀-(드물다, 귀하다)’에 접미사 ‘-다지’가 결합된 ‘놀다지’에서 변한 어형으로 설명하고 있다. ‘노다지’가 아주 귀한 것이라는 점에서 형용사 ‘놀다’와의 연결이 무리하지는 않지만, 접미사 ‘-다지’의 정체가 모호하여 선뜻 받아들이기 어렵다.

이렇게 보면, 민간어원인 ‘노 터치’ 설을 극복하려는 노력이 1990년대 이후 있었으나, 여러 설이 제기되어 있을 뿐 아직 합의된 설은 없음을 알 수 있다.

2.1.2. 도루묵

‘도루묵’은 그렇게 특별한 물고기가 아니다. 그럼에도 불구하고 아주 오래전부터 ‘도루묵’이라는 명칭에 대한 흥미로운 어원설이 전한다. 李植(1584-1647)의 ‘還目魚’라는 한시(漢詩)에도 그러한 어원설이 나오는 것을 보면 그 역사가 적어도 수백 년은 족히 된다.

> 때는 조선 14대 선조 시절이었다. 임진왜란이 일어나자 선조 임금은 피란을 가게 되었다. 피란 떠날 때 먹을 것을 충분히 가지고 간 것도 아니고, 피란지에 맛난 음식이 있는 것도 아니어서 임금이라도 초라한 수라상을 받을 수밖에 없었다. 이 딱한 소식을 듣고 한 어부가 동네 앞바다에서 잡은 ‘목’이라는 물고기를 임금께 바쳤다. 선조 임금은 이 물고기를 아주 맛있게 먹은 뒤 그 이름을 물어 보았다. ‘묵’이라고 답하자 그 이름이 좋지 않다며 즉석에서 ‘은어(銀魚)’라는 근사한 이름을 하사했다. 환궁한 뒤 피란지에서 맛보았던 ‘은어’가 생각나서 다시 먹어보았더니 옛날의 그 감칠맛이 아니었다. 그래서 선조 임금은 “에이, 도로(다시) 묵이라 불러라.”고 하였다. 이로부터 ‘도로묵’이라는 새로운 이름이 생겨난 것이다.

이는 '도루묵'이 '도로 묵이라고 불러라(해라)'에서 온 것이라는 설명이다. 이러한 설이 지금도 정설인 양 널리 퍼져 있다. 그것도 아주 깊이 뿌리 박혀 요지부동이다. 그간 '도루묵'의 어원에 대해 별다른 논의가 없었던 것도 이러한 설을 철석같이 믿었기 때문이다. 인물과 시기와 사건이 잘 구비된 그럴듯한 어원설에 쉽게 현혹된 것이다.

한진건(1990: 102)에서는 '도루묵'의 어원을 한어(漢語) 물고기 이름인 '反目魚'에서 구하고 있다. '反'은 조선말에서 '도로'라고 하므로, '反目'은 '도로목'인데, 이것이 변하여 '도루묵'이 된 것이라는 설명이다. 그러나 이 같은 설은 뒤에서 보겠지만 '도루묵'의 본래 어형이 '도로목'이 아니었다는 점에서 바로 부정된다.

'도루묵'의 어원을 본격적으로 다룬 논의는 조항범(2007)이 유일하지 않나 한다. 여기서는 「순천김씨묘출토간찰」(15xx)에 나오는 '돌목'에 주목하여 '도루묵'이 부사 '도로(다시)'와는 무관하며, '돌목'이 '도르목'으로 변한 뒤에 '도로목', '도로묵'을 거쳐 나타난 것으로 설명하고 있다. 그리고 '도로목' 또는 '도로묵' 단계에서 有緣性이 상실되어 '還目'이라는 한자어 명칭이 만들어지고 또 거기에 엉뚱한 어원설이 결부된 것으로 보고 있다.

또한 '돌목'을 '貫目', '比目' 등과 같이 '目'이 들어가는 물고기 종류의 하나일 것으로 추정하고 있다. 다만 이름에 '目'이 들어가는 물고기는 무엇보다 '눈'이 특징적인데, '돌목'의 경우는 그 특징이 잘 드러나지 않는다고 보고 있다. 한편 '허균의 『屠門大嚼』에 '木魚'로 나오는 것을 보면 '목'은 '木'일 가능성도 있음을 보인다. 생선의 껍질이 나뭇결과 같은 무늬여서 '木魚'라 했다고 설명하기도 한다(조선일보 2016. 11. 14.). '목'의 정체를 정확히 밝히는 일이 남아 있다.

조항범(2007)에서는 '돌목'의 '돌-'을 '돌고래, 돌문어, 돌붕어' 등에서 확인되는 '돌-'과 같이 '질이 떨어지는'이라는 의미의 접두사로 처리하고 있다. '도루묵'이 볼품도 없고 기름지지도 않은 아주 하찮은 물고기로 인식되기에 얼마든지 '질이 떨어지는'이라는 의미의 접두사 '돌-'을 이용하여 명명할 수 있었다고 본 것이다. 그런데 조항범(2016: 96)에서는 '돌목'의 '돌'이 '돌돔, 돌마자, 돌상어' 등에 보이는 그것과 같이 '石'의 '돌'일 가능성이 있음도 언급하고 있다. 이는 도루묵이 산란기에는 연안의 '바위' 부근에 서식한다는 데 근거한 것이다. 작은 돌이나 자갈, 또는 바위 밑에 서식하는 물고기는 '돌[石]'을 이용하여 명명하는 것이 일반적이다. 결국 '돌목'의 '돌'에 대해서는 '石'의 뜻의 명사 또는 '石'에서 파생된 '질이 떨어지는'이라는 의미의 접두사일 가능성을 열어놓은 것이다. '돌목'의 '돌'을 어느 쪽으로 볼 것인지에 대한 고민이 더 있어야 할 것이다.

이렇게 보면, '도루묵'에 대한 기존의 어원설이 민간어원임이 밝혀졌으나, 그 어원이 명쾌하게 해명된 것은 아니다. '돌목'의 어원이 관건인 것이다. 다만 '도루묵'이 '돌목'에서 출발하는 단어라는 점은 분명해졌다.

2.1.3. 도무지

黃玹(1855-1910)의 『梅泉野錄 1: 上』(甲午以前)에는 '도무지'와 관련하여 다음과 같은 기록이 나온다.

> 근세의 우리말에 '도모지(都某知)'라는 세 글자가 있다. 말의 첫머리에 폐일언이란 말과 같은 것이다. 이를테면, 모 씨가 누구인지 아느냐고 물으면 모른다고 할 때 '물론'이라는 단어를 붙이는 것과 같은 것이다. 대원군이 집권하고 있을 때 살육을 감행하여 사학, 도주 이외에도 비방, 괘오, 나직 등으로 처형된 사람이 천여 명이나 되었다. 포도청의 형졸들도 살인하기에 염증을 느껴, 연좌된 죄인에게 백지 한 장을 죄수의 얼굴에 붙이고 물을 뿌리면 죄수의 숨이 막혀 순식간에 죽곤 하였다. 이를 해석한 사람의 말을 들으면, '都某知'라고 한 것은 '塗貌紙'라는 것이다. (近世方言 有都某知三字 做話頭猶曰 蔽一言 謂大都誰某知 不知可勿論云爾 雲峴當國果於誅戮 邪學盜鑄以外 坐誹謗 詿誤羅織死者 又千百數 捕廳刑卒 厭於殺人 凡坐者 至以白紙一張 摺以掩其面 噴水傅之 囚息不通 須臾便絶 解之者曰 都某知者 途貌紙也)

이 기록에 따르면 황현의 생존 시기인 구한말에는 '도모지'를 한자어 '都某知(도대체 누가 알겠는가)'로 보고 있었음을 알 수 있다. 또한 대원군 집권 이후 얼굴에 젖은 종이를 발라 질식시키는 형벌이 횡행하면서 '도모지'를 한자어 '塗貌紙(얼굴에 바른 종이)'로 보기 시작했다는 것도 알 수 있다. 곧 대원군 집권 이후부터 '도모지'를 '塗貌紙'로 보았다는 설명이다.

그러나 '도모지'를 '都某知'나 '塗貌紙'로 보기는 어렵다. 만약 '塗貌紙(죄인의 얼굴에 붙이는 살상용 종이)'로 본다면, '살상용 종이'가 죄인을 묶어 놓고 조선종이 한 장을 얼굴에 붙인 다음 그 위에 입으로 물을 뿌려 질식시키는 형벌이라는 의미로 변했다고 보아야 하는데, 과연 이러한 의미 변화가 가능한지 의심스럽다. 그럼에도 불구하고 '塗貌紙' 설이 아주 널리 퍼져 있다.

姜憲圭(1987)에서는 '塗貌紙' 설을 철저하게 위장된 민간어원으로 간주하고 '도무지'를 한자어가 아니라 고유어로 해석하였다. 이에 따르면 '도무지'는 중세국어 '다뭇(더불어)'이나 '다뭇(같이)'에 접미사 '-이'가 결합된 '*다모시'나 '*다ᄆᆞ시'가 변한 것이라고 한다. 부사에 접미사 '-이'를 붙여서 다시 부사를 만들 수는 있지만, '*다모시'나 '*다ᄆᆞ시'라는 단어가 실재했는지, 그리고 '더불어'라는 의미와 '도무지'가 갖는 '전혀', '아주'라는 의미가 상호 관련되는지 등에 대한 분명한 답을 내리기 어렵기 때문에 이러한 설은 따르기 어렵다.

또한 어원사전인 한진건(1990: 103)에서는 '도무지'가 부사 '都是, 都統' 등과 같은 의미라는 점에서 그 전체를 한자어 '都無知'로 설명하기도 한다. 그러나 '都無知' 설은 근대국어 어형이 '도모지'(同文類解 下: 49 (1748))라는 점만 들어도 바로 부정된다. '도무지'의 어원에 대한 본격적인 논의는 姜憲圭(1987) 이후 다시 보이지 않는다.

18세기의 '도모지'는 '도모'와 '지'로 분석해 볼 수 있다. '도모'의 어원은 분명하지 않으나 '도'는 '都是, 都統, 都大體' 등에 보이는 '都'와 같은 것으로 보인다. 함남 방언에 남아 있는 '도무'를 고려하면 '도모'가 독립적이던 시기가 있었음을 짐작할 수 있다. 또한 '도무창(함북), 도무치(평북)' 등과 같은 방언형을 통해서도 '도무'의 이전 어형인 '도모'가 독립해서 쓰였을 가능성을 엿볼 수 있다. 그런데 '지'의 정체는 밝히기 쉽지 않다. 부사에 덧붙는 접미사 정도로 추정될 뿐이다.

이로써 '도모지'가 '도모'와 '-지'로 분석되고, '도모'의 '도'는 '都'라는 점은 밝혀진 셈이다. '모'의 정체를 밝히는 일이 남아 있다. 아울러 '도모지'의 원의(原義)를 구명하고, 그 의미 변화 과정을 살피는 문제 또한 남아 있다. '도무지'의 원의와 그 의미 변화의 문제는 별도의 논의가 필요할 만큼 무게가 있으나, 여기서는 간단히 살펴보기로 한다.

'도모'의 '도'가 '都'라면 이것이 '總'의 의미를 띠므로 이것만으로도 '도모', 더 나아가 '도모지'는 '모두'라는 의미를 갖는 것으로 볼 수 있다. 『同文類解 下: 49』(1748), 『譯語類解補 52』(1775) 등의 '도모지'에 대응된 '一概'나 '大概'가 '모두'라는 뜻이어서 그 의미가 분명해진다. 그리고 실제 18세기의 '도모지'는 "보장을 버려 물과 뭇헤 요츙이오 빅와 수레의 도모지 못는 곳이라"(御製諭京畿大小民人等綸音 2 (1782))에서 보듯 '모두'라는 의미로 쓰였다. 이러한 의미가 "뎨일 됴흔 술을 만히 ᄆᆞᄃᆞ는 곳이오 온 나라히 도모지 여돏 도인디 도마다 ᄒᆞᆫ 관원이 잇스며"(사민필지 39 (1889))에서 보듯 19세기 말의 '도모지'에서도 확인된다.

아울러 18세기 이후에는 '도모지'에서 '전혀', '아주', '도대체' 등의 의미도 발견된다. "낫찰 붉히고 말이 업셔 다만 금니로 머리를 ᄊᆞ고 쳔만ᄉᆞ를 도모지 모로고 누어 ᄌᆞᄂᆞᆫ 모양을 ᄒᆞ며"(엄씨효문행록 29 (17xx)), "도모지 ᄒᆞ라 ᄒᆞᄂᆞᆫ 것 아니ᄒᆞ며 말라는 것 ᄒᆞ면 죄과 되ᄂᆞ니라"(敬信錄諺釋 79 (1796)), "슈요와 질병과 ᄉᆞ망 ᄀᆞᆺᄒᆞᆫ 화복 길흉이 도모지 능히 그 ᄉᆞ량을 움즉이지 못ᄒᆞᆯ 거시오 또ᄒᆞᆫ 고로옴을 즐기고"(주년첨례광익 15 (1865))에 쓰인 '도모지'가 그러한 의미의 것이다. '도모지'가 '모로다'와 같은 부정적 표현, '아니ᄒᆞ다, 못ᄒᆞ다' 등과 같은 부정어와 통합할 때 이러한 의미가 실현된다.

20세기 이후에도 "에그 나 당ᄒᆞᆫ 일이야 남의 탓ᄒᆞ여 쓸디 잇소 도모지 너 신슈 불길ᄒᆞᆫ 탓이지오"(목단화 94 (1911))에서 보듯 '도모지'에서 '모두'의 의미가 확인된다. 물론 "겻헤 와 안거니 도모지 모로ᄂᆞᆫ 쳬ᄒᆞ니"(빈상설(이해조) 32 (1908)), "두셔가 도모지 업더라"(빈상설(이해조) 82 (1908)), "그런 일은 도모지 업ᄂᆞᆫᄃᆡ"(빈상설(이해조) 117 (1908)), "셩미ᄂᆞᆫ 셔로 합ᄒᆞ고 안이 합ᄒᆞᆷ은 도모지 ᄉᆡᆼ각지 안코"(빈상설(이해조) 129 (1908)), "엇더케 되셧ᄂᆞᆫ지 도모지 알슈 업습니다만은"(빈상설(이해조) 132 (1908)) 등에서 보듯 이 시기의 '도모지'는 주로 '전혀', '아주', '도대체'의 의미로 쓰이고 있다.

19세기 말에는 '도모지'가 '도무지'(예수셩교전서, 요한묵시록 18: 14 (1887))로 변한다. 그런데『朝鮮語辭典』(1920)이나『普通學校朝鮮語辭典』(1930) 등과 같은 사전에는 여전히 '도모지'로 올라 있다. 이에 반해『朝鮮語辭典』(1938)에는 '도무지'로 올라 있고, '도모지'는 비표준어로 제시되어 있다. 그러나 실제로는 '도무지'와 '도모지'가 한동안 함께 쓰인 것으로 보인다.『朝鮮語辭典』(1938)에서는 '도무지'를 ① '아주', ② '다, 죄다', ③ '도대체, 도시'로 기술하여 그 본래 의미인 '모두'라는 의미까지 달아 놓고 있다. 이 사전보다 약간 앞서 나온『普通學校朝鮮語辭典』(1925)에는 ① '아조', ② '조곰도'의 의미만 달려 있다.『조선말큰사전』(1949)에는 ① '이러니 저러니 할 것 없이 아주', ② '이것도 저것도 할 것 없이 모두'의 의미가 달려 있다. 현대국어의 '도무지'는 주로 부정을 나타내는 말과 함께 쓰여 ① '아무리 해도', ② '이러니저러니 할 것 없이 아주'의 의미로 쓰인다. ①은 '都是, 都統'과 통한다. 그 본래의 의미인 '모두'는 완전히 사라진 것이다.

이로 보면, '도모지'에 결부된 민간어원을 극복하려는 노력이 아주 미흡함을 알 수 있다. 새로운 차원의 어원 논의가 요구되는 예이다.

2.1.4. 화냥

'화냥'은 '서방질을 하는 여자'라는 뜻이다. '화냥'의 어원설에는 '豢養', '幻爺', '還鄕', '花郎', '화랑이', 만주어 'hayan(음탕한 계집)' 등이 있다. 이 가운데 민간에 가장 널리 퍼져 있는 것은 '還鄕' 설이다. 병자호란 때 청나라 수도 선양으로 끌려갔다 온갖 고초를 겪고 운 좋게 돌아온 조선의 여인들을

'고향으로 돌아왔다'고 하여 '還鄕'이라 불렀고, 몸을 더럽혔다 하여 여자를 낮잡아 이르는 '년'을 붙여 '환향년'이라 비하했다는 것이다.

'還鄕' 설과 함께 만주어 'hayan' 설도 제법 알려져 있다. 『표준국어대사전』(1999)에서도 'hayan' 설을 따르고 있다. 이 설 또한 병자호란을 배경으로 한다. 수많은 조선 여인들을 겁탈하고, 그것도 모자라 농락한 여인들을 자기네 말로 'hayan'이라 비아냥거리며 멸시했고, 여기에 여자를 하대하는 '년'까지 붙여 더욱 업신여겼다는 것이다.

'還鄕' 설과 'hayan' 설이 성립하려면 무엇보다 '화냥'이라는 단어가 병자호란 이후에 등장한 것이어야 한다. 그러나 병자호란 이전의 문헌(朝鮮王朝實錄 成宗 3년(1472) 7월)에도 '花娘'이 나와 이런 전제는 성립하지 않는다. 그리하여 두 설 모두 부정된다. '화냥'의 有緣性이 상실되자 한자로 부회하고, 어형과 의미가 유사한 만주어가 있어 그것을 끌어들여 해석한 것이다.

'花娘'은 중국에서 일찍부터 '娼婦', '妓生'의 뜻으로 쓰였다(박재연 2003). 이는 우리말 '화냥'이 지니는 '서방질하는 여자'라는 의미와 아주 동떨어진 것은 아니다. 박재연(2003)에서는 중국어 '花娘'을 직접 차용하여 '화냥[huā'niáng]'으로 읽었다고 보고 있다. 곧 '화냥'을 중국어 직접 차용어로 본 것이다. 홍윤표(2009: 463)에서도 그렇게 보고 있다. 그런데 김무림(2012: 698)에서는 '花'와 '娘'에 대한 중세국어 한자음이 '화'와 '냥'(訓蒙字會(叡山文庫本) 上: 16 (1527))인 점을 들어 '화냥'을 한자어로 보고 있다. '화냥'이 직접 차용어인지 아니면 간접 차용어(한자어)인지는 더 두고 생각해 보아야 할 문제인 듯하다. 이로써 '화냥'이 적어도 '還鄕'이나 'hayan'에서 온 것이 아니라는 점은 분명해졌다.

조항범(2003)은 박재연(2003)의 중국어 '花娘' 설을 근거로 그 어원을 밝히고, 지시 의미 및 의미의 변화, 형태의 변화, 다른 요소와의 결합과 이에 따른 형태 변형 등의 문제를 종합적으로 검토한 것이다.

이로 보면, '화냥'에 결부된 민간어원은 거의 극복되었다고 해도 과언이 아니다. 다만 이것이 중국어 직접 차용어인지, 간접 차용어(한자어)인지를 분명히 가려야 하는 문제가 남아 있다.

2.1.5. 후레자식

'후레자식'의 어원에 대해서는 일찍부터 '호로자식(胡虜--)' 설이 있어 왔다. 흉노족을 비롯한 몽고족이나 만주족과 같은 오랑캐들의 등쌀에 시달려 이들이 입던 차에 '후레자식'의 '후레'를 오랑캐를 뜻하는 '호로(胡虜)'와 연계하여 그렇게 해석한 것이다. 또한 '호로자식(葫蘆--)' 설도 있어 왔다. 이에는 "중국 한나라 때 '호광(胡廣)'이라는 사람이 있었는데 본성이 '황(黃)'이다. 이 사람은 5월 5일에 태어남으로써 부모가 이롭지 않다고 생각하여 '호로(葫蘆, 조롱박)'에 넣어 냇가에 버렸다. 그 아이를 어떤 사람이 거두어 길렀는데 '조롱박'에 들어 있었다고 하여 '호로'라는 성을 붙였다. 부모가 없고 본성을 바꾸는 것이 아주 큰 욕이므로 '호로'라는 말이 욕으로 사용되었다."와 같은 어원설이 달려 있다. '호로자식(胡虜--)' 설이나 '호로자식(葫蘆--)' 설은 전형적인 민간어원이다.

한편 沈在箕(1991)에서는 '후레'를 '못쓸 놈'을 뜻하는 중국어 '胡癩的(후래디)'에서 온 것으로 본다. '후래디' 설은 이것이 '후레자식'과 의미상 관련된다는 사실이 크게 작용한 해석이다. 그런데 '후래디'로부터 '후레'가 나올 수 있는지는 의문이다.

'후레자식'은 『韓佛字典 113』(1880), 『韓英字典 165』(1897)에 '홀에ᄌᆞ식'으로 나온다. 조항범(2004: 97)에서는 '홀에ᄌᆞ식'을 '홀'과 'ᄌᆞ식'이 속격조사 '에'로 연결된 어형으로 보고 있다. 그리고 '홀'은 'ᄒᆞ올'로, 'ᄒᆞ올'은 '*ᄒᆞᄫᆞᆯ'로 소급하는, '짝이 없는 하나'의 뜻으로 설명하고, '홀의아들'(『큰사전』 1957)을 통해 '에'가 속격조사임을 분명히 밝히고 있다. 李基文(2012)에서는 중세국어에 '홀'의 속격형 '홀ᄋᆡ'가 있었을 가능성을 말하고 있다.

이에 따라 '홀에ᄌᆞ식'은 '홀것의 자식', 곧 '홀어미 혼자서 키운 자식'이라는 뜻이 된다. '아비 없는 후레자식'이라는 관용 표현을 통해서도 '후레자식'이 '여자 혼자서 키운 자식'이라는 뜻임을 알 수 있다. '후레자식'의 경우는 민간어원을 극복하고 그 어원을 완전히 회복한 예가 된다.

2.2. 잘못 해석된 어원 바로잡기

전문학자들이 굳게 믿고 있는 어원설 가운데에서도 잘못 해석된 것이 있을 수 있다. 어떤 이유로 잘못 해석된 어원설에 무게가 실리면 그것이 정설로 받아들여지는데, 일반 사전에 반영되기라도 하면 더더욱 고착화된다. 이렇듯 잘못 해석된 어원설은 어떤 계기가 마련되지 않으면 고쳐지지 않고 아주 오래 지속된다.

아무리 구체적 논의를 거쳤다 하더라도 잘못 해석된 어원설은 다시 검토하여 바로잡아야 한다. 조금이라도 의심이 가는 어원설은 다시 검토하여 그 진위를 밝히고, 잘못된 것으로 최종 판명이 나면 달리 해석해야 하는 것이다. 이러한 작업이 어느 정도 성과를 내야 국어 어원론은 신뢰받는 학문으로 거듭날 수 있을 것이다.

여기서는 일반 사전에까지 반영되어 있는 명백히 잘못된 어원설을 중심으로, 이들이 어떻게 해석되어 있고, 무엇이 잘못이며, 또 어떻게 해석해야 하는지 등을 함께 생각해 보기로 한다. 그럼으로써 '잘못 해석된 어원 바로잡기'가 어원론의 현안 중의 하나라는 것을 강조하고자 한다.

2.2.1. 납청장(納淸場)

'납청장'과 관련하여 『宋南雜識』(18xx)에 '蠟川場'이 보인다. 이 '蠟川場'에 대해 "임신년(1812)에 역적 홍경래가 섣달에 납천장을 때려 부수며 봉기했기 때문에 어떤 물건이 눌려 부서진 것을 말한다"로 설명하고 있다. 설명 내용을 참고하면 여기서의 '蠟川場'은 '納淸場'의 오기인 것이 분명하다.

'納淸場'은 평안도 정주(定州)의 한 시장 이름이다. 그러므로 '納淸' 또는 '納淸場'은 지명이 된다. 『朝鮮語辭典』(1938)에서는 '납청장'을 "평안도 정주군 납청시장(納淸市場)에서 만드는 국수는 치기를 잘하여 질기다는 뜻으로 사람이나 물건이나 압박·타격을 받는 것을 가리키는 말"이라 기술하고 있다. 이러한 내용이 이 사전보다 앞서 나온 『朝鮮語辭典』(1920)에도 소개되어 있다. 『朝鮮語辭典』(1938)이 앞선 사전을 그대로 베낀 셈이다. 그런데 『조선말 큰사전』(1949)에서는 '납청장'을 그 유래 설명 없이 '몹시 얻어맞거나 눌리어 납작해진 사람이나 물건'으로 기술하고 있다.

특이하게도 『표준국어대사전』(1999)과 『우리말샘』(2016)에서는 『朝鮮語辭典』(1920)과 『朝鮮語辭典』(1938)에 나오는 유래 설명을 그대로 옮겨 놓고 있다. 이러한 유래 설명에 따르면, 시장 이름인 '납청장'에 결부된 '눌려서 납작해진 사람이나 물건'이라는 의미는 정주의 납청 시장에서 만드는 국수의 속성과 관련해서 생겨난 것이 된다. 그런데 李基文(1998)에서는 '납청장'이라는 단어의 의미 변화가 '국수'의 속성이 아니라 납청 시장에서 만들던 '놋그릇'의 속성에서 비롯된 것으로 설명하고 있다. 아주 정확한 지적이다.

평안도 정주의 납청장은 경기도 안성장과 어깨를 겨룬 유명한 놋그릇 시장으로 알려져 있다. 경기도 안성의 놋그릇은 주물(鑄物) 제작법에 따라 만들었다면, 이곳의 놋그릇은 놋쇠 덩어리를 불에 달구면서 두들겨 만드는 이른바 '방짜'라는 방법에 의해 만들었다. 실컷 두들겨 맞은 납청장의 놋그릇은 납작한 것이 특징이다. 그리하여 납청장의 놋그릇처럼 얻어맞거나 눌려서 납작해진 물건이나 사람을 빗대어 '납청장의 놋그릇(유기)'이라 표현했을 것이다.

비유적 의미로서의 '납청장 놋그릇(유기)'은 '놋그릇(유기)'이 생략되어 '납청장'으로 변한다. 그렇게 되면 '납청장'이 비유적 의미로서의 '납청장 놋그릇(유기)'과 같은 의미를 띠게 되는데, 이른바 '생략'에 의해 의미가 변한 것이다. 이는 마치 '아주 품질이 뛰어난 유기'라는 의미를 획득한 '안성맞춤 유기'라는 표현에서 '유기'가 생략된 '안성맞춤'이 그러한 비유적 의미를 띠는 것과 같다.

이로써 '納淸場'에 대한 사전 해석이 잘못된 것임이 분명히 드러난다. '국수'가 아닌 '놋그릇'의 속성과 관련하여 다시 설명해야 할 것이다.

2.2.2. 닭의장풀(-腸)

‘닭의장풀’은 ‘닭의장풀과의 한해살이풀’이다. 이는 이른 시기의 문헌에 보이지 않는다. 사전으로는 『조선말큰사전』(1949)에 처음 올라 있는데, ‘달기씨깨비’의 비표준어로 되어 있다. 그런데 『국어대사전』(1961)에서는 ‘닭의장풀’을 ‘달기씨깨비, 달개비’와 함께 표준어로 올리면서 그것도 주표제어로 삼고 있다. 『(금성판)국어대사전』(1991), 『우리말큰사전』(1991), 『표준국어대사전』(1999) 등에서도 마찬가지이다. 『우리말큰사전』(1991), 『표준국어대사전』(1999)에서는 ‘닭의씻개비’도 표준어로 인정하고 있다.

‘닭의장풀’은 일단 ‘닭의장’과 ‘풀’로 분석해 볼 수 있다. ‘닭의장’은 ‘닭[鷄]+의(속격조사)+장’으로 분석된다. ‘장’을 한자 ‘欌’으로 보아 ‘닭의장’을 ‘닭을 가두어두는 장’, 곧 ‘닭장’으로 풀이하는 것이 일반적이다. 『표준국어대사전』(1999), 『우리말샘』(2016)에서도 ‘장’을 한자 ‘欌’으로 보고 있어, 이러한 풀이가 아주 굳어져 있음을 알 수 있다. 김양진(2011: 70)에서는 이에 따라 ‘닭의장풀’을 ‘닭장 근처에서 자라는 풀’로 해석하고 있다. 실제 이 풀이 닭장 근처와 같이 그늘지고 축축한 곳에서 잘 자라는 습성이 있어 이러한 해석이 그럴듯해 보인다.

그런데 ‘장’은 ‘欌’이 아니라 ‘腸’이다(조항범 2014c). 이는 ‘닭의장풀’이 한자어 ‘鷄腸草’에 대한 번역어일 가능성이 있다는 데에 근거한다. ‘장’이 ‘腸’이므로 ‘닭의장풀’은 ‘닭의 창자를 닮은 풀’로 해석된다. ‘닭의장풀’의 줄기를 잘라보면 가는 실 같은 것이 있고 속이 비어 있는데, 이것이 마치 가느다랗고 속이 비어 있는 닭의 창자를 닮아서 ‘鷄腸草’라 한 것이고(本草綱目(1590)), 이를 번역하여 ‘닭의장풀’이라 한 것으로 이해된다.

이로써 ‘닭의장풀’의 ‘장’이 ‘欌’이 아니라 ‘腸’임을 알 수 있게 되었다. ‘닭의장풀’은 줄기의 속이 닭의 창자와 같이 비어 있어서 붙여진 이름인 것이다.

2.2.3. 문설주(門楔柱)

'문설주'는 '문짝을 끼워 달기 위하여 문의 양쪽에 세운 기둥'을 뜻한다. 이러한 의미에 이끌려서인지는 몰라도 '문설주'를 '문(門)+서-[立]+-ㄹ(관형사형 어미)+주(柱)'의 구성체로 이해한 뒤 '문에 서 있는 기둥'으로 해석하는 것이 일반적이다. 『표준국어대사전』(1999), 백문식(2014: 219) 등에서도 그렇게 해석하고 있다. 『우리말샘』(2016)에서는 '문'은 '門', '주'는 '柱'로 보고 있으나, '설'에 대해서는 아무런 한자 정보를 제시하지 않고 있다. '설'을 여전히 고유어 요소로 보고 있는 것이다. 그리고 '문설주'를 '문'과 '설주'로 분석하고 있다.

'문설주'는 19세기 문헌에 '문셜쥬'(남원고ᄉᆞ 4:39 (1864-1869), 韓佛字典 54 (1880))로 보인다. 그런데 "가온대 좁은 셜쥬롤 셰우고 두 문짝과 셜쥬의 빅목 이시ᄃᆡ"(을병연힝녹 2: 81 (1765))에서 보듯 '문셜쥬'와 같은 의미의 단어로 '셜쥬'도 보인다. '셜쥬'는 한자어 '楔柱'이다. '楔'은 '문설주', '기둥'의 뜻을 갖고 있다. '셜쥬'는 '설주'로 변하여 지금 건설 계통의 특수어로 남아 있다.

張三植 編著(1964)에는 '門楔'이라는 단어도 보인다. "棖 門楔也", "棖 謂門之兩旁長木 所謂門楔也"라는 설명을 통해 '門楔'이라는 단어가 '문의 양쪽의 긴 나무', 곧 '문설주'를 가리킨다는 사실을 알 수 있다. '門楔'이나 '楔柱' 이후에 '門楔柱'라는 단어가 만들어진 것으로 파악된다. 이렇게 보면 '문셜쥬(>문설주)'는 한자어 '門楔柱'임에 틀림이 없다. 이러한 주장이 김완진(2002나)에 제기된 바 있다. 이로써 기존의 '서-[立]'와 관련된 어원설은 명백한 오류로 판명된다. '楔柱'나 '門楔'이라는 한자어의 존재를 알았다면 '문설주'를 고유어 '서-[立]'와 연계해서 해석하지는 않았을 것이다. '門楔柱'는 '門+楔柱' 또는 '門楔+柱'로 분석할 수 있을 것이다.

이로써 '문설주'가 고유어를 포함하는 단어가 아니라 한자어 '門楔柱'임이 분명하게 드러난다. '문설주'의 어원 설명이 비로소 제자리를 잡은 것이다.

2.2.4. 하룻강아지

'하룻강아지'에 대해서는 대체로 '하릅강아지'에서 변형된 어형으로 보고 있다(심재기 1990: 112, 김민수 편 1997: 1150, 조항범 2004a: 171-174, 김무림 2015: 748-749). 『표준국어대사전』(1999), 『우리말샘』(2016)에서도 마찬가지이다. '하릅강아지'가 '하룻강아지'와 그 어형과 의미가 너무나 가까워 큰 고민 없이 그것을 끌어들여 해석한 것이다. 그러나 '하릅강아지'가 '하룻강아지'로 변하는 것이 음운론적으로 가능한 것인가를 신중히 고려했다면 '하릅강아지' 설은 쉽게 나오지 않았을 것이다.

'하룻강아지'의 어원은 '하릅강아지'가 아니라 20세기 이후의 활자본 고소설에 다수 보이는 '하로ᄀᆡ아지'(산양대전 14 (1916)), '하로개아지'(여장군전 41 (1916)), '하로개지'(여장군전 46 (1916)), '하로강아지'(권익중실기 63 (1936)) 등과 연계하여 설명해야 할 것이다. 이들에 공통적으로 보이는 '하로'는 중세국어 'ᄒᆞᄅᆞ[一日]'(釋譜詳節 3:38 (1447))로 소급한다. '하룻강아지'는 이들 가운데 '하로강아지'와 형태상 가장 가깝다. 조항범(2016: 366)에서는 '하룻강아지'를 '하로[一日]'와 '강아지' 사이에 사이시옷이 개재된 '하롯강아지'의 모음 변화형으로 설명하고 있다. '하릅강아지'와는 전혀 무관한 것으로 파악한 것이다.

'하룻강아지'는 태어난 지 하루밖에 되지 않은 강아지이다. '한 살 된 강아지'인 '하릅강아지'와는 다르다. 그런데 '하룻강아지'는 의미가 확대되어 지금 '난 지 얼마 안 되는 어린 강아지'라는 의미로 쓰이고 있다. 아주 어린 강아지는 세상 물정을 모르고 천방지축 까불어 대기 일쑤이다. 그러니 무서운 호랑이가 가까이 와도 아랑곳하지 않는다. 그것이 "하룻강아지 범 무서운 줄 모른다"이다.

이로써 '하릅강아지' 설이 잘못된 것이고, '하룻강아지'에서 온 것임이 분명히 드러난다. 잘못된 설을 정확히 바로 잡은 것이다.

2.3. 쟁점 어원 판정하기

관심이 집중된 대상어에는 여러 개의 어원설이 결부될 수 있다. 이들 여러 어원설 가운데 정설이 있어 그것이 바로 확인되는 경우도 있지만, 그렇지 않고 정설이 있다 하더라도 그것이 어떤 것인지 판단하기 어려운 경우도 있다. 또한 제기된 여러 설에 정설이 없는 경우도 있다.

설은 무성한데 무엇이 정설인지 잘 드러나지 않는, 쟁점 어원의 경우에는 기존의 설을 모두 검토하여 정설을 찾아 확정해야 하며, 기존의 제기된 설에 정설이 없다면 다시 해석해야 한다. 이렇게 되면 정설을 확정하는 과정은 또 다른 어원 연구가 된다. 기존의 어원설에는 아직 정설이 확정되지 않아 논쟁 중인 쟁점 어원이 아주 많다. 쟁점 어원을 줄여가는 것이 국어 어원론의 위상을 높이는 길이다.

2.3.1. 가시내

'가시내'는 '계집아이'를 뜻하는 경상 · 전라 방언이다. '가시내'에는 '嫁僧兒(가승아, 스님에게 시집갈 아이)', '假사내(거짓 사내)', '갓쓴애(갓을 쓴 아이)' 설 등과 같은 여러 민간어원설이 있어 왔다. 또한 민간에서뿐만 아니라 학계에서도 큰 관심을 보여 다수의 어원설이 혼재한다. 지금까지 언급된 어원설은 다음과 같다.

① '가시[계집]+-내(접미사)' 설 (權悳奎 1921, 權悳奎 1939)
② '갓[女, 妻]+ㄴ(音便으로 첨가된 것)+아ᄒᆡ[兒]' 설 (梁柱東 1938)
③ '가시(계집)+-내[等, 徒]' 설 (田蒙秀 1939)
④ '가시+ㅅ+애' 설 (車一路 1941)
⑤ '갓+-나ᄒᆡ(접미명사)' 설 (劉昌惇 1971: 241)
⑥ '가시[妻]+나ᄒᆡ[胎生]' 설 (崔昌烈 1986: 151)
⑦ '갓+ᄋᆞᆫ(속격조사)+아ᄒᆡ' 설 (李基文 1987)

⑧ '가시+-내[사람]' 설 (김인호 2001a: 33)
⑨ '갓+*나히(兒孩)' 설 (이동석 2004)
⑩ '갓/가시[女, 妻]+아히[兒]' 설 (김무림 2012: 53)

이 같은 다양한 어원설은 '가시내'의 어원에 얼마나 큰 관심을 보였는가를 알려주는 동시에 그 어원 해석이 얼마나 어려운지를 아울러 알려준다. 이들 어원설은 그 나름대로의 논리와 근거에 따른 것이지만 모두 문제점을 안고 있는 것이 사실이다. 그 문제점의 일부가 李基文(1987), 이동석(2004)에 잘 지적되어 있다.

이들 여러 설 가운데 가장 주목되는 것은 李基文(1987)의 '갓+ᄋᆞᆫ(속격조사)+아히' 설이다. 이는 『七大萬法 14』(1569)에 나오는 '가ᄉᆞ나히'를 근거로 한 분석인데, '가ᄉᆞ나히'는 당시의 경상 방언으로 추정되며, 18세기의 『남히문견녹 22』(1771)에서 다시 '가산아히'로 확인된다.

李基文(1987)에서 '가ᄉᆞ나히'를 속격조사 'ᄋᆞᆫ'이 개재된 어형으로 분석한 것은 河野六郎(1945: 195, 205)이 '사나나이(황해, 평남 방언)'를 'sana-n-ai'로 분석한 후 'n'을 속격조사의 흔적으로 추정한 바가 있었기 때문이다. 李基文(1987)에서는 '사나나이'를 비롯하여 방언형 '에미나이', 그리고 16세기 문헌의 '가ᄉᆞ나히'까지 확대하여 속격조사 'ᄋᆞᆫ/은'('ᄋᆞ/으'는 연결모음)을 포함하는 단어로 본 것이다. 그리고 李基文(2006, 2013) 등에서 이를 고대국어 속격조사의 희귀한 화석형으로 거듭 강조하고 있다.

그런데 李基文(1987)에서는 16세기의 '가ᄉᆞ나히'와 15세기의 '갓나히'와의 관계, 그리고 '가ᄉᆞ나히'에서 '가시내'까지의 변화 과정, '갓나히'의 변화 등에 대해서는 언급하지 않고 있다. 다만 '가시내'의 고형으로 '*가시나히'를 재구하고, 이것과 '갓나히'와의 차이를 단지 모음 i의 유무에서 찾고 있다. 그리고 '*가시나히'는 '가ᄉᆞ나히'로 소급한다고 보고 있다. 그렇다면 '가ᄉᆞ나히'가 변하여 '*가시나히'가 되고, '*가시나히'의 제2음절에서 모음 'ㅣ'가 탈락하여 '갓나히'가 된 것이라는 설명으로 들릴 수 있다. 그러나 과연 그렇게 볼 수 있는지는 의문이다.

한편 李基文(2013)에서는 15세기의 ‘갓나ᄒᆡ’를 ‘가ᄉᆞ나ᄒᆡ’에서 제2음절의 모음 ‘ㆍ’가 탈락한 어형으로 보아 두 단어의 관계를 분명히 하고 있다. 서울말에서는 ‘가ᄉᆞ나ᄒᆡ>갓나ᄒᆡ’의 변화가 완료되어 ‘갓나ᄒᆡ’가 일반적이었는데, 경상 방언에서는 이러한 변화가 일어나지 않아 16세기에서도 ‘가ᄉᆞ나ᄒᆡ’였다고 이해할 수 있다.

李基文(1987) 이후의 여러 논의에서도 여전히 ‘가ᄉᆞ나ᄒᆡ’에서 ‘가시내’까지의 변화 과정, ‘갓나ᄒᆡ’의 형태 변화 과정에 대해서는 언급하지 않고 있다. ‘가ᄉᆞ나ᄒᆡ’는 지역에 따라 ‘ㆍ’가 탈락하여 ‘갓나ᄒᆡ’로 변하기도 하고, ‘ㆍ’가 ‘ㅡ’로 합류하여 ‘*가스나희’로 변하기도 한다.

‘갓나ᄒᆡ’는 자음 동화되어 ‘간나ᄒᆡ’(飜譯朴通事 上: 55 (1517))로 변한다. ‘간나ᄒᆡ’는 비어두음절에서의 ‘ㆍ>ㅡ’에 따라 ‘간나희’로 변하고, 이어서 제3음절 어두의 ‘ㅎ’이 탈락하여 ‘간나의’로 변한 다음 ‘ㅢ>ㅣ’에 따라 ‘간나이’로 변한다. 또는 ‘간나ᄒᆡ’가 ‘간나희’로 변한 뒤에 ‘ㅢ>ㅣ’ 변화가 먼저 일어나 ‘간나히’로 변하고, 이어서 ‘ㅎ’이 탈락하여 ‘간나이’로 변할 수도 있다. ‘간나이’는 제3음절의 ‘이’가 탈락하여 ‘간나’(故鄕(이기영) 上: 10 (1936))가 된다. ‘간나’는 지금 ‘계집아이’에 대한 평북, 함경 방언으로 남아 있다. 함경도 욕인 ‘종간나’의 ‘간나’도 그러한 것이다. 서울말이었던 ‘갓나ᄒᆡ’의 후대 어형 ‘간나’가 서울말에는 남아 있지 않고 일부 지역어에 남아 있는 것이 특이하다. 일찍이 ‘겨집아이(>계집아이), 여자아이’ 등에 밀려나 방언형으로 제약된 것이다.

‘*가스나희’는 모음 사이에서 ‘ㅎ’이 탈락하여 ‘*가스나의’로 변하거나 ‘ㅢ>ㅣ’에 따라 ‘*가스나히’로 변한다. ‘*가스나의’와 ‘*가스나히’는 각기 ‘ㅢ>ㅣ’와 ‘ㅎ’ 탈락에 의해 ‘*가스나이’로 변하고, ‘*가스나이’는 축약되어 ‘가스내’(ᄭᅮᆷ(나도향) 7 (1925))로 변한다. ‘가스내’가 20세기 초 문헌에 간혹 보인다. ‘가스내’는 ‘ㅅ’ 아래에서의 ‘ㅡ>ㅣ’에 따라 지금과 같은 ‘가시내’(ᄭᅮᆷ(나도향) 9 (1925), 故鄕(이기영) 下: 342 (1937))로 변한다. 20세기 초 문헌에

'가시내'가 다수 보인다. 이러한 일련의 변화는 남부 지역에서 일어난 것이다. 그리하여 '*가스나희'를 비롯하여 '*가스나의, *가스나히, *가스나이, *가스내, *가시내' 등은 남부 방언형이 된다.

李基文(1987)의 '갓+ᄋᆞᆫ+아ᄒᆡ' 설은 속격조사 'ᄋᆞᆫ'의 존재 여부가 분명하지 않아 의심을 받고 있다. 이동석(2004)의 '갓+*나ᄒᆡ(兒孩)' 설, 김무림(2012: 53)의 '갓/가시[女, 妻]+아ᄒᆡ[兒]' 설은 이를 비판하며 나온 것이다. 특히 이동석(2004)에서 '갓+ᄋᆞᆫ+아ᄒᆡ' 설을 심도 있게 비판하고 있다. '갓+ᄋᆞᆫ+아ᄒᆡ' 설에 대한 비판 내용은 다음과 같이 요약된다.

> 첫째, 속격조사 'ㄴ'이 '아ᄒᆡ'와 연결된 세 단어에만 남아 있는 점
> 둘째, '가ᄉᆞ나ᄒᆡ'가 16세기의 방언 자료에만 잠깐 나타날 뿐 15세기의 중앙 방언 자료에서는 전혀 나타나지 않는 점

결국 명사 사이에 삽입된 'ㄴ'의 정체를 밝히기 어렵다는 논리를 들어, 'ㄴ'을 독립적인 요소로 분석하지 않고 후행 요소의 일부로 보는 분석법을 취하고 있다. 그리하여 15세기의 '갓나ᄒᆡ'를 명사 '갓'과 '*나ᄒᆡ'의 결합체로 설명하고, '*나ᄒᆡ'를 한자어 '兒孩'로 보고 있다. 성모(聲母)의 분류에서 日母에 속하는 '兒'가 본래 어두에 'n'을 갖고 있었다고 보아 '兒孩'를 '*나ᄒᆡ' 정도로 해독한 것이다. 그리고 '*나ᄒᆡ'가 중세국어 단계에서 어두의 'ㄴ'이 탈락하여 '아ᄒᆡ'로 나타나게 된 것으로 보고 있다. 곧 중세국어 '아ᄒᆡ'의 고형으로 '*나ᄒᆡ'를 설정한 것이다. 그러나 제시된 자료만 가지고는 '아ᄒᆡ'의 고형이 '*나ᄒᆡ'인지, '*나ᄒᆡ'가 한자어 '兒孩'인지는 확증하기 어렵지 않나 한다.

'갓나ᄒᆡ'를 '갓'과 '*나ᄒᆡ'의 결합체로 보면, 'ᄉᆞ나ᄒᆡ' 또한 'ᄉᆞᆫ'과 '*나ᄒᆡ'의 결합체로 보아야 하고, '*ᄉᆞᆫ나ᄒᆡ>ᄉᆞ나ᄒᆡ'를 동음 탈락으로 설명해야 한다. 실제 여기서도 그렇게 분석하고 있다. 그러나 '*ᄉᆞᆫ나ᄒᆡ'가 실제 존재했는지, 이것에서 동음 탈락이 일어났는지는 확인할 길이 없다. '*ᄉᆞᆫ나ᄒᆡ'라는 어형은 15세기 문헌에 단 한 예도 보이지 않는다. '가ᄉᆞ나ᄒᆡ'를 인정하지 않고 '갓나ᄒᆡ'를 기원형으로 잡으면 '가시내'를 설명하기 어렵다는 한계도 보인다.

김무림(2012: 53)의 '갓/가시[女, 妻]+아희[兒]' 설은 'ᄉᆞ나희'가 'ᄉᆞᆫ'과 '아희'의 구조체이듯이 '가시내' 또한 '갓/가시+아희' 구조체인데, 이것이 'ᄉᆞ나희'에 유추되어 '가ᄉᆞ나희'가 된 것이라는 주장이다. 곧 기원형을 '*갓아희' 또는 '*가시아희'로 잡는 것이며, 이로부터 유추에 의해 '가ᄉᆞ나희'가 만들어지고 이것이 '가시나이'를 거쳐 '가시내'로 변했다는 것이다. '가ᄉᆞ나희'를 인정하고 있지만, 이는 유추된 형태이므로 '갓+ᄋᆞᆫ+아희'로 분석되는 '가ᄉᆞ나희'와는 근본적으로 다르다. '*갓아희' 또는 '*가시아희'의 존재도 분명하지 않거니와 이들이 유추에 의해 '가ᄉᆞ나희'로 변했다는 것도 증명하기 어려운 것이어서 설득력이 없다.

여기서도 이동석(2004)처럼 속격조사 'ㄴ'의 존재를 부정하고 있지만, '갓나희'의 제2음절 어두음 'ㄴ'에 대한 이해는 이와 다르다. 이동석(2004)이 'ㄴ'을 '*나희'라는 명사의 어두음으로 본 것이라면, 김무림(2012: 53)은 'ᄉᆞ나희'의 제2음절 '나'의 어두음으로 본 것이다.

이로 보면, '가시내'의 어원은 '갓+ᄋᆞᆫ+아희' 설이 유력하지만 여전히 도전을 받고 있다고 볼 수 있다.[2]

2.3.2. 고드름

'고드름'의 어원은 대부분의 어원사전에서 거론하고 있으며, 또 개별 논의를 통해 깊이 있게 다루어지기도 하였다. 그러나 아직 정설이 확정된 것은 아니다. 지금까지 언급된 설을 정리하면 다음과 같다.

① '곧-[直]+얼-[氷]+-음(접사)' 설 (이탁 1967)
② '곧은 얼음' 설 (안옥규 1989: 32)
③ '곧-[直]+어름/얼음' 설 (조항범 1997: 325, 백문식 1998: 39)
④ '곧-+얼-+-음' 설 (愼重珍 2006)
⑤ '곧-[直]+얼-[凍, 氷]+ -ㅁ' 설 (문화관광부 · 국립국어원 2007, 『우리

2 '가시내' 부분은 조항범(2019)의 해당 부분의 것을 가져 왔음.

말샘』 2016)

⑥ '곶/곷[錐, 串]+얼-[氷]+-음' 설 (김민수 편 1997: 84, 이병근 1999)

⑦ '곷[串]+어름/얼음' 설 (조항범 2003, 李基文 2014)

⑧ '곶(얼음)+어름' 설 (徐廷範 2000)

⑨ 'konnu(어름, 이이누어)+tār(드리다, 드라비다어(타밀))' 설 (姜吉云 2010: 121)

①-⑤가 형용사 어간 '곧-[直]'을 포함하는 어형으로 본 것이라면, ⑥, ⑦은 '곷[串]'을 포함하는 어형으로 본 것이다. ⑧, ⑨는 너무 동떨어진 것이어서 결국 '고드름'의 어원설은 크게 '곧-[直]' 설과 '곷[串]' 설 두 부류로 나뉜다고 볼 수 있다. ①-⑤에서 ④를 제외한 나머지는 결국 같은 관점에서의 설명이다. 다만 ①, ②는 18세기의 '곳어름'을 보지 못하고 단지 고드름의 외양적 인상에 이끌려 '곧-[直]'과 연결한 것이고, ③, ④, ⑤는 18세기의 '곳어름'을 보고 '곳'의 종성 'ㄷ'이 'ㅅ'으로 표기될 수 있음을 전제한 뒤 '곧-[直]'을 제시한 것이다. 곧 후자는 '곧-[直]'과 '어름'으로 분석되는 '*곧어름'을 기원형으로 삼고, '곳어름'을 그 이표기로 본 것이다. 『우리말샘』(2016)에서는 18세기 이후 문헌에 나타나는 '고도롬'(方言類釋 4:10 (1778)), '고두룸'(國漢會語 25 (1895))을 '*곧어름' 설을 뒷받침하는 예로 간주하고 있다.

④는 '고드름'을 '곧-'에 '어름'이 결합된 합성어가 아니라, 형용사 어간 '곧-'과 동사 어간 '얼-'이 결합된 합성동사 '*곧얼-'에 접미사 '-음'이 결합된 파생어로 본 것이다. 즉 '*곧어름'을 [곧-+[얼-+-음]] 구조의 합성어가 아니라 [[곧-+얼-]+-음]의 구조의 파생어로 본 것이다. 이는 '고드름'의 다양한 방언형 중에 '-이' 파생형('고도리, 고드래, 구두래')과 어간형 명사('고돌') 등이 존재하는 것을 고려한 판단이다.

여기서는 18세기의 '곳어름'을 7종성법이 강하게 유지되던 시기에 나타난 '*곧어름'에 대한 다른 표기 형태로 보고, '얼음'의 어원이 인식되고 있어서 형태소 경계가 드러나도록 표기한 것으로 설명한다. 그리고 18세기 이후 문헌에 나타나는 '고도롬, 고두룸'을 '*곧어름'에서 어원 의식이 희석화된 표기로 본다. [[곧-+얼-]+-음] 설이 지지를 얻으려면 적어도 합성 동사 '*곧얼-'의 존재가 드러나야 하는 어려움이 있다.

⑥, ⑦은 결국 같은 설이다. 18세기의 '곳어름'(또는 17세기의 '곳얼음')의 '곳'을 '곶[串]'의 다른 표기로 본 것이다. 이렇게 보면 '곳어름'은 '꼬챙이 같이 뾰족한 얼음'으로 해석되어 '*곧어름'의 '곧게 뻗은 얼음'과는 전혀 다른 설이 된다. ⑦의 조항범(2003)은 함경 방언 '고조럼, 고조롬, 고주름' 등을 근거로 '곳어름'을 '곶'을 포함하는 어형으로 본 것이고, ⑦의 李基文(2014)은 이러한 방언형과 함께 '곶[串]'의 근대국어 표기 '곳'을 근거로 그렇게 본 것이다.

'곶'은 '곳게(꽃게), 곳갈(고깔), 곳광이(곡괭이), 송곳' 등에서 보듯 '꼬챙이'와 흡사한 모양의 것을 지시하는 데 적극적으로 이용된다. 그렇다면 얼마든지 '꼬챙이'와 같이 생긴 얼음을 지시하는 데에도 그것이 이용될 수 있다고 본다. 방언형 '고조럼, 고조롬, 고즈럼, 고지리, 고지' 등이 그 증거이다. 그런 관점에서 문헌에 나타나는 '곳어름'의 '곳'도 우선 '곶[串]'과 관련하여 이해하는 것이 합리적이지 않나 한다.

이로 보면, '곧-[直]'과 관련된 설과 '곶[串]'과 관련된 설 가운데, 후자의 설이 더 유력한 것으로 판정이 난다.

2.3.3. 부채

'부채'와 관련하여 가장 오래된 예는 『鷄林類事 7』(1103)의 '孛釆'이다. '孛釆'는 '*붓채' 또는 '*부채'에 대한 표기로 추정된다. 15세기 정음 문헌에는 '부채'(杜詩諺解 25:24 (1481))와 '부체'(救急方諺解 上: 10 (1466))가 보이는데, '부체'의 빈도가 훨씬 높다. 李基文(1986)에서는 『鷄林類事 7』(1103)의 '孛釆'와 『朝鮮館譯語』(14xx)의 '卜冊'을 고려하여 '부채'가 '부체'보다 고형인 것으로 추정하고, '부체'는 '부채'의 제2음절 모음이 제1음절 모음에 이끌려 음성화한 것으로 보고 있다.

그리고 허웅(1975)과 같이 '부체'를 동사 어간 '붗-'에 접미사 '-에'가 결합된 어형으로 분석하는 것보다 고형인 '부채'를 동사 어간 '붗-'에 명사 '채[鞭]'가 결합된 어형으로 분석하는 것이 그럴듯해 보인다고 판단하고 있다. '*붗채'에 대한 당시의 표기인 '*붓채'에서 'ㅊ' 앞의 'ㅅ'이 탈락한 어형을 '부채'로 본 것이다. 현대국어 '붗돗(붗-+돘, 타작마당에서 티끌을 날리기 위하여 바람을 일으키는 데 쓰는 돗자리)'이 있고, 이것이 근대국어 문헌에 '붓돗'으로 표기된 사실을 들어 '*붗채'를 자연스러운 것으로 받아들이고 있다.

'*붗채'와 '붗돗'은 지시 의미는 다르지만 동사 어간 '붗-'을 이용하여 바람을 일으키는 도구를 지시하고 있다는 점에서 공통적이다. '*붗채', 곧 '부채'는 '바람을 일으키기 위해 흔드는 채'의 뜻으로 볼 수 있다. 그런데 '부채'가 '*붗채(붗-+채)'에서 온 것이라는 주장은, '*붗채'에 대한 '*붓채'라는 표기 형태가 존재하고, '*붓채'에서 'ㅅ'이 탈락하여 '부채'가 되었다고 할 때에만 성립된다. 중세국어 문헌에 '*붓채'와 같은 표기 형태는 나타나지 않는다.

홍윤표(2007)에서는 '붗-+채[鞭]' 설을 표기법상의 문제점을 들어 비판하면서 '붗-+-에/애' 설을 제기하고 있다. 물론 이러한 설도 한계가 있다. '붗-'과 같이 음성모음을 갖고 받침으로 끝나는 동사 어간에는 도구의 접미사로 '-에'나 '-애'가 아니라 '-게'가 붙기 때문이다. 곧 '붗-'에 도구의 접미사가 붙으면 '부채'나 '부체'가 아니라 '*붗게(당시 표기로는 '*붓게')로 나타날 것이 기대된다. 그러므로 예외를 두지 않는 한 '붗-+-에/애' 설 또한 받아들이기 어렵다.

이로 보면 '부채'에 대한 '붗-+채[鞭]' 설이나 '붗-+-애(접미사)' 설은 모두 약점이 있음을 알 수 있다. 李基文(2013)에서는 여전히 '부채'를 고형으로 추정하면서도 이를 동사 어간 '붗-'에 접미사 '-애'가 붙어서 파생된 것으로 볼 수도 있고, 동사 어간 '붗-'과 명사 '채[鞭]'가 합성된 것으로 볼 수도 있다고 설명하면서 더 두고 연구할 문제로 남겨 두고 있다. 李基文(1986)의 '붗-+채[鞭]' 설에서 한 걸음 물러난 것이다.

2.3.4. 송곳

'송곳'은 16세기 문헌에도 '송곳'(新增類合 上: 28 (1576))으로 보인다. '송곳'에 대해서는 '*손곶'이 자음 동화하여 '송곶'으로 변한 뒤에 8종성법에 따라 '송곳'으로 표기된 것으로 설명하는 것이 일반적이다(김민수 편 1997: 609, 김무림 2012: 492). 만약 '*손곶'이 있었다면 '손'은 형용사 '솔-[狹]'의 관형사형이고, '곶'은 '꼬챙이'의 뜻이어서 이는 '좁은 꼬챙이' 또는 '좁고 뾰족하게 생긴 도구' 정도로 해석된다.

'곶'은 중세국어에서 '꼬챙이', '바다, 강, 평야를 향해 길게 내민 땅', '뾰족한 물건' 등의 의미를 띠었다. 대체로 '뾰족하고 긴 대상'을 지시하는 의미 기능이 있었다고 보면 된다. '곳갈(곶+갈)', '곳치(곶+치)', '곳창이(고치+-앙이)', '동곳(동+곶)' 등과 같은 복합어 속의 '곶'도 그러한 것이다. 지명 '손돌(솔-+-ㄴ+돌, 窄梁)'(龍飛御天歌 6: 59 (1447))이 있어 '*손곶'의 존재 가능성을 점칠 수 있으나 '송곳'이 '*손곶'에서 변한 것인지는 분명하지 않다..

'송곳'은 오히려 15세기 문헌에 보이는 '솔옷'(杜詩諺解 3: 5 (1481))과 더 관련이 있어 보인다. 중세국어에서는 '솔옷'이 적극적으로 쓰였으며, 이는 '*솔곶'으로 소급한다. '*솔곶'에서 제1음절 말음 'ㄹ'의 영향으로 제2음절의 두음 'ㄱ'이 'ㅇ'으로 약화되고, 제2음절의 받침 'ㅈ'이 8종성법에 따라 'ㅅ'으로 표기된 어형을 '솔옷'으로 볼 수 있다. 李基文(2013)에서 '송곳'은 '*솔곶'을 유지한 방언에서 'ㄹ'이 'ㄱ'에 동화되어 [ŋ]으로 변한 어형으로 설명한 바 있다. '*솔곶'의 흔적이 현재 '소루쟁이'에 대한 강원 방언 '솔고지(솔곶+-이)'에 남아 있다. 'ㄹ'이 'ㄱ'에 동화되어 'ㅇ'으로 변한 예로 '*얼긔>엉기-', '들걸>등걸', '오솔길>오송길(경남방언)' 등도 있어서 '*솔곶>송곳'의 변화가 지지를 받을 수 있다. 『老乞大諺解 下: 48』(1670)의 '송고순(송곳+은)'에서 보듯 모음으로 시작하는 조사가 와도 '곳'으로 나타나는 것을 보면 17세기에 '송곳'으로 재구조화하였음을 알 수 있다. '*솔곶'은 형용사 어간 '솔-[狹]'과 명사 '곶'이 결합된 합성어로 이 또한 '좁은 꼬챙이' 또는 '좁고 뾰족하게 생긴 도구' 정도의 의미를 띤다.

'*솔곶'은 '솔옺'을 거쳐 '소롯'으로 변하기도 한다. 그런데 '송곳'을 뜻하는 '소롯'은 문헌에서 확인되지 않는다. 다만 식물 '소루장이'를 뜻하는 '솔옺'(牛馬羊猪染疫病治療方 3 (1541)) 또는 '소롯'(救荒撮要(윤석창본) 15 (1660))이 발견된다. '소루장이'의 잎이 송곳처럼 뾰족하여 '송곳'을 지시하는 '솔옺' 또는 '소롯'이 그리한 식물 이름으로 전용된 것이다. 현대국어 '소루장이'에서도 '소롯'을 확인할 수 있다. '소루쟁이'는 '소롯'에 접미사 '-앙이'가 결합된 '소로장이'가 '소루장이'를 거쳐 나온 어형이다.

이로 보면, '*손곶'에서 왔다는 설과 '*솔곶'에서 왔다는 설이 대립하고 있으나 후자의 설에 무게가 실려 있음을 알 수 있다.

2.3.5. 언니

'언니'는 이른 시기의 문헌에 보이지 않는다. 19세기 말의 『韓英字典 30』(1897)에 '어니'로 처음 보인다. 20세기 초에 불려진 「싀집간 언이」라는 전래 동요에는 "언이가 멀리 - 싀집가든 날"에서 보듯 '언이'로 나온다. 이는 분철 표기 의식이 가미된 '어니'의 이표기이다. '어니'는 '아주미, 아주머니, 올케' 등과 같은 여타의 여성 관련 친족어휘와 형태상 유사성이 전혀 없다는 점에서 이질적이다.

'언니'의 어원에 대해서는 다음과 같은 여러 설이 있다.

① '앗[始初]+-니(접사)' 설 (劉昌惇 1954)
② '엇[始, 初, 小]+-니(접사)' 설 (남광우 1957)
③ '엇[親]+-니(여성 접사)' 설 (崔昌烈 1986: 142)
④ '엇[初, 始]+-님(접사)' 설 (천소영 2007: 137)
⑤ '웃누이'의 변화설 (문화관광부 · 국립국어원 2007)

그런데 과연 ①, ②, ③, ④와 같은 형태 분석이 가능한지 의심이 든다. 무엇보다 문제가 되는 것은 '始初'의 '앗, 엇'이나 '親'의 '엇'을 설정할 수 있느냐는 것이다. 만약 '始初'의 의미를 부여하려면 '앗, 엇'이 아니라 '앛'을 제시해야 할 것이다. 또한 '앗니, 엇니, 엇님' 등이 전혀 문증되지 않는 것도 문제이다. '웃누이'가 변하여 '언니'가 된 것이라는 ⑤도 별반 설득력이 없다. '웃누이'가 변하여 '언니'가 되기도 어렵거니와 '웃누이'는 '姉'에 대응되어 '姉'뿐만 아니라 '兄'에도 대응되는 '언니'와 차이를 보이기 때문이다.

『韓英字典 30』(1897)의 '어니', 그리고 전래 동요 「식집간 언이」 속의 '언이'를 고려하면 '언니'는 '어니'로 소급하지 않나 한다. '어니'가 기원형에 가깝다면 '兄'을 뜻하는 일본어 'ani'와 비교됨 직하다. 일찍이 安廓(1915)에서는 일본어 '아니'를 우리말 '언니'의 차용어로 본 바 있다. '어니'의 정체는 여러 설에도 불구하고 명백히 밝혀진 것이 아니다.

분명한 것은, 초창기의 '어니'가 남성이든 여성이든 同性의 손윗사람에게 폭넓게 적용되었다는 사실이다. 이는 남녀 모두에 적용되던 '형(>형)'의 용법과 같다. 『韓英字典 30』(1897)에도 이러한 내용이 잘 기술되어 있다. 20세기 초의 『朝鮮語辭典』(1920), 『朝鮮語辭典』(1938), 『큰사전』(1957) 등에서도 '언니'를 '형'과 같은 단어로 기술하고 있다. 물론 이때의 '형'은 남성과 함께 여성에게도 적용되는 것이다. 1946년 윤석중 선생이 작사한 졸업식 노래의 "빛나는 졸업장을 타신 언니께 꽃다발을 한 아름 선사합니다."에 나오는 '언니'도 남성과 여성 모두에게 적용되는 예이다.

'어니'는 신소설 작품 이후 '언니'로 나타나기 시작한다. 20세기 초의 『朝鮮語辭典』(1920)과 『朝鮮語辭典』(1938)에도 '언니'로 올라 있다. '어니>언니'는 후행 음절 'ㄴ'의 첨가 현상으로 설명할 수 있다. '어마>엄마', '아바>압바(아빠)', '아주마>아줌마' 등에서 보듯 후행 음절의 두음이 선행 음절의 말음에 첨가되는 현상은 국어 친족어휘에서 두루 발견된다.

'어니'의 변모는 형태에서뿐만 아니라 의미에서도 확인된다. 남성과 여성에 제한 없이 적용되다가 여성만으로 적용 범위가 축소되었기 때문이다. 이러한 현상은 비교적 최근에 일어난 것으로 추정된다. 1960년대만 해도 남동생이 자기 형을 '언니'라고 불렀다. 지금도 그 전통을 따르는 집안이 있다. 예컨대,

東萊 鄭氏 陽坡公派에서는 '형' 대신 '언니'를 고집하고 있다. 이 문중의 50, 60대 남성들은 어려서는 물론이고 나이가 들어서도 여전히 '형' 대신 '언니'를 쓰고 있다. 동래 정씨와 같은 명문가에서 '형' 대신 '언니'를 선택해서 쓴 것을 보면, '언니'의 역사가 그렇게 짧지 않다는 생각을 해 볼 수도 있다. '언니'를 서울 및 경기 일부 지역의 방언으로 보기도 하나 분명한 것은 아니다.

'언니'의 의미 적용 범위가 '여성' 쪽으로 축소된 이유는, 같은 의미를 지니던 '형'과의 유의 경쟁의 결과로 설명할 수 있다. '형'과 세력 다툼을 벌이다가 어떤 이유로 세력이 약화되자 살아남기 위해 '여성' 쪽으로 적용 범위를 축소한 것으로 본다. 의미 적용 범위 축소에 의한 의미 변화는 유의 경쟁을 피하기 위한 적극적인 방편이다. '언니'가 여성 쪽으로 적용 범위를 축소하자 그 유의 경쟁어인 '형'은 남성 쪽으로 적용 범위를 축소하는 뚜렷한 경향을 보인다. 현대국어에서 '형'은 특별한 관계가 아니면 여성 사이에서는 쓰이지 않는다. 그런데 『표준국어대사전』(1999)에서는 '언니'를 '同性의 손위 형제를 이르는 말. 주로 여자 형제 사이에 많이 쓴다.'로 기술하여 '언니'가 남성에게도 쓰일 수 있는 여지를 남기고 있다. '언니'는 '남남끼리의 여자들 사이에서 나이가 위인 여자', '오빠의 아내'라는 의미로 확대되어 쓰이기는 한다. 이것도 여성에 적용되는 경우이다.

최근에는 특수한 상황에서이지만 여성과 여성 사이가 아니라 남성과 여성 사이에서도 '언니'가 쓰이고 있다. 식당에서 일하는 젊은 여자 종업원을 어느 정도 나이든 남자 손님이 '언니'라 부르고 있는 것이다. 물론 이러한 용법이 아직 크게 세력을 잡은 것은 아니다. 아울러 요즘에는 여성계 일각에서 '오빠, 누나, 형, 언니' 등을 묶어 '언니'로 부르자는 이른바 '언니주의'를 주장하기도 한다. '언니'를 '兄弟姉妹'의 의미로 쓰자는 것인데 너무 지나치다.

이로 보면, '언니'에는 다양한 어원설이 결부되어 있으나, 모두 신뢰하기 어려운 것임을 알 수 있다. 그 어원을 새로운 차원에서 밝혀야 하는 큰 숙제가 남아 있다.

4. 마무리

본고는 국어 어원론이 해결해야 할 현안은 무엇이고 또 그것을 어떻게 해결해야 하는지를 구체적 예를 통해 밝혀보는 데 초점을 두고 있다. 본고에서는 국어 어원론의 현안으로 '민간어원 극복하기', '잘못 해석된 어원 바로잡기', '쟁점 어원 판정하기'의 세 가지를 들었다. 이들 세 가지는 국어 어원론의 발전을 위해 반드시 짚고 넘어가야 할 사안이라고 생각된다.

'민간어원 극복하기'에서는 민간어원을 확인하여 그것을 어떻게 재해석할 것인지를 구체적인 예를 통해 살폈다. 본고에서 다룬 예로만 보면 완전히 극복된 것('후레자식'), 거의 극복 단계에 있는 것('화냥'), 극복 중에 있으나 극복하기 어려운 것('노다지, 도루묵'), 극복하기 위한 시도가 미흡한 것('도무지') 등으로 나타난다. 이로써 민간어원을 극복하려는 쪽으로 나아가는 대체적인 경향을 확인할 수 있다. '민간어원 극복하기'는 본고에서 다룬 것 이외에 '개판, 구두쇠, 설렁탕, 숙주나물, 자린고비' 등에 결부된 민간어원으로도 확대되어야 할 것이다.

'잘못 해석된 어원 바로잡기'에서는 명백히 잘못된 어원설을 대상으로 무엇이 잘못이며, 또 어떻게 해석해야 할지를 구체적인 예를 통해 살폈다. 특히 잘못된 어원설이 사전에까지 반영된 예를 중시하여 기술하였다. 앞에서 다룬 '납청장, 닭의장풀, 문설주, 하룻강아지' 등이 이에 해당한다. 잘못된 어원설이 사전에까지 반영되어 있는 경우 그것을 수정하는 데 상당한 어려움이 있다. 정설로 알려져 있으나 조금이라도 의심이 들면 과감히 새로운 시각에서 그 어원을 재해석할 필요가 있다. 잘못된 어원설을 바로잡아야 어원론이 신뢰를 얻을 수 있다.

'쟁점 어원 판정하기'에서는 여러 어원설이 혼재되어 어떤 설이 정설인지 확실하지 않은 경우 어떻게 정설을 확정할 것인가를 구체적인 예를 통해 살폈다. 큰 관심을 받아 여러 어원설이 거의 비슷한 세력을 갖고 있는 단어들이 적지 않다. 본고에서 다룬 '가시내, 고드름, 부채, 송곳, 언니' 이외에도 '가위,

강아지, 뚜껑, 망아지, 빨강, 오솔길, 지붕, 철부지' 등도 그러한 예들이다. 그런데 한 단어에 결부된 여러 어원설 가운데에서 정설을 확정하는 일은 그렇게 쉬운 일이 아니다. 결국 기존의 어원설을 모두 검토하여 진위를 살펴야 가능한 일이다. 만약 기존의 설이 모두 잘못된 것이라면 결국 새로운 해석을 통해 합당한 설을 내세워야 할 것이다. 정설 여부가 불투명한 쟁점 어원이 많다는 것은 그만큼 어원 해석이 어렵다는 것을 말해 주는 것이다.

참고문헌

姜吉云(2010), 『비교언어학적 어원사전』, 한국문화사.

姜信沆(1995), 『朝鮮館譯語硏究』, 成均館大學校出版部.

강영봉(2016), "제주도 친족 명칭에 대한 관견", 제주방언연구회발표요지.

姜憲奎(1986), "한국어 어원연구사 연구", 경희대학교 대학원 국어국문학과 박사학위논문.

姜憲奎(1987), "國語 語源 數題", 『公州師大論文集』 25.

강헌규(2017), 『국어 어원학 통사』, 보고사.

建設部 · 國立地理院 地名由來集 編纂委員會(1987), 『地名由來集』, 建設部 國立地理院.

權悳奎(1921), "聞者의 辭典", 『開闢』 8: 94-99.

權悳奎(1939), "버리다 만 散稿", 『한글』 7(2): 14-19, 朝鮮語學會.

權仁瀚(1995), "朝鮮館譯語의 音韻論的 硏究", 서울대학교 대학원 국어국문학과 박사학위논문.

김무림(2012), 『한국어 어원사전』, 지식과교양.

김무림(2015), 『(전면개정판) 한국어 어원사전』, 지식과교양.

김민수 편(1997), 『우리말 어원사전』, 태학사.

김양진(2011), 『식물이름 수수께끼』, 루덴스.

김완진(2008), "'문설주'와 그 주변", 『새국어생활』 12(1): 83-91, 국립국어연구원.

김인호(2001a), 『조선어어원편람(상)』, 박이정.

김인호(2001b), 『조선어어원편람(하)』, 박이정.

남광우(1957), "고대 국어 조어법(造語法)의 한 고찰: 수개 어휘의 파생어를 중심으로", 『한글』 121: 339-365, 한글 학회.

도수희(2002), "지명 · 인명의 차자표기에 관한 해독문제", 『地名學』 7: 111-135, 한국지명학회.

문화관광부 · 국립국어원(2007), "21세기 세종계획 최종 결과물(한민족 언어 정보화: 어휘 역사 검색 시스템)", 문화관광부 · 국립국어원.

박재양(2016), "우리말의 뿌리를 찾아서", 문화일보 2016. 2. 1.

박재연(2003), "「中朝大辭典」 편찬에 관하여: 필사본 번역고소설 활용을 중심으로", 『한국사전학』 1: 185-232, 한국사전학회.

백문식(1998), 『우리말의 뿌리를 찾아서』, 三光出版社.

백문식(2014), 『우리말 어원사전』, 박이정.

徐廷範(2000), 『國語語源辭典』, 寶庫社.

愼重珍(2006), "'고드름'의 方言 分化와 語源", 『國語學』 48: 313-336, 국어학회.

심재기(1990), 『나랏 말ᄊᆞᆷ ᄉᆞ랑ᄒᆞ노라』, 우진출판사.

沈在箕(1991), "近代國語의 語彙體系에 대하여: 譯語類解의 分析을 中心으로", 『國語學의 새로운 認識과 展開』: 883-801, 民音社.

안옥규(1989), 『어원사전』, 동북조선민족출판사.

安　廓(1915), "朝鮮語의 價値", 『學之光』 4.

梁柱東(1938), "語義攷 數則", 『正音』 27: 9-15, 조선어학연구회.

劉昌惇(1954), "族親稱號의 語源的 考察", 『思想界』 2(2).

劉昌惇(1971), 『語彙史 硏究』, 宣明文化史.

이근열(2015), 『부산 사투리의 이해』, 해성.

李基文(1985), "語源 硏究의 方法", 『第1차 KOREA學 國際交流세미나 논문집』.

李基文(1986), "國語 語源論의 課題", 『崔泰士先生喜壽記念論文集』.

李基文(1987), "國語의 語源 硏究에 대하여", 『第一回 韓國學國際學術會議論文集』.

이기문(1998), "납청장, 손돌바람, 안동답답이", 『새국어생활』 8(3): 153-171, 국립국어연구원.

李基文(2006), "국어사 연구의 회고와 전망", 『국어사 연구 어디까지 와 있는가』: 23-40, 태학사.

李基文(2008), "한국어 어원 연구의 회고와 전망", 『대한민국학술원논문집(인문 · 사회과학편)』 47(1): 49-97, 대한민국학술원.

李基文(2012), “語源 硏究의 뒤안길”, 『韓國語硏究』 9: 25-111, 한국어연구회.
李基文(2013), “語源 硏究의 뒤안길(2)”, 『韓國語硏究』 10: 29-123, 한국어연구회.
李基文(2014), “어원 연구의 뒤안길(3)”, 『韓國語硏究』 11: 21-125, 한국어연구회.
李基文(2015), “國語 속의 蒙古語 借用語”, 『韓國語硏究』 12: 41-117, 한국어연구회.
李基文(2018), “語源 硏究의 뒤안길(4)”, 『韓國語硏究』 13, 29-90, 한국어연구회.
이동석(2004), “‘가시내’(갓나희)의 어원 분석”, 『아시아여성연구』 43(2): 272-296, 숙명여자대학교 아시아여성연구원.
李秉根(1999), “‘지느러미(奔水)’의 語彙史”, 『國語學』 34: 227-243, 국어학회.
이 탁(1967), “국어 어원풀이의 일단”, 『한글』 140: 26-72, 한글 학회.
張三植 編著(1964), 『大漢韓辭典』, 省音社.
田蒙秀(1939), “古語硏究草”, 『한글』 7: 85-90, 한글 학회.
정경일(2014), “지명 ‘논산’의 유래에 대한 고찰”, 『어문논집』 72: 221-250, 민족어문학회.
趙恒範 編(1994), 『國語 語源硏究 총설(I)』, 태학사.
조항범(1994), “20세기 초의 국어 어원 연구에 대하여”, 『開新語文硏究』 10: 17-54, 개신어문학회.
조항범(1997), 『다시 쓴 우리말 어원 이야기』, 한국문원.
조항범(2003), “‘고드름’의 語源과 意味”, 『새국어생활』 13(1): 99-114, 국립국어연구원.
조항범(2004a), 『정말 궁금한 우리말 100가지(1)』, 예담.
조항범(2004b), 『정말 궁금한 우리말 100가지(2)』, 예담.
조항범 · 문금현 · 황경수(2005), 『지명어원사전』, 태학사.
조항범(2007), “‘도루묵’의 어원”, 『국어국문학』 145: 145-170, 국어국문학회.
조항범(2014a), 『(개정판) 국어 어원론』, 충북대학교출판부.
조항범(2014b), “‘고무래[丁]’ 관련 어휘의 어원과 그 역사적 변화”, 『우리말글』 62: 75-100, 우리말글학회.
조항범(2014c), “‘닭의장풀’ 관련 어휘의 어원에 대하여”, 『國語學』 72: 47-70, 국어학회.
조항범(2016), 『우리말 어원 이야기』, 예담.
조항범(2019), 『우리말 ‘卑語’, ‘俗語’, ‘辱說’의 어원 연구』, 충북대학교출판부.

車一路(1941), "시골말에서 찾아본 語意", 『한글』 9(3): 479, 한글 학회.
천소영(2007), 『우리말의 문화찾기: 고유어 어원에 담긴 한국문화』, 한국문화사.
崔昌烈(1986), 『우리말 語源硏究』, 一志社.
한진건(1990), 『조선말의 어원을 찾아서』, 연변인민출판사.
허 웅(1975), 『우리 옛말본』, 샘문화사.
홍윤표(2002), "국어 어원: '샌님'과 '스님'", 『새국어소식』 44, 국립국어원.
홍윤표(2007), "'부채'의 어원", 『쉼표, 마침표』 21, 국립국어원.
홍윤표(2009), 『살아있는 우리말의 역사』, 태학사.
河野六郎(1945), 『朝鮮方言學試攷』, 京城.

2009-2015 개정 국어과 교육과정의 의미 교육 내용

김 소 연*

1. 들머리

2015년 개정 교육과정이 나오기까지 국어과 교육 과정은 여러 차례에 걸쳐 개정을 거듭해 왔으며, 이는 곧 학교 교육에 있어서 국어 교과의 정체성과 관련되어 왔다. 특히 2009 개정 교육과정에서 2015년 개정 교육과정으로 넘어오면서 초등학교, 중학교에서는 국어 교과가 필수 교과로서의 위상을 유지해 왔으나, 고등학교에서는 국어 교과 내의 과목들이 필수 과목과 선택 과목으로 나뉘면서 국어과 내의 여러 영역들이 병합 또는 재구성된 과목이 생기게 되었다.

국어과 교육 과정 내의 주요 영역은 듣기 · 말하기 영역, 읽기 영역, 쓰기 영역, 문법 영역[1], 문학 영역으로 구성되어 왔다. 문법 영역에서 의미 교육이

* 경덕여자고등학교 교사, elisa173@daum.net

1 특히 문법 영역은 최근 대학수학능력시험 출제 범위에 포함할 것인가의 여부를 두고

차지하는 비중은 음운론, 통사론 등에 비해 크지 않은 것이 사실이지만(임지룡 2018: 2 참조)[2], 현재 학교 현장의 학생들은 과거에 비해 모국어에서도 기본 어휘의 이해 능력이 부족하며, 단어의 의미뿐만 아니라 문장의 의미나 문맥적 의미 또한 파악하지 못하여 의사 소통에 어려움을 겪는 경우가 많아지고 있다. 언어의 최종 목적이 표현의 형식을 통해 의미를 전달하는 것에 있다는 점[3]을 바탕으로 할 때, 국어과에서 의미 교육이 차지하는 중요성이 갈수록 커짐에도 불구하고, 교육의 기본이 되는 교육과정에서조차 의미 교육과 관련된 내용이 부족한 실정이다.

이 글에서는 2009 개정 국어과 교육과정과 2015 개정 국어과 교육과정 중 의미 교육에 해당하는 내용을 살펴보면서, 두 교육과정에서 달라진 점을 중심으로 하여 앞으로 학교 교육과정 내에서 의미 교육이 나아가야 할 방향에 대해 제안해 보고자 한다.

2. 2009 개정과 2015 개정 국어과 교육과정의 의미 교육 내용 비교

2.1. 2009 개정 국어과 교육과정의 의미 교육 내용

2009 개정 교육과정에서는 초등학교를 3개의 학년군으로 묶어서 제시하였으며, 중학교는 1～3학년군, 고등학교는 일반 선택 과목인 국어 I과 국어 II, 심화 선택 과목인 독서와 문법에서 의미 교육 관련 교육과정을 찾아볼 수 있

여러 논쟁이 있었으며, 2015 개정 국어과 교육과정의 '언어와 매체'라는 과목에서 문법 영역에 해당하는 '언어'만 출제 범위에 포함한다는 합의를 이끌어 내었다.

2 임지룡(2018: 2)에서는 의미론의 연구 대상인 '의미'의 정의가 시대나 학자에 따라 달라졌다는 점이 의미론 혹은 의미 연구가 '(언어)과학'이 될 수 없는 증거로 인식되어 의미 교육에 영향을 미쳤다고 지적하고 있다.

3 Langacker(1987: 12)에서는 "의미는 언어에서 가장 중요한 것이다."와 같이 의사소통의 궁극적 목적이 의미 전달에 있음을 강조하고 있다.

다. 또한 성취 기준을 영역 성취 기준과 내용 성취 기준으로 구분하고 있다. 각각에 제시된 교육과정 내용을 살펴보면 다음과 같다.

2.1.1. 초등학교 1~2학년군

> – 문법 –
>
> [영역 성취 기준]
>
> 우리 말글의 소중함을 알고 낱말과 문장을 올바르게 이해·표현하는 초보적 지식을 익히며 국어에 대한 관심과 호기심을 갖는다.
>
> [내용 성취 기준]
>
> **(2) 다양한 고유어(토박이말)를 익히고 소중히 여기는 태도를 기른다.**
>
> 고유어(토박이말)에는 국어 문화의 특성이 반영되어 있으므로 다양한 고유어를 익히는 활동은 국어 문화에 대한 관심과 우리말을 소중히 여기는 태도를 고양할 수 있다. 생활 속의 아름다운 고유어를 두루 찾아서 재미있고 다양한 말놀이 활동을 통해 익히게 하면서 고유어의 가치를 일깨울 수 있도록 지도한다.
>
> **(3) 낱말과 낱말의 의미 관계를 알고 활용한다.**
>
> 낱말들이 의미적으로 서로 일정한 관계를 갖고 있음을 인식하는 것은 어휘에 대한 관심과 호기심을 불러일으킴으로써 어휘력 향상에 도움이 된다. 비슷한 말, 반대말, 상위어와 하위어에 초점을 두어 낱말 간의 의미 관계를 지도하고, 연상 활동이나 말놀이를 통해 다양한 어휘를 익힐 수 있도록 지도한다. 그리고 새로 알게 된 말을 여러 상황에서 사용해 봄으로써 어휘 구사 능력을 신장시키도록 한다. 이러한 활동을 통해 어휘에 대한 관심과 호기심을 불러일으키도록 한다.

위 내용을 통해 초등학교 1～2학년군에서 기본적인 모국어 어휘를 어느 정도 습득하고 있다는 전제를 바탕으로 하고 있음을 알 수 있다. 그 중 의미 교육과 관련된 내용으로 '고유어(토박이말)의 중요성'과 '낱말 간의 의미 관계'를 찾아볼 수 있는데, 고유어(토박이말)의 중요성을 알기 위해서는 고유어와 한자어, 외래어를 구분하는 기준이나 방법이 먼저 제시되어야 할 것으로 보인다. 또한 초등학교 1～2학년군에서 낱말 간의 의미 관계를 교육하는 것은 어휘의 의미망 형성을 통해 체계적으로 기억하기 쉽도록 한다는 장점이 있으나, 의미 관계는 이미 알고 있는 어휘를 바탕으로 이루어질 수밖에 없으므로 이것이 새로운 어휘 습득까지 이어질 수 있을지는 의문스럽다. 초등학교 1～2학년군은 학교에 입학하여 지적 호기심이 생기기 시작하는 나이이므로, 어휘 습득을 위한 체계적인 프로그램이 이 때부터 필요할 것으로 보인다.

2.1.2. 초등학교 3~4학년군

- 문법 -

[영역 성취 기준]

국어의 구조에 대한 기초적 이해를 바탕으로 어휘를 넓혀 나가며, 자연스러운 문장을 생산하고, 국어 현상을 즐겨 관찰하는 태도를 지닌다.

[내용 성취 기준]

(2) 표준어와 방언의 가치를 알고 상황에 따라 효과적으로 사용한다.

표준어 사용 능력은 평소 낭독, 질의응답, 대화 과정에서 자연스럽게 길러져야 한다. 표준어와 함께 방언도 소중한 국어 문화 자산이므로 표준어와 방언의 효과적 사용 능력은 국어 문화에 대한 이해와 의사소통 능력 향상에 기여할 수 있다. 표준어와 방언의 개념과 특성에 근거하여 각각의 의의와 가치를 인식시키고, 공적 또는 사적 상황에 따라 표준어와 방언을 효과적으로 사용할 수 있도록 지도한다. 아울러 표준어와 방언에 관심을 갖고 표준어와 방언을 상황에 맞게 사용하는 태도를 지니도록 지도한다.

(3) 국어의 낱말 확장 방법을 알고 다양한 어휘를 익힌다.

국어의 낱말 확장 방법을 이해하면 국어의 어휘 세계에 대한 인식 능력을 높이고 어휘 능력을 신장시킬 수 있다. 여기서 낱말 확장 방법은 다음과 같은 것을 가리킨다. 예컨대 '개꿈, 개떡, 개머루'에는 공통적으로 '개-'가 들어가 있어 모두

'참 것이나 좋은 것이 아니고 함부로 된 것'이라는 뜻을 갖는다. 또 '국민, 국어, 국가'에는 공통적으로 '국(國)'이 들어가 있어 공통적으로 '나라'의 의미를 갖는다. 이와 같은 방식으로 낱말을 익히면 낱말의 의미를 정확하게 인지할 수 있을 뿐만 아니라 새로운 낱말의 의미를 추론할 수도 있다. 다양한 토박이말(고유어)과 한자어를 두루 익히게 하여 학생들의 어휘 능력을 신장시킨다.

초등학교 3~4학년군 교육과정 내용 중 의미 교육과 관련된 것으로는 '표준어와 방언의 적절한 사용'[4], '낱말 확장 방법을 통한 의미 이해'가 있다. '표준어 사용 능력은 평소 낭독, 질의응답, 대화 과정에서 자연스럽게 길러져야 한다'라고 서술하고 있으나, 방언 문화권에 있는 언어 사용자의 경우에는 질의응답이나 대화를 통해 자연스럽게 표준어 사용 능력을 기를 수 없으며, 인위적으로 연습해야 한다는 문제가 있다. 또한 방언을 잘 모르는 언어 사용자 역시 따로 방언을 배우지 않으면 이해하기 어렵다.

'낱말 확장 방법을 통한 의미 이해'는 파생어 또는 한자어에서 공통적으로 들어가는 말(어근 또는 접사)을 통해 새로운 어휘의 의미를 추론하게 하는 내용이다. 이는 단어의 형식과 의미를 연관지어 학습함으로써 학생들의 어휘 능력을 효과적으로 신장시키는 데 도움이 될 것으로 보인다.

2.1.3. 초등학교 5~6학년군

– 문법 –

[영역 성취 기준]

국어의 구조에 대한 핵심적 원리를 이해하고 자연스러운 낱말 · 문장 · 담화를 생산하며 국어 사랑의 태도를 지닌다.

4 과거에는 국어 교육에서 표준어 사용에 대한 당위성을 강조하면서 방언의 가치를 상대적으로 낮게 보았던 것에 비해 근래에 와서 방언의 가치를 강조하는 내용이 등장했다. 그러나 방언 문화권에서 살아가면서도 젊은 세대들은 표준어를 사용하는 경우가 많으며, 방언은 점차적으로 사라져 가고 있는 추세이다.

[내용 성취 기준]

(2) 낱말이 상황에 따라 다양하게 해석됨을 이해하고 효과적으로 표현할 수 있다.

구체적인 의사소통 상황에서 낱말의 의미가 결정됨을 이해하면 낱말을 의사소통 상황에 맞게 효과적으로 사용할 수 있다. 다의어와 동음이의어의 의미가 의사소통 상황에서 결정됨을 이해시키고, 의사소통 상황에서 비유적 의미가 생기는 현상도 지도한다. 낱말을 의사소통 상황에 맞게 적절하고 다양하게 사용하려는 태도를 지니도록 지도한다.

(3) 고유어, 한자어, 외래어의 개념과 특성을 알고 국어 어휘의 특징을 이해한다.

고유어, 한자어, 외래어에 대한 이해는 국어 낱말의 세계와 관련한 국어 인식 능력을 고양시킬 뿐만 아니라 현대 국어의 상황에 대한 발전적 인식을 갖게 할 수 있다. 고유어, 한자어, 외래어의 개념을 이해하고 현대 국어 낱말의 세계를 탐구하면서 올바른 어휘 사용의 방향에 대해 토의할 수 있도록 지도한다. 특히 고유어에 대한 사랑, 한자어에 대한 이해, 외래어 오남용 방지 등에 주안점을 두도록 하고, 국어 순화의 필요성을 자각하고 실천할 수 있도록 지도한다.

(6) 관용 표현의 특징을 알고 담화 상황에 맞게 사용한다.

관용 표현에는 국어 문화의 특성이 담겨 있어 이에 대한 이해는 국어 문화에 대한 인식을 높일 수 있다. 또한 이를 적절하게 사용하면 자신의 표현 의도를 효과적으로 전달할 수 있다. 관용어구나 속담 등에 담긴 국어 문화의 특성을 이해하고 의사소통 상황에 맞게 사용해 보는 활동을 하게 지도한다. 선조들의 일화나 명언 등과 함께 지도하면 학습의 효율성을 높일 수 있다. 관용 표현의 유용성을 인식하고 자신의 표현 의도를 다채롭게 드러내려는 태도를 지니게 지도한다.

초등학교 5～6학년군에서는 낱말의 의미가 의사소통 상황에서 결정된다는 내용을 통해, 단어의 의미가 담화 장면과 관련이 있음을 설명하고 있다. 다의어와 동음이의어의 의미 역시 이러한 차원에서 이해하도록 하고 있으며, 의사소통 상황에서 비유적 의미가 생길 수 있다는 사실도 제시하고 있다. 이는 과거의 단편적인 의미 파악 방법에 비해 상당히 다각적인 차원에서 단어 또는 문장의 의미를 이해하고자 하는 시도라고 할 수 있다. 그러나 '고유어, 한자어, 외래어의 개념을 알고 국어 어휘의 특징을 이해한다'라는 내용은 초등학교 5～6학년군에서 제시되기에는 너무 늦은 것으로 보인다. 앞에서 서술하였듯이 이미 초등학교 1～2학년군에서 고유어(토박이말)의 개념을 제시하고 있으므로, 고유어가 무엇인지 이해하기 위해서는 한자어나 외래어에 대한 개념 이해도 필수적이므로, 초등학교 1～2학년군의 내용과 통합하여 3～4학년군 정도에서 제시하는 것이 바람직할 것으로 생각된다.

또한 '관용 표현의 특징을 알고 담화 상황에 맞게 사용한다'라는 내용을 교육과정에 명시하였는데, 이를 통해 학습자들이 관용 표현을 익힘으로써 국어 문화에 대한 인식을 높이고, 상황에 맞게 적절하게 사용한다면 어휘 생활을 더욱 풍부하게 해 줄 것으로 기대된다.

2.1.4. 중학교 1~3학년군

[영역 성취 기준]

국어 운용의 원리에 대한 이해와 탐구를 통해 문법을 체계적으로 이해하고, 국어에 대한 사랑을 바탕으로 국어 발전에 참여하려는 능동적인 태도를 기른다.

[내용 성취 기준]

(8) 어휘의 유형과 의미 관계를 이해하고 활용한다.

국어 어휘를 유형화하고 단어들이 맺는 관계를 이해하는 것은 단어의 세계에 대한 국어 의식을 고양시킬 뿐만 아니라 실제 의사소통 상황에서 단어를 효과적으로 사용할 수 있도록 함으로써 의사소통 능력 신장에 기여할 수 있다. 국어의 어휘를 다양한 기준에 따라 여러 가지 방식으로 나눠 보게 하고 단어들이 맺는 다양한 관계를 이해시킨다. 그리고 구체적인 의사소통 상황에서 어휘들이 어떻게 사용되고 있는지 각 어휘의 특성과 관련지어 분석해 보게 하고, 마찬가지로 의미 관계를 맺고 있는 단어들이 실제 의사소통 상황에서 사용되는 양상을 분석해 보게 한다. 이러한 활동들이 궁극적으로는 올바르고 효과적으로 어휘를 사용하고자 하는 노력으로 이어질 수 있도록 지도한다.

(10) **담화의 개념과 특성을 이해하고 담화 상황에 적합한 국어 생활을 한다.**
담화 자체에 대한 이해는 자신의 국어 생활을 반성적으로 돌아볼 수 있게 하여 올바르고 효과적인 의사소통 능력을 기르는 데 기여한다. 이를 위해 먼저 담화의 기본 개념을 맥락(상황 맥락과 사회 · 문화적 맥락)과 관련지어 이해시킨다. 사회 · 문화적 맥락과 관련하여 지역, 세대, 성별, 다문화 등에 따른 언어 변이 현상을 다룬다. 언어의 구체적인 의미는 실제 의사소통의 상황 속에서 결정된다는 점을 알고 언어 표현을 화자 · 청자의 의도나 처지, 맥락 등과 관련지어 분석하고 평가하는 활동을 하게 한다. 이와 같은 활동을 통해 차별적 표현을 줄이고 상대를 배려하는 표현을 익히는 등 학생들이 자신의 의사소통 능력을 실질적으로 신장시키고 자신의 국어 생활을 돌아볼 수 있도록 지도한다.

중학교 1～3학년군의 문법 영역에서는 초등학교 과정에서 배운 내용을 체계적으로 이해하고 심화하는 것을 목표로 하고 있다. 이 중 의미 교육에 관련된 내용은 '어휘의 유형과 의미 관계', '담화의 개념과 특성'인데, 중학교 과정에서 배우기에는 초등학교와 수준 차이가 보이지 않을 뿐더러, 초등학교 때의 내용에 비해 심화되었다고 보기도 어렵다.

단어 간의 의미 관계에 대해 초등학교 1～2학년군에서는 유의어, 반의어 등으로 그 내용과 기준을 명확하게 하고 있는 데 비해, 중학교군에서는 '국어의 어휘를 다양한 기준에 따라 여러 가지 방식으로 나눠 보게 하고 단어들이 맺는 다양한 관계를 이해시킨다.'라고만 서술하고 있을 뿐 구체적으로 어떤 내용을 교수-학습하고자 하는 것인지 분명하지 않다.[5] 이는 교육과정을 바탕으로 한 교과서 집필에도 혼란을 줄 수 있으며, 학교 현장에서 유명무실한 교육과정으로 다루어지기 쉽다.

또한 '담화의 개념과 특성을 이해하고 담화 상황에 적합한 국어 생활을 한

5 초등학교 1～2학년군에서 '단어 간의 의미 관계'를 다루었다면 중학교에서는 '단어'를 '어휘'로 확장하였다는 차이점은 있으나, '단어들이 맺는 다양한 관계'가 의미하는 것은 여전히 불분명하다.

다.'를 살펴보면 '담화'라는 용어는 초등학교 5～6학년군에서 이미 등장하였는데 중학교 과정에서 담화의 개념이 제시되는 것으로, 이는 교육과정의 위계성에 맞지 않는 것으로 보인다. 이 외에도 내용적인 측면에서 지역, 세대, 성별, 다문화 등에 따른 언어 변이 현상을 다루는 것은 시대적 요구에 부응하고자 하는 노력으로 보이나, 자칫 언어 변이 현상에만 초점을 맞추다 보면 집단 간의 이질성을 강조하는 결과가 될 수 있으므로, 차별적 표현을 줄이고 상대를 배려하는 표현을 익히는 것에 초점을 맞추어 교육할 필요가 있다.

2.1.5. 고등학교 1~3학년군

2.1.5.1. 일반 선택 과목

국어 Ⅰ-[문법]

(12) **어휘의 체계와 양상을 이해하고 그것을 상황에 맞게 활용한다.**

단어의 집합인 어휘는 체계와 양상이라는 차원으로 이해할 수 있다. 어휘는 고유어, 한자어, 외래어와 같이 어종(語種)에 따라 체계를 세울 수도 있고, 어휘의 특성이나 의미 관계에 따라서 그 양상을 살펴볼 수도 있다. 지역 방언은 물론이고 세대, 성별, 사회 집단 등에 따라 분화되는 사회 방언을 통해 다양한 어휘의 양상을 이해하고 담화 상황에 맞게 적절한 어휘를 활용하도록 지도한다.

국어 Ⅱ-[문법]

(10) **올바른 문장 표현과 효과적인 담화 표현의 양상을 탐구한다.**

기본적인 문장 유형에 대한 이해를 바탕으로 올바른 문장 표현과 효과적인 담화 표현의 양상을 탐구한다. 문장은 완전한 사고 표현의 단위이며 올바른 문장 표현은 문장 성분이 잘 선택된 것이라는 점을 이해하고, 담화의 효과적인 표현은 어떤 것인지 탐구하도록 한다. 담화의 효과와 관련하여서는 지시, 대용, 접속 표현 등의 효과를 알아보고 속담과 같은 관용 표현이 주는 효과를 알아볼 수도 있다. 아울러 교양 있는 국어 생활을 위하여 올바른 문장 표현과 효과적인 담화 표현이 지녀야 하는 요소들을 생각해 볼 수도 있다.

고등학교 1～3학년군의 국어 과목 중 의미 교육과 관련되는 것은 일반 선택 과목인 '국어Ⅰ'과 '국어Ⅱ', 심화 선택 과목 중 '독서와 문법'이 있다. '국어Ⅰ'과 '국어Ⅱ'에서는 '어휘의 체계와 양상'이라는 용어를 사용하여 초등학교부터 중학교까지 배운 어휘 관련 내용을 종합적으로 정리하고 있으며, '국어Ⅱ'에서는 지시, 대용, 접속 표현 및 관용 표현이 담화에 미치는 효과를 설명하고 있다. 그러나 이러한 내용들은 초등학교부터 중학교에 이르기까지 여러 번 제시되었던 것이므로, 고등학생의 수준에 맞게 좀더 심화되거나 깊이 있는 내용이 제시될 필요가 있다.[6]

2.1.5.2. 심화 선택 과목

> **독서와 문법**
>
> (10) **단어의 의미 관계와 의미 변화의 양상을 탐구하고 이해한다.**
>
> 글을 이해하려면 단어의 의미를 정확히 알 필요가 있다. 유의 관계, 반의 관계, 상하 관계와 같은 단어의 의미 관계를 비롯하여 다의어, 동음이의어에 대해서도 탐구하고 이해하도록 한다. 또한 단어의 의미가 역사적으로 축소, 확대, 이동해 온 양상을 이해하도록 한다. 한 단어를 두고 다양하게 연상어를 도출하는 활동을 통해 단어의 깊이와 넓이를 체험하여 어휘의 창의적 사용 능력을 기르도록 한다. 독서와 관련하여 글에서 핵심어의 기능, 단어 의미의 표현 효과 등을 생각해 볼 수 있다.
>
> (12) **의미 구성에 기여하는 문법 요소의 개념과 표현 효과를 탐구한다.**
>
> 문장의 성분과 짜임에 대한 이해를 바탕으로 주요 문법 요소가 문장이나 글 전체에 미치는 표현의 의미 효과를 탐구해 볼 수 있다. 구체적으로는 종결 표현, 피동·사동 표현, 높임 표현, 시간 표현, 부정 표현, 인용 표현 등 주요 문법 요소들이 사용되는 양상을 이해하고 특히 독서와 관련지어 그것들이 문장과 글 전체

6 심화 선택 과목인 '독서와 문법'에서 이러한 내용이 좀더 심화되는 모습을 보여주지만, 선택 과목의 성격상 학생이 선택하지 않으면 배울 수가 없으므로 실질적인 의미 교육은 '국어Ⅰ'과 '국어Ⅱ'에서 끝날 가능성이 많다.

에 미치는 표현의 효과를 탐구하도록 한다. 이를 위해서는 기사문, 광고문, 시, 소설 등 실제 국어 자료를 통하여 학습하고 활용하도록 한다.

– 담화 –

(13) **담화의 개념과 특성을 이해하여 적절하고 효과적인 국어 생활을 하도록 한다.**

담화는 실제 언어생활의 생생한 모습을 보인다는 점에서 교수 · 학습의 가치가 있다. 담화 해석을 위해서는 화자, 청자, 맥락, 발화가 중요하게 고려되어야 한다. 담화의 의미 해석에는 언어적 맥락을 비롯하여 상황 맥락과 사회 · 문화적 맥락과 같은 비언어적 맥락이 관여한다. 이러한 맥락에 따라 적절하고 효과적인 표현을 하는 것이 중요함을 실제 국어 자료를 통해 깨닫도록 한다.

(14) **담화에서 지시 · 대용 · 접속 표현의 기능과 효과를 이해한다.**

지시 표현, 대용 표현, 접속 표현은 담화의 응집성과 통일성을 높이는 데 기여한다. 특히 독서와 관련지어 구체적인 담화 자료를 바탕으로 지시 표현, 대용 표현, 접속 표현을 분석하고 그 효과를 탐구함으로써 이들 표현이 하나의 담화에서 갖는 기능을 이해하고 담화의 특성을 이해할 수 있도록 지도한다.

심화 선택 과목인 '독서와 문법'에서 다루는 의미 교육 관련 내용은 단어의 의미 관계와 의미 변화의 양상, 의미 구성에 기여하는 문법 요소의 개념과 표현 효과, 담화의 개념과 특성, 지시, 대용, 접속 표현의 기능과 효과 등이 있다. 그러나 대부분이 초등학교와 중학교, 고등학교 국어Ⅰ과 국어Ⅱ에서 다루었던 내용들과 중복되며, 심화 선택 과목다운 깊이를 제시하고 있지도 않은 것으로 보인다. 또한 '독서와 문법'이 선택과목이므로 이 과목을 선택하지 않은 학생은 배울 기회가 없으며, 대학수학능력시험의 문법 영역 출제가 음운론이나 통사론 위주로 구성되는 경향이 있으므로, 의미 교육은 고등학교 현장에서 생략되거나 간략하게 이루어지는 것이 현실이다.

2.2. 2015 개정 국어과 교육과정의 의미 교육 내용

2015 개정 교육과정[7]에서는 2009 개정 교육과정과 같이 초등학교를 2개 학년씩, 중학교는 3개 학년을 묶어서 제시했지만 '학년군'이라는 용어 대신 '학년'으로 표기하고 있으며, 고등학교의 국어 과목 중 의미 교육 내용을 포함한 것은 '국어', '언어와 매체', '실용 국어'가 있다. 또한 2015 개정 교육과정은 '성취 기준'이라는 개념을 도입한 것이 특징이며, 필요에 따라 각 성취 기준을 구체적으로 설명한 '성취 기준 해설'을 두고 있다. 2015 개정 국어과 교육과정의 의미 교육 내용을 학년별로 살펴보면 다음과 같다.

2.2.1. 초등학교 1~2학년

[문법 성취 기준]

[2국04-04] 글자, 낱말, 문장을 관심 있게 살펴보고 흥미를 가진다.

[성취 기준 해설]

[2국04-04] 이 성취기준은 주변의 글자, 낱말, 문장에 대해 무심코 넘어가지 않고 민감하게 받아들이며 호기심을 바탕으로 탐구하는 자세를 기르기 위해 설정하였다. 예를 들어 낱자 하나를 바꾸면 낱말의 의미가 달라지거나 하나의 글자가 여러 낱말에서 쓰일 수 있는 것을 발견하는 등 일상생활에서 사용하는 글자, 낱말, 문장에 관심을 갖도록 하는 데 중점을 둔다.

위 성취기준은 2009 개정 교육과정의 1～2학년군 내용에 비해 의미 교육 부분이 상당히 간략화된 것으로 보인다. 2009 개정에서 다루었던 의미 관계 내용은 3～4학년으로 이동하였으며, 고유어 관련 내용은 보이지 않는다. '낱

7 임경순(2017: 15-16)에서는 2015 개정 교육과정의 방향이 '문 · 이과 통합'과 '역량 중심 통합'을 원칙으로 구성되어 있고, 이를 바탕으로 국어교육에서는 창의와 융합을 핵심 키워드로 '융합을 통한 창의'를 추구하고 있다고 하였다.

자 하나를 바꾸면 낱말의 의미가 달라지거나'와 같이 형식과 의미의 관계를 탐구하도록 한 점은 바람직하나, '글자, 낱말, 문장에 관심을 갖도록 하는 데 중점을 둔다'라는 내용은 구체적으로 어떤 관심을 가져야 할지 명확하게 제시되어 있지 않으므로 교과서 집필 등에서 어려움이 예상된다.

2.2.2. 초등학교 3~4학년

[문법 성취 기준]

[4국04-02] 낱말과 낱말의 의미 관계를 파악한다.

[성취 기준 해설]

[4국04-02] 이 성취기준은 낱말들이 의미 관계를 가지고 있음을 알고 어휘에 대한 관심과 호기심을 갖도록 하기 위해 설정하였다. 비슷한 말, 반대말, 상·하위어에 중점을 두어 낱말 간의 의미 관계를 지도하고, 연상 활동이나 말놀이를 통해 다양한 어휘를 익힐 수 있게 한다. 그리고 비슷한 말, 반대말, 상·하위어 등을 여러 상황에서 활용해 봄으로써 어휘력을 신장하도록 한다.

초등학교 3～4학년 교육과정에서는 2009 개정 교육과정에서 1～2학년에 들어가 있었던 '낱말의 의미 관계'가 제시되어 있다. 배우는 학년이 이동되었을 뿐 내용 면에서는 크게 달라진 점이 보이지 않는데, 연령에 따른 지적 발달을 고려한 것으로 보이나, 모국어의 경우 초등학교 입학 전에 적지 않은 어휘를 습득하는 것으로 보아 1～2학년 과정에서 다루어도 크게 무리는 없다고 생각된다.

2.2.3. 초등학교 5~6학년

[문법 성취 기준]

[6국04-02] 국어의 낱말 확장 방법을 탐구하고 어휘력을 높이는 데에 적용한다.

[6국04-03] 낱말이 상황에 따라 다양하게 해석됨을 탐구한다.

[6국04-04] 관용 표현을 이해하고 적절하게 활용한다.

[성취 기준 해설]

[6국04-02] 이 성취기준은 낱말의 확장 방법(합성, 파생)을 이해하고 이를 바탕으로 하여 낱말의 의미를 정확히게 파악함으로써 다양한 언어 사용 상황에서 적절하게 활용하는 능력을 기르기 위해 설정하였다. 우리가 접하는 낱말들은 다양한 낱말 확장 방법에 의해 만들어졌음을 탐구 활동을 통하여 이해하도록 한다. 또한 여러 가지 확장 방법을 통해 만들어진 낱말의 의미를 추론하고 의사소통 상황에서 적절하게 사용할 수 있도록 한다.

[6국04-03] 이 성취기준은 상황에 따라 낱말이 다양하게 해석될 수 있음을 알고 상황에 따라 낱말의 구체적인 의미를 파악하는 능력을 기르기 위해 설정하였다. 낱말의 의미는 의사소통 상황의 구체적인 맥락이나 문맥에 따라 달라질 수 있다. 소리는 같고 뜻은 다른 낱말이나 다양한 의미를 갖는 낱말을 주요 학습 대상으로 하며, 낱말들의 의미가 어떻게 다른지를 다양한 사례를 통해 탐구하도록 한다.

[6국04-04] 성취 기준 해설 없음

2015 개정 교육과정의 내용에 의하면, '초등학교 5～6학년 문법 영역 성취기준은 언어의 기본 특성과 낱말, 문장에 대한 이해를 바탕으로 하여 학습자의 국어 능력을 점차 확장하는 데 중점을 두어 설정하였다. 낱말에 대한 이해와 활용 능력을 신장하고 어법에 맞고 바람직한 국어 문장과 표현을 사용하는 태도를 기르는 데 주안점을 둔다.'라고 소개하고 있다. 이를 바탕으로 문법 영역에서 다양한 내용을 제시하고 있는데, 그 중 의미 교육에 관련되는 것으로 낱말 확장 방법 알기(합성, 파생), 낱말의 의미 파악하기(문맥적 의미, 다의어, 동음이의어), 관용 표현 활용하기 등이 있다. 이를 2009 개정 교육과정과 비교해 볼 때 '담화'라는 용어 대신 '의사소통 상황의 맥락이나 문맥'이라는 용어를 사용하고 있다는 점에서 차이를 보인다. 또한 초등학교 전 과정에 걸쳐 고유어, 한자어, 외래어에 대한 내용이 빠져 있음을 확인할 수 있는데. 2009

개정 교육과정에서 이를 비중 있게 다루었던 것에 비해 2015 교육과정에서 삭제된 것, '관용 표현'에 대해서도 성취 기준 해설 없이 '관용 표현을 이해하고 적절하게 활용한다' 정도로만 그친 것이 아쉬운 점으로 남는다.

2.2.4. 중학교 1~3학년

[문법 성취 기준]

[9국04-05] 어휘의 체계와 양상을 탐구하고 활용한다.

[9국04-07] 담화의 개념과 특성을 이해한다.

[성취 기준 해설]

[9국04-05] 이 성취기준은 어휘에 대해 체계를 세워 탐구하고 어휘의 특성이나 의미 관계에 따라 어휘의 양상을 이해하는 능력을 기르기 위해 설정하였다. 어휘의 체계는 고유어, 한자어, 외래어와 같은 어종(語種)에 따라 마련될 수 있으며, 어휘의 양상은 지역 방언, 사회 방언 등에 따라 다르게 나타날 수 있다. 이처럼 체계나 양상에 따라 어휘의 유형을 탐구하고 이를 바탕으로 하여 담화 상황에 맞는 어휘를 적절하게 사용하도록 한다.

[9국04-07] 이 성취기준은 담화의 개념과 특성을 이해함으로써 실제 국어생활에서 담화를 이해하고 생산하는 능력을 기르기 위해 설정하였다. 이를 위해 화자(필자)와 청자(독자), 전달하고자 하는 내용, 맥락(상황 맥락과 사회·문화적 맥락)과 관련하여 담화의 개념을 이해하도록 한다. 담화의 특성에 대한 이해 과정에서는 학습자가 다양한 담화를 접할 수 있게 한다.

2015 개정 교육과정에서는 중학교의 의미 교육 내용도 2009 개정 교육과정과 마찬가지로 의미 교육 내용의 비중이 적은 것을 알 수 있다. 2009 개정에서 제시하였던 어휘의 체계와 양상, 담화의 개념과 특성에 대해 다루고 있지만, 성취 기준 해설을 보아도 2009 개정에 비해 내용이 더욱 간략하며, 고유어, 한자어, 외래어에 대한 언급도 중학교 과정에서 처음 제시되고 있다. 또한 2009 개정 교육과정에서 다루었던 다문화나 성별 간 언어 차이나, 서로 다른

집단을 이해하고 배려하는 내용 등은 찾아볼 수 없다.

2.2.5. 고등학교 1학년

[문법 성취 기준]

[10국04-01] 국어가 변화하는 실체임을 이해하고 국어생활을 한다.

[10국04-02] 음운의 변동을 탐구하여 올바르게 발음하고 표기한다.

[10국04-03] 문법 요소의 특성을 탐구하고 상황에 맞게 사용한다.

[10국04-04] 한글 맞춤법의 기본 원리와 내용을 이해한다.

[10국04-05] 국어를 사랑하고 국어 발전에 참여하는 태도를 지닌다.

[성취 기준 해설]

[10국04-01] 이 성취기준은 구체적인 국어 자료를 통해 국어가 변화하는 실체임을 이해하고 국어 활동을 하는 자세를 기르기 위해 설정하였다. 중세 국어와 현대 국어의 특징을 개략적으로 이해하되, 한글 창제 후의 중세 국어 자료와 현대 국어 자료를 비교하며 국어의 역사성을 이해하는 데 중점을 두도록 한다.

[10국04-02] 이 성취기준은 음운 변동에 내재된 원리와 규칙을 탐구하여 올바른 발음과 표기 생활을 하는 능력을 기르기 위해 설정하였다. 여러 가지 음운 변동 현상 중에서 발음 생활과 표기 생활에 미치는 영향이 큰 음운 변동에 초점을 맞추도록 한다. 비음화, 유음화, 된소리되기(경음화), 구개음화, 두음 법칙, 모음 탈락, 반모음 첨가, 거센소리되기(유기음화) 중에서 선택하여 다루되, 음운 변동 규칙에 대한 학습보다는 실제 발음 생활이나 표기 생활에 적용되는 사례를 중점적으로 다루도록 한다.

[10국04-03] 이 성취기준은 높임 표현, 시간 표현, 피동 표현, 인용 표현 등의 문법 요소를 담화 상황에 맞게 사용하여 원활하게 소통하는 능력을 기르기 위해 설정하였다. 고등학교 1학년 수준에 맞는 높임 표현, 시간 표현, 피동 표현, 인용 표현을 다루되, 문법 요소들의 형식적인 특성을 아는 것이 아니라 많이 사용되는 높임 표현과 번역 투로 잘못 사용되는 피동 표현 사례를 다루면서 실제 담화에서 활용하는 데 초점을 둔다.

[10국04-04] 이 성취기준은 이전 학년까지 부분적으로 배운 '한글 맞춤법'을

관통하는 원리를 이해하고 실생활에 적용하는 능력을 기르기 위해 설정하였다. 한글 맞춤법의 규정을 일일이 학습하기보다는 실제 언어생활과 관련이 깊은 것을 선택적으로 다루며, 한글 맞춤법 제1항 '한글 맞춤법은 표준어를 소리대로 적되 어법에 맞도록 한다.'와 같이 한글 맞춤법 전체를 꿰뚫는 원리를 알 수 있게 하는 조항을 활용하여 학습한다.

위 내용은 2015 개정 교육과정의 고등학교 1학년 과정에서 배우는 '국어' 과목의 문법 영역 전체 교육과정인데, 의미 교육에 관한 내용을 찾아볼 수 없다. 모든 학생이 국어 과목을 공통적으로 배우게 되는 교육과정은 고등학교 1학년이 마지막이라는 것을 고려할 때 의미 교육 내용이 고등학교 1학년 때 다루어지지 않는다면, 선택 중심인 2, 3학년 교육과정에서는 더욱 접할 기회가 없을 것이므로 이는 사실상 의미 교육이 중학교 때 끝날 수 있다는 것을 뜻한다.

2.2.6. 고등학교 2~3학년(선택 과목)

[문법 성취 기준]

[12언매02-04] 단어의 의미 관계를 탐구하고 적절한 어휘 사용에 활용한다.

[12언매02-07] 담화의 개념과 특성을 탐구하고 적절하고 효과적인 국어생활을 한다.

[성취 기준 해설]

[12언매02-07] 이 성취기준은 담화의 특성에 대한 이전 학년의 성취기준을 심화한 것으로, 이전 학년에서 배운 담화의 개념과 특성에 대한 이해를 바탕으로 담화의 생산과 수용에 효과적으로 참여하는 태도를 기르기 위해 설정하였다. 담화의 개념, 담화의 구성 요소, 담화의 맥락을 이해하고 담화 생산 및 수용에 활용하는 데 중점을 둔다.

2015 개정 교육과정의 고등학교 2～3학년 선택 과목 중 의미 교육과 관련

된 과목은 '언어와 매체'[8], 그리고 특성화고에서 배우는 '실용 국어'가 있다. '언어와 매체'에서 의미 교육 관련 내용은 2009 개정 교육과정에서 크게 달라진 점이 없어 '단어의 의미 관계'와 '담화'에 관해서 다루고 있으며, '담화' 부분의 내용은 '화법과 작문'과도 중복되는 부분이 많으므로 실상 제대로 된 의미 교육은 '단어 간의 의미 관계'에 그친다고 볼 수 있다. 그러나 고등학교 수준의 심화 선택 과목이라면 의미 교육에서도 충분히 학생들의 지적 호기심과 탐구심을 자극하는 내용을 제시할 수 있을 것으로 보여 아쉬움이 남는다.

> **[실용 국어 성취기준]**
> [12실국01-01] 의사소통 맥락에 적합한 어휘를 사용한다.
> [12실국01-02] 국어의 어법에 맞고 의미가 정확한 문장을 사용한다.
>
> **[성취기준 해설]**: 없음

2015 개정 교육과정에서 새롭게 등장한 과목 '실용 국어' 중 '직무 어휘와 어법' 성취기준에서는 직무를 위한 의사소통 상황에서 어휘의 정확한 의미를 이해하고 맥락에 맞는 어휘를 선택하여 자신의 생각을 표현하며, 문장 성분과 문장 구조에 대한 이해를 바탕으로 우리말의 어법에 맞는 정확한 문장을 사용하는 데 주안점을 두고 있다. 이와 관련한 학습 요소로 맥락에 맞는 어휘 사용하기(전문 용어 이해하기, 어휘의 의미 파악하고 추론하기), 어법에 맞는 문장 사용하기(문장 성분, 문장 구조, 문장 호응)를 제시하고 있는데, 고등학교 졸업 후 바로 사회에 진출할 가능성이 높은 특성화고 학생들에게 어휘 교육의 중요성을 일깨우고, 직무 관련 어휘 습득 내용을 제시한 점이 매우 신선하다

---

8 '언어와 매체'는 2009 개정 교육과정의 '독서와 문법'에서 '문법'부분을 따로 떼어 '매체'와 결합한 것으로, 2009 개정 교육과정에서도 논란이 되었던 '독서'와 '문법'의 의 이질적인 결합과 다를 바 없이 구성된 과목이라고 볼 수 있다. 이에 대해 구본관(2016: 103-104)에서는 1안 '문법과 국어생활', 2안 '언어와 매체' 중 2안이 과목명으로 결정되면서 여러 가지 문제가 발생했음을 지적하고 있다.

고 볼 수 있다. 그러나 이에 관한 자세한 성취 기준이나 내용 없이 간략하게 제시한 점은 향후 보완해야 할 과제가 될 것이다.

3. 앞으로의 과제와 전망

2장에서 살펴본 2009 개정 국어과 교육과정과 2015 개정 국어과 교육과정의 의미 교육 내용을 바탕으로 의미 교육이 앞으로 나아가야 할 방향을 몇 가지 제시하고자 한다.

첫째, 의미 교육에서 가장 기본이 되어야 할 것은 어휘 교육이다.[9]

텍스트 중심으로 정보를 습득하던 세대와 달리 영상 자료를 통해 필요한 정보를 얻는 이 시대 학습자의 어휘 능력이 절대적으로 부족한 것은 사실이며, 이는 국어 과목뿐만 아니라 다른 과목의 기본적인 이해와 학습에 지대한 영향을 미친다. 예전에는 주변 사람들과의 대화나 독서를 통해 자연스럽게 어휘를 습득할 수 있었지만, 혼자 스마트폰을 들여다보는 요즘 세대에게는 모국어의 어휘 습득도 외국어처럼 인위적으로 이루어져야 할 시대가 다가오고 있다. 따라서 어휘 교육을 위한 체계적인 프로그램을 개발하고, 이를 학년별로 단계적으로 제시할 필요가 있다.

둘째, 학습자의 지적 호기심과 탐구심을 자극할 수 있는 의미 교육이 필요하다.

정보화 시대의 도래로 오늘날의 학습자들은 인터넷이나 스마트폰 검색을 통해 단어의 의미를 몇 초만에 쉽게 알 수 있다. 그러나 그렇게 찾은 의미는 몇 초가 지나면 사라지게 되고, 학습자의 것으로 체화되지 않는다. 따라서 단어의 의미를 문맥을 통해 추리해 보거나, 비슷한 단어를 통해 의미를 도출해

9 임지룡(2010: 260)에서는 어휘가 의사소통의 기본 단위이며 언어 공동체의 삶과 문화에 민감한 속성을 지니고 있다는 측면에서 국어 어휘는 국어를 구성하는 핵심적 요소이자 그 자체로 소중한 문화유산의 지위를 갖는다는 점을 강조하고 있다.

내는 탐구 학습[10]을 좀더 활성화할 필요가 있다. 또한 단어의 의미나 단어 간의 의미 관계 등에서 의미 교육이 그칠 것이 아니라, 인지언어학에서 사용하는 비유적 의미[11]나 프레임 이론 등은 학습자의 흥미와 호기심을 이끌어 내는 새로운 의미 교육의 장을 마련할 수 있을 것이다.

셋째, 의사 소통의 맥락 속에서 이루어지는 의미 교육이 필요하다. 오랜 기간 동안 국어 교육을 받았음에도 불구하고 사람들은 여전히 의사 소통을 어려워하며, 온라인상의 소통이 활발히 이루어질수록 대면 상황에서의 소통을 어려워하는 경향이 있다. 따라서 상대방에 대한 이해를 바탕으로 의사 소통의 상황이나 맥락을 파악하여 효과적인 의사 소통을 할 수 있는 훈련[12]이 필요하며, 세대 간, 성별 간, 다문화 등의 요소를 고려한 의사소통 상황에 대한 교육도 확대되어야 할 것이다.

4. 마무리

언어가 형식과 내용으로 구성되어 있다고 할 때, 형식을 통해 궁극적으로 전달하고자 하는 것은 '의미'이다. 그러나 언어의 형식에 대한 교육은 다양한 분야로 세분화되어 이루어지는 반면, 의미에 대한 교육은 학습자 각자의 몫으로 돌리는 경우가 많은 것이 사실이다. 언어의 목적이 의사 소통에 있다고 할 때, 의미 전달이 제대로 이루어지지 않는다면 그 언어는 제 기능을 못하는 것이라고 볼 수 있다. 매년 바뀌는 교육 제도에 따라 변화해 가는 국어과 교육

10 서혜경(2014: 131-140)에서는 인지언어학에 기초한 국어 어휘의미 교육의 방법으로 인지통합적 방법과 영역통합적 방법을 제시하고 있다.

11 임지룡(2013: 28)에서는 종래에 비유 표현을 문학의 수사적이거나 일탈된 표현으로 간주해 온 것을 인간의 신체적 경험에 기반을 둔 자연스러운 현상으로 간주하며, 문법 교육의 영역에서 발상의 전환을 가져올 수 있다고 하였다.

12 임지룡(2012: 218)에서는 의미 교육에 있어서 인지의미론이 언어의 사용 맥락에 따른 의미 변화에 초점을 둔다는 점에서 유용성을 발휘할 수 있음을 제안하였다.

과정에서도 언어의 형식뿐만 아니라 의미 교육에 대해 좀더 관심을 가지고, 이 분야에 대해 더욱 깊이 있는 연구가 이루어져야 할 것이다.

참고문헌

교육과학기술부(2012), 『국어과 교육 과정』, 교육과학기술부 고시 제2012-14호, 교육과학기술부.

교육부(2015), 『국어과 교육 과정』, 교육부고시 제2015-74호, 교육부.

구본관(2016), “2015 교육과정 ‘문법’ 영역에 대한 비판적 검토”, 『국어교육학연구』 51(1): 91-131, 국어교육학회.

서혜경(2014), “국어 어휘의미 교육의 인지언어학적 연구”, 경북대학교 대학원 국어교육학과 박사학위논문.

임경순(2017), “2015 개정 교육과정과 국어교육의 가능성”, 『국어교육』 159: 1-27, 한국어교육학회.

임지룡(1997), 『인지의미론』, 탑출판사.

임지룡(2010), “국어 어휘교육의 과제와 방향”, 『한국어 의미학』 33: 259-295, 한국어 의미학회.

임지룡(2012), “어휘의미론의 흐름과 특성”, 『한말연구』 31: 195-224, 한말연구학회.

임지룡(2013), “문법 교육의 인지언어학적 탐색”, 『국어교육학연구』 46: 7-42, 국어교육학회.

임지룡(2018), “‘의미’ 연구의 흐름과 전망”, 『한국어 의미학』 59: 1-30, 한국어 의미학회.

임지룡 외(2005), 『학교문법과 문법교육』, 박이정.

Langacker, R. W.(1987), *Foundations of Cognitive Grammar* vol.1, Stanford, California: Stanford University Press. (김종도 역(1999), 『인지문법의 토대: 이론적 선행조건들』, 박이정.)

한국어 교재의 구문

김 정 아*

1. 들머리

외국어 학습의 궁극적인 목적은 능숙한 의사소통에 있다. 의사소통은 말하고, 듣고, 읽고, 쓰는 일련의 언어 능력을 일컫는 것으로 원어민처럼 자연스럽게 의사소통을 할 수 있도록 하는 것이 언어 교육의 핵심이라고 할 수 있다. 최근의 한국어 교육에서도 자연스러운 의사소통을 실현하기 위한 다양한 교재와 교수법을 개발하고 있다. 교재에는 학습자들이 실제 생활에서 접할 수 있는 주제와 이를 잘 표현하기 위한 문법 항목을 제시하고 있다. 그렇지만 교재를 살펴보면 자연스럽지 않거나 실제성이 떨어지는 문법 항목과 예문이 제시되기도 한다. 물론 교재는 교육을 위한 조작된 실제이므로 현실과 완벽히 일치하지 않는다는 것은 당연하다. 하지만 그 차이점을 찾고 다양한 관점에서 살펴보는 것은 더 나은 교육을 위해 필요하다.

이런 필요성을 인식하고 이 글은 한국어 교재에 나타나는 고정표현에 대해

* 경북대학교 강사, piscean00@hanmail.net

논의해보고자 한다. 외국어 교육에 있어서 특히 문법 항목은 가장 중심적인 정보가 된다. 교재는 문법 항목을 중심으로 구성되고 평가 또한 문법 항목을 주요 골자로 하여 이루어진다. 교육심리학과 언어학을 기반으로 한 교수법이 다양하게 개발되면서 문법 항목은 귀납적 혹은 연역적으로 제시되었고, 명시적으로 또는 암묵적으로 교육되기도 했다. 방법은 달랐지만 '어떤' 문법 항목을 '어떻게' 가르칠 것인가는 외국어 교육의 가장 핵심적인 내용인 것은 변하지 않았다.

다만, 전통적인 교수법에서 '문법 항목'은 형식과 체계를 학습하는 것이 중요했지만 최근의 교수법에서 문법 항목은 실제로 사용할 수 있는, 실질적 사용의 측면에서 중요하게 다루고 있다. '어떤' 문법 항목에 해당하는 언어학적인 '지식'에서 '어떻게'에 해당하는 '사용법'에 초점이 맞춰지게 된 것이다.

따라서 이 글은 중급 한국어 교재에서 빈번하게 나타나는 고정표현들을 분석하여 특성을 살펴보고 이를 바탕으로 개선해야 할 부분들을 제안할 것이다.

2. 연구의 배경

2.1. 고정표현과 언어 교육에서의 고정표현

특정한 어휘들이 연쇄되어 자주 사용되는 어휘 표현을 '정형 표현/정형화된 표현(formulaic expressions/sequence)', '고정표현(fixed expressions)', '어휘 다발(lexical bundles)' 등으로 부르고 있다. 또는 '관용어(idioms)', '연어(collocations)'도 형식적인 고정성에 주목한 표현들이다. 즉, 이런 개념들은 결국 일정한 어휘들이 모인 '덩어리 표현(chunks)'이라고 할 수 있다. 다양한 용어로 사용되고 있지만, 공통적인 기준이 되는 것은 문법적인 분석의 결과물이 아니라 언어 사용자들이 일상적으로 자주 사용하는 복합된 표현들이라는 점이다.[1] 이 글에서는 이들 가운데, 형태적인 속성인 고정성에 초점을 두고 고정표현(fixed expressions)이라는 용어를 사용할 것이다.

언어는 적지 않은 부분이 정형화된 표현으로 구성되어 있으며, 이들 표현을 적절하게 이용하는 것은 언어 사용의 효율성과 유창성의 지표가 되기도 한다. 언어 정보를 처리하는 과정에서 고정된 표현을 사용하는 것에 대한 효용성은 이미 많은 연구들에서 증명되었다. Gibbs(1980: 155)는 고정표현(idioms)은 일반적인 어휘와 같이 언어 사용자들의 기억에 저장되어 있다가 사용되는 표현으로, 같은 의미의 일반 표현을 처리하는 속도보다 훨씬 빠르다고 했다.

그런데 이런 고정표현은 그 언어를 사용자들의 발음이나 어휘, 문법과 같은 언어학적 지식과는 다른 차원에서 일상생활에서 항상 사용되는 표현들이므로 자연스러운 의사소통의 척도라고도 할 수 있다. Celce-Muricia(2007: 45-50)는 의사소통 능력을 구성하는 요소 중 하나로 '정형 표현 능력(formulaic competence)'을 꼽았다.[2] '정형 표현 능력(formulaic competence)'은 언어 사용자들이 매일 사용하는 덩어리 표현(chunks)을 사용할 수 있는 능력으로 '반복적인 표현(routines)'이나 '관용어(idioms)', '연어(collocations)', 그리고 '어휘틀(lexical frames)'을 사용할 수 있는 능력을 말한다. 이 능력은 학습자의 어휘나 문법 수준을 결정하는 능력과는 다른 언어 능력이기 때문에 현대 언어 교육에서는 이런 표현들을 가르치는 것이 중요한 요소라고 보고 독립해서 제시하고 있다.

한편 언어 교육에서도 고정표현의 효율성이 확인되고 있다. 원어민과 비원

---

1 a sequence, continuous or discontinuous, of words or other meaning elements, which is, or appears to be, prefabricated: that is stored and retrieved whole from memory at the time of use, rather than being subject to generation or analysis by the language grammar(Wray 2000: 465).

2 Celce-Muricia는 의사소통 능력을 구성하는 네 가지 요소를 제안했다. 사회-문화적 능력(social-cultural competence), 언어적 능력(linguistic competence), 활용 능력(actional competence), 전략 능력(strategic competence)이 그것인데 Celce-Muricia(2007)에서 정형 표현 능력(formulaic competence)을 언어 능력에서 독립적으로 설명하고 있다.

어민의 의사소통에서 가장 큰 차이를 보이는 것이 자연스러운 표현, 즉 고정표현 사용 여부라고 할 수 있다. Shin & Nation(2008: 340)은 '원어민과 같은 선택(native like selection)'과 '원어민과 같은 유창성(native like fluency)'에 대해 주장한 Pawley & Syder(1983)의 논의를 인용하면서 성인 원어민 화자들은 언어를 처리하기 위한 수십만 개의 '어휘화된 문장 줄기(lexicalized sentence stems)'를 가지고 있는데 외국어 학습자들도 원어민과 같은 유창성을 위해서는 이 정도의 양의 표현을 알고 있어야 한다고 했다. 이런 '덩어리 표현(chunked expressions)'을 사용함으로써 학습자들은 인지적 노력을 줄이고 언어를 처리하는 시간을 절약하며 필요한 표현을 즉각 사용할 수 있게 되므로 외국어 학습자에게 고정표현은 중요한 학습 요소가 된다. 또 Shin & Nation(2008: 340)에 따르면, 어떤 것을 말할 수 있는 방법은 여러 가지가 있지만 원어민 화자들에게 자연스럽게 들리는 것은 한두 가지 방법만 있기 때문에 고정표현을 학습하는 것은 중요하다. 문법적으로 옳은 표현이라도 어색하게 들리는 표현이 있는데 이런 표현들이 바로 학습자들에게 문제가 되는 부분이다. 이를 위해서 다양한 표현들 중에서 자연스럽고 일상적인 표현을 사용할 수 있는 능력을 교육할 필요가 있다.

하지만 학습자들이 외국어를 자연스럽게 사용하기란 어렵다. 특히 문법적인 요소가 아닌 관용적으로 사용되는 고정표현은 더욱 그러하다. Cieslicka (2006: 116)는 비원어민이 원어민에 비해 고정표현 처리가 늦고 이은주(2009: 330-331)는 외국어학습자들은 제한된 고정표현을 반복적으로 사용한다고 지적했다. 따라서 학습자들에게 정확한 문법도 중요하지만 고정표현을 자연스럽게 자주 사용하게 하기 위해서 교육자는 이러한 표현들을 제대로 찾아야 하고 이를 바탕으로 교육과정을 설계해야 한다. 학습 수준에 맞는 알맞은 고정표현을 효율적으로 제시하여 교육하는 것은 합리적인 언어 교육이 될 것이다.

이미 영어 교육에서는 정형 표현을 사용한 언어 교육의 효율성에 대한 논의가 있어 왔다(Weinert 1995, Granger 1998, Cortes 2004, Wray 2002, Biber

& Barbieri 2007). 한국어 교육에서도 고정표현을 적용한 쓰기 교육에 대한 효과를 입증하고 있다. 학문 목적 학습자들의 글쓰기서 보고서와 논문을 작성할 때 고정표현 교육을 적용한 연구(원미진 2015, 유민애 2015)와 직업 목적 학습자들을 위한 이메일과 보고서 작성에 대한 연구(이연정 2015)가 있었는데, 모두 고정표현을 사용한 쓰기 결과물이 완성도면에서 더 높은 평가를 받는 것으로 나타났다.

이 글은 한국어 교재에 나타난 고정표현들을 살펴보고 지금까지 문법 항목이 제시되는 체계를 비판적으로 살펴보고자 한다. 그리고 쓰기나 말하기와 같은 특정 영역에서만 다루어왔던 고정표현에 대한 논의를 통합 교재에 적용해 보려고 한다.

2.2. 한국어 중급 단계의 교수요목과 교재

일반적으로 외국어 학습 단계는 수준에 따라 초급, 중급, 고급으로 나눈다. 초급에서는 기초적인 어휘와 문형을 바탕으로 필수적인 의사소통하는 것을 목표로 한다. 고급 단계에서는 전문적이고 학문적인 내용을 학습한다. 두 단계의 가교 역할을 하는 단계가 중급 단계이다. 한국어 능력시험(TOPIK)에서 중급에 해당하는 3급과 4급의 평가 기준을 살펴보면 (1)과 같다.[3]

(1) a. 3급-일상생활을 영위하는 데 별 어려움을 느끼지 않으며 다양한 공공시설의 이용과 **사회적 관계 유지에 필요한 기초적 언어 기능을 수행**할 수 있다. 친숙하고 구체적인 소재는 물론, 자신에게 친숙한 사회적 소재를 **문단 단위로 표현하거나 이해**할 수 있다. **문어와 구어의 기본적인 특성을 구분**해서 이해하고 사용할 수 있다.

b. 4급-공공시설 이용과 사회적 관계 유지에 필요한 언어 기능을 수행할 수 있으며, **일반적인 업무 수행에 필요한 기능을 어느 정도**

3 http://www.topik.go.kr에서 인용

수행할 수 있다. 또한 **뉴스, 신문 기사 중 비교적 평이한 내용을 이해**할 수 있다. 일반적인 **사회적 · 추상적 소재를 비교적 정확하고 유창하게 이해하고 사용**할 수 있다. 자주 사용되는 관용적 표현과 대표적인 한국 문화에 대한 이해를 바탕으로 사회 · 문화적인 내용을 이해하고 사용할 수 있다.

(1a)에서 사회적 관계를 유지하기 위해 필요한 기초적 언어 기능을 수행할 수 있는지에 대한 평가 기준은 초급의 연장선으로 이해되고 문단 단위의 표현과 문어와 구어의 구분 등은 고급 수준의 예비적 단계라고 할 수 있다. (1b)에서 업무 수행에 필요한 기능, 뉴스와 신문기사를 이해하는 것, 사회적이고 추상적인 소재를 정확하고 유창하게 사용할 수 있는 것도 고급 수준의 예비적 단계라고 할 수 있다.

교재에서도 이런 기준들이 반영되는데, 중급 교재에서는 문법 항목이 초급에 비해 확장적으로 제시될 뿐만 아니라 어휘도 급격하게 늘어난다. 이어지는 고급 단계에서는 일상 대화보다는 읽기와 쓰기에 초점을 둔 주제가 제시되고 교재 이외에 텔레비전이 프로그램이나 잡지, 일상생활에서 접할 수 있는 다양한 학습 자료를 이용할 수 있어 교재의 의존도가 떨어지게 된다. 한편 완전한 문장을 지향하는 초급의 교재에 비해 중급의 교재에서는 가장 자연스러운 주제와 문장들이 제시된다.

따라서 중급 단계는 실용적이고 현실적인 표현을 학습해야 하는 단계라고 정의할 수 있고 교재에서는 이런 요구에 맞는 실제적인 고정표현이 제시되어야 한다.

3. 연구 설계 및 방법

이 글에서 사용한 한국어 교재는 국내 주요 6곳의 한국어 교육 기관에서 개발한 일반 목적 학습자를 위한 통합 교재로 각 기관의 교재는 초급부터 고